U0139019

2024—2025年版

最新簡明六法

張麗卿、洪家殷、王志誠 監修

南法學研究中心 編輯

書出版公司 印行

最新簡明六法　凡　例

一、本書輯錄現行重要法規逾116種，名爲最新簡明六法。

二、全書分爲憲法、行政、民法、商法、民訴、非訟、刑法、刑訴、法律倫理、附錄等十大項，於各頁標示所屬項別及收錄各法起訖條號，方便檢索。

三、本書依循下列方式編印

㈠法規條文內容，悉以政府公報爲準。

㈡法規名稱下詳列歷年修改沿革。

㈢「條文要旨」，附於各法規條號之後，以（　）表示。爲配合國會圖書館移除法規條文要旨作業，自民國109年起，凡增修之條文不再列附條文要旨。

㈣法規內容係於民國90年後異動者，於「條文要旨」後以「數字」標示最後異動之年度。

㈤法條分項、款、目，爲求清晰明瞭，項冠以浮水印①②③數字，以資區別；各款冠以一、二、三數字標示，各目冠以㈠、㈡、㈢數字標示。

四、書後附錄司法院大法官解釋文彙編。

五、本書輕巧耐用，攜帶便利；輯入法規，內容詳實；條文要旨，言簡意賅；字體版面，舒適易讀；項次分明，查閱迅速；法令異動，逐版更新。

最新簡明六法　目　錄

壹、憲法及相關法規

貳、行政法及相關法規

參、民法及相關法規

肆、商事法及相關法規

伍、民事訴訟法及相關法規

陸、非訟事件法及相關法規

柒、刑法及相關法規

捌、刑事訴訟法及相關法規

玖、法律倫理及相關法規

拾、附錄

資料補充欄

壹、憲法及相關法規

中華民國憲法

民國36年1月1日國民政府制定公布全文175條；並自36年12月25日施行。

（前言）

中華民國國民大會受全體國民之付託，依據孫中山先生創立中華民國之遺教，爲鞏固國權、保障民權、奠定社會安寧、增進人民福利，制定本憲法，頒行全國，永矢咸遵。

第一章　總　綱

第一條　（國體）

中華民國基於三民主義，爲民有、民治、民享之民主共和國。

第二條　（主權在民）

中華民國之主權，屬於國民全體。

第三條　（國民）

具有中華民國國籍者，爲中華民國國民。

第四條　（國土）

中華民國領土，依其固有之疆域，非經國民大會之決議，不得變更之。

第五條　（民族平等）

中華民國各民族一律平等。

第六條　（國旗）

中華民國國旗定爲紅地，左上角青天白日。

第二章　人民之權利義務

第七條　（平等權）

中華民國人民，無分男女、宗教、種族、階級、黨派，在法律上一律平等。

第八條　（人身自由）

①人民身體之自由應予保障。除現行犯之逮捕由法律另定外，非經司法或警察機關依法定程序，不得逮捕拘禁。非由法院依法定程序，不得審問處罰。非依法定程序之逮捕、拘禁、審問、處罰，得拒絕之。

②人民因犯罪嫌疑被逮捕拘禁時，其逮捕拘禁機關應將逮捕拘禁原因，以書面告知本人及其本人指定之親友，並至遲於二十四小時內移送該管法院審問。本人或他人亦得聲請該管法院，於二十四小時內，向逮捕之機關提審。

③法院對於前項聲請不得拒絕，並不得先令逮捕拘禁之機關查覆。逮捕拘禁之機關對於法院之提審，不得拒絕或遲延。

④人民遭受任何機關非法逮捕拘禁時，其本人或他人得向法院聲請追究，法院不得拒絕，並應於二十四小內向逮捕拘禁之機關追究，依法處理。

第九條　（人民不受軍審原則）

人民除現役軍人外，不受軍事審判。

第一〇條　（居住遷徙自由）

人民有居住及遷徙之自由。

第一一條　（表現自由）

人民有言論、講學、著作及出版之自由。

第一二條　（秘密通訊自由）
人民有秘密通訊之自由。
第一三條　（信教自由）
人民有信仰宗教之自由。
第一四條　（集會結社自由）
人民有集會及結社之自由。
第一五條　（生存權、工作權及財產權）
人民之生存權、工作權及財產權，應予保障。
第一六條　（請願、訴願及訴訟權）
人民有請願、訴願及訴訟之權。
第一七條　（參政權）
人民有選舉、罷免、創制及複決之權。
第一八條　（應考試服公職權）
人民有應考試服公職之權。
第一九條　（納稅義務）
人民有依法律納稅之義務。
第二〇條　（兵役義務）
人民有依法律服兵役之義務。
第二一條　（受教育之權義）
人民有受國民教育之權利與義務。
第二二條　（基本人權保障）
凡人民之其他自由及權利，不妨害社會秩序、公共利益者，均受憲法之保障。
第二三條　（基本人權之限制）
以上各條列舉之自由權利，除為防止妨礙他人自由、避免緊急危難、維持社會秩序或增進公共利益所必要者外，不得以法律限制之。
第二四條　（公務員責任及國家賠償責任）
凡公務員違法侵害人民之自由或權利者，除依法律受懲戒外，應負刑事及民事責任。被害人民就其所受損害，並得依法律向國家請求賠償。

第三章　國民大會

第二五條　（地位）
國民大會依本憲法之規定，代表全國國民行使政權。
第二六條　（國大代表之名額）
國民大會以左列代表組織之：
一　每縣、市及其同等區域各選出代表一人。但其人口逾五十萬人者，每增加五十萬人，增選代表一人。縣、市同等區域，以法律定之。
二　蒙古選出代表，每盟四人，每特別旗一人。
三　西藏選出代表，其名額以法律定之
四　各民族在邊疆地區選出代表，其名額以法律定之。
五　僑居國外之國民選出代表，其名額以法律定之。
六　職業團體選出代表，其名額以法律定之。
七　婦女團體選出代表，其名額以法律定之。
第二七條　（國大職權）
①國民大會之職權如左：
一　選舉總統、副總統。
二　罷免總統、副總統。
三　修改憲法。
四　複決立法院所提之憲法修正案。

②關於創制、複決兩權，除前項第三、第四兩款規定外，俟全國有半數之縣、市曾經行使創制、複決兩項政權時，由國民大會制定辦法並行使之。

第二八條 （國大代表任期、資格之限制）

①國民大會代表，每六年改選一次。

②每屆國民大會代表之任期，至次屆國民大會開會之日爲止。

③現任官吏不得於其任所所在地之選舉區當選爲國民大會代表。

第二九條 （國大常會之召集）

國民大會於每屆總統任滿前九十日集會，由總統召集之。

第三〇條 （國大臨時會之召集）

①國民大會遇有左列情形之一時，召集臨時會：

一 依本憲法第四十九條之規定，應補選總統、副總統時。

二 依監察院之決議，對於總統、副總統提出彈劾案時。

三 依立法院之決議，提出憲法修正案時。

四 國民大會代表五分之二以上請求召集時。

②國民大會臨時會，如依前項第一款或第二款應召集時，由立法院院長通告集會；依第三款或第四款應召集時，由總統召集之。

第三一條 （國大開會地點）

國民大會之開會地點，在中央政府所在地。

第三二條 （言論免責權）

國民大會代表在會議時所爲之言論及表決，對會外不負責任。

第三三條 （不逮捕特權）

國民大會代表，除現行犯外，在會期中，非經國民大會許可，不得逮捕或拘禁。

第三四條 （組織、選舉、罷免及行使職權程序之法律）

國民大會之組織，國民大會代表之選舉、罷免，及國民大會行使職權之程序，以法律定之。

第四章 總 統

第三五條 （總統地位）

總統爲國家元首，對外代表中華民國。

第三六條 （總統統率權）

總統統率全國陸海空軍。

第三七條 （總統公布法令權）

總統依法公布法律，發布命令，須經行政院院長之副署，或行政院院長及有關部、會首長之副署。

第三八條 （總統締約宣戰媾和權）

總統依本憲法之規定，行使締結條約及宣戰、媾和之權。

第三九條 （總統宣布戒嚴權）

總統依法宣布戒嚴。但須經立法院之通過或追認，立法院認爲必要時，得決議移請總統解嚴。

第四〇條 （總統赦免權）

總統依法行使大赦、特赦、減刑及復權之權。

第四一條 （總統任免官員權）

總統依法任免文武官員。

第四二條 （總統授與榮典權）

總統依法授與榮典。

第四三條 （總統發布緊急命令權）

國家遇有天然災害、癘疫，或國家財政、經濟上有重大變故，須爲急速處分時，總統於立法院休會期間，得經行政院會議之決議，依緊急命令法，發布緊急命令，爲必要之處置。但須於發布命令後一個月內提交立法院追認，如立法院不同意時，該緊急命令立即失效。

第四四條　（權限爭議處理權）

總統對於院與院間之爭執，除本憲法有規定者外，得召集有關各院院長會商解決之。

第四五條　（被選舉資格）

中華民國國民年滿四十歲者，得被選為總統、副總統。

第四六條　（選舉方法）

總統、副總統之選舉，以法律定之。

第四七條　（總統副總統任期）

總統、副總統之任期為六年，連選得連任一次。

第四八條　（總統就職宣誓）

總統應於就職時宣誓，誓詞如左：「余謹以至誠，向全國人民宣誓。余必遵守憲法，盡忠職務，增進人民福利，保衛國家，無負國民付託，如違誓言，願受國家嚴厲之制裁。謹誓。」

第四九條　（繼任及代行總統職權）

總統缺位時，由副總統繼任，至總統任期屆滿為止。總統、副總統均缺位時，由行政院院長代行其職權，並依本憲法第三十條之規定，召集國民大會臨時會，補選總統、副總統，其任期以補足原任總統未滿之任期為止。總統因故不能視事時，由副總統代行其職權。總統、副總統均不能視事時，由行政院院長代行其職權。

第五〇條　（代行總統職權）

總統於任滿之日解職，如屆期次任總統尚未選出，或選出後總統、副總統均未就職時，由行政院院長代行總統職權。

第五一條　（行政院長代行職權之期限）

行政院院長代行總統職權時，其期限不得逾三個月。

第五二條　（刑事豁免權）

總統除犯內亂或外患罪外，非經罷免或解職，不受刑事上之訴究。

第五章　行　政

第五三條　（最高行政）

行政院為國家最高行政機關。

第五四條　（行政院組織）

行政院設院長、副院長各一人，各部會首長若干人，及不管部會之政務委員若干人。

第五五條　（行政院院長之任命及代理）

①行政院院長，由總統提名，經立法院同意任命之。

②立法院休會期間，行政院院長辭職或出缺時，由行政院副院長代理其職務。但總統須於四十日內咨請立法院召集會議，提出行政院院長人選，徵求同意。行政院院長職務，在總統所提行政院院長人選未經立法院同意前，由行政院副院長暫行代理。

第五六條　（副院長、部會首長及政務委員之任命）

行政院副院長，各部會首長及不管部會之政務委員，由行政院院長提請總統任命之。

第五七條　（行政院對立法院負責）

行政院依左列規定，對立法院負責：

一　行政院有向立法院提出施政方針及施政報告之責。立法委員在開會時，有向行政院院長及行政院各部會首長質詢之權。

二　立法院對於行政院之重要政策不贊同時，得以決議移請行政院變更之。行政院對於立法院之決議，得經總統之核可，移請立法院覆議。覆議時，如經出席立法委員三分之二維持原決議，行政院院長應即接受該決議或辭職。

三　行政院對於立法院決議之法律案、預算案、條約案，如認為有窒礙難行時，得經總統之核可，於該決議案送達行政院十日內，移請立法院覆議。覆議時，如經出席立法委員三分之二維持原案，行政院院長應即接受該決議或辭職。

第五八條 （行政院會議）

①行政院設行政院會議，由行政院院長、副院長，各部會首長及不管部會之政務委員組織之，以院長為主席。

②行政院院長、各部會首長，須將應行提出於立法院之法律案、預算案、戒嚴案、大赦案、宣戰案、媾和案、條約案及其他重要事項，或涉及各部會共同關係之事項，提出於行政院會議議決之。

第五九條 （預算案之提出）

行政院於會計年度開始三個月前，應將下年度預算案提出於立法院。

第六〇條 （決算之提出）

行政院於會計年度結束後四個月內，應提出決算於監察院。

第六一條 （行政院組織法之制定）

行政院之組織，以法律定之。

第六章 立 法

第六二條（最高立法機關）

立法院為國家最高立法機關，由人民選舉之立法委員組織之，代表人民行使立法權。

第六三條 （職權）

立法院有議決法律案、預算案、戒嚴案、大赦案、宣戰案、媾和案、條約案及國家其他重要事項之權。

第六四條（立委選舉）

①立法院立法委員，依左列規定選出之：

一 各省、各直轄市選出者，其人口在三百萬以下者五人，其人口超過三百萬者，每滿一百萬人增選一人。

二 蒙古各盟、旗選出者。

三 西藏選出者。

四 各民族在邊疆地區選出者。

五 僑居國外之國民選出者。

六 職業團體選出者。

②立法委員之選舉及前項第二款至第六款立法委員名額之分配，以法律定之。婦女在第一項各款之名額，以法律定之。

第六五條 （立委任期）

立法委員之任期為三年，連選得連任，其選舉於每屆任滿前三個月內完成之。

第六六條 （正副院長之選舉）

立法院設院長、副院長各一人，由立法委員互選之。

第六七條 （委員會之設置）

①立法院得設各種委員會。

②各種委員會得邀請政府人員及社會上有關係人員到會備詢。

第六八條 （常會）

立法院會期，每年兩次，自行集會，第一次自二月至五月底，第二次自九月至十二月底，必要時得延長之。

第六九條 （臨時會）

立法院遇有左列情事之一時，得開臨時會：

一 總統之咨請。

二 立法委員四分之一以上之請求。

第七〇條 （增加支出預算提議之限制）

立法院對於行政院所提預算案，不得為增加支出之提議。

第七一條 （關係院首長列席）

立法院開會時，關係院院長及各部會首長得列席陳述意見。

第七二條　（公布法律）

立法院法律案通過後，移送總統及行政院，總統應於收到後十日內公布之。但總統得依照本憲法第五十七條之規定辦理。

第七三條　（言論免責權）

立法委員在院內所爲之言論及表決，對院外不負責任。

第七四條　（不逮捕特權）

立法委員，除現行犯外，非經立法院許可，不得逮捕或拘禁。

第七五條　（立委兼任官吏之禁止）

立法委員不得兼任官吏。

第七六條　（立法院組織法之制定）

立法院之組織，以法律定之。

第七章　司　法

第七七條　（司法院之地位及職權）

司法院爲國家最高司法機關，掌理民事、刑事、行政訴訟之審判及公務員之懲戒。

第七八條　（司法院之法律解釋權）

司法院解釋憲法，並有統一解釋法律及命令之權。

第七九條　（正副院長及大法官之任命）

①司法院設院長、副院長各一人，由總統提名，經監察院同意任命之。

②司法院設大法官若干人，掌理本憲法第七十八條規定事項，由總統提名，經監察院同意任命之。

第八〇條　（法官依法獨立審判）

法官須超出黨派以外，依據法律獨立審判，不受任何干涉。

第八一條　（法官之保障）

法官爲終身職，非受刑事或懲戒處分或禁治產之宣告，不得免職。非依法律，不得停職、轉任或減俸。

第八二條　（法院組織法之制定）

司法院及各級法院之組織，以法律定之。

第八章　考　試

第八三條　（考試院之地位及職權）

考試院爲國家最高考試機關，掌理考試、任用、銓敘、考績、級俸、陞遷、保障、褒獎、撫卹、退休、養老等事項。

第八四條　（正副院長及考試委員之任命）

考試院設院長、副院長各一人，考試委員若干人，由總統提名，經監察院同意任命之。

第八五條　（公務員之考選）

公務人員之選拔，應實行公開競爭之考試制度，並應按省區分別規定名額，分區舉行考試。非經考試及格者，不得任用。

第八六條　（應受考銓之資格）

左列資格，應經考試院依法考選銓定之：

一　公務人員任用資格。

二　專門職業及技術人員執業資格。

第八七條　（法律案之提出）

考試院關於所掌事項，得向立法院提出法律案。

第八八條　（依法獨立行使職權）

考試委員須超出黨派以外，依據法律獨立行使職權。

第八九條（考試院組織法之制定）

考試院之組織，以法律定之。

第九章　監　察

第九〇條　（監察院之地位及職權）

監察院為國家最高監察機關，行使同意、彈劾、糾舉及審計權。

第九一條　（監委之選舉）

監察院設監察委員，由各省、市議會，蒙古、西藏地方議會及華僑團體選舉之。其名額分配，依左列之規定：

一　每省五人。

二　每直轄市二人。

三　蒙古各盟、旗共八人。

四　西藏八人。

五　僑居國外之國民八人。

第九二條　（正副院長之選舉）

監察院設院長、副院長各一人，由監察委員互選之。

第九三條　（監委任期）

監察委員之任期為六年，連選得連任。

第九四條　（同意權之行使）

監察院依本憲法行使同意權時，由出席委員過半數之議決行之。

第九五條　（調查權之行使）

監察院為行使監察權，得向行政院及其各部會調閱其所發布之命令及各種有關文件。

第九六條　（委員會之設置）

監察院得按行政院及其各部會之工作，分設若干委員會，調查一切設施，注意其是否違法或失職。

第九七條　（糾正權、糾舉權、及彈劾權之行使）

①監察院經各該委員會之審查及決議，得提出糾正案，移送行政院及其有關部、會，促其注意改善。

②監察院對於中央及地方公務人員，認為有失職或違法情事，得提出糾舉案或彈劾案，如涉及刑事，應移送法院辦理。

第九八條　（彈劾案之提出）

監察院對中央及地方公務人員之彈劾案，須經監察委員一人以上之提議，九人以上之審查及決定，始得提出。

第九九條　（司法考試人員之彈劾）

監察院對於司法院或考試院人員失職或違法之彈劾，適用本憲法第九十五條、第九十七條及第九十八條之規定。

第一〇〇條　（總統、副總統之彈劾）

監察院對於總統、副總統之彈劾案，須有全體監察委員四分之一以上之提議，全體監察委員過半數之審查及決議，向國民大會提出之。

第一〇一條　（言論免責權）

監察委員在院內所為之言論及表決，對院外不負責任。

第一〇二條　（不逮捕特權）

監察委員，除現行犯外，非經監察院許可，不得逮捕或拘禁。

第一〇三條　（監委兼職之禁止）

監察委員不得兼任其他公職或執行業務。

第一〇四條　（審計長之任命）

監察院設審計長，由總統提名，經立法院同意任命之。

第一〇五條　（決算之審核及報告）
審計長應於行政院提出決算後三個月內，依法完成其審核，並提出審核報告於立法院。
第一〇六條　（監察院組織法之制定）
監察院之組織，以法律定之。

第十章　中央與地方之權限

第一〇七條　（中央立法並執行事項）
左列事項，由中央立法並執行之：
一　外交。
二　國防與國防軍事。
三　國籍法及刑事、民事、商事之法律。
四　司法制度。
五　航空、國道、國有鐵路、航政、郵政及電政。
六　中央財政與國稅。
七　國稅與省稅、縣稅之劃分。
八　國營經濟事業。
九　幣制及國家銀行。
十　度量衡。
十一　國際貿易政策。
十二　涉外之財政、經濟事項。
十三　其他依本憲法所定關於中央之事項。
第一〇八條　（中央立法事項）
①左列事項，由中央立法並執行之，或交由省、縣執行之：
一　省、縣自治通則。
二　行政區劃。
三　森林、工礦及商業。
四　教育制度。
五　銀行及交易所制度。
六　航業及海洋漁業。
七　公用事業。
八　合作事業。
九　二省以上之水陸交通運輸。
十　二省以上之水利、河道及農牧事業。
十一　中央及地方官吏之銓敘、任用、糾察及保障。
十二　土地法。
十三　勞動法及其他社會立法。
十四　公用徵收。
十五　全國戶口調查及統計。
十六　移民及墾殖。
十七　警察制度。
十八　公共衛生。
十九　振濟、撫卹及失業救濟。
二十　有關文化之古籍、古物及古蹟之保存。
②前項各款，省於不牴觸國家法律內，得制定單行法規。
第一〇九條　（省立法事項）
①左列事項，由省立法並執行之，或交由縣執行之：

一　省教育、衛生、實業及交通。
二　省財產之經營及處分。
三　省市政。
四　省公營事業。
五　省合作事業。
六　省農林、水利、漁牧及工程。
七　省財政及省稅。
八　省債。
九　省銀行。
十　省警政之實施。
十一　省慈善及公益事項。
十二　其他依國家法律賦予之事項。

②前項各款，有涉及二省以上者，除法律別有規定外，得由有關各省共同辦理。

③各省辦理第一項各款事務，其經費不足時，經立法院議決，由國庫補助之。

第一一〇條　（縣立法並執行事項）

①左列事項，由縣立法並執行之：
一　縣教育、衛生、實業及交通。
二　縣財產之經營及處分。
三　縣公營事業。
四　縣合作事業。
五　縣農林、水利、漁牧及工程。
六　縣財政及縣稅。
七　縣債。
八　縣銀行。
九　縣警衛之實施。
十　縣慈善及公益事項。
十一　其他依國家法律及省自治法賦予之事項。

②前項各款，有涉及二縣以上者，除法律別有規定外，得由有關各縣共同辦理。

第一一一條　（中央與地方權限分配）

除第一百零七條、第一百零八條、第一百零九條及第一百十條列舉事項外，如有未列舉事項發生時，其事務有全國一致之性質者屬於中央，有全省一致之性質者屬於省，有一縣之性質者屬於縣，遇有爭議時，由立法院解決之。

第十一章　地方制度

第一節　省

第一一二條　（省民代表大會之組織與權限）

①省得召集省民代表大會，依據省縣自治通則制定省自治法。但不得與憲法牴觸。

②省民代表大會之組織及選舉，以法律定之。

第一一三條　（省自治法與立法權）

①省自治法，應包含左列各款：
一　省設省議會，省議會議員由省民選舉之。
二　省設省政府，置省長一人。省長由省民選舉之。
三　省與縣之關係。

②屬於省之立法權，由省議會行之。

第一一四條　（省自治法之司法審查）

省自治法制定後，須即送司法院。司法院如認為有違憲之處，應將違憲條文宣布無效。

第一一五條 （自治法施行中障礙之解決）

省自治法施行中，如因其中某條發生重大障礙，經司法院召集有關方面陳述意見後，由行政院院長、立法院院長、司法院院長、考試院院長與監察院院長組織委員會，以司法院院長爲主席，提出方案解決之。

第一一六條 （省法規與國家法律之關係）

省法規與國家法律牴觸者無效。

第一一七條 （省法規牴觸法律之解釋）

省法規與國家法律有無牴觸發生疑義時，由司法院解釋之。

第一一八條 （直轄市之自治）

直轄市之自治，以法律定之。

第一一九條 （蒙古盟旗之自治）

蒙古各盟、旗地方自治制度，以法律定之。

第一二〇條 （西藏自治之保障）

西藏自治制度，應予以保障。

第二節　縣

第一二一條 （縣自治）

縣實行縣自治。

第一二二條 （縣民代大會與縣自治法之制定）

縣得召集縣民代表大會，依據省縣自治通則，制定縣自治法。但不得與憲法及省自治法牴觸。

第一二三條 （縣民參政權）

縣民關於縣自治事項，依法律行使創制、複決之權，對於縣長及其他縣自治人員，依法律行使選舉、罷免之權。

第一二四條 （縣議會組成及職權）

①縣設縣議會，縣議會議員由縣民選舉之。

②屬於縣之立法權，由縣議會行之。

第一二五條 （縣規章與法律或省法規之關係）

縣單行規章，與國家法律或省法規牴觸者無效。

第一二六條 （縣長之選舉）

縣設縣政府，置縣長一人。縣長由縣民選舉之。

第一二七條 （縣長之職權）

縣長辦理縣自治，並執行中央及省委辦事項。

第一二八條 （市自治）

市準用縣之規定。

第十二章　選舉、罷免、創制、複決

第一二九條 （選舉之方法）

本憲法所規定之各種選舉，除本憲法別有規定外，以普通、平等、直接及無記名投票之方法行之。

第一三〇條 （選舉及被選舉年齡）

中華民國國民年滿二十歲者，有依法選舉之權，除本憲法及法律別有規定者外，年滿二十三歲者，有依法被選舉之權。

第一三一條 （競選公開原則）

本憲法所規定各種選舉之候選人，一律公開競選。

第一三二條 （選舉公正之維護）

選舉應嚴禁威脅、利誘。選舉訴訟，由法院審判之。

第一三三條　（罷免權）

被選舉人得由原選舉區依法罷免之。

第一三四條　（婦女名額保障）

各種選舉，應規定婦女當選名額，其辦法以法律定之。

第一三五條　（內地生活習慣特殊國代之選舉）

內地生活習慣特殊之國民代表名額及選舉，其辦法以法律定之。

第一三六條　（創制複決權之行使）

創制、複決兩權之行使，以法律定之。

第十三章　基本國策

第一節　國　防

第一三七條　（國防目的及組織）

①中華民國之國防，以保衛國家安全，維護世界和平為目的。

②國防之組織，以法律定之。

第一三八條　（軍隊國家化一軍人超然）

全國陸、海、空軍，須超出個人、地域及黨派關係以外，效忠國家，愛護人民。

第一三九條　（軍隊國家化一軍人不干政）

任何黨派及個人，不得以武裝力量為政爭之工具。

第一四〇條　（軍人兼任文官之禁止）

現役軍人不得兼任文官。

第二節　外　交

第一四一條　（外交宗旨）

中華民國之外交，應本獨立自主之精神，平等互惠之原則，敦睦邦交，尊重條約及聯合國憲章，以保護僑民權益，促進國際合作，提倡國際正義，確保世界和平。

第三節　國民經濟

第一四二條　（國民經濟基本原則）

國民經濟，應以民生主義為基本原則，實施平均地權，節制資本，以謀國計民生之均足。

第一四三條　（土地政策）

①中華民國領土內之土地，屬於國民全體。人民依法取得之土地所有權，應受法律之保障與限制。私有土地應照價納稅，政府並得照價收買。

②附著於土地之礦及經濟上可供公衆利用之天然力，屬於國家所有，不因人民取得土地所有權而受影響。

③土地價值非因施以勞力、資本而增加者，應由國家徵收土地增值稅，歸人民共享之。

④國家對於土地之分配與整理，應以扶植自耕農及自行使用土地人為原則，並規定其適當經營之面積。

第一四四條　（獨佔性企業公營原則）

公用事業及其他有獨佔性之企業，以公營為原則，其經法律許可者，得由國民經營之。

第一四五條　（私人資本之節制與扶助）

①國家對於私人財富及私營事業，認為有妨害國計民生之平衡發展者，應以法律限制之。

②合作事業應受國家之獎勵與扶助。

③國民生產事業及對外貿易，應受國家之獎勵、指導及保護。

第一四六條　（發展農業）

國家應運用科學技術，以興修水利，增進地力，改善農業環境，規劃土地利用，開發農業資源，促成農業之工業化。

第一四七條　（地方經濟之平衡發展）

①中央為謀省與省間之經濟平衡發展，對於貧瘠之省，應酌予補助。

②省為謀縣與縣間之經濟平衡發展，對於貧瘠之縣，應酌予補助。

第一四八條　（貨暢其流）

中華民國領域內，一切貨物應許自由流通。

第一四九條　（金融機構之管理）

金融機構，應依法受國家之管理。

第一五〇條　（普設平民金融機構）

國家應普設平民金融機構，以救濟失業。

第一五一條　（發展僑民經濟事業）

國家對於僑居國外之國民，應扶助並保護其經濟事業之發展。

第四節　社會安全

第一五二條　（人盡其才）

人民具有工作能力者，國家應予以適當之工作機會。

第一五三條　（勞工及農民之保護）

①國家為改良勞工及農民之生活，增進其生產技能，應制定保護勞工及農民之法律，實施保護勞工及農民之政策。

②婦女、兒童從事勞動者，應按其年齡及身體狀態，予以特別之保護。

第一五四條　（勞資關係）

勞資雙方應本協調合作原則，發展生產事業。勞資糾紛之調解與仲裁，以法律定之。

第一五五條　（社會保險與救助之實施）

國家為謀社會福利，應實施社會保險制度。人民之老弱殘廢，無力生活，及受非常災害者，國家應予以適當之扶助與救濟。

第一五六條　（婦幼福利政策之實施）

國家為奠定民族生存發展之基礎，應保護母性，並實施婦女、兒童福利政策。

第一五七條　（衛生保健事業之推行）

國家為增進民族健康，應普遍推行衛生保健事業及公醫制度。

第五節　教育文化

第一五八條　（教育文化之目標）

教育、文化，應發展國民之民族精神、自治精神、國民道德、健全體格、科學及生活智能。

第一五九條　（教育機會平等原則）

國民受教育之機會，一律平等。

第一六〇條　（基本教育與補習教育）

①六歲至十二歲之學齡兒童，一律受基本教育，免納學費。其貧苦者，由政府供給書籍。

②已逾學齡未受基本教育之國民，一律受補習教育，免納學費，其書籍亦由政府供給。

第一六一條　（獎學金之設置）

各級政府應廣設獎學金名額，以扶助學行俱優無力升學之學生。

第一六二條　（教育文化機關之監督）

全國公私立之教育、文化機關，依法律受國家之監督。

第一六三條　（教育文化事業之推動）

國家應注重各地區教育之均衡發展，並推行社會教育，以提高一般國民之文化水準。邊遠及貧瘠地區之教育文化經費，由國庫補助之。其重要之教育文化事業，得由中央辦理或補助之。

第一六四條　（教育文化經費之比例與專款之保障）

教育、科學、文化之經費，在中央不得少於其預算總額百分之十五，在省不得少於其預算總額百分之二十五，在市縣不得少於其預算總額百分之三十五。其依法設置之教育、文化基金及產業，應予以保障。

第一六五條　（教育文化工作者之保障）

國家應保障教育、科學、藝術工作者之生活，並依國民經濟之進展，隨時提高其待遇。

第一六六條　（科學發明與創造之保障、古蹟、古物之保護）

國家應獎勵科學之發明與創造，並保護有關歷史、文化、藝術之古蹟、古物。

第一六七條　（教育文化事業之獎助）

國家對於左列事業或個人，予以獎勵或補助：

一　國內私人經營之教育事業成績優良者。

二　僑居國外國民之教育事業成績優良者。

三　於學術或技術有發明者。

四　從事教育久於其職而成績優良者。

第六節　邊疆地區

第一六八條　（邊疆民族地位之保障）

國家對於邊疆地區各民族之地位，應予以合法之保障，並於其地方自治事業，特別予以扶植。

第一六九條　（邊疆事業之扶助）

國家對於邊疆地區各民族之教育、文化、交通、水利、衛生及其他經濟、社會事業，應積極舉辦，並扶助其發展，對於土地使用，應依其氣候、土壤性質及人民生活習慣之所宜，予以保障及發展。

第十四章　憲法之施行及修改

第一七〇條　（法律之意義）

本憲法所稱之法律，謂經立法院通過，總統公布之法律。

第一七一條　（法律之位階性）

①法律與憲法牴觸者無效。

②法律與憲法有無牴觸發生疑義時，由司法院解釋之。

第一七二條　（法律之位階性）

命令與憲法或法律牴觸者無效。

第一七三條　（憲法之解釋）

憲法之解釋，由司法院爲之。

第一七四條　（修憲程序）

憲法之修改，應依左列程序之一爲之：

一　由國民大會代表總額五分之一之提議，三分之二之出席，及出席代表四分之三之決議，得修改之。

二　由立法院立法委員四分之一之提議，四分之三之出席，及出席委員四分之三之決議，擬定憲法修正案，提請國民大會複決，此項憲法修正案，應於國民大會開會前半年公告之。

第一七五條　（憲法實施程序與施行程序之制定）

①本憲法規定事項，有另定實施程序之必要者，以法律定之。
②本憲法施行之準備程序，由制定憲法之國民大會議定之。

中華民國憲法增修條文

①民國80年5月1日總統令制定公布全文10條。
②民國81年5月28日總統令增訂公布第11至18條條文。
③民國83年8月1日總統令修正公布全文10條。
④民國86年7月21日總統令修正公布全文11條。
⑤民國88年9月15日總統令修正公布第1、4、9、10條條文（民國89年3月24日大法官釋字第499號解釋該次修正條文因違背修憲正當程序，故應自本解釋公布之日起失其效力，原86年7月21日之增修條文繼續適用）。
⑥民國89年4月25日總統令修正公布全文11條。
⑦民國94年6月10日總統令修正公布第1、2、4、5、8條條文；並增訂第12條條文。

（前言）

為因應國家統一前之需要，依照憲法第二十七條第一項第三款及第一百七十四條第一款之規定，增修本憲法條文如左：

第一條　（人民行使直接民權）94
①中華民國自由地區選舉人於立法院提出憲法修正案、領土變更案，經公告半年，應於三個月內投票複決，不適用憲法第四條、第一百七十四條之規定。
②憲法第二十五條至第三十四條及第一百三十五條之規定，停止適用。

第二條　（總統、副總統）94
①總統、副總統由中華民國自由地區全體人民直接選舉之，自中華民國八十五年第九任總統、副總統選舉實施。總統、副總統候選人應聯名登記，在選票上同列一組圈選，以得票最多之一組為當選。在國外之中華民國自由地區人民返國行使選舉權，以法律定之。
②總統發布行政院院長與依憲法經立法院同意任命人員之任免命令及解散立法院之命令，無須行政院院長之副署，不適用憲法第三十七條之規定。
③總統為避免國家或人民遭遇緊急危難或應付財政經濟上重大變故，得經行政院會議之決議發布緊急命令，為必要之處置，不受憲法第四十三條之限制。但須於發布命令後十日內提交立法院追認，如立法院不同意時，該緊急命令立即失效。
④總統為決定國家安全有關大政方針，得設國家安全會議及所屬國家安全局，其組織以法律定之。
⑤總統於立法院通過對行政院院長之不信任案後十日內，經諮詢立法院院長後，得宣告解散立法院。但總統於戒嚴或緊急命令生效期間，不得解散立法院。立法院解散後，應於六十日內舉行立法委員選舉，並於選舉結果確認後十日內自行集會，其任期重新起算。
⑥總統、副總統之任期為四年，連選得連任一次，不適用憲法第四十七條之規定。
⑦副總統缺位時，總統應於三個月內提名候選人，由立法院補選，繼任至原任期屆滿為止。
⑧總統、副總統均缺位時，由行政院院長代行其職權，並依本條第一項規定補選總統、副總統，繼任至原任期屆滿為止，不適用憲法第四十九條之有關規定。
⑨總統、副總統之罷免案，須經全體立法委員四分之一之提議，全體立法委員三分之二之同意後提出，並經中華民國自由地區選舉人總額過半數之投票，有效票過半數同意罷免時，即為通過。
⑩立法院提出總統、副總統彈劾案，聲請司法院大法官審理，經憲法法庭判決成立時，

被彈劾人應即解職。

第三條 （行政院）

①行政院院長由總統任命之。行政院院長辭職或出缺時，在總統未任命行政院院長前，由行政院副院長暫行代理。憲法第五十五條之規定，停止適用。

②行政院依左列規定，對立法院負責，憲法第五十七條之規定，停止適用：

一 行政院有向立法院提出施政方針及施政報告之責。立法委員在開會時，有向行政院院長及行政院各部會首長質詢之權。

二 行政院對於立法院決議之法律案、預算案、條約案，如認為有窒礙難行時，得經總統之核可，於該決議案送達行政院十日內，移請立法院覆議。立法院對於行政院移請覆議案，應於送達十五日內作成決議。如為休會期間，立法院應於七日內自行集會，並於開議十五日內作成決議。覆議案逾期未議決者，原決議失效。覆議時，如經全體立法委員二分之一以上決議維持原案，行政院院長應即接受該決議。

三 立法院得經全體立法委員三分之一以上連署，對行政院院長提出不信任案。不信任案提出七十二小時後，應於四十八小時內以記名投票表決之。如經全體立法委員二分之一以上贊成，行政院院長應於十日內提出辭職，並得同時呈請總統解散立法院；不信任案如未獲通過，一年內不得對同一行政院院長再提不信任案。

③國家機關之職權、設立程序及總員額，得以法律為準則性之規定。

④各機關之組織、編制及員額，應依前項法律，基於政策或業務需要決定之。

第四條 （立法委員之選舉）94

①立法院立法委員自第七屆起一百一十三人，任期四年，連選得連任，於每屆任滿前三個月內，依左列規定選出之，不受憲法第六十四條及第六十五條之限制：

一 自由地區直轄市、縣市七十三人。每縣市至少一人。

二 自由地區平地原住民及山地原住民各三人。

三 全國不分區及僑居國外國民共三十四人。

②前項第一款依各直轄市、縣市人口比例分配，並按應選名額劃分同額選舉區選出之。第三款依政黨名單投票選舉之，由獲得百分之五以上政黨選舉票之政黨依得票比率選出之，各政黨當選名單中，婦女不得低於二分之一。

③立法院於每年集會時，得聽取總統國情報告。

④立法院經總統解散後，在新選出之立法委員就職前，視同休會。

⑤中華民國領土，依其固有疆域，非經全體立法委員四分之一之提議，全體立法委員四分之三之出席，及出席委員四分之三之決議，提出領土變更案，並於公告半年後，經中華民國自由地區選舉人投票複決，有效同意票過選舉人總額之半數，不得變更之。

⑥總統於立法院解散後發布緊急命令，立法院應於三日內自行集會，並於開議七日內追認之。但於新任立法委員選舉投票日後發布者，應由新任立法委員於就職後追認之。如立法院不同意時，該緊急命令立即失效。

⑦立法院對於總統、副總統之彈劾案，須經全體立法委員二分之一以上之提議，全體立法委員三分之二以上之決議，聲請司法院大法官審理，不適用憲法第九十條、第一百條及增修條文第七條第一項有關規定。

⑧立法委員除現行犯外，在會期中，非經立法院許可，不得逮捕或拘禁。憲法第七十四條之規定，停止適用。

第五條 （司法院）94

①司法院設大法官十五人，並以其中一人為院長、一人為副院長，由總統提名，經立法院同意任命之，自中華民國九十二年起實施，不適用憲法第七十九條之規定。司法院大法官除法官轉任者外，不適用憲法第八十一條及有關法官終身職待遇之規定。

②司法院大法官任期八年，不分屆次，個別計算，並不得連任。但並為院長、副院長之大法官，不受任期之保障。

③中華民國九十二年總統提名之大法官，其中八位大法官，含院長、副院長，任期四

年，其餘大法官任期爲八年，不適用前項任期之規定。

④司法院大法官，除依憲法第七十八條之規定外，並組成憲法法庭審理總統、副總統之彈劾及政黨違憲之解散事項。

⑤政黨之目的或其行爲，危害中華民國之存在或自由民主之憲政秩序者爲違憲。

⑥司法院所提出之年度司法概算，行政院不得刪減，但得加註意見，編入中央政府總預算案，送立法院審議。

第六條（考試院）

①考試院爲國家最高考試機關，掌理左列事項，不適用憲法第八十三條之規定：

一　考試。

二　公務人員之銓敘、保障、撫卹、退休。

三　公務人員任免、考績、級俸、陞遷、褒獎之法制事項。

②考試院設院長、副院長各一人，考試委員若干人，由總統提名，經立法院同意任命之，不適用憲法第八十四條之規定。

③憲法第八十五條有關按省區分別規定名額，分區舉行考試之規定，停止適用。

第七條（監察院）

①監察院爲國家最高監察機關，行使彈劾、糾舉及審計權，不適用憲法第九十條及第九十四條有關同意權之規定。

②監察院設監察委員二十九人，並以其中一人爲院長、一人爲副院長，任期六年，由總統提名，經立法院同意任命之。憲法第九十一條至第九十三條之規定停止適用。

③監察院對於中央、地方公務人員及司法院、考試院人員之彈劾案，須經監察委員二人以上之提議，九人以上之審查及決定，始得提出，不受憲法第九十八條之限制。

④監察院對於監察院人員失職或違法之彈劾，適用憲法第九十五條、第九十七條第二項及前項之規定。

⑤監察委員須超出黨派以外，依據法律獨立行使職權。

⑥憲法第一百零一條及第一百零二條之規定，停止適用。

第八條（待遇調整）94

立法委員之報酬或待遇，應以法律定之。除年度通案調整者外，單獨增加報酬或待遇之規定，應自次屆起實施。

第九條（省縣自治）

①省、縣地方制度，應包括左列各款，以法律定之，不受憲法第一百零八條第一項第一款、第一百零九條、第一百十二條至第一百十五條及第一百二十二條之限制：

一　省設省政府，置委員九人，其中一人爲主席，均由行政院院長提請總統任命之。

二　省設省諮議會，置省諮議會議員若干人，由行政院院長提請總統任命之。

三　縣設縣議會，縣議會議員由縣民選舉之。

四　屬於縣之立法權，由縣議會行之。

五　縣設縣政府，置縣長一人，由縣民選舉之。

六　中央與省、縣之關係。

七　省承行政院之命，監督縣自治事項。

②臺灣省政府之功能、業務與組織之調整，得以法律爲特別之規定。

第一〇條（基本國策）

①國家應獎勵科學技術發展及投資，促進產業升級，推動農漁業現代化，重視水資源之開發利用，加強國際經濟合作。

②經濟及科學技術發展，應與環境及生態保護兼籌並顧。

③國家對於人民興辦之中小型經濟事業，應扶助並保護其生存與發展。

④國家對於公營金融機構之管理，應本企業化經營之原則；其管理、人事、預算、決算及審計，得以法律爲特別之規定。

⑤國家應推行全民健康保險，並促進現代和傳統醫藥之研究發展。

⑥國家應維護婦女之人格尊嚴，保障婦女之人身安全，消除性別歧視，促進兩性地位之

實質平等。

⑦國家對於身心障礙者之保險與就醫、無障礙環境之建構、教育訓練與就業輔導及生活維護與救助，應予保障，並扶助其自立與發展。

⑧國家應重視社會救助、福利服務、國民就業、社會保險及醫療保健等社會福利工作，對於社會救助和國民就業等救濟性支出應優先編列。

⑨國家應尊重軍人對社會之貢獻，並對其退役後之就學、就業、就醫、就養予以保障。

⑩教育、科學、文化之經費，尤其國民教育之經費應優先編列，不受憲法第一百六十四條規定之限制。

⑪國家肯定多元文化，並積極維護發展原住民族語言及文化。

⑫國家應依民族意願，保障原住民族之地位及政治參與，並對其教育文化、交通水利、衛生醫療、經濟土地及社會福利事業予以保障扶助並促其發展，其辦法另以法律定之。對於澎湖、金門及馬祖地區人民亦同。

⑬國家對於僑居國外國民之政治參與，應予保障。

第一一條 （兩岸關係）

自由地區與大陸地區間人民權利義務關係及其他事務之處理，得以法律為特別之規定。

第一二條 （憲法修正案之提出）94

憲法之修改，須經立法院立法委員四分之一之提議，四分之三之出席，及出席委員四分之三之決議，提出憲法修正案，並於公告半年後，經中華民國自由地區選舉人投票複決，有效同意票過選舉人總額之半數，即通過之，不適用憲法第一百七十四條之規定。

中央法規標準法

①民國59年8月31日總統令制定公布全文26條。
②民國93年5月19日總統令修正公布第8條條文。

第一章　總　則

第一條　（本法之適用）

中央法規之制定、施行、適用、修正及廢止，除憲法規定外，依本法之規定。

第二條　（法律之名稱）

法律得定名爲法、律、條例或通則。

第三條　（命令之名稱）

各機關發布之命令，得依其性質，稱規程、規則、細則、辦法、綱要、標準或準則。

第二章　法規之制定

第四條　（法律之制定）

法律應經立法院通過，總統公布。

第五條　（應以法律規定之事項）

左列事項應以法律定之：

一　憲法或法律有明文規定，應以法律定之者。
二　關於人民之權利、義務者。
三　關於國家各機關之組織者。
四　其他重要事項之應以法律定之者。

第六條　（禁止以命令規定之事項）

應以法律規定之事項，不得以命令定之。

第七條　（命令之發布）

各機關依其法定職權或基於法律授權訂定之命令，應視其性質分別下達或發布，並即送立法院。

第八條　（條文之書寫方式）93

①法規條文應分條書寫，冠以「第某條」字樣，並得分爲項、款、目。項不冠數字，空二字書寫，款冠以一、二、三等數字，目冠以㈠、㈡、㈢等數字，並應加具標點符號。

②前項所定之目再細分者，冠以1、2、3等數字，並稱爲第某目之1、2、3。

第九條　（法規章節之劃分）

法規內容繁複或條文較多者，得劃分爲第某編、第某章、第某節、第某款、第某目。

第一〇條　（修正之方式）

①修正法規廢止少數條文時，得保留所廢條文之條次，並於其下加括弧，註明（刪除）二字。

②修正法規增加少數條文時，得將增加之條文，列在適當條文之

③後，冠以前條（之一）、（之二）等條次。廢止或增加編、章、節、款、目時，準用前二項之規定。

第一一條　（法之位階）

法律不得牴觸憲法，命令不得牴觸憲法或法律，下級機關訂定之命令不得牴觸上級機

關之命令。

第三章　法規之施行

第一二條　（施行日期之規定）
法規應規定施行日期，或授權以命令規定施行日期。

第一三條　（生效日期）
法規明定自公布或發布日施行者，自公布或發布之日起算至第三日起發生效力。

第一四條　（生效日期）
法規特定有施行日期，或以命令特定施行日期者，自該特定日起發生效力。

第一五條　（施行區域）
法規定有施行區域或授權以命令規定施行區域者，於該特定區域內發生效力。

第四章　法規之適用

第一六條　（特別法優於普通法）
法規對其他法規所規定之同一事項而爲特別之規定者，應優先適用之。其他法規修正後，仍應優先適用。

第一七條　（法規修正後之適用或準用）
法規對某一事項規定適用或準用其他法規之規定者，其他法規修正後，適用或準用修正後之法規。

第一八條　（從新從優原則）
各機關受理人民聲請許可案件適用法規時，除依其性質應適用行爲時之法規外，如在處理程序終結前，據以准許之法規有變更者，適用新法規。但舊法規有利於當事人而新法規未廢除或禁止所聲請之事項者，適用舊法規。

第一九條　（法規適用之停止或恢復）
①法規因國家遭遇非常事故，一時不能適用者，得暫停適用其一部或全部。
②法規停止或恢復適用之程序，準用本法有關法規廢止或制定之規定。

第五章　法規之修正與廢止

第二〇條　（修正之情形及程序）
①法規有左列情形之一者，修正之：
一　基於政策或事實之需要，有增減內容之必要者。
二　因有關法規之修正或廢止而應配合修正者。
三　規定之主管機關或執行機關已裁併或變更者。
四　同一事項規定於二以上之法規，無分別存在之必要者。
②法規修正之程序，準用本法有關法規制定之規定。

第二一條　（廢止情形）
法規有左列情形之一者，廢止之：
一　機關裁併，有關法規無保留之必要者。
二　法規規定之事項已執行完畢，或因情勢變遷，無繼續施行之必要者。
三　法規因有關法規之廢止或修正致失其依據，而無單獨施行之必要者。
四　同一事項已定有新法規，並公布或發布施行者。

第二二條　（廢止程序及失效日期）
①法律之廢止，應經立法院通過，總統公布。
②命令之廢止，由原發布機關爲之。
③依前二項程序廢止之法規，得僅公布或發布其名稱及施行日期；並自公布或發布之日起算至第三日起失效。

第二三條　（當然廢止）
法規定有施行期限者，期滿當然廢止，不適用前條之規定。但應由主管機關公告之。

第二四條　（延長施行之程序）
①法規定有施行期限，主管機關認為需要延長者，應於期限屆滿一個月前送立法院審議。但其期限在立法院休會期內屆滿者，應於立法院休會一個月前送立法院。
②命令定有施行期限，主管機關認為需要延長者，應於期限屆滿一個月前，由原發布機關發布之。

第二五條　（機關裁併後命令之廢止或延長）
命令之原發布機關或主管機關已裁併者，其廢止或延長，由承受其業務之機關或其上級機關為之。

第六章　附　則

第二六條　（施行日）
本法自公布日施行。

立法院職權行使法

①民國88年1月25日總統令制定公布全文77條。
②民國88年6月30日總統令修正公布第19條條文。
③民國89年5月24日總統令修正公布第18至24、28、75條條文。
④民國89年11月22日總統令增訂公布第七章之一章名及第44-1條條文。
⑤民國90年6月20日總統令修正公布第29、30條條文。
⑥民國90年11月14日總統令修正公布第13條條文。
⑦民國91年1月25日總統令修正公布第11、68、70、72、74條條文；並增訂第10-1、71-1條條文。
⑧民國96年12月19日總統令修正公布第5、8至10、11、17、20、 29、60、67、68、72、77條條文；並自立法院第七屆立法委員就職日（97年2月1日）起施行。
⑨民國97年5月14日總統令修正公布第70、71-1條條文。
⑩民國97年5月28日總統令增訂公布第二章之一章名及第15-1至15-5條條文。
⑪民國99年6月15日總統令修正公布第42、44、70條條文。
⑫民國107年11月21日總統令增訂公布第28-1、28-2條條文。
⑬民國113年6月24日總統令修正公布第2、15、15-1、15-2、15-4、22、23、25、26、28、29、30、31、44、45、46、47至50、51至53、57條條文及第八章章名；增訂第29-1、30-1、46-1、46-2、50-1、50-2、53-1至53-3、59-1至59-9、74-1條條文及第九章之一章名。

第一章　總　則

第一條　（立法依據）
①本法依立法院組織法第二條第二項制定之。
②本法未規定者，適用其他法令之規定。

第二條 113
①立法委員應分別於每年二月一日及九月一日起報到，開議日由各黨團協商決定之。但經總統解散時，由新任委員於選舉結果公告後第三日起報到，第十日開議。
②前項報到及出席會議，應由委員親自爲之。
③第一項開議日，黨團協商無法達成共識時，應由院長召開全院委員談話會，依各黨團所提之議程草案表決定之

第三條　（就職宣誓及院長、副院長選舉）
立法院每屆第一會期報到首日舉行預備會議，進行委員就職宣誓及院長、副院長之選舉。

第四條　（開會額數及總額計算標準）
①立法院會議，須有立法委員總額三分之一出席，始得開會。
②前項立法委員總額，以每會期實際報到人數爲計算標準。但會期中辭職、去職或亡故者，應減除之。

第五條　（會期延長之要件）96
立法院每次會期屆至，必要時，得由院長或立法委員提議或行政院之請求延長會期，經院會議決行之；立法委員之提議，並應有二十人以上之連署或附議。

第六條　（會議之決議）
立法院會議之決議，除法令另有規定外，以出席委員過半數之同意行之；可否同數時，取決於主席。

第二章　議案審議

第七條　（議案之議決）
立法院依憲法第六十三條規定所議決之議案，除法律案、預算案應經三讀會議決外，其餘均經二讀會議決之。

第八條　（第一讀會程序）96
①第一讀會，由主席將議案宣付朗讀行之。
②政府機關提出之議案或立法委員提出之法律案，應先送程序委員會，提報院會朗讀標題後，即應交付有關委員會審查。但有出席委員提議，二十人以上連署或附議，經表決通過，得逕付二讀。
③立法委員提出之其他議案，於朗讀標題後，得由提案人說明其旨趣，經大體討論，議決交付審查或逕付二讀，或不予審議。

第九條　（第二讀會程序）96
①第二讀會，於討論各委員會審查之議案，或經院會議決不經審查逕付二讀之議案時行之。
②第二讀會，應將議案朗讀，依次或逐條提付討論。
③第二讀會，得就審查意見或原案要旨，先作廣泛討論。廣泛討論後，如有出席委員提議，十五人以上連署或附議，經表決通過，得重付審查或撤銷之。

第一〇條　（對立法原旨有異議之補救程序）96
法律案在第二讀會逐條討論，有一部分已經通過，其餘仍在進行中時，如對本案立法之原旨有異議，由出席委員提議，二十五人以上連署或附議，經表決通過，得將全案重付審查。但以一次爲限。

第一〇條之一　（第二讀會不須協商之議案處理）96
第二讀會討論各委員會議決不須黨團協商之議案，得經院會同意，不須討論，逕依審查意見處理。

第一一條　（第三讀會之程序）96
①第三讀會，應於第二讀會之下次會議行之。但如有出席委員提議，十五人以上連署或附議，經表決通過，得於二讀後繼續進行三讀。
②第三讀會，除發現議案內容有互相牴觸，或與憲法、其他法律相牴觸者外，祇得爲文字之修正。
③第三讀會，應將議案全案付表決。

第一二條　（議案之撤回及法律案之併案審查）
①議案於完成二讀前，原提案者得經院會同意後撤回原案。
②法律案交付審查後，性質相同者，得爲併案審查。
③法律案付委經逐條討論後，院會再爲併案審查之交付時，審查會對已通過之條文，不再討論。

第一三條　（屆滿不予繼續審議之議案）
每屆立法委員任期屆滿時，除預（決）算案及人民請願案外，尚未議決之議案，下屆不予繼續審議。

第一四條　（憲法修正案審議程序準用之規定）
立法委員提出之憲法修正案，除依憲法第一百七十四條第二款之規定處理外，審議之程序準用法律案之規定。

第一五條 113
①總統依憲法增修條文第二條第三項之規定發布緊急命令，提交立法院追認時，不經討論，交全院委員會審查；審查後提出院會以記名投票表決。未獲同意者，該緊急命令立即失效。
②總統於立法院休會期間發布緊急命令提交追認時，立法院應即召開臨時會，依前項規定處理。
③總統於立法院解散後發布緊急命令，提交立法院追認時，立法院應於三日內召開臨時會，並於開議七日內議決，如未獲同意，該緊急命令立即失效。但於新任立法委員選

舉投票日後發布者，由新任立法委員於就職後依第一項規定處理。

第二章之一　聽取總統國情報告 97

第一五條之一 113
①依中華民國憲法增修條文第四條第三項規定之精神，立法院於每年集會時邀請總統至立法院進行國情報告。
②總統於每年二月一日前向立法院送交國情報告書，並於三月一日前赴立法院進行國情報告。
③新任總統於就職兩週內向立法院送交國情報告書，並於一個月內赴立法院進行國情報告。

第一五條之二 113
①立法院得經全體立法委員四分之一以上提議，院會決議後，由程序委員會排定議程，就國家大政方針及重要政策議題，聽取總統國情報告。
②總統就其職權相關之國家大政方針及重要政策議題，得咨請立法院同意後，至立法院進行國情報告。

第一五條之三　（印送書面報告之期限）97
總統應於立法院聽取國情報告日前三日，將書面報告印送全體委員。

第一五條之四 113
①立法委員於總統國情報告完畢後，得就報告不明瞭處，提出口頭或書面問題。
②立法委員進行前項口頭提問時，總統應依序即時回答；其發言時間、人數、順序、政黨比例等事項，由黨團協商決定。
③就立法委員第一項之書面問題，總統應於七日內以書面回覆。但事項牽涉過廣者，得延長五日。

第一五條之五　（立法委員對國情報告所提問題送請總統參考）97
立法委員對國情報告所提問題之發言紀錄，於彙整後送請總統參考。

第三章　聽取報告與質詢

第一六條　（提出施政報告與質詢之規定）
①行政院依憲法增修條文第三條第二項第一款向立法院提出施政方針及施政報告，依下列之規定：
　一　行政院應於每年二月一日以前，將該年施政方針及上年七月至十二月之施政報告印送全體立法委員，並由行政院院長於二月底前提出報告。
　二　行政院應於每年九月一日以前，將該年一月至六月之施政報告印送全體立法委員，並由行政院院長於九月底前提出報告。
　三　新任行政院院長應於就職後兩週內，向立法院提出施政方針之報告，並於報告日前三日將書面報告印送全體立法委員。
②立法院依前項規定向行政院院長及行政院各部會首長提出口頭質詢之會議次數，由程序委員會定之。

第一七條　（施政方針變更時之報告與質詢）96
①行政院遇有重要事項發生，或施政方針變更時，行政院院長或有關部會首長應向立法院院會提出報告，並備質詢。
②前項情事發生時，如有立法委員提議，十五人以上連署或附議，經院會議決，亦得邀請行政院院長或有關部會首長向立法院院會報告，並備質詢。

第一八條　（質詢之種類）
①立法委員對於行政院院長及各部會首長之施政方針、施政報告及其他事項，得提出口頭或書面質詢。
②前項口頭質詢分為政黨質詢及立法委員個人質詢，均以即問即答

③方式爲之，並得採用聯合質詢。但其人數不得超過三人。政黨質詢先於個人質詢進行。

第一九條　（政黨質詢）

①每一政黨詢答時間，以各政黨黨團提出人數乘以三十分鐘行之。但其人數不得逾該黨團人數二分之一。

②前項參加政黨質詢之委員名單，由各政黨於行政院院長施政報告前一日向秘書長提出。

③代表政黨質詢之立法委員，不得提出個人質詢。

④政黨質詢時，行政院院長及各部會首長皆應列席備詢。

第二〇條　（個人質詢）96

①立法委員個人質詢應依各委員會之種類，以議題分組方式進行，行政院院長及與議題相關之部會首長應列席備詢。

②議題分組進行質詢，依立法院組織法第十條第一項各款順序。但有委員十五人連署，經議決後得變更議題順序。

③立法委員個人質詢，以二議題爲限，詢答時間合計不得逾三十分鐘。如以二議題進行時，各議題不得逾十五分鐘。

第二一條　（質詢之登記及書面要旨之送交）

①施政方針及施政報告之質詢，於每會期集會委員報到日起至開議後七日內登記之。

②立法委員爲前項之質詢時，得將其質詢要旨以書面於質詢日前二日送交議事處，轉知行政院。但遇有重大突發事件，得於質詢前二小時提出。委員如採用聯合質詢，應併附親自簽名之同意書面。

③已質詢委員，不得再登記口頭質詢。

第二二條 113

依第十七條及第十八條提出之口頭質詢，應由行政院院長或質詢委員指定之有關部會首長答復；未及答復部分，應於十日內以書面答復。但質詢事項牽涉過廣者，得延長五日。

第二三條 113

①立法委員行使憲法增修條文第三條第二項第一款之質詢權，除依第十六條至第二十一條規定處理外，應列入議事日程質詢事項，並由立法院送交行政院。

②行政院應於收到前項質詢後十五日內，將書面答復送由立法院轉知質詢委員，並列入議事日程質詢事項。但如質詢內容牽涉過廣者，答復時間得延長十日。

第二四條　（質詢提出之規定）

①質詢之提出，以說明其所質詢之主旨爲限。

②質詢委員違反前項規定者，主席得予制止。

第二五條 113

①質詢之答復，不得超過質詢範圍之外，並不得反質詢。

②被質詢人除爲避免國防、外交明顯立即之危害或依法應秘密之事項者並經主席同意者外，不得拒絕答復、拒絕提供資料、隱匿資訊、虛僞答復或有其他藐視國會之行爲。

③被質詢人非經立法院院會或各委員會之同意，不得缺席。

④被質詢人違反第一項至第三項規定，主席得予制止、命出席，並得要求被質詢人爲答復。

⑤被質詢人經主席依前項規定制止、命出席或要求答復卻仍違反者，由主席或質詢委員提議，出席委員五人以上連署或附議，經院會決議，處被質詢人二萬元以上二十萬元以下罰鍰。

⑥前項情形，經限期改正，逾期仍不改正者，得按次連續課處罰鍰。

⑦前二項罰鍰處分，受處分者如有不服，得於處分書送達之次日起二個月內，向立法院所在地之行政法院提起行政訴訟。

⑧違反第一項至第三項規定之政府人員，由主席或質詢委員提議，出席委員五人以上連

署或附議，經院會決議，移送彈劾或懲戒。
⑨政府人員於立法院受質詢時，為虛偽陳述者，依法追訴其刑事責任。

第二六條 113
①行政院院長、副院長及各部會首長應親自出席立法院院會，並備質詢。因故不能出席者，應於開會前檢送必須請假之理由及行政院院長批准之請假書。
②各部會首長因故不能出席，請假時，非政務官之部會副首長不得上發言台備詢，必要時，得提供資料，由行政院院長答復。

第二七條 （質詢事項不得為討論議題）
質詢事項，不得作為討論之議題。

第二八條 113
①行政院向立法院提出預算案編製經過報告之質詢，應於報告首日登記，詢答時間不得逾十五分鐘。
②前項質詢以即問即答方式為之。但經質詢委員同意，得採綜合答復。
③審計長所提總決算審核報告之諮詢，應於報告日中午前登記；其詢答時間及答復方式，依前二項規定處理。
④行政院或審計部對於質詢或諮詢未及答復部分，應於十五日內以書面答復。但內容牽涉過廣者，得延長十日。

第二八條之一 （機密預算之審議原則）107
立法院對於行政院或審計長向立法院提出預算案編製經過報告及總決算審核報告，其涉及國家機密者，以秘密會議行之。

第二八條之二 （追加預算案及特別預算案之適用）107
①追加預算案及特別預算案，其審查程序與總預算案同。但必要時，經院會聽取編製經過報告並質詢後，逕交財政委員會會同有關委員會審查，並提報院會處理。
②前項審查會議由財政委員會召集委員擔任主席。

第四章 同意權之行使

第二九條 113
①立法院依憲法第一百零四條、憲法增修條文第五條第一項、第六條第二項、第七條第二項規定行使同意權時，不經討論，交付全院委員會審查，審查後提出院會以記名投票表決，經超過全體立法委員二分之一之同意為通過。
②立法院依法律規定行使前項規定以外之人事同意權時，不經討論，交付相關委員會審查，審查後提出院會以記名投票表決，經超過全體立法委員二分之一之同意為通過。
③前二項人事同意權案交付全院委員會或相關委員會審查，自交付審查之日起，期間不得少於一個月，且應於審查過程中舉行公聽會，邀集相關學者專家、公民團體及社會公正人士共同參與審查，並應於院會表決之日十日前，擬具審查報告。

第二九條之一 113
①被提名人之學歷、最高學歷學位論文、經歷、財產、稅務、刑案紀錄表及其他審查所需之相關資料，應由提名機關於提名後七日內送交立法院參考。
②立法院各黨團或未參加黨團之委員，得以書面要求被提名人答復與其資格及適任性有關之問題並提出相關之資料；被提名人之準備時間，不得少於十日。
③被提名人應於提出書面答復及相關資料之同時，提出結文，並應於結文內記載已據實答復，絕無匿、飾、增、減，並已提出相關資料，絕無隱匿資料或提供虛偽資料。但就特定問題之答復及資料之提出，如有行政訴訟法所定得拒絕證言之事由並提出書面釋明者，不在此限。

第三〇條 113
①全院委員會或相關委員會就被提名人之資格及是否適任之相關事項進行審查與詢問，由立法院咨請總統或函請提名機關通知被提名人列席說明與答詢。

②被提名人有數人者，前項之說明與答詢，應分別爲之。
③被提名人列席說明與答詢前，應當場具結，並於結文內記載當據實答復，絕無匿、飾、增、減等語。但就特定問題之答復，如有行政訴訟法所定得拒絕證言之事由並當場釋明者，不在此限。
④全院委員會應就司法院院長副院長、考試院院長副院長及監察院院長副院長與其他被提名人分開審查。

第三〇條之一 113
①被提名人拒絕依第二十九條之一第二項規定答復問題或提出相關資料，拒絕依該條第三項規定提出結文、或拒絕依前條第三項規定具結者，委員會應不予審查並報告院會。
②被提名人違反第二十九條之一第三項或前條第三項規定，於提出結文或具結後答復不實、隱匿資料或提供虛僞資料者，委員會應不予審查並報告院會。經院會決議者，得處新臺幣二萬元以上二十萬元以下之罰鍰。
③前項罰鍰處分，受處分者如有不服，得於處分書送達之次日起二個月內，向立法院所在地之行政法院提起行政訴訟。

第三一條 113
同意權行使之結果，由立法院咨復總統或函復行政院院長。如被提名人未獲同意，總統或行政院院長應另提他人咨請或函請立法院同意。

第五章　覆議案之處理

第三二條　（覆議）
行政院得就立法院決議之法律案、預算案、條約案之全部或一部，經總統核可後，移請立法院覆議。

第三三條　（覆議案之審查）
①覆議案不經討論，即交全院委員會，就是否維持原決議予以審查。
②全院委員會審查時，得由立法院邀請行政院院長列席說明。

第三四條　（覆議案之表決）
覆議案審查後，應於行政院送達十五日內提出院會以記名投票表決。如贊成維持原決議者，超過全體立法委員二分之一，即維持原決議；如未達全體立法委員二分之一，即不維持原決議；逾期未作成決議者，原決議失效。

第三五條　（休會期間覆議案之處理）
立法院休會期間，行政院移請覆議案，應於送達七日內舉行臨時會，並於開議十五日內，依前二條規定處理之。

第六章　不信任案之處理

第三六條　（不信任案提出之要件）
立法院依憲法增修條文第三條第二項第三款之規定，得經全體立法委員三分之一以上連署，對行政院院長提出不信任案。

第三七條　（不信任案之審查及表決）
①不信任案應於院會報告事項進行前提出，主席收受後應即報告院會，並不經討論，交付全院委員會審查。
②全院委員會應自不信任案提報院會七十二小時後，立即召開審查，審查後提報院會表決。
③前項全院委員會審查及提報院會表決時間，應於四十八小時內完成，未於時限完成者，視爲不通過。

第三八條　（不信任案連署之撤回及參加）
①不信任案於審查前，連署人得撤回連署，未連署人亦得參加連署；提案人撤回原提案

須經連署人同意。
②前項不信任案經主席宣告審查後，提案人及連署人均不得撤回提案或連署。
③審查時如不足全體立法委員三分之一以上連署者，該不信任案視為撤回。

第三九條　（不信任案之表決方式）
不信任案之表決，以記名投票表決之。如經全體立法委員二分之一以上贊成，方為通過。

第四〇條　（不信任結果之咨送）
立法院處理不信任案之結果，應咨送總統。

第四一條　（再提不信任案之限制）
不信任案未獲通過，一年內不得對同一行政院院長再提不信任案。

第七章　彈劾案之提出

第四二條　（彈劾案）99
立法院依憲法增修條文第四條第七項之規定，對總統、副總統得提出彈劾案。

第四三條　（提議彈劾案之程序）
①依前條規定彈劾總統或副總統，須經全體立法委員二分之一以上提議，以書面詳列彈劾事由，交由程序委員會編列議程提報院會，並不經討論，交付全院委員會審查。
②全院委員會審查時，得由立法院邀請被彈劾人列席說明。

第四四條　113
全院委員會審查後，提出院會以記名投票表決，如經全體立法委員三分之二以上決議，向司法院大法官提出彈劾案。

第七章之一　罷免案之提出及審議

第四四條之一　（罷免案之提出及審議）
①立法院依憲法增修條文第二條第九項規定提出罷免總統或副總統案，經全體立法委員四分之一之提議，附具罷免理由，交由程序委員會編列議程提報院會，並不經討論，交付全院委員會於十五日內完成審查。
②全院委員會審查前，立法院應通知被提議罷免人於審查前七日內提出答辯書。
③前項答辯書，立法院於收到後，應即分送全體立法委員。
④被提議罷免人不提出答辯書時，全院委員會仍得逕行審查。
⑤全院委員會審查後，即提出院會以記名投票表決，經全體立法委員三分之二同意，罷免案成立，當即宣告並咨復被提議罷免人。

第八章　調查權之行使 113

第四五條　113
①立法院為有效行使憲法所賦予之職權，得經院會決議，設調查委員會，或得經委員會之決議，設調查專案小組，對相關議案或與立法委員職權相關之事項行使調查權及調閱權。
②調查委員會或調查專案小組得要求有關機關就特定議案涉及事項提供參考資料，並得舉行聽證，要求有關人員出席提供證言及資料、物件；聽證相關事項依第九章之一之規定。
③調查委員會之名稱、調查事項、目的、方法及成員人數，由院會議決之。調查專案小組之名稱、調查事項、目的、方法及成員人數，由委員會議決之。

第四六條　113
①調查委員會或調查專案小組之設立，均應於立法院會期中為之。但行使調查權及文件調閱權之時間不在此限。

②調查委員會及調查專案小組於議案調查完畢並提出調查報告、調閱報告及處理意見後即行解散，或於該屆立法委員任期屆滿時自動解散。

第四六條之一 113

①調查委員會之成員，由立法院各黨團依其在院會之席次比例推派之，並得視實際情況予以改派。

②調查專案小組之成員，由各該委員會委員推派之。

③調查委員會及調查專案小組應置召集委員一人，由所屬成員互選之。

第四六條之二 113

①立法院行使調查權，不得逾越調查目的、事項與範圍，並應尊重其他國家機關受憲法保障獨立行使之職權，及行政首長就特定機密決定不予公開之行政特權。

②裁判確定前之訴訟案件就其偵查或審判所為之處置及其卷證，立法院不得行使調查權。尚未確定之訴願事件，或其他依法應獨立行使職權之機關本於職權處理中之案件，亦同。

③調查委員會成立後，其他依法應獨立行使職權之機關亦本於職權進行處理相關案件時，調查委員會得停止調查。

第四七條 113

①調查委員會或調查專案小組為行使調查權，得要求政府機關、部隊、法人、團體或社會上有關係人員於五日內提供相關文件、資料及檔案。但相關文件、資料及檔案原本業經司法機關或監察機關先為調取時，應敘明理由，並提供複本。

②調查委員會或調查專案小組為行使調查權於必要時，得詢問相關人員，命其出席為證言，但應於指定期日五日前，通知相關人員於指定地點接受詢問。

③被調閱文件、資料及檔案之政府機關、部隊、法人、團體或社會上有關係人員在調閱期間，應指派專人將調閱資料送達立法院指定場所，以供參閱，由立法院指派專人負責保管。

第四八條 113

①政府機關或公務人員違反本法規定，於立法院調閱文件、資料及檔案時拒絕、拖延或隱匿不提供者，得經立法院院會之決議，將其移送監察院依法提出糾正、糾舉或彈劾。

②法人、團體或社會上有關係人員違反本法規定，於立法院調閱文件、資料及檔案時拒絕、拖延或隱匿不提供者，得經立法院院會之決議，處新臺幣一萬元以上十萬元以下之罰鍰，並得按次處罰至改正為止。

③前項罰鍰處分，受處分者如有不服，得於處分書送達之次日起二個月內，向立法院所在地之行政法院提起行政訴訟。

第四九條 113

①調查委員會所需之工作人員，由秘書長指派之。

②調查專案小組所需之工作人員，由立法院各委員會或主辦委員會就各該委員會人員中指派之。

③調查委員會及調查專案小組於必要時，得請求院長指派專業人員協助之。

第五〇條 113

①調查委員會所調取之文件、資料或物件，限由該調查委員會之委員或院長指派之專業人員親自查閱之。

②前項查閱人員，對依法應保密之文件、資料或物件不得抄錄、攝影、影印、誦讀、錄音或為其他複製行為，亦不得攜離或傳輸至查閱場所外。

③第一項查閱人員對依法應保密之文件、資料或物件內容或其存在，負有保密之義務；其離職後，於解密前之期間內，亦同。

第五〇條之一 113

①調查委員會或調查專案小組至少需三分之一以上委員出席時，始得依第四十七條第二項規定詢問相關人員。

②詢問須出以懇切之態度，不得有強暴、脅迫或以其他易導致心理強制的狀態，並不得強迫證人爲不利己之供述。
③詢問前，應令其宣誓當據實答復，絕無匿、飾、增、減，告以立法院成立本調查委員會或調查專案小組之任務，並告知其有拒絕證言之權利及事由。
④前項拒絕證言之事由，準用行政訴訟法相關規定。
⑤接受調查詢問之人員，認爲調查委員會或調查專案小組已逾越其職權範圍或涉及法律明定保護之個人隱私而與公共事務無關者，應陳明理由，經會議主席裁示同意後，得拒絕證言或交付文件、資料及檔案。

第五〇條之二 113
接受調查詢問之人員，經主席同意，於必要時得協同律師或相關專業人員到場協助之。

第五一條 113
調查委員會或調查專案小組應於調查、調閱終結後三十日內，分向院會或委員會提出調查、調閱報告書及處理意見，作爲處理該特定議案或與立法委員職權相關事項之依據。

第五二條 113
調查、調閱報告書及處理意見未提出前，其調查人員、工作人員、專業人員、保管人員或查閱人員負有保密之義務，不得對調查、調閱內容或處理情形予以揭露。但涉及外交、國防或其他依法令應秘密事項者，於調查、調閱報告及處理意見提出後，仍應依相關法令規定保密，並依秘密會議處理之。

第五三條 113
①調查委員會或調查專案小組未提出調查、調閱報告書及處理意見前，院會或委員會對該特定議案不得爲最後之決議。但已逾院會或各該委員會議決之時限時，不在此限。
②前項調查專案小組之調查、調閱報告書及處理意見，應經該委員會議決後提報院會處理。

第五三條之一 113
①調查報告或期中報告之內容，不受司法審查。
②檢察機關、法院、訴願或其他行政救濟之先行程序審議機關對案件之偵查、審判或審議，不受調查報告或期中報告之拘束。

第五三條之二 113
調查委員會之會議，本法未規定者，準用立法院組織法、立法院各委員會組織法、立法委員行爲法及立法院議事規則相關之規定。

第五三條之三 113
調查委員會之成員、專業人員、工作人員、保管人員、幕僚人員或其他相關人員，其利益迴避事項，準用立法委員行爲法及公職人員利益衝突迴避法之規定。

第九章　委員會公聽會之舉行

第五四條　（公聽會之舉行及秘密會議）
各委員會爲審查院會交付之議案，得依憲法第六十七條第二項之規定舉行公聽會。如涉及外交、國防或其他依法令應秘密事項者，以秘密會議行之。

第五五條　（舉行公聽會之要件）
公聽會須經各委員會輪值之召集委員同意，或經各委員會全體委員三分之一以上之連署或附議，並經議決，方得舉行。

第五六條　（公聽會之主席及出席人員）
①公聽會以各委員會召集委員爲主席，並得邀請政府人員及社會上有關係人員出席表達意見。
②前項出席人員，應依正反意見之相當比例邀請，並以不超過十五人爲原則；其人選由各委員會決定之。
③應邀出席人員非有正當理由，不得拒絕出席。

第五七條 113

①舉行公聽會之委員會，應於開會日五日前，將開會通知、議程等相關資料，以書面送達出席人員，並請其提供口頭或書面意見。

②同一議案舉行多次公聽會時，得由公聽會主席於會中宣告下次舉行日期，不受五日之限制，但仍應發出書面通知。

③立法院對應邀出席人員，酌發出席費。

第五八條　（公聽會報告之提出）

委員會應於公聽會終結後十日內，依出席者所提供之正、反意見提出公聽會報告，送交本院全體委員及出席者。

第五九條　（公聽會報告之效力）

公聽會報告作爲審查該特定議案之參考。

第九章之一　聽證會之舉行 113

第五九條之一 113

①各委員會、調查委員會、調查專案小組爲審查院會交付之議案、全院委員會爲補選副總統、彈劾總統副總統或審查行使同意權案，得依憲法第六十七條第二項之規定舉行聽證會。

②涉及外交、國防或其他依法令應秘密事項者，以秘密會議行之。

③除前項規定外，聽證會應公開舉行，但有下列情形，應部分或全部不公開：

一　個人隱私遭受不當侵害之虞。

二　個人生命、身體或其他自由遭受威脅之虞。

三　營業秘密遭受不當侵害之虞。

④以秘密會議或不公開方式行之者，所有與會者對於應秘密事項負有保密之義務。

⑤違反前項有關保密義務之規定者，適用國家機密保護法、刑法及其他有關法令之規定處罰。

第五九條之二 113

①聽證會須經全院委員會、各委員會、調查委員會或調查專案小組召集委員同意，或經前列委員會、專案小組全體委員三分之一以上之連署或附議，並經院會議決，方得舉行。

②前項議案於院會審議時，不受本法第七十一條之一有關黨團協商逾一個月無法達成共識始能處理規定之限制。

第五九條之三 113

①由調查委員會、調查專案小組、委員會舉行之聽證會，以召集委員爲主席，調查委員會、調查專案小組、委員會成員，得出席聽證會；由全院委員會舉行者，以院長爲主席，全體立法委員均得出席。聽證會得邀請政府人員及社會上有關係人員出席表達意見與證言。

②應邀出席人員非有正當理由，不得拒絕出席。

第五九條之四 113

受邀出席之政府人員或與調查事件相關之社會上有關係人員於必要時，經主席同意，得由律師、相關專業人員或其他輔佐人在場協助。

第五九條之五 113

①出席人員有下列情形之一者，得拒絕證言或表達意見：

一　涉及國家安全、國防及外交之國家機密事項。

二　逾越聽證會調查之目的所提出之詰問或對質。

三　依行政訴訟法之規定得拒絕證言之事項。

四　涉及受法律明定保護之個人隱私或其他秘密事項。

②無正當理由缺席、拒絕表達意見、拒絕證言、拒絕提供資料者，得經立法院院會決

議，處新臺幣一萬以上十萬元以下之罰鍰，並得按次處罰。
③前項罰鍰處分，受處分者如有不服，得於處分書送達之次日起二個月內，向立法院所在地之行政法院提起行政訴訟。
④出席聽證會之政府人員為證言時，為虛偽陳述者，由主席或質詢委員提議，出席委員五人以上連署或附議，經院會決議，移送彈劾或懲戒。
⑤出席聽證會之政府人員為證言時，為虛偽陳述者，依法追訴其刑事責任。
⑥出席聽證會之社會上有關係人員為證言時，為虛偽陳述者，得經立法院院會決議，處新臺幣二萬元以上二十萬元以下之罰鍰。
⑦前項罰鍰處分，受處分者如有不服，得於處分送達之次日起二個月內，向立法院所在地之行政法院提起行政訴訟。

第五九條之六 113
①舉行聽證會，應於開會日五日前，將開會通知、議程等相關資料，以書面送達出席人員，並請其提供口頭或書面意見。
②同一議案舉行多次聽證會時，得由聽證會主席於會中宣告下次舉行日期，不受五日之限制，但仍應發出書面通知。
③聽證會之通知應以書面載明下列事項，準用行政程序法有關送達之規定：
一　會議主題。
二　受邀出席之有關機關或人民之姓名或名稱及其住居所、事務所或營業所。
三　聽證會舉行之時間、地點。
四　聽證會之程序。
五　表達意見或證言之事項。
六　本章提及之相關權利及義務。
七　本章相關或其他應注意或遵行事項。
④立法院對應邀出席之專業人員，得酌發出席費。

第五九條之七 113
①聽證會，應作成聽證會紀錄。
②前項聽證會紀錄應載明出席人員所為陳述或發問之要旨及其提出之文書、電磁紀錄、證據，並記明出席人員於聽證會進行中聲明異議之事由及主席對異議之處理。
③聽證會，應全程連續錄音錄影。
④聽證會紀錄當場製作完成者，由陳述者及發問人當場簽名；未當場製作完成者，由主席指定日期、場所，供陳述者及發問人閱覽，並簽名。
⑤前項情形，陳述者或發問人拒絕簽名或未於指定日期、場所閱覽者，應記明事由。
⑥陳述者或發問人對聽證會紀錄之記載有異議者，得即時提出。主席認異議有理由者，應予更正或補充；無理由者，應記明其異議。

第五九條之八 113
聽證會報告應於聽證會終結後十五日內提出，經主席核定簽名後，除不公開之部分外，送交本院全體委員，並將得公開之報告刊登公報。

第五九條之九 113
①聽證會報告作為審查該特定議案之重要參考。
②前項報告有關出席受調查者，涉及違法或虛偽陳述應予載明。

第十章　行政命令之審查

第六〇條　（各機關訂定之命令應提報會議）96
①各機關依其法定職權或基於法律授權訂定之命令送達立法院後，應提報立法院會議。
②出席委員對於前項命令，認為有違反、變更或牴觸法律者，或應以法律規定事項而以命令定之者，如有十五人以上連署或附議，即交付有關委員會審查。

第六一條　（行政命令審查之期限）

①各委員會審查行政命令，應於院會交付審查後三個月內完成之；逾期未完成者，視為已經審查。但有特殊情形者，得經院會同意後展延；展延以一次為限。
②前項期間，應扣除休會期日。

第六二條 （行政命令違法之救濟程序）
①行政命令經審查後，發現有違反、變更或牴觸法律者，或應以法律規定事項而以命令定之者，應提報院會，經議決後，通知原訂頒之機關更正或廢止之。
②前條第一項視為已經審查或經審查無前項情形之行政命令，由委員會報請院會存查。
③第一項經通知更正或廢止之命令，原訂頒機關應於二個月內更正或廢止；逾期未為更正或廢止者，該命令失效。

第六三條 （行政命令審查得準用之規定）
各委員會審查行政命令，本章未規定者，得準用法律案之審查規定。

第十一章　請願文書之審查

第六四條 （請願文書之處理方式）
①立法院於收受請願文書，應依下列規定辦理：
一　秘書處收受請願文書後，應即送程序委員會。
二　各委員會收受請願文書後，應即送秘書處收文。
三　立法院會議時，請願人面遞請願文書，由有關委員會召集委員代表接受，並於接見後，交秘書處收文。
四　請願人向立法院集體請願，面遞請願文書有所陳述時，由院長指定之人員接見其代表。
②前項請願人，包括經我國認許之外國法人。

第六五條 （請願文書之處理程序）
①立法院收受請願文書後，應先由程序委員會審核其形式是否符合請願法規定，其有不符或文字意思表示無法瞭解者，通知其補正。
②請願文書之內容明顯非屬立法職權事項，程序委員會應逕行移送權責機關處理；其屬單純之行政事項，得不交審查而逕行函復，或委託相關委員會函復。如顯有請願法第三條、第四條規定情事，依法不得請願者，由程序委員會通知請願人。

第六六條 （請願文書之審查及查復）
①請願文書應否成為議案，由有關委員會審查；審查時得先函請相關部會於一個月內查復。必要時得派員先行瞭解，或通知請願人到會說明，說明後應即退席。
②請願文書在審查未有結果前，請願人得撤回之。

第六七條 （成為或不成為議案之處理方式）96
①請願文書經審查結果成為議案者，由程序委員會列入討論事項，經大體討論後，議決交付審查或逕付二讀或不予審議。
②請願文書經審查結果不成為議案者，應敘明理由及處理經過，送由程序委員會報請院會存查，並通知請願人。但有出席委員提議，十五人以上連署或附議，經表決通過，仍得成為議案。

第十二章　黨團協商

第六八條 （黨團協商）96
①為協商議案或解決爭議事項，得由院長或各黨團向院長請求進行黨團協商。
②立法院院會於審議不須黨團協商之議案時，如有出席委員提出異議，十人以上連署或附議，該議案即交黨團協商。
③各委員會審查議案遇有爭議時，主席得裁決進行協商。

第六九條 （黨團協商參加者及舉行時間）
①黨團協商會議，由院長、副院長及各黨團負責人或黨鞭出席參加；並由院長主持，院

長因故不能主持時，由副院長主持。

②前項會議原則上於每週星期三舉行，在休會或停會期間，如有必要時，亦得舉行，其協商日期由主席通知。

第七〇條　（指派參加黨團協商代表）99

①議案交由黨團協商時，由該議案之院會說明人所屬黨團負責召集，通知各黨團書面簽名指派代表二人參加，該院會說明人爲當然代表，並由其擔任協商主席。但院會說明人更換黨團時，則由原所屬黨團另指派協商主席。

②各黨團指派之代表，其中一人應爲審查會委員。但黨團所屬委員均非審查會委員時，不在此限。

③依第六十八條第二項提出異議之委員，得向負責召集之黨團，以書面簽名推派二人列席協商說明。

④議案進行協商時，由秘書長派員支援，全程錄影、錄音、記錄，併同協商結論，刊登公報。

⑤協商結論如與審查會之決議或原提案條文有明顯差異時，應由提出修正之黨團或提案委員，以書面附具條文及立法理由，併同協商結論，刊登公報。

第七一條　（協商結論）

黨團協商經各黨團代表達成共識後，應即簽名，作成協商結論，並經各黨團負責人簽名，於院會宣讀後，列入紀錄，刊登公報。

第七一條之一　（黨團協商之期限）97

議案自交黨團協商逾一個月無法達成共識者，由院會定期處理。

第七二條　（協商結論之效力）96

①黨團協商結論於院會宣讀後，如有出席委員提議，八人以上之連署或附議，得對其全部或一部提出異議，並由院會就異議部分表決。

②黨團協商結論經院會宣讀通過，或依前項異議議決結果，出席委員不得再提出異議；逐條宣讀時，亦不得反對。

第七三條　（經協商議案及待表決條文之派員發言）

①經協商之議案於廣泛討論時，除經黨團要求依政黨比例派員發言外，其他委員不得請求發言。

②經協商留待院會表決之條文，得依政黨比例派員發言後，逕行處理。

③前二項議案在逐條討論時，出席委員不得請求發言。

第七四條　（議案分發協商之順序及數量）91

①程序委員會應依各委員會提出審查報告及經院會議決交由黨團協商之順序，依序將議案交由黨團協商。

②議案有時效性者，負責召集之黨團及該議案之院會說明人應優先處理。

第七四條之一　113

依第八條所定逕付二讀之議案，應交付黨團協商，並由提案委員或所屬黨團負責召集，並適用本法第七十條至第七十四條之規定。

第十三章　附　則

第七五條　（連署或附議人數限制之例外）

符合立法院組織法第三十三條規定之黨團，除憲法另有規定外，得以黨團名義提案，不受本法有關連署或附議人數之限制。

第七六條　（議事規則之訂定）

立法院議事規則另定之。

第七七條　（施行日）96

①本法自公布日施行。

②本法中華民國九十六年十一月三十日修正之條文，自立法院第七屆立法委員就職日起施行。

憲法訴訟法

①民國47年7月21日總統令制定公布全文20條。
②民國82年2月3日總統令修正公布名稱及全文35條（原名稱：司法院大法官會議法）。
③民國108年1月4日總統令修正公布名稱及全文95條；並自公布後三年施行（原名稱：司法院大法官審理案件法）。
④民國112年6月21日總統令修正公布第1、33、53、59、63、95條條文。
民國112年7月3日司法院令發布定自112年7月7日施行。

第一章　總　則

第一條　112
①司法院大法官組成憲法法庭，依本法之規定審理下列案件：
一　法規範憲法審查及裁判憲法審查案件。
二　機關爭議案件。
三　總統、副總統彈劾案件。
四　政黨違憲解散案件。
五　地方自治保障案件。
六　統一解釋法律及命令案件。
②其他法律規定得聲請司法院解釋者，其聲請仍應依其性質，分別適用本法所定相關案件類型及聲請要件之規定。

第二條　（憲法法庭之審判長）
憲法法庭審理案件，以並任司法院院長之大法官擔任審判長；其因故不能擔任時，由並任司法院副院長之大法官任之。二人均不能擔任時，由參與案件審理之資深大法官任之；資同由年長者任之。

第三條　（憲法法庭得設數審查庭及其組成）
①憲法法庭得設數審查庭，由大法官三人組成之，依本法之規定行使職權。
②審查庭審判長除由並任司法院院長、副院長之大法官擔任外，餘由資深大法官任之；資同由年長者任之。
③各審查庭大法官之組成，每二年調整一次。

第四條　（憲法法庭審理規則訂定）
①憲法法庭審理規則，由司法院定之。
②前項規則，由全體大法官議決之。

第五條　（憲法法庭審理案件之相關事務及審理規則等準用規定）
憲法法庭審理案件之司法年度、事務分配、法庭秩序、法庭用語及裁判書公開，除本法或憲法法庭審理規則別有規定外，準用法院組織法規定。

第二章　一般程序規定

第一節　當事人及訴訟代理人

第六條　（本法所稱當事人之定義）
①本法所稱當事人，係指下列案件之聲請人及相對人：
一　第三章案件：指聲請之國家最高機關、立法委員、法院及人民。
二　第四章案件：指聲請之國家最高機關，及與其發生爭議之機關。

三　第五章案件：指聲請機關及被彈劾人。
四　第六章案件：指聲請機關及被聲請解散之政黨。
五　第七章案件：指聲請之地方自治團體或其立法、行政機關。
六　第八章案件：指聲請之人民。

②受審查法規範之主管機關或憲法法庭指定之相關機關，視爲前項之相對人。

第七條　（憲法訴訟案件之聲請人有多數人時之任意及強制選定當事人規定）

①共同聲請人得由其中選定一人至三人爲全體聲請。但撤回聲請案件，應經全體聲請人同意。

②共同聲請人逾十人者，未依前項規定選定當事人者，審查庭得限期命爲選定；逾期未選定者，審查庭得依職權指定之。

③被選定或被指定之人中，有因死亡或其他事由喪失其資格者，其他被選定或被指定之人得爲全體爲訴訟行爲。無其他被選定或被指定之人時，準用前項規定。

④案件繫屬後經選定或指定當事人者，其他聲請人脫離訴訟。

第八條　（當事人得委任律師爲訴訟代理人；行言詞辯論案件則採強制代理制度）

①當事人得委任律師爲訴訟代理人；除有下列情形之一者外，言詞辯論期日，應委任律師爲訴訟代理人：

一　當事人或其代表人、法定代理人具有法官、律師或第三項第一款得爲訴訟代理人之資格。
二　第六條第二項所稱相對人。
三　被彈劾人已選任辯護人。

②每一當事人委任之訴訟代理人，不得逾三人。

③非律師具有下列情形之一者，亦得爲訴訟代理人：

一　法學教授、副教授或助理教授。
二　當事人爲公法人、機關、公法上之非法人團體時，其所屬辦理法制或法務相關業務之專任人員。

④委任前項非律師爲訴訟代理人者，應經憲法法庭審判長許可。

⑤第一項第一款情形，應提出資格證明文件；委任訴訟代理人，應提出委任書及受任人之資格證明文件。

⑥訴訟代理人不得委任複代理人。

第二節　迴　避

第九條　（大法官應自行迴避之情形）

大法官有下列情形之一者，應自行迴避，不得執行職務：

一　大法官或其配偶、前配偶或訂有婚約者，爲聲請案件當事人。
二　大法官現爲或曾爲聲請案件當事人之法定代理人、代表人、家長、家屬、三親等內之血親或二親等內之姻親。
三　大法官曾爲聲請案件之證人或鑑定人。
四　大法官曾參與原因案件之裁判或仲裁判斷。
五　大法官曾因執行職務而參與該案件之聲請。
六　大法官曾爲聲請案件之訴訟代理人或辯護人。
七　大法官於執行律師業務期間，其同事務所律師爲該聲請案件之訴訟代理人或辯護人。

第一〇條　（當事人得向憲法法庭聲請大法官迴避之情形）

①有下列情形之一者，當事人得向憲法法庭聲請大法官迴避：

一　大法官有前條所定情形之一而不自行迴避。
二　大法官有前條所定以外之情形，足認其執行職務有偏頗之虞。

②當事人如已就案件有所聲明或陳述後，不得依前項第二款規定聲請大法官迴避。但其

迴避原因發生在後或知悉在後者，不在此限。
③第一項聲請，應以書面附具理由爲之。
④憲法法庭關於聲請迴避之裁定，被聲請迴避之大法官不得參與。

第一一條　（大法官認有自行迴避之必要者，得經其他大法官過半數同意迴避）
因前二條以外之其他事由，大法官認有自行迴避之必要者，得經其他大法官過半數同意迴避之。

第一二條　（依本法迴避之大法官不計入現有總額之人數）
依本法迴避之大法官，不計入現有總額之人數。

第一三條　（書記官及通譯準用大法官迴避之規定）
大法官迴避之規定，於書記官及通譯準用之。

第三節　書狀及聲請

第一四條　（提出法庭之書狀應記載事項及其簽名或蓋章）
①書狀，除本法別有規定外，應記載下列各款事項：
一　當事人姓名、身分證明文件字號及住所或居所；當事人爲法人、機關或其他團體者，其名稱及所在地、事務所或營業所。
二　有法定代理人、代表人或管理人者，其姓名、住所或居所，及其與法人、機關或團體之關係。
三　有訴訟代理人或辯護人者，其姓名、職業、住所或居所。
四　應爲之聲明。
五　事實上及法律上之陳述。
六　供證明或釋明用之證據。
七　附屬文件之名稱及其件數。
八　憲法法庭。
九　年、月、日。
②當事人、法定代理人、代表人、管理人或訴訟代理人應於書狀內簽名或蓋章。
③書狀之格式及其記載方法，由司法院定之。
④書狀不合程式或有其他欠缺者，審判長應定期間命其補正。
⑤當事人得以科技設備將書狀傳送於憲法法庭；其適用範圍、程序、效力及其他應遵循事項之辦法，由司法院定之。
⑥當事人以科技設備傳送之書狀未依前項辦法爲之者，不生書狀提出之效力。

第一五條　（審查庭就聲請欠缺程式要件及其他不合法事由，得以一致決裁定不受理及審判長得命補正之情形）
①聲請憲法法庭裁判，應以聲請書記載本法規定之應記載事項，並附具相關佐證資料提出於憲法法庭。
②前項聲請，有下列各款情形之一者，審查庭得以一致決裁定不受理。但其情形可以補正者，審判長應定期間命其補正：
一　聲請人無當事人能力。
二　聲請人未由合法之法定代理人、代表人或管理人爲訴訟行爲。
三　由訴訟代理人聲請，而其代理權有欠缺。
四　聲請逾越法定期限。
五　本法明定不得聲請或不得更行聲請之事項。
六　對憲法法庭或審查庭之裁判聲明不服。
七　聲請不合程式或不備其他要件。
③聲請書未表明聲請裁判之理由者，毋庸命其補正，審查庭得以一致決裁定不受理。

第一六條　（當事人在途期間之扣除）
①當事人不在憲法法庭所在地住居者，計算法定期間，應扣除其在途期間。但有訴訟代

理人住居憲法法庭所在地，得為期間內應為之訴訟行為者，不在此限。
②前項應扣除之在途期間，由司法院定之。

第一七條　（憲法法庭應將聲請書送達相對人，並得限期提出答辯書陳述意見）
除裁定不受理者外，憲法法庭應將聲請書送達於相對人，並得限期命相對人以答辯書陳述意見。

第一八條　（決議受理之聲請案件聲請書及答辯書之公開）
①憲法法庭應於受理聲請案件後，於憲法法庭網站公開聲請書及答辯書。
②聲請書或答辯書含有應予限制公開之事項者，得僅就其他部分公開之。
③聲請書及答辯書公開之方式及限制公開之事項，由司法院定之。

第一九條　（審理案件認有必要時，得通知當事人或關係人到庭說明、陳述意見）
①憲法法庭審理案件認有必要時，得依職權或依聲請，通知當事人或關係人到庭說明、陳述意見，並得指定專家學者、機關或團體就相關問題提供專業意見或資料。
②前項通知或指定，應以通知書送達。
③當事人、關係人以外之人民或團體，依第一項指定提出專業意見或資料時，應揭露以下資訊：
一　相關專業意見或資料之準備或提出，是否與當事人、關係人或其代理人有分工或合作關係。
二　相關專業意見或資料之準備或提出，是否受當事人、關係人或其代理人之金錢報酬或資助及其金額或價值。
三　其他提供金錢報酬或資助者之身分及其金額或價值。

第二〇條　（專業意見或資料之徵集，供憲法法庭之參考）
①當事人以外之人民、機關或團體，認其與憲法法庭審理之案件有關聯性，得聲請憲法法庭裁定許可，於所定期間內提出具參考價值之專業意見或資料，以供憲法法庭參考。
②前項聲請，應以書面敘明關聯性為之。
③當事人以外之人民或團體，依裁定許可提出專業意見或資料時，準用前條第三項之規定。
④當事人以外之人民、機關或團體依裁定許可提出專業意見或資料時，應委任代理人；其資格及人數依第八條之規定。
⑤憲法法庭審理案件認有必要通知其裁定許可之當事人以外之人民、機關或團體到庭說明、陳述意見時，應以通知書送達。
⑥第一項人民、機關或團體提出專業意見或資料，經當事人引用者，視為該當事人之陳述。

第二一條　（聲請之撤回及其限制）
①聲請人於裁判宣示或公告前得撤回其聲請之全部或一部。但聲請案件於憲法上具原則之重要性，憲法法庭得不准許其撤回。
②前項撤回，有相對人且經言詞辯論者，應得其同意。
③聲請之撤回，應以書面為之。但於言詞辯論期日，得以言詞為之，並記載於筆錄。
④前項以言詞所為之聲請撤回，如相對人不在場，應將筆錄送達。
⑤聲請之撤回，相對人於言詞辯論到場，未為同意與否之表示者，自該期日起；其未於言詞辯論到場或係以書面撤回者，自筆錄或撤回書繕本送達之日起，十日內未提出異議者，視為同意撤回。
⑥案件經撤回者，聲請人不得更行聲請。

第二二條　（審理案件不徵收裁判費）
憲法法庭審理案件，不徵收裁判費。

第二三條　（卷宗閱覽之聲請要件、程序及收費規定）
①當事人、訴訟代理人及辯護人得聲請閱覽、抄錄、影印或攝影卷內文書，或預納費用請求付與複本。

②第三人經當事人同意或釋明有法律上之利害關係者，亦得爲前項之聲請。
③前二項聲請，應經審查庭裁定許可。
④閱卷規則及收費標準，由司法院定之。

第四節　言詞辯論

第二四條　（案件合併或分離審理）
①分別提起之數宗聲請，憲法法庭得合併審理，並得合併裁判。但其聲請審查之法規範或爭議同一者，憲法法庭應就已受理之聲請案件合併審理。
②聲請人以同一聲請書聲請數事項，憲法法庭得分別審理，並得分別裁判。

第二五條　（審理第五章總統、副總統彈劾案件及第六章政黨違憲解散案件，應本於言詞辯論爲判決）
①第五章及第六章案件，其判決應本於言詞辯論爲之。
②除前項所列案件外，判決得不經言詞辯論爲之。

第二六條　（行言詞辯論應有大法官現有總額出席比例；經言詞辯論案件之審理期限）
①憲法法庭行言詞辯論應有大法官現有總額三分之二以上出席參與。未參與言詞辯論之大法官不得參與評議及裁判。
②經言詞辯論之案件，其裁判應於言詞辯論終結後三個月內宣示之；必要時，得延長二個月。

第二七條　（行言詞辯論應於公開法庭行之，必要時得以適當方式公開播送）
①言詞辯論應於公開法庭行之，並應以適當方式實施公開播送。但有妨害國家安全、公共秩序、善良風俗，或造成個人生命、身體、隱私或營業秘密重大損害之虞者，得不予公開或播送。
②憲法法庭之旁聽、錄音、錄影及其利用保存之辦法，由司法院定之。

第二八條　（行言詞辯論程序，應通知當事人或關係人到庭；當事人無正當理由不到庭之效果）
①言詞辯論期日應通知當事人、訴訟代理人或關係人到庭。
②訴訟代理人或依第八條毋庸委任訴訟代理人到庭辯論之當事人無正當理由不到庭者，除本法別有規定外，憲法法庭得逕爲裁判。

第二九條　（行言詞辯論應製作筆錄）
憲法法庭行言詞辯論時，應製作筆錄。

第五節　裁　判

第三〇條　（判決，其參與評議及同意之大法官人數比例）
判決，除本法別有規定外，應經大法官現有總額三分之二以上參與評議，大法官現有總額過半數同意。

第三一條　（裁定，其參與評議及同意之大法官人數比例）
①裁定，除本法別有規定外，應經大法官現有總額過半數參與評議，參與大法官過半數同意。
②審查庭所爲之裁定，除本法別有規定外，應以大法官過半數之意見決定之。

第三二條　（聲請不合法或顯無理由者，憲法法庭應爲不受理裁定）
①聲請不合法或顯無理由者，憲法法庭應裁定不受理。
②聲請案件之受理，除本法別有規定外，應經大法官現有總額三分之二以上參與評議，參與大法官過半數同意；未達同意人數者，應裁定不受理。
③不受理之裁定應附理由，並應記載參與裁定之大法官姓名及其同意與不同意之意見。

第三三條 112
①判決應作判決書，記載下列事項：

一　當事人姓名、住所或居所；當事人爲法人、機關或其他團體者，其名稱及所在地、事務所或營業所。
二　有法定代理人、代表人、管理人者，其姓名、住所或居所及其與法人、機關或團體之關係。
三　有訴訟代理人或辯護人者，其姓名、住所或居所。
四　案由。
五　主文。
六　理由。
七　年、月、日。
八　憲法法庭。

②判決書應記載參與判決之大法官姓名及其同意與不同意主文之意見，並標示主筆大法官。

③判決得於主文諭知執行機關、執行種類及方法。

④理由項下，應記載當事人陳述之要旨、受理依據，及形成判決主文之法律上意見。

第三四條　（裁定準用前條第一項及第三項規定，得不附理由）

①前條第一項及第三項規定，於裁定準用之。

②裁定，除本法別有規定外，得不附理由。

第三五條　（大法官對裁判主文協同意見書或不同意見書之提出）

①大法官贊成裁判之主文，而對其理由有補充或不同意見者，得提出協同意見書。

②大法官對於裁判之主文，曾於評議時表示部分或全部不同意見者，得提出部分或全部之不同意見書。

第三六條　（裁判之宣示、公告及送達）

①經言詞辯論之判決，應宣示之；不經言詞辯論之判決，應公告之。

②經言詞辯論之裁定，應宣示之；終結訴訟之裁定，應公告之。

③裁判，應以正本送達當事人及指定之執行機關。但不受理裁定，僅送達聲請人。

④各大法官之協同意見書或不同意見書，由憲法法庭隨同裁判一併公告及送達。

第三七條　（裁判發生效力之起算點）

①裁判，自宣示或公告之日起發生效力。

②未經宣示或公告之裁定，自送達之日起發生效力。

第三八條　（判決之效力）

①判決，有拘束各機關及人民之效力；各機關並有實現判決內容之義務。

②前項規定，於憲法法庭所爲之實體裁定準用之。

第三九條　（憲法法庭及審查庭所爲裁判，不得聲明不服）

對於憲法法庭及審查庭之裁判，不得聲明不服。

第四〇條　（案件經憲法法庭爲判決或實體裁定者，聲請人不得更行聲請）

案件經憲法法庭爲判決或實體裁定者，聲請人不得更行聲請。

第四一條　（裁定之評決）

①憲法法庭就第三章、第四章、第七章及第八章聲請案件之判決，應以裁定宣告判決效力及於其他以同一法規範或爭議聲請而未及併案審理之案件。但該其他聲請案件，以於判決宣示或公告前已向憲法法庭聲請，且符合受理要件者爲限。

②前項裁定之評決，依案件性質準用第三十二條或第八十七條關於受理之規定，並應附具理由。

③前二項規定於第五十九條及第八十三條案件，不適用之。

第四二條　（聲請憲法法庭爲變更之判決）

①法規範審查案件或機關爭議案件，經司法院解釋或憲法法庭判決宣告不違憲或作成其他憲法判斷者，除有本條第二項或第三項之情形外，任何人均不得就相同法規範或爭議聲請判決。

②各法院、人民或地方自治團體之立法或行政機關，對於經司法院解釋或憲法法庭判決

宣告未違憲之法規範，因憲法或相關法規範修正，或相關社會情事有重大變更，認有重行認定與判斷之必要者，得分別依第三章或第七章所定程序，聲請憲法法庭爲變更之判決。

③國家最高機關就機關爭議事項，有前項情形者，得依第四章所定程序，聲請憲法法庭爲變更之判決。

第四三條　（憲法法庭就繫屬案件爲暫時處分裁定之要件及評決門檻）

①聲請案件繫屬中，憲法法庭爲避免憲法所保障之權利或公益遭受難以回復之重大損害，且有急迫必要性，而無其他手段可資防免時，得依聲請或依職權，就案件相關之爭議、法規範之適用或原因案件裁判之執行等事項，爲暫時處分之裁定。

②憲法法庭爲前項裁定前，得命當事人或關係人陳述意見或爲必要之調查。

③暫時處分之裁定，應經大法官現有總額三分之二以上參與評議，大法官現有總額過半數同意，並應附具理由。

④暫時處分有下列情形之一者，失其效力：

一　聲請案件業經裁判。

二　裁定後已逾六個月。

三　因情事變更或其他特殊原因，經憲法法庭依前項之評決程序裁定撤銷。

第四四條　（憲法法庭審理案件評議之過程應嚴守秘密）

憲法法庭審理案件評議之過程應嚴守秘密。

第六節　準用規定

第四五條　（審理總統、副總統彈劾案件及政黨違憲解散案件之搜索或扣押程序）

①憲法法庭審理第五章及第六章案件，必要時得爲搜索或扣押，並得囑託地方法院或調度司法警察爲之。

②前項程序準用刑事訴訟法及調度司法警察條例有關之規定。

第四六條　（行政訴訟法之規定，除本法或審理規則別有規定外，與本法性質不相牴觸者，準用之）

行政訴訟法之規定，除本法或審理規則別有規定外，與本法性質不相牴觸者，準用之。

第三章　法規範憲法審查及裁判憲法審查案件

第一節　國家機關、立法委員聲請法規範憲法審查

第四七條　（國家最高機關聲請憲法法庭爲宣告法規範違憲判決之要件）

①國家最高機關，因本身或下級機關行使職權，就所適用之法規範，認有牴觸憲法者，得聲請憲法法庭爲宣告違憲之判決。

②下級機關，因行使職權，就所適用之法規範，認有牴觸憲法者，得報請上級機關爲前項之聲請。

③中央行政機關組織基準法所定相當二級機關之獨立機關，於其獨立行使職權，自主運作範圍內，準用第一項規定。

第四八條　（有法規範牴觸憲法疑義，各機關於職權範圍內得自行排除者，不得聲請）

前條之法規範牴觸憲法疑義，各機關於其職權範圍內得自行排除者，不得聲請。

第四九條　（立法委員得聲請爲宣告違憲判決之門檻）

立法委員現有總額四分之一以上，就其行使職權，認法律位階法規範牴觸憲法者，得聲請憲法法庭爲宣告違憲之判決。

第五〇條　（聲請書應記載之事項）

本節聲請，應以聲請書記載下列事項：

一　聲請機關名稱、代表人及機關所在地，或聲請人姓名、住所或居所及應為送達之處所。
二　有訴訟代理人者，其姓名、職業、住所或居所。
三　應受判決事項之聲明。
四　法規範違憲之情形及所涉憲法條文或憲法上權利。
五　聲請判決之理由及聲請人對本案所持之法律見解。
六　關係文件之名稱及件數。

第五一條　（法規範牴觸憲法者，應於判決主文宣告違憲）
憲法法庭認法規範牴觸憲法者，應於判決主文宣告法規範違憲。

第五二條　（判決宣告法規範違憲且失效者，自判決生效日起失效）
①判決宣告法規範違憲且應失效者，該法規範自判決生效日起失效。但主文另有諭知溯及失效或定期失效者，依其諭知。
②判決宣告法規範定期失效，其所定期間，法律位階法規範不得逾二年，命令位階法規範不得逾一年。

第五三條 112
①判決宣告法規範立即失效或溯及失效者，於判決前已繫屬於各法院而尚未終結之案件，各法院應依判決意旨為裁判。
②判決前適用立即失效之法規範作成之確定裁判，其效力除法律另有規定外，不受影響。
③判決前以溯及失效之法規範為基礎作成之確定裁判，得依法定程序或判決意旨救濟之；其為刑事確定裁判者，檢察總長得據以提起非常上訴。

第五四條　（判決宣告法律位階法規範定期失效者，各級法院審理中案件之適用規定）
①判決宣告法律位階法規範定期失效者，除主文另有諭知外，於期限屆至前，各法院審理案件，仍應適用該法規範。但各法院應審酌人權保障及公共利益之均衡維護，於必要時得依職權或當事人之聲請，裁定停止審理程序，俟該法規範修正後，依新法續行審理。
②駁回前項聲請之裁定，得為抗告。

第二節　法院聲請法規範憲法審查

第五五條　（法院聲請憲法法庭為宣告法規範違憲判決之要件）
各法院就其審理之案件，對裁判上所應適用之法律位階法規範，依其合理確信，認有牴觸憲法，且於該案件之裁判結果有直接影響者，得聲請憲法法庭為宣告違憲之判決。

第五六條　（聲請書應記載之事項）
本節聲請，應以聲請書記載下列事項：
一　聲請法院及其法官姓名。
二　應受判決事項之聲明。
三　應受審查法律位階法規範違憲之情形及所涉憲法條文或憲法上權利。
四　聲請判決之理由、應受審查法律位階法規範在裁判上適用之必要性及客觀上形成確信其違憲之法律見解。
五　關係文件之名稱及件數。

第五七條　（法院就其審理之原因案件為聲請而裁定停止程序時，應附以聲請書作為裁定之一部）
各法院就其審理之原因案件，以本節聲請為由而裁定停止程序時，應附以前條聲請書為裁定之一部。如有急迫情形，並得為必要之處分。

第五八條　（第五一條至第五四條規定，於本節案件準用之）
第五十一條至第五十四條規定，於本節案件準用之。

第三節　人民聲請法規範憲法審查及裁判憲法審查

第五九條 112

①人民於其憲法上所保障之權利遭受不法侵害，經依法定程序用盡審級救濟程序，對於所受不利確定終局裁判，或該裁判及其所適用之法規範，認有牴觸憲法者，得聲請憲法法庭爲宣告違憲之判決。

②前項聲請，應自用盡審級救濟之最終裁判送達後翌日起之六個月不變期間內爲之。

第六〇條 （聲請書應記載之事項）

本節聲請，應以聲請書記載下列事項：

一　聲請人姓名、身分證明文件字號、住所或居所及應爲送達之處所；聲請人爲法人或其他團體者，其名稱及所在地、事務所或營業所。

二　有法定代理人、代表人或管理人者，其姓名、身分證明文件字號、住所或居所。

三　有訴訟代理人者，其姓名、職業、住所或居所。

四　應受判決事項之聲明。

五　確定終局裁判所適用之法規範或該裁判違憲之情形，及所涉憲法條文或憲法上權利。

六　聲請判決之理由及聲請人對本案所持之法律見解。

七　確定終局裁判及遵守不變期間之證據。

八　關係文件之名稱及件數。

第六一條 （憲法法庭就人民聲請審查案件，爲貫徹聲請人基本權利所必要者，受理之；審查庭得以一致決裁定不受理，並應附理由）

①本節案件於具憲法重要性，或爲貫徹聲請人基本權利所必要者，受理之。

②審查庭就承辦大法官分受之聲請案件，得以一致決爲不受理之裁定，並應附理由；不能達成一致決之不受理者，由憲法法庭評決受理與否。

③前項一致決裁定作成後十五日內，有大法官三人以上認應受理者，由憲法法庭評決受理與否；未達三人者，審查庭應速將裁定公告並送達聲請人。

第六二條 （憲法法庭審查案件認人民之聲請有理由者，應宣告該確定終局裁判違憲，並廢棄發回管轄法院；如認該確定終局裁判所適用之法規範違憲，並爲法規範違憲之宣告）

①憲法法庭認人民之聲請有理由者，應於判決主文宣告該確定終局裁判違憲，並廢棄之，發回管轄法院；如認該確定終局裁判所適用之法規範違憲，並爲法規範違憲之宣告。

②第五十一條及第五十二條規定，於前項判決準用之。

第六三條 112

本節案件判決宣告法規範立即或溯及失效者，除本法別有規定外，準用第五十三條規定。

第六四條 （判決宣告法規範定期失效者準用之規定）

①判決宣告法規範定期失效者，於期限屆至前，審理原因案件之法院應依判決宣告法規範違憲之意旨爲裁判，不受該定期失效期限之拘束。但判決主文另有論知者，依其論知。

②前項法規範定期失效之情形，各法院於審理其他案件時，準用第五十四條規定。

第四章　機關爭議案件

第六五條 （國家最高機關聲請憲法法庭爲機關爭議判決之要件，及聲請機關應遵守不變期間之規定）

①國家最高機關，因行使職權，與其他國家最高機關發生憲法上權限之爭議，經爭議之機關協商未果者，得聲請憲法法庭爲機關爭議之判決。

②前項聲請，應於爭議機關協商未果之日起六個月之不變期間內爲之。

③第一項爭議機關協商未果之事實，聲請機關應釋明之。

第六六條　（聲請書應記載之事項）

前條聲請，應以聲請書記載下列事項：

一　聲請機關名稱、代表人及機關所在地。
二　發生爭議之相對機關名稱、代表人及機關所在地。
三　有訴訟代理人者，其姓名、職業、住所或居所。
四　應受判決事項之聲明。
五　爭議之性質與發生爭議機關間之協商經過及所涉憲法條文或憲法上權限。
六　聲請判決之理由及聲請機關對本案所持之見解。
七　遵守不變期間之證據。
八　關係文件之名稱及件數。

第六七條　（憲法法庭應於機關爭議判決主文確認相關機關之權限；亦得視案件情形，另於主文爲其他適當之諭知）

本章案件，憲法法庭應於判決主文確認相關機關之權限；亦得視案件情形，另於主文爲其他適當之諭知。

第五章　總統、副總統彈劾案件

第六八條　（立法院就總統、副總統提出彈劾案聲請憲法法庭爲宣告彈劾成立之判決；及聲請書應記載之事項）

①立法院得依憲法增修條文第四條第七項規定，就總統、副總統提出彈劾案聲請憲法法庭爲宣告彈劾成立之判決。

②前項聲請，應以聲請書記載下列事項：

一　聲請機關名稱、代表人及機關所在地。
二　有訴訟代理人者，其姓名、職業、住所或居所。
三　被彈劾人之姓名、住所或居所。
四　彈劾案決議作成之程序。
五　彈劾之原因事實、證據及應予解職之理由。
六　關係文書之名稱及件數。

第六九條　（程序之進行，不因被彈劾人卸任、立法院之解散或該屆立法委員任期屆滿而受影響）

本章案件程序之進行，不因被彈劾人卸任、立法院之解散或該屆立法委員任期屆滿而受影響。但被彈劾人於判決宣示前辭職、去職或死亡者，憲法法庭應裁定不受理。

第七〇條　（聲請之撤回）

①案件之聲請，得於宣示判決前，經立法院全體委員三分之二以上之決議撤回。

②聲請之撤回應以書面爲之，並附具前項決議文正本。

③經撤回者，聲請機關就同一原因事實不得更行聲請。

第七一條　（言詞辯論）

①審判長認已適於爲言詞辯論時，應速定言詞辯論期日。

②前項言詞辯論期日，距聲請書之送達，至少應有二十日爲就審期間。

第七二條　（被彈劾人得選任辯護人爲其辯護，及辯護人之資格、人數）

①被彈劾人得選任辯護人爲其辯護。

②辯護人應由律師充之。但經審判長許可者，亦得選任非律師爲辯護人。

③辯護人有數人者，送達文書應分別爲之。

④本法關於訴訟代理人之規定，於辯護人準用之。

第七三條　（言詞辯論期日當事人一造未到庭之再定期日規定，及再定期日未到庭之法律效果）

①言詞辯論期日，如有當事人一造未到庭者，應再定期日。

②前項再定期日，聲請機關或被彈劾人未到庭者，得逕爲裁判。

第七四條　（言詞辯論期日之程序規定）
①言詞辯論期日，聲請機關及被彈劾人應依序陳述彈劾意旨及就彈劾事實為答辯。
②被彈劾人答辯後，審判長應調查證據，並應命依下列次序，就事實及法律辯論之：
一　聲請機關。
二　被彈劾人。
三　辯護人。
③已辯論者，得再為辯論；審判長亦得命再行辯論。
④審判長於宣示辯論終結前，最後應訊問被彈劾人有無陳述。

第七五條　（宣告彈劾成立之判決，其評決應有大法官比例人數之同意；評決未達同意人數者，應為彈劾不成立之判決）
①宣告彈劾成立之判決，其評決應經大法官現有總額三分之二以上同意；主文並應諭知被彈劾人解除職務。
②評決未達前項同意人數者，應為彈劾不成立之判決。

第七六條　（憲法法庭審理總統、副總統彈劾案件之期限）
憲法法庭應於收受彈劾案件聲請之日起六個月內為裁判。

第六章　政黨違憲解散案件

第七七條　（主管機關得聲請憲法法庭為宣告政黨解散之判決）
政黨之目的或行為，危害中華民國之存在或自由民主之憲政秩序者，主管機關得聲請憲法法庭為宣告政黨解散之判決。

第七八條　（聲請書應記載之事項）
前條聲請，應以聲請書記載下列事項：
一　聲請機關名稱、代表人及機關所在地。
二　被聲請解散政黨之名稱及所在地，其代表人之姓名、住所或居所。
三　聲請解散政黨之意旨。
四　政黨應予解散之原因事實及證據。
五　關係文件及件數。

第七九條　（聲請機關就政黨應予解散之原因事實應檢附證據）
①聲請機關就政黨應予解散之原因事實應檢附證據。
②憲法法庭於言詞辯論期日前，認為聲請機關所舉事證顯有不足時，應定期間命其補正；逾期未補正者，得裁定不受理。
③聲請機關就前項經裁定不受理之同一原因事實案件，不得更行聲請。

第八〇條　（宣告政黨解散之判決，其評決應有大法官比例人數之同意；評決未達同意人數時，應為不予解散之判決）
①宣告政黨解散之判決，其評決應經大法官現有總額三分之二以上同意。
②評決未達前項同意人數時，應為不予解散之判決。

第八一條　（政黨違憲解散案件準用之規定）
本章案件，準用第七十一條及第七十四條規定。

第七章　地方自治保障案件

第八二條　（地方自治團體之立法或行政機關，因行使職權，認所適用之中央法規範牴觸憲法，得聲請憲法法庭為宣告違憲之判決）
①地方自治團體之立法或行政機關，因行使職權，認所應適用之中央法規範牴觸憲法，對其受憲法所保障之地方自治權有造成損害之虞者，得聲請憲法法庭為宣告違憲之判決。
②前項案件，準用第五十條至第五十四條規定。

第八三條　（地方自治團體就自治法規或事項受監督機關為不利處分，依法定程序

救濟而受之不利確定終局裁判，認損害其地方自治權者，得聲請憲法法庭為宣告違憲之判決）

①地方自治團體，就下列各款事項，依法定程序用盡審級救濟而受之不利確定終局裁判，認為損害其受憲法所保障之地方自治權者，得聲請憲法法庭為宣告違憲之判決：

一　自治法規，經監督機關函告無效或函告不予核定。

二　其立法機關議決之自治事項，經監督機關函告無效。

三　其行政機關辦理之自治事項，經監督機關撤銷、變更、廢止或停止其執行。

②前項聲請，應於確定終局裁判送達後六個月之不變期間內為之。

③第一項案件，準用第六十條、第六十一條及第六十二條第一項前段規定。

第八章　統一解釋法律及命令案件

第八四條　（人民聲請憲法法庭為統一見解判決之要件，及聲請人應遵守不變期間之規定）

①人民就其依法定程序用盡審級救濟之案件，對於受不利確定終局裁判適用法規範所表示之見解，認與不同審判權終審法院之確定終局裁判適用同一法規範已表示之見解有異，得聲請憲法法庭為統一見解之判決。

②前項情形，如人民得依法定程序聲明不服，或後裁判已變更前裁判之見解者，不得聲請。

③第一項聲請，應於該不利確定終局裁判送達後三個月之不變期間內為之。

第八五條　（聲請書應記載之事項）

前條聲請，應以聲請書記載下列事項：

一　聲請人姓名、身分證明文件字號、住所或居所及應為送達之處所；聲請人為法人或其他團體者，其名稱及所在地、事務所或營業所。

二　有法定代理人、代表人或管理人者，其姓名、身分證明文件字號、住所或居所。

三　有訴訟代理人者，其姓名、職業、住所或居所。

四　應受判決事項之聲明。

五　見解發生歧異之經過及所涉法規範。

六　聲請判決之理由及聲請人對本案所持之法律見解。

七　遵守不變期間之證據。

八　關係文件之名稱及件數。

第八六條　（憲法法庭得函請適用法規範發生歧異見解之不同審判權之終審法院，說明其法律意見）

憲法法庭審理本章案件時，就不同審判權之終審法院，對於確定終局裁判適用同一法規範所生之歧異見解，得函請各該終審法院說明。

第八七條　（審理統一解釋案件，受理及評決應有大法官參與評議之人數；未達同意受理人數者，應裁定不受理）

本章案件之受理及其評決，應有大法官現有總額過半數參與評議，參與評議大法官過半數同意。未達同意受理人數者，應裁定不受理。

第八八條　（受不利確定終局裁判之聲請人得請求救濟）

憲法法庭判決就法規範所表示之見解與原因案件確定終局裁判有異時，聲請人得依法定程序或判決意旨請求救濟。原因案件為刑事確定裁判者，檢察總長亦得據以提起非常上訴。

第八九條　（憲法法庭統一解釋法律及命令判決之效力，各法院應依判決意旨為裁判）

①憲法法庭就法規範見解所為之統一解釋判決，各法院應依判決意旨為裁判。

②前項判決不影響各法院已確定裁判之效力。

第九章　附　則

第九〇條　（因應本法修正施行前後案件處理研討之過渡條款）

①本法修正施行前已繫屬而尚未終結之案件，除本法別有規定外，適用修正施行後之規定。但案件得否受理，依修正施行前之規定。

②本法修正施行前已繫屬而尚未終結之原第五條第一項第一款前段、第三款前段及第七條第一項第一款案件，其審理程序分別準用修正施行後第三章第一節及第八章之規定。

第九一條　（因應本法修正施行前後案件處理研討之過渡條款）

①本法修正施行前已繫屬而尚未終結之人民聲請法規範憲法審查案件，不適用第六十二條第一項前段關於宣告確定終局裁判違憲並廢棄發回管轄法院之規定。

②前項聲請案件，判決宣告法規範違憲且應失效者，就已確定之原因案件，聲請人得依法定程序或判決意旨請求救濟；原因案件爲刑事確定裁判者，檢察總長亦得據以提起非常上訴。

③第一項聲請案件，自聲請案件繫屬之日起至判決送達聲請人之日止，不計入法律規定原因案件再審之最長期間。

第九二條　（因應本法修正施行前後案件處理研討之過渡條款）

①第五十九條第一項之裁判憲法審查案件，聲請人所受之確定終局裁判於本法修正施行前已送達者，不得聲請。但在本法修正施行前已援用大法庭之法律見解之裁判，得於本法修正施行後六個月內聲請。

②第五十九條第一項之法規範憲法審查案件或第八十三條第一項之案件，聲請人所受之確定終局裁判於本法修正施行前已送達者，六個月之聲請期間，自本法修正施行日起算；其案件之審理，準用第九十條第一項但書及第九十一條之規定。

③前項案件，除刑事確定終局裁判外，自送達時起已逾五年者，不得聲請。

④依第六十五條第一項聲請之案件，其爭議發生於本法修正施行前者，六個月之聲請期間，自本法修正施行日起算。

第九三條　（大法官、律師及書記官於憲法法庭執行職務服制、法庭之席位布置，授權由司法院訂定）

①大法官、律師及書記官於憲法法庭執行職務時，應服制服。

②前項人員之服制及法庭之席位布置，由司法院定之。

第九四條　（大法官審理案件之訴訟卷宗保管、歸檔及其保存規定，授權由司法院訂定）

①大法官審理案件之訴訟卷宗保管、歸檔及其保存規定，由司法院定之。

②卷宗滅失事件之處理，準用民刑事訴訟卷宗滅失案件處理法之規定。

第九五條　112

①本法自公布後三年施行。

②本法修正條文施行日期，由司法院以命令定之。

法院組織法

①民國21年10月28日國民政府制定公布全文91條；並自24年7月1日施行。
②民國24年7月22日國民政府修正公布第33、37、38條條文。
③民國27年9月21日國民政府修正公布第55條條文。
④民國 34年4月17日國民政府修正公布第 33、35、48、51、54、91條條文。
⑤民國 35年1月17日國民政府修正公布第 16、19、34、36、45、50條條文。
⑥民國57年12月19日總統令修正公布第63條條文。
⑦民國58年4月10日總統令修正公布第34、45條條文。
⑧民國69年6月29日總統令修正公布第21、26、27、34、35、45、49、50至56、63、87條條文暨第五章章名。
⑨民國78年12月22日總統令修正公布全文115條。
⑩民國88年2月3日總統令修正公布第11、12、33、34、49、51、73至75條條文；並增訂第66-1至66-4條條文。
⑪民國90年1月17日總統令修正公布第15、34、103、106條條文。
⑫民國90年5月23日總統令修正公布第66、79條條文。
⑬民國94年6月15日總統令修正公布第11、22、23、33、38、39、 49、52、53、69至71、73至75條條文；並增訂第114-1條條文。
⑭民國95年2月3日總統令修正公布第 12、62、66條條文；並增訂第 59-1、63-1條條文。
⑮民國95年12月27日總統令修正公布第34條條文。
⑯民國96年7月11日總統令修正公布第11、16、17、37條條文；並增訂第17-1、17-2條條文。
⑰民國97年6月11日總統令修正公布第17-2條條文。
⑱民國99年11月24日總統令修正公布第34、66、83條條文。
⑲民國100年11月23日總統令修正公布第14、15、32、79條條文。
⑳民國103年1月29日總統令修正公布第17、37條條文。
㉑民國104年2月4日總統令修正公布第18、23、39、53、98、99條條文及第11條附表。
㉒民國 104年7月1日總統令修正公布第90、93、95條條文；並增訂第90-1至90-4條條文。
㉓民國105年6月22日總統令增訂公布第14-1條條文。
㉔民國105年12月7日總統令修正公布第63-1條條文。
㉕民國106年6月14日總統令修正公布第66-2、66-4、67條條文。
㉖民國107年5月23日總統令修正公布第73條附表；並增訂第114-2條條文。
㉗民國107年6月13日總統令修正公布第83條條文。
㉘民國108年1月4日總統令修正公布第3、115條條文；增訂第51-1至51-11、57-1條條文；刪除第57條條文；並自公布後六個月施行。
㉙民國110年12月8日總統令修正公布第12、13、15、16、27、34至 36、43、51、58、59、63、63-1、65至66-2、66-4、67至75、78、83、111、114-1、114-2、115條條文及第73至75條之附表；增訂第 7-1至7-11條條文；並刪除第59-1條條文；除增訂第7-1至7-11條自111年1月4日施行外，自公布日施行。
㉚民國111年2月18日總統令修正公布第14-1、115條條文；並自公布日施行。
㉛民國111年6月22日總統令修正公布第14、15、17、17-1、18、37、 51-5至51-8、79、90-2、115條條文；除第17、17-1、18、37條自公布日施行外，其施行日期由司法院定之。民國111年7月4日司法院令發布第51-5至51-8、90-2條定自111年8月 1日施行；第14、15、79條自112年8月15日施行。

第一章　總　則

第一條　（法院之審級）

本法所稱之法院，分左列三級：

一　地方法院。

二　高等法院。
三　最高法院。

第二條　（法院之權限）
法院審判民事、刑事及其他法律規定之訴訟案件，並依法管轄非訟事件。

第三條　（法院審判案件之獨任制與合議制）108
①地方法院審判案件，以法官一人獨任或三人合議行之。
②高等法院審判案件，以法官三人合議行之。
③最高法院審判案件，除法律另有規定外，以法官五人合議行之。

第四條　（審判長）
①合議審判，以庭長充審判長；無庭長或庭長有事故時，以庭員中資深者充之，資同以年長者充之。
②獨任審判，即以該法官行審判長之職權。

第五條　（不合法事務分配之效力）
①法官審判訴訟案件，其事務分配及代理次序，雖有未合本法所定者，審判仍屬有效。
②前項規定，於非訟事件之處理準用之。

第六條　（分院準用本院之規定）
高等法院分院及地方法院分院審判訴訟案件及處理非訟事件，適用關於各該本院之規定。

第七條　（法院之劃分與變更）
地方法院及其分院、高等法院及其分院管轄區域之劃分或變更，由司法院定之。

第七條之一　110
本法規範之法院及其他審判權法院間審判權爭議之處理，適用本章之規定。

第七條之二　110
①起訴時法院有審判權者，不因訴訟繫屬後事實及法律狀態變更而受影響。
②訴訟已繫屬於法院者，當事人不得就同一事件向不同審判權之法院更行起訴。
③法院認其有審判權而為裁判經確定者，其他法院受該裁判關於審判權認定之羈束。

第七條之三　110
①法院認其無審判權者，應依職權以裁定將訴訟移送至有審判權之管轄法院。但其他法律另有規定者，不在此限。
②前項有審判權之管轄法院為數多而原告有指定者，移送至指定之法院。
③當事人就法院之審判權有爭執者，法院應先為裁定。
④法院為第一項及前項裁定前，應先徵詢當事人之意見。
⑤第一項及第三項裁定，得為抗告。

第七條之四　110
①前條第一項移送之裁定確定時，受移送法院認其亦無審判權者，應以裁定停止訴訟程序，並向其所屬審判權之終審法院請求指定有審判權之管轄法院。但有下列情形之一者，不在此限：
一　原法院所屬審判權之終審法院已認原法院無審判權而為裁判。
二　民事法院受理由行政法院移送之訴訟，當事人合意願由民事法院為裁判。
②前項所稱終審法院，指最高法院、最高行政法院或懲戒法院第二審合議庭。
③第一項但書第二款之合意，應記明筆錄或以文書證之。
④第一項之終審法院認有必要時，得依職權或依當事人、其代理人或辯護人之聲請，就關於審判權之專業法律問題選任專家學者，以書面或於言詞辯論時到場陳述其法律上意見。
⑤前項陳述意見之人，應揭露下列資訊：
一　相關專業意見或資料之準備或提出，是否與當事人、關係人或其代理人或辯護人有分工或合作關係。
二　相關專業意見或資料之準備或提出，是否受當事人、關係人或其代理人或辯護人之金錢報酬或資助及其金額或價值。
三　其他提供金錢報酬或資助者之身分及其金額或價值。

第七條之五 110
①前條第一項之終審法院認受移送法院有審判權，應以裁定駁回之；認受移送法院無審判權，應以裁定指定其他有審判權之管轄法院。
②前項受指定之法院，應受指定裁定關於審判權認定之羈束。
③受移送法院或經前條第一項之終審法院指定之有審判權法院所為裁判，上級審法院不得以無審判權為撤銷或廢棄之理由。

第七條之六 110
①第七條之四第一項停止訴訟程序之裁定，受移送法院得依聲請或依職權撤銷之。
②第七條之四第一項停止訴訟程序之裁定及前項撤銷停止之裁定，得為抗告。
③受移送法院為第一項裁定後，應速通知受理其指定請求之終審法院。
④受移送法院所為第一項裁定確定之同時，視為撤回其指定之請求。

第七條之七 110
①移送訴訟前如有急迫情形，法院應依當事人聲請或依職權為必要之處分。
②移送訴訟之裁定確定時，視為該訴訟自始即繫屬於受移送之法院。
③前項情形，法院書記官應速將裁定正本附入卷宗，送交受移送之法院。

第七條之八 110
①訴訟移送至其他法院者，依受移送法院應適用之訴訟法令定其訴訟費用之徵收。
②移送前所生之訴訟費用視為受移送法院訴訟費用之一部分。
③應行徵收之訴訟費用，原法院未加徵收、徵收不足額或溢收者，受移送法院應補行徵收或通知原收款法院退還溢收部分。

第七條之九 110
①第七條之三第二項、第七條之七第二項、第三項及前條之規定，於第七條之四第一項之終審法院依第七條之五第一項規定為指定裁定之情形，準用之。
②第七條之四第一項之終審法院受理請求指定事件，除本法另有規定外，民事訴訟法、刑事訴訟法、行政訴訟法及其他相關法律之規定，於性質不相牴觸之範圍內，亦準用之。

第七條之一〇 110
第七條之四至第七條之六及前條規定，於不得上訴第七條之四第一項所定終審法院之訴訟準用之。

第七條之一一 110
第七條之二至前條規定，於其他程序事件準用之。

第二章　地方法院

第八條　（地方法院之設置）
①直轄市或縣（市）各設地方法院。但得視其地理環境及案件多寡，增設地方法院分院；或合設地方法院；或將其轄區之一部劃歸其他地方法院或其分院，不受行政區劃限制。
②在特定地區，因業務需要，得設專業地方法院；其組織及管轄等事項，以法律定之。

第九條　（地方法院之管轄事件）
地方法院管轄事件如左：
一　民事、刑事第一審訴訟案件。但法律別有規定者，不在此限。
二　其他法律規定之訴訟案件。
三　法律規定之非訟事件。

第一〇條　（簡易庭）
地方法院得設簡易庭，其管轄事件依法律之規定。

第一一條　（地方法院之類別及員額）96

①地方法院或其分院之類別及員額，依附表之規定。
②各地方法院或其分院應適用之類別及其變更，由司法院定之。

第一二條 110

①地方法院置法官、試署法官或候補法官。
②地方法院於必要時，得置法官助理，依相關法令聘用各種專業人員充任之；承法官之命，辦理案件程序之審查、法律問題之分析、資料之蒐集等事務。
③具律師執業資格者，經聘用充任法官助理期間，計入其律師執業年資。
④法官助理之遴聘、訓練、業務、管理及考核等相關事項，由司法院定之。

第一三條 110

地方法院置院長一人，由法官兼任，綜理全院行政事務。

第一四條 111

地方法院分設民事庭、刑事庭，其庭數視事務之繁簡定之；必要時得設專業法庭。

第一四條之一 111

①地方法院與高等法院分設刑事強制處分庭，辦理偵查中強制處分及暫行安置聲請案件之審核。但司法院得視法院員額及事務繁簡，指定不設刑事強制處分庭之法院。
②承辦前項案件之法官，不得辦理同一案件之審判事務。

第一五條 111

民事庭、刑事庭、專業法庭及簡易庭之庭長，除由兼任院長之法官兼任者外，餘由其他法官兼任，監督各該庭事務。

第一六條 110

地方法院設民事執行處，由法官或司法事務官辦理其事務；必要時得置庭長，監督該處事務。

第一七條 111

①地方法院設公設辯護人室，置公設辯護人，薦任第七職等至第九職等或簡任第十職等至第十一職等；其公設辯護人在二人以上者，置主任公設辯護人，薦任第九職等或簡任第十職等至第十二職等。
②實任公設辯護人服務滿十五年以上，成績優良，經審查合格者，得晉敘至簡任第十二職等。
③曾任高等法院或其分院、智慧財產及商業法院公設辯護人四年以上，調地方法院或其分院之公設辯護人，成績優良，經審查合格者，得晉敘至簡任第十二職等。
④曾任高等法院或其分院、智慧財產及商業法院公設辯護人之服務年資，合併計算。
⑤第二項、第三項之審查辦法，由司法院定之。
⑥具律師資格者於擔任公設辯護人期間，計入其律師執業期間。

第一七條之一 111

①地方法院設司法事務官室，置司法事務官；司法事務官在二人以上者，置主任司法事務官一人。
②司法事務官，薦任第七職等至第九職等；第十一條第一項附表所定第一類地方法院或其分院之司法事務官，其中二人得列簡任第十職等；主任司法事務官，薦任第九職等至簡任第十職等。
③具律師執業資格者，擔任司法事務官期間，計入其律師執業年資。

第一七條之二（司法事務官辦理事務）97

①司法事務官辦理下列事務：
　一　返還擔保金事件、調解程序事件、督促程序事件、保全程序事件、公示催告程序裁定事件、確定訴訟費用額事件。
　二　拘提、管收以外之強制執行事件。
　三　非訟事件法及其他法律所定之非訟事件。
　四　其他法律所定之事務。
②司法事務官得承法官之命，彙整起訴及答辯要旨，分析卷證資料，整理事實及法律疑

義，並製作報告書。
③司法事務官辦理第一項各款事件之範圍及日期，由司法院定之。

第一八條 111
①地方法院設調查保護室，置少年調查官、少年保護官、家事調查官、心理測驗員、心理輔導員及佐理員。少年調查官、少年保護官及家事調查官合計二人以上者，置主任調查保護官一人；合計六人以上者，得分組辦事，組長由少年調查官、少年保護官或家事調查官兼任，不另列等。
②少年調查官、少年保護官及家事調查官，薦任第七職等至第九職等；第十一條第一項附表所定第一類地方法院或其分院之少年調查官、少年保護官及家事調查官，其中二人得列簡任第十職等；主任調查保護官，薦任第九職等至簡任第十職等；心理測驗員及心理輔導員，薦任第六職等至第八職等；佐理員，委任第四職等至第五職等，其中二分之一得列薦任第六職等。

第一九條 （公證處）
地方法院設公證處；置公證人及佐理員；公證人在二人以上者，置主任公證人。公證人，薦任第七職等至第九職等；主任公證人，薦任第九職等或簡任第十職等；佐理員，委任第三職等至第五職等。

第二〇條 （提存所）
①地方法院設提存所，置主任及佐理員。主任，薦任第九職等或簡任第十職等；佐理員，委任第三職等至第五職等或薦任第六職等至第八職等。
②前項薦任佐理員員額，不得逾同一法院佐理員總額二分之一。

第二一條 （登記處）
①地方法院設登記處，置主任及佐理員。主任，薦任第九職等或簡任第十職等；佐理員，委任第三職等至第五職等或薦任第六職等至第八職等。
②前項薦任佐理員員額，不得逾同一法院佐理員總額二分之一。

第二二條 （書記處）94
①地方法院設書記處，置書記官長一人，薦任第九職等至簡任第十職等，承院長之命處理行政事務；一等書記官，薦任第八職等至第九職等；二等書記官，薦任第六職等至第七職等；三等書記官，委任第四職等至第五職等，分掌紀錄、文書、研究考核、總務、資料及訴訟輔導等事務，並得分科、分股辦事，科長由一等書記官兼任，股長由一等書記官或二等書記官兼任，均不另列等。
②前項一等書記官、二等書記官總額，不得逾同一法院一等書記官、二等書記官、三等書記官總額二分之一。

第二三條 （地方法院通譯、技士、執達員及法警等人員職等之設置）104
①地方法院置一等通譯，薦任第七職等至第八職等；二等通譯，薦任第六職等至第七職等；三等通譯，委任第四職等至第五職等；技士，委任第五職等或薦任第六職等至第七職等；執達員，委任第三職等至第五職等；錄事、庭務員，均委任第一職等至第三職等。
②前項一等通譯、二等通譯總額，不得逾同一法院一等通譯、二等通譯、三等通譯總額二分之一。
③地方法院為辦理值庭、執行、警衛、解送人犯及有關司法警察事務，置法警；法警長，委任第五職等或薦任第六職等至第七職等；副法警長，委任第四職等至第五職等或薦任第六職等；法警，委任第三職等至第五職等；其管理辦法，由司法院會同行政院定之。
④地方法院因傳譯需要，應逐案約聘原住民族或其他各種語言之特約通譯；其約聘辦法，由司法院定之。

第二四條 （編制）
①地方法院設人事室，置主任一人，薦任第八職等至第九職等，副主任一人，薦任第七職等至第九職等；必要時得依法置佐理人員。依法律規定辦理人事管理、人事查核等

事項。
②直轄市地方法院人事室，必要時得分股辦事，由佐理人員兼任之，不另列等。事務較簡之地方法院，得僅置人事管理員，委任第五職等至薦任第七職等。

第二五條（編制）
①地方法院設會計室、統計室，各置主任一人，均薦任第八職等至第九職等；必要時得依法各置佐理人員，依法律規定分別辦理歲計、會計、統計等事項。
②直轄市地方法院會計室、統計室，必要時得分股辦事，均由佐理人員兼任，不另列等。事務較簡之地方法院，得僅置會計員、統計員，均委任第五職等至薦任第七職等。

第二六條（編制）
地方法院設資訊室，置主任一人，薦任第七職等至第九職等，承院長之命處理資訊室之行政事項；資訊管理師，薦任第六職等至第七職等，操作員，委任第三職等至第五職等；必要時得置設計師，薦任第六職等至第八職等，以處理資訊事項。

第二七條 110
地方法院分院置院長一人，由法官兼任，綜理該分院行政事務。

第二八條（院長之權限）
地方法院院長，得派本院法官兼行分院法官之職務。

第二九條（分院之管轄）
地方法院分院管轄事件，與地方法院同。

第三〇條（分院之準用）
第十一條至第二十六條規定，於地方法院分院準用之。

第三章 高等法院

第三一條（高等法院之設置）
省、直轄市或特別區域各設高等法院。但得視其地理環境及案件多寡，增設高等法院分院；或合設高等法院；或將其轄區之一部劃歸其他高等法院或其分院，不受行政區劃之限制。

第三二條（高等法院之管轄事件）100
高等法院管轄事件如下：
一　關於內亂、外患及妨害國交之刑事第一審訴訟案件。
二　不服地方法院及其分院第一審判決而上訴之民事、刑事訴訟案件。但法律另有規定者，從其規定。
三　不服地方法院及其分院裁定而抗告之案件。但法律另有規定者，從其規定。
四　其他法律規定之訴訟案件。

第三三條（高等法院之類別及員額）94
①高等法院或其分院之類別及員額，依附表之規定。
②高等法院或其分院應適用之類別及其變更，由司法院定之。

第三四條 110
①高等法院置法官、試署法官。
②司法院因應高等法院業務需要，得調地方法院或其分院之候補法官至高等法院辦事，承法官之命，辦理訴訟案件程序及實體之審查、法律問題之分析、資料之蒐集、裁判書之草擬等事務。
③高等法院於必要時得置法官助理，依相關法令聘用各種專業人員充任之；承法官之命，辦理案件程序之審查、法律問題之分析、資料之蒐集等事務。
④候補法官調高等法院辦事期間，計入其候補法官年資。
⑤具律師執業資格者，經聘用充任法官助理期間，計入其律師執業年資。
⑥第十二條第四項規定，於高等法院準用之。

第三五條 110

高等法院置院長一人，由法官兼任，綜理全院行政事務。

第三六條 110

高等法院分設民事庭、刑事庭，其庭數視事務之繁簡定之；必要時得設專業法庭。各庭庭長，除由兼任院長之法官兼任者外，餘由其他法官兼任，監督各該庭事務。

第三七條 111

①高等法院設公設辯護人室，置公設辯護人，簡任第十職等至第十一職等或薦任第九職等；其公設辯護人在二人以上者，置主任公設辯護人，簡任第十職等至第十二職等。

②前項公設辯護人繼續服務四年以上，成績優良，經審查合格者，得晉敘至簡任第十二職等；已依第十七條第二項、第三項、少年及家事法院組織法第十一條第二項、第三項規定晉敘有案者，得敘至簡任第十二職等。

③前項公設辯護人之服務年資與曾任高等法院分院、智慧財產及商業法院公設辯護人之服務年資，合併計算。

④第二項之審查辦法，由司法院定之。

第三八條 （書記處）94

①高等法院設書記處，置書記官長一人，薦任第九職等至簡任第十一職等，承院長之命處理行政事務；一等書記官，薦任第八職等至第九職等；二等書記官，薦任第六職等至第七職等；三等書記官，委任第四職等至第五職等，分掌紀錄、文書、研究考核、總務、資料及訴訟輔導事務，並得分科、分股辦事，科長由一等書記官兼任；股長由一等書記官或二等書記官兼任，均不另列等。

②前項一等書記官、二等書記官總額，不得逾同一法院一等書記官、二等書記官、三等書記官總額二分之一。

第三九條 （高等法院通譯、技士及執達員等人員職等之設置）104

①高等法院置一等通譯，薦任第八職等至第九職等；二等通譯，薦任第六職等至第七職等；三等通譯，委任第四職等至第五職等；技士，委任第五職等或薦任第六職等至第七職等；執達員，委任第三職等至第五職等；錄事、庭務員，均委任第一職等至第三職等。

②前項一等通譯、二等通譯總額，不得逾同一法院一等通譯、二等通譯、三等通譯總額二分之一。

③第二十三條第三項、第四項規定，於高等法院或其分院準用之。

第四〇條 （人事室）

高等法院設人事室，置主任一人，簡任第十職等，副主任一人，薦任第九職等或簡任第十職等；科員，委任第四職等至第五職等或薦任第六職等至第七職等，其中薦任科員不得逾同一法院科員總額三分之一，依法律規定辦理人事管理、人事查核等事項，並得分科辦事；科長，薦任第九職等。

第四一條 （會計室統計室）

高等法院設會計室、統計室，各置主任一人，均簡任第十職等，必要時得依法各置佐理人員，依法律規定分別辦理歲計、會計、統計等事項，並得分科辦事；科長，薦任第九職等。

第四二條 （資訊室）

高等法院設資訊室，置主任一人，簡任第十職等，承院長之命處理資訊室之行政事項；資訊管理師，薦任第六職等至第七職等，操作員，委任第三職等至第五職等；必要時得置科長、設計師，科長，薦任第九職等，設計師，薦任第六職等至第八職等，處理資訊事項。

第四三條 110

高等法院分院置院長一人，由法官兼任，綜理該分院行政事務。

第四四條 （院長之權限）

高等法院院長得派本院法官兼行分院法官職務。

第四五條 （分院之管轄）

高等法院分院管轄事件，與高等法院同。

第四六條　（分院之準用）

第三十四條至第四十二條之規定，於高等法院分院準用之。

第四章　最高法院

第四七條　（最高法院之設置）

最高法院設於中央政府所在地。

第四八條　（最高法院之管轄事件）

最高法院管轄事件如左：

一　不服高等法院及其分院第一審判決而上訴之刑事訴訟案件。

二　不服高等法院及其分院第二審判決而上訴之民事、刑事訴訟案件。

三　不服高等法院及其分院裁定而抗告之案件。

四　非常上訴案件。

五　其他法律規定之訴訟案件。

第四九條　（最高法院員額）94

最高法院員額，依附表之規定。

第五〇條　（院長）

最高法院置院長一人，特任，綜理全院行政事務，並任法官。

第五一條 110

①最高法院置法官；分設民事庭、刑事庭，其庭數視事務之繁簡定之；各庭置庭長一人，除由院長兼任者外，餘由法官兼任，監督各該庭事務。

②司法院得調高等法院以下各級法院及其分院法官至最高法院辦事，承法官之命，辦理訴訟案件程序及實體之審查、法律問題之分析、資料之蒐集、裁判書之草擬等事務。

③最高法院於必要時得置法官助理，依相關法令聘用各種專業人員充任之；承法官之命，辦理案件程序之審查、法律問題之分析、資料之蒐集等事務。

④法官調最高法院辦事期間，計入其法官年資。

⑤具律師執業資格者經聘用充任法官助理期間，計入其律師執業年資。

⑥第十二條第四項規定，於最高法院準用之。

第五一條之一　（大法庭制度）108

最高法院之民事庭、刑事庭爲數庭者，應設民事大法庭、刑事大法庭，裁判法律爭議。

第五一條之二　（歧異提案及徵詢程序）108

①最高法院民事庭、刑事庭各庭審理案件，經評議後認採爲裁判基礎之法律見解，與先前裁判之法律見解歧異者，應以裁定敘明理由，依下列方式處理：

一　民事庭提案予民事大法庭裁判。

二　刑事庭提案予刑事大法庭裁判。

②最高法院民事庭、刑事庭各庭爲前項裁定前，應先以徵詢書徵詢其他各庭之意見。受徵詢庭應於三十日內以回復書回復之，逾期未回復，視爲主張維持先前裁判之法律見解。經任一受徵詢庭主張維持先前裁判之法律見解時，始得爲前項裁定。

第五一條之三　（原則重要性法律見解之提案）108

最高法院民事庭、刑事庭各庭審理案件，經評議後認採爲裁判基礎之法律見解具有原則重要性，得以裁定敘明理由，提案予民事大法庭、刑事大法庭裁判。

第五一條之四　（當事人提案聲請）108

①最高法院民事庭、刑事庭各庭審理案件期間，當事人認爲足以影響裁判結果之法律見解，民事庭、刑事庭先前裁判之見解已產生歧異，或具有原則重要性，得以書狀表明下列各款事項，向受理案件之民事庭、刑事庭聲請以裁定提案予民事大法庭、刑事大法庭裁判：

一　所涉及之法令。

二　法律見解歧異之裁判，或法律見解具有原則重要性之具體內容。
三　該歧異見解或具有原則重要性見解對於裁判結果之影響。
四　聲請人所持法律見解。

②前項聲請，檢察官以外之當事人應委任律師爲代理人或辯護人爲之。但民事事件之聲請人釋明有民事訴訟法第四百六十六條之一第一項但書、第二項情形，不在此限。

③最高法院民事庭、刑事庭各庭受理第一項之聲請，認爲聲請不合法律上之程式或法律上不應准許，應以裁定駁回之。

第五一條之五 111

①提案庭於大法庭言詞辯論終結前，因涉及之法律爭議已無提案之必要，得以裁定敘明理由，撤銷提案。

②大法庭宣示裁定前，若所涉法律爭議已無統一見解之必要，得以裁定敘明理由，駁回提案。

第五一條之六 111

①民事大法庭、刑事大法庭裁判法律爭議，各以法官十一人合議行之，並分別由最高法院院長及其指定之庭長，擔任民事大法庭或刑事大法庭之審判長。

②民事大法庭、刑事大法庭之庭員，由提案庭指定庭員一人及票選之民事庭、刑事庭法官九人擔任。

③前項由票選產生之大法庭庭員，每庭至少應有一人。

第五一條之七 111

①前條第一項由院長指定之大法庭審判長、第二項之票選大法庭庭員任期均爲二年。票選庭員之人選、遞補人選，由法官會議以無記名投票，分別自民事庭、刑事庭全體法官中依得票數較高，且符合前條第三項規定之方式選舉產生。

②院長或其指定之大法庭審判長出缺或有事故不能擔任審判長時，由前項遞補人選遞補之，並以大法庭庭員中資深庭長充審判長，無庭長者，以其他資深庭員充之，資同以年長者充之。票選之大法庭庭員出缺或有事故，不能擔任民事大法庭、刑事大法庭庭員時，由前項遞補人選遞補之。

③前條第二項提案庭指定之庭員出缺、有事故不能擔任民事大法庭、刑事大法庭庭員時，由提案庭另行指定庭員出任。

④民事大法庭、刑事大法庭審理中之法律爭議，遇民事大法庭、刑事大法庭庭員因改選而更易時，仍由原審理該法律爭議之民事大法庭、刑事大法庭繼續審理至終結止；其庭員出缺或有事故不能擔任民事大法庭、刑事大法庭庭員時，亦按該法律爭議提交民事大法庭、刑事大法庭時之預定遞補人選遞補之。

⑤大法庭法官曾參與提案庭提交案件再審前之裁判者，如其於大法庭之裁判迴避，將致其原所屬庭無大法庭成員時，無庸迴避。

⑥大法庭法官迴避之聲請，由大法庭以合議裁定之。

⑦前項裁定，被聲請迴避之法官不得參與，其遞補人選依第二項、第三項規定遞補或指定出任；遞補任期至該聲請迴避事件裁判之日爲止。

⑧院長、院長指定之大法庭審判長或大法庭庭員出缺者，遞補人選之任期至原任期屆滿爲止。

⑨有事故不能擔任大法庭審判長或庭員者，其遞補人選之任期或指定出任人選執行大法庭職務之期間，至該事故終結之日爲止。但原任期所餘未滿三個月者，其遞補人選任期，至原任期屆滿爲止。

第五一條之八 111

①民事大法庭、刑事大法庭裁判法律爭議，應行言詞辯論。

②前項辯論，檢察官以外之當事人應委任律師爲代理人或辯護人爲之。於民事事件委任訴訟代理人，準用民事訴訟法第四百七十四條第三項之規定；於刑事案件被告未選任辯護人者，審判長應指定公設辯護人或律師爲被告行言詞辯論。

③第一項之辯論期日，民事事件被上訴人未委任訴訟代理人或當事人一造之訴訟代理人

未到場者，由他造之訴訟代理人陳述後爲裁定；兩造之訴訟代理人均未到場者，得不行辯論。刑事案件被告之辯護人、自訴代理人中一造或兩造未到場者，亦同。

④民事大法庭、刑事大法庭認有必要時，得依職權或依當事人、其代理人或辯護人之聲請，就專業法律問題選任專家學者，以書面或於言詞辯論時到場陳述其法律上意見。

⑤前項陳述意見之人，應揭露下列資訊：

一　相關專業意見或資料之準備或提出，是否與當事人、關係人或其代理人或辯護人有分工或合作關係。

二　相關專業意見或資料之準備或提出，是否受當事人、關係人或其代理人或辯護人之金錢報酬或資助及其金額或價值。

三　其他提供金錢報酬或資助者之身分及其金額或價值。

第五一條之九　（大法庭裁定及不同意見書）108

①民事大法庭、刑事大法庭裁判法律爭議，應以裁定記載主文與理由行之，並自辯論終結之日起三十日內宣示。

②法官於評議時所持法律上之意見與多數意見不同，經記明於評議簿，並於裁定宣示前補具不同意見書者，應與裁定一併公布。

第五一條之一〇　（大法庭裁定之拘束力）108

民事大法庭、刑事大法庭之裁定，對提案庭提交之案件有拘束力。

第五一條之一一　（大法庭程序準用相關法律之規定）108

除本法另有規定外，民事訴訟法、刑事訴訟法及其他相關法律之規定與大法庭規範性質不相牴觸者，亦準用之。

第五二條　（書記廳）94

①最高法院設書記廳，置書記官長一人，簡任第十一職等至第十三職等，承院長之命處理行政事務；一等書記官，薦任第八職等至第九職等；二等書記官，薦任第六職等至第七職等；三等書記官，委任第四職等至第五職等，分掌紀錄、文書、研究考核、總務、資料及訴訟輔導等事務，並得分科、分股辦事，科長由一等書記官兼任；股長由一等書記官或二等書記官兼任，均不另列等。

②前項一等書記官、二等書記官總額，不得逾一等書記官、二等書記官、三等書記官總額二分之一。

第五三條　（最高法院通譯、技士及執達員等人員職等之設置）104

①最高法院置一等通譯，薦任第八職等至第九職等；二等通譯，薦任第六職等至第七職等；三等通譯，委任第四職等至第五職等；技士，委任第五職等或薦任第六職等至第七職等；執達員，委任第三職等至第五職等；錄事、庭務員，均委任第一職等至第三職等。

②前項一等通譯、二等通譯總額，不得逾一等通譯、二等通譯、三等通譯總額二分之一。

③第二十三條第三項、第四項之規定，於最高法院準用之。

第五四條　（人事室）

最高法院設人事室，置主任一人，簡任第十職等，副主任一人，薦任第九職等或簡任第十職等；科員，委任第四職等至第五職等或薦任第六職等至第七職等，其中薦任科員不得逾總額三分之一，依法律規定辦理人事管理、人事查核等事項，並得分股辦事；股長由科員兼任，不另列等。

第五五條　（會計室統計室）

最高法院設會計室、統計室，各置主任一人，均簡任第十職等；必要時得依法各置佐理人員，依法律規定分別辦理歲計、會計、統計等事項，並得分股辦事；股長由佐理人員兼任，不另列等。

第五六條　（資訊室）

最高法院設資訊室，置主任一人，簡任第十職等，承院長之命處理資訊室之行政事項；設計師，薦任第六職等至第八職等；資訊管理師，薦任第六職等至第七職等；操作員，第三職等至第五職等，處理資訊事項。

第五七條　（刪除）108

第五七條之一　（判例之效力）108

①最高法院於中華民國一百零七年十二月七日本法修正施行前依法選編之判例，若無裁判全文可資查考者，應停止適用。

②未經前項規定停止適用之判例，其效力與未經選編為判例之最高法院裁判相同。

③於中華民國一百零七年十二月七日本法修正之條文施行後三年內，人民於上開條文施行後所受確定終局裁判援用之判例、決議，發生牴觸憲法之疑義者，得準用司法院大法官審理案件法第五條第一項第二款之規定聲請解釋憲法。

第五章　檢察機關

第五八條 110

①各級法院及分院對應設置檢察署及檢察分署。

②前項所稱檢察署，分下列三級：

一　地方檢察署。

二　高等檢察署。

三　最高檢察署。

第五九條 110

①各級檢察署及檢察分署置檢察官，最高檢察署以一人為檢察總長，其他檢察署及檢察分署各以一人為檢察長，分別綜理各該署行政事務。

②各級檢察署及檢察分署檢察官員額在六人以上者，得分組辦事，每組以一人為主任檢察官，監督各該組事務。

第五九條之一　（刪除）110

第六〇條　（檢察官之職權）

檢察官之職權如左：

一　實施偵查、提起公訴、實行公訴、協助自訴、擔當自訴及指揮刑事裁判之執行。

二　其他法令所定職務之執行。

第六一條　（檢察官與法院之關係）

檢察官對於法院，獨立行使職權。

第六二條　（檢察官執行職務之區域）95

檢察官於其所屬檢察署管轄區域內執行職務。但遇有緊急情形或法律另有規定者，不在此限。

第六三條 110

①檢察總長依本法及其他法律之規定，指揮監督該署檢察官及高等檢察署以下各級檢察署及檢察分署檢察官。

②檢察長依本法及其他法律之規定，指揮監督該署檢察官及其所屬檢察署檢察官。

③檢察官應服從前二項指揮監督長官之命令。

第六三條之一 110

①高等檢察署以下各級檢察署及其檢察分署為辦理重大貪瀆、經濟犯罪、嚴重危害社會秩序案件需要，得借調相關機關之專業人員協助偵查。

②高等檢察署以下各級檢察署及其檢察分署檢察官執行前項職務時，得經臺灣高等檢察署檢察長或檢察總長之指定，執行各該審級檢察官之職權，不受第六十二條之限制。

③中華民國一百零五年十一月十八日修正之本條規定，自一百零六年一月一日施行。

第六四條　（檢察事務之移轉）

檢察總長、檢察長得親自處理其所指揮監督之檢察官之事務，並得將該事務移轉於其所指揮監督之其他檢察官處理之。

第六五條 110

高等檢察署及地方檢察署檢察長，得派本署檢察官兼行其檢察分署檢察官之職務。

第六六條 110

①最高檢察署檢察總長，特任。

②最高檢察署檢察總長由總統提名，經立法院同意任命之，任期四年，不得連任。

③最高檢察署檢察總長除年度預算案及法律案外，無須至立法院列席備詢。

④最高檢察署檢察總長因故出缺或無法視事時，總統應於三個月內重新提出人選，經立法院同意任命之，其任期重行計算四年，不得連任。

⑤最高檢察署檢察總長於任命時具法官、檢察官身分者，於卸任時，得回任法官、檢察官。

⑥最高檢察署檢察總長於任滿前一個月，總統應依第二項規定辦理。

第六六條之一 110

①法務部得調高等檢察署以下各級檢察署及其檢察分署檢察官、試署檢察官或候補檢察官至最高檢察署辦事；承檢察官之命，辦理訴訟案件程序之審查、法律問題之分析、資料之蒐集及書類之草擬等事項。

②法務部得調地方檢察署及其檢察分署試署檢察官或候補檢察官至高等檢察署或其檢察分署辦事；承檢察官之命，協助檢察官辦理訴訟案件程序之審查、法律問題之分析、資料之蒐集及書類之草擬等事項。

③法務部得調候補檢察官至地方檢察署或其檢察分署辦事；承實任檢察官之命，協助檢察官辦理訴訟案件程序之審查、法律問題之分析、資料之蒐集及書類之草擬等事項。

④檢察官、試署檢察官或候補檢察官依前三項規定調辦事期間，計入其檢察官、試署檢察官或候補檢察官年資。

第六六條之二 110

①各級檢察署及其檢察分署設檢察事務官室，置檢察事務官；檢察事務官在二人以上者，置主任檢察事務官；並得視業務需要分組辦事，各組組長由檢察事務官兼任，不另列等。

②檢察事務官，薦任第七職等至第九職等，第七十三條第一項附表所定第一類地方檢察署及其檢察分署之檢察事務官，其中二人得列簡任第十職等；主任檢察事務官，薦任第九職等或簡任第十職等。

第六六條之三 （檢察事務官處理事務）

①檢察事務官受檢察官之指揮，處理下列事務：

一 實施搜索、扣押、勘驗或執行拘提。

二 詢問告訴人、告發人、被告、證人或鑑定人。

三 襄助檢察官執行其他第六十條所定之職權。

②檢察事務官處理前項前二款事務，視爲刑事訴訟法第二百三十條第一項之司法警察官。

第六六條之四 110

①檢察事務官，應就具有下列資格之一者任用之：

一 經公務人員高等考試或司法人員特種考試相當等級之檢察事務官考試及格者。

二 經律師考試及格，並具有薦任職任用資格者。

三 曾任警察官或法務部調查局調查人員三年以上，成績優良，並具有薦任職任用資格者。

四 具有公立或經立案之私立大學、獨立學院以上學歷，曾任法院或檢察署書記官，辦理民刑事紀錄三年以上，成績優良，具有薦任職任用資格者。

②各級檢察署及其檢察分署爲辦理陸海空軍刑法或其他涉及軍事、國家與社會安全及相關案件需要，得借調國防部所屬具軍法官資格三年以上之人員，辦理檢察事務官事務，並準用前條第二項規定。借調期間不得逾四年，其借調方式、年資、待遇、給與、考績、獎懲及相關事項之辦法，由法務部會同國防部定之。

③主任檢察事務官，應就具有檢察事務官及擬任職等任用資格，並具有領導才能者遴任之。

④具律師執業資格者任檢察事務官期間，計入其律師執業年資。

第六七條 110

①地方檢察署及檢察分署設觀護人室，置觀護人、臨床心理師及佐理員。觀護人在二人以上者，置主任觀護人；在六人以上者，得分組辦事，組長由觀護人兼任，不另列等。

②觀護人，薦任第七職等至第九職等，第七十三條第一項附表所定第一類地方檢察署及其檢察分署之觀護人，其中二人得列簡任第十職等；主任觀護人，薦任第九職等或簡任第十職等；臨床心理師，列師㈢級；佐理員，委任第四職等至第五職等，其中二分之一得列薦任第六職等。

第六八條 110

①高等檢察署以下各級檢察署及其檢察分署，置法醫師，法醫師在二人以上者，置主任法醫師。法醫師，薦任第七職等至第九職等；主任法醫師，薦任第九職等或簡任第十職等。但地方檢察署及其檢察分署法醫師得列委任第五職等。

②高等檢察署以下各級檢察署及其檢察分署，置檢驗員，委任第三職等至第五職等或薦任第六職等至第八職等。

第六九條 110

①第二十二條、第二十三條第三項、第三十八條、第五十二條之規定，於地方檢察署或其檢察分署、高等檢察署或其檢察分署、最高檢察署分別準用之。

②高等檢察署以下各級檢察署及其檢察分署，得設執行科，掌理關於刑事執行事務，並得分股辦事。科長由一等書記官兼任；股長由一等書記官或二等書記官兼任，均不另列等。

③高等檢察署或其檢察分署，得設所務科，掌理關於監督看守所及少年觀護所之行政事務，並得分股辦事。置科長一人，薦任第九職等；科員，委任第五職等或薦任第六職等至第七職等；書記，委任第一職等至第三職等；股長由薦任科員兼任，不另列等。

第七〇條 110

①最高檢察署、高等檢察署及檢察分署置一等通譯，薦任第八職等至第九職等；二等通譯，薦任第六職等至第七職等；三等通譯，委任第四職等至第五職等；技士，委任第五職等或薦任第六職等至第七職等。

②地方檢察署及檢察分署置一等通譯，薦任第七職等至第八職等；二等通譯，薦任第六職等至第七職等；三等通譯，委任第四職等至第五職等；技士，委任第五職等或薦任第六職等至第七職等。

③前二項一等通譯、二等通譯總額，不得逾同一檢察署一等通譯、二等通譯、三等通譯總額二分之一。

第七一條 110

各級檢察署及檢察分署置錄事，委任第一職等至第三職等。

第七二條 110

第二十四條至第二十六條、第四十條至第四十二條、第五十四條至第五十六條之規定，於地方檢察署或其檢察分署、高等檢察署或其檢察分署、最高檢察署分別準用之。

第七三條 110

①地方檢察署或其檢察分署之類別及員額，依附表之規定。

②各地方檢察署或其檢察分署應適用之類別及其變更，由行政院定之。

第七四條 110

①高等檢察署或其檢察分署之類別及員額，依附表之規定。

②高等檢察署或其檢察分署應適用之類別及其變更，由行政院定之。

第七五條 110

最高檢察署員額，依附表之規定。

第七六條 （司法警察之調度）

①檢察官得調度司法警察，法官於辦理刑事案件時，亦同。
②調度司法警察條例另定之。

第六章　司法年度及事務分配

第七七條　（司法年度）
司法年度，每年自一月一日起至十二月三十一日止。

第七八條 110
各級法院及分院與各級檢察署及檢察分署之處務規程，分別由司法院與法務部定之。

第七九條 111
①各級法院及分院於每年度終結前，由院長、庭長、法官舉行會議，按照本法、處務規程及其他法令規定，預定次年度司法事務之分配及代理次序。
②辦理民事、刑事訴訟及其他特殊專業類型案件之法官，其年度司法事務分配辦法，由司法院另定之。
③第一項會議並應預定次年度關於合議審判時法官之配置。

第八〇條　（事務分配會議之主席）
前條會議，以院長爲主席，其決議以過半數之意見定之，可否同數時，取決於主席。

第八一條　（事務分配變更之程序）
事務分配、代理次序及合議審判時法官之配置，經預定後，因案件或法官增減或他項事故，有變更之必要時，得由院長徵詢有關庭長、法官意見後定之。

第八二條　（法官之代理）
①地方法院及其分院法官因事故不能執行職務時，得由地方法院院長命候補法官暫代其職務。
②高等法院或地方法院法官因事故不能執行職務時，得由高等法院或地方法院院長調用其分院法官暫代其職務。
③高等法院及其分院法官因事故不能執行職務時，得由高等法院院長調用地方法院或其分院法官暫代其職務。
④最高法院法官因事故不能執行職務時，得由最高法院院長商調高等法院或其分院法官暫代其職務。
⑤前二項暫代其職務之期間，不得逾六個月。

第八三條 110
①各級法院及分院應定期出版公報或以其他適當方式，公開裁判書。但其他法律另有規定者，依其規定。
②前項公開，除自然人之姓名外，得不含自然人之身分證統一編號及其他足資識別該個人之資料。
③高等檢察署以下各級檢察署及其檢察分署，應於第一審裁判書公開後，公開起訴書，並準用前二項規定。

第七章　法庭之開閉及秩序

第八四條　（開庭場所席位設置及法庭秩序）
①法庭開庭，於法院內爲之。但法律別有規定者，不在此限。
②法院內開庭時，在法庭實施訴訟程序之公務員及依法執行職務之人、訴訟當事人與訴訟關係人，均應設置席位；其席位布置，應依當事人平等之原則爲之。
③除參與審判之法官或經審判長許可者外，在庭之人陳述時，起立，陳述後復坐。
④審判長蒞庭及宣示判決時，在庭之人均應起立。
⑤法庭席位布置及旁聽規則，由司法院定之。

第八五條　（臨時庭）
①高等法院以下各級法院或分院於必要時，得在管轄區域內指定地方臨時開庭。

②前項情形，其法官除就本院法官中指派者外，得以所屬分院或下級法院法官充之。
③第一項臨時開庭辦法，由司法院定之。

第八六條　（法庭之公開）
訴訟之辯論及裁判之宣示，應公開法庭行之。但有妨害國家安全、公共秩序或善良風俗之虞時，法院得決定不予公開。

第八七條　（法庭不公開理由之宣示）
①法庭不公開時，審判長應將不公開之理由宣示。
②前項情形，審判長仍得允許無妨礙之人旁聽。

第八八條　（審判長之法庭指揮權）
審判長於法庭之開閉及審理訴訟，有指揮之權。

第八九條　（審判長之秩序維持權）
法庭開庭時，審判長有維持秩序之權。

第九〇條　（法庭開庭之禁止行為及錄音、錄影相關規定）104
①法庭開庭時，應保持肅靜，不得有大聲交談、鼓掌、攝影、吸煙、飲食物品及其他類似之行為。
②法庭開庭時，除法律另有規定外，應予錄音。必要時，得予錄影。
③在庭之人非經審判長許可，不得自行錄音、錄影；未經許可錄音、錄影者，審判長得命其消除該錄音、錄影內容。
④前項處分，不得聲明不服。

第九〇條之一　（聲請法院許可交付法庭錄音或錄影內容；法院得不予許可或限制交付）104
①當事人及依法得聲請閱覽卷宗之人，因主張或維護其法律上利益，得於開庭翌日起至裁判確定後六個月內，繳納費用聲請法院許可交付法庭錄音或錄影內容。但經判處死刑、無期徒刑或十年以上有期徒刑之案件，得於裁判確定後二年內聲請。
②前項情形，依法令得不予許可或限制聲請閱覽、抄錄或攝影卷內文書者，法院得不予許可或限制交付法庭錄音或錄影內容。
③第一項情形，涉及國家機密者，法院得不予許可或限制交付法庭錄音或錄影內容；涉及其他依法令應予保密之事項者，法院得限制交付法庭錄音或錄影內容。
④前三項不予許可或限制交付內容之裁定，得為抗告。

第九〇條之二 111
法庭錄音、錄影內容，應保存至裁判確定後三年六個月，始得除去其錄音、錄影。但經判處死刑或無期徒刑確定之案件，其保存期限依檔案法之規定。

第九〇條之三　（法庭錄音、錄影及其保存利用等相關辦法由司法院訂定）104
前三條所定法庭之錄音、錄影及其利用保存等相關事項之辦法，由司法院定之。

第九〇條之四　（持有法庭錄音、錄影內容之人，禁止散布、公開播送或不當使用；違反者之處罰）104
①持有法庭錄音、錄影內容之人，就所取得之錄音、錄影內容，不得散布、公開播送，或為非正當目的之使用。
②違反前項之規定者，由行為人之住所、居所，或營業所、事務所所在地之地方法院處新臺幣三萬元以上三十萬元以下罰鍰。但其他法律另有特別規定者，依其規定。
③前項處罰及救濟之程序，準用相關法令之規定。

第九一條　（妨害法庭之處分及效力）
①有妨害法庭秩序或其他不當行為者，審判長得禁止其進入法庭或命其退出法庭，必要時得命看管至閉庭時。
②前項處分，不得聲明不服。
③前二項之規定，於審判長在法庭外執行職務時準用之。

第九二條　（代理人辯護人妨害法庭之處分）
律師在法庭代理訴訟或辯護案件，其言語行動如有不當，審判長得加以警告或禁止其開庭當日之代理或辯護。非律師而爲訴訟代理人或辯護人者，亦同。

第九三條 （審判長所爲維持法庭秩序之處分應於筆錄記明事由）104

審判長爲第九十條第三項、第九十一條及第九十二條之處分時，應命記明其事由於筆錄。

第九四條 （受命及受託法官之準用）

第八十四條至第九十三條有關審判長之規定，於受命法官、受託法官執行職務時準用之。

第九五條 （違反法官維持法庭秩序命令之處罰）104

違反審判長、受命法官、受託法官所發維持法庭秩序之命令，致妨害法院執行職務，經制止不聽者，處三月以下有期徒刑、拘役或新臺幣三萬元以下罰金。

第九六條 （法服）

①法官及書記官在法庭執行職務時，應服制服，檢察官、公設辯護人及律師在法庭執行職務時，亦同。

②前項人員之服制，由司法院會同行政院定之。

第八章　法院之用語

第九七條 （審判應用之語言）

法院爲審判時，應用國語。

第九八條 （通譯傳譯或選擇文字訊問）104

訴訟當事人、證人、鑑定人及其他有關係之人，如有不通曉國語者，由通譯傳譯之；其爲聽覺或語言障礙者，除由通譯傳譯外，並得依其選擇以文字訊問，或命以文字陳述。

第九九條 （訴訟文書之文字）104

訴訟文書應用我國文字。但有供參考之必要時，應附記所用之方言或外國語文。

第一〇〇條 （檢察事務之準用）

前三條之規定，於辦理檢察事務時準用之。

第九章　裁判之評議

第一〇一條 （評議之人數）

合議裁判案件，應依本法所定法官人數評議決定之。

第一〇二條 （主席）

裁判之評議，以審判長爲主席。

第一〇三條 （評議不公開）90

裁判之評議，於裁判確定前均不公開。

第一〇四條 （發表意見之次序）

評議時法官應各陳述意見，其次序以資淺者爲先，資同以年少者爲先，遞至審判長爲終。

第一〇五條 （評議之決定）

①評議以過半數之意見決定之。

②關於數額，如法官之意見分三說以上，各不達過半數時，以最多額之意見順次算入次多額之意見，至達過半數爲止。

③關於刑事，如法官之意見分三說以上，各不達過半數時，以最不利於被告之意見順次算入次不利於被告之意見，至達過半數爲止。

第一〇六條 （評議之記載與守密）90

①評議時各法官之意見應記載於評議簿，並應於該案裁判確定前嚴守秘密。

②案件之當事人、訴訟代理人、辯護人或曾爲輔佐人，得於裁判確定後聲請閱覽評議意見。但不得抄錄、攝影或影印。

第十章　司法上之互動

第一〇七條　（法院之互助）

法院處理事務，應互相協助。

第一〇八條　（檢察官之互助）

檢察官執行職務，應互相協助。

第一〇九條　（書記官觀護人執達員及法警之互助）

書記官於權限內之事務，應互相協助，觀護人、執達員、法警，亦同。

第十一章　司法行政之監督

第一一〇條　（各級法院之行政監督）

各級法院行政之監督，依左列規定：

一　司法院院長監督各級法院及分院。

二　最高法院院長監督該法院。

三　高等法院院長監督該法院及其分院與所屬地方法院及其分院。

四　高等法院分院院長監督該分院與轄區內地方法院及其分院。

五　地方法院院長監督該法院及其分院。

六　地方法院分院院長監督該分院。

第一一一條 110

各級檢察署行政之監督，依下列規定：

一　法務部部長監督各級檢察署及檢察分署。

二　最高檢察署檢察總長監督該檢察署。

三　高等檢察署檢察長監督該檢察署及其檢察分署與所屬地方檢察署及其檢察分署。

四　高等檢察分署檢察長監督該檢察署與轄區內地方檢察署及其檢察分署。

五　地方檢察署檢察長監督該檢察署及其檢察分署。

六　地方檢察分署檢察長監督該檢察署。

第一一二條　（命令警告）

依前二條規定有監督權者，對於被監督之人員得為左列處分：

一　關於職務上之事項，得發命令使之注意。

二　有廢弛職務，侵越權限或行為不檢者，加以警告。

第一一三條　（懲戒）

被監督之人員，如有前條第二款情事，而情節較重或經警告不悛者，監督長官得依公務員懲戒法辦理。

第一一四條　（監督之限制）

本章之規定，不影響審判權之行使。

第一一四條之一 110

各級法院及各級檢察署原依雇員管理規則進用之現職執達員、法警、錄事、庭務員、雇員，其未具公務人員任用資格者，得占用原職之職缺，繼續僱用至離職時為止。

第一一四條之二 110

其他法律所稱地方法院檢察署、高等法院檢察署、最高法院檢察署、高等法院及其分院檢察署、高等法院檢察署智慧財產分署、高等法院以下各級法院及其分院檢察署、地方法院及其分院檢察署、各級法院及分院檢察署，自本法中華民國一百零七年五月八日修正條文施行之日起，分別改稱為地方檢察署、高等檢察署、最高檢察署、高等檢察署及其檢察分署、高等檢察署智慧財產檢察分署、高等檢察署以下各級檢察署及其檢察分署、地方檢察署及其檢察分署、各級檢察署及檢察分署。

第十二章　附　則

第一一五條 111

①本法自公布日施行。

②中華民國一百零五年五月二十七日修正之條文，自一百零六年一月一日施行。

③中華民國一百零七年十二月七日修正之條文，自公布後六個月施行。

④中華民國一百十年十一月二十三日修正之條文，除增訂第七條之一至第七條之十一，自一百十一年一月四日施行外，自公布日施行。

⑤中華民國一百十一年五月三十一日修正之條文，除第十七條、第十七條之一、第十八條及第三十七條自公布日施行外，其施行日期由司法院定之。

臺灣地區與大陸地區人民關係條例

①民國81年7月31日總統令制定公布全文96條。民國81年9月16日行政院令發布定自81年9月18日起施行。
②民國82年2月3日總統令修正公布第18條條文；並自82年9月18日起施行。
③民國83年9月16日總統令修正公布第66條條文；並自83年9月18日起施行。
④民國84年7月19日總統令修正公布第66條條文。
民國84年7月19日行政院令發布定自84年7月21日施行。
⑤民國85年7月30日總統令修正公布第68條條文。
民國85年8月19日行政院令發布定自85年9月18日起施行。
⑥民國86年5月14日總統令修正公布第5、10、11、15至18、20、 27、32、35、67、74、79、80、83、85、86、88、96條條文；並增訂第26-1、28-1、67-1、75-1、95-1條條文。
民國86年6月30日行政院令發布定自86年7月1日起施行。
⑦民國89年12月20日總統令修正公布第2、16、21條條文；並增訂第 17-1條條文。
民國90年2月16日行政院令發布定自90年2月20日施行。
⑧民國91年4月24日總統令修正公布第24、35、69條條文。
民國91年6月21日行政院令發布定自91年7月1日施行。
⑨民國92年10月29日總統令修正公布全文96條。
民國92年12月29日行政院令發布第1、3、6至8、12、16、18、21、 22-1、24、28-1、31、34、41至62、64、66、67、71、74、75、 75-1、76至79、84、85、87至89、93、95條定自92年12月31日施行；餘定自93年3月1日施行。
⑩民國95年7月19日總統令修正公布第9條條文。
民國95年10月17日行政院令發布定自95年10月19日施行。
⑪民國97年6月25日總統令修正公布第38、92條條文。
民國97年6月26日行政院令發布定自97年6月26日施行。
⑫民國98年7月1日總統令修正公布第17、17-1、18、57、67條條文；並刪除第12條條文。
民國98年8月11日行政院令發布定自98年8月14日施行。
⑬民國99年6月15日總統令增訂公布第29-1條條文。
民國99年6月18日行政院令發布定自99年6月18日施行。
⑭民國99年9月1日總統令修正公布第22條條文；並刪除第22-1條條文。
民國99年9月3日行政院令發布定自99年9月3日施行。
⑮民國100年12月21日總統令增訂公布第80-1條條文。
民國101年3月3日行政院令發布定自101年3月21日施行。
民國101年5月15日行政院公告第37條第2項所列屬「行政院新聞局」之權責事項，自101年5月20日起改由「文化部」管轄。
民國101年6月25日行政院公告第36條第1至4項、第81條第2項所列屬「財政部」之權責事項，經行政院公告自93年7月1日起變更為「行政院金融監督管理委員會」管轄，自101年7月1日起改由「金融監督管理委員會」管轄；第38條第1、2、4、5項所列屬「行政院金融監督管理委員會」之權責事項，自101年7月1日起改由「金融監督管理委員會」管轄。
民國101年12月25日行政院公告第67-1條第1項所列屬財政部「國有財產局」之權責事項，自102年1月1日起改由財政部「國有財產署」管轄。
民國102年10月25日行政院公告第27條第1、3項、第68條第3、6項所列屬「行政院國軍退除役官兵輔導委員會」之權責事項，自102年11月1日起改由「國軍退除役官兵輔導委員會」管轄。
民國103年2月14日行政院公告第11條第4、6、7項、第13條第1、2項所列屬「行政院勞工委員會」之權責事項，自103年2月17日起改由「勞動部」管轄。
民國103年12月26日行政院公告第18條第2項所列屬「內政部入出國及移民署」之權責事項，自104年1月2日起改由「內政部移民署」管轄。
⑯民國104年5月6日總統令修正公布第80-1條條文。
民國104年6月1日行政院令發布定自104年6月15日施行。
⑰民國104年6月17日總統令修正公布第18條條文；並增訂第18-1、18-2、87-1條條文。
民國104年7月1日行政院令發布定自104年7月3日施行。

民國107年4月27日行政院公告第 80-1條第2項所列屬「海岸巡防機關」之權責事項原由「行政院海岸巡防署及所屬機關」管轄，自107年4月28日起改由「海洋委員會海巡署及所屬機關（構）」管轄。

民國107年6月28日行政院公告第3-1條、第4條第2項序文、第2款、第3項、第4-1條第2項、第4-2條第1、2項、第5-1條、第5-2條、第9條第4項、第33條第2項、第3項第2款、第5、6項、第33-2條第1項、第34條第3、4項所列屬「行政院大陸委員會」之權責事項，自107年7月2日起改由「大陸委員會」管轄。

⑱民國108年4月24日總統令修正公布第93-1條條文。

民國108年5月2日行政院令發布定自108年6月1日施行。

⑲民國108年6月21日總統令修正公布第27條條文；並增訂第5-3條條文。

民國108年6月21日行政院令發布定自108年6月23日施行。

⑳民國108年7月24日總統令修正公布第9、91條條文；並增訂第9-3條條文。

民國108年8月6日行政院令發布定自108年9月1日施行。

㉑民國111年6月8日總統令修正公布第9、40-1、91、93-1、93-2條條文。

民國111年11月17日行政院令發布第40-1、93-1、93-2條定自111年11月18日施行。

民國112年4月27日行政院令發布第9、91條定自112年4月28日施行。

第一章　總　則

第一條　（立法目的）

國家統一前，爲確保臺灣地區安全與民眾福祉，規範臺灣地區與大陸地區人民之往來，並處理衍生之法律事件，特制定本條例。本條例未規定者，適用其他有關法令之規定。

第二條　（用詞定義）

本條例用詞，定義如下：

一　臺灣地區：指臺灣、澎湖、金門、馬祖及政府統治權所及之其他地區。

二　大陸地區：指臺灣地區以外之中華民國領土。

三　臺灣地區人民：指在臺灣地區設有戶籍之人民。

四　大陸地區人民：指在大陸地區設有戶籍之人民。

第三條　（旅居國外大陸地區人民之適用）

本條例關於大陸地區人民之規定，於大陸地區人民旅居國外者，適用之。

第三條之一　（主管機關）

行政院大陸委員會統籌處理有關大陸事務，爲本條例之主管機關。

第四條　（處理兩岸地區事務之機構）

①行政院得設立或指定機構，處理臺灣地區與大陸地區人民往來有關之事務。

②行政院大陸委員會處理臺灣地區與大陸地區人民往來有關事務，得委託前項之機構或符合下列要件之民間團體爲之：

一　設立時，政府捐助財產總額逾二分之一。

二　設立目的爲處理臺灣地區與大陸地區人民往來有關事務，並以行政院大陸委員會爲中央主管機關或目的事業主管機關。

③行政院大陸委員會或第四條之二第一項經行政院同意之各該主管機關，得依所處理事務之性質及需要，逐案委託前二項規定以外，具有公信力、專業能力及經驗之其他具公益性質之法人，協助處理臺灣地區與大陸地區人民往來有關之事務；必要時，並得委託其代爲簽署協議。

④第一項及第二項之機構或民間團體，經委託機關同意，得複委託前項之其他具公益性質之法人，協助處理臺灣地區與大陸地區人民往來有關之事務。

第四條之一　（公務員轉任、回任、年資採計等相關權益保障事項）

①公務員轉任前條之機構或民間團體者，其回任公職之權益應予保障，在該機構或團體服務之年資，於回任公職時，得予採計爲公務員年資；本條例施行或修正前已轉任

者，亦同。

②公務員轉任前條之機構或民間團體未回任者，於該機構或民間團體辦理退休、資遣或撫卹時，其於公務員退撫新制施行前、後任公務員年資之退離給與，由行政院大陸委員會編列預算，比照其轉任前原適用之公務員退撫相關法令所定一次給與標準，予以給付。

③公務員轉任前條之機構或民間團體回任公職，或於該機構或民間團體辦理退休、資遣或撫卹時，已依相關規定請領退離給與之年資，不得再予併計。

④第一項之轉任方式、回任、年資採計方式、職等核敘及其他應遵行事項之辦法，由考試院會同行政院定之。

⑤第二項之比照方式、計算標準及經費編列等事項之辦法，由行政院定之。

第四條之二　（統籌辦理兩岸訂定協議事項機關及程序）

①行政院大陸委員會統籌辦理臺灣地區與大陸地區訂定協議事項；協議內容具有專門性、技術性，以各該主管機關訂定為宜者，得經行政院同意，由其會同行政院大陸委員會辦理。

②行政院大陸委員會或前項經行政院同意之各該主管機關，得委託第四條所定機構或民間團體，以受託人自己之名義，與大陸地區相關機關或經其授權之法人、團體或其他機構協商簽署協議。

③本條例所稱協議，係指臺灣地區與大陸地區間就涉及行使公權力或政治議題事項所簽署之文書；協議之附加議定書、附加條款、簽字議定書、同意紀錄、附錄及其他附加文件，均屬構成協議之一部分。

第四條之三　（受託法人應受委託機關或民間團體之指揮監督）

第四條第三項之其他具公益性質之法人，於受委託協助處理事務或簽署協議，應受委託機關、第四條第一項或第二項所定機構或民間團體之指揮監督。

第四條之四　（受託法人、機構或民間團體應遵守之規定）

依第四條第一項或第二項規定受委託之機構或民間團體，應遵守下列規定；第四條第三項其他具公益性質之法人於受託期間，亦同：

一　派員赴大陸地區或其他地區處理受託事務或相關重要業務，應報請委託機關、第四條第一項或第二項所定之機構或民間團體同意，及接受其指揮，並隨時報告處理情形；因其他事務須派員赴大陸地區者，應先通知委託機關、第四條第一項或第二項所定之機構或民間團體。

二　其代表人及處理受託事務之人員，負有與公務員相同之保密義務；離職後，亦同。

三　其代表人及處理受託事務之人員，於受託處理事務時，負有與公務員相同之利益迴避義務。

四　其代表人及處理受託事務之人員，未經委託機關同意，不得與大陸地區相關機關或經其授權之法人、團體或其他機構協商簽署協議。

第五條　（簽署協議之程序及協議生效要件）

①依第四條第三項或第四條之二第二項，受委託簽署協議之機構、民間團體或其他具公益性質之法人，應將協議草案報經委託機關陳報行政院同意，始得簽署。

②協議之內容涉及法律之修正或應以法律定之者，協議辦理機關應於協議簽署後三十日內報請行政院核轉立法院審議；其內容未涉及法律之修正或無須另以法律定之者，協議辦理機關應於協議簽署後三十日內報請行政院核定，並送立法院備查，其程序，必要時以機密方式處理。

第五條之一　（簽署協議）

①臺灣地區各級地方政府機關（構），非經行政院大陸委員會授權，不得與大陸地區人民、法人、團體或其他機關（構），以任何形式協商簽署協議。臺灣地區之公務人員、各級公職人員或各級地方民意代表機關，亦同。

②臺灣地區人民、法人、團體或其他機構，除依本條例規定，經行政院大陸委員會或各

該主管機關授權，不得與大陸地區人民、法人、團體或其他機關（構）簽署涉及臺灣地區公權力或政治議題之協議。

第五條之二 （相關辦法之擬訂）

依第四條第三項、第四項或第四條之二第二項規定，委託、複委託處理事務或協商簽署協議，及監督受委託機構、民間團體或其他具公益性質之法人之相關辦法，由行政院大陸委員會擬訂，報請行政院核定之。

第五條之三 （政治議題協商之監督機制）108

①涉及政治議題之協議，行政院應於協商開始九十日前，向立法院提出協議締結計畫及憲政或重大政治衝擊影響評估報告。締結計畫經全體立法委員四分之三之出席，及出席委員四分之三之同意，始得開啓簽署協議之協商。

②前項涉及政治議題之協議，係指具憲政或重大政治影響性之協議。

③負責協議之機關應依締結計畫進行談判協商，並適時向立法院報告；立法院或相關委員會亦得邀請負責協議之機關進行報告。

④立法院依據前項報告判斷雙方談判協商已無法依照締結計畫進行時，得經全體立法委員二分之一以上之決議，要求負責協議之機關終止協商；行政院判斷雙方談判協商已無法依照締結計畫進行時，應終止協商，並向立法院報告。

⑤負責協議之機關依締結計畫完成協議草案之談判後，應於十五日內經行政院院會決議報請總統核定。總統核定後十五日內，行政院應主動公開協議草案之完整內容，函送立法院審議，並向立法院報告協議過程及憲政或重大政治衝擊影響評估。

⑥立法院全院委員會應於院會審查前，就協議草案內容及憲政或重大政治衝擊影響評估舉行聽證。

⑦立法院院會審查協議草案經全體立法委員四分之三之出席，及出席委員四分之三之同意，再由行政院將協議草案，連同公民投票主文、理由書交由中央選舉委員會辦理全國性公民投票，其獲有效同意票超過投票權人總額之半數者，即爲協議草案通過，經負責協議之機關簽署及換文後，呈請總統公布生效。

⑧關於政治議題協議之公民投票，不適用公民投票法第九條至第十六條、第十七條第一項關於期間與同條項第三款、第十九條、第二十三條及第二十六條至第二十九條之規定。其餘公民投票事項，本條例未規定者，適用公民投票法之規定。

⑨主權國家地位與自由民主憲政秩序之毀棄或變更，不得作爲政治議題談判及協議之項目。

⑩違反本條規定所爲之政治議題協商或約定，無效。

第六條 （在臺設立分支機構）

①爲處理臺灣地區與大陸地區人民往來有關之事務，行政院得依對等原則，許可大陸地區之法人、團體或其他機構在臺灣地區設立分支機構。

②前項設立許可事項，以法律定之。

第七條 （文書驗證）

在大陸地區製作之文書，經行政院設立或指定之機構或委託之民間團體驗證者，推定爲眞正。

第八條 （司法文書之送達與司法調查）

應於大陸地區送達司法文書或爲必要之調查者，司法機關得囑託或委託第四條之機構或民間團體爲之。

第二章 行 政

第九條 111

①臺灣地區人民進入大陸地區，應經一般出境查驗程序。

②主管機關得要求航空公司或旅行相關業者辦理前項出境申報程序。

③臺灣地區公務員，國家安全局、國防部、法務部調查局及其所屬各級機關未具公務員

身分之人員，應向內政部申請許可，始得進入大陸地區。但簡任第十職等及警監四階以下未涉及國家安全、利益或機密之公務員及警察人員赴大陸地區，不在此限；其作業要點，於本法修正後三個月內，由內政部會同相關機關擬訂，報請行政院核定之。

④臺灣地區人民具有下列身分者，進入大陸地區應經申請，並經內政部會同國家安全局、法務部、大陸委員會及相關機關組成之審查會審查許可：

一　政務人員、直轄市長。

二　於國防、外交、科技、情報、大陸事務或其他相關機關從事涉及國家安全、利益或機密業務之人員。

三　受前款機關委託從事涉及國家安全、利益或機密公務之個人或法人、團體、其他機構之成員。

四　前三款退離職或受委託終止未滿三年之人員。

五　縣（市）長。

六　受政府機關（構）委託、補助或出資達一定基準從事涉及國家核心關鍵技術業務之個人或法人、團體、其他機構之成員；受委託、補助、出資終止或離職未滿三年者，亦同。

⑤前二項所列人員，進入大陸地區返臺後，應向（原）服務機關、委託、補助或出資機關（構）通報。但直轄市長應向行政院、縣（市）長應向內政部、其餘機關首長應向上一級機關通報。

⑥第四項第二款至第四款及第六款所列人員，其涉及國家安全、利益、機密或國家核心關鍵技術之認定，由（原）服務機關、委託、補助、出資機關（構），或受委託、補助、出資之法人、團體、其他機構依相關規定及業務性質辦理。

⑦第四項第四款所定退離職人員退離職或受委託終止後，應經審查會審查許可，始得進入大陸地區之期間，原服務機關、委託機關或受委託法人、團體、其他機構得依其所涉及國家安全、利益、機密及業務性質增加之。

⑧曾任第四項第二款人員從事涉及重要國家安全、利益或機密業務者，於前項應經審查會審查許可之期間屆滿後，（原）服務機關得限其在進入大陸地區前及返臺後，仍應向（原）服務機關申報。

⑨遇有重大突發事件、影響臺灣地區重大利益或於兩岸互動有重大危害情形者，得經立法院議決由行政院公告於一定期間內，對臺灣地區人民進入大陸地區，採行禁止、限制或其他必要之處置，立法院如於會期內一個月未為決議，視為同意；但情況急迫者，得於事後追認之。

⑩臺灣地區人民進入大陸地區者，不得從事妨害國家安全或利益之活動。

⑪本條例所稱國家核心關鍵技術，指國家安全法第三條第三項所定之國家核心關鍵技術。

⑫第二項申報程序、第三項、第四項許可辦法及第五項通報程序，由內政部擬訂，報請行政院核定之。

⑬第四項第六款所定受委託、補助或出資之一定基準及其他應遵行事項之辦法，由國家科學及技術委員會會商有關機關定之。

⑭第八項申報對象、期間、程序及其他應遵行事項之辦法，由內政部定之。

第九條之一　（臺灣地區人民不得在大陸地區設籍或領用其護照）

①臺灣地區人民不得在大陸地區設有戶籍或領用大陸地區護照。

②違反前項規定在大陸地區設有戶籍或領用大陸地區護照者，除經有關機關認有特殊考量必要外，喪失臺灣地區人民身分及其在臺灣地區選舉、罷免、創制、複決、擔任軍職、公職及其他以在臺灣地區設有戶籍所衍生相關權利，並由戶政機關註銷其臺灣地區之戶籍登記；但其因臺灣地區人民身分所負之責任及義務，不因而喪失或免除。

③本條例修正施行前，臺灣地區人民已在大陸地區設籍或領用大陸地區護照者，其在本條例修正施行之日起六個月內，註銷大陸地區戶籍或放棄領用大陸地區護照並向內政部提出相關證明者，不喪失臺灣地區人民身分。

第九條之二　（回復臺灣地區人民身分許可辦法之擬訂）

①依前條規定喪失臺灣地區人民身分者，嗣後註銷大陸地區戶籍或放棄持用大陸地區護照，得向內政部申請許可回復臺灣地區人民身分，並返回臺灣地區定居。

②前項許可條件、程序、方式、限制、撤銷或廢止許可及其他應遵行事項之辦法，由內政部擬訂，報請行政院核定之。

第九條之三　（特定身分退離職人員參與大陸地區政治活動之限制）108

①曾任國防、外交、大陸事務或與國家安全相關機關之政務副首長或少將以上人員，或情報機關首長，不得參與大陸地區黨務、軍事、行政或具政治性機關（構）、團體所舉辦之慶典或活動，而有妨害國家尊嚴之行為。

②前項妨害國家尊嚴之行為，指向象徵大陸地區政權之旗、徽、歌等行禮、唱頌或其他類似之行為。

第一〇條　（大陸地區人民進入臺灣地區之許可）

①大陸地區人民非經主管機關許可，不得進入臺灣地區。

②經許可進入臺灣地區之大陸地區人民，不得從事與許可目的不符之活動。

③前二項許可辦法，由有關主管機關擬訂，報請行政院核定之。

第一〇條之一　（大陸地區人民進入臺灣地區團聚、居留或定居之申請）

大陸地區人民申請進入臺灣地區團聚、居留或定居者，應接受面談、按捺指紋並建檔管理之；未接受面談、按捺指紋者，不予許可其團聚、居留或定居之申請。其管理辦法，由主管機關定之。

第一一條　（僱用大陸地區人民在臺工作之申請許可）

①僱用大陸地區人民在臺灣地區工作，應向主管機關申請許可。

②經許可受僱在臺灣地區工作之大陸地區人民，其受僱期間不得逾一年，並不得轉換雇主及工作。但因雇主關廠、歇業或其他特殊事故，致僱用關係無法繼續時，經主管機關許可者，得轉換雇主及工作。

③大陸地區人民因前項但書情形轉換雇主及工作時，其轉換後之受僱期間，與原受僱期間併計。

④雇主向行政院勞工委員會申請僱用大陸地區人民工作，應先以合理勞動條件在臺灣地區辦理公開招募，並向公立就業服務機構申請求才登記，無法滿足其需要時，始得就該不足人數提出申請。但應於招募時，將招募內容全文通知其事業單位之工會或勞工，並於大陸地區人民預定工作場所公告之。

⑤僱用大陸地區人民工作時，其勞動契約應以定期契約為之。

⑥第一項許可及其管理辦法，由行政院勞工委員會會同有關機關擬訂，報請行政院核定之。

⑦依國際協定開放服務業項目所衍生僱用需求，及跨國企業、在臺營業達一定規模之臺灣地區企業，得經主管機關許可，僱用大陸地區人民，不受前六項及第九十五條相關規定之限制；其許可、管理、企業營業規模、僱用條件及其他應遵行事項之辦法，由行政院勞工委員會會同有關機關擬訂，報請行政院核定之。

第一二條　（刪除）98

第一三條　（就業安定費）

①僱用大陸地區人民者，應向行政院勞工委員會所設專戶繳納就業安定費。

②前項收費標準及管理運用辦法，由行政院勞工委員會會同財政部擬訂，報請行政院核定之。

第一四條　（限期離境與強制出境）

①經許可受僱在臺灣地區工作之大陸地區人民，違反本條例或其他法令之規定者，主管機關得撤銷或廢止其許可。

②前項經撤銷或廢止許可之大陸地區人民，應限期離境，逾期不離境者，依第十八條規定強制其出境。

③前項規定，於中止或終止勞動契約時，適用之。

第一五條　（禁止行為）

下列行為不得為之：

一　使大陸地區人民非法進入臺灣地區。

二　明知臺灣地區人民未經許可，而招攬使之進入大陸地區。

三　使大陸地區人民在臺灣地區從事未經許可或與許可目的不符之活動。

四　僱用或留用大陸地區人民在臺灣地區從事未經許可或與許可範圍不符之工作。

五　居間介紹他人為前款之行為。

第一六條　（申請定居）

①大陸地區人民得申請來臺從事商務或觀光活動，其辦法，由主管機關定之。

②大陸地區人民有下列情形之一者，得申請在臺灣地區定居：

一　臺灣地區人民之直系血親及配偶，年齡在七十歲以上、十二歲以下者。

二　其臺灣地區之配偶死亡，須在臺灣地區照顧未成年之親生子女者。

三　民國三十四年後，因兵役關係滯留大陸地區之臺籍軍人及其配偶。

四　民國三十八年政府遷臺後，因作戰或執行特種任務被俘之前國軍官兵及其配偶。

五　民國三十八年政府遷臺前，以公費派赴大陸地區求學人員及其配偶。

六　民國七十六年十一月一日前，因船舶故障、海難或其他不可抗力之事由滯留大陸地區，且在臺灣地區原有戶籍之漁民或船員。

③大陸地區人民依前項第一款規定，每年申請在臺灣地區定居之數額，得予限制。

④依第二項第三款至第六款規定申請者，其大陸地區配偶得隨同本人申請在臺灣地區定居；未隨同申請者，得由本人在臺灣地區定居後代為申請。

第一七條　（申請居留）98

①大陸地區人民為臺灣地區人民配偶，得依法令申請進入臺灣地區團聚，經許可入境後，得申請在臺灣地區依親居留。

②前項以外之大陸地區人民，得依法令申請在臺灣地區停留；有下列情形之一者，得申請在臺灣地區商務或工作居留，居留期間最長為三年，期滿得申請延期：

一　符合第十一條受僱在臺灣地區工作之大陸地區人民。

二　符合第十條或第十六條第一項來臺從事商務相關活動之大陸地區人民。

③經依第一項規定許可在臺灣地區依親居留滿四年，且每年在臺灣地區合法居留期間逾一百八十三日者，得申請長期居留。

④內政部得基於政治、經濟、社會、教育、科技或文化之考量，專案許可大陸地區人民在臺灣地區長期居留，申請居留之類別及數額，得予限制；其類別及數額，由內政部擬訂，報請行政院核定後公告之。

⑤經依前二項規定許可在臺灣地區長期居留者，居留期間無限制；長期居留符合下列規定者，得申請在臺灣地區定居：

一　在臺灣地區合法居留連續二年且每年居住逾一百八十三日。

二　品行端正，無犯罪紀錄。

三　提出喪失原籍證明。

四　符合國家利益。

⑥內政部得訂定依親居留、長期居留及定居之數額及類別，報請行政院核定後公告之。

⑦第一項人員經許可依親居留、長期居留或定居，有事實足認係通謀而為虛偽結婚者，撤銷其依親居留、長期居留、定居許可及戶籍登記，並強制出境。

⑧大陸地區人民在臺灣地區逾期停留、居留或未經許可入境者，在臺灣地區停留、居留期間，不適用前條及第一項至第四項規定。

⑨前條及第一項至第五項有關居留、長期居留、或定居條件、程序、方式、限制、撤銷或廢止許可及其他應遵行事項之辦法，由內政部會同有關機關擬訂，報請行政院核定之。

⑩本條例中華民國九十八年六月九日修正之條文施行前，經許可在臺團聚者，其每年在臺合法團聚期間逾一百八十三日者，得轉換為依親居留期間；其已在臺依親居留或長

期居留者，每年在臺合法團聚期間逾一百八十三日者，其團聚期間得分別轉換併計為依親居留或長期居留期間；經轉換併計後，在臺依親居留滿四年，符合第三項規定，得申請轉換為長期居留期間；經轉換併計後，在臺連續長期居留滿二年，並符合第五項規定，得申請定居。

第一七條之一 （合法居留之工作權）98

經依前條第一項、第三項或第四項規定許可在臺灣地區依親居留或長期居留者，居留期間得在臺灣地區工作。

第一八條 （強制出境之事由）104

①進入臺灣地區之大陸地區人民，有下列情形之一者，內政部移民署得逕行強制出境，或限令其於十日內出境，逾限令出境期限仍未出境，內政部移民署得強制出境：

一 未經許可入境。

二 經許可入境，已逾停留、居留期限，或經撤銷、廢止停留、居留、定居許可。

三 從事與許可目的不符之活動或工作。

四 有事實足認為有犯罪行為。

五 有事實足認為有危害國家安全或社會安定之虞。

六 非經許可與臺灣地區之公務人員以任何形式進行涉及公權力或政治議題之協商。

②內政部移民署於知悉前項大陸地區人民涉有刑事案件已進入司法程序者，於強制出境十日前，應通知司法機關。該等大陸地區人民除經依法羈押、拘提、管收或限制出境者外，內政部移民署得強制出境或限令出境。

③內政部移民署於強制大陸地區人民出境前，應給予陳述意見之機會；強制已取得居留或定居許可之大陸地區人民出境前，並應召開審查會。但當事人有下列情形之一者，得不經審查會審查，逕行強制出境：

一 以書面聲明放棄陳述意見或自願出境。

二 依其他法律規定限令出境。

三 有危害國家利益、公共安全、公共秩序或從事恐怖活動之虞，且情況急迫應即時處分。

④第一項所定強制出境之處理方式、程序、管理及其他應遵行事項之辦法，由內政部定之。

⑤第三項審查會由內政部遴聘有關機關代表、社會公正人士及學者專家共同組成，其中單一性別不得少於三分之一，且社會公正人士及學者專家之人數不得少於二分之一。

第一八條之一 （暫予收容之事由及期間）104

①前條第一項受強制出境處分者，有下列情形之一，且非予收容顯難強制出境，內政部移民署得暫予收容，期間自暫予收容時起最長不得逾十五日，且應於暫予收容處分作成前，給予當事人陳述意見機會：

一 無相關旅行證件，或其旅行證件仍待查核，不能依規定執行。

二 有事實足認有行方不明、逃逸或不願自行出境之虞。

三 於境外遭通緝。

②暫予收容期間屆滿前，內政部移民署認有續予收容之必要者，應於期間屆滿五日前附具理由，向法院聲請裁定續予收容。續予收容之期間，自暫予收容期間屆滿時起，最長不得逾四十五日。

③續予收容期間屆滿前，有第一項各款情形之一，內政部移民署認有延長收容之必要者，應於期間屆滿五日前附具理由，向法院聲請裁定延長收容。延長收容之期間，自續予收容期間屆滿時起，最長不得逾四十日。

④前項收容期間屆滿前，有第一項各款情形之一，內政部移民署認有延長收容之必要者，應於期間屆滿五日前附具理由，再向法院聲請延長收容一次。延長收容之期間，自前次延長收容期間屆滿時起，最長不得逾五十日。

⑤受收容人有得不暫予收容之情形、收容原因消滅，或無收容之必要，內政部移民署得依職權，視其情形分別為廢止暫予收容處分、停止收容，或為收容替代處分後，釋放

受收容人。如於法院裁定准予續予收容或延長收容後，內政部移民署停止收容時，應即時通知原裁定法院。

⑥受收容人涉及刑事案件已進入司法程序者，內政部移民署於知悉後執行強制出境十日前，應通知司法機關；如經司法機關認為有羈押或限制出境之必要，而移由其處理者，不得執行強制出境。

⑦本條例中華民國一百零四年六月二日修正之條文施行前，大陸地區人民如經司法機關責付而收容，並經法院判決有罪確定者，其於修正施行前之收容日數，仍適用修正施行前折抵刑期或罰金數額之規定。

⑧本條例中華民國一百零四年六月二日修正之條文施行前，已經收容之大陸地區人民，其於修正施行時收容期間未逾十五日者，內政部移民署應告知其得提出收容異議，十五日期間屆滿認有續予收容之必要，應於期間屆滿前附具理由，向法院聲請續予收容；已逾十五日至六十日或逾六十日者，內政部移民署如認有續予收容或延長收容之必要，應附具理由，於修正施行當日，向法院聲請續予收容或延長收容。

⑨同一事件之收容期間應合併計算，且最長不得逾一百五十日；本條例中華民國一百零四年六月二日修正之條文施行前後收容之期間合併計算，最長不得逾一百五十日。

⑩受收容人之收容替代處分、得不暫予收容之事由、異議程序、法定障礙事由、暫予收容處分、收容替代處分與強制出境處分之作成方式、廢（停）止收容之程序、再暫予收容之規定、遠距審理及其他應遵行事項，準用入出國及移民法第三十八條第二項、第三項、第三十八條之一至第三十八條之三、第三十八條之六、第三十八條之七第二項、第三十八條之八第一項及第三十八條之九規定辦理。

⑪有關收容處理方式、程序、管理及其他應遵行事項之辦法，由內政部定之。

⑫前條及前十一項規定，於本條例施行前進入臺灣地區之大陸地區人民，適用之。

第一八條之二　（逾期居留未滿三十日，重新申請居留）104

①大陸地區人民逾期居留未滿三十日，原申請居留原因仍繼續存在者，經依第八十七條之一規定處罰後，得向內政部移民署重新申請居留，不適用第十七條第八項規定。

②前項大陸地區人民申請長期居留或定居者，核算在臺灣地區居留期間，應扣除一年。

第一九條（強制出境之事由）

①臺灣地區人民依規定保證大陸地區人民入境者，於被保證人屆期不離境時，應協助有關機關強制其出境，並負擔因強制出境所支出之費用。

②前項費用，得由強制出境機關檢具單據影本及計算書，通知保證人限期繳納，屆期不繳納者，依法移送強制執行。

第二〇條（強制出境之事由）

①臺灣地區人民有下列情形之一者，應負擔強制出境所需之費用：

一　使大陸地區人民非法入境者。

二　非法僱用大陸地區人民工作者。

三　僱用之大陸地區人民依第十四條第二項或第三項規定強制出境者。

②前項費用有數人應負擔者，應負連帶責任。

③第一項費用，由強制出境機關檢具單據影本及計算書，通知應負擔人限期繳納；屆期不繳納者，依法移送強制執行。

第二一條　（公權之取得）

①大陸地區人民經許可進入臺灣地區者，除法律另有規定外，非在臺灣地區設有戶籍滿十年，不得登記為公職候選人、擔任公教或公營事業機關（構）人員及組織政黨；非在臺灣地區設有戶籍滿二十年，不得擔任情報機關（構）人員，或國防機關（構）之下列人員：

一　志願役軍官、士官及士兵。

二　義務役軍官及士官。

三　文職、教職及國軍聘雇人員。

②大陸地區人民經許可進入臺灣地區設有戶籍者，得依法令規定擔任大學教職、學術研

究機構研究人員或社會教育機構專業人員，不受前項在臺灣地區設有戶籍滿十年之限制。
③前項人員，不得擔任涉及國家安全或機密科技研究之職務。

第二二條（學歷採認及考試）99
①在大陸地區接受教育之學歷，除屬醫療法所稱醫事人員相關之高等學校學歷外，得予採認；其適用對象、採認原則、認定程序及其他應遵行事項之辦法，由教育部擬訂，報請行政院核定之。
②大陸地區人民非經許可在臺灣地區設有戶籍者，不得參加公務人員考試、專門職業及技術人員考試之資格。
③大陸地區人民經許可得來臺就學，其適用對象、申請程序、許可條件、停留期間及其他應遵行事項之辦法，由教育部擬訂，報請行政院核定之。

第二二條之一（刪除）99

第二三條（招生或居間介紹之許可）
臺灣地區、大陸地區及其他地區人民、法人、團體或其他機構，經許可得為大陸地區之教育機構在臺灣地區辦理招生事宜或從事居間介紹之行為。其許可辦法由教育部擬訂，報請行政院核定之。

第二四條（課徵所得稅）
①臺灣地區人民、法人、團體或其他機構有大陸地區來源所得者，應併同臺灣地區來源所得課徵所得稅。但其在大陸地區已繳納之稅額，得自應納稅額中扣抵。
②臺灣地區法人、團體或其他機構，依第三十五條規定經主管機關許可，經由其在第三地區投資設立之公司或事業在大陸地區從事投資者，於依所得稅法規定列報第三地區公司或事業之投資收益時，其屬源自轉投資大陸地區公司或事業分配之投資收益部分，視為大陸地區來源所得，依前項規定課徵所得稅。但該部分大陸地區投資收益在大陸地區及第三地區已繳納之所得稅，得自應納稅額中扣抵。
③前二項扣抵數額之合計數，不得超過因加計其大陸地區來源所得，而依臺灣地區適用稅率計算增加之應納稅額。

第二五條（課徵所得稅）
①大陸地區人民、法人、團體或其他機構有臺灣地區來源所得者，應就其臺灣地區來源所得，課徵所得稅。
②大陸地區人民於一課稅年度內在臺灣地區居留、停留合計滿一百八十三日者，應就其臺灣地區來源所得，準用臺灣地區人民適用之課稅規定，課徵綜合所得稅。
③大陸地區法人、團體或其他機構在臺灣地區有固定營業場所或營業代理人者，應就其臺灣地區來源所得，準用臺灣地區營利事業適用之課稅規定，課徵營利事業所得稅；其在臺灣地區無固定營業場所而有營業代理人者，其應納之營利事業所得稅，應由營業代理人負責，向該管稽徵機關申報納稅。但大陸地區法人、團體或其他機構在臺灣地區因從事投資，所獲配之股利淨額或盈餘淨額，應由扣繳義務人於給付時，按規定之扣繳率扣繳，不計入營利事業所得額。
④大陸地區人民於一課稅年度內在臺灣地區居留、停留合計未滿一百八十三日者，及大陸地區法人、團體或其他機構在臺灣地區無固定營業場所及營業代理人者，其臺灣地區來源所得之應納稅額，應由扣繳義務人於給付時，按規定之扣繳率扣繳，免辦理結算申報；如有非屬扣繳範圍之所得，應由納稅義務人依規定稅率申報納稅，其無法自行辦理申報者，應委託臺灣地區人民或在臺灣地區有固定營業場所之營利事業為代理人，負責代理申報納稅。
⑤前二項之扣繳事項，適用所得稅法之相關規定。
⑥大陸地區人民、法人、團體或其他機構取得臺灣地區來源所得應適用之扣繳率，其標準由財政部擬訂，報請行政院核定之。

第二五條之一（課徵所得稅）
①大陸地區人民、法人、團體、其他機構或其於第三地區投資之公司，依第七十三條規

定申請在臺灣地區投資經許可者，其取得臺灣地區之公司所分配股利或合夥人應分配盈餘應納之所得稅，由所得稅法規定之扣繳義務人於給付時，按給付額或應分配額扣繳百分之二十，不適用所得稅法結算申報之規定。但大陸地區人民於一課稅年度內在臺灣地區居留、停留合計滿一百八十三日者，應依前條第二項規定課徵綜合所得稅。

②依第七十三條規定申請在臺灣地區投資經許可之法人、團體或其他機構，其董事、經理人及所派之技術人員，因辦理投資、建廠或從事市場調查等臨時性工作，於一課稅年度內在臺灣地區居留、停留期間合計不超過一百八十三日者，其由該法人、團體或其他機構非在臺灣地區給與之薪資所得，不視為臺灣地區來源所得。

第二六條　（長期居住大陸地區者退休給與之領取）

①支領各種月退休（職、伍）給與之退休（職、伍）軍公教及公營事業機關（構）人員擬赴大陸地區長期居住者，應向主管機關申請改領一次退休（職、伍）給與，並由主管機關就其原核定退休（職、伍）年資及其申領當月同職等或同官階之現職人員月俸額，計算其應領之一次退休（職、伍）給與為標準，扣除已領之月退休（職、伍）給與，一次發給其餘額；無餘額或餘額未達其應領之一次退休（職、伍）給與半數者，一律發給其應領一次退休（職、伍）給與之半數。

②前項人員在臺灣地區有受其扶養之人者，申請前應經該受扶養人同意。

③第一項人員未依規定申請辦理改領一次退休（職、伍）給與，而在大陸地區設有戶籍或領用大陸地區護照者，停止領受退休（職、伍）給與之權利，俟其經依第九條之二規定許可回復臺灣地區人民身分後恢復。

④第一項人員如有以詐術或其他不正當方法領取一次退休（職、伍）給與，由原退休（職、伍）機關追回其所領金額，如涉及刑事責任者，移送司法機關辦理。

⑤第一項改領及第三項停止領受及恢復退休（職、伍）給與相關事項之辦法，由各主管機關定之。

第二六條之一　（保險死亡給付、一次撫卹、撫慰金、餘額退伍金之辦理申領）

①軍公教及公營事業機關（構）人員，在任職（服役）期間死亡，或支領月退休（職、伍）給與人員，在支領期間死亡，而在臺灣地區無遺族或法定受益人者，其居住大陸地區之遺族或法定受益人，得於各該支領給付人死亡之日起五年內，經許可進入臺灣地區，以書面向主管機關申請領受公務人員或軍人保險死亡給付、一次撫卹金、餘額退伍金或一次撫慰金，不得請領年撫卹金或月撫慰金。逾期未申請領受者，喪失其權利。

②前項保險死亡給付、一次撫卹金、餘額退伍金或一次撫慰金總額，不得逾新臺幣二百萬元。

③本條例中華民國八十六年七月一日修正生效前，依法核定保留保險死亡給付、一次撫卹金、餘額退伍金或一次撫慰金者，其居住大陸地區之遺族或法定受益人，應於中華民國八十六年七月一日起五年內，依第一項規定辦理申領，逾期喪失其權利。

④申請領受第一項或前項規定之給付者，有因受傷或疾病致行動困難或領受之給付與來臺旅費顯不相當等特殊情事，經主管機關核定者，得免進入臺灣地區。

⑤民國三十八年以前在大陸地區依法令核定應發給之各項公法給付，其權利人尚未領受或領受中斷者，於國家統一前，不予處理。

第二七條　（定居大陸地區榮民就養給付之發給）108

①國軍退除役官兵輔導委員會安置就養之榮民經核准赴大陸地區長期居住者，其原有之就養給付、身心障礙撫卹金，仍應發給；本條中華民國九十三年三月一日修正生效前經許可赴大陸地區定居者，亦同。

②就養榮民未依前項規定經核准，而在大陸地區設有戶籍或領用大陸地區護照者，停止領受就養給付、身心障礙撫卹金之權利，俟其經依第九條之二規定許可回復臺灣地區人民身分後恢復。

③前二項所定就養給付、身心障礙撫卹金之發給、停止領受及恢復給付相關事項之辦法，由國軍退除役官兵輔導委員會擬訂，報請行政院核定之。

第二八條（航行大陸地區之許可）

中華民國船舶、航空器及其他運輸工具，經主管機關許可，得航行至大陸地區。其許可及管理辦法，於本條例修正通過後十八個月內，由交通部會同有關機關擬訂，報請行政院核定之；於必要時，經向立法院報告備查後，得延長之。

第二八條之一（船舶、航空器及其他運輸工具不得私運大陸地區人民）

①中華民國船舶、航空器及其他運輸工具，不得私行運送大陸地區人民前往臺灣地區及大陸地區以外之國家或地區。

②臺灣地區人民不得利用非中華民國船舶、航空器或其他運輸工具，私行運送大陸地區人民前往臺灣地區及大陸地區以外之國家或地區。

第二九條（限制區域）

①大陸船舶、民用航空器及其他運輸工具，非經主管機關許可，不得進入臺灣地區限制或禁止水域、臺北飛航情報區限制區域。

②前項限制或禁止水域及限制區域，由國防部公告之。

③第一項許可辦法，由交通部會同有關機關擬訂，報請行政院核定之。

第二九條之一（營業稅及所得稅之減免）99

①臺灣地區及大陸地區之海運、空運公司，參與兩岸船舶運輸及航空運輸，在對方取得之運輸收入，得依第四條之二規定訂定之臺灣地區與大陸地區協議事項，於互惠原則下，相互減免應納之營業稅及所得稅。

②前項減免稅捐之範圍、方法、適用程序及其他相關事項之辦法，由財政部擬訂，報請行政院核定。

第三〇條（外國運輸工具禁止直航）

①外國船舶、民用航空器及其他運輸工具，不得直接航行於臺灣地區與大陸地區港口、機場間；亦不得利用外國船舶、民用航空器及其他運輸工具，經營經第三地區航行於包括臺灣地區與大陸地區港口、機場間之定期航線業務。

②前項船舶、民用航空器及其他運輸工具為大陸地區人民、法人、團體或其他機構所租用、投資或經營者，交通部得限制或禁止其進入臺灣地區港口、機場。

③第一項之禁止規定，交通部於必要時得報經行政院核定為全部或一部之解除。其解除後之管理、運輸作業及其他應遵行事項，準用現行航政法規辦理，並得視需要由交通部會商有關機關訂定管理辦法。

第三一條（防衛處置）

大陸民用航空器未經許可進入臺北飛航情報區限制進入之區域，執行空防任務機關得警告飛離或採必要之防衛處置。

第三二條（船舶物品之扣留及處分）

①大陸船舶未經許可進入臺灣地區限制或禁止水域，主管機關得逕行驅離或扣留其船舶、物品，留置其人員或為必要之防衛處置。

②前項扣留之船舶、物品，或留置之人員，主管機關應於三個月內為下列之處分：

一　扣留之船舶、物品未涉及違法情事，得發還；若違法情節重大者，得沒入。

二　留置之人員經調查後移送有關機關依本條例第十八條收容遣返或強制其出境。

③本條例實施前，扣留之大陸船舶、物品及留置之人員，已由主管機關處理者，依其處理。

第三三條（任職之許可）

①臺灣地區人民、法人、團體或其他機構，除法律另有規定外，得擔任大陸地區法人、團體或其他機構之職務或為其成員。

②臺灣地區人民、法人、團體或其他機構，不得擔任經行政院大陸委員會會商各該主管機關公告禁止之大陸地區黨務、軍事、行政或具政治性機關（構）、團體之職務或為其成員。

③臺灣地區人民、法人、團體或其他機構，擔任大陸地區之職務或為其成員，有下列情形之一者，應經許可：

一　所擔任大陸地區黨務、軍事、行政或具政治性機關（構）、團體之職務或為成員，未經依前項規定公告禁止者。

二　有影響國家安全、利益之虞或基於政策需要，經各該主管機關會商行政院大陸委員會公告者。

④臺灣地區人民擔任大陸地區法人、團體或其他機構之職務或為其成員，不得從事妨害國家安全或利益之行為。

⑤第二項及第三項職務或成員之認定，由各該主管機關為之；如有疑義，得由行政院大陸委員會會同相關機關及學者專家組成審議委員會審議決定。

⑥第二項及第三項之公告事項、許可條件、申請程序、審查方式、管理及其他應遵行事項之辦法，由行政院大陸委員會會商各該主管機關擬訂，報請行政院核定之。

⑦本條例修正施行前，已擔任大陸地區法人、團體或其他機構之職務或為其成員者，應自前項辦法施行之日起六個月內向主管機關申請許可；屆期未申請或申請未核准者，以未經許可論。

第三三條之一　（臺灣地區人民、法人、團體機構禁止行為）

①臺灣地區人民、法人、團體或其他機構，非經各該主管機關許可，不得為下列行為：

一　與大陸地區黨務、軍事、行政、具政治性機關（構）、團體或涉及對臺政治工作、影響國家安全或利益之機關（構）、團體為任何形式之合作行為。

二　與大陸地區人民、法人、團體或其他機構，為涉及政治性內容之合作行為。

三　與大陸地區人民、法人、團體或其他機構聯合設立政治性法人、團體或其他機構。

②臺灣地區非營利法人、團體或其他機構，與大陸地區人民、法人、團體或其他機構之合作行為，不得違反法令規定或涉有政治性內容；如依其他法令規定，應將預算、決算報告報主管機關者，並應同時將其合作行為向主管機關申報。

③本條例修正施行前，已從事第一項所定之行為，且於本條例修正施行後仍持續進行者，應自本條例修正施行之日起三個月內向主管機關申請許可；已從事第二項所定之行為者，應自本條例修正施行之日起一年內申報；屆期未申請許可、申報或申請未經許可者，以未經許可或申報論。

第三三條之二　（締結聯盟之同意）

①臺灣地區各級地方政府機關（構）或各級地方立法機關，非經內政部會商行政院大陸委員會報請行政院同意，不得與大陸地區地方機關締結聯盟。

②本條例修正施行前，已從事前項之行為，且於本條例修正施行後仍持續進行者，應自本條例修正施行之日起三個月內報請行政院同意；屆期未報請同意或行政院不同意者，以未報請同意論。

第三三條之三　（締結聯盟或書面約定合作之申報）

①臺灣地區各級學校與大陸地區學校締結聯盟或為書面約定之合作行為，應先向教育部申報，於教育部受理其提出完整申報之日起三十日內，不得為該締結聯盟或書面約定之合作行為；教育部未於三十日內決定者，視為同意。

②前項締結聯盟或書面約定之合作內容，不得違反法令規定或涉有政治性內容。

③本條例修正施行前，已從事第一項之行為，且於本條例修正施行後仍持續進行者，應自本條例修正施行之日起三個月內向主管機關申報；屆期未申報或申報未經同意者，以未經申報論。

第三四條　（大陸地區物品勞務在臺廣告之許可及禁止行為）

①依本條例許可之大陸地區物品、勞務、服務或其他事項，得在臺灣地區從事廣告之播映、刊登或其他促銷推廣活動。

②前項廣告活動內容，不得有下列情形：

一　為中共從事具有任何政治性目的之宣傳。

二　違背現行大陸政策或政府法令。

三　妨害公共秩序或善良風俗。

③第一項廣告活動及前項廣告活動內容，由各有關機關認定處理，如有疑義，得由行政院大陸委員會會同相關機關及學者專家組成審議委員會審議決定。
④第一項廣告活動之管理，除依其他廣告相關法令規定辦理外，得由行政院大陸委員會會商有關機關擬訂管理辦法，報請行政院核定之。

第三五條　（投資技術合作等之許可）
①臺灣地區人民、法人、團體或其他機構，經經濟部許可，得在大陸地區從事投資或技術合作；其投資或技術合作之產品或經營項目，依據國家安全及產業發展之考慮，區分爲禁止類及一般類，由經濟部會商有關機關訂定項目清單及個案審查原則，並公告之。但一定金額以下之投資，得以申報方式爲之；其限額由經濟部以命令公告之。
②臺灣地區人民、法人、團體或其他機構，得與大陸地區人民、法人、團體或其他機構從事商業行爲。但由經濟部會商有關機關公告應經許可或禁止之項目，應依規定辦理。
③臺灣地區人民、法人、團體或其他機構，經主管機關許可，得從事臺灣地區與大陸地區間貿易；其許可、輸出入物品項目與規定、開放條件與程序、停止輸出入之規定及其他輸出入管理應遵行事項之辦法，由有關主管機關擬訂，報請行政院核定之。
④第一項及第二項之許可條件、程序、方式、限制及其他應遵行事項之辦法，由有關主管機關擬訂，報請行政院核定之。
⑤本條例中華民國九十一年七月一日修正生效前，未經核准從事第一項之投資或技術合作者，應自中華民國九十一年七月一日起六個月內向經濟部申請許可；屆期未申請或申請未核准者，以未經許可論。

第三六條　（金融保險業務往來之許可）
①臺灣地區金融保險證券期貨機構及其在臺灣地區以外之國家或地區設立之分支機構，經財政部許可，得與大陸地區人民、法人、團體、其他機構或其在大陸地區以外國家或地區設立之分支機構有業務上之直接往來。
②臺灣地區金融保險證券期貨機構在大陸地區設立分支機構，應報經財政部許可；其相關投資事項，應依前條規定辦理。
③前二項之許可條件、業務範圍、程序、管理、限制及其他應遵行事項之辦法，由財政部擬訂，報請行政院核定之。
④爲維持金融市場穩定，必要時，財政部得報請行政院核定後，限制或禁止第一項所定業務之直接往來。

第三六條之一　（大陸地區資金進出臺灣地區之管理及處罰）
大陸地區資金進出臺灣地區之管理及處罰，準用管理外匯條例第六條之一、第二十條、第二十二條、第二十四條及第二十六條規定；對於臺灣地區之金融市場或外匯市場有重大影響情事時，並得由中央銀行會同有關機關予以其他必要之限制或禁止。

第三七條　（出版品電影片等進口發行製作播映之許可）
①大陸地區出版品、電影片、錄影節目及廣播電視節目，經主管機關許可，得進入臺灣地區，或在臺灣地區發行、銷售、製作、播映、展覽或觀摩。
②前項許可辦法，由行政院新聞局擬訂，報請行政院核定之。

第三八條　（幣券攜帶之許可）97
①大陸地區發行之幣券，除其數額在行政院金融監督管理委員會所定限額以下外，不得進出入臺灣地區。但其數額逾所定限額部分，旅客應主動向海關申報，並由旅客自行封存於海關，出境時准予攜出。
②行政院金融監督管理委員會得會同中央銀行訂定辦法，許可大陸地區發行之幣券，進出入臺灣地區。
③大陸地區發行之幣券，於臺灣地區與大陸地區簽訂雙邊貨幣清算協定或建立雙邊貨幣清算機制後，其在臺灣地區之管理，準用管理外匯條例有關之規定。
④前項雙邊貨幣清算協定簽訂或機制建立前，大陸地區發行之幣券，在臺灣地區之管理及貨幣清算，由中央銀行會同行政院金融監督管理委員會訂定辦法。

⑤第一項限額，由行政院金融監督管理委員會以命令定之。

第三九條　（中華古物及藝術品等陳列展覽之許可）

①大陸地區之中華古物，經主管機關許可運入臺灣地區公開陳列、展覽者，得予運出。

②前項以外之大陸地區文物、藝術品，違反法令、妨害公共秩序或善良風俗者，主管機關得限制或禁止其在臺灣地區公開陳列、展覽。

③第一項許可辦法，由有關主管機關擬訂，報請行政院核定之。

第四〇條　（進出口物品之檢疫管理稅捐徵收）

①輸入或攜帶進入臺灣地區之大陸地區物品，以進口論；其檢驗、檢疫、管理、關稅等稅捐之徵收及處理等，依輸入物品有關法令之規定辦理。

②輸往或攜帶進入大陸地區之物品，以出口論；其檢驗、檢疫、管理、通關及處理，依輸出物品有關法令之規定辦理。

第四〇條之一　111

①大陸地區之營利事業或其於第三地區投資之營利事業，非經主管機關許可，並在臺灣地區設立分公司或辦事處，不得在臺從事業務活動；其分公司在臺營業，準用公司法第十二條、第十三條第一項、第十五條至第十八條、第二十條第一項至第四項、第二十一條第一項及第三項、第二十二條第一項、第二十三條至第二十六條之二、第二十八條之一、第三百七十二條第一項及第五項、第三百七十八條至第三百八十二條、第三百八十八條、第三百九十一條、第三百九十二條、第三百九十三條、第三百九十七條及第四百三十八條規定。

②前項大陸地區之營利事業與其於第三地區投資之營利事業之認定、基準、許可條件、申請程序、申報事項、應備文件、撤回、撤銷或廢止許可、業務活動或營業範圍及其他應遵行事項之辦法，由經濟部擬訂，報請行政院核定之。

第四〇條之二　（大陸地區非營利法人、團體或機構，在臺從事業務活動之許可）

①大陸地區之非營利法人、團體或其他機構，非經各該主管機關許可，不得在臺灣地區設立辦事處或分支機構，從事業務活動。

②經許可在臺從事業務活動之大陸地區非營利法人、團體或其他機構，不得從事與許可範圍不符之活動。

③第一項之許可範圍、許可條件、申請程序、申報事項、應備文件、審核方式、管理事項、限制及其他應遵行事項之辦法，由各該主管機關擬訂，報請行政院核定之。

第三章　民　事

第四一條　（民事事件適用法律）

①臺灣地區人民與大陸地區人民間之民事事件，除本條例另有規定外，適用臺灣地區之法律。

②大陸地區人民相互間及其與外國人間之民事事件，除本條例另有規定外，適用大陸地區之規定。

③本章所稱行為地、訂約地、發生地、履行地、所在地、訴訟地或仲裁地，指在臺灣地區或大陸地區。

第四二條　（各地方規定不同依當事人戶籍地）

依本條例規定應適用大陸地區之規定時，如該地區內各地方有不同規定者，依當事人戶籍地之規定。

第四三條　（適用法律）

依本條例規定應適用大陸地區之規定時，如大陸地區就該法律關係無明文規定或依其規定應適用臺灣地區之法律者，適用臺灣地區之法律。

第四四條　（適用法律）

依本條例規定應適用大陸地區之規定時，如其規定有背於臺灣地區之公共秩序或善良風俗者，適用臺灣地區之法律。

第四五條 （行爲地或事實發生地）

民事法律關係之行爲地或事實發生地跨連臺灣地區與大陸地區者，以臺灣地區爲行爲地或事實發生地。

第四六條 （行爲能力之準據法）

①大陸地區人民之行爲能力，依該地區之規定。但未成年人已結婚者，就其在臺灣地區之法律行爲，視爲有行爲能力。

②大陸地區之法人、團體或其他機構，其權利能力及行爲能力，依該地區之規定。

第四七條 （法律行爲方式之準據法）

①法律行爲之方式，依該行爲所應適用之規定。但依行爲地之規定所定之方式者，亦爲有效。

②物權之法律行爲，其方式依物之所在地之規定。

③行使或保全票據上權利之法律行爲，其方式依行爲地之規定。

第四八條 （債之準據法）

①債之契約依訂約地之規定。但當事人另有約定者，從其約定。

②前項訂約地不明而當事人又無約定者，依履行地之規定，履行地不明者，依訴訟地或仲裁地之規定。

第四九條 （因法律事實所生之債之準據法）

關於在大陸地區由無因管理、不當得利或其他法律事實而生之債，依大陸地區之規定。

第五〇條 （侵權行爲之準據法）

侵權行爲依損害發生地之規定。但臺灣地區之法律不認其爲侵權行爲者，不適用之。

第五一條 （物權之準據法）

①物權依物之所在地之規定。

②關於以權利爲標的之物權，依權利成立地之規定。

③物之所在地如有變更，其物權之得喪，依其原因事實完成時之所在地之規定。

④船舶之物權，依船籍登記地之規定；航空器之物權，依航空器登記地之規定。

第五二條 （婚姻成立要件之準據法）

①結婚或兩願離婚之方式及其他要件，依行爲地之規定。

②判決離婚之事由，依臺灣地區之法律。

第五三條 （婚姻效力之準據法）

夫妻之一方爲臺灣地區人民，一方爲大陸地區人民者，其結婚或離婚之效力，依臺灣地區之法律。

第五四條 （夫妻財產制之準據法）

臺灣地區人民與大陸地區人民在大陸地區結婚，其夫妻財產制，依該地區之規定。但在臺灣地區之財產，適用臺灣地區之法律。

第五五條 （非婚生子女認領之準據法）

①非婚生子女認領之成立要件，依各該認領人被認領人認領時設籍地區之規定。

②認領之效力，依認領人設籍地區之規定。

第五六條 （收養之準據法）

①收養之成立及終止，依各該收養者被收養者設籍地區之規定。

②收養之效力，依收養者設籍地區之規定。

第五七條 （父母子女法律關係之準據法）98

父母之一方爲臺灣地區人民，一方爲大陸地區人民者，其與子女間之法律關係，依子女設籍地區之規定。

第五八條 （監護之準據法）

受監護人爲大陸地區人民者，關於監護，依該地區之規定。但受監護人在臺灣地區有居所者，依臺灣地區之法律。

第五九條 （扶養之準據法）

扶養之義務，依扶養義務人設籍地區之規定。

第六〇條　（繼承之準據法）

被繼承人爲大陸地區人民者，關於繼承，依該地區之規定。但在臺灣地區之遺產，適用臺灣地區之法律。

第六一條　（遺囑之準據法）

大陸地區人民之遺囑，其成立或撤回之要件及效力，依該地區之規定。但以遺囑就其在臺灣地區之財產爲贈與者，適用臺灣地區之法律。

第六二條　（捐助之準據法）

大陸地區人民之捐助行爲，其成立或撤回之要件及效力，依該地區之規定。但捐助財產在臺灣地區者，適用臺灣地區之法律。

第六三條　（大陸地區權利之行使或移轉）

①本條例施行前，臺灣地區人民與大陸地區人民間、大陸地區人民相互間及其與外國人間，在大陸地區成立之民事法律關係及因此取得之權利、負擔之義務，以不違背臺灣地區公共秩序或善良風俗者爲限，承認其效力。

②前項規定，於本條例施行前已另有法令限制其權利之行使或移轉者，不適用之。

③國家統一前，下列債務不予處理：

一　民國三十八年以前在大陸發行尚未清償之外幣債券及民國三十八年黃金短期公債。

二　國家行局及收受存款之金融機構在大陸撤退前所有各項債務。

第六四條　（限制撤銷權及後婚之效）

①夫妻因一方在臺灣地區，一方在大陸地區，不能同居，而一方於民國七十四年六月四日以前重婚者，利害關係人不得聲請撤銷；其於七十四年六月五日以後七十六年十一月一日以前重婚者，該後婚視爲有效。

②前項情形，如夫妻雙方均重婚者，於後婚者重婚之日起，原婚姻關係消滅。

第六五條　（收養之方法）

臺灣地區人民收養大陸地區人民爲養子女，除依民法第一千零七十九條第五項規定外，有下列情形之一者，法院亦應不予認可：

一　已有子女或養子女者。

二　同時收養二人以上爲養子女者。

三　未經行政院設立或指定之機構或委託之民間團體驗證收養之事實者。

第六六條　（繼承權之拋棄）

①大陸地區人民繼承臺灣地區人民之遺產，應於繼承開始起三年內以書面向被繼承人住所地之法院爲繼承之表示；逾期視爲拋棄其繼承權。

②大陸地區人民繼承本條例施行前已由主管機關處理，且在臺灣地區無繼承人之現役軍人或退除役官兵遺產者，前項繼承表示之期間爲四年。

③繼承在本條例施行前開始者，前二項期間自本條例施行之日起算。

第六七條　（遺產繼承總額之規定及限制）98

①被繼承人在臺灣地區之遺產，由大陸地區人民依法繼承者，其所得財產總額，每人不得逾新臺幣二百萬元。超過部分，歸屬臺灣地區同爲繼承之人；臺灣地區無同爲繼承之人者，歸屬臺灣地區後順序之繼承人；臺灣地區無繼承人者，歸屬國庫。

②前項遺產，在本條例施行前已依法歸屬國庫者，不適用本條例之規定。其依法令以保管款專戶暫爲存儲者，仍依本條例之規定辦理。

③遺囑人以其在臺灣地區之財產遺贈大陸地區人民、法人、團體或其他機構者，其總額不得逾新臺幣二百萬元。

④第一項遺產中，有以不動產爲標的者，應將大陸地區繼承人之繼承權利折算爲價額。但其爲臺灣地區繼承人賴以居住之不動產者，大陸地區繼承人不得繼承之，於定大陸地區繼承人應得部分時，其價額不計入遺產總額。

⑤大陸地區人民爲臺灣地區人民配偶，其繼承在臺灣地區之遺產或受遺贈者，依下列規

定辦理：

一　不適用第一項及第三項總額不得逾新臺幣二百萬元之限制規定。

二　其經許可長期居留者，得繼承以不動產為標的之遺產，不適用前項有關繼承權利應折算為價額之規定。但不動產為臺灣地區繼承人賴以居住者，不得繼承之，於定大陸地區繼承人應得部分時，其價額不計入遺產總額。

三　前款繼承之不動產，如為土地法第十七條第一項各款所列土地，準用同條第二項但書規定辦理。

第六七條之一　（遺產管理辦法）

①前條第一項之遺產事件，其繼承人全部為大陸地區人民者，除應適用第六十八條之情形者外，由繼承人、利害關係人或檢察官聲請法院指定財政部國有財產局為遺產管理人，管理其遺產。

②被繼承人之遺產依法應登記者，遺產管理人應向該管登記機關登記。

③第一項遺產管理辦法，由財政部擬訂，報請行政院核定之。

第六八條　（現役軍人或退除役官兵遺產之管理）

①現役軍人或退除役官兵死亡而無繼承人、繼承人之有無不明或繼承人因故不能管理遺產者，由主管機關管理其遺產。

②前項遺產事件，在本條例施行前，已由主管機關處理者，依其處理。

③第一項遺產管理辦法，由國防部及行政院國軍退除役官兵輔導委員會分別擬訂，報請行政院核定之。

④本條例中華民國八十五年九月十八日修正生效前，大陸地區人民未於第六十六條所定期限內完成繼承之第一項及第二項遺產，由主管機關逕行捐助設置財團法人榮民榮眷基金會，辦理下列業務，不受第六十七條第一項歸屬國庫規定之限制：

一　亡故現役軍人或退除役官兵在大陸地區繼承人申請遺產之核發事項。

二　榮民重大災害救助事項。

三　清寒榮民子女教育獎助學金及教育補助事項。

四　其他有關榮民、榮眷福利及服務事項。

⑤依前項第一款申請遺產核發者，以其亡故現役軍人或退除役官兵遺產，已納入財團法人榮民榮眷基金會者為限。

⑥財團法人榮民榮眷基金會章程，由行政院國軍退除役官兵輔導委員會擬訂，報請行政院核定之。

第六九條　（不得取得、設定或移轉不動產物權與不得取得、設定或承租之土地）

①大陸地區人民、法人、團體或其他機構，或其於第三地區投資之公司，非經主管機關許可，不得在臺灣地區取得、設定或移轉不動產物權。但土地法第十七條第一項所列各款土地，不得取得、設定負擔或承租。

②前項申請人資格、許可條件及用途、申請程序、申報事項、應備文件、審核方式、未依許可用途使用之處理及其他應遵行事項之辦法，由主管機關擬訂，報請行政院核定之。

第七〇條　（刪除）

第七一條　（為法律行為之連帶責任）

未經許可之大陸地區法人、團體或其他機構，以其名義在臺灣地區與他人為法律行為者，其行為人就該法律行為，應與該大陸地區法人、團體或其他機構，負連帶責任。

第七二條　（大陸地區人民法人團體等在臺任職之許可）

①大陸地區人民、法人、團體或其他機構，非經主管機關許可，不得為臺灣地區法人、團體或其他機構之成員或擔任其任何職務。

②前項許可辦法，由有關主管機關擬訂，報請行政院核定之。

第七三條　（大陸地區人民法人團體等在臺從事投資之許可）

①大陸地區人民、法人、團體、其他機構或其於第三地區投資之公司，非經主管機關許可，不得在臺灣地區從事投資行為。

②依前項規定投資之事業依公司法設立公司者，投資人不受同法第二百十六條第一項關於國內住所之限制。
③第一項所定投資人之資格、許可條件、程序、投資之方式、業別項目與限額、投資比率、結匯、審定、轉投資、申報事項與程序、申請書格式及其他應遵行事項之辦法，由有關主管機關擬訂，報請行政院核定之。
④依第一項規定投資之事業，應依前項所定辦法規定或主管機關命令申報財務報表、股東持股變化或其他指定之資料；主管機關得派員前往檢查，投資事業不得規避、妨礙或拒絕。
⑤投資人轉讓其投資時，轉讓人及受讓人應會同向主管機關申請許可。

第七四條（法院裁定認可）
①在大陸地區作成之民事確定裁判、民事仲裁判斷，不違背臺灣地區公共秩序或善良風俗者，得聲請法院裁定認可。
②前項經法院裁定認可之裁判或判斷，以給付爲內容者，得爲執行名義。
③前二項規定，以在臺灣地區作成之民事確定裁判、民事仲裁判斷，得聲請大陸地區法院裁定認可或爲執行名義者，始適用之。

第四章　刑　事

第七五條（大陸地區或船艦航空器內犯罪之處罰）
在大陸地區或在大陸船艦、航空器內犯罪，雖在大陸地區曾受處罰，仍得依法處斷。但得免其刑之全部或一部之執行。

第七五條之一（逕行判決）
大陸地區人民於犯罪後出境，致不能到庭者，法院得於其能到庭以前停止審判。但顯有應諭知無罪或免刑判決之情形者，得不待其到庭，逕行判決。

第七六條（重婚之追訴或處罰）
配偶之一方在臺灣地區，一方在大陸地區，而於民國七十六年十一月一日以前重爲婚姻或與非配偶以共同生活爲目的而同居者，免予追訴、處罰；其相婚或與同居者，亦同。

第七七條（據實申報不予追訴處罰）
大陸地區人民在臺灣地區以外之地區，犯內亂罪、外患罪，經許可進入臺灣地區，而於申請時據實申報者，免予追訴、處罰；其進入臺灣地區參加主管機關核准舉辦之會議或活動，經專案許可免予申報者，亦同。

第七八條（公平互惠之訴訟權）
大陸地區人民之著作權或其他權利在臺灣地區受侵害者，其告訴或自訴之權利，以臺灣地區人民得在大陸地區享有同等訴訟權利者爲限。

第五章　罰　則

第七九條（罰則）
①違反第十五條第一款規定者，處一年以上七年以下有期徒刑，得併科新臺幣一百萬元以下罰金。
②意圖營利而犯前項之罪者，處三年以上十年以下有期徒刑，得併科新臺幣五百萬元以下罰金。
③前二項之首謀者，處五年以上有期徒刑，得併科新臺幣一千萬元以下罰金。
④前三項之未遂犯罰之。
⑤中華民國船舶、航空器或其他運輸工具所有人、營運人或船長、機長、其他運輸工具駕駛人違反第十五條第一款規定者，主管機關得處該中華民國船舶、航空器或其他運輸工具一定期間之停航，或廢止其有關證照，並得停止或廢止該船長、機長或駕駛人之職業證照或資格。

⑥中華民國船舶、航空器或其他運輸工具所有人，有第一項至第四項之行爲或因其故意、重大過失致使第三人以其船舶、航空器或其他運輸工具從事第一項至第四項之行爲，且該行爲係以運送大陸地區人民非法進入臺灣地區爲主要目的者，主管機關得沒入該船舶、航空器或其他運輸工具。所有人明知該船舶、航空器或其他運輸工具得沒入，爲規避沒入之裁處而取得所有權者，亦同。

⑦前項情形，如該船舶、航空器或其他運輸工具無相關主管機關得予沒入時，得由查獲機關沒入之。

第七九條之一　（罰則）

①受託處理臺灣地區與大陸地區人民往來有關之事務或協商簽署協議，逾越委託範圍，致生損害於國家安全或利益者，處行爲負責人五年以下有期徒刑、拘役或科或併科新臺幣五十萬元以下罰金。

②前項情形，除處罰行爲負責人外，對該法人、團體或其他機構，並科以前項所定之罰金。

第七九條之二　（罰鍰）

違反第四條之四第一款規定，未經同意赴大陸地區者，處新臺幣三十萬元以上一百五十萬元以下罰鍰。

第七九條之三　（罰則）

①違反第四條之四第四款規定者，處新臺幣二十萬元以上二百萬元以下罰鍰。

②違反第五條之一規定者，處新臺幣二十萬元以上二百萬元以下罰鍰；其情節嚴重或再爲相同、類似之違反行爲者，處五年以下有期徒刑、拘役或科或併科新臺幣五十萬元以下罰金。

③前項情形，如行爲人爲法人、團體或其他機構，處罰其行爲負責人；對該法人、團體或其他機構，並科以前項所定之罰金。

第八〇條　（罰則）

①中華民國船舶、航空器或其他運輸工具所有人、營運人或船長、機長、其他運輸工具駕駛人違反第二十八條規定或違反第二十八條之一第一項規定或臺灣地區人民違反第二十八條之一第二項規定者，處三年以下有期徒刑、拘役或科或併科新臺幣一百萬元以上一千五百萬元以下罰金。但行爲係出於中華民國船舶、航空器或其他運輸工具之船長或機長或駕駛人自行決定者，處罰船長或機長或駕駛人。

②前項中華民國船舶、航空器或其他運輸工具之所有人或營運人爲法人者，除處罰行爲人外，對該法人並科以前項所定之罰金。但法人之代表人對於違反之發生，已盡力爲防止之行爲者，不在此限。

③刑法第七條之規定，對於第一項臺灣地區人民在中華民國領域外私行運送大陸地區人民前往臺灣地區及大陸地區以外之國家或地區者，不適用之。

④第一項情形，主管機關得處該中華民國船舶、航空器或其他運輸工具一定期間之停航，或廢止其有關證照，並得停止或廢止該船長、機長或駕駛人之執業證照或資格。

第八〇條之一　（罰則）104

①大陸船舶違反第三十二條第一項規定，經扣留者，得處該船舶所有人、營運人或船長、駕駛人新臺幣三十萬元以上一千萬元以下罰鍰。

②前項所定之罰鍰，由海岸巡防機關訂定裁罰標準，並執行之。

第八一條　（罰則）

①違反第三十六條第一項或第二項規定者，處新臺幣二百萬元以上一千萬元以下罰鍰，並得限期命其停止或改正；屆期不停止或改正，或停止後再爲相同違反行爲者，處行爲負責人三年以下有期徒刑、拘役或科或併科新臺幣一千五百萬元以下罰金。

②臺灣地區金融保險證券期貨機構及其在臺灣地區以外之國家或地區設立之分支機構，違反財政部依第三十六條第四項規定報請行政院核定之限制或禁止命令者，處行爲負責人三年以下有期徒刑、拘役或科或併科新臺幣一百萬元以上一千五百萬元以下罰金。

③前二項情形，除處罰其行爲負責人外，對該金融保險證券期貨機構，並科以前二項所定之罰金。
④第一項及第二項之規定，於在中華民國領域外犯罪者，適用之。

第八二條　（罰則）

違反第二十三條規定從事招生或居間介紹行爲者，處一年以下有期徒刑、拘役或科或併科新臺幣一百萬元以下罰金。

第八三條　（罰則）

①違反第十五條第四款或第五款規定者，處二年以下有期徒刑、拘役或科或併科新臺幣三十萬元以下罰金。
②意圖營利而違反第十五條第五款規定者，處三年以下有期徒刑、拘役或科或併科新臺幣六十萬元以下罰金。
③法人之代表人、法人或自然人之代理人、受僱人或其他從業人員，因執行業務犯前二項之罪者，除處罰行爲人外，對該法人或自然人並科以前二項所定之罰金。但法人之代表人或自然人對於違反之發生，已盡力爲防止行爲者，不在此限。

第八四條　（罰則）

①違反第十五條第二款規定者，處六月以下有期徒刑、拘役或科或併科新臺幣十萬元以下罰金。
②法人之代表人、法人或自然人之代理人、受僱人或其他從業人員，因執行業務犯前項之罪者，除處罰行爲人外，對該法人或自然人並科以前項所定之罰金。但法人之代表人或自然人對於違反之發生，已盡力爲防止行爲者，不在此限。

第八五條　（罰則）

①違反第三十條第一項規定者，處新臺幣三百萬元以上一千五百萬元以下罰鍰，並得禁止該船舶、民用航空器或其他運輸工具所有人、營運人之所屬船舶、民用航空器或其他運輸工具，於一定期間內進入臺灣地區港口、機場。
②前項所有人或營運人，如在臺灣地區未設立分公司者，於處分確定後，主管機關得限制其所屬船舶、民用航空器或其他運輸工具駛離臺灣地區港口、機場，至繳清罰鍰爲止。但提供與罰鍰同額擔保者，不在此限。

第八五條之一　（罰則）

違反依第三十六條之一所發布之限制或禁止命令者，處新臺幣三百萬元以上一千五百萬元以下罰鍰。中央銀行指定辦理外匯業務銀行違反者，並得由中央銀行按其情節輕重，停止其一定期間經營全部或一部外匯之業務。

第八六條　（罰則）

①違反第三十五條第一項規定從事一般類項目之投資或技術合作者，處新臺幣五萬元以上二千五百萬元以下罰鍰，並得限期命其停止或改正；屆期不停止或改正者，得連續處罰。
②違反第三十五條第一項規定從事禁止類項目之投資或技術合作者，處新臺幣五萬元以上二千五百萬元以下罰鍰，並得限期命其停止；屆期不停止，或停止後再爲相同違反行爲者，處行爲人二年以下有期徒刑、拘役或科或併科新臺幣二千五百萬元以下罰金。
③法人、團體或其他機構犯前項之罪者，處罰其行爲負責人。
④違反第三十五條第二項但書規定從事商業行爲者，處新臺幣五萬元以上五百萬元以下罰鍰，並得限期命其停止或改正；屆期不停止或改正者，得連續處罰。
⑤違反第三十五條第三項規定從事貿易行爲者，除依其他法律規定處罰外，主管機關得停止其二個月以上一年以下輸出入貨品或廢止其出進口廠商登記。

第八七條　（罰鍰）

違反第十五條第三款規定者，處新臺幣二十萬元以上一百萬元以下罰鍰。

第八七條之一　（罰鍰）104

大陸地區人民逾期停留或居留者，由內政部移民署處新臺幣二千元以上一萬元以下罰鍰。

第八八條 （罰則）

①違反第三十七條規定者，處新臺幣四萬元以上二十萬元以下罰鍰。

②前項出版品、電影片、錄影節目或廣播電視節目，不問屬於何人所有，沒入之。

第八九條 （罰則）

①委託、受託或自行於臺灣地區從事第三十四條第一項以外大陸地區物品、勞務、服務或其他事項之廣告播映、刊登或其他促銷推廣活動者，或違反第三十四條第二項、或依第四項所定管理辦法之強制或禁止規定者，處新臺幣十萬元以上五十萬元以下罰鍰。

②前項廣告，不問屬於何人所有或持有，得沒入之。

第九〇條 （罰則）

①具有第九條第四項身分之臺灣地區人民，違反第三十三條第二項規定者，處三年以下有期徒刑、拘役或科或併科新臺幣五十萬元以下罰金；未經許可擔任其他職務者，處一年以下有期徒刑、拘役或科或併科新臺幣三十萬元以下罰金。

②前項以外之現職及退離職未滿三年之公務員，違反第三十三條第二項規定者，處一年以下有期徒刑、拘役或科或併科新臺幣三十萬元以下罰金。

③不具備前二項情形，違反第三十三條第二項或第三項規定者，處新臺幣十萬元以上五十萬元以下罰鍰。

④違反第三十三條第四項規定者，處三年以下有期徒刑、拘役，得併科新臺幣五十萬元以下罰金。

第九〇條之一 （罰則）

①具有第九條第四項第一款、第二款或第五款身分，退離職未滿三年之公務員，違反第三十三條第二項規定者，喪失領受退休（職、伍）金及相關給與之權利。

②前項人員違反第三十三條第三項規定，其領取月退休（職、伍）金者，停止領受月退休（職、伍）金及相關給與之權利，至其原因消滅時恢復。

③第九條第四項第一款、第二款或第五款身份以外退離職未滿三年之公務員，違反第三十三條第二項規定者，其領取月退休（職、伍）金者，停止領受月退休（職、伍）金及相關給與之權利，至其原因消滅時恢復。

④臺灣地區公務員，違反第三十三條第四項規定者，喪失領受退休（職、伍）金及相關給與之權利。

第九〇條之二 （罰則）

①違反第三十三條之一第一項或第三十三條之二第一項規定者，處新臺幣十萬元以上五十萬元以下罰鍰，並得按次連續處罰。

②違反第三十三條之一第二項、第三十三條之三第一項或第二項規定者，處新臺幣一萬元以上五十萬元以下罰鍰，主管機關並得限期令其申報或改正；屆期未申報或改正者，並得按次連續處罰至申報或改正為止。

第九一條 111

①違反第九條第二項規定者，處新臺幣一萬元以下罰鍰。

②違反第九條第三項或第九項行政院公告之處置規定者，處新臺幣二萬元以上十萬元以下罰鍰。

③違反第九條第四項規定者，處新臺幣二百萬元以上一千萬元以下罰鍰。

④具有第九條第四項第三款、第四款或第六款身分之臺灣地區人民，違反第九條第五項規定者，得由（原）服務機關、委託、補助或出資機關（構）處新臺幣二萬元以上十萬元以下罰鍰。

⑤違反第九條第八項規定，應申報而未申報者，得由（原）服務機關處新臺幣一萬元以上五萬元以下罰鍰。

⑥違反第九條之三規定者，得由（原）服務機關視情節，自其行為時起停止領受五年之月退休（職、伍）給與之百分之五十至百分之百，情節重大者，得剝奪其月退休

（職、伍）給與；已支領者，並應追回之。其無月退休（職、伍）給與者，（原）服務機關得處新臺幣二百萬元以上一千萬元以下罰鍰。

⑦前項處罰，應經（原）服務機關會同國家安全局、內政部、法務部、大陸委員會及相關機關組成之審查會審認。

⑧違反第九條之三規定者，其領取之獎、勳（勛）章及其執照、證書，應予追繳註銷。但服務獎章、忠勤勳章及其證書，不在此限。

⑨違反第九條之三規定者，如觸犯內亂罪、外患罪、洩密罪或其他犯罪行為，應依刑法、國家安全法、國家機密保護法及其他法律之規定處罰。

第九二條　（罰則）97

①違反第三十八條第一項或第二項規定，未經許可或申報之幣券，由海關沒入之；申報不實者，其超過部分沒入之。

②違反第三十八條第四項所定辦法而為兌換、買賣或其他交易者，其大陸地區發行之幣券及價金沒入之；臺灣地區金融機構及外幣收兌處違反者，得處或併處新臺幣三十萬元以上一百五十萬元以下罰鍰。

③主管機關或海關執行前二項規定時，得洽警察機關協助。

第九三條　（罰則）

違反依第三十九條第二項規定所發之限制或禁止命令者，其文物或藝術品，由主管機關沒入之。

第九三條之一　111

①有下列情形之一者，由主管機關處新臺幣十二萬元以上二千五百萬元以下罰鍰，並得限期命其停止、撤回投資或改正，必要時得停止其股東權利；屆期仍未停止、撤回投資或改正者，得按次處罰至其停止、撤回投資或改正為止；必要時得通知登記主管機關撤銷或廢止其認許或登記：

一　違反第七十三條第一項規定從事投資。

二　將本人名義提供或容許前款之人使用而從事投資。

②違反第七十三條第四項規定，應申報而未申報或申報不實或不完整，或規避、妨礙、拒絕檢查者，主管機關得處新臺幣六萬元以上二百五十萬元以下罰鍰，並限期命其申報、改正或接受檢查；屆期仍未申報、改正或接受檢查者，並得按次處罰至其申報、改正或接受檢查為止。

③依第七十三條第一項規定經許可投資之事業，違反依第七十三條第三項所定辦法有關轉投資之規定者，主管機關得處新臺幣六萬元以上二百五十萬元以下罰鍰，並限期命其改正；屆期仍未改正者，並得按次處罰至其改正為止。

④投資人或投資事業違反依第七十三條第三項所定辦法規定，應辦理審定、申報而未辦理或申報不實或不完整者，主管機關得處新臺幣六萬元以上二百五十萬元以下罰鍰，並得限期命其辦理審定、申報或改正；屆期仍未辦理審定、申報或改正者，並得按次處罰至其辦理審定、申報或改正為止。

⑤投資人之代理人因故意或重大過失而申報不實者，主管機關得處新臺幣六萬元以上二百五十萬元以下罰鍰。

⑥違反第一項至第四項規定，其情節輕微者，得依各該項規定先限期命其改善，已改善完成者，免予處罰。

第九三條之二　111

①有下列情形之一者，處行為人三年以下有期徒刑、拘役或科或併科新臺幣一千五百萬元以下罰金，並自負民事責任；行為人有二人以上者，連帶負民事責任，並由主管機關禁止其使用公司名稱：

一　違反第四十條之一第一項規定未經許可而為業務活動。

二　將本人名義提供或容許前款之人使用而為業務活動。

②前項情形，如行為人為法人、團體或其他機構，處罰其行為負責人；對該法人、團體或其他機構，並科以前項所定之罰金。

③第四十條之一第一項所定營利事業在臺灣地區之負責人於分公司登記後，將專撥其營業所用之資金發還該營利事業，或任由該營利事業收回者，處五年以下有期徒刑、拘役或科或併科新臺幣五十萬元以上二百五十萬元以下罰金，並應與該營利事業連帶賠償第三人因此所受之損害。

④違反依第四十條之一第二項所定辦法之強制或禁止規定者，處新臺幣二萬元以上二百五十萬元以下罰鍰，並得限期命其停止或改正；屆期未停止或改正者，得按次處罰。

第九三條之三 （罰則）

違反第四十條之二第一項或第二項規定者，處新臺幣五十萬元以下罰鍰，並得限期命其停止；屆期不停止，或停止後再爲相同違反行爲者，處行爲人二年以下有期徒刑、拘役或科或併科新臺幣五十萬元以下罰金。

第九四條 （強制執行）

本條例所定之罰鍰，由主管機關處罰；依本條例所處之罰鍰，經限期繳納，屆期不繳納者，依法移送強制執行。

第六章 附 則

第九五條 （通商通航及工作應經立法院決議）

主管機關於實施臺灣地區與大陸地區直接通商、通航及大陸地區人民進入臺灣地區工作前，應經立法院決議；立法院如於會期內一個月未爲決議，視爲同意。

第九五條之一 （與大陸直接通商通航試辦實施區域之規定）

①主管機關實施臺灣地區與大陸地區直接通商、通航前，得先行試辦金門、馬祖、澎湖與大陸地區之通商、通航。

②前項試辦與大陸地區直接通商、通航之實施區域、試辦期間，及其有關航運往來許可、人員入出許可、物品輸出入管理、金融往來、通關、檢驗、檢疫、查緝及其他往來相關事項，由行政院以實施辦法定之。

③前項試辦實施區域與大陸地區通航之港口、機場或商埠，就通航事項，準用通商口岸規定。

④輸入試辦實施區域之大陸地區物品，未經許可，不得運往其他臺灣地區；試辦實施區域以外之臺灣地區物品，未經許可，不得運往大陸地區。但少量自用之大陸地區物品，得以郵寄或旅客攜帶進入其他臺灣地區；其物品項目及數量限額，由行政院定之。

⑤違反前項規定，未經許可者，依海關緝私條例第三十六條至第三十九條規定處罰；郵寄或旅客攜帶之大陸地區物品，其項目、數量超過前項限制範圍者，由海關依關稅法第七十七條規定處理。

⑥本條試辦期間如有危害國家利益、安全之虞或其他重大事由時，得由行政院以命令終止一部或全部之實施。

第九五條之二 （審查費、證照費之收費標準）

各主管機關依本條例規定受理申請許可、核發證照，得收取審查費、證照費；其收費標準，由各主管機關定之。

第九五條之三 （除外規定）

依本條例處理臺灣地區與大陸地區人民往來有關之事務，不適用行政程序法之規定。

第九五條之四 （施行細則）

本條例施行細則，由行政院定之。

第九六條 （施行日）

本條例施行日期，由行政院定之。

總統副總統選舉罷免法

①民國84年8月9日總統令制定公布全文107條。
②民國92年10月29日總統令修正公布全文117條。
③民國93年4月7日總統令修正公布第61條條文；並增訂第93-1條條文。
④民國95年5月30日總統令修正公布第11、86、89、117條條文；並自95年7月1日施行。
⑤民國96年8月8日總統令修正公布第55條條文。
⑥民國97年1月16日總統令修正公布第60條條文；並增訂第63-1條條文。
⑦民國98年5月27日總統令修正公布第11、26、117條條文；並自98年11月23日施行。
⑧民國106年4月19日總統令修正公布第40、84、86、87、89、93-1條條文；並刪除第37、39、83、95條條文。
⑨民國107年12月5日總統令修正公布第57、116條條文。
⑩民國109年5月6日總統令修正公布第14、53、61條條文。
⑪民國110年12月15日總統令修正公布第100條條文。
⑫民國112年6月9日總統令修正公布第1、5、6、7、9、11、15、16、18、22、23、25至27、31、32、36、41、43至46、47、48至52、53至55、60、62、63、63-1、72、73、90、92、93-1、96、98、104、106、108、111、113條條文及第三章章名、第三章第五節節名；增訂第5-1、23-1、46-1、47-1至47-3、55-1、88-1、90-1條條文及第三章第九節節名；並刪除第8條條文及第四章章名。

第一章　總　則

第一條　112
①本法依憲法第四十六條及憲法增修條文第二條第一項制定之。
②總統、副總統選舉、罷免，依本法之規定。

第二條　（投票方法）
總統、副總統選舉、罷免，除另有規定外，以普通、平等、直接及無記名投票之方法行之。

第三條　（選舉區）
總統、副總統選舉，以中華民國自由地區為選舉區。

第四條　（年齡及居住期間之計算）
①選舉人、候選人年齡及居住期間之計算，除另有規定外，均以算至投票日前一日為準，並以戶籍登記資料為依據。
②前項居住期間之計算，自戶籍遷入登記之日起算。
③重行投票者，仍依原投票日計算。

第五條　112
①本法所定選舉、罷免各種期間之計算，除另有規定外，依行政程序法之規定。但期間之末日，除因天然災害政府機關停止上班外，其為星期六、星期日、國定假日或其他休息日時，不予延長。
②本法所定投票日前幾日，自投票日前一日起算，向前逆算至規定日數之當日；所定投票日後幾日，自投票日次日起算，向後算至規定日數之當日；所定投票日幾日前，其期限之最終期日之計算，自投票日前一日起算，向前逆算至規定日數之前一日，為該期限之終止日。
③選舉、罷免之各種申請，以郵寄方式向選舉機關提出者，以選舉機關收件日期為準。

第五條之一　112
總統、副總統選舉、罷免投票日為應放假之日。

第二章　選舉罷免機關

第六條 112

①總統、副總統選舉、罷免，由中央選舉委員會主管，並指揮、監督直轄市、縣（市）選舉委員會辦理之。但總統、副總統罷免案之提議、提出及副總統之缺位補選，由立法院辦理之。

②各級選舉委員會應依據法令公正行使職權。

第七條 112

中央選舉委員會辦理下列事項：

一　選舉、罷免之公告事項。
二　選舉、罷免事務進行程序及計畫事項。
三　候選人申請登記事項。
四　候選人資格之審定事項。
五　選舉、罷免宣導之策劃事項。
六　候選人電視政見發表會、電視罷免說明會之辦理事項。
七　選舉、罷免之監察事項。
八　選舉、罷免結果之審定事項。
九　當選證書之製發事項。
十　候選人競選費用之補貼事項。
十一　其他有關選舉、罷免事項。

第八條（刪除）112

第九條 112

①直轄市、縣（市）選舉委員會分別辦理下列事項：

一　投票所、開票所之設置及管理事項。
二　選舉、罷免票之印製事項。
三　選舉人名冊公告閱覽之督導事項。
四　選舉公報之印製事項。
五　選舉、罷免宣導之執行事項。
六　選舉、罷免之監察事項。
七　其他有關選舉、罷免事項。

②直轄市、縣（市）選舉委員會就下列選舉、罷免事務，指揮、監督鄉（鎮、市、區）公所辦理：

一　選舉人名冊公告閱覽之辦理事項。
二　投票所、開票所設置及管理之辦理事項。
三　投票所、開票所工作人員之遴報事項。
四　選舉、罷免票之轉發事項。
五　選舉公報及投票通知單之分發事項。
六　選舉、罷免法令之宣導事項。
七　其他有關選舉、罷免事務之辦理事項。

第一〇條（選舉罷免期間各級政府職員之調用）

各級選舉委員會在辦理選舉、罷免期間，得調用各級政府職員辦理事務。

第三章　選舉及罷免 112

第一節　選舉人

第一一條 112

中華民國自由地區人民，年滿二十歲，有選舉權。

第一二條（選舉人之要件）

①前條有選舉權人具下列條件之一者，為選舉人：
　一　現在中華民國自由地區繼續居住六個月以上者。
　二　曾在中華民國自由地區繼續居住六個月以上，現在國外，持有效中華民國護照，並在規定期間內向其最後遷出國外時之原戶籍地戶政機關辦理選舉人登記者。
②前項第二款在國外之中華民國自由地區人民申請返國行使選舉權登記查核辦法，由中央選舉委員會會同外交部、僑務委員會另定之。

第一三條　（選舉人投票地點）
①選舉人，除另有規定外，應於戶籍地投票所投票。
②返國行使選舉權之選舉人，應於最後遷出國外時之原戶籍地投票所投票。
③投票所工作人員，得在戶籍地或工作地之投票所投票。但在工作地之投票所投票者，以戶籍地及工作地在同一直轄市、縣（市）為限。總統、副總統選舉與他種公職人員選舉同日舉行投票時，並應在該選舉人行使他種公職人員選舉權之選舉區內。

第一四條 109
①選舉人投票時，除另有規定外，應憑本人國民身分證領取選舉票。
②返國行使選舉權之選舉人應憑本人有效之中華民國護照領取選舉票。
③選舉人領取選舉票時，應在選舉人名冊上簽名或蓋章或按指印，按指印者，並應有管理員及監察員各一人蓋章證明。選舉人名冊上無其姓名或姓名不符者，不得領取選舉票。但姓名顯係筆誤、因婚姻關係而冠姓或回復本姓致與國民身分證不符者，經主任管理員會同主任監察員辨明後，應准領取選舉票。
④選舉人領得選舉票後，應自行圈投。但因身心障礙不能自行圈投而能表示其意思者，得依其請求，由家屬或陪同之人一人在場，依據本人意思，眼同協助或代為圈投；其無家屬或陪同之人在場者，亦得依其請求，由投票所管理員及監察員各一人，依據本人意思，眼同協助或代為圈投。
⑤為防止重複投票或冒領選舉票之情事，應訂定防範規定；其辦法由中央選舉委員會定之。

第一五條 112
①選舉人應於規定之投票時間內到投票所投票；逾時不得進入投票所。但已於規定時間內到達投票所尚未投票者，仍可投票。
②總統、副總統選舉與公職人員選舉、罷免、公民投票同日於同一投票所舉行投票時，選舉人應一次進入投票所投票，離開投票所後不得再次進入投票所投票。

第二節　選舉人名冊

第一六條 112
①選舉人名冊，除另有規定外，由鄉（鎮、市、區）戶政機關依據戶籍登記資料編造，應載明編號、姓名、性別、出生年月日及戶籍地址；凡投票日前二十日已登錄戶籍登記資料，依規定有選舉人資格者，應一律編入名冊；投票日前二十日以後遷出之選舉人，仍應在原戶籍地之投票所投票。
②返國行使選舉權之選舉人名冊，應由最後遷出國外時之原戶籍地戶政機關編造。
③選舉人名冊編造後，除選舉委員會、鄉（鎮、市、區）公所、戶政機關依本法規定使用外，不得以抄寫、複印、攝影、錄音或其他任何方式對外提供。

第一七條　（與他種公職人員選舉同時辦理時，選舉人名冊得合併編造）
　總統、副總統選舉與他種公職人員選舉同日舉行投票時，選舉人名冊得合併編造。

第一八條 112
①選舉人名冊編造後，戶政機關應送由鄉（鎮、市、區）公所函報直轄市、縣（市）選舉委員會備查，並由鄉（鎮、市、區）公所公告閱覽，選舉人得到場查閱，發現錯誤或遺漏時，得於閱覽期間內申請更正。
②前項查閱，選舉人應憑本人國民身分證，並以查閱其本人及其戶內人員為限。

第一九條　（選舉人名冊之更正、確定及人數之公告）

①選舉人名冊經公告閱覽期滿後，鄉（鎮、市、區）公所應將原冊及申請更正情形，送戶政機關查核更正。

②選舉人名冊經公告、更正後即為確定，並由各直轄市、縣（市）選舉委員會公告選舉人人數。

第三節　候選人

第二〇條　（候選人資格）

①在中華民國自由地區繼續居住六個月以上且曾設籍十五年以上之選舉人，年滿四十歲，得申請登記為總統、副總統候選人。

②回復中華民國國籍、因歸化取得中華民國國籍、大陸地區人民或香港、澳門居民經許可進入臺灣地區者，不得登記為總統、副總統候選人。

第二一條　（聯名登記）

①總統、副總統候選人，應備具中央選舉委員會規定之表件及保證金，於規定時間內，向該會聯名申請登記。未聯名申請登記、表件或保證金不合規定，或未於規定時間內辦理者，不予受理。

②前項候選人，應經由政黨推薦或連署人連署。

③同一組總統、副總統候選人，如經審定一人或二人資格不符規定，則該組候選人，應不准予登記。

第二二條 112

①依政黨推薦方式向中央選舉委員會申請登記為總統、副總統候選人者，應檢附加蓋內政部發給該政黨圖記之政黨推薦書；二個以上政黨共同推薦一組候選人時，應檢附一份政黨推薦書，排列推薦政黨之順序，並分別蓋用圖記。同一政黨，不得推薦二組以上候選人，推薦二組以上候選人者，其後登記者，不予受理。

②前項之政黨應符合下列規定之一：

一　最近一次總統、副總統選舉，其所推薦候選人得票數之和，達該次選舉有效票總和百分之五以上。二個以上政黨共同推薦一組總統、副總統候選人者，各該政黨推薦候選人之得票數，以推薦政黨數除其推薦候選人得票數計算之。

二　選舉公告發布前最近一次全國不分區及僑居國外國民立法委員選舉或區域及原住民立法委員選舉得票率，達百分之五以上。

第二三條 112

①依連署方式申請登記為總統、副總統候選人者，應於選舉公告發布後五日內，向中央選舉委員會申請為被連署人，申領連署人名冊格式，並繳交連署保證金新臺幣一百萬元。

②中央選舉委員會受理前項申請後，應定期公告申請人為被連署人，通知被連署人應於公告之次日起四十五日內完成連署，並函請直轄市、縣（市）選舉委員會於連署期間內，受理被連署人或其代理人提出連署書件。但補選或重行選舉時，應於公告之次日起二十五日內為之。

③中華民國自由地區人民，於選舉公告日，年滿二十歲者，得為前項之連署人。

④連署人數，於第二項規定期間內，已達最近一次總統、副總統選舉選舉人總數百分之一點五者，中央選舉委員會應定期為完成連署之公告，發給被連署人完成連署證明書，並發還保證金。連署人數不足規定人數二分之一者，保證金不予發還。

⑤被連署人或其代理人應依中央選舉委員會規定之連署人名冊及切結書格式，於連署期間內依式印製，徵求連署。連署人連署時，並應附本人之國民身分證影本。同一連署人，以連署一組被連署人為限，同時為二組以上之連署時，其連署均無效。

⑥直轄市、縣（市）選舉委員會受理前項連署書件後，應予抽查，並應於抽查後，將受理及抽查結果層報中央選舉委員會。連署人之連署有下列情事之一者，應予刪除：

一　連署人不合第三項或第五項規定者。
二　連署人之國民身分證影本記載資料不明或影印不清晰，致不能辨認連署人之姓名、出生年月日或國民身分證統一編號者。
三　連署人名冊未經連署人簽名或蓋章者。
四　連署人連署，有僞造情事者。

⑦前項連署書件，應保管至開票後三個月。但保管期間，如有選舉訴訟者，應延長保管至裁判確定後三個月。

⑧連署及查核辦法，由中央選舉委員會定之。

第二三條之一 112

①總統被連署人於連署期間內死亡，中央選舉委員會應公告該組總統、副總統被連署人停止連署；副總統被連署人於連署期間內死亡，其連署書件仍爲有效，該組總統被連署人應於事實發生三日內，向中央選舉委員會申請更換副總統被連署人，繼續徵求連署。

②總統被連署人於完成連署後，申請登記爲候選人前死亡，該組總統、副總統被連署人，不得申請登記爲總統、副總統候選人；副總統被連署人於完成連署後，申請登記爲候選人前死亡，該組總統被連署人，應另提出副總統候選人，申請聯名登記爲總統、副總統候選人。

第二四條　（檢附連署證明書）

依連署方式向中央選舉委員會申請登記爲總統、副總統候選人者，應檢附完成連署證明書。

第二五條 112

總統、副總統選舉與他種公職人員選舉同日舉行投票時，同時爲二種以上候選人登記者，他種公職候選人之登記無效，其保證金不予發還。

第二六條 112

有下列情事之一者，不得登記爲總統、副總統候選人：

一　動員戡亂時期終止後，曾犯內亂、外患罪，經有罪判決確定。
二　曾犯貪污罪，經有罪判決確定。
三　曾犯第八十四條第一項、第二項、第八十五條、第八十六條第一項、第八十七條第一項、第八十八條、第八十九條第一項、第六項、第七項、公職人員選舉罷免法第九十七條第一項、第二項、第九十八條、第九十九條第一項、第一百條第一項、第二項、第一百零一條第一項、第六項、第七項、第一百零二條第一項、第一百零三條、刑法第一百四十二條、第一百四十四條之罪，或爲直轄市、縣（市）議會議長、副議長、鄉（鎮、市）民代表會、原住民區民代表會主席、副主席選舉之有投票權人犯刑法第一百四十三條之罪，經有罪判決確定。
四　曾犯國家安全法第七條第一項至第四項、第八條第一項至第三項、第十二條第一項、第二項、國家機密保護法第三十二條第一項、第二項、第四項、第三十三條第一項、第二項、第四項、第三十四條第一項至第四項、國家情報工作法第三十條第一項至第四項、第三十條之一、第三十一條、反滲透法第三條、第四條、第五條第三項、第六條或第七條之罪，經有罪判決確定。
五　曾犯組織犯罪防制條例之罪，經有罪判決確定。
六　曾犯毒品危害防制條例第四條至第九條、第十二條第一項、第二項、該二項之未遂犯、第十三條、第十四條第一項、第二項、第十五條、槍砲彈藥刀械管制條例第七條、第八條第一項至第五項、第十二條、第十三條、洗錢防制法第十四條、第十五條、刑法第三百零二條之一或第三百三十九條之四之罪，經有罪判決確定。但原住民單純僅犯未經許可，製造、轉讓、運輸、出借或持有自製獵槍、其主要組成零件或彈藥之罪，於中華民國一百零九年五月二十二日修正之槍砲彈藥刀械管制條例施行日前，經有罪判決確定者，不在此限。
七　曾犯前六款之罪，經有罪判決確定並受緩刑之宣告者，亦同。

八　曾犯第一款至第六款以外之罪，其最輕本刑為七年以上有期徒刑之刑，並經判處十年以上有期徒刑之刑確定。
九　犯第一款至第六款以外之罪，判處有期徒刑以上之刑確定，尚未執行、執行未畢、於緩刑期間或行刑權因罹於時效消滅。
十　受死刑、無期徒刑或十年以上有期徒刑之判決尚未確定。
十一　受保安處分之裁判確定，尚未執行或執行未畢。
十二　受破產宣告或經裁定開始清算程序確定，尚未復權。
十三　曾受免除職務之懲戒處分。
十四　依法停止任用或受休職處分，尚未期滿。
十五　褫奪公權，尚未復權。
十六　受監護或輔助宣告，尚未撤銷。

第二七條 112

①下列人員不得申請登記為總統、副總統候選人：
一　現役軍人。
二　辦理選舉事務人員。
三　具有外國國籍者。
四　依其他法律規定不得登記為候選人者。

②前項第一款之現役軍人，屬於後備軍人應召者，在應召未入營前，或係受教育、勤務及點閱召集，均不受限制。

③同一組當選人因第一百零四條第一項第二款、第三款所定情事之一，經法院同時判決當選無效確定者，不得申請登記為該次總統、副總統補選候選人。

第二八條　（撤銷登記或提起當選無效之訴）

總統、副總統候選人名單公告後，經發現候選人在公告前或投票前有下列情事之一者，投票前由中央選舉委員會撤銷其候選人登記；當選後依第一百零五條規定提起當選無效之訴：
一　候選人資格不合第二十條規定者。
二　有第二十六條各款情事之一者。
三　依前條第一項、第三項規定不得登記為候選人者。
四　依第七十八條第一項規定不得登記為候選人者。

第二九條　（重行選舉）

①總統候選人之一於登記截止後至選舉投票日前死亡，中央選舉委員會應即公告停止選舉，並定期重行選舉。

②依前項規定辦理之重行選舉，於公告停止選舉前取得之總統、副總統候選人完成連署證明書，於重行選舉仍適用之。

第三〇條　（經登記或推薦者，不得撤回其登記或推薦）

①經登記為總統、副總統候選人者，不得撤回其總統、副總統候選人登記。

②經政黨推薦為總統、副總統候選人者，其推薦之政黨，不得撤回其推薦。

第三一條 112

①登記為總統、副總統候選人時，各組應繳納保證金新臺幣一千五百萬元。

②前項保證金，應於公告當選人名單後三十日內發還。但得票數不足選舉人總數百分之五者，不予發還。

③前項保證金發還前，依第一百十三條第二項規定應逕予扣除者，應先予以扣除，有餘額時，發給其餘額。

第三二條 112

第二十三條第一項及前條第一項保證金之繳納，以現金、金融機構簽發之本票、保付支票或郵局之業務專用劃撥支票為限；繳納現金不得以硬幣為之。

第三三條　（候選人資格審定及姓名號次之抽籤）

①候選人資格，由中央選舉委員會審定公告，不合規定者，不准予登記。審定之候選人

名單，其姓名號次，由中央選舉委員會，通知各組候選人於候選人名單公告三日前公開抽籤決定之。
②前項候選人姓名號次之抽籤，於候選人僅一組時，其號次為一號，免辦抽籤。
③候選人姓名號次之抽籤，應由監察人員在場監察。各組候選人應由其中一人到場親自抽籤，各組候選人無人親自到場參加抽籤時，得委託他人持各組候選人之委託書代為抽籤，該組候選人均未親自參加或未委託他人代抽或雖到場經唱名三次後仍不抽籤者，由中央選舉委員會代為抽定。

第四節　選舉公告

第三四條　（各種公告之發布期間）
選舉委員會應依下列規定期間，發布各種公告：
一　選舉公告，須載明選舉種類、選舉區、投票日期及投票起、止時間，並應於總統、副總統任期屆滿一百二十日前發布之。但重行選舉、重行投票或補選之公告日期，不在此限。
二　候選人登記，應於投票日五十日前公告，其登記期間，不得少於五日。但補選或重行選舉之候選人登記，應於投票日三十五日前公告，其登記期間，不得少於三日。
三　選舉人名冊，應於投票日十五日前公告，其公告期間，不得少於三日。
四　候選人名單，應於競選活動開始前一日公告。
五　選舉人人數，應於投票日三日前公告。
六　當選人名單，應於投票日後七日內公告。

第三五條　（正副總統選舉投票日期）
總統、副總統選舉，應於總統、副總統任期屆滿三十日前完成選舉投票。但重行選舉、重行投票或補選之投票完成日期，不在此限。

第五節　選舉及罷免活動 112

第三六條 112
①總統、副總統選舉競選及罷免活動期間為二十八日。
②前項期間，以投票日前一日向前推算；其每日競選及罷免活動時間，自上午七時起至下午十時止。

第三七條　（刪除）106

第三八條　（候選人競選經費最高金額）
①同一組候選人競選經費最高金額，由中央選舉委員會訂定，並於發布選舉公告之日同時公告之。
②前項競選經費最高金額，應以中華民國自由地區人口總數百分之七十，乘以基本金額新臺幣二十元所得數額，加上新臺幣一億元之和。
③競選經費最高金額計算有未滿新臺幣一千元之尾數時，其尾數以新臺幣一千元計算之。
④第二項所稱中華民國自由地區人口總數，係指投票之月前第六個月月底戶籍統計之人口總數。

第三九條　（刪除）106

第四〇條　（競選經費得於申報所得稅列舉扣除）106
自選舉公告之日起，至投票日後三十日內，同一組候選人所支付與競選活動有關之競選經費，於第三十八條規定候選人競選經費最高金額內，減除接受捐贈，得於申報所得稅時合併作為當年度列舉扣除額。

第四一條 112
①各組候選人選舉得票數達當選票數三分之一以上者，應補貼其競選費用，每票補貼新

臺幣三十元。但其最高額，不得超過候選人競選經費最高金額。

②政黨推薦之候選人其補貼費用，應由該推薦之政黨領取；二個以上政黨共同推薦一組候選人時，應共同具名領取。

③第一項候選人競選費用之補貼，應於當選人名單公告之次日起三十日內，由中央選舉委員會核算補貼金額，並通知依連署方式登記之同一組候選人，或推薦候選人之政黨，於三個月內掣據，向中央選舉委員會領取。

④候選人或政黨未於規定期限內領取競選費用補貼者，中央選舉委員會應催告其於三個月內具領；屆期未領者，視爲放棄領取。

⑤第一項競選費用之補貼，依第一百十三條第二項規定應逕予扣除者，應先予以扣除，有餘額時，發給其餘額。

⑥領取競選費用補貼之候選人犯第八十四條、第八十六條第一項、第八十七條第一項第一款、第八十九條第一項之罪經有罪判決確定者或因第一百零四條第一項第三款之情事經法院判決當選無效確定者，選舉委員會應於收到法院確定判決書後，以書面通知其於三十日內繳回已領取及依前項先予扣除之競選費用補貼金額，屆期不繳回者，依法移送強制執行。

第四二條　（候選人設置競選辦事處）

①同一組候選人於競選活動期間，得設立競選辦事處；其設立競選辦事處二所以上者，除主辦事處以候選人爲負責人外，其餘各辦事處，應由候選人指定專人負責，並應將辦事處地址、負責人姓名，向中央選舉委員會登記。

②候選人競選辦事處不得設於機關（構）、學校、依法設立之人民團體或經常定爲投票所、開票所之處所及其他公共場所。但政黨之各級黨部辦公處，不在此限。

第四三條　112

各級選舉委員會之委員、監察人員、職員、鄉（鎮、市、區）公所辦理選舉事務人員，於選舉公告發布後或罷免案宣告成立之日起，不得有下列行爲：

一　公開演講或署名推薦爲候選人宣傳或支持、反對罷免案。

二　爲候選人或支持、反對罷免案站台或亮相造勢。

三　召開記者會或接受媒體採訪時爲候選人或支持、反對罷免案宣傳。

四　印發、張貼宣傳品爲候選人或支持、反對罷免案宣傳。

五　懸掛或豎立標語、看板、旗幟、布條等廣告物爲候選人或支持、反對罷免案宣傳。

六　利用廣播電視、網際網路或其他媒體爲候選人或支持、反對罷免案宣傳。

七　參與競選或支持、反對罷免案遊行、拜票、募款活動。

第四四條　112

①中央選舉委員會應彙集各組候選人之號次、相片、姓名、出生年月日、性別、出生地、登記方式、學歷、經歷、政見及選舉投票等有關規定，編印選舉公報，並得錄製有聲選舉公報。

②前項所定學歷、經歷，合計以三百字爲限；其爲大學以上學歷，以經主管教育行政機關立案或認可之學校取得學位者爲限。候選人並應於登記時檢附證明文件，未檢附證明文件者，不予刊登該學歷。

③第一項候選人資料，應於申請登記時，一併繳送中央選舉委員會。

④第一項之政見內容，得以文字、圖案爲之，並應使所有候選人公平使用選舉公報版面；其編製、格式、印發及其他相關事項之辦法，由中央選舉委員會定之。政見內容，有違反第四十九條規定者，中央選舉委員會應通知限期自行修改；屆期不修改或修改後仍有未符規定者，對未符規定部分，不予刊登選舉公報。

⑤候選人個人資料，由候選人自行負責。其個人資料爲中央選舉委員會職務上所已知或經查明不實者，不予刊登選舉公報。候選人登記方式欄，依政黨推薦方式登記之候選人應刊登推薦之政黨名稱加推薦二字，二個以上政黨共同推薦一組總統、副總統候選人時，政黨名稱次序，依其政黨推薦書塡列之順位；依連署方式登記之候選人，刊登

連署。

⑥選舉公報應於投票日二日前送達選舉區內各戶，並應於選舉委員會網站公開，且以其他適當方式公開。

第四五條 112

①總統、副總統選舉，中央選舉委員會應以公費，在全國性無線電視頻道提供時段，供候選人發表政見，同一組候選人每次時間不得少於三十分鐘，受指定之電視台，不得拒絕；其實施辦法，由中央選舉委員會定之。

②經二組以上候選人同意，個人或團體得舉辦全國性無線電視辯論會，電視台應予受理，並得向中央選舉委員會申請經費補助；其申請程序、補助辦理場次、基準及其他相關事項之辦法，由中央選舉委員會定之。

③前項總統電視辯論會以三場為限，每場每人限三十分鐘。副總統候選人電視辯論得比照辦理。但以一場為限。

④第一項、第二項候選人發表政見或辯論內容，應由候選人自行負責。

第四六條 112

①廣播電視事業得有償提供時段，供推薦或登記候選人之政黨、候選人從事競選宣傳；供罷免案提議人或被罷免人從事支持或反對罷免案之宣傳，並應為公正、公平之對待。

②公共廣播電視台及非營利之廣播電台、無線電視或有線電視台不得播送競選及支持或反對罷免案之宣傳廣告。

③廣播電視事業從事選舉或罷免相關議題之論政、新聞報導或邀請候選人、罷免案提議人或被罷免人參加節目，應為公正、公平之處理，不得為無正當理由之差別待遇。

④廣播電視事業有違反前三項規定之情事者，任何人得於播出後一個月內，檢具錄影帶、錄音帶等具體事證，向選舉委員會舉發。

第四六條之一 112

中央及地方政府各級機關於總統、副總統選舉競選或罷免活動期間，不得從事任何與競選或罷免宣傳有關之活動。

第四七條 112

①報紙、雜誌、廣播電視、網際網路或其他媒體所刊登或播送之競選或罷免廣告，應於該廣告中載明或敘明刊播者、出資者及其他相關資訊。

②前項競選或罷免廣告應載明或敘明之事項、內容、格式及其他應遵行事項之辦法，由中央選舉委員會定之。

第四七條之一 112

①報紙、雜誌、廣播電視事業、利用網際網路提供服務者或其他媒體業者，刊播前條之競選或罷免廣告，應進行查證，不得接受下列各款之個人、法人、團體或機構直接或間接委託刊播：

一　外國人民、法人、團體或其他機構，或主要成員為外國人民、法人、團體或其他機構之法人、團體或其他機構。

二　大陸地區人民、法人、團體或其他機構，或主要成員為大陸地區人民、法人、團體或其他機構之法人、團體或其他機構。

三　香港、澳門居民、法人、團體或其他機構，或主要成員為香港、澳門居民、法人、團體或其他機構之法人、團體或其他機構。

②受他人委託向報紙、雜誌、廣播電視事業、利用網際網路提供服務者或其他媒體業者接受委託刊播競選或罷免廣告者，應查證委託者是否屬前項各款情形，並應提出委託者出具非屬前項各款情形之切結書供媒體業者留存。

第四七條之二 112

①報紙、雜誌、廣播電視事業、利用網際網路提供服務者或其他媒體業者應留存受委託刊播競選或罷免廣告之廣告檔案、所設定放送之觀眾及條件、前條第二項之切結書等完整紀錄；該紀錄自刊播競選或罷免廣告時起，應留存四年。

②前項應留存紀錄應包括之事項、內容及其他應遵行事項之辦法，由中央選舉委員會定之。

第四七條之三 112

①選舉公告發布或罷免案宣告成立之日起至投票日前一日止，擬參選人、候選人、被罷免人或罷免案提議人之領銜人知有於廣播電視、網際網路刊播其本人之深度僞造聲音、影像，得塡具申請書表並繳納費用，向警察機關申請鑑識。

②前項所稱深度僞造，指以電腦合成或其他科技方法製作本人不實之言行，並足使他人誤信爲眞之技術表現形式。

③擬參選人、候選人、被罷免人或罷免案提議人之領銜人對於經第一項警察機關鑑識之聲音、影像具深度僞造之情事者，應檢具鑑識資料，以書面請求廣播電視事業、網際網路平臺提供者或網際網路應用服務提供者依第四項規定處理所刊播之聲音、影像，並副知主辦選舉委員會。

④廣播電視事業、網際網路平臺提供者或網際網路應用服務提供者應於接獲前項請求之日起二日內，依下列規定辦理：

一　廣播電視事業：停止刊播該聲音、影像。

二　網際網路平臺提供者、網際網路應用服務提供者：限制瀏覽、移除或下架該聲音、影像。

⑤廣播電視事業、網際網路平臺提供者或網際網路應用服務提供者應自接獲第三項請求之日起六個月內，留存所刊播聲音、影像之電磁紀錄或網頁資料，及委託刊播者資料、網路使用紀錄資料；發生訴訟時，應延長留存至裁判確定後三個月。

⑥第一項申請鑑識之資格、程序、書表與影音檔案格式、費用、警察機關出具之鑑識資料應載明內容及其他相關事項之辦法，由內政部定之。

第四八條 112

①候選人、罷免案提議人、被罷免人印發以文字、圖畫從事競選、罷免之宣傳品，應親自簽名；政黨於競選、罷免活動期間，得爲其所推薦之候選人或所屬之罷免案提議人、被罷免人印發以文字、圖畫從事競選、罷免之宣傳品，並應載明政黨名稱，二個以上政黨共同推薦一組候選人者，應同時載明共同推薦之所有政黨名稱。宣傳品之張貼，以候選人競選辦事處、政黨辦公處及宣傳車輛爲限。

②前項宣傳品於競選或罷免活動期間前印製，準備於競選或罷免活動期間開始後散發者，視爲競選或罷免活動期間所印製。

③政黨及任何人懸掛或豎立標語、看板、旗幟、布條等競選或罷免廣告物應具名，並不得於道路、橋梁、公園、機關（構）、學校或其他公共設施及其用地懸掛或豎立之。但經直轄市、縣（市）政府公告供候選人、罷免案提議人、被罷免人、推薦候選人或罷免案提議人、被罷免人所屬之政黨使用之地點，不在此限。

④前項直轄市、縣（市）政府公告指定之地點，應公平合理提供使用；其使用管理規則，由直轄市、縣（市）政府定之。

⑤廣告物之懸掛或豎立，不得妨礙公共安全或交通秩序，並應於投票日後七日內自行清除；違反者，依有關法令規定處理。

⑥違反第一項或第三項規定所張貼之宣傳品、懸掛、豎立之廣告物，應由選舉委員會通知直轄市、縣（市）政府相關主管機關（單位）依規定處理。

第四九條 112

候選人或爲其助選之人之競選言論；罷免案提議人、被罷免人及爲罷免案助勢之人之罷免言論，不得有下列情事：

一　煽惑他人犯內亂罪或外患罪。

二　煽惑他人以暴動破壞社會秩序。

三　觸犯其他刑事法律規定之罪。

第五〇條 112

政黨及任何人，不得有下列情事：

一　於競選或罷免活動期間之每日上午七時前或下午十時後，從事公開競選、助選或罷免活動。但不妨礙居民生活或社會安寧之活動，不在此限。
二　於投票日從事競選、助選或罷免活動。
三　妨害其他政黨或候選人競選活動；妨害其他政黨或其他人從事罷免活動。
四　邀請外國人民、大陸地區人民或香港、澳門居民為第四十三條各款之行為。但受邀者為候選人、被罷免人之配偶，其為第四十三條第二款之站台、亮相造勢及第七款之遊行、拜票而未助講者，不在此限。

第五一條　112
政黨及候選人從事競選或罷免活動使用擴音器，不得製造噪音。違反者，由環境保護主管機關或警察機關依有關法律規定處理。

第五二條　112
①政黨及任何人自選舉公告發布或罷免案宣告成立之日起至投票日十日前所為有關候選人、被罷免人或選舉、罷免民意調查資料之發布，應載明負責調查單位、主持人、辦理時間、抽樣方式、母體數、樣本數、誤差值及經費來源。
②未載明前項應載事項及其他各式具民意調查外觀之選舉罷免資料，於前項期間，均不得發布、報導、散布、評論或引述。但參選之政黨、候選人、提議人之領銜人或被罷免人自行推估者，不在此限。
③政黨及任何人自投票日前十日起至投票時間截止前，不得以任何方式，發布、報導、散布、評論或引述前二項資料。

第六節　投票及開票

第五三條　112
①總統、副總統選舉，應視選舉人分布情形，就機關（構）、學校、公共場所或其他適當處所，分設投票所。
②前項之投票所應選擇具備無障礙設施之場地，若無符合規定之無障礙場地，應使用相關輔具或器材協助行動不便者完成投票。選舉委員會應視場所之無障礙程度，適度增加投票所之工作人力，主動協助行動不便者。
③投票所除選舉人及其照顧之六歲以下兒童、第十四條第四項規定之家屬或陪同之人外，未佩帶各級選舉委員會製發證件之人員，不得進入投票所。但檢察官依法執行職務者，不在此限。
④投票所於投票完畢後，即改為開票所，當眾唱名開票。開票完畢，開票所主任管理員及主任監察員即依投開票報告表宣布開票結果，於開票所門口張貼，並應將同一內容之投開票報告表副本，當場簽名交付推薦候選人之政黨或依連署方式登記之候選人所指派之人員；其領取，以一份為限。
⑤投開票完畢後，投開票所主任管理員應會同主任監察員，將選舉票按用餘票、有效票、無效票及選舉人名冊分別包封，並於封口處簽名或蓋章，一併送交鄉（鎮、市、區）公所轉送直轄市、縣（市）選舉委員會保管。
⑥前項選舉票除檢察官或法院依法行使職權外，不得開拆。
⑦第五項選舉票及選舉人名冊，自開票完畢後，其保管期間如下：
一　用餘票為一個月。
二　有效票及無效票為六個月。
三　選舉人名冊為六個月。
⑧前項保管期間，發生訴訟時，其與訴訟有關部分，應延長保管至裁判確定後三個月。

第五四條　112
①投票所、開票所置主任管理員一人，管理員若干人，由選舉委員會派充，辦理投票、開票工作。
②前項主任管理員須為現任公教人員，管理員須三分之一以上為現任公教人員，選舉委

員會得洽請各級政府機關及公立學校推薦後遴派之，受洽請之政府機關、公立學校及受遴派之政府機關職員、學校教職員，均不得拒絕。
③投票所、開票所置警衛人員，由直轄市、縣（市）選舉委員會洽請當地警察機關調派之。

第五五條 112
①投票所、開票所置主任監察員一人，監察員若干人，監察投票、開票工作。除候選人僅一組時，置監察員一人外，每一投票所、開票所至少應置監察員二人。
②主任監察員須為現任或曾任公教人員，由選舉委員會洽請各級政府機關及公立學校推薦後遴派之；受洽請之政府機關、公立學校及受遴派之政府機關職員、學校教職員，均不得拒絕。
③監察員依下列方式推薦後，由選舉委員會審核派充之：
一　各組候選人各自推薦一人。但經政黨推薦之候選人，由其所屬政黨推薦，二個以上政黨共同推薦一組候選人者，以一政黨計，並由政黨推薦書所填順序首位之政黨負責處理推薦事宜。
二　總統、副總統罷免由提議人所屬政黨及被罷免人平均推薦。但提議人分屬二個以上政黨，由任一政黨推薦，被罷免人由政黨推薦者，由其所屬政黨推薦。
④各投票所推薦不足二名之監察員時，由選舉委員會就下列人員遴派之：
一　地方公正人士。
二　各機關（構）、團體、學校人員。
三　大專校院成年學生。
⑤監察員資格、推薦程序及服務之規則，由中央選舉委員會定之。

第五五條之一 112
投票所、開票所工作人員應支給工作費，並參照物價水準調整；其數額基準，由中央選舉委員會擬訂，報請行政院核定。

第五六條（投、開票所工作人員應參加講習）
投票所、開票所之工作人員，應參加選舉委員會舉辦之講習。

第五七條（工作人員因公傷殘死亡請領慰問金辦法）107
①各級選舉委員會之委員、監察人員、職員、鄉（鎮、市、區）公所辦理選舉事務人員及投票所、開票所工作人員因執行職務致死亡、失能或傷害者，依其本職身分有關規定請領慰問金。
②前項人員不能依其本職身分請領慰問金者，由中央選舉委員會發給慰問金；其發給之對象、數額基準、程序及其他相關事項之辦法，由中央選舉委員會定之。

第五八條（選舉票之印製與點清）
①選舉票應由各直轄市、縣（市）選舉委員會印製、分發及應用。選舉票上應刊印各組總統、副總統候選人之號次、姓名、登記方式及相片；依政黨推薦方式登記之候選人應刊印推薦該組候選人之政黨名稱加推薦二字，二個以上政黨共同推薦一組候選人時，政黨名稱次序，依其政黨推薦書填列之順位；依連署方式登記之候選人，刊印連署。
②前項選舉票，由直轄市、縣（市）選舉委員會依中央選舉委員會規定之式樣印製，並由監察小組委員到場監印，於投票日前一日交各該投票所主任管理員會同主任監察員當眾點清。

第五九條（投票方法）
①選舉之投票，由選舉人於選舉票圈選欄上，以選舉委員會製備之圈選工具圈選一組。
②選舉人圈選後，不得將圈選內容出示他人。
③第一項圈選工具，由直轄市、縣（市）選舉委員會依中央選舉委員會規定之式樣製備。

第六〇條 112
①選舉票有下列情事之一者，無效：

一　不用選舉委員會製發之選舉票。
二　未依前條第一項規定圈選一組。
三　所圈位置不能辨別爲何組。
四　圈後加以塗改。
五　簽名、蓋章、按指印、加入任何文字或符號。
六　將選舉票撕破致不完整。
七　將選舉票污染致不能辨別所圈選爲何組。
八　不用選舉委員會製備之圈選工具。

②前項無效票，應由開票所主任管理員會同主任監察員認定；認定有爭議時，由全體監察員表決之。表決結果正反意見同數者，該選舉票應爲有效。

第六一條 109

①在投票所或開票所有下列情事之一者，主任管理員應會同主任監察員令其退出：
一　在場喧嚷或干擾勸誘他人投票或不投票，不服制止。
二　攜帶武器或危險物品入場。
三　投票進行期間，穿戴或標示政黨、政治團體、候選人之旗幟、徽章、物品或服飾，不服制止。
四　干擾開票或妨礙他人參觀開票，不服制止。
五　有其他不正當行爲，不服制止。

②選舉人有前項情事之一者，令其退出時，應將所持選舉票收回，並將事實附記於選舉人名冊內該選舉人姓名下。其情節重大者，並應專案函報各該選舉委員會。

③除執行公務外，任何人不得攜帶行動電話或具攝影功能之器材進入投票所。但已關閉電源之行動裝置，不在此限。

④任何人不得於投票所以攝影器材刺探選舉人圈選選舉票內容。

第六二條 112

①選舉投票日前或投開票當日，發生或可預見將發生天災或其他不可抗力情事，致個別投開票所，不能投票或開票時，由直轄市、縣（市）選舉委員會報中央選舉委員會核准，改定投票日期；或由直轄市、縣（市）選舉委員會逕行改定投開票場所，並報中央選舉委員會備查。

②前項不能投票或開票之投開票所，已達或可預見其將達各直轄市、縣（市）三分之一以上投開票所，不能投票或開票時，各該直轄市、縣（市）選舉委員會應報中央選舉委員會，改定各該直轄市、縣（市）之投開票日期；全國有三分之一以上直轄市、縣（市）投開票所，不能投票或開票時，中央選舉委員會應逕行改定投開票日期。

③改定之投開票日期，應於改定之投票日三日前公告。

④選舉投票日前或投開票當日發生天災或其他不可抗力情事處理辦法，由中央選舉委員會定之。

⑤選舉委員會於候選人競選活動期間公告改定投票日期時，競選活動期間順延至新定之投票日前一日。但改定投票日期公告日距新定之投票日前一日之期間，長於原定之競選活動期間者，依新定之投票日前一日，重新計算競選活動期間。

第七節　選舉結果

第六三條 112

①選舉結果以候選人得票最多之一組爲當選；得票相同時，應自投票之日起三十日內重行投票。

②候選人僅有一組時，其得票數須達選舉人總數百分之二十以上，始爲當選。選舉結果未能當選時，應自投票之日起三個月內，完成重行選舉投票。

③依前二項規定當選之同一組總統候選人於當選人名單公告前死亡，中央選舉委員會應公告副總統候選人爲總統當選人，副總統視同缺位。

第六三條之一 112
①選舉結果得票數最高與次高之候選人得票數差距，在有效票數千分之三以內時，次高票之候選人得於投票日後七日內，向第一百十條規定之管轄法院聲請查封全部或一部分投票所之選舉人名冊及選舉票，就查封之投票所於四十日內完成重新計票，並將重新計票結果通知中央選舉委員會。中央選舉委員會應於七日內依管轄法院重新計票結果，重行審定選舉結果。審定結果，有不應當選而已公告當選之情形，應予撤銷；有應當選而未予公告之情形，應重行公告。
②前項聲請，應以書面載明重新計票之投票所，並繳納一定金額之保證金；其數額以投票所之投票數每票新臺幣三元計。
③重新計票由管轄法院選定地點，就查封之投票所選舉人名冊及選舉票逐張認定。
④管轄法院辦理重新計票，應通知各候選人或其指定人員到場，並得指揮直轄市、縣（市）選舉委員會、鄉（鎮、市、區）公所及投票所工作人員協助。
⑤重新計票結果未改變當選或落選時，第二項保證金不予發還；重新計票結果改變當選或落選時，保證金應予發還。
⑥任何人提起選舉訴訟時，依第一項規定查封之投票所選舉人名冊及選舉票，不得聲請重新計票。
⑦第一項辦理重新計票所需費用，由中央選舉委員會編列預算負擔之。

第六四條　（正、副總統候選人或當選人就職前死亡或經判決當選無效之處理）
①同一組副總統候選人死亡，該組總統候選人仍當選為總統時，其副總統視同缺位。
②總統或副總統當選人之一在就職前死亡或就職前經判決當選無效確定者，視同缺位。
③總統、副總統當選人在就職前死亡或就職前經判決當選無效確定，致同時視同缺位時，應自死亡之日或中央選舉委員會收到法院判決書之日起三個月內，完成重行選舉投票。

第六五條　（當選人就職日期）
總統、副總統當選人應於現任總統、副總統任滿之日就職，重行選舉或重行投票之當選人，未能於現任總統、副總統任滿之日就職者，其任期仍應自該日起算。

第六六條　（當選證書之製發機關）
總統、副總統之當選證書，由中央選舉委員會製發。副總統缺位時之補選當選證書，由立法院製發。

第六七條　（法院審定結果之撤銷、重行公告）
①當選人經判決當選無效確定，依法院確定判決認定之事實，候選人得票數有變動致影響當選或落選時，中央選舉委員會應依法院確定判決認定之事實，重行審定。審定結果，有不應當選而已公告當選之情形，應予撤銷；如有應當選而未予公告之情形，應重行公告，不適用重行選舉之規定。
②前項重行公告之當選人，其任期至原任總統、副總統任期屆滿日止。

第八節　副總統之缺位補選

第六八條　（副總統缺位時補選之程序及機關）
副總統缺位時，總統應於三個月內提名候選人，由立法院補選之。

第六九條　（補選之副總統就任日期）
立法院補選之副總統，應於當選後二十日內就任。

第四章　（刪除）112

第九節　罷　免 112

第七〇條　（正、副總統罷免案之程序）
①總統、副總統之罷免案，經全體立法委員四分之一之提議，全體立法委員三分之二之

同意提出後，立法院應爲罷免案成立之宣告。但就職未滿一年者，不得罷免。
②前項罷免案宣告成立後十日內，立法院應將罷免案連同罷免理由書及被罷免人答辯書移送中央選舉委員會。
第七一條（公告事項）
中央選舉委員會應於收到立法院移送之罷免理由書及答辯書次日起二十日內，就下列事項公告之：
一　罷免投票日期及投票起、止時間。
二　罷免理由書。
三　答辯書。
第七二條 112
①罷免活動期間，中央選舉委員會應舉辦公辦電視罷免說明會，提議人之領銜人及被罷免人，應親自或指派代表到場發表。但經提議人之領銜人及被罷免人雙方同意不辦理者，應予免辦。
②前項公辦電視罷免說明會舉辦之場數、時間、程序及其他相關事項之辦法，由中央選舉委員會定之。
第七三條 112
①罷免案之投票，中央選舉委員會應於收到立法院移送之罷免理由書及答辯書次日起六十日內爲之。該期間內有其他各類選舉時，應同時舉行投票。
②被罷免人於投票日前死亡、去職或辭職者，中央選舉委員會應即公告停止該項罷免。
第七四條（罷免案之印製及投票方法）
①總統、副總統罷免票，應分別印製。但立法院移送之罷免案，同案罷免總統、副總統時，罷免票應將總統、副總統聯名同列一組印製。
②罷免票應在票上刊印同意罷免、不同意罷免二欄，由投票人以選舉委員會製備之工具圈定之。
③投票人圈定後，不得將圈定內容出示他人。
第七五條（罷免案之投、開票）
罷免案之投票人、投票人名冊及投票、開票，準用本法有關選舉人、選舉人名冊及投票、開票之規定。
第七六條（罷免案通過之標準）
罷免案經中華民國自由地區選舉人總額過半數之投票，有效票過半數同意罷免時，即爲通過。
第七七條（罷免案投票結果之公告）
罷免案經投票後，中央選舉委員會應於投票完畢七日內公告罷免投票結果。罷免案通過者，被罷免人應自公告之日起，解除職務。
第七八條（罷免案通過後，被罷免人之限制）
①罷免案通過者，被罷免人自解除職務之日起，四年內不得爲總統、副總統候選人；其於罷免案宣告成立後辭職者，亦同。
②罷免案否決者，在該被罷免人之任期內，不得對其再爲罷免案之提議。

第五章　妨害選舉罷免之處罰

第七九條（違法之處罰）
違反第四十九條第一款規定者，處七年以上有期徒刑；違反第二款規定者，處五年以上有期徒刑；違反第三款規定者，依各該有關處罰之法律處斷。
第八〇條（公然聚眾以暴動破壞社會秩序之處罰）
①利用競選、助選或連署機會，公然聚衆，以暴動破壞社會秩序者，處七年以上有期徒刑；首謀者，處無期徒刑或十年以上有期徒刑。
②前項之未遂犯罰之。
第八一條（以暴力妨害選舉或罷免之處罰）

①意圖妨害選舉或罷免，對於公務員依法執行職務時，施強暴脅迫者，處五年以下有期徒刑。
②犯前項之罪，因而致公務員於死者，處無期徒刑或七年以上有期徒刑；致重傷者，處三年以上十年以下有期徒刑。

第八二條（公然聚眾，以暴力妨害選舉之處罰）
①公然聚眾，犯前條之罪者，在場助勢之人，處三年以下有期徒刑、拘役或科新臺幣三十萬元以下罰金；首謀及下手實施強暴脅迫者，處三年以上十年以下有期徒刑。
②犯前項之罪，因而致公務員於死者，首謀及下手實施強暴脅迫者，處無期徒刑或七年以上有期徒刑；致重傷者，處五年以上十二年以下有期徒刑。

第八三條（刪除）106

第八四條（對於候選人或具有候選人資格者賄選行爲之處罰）106
①對於候選人或具有候選人資格者，行求期約或交付賄賂或其他不正利益，而約其放棄競選或爲一定之競選活動者，處三年以上十年以下有期徒刑，併科新臺幣二百萬元以上二千萬元以下罰金。
②候選人或具有候選人資格者，要求期約或收受賄賂或其他不正利益，而許以放棄競選或爲一定之競選活動者，亦同。
③預備犯前二項之罪者，處一年以下有期徒刑。
④犯第一項、前項之罪者，預備或用以行求期約或交付之賄賂，不問屬於犯罪行爲人與否，沒收之。

第八五條（妨害他人選舉、罷免或連署之處罰）
①以強暴、脅迫或其他非法之方法爲下列行爲之一者，處五年以下有期徒刑：
一　妨害他人競選或使他人放棄競選者。
二　妨害他人依法爲被連署人連署者。
三　妨害他人爲罷免案之提議、同意或使他人爲罷免案之提議、同意者。
②前項之未遂犯罰之。

第八六條（對於有投票權之人賄賂之處罰）106
①對於有投票權之人，行求期約或交付賄賂或其他不正利益，而約其不行使投票權或爲一定之行使者，處三年以上十年以下有期徒刑，得併科新臺幣一百萬元以上一千萬元以下罰金。
②預備犯前項之罪者，處一年以下有期徒刑。
③預備或用以行求期約或交付之賄賂，不問屬於犯罪行爲人與否，沒收之。
④犯第一項或第二項之罪，於犯罪後六個月內自首者，減輕或免除其刑；因而查獲候選人爲正犯或共犯者，免除其刑。
⑤犯第一項或第二項之罪，在偵查中自白者，減輕其刑；因而查獲候選人爲正犯或共犯者，減輕或免除其刑。

第八七條（賄選行爲之處罰）106
①有下列行爲之一者，處一年以上七年以下有期徒刑，併科新臺幣一百萬元以上一千萬元以下罰金：
一　對於團體或機構，假借捐助名義，行求期約或交付財物或其他不正利益，使其團體或機構之構成員，不行使投票權或爲一定之行使。
二　對連署人行求期約或交付賄賂或其他不正利益，使其爲特定被連署人連署或不爲連署。
三　對罷免案提議人或同意人行求期約或交付賄賂或其他不正利益，使其不爲提議或同意，或爲一定之提議或同意。
②預備犯前項之罪者，處一年以下有期徒刑。
③預備或用以行求期約或交付之賄賂，不問屬於犯罪行爲人與否，沒收之。

第八八條（包攬賄選之處罰）
①意圖漁利，包攬第八十四條第一項、第二項、第八十六條第一項或前條第一項各款之

事務者，處三年以上十年以下有期徒刑，得併科新臺幣一百萬元以上一千萬元以下罰金。
②前項之未遂犯罰之。

第八八條之一 112

①在公共場所或公眾得出入之場所以選舉、罷免結果爲標的之賭博財物者，處六月以下有期徒刑、拘役或科新臺幣十萬元以下罰金。
②以電信設備、電子通訊、網際網路或其他相類之方法以選舉、罷免結果爲標的之賭博財物者，亦同。
③前二項以供人暫時娛樂之物爲賭者，不在此限。
④意圖營利，以選舉、罷免結果爲標的，供給賭博場所或聚眾賭博財物者，處五年以下有期徒刑，得併科新臺幣五十萬元以下罰金。

第八九條 （賄選賄賂之處罰）106

①政黨辦理總統、副總統候選人黨內提名，自公告其提名作業之日起，於提名作業期間，對於黨內候選人有第八十四條第一項、第二項之行爲者，依第八十四條第一項、第二項規定處斷；對於有投票資格之人，有第八十六條第一項之行爲者，依第八十六條第一項規定處斷。
②預備犯前項之罪者，處一年以下有期徒刑。
③犯前二項之罪者，預備或用以行求期約、交付或收受之賄賂，不問屬於犯罪行爲人與否，沒收之。
④犯第一項或第二項之罪，於犯罪後六個月內自首者，減輕或免除其刑；因而查獲正犯或共犯者，免除其刑。
⑤犯第一項或第二項之罪，在偵查中自白者，減輕其刑；因而查獲正犯或共犯者，免除其刑。
⑥意圖漁利，包攬第一項之事務者，依前條之規定處斷。
⑦前項之未遂犯罰之。
⑧第一百條規定，於政黨辦理總統、副總統候選人黨內提名時，準用之。
⑨政黨依第一項規定辦理黨內提名作業，應公告其提名作業相關事宜，並載明起止時間、作業流程、黨內候選人及有投票資格之人之認定等事項；各政黨於提名作業公告後，應於五日內報請內政部備查。

第九〇條 112

①意圖使候選人當選或不當選，或意圖使被罷免人罷免案通過或否決者，以文字、圖畫、錄音、錄影、演講或他法，散布謠言或傳播不實之事，足以生損害於公眾或他人者，處五年以下有期徒刑。
②以散布、播送或以他法供人觀覽候選人、被罷免人、罷免案提議人之領銜人本人之深度僞造聲音、影像、電磁紀錄之方法，犯前項之罪者，處七年以下有期徒刑。
③意圖營利，而犯前二項之罪者，依各該項之規定，加重其刑至二分之一，得併科新臺幣二百萬元以上一千萬元以下罰金。

第九〇條之一 112

①中央及地方政府各級機關首長或其代理人、受其指示之人違反第四十六條之一規定者，處三年以下有期徒刑。
②犯前項之罪，經判刑確定者，其所屬機關得就所支之費用，予以追償；二人以上共同犯前項之罪者，應連帶負責。

第九一條 （違法之處罰）

違反第五十九條第二項或第七十四條第三項規定者或有第六十一條第一項各款情事之一經令其退出而不退出者，處二年以下有期徒刑、拘役或科新臺幣二十萬元以下罰金。

第九二條 112

選舉、罷免之進行，有下列情事之一者，在場助勢之人，處一年以下有期徒刑、拘役或科新臺幣十萬元以下罰金；首謀及下手實施者，處五年以下有期徒刑：
一　聚眾包圍被連署人、連署人、候選人、被罷免人、罷免案提議人、同意人之服務機關、辦事處或住、居所。
二　聚眾以強暴、脅迫或其他非法之方法，妨害被連署人、連署人、候選人、被罷免人執行職務或罷免案提議人、同意人對罷免案之進行。

第九三條　（將選舉票及罷免票攜出場外之處罰）
①將領得之選舉票或罷免票攜出場外者，處一年以下有期徒刑、拘役或科新臺幣一萬五千元以下罰金。
②在投票所四周三十公尺內，喧嚷、干擾或勸誘他人投票或不投票，經警衛人員制止後仍繼續為之者，處一年以下有期徒刑、拘役或科新臺幣一萬五千元以下罰金。

第九三條之一　112
①違反第六十一條第三項規定者，處新臺幣三萬元以上三十萬元以下罰鍰。
②違反第六十一條第四項規定者，處五年以下有期徒刑，併科新臺幣五十萬

第九四條　（妨害選舉結果之各種行為之處罰）
意圖妨害或擾亂投票、開票而抑留、毀壞、隱匿、調換或奪取投票匭、選舉票、罷免票、選舉人名冊、投票報告表、開票報告表、開票統計或圈選工具者，處五年以下有期徒刑。

第九五條　（刪除）106

第九六條　112
①違反第四十二條、第四十三條、第四十八條第一項、第三項規定者，處新臺幣十萬元以上一百萬元以下罰鍰。
②廣播電視事業違反第四十六條第一項、第二項或第三項規定者，處新臺幣二十萬元以上二百萬元以下罰鍰。
③違反第四十七條第二項所定辦法中關於廣告應載明或敘明事項、內容，或第四十七條之三第五項規定者，處新臺幣二十萬元以上二百萬元以下或該廣告費二倍之罰鍰。
④違反第四十七條之一、第四十七條之二第一項、第二項所定辦法中關於廣告應留存紀錄事項或內容之規定者，處新臺幣二十萬元以上一千萬元以下或該廣告費二倍之罰鍰。
⑤違反第四十七條之三第四項規定者，未停止刊播、限制瀏覽、移除或下架者，處新臺幣二十萬元以上一千萬元以下罰鍰，並令限期改善；屆期未改善者，得按次處罰。
⑥違反第五十條或第五十二條規定者，依下列規定處罰；違反第五十條之規定，經制止不聽者，按次處罰：
一　政黨、候選人、罷免案提議人、被罷免人及其受僱人、代理人或使用人：處新臺幣二十萬元以上二百萬元以下罰鍰。
二　前款以外之人：處新臺幣十萬元以上一百萬元以下罰鍰。
⑦候選人、罷免案提議人、被罷免人之受僱人、代理人或使用人違反第四十二條、第四十八條第一項、第三項、第五十條或第五十二條規定者，併處罰候選人、罷免案提議人、被罷免人。
⑧政黨、法人或非法人團體違反第四十八條第一項或第三項規定者，依第一項規定，併處罰其代表人及行為人；違反第五十條或第五十二條規定者，依第六項規定，併處罰其代表人及行為人。
⑨委託報紙、雜誌、廣播電視事業、利用網際網路提供服務者或其他媒體業者，刊播競選、罷免廣告或委託夾報散發宣傳品，違反第五十條第二款規定者，依第六項規定，處罰委託人及受託人。委託人或受託人為政黨、法人或非法人團體者，併處罰其代表人及行為人。
⑩將選舉票或罷免票以外之物投入票匭，或故意撕毀領得之選舉票或罷免票者，處新臺幣五千元以上五萬元以下罰鍰。

第九七條　（自首或自白者減免其刑）

①犯第八十四條第二項之罪或刑法第一百四十三條第一項之罪，於犯罪後三個月內自首者，免除其刑；逾三個月者，減輕或免除其刑；在偵查或審判中自白者，減輕其刑。
②意圖他人受刑事處分，虛構事實，而爲前項之自首者，依刑法誣告罪之規定處罰之。

第九八條 112
①政黨推薦之候選人犯第八十條至第八十二條、第八十四條第一項、第二項、第八十五條第一項第一款或其未遂犯、第八十六條第一項、第八十七條第一項第一款、第九十四條、刑法第一百四十二條或第一百四十五條至第一百四十七條之罪，經判刑確定者，處推薦之政黨新臺幣五百萬元以上五千萬元以下罰鍰；已獲政黨黨內提名之參選人犯第八十四條第一項、第二項之罪經有罪判決確定者，亦同。
②政黨推薦之候選人，對於其他候選人或已獲政黨黨內提名之參選人犯刑法第二百七十一條、第二百七十七條、第二百七十八條、第三百零二條、第三百零二條之一、第三百零四條、第三百零五條、第三百四十六條至第三百四十八條或其特別法之罪，經有罪判決確定者，依前項規定處罰。

第九九條 （從重處罰）
①犯本章之罪，其他法律有較重處罰之規定者，從其規定。
②辦理選舉、罷免事務人員，假借職務上之權力、機會或方法，以故意犯本章之罪者，加重其刑至二分之一。
③犯本章之罪或刑法分則第六章之妨害投票罪，宣告有期徒刑以上之刑者，並宣告褫奪公權。

第一〇〇條 110
①總統、副總統選舉、罷免，由最高檢察署檢察總長督率各級檢察官分區查察，自動檢舉有關妨害選舉、罷免之刑事案件，並接受機關、團體或人民是類案件之告發、告訴、自首，即時開始偵查，爲必要之處理。
②前項案件之偵查，檢察官得依刑事訴訟法及調度司法警察條例等規定，指揮司法警察人員爲之。

第一〇一條 （選舉之犯罪速審速結）
犯本章之罪或刑法第六章妨害投票罪之案件，各審受理法院應於六個月內審結。

第六章　選舉罷免訴訟

第一〇二條 （選舉或罷免無效之訴提起要件及程序）
選舉罷免機關辦理選舉、罷免違法，足以影響選舉或罷免結果，檢察官、候選人、被罷免人或罷免案提議人，得自當選人名單或罷免投票結果公告之日起十五日內，以各該選舉罷免機關爲被告，向管轄法院提起選舉或罷免無效之訴。

第一〇三條 （選舉或罷免無效之效果）
選舉或罷免無效之訴，經法院判決無效確定者，其選舉或罷免無效，並定期重行選舉或罷免。其違法屬選舉或罷免之局部者，局部之選舉或罷免無效，並就該局部無效部分，定期重行投票。

第一〇四條 112
①當選人有下列情事之一者，選舉罷免機關、檢察官或候選人得以當選人爲被告，自公告當選之日起六十日內，向管轄法院提起當選無效之訴：
一　當選票數不實，足認有影響選舉結果之虞。
二　對於候選人、有投票權人或選務人員，以強暴、脅迫或其他非法之方法，妨害他人競選、自由行使投票權或執行職務。
三　有第八十四條、第八十六條第一項、第八十七條第一項第一款、第八十九條第一項、刑法第一百四十六條第一項、第二項之行爲。
②前項各款情事，經判決當選無效確定者，不因同一事由經刑事判決無罪而受影響。

第一〇五條 （當選人資格不合之取消）

當選人有第二十八條各款規定情事之一者，選舉罷免機關、檢察官或候選人得以當選人為被告，於其任期屆滿前，向管轄法院提起當選無效之訴。

第一〇六條 112

當選無效之訴經判決無效確定者，當選人之當選，無效；已就職者，並應自判決確定之日起，解除職務。

第一〇七條 （選舉無效或當選無效之判決）

選舉無效或當選無效之判決，不影響原當選人就職後職務上之行為。

第一〇八條 112

①罷免案之通過或否決，有下列情事之一者，選舉委員會、檢察官、被罷免人或罷免案提議人，得於罷免投票結果公告之日起六十日內，以罷免案提議人或被罷免人為被告，向管轄法院提起罷免案通過或否決無效之訴：

一　罷免案通過或否決之票數不實，足認有影響投票結果之虞。

二　被罷免人或罷免案提議人對於有投票權人或選務人員，以強暴、脅迫或其他非法之方法，妨害他人自由行使投票權或執行職務。

三　被罷免人或罷免案提議人有刑法第一百四十六條第一項之行為。

四　被罷免人或罷免案提議人有第八十六條第一項之行為，足認有影響選舉結果之虞。

五　被罷免人有第八十七條第一項第三款之行為。

②罷免案否決無效之訴，經法院判決無效確定者，其罷免案之否決無效，並定期重行投票。

③罷免案之通過經判決無效者，被罷免人之職務應予恢復。但無法恢復者，不在此限。

第一〇九條 （選舉人舉發選舉無效等之程序）

選舉人發覺有構成選舉無效、當選無效或罷免無效、罷免案通過或否決無效之情事時，得於當選人名單或罷免投票結果公告之日起七日內，檢具事證，向檢察官或選舉委員會舉發之。

第一一〇條 （選舉、罷免訴訟之管轄法院）

選舉、罷免訴訟，專屬中央政府所在地之高等法院管轄。

第一一一條 112

①選舉、罷免訴訟，設選舉法庭，採合議制審理，並應先於其他訴訟審判之，以二審終結，並不得提起再審之訴。各審受理之法院應於六個月內審結。

②法院審理選舉、罷免訴訟時，應依職權調查必要之事證。

第一一二條 （選舉、罷免訴訟程序之準用規定）

選舉、罷免訴訟程序，除本法規定者外，準用民事訴訟法之規定。但關於捨棄、認諾、訴訟上自認或不爭執事實效力之規定，不在準用之列。

第七章　附　則

第一一三條 112

①本法及組織犯罪防制條例第十四條第一項所定罰鍰，由選舉委員會處罰之。

②前項之罰鍰，候選人或政黨經通知後屆期不繳納者，選舉委員會並得於第三十一條候選人繳納之保證金或第四十一條所定應撥給候選人或政黨之競選費用補助金款項內逕予扣除。

第一一四條 （候選人之安全維護機關）

自候選人完成登記日起，至選舉投票日之翌日止，國家安全局應協同有關機關掌理總統、副總統候選人在中華民國自由地區之安全維護事項；其安全維護實施辦法，由國家安全局定之。

第一一五條 （本法修正施行前之罷免案，仍適用修正前之規定）

本法修正施行前已發布選舉公告之選舉或已移送中央選舉委員會之罷免案，仍適用修正前之規定。

第一一六條 （施行細則）107
本法施行細則，由內政部會同中央選舉委員會定之。
第一一七條 （施行日）98
①本法自公布日施行。
②本法中華民國九十五年五月五日修正之條文，自九十五年七月一日施行；九十八年五月十二日修正之條文，自九十八年十一月二十三日施行。

公職人員選舉罷免法

①民國96年11月7日總統令修正公布全文134條。
②民國97年11月26日總統令修正公布第57條條文。
③民國98年5月27日總統令修正公布第14、26、134條條文；並自98年11月23日施行。
④民國99年9月1日總統令修正公布第35、37條條文。
⑤民國100年5月25日總統令修正公布第43條條文。
⑥民國103年5月28日總統令修正公布第2、7、13、24、34、36、37、38、40、41、46、68、70、71、80、83、100條條文；並增訂第37-1條條文。
⑦民國104年2月4日總統令修正公布第43條條文。
⑧民國105年4月13日總統令修正公布第47條條文。
⑨民國105年12月7日總統令修正公布第27條條文。
⑩民國105年12月14日總統令修正公布第11、40、42、45、49至56、59、76、79至81、83、86、87、90、94、102、104、110、124條條文及第三章章名、第六節節名、第九節第一至三款款名；增訂第86-1條條文及第九節節名；並刪除第四章章名。
⑪民國107年5月9日總統令修正公布第97、99至102、106條條文。
⑫民國108年1月9日總統令修正公布第61條條文。
⑬民國109年5月6日總統令修正公布第18、57、65條條文。
⑭民國110年12月15日總統令修正公布第115條條文。
⑮民國112年6月9日總統令修正公布第4、6、7、12、14、19、20、22、26、28、29、31、32、36、38、41至43、45至48、51、52、53、56、57至59、62、66、67、68、74、76、86、92、104、110、112、117、120、124條條文；增訂第5-1、48-1、51-1至51-3、59-1、70-1、73-1、98-1、103-1、104-1條條文；並刪除第8、9、132條條文。

第一章　總　則

第一條　（法律之適用）
公職人員選舉、罷免，依本法之規定。

第二條　（公職人員之定義）103
本法所稱公職人員，指下列人員：
一　中央公職人員：立法院立法委員。
二　地方公職人員：直轄市議會議員、縣（市）議會議員、鄉（鎮、市）民代表會代表、直轄市山地原住民區（以下簡稱原住民區）民代表會代表、直轄市長、縣（市）長、鄉（鎮、市）長、原住民區長、村（里）長。

第三條　（選舉方法）
①公職人員選舉，以普通、平等、直接及無記名單記投票之方法行之。
②全國不分區及僑居國外國民立法委員選舉，依政黨名單投票選出。
③公職人員罷免，由原選舉區之選舉人以無記名投票之方法決定。

第四條　112
①選舉人、候選人年齡及居住期間之計算，除另有規定外，均以算至投票日前一日為準，並以戶籍登記資料為依據。
②前項居住期間之計算，自戶籍遷入登記之日起算。
③重行投票者，仍依原投票日計算。

第五條　（選舉、罷免期間之計算）
①本法所定各種選舉、罷免期間之計算，除另有規定外，依行政程序法之規定。但期間之末日，除因天然災害政府機關停止上班外，其為星期六、星期日、國定假日或其他休息日時，不予延長。

②本法所定投票日前幾日，自投票日前一日起算，向前逆算至規定日數之當日；所定投票日後幾日，自投票日次日起算，向後算至規定日數之當日；所定投票日幾日前，其期限之最終期日之計算，自投票日前一日起算，向前逆算至規定日數之前一日，爲該期限之終止日。
③選舉、罷免之各種申請，以郵寄方式向選舉機關提出者，以選舉機關收件日期爲準。

第五條之一 112
公職人員選舉、罷免投票日爲應放假之日。

第二章 選舉罷免機關

第六條 112
公職人員選舉、罷免，由中央、直轄市、縣（市）選舉委員會辦理之。

第七條 112
①立法委員、直轄市議員、直轄市長、縣（市）議員及縣（市）長選舉、罷免，由中央選舉委員會主管，並指揮、監督直轄市、縣（市）選舉委員會辦理之。
②原住民區民代表及區長選舉、罷免，由直轄市選舉委員會辦理之；鄉（鎭、市）民代表及鄉（鎭、市）長選舉、罷免，由縣選舉委員會辦理之。
③村（里）長選舉、罷免，由各該直轄市、縣（市）選舉委員會辦理之。
④直轄市、縣（市）選舉委員會辦理前二項之選舉、罷免，並受中央選舉委員會之監督。
⑤辦理選舉、罷免期間，直轄市、縣（市）選舉委員會並於鄉（鎭、市、區）設辦理選務單位。

第八條 （刪除）112

第九條 （刪除）112

第一〇條 （各級政府職員之調用）
各級選舉委員會在辦理選舉、罷免期間，得調用各級政府職員辦理事務。

第一一條 （各級選舉委員會辦理事項）105
①各級選舉委員會分別辦理下列事項：
一 選舉、罷免公告事項。
二 選舉、罷免事務進行程序及計畫事項。
三 候選人資格之審定事項。
四 選舉、罷免宣導之策劃事項。
五 選舉、罷免之監察事項。
六 投票所、開票所之設置及管理事項。
七 選舉、罷免結果之審查事項。
八 當選證書之製發事項。
九 訂定政黨使用電視及其他大衆傳播工具從事競選宣傳活動之辦法。
十 其他有關選舉、罷免事項。
②直轄市、縣（市）選舉委員會就下列各種公職人員選舉、罷免事務，指揮、監督鄉（鎭、市、區）公所辦理：
一 選舉人名冊公告閱覽之辦理事項。
二 投票所、開票所設置及管理之辦理事項。
三 投票所、開票所工作人員遴報事項。
四 選舉、罷免票之轉發事項。
五 選舉公報及投票通知單之分發事項。
六 選舉及罷免法令之宣導事項。
七 其他有關選舉、罷免事務之辦理事項。

第一二條 112

①公職人員選舉、罷免，由中央選舉委員會委員、直轄市、縣（市）選舉委員會監察小組委員監察之。
②各級選舉委員會執行監察職務準則，由中央選舉委員會定之。

第一三條 （選舉委員會預算之編列）103
各級選舉委員會之經費預算，其年度經常費，由中央政府統籌編列。其辦理選舉、罷免所需經費，立法委員選舉、罷免由中央政府編列；直轄市議員、直轄市長選舉、罷免由直轄市政府編列；縣（市）議員、縣（市）長選舉、罷免由縣（市）政府編列；鄉（鎮、市）民代表、鄉（鎮、市）長、村（里）長選舉、罷免由鄉（鎮、市）公所編列；原住民區民代表、區長選舉、罷免由原住民區公所編列；直轄市、市之里長選舉、罷免由直轄市、市政府編列，但原住民區里長選舉、罷免由原住民區公所編列。

第三章 選舉及罷免 105

第一節 選舉人

第一四條 112
中華民國國民，年滿二十歲，有選舉權。

第一五條 （選舉人之資格）
①有選舉權人在各該選舉區繼續居住四個月以上者，爲公職人員選舉各該選舉區之選舉人。
②前項之居住期間，在其行政區域劃分選舉區者，仍以行政區域爲範圍計算之。但於選舉公告發布後，遷入各該選舉區者，無選舉投票權。

第一六條 （原住民選舉人資格）
原住民公職人員選舉，以具有原住民身分並有前條資格之有選舉權人爲選舉人。

第一七條 （投票地點）
①選舉人，除另有規定外，應於戶籍地投票所投票。
②投票所工作人員，得在戶籍地或工作地之投票所投票。但在工作地之投票所投票者，以戶籍地及工作地在同一選舉區，並在同一直轄市、縣（市）爲限。

第一八條 109
①選舉人投票時，應憑本人國民身分證領取選舉票。
②選舉人領取選舉票時，應在選舉人名冊上簽名或蓋章或按指印，按指印者，並應有管理員及監察員各一人蓋章證明。選舉人名冊上無其姓名或姓名不符者，不得領取選舉票。但姓名顯係筆誤、因婚姻關係而冠姓或回復本姓致與國民身分證不符者，經主任管理員會同主任監察員辨明後，應准領取選舉票。
③選舉人領得選舉票後應自行圈投。但因身心障礙不能自行圈投而能表示其意思者，得依其請求，由家屬或陪同之人一人在場，依據本人意思，眼同協助或代爲圈投；其無家屬或陪同之人在場者，亦得依其請求，由投票所管理員及監察員各一人，依據本人意思，眼同協助或代爲圈投。
④爲防止重複投票或冒領選舉票之情事，應訂定防範規定；其辦法由中央選舉委員會定之。

第一九條 112
①選舉人應於規定之投票時間內到投票所投票；逾時不得進入投票所。但已於規定時間內到達投票所尚未投票者，仍可投票。
②二種以上公職人員選舉或公職人員選舉與公民投票同日於同一投票所舉行投票時，選舉人應一次進入投票所投票，離開投票所後不得再次進入投票所投票。

第二節 選舉人名冊

第二〇條 112

①選舉人名冊，由鄉（鎮、市、區）戶政機關依據戶籍登記資料編造，應載明編號、姓名、性別、出生年月日及戶籍地址；投票日前二十日已登錄戶籍登記資料，依規定有選舉人資格者，一律編入名冊；投票日前二十日以後遷出之選舉人，仍應在原戶籍地之投票所投票。

②原住民選舉人名冊，其原住民身分之認定，以戶籍登記資料爲準，由戶政機關依前項規定編造。

③選舉人名冊編造後，除選舉委員會、鄉（鎮、市、區）公所、戶政機關依本法規定使用外，不得以抄寫、複印、攝影、錄音或其他任何方式對外提供。

第二一條　（選舉人名冊之分編或合編）

二種以上公職人員選舉同日舉行投票時，選舉人名冊得視實際需要分別或合併編造。

第二二條　112

①選舉人名冊編造後，戶政機關應送由鄉（鎮、市、區）公所函報直轄市、縣（市）選舉委員會備查，並由鄉（鎮、市、區）公所公告閱覽，選舉人得到場查閱，發現錯誤或遺漏時，得於閱覽期間內申請更正。

②前項查閱，選舉人應憑本人國民身分證，並以查閱其本人及其戶內人員爲限。

第二三條　（選舉人名冊之更正確定）

①選舉人名冊經公告閱覽期滿後，鄉（鎮、市、區）公所應將原冊及申請更正情形，送戶政機關查核更正。

②選舉人名冊經公告、更正後即爲確定，並由各直轄市、縣（市）選舉委員會公告選舉人人數。

第三節　候選人

第二四條　（候選人年齡及資格限制）103

①選舉人年滿二十三歲，得於其行使選舉權之選舉區登記爲公職人員候選人。但直轄市長、縣（市）長候選人須年滿三十歲；鄉（鎮、市）長、原住民區長候選人須年滿二十六歲。

②選舉人年滿二十三歲，得由依法設立之政黨登記爲全國不分區及僑居國外國民立法委員選舉之全國不分區候選人。

③僑居國外之中華民國國民年滿二十三歲，在國內未曾設有戶籍或已將戶籍遷出國外連續八年以上者，得由依法設立之政黨登記爲全國不分區及僑居國外國民立法委員選舉之僑居國外國民候選人。

④前二項政黨應符合下列規定之一：

一　於最近一次總統、副總統選舉，其所推薦候選人得票數之和，達該次選舉有效票總和百分之二以上。二個以上政黨共同推薦一組總統、副總統候選人者，各該政黨推薦候選人之得票數，以推薦政黨數除其推薦候選人得票數計算之。

二　於最近三次全國不分區及僑居國外國民立法委員選舉得票率，曾達百分之二以上。

三　現有立法委員五人以上，並於申請候選人登記時，備具名冊及立法委員出具之切結書。

四　該次區域及原住民立法委員選舉推薦候選人達十人以上，且經中央選舉委員會審查合格。

⑤第三項所稱八年以上之計算，以算至投票日前一日爲準，並自戶籍遷出登記之日起算。

⑥政黨登記之全國不分區及僑居國外國民立法委員選舉候選人，應爲該政黨黨員，並經各該候選人書面同意；其候選人名單應以書面爲之，並排列順位。

⑦回復中華民國國籍滿三年或因歸化取得中華民國國籍滿十年者，始得依第一項至第三項規定登記爲候選人。

⑧前項所稱滿三年或滿十年之計算，均以算至投票日前一日為準。

第二五條　（候選人登記種類之限制）

①二種以上公職人員選舉同日舉行投票時，其申請登記之候選人，以登記一種為限。為二種以上候選人登記時，其登記均無效。

②同種公職人員選舉具有二個以上之候選人資格者，以登記一個為限。為二個以上候選人登記時，其登記均無效。

第二六條 112

有下列情事之一者，不得登記為候選人：

一　動員戡亂時期終止後，曾犯內亂、外患罪，經有罪判決確定。

二　曾犯貪污罪，經有罪判決確定。

三　曾犯第九十七條第一項、第二項、第九十八條、第九十九條第一項、第一百條第一項、第二項、第一百零一條第一項、第六項、第七項、第一百零二條第一項、第一百零三條、總統副總統選舉罷免法第八十四條第一項、第二項、第八十五條、第八十六條第一項、第八十七條第一項、第八十八條、第八十九條第一項、第六項、第七項、刑法第一百四十二條、第一百四十四條之罪，或為直轄市、縣（市）議會議長、副議長、鄉（鎮、市）民代表會、原住民區民代表會主席、副主席選舉之有投票權人犯刑法第一百四十三條之罪，經有罪判決確定。

四　曾犯國家安全法第七條第一項至第四項、第八條第一項至第三項、第十二條第一項、第二項、國家機密保護法第三十二條第一項、第二項、第四項、第三十三條第一項、第二項、第四項、第三十四條第一項至第四項、國家情報工作法第三十條第一項至第四項、第三十條之一、第三十一條、反滲透法第三條、第四條、第五條第三項、第六條或第七條之罪，經有罪判決確定。

五　曾犯組織犯罪防制條例之罪，經有罪判決確定。

六　曾犯毒品危害防制條例第四條至第九條、第十二條第一項、第二項、該二項之未遂犯、第十三條、第十四條第一項、第二項、第十五條、槍砲彈藥刀械管制條例第七條、第八條第一項至第五項、第十二條、第十三條、洗錢防制法第十四條、第十五條、刑法第三百零二條之一或第三百三十九條之四之罪，經有罪判決確定。但原住民單純僅犯未經許可，製造、轉讓、運輸、出借或持有自製獵槍、其主要組成零件或彈藥之罪，於中華民國一百零九年五月二十二日修正之槍砲彈藥刀械管制條例施行日前，經有罪判決確定者，不在此限。

七　曾犯前六款之罪，經有罪判決確定並受緩刑之宣告者，亦同。

八　曾犯第一款至第六款以外之罪，其最輕本刑為七年以上有期徒刑之刑，並經判處十年以上有期徒刑之刑確定。

九　犯第一款至第六款以外之罪，判處有期徒刑以上之刑確定，尚未執行、執行未畢、於緩刑期間或行刑權因罹於時效消滅。

十　受死刑、無期徒刑或十年以上有期徒刑之判決尚未確定。

十一　受保安處分之裁判確定，尚未執行或執行未畢。

十二　受破產宣告或經裁定開始清算程序確定，尚未復權。

十三　曾受免除職務之懲戒處分。

十四　依法停止任用或受休職處分，尚未期滿。

十五　褫奪公權，尚未復權。

十六　受監護或輔助宣告，尚未撤銷。

第二七條　（候選人之消極資格）105

①下列人員不得登記為候選人：

一　現役軍人。

二　服替代役之現役役男。

三　軍事學校學生。

四　各級選舉委員會之委員、監察人員、職員、鄉（鎮、市、區）公所辦理選舉事務人員及投票所、開票所工作人員。

五　依其他法律規定不得登記為候選人者。

②前項第一款之現役軍人，屬於後備軍人或補充兵應召者，在應召未入營前，或係受教育、勤務及點閱召集，均不受限制。第二款服替代役之現役役男，屬於服役期滿後受召集服勤者，亦同。

③當選人就職後辭職或因第一百二十條第一項第二款、第三款情事之一，經法院判決當選無效確定者，不得申請登記為該次公職人員補選候選人。

第二八條 112

①依法設立之政黨，得推薦候選人參加公職人員選舉，經政黨推薦之候選人，應為該政黨黨員，並檢附加蓋中央主管機關發給該政黨圖記之政黨推薦書，於候選人申請登記期間內，向選舉委員會辦理登記。

②前項推薦書，一名候選人以一個政黨推薦為限，應於申請登記候選人時繳送受理登記之選舉委員會，同時或先後繳送二個以上政黨推薦書，視同放棄政黨推薦。登記期間截止後補送者，不予受理。

第二九條 112

①候選人名單公告後，經發現候選人在公告前或投票前有下列情事之一者，投票前由選舉委員會撤銷其候選人登記；當選後依第一百二十一條規定提起當選無效之訴：

一　候選人資格不合第二十四條第一項至第三項、第七項規定。

二　有第二十六條或第二十七條第一項、第三項之情事。

三　依第九十二條第一項規定不得登記為候選人。

②全國不分區及僑居國外國民立法委員選舉候選人名單公告後，經發現登記政黨之資格在公告前或投票前有下列情事之一者，投票前由中央選舉委員會撤銷其政黨候選人名單登記；當選後依第一百二十一條規定提起當選無效之訴：

一　不合第二十四條第四項規定。

二　經解散或廢止備案。但因合併而解散者，不在此限。

第三〇條　（停止選舉活動之原因）

①區域立法委員、直轄市長及縣（市）長選舉候選人於登記截止後至選舉投票日前死亡者，選舉委員會應即公告該選舉區停止該項選舉，並定期重行選舉。

②其他公職人員選舉候選人登記截止後至選舉投票日前，因候選人死亡，致該選舉區之候選人數未超過或不足該選舉區應選出之名額時，應即公告停止選舉，並定期重行選舉。

第三一條 112

①經登記為候選人者，不得撤回其候選人登記。

②經政黨推薦之區域、原住民立法委員及地方公職人員選舉候選人，政黨得於登記期間截止前，備具加蓋中央主管機關發給該政黨圖記之政黨撤回推薦書，向原受理登記之選舉委員會撤回推薦，逾期不予受理。

③經政黨登記之全國不分區及僑居國外國民立法委員選舉候選人名單，政黨得於登記期間截止前，備具加蓋中央主管機關發給該政黨圖記之政黨撤回或更換登記申請書，向原受理登記之選舉委員會撤回或更換，逾期不予受理。其候選人名單之更換，包括人數變更、人員異動、順位調整，其有新增之候選人者，政黨應依規定繳交表件及保證金。

④經登記為候選人者，於登記後將戶籍遷出其選舉區者，不影響其候選人資格，並仍應在原戶籍地之投票所投票。

第三二條 112

①登記為候選人時，應繳納保證金；其數額由選舉委員會先期公告。

②全國不分區及僑居國外國民立法委員選舉候選人之保證金，依公告數額，由登記之政黨按登記人數繳納。

③保證金之繳納，以現金、金融機構簽發之本票、保付支票或郵局之業務專用劃撥支票

為限；繳納現金不得以硬幣為之。

④保證金應於當選人名單公告日後三十日內發還。但有下列情事之一者，不予發還：

一　依第二十五條規定為無效登記之候選人。

二　全國不分區及僑居國外國民立法委員選舉候選人未當選。

三　前款以外選舉未當選之候選人，得票不足各該選舉區應選出名額除該選舉區選舉人總數所得商數百分之十。

⑤前項第三款所稱該選舉區選舉人總數，應先扣除依戶籍法第五十條第一項規定戶籍暫遷至該戶政事務所之選舉人人數。

⑥第四項保證金發還前，依第一百三十條第二項規定應逕予扣除者，應先予以扣除，有餘額時，發還其餘額。

第三三條　（候選人應備具表件及保證金）

登記為候選人時，應備具選舉委員會規定之表件及保證金，於規定時間內，向受理登記之選舉委員會辦理。表件或保證金不合規定，或未於規定時間內辦理者，不予受理。

第三四條　（候選人資格審定及姓名號次抽籤）103

①各種公職人員選舉候選人資格，應由主管選舉委員會審定公告。

②全國不分區及僑居國外國民立法委員選舉，政黨所提名單中之候選人，經中央選舉委員會審查有不合規定者，不准予登記，其名單所排列之順位由後依序遞補。

③全國不分區及僑居國外國民立法委員選舉，申請登記之政黨，不符合第二十四條第四項之規定者，不准予登記。

④區域、原住民立法委員及地方公職人員選舉，經審定之候選人名單，其姓名號次，由選舉委員會通知各候選人於候選人名單公告三日前公開抽籤決定之。但鄉（鎮、市）民代表、原住民區民代表、鄉（鎮、市）長、原住民區長、村（里）長候選人姓名號次之抽籤得指定鄉（鎮、市、區）公所辦理之。

⑤前項候選人姓名號次之抽籤，應由監察人員在場監察。候選人未克親自到場參加抽籤者，得委託他人持候選人本人之委託書代為抽籤，候選人未親自參加或未委託他人代抽，或雖到場經唱名三次後仍不抽籤者，由辦理機關代為抽定。

⑥全國不分區及僑居國外國民立法委員選舉候選人名單公告之政黨號次，由中央選舉委員會於候選人名單公告三日前公開抽籤決定其號次。

⑦前項政黨號次之抽籤，由政黨指定之人員一人親自到場抽籤，政黨未指定或指定之人未親自到場參加抽籤或雖到場經唱名三次後仍不抽籤者，由中央選舉委員會代為抽定。

第四節　選舉區

第三五條　（立法委員選舉區）99

①立法委員選舉，其選舉區依下列規定：

一　直轄市、縣（市）選出者，應選名額一人之縣（市），以其行政區域為選舉區；應選名額二人以上之直轄市、縣（市），按應選名額在其行政區域內劃分同額之選舉區。

二　全國不分區及僑居國外國民選出者，以全國為選舉區。

三　平地原住民及山地原住民選出者，以平地原住民、山地原住民為選舉區。

②前項第一款直轄市、縣（市）選舉區應選出名額之計算所依據之人口數，應扣除原住民人口數。

③第一項第一款直轄市、縣（市）選出之立法委員，其名額分配及選舉區以第七屆立法委員為準，除本法或其他法律另有規定外，自該屆立法委員選舉區變更公告之日起，每十年重新檢討一次，如有變更之必要，應依第三十七條第三項至第五項規定辦理。

第三六條　112

①地方公職人員選舉，其選舉區依下列規定：

一　直轄市議員、縣（市）議員、鄉（鎮、市）民代表、原住民區民代表選舉，以其行政區域為選舉區，並得在其行政區域內劃分選舉區；其由原住民選出者，以其行政區域內之原住民為選舉區，並得按平地原住民、山地原住民或在其行政區域內劃分選舉區。

二　直轄市長、縣（市）長、鄉（鎮、市）長、原住民區長、村（里）長選舉，各依其行政區域為選舉區。

②前項第一款直轄市議員、縣（市）議員、鄉（鎮、市）民代表按行政區域劃分之選舉區，其應選名額之計算所依據之人口數，有原住民應選名額時，應扣除原住民人口數。

第三七條　（選舉區之劃分）103

①第三十五條之立法委員選舉區及前條第一項第一款之直轄市議員、縣（市）議員選舉區，由中央選舉委員會劃分；前條第一項第一款之原住民區民代表、鄉（鎮、市）民代表選舉區，由直轄市、縣選舉委員會劃分之；並應於發布選舉公告時公告。但選舉區有變更時，應於公職人員任期或規定之日期屆滿一年前發布之。

②前項選舉區，應斟酌行政區域、人口分布、地理環境、交通狀況、歷史淵源及應選出名額劃分之。

③第一項立法委員選舉區之變更，中央選舉委員會應於本屆立法委員任期屆滿前二年二個月月底戶籍統計之人口數為準，於一年八個月前，將選舉區變更案送經立法院同意後發布。

④立法院對於前項選舉區變更案，應以直轄市、縣（市）為單位行使同意或否決。如經否決，中央選舉委員會應就否決之直轄市、縣（市），參照立法院各黨團意見，修正選舉區變更案，並於否決之日起三十日內，重行提出。

⑤立法院應於立法委員任期屆滿一年一個月前，對選舉區變更案完成同意，未能於期限內完成同意部分，由行政、立法兩院院長協商解決之。

第三七條之一　（行政區域改制，選舉區劃分之規定）103

①縣（市）改制或與其他直轄市、縣（市）合併改制為直轄市，改制後第一屆直轄市議員、直轄市長及里長之選舉，應依核定後改制計畫所定之行政區域為選舉區，於改制日十日前完成選舉投票。

②原住民區以改制前之區或鄉為其行政區域，其第一屆區民代表、區長之選舉以改制前區或鄉之行政區域為選舉區，於改制日十日前完成選舉投票。

③前二項之直轄市議員、原住民區民代表選舉區之劃分，應於改制日六個月前公告，不受前條第一項但書規定之限制。

第五節　選舉公告

第三八條　112

①選舉委員會應依下列規定期間，發布各種公告：

一　選舉公告，須載明選舉種類、名額、選舉區之劃分、投票日期及投票起、止時間，並應於公職人員任期或規定之日期屆滿四十日前發布之。但總統解散立法院辦理之立法委員選舉、重行選舉、重行投票或補選之公告日期，不在此限。

二　候選人登記，應於投票日二十日前公告，其登記期間不得少於五日。但重行選舉、補選及鄉（鎮、市）民代表、原住民區民代表、鄉（鎮、市）長、原住民區長、村（里）長之選舉，不得少於三日。

三　選舉人名冊，應於投票日十五日前公告，其公告期間，不得少於三日。

四　候選人名單，應於競選活動開始前一日公告。

五　選舉人人數，應於投票日三日前公告。

六　當選人名單，應於投票日後七日內公告。

②前項第一款之名額，其依人口數計算者，以選舉投票之月前第六個月月底戶籍統計之人口數為準。
③第一項第二款候選人登記期間截止後，如有選舉區無人登記時，得就無人登記之選舉區，公告辦理第二次候選人登記，其登記期間，不得少於二日。
④第一項各款之公告，有全國一致之必要者，上級選舉委員會得逕行公告。

第三九條 （選舉投票完成日）
①公職人員選舉，應於各該公職人員任期或規定之日期屆滿十日前完成選舉投票。但重行選舉、重行投票或補選之投票完成日期，不在此限。
②總統解散立法院後辦理之立法委員選舉，應於總統宣告解散立法院之日起，六十日內完成選舉投票。

第六節　選舉及罷免活動 105

第四〇條 （競選及罷免活動期間）105
①公職人員選舉競選及罷免活動期間依下列規定：
一　直轄市長為十五日。
二　立法委員、直轄市議員、縣（市）議員、縣（市）長、鄉（鎮、市）長、原住民區長為十日。
三　鄉（鎮、市）民代表、原住民區民代表、村（里）長為五日。
②前項期間，以投票日前一日向前推算；其每日競選及罷免活動時間，自上午七時起至下午十時止。

第四一條 112
①各種公職人員競選經費最高金額，除全國不分區及僑居國外國民立法委員選舉外，應由選舉委員會於發布選舉公告之日同時公告。
②前項競選經費最高金額，依下列規定計算：
一　立法委員、直轄市議員、縣（市）議員、鄉（鎮、市）民代表、原住民區民代表選舉為以各該選舉區之應選名額除選舉區人口總數百分之七十，乘以基本金額新臺幣三十元所得數額，加上一固定金額之和。
二　直轄市長、縣（市）長、鄉（鎮、市）長、原住民區長、村（里）長選舉為以各該選舉區人口總數百分之七十，乘以基本金額新臺幣二十元所得數額，加上一固定金額之和。
③前項所定固定金額，分別定為立法委員、直轄市議員新臺幣一千萬元、縣（市）議員新臺幣六百萬元、鄉（鎮、市）民代表、原住民區民代表新臺幣二百萬元、直轄市長新臺幣五千萬元、縣（市）長新臺幣三千萬元、鄉（鎮、市）長、原住民區長新臺幣六百萬元、村（里）長新臺幣二十萬元。
④競選經費最高金額計算有未滿新臺幣一千元之尾數時，其尾數以新臺幣一千元計算之。
⑤第二項所稱選舉區人口總數，指投票之月前第六個月之末日該選舉區戶籍統計之人口總數。
⑥第二項第一款所定公職人員選舉各該選舉區之應選名額，於補選時，指各該選舉區之原應選名額。

第四二條 112
①候選人競選經費之支出，於前條規定候選人競選經費最高金額內，減除政治獻金及依第四十三條規定之政府補貼競選經費之餘額，得於申報綜合所得稅時作為投票日年度列舉扣除額。
②各種公職人員罷免案，提議人之領銜人及被罷免人所為支出，於前條規定候選人競選經費最高金額內，減除政治獻金之餘額，得於申報綜合所得稅時作為罷免案宣告不成立之日或投票日年度列舉扣除額。

③前二項所稱之支出，指自選舉公告發布之日起至投票日後三十日內，或罷免案自領取連署人名冊格式之日起至宣告不成立之日止；已宣告成立者則延長至投票日後三十日內，以競選或罷免活動爲目的，所支出之費用。

第四三條 112

①候選人除全國不分區及僑居國外國民立法委員選舉外，當選人在一人，得票數達各該選舉區當選票數三分之一以上者，當選人在二人以上，得票數達各該選舉區當選票數二分之一以上者，應補貼其競選費用，每票補貼新臺幣三十元。但其最高額，不得超過各該選舉區候選人競選經費最高金額。

②前項當選票數，當選人在二人以上者，以最低當選票數爲準；其最低當選票數之當選人，以婦女保障名額當選，應以前一名當選人之得票數爲最低當選票數。

③第一項對候選人競選費用之補貼，應於當選人名單公告日後三十日內，由選舉委員會核算補貼金額，並通知候選人於三個月內掣據，向選舉委員會領取。

④前項競選費用之補貼，依第一百三十條第二項規定應逕予扣除者，應先予以扣除，有餘額時，發給其餘額。

⑤領取競選費用補貼之候選人犯第九十七條、第九十九條第一項、第一百零一條第一項、第一百零二條第一項第一款之罪經有罪判決確定者或因第一百二十條第一項第三款之情事經法院判決當選無效確定者，選舉委員會應於收到法院確定判決書後，以書面通知其於三十日內繳回已領取及依前項先予扣除之補貼金額，屆期不繳回者，依法移送強制執行。

⑥候選人未於規定期限內領取競選費用補貼者，選舉委員會應催告其於三個月內具領；屆期未領者，視爲放棄領取。

⑦第一項所需補貼費用，依第十三條規定編列預算。

第四四條 （競選辦事處之設置）

①候選人於競選活動期間，得在其選舉區內設立競選辦事處；其設立競選辦事處二所以上者，除主辦事處以候選人爲負責人外，其餘各辦事處，應由候選人指定專人負責，並應將各辦事處地址、負責人姓名，向受理登記之選舉委員會登記。

②候選人競選辦事處不得設於機關（構）、學校、依法設立之人民團體或經常定爲投票所、開票所之處所及其他公共場所。但政黨之各級黨部辦公處，不在此限。

第四五條 112

各級選舉委員會之委員、監察人員、職員、鄉（鎮、市、區）公所辦理選舉事務人員，於選舉公告發布或收到罷免案提議後，不得有下列行爲：

一　公開演講或署名推薦爲候選人宣傳或支持、反對罷免案。

二　爲候選人或支持、反對罷免案站台或亮相造勢。

三　召開記者會或接受媒體採訪時爲候選人或支持、反對罷免案宣傳。

四　印發、張貼宣傳品爲候選人或支持、反對罷免案宣傳。

五　懸掛或豎立標語、看板、旗幟、布條等廣告物爲候選人或支持、反對罷免案宣傳。

六　利用廣播電視、網際網路或其他媒體爲候選人或支持、反對罷免案宣傳。

七　參與競選或支持、反對罷免案遊行、拜票、募款活動。

第四六條 112

①公職人員選舉，除全國不分區及僑居國外國民立法委員選舉依第四十八條規定辦理外，選舉委員會應於競選活動期間內舉辦公辦政見發表會，候選人應親自到場發表政見。但經選舉區內候選人全體同意不辦理者，應予免辦；鄉（鎮、市）民代表、原住民區民代表及村（里）長選舉，得視實際情形辦理或免辦。

②前項公辦政見發表會，得透過電視或其他大眾傳播媒體辦理。

③前二項公辦政見發表會中候選人發表政見時間，每場每人以不少於十五分鐘爲原則；其舉辦之場數、時間、程序及其他相關事項之辦法，由中央選舉委員會定之。

第四七條 112

①選舉委員會應彙集下列資料及選舉投票等有關規定，編印選舉公報，並得錄製有聲選舉公報：

一　區域、原住民立法委員及地方公職人員選舉，各候選人之號次、相片、姓名、出生年月日、性別、出生地、推薦之政黨、學歷、經歷及政見。

二　全國不分區及僑居國外國民立法委員選舉，各政黨之號次、名稱、政見及其登記候選人之姓名、出生年月日、性別、出生地、學歷及經歷。有政黨標章者，其標章。

②前項第一款、第二款學歷，其爲大學以上者，以經中央教育行政機關立案或認可之學校取得學位者爲限。候選人並應於登記時檢附證明文件；未檢附證明文件者，不予刊登該學歷。

③第一項第一款學歷、經歷合計以一百五十字爲限，同項第二款學歷、經歷合計以七十五字爲限。

④第一項政見內容，得以文字、圖案爲之，並應使所有候選人公平使用選舉公報版面；其編製、格式、印發及其他相關事項之辦法，由中央選舉委員會定之。

⑤第一項候選人及政黨之資料，應於申請登記時，一併繳送選舉委員會。

⑥第一項之政見內容，有違反第五十五條規定者，選舉委員會應通知限期自行修改；屆期不修改或修改後仍有未符規定者，對未符規定部分，不予刊登選舉公報。

⑦候選人個人及政黨資料，由候選人及政黨自行負責。其爲選舉委員會職務上所已知或經查明不實者，不予刊登選舉公報。推薦之政黨欄，經政黨推薦之候選人，應刊登其推薦政黨名稱；非經政黨推薦之候選人，刊登無。

⑧第一項第二款之政黨標章，以經中央主管機關備案者爲限；未經備案者不予刊登。

⑨選舉公報應於投票日二日前送達選舉區內各戶，並應於選舉委員會網站公開，且以其他適當方式公開。

第四八條 112

①全國不分區及僑居國外國民立法委員選舉，中央選舉委員會應以公費，在全國性無線電視頻道，供登記之政黨從事競選宣傳或發表政見，每次時間不得少於一小時，受指定之電視台不得拒絕；其舉辦之次數、時間、程序及其他相關事項之辦法，由中央選舉委員會定之。

②經登記之政黨三分之一以上同意，個人或團體得舉辦全國性無線電視辯論會，電視台應予受理，並得向中央選舉委員會申請經費補助；其申請程序、補助辦理場次、基準及其他相關事項之辦法，由中央選舉委員會定之。

第四八條之一 112

選舉委員會得視實際需要，選定公職人員選舉種類，透過電視或其他大衆傳播媒體，辦理選舉及政黨選舉活動；其舉辦之次數、時間、程序及其他相關事項之辦法，由中央選舉委員會定之。

第四九條 （廣播電視之競選宣傳）105

①廣播電視事業得有償提供時段，供推薦或登記候選人之政黨、候選人從事競選宣傳；供提議人之領銜人或被罷免人從事支持或反對罷免案之宣傳，並應爲公正、公平之對待。

②公共廣播電視台及非營利之廣播電台、無線電視或有線電視台不得播送競選及支持或反對罷免案之宣傳廣告。

③廣播電視事業從事選舉或罷免相關議題之論政、新聞報導或邀請候選人、提議人之領銜人或被罷免人參加節目，應爲公正、公平之處理，不得爲無正當理由之差別待遇。

④廣播電視事業有違反前三項規定之情事者，任何人得於播出後一個月內，檢具錄影帶、錄音帶等具體事證，向選舉委員會舉發。

第五〇條 （中央和地方政府禁止從事競選或罷免宣傳活動）105

中央及地方政府各級機關於公職人員選舉競選或罷免活動期間，不得從事任何與競選或罷免宣傳有關之活動。

第五一條 112

①報紙、雜誌、廣播電視、網際網路或其他媒體所刊登或播送之競選或罷免廣告，應於該廣告中載明或敘明刊播者、出資者及其他相關資訊。

②前項競選或罷免廣告應載明或敘明之事項、內容、格式及其他應遵行事項之辦法，由中央選舉委員會定之。

第五一條之一 112

①報紙、雜誌、廣播電視事業、利用網際網路提供服務者或其他媒體業者，刊播前條之競選或罷免廣告，應進行查證，不得接受下列各款之個人、法人、團體或機構直接或間接委託刊播：

一　外國人民、法人、團體或其他機構，或主要成員爲外國人民、法人、團體或其他機構之法人、團體或其他機構。

二　大陸地區人民、法人、團體或其他機構，或主要成員爲大陸地區人民、法人、團體或其他機構之法人、團體或其他機構。

三　香港、澳門居民、法人、團體或其他機構，或主要成員爲香港、澳門居民、法人、團體或其他機構之法人、團體或其他機構。

②受他人委託向報紙、雜誌、廣播電視事業、利用網際網路提供服務者或其他媒體業者刊播競選或罷免廣告，應查證委託者是否屬前項各款情形，並應提出委託者出具非屬前項各款情形之切結書供媒體業者留存。

第五一條之二 112

①報紙、雜誌、廣播電視事業、利用網際網路提供服務者或其他媒體業者應留存受委託刊播競選或罷免廣告之廣告檔案、所設定放送之觀衆及條件、前條第二項之切結書等完整紀錄；該紀錄自刊播競選或罷免廣告時起，應留存四年。

②前項應留存紀錄應包括之事項、內容及其他應遵行事項之辦法，由中央選舉委員會定之。

第五一條之三 112

①選舉公告發布或罷免案宣告成立之日起至投票日前一日止，擬參選人、候選人、被罷免人或罷免案提議人之領銜人知有於廣播電視、網際網路刊播其本人之深度僞造聲音、影像，得塡具申請書表並繳納費用，向警察機關申請鑑識。

②前項所稱深度僞造，指以電腦合成或其他科技方法製作本人不實之言行，並足使他人誤信爲眞之技術表現形式。

③擬參選人、候選人、被罷免人或罷免案提議人之領銜人對於經第一項警察機關鑑識之聲音、影像具深度僞造之情事者，應檢具鑑識資料，以書面請求廣播電視事業、網際網路平臺提供者或網際網路應用服務提供者依第四項規定處理所刊播之聲音、影像，並副知主辦選舉委員會。

④廣播電視事業、網際網路平臺提供者或網際網路應用服務提供者應於接獲前項請求之日起二日內，依下列規定辦理：

一　廣播電視事業：停止刊播該聲音、影像。

二　網際網路平臺提供者、網際網路應用服務提供者：限制瀏覽、移除或下架該聲音、影像。

⑤廣播電視事業、網際網路平臺提供者或網際網路應用服務提供者應自接獲第三項請求之日起六個月內，留存所刊播聲音、影像之電磁紀錄或網頁資料，及委託刊播者資料、網路使用紀錄資料；發生訴訟時，應延長留存至裁判確定後三個月。

⑥第一項申請鑑識之資格、程序、書表與影音檔案格式、費用、警察機關出具之鑑識資料應載明內容及其他相關事項之辦法，由內政部定之。

第五二條 112

①政黨及任何人印發以文字、圖畫從事競選、罷免之宣傳品，應親自簽名；其爲非候選人、罷免案提議人之領銜人或被罷免人者，並應載明其住址或地址；其爲法人或團體者，並應載明法人或團體之名稱與其代表人姓名及地址。宣傳品之張貼，以候選人競

選辦事處、政黨辦公處、罷免辦事處及宣傳車輛為限。

②前項宣傳品於競選或罷免活動期間前印製，準備於競選或罷免活動期間開始後散發者，視為競選或罷免活動期間所印製。

③政黨及任何人懸掛或豎立標語、看板、旗幟、布條等競選或罷免廣告物應具名，並不得於道路、橋梁、公園、機關（構）、學校或其他公共設施及其用地懸掛或豎立之。但經直轄市、縣（市）政府公告供候選人、罷免案提議人之領銜人、被罷免人、推薦候選人或被罷免人所屬之政黨使用之地點，不在此限。

④前項直轄市、縣（市）政府公告之地點，應公平合理提供使用；其使用管理規則，由直轄市、縣（市）政府定之。

⑤廣告物之懸掛或豎立，不得妨礙公共安全或交通秩序，並應於投票日後七日內自行清除；違反者，依有關法令規定處理。

⑥違反第一項或第三項規定所張貼之宣傳品、懸掛、豎立之廣告物，應由選舉委員會通知直轄市、縣（市）政府相關主管機關（單位）依規定處理。

第五三條 112

①政黨及任何人自選舉公告發布或罷免案成立宣告之日起至投票日十日前所為有關候選人、被罷免人或選舉、罷免民意調查資料之發布，應載明負責調查單位、主持人、辦理時間、抽樣方式、母體數、樣本數、誤差值及經費來源。

②未載明前項應載事項及其他各式具民意調查外觀之選舉罷免資料，於前項期間，均不得發布、報導、散布、評論或引述。但參選之政黨、候選人、提議人之領銜人或被罷免人自行推估者，不在此限。

③政黨及任何人自投票日前十日起至投票時間截止前，不得以任何方式，發布、報導、散布、評論或引述前二項資料。

第五四條 （製造噪音之處理）105

政黨及任何人從事競選或罷免活動使用擴音器，不得製造噪音。違反者，由環境保護主管機關或警察機關依有關法律規定處理。

第五五條 （競選及罷免言論之禁止）105

候選人或為其助選之人之競選言論；提議人之領銜人、被罷免人及為罷免案助勢之人、罷免案辦事處負責人及辦事人員之罷免言論，不得有下列情事：

一 煽惑他人犯內亂罪或外患罪。

二 煽惑他人以暴動破壞社會秩序。

三 觸犯其他刑事法律規定之罪。

第五六條 112

政黨及任何人，不得有下列情事：

一 於競選或罷免活動期間之每日上午七時前或下午十時後，從事公開競選、助選或罷免活動。但不妨礙居民生活或社會安寧之活動，不在此限。

二 於投票日從事競選、助選或罷免活動。

三 妨害其他政黨或候選人競選活動；妨害其他政黨或其他人從事罷免活動。

四 邀請外國人民、大陸地區人民或香港、澳門居民為第四十五條各款之行為。但受邀者為候選人、被罷免人之配偶，其為第四十五條第二款之站台、亮相造勢及第七款之遊行、拜票而未助講者，不在此限。

第七節 投票及開票

第五七條 112

①公職人員選舉，應視選舉區廣狹及選舉人分布情形，就機關（構）、學校、公共場所或其他適當處所，分設投票所。

②前項之投票所應選擇具備無障礙設施之場地，若無符合規定之無障礙場地，應使用相關輔具或器材協助行動不便者完成投票。選舉委員會應視場所之無障礙程度，適度增

加投票所之工作人力，主動協助行動不便者。

③原住民公職人員選舉，選舉委員會得斟酌實際情形，單獨設置投票所或於區域選舉投票所內辦理投票。

④投票所除選舉人及其照顧之六歲以下兒童、第十八條第三項規定之家屬或陪同之人外，未佩帶各級選舉委員會製發證件之人員不得進入。但檢察官依法執行職務者，不在此限。

⑤投票所於投票完畢後，即改為開票所，當衆唱名開票。開票完畢，開票所主任管理員與主任監察員即依投開票報告表宣布開票結果，除於開票所門口張貼外，並應將同一內容之投開票報告表副本，當場簽名交付推薦候選人之政黨，及非經政黨推薦之候選人所指派之人員；其領取，以一份為限。

⑥投開票完畢後，投開票所主任管理員應會同主任監察員，將選舉票按用餘票、有效票、無效票及選舉人名冊分別包封，並於封口處簽名或蓋章，一併送交鄉（鎮、市、區）公所轉送直轄市、縣（市）選舉委員會保管。

⑦前項選舉票除檢察官或法院依法行使職權外，不得開拆。

⑧第六項選舉票及選舉人名冊，自開票完畢後，其保管期間如下：

一　用餘票為一個月。

二　有效票及無效票為六個月。

三　選舉人名冊為六個月。

⑨前項保管期間，發生訴訟時，其與訴訟有關部分，應延長保管至裁判確定後三個月。

第五八條　112

①投票所、開票所置主任管理員一人，管理員若干人，由選舉委員會派充，辦理投票、開票工作。

②前項主任管理員須為現任公教人員，管理員須三分之一以上為現任公教人員，選舉委員會得洽請各級政府機關及公立學校推薦後遴派之，受洽請之政府機關、公立學校及受遴派之政府機關職員、學校教職員，均不得拒絕。

③投票所、開票所置警衛人員，由直轄市、縣（市）選舉委員會洽請當地警察機關調派之。

第五九條　112

①投票所、開票所置主任監察員一人，監察員若干人，監察投票、開票工作。除候選人僅一人時，置監察員一人外，每一投票所、開票所至少應置監察員二人。

②主任監察員須為現任或曾任公教人員，由選舉委員會洽請各級政府機關及公立學校推薦後遴派之；受洽請之政府機關、公立學校及受遴派之政府機關職員、學校教職員，均不得拒絕。

③監察員依下列方式推薦後，由選舉委員會審核派充之：

一　公職人員選舉，由候選人就所需人數平均推薦。但經政黨推薦之候選人，由其所屬政黨推薦。

二　公職人員選舉與總統、副總統選舉同日舉行投票時，依總統副總統選舉罷免法第五十五條第二項規定推薦。

三　立法委員、直轄市長、縣（市）長選舉與其他地方公職人員選舉同日舉行投票時，由立法委員、直轄市長、縣（市）長選舉之候選人依第一款規定推薦。

四　公職人員罷免由提議人之領銜人及被罷免人就所需人數平均推薦。

④候選人、政黨、提議人之領銜人或被罷免人得就其所推薦之監察員，指定投票所、開票所，執行投票、開票監察工作。如指定之監察員超過該投票所、開票所規定名額時，以抽籤定之。但投、開票所監察員不得全屬同一政黨推薦。

⑤除候選人僅一人外，各投票所推薦不足二名之監察員時，由選舉委員會就下列人員遴派之：

一　地方公正人士。

二　各機關（構）、團體、學校人員。

三　大專校院成年學生。

⑥監察員資格、推薦程序及服務之規則，由中央選舉委員會定之。

第五九條之一　112

投票所、開票所工作人員應支給工作費，並參照物價水準調整；其數額基準，由中央選舉委員會擬訂，報請行政院核定。

第六〇條　（工作人員應參加講習）

投票所、開票所之工作人員，應參加選舉委員會舉辦之講習。

第六一條　（慰問金之請領）108

①各級選舉委員會之委員、監察人員、職員、鄉（鎮、市、區）公所辦理選舉事務人員及投票所、開票所工作人員因執行職務致死亡、失能或傷害者，依其本職身分有關規定請領慰問金。

②前項人員不能依其本職身分請領慰問金者，由選舉委員會發給慰問金；其發給之對象、數額基準、程序及其他相關事項之辦法，由中央選舉委員會定之。

第六二條　112

①選舉票由選舉委員會按選舉區，依下列各款規定印製、分發及應用：

一　區域、原住民立法委員及地方公職人員選舉，選舉票應刊印各候選人之號次、姓名及相片；經政黨推薦之候選人，應同時刊印推薦該候選人之政黨名稱；非經政黨推薦之候選人，刊印無。

二　全國不分區及僑居國外國民立法委員選舉，選舉票應刊印政黨之號次、標章及名稱。

②前項第二款之政黨標章，以經中央主管機關備案者為限；未經備案者不予刊登。

③第一項選舉票，由直轄市、縣（市）選舉委員會依中央選舉委員會規定之式樣及顏色印製，並由監察小組委員到場監印，於投票日前一日交各該投票所主任管理員會同主任監察員當眾點清。

第六三條　（投票方式）

①選舉之投票，由選舉人於選舉票圈選欄上，以選舉委員會製備之圈選工具圈選一人。但全國不分區及僑居國外國民立法委員選舉，圈選一政黨。

②選舉人圈選後，不得將圈選內容出示他人。

③第一項圈選工具，由直轄市、縣（市）選舉委員會依中央選舉委員會規定之式樣製備。

第六四條　（選舉無效票之認定）

①選舉票有下列情事之一者，無效：

一　圈選二政黨或二人以上。

二　不用選舉委員會製發之選舉票。

三　所圈位置不能辨別為何政黨或何人。

四　圈後加以塗改。

五　簽名、蓋章、按指印、加入任何文字或符號。

六　將選舉票撕破致不完整。

七　將選舉票污染致不能辨別所圈選為何政黨或何人。

八　不加圈完全空白。

九　不用選舉委員會製備之圈選工具。

②前項無效票，應由開票所主任管理員會同主任監察員認定；認定有爭議時，由全體監察員表決之。表決結果正反意見同數者，該選舉票應為有效。

第六五條　109

①在投票所或開票所有下列情事之一者，主任管理員應會同主任監察員令其退出：

一　在場喧嚷或干擾勸誘他人投票或不投票，不服制止。

二　攜帶武器或危險物品入場。

三　投票進行期間，穿戴或標示政黨、政治團體、候選人之旗幟、徽章、物品或服飾，不服制止。

四　干擾開票或妨礙他人參觀開票，不服制止。

五　有其他不正當行爲，不服制止。

②選舉人有前項情事之一者，令其退出時，應將所持選舉票收回，並將事實附記於選舉人名冊內該選舉人姓名下；其情節重大者，並應專案函報各該選舉委員會。

③除執行公務外，任何人不得攜帶行動電話或具攝影功能之器材進入投票所。但已關閉電源之行動裝置，不在此限。

④任何人不得於投票所以攝影器材刺探選舉人圈選選舉票內容。

第六六條 112

①選舉投票日前或投開票當日，發生或可預見將發生天災或其他不可抗力情事，致個別投開票所，不能投票或開票時，依下列規定辦理：

一　縣（市）級以上選舉，由直轄市、縣（市）選舉委員會報中央選舉委員會核准，改定投開票日期；或由直轄市、縣（市）選舉委員會逕行改定投開票場所，並報中央選舉委員會備查。

二　前款以外之選舉，由直轄市、縣（市）選舉委員會改定投開票日期或場所，並報中央選舉委員會備查。

②前項不能投票或開票之投開票所，已達或可預見其將達各該選舉區三分之一以上投開票所不能投票或開票時，主管選舉委員會應逕行改定該選舉區投開票日期。

③改定之投開票日期，應於改定之投票日三日前公告。

④選舉投票日前或投開票當日發生天災或其他不可抗力情事處理辦法，由中央選舉委員會定之。

⑤選舉委員會於候選人競選活動期間公告改定投票日期時，該選舉之競選活動期間順延至新定之投票日前一日。但改定投票日期公告日距新定之投票日前一日之期間，長於原定之競選活動期間者，依新定之投票日前一日，重新計算競選活動期間。

第八節　選舉結果

第六七條 112

①公職人員選舉，除另有規定外，按各選舉區應選出之名額，以候選人得票比較多數者爲當選；票數相同時，以抽籤決定之。

②全國不分區及僑居國外國民立法委員選舉當選名額之分配，依下列規定：

一　以各政黨得票數相加之和，除各該政黨得票數，求得各該政黨得票比率。

二　以應選名額乘前款得票比率所得積數之整數，即爲各政黨分配之當選名額；按政黨名單順位依序當選。

三　依前款規定分配當選名額後，如有剩餘名額，應按各政黨分配當選名額後之剩餘數大小，依序分配剩餘名額。剩餘數相同時，以抽籤決定之。

四　政黨登記之候選人名單人數少於應分配之當選名額時，視同缺額。

五　各該政黨之得票比率未達百分之五以上者，不予分配當選名額；其得票數不列入第一款計算。

六　第一款至第三款及前款小數點均算至小數點第四位，第五位以下四捨五入。

③前項各政黨當選之名額，婦女不得低於二分之一。

④各政黨分配之婦女當選名額，按各政黨登記之候選人名單順位依序分配當選名額；婦女當選人少於應行當選名額時，由名單順位在後之婦女候選人優先分配當選。婦女候選人少於應分配之婦女當選名額時，視同缺額。

第六八條 112

地方公職人員選舉，其婦女當選人少於應行當選名額時，應將婦女候選人所得選舉票單獨計算，以得票比較多數者爲當選；其計算方式，依下列規定：

一　直轄市議員、縣（市）議員、鄉（鎮、市）民代表、原住民區民代表選舉，在各該直轄市、縣（市）、鄉（鎮、市、區）劃分選舉區時，各該選舉區開票結果，婦女當選人不足各該選舉區規定名額時，應將該選舉區未當選婦女候選人所得票數，單獨計算，以得票較多之婦女候選人，依序當選；無婦女候選人者，視同缺額。

二　平地原住民、山地原住民直轄市議員、平地原住民、山地原住民縣（市）議員、平地原住民鄉（鎮、市）民代表選舉，婦女當選人不足規定名額時，應將各直轄市、縣（市）、鄉（鎮、市）選舉區未當選婦女候選人所得票數單獨計算，相互比較，以得票數較多之婦女候選人於其選舉區之當選名額中依序當選；無婦女候選人者，視同缺額。

第六九條　（重新計票之申請）

①區域立法委員、直轄市長、縣（市）長選舉結果，得票數最高與次高之候選人得票數差距，或原住民立法委員選舉結果得票數第三高與第四高之候選人得票數差距，在有效票數千分之三以內時，次高票或得票數第四高之候選人得於投票日後七日內，向第一百二十六條規定之管轄法院聲請查封全部或一部分投票所之選舉人名冊及選舉票，就查封之投票所於二十日內完成重新計票，並將重新計票結果通知各主管選舉委員會。各主管選舉委員會應於七日內依管轄法院重新計票結果，重行審定選舉結果。審定結果，有不應當選而已公告當選之情形，應予撤銷；有應當選而未予公告之情形，應重行公告。

②前項重新計票之申請，於得票數最高或原住民立法委員選舉得票數第三高之候選人有二人以上票數相同時，得由經抽籤而未抽中之候選人為之。

③第一項聲請，應以書面載明重新計票之投票所，並繳納一定金額之保證金；其數額以投票所之投票數每票新臺幣三元計。

④重新計票由管轄法院於直轄市、縣（市）分別選定地點，就查封之投票所選舉人名冊及選舉票逐張認定。

⑤管轄法院辦理重新計票，應通知各候選人或其指定人員到場，並得指揮直轄市、縣（市）選舉委員會、鄉（鎮、市、區）公所及投票所工作人員協助。

⑥重新計票結果未改變當選或落選時，第三項保證金不予發還；重新計票結果改變當選或落選時，保證金應予發還。

⑦任何人提起選舉訴訟時，依第一項規定查封之投票所選舉人名冊及選舉票，不得聲請重新計票。

⑧第一項辦理重新計票所需費用，由第十三條規定編列預算之機關負擔。

第七〇條　（最低當選票數）103

①候選人數未超過或不足各該選舉區應選出之名額時，以所得票數達下列規定以上者，始為當選。但村（里）長選舉不在此限：

一　區域立法委員、直轄市長、縣（市）長、鄉（鎮、市）長、原住民區長選舉，為各該選舉區選舉人總數百分之二十。

二　原住民立法委員、直轄市議員、縣（市）議員、鄉（鎮、市）民代表、原住民區民代表選舉，為各該選舉區應選出之名額除該選舉區選舉人總數所得商數百分之十。

②前項選舉結果未能當選或當選不足應選出之名額時，區域立法委員、直轄市長、縣（市）長、鄉（鎮、市）長、原住民區長，應自投票之日起三個月內完成重行選舉投票；原住民立法委員、直轄市議員、縣（市）議員、鄉（鎮、市）民代表、原住民區民代表視同缺額。同一選舉區內缺額達二分之一時，應自事實發生之日起三個月內完成補選投票。

第七〇條之一　112

依第六十七條第一項、第六十八條或第七十條第一項規定當選之候選人，於當選人名單公告前死亡，選舉委員會應公告為當選人；其所遺缺額，依下列規定辦理：

一　區域立法委員、直轄市長、縣（市）長、鄉（鎮、市）長、原住民區長、村

（里）長，應自公告之日起三個月內完成重行選舉投票。

二　原住民立法委員、直轄市議員、縣（市）議員、鄉（鎮、市）民代表、原住民區民代表，視同缺額；同一選舉區內缺額達二分之一時，應自公告之日起三個月內完成補選投票。

第七一條　（當選人就職前死亡或判決當選無效之處理）103

①當選人於就職前死亡或於就職前經判決當選無效確定者，依下列規定辦理：

一　區域立法委員、直轄市長、縣（市）長、鄉（鎮、市）長、原住民區長、村（里）長，應自死亡之日或選舉委員會收到法院確定判決證明書之日起三個月內完成重行選舉投票。

二　原住民立法委員、直轄市議員、縣（市）議員、鄉（鎮、市）民代表、原住民區民代表，視同缺額；同一選舉區內缺額達二分之一時，應自死亡之日或選舉委員會收到法院確定判決證明書之日起三個月內完成補選投票。

三　全國不分區及僑居國外國民立法委員，除以書面聲明放棄遞補者外，由該政黨登記之候選人名單按順位依序遞補；該政黨登記之候選人名單無人遞補時，視同缺額。

②全國不分區及僑居國外國民立法委員選舉當選人，在就職前喪失其所屬政黨黨籍者，自喪失黨籍之日起，喪失其當選資格；其所遺缺額，除以書面聲明放棄遞補者外，由該政黨登記之候選人名單按順位依序遞補；如該政黨登記之候選人名單無人遞補時，視同缺額。

③全國不分區及僑居國外國民立法委員選舉婦女當選人，在就職前死亡、就職前經判決當選無效確定或喪失其所屬政黨黨籍而出缺，致該政黨婦女當選人不足婦女應當選名額時，其所遺缺額，除以書面聲明放棄遞補者外，由該政黨登記之候選人名單中之婦女候選人順位依序遞補；該政黨登記之候選人名單無婦女候選人遞補時，視同缺額。

④前二項政黨黨籍之喪失，應由所屬政黨檢附黨籍喪失證明書，向中央選舉委員會備案。

⑤第一項第三款、第二項及第三項所定立法委員之遞補，應自死亡之日、選舉委員會收到法院確定判決證明書或黨籍喪失證明書送達選舉委員會之日起十五日內，由中央選舉委員會公告遞補當選人名單。

第七二條　（就職日）

①當選人應於規定之日就職，重行選舉或重行投票之當選人未能於規定之日就職者，其任期仍應自該規定之日起算。

②前項當選人因徵集入營服役，尚未就職者，不得就職；已就職者，視同辭職。

第七三條　（出缺補選之處理）

①立法委員於就職後因死亡、辭職、經判決當選無效確定或其他事由出缺時，依下列規定辦理：

一　區域選出者，應自死亡之日、辭職之日或選舉委員會收到法院確定判決證明書之日或其他出缺事由發生之日起三個月內完成補選投票。但其所遺任期不足一年時，不予補選。

二　原住民選出者，同一選舉區內缺額達二分之一時，應自死亡之日、辭職之日或選舉委員會收到法院確定判決證明書之日或其他出缺事由發生之日起三個月內完成補選投票。但其所遺任期不足一年時，不予補選。

三　全國不分區及僑居國外國民選出者，其所遺缺額，除以書面聲明放棄遞補者外，由該政黨登記之候選人名單按順位依序遞補；如該政黨登記之候選人名單無人遞補時，視同缺額。

②全國不分區及僑居國外國民立法委員，在就職後喪失其所屬政黨黨籍者，自喪失黨籍之日起，喪失其資格，由中央選舉委員會函請立法院予以註銷，其所遺缺額，除以書面聲明放棄遞補者外，由該政黨登記之候選人名單按順位依序遞補；如該政黨登記之候選人名單無人遞補時，視同缺額。

③全國不分區及僑居國外國民立法委員選舉婦女當選人，於就職後因死亡、辭職、經判決當選無效確定、喪失其所屬政黨黨籍或其他事由出缺，致該政黨婦女當選人不足婦女應當選名額時，其所遺缺額，除以書面聲明放棄遞補者外，由該政黨登記之候選人名單中之婦女候選人順位依序遞補；如該政黨登記之候選人名單無婦女候選人遞補時，視同缺額。

④前二項政黨黨籍之喪失，應由所屬政黨檢附黨籍喪失證明書，向中央選舉委員會備案。

⑤第一項第三款、第二項及第三項所定立法委員之遞補，應自立法院註銷名籍公函送達之日起十五日內，由中央選舉委員會公告遞補名單。

第七三條之一 112

全國不分區及僑居國外國民立法委員選舉當選人於就職前或就職後，原登記之政黨解散或廢止備案，除因合併而解散外，自司法院憲法法庭判決生效之日或主管機關公告之日起，喪失其資格，由中央選舉委員會函請立法院予以註銷；其所遺缺額，視同缺額。

第七四條 112

①當選人經判決當選無效確定，依法院確定判決認定之事實，候選人得票數有變動致影響當選或落選時，主管選舉委員會應依法院確定判決認定之事實，重行審定。審定結果，有不應當選而已公告當選之情形，應予撤銷；有應當選而未予公告之情形，應重行公告，不適用重行選舉或缺額補選之規定。

②地方民意代表當選人於登記參選該公職身分之選舉因第一百二十條第一項第三款之情事，經法院判決當選無效確定者或經提起當選無效之訴後辭職者，或因犯第一百二十條第一項第三款所列之罪，經有罪判決確定者，其缺額於法院判決確定日或辭職生效日由落選人依得票數之高低順序遞補，不適用重行選舉或缺額補選之規定。

③前項落選人之得票數應達選舉委員會原公告該選舉區得票數最低之當選人得票數二分之一，且於該次選舉得遞補當選時，未有犯第九十七條、第九十八條之一第一項及其未遂犯、第九十九條第一項、第二項、第一百零一條第一項、第二項、第一百零二條第一項第一款及其預備犯、刑法第一百四十四條或第一百四十六條之罪，經有罪判決確定之情事。

④遞補當選人名單公告後，經發現遞補人員在公告前或就職前有死亡、受褫奪公權宣告尚未復權、不符前項規定經選舉委員會撤銷公告，或公告後未就職者，所遺缺額不適用第二項缺額依序遞補之規定。但遞補人員有犯第一百二十條第一項第三款所列之罪，經法院判決有罪情事者，不在此限。

第四章（刪除）105

第九節　罷　免 105

第一款　罷免案之提出 105

第七五條　（罷免案之提出）

①公職人員之罷免，得由原選舉區選舉人向選舉委員會提出罷免案。但就職未滿一年者，不得罷免。

②全國不分區及僑居國外國民立法委員選舉之當選人，不適用罷免之規定。

第七六條 112

①罷免案以被罷免人原選舉區選舉人為提議人，由提議人之領銜人一人，填具罷免提議書一份，檢附罷免理由書正、副本各一份，提議人正本、影本名冊各一份，向選舉委員會提出。

②前項提議人人數應為原選舉區選舉人總數百分之一以上，其計算數值尾數如為小數者，該小數即以整數一計算。

③第一項提議人名冊，應依規定格式逐欄詳實塡寫，塡具提議人國民身分證統一編號及戶籍地址分村（里）裝訂成冊，並指定提議人一人為備補領銜人。罷免理由書以不超過五千字為限。
④罷免案，一案不得為二人以上之提議。但有二個以上罷免案時，得同時投票。
⑤罷免案表件不合第一項、第三項、前項規定或提議人名冊不足第二項規定之提議人數者，選舉委員會應不予受理。
⑥中央選舉委員會應建置電子系統，提供提議人之領銜人徵求連署；其適用罷免種類、連署方式、查對作業及其他相關事項之辦法，由中央選舉委員會定之。
⑦採電子連署者，其文件以電磁紀錄之方式提供。
⑧罷免案提議人之領銜人死亡或經提議人總數二分之一以上書面同意者，由備補領銜人遞補為領銜人，並以一次為限。

第七七條　（罷免案提議人之限制）
①現役軍人、服替代役之現役役男或公務人員，不得為罷免案提議人。
②前項所稱公務人員，為公務員服務法第二十四條規定之公務員。

第七八條　（罷免案之撤回）
罷免案於未徵求連署前，經提議人總數三分之二以上同意，得以書面向選舉委員會撤回之。

第二款　罷免案之成立 105

第七九條　（提議人名冊之查對）105
①選舉委員會收到罷免案提議後，應於二十五日內，查對提議人名冊，有下列情事之一者，應予刪除：
　一　提議人不合第七十六條第一項規定。
　二　提議人有第七十七條第一項之身分。
　三　提議人姓名、國民身分證統一編號或戶籍地址書寫錯誤或不明。
　四　提議人名冊未經提議人簽名或蓋章。
　五　提議人提議，有偽造情事。
②提議人名冊，經依前項規定刪除後，如不足規定人數，由選舉委員會將刪除之提議人及其個別事由列冊通知提議人之領銜人於十日內補提，屆期不補提或補提仍不足規定人數者，均不予受理。符合規定人數，即函告提議人之領銜人自收到通知之次日起十日內領取連署人名冊格式，並於一定期間內徵求連署，未依限領取連署人名冊格式者，視為放棄提議。
③前項補提，以一次為限。補提之提議人名冊，應依第一項規定處理。
④如刪除後，不足規定人數，應不予受理。選舉委員會應將刪除之提議人及其個別事由列冊通知提議人之領銜人。

第八〇條　（提議人之連署期間）105
①前條第二項所定徵求連署之期間如下：
　一　立法委員、直轄市議員、直轄市長、縣（市）長之罷免為六十日。
　二　縣（市）議員、鄉（鎮、市）長、原住民區長之罷免為四十日。
　三　鄉（鎮、市）民代表、原住民區民代表、村（里）長之罷免為二十日。
②前項期間之計算，自領得連署人名冊格式之次日起算。
③罷免案提議人之領銜人，應將連署人名冊正、影本各一份，於第一項規定期間內向選舉委員會一次提出，逾期不予受理。
④前項連署人名冊，應依規定格式逐欄詳實塡寫，並塡具連署人國民身分證統一編號及戶籍地址，分村（里）裝訂成冊，連署人名冊未依規定格式提出者，選舉委員會應不予受理。

第八一條　（罷免案之連署人）105
①罷免案之連署人，以被罷免人原選舉區選舉人為連署人，其人數應為原選舉區選舉人

總數百分之十以上。

②前項罷免案連署人人數，其計算數值尾數如為小數者，該小數即以整數一計算。

③同一罷免案之提議人不得為連署人。提議人及連署人之人數應分別計算。

第八二條 （選舉人總數及選舉人之認定）

第七十六條及前條所稱選舉人總數，以被罷免人當選時原選舉區之選舉人總數為準；所稱選舉人，其年齡及居住期間之計算，以罷免案提出日為準。

第八三條 （罷免案之宣告）105

①選舉委員會收到罷免案連署人名冊後，立法委員、直轄市議員、直轄市長、縣（市）長之罷免應於四十日內，縣（市）議員、鄉（鎮、市）長、原住民區長之罷免應於二十日內，鄉（鎮、市）民代表、原住民區民代表、村（里）長之罷免應於十五日內，查對連署人名冊，有下列各款情事之一者，應予刪除。但連署人名冊不足第八十一條第一項規定之連署人數者，選舉委員會應逕為不成立之宣告：

一　連署人不合第八十一條第一項規定。

二　連署人有第八十一條第三項規定情事。

三　連署人姓名、國民身分證統一編號或戶籍地址書寫錯誤或不明。

四　連署人名冊未經連署人簽名或蓋章。

五　連署人連署，有偽造情事。

②前項連署人名冊，經查對後，如不足規定人數，由選舉委員會通知提議人之領銜人於十日內補提，屆期不補提或補提仍不足第八十一條第一項規定人數，選舉委員會應為罷免案不成立之宣告，並應將刪除之連署人及其個別事由列冊通知提議人之領銜人；連署人數符合規定者，選舉委員會應為罷免案成立之宣告。

③前項補提，以一次為限。補提之連署人名冊，應依第一項規定處理。

④罷免案有下列情事之一者，原提議人對同一被罷免人，一年內不得再為罷免案之提案：

一　罷免案經宣告不成立。

二　未於第七十九條第二項規定期限內領取連署人名冊格式，視為放棄提議。

三　未於第八十條第一項規定期限內提出連署人名冊。

⑤罷免案提議人名冊及連署人名冊查對作業辦法，由中央選舉委員會定之。

第八四條 （罷免理由書副本之送達）

①罷免案宣告成立後，應將罷免理由書副本送交被罷免人，於十日內提出答辯書。

②前項答辯書內容，以不超過一萬字為限。

第八五條 （公告）

選舉委員會應於被罷免人提出答辯書期間屆滿後五日內，就下列事項公告之：

一　罷免投票日期及投票起、止時間。

二　罷免理由書。

三　答辯書。但被罷免人未於規定期間內提出答辯書者，不予公告。答辯書內容，超過前條第二項規定字數者，其超過部分，亦同。

第八六條 112

①罷免案提議人之領銜人、被罷免人，於罷免案提議後，得於罷免區內設立支持與反對罷免案之辦事處，置辦事人員。

②前項罷免辦事處不得設於機關（構）、學校、依法設立之團體、經常定為投票所、開票所之處所及其他公共場所。但政黨之各級黨部及依法設立之社會團體、職業團體辦公處，不在此限。

③罷免辦事處設立與辦事人員之登記、辦事人員名額與資格限制及其他相關事項之辦法，由中央選舉委員會定之。

④立法委員、直轄市議員、直轄市長及縣（市）長罷免活動期間，選舉委員會應舉辦公辦電視罷免說明會，提議人之領銜人及被罷免人，應親自到場發表。但經提議人之領銜人及被罷免人雙方同意不辦理者，應予免辦。

⑤前項公辦電視罷免說明會舉辦之場數、時間、程序等事項之辦法，由中央選舉委員會定之。

第八六條之一 （罷免案提議人、連署人名冊之保管期間）105

①罷免案宣告成立者，其提議人名冊、連署人名冊應保管至開票後三個月。宣告不成立者，應保管至宣告不成立之日後一年二個月。

②罷免案不予受理者，其提議人名冊或連署人名冊應保管至不予受理之日後一年二個月。

③罷免案視爲放棄提議或逾期未提出連署人名冊者，其提議人名冊應保管至視爲放棄提議或連署期間屆滿之日後一年二個月。

④前三項保管期間，如有罷免訴訟，應延長保管至裁判確定後三個月。

第三款　罷免之投票及開票 105

第八七條　（罷免案之投票）105

①罷免案之投票，應於罷免案宣告成立後二十日起至六十日內爲之，該期間內有其他各類選舉時，應同時舉行投票。但被罷免人同時爲候選人時，應於罷免案宣告成立後六十日內單獨舉行罷免投票。

②被罷免人於投票日前死亡、去職或辭職者，選舉委員會應即公告停止該項罷免。

第八八條　（罷免票之刊印、圈定）

①罷免票應在票上刊印同意罷免、不同意罷免二欄，由投票人以選舉委員會製備之圈選工具圈定。

②投票人圈定後，不得將圈定內容出示他人。

第八九條　（投票人及投、開票規定之準用）

罷免案之投票人、投票人名冊及投票、開票，準用本法有關選舉人、選舉人名冊及投票、開票之規定。

第九〇條　（罷免之最低投票人數）105

①罷免案投票結果，有效同意票數多於不同意票數，且同意票數達原選舉區選舉人總數四分之一以上，即爲通過。

②有效罷免票數中，不同意票數多於同意票數或同意票數不足前項規定數額者，均爲否決。

第九一條　（罷免投票結果之公告）

①罷免案經投票後，選舉委員會應於投票完畢七日內公告罷免投票結果。罷免案通過者，被罷免人應自公告之日起，解除職務。

②前項罷免案通過後，依規定應辦理補選者，應自罷免投票結果公告之日起三個月內完成補選投票。但經提起罷免訴訟者，在訴訟程序終結前，不予補選。

第九二條 112

①罷免案通過者，被罷免人自解除職務之日起，四年內不得於同一選舉區爲同一公職人員候選人；其於罷免案進行程序中辭職者，亦同。

②罷免案否決者，在該被罷免人之任期內，不得對其再爲罷免案之提議。

第五章　妨害選舉罷免之處罰

第九三條　（違反競選言論之處罰）

違反第五十五條第一款規定者，處七年以上有期徒刑；違反第二款規定者，處五年以上有期徒刑；違反第三款規定者，依各該有關處罰之法律處斷。

第九四條　（公然聚眾暴動之處罰）105

①利用競選、助選或罷免機會，公然聚眾，以暴動破壞社會秩序者，處七年以上有期徒刑；首謀者，處無期徒刑或十年以上有期徒刑。

②前項之未遂犯罰之。

第九五條　（公然聚眾對公務員施強暴脅迫之處罰）

①意圖妨害選舉或罷免，對於公務員依法執行職務時，施強暴脅迫者，處五年以下有期徒刑。
②犯前項之罪，因而致公務員於死者，處無期徒刑或七年以上有期徒刑；致重傷者，處三年以上十年以下有期徒刑。

第九六條　（公然聚眾對公務員施強暴脅迫之處罰）
①公然聚眾，犯前條之罪者，在場助勢之人，處三年以下有期徒刑、拘役或科新臺幣三十萬元以下罰金；首謀及下手實施強暴脅迫者，處三年以上十年以下有期徒刑。
②犯前項之罪，因而致公務員於死者，首謀及下手實施強暴脅迫者，處無期徒刑或七年以上有期徒刑；致重傷者，處五年以上十二年以下有期徒刑。

第九七條　（賄選之處罰）107
①對於候選人或具有候選人資格者，行求期約或交付賄賂或其他不正利益，而約其放棄競選或爲一定之競選活動者，處三年以上十年以下有期徒刑，併科新臺幣二百萬元以上二千萬元以下罰金。
②候選人或具有候選人資格者，要求期約或收受賄賂或其他不正利益，而許以放棄競選或爲一定之競選活動者，亦同。
③預備犯前二項之罪者，處一年以下有期徒刑。
④預備或用以行求期約或交付之賄賂，不問屬於犯罪行爲人與否，沒收之。

第九八條　（妨害他人選罷之處罰）
①以強暴、脅迫或其他非法之方法爲下列行爲之一者，處五年以下有期徒刑：
一　妨害他人競選或使他人放棄競選。
二　妨害他人爲罷免案之提議、連署或使他人爲罷免案之提議、連署。
②前項之未遂犯罰之。

第九八條之一　112
①意圖使特定候選人當選，以虛僞遷徙戶籍取得投票權而爲投票者，處五年以下有期徒刑。
②意圖影響罷免案之結果，以虛僞遷徙戶籍取得罷免案投票權而爲投票者，處五年以下有期徒刑。
③前二項之未遂犯罰之。

第九九條　（賄選之處罰）107
①對於有投票權之人，行求期約或交付賄賂或其他不正利益，而約其不行使投票權或爲一定之行使者，處三年以上十年以下有期徒刑，得併科新臺幣一百萬元以上一千萬元以下罰金。
②預備犯前項之罪者，處一年以下有期徒刑。
③預備或用以行求期約或交付之賄賂，不問屬於犯罪行爲人與否，沒收之。
④犯第一項或第二項之罪，於犯罪後六個月內自首者，減輕或免除其刑；因而查獲候選人爲正犯或共犯者，免除其刑。
⑤犯第一項或第二項之罪，在偵查中自白者，減輕其刑；因而查獲候選人爲正犯或共犯者，減輕或免除其刑。

第一〇〇條　（賄選之處罰）107
①直轄市、縣（市）議會議長、副議長、鄉（鎮、市）民代表會、原住民區民代表會主席及副主席之選舉，對於有投票權之人，行求期約或交付賄賂或其他不正利益，而約其不行使投票權或爲一定之行使者，處三年以上十年以下有期徒刑，得併科新臺幣二百萬元以上二千萬元以下罰金。
②前項之選舉，有投票權之人，要求期約或收受賄賂或其他不正利益，而許以不行使其投票權或爲一定之行使者，亦同。
③預備犯前二項之罪者，處一年以下有期徒刑。
④預備或用以行求期約或交付之賄賂，不問屬於犯罪行爲人與否，沒收之。
⑤犯第一項、第二項之罪，於犯罪後六個月內自首者，減輕或免除其刑；因而查獲候選

人爲正犯或共犯者，免除其刑。在偵查中自白者，減輕其刑；因而查獲候選人爲正犯或共犯者，減輕或免除其刑。

第一〇一條　（黨內提名）107

①政黨辦理第二條各種公職人員候選人黨內提名，自公告其提名作業之日起，於提名作業期間，對於黨內候選人有第九十七條第一項、第二項之行爲者，依第九十七條第一項、第二項規定處斷；對於有投票資格之人，有第九十九條第一項之行爲者，依第九十九條第一項規定處斷。

②預備犯前項之罪者，處一年以下有期徒刑。

③犯前二項之罪者，預備或用以行求期約、交付或收受之賄賂，不問屬於犯罪行爲人與否，沒收之。

④犯第一項或第二項之罪，於犯罪後六個月內自首者，減輕或免除其刑；因而查獲正犯或共犯者，免除其刑。

⑤犯第一項或第二項之罪，在偵查中自白者，減輕其刑；因而查獲正犯或共犯者，免除其刑。

⑥意圖漁利，包攬第一項之事務者，依第一百零三條規定處斷。

⑦前項之未遂犯罰之。

⑧第一百十五條規定，於政黨辦理公職人員黨內提名時，準用之。

⑨政黨依第一項規定辦理黨內提名作業，應公告其提名作業相關事宜，並載明起止時間、作業流程、黨內候選人及有投票資格之人之認定等事項；各政黨於提名作業公告後，應於五日內報請內政部備查。

第一〇二條　（對選舉團體及罷免案提議人連署人行賄之處罰）107

①有下列行爲之一者，處一年以上七年以下有期徒刑，併科新臺幣一百萬元以上一千萬元以下罰金：

一　對於該選舉區內之團體或機構，假借捐助名義，行求期約或交付財物或其他不正利益，使其團體或機構之構成員，不行使投票權或爲一定之行使。

二　以財物或其他不正利益，行求期約或交付罷免案有提議權人或有連署權人，使其不爲提議或連署，或爲一定之提議或連署。

②預備犯前項之罪者，處一年以下有期徒刑。

③預備或用以行求期約或交付之賄賂，不問屬於犯罪行爲人與否，沒收之。

第一〇三條　（賄選之處罰）

①意圖漁利，包攬第九十七條第一項、第二項、第九十九條第一項、第一百條第一項、第二項或第一百零二條第一項各款之事務者，處三年以上十年以下有期徒刑，得併科新臺幣一百萬元以上一千萬元以下罰金。

②前項之未遂犯罰之。

第一〇三條之一　112

①在公共場所或公衆得出入之場所以選舉、罷免結果爲標的之賭博財物者，處六月以下有期徒刑、拘役或科新臺幣十萬元以下罰金。

②以電信設備、電子通訊、網際網路或其他相類之方法以選舉、罷免結果爲標的之賭博財物者，亦同。

③前二項以供人暫時娛樂之物爲賭者，不在此限。

④意圖營利，以選舉、罷免結果爲標的，供給賭博場所或聚衆賭博財物者，處五年以下有期徒刑，得併科新臺幣五十萬元以下罰金。

第一〇四條　112

①意圖使候選人當選或不當選，或意圖使被罷免人罷免案通過或否決者，以文字、圖畫、錄音、錄影、演講或他法，散布謠言或傳播不實之事，足以生損害於公衆或他人者，處五年以下有期徒刑。

②以散布、播送或以他法供人觀覽候選人、被罷免人、罷免案提議人之領銜人本人之深度僞造聲音、影像、電磁紀錄之方法，犯前項之罪者，處七年以下有期徒刑。

③意圖營利，而犯前二項之罪者，依各該項之規定，加重其刑至二分之一，得併科新臺幣二百萬元以上一千萬元以下罰金。

第一〇四條之一 112

①中央及地方政府各級機關首長或其代理人、受其指示之人違反第五十條規定者，處三年以下有期徒刑。

②犯前項之罪，經判刑確定者，其所屬機關得就所支之費用，予以追償；二人以上共同犯前項之罪者，應連帶負責。

第一〇五條 （妨害投開票所秩序之處罰）

違反第六十三條第二項或第八十八條第二項規定或有第六十五條第一項各款情事之一，經令其退出而不退出者，處二年以下有期徒刑、拘役或科新臺幣二十萬元以下罰金。

第一〇六條 （攜帶手機及攝影器材進入投票所之處罰）107

①違反第六十五條第三項規定者，處新臺幣三萬元以上三十萬元以下罰鍰。

②違反第六十五條第四項規定者，處五年以下有期徒刑，併科新臺幣五十萬元以下罰金。

第一〇七條 （妨害選舉罷免進行之處罰）

選舉、罷免之進行，有下列情事之一者，在場助勢之人，處一年以下有期徒刑、拘役或科新臺幣十萬元以下罰金；首謀及下手實施者，處五年以下有期徒刑：

一 聚眾包圍候選人、被罷免人、罷免案提議人、連署人或其辦事人員之服務機關、辦事處或住、居所。

二 聚眾以強暴、脅迫或其他非法之方法，妨害候選人從事競選活動、被罷免人執行職務或罷免案提議人、連署人或其辦事人員對罷免案之進行。

第一〇八條 （選舉票或罷免票攜出場外之處罰）

①將領得之選舉票或罷免票攜出場外者，處一年以下有期徒刑、拘役或科新臺幣一萬五千元以下罰金。

②在投票所四周三十公尺內，喧嚷或干擾勸誘他人投票或不投票，經警衛人員制止後仍繼續為之者，處一年以下有期徒刑、拘役或科新臺幣一萬五千元以下罰金。

第一〇九條 （抑留毀壞奪取投票匭等之處罰）

意圖妨害或擾亂投票、開票而抑留、毀壞、隱匿、調換或奪取投票匭、選舉票、罷免票、選舉人名冊、投票報告表、開票報告表、開票統計或圈選工具者，處五年以下有期徒刑。

第一一〇條 112

①違反第四十四條、第四十五條、第五十二條第一項、第三項、第八十六條第二項、第三項所定辦法中關於辦事處及其人員登記設立、設立數量、名額或資格限制規定者，處新臺幣十萬元以上一百萬元以下罰鍰。

②廣播電視事業違反第四十九條第一項、第二項或第三項規定者，處新臺幣二十萬元以上二百萬元以下罰鍰。

③違反第五十一條第二項所定辦法中關於廣告應載明或敘明事項、內容，或第五十一條之三第五項之規定者，處新臺幣二十萬元以上二百萬元以下或該廣告費二倍之罰鍰。

④違反第五十一條之一、第五十一條之二第一項、第二項所定辦法中關於廣告應留存紀錄事項或內容之規定者，處新臺幣二十萬元以上一千萬元以下或該廣告費二倍之罰鍰。

⑤違反第五十一條之三第四項規定，未停止刊播、限制瀏覽、移除或下架者，處新臺幣二十萬元以上一千萬元以下罰鍰，並令限期改善；屆期未改善者，得按次處罰。

⑥違反第五十三條或第五十六條規定者，依下列規定處罰；違反第五十六條規定，經制止不聽者，按次處罰：

一 政黨、候選人、罷免案提議人之領衛人、被罷免人及其受僱人、代理人或使用人：處新臺幣二十萬元以上二百萬元以下罰鍰。

二　前款以外之人：處新臺幣十萬元以上一百萬元以下罰鍰。

⑦候選人、罷免案提議人之領銜人、被罷免人之受僱人、代理人或使用人違反第四十四條、第五十二條第一項、第三項、第五十三條、第五十六條或第八十六條第二項、第三項所定辦法中關於辦事處及其人員登記設立、設立數量、名額或資格限制規定者，併處罰候選人、罷免案提議人之領銜人、被罷免人。

⑧政黨、法人或非法人團體違反第五十二條第一項或第三項規定者，依第一項規定，併處罰其代表人及行為人；違反第五十三條或第五十六條規定者，依第六項規定，併處罰其代表人及行為人。

⑨委託報紙、雜誌、廣播電視事業、利用網際網路提供服務者或其他媒體業者，刊播競選、罷免廣告或委託夾報散發宣傳品，違反第五十六條第二款規定者，依第六項規定，處罰委託人及受託人。委託人或受託人為政黨、法人或非法人團體者，併處罰其代表人及行為人。

⑩將選舉票或罷免票以外之物投入票匭，或故意撕毀領得之選舉票或罷免票者，處新臺幣五千元以上五萬元以下罰鍰。

第一一一條　（自首）

①犯第九十七條第二項之罪或刑法第一百四十三條第一項之罪，於犯罪後三個月內自首者，免除其刑；逾三個月者，減輕或免除其刑；在偵查或審判中自白者，減輕其刑。

②意圖他人受刑事處分，虛構事實，而為前項之自首者，依刑法誣告罪之規定處斷。

第一一二條　112

①政黨推薦之候選人犯第九十四條至第九十六條、第九十七條第一項、第二項、第九十八條第一項第一款或其未遂犯、第九十八條之一第一項或其未遂犯、第九十九條、第一百零二條第一項第一款或其預備犯、第一百零九條、刑法第一百四十二條或第一百四十五條至第一百四十七條之罪，經判刑確定者，按其確定人數，各處推薦之政黨新臺幣五十萬元以上五百萬元以下罰鍰；已獲政黨黨內提名之參選人犯第九十七條第一項、第二項之罪，經有罪判決確定者，亦同。

②政黨推薦之候選人，對於其他候選人或已獲政黨黨內提名之參選人犯刑法第二百七十一條、第二百七十七條、第二百七十八條、第三百零二條、第三百零二條之一、第三百零四條、第三百零五條、第三百四十六條至第三百四十八條或其特別法之罪，經有罪判決確定者，依前項規定處罰。

第一一三條（從重主義）

①犯本章之罪，其他法律有較重處罰之規定者，從其規定。

②辦理選舉、罷免事務人員，假借職務上之權力、機會或方法，以故意犯本章之罪者，加重其刑至二分之一。

③犯本章之罪或刑法分則第六章之妨害投票罪，宣告有期徒刑以上之刑者，並宣告褫奪公權。

第一一四條　（公務員候選人違法之處理）

已登記為候選人之現任公務人員，有下列情形之一者，經選舉委員會查明屬實後，通知各該人員之主管機關先行停止其職務，並依法處理：

一　無正當理由拒絕選舉委員會請協辦事項或請派人員。

二　干涉選舉委員會人事或業務。

三　藉名動用或挪用公款作競選之費用。

四　要求有部屬或有指揮、監督關係之團體暨各該團體負責人作競選之支持。

五　利用職權無故調動人員，對競選預作人事之安排。

第一一五條　110

①中央公職人員選舉、罷免，由最高檢察署檢察總長督率各級檢察官；地方公職人員選舉、罷免，由該管檢察署檢察長督率所屬檢察官，分區查察，自動檢舉有關妨害選舉、罷免之刑事案件，並接受機關、團體或人民是類案件之告發、告訴、自首，即時開始偵查，為必要之處理。

②前項案件之偵查，檢察官得依刑事訴訟法及調度司法警察條例等規定，指揮司法警察人員為之。

第一一六條　（妨害選舉罷免案件之審結）

犯本章之罪或刑法第六章妨害投票罪之案件，各審受理法院應於六個月內審結。

第一一七條 112

①當選人於登記參選該公職身分之選舉犯第九十七條第一項至第三項、第九十九條第一項、第二項、第一百零二條第一項第一款或其預備犯或第一百零三條之罪，或地方民意代表當選人犯第一百條第一項至第三項之罪，經法院判處有期徒刑以上之刑而未受緩刑之宣告者，自判決之日起，當然停止其職務或職權。

②依前項停止職務或職權之人員，經改判無罪時，於其任期屆滿前復職。

第六章　選舉罷免訴訟

第一一八條　（選舉或罷免無效之訴之提起）

①選舉委員會辦理選舉、罷免違法，足以影響選舉或罷免結果，檢察官、候選人、被罷免人或罷免案提議人，得自當選人名單或罷免投票結果公告之日起十五日內，以各該選舉委員會為被告，向管轄法院提起選舉或罷免無效之訴。

②選舉委員會辦理全國不分區及僑居國外國民立法委員選舉違法，足以影響選舉結果，申請登記之政黨，得依前項規定提起選舉無效之訴。

第一一九條　（選舉或罷免無效之效果）

選舉或罷免無效之訴，經法院判決無效確定者，其選舉或罷免無效，並定期重行選舉或罷免。其違法屬選舉或罷免之局部者，局部之選舉或罷免無效，並就該局部無效部分，定期重行投票。

第一二〇條 112

①當選人有下列情事之一者，選舉委員會、檢察官或同一選舉區之候選人得以當選人為被告，自公告當選人名單之日起六十日內，向該管轄法院提起當選無效之訴：

一　當選票數不實，足認有影響選舉結果之虞。

二　對於候選人、有投票權人或選務人員，以強暴、脅迫或其他非法之方法，妨害他人競選、自由行使投票權或執行職務。

三　有第九十七條、第九十八條之一第一項、第九十九條第一項、第一百零一條第一項、第一百零二條第一項第一款、刑法第一百四十六條第一項之行為。

②全國不分區及僑居國外國民立法委員選舉之當選人，因政黨得票數不實，而足認有影響選舉結果之虞，或有前項第二款、第三款所列情事之一者，其他申請登記之政黨得依前項規定提起當選無效之訴。

③前二項當選無效之訴經判決確定者，不因同一事由經刑事判決無罪而受影響。

第一二一條　（資格不合當選無效之訴）

①當選人有第二十九條第一項所列各款之一或第二項規定情事者，選舉委員會、檢察官或同一選舉區之候選人得以當選人為被告，於其任期或規定之日期屆滿前，向該管轄法院提起當選無效之訴。

②全國不分區及僑居國外國民立法委員選舉之當選人，有前項情事時，其他申請登記之政黨亦得依前項規定提起當選無效之訴。

第一二二條　（當選無效）

當選無效之訴經判決無效確定者，當選人之當選，無效；已就職者，並應自判決確定之日起，解除職務。

第一二三條　（選舉無效或當選無效之效果）

選舉無效或當選無效之判決，不影響當選人就職後職務上之行為。

第一二四條 112

①罷免案之通過或否決，有下列情事之一者，選舉委員會、檢察官、被罷免人或罷免案提議人之領銜人，得於罷免投票結果公告之日起六十日內，以罷免案提議人之領銜人

或被罷免人為被告，向管轄法院提起罷免案通過或否決無效之訴：
一　罷免案通過或否決之票數不實，足認有影響投票結果之虞。
二　被罷免人、罷免案提議人之領銜人或其各該辦事處負責人、辦事人員，對於有投票權人或選務人員，以強暴、脅迫或其他非法之方法，妨害他人自由行使投票權或執行職務。
三　被罷免人、罷免案提議人之領銜人或其各該辦事處負責人、辦事人員有第九十八條第一項第二款、第九十八條之一第二項、第九十九條第一項、刑法第一百四十六條第一項之行為。
四　被罷免人有第一百零二條第一項第二款之行為。
②罷免案否決無效之訴，經法院判決無效確定者，其罷免案之否決無效，並定期重行投票。
③罷免案之通過經判決無效者，被罷免人之職務應予恢復。但無法恢復者，不在此限。

第一二五條　（舉發）
選舉人發覺有構成選舉無效、當選無效或罷免無效、罷免案通過或否決無效之情事時，得於當選人名單或罷免投票結果公告之日起七日內，檢具事證，向檢察官或選舉委員會舉發之。

第一二六條　（管轄法院）
選舉、罷免訴訟之管轄法院，依下列之規定：
一　第一審選舉、罷免訴訟，由選舉、罷免行為地之該管地方法院或其分院管轄，其行為地跨連或散在數地方法院或分院管轄區域內者，各該管地方法院或分院俱有管轄權。
二　不服地方法院或分院第一審判決而上訴之選舉、罷免訴訟事件，由該管高等法院或其分院管轄。

第一二七條　（選舉法庭與再審）
①選舉、罷免訴訟，設選舉法庭，採合議制審理，並應先於其他訴訟審判之，以二審終結，並不得提起再審之訴。各審受理之法院應於六個月內審結。
②法院審理選舉、罷免訴訟時，應依職權調查必要之事證。

第一二八條　（民事訴訟法之準用）
選舉、罷免訴訟程序，除本法規定者外，準用民事訴訟法之規定。但關於捨棄、認諾、訴訟上自認或不爭執事實效力之規定，不在準用之列。

第一二九條　（選舉票或選舉人名冊之查閱影印）
選舉訴訟程序中，訴訟當事人或其訴訟代理人得查閱、影印選舉票或選舉人名冊。

第七章　附　則

第一三〇條　（罰鍰之處罰、扣除）
①本法及組織犯罪防制條例第十四條第一項所定罰鍰，由選舉委員會處罰之。
②前項之罰鍰，候選人或政黨經通知後屆期不繳納者，選舉委員會並得於第三十二條候選人或政黨繳納之保證金或第四十三條所定應撥給候選人之競選費用補助金款項內逕予扣除。

第一三一條　（本法修正前之選舉、罷免案適用規定）
本法修正施行前已發布選舉公告之選舉，或已向主管選舉委員會提出之罷免案，仍適用修正前之規定。

第一三二條　（刪除）112

第一三三條　（施行細則）
本法施行細則，由內政部會同中央選舉委員會定之。

第一三四條　（施行日）98
①本法自公布日施行。
②本法中華民國九十八年五月十二日修正之條文，自九十八年十一月二十三日施行。

憲法法庭審理規則

①民國110年6月30日司法院令訂定發布全文74條；並自111年1月4日施行。
②民國112年9月15日司法院令修正發布第11、25、29、30、32、35、41～43、49、57、68、70、71、74條條文；增訂第36-1～36-5條條文；刪除第59條條文；並自發布日施行。

第一章　總　則

第一條
本規則依憲法訴訟法（以下簡稱本法）第四條訂定之。

第二條
憲法法庭審理案件，其程序除依本法之規定外，適用本規則之規定。

第一節　憲法法庭及審查庭之組成

第三條
①憲法法庭得依大法官現有總額設數審查庭，由具有司法院組織法第四條第一項所列不同款資格或不同專業領域之大法官三人組成之；未滿三人者，由其他審查庭大法官支援組成之。
②審查庭審判長及庭別次序，依本法第三條第二項規定定之。

第四條
各大法官因審理案件需要，得配置研究法官一人及大法官助理若干人，二者之人數合計不逾五人。

第二節　司法年度及事務分配

第五條
憲法法庭審理案件之司法年度，每年自一月一日起至十二月三十一日止。

第六條
①大法官爲議決下列事項，得舉行行政會議：
一　年度事務分配、代理次序及大法官之席次。
二　審理案件相關規則之訂定及修正。
三　其他與審理案件相關之行政事項。
②任一大法官就前項各款事項，得請求召開行政會議。

第七條
①行政會議由並任司法院院長之大法官召開並擔任主席；其因故不能召開或擔任主席時，依序由並任副院長之大法官、資深大法官召開或擔任主席，資同由年長者爲之。
②行政會議之決議，除法令別有規定外，應經大法官現有總額過半數出席，出席大法官過半數同意。可否同數時，取決於主席。

第三節　法庭之開閉及秩序

第八條
大法官蒞庭，在庭之人均應起立；審判長宣示裁判時，亦同。

第九條

憲法法庭開庭以公開爲原則。但有妨害國家安全、公共秩序、善良風俗，或造成個人生命、身體、隱私或營業秘密重大損害之虞者，得不予公開，審判長並應宣示不公開之理由。

第一〇條

審判長於憲法法庭之開閉及審理訴訟，有指揮之權。

第一一條

①憲法法庭開庭時，審判長有維持秩序之權。

②憲法法庭開庭時，有妨害法庭秩序或其他不當行爲者，審判長得禁止其進入法庭或命其退出法庭，必要時得命看管至閉庭時。

③律師在憲法法庭代理訴訟或辯護案件，其言語行動如有不當，審判長得加以警告或禁止其開庭當日之代理或辯護。非律師而爲訴訟代理人或辯護人者，亦同。

第四節　法庭之用語

第一二條

①憲法訴訟文書應用我國文字。但有供參考之必要時，得附記所用之外國文字。

②前項文書所附證據及文件內容爲外國文字者，憲法法庭得命提出我國文字之譯本或註解。

第二章　一般程序規定

第一節　當事人及訴訟代理人

第一三條

①行言詞辯論案件之當事人，無資力委任訴訟代理人參與言詞辯論者，得釋明其事由聲請憲法法庭選任訴訟代理人。

②憲法法庭得選任具下列資格之人爲其訴訟代理人：

一　律師。

二　法學教授、副教授或助理教授。

第二節　迴　避

第一四條

①大法官於下列情形，應以書面敘明自行迴避之事由，並得附具相關資料，向憲法法庭提出：

一　有本法第九條各款應自行迴避之事由者。

二　因本法第九條、第十條以外之其他事由，認有自行迴避之必要者。

②前項第一款情形，應經憲法法庭確認之；前項第二款情形，得經其他大法官過半數同意迴避之。

③筆錄、裁判應記載迴避之大法官。

第一五條

聲請迴避未以書面附具理由、聲請不合法或無理由者，得以裁定或於本案裁判併予駁回。

第一六條

被聲請迴避之大法官，以該聲請爲有理由者，應經憲法法庭裁定，始得迴避。

第一七條

迴避之聲請，除憲法法庭認有必要外，不停止訴訟程序。

第三節　書狀及聲請

第一八條
①憲法法庭認有必要時，得限期命聲請人、相對人就他造之主張提出補充聲請書、補充答辯書。
②聲請人於收受答辯書後，認有補充主張必要，得於七日內提出補充聲請書於憲法法庭；相對人於收受補充聲請書後，認有補充答辯必要，得於七日內提出補充答辯書於憲法法庭。補充書狀之提出，除另依憲法法庭所命提出者外，各以一次爲限。

第一九條
①因天災或其他不應歸責於聲請人之事由，致遲誤不變期間者，於其原因消滅後一個月內，得聲請回復原狀。
②前項期間不得伸長或縮短之。
③遲誤不變期間已逾一年者，不得聲請回復原狀。
④聲請回復原狀應以聲請書釋明遲誤期間之原因及其消滅時期，並應同時補行期間內應爲之聲請。

第二〇條
回復原狀之聲請，與補行之聲請合併裁判之。

第二一條
當事人、訴訟代理人、辯護人或關係人，於中華民國無住居所、事務所及營業所者，應指定送達處所在中華民國之送達代收人，向憲法法庭陳明。

第二二條
①應受送達人以司法院電子訴訟文書（含線上起訴）服務平台寄送書狀者，憲法法庭經應受送達人同意，得將電子書狀複本、開庭通知書、裁判及意見書傳送至司法院電子訴訟文書（含線上起訴）服務平台，以爲送達。
②前項規定，於對受逮捕拘禁之人爲送達時，不適用之。
③第一項傳送，依憲法訴訟書狀使用科技設備傳送辦法之規定。
④第一項情形，書記官應列印送達證書附卷。

第二三條
①當事人、訴訟代理人或辯護人就他造之主張或爲準備言詞辯論提出之書狀及附具之證據、文件，除提出正本於憲法法庭外，應以複本直接通知他造；直接通知有困難者，得聲請憲法法庭送達。
②前項複本與正本不符時，以提出於憲法法庭之正本爲準。

第二四條
憲法法庭應於受理聲請案件後，於憲法法庭網站公開聲請書及答辯書；憲法法庭認有必要時，得提前公開之。

第二五條 112
①當事人以外之人民、機關或團體，認其與憲法法庭審理之案件有關聯性，得聲請憲法法庭裁定許可，就聲請案件提出具參考價值之專業意見或資料。
②前項之聲請，除另經憲法法庭公告者外，應於憲法法庭公開該案件聲請書後二個月內爲之；合併數宗聲請案件而爲審理者，該期間自最後合併審理案件之聲請書公開之日起，重行起算。
③第一項具參考價值之專業意見或資料，應以當事人或關係人所未主張者爲原則，並以提出一次爲限。

第四節　分案及審查庭之程序審查

第二六條
聲請憲法法庭裁判案件，應按案件繫屬先後之順序編定號次，以電腦系統隨機輪分予大法官承辦，並由其所屬審查庭進行程序審查。

第二七條
審查庭審查聲請案件，認有本法第十四條第四項及第十五條第二項各款情形可以補正者，由審判長定期命補正。但顯無必要者，不在此限。

第二八條

審查聲請案件，大法官得通知當事人、關係人及有關機關說明，或爲其他必要處置。

第二九條 112

①承辦大法官審查聲請案件，應提出審查報告，送所屬審查庭其他大法官表示意見。

②前項審查報告，認應受理者，應擬具爭點分析及建議受理之理由；認應不受理者，應起草附理由之不受理裁定。

③第一項審查報告得以裁判草案代之。

第三〇條 112

①本法所定聲請案件，經審查庭以一致決裁定不受理者，應將不受理裁定上傳於憲法法庭審判作業系統。於上傳之翌日起十五日內，有大法官三人以上提出書面意見認應受理者，由憲法法庭評決受理與否；未達三人者，審查庭應速將裁定公告並送達聲請人。

②應送憲法法庭評決之聲請案件，審查庭應於審查報告或裁判草案附記意見送憲法法庭。

第三一條

聲請案件符合本法第四十一條第一項應以裁定宣告受前案判決效力所及者，由承辦大法官起草附理由之裁定草案，經審查庭審查後送憲法法庭評議。

第三二條 112

聲請案件應由憲法法庭評決受理與否者，除憲法法庭另有決議外，按審查庭提出審查報告或裁判草案之先後順序，排定評議次序。

第三三條

憲法法庭審理受理聲請案件之次序，斟酌下列因素定之：

一　評決受理之先後。

二　案件之重要性及急迫性。

三　案件準備之程度。

第五節　言詞辯論

第三四條

①憲法法庭審理案件，得爲必要之調查與處置。

②憲法法庭行言詞辯論前，得行準備程序；必要時，並得指定大法官行之。

③言詞辯論期日之通知書，至遲應於二十日前送達當事人。

第三五條 112

①應依本法第二十八條爲通知之案件，包含下列情形：

一　言詞辯論期日公告前，已依本法第二十四條第一項規定合併審理之案件。

二　除前款情形外，已向憲法法庭聲請參與言詞辯論並經許可之案件。

②前項案件之通知，得參酌聲請人及其訴訟代理人之意見，或依第三十六條之二第二項規定之合意，就受通知應到庭陳述之人指定報到處所。

第三六條

①言詞辯論期日，當事人、訴訟代理人、辯護人之發言時間，由憲法法庭定之。

②大法官得於任何時點中斷當事人、訴訟代理人或辯護人之陳述，並爲發問。

③當事人之訴訟代理人或辯護人有數人者，除另得審判長之許可外，由一人代表爲陳述或辯論。

④前三項規定，於關係人、鑑定人、憲法法庭裁定許可之當事人以外之人民、機關或團體，亦適用之。

第三六條之一 112

①憲法法庭行言詞辯論前，就受理及合併審理之案件，應以適當方式通知合併審理之案件聲請人及其訴訟代理人。

②前項情形，應併通知關係機關或經指定之關係人。

第三六條之二 112

①憲法法庭就合併審理之案件行言詞辯論，必要時，得指定到庭陳述之訴訟代理人，或定其人數。

②憲法法庭為前項指定前，得命合併審理案件之各聲請人及訴訟代理人陳述意見；其經合意推派時，應從其合意指定之，但憲法法庭認其人選不適當時，不在此限。

③已指定到庭陳述之訴訟代理人，憲法法庭得撤換之。

④前三項之規定，於憲法法庭合併審理之案件聲請人為法官時，準用之。

第三六條之三 112

前條第一項之指定，得斟酌合併審理案件之情形區分類群為之。

第三六條之四 112

①未經推派或指定之聲請人、訴訟代理人，向憲法法庭陳報於言詞辯論期日到庭者，憲法法庭得依第三十九條第一項規定，使其以於所在處所或所在地法院利用影音即時相互傳送之科技設備方式在庭。

②未經推派或指定之聲請人、訴訟代理人得於言詞辯論終結後二十日內以書狀補充陳述。但憲法法庭另有諭知者，依其諭知。

第三六條之五 112

本節規定於憲法法庭召開說明會時準用之。

第三七條

審判長得依聲請或依職權命當事人交互詢答。

第三八條

憲法法庭書記官應作言詞辯論筆錄，公開於憲法法庭網站。但其程序依第九條規定不公開者，不在此限。

第三九條

①應於憲法法庭準備程序或言詞辯論到庭陳述之人，其所在處所或所在地法院與憲法法庭間，有影音即時相互傳送之科技設備者，憲法法庭認為適當時，得許其於所在處所或所在地法院利用該科技設備陳述之。

②因天災、不可抗力或其他事變，憲法法庭認不能或不宜於憲法法庭之所在行準備程序或言詞辯論時，得以指定適當科技設備即時相互傳送影音或聲音之方式，於指定之適當處所行之。

③憲法法庭以前項方式所行審理，其非依法不得公開者，應指定適當之播送方式公開之。

④第一項及第二項以影音或聲音即時相互傳送之科技設備審理之作業規定另定之。

第六節　裁　判

第四〇條

聲請案件經憲法法庭受理後，仍得裁定不受理。

第四一條 112

①受理之聲請案件，其判決主文草案經憲法法庭評決後，依下列次序定主筆大法官：

一　與多數意見相同之原承辦大法官。

二　多數意見大法官所推舉之大法官；不能推舉者，由審判長從中指定之；審判長為少數意見時，由持多數意見之大法官中最資深者從中指定之。

②前項第二款主筆大法官之決定，應斟酌案件爭點所涉領域及大法官案件負擔之公平性。

③判決主文可分者，得按各該部分，依第一項所定之次序，定主筆大法官。

第四二條 112

①審判長徵詢大法官意見後，應指定確認判決文本評議期日，該期日與供確認文本評議之判決草案提出日間，應至少間隔七日。但大法官無異議者，不在此限。

②大法官之協同或不同意見書，應於確認判決文本評議期日三日前提出於憲法法庭。

第四三條 112

前二條規定，於憲法法庭評決不受理裁定及實體裁定準用之。

第四四條

①參與裁判之大法官，應於判決、本法第四十一條及第四十三條裁定簽名。

②大法官因故不能簽名者，由審判長附記其事由；審判長因故不能簽名者，由參與裁判之大法官依其年資資深者，資同由年長者，依序附記之。

第四五條

①審查庭大法官應於不受理裁定簽名或蓋章。

②應送憲法法庭評決之聲請案，以憲法法庭評議確認之最後文本爲原本。除本規則另有規定外，原本以憲法法庭確認裁判文本評議紀錄證之。

第四六條

①大法官應於其提出之意見書原本簽名。

②加入意見書之大法官，應提出書面載明加入之範圍並簽名；前開書面，於意見書已於確認裁判文本評議時提出，並經評議確認加入前開事項者，得以確認裁判文本評議紀錄代之。

第四七條

宣示裁判，於公開法庭爲之，並朗讀主文，必要時簡述理由；各大法官有提出意見書者，並應一併宣示提出者之姓名、其意見書名稱及加入該意見書之大法官姓名。

第四八條

宣示裁判，不問當事人是否在場，均有效力。

第四九條 112

裁判及各大法官意見書之送達，自書記官收領原本日起，不得逾十日。但審查庭一致決不受理裁定及意見書之送達，自審查庭審判長准予公告日起，不得逾十五日。

第五〇條

①裁判如有誤寫、誤算或其他類此之顯然錯誤者，憲法法庭或審查庭得依聲請或依職權以裁定更正並公告之；其正本與原本不符者，亦同。

②前項裁定，附記於裁判原本及正本；如正本已經送達，不能附記者，應製作該裁定之正本送達。

③駁回更正裁判之聲請，以裁定爲之。

第五一條

①協同或不同意見書如有誤寫、誤算或其他類此之顯然錯誤者，該大法官得指明顯然錯誤及更正之文字，經審判長同意公告更正；其正本與原本不符者，亦同。

②前條第二項於前項公告更正準用之。

第七節　暫時處分

第五二條

①大法官認有依本法第四十三條爲暫時處分裁定之必要者，應速擬具附理由之裁定草案，經審查庭審查附記意見後，送由憲法法庭優先評決。

②大法官認暫時處分之聲請應予駁回，得準用前項規定，或由憲法法庭、審查庭於本案裁判併予駁回。

第五三條

憲法法庭爲暫時處分裁定前，認有命當事人或關係人到庭陳述或爲調查之必要者，得指定大法官行準備程序。

第五四條

憲法法庭裁定撤銷暫時處分，其審理及評決適用前二條之規定。

第三章　法規範憲法審查及裁判憲法審查案件

第一節　國家機關、立法委員聲請法規範憲法審查

第五五條

地方自治團體之行政機關，因辦理中央行政機關委辦事項，就所適用之法規範，認有牴觸憲法者，得依本法第四十七條第二項報請中央主管機關層轉國家最高機關，聲請憲法法庭為宣告違憲之判決。

第五六條

①本法第四十九條所稱立法委員現有總額，以聲請案提出於憲法法庭時為準，不因立法院之解散、該屆立法委員任期屆滿、辭職、去職或死亡而受影響。

②前項總額，以每會期實際報到人數為計算標準。但會期中辭職、去職或死亡者，應減除之。

第二節　法院聲請法規範憲法審查

第五七條 112

法院聲請法規範憲法審查，聲請之法官因職務調動或其他事由更易者，由接辦之法官承受原聲請。憲法法庭認有必要時，得通知原聲請法官以書面或於言詞辯論期日到庭陳述意見。

第五八條

①原因案件之當事人得向憲法法庭就法規範違憲與否提出陳述意見書。

②憲法法庭審理本節案件，得通知原因案件之當事人以書面陳述意見。

第三節　人民聲請法規範憲法審查及裁判憲法審查

第五九條　（刪除）112

第六〇條

①原因案件他造當事人得向憲法法庭提出陳述意見書。

②憲法法庭審理本節案件，得通知原因案件他造當事人以書面陳述意見。

第四章　機關爭議案件

第六一條

①當事人以外之其他機關就本章案件審理之結果有法律上之利害關係，或本章案件審理結果對其憲法上權限具有重要性，得向憲法法庭提出陳述意見書。

②前項情形，憲法法庭得通知其他相關機關以書面陳述意見。

第五章　總統、副總統彈劾案件

第六二條

憲法法庭應先確認被彈劾人之人別，訊問前應告知其下列事項：

一　聲請書所載彈劾事由及所涉法條。

二　得保持緘默，並得陳明不為答辯或拒絕陳述。

三　得選任辯護人為其辯護。

四　得請求調查有利之證據。

第六三條

①憲法法庭為處理下列事項，得於言詞辯論期日前通知聲請機關及其訴訟代理人、被彈劾人及其辯護人到庭，行準備程序：

一　確認彈劾事由所涉事實及法條。

二　整理事實、法律及證據爭點。

三　有關證據能力之意見。

四　應調查證據之範圍、次序及方法。
五　命提出證物或可爲證據之文書。
六　其他與審判有關之事項。

②前項之人經合法通知，無正當理由不到庭者，憲法法庭得對到庭之人行準備程序。

③憲法法庭行準備程序，得爲下列之處置：
一　調取或命提出證物。
二　預料證人不能於言詞辯論期日到場者，得於準備程序期日訊問之。
三　命爲鑑定及通譯。
四　就必要之事項，請求該管機關報告。
五　搜索、扣押。
六　勘驗。
七　其他必要之處置。

④憲法法庭爲準備言詞辯論，得指定大法官行準備程序；其權限除強制處分之裁定外，與憲法法庭同。

第六四條

審判長認有必要時，就法律上之爭點，得於言詞辯論期日依聲請或依職權命聲請機關及被彈劾人交互詢答。

第六章　政黨違憲解散案件

第六五條

①已備案之政黨無負責人，或負責人不能行使代表權者，憲法法庭得依聲請或依職權，自其黨員中選任一人爲特別代表人。

②前項選任特別代表人之裁定，應送達於特別代表人。

③特別代表人於政黨負責人承當訴訟前，代表政黨爲一切訴訟行爲。

第六六條

本章案件之審理，準用第六十二條至第六十四條之規定。

第七章　地方自治保障案件

第六七條

本章所稱地方自治團體之立法機關，指直轄市議會及縣（市）議會；所稱地方自治團體之行政機關，指直轄市政府及縣（市）政府。

第六八條 112

本章案件之聲請，應自用盡審級救濟之最終裁判送達後翌日起之六個月不變期間內爲之。

第六九條

①當事人以外之地方自治團體就本章案件審理之結果有法律上之利害關係，或本章案件審理結果對其受憲法保障之地方自治權限具有重要性，得向憲法法庭提出陳述意見書。

②前項情形，憲法法庭得通知相關地方自治團體以書面陳述意見。

第八章　統一解釋法律及命令案件

第七〇條 112

統一解釋法律及命令案件之聲請，應自用盡審級救濟之最終裁判送達後翌日起之三個月不變期間內爲之。

第九章　附　則

第七一條 112

①憲法法庭收入之文件，應註明收文年、月、日、時，登錄編號，按憲法法庭審判事務、司法行政事務，分別辦理。

②收入文件屬司法行政事務者，由憲法法庭書記廳分科擬辦。

③有下列情形之一者，爲司法行政事務，由憲法法庭書記廳函復：

一　聲請人以外之第三人詢問憲法法庭曾作成之裁判、繫屬中或已終結之案件。

二　來文意旨非查詢特定聲請、意旨不明，或其請求不屬於憲法法庭審判權範圍。

三　單純表達意見或爲法律諮詢。

④已終結之聲請案補充意見或資料，得由憲法法庭函復，並附於審判尾卷。

第七二條

本法第九十二條第一項但書就本法修正施行前已援用大法庭法律見解之確定終局裁判聲請裁判憲法審查案件，其聲請書之記載，依本法第六十條之規定，並應表明援用大法庭之法律見解之確定終局裁判違憲之情形；其審理依本法第三章第三節之規定。

第七三條

①本法修正施行前，聲請人所受確定終局裁判所援用之判例、決議，發生牴觸憲法之疑義，於本法修正施行後聲請憲法法庭裁判者，其聲請書之記載，準用本法第六十條之規定，並應表明確定終局裁判援用之判例、決議違憲之情形。

②前項案件之受理，準用本法第五十九條第一項、第六十一條第二項、第三項之規定；其審判，準用本法第六十二條第一項後段、第二項、第六十三條、第六十四條、第九十一條第二項、第三項之規定。

第七四條 112

①本規則自中華民國一百十一年一月四日施行。

②本規則修正條文自發布日施行。

公民投票法

①民國92年12月31日總統令制定公布全文64條。
②民國95年5月30日總統令修正公布第7、42、64條條文；並自95年7月1日施行。
③民國98年5月27日總統令修正公布第7、64條條文；並自98年11月23日施行。
④民國98年6月17日總統令修正公布第35條條文。
⑤民國107年1月3日總統令修正公布全文56條；並自公布日施行。
⑥民國108年6月21日總統令修正公布第9、10、12、13、17、23條條文。

第一章　總　則

第一條　（立法目的）
①依據憲法主權在民之原則，爲確保國民直接民權之行使，特制定本法。本法未規定者，適用其他法律之規定。
②公民投票涉及原住民族權利者，不得違反原住民族基本法之規定。

第二條　（公民投票之適用事項）
①本法所稱公民投票，包括全國性及地方性公民投票。
②全國性公民投票，依憲法規定外，其他適用事項如下：
　一　法律之複決。
　二　立法原則之創制。
　三　重大政策之創制或複決。
③地方性公民投票適用事項如下：
　一　地方自治條例之複決。
　二　地方自治條例立法原則之創制。
　三　地方自治事項重大政策之創制或複決。
④預算、租稅、薪俸及人事事項不得作爲公民投票之提案。

第三條　（主管機關）
①全國性公民投票之主管機關爲中央選舉委員會，並指揮監督直轄市、縣（市）選舉委員會辦理之。
②地方性公民投票之主管機關爲直轄市政府、縣（市）政府。
③各級選舉委員會於辦理公民投票期間，得調用各級政府機關職員及公立學校教職員辦理事務。受調用之政府機關、公立學校及受遴派之政府機關職員、學校教職員，無正當理由均不得拒絕。

第四條　（投票方式）
　公民投票，以普通、平等、直接及無記名投票之方法行之。

第五條　（經費來源）
　辦理公民投票之經費，分別由中央政府、直轄市政府、縣（市）政府依法編列預算。

第六條　（本法所定各種期間之計算準用規定）
　本法所定各種期間之計算，準用公職人員選舉罷免法第四條第二項及第五條規定。

第二章　提案人、連署人及投票權人

第七條　（公民投票權資格）
　中華民國國民，除憲法另有規定外，年滿十八歲，未受監護宣告者，有公民投票權。

第八條　（提案人、連署人及投票權人資格）

①有公民投票權之人，在中華民國、各該直轄市、縣（市）繼續居住六個月以上，得分別為全國性、各該直轄市、縣（市）公民投票案之提案人、連署人及投票權人。
②提案人年齡及居住期間之計算，以算至提案提出日為準；連署人年齡及居住期間之計算，以算至連署人名冊提出日為準；投票權人年齡及居住期間之計算，以算至投票日前一日為準，並均以戶籍登記資料為依據。
③前項投票權人年齡及居住期間之計算，於重行投票時，仍以算至原投票日前一日為準。

第三章　公民投票程序

第一節　全國性公民投票

第九條　（公民投票案之提出程序）108
①公民投票案之提出，除另有規定外，應由提案人之領銜人檢具公民投票案主文、理由書及提案人名冊正本、影本各一份，向主管機關為之。
②前項領銜人以一人為限；主文以不超過一百字為限；理由書以不超過二千字為限。超過字數者，其超過部分，不予公告及刊登公報。
③第一項主文應簡明、清楚、客觀中立；理由書之闡明及其立場應與主文一致。
④主文與理由書之文字用詞、字數計算、語法及其他相關事項之辦法，由主管機關定之。
⑤第一項提案人名冊，應依規定格式逐欄填寫，提案人應親自簽名或蓋章，填具本人國民身分證統一編號及戶籍地址，並分直轄市、縣（市）、鄉（鎮、市、區）別裝訂成冊。
⑥主管機關應建置電子系統，提供提案人之領銜人徵求提案及連署；其提案及連署方式、查對作業等事項之辦法及實施日期，由主管機關定之。
⑦採電子提案及連署者，其文件以電磁紀錄之方式提供。
⑧公民投票案之提出，以一案一事項為限。

第一〇條　（全國性公民投票案提案人人數及審核程序）108
①第二條第二項各款之事項，公民投票案提案人人數，應達提案時最近一次總統、副總統選舉選舉人總數萬分之一以上。
②公民投票案提案表件不合前條第一項、第二項規定、未依前條第五項分直轄市、縣（市）、鄉（鎮、市、區）別裝訂成冊或提案人名冊不足前項規定之提案人數者，主管機關應不予受理。
③主管機關於收到公民投票提案或補正之提案後，應於六十日內完成審核。經審核有下列情事之一者，應敘明理由，通知提案人之領銜人於三十日內補正，並以一次為限，屆期未補正或經補正仍不符規定者予以駁回：
　一　提案非第二條規定之全國性公民投票適用事項。
　二　提案違反前條第四項所定辦法之規定。
　三　提案不合第一條第二項或前條第八項規定。
　四　提案有第三十二條規定之情事。
　五　提案內容不能瞭解其提案真意。
④主管機關依前項規定命補正者，應先舉行聽證會，釐清相關爭點並協助提案人之領銜人進行必要之補正。
⑤公民投票案經主管機關認定合於規定者，應函請戶政機關於十五日內查對提案人。
⑥戶政機關應依據戶籍登記資料查對提案人名冊，有下列情事之一者，應予刪除：
　一　提案人不合第八條第一項規定資格。
　二　提案人姓名、國民身分證統一編號或戶籍地址書寫錯誤或不明。
　三　提案人名冊未經提案人簽名或蓋章。

四　提案人提案，有僞造情事。

⑦提案人名冊經查對後，其提案人數不足本條第一項規定時，主管機關應通知提案人之領銜人於三十日內補提，補提以一次爲限，補提後仍不足規定人數或屆期不補提者，該提案應予駁回。

⑧提案合於本法規定者，主管機關應依該提案性質分別函請相關立法機關及行政機關於收受該函文後四十五日內提出意見書，內容並應敘明通過或不通過之法律效果；屆期未提出者，視爲放棄。意見書以二千字爲限，超過字數者，其超過部分，不予公告及刊登公報。

⑨前項提案經審核完成符合規定者，主管機關應通知提案人之領銜人於十日內向主管機關領取連署人名冊格式或電子連署系統認證碼，徵求連署；屆期未領取者，視爲放棄連署。

第一一條　（公民投票案撤回提案之程序）

公民投票案於主管機關通知連署前，得經提案人總數二分之一以上同意，由提案人之領銜人以書面撤回之。

第一二條　（全國性公民投票案連署人人數及連署程序）108

①第二條第二項各款之事項，連署人數應達提案時最近一次總統、副總統選舉選舉人總數百分之一點五以上。

②公民投票案提案人之領銜人，應於領取連署人名冊格式或電子連署系統認證碼之次日起六個月內，將連署人名冊正本、影本各一份或其電磁紀錄，向主管機關一次提出；屆期未提出者，視爲放棄連署。

③前項連署人名冊，應依規定格式逐欄塡寫，連署人應親自簽名或蓋章，塡具本人國民身分證統一編號及戶籍地址，並分直轄市、縣（市）、鄉（鎭、市、區）別裝訂成冊向主管機關提出。

④公民投票案依第二項或第十條第九項規定視爲放棄連署者，自視爲放棄連署之日起，原提案人於二年內不得就同一事項重行提出之。

第一三條　（連署人名冊不予受理、查對連署人名冊刪除之情形，以及是否成案之公告）108

①主管機關收到連署人名冊後，經清查連署人數不足前條第一項之規定，或未依前條第三項分直轄市、縣（市）、鄉（鎭、市、區）別裝訂成冊提出者，主管機關應不予受理；合於規定者，應函請戶政機關於六十日內完成查對。

②戶政機關應依據戶籍登記資料查對連署人名冊，有下列情事之一者，應予刪除：

一　連署人不合第八條第一項規定資格。

二　連署人姓名、國民身分證統一編號或戶籍地址書寫錯誤或不明。

三　連署人名冊未經連署人簽名或蓋章。

四　連署人連署，有僞造情事。

③連署人名冊經查對後，其連署人數合於前條第一項規定者，主管機關應於十日內爲公民投票案成立之公告，該公民投票案並予編號；連署人數不合規定者，主管機關應通知提案人之領銜人於三十日內補提，補提以一次爲限，補提後仍不足規定人數或屆期不補提者，主管機關應爲公民投票案不成立之公告。

第一四條　（重大政策之創制或複決有必要進行公民投票之提出程序）

①行政院對於第二條第二項第三款之事項，認爲有進行公民投票之必要者，得附具主文、理由書，經立法院同意，交由主管機關辦理公民投票，不適用第九條至第十三條、第十七條第一項第三款及第十九條規定。

②行政院向立法院提出公民投票之提案後，立法院應在十五日內議決，於休會期間提出者，立法院應於十五日內自行集會，三十日內議決。

③行政院之提案經立法院否決者，自該否決之日起二年內，不得就該事項重行提出。

第一五條　（立法院對重大政策之創制或複決，經院會通過後交辦公民投票）

①立法院依憲法之規定提出之複決案，經公告半年後，應於十日內交由主管機關辦理公

民投票。

②立法院對於第二條第二項第三款之事項，認有提出公民投票之必要者，得附具主文、理由書，經立法院院會通過後十日內，交由主管機關辦理公民投票，不適用第九條至第十三條、第十七條第一項第三款及第十九條規定。

③立法院之提案經院會否決者，自該否決之日起二年內，不得就該事項重行提出。

第一六條　（總統對攸關國家安全事項，經行政院院會決議交付公民投票）

①當國家遭受外力威脅，致國家主權有改變之虞，總統得經行政院院會之決議，就攸關國家安全事項，交付公民投票。

②前項之公民投票，不適用第九條至第十三條、第十七條第一項關於期間與同條項第三款、第十九條及第二十三條規定。

第一七條　（投票日前公告事項及進行辯論）108

①主管機關應於公民投票日九十日前，就下列事項公告之：

一　公民投票案投票日期、投票起、止時間。
二　公民投票案之編號、主文、理由書。
三　政府機關針對公民投票案提出之意見書。
四　公民投票權行使範圍及方式。
五　正反意見支持代表於全國性無線電視頻道發表意見或進行辯論之辦理期間與應遵行之事項。

②主管機關應以公費，在全國性無線電視頻道提供時段，供正反意見支持代表發表意見或進行辯論，受指定之電視臺不得拒絕。其實施辦法，由主管機關定之。

③前項發表會或辯論會，應在全國性無線電視頻道至少舉辦五場。

④發表會或辯論會應網路直播，其錄影、錄音，並應公開於主管機關之網站。

第一八條　（張貼及公開公民投票公報）

主管機關應彙集前條公告事項及其他投票有關規定，編印公民投票公報，於投票日二日前送達公民投票案投票區內各戶，並分別張貼適當地點，及公開於網際網路。

第一九條　（主管機關應停止公民投票程序之進行）

創制案或法律之複決案於公告前，如經立法機關實現創制、複決之目的，通知主管機關者，主管機關應即停止公民投票程序之進行，並函知提案人之領銜人。

第二〇條　（辦事處募集經費、禁止之捐贈及經費收支之申報）

①公民投票案成立公告後，提案人及反對意見者，經許可得設立辦事處，從事意見之宣傳，並得募集經費從事相關活動，但不得接受下列經費之捐贈。其許可及管理辦法，由中央選舉委員會定之：

一　外國團體、法人、個人或主要成員爲外國人之團體、法人。
二　大陸地區人民、法人、團體或其他機構，或主要成員爲大陸地區人民之法人、團體或其他機構。
三　香港、澳門居民、法人、團體或其他機構，或主要成員爲香港、澳門居民之法人、團體或其他機構。
四　公營事業或接受政府捐助之財團法人。

②前項募款人應設經費收支帳簿，指定會計師負責記帳保管，並於投票日後三十日內，經本人及會計師簽章負責後，檢具收支結算申報表，向中央選舉委員會申報。

③收支憑據、證明文件等，應於申報後保管六個月。但於發生訴訟時，應保管至裁判確定後三個月。

④中央選舉委員會對其申報有事實足認其有不實者，得要求檢送收支憑據或證明文件。

⑤中央選舉委員會於收受收支結算申報四十五日內，應將申報資料彙整列冊，並刊登政府公報。

⑥第一項辦事處不得設於機關（構）、學校、依法設立之團體、經常定爲投票所、開票所之處所及其他公共場所。但政黨之各級黨部及依人民團體法設立之社會團體、職業團體及政治團體辦公處，不在此限。

⑦公民投票辦事處與辦事人員之設置辦法，由主管機關定之。

第二一條　（公投票之印製及圈定）

①公民投票應在公投票上刊印公民投票案編號、主文及同意、不同意等欄，由投票人以選舉委員會製備之工具圈定之。

②投票人圈定後不得將圈定內容出示他人。

第二二條　（令投票人退出投、開票所之情形）

①在公民投票案投票所或開票所有下列情事之一者，主任管理員應會同主任監察員令其退出：

一　穿著佩帶具有公民投票相關文字、符號或圖像之貼紙、服飾或其他物品、在場喧嚷或干擾、勸誘他人投票或不投票，不服制止。

二　攜帶武器或危險物品入場。

三　有其他不正當行爲，不服制止。

②公民投票案投票人有前項情事之一者，令其退出時，應將其所持公民投票之票收回，並將事實附記於公民投票投票權人名冊該投票權人姓名下。其情節重大者，並應專案函報各該選舉委員會。

第二三條　（投票日之訂定）108

①公民投票日定於八月第四個星期六，自中華民國一百十年起，每二年舉行一次。

②公民投票日爲應放假日。

第二四條　（投票權人名冊相關作業事項準用之規定）

①公民投票投票權人名冊之編造、公告閱覽、更正、投票、開票及有效票、無效票之認定，準用公職人員選舉罷免法第十七條至第二十三條、第五十七條至第六十三條、第六十四條、第六十六條規定。

②公民投票案與全國性之選舉同日舉行投票時，其投票權人名冊，與選舉人名冊分別編造。

第二五條　（得以不在籍投票方式爲之）

主管機關辦理全國性公民投票，得以不在籍投票方式爲之，其實施方式另以法律定之。

第二節　地方性公民投票

第二六條　（公民投票案之受理機關）

①公民投票案應分別向直轄市、縣（市）政府提出。

②公民投票案相關事項，除本法已有規定外，由直轄市、縣（市）以自治條例定之。

③直轄市、縣（市）政府對於公民投票提案，是否屬地方自治事項有疑義時，應報請行政院認定。

第二七條　（準用相關規定）

公民投票案之公告、公投票之印製、投票權人名冊之編造、公告閱覽、更正、公民投票公報之編印、公民投票程序之中止、辦事處之設立、經費之募集、投票、開票及有效票、無效票之認定，除主管機關外，準用第十七條至第二十四條規定。

第二八條　（公民投票案相關程序之訂定）

公民投票案提案、連署人數、應附具文件、查核程序及發表會或辯論會之舉辦，由直轄市、縣（市）以自治條例定之。

第四章　公民投票結果

第二九條　（投票結果通過或不通過之門檻）

①公民投票案投票結果，有效同意票數多於不同意票，且有效同意票達投票權人總額四分之一以上者，即爲通過。

②有效同意票未多於不同意票，或有效同意票數不足前項規定數額者，均爲不通過。

第三〇條（公民投票案通過者，投票結果之公告及處理方式）

①公民投票案經通過者，各該選舉委員會應於投票完畢七日內公告公民投票結果，並依下列方式處理：

一　有關法律、自治條例之複決案，原法律或自治條例於公告之日算至第三日起，失其效力。

二　有關法律、自治條例立法原則之創制案，行政院、直轄市、縣（市）政府應於三個月內研擬相關之法律、自治條例提案，並送立法院、直轄市議會、縣（市）議會審議。立法院、直轄市議會、縣（市）議會應於下一會期休會前完成審議程序。

三　有關重大政策者，應由總統或權責機關爲實現該公民投票案內容之必要處置。

四　依憲法之複決案，立法院應咨請總統公布。

②立法院審議前項第二款之議案，不受立法院職權行使法第十三條規定之限制。

③立法院、直轄市議會或縣（市）議會依第一項第二款制定之法律或自治條例與創制案之立法原則有無牴觸發生疑義時，提案人之領銜人得聲請司法院解釋之。

④經創制之立法原則，立法機關不得變更；於法律、自治條例實施後，二年內不得修正或廢止。

⑤經複決廢止之法律、自治條例，立法機關於二年內不得再制定相同之法律。

⑥經創制或複決之重大政策，行政機關於二年內不得變更該創制或複決案內容之施政。

第三一條（公民投票案不通過者，投票結果之公告）

公民投票案不通過者，主管機關應於投票完畢七日內公告公民投票結果，並通知提案人之領銜人。

第三二條（同一事項再行提出之期間限制）

①主管機關公告公民投票之結果起二年內，不得就同一事項重行提出。

②同一事項之認定由主管機關爲之。

第五章　罰　則

第三三條（對公務員施暴妨害公民投票之處罰）

①意圖妨害公民投票，對於公務員依法執行職務時，施強暴、脅迫者，處五年以下有期徒刑。

②犯前項之罪，因而致公務員於死者，處無期徒刑或七年以上有期徒刑；致重傷者，處三年以上十年以下有期徒刑。

第三四條（聚衆以暴力妨害公民投票之處罰）

①公然聚衆，犯前條之罪者，在場助勢之人，處三年以下有期徒刑、拘役或科新臺幣三十萬元以下罰金；首謀及下手實施強暴、脅迫者，處三年以上十年以下有期徒刑。

②犯前項之罪，因而致公務員於死者，首謀及下手實施強暴、脅迫者，處無期徒刑或七年以上有期徒刑；致重傷者，處五年以上十二年以下有期徒刑。

第三五條（以強暴脅迫等方法妨害公民投票案之處罰）

①以強暴、脅迫或其他非法之方法，妨害他人爲公民投票案之提案、撤回提案、連署或投票，或使他人爲公民投票案之提案、撤回提案、連署或投票者，處五年以下有期徒刑。

②前項之未遂犯罰之。

第三六條（以賄賂或其他不正利益妨害投票權行使之處罰）

①對於有投票權之人，行求、期約或交付賄賂或其他不正利益，而約其不行使投票權或爲一定之行使者，處三年以上十年以下有期徒刑，得併科新臺幣一百萬元以上一千萬元以下罰金。

②預備犯前項之罪者，處一年以下有期徒刑。

③預備或用以行求、期約或交付之賄賂，不問屬於犯罪行爲人與否，沒收之。

④犯第一項或第二項之罪，於犯罪後六個月內自首者，減輕或免除其刑；因而查獲提案人為正犯或共犯者，免除其刑。

⑤犯第一項或第二項之罪，在偵查中自白者，減輕其刑；因而查獲提案人為正犯或共犯者，減輕或免除其刑。

第三七條　（以賄賂或其他不正利益使其不為提案之處罰）

①有下列行為之一者，處一年以上七年以下有期徒刑，併科新臺幣一百萬元以上一千萬元以下罰金：

一　對於該公民投票投票區內之團體或機構，假借捐助名義，行求、期約或交付賄賂或其他不正利益，使其團體或機構之構成員，不為提案、撤回提案、連署或投票，或為一定之提案、撤回提案、連署或投票。

二　以賄賂或其他不正利益，行求、期約或交付公民投票案提案人或連署人，使之不為提案、撤回提案、連署或投票，或為一定之提案、撤回提案、連署或投票。

②預備犯前項之罪者，處一年以下有期徒刑。

③預備或用以行求、期約或交付之賄賂，不問屬於犯罪行為人與否，沒收之。

第三八條　（意圖漁利等之處罰）

①意圖漁利，包攬第三十六條第一項或前條第一項各款之事務者，處三年以上十年以下有期徒刑，得併科新臺幣一百萬元以上一千萬元以下罰金。

②前項之未遂犯罰之。

第三九條　（妨礙公民投票案進行之處罰）

公民投票案之進行有下列情事之一者，在場助勢之人，處一年以下有期徒刑、拘役或科新臺幣十萬元以下罰金；首謀及下手實施者，處五年以下有期徒刑：

一　聚眾包圍公民投票案提案人、連署人或其住、居所者。

二　聚眾以強暴、脅迫或其他非法之方法，妨害公民投票案提案人、連署人對公民投票案之進行者。

第四〇條　（意圖妨害或擾亂投開票行為之處罰）

意圖妨害或擾亂公民投票案投票、開票而抑留、毀壞、隱匿、調換或奪取投票匭、公投票、投票權人名冊、投票報告表、開票報告表、開票統計或圈選工具者，處五年以下有期徒刑。

第四一條　（將公投票攜出場外者之處罰）

將領得之公投票攜出場外者，處一年以下有期徒刑、拘役或科新臺幣一萬五千元以下罰金。

第四二條　（在投票所四週喧嚷干擾或勸誘他人投票或不投票之處罰）

在投票所四周三十公尺內喧嚷、干擾或勸誘他人投票或不投票，經警衛人員制止後仍繼續為之者，處一年以下有期徒刑、拘役或科新臺幣一萬五千元以下罰金。

第四三條　（違法將投票內容出示他人及妨害秩序之處罰）

違反第二十一條第二項規定或有第二十二條第一項各款情事之一，經令其退出而不退出者，處二年以下有期徒刑、拘役或科新臺幣二十萬元以下罰金。

第四四條　（將公投票或選舉票以外之物投入票匭或故意撕毀之處罰）

將公投票或選舉票以外之物投入票匭，或故意撕毀領得之公投票者，處新臺幣五千元以上五萬元以下罰鍰。

第四五條　（違法接受捐贈之處罰）

①對於第二十條第一項第一款至第三款之捐贈，收受者應予查證，不符規定時，應於收受後二個月內繳交受理申報機關辦理繳庫。未依規定期限辦理繳庫者，處五年以下有期徒刑。

②對於第二十條第一項第四款之捐贈，收受者應予查證，不符規定時，應於一個月內返還，逾期或不能返還者，應於收受後二個月內繳交受理申報機關辦理繳庫。違反者，處新臺幣二十萬元以上一百萬元以下罰鍰，並得限期命其繳交；屆期不繳交者，得按次連續處罰。

③前二項收受者已盡查證義務者，不在此限。

④捐贈違反第二十條第一項者，按其捐贈之金額處二倍之罰鍰。但最高不得超過新臺幣一百萬元。

⑤違反第二十條第二項規定不依規定申報或違反第四項規定檢送收支憑據或證明文件者，處新臺幣十萬元以上五十萬元以下罰鍰，並限期申報或補正，逾期不申報或補正者，得按次連續處罰。

⑥對於經費之收入或支出金額，故意為不實之申報者，處新臺幣五十萬元以上二百五十萬元以下罰鍰。

⑦違反第二十條第六項規定或第七項所定辦法中關於登記設立及設立數量限制者，處新臺幣十萬元以上一百萬元以下罰鍰。

第四六條　（從重處罰）

①犯本章之罪，其他法律有較重處罰之規定者，從其規定。

②辦理公民投票事務人員，假借職務上之權力、機會或方法，以故意犯本章之罪者，加重其刑至二分之一。

③犯本章之罪，宣告有期徒刑以上之刑者，併宣告褫奪公權。

第六章　公民投票爭訟

第四七條　（公民投票之管轄法院）

公民投票之管轄法院，依下列之規定：

一　第一審全國性公民投票訴訟，專屬中央政府所在地之高等行政法院管轄；第一審地方性公民投票訴訟，由公民投票行為地之該管高等行政法院管轄，其行為地跨連或散在數高等行政法院管轄區域內者，各該高等行政法院均有管轄權。

二　不服高等行政法院第一審裁判而上訴、抗告之公民投票訴訟事件，由最高行政法院管轄。

第四八條　（公民投票投票無效之訴提起之期限、程序）

①有下列情事之一者，檢察官、提案人之領銜人得於投票結果公告之日起十五日內，以各該選舉委員會為被告，向管轄法院提起公民投票投票無效之訴：

一　各級選舉委員會辦理公民投票違法，足認有影響投票結果之虞。

二　對於提案領銜人、有公民投票權人或辦理公民投票事務人員施以強暴、脅迫或其他非法方法，妨害公民投票之宣傳、自由行使投票權或執行職務，足認有影響投票結果之虞。

三　有違反第三十六條、第三十七條、刑法第一百四十六條第一項、第二項規定之情事，足認有影響投票結果之虞。

②前項公民投票投票無效之訴經判決確定者，不因同一事由經刑事判決無罪而受影響。

第四九條　（公民投票判決無效確定之重行投票）

①公民投票投票無效之訴，經法院判決無效確定者，其公民投票之投票無效，並定期重行投票。其違法屬公民投票之局部者，局部之公民投票投票無效，並就該局部無效部分定期重行投票。但局部無效部分顯不足以影響結果者，不在此限。

②前項重行投票後，變更投票結果者，依第三十條之規定辦理。

第五〇條　（公民投票案通過或不通過確認之訴提起之期限、程序）

①公民投票案之通過或不通過，其票數不實足以影響投票結果者，檢察官、公民投票案提案人之領銜人，得於投票結果公告之日起十五日內，以該管選舉委員會為被告，向管轄法院提起確認公民投票案通過或不通過之訴。

②公民投票案通過或不通過確認之訴，經法院判決確定，變更原投票結果者，主管機關應於法院確定判決送達之日起七日內，依第三十條、第三十一條之規定辦理。

第五一條　（投票權人之舉發）

投票權人發覺有構成公民投票投票無效、公民投票案通過或不通過無效之情事時，得於投票結果公告之日起七日內，檢具事證，向檢察官舉發之。

第五二條　（公民投票訴訟不得再審）

公民投票訴訟不得提起再審之訴；各審受理之法院應於六個月內審結。

第五三條　（公民投票訴訟程序適用規定）

①主管機關駁回公民投票提案、認定連署不成立或於法定期間內不爲決定者，提案人之領銜人得依法提起行政爭訟。

②公民投票訴訟程序，除本法規定者外，適用行政訴訟法之規定。

③高等行政法院實施保全證據，得囑託地方法院爲之。

④民事訴訟法第一百十六條第三項規定，於保全證據時，得準用之。

第七章　附　則

第五四條　（罰鍰）

本法所定罰鍰，由各該主管機關處罰；經通知限期繳納，逾期不繳納者，依法移送強制執行。

第五五條　（施行細則）

本法施行細則，由主管機關定之。

第五六條　（施行日）

本法自公布日施行。

集會遊行法

①民國77年1月20日總統令制定公布全文35條。
②民國81年7月27日總統令修正公布名稱及第1、4、9、18、22、27、28、30、31條條文（原名稱：動員戡亂時期集會遊行法）。
③民國91年6月26日總統令修正公布第6、9、11、15、16、25條條文。
④民國110年1月27日總統令修正公布第10條條文。

第一條　（立法目的）
①為保障人民集會、遊行之自由，維護社會秩序，特制定本法。
②本法未規定者，適用其他法律之規定。

第二條　（集會與遊行之意義）
①本法所稱集會，係指於公共場所或公眾得出入之場所舉行會議、演說或其他聚眾活動。
②本法所稱遊行，係指於市街、道路、巷弄或其他公共場所或公眾得出入之場所之集體行進。

第三條　（主管機關）
①本法所稱主管機關，係指集會、遊行所在地之警察分局。
②集會、遊行所在地跨越二個以上警察分局之轄區者，其主管機關為直轄市、縣（市）警察局。

第四條　（禁止事項）
集會遊行不得主張共產主義或分裂國土。

第五條　（妨害合法集會遊行之禁止）
對於合法舉行之集會、遊行，不得以強暴、脅迫或其他非法方法予以妨害。

第六條　（禁止集會遊行地區及例外）91
①集會、遊行不得在左列地區及其週邊範圍舉行。但經主管機關核准者，不在此限：
一　總統府、行政院、司法院、考試院、各級法院及總統、副總統官邸。
二　國際機場、港口。
三　重要軍事設施地區。
四　各國駐華使領館、代表機構、國際組織駐華機構及其館長官邸。
②前項第一款、第二款地區之週邊範圍，由內政部劃定公告；第三款地區之週邊範圍，由國防部劃定公告。但均不得逾三百公尺。第四款地區之週邊範圍，由外交部劃定公告。但不得逾五十公尺。

第七條　（負責人）
①集會、遊行應有負責人。
②依法設立之團體舉行之集會、遊行，其負責人為該團體之代表人或其指定之人。

第八條　（室外集會遊行之申請）
①室外集會、遊行，應向主管機關申請許可。但左列各款情形不在此限：
一　依法令規定舉行者。
二　學術、藝文、旅遊、體育競賽或其他性質相類之活動。
三　宗教、民俗、婚、喪、喜、慶活動。
②室內集會無須申請許可。但使用擴音器或其他視聽器材足以形成室外集會者，以室外集會論。

第九條　（申請書應載事項及申請期間）91
①室外集會、遊行，應由負責人填具申請書，載明左列事項，於六日前向主管機關申請

許可。但因不可預見之重大緊急事故，且非即刻舉行，無法達到目的者，不受六日前申請之限制：

一　負責人或其代理人、糾察員姓名、性別、職業、出生年月日、國民身分證統一編號、住居所及電話號碼。

二　集會、遊行之目的、方式及起訖時間。

三　集會處所或遊行之路線及集合、解散地點。

四　預定參加人數。

五　車輛、物品之名稱、數量。

②前項第一款代理人，應檢具代理同意書；第三款集會處所，應檢具處所之所有人或管理人之同意文件；遊行，應檢具詳細路線圖。

第一〇條 110

有下列情形之一者，不得為應經許可之室外集會、遊行之負責人、其代理人或糾察員：

一　未成年。

二　無中華民國國籍。

三　經判處有期徒刑以上之刑確定，尚未執行或執行未畢。但受緩刑宣告者，不在此限。

四　受保安處分之裁判確定，尚未執行或執行未畢。

五　受監護或輔助之宣告，尚未撤銷。

第一一條　（室外集會遊行不予許可之情形）91

申請室外集會、遊行，除有左列情事之一者外，應予許可：

一　違反第六條或第十條規定者。

二　有明顯事實足認為有危害國家安全、社會秩序或公共利益者。

三　有明顯事實足認為有危害生命、身體、自由或對財物造成重大損壞者。

四　同一時間、處所、路線已有他人申請並經許可者。

五　未經依法設立或經撤銷、廢止許可或命令解散之團體，以該團體名義申請者。

六　申請不合第九條規定者。

第一二條　（申請准駁之通知）

①室外集會、遊行申請之許可或不許可，主管機關應於收受申請書之日起三日內以書面通知負責人。

②依第九條第一項但書之規定提出申請者，主管機關應於收受申請書之時起二十四小時內，以書面通知負責人。

③主管機關未在前二項規定期限內通知負責人者，視為許可。

第一三條（許可通知書應記載事項）

①室外集會、遊行許可之通知書，應載明左列事項：

一　負責人姓名、出生年月日、住居所；有代理人者，其姓名、出生年月日、住居所。

二　目的及起訖時間。

三　集會處所或遊行之路線及集合、解散地點。

四　參加人數。

五　車輛、物品之名稱、數量。

六　糾察員人數及其姓名。

七　限制事項。

八　許可機關及年月日。

②室外集會、遊行不予許可之通知書，應載明理由及不服之救濟程序。

第一四條　（許可限制事項）

主管機關許可室外集會、遊行時，得就左列事項為必要之限制：

一　關於維護重要地區、設施或建築物安全之事項。

二　關於防止妨礙政府機關公務之事項。

三　關於維持交通秩序或公共衛生之事項。

四　關於維持機關、學校等公共場所安寧之事項。

五　關於集會、遊行之人數、時間、處所、路線事項。

六　關於妨害身分辨識之化裝事項。

第一五條　（室外集會遊行許可之撤銷、廢止或變更）91

①室外集會、遊行經許可後，因天然災變或重大事故，主管機關爲維護社會秩序、公共利益或集會、遊行安全之緊急必要，得廢止許可或變更原許可之時間、處所、路線或限制事項。其有第十一條第一款至第六款情事之一者，應撤銷、廢止許可。

②前項之撤銷、廢止或變更，應於集會、遊行前以書面載明理由，通知負責人；集會、遊行時，亦同。

第一六條　（對主管機關不予許可等之申復）91

①室外集會、遊行之負責人，於收受主管機關不予許可、許可限制事項、撤銷、廢止許可、變更許可事項之通知後，其有不服者，應於收受通知書之日起二日內以書面附具理由提出於原主管機關向其上級警察機關申復。但第十二條第二項情形，應於收受通知書之時起二十四小時內提出。

②原主管機關認爲申復有理由者，應即撤銷或變更原通知；認爲無理由者，應於收受申復書之日起二日內連同卷證檢送其上級警察機關。但第十二條第二項情形，應於收受申復書之時起十二小時內檢送。

③上級警察機關應於收受卷證之日起二日內決定，並以書面通知負責人。但第十二條第二項情形，應於收受卷證之時起十二小時內決定，並通知負責人。

第一七條　（申復之效力）

依前條規定提出之申復，不影響原通知之效力。

第一八條　（負責人親自主持維持秩序並清理污染）

集會、遊行之負責人，應於集會、遊行時親自在場主持，維持秩序；其集會處所、遊行路線於使用後遺有廢棄物或污染者，並應負責清理。

第一九條　（代理人代爲主持並維持秩序）

①集會、遊行之負責人，因故不能親自在場主持或維持秩序時，得由代理人代理之。

②前項代理人之權責與負責人同。

第二〇條　（指定糾察員維持秩序）

①集會、遊行之負責人，得指定糾察員協助維持秩序。

②前項糾察員在場協助維持秩序時，應佩戴「糾察員」字樣臂章。

第二一條　（維持秩序與排除妨害）

①集會、遊行之參加人，應服從負責人或糾察員關於維持秩序之指揮。

②對於妨害集會遊行之人，負責人或糾察員得予以排除。受排除之人，應立即離開現場。

第二二條　（宣布中止或結束集會遊行）

①集會、遊行之負責人，宣布中止或結束集會、遊行時，參加人應即解散。

②宣布中止或結束後之行爲，應由行爲人負責。但參加人未解散者，負責人應負疏導勸離之責。

第二三條　（危險物品之禁止攜帶）

集會、遊行之負責人、其代理人或糾察員及參加人均不得攜帶足以危害他人生命、身體、自由或財產安全之物品。

第二四條　（警察人員之維持秩序等）

①集會、遊行時，警察人員得到場維持秩序。

②主管機關依負責人之請求，應到場疏導交通及維持秩序。

第二五條　（主管機關之警告、制止或命令解散）91

①有左列情事之一者，該管主管機關得予警告、制止或命令解散：

一　應經許可之集會、遊行未經許可或其許可經撤銷、廢止而擅自舉行者。
二　經許可之集會、遊行而有違反許可事項、許可限制事項者。
三　利用第八條第一項各款集會、遊行，而有違反法令之行爲者。
四　有其他違反法令之行爲者。

②前項制止、命令解散，該管主管機關得強制爲之。

第二六條　（公平合理考量而爲准駁限制等）

集會遊行之不予許可、限制或命令解散，應公平合理考量人民集會、遊行權利與其他法益間之均衡維護，以適當之方法爲之，不得逾越所欲達成目的之必要限度。

第二七條　（罰則）

經許可集會、遊行之負責人或代理人違反第十八條規定者，處新臺幣三萬元以下罰鍰。

第二八條　（罰則）

①集會、遊行，經該管主管機關命令解散而不解散者，處集會、遊行負責人或其代理人或主持人新臺幣三萬元以上十五萬元以下罰鍰。

②集會遊行負責人未盡第二十二條第二項但書之責，致集會遊行繼續進行者，處新臺幣三萬元以下罰鍰。

第二九條　（罰則）

集會、遊行經該管主管機關命令解散而不解散，仍繼續舉行經制止而不遵從，首謀者處二年以下有期徒刑或拘役。

第三〇條　（罰則）

集會、遊行時，以文字、圖畫、演說或他法，侮辱、誹謗公署、依法執行職務之公務員或他人者，處二年以下有期徒刑、拘役或科或併科新臺幣六萬元以下罰金。

第三一條　（罰則）

違反第五條之規定者，處二年以下有期徒刑、拘役或科或併科新臺幣三萬元以下罰金。

第三二條　（連帶責任）

集會、遊行時，糾察員不法侵害他人之權利者，由負責人與行爲人連帶負損害賠償責任。但行爲人基於自己意思之行爲而引起損害者，由行爲人自行負責。

第三三條　（危險物品之扣留）

第二十三條規定之物品，不問屬於何人所有，均得扣留並依法處理。

第三四條　（罰鍰之強制執行）

依本法所處罰鍰，經通知繳納逾期不繳納者，移送法院強制執行。

第三五條　（施行日）

本法自公布日施行。

貳、行政法及相關法規

地方制度法

①民國88年1月25日總統令制定公布全文88條；並自公布日施行。
②民國94年6月22日總統令修正公布第57條條文。
③民國94年11月30日總統令修正公布第26條條文。
④民國94年12月14日總統令修正公布第56條條文。
⑤民國96年5月23日總統令修正公布第4、7條條文。
⑥民國96年7月11日總統令修正公布第9、56、62、88條條文；並自96年1月1日施行。
⑦民國98年4月15日總統令修正公布第7條條文；並增訂第7-1、7-2、87-1至87-3條條文。
⑧民國98年5月27日總統令修正公布第79、88條條文；並自98年11月23日施行。
⑨民國99年2月3日總統令修正公布第21、33、48、55、58條條文；並增訂第7-3、24-1至24-3、40-1、58-1、83-1條條文。
⑩民國103年1月29日總統令修正公布第6、27、45、55至57、62、77、82、83、87、88條條文；增訂第83-2至83-8、87條條文及第四章之一章名；並刪除第22條條文；除第87條及第四章之一（第83-2至83-8條）施行日期，由行政院定之外，餘自公布日施行。
民國103年5月28日行政院令發布第四章之一及第87條自103年5月28日施行。
⑪民國104年2月4日總統令修正公布第79條條文。
⑫民國104年6月17日總統令修正公布第4條條文。
⑬民國105年6月22日總統令修正公布第44、46條條文。
⑭民國111年5月25日總統令修正公布第57、78、82條條文。
⑮民國113年8月7日總統令修正公布第33條條文。

第一章　總　則

第一條　（立法依據）
①本法依中華民國憲法第一百十八條及中華民國憲法增修條文第九條第一項制定之。
②地方制度依本法之規定，本法未規定者，適用其他法律之規定。

第二條　（用詞定義）
本法用詞之定義如下：
一　地方自治團體：指依本法實施地方自治，具公法人地位之團體。省政府爲行政院派出機關，省爲非地方自治團體。
二　自治事項：指地方自治團體依憲法或本法規定，得自爲立法並執行，或法律規定應由該團體辦理之事務，而負其政策規劃及行政執行責任之事項。
三　委辦事項：指地方自治團體依法律、上級法規或規章規定，在上級政府指揮監督下，執行上級政府交付辦理之非屬該團體事務，而負其行政執行責任之事項。
四　核定：指上級政府或主管機關，對於下級政府或機關所陳報之事項，加以審查，並作成決定，以完成該事項之法定效力之謂。
五　備查：指下級政府或機關間就其得全權處理之業務，依法完成法定效力後，陳報上級政府或主管機關知悉之謂。
六　去職：指依公務員懲戒法規定受撤職之懲戒處分、依公職人員選舉罷免法規定被罷免或依本法規定被解除職權或職務者。

第三條　（地方組織體系）
①地方劃分爲省、直轄市。
②省劃分爲縣、市「以下稱縣（市）」；縣劃分爲鄉、鎮、縣轄市「以下稱鄉（鎮、市）」。
③直轄市及市均劃分爲區。

④鄉以內之編組為村；鎮、縣轄市及區以內之編組為里；村、里「以下稱村（里）」以內之編組為鄰。

第四條（直轄市、市及縣轄市設置標準）104

①人口聚居達一百二十五萬人以上，且在政治、經濟、文化及都會區域發展上，有特殊需要之地區得設直轄市。

②縣人口聚居達二百萬人以上，未改制為直轄市前，於第三十四條、第五十四條、第五十五條、第六十二條、第六十六條、第六十七條及其他法律關於直轄市之規定，準用之。

③人口聚居達五十萬人以上未滿一百二十五萬人，且在政治、經濟及文化上地位重要之地區，得設市。

④人口聚居達十萬人以上未滿五十萬人，且工商發達、自治財源充裕、交通便利及公共設施完全之地區，得設縣轄市。

⑤本法施行前已設之直轄市、市及縣轄市，得不適用第一項、第三項及第四項之規定。

第五條（各級行政區域之機關）

①省設省政府、省諮議會。

②直轄市設直轄市議會、直轄市政府；縣（市）設縣（市）議會、縣（市）政府；鄉（鎮、市）設鄉（鎮、市）民代表會、鄉（鎮、市）公所，分別為直轄市、縣（市）、鄉（鎮、市）之立法機關及行政機關。

③直轄市、市之區設區公所。

④村（里）設村（里）辦公處。

第六條（各級行政區域依原名稱及更名規定）103

①省、直轄市、縣（市）、鄉（鎮、市）、區及村（里）名稱，依原有之名稱。

②前項名稱之變更，依下列規定辦理之：

一　省：由內政部報行政院核定。

二　直轄市：由直轄市政府提請直轄市議會通過，報行政院核定。

三　縣（市）：由縣（市）政府提請縣（市）議會通過，由內政部轉報行政院核定。

四　鄉（鎮、市）及村（里）：由鄉（鎮、市）公所提請鄉（鎮、市）民代表會通過，報縣政府核定。

五　直轄市、市之區、里：由各該市政府提請市議會通過後辦理。

③鄉（鎮）符合第四條第四項規定，改制為縣轄市者，準用前項之規定。

第七條（行政區域之調整依法行之）98

①省、直轄市、縣（市）、鄉（鎮、市）及區〔以下簡稱鄉（鎮、市、區）〕之新設、廢止或調整，依法律規定行之。

②縣（市）改制或與其他直轄市、縣（市）行政區域合併改制為直轄市者，依本法之規定。

③村（里）、鄰之編組及調整辦法，由直轄市、縣（市）另定之。

第七條之一（改制計畫之同意、核定與公告程序）98

①內政部基於全國國土合理規劃及區域均衡發展之需要，擬將縣（市）改制或與其他直轄市、縣（市）合併改制為直轄市者，應擬訂改制計畫，徵詢相關直轄市政府、縣（市）政府意見後，報請行政院核定之。

②縣（市）擬改制為直轄市者，縣（市）政府得擬訂改制計畫，經縣（市）議會同意後，由內政部報請行政院核定之。

③縣（市）擬與其他直轄市、縣（市）合併改制為直轄市者，相關直轄市政府、縣（市）政府得共同擬訂改制計畫，經各該直轄市議會、縣（市）議會同意後，由內政部報請行政院核定之。

④行政院收到內政部陳報改制計畫，應於六個月內決定之。

⑤內政部應於收到行政院核定公文之次日起三十日內，將改制計畫發布，並公告改制日期。

第七條之二（改制計畫應載明事項）98

前條改制計畫應載明下列事項：
一　改制後之名稱。
二　歷史沿革。
三　改制前、後行政區域範圍、人口及面積。
四　縣原轄鄉（鎮、市）及村改制爲區、里，其改制前、後之名稱及其人口、面積。
五　標註改制前、後行政界線之地形圖及界線會勘情形。
六　改制後對於地方政治、財政、經濟、文化、都會發展、交通之影響分析。
七　改制後之直轄市議會及直轄市政府所在地。
八　原直轄市、縣（市）、鄉（鎮、市、區）相關機關（構）、學校，於改制後組織變更、業務調整、人員移撥、財產移轉及自治法規處理之規劃。
九　原直轄市、縣（市）、鄉（鎮、市、區）相關機關（構）、學校，於改制後預算編製及執行等事項之規劃原則。
十　其他有關改制之事項。

第七條之三　（直轄市區行政區域之整併）99
依第七條之一改制之直轄市，其區之行政區域，應依相關法律規定整併之。

第二章　省政府與省諮議會

第八條　（省政府功能與職掌）
省政府受行政院指揮監督，辦理下列事項：
一　監督縣（市）自治事項。
二　執行省政府行政事務。
三　其他法令授權或行政院交辦事項。

第九條　（省政府之編制）96
省政府置委員九人，組成省政府委員會議，行使職權，其中一人爲主席，由其他特任人員兼任，綜理省政業務，其餘委員爲無給職，均由行政院院長提請總統任命之。

第一〇條　（省諮議會之職掌）
省諮議會對省政府業務提供諮詢及興革意見。

第一一條　（諮議長與諮議員）
省諮議會置諮議員，任期三年，爲無給職，其人數由行政院參酌轄區幅員大小、人口多寡及省政業務需要定之，至少五人，至多二十九人，並指定其中一人爲諮議長，綜理會務，均由行政院院長提請總統任命之。

第一二條　（省政府及省諮議會之預算）
省政府及省諮議會之預算，由行政院納入中央政府總預算，其預算編列、執行及財務收支事項，依預算法、決算法、國庫法及其他相關法令規定辦理。

第一三條　（組織規程之訂定）
省政府組織規程及省諮議會組織規程，均由行政院定之。

第三章　地方自治

第一節　地方自治團體及其居民之權利與義務

第一四條　（地方自治團體之種類及功能）
直轄市、縣（市）、鄉（鎮、市）爲地方自治團體，依本法辦理自治事項，並執行上級政府委辦事項。

第一五條　（居民之定義及要件）
中華民國國民，設籍在直轄市、縣（市）、鄉（鎮、市）地方自治區域內者，爲直轄市民、縣（市）民、鄉（鎮、市）民。

第一六條　（居民之權利）

直轄市民、縣（市）民、鄉（鎮、市）民之權利如下：
一　對於地方公職人員有依法選舉、罷免之權。
二　對於地方自治事項，有依法行使創制、複決之權。
三　對於地方公共設施有使用之權。
四　對於地方教育文化、社會福利、醫療衛生事項，有依法律及自治法規享受之權。
五　對於地方政府資訊，有依法請求公開之權。
六　其他依法律及自治法規賦予之權利。

第一七條　（居民之義務）

直轄市民、縣（市）民、鄉（鎮、市）民之義務如下：
一　遵守自治法規之義務。
二　繳納自治稅捐之義務。
三　其他依法律及自治法規所課之義務。

第二節　自治事項

第一八條　（直轄市自治事項）

下列各款為直轄市自治事項：
一　關於組織及行政管理事項如下：
㈠直轄市公職人員選舉、罷免之實施。
㈡直轄市組織之設立及管理。
㈢直轄市戶籍行政。
㈣直轄市土地行政。
㈤直轄市新聞行政。
二　關於財政事項如下：
㈠直轄市財務收支及管理。
㈡直轄市稅捐。
㈢直轄市公共債務。
㈣直轄市財產之經營及處分。
三　關於社會服務事項如下：
㈠直轄市社會福利。
㈡直轄市公益慈善事業及社會救助。
㈢直轄市人民團體之輔導。
㈣直轄市宗教輔導。
㈤直轄市殯葬設施之設置及管理。
㈥直轄市調解業務。
四　關於教育文化及體育事項如下：
㈠直轄市學前教育、各級學校教育及社會教育之興辦及管理。
㈡直轄市藝文活動。
㈢直轄市體育活動。
㈣直轄市文化資產保存。
㈤直轄市禮儀民俗及文獻。
㈥直轄市社會教育、體育與文化機構之設置、營運及管理。
五　關於勞工行政事項如下：
㈠直轄市勞資關係。
㈡直轄市勞工安全衛生。
六　關於都市計畫及營建事項如下：
㈠直轄市都市計畫之擬定、審議及執行。
㈡直轄市建築管理。

㈢直轄市住宅業務。
㈣直轄市下水道建設及管理。
㈤直轄市公園綠地之設立及管理。
㈥直轄市營建廢棄土之處理。

七　關於經濟服務事項如下：
㈠直轄市農、林、漁、牧業之輔導及管理。
㈡直轄市自然保育。
㈢直轄市工商輔導及管理。
㈣直轄市消費者保護。

八　關於水利事項如下：
㈠直轄市河川整治及管理。
㈡直轄市集水區保育及管理。
㈢直轄市防洪排水設施興建管理。
㈣直轄市水資源基本資料調查。

九　關於衛生及環境保護事項如下：
㈠直轄市衛生管理。
㈡直轄市環境保護。

十　關於交通及觀光事項如下：
㈠直轄市道路之規劃、建設及管理。
㈡直轄市交通之規劃、營運及管理。
㈢直轄市觀光事業。

十一　關於公共安全事項如下：
㈠直轄市警政、警衛之實施。
㈡直轄市災害防救之規劃及執行。
㈢直轄市民防之實施。

十二　關於事業之經營及管理事項如下：
㈠直轄市合作事業。
㈡直轄市公用及公營事業。
㈢與其他地方自治團體合辦之事業。

十三　其他依法律賦予之事項。

第一九條　（縣（市）自治事項）

下列各款爲縣（市）自治事項：

一　關於組織及行政管理事項如下：
㈠縣（市）公職人員選舉、罷免之實施。
㈡縣（市）組織之設立及管理。
㈢縣（市）戶籍行政。
㈣縣（市）土地行政。
㈤縣（市）新聞行政。

二　關於財政事項如下：
㈠縣（市）財務收支及管理。
㈡縣（市）稅捐。
㈢縣（市）公共債務。
㈣縣（市）財產之經營及處分。

三　關於社會服務事項如下：
㈠縣（市）社會福利。
㈡縣（市）公益慈善事業及社會救助。
㈢縣（市）人民團體之輔導。
㈣縣（市）宗教輔導。

㈤縣（市）殯葬設施之設置及管理。
㈥市調解業務。
四　關於教育文化及體育事項如下：
㈠縣（市）學前教育、各級學校教育及社會教育之興辦及管理。
㈡縣（市）藝文活動。
㈢縣（市）體育活動。
㈣縣（市）文化資產保存。
㈤縣（市）禮儀民俗及文獻。
㈥縣（市）社會教育、體育與文化機構之設置、營運及管理。
五　關於勞工行政事項如下：
㈠縣（市）勞資關係。
㈡縣（市）勞工安全衛生。
六　關於都市計畫及營建事項如下：
㈠縣（市）都市計畫之擬定、審議及執行。
㈡縣（市）建築管理。
㈢縣（市）住宅業務。
㈣縣（市）下水道建設及管理。
㈤縣（市）公園綠地之設立及管理。
㈥縣（市）營建廢棄土之處理。
七　關於經濟服務事項如下：
㈠縣（市）農、林、漁、牧業之輔導及管理。
㈡縣（市）自然保育。
㈢縣（市）工商輔導及管理。
㈣縣（市）消費者保護。
八　關於水利事項如下：
㈠縣（市）河川整治及管理。
㈡縣（市）集水區保育及管理。
㈢縣（市）防洪排水設施興建管理。
㈣縣（市）水資源基本資料調查。
九　關於衛生及環境保護事項如下：
㈠縣（市）衛生管理。
㈡縣（市）環境保護。
十　關於交通及觀光事項如下：
㈠縣（市）管道路之規劃、建設及管理。
㈡縣（市）交通之規劃、營運及管理。
㈢縣（市）觀光事業。
十一　關於公共安全事項如下：
㈠縣（市）警衛之實施。
㈡縣（市）災害防救之規劃及執行。
㈢縣（市）民防之實施。
十二　關於事業之經營及管理事項如下：
㈠縣（市）合作事業
㈡縣（市）公用及公營事業。
㈢縣（市）公共造產事業。
㈣與其他地方自治團體合辦之事業。
十三　其他依法律賦予之事項。

第二〇條　（鄉（鎮、市）自治事項）

下列各款爲鄉（鎮、市）自治事項：

一　關於組織及行政管理事項如下：
㈠鄉（鎮、市）公職人員選舉、罷免之實施。
㈡鄉（鎮、市）組織之設立及管理。
㈢鄉（鎮、市）新聞行政。
二　關於財政事項如下：
㈠鄉（鎮、市）財務收支及管理。
㈡鄉（鎮、市）稅捐。
㈢鄉（鎮、市）公共債務。
㈣鄉（鎮、市）財產之經營及處分。
三　關於社會服務事項如下：
㈠鄉（鎮、市）社會福利。
㈡鄉（鎮、市）公益慈善事業及社會救助。
㈢鄉（鎮、市）殯葬設施之設置及管理。
㈣鄉（鎮、市）調解業務。
四　關於教育文化及體育事項如下：
㈠鄉（鎮、市）社會教育之興辦及管理。
㈡鄉（鎮、市）藝文活動。
㈢鄉（鎮、市）體育活動。
㈣鄉（鎮、市）禮儀民俗及文獻。
㈤鄉（鎮、市）社會教育、體育與文化機構之設置、營運及管理。
五　關於環境衛生事項如下：
鄉（鎮、市）廢棄物清除及處理。
六　關於營建、交通及觀光事項如下：
㈠鄉（鎮、市）道路之建設及管理。
㈡鄉（鎮、市）公園綠地之設立及管理。
㈢鄉（鎮、市）交通之規劃、營運及管理。
㈣鄉（鎮、市）觀光事業。
七　關於公共安全事項如下：
㈠鄉（鎮、市）災害防救之規劃及執行。
㈡鄉（鎮、市）民防之實施。
八　關於事業之經營及管理事項如下：
㈠鄉（鎮、市）公用及公營事業。
㈡鄉（鎮、市）公共造產事業。
㈢與其他地方自治團體合辦之事業。
九　其他依法律賦予之事項。

第二一條　（跨區域事務之辦理）99

地方自治事項涉及跨直轄市、縣（市）、鄉（鎮、市）區域時，由各該地方自治團體協商辦理；必要時，由共同上級業務主管機關協調各相關地方自治團體共同辦理或指定其中一地方自治團體限期辦理。

第二二條　（刪除）103

第二三條　（執行自治事項並負責）

直轄市、縣（市）、鄉（鎮、市）對各該自治事項，應全力執行，並依法負其責任。

第二四條　（地方自治團體合辦事業之規範）

①直轄市、縣（市）、鄉（鎮、市）與其他直轄市、縣（市）、鄉（鎮、市）合辦之事業，經有關直轄市議會、縣（市）議會、鄉（鎮、市）民代表會通過後，得設組織經營之。

②前項合辦事業涉及直轄市議會、縣（市）議會、鄉（鎮、市）民代表會職權事項者，得由有關直轄市議會、縣（市）議會、鄉（鎮、市）民代表會約定之議會或代表會決

定之。

第二四條之一　（區域合作組織之成立）99

①直轄市、縣（市）、鄉（鎮、市）為處理跨區域自治事務、促進區域資源之利用或增進區域居民之福祉，得與其他直轄市、縣（市）、鄉（鎮、市）成立區域合作組織、訂定協議、行政契約或以其他方式合作，並報共同上級業務主管機關備查。

②前項情形涉及直轄市議會、縣（市）議會、鄉（鎮、市）民代表會職權者，應經各該直轄市議會、縣（市）議會、鄉（鎮、市）民代表會同意。

③第一項情形涉及管轄權限之移轉或調整者，直轄市、縣（市）、鄉（鎮、市）應制（訂）定、修正各該自治法規。

④共同上級業務主管機關對於直轄市、縣（市）、鄉（鎮、市）所提跨區域之建設計畫或第一項跨區域合作事項，應優先給予補助或其他必要之協助。

第二四條之二　（訂定行政契約應記載之內容）99

直轄市、縣（市）、鄉（鎮、市）與其他直轄市、縣（市）、鄉（鎮、市）依前條第一項規定訂定行政契約時，應視事務之性質，載明下列事項：

一　訂定行政契約之團體或機關。
二　合作之事項及方法。
三　費用之分攤原則。
四　合作之期間。
五　契約之生效要件及時點。
六　違約之處理方式。
七　其他涉及相互間權利義務之事項。

第二四條之三　（依約定履行義務）99

直轄市、縣（市）、鄉（鎮、市）應依約定履行其義務；遇有爭議時，得報請共同上級業務主管機關協調或依司法程序處理。

第三節　自治法規

第二五條　（自治法規）

直轄市、縣（市）、鄉（鎮、市）得就其自治事項或依法律及上級法規之授權，制定自治法規。自治法規經地方立法機關通過，並由各該行政機關公布者，稱自治條例；自治法規由地方行政機關訂定，並發布或下達者，稱自治規則。

第二六條　（自治條例）94

①自治條例應分別冠以各該地方自治團體之名稱，在直轄市稱直轄市法規，在縣（市）稱縣（市）規章，在鄉（鎮、市）稱鄉（鎮、市）規約。

②直轄市法規、縣（市）規章就違反地方自治事項之行政業務者，得規定處以罰鍰或其他種類之行政罰。但法律另有規定者，不在此限。其為罰鍰之處罰，逾期不繳納者，得依相關法律移送強制執行。

③前項罰鍰之處罰，最高以新臺幣十萬元為限；並得規定連續處罰之。其他行政罰之種類限於勒令停工、停止營業、吊扣執照或其他一定期限內限制或禁止為一定行為之不利處分。

④自治條例經各該地方立法機關議決後，如規定有罰則時，應分別報經行政院、中央各該主管機關核定後發布；其餘除法律或縣規章另有規定外，直轄市法規發布後，應報中央各該主管機關轉行政院備查；縣（市）規章發布後，應報中央各該主管機關備查；鄉（鎮、市）規約發布後，應報縣政府備查。

第二七條　（訂定自治規則）103

①直轄市政府、縣（市）政府、鄉（鎮、市）公所就其自治事項，得依其法定職權或法律、基於法律授權之法規、自治條例之授權，訂定自治規則。

②前項自治規則應分別冠以各該地方自治團體之名稱，並得依其性質，定名為規程、規

則、細則、辦法、綱要、標準或準則。

③直轄市、縣（市）、鄉（鎮、市）自治規則，除法律或基於法律授權之法規另有規定外，應於發布後分別函報行政院、中央各該主管機關、縣政府備查，並函送各該地方立法機關查照。

第二八條　（以自治條例訂定之事項）

下列事項以自治條例定之：

一　法律或自治條例規定應經地方立法機關議決者。

二　創設、剝奪或限制地方自治團體居民之權利義務者。

三　關於地方自治團體及所營事業機構之組織者。

四　其他重要事項，經地方立法機關議決應以自治條例定之者。

第二九條　（委辦規則之訂定）

①直轄市政府、縣（市）政府、鄉（鎮、市）公所為辦理上級機關委辦事項，得依其法定職權或基於法律、中央法規之授權，訂定委辦規則。

②委辦規則應函報委辦機關核定後發布之；其名稱準用自治規則之規定。

第三〇條　（地方行政規則之效力）

①自治條例與憲法、法律或基於法律授權之法規或上級自治團體自治條例牴觸者，無效。

②自治規則與憲法、法律、基於法律授權之法規、上級自治團體自治條例或該自治團體自治條例牴觸者，無效。

③委辦規則與憲法、法律、中央法令牴觸者，無效。

④第一項及第二項發生牴觸無效者，分別由行政院、中央各該主管機關、縣政府予以函告。第三項發生牴觸無效者，由委辦機關予以函告無效。

⑤自治法規與憲法、法律、基於法律授權之法規、上級自治團體自治條例或該自治團體自治條例有無牴觸發生疑義時，得聲請司法院解釋之。

第三一條　（自律規則之訂定、發布及效力）

①地方立法機關得訂定自律規則。

②自律規則除法律或自治條例另有規定外，由各該立法機關發布，並報各該上級政府備查。

③自律規則與憲法、法律、中央法規或上級自治法規牴觸者，無效。

第三二條　（地方行政規則之發布程序與生效條件）

①自治條例經地方立法機關議決後，函送各該地方行政機關，地方行政機關收到後，除法律另有規定，或依第三十九條規定提起覆議、第四十三條規定報請上級政府予以函告無效或聲請司法院解釋者外，應於三十日內公布。

②自治法規、委辦規則依規定應經其他機關核定者，應於核定文送達各該地方行政機關三十日內公布或發布。

③自治法規、委辦規則須經上級政府或委辦機關核定者，核定機關應於一個月內為核定與否之決定；逾期視為核定，由函報機關逕行公布或發布。但因內容複雜、關係重大，須較長時間之審查，經核定機關具明理由函告延長核定期限者，不在此限。

④自治法規、委辦規則自公布或發布之日起算至第三日起發生效力。但特定有施行日期者，自該特定日起發生效力。

⑤第一項及第二項自治法規、委辦規則，地方行政機關未依規定期限公布或發布者，該自治法規、委辦規則自期限屆滿之日起算至第三日起發生效力，並由地方立法機關代為發布。但經上級政府或委辦機關核定者，由核定機關代為發布。

第四節　自治組織

第一款　地方立法機關

第三三條 113

①直轄市議員、縣（市）議員、鄉（鎮、市）民代表分別由直轄市民、縣（市）民、鄉（鎮、市）民依法選舉之，任期四年，連選得連任。

②直轄市議員、縣（市）議員、鄉（鎮、市）民代表名額，應參酌各該直轄市、縣（市）、鄉（鎮、市）財政、區域狀況，並依下列規定，於地方立法機關組織準則定之：

一　直轄市議員總額：

㈠區域議員名額：直轄市人口扣除原住民人口在二百萬人以下者，不得超過五十五人；超過二百萬人者，不得超過六十二人。

㈡原住民議員名額：有平地原住民人口在二千人以上者，應有平地原住民選出之議員名額；有山地原住民人口在二千人以上或改制前有山地鄉者，應有山地原住民選出之議員名額。

二　縣（市）議員總額：

㈠區域議員名額：縣（市）人口扣除原住民人口在一萬人以下者，不得超過十一人；人口在二十萬人以下者，不得超過十九人；人口在四十萬人以下者，不得超過三十三人；人口在七十萬人以下者，不得超過四十三人；人口在一百六十萬人以下者，不得超過五十七人；人口超過一百六十萬人者，不得超過六十人。但依第二目規定計算無原住民議員名額者，原住民人口應計入之。

㈡原住民議員名額：有平地原住民人口在一千五百人以上者，應有平地原住民選出之議員名額；有山地原住民人口在一千五百人以上或有山地鄉者，應有山地原住民選出之議員名額。無山地鄉之縣（市）山地原住民、平地原住民人口數均未達一千五百人以上者，且原住民人口數在二千人以上者，應有原住民選出之議員名額。

㈢有離島鄉且該鄉人口在二千五百人以上者，依前二目規定計算之名額內應有該鄉選出之議員名額。

三　鄉（鎮、市）民代表總額：

㈠鄉（鎮、市）人口在一千人以下者，不得超過五人；人口在一萬人以下者，不得超過七人；人口在五萬人以下者，不得超過十一人；人口在十五萬人以下者，不得超過十九人；人口超過十五萬人者，不得超過三十一人。

㈡鄉（鎮、市）有平地原住民人口在一千五百人以上者，於前目總額內應有平地原住民選出之鄉（鎮、市）民代表名額。

③直轄市議員由原住民選出者，以其行政區域內之原住民為選舉區，並得按平地原住民、山地原住民或在其行政區域內劃分選舉區。

④本法中華民國一百十三年七月十六日修正之條文施行後，依第二項規定計算之縣（市）區域議員名額多於一百十一年十一月二十六日選出名額者，除離島縣人口多於一百十一年五月三十一日之人口五千人以上，其餘縣（市）人口多於四萬人以上者外，以一百十一年十一月二十六日選出名額為其名額，不適用第二項規定。

⑤各選舉區選出之直轄市議員、縣（市）議員、鄉（鎮、市）民代表名額達四人者，應有婦女當選名額一人；超過四人者，每增加四人增一人。

⑥直轄市及有山地鄉之縣（市）選出之山地原住民、平地原住民名額在四人以上者，應有婦女當選名額；超過四人者，每增加四人增一人。市及無山地鄉之縣選出之原住民名額在四人以上者，應有婦女當選名額；超過四人者，每增加四人增一人。山地鄉以外之鄉（鎮、市）選出之平地原住民名額在四人以上者，應有婦女當選名額；超過四人者，每增加四人增一人。

⑦依第一項選出之直轄市議員、縣（市）議員、鄉（鎮、市）民代表，應於上屆任期屆滿之日宣誓就職。該宣誓就職典禮分別由行政院、內政部、縣政府召集，並由議員、代表當選人互推一人主持之。其推選會議由曾任議員、代表之資深者主持之；年資相同者，由年長者主持之。

第三四條　（議會及代表會開會日數）

①直轄市議會、縣（市）議會、鄉（鎮、市）民代表會會議，除每屆成立大會外，定期會每六個月開會一次，由議長、主席召集之，議長、主席如未依法召集時，由副議長、副主席召集之；副議長、副主席亦不依法召集時，由過半數議員、代表互推一人召集之。每次會期包括例假日或停會在內，依下列規定：

一　直轄市議會不得超過七十日。

二　縣（市）議會議員總額四十人以下者，不得超過三十日；四十一人以上者不得超過四十日。

三　鄉（鎮、市）民代表會代表總額二十人以下者，不得超過十二日；二十一人以上者，不得超過十六日。

②前項每年審議總預算之定期會，會期屆滿而議案尚未議畢或有其他必要時，得應直轄市長、縣（市）長、鄉（鎮、市）長之要求，或由議長、主席或議員、代表三分之一以上連署，提經大會決議延長會期。延長之會期，直轄市議會不得超過十日，縣（市）議會、鄉（鎮、市）民代表會不得超過五日，並不得作為質詢之用。

③直轄市議會、縣（市）議會、鄉（鎮、市）民代表會遇有下列情事之一時，得召集臨時會：

一　直轄市長、縣（市）長、鄉（鎮、市）長之請求。

二　議長、主席請求或議員、代表三分之一以上之請求。

三　有第三十九條第四項之情事時。

④前項臨時會之召開，議長、主席應於十日內為之，其會期包括例假日或停會在內，直轄市議會每次不得超過十日，每十二個月不得多於八次；縣（市）議會每次不得超過五日，每十二個月不得多於六次；鄉（鎮、市）民代表會每次不得超過三日，每十二個月不得多於五次。但有第三十九條第四項之情事時，不在此限。

第三五條　（直轄市議會之職權）

直轄市議會之職權如下：

一　議決直轄市法規。

二　議決直轄市預算。

三　議決直轄市特別稅課、臨時稅課及附加稅課。

四　議決直轄市財產之處分。

五　議決直轄市政府組織自治條例及所屬事業機構組織自治條例。

六　議決直轄市政府提案事項。

七　審議直轄市決算之審核報告。

八　議決直轄市議員提案事項。

九　接受人民請願。

十　其他依法律賦予之職權。

第三六條　（縣（市）議會之職權）

縣（市）議會之職權如下：

一　議決縣（市）規章。

二　議決縣（市）預算。

三　議決縣（市）特別稅課、臨時稅課及附加稅課。

四　議決縣（市）財產之處分。

五　議決縣（市）政府組織自治條例及所屬事業機構組織自治條例。

六　議決縣（市）政府提案事項。

七　審議縣（市）決算之審核報告。

八　議決縣（市）議員提案事項。

九　接受人民請願。

十　其他依法律或上級法規賦予之職權。

第三七條　（鄉（鎮、市）民代表會之職權）

鄉（鎮、市）民代表會之職權如下：

一　議決鄉（鎮、市）規約。
二　議決鄉（鎮、市）預算。
三　議決鄉（鎮、市）臨時稅課。
四　議決鄉（鎮、市）財產之處分。
五　議決鄉（鎮、市）公所組織自治條例及所屬事業機構組織自治條例。
六　議決鄉（鎮、市）公所提案事項。
七　審議鄉（鎮、市）決算報告。
八　議決鄉（鎮、市）民代表提案事項。
九　接受人民請願。
十　其他依法律或上級法規、規章賦予之職權。

第三八條　（應執行議決及執行不當之處理）

直轄市政府、縣（市）政府、鄉（鎮、市）公所，對直轄市議會、縣（市）議會、鄉（鎮、市）民代表會之議決案應予執行，如延不執行或執行不當，直轄市議會、縣（市）議會、鄉（鎮、市）民代表會得請其說明理由，必要時得報請行政院、內政部、縣政府邀集各有關機關協商解決之。

第三九條　（議決案窒礙難行之處理及覆議時限、處理）

①直轄市政府對第三十五條第一款至第六款及第十款之議決案，如認爲窒礙難行時，應於該議決案送達直轄市政府三十日內，就窒礙難行部分敘明理由送請直轄市議會覆議。第八款及第九款之議決案，如執行有困難時，應敘明理由函復直轄市議會。

②縣（市）政府對第三十六條第一款至第六款及第十款之議決案，如認爲窒礙難行時，應於該議決案送達縣（市）政府三十日內，就窒礙難行部分敘明理由送請縣（市）議會覆議。第八款及第九款之議決案，如執行有困難時，應敘明理由函復縣（市）議會。

③鄉（鎮、市）公所對第三十七條第一款至第六款及第十款之議決案，如認爲窒礙難行時，應於該議決案送達鄉（鎮、市）公所三十日內，就窒礙難行部分敘明理由送請鄉（鎮、市）民代表會覆議。第八款及第九款之議決案，如執行有困難時，應敘明理由函復鄉（鎮、市）民代表會。

④直轄市議會、縣（市）議會、鄉（鎮、市）民代表會對於直轄市政府、縣（市）政府、鄉（鎮、市）公所移送之覆議案，應於送達十五日內作成決議。如爲休會期間，應於七日內召集臨時會，並於開議三日內作成決議。覆議案逾期未議決者，原決議失效。覆議時，如有出席議員、代表三分之二維持原議決案，直轄市政府、縣（市）政府、鄉（鎮、市）公所應即接受該決議。但有第四十條第五項或第四十三條第一項至第三項規定之情事者，不在此限。

⑤直轄市、縣（市）、鄉（鎮、市）預算案之覆議案，如原決議失效，直轄市議會、縣（市）議會、鄉（鎮、市）民代表會應就直轄市政府、縣（市）政府、鄉（鎮、市）公所原提案重行議決，並不得再爲相同之決議，各該行政機關亦不得再提覆議。

第四〇條　（總預算案）

①直轄市總預算案，直轄市政府應於會計年度開始三個月前送達直轄市議會；縣（市）、鄉（鎮、市）總預算案，縣（市）政府、鄉（鎮、市）公所應於會計年度開始二個月前送達縣（市）議會、鄉（鎮、市）民代表會。直轄市議會、縣（市）議會、鄉（鎮、市）民代表會應於會計年度開始一個月前審議完成，並於會計年度開始十五日前由直轄市政府、縣（市）政府、鄉（鎮、市）公所發布之。

②直轄市議會、縣（市）議會、鄉（鎮、市）民代表會對於直轄市政府、縣（市）政府、鄉（鎮、市）公所所提預算案不得爲增加支出之提議。

③直轄市、縣（市）、鄉（鎮、市）總預算案，如不能依第一項規定期限審議完成時，其預算之執行，依下列規定爲之：
一　收入部分暫依上年度標準及實際發生數，覈實收入。
二　支出部分：

㈠新興資本支出及新增科目，須俟本年度預算完成審議程序後始得動支。
㈡前目以外之科目得依已獲授權之原訂計畫或上年度執行數，覈實動支。
三　履行其他法定義務之收支。
四　因應前三款收支調度需要之債務舉借，覈實辦理。
④直轄市、縣（市）、鄉（鎮、市）總預算案在年度開始後三個月內未完成審議，直轄市政府、縣（市）政府、鄉（鎮、市）公所得就原提總預算案未審議完成部分，報請行政院、內政部、縣政府邀集各有關機關協商，於一個月內決定之；逾期未決定者，由邀集協商之機關逕為決定之。
⑤直轄市、縣（市）、鄉（鎮、市）總預算案經覆議後，仍維持原決議，或依前條第五項重行議決時，如對歲入、歲出之議決違反相關法律、基於法律授權之法規規定或逾越權限，或對維持政府施政所必須之經費、法律規定應負擔之經費及上年度已確定數額之繼續經費之刪除已造成窒礙難行時，準用前項之規定。

第四〇條之一　（新直轄市首年度預算之編制審議及執行方式）99
①改制後之首年度直轄市總預算案，應由改制後之直轄市政府於該年度一月三十一日之前送達改制後之直轄市議會，該直轄市議會應於送達後二個月內審議完成，並由該直轄市政府於審議完成日起十五日內發布之，不受前條第一項規定之限制。
②會計年度開始時，前項總預算案如未送達或審議通過，其預算之執行，依下列規定為之：
一　收入部分依規定標準及實際發生數，覈實收入。
二　支出部分，除新興資本支出外，其維持政府施政所必須之經費得按期分配後覈實動支。
三　履行其他法定及契約義務之收支，覈實辦理。
四　因應前三款收支調度需要之債務舉借，覈實辦理。
③前項收支，均應編入該首年度總預算案。

第四一條　（總預算案之審議）
①直轄市、縣（市）、鄉（鎮、市）總預算案之審議，應注重歲出規模、預算餘絀、計畫績效、優先順序，其中歲入以擬變更或擬設定之收入為主，審議時應就來源別分別決定之；歲出以擬變更或擬設定之支出為主，審議時應就機關別、政事別及基金別分別決定之。
②法定預算附加條件或期限者，從其所定。但該條件或期限為法律、自治法規所不許者，不在此限。
③直轄市議會、縣（市）議會、鄉（鎮、市）民代表會就預算案所為之附帶決議，應由直轄市政府、縣（市）政府、鄉（鎮、市）公所參照法令辦理。

第四二條　（決算案）
①直轄市、縣（市）決算案，應於會計年度結束後四個月內，提出於該管審計機關，審計機關應於決算送達後三個月內完成其審核，編造最終審定數額表，並提出決算審核報告於直轄市議會、縣（市）議會。總決算最終審定數額表，由審計機關送請直轄市、縣（市）政府公告。直轄市議會、縣（市）議會審議直轄市、縣（市）決算審核報告時，得邀請審計機關首長列席說明。
②鄉（鎮、市）決算報告應於會計年度結束後六個月內送達鄉（鎮、市）民代表會審議，並由鄉（鎮、市）公所公告。

第四三條　（決議事項無效之情形及處理）
①直轄市議會議決自治事項與憲法、法律或基於法律授權之法規牴觸者無效；議決委辦事項與憲法、法律、中央法令牴觸者無效。
②縣（市）議會議決自治事項與憲法、法律或基於法律授權之法規牴觸者無效；議決委辦事項與憲法、法律、中央法令牴觸者無效。
③鄉（鎮、市）民代表會議決自治事項與憲法、法律、中央法規、縣規章牴觸者無效；議決委辦事項與憲法、法律、中央法令、縣規章、縣自治規則牴觸者無效。

④前三項議決事項無效者，除總預算案應依第四十條第五項規定處理外，直轄市議會議決事項由行政院予以函告；縣（市）議會議決事項由中央各該主管機關予以函告；鄉（鎮、市）民代表會議決事項由縣政府予以函告。

⑤第一項至第三項議決自治事項與憲法、法律、中央法規、縣規章有無牴觸發生疑義時，得聲請司法院解釋之。

第四四條（議長、主席之選舉及職掌）105

①直轄市議會、縣（市）議會置議長、副議長各一人，鄉（鎮、市）民代表會置主席、副主席各一人，由直轄市議員、縣（市）議員、鄉（鎮、市）民代表以記名投票分別互選或罷免之。但就職未滿一年者，不得罷免。

②議長、主席對外代表各該議會、代表會，對內綜理各該議會、代表會會務。

第四五條（正副議長、鄉（鎮、市）民代表會正副主席之選舉規定）103

①直轄市議會、縣（市）議會議長、副議長，鄉（鎮、市）民代表會主席、副主席之選舉，應於議員、代表宣誓就職典禮後即時舉行，並應有議員、代表總額過半數之出席，以得票達出席總數之過半數者爲當選。選舉結果無人當選時，應立即舉行第二次投票，以得票較多者爲當選；得票相同者，以抽籤定之。補選時亦同。

②前項選舉，出席議員、代表人數不足時，應即訂定下一次選舉時間，並通知議員、代表。第三次舉行時，出席議員、代表已達議員、代表總額三分之一以上者，得以實到人數進行選舉，並均以得票較多者爲當選；得票相同者，以抽籤定之。第二次及第三次選舉，均應於議員、代表宣誓就職當日舉行。

③議長、副議長、主席、副主席選出後，應即依宣誓條例規定宣誓就職。

④第一項選舉投票及前項宣誓就職，均由第三十三條第七項規定所推舉之主持人主持之。

第四六條（議長、主席之罷免規定）105

①直轄市議會、縣（市）議會議長、副議長，鄉（鎮、市）民代表會主席、副主席之罷免，依下列之規定：

一　罷免案應敘述理由，並有議員、代表總額三分之一以上之簽署，備具正、副本，分別向行政院、內政部、縣政府提出。

二　行政院、內政部、縣政府應於收到前款罷免案後七日內將副本送達各該議會、代表會於五日內轉交被罷免人。被罷免人如有答辯，應於收到副本後七日內將答辯書送交行政院、內政部、縣政府，由其將罷免案及答辯書一併印送各議員、代表，逾期得將罷免案單獨印送。

三　行政院、內政部、縣政府應於收到罷免案二十五日內，召集罷免投票會議，由出席議員、代表就同意罷免或不同意罷免，以記名投票表決之。

四　罷免案應有議員、代表總額過半數之出席，及出席總數三分之二以上之同意罷免爲通過。

五　罷免案如經否決，於該被罷免人之任期內，不得對其再爲罷免案之提出。

②前項第三款之罷免投票，罷免議長、主席時，由副議長、副主席擔任主席；罷免副議長、副主席時，由議長、主席擔任主席；議長、副議長、主席、副主席同時被罷免時，由出席議員、代表互推一人擔任主席。

③第一項罷免案，在未提會議前，得由原簽署人三分之二以上同意撤回之。

④提出會議後，應經原簽署人全體同意，並由主席徵詢全體出席議員、代表無異議後，始得撤回。

第四七條（議長、主席之選舉罷免應於組織準則中定之）

除依前三條規定外，直轄市議會、縣（市）議會議長、副議長及鄉（鎮、市）民代表會主席、副主席之選舉罷免，應於直轄市議會、縣（市）議會、鄉（鎮、市）民代表會組織準則定之。

第四八條（施政報告與質詢）99

①直轄市議會、縣（市）議會、鄉（鎮、市）民代表會定期會開會時，直轄市長、縣

（市）長、鄉（鎮、市）長應提出施政報告；直轄市政府各一級單位主管及所屬一級機關首長、縣（市）政府、鄉（鎮、市）公所各一級單位主管及所屬機關首長，均應就主管業務提出報告。

②直轄市議員、縣（市）議員、鄉（鎮、市）民代表於議會、代表會定期會開會時，有向前項各該首長或單位主管，就其主管業務質詢之權；其質詢分為施政總質詢及業務質詢。業務質詢時，相關之業務主管應列席備詢。

第四九條　（邀請首長或主管列席說明）

①直轄市議會、縣（市）議會、鄉（鎮、市）民代表會大會開會時，對特定事項有明瞭必要者，得邀請前條第一項各該首長或單位主管列席說明。

②直轄市議會、縣（市）議會委員會或鄉（鎮、市）民代表會小組開會時，對特定事項有明瞭必要者，得邀請各該直轄市長、縣（市）長、鄉（鎮、市）長以外之有關業務機關首長或單位主管列席說明。

第五〇條（言論免責權及例外）

直轄市議會、縣（市）議會、鄉（鎮、市）民代表會開會時，直轄市議員、縣（市）議員、鄉（鎮、市）民代表對於有關會議事項所為之言論及表決，對外不負責任。但就無關會議事項所為顯然違法之言論，不在此限。

第五一條（禁止逮捕或拘禁及例外）

直轄市議員、縣（市）議員、鄉（鎮、市）民代表除現行犯、通緝犯外，在會期內，非經直轄市議會、縣（市）議會、鄉（鎮、市）民代表會之同意，不得逮捕或拘禁。

第五二條　（費用支給項目及標準）

①直轄市議員、縣（市）議員、鄉（鎮、市）民代表得支研究費等必要費用；在開會期間並得酌支出席費、交通費及膳食費。

②違反第三十四條第四項規定召開之會議，不得依前項規定支領出席費、交通費及膳食費，或另訂項目名稱、標準支給費用。

③第一項各費用支給項目及標準，另以法律定之；非依法律不得自行增加其費用。

第五三條　（議員、代表不得兼任之職務）

①直轄市議員、縣（市）議員、鄉（鎮、市）民代表，不得兼任其他公務員，公私立各級學校專任教師或其他民選公職人員，亦不得兼任各該直轄市政府、縣（市）政府、鄉（鎮、市）公所及其所屬機關、事業機關任何職務或名義。但法律、中央法規另有規定者，不在此限。

②直轄市議員、縣（市）議員、鄉（鎮、市）民代表當選人有前項不得任職情事者，應於就職前辭去原職，不辭去原職者，於就職時視同辭去原職，並由行政院、內政部、縣政府通知其服務機關解除其職務、職權或解聘。就職後有前項情事者，亦同。

第五四條　（組織準則之擬訂）

①直轄市議會之組織，由內政部擬訂準則，報行政院核定；各直轄市議會應依準則擬訂組織自治條例，報行政院核定。

②縣（市）議會之組織，由內政部擬訂準則，報行政院核定；各縣（市）議會應依準則擬訂組織自治條例，報內政部核定。

③鄉（鎮、市）民代表會之組織，由內政部擬訂準則，報行政院核定；各鄉（鎮、市）民代表會應依準則擬訂組織自治條例，報縣政府核定。

④新設之直轄市議會組織規程，由行政院定之；新設之縣（市）議會組織規程，由內政部定之；新設之鄉（鎮、市）民代表會組織規程，由縣政府定之。

⑤直轄市議會、縣（市）議會、鄉（鎮、市）民代表會之組織準則、規程及組織自治條例，其有關考銓業務事項，不得牴觸中央考銓法規；各權責機關於核定後，應函送考試院備查。

第二款　地方行政機關

第五五條　（直轄市長任期；副市長、秘書長及一級主管之任免）103

①直轄市政府置市長一人，對外代表該市，綜理市政，由市民依法選舉之，每屆任期四年，連選得連任一屆。置副市長二人，襄助市長處理市政；人口在二百五十萬以上之直轄市，得增置副市長一人，職務均比照簡任第十四職等，由市長任命，並報請行政院備查。
②直轄市政府置秘書長一人，由市長依公務人員任用法任免；其一級單位主管或所屬一級機關首長除主計、人事、警察及政風之主管或首長，依專屬人事管理法律任免外，其餘職務均比照簡任第十三職等，由市長任免之。
③副市長及職務比照簡任第十三職等之主管或首長，於市長卸任、辭職、去職或死亡時，隨同離職。
④依第一項選出之市長，應於上屆任期屆滿之日宣誓就職。

第五六條 （縣（市）政府首長、副首長及一級主管之任免）103
①縣（市）政府置縣（市）長一人，對外代表該縣（市），綜理縣（市）政，並指導監督所轄鄉（鎮、市）自治。縣（市）長由縣（市）民依法選舉之，每屆任期四年，連選得連任一屆。置副縣（市）長一人，襄助縣（市）長處理縣（市）政，職務比照簡任第十三職等；人口在一百二十五萬人以上之縣（市），得增置副縣（市）長一人，均由縣（市）長任命，並報請內政部備查。
②縣（市）政府置秘書長一人，由縣（市）長依公務人員任用法任免；其一級單位主管及所屬一級機關首長，除主計、人事、警察、稅捐及政風之主管或首長，依專屬人事管理法律任免，其總數二分之一得列政務職，職務比照簡任第十二職等，其餘均由縣（市）長依法任免之。
③副縣（市）長及職務比照簡任第十二職等之主管或首長，於縣（市）長卸任、辭職、去職或死亡時，隨同離職。
④依第一項選出之縣（市）長，應於上屆任期屆滿之日宣誓就職。

第五七條 111
①鄉（鎮、市）公所置鄉（鎮、市）長一人，對外代表該鄉（鎮、市），綜理鄉（鎮、市）政，由鄉（鎮、市）民依法選舉之，每屆任期四年，連選得連任一屆；其中人口在三十萬人以上之縣轄市，得置副市長一人，襄助市長處理市政，以機要人員方式進用，或以簡任第十職等任用，以機要人員任用之副市長，於市長卸任、辭職、去職或死亡時，隨同離職。
②山地鄉鄉長以山地原住民爲限。依第八十二條規定派員代理者，亦同。
③鄉（鎮、市）公所除主計、人事、政風之主管，依專屬人事管理法律任免外，其餘一級單位主管均由鄉（鎮、市）長依法任免之。
④依第一項選出之鄉（鎮、市）長，應於上屆任期屆滿之日宣誓就職。

第五八條 （區長之設置及其消極資格）99
①直轄市、市之區公所，置區長一人，由市長依法任用，承市長之命綜理區政，並指揮監督所屬人員。
②直轄市之區由鄉（鎮、市）改制者，改制日前一日仍在職之鄉（鎮、市）長，由直轄市長以機要人員方式進用爲區長；其任期自改制日起，爲期四年。但有下列情事之一者，不得進用：
　一　涉嫌犯第七十八條第一項第一款及第二款所列之罪，經起訴。
　二　涉嫌犯總統副總統選舉罷免法、公職人員選舉罷免法、農會法或漁會法之賄選罪，經起訴。
　三　已連任二屆。
　四　依法代理。
③前項以機要人員方式進用之區長，有下列情事之一者，應予免職：
　一　有前項第一款、第二款或第七十九條第一項各款所列情事。
　二　依刑事訴訟程序被羈押或通緝。
④直轄市之區由山地鄉改制者，其區長以山地原住民爲限。

第五八條之一　（鄉（鎮、市）改制後民代職權）99

①鄉（鎮、市）改制爲區者，改制日前一日仍在職之鄉（鎮、市）民代表，除依法停止職權者外，由直轄市長聘任爲區政諮詢委員；其任期自改制日起，爲期四年，期滿不再聘任。

②區政諮詢委員職權如下：

一　關於區政業務之諮詢事項。

二　關於區政之興革建議事項。

三　關於區行政區劃之諮詢事項。

四　其他依法令賦予之事項。

③區長應定期邀集區政諮詢委員召開會議。

④區政諮詢委員爲無給職，開會時得支出席費及交通費。

⑤區政諮詢委員有下列情事之一者，應予解聘：

一　依刑事訴訟程序被羈押或通緝。

二　有第七十九條第一項各款所列情事。

第五九條　（村（里）長之職掌及選舉）

①村（里）置村（里）長一人，受鄉（鎮、市、區）長之指揮監督，辦理村（里）公務及交辦事項。由村（里）民依法選舉之，任期四年，連選得連任。

②村（里）長選舉，經二次受理候選人登記，無人申請登記時，得由鄉（鎮、市、區）公所就該村（里）具村（里）長候選人資格之村（里）民遴聘之，其任期以本屆任期爲限。

③依第一項選出之村（里）長，應於上屆任期屆滿之日就職。

第六〇條　（村（里）民大會之召集）

村（里）得召集村（里）民大會或基層建設座談會；其實施辦法，由直轄市、縣（市）定之。

第六一條　（薪給）

①直轄市長、縣（市）長、鄉（鎮、市）長，應支給薪給；退職應發給退職金；因公死亡或病故者，應給與遺族撫卹金。

②前項人員之薪給、退職金及撫卹金之支給，以法律定之。

③村（里）長，爲無給職，由鄉（鎮、市、區）公所編列村（里）長事務補助費，其補助項目及標準，以法律定之。

第六二條　（地方自治政府組織準則及自治條例之擬訂）103

①直轄市政府之組織，由內政部擬訂準則，報行政院核定；各直轄市政府應依準則擬訂組織自治條例，經直轄市議會同意後，報行政院備查；直轄市政府所屬機關及學校之組織規程，由直轄市政府定之。

②縣（市）政府之組織，由內政部擬訂準則，報行政院核定；各縣（市）政府應依準則擬訂組織自治條例，經縣（市）議會同意後，報內政部備查；縣（市）政府所屬機關及學校之組織規程，由縣（市）政府定之。

③前項縣（市）政府一級單位定名爲處，所屬一級機關定名爲局，二級單位及所屬一級機關之一級單位除主計、人事及政風機構外，定名爲科。但因業務需要所設之派出單位與警察及消防機關之一級單位，得另定名稱。

④鄉（鎮、市）公所之組織，由內政部擬訂準則，報行政院核定；各鄉（鎮、市）公所應依準則擬訂組織自治條例，經鄉（鎮、市）民代表會同意後，報縣政府備查。鄉（鎮、市）公所所屬機關之組織規程，由鄉（鎮、市）公所定之。

⑤新設之直轄市政府組織規程，由行政院定之；新設之縣（市）政府組織規程，由內政部定之；新設之鄉（鎮、市）公所組織規程，由縣政府定之。

⑥直轄市政府、縣（市）政府、鄉（鎮、市）公所與其所屬機關及學校之組織準則、規程及組織自治條例，其有關考銓業務事項，不得牴觸中央考銓法規；各權責機關於核定或同意後，應函送考試院備查。

第五節　自治財政

第六三條（直轄市收入）

下列各款為直轄市收入：

一　稅課收入。
二　工程受益費收入。
三　罰款及賠償收入。
四　規費收入。
五　信託管理收入。
六　財產收入。
七　營業盈餘及事業收入。
八　補助收入。
九　捐獻及贈與收入。
十　自治稅捐收入。
十一　其他收入。

第六四條（縣（市）收入）

下列各款為縣（市）收入：

一　稅課收入。
二　工程受益費收入。
三　罰款及賠償收入。
四　規費收入。
五　信託管理收入。
六　財產收入。
七　營業盈餘及事業收入。
八　補助及協助收入。
九　捐獻及贈與收入。
十　自治稅捐收入。
十一　其他收入。

第六五條（鄉（鎮、市）收入）

下列各款為鄉（鎮、市）收入：

一　稅課收入。
二　工程受益費收入。
三　罰款及賠償收入。
四　規費收入。
五　信託管理收入。
六　財產收入。
七　營業盈餘及事業收入。
八　補助收入。
九　捐獻及贈與收入。
十　自治稅捐收入。
十一　其他收入。

第六六條（國稅等之分配）

直轄市、縣（市）、鄉（鎮、市）應分配之國稅、直轄市及縣（市）稅，依財政收支劃分法規定辦理。

第六七條（收入及支出）

①直轄市、縣（市）、鄉（鎮、市）之收入及支出，應依本法及財政收支劃分法規定辦理。

②地方稅之範圍及課徵，依地方稅法通則之規定。

③地方政府規費之範圍及課徵原則，依規費法之規定；其未經法律規定者，須經各該立法機關之決議徵收之。

第六八條　（預算收支差短之處理）

①直轄市、縣（市）預算收支之差短，得以發行公債、借款或移用以前年度歲計賸餘彌平；鄉（鎮、市）預算收支之差短，得以借款或移用以前年度歲計賸餘彌平。

②前項直轄市、縣（市）公債及借款之未償餘額比例，鄉（鎮、市）借款之未償餘額比例，依公共債務法之規定。

第六九條　（對地方政府財力之補助或酌減）

①各上級政府為謀地方均衡發展，對於財力較差之地方政府應酌予補助；對財力較優之地方政府，得取得協助金。

②各級地方政府有依法得徵收之財源而不徵收時，其上級政府得酌減其補助款；對於努力開闢財源具有績效者，其上級政府得酌增其補助款。

③第一項補助須明定補助項目、補助對象、補助比率及處理原則；其補助辦法，分別由行政院或縣定之。

第七〇條　（中央與地方費用之區分）

①中央費用與地方費用之區分，應明定由中央全額負擔、中央與地方自治團體分擔以及地方自治團體全額負擔之項目。中央不得將應自行負擔之經費，轉嫁予地方自治團體。

②直轄市、縣（市）、鄉（鎮、市）辦理其自治事項，應就其自有財源優先編列預算支應之。

③第一項費用之區分標準，應於相關法律定之。

第七一條　（預算籌編原則）

①直轄市、縣（市）、鄉（鎮、市）年度總預算、追加預算與特別預算收支之籌劃、編製及共同性費用標準，除其他法律另有規定外，應依行政院訂定之中央暨地方政府預算籌編原則辦理。

②地方政府未依前項預算籌編原則辦理者，行政院或縣政府應視實際情形酌減補助款。

第七二條　（規劃替代財源）

直轄市、縣（市）、鄉（鎮、市）新訂或修正自治法規，如有減少收入者，應同時規劃替代財源；其需增加財政負擔者，並應事先籌妥經費或於法規內規定相對收入來源。

第七三條　（公共造產）

縣（市）、鄉（鎮、市）應致力於公共造產；其獎助及管理辦法，由內政部定之。

第七四條　（公庫之設置）

直轄市、縣（市）、鄉（鎮、市）應設置公庫，其代理機關由直轄市政府、縣（市）政府、鄉（鎮、市）公所擬定，經各該直轄市議會、縣（市）議會、鄉（鎮、市）民代表會同意後設置之。

第四章　中央與地方及地方間之關係

第七五條　（地方政府辦理自治事項違法之處理）

①省政府辦理第八條事項違背憲法、法律、中央法令或逾越權限者，由中央各該主管機關報行政院予以撤銷、變更、廢止或停止其執行。

②直轄市政府辦理自治事項違背憲法、法律或基於法律授權之法規者，由中央各該主管機關報行政院予以撤銷、變更、廢止或停止其執行。

③直轄市政府辦理委辦事項違背憲法、法律、中央法令或逾越權限者，由中央各該主管機關報行政院予以撤銷、變更、廢止或停止其執行。

④縣（市）政府辦理自治事項違背憲法、法律或基於法律授權之法規者，由中央各該主管機關報行政院予以撤銷、變更、廢止或停止其執行。

⑤縣（市）政府辦理委辦事項違背憲法、法律、中央法令或逾越權限者，由委辦機關予以撤銷、變更、廢止或停止其執行。
⑥鄉（鎮、市）公所辦理自治事項違背憲法、法律、中央法規或縣規章者，由縣政府予以撤銷、變更、廢止或停止其執行。
⑦鄉（鎮、市）公所辦理委辦事項違背憲法、法律、中央法令、縣規章、縣自治規則或逾越權限者，由委辦機關予以撤銷、變更、廢止或停止其執行。
⑧第二項、第四項及第六項之自治事項有無違背憲法、法律、中央法規、縣規章發生疑義時，得聲請司法院解釋之；在司法院解釋前，不得予以撤銷、變更、廢止或停止其執行。

第七六條　（地方政府依法應作爲而不作爲之處理）
①直轄市、縣（市）、鄉（鎮、市）依法應作爲而不作爲，致嚴重危害公益或妨礙地方政務正常運作，其適於代行處理者，得分別由行政院、中央各該主管機關、縣政府命其於一定期限內爲之；逾期仍不作爲者，得代行處理。但情況急迫時，得逕予代行處理。
②直轄市、縣（市）、鄉（鎮、市）對前項處分如認爲窒礙難行時，應於期限屆滿前提出申訴。行政院、中央各該主管機關、縣政府得審酌事實變更或撤銷原處分。
③行政院、中央各該主管機關、縣政府決定代行處理前，應函知被代行處理之機關及該自治團體相關機關，經權責機關通知代行處理後，該事項即轉移至代行處理機關，直至代行處理完竣。
④代行處理所支出之費用，應由被代行處理之機關負擔，各該地方機關如拒絕支付該項費用，上級政府得自以後年度之補助款中扣減抵充之。
⑤直轄市、縣（市）、鄉（鎮、市）對於代行處理之處分，如認爲有違法時，依行政救濟程序辦理之。

第七七條　（中央地方權限爭議之解決）103
①中央與直轄市、縣（市）間，權限遇有爭議時，由立法院院會議決之；縣與鄉（鎮、市）間，自治事項遇有爭議時，由內政部會同中央各該主管機關解決之。
②直轄市間、直轄市與縣（市）間，事權發生爭議時，由行政院解決之；縣（市）間，事權發生爭議時，由中央各該主管機關解決之；鄉（鎮、市）間，事權發生爭議時，由縣政府解決之。

第七八條 111
①直轄市長、縣（市）長、鄉（鎮、市）長、村（里）長，有下列情事之一者，分別由行政院、內政部、縣政府、鄉（鎮、市、區）公所停止其職務，不適用公務員懲戒法第三條之規定：
一　涉嫌犯內亂、外患、貪污治罪條例或組織犯罪防制條例之罪，經第一審判處有期徒刑以上之刑者。但涉嫌貪污治罪條例上之圖利罪者，須經第二審判處有期徒刑以上之刑者。
二　涉嫌犯前款以外，法定刑爲死刑、無期徒刑或最輕本刑爲五年以上有期徒刑之罪，經第一審判處有罪者。
三　依刑事訴訟程序被羈押或通緝者。
②依前項第一款或第二款停止職務之人員，如經改判無罪時，或依前項第三款停止職務之人員，經撤銷通緝或釋放時，於其任期屆滿前，得准其先行復職。
③依第一項規定予以停止其職務之人員，經依法參選，再度當選原公職並就職者，不再適用該項之規定。
④依第一項規定予以停止其職務之人員，經刑事判決確定，非第七十九條應予解除職務者，於其任期屆滿前，均應准其復職。
⑤直轄市長、縣（市）長、鄉（鎮、市）長，於本法公布施行前，非因第一項原因被停職者，於其任期屆滿前，應即准其復職。

第七九條　（地方首長及議員代表解除職權、職務之情形）104

①直轄市議員、直轄市長、縣（市）議員、縣（市）長、鄉（鎮、市）民代表、鄉（鎮、市）長及村（里）長有下列情事之一，直轄市議員、直轄市長由行政院分別解除其職權或職務；縣（市）議員、縣（市）長由內政部分別解除其職權或職務；鄉（鎮、市）民代表、鄉（鎮、市）長由縣政府分別解除其職權或職務，並通知各該直轄市議會、縣（市）議會、鄉（鎮、市）民代表會；村（里）長由鄉（鎮、市、區）公所解除其職務。應補選者，並依法補選：

一　經法院判決當選無效確定，或經法院判決選舉無效確定，致影響其當選資格者。
二　犯內亂、外患或貪污罪，經判刑確定者。
三　犯組織犯罪防制條例之罪，經判處有期徒刑以上之刑確定者。
四　犯前二款以外之罪，受有期徒刑以上刑之判決確定，而未受緩刑之宣告、未執行易科罰金或不得易服社會勞動者。
五　受保安處分或感訓處分之裁判確定者。但因緩刑而付保護管束者，不在此限。
六　戶籍遷出各該行政區域四個月以上者。
七　褫奪公權尚未復權者。
八　受監護或輔助宣告尚未撤銷者。
九　有本法所定應予解除職權或職務之情事者。
十　依其他法律應予解除職權或職務者。

②有下列情事之一，其原職任期未滿，且尚未經選舉機關公告補選時，解除職權或職務之處分均應予撤銷：

一　因前項第二款至第四款情事而解除職權或職務，經再審或非常上訴判決無罪確定者。
二　因前項第五款情事而解除職權或職務，保安處分經依法撤銷，感訓處分經重新審理為不付感訓處分之裁定確定者。
三　因前項第八款情事而解除職權或職務，經提起撤銷監護或輔助宣告之訴，為法院判決撤銷宣告監護或輔助確定者。

第八〇條　（地方首長及議員代表解除職務、職權之情形）

直轄市長、縣（市）長、鄉（鎮、市）長、村（里）長，因罹患重病，致不能執行職務繼續一年以上，或因故不執行職務連續達六個月以上者，應依前條第一項規定程序解除其職務；直轄市議員、縣（市）議員、鄉（鎮、市）民代表連續未出席定期會達二會期者，亦解除其職權。

第八一條　（地方議員、代表之補選）

①直轄市議員、縣（市）議員、鄉（鎮、市）民代表辭職、去職或死亡，其缺額達總名額十分之三以上或同一選舉區缺額達二分之一以上時，均應補選。但其所遺任期不足二年，且缺額未達總名額二分之一時，不再補選。

②前項補選之直轄市議員、縣（市）議員、鄉（鎮、市）民代表，以補足所遺任期為限。

③第一項直轄市議員、縣（市）議員、鄉（鎮、市）民代表之辭職，應以書面向直轄市議會、縣（市）議會、鄉（鎮、市）民代表會提出，於辭職書送達議會、代表會時，即行生效。

第八二條　111

①直轄市長、縣（市）長、鄉（鎮、市）長及村（里）長辭職、去職、死亡者，直轄市長由行政院派員代理；縣（市）長由內政部報請行政院派員代理；鄉（鎮、市）長由縣政府派員代理；村（里）長由鄉（鎮、市、區）公所派員代理。

②直轄市長停職者，由副市長代理，副市長出缺或不能代理者，由行政院派員代理。縣（市）長停職者，由副縣（市）長代理，副縣（市）長出缺或不能代理者，由內政部報請行政院派員代理。鄉（鎮、市）長停職者，由縣政府派員代理，置有副市長者，由副市長代理。村（里）長停職者，由鄉（鎮、市、區）公所派員代理。

③前二項之代理人，不得為被代理者之配偶、前配偶、四親等內之血親、三親等內之姻

親關係。

④直轄市長、縣（市）長、鄉（鎮、市）長及村（里）長辭職、去職或死亡者，應自事實發生之日起三個月內完成補選。但所遺任期不足二年者，不再補選，由代理人代理至該屆任期屆滿爲止。

⑤前項補選之當選人應於公告當選後十日內宣誓就職，其任期以補足該屆所遺任期爲限，並視爲一屆。

⑥第一項人員之辭職，應以書面爲之。直轄市長應向行政院提出並經核准；縣（市）長應向內政部提出，由內政部轉報行政院核准；鄉（鎮、市）長應向縣政府提出並經核准；村（里）長應向鄉（鎮、市、區）公所提出並經核准，均自核准辭職日生效。

第八三條（改選或補選之延期辦理）103

①直轄市議員、直轄市長、縣（市）議員、縣（市）長、鄉（鎮、市）民代表、鄉（鎮、市）長及村（里）長任期屆滿或出缺應改選或補選時，如因特殊事故，得延期辦理改選或補選。

②直轄市議員、直轄市長、縣（市）議員、縣（市）長依前項延期辦理改選或補選，分別由行政院、內政部核准後辦理。

③鄉（鎮、市）民代表、鄉（鎮、市）長、村（里）長依第一項規定延期辦理改選或補選，由各該直轄市政府、縣（市）政府核准後辦理。

④依前三項規定延期辦理改選時，其本屆任期依事實延長之。如於延長任期中出缺時，均不補選。

第八三條之一（地方公職人員之任期調整）99

下列地方公職人員，其任期調整至中華民國一百零三年十二月二十五日止：

一　應於一百零二年十二月二十日任期屆滿之縣（市）長。
二　應於一百零三年三月一日任期屆滿之縣（市）議員及鄉（鎮、市）長。
三　應於一百零三年八月一日任期屆滿之鄉（鎮、市）民代表及村（里）長。
四　應於一百零四年一月十六日任期屆滿之臺北市里長。

第四章之一　直轄市山地原住民區 103

第八三條之二（直轄市山地原住民區爲地方自治團體準用本法之相關規定）103

①直轄市之區由山地鄉改制者，稱直轄市山地原住民區（以下簡稱山地原住民區），爲地方自治團體，設區民代表會及區公所，分別爲山地原住民區之立法機關及行政機關，依本法辦理自治事項，並執行上級政府委辦事項。

②山地原住民區之自治，除法律另有規定外，準用本法關於鄉（鎮、市）之規定；其與直轄市之關係，準用本法關於縣與鄉（鎮、市）關係之規定。

第八三條之三（山地原住民區自治事項）103

下列各款爲山地原住民區自治事項：

一　關於組織及行政管理事項如下：
㈠山地原住民區公職人員選舉、罷免之實施。
㈡山地原住民區組織之設立及管理。
㈢山地原住民區新聞行政。

二　關於財政事項如下：
㈠山地原住民區財務收支及管理。
㈡山地原住民區財產之經營及處分。

三　關於社會服務事項如下：
㈠山地原住民區社會福利。
㈡山地原住民區公益慈善事業及社會救助。
㈢山地原住民區殯葬設施之設置及管理。
㈣山地原住民區調解業務。

四　關於教育文化及體育事項如下：
㈠山地原住民區社會教育之興辦及管理。
㈡山地原住民區藝文活動。
㈢山地原住民區體育活動。
㈣山地原住民區禮儀民俗及文獻。
㈤山地原住民區社會教育、體育與文化機構之設置、營運及管理。
五　關於環境衛生事項如下：
山地原住民區廢棄物清除及處理。
六　關於營建、交通及觀光事項如下：
㈠山地原住民區道路之建設及管理。
㈡山地原住民區公園綠地之設立及管理。
㈢山地原住民區交通之規劃、營運及管理。
㈣山地原住民區觀光事業。
七　關於公共安全事項如下：
㈠山地原住民區災害防救之規劃及執行。
㈡山地原住民區民防之實施。
八　關於事業之經營及管理事項如下：
㈠山地原住民區公用及公營事業。
㈡山地原住民區公共造產事業。
㈢與其他地方自治團體合辦之事業。
九　其他依法律賦予之事項。

第八三條之四　（山地原住民區之改制日；第一屆區長及區民代表之選舉）103

山地原住民區以當屆直轄市長任期屆滿之日爲改制日，並以改制前之區或鄉爲其行政區域；其第一屆區民代表、區長之選舉以改制前區或鄉之行政區域爲選舉區，於改制日十日前完成選舉投票，並準用第八十七條之一第三項選舉區劃分公告及第四項改制日就職之規定。

第八三條之五　（自治法規未制定前，繼續適用原直轄市自治法規之規定）103

①山地原住民區之自治法規未制（訂）定前，繼續適用原直轄市自治法規之規定。
②山地原住民區由山地鄉直接改制者，其自治法規有繼續適用之必要，得由山地原住民區公所公告後，繼續適用二年。

第八三條之六　（山地原住民區之機關人員、資產及其他權利義務，應由直轄市移撥；首年度總預算之審議及執行相關規定）103

①山地原住民區之機關（構）人員、資產及其他權利義務，應由直轄市制（訂）定自治法規移撥、移轉或調整之。但其由山地鄉直接改制者，維持其機關（構）人員、資產及其他權利義務。
②山地原住民區之財政收支劃分調整日期，由行政院洽商直轄市政府以命令定之。未調整前，相關機關（構）各項預算之執行，仍以直轄市原列預算繼續執行。
③山地原住民區首年度總預算，應由區公所於該年度一月三十一日之前送達區民代表會，該區民代表會應於送達後一個月內審議完成，並由該區公所於審議完成日起十五日內發布之。會計年度開始時，總預算案如未送達或審議通過，其預算之執行，準用第四十條之一第二項之規定。
④依第一項移撥人員屬各項公務人員考試及格或依專門職業及技術人員轉任公務人員條例轉任之現職公務人員者，其轉調準用第八十七條之三第六項至第九項之規定。
⑤依第一項移撥人員屬各種考試錄取尚在實務訓練人員者，視同改分配其他機關繼續實務訓練，其受限制轉調之限制者，比照前項人員予以放寬。

第八三條之七　（山地原住民區之財源補助）103

①山地原住民區實施自治所需財源，由直轄市依下列因素予以設算補助，並維持改制前各該山地鄉統籌分配財源水準：

一　第八十三條之三所列山地原住民區之自治事項。
二　直轄市改制前各該山地鄉前三年度稅課收入平均數。
三　其他相關因素。

②前項補助之項目、程序、方式及其他相關事項，由直轄市洽商山地原住民區定之。

第八三條之八　（山地原住民區不適用本法之法條）103

第五十八條及第五十八條之一規定，於山地原住民區不適用之。

第五章　附　則

第八四條　（地方行政首長適用之法律）

直轄市長、縣（市）長、鄉（鎮、市）長適用公務員服務法；其行爲有違法、廢弛職務或其他失職情事者，準用政務人員之懲戒規定。

第八五條　（員工給與事項之辦理）

省政府、省諮議會、直轄市議會、直轄市政府、縣（市）議會、縣（市）政府、鄉（鎮、市）民代表會、鄉（鎮、市）公所員工給與事項，應依公務人員俸給法及相關中央法令辦理。

第八六條　（承受或捐助財產之處理）

村（里）承受日據時期之財產，或人民捐助之財產，得以成立財團法人方式處理之。

第八七條　（相關法規未制頒及修正前，現行法規山地原住民區準用之）103

本法公布施行後，相關法規應配合制（訂）定、修正。未制（訂）定、修正前，現行法規不牴觸本法規定部分，仍繼續適用；其關於鄉（鎮、市）之規定，山地原住民區準用之。

第八七條之一　（改制日及選舉區）98

①縣（市）改制或與其他直轄市、縣（市）合併改制爲直轄市，應以當屆直轄市長任期屆滿之日爲改制日。縣（市）議員、縣（市）長、鄉（鎮、市）民代表、鄉（鎮、市）長及村（里）長之任期均調整至改制日止，不辦理改選。

②改制後第一屆直轄市議員、直轄市長及里長之選舉，應依核定後改制計畫所定之行政區域爲選舉區，於改制日十日前完成選舉投票。

③前項直轄市議員選舉，得在其行政區域內劃分選舉區；其由原住民選出者，以其行政區域內之原住民爲選舉區；直轄市議員選舉區之劃分，應於改制日六個月前公告，不受公職人員選舉罷免法第三十七條第一項但書規定之限制。

④改制後第一屆直轄市議員、直轄市長及里長，應於改制日就職。

第八七條之二　（改制後自治法規之廢止及繼續適用）98

縣（市）改制或與其他直轄市、縣（市）合併改制爲直轄市，原直轄市、縣（市）及鄉（鎮、市）自治法規應由改制後之直轄市政府廢止之；其有繼續適用之必要者，得經改制後之直轄市政府核定公告後，繼續適用二年。

第八七條之三　（改制後移撥人員轉調規定）98

①縣（市）改制或與其他直轄市、縣（市）合併改制爲直轄市者，原直轄市、縣（市）及鄉（鎮、市）之機關（構）與學校人員、原有資產、負債及其他權利義務，由改制後之直轄市概括承受。

②縣（市）改制或與其他直轄市、縣（市）合併改制爲直轄市之財政收支劃分調整日期，由行政院以命令定之。

③縣（市）改制或與其他直轄市、縣（市）合併改制爲直轄市時，其他直轄市、縣（市）所受統籌分配稅款及補助款之總額不得少於該直轄市改制前。

④在第二項財政收支劃分未調整前，改制後之直轄市相關機關（構）、學校各項預算執行，仍以改制前原直轄市、縣（市）、鄉（鎮、市）原列預算繼續執行。

⑤改制後之直轄市，於相關法律及中央法規未修正前，得暫時適用原直轄市、縣（市）之規定。

⑥依第一項改制而移撥人員屬各項公務人員考試及格之現職公務人員者，移撥至原分發任用之主管機關及其所屬機關、學校或原得分發之機關、原請辦考試機關及其所屬機關、學校以外之機關、學校服務時，得不受公務人員考試法、公務人員任用法及各項公務人員考試規則有關限制轉調規定之限制。
⑦前項人員日後之轉調，仍應以原考試及格人員得分發之機關、原請辦考試機關或移撥機關之主管機關及其所屬機關有關職務爲限。
⑧各項公務人員考試法規定有限制轉調年限者，俟轉調年限屆滿後，得再轉調其他機關。
⑨依專門職業及技術人員轉任公務人員條例轉任，於限制轉調期間內移撥之人員，得不受該條例限制轉調機關規定之限制。但須於原轉任機關、移撥機關及所屬機關合計任職滿三年後，始得調任其他機關任職。

第八八條　（施行日）103
①本法自公布日施行。
②本法中華民國九十六年六月十四日修正之條文，自九十六年一月一日施行；九十八年五月十二日修正之條文，自九十八年十一月二十三日施行；一百零三年一月十四日修正之第四章之一及第八十七條，其施行日期，由行政院定之。

中央行政機關組織基準法

①民國93年6月23日總統令制定公布全文39條；並自公布日施行。
②民國97年7月2日總統令修正公布第2條條文。
③民國99年2月3日總統令修正公布第2、3、7、16、20、21、25、29至33、36、39條條文
民國99年2月5日行政院令發布定自99年2月5日施行。
④民國111年1月19日總統令修正公布第19、31、39條條文。
民國111年7月25日行政院令發布定自111年7月27日施行。

第一章　總　則

第一條　（立法目的）
為建立中央行政機關組織共同規範，提升施政效能，特制定本法。

第二條　（適用範圍）99
①本法適用於行政院及其所屬各級機關（以下簡稱機關）。但國防組織、外交駐外機構、警察機關組織、檢察機關、調查機關及海岸巡防機關組織法律另有規定者，從其規定。
②行政院為一級機關，其所屬各級機關依層級為二級機關、三級機關、四級機關。但得依業務繁簡、組織規模定其層級，明定隸屬指揮監督關係，不必逐級設立。

第三條　（名詞定義）99
本法用詞定義如下：
一　機關：就法定事務，有決定並表示國家意思於外部，而依組織法律或命令（以下簡稱組織法規）設立，行使公權力之組織。
二　獨立機關：指依據法律獨立行使職權，自主運作，除法律另有規定外，不受其他機關指揮監督之合議制機關。
三　機構：機關依組織法規將其部分權限及職掌劃出，以達成其設立目的之組織。
四　單位：基於組織之業務分工，於機關內部設立之組織。

第四條　（機關組織之法令授權）
①下列機關之組織以法律定之，其餘機關之組織以命令定之：
一　一級機關、二級機關及三級機關。
二　獨立機關。
②前項以命令設立之機關，其設立、調整及裁撤，於命令發布時，應即送立法院。

第二章　機關組織法規及名稱

第五條　（機關組織法規之名稱）
①機關組織以法律定之者，其組織法律定名為法。但業務相同而轄區不同或權限相同而管轄事務不同之機關，其共同適用之組織法律定名為通則。
②機關組織以命令定之者，其組織命令定名為規程。但業務相同而轄區不同或權限相同而管轄事務不同之機關，其共同適用之組織命令定名為準則。
③本法施行後，除本法及各機關組織法規外，不得以作用法或其他法規規定機關之組織。

第六條　（行政機關之名稱）
①行政機關名稱定名如下：
一　院：一級機關用之。

二　部：二級機關用之。
三　委員會：二級機關或獨立機關用之。
四　署、局：三級機關用之。
五　分署、分局：四級機關用之。

②機關因性質特殊，得另定名稱。

第七條　（組織法規應包括之事項）99

機關組織法規，其內容應包括下列事項：
一　機關名稱。
二　機關設立依據或目的。
三　機關隸屬關係。
四　機關權限及職掌。
五　機關首長、副首長之職稱、官職等及員額。
六　機關置政務職務者，其職稱、官職等及員額。
七　機關置幕僚長者，其職稱、官職等。
八　機關依職掌設有次級機關者，其名稱。
九　機關有存續期限者，其期限。
十　屬獨立機關者，其合議之議決範圍、議事程序及決議方法。

第八條　（內部單位及業務分工）

①機關組織以法律制定者，其內部單位之分工職掌，以處務規程定之；機關組織以命令定之者，其內部單位之分工職掌，以辦事細則定之。

②各機關爲分層負責，逐級授權，得就授權範圍訂定分層負責明細表。

第三章　機關設立、調整及裁撤

第九條　（不得設置機關之條件）

有下列各款情形之一者，不得設立機關：
一　業務與現有機關職掌重疊者。
二　業務可由現有機關調整辦理者。
三　業務性質由民間辦理較適宜者。

第一〇條　（機關及內部調整或裁撤之條件）

機關及其內部單位具有下列各款情形之一者，應予調整或裁撤：
一　階段性任務已完成或政策已改變者。
二　業務或功能明顯萎縮或重疊者。
三　管轄區域調整裁併者。
四　職掌應以委託或委任方式辦理較符經濟效益者。
五　經專案評估績效不佳應予裁併者。
六　業務調整或移撥至其他機關或單位者。

第一一條　（機關組織以法律定之者應踐行之程序）

①機關組織依本法規定以法律定之者，其設立依下列程序辦理：
一　一級機關：逕行提案送請立法院審議。
二　二級機關、三級機關、獨立機關：由其上級機關或上級指定之機關擬案，報請一級機關轉請立法院審議。

②機關之調整或裁撤由本機關或上級機關擬案，循前項程序辦理。

第一二條　（機關組織以命令定之者應踐行之程序）

機關組織依本法規定以命令定之者，其設立、調整及裁撤依下列程序辦理：
一　機關之設立或裁撤：由上級機關或上級機關指定之機關擬案，報請一級機關核定。
二　機關之調整：由本機關擬案，報請上級機關核轉一級機關核定。

第一三條　（定期組織評鑑）
一級機關應定期辦理組織評鑑，作爲機關設立、調整或裁撤之依據。

第四章　機關權限、職掌及重要職務設置

第一四條　（上級機關對隸屬機關之指揮監督）
①上級機關對所隸屬機關依法規行使指揮監督權。
②不相隸屬機關之指揮監督，應以法規有明文規定者爲限。

第一五條　（中央二三級機關派出地方分支機關之權限）
二級機關及三級機關於其組織法律規定之權限、職掌範圍內，基於管轄區域及基層服務需要，得設地方分支機關。

第一六條　（附屬機構之設立）99
①機關於其組織法規規定之權限、職掌範圍內，得設附屬之實（試）驗、檢驗、研究、文教、醫療、社福、矯正、收容、訓練等機構。
②前項機構之組織，準用本法之規定。

第一七條　（首長爲機關之代表人）
機關首長綜理本機關事務，對外代表本機關，並指揮監督所屬機關及人員。

第一八條　（機關首長之稱謂）
①首長制機關之首長稱長或主任委員，合議制機關之首長稱主任委員。但機關性質特殊者，其首長職稱得另定之。
②一級、二級機關首長列政務職務；三級機關首長除性質特殊且法律有規定得列政務職務外，其餘應爲常務職務；四級機關首長列常務職務。
③機關首長除因性質特殊法規另有規定者外，應爲專任。

第一九條 111
①一級機關置副首長一人，列政務職務。
②二級機關得置副首長一人至三人，其中一人應列常任職務，其餘列政務職務。
③三級機關以下得置副首長至多三人，均列常任職務。

第二〇條　（機關幕僚長稱謂、職務列等及權責）99
①一級機關置幕僚長，稱秘書長，列政務職務；二級以下機關得視需要，置主任秘書或秘書，綜合處理幕僚事務。
②一級機關得視需要置副幕僚長一人至三人，稱副秘書長；其中一人或二人得列政務職務，至少一人應列常任職務。

第二一條　（獨立機關合議制成員之任命及同黨比例）99
①獨立機關合議制之成員，均應明定其任職期限、任命程序、停職、免職之規定及程序。但相當二級機關之獨立機關，其合議制成員中屬專任者，應先經立法院同意後任命之；其他獨立機關合議制成員由一級機關首長任命之。
②一級機關首長爲前項任命時，應指定成員中之一人爲首長，一人爲副首長。
③第一項合議制之成員，除有特殊需要外，其人數以五人至十一人爲原則，具有同一黨籍者不得超過一定比例。

第五章　內部單位

第二二條　（機關內部單位設立或調整之原則）
機關內部單位應依職能類同、業務均衡、權責分明、管理經濟、整體配合及規模適中等原則設立或調整之。

第二三條　（機關內部單位之分類）
機關內部單位分類如下：
一　業務單位：係指執行本機關職掌事項之單位。
二　輔助單位：係指辦理秘書、總務、人事、主計、研考、資訊、法制、政風、公關

等支援服務事項之單位。

第二四條　（機關內部單位名稱之訂定）

政府機關內部單位之名稱，除職掌範圍爲特定區者得以地區命名外，餘均應依其職掌內容定之。

第二五條　（機關內部單位之層級）99

①機關之內部單位層級分爲一級、二級，得定名如下：

一　一級內部單位：

㈠處：一級機關、相當二級機關之獨立機關及二級機關委員會之業務單位用之。

㈡司：二級機關部之業務單位用之。

㈢組：三級機關業務單位用之。

㈣科：四級機關業務單位用之。

㈤處、室：各級機關輔助單位用之。

二　二級內部單位：科。

②機關內部單位層級之設立，得因機關性質及業務需求彈性調整，不必逐級設立。但四級機關內部單位之設立，除機關業務繁重、組織規模龐大者，得於科下分股辦事外，以設立一級爲限。

③機關內部單位因性質特殊者，得另定名稱。

第二六條　（輔助單位）

①輔助單位依機關組織規模、性質及層級設立，必要時其業務得合併於同一單位辦理。

②輔助單位工作與本機關職掌相同或兼具業務單位性質，報經該管一級機關核定者，不受前項規定限制，或得視同業務單位。

第二七條　（機關設立調查、審議及訴願單位）

一級機關、二級機關及三級機關，得依法設立掌理調查、審議、訴願等單位。

第二八條　（任務編組之設立）

機關得視業務需要設任務編組，所需人員，應由相關機關人員派充或兼任。

第六章　機關規模與建制標準

第二九條　（各部主管事務之劃分依據）99

①行政院依下列各款劃分各部主管事務：

一　以中央行政機關應負責之主要功能爲主軸，由各部分別擔任綜合性、統合性之政策業務。

二　基本政策或功能相近之業務，應集中由同一部擔任；相對立或制衡之業務，則應由不同部擔任。

三　各部之政策功能及權限，應儘量維持平衡。

②部之總數以十四個爲限。

第三〇條　（各部組織規模建制標準）99

①各部組織規模建制標準如下：

一　業務單位設六司至八司爲原則。

二　各司設四科至八科爲原則。

②前項司之總數以一百十二個爲限。

第三一條 111

①行政院基於政策統合需要得設委員會。

②各委員會組織規模建制標準如下：

一　業務單位以四處至六處爲原則。

二　各處以三科至六科爲原則。

③第一項委員會之總數以九個爲限。

第三二條　（獨立機關組織規模建制標準）99

①相當二級機關之獨立機關組織規模建制標準如下：
一　業務單位以四處至六處為原則。
二　各處以三科至六科為原則。
②前項獨立機關總數以三個為限。
③第一項以外之獨立機關，其內部單位之設立，依機關掌理事務之繁簡定之。

第三三條　（署、局之設立及組織規模建制標準）99
①二級機關為處理技術性或專門性業務需要得設附屬之機關署、局。
②署、局之組織規模建制標準如下：
一　業務單位以四組至六組為原則。
二　各組以三科至六科為原則。
③相當二級機關之獨立機關為處理第一項業務需要得設附屬之機關，其組織規模建制標準準用前項規定。
④第一項及第三項署、局之總數除地方分支機關外，以七十個為限。

第三四條　（行政院及各級機關輔助單位之數量）
行政院及各級機關輔助單位不得超過六個處、室，每單位以三科至六科為原則。

第七章　附　則

第三五條　（與本法規定不符相關組織法規之限期修正）
①行政院應於本法公布後三個月內，檢討調整行政院組織法及行政院功能業務與組織調整暫行條例，函送立法院審議。
②本法公布後，其他各機關之組織法律或其他相關法律，與本法規定不符者，由行政院限期修正，並於行政院組織法修正公布後一年內函送立法院審議。

第三六條　（暫行組織規程之訂定及存續期限）99
①一級機關為因應突發、特殊或新興之重大事務，得設臨時性、過渡性之機關，其組織以暫行組織規程定之，並應明定其存續期限。
②二級機關及三級機關得報經一級機關核定後，設立前項臨時性、過渡性之機關。

第三七條　（行政法人之設立）
為執行特定公共事務，於國家及地方自治團體以外，得設具公法性質之行政法人，其設立、組織、營運、職能、監督、人員進用及其現職人員隨同移轉前、後之安置措施及權益保障等，應另以法律定之。

第三八條　（行政院以外機關之準用）
本法於行政院以外之中央政府機關準用之。

第三九條 111
①本法自公布日施行。
②本法中華民國九十九年一月十二日修正之條文及一百十年十二月二十八日修正之條文，其施行日期由行政院定之。

行政執行法

①民國21年12月28日國民政府制定公布全文12條。
②民國32年12月1日國民政府修正公布第5條條文。
③民國36年11月11日國民政府修正公布第5條條文。
④民國87年11月11日總統令修正公布全文44條。
民國89年10月17日行政院令發布定自90年1月1日起施行。
⑤民國89年6月21日總統令修正公布第39條條文。
民國89年10月17日行政院令發布定自90年1月1日起施行。
⑥民國94年6月22日總統令修正公布第17、19條條文。
民國94年7月15日行政院令發布定自94年7月28日施行。
⑦民國96年3月21日總統令修正公布第7條條文。
民國96年4月16日行政院令發布定自96年5月1日施行。
⑧民國98年4月29日總統令修正公布第17條條文。
民國98年5月15日行政院令發布定自98年6月1日施行。
⑨民國98年12月30日總統令修正公布第24、44條條文；並自98年11月23日施行。
⑩民國99年2月3日總統令修正公布第17條條文；並增訂第17-1條條文。
民國99年5月10日行政院令發布第17條定自99年5月10日施行。
民國99年6月3日行政院令發布第17-1條定自99年6月3日施行。
民國100年12月16日行政院公告第4條第1、2項、第11條第1項、第12條、第13條第1項、第14至16條、第17條第1、3、6至10項、第17-1條第1、3至6項、第18條、第19條第1至4項、第20條第1項、第21至23、34條、第42條第2項所列屬「行政執行處」之權責事項，自101年1月1日起改由「行政執行分署」管轄。

第一章　總　則

第一條　（適用範圍）
行政執行，依本法之規定；本法未規定者，適用其他法律之規定。

第二條　（種類）
本法所稱行政執行，指公法上金錢給付義務、行為或不行為義務之強制執行及即時強制。

第三條　（原則及限度）
行政執行，應依公平合理之原則，兼顧公共利益與人民權益之維護，以適當之方法為之，不得逾達成執行目的之必要限度。

第四條　（執行機關）
①行政執行，由原處分機關或該管行政機關為之。但公法上金錢給付義務逾期不履行者，移送法務部行政執行署所屬行政執行處執行之。
②法務部行政執行署及其所屬行政執行處之組織，另以法律定之。

第五條　（執行時間之限制）
①行政執行不得於夜間、星期日或其他休息日為之。但執行機關認為情況急迫或徵得義務人同意者，不在此限。
②日間已開始執行者，得繼續至夜間。
③執行人員於執行時，應對義務人出示足以證明身分之文件；必要時得命義務人或利害關係人提出國民身分證或其他文件。

第六條　（執行機關得請求其他機關協助之情形）
①執行機關遇有下列情形之一者，得於必要時請求其他機關協助之：

一　須在管轄區域外執行者。
二　無適當之執行人員者。
三　執行時有遭遇抗拒之虞者。
四　執行目的有難於實現之虞者。
五　執行事項涉及其他機關者。

②被請求協助機關非有正當理由，不得拒絕；其不能協助者，應附理由即時通知請求機關。

③被請求協助機關因協助執行所支出之費用，由請求機關負擔之。

第七條　（執行期間之限制）96

①行政執行，自處分、裁定確定之日或其他依法令負有義務經通知限期履行之文書所定期間屆滿之日起，五年內未經執行者，不再執行；其於五年期間屆滿前已開始執行者，仍得繼續執行。但自五年期間屆滿之日起已逾五年尚未執行終結者，不得再執行。

②前項規定，法律有特別規定者，不適用之。

③第一項所稱已開始執行，如已移送執行機關者，係指下列情形之一：
一　通知義務人到場或自動清繳應納金額、報告其財產狀況或為其他必要之陳述。
二　已開始調查程序。

④第三項規定，於本法中華民國九十六年三月五日修正之條文施行前移送執行尚未終結之事件，亦適用之。

第八條　（得終止執行之情形）

①行政執行有下列情形之一者，執行機關應依職權或因義務人、利害關係人之申請終止執行：
一　義務已全部履行或執行完畢者。
二　行政處分或裁定經撤銷或變更確定者。
三　義務之履行經證明為不可能者。

②行政處分或裁定經部分撤銷或變更確定者，執行機關應就原處分或裁定經撤銷或變更部分終止執行。

第九條　（對執行行為聲明異議）

①義務人或利害關係人對執行命令、執行方法、應遵守之程序或其他侵害利益之情事，得於執行程序終結前，向執行機關聲明異議。

②前項聲明異議，執行機關認其有理由者，應即停止執行，並撤銷或更正已為之執行行為；認其無理由者，應於十日內加具意見，送直接上級主管機關於三十日內決定之。

③行政執行，除法律另有規定外，不因聲明異議而停止執行。但執行機關因必要情形，得依職權或申請停止之。

第一〇條　（涉國家賠償情事得請求賠償）

行政執行，有國家賠償法所定國家應負賠償責任之情事者，受損害人得依該法請求損害賠償。

第二章　公法上金錢給付義務之執行

第一一條　（義務人逾期不履行公法上金錢給付義務之處置）

①義務人依法令或本於法令之行政處分或法院之裁定，負有公法上金錢給付義務，有下列情形之一，逾期不履行，經主管機關移送者，由行政執行處就義務人之財產執行之：
一　其處分文書或裁定書定有履行期間或有法定履行期間者。
二　其處分文書或裁定書未定履行期間，經以書面限期催告履行者。
三　依法令負有義務，經以書面通知限期履行者。

②法院依法律規定就公法上金錢給付義務為假扣押、假處分之裁定經主管機關移送者，

亦同。

第一二條　（公法上金錢給付義務執行事件之辦理）

公法上金錢給付義務之執行事件，由行政執行處之行政執行官、執行書記官督同執行員辦理之，不受非法或不當之干涉。

第一三條　（移送行政執行處應檢附之文件）

①移送機關於移送行政執行處執行時，應檢附下列文件：

一　移送書。

二　處分文書、裁定書或義務人依法令負有義務之證明文件。

三　義務人之財產目錄。但移送機關不知悉義務人之財產者，免予檢附。

四　義務人經限期履行而逾期仍不履行之證明文件。

五　其他相關文件。

②前項第一款移送書應載明義務人姓名、年齡、性別、職業、住居所，如係法人或其他設有管理人或代表人之團體，其名稱、事務所或營業所，及管理人或代表人之姓名、性別、年齡、職業、住居所；義務發生之原因及日期；應納金額。

第一四條　（為辦理執行事件得為之之行為）

行政執行處為辦理執行事件，得通知義務人到場或自動清繳應納金額、報告其財產狀況或為其他必要之陳述。

第一五條　（對義務人遺產強制執行）

義務人死亡遺有遺產者，行政執行處得逕對其遺產強制執行。

第一六條　（再行查封財產之限制）

執行人員於查封前，發見義務人之財產業經其他機關查封者，不得再行查封。行政執行處已查封之財產，其他機關不得再行查封。

第一七條　（得命義務人提供擔保並限制住居之情形）99

①義務人有下列情形之一者，行政執行處得命其提供相當擔保，限期履行，並得限制其住居：

一　顯有履行義務之可能，故不履行。

二　顯有逃匿之虞。

三　就應供強制執行之財產有隱匿或處分之情事。

四　於調查執行標的物時，對於執行人員拒絕陳述。

五　經命其報告財產狀況，不為報告或為虛偽之報告。

六　經合法通知，無正當理由而不到場。

②前項義務人有下列情形之一者，不得限制住居：

一　滯欠金額合計未達新臺幣十萬元。但義務人已出境達二次者，不在此限。

二　已按其法定應繼分繳納遺產稅款、罰鍰及加徵之滯納金、利息。但其繼承所得遺產超過法定應繼分，而未按所得遺產比例繳納者，不在此限。

③義務人經行政執行處依第一項規定命其提供相當擔保，限期履行，屆期不履行亦未提供相當擔保，有下列情形之一，而有強制其到場之必要者，行政執行處得聲請法院裁定拘提之：

一　顯有逃匿之虞。

二　經合法通知，無正當理由而不到場。

④法院對於前項聲請，應於五日內裁定；其情況急迫者，應即時裁定。

⑤義務人經拘提到場，行政執行官應即訊問其人有無錯誤，並應命義務人據實報告其財產狀況或為其他必要調查。

⑥行政執行官訊問義務人後，認有下列各款情形之一，而有管收必要者，行政執行處應自拘提時起二十四小時內，聲請法院裁定管收之：

一　顯有履行義務之可能，故不履行。

二　顯有逃匿之虞。

三　就應供強制執行之財產有隱匿或處分之情事。

四　已發見之義務人財產不足清償其所負義務，於審酌義務人整體收入、財產狀況及工作能力，認有履行義務之可能，別無其他執行方法，而拒絕報告其財產狀況或爲虛僞之報告。

⑦義務人經通知或自行到場，經行政執行官訊問後，認有前項各款情形之一，而有聲請管收必要者，行政執行處得將義務人暫予留置；其訊問及暫予留置時間合計不得逾二十四小時。

⑧拘提、管收之聲請，應向行政執行處所在地之地方法院爲之。

⑨法院受理管收之聲請後，應即訊問義務人並爲裁定，必要時得通知行政執行處指派執行人員到場爲一定之陳述或補正。

⑩行政執行處或義務人不服法院關於拘提、管收之裁定者，得於十日內提起抗告；其程序準用民事訴訟法有關抗告程序之規定。

⑪抗告不停止拘提或管收之執行。但准拘提或管收之原裁定經抗告法院裁定廢棄者，其執行應即停止，並將被拘提或管收人釋放。

⑫拘提、管收，除本法另有規定外，準用強制執行法、管收條例及刑事訴訟法有關訊問、拘提、羈押之規定。

第一七條之一　（禁奢條款）99

①義務人爲自然人，其滯欠合計達一定金額，已發現之財產不足清償其所負義務，且生活逾越一般人通常程度者，行政執行處得依職權或利害關係人之申請對其核發下列各款之禁止命令，並通知應予配合之第三人：

一　禁止購買、租賃或使用一定金額以上之商品或服務。

二　禁止搭乘特定之交通工具。

三　禁止爲特定之投資。

四　禁止進入特定之高消費場所消費。

五　禁止贈與或借貸他人一定金額以上之財物。

六　禁止每月生活費用超過一定金額。

七　其他必要之禁止命令。

②前項所定一定金額，由法務部定之。

③行政執行處依第一項規定核發禁止命令前，應以書面通知義務人到場陳述意見。義務人經合法通知，無正當理由而不到場者，行政執行處關於本條之調查及審核程序不受影響。

④行政執行處於審酌義務人之生活有無逾越一般人通常程度而核發第一項之禁止命令時，應考量其滯欠原因、滯欠金額、清償狀況、移送機關之意見、利害關係人申請事由及其他情事，爲適當之決定。

⑤行政執行處於執行程序終結時，應解除第一項之禁止命令，並通知應配合之第三人。

⑥義務人無正當理由違反第一項之禁止命令者，行政執行處得限期命其清償適當之金額，或命其報告一定期間之財產狀況、收入及資金運用情形；義務人不爲清償、不爲報告或爲虛僞之報告者，視爲其顯有履行義務之可能而故不履行，行政執行處得依前條規定處理。

第一八條　（行政執行處得逕就擔保人之財產執行之情形）

擔保人於擔保書狀載明義務人逃亡或不履行義務由其負清償責任者，行政執行處於義務人逾前條第一項之限期仍不履行時，得逕就擔保人之財產執行之。

第一九條　（拘提管收）94

①法院爲拘提之裁定後，應將拘票交由行政執行處派執行員執行拘提。

②拘提後，有下列情形之一者，行政執行處應即釋放義務人：

一　義務已全部履行。

二　義務人就義務之履行已提供相當擔保。

三　不符合聲請管收之要件。

③法院爲管收之裁定後，應將管收票交由行政執行處派執行員將被管收人送交管收所；

法院核發管收票時義務人不在場者，行政執行處得派執行員持管收票強制義務人同行並送交管收所。

④管收期限，自管收之日起算，不得逾三個月。有管收新原因發生或停止管收原因消滅時，行政執行處仍得聲請該管法院裁定再行管收。但以一次為限。

⑤義務人所負公法上金錢給付義務，不因管收而免除。

第二〇條　（被管收人之提詢及送返程式）

①行政執行處應隨時提詢被管收人，每月不得少於三次。

②提詢或送返被管收人時，應以書面通知管收所。

第二一條　（不得管收及停止管收之情形）

義務人或其他依法得管收之人有下列情形之一者，不得管收；其情形發生管收後者，行政執行處應以書面通知管收所停止管收：

一　因管收而其一家生計有難以維持之虞者。

二　懷胎五月以上或生產後二月未滿者。

三　現罹疾病，恐因管收而不能治療者。

第二二條　（應釋放被管收人之情形）

有下列情形之一者，行政執行處應即以書面通知管收所釋放被管收人：

一　義務已全部履行或執行完畢者。

二　行政處分或裁定經撤銷或變更確定致不得繼續執行者。

三　管收期限屆滿者。

四　義務人就義務之履行已提供確實之擔保者。

第二三條　（應提報告之執行行為）

行政執行處執行拘提管收之結果，應向裁定法院提出報告。提詢、停止管收及釋放被管收人時，亦同。

第二四條　（適用義務人拘提管收等規定之人）98

關於義務人拘提管收及應負義務之規定，於下列各款之人亦適用之：

一　義務人為未成年人或受監護宣告之人者，其法定代理人。

二　商號之經理人或清算人；合夥之執行業務合夥人。

三　非法人團體之代表人或管理人。

四　公司或其他法人之負責人。

五　義務人死亡者，其繼承人、遺產管理人或遺囑執行人。

第二五條　（執行費用）

有關本章之執行，不徵收執行費。但因強制執行所支出之必要費用，由義務人負擔之。

第二六條　（強制執行法之準用）

關於本章之執行，除本法另有規定外，準用強制執行法之規定。

第三章　行為或不行為義務之執行

第二七條　（限期履行行為或不行為義務）

①依法令或本於法令之行政處分，負有行為或不行為義務，經於處分書或另以書面限定相當期間履行，逾期仍不履行者，由執行機關依間接強制或直接強制方法執行之。

②前項文書，應載明不依限履行時將予強制執行之意旨。

第二八條　（間接強制方法及直接強制方法）

①前條所稱之間接強制方法如下：

一　代履行。

二　怠金。

②前條所稱之直接強制方法如下：

一　扣留、收取交付、解除占有、處置、使用或限制使用動產、不動產。

二　進入、封閉、拆除住宅、建築物或其他處所。
三　收繳、註銷證照。
四　斷絕營業所必須之自來水、電力或其他能源。
五　其他以實力直接實現與履行義務同一內容狀態之方法。

第二九條　（代爲履行行爲義務及代履行費用）
①依法令或本於法令之行政處分，負有行爲義務而不爲，其行爲能由他人代爲履行者，執行機關得委託第三人或指定人員代履行之。
②前項代履行之費用，由執行機關估計其數額，命義務人繳納；其繳納數額與實支不一致時，退還其餘額或追繳其差額。

第三〇條（不爲且不能代爲履行之義務，處以怠金）
①依法令或本於法令之行政處分，負有行爲義務而不爲，其行爲不能由他人代爲履行者，依其情節輕重處新臺幣五千元以上三十萬元以下怠金。
②依法令或本於法令之行政處分，負有不行爲義務而爲之者，亦同。

第三一條　（連續處以怠金）
①經依前條規定處以怠金，仍不履行其義務者，執行機關得連續處以怠金。
②依前項規定，連續處以怠金前，仍應依第二十七條之規定以書面限期履行。但法律另有特別規定者，不在此限。

第三二條　（得直接強制執行之情況）
經間接強制不能達成執行目的，或因情況急迫，如不及時執行，顯難達成執行目的時，執行機關得依直接強制方法執行之。

第三三條　（物之交付義務之強制執行）
關於物之交付義務之強制執行，依本章之規定。

第三四條　（逾期未繳代履行費用或怠金）
代履行費用或怠金，逾期未繳納者，移送行政執行處依第二章之規定執行之。

第三五條　（本章準用之規定）
強制執行法第三章、第四章之規定於本章準用之。

第四章　即時強制

第三六條　（即時強制之時機及方法）
①行政機關爲阻止犯罪、危害之發生或避免急迫危險，而有即時處置之必要時，得爲即時強制。
②即時強制方法如下：
一　對於人之管束。
二　對於物之扣留、使用、處置或限制其使用。
三　對於住宅、建築物或其他處所之進入。
四　其他依法定職權所爲之必要處置。

第三七條　（對於人之管束之限制）
①對於人之管束，以合於下列情形之一者爲限：
一　瘋狂或酗酒泥醉，非管束不能救護其生命、身體之危險，及預防他人生命、身體之危險者。
二　意圖自殺，非管束不能救護其生命者。
三　暴行或鬥毆，非管束不能預防其傷害者。
四　其他認爲必須救護或有害公共安全之虞，非管束不能救護或不能預防危害者。
②前項管束，不得逾二十四小時。

第三八條　（危險物之扣留）
①軍器、凶器及其他危險物，爲預防危害之必要，得扣留之。
②扣留之物，除依法應沒收、沒入、毀棄或應變價發還者外，其扣留期間不得逾三十

日。但扣留之原因未消失時，得延長之，延長期間不得逾兩個月。

③扣留之物無繼續扣留必要者，應即發還；於一年內無人領取或無法發還者，其所有權歸屬國庫；其應變價發還者，亦同。

第三九條　（得使用、處置或限制使用土地等之情形）

遇有天災、事變或交通上、衛生上或公共安全上有危害情形，非使用或處置其土地、住宅、建築物、物品或限制其使用，不能達防護之目的時，得使用、處置或限制其使用。

第四〇條　（對於進入建物等處所之限制）

對於住宅、建築物或其他處所之進入，以人民之生命、身體、財產有迫切之危害，非進入不能救護者爲限。

第四一條　（即時強制而致損失得請求補償）

①人民因執行機關依法實施即時強制，致其生命、身體或財產遭受特別損失時，得請求補償。但因可歸責於該人民之事由者，不在此限。

②前項損失補償，應以金錢爲之，並以補償實際所受之特別損失爲限。

③對於執行機關所爲損失補償之決定不服者，得依法提起訴願及行政訴訟。

④損失補償，應於知有損失後，二年內向執行機關請求之。但自損失發生後，經過五年者，不得爲之。

第五章　附　則

第四二條　（本法修正後之適用）

①法律有公法上金錢給付義務移送法院強制執行之規定者，自本法修正條文施行之日起，不適用之。

②本法修正施行前之行政執行事件，未經執行或尙未執行終結者，自本法修正條文施行之日起，依本法之規定執行之；其爲公法上金錢給付義務移送法院強制執行之事件，移送該管行政執行處繼續執行之。

③前項關於第七條規定之執行期間，自本法修正施行日起算。

第四三條　（施行細則之訂定）

本法施行細則，由行政院定之。

第四四條　（施行日）98

①本法自公布日施行。

②本法修正條文之施行日期，由行政院以命令定之。但中華民國九十八年十二月十五日修正之條文，自九十八年十一月二十三日施行。

行政程序法

①民國88年2月3日總統令制定公布全文175條；並自90年1月1日施行。
②民國89年12月27日總統令增訂公布第174-1條條文。
③民國90年6月20日總統令修正公布第174-1條條文。
④民國90年12月28日總統令修正公布第174-1條條文。
⑤民國94年12月28日總統令公布刪除第44、45條條文。
⑥民國102年5月22日總統令修正公布第131條條文。
⑦民國104年12月30日總統令修正公布第127、175條條文；並自公布日施行。
⑧民國110年1月20日總統令修正公布第128條條文。

第一章　總　則

第一節　法　例

第一條　（立法目的）

爲使行政行爲遵循公正、公開與民主之程序，確保依法行政之原則，以保障人民權益，提高行政效能，增進人民對行政之信賴，特制定本法。

第二條　（行政程序與行政機關之定義）

①本法所稱行政程序，係指行政機關作成行政處分、締結行政契約、訂定法規命令與行政規則、確定行政計畫、實施行政指導及處理陳情等行爲之程序。

②本法所稱行政機關，係指代表國家、地方自治團體或其他行政主體表示意思，從事公共事務，具有單獨法定地位之組織。

③受託行使公權力之個人或團體，於委託範圍內，視爲行政機關。

第三條　（適用範圍）

①行政機關爲行政行爲時，除法律另有規定外，應依本法規定爲之。

②下列機關之行政行爲，不適用本法之程序規定：

一　各級民意機關。
二　司法機關。
三　監察機關。

③下列事項，不適用本法之程序規定：

一　有關外交行爲、軍事行爲或國家安全保障事項之行爲。
二　外國人出、入境、難民認定及國籍變更之行爲。
三　刑事案件犯罪偵查程序。
四　犯罪矯正機關或其他收容處所爲達成收容目的所爲之行爲。
五　有關私權爭執之行政裁決程序。
六　學校或其他教育機構爲達成教育目的之內部程序。
七　對公務員所爲之人事行政行爲。
八　考試院有關考選命題及評分之行爲。

第四條　（一般法律原則）

行政行爲應受法律及一般法律原則之拘束。

第五條　（行政行爲之內容）

行政行爲之內容應明確。

第六條　（行政行爲之平等原則）

行政行爲，非有正當理由，不得爲差別待遇。

第七條　（行政行爲之比例原則）

行政行爲，應依下列原則爲之：

一　採取之方法應有助於目的之達成。

二　有多種同樣能達成目的之方法時，應選擇對人民權益損害最少者。

三　採取之方法所造成之損害不得與欲達成目的之利益顯失均衡。

第八條　（行政行爲之誠信原則）

行政行爲，應以誠實信用之方法爲之，並應保護人民正當合理之信賴。

第九條　（行政程序對當事人有利及不利之情形）

行政機關就該管行政程序，應於當事人有利及不利之情形，一律注意。

第一〇條　（行政裁量之界限）

行政機關行使裁量權，不得逾越法定之裁量範圍，並應符合法規授權之目的。

第二節　管　轄

第一一條　（行政機關之管轄權及管轄權不得隨意設定或變更）

①行政機關之管轄權，依其組織法規或其他行政法規定之。

②行政機關之組織法規變更管轄權之規定，而相關行政法規所定管轄機關尚未一併修正時，原管轄機關得會同組織法規變更後之管轄機關公告或逕由其共同上級機關公告變更管轄之事項。

③行政機關經裁併者，前項公告得僅由組織法規變更後之管轄機關爲之。

④前二項公告事項，自公告之日起算至第三日起發生移轉管轄權之效力。但公告特定有生效日期者，依其規定。

⑤管轄權非依法規不得設定或變更。

第一二條　（管轄權之補充規定）

不能依前條第一項定土地管轄權者，依下列各款順序定之：

一　關於不動產之事件，依不動產之所在地。

二　關於企業之經營或其他繼續性事業之事件，依經營企業或從事事業之處所，或應經營或應從事之處所。

三　其他事件，關於自然人者，依其住所地，無住所或住所不明者，依其居所地，無居所或居所不明者，依其最後所在地。關於法人或團體者，依其主事務所或會址所在地。

四　不能依前三款之規定定其管轄權或有急迫情形者，依事件發生之原因定之。

第一三條　（行政機關管轄權競合時之解決方法）

①同一事件，數行政機關依前二條之規定均有管轄權者，由受理在先之機關管轄，不能分別受理之先後者，由各該機關協議定之，不能協議或有統一管轄之必要時，由其共同上級機關指定管轄。無共同上級機關時，由各該上級機關協議定之。

②前項機關於必要之情形時，應爲必要之職務行爲，並即通知其他機關。

第一四條　（行政機關管轄權爭議之解決方法）

①數行政機關於管轄權有爭議時，由其共同上級機關決定之，無共同上級機關時，由各該上級機關協議定之。

②前項情形，人民就其依法規申請之事件，得向共同上級機關申請指定管轄，無共同上級機關者，得向各該上級機關之一爲之。受理申請之機關應自請求到達之日起十日內決定之。

③在前二項情形未經決定前，如有導致國家或人民難以回復之重大損害之虞時，該管轄權爭議之一方，應依當事人申請或依職權爲緊急之臨時處置，並應層報共同上級機關及通知他方。

④人民對行政機關依本條所爲指定管轄之決定，不得聲明不服。

第一五條　（行政機關將其權限委託或委任其他機關）

①行政機關得依法規將其權限之一部分，委任所屬下級機關執行之。
②行政機關因業務上之需要，得依法規將其權限之一部分，委託不相隸屬之行政機關執行之。
③前二項情形，應將委任或委託事項及法規依據公告之，並刊登政府公報或新聞紙。

第一六條　（行政機關將其權限委託民間或個人處理）
①行政機關得依法規將其權限之一部分，委託民間團體或個人辦理。
②前項情形，應將委託事項及法規依據公告之，並刊登政府公報或新聞紙。
③第一項委託所需費用，除另有約定外，由行政機關支付之。

第一七條　（行政機關對管轄權之有無之處置）
①行政機關對事件管轄權之有無，應依職權調查；其認無管轄權者，應即移送有管轄權之機關，並通知當事人。
②人民於法定期間內提出申請，依前項規定移送有管轄權之機關者，視同已在法定期間內向有管轄權之機關提出申請。

第一八條　（管轄權變更之處理）
行政機關因法規或事實之變更而喪失管轄權時，應將案件移送有管轄權之機關，並通知當事人。但經當事人及有管轄權機關之同意，亦得由原管轄權機關繼續處理該案件。

第一九條　（執行職權時得請求其他機關協助及有不同意見之解決方法）
①行政機關爲發揮共同一體之行政機能，應於其權限範圍內互相協助。
②行政機關執行職務時，有下列情形之一者，得向無隸屬關係之其他機關請求協助：
一　因法律上之原因，不能獨自執行職務者。
二　因人員、設備不足等事實上之原因，不能獨自執行職務者。
三　執行職務所必要認定之事實，不能獨自調查者。
四　執行職務所必要之文書或其他資料，爲被請求機關所持有者。
五　由被請求機關協助執行，顯較經濟者。
六　其他職務上有正當理由須請求協助者。
③前項請求，除緊急情形外，應以書面爲之。
④被請求機關於有下列情形之一者，應拒絕之：
一　協助之行爲，非其權限範圍或依法不得爲之者。
二　如提供協助，將嚴重妨害其自身職務之執行者。
⑤被請求機關認有正當理由不能協助者，得拒絕之。
⑥被請求機關認爲無提供行政協助之義務或有拒絕之事由時，應將其理由通知請求協助機關。請求協助機關對此有異議時，由其共同上級機關決定之，無共同上級機關時，由被請求機關之上級機關決定之。
⑦被請求機關得向請求協助機關要求負擔行政協助所需費用。其負擔金額及支付方式，由請求協助機關及被請求機關以協議定之；協議不成時，由其共同上級機關定之。

第三節　當事人

第二〇條　（當事人之範圍）
本法所稱之當事人如下：
一　申請人及申請之相對人。
二　行政機關所爲行政處分之相對人。
三　與行政機關締結行政契約之相對人。
四　行政機關實施行政指導之相對人。
五　對行政機關陳情之人。
六　其他依本法規定參加行政程序之人。

第二一條　（行政程序當事人之範圍）

有行政程序之當事人能力者如下：

一　自然人。

二　法人。

三　非法人之團體設有代表人或管理人者。

四　行政機關。

五　其他依法律規定得為權利義務之主體者。

第二二條　（得為有效行政程序行為之資格）

①有行政程序之行為能力者如下：

一　依民法規定，有行為能力之自然人。

二　法人。

三　非法人之團體由其代表人或管理人為行政程序行為者。

四　行政機關由首長或其代理人、授權之人為行政程序行為者。

五　依其他法律規定者。

②無行政程序行為能力者，應由其法定代理人代為行政程序行為。

③外國人依其本國法律無行政程序之行為能力，而依中華民國法律有行政程序之行為能力者，視為有行政程序之行為能力。

第二三條　（通知參加為當事人）

因程序之進行將影響第三人之權利或法律上利益者，行政機關得依職權或依申請，通知其參加為當事人。

第二四條　（委任代理）

①當事人得委任代理人。但依法規或行政程序之性質不得授權者，不得為之。

②每一當事人委任之代理人，不得逾三人。

③代理權之授與，及於該行政程序有關之全部程序行為。但申請之撤回，非受特別授權，不得為之。

④行政程序代理人應於最初為行政程序行為時，提出委任書。

⑤代理權授與之撤回，經通知行政機關後，始對行政機關發生效力。

第二五條　（單獨代理原則）

①代理人有二人以上者，均得單獨代理當事人。

②違反前項規定而為委任者，其代理人仍得單獨代理。

③代理人經本人同意得委任他人為複代理人。

第二六條　（代理權之效力）

代理權不因本人死亡或其行政程序行為能力喪失而消滅。法定代理有變更或行政機關經裁併或變更者，亦同。

第二七條　（當事人之選定或指定）

①多數有共同利益之當事人，未共同委任代理人者，得選定其中一人至五人為全體為行政程序行為。

②未選定當事人，而行政機關認有礙程序之正常進行者，得定相當期限命其選定；逾期未選定者，得依職權指定之。

③經選定或指定為當事人者，非有正當理由不得辭退。

④經選定或指定當事人者，僅得由該當事人為行政程序行為，其他當事人脫離行政程序。但申請之撤回、權利之拋棄或義務之負擔，非經全體有共同利益之人同意，不得為之。

第二八條　（選定或指定當事人單獨行使職權）

選定或指定當事人有二人以上時，均得單獨為全體為行政程序行為。

第二九條　（選定或指定當事人之更換或增減）

①多數有共同利益之當事人於選定或經指定當事人後，仍得更換或增減之。

②行政機關對於其指定之當事人，為共同利益人之權益，必要時，得更換或增減之。

③依前二項規定喪失資格者，其他被選定或指定之人得為全體為行政程序行為。

第三〇條 （選定、指定、更換或增減當事人之生效要件）

①當事人之選定、更換或增減，非以書面通知行政機關不生效力。

②行政機關指定、更換或增減當事人者，非以書面通知全體有共同利益之當事人，不生效力。但通知顯有困難者，得以公告代之。

第三一條 （輔佐人之規定）

①當事人或代理人經行政機關之許可，得偕同輔佐人到場。

②行政機關認為必要時，得命當事人或代理人偕同輔佐人到場。

③前二項之輔佐人，行政機關認為不適當時，得撤銷其許可或禁止其陳述。

④輔佐人所為之陳述，當事人或代理人未立即提出異議者，視為其所自為。

第四節　迴　避

第三二條 （公務員應自行迴避的事由）

公務員在行政程序中，有下列各款情形之一者，應自行迴避：

一　本人或其配偶、前配偶、四親等內之血親或三親等內之姻親或曾有此關係者為事件之當事人時。

二　本人或其配偶、前配偶，就該事件與當事人有共同權利人或共同義務人之關係者。

三　現為或曾為該事件當事人之代理人、輔佐人者。

四　於該事件，曾為證人、鑑定人者。

第三三條 （當事人申請公務員迴避之理由及其相關）

①公務員有下列各款情形之一者，當事人得申請迴避：

一　有前條所定之情形而不自行迴避者。

二　有具體事實，足認其執行職務有偏頗之虞者。

②前項申請，應舉其原因及事實，向該公務員所屬機關為之，並應為適當之釋明；被申請迴避之公務員，對於該申請得提出意見書。

③不服行政機關之駁回決定者，得於五日內提請上級機關覆決，受理機關除有正當理由外，應於十日內為適當之處置。

④被申請迴避之公務員在其所屬機關就該申請事件為准許或駁回之決定前，應停止行政程序。但有急迫情形，仍應為必要處置。

⑤公務員有前條所定情形不自行迴避，而未經當事人申請迴避者，應由該公務員所屬機關依職權命其迴避。

第五節　程序之開始

第三四條 （行政程序之開始）

行政程序之開始，由行政機關依職權定之。但依本法或其他法規之規定有開始行政程序之義務，或當事人已依法規之規定提出申請者，不在此限。

第三五條 （當事人向行政機關提出申請之方式）

當事人依法向行政機關提出申請者，除法規另有規定外，得以書面或言詞為之。以言詞為申請者，受理之行政機關應作成紀錄，經向申請人朗讀或使閱覽，確認其內容無誤後由其簽名或蓋章。

第六節　調查事實及證據

第三六條 （行政機關應依職權調查證據）

行政機關應依職權調查證據，不受當事人主張之拘束，對當事人有利及不利事項一律注意。

第三七條 （當事人得自行提出證據及向行政機關申請調查）

當事人於行政程序中，除得自行提出證據外，亦得向行政機關申請調查事實及證據。但行政機關認為無調查之必要者，得不為調查，並於第四十三條之理由中敘明之。

第三八條　（行政機關調查後得製作書面紀錄）

行政機關調查事實及證據，必要時得據實製作書面紀錄。

第三九條　（行政機關得通知相關之人到場陳述）

行政機關基於調查事實及證據之必要，得以書面通知相關之人陳述意見。通知書中應記載詢問目的、時間、地點、得否委託他人到場及不到場所生之效果。

第四〇條　（行政機關得要求提供文書、資料或物品）

行政機關基於調查事實及證據之必要，得要求當事人或第三人提供必要之文書、資料或物品。

第四一條　（選定鑑定人）

①行政機關得選定適當之人為鑑定。

②以書面為鑑定者，必要時，得通知鑑定人到場說明。

第四二條　（行政機關得實施勘驗）

①行政機關為瞭解事實真相，得實施勘驗。

②勘驗時應通知當事人到場。但不能通知者，不在此限。

第四三條　（行政機關採證之法則）

行政機關為處分或其他行政行為，應斟酌全部陳述與調查事實及證據之結果，依論理及經驗法則判斷事實之真偽，並將其決定及理由告知當事人。

第七節　資訊公開

第四四條　（刪除）94

第四五條　（刪除）94

第四六條　（申請閱覽卷宗）

①當事人或利害關係人得向行政機關申請閱覽、抄寫、複印或攝影有關資料或卷宗。但以主張或維護其法律上利益有必要者為限。

②行政機關對前項之申請，除有下列情形之一者外，不得拒絕：

一　行政決定前之擬稿或其他準備作業文件。

二　涉及國防、軍事、外交及一般公務機密，依法規規定有保密之必要者。

三　涉及個人隱私、職業秘密、營業秘密，依法規規定有保密之必要者。

四　有侵害第三人權利之虞者。

五　有嚴重妨礙有關社會治安、公共安全或其他公共利益之職務正常進行之虞者。

③前項第二款及第三款無保密必要之部分，仍應准許閱覽。

④當事人就第一項資料或卷宗內容關於自身之記載有錯誤者，得檢具事實證明，請求相關機關更正。

第四七條　（公務員與當事人進行行政程序外之接觸）

①公務員在行政程序中，除基於職務上之必要外，不得與當事人或代表其利益之人為行政程序外之接觸。

②公務員與當事人或代表其利益之人為行政程序外之接觸時，應將所有往來之書面文件附卷，並對其他當事人公開。

③前項接觸非以書面為之者，應作成書面紀錄，載明接觸對象、時間、地點及內容。

第八節　期日與期間

第四八條　（期間之計算）

①期間以時計算者，即時起算。

②期間以日、星期、月或年計算者，其始日不計算在內。但法律規定即日起算者，不在此限。

③期間不以星期、月或年之始日起算者，以最後之星期、月或年與起算日相當日之前一日爲期間之末日。但以月或年定期間，而於最後之月無相當日者，以其月之末日爲期間之末日。
④期間之末日爲星期日、國定假日或其他休息日者，以該日之次日爲期間之末日；期間之末日爲星期六者，以其次星期一上午爲期間末日。
⑤期間涉及人民之處罰或其他不利行政處分者，其始日不計時刻以一日論；其末日爲星期日、國定假日或其他休息日者，照計。但依第二項、第四項規定計算，對人民有利者，不在此限。

第四九條　（郵送期間之扣除）
基於法規之申請，以掛號郵寄方式向行政機關提出者，以交郵當日之郵戳爲準。

第五〇條　（回復原狀之申請）
①因天災或其他不應歸責於申請人之事由，致基於法規之申請不能於法定期間內提出者，得於其原因消滅後十日內，申請回復原狀。如該法定期間少於十日者，於相等之日數內得申請回復原狀。
②申請回復原狀，應同時補行期間內應爲之行政程序行爲。
③遲誤法定期間已逾一年者，不得申請回復原狀。

第五一條　（行政機關對人民申請之處理期間）
①行政機關對於人民依法規之申請，除法規另有規定外，應按各事項類別，訂定處理期間公告之。
②未依前項規定訂定處理期間者，其處理期間爲二個月。
③行政機關未能於前二項所定期間內處理終結者，得於原處理期間之限度內延長之，但以一次爲限。
④前項情形，應於原處理期間屆滿前，將延長之事由通知申請人。
⑤行政機關因天災或其他不可歸責之事由，致事務之處理遭受阻礙時，於該項事由終止前，停止處理期間之進行。

第九節　費　用

第五二條　（行政程序所生費用之負擔）
①行政程序所生之費用，由行政機關負擔。但專爲當事人或利害關係人利益所支出之費用，不在此限。
②因可歸責於當事人或利害關係人之事由，致程序有顯著之延滯者，其因延滯所生之費用，由其負擔。

第五三條　（證人或鑑定人得請求給付費用）
①證人或鑑定人得向行政機關請求法定之日費及旅費，鑑定人並得請求相當之報酬。
②前項費用及報酬，得請求行政機關預行酌給之。
③第一項費用，除法規另有規定外，其標準由行政院定之。

第十節　聽證程序

第五四條　（適用聽證程序）
依本法或其他法規舉行聽證時，適用本節規定。

第五五條　（聽證之通知及公告）
①行政機關舉行聽證前，應以書面記載下列事項，並通知當事人及其他已知之利害關係人，必要時並公告之：
一　聽證之事由與依據。
二　當事人之姓名或名稱及其住居所、事務所或營業所。
三　聽證之期日及場所。
四　聽證之主要程序。

五　當事人得選任代理人。
六　當事人依第六十一條所得享有之權利。
七　擬進行預備程序者，預備聽證之期日及場所。
八　缺席聽證之處理。
九　聽證之機關。

②依法規之規定，舉行聽證應預先公告者，行政機關應將前項所列各款事項，登載於政府公報或以其他適當方法公告之。

③聽證期日及場所之決定，應視事件之性質，預留相當期間，便利當事人或其代理人參與。

第五六條　（變更聽證期日或場所）

①行政機關得依職權或當事人之申請，變更聽證期日或場所，但以有正當理由爲限。

②行政機關爲前項之變更者，應依前條規定通知並公告。

第五七條　（聽證之主持人）

聽證，由行政機關首長或其指定人員爲主持人，必要時得由律師、相關專業人員或其他熟諳法令之人員在場協助之。

第五八條　（聽證之預備程序）

①行政機關爲使聽證順利進行，認爲必要時，得於聽證期日前，舉行預備聽證。

②預備聽證得爲下列事項：
一　議定聽證程序之進行。
二　釐清爭點。
三　提出有關文書及證據。
四　變更聽證之期日、場所與主持人。

③預備聽證之進行，應作成紀錄。

第五九條　（聽證公開之原則及例外）

①聽證，除法律另有規定外，應公開以言詞爲之。

②有下列各款情形之一者，主持人得依職權或當事人之申請，決定全部或一部不公開：
一　公開顯然有違背公益之虞者。
二　公開對當事人利益有造成重大損害之虞者。

第六〇條　（聽證之開始）

①聽證以主持人說明案由爲始。

②聽證開始時，由主持人或其指定之人說明事件之內容要旨。

第六一條　（聽證當事人之權利）

當事人於聽證時，得陳述意見、提出證據，經主持人同意後並得對機關指定之人員、證人、鑑定人、其他當事人或其代理人發問。

第六二條　（聽證主持人之職權）

①主持人應本中立公正之立場，主持聽證。

②主持人於聽證時，得行使下列職權：
一　就事實或法律問題，詢問當事人、其他到場人，或促其提出證據。
二　依職權或當事人之申請，委託相關機關爲必要之調查。
三　通知證人或鑑定人到場。
四　依職權或申請，通知或允許利害關係人參加聽證。
五　許可當事人及其他到場人之發問或發言。
六　爲避免延滯程序之進行，禁止當事人或其他到場之人發言；有妨礙聽證程序而情節重大者，並得命其退場。
七　當事人一部或全部無故缺席者，逕行開始、延期或終結聽證。
八　當事人曾於預備聽證中提出有關文書者，得以其所載內容視爲陳述。
九　認爲有必要時，於聽證期日結束前，決定繼續聽證之期日及場所。
十　如遇天災或其他事故不能聽證時，得依職權或當事人之申請，中止聽證。

十一　採取其他爲順利進行聽證所必要之措施。

③主持人依前項第九款決定繼續聽證之期日及場所者，應通知未到場之當事人及已知之利害關係人。

第六三條　（當事人聲明異議）

①當事人認爲主持人於聽證程序進行中所爲之處置違法或不當者，得即時聲明異議。

②主持人認爲異議有理由者，應即撤銷原處置，認爲無理由者，應即駁回異議。

第六四條　（聽證紀錄之作成及內容）

①聽證，應作成聽證紀錄。

②前項紀錄，應載明到場人所爲陳述或發問之要旨及其提出之文書、證據，並記明當事人於聽證程序進行中聲明異議之事由及主持人對異議之處理。

③聽證紀錄，得以錄音、錄影輔助之。

④聽證紀錄當場製作完成者，由陳述或發問人簽名或蓋章；未當場製作完成者，由主持人指定日期、場所供陳述或發問人閱覽，並由其簽名或蓋章。

⑤前項情形，陳述或發問人拒絕簽名、蓋章或未於指定日期、場所閱覽者，應記明其事由。

⑥陳述或發問人對聽證紀錄之記載有異議者，得即時提出。主持人認異議有理由者，應予更正或補充；無理由者，應記明其異議。

第六五條　（聽證之終結）

主持人認當事人意見業經充分陳述，而事件已達可爲決定之程度者，應即終結聽證。

第六六條　（行政機關得再爲聽證）

聽證終結後，決定作成前，行政機關認爲必要時，得再爲聽證。

第十一節　送　達

第六七條　（送達由行政機關爲之）

送達，除法規另有規定外，由行政機關依職權爲之。

第六八條　（送達方式及送達人）

①送達由行政機關自行或交由郵政機關送達。

②行政機關之文書依法規以電報交換、電傳文件、傳眞或其他電子文件行之者，視爲自行送達。

③由郵政機關送達者，以一般郵遞方式爲之。但文書內容對人民權利義務有重大影響者，應爲掛號。

④文書由行政機關自行送達者，以承辦人員或辦理送達事務人員爲送達人；其交郵政機關送達者，以郵務人員爲送達人。

⑤前項郵政機關之送達準用依民事訴訟法施行法第三條訂定之郵政機關送達訴訟文書實施辦法。

第六九條　（對無行爲能力人之送達）

①對於無行政程序之行爲能力人爲送達者，應向其法定代理人爲之。

②對於機關、法人或非法人之團體爲送達者，應向其代表人或管理人爲之。

③法定代理人、代表人或管理人有二人以上者，送達得僅向其中之一人爲之。

④無行政程序之行爲能力人爲行政程序之行爲，未向行政機關陳明其法定代理人者，於補正前，行政機關得向該無行爲能力人爲送達。

第七〇條　（對外國法人之送達）

①對於在中華民國有事務所或營業所之外國法人或團體爲送達者，應向其在中華民國之代表人或管理人爲之。

②前條第三項規定，於前項送達準用之。

第七一條　（對代理人之送達）

行政程序之代理人受送達之權限未受限制者，送達應向該代理人爲之。但行政機關認爲必要時，得送達於當事人本人。

第七二條　（送達之處所）

①送達，於應受送達人之住居所、事務所或營業所爲之。但在行政機關辦公處所或他處會晤應受送達人時，得於會晤處所爲之。

②對於機關、法人、非法人之團體之代表人或管理人爲送達者，應向其機關所在地、事務所或營業所行之。但必要時亦得於會晤之處所或其住居所行之。

③應受送達人有就業處所者，亦得向該處所爲送達。

第七三條　（補充送達及留置送達）

①於應送達處所不獲會晤應受送達人時，得將文書付與有辨別事理能力之同居人、受雇人或應送達處所之接收郵件人員。

②前項規定於前項人員與應受送達人在該行政程序上利害關係相反者，不適用之。

③應受送達人或其同居人、受雇人、接收郵件人員無正當理由拒絕收領文書時，得將文書留置於應送達處所，以爲送達。

第七四條　（寄存送達）

①送達，不能依前二條規定爲之者，得將文書寄存送達地之地方自治或警察機關，並作送達通知書兩份，一份黏貼於應受送達人住居所、事務所、營業所或其就業處所門首，另一份交由鄰居轉交或置於該送達處所信箱或其他適當位置，以爲送達。

②前項情形，由郵政機關爲送達者，得將文書寄存於送達地之郵政機關。

③寄存機關自收受寄存文書之日起，應保存三個月。

第七五條　（對不特定人之送達方式）

行政機關對於不特定人之送達，得以公告或刊登政府公報或新聞紙代替之。

第七六條　（送達證書之製作及附卷）

①送達人因證明之必要，得製作送達證書，記載下列事項並簽名：

一　交送達之機關。

二　應受送達人。

三　應送達文書之名稱。

四　送達處所、日期及時間。

五　送達方法。

②除電子傳達方式之送達外，送達證書應由收領人簽名或蓋章；如拒絕或不能簽名或蓋章者，送達人應記明其事由。

③送達證書，應提出於行政機關附卷。

第七七條　（對第三人送達之處理方式）

送達係由當事人向行政機關申請對第三人爲之者，行政機關應將已爲送達或不能送達之事由，通知當事人。

第七八條　（公示送達之原因與方式）

①對於當事人之送達，有下列各款情形之一者，行政機關得依申請，准爲公示送達：

一　應爲送達之處所不明者。

二　於有治外法權人之住居所或事務所爲送達而無效者。

三　於外國或境外爲送達，不能依第八十六條之規定辦理或預知雖依該規定辦理而無效者。

②有前項所列各款之情形而無人爲公示送達之申請者，行政機關爲避免行政程序遲延，認爲有必要時，得依職權命爲公示送達。

③當事人變更其送達之處所而不向行政機關陳明，致有第一項之情形者，行政機關得依職權命爲公示送達。

第七九條　（行政機關依職權之公示送達）

依前條規定爲公示送達後，對於同一當事人仍應爲公示送達者，依職權爲之。

第八〇條　（公示送達之方式）

公示送達應由行政機關保管送達之文書，而於行政機關公告欄黏貼公告，告知應受送達人得隨時領取；並得由行政機關將文書或其節本刊登政府公報或新聞紙。

第八一條　（公示送達之生效日期）

公示送達自前條公告之日起，其刊登政府公報或新聞紙者，自最後刊登之日起，經二十日發生效力；於依第七十八條第一項第三款為公示送達者，經六十日發生效力。但第七十九條之公示送達，自黏貼公告欄翌日起發生效力。

第八二條　（公示送達證書之附卷）

為公示送達者，行政機關應製作記載該事由及年、月、日、時之證書附卷。

第八三條　（送達代收人之送達）

①當事人或代理人經指定送達代收人，向行政機關陳明者，應向該代收人為送達。

②郵寄方式向行政機關提出者，以交郵地無住居所、事務所及營業所者，行政機關得命其於一定期間內，指定送達代收人。

③如不於前項期間指定送達代收人並陳明者，行政機關得將應送達之文書，註明該當事人或代理人之住居所、事務所或營業所，交付郵政機關掛號發送，並以交付文書時，視為送達時。

第八四條　（得為送達之時間）

送達，除第六十八條第一項規定交付郵政機關或依第二項之規定辦理者外，不得於星期日或其他休息日或日出前、日沒後為之。但應受送達人不拒絕收領者，不在此限。

第八五條　（不能為送達時之處理方式）

不能為送達者，送達人應製作記載該事由之報告書，提出於行政機關附卷，並繳回應送達之文書。

第八六條　（於外國或境外送達之方式）

①於外國或境外為送達者，應囑託該國管轄機關或駐在該國之中華民國使領館或其他機構、團體為之。

②不能依前項規定為送達者，得將應送達之文書交郵政機關以雙掛號發送，以為送達，並將掛號回執附卷。

第八七條　（對駐外人員之送達）

對於駐在外國之中華民國大使、公使、領事或其他駐外人員為送達者，應囑託外交部為之。

第八八條　（對現役軍人之送達）

對於在軍隊或軍艦服役之軍人為送達者，應囑託該管軍事機關或長官為之。

第八九條　（對在監所人之送達）

對於在監所人為送達者，應囑託該監所長官為之。

第九〇條　（對有治外法權人之送達）

於有治外法權人之住居所或事務所為送達者，得囑託外交部為之。

第九一條　（對囑託送達結果通知之處理）

受囑託之機關或公務員，經通知已為送達或不能為送達者，行政機關應將通知書附卷。

第二章　行政處分

第一節　行政處分之成立

第九二條　（行政處分與一般處分之定義）

①本法所稱行政處分，係指行政機關就公法上具體事件所為之決定或其他公權力措施而對外直接發生法律效果之單方行政行為。

②前項決定或措施之相對人雖非特定，而依一般性特徵可得確定其範圍者，為一般處分，適用本法有關行政處分之規定。有關公物之設定、變更、廢止或其一般使用者，亦同。

第九三條　（行政處分附款之容許性及種類）

①行政機關作成行政處分有裁量權時，得為附款。無裁量權者，以法律有明文規定或為確保行政處分法定要件之履行而以該要件為附款內容者為限，始得為之。

②前項所稱之附款如下：

一　期限。

二　條件。

三　負擔。

四　保留行政處分之廢止權。

五　保留負擔之事後附加或變更。

第九四條　（行政處分附款之限制）

前條之附款不得違背行政處分之目的，並應與該處分之目的具有正當合理之關聯。

第九五條　（行政處分之方式）

①行政處分除法規另有要式之規定者外，得以書面、言詞或其他方式為之。

②以書面以外方式所為之行政處分，其相對人或利害關係人有正當理由要求作成書面時，處分機關不得拒絕。

第九六條　（書面行政處分之應記載事項）

①行政處分以書面為之者，應記載下列事項：

一　處分相對人之姓名、出生年月日、性別、身分證統一號碼、住居所或其他足資辨別之特徵；如係法人或其他設有管理人或代表人之團體，其名稱、事務所或營業所，及管理人或代表人之姓名、出生年月日、性別、身分證統一號碼、住居所。

二　主旨、事實、理由及其法令依據。

三　有附款者，附款之內容。

四　處分機關及其首長署名、蓋章，該機關有代理人或受任人者，須同時於其下簽名。但以自動機器作成之大量行政處分，得不經署名，以蓋章為之。

五　發文字號及年、月、日。

六　表明其為行政處分之意旨及不服行政處分之救濟方法、期間及其受理機關。

②前項規定於依前條第二項作成之書面，準用之。

第九七條　（書面行政處分得不記明理由之情形）

書面之行政處分有下列各款情形之一者，得不記明理由：

一　未限制人民之權益者。

二　處分相對人或利害關係人無待處分機關之說明已知悉或可知悉作成處分之理由者。

三　大量作成之同種類行政處分或以自動機器作成之行政處分依其狀況無須說明理由者。

四　一般處分經公告或刊登政府公報或新聞紙者。

五　有關專門知識、技能或資格所為之考試、檢定或鑑定等程序。

六　依法律規定無須記明理由者。

第九八條　（告知救濟期間錯誤之處理及未告知救濟期間或告知錯誤未為更正之效果）

①處分機關告知之救濟期間有錯誤時，應由該機關以通知更正之，並自通知送達之翌日起算法定期間。

②處分機關告知之救濟期間較法定期間為長者，處分機關雖以通知更正，如相對人或利害關係人信賴原告知之救濟期間，致無法於法定期間內提起救濟，而於原告知之期間內為之者，視為於法定期間內所為。

③處分機關未告知救濟期間或告知錯誤未為更正，致相對人或利害關係人遲誤者，如自處分書送達後一年內聲明不服時，視為於法定期間內所為。

第九九條　（未告知受理聲明不服之管轄機關或告知錯誤）

①對於行政處分聲明不服，因處分機關未為告知或告知錯誤致向無管轄權之機關為之

者，該機關應於十日內移送有管轄權之機關，並通知當事人。

②前項情形，視為自始向有管轄權之機關聲明不服。

第一〇〇條　（行政處分之通知）

①書面之行政處分，應送達相對人及已知之利害關係人；書面以外之行政處分，應以其他適當方法通知或使其知悉。

②一般處分之送達，得以公告或刊登政府公報或新聞紙代替之。

第一〇一條　（行政處分之更正）

①行政處分如有誤寫、誤算或其他類此之顯然錯誤者，處分機關得隨時或依申請更正之。

②前項更正，附記於原處分書及其正本，如不能附記者，應製作更正書，以書面通知相對人及已知之利害關係人。

第二節　陳述意見及聽證

第一〇二條　（作成限制或剝奪人民自由或權利之行政處分前給予相對人陳述意見之機會）

行政機關作成限制或剝奪人民自由或權利之行政處分前，除已依第三十九條規定，通知處分相對人陳述意見，或決定舉行聽證者外，應給予該處分相對人陳述意見之機會。但法規另有規定者，從其規定。

第一〇三條　（無須給予相對人陳述意見之情形）

有下列各款情形之一者，行政機關得不給予陳述意見之機會：

一　大量作成同種類之處分。

二　情況急迫，如予陳述意見之機會，顯然違背公益者。

三　受法定期間之限制，如予陳述意見之機會，顯然不能遵行者。

四　行政強制執行時所採取之各種處置。

五　行政處分所根據之事實，客觀上明白足以確認者。

六　限制自由或權利之內容及程度，顯屬輕微，而無事先聽取相對人意見之必要者。

七　相對人於提起訴願前依法律應向行政機關聲請再審查、異議、復查、重審或其他先行程序者。

八　為避免處分相對人隱匿、移轉財產或潛逃出境，依法律所為保全或限制出境之處分。

第一〇四條　（通知相對人陳述意見之方式）

①行政機關依第一百零二條給予相對人陳述意見之機會時，應以書面記載下列事項通知相對人，必要時並公告之：

一　相對人及其住居所、事務所或營業所。

二　將為限制或剝奪自由或權利行政處分之原因事實及法規依據。

三　得依第一百零五條提出陳述書之意旨。

四　提出陳述書之期限及不提出之效果。

五　其他必要事項。

②前項情形，行政機關得以言詞通知相對人，並作成紀錄，向相對人朗讀或使閱覽後簽名或蓋章；其拒絕簽名或蓋章者，應記明其事由。

第一〇五條　（陳述書之內容及不提出陳述書之效果）

①行政處分之相對人依前條規定提出之陳述書，應為事實上及法律上陳述。

②利害關係人亦得提出陳述書，為事實上及法律上陳述，但應釋明其利害關係之所在。

③不於期間內提出陳述書者，視為放棄陳述之機會。

第一〇六條　（相對人或利害關係人得以言詞代替陳述書）

①行政處分之相對人或利害關係人得於第一百零四條第一項第四款所定期限內，以言詞向行政機關陳述意見代替陳述書之提出。

②以言詞陳述意見者，行政機關應作成紀錄，經向陳述人朗讀或使閱覽確認其內容無誤後，由陳述人簽名或蓋章；其拒絕簽名或蓋章者，應記明其事由。陳述人對紀錄有異議者，應更正之。

第一〇七條　（聽證之範圍）

行政機關遇有下列各款情形之一者，舉行聽證：

一　法規明文規定應舉行聽證者。

二　行政機關認為有舉行聽證之必要者。

第一〇八條　（經聽證作成處分應斟酌之事項）

①行政機關作成經聽證之行政處分時，除依第四十三條之規定外，並應斟酌全部聽證之結果。但法規明定應依聽證紀錄作成處分者，從其規定。

②前項行政處分應以書面為之，並通知當事人。

第一〇九條　（不服經聽證作成處分之救濟）

不服依前條作成之行政處分者，其行政救濟程序，免除訴願及其先行程序。

第三節　行政處分之效力

第一一〇條　（行政處分之效力）

①書面之行政處分自送達相對人及已知之利害關係人起；書面以外之行政處分自以其他適當方法通知或使其知悉時起，依送達、通知或使知悉之內容對其發生效力。

②一般處分自公告日或刊登政府公報、新聞紙最後登載日起發生效力。但處分另訂不同日期者，從其規定。

③行政處分未經撤銷、廢止，或未因其他事由而失效者，其效力繼續存在。

④無效之行政處分自始不生效力。

第一一一條　（行政處分無效之判斷標準）

行政處分有下列各款情形之一者，無效：

一　不能由書面處分中得知處分機關者。

二　應以證書方式作成而未給予證書者。

三　內容對任何人均屬不能實現者。

四　所要求或許可之行為構成犯罪者。

五　內容違背公共秩序、善良風俗者。

六　未經授權而違背法規有關專屬管轄之規定或缺乏事務權限者。

七　其他具有重大明顯之瑕疵者。

第一一二條　（行政處分一部無效之效力範圍）

行政處分一部分無效者，其他部分仍為有效。但除去該無效部分，行政處分不能成立者，全部無效。

第一一三條　（行政處分無效之確認程序）

①行政處分之無效，行政機關得依職權確認之。

②行政處分之相對人或利害關係人有正當理由請求確認行政處分無效時，處分機關應確認其為有效或無效。

第一一四條　（瑕疵行政處分之補正）

①違反程序或方式規定之行政處分，除依第一百十一條規定而無效者外，因下列情形而補正：

一　須經申請始得作成之行政處分，當事人已於事後提出者。

二　必須記明之理由已於事後記明者。

三　應給予當事人陳述意見之機會已於事後給予者。

四　應參與行政處分作成之委員會已於事後作成決議者。

五　應參與行政處分作成之其他機關已於事後參與者。

②前項第二款至第五款之補正行為，僅得於訴願程序終結前為之；得不經訴願程序者，

僅得於向行政法院起訴前爲之。
③當事人因補正行爲致未能於法定期間內聲明不服者，其期間之遲誤視爲不應歸責於該當事人之事由，其回復原狀期間自該瑕疵補正時起算。

第一一五條　（違反土地管轄之效果）

行政處分違反土地管轄之規定者，除依第一百十一條第六款規定而無效者外，有管轄權之機關如就該事件仍應爲相同之處分時，原處分無須撤銷。

第一一六條　（違法行政處分之轉換）

①行政機關得將違法行政處分轉換爲與原處分具有相同實質及程序要件之其他行政處分。但有下列各款情形之一者，不得轉換：
一　違法行政處分，依第一百十七條但書規定，不得撤銷者。
二　轉換不符作成原行政處分之目的者。
三　轉換法律效果對當事人更爲不利者。
②羈束處分不得轉換爲裁量處分。
③行政機關於轉換前應給予當事人陳述意見之機會。但有第一百零三條之事由者，不在此限。

第一一七條　（行政處分之撤銷及其限制）

違法行政處分於法定救濟期間經過後，原處分機關得依職權爲全部或一部之撤銷；其上級機關，亦得爲之。但有下列各款情形之一者，不得撤銷：
一　撤銷對公益有重大危害者。
二　受益人無第一百十九條所列信賴不值得保護之情形，而信賴授予利益之行政處分，其信賴利益顯然大於撤銷所欲維護之公益者。

第一一八條　（行政處分撤銷之效力）

違法行政處分經撤銷後，溯及既往失其效力。但爲維護公益或爲避免受益人財產上之損失，爲撤銷之機關得另定失其效力之日期。

第一一九條　（信賴不值得保護之情形）

受益人有下列各款情形之一者，其信賴不值得保護：
一　以詐欺、脅迫或賄賂方法，使行政機關作成行政處分者。
二　對重要事項提供不正確資料或爲不完全陳述，致使行政機關依該資料或陳述而作成行政處分者。
三　明知行政處分違法或因重大過失而不知者。

第一二〇條　（違法授益處分經撤銷後之信賴補償）

①授予利益之違法行政處分經撤銷後，如受益人無前條所列信賴不值得保護之情形，其因信賴該處分致遭受財產上之損失者，爲撤銷之機關應給予合理之補償。
②前項補償額度不得超過受益人因該處分存續可得之利益。
③關於補償之爭議及補償之金額，相對人有不服者，得向行政法院提起給付訴訟。

第一二一條　（撤銷權之除斥期間與受益人信賴補償請求權之時效）

①第一百十七條之撤銷權，應自原處分機關或其上級機關知有撤銷原因時起二年內爲之。
②前條之補償請求權，自行政機關告知其事由時起，因二年間不行使而消滅；自處分撤銷時起逾五年者，亦同。

第一二二條　（非授益處分之廢止）

非授予利益之合法行政處分，得由原處分機關依職權爲全部或一部之廢止。但廢止後仍應爲同一內容之處分或依法不得廢止者，不在此限。

第一二三條　（授益處分之廢止）

授予利益之合法行政處分，有下列各款情形之一者，得由原處分機關依職權爲全部或一部之廢止：
一　法規准許廢止者。
二　原處分機關保留行政處分之廢止權者。

三　附負擔之行政處分，受益人未履行該負擔者。

四　行政處分所依據之法規或事實事後發生變更，致不廢止該處分對公益將有危害者。

五　其他爲防止或除去對公益之重大危害者。

第一二四條　（授益處分行使廢止權之除斥期間）

前條之廢止，應自廢止原因發生後二年內爲之。

第一二五條　（行政處分廢止之效力）

合法行政處分經廢止後，自廢止時或自廢止機關所指定較後之日時起，失其效力。但受益人未履行負擔致行政處分受廢止者，得溯及既往失其效力。

第一二六條　（廢止授益處分之信賴補償）

①原處分機關依第一百二十三條第四款、第五款規定廢止授予利益之合法行政處分者，對受益人因信賴該處分致遭受財產上之損失，應給予合理之補償。

②第一百二十條第二項、第三項及第一百二十一條第二項之規定，於前項補償準用之。

第一二七條　（受益人不當得利返還義務）104

①授予利益之行政處分，其內容係提供一次或連續之金錢或可分物之給付者，經撤銷、廢止或條件成就而有溯及既往失效之情形時，受益人應返還因該處分所受領之給付。其行政處分經確認無效者，亦同。

②前項返還範圍準用民法有關不當得利之規定。

③行政機關依前二項規定請求返還時，應以書面行政處分確認返還範圍，並限期命受益人返還之。

④前項行政處分未確定前，不得移送行政執行。

第一二八條 110

①行政處分於法定救濟期間經過後，具有下列各款情形之一者，相對人或利害關係人得向行政機關申請撤銷、廢止或變更之。但相對人或利害關係人因重大過失而未能在行政程序或救濟程序中主張其事由者，不在此限：

一　具有持續效力之行政處分所依據之事實事後發生有利於相對人或利害關係人之變更者。

二　發生新事實或發現新證據者，但以如經斟酌可受較有利益之處分者爲限。

三　其他具有相當於行政訴訟法所定再審事由且足以影響行政處分者。

②前項申請，應自法定救濟期間經過後三個月內爲之；其事由發生在後或知悉在後者，自發生或知悉時起算。但自法定救濟期間經過後已逾五年者，不得申請。

③第一項之新證據，指處分作成前已存在或成立而未及調查斟酌，及處分作成後始存在或成立之證據。

第一二九條　（申請撤銷、廢止或變更原處分之處置）

行政機關認前條之申請爲有理由者，應撤銷、廢止或變更原處分；認申請爲無理由或雖有重新開始程序之原因，如認爲原處分爲正當者，應駁回之。

第一三〇條　（證書與物品之繳還）

①行政處分經撤銷或廢止確定，或因其他原因失其效力後，而有收回因該處分而發給之證書或物品之必要者，行政機關得命所有人或占有人返還之。

②前項情形，所有人或占有人得請求行政機關將該證書或物品作成註銷之標示後，再予發還。但依物之性質不能作成註銷標示，或註銷標示不能明顯而持續者，不在此限。

第一三一條　（公法上請求權之時效與中斷）102

①公法上之請求權，於請求權人爲行政機關時，除法律另有規定外，因五年間不行使而消滅；於請求權人爲人民時，除法律另有規定外，因十年間不行使而消滅。

②公法上請求權，因時效完成而當然消滅。

③前項時效，因行政機關爲實現該權利所作成之行政處分而中斷

第一三二條　（時效不中斷）

行政處分因撤銷、廢止或其他事由而溯及既往失效時，自該處分失效時起，已中斷之

時效視為不中斷。

第一三三條　（時效之重行起算）

因行政處分而中斷之時效，自行政處分不得訴請撤銷或因其他原因失其效力後，重行起算。

第一三四條　（重行起算之時效期間）

因行政處分而中斷時效之請求權，於行政處分不得訴請撤銷後，其原有時效期間不滿五年者，因中斷而重行起算之時效期間為五年。

第三章　行政契約

第一三五條　（行政契約的容許性）

公法上法律關係得以契約設定、變更或消滅之。但依其性質或法規規定不得締約者，不在此限。

第一三六條　（締結和解契約之特別要件）

行政機關對於行政處分所依據之事實或法律關係，經依職權調查仍不能確定者，為有效達成行政目的，並解決爭執，得與人民和解，締結行政契約，以代替行政處分。

第一三七條　（雙務契約之特別要件）

①行政機關與人民締結行政契約，互負給付義務者，應符合下列各款之規定：

一　契約中應約定人民給付之特定用途。

二　人民之給付有助於行政機關執行其職務。

三　人民之給付與行政機關之給付應相當，並具有正當合理之關聯。

②行政處分之作成，行政機關無裁量權時，代替該行政處分之行政契約所約定之人民給付，以依第九十三條第一項規定得為附款者為限。

③第一項契約應載明人民給付之特定用途及僅供該特定用途使用之意旨。

第一三八條　（締約前之公告與意見表示）

行政契約當事人之一方為人民，依法應以甄選或其他競爭方式決定該當事人時，行政機關應事先公告應具之資格及決定之程序。決定前，並應予參與競爭者表示意見之機會。

第一三九條　（締結行政契約之方式）

行政契約之締結，應以書面為之。但法規另有其他方式之規定者，依其規定。

第一四〇條　（行政契約之特別生效要件）

①行政契約依約定內容履行將侵害第三人之權利者，應經該第三人書面之同意，始生效力。

②行政處分之作成，依法規之規定應經其他行政機關之核准、同意或會同辦理者，代替該行政處分而締結之行政契約，亦應經該行政機關之核准、同意或會同辦理，始生效力。

第一四一條　（行政契約無效之原因）

①行政契約準用民法規定之結果為無效者，無效。

②行政契約違反第一百三十五條但書或第一百三十八條之規定者，無效。

第一四二條　（代替行政處分之行政契約構成無效原因之特別規定）

代替行政處分之行政契約，有下列各款情形之一者，無效：

一　與其內容相同之行政處分為無效者。

二　與其內容相同之行政處分，有得撤銷之違法原因，並為締約雙方所明知者。

三　締結之和解契約，未符合第一百三十六條之規定者。

四　締結之雙務契約，未符合第一百三十七條之規定者。

第一四三條　（行政契約之一部無效）

行政契約之一部無效者，全部無效。但如可認為欠缺該部分，締約雙方亦將締結契約者，其他部分仍為有效。

第一四四條　（行政機關之指導與協助）
行政契約當事人之一方爲人民者，行政機關得就相對人契約之履行，依書面約定之方式，爲必要之指導或協助。

第一四五條　（契約外公權力行使之損失補償）
①行政契約當事人之一方爲人民者，其締約後，因締約機關所屬公法人之其他機關於契約關係外行使公權力，致相對人履行契約義務時，顯增費用或受其他不可預期之損失者，相對人得向締約機關請求補償其損失。但公權力之行使與契約之履行無直接必要之關聯者，不在此限。
②締約機關應就前項請求，以書面並敘明理由決定之。
③第一項補償之請求，應自相對人知有損失時起一年內爲之。
④關於補償之爭議及補償之金額，相對人有不服者，得向行政法院提起給付訴訟。

第一四六條　（行政機關單方調整或終止契約之權利）
①行政契約當事人之一方爲人民者，行政機關爲防止或除去對公益之重大危害，得於必要範圍內調整契約內容或終止契約。
②前項之調整或終止，非補償相對人因此所受之財產上損失，不得爲之。
③第一項之調整或終止及第二項補償之決定，應以書面敘明理由爲之。
④相對人對第一項之調整難爲履行者，得以書面敘明理由終止契約。
⑤相對人對第二項補償金額不同意時，得向行政法院提起給付訴訟。

第一四七條　（情事變更後契約之調整或終止）
①行政契約締結後，因有情事重大變更，非當時所得預料，而依原約定顯失公平者，當事人之一方得請求他方適當調整契約內容。如不能調整，得終止契約。
②前項情形，行政契約當事人之一方爲人民時，行政機關爲維護公益，得於補償相對人之損失後，命其繼續履行原約定之義務。
③第一項之請求調整或終止與第二項補償之決定，應以書面敘明理由爲之。
④相對人對第二項補償金額不同意時，得向行政法院提起給付訴訟。

第一四八條　（自願接受執行之約定）
①行政契約約定自願接受執行時，債務人不爲給付時，債權人得以該契約爲強制執行之執行名義。
②前項約定，締約之一方爲中央行政機關時，應經主管院、部或同等級機關之認可；締約之一方爲地方自治團體之行政機關時，應經該地方自治團體行政首長之認可；契約內容涉及委辦事項者，並應經委辦機關之認可，始生效力。
③第一項強制執行，準用行政訴訟法有關強制執行之規定。

第一四九條　（行政契約準用民法之相關規定）
行政契約，本法未規定者，準用民法相關之規定。

第四章　法規命令及行政規則

第一五〇條　（法規命令之定義）
①本法所稱法規命令，係指行政機關基於法律授權，對多數不特定人民就一般事項所作抽象之對外發生法律效果之規定。
②法規命令之內容應明列其法律授權之依據，並不得逾越法律授權之範圍與立法精神。

第一五一條　（法規命令程序之適用範圍）
①行政機關訂定法規命令，除關於軍事、外交或其他重大事項而涉及國家機密或安全者外，應依本法所定程序爲之。但法律另有規定者，從其規定。
②法規命令之修正、廢止、停止或恢復適用，準用訂定程序之規定。

第一五二條　（法規命令之提議）
①法規命令之訂定，除由行政機關自行草擬者外，並得由人民或團體提議爲之。
②前項提議，應以書面敘明法規命令訂定之目的、依據及理由，並附具相關資料。

第一五三條　（法規命令提議之處理原則）

受理前條提議之行政機關，應依下列情形分別處理：

一　非主管之事項，依第十七條之規定予以移送。

二　依法不得以法規命令規定之事項，附述理由通知原提議者。

三　無須訂定法規命令之事項，附述理由通知原提議者。

四　有訂定法規命令之必要者，著手研擬草案。

第一五四條　（法規命令之預告程序）

①行政機關擬訂法規命令時，除情況急迫，顯然無法事先公告周知者外，應於政府公報或新聞紙公告，載明下列事項：

一　訂定機關之名稱，其依法應由數機關會同訂定者，各該機關名稱。

二　訂定之依據。

三　草案全文或其主要內容。

四　任何人得於所定期間內向指定機關陳述意見之意旨。

②行政機關除為前項之公告外，並得以適當之方法，將公告內容廣泛周知。

第一五五條　（行政機關得依職權舉行聽證）

行政機關訂定法規命令，得依職權舉行聽證。

第一五六條　（聽證前應行預告之事項及內容）

行政機關為訂定法規命令，依法舉行聽證者，應於政府公報或新聞紙公告，載明下列事項：

一　訂定機關之名稱，其依法應由數機關會同訂定者，各該機關之名稱。

二　訂定之依據。

三　草案之全文或其主要內容。

四　聽證之日期及場所。

五　聽證之主要程序。

第一五七條　（法規命令之發布）

①法規命令依法應經上級機關核定者，應於核定後始得發布。

②數機關會同訂定之法規命令，依法應經上級機關或共同上級機關核定者，應於核定後始得會銜發布。

③法規命令之發布，應刊登政府公報或新聞紙。

第一五八條　（法規命令無效之事由及一部無效之處理原則）

①法規命令，有下列情形之一者，無效：

一　牴觸憲法、法律或上級機關之命令者。

二　無法律之授權而剝奪或限制人民之自由、權利者。

三　其訂定依法應經其他機關核准，而未經核准者。

②法規命令之一部分無效者，其他部分仍為有效。但除去該無效部分，法規命令顯失規範目的者，全部無效。

第一五九條　（行政規則之定義）

①本法所稱行政規則，係指上級機關對下級機關，或長官對屬官，依其權限或職權為規範機關內部秩序及運作，所為非直接對外發生法規範效力之一般、抽象之規定。

②行政規則包括下列各款之規定：

一　關於機關內部之組織、事務之分配、業務處理方式、人事管理等一般性規定。

二　為協助下級機關或屬官統一解釋法令、認定事實、及行使裁量權，而訂頒之解釋性規定及裁量基準。

第一六〇條　（行政規則之下達與發布）

①行政規則應下達下級機關或屬官。

②行政機關訂定前條第二項第二款之行政規則，應由其首長簽署，並登載於政府公報發布之。

第一六一條　（行政規則之效力）

有效下達之行政規則，具有拘束訂定機關、其下級機關及屬官之效力。

第一六二條　（行政規則之廢止）

①行政規則得由原發布機關廢止之。

②行政規則之廢止，適用第一百六十條規定。

第五章　行政計畫

第一六三條　（行政計畫之定義）

本法所稱行政計畫，係指行政機關爲將來一定期限內達成特定之目的或實現一定之構想，事前就達成該目的或實現該構想有關之方法、步驟或措施等所爲之設計與規劃。

第一六四條　（行政計畫確定程序之適用範圍及程序）

①行政計畫有關一定地區土地之特定利用或重大公共設施之設置，涉及多數不同利益之人及多數不同行政機關權限者，確定其計畫之裁決，應經公開及聽證程序，並得有集中事權之效果。

②前項行政計畫之擬訂、確定、修訂及廢棄之程序，由行政院另定之。

第六章　行政指導

第一六五條　（行政指導之定義）

本法所稱行政指導，謂行政機關在其職權或所掌事務範圍內，爲實現一定之行政目的，以輔導、協助、勸告、建議或其他不具法律上強制力之方法，促請特定人爲一定作爲或不作爲之行爲。

第一六六條　（行政指導之原則）

①行政機關爲行政指導時，應注意有關法規規定之目的，不得濫用。

②相對人明確拒絕指導時，行政機關應即停止，並不得據此對相對人爲不利之處置。

第一六七條　（行政指導明示之方法）

①行政機關對相對人爲行政指導時，應明示行政指導之目的、內容、及負責指導者等事項。

②前項明示，得以書面、言詞或其他方式爲之。如相對人請求交付文書時，除行政上有特別困難外，應以書面爲之。

第七章　陳　情

第一六八條　（陳情之定義）

人民對於行政興革之建議、行政法令之查詢、行政違失之舉發或行政上權益之維護，得向主管機關陳情。

第一六九條　（陳情之方式）

①陳情得以書面或言詞爲之；其以言詞爲之者，受理機關應作成紀錄，並向陳情人朗讀或使閱覽後命其簽名或蓋章。

②陳情人對紀錄有異議者，應更正之。

第一七〇條　（陳情案件之處理原則）

①行政機關對人民之陳情，應訂定作業規定，指派人員迅速、確實處理之。

②人民之陳情有保密必要者，受理機關處理時，應不予公開。

第一七一條　（陳情案件之處理方式）

①受理機關認爲人民之陳情有理由者，應採取適當之措施；認爲無理由者，應通知陳情人，並說明其意旨。

②受理機關認爲陳情之重要內容不明確或有疑義者，得通知陳情人補陳之。

第一七二條　（行政機關的告知義務）

①人民之陳情應向其他機關爲之者，受理機關應告知陳情人。但受理機關認爲適當時，

應即移送其他機關處理，並通知陳情人。
②陳情之事項，依法得提起訴願、訴訟或請求國家賠償者，受理機關應告知陳情人。
第一七三條　（對人民陳情案件得不處理之情形）
人民陳情案有下列情形之一者，得不予處理：
一　無具體之內容或未具眞實姓名或住址者。
二　同一事由，經予適當處理，並已明確答覆後，而仍一再陳情者。
三　非主管陳情內容之機關，接獲陳情人以同一事由分向各機關陳情者。

第八章　附　則

第一七四條　（不服行政機關之行政程序行爲之救濟方法）
當事人或利害關係人不服行政機關於行政程序中所爲之決定或處置，僅得於對實體決定聲明不服時一併聲明之。但行政機關之決定或處置得強制執行或本法或其他法規另有規定者，不在此限。
第一七四條之一　（職權命令）
本法施行前，行政機關依中央法規標準法第七條訂定之命令，須以法律規定或以法律明列其授權依據者，應於本法施行後二年內，以法律規定或以法律明列其授權依據後修正或訂定；逾期失效。
第一七五條　（施行日）104
①本法自中華民國九十年一月一日施行。
②本法修正條文自公布日施行。

行政罰法

①民國94年2月5日總統令制定公布全文46條；並自公布後一年施行。
②民國100年11月23日總統令修正公布第26、27、32、45、46條條文；並自公布日施行。
③民國111年6月15日總統令修正公布第5條條文。

第一章　法　例

第一條　（立法目的）

違反行政法上義務而受罰鍰、沒入或其他種類行政罰之處罰時，適用本法。但其他法律有特別規定者，從其規定。

第二條　（其他種類行政罰之要件）

本法所稱其他種類行政罰，指下列裁罰性之不利處分：

一　限制或禁止行爲之處分：限制或停止營業、吊扣證照、命令停工或停止使用、禁止行駛、禁止出入港口、機場或特定場所、禁止製造、販賣、輸出入、禁止申請或其他限制或禁止爲一定行爲之處分。

二　剝奪或消滅資格、權利之處分：命令歇業、命令解散、撤銷或廢止許可或登記、吊銷證照、強制拆除或其他剝奪或消滅一定資格或權利之處分。

三　影響名譽之處分：公布姓名或名稱、公布照片或其他相類似之處分。

四　警告性處分：警告、告誡、記點、記次、講習、輔導教育或其他相類似之處分。

第三條　（行爲人之定義）

本法所稱行爲人，係指實施違反行政法上義務行爲之自然人、法人、設有代表人或管理人之非法人團體、中央或地方機關或其他組織。

第四條　（處罰法定主義）

違反行政法上義務之處罰，以行爲時之法律或自治條例有明文規定者爲限。

第五條 111

行爲後法律或自治條例有變更者，適用裁處時之法律或自治條例。但裁處前之法律或自治條例有利於受處罰者，適用最有利於受處罰者之規定。

第六條　（行爲地或結果地之效力）

①在中華民國領域內違反行政法上義務應受處罰者，適用本法。

②在中華民國領域外之中華民國船艦、航空器或依法得由中華民國行使管轄權之區域內違反行政法上義務者，以在中華民國領域內違反論。

③違反行政法上義務之行爲或結果，有一在中華民國領域內者，爲在中華民國領域內違反行政法上義務。

第二章　責　任

第七條　（有責任始有處罰原則）

①違反行政法上義務之行爲非出於故意或過失者，不予處罰。

②法人、設有代表人或管理人之非法人團體、中央或地方機關或其他組織違反行政法上義務者，其代表人、管理人、其他有代表權之人或實際行爲之職員、受僱人或從業人員之故意、過失，推定爲該等組織之故意、過失。

第八條　（排除卸責藉口）

不得因不知法規而免除行政處罰責任。但按其情節，得減輕或免除其處罰。

第九條　（責任能力）
①未滿十四歲人之行為，不予處罰。
②十四歲以上未滿十八歲人之行為，得減輕處罰。
③行為時因精神障礙或其他心智缺陷，致不能辨識其行為違法或欠缺依其辨識而行為之能力者，不予處罰。
④行為時因前項之原因，致其辨識行為違法或依其辨識而行為之能力，顯著減低者，得減輕處罰。
⑤前二項規定，於因故意或過失自行招致者，不適用之。

第一〇條　（防止之義務）
①對於違反行政法上義務事實之發生，依法有防止之義務，能防止而不防止者，與因積極行為發生事實者同。
②因自己行為致有發生違反行政法上義務事實之危險者，負防止其發生之義務。

第一一條　（職務命令）
①依法令之行為，不予處罰。
②依所屬上級公務員職務命令之行為，不予處罰。但明知職務命令違法，而未依法定程序向該上級公務員陳述意見者，不在此限。

第一二條　（正當防衛或防衛過當）
對於現在不法之侵害，而出於防衛自己或他人權利之行為，不予處罰。但防衛行為過當者，得減輕或免除其處罰。

第一三條　（緊急避難）
因避免自己或他人生命、身體、自由、名譽或財產之緊急危難而出於不得已之行為，不予處罰。但避難行為過當者，得減輕或免除其處罰。

第三章　共同違法及併同處罰

第一四條　（故意共同違法）
①故意共同實施違反行政法上義務之行為者，依其行為情節之輕重，分別處罰之。
②前項情形，因身分或其他特定關係成立之違反行政法上義務行為，其無此身分或特定關係者，仍處罰之。
③因身分或其他特定關係致處罰有重輕或免除時，其無此身分或特定關係者，仍處以通常之處罰。

第一五條　（私法人違法之處罰）
①私法人之董事或其他有代表權之人，因執行其職務或為私法人之利益為行為，致使私法人違反行政法上義務應受處罰者，該行為人如有故意或重大過失時，除法律或自治條例另有規定外，應並受同一規定罰鍰之處罰。
②私法人之職員、受僱人或從業人員，因執行其職務或為私法人之利益為行為，致使私法人違反行政法上義務應受處罰者，私法人之董事或其他有代表權之人，如對該行政法上義務之違反，因故意或重大過失，未盡其防止義務時，除法律或自治條例另有規定外，應並受同一規定罰鍰之處罰。
③依前二項並受同一規定處罰之罰鍰，不得逾新臺幣一百萬元。但其所得之利益逾新臺幣一百萬元者，得於其所得利益之範圍內裁處之。

第一六條　（私法組織違法之準用）
前條之規定，於設有代表人或管理人之非法人團體，或法人以外之其他私法組織，違反行政法上義務者，準用之。

第一七條　（公法組織之處罰）
中央或地方機關或其他公法組織違反行政法上義務者，依各該法律或自治條例規定處罰之。

第四章　裁處之審酌加減及擴張

第一八條　（裁處罰鍰之審酌、加減及期間）

①裁處罰鍰，應審酌違反行政法上義務行爲應受責難程度、所生影響及因違反行政法上義務所得之利益，並得考量受處罰者之資力。

②前項所得之利益超過法定罰鍰最高額者，得於所得利益之範圍內酌量加重，不受法定罰鍰最高額之限制。

③依本法規定減輕處罰時，裁處之罰鍰不得逾法定罰鍰最高額之二分之一，亦不得低於法定罰鍰最低額之二分之一；同時有免除處罰之規定者，不得逾法定罰鍰最高額之三分之一，亦不得低於法定罰鍰最低額之三分之一。但法律或自治條例另有規定者，不在此限。

④其他種類行政罰，其處罰定有期間者，準用前項之規定。

第一九條　（不處罰之要件及處理）

①違反行政法上義務應受法定最高額新臺幣三千元以下罰鍰之處罰，其情節輕微，認以不處罰爲適當者，得免予處罰。

②前項情形，得對違反行政法上義務者施以糾正或勸導，並作成紀錄，命其簽名。

第二〇條　（不當得利之追繳）

①爲他人利益而實施行爲，致使他人違反行政法上義務應受處罰者，該行爲人因其行爲受有財產上利益而未受處罰時，得於其所受財產上利益價值範圍內，酌予追繳。

②行爲人違反行政法上義務應受處罰，他人因該行爲受有財產上利益而未受處罰時，得於其所受財產上利益價值範圍內，酌予追繳。

③前二項追繳，由爲裁處之主管機關以行政處分爲之。

第二一條　（沒入物之所有人）

沒入之物，除本法或其他法律另有規定者外，以屬於受處罰者所有爲限。

第二二條　（沒入之裁處）

①不屬於受處罰者所有之物，因所有人之故意或重大過失，致使該物成爲違反行政法上義務行爲之工具者，仍得裁處沒入。

②物之所有人明知該物得沒入，爲規避沒入之裁處而取得所有權者，亦同。

第二三條　（沒入物價額或減損差額之追徵）

①得沒入之物，受處罰者或前條物之所有人於受裁處沒入前，予以處分、使用或以他法致不能裁處沒入者，得裁處沒入其物之價額；其致物之價值減損者，得裁處沒入其物及減損之差額。

②得沒入之物，受處罰者或前條物之所有人於受裁處沒入後，予以處分、使用或以他法致不能執行沒入者，得追徵其物之價額；其致物之價值減損者，得另追徵其減損之差額。

③前項追徵，由爲裁處之主管機關以行政處分爲之。

第五章　單一行為及數行為之處罰

第二四條　（一行爲違反數個行政法上義務規定而應處罰鍰之法律效果）

①一行爲違反數個行政法上義務規定而應處罰鍰者，依法定罰鍰額最高之規定裁處。但裁處之額度，不得低於各該規定之罰鍰最低額。

②前項違反行政法上義務行爲，除應處罰鍰外，另有沒入或其他種類行政罰之處罰者，得依該規定併爲裁處。但其處罰種類相同，如從一重處罰已足以達成行政目的者，不得重複裁處。

③一行爲違反社會秩序維護法及其他行政法上義務規定而應受處罰，如已裁處拘留者，不再受罰鍰之處罰。

第二五條　（分別處罰）

數行為違反同一或不同行政法上義務之規定者，分別處罰之。

第二六條　（一行為同時違反刑事法律及行政法上義務規定之處罰及適用範圍）100

①一行為同時觸犯刑事法律及違反行政法上義務規定者，依刑事法律處罰之。但其行為應處以其他種類行政罰或得沒入之物而未經法院宣告沒收者，亦得裁處之。

②前項行為如經不起訴處分、緩起訴處分確定或為無罪、免訴、不受理、不付審理、不付保護處分、免刑、緩刑之裁判確定者，得依違反行政法上義務規定裁處之。

③第一項行為經緩起訴處分或緩刑宣告確定且經命向公庫或指定之公益團體、地方自治團體、政府機關、政府機構、行政法人、社區或其他符合公益目的之機構或團體，支付一定之金額或提供義務勞務者，其所支付之金額或提供之勞務，應於依前項規定裁處之罰鍰內扣抵之。

④前項勞務扣抵罰鍰之金額，按最初裁處時之每小時基本工資乘以義務勞務時數核算。

⑤依第二項規定所為之裁處，有下列情形之一者，由主管機關依受處罰者之申請或依職權撤銷之，已收繳之罰鍰，無息退還：

一　因緩起訴處分確定而為之裁處，其緩起訴處分經撤銷，並經判決有罪確定，且未受免刑或緩刑之宣告。

二　因緩刑裁判確定而為之裁處，其緩刑宣告經撤銷確定。

第六章　時　效

第二七條　（行政罰裁處權之時效）100

①行政罰之裁處權，因三年期間之經過而消滅。

②前項期間，自違反行政法上義務之行為終了時起算。但行為之結果發生在後者，自該結果發生時起算。

③前條第二項之情形，第一項期間自不起訴處分、緩起訴處分確定或無罪、免訴、不受理、不付審理、不付保護處分、免刑、緩刑之裁判確定日起算。

④行政罰之裁處因訴願、行政訴訟或其他救濟程序經撤銷而須另為裁處者，第一項期間自原裁處被撤銷確定之日起算。

第二八條　（裁處權時效之停止）

①裁處權時效，因天災、事變或依法律規定不能開始或進行裁處時，停止其進行。

②前項時效停止，自停止原因消滅之翌日起，與停止前已經過之期間一併計算。

第七章　管轄機關

第二九條　（主管管轄機關）

①違反行政法上義務之行為，由行為地、結果地、行為人之住所、居所或營業所、事務所或公務所所在地之主管機關管轄。

②在中華民國領域外之中華民國船艦或航空器內違反行政法上義務者，得由船艦本籍地、航空器出發地或行為後在中華民國領域內最初停泊地或降落地之主管機關管轄。

③在中華民國領域外之外國船艦或航空器於依法得由中華民國行使管轄權之區域內違反行政法上義務者，得由行為後其船艦或航空器在中華民國領域內最初停泊地或降落地之主管機關管轄。

④在中華民國領域外依法得由中華民國行使管轄權之區域內違反行政法上義務者，不能依前三項規定定其管轄機關時，得由行為人所在地之主管機關管轄。

第三〇條　（主管機關之共同管轄權）

故意共同實施違反行政法上義務之行為，其行為地、行為人之住所、居所或營業所、事務所或公務所所在地不在同一管轄區內者，各該行為地、住所、居所或所在地之主管機關均有管轄權。

第三一條　（管轄權競合之處理方式及移送管轄）

①一行為違反同一行政法上義務，數機關均有管轄權者，由處理在先之機關管轄。不能

分別處理之先後者，由各該機關協議定之；不能協議或有統一管轄之必要者，由其共同上級機關指定之。

②一行爲違反數個行政法上義務而應處罰鍰，數機關均有管轄權者，由法定罰鍰額最高之主管機關管轄。法定罰鍰額相同者，依前項規定定其管轄。

③一行爲違反數個行政法上義務，應受沒入或其他種類行政罰者，由各該主管機關分別裁處。但其處罰種類相同者，如從一重處罰已足以達成行政目的者，不得重複裁處。

④第一項及第二項情形，原有管轄權之其他機關於必要之情形時，應爲必要之職務行爲，並將有關資料移送爲裁處之機關；爲裁處之機關應於調查終結前，通知原有管轄權之其他機關。

第三二條　（案件之移送）100

①一行爲同時觸犯刑事法律及違反行政法上義務規定者，應將涉及刑事部分移送該管司法機關。

②前項移送案件，司法機關就刑事案件爲不起訴處分、緩起訴處分確定或爲無罪、免訴、不受理、不付審理、不付保護處分、免刑、緩刑、撤銷緩刑之裁判確定，或撤銷緩起訴處分後經判決有罪確定者，應通知原移送之行政機關。

③前二項移送案件及業務聯繫之辦法，由行政院會同司法院定之。

第八章　裁處程序

第三三條　（行政機關執行職務時應有之作爲）

行政機關執行職務之人員，應向行爲人出示有關執行職務之證明文件或顯示足資辨別之標誌，並告知其所違反之法規。

第三四條　（現行違反行政法上義務之行爲人得爲之處置）

①行政機關對現行違反行政法上義務之行爲人，得爲下列之處置：

一　即時制止其行爲。

二　製作書面紀錄。

三　爲保全證據之措施。遇有抗拒保全證據之行爲且情況急迫者，得使用強制力排除其抗拒。

四　確認其身分。其拒絕或規避身分之查證，經勸導無效，致確實無法辨認其身分且情況急迫者，得令其隨同到指定處所查證身分；其不隨同到指定處所接受身分查證者，得會同警察人員強制爲之。

②前項強制，不得逾越保全證據或確認身分目的之必要程度。

第三五條　（行爲人對強制到指定處所處置之救濟）

①行爲人對於行政機關依前條所爲之強制排除抗拒保全證據或強制到指定處所查證身分不服者，得向該行政機關執行職務之人員，當場陳述理由表示異議。

②行政機關執行職務之人員，認前項異議有理由者，應停止或變更強制排除抗拒保全證據或強制到指定處所查證身分之處置；認無理由者，得繼續執行。經行爲人請求者，應將其異議要旨製作紀錄交付之。

第三六條　（可爲證據之物之扣留）

①得沒入或可爲證據之物，得扣留之。

②前項可爲證據之物之扣留範圍及期間，以供檢查、檢驗、鑑定或其他爲保全證據之目的所必要者爲限。

第三七條　（強制扣留）

對於應扣留物之所有人、持有人或保管人，得要求其提出或交付；無正當理由拒絕提出、交付或抗拒扣留者，得用強制力扣留之。

第三八條　（扣留紀錄及收據）

①扣留，應作成紀錄，記載實施之時間、處所、扣留物之名目及其他必要之事項，並由在場之人簽名、蓋章或按指印；其拒絕簽名、蓋章或按指印者，應記明其事由。

②扣留物之所有人、持有人或保管人在場或請求時，應製作收據，記載扣留物之名目，交付之。

第三九條　（扣留物之安全、拍賣、毀棄）

①扣留物，應加封緘或其他標識，並為適當之處置；其不便搬運或保管者，得命人看守或交由所有人或其他適當之人保管。得沒入之物，有毀損之虞或不便保管者，得拍賣或變賣而保管其價金。

②易生危險之扣留物，得毀棄之。

第四〇條　（扣留物之發還）

①扣留物於案件終結前無留存之必要，或案件為不予處罰或未為沒入之裁處者，應發還之；其經依前條規定拍賣或變賣而保管其價金或毀棄者，發還或償還其價金。但應沒入或為調查他案應留存者，不在此限。

②扣留物之應受發還人所在不明，或因其他事故不能發還者，應公告之；自公告之日起滿六個月，無人申請發還者，以其物歸屬公庫。

第四一條　（扣留之救濟程序）

①物之所有人、持有人、保管人或利害關係人對扣留不服者，得向扣留機關聲明異議。

②前項聲明異議，扣留機關認有理由者，應發還扣留物或變更扣留行為；認無理由者，應加具意見，送直接上級機關決定之。

③對於直接上級機關之決定不服者，僅得於對裁處案件之實體決定聲明不服時一併聲明之。但第一項之人依法不得對裁處案件之實體決定聲明不服時，得單獨對第一項之扣留，逕行提起行政訴訟。

④第一項及前項但書情形，不影響扣留或裁處程序之進行。

第四二條　（不給予陳述意見機會之例外情形）

行政機關於裁處前，應給予受處罰者陳述意見之機會。但有下列情形之一者，不在此限：

一　已依行政程序法第三十九條規定，通知受處罰者陳述意見。

二　已依職權或依第四十三條規定，舉行聽證。

三　大量作成同種類之裁處。

四　情況急迫，如給予陳述意見之機會，顯然違背公益。

五　受法定期間之限制，如給予陳述意見之機會，顯然不能遵行。

六　裁處所根據之事實，客觀上明白足以確認。

七　法律有特別規定。

第四三條　（舉行聽證及其例外情形）

行政機關為第二條第一款及第二款之裁處前，應依受處罰者之申請，舉行聽證。但有下列情形之一者，不在此限：

一　有前條但書各款情形之一。

二　影響自由或權利之內容及程度顯屬輕微。

三　經依行政程序法第一百零四條規定，通知受處罰者陳述意見，而未於期限內陳述意見。

第四四條　（裁處書之送達）

行政機關裁處行政罰時，應作成裁處書，並為送達。

第九章　附　則

第四五條　（裁處權之時效）100

①本法施行前違反行政法上義務之行為應受處罰而未經裁處，於本法施行後裁處者，除第十五條、第十六條、第十八條第二項、第二十條及第二十二條規定外，均適用之。

②前項行政罰之裁處權時效，自本法施行之日起算。

③本法中華民國一百年十一月八日修正之第二十六條第三項至第五項規定，於修正施行

前違反行政法上義務之行爲同時觸犯刑事法律，經緩起訴處分確定，應受行政罰之處罰而未經裁處者，亦適用之；曾經裁處，因訴願、行政訴訟或其他救濟程序經撤銷，而於修正施行後爲裁處者，亦同。

④本法中華民國一百年十一月八日修正施行前違反行政法上義務之行爲同時觸犯刑事法律，於修正施行後受免刑或緩刑之裁判確定者，不適用修正後之第二十六條第二項至第五項、第二十七條第三項及第三十二條第二項之規定。

第四六條　（施行日）100

①本法自公布後一年施行。

②本法修正條文自公布日施行。

訴願法

①民國19年3月24日國民政府制定公布全文14條。
②民國26年1月8日國民政府修正公布全文13條。
③民國59年12月23日總統令修正公布全文28條。
④民國68年12月7日總統令修正公布第26條條文。
⑤民國84年1月16日總統令修正公布第26條條文。
⑥民國87年10月28日總統令修正公布全文101條。
民國88年7月31日行政院令發布定自89年7月1日起施行。
⑦民國89年6月14日總統令修正公布第4、9、41條條文；並自89年7月1日起施行。
⑧民國101年6月27日總統令修正公布第90條條文。
民國101年7月12日行政院令發布定自101年9月6日施行。

第一章　總　則

第一節　訴願事件

第一條　（認為違法或不當之行政處分得提起訴願）

①人民對於中央或地方機關之行政處分，認為違法或不當，致損害其權利或利益者，得依本法提起訴願。但法律另有規定者，從其規定。

②各級地方自治團體或其他公法人對上級監督機關之行政處分，認為違法或不當，致損害其權利或利益者，亦同。

第二條　（對申請案件應作為而不作為得提起訴願）

①人民因中央或地方機關對其依法申請之案件，於法定期間內應作為而不作為，認為損害其權利或利益者，亦得提起訴願。

②前項期間，法令未規定者，自機關受理申請之日起為二個月。

第三條　（行政處分）

①本法所稱行政處分，係指中央或地方機關就公法上具體事件所為之決定或其他公權力措施而對外直接發生法律效果之單方行政行為。

②前項決定或措施之相對人雖非特定，而依一般性特徵可得確定其範圍者，亦為行政處分。有關公物之設定、變更、廢止或一般使用者，亦同。

第二節　管　轄

第四條　（訴願之管轄）

訴願之管轄如左：

一　不服鄉（鎮、市）公所之行政處分者，向縣（市）政府提起訴願。
二　不服縣（市）政府所屬各級機關之行政處分者，向縣（市）政府提起訴願。
三　不服縣（市）政府之行政處分者，向中央主管部、會、行、處、局、署提起訴願。
四　不服直轄市政府所屬各級機關之行政處分者，向直轄市政府提起訴願。
五　不服直轄市政府之行政處分者，向中央主管部、會、行、處、局、署提起訴願。
六　不服中央各部、會、行、處、局、署所屬機關之行政處分者，向各部、會、行、處、局、署提起訴願。
七　不服中央各部、會、行、處、局、署之行政處分者，向主管院提起訴願。

八　不服中央各院之行政處分者，向原院提起訴願。

第五條　（提起訴願應按管轄等級爲之）

①人民對於前條以外之中央或地方機關之行政處分提起訴願時，應按其管轄等級，比照前條之規定爲之。

②訴願管轄，法律另有規定依其業務監督定之者，從其規定。

第六條　（對共爲行政處分之不同機關提起訴願）

對於二以上不同隸屬或不同層級之機關共爲之行政處分，應向其共同之上級機關提起訴願。

第七條　（對原委託機關提起訴願）

無隸屬關係之機關辦理受託事件所爲之行政處分，視爲委託機關之行政處分，其訴願之管轄，比照第四條之規定，向原委託機關或其直接上級機關提起訴願。

第八條　（對受委任機關提起訴願）

有隸屬關係之下級機關依法辦理上級機關委任事件所爲之行政處分，爲受委任機關之行政處分，其訴願之管轄，比照第四條之規定，向受委任機關或其直接上級機關提起訴願。

第九條　（對受委辦機關之上級機關提起訴願）

直轄市政府、縣（市）政府或其所屬機關及鄉（鎮、市）公所依法辦理上級政府或其所屬機關委辦事件所爲之行政處分，爲受委辦機關之行政處分，其訴願之管轄，比照第四條之規定，向受委辦機關之直接上級機關提起訴願。

第一〇條　（向原委託機關提起訴願）

依法受中央或地方機關委託行使公權力之團體或個人，以其團體或個人名義所爲之行政處分，其訴願之管轄，向原委託機關提起訴願。

第一一條　（向承受業務機關提起訴願）

原行政處分機關裁撤或改組，應以承受其業務之機關視爲原行政處分機關，比照前七條之規定，向承受其業務之機關或其直接上級機關提起訴願。

第一二條　（管轄權爭議之確定）

①數機關於管轄權有爭議或因管轄不明致不能辨明有管轄權之機關者，由其共同之直接上級機關確定之。

②無管轄權之機關就訴願所爲決定，其上級機關應依職權或依申請撤銷之，並命移送於有管轄權之機關。

第一三條　（原行政處分機關之認定）

原行政處分機關之認定，以實施行政處分時之名義爲準。但上級機關本於法定職權所爲之行政處分，交由下級機關執行者，以該上級機關爲原行政處分機關。

第三節　期日及期間

第一四條　（訴願之提起限期）

①訴願之提起，應自行政處分達到或公告期滿之次日起三十日內爲之。

②利害關係人提起訴願者，前項期間自知悉時起算。但自行政處分達到或公告期滿後，已逾三年者，不得提起。

③訴願之提起，以原行政處分機關或受理訴願機關收受訴願書之日期爲準。

④訴願人誤向原行政處分機關或受理訴願機關以外之機關提起訴願者，以該機關收受之日，視爲提起訴願之日。

第一五條　（訴願人遲誤訴願期間得申請回復原狀）

①訴願人因天災或其他不應歸責於己之事由，致遲誤前條之訴願期間者，於其原因消滅後十日內，得以書面敘明理由向受理訴願機關申請回復原狀。但遲誤訴願期間已逾一年者，不得爲之。

②申請回復原狀，應同時補行期間內應爲之訴願行爲。

第一六條　（在途期間之扣除）
①訴願人不在受理訴願機關所在地住居者，計算法定期間，應扣除其在途期間。但有訴願代理人住居受理訴願機關所在地，得爲期間內應爲之訴願行爲者，不在此限。
②前項扣除在途期間辦法，由行政院定之。
第一七條　（期間之計算）
期間之計算，除法律另有規定外，依民法之規定。

第四節　訴願人

第一八條　（提起訴願）
自然人、法人、非法人之團體或其他受行政處分之相對人及利害關係人得提起訴願。
第一九條　（訴願能力）
能獨立以法律行爲負義務者，有訴願能力。
第二〇條　（法定代理）
①無訴願能力人應由其法定代理人代爲訴願行爲。
②地方自治團體、法人、非法人之團體應由其代表人或管理人爲訴願行爲。
③關於訴願之法定代理，依民法規定。
第二一條　（共同提起訴願）
①二人以上得對於同一原因事實之行政處分，共同提起訴願。
②前項訴願之提起，以同一機關管轄者爲限。
第二二條　（共同提起訴願得選定代表人）
①共同提起訴願，得選定其中一人至三人爲代表人。
②選定代表人應於最初爲訴願行爲時，向受理訴願機關提出文書證明。
第二三條　（未選定代表人）
共同提起訴願，未選定代表人者，受理訴願機關得限期通知其選定；逾期不選定者，得依職權指定之。
第二四條　（代表人代表全體爲訴願行爲）
代表人經選定或指定後，由其代表全體訴願人爲訴願行爲。但撤回訴願，非經全體訴願人書面同意，不得爲之。
第二五條　（代表人之更換或增減）
①代表人經選定或指定後，仍得更換或增減之。
②前項代表人之更換或增減，非以書面通知受理訴願機關，不生效力。
第二六條　（二人以上之代表人）
代表人有二人以上者，均得單獨代表共同訴願人爲訴願行爲。
第二七條　（代表權）
代表人之代表權不因其他共同訴願人死亡、喪失行爲能力或法定代理變更而消滅。
第二八條　（與訴願人利害關係相同之人得參加訴願）
①與訴願人利害關係相同之人，經受理訴願機關允許，得爲訴願人之利益參加訴願。受理訴願機關認有必要時，亦得通知其參加訴願。
②訴願決定因撤銷或變更原處分，足以影響第三人權益者，受理訴願機關應於作成訴願決定之前，通知其參加訴願程序，表示意見。
第二九條　（申請參加訴願應以書面爲之）
①申請參加訴願，應以書面向受理訴願機關爲之。
②參加訴願應以書面記載左列事項：
一　本訴願及訴願人。
二　參加人與本訴願之利害關係。
三　參加訴願之陳述。
第三〇條　（通知參加訴願）

①通知參加訴願，應記載訴願意旨、通知參加之理由及不參加之法律效果，送達於參加人，並副知訴願人。
②受理訴願機關爲前項之通知前，得通知訴願人或得參加訴願之第三人以書面陳述意見。

第三一條　（訴願決定對參加人亦有效力）
訴願決定對於參加人亦有效力。經受理訴願機關通知其參加或允許其參加而未參加者，亦同。

第三二條　（委任代理人進行訴願）
訴願人或參加人得委任代理人進行訴願。每一訴願人或參加人委任之訴願代理人不得超過三人。

第三三條　（訴願代理人）
①左列之人，得爲訴願代理人：
一　律師。
二　依法令取得與訴願事件有關之代理人資格者。
三　具有該訴願事件之專業知識者。
四　因業務或職務關係爲訴願人之代理人者。
五　與訴願人有親屬關係者。
②前項第三款至第五款之訴願代理人，受理訴願機關認爲不適當時，得禁止之，並以書面通知訴願人或參加人。

第三四條　（提出委任書）
訴願代理人應於最初爲訴願行爲時，向受理訴願機關提出委任書。

第三五條　（訴願代理人得爲一切訴願行爲）
訴願代理人就其受委任之事件，得爲一切訴願行爲。但撤回訴願，非受特別委任不得爲之。

第三六條　（單獨代理）
①訴願代理人有二人以上者，均得單獨代理訴願人。
②違反前項規定而爲委任者，其訴願代理人仍得單獨代理。

第三七條　（訴願代理人陳述之效力）
訴願代理人事實上之陳述，經到場之訴願人本人即時撤銷或更正者，不生效力。

第三八條　（訴願代理權）
訴願代理權不因訴願人本人死亡、破產或喪失訴願能力而消滅。法定代理有變更、機關經裁撤、改組或公司、團體經解散、變更組織者，亦同。

第三九條　（訴願委任之解除）
訴願委任之解除，應由訴願人、參加人或訴願代理人以書面通知受理訴願機關。

第四〇條　（訴願代理人提出訴願委任之解除）
訴願委任之解除，由訴願代理人提出者，自爲解除意思表示之日起十五日內，仍應爲維護訴願人或參加人權利或利益之必要行爲。

第四一條　（輔佐人）
①訴願人、參加人或訴願代理人經受理訴願機關之許可，得於期日偕同輔佐人到場。
②受理訴願機關認爲必要時，亦得命訴願人、參加人或訴願代理人偕同輔佐人到場。
③前二項之輔佐人，受理訴願機關認爲不適當時，得廢止其許可或禁止其續爲輔佐。

第四二條　（輔佐人陳述之效力）
輔佐人到場所爲之陳述，訴願人、參加人或訴願代理人不即時撤銷或更正者，視爲其所自爲。

第五節　送　達

第四三條　（送達）

送達除別有規定外，由受理訴願機關依職權爲之。

第四四條　（向法定代理人送達）

①對於無訴願能力人爲送達者，應向其法定代理人爲之；未經陳明法定代理人者，得向該無訴願能力人爲送達。

②對於法人或非法人之團體爲送達者，應向其代表人或管理人爲之。

③法定代理人、代表人或管理人有二人以上者，送達得僅向其中一人爲之。

第四五條　（外國法人或團體爲送達者）

①對於在中華民國有事務所或營業所之外國法人或團體爲送達者，應向其在中華民國之代表人或管理人爲之。

②前項代表人或管理人有二人以上者，送達得僅向其中一人爲之。

第四六條　（向訴願代理人送達）

訴願代理人除受送達之權限受有限制者外，送達應向該代理人爲之。但受理訴願機關認爲必要時，得送達於訴願人或參加人本人。

第四七條　（訴願文書之送達）

①訴願文書之送達，應註明訴願人、參加人或其代表人、訴願代理人住、居所、事務所或營業所，交付郵政機關以訴願文書郵務送達證書發送。

②訴願文書不能爲前項送達時，得由受理訴願機關派員或囑託原行政處分機關或該管警察機關送達，並由執行送達人作成送達證書。

③訴願文書之送達，除前二項規定外，準用行政訴訟法第六十七條至第六十九條、第七十一條至第八十三條之規定。

第六節　訴願卷宗

第四八條　（訴願文書應編爲卷宗）

關於訴願事件之文書，受理訴願機關應保存者，應由承辦人員編爲卷宗。

第四九條　（訴願人等得請求閱覽卷宗）

①訴願人、參加人或訴願代理人得向受理訴願機關請求閱覽、抄錄、影印或攝影卷內文書，或預納費用請求付與繕本、影本或節本。

②前項之收費標準，由主管院定之。

第五〇條　（第三人經許可得閱覽卷宗）

第三人經訴願人同意或釋明有法律上之利害關係，經受理訴願機關許可者，亦得爲前條之請求。

第五一條　（應拒絕閱覽請求之文書）

左列文書，受理訴願機關應拒絕前二條之請求：

一　訴願決定擬辦之文稿。

二　訴願決定之準備或審議文件。

三　爲第三人正當權益有保密之必要者。

四　其他依法律或基於公益，有保密之必要者。

第二章　訴願審議委員會

第五二條　（訴願審議委員會之設置）

①各機關辦理訴願事件，應設訴願審議委員會，組成人員以具有法制專長者爲原則。

②訴願審議委員會委員，由本機關高級職員及遴聘社會公正人士、學者、專家擔任之；其中社會公正人士、學者、專家人數不得少於二分之一。

③訴願審議委員會組織規程及審議規則，由主管院定之。

第五三條　（訴願決定應經委員會決議）

訴願決定應經訴願審議委員會會議之決議，其決議以委員過半數之出席，出席委員過半數之同意行之。

第五四條　（審議應製作審議紀錄附卷）

①訴願審議委員會審議訴願事件，應指定人員製作審議紀錄附卷。委員於審議中所持與決議不同之意見，經其請求者，應列入紀錄。

②訴願審議經言詞辯論者，應另行製作筆錄，編爲前項紀錄之附件，並準用民事訴訟法第二百十二條至第二百十九條之規定。

第五五條　（主任委員或委員對審議之迴避）

訴願審議委員會主任委員或委員對於訴願事件有利害關係者，應自行迴避，不得參與審議。

第三章　訴願程序

第一節　訴願之提起

第五六條　（訴願書載明事項）

①訴願應具訴願書，載明左列事項，由訴願人或代理人簽名或蓋章：

一　訴願人之姓名、出生年月日、住、居所、身分證明文件字號。如係法人或其他設有管理人或代表人之團體，其名稱、事務所或營業所及管理人或代表人之姓名、出生年月日、住、居所。

二　有訴願代理人者，其姓名、出生年月日、住、居所、身分證明文件字號。

三　原行政處分機關。

四　訴願請求事項。

五　訴願之事實及理由。

六　收受或知悉行政處分之年、月、日。

七　受理訴願之機關。

八　證據。其爲文書者，應添具繕本或影本。

九　年、月、日。

②訴願應附原行政處分書影本。

③依第二條第一項規定提起訴願者，第一項第三款、第六款所列事項，載明應爲行政處分之機關、提出申請之年、月、日，並附原申請書之影本及受理申請機關收受證明。

第五七條　（補送訴願書）

訴願人在第十四條第一項所定期間向訴願管轄機關或原行政處分機關作不服原行政處分之表示者，視爲已在法定期間內提起訴願。但應於三十日內補送訴願書。

第五八條　（提起訴願程序）

①訴願人應繕具訴願書經由原行政處分機關向訴願管轄機關提起訴願。

②原行政處分機關對於前項訴願應先行重新審查原處分是否合法妥當，其認訴願爲有理由者，得自行撤銷或變更原行政處分，並陳報訴願管轄機關。

③原行政處分機關不依訴願人之請求撤銷或變更原行政處分者，應儘速附具答辯書，並將必要之關係文件，送於訴願管轄機關。

④原行政處分機關檢卷答辯時，應將前項答辯書抄送訴願人。

第五九條　（訴願人向受理訴願機關提起訴願）

訴願人向受理訴願機關提起訴願者，受理訴願機關應將訴願書影本或副本送交原行政處分機關依前條第二項至第四項規定辦理。

第六〇條　（撤回訴願）

訴願提起後，於決定書送達前，訴願人得撤回之。訴願經撤回後，不得復提起同一之訴願。

第六一條　（訴願人誤向管轄機關以外之機關提起訴願）

①訴願人誤向訴願管轄機關或原行政處分機關以外之機關作不服原行政處分之表示者，視爲自始向訴願管轄機關提起訴願。

②前項收受之機關應於十日內將該事件移送於原行政處分機關，並通知訴願人。

第六二條　（訴願書之補正）

受理訴願機關認為訴願書不合法定程式，而其情形可補正者，應通知訴願人於二十日內補正。

第二節　訴願審議

第六三條　（訴願就書面審查決定）

①訴願就書面審查決定之。

②受理訴願機關必要時得通知訴願人、參加人或利害關係人到達指定處所陳述意見。

③訴願人或參加人請求陳述意見而有正當理由者，應予到達指定處所陳述意見之機會。

第六四條　（聽取訴願人等之陳述）

訴願審議委員會主任委員得指定委員聽取訴願人、參加人或利害關係人到場之陳述。

第六五條　（言詞辯論）

受理訴願機關應依訴願人、參加人之申請或於必要時，得依職權通知訴願人、參加人或其代表人、訴願代理人、輔佐人及原行政處分機關派員於指定期日到達指定處所言詞辯論。

第六六條　（言詞辯論之程序）

①言詞辯論之程序如左：

一　受理訴願機關陳述事件要旨。

二　訴願人、參加人或訴願代理人就事件為事實上及法律上之陳述。

三　原行政處分機關就事件為事實上及法律上之陳述。

四　訴願或原行政處分機關對他方之陳述或答辯，為再答辯。

五　受理訴願機關對訴願人及原行政處分機關提出詢問。

②前項辯論未完備者，得再為辯論。

第六七條　（實施調查）

①受理訴願機關應依職權或囑託有關機關或人員，實施調查、檢驗或勘驗，不受訴願人主張之拘束。

②受理訴願機關應依訴願人或參加人之聲請，調查證據。但就其聲請調查之證據中認為不必要者，不在此限。

③受理訴願機關依職權或依聲請調查證據之結果，非經賦予訴願人及參加人表示意見之機會，不得採為對之不利之訴願決定之基礎。

第六八條　（提出證據或證物）

訴願人或參加人得提出證據書類或證物。但受理訴願機關限定於一定期間內提出者，應於該期間內提出。

第六九條　（交付鑑定）

①受理訴願機關得依職權或依訴願人、參加人之申請，囑託有關機關、學校、團體或有專門知識經驗者為鑑定。

②受理訴願機關認無鑑定之必要，而訴願人或參加人願自行負擔鑑定費用時，得向受理訴願機關請求准予交付鑑定。受理訴願機關非有正當理由不得拒絕。

③鑑定人由受理訴願機關指定之。

④鑑定人有數人者，得共同陳述意見。但意見不同者，受理訴願機關應使其分別陳述意見。

第七〇條　（鑑定書）

鑑定人應具鑑定書陳述意見。必要時，受理訴願機關得請鑑定人到達指定處所說明。

第七一條　（鑑定所需資料之利用）

①鑑定所需資料在原行政處分機關或受理訴願機關者，受理訴願機關應告知鑑定人准其利用。但其利用之範圍及方法得限制之。

②鑑定人因行鑑定得請求受理訴願機關調查證據。

第七二條　（鑑定費用）

①鑑定所需費用由受理訴願機關負擔，並得依鑑定人之請求預行酌給之。

②依第六十九條第二項規定交付鑑定所得結果，據爲有利於訴願人或參加人之決定或裁判時，訴願人或參加人得於訴願或行政訴訟確定後三十日內，請求受理訴願機關償還必要之鑑定費用。

第七三條　（文書或物件之調取）

①受理訴願機關得依職權或依訴願人、參加人之申請，命文書或其他物件之持有人提出該物件，並得留置之。

②公務員或機關掌管之文書或其他物件，受理訴願機關得調取之。

③前項情形，除有妨害國家機密者外，不得拒絕。

第七四條　（實施勘驗）

①受理訴願機關得依職權或依訴願人、參加人之申請，就必要之物件或處所實施勘驗。

②受理訴願機關依前項規定實施勘驗時，應將日、時、處所通知訴願人、參加人及有關人員到場。

第七五條　（提出據以處分之證據資料）

①原行政處分機關應將據以處分之證據資料提出於受理訴願機關。

②對於前項之證據資料，訴願人、參加人或訴願代理人得請求閱覽、抄錄或影印之。受理訴願機關非有正當理由，不得拒絕。

③第一項證據資料之閱覽、抄錄或影印，受理訴願機關應指定日、時、處所。

第七六條　（訴願人等對訴願程序處置不服）

訴願人或參加人對受理訴願機關於訴願程序進行中所爲之程序上處置不服者，應併同訴願決定提起行政訴訟。

第三節　訴願決定

第七七條　（訴願事件應爲不受理決定之情形）

訴願事件有左列各款情形之一者，應爲不受理之決定：

一　訴願書不合法定程式不能補正或經通知補正逾期不補正者。

二　提起訴願逾法定期間或未於第五十七條但書所定期間內補送訴願書者。

三　訴願人不符合第十八條之規定者。

四　訴願人無訴願能力而未由法定代理人代爲訴願行爲，經通知補正逾期不補正者。

五　地方自治團體、法人、非法人之團體，未由代表人或管理人爲訴願行爲，經通知補正逾期不補正者。

六　行政處分已不存在者。

七　對已決定或已撤回之訴願事件重行提起訴願者。

八　對於非行政處分或其他依法不屬訴願救濟範圍內之事項提起訴願者。

第七八條　（同種類數宗訴願得合併審議及決定）

分別提起之數宗訴願係基於同一或同種類之事實上或法律上之原因者，受理訴願機關得合併審議，並得合併決定。

第七九條　（無理由訴願應以駁回）

①訴願無理由者，受理訴願機關應以決定駁回之。

②原行政處分所憑理由雖屬不當，但依其他理由認爲正當者，應以訴願人爲無理由。

③訴願事件涉及地方自治團體之地方自治事務者，其受理訴願之上級機關僅就原行政處分之合法性進行審查決定。

第八〇條　（不得撤銷或變更不受理決定之訴願之情形）

①提起訴願因逾法定期間而爲不受理決定時，原行政處分顯屬違法或不當者，原行政處分機關或其上級機關得依職權撤銷或變更之。但有左列情形之一者，不得爲之：

一　其撤銷或變更對公益有重大危害者。
二　行政處分受益人之信賴利益顯然較行政處分撤銷或變更所欲維護之公益更值得保護者。

②行政處分受益人有左列情形之一者，其信賴不值得保護：
一　以詐欺、脅迫或賄賂方法，使原行政處分機關作成行政處分者。
二　對重要事項提供不正確資料或爲不完全陳述，致使原行政處分機關依該資料或陳述而作成行政處分者。
三　明知原行政處分違法或因重大過失而不知者。

③行政處分之受益人值得保護之信賴利益，因原行政處分機關或其上級機關依第一項規定撤銷或變更原行政處分而受有損失者，應予補償。但其補償額度不得超過受益人因該處分存續可得之利益。

第八一條　（決定撤銷原行政處分或另爲處分）

①訴願有理由者，受理訴願機關應以決定撤銷原行政處分之全部或一部，並得視事件之情節，逕爲變更之決定或發回原行政處分機關另爲處分。但於訴願人表示不服之範圍內，不得爲更不利益之變更或處分。

②前項訴願決定撤銷原行政處分，發回原行政處分機關另爲處分時，應指定相當期間命其爲之。

第八二條　（命應作爲之機關速爲一定之處分）

①對於依第二條第一項提起之訴願，受理訴願機關認爲有理由者，應指定相當期間，命應作爲之機關速爲一定之處分。

②受理訴願機關未爲前項決定前，應作爲之機關已爲行政處分者，受理訴願機關應認訴願爲無理由，以決定駁回之。

第八三條　（撤銷或變更原行政處分於公益有損，得予以駁回）

①受理訴願機關發現原行政處分雖屬違法或不當，但其撤銷或變更於公益有重大損害，經斟酌訴願人所受損害、賠償程度、防止方法及其他一切情事，認原行政處分之撤銷或變更顯與公益相違背時，得駁回其訴願。

②前項情形，應於決定主文中載明原行政處分違法或不當。

第八四條　（原行政處分機關與訴願人進行協議）

①受理訴願機關爲前條決定時，得斟酌訴願人因違法或不當處分所受損害，於決定理由中載明由原行政處分機關與訴願人進行協議。

②前項協議，與國家賠償法之協議有同一效力。

第八五條　（訴願之決定限期）

①訴願之決定，自收受訴願書之次日起，應於三個月內爲之；必要時，得予延長，並通知訴願人及參加人。延長以一次爲限，最長不得逾二個月。

②前項期間，於依第五十七條但書規定補送訴願書者，自補送之次日起算，未爲補送者，自補送期間屆滿之次日起算；其依第六十二條規定通知補正者，自補正之次日起算；未爲補正者，自補正期間屆滿之次日起算。

第八六條　（訴願決定之準據）

①訴願之決定以他法律關係是否成立爲準據，而該法律關係在訴訟或行政救濟程序進行中者，於該法律關係確定前，受理訴願機關得停止訴願程序之進行，並即通知訴願人及參加人。

②受理訴願機關依前項規定停止訴願程序之進行者，前條所定訴願決定期間，自該法律關係確定之日起，重行起算。

第八七條　（承受訴願）

①訴願人死亡者，由其繼承人或其他依法得繼受原行政處分所涉權利或利益之人，承受其訴願。

②法人因合併而消滅者，由因合併而另立或合併後存續之法人，承受其訴願。

③依前二項規定承受訴願者，應於事實發生之日起三十日內，向受理訴願機關檢送因死

亡繼受權利或合併事實之證明文件。

第八八條　（受讓證明文件）

受讓原行政處分所涉權利或利益之人，得檢具受讓證明文件，向受理訴願機關申請許其承受訴願。

第八九條　（訴願決定書應載事項）

①訴願決定書，應載明左列事項：

一　訴願人姓名、出生年月日、住、居所、身分證明文件字號。如係法人或其他設有管理人或代表人之團體，其名稱、事務所或營業所，管理人或代表人之姓名、出生年月日、住、居所、身分證明文件字號。

二　有法定代理人或訴願代理人者，其姓名、出生年月日、住、居所、身分證明文件字號。

三　主文、事實及理由。其係不受理決定者，得不記載事實。

四　決定機關及其首長。

五　年、月、日。

②訴願決定書之正本，應於決定後十五日內送達訴願人、參加人及原行政處分機關。

第九〇條　（附記不服決定之處理）101

訴願決定書應附記，如不服決定，得於決定書送達之次日起二個月內向行政法院提起行政訴訟。

第九一條　（訴願決定機關附記錯誤之處理）

①對於得提起行政訴訟之訴願決定，因訴願決定機關附記錯誤，向非管轄機關提起行政訴訟，該機關應於十日內將行政訴訟書狀連同有關資料移送管轄行政法院，並即通知原提起行政訴訟之人。

②有前項規定之情形，行政訴訟書狀提出於非管轄機關者，視爲自始向有管轄權之行政法院提起行政訴訟。

第九二條　（附記提起行政訴訟期間錯誤之通知更正）

①訴願決定機關附記提起行政訴訟期間錯誤時，應由訴願決定機關以通知更正之，並自更正通知送達之日起，計算法定期間。

②訴願決定機關未依第九十條規定爲附記，或附記錯誤而未依前項規定通知更正，致原提起行政訴訟之人遲誤行政訴訟期間者，如自訴願決定書送達之日起一年內提起行政訴訟，視爲於法定期間內提起。

第九三條　（原行政處分之執行不因提起訴願而停止）

①原行政處分之執行，除法律另有規定外，不因提起訴願而停止。

②原行政處分之合法性顯有疑義者，或原行政處分之執行將發生難以回復之損害，且有急迫情事，並非爲維護重大公共利益所必要者，受理訴願機關或原行政處分機關得依職權或依申請，就原行政處分之全部或一部，停止執行。

③前項情形，行政法院亦得依聲請，停止執行。

第九四條　（停止執行之原因消滅，得撤銷停止執行之裁定）

①停止執行之原因消滅，或有其他情事變更之情形，受理訴願機關或原行政處分機關得依職權或依申請撤銷停止執行。

②前項情形，原裁定停止執行之行政法院亦得依聲請，撤銷停止執行之裁定。

第九五條　（訴願之決定確定後具拘束力）

訴願之決定確定後，就其事件，有拘束各關係機關之效力；就其依第十條提起訴願之事件，對於受委託行使公權力之團體或個人，亦有拘束力。

第九六條　（重爲處分應依訴願決定意旨爲之）

原行政處分經撤銷後，原行政處分機關須重爲處分者，應依訴願決定意旨爲之，並將處理情形以書面告知受理訴願機關。

第四章　再審程序

第九七條　（得申請再審之情形）
①於有左列各款情形之一者，訴願人、參加人或其他利害關係人得對於確定訴願決定，向原訴願決定機關申請再審。但訴願人、參加人或其他利害關係人已依行政訴訟主張其事由或知其事由而不為主張者，不在此限：
一　適用法規顯有錯誤者。
二　決定理由與主文顯有矛盾者。
三　決定機關之組織不合法者。
四　依法令應迴避之委員參與決定者。
五　參與決定之委員關於該訴願違背職務，犯刑事上之罪者。
六　訴願之代理人，關於該訴願有刑事上應罰之行為，影響於決定者。
七　為決定基礎之證物，係偽造或變造者。
八　證人、鑑定人或通譯就為決定基礎之證言、鑑定為虛偽陳述者。
九　為決定基礎之民事、刑事或行政訴訟判決或行政處分已變更者。
十　發見未經斟酌之證物或得使用該證物者。
②前項聲請再審，應於三十日內提起。
③前項期間，自訴願決定確定時起算。但再審之事由發生在後或知悉在後者，自知悉時起算。

第五章　附　則

第九八條　（書件應以中文書寫）
①依本法規定所為之訴願、答辯及應備具之書件，應以中文書寫；其科學名詞之譯名以國立編譯館規定者為原則，並應附註外文原名。
②前項書件原係外文者，並應檢附原外文資料。
第九九條　（本法修正施行前尚未終結之訴願及再訴願事件之終結）
①本法修正施行前，尚未終結之訴願事件，其以後之訴願程序，依修正之本法規定終結之。
②本法修正施行前，尚未終結之再訴願案件，其以後之再訴願程序，準用修正之本法有關訴願程序規定終結之。
第一〇〇條　（公務人員涉刑事或行政責任之處理）
公務人員因違法或不當處分，涉有刑事或行政責任者，由最終決定之機關於決定後責由該管機關依法辦理。
第一〇一條　（施行日期）
①本法自公布日施行。
②本法修正條文之施行日期，由行政院以命令定之。

請願法

①民國43年12月18日總統令制定公布全文11條。
②民國58年12月18日總統令修正公布全文12條。

第一條　（適用範圍）
人民請願，依本法之規定。

第二條　（得請願之事項及受理機關）
人民對國家政策、公共利害或其權益之維護，得向職權所屬之民意機關或主管行政機關請願。

第三條　（請願事項不得牴觸憲法或干預審判）
人民請願事項，不得牴觸憲法或干預審判。

第四條　（應提起訴訟或訴願事項不得請願）
人民對於依法應提起訴訟或訴願之事項，不得請願。

第五條　（請願書記載事項）
人民請願應備具請願書，載明左列事項，由請願人或請願團體及其負責人簽章：
一　請願人之姓名、性別、年齡、籍貫、職業、住址；請願人爲團體時，其團體之名稱、地址及其負責人。
二　請願所基之事實、理由及其願望。
三　受理請願之機關。
四　中華民國年、月、日。

第六條　（集體請願之陳述應推代表爲之）
人民集體向各機關請願，面遞請願書，有所陳述時，應推代表爲之；其代表人數，不得逾十人。

第七條　（受理機關得通知請願人前來答詢）
各機關處理請願案件時，得通知請願人或請願人所推代表前來，以備答詢；其代表人數，不得逾十人。

第八條　（請願案件之結果應通知請願人）
各機關處理請願案件，應將其結果通知請願人；如請願事項非其職掌，應將所當投遞之機關通知請願人。

第九條　（對請願人不得脅迫或歧視）
受理請願機關或請願人所屬機關之首長，對於請願人不得有脅迫行爲或因其請願而有所歧視。

第一〇條　（民意機關代表請願時之準用規定）
地方民意機關代表人民向有關民意機關請願時，準用本法之規定。

第一一條　（請願時不得有暴行等不法行爲）
人民請願時，不得有聚衆脅迫、妨害秩序、妨害公務或其他不法情事；違者，除依法制止或處罰外，受理請願機關得不受理其請願。

第一二條　（施行日）
本法自公布日施行。

行政訴訟法

①民國21年11月17日國民政府制定公布全文27條；並自22年6月23日施行。
②民國26年1月8日國民政府修正公布全文29條。
③民國31年7月27日國民政府修正公布全文30條。
④民國58年11月5日總統令修正公布第24條條文。
⑤民國64年12月12日總統令修正公布全文34條。
⑥民國87年10月28日總統令修正公布全文308條。
民國88年7月8日司法院令發布定自89年7月1日起施行。
⑦民國96年7月4日總統令修正公布第49、98至100、103、104、107、276條條文；並增訂第12-1至12-4、98-1至98-6條條文。
民國96年7月31日司法院令發布定自96年8月15日施行。
⑧民國99年1月13日總統令修正公布第6、12-2、12-4、15、16、18至20、24、37、39、43、57、59、62、64、67、70、73、75、77、81、83、96、97、100、104至106、108、111、112、121、128、129、131、132、141、145、146、149、151、154、163、166、176、189、196、200、204、209、229、230、243、244、253、259、272、273、277、286條條文；並增訂第12-5、15-1、15-2、274-1、307-1條條文。
民國99年4月23日司法院令發布定自99年5月1日施行。
⑨民國100年5月25日總統令修正公布第73、229條條文；並增訂第241-1條條文。
民國100年12月26日司法院函發布定自101年9月6日施行。
⑩民國100年11月23日總統令修正公布第4至6、8、16、21、42、55、63、75、76、106、107、113、114、120、143、148、169、175、183至185、194、199、216、217、219、229、230、233、235、236、238、244、246、248、267、269、275、294、299、300、305至307條條文及第二編編名及第一、二章章名；增訂第3-1、98-7、104-1、114-1、125-1、175-1、178-1、235-1、236-1、236-2、237-1至237-9、256-1條條文及第二編第三章章名；並刪除第252條條文。
民國100年12月26日司法院函發布定自101年9月6日施行。
⑪民國102年1月9日總統令修正公布第131條條文；並增訂第130-1條條文。
民國102年6月7日司法院函發布定自102年6月10日施行。
⑫民國103年6月18日總統令修正公布第49、73、204、229條條文；並增訂第237-10至37-17條條文及第二編第四章章名。
民國103年6月18日司法院令發布第49、73、204條定自公布日施行。
民國104年2月4日司法院令發布第229條及第二編第四章（第237-10至237-17條）定自104年2月5日施行。
民國103年12月26日行政院公告第229條第2項第5款、第237-12條第1、2項、第237-13條第2項及第237-16條第1項涉及「內政部入出國及移民署」之權責事項，自104年1月2日起改由「內政部移民署」管轄。
⑬民國107年6月13日總統令修正公布第82、98-6條條文。
民國107年6月20日司法院令發布定自公布日後六個月施行。
⑭民國107年11月28日總統令修正公布第204、205、207、233條條文。
民國107年11月28日司法院令發布定自107年11月30日施行。
⑮民國109年1月15日總統令修正公布第98-5、263條條文；並增訂第237-18至237-31條條文及第二編第五章章名。
民國109年1月17日司法院令發布定自109年7月1日施行。
⑯民國110年6月16日總統令修正公布第57、59、73、82、83、98-6、130-1、176、209、210、218、229、237-1、237-12、237-13、237-15、237-16條條文；並增訂第194-1條條文。
民國110年6月17日司法院令發布除第57、59、83、210、237-15條文外，餘自110年6月18日施行。
⑰民國110年12月8日總統令修正公布第107、243、259條條文；並刪除第12-1至12-5、178條條文。
民國110年12月8日司法院令發布定自111年1月4日施行。
⑱民國111年6月22日總統令修正公布第3-1、19、57、58、66、104、104-1、107、114-1、

125、125-1、131、132、133、134、146、150、157、175、176、178-1、194-1、219、227、228、229、230、232、234、237-2至237-4、237-6、237-9、237-11、237-16、237-26、238、244、249、253、254、256-1、259、263、266、272、273、275至277、294、300、305至307條條文及第二編第一、二章章名；增訂第15-3、49-1至49-3、98-8、122-1、125-2、143-1、228-1、228-2至228-6、253-1、259-1、261-1、263-1至263-5條條文及第二編第一章第八節節名、第三編第一、二章章名；並刪除第235、235-1、236-1、236-2、241-1條條文。
民國111年6月24日司法院令發布定自112年8月15日施行。

第一編　總　則

第一章　行政訴訟事件

第一條　（立法宗旨）
行政訴訟以保障人民權益，確保國家行政權之合法行使，增進司法功能爲宗旨。

第二條　（行政訴訟審判權之範圍）
公法上之爭議，除法律別有規定外，得依本法提起行政訴訟。

第三條　（行政訴訟之種類）
前條所稱之行政訴訟，指撤銷訴訟、確認訴訟及給付訴訟。

第三條之一　111
本法所稱高等行政法院，指高等行政法院高等行政訴訟庭；所稱地方行政法院，指高等行政法院地方行政訴訟庭。

第四條　（撤銷訴訟之要件）100
①人民因中央或地方機關之違法行政處分，認爲損害其權利或法律上之利益，經依訴願法提起訴願而不服其決定，或提起訴願逾三個月不爲決定，或延長訴願決定期間逾二個月不爲決定者，得向行政法院提起撤銷訴訟。
②逾越權限或濫用權力之行政處分，以違法論。
③訴願人以外之利害關係人，認爲第一項訴願決定，損害其權利或法律上之利益者，得向行政法院提起撤銷訴訟。

第五條　（請求應爲行政處分之訴訟）100
①人民因中央或地方機關對其依法申請之案件，於法令所定期間內應作爲而不作爲，認爲其權利或法律上利益受損害者，經依訴願程序後，得向行政法院提起請求該機關應爲行政處分或應爲特定內容之行政處分之訴訟。
②人民因中央或地方機關對其依法申請之案件，予以駁回，認爲其權利或法律上利益受違法損害者，經依訴願程序後，得向行政法院提起請求該機關應爲行政處分或應爲特定內容之行政處分之訴訟。

第六條　（確認訴訟之要件）100
①確認行政處分無效及確認公法上法律關係成立或不成立之訴訟，非原告有即受確認判決之法律上利益者，不得提起之。其確認已執行而無回復原狀可能之行政處分或已消滅之行政處分爲違法之訴訟，亦同。
②確認行政處分無效之訴訟，須已向原處分機關請求確認其無效未被允許，或經請求後於三十日內不爲確答者，始得提起之。
③確認訴訟，於原告得提起或可得提起撤銷訴訟、課予義務訴訟或一般給付訴訟者，不得提起之。但確認行政處分無效之訴訟，不在此限。
④應提起撤銷訴訟、課予義務訴訟，誤爲提起確認行政處分無效之訴訟，其未經訴願程序者，行政法院應以裁定將該事件移送於訴願管轄機關，並以行政法院收受訴狀之時，視爲提起訴願。

第七條　（損害賠償或財產給付之請求）

提起行政訴訟，得於同一程序中，合併請求損害賠償或其他財產上給付。

第八條　（給付訴訟之要件）100

①人民與中央或地方機關間，因公法上原因發生財產上之給付或請求作成行政處分以外之其他非財產上之給付，得提起給付訴訟。因公法上契約發生之給付，亦同。

②前項給付訴訟之裁判，以行政處分應否撤銷為據者，應於依第四條第一項或第三項提起撤銷訴訟時，併為請求。原告未為請求者，審判長應告以得為請求。

第九條　（維護公益訴訟）

人民為維護公益，就無關自己權利及法律上利益之事項，對於行政機關之違法行為，得提起行政訴訟。但以法律有特別規定者為限。

第一〇條　（選舉罷免訴訟）

選舉罷免事件之爭議，除法律別有規定外，得依本法提起行政訴訟。

第一一條　（準用訴訟有關規定）

前二條訴訟依其性質，準用撤銷、確認或給付訴訟有關之規定。

第一二條　（民刑訴訟與行政爭訟程序之關係）

①民事或刑事訴訟之裁判，以行政處分是否無效或違法為據者，應依行政爭訟程序確定之。

②前項行政爭訟程序已經開始者，於其程序確定前，民事或刑事法院應停止其審判程序。

第一二條之一至第一二條之五　（刪除）110

第二章　行政法院

第一節　管　轄

第一三條　（法人、機關及團體之普通審判籍）

①對於公法人之訴訟，由其公務所所在地之行政法院管轄。其以公法人之機關為被告時，由該機關所在地之行政法院管轄。

②對於私法人或其他得為訴訟當事人之團體之訴訟，由其主事務所或主營業所所在地之行政法院管轄。

③對於外國法人或其他得為訴訟當事人之團體之訴訟，由其在中華民國之主事務所或主營業所所在地之行政法院管轄。

第一四條　（自然人之普通審判籍）

①前條以外之訴訟，由被告住所地之行政法院管轄，其住所地之行政法院不能行使職權者，由其居所地之行政法院管轄。

②被告在中華民國現無住所或住所不明者，以其在中華民國之居所，視為其住所；無居所或居所不明者，以其在中華民國最後之住所，視為其住所；無最後住所者，以中央政府所在地，視為其最後住所地。

③訴訟事實發生於被告居所地者，得由其居所地之行政法院管轄。

第一五條　（因不動產徵收徵用或撥用之訴訟之管轄法院）99

①因不動產徵收、徵用或撥用之訴訟，專屬不動產所在地之行政法院管轄。

②除前項情形外，其他有關不動產之公法上權利或法律關係涉訟者，得由不動產所在地之行政法院管轄。

第一五條之一　（關於公務員職務關係之訴訟之管轄法院）99

關於公務員職務關係之訴訟，得由公務員職務所在地之行政法院管轄。

第一五條之二　（因公法上之保險事件涉訟之管轄法院）99

①因公法上之保險事件涉訟者，得由為原告之被保險人、受益人之住居所地或被保險人從事職業活動所在地之行政法院管轄。

②前項訴訟事件於投保單位為原告時，得由其主事務所或主營業所所在地之行政法院管

轄。

第一五條之三 111

因原住民、原住民族部落之公法上權利或法律關係涉訟者，除兩造均爲原住民或原住民族部落外，得由爲原告之原住民住居所地或經核定部落所在地之行政法院管轄。

第一六條 （指定管轄之情形）100

①有下列各款情形之一者，直接上級行政法院應依當事人之聲請或受訴行政法院之請求，指定管轄：

一 有管轄權之行政法院因法律或事實不能行審判權者。

二 因管轄區域境界不明，致不能辨別有管轄權之行政法院者。

三 因特別情形由有管轄權之行政法院審判，恐影響公安或難期公平者。

②前項聲請得向受訴行政法院或直接上級行政法院爲之。

第一七條 （管轄恆定原則）

定行政法院之管轄以起訴時爲準。

第一八條 （準用之規定）99

民事訴訟法第三條、第六條、第十五條、第十七條、第二十條至第二十二條、第二十八條第一項、第三項、第二十九條至第三十一條之規定，於本節準用之。

第二節 法官之迴避

第一九條 111

法官有下列情形之一者，應自行迴避，不得執行職務：

一 有民事訴訟法第三十二條第一款至第六款情形之一。

二 曾在中央或地方機關參與該訴訟事件之行政處分或訴願決定。

三 曾參與該訴訟事件相牽涉之民刑事裁判。

四 曾參與該訴訟事件相牽涉之法官、檢察官或公務員懲戒事件議決或裁判。

五 曾參與該訴訟事件之前審裁判。

六 曾參與該訴訟事件再審前之裁判。但其迴避以一次爲限。

第二〇條 （準用之規定）99

民事訴訟法第三十三條至第三十八條之規定，於本節準用之。

第二一條 （司法事務官、書記官及通譯準用之規定）100

前二條規定於行政法院之司法事務官、書記官及通譯準用之。

第三章 當事人

第一節 當事人能力及訴訟能力

第二二條 （當事人能力）

自然人、法人、中央及地方機關、非法人之團體，有當事人能力。

第二三條 （訴訟當事人之範圍）

訴訟當事人謂原告、被告及依第四十一條與第四十二條參加訴訟之人。

第二四條 （被告機關㈠）99

經訴願程序之行政訴訟，其被告爲下列機關：

一 駁回訴願時之原處分機關。

二 撤銷或變更原處分時，爲撤銷或變更之機關。

第二五條 （被告機關㈡——受託團體或個人）

人民與受委託行使公權力之團體或個人，因受託事件涉訟者，以受託之團體或個人爲被告。

第二六條 （被告機關㈢—直接上級機關）

被告機關經裁撤或改組者，以承受其業務之機關爲被告機關；無承受其業務之機關者，以其直接上級機關爲被告機關。

第二七條 （訴訟能力）

①能獨立以法律行爲負義務者，有訴訟能力。

②法人、中央及地方機關、非法人之團體，應由其代表人或管理人爲訴訟行爲。

③前項規定於依法令得爲訴訟上行爲之代理人準用之。

第二八條 （準用之規定）

民事訴訟法第四十六條至第四十九條、第五十一條之規定，於本節準用之。

第二節 選定當事人

第二九條 （選定或指定當事人）

①多數有共同利益之人得由其中選定一人至五人爲全體起訴或被訴。

②訴訟標的對於多數有共同利益之人，必須合一確定而未爲前項選定者，行政法院得限期命爲選定，逾期未選定者，行政法院得依職權指定之。

③訴訟繫屬後經選定或指定當事人者，其他當事人脫離訴訟。

第三〇條 （更換或增減選定或指定當事人）

①多數有共同利益之人於選定當事人或由行政法院依職權指定當事人後，得經全體當事人之同意更換或增減之。

②行政法院依前條第二項指定之當事人，如有必要，得依職權更換或增減之。

③依前兩項規定更換或增減者，原被選定或指定之當事人喪失其資格。

第三一條 （選定或指定之人喪失資格之救濟）

被選定或被指定之人中有因死亡或其他事由喪失其資格者，他被選定或被指定之人得爲全體爲訴訟行爲。

第三二條 （應通知他造當事人）

第二十九條及第三十條訴訟當事人之選定、指定及其更換、增減應通知他造當事人。

第三三條 （選定當事人爲訴訟行爲之限制）

被選定人非得全體之同意，不得爲捨棄、認諾、撤回或和解。但訴訟標的對於多數有共同利益之各人非必須合一確定，經原選定人之同意，就其訴之一部爲撤回或和解者，不在此限。

第三四條 （選定當事人之證明）

訴訟當事人之選定及其更換、增減，應以文書證之。

第三五條 （爲公益提起訴訟）

①以公益爲目的之社團法人，於其章程所定目的範圍內，由多數有共同利益之社員，就一定之法律關係，授與訴訟實施權者，得爲公共利益提起訴訟。

②前項規定於以公益爲目的之非法人之團體準用之。

③前二項訴訟實施權之授與，應以文書證之。

④第三十三條之規定，於第一項之社團法人或第二項之非法人之團體，準用之。

第三六條 （準用之規定）

民事訴訟法第四十八條、第四十九條之規定，於本節準用之。

第三節 共同訴訟

第三七條 （共同訴訟之要件）99

①二人以上於下列各款情形，得爲共同訴訟人，一同起訴或一同被訴：

一 爲訴訟標的之行政處分係二以上機關共同爲之者。

二 爲訴訟標的之權利、義務或法律上利益，爲其所共同者。

三 爲訴訟標的之權利、義務或法律上利益，於事實上或法律上有同一或同種類之原因者。

②依前項第三款同種類之事實上或法律上原因行共同訴訟者，以被告之住居所、公務

所、機關、主事務所或主營業所所在地在同一行政法院管轄區域內者為限。

第三八條 （通常共同訴訟人間之關係）

共同訴訟中，一人之行為或他造對於共同訴訟人中一人之行為及關於其一人所生之事項，除別有規定外，其利害不及於他共同訴訟人。

第三九條 （必要共同訴訟人間之關係）99

訴訟標的對於共同訴訟之各人，必須合一確定者，適用下列各款之規定：

一 共同訴訟人中一人之行為有利益於共同訴訟人者，其效力及於全體；不利益者，對於全體不生效力。

二 他造對於共同訴訟人中一人之行為，其效力及於全體。

三 共同訴訟人中之一人，生有訴訟當然停止或裁定停止之原因者，其當然停止或裁定停止之效力及於全體。

第四〇條 （續行訴訟權）

①共同訴訟人各有續行訴訟之權。

②行政法院指定期日者，應通知各共同訴訟人到場。

第四節 訴訟參加

第四一條 （必要共同訴訟之獨立參加）

訴訟標的對於第三人及當事人一造必須合一確定者，行政法院應以裁定命該第三人參加訴訟。

第四二條 （利害關係人獨立參加訴訟）100

①行政法院認為撤銷訴訟之結果，第三人之權利或法律上利益將受損害者，得依職權命其獨立參加訴訟，並得因該第三人之聲請，裁定允許其參加。

②前項參加，準用第三十九條第三款規定。參加人並得提出獨立之攻擊或防禦方法。

③前二項規定，於其他訴訟準用之。

④訴願人已向行政法院提起撤銷訴訟，利害關係人就同一事件再行起訴者，視為第一項之參加。

第四三條 （參加訴訟之程序）99

①第三人依前條規定聲請參加訴訟者，應向本訴訟繫屬之行政法院提出參加書狀，表明下列各款事項：

一 本訴訟及當事人。

二 參加人之權利或法律上利益，因撤銷訴訟之結果將受如何之損害。

三 參加訴訟之陳述。

②行政法院認前項聲請不合前條規定者，應以裁定駁回之。

③關於前項裁定，得為抗告。

④駁回參加之裁定未確定前，參加人得為訴訟行為。

第四四條 （命行政機關參加訴訟）

①行政法院認其他行政機關有輔助一造之必要者，得命其參加訴訟。

②前項行政機關或有利害關係之第三人亦得聲請參加。

第四五條 （命參加之裁定及其程序）

①命參加之裁定應記載訴訟程度及命參加理由，送達於訴訟當事人。

②行政法院為前項裁定前，應命當事人或第三人以書狀或言詞為陳述。

③對於命參加訴訟之裁定，不得聲明不服。

第四六條 （必要共同訴訟參加人之地位）

第四十一條之參加訴訟，準用第三十九條之規定。

第四七條 （本訴訟判決效力之擴張）

判決對於經行政法院依第四十一條及第四十二條規定，裁定命其參加或許其參加而未為參加者，亦有效力。

第四八條 （準用之規定）

民事訴訟法第五十九條至第六十一條、第六十三條至第六十七條之規定，於第四十四條之參加訴訟準用之。

第五節 訴訟代理人及輔佐人

第四九條 （訴訟代理人之限制）103

①當事人得委任代理人爲訴訟行爲。但每一當事人委任之訴訟代理人不得逾三人。

②行政訴訟應以律師爲訴訟代理人。非律師具有下列情形之一者，亦得爲訴訟代理人：

一 稅務行政事件，具備會計師資格。

二 專利行政事件，具備專利師資格或依法得爲專利代理人。

三 當事人爲公法人、中央或地方機關、公法上之非法人團體時，其所屬專任人員辦理法制、法務、訴願業務或與訴訟事件相關業務。

四 交通裁決事件，原告爲自然人時，其配偶、三親等內之血親或二親等內之姻親；原告爲法人或非法人團體時，其所屬人員辦理與訴訟事件相關業務。

③委任前項之非律師爲訴訟代理人者，應得審判長許可。

④第二項之非律師爲訴訟代理人，審判長許其爲本案訴訟行爲者，視爲已有前項之許可。

⑤前二項之許可，審判長得隨時以裁定撤銷之，並應送達於爲訴訟委任之人。

⑥訴訟代理人委任複代理人者，不得逾一人。前四項之規定，於複代理人適用之。

第四九條之一 111

①下列各款事件及其程序進行中所生之其他事件，當事人應委任律師爲訴訟代理人：

一 高等行政法院管轄之環境保護、土地爭議之第一審通常訴訟程序事件及都市計畫審查程序事件。

二 高等行政法院管轄之通常訴訟程序上訴事件。

三 向最高行政法院提起之事件。

四 適用通常訴訟程序或都市計畫審查程序之再審事件。

五 適用通常訴訟程序或都市計畫審查程序之聲請重新審理及其再審事件。

②前項情形，不因訴之減縮、一部撤回、變更或程序誤用而受影響。前項第一款之事件範圍由司法院以命令定之。

③第一項情形，符合下列各款之一者，當事人得不委任律師爲訴訟代理人：

一 當事人或其代表人、管理人、法定代理人具備法官、檢察官、律師資格或爲教育部審定合格之大學或獨立學院公法學教授、副教授。

二 稅務行政事件，當事人或其代表人、管理人、法定代理人具備前條第二項第一款規定之資格。

三 專利行政事件，當事人或其代表人、管理人、法定代理人具備前條第二項第二款規定之資格。

④第一項各款事件，非律師具有下列情形之一，經本案之行政法院認爲適當者，亦得爲訴訟代理人：

一 當事人之配偶、三親等內之血親、二親等內之姻親具備律師資格。

二 符合前條第二項第一款、第二款或第三款規定。

⑤前二項情形，應於提起或委任時釋明之。

⑥第一項規定，於下列各款事件不適用之：

一 聲請訴訟救助及其抗告。

二 聲請選任律師爲訴訟代理人。

三 聲請核定律師酬金。

⑦原告、上訴人、聲請人或抗告人未依第一項至第四項規定委任訴訟代理人，或雖依第四項規定委任，行政法院認爲不適當者，應先定期間命補正。逾期未補正，亦未依第

四十九條之三爲聲請者，應以裁定駁回之。

⑧被告、被上訴人、相對人或依第四十一條及第四十二條參加訴訟之人未依第一項至第四項規定委任訴訟代理人，或雖依第四項規定委任，本案之行政法院認爲不適當者，審判長得先定期間命補正。

⑨當事人依前二項規定補正者，其訴訟行爲經訴訟代理人追認，溯及於行爲時發生效力；逾期補正者，自追認時起發生效力。

第四九條之二 111

①前條第一項事件，訴訟代理人得偕同當事人於期日到場，經審判長許可後，當事人得以言詞爲陳述。

②前項情形，當事人得依法自爲下列訴訟行爲：

一　自認。

二　成立和解或調解。

三　撤回起訴或聲請。

四　撤回上訴或抗告。

第四九條之三 111

①第四十九條之一第一項事件，當事人無資力委任訴訟代理人者，得依訴訟救助之規定，聲請行政法院爲其選任律師爲訴訟代理人。

②當事人提起上訴或抗告依前項規定聲請者，原行政法院應將訴訟卷宗送交上級審行政法院。

③第一項選任律師爲訴訟代理人之辦法，由司法院參酌法務部及全國律師聯合會等意見定之。

第五〇條　（委任書）

訴訟代理人應於最初爲訴訟行爲時提出委任書。但由當事人以言詞委任經行政法院書記官記明筆錄者，不在此限。

第五一條　（訴訟代理人之權限）

①訴訟代理人就其受委任之事件，有爲一切訴訟行爲之權。但捨棄、認諾、撤回、和解、提起反訴、上訴或再審之訴及選任代理人，非受特別委任不得爲之。

②關於強制執行之行爲或領取所爭物，準用前項但書之規定。

③如於第一項之代理權加以限制者，應於前條之委任書或筆錄內表明。

第五二條　（各別代理權）

①訴訟代理人有二人以上者，均得單獨代理當事人。

②違反前項之規定而爲委任者，仍得單獨代理之。

第五三條　（訴訟代理權之效力）

訴訟代理權不因本人死亡、破產或訴訟能力喪失而消滅。法定代理有變更或機關經裁撤、改組者，亦同。

第五四條　（訴訟委任之終止）

①訴訟委任之終止，應以書狀提出於行政法院，由行政法院送達於他造。

②由訴訟代理人終止委任者，自爲終止之意思表示之日起十五日內，仍應爲防衛本人權利所必要之行爲。

第五五條　（輔佐人）100

①當事人或訴訟代理人經審判長之許可，得於期日偕同輔佐人到場。但人數不得逾二人。

②審判長認爲必要時亦得命當事人或訴訟代理人偕同輔佐人到場。

③前二項之輔佐人，審判長認爲不適當時，得撤銷其許可或禁止其續爲訴訟行爲。

第五六條　（準用之規定）

民事訴訟法第七十二條、第七十五條及第七十七條之規定，於本節準用之。

第四章　訴訟程序

第一節　當事人書狀

第五七條 111

①當事人書狀，除別有規定外，應記載下列各款事項：

一　當事人姓名及住所或居所；當事人爲法人、機關或其他團體者，其名稱及所在地、事務所或營業所。

二　有法定代理人、代表人或管理人者，其姓名及住所或居所。

三　有訴訟代理人者，其姓名及住所或居所。

四　應爲之聲明。

五　事實上及法律上之陳述。

六　供證明或釋明用之證據。

七　附屬文件及其件數。

八　行政法院。

九　年、月、日。

②書狀內宜記載當事人、法定代理人、代表人、管理人或訴訟代理人之出生年月日、職業、身分證明文件字號、營利事業統一編號、電話號碼及法定代理人、代表人或管理人與法人、機關或團體之關係或其他足資辨別之特徵。

③當事人書狀格式、記載方法及效力之規則，由司法院定之。未依該規則爲之者，行政法院得拒絕其書狀之提出。

④當事人得以科技設備將書狀傳送於行政法院，其適用範圍、程序、效力及其他應遵循事項之辦法，由司法院定之。

⑤當事人以科技設備傳送書狀，未依前項辦法爲之者，不生書狀提出之效力。

⑥其他訴訟關係人亦得以科技設備將訴訟文書傳送於行政法院，並準用前二項規定。

第五八條 111

①當事人、法定代理人、代表人、管理人或訴訟代理人應於書狀內簽名或蓋章；其以指印代簽名者，應由他人代書姓名，記明其事由並簽名。

②依法規以科技設備傳送前項書狀者，其效力與提出經簽名或蓋章之書狀同。其他訴訟關係人以科技設備傳送應簽名或蓋章之訴訟文書者，亦同。

第五九條 110

民事訴訟法第一百十八條至第一百二十一條之規定，於本節準用之。

第六〇條　（以筆錄代書狀）

①於言詞辯論外，關於訴訟所爲之聲明或陳述，除依本法應用書狀者外，得於行政法院書記官前以言詞爲之。

②前項情形，行政法院書記官應作筆錄，並於筆錄內簽名。

③前項筆錄準用第五十七條及民事訴訟法第一百十八條至第一百二十條之規定。

第二節　送　達

第六一條　（送達）

送達除別有規定外，由行政法院書記官依職權爲之。

第六二條　（送達之執行）99

①送達由行政法院書記官交執達員或郵務機構行之。

②由郵務機構行送達者，以郵務人員爲送達人；其實施辦法由司法院會同行政院定之。

第六三條　（囑託送達㈠——於管轄區域外之送達）100

行政法院得向送達地之地方法院爲送達之囑託。

第六四條　（對無訴訟能力人之送達）99

①對於無訴訟能力人爲送達者，應向其全體法定代理人爲之。但法定代理人有二人以上，如其中有應爲送達處所不明者，送達得僅向其餘之法定代理人爲之。

②對於法人、中央及地方機關或非法人之團體爲送達者，應向其代表人或管理人爲之。
③代表人或管理人有二人以上者，送達得僅向其中一人爲之。
④無訴訟能力人爲訴訟行爲，未向行政法院陳明其法定代理人者，於補正前，行政法院得向該無訴訟能力人爲送達。

第六五條　（對外國法人或團體之送達）
①對於在中華民國有事務所或營業所之外國法人或團體爲送達者，應向其在中華民國之代表人或管理人爲之。
②前項代表人或管理人有二人以上者，送達得僅向其中一人爲之。

第六六條 111
①訴訟代理人除受送達之權限受有限制者外，送達應向該代理人爲之。但審判長認爲必要時，得命併送達於當事人本人。
②第四十九條之一第一項事件，其訴訟代理人受送達之權限，不受限制。
③第一項但書情形，送達效力以訴訟代理人受送達爲準。

第六七條　（指定送達代收人(一)）99
當事人或代理人經指定送達代收人，向受訴行政法院陳明者，應向該代收人爲送達。但審判長認爲必要時，得命送達於當事人本人。

第六八條　（送達代收人之效力）
送達代收人經指定陳明後，其效力及於同地之各級行政法院。但該當事人或代理人別有陳明者，不在此限。

第六九條　（指定送達代收人(二)）
當事人或代理人於中華民國無住居所、事務所及營業所者，應指定送達代收人向受訴行政法院陳明。

第七〇條　（付郵送達）99
當事人或代理人未依前條規定指定送達代收人者，行政法院得將應送達之文書交付郵務機構以掛號發送。

第七一條　（送達處所）
①送達，於應受送達人之住居所、事務所或營業所行之。但在他處會晤應受送達人時，得於會晤處所行之。
②對於法人、機關、非法人之團體之代表人或管理人爲送達者，應向其事務所、營業所或機關所在地行之。但必要時亦得於會晤之處所或其住居所行之。
③應受送達人有就業處所者，亦得向該處所爲送達。

第七二條　（補充送達）
①送達於住居所、事務所、營業所或機關所在地不獲會晤應受送達人者，得將文書付與有辨別事理能力之同居人、受雇人或願代爲收受而居住於同一住宅之主人。
②前條所定送達處所之接收郵件人員，視爲前項之同居人或受雇人。
③如同居人、受雇人、居住於同一住宅之主人或接收郵件人員爲他造當事人者，不適用前二項之規定。

第七三條 110
①送達不能依前二條規定爲之者，得將文書寄存於送達地之自治或警察機關，並作送達通知書二份，一份黏貼於應受送達人住居所、事務所或營業所門首，一份交由鄰居轉交或置於應受送達人之信箱或其他適當之處所，以爲送達。
②前項情形，如係以郵務人員爲送達人者，得將文書寄存於附近之郵務機構。
③寄存送達，自寄存之日起，經十日發生效力。
④寄存之文書自寄存之日起，寄存機關或機構應保存二個月。

第七四條　（留置送達）
①應受送達人拒絕收領而無法律上理由者，應將文書置於送達處所，以爲送達。
②前項情形，如有難達留置情事者，準用前條之規定。

第七五條　（送達之時間）100

①送達，除由郵務機構行之者外，非經審判長或受命法官、受託法官或送達地地方法院法官之許可，不得於星期日或其他休息日或日出前、日沒後為之。但應受送達人不拒絕收領者，不在此限。
②前項許可，書記官應於送達之文書內記明。

第七六條（自行交付送達之證明）100
行政法院書記官於法院內將文書付與應受送達人者，應命受送達人提出收據附卷。

第七七條（囑託送達㈡——於外國或境外為送達者）99
①於外國或境外為送達者，應囑託該國管轄機關或駐在該國之中華民國使領館或其他機構、團體為之。
②不能依前項之規定為囑託送達者，得將應送達之文書交郵務機構以雙掛號發送，以為送達。

第七八條（囑託送達㈢——駐外人員為送達者）
對於駐在外國之中華民國大使、公使、領事或其他駐外人員為送達者，應囑託外交部為之。

第七九條（囑託送達㈣——服役之軍人為送達者）
對於在軍隊或軍艦服役之軍人為送達者，應囑託該管軍事機關或長官為之。

第八〇條（囑託送達㈤——在監所人為送達者）
對於在監所人為送達者，應囑託該監所長官為之。

第八一條（公示送達之事由）99
行政法院對於當事人之送達，有下列情形之一者，得依聲請或依職權為公示送達：
一　應為送達之處所不明。
二　於有治外法權人住居所或事務所為送達而無效。
三　於外國為送達，不能依第七十七條之規定辦理或預知雖依該條規定辦理而無效。

第八二條 110
公示送達，自將公告或通知書黏貼公告處之日起，公告於行政法院網站者，自公告之日起，其登載公報或新聞紙者，自最後登載之日起，經二十日發生效力；於依前條第三款為公示送達者，經六十日發生效力。但對同一當事人仍為公示送達者，自黏貼公告處之翌日起發生效力。

第八三條 110
①經訴訟關係人之同意，得以科技設備傳送訴訟文書，其傳送與送達或通知有同一之效力。
②前項適用範圍、程序、效力及其他應遵循事項之辦法，由司法院定之。
③民事訴訟法第一百二十六條、第一百三十一條、第一百三十五條、第一百四十一條、第一百四十二條、第一百四十四條、第一百四十八條、第一百五十一條及第一百五十三條之規定，於本節準用之。

第三節　期日及期間

第八四條（期日之指定及限制）
①期日，除別有規定外，由審判長依職權定之。
②期日，除有不得已之情形外，不得於星期日或其他休息日定之。

第八五條（期日之告知）
審判長定期日後，行政法院書記官應作通知書，送達於訴訟關係人。但經審判長面告以所定之期日命其到場，或訴訟關係人曾以書狀陳明屆期到場者，與送達有同一之效力。

第八六條（期日應為之行為）
期日應為之行為於行政法院內為之。但在行政法院內不能為或為之而不適當者，不在此限。

第八七條　（變更或延展期日）
①期日，以朗讀案由爲始。
②期日，如有重大理由，得變更或延展之。
③變更或延展期日，除別有規定外，由審判長裁定之。
第八八條　（裁定期間之酌定及起算）
①期間，除法定者外，由行政法院或審判長酌量情形定之。
②行政法院或審判長所定期間，自送達定期間之文書時起算，無庸送達者，自宣示定期間之裁判時起算。
③期間之計算，依民法之規定。
第八九條　（在途期間之扣除）
①當事人不在行政法院所在地住居者，計算法定期間，應扣除其在途之期間。但有訴訟代理人住居行政法院所在地，得爲期間內應爲之訴訟行爲者，不在此限。
②前項應扣除之在途期間，由司法院定之。
第九〇條　（伸長或縮短期間）
①期間，如有重大理由得伸長或縮短之。但不變期間不在此限。
②伸長或縮短期間由行政法院裁定。但期間係審判長所定者，由審判長裁定。
第九一條　（回復原狀之聲請）
①因天災或其他不應歸責於己之事由，致遲誤不變期間者，於其原因消滅後一個月內，如該不變期間少於一個月者，於相等之日數內，得聲請回復原狀。
②前項期間不得伸長或縮短之。
③遲誤不變期間已逾一年者，不得聲請回復原狀，遲誤第一百零六條之起訴期間已逾三年者，亦同。
④第一項之聲請應以書狀爲之，並釋明遲誤期間之原因及其消滅時期。
第九二條　（聲請回復原狀之程序）
①因遲誤上訴或抗告期間而聲請回復原狀者，向爲裁判之原行政法院爲之；遲誤其他期間者，向管轄該期間內應爲之訴訟行爲之行政法院爲之。
②聲請回復原狀，應同時補行期間內應爲之訴訟行爲。
第九三條　（回復原狀之聲請與補行之訴訟行爲合併裁判）
①回復原狀之聲請，由受聲請之行政法院與補行之訴訟行爲合併裁判之。但原行政法院認其聲請應行許可，而將上訴或抗告事件送交上級行政法院者，應由上級行政法院合併裁判。
②因回復原狀而變更原裁判者，準用第二百八十二條之規定。
第九四條　（準用之規定）
①受命法官或受託法官關於其所爲之行爲，得定期日及期間。
②第八十四條至第八十七條、第八十八條第一項、第二項及第九十條之規定，於受命法官或受託法官定期日及期間者，準用之。

第四節　訴訟卷宗

第九五條　（訴訟文書之保存）
①當事人書狀、筆錄、裁判書及其他關於訴訟事件之文書，行政法院應保存者，應由行政法院書記官編爲卷宗。
②卷宗滅失事件之處理，準用民刑事訴訟卷宗滅失案件處理法之規定。
第九六條　（訴訟文書之利用）99
①當事人得向行政法院書記官聲請閱覽、抄錄、影印或攝影卷內文書，或預納費用請求付與繕本、影本或節本。
②第三人經當事人同意或釋明有法律上之利害關係，而爲前項之聲請者，應經行政法院裁定許可。

③當事人、訴訟代理人、第四十四條之參加人及其他經許可之第三人之閱卷規則，由司法院定之。

第九七條　（訴訟文書利用之限制）99

裁判草案及其準備或評議文件，除法律別有規定外，不得交當事人或第三人閱覽、抄錄、影印或攝影，或付與繕本、影本或節本；裁判書在宣示或公告前，或未經法官簽名者，亦同。

第五節　訴訟費用

第九八條　（裁判費以外訴訟費用負擔之原則）96

①訴訟費用指裁判費及其他進行訴訟之必要費用，由敗訴之當事人負擔。但為第一百九十八條之判決時，由被告負擔。

②起訴，按件徵收裁判費新臺幣四千元。適用簡易訴訟程序之事件，徵收裁判費新臺幣二千元。

第九八條之一　（訴之合併應徵收之裁判費）96

以一訴主張數項標的，或為訴之變更、追加或提起反訴者，不另徵收裁判費。

第九十八條之二　（上訴應徵收之裁判費）96

①上訴，依第九十八條第二項規定，加徵裁判費二分之一。

②發回或發交更審再行上訴，或依第二百五十七條第二項為移送，經判決後再行上訴者，免徵裁判費。

第九八條之三　（再審之訴應徵收之裁判費）96

①再審之訴，按起訴法院之審級，依第九十八條第二項及前條第一項規定徵收裁判費。

②對於確定之裁定聲請再審者，徵收裁判費新臺幣一千元。

第九八條之四　（抗告應徵收之裁判費）96

抗告，徵收裁判費新臺幣一千元。

第九八條之五　（徵收裁判費之聲請）109

聲請或聲明，不徵收裁判費。但下列聲請，徵收裁判費新臺幣一千元：

一　聲請參加訴訟或駁回參加。
二　聲請回復原狀。
三　聲請停止執行或撤銷停止執行之裁定。
四　起訴前聲請證據保全。
五　聲請重新審理。
六　聲請假扣押、假處分或撤銷假扣押、假處分之裁定。
七　第二百三十七條之三十聲請事件。

第九八條之六 110

①下列費用之徵收，除法律另有規定外，其項目及標準由司法院定之：

一　影印費、攝影費、抄錄費、翻譯費、運送費、公告行政法院網站費及登載公報新聞紙費。
二　證人及通譯之日費、旅費。
三　鑑定人之日費、旅費、報酬及鑑定所需費用。
四　其他進行訴訟及強制執行之必要費用。

②郵電送達費及行政法院人員於法院外為訴訟行為之食、宿、交通費，不另徵收。

第九八條之七　（裁判費別有規定之優先適用）100

交通裁決事件之裁判費，第二編第三章別有規定者，從其規定。

第九八條之八 111

①行政法院或審判長依法律規定，為當事人選任律師為特別代理人或訴訟代理人者，其律師之酬金由行政法院或審判長定之。

②前項及第四十九條之一第一項事件之律師酬金為訴訟費用之一部，應限定其最高額。

其支給標準，由司法院參酌法務部及全國律師聯合會等意見定之。
③前項律師酬金之數額，行政法院為終局裁判時，應併予酌定。訴訟不經裁判而終結者，行政法院應依聲請以裁定酌定之。
④對於酌定律師酬金數額之裁判，得抗告。

第九九條　（參加訴訟人應負擔之訴訟費用）96
①因可歸責於參加人之事由致生無益之費用者，行政法院得命該參加人負擔其全部或一部。
②依第四十四條參加訴訟所生之費用，由參加人負擔。但他造當事人依第九十八條第一項及準用民事訴訟法第七十九條至第八十四條規定應負擔之訴訟費用，仍由該當事人負擔。

第一〇〇條　（必要費用之預納及徵收）99
①裁判費除法律別有規定外，當事人應預納之。其未預納者，審判長應定期命當事人繳納；逾期未納者，行政法院應駁回其訴、上訴、抗告、再審或其他聲請。
②進行訴訟之必要費用，審判長得定期命當事人預納。逾期未納者，由國庫墊付，並於判決確定後，依職權裁定，向應負擔訴訟費用之人徵收之。
③前項裁定得為執行名義。

第一〇一條　（訴訟救助）
當事人無資力支出訴訟費用者，行政法院應依聲請，以裁定准予訴訟救助。但顯無勝訴之望者，不在此限。

第一〇二條　（聲請訴訟救助）
①聲請訴訟救助，應向受訴行政法院為之。
②聲請人無資力支出訴訟費用之事由應釋明之。
③前項釋明，得由受訴行政法院管轄區域內有資力之人出具保證書代之。
④前項保證書內，應載明具保證書人於聲請訴訟救助人負擔訴訟費用時，代繳暫免之費用。

第一〇三條　（訴訟救助之效力）96
准予訴訟救助者，暫行免付訴訟費用。

第一〇四條　111
民事訴訟法第七十七條之二十六、第七十九條至第八十五條、第八十七條至第九十四條、第九十五條、第九十六條至第一百零六條、第一百零八條、第一百零九條之一、第一百十一條至第一百十三條、第一百十四條第一項、第一百十四條之一及第一百十五條之規定，於本節準用之。

第二編　第一審程序 100

第一章　通常訴訟程序 111

第一節　起　訴

第一〇四條之一　111
①適用通常訴訟程序之事件，以高等行政法院為第一審管轄法院。但下列事件，以地方行政法院為第一審管轄法院：
　一　關於稅捐課徵事件涉訟，所核課之稅額在新臺幣一百五十萬元以下者。
　二　因不服行政機關所為新臺幣一百五十萬元以下之罰鍰或其附帶之其他裁罰性、管制性不利處分而涉訟者。
　三　其他關於公法上財產關係之訴訟，其標的之金額或價額在新臺幣一百五十萬元以下者。
　四　其他依法律規定或經司法院指定由地方行政法院管轄之事件。

②前項所定數額，司法院得因情勢需要，以命令增至新臺幣一千萬元。

第一〇五條 （起訴之程式）99

①起訴，應以訴狀表明下列各款事項，提出於行政法院爲之：

一 當事人。

二 起訴之聲明。

三 訴訟標的及其原因事實。

②訴狀內宜記載適用程序上有關事項、證據方法及其他準備言詞辯論之事項；其經訴願程序者，並附具決定書。

第一〇六條 （訴訟之提起期間）100

①第四條及第五條訴訟之提起，除本法別有規定外，應於訴願決定書送達後二個月之不變期間內爲之。但訴願人以外之利害關係人知悉在後者，自知悉時起算。

②第四條及第五條之訴訟，自訴願決定書送達後，已逾三年者，不得提起。

③不經訴願程序即得提起第四條或第五條第二項之訴訟者，應於行政處分達到或公告後二個月之不變期間內爲之。

④不經訴願程序即得提起第五條第一項之訴訟者，於應作爲期間屆滿後，始得爲之。但於期間屆滿後，已逾三年者，不得提起。

第一〇七條 111

①原告之訴，有下列各款情形之一者，行政法院應以裁定駁回之。但其情形可以補正者，審判長應先定期間命補正：

一 訴訟事件不屬行政訴訟審判權，不能依法移送。

二 訴訟事件不屬受訴行政法院管轄而不能請求指定管轄，亦不能爲移送訴訟之裁定。

三 原告或被告無當事人能力。

四 原告或被告未由合法之法定代理人、代表人或管理人爲訴訟行爲。

五 由訴訟代理人起訴，而其代理權有欠缺。

六 起訴逾越法定期限。

七 當事人就已向行政法院或其他審判權之法院起訴之事件，於訴訟繫屬中就同一事件更行起訴。

八 本案經終局判決後撤回其訴，復提起同一之訴。

九 訴訟標的爲確定判決、和解或調解之效力所及。

十 起訴不合程式或不備其他要件。

十一 起訴基於惡意、不當或其他濫用訴訟程序之目的或有重大過失，且事實上或法律上之主張欠缺合理依據。

②撤銷訴訟及課予義務訴訟，原告於訴狀誤列被告機關者，準用前項之規定。

③原告之訴，有下列各款情形之一者，行政法院得不經言詞辯論，逕以判決駁回之。但其情形可以補正者，審判長應先定期間命補正：

一 除第二項以外之當事人不適格或欠缺權利保護必要。

二 依其所訴之事實，在法律上顯無理由。

④前三項情形，原告之訴因逾期未補正經裁判駁回後，不得再爲補正。

⑤第一項至第三項之裁判書理由得僅記載要領，且得以原告書狀、筆錄或其他文書作爲附件。

⑥行政法院依第一項第十一款規定駁回原告之訴者，得各處原告、代表人或管理人、代理人新臺幣十二萬元以下之罰鍰。

⑦前項處罰應與本案訴訟合併裁定之。裁定內應記載受處罰人供相當金額之擔保後，得停止執行。

⑧原告對於本案訴訟之裁定聲明不服，關於處罰部分，視爲提起抗告。

⑨第一項及第四項至第八項規定，於聲請或聲明事件準用之。

第一〇八條 （將訴狀送達被告並命答辯）99

①行政法院除依前條規定駁回原告之訴或移送者外，應將訴狀送達於被告。並得命被告以答辯狀陳述意見。
②原處分機關、被告機關或受理訴願機關經行政法院通知後，應於十日內將卷證送交行政法院。

第一〇九條　（言詞辯論期日之指定）
①審判長認已適於為言詞辯論時，應速定言詞辯論期日。
②前項言詞辯論期日，距訴狀之送達，至少應有十日為就審期間。但有急迫情形者，不在此限。

第一一〇條　（當事人恆定與訴訟繼受主義）
①訴訟繫屬中，為訴訟標的之法律關係雖移轉於第三人，於訴訟無影響。但第三人如經兩造同意，得代當事人承當訴訟。
②前項情形，僅他造不同意者，移轉之當事人或第三人得聲請行政法院以裁定許第三人承當訴訟。
③前項裁定得為抗告。
④行政法院知悉訴訟標的有移轉者，應即以書面將訴訟繫屬情形通知第三人。
⑤訴願決定後，為訴訟標的之法律關係移轉於第三人者，得由受移轉人提起撤銷訴訟。

第一一一條　（應准許訴之變更或追加之情形）99
①訴狀送達後，原告不得將原訴變更或追加他訴。但經被告同意或行政法院認為適當者，不在此限。
②被告於訴之變更或追加無異議，而為本案之言詞辯論者，視為同意變更或追加。
③有下列情形之一者，訴之變更或追加，應予准許：
　一　訴訟標的對於數人必須合一確定，追加其原非當事人之人為當事人。
　二　訴訟標的之請求雖有變更，但其請求之基礎不變。
　三　因情事變更而以他項聲明代最初之聲明。
　四　應提起確認訴訟，誤為提起撤銷訴訟。
　五　依第一百九十七條或其他法律之規定，應許為訴之變更或追加。
④前三項規定，於變更或追加之新訴為撤銷訴訟而未經訴願程序者不適用之。
⑤對於行政法院以訴為非變更追加，或許訴之變更追加之裁判，不得聲明不服。但撤銷訴訟，主張其未經訴願程序者，得隨同終局判決聲明不服。

第一一二條　（被告得提起反訴）99
①被告於言詞辯論終結前，得在本訴繫屬之行政法院提起反訴。但對於撤銷訴訟及課予義務訴訟，不得提起反訴。
②原告對於反訴，不得復行提起反訴。
③反訴之請求如專屬他行政法院管轄，或與本訴之請求或其防禦方法不相牽連者，不得提起。
④被告意圖延滯訴訟而提起反訴者，行政法院得駁回之。

第一一三條　（訴訟撤回之要件及程序）100
①原告於判決確定前得撤回訴之全部或一部。但於公益之維護有礙者，不在此限。
②前項撤回，被告已為本案之言詞辯論者，應得其同意。
③訴之撤回，應以書狀為之。但於期日得以言詞為之。
④以言詞所為之撤回，應記載於筆錄，如他造不在場，應將筆錄送達。
⑤訴之撤回，被告於期日到場，未為同意與否之表示者，自該期日起；其未於期日到場或係以書狀撤回者，自前項筆錄或撤回書狀送達之日起，十日內未提出異議者，視為同意撤回。

第一一四條　（訴訟撤回之限制）100
①行政法院就前條訴之撤回認有礙公益之維護者，應以裁定不予准許。
②前項裁定不得抗告。

第一一四條之一　111

①地方行政法院適用通常訴訟程序之事件，因訴之變更或一部撤回，致其訴之全部屬於簡易訴訟程序或交通裁決事件訴訟程序之範圍者，地方行政法院應改依簡易訴訟程序或交通裁決事件訴訟程序之規定，由原受命法官繼續審理。
②地方行政法院適用通常訴訟程序之事件，因訴之追加、變更或反訴，致其訴之全部或一部屬於高等行政法院管轄者，應裁定移送管轄之高等行政法院。
③高等行政法院適用通常訴訟程序之事件，因訴之變更或一部撤回，致其訴之全部屬於地方行政法院管轄之事件者，高等行政法院應裁定移送管轄之地方行政法院。

第一一五條　（準用之規定）

民事訴訟法第二百四十五條、第二百四十六條、第二百四十八條、第二百五十二條、第二百五十三條、第二百五十七條、第二百六十一條、第二百六十三條及第二百六十四條之規定，於本節準用之。

第二節　停止執行

第一一六條　（行政訴訟不停止執行之原則㈠）

①原處分或決定之執行，除法律另有規定外，不因提起行政訴訟而停止。
②行政訴訟繫屬中，行政法院認為原處分或決定之執行，將發生難於回復之損害，且有急迫情事者，得依職權或依聲請裁定停止執行。但於公益有重大影響，或原告之訴在法律上顯無理由者，不得為之。
③於行政訴訟起訴前，如原處分或決定之執行將發生難於回復之損害，且有急迫情事者，行政法院亦得依受處分人或訴願人之聲請，裁定停止執行。但於公益有重大影響者，不在此限。
④行政法院為前二項裁定前，應先徵詢當事人之意見。如原處分或決定機關已依職權或依聲請停止執行者，應為駁回聲請之裁定。
⑤停止執行之裁定，得停止原處分或決定之效力、處分或決定之執行或程序之續行之全部或部份。

第一一七條　（行政訴訟不停止執行之原則㈡）

前條規定，於確認行政處分無效之訴訟準用之。

第一一八條　（撤銷停止執行之裁定）

停止執行之原因消滅，或有其他情事變更之情形，行政法院得依職權或依聲請撤銷停止執行之裁定。

第一一九條　（抗告）

關於停止執行或撤銷停止執行之裁定，得為抗告。

第三節　言詞辯論

第一二〇條　（言詞辯論）100

①原告因準備言詞辯論之必要，應提出準備書狀。
②被告因準備言詞辯論，宜於未逾就審期間二分之一以前，提出答辯狀。

第一二一條　（得於言詞辯論前所為之處置）99

①行政法院因使辯論易於終結，認為必要時，得於言詞辯論前，為下列各款之處置：
一　命當事人、法定代理人、代表人或管理人本人到場。
二　命當事人提出圖案、表冊、外國文文書之譯本或其他文書、物件。
三　行勘驗、鑑定或囑託機關、團體為調查。
四　通知證人或鑑定人，及調取或命第三人提出文書、物件。
五　使受命法官或受託法官調查證據。
②行政法院因闡明或確定訴訟關係，於言詞辯論時，得為前項第一款至第三款之處置，並得將當事人或第三人提出之文書、物件暫留置之。

第一二二條　（言詞辯論以聲明起訴事項為始）

①言詞辯論，以當事人聲明起訴之事項爲始。
②當事人應就訴訟關係爲事實上及法律上之陳述。
③當事人不得引用文件以代言詞陳述。但以舉文件之辭句爲必要時，得朗讀其必要之部分。

第一二二條之一 111
①當事人、證人、鑑定人或其他訴訟關係人如不通曉中華民國語言，行政法院應用通譯；法官不通曉訴訟關係人所用之方言者，亦同。
②前項訴訟關係人如爲聽覺、聲音或語言障礙者，行政法院應用通譯。但亦得以文字發問或使其以文字陳述。
③前二項之通譯，準用關於鑑定人之規定。
④有第二項情形者，其訴訟關係人之配偶、直系或三親等內旁系血親、家長、家屬、醫師、心理師、輔導人員、社工人員或其信賴之人，經審判長許可後，得陪同在場。

第一二三條　（調查證據之期日）
①行政法院調查證據，除別有規定外，於言詞辯論期日行之。
②當事人應依第二編第一章第四節之規定，聲明所用之證據。

第一二四條　（審判長之職權—言詞辯論指揮權）
①審判長開始、指揮及終結言詞辯論，並宣示行政法院之裁判。
②審判長對於不服從言詞辯論之指揮者，得禁止發言。
③言詞辯論須續行者，審判長應速定其期日。

第一二五條 111
①行政法院應依職權調查事實關係，不受當事人事實主張及證據聲明之拘束。
②前項調查，當事人應協力爲之。
③審判長應注意使當事人得爲事實上及法律上適當完全之辯論。
④審判長應向當事人發問或告知，令其陳述事實、聲明證據，或爲其他必要之聲明及陳述；其所聲明、陳述或訴訟類型有不明瞭或不完足者，應令其敘明或補充之。
⑤陪席法官告明審判長後，得向當事人發問或告知。

第一二五條之一 111
①審判長得於徵詢當事人之意見後，定期間命其爲下列事項：
一　陳述事實或指出證據方法。
二　提出其依法負提出義務之文書或物件。
②當事人逾前項期間，遲延陳述事實、指出或提出證據方法，符合下列情形者，除法律別有規定外，行政法院得不予斟酌，逕依調查結果裁判之：
一　其遲延有礙訴訟之終結。
二　當事人未能釋明其遲延係不可歸責於己。
三　審判長已告知其遲延之效果。

第一二五條之二 111
①行政法院爲使訴訟關係明確，必要時得命司法事務官就事實上及法律上之事項，基於專業知識對當事人爲說明。
②行政法院因司法事務官提供而獲知之特殊專業知識，應予當事人辯論之機會，始得採爲裁判之基礎。

第一二六條　（受命法官之指定及行政法院之囑託）
①凡依本法使受命法官爲行爲者，由審判長指定之。
②行政法院應爲之囑託，除別有規定外，由審判長行之。

第一二七條　（同種類之訴訟得合併辯論）
①分別提起之數宗訴訟係基於同一或同種類之事實上或法律上之原因者，行政法院得命合併辯論。
②命合併辯論之數宗訴訟，得合併裁判之。

第一二八條　（言詞辯論筆錄應記載事項）99

行政法院書記官應作言詞辯論筆錄，記載下列各款事項：

一　辯論之處所及年、月、日。

二　法官、書記官及通譯姓名。

三　訴訟事件。

四　到場當事人、法定代理人、代表人、管理人、訴訟代理人、輔佐人及其他經通知到場之人姓名。

五　辯論之公開或不公開；如不公開者，其理由。

第一二九條　（言詞辯論筆錄實質上應記載事項）99

言詞辯論筆錄內，應記載辯論進行之要領，並將下列各款事項記載明確：

一　訴訟標的之捨棄、認諾、自認及訴之撤回。

二　證據之聲明或撤回，及對於違背訴訟程序規定之異議。

三　當事人所為其他重要聲明或陳述，及經告知而不為聲明或陳述之情形。

四　依本法規定應記載筆錄之其他聲明或陳述。

五　證人或鑑定人之陳述，及勘驗所得之結果。

六　審判長命令記載之事項。

七　不作裁判書附卷之裁判。

八　裁判之宣示。

第一三〇條　（筆錄之朗讀或閱覽）

①筆錄或筆錄內所引用附卷或作為附件之文書內所記前條第一款至第六款事項，應依聲請於法庭向關係人朗讀或令其閱覽，並於筆錄內附記其事由。

②關係人對於筆錄所記有異議者，行政法院書記官得更正或補充之。如以異議為不當，應於筆錄內附記其異議。

③以機器記錄言詞辯論之進行者，其實施辦法由司法院定之。

第一三〇條之一 110

①當事人、代表人、管理人、代理人、輔佐人、證人、鑑定人或其他關係人之所在處所或所在地法院與行政法院間，有聲音及影像相互傳送之科技設備而得直接審理者，行政法院認為適當時，得依聲請或依職權以該設備審理之。

②前項情形，其期日通知書記載之應到處所為該設備所在處所。

③依第一項進行程序之筆錄及其他文書，須陳述人簽名者，由行政法院傳送至陳述人所在處所，經陳述人確認內容並簽名後，將筆錄及其他文書以電信傳真或其他科技設備傳回行政法院。

④第一項之審理及前項文書傳送之辦法，由司法院定之。

第一三一條 111

第四十九條第三項至第六項、第四十九條之一第四項、第八項、第四十九條之二第一項、第五十五條、第六十六條第一項、第六十七條但書、第一百條第一項前段、第二項、第一百零七條第一項但書、第二項、第三項但書、第一百十條第四項、第一百二十一條第一項第一款至第四款、第二項、第一百二十二條之一、第一百二十四條、第一百二十五條、第一百二十五條之一、第一百二十五條之二、第一百三十條之一及民事訴訟法第四十九條、第七十五條第一項、第一百二十條第一項、第一百二十一條第一項、第二項、第二百條、第二百零八條、第二百十三條第二項、第二百十三條之一、第二百十四條、第二百十七條、第二百六十八條、第二百六十八條之一第二項、第三項、第二百六十八條之二第一項、第三百七十一條第一項、第二項及第三百七十二條關於法院或審判長權限之規定，於受命法官行準備程序時準用之。

第一三二條 111

民事訴訟法第一百九十五條至第一百九十七條、第二百條、第二百零一條、第二百零四條、第二百零六條、第二百零八條、第二百十條、第二百十一條、第二百十三條第二項、第二百十四條、第二百十五條、第二百十七條至第二百十九條、第二百六十五條至第二百六十八條之一、第二百六十八條之二、第二百七十條第一項、第二百七十條之一至第二百七十一條之一、第二百七十三條至第二百七十六條之規定，於本節準用之。

第四節　證　據

第一三三條 111

行政法院應依職權調查證據。

第一三四條 111

當事人主張之事實，雖經他造自認，行政法院仍應調查其他必要之證據。

第一三五條 （認他造證據之主張應證之事實爲眞實）

①當事人因妨礙他造使用，故意將證據滅失、隱匿或致礙難使用者，行政法院得審酌情形認他造關於該證據之主張或依該證據應證之事實爲眞實。

②前項情形，於裁判前應令當事人有辯論之機會。

第一三六條 （準用之規定）

除本法有規定者外，民事訴訟法第二百七十七條之規定於本節準用之。

第一三七條 （當事人對行政法院不知者有舉證之責）

習慣及外國之現行法爲行政法院所不知者，當事人有舉證之責任。但行政法院得依職權調查之。

第一三八條 （囑託調查證據）

行政法院得囑託普通法院或其他機關、學校、團體調查證據。

第一三九條 （受命法官調查或囑託調查）

行政法院認爲適當時，得使庭員一人爲受命法官或囑託他行政法院指定法官調查證據。

第一四〇條 （製作調查證據筆錄）

①受訴行政法院於言詞辯論前調查證據，或由受命法官、受託法官調查證據者，行政法院書記官應作調查證據筆錄。

②第一百二十八條至第一百三十條之規定，於前項筆錄準用之。

③受託法官調查證據筆錄，應送受訴行政法院。

第一四一條 （調查證據後行政法院應爲之處置）99

①調查證據之結果，應告知當事人爲辯論。

②於受訴行政法院外調查證據者，當事人應於言詞辯論時陳述其調查之結果。但審判長得令行政法院書記官朗讀調查證據筆錄代之。

第一四二條 （爲證人之義務）

除法律別有規定外，不問何人，於他人之行政訴訟有爲證人之義務。

第一四三條 （裁定不到場證人以罰鍰）100

①證人受合法之通知，無正當理由而不到場者，行政法院得以裁定處新臺幣三萬元以下罰鍰。

②證人已受前項裁定，經再次通知仍不到場者，得再處新臺幣六萬元以下罰鍰，並得拘提之。

③拘提證人，準用刑事訴訟法關於拘提被告之規定；證人爲現役軍人者，應以拘票囑託該管長官執行。

④處證人罰鍰之裁定，得爲抗告，抗告中應停止執行。

第一四三條之一 111

①證人不能到場，或有其他必要情形時，得就其所在處所訊問之。

②證人須依據文書、資料爲陳述，或依事件之性質、證人之狀況，經行政法院認爲適當者，得命當事人會同證人於公證人前作成陳述書狀。

③經當事人同意者，證人亦得於行政法院外以書狀爲陳述。

④依前二項爲陳述後，如認證人之書狀陳述須加說明，或經當事人之一造聲請對證人爲必要之發問者，行政法院仍得通知該證人到場陳述。

⑤證人以書狀為陳述者，仍應具結，並將結文附於書狀，經公證人認證後提出。其依第一百三十條之一為訊問者，亦應於訊問前或訊問後具結。

第一四四條　（公務員為證人之特則）

①以公務員、中央民意代表或曾為公務員、中央民意代表之人為證人，而就其職務上應守秘密之事項訊問者，應得該監督長官或民意機關之同意。

②前項同意，除有妨害國家高度機密者外，不得拒絕。

③以受公務機關委託承辦公務之人為證人者，準用前二項之規定。

第一四五條　（得拒絕證言之事由）99

證人恐因陳述致自己或下列之人受刑事訴追或蒙恥辱者，得拒絕證言：

一　證人之配偶、前配偶或四親等內之血親、三親等內之姻親或曾有此親屬關係或與證人訂有婚約者。

二　證人之監護人或受監護人。

第一四六條 111

①證人有下列各款情形之一者，得拒絕證言：

一　證人有第一百四十四條之情形。

二　證人為醫師、藥師、藥商、心理師、助產士、宗教師、律師、會計師或其他從事相類業務之人或其業務上佐理人或曾任此等職務之人，就其因業務所知悉有關他人秘密之事項受訊問。

三　關於技術上或職業上之秘密受訊問。

②前項規定，於證人秘密之責任已經免除者，不適用之。

第一四七條　（得拒絕證言者之告之）

依前二條規定，得拒絕證言者，審判長應於訊問前或知有該項情形時告知之。

第一四八條　（不陳明原因而拒絕證言得處罰鍰）100

①證人不陳明拒絕之原因事實而拒絕證言，或以拒絕為不當之裁定已確定而仍拒絕證言者，行政法院得以裁定處新臺幣三萬元以下罰鍰。

②前項裁定得為抗告，抗告中應停止執行。

第一四九條　（命證人具結）99

①審判長於訊問前，應命證人各別具結。但其應否具結有疑義者，於訊問後行之。

②審判長於證人具結前，應告以具結之義務及偽證之處罰。

③證人以書狀為陳述者，不適用前二項之規定。

第一五〇條 111

以未滿十六歲或因精神或其他心智障礙，致不解具結意義及其效果之人為證人者，不得令其具結。

第一五一條　（得不命具結者）99

以下列各款之人為證人者，得不令其具結：

一　證人為當事人之配偶、前配偶或四親等內之血親、三親等內之姻親或曾有此親屬關係或與當事人訂有婚約。

二　有第一百四十五條情形而不拒絕證言。

三　當事人之受雇人或同居人。

第一五二條　（得拒絕具結之事由）

證人就與自己或第一百四十五條所列之人有直接利害關係之事項受訊問者，得拒絕具結。

第一五三條　（拒絕具結準用之規定）

第一百四十八條之規定，於證人拒絕具結者準用之。

第一五四條　（當事人之聲請發問及自行發問）99

①當事人得就應證事實及證言信用之事項，聲請審判長對於證人為必要之發問，或向審判長陳明後自行發問。

②前項之發問，與應證事實無關、重複發問、誘導發問、侮辱證人或有其他不當情形，

審判長得依聲請或依職權限制或禁止。

③關於發問之限制或禁止有異議者，行政法院應就其異議為裁定。

第一五五條　（發給證人日費及旅費）

①行政法院應發給證人法定之日費及旅費；證人亦得於訊問完畢後請求之。但被拘提或無正當理由拒絕具結或證言者，不在此限。

②前項關於日費及旅費之裁定，得為抗告。

③證人所需之旅費，得依其請求預行酌給之。

第一五六條　（鑑定準用之規定）

鑑定，除別有規定外，準用本法關於人證之規定。

第一五七條 111

①從事於鑑定所需之學術、技藝或職業，或經機關委任有鑑定職務者，於他人之行政訴訟有為鑑定人之義務。

②鑑定人應於選任前揭露下列資訊；其經選任後發現者，應即時向審判長及當事人揭露之：

一　學經歷、專業領域及本於其專業學識經驗曾參與訴訟、非訟或法院調解程序之案例。

二　關於專業學識經驗及相關資料之準備或提出，曾與當事人、輔助參加人、輔佐人或其代理人有分工或合作關係。

三　關於專業學識經驗及相關資料之準備或提出，曾受當事人、輔助參加人、輔佐人或其代理人之金錢報酬或資助及其金額或價值。

四　關於該事件，有其他提供金錢報酬或資助者之身分及其金額或價值。

五　有其他情事足認有不能公正、獨立執行職務之虞。

第一五八條　（拘提之禁止）

鑑定人不得拘提。

第一五九條　（拒絕鑑定）

鑑定人拒絕鑑定，雖其理由不合於本法關於拒絕證言之規定，如行政法院認為正當者，亦得免除其鑑定義務。

第一六〇條　（報酬之請求）

①鑑定人於法定之日費、旅費外，得請求相當之報酬。

②鑑定所需費用，得依鑑定人之請求預行酌給之。

③關於前二項請求之裁定，得為抗告。

第一六一條　（囑託鑑定準用之規定）

行政法院依第一百三十八條之規定，囑託機關、學校或團體陳述鑑定意見或審查之者，準用第一百六十條及民事訴訟法第三百三十五條至第三百三十七條之規定。其鑑定書之說明，由該機關、學校或團體所指定之人為之。

第一六二條　（專業法律問題之徵詢意見）

①行政法院認有必要時，得就訴訟事件之專業法律問題徵詢從事該學術研究之人，以書面或於審判期日到場陳述其法律上意見。

②前項意見，於裁判前應告知當事人使為辯論。

③第一項陳述意見之人，準用鑑定人之規定。但不得令其具結。

第一六三條　（當事人有提出義務之文書）99

下列各款文書，當事人有提出之義務：

一　該當事人於訴訟程序中曾經引用者。

二　他造依法律規定，得請求交付或閱覽者。

三　為他造之利益而作者。

四　就與本件訴訟關係有關之事項所作者。

五　商業帳簿。

第一六四條　（調取文書）

①公務員或機關掌管之文書，行政法院得調取之。如該機關為當事人時，並有提出之義務。
②前項情形，除有妨害國家高度機密者外，不得拒絕。

第一六五條　（當事人不從提出文書之命）
①當事人無正當理由不從提出文書之命者，行政法院得審酌情形認他造關於該文書之主張或依該文書應證之事實為眞實。
②前項情形，於裁判前應令當事人有辯論之機會。

第一六六條　（聲請命第三人提出文書）99
①聲明書證係使用第三人所執之文書者，應聲請行政法院命第三人提出或定由舉證人提出之期間。
②民事訴訟法第三百四十二條第二項、第三項之規定，於前項聲請準用之。
③文書為第三人所執之事由及第三人有提出義務之原因，應釋明之。

第一六七條　（裁定命第三人提出文書）
①行政法院認應證之事實重要且舉證人之聲請正當者，應以裁定命第三人提出文書或定由舉證人提出文書之期間。
②行政法院為前項裁定前，應使該第三人有陳述意見之機會。

第一六八條　（第三人提出文書準用之規定）
關於第三人提出文書之義務，準用第一百四十四條至第一百四十七條及第一百六十三條第二款至第五款之規定。

第一六九條　（第三人不從提出文書命令之制裁）100
①第三人無正當理由不從提出文書之命者，行政法院得以裁定處新臺幣三萬元以下罰鍰；於必要時，並得為強制處分。
②前項強制處分之執行，適用第三百零六條規定。
③第一項裁定得為抗告，抗告中應停止執行。

第一七〇條　（第三人之權利）
①第三人得請求提出文書之費用。
②第一百五十五條之規定，於前項情形準用之。

第一七一條　（文書眞僞之辨別）
①文書之眞僞，得依核對筆跡或印跡證之。
②行政法院得命當事人或第三人提出文書，以供核對。核對筆跡或印跡，適用關於勘驗之規定。

第一七二條　（鑑別筆跡之方法）
①無適當之筆跡可供核對者，行政法院得指定文字，命該文書之作成名義人書寫，以供核對。
②文書之作成名義人無正當理由不從前項之命者，準用第一百六十五條或第一百六十九條之規定。
③因供核對所書寫之文字應附於筆錄；其他供核對之文件不須發還者，亦同。

第一七三條　（準文書）
①本法關於文書之規定，於文書外之物件，有與文書相同之效用者，準用之。
②文書或前項物件，須以科技設備始能呈現其內容或提出原件有事實上之困難者，得僅提出呈現其內容之書面並證明其內容與原件相符。

第一七四條　（勘驗準用之規定）
第一百六十四條至第一百七十條之規定，於勘驗準用之。

第一七五條 111
①保全證據之聲請，在起訴後，向受訴行政法院為之；在起訴前，向受訊問人住居地或證物所在地之地方行政法院為之。
②遇有急迫情形時，於起訴後，亦得向前項地方行政法院聲請保全證據。

第一七五條之一　（司法事務官協助調查證據）100

行政法院於保全證據時，得命司法事務官協助調查證據。

第一七六條 111

民事訴訟法第二百十五條、第二百十七條至第二百十九條、第二百七十八條、第二百八十一條、第二百八十二條、第二百八十四條至第二百八十六條、第二百九十一條至第二百九十三條、第二百九十五條、第二百九十六條、第二百九十六條之一、第二百九十八條至第三百零一條、第三百零四條、第三百零九條、第三百十條、第三百十三條、第三百十三條之一、第三百十六條至第三百十九條、第三百二十一條、第三百二十二條、第三百二十五條至第三百二十七條、第三百三十一條至第三百三十七條、第三百三十九條、第三百四十一條至第三百四十三條、第三百五十二條至第三百五十八條、第三百六十一條、第三百六十四條至第三百六十六條、第三百六十八條、第三百七十條至第三百七十六條之二之規定，於本節準用之。

第五節　訴訟程序之停止

第一七七條 （裁定停止——裁判以他訴法律關係爲據）

①行政訴訟之裁判須以民事法律關係是否成立爲準據，而該法律關係已經訴訟繫屬尚未終結者，行政法院應以裁定停止訴訟程序。

②除前項情形外，有民事、刑事或其他行政爭訟牽涉行政訴訟之裁判者，行政法院在該民事、刑事或其他行政爭訟終結前，得以裁定停止訴訟程序。

第一七八條 （刪除）110

第一七八條之一 111

行政法院就其受理事件，對所應適用之法律位階法規範，聲請憲法法庭判決宣告違憲者，應裁定停止訴訟程序。

第一七九條 （當然停止）

①本於一定資格，以自己名義爲他人任訴訟當事人之人，喪失其資格或死亡者，訴訟程序在有同一資格之人承受其訴訟以前當然停止。

②依第二十九條規定，選定或指定爲訴訟當事人之人全體喪失其資格者，訴訟程序在該有共同利益人全體或新選定或指定爲訴訟當事人之人承受其訴訟以前當然停止。

第一八〇條 （當然停止之例外規定）

第一百七十九條之規定，於有訴訟代理人時不適用之。但行政法院得酌量情形裁定停止其訴訟程序。

第一八一條 （承受訴訟之聲明）

①訴訟程序當然停止後，依法律所定之承受訴訟之人，於得爲承受時，應即爲承受之聲明。

②他造當事人亦得聲明承受訴訟。

第一八二條 （當然或裁定停止之效力）

①訴訟程序當然或裁定停止間，行政法院及當事人不得爲關於本案之訴訟行爲。但於言詞辯論終結後當然停止者，本於其辯論之裁判得宣示之。

②訴訟程序當然或裁定停止者，期間停止進行；自停止終竣時起，其期間更始進行。

第一八三條 （當事人合意停止訴訟程序）100

①當事人得以合意停止訴訟程序。但於公益之維護有礙者，不在此限。

②前項合意，應由兩造向受訴行政法院陳明。

③行政法院認第一項之合意有礙公益之維護者，應於兩造陳明後，一個月內裁定續行訴訟。

④前項裁定不得聲明不服。

⑤不變期間之進行不因第一項合意停止而受影響。

第一八四條 （合意停止之期間及次數之限制）100

除有前條第三項之裁定外，合意停止訴訟程序之當事人，自陳明合意停止時起，如於四個月內不續行訴訟者，視爲撤回其訴；續行訴訟而再以合意停止訴訟程序者，以一次爲限。如再次陳明合意停止訴訟程序，視爲撤回其訴。

第一八五條（擬制合意停止）100

①當事人兩造無正當理由遲誤言詞辯論期日，除有礙公益之維護者外，視爲合意停止訴訟程序。如於四個月內不續行訴訟者，視爲撤回其訴。但行政法院認有必要時，得依職權續行訴訟。

②行政法院依前項但書規定續行訴訟，兩造如無正當理由仍不到者，視爲撤回其訴。

③行政法院認第一項停止訴訟程序有礙公益之維護者，除別有規定外，應自該期日起，一個月內裁定續行訴訟。

④前項裁定不得聲明不服。

第一八六條（準用之規定）

民事訴訟法第一百六十八條至第一百七十一條、第一百七十三條、第一百七十四條、第一百七十六條至第一百八十一條、第一百八十五條至第一百八十七條之規定，於本節準用之。

第六節　裁　判

第一八七條（裁判之方式）

裁判，除依本法應用判決者外，以裁定行之。

第一八八條（判決之形式要件，言詞審理、直接審理）

①行政訴訟除別有規定外，應本於言詞辯論而爲裁判。

②法官非參與裁判基礎之辯論者，不得參與裁判。

③裁定得不經言詞辯論爲之。

④裁定前不行言詞辯論者，除別有規定外，得命關係人以書狀或言詞爲陳述。

第一八九條（裁判之實質要件）99

①行政法院爲裁判時，應斟酌全辯論意旨及調查證據之結果，依論理及經驗法則判斷事實之眞僞。但別有規定者，不在此限。

②當事人已證明受有損害而不能證明其數額或證明顯有重大困難者，法院應審酌一切情況，依所得心證定其數額。

③得心證之理由，應記明於判決。

第一九〇條（終局判決）

行政訴訟達於可爲裁判之程度者，行政法院應爲終局判決。

第一九一條（一部之終局判決）

①訴訟標的之一部，或以一訴主張之數項標的，其一達於可爲裁判之程度者，行政法院得爲一部之終局判決。

②前項規定，於命合併辯論之數宗訴訟，其一達於可爲裁判之程度者，準用之。

第一九二條（中間判決）

各種獨立之攻擊或防禦方法，達於可爲裁判之程度者，行政法院得爲中間判決；請求之原因及數額俱有爭執時，行政法院以其原因爲正當者，亦同。

第一九三條（中間裁定）

行政訴訟進行中所生程序上之爭執，達於可爲裁判之程度者，行政法院得先爲裁定。

第一九四條（逕爲判決之情形）100

行政訴訟有關公益之維護者，當事人兩造於言詞辯論期日無正當理由均不到場時，行政法院得依職權調查事實，不經言詞辯論，逕爲判決。

第一九四條之一　111

當事人於辯論期日到場不爲辯論者，視同不到場。第四十九條之一第一項事件，當事人之訴訟代理人未到場者，亦同。

第一九五條（判決及不利益變更之禁止）

①行政法院認原告之訴爲有理由者，除別有規定外，應爲其勝訴之判決；認爲無理由者，應以判決駁回之。
②撤銷訴訟之判決，如係變更原處分或決定者，不得爲較原處分或決定不利於原告之判決。

第一九六條　（撤銷判決中命爲回復原狀之處置）99
①行政處分已執行者，行政法院爲撤銷行政處分判決時，經原告聲請，並認爲適當者，得於判決中命行政機關爲回復原狀之必要處置。
②撤銷訴訟進行中，原處分已執行而無回復原狀可能或已消滅者，於原告有即受確認判決之法律上利益時，行政法院得依聲請，確認該行政處分爲違法。

第一九七條　（撤銷訴訟之代替判決）
撤銷訴訟，其訴訟標的之行政處分涉及金錢或其他代替物之給付或確認者，行政法院得以確定不同金額之給付或以不同之確認代替之。

第一九八條　（情況判決）
①行政法院受理撤銷訴訟，發現原處分或決定雖屬違法，但其撤銷或變更於公益有重大損害，經斟酌原告所受損害、賠償程度、防止方法及其他一切情事，認原處分或決定之撤銷或變更顯與公益相違背時，得駁回原告之訴。
②前項情形，應於判決主文中諭知原處分或決定違法。

第一九九條　（因情況判決而受損害之救濟）100
①行政法院爲前條判決時，應依原告之聲明，將其因違法處分或決定所受之損害，於判決內命被告機關賠償。
②原告未爲前項聲明者，得於前條判決確定後一年內，向行政法院訴請賠償。

第二〇〇條　（請求應爲行政處分之訴訟之判決方式）99
行政法院對於人民依第五條規定請求應爲行政處分或應爲特定內容之行政處分之訴訟，應爲下列方式之裁判：
一　原告之訴不合法者，應以裁定駁回之。
二　原告之訴無理由者，應以判決駁回之。
三　原告之訴有理由，且案件事證明確者，應判命行政機關作成原告所申請內容之行政處分。
四　原告之訴雖有理由，惟案件事證尙未臻明確或涉及行政機關之行政裁量決定者，應判命行政機關遵照其判決之法律見解對於原告作成決定。

第二〇一條　（對違法裁量行爲之審查）
行政機關依裁量權所爲之行政處分，以其作爲或不作爲逾越權限或濫用權力者爲限，行政法院得予撤銷。

第二〇二條　（捨棄及認諾判決）
當事人於言詞辯論時爲訴訟標的之捨棄或認諾者，以該當事人具有處分權及不涉及公益者爲限，行政法院得本於其捨棄或認諾爲該當事人敗訴之判決。

第二〇三條　（情事變更原則）
①公法上契約成立後，情事變更，非當時所得預料，而依其原有效果顯失公平者，行政法院得依當事人聲請，爲增、減給付或變更、消滅其他原有效果之判決。
②爲當事人之行政機關，因防止或免除公益上顯然重大之損害，亦得爲前項之聲請。
③前二項規定，於因公法上其他原因發生之財產上給付，準用之。

第二〇四條　（宣示判決與公告判決）107
①判決應公告之；經言詞辯論之判決，應宣示之。但當事人明示於宣示期日不到場或於宣示期日未到場者，不在此限。
②宣示判決應於辯論終結之期日或辯論終結時指定之期日爲之。
③前項指定之宣示期日，自辯論終結時起，不得逾三星期。但案情繁雜或有特殊情形者，不在此限。
④公告判決，應於行政法院公告處或網站公告其主文，行政法院書記官並應作記載該事

由及年、月、日、時之證書附卷。

第二〇五條 （宣示判決之效力及主文之公告）107

①宣示判決，不問當事人是否在場，均有效力。

②判決經宣示或公告後，當事人得不待送達，本於該判決爲訴訟行爲。

第二〇六條 （判決之羈束力）

判決經宣示後，爲該判決之行政法院受其羈束；其不宣示者，經公告主文後，亦同。

第二〇七條 （宣示及公告）107

①經言詞辯論之裁定，應宣示之。但當事人明示於宣示期日不到場或於宣示期日未到場者，以公告代之。

②終結訴訟之裁定，應公告之。

第二〇八條 （裁定之羈束力）

裁定經宣示後，爲該裁定之行政法院、審判長、受命法官或受託法官受其羈束；不宣示者，經公告或送達後受其羈束。但關於指揮訴訟或別有規定者，不在此限。

第二〇九條 110

①判決應作判決書記載下列各款事項：

一　當事人姓名及住所或居所；當事人爲法人、機關或其他團體者，其名稱及所在地、事務所或營業所。

二　有法定代理人、代表人、管理人者，其姓名及住所或居所。

三　有訴訟代理人者，其姓名及住所或居所。

四　判決經言詞辯論者，其言詞辯論終結日期。

五　主文。

六　事實。

七　理由。

八　年、月、日。

九　行政法院。

②事實項下，應記載言詞辯論時當事人之聲明及所提攻擊或防禦方法之要領；必要時，得以書狀、筆錄或其他文書作爲附件。

③理由項下，應記載關於攻擊或防禦方法之意見及法律上之意見。

第二一〇條 110

①判決，應以正本送達於當事人；正本以電子文件爲之者，應經應受送達人同意。但對於在監所之人，正本不得以電子文件爲之。

②前項送達，自行政法院書記官收領判決原本時起，至遲不得逾十日。

③對於判決得爲上訴者，應於送達當事人之正本內告知其期間及提出上訴狀之行政法院。

④前項告知期間有錯誤時，告知期間較法定期間爲短者，以法定期間爲準；告知期間較法定期間爲長者，應由行政法院書記官於判決正本送達後二十日內，以通知更正之，並自更正通知送達之日起計算法定期間。

⑤行政法院未依第三項規定爲告知，或告知錯誤未依前項規定更正，致當事人遲誤上訴期間者，視爲不應歸責於己之事由，得自判決送達之日起一年內，適用第九十一條之規定，聲請回復原狀。

第二一一條 （對不得上訴之判決作錯誤告知）

不得上訴之判決，不因告知錯誤而受影響。

第二一二條 （判決之確定）

①判決，於上訴期間屆滿時確定。但於上訴期間內有合法之上訴者，阻其確定。

②不得上訴之判決，於宣示時確定；不宣示者，於公告主文時確定。

第二一三條 （判決之確定力）

訴訟標的於確定之終局判決中經裁判者，有確定力。

第二一四條 （確定判決之效力）

①確定判決，除當事人外，對於訴訟繫屬後為當事人之繼受人者及為當事人或其繼受人占有請求之標的物者，亦有效力。
②對於為他人而為原告或被告者之確定判決，對於該他人亦有效力。

第二一五條　（撤銷或變更原處分判決之效力）
撤銷或變更原處分或決定之判決，對第三人亦有效力。

第二一六條　（判決之拘束力）100
①撤銷或變更原處分或決定之判決，就其事件有拘束各關係機關之效力。
②原處分或決定經判決撤銷後，機關須重為處分或決定者，應依判決意旨為之。
③前二項判決，如係指摘機關適用法律之見解有違誤時，該機關即應受判決之拘束，不得為相左或歧異之決定或處分。
④前三項之規定，於其他訴訟準用之。

第二一七條　（裁定準用之規定）100
第二百零四條第二項至第四項、第二百零五條、第二百十條及民事訴訟法第二百二十八條規定，於裁定準用之。

第二一八條 110
民事訴訟法第二百二十四條、第二百二十七條、第二百二十八條、第二百三十條、第二百三十二條、第二百三十三條、第二百三十六條、第二百三十七條、第二百四十條、第三百八十五條、第三百八十六條、第三百八十八條、第三百九十六條第一項、第二項及第三百九十九條之規定，於本節準用之。

第七節　和　解

第二一九條 111
①當事人就訴訟標的具有處分權且其和解無礙公益之維護者，行政法院不問訴訟程度如何，得隨時試行和解。必要時，得就訴訟標的以外之事項，併予和解。
②受命法官或受託法官亦得為前項之和解。
③第三人經行政法院之許可，得參加和解。行政法院認為必要時，得通知第三人參加。

第二二〇條　（試行和解得命當事人等到場）
因試行和解，得命當事人、法定代理人、代表人或管理人本人到場。

第二二一條　（和解筆錄）
①試行和解而成立者，應作成和解筆錄。
②第一百二十八條至第一百三十條、民事訴訟法第二百十四條、第二百十五條、第二百十七條至第二百十九條之規定，於前項筆錄準用之。
③和解筆錄應於和解成立之日起十日內，以正本送達於當事人及參加和解之第三人。

第二二二條　（和解之效力）
和解成立者，其效力準用第二百十三條、第二百十四條及第二百十六條之規定。

第二二三條　（請求繼續審判）
和解有無效或得撤銷之原因者，當事人得請求繼續審判。

第二二四條　（請求繼續審判之時限）
①請求繼續審判，應於三十日之不變期間內為之。
②前項期間，自和解成立時起算。但無效或得撤銷之原因知悉在後者，自知悉時起算。
③和解成立後經過三年者，不得請求繼續審判。但當事人主張代理權有欠缺者，不在此限。

第二二五條　（駁回繼續審判之請求）
①請求繼續審判不合法者，行政法院應以裁定駁回之。
②請求繼續審判顯無理由者，得不經言詞辯論，以判決駁回之。

第二二六條　（變更和解內容之準用規定）
因請求繼續審判而變更和解內容者，準用第二百八十二條之規定。

第二二七條 111

①當事人與第三人間之和解，有無效或得撤銷之原因者，得向原行政法院提起宣告和解無效或撤銷和解之訴。

②前項情形，當事人得請求就原訴訟事件合併裁判。

第二二八條 111

第二百二十四條至第二百二十六條之規定，於前條第一項情形準用之。

第二二八條之一 111

民事訴訟法第三百七十七條之一、第三百七十七條之二及第三百八十條第三項之規定，於本節準用之。

第八節　調　節 111

第二二八條之二 111

①當事人就訴訟標的具有處分權且其調解無礙公益之維護者，行政法院得於訴訟繫屬中，經當事人合意將事件移付調解。

②受命法官或受託法官亦得為前項之調解。

③必要時，經行政法院許可者，得就訴訟標的以外之事項，併予調解。

④第三人經行政法院之許可，得參加調解。行政法院認為必要時，得依聲請或依職權通知第三人參加調解。

第二二八條之三 111

①調解由原行政法院、受命法官或受託法官選任調解委員一人至三人先行調解，俟至相當程度有成立之望或其他必要情形時，再報請法官到場。但法官認為適當時，亦得逕由法官行之。

②當事人對於前項調解委員人選有異議者，法官得另行選任之。

第二二八條之四 111

①行政法院應將適於為調解委員之人選列冊，以供選任；其資格、任期、聘任、解任、應揭露資訊、日費、旅費及報酬等事項，由司法院定之。

②法官於調解事件認有必要時，亦得選任前項名冊以外之人為調解委員。

③第一項之日費、旅費及報酬，由國庫負擔。

第二二八條之五 111

第八十五條、第八十七條第二項、第三項、第一百三十條之一、第二百二十條、第二百二十一條第二項、第三項、第二百二十二條至第二百二十八條之一之規定，於本節準用之。

第二二八條之六 111

民事訴訟法第八十四條第一項、第四百零七條第一項、第四百零七條之一、第四百十條、第四百十三條、第四百十四條、第四百二十條、第四百二十條之一第二項、第三項、第四百二十一條第一項、第四百二十二條及第四百二十六條之規定，於本節準用之。

第二章　簡易訴訟程序 111

第二二九條 111

①適用簡易訴訟程序之事件，以地方行政法院為第一審管轄法院。

②下列各款行政訴訟事件，除本法別有規定外，適用本章所定之簡易程序：

一　關於稅捐課徵事件涉訟，所核課之稅額在新臺幣五十萬元以下者。

二　因不服行政機關所為新臺幣五十萬元以下罰鍰處分而涉訟者。

三　其他關於公法上財產關係之訴訟，其標的之金額或價額在新臺幣五十萬元以下者。

四　因不服行政機關所為告誡、警告、記點、記次、講習、輔導教育或其他相類之輕微處分而涉訟者。

五　關於內政部移民署（以下簡稱移民署）之行政收容事件涉訟，或合併請求損害賠償或其他財產上給付者。

六　依法律之規定應適用簡易訴訟程序者。

③前項所定數額，司法院得因情勢需要，以命令減為新臺幣二十五萬元或增至新臺幣七十五萬元。

④第二項第五款之事件，由受收容人受收容或曾受收容所在地之地方行政法院管轄，不適用第十三條之規定。但未曾受收容者，由被告機關所在地之地方行政法院管轄。

第二三〇條 111

①前條第二項之訴，因訴之變更或一部撤回，致其訴屬於地方行政法院適用通常訴訟程序之事件或交通裁決事件者，應改依通常訴訟程序或交通裁決事件訴訟程序之規定審理。追加之新訴或反訴，以原訴與之合併辯論及裁判者，亦同。

②前項情形，訴之全部或一部屬於高等行政法院管轄者，地方行政法院應裁定移送管轄之高等行政法院。

第二三一條　（起訴及聲明以言詞為之）

①起訴及其他期日外之聲明或陳述，概得以言詞為之。

②以言詞起訴者，應將筆錄送達於他造。

第二三二條 111

①簡易訴訟程序在獨任法官前行之。

②簡易訴訟程序之審理，當事人一造之住居所、公務所、機關、主事務所或主營業所所在地位於與法院相距過遠之地區者，行政法院應徵詢其意見，以遠距審理、巡迴法庭或其他便利之方式行之。

③前項與法院相距過遠地區之標準、審理方式及巡迴法庭臨時開庭辦法，由司法院定之。

第二三三條　（通知書之送達）107

①言詞辯論期日之通知書，應與訴狀或第二百三十一條第二項之筆錄一併送達於他造。

②簡易訴訟程序事件行言詞辯論終結者，指定宣示判決之期日，自辯論終結時起，不得逾二星期。但案情繁雜或有特殊情形者，不在此限。

第二三四條 111

①判決書內之事實、理由，得不分項記載，並得僅記載其要領。

②地方行政法院亦得於宣示判決時，命將判決主文及其事實、理由之要領，記載於言詞辯論筆錄或宣示判決筆錄，不另作判決書。

③前項筆錄正本或節本，應分別記明之，由書記官簽名並蓋法院印。

④第二項筆錄正本或節本之送達，與判決正本之送達，有同一之效力。

第二三五條至第二三六條之二　（刪除）111

第二三七條　（準用規定）

民事訴訟法第四百三十條、第四百三十一條及第四百三十三條之規定，於本章準用之。

第三章　交通裁決事件訴訟程序 100

第二三七條之一 110

①本法所稱交通裁決事件如下：

一　不服道路交通管理處罰條例第八條及第三十七條第六項之裁決，而提起之撤銷訴訟、確認訴訟。

二　合併請求返還與前款裁決相關之已繳納罰鍰或已繳送之駕駛執照、計程車駕駛人執業登記證、汽車牌照。

②合併提起前項以外之訴訟者，應適用簡易訴訟程序或通常訴訟程序之規定。

③第二百三十七條之二、第二百三十七條之三、第二百三十七條之四第一項及第二項規定，於前項情形準用之。

第二三七條之二 111

交通裁決事件，得由原告住所地、居所地、所在地或違規行為地之地方行政法院管轄。

第二三七條之三 111

①交通裁決事件訴訟之提起，應以原處分機關為被告，逕向管轄之地方行政法院為之。
②交通裁決事件中撤銷訴訟之提起，應於裁決書送達後三十日之不變期間內為之。
③前項訴訟，因原處分機關未為告知或告知錯誤，致原告於裁決書送達三十日內誤向原處分機關遞送起訴狀者，視為已遵守起訴期間，原處分機關並應即將起訴狀移送管轄法院。

第二三七條之四 111

①地方行政法院收受前條起訴狀後，應將起訴狀繕本送達被告。
②被告收受起訴狀繕本後，應於二十日內重新審查原裁決是否合法妥當，並分別為如下之處置：

一　原告提起撤銷之訴，被告認原裁決違法或不當者，應自行撤銷或變更原裁決。但不得為更不利益之處分。

二　原告提起確認之訴，被告認原裁決無效或違法者，應為確認。

三　原告合併提起給付之訴，被告認原告請求有理由者，應即返還。

四　被告重新審查後，不依原告之請求處置者，應附具答辯狀，並將重新審查之紀錄及其他必要之關係文件，一併提出於管轄之地方行政法院。

③被告依前項第一款至第三款規定為處置者，應即陳報管轄之地方行政法院；被告於第一審終局裁判生效前已完全依原告之請求處置者，以其陳報管轄之地方行政法院時，視為原告撤回起訴。

第二三七條之五　（各項裁判費之徵收標準）100

①交通裁決事件，按下列規定徵收裁判費：

一　起訴，按件徵收新臺幣三百元。

二　上訴，按件徵收新臺幣七百五十元。

三　抗告，徵收新臺幣三百元。

四　再審之訴，按起訴法院之審級，依第一款、第二款徵收裁判費；對於確定之裁定聲請再審者，徵收新臺幣三百元。

五　本法第九十八條之五各款聲請，徵收新臺幣三百元。

②依前條第三項規定，視為撤回起訴者，法院應依職權退還已繳之裁判費。

第二三七條之六 111

因訴之變更、追加，致其訴之全部或一部，不屬於交通裁決事件之範圍者，地方行政法院應改依簡易訴訟程序或通常訴訟程序審理；無通常訴訟程序管轄權者，應裁定移送管轄之高等行政法院。

第二三七條之七　（交通裁決事件之裁判不採言詞辯論主義）100

交通裁決事件之裁判，得不經言詞辯論為之。

第二三七條之八　（訴訟費用）100

①行政法院為訴訟費用之裁判時，應確定其費用額。
②前項情形，行政法院得命當事人提出費用計算書及釋明費用額之文書。

第二三七條之九 111

交通裁決事件，除本章別有規定外，準用簡易訴訟程序之規定。

第四章　收容聲請事件程序 103

第二三七條之一〇　（收容聲請事件之種類）103

本法所稱收容聲請事件如下：

一　依入出國及移民法、臺灣地區與大陸地區人民關係條例及香港澳門關係條例提起收容異議、聲請續予收容及延長收容事件。

二　依本法聲請停止收容事件。

第二三七條之一一 111

①收容聲請事件，以地方行政法院為第一審管轄法院。

②前項事件，由受收容人所在地之地方行政法院管轄，不適用第十三條之規定。

第二三七條之一二 110

①行政法院審理收容異議、續予收容及延長收容之聲請事件，應訊問受收容人；移民署並應到場陳述。

②行政法院審理前項聲請事件時，得徵詢移民署為其他收容替代處分之可能，以供審酌收容之必要性。

第二三七條之一三 110

①行政法院裁定續予收容或延長收容後，受收容人及得提起收容異議之人，認為收容原因消滅、無收容必要或有得不予收容情形者，得聲請法院停止收容。

②行政法院審理前項事件，認有必要時，得訊問受收容人或徵詢移民署之意見，並準用前條第二項之規定。

第二三七條之一四 （收容聲請事件之裁定方式）103

①行政法院認收容異議、停止收容之聲請為無理由者，應以裁定駁回之。認有理由者，應為釋放受收容人之裁定。

②行政法院認續予收容、延長收容之聲請為無理由者，應以裁定駁回之。認有理由者，應為續予收容或延長收容之裁定。

第二三七條之一五 110

①行政法院所為續予收容或延長收容之裁定，應於收容期間屆滿前當庭宣示或以正本送達受收容人。未於收容期間屆滿前為之者，續予收容或延長收容之裁定，視為撤銷。

②前項正本以電子文件為之者，應以囑託收容處所長官列印裁定影本交付之方式為送達。

第二三七條之一六 111

①聲請人、受裁定人或移民署對地方行政法院所為收容聲請事件之裁定不服者，應於裁定送達後五日內抗告於管轄之高等行政法院。對於抗告法院之裁定，不得再為抗告。

②抗告程序，除依前項規定外，準用第四編之規定。

③收容聲請事件之裁定已確定，而有第二百七十三條之情形者，得準用第五編之規定，聲請再審。

第二三七條之一七 （收容聲請事件之訴訟費用相關規定）103

①行政法院受理收容聲請事件，不適用第一編第四章第五節訴訟費用之規定。但依第九十八條之六第一項第一款之規定徵收者，不在此限。

②收容聲請事件，除本章別有規定外，準用簡易訴訟程序之規定。

第五章　都市計畫審查程序 109

第二三七條之一八 （原被告適格與訴訟要件等規定）109

①人民、地方自治團體或其他公法人認為行政機關依都市計畫法發布之都市計畫違法，而直接損害、因適用而損害或在可預見之時間內將損害其權利或法律上利益者，得依本章規定，以核定都市計畫之行政機關為被告，逕向管轄之高等行政法院提起訴訟，請求宣告該都市計畫無效。

②前項情形，不得與非行本章程序之其他訴訟合併提起。

第二三七條之一九 （管轄權之相關規定）109

前條訴訟，專屬都市計畫區所在地之高等行政法院管轄。

第二三七條之二〇　（起訴期間之規定）109

本章訴訟，應於都市計畫發布後一年之不變期間內提起。但都市計畫發布後始發生違法之原因者，應自原因發生時起算。

第二三七條之二一　（重新自我省查程序）109

①高等行政法院收受起訴狀後，應將起訴狀繕本送達被告。

②被告收受起訴狀繕本後，應於二個月內重新檢討原告請求宣告無效之都市計畫是否合法，並分別依下列規定辦理：

一　如認其違反作成之程序規定得補正者，應為補正，並陳報高等行政法院。

二　如認其違法者，應將其違法情形陳報高等行政法院，並得為必要之處置。

三　如認其合法者，應於答辯狀說明其理由。

③被告應附具答辯狀，並將原都市計畫與重新檢討之卷證及其他必要文件，一併提出於管轄之高等行政法院。如有與原告請求宣告無效之都市計畫具不可分關係者，亦應一併陳報。

第二三七條之二二　（排除總則編訴訟參加之適用）109

高等行政法院受理都市計畫審查程序事件，不適用前編第三章第四節訴訟參加之規定。

第二三七條之二三　（第三人參加訴訟之規定）109

①高等行政法院認為都市計畫如宣告無效、失效或違法，第三人之權利或法律上利益將直接受損害者，得依職權命其參加訴訟，並得因該第三人之聲請，裁定允許其參加。

②前項情形，準用第四十二條第二項、第四十三條、第四十五條及第四十七條規定。

③依第一項參加訴訟之人為訴訟當事人。

第二三七條之二四　（輔助一造參加訴訟之規定）109

①都市計畫審查程序事件，高等行政法院認為具利害關係之第三人有輔助一造之必要者，得命其參加訴訟。有利害關係之第三人亦得聲請參加。

②前項情形，準用民事訴訟法第五十九條至第六十一條及第六十三條至第六十七條之規定。

第二三七條之二五　（陳述意見之規定）109

高等行政法院審理都市計畫審查程序事件，應依職權通知都市計畫之擬定機關及發布機關於期日到場陳述意見，並得通知權限受都市計畫影響之行政機關於期日到場陳述意見。權限受都市計畫影響之行政機關亦得聲請於期日到場陳述意見。

第二三七條之二六　111

都市計畫審查程序事件已經訴訟繫屬尚未終結，同一都市計畫經聲請憲法法庭判決宣告違憲者，高等行政法院在憲法法庭審理程序終結前，得以裁定停止訴訟程序。

第二三七條之二七　（審理及裁判之範圍—為原告之訴駁回判決）109

高等行政法院認都市計畫未違法者，應以判決駁回原告之訴。都市計畫僅違反作成之程序規定，而已於第一審言詞辯論終結前合法補正者，亦同。

第二三七條之二八　（審理及裁判之範圍—為宣告都市計畫無效、失效或違法等判決）109

①高等行政法院認原告請求宣告無效之都市計畫違法者，應宣告該都市計畫無效。同一都市計畫中未經原告請求，而與原告請求宣告無效之部分具不可分關係，經法院審查認定違法者，併宣告無效。

②前項情形，都市計畫發布後始發生違法原因者，應宣告自違法原因發生時起失效。

③都市計畫違法，而依法僅得為違法之宣告者，應宣告其違法。

④前三項確定判決，對第三人亦有效力。

⑤第一項情形，高等行政法院認與原告請求宣告無效之部分具不可分關係之不同都市計畫亦違法者，得於判決理由中一併敘明。

第二三七條之二九　（判決之效力）109

①都市計畫經判決宣告無效、失效或違法確定者，判決正本應送達原發布機關，由原發

布機關依都市計畫發布方式公告判決主文。
②因前項判決致刑事確定裁判違背法令者，得依刑事訴訟法規定提起非常上訴。
③前項以外之確定裁判，其效力不受影響。但該裁判尚未執行或執行未完畢者，自宣告都市計畫無效或失效之判決確定之日起，於無效或失效之範圍內不得強制執行。
④適用第一項受無效或失效宣告之都市計畫作成之行政處分確定者，其效力與後續執行準用前項之規定。
⑤依前條第三項宣告都市計畫違法確定者，相關機關應依判決意旨爲必要之處置。

第二三七條之三〇 （保全程序）109
①於爭執之都市計畫，爲防止發生重大之損害或避免急迫之危險而有必要時，得聲請管轄本案之行政法院暫時停止適用或執行，或爲其他必要之處置。
②前項情形，準用第二百九十五條至第二百九十七條、第二百九十八條第三項、第四項、第三百零一條及第三百零三條之規定。
③行政法院裁定准許第一項之聲請者，準用前條第一項規定。該裁定經廢棄、變更或撤銷者，亦同。

第二三七條之三一 （都市計畫審查程序準用之規定）109
都市計畫審查程序，除本章別有規定外，準用本編第一章之規定。

第三編　上訴審程序

第一章　最高行政法院上訴審程序 111

第二三八條 111
①對於高等行政法院之終局判決，除法律別有規定外，得上訴於最高行政法院。
②於上訴審程序，不得爲訴之變更、追加或提起反訴。

第二三九條 （上訴之範圍）
前條判決前之裁判，牽涉該判決者，並受最高行政法院之審判。但依本法不得聲明不服或得以抗告聲明不服者，不在此限。

第二四〇條 （捨棄上訴權）
①當事人於高等行政法院判決宣示、公告或送達後，得捨棄上訴權。
②當事人於宣示判決時，以言詞捨棄上訴權者，應記載於言詞辯論筆錄；如他造不在場，應將筆錄送達。

第二四一條 （上訴期間）
提起上訴，應於高等行政法院判決送達後二十日之不變期間內爲之。但宣示或公告後送達前之上訴，亦有效力。

第二四一條之一 （刪除）111

第二四二條 （上訴之理由）
對於高等行政法院判決之上訴，非以其違背法令爲理由，不得爲之。

第二四三條 110
①判決不適用法規或適用不當者，爲違背法令。
②有下列各款情形之一者，其判決當然違背法令：
一　判決法院之組織不合法。
二　依法律或裁判應迴避之法官參與裁判。
三　行政法院於審判權之有無辨別不當或違背專屬管轄之規定。但其他法律別有規定者，從其規定。
四　當事人於訴訟未經合法代理或代表。
五　違背言詞辯論公開之規定。
六　判決不備理由或理由矛盾。

第二四四條 111

①提起上訴，應以上訴狀表明下列各款事項，提出於原高等行政法院為之：
　一　當事人。
　二　高等行政法院判決，及對於該判決上訴之陳述。
　三　對於高等行政法院判決不服之程度，及應如何廢棄或變更之聲明。
　四　上訴理由。
②前項上訴理由應表明下列各款事項：
　一　原判決所違背之法令及其具體內容。
　二　依訴訟資料合於該違背法令之具體事實。
③第一項上訴狀內並應添具關於上訴理由之必要證據。
④在監獄或看守所之當事人，於上訴期間內向監所長官提出上訴狀者，視為上訴期間內之上訴；監所長官接受上訴狀後，應附記接受之年、月、日、時，送交原高等行政法院。

第二四五條　（補齊上訴理由書之期間）
①上訴狀內未表明上訴理由者，上訴人應於提起上訴後二十日內提出理由書於原高等行政法院；未提出者，毋庸命其補正，由原高等行政法院以裁定駁回之。
②判決宣示或公告後送達前提起上訴者，前項期間應自判決送達後起算。

第二四六條　（原審對不合法上訴之處置）100
①上訴不合法而其情形不能補正者，原高等行政法院應以裁定駁回之。
②上訴不合法而其情形可以補正者，原高等行政法院應定期間命其補正；如不於期間內補正，原高等行政法院應以裁定駁回之。

第二四七條　（上訴狀之送達及答辯狀之提出）
①上訴未經依前條規定駁回者，高等行政法院應速將上訴狀送達被上訴人。
②被上訴人得於上訴狀或第二百四十五條第一項理由書送達後十五日內，提出答辯狀於原高等行政法院。
③高等行政法院送交訴訟卷宗於最高行政法院，應於收到答辯狀或前項期間已滿，及各當事人之上訴期間已滿後為之。
④前項應送交之卷宗，如為高等行政法院所需者，應自備繕本、影本或節本。

第二四八條　（補提書狀於最高行政法院）100
①被上訴人在最高行政法院未判決前得提出答辯狀及其追加書狀於最高行政法院，上訴人亦得提出上訴理由追加書狀。
②最高行政法院認有必要時，得將前項書狀送達於他造。

第二四九條 111
①上訴不合法者，最高行政法院應以裁定駁回之。但其情形可以補正者，審判長應先定期間命補正。
②上訴不合法之情形，已經原高等行政法院命補正而未補正者，得不行前項但書之程序。
③最高行政法院認上訴人之上訴基於惡意、不當或其他濫用訴訟程序之目的或有重大過失，且事實上或法律上之主張欠缺合理依據，應以裁定駁回之。但其情形可以補正者，審判長應先定期間命補正。
④最高行政法院依前項規定駁回上訴者，得各處上訴人、代表人或管理人、代理人新臺幣十二萬元以下之罰鍰。
⑤第一百零七條第五項及第七項前段規定，於前二項情形準用之。

第二五〇條　（上訴聲明之限制）
　上訴之聲明不得變更或擴張之。

第二五一條　（調查之範圍）
①最高行政法院應於上訴聲明之範圍內調查之。
②最高行政法院調查高等行政法院判決有無違背法令，不受上訴理由之拘束。

第二五二條　（刪除）100

第二五三條 111
①最高行政法院之判決，有下列情形之一者，應行言詞辯論：
　一　法律關係複雜或法律見解紛歧，有以言詞辯明之必要。
　二　涉及專門知識或特殊經驗法則，有以言詞說明之必要。
　三　涉及公益或影響當事人權利義務重大，有行言詞辯論之必要。
②前項言詞辯論實施之辦法由最高行政法院定之。

第二五三條之一 111
①言詞辯論應於上訴聲明之範圍內爲之。
②言詞辯論期日，被上訴人、依第四十一條、第四十二條參加訴訟之人未委任訴訟代理人或當事人一造之訴訟代理人無正當理由未到場者，得依職權由到場之訴訟代理人辯論而爲判決。當事人之訴訟代理人無正當理由均未到場者，得不行言詞辯論，逕爲判決。

第二五四條 111
①除別有規定外，最高行政法院應以高等行政法院判決確定之事實爲判決基礎。
②以違背訴訟程序之規定爲上訴理由時，所舉違背之事實，及以違背法令確定事實或遺漏事實爲上訴理由時，所舉之該事實，最高行政法院得斟酌之。
③行言詞辯論所得闡明或補充訴訟關係之資料，最高行政法院亦得斟酌之。

第二五五條　（無理由上訴之判決）
①最高行政法院認上訴爲無理由者，應爲駁回之判決。
②原判決依其理由雖屬不當，而依其他理由認爲正當者，應以上訴爲無理由。

第二五六條　（上訴有理由之判決）
①最高行政法院認上訴爲有理由者，就該部分應廢棄原判決。
②因違背訴訟程序之規定廢棄原判決者，其違背之訴訟程序部分，視爲亦經廢棄。

第二五六條之一 111
①以地方行政法院爲第一審管轄法院之事件，高等行政法院依通常訴訟程序審理並爲判決者，最高行政法院不得以高等行政法院無管轄權而廢棄原判決。
②前項情形，最高行政法院應依該事件所應適用之上訴審程序規定爲裁判。

第二五七條　（將事件移送管轄法院）
①最高行政法院不得以高等行政法院無管轄權而廢棄原判決。但違背專屬管轄之規定者，不在此限。
②因高等行政法院無管轄權而廢棄原判決者，應以判決將該事件移送於管轄行政法院。

第二五八條　（原判決雖違背法令仍不得廢棄之例外規定）
　除第二百四十三條第二項第一款至第五款之情形外，高等行政法院判決違背法令而不影響裁判之結果者，不得廢棄原判決。

第二五九條 111
　經廢棄原判決而有下列各款情形之一者，最高行政法院應就該事件自爲判決：
　一　因基於確定之事實或依法得斟酌之事實，不適用法規或適用不當廢棄原判決，而事件已可依該事實爲裁判。
　二　原判決就欠缺實體判決要件之事件誤爲實體判決。

第二五九條之一 111
①最高行政法院駁回上訴或廢棄原判決自爲裁判時，法官對於裁判之主文或理由，已於評議時提出與多數意見不同之法律上意見，經記明於評議簿，並於評決後三日內補具書面者，得於裁判附記之；逾期提出者，不予附記。
②前項實施之辦法由最高行政法院定之。

第二六〇條　（發回或發交判決）
①除別有規定外，經廢棄原判決者，最高行政法院應將該事件發回原高等行政法院或發交其他高等行政法院。
②前項發回或發交判決，就高等行政法院應調查之事項，應詳予指示。

③受發回或發交之高等行政法院，應以最高行政法院所為廢棄理由之法律上判斷為其判決基礎。

第二六一條 （發回或發交所應為之處置）
為發回或發交之判決者，最高行政法院應速將判決正本附入卷宗，送交受發回或發交之高等行政法院。

第二六一條之一 111
最高行政法院判決書應記載之事實及理由，如與高等行政法院判決相同者，得引用之。

第二六二條 （撤回上訴）
①上訴人於終局判決宣示或公告前得將上訴撤回。
②撤回上訴者，喪失其上訴權。
③上訴之撤回，應以書狀為之。但在言詞辯論時，得以言詞為之。
④於言詞辯論時所為上訴之撤回，應記載於言詞辯論筆錄，如他造不在場，應將筆錄送達。

第二六三條 111
除本編別有規定外，前編第一章及第五章之規定，於最高行政法院上訴審程序準用之。

第二章　高等行政法院上訴審程序 111

第二六三條之一 111
①對於地方行政法院之終局判決，除法律別有規定外，得依本章規定上訴於管轄之高等行政法院。
②對於高等行政法院之第二審判決，不得上訴。

第二六三條之二 111
①應適用簡易訴訟程序或交通裁決訴訟程序之事件，高等行政法院不得以地方行政法院行通常訴訟程序而廢棄原判決。
②應適用交通裁決訴訟程序之事件，高等行政法院不得以地方行政法院行簡易訴訟程序而廢棄原判決。
③前二項情形，高等行政法院應依該事件所應適用之上訴審程序規定為裁判。

第二六三條之三 111
①地方行政法院就其應適用通常訴訟程序之事件，而誤用簡易訴訟程序或交通裁決事件訴訟程序審判；或應適用簡易訴訟程序之事件，而誤用交通裁決事件訴訟程序審判者，受理上訴之高等行政法院應廢棄原判決，將該事件發回或發交管轄地方行政法院。
②以高等行政法院為第一審管轄法院之事件，誤由地方行政法院審判者，受理上訴之高等行政法院應廢棄原判決，逕依通常訴訟程序為第一審判決。
③當事人對於第一項程序誤用或第二項管轄錯誤已表示無異議，或明知或可得而知並無異議而就本案有所聲明或陳述者，高等行政法院應依原程序之上訴審規定為裁判，不適用前二項規定。

第二六三條之四 111
①高等行政法院受理上訴事件，認有確保裁判見解統一之必要者，應以裁定敘明理由移送最高行政法院裁判之。
②高等行政法院審理上訴事件期間，當事人認為足以影響裁判結果之法律見解，先前裁判之法律見解已產生歧異，得向受理本案之高等行政法院聲請以裁定敘明理由移送最高行政法院裁判之。其程序準用行政法院組織法第十五條之四規定。
③前二項之移送裁定及駁回聲請之裁定，均不得聲明不服。
④最高行政法院認高等行政法院裁定移送之事件，並未涉及裁判見解統一之必要者，應

以裁定發回。受發回之高等行政法院，不得再將上訴事件裁定移送最高行政法院。
⑤除前項情形外，最高行政法院各庭應先以徵詢書徵詢其他庭之意見，並準用行政法院組織法第十五條之一、第十五條之二、第十五條之五至第十五條之十一規定。

第二六三條之五 111
除第二百五十九條之一及本章別有規定外，本編第一章及前編第一章之規定，於高等行政法院上訴審程序準用之；交通裁決事件之上訴，並準用第二百三十七條之八規定。

第四編　抗告程序

第二六四條 （得抗告之裁定）
對於裁定得為抗告。但別有不許抗告之規定者，不在此限。

第二六五條 （程序中裁定不得抗告之原則）
訴訟程序進行中所為之裁定，除別有規定外，不得抗告。

第二六六條 111
①受命法官或受託法官之裁定，不得抗告。但其裁定如係受訴行政法院所為而依法得為抗告者，得向受訴行政法院提出異議。
②前項異議，準用對於行政法院同種裁定抗告之規定。
③受訴行政法院就異議所為之裁定，得依本編之規定抗告。
④繫屬於上訴審行政法院之事件，受命法官、受託法官所為之裁定，得向受訴行政法院提出異議。其不得上訴之事件，第一審行政法院受命法官、受託法官所為之裁定，亦同。

第二六七條 （抗告法院）100
①抗告，由直接上級行政法院裁定。
②對於抗告法院之裁定，不得再為抗告。

第二六八條 （抗告期間）
提起抗告，應於裁定送達後十日之不變期間內為之。但送達前之抗告亦有效力。

第二六九條 （提起抗告之程序）100
①提起抗告，應向為裁定之原行政法院或原審判長所屬行政法院提出抗告狀為之。
②關於訴訟救助提起抗告，及由證人、鑑定人或執有證物之第三人提起抗告者，得以言詞為之。

第二七〇條 （抗告捨棄及撤回準用之規定）
關於捨棄上訴權及撤回上訴之規定，於抗告準用之。

第二七一條 （擬制抗告或異議）
依本編規定，應為抗告而誤為異議者，視為已提起抗告；應提出異議而誤為抗告者，視為已提出異議。

第二七二條 111
①除本編別有規定外，第二百四十九條第三項至第五項、第二百五十六條之一、第二百六十一條之一、第二百六十三條之二至第二百六十三條之四規定，於抗告程序準用之。
②第二百五十九條之一規定，於最高行政法院抗告程序準用之。
③民事訴訟法第四百九十條至第四百九十二條及第三編第一章之規定，於本編準用之。

第五編　再審程序

第二七三條 111
①有下列各款情形之一者，得以再審之訴對於確定終局判決聲明不服。但當事人已依上訴主張其事由經判決為無理由，或知其事由而不為上訴主張者，不在此限：

一　適用法規顯有錯誤。
二　判決理由與主文顯有矛盾。
三　判決法院之組織不合法。
四　依法律或裁判應迴避之法官參與裁判。
五　當事人於訴訟未經合法代理或代表。但當事人知訴訟代理權有欠缺而未於該訴訟言詞辯論終結前爭執者，不在此限。
六　當事人知他造應爲送達之處所，指爲所在不明而與涉訟。但他造已承認其訴訟程序者，不在此限。
七　參與裁判之法官關於該訴訟違背職務，犯刑事上之罪已經證明，或關於該訴訟違背職務受懲戒處分，足以影響原判決。
八　當事人之代理人、代表人、管理人或他造或其代理人、代表人、管理人關於該訴訟有刑事上應罰之行爲，影響於判決。
九　爲判決基礎之證物係僞造或變造。
十　證人、鑑定人或通譯就爲判決基礎之證言、鑑定或通譯爲虛僞陳述。
十一　爲判決基礎之民事或刑事判決及其他裁判或行政處分，依其後之確定裁判或行政處分已變更。
十二　當事人發現就同一訴訟標的在前已有確定判決、和解或調解或得使用該判決、和解或調解。
十三　當事人發現未經斟酌之證物或得使用該證物。但以如經斟酌可受較有利益之判決爲限。
十四　原判決就足以影響於判決之重要證物漏未斟酌。

②確定終局判決所適用之法規範，經憲法法庭判決宣告違憲，或適用法規範所表示之見解，與憲法法庭統一見解之裁判有異者，其聲請人亦得提起再審之訴。
③第一項第七款至第十款情形之證明，以經判決確定，或其刑事、懲戒訴訟不能開始、續行或判決不受理、免議非因證據不足者爲限，得提起再審之訴。
④第一項第十三款情形，以當事人非因可歸責於己之事由，不能於該訴訟言詞辯論終結前提出者爲限，得提起再審之訴。

第二七四條　（爲判決基礎之裁判有再審原因）

爲判決基礎之裁判，如有前條所定之情形者，得據以對於該判決提起再審之訴。

第二七四條之一　（判決駁回後不得提起再審之訴）99

再審之訴，行政法院認無再審理由，判決駁回後，不得以同一事由對於原確定判決或駁回再審之訴之確定判決，更行提起再審之訴。

第二七五條 111

①再審之訴專屬爲判決之原行政法院管轄。
②對於審級不同之行政法院就同一事件所爲之判決提起再審之訴者，專屬上級行政法院合併管轄之。
③對於上訴審行政法院之判決，本於第二百七十三條第一項第九款至第十四款事由聲明不服者，雖有前二項之情形，仍專屬原第一審行政法院管轄。

第二七六條 111

①再審之訴應於三十日之不變期間內提起。
②前項期間自判決確定時起算，判決於送達前確定者，自送達時起算；其再審事由發生或知悉在後者，均自知悉時起算。
③依第二百七十三條第二項提起再審之訴者，第一項期間自裁判送達之翌日起算。
④再審之訴自判決確定時起，如已逾五年者，不得提起。但以第二百七十三條第一項第五款、第六款或第十二款情形爲再審事由者，不在此限。
⑤對於再審確定判決不服，復提起再審之訴者，前項所定期間，自原判決確定時起算。但再審之訴有理由者，自該再審判決確定時起算。
⑥第二百七十三條第二項之情形，自聲請案件繫屬之日起至裁判送達聲請人之日止，不

計入第四項所定期間。

第二七七條 111

①再審之訴，應以訴狀表明下列各款事項，提出於管轄行政法院為之：

一 當事人。

二 聲明不服之判決及提起再審之訴之陳述。

三 應於如何程度廢棄原判決及就本案如何判決之聲明。

四 再審理由及關於再審理由並遵守不變期間之證據。

②再審訴狀內，宜記載準備本案言詞辯論之事項，並添具確定終局判決繕本或影本。

第二七八條 （駁回再審之訴）

①再審之訴不合法者，行政法院應以裁定駁回之。

②再審之訴顯無再審理由者，得不經言詞辯論，以判決駁回之。

第二七九條 （本案審理範圍）

本案之辯論及裁判，以聲明不服之部分為限。

第二八〇條 （雖有再審理由仍應以判決駁回）

再審之訴雖有再審理由，行政法院如認原判決為正當者，應以判決駁回之。

第二八一條 （各審程序之準用）

除本編別有規定外，再審之訴訟程序準用關於各該審級訴訟程序之規定。

第二八二條 （再審判決之效力）

再審之訴之判決，對第三人因信賴確定終局判決以善意取得之權利無影響。但顯於公益有重大妨害者，不在此限。

第二八三條 （準再審）

裁定已經確定，而有第二百七十三條之情形者，得準用本編之規定，聲請再審。

第六編　重新審理

第二八四條 （重新審理之聲請）

①因撤銷或變更原處分或決定之判決，而權利受損害之第三人，如非可歸責於己之事由，未參加訴訟，致不能提出足以影響判決結果之攻擊或防禦方法者，得對於確定終局判決聲請重新審理。

②前項聲請，應於知悉確定判決之日起三十日之不變期間內為之。但自判決確定之日起已逾一年者，不得聲請。

第二八五條 （重新審理之管轄法院）

重新審理之聲請準用第二百七十五條第一項、第二項管轄之規定。

第二八六條 （聲請重新審理之程式）99

①聲請重新審理，應以聲請狀表明下列各款事項，提出於管轄行政法院為之：

一 聲請人及原訴訟之兩造當事人。

二 聲請重新審理之事件，及聲請重新審理之陳述。

三 就本案應為如何判決之聲明。

四 聲請理由及關於聲請理由並遵守不變期間之證據。

②聲請狀內，宜記載準備本案言詞辯論之事項。

第二八七條 （聲請不合法之駁回）

聲請重新審理不合法者，行政法院應以裁定駁回之。

第二八八條 （聲請合法之處置）

行政法院認為第二百八十四條第一項之聲請有理由者，應以裁定命為重新審理；認為無理由者，應以裁定駁回之。

第二八九條 （撤回聲請）

①聲請人於前二條裁定確定前得撤回其聲請。

②撤回聲請者，喪失其聲請權。
③聲請之撤回，得以書狀或言詞爲之。
第二九〇條　（回復原訴訟程序）
①開始重新審理之裁定確定後，應即回復原訴訟程序，依其審級更爲審判。
②聲請人於回復原訴訟程序後，當然參加訴訟。
第二九一條　（不停止執行之原則）
聲請重新審理無停止原確定判決執行之效力。但行政法院認有必要時，得命停止執行。
第二九二條　（重新審理準用之規定）
第二百八十二條之規定於重新審理準用之。

第七編　保全程序

第二九三條　（假扣押之要件）
①爲保全公法上金錢給付之強制執行，得聲請假扣押。
②前項聲請，就未到履行期之給付，亦得爲之。
第二九四條 111
①假扣押之聲請，由管轄本案之行政法院或假扣押標的所在地之地方行政法院管轄。
②管轄本案之行政法院爲訴訟已繫屬或應繫屬之第一審法院。
③假扣押之標的如係債權，以債務人住所或擔保之標的所在地，爲假扣押標的所在地。
第二九五條　（本訴之提起）
假扣押裁定後，尚未提起給付之訴者，應於裁定送達十日內提起；逾期未起訴者，行政法院應依聲請撤銷假扣押裁定。
第二九六條　（假扣押裁定撤銷之效力）
①假扣押裁定因自始不當而撤銷，或因前條及民事訴訟法第五百三十條第三項之規定而撤銷者，債權人應賠償債務人因假扣押或供擔保所受之損害。
②假扣押所保全之本案請求已起訴者，前項賠償，行政法院於言詞辯論終結前，應依債務人之聲明，於本案判決內命債權人爲賠償；債務人未聲明者，應告以得爲聲明。
第二九七條　（假扣押程序準用之規定）
民事訴訟法第五百二十三條、第五百二十五條至第五百二十八條及第五百三十條之規定，於本編假扣押程序準用之。
第二九八條　（假處分之要件）
①公法上之權利因現狀變更，有不能實現或甚難實現之虞者，爲保全強制執行，得聲請假處分。
②於爭執之公法上法律關係，爲防止發生重大之損害或避免急迫之危險而有必要時，得聲請爲定暫時狀態之處分。
③前項處分，得命先爲一定之給付。
④行政法院爲假處分裁定前，得訊問當事人、關係人或爲其他必要之調查。
第二九九條　（假處分之限制）100
得依第一百十六條請求停止原處分或決定之執行者，不得聲請爲前條之假處分。
第三〇〇條 111
假處分之聲請，由管轄本案之行政法院管轄。但有急迫情形時，得由請求標的所在地之地方行政法院管轄。
第三〇一條　（假處分原因之釋明）
關於假處分之請求及原因，非有特別情事，不得命供擔保以代釋明。
第三〇二條　（假處分準用假扣押之規定）
除別有規定外，關於假扣押之規定，於假處分準用之。

第三〇三條　（假處分程序準用之規定）
民事訴訟法第五百三十五條及第五百三十六條之規定，於本編假處分程序準用之。

第八編　強制執行

第三〇四條　（撤銷判決之執行）
撤銷判決確定者，關係機關應即爲實現判決內容之必要處置。

第三〇五條 111
①行政訴訟之裁判命債務人爲一定之給付，經裁判確定後，債務人不爲給付者，債權人得以之爲執行名義，聲請地方行政法院強制執行。
②地方行政法院應先定相當期間通知債務人履行；逾期不履行者，強制執行。
③債務人爲中央或地方機關或其他公法人者，並應通知其上級機關督促其如期履行。
④依本法成立之和解或調解，及其他依本法所爲之裁定得爲強制執行者，或科處罰鍰之裁定，均得爲執行名義。

第三〇六條 111
①地方行政法院爲辦理行政訴訟強制執行事務，得囑託地方法院民事執行處或行政機關代爲執行。
②執行程序，除本法別有規定外，應視執行機關爲法院或行政機關而分別準用強制執行法或行政執行法之規定。
③債務人對第一項囑託代爲執行之執行名義有異議者，由地方行政法院裁定之。

第三〇七條 111
債務人異議之訴，依作成執行名義之第一審行政法院，分別由地方行政法院或高等行政法院受理；其餘有關強制執行之訴訟，由普通法院受理。

第三〇七條之一　（準用之規定）99
民事訴訟法之規定，除本法已規定準用者外，與行政訴訟性質不相牴觸者，亦準用之。

第九編　附　則

第三〇八條　（施行日期）
①本法自公布日施行。
②本法修正條文施行日期，由司法院以命令定之。

行政訴訟法施行法

①民國89年6月7日總統令制定公布全文6條；本法自行政訴訟法新法施行之日施行。
②民國100年11月23日總統令修正公布全文15條；並自修正行政訴訟法施行之日施行。
③民國103年6月18日總統令增訂公布第14-1至14-4條條文；並自修正行政訴訟法施行之日施行。
④民國109年1月15日總統令增訂公布第14-5條條文；並自修正行政訴訟法施行之日施行。
⑤民國111年6月22日總統令修正公布全文25條。
民國111年6月24日司法院令發布定自112年8月15日施行。

第一條

本法稱修正行政訴訟法者，指與本法同日施行之行政訴訟法；稱舊法者，指修正行政訴訟法施行前之行政訴訟法。

第二條

除本法別有規定外，修正行政訴訟法於其施行前發生之事項亦適用之。但因舊法所生之效力，不因此而受影響。

第三條

中華民國八十九年七月一日行政訴訟法修正施行前已確定裁判之再審，其再審期間依六十四年十二月十二日修正公布施行之行政訴訟法規定；再審事由，依八十九年七月一日修正施行之行政訴訟法規定。

第四條

中華民國九十九年一月十三日修正公布，九十九年五月一日施行之行政訴訟法第一百零六條第四項之應作爲期間，屆滿於九十九年五月一日前之事件，其起訴期間三年之規定，自九十九年五月一日起算。

第五條

①中華民國一百零一年九月六日行政訴訟法修正施行前，已因和解而終結之簡易訴訟程序事件，當事人請求繼續審判者，依下列規定辦理：
一　原和解係由高等行政法院爲之者：由地方行政法院受理繼續審判事件。
二　原和解係由最高行政法院爲之者：由最高行政法院受理繼續審判事件。
②前項第一款情形，高等行政法院已受理未終結之繼續審判事件，應裁定移送管轄之地方行政法院。

第六條

①依中華民國一百零一年九月六日行政訴訟法修正施行前之規定確定之簡易訴訟程序事件，當事人提起再審之訴者，依下列規定辦理：
一　對於高等行政法院之確定判決提起再審之訴或對最高行政法院之判決提起再審之訴而本於行政訴訟法第二百七十三條第一項第九款至第十四款事由聲明不服者：由地方行政法院依修正行政訴訟法審理。
二　對於高等行政法院及最高行政法院所爲之第一審、第二審判決提起再審之訴或對最高行政法院判決提起再審之訴而非本於第二百七十三條第一項第九款至第十四款事由聲明不服者：由最高行政法院依中華民國一百零一年九月六日行政訴訟法修正施行前之規定審理。必要時，發交管轄之地方行政法院依修正行政訴訟法審理。
②前項第一款情形，高等行政法院已受理未終結之簡易訴訟再審事件，應裁定移送管轄之地方行政法院。
③前二項情形，於對裁定聲請再審事件準用之。

第七條

①依中華民國一百零一年九月六日行政訴訟法修正施行前之規定確定之簡易訴訟程序事件，第三人聲請重新審理者，及已經法院裁定命重新審理之簡易訴訟程序事件，依下列規定辦理：

一　對於高等行政法院確定簡易訴訟程序判決聲請重新審理事件及已經法院裁定命重新審理之簡易訴訟程序事件第一審，由地方行政法院依修正行政訴訟法審理。

二　對於最高行政法院確定簡易訴訟程序判決聲請重新審理事件及已經法院裁定命重新審理之簡易訴訟程序事件第二審，由最高行政法院依中華民國一百零一年九月六日行政訴訟法修正施行前之規定審理。必要時，發交管轄之地方行政法院依修正行政訴訟法審理。

②前項第一款情形，高等行政法院已受理未終結者，應裁定移送管轄之地方行政法院。

第八條

①中華民國一百零一年九月六日行政訴訟法修正施行前，已繫屬於地方法院之違反道路交通管理處罰條例聲明異議事件，於修正行政訴訟法施行後尚未終結者，仍由原法官依一百年十一月四日修正前之道路交通管理處罰條例規定審理。

②前項裁定之抗告及中華民國一百零一年九月六日行政訴訟法修正施行前，已由地方法院終結之違反道路交通管理處罰條例聲明異議事件之抗告，由高等法院依一百年十一月四日修正前之道路交通管理處罰條例規定審理。

③中華民國一百零一年九月六日行政訴訟法修正施行前，已提出聲明異議書狀於原處分機關者，原處分機關於修正行政訴訟法施行後二個月內送交該管地方法院，視爲於修正行政訴訟法施行前已繫屬於各該法院。

第九條

中華民國一百零一年九月六日行政訴訟法修正施行前，已繫屬於高等法院之違反道路交通管理處罰條例聲明異議抗告事件，於修正行政訴訟法施行後尚未終結者，由高等法院依一百年十一月四日修正前之道路交通管理處罰條例規定審理。

第一〇條

中華民國一百零一年九月六日行政訴訟法修正施行前，已繫屬於高等行政法院之行政訴訟強制執行事件，未經執行或尚未執行終結者，於修正行政訴訟法施行後，移由地方行政法院辦理強制執行。

第一一條

①中華民國一百零四年二月五日行政訴訟法修正施行前，已繫屬於高等行政法院之行政訴訟法第二百二十九條第二項第五款行政訴訟事件，於修正行政訴訟法施行後，依下列規定辦理：

一　尚未終結者：由高等行政法院裁定移送管轄之地方行政法院，依修正行政訴訟法審理；其上訴、抗告，適用修正行政訴訟法之規定。

二　已終結者：其上訴、抗告，適用中華民國一百零四年二月五日行政訴訟法修正施行前之規定。

②中華民國一百零四年二月五日行政訴訟法修正施行前，已繫屬於最高行政法院，而於修正行政訴訟法施行後，尚未終結之前項事件，由最高行政法院依一百零四年二月五日行政訴訟法修正施行前之規定審理。必要時，發交管轄之地方行政法院依修正行政訴訟法審理。

第一二條

①依中華民國一百零四年二月五日行政訴訟法修正施行前之規定確定之前條第一項事件，當事人提起再審之訴者，依下列規定辦理：

一　對於高等行政法院之確定判決提起再審之訴，或對最高行政法院判決提起再審之訴而本於行政訴訟法第二百七十三條第一項第九款至第十四款事由聲明不服者：由地方行政法院依修正行政訴訟法審理。

二　對於高等行政法院及最高行政法院所爲之第一審、第二審判決提起再審之訴或對最高行政法院判決提起再審之訴，而非本於行政訴訟法第二百七十三條第一項第九款至第十四款事由聲明不服者：由最高行政法院依中華民國一百零四年二月五日行政訴訟法修正施行前之規定審理。必要時，發交管轄之地方行政法院依修正行政訴訟法審理。

②前項第一款情形，高等行政法院已受理未終結之前條第一項事件之再審事件，應裁定移送管轄之地方行政法院。

③前二項情形，於對裁定聲請再審事件準用之。

第一三條

①依中華民國一百零四年二月五日行政訴訟法修正施行前之規定確定之第九條第一項事件，第三人聲請重新審理者，及已經法院裁定命重新審理之第九條第一項事件，依下列規定辦理：

一　對於高等行政法院確定之第九條第一項事件判決聲請重新審理事件，及已經法院裁定命重新審理之第九條第一項事件第一審，由地方行政法院依修正行政訴訟法審理。

二　對於最高行政法院確定之第九條第一項事件判決聲請重新審理事件，及已經法院裁定命重新審理之第九條第一項事件第二審，由最高行政法院依中華民國一百零四年二月五日行政訴訟法修正施行前之規定審理。必要時，發交管轄之地方行政法院依修正行政訴訟法審理。

②前項第一款情形，高等行政法院已受理未終結者，應裁定移送管轄之地方行政法院。

第一四條

①中華民國一百零四年二月五日行政訴訟法修正施行前，已繫屬於行政法院之暫予收容、延長收容處分行政訴訟事件，於修正行政訴訟法施行後，依下列規定辦理：

一　尚未終結者：由原法官依中華民國一百零四年二月五日行政訴訟法修正施行前之規定審理。其上訴、抗告，適用一百零四年二月五日行政訴訟法修正施行前之規定。

二　已終結者：其上訴、抗告，適用中華民國一百零四年二月五日行政訴訟法修正施行前之規定。

②依中華民國一百零四年二月五日行政訴訟法修正施行前之規定確定之前項事件，當事人提起再審之訴、聲請再審、第三人聲請重新審理及已經法院裁定命重新審理者，由高等行政法院、最高行政法院依一百零四年二月五日行政訴訟法修正施行前之規定審理。

第一五條

①中華民國一百零九年七月一日行政訴訟法修正施行前已發布之都市計畫，不適用修正行政訴訟法第二編第五章都市計畫審查程序之規定。

②中華民國一百零九年七月一日行政訴訟法修正施行前發布之都市計畫，具行政處分性質者，於修正施行後，仍適用行政訴訟法有關違法行政處分之訴訟程序。

第一六條

①其他法律有地方法院行政訴訟庭之規定者，自修正行政訴訟法施行後，適用地方行政法院之規定。

②修正行政訴訟法施行前已繫屬於地方法院行政訴訟庭之事件，於修正行政訴訟法施行後，應由地方法院以公告移送管轄之地方行政法院，並通知當事人及已知之訴訟關係人。

③依前項規定移送後，視爲修正行政訴訟法施行前已繫屬於地方行政法院之事件。

④對修正行政訴訟法施行前地方法院行政訴訟庭已終結之事件，於修正行政訴訟法施行後，向原法院提起上訴、抗告、再審之訴、聲請再審、請求繼續審判或聲請重新審理者，視爲自始向管轄之地方行政法院爲之。

⑤第二項及前項之情形，地方法院應即將行政訴訟事件之卷宗資料依下列規定辦理：

一　已繫屬尚未終結者，移交管轄之地方行政法院。已終結經提起上訴、抗告、再審之訴、聲請再審、請求繼續審判或聲請重新審理者，亦同。

二　已終結而無前款情形者，依法歸檔。

第一七條

修正行政訴訟法第一百零七條、第二百四十九條關於防杜濫訴及第二百七十三條第四項之規定施行後，於修正施行前已繫屬行政法院之事件，於該審級終結前，不適用之。

第一八條

修正行政訴訟法施行前已繫屬於高等行政法院之通常訴訟程序或都市計畫審查程序事件，於修正行政訴訟法施行後，依下列規定辦理：

一　尚未終結者：由高等行政法院依舊法審理。其後向最高行政法院提起之上訴或抗告，適用修正行政訴訟法之規定。

二　已終結者：

㈠其向最高行政法院提起之上訴或抗告，適用舊法之規定。

㈡最高行政法院為發回或發交之裁判者，應依修正行政訴訟法第一百零四條之一或第二百二十九條規定決定受發回或發交之管轄法院。受發回或發交之高等行政法院或地方行政法院應依修正行政訴訟法審理。

第一九條

①修正行政訴訟法施行前已繫屬於最高行政法院，而於修正行政訴訟法施行後，尚未終結之事件，由最高行政法院依舊法審理。

②前項情形，最高行政法院為發回或發交之裁判者，應依修正行政訴訟法第一百零四條之一或第二百二十九條規定決定受發回或發交之管轄法院。受發回或發交之高等行政法院或地方行政法院應依修正行政訴訟法審理。

第二〇條

①司法院依修正行政訴訟法第一百零四條之一第二項規定，以命令增加同條第一項但書第一款至第三款之數額者，於命令增加前已繫屬地方行政法院或高等行政法院而尚未終結之通常訴訟程序事件，依增加後之標準決定其管轄法院，並裁定移送各該管轄行政法院審理。

②於增加前已終結及增加前已提起上訴或抗告者，仍依增加前之標準決定其上訴或抗告管轄法院。其經廢棄發回或發交者，依增加後之標準決定第一審管轄法院。

第二一條

修正行政訴訟法施行前已因和解而終結之通常訴訟程序事件，當事人請求繼續審判者，由原和解法院受理。

第二二條

①修正行政訴訟法施行前已繫屬於地方法院行政訴訟庭之簡易訴訟程序事件，其抗告於修正行政訴訟法施行後，適用修正行政訴訟法之規定。

②前項事件，於修正行政訴訟法施行前已繫屬於高等行政法院，而於修正行政訴訟法施行後尚未終結之上訴或抗告事件，除舊法第二百三十五條之一規定外，適用舊法及修正行政訴訟法第二百六十三條之四規定。必要時，發交管轄之地方行政法院依修正行政訴訟法審判之。

③前二項規定，於交通裁決事件及收容聲請事件之上訴或抗告準用之。

第二三條

①司法院依修正行政訴訟法第二百二十九條第三項規定，以命令減增同條第二項之數額者，於命令減增前已繫屬地方行政法院或高等行政法院而尚未終結之事件，依減增後之標準決定其適用之訴訟程序及管轄法院。

②依前項規定有移轉管轄之必要者，應為移送之裁定。

③於減增前已終結及減增前已提起上訴或抗告者，仍依原訴訟程序審理。其經廢棄發回或發交者，依減增後之標準決定其適用之訴訟程序及管轄法院。

第二四條

①修正行政訴訟法施行前已繫屬於行政法院之假扣押、假處分、保全證據之聲請及其強制執行事件，於修正行政訴訟法施行後，依下列規定辦理：
一　尚未終結者：由原行政法院依舊法之規定審理。其抗告，適用修正行政訴訟法之規定。
二　已終結者：其抗告，除舊法第二百三十五條第二項規定外，適用舊法之規定。於修正行政訴訟法施行前已提起抗告者，亦同。
②修正行政訴訟法施行前已准許之假扣押、假處分之裁定，其聲請撤銷，向原裁定法院為之。

第二五條

本法施行日期，由司法院以命令定之。

國家賠償法

①民國69年7月2日總統令制定公布全文17條。
②民國108年12月18日總統令修正公布第3、8、9、17條條文；並自公布日施行。

第一條 （立法依據）
本法依中華民國憲法第二十四條制定之。

第二條 （國家賠償責任）
①本法所稱公務員者，謂依法令從事於公務之人員。
②公務員於執行職務行使公權力時，因故意或過失不法侵害人民自由或權利者，國家應負損害賠償責任。公務員怠於執行職務，致人民自由或權利遭受損害者亦同。
③前項情形，公務員有故意或重大過失時，賠償義務機關對之有求償權。

第三條 （國家就公共設施設置或管理有欠缺致損害所負賠償責任之要件）108
①公共設施因設置或管理有欠缺，致人民生命、身體、人身自由或財產受損害者，國家應負損害賠償責任。
②前項設施委託民間團體或個人管理時，因管理欠缺致人民生命、身體、人身自由或財產受損害者，國家應負損害賠償責任。
③前二項情形，於開放之山域、水域等自然公物，經管理機關、受委託管理之民間團體或個人已就使用該公物爲適當之警告或標示，而人民仍從事冒險或具危險性活動，國家不負損害賠償責任。
④第一項及第二項情形，於開放之山域、水域等自然公物內之設施，經管理機關、受委託管理之民間團體或個人已就使用該設施爲適當之警告或標示，而人民仍從事冒險或具危險性活動，得減輕或免除國家應負之損害賠償責任。
⑤第一項、第二項及前項情形，就損害原因有應負責任之人時，賠償義務機關對之有求償權。

第四條 （視同公務員）
①受委託行使公權力之團體，其執行職務之人於行使公權力時，視同委託機關之公務員。受委託行使公權力之個人，於執行職務行使公權力時亦同。
②前項執行職務之人有故意或重大過失時，賠償義務機關對受委託之團體或個人有求償權。

第五條 （補充法）
國家損害賠償，除依本法規定外，適用民法規定。

第六條 （特別法）
國家損害賠償，本法及民法以外其他法律有特別規定者，適用其他法律。

第七條 （賠償方法）
①國家負損害賠償責任者，應以金錢爲之。但以回復原狀爲適當者，得依請求，回復損害發生前原狀。
②前項賠償所需經費，應由各級政府編列預算支應之。

第八條 （損害賠償請求權及求償權之消滅時效）108
①賠償請求權，自請求權人知有損害時起，因二年間不行使而消滅；自損害發生時起，逾五年者亦同。
②第二條第三項、第三條第五項及第四條第二項之求償權，自支付賠償金或回復原狀之日起，因二年間不行使而消滅。

第九條 （賠償義務機關）108

①依第二條第二項請求損害賠償者，以該公務員所屬機關爲賠償義務機關。
②依第三條第一項請求損害賠償者，以該公共設施之設置或管理機關爲賠償義務機關；依第三條第二項請求損害賠償者，以委託機關爲賠償義務機關。
③前二項賠償義務機關經裁撤或改組者，以承受其業務之機關爲賠償義務機關。無承受其業務之機關者，以其上級機關爲賠償義務機關。
④不能依前三項確定賠償義務機關，或於賠償義務機關有爭議時，得請求其上級機關確定之。其上級機關自被請求之日起逾二十日不爲確定者，得逕以該上級機關爲賠償義務機關。

第一〇條　（書面請求及協議書）
①依本法請求損害賠償時，應先以書面向賠償義務機關請求之。
②賠償義務機關對於前項請求，應即與請求權人協議。協議成立時，應作成協議書，該項協議書得爲執行名義。

第一一條　（訴訟）
①賠償義務機關拒絕賠償，或自提出請求之日起逾三十日不開始協議，或自開始協議之日起逾六十日協議不成立時，請求權人得提起損害賠償之訴。但已依行政訴訟法規定，附帶請求損害賠償者，就同一原因事實，不得更行起訴。
②依本法請求損害賠償時，法院得依聲請爲假處分，命賠償義務機關暫先支付醫療費或喪葬費。

第一二條　（訴訟之補充法）
損害賠償之訴，除依本法規定外，適用民事訴訟法之規定。

第一三條　（有審判職務公務員侵害人民權利）
有審判或追訴職務之公務員，因執行職務侵害人民自由或權利，就其參與審判或追訴案件犯職務上之罪，經判決有罪確定者，適用本法規定。

第一四條　（公法人之準用）
本法於其他公法人準用之。

第一五條　（外國人之適用）
本法於外國人爲被害人時，以依條約或其本國法令或慣例，中華民國人得在該國與該國人享受同等權利者爲限，適用之。

第一六條　（施行細則）
本法施行細則，由行政院定之。

第一七條　（施行日）108
①本法自中華民國七十年七月一日施行。
②本法修正條文自公布日施行。

社會秩序維護法

①民國80年6月29日總統令制定公布全文94條；並自公布日施行。
②民國99年5月19日總統令修正公布第79條條文。
③民國100年11月4日總統令修正公布第53、80、81、93條條文；增訂第91-1條條文；並刪除第47條條文。
④民國105年5月25日總統令修正公布第91-1條條文；並增訂第18-1條條文。
⑤民國105年6月1日總統令修正公布第85條條文。
⑥民國108年12月31日總統令修正公布第20條條文；並刪除第21條條文。
⑦民國110年1月20日總統令修正公布第83、87條條文。
⑧民國110年5月26日總統令修正公布第32、50條條文。

第一編　總　則

第一章　法　例

第一條　（立法目的）
為維護公共秩序，確保社會安寧，特制定本法。

第二條　（罪刑法定主義）
違反社會秩序行為之處罰，以行為時本法有明文規定者為限。

第三條　（從新、從輕主義）
行為後本法有變更者，適用裁處時之規定。但裁處前之規定有利於行為人者，適用最有利於行為人之規定。

第四條　（屬地主義）
①在中華民國領域內違反本法者，適用本法。
②在中華民國領域外之中華民國船艦或航空器內違反本法者，以在中華民國領域內違反論。

第五條　（以上、以下、以內之定義）
稱以上、以下、以內者，俱連本數計算。

第六條　（書面主義）
本法規定之解散命令、檢查命令、禁止或勸阻，應以書面為之。但情況緊急時，得以口頭為之。

第二章　責　任

第七條　（責任要件）
違反本法行為，不問出於故意或過失，均應處罰。但出於過失者，不得罰以拘留，並得減輕之。

第八條　（無責任能力之人）
①左列各款之人之行為，不罰：
　一　未滿十四歲人。
　二　心神喪失人。
②未滿十四歲人有違反本法之行為者，得責由其法定代理人或其他相當之人加以管教；無人管教時，得送交少年或兒童福利機構收容。
③心神喪失人有違反本法之行為者，得責由其監護人加以監護；無人監護或不能監護

時，得送交療養處所監護或治療。

第九條 （限制責任能力之人）

①左列各款之人之行為，得減輕處罰：

一 十四歲以上未滿十八歲人。

二 滿七十歲人。

三 精神耗弱或瘖啞人。

②前項第一款之人，於處罰執行完畢後，得責由其法定代理人或其他相當之人加以管教。

③第一項第三款之人，於處罰執行完畢後，得責由其監護人加以監護；無人監護或不能監護時，得送交療養處所監護或治療。

第一〇條 （法定代理人或監護人）

未滿十八歲人、心神喪失人或精神耗弱人，因其法定代理人或監護人疏於管教或監護，致有違反本法之行為者，除依前兩條規定處理外，按其違反本法之行為處罰其法定代理人或監護人。但其處罰以罰鍰或申誡為限。

第一一條 （依法令之行為）

依法令之行為，不罰。

第一二條 （正當防衛）

對於現在不法之侵害，而出於防衛自己或他人權利之行為，不罰。

第一三條 （緊急避難）

因避免自己或他人之緊急危難，而出於不得已之行為，不罰。

第一四條 （不可抗力之免責）

因不可抗力之行為，不罰。

第一五條 （共犯之處罰）

二人以上，共同實施違反本法之行為者，分別處罰。其利用他人實施者，依其所利用之行為處罰之。

第一六條 （教唆之處罰）

教唆他人實施違反本法之行為者，依其所教唆之行為處罰。

第一七條 （從犯之處罰）

幫助他人實施違反本法之行為者，得減輕處罰。

第一八條 （營業負責人之處罰）

①經營特種工商業者之代表、受雇人或其他從業人員關於業務上違反本法之行為，得併罰其營業負責人。

②前項特種工商業，指與社會秩序或善良風俗有關之營業；其範圍，由內政部定之。

第一八條之一 （公司、有限合夥或商業勒令歇業之情形）105

①公司、有限合夥或商業之負責人、代表人、受雇人或其他從業人員，因執行業務而犯刑法妨害風化罪、妨害自由罪、妨害秘密罪，或犯人口販運防制法、通訊保障及監察法之罪，經判決有期徒刑以上之刑者，得處該公司、有限合夥或商業勒令歇業。

②前項情形，其他法律已有勒令歇業規定者，從其規定。

第三章 處 罰

第一九條 （處罰之種類）

①處罰之種類如左：

一 拘留：一日以上，三日以下；遇有依法加重時，合計不得逾五日。

二 勒令歇業。

三 停止營業：一日以上，二十日以下。

四 罰鍰：新臺幣三百元以上，三萬元以下；遇有依法加重時，合計不得逾新臺幣六萬元。

五　沒入。
六　申誡：以書面或言詞爲之。
②勒令歇業或停止營業之裁處，應符合比例原則。
第二〇條　（罰鍰之完納期限及分期繳納）108
①罰鍰應於裁處確定之翌日起十日內完納。
②被處罰人依其經濟狀況不能即時完納者，得准許其於三個月內分期完納。但遲誤一期不繳納者，以遲誤當期之到期日爲餘額之完納期限。
第二一條　（刪除）108
第二二條　（沒入物）
①左列之物沒入之：
一　因違反本法行爲所生或所得之物。
二　查禁物。
②前項第一款沒入之物，以屬於行爲人所有者爲限；第二款之物，不問屬於行爲人與否，沒入之。
③供違反本法行爲所用之物，以行爲人所有者爲限，得沒入之。但沒入，應符合比例原則。
第二三條　（沒入之宣告）
沒入，與其他處罰併宣告之。但有左列各款情形之一者，得單獨宣告沒入：
一　免除其他處罰者。
二　行爲人逃逸者。
三　查禁物。
第二四條　（數行爲之併罰及從一重處罰）
①違反本法之數行爲，分別處罰。但於警察機關通知單送達或逕行通知前，違反同條款之規定者，以一行爲論，並得加重其處罰。
②一行爲而發生二以上之結果者，從一重處罰；其違反同條款之規定者，從重處罰。
第二五條　（分別裁處、分別執行及數罪處罰）
違反本法之數行爲，分別裁處並分別執行。但執行前之數確定裁處，依左列各款規定執行之：
一　裁處多數拘留者，併執行之，合計不得逾五日。
二　裁處多數勒令歇業，其營業處所相同者，執行其一；營業處所不同者，併執行之。
三　裁處多數停止營業者，併執行之；同一營業處所停止營業之期間，合計不得逾二十日。
四　分別裁處勒令歇業及停止營業，其營業處所相同者，僅就勒令歇業執行之；營業處所不同者，併執行之。
五　裁處多數罰鍰者，併執行之，合計不得逾新臺幣六萬元；如易以拘留，合計不得逾五日。
六　裁處多數沒入者，併執行之。
七　裁處多數申誡者，併一次執行之。
八　裁處不同種類之處罰者，併執行之。其中有勒令歇業及停止營業者，依第四款執行之。
第二六條　（加重處罰之行爲）
經依本法處罰執行完畢，三個月內再有違反本法行爲者，得加重處罰。
第二七條　（自首）
違反本法之行爲人，於其行爲未被發覺以前自首而受裁處者，減輕或免除其處罰。
第二八條　（量罰輕重之事由）
違反本法之案件，量罰時應審酌一切情狀，尤應注意左列事項，爲量罰輕重之標準：
一　違反之動機、目的。

二　違反時所受之刺激。
三　違反之手段。
四　行爲人之生活狀況。
五　行爲人之品行。
六　行爲人之智識程度。
七　行爲人與被害人之關係。
八　行爲人違反義務之程度。
九　行爲所生之危險或損害。
十　行爲後之態度。

第二九條　（裁決酌減）
①違反本法行爲之情節可憫恕者，得減輕或免除其處罰。
②依法令加重或減輕者，仍得依前項之規定，減輕其處罰。

第三〇條　（處罰之加減標準）
本法處罰之加重或減輕標準如左：
一　拘留或罰鍰之加重或減輕，得加至或減至本罰之二分之一。
二　因處罰之加重或減輕，致拘留有不滿一日、罰鍰不滿新臺幣三百元之零數者，其零數不算。
三　因處罰之減輕，致拘留不滿一日、罰鍰不滿新臺幣三百元者，易處申誡或免除之。

第四章　時　效

第三一條　（訊問、處罰之時效期間）
①違反本法行爲，逾二個月者，警察機關不得訊問、處罰，並不得移送法院。
②前項期間，自違反本法行爲成立之日起算。但其行爲有連續或繼續之狀態者，自行爲終了之日起算。

第三二條 110
①違反本法行爲之處罰，其爲停止營業、沒入、申誡者，自裁處確定之日起，逾三個月未執行者，免予執行；爲罰鍰者，自裁處確定之日起，逾三個月未移送行政執行者，免予移送；爲拘留、勒令歇業者，自裁處確定之日起，逾六個月未執行者，免予執行。
②分期繳納罰鍰而遲誤者，前項三個月之期間，自其遲誤當期到期日之翌日起算。

第二編　處罰程序

第一章　管　轄

第三三條　（管轄機關）
違反本法之案件，由行爲地或行爲人之住所、居所或所在地之地方法院或其分院或警察機關管轄。

第三四條　（土地管轄）
在中華民國領域外之中華民國船艦或航空器內違反本法者，船艦本籍地、航空器出發地或行爲後停泊地之地方法院或其分院或警察機關有管轄權。

第三五條　（警察機關之管轄）
①警察局及其分局，就該管區域內之違反本法案件有管轄權。
②在地域遼闊交通不便地區，得由上級警察機關授權該管警察所、警察分駐所行使其管轄權。
③專業警察機關，得經內政部核准就該管區域內之違反本法案件行使其管轄權。

第三六條　（簡易庭及普通庭之設置）

地方法院或其分院為處理違反本法案件，視警察轄區及實際需要，分設簡易庭及普通庭。

第三七條　（簡易庭及普通庭之組織）

①地方法院或其分院簡易庭（以下簡稱簡易庭），以法官一人獨任行之。

②地方法院或其分院普通庭（以下簡稱普通庭），以法官三人合議行之。

第三八條　（與刑事法律或少年事件處理法相牽連之管轄）

違反本法之行為，涉嫌違反刑事法律或少年事件處理法者，應移送檢察官或少年法庭依刑事法律或少年事件處理法規定辦理。但其行為應處停止營業、勒令歇業、罰鍰或沒入之部分，仍依本法規定處罰。

第二章　調　查

第三九條　（調查原因）

警察機關因警察人員發現、民眾舉報、行為人自首或其他情形知有違反本法行為之嫌疑者，應即開始調查。

第四〇條　（應妥予保管可為證據或應予沒入之物）

可為證據或應予沒入之物，應妥予保管。但在裁處確定後，保管物未經沒入者，予以發還所有人、持有人或保管人；如無所有人、持有人或保管人者，依法處理。

第四一條　（傳喚）

①警察機關為調查違反本法行為之事實，應通知嫌疑人，並得通知證人或關係人。

②前項通知書應載明左列事項：

一　被通知人之姓名、性別、出生年月日、籍貫及住所或居所。

二　事由。

三　應到之日、時、處所。

四　無正當理由不到場者，得逕行裁處之意旨。

五　通知機關之署名。

③被通知人之姓名不明或因其他情形有必要時，應記載其足資辨別之特徵；其出生年月日、籍貫、住所或居所不明者，得免記載。

④訊問嫌疑人，應先告以通知之事由，再訊明姓名、出生年月日、職業、住所或居所，並給予申辯之機會。

⑤嫌疑人於審問中或調查中得委任代理人到場。但法院或警察機關認為必要時，仍得命本人到場。

第四二條　（對行為人逕行傳喚與強制到場）

對於現行違反本法之行為人，警察人員得即時制止其行為，並得逕行通知到場；其不服通知者，得強制其到場。但確悉其姓名、住所或居所而無逃亡之虞者，得依前條規定辦理。

第三章　裁　處

第四三條　（處分書之製作）

①左列各款案件，警察機關於訊問後，除有繼續調查必要者外，應即作成處分書：

一　違反本法行為專處罰鍰或申誡之案件。

二　違反本法行為選擇處罰鍰或申誡之案件。

三　依第一款、第二款之處分，併宣告沒入者。

四　單獨宣告沒入者。

五　認為對第一款、第二款之案件應免除處罰者。

②前項處分書應載明左列事項：

一　行為人之姓名、性別、出生年月日、國民身分證統一號碼、職業、住所或居所。

二　主文。
三　事實及理由，得僅記載其要領。
四　適用之法條。
五　處分機關及年、月、日。
六　不服處分者，得於處分書送達之翌日起五日內，以書狀敘述理由，經原處分之警察機關，向該管簡易庭聲明異議。

第四四條　（直接逕行處分）
警察機關對於情節輕微而事實明確之違反本法案件，得不經通知、訊問逕行處分。但其處罰以新臺幣一千五百元以下罰鍰或申誡為限。

第四五條　（即時裁定）
①第四十三條第一項所列各款以外之案件，警察機關於訊問後，應即移送該管簡易庭裁定。
②前項警察機關移請裁定之案件，該管簡易庭認為不應處罰或以不處拘留、勒令歇業、停止營業為適當者，得逕為不罰或其他處罰之裁定。

第四六條　（裁定書之制作）
①法院受理警察機關移送之違反本法案件後，除須審問或調查者外，應迅速制作裁定書。
②前項裁定書應載明左列事項：
一　行為人之姓名、性別、出生年月日、國民身分證統一號碼、職業、住所或居所。
二　主文。
三　事實及理由，得僅記載其要領。
四　適用之法條。
五　裁定機關及年、月、日。
六　不服裁定者，得於裁定書送達之翌日起五日內，以書狀敘述理由，經原裁定之簡易庭，向同法院普通庭提起抗告。

第四七條　（刪除）100

第四八條　（對嫌疑人逕行強制到場）
警察機關對於違反本法之嫌疑人，經合法通知，無正當理由不到場者，得逕行裁處之。

第四九條　（裁定書或處分書之交付）
①違反本法案件之裁定書或處分書作成時，受裁定人或受處分人在場者，應宣示或宣告之，並當場交付裁定書或處分書。
②未經當場宣示或宣告或不經訊問而逕行裁處之案件，其裁定書或處分書，應由警察機關於五日內送達之。
③前二項之裁定書並應送達原移送之警察機關。

第四章　執　行

第五〇條 110
處罰之執行，由警察機關為之。罰鍰逾期未完納者，由警察機關依法移送行政執行。

第五一條　（處罰之執行）
違反本法案件之處罰，於裁處確定後執行。

第五二條　（拘留之執行）
裁定拘留確定，經通知執行，無正當理由不到場者，強制其到場。

第五三條　（拘留執行之處所）100
拘留，應在拘留所內執行之。

第五四條　（拘留之釋放及其時間限制）
①拘留之執行，即時起算，並以二十四小時為一日。

②前項執行，期滿釋放。但於零時至八時間期滿者，得經本人同意於當日八時釋放之。

第五章　救　濟

第五五條　（救濟之方式與期限）

①被處罰人不服警察機關之處分者，得於處分書送達之翌日起五日內聲明異議。

②聲明異議，應以書狀敘明理由，經原處分之警察機關向該管簡易庭爲之。

第五六條　（原處分之警察機關對於聲明異議案件之處理程序）

原處分之警察機關認爲聲明異議有理由者，應撤銷或變更其處分；認爲不合法定程式或聲明異議權已經喪失或全部或一部無理由者，應於收受聲明異議書狀之翌日起三日內，送交簡易庭，並得添具意見書。

第五七條　（簡易庭受理聲明異議案件之處理）

①簡易庭認爲聲明異議不合法定程式或聲明異議權已經喪失者，應以裁定駁回之。但其不合法定程式可補正者，應定期先命補正。

②簡易庭認爲聲明異議無理由者，應以裁定駁回之。認爲有理由者，以裁定將原處分撤銷或變更之。

③對於簡易庭關於聲明異議所爲之裁定，不得抗告。

第五八條　（抗告）

受裁定人或原移送之警察機關對於簡易庭就第四十五條移送之案件所爲之裁定，有不服者，得向同法院普通庭提起抗告；對於普通庭之裁定，不得再行抗告。

第五九條　（抗告之期間及其方式）

①抗告期間爲五日，自送達裁定之翌日起算。

②提起抗告，應以書狀敘述理由提出於簡易庭爲之。

第六〇條　（捨棄之管轄及其程式）

①被處罰人或原移送之警察機關，得捨棄其抗告權。

②前項捨棄，應以書狀向原裁定機關爲之。

第六一條　（撤回及其程式）

①聲明異議或抗告，於裁定前得撤回之。

②撤回聲明異議或抗告，應以書狀向受理機關爲之。但於該案卷宗送交受理機關以前，得向原裁處機關爲之。

第六二條　（捨棄之效力）

捨棄抗告權、撤回聲明異議或抗告者，喪失其聲明異議或抗告權。

第三編　分　則

第一章　妨害安寧秩序

第六三條　（妨害安寧秩序之處罰）

①有左列各款行爲之一者，處三日以下拘留或新臺幣三萬元以下罰鍰：

一　無正當理由攜帶具有殺傷力之器械、化學製劑或其他危險物品者。

二　無正當理由鳴槍者。

三　無正當理由，攜帶用於開啓或破壞門、窗、鎖或其他安全設備之工具者。

四　放置、投擲或發射有殺傷力之物品而有危害他人身體或財物之虞者。

五　散佈謠言，足以影響公共之安寧者。

六　蒙面僞裝或以其他方法驚嚇他人有危害安全之虞者。

七　關於製造、運輸、販賣、貯存易燃、易爆或其他危險物品之營業，未經主管機關許可；或其營業設備及方法，違反法令規定者。

八　製造、運輸、販賣、攜帶或公然陳列經主管機關公告查禁之器械者。

②前項第七款、第八款，其情節重大或再次違反者，處或併處停止營業或勒令歇業。

第六四條 （妨害安寧秩序之處罰）

有左列各款行爲之一者，處三日以下拘留或新臺幣一萬八千元以下罰鍰：

一 意圖滋事，於公園、車站、輪埠、航空站或其他公共場所，任意聚衆，有妨害公共秩序之虞，已受該管公務員解散命令，而不解散者。

二 非供自用，購買運輸、遊樂票券而轉售圖利者。

三 車、船、旅店服務人員或搬運工人或其他接待人員，糾纏旅客或強行攬載者。

四 交通運輸從業人員，於約定報酬後，強索增加，或中途刁難或雖未約定，事後故意訛索，超出慣例者。

五 主持、操縱或參加不良組織有危害社會秩序者。

第六五條 （妨害安寧秩序之處罰）

有左列各款行爲之一者，處三日以下拘留或新臺幣一萬八千元以下罰鍰：

一 船隻當狂風之際或黑夜航行有危險之虞，而不聽禁止者。

二 對於非病死或可疑爲非病死或來歷不明之屍體，未經報請相驗，私行殮葬或移置者。

三 無正當理由，攜帶類似眞槍之玩具槍，而有危害安全之虞者。

四 不注意燃料物品之堆置使用，或在燃料物品之附近攜用或放置易起火警之物，不聽禁止者。

第六六條 （妨害安寧秩序之處罰）

有左列各款行爲之一者，處三日以下拘留或新臺幣一萬八千元以下罰鍰：

一 吸食或施打煙毒或麻醉藥品以外之迷幻物品者。

二 冒用他人身分或能力之證明文件者。

第六七條 （妨害安寧秩序之處罰）

①有左列各款行爲之一者，處三日以下拘留或新臺幣一萬二千元以下罰鍰：

一 禁止特定人涉足之場所之負責人或管理人，明知其身分不加勸阻而不報告警察機關者。

二 於警察人員依法調查或查察時，就其姓名、住所或居所爲不實之陳述或拒絕陳述者。

三 意圖他人受本法處罰而向警察機關誣告者。

四 關於他人違反本法，向警察機關爲虛僞之證言或通譯者。

五 藏匿違反本法之人或使之隱避者。

六 僞造、變造、湮滅或隱匿關係他人違反本法案件之證據者。

②因圖利配偶、五親等內之血親或三親等內之姻親，而爲前項第四款至第六款行爲之一者，處以申誡或免除其處罰。

第六八條 （妨害安寧秩序之處罰）

有左列各款行爲之一者，處三日以下拘留或新臺幣一萬二千元以下罰鍰：

一 無正當理由，於公共場所、房屋近旁焚火而有危害安全之虞者。

二 藉端滋擾住戶、工廠、公司行號、公共場所或公衆得出入之場所者。

三 強買、強賣物品或強索財務者。

第六九條 （妨害安寧秩序之處罰）

有左列各款行爲之一者，處三日以下拘留或新臺幣一萬二千元以下罰鍰：

一 渡船、橋樑或道路經主管機關定有通行費額，而超額收費或藉故阻礙通行者。

二 無票或不依定價擅自搭乘公共交通工具或進入遊樂場所，不聽勸阻或不照章補票或補價者。

第七〇條 （妨害安寧秩序之處罰）

有左列各款行爲之一者，處三日以下拘留或新臺幣一萬二千元以下罰鍰：

一 畜養危險動物，影響鄰居安全者。

二 畜養之危險動物，出入有人所在之道路、建築物或其他場所者。

三　驅使或縱容動物嚇人者。

第七一條　（妨害安寧秩序之處罰）

於主管機關明示禁止出入之處所，擅行出入不聽勸阻者，處新臺幣六千元以下罰鍰。

第七二條　（妨害安寧秩序之處罰）

有左列各款行為之一者，處新臺幣六千元以下罰鍰：

一　於公共場所或公眾得出入之場所，酗酒滋事、謾罵喧鬧，不聽禁止者。

二　無正當理由，擅吹警笛或擅發其他警號者。

三　製造噪音或深夜喧嘩，妨害公眾安寧者。

第七三條　（妨害安寧秩序之處罰）

有左列各款行為之一者，處新臺幣六千元以下罰鍰：

一　於學校、博物館、圖書館、展覽會、運動會或其他公共場所，口角紛爭或喧嘩滋事，不聽禁止者。

二　於自己經營地界內，當通行之處，有溝、井、坎、穴等，不設覆蓋或防圍者。

三　於發生災變之際，停聚圍觀，妨礙救助或處理，不聽禁止者。

四　污損祠宇、教堂、墓碑或公眾紀念之處所或設施者。

第七四條　（妨害安寧秩序之處罰）

有左列各款行為之一者，處新臺幣六千元以下罰鍰：

一　深夜遊蕩，行跡可疑，經詢無正當理由，不聽禁止而有危害安全之虞者。

二　無正當理由，隱藏於無人居住或無人看守之建築物、礦坑、壕洞、車、船或航空器內，而有危害安全之虞者。

三　收容或僱用身分不明之人，未即時向警察機關報告，而有危害安全之虞者。

四　未經警察機關許可，在公路兩旁，燃燒草木、雜物，有礙車輛駕駛人視線，影響交通安全者。

五　婚喪喜慶、迎神賽會結眾而行，未將經過路線報告警察機關，致礙公眾通行者。

六　無正當理由，停屍不殮、停厝不葬或藉故抬棺或抬屍滋擾者。

第七五條　（妨害安寧秩序之處罰）

有左列各款行為之一者，處新臺幣六千元以下罰鍰：

一　擅自操縱路燈或交通號誌者。

二　毀損路燈、交通號誌、道旁樹木或其他公共設施者。

第七六條　（妨害安寧秩序之處罰）

①有左列各款行為之一者，處新臺幣三萬元以下罰鍰：

一　當舖、各種加工、寄存、買賣、修配業，發現來歷不明之物品，不迅即報告警察機關者。

二　發現槍械、彈藥或其他爆裂物，而不報告警察機關者。

②前項第一款其情節重大或再次違反者，處或併處停止營業或勒令歇業。

第七七條　（妨害安寧秩序之處罰）

公共遊樂場所之負責人或管理人，縱容兒童、少年於深夜聚集其內，而不即時報告警察機關者，處新臺幣一萬五千元以下罰鍰；其情節重大或再次違反者，處或併處停止營業或勒令歇業。

第七八條　（妨害安寧秩序之處罰）

有左列各款行為之一者，處新臺幣一萬五千元以下罰鍰：

一　影印、縮印、放大通用之紙幣，並散布或販賣者。

二　製造、散布或販賣通用紙幣、硬幣之仿製品者。

第七九條　（妨害安寧秩序之處罰）99

有下列各款行為之一者，處新臺幣三千元以下罰鍰或申誡：

一　於公共場所任意叫賣物品，妨礙交通，不聽禁止。

二　跨越巷、道或在通道晾掛衣、物，不聽禁止。

三　虐待動物，不聽勸阻。

第二章　妨害善良風俗

第八〇條　（妨害善良風俗之處罰）100

有下列各款行爲之一者，處新臺幣三萬元以下罰鍰：

一　從事性交易。但符合第九十一條之一第一項至第三項之自治條例規定者，不適用之。

二　在公共場所或公衆得出入之場所，意圖與人性交易而拉客。

第八一條　（妨害善良風俗之處罰）100

有下列各款行爲之一者，處三日以下拘留，併處新臺幣一萬元以上五萬元以下罰鍰；其情節重大者，得加重拘留至五日：

一　媒合性交易。但媒合符合前條第一款但書規定之性交易者，不適用之。

二　在公共場所或公衆得出入之場所，意圖媒合性交易而拉客。

第八二條　（妨害善良風俗之處罰）

①有左列各款行爲之一者，處三日以下拘留或新臺幣一萬二千元以下罰鍰：

一　於公共場所或公衆得出入之場所，乞討叫化不聽勸阻者。

二　於公共場所或公衆得出入之場所唱演或播放淫詞、穢劇或其他妨害善良風俗之技藝者。

②前項第二款唱演或播放之處所，爲戲院、書場、夜總會、舞廳或同類場所，其情節重大或再次違反者，得處或併處停止營業或勒令歇業。

第八三條 110

有下列各款行爲之一者，處新臺幣六千元以下罰鍰：

一　故意窺視他人臥室、浴室、廁所、更衣室，足以妨害其隱私者。

二　於公共場所或公衆得出入之場所，任意裸體或爲放蕩之姿勢，而有妨害善良風俗，不聽勸阻者。

三　以猥褻之言語、舉動或其他方法，調戲他人者。

第八四條　（妨害善良風俗之處罰）

於非公共場所或非公衆得出入之職業賭博場所，賭博財物者，處新臺幣九千元以下罰鍰。

第三章　妨害公務

第八五條　（妨害公務之處罰(一)）105

有左列各款行爲之一者，處拘留或新臺幣一萬二千元以下罰鍰：

一　於公務員依法執行職務時，以顯然不當之言詞或行動相加，尚未達強暴脅迫或侮辱之程度者。

二　於公務員依法執行職務時，聚衆喧嘩，致礙公務進行者。

三　故意向該公務員謊報災害者。

四　無故撥打警察機關報案專線，經勸阻不聽者。

第八六條　（妨害公務之處罰(二)）

於政府機關或其他辦公處所，任意喧嘩或兜售物品，不聽禁止者，處新臺幣三千元以下罰鍰或申誡。

第四章　妨害他人身體財產

第八七條 110

有下列各款行爲之一者，處新臺幣一萬八千元以下罰鍰：

一　加暴行於人者。

二　互相鬥毆者。

三　意圖鬥毆而聚衆者。

第八八條　（妨害他人身體財產之處罰）

有左列各款行爲之一者，處新臺幣三千元以下罰鍰：

一　未經他人許可，釋放他人之動物、船筏或其他物品，或擅駛他人之車、船者。

二　任意採折他人竹木、菜果、花卉或其他植物者。

第八九條　（妨害他人身體財產之處罰）

有左列各款行爲之一者，處新臺幣三千元以下罰鍰或申誡：

一　無正當理由，爲人施催眠術或施以藥物者。

二　無正當理由，跟追他人，經勸阻不聽者。

第九〇條　（妨害他人身體財產之處罰）

有左列各款行爲之一者，處新臺幣三千元以下罰鍰或申誡：

一　污損他人之住宅題誌、店舖招牌或其他正當之告白或標誌者。

二　未經他人許可，張貼、塗抹或畫刻於他人之交通工具、圍牆、房屋或其他建築物者。

第九一條　（妨害他人身體財產之處罰）

有左列各款行爲之一者，處新臺幣一千五百元以下罰鍰或申誡：

一　污濕他人之身體、衣著或物品而情節重大者。

二　故意踐踏他人之田園或縱入牲畜者。

三　於他人之土地內，擅自釣魚、牧畜，不聽勸阻者。

四　於他人之土地內，擅自挖掘土石、棄置廢棄物或取水，不聽勸阻者。

第四編　附　則

第九一條之一　（地方政府規劃得從事性交易之區域及其管理）105

①直轄市、縣（市）政府得因地制宜，制定自治條例，規劃得從事性交易之區域及其管理。

②前項自治條例，應包含下列各款規定：

一　該區域於都市計畫地區，限於商業區範圍內。

二　該區域於非都市土地，限於以供遊憩爲主之遊憩用地範圍內。但不包括兒童或青少年遊憩場。

三　前二款之區域，應與學校、幼兒園、寺廟、教會（堂）等建築物保持適當之距離。

四　性交易場所應辦理登記及申請執照，未領有執照，不得經營性交易。

五　曾犯刑法第二百三十一條、第二百三十一條之一、第二百三十三條、第二百四十條、第二百四十一條、第二百九十六條之一、兒童及少年性交易防制條例第二十三條至第二十七條、兒童及少年性剝削防制條例第三十二條至第三十七條或人口販運防制法之罪，經判決有罪者，不得擔任性交易場所之負責人。

六　性交易場所之負責人犯前款所定之罪，經判決有罪者，撤銷或廢止性交易場所執照。

七　性交易服務者，應辦理登記及申請證照，並定期接受健康檢查。性交易場所負責人，亦應負責督促其場所內之性交易服務者定期接受健康檢查。

八　性交易服務者犯刑法第二百八十五條或人類免疫缺乏病毒傳染防治及感染者權益保障條例第二十一條之罪者，撤銷或廢止其證照。

九　性交易服務者經健康檢查發現有前款所定之疾病者，吊扣其證照，依法通知其接受治療，並於治療痊癒後發還證照。

十　不得有意圖性交易或媒合性交易，於公共場所或公衆得出入之場所廣告之行爲。

③本法中華民國一百年十一月四日修正之條文施行前，已依直轄市、縣（市）政府制定之自治條例管理之性交易場所，於修正施行後，得於原地址依原自治條例之規定繼續

經營。

④依前二項規定經營性交易場所者，不適用刑法第二百三十一條之規定。

⑤直轄市、縣（市）政府應依第八十條、本條第一項及第二項性交易服務者之申請，提供輔導轉業或推介參加職業訓練。

第九二條　（本法規定外準用刑事訴訟法）

法院受理違反本法案件，除本法有規定者外，準用刑事訴訟法之規定。

第九三條　（各子法之訂定機關）100

①違反本法案件處理辦法，由行政院會同司法院定之。

②拘留所設置管理辦法、沒入物品處分規則，由行政院定之。

第九四條　（施行日）

本法自公布日施行。

公平交易法

①民國80年2月4日總統令制定公布全文49條。
②民國88年2月3日總統令修正公布第10、11、16、18至21、23、35至37、40至42、46、49條條文；並增訂第23-1至23-4條條文。
③民國89年4月26日總統令修正公布第9條條文。
④民國91年2月6日總統令修正公布第7、8、11至17、23-4、40條條文；並增訂第5-1、11-1、27-1、42-1條條文。
⑤民國99年6月9日總統令修正公布第21條條文。
⑥民國100年11月23日總統令修正公布第21、41條條文；並增訂第35-1條條文。
民國101年2月3日行政院公告第9條第1、2項所列屬「行政院公平交易委員會」之權責事項，自101年2月6日起改由「公平交易委員會」管轄。
⑦民國104年2月4日總統令修正公布全文50條；除第10、11條自公布三十日後施行外，自公布日施行。
⑧民國104年6月24日總統令增訂公布第47-1條條文。
⑨民國106年6月14日總統令修正公布第11條條文。

第一章　總　則

第一條　（立法目的）
爲維護交易秩序與消費者利益，確保自由與公平競爭，促進經濟之安定與繁榮，特制定本法。

第二條　（事業之定義）
①本法所稱事業如下：
一　公司。
二　獨資或合夥之工商行號。
三　其他提供商品或服務從事交易之人或團體。
②事業所組成之同業公會或其他依法設立、促進成員利益之團體，視爲本法所稱事業。

第三條　（交易相對人之定義）
本法所稱交易相對人，指與事業進行或成立交易之供給者或需求者。

第四條　（競爭之定義）
本法所稱競爭，指二以上事業在市場上以較有利之價格、數量、品質、服務或其他條件，爭取交易機會之行爲。

第五條　（相關市場之定義）
本法所稱相關市場，指事業就一定之商品或服務，從事競爭之區域或範圍。

第六條　（主管機關）
①本法所稱主管機關爲公平交易委員會。
②本法規定事項，涉及其他部會之職掌者，由主管機關商同各該部會辦理之。

第二章　限制競爭

第七條　（獨占之定義）
①本法所稱獨占，指事業在相關市場處於無競爭狀態，或具有壓倒性地位，可排除競爭之能力者。
②二以上事業，實際上不爲價格之競爭，而其全體之對外關係，具有前項規定之情形者，視爲獨占。

第八條　（獨占事業認定範圍）
①事業無下列各款情形者，不列入前條獨占事業認定範圍：
一　一事業於相關市場之占有率達二分之一。
二　二事業全體於相關市場之占有率達三分之二。
三　三事業全體於相關市場之占有率達四分之三。
②有前項各款情形之一，其個別事業於相關市場占有率未達十分之一或上一會計年度事業總銷售金額未達主管機關所公告之金額者，該事業不列入獨占事業之認定範圍。
③事業之設立或事業所提供之商品或服務進入相關市場，受法令、技術之限制或有其他足以影響市場供需可排除競爭能力之情事者，雖有前二項不列入認定範圍之情形，主管機關仍得認定其爲獨占事業。

第九條　（獨占事業禁止之行爲）
獨占之事業，不得有下列行爲：
一　以不公平之方法，直接或間接阻礙他事業參與競爭。
二　對商品價格或服務報酬，爲不當之決定、維持或變更。
三　無正當理由，使交易相對人給予特別優惠。
四　其他濫用市場地位之行爲。

第一〇條　（事業之結合）
①本法所稱結合，指事業有下列情形之一者：
一　與他事業合併。
二　持有或取得他事業之股份或出資額，達到他事業有表決權股份總數或資本總額三分之一以上。
三　受讓或承租他事業全部或主要部分之營業或財產。
四　與他事業經常共同經營或受他事業委託經營。
五　直接或間接控制他事業之業務經營或人事任免。
②計算前項第二款之股份或出資額時，應將與該事業具有控制與從屬關係之事業及與該事業受同一事業或數事業控制之從屬關係事業所持有或取得他事業之股份或出資額一併計入。

第一一條　（事業結合之申報）106
①事業結合時，有下列情形之一者，應先向主管機關提出申報：
一　事業因結合而使其市場占有率達三分之一。
二　參與結合之一事業，其市場占有率達四分之一。
三　參與結合之事業，其上一會計年度銷售金額，超過主管機關所公告之金額。
②前項第三款之銷售金額，應將與參與結合之事業具有控制與從屬關係之事業及與參與結合之事業受同一事業或數事業控制之從屬關係事業之銷售金額一併計入，其計算方法由主管機關公告之。
③對事業具有控制性持股之人或團體，視爲本法有關結合規定之事業。
④前項所稱控制性持股，指前項之人或團體及其關係人持有他事業有表決權之股份或出資額，超過他事業已發行有表決權之股份總數或資本總額半數者。
⑤前項所稱關係人，其範圍如下：
一　同一自然人與其配偶及二親等以內血親。
二　前款之人持有已發行有表決權股份總數或資本總額超過半數之事業。
三　第一款之人擔任董事長、總經理或過半數董事之事業。
四　同一團體與其代表人、管理人或其他有代表權之人及其配偶與二親等以內血親。
五　同一團體及前款之自然人持有已發行有表決權股份總數或資本總額超過半數之事業。
⑥第一項第三款之銷售金額，得由主管機關擇定行業分別公告之。
⑦事業自主管機關受理其提出完整申報資料之日起算三十工作日內，不得爲結合。但主管機關認爲必要時，得將該期間縮短或延長，並以書面通知申報事業。

⑧主管機關依前項但書延長之期間，不得逾六十工作日；對於延長期間之申報案件，應依第十三條規定作成決定。

⑨主管機關屆期未為第七項但書之延長通知或前項之決定者，事業得逕行結合。但有下列情形之一者，不得逕行結合：

一　經申報之事業同意再延長期間。

二　事業之申報事項有虛偽不實。

⑩主管機關就事業結合之申報，得徵詢外界意見，必要時得委請學術研究機構提供產業經濟分析意見。但參與結合事業之一方不同意結合者，主管機關應提供申報結合事業之申報事由予該事業，並徵詢其意見。

⑪前項但書之申報案件，主管機關應依第十三條規定作成決定。

第一二條　（不適用事業結合申報之情形）

前條第一項之規定，於下列情形不適用之：

一　參與結合之一事業或其百分之百持有之子公司，已持有他事業達百分之五十以上之有表決權股份或出資額，再與該他事業結合者。

二　同一事業所持有有表決權股份或出資額達百分之五十以上之事業間結合者。

三　事業將其全部或主要部分之營業、財產或可獨立營運之全部或一部營業，讓與其獨自新設之他事業者。

四　事業依公司法第一百六十七條第一項但書或證券交易法第二十八條之二規定收回股東所持有之股份，致其原有股東符合第十條第一項第二款之情形者。

五　單一事業轉投資成立並持有百分之百股份或出資額之子公司者。

六　其他經主管機關公告之類型。

第一三條　（不得禁止事業結合之限制）

①對於事業結合之申報，如其結合，對整體經濟利益大於限制競爭之不利益者，主管機關不得禁止其結合。

②主管機關對於第十一條第八項申報案件所為之決定，得附加條件或負擔，以確保整體經濟利益大於限制競爭之不利益。

第一四條　（聯合行為之定義）

①本法所稱聯合行為，指具競爭關係之同一產銷階段事業，以契約、協議或其他方式之合意，共同決定商品或服務之價格、數量、技術、產品、設備、交易對象、交易地區或其他相互約束事業活動之行為，而足以影響生產、商品交易或服務供需之市場功能者。

②前項所稱其他方式之合意，指契約、協議以外之意思聯絡，不問有無法律拘束力，事實上可導致共同行為者。

③聯合行為之合意，得依市場狀況、商品或服務特性、成本及利潤考量、事業行為之經濟合理性等相當依據之因素推定之。

④第二條第二項之同業公會或其他團體藉章程或會員大會、理、監事會議決議或其他方法所為約束事業活動之行為，亦為本法之聯合行為。

第一五條　（聯合行為之禁止及例外）

①事業不得為聯合行為。但有下列情形之一，而有益於整體經濟與公共利益，經申請主管機關許可者，不在此限：

一　為降低成本、改良品質或增進效率，而統一商品或服務之規格或型式。

二　為提高技術、改良品質、降低成本或增進效率，而共同研究開發商品、服務或市場。

三　為促進事業合理經營，而分別作專業發展。

四　為確保或促進輸出，而專就國外市場之競爭予以約定。

五　為加強貿易效能，而就國外商品或服務之輸入採取共同行為。

六　因經濟不景氣，致同一行業之事業難以繼續維持或生產過剩，為有計畫適應需求而限制產銷數量、設備或價格之共同行為。

七　爲增進中小企業之經營效率，或加強其競爭能力所爲之共同行爲。
八　其他爲促進產業發展、技術創新或經營效率所必要之共同行爲。

②主管機關收受前項之申請，應於三個月內爲決定；必要時得延長一次。

第一六條　（聯合行爲許可之附加條件、限制或負擔）

①主管機關爲前條之許可時，得附加條件或負擔。

②許可應附期限，其期限不得逾五年；事業如有正當理由，得於期限屆滿前三個月至六個月期間內，以書面向主管機關申請延展；其延展期限，每次不得逾五年。

第一七條　（許可之撤銷、變更）

聯合行爲經許可後，因許可事由消滅、經濟情況變更、事業逾越許可範圍或違反主管機關依前條第一項所附加之條件或負擔者，主管機關得廢止許可、變更許可內容、令停止、改正其行爲或採取必要更正措施。

第一八條　（聯合行爲之許可及相關條件等之公開）

主管機關對於前三條之許可及其有關之條件、負擔、期限，應主動公開。

第一九條　（不得限制交易相對人轉售價格）

①事業不得限制其交易相對人，就供給之商品轉售與第三人或第三人再轉售時之價格。但有正當理由者，不在此限。

②前項規定，於事業之服務準用之。

第二〇條　（妨害公平競爭之行爲）

有下列各款行爲之一，而有限制競爭之虞者，事業不得爲之：

一　以損害特定事業爲目的，促使他事業對該特定事業斷絕供給、購買或其他交易之行爲。
二　無正當理由，對他事業給予差別待遇之行爲。
三　以低價利誘或其他不正當方法，阻礙競爭者參與或從事競爭之行爲。
四　以脅迫、利誘或其他不正當方法，使他事業不爲價格之競爭、參與結合、聯合或爲垂直限制競爭之行爲。
五　以不正當限制交易相對人之事業活動爲條件，而與其交易之行爲。

第三章　不公平競爭

第二一條　（虛僞不實記載或廣告薦證引人不實之賠償責任）

①事業不得在商品或廣告上，或以其他使公衆得知之方法，對於與商品相關而足以影響交易決定之事項，爲虛僞不實或引人錯誤之表示或表徵。

②前項所定與商品相關而足以影響交易決定之事項，包括商品之價格、數量、品質、內容、製造方法、製造日期、有效期限、使用方法、用途、原產地、製造者、製造地、加工者、加工地，及其他具有招徠效果之相關事項。

③事業對於載有前項虛僞不實或引人錯誤表示之商品，不得販賣、運送、輸出或輸入。

④前三項規定，於事業之服務準用之。

⑤廣告代理業在明知或可得而知情形下，仍製作或設計有引人錯誤之廣告，與廣告主負連帶損害賠償責任。廣告媒體業在明知或可得而知其所傳播或刊載之廣告有引人錯誤之虞，仍予傳播或刊載，亦與廣告主負連帶損害賠償責任。廣告薦證者明知或可得而知其所從事之薦證有引人錯誤之虞，而仍爲薦證者，與廣告主負連帶損害賠償責任。但廣告薦證者非屬知名公衆人物、專業人士或機構，僅於受廣告主報酬十倍之範圍內，與廣告主負連帶損害賠償責任。

⑥前項所稱廣告薦證者，指廣告主以外，於廣告中反映其對商品或服務之意見、信賴、發現或親身體驗結果之人或機構。

第二二條　（仿冒行爲之制止）

①事業就其營業所提供之商品或服務，不得有下列行爲：

一　以著名之他人姓名、商號或公司名稱、商標、商品容器、包裝、外觀或其他顯示他人商品之表徵，於同一或類似之商品，為相同或近似之使用，致與他人商品混淆，或販賣、運送、輸出或輸入使用該項表徵之商品者。

二　以著名之他人姓名、商號或公司名稱、標章或其他表示他人營業、服務之表徵，於同一或類似之服務為相同或近似之使用，致與他人營業或服務之設施或活動混淆者。

②前項姓名、商號或公司名稱、商標、商品容器、包裝、外觀或其他顯示他人商品或服務之表徵，依法註冊取得商標權者，不適用之。

③第一項規定，於下列各款行為不適用之：

一　以普通使用方法，使用商品或服務習慣上所通用之名稱，或交易上同類商品或服務之其他表徵，或販賣、運送、輸出或輸入使用該名稱或表徵之商品或服務者。

二　善意使用自己姓名之行為，或販賣、運送、輸出或輸入使用該姓名之商品或服務者。

三　對於第一項第一款或第二款所列之表徵，在未著名前，善意為相同或近似使用，或其表徵之使用係自該善意使用人連同其營業一併繼受而使用，或販賣、運送、輸出或輸入使用該表徵之商品或服務者。

④事業因他事業為前項第二款或第三款之行為，致其商品或服務來源有混淆誤認之虞者，得請求他事業附加適當之區別標示。但對僅為運送商品者，不適用之。

第二三條　（禁止不當提供贈品、贈獎促銷）

①事業不得以不當提供贈品、贈獎之方法，爭取交易之機會。

②前項贈品、贈獎之範圍、不當提供之額度及其他相關事項之辦法，由主管機關定之。

第二四條　（競爭手段之限制）

事業不得為競爭之目的，而陳述或散布足以損害他人營業信譽之不實情事。

第二五條　（不法行為之禁止）

除本法另有規定者外，事業亦不得為其他足以影響交易秩序之欺罔或顯失公平之行為。

第四章　調查及裁處程序

第二六條　（主管機關對於危害公共利益之處理）

主管機關對於涉有違反本法規定，危害公共利益之情事，得依檢舉或職權調查處理。

第二七條　（主管機關之調查程序）

①主管機關依本法調查，得依下列程序進行：

一　通知當事人及關係人到場陳述意見。

二　通知當事人及關係人提出帳冊、文件及其他必要之資料或證物。

三　派員前往當事人及關係人之事務所、營業所或其他場所為必要之調查。

②依前項調查所得可為證據之物，主管機關得扣留之；其扣留範圍及期間，以供調查、檢驗、鑑定或其他為保全證據之目的所必要者為限。

③受調查者對於主管機關依第一項規定所為之調查，無正當理由不得規避、妨礙或拒絕。

④執行調查之人員依法執行公務時，應出示有關執行職務之證明文件；其未出示者，受調查者得拒絕之。

第二八條　（中止調查及恢復調查之決定）

①主管機關對於事業涉有違反本法規定之行為進行調查時，事業承諾在主管機關所定期限內，採取具體措施停止並改正涉有違法之行為者，主管機關得中止調查。

②前項情形，主管機關應對事業有無履行其承諾進行監督。

③事業已履行其承諾，採取具體措施停止並改正涉有違法之行為者，主管機關得決定終止該案之調查。但有下列情形之一者，應恢復調查：

一　事業未履行其承諾。

二　作成中止調查之決定所依據之事實發生重大變化。

三　作成中止調查之決定係基於事業提供不完整或不眞實之資訊。

④第一項情形，裁處權時效自中止調查之日起，停止進行。主管機關恢復調查者，裁處權時效自恢復調查之翌日起，與停止前已經過之期間一併計算。

第五章　損害賠償

第二九條　（權益之保護）

事業違反本法之規定，致侵害他人權益者，被害人得請求除去之；有侵害之虞者，並得請求防止之。

第三〇條　（損害賠償責任）

事業違反本法之規定，致侵害他人權益者，應負損害賠償責任。

第三一條　（損害賠償額之酌給）

①法院因前條被害人之請求，如爲事業之故意行爲，得依侵害情節，酌定損害額以上之賠償。但不得超過已證明損害額之三倍。

②侵害人如因侵害行爲受有利益者，被害人得請求專依該項利益計算損害額。

第三二條　（損害賠償請求權之消滅時效）

本章所定之請求權，自請求權人知有行爲及賠償義務人時起，二年間不行使而消滅；自爲行爲時起，逾十年者亦同。

第三三條　（被害人得請求侵害人負擔訴訟費用）

被害人依本法之規定，向法院起訴時，得請求由侵害人負擔費用，將判決書內容登載新聞紙。

第六章　罰　則

第三四條　（獨占、聯合行爲之罰則）

違反第九條或第十五條規定，經主管機關依第四十條第一項規定限期令停止、改正其行爲或採取必要更正措施，而屆期未停止、改正其行爲或未採取必要更正措施，或停止後再爲相同違反行爲者，處行爲人三年以下有期徒刑、拘役或科或併科新臺幣一億元以下罰金。

第三五條　（違反聯合行爲之罰則）

①違反第十五條之事業，符合下列情形之一，並經主管機關事先同意者，免除或減輕主管機關依第四十條第一項、第二項所爲之罰鍰處分：

一　當尙未爲主管機關知悉或依本法進行調查前，就其所參與之聯合行爲，向主管機關提出書面檢舉或陳述具體違法，並檢附事證及協助調查。

二　當主管機關依本法調查期間，就其所參與之聯合行爲，陳述具體違法，並檢附事證及協助調查。

②前項之適用對象之資格要件、裁處減免之基準及家數、違法事證之檢附、身分保密及其他執行事項之辦法，由主管機關定之。

第三六條　（罰則）

違反第十九條或第二十條規定，經主管機關依第四十條第一項規定限期令停止、改正其行爲或採取必要更正措施，而屆期未停止、改正其行爲或未採取必要更正措施，或停止後再爲相同違反行爲者，處行爲人二年以下有期徒刑、拘役或科或併科新臺幣五千萬元以下罰金。

第三七條　（罰則）

①違反第二十四條規定者，處行爲人二年以下有期徒刑、拘役或科或併科新臺幣五千萬元以下罰金。

②法人之代表人、代理人、受僱人或其他從業人員，因執行業務違反第二十四條規定者，除依前項規定處罰其行爲人外，對該法人亦科處前項之罰金。

③前二項之罪，須告訴乃論。

第三八條　（罰則）

第三十四條、第三十六條、第三十七條之處罰，其他法律有較重之規定者，從其規定。

第三九條　（違反事業結合之罰則）

①事業違反第十一條第一項、第七項規定而為結合，或申報後經主管機關禁止其結合而為結合，或未履行第十三條第二項對於結合所附加之負擔者，主管機關得禁止其結合、限期令其分設事業、處分全部或部分股份、轉讓部分營業、免除擔任職務或為其他必要之處分，並得處新臺幣二十萬元以上五千萬元以下罰鍰。

②事業對結合申報事項有虛偽不實而為結合之情形者，主管機關得禁止其結合、限期令其分設事業、處分全部或部分股份、轉讓部分營業、免除擔任職務或為其他必要之處分，並得處新臺幣十萬元以上一百萬元以下罰鍰。

③事業違反主管機關依前二項所為之處分者，主管機關得命令解散、勒令歇業或停止營業。

④前項所處停止營業之期間，每次以六個月為限。

第四〇條　（違法行為之限期停止、改正之罰則）

①主管機關對於違反第九條、第十五條、第十九條及第二十條規定之事業，得限期令停止、改正其行為或採取必要更正措施，並得處新臺幣十萬元以上五千萬元以下罰鍰；屆期仍不停止、改正其行為或未採取必要更正措施者，得繼續限期令停止、改正其行為或採取必要更正措施，並按次處新臺幣二十萬元以上一億元以下罰鍰，至停止、改正其行為或採取必要更正措施為止。

②事業違反第九條、第十五條，經主管機關認定有情節重大者，得處該事業上一會計年度銷售金額百分之十以下罰鍰，不受前項罰鍰金額限制。

③前項事業上一會計年度銷售金額之計算、情節重大之認定、罰鍰計算之辦法，由主管機關定之。

第四一條　（第三九條、第四十條裁處權之消滅時效）

前二條規定之裁處權，因五年期間之經過而消滅。

第四二條　（罰則）

主管機關對於違反第二十一條、第二十三條至第二十五條規定之事業，得限期令停止、改正其行為或採取必要更正措施，並得處新臺幣五萬元以上二千五百萬元以下罰鍰；屆期仍不停止、改正其行為或未採取必要更正措施者，得繼續限期令停止、改正其行為或採取必要更正措施，並按次處新臺幣十萬元以上五千萬元以下罰鍰，至停止、改正其行為或採取必要更正措施為止。

第四三條　（同業公會或其他團體成員參與違法行為之處罰）

第二條第二項之同業公會或其他團體違反本法規定者，主管機關得就其參與違法行為之成員併同罰之。但成員能證明其不知、未參與合意、未實施或在主管機關開始調查前即停止該違法行為者，不予處罰。

第四四條　（受調者違反規定之罰則）

主管機關依第二十七條規定進行調查時，受調查者違反第二十七條第三項規定，得處新臺幣五萬元以上五十萬元以下罰鍰；受調查者再經通知，無正當理由規避、妨礙或拒絕者，主管機關得繼續通知調查，並按次處新臺幣十萬元以上一百萬元以下罰鍰，至接受調查、到場陳述意見或提出有關帳冊、文件等資料或證物為止。

第七章　附　則

第四五條　（除外規定）

依照著作權法、商標法、專利法或其他智慧財產權法規行使權利之正當行為，不適用本法之規定。

第四六條　（競爭行爲優先適用本法）

事業關於競爭之行爲，優先適用本法之規定。但其他法律另有規定且不牴觸本法立法意旨者，不在此限。

第四七條　（未經認許外國法人、團體之訴訟權）

未經認許之外國法人或團體，就本法規定事項得爲告訴、自訴或提起民事訴訟。但以依條約或其本國法令、慣例，中華民國人或團體得在該國享受同等權利者爲限；其由團體或機構互訂保護之協議，經主管機關核准者亦同。

第四七條之一　（反托拉斯基金之設立及基金來源與用途）104

①主管機關爲強化聯合行爲查處，促進市場競爭秩序之健全發展，得設立反托拉斯基金。

②前項基金之來源如下：

一　提撥違反本法罰鍰之百分之三十。

二　基金孳息收入。

三　循預算程序之撥款。

四　其他有關收入。

③第一項基金之用途如下：

一　檢舉違法聯合行爲獎金之支出。

二　推動國際競爭法執法機關之合作、調查及交流事項。

三　補助本法與涉及檢舉獎金訴訟案件相關費用之支出。

四　辦理競爭法相關資料庫之建置及維護。

五　辦理競爭法相關制度之研究發展。

六　辦理競爭法之教育及宣導。

七　其他維護市場交易秩序之必要支出。

④前項第一款有關檢舉獎金適用之範圍、檢舉人資格、發給標準、發放程序、獎金之撤銷、廢止與追償、身分保密等事項之辦法，由主管機關定之。

第四八條　（行政處分或決定不服之處理）

①對主管機關依本法所爲之處分或決定不服者，直接適用行政訴訟程序。

②本法修正施行前，尚未終結之訴願事件，依訴願法規定終結之。

第四九條　（施行細則）

本法施行細則，由主管機關定之。

第五〇條　（施行日）

本法除中華民國一百零四年一月二十二日修正之第十條及第十一條條文自公布三十日後施行外，自公布日施行。

政府採購法

①民國87年5月27日總統令制定公布全文114條；並自公布後一年施行。
②民國90年1月10日總統令修正公布第7條條文。
③民國91年2月6日總統令修正公布第6、11、13、20、22、24、25、28、30、34、35、37、40、48、50、66、70、74至76、78、83、85至88、95、97、98、101至103、114條條文；刪除第69條條文；並增訂第85-1至85-4、93-1條條文。
④民國96年7月4日總統令修正公布第85-1條條文。
⑤民國100年1月26日總統令修正公布第11、52、63條條文。
民國101年2月3日行政院公告第13條第4項所列屬「行政院主計處」之權責事項，自101年2月6日起改由「行政院主計總處」管轄。
⑥民國105年1月6日總統令修正公布第85-1、86條條文；並增訂第73-1條條文。
⑦民國108年5月22日總統令修正公布第4、15、17、22、25、30、31、50、52、59、63、76、85、93、94、95、101、103條條文；並增訂第11-1、26-1、70-1條條文。
民國112年8月18日行政院公告第96條第3項所列屬「行政院環境保護署」之權責事項，自112年8月22日起改由「環境部」管轄。

第一章　總　則

第一條　（立法宗旨）
爲建立政府採購制度，依公平、公開之採購程序，提升採購效率與功能，確保採購品質，爰制定本法。

第二條　（採購之定義）
本法所稱採購，指工程之定作、財物之買受、定製、承租及勞務之委任或僱傭等。

第三條　（適用機關之範圍）
政府機關、公立學校、公營事業（以下簡稱機關）辦理採購，依本法之規定；本法未規定者，適用其他法律之規定。

第四條　（法人或團體接受機關補助辦理之採購）108
①法人或團體接受機關補助辦理採購，其補助金額占採購金額半數以上，且補助金額在公告金額以上者，適用本法之規定，並應受該機關之監督。
②藝文採購不適用前項規定，但應受補助機關之監督；其辦理原則、適用範圍及監督管理辦法，由文化部定之。

第五條　（委託法人或團體辦理之採購）
①機關採購得委託法人或團體代辦。
②前項採購適用本法之規定，該法人或團體並受委託機關之監督。

第六條　（辦理採購之原則）91
①機關辦理採購，應以維護公共利益及公平合理爲原則，對廠商不得爲無正當理由之差別待遇。
②辦理採購人員於不違反本法規定之範圍內，得基於公共利益、採購效益或專業判斷之考量，爲適當之採購決定。
③司法、監察或其他機關對於採購機關或人員之調查、起訴、審判、彈劾或糾舉等，得洽請主管機關協助、鑑定或提供專業意見。

第七條　（工程、財物、勞務之定義）
①本法所稱工程，指在地面上下新建、增建、改建、修建、拆除構造物與其所屬設備及改變自然環境之行爲，包括建築、土木、水利、環境、交通、機械、電氣、化工及其

他經主管機關認定之工程。

②本法所稱財物，指各種物品（生鮮農漁產品除外）、材料、設備、機具與其他動產、不動產、權利及其他經主管機關認定之財物。

③本法所稱勞務，指專業服務、技術服務、資訊服務、研究發展、營運管理、維修、訓練、勞力及其他經主管機關認定之勞務。

④採購兼有工程、財物、勞務二種以上性質，難以認定其歸屬者，按其性質所占預算金額比率最高者歸屬之。

第八條　（廠商之定義）

本法所稱廠商，指公司、合夥或獨資之工商行號及其他得提供各機關工程、財物、勞務之自然人、法人、機構或團體。

第九條　（主管機關）

①本法所稱主管機關，為行政院採購暨公共工程委員會，以政務委員一人兼任主任委員。

②本法所稱上級機關，指辦理採購機關直屬之上一級機關。其無上級機關者，由該機關執行本法所規定上級機關之職權。

第一〇條　（主管機關掌理之事項）

主管機關掌理下列有關政府採購事項：

一　政府採購政策與制度之研訂及政令之宣導。
二　政府採購法令之研訂、修正及解釋。
三　標準採購契約之檢討及審定。
四　政府採購資訊之蒐集、公告及統計。
五　政府採購專業人員之訓練。
六　各機關採購之協調、督導及考核。
七　中央各機關採購申訴之處理。
八　其他關於政府採購之事項。

第一一條　（採購資訊中心之設置及工程價格資料庫之建立）100

①主管機關應設立採購資訊中心，統一蒐集共通性商情及同等品分類之資訊，並建立工程價格資料庫，以供各機關採購預算編列及底價訂定之參考。除應秘密之部分外，應無償提供廠商。

②機關辦理工程採購之預算金額達一定金額以上者，應於決標後將得標廠商之單價資料傳輸至前項工程價格資料庫。

③前項一定金額、傳輸資料內容、格式、傳輸方式及其他相關事項之辦法，由主管機關定之。

④財物及勞務項目有建立價格資料庫之必要者，得準用前二項規定。

第一一條之一　（採購工作及審查小組之成立）108

①機關辦理巨額工程採購，應依採購之特性及實際需要，成立採購工作及審查小組，協助審查採購需求與經費、採購策略、招標文件等事項，及提供與採購有關事務之諮詢。

②機關辦理第一項以外之採購，依採購特性及實際需要，認有成立採購工作及審查小組之必要者，準用前項規定。

③前二項採購工作及審查小組之組成、任務、審查作業及其他相關事項之辦法，由主管機關定之。

第一二條　（查核金額以上採購之監辦）

①機關辦理查核金額以上採購之開標、比價、議價、決標及驗收時，應於規定期限內，檢送相關文件報請上級機關派員監辦；上級機關得視事實需要訂定授權條件，由機關自行辦理。

②機關辦理未達查核金額之採購，其決標金額達查核金額者，或契約變更後其金額達查核金額者，機關應補具相關文件送上級機關備查。

③查核金額由主管機關定之。

第一三條　（公告金額以上採購之監辦）91

①機關辦理公告金額以上採購之開標、比價、議價、決標及驗收，除有特殊情形者外，應由其主（會）計及有關單位會同監辦。

②未達公告金額採購之監辦，依其屬中央或地方，由主管機關、直轄市或縣（市）政府另定之。未另定者，比照前項規定辦理。

③公告金額應低於查核金額，由主管機關參酌國際標準定之。

④第一項會同監辦採購辦法，由主管機關會同行政院主計處定之。

第一四條　（分批辦理公告金額以上之採購限制）

機關不得意圖規避本法之適用，分批辦理公告金額以上之採購。其有分批辦理之必要，並經上級機關核准者，應依其總金額核計採購金額，分別按公告金額或查核金額以上之規定辦理。

第一五條　（採購人員應遵循之迴避原則）108

①機關承辦、監辦採購人員離職後三年內不得為本人或代理廠商向原任職機關接洽處理離職前五年內與職務有關之事務。

②機關人員對於與採購有關之事項，涉及本人、配偶、二親等以內親屬，或共同生活家屬之利益時，應行迴避。

③機關首長發現前項人員有應行迴避之情事而未依規定迴避者，應令其迴避，並另行指定人員辦理。

第一六條　（請託或關說之處理）

①請託或關說，宜以書面為之或作成紀錄。

②政風機構得調閱前項書面或紀錄。

③第一項之請託或關說，不得作為評選之參考。

第一七條　（外國廠商參與之採購）108

①外國廠商參與各機關採購，應依我國締結之條約或協定之規定辦理。

②前項以外情形，外國廠商參與各機關採購之處理辦法，由主管機關定之。

③外國法令限制或禁止我國廠商或產品服務參與採購者，主管機關得限制或禁止該國廠商或產品服務參與採購。

④機關辦理涉及國家安全之採購，有對我國或外國廠商資格訂定限制條件之必要者，其限制條件及審查相關作業事項之辦法，由主管機關會商相關目的事業主管機關定之。

第二章　招　標

第一八條　（招標之方式及定義）

①採購之招標方式，分為公開招標、選擇性招標及限制性招標。

②本法所稱公開招標，指以公告方式邀請不特定廠商投標。

③本法所稱選擇性招標，指以公告方式預先依一定資格條件辦理廠商資格審查後，再行邀請符合資格之廠商投標。

④本法所稱限制性招標，指不經公告程序，邀請二家以上廠商比價或僅邀請一家廠商議價。

第一九條　（公開招標）

機關辦理公告金額以上之採購，除依第二十條及第二十二條辦理者外，應公開招標。

第二〇條　（選擇性招標）91

機關辦理公告金額以上之採購，符合下列情形之一者，得採選擇性招標：

一　經常性採購。

二　投標文件審查，須費時長久始能完成者。

三　廠商準備投標需高額費用者。

四　廠商資格條件複雜者。

五　研究發展事項。

第二一條　（選擇性招標建立合格廠商名單）

①機關為辦理選擇性招標，得預先辦理資格審查，建立合格廠商名單。但仍應隨時接受廠商資格審查之請求，並定期檢討修正合格廠商名單。

②未列入合格廠商名單之廠商請求參加特定招標時，機關於不妨礙招標作業，並能適時完成其資格審查者，於審查合格後，邀其投標。

③經常性採購，應建立六家以上之合格廠商名單。

④機關辦理選擇性招標，應予經資格審查合格之廠商平等受邀之機會。

第二二條　（得採限制性招標之情形）108

①機關辦理公告金額以上之採購，符合下列情形之一者，得採限制性招標：

一　以公開招標、選擇性招標或依第九款至第十一款公告程序辦理結果，無廠商投標或無合格標，且以原定招標內容及條件未經重大改變者。

二　屬專屬權利、獨家製造或供應、藝術品、秘密諮詢，無其他合適之替代標的者。

三　遇有不可預見之緊急事故，致無法以公開或選擇性招標程序適時辦理，且確有必要者。

四　原有採購之後續維修、零配件供應、更換或擴充，因相容或互通性之需要，必須向原供應廠商採購者。

五　屬原型或首次製造、供應之標的，以研究發展、實驗或開發性質辦理者。

六　在原招標目的範圍內，因未能預見之情形，必須追加契約以外之工程，如另行招標，確有產生重大不便及技術或經濟上困難之虞，非洽原訂約廠商辦理，不能達契約之目的，且未逾原主契約金額百分之五十者。

七　原有採購之後續擴充，且已於原招標公告及招標文件敘明擴充之期間、金額或數量者。

八　在集中交易或公開競價市場採購財物。

九　委託專業服務、技術服務、資訊服務或社會福利服務，經公開客觀評選為優勝者。

十　辦理設計競賽，經公開客觀評選為優勝者。

十一　因業務需要，指定地區採購房地產，經依所需條件公開徵求勘選認定適合需要者。

十二　購買身心障礙者、原住民或受刑人個人、身心障礙福利機構或團體、政府立案之原住民團體、監獄工場、慈善機構及庇護工場所提供之非營利產品或勞務。

十三　委託在專業領域具領先地位之自然人或經公告審查優勝之學術或非營利機構進行科技、技術引進、行政或學術研究發展。

十四　邀請或委託具專業素養、特質或經公告審查優勝之文化、藝術專業人士、機構或團體表演或參與文藝活動或提供文化創意服務。

十五　公營事業為商業性轉售或用於製造產品、提供服務以供轉售目的所為之採購，基於轉售對象、製程或供應源之特性或實際需要，不適宜以公開招標或選擇性招標方式辦理者。

十六　其他經主管機關認定者。

②前項第九款專業服務、技術服務、資訊服務及第十款之廠商評選辦法與服務費用計算方式與第十一款、第十三款及第十四款之作業辦法，由主管機關定之。

③第一項第九款社會福利服務之廠商評選辦法與服務費用計算方式，由主管機關會同中央目的事業主管機關定之。

④第一項第十三款及第十四款，不適用工程採購。

第二三條　（未達公告金額招標方式之訂定）

未達公告金額之招標方式，在中央由主管機關定之；在地方由直轄市或縣（市）政府定之。地方未定者，比照中央規定辦理。

第二四條　（統包）91

①機關基於效率及品質之要求，得以統包辦理招標。
②前項所稱統包，指將工程或財物採購中之設計與施工、供應、安裝或一定期間之維修等併於同一採購契約辦理招標。
③統包實施辦法，由主管機關定之。

第二五條　（共同投標）108
①機關得視個別採購之特性，於招標文件中規定允許一定家數內之廠商共同投標。
②第一項所稱共同投標，指二家以上之廠商共同具名投標，並於得標後共同具名簽約，連帶負履行採購契約之責，以承攬工程或提供財物、勞務之行為。
③共同投標以能增加廠商之競爭或無不當限制競爭者為限。
④同業共同投標應符合公平交易法第十五條第一項但書各款之規定。
⑤共同投標廠商應於投標時檢附共同投標協議書。
⑥共同投標辦法，由主管機關定之。

第二六條　（公告金額以上之採購招標文件規格訂定）
①機關辦理公告金額以上之採購，應依功能或效益訂定招標文件。其有國際標準或國家標準者，應從其規定。
②機關所擬定、採用或適用之技術規格，其所標示之擬採購產品或服務之特性，諸如品質、性能、安全、尺寸、符號、術語、包裝、標誌及標示或生產程序、方法及評估之程序，在目的及效果上均不得限制競爭。
③招標文件不得要求或提及特定之商標或商名、專利、設計或型式、特定來源地、生產者或供應者。但無法以精確之方式說明招標要求，而已在招標文件內註明諸如「或同等品」字樣者，不在此限。

第二六條之一（促進自然資源保育與環境保護為目的，增加計畫經費或技術服務費用者，於擬定規格時併入計畫編列預算）108
①機關得視採購之特性及實際需要，以促進自然資源保育與環境保護為目的，依前條規定擬定技術規格，及節省能源、節約資源、減少溫室氣體排放之相關措施。
②前項增加計畫經費或技術服務費用者，於擬定規格或措施時應併入計畫報核編列預算。

第二七條　（招標之公告）
①機關辦理公開招標或選擇性招標，應將招標公告或辦理資格審查之公告刊登於政府採購公報並公開於資訊網路。公告之內容修正時，亦同。
②前項公告內容、公告日數、公告方法及政府採購公報發行辦法，由主管機關定之。
③機關辦理採購時，應估計採購案件之件數及每件之預計金額。預算及預計金額，得於招標公告中一併公開。

第二八條　（等標期之訂定）91
機關辦理招標，其自公告日或邀標日起至截止投標或收件日止之等標期，應訂定合理期限。其期限標準，由主管機關定之。

第二九條　（招標文件之發送）
①公開招標之招標文件及選擇性招標之預先辦理資格審查文件，應自公告日起至截止投標日或收件日止，公開發給、發售及郵遞方式辦理。發給、發售或郵遞時，不得登記領標廠商之名稱。
②選擇性招標之文件應公開載明限制投標廠商資格之理由及其必要性。
③第一項文件內容，應包括投標廠商提交投標書所需之一切必要資料。

第三〇條　（押標金及保證金）108
①機關辦理招標，應於招標文件中規定投標廠商須繳納押標金；得標廠商須繳納保證金或提供或併提供其他擔保。但有下列情形之一者，不在此限：
一　勞務採購，以免收押標金、保證金為原則。
二　未達公告金額之工程、財物採購，得免收押標金、保證金。
三　以議價方式辦理之採購，得免收押標金。

四　依市場交易慣例或採購案特性，無收取押標金、保證金之必要或可能。

②押標金及保證金應由廠商以現金、金融機構簽發之本票或支票、保付支票、郵政匯票、政府公債、設定質權之金融機構定期存款單、銀行開發或保兌之不可撤銷擔保信用狀繳納，或取具銀行之書面連帶保證、保險公司之連帶保證保險單爲之。

③押標金、保證金與其他擔保之種類、額度、繳納、退還、終止方式及其他相關作業事項之辦法，由主管機關另定之。

第三一條　（押標金之發還及不予發還之情形）108

①機關對於廠商所繳納之押標金，應於決標後無息發還未得標之廠商。廢標時，亦同。

②廠商有下列情形之一者，其所繳納之押標金，不予發還；其未依招標文件規定繳納或已發還者，並予追繳：

一　以虛僞不實之文件投標。

二　借用他人名義或證件投標，或容許他人借用本人名義或證件參加投標。

三　冒用他人名義或證件投標。

四　得標後拒不簽約。

五　得標後未於規定期限內，繳足保證金或提供擔保。

六　對採購有關人員行求、期約或交付不正利益。

七　其他經主管機關認定有影響採購公正之違反法令行爲。

③前項追繳押標金之情形，屬廠商未依招標文件規定繳納者，追繳金額依招標文件中規定之額度定之；其爲標價之一定比率而無標價可供計算者，以預算金額代之。

④第二項追繳押標金之請求權，因五年間不行使而消滅。

⑤前項期間，廠商未依招標文件規定繳納者，自開標日起算；機關已發還押標金者，自發還日起算；得追繳之原因發生或可得知悉在後者，自原因發生或可得知悉時起算。

⑥追繳押標金，自不予開標、不予決標、廢標或決標日起逾十五年者，不得行使。

第三二條　（保證金之抵充及擔保責任）

機關應於招標文件中規定，得不發還得標廠商所繳納之保證金及其孳息，或擔保者應履行其擔保責任之事由，並敘明該項事由所涉及之違約責任、保證金之抵充範圍及擔保者之擔保責任。

第三三條　（投標文件之遞送）

①廠商之投標文件，應以書面密封，於投標截止期限前，以郵遞或專人送達招標機關或其指定之場所。

②前項投標文件，廠商得以電子資料傳輸方式遞送。但以招標文件已有訂明者爲限，並應於規定期限前遞送正式文件。

③機關得於招標文件中規定允許廠商於開標前補正非契約必要之點之文件。

第三四條　（招標文件公告前應予保密）91

①機關辦理採購，其招標文件於公告前應予保密。但須公開說明或藉以公開徵求廠商提供參考資料者，不在此限。

②機關辦理招標，不得於開標前洩漏底價，領標、投標廠商之名稱與家數及其他足以造成限制競爭或不公平競爭之相關資料。

③底價於開標後至決標前，仍應保密，決標後除有特殊情形外，應予公開。但機關依實際需要，得於招標文件中公告底價。

④機關對於廠商投標文件，除供公務上使用或法令另有規定外，應保守秘密。

第三五條　（替代方案）91

機關得於招標文件中規定，允許廠商在不降低原有功能條件下，得就技術、工法、材料或設備，提出可縮減工期、減省經費或提高效率之替代方案。其實施辦法，由主管機關定之。

第三六條　（投標廠商之資格）

①機關辦理採購，得依實際需要，規定投標廠商之基本資格。

②特殊或巨額之採購，須由具有相當經驗、實績、人力、財力、設備等之廠商始能擔任

者，得另規定投標廠商之特定資格。
③外國廠商之投標資格及應提出之資格文件，得就實際需要另行規定，附經公證或認證之中文譯本，並於招標文件中訂明。
④第一項基本資格、第二項特定資格與特殊或巨額採購之範圍及認定標準，由主管機關定之。

第三七條　（投標廠商資格之訂定原則）91
①機關訂定前條投標廠商之資格，不得不當限制競爭，並以確認廠商具備履行契約所必須之能力者爲限。
②投標廠商未符合前條所定資格者，其投標不予受理。但廠商之財力資格，得以銀行或保險公司之履約及賠償連帶保證責任、連帶保證保險單代之。

第三八條　（政黨及其關係企業不得參與投標）
①政黨及與其具關係企業關係之廠商，不得參與投標。
②前項具關係企業關係之廠商，準用公司法有關關係企業之規定。

第三九條　（委託廠商專案管理）
①機關辦理採購，得依本法將其對規劃、設計、供應或履約業務之專案管理，委託廠商爲之。
②承辦專案管理之廠商，其負責人或合夥人不得同時爲規劃、設計、施工或供應廠商之負責人或合夥人。
③承辦專案管理之廠商與規劃、設計、施工或供應廠商，不得同時爲關係企業或同一其他廠商之關係企業。

第四〇條　（洽專業機關代辦採購）91
①機關之採購，得洽由其他具有專業能力之機關代辦。
②上級機關對於未具有專業採購能力之機關，得命其洽由其他具有專業能力之機關代辦採購。

第四一條　（招標文件疑義之處理）
①廠商對招標文件內容有疑義者，應於招標文件規定之日期前，以書面向招標機關請求釋疑。
②機關對前項疑義之處理結果，應於招標文件規定之日期前，以書面答復請求釋疑之廠商，必要時得公告之；其涉及變更或補充招標文件內容者，除選擇性招標之規格標與價格標及限制性招標得以書面通知各廠商外，應另行公告，並視需要延長等標期。機關自行變更或補充招標文件內容者，亦同。

第四二條　（分段開標）
①機關辦理公開招標或選擇性招標，得就資格、規格與價格採取分段開標。
②機關辦理分段開標，除第一階段應公告外，後續階段之邀標，得免予公告。

第四三條　（優先決標予國內廠商）
機關辦理採購，除我國締結之條約或協定另有禁止規定者外，得採行下列措施之一，並應載明於招標文件中：
一　要求投標廠商採購國內貨品比率、技術移轉、投資、協助外銷或其他類似條件，作爲採購評選之項目，其比率不得逾三分之一。
二　外國廠商爲最低標，且其標價符合第五十二條規定之決標原則者，得以該標價優先決標予國內廠商。

第四四條　（標價優惠國內廠商）
①機關辦理特定之採購，除我國締結之條約或協定另有禁止規定者外，得對國內產製加值達百分之五十之財物或國內供應之工程、勞務，於外國廠商爲最低標，且其標價符合第五十二條規定之決標原則時，以高於該標價一定比率以內之價格，優先決標予國內廠商。
②前項措施之採行，以合於就業或產業發展政策者爲限，且一定比率不得逾百分之三，優惠期限不得逾五年；其適用範圍、優惠比率及實施辦法，由主管機關會同相關目的

事業主管機關定之。

第三章　決　標

第四五條　（開標作業公開原則）

公開招標及選擇性招標之開標，除法令另有規定外，應依招標文件公告之時間及地點公開爲之。

第四六條　（底價之訂定及訂定時機）

①機關辦理採購，除本法另有規定外，應訂定底價。底價應依圖說、規範、契約並考量成本、市場行情及政府機關決標資料逐項編列，由機關首長或其授權人員核定。

②前項底價之訂定時機，依下列規定辦理：

一　公開招標應於開標前定之。

二　選擇性招標應於資格審查後之下一階段開標前定之。

三　限制性招標應於議價或比價前定之。

第四七條　（得不訂底價情形）

①機關辦理下列採購，得不訂底價。但應於招標文件內敘明理由及決標條件與原則：

一　訂定底價確有困難之特殊或複雜案件。

二　以最有利標決標之採購。

三　小額採購。

②前項第一款及第二款之採購，得規定廠商於投標文件內詳列報價內容。

③小額採購之金額，在中央由主管機關定之；在地方由直轄市或縣（市）政府定之。但均不得逾公告金額十分之一。地方未定者，比照中央規定辦理。

第四八條　（不予開標決標之情形）91

①機關依本法規定辦理招標，除有下列情形之一不予開標決標外，有三家以上合格廠商投標，即應依招標文件所定時間開標決標：

一　變更或補充招標文件內容者。

二　發現有足以影響採購公正之違法或不當行爲者。

三　依第八十二條規定暫緩開標者。

四　依第八十四條規定暫停採購程序者。

五　依第八十五條規定由招標機關另爲適法之處置者。

六　因應突發事故者。

七　採購計畫變更或取銷採購者。

八　經主管機關認定之特殊情形。

②第一次開標，因未滿三家而流標者，第二次招標之等標期間得予縮短，並得不受前項三家廠商之限制。

第四九條　（未達公告金額逾公告金額十分之一之採購應公開取得書面報價或企劃書）

未達公告金額之採購，其金額逾公告金額十分之一者，除第二十二條第一項各款情形外，仍應公開取得三家以上廠商之書面報價或企劃書。

第五〇條　（不予投標廠商開標或決標之情形）108

①投標廠商有下列情形之一，經機關於開標前發現者，其所投之標應不予開標；於開標後發現者，應不決標予該廠商：

一　未依招標文件之規定投標。

二　投標文件內容不符合招標文件之規定。

三　借用或冒用他人名義或證件投標。

四　以不實之文件投標。

五　不同投標廠商間之投標文件內容有重大異常關聯。

六　第一百零三條第一項不得參加投標或作爲決標對象之情形。

七　其他影響採購公正之違反法令行為。

②決標或簽約後發現得標廠商於決標前有第一項情形者，應撤銷決標、終止契約或解除契約，並得追償損失。但撤銷決標、終止契約或解除契約反不符公共利益，並經上級機關核准者，不在此限。

③第一項不予開標或不予決標，致採購程序無法繼續進行者，機關得宣布廢標。

第五一條　（審標疑義之處理及結果之通知）

①機關應依招標文件規定之條件，審查廠商投標文件，對其內容有疑義時，得通知投標廠商提出說明。

②前項審查結果應通知投標廠商，對不合格之廠商，並應敘明其原因。

第五二條　（決標之原則）108

①機關辦理採購之決標，應依下列原則之一辦理，並應載明於招標文件中：

一　訂有底價之採購，以合於招標文件規定，且在底價以內之最低標為得標廠商。

二　未訂底價之採購，以合於招標文件規定，標價合理，且在預算數額以內之最低標為得標廠商。

三　以合於招標文件規定之最有利標為得標廠商。

四　採用複數決標之方式：機關得於招標文件中公告保留之採購項目或數量選擇之組合權利，但應合於最低價格或最有利標之競標精神。

②機關辦理公告金額以上之專業服務、技術服務、資訊服務、社會福利服務或文化創意服務者，以不訂底價之最有利標為原則。

③決標時得不通知投標廠商到場，其結果應通知各投標廠商。

第五三條　（超底價之決標）

①合於招標文件規定之投標廠商之最低標價超過底價時，得洽該最低標廠商減價一次；減價結果仍超過底價時，得由所有合於招標文件規定之投標廠商重新比減價格，比減價格不得逾三次。

②前項辦理結果，最低標價仍超過底價而不逾預算數額，機關確有緊急情事需決標時，應經原底價核定人或其授權人員核准，且不得超過底價百分之八。但查核金額以上之採購，超過底價百分之四者，應先報經上級機關核准後決標。

第五四條　（未訂底價之決標）

決標依第五十二條第一項第二款規定辦理者，合於招標文件規定之最低標價逾評審委員會建議之金額或預算金額時，得洽該最低標廠商減價一次。減價結果仍逾越上開金額時，得由所有合於招標文件規定之投標廠商重新比減價格。機關得就重新比減價格之次數予以限制，比減價格不得逾三次，辦理結果，最低標價仍逾越上開金額時，應予廢標。

第五五條　（最低標決標之協商）

機關辦理以最低標決標之採購，經報上級機關核准，並於招標公告及招標文件內預告者，得於依前二條規定無法決標時，採行協商措施。

第五六條　（最有利標之決標程序）

①決標依第五十二條第一項第三款規定辦理者，應依招標文件所規定之評審標準，就廠商投標標的之技術、品質、功能、商業條款或價格等項目，作序位或計數之綜合評選，評定最有利標。價格或其與綜合評選項目評分之商數，得做為單獨評選之項目或決標之標準。未列入之項目，不得做為評選之參考。評選結果無法依機關首長或評選委員會過半數之決定，評定最有利標時，得採行協商措施，再作綜合評選，評定最有利標。評定應附理由。綜合評選不得逾三次。

②依前項辦理結果，仍無法評定最有利標時，應予廢標。

③機關採最有利標決標者，應先報經上級機關核准。

④最有利標之評選辦法，由主管機關定之。

第五七條　（協商之原則）

機關依前二條之規定採行協商措施者，應依下列原則辦理：

一　開標、投標、審標程序及內容均應予保密。
二　協商時應平等對待所有合於招標文件規定之投標廠商，必要時並錄影或錄音存證。
三　原招標文件已標示得更改項目之內容，始得納入協商。
四　前款得更改之項目變更時，應以書面通知所有得參與協商之廠商。
五　協商結束後，應予前款廠商依據協商結果，於一定期間內修改投標文件重行遞送之機會。

第五八條　（標價不合理之處理）
機關辦理採購採最低標決標時，如認爲最低標廠商之總標價或部分標價偏低，顯不合理，有降低品質、不能誠信履約之虞或其他特殊情形，得限期通知該廠商提出說明或擔保。廠商未於機關通知期限內提出合理之說明或擔保者，得不決標予該廠商，並以次低標廠商爲最低標廠商。

第五九條　（禁止支付不正利益促成採購契約之適用範圍及違反之懲罰）108
①廠商不得以支付他人佣金、比例金、仲介費、後謝金或其他不正利益爲條件，促成採購契約之成立。
②違反前項規定者，機關得終止或解除契約，並將二倍之不正利益自契約價款中扣除。未能扣除者，通知廠商限期給付之。

第六〇條　（投標商之棄權）
機關辦理採購依第五十一條、第五十三條、第五十四條或第五十七條規定，通知廠商說明、減價、比減價格、協商、更改原報內容或重新報價，廠商未依通知期限辦理者，視同放棄。

第六一條　（決標公告）
機關辦理公告金額以上採購之招標，除有特殊情形者外，應於決標後一定期間內，將決標結果之公告刊登於政府採購公報，並以書面通知各投標廠商。無法決標者，亦同。

第六二條　（決標資料之彙送）
機關辦理採購之決標資料，應定期彙送主管機關。

第四章　履約管理

第六三條　（採購契約範本之訂定及損害責任）108
①各類採購契約以採用主管機關訂定之範本爲原則，其要項及內容由主管機關參考國際及國內慣例定之。
②採購契約應訂明一方執行錯誤、不實或管理不善，致他方遭受損害之責任。

第六四條　（採購契約之終止或解除）
採購契約得訂明因政策變更，廠商依契約繼續履行反而不符公共利益者，機關得報經上級機關核准，終止或解除部分或全部契約，並補償廠商因此所生之損失。

第六五條　（得標廠商不得轉包）
①得標廠商應自行履行工程、勞務契約，不得轉包。
②前項所稱轉包，指將原契約中應自行履行之全部或其主要部分，由其他廠商代爲履行。
③廠商履行財物契約，其需經一定履約過程，非以現成財物供應者，準用前二項規定。

第六六條　（違反不得轉包規定之處理及責任）91
①得標廠商違反前條規定轉包其他廠商時，機關得解除契約、終止契約或沒收保證金，並得要求損害賠償。
②前項轉包廠商與得標廠商對機關負連帶履行及賠償責任。再轉包者，亦同。

第六七條　（分包及責任）
①得標廠商得將採購分包予其他廠商。稱分包者，謂非轉包而將契約之部分由其他廠商

代為履行。
②分包契約報備於採購機關，並經得標廠商就分包部分設定權利質權予分包廠商者，民法第五百十三條之抵押權及第八百十六條因添附而生之請求權，及於得標廠商對於機關之價金或報酬請求權。
③前項情形，分包廠商就其分包部分，與得標廠商連帶負瑕疵擔保責任。

第六八條（契約價金或報酬請求權得為權利質權之標的）
得標廠商就採購契約對於機關之價金或報酬請求權，其全部或一部得為權利質權之標的。

第六九條（刪除）91

第七〇條（工程採購品質管理及成立工程施工查核小組）108
①機關辦理工程採購，應明訂廠商執行品質管理、環境保護、施工安全衛生之責任，並對重點項目訂定檢查程序及檢驗標準。
②機關於廠商履約過程，得辦理分段查驗，其結果並得供驗收之用。
③中央及直轄市、縣（市）政府應成立工程施工查核小組，定期查核所屬（轄）機關工程品質及進度等事宜。
④工程施工查核小組之組織準則，由主管機關擬訂，報請行政院核定後發布之。其作業辦法，由主管機關定之。
⑤財物或勞務採購需經一定履約過程，而非以現成財物或勞務供應者，準用第一項及第二項之規定。

第七〇條之一（編製符合職業安全衛生法規之圖說及規範）108
①機關辦理工程規劃、設計，應依工程規模及特性，分析潛在施工危險，編製符合職業安全衛生法規之安全衛生圖說及規範，並量化編列安全衛生費用。
②機關辦理工程採購，應將前項設計成果納入招標文件，並於招標文件規定廠商須依職業安全衛生法規，採取必要之預防設備或措施，實施安全衛生管理及訓練，使勞工免於發生職業災害，以確保施工安全。
③廠商施工場所依法令或契約應有之安全衛生設施欠缺或不良，致發生職業災害者，除應受職業安全衛生相關法令處罰外，機關應依本法及契約規定處置。

第五章　驗　收

第七一條（限期辦理驗收及驗收人員之指派）
①機關辦理工程、財物採購，應限期辦理驗收，並得辦理部分驗收。
②驗收時應由機關首長或其授權人員指派適當人員主驗，通知接管單位或使用單位會驗。
③機關承辦採購單位之人員不得為所辦採購之主驗人或樣品及材料之檢驗人。
④前三項之規定，於勞務採購準用之。

第七二條（驗收紀錄及驗收結果不符之處理）
①機關辦理驗收時應製作紀錄，由參加人員會同簽認。驗收結果與契約、圖說、貨樣規定不符者，應通知廠商限期改善、拆除、重作、退貨或換貨。其驗收結果不符部分非屬重要，而其他部分能先行使用，並經機關檢討認為確有先行使用之必要者，得經機關首長或其授權人員核准，就其他部分辦理驗收並支付部分價金。
②驗收結果與規定不符，而不妨礙安全及使用需求，亦無減少通常效用或契約預定效用，經機關檢討不必拆換或拆換確有困難者，得於必要時減價收受。其在查核金額以上之採購，應先報經上級機關核准；未達查核金額之採購，應經機關首長或其授權人員核准。
③驗收人對工程、財物隱蔽部分，於必要時得拆驗或化驗。

第七三條（簽認結算驗收證明書）
①工程、財物採購經驗收完畢後，應由驗收及監驗人員於結算驗收證明書上分別簽認。

②前項規定，於勞務驗收準用之。

第七三條之一（機關工程採購付款及審核程序）105

①機關辦理工程採購之付款及審核程序，除契約另有約定外，應依下列規定辦理：

一 定期估驗或分階段付款者，機關應於廠商提出估驗或階段完成之證明文件後，十五日內完成審核程序，並於接到廠商提出之請款單據後，十五日內付款。

二 驗收付款者，機關應於驗收合格後，填具結算驗收證明文件，並於接到廠商請款單據後，十五日內付款。

三 前二款付款期限，應向上級機關申請核撥補助款者，爲三十日。

②前項各款所稱日數，係指實際工作日，不包括例假日、特定假日及退請受款人補正之日數。

③機關辦理付款及審核程序，如發現廠商有文件不符、不足或有疑義而需補正或澄清者，應一次通知澄清或補正，不得分次辦理。

④財物及勞務採購之付款及審核程序，準用前三項之規定。

第六章　爭議處理

第七四條（廠商與機關間招標、審標、決標爭議之處理）91

廠商與機關間關於招標、審標、決標之爭議，得依本章規定提出異議及申訴。

第七五條（廠商向招標機關提出書面異議）91

①廠商對於機關辦理採購，認爲違反法令或我國所締結之條約、協定（以下合稱法令），致損害其權利或利益者，得於下列期限內，以書面向招標機關提出異議：

一 對招標文件規定提出異議者，爲自公告或邀標之次日起等標期之四分之一，其尾數不足一日者，以一日計。但不得少於十日。

二 對招標文件規定之釋疑、後續說明、變更或補充提出異議者，爲接獲機關通知或機關公告之次日起十日。

三 對採購之過程、結果提出異議者，爲接獲機關通知或機關公告之次日起十日。其過程或結果未經通知或公告者，爲知悉或可得而知悉之次日起十日。但至遲不得逾決標日之次日起十五日。

②招標機關應自收受異議之次日起十五日內爲適當之處理，並將處理結果以書面通知提出異議之廠商。其處理結果涉及變更或補充招標文件內容者，除選擇性招標之規格標與價格標及限制性招標應以書面通知各廠商外，應另行公告，並視需要延長等標期。

第七六條（採購申訴）108

①廠商對於公告金額以上採購異議之處理結果不服，或招標機關逾前條第二項所定期限不爲處理者，得於收受異議處理結果或期限屆滿之次日起十五日內，依其屬中央機關或地方機關辦理之採購，以書面分別向主管機關、直轄市或縣（市）政府所設之採購申訴審議委員會申訴。地方政府未設採購申訴審議委員會者，得委請中央主管機關處理。

②廠商誤向該管採購申訴審議委員會以外之機關申訴者，以該機關收受之日，視爲提起申訴之日。

③第二項收受申訴書之機關應於收受之次日起三日內將申訴書移送於該管採購申訴審議委員會，並通知申訴廠商。

④爭議屬第三十一條規定不予發還或追繳押標金者，不受第一項公告金額以上之限制。

第七七條（申訴書應載明事項）

①申訴應具申訴書，載明下列事項，由申訴廠商簽名或蓋章：

一 申訴廠商之名稱、地址、電話及負責人之姓名、性別、出生年月日、住所或居所。

二 原受理異議之機關。

三 申訴之事實及理由。

四　證據。
五　年、月、日。
②申訴得委任代理人為之，代理人應檢附委任書並載明其姓名、性別、出生年月日、職業、電話、住所或居所。
③民事訴訟法第七十條規定，於前項情形準用之。

第七八條　（申訴之審議及完成審議之期限）91
①廠商提出申訴，應同時繕具副本送招標機關。機關應自收受申訴書副本之次日起十日內，以書面向該管採購申訴審議委員會陳述意見。
②採購申訴審議委員會應於收受申訴書之次日起四十日內完成審議，並將判斷以書面通知廠商及機關。必要時得延長四十日。

第七九條　（申訴之不予受理及補正）
申訴逾越法定期間或不合法定程式者，不予受理。但其情形可以補正者，應定期間命其補正；逾期不補正者，不予受理。

第八〇條　（申訴審議程序）
①採購申訴得僅就書面審議之。
②採購申訴審議委員會得依職權或申請，通知申訴廠商、機關到指定場所陳述意見。
③採購申訴審議委員會於審議時，得囑託具專門知識經驗之機關、學校、團體或人員鑑定，並得通知相關人士說明或請機關、廠商提供相關文件、資料。
④採購申訴審議委員會辦理審議，得先行向廠商收取審議費、鑑定費及其他必要之費用；其收費標準及繳納方式，由主管機關定之。
⑤採購申訴審議規則，由主管機關擬訂，報請行政院核定後發布之。

第八一條　（撤回申訴）
申訴提出後，廠商得於審議判斷送達前撤回之。申訴經撤回後，不得再行提出同一之申訴。

第八二條　（審議判斷應載明內容）
①採購申訴審議委員會審議判斷，應以書面附事實及理由，指明招標機關原採購行為有無違反法令之處；其有違反者，並得建議招標機關處置之方式。
②採購申訴審議委員會於完成審議前，必要時得通知招標機關暫停採購程序。
③採購申訴審議委員會為第一項之建議或前項之通知時，應考量公共利益、相關廠商利益及其他有關情況。

第八三條　（審議判斷之效力）91
審議判斷，視同訴願決定。

第八四條　（招標機關對異議或申訴得採取之措施）
①廠商提出異議或申訴者，招標機關評估其事由，認其異議或申訴有理由者，應自行撤銷、變更原處理結果，或暫停採購程序之進行。但為應緊急情況或公共利益之必要，或其事由無影響採購之虞者，不在此限。
②依廠商之申訴，而為前項之處理者，招標機關應將其結果即時通知該管採購申訴審議委員會。

第八五條　（招標機關對審議判斷之處置程序）108
①審議判斷指明原採購行為違反法令者，招標機關應自收受審議判斷書之次日起二十日內另為適法之處置；期限屆滿未處置者，廠商得自期限屆滿之次日起十五日內向採購申訴審議委員會申訴。
②採購申訴審議委員會於審議判斷中建議招標機關處置方式，而招標機關不依建議辦理者，應於收受判斷之次日起十五日內報請上級機關核定，並由上級機關於收受之次日起十五日內，以書面向採購申訴審議委員會及廠商說明理由。
③審議判斷指明原採購行為違反法令，廠商得向招標機關請求償付其準備投標、異議及申訴所支出之必要費用。

第八五條之一　（履約爭議處理方式）105

①機關與廠商因履約爭議未能達成協議者，得以下列方式之一處理：
一　向採購申訴審議委員會申請調解。
二　向仲裁機構提付仲裁。
②前項調解屬廠商申請者，機關不得拒絕。工程及技術服務採購之調解，採購申訴審議委員會應提出調解建議或調解方案；其因機關不同意致調解不成立者，廠商提付仲裁，機關不得拒絕。
③採購申訴審議委員會辦理調解之程序及其效力，除本法有特別規定者外，準用民事訴訟法有關調解之規定。
④履約爭議調解規則，由主管機關擬訂，報請行政院核定後發布之。

第八五條之二　（申請調解費用之收取）91
申請調解，應繳納調解費、鑑定費及其他必要之費用；其收費標準、繳納方式及數額之負擔，由主管機關定之。

第八五條之三　（書面調解建議）91
①調解經當事人合意而成立；當事人不能合意者，調解不成立。
②調解過程中，調解委員得依職權以採購申訴審議委員會名義提出書面調解建議；機關不同意該建議者，應先報請上級機關核定，並以書面向採購申訴審議委員會及廠商說明理由。

第八五條之四　（調解方案及異議之提出）91
①履約爭議之調解，當事人不能合意但已甚接近者，採購申訴審議委員會應斟酌一切情形，並徵詢調解委員之意見，求兩造利益之平衡，於不違反兩造當事人之主要意思範圍內，以職權提出調解方案。
②當事人或參加調解之利害關係人對於前項方案，得於送達之次日起十日內，向採購申訴審議委員會提出異議。
③於前項期間內提出異議者，視爲調解不成立；其未於前項期間內提出異議者，視爲已依該方案調解成立。
④機關依前項規定提出異議者，準用前條第二項之規定。

第八六條　（採購申訴審議委員會之設置）105
①主管機關及直轄市、縣（市）政府爲處理中央及地方機關採購之廠商申訴及機關與廠商間之履約爭議調解，分別設採購申訴審議委員會；置委員七人至三十五人，由主管機關及直轄市、縣（市）政府聘請具有法律或採購相關專門知識之公正人士擔任，其中三人並得由主管機關及直轄市、縣（市）政府高級人員派兼之。但派兼人數不得超過全體委員人數五分之一。
②採購申訴審議委員會應公正行使職權。採購申訴審議委員會組織準則，由主管機關擬訂，報請行政院核定後發布之。

第七章　罰　則

第八七條　（強迫投標廠商違反本意之處罰）91
①意圖使廠商不爲投標、違反其本意投標，或使得標廠商放棄得標、得標後轉包或分包，而施強暴、脅迫、藥劑或催眠術者，處一年以上七年以下有期徒刑，得併科新臺幣三百萬元以下罰金。
②犯前項之罪，因而致人於死者，處無期徒刑或七年以上有期徒刑；致重傷者，處三年以上十年以下有期徒刑，各得併科新臺幣三百萬元以下罰金。
③以詐術或其他非法之方法，使廠商無法投標或開標發生不正確結果者，處五年以下有期徒刑，得併科新臺幣一百萬元以下罰金。
④意圖影響決標價格或獲取不當利益，而以契約、協議或其他方式之合意，使廠商不爲投標或不爲價格之競爭者，處六月以上五年以下有期徒刑，得併科新臺幣一百萬元以下罰金。

⑤意圖影響採購結果或獲取不當利益，而借用他人名義或證件投標者，處三年以下有期徒刑，得併科新臺幣一百萬元以下罰金。容許他人借用本人名義或證件參加投標者，亦同。
⑥第一項、第三項及第四項之未遂犯罰之。

第八八條 （受託辦理採購人員意圖私利之處罰）91
①受機關委託提供採購規劃、設計、審查、監造、專案管理或代辦採購廠商之人員，意圖為私人不法之利益，對技術、工法、材料、設備或規格，為違反法令之限制或審查，因而獲得利益者，處一年以上七年以下有期徒刑，得併科新臺幣三百萬元以下罰金。其意圖為私人不法之利益，對廠商或分包廠商之資格為違反法令之限制或審查，因而獲得利益者，亦同。
②前項之未遂犯罰之。

第八九條 （受託辦理採購人員洩密之處罰）
①受機關委託提供採購規劃、設計或專案管理或代辦採購廠商之人員，意圖為私人不法之利益，洩漏或交付關於採購應秘密之文書、圖畫、消息、物品或其他資訊，因而獲得利益者，處五年以下有期徒刑、拘役或科或併科新臺幣一百萬元以下罰金。
②前項之未遂犯罰之。

第九〇條 （強制採購人員違反本意之處罰）
①意圖使機關規劃、設計、承辦、監辦採購人員或受機關委託提供採購規劃、設計或專案管理或代辦採購廠商之人員，就與採購有關事項，不為決定或為違反其本意之決定，而施強暴、脅迫者，處一年以上七年以下有期徒刑，得併科新臺幣三百萬元以下罰金。
②犯前項之罪，因而致人於死者，處無期徒刑或七年以上有期徒刑；致重傷者，處三年以上十年以下有期徒刑，各得併科新臺幣三百萬元以下罰金。
③第一項之未遂犯罰之。

第九一條 （強制採購人員洩密之處罰）
①意圖使機關規劃、設計、承辦、監辦採購人員或受機關委託提供採購規劃、設計或專案管理或代辦採購廠商之人員，洩漏或交付關於採購應秘密之文書、圖畫、消息、物品或其他資訊，而施強暴、脅迫者，處五年以下有期徒刑，得併科新臺幣一百萬元以下罰金。
②犯前項之罪，因而致人於死者，處無期徒刑或七年以上有期徒刑；致重傷者，處三年以上十年以下有期徒刑，各得併科新臺幣三百萬元以下罰金。
③第一項之未遂犯罰之。

第九二條 （廠商連帶處罰）
廠商之代表人、代理人、受雇人或其他從業人員，因執行業務犯本法之罪者，除依該條規定處罰其行為人外，對該廠商亦科以該條之罰金。

第八章　附　則

第九三條 （共同供應契約）108
①各機關得就具有共通需求特性之財物或勞務，與廠商簽訂共同供應契約。
②共同供應契約之採購，其招標文件與契約應記載之事項、適用機關及其他相關事項之辦法，由主管機關另定之。

第九三條之一 （電子化採購）91
①機關辦理採購，得以電子化方式為之，其電子化資料並視同正式文件，得免另備書面文件。
②前項以電子化方式採購之招標、領標、投標、開標、決標及費用收支作業辦法，由主管機關定之。

第九四條 （評選委員會之設置）108

①機關辦理評選，應成立五人以上之評選委員會，專家學者人數不得少於三分之一，其名單由主管機關會同教育部、考選部及其他相關機關建議之。
②前項所稱專家學者，不得為政府機關之現職人員。
③評選委員會組織準則及審議規則，由主管機關定之。

第九五條　（採購專業人員）108

①機關辦理採購宜由採購專業人員為之。但一定金額之採購，應由採購專業人員為之。
②前項採購專業人員之資格、考試、訓練、發證、管理辦法及一定金額，由主管機關會商相關機關定之。

第九六條　（環保產品優先採購）

①機關得於招標文件中，規定優先採購取得政府認可之環境保護標章使用許可，而其效能相同或相似之產品，並得允許百分之十以下之價差。產品或其原料之製造、使用過程及廢棄物處理，符合再生材質、可回收、低污染或省能源者，亦同。
②其他增加社會利益或減少社會成本，而效能相同或相似之產品，準用前項之規定。
③前二項產品之種類、範圍及實施辦法，由主管機關會同行政院環境保護署及相關目的事業主管機關定之。

第九七條　（扶助中小企業）91

①主管機關得參酌相關法令規定採取措施，扶助中小企業承包或分包一定金額比例以上之政府採購。
②前項扶助辦法，由主管機關定之。

第九八條　（僱用身心障礙者及原住民）91

得標廠商其於國內員工總人數逾一百人者，應於履約期間僱用身心障礙者及原住民，人數不得低於總人數百分之二，僱用不足者，除應繳納代金，並不得僱用外籍勞工取代僱用不足額部分。

第九九條　（投資廠商甄選程序之適用）

機關辦理政府規劃或核准之交通、能源、環保、旅遊等建設，經目的事業主管機關核准開放廠商投資興建、營運者，其甄選投資廠商之程序，除其他法律另有規定者外，適用本法之規定。

第一〇〇條　（主管機關、上級機關及主計機關得隨時查核各機關採購）

①主管機關、上級機關及主計機關得隨時查核各機關採購進度、存貨或其使用狀況，亦得命其提出報告。
②機關多餘不用之堪用財物，得無償讓與其他政府機關或公立學校。

第一〇一條　（應通知廠商並刊登政府採購公報之違法、違約情形）108

①機關辦理採購，發現廠商有下列情形之一，應將其事實、理由及依第一百零三條第一項所定期間通知廠商，並附記如未提出異議者，將刊登政府採購公報：
　一　容許他人借用本人名義或證件參加投標者。
　二　借用或冒用他人名義或證件投標者。
　三　擅自減省工料，情節重大者。
　四　以虛偽不實之文件投標、訂約或履約，情節重大者。
　五　受停業處分期間仍參加投標者。
　六　犯第八十七條至第九十二條之罪，經第一審為有罪判決者。
　七　得標後無正當理由而不訂約者。
　八　查驗或驗收不合格，情節重大者。
　九　驗收後不履行保固責任，情節重大者。
　十　因可歸責於廠商之事由，致延誤履約期限，情節重大者。
　十一　違反第六十五條規定轉包者。
　十二　因可歸責於廠商之事由，致解除或終止契約，情節重大者。
　十三　破產程序中之廠商。
　十四　歧視性別、原住民、身心障礙或弱勢團體人士，情節重大者。

十五　對採購有關人員行求、期約或交付不正利益者。

②廠商之履約連帶保證廠商經機關通知履行連帶保證責任者，適用前項規定。

③機關為第一項通知前，應給予廠商口頭或書面陳述意見之機會，機關並應成立採購工作及審查小組認定廠商是否該當第一項各款情形之一。

④機關審酌第一項所定情節重大，應考量機關所受損害之輕重、廠商可歸責之程度、廠商之實際補救或賠償措施等情形。

第一〇二條　（廠商得對機關前條通知情事提出異議及申訴）91

①廠商對於機關依前條所為之通知，認為違反本法或不實者，得於接獲通知之次日起二十日內，以書面向該機關提出異議。

②廠商對前項異議之處理結果不服，或機關逾收受異議之次日起十五日內不為處理者，無論該案件是否逾公告金額，得於收受異議處理結果或期限屆滿之次日起十五日內，以書面向該管採購申訴審議委員會申訴。

③機關依前條通知廠商後，廠商未於規定期限內提出異議或申訴，或經提出申訴結果不予受理或審議結果指明不違反本法或並無不實者，機關應即將廠商名稱及相關情形刊登政府採購公報。

④第一項及第二項關於異議及申訴之處理，準用第六章之規定。

第一〇三條　（停權廠商不得參加投標或作為決標對象或分包廠商之期限）108

①依前條第三項規定刊登於政府採購公報之廠商，於下列期間內，不得參加投標或作為決標對象或分包廠商：

一　有第一百零一條第一項第一款至第五款、第十五款情形或第六款判處有期徒刑者，自刊登之次日起三年。但經判決撤銷原處分或無罪確定者，應註銷之。

二　有第一百零一條第一項第十三款、第十四款情形或第六款判處拘役、罰金或緩刑者，自刊登之次日起一年。但經判決撤銷原處分或無罪確定者，應註銷之。

三　有第一百零一條第一項第七款至第十二款情形者，於通知日起前五年內未被任一機關刊登者，自刊登之次日起三個月；已被任一機關刊登一次者，自刊登之次日起六個月；已被任一機關刊登累計二次以上者，自刊登之次日起一年。但經判決撤銷原處分者，應註銷之。

②機關因特殊需要，而有向前項廠商採購之必要，經上級機關核准者，不適用前項規定。

③本法中華民國一百零八年四月三十日修正之條文施行前，已依第一百零一條第一項規定通知，但處分尚未確定者，適用修正後之規定。

第一〇四條　（軍事機關採購不適用本法之情形）

①軍事機關之採購，應依本法之規定辦理。但武器、彈藥、作戰物資或與國家安全或國防目的有關之採購，而有下列情形者，不在此限。

一　因應國家面臨戰爭、戰備動員或發生戰爭者，得不適用本法之規定。

二　機密或極機密之採購，得不適用第二十七條、第四十五條及第六十一條之規定。

三　確因時效緊急，有危及重大戰備任務之虞者，得不適用第二十六條、第二十八條及第三十六條之規定。

四　以議價方式辦理之採購，得不適用第二十六條第三項本文之規定。

②前項採購之適用範圍及其處理辦法，由主管機關會同國防部定之，並送立法院審議。

第一〇五條　（特別採購）

①機關辦理下列採購，得不適用本法招標、決標之規定。

一　國家遇有戰爭、天然災害、癘疫或財政經濟上有重大變故，需緊急處置之採購事項。

二　人民之生命、身體、健康、財產遭遇緊急危難，需緊急處置之採購事項。

三　公務機關間財物或勞務之取得，經雙方直屬上級機關核准者。

四　依條約或協定向國際組織、外國政府或其授權機構辦理之採購，其招標、決標另有特別規定者。

②前項之採購，有另定處理辦法予以規範之必要者，其辦法由主管機關定之。

第一〇六條 （駐外機構辦理採購）

①駐國外機構辦理或受託辦理之採購，因應駐在地國情或實地作業限制，且不違背我國締結之條約或協定者，得不適用下列各款規定。但第二款至第四款之事項，應於招標文件中明定其處理方式。

一 第二十七條刊登政府採購公報。

二 第三十條押標金及保證金。

三 第五十三條第一項及第五十四條第一項優先減價及比減價格規定。

四 第六章異議及申訴。

②前項採購屬查核金額以上者，事後應敘明原由，檢附相關文件送上級機關備查。

第一〇七條 （採購文件之保存）

機關辦理採購之文件，除依會計法或其他法律規定保存者外，應另備具一份，保存於主管機關指定之場所。

第一〇八條 （採購稽核小組之設置）

①中央及直轄市、縣（市）政府應成立採購稽核小組，稽核監督採購事宜。

②前項稽核小組之組織準則及作業規則，由主管機關擬訂，報請行政院核定後發布之。

第一〇九條 （審計機關稽察）

機關辦理採購，審計機關得隨時稽察之。

第一一〇條 （得就採購事件提起訴訟或上訴）

主計官、審計官或檢察官就採購事件，得為機關提起訴訟、參加訴訟或上訴。

第一一一條 （巨額採購之效益分析評估）

①機關辦理巨額採購，應於使用期間內，逐年向主管機關提報使用情形及其效益分析。主管機關並得派員查核之。

②主管機關每年應對已完成之重大採購事件，作出效益評估；除應秘密者外，應刊登於政府採購公報。

第一一二條 （採購人員倫理準則）

主管機關應訂定採購人員倫理準則。

第一一三條 （施行細則）

本法施行細則，由主管機關定之。

第一一四條 （施行日期）91

①本法自公布後一年施行。

②本法修正條文（包括中華民國九十年一月十日修正公布之第七條）自公布日施行。

勞動基準法

①民國73年7月30日總統令制定公布全文86條。
②民國85年12月27日總統令修正公布第3條條文；並增訂第30-1、84-1、84-2條條文。
③民國87年5月13日總統令修正公布第30-1條條文。
④民國89年6月28日總統令修正公布第30條條文。
⑤民國89年7月19日總統令修正公布第4、72條條文。
⑥民國91年6月12日總統令修正公布第3、21、30-1、56條條文。
⑦民國91年12月25日總統令修正公布第30、30-1、32、49、77、79、86條條文；本法自公布日施行，但89年6月28日修正公布之第30條第1、2項規定自90年1月1日施行。
⑧民國97年5月14日總統令修正公布第54條條文。
⑨民國98年4月22日總統令修正公布第53條條文。
⑩民國100年6月29日總統令修正公布第75至79、80條條文；並增訂第79-1條條文。
⑪民國102年12月11日總統令修正公布第45、47、77、79-1條條文。
民國103年2月14日行政院公告第4條所列屬「行政院勞工委員會」之權責事項，自103年2月17日起改由「勞動部」管轄；第28條第5項所列屬「勞工保險局」之權責事項，自103年2月17日起，積欠工資墊償基金收繳、墊償業務，改由「勞動部勞工保險局」管轄；積欠工資墊償基金投資及運用業務，改由「勞動部勞動基金運用局」管轄；第56條第2項所列屬「勞工退休基金監理委員會」之權責事項，自103年2月17日起，監理業務改由「勞動部」管轄；勞工退休基金投資及運用業務，改由「勞動部勞動基金運用局」管轄。
⑫民國104年2月4日總統令修正公布第17、28、55、56、78、79、86條條文；並增訂第80-1條條文；除第28條第1項自公布後八個月施行外，自公布日施行。
⑬民國104年6月3日總統令修正公布第4、30、79、86條條文；並自105年1月1日施行。
⑭民國104年7月1日總統令修正公布第58條條文。
⑮民國104年12月16日總統令修正公布第44、46條條文；並增訂第9-1、10-1、15-1條條文。
⑯民國105年11月16日總統令修正公布第14條條文。
⑰民國105年12月21日總統令修正公布第23、24、30-1、34、36至39、74、79條條文；並自公布日施行；但第34條第2項規定，施行日期由行政院定之；第37條第1項及第38條自106年1月1日施行。
⑱民國106年12月27日總統令修正公布第61條條文。
⑲民國107年1月31日總統令修正公布第24、32、34、36至38、86條條文；增訂第32-1條條文；並自107年3月1日施行。
⑳民國107年11月21日總統令修正公布第54、55、59條條文。
㉑民國108年5月15日總統令修正公布第2、9條條文；並增訂第22-1條條文。
㉒民國108年6月19日總統令修正公布第63、78條條文；並增訂第17-1、63-1條條文。
㉓民國109年6月10日總統令修正公布第80-1條條文。
㉔民國113年7月31日總統令修正公布第54條條文。

第一章　總　則

第一條　（立法目的暨法律之適用）
①爲規定勞動條件最低標準，保障勞工權益，加強勞雇關係，促進社會與經濟發展，特制定本法；本法未規定者，適用其他法律之規定。
②雇主與勞工所訂勞動條件，不得低於本法所定之最低標準。

第二條　（用詞定義）108
本法用詞，定義如下：
一　勞工：指受雇主僱用從事工作獲致工資者。
二　雇主：指僱用勞工之事業主、事業經營之負責人或代表事業主處理有關勞工事務之人。

三　工資：指勞工因工作而獲得之報酬；包括工資、薪金及按計時、計日、計月、計件以現金或實物等方式給付之獎金、津貼及其他任何名義之經常性給與均屬之。
四　平均工資：指計算事由發生之當日前六個月內所得工資總額除以該期間之總日數所得之金額。工作未滿六個月者，指工作期間所得工資總額除以工作期間之總日數所得之金額。工資按工作日數、時數或論件計算者，其依上述方式計算之平均工資，如少於該期內工資總額除以實際工作日數所得金額百分之六十者，以百分之六十計。
五　事業單位：指適用本法各業僱用勞工從事工作之機構。
六　勞動契約：指約定勞雇關係而具有從屬性之契約。
七　派遣事業單位：指從事勞動派遣業務之事業單位。
八　要派單位：指依據要派契約，實際指揮監督管理派遣勞工從事工作者。
九　派遣勞工：指受派遣事業單位僱用，並向要派單位提供勞務者。
十　要派契約：指要派單位與派遣事業單位就勞動派遣事項所訂立之契約。

第三條　（適用行業之範圍）91

①本法於左列各業適用之：
一　農、林、漁、牧業。
二　礦業及土石採取業。
三　製造業。
四　營造業。
五　水電、煤氣業。
六　運輸、倉儲及通信業。
七　大眾傳播業。
八　其他經中央主管機關指定之事業。

②依前項第八款指定時，得就事業之部分工作場所或工作者指定適用。

③本法適用於一切勞雇關係。但因經營型態、管理制度及工作特性等因素適用本法確有窒礙難行者，並經中央主管機關指定公告之行業或工作者，不適用之。

④前項因窒礙難行而不適用本法者，不得逾第一項第一款至第七款以外勞工總數五分之一。

第四條　（主管機關）104

本法所稱主管機關：在中央為勞動部；在直轄市為直轄市政府；在縣（市）為縣（市）政府。

第五條　（強制勞動之禁止）

雇主不得以強暴、脅迫、拘禁或其他非法之方法，強制勞工從事勞動。

第六條　（抽取不法利益之禁止）

任何人不得介入他人之勞動契約，抽取不法利益。

第七條　（勞工名卡之置備暨登記）

①雇主應置備勞工名卡，登記勞工之姓名、性別、出生年月日、本籍、教育程度、住址、身分證統一號碼、到職年月日、工資、勞工保險投保日期、獎懲、傷病及其他必要之事項。

②前項勞工名卡，應保管至勞工離職後五年。

第八條　（雇主提供工作安全之義務）

雇主對於僱用之勞工，應預防職業上災害，建立適當之工作環境及福利設施。其有關安全衛生及福利事項，依有關法律之規定。

第二章　勞動契約

第九條　（定期勞動契約與不定期勞動契約）108

①勞動契約，分為定期契約及不定期契約。臨時性、短期性、季節性及特定性工作得為

定期契約；有繼續性工作應為不定期契約。派遣事業單位與派遣勞工訂定之勞動契約，應為不定期契約。

②定期契約屆滿後，有下列情形之一，視為不定期契約：

一　勞工繼續工作而雇主不即表示反對意思者。

二　雖經另訂新約，惟其前後勞動契約之工作期間超過九十日，前後契約間斷期間未超過三十日者。

③前項規定於特定性或季節性之定期工作不適用之。

第九條之一（勞工離職後競業禁止之約定）104

①未符合下列規定者，雇主不得與勞工為離職後競業禁止之約定：

一　雇主有應受保護之正當營業利益。

二　勞工擔任之職位或職務，能接觸或使用雇主之營業秘密。

三　競業禁止之期間、區域、職業活動之範圍及就業對象，未逾合理範疇。

四　雇主對勞工因不從事競業行為所受損失有合理補償。

②前項第四款所定合理補償，不包括勞工於工作期間所受領之給付。

③違反第一項各款規定之一者，其約定無效。

④離職後競業禁止之期間，最長不得逾二年。逾二年者，縮短為二年。

第一〇條（工作年資之合併計算）

定期契約屆滿後或不定期契約因故停止履行後，未滿三個月而訂定新約或繼續履行原約時，勞工前後工作年資，應合併計算。

第一〇條之一（雇主調動勞工工作應符合之原則）104

雇主調動勞工工作，不得違反勞動契約之約定，並應符合下列原則：

一　基於企業經營上所必須，且不得有不當動機及目的。但法律另有規定者，從其規定。

二　對勞工之工資及其他勞動條件，未作不利之變更。

三　調動後工作為勞工體能及技術可勝任。

四　調動工作地點過遠，雇主應予以必要之協助。

五　考量勞工及其家庭之生活利益。

第一一條（雇主須預告始得終止勞動契約情形）

非有左列情事之一者，雇主不得預告勞工終止勞動契約：

一　歇業或轉讓時。

二　虧損或業務緊縮時。

三　不可抗力暫停工作在一個月以上時。

四　業務性質變更，有減少勞工之必要，又無適當工作可供安置時。

五　勞工對於所擔任之工作確不能勝任時。

第一二條（雇主無須預告即得終止勞動契約之情形）

①勞工有左列情形之一者，雇主得不經預告終止契約：

一　於訂立勞動契約時為虛偽意思表示，使雇主誤信而有受損害之虞者。

二　對於雇主、雇主家屬、雇主代理人或其他共同工作之勞工，實施暴行或有重大侮辱之行為者。

三　受有期徒刑以上刑之宣告確定，而未諭知緩刑或未准易科罰金者。

四　違反勞動契約或工作規則，情節重大者。

五　故意損耗機器、工具、原料、產品，或其他雇主所有物品，或故意洩漏雇主技術上、營業上之秘密，致雇主受有損害者。

六　無正當理由繼續曠工三日，或一個月內曠工達六日者。

②雇主依前項第一款、第二款及第四款至第六款規定終止契約者，應自知悉其情形之日起，三十日內為之。

第一三條（雇主終止勞動契約之禁止暨例外）

勞工在第五十條規定之停止工作期間或第五十九條規定之醫療期間，雇主不得終止契約。但雇主因天災、事變或其他不可抗力致事業不能繼續，經報主管機關核定者，不在此限。

第一四條　（勞工得不經預告終止契約之情形）105

①有下列情形之一者，勞工得不經預告終止契約：

一　雇主於訂立勞動契約時為虛偽之意思表示，使勞工誤信而有受損害之虞者。

二　雇主、雇主家屬、雇主代理人對於勞工，實施暴行或有重大侮辱之行為者。

三　契約所訂之工作，對於勞工健康有危害之虞，經通知雇主改善而無效果者。

四　雇主、雇主代理人或其他勞工患有法定傳染病，對共同工作之勞工有傳染之虞，且重大危害其健康者。

五　雇主不依勞動契約給付工作報酬，或對於按件計酬之勞工不供給充分之工作者。

六　雇主違反勞動契約或勞工法令，致有損害勞工權益之虞者。

②勞工依前項第一款、第六款規定終止契約者，應自知悉其情形之日起，三十日內為之。但雇主有前項第六款所定情形者，勞工得於知悉損害結果之日起，三十日內為之。

③有第一項第二款或第四款情形，雇主已將該代理人間之契約終止，或患有法定傳染病者依衛生法規已接受治療時，勞工不得終止契約。

④第十七條規定於本條終止契約準用之。

第一五條（勞工須預告始得終止勞動契約之情形）

①特定性定期契約期限逾三年者，於屆滿三年後，勞工得終止契約。但應於三十日前預告雇主。

②不定期契約，勞工終止契約時，應準用第十六條第一項規定期間預告雇主。

第一五條之一　（勞工最低服務年限之約定）104

①未符合下列規定之一，雇主不得與勞工為最低服務年限之約定：

一　雇主為勞工進行專業技術培訓，並提供該項培訓費用者。

二　雇主為使勞工遵守最低服務年限之約定，提供其合理補償者。

②前項最低服務年限之約定，應就下列事項綜合考量，不得逾合理範圍：

一　雇主為勞工進行專業技術培訓之期間及成本。

二　從事相同或類似職務之勞工，其人力替補可能性。

三　雇主提供勞工補償之額度及範圍。

四　其他影響最低服務年限合理性之事項。

③違反前二項規定者，其約定無效。

④勞動契約因不可歸責於勞工之事由而於最低服務年限屆滿前終止者，勞工不負違反最低服務年限約定或返還訓練費用之責任。

第一六條　（雇主終止勞動契約之預告期間）

①雇主依第十一條或第十三條但書規定終止勞動契約者，其預告期間依左列各款之規定：

一　繼續工作三個月以上一年未滿者，於十日前預告之。

二　繼續工作一年以上三年未滿者，於二十日前預告之。

三　繼續工作三年以上者，於三十日前預告之。

②勞工於接到前項預告後，為另謀工作得於工作時間請假外出。其請假時數，每星期不得超過二日之工作時間，請假期間之工資照給。

③雇主未依第一項規定期間預告而終止契約者，應給付預告期間之工資。

第一七條　（資遣費之計算）104

①雇主依前條終止勞動契約者，應依下列規定發給勞工資遣費：

一　在同一雇主之事業單位繼續工作，每滿一年發給相當於一個月平均工資之資遣費。

二　依前款計算之剩餘月數，或工作未滿一年者，以比例計給之。未滿一個月者以一個月計。

②前項所定資遣費，雇主應於終止勞動契約三十日內發給。

第一七條之一　（禁止要派單位與派遣事業單位面試或指定特定受僱於派遣事業單位勞工之行爲）108

①要派單位不得於派遣事業單位與派遣勞工簽訂勞動契約前，有面試該派遣勞工或其他指定特定派遣勞工之行爲。

②要派單位違反前項規定，且已受領派遣勞工勞務者，派遣勞工得於要派單位提供勞務之日起九十日內，以書面向要派單位提出訂定勞動契約之意思表示。

③要派單位應自前項派遣勞工意思表示到達之日起十日內，與其協商訂定勞動契約。逾期未協商或協商不成立者，視爲雙方自期滿翌日成立勞動契約，並以派遣勞工於要派單位工作期間之勞動條件爲勞動契約內容。

④派遣事業單位及要派單位不得因派遣勞工提出第二項意思表示，而予以解僱、降調、減薪、損害其依法令、契約或習慣上所應享有之權益，或其他不利之處分。

⑤派遣事業單位及要派單位爲前項行爲之一者，無效。

⑥派遣勞工因第二項及第三項規定與要派單位成立勞動契約者，其與派遣事業單位之勞動契約視爲終止，且不負違反最低服務年限約定或返還訓練費用之責任。

⑦前項派遣事業單位應依本法或勞工退休金條例規定之給付標準及期限，發給派遣勞工退休金或資遣費。

第一八條　（勞工不得請求預告期間工資及資遣費之情形）

有左列情形之一者，勞工不得向雇主請求加發預告期間工資及資遣費：

一　依第十二條或第十五條規定終止勞動契約者。

二　定期勞動契約期滿離職者。

第一九條　（發給服務證明書之義務）

勞動契約終止時，勞工如請求發給服務證明書，雇主或其代理人不得拒絕。

第二〇條　（改組或轉讓時勞工留用或資遣之有關規定）

事業單位改組或轉讓時，除新舊雇主商定留用之勞工外，其餘勞工應依第十六條規定期間預告終止契約，並應依第十七條規定發給勞工資遣費。其留用勞工之工作年資，應由新雇主繼續予以承認。

第三章　工　資

第二一條　（工資之議定暨基本工資）91

①工資由勞雇雙方議定之。但不得低於基本工資。

②前項基本工資，由中央主管機關設基本工資審議委員會擬訂後，報請行政院核定之。

③前項基本工資審議委員會之組織及其審議程序等事項，由中央主管機關另以辦法定之。

第二二條　（工資之給付—標的及受領權人）

①工資之給付，應以法定通用貨幣爲之。但基於習慣或業務性質，得於勞動契約內訂明一部以實物給付之。工資之一部以實物給付時，其實物之作價應公平合理，並適合勞工及其家屬之需要。

②工資應全額直接給付勞工。但法令另有規定或勞雇雙方另有約定者，不在此限。

第二二條之一　（派遣勞工遭受積欠工資，經請求派遣事業單位給付仍未給付時，要派單位負有補充給付之責任）108

①派遣事業單位積欠派遣勞工工資，經主管機關處罰或依第二十七條規定限期令其給付而屆期未給付者，派遣勞工得請求要派單位給付。要派單位應自派遣勞工請求之日起三十日內給付之。

②要派單位依前項規定給付者，得向派遣事業單位求償或扣抵要派契約之應付費用。

第二三條　（工資之給付—時間或次數）105

①工資之給付，除當事人有特別約定或按月預付者外，每月至少定期發給二次，並應提

供工資各項目計算方式明細；按件計酬者亦同。
②雇主應置備勞工工資清冊，將發放工資、工資各項目計算方式明細、工資總額等事項記入。工資清冊應保存五年。

第二四條 （延長工作時間工資加給之計算方法）107
①雇主延長勞工工作時間者，其延長工作時間之工資，依下列標準加給：
一 延長工作時間在二小時以內者，按平日每小時工資額加給三分之一以上。
二 再延長工作時間在二小時以內者，按平日每小時工資額加給三分之二以上。
三 依第三十二條第四項規定，延長工作時間者，按平日每小時工資額加倍發給。
②雇主使勞工於第三十六條所定休息日工作，工作時間在二小時以內者，其工資按平日每小時工資額另再加給一又三分之一以上；工作二小時後再繼續工作者，按平日每小時工資額另再加給一又三分之二以上。

第二五條 （性別歧視之禁止）
雇主對勞工不得因性別而有差別之待遇。工作相同、效率相同者，給付同等之工資。

第二六條 （預扣工資之禁止）
雇主不得預扣勞工工資作爲違約金或賠償費用。

第二七條 （主管機關之限期命令給付）
雇主不按期給付工資者，主管機關得限期令其給付。

第二八條 （勞工債權受償順序及積欠工資墊償基金墊償範圍）104
①雇主有歇業、清算或宣告破產之情事時，勞工之下列債權受償順序與第一順位抵押權、質權或留置權所擔保之債權相同，按其債權比例受清償；未獲清償部分，有最優先受清償之權：
一 本於勞動契約所積欠之工資未滿六個月部分。
二 雇主未依本法給付之退休金。
三 雇主未依本法或勞工退休金條例給付之資遣費。
②雇主應按其當月僱用勞工投保薪資總額及規定之費率，繳納一定數額之積欠工資墊償基金，作爲墊償下列各款之用：
一 前項第一款積欠之工資數額。
二 前項第二款與第三款積欠之退休金及資遣費，其合計數額以六個月平均工資爲限。
③積欠工資墊償基金，累積至一定金額後，應降低費率或暫停收繳。
④第二項費率，由中央主管機關於萬分之十五範圍內擬訂，報請行政院核定之。
⑤雇主積欠之工資、退休金及資遣費，經勞工請求未獲清償者，由積欠工資墊償基金依第二項規定墊償之；雇主應於規定期限內，將墊款償還積欠工資墊償基金。
⑥積欠工資墊償基金，由中央主管機關設管理委員會管理之。基金之收繳有關業務，得由中央主管機關，委託勞工保險機構辦理之。基金墊償程序、收繳與管理辦法、第三項之一定金額及管理委員會組織規程，由中央主管機關定之。

第二九條 （優秀勞工之獎金及紅利）
事業單位於營業年度終了結算，如有盈餘，除繳納稅捐、彌補虧損及提列股息、公積金外，對於全年工作並無過失之勞工，應給與獎金或分配紅利。

第四章　工作時間、休息、休假

第三〇條 （每日暨每週之工作時數）104
①勞工正常工作時間，每日不得超過八小時，每週不得超過四十小時。
②前項正常工作時間，雇主經工會同意，如事業單位無工會者，經勞資會議同意後，得將其二週內二日之正常工作時數，分配於其他工作日。其分配於其他工作日之時數，每日不得超過二小時。但每週工作總時數不得超過四十八小時。
③第一項正常工作時間，雇主經工會同意，如事業單位無工會者，經勞資會議同意後，

得將八週內之正常工作時數加以分配。但每日正常工作時間不得超過八小時，每週工作總時數不得超過四十八小時。

④前二項規定，僅適用於經中央主管機關指定之行業。

⑤雇主應置備勞工出勤紀錄，並保存五年。

⑥前項出勤紀錄，應逐日記載勞工出勤情形至分鐘為止。勞工向雇主申請其出勤紀錄副本或影本時，雇主不得拒絕。

⑦雇主不得以第一項正常工作時間之修正，作為減少勞工工資之事由。

⑧第一項至第三項及第三十條之一之正常工作時間，雇主得視勞工照顧家庭成員需要，允許勞工於不變更每日正常工作時數下，在一小時範圍內，彈性調整工作開始及終止之時間。

第三〇條之一　（工作時間變更原則）105

①中央主管機關指定之行業，雇主經工會同意，如事業單位無工會者，經勞資會議同意後，其工作時間得依下列原則變更：

一　四週內正常工作時數分配於其他工作日之時數，每日不得超過二小時，不受前條第二項至第四項規定之限制。

二　當日正常工作時間達十小時者，其延長之工作時間不得超過二小時。

三　女性勞工，除妊娠或哺乳期間者外，於夜間工作，不受第四十九條第一項之限制。但雇主應提供必要之安全衛生設施。

②依中華民國八十五年十二月二十七日修正施行前第三條規定適用本法之行業，除第一項第一款之農、林、漁、牧業外，均不適用前項規定。

第三一條　（坑道或隧道內工作時間之計算）

在坑道或隧道內工作之勞工，以入坑口時起至出坑口時止為工作時間。

第三二條　（雇主延長工作時間之限制及程序）107

①雇主有使勞工在正常工作時間以外工作之必要者，雇主經工會同意，如事業單位無工會者，經勞資會議同意後，得將工作時間延長之。

②前項雇主延長勞工之工作時間連同正常工作時間，一日不得超過十二小時；延長之工作時間，一個月不得超過四十六小時，但雇主經工會同意，如事業單位無工會者，經勞資會議同意後，延長之工作時間，一個月不得超過五十四小時，每三個月不得超過一百三十八小時。

③雇主僱用勞工人數在三十人以上，依前項但書規定延長勞工工作時間者，應報當地主管機關備查。

④因天災、事變或突發事件，雇主有使勞工在正常工作時間以外工作之必要者，得將工作時間延長之。但應於延長開始後二十四小時內通知工會；無工會組織者，應報當地主管機關備查。延長之工作時間，雇主應於事後補給勞工以適當之休息。

⑤在坑內工作之勞工，其工作時間不得延長。但以監視為主之工作，或有前項所定之情形者，不在此限。

第三二條之一　（勞工於延長工時後，有選擇領取薪資或補休之權利）107

①雇主依第三十二條第一項及第二項規定使勞工延長工作時間，或使勞工於第三十六條所定休息日工作後，依勞工意願選擇補休並經雇主同意者，應依勞工工作之時數計算補休時數。

②前項之補休，其補休期限由勞雇雙方協商；補休期限屆期或契約終止未補休之時數，應依延長工作時間或休息日工作當日之工資計算標準發給工資；未發給工資者，依違反第二十四條規定論處。

第三三條　（主管機關命令延長工作時間之限制及程序）

第三條所列事業，除製造業及礦業外，因公眾之生活便利或其他特殊原因，有調整第三十條、第三十二條所定之正常工作時間及延長工作時間之必要者，得由當地主管機關會商目的事業主管機關及工會，就必要之限度內之命令調整之。

第三四條　（輪班制之更換班次）107

①勞工工作採輪班制者，其工作班次，每週更換一次。但經勞工同意者不在此限。

②依前項更換班次時，至少應有連續十一小時之休息時間。但因工作特性或特殊原因，經中央目的事業主管機關商請中央主管機關公告者，得變更休息時間不少於連續八小時。

③雇主依前項但書規定變更休息時間者，應經工會同意，如事業單位無工會者，經勞資會議同意後，始得為之。雇主僱用勞工人數在三十人以上者，應報當地主管機關備查。

第三五條（休息時間）

勞工繼續工作四小時，至少應有三十分鐘之休息。但實行輪班制或其工作有連續性或緊急性者，雇主得在工作時間內，另行調配其休息時間。

第三六條（例假及休息日）107

①勞工每七日中應有二日之休息，其中一日為例假，一日為休息日。

②雇主有下列情形之一，不受前項規定之限制：

一　依第三十條第二項規定變更正常工作時間者，勞工每七日中至少應有一日之例假，每二週內之例假及休息日至少應有四日。

二　依第三十條第三項規定變更正常工作時間者，勞工每七日中至少應有一日之例假，每八週內之例假及休息日至少應有十六日。

三　依第三十條之一規定變更正常工作時間者，勞工每二週內至少應有二日之例假，每四週內之例假及休息日至少應有八日。

③雇主使勞工於休息日工作之時間，計入第三十二條第二項所定延長工作時間總數。但因天災、事變或突發事件，雇主有使勞工於休息日工作之必要者，其工作時數不受第三十二條第二項規定之限制。

④經中央目的事業主管機關同意，且經中央主管機關指定之行業，雇主得將第一項、第二項第一款及第二款所定之例假，於每七日之週期內調整之。

⑤前項所定例假之調整，應經工會同意，如事業單位無工會者，經勞資會議同意後，始得為之。雇主僱用勞工人數在三十人以上者，應報當地主管機關備查。

第三七條（休假）107

①內政部所定應放假之紀念日、節日、勞動節及其他中央主管機關指定應放假日，均應休假。

②中華民國一百零五年十二月六日修正之前項規定，自一百零六年一月一日施行。

第三八條（特別休假）107

①勞工在同一雇主或事業單位，繼續工作滿一定期間者，應依下列規定給予特別休假：

一　六個月以上一年未滿者，三日。

二　一年以上二年未滿者，七日。

三　二年以上三年未滿者，十日。

四　三年以上五年未滿者，每年十四日。

五　五年以上十年未滿者，每年十五日。

六　十年以上者，每一年加給一日，加至三十日為止。

②前項之特別休假期日，由勞工排定之。但雇主基於企業經營上之急迫需求或勞工因個人因素，得與他方協商調整。

③雇主應於勞工符合第一項所定之特別休假條件時，告知勞工依前二項規定排定特別休假。

④勞工之特別休假，因年度終結或契約終止而未休之日數，雇主應發給工資。但年度終結未休之日數，經勞雇雙方協商遞延至次一年度實施者，於次一年度終結或契約終止仍未休之日數，雇主應發給工資。

⑤雇主應將勞工每年特別休假之期日及未休之日數所發給之工資數額，記載於第二十三條所定之勞工工資清冊，並每年定期將其內容以書面通知勞工。

⑥勞工依本條主張權利時，雇主如認為其權利不存在，應負舉證責任。

第三九條　（假日休息工資照給及休假日工作工資加倍）105

第三十六條所定之例假、休息日、第三十七條所定之休假及第三十八條所定之特別休假，工資應由雇主照給。雇主經徵得勞工同意於休假日工作者，工資應加倍發給。因季節性關係有趕工必要，經勞工或工會同意照常工作者，亦同。

第四〇條　（假期之停止加資及補假）

①因天災、事變或突發事件，雇主認有繼續工作之必要時，得停止第三十六條至第三十八條所定勞工之假期。但停止假期之工資，應加倍發給，並應於事後補假休息。

②前項停止勞工假期，應於事後二十四小時內，詳述理由，報請當地主管機關核備。

第四一條　（主管機關得停止公用事業勞工之特別休假）

公用事業之勞工，當地主管機關認有必要時，得停止第三十八條所定之特別休假。假期內之工資應由雇主加倍發給。

第四二條　（不得強制正常工作時間以外之工作情形）

勞工因健康或其他正當理由，不能接受正常工作時間以外之工作者，雇主不得強制其工作。

第四三條　（請假事由）

勞工因婚、喪、疾病或其他正當事由得請假；請假應給之假期及事假以外期間內工資給付之最低標準，由中央主管機關定之。

第五章　童工、女工

第四四條　（童工及其工作性質之限制）104

①十五歲以上未滿十六歲之受僱從事工作者，爲童工。

②童工及十六歲以上未滿十八歲之人，不得從事危險性或有害性之工作。

第四五條　（未滿十五歲之人之僱傭）102

①雇主不得僱用未滿十五歲之人從事工作。但國民中學畢業或經主管機關認定其工作性質及環境無礙其身心健康而許可者，不在此限。

②前項受僱之人，準用童工保護之規定。

③第一項工作性質及環境無礙其身心健康之認定基準、審查程序及其他應遵行事項之辦法，由中央主管機關依勞工年齡、工作性質及受國民義務教育之時間等因素定之。

④未滿十五歲之人透過他人取得工作爲第三人提供勞務，或直接爲他人提供勞務取得報酬未具勞僱關係者，準用前項及童工保護之規定。

第四六條　（法定代理人同意書及其年齡證明書）104

未滿十八歲之人受僱從事工作者，雇主應置備其法定代理人同意書及其年齡證明文件。

第四七條　（童工工作時間之限制）102

童工每日之工作時間不得超過八小時，每週之工作時間不得超過四十小時，例假日不得工作。

第四八條　（童工夜間工作之禁止）

童工不得於午後八時至翌晨六時之時間內工作。

第四九條　（女工深夜工作之禁止及其例外）91

①雇主不得使女工於午後十時至翌晨六時之時間內工作。但雇主經工會同意，如事業單位無工會者，經勞資會議同意後，且符合下列各款規定者，不在此限：

一　提供必要之安全衛生設施。

二　無大眾運輸工具可資運用時，提供交通工具或安排女工宿舍。

②前項第一款所稱必要之安全衛生設施，其標準由中央主管機關定之。但雇主與勞工約定之安全衛生設施優於本法者，從其約定。

③女工因健康或其他正當理由，不能於午後十時至翌晨六時之時間內工作者，雇主不得強制其工作。

④第一項規定，於因天災、事變或突發事件，雇主必須使女工於午後十時至翌晨六時之時間內工作時，不適用之。
⑤第一項但書及前項規定，於妊娠或哺乳期間之女工，不適用之。

第五〇條　（分娩或流產之產假及工資）
①女工分娩前後，應停止工作，給予產假八星期；妊娠三個月以上流產者，應停止工作，給予產假四星期。
②前項女工受僱工作在六個月以上者，停止工作期間工資照給；未滿六個月者減半發給。

第五一條　（妊娠期間得請求改調較輕易工作）
女工在妊娠期間，如有較爲輕易之工作，得申請改調，雇主不得拒絕，並不得減少其工資。

第五二條　（哺乳時間）
①子女未滿一歲須女工親自哺乳者，於第三十五條規定之休息時間外，雇主應每日另給哺乳時間二次，每次以三十分鐘爲度。
②前項哺乳時間，視爲工作時間。

第六章　退　休

第五三條　（勞工自請退休之情形）98
勞工有下列情形之一，得自請退休：
一　工作十五年以上年滿五十五歲者。
二　工作二十五年以上者。
三　工作十年以上年滿六十歲者。

第五四條 113
①勞工非有下列情形之一，雇主不得強制其退休：
一　年滿六十五歲者。
二　身心障礙不堪勝任工作者。
②前項第一款所規定之年齡，得由勞雇雙方協商延後之；對於擔任具有危險、堅強體力等特殊性質之工作者，得由事業單位報請中央主管機關予以調整，但不得少於五十五歲。

第五五條　（退休金之給與標準）107
①勞工退休金之給與標準如下：
一　按其工作年資，每滿一年給與兩個基數。但超過十五年之工作年資，每滿一年給與一個基數，最高總數以四十五個基數爲限。未滿半年者以半年計；滿半年者以一年計。
二　依第五十四條第一項第二款規定，強制退休之勞工，其身心障礙係因執行職務所致者，依前款規定加給百分之二十。
②前項第一款退休金基數之標準，係指核准退休時一個月平均工資。
③第一項所定退休金，雇主應於勞工退休之日起三十日內給付，如無法一次發給時，得報經主管機關核定後，分期給付。本法施行前，事業單位原定退休標準優於本法者，從其規定。

第五六條　（勞工退休準備金）104
①雇主應依勞工每月薪資總額百分之二至百分之十五範圍內，按月提撥勞工退休準備金，專戶存儲，並不得作爲讓與、扣押、抵銷或擔保之標的；其提撥之比率、程序及管理等事項之辦法，由中央主管機關擬訂，報請行政院核定之。
②雇主應於每年年度終了前，估算前項勞工退休準備金專戶餘額，該餘額不足給付次一年度內預估成就第五十三條或第五十四條第一項第一款退休條件之勞工，依前條計算之退休金數額者，雇主應於次年度三月底前一次提撥其差額，並送事業單位勞工退休準備金監督委員會審議。

③第一項雇主按月提撥之勞工退休準備金匯集為勞工退休基金，由中央主管機關設勞工退休基金監理委員會管理之；其組織、會議及其他相關事項，由中央主管機關定之。
④前項基金之收支、保管及運用，由中央主管機關會同財政部委託金融機構辦理。最低收益不得低於當地銀行二年定期存款利率之收益；如有虧損，由國庫補足之。基金之收支、保管及運用辦法，由中央主管機關擬訂，報請行政院核定之。
⑤雇主所提撥勞工退休準備金，應由勞工與雇主共同組織勞工退休準備金監督委員會監督之。委員會中勞工代表人數不得少於三分之二；其組織準則，由中央主管機關定之。
⑥雇主按月提撥之勞工退休準備金比率之擬訂或調整，應經事業單位勞工退休準備金監督委員會審議通過，並報請當地主管機關核定。
⑦金融機構辦理核貸業務，需查核該事業單位勞工退休準備金提撥狀況之必要資料時，得請當地主管機關提供。
⑧金融機構依前項取得之資料，應負保密義務，並確實辦理資料安全稽核作業。
⑨前二項有關勞工退休準備金必要資料之內容、範圍、申請程序及其他應遵行事項之辦法，由中央主管機關會商金融監督管理委員會定之。

第五七條（勞工年資之計算）

勞工工作年資以服務同一事業者為限。但受同一雇主調動之工作年資，及依第二十條規定應由新雇主繼續予以承認之年資，應予併計。

第五八條（退休金之請領時效及其權利不得讓與、抵銷、扣押或供擔保）104

①勞工請領退休金之權利，自退休之次月起，因五年間不行使而消滅。
②勞工請領退休金之權利，不得讓與、抵銷、扣押或供擔保。
③勞工依本法規定請領勞工退休金者，得檢具證明文件，於金融機構開立專戶，專供存入勞工退休金之用。
④前項專戶內之存款，不得作為抵銷、扣押、供擔保或強制執行之標的。

第七章　職業災害補償

第五九條（職業災害之補償方法及受領順位）107

勞工因遭遇職業災害而致死亡、失能、傷害或疾病時，雇主應依下列規定予以補償。但如同一事故，依勞工保險條例或其他法令規定，已由雇主支付費用補償者，雇主得予以抵充之：

一　勞工受傷或罹患職業病時，雇主應補償其必需之醫療費用。職業病之種類及其醫療範圍，依勞工保險條例有關之規定。

二　勞工在醫療中不能工作時，雇主應按其原領工資數額予以補償。但醫療期間屆滿二年仍未能痊癒，經指定之醫院診斷，審定為喪失原有工作能力，且不合第三款之失能給付標準者，雇主得一次給付四十個月之平均工資後，免除此項工資補償責任。

三　勞工經治療終止後，經指定之醫院診斷，審定其遺存障害者，雇主應按其平均工資及其失能程度，一次給予失能補償。失能補償標準，依勞工保險條例有關之規定。

四　勞工遭遇職業傷害或罹患職業病而死亡時，雇主除給與五個月平均工資之喪葬費外，並應一次給與其遺屬四十個月平均工資之死亡補償。其遺屬受領死亡補償之順位如下：

㈠配偶及子女。
㈡父母。
㈢祖父母。
㈣孫子女。
㈤兄弟姐妹。

第六〇條　（補償金抵充賠償金）

雇主依前條規定給付之補償金額，得抵充就同一事故所生損害之賠償金額。

第六一條　（補償金之時效期間）106

①第五十九條之受領補償權，自得受領之日起，因二年間不行使而消滅。

②受領補償之權利，不因勞工之離職而受影響，且不得讓與、抵銷、扣押或供擔保。

③勞工或其遺屬依本法規定受領職業災害補償金者，得檢具證明文件，於金融機構開立專戶，專供存入職業災害補償金之用。

④前項專戶內之存款，不得作為抵銷、扣押、供擔保或強制執行之標的。

第六二條　（承攬人中間承攬人及最後承攬人之連帶雇主責任）

①事業單位以其事業招人承攬，如有再承攬時，承攬人或中間承攬人，就各該承攬部分所使用之勞工，均應與最後承攬人，連帶負本章所定雇主應負職業災害補償之責任。

②事業單位或承攬人或中間承攬人，為前項之災害補償時，就其所補償之部分，得向最後承攬人求償。

第六三條　（事業單位之督促義務及連帶補償責任）108

①承攬人或再承攬人工作場所，在原事業單位工作場所範圍內，或為原事業單位提供者，原事業單位應督促承攬人或再承攬人，對其所僱用勞工之勞動條件應符合有關法令之規定。

②事業單位違背職業安全衛生法有關對於承攬人、再承攬人應負責任之規定，致承攬人或再承攬人所僱用之勞工發生職業災害時，應與該承攬人、再承攬人負連帶補償責任。

第六三條之一　（要派單位與派遣事業單位連帶負職業災害補償責任）108

①要派單位使用派遣勞工發生職業災害時，要派單位應與派遣事業單位連帶負本章所定雇主應負職業災害補償之責任。

②前項之職業災害依勞工保險條例或其他法令規定，已由要派單位或派遣事業單位支付費用補償者，得主張抵充。

③要派單位及派遣事業單位因違反本法或有關安全衛生規定，致派遣勞工發生職業災害時，應連帶負損害賠償之責任。

④要派單位或派遣事業單位依本法規定給付之補償金額，得抵充就同一事故所生損害之賠償金額。

第八章　技術生

第六四條　（技術生之定義及最低年齡）

①雇主不得招收未滿十五歲之人為技術生。但國民中學畢業者，不在此限。

②稱技術生者，指依中央主管機關規定之技術生訓練職類中以學習技能為目的，依本章之規定而接受雇主訓練之人。

③本章規定，於事業單位之養成工、見習生、建教合作班之學生及其他與技術生性質相類之人，準用之。

第六五條　（書面訓練契約及其內容）

①雇主招收技術生時，須與技術生簽訂書面訓練契約一式三份，訂明訓練項目、訓練期限、膳宿負擔、生活津貼、相關教學、勞工保險、結業證明、契約生效與解除之條件及其他有關雙方權利、義務事項，由當事人分執，並送主管機關備案。

②前項技術生如為未成年人，其訓練契約，應得法定代理人之允許。

第六六條　（收取訓練費用之禁止）

雇主不得向技術生收取有關訓練費用。

第六七條　（技術生之留用及留用期間之限制）

技術生訓練期滿，雇主得留用之，並應與同等工作之勞工享受同等之待遇。雇主如於技術生訓練契約內訂明留用期間，應不得超過其訓練期間。

第六八條　（技術生人數之限制）
技術生人數，不得超過勞工人數四分之一。勞工人數不滿四人者，以四人計。

第六九條　（準用規定）
①本法第四章工作時間、休息、休假，第五章童工、女工，第七章災害補償及其他勞工保險等有關規定，於技術生準用之。
②技術生災害補償所採薪資計算之標準，不得低於基本工資。

第九章　工作規則

第七〇條　（工作規則之內容）
雇主僱用勞工人數在三十人以上者，應依其事業性質，就左列事項訂立工作規則，報請主管機關核備後並公開揭示之：
一　工作時間、休息、休假、國定紀念日、特別休假及繼續性工作之輪班方法。
二　工資之標準、計算方法及發放日期。
三　延長工作時間。
四　津貼及獎金。
五　應遵守之紀律。
六　考勤、請假、獎懲及升遷。
七　受僱、解僱、資遣、離職及退休。
八　災害傷病補償及撫卹。
九　福利措施。
十　勞雇雙方應遵守勞工安全衛生規定。
十一　勞雇雙方溝通意見加強合作之方法。
十二　其他。

第七一條　（工作規則之效力）
工作規則，違反法令之強制或禁止規定或其他有關該事業適用之團體協約規定者，無效。

第十章　監督與檢查

第七二條　（勞工檢查機構之設置及組織）
①中央主管機關，為貫徹本法及其他勞工法令之執行，設勞工檢查機構或授權直轄市主管機關專設檢查機構辦理之；直轄市、縣（市）主管機關於必要時，亦得派員實施檢查。
②前項勞工檢查機構之組織，由中央主管機關定之。

第七三條　（檢查員之職權）
①檢查員執行職務，應出示檢查證，各事業單位不得拒絕。事業單位拒絕檢查時，檢查員得會同當地主管機關或警察機關強制檢查之。
②檢查員執行職務，得就本法規定事項，要求事業單位提出必要之報告、紀錄、帳冊及有關文件或書面說明。如需抽取物料、樣品或資料時，應事先通知雇主或其代理人並掣給收據。

第七四條　（勞工之申訴權及保障）105
①勞工發現事業單位違反本法及其他勞工法令規定時，得向雇主、主管機關或檢查機構申訴。
②雇主不得因勞工為前項申訴，而予以解僱、降調、減薪、損害其依法令、契約或習慣上所應享有之權益，或其他不利之處分。
③雇主為前項行為之一者，無效。
④主管機關或檢查機構於接獲第一項申訴後，應為必要之調查，並於六十日內將處理情形，以書面通知勞工。

⑤主管機關或檢查機構應對申訴人身分資料嚴守秘密，不得洩漏足以識別其身分之資訊。
⑥違反前項規定者，除公務員應依法追究刑事與行政責任外，對因此受有損害之勞工，應負損害賠償責任。
⑦主管機關受理檢舉案件之保密及其他應遵行事項之辦法，由中央主管機關定之。

第十一章　罰　則

第七五條　（罰則）100
違反第五條規定者，處五年以下有期徒刑、拘役或科或併科新臺幣七十五萬元以下罰金。

第七六條　（罰則）100
違反第六條規定者，處三年以下有期徒刑、拘役或科或併科新臺幣四十五萬元以下罰金。

第七七條　（罰則）102
違反第四十二條、第四十四條第二項、第四十五條第一項、第四十七條、第四十八條、第四十九條第三項或第六十四條第一項規定者，處六個月以下有期徒刑、拘役或科或併科新臺幣三十萬元以下罰金。

第七八條　（罰則）108
①未依第十七條、第十七條之一第七項、第五十五條規定之標準或期限給付者，處新臺幣三十萬元以上一百五十萬元以下罰鍰，並限期令其給付，屆期未給付者，應按次處罰。
②違反第十三條、第十七條之一第一項、第四項、第二十六條、第五十條、第五十一條或第五十六條第二項規定者，處新臺幣九萬元以上四十五萬元以下罰鍰。

第七九條　（罰則）105
①有下列各款規定行爲之一者，處新臺幣二萬元以上一百萬元以下罰鍰：
　一　違反第二十一條第一項、第二十二條至第二十五條、第三十條第一項至第三項、第六項、第七項、第三十二條、第三十四條至第四十一條、第四十九條第一項或第五十九條規定。
　二　違反主管機關依第二十七條限期給付工資或第三十三條調整工作時間之命令。
　三　違反中央主管機關依第四十三條所定假期或事假以外期間內工資給付之最低標準。
②違反第三十條第五項或第四十九條第五項規定者，處新臺幣九萬元以上四十五萬元以下罰鍰。
③違反第七條、第九條第一項、第十六條、第十九條、第二十八條第二項、第四十六條、第五十六條第一項、第六十五條第一項、第六十六條至第六十八條、第七十條或第七十四條第二項規定者，處新臺幣二萬元以上三十萬元以下罰鍰。
④有前三項規定行爲之一者，主管機關得依事業規模、違反人數或違反情節，加重其罰鍰至法定罰鍰最高額二分之一。

第七九條之一　（罰則）102
違反第四十五條第二項、第四項、第六十四條第三項及第六十九條第一項準用規定之處罰，適用本法罰則章規定。

第八〇條　（罰則）
拒絕、規避或阻撓勞工檢查員依法執行職務者，處新臺幣三萬元以上十五萬元以下罰鍰。

第八〇條之一　109
①違反本法經主管機關處以罰鍰者，主管機關應公布其事業單位或事業主之名稱、負責人姓名、處分期日、違反條文及罰鍰金額，並限期令其改善；屆期未改善者，應按次

處罰。

②主管機關裁處罰鍰，得審酌與違反行爲有關之勞工人數、累計違法次數或未依法給付之金額，爲量罰輕重之標準。

第八一條　（處罰之客體）

①法人之代表人、法人或自然人之代理人、受僱人或其他從業人員，因執行業務違反本法規定，除依本章規定處罰行爲人外，對該法人或自然人並應處以各該條所定之罰金或罰鍰。但法人之代表人或自然人對於違反之發生，已盡力爲防止行爲者，不在此限。

②法人之代表人或自然人教唆或縱容爲違反之行爲者，以行爲人論。

第八二條　（罰鍰之強制執行）

本法所定之罰鍰，經主管機關催繳，仍不繳納時，得移送法院強制執行。

第十二章　附　則

第八三條　（勞資會議之舉辦及其辦法）

爲協調勞資關係，促進勞資合作，提高工作效率，事業單位應舉辦勞資會議。其辦法由中央主管機關會同經濟部訂定，並報行政院核定。

第八四條　（公務員兼具勞工身分時法令之適用方法）

公務員兼具勞工身分者，其有關任（派）免、薪資、獎懲、退休、撫卹及保險（含職業災害）等事項，應適用公務員法令之規定。但其他所定勞動條件優於本法規定者，從其規定。

第八四條之一　（另行約定之工作者）

①經中央主管機關核定公告之下列工作者，得由勞雇雙方另行約定，工作時間、例假、休假、女性夜間工作，並報請當地主管機關核備，不受第三十條、第三十二條、第三十六條、第三十七條、第四十九條規定之限制。

一　監督、管理人員或責任制專業人員。

二　監視性或間歇性之工作。

三　其他性質特殊之工作。

②前項約定應以書面爲之，並應參考本法所定之基準且不得損及勞工之健康及福祉。

第八四條之二　（工作年資之計算）

勞工工作年資自受僱之日起算，適用本法前之工作年資，其資遣費及退休金給與標準，依其當時應適用之法令規定計算；當時無法令可資適用者，依各該事業單位自訂之規定或勞雇雙方之協商計算之。適用本法後之工作年資，其資遣費及退休金給與標準，依第十七條及第五十五條規定計算。

第八五條　（施行細則）

本法施行細則，由中央主管機關擬定，報請行政院核定。

第八六條　（施行日）107

①本法自公布日施行。

②本法中華民國八十九年六月二十八日修正公布之第三十條第一項及第二項，自九十年一月一日施行；一百零四年二月四日修正公布之第二十八條第一項，自公布後八個月施行；一百零四年六月三日修正公布之條文，自一百零五年一月一日施行；一百零五年十二月二十一日修正公布之第三十四條第二項施行日期，由行政院定之、第三十七條及第三十八條，自一百零六年一月一日施行。

③本法中華民國一百零七年一月十日修正之條文，自一百零七年三月一日施行。

性別平等工作法

①民國91年1月16日總統令制定公布全文40條；並自91年3月8日起施行。
②民國97年1月16日總統令修正公布名稱及第1、5至11、15、16、20、21、26、31、34、35、38、40條條文；並增訂第6-1、38-1條條文（原名稱：兩性工作平等法）。
民國98年4月24日行政院令發布第16條定自98年5月1日施行。
③民國97年11月26日總統令修正公布第38、38-1條條文。
④民國100年1月5日總統令修正公布第15、20條條文。
⑤民國102年12月11日總統令修正公布第14條條文。
民國103年2月14日行政院公告第4條第1項所列屬「行政院勞工委員會」之權責事項，自103年2月17日起改由「勞動部」管轄。
⑥民國103年6月18日總統令修正公布第2、3、38、38-1、40條條文；並自公布日施行。
⑦民國103年12月11日總統令修正公布第4、12、14至16、23、38-1條條文。
⑧民國105年5月18日總統令修正公布第18、23、27、38條條文。
⑨民國111年1月12日總統令修正公布第15、19、40條條文；並刪除第22條條文。
民國111年1月17日行政院令發布定自111年1月18日施行。
⑩民國112年8月16日總統令修正公布名稱及第1、2、5、12、13、27、34、35、37、38-1、40條條文；並增訂第13-1、32-1至32-3、38-2至38-4、39-1條條文；除第5條第2至4項、第12條第3、5至8項、第 13、13-1、32-1至32-3、34、38-1至38-3條自113年3月8日施行外，自公布日施行（原名稱：性別工作平等法）。

第一章　總　則

第一條 112

①為保障工作權之性別平等，貫徹憲法消除性別歧視、促進性別地位實質平等之精神，爰制定本法。

②工作場所性騷擾事件，除校園性騷擾事件依性別平等教育法規定處理外，依本法規定處理。

第二條 112

①雇主與受僱者之約定優於本法者，從其約定。

②本法於公務人員、教育人員及軍職人員，亦適用之。但第三十二條之一、第三十二條之二、第三十三條、第三十四條、第三十八條及第三十八條之一之規定，不適用之。

③公務人員、教育人員及軍職人員之申訴、救濟及處理程序，依各該人事法令之規定。

④本法於雇主依勞動基準法規定招收之技術生及準用技術生規定者，除適用高級中等學校建教合作實施及建教生權益保障法規定之建教生外，亦適用之。但第十六條及第十七條之規定，不在此限。

⑤實習生於實習期間遭受性騷擾時，適用本法之規定

第三條　（用辭定義）103

本法用詞，定義如下：

一　受僱者：指受雇主僱用從事工作獲致薪資者。

二　求職者：指向雇主應徵工作之人。

三　雇主：指僱用受僱者之人、公私立機構或機關。代表雇主行使管理權之人或代表雇主處理有關受僱者事務之人，視同雇主。要派單位使用派遣勞工時，視為第八條、第九條、第十二條、第十三條、第十八條、第十九條及第三十六條規定之雇主。

四　實習生：指公立或經立案之私立高級中等以上學校修習校外實習課程之學生。

五　要派單位：指依據要派契約，實際指揮監督管理派遣勞工從事工作者。
六　派遣勞工：指受派遣事業單位僱用，並向要派單位提供勞務者。
七　派遣事業單位：指從事勞動派遣業務之事業單位。
八　薪資：指受僱者因工作而獲得之報酬；包括薪資、薪金及按計時、計日、計月、計件以現金或實物等方式給付之獎金、津貼及其他任何名義之經常性給與。
九　復職：指回復受僱者申請育嬰留職停薪時之原有工作。

第四條　（主管機關）103
①本法所稱主管機關：在中央爲勞動部；在直轄市爲直轄市政府；在縣（市）爲縣（市）政府。
②本法所定事項，涉及各目的事業主管機關職掌者，由各該目的事業主管機關辦理。

第五條 112
①各級主管機關應設性別平等工作會，處理審議、諮詢及促進性別平等工作事項。
②前項性別平等工作會應置委員五人至十一人，任期二年，由具備勞工事務、性別問題之相關學識經驗或法律專業人士擔任之；其中經勞工團體、性別團體推薦之委員各二人；女性委員人數應占全體委員人數二分之一以上；政府機關代表不得逾全體委員人數三分之一。
③前二項性別平等工作會組織、會議及其他相關事項，由各級主管機關另定之。
④地方主管機關設有就業歧視評議委員會者，第一項性別平等工作會得與該委員會合併設置，其組成仍應符合第二項規定。

第六條　（編列經費及中央經費之補助）97
①直轄市及縣（市）主管機關爲婦女就業之需要應編列經費，辦理各類職業訓練、就業服務及再就業訓練，並於該期間提供或設置托兒、托老及相關福利設施，以促進性別工作平等。
②中央主管機關對直轄市及縣（市）主管機關辦理前項職業訓練、就業服務及再就業訓練，並於該期間提供或設置托兒、托老及相關福利措施，得給予經費補助。

第六條之一　（勞動檢查項目）97
主管機關應就本法所訂之性別、性傾向歧視之禁止、性騷擾之防治及促進工作平等措施納入勞動檢查項目。

第二章　性別歧視之禁止

第七條　（招募、甄試、進用、分發、配置、考績或陞遷性別歧視之禁止）97
雇主對求職者或受僱者之招募、甄試、進用、分發、配置、考績或陞遷等，不得因性別或性傾向而有差別待遇。但工作性質僅適合特定性別者，不在此限。

第八條　（教育訓練性別歧視之禁止）97
雇主爲受僱者舉辦或提供教育、訓練或其他類似活動，不得因性別或性傾向而有差別待遇。

第九條　（福利措施性別歧視之禁止）97
雇主爲受僱者舉辦或提供各項福利措施，不得因性別或性傾向而有差別待遇。

第一〇條　（薪資給付性別歧視之禁止）97
①雇主對受僱者薪資之給付，不得因性別或性傾向而有差別待遇；其工作或價值相同者，應給付同等薪資。但基於年資、獎懲、績效或其他非因性別或性傾向因素之正當理由者，不在此限。
②雇主不得以降低其他受僱者薪資之方式，規避前項之規定。

第一一條　（退休、資遣、離職及解僱性別歧視之禁止）97
①雇主對受僱者之退休、資遣、離職及解僱，不得因性別或性傾向而有差別待遇。
②工作規則、勞動契約或團體協約，不得規定或事先約定受僱者有結婚、懷孕、分娩或育兒之情事時，應行離職或留職停薪；亦不得以其爲解僱之理由。

③違反前二項規定者，其規定或約定無效；勞動契約之終止不生效力。

第三章　性騷擾之防治

第一二條 112

①本法所稱性騷擾，指下列情形之一：

一　受僱者於執行職務時，任何人以性要求、具有性意味或性別歧視之言詞或行為，對其造成敵意性、脅迫性或冒犯性之工作環境，致侵犯或干擾其人格尊嚴、人身自由或影響其工作表現。

二　雇主對受僱者或求職者為明示或暗示之性要求、具有性意味或性別歧視之言詞或行為，作為勞務契約成立、存續、變更或分發、配置、報酬、考績、陞遷、降調、獎懲等之交換條件。

②本法所稱權勢性騷擾，指對於因僱用、求職或執行職務關係受自己指揮、監督之人，利用權勢或機會為性騷擾。

③有下列情形之一者，適用本法之規定：

一　受僱者於非工作時間，遭受所屬事業單位之同一人，為持續性性騷擾。

二　受僱者於非工作時間，遭受不同事業單位，具共同作業或業務往來關係之同一人，為持續性性騷擾。

三　受僱者於非工作時間，遭受最高負責人或僱用人為性騷擾。

④前三項性騷擾之認定，應就個案審酌事件發生之背景、工作環境、當事人之關係、行為人之言詞、行為及相對人之認知等具體事實為之。

⑤中央主管機關應建立性別平等人才資料庫、彙整性騷擾防治事件各項資料，並作統計及管理。

⑥第十三條、第十三條之一、第二十七條至第三十條及第三十六條至第三十八條之一之規定，於性侵害犯罪，亦適用之。

⑦第一項第一款所定情形，係由不特定人於公共場所或公眾得出入場所為之者，就性騷擾事件之調查、調解及處罰等事項，適用性騷擾防治法之規定。

⑧本法所稱最高負責人，指下列之人：

一　機關（構）首長、學校校長、各級軍事機關（構）及部隊上校編階以上之主官、行政法人董（理）事長、公營事業機構董事長、理事主席或與該等職務相當之人。

二　法人、合夥、設有代表人或管理人之非法人團體及其他組織之對外代表人或與該等職務相當之人。

第一三條 112

①雇主應採取適當之措施，防治性騷擾之發生，並依下列規定辦理：

一　僱用受僱者十人以上未達三十人者，應訂定申訴管道，並在工作場所公開揭示。

二　僱用受僱者三十人以上者，應訂定性騷擾防治措施、申訴及懲戒規範，並在工作場所公開揭示。

②雇主於知悉性騷擾之情形時，應採取下列立即有效之糾正及補救措施；被害人及行為人分屬不同事業單位，且具共同作業或業務往來關係者，該行為人之雇主，亦同：

一　雇主因接獲被害人申訴而知悉性騷擾之情形時：

㈠採行避免申訴人受性騷擾情形再度發生之措施。

㈡對申訴人提供或轉介諮詢、醫療或心理諮商、社會福利資源及其他必要之服務。

㈢對性騷擾事件進行調查。

㈣對行為人為適當之懲戒或處理。

二　雇主非因前款情形而知悉性騷擾事件時：

㈠就相關事實進行必要之釐清。

㈡依被害人意願，協助其提起申訴。
㈢適度調整工作內容或工作場所。
㈣依被害人意願，提供或轉介諮詢、醫療或心理諮商處理、社會福利資源及其他必要之服務。

③雇主對於性騷擾事件之查證，應秉持客觀、公正、專業原則，並給予當事人充分陳述意見及答辯機會，有詢問當事人之必要時，應避免重複詢問；其內部依規定應設有申訴處理單位者，其人員應有具備性別意識之專業人士。

④雇主接獲被害人申訴時，應通知地方主管機關；經調查認定屬性騷擾之案件，並應將處理結果通知地方主管機關。

⑤地方主管機關應規劃整合相關資源，提供或轉介被害人運用，並協助雇主辦理第二項各款之措施；中央主管機關得視地方主管機關實際財務狀況，予以補助。

⑥雇主依第一項所為之防治措施，其內容應包括性騷擾樣態、防治原則、教育訓練、申訴管道、申訴調查程序、應設申訴處理單位之基準與其組成、懲戒處理及其他相關措施；其準則，由中央主管機關定之。

第一三條之一 112

①性騷擾被申訴人具權勢地位，且情節重大，於進行調查期間有先行停止或調整職務之必要時，雇主得暫時停止或調整被申訴人之職務；經調查未認定為性騷擾者，停止職務期間之薪資，應予補發。

②申訴案件經雇主或地方主管機關調查後，認定為性騷擾，且情節重大者，雇主得於知悉該調查結果之日起三十日內，不經預告終止勞動契約。

第四章　促進工作平等措施

第一四條　（生理假）103

①女性受僱者因生理日致工作有困難者，每月得請生理假一日，全年請假日數未逾三日，不併入病假計算，其餘日數併入病假計算。

②前項併入及不併入病假之生理假薪資，減半發給。

第一五條 111

①雇主於女性受僱者分娩前後，應使其停止工作，給予產假八星期；妊娠三個月以上流產者，應使其停止工作，給予產假四星期；妊娠二個月以上未滿三個月流產者，應使其停止工作，給予產假一星期；妊娠未滿二個月流產者，應使其停止工作，給予產假五日。

②產假期間薪資之計算，依相關法令之規定。

③受僱者經醫師診斷需安胎休養者，其治療、照護或休養期間之請假及薪資計算，依相關法令之規定。

④受僱者妊娠期間，雇主應給予產檢假七日。

⑤受僱者陪伴其配偶妊娠產檢或其配偶分娩時，雇主應給予陪產檢及陪產假七日。

⑥產檢假、陪產檢及陪產假期間，薪資照給。

⑦雇主依前項規定給付產檢假、陪產檢及陪產假薪資後，就其中各逾五日之部分得向中央主管機關申請補助。但依其他法令規定，應給予產檢假、陪產檢及陪產假各逾五日且薪資照給者，不適用之。

⑧前項補助業務，由中央主管機關委任勞動部勞工保險局辦理之。

第一六條　（育嬰留職停薪）103

①受僱者任職滿六個月後，於每一子女滿三歲前，得申請育嬰留職停薪，期間至該子女滿三歲止，但不得逾二年。同時撫育子女二人以上者，其育嬰留職停薪期間應合併計算，最長以最幼子女受撫育二年為限。

②受僱者於育嬰留職停薪期間，得繼續參加原有之社會保險，原由雇主負擔之保險費，免予繳納；原由受僱者負擔之保險費，得遞延三年繳納。

③依家事事件法、兒童及少年福利與權益保障法相關規定與收養兒童先行共同生活之受僱者，其共同生活期間得依第一項規定申請育嬰留職停薪。
④育嬰留職停薪津貼之發放，另以法律定之。
⑤育嬰留職停薪實施辦法，由中央主管機關定之。

第一七條　（育嬰留職停薪期滿之申請復職）

①前條受僱者於育嬰留職停薪期滿後，申請復職時，除有下列情形之一，並經主管機關同意者外，雇主不得拒絕：
一　歇業、虧損或業務緊縮者。
二　雇主依法變更組織、解散或轉讓者。
三　不可抗力暫停工作在一個月以上者。
四　業務性質變更，有減少受僱者之必要，又無適當工作可供安置者。
②雇主因前項各款原因未能使受僱者復職時，應於三十日前通知之，並應依法定標準發給資遣費或退休金。

第一八條　（哺乳時間）105

①子女未滿二歲須受僱者親自哺（集）乳者，除規定之休息時間外，雇主應每日另給哺（集）乳時間六十分鐘。
②受僱者於每日正常工作時間以外之延長工作時間達一小時以上者，雇主應給予哺（集）乳時間三十分鐘。
③前二項哺（集）乳時間，視為工作時間。

第一九條　111

①受僱於僱用三十人以上雇主之受僱者，為撫育未滿三歲子女，得向雇主請求為下列二款事項之一：
一　每天減少工作時間一小時；減少之工作時間，不得請求報酬。
二　調整工作時間。
②受僱於僱用未滿三十人雇主之受僱者，經與雇主協商，雙方合意後，得依前項規定辦理。

第二〇條　（家庭照顧假）100

①受僱者於其家庭成員預防接種、發生嚴重之疾病或其他重大事故須親自照顧時，得請家庭照顧假；其請假日數併入事假計算，全年以七日為限。
②家庭照顧假薪資之計算，依各該事假規定辦理。

第二一條　（雇主不得拒絕之情形）97

①受僱者依前七條之規定為請求時，雇主不得拒絕。
②受僱者為前項之請求時，雇主不得視為缺勤而影響其全勤獎金、考績或為其他不利之處分。

第二二條　（刪除）111

第二三條　（托兒設施或措施）105

①僱用受僱者一百人以上之雇主，應提供下列設施、措施：
一　哺（集）乳室。
二　托兒設施或適當之托兒措施。
②主管機關對於雇主設置哺（集）乳室、托兒設施或提供托兒措施，應給予經費補助。
③有關哺（集）乳室、托兒設施、措施之設置標準及經費補助辦法，由中央主管機關會商有關機關定之。

第二四條　（離職者之再就業）

主管機關為協助因結婚、懷孕、分娩、育兒或照顧家庭而離職之受僱者獲得再就業之機會，應採取就業服務、職業訓練及其他必要之措施。

第二五條　（雇主之獎勵）

雇主僱用因結婚、懷孕、分娩、育兒或照顧家庭而離職之受僱者成效卓著者，主管機關得給予適當之獎勵。

第五章　救濟及申訴程序

第二六條　（工作權益受損之賠償責任）97

受僱者或求職者因第七條至第十一條或第二十一條之情事，受有損害者，雇主應負賠償責任。

第二七條 112

①受僱者或求職者因遭受性騷擾，受有財產或非財產上損害者，由雇主及行為人連帶負損害賠償責任。但雇主證明其已遵行本法所定之各種防治性騷擾之規定，且對該事情之發生已盡力防止仍不免發生者，雇主不負損害賠償責任。

②如被害人依前項但書之規定不能受損害賠償時，法院因其聲請，得斟酌雇主與被害人之經濟狀況，令雇主為全部或一部之損害賠償。

③雇主賠償損害時，對於性騷擾行為人，有求償權。

④被害人因遭受性騷擾致生法律訴訟，於受司法機關通知到庭期間，雇主應給予公假。

⑤行為人因權勢性騷擾，應依第一項規定負損害賠償責任者，法院得因被害人之請求，依侵害情節，酌定損害額一倍至三倍之懲罰性賠償金。

⑥前項行為人為最高負責人或僱用人，被害人得請求損害額三倍至五倍之懲罰性賠償金。

第二八條　（性騷擾之賠償責任）

受僱者或求職者因雇主違反第十三條第二項之義務，受有損害者，雇主應負賠償責任。

第二九條　（賠償金額及回復名譽）

前三條情形，受僱者或求職者雖非財產上之損害，亦得請求賠償相當之金額。其名譽被侵害者，並得請求回復名譽之適當處分。

第三〇條　（損害賠償請求權）

第二十六條至第二十八條之損害賠償請求權，自請求權人知有損害及賠償義務人時起，二年間不行使而消滅。自有性騷擾行為或違反各該規定之行為時起，逾十年者，亦同。

第三一條　（差別待遇之舉證）97

受僱者或求職者於釋明差別待遇之事實後，雇主應就差別待遇之非性別、性傾向因素，或該受僱者或求職者所從事工作之特定性別因素，負舉證責任。

第三二條　（申訴制度之建立）

雇主為處理受僱者之申訴，得建立申訴制度協調處理。

第三二條之一 112

①受僱者或求職者遭受性騷擾，應向雇主提起申訴。但有下列情形之一者，得逕向地方主管機關提起申訴：

一　被申訴人屬最高負責人或僱用人。

二　雇主未處理或不服被申訴人之雇主所為調查或懲戒結果。

②受僱者或求職者依前項但書規定，向地方主管機關提起申訴之期限，應依下列規定辦理：

一　被申訴人非具權勢地位：自知悉性騷擾時起，逾二年提起者，不予受理；自該行為終了時起，逾五年者，亦同。

二　被申訴人具權勢地位：自知悉性騷擾時起，逾三年提起者，不予受理；自該行為終了時起，逾七年者，亦同。

③有下列情形之一者，依各款規定辦理，不受前項規定之限制。但依前項規定有較長申訴期限者，從其規定：

一　性騷擾發生時，申訴人為未成年，得於成年之日起三年內申訴。

二　被申訴人為最高負責人或僱用人，申訴人得於離職之日起一年內申訴。但自該行為終了時起，逾十年者，不予受理。

④申訴人依第一項但書規定向地方主管機關提起申訴後，得於處分作成前，撤回申訴。撤回申訴後，不得就同一案件再提起申訴。

第三二條之二 112

①地方主管機關爲調查前條第一項但書之性騷擾申訴案件，得請專業人士或團體協助；必要時，得請求警察機關協助。

②地方主管機關依本法規定進行調查時，被申訴人、申訴人及受邀協助調查之個人或單位應配合調查，並提供相關資料，不得規避、妨礙或拒絕。

③地方主管機關依前條第一項第二款受理之申訴，經認定性騷擾行爲成立或原懲戒結果不當者，得令行爲人之雇主於一定期限內採取必要之處置。

④前條及前三項有關地方主管機關受理工作場所性騷擾申訴之範圍、處理程序、調查方式、必要處置及其他相關事項之辦法，由中央主管機關定之。

⑤性騷擾之被申訴人爲最高負責人或僱用人時，於地方主管機關調查期間，申訴人得向雇主申請調整職務或工作型態至調查結果送達雇主之日起三十日內，雇主不得拒絕。

第三二條之三 112

①公務人員、教育人員或軍職人員遭受性騷擾，且行爲人爲第十二條第八項第一款所定最高負責人者，應向上級機關（構）、所屬主管機關或監督機關申訴。

②第十二條第八項第一款所定最高負責人或機關（構）、公立學校、各級軍事機關（構）、部隊、行政法人及公營事業機構各級主管涉及性騷擾行爲，且情節重大，於進行調查期間有先行停止或調整職務之必要時，得由其上級機關（構）、所屬主管機關、監督機關，或服務機關（構）、公立學校、各級軍事機關（構）、部隊、行政法人或公營事業機構停止或調整其職務。但其他法律別有規定者，從其規定。

③私立學校校長或各級主管涉及性騷擾行爲，且情節重大，於進行調查期間有先行停止或調整職務之必要時，得由學校所屬主管機關或服務學校停止或調整其職務。

④依前二項規定停止或調整職務之人員，其案件調查結果未經認定爲性騷擾，或經認定爲性騷擾但未依公務人員、教育人員或其他相關法律予以停職、免職、解聘、停聘或不續聘者，得依各該法律規定申請復職，及補發停職期間之本俸（薪）、年功俸（薪）或相當之給與。

⑤機關政務首長、軍職人員，其停止職務由上級機關或具任免權之機關爲之。

第三三條 （申訴之處理）

①受僱者發現雇主違反第十四條至第二十條之規定時，得向地方主管機關申訴。

②其向中央主管機關提出者，中央主管機關應於收受申訴案件，或發現有上開違反情事之日起七日內，移送地方主管機關。

③地方主管機關應於接獲申訴後七日內展開調查，並得依職權對雙方當事人進行協調。

④前項申訴處理辦法，由地方主管機關定之。

第三四條 112

①受僱者或求職者發現雇主違反第七條至第十一條、第十三條第二項、第二十一條或第三十六條規定時，得向地方主管機關提起申訴。

②前項申訴，地方主管機關應經性別平等工作會審議。雇主、受僱者或求職者對於地方主管機關審議後所爲之處分有異議時，得於十日內向中央主管機關性別平等工作會申請審議或逕行提起訴願；如有不服中央主管機關性別平等工作會之審定，得逕行提起行政訴訟。

③地方主管機關對於第三十二條之一第一項但書所定申訴案件，經依第三十二條之二第一項及第二項規定調查後，除情節重大或經媒體報導揭露之特殊案件外，得不經性別平等工作會審議，逕爲處分。如有不服，得提起訴願及進行行政訴訟。

④第一項及第二項申訴審議處理辦法，由中央主管機關定之。

第三五條 112

法院及主管機關對差別待遇事實之認定，應審酌性別平等工作會所爲之調查報告、評議或處分。

第三六條 （雇主不得為不利之處分）

雇主不得因受僱者提出本法之申訴或協助他人申訴，而予以解僱、調職或其他不利之處分。

第三七條 112

①受僱者或求職者因雇主違反本法之規定，或遭受性騷擾，而向地方主管機關提起申訴，或向法院提出訴訟時，主管機關應提供必要之法律諮詢或扶助；其諮詢或扶助業務，得委託民間團體辦理。

②前項法律扶助辦法，由中央主管機關定之。

③地方主管機關提供第一項之法律諮詢或扶助，中央主管機關得視其實際財務狀況，予以補助。

④受僱者或求職者為第一項訴訟而聲請保全處分時，法院得減少或免除供擔保之金額。

第六章　罰　則

第三八條 （罰鍰）105

①雇主違反第二十一條、第二十七條第四項或第三十六條規定者，處新臺幣二萬元以上三十萬元以下罰鍰。

②有前項規定行為之一者，應公布其姓名或名稱、負責人姓名，並限期令其改善；屆期未改善者，應按次處罰。

第三八條之一 112

①雇主違反第七條至第十條、第十一條第一項、第二項規定者，處新臺幣三十萬元以上一百五十萬元以下罰鍰。

②雇主違反第十三條第二項規定或地方主管機關依第三十二條之二第三項限期為必要處置之命令，處新臺幣二萬元以上一百萬元以下罰鍰。

③雇主違反第十三條第一項第二款規定，處新臺幣二萬元以上三十萬元以下罰鍰。

④雇主違反第十三條第一項第一款規定，經限期改善，屆期未改善者，處新臺幣一萬元以上十萬元以下罰鍰。

⑤雇主違反第三十二條之二第五項規定，處新臺幣一萬元以上五萬元以下罰鍰。

⑥有前條或前五項規定行為之一者，應公布其名稱、負責人姓名、處分期日、違反條文及罰鍰金額，並限期令其改善；屆期未改善者，應按次處罰。

第三八條之二 112

①最高負責人或僱用人經地方主管機關認定有性騷擾者，處新臺幣一萬元以上一百萬元以下罰鍰。

②被申訴人違反第三十二條之二第二項規定，無正當理由而規避、妨礙、拒絕調查或提供資料者，處新臺幣一萬元以上五萬元以下罰鍰，並得按次處罰。

③第一項裁處權時效，自地方主管機關收受申訴人依第三十二條之一第一項但書規定提起申訴之日起算。

第三八條之三 112

①第十二條第八項第一款之最高負責人經依第三十二條之三第一項規定認定有性騷擾者，由地方主管機關依前條第一項規定處罰。

②前項裁處權時效，自第三十二條之三第一項所定受理申訴機關收受申訴人依該項規定提起申訴之日起算，因三年期間之經過而消滅；自該行為終了時起，逾十年者，亦同。

第三八條之四 112

性騷擾防治法第十條、第二十五條及第二十六條規定，於本法所定性騷擾事件，適用之。

第七章　附　則

第三九條　（施行細則）

本法施行細則，由中央主管機關定之。

第三九條之一　112

本法中華民國一百十二年七月三十一日修正之本條文施行前，已受理之性騷擾申訴案件尚未終結者，及修正施行前已發生性騷擾事件而於修正施行後受理申訴者，均依修正施行後之規定終結之。但已進行之程序，其效力不受影響。

第四〇條　112

①本法自中華民國九十一年三月八日施行。

②本法修正條文，除中華民國九十七年一月十六日修正公布之第十六條及一百十一年一月十二日修正公布之條文施行日期由行政院定之；一百十二年七月三十一日修正之第五條第二項至第四項、第十二條第三項、第五項至第八項、第十三條、第十三條之一、第三十二條之一至第三十二條之三、第三十四條、第三十八條之一至第三十八條之三自一百十三年三月八日施行外，自公布日施行。

兒童及少年福利與權益保障法

①民國92年5月28日總統令制定公布全文75條；並自公布日施行。
②民國97年5月7日總統令修正公布第30、58條條文。
③民國97年8月6日總統令修正公布第20條條文。
④民國99年5月12日總統令增訂公布第50-1條條文。
⑤民國100年11月30日總統令修正公布名稱及全文118條；除第15至17、29、76、87、88、116條自公布六個月後施行，第25、26、90條自公布三年後施行外，餘自公布日施行（原名稱：兒童及少年福利法）。
⑥民國101年8月8日總統令增訂公布第54-1條條文。
民國102年7月19日行政院公告第6條所列屬「內政部」之權責事項，自102年7月23日起改由「衛生福利部」管轄。
⑦民國103年1月22日總統令修正公布第33、76條條文；並增訂第90-1條條文。
⑧民國104年2月4日總統令修正公布第6、7、15、23、26、43、44、47、49、51、53、54、70、76、81、90至92、94、97、100、102、103、118條條文；增訂第26-1、26-2、46-1條條文；並刪除第101條條文。
⑨民國104年12月2日總統令修正公布第24、88、92條條文。
⑩民國104年12月16日總統令修正公布第7條條文；並增訂第33-1、33-2、90-2條條文；除第33-2條自公布後二年施行，第90-2條第1項自公布後三年施行，第90-2條第2項自公布後五年施行外，餘自公布日施行。
⑪民國107年11月21日總統令修正公布第26-1、29、90-1條條文；並增訂第33-3條條文。
⑫民國108年1月2日總統令修正公布第26-1、26-2、81條條文。
⑬民國108年4月24日總統令修正公布第10、13、41、43、49、53、54、56、62至64、70、76、81、89、90、91、97、100、107、108條條文；並增訂第21-1、70-1、75-1、77-1、81-1、105-1、105-2、112-1條條文。
⑭民國109年1月15日總統令增訂公布第23-1條條文。
⑮民國110年1月20日總統令修正公布第26條條文。
民國111年8月24日行政院公告第7條第2項第13款、第44條第3項有關遊戲軟體分級事項原屬「經濟部」之權責事項，自111年8月27日起改由「數位發展部」管轄。

第一章　總　則

第一條　（立法目的）
為促進兒童及少年身心健全發展，保障其權益，增進其福利，特制定本法。

第二條　（兒童及少年之定義）
本法所稱兒童及少年，指未滿十八歲之人；所稱兒童，指未滿十二歲之人；所稱少年，指十二歲以上未滿十八歲之人。

第三條　（兒童及少年之父母或監護人應配合及協助之範圍）
父母或監護人對兒童及少年應負保護、教養之責任。對於主管機關、目的事業主管機關或兒童及少年福利機構、團體依本法所為之各項措施，應配合及協助之。

第四條　（提供兒童及少年所需服務及措施）
政府及公私立機構、團體應協助兒童及少年之父母、監護人或其他實際照顧兒童及少年之人，維護兒童及少年健康，促進其身心健全發展，對於需要保護、救助、輔導、治療、早期療育、身心障礙重建及其他特殊協助之兒童及少年，應提供所需服務及措施。

第五條　（兒童及少年相關事務之處理）
①政府及公私立機構、團體處理兒童及少年相關事務時，應以兒童及少年之最佳利益為

優先考量，並依其心智成熟程度權衡其意見；有關其保護及救助，並應優先處理。
②兒童及少年之權益受到不法侵害時，政府應予適當之協助及保護。

第六條　（主管機關）104

本法所稱主管機關：在中央為衛生福利部；在直轄市為直轄市政府；在縣（市）為縣（市）政府。

第七條　（中央主管機關及目的事業主管機關之權責劃分）104

①本法所定事項，主管機關及目的事業主管機關應就其權責範圍，針對兒童及少年之需要，尊重多元文化差異，主動規劃所需福利，對涉及相關機關之兒童及少年福利業務，應全力配合之。
②主管機關及目的事業主管機關均應辦理兒童及少年安全維護及事故傷害防制措施；其權責劃分如下：

一　主管機關：主管兒童及少年福利政策之規劃、推動及監督等相關事宜。
二　衛生主管機關：主管婦幼衛生、生育保健、早產兒通報、追蹤、訪視及關懷服務、發展遲緩兒童早期醫療、兒童及少年身心健康、醫療、復健及健康保險等相關事宜。
三　教育主管機關：主管兒童及少年教育及其經費之補助、特殊教育、學前教育、安全教育、家庭教育、中介教育、職涯教育、休閒教育、性別平等教育、社會教育、兒童及少年就學權益之維護及兒童課後照顧服務等相關事宜。
四　勞工主管機關：主管未滿十五歲之人勞動條件維護與年滿十五歲或國民中學畢業少年之職業訓練、就業準備、就業服務及勞動條件維護等相關事宜。
五　建設、工務、消防主管機關：主管兒童及少年福利與權益維護相關之建築物管理、公共設施、公共安全、建築物環境、消防安全管理、遊樂設施、親子廁所盥洗室等相關事宜。
六　警政主管機關：主管兒童及少年人身安全之維護及觸法預防、失蹤兒童及少年、無依兒童及少年之父母或監護人之協尋等相關事宜。
七　法務主管機關：主管兒童及少年觸法預防、矯正與犯罪被害人保護等相關事宜。
八　交通主管機關：主管兒童及少年交通安全、幼童專用車檢驗、公共停車位等相關事宜。
九　通訊傳播主管機關：主管兒童及少年通訊傳播視聽權益之維護、內容分級之規劃及推動等相關事宜。
十　戶政主管機關：主管兒童及少年身分資料及戶籍等相關事宜。
十一　財政主管機關：主管兒童及少年福利機構稅捐之減免等相關事宜。
十二　金融主管機關：主管金融機構對兒童及少年提供財產信託服務之規劃、推動及監督等相關事宜。
十三　經濟主管機關：主管兒童及少年相關商品與非機械遊樂設施標準之建立及遊戲軟體分級等相關事宜。
十四　體育主管機關：主管兒童及少年體育活動等相關事宜。
十五　文化主管機關：主管兒童及少年藝文活動、閱聽權益之維護、出版品及錄影節目帶分級等相關事宜。
十六　其他兒童及少年福利措施，由相關目的事業主管機關依職權辦理。

第八條　（中央主管機關職掌）

下列事項，由中央主管機關掌理。但涉及中央目的事業主管機關職掌，依法應由中央目的事業主管機關掌理者，從其規定：

一　全國性兒童及少年福利政策、法規與方案之規劃、釐定及宣導事項。
二　對直轄市、縣（市）政府執行兒童及少年福利之監督及協調事項。
三　中央兒童及少年福利經費之分配及補助事項。
四　兒童及少年福利事業之策劃、獎助及評鑑之規劃事項。
五　兒童及少年福利專業人員訓練之規劃事項。

六　國際兒童及少年福利業務之聯繫、交流及合作事項。
七　兒童及少年保護業務之規劃事項。
八　中央或全國性兒童及少年福利機構之設立、監督及輔導事項。
九　其他全國性兒童及少年福利之策劃及督導事項。

第九條　（直轄市、縣（市）主管機關職掌）
下列事項，由直轄市、縣（市）主管機關掌理。但涉及地方目的事業主管機關職掌，依法應由地方目的事業主管機關掌理者，從其規定：
一　直轄市、縣（市）兒童及少年福利政策、自治法規與方案之規劃、釐定、宣導及執行事項。
二　中央兒童及少年福利政策、法規及方案之執行事項。
三　兒童及少年福利專業人員訓練之執行事項。
四　兒童及少年保護業務之執行事項。
五　直轄市、縣（市）兒童及少年福利機構之設立、監督及輔導事項。
六　其他直轄市、縣（市）兒童及少年福利之策劃及督導事項。

第一〇條　（政策諮詢、推動及制定之相關列席代表）108
①主管機關應以首長為召集人，邀集兒童及少年福利相關學者或專家、民間相關機構、團體代表、目的事業主管機關代表、兒童及少年代表，協調、研究、審議、諮詢及推動兒童及少年福利政策。
②前項兒童及少年福利相關學者、專家、民間相關機構、團體代表、兒童及少年代表不得少於二分之一，單一性別不得少於三分之一。

第一一條　（專業人員之培養及訓練）
政府及公私立機構、團體應培養兒童及少年福利專業人員，並應定期舉辦職前訓練及在職訓練。

第一二條　（經費來源）
兒童及少年福利經費之來源如下：
一　各級政府年度預算及社會福利基金。
二　私人或團體捐贈。
三　依本法所處之罰鍰。
四　其他相關收入。

第一三條　（建立六歲以下兒童死亡原因回溯分析及定期調查兒童及少年基礎資料，並公布之）108
①中央衛生主管機關應進行六歲以下兒童死亡原因回溯分析，並定期公布分析結果。
②主管機關應每四年對兒童及少年身心發展、社會參與、生活及需求現況進行調查、統計及分析，並公布結果。

第二章　身分權益

第一四條　（出生通報）
①胎兒出生後七日內，接生人應將其出生之相關資料通報衛生主管機關備查；其為死產者，亦同。
②接生人無法取得完整資料以填報出生通報者，仍應為前項之通報。
③衛生主管機關應將第一項通報之新生兒資料轉知戶政主管機關，由其依相關規定辦理；必要時，戶政主管機關並得請求主管機關、警政及其他目的事業主管機關協助。
④第一項通報之相關表單，由中央衛生主管機關定之。

第一五條　（媒合服務者之核定及規定）104
①從事收出養媒合服務，以經主管機關許可之財團法人、公私立兒童及少年安置、教養機構（以下統稱收出養媒合服務者）為限。
②收出養媒合服務者應評估並安排收養人與兒童、少年先行共同生活或漸進式接觸。

③收出養媒合服務者從事收出養媒合服務，得向收養人收取服務費用。
④第一項收出養媒合服務者之資格條件、申請程序、許可之發給、撤銷與廢止許可、服務範圍、業務檢查與其管理、停業、歇業、復業、第二項之服務、前項之收費項目、基準及其他應遵行事項之辦法，由中央主管機關定之。

第一六條　（收出養之委託及評估義務）

①父母或監護人因故無法對其兒童及少年盡扶養義務而擬予出養時，應委託收出養媒合服務者代覓適當之收養人。但下列情形之出養，不在此限：

一　旁系血親在六親等以內及旁系姻親在五親等以內，輩分相當。
二　夫妻之一方收養他方子女。

②前項收出養媒合服務者於接受委託後，應先為出養必要性之訪視調查，並作成評估報告；評估有出養必要者，應即進行收養人之評估，並提供適當之輔導及協助等收出養服務相關措施；經評估不宜出養者，應即提供或轉介相關福利服務。
③第一項出養，以國內收養人優先收養為原則。

第一七條　（收出養之評估報告及法院認可要件）

①聲請法院認可兒童及少年之收養，除有前條第一項但書規定情形者外，應檢附前條第二項之收出養評估報告。未檢附者，法院應定期間命其補正；逾期不補正者，應不予受理。
②法院認可兒童及少年之收養前，得採行下列措施，供決定認可之參考：

一　命直轄市、縣（市）主管機關、兒童及少年福利機構、其他適當之團體或專業人員進行訪視，提出訪視報告及建議。
二　命收養人與兒童及少年先行共同生活一段期間；共同生活期間，對於兒童及少年權利義務之行使或負擔，由收養人為之。
三　命收養人接受親職準備教育課程、精神鑑定、藥、酒癮檢測或其他維護兒童及少年最佳利益之必要事項；其費用，由收養人自行負擔。
四　命直轄市、縣（市）主管機關調查被遺棄兒童及少年身分資料。

③依前項第一款規定進行訪視者，應評估出養之必要性，並給予必要之協助；其無出養之必要者，應建議法院不為收養之認可。
④收養人或收養事件之利害關係人亦得提出相關資料或證據，供法院斟酌。

第一八條　（收養之最佳利益原則）

①父母對於兒童及少年出養之意見不一致，或一方所在不明時，父母之一方仍可向法院聲請認可。經法院調查認為收養乃符合兒童及少年之最佳利益時，應予認可。
②法院認可或駁回兒童及少年收養之聲請時，應以書面通知直轄市、縣（市）主管機關，直轄市、縣（市）主管機關應為必要之訪視或其他處置，並作成紀錄。

第一九條　（收養關係之效力）

①收養兒童及少年經法院認可者，收養關係溯及於收養書面契約成立時發生效力；無書面契約者，以向法院聲請時為收養關係成立之時；有試行收養之情形者，收養關係溯及於開始共同生活時發生效力。
②聲請認可收養後，法院裁定前，兒童及少年死亡者，聲請程序終結。收養人死亡者，法院應命直轄市、縣（市）主管機關、兒童及少年福利機構、其他適當之團體或專業人員為評估，並提出報告及建議，法院認收養於兒童及少年有利益時，仍得為認可收養之裁定，其效力依前項之規定。

第二〇條　（收養關係之終止）

養父母對養子女有下列行為之一者，養子女、利害關係人或主管機關得向法院請求宣告終止其收養關係：

一　有第四十九條各款所定行為之一。
二　違反第四十三條第二項或第四十七條第二項規定，情節重大。

第二一條　（收出養身分檔案之保存及保密）

①中央主管機關應保存出養人、收養人及被收養兒童及少年之身分、健康等相關資訊之

檔案。

②收出養媒合服務者及經法院交查之直轄市、縣（市）主管機關、兒童及少年福利機構、其他適當之團體或專業人員，應定期將前項收出養相關資訊提供中央主管機關保存。

③辦理收出養業務、資訊保存或其他相關事項之人員，對於第一項資訊，應妥善維護當事人之隱私，除法律另有規定外，應予保密。

④第一項資訊之範圍、來源、管理及使用辦法，由中央主管機關定之。

第二一條之一 （主管機關應提供尋親服務及諮詢轉介服務）108

①主管機關應對被收養兒童及少年、出養人、收養人及其他利害關係人提供尋親服務，必要時得請求戶政、警政或其他相關機關或機構協助，受請求之機關或機構應予配合。

②主管機關得依被收養兒童及少年、出養人、收養人或其他利害關係人之請求，提供心理、醫療、法律及其他相關諮詢轉介服務。

第二二條 （無身分、無國籍或國籍不明兒童之權益保障）

①主管機關應會同戶政、移民主管機關協助未辦理戶籍登記、無國籍或未取得居留、定居許可之兒童、少年依法辦理有關戶籍登記、歸化、居留或定居等相關事項。

②前項兒童、少年於戶籍登記完成前或未取得居留、定居許可前，其社會福利服務、醫療照顧、就學權益等事項，應依法予以保障。

第三章　福利措施

第二三條 （政府整合性服務機制之建立及福利措施之辦理）104

①直轄市、縣（市）政府，應建立整合性服務機制，並鼓勵、輔導、委託民間或自行辦理下列兒童及少年福利措施：

一　建立早產兒通報系統，並提供追蹤、訪視及關懷服務。
二　建立發展遲緩兒童早期通報系統，並提供早期療育服務。
三　辦理兒童托育服務。
四　對兒童、少年及其家庭提供諮詢服務。
五　對兒童、少年及其父母辦理親職教育。
六　對於無力撫育其未滿十二歲之子女或受監護人者，視需要予以托育、家庭生活扶助或醫療補助。
七　對於無謀生能力或在學之少年，無扶養義務人或扶養義務人無力維持其生活者，予以生活扶助、協助就學或醫療補助，並協助培養其自立生活之能力。
八　早產兒、罕見疾病、重病兒童、少年及發展遲緩兒童之扶養義務人無力支付醫療費用之補助。
九　對於不適宜在家庭內教養或逃家之兒童及少年，提供適當之安置。
十　對於無依兒童及少年，予以適當之安置。
十一　對於因懷孕或生育而遭遇困境之兒童、少年及其子女，予以適當之安置、生活扶助、醫療補助、托育補助及其他必要協助。
十二　辦理兒童課後照顧服務。
十三　對結束安置無法返家之少年，提供自立生活適應協助。
十四　辦理兒童及少年安全與事故傷害之防制、教育、宣導及訓練等服務。
十五　其他兒童、少年及其家庭之福利服務。

②前項第六款至第八款及第十一款之托育、生活扶助及醫療補助請領資格、條件、程序、金額及其他相關事項之辦法，分別由中央及直轄市主管機關定之。

③第一項第十款無依兒童及少年之通報、協尋、安置方式、要件、追蹤之處理辦法，由中央主管機關定之。

第二三條之一 （早產、重病兒童適用醫藥器材短缺通報及處理機制之建立）109

中央衛生主管機關對早產兒、重病及其他危及生命有醫療需求之兒童，爲維持生命所需之適用藥品及醫療器材，應建立短缺通報及處理機制。

第二四條　（保障兒童及少年平等參與活動之權利）104

①文化、教育、體育主管機關應鼓勵、輔導民間或自行辦理兒童及少年適當之休閒、娛樂及文化活動，提供合適之活動空間，並保障兒童及少年有平等參與活動之權利。

②目的事業主管機關對於辦理前項活動著有績效者，應予獎勵表揚。

第二五條　（居家式托育服務之辦理）

①直轄市、縣（市）主管機關應辦理居家式托育服務之管理、監督及輔導等相關事項。

②前項所稱居家式托育服務，指兒童由其三親等內親屬以外之人員，於居家環境中提供收費之托育服務。

③直轄市、縣（市）主管機關應以首長爲召集人，邀集學者或專家、居家托育員代表、兒童及少年福利團體代表、家長團體代表、婦女團體代表、勞工團體代表，協調、研究、審議及諮詢居家式托育服務、收退費、人員薪資、監督考核等相關事宜，並建立運作管理機制，應自行或委託相關專業之機構、團體辦理。

第二六條　110

①居家式托育服務提供者，應向直轄市、縣（市）主管機關辦理登記。

②居家式托育服務提供者應爲成年，並具備下列資格之一：

一　取得保母人員技術士證。

二　高級中等以上學校幼兒保育、家政、護理相關學程、科、系、所畢業。

三　修畢托育人員專業訓練課程，並領有結業證書。

③直轄市、縣（市）主管機關爲辦理居家式托育服務提供者之登記、管理、輔導、監督及檢查等事項，應自行或委託相關專業機構、團體辦理。

④居家式托育服務提供者對於前項之管理、輔導、監督及檢查等事項，不得規避、妨礙或拒絕，並應提供必要之協助。

⑤第一項居家式托育服務提供者之收托人數、登記、輔導、管理、撤銷與廢止登記、收退費規定及其他應遵行事項之辦法，由中央主管機關定之。

第二六條之一　（居家式托育服務提供者之消極資格）108

①有下列情事之一，不得擔任居家式托育服務提供者：

一　曾犯性侵害犯罪防治法第二條第一項之罪、性騷擾防治法第二十五條之罪、兒童及少年性交易防制條例之罪、兒童及少年性剝削防制條例之罪，經緩起訴處分或有罪判決確定。但未滿十八歲之人，犯刑法第二百二十七條之罪者，不在此限。

二　曾犯毒品危害防制條例之罪，經緩起訴處分或有罪判決確定。

三　有第四十九條各款所定行爲之一，經有關機關查證屬實。

四　行爲違法或不當，其情節影響收托兒童權益重大，經主管機關查證屬實。

五　有客觀事實認有傷害兒童之虞，經直轄市、縣（市）主管機關認定不能執行業務。

六　受監護或輔助宣告，尚未撤銷。

七　曾犯家庭暴力罪，經緩起訴處分或有罪判決確定之日起五年內。

②前項第五款之認定，應由直轄市、縣（市）主管機關邀請相關專科醫師、兒童少年福利及其他相關學者專家組成小組爲之。

③第一項第五款原因消失後，仍得依本法規定申請擔任居家式托育服務提供者。

④有第一項各款情事之一者，直轄市、縣（市）主管機關應命其停止服務，並強制轉介其收托之兒童。已完成登記者，廢止其登記。

第二六條之二　（僅得提供到宅托育之規定）108

①與居家式托育服務提供者共同居住之人，有下列情事之一者，居家式托育服務提供者以提供到宅托育爲限：

一　有前條第一項第一款、第二款或第四款情形之一。

二　有客觀事實認有傷害兒童之虞，經直轄市、縣（市）主管機關邀請相關專科醫師、兒童少年福利及其他相關學者專家組成小組認定。
②前項第二款經直轄市、縣（市）主管機關認定事實消失，居家式托育服務提供者仍得依本法提供居家式托育服務。

第二七條　（兒童及少年醫療照顧措施之規劃）
①政府應規劃實施兒童及少年之醫療照顧措施；必要時，並得視其家庭經濟條件補助其費用。
②前項費用之補助對象、項目、金額及其程序等之辦法，由中央主管機關定之。

第二八條　（兒童及少年事故傷害防制協調會議）
①中央主管機關及目的事業主管機關應定期召開兒童及少年事故傷害防制協調會議，以協調、研究、審議、諮詢、督導、考核及辦理下列事項：
一　兒童及少年事故傷害資料登錄。
二　兒童及少年安全教育教材之建立、審核及推廣。
三　兒童及少年遊戲與遊樂設施、玩具、用品、交通載具等標準、檢查及管理。
四　其他防制機制之建立及推動。
②前項會議應遴聘學者專家、民間團體及相關機關代表提供諮詢。學者專家、民間團體代表之人數，不得少於總數二分之一。

第二九條　（交通載具之規範與管理）107
①下列兒童及少年所使用之交通載具應予輔導管理，以維護其交通安全：
一　幼童專用車。
二　公私立學校之校車。
三　短期補習班或兒童課後照顧服務班及中心之接送車。
②前項交通載具載運國民小學前之幼兒、國民小學學生者，其車齡不得逾出廠十年；載運國民中學、高級中等學校學生者，其車齡不得逾出廠十五年。
③第一項交通載具之申請程序、輔導措施、管理與隨車人員之督導管理及其他應遵行事項之辦法，由中央教育主管機關會同交通主管機關定之。

第三〇條　（疑似發展遲緩、發展遲緩或身心障礙兒童及少年指紋檔案之建立與資訊防護措施）
①疑似發展遲緩、發展遲緩或身心障礙兒童及少年之父母或監護人，得申請警政主管機關建立指紋資料。
②前項資料，除作為失蹤協尋外，不得作為其他用途之使用。
③第一項指紋資料按捺、塗銷及管理辦法，由中央警政主管機關定之。

第三一條　（六歲以下兒童發展評估機制之建立與早療服務之個別化家庭服務計畫）
①政府應建立六歲以下兒童發展之評估機制，對發展遲緩兒童，應按其需要，給予早期療育、醫療、就學及家庭支持方面之特殊照顧。
②父母、監護人或其他實際照顧兒童之人，應配合前項政府對發展遲緩兒童所提供之各項特殊照顧。
③第一項早期療育所需之篩檢、通報、評估、治療、教育等各項服務之銜接及協調機制，由中央主管機關會同衛生、教育主管機關規劃辦理。

第三二條　（疑似發展遲緩兒童通報及轉介服務）
①各類社會福利、教育及醫療機構，發現有疑似發展遲緩兒童，應通報直轄市、縣（市）主管機關。直轄市、縣（市）主管機關應將接獲資料，建立檔案管理，並視其需要提供、轉介適當之服務。
②前項通報流程及檔案管理等相關事項之辦法，由中央主管機關定之。

第三三條　（提供兒童與孕婦友善之優先照顧及未滿一定年齡兒童之優惠措施）103
①兒童及孕婦應優先獲得照顧。
②交通及醫療等公、民營事業應提供兒童及孕婦優先照顧措施。
③國內大眾交通運輸、文教設施、風景區與康樂場所等公營、公辦民營及民營事業，應

以年齡爲標準，提供兒童優惠措施，並應提供未滿一定年齡之兒童免費優惠。
④前項兒童優惠措施之適用範圍及一定年齡，由各目的事業主管機關定之。

第三三條之一　（孕婦、育有六歲以下兒童停車位之設置場所）104
①下列場所附設之公共停車場，應保留百分之二之汽車停車位，作爲孕婦、育有六歲以下兒童者之停車位；汽車停車位未滿五十個之公共停車場，至少應保留一個孕婦、育有六歲以下兒童者之停車位。但汽車停車位未滿二十五個之公共停車場，不在此限：
一　提供民衆申辦業務或服務之政府機關（構）及公營事業。
二　鐵路車站、航空站及捷運交會轉乘站。
三　營業場所總樓地板面積一萬平方公尺以上之百貨公司及零售式量販店。
四　設有兒科病房或產科病房之區域級以上醫院。
五　觀光遊樂業之園區。
六　其他經各級交通主管機關公告之場所。
②前項停車位之設置地點、空間規劃、使用對象與方式及其他應遵行事項之辦法，由中央交通主管機關會商建設、工務、消防主管機關定之。

第三三條之二　（親子廁所盥洗室應規劃設置之場所）104
①下列場所應規劃設置適合六歲以下兒童及其照顧者共同使用之親子廁所盥洗室，並附設兒童安全座椅、尿布臺等相關設備：
一　提供民衆申辦業務或服務之場所總樓地板面積五千平方公尺以上之政府機關（構）。
二　營業場所總樓地板面積五千平方公尺以上之公營事業。
三　服務場所總樓地板面積五千平方公尺以上之鐵路車站、航空站及捷運交會轉乘站。
四　營業場所總樓地板面積一萬平方公尺以上之百貨公司及零售式量販店。
五　設有兒科病房之區域級以上醫院。
六　觀光遊樂業之園區。
②前項場所未依第三項前段所定辦法設置親子廁所盥洗室者，直轄市、縣（市）建築主管機關應命其所有權人或管理機關負責人限期改善；其設置確有困難者，得由所有權人或管理機關負責人提具替代改善計畫，申報直轄市、縣（市）建築主管機關核定，並核定改善期限。
③第一項親子廁所盥洗室之設備項目與規格及其他應遵行事項之辦法，由中央建築主管機關定之。相關商品標準之建立，由中央經濟主管機關定之。
④本條自中華民國一百零四年十一月二十七日修正之條文公布後二年施行。

第三三條之三　（運送旅客之鐵路列車應保留孕婦及有兒童同行之家庭優先座位）107
運送旅客之鐵路列車應保留一定座位，作爲孕婦及有兒童同行之家庭優先使用。

第三四條　（提供少年之就業準備與輔導措施）
①少年年滿十五歲或國民中學畢業，有進修或就業意願者，教育、勞工主管機關應視其性向及志願，輔導其進修、接受職業訓練或就業。
②教育主管機關應依前項規定辦理並督導高級中等以下學校辦理職涯教育、勞動權益及職業安全教育。
③勞工主管機關應依第一項規定提供職業訓練、就業準備、職場體驗、就業媒合、支持性就業安置及其他就業服務措施。

第三五條　（教育進修機會之保障）
雇主對年滿十五歲或國民中學畢業之少年員工應保障其教育進修機會；其辦理績效良好者，勞工主管機關應予獎勵。

第三六條　（提供個別化就業輔導措施）
勞工主管機關對於缺乏技術及學歷，而有就業需求之少年，應整合教育及社政主管機關，提供個別化就業服務措施。

第三七條　（建教合作定型化契約之訂定與權利義務載明事項）

①高級中等以下學校應協調建教合作機構與學生及其法定代理人，簽訂書面訓練契約，明定權利義務關係。

②前項書面訓練契約之格式、內容，中央教育主管機關應訂定定型化契約範本與其應記載及不得記載事項。

第三八條　（參與公共事務之保障權利）

政府應結合民間機構、團體鼓勵兒童及少年參與學校、社區等公共事務，並提供機會，保障其參與之權利。

第三九條　（改善國內兒童及少年文學、視聽出版與節目之創作及引介）

政府應結合民間機構、團體鼓勵國內兒童及少年文學、視聽出版品與節目之創作、優良國際兒童及少年視聽出版品之引進、翻譯及出版。

第四〇條　（兒童及少年視聽品味及環境發展之鼓勵）

政府應結合或鼓勵民間機構、團體對優良兒童及少年出版品、錄影節目帶、廣播、遊戲軟體及電視節目予以獎勵。

第四一條　（高級中等以下學校學生每週學習節數規定）108

①為確保兒童及少年之遊戲及休閒權利，促進其身心健康，除法律另有規定外，高級中等以下學校學生每週學習節數，應依中央教育主管機關訂定之課程綱要規定；其課業輔導課程，依各級教育主管機關之法令規定。

②中央教育主管機關應邀集兒童及少年事務領域之專家學者、民間團體代表、兒童及少年代表，參與課程綱要之設計與規劃。

第四二條　（兒童及少年之受教權益與品質之保障）

為確保兒童及少年之受教權，對於因特殊狀況無法到校就學者，家長得依國民教育法相關規定向直轄市、縣（市）政府申請非學校型態實驗教育。

第四章　保護措施

第四三條　（兒童及少年禁止之行為）108

①兒童及少年不得為下列行為：

一　吸菸、飲酒、嚼檳榔。

二　施用毒品、非法施用管制藥品或其他有害身心健康之物質。

三　觀看、閱覽、收聽或使用有害其身心健康之暴力、血腥、色情、猥褻、賭博之出版品、圖畫、錄影節目帶、影片、光碟、磁片、電子訊號、遊戲軟體、網際網路內容或其他物品。

四　在道路上競駛、競技或以蛇行等危險方式駕車或參與其行為。

五　超過合理時間持續使用電子類產品，致有害身心健康。

②父母、監護人或其他實際照顧兒童及少年之人，應禁止兒童及少年為前項各款行為。

③任何人均不得販賣、交付或供應第一項第一款至第三款之物質、物品予兒童及少年。

④任何人均不得對兒童及少年散布或播送第一項第三款之內容或物品。

第四四條　（物品之分級）104

①新聞紙以外之出版品、錄影節目帶、遊戲軟體應由有分級管理義務之人予以分級；其他有事實認定影響兒童及少年身心健康之虞之物品經目的事業主管機關認定應予分級者，亦同。

②任何人不得以違反第三項所定辦法之陳列方式，使兒童及少年觀看或取得應列為限制級之物品。

③第一項物品之分級類別、內容、標示、陳列方式、管理、有分級管理義務之人及其他應遵行事項之辦法，由中央目的事業主管機關定之。

第四五條　（新聞紙刊載之限制及例外）

①新聞紙不得刊載下列有害兒童及少年身心健康之內容。但引用司法機關或行政機關公

開之文書而爲適當之處理者，不在此限：

一　過度描述（繪）強制性交、猥褻、自殺、施用毒品等行爲細節之文字或圖片。

二　過度描述（繪）血腥、色情細節之文字或圖片。

②爲認定前項內容，報業商業同業公會應訂定防止新聞紙刊載有害兒童及少年身心健康內容之自律規範及審議機制，報中央主管機關備查。

③新聞紙業者經舉發有違反第一項之情事者，報業商業同業公會應於三個月內，依據前項自律規範及審議機制處置。必要時，得延長一個月。

④有下列情事之一者，主管機關應邀請報業商業同業公會代表、兒童及少年福利團體代表以及專家學者代表，依第二項備查之自律規範，共同審議認定之：

一　非屬報業商業同業公會會員之新聞紙業者經舉發有違反第一項之情事。

二　報業商業同業公會就前項案件逾期不處置。

三　報業商業同業公會就前項案件之處置結果，經新聞紙刊載之當事人、受處置之新聞紙業者或兒童及少年福利團體申訴。

第四六條　（網路安全防護機構之設立及管理）

①爲防止兒童及少年接觸有害其身心發展之網際網路內容，由通訊傳播主管機關召集各目的事業主管機關委託民間團體成立內容防護機構，並辦理下列事項：

一　兒童及少年使用網際網路行爲觀察。

二　申訴機制之建立及執行。

三　內容分級制度之推動及檢討。

四　過濾軟體之建立及推動。

五　兒童及少年上網安全教育宣導。

六　推動網際網路平臺提供者建立自律機制。

七　其他防護機制之建立及推動。

②網際網路平臺提供者應依前項防護機制，訂定自律規範採取明確可行防護措施；未訂定自律規範者，應依相關公（協）會所定自律規範採取必要措施。

③網際網路平臺提供者經目的事業主管機關告知網際網路內容有害兒童及少年身心健康或違反前項規定未採取明確可行防護措施者，應爲限制兒童及少年接取、瀏覽之措施，或先行移除。

④前三項所稱網際網路平臺提供者，指提供連線上網後各項網際網路平臺服務，包含在網際網路上提供儲存空間，或利用網際網路建置網站提供資訊、加值服務及網頁連結服務等功能者。

第四六條之一　（網際網路散布或傳送有害兒童及少年身心健康內容之禁止）104

任何人不得於網際網路散布或傳送有害兒童及少年身心健康之內容，未採取明確可行之防護措施，或未配合網際網路平臺提供者之防護機制，使兒童及少年得以接取或瀏覽。

第四七條　（禁止兒童及少年出入危害其身心健康之場所）104

①兒童及少年不得出入酒家、特種咖啡茶室、成人用品零售店、限制級電子遊戲場及其他涉及賭博、色情、暴力等經主管機關認定足以危害其身心健康之場所。

②父母、監護人或其他實際照顧兒童及少年之人，應禁止兒童及少年出入前項場所。

③第一項場所之負責人及從業人員應拒絕兒童及少年進入。

④第一項之場所應距離幼兒園、國民中小學、高中、職校二百公尺以上，並檢附證明文件，經商業登記主管機關登記後，始得營業。

第四八條　（禁止兒童及少年充當不當場所之侍應工作）

①父母、監護人或其他實際照顧兒童及少年之人，應禁止兒童及少年充當前條第一項場所之侍應或從事危險、不正當或其他足以危害或影響其身心發展之工作。

②任何人不得利用、僱用或誘迫兒童及少年從事前項之工作。

第四九條　（對兒童及少年特定行爲之禁止）108

①任何人對於兒童及少年不得有下列行爲：

一　遺棄。
二　身心虐待。
三　利用兒童及少年從事有害健康等危害性活動或欺騙之行為。
四　利用身心障礙或特殊形體兒童及少年供人參觀。
五　利用兒童及少年行乞。
六　剝奪或妨礙兒童及少年接受國民教育之機會。
七　強迫兒童及少年婚嫁。
八　拐騙、綁架、買賣、質押兒童及少年。
九　強迫、引誘、容留或媒介兒童及少年為猥褻行為或性交。
十　供應兒童及少年刀械、槍砲、彈藥或其他危險物品。
十一　利用兒童及少年拍攝或錄製暴力、血腥、色情、猥褻、性交或其他有害兒童及少年身心健康之出版品、圖畫、錄影節目帶、影片、光碟、磁片、電子訊號、遊戲軟體、網際網路內容或其他物品。
十二　迫使或誘使兒童及少年處於對其生命、身體易發生立即危險或傷害之環境。
十三　帶領或誘使兒童及少年進入有礙其身心健康之場所。
十四　強迫、引誘、容留或媒介兒童及少年為自殺行為。
十五　其他對兒童及少年或利用兒童及少年犯罪或為不正當之行為。

②前項行為經直轄市、縣（市）主管機關依第九十七條規定裁罰者，中央主管機關應建立裁罰資料，供政府機關（構）及其他經中央主管機關同意之機構、法人或團體查詢。

第五〇條　（孕婦有害胎兒發育行為之禁止）

①孕婦不得吸菸、酗酒、嚼檳榔、施用毒品、非法施用管制藥品或為其他有害胎兒發育之行為。

②任何人不得強迫、引誘或以其他方式使孕婦為有害胎兒發育之行為。

第五一條　（不得使兒童及少年獨處之情形）104

父母、監護人或其他實際照顧兒童及少年之人，不得使六歲以下兒童或需要特別看護之兒童及少年獨處或由不適當之人代為照顧。

第五二條　（相關機構協助、輔導或安置之情形）

①兒童及少年有下列情事之一者，直轄市、縣（市）主管機關得依其父母、監護人或其他實際照顧兒童及少年之人之申請或經其同意，協調適當之機構協助、輔導或安置之：
一　違反第四十三條第一項、第四十七條第一項規定或從事第四十八條第一項禁止從事之工作，經其父母、監護人或其他實際照顧兒童及少年之人盡力禁止而無效果。
二　有偏差行為，情形嚴重，經其父母、監護人或其他實際照顧兒童及少年之人盡力矯正而無效果。

②前項機構協助、輔導或安置所必要之生活費、衛生保健費、學雜費、代收代辦費及其他相關費用，由扶養義務人負擔；其收費規定，由直轄市、縣（市）主管機關定之。

第五三條　（執行職務人員應立即通報之情形）108

①醫事人員、社會工作人員、教育人員、保育人員、教保服務人員、警察、司法人員、移民業務人員、戶政人員、村（里）幹事及其他執行兒童及少年福利業務人員，於執行業務時知悉兒童及少年有下列情形之一者，應立即向直轄市、縣（市）主管機關通報，至遲不得超過二十四小時：
一　施用毒品、非法施用管制藥品或其他有害身心健康之物質。
二　充當第四十七條第一項場所之侍應。
三　遭受第四十九條第一項各款之行為。
四　有第五十一條之情形。
五　有第五十六條第一項各款之情形。

六　遭受其他傷害之情形。

②任何人知悉兒童及少年有前項各款之情形者，得通報直轄市、縣（市）主管機關。

③直轄市、縣（市）主管機關於知悉或接獲通報前二項案件時，應立即進行分級分類處理，至遲不得超過二十四小時。

④直轄市、縣（市）主管機關受理第一項各款案件後，應提出調查報告。

⑤第一項及第二項通報人之身分資料，應予保密。

⑥直轄市、縣（市）主管機關於提出第四項調查報告前，得對兒童及少年進行訪視。訪視顯有困難或兒童及少年行方不明，經警察機關處理、尋查未果，涉有犯罪嫌疑者，得經司法警察機關報請檢察機關處理。

⑦第一項至第四項通報、分級分類處理、調查與其作業期程及其他相關事項之辦法，由中央主管機關定之。

第五四條　（執行職務人員應通報及其他相關機關應提供必要協助之責任）108

①醫事人員、社會工作人員、教育人員、保育人員、教保服務人員、警察、司法人員、移民業務人員、戶政人員、村（里）幹事、村（里）長、公寓大廈管理服務人員及其他執行兒童及少年福利業務人員，於執行業務時知悉六歲以下兒童未依規定辦理出生登記、預防接種或兒童及少年家庭遭遇經濟、教養、婚姻、醫療或其他不利處境，致兒童及少年有未獲適當照顧之虞，應通報直轄市、縣（市）主管機關。

②直轄市、縣（市）主管機關於接獲前項通報後，應對前項家庭進行訪視評估，並視其需要結合警政、教育、戶政、衛生、財政、金融管理、勞政、移民或其他相關機關提供生活、醫療、就學、托育及其他必要之協助。

③中央主管機關爲蒐集、處理、利用前條及第一項業務所需之必要資料，得洽請各目的事業主管機關提供之；受請求者有配合提供資訊之義務。

④第二項訪視顯有困難或兒童及少年行方不明，經警察機關處理、尋查未果，涉有犯罪嫌疑者，得經司法警察機關報請檢察機關處理。

⑤第一項通報人之身分資料，應予保密。

⑥第一項至第三項通報、協助、資訊蒐集、處理、利用、查詢及其他相關事項之辦法，由中央主管機關定之。

第五四條之一　（主動查訪之義務）101

①兒童之父母、監護人或其他實際照顧兒童之人，有違反毒品危害防制條例者，於受通緝、羈押、觀察、勒戒、強制戒治或入獄服刑時，司法警察官、司法警察、檢察官或法院應查訪兒童之生活與照顧狀況。

②司法警察官、司法警察、檢察官、法院就前項情形進行查訪，知悉兒童有第五十三條第一項各款情形及第五十四條之情事者，應依各該條規定通報直轄市、縣（市）主管機關。

第五五條　（緊急保護、安置之處理）

①兒童及少年罹患性病或有酒癮、藥物濫用情形者，其父母、監護人或其他實際照顧兒童及少年之人應協助就醫，或由直轄市、縣（市）主管機關會同衛生主管機關配合協助就醫；必要時，得請求警政主管機關協助。

②前項治療所需之費用，由兒童及少年之父母、監護人負擔。但屬全民健康保險給付範圍或依法補助者，不在此限。

第五六條　（緊急安置及家庭寄養）108

①兒童及少年有下列各款情形之一者，直轄市、縣（市）主管機關應予保護、安置或爲其他處置；必要時得進行緊急安置：

一　兒童及少年未受適當之養育或照顧。

二　兒童及少年有立即接受醫療之必要，而未就醫。

三　兒童及少年遭受遺棄、身心虐待、買賣、質押，被強迫或引誘從事不正當之行爲或工作。

四　兒童及少年遭受其他迫害，非立即安置難以有效保護。

②直轄市、縣（市）主管機關疑有前項各款情事之一者，應基於兒童及少年最佳利益，經多元評估後，加強保護、安置、緊急安置或為其他必要之處置。
③直轄市、縣（市）主管機關為前二項保護、安置、緊急安置或為其他必要之處置時，得請求檢察官或當地警察機關協助之。
④經直轄市、縣（市）主管機關評估第一項各款兒童及少年之生命、身體或自由有立即危險或有危險之虞者，應移送當地司法警察機關報請檢察機關處理。
⑤第一項兒童及少年之安置，直轄市、縣（市）主管機關得辦理家庭寄養，或交付適當之親屬、第三人、兒童及少年福利機構或其他安置機構教養之。

第五七條　（緊急安置之時限）
①直轄市、縣（市）主管機關依前條規定緊急安置時，應即通報當地地方法院及警察機關，並通知兒童及少年之父母、監護人。但其無父母、監護人或通知顯有困難時，得不通知之。
②緊急安置不得超過七十二小時，非七十二小時以上之安置不足以保護兒童及少年者，得聲請法院裁定繼續安置。繼續安置以三個月為限；必要時，得聲請法院裁定延長之，每次得聲請延長三個月。
③繼續安置之聲請，得以電訊傳真或其他科技設備為之。

第五八條　（提起抗告與聲請期間之安置）
前條第二項所定七十二小時，自依前條第一項規定緊急安置兒童及少年之時起，即時起算。但下列時間不予計入：
一　在途護送時間。
二　交通障礙時間。
三　其他不可抗力之事由所生之遲滯時間。

第五九條　（安置期間之權利義務行使）
①直轄市、縣（市）主管機關、父母、監護人、受安置兒童及少年對於第五十七條第二項裁定有不服者，得於裁定送達後十日內提起抗告。對於抗告法院之裁定不得再抗告。
②聲請及抗告期間，原安置機關、機構或寄養家庭得繼續安置。
③安置期間因情事變更或無依原裁定繼續安置之必要者，直轄市、縣（市）主管機關、父母、原監護人、受安置兒童及少年得向法院聲請變更或撤銷之。
④直轄市、縣（市）主管機關對於安置期間期滿或依前項撤銷安置之兒童及少年，應續予追蹤輔導至少一年。

第六〇條　（接受訪談、偵訊或身體檢查之處理）
①安置期間，直轄市、縣（市）主管機關或受其交付安置之機構或寄養家庭在保護安置兒童及少年之範圍內，行使、負擔父母對於未成年子女之權利義務。
②法院裁定得繼續安置兒童及少年者，直轄市、縣（市）主管機關或受其交付安置之機構或寄養家庭，應選任其成員一人執行監護事務，並負與親權人相同之注意義務。直轄市、縣（市）主管機關應陳報法院執行監護事項之人，並應按個案進展作成報告備查。
③安置期間，兒童及少年之父母、原監護人、親友、師長經直轄市、縣（市）主管機關同意，得依其約定時間、地點及方式，探視兒童及少年。不遵守約定或有不利於兒童及少年之情事者，直轄市、縣（市）主管機關得禁止探視。
④直轄市、縣（市）主管機關為前項同意前，應尊重兒童及少年之意願。

第六一條　（接受訪談、偵訊或身體檢查之處理）
①安置期間，非為貫徹保護兒童及少年之目的，不得使其接受訪談、偵訊、訊問或身體檢查。
②兒童及少年接受訪談、偵訊、訊問或身體檢查，應由社會工作人員陪同，並保護其隱私。

第六二條　（家庭發生重大變故兒童及少年之安置或輔助）108

①兒童及少年因家庭發生重大變故，致無法正常生活於其家庭者，其父母、監護人、利害關係人或兒童及少年福利機構，得申請直轄市、縣（市）主管機關安置或輔助。
②前項安置，直轄市、縣（市）主管機關得辦理家庭寄養、交付適當之兒童及少年福利機構或其他安置機構教養之。
③直轄市、縣（市）主管機關、受寄養家庭或機構依第一項規定，在安置兒童及少年之範圍內，行使、負擔父母對於未成年子女之權利義務。
④第一項之家庭情況改善者，被安置之兒童及少年仍得返回其家庭，並由直轄市、縣（市）主管機關續予追蹤輔導至少一年。
⑤第二項及第五十六條第五項之家庭寄養，其寄養條件、程序與受寄養家庭之資格、許可、督導、考核及獎勵之規定，由直轄市、縣（市）主管機關定之。

第六三條（兒童及少年安置費用之收取）108

直轄市、縣（市）主管機關依第五十六條第五項或前條第二項對兒童及少年爲安置時，因受寄養家庭或安置機構提供兒童及少年必要服務所需之生活費、衛生保健費、學雜費、代收代辦費及其他與安置有關之費用，得向扶養義務人收取；其收費規定，由直轄市、縣（市）主管機關定之。

第六四條（兒童及少年家庭處遇計畫）108

①兒童及少年有第四十九條第一項或第五十六條第一項各款情事，或屬目睹家庭暴力之兒童及少年，經直轄市、縣（市）主管機關列爲保護個案者，該主管機關應於三個月內提出兒童及少年家庭處遇計畫；必要時，得委託兒童及少年福利機構或團體辦理。
②前項處遇計畫得包括家庭功能評估、兒童及少年安全與安置評估、親職教育、心理輔導、精神治療、戒癮治療或其他與維護兒童及少年或其他家庭正常功能有關之協助及福利服務方案。
③處遇計畫之實施，兒童及少年本人、父母、監護人、其他實際照顧兒童及少年之人或其他有關之人應予配合。
④第一項之保護個案，其父母、監護人或其他實際照顧之人變更住居所或通訊方式，應告知直轄市、縣（市）主管機關。
⑤直轄市、縣（市）主管機關發現兒童及少年行方不明，經警察機關處理、尋查未果，涉有犯罪嫌疑者，得經司法警察機關報請檢察機關處理。

第六五條（兒童及少年長期輔導計畫）

①依本法安置兩年以上之兒童及少年，經直轄市、縣（市）主管機關評估其家庭功能不全或無法返家者，應提出長期輔導計畫。
②前項長期輔導計畫得委託兒童及少年福利機構或團體爲之。

第六六條（個案資料之建立及定期追蹤評估）

①依本法保護、安置、訪視、調查、評估、輔導、處遇兒童及少年或其家庭，應建立個案資料，並定期追蹤評估。
②因職務上所知悉之秘密或隱私及所製作或持有之文書，應予保密，非有正當理由，不得洩漏或公開。

第六七條（福利服務）

①直轄市、縣（市）主管機關對於依少年事件處理法以少年保護事件、少年刑事案件處理之兒童、少年及其家庭，應持續提供必要之福利服務。
②前項福利服務，得委託兒童及少年福利機構或團體爲之。

第六八條（追蹤輔導）

①直轄市、縣（市）主管機關對於依少年事件處理法交付安置輔導或感化教育結束、停止或免除，或經交付轉介輔導之兒童、少年及其家庭，應予追蹤輔導至少一年。
②前項追蹤輔導，得委託兒童及少年福利機構或團體爲之。

第六九條（不得揭露足以識別兒童及少年姓名身分之資訊）

①宣傳品、出版品、廣播、電視、網際網路或其他媒體對下列兒童及少年不得報導或記載其姓名或其他足以識別身分之資訊：

一　遭受第四十九條或第五十六條第一項各款行爲。
二　施用毒品、非法施用管制藥品或其他有害身心健康之物質。
三　爲否認子女之訴、收養事件、親權行使、負擔事件或監護權之選定、酌定、改定事件之當事人或關係人。
四　爲刑事案件、少年保護事件之當事人或被害人。

②行政機關及司法機關所製作必須公開之文書，除前項第三款或其他法律特別規定之情形外，亦不得揭露足以識別前項兒童及少年身分之資訊。

③除前二項以外之任何人亦不得於媒體、資訊或以其他公示方式揭示有關第一項兒童及少年之姓名及其他足以識別身分之資訊。

④第一、二項如係爲增進兒童及少年福利或維護公共利益，且經行政機關邀集相關機關、兒童及少年福利團體與報業商業同業公會代表共同審議後，認爲有公開之必要，不在此限。

第七〇條　（主管機關得進行訪視、調查及處遇）108

①直轄市、縣（市）主管機關就本法規定事項，必要時，得自行或委託兒童及少年福利機構、團體或其他適當之專業人員進行訪視、調查及處遇。

②直轄市、縣（市）主管機關、受其委託之機構、團體或專業人員進行訪視、調查及處遇時，兒童及少年之父母、監護人、其他實際照顧兒童及少年之人、師長、雇主、醫事人員及其他有關之人應予配合，並提供相關資料；該直轄市、縣（市）主管機關得請求警政、戶政、財政、教育或其他相關機關（構）協助，受請求之機關（構）應予配合。

③爲辦理各項兒童及少年保護、補助與扶助業務所需之必要資料，主管機關得洽請相關機關（構）、團體、法人或個人提供之，受請求者有配合提供資訊之義務。

④主管機關依前二項規定所取得之資料，應盡善良管理人之注意義務，確實辦理資訊安全稽核作業，其保有、處理及利用，並應遵循個人資料保護法之規定。

第七〇條之一　（主管機關進行訪視、調查及處遇遭拒絕，得請求即時強制進入或其他處置）108

①直轄市、縣（市）主管機關或受其委託之機構、團體、專業人員，進行前條訪視、調查及處遇遭拒絕，合理懷疑兒童及少年有危險、危險之虞或有客觀事實認有必要者，直轄市、縣（市）主管機關得請求警察機關對於住宅、建築物或其他處所爲即時強制進入或爲其他必要處置。

②警察機關得依前項請求派員執行即時強制進入，執行時應主動出示身分證件，並得詢問關係人。

第七一條　（停止親權或監護權、終止收養關係）

①父母或監護人對兒童及少年疏於保護、照顧情節嚴重，或有第四十九條、第五十六條第一項各款行爲，或未禁止兒童及少年施用毒品、非法施用管制藥品者，兒童及少年或其最近尊親屬、直轄市、縣（市）主管機關、兒童及少年福利機構或其他利害關係人，得請求法院宣告停止其親權或監護權之全部或一部，或得另行聲請選定或改定監護人；對於養父母，並得請求法院宣告終止其收養關係。

②法院依前項規定選定或改定監護人時，得指定直轄市、縣（市）主管機關、兒童及少年福利機構之負責人或其他適當之人爲兒童及少年之監護人，並得指定監護方法、命其父母、原監護人或其他扶養義務人交付子女、支付選定或改定監護人相當之扶養費用及報酬、命爲其他必要處分或訂定必要事項。

③前項裁定，得爲執行名義。

第七二條　（兒童及少年之財產管理及信託）

①有事實足以認定兒童及少年之財產權益有遭受侵害之虞者，直轄市、縣（市）主管機關得請求法院就兒童及少年財產之管理、使用、收益或處分，指定或改定社政主管機關或其他適當之人任監護人或指定監護之方法，並得指定或改定受託人管理財產之全部或一部，或命監護人代理兒童及少年設立信託管理之。

②前項裁定確定前，直轄市、縣（市）主管機關得代為保管兒童及少年之財產。
③第一項之財產管理及信託規定，由直轄市、縣（市）主管機關定之。

第七三條　（轉銜及復學教育計畫）
①高級中等以下學校對依少年事件處理法交付安置輔導或施以感化教育之兒童及少年，應依法令配合福利、教養機構或感化教育機構，執行轉銜及復學教育計畫，以保障其受教權。
②前項轉銜及復學作業之對象、程序、違反規定之處理及其他應遵循事項之辦法，由中央教育主管機關會同法務主管機關定之。

第七四條　（整合各主管機關提供之相關服務與措施）
法務主管機關應針對矯正階段之兒童及少年，依其意願，整合各主管機關提供就學輔導、職業訓練、就業服務或其他相關服務與措施，以協助其回歸家庭及社區。

第五章　福利機構

第七五條　（兒童及少年福利機構）
①兒童及少年福利機構分類如下：
一　托嬰中心。
二　早期療育機構。
三　安置及教養機構。
四　心理輔導或家庭諮詢機構。
五　其他兒童及少年福利機構。
②前項兒童及少年福利機構之規模、面積、設施、人員配置及業務範圍等事項之標準，由中央主管機關定之。
③第一項兒童及少年福利機構，各級主管機關應鼓勵、委託民間或自行創辦；其所屬公立兒童及少年福利機構之業務，必要時，並得委託民間辦理。
④直轄市、縣（市）主管機關為辦理托嬰中心托育服務之輔導及管理事項，應自行或委託相關專業之機構、團體辦理。

第七五條之一　（提供國有不動產出租方式及其租金基準）108
直轄市、縣（市）主管機關為配合國家政策，委託非營利性質法人辦理托嬰中心、早期療育機構、安置及教養機構需用國有土地或建築物者，得由國有財產管理機關以出租方式提供使用；其租金基準，按該土地及建築物當期依法應繳納之地價稅及房屋稅計收年租金。

第七六條　（兒童課後照顧服務）108
①第二十三條第一項第十二款所稱兒童課後照顧服務，指招收國民小學階段學童，於學校上課以外時間，所提供之照顧服務。
②前項兒童課後照顧服務，得由各該教育主管機關指定國民小學辦理兒童課後照顧服務班，或由鄉（鎮、市、區）公所、私人、團體申請設立兒童課後照顧服務中心辦理之。
③前項兒童課後照顧服務班與兒童課後照顧服務中心之申請、設立、收費項目、用途與基準、管理、設施設備、改制、人員資格與不適任之認定、通報、資訊蒐集、查詢、處理、利用及其他應遵行事項之辦法，由中央教育主管機關定之。
④直轄市、縣（市）主管機關為辦理兒童課後照顧服務班及中心，應召開審議會，由機關首長或指定之代理人為召集人，成員應包含機關代表、教育學者專家、家長團體代表、婦女團體代表、公益教保團體代表、勞工團體代表與兒童及少年福利團體代表等。

第七七條　（兒童之團體保險）
①托嬰中心應為其收托之兒童辦理團體保險。
②前項團體保險，其範圍、金額、繳費方式、期程、給付標準、權利與義務、辦理方式

及其他相關事項之辦法，由直轄市、縣（市）主管機關定之。

第七七條之一　（托嬰中心裝設監視錄影設備）108

①托嬰中心應裝設監視錄影設備。

②前項監視錄影設備之設置、管理與攝錄影音資料之處理、利用、查閱、保存方式與期限及其他相關事項之辦法，由中央主管機關定之。

第七八條　（遴用專業人員辦理業務）

兒童及少年福利機構之業務，應遴用專業人員辦理；其專業人員之類別、資格、訓練及課程等之辦法，由中央主管機關定之。

第七九條　（免徵規費）

依本法規定發給設立許可證書，免徵規費。

第八〇條　（社會工作人員或專任輔導人員之設置）

①直轄市、縣（市）教育主管機關應設置社會工作人員或專任輔導人員執行本法相關業務。

②前項人員之資格、設置、實施辦法，由中央教育主管機關定之。

第八一條　（兒童及少年福利機構負責人或工作人員之消極資格）108

①有下列情事之一者，不得擔任兒童及少年福利機構之負責人或工作人員：

一　曾犯性侵害犯罪防治法第二條第一項之罪、性騷擾防治法第二十五條之罪、兒童及少年性交易防制條例之罪、兒童及少年性剝削防制條例之罪，經緩起訴處分或有罪判決確定。但未滿十八歲之人，犯刑法第二百二十七條之罪者，不在此限。

二　有第四十九條第一項各款所定行爲之一，經有關機關查證屬實。

三　有客觀事實認有傷害兒童少年之虞，經主管機關認定不能執行職務。

四　有客觀事實認有性侵害、性騷擾、性霸凌行爲，經有關機關（構）、學校查證屬實。

②有前項第二款或第四款之行爲，不得擔任負責人或工作人員之期間，由主管機關審酌情節嚴重程度認定。

③第一項第三款之認定，應由主管機關邀請相關專科醫師、兒童少年福利及其他相關學者專家組成小組爲之。

④第一項第三款原因消失後，仍得依本法規定擔任兒童及少年福利機構之負責人或工作人員。

⑤主管機關應主動查證兒童及少年福利機構負責人是否有第一項各款情事；兒童及少年福利機構聘僱工作人員之前，亦應主動查詢，受請求查詢機關應協助查復。

⑥兒童及少年福利機構聘僱工作人員前，應檢具相關名冊、資格證明文件影本、切結書、健康檢查表影本、最近三個月內核發之警察刑事紀錄證明書及其他基本資料，報主管機關核准。主管機關應主動查證並得派員檢查；人員異動時，亦同。

⑦現職工作人員有第一項各款情事之一者，兒童及少年福利機構應即停止其職務，並得予以調職、資遣、令其退休或終止勞動契約。

⑧爲辦理兒童及少年福利機構第一項各款不適任資格之認定、資訊蒐集、處理、利用、查詢及其他相關事項之辦法，由中央主管機關定之。

第八一條之一　（兒童課後照顧服務班及中心之負責人或工作人員之消極資格）108

①有下列情事之一者，不得擔任兒童課後照顧服務班及中心之負責人或工作人員：

一　曾犯性侵害犯罪防治法第二條第一項之罪、性騷擾防治法第二十五條之罪、兒童及少年性交易防制條例之罪、兒童及少年性剝削防制條例之罪，經緩起訴處分或有罪判決確定。但未滿十八歲之人，犯刑法第二百二十七條之罪者，不在此限。

二　有性侵害行爲，或有情節重大之性騷擾、性霸凌、第四十九條第一項各款所定行爲之一，經教育主管機關查證屬實。

三　有非屬情節重大之性騷擾、性霸凌、第四十九條第一項各款所定行爲之一，教育主管機關認定有必要予以解聘或解僱，並審酌案件情節，認定一年至四年不得聘用或僱用。

四　有客觀事實認有傷害兒童少年之虞，經教育主管機關認定不能執行職務。

②兒童課後照顧服務中心之負責人有前項各款情事之一者，教育主管機關應廢止其設立許可。

③第一項第四款之認定，應由教育主管機關邀請相關專科醫師、兒童少年福利及其他相關學者專家組成小組爲之。

④第一項第四款原因消失後，仍得依本法規定擔任兒童課後照顧服務班及中心之負責人或工作人員。

⑤教育主管機關應主動查證兒童課後照顧服務班及中心負責人是否有第一項各款情事；兒童課後照顧服務班及中心聘僱工作人員之前，亦應主動查詢，受請求查詢機關應協助查復。

⑥兒童課後照顧服務班及中心聘僱工作人員前，應檢具名冊，並檢附資格證明文件影本、切結書、健康檢查表影本、最近三個月內核發之警察刑事紀錄證明書及其他相關文件，報教育主管機關核准；教育主管機關應主動查證並得派員檢查；人員異動時，亦同。但現職教師兼任之工作人員，得免附相關文件。

⑦現職工作人員有第一項各款情事之一者，兒童課後照顧服務班及中心應即停止其職務，並得予以調職、資遣、令其退休或終止勞動契約。

⑧兒童課後照顧服務班及中心辦理第一項各款不適任資格之認定、通報、資訊蒐集、任職前與任職期間之查詢、處理、利用及其他相關事項之辦法，由中央教育主管機關定之。

第八二條　（申請設立兒童及少年福利機構）

①私人或團體辦理兒童及少年福利機構，以向當地主管機關申請設立許可者爲限；其有對外勸募行爲或享受租稅減免者，應於設立許可之日起六個月內辦理財團法人登記。

②未於前項期間辦理財團法人登記，而有正當理由者，得申請核准延長一次，期間不得超過三個月；屆期不辦理者，原許可失其效力。

③第一項申請設立許可之要件、程序、審核期限、撤銷與廢止許可、督導管理、停業、歇業、復業及其他應遵行事項之辦法，由中央主管機關定之。

第八三條　（兒童及少年福利機構或課後照顧服務中心之限制）

兒童及少年福利機構或兒童課後照顧服務班及中心，不得有下列情形之一：

一　虐待或妨害兒童及少年身心健康。

二　供給不衛生之餐飲，經衛生主管機關查明屬實。

三　提供不安全之設施或設備，經目的事業主管機關查明屬實。

四　發現兒童及少年受虐事實，未向直轄市、縣（市）主管機關通報。

五　違反法令或捐助章程。

六　業務經營方針與設立目的不符。

七　財務收支未取具合法之憑證、捐款未公開徵信或會計紀錄未完備。

八　規避、妨礙或拒絕主管機關或目的事業主管機關輔導、檢查、監督。

九　對各項工作業務報告申報不實。

十　擴充、遷移、停業、歇業、復業未依規定辦理。

十一　有其他情事，足以影響兒童及少年身心健康。

第八四條　（兒童及少年福利機構不得利用其事業爲不當之宣傳）

①兒童及少年福利機構不得利用其事業爲任何不當之宣傳；其接受捐贈者，應公開徵信，並不得利用捐贈爲設立目的以外之行爲。

②主管機關應辦理輔導、監督、檢查、獎勵及定期評鑑兒童及少年福利機構並公布評鑑報告及結果。

③前項評鑑對象、項目、方式及獎勵方式等辦法，由主管機關定之。

第八五條　（協助安置）

兒童及少年福利機構停辦、停業、歇業、解散、經撤銷或廢止許可時，對於其收容之兒童及少年應即予適當之安置；其未能予以適當安置者，設立許可主管機關應協助安置，該機構應予配合。

第六章　罰　則

第八六條　（罰則）

接生人違反第十四條第一項規定者，由衛生主管機關處新臺幣六千元以上三萬元以下罰鍰。

第八七條　（罰則）

違反第十五條第一項規定，未經許可從事收出養媒合服務者，由主管機關處新臺幣六萬元以上三十萬元以下罰鍰，並公布其姓名或名稱。

第八八條　（罰則）104

①收出養媒合服務者違反依第十五條第四項所定辦法中有關業務檢查與管理、停業、歇業、復業之規定者，由許可主管機關通知限期改善，屆期未改善者，處新臺幣三萬元以上十五萬元以下罰鍰，並得按次處罰；情節嚴重者，得命其停辦一個月以上一年以下，並公布其名稱或姓名。

②依前項規定命其停辦，拒不遵從或停辦期限屆滿未改善者，許可主管機關應廢止其許可。

第八九條　（罰則）108

違反第二十一條第三項、第五十三條第五項、第五十四條第五項、第六十六條第二項或第六十九條第三項而無正當理由者，處新臺幣二萬元以上十萬元以下罰鍰。

第九〇條　（罰則）108

①違反第二十六條第一項規定未辦理居家式托育服務登記者，處新臺幣六千元以上三萬元以下罰鍰，並命其限期改善。屆期未改善者，處新臺幣六千元以上三萬元以下罰鍰，並命其於一個月內將收托兒童予以轉介，未能轉介時，由直轄市、縣（市）主管機關協助轉介。

②前項限期改善期間，直轄市、縣（市）主管機關應即通知家長，並協助居家式托育服務提供者，依家長意願轉介，且加強訪視輔導。

③拒不配合第一項轉介之命令者，處新臺幣六千元以上三萬元以下罰鍰，直轄市、縣（市）主管機關並應強制轉介其收托之兒童。

④第一項限期改善期間，居家式托育服務提供者不得增加收托兒童。違反者，處新臺幣六千元以上三萬元以下罰鍰，並得按次處罰；直轄市、縣（市）主管機關並應強制轉介其收托之兒童。

⑤違反第二十六條第四項規定，或依第五項所定辦法有關收托人數、登記或輔導結果列入應改善而屆期未改善之規定者，處新臺幣六千元以上三萬元以下罰鍰，並得按次處罰，其情節重大或經處罰三次後仍未改善者，得廢止其登記。

⑥經依前項廢止登記者，自廢止之日起，一年內不得辦理登記爲居家式托育服務提供者。

⑦違反第二十六條之一第四項規定，不依直轄市、縣（市）主管機關之命令停止服務者，處新臺幣六萬元以上三十萬元以下罰鍰，並得公布其姓名。

第九〇條之一　（罰則）107

①違反第二十九條第三項所定辦法規定而有下列各款情形之一者，由教育主管機關處公私立學校校長、短期補習班或兒童課後照顧服務中心負責人新臺幣六千元以上三萬元以下罰鍰，並命其限期改善，屆期未改善者，得按次處罰：

一　以未經核准或備查之車輛載運學生。

二　載運人數超過汽車行車執照核定數額。

三　未依學生交通車規定載運學生。

四　未配置符合資格之隨車人員隨車照護學生。

②違反第三十三條第三項及第四項所定適用範圍及一定年齡者，各目的事業主管機關得

處新臺幣六千元以上三萬元以下罰鍰，並命其限期改善，屆期未改善者，得按次處罰。

第九〇條之二　（罰則）104

①違反第三十三條之一規定者，由直轄市、縣（市）交通主管機關命其限期改善，屆期未改善者，處所有權人或管理機關負責人新臺幣一萬元以上五萬元以下罰鍰，並得按次處罰至其改善完成爲止。

②違反第三十三條之二第二項規定未改善、未提具替代改善計畫或未依核定改善計畫之期限改善完成者，由直轄市、縣（市）建築主管機關處所有權人或管理機關負責人新臺幣一萬元以上五萬元以下罰鍰，並命其限期改善；屆期未改善者，得按次處罰至其改善完成爲止。

③第一項規定自中華民國一百零四年十一月二十七日修正之條文公布後三年施行；前項規定自中華民國一百零四年十一月二十七日修正之條文公布後五年施行。

第九一條　（罰則）108

①父母、監護人或其他實際照顧兒童及少年之人，違反第四十三條第二項規定，情節嚴重者，處新臺幣一萬元以上五萬元以下罰鍰。

②販賣、交付或供應酒或檳榔予兒童及少年者，處新臺幣一萬元以上十萬元以下罰鍰。

③販賣、交付或供應毒品、非法供應管制藥品或其他有害身心健康之物質予兒童及少年者，處新臺幣六萬元以上三十萬元以下罰鍰。

④販賣、交付或供應有關暴力、血腥、色情或猥褻出版品、圖畫、錄影節目帶、影片、光碟、電子訊號、遊戲軟體或其他物品予兒童及少年者，處新臺幣二萬元以上十萬元以下罰鍰。

⑤違反第四十三條第四項規定者，除新聞紙依第四十五條及第九十三條規定辦理外，處新臺幣五萬元以上二十五萬元以下罰鍰，並公布其姓名或名稱及命其限期改善；屆期未改善者，得按次處罰；情節嚴重者，並得由主管機關移請目的事業主管機關勒令停業一個月以上一年以下。

第九二條　（罰則）104

①新聞紙以外之出版品、錄影節目帶、遊戲軟體或其他經主管機關認定有影響兒童及少年身心健康之虞應予分級之物品，其有分級管理義務之人有下列情形之一者，處新臺幣五萬元以上二十五萬元以下罰鍰，並命其限期改善，屆期未改善者，得按次處罰：

一　違反第四十四條第一項規定，未予分級。

二　違反依第四十四條第三項所定辦法中有關分級類別或內容之規定。

②前項有分級管理義務之人違反依第四十四條第三項所定辦法中有關標示之規定者，處新臺幣三萬元以上十五萬元以下罰鍰，並命其限期改善，屆期未改善者，得按次處罰。

③違反第四十四條第二項規定者，處新臺幣一萬元以上五萬元以下罰鍰，並公布其姓名或名稱及命其限期改善；屆期未改善者，得按次處罰。

第九三條　（罰則）

新聞紙業者未依第四十五條第三項規定履行處置者，處新臺幣三萬元以上十五萬元以下罰鍰，並限期命其履行；屆期仍不履行者，得按次處罰至履行爲止。經主管機關依第四十五條第四項規定認定者，亦同。

第九四條　（罰則）104

①網際網路平臺提供者違反第四十六條第三項規定，未爲限制兒童及少年接取、瀏覽之措施或先行移除者，由各目的事業主管機關處新臺幣六萬元以上三十萬元以下罰鍰，並命其限期改善，屆期未改善者，得按次處罰。

②違反第四十六條之一之規定者，處新臺幣十萬元以上五十萬元以下罰鍰，並公布其姓名或名稱及命其限期改善；屆期未改善者，得按次處罰；情節嚴重者，並得勒令停業一個月以上一年以下。

第九五條　（罰則）

①父母、監護人或其他實際照顧兒童及少年之人，違反第四十七條第二項規定者，處新臺幣一萬元以上五萬元以下罰鍰。
②場所負責人或從業人員違反第四十七條第三項規定者，處新臺幣二萬元以上十萬元以下罰鍰，並公布場所負責人姓名。

第九六條　（罰則）
①父母、監護人或其他實際照顧兒童及少年之人，違反第四十八條第一項規定者，處新臺幣二萬元以上十萬元以下罰鍰，並公布其姓名。
②違反第四十八條第二項規定者，處新臺幣六萬元以上三十萬元以下罰鍰，公布行為人及場所負責人之姓名，並命其限期改善；屆期未改善者，除情節嚴重，由主管機關移請目的事業主管機關命其歇業者外，命其停業一個月以上一年以下。

第九七條　（違反對兒童及少年特定行為禁止之罰則）108
違反第四十九條第一項各款規定之一者，處新臺幣六萬元以上六十萬元以下罰鍰，並得公布其姓名或名稱。

第九八條　（罰則）
違反第五十條第二項規定者，處新臺幣一萬元以上五萬元以下罰鍰。

第九九條　（罰則）
父母、監護人或其他實際照顧兒童及少年之人違反第五十一條規定者，處新臺幣三千元以上一萬五千元以下罰鍰。

第一〇〇條　（違反執行職務人員應立即通報之罰則）108
醫事人員、社會工作人員、教育人員、保育人員、教保服務人員、警察、司法人員、移民業務人員、戶政人員、村（里）幹事或其他執行兒童及少年福利業務人員，違反第五十三條第一項通報規定而無正當理由者，處新臺幣六千元以上六萬元以下罰鍰。

第一〇一條　（刪除）104

第一〇二條　（罰則）104
①父母、監護人或實際照顧兒童及少年之人有下列情形者，主管機關應命其接受四小時以上五十小時以下之親職教育輔導：
一　未禁止兒童及少年為第四十三條第一項第二款行為者。
二　違反第四十七條第二項規定者。
三　違反第四十八條第一項規定者。
四　違反第四十九條各款規定之一者。
五　違反第五十一條規定者。
六　使兒童及少年有第五十六條第一項各款情形之一者。
②依前項規定接受親職教育輔導，如有正當理由無法如期參加，得申請延期。
③不接受親職教育輔導或拒不完成其時數者，處新臺幣三千元以上三萬元以下罰鍰；經再通知仍不接受者，得按次處罰至其參加為止。
④依限完成親職教育輔導者，免依第九十一條第一項、第九十五條第一項、第九十六條第一項、第九十七條及第九十九條處以罰鍰。

第一〇三條　（罰則）104
①廣播、電視事業違反第六十九條第一項規定，由目的事業主管機關處新臺幣三萬元以上十五萬元以下罰鍰，並命其限期改正；屆期未改正者，得按次處罰。
②宣傳品、出版品、網際網路或其他媒體違反第六十九條第一項規定，由目的事業主管機關處負責人新臺幣三萬元以上十五萬元以下罰鍰，並得沒入第六十九條第一項規定之物品、命其限期移除內容、下架或其他必要之處置；屆期不履行者，得按次處罰至履行為止。
③前二項經第六十九條第四項審議後，認為有公開之必要者，不罰。
④宣傳品、出版品、網際網路或其他媒體無負責人或負責人對行為人之行為不具監督關係者，第二項所定之罰鍰，處罰行為人。
⑤本法中華民國一百零四年一月二十三日修正施行前，宣傳品、出版品、廣播、電視、

網際網路或其他媒體之負責人違反第六十九條第一項規定者，依修正前第一項罰鍰規定，處罰該負責人。無負責人或負責人對行爲人之行爲不具監督關係者，處罰行爲人。

第一〇四條　（罰則）

兒童及少年之父母、監護人、其他實際照顧兒童及少年之人、師長、雇主、醫事人員或其他有關之人違反第七十條第二項規定而無正當理由者，處新臺幣六千元以上三萬元以下罰鍰，並得按次處罰至其配合或提供相關資料爲止。

第一〇五條　（罰則）

①違反第七十六條或第八十二條第一項前段規定，未申請設立許可而辦理兒童及少年福利機構或兒童課後照顧服務班及中心者，由當地主管機關或教育主管機關處新臺幣六萬元以上三十萬元以下罰鍰及公布其姓名或名稱，並命其限期改善。

②於前項限期改善期間，不得增加收托安置兒童及少年，違者處其負責人新臺幣六萬元以上三十萬元以下罰鍰，並得按次處罰。

③經依第一項規定限期命其改善，屆期未改善者，再處其負責人新臺幣十萬元以上五十萬元以下罰鍰，並命於一個月內對於其收托之兒童及少年予以轉介安置；其無法辦理時，由當地主管機關協助之，負責人應予配合。不予配合者，強制實施之，並處新臺幣六萬元以上三十萬元以下罰鍰。

第一〇五條之一　（罰則）108

兒童及少年福利機構違反第八十一條第五項或第七項規定者，由設立許可機關處新臺幣五萬元以上二十五萬元以下罰鍰，並命其限期改善，屆期未改善者，得按次處罰；必要時並命其停辦或廢止其設立許可。

第一〇五條之二　（罰則）108

兒童課後照顧服務班及中心違反第八十一條之一第五項至第七項規定者，由教育主管機關處負責人新臺幣五萬元以上二十五萬元以下罰鍰，並命其限期改善，屆期未改善者，得按次處罰；必要時並命其停辦或廢止其設立許可。

第一〇六條　（罰則）

兒童及少年福利機構違反第八十二條第一項後段規定者，經設立許可主管機關命其立即停止對外勸募之行爲而不遵命者，由設立許可主管機關處新臺幣六萬元以上三十萬元以下罰鍰，並得按次處罰且公布其名稱；情節嚴重者，並得命其停辦一個月以上一年以下。

第一〇七條　（罰則）108

①兒童及少年福利機構或兒童課後照顧服務班及中心違反第八十三條第一款至第四款規定情形之一者，由設立許可主管機關處新臺幣六萬元以上六十萬元以下罰鍰，並命其限期改善，屆期未改善者，得按次處罰；情節嚴重者，得命其停辦一個月以上一年以下，或停辦並公布其名稱及負責人姓名。

②未經許可從事兒童及少年福利機構或兒童課後照顧服務班及中心業務，經當地主管機關或教育主管機關依第一百零五條第一項規定命其限期改善，限期改善期間有第八十三條第一款至第四款規定情形之一者，由當地主管機關或教育主管機關依前項規定辦理。

第一〇八條　（罰則）108

①兒童及少年福利機構或兒童課後照顧服務班及中心違反第八十三條第五款至第十一款規定之一者，或依第八十四條第三項所定辦法評鑑爲丙等或丁等者，經設立許可主管機關命其限期改善，屆期未改善者，處新臺幣三萬元以上三十萬元以下罰鍰，並得按次處罰；情節嚴重者，得命其停辦一個月以上一年以下，並公布其名稱。

②依前二條及前項規定命其停辦，拒不遵從或停辦期限屆滿未改善者，設立許可主管機關應廢止其設立許可。

第一〇九條　（罰則）

兒童及少年福利機構違反第八十五條規定，不予配合設立許可主管機關安置者，由設立許可主管機關處新臺幣六萬元以上三十萬元以下罰鍰，並強制實施之。

第七章　附　則

第一一〇條　（緊急安置保護措施準用規定）

十八歲以上未滿二十歲之人，於緊急安置等保護措施，準用本法之規定。

第一一一條　（兒童及少年無法返家或自立生活者之安置期限）

直轄市、縣（市）主管機關依本法委託安置之兒童及少年，年滿十八歲，經評估無法返家或自立生活者，得繼續安置至年滿二十歲；其已就讀大專校院者，得安置至畢業爲止。

第一一二條　（教唆、幫助或利用兒童及少年犯罪者加重其刑）

①成年人教唆、幫助或利用兒童及少年犯罪或與之共同實施犯罪或故意對其犯罪者，加重其刑至二分之一。但各該罪就被害人係兒童及少年已定有特別處罰規定者，從其規定。

②對於兒童及少年犯罪者，主管機關得獨立告訴。

第一一二條之一　（保護管束期間內應遵守事項）108

①成年人故意對兒童及少年犯兒童及少年性剝削防制條例、刑法妨害性自主罪章、殺人罪章及傷害罪章之罪而受緩刑宣告者，在緩刑期內應付保護管束。

②法院爲前項宣告時，得委託專業人員、團體、機構評估，除顯無必要者外，應命被告於付保護管束期間內，遵守下列一款或數款事項：

一　禁止對兒童及少年實施特定不法侵害之行爲。

二　完成加害人處遇計畫。

三　其他保護被害人之事項。

③犯第一項罪之受刑人經假釋出獄付保護管束者，準用前項規定。

④中央衛生主管機關應會同法務主管機關訂定加害人處遇計畫規範，其內容包括下列各款：

一　對加害人實施之認知教育輔導、心理輔導、精神治療、戒癮治療或其他輔導、治療。

二　處遇計畫之評估標準。

三　司法機關及加害人處遇計畫之執行機關（構）間之連繫及評估制度。

四　執行機關（構）之資格。

⑤加害人同時爲受保護管束人者，執行保護管束之檢察機關觀護人應協調直轄市、縣（市）衛生主管機關執行加害人處遇計畫，並督促受保護管束人履行之。

⑥前項加害人經觀護人督促，仍不履行加害人處遇計畫或有不遵守該計畫內容之行爲，情節重大者，檢察官得通知原執行監獄典獄長報請法務部撤銷假釋，或向法院聲請撤銷緩刑之宣告。

第一一三條　（以詐欺或不當方法領取費用者之返還）

以詐欺或其他不正當方法領取本法相關補助或獎勵費用者，主管機關應撤銷原處分並以書面限期命其返還，屆期未返還者，移送強制執行；其涉及刑事責任者，移送司法機關辦理。

第一一四條　（兒童及少年保護費用之支付）

扶養義務人不依本法規定支付相關費用者，如爲保護兒童及少年之必要，由主管機關於兒童及少年福利經費中先行支付。

第一一五條　（本法修正公布施行後，不符規定者之限期改善）

本法修正施行前已許可立案之兒童福利機構及少年福利機構，於本法修正公布施行後，其設立要件與本法及所授權辦法規定不相符合者，應於中央主管機關公告指定之期限內改善；屆期未改善者，依本法規定處理。

第一一六條　（本法施行前之托育機構申請改制）

①本法施行前經政府核准立案之課後托育中心應自本法施行之日起二年內，向教育主管機關申請改制完成為兒童課後照顧服務班及中心，屆期未申請者，應廢止其設立許可，原許可證書失其效力。
②前項未完成改制之課後托育中心，於本條施行之日起二年內，原核准主管機關依本法修正前法令管理。
③托育機構之托兒所未依幼兒教育及照顧法規定改制為幼兒園前，原核准主管機關依本法修正前法令管理。

第一一七條　（施行細則）
本法施行細則，由中央主管機關定之。

第一一八條　（施行日）104
本法除中華民國一百年十一月三十日修正公布之第十五條至第十七條、第二十九條、第七十六條、第八十七條、第八十八條及第一百十六條自公布六個月後施行，第二十五條、第二十六條及第九十條自公布三年後施行外，自公布日施行。

社會救助法

①民國69年6月14日總統令制定公布全文27條。
②民國86年11月19日總統令修正公布全文46條。
③民國89年6月14日總統令修正公布第3、4、11、15至17、19、20、23、26至28、36、37條條文。
④民國94年1月19日總統令修正公布第4、5、10、16、41、43條條文；增訂第5-1至5-3、15-1、44-1條條文；並刪除第42條條文。
⑤民國97年1月16日總統令修正公布第5至5-2、9、12、21、36條條文；並刪除第43條條文。
⑥民國98年7月8日總統令修正公布第5-3、46條條文；並自98年11月23日施行。
⑦民國99年12月29日總統令修正公布第1、3、4、5至5-3、8、9、12至15-1、16、17、19、21、30至32、36、38至41、46條條文；增訂第4-1、9-1、15-2、16-1至16-3、44-2、44-3條條文；刪除第37條條文；並自100年7月1日施行。
⑧民國100年12月7日總統令修正公布第16-2條條文；其中第1項自100年8月1日施行。
⑨民國102年1月30日總統令修正公布第5-1、16-1條條文。
⑩民國102年6月11日總統令修正公布第44-3條條文。
民國102年7月19日行政院公告第3條第1項所列屬「內政部」之權責事項，自102年7月23日起改由「衛生福利部」管轄。
⑪民國104年12月30日總統令修正公布第3、4、11、15、15-1、16-2條條文；除第16-2條自105年2月1日施行外，餘自公布日施行。

第一章　總　則

第一條 99
為照顧低收入戶、中低收入戶及救助遭受急難或災害者，並協助其自立，特制定本法。

第二條
本法所稱社會救助，分生活扶助、醫療補助、急難救助及災害救助。

第三條 104
①本法所稱主管機關：在中央為衛生福利部；在直轄市為直轄市政府；在縣（市）為縣（市）政府。
②本法所定事項，涉及各目的事業主管機關職掌者，由各目的事業主管機關辦理。

第四條 104
①本法所稱低收入戶，指經申請戶籍所在地直轄市、縣（市）主管機關審核認定，符合家庭總收入平均分配全家人口，每人每月在最低生活費以下，且家庭財產未超過中央、直轄市主管機關公告之當年度一定金額者。
②前項所稱最低生活費，由中央、直轄市主管機關參照中央主計機關所公布當地區最近一年每人可支配所得中位數百分之六十定之，並於新年度計算出之數額較現行最低生活費變動達百分之五以上時調整之。直轄市主管機關並應報中央主管機關備查。
③前項最低生活費之數額，不得超過同一最近年度中央主計機關所公布全國每人可支配所得中位數（以下稱所得基準）百分之七十，同時不得低於臺灣省其餘縣（市）可支配所得中位數百分之六十。
④第一項所定家庭財產，包括動產及不動產，其金額應分別定之。
⑤第一項申請應檢附之文件、審核認定程序等事項之規定，由直轄市、縣（市）主管機關定之。
⑥依第一項規定申請時，其申請戶之戶內人口均應實際居住於戶籍所在地之直轄市、縣

（市），且最近一年居住國內超過一百八十三日；其申請時設籍之期間，不予限制。

第四條之一 99

①本法所稱中低收入戶，指經申請戶籍所在地直轄市、縣（市）主管機關審核認定，符合下列規定者：

一 家庭總收入平均分配全家人口，每人每月不超過最低生活費一點五倍，且不得超過前條第三項之所得基準。

二 家庭財產未超過中央、直轄市主管機關公告之當年度一定金額。

②前項最低生活費、申請應檢附之文件及審核認定程序等事項之規定，依前條第二項、第三項、第五項及第六項規定。

③第一項第二款所定家庭財產，包括動產及不動產，其金額應分別定之。

第五條 99

①第四條第一項及前條所定家庭，其應計算人口範圍，除申請人外，包括下列人員：

一 配偶。

二 一親等之直系血親。

三 同一戶籍或共同生活之其他直系血親。

四 前三款以外，認列綜合所得稅扶養親屬免稅額之納稅義務人。

②前項之申請人，應由同一戶籍具行為能力之人代表之。但情形特殊，經直轄市、縣（市）主管機關同意者，不在此限。

③第一項各款人員有下列情形之一者，不列入應計算人口範圍：

一 尚未設有戶籍之非本國籍配偶或大陸地區配偶。

二 未共同生活且無扶養事實之特定境遇單親家庭直系血親尊親屬。

三 未共同生活且無扶養能力之已結婚直系血親卑親屬。

四 未與單親家庭未成年子女共同生活、無扶養事實，且未行使、負擔其對未成年子女權利義務之父或母。

五 應徵集召集入營服兵役或替代役現役。

六 在學領有公費。

七 入獄服刑、因案羈押或依法拘禁。

八 失蹤，經向警察機關報案協尋未獲，達六個月以上。

九 因其他情形特殊，未履行扶養義務，致申請人生活陷於困境，經直轄市、縣（市）主管機關訪視評估以申請人最佳利益考量，認定以不列入應計算人口為宜。

④前項第九款直轄市、縣（市）主管機關應訂定處理原則，並報中央主管機關備查。

⑤直轄市、縣（市）主管機關得協助申請人對第三項第四款及第九款未履行扶養義務者，請求給付扶養費。

第五條之一 102

①第四條第一項及第四條之一第一項第一款所稱家庭總收入，指下列各款之總額：

一 工作收入，依下列規定計算：

㈠已就業者，依序核算：

1. 依全家人口當年度實際工作收入並提供薪資證明核算。無法提出薪資證明者，依最近一年度之財稅資料所列工作收入核算。

2. 最近一年度之財稅資料查無工作收入，且未能提出薪資證明者，依臺灣地區職類別薪資調查報告各職類每人月平均經常性薪資核算。

3. 未列入臺灣地區職類別薪資調查報告各職類者，依中央勞工主管機關公布之最近一次各業初任人員每月平均經常性薪資核算。

㈡有工作能力未就業者，依基本工資核算。但經公立就業服務機構認定失業者或五十五歲以上經公立就業服務機構媒介工作三次以上未媒合成功、參加政府主辦或委辦全日制職業訓練，其失業或參加職業訓練期間得不計算工作收入，所領取之失業給付或職業訓練生活津貼，仍應併入其他收入計算。但依高級中等學校建教合作實施及建教生權益保障法規定參加建教合作計畫所領取之職業技能訓練生活津貼不予列計。

二　動產及不動產之收益。

三　其他收入：前二款以外非屬社會救助給付之收入。

②前項第一款第一目之二及第一目之三工作收入之計算，原住民應依中央原住民族事務主管機關公布之原住民就業狀況調查報告，按一般民眾主要工作所得與原住民主要工作所得之比例核算。但核算結果未達基本工資者，依基本工資核算。

③第一項第一款第一目之二第一目之三及第二目工作收入之計算，十六歲以上未滿二十歲或六十歲以上未滿六十五歲者，依其核算收入百分之七十計算；身心障礙者，依其核算收入百分之五十五計算。

④第一項第三款收入，由直轄市、縣（市）主管機關認定之。

⑤申請人家庭總收入及家庭財產之申報，直轄市、縣（市）主管機關得予訪查；其有虛偽不實之情形者，除撤銷低收入戶或中低收入戶資格外，並應以書面限期命其返還已領之補助。

第五條之二 99

①下列土地，經直轄市、縣（市）主管機關認定者，不列入家庭之不動產計算：

一　未產生經濟效益之原住民保留地。

二　未產生經濟效益之公共設施保留地及具公用地役關係之既成道路。

三　未產生經濟效益之非都市土地之國土保安用地、生態保護用地、古蹟保存用地、墳墓用地及水利用地。

四　祭祀公業解散後派下員由分割所得未產生經濟效益之土地。

五　未產生經濟效益之嚴重地層下陷區之農牧用地、養殖用地。

六　因天然災害致未產生經濟效益之農牧用地、養殖用地及林業用地。

七　依法公告為污染整治場址。但土地所有人為污染行為人，不在此限。

②前項各款土地之認定標準，由各中央目的事業主管機關會商本法中央及地方主管機關定之。

第五條之三 99

①本法所稱有工作能力，指十六歲以上，未滿六十五歲，而無下列情事之一者：

一　二十五歲以下仍在國內就讀空中大學、大學院校以上進修學校、在職班、學分班、僅於夜間或假日上課、遠距教學以外學校，致不能工作。

二　身心障礙致不能工作。

三　罹患嚴重傷、病，必須三個月以上之治療或療養致不能工作。

四　因照顧特定身心障礙或罹患特定病症且不能自理生活之共同生活或受扶養親屬，致不能工作。

五　獨自扶養六歲以下之直系血親卑親屬致不能工作。

六　婦女懷胎六個月以上至分娩後二個月內，致不能工作；或懷胎期間經醫師診斷不宜工作。

七　受監護宣告。

②依前項第四款規定主張無工作能力者，同一低收入戶、中低收入戶家庭以一人為限。

③第一項第二款所稱身心障礙致不能工作之範圍，由中央主管機關定之。

第六條

為執行有關社會救助業務，各級主管機關應設專責單位或置專責人員。

第七條

本法所定救助項目，與其他社會福利法律所定性質相同時，應從優辦理，並不影響其他各法之福利服務。

第八條 99

依本法或其他法令每人每月所領取政府核發之救助總金額，不得超過當年政府公告之基本工資。

第九條 99

①直轄市、縣（市）主管機關為執行本法所規定之業務，申請人及其家戶成員有提供詳實資料之義務。

②受社會救助者有下列情形之一，主管機關應停止其社會救助，並得以書面行政處分命其返還所領取之補助：

一 提供不實之資料者。

二 隱匿或拒絕提供主管機關所要求之資料者。

三 以詐欺或其他不正當方法取得本法所定之社會救助者。

第九條之一 99

①教育人員、保育人員、社會工作人員、醫事人員、村（里）幹事、警察人員因執行業務知悉有社會救助需要之個人或家庭時，應通報直轄市、縣（市）主管機關。

②直轄市、縣（市）主管機關於知悉或接獲前項通報後，應派員調查，依法給予必要救助。

③前二項通報流程及處理時效，由中央主管機關定之。

第二章 生活扶助

第一〇條 94

①低收入戶得向戶籍所在地直轄市、縣（市）主管機關申請生活扶助。

②直轄市、縣（市）主管機關應自受理前項申請之日起五日內，派員調查申請人家庭環境、經濟狀況等項目後核定之；必要時，得委由鄉（鎮、市、區）公所為之。

③申請生活扶助，應檢附之文件、申請調查及核定程序等事項之規定，由直轄市、縣（市）主管機關定之。

④前項申請生活扶助經核准者，溯自備齊文件之當月生效。

第一一條 104

①生活扶助以現金給付為原則。但因實際需要，得委託適當之社會救助機構、社會福利機構或其他家庭予以收容。

②前項現金給付，中央、直轄市主管機關並得依收入差別訂定等級；直轄市主管機關並應報中央主管機關備查。

③第一項現金給付所定金額，每四年調整一次，由中央、直轄市主管機關參照中央主計機關發布之最近一年消費者物價指數較前次調整之前一年消費者物價指數成長率公告調整之。但成長率為零或負數時，不予調整。

第一二條 99

①低收入戶成員中有下列情形之一者，主管機關得依其原領取現金給付之金額增加補助，但最高不得逾百分之四十：

一 年滿六十五歲。

二 懷胎滿三個月。

三 領有身心障礙手冊或身心障礙證明。

②前項補助標準，由中央主管機關定之。

第一三條 99

①直轄市及縣（市）主管機關每年應定期辦理低收入戶、中低收入戶調查。

②直轄市及縣（市）主管機關依前項規定調查後，對因收入或資產增加而停止扶助者，應主動評估其需求，協助申請其他相關福利補助或津貼，並得視需要提供或轉介相關就業服務。

③主管機關應至少每五年舉辦低收入戶及中低收入戶生活狀況調查，並出版統計報告。若社會經濟情勢有特殊改變，得不定期增加調查次數。

第一四條 99

直轄市及縣（市）主管機關應經常派員訪視、關懷受生活扶助者之生活情形，並提供必要之協助及輔導；其收入或資產增減者，應調整其扶助等級或停止扶助；其生活寬裕與低收入戶、中低收入戶顯不相當者，或扶養義務人已能履行扶養義務者，亦同。

第一五條 104

①直轄市、縣（市）主管機關應依需求提供或轉介低收入戶及中低收入戶中有工作能力者相關就業服務、職業訓練或以工代賑。

②直轄市、縣（市）主管機關得視需要提供低收入戶及中低收入戶創業輔導、創業貸款利息補貼、求職交通補助、求職或職業訓練期間之臨時托育及日間照顧津貼等其他就業服務與補助。

③參與第一項服務措施之低收入戶及中低收入戶，於一定期間及額度內因就業（含自行求職）而增加之收入，得免計入第四條第一項及第四條之一第一項第一款之家庭總收入，最長以三年為限，經評估有必要者，得延長一年；其增加收入之認定、免計入之期間及額度之限制等事項之規定，由直轄市、縣（市）主管機關定之。

④不願接受第一項之服務措施，或接受後不願工作者，直轄市、縣（市）主管機關不予扶助。其他法令有性質相同之補助規定者，不得重複領取。

第一五條之一 104

①直轄市、縣（市）主管機關為協助低收入戶及中低收入戶積極自立，得自行或運用民間資源辦理脫離貧窮相關措施。

②參與前項措施之低收入戶及中低收入戶，於一定期間及額度內因措施所增加之收入及存款，得免計入第四條第一項之家庭總收入及家庭財產，最長以三年為限，經評估有必要者，得延長一年；其增加收入及存款之認定、免計入之期間及額度之限制等事項之規定，由直轄市、縣（市）主管機關定之。

③第一項脫離貧窮相關措施之對象、實施方式及其他相關事項規定之辦法，由中央主管機關定之。

第一五條之二 99

直轄市、縣（市）主管機關為促進低收入戶及中低收入戶之社會參與及社會融入，得擬訂相關教育訓練、社區活動及非營利組織社會服務計畫，提供低收入戶及中低收入戶參與。

第一六條

①直轄市、縣（市）主管機關得視實際需要及財力，對設籍於該地之低收入戶或中低收入戶提供下列特殊項目救助及服務：

一　產婦及嬰兒營養補助。
二　托兒補助。
三　教育補助。
四　喪葬補助。
五　居家服務。
六　生育補助。
七　其他必要之救助及服務。

②前項救助對象、特殊項目救助及服務之內容、申請條件及程序等事項之規定，由直轄市、縣（市）主管機關定之。

第一六條之一 102

①為照顧低收入戶及中低收入戶得到適宜之居所及居住環境，各級住宅主管機關得提供下列住宅補貼措施：

一　優先入住由政府興辦或獎勵民間興辦，用以出租予經濟或社會弱勢者居住之住宅。
二　承租住宅租金費用。
三　簡易修繕住宅費用。
四　自購住宅貸款利息。
五　自建住宅貸款利息。

六　其他必要之住宅補貼。

②前項各款補貼資格、補貼基準及其他應遵行事項之辦法，由中央住宅主管機關會同中央主管機關定之。

第一六條之二 104

①低收入戶及中低收入戶之家庭成員就讀國內公立或立案之私立高級中等以上學校者，得申請減免學雜費；其減免基準如下：

一　低收入戶學生：免除全部學雜費。

二　中低收入戶學生：減免學雜費百分之六十。

②前項學雜費減免之申請方式及其他應遵行事項之辦法，由各該主管教育行政機關定之。

③其他法令有性質相同之補助規定者，不得重複領取。

④第一項中華民國一百年十一月二十二日修正條文，自一百年八月一日施行。

⑤中華民國一百零四年十二月十一日修正條文，自一百零五年二月一日施行。

第一六條之三 99

①國內經濟情形發生重大變化時，中央主管機關得視實際需要，針對中低收入戶提供短期生活扶助。

②前項扶助之內容、申請條件、程序及其他應遵行事項之辦法，由中央主管機關定之。

第一七條 99

①警察機關發現無家可歸之遊民，除其他法律另有規定外，應通知社政機關（單位）共同處理，並查明其身分及協助護送前往社會救助機構或社會福利機構安置輔導；其身分經查明者，立即通知其家屬。不願接受安置者，予以列冊並提供社會福利相關資訊。

②有關遊民之安置及輔導規定，由直轄市、縣（市）主管機關定之。

③為強化遊民之安置及輔導功能，應以直轄市、縣（市）為單位，並結合警政、衛政、社政、民政、法務及勞政機關（單位），建立遊民安置輔導體系，並定期召開遊民輔導聯繫會報。

第三章　醫療補助

第一八條

①具有下列情形之一者，得檢同有關證明，向戶籍所在地主管機關申請醫療補助：

一　低收入戶之傷、病患者。

二　患嚴重傷、病，所需醫療費用非其本人或扶養義務人所能負擔者。

②參加全民健康保險可取得之醫療給付者，不得再依前項規定申請醫療補助。

第一九條 99

①低收入戶參加全民健康保險之保險費，由中央主管機關編列預算補助。

②中低收入戶參加全民健康保險應自付之保險費，由中央主管機關補助二分之一。

③其他法令有性質相同之補助規定者，不得重複補助。

第二〇條

醫療補助之給付項目、方式及標準，由中央、直轄市主管機關定之；直轄市主管機關並應報中央主管機關備查。

第四章　急難救助

第二一條 99

具有下列情形之一者，得檢同有關證明，向戶籍所在地主管機關申請急難救助：

一　戶內人口死亡無力殮葬。

二　戶內人口遭受意外傷害或罹患重病，致生活陷於困境。

三　負家庭主要生計責任者，失業、失蹤、應徵集召集入營服兵役或替代役現役、入獄服刑、因案羈押、依法拘禁或其他原因，無法工作致生活陷於困境。
四　財產或存款帳戶因遭強制執行、凍結或其他原因未能及時運用，致生活陷於困境。
五　已申請福利項目或保險給付，尚未核准期間生活陷於困境。
六　其他因遭遇重大變故，致生活陷於困境，經直轄市、縣（市）主管機關訪視評估，認定確有救助需要。

第二二條
流落外地，缺乏車資返鄉者，當地主管機關得依其申請酌予救助。

第二三條
前二條之救助以現金給付爲原則；其給付方式及標準，由直轄市、縣（市）主管機關定之，並報中央主管機關備查。

第二四條
死亡而無遺屬與遺產者，應由當地鄉（鎮、市、區）公所辦理葬埋。

第五章　災害救助

第二五條
人民遭受水、火、風、雹、旱、地震及其他災害，致損害重大，影響生活者，予以災害救助。

第二六條
①直轄市或縣（市）主管機關應視災情需要，依下列方式辦理災害救助：
一　協助搶救及善後處理。
二　提供受災戶膳食口糧。
三　給與傷、亡或失蹤濟助。
四　輔導修建房舍。
五　設立臨時災害收容場所。
六　其他必要之救助。
②前項救助方式，得由直轄市、縣（市）主管機關依實際需要訂定規定辦理之。

第二七條
直轄市、縣（市）主管機關於必要時，得洽請民間團體或機構協助辦理災害救助。

第六章　社會救助機構

第二八條
①社會救助，除利用各種社會福利機構外，直轄市、縣（市）主管機關得視實際需要，設立或輔導民間設立爲實施本法所必要之機構。
②前項社會福利機構，對於受救助者所應收之費用，由主管機關予以補助。
③直轄市、縣（市）主管機關依第一項規定設立之機構，不收任何費用。

第二九條
①設立私立社會救助機構，應申請當地主管機關許可。經許可設立者，應於三個月內辦理財團法人登記；其有正當理由者，得申請主管機關核准延期三個月。
②前項申請經許可後，應層報中央主管機關備查。

第三〇條 99
社會救助機構之規模、面積、設施、人員配置等設立標準，由中央主管機關定之。

第三一條 99
①主管機關對社會救助機構應予輔助、監督及評鑑。
②社會救助機構之獎勵辦法，由主管機關定之。
③社會救助機構辦理不善或違反原許可設立標準或依第一項評鑑結果應予改善者，主管機關應通知其限期改善。

第三二條 99
接受政府委託安置之社會救助機構，非有正當理由，不得拒絕依本法之委託安置。
第三三條
社會救助機構應接受主管機關派員對其設備、帳冊、紀錄之檢查。
第三四條
社會救助機構之業務，應由專業人員辦理之。
第三五條
①社會救助機構接受政府補助者，應依規定用途使用之，並詳細列帳；其有違反者，補助機關得追回補助款。
②依前項規定增置之財產，應列入機構財產管理，以供查核。

第七章　救助經費

第三六條 99
①辦理本法各項救助業務所需經費，應由中央、直轄市、縣（市）主管機關及各目的事業主管機關分別編列預算支應之。
②中央依地方制度法第六十九條第三項及相關規定籌編補助直轄市、縣（市）政府辦理本法各項救助業務之定額設算之補助經費時，應限定支出之範圍及用途。
第三七條 （刪除）99

第八章　罰　則

第三八條 99
①設立社會救助機構未依第二十九條第一項規定經主管機關許可，或未於期限內辦理財團法人登記者，處其負責人新臺幣六萬元以上三十萬元以下罰鍰，並公布其姓名及限期令其改善。
②於前項限期改善期間，不得新增安置受救助者；違反者，處其負責人新臺幣六萬元以上三十萬元以下罰鍰，並按次處罰。
③經依第一項規定限期令其改善，屆期未改善者，處其負責人新臺幣十萬元以上五十萬元以下罰鍰，並按次處罰及公告其名稱；必要時，得令其停辦。
④經依前項規定令其停辦而拒不遵守者，處新臺幣二十萬元以上一百萬元以下罰鍰，並按次處罰；必要時得廢止其許可。
第三九條 99
①社會救助機構於主管機關依第三十一條第三項規定限期改善期間，不得新增安置受救助者；違反者，處新臺幣六萬元以上三十萬元以下罰鍰，並按次處罰。
②經主管機關依第三十一條第三項規定令其限期改善；屆期未改善者，處新臺幣六萬元以上三十萬元以下罰鍰，並按次處罰；必要時，得令其停辦一個月以上一年以下及公布其名稱。停辦期限屆至仍未改善或違反法令情節重大者，應廢止其許可；其屬法人者，得予解散。
③依前項規定令其停辦而拒不遵守者，處新臺幣二十萬元以上一百萬元以下罰鍰，並按次處罰。
第四〇條 99
社會救助機構停辦、停業、歇業、經撤銷或廢止許可時，對於該機構安置之人應即予以適當之安置；其未能安置時，由主管機關協助安置，機構應予配合；不予配合者，強制實施之，並處新臺幣六萬元以上三十萬元以下罰鍰；必要時，得予接管。
第四一條 99
社會救助機構違反第三十二條或第三十三條規定者，主管機關得處以新臺幣二十萬元以上一百萬元以下罰鍰，並得令其限期改善；屆期不改善者，得廢止其許可。
第四二條 （刪除）94

第四三條　（刪除）97

第九章　附　則

第四四條

依本法請領各項現金給付或補助之權利，不得扣押、讓與或供擔保。

第四四條之一　94

①各級政府及社會救助機構接受私人或團體之捐贈，應妥善管理及運用；其屬現金者，應設專戶儲存，專作社會救助事業之用，捐贈者有指定用途者，並應專款專用。

②前項接受之捐贈，應公開徵信；其相關事項，於本法施行細則定之。

第四四條之二　99

①依本法請領各項現金給付或補助者，得檢具直轄市、縣（市）主管機關出具之證明文件，於金融機構開立專戶，並載明金融機構名稱、地址、帳號及戶名，報直轄市、縣（市）主管機關核可後，專供存入各項現金給付或補助之用。

②前項專戶內之存款，不得作為抵銷、扣押、供擔保或強制執行之標的。

第四四條之三　102

①為辦理本法救助業務所需之必要資料，主管機關得洽請相關機關（構）、團體、法人或個人提供之，受請求者有配合提供資訊之義務。

②主管機關依前項規定所取得之資料，應盡善良管理人之注意義務，確實辦理資訊安全稽核作業，其保有、處理及利用，並應遵循個人資料保護法之規定。

第四五條

本法施行細則，由中央主管機關定之。

第四六條　99

①本法自公布日施行。

②本法中華民國九十八年六月十二日修正之條文，自九十八年十一月二十三日施行。

③本法中華民國九十九年十二月十日修正之條文，自一百年七月一日施行。但九十九年十二月十日修正之條文施行前，經直轄市、縣（市）主管機關審核通過之低收入戶，非有本法第九條或第十四條之情事，其低收入戶資格維持至一百年十二月三十一日；施行後，經直轄市、縣（市）主管機關依修正條文審核調整低收入戶等級，致增加生活扶助現金給付者，應溯自一百年七月一日至十二月三十一日補足其差額。

社會救助法施行細則

①民國70年1月28日內政部令訂定發布全文18條。
②民國87年10月14日內政部令修正發布全文20條。
③民國88年12月8日內政部令修正發布第2、4、5、9、10、13條條文。
④民國89年5月19日內政部令修正發布第8條條文。
⑤民國94年10月27日內政部令修正發布全文14條；並自發布日施行。
⑥民國97年8月14日內政部令修正發布第3、10條條文及第4條附表一。
⑦民國100年6月29日內政部令修正發布全文16條；並自100年7月1日施行。
⑧民國111年11月23日衛生福利部令修正發布第5、16條條文；刪除第5條附表一、二；並自發布日施行。

第一條

本細則依社會救助法（以下簡稱本法）第四十五條規定訂定之。

第二條

本法第四條第一項與第四條之一第一項第二款之當年度一定金額及第四條第二項之最低生活費，中央、直轄市主管機關應於前一年九月三十日前公告之。

第三條

①直轄市、縣（市）主管機關應對轄區內低收入戶及中低收入戶建立檔案，並按月將其基本資料送直轄市、縣（市）民政機關（單位）比對；比對結果應於次月第三個工作日以前送直轄市、縣（市）主管機關。

②直轄市、縣（市）主管機關應按月將低收入戶及中低收入戶戶內人口資料，送入出國主管機關比對入出國等相關異動資料。

第四條

①本法第五條第三項第二款所定特定境遇單親家庭，指申請人有下列情形之一，且獨自扶養未滿十八歲未婚仍在學子女之家庭：

一　配偶死亡。
二　配偶失蹤，經警察機關協尋未獲，達六個月以上。
三　經法院判決離婚確定、離婚經法院調解或法院和解成立。
四　因受家庭暴力已完成兩願離婚登記。
五　已依民法第一千零五十二條第一項各款規定向法院請求離婚。
六　配偶處一年以上之徒刑或受拘束人身自由之保安處分一年以上，且在執行中。
七　離婚後未再婚，其前配偶有第一款、第二款、前款之情形，或受其前配偶家庭暴力而取得通常保護令。

②申請人有前項各款情形之一，且獨自扶養十八歲至二十五歲在國內就讀屬於本法第五條之三第一項第一款規定學校子女，或獨自照顧無生活自理能力身心障礙子女者，直轄市、縣（市）主管機關得視實際需要及財政能力，認定其為特定境遇單親家庭。

第五條　111

①本法第五條第三項第三款所稱無扶養能力，指具有下列情形之一，且其動產及不動產未超過中央、直轄市主管機關公告當年度一定金額者：

一　列冊低收入戶。
二　罹患嚴重傷、病，必須三個月以上之治療或療養致不能工作。
三　因照顧特定身心障礙或罹患特定病症且不能自理生活之共同生活或受扶養親屬，致不能工作。
四　身心障礙致不能工作。

五　依就業保險法第二十五條規定辦理失業認定或依同法第二十九條、第三十條規定辦理失業再認定，並取得失業認定證明。

②本法第五條之三第一項第四款及前項第三款所定特定身心障礙及特定病症之範圍，由中央主管機關公告。

第六條

①本法第五條之一第一項第一款第二目所定經公立就業服務機構媒介工作三次以上未媒合成功及第十五條第三項所定參與同條第一項服務措施之證明，由直轄市、縣（市）主管機關依本法第四十四條之三第一項規定洽請勞工主管機關提供求職推介紀錄據以審核。

②本法第五條之一第一項第一款第二目所定參加政府主辦或委辦全日制職業訓練之期間認定及證明，應依申請人檢具之參訓或結訓證明文件辦理。

第七條

本法第五條之二第一項第七款所稱依法公告，指依土壤及地下水污染整治法相關規定公告。

第八條

本法第五條之三第一項年齡之計算，以調查當時之實足年齡為準。

第九條

依本法第十條第二項、第十三條或第十四條規定辦理之調查及訪視，直轄市、縣（市）主管機關應予以記錄，並建立個案輔導資料。

第一〇條

本法第十三條第一項所定之調查，應於每年十二月三十一日以前完成，分類列冊登記，如有異動，應隨時變更。

第一一條

①直轄市、縣（市）主管機關依本法第十五條第一項規定對低收入戶及中低收入戶中有工作能力者，應依需求提供或轉介各相關目的事業主管機關配合辦理相關就業服務、職業訓練或以工代賑。

②經依規定提供或轉介相關就業服務、職業訓練或以工代賑仍不能適應者，得調整之；其無正當理由拒不接受調整者，不予扶助。

第一二條

依本法第十八條或第二十一條申請醫療補助或急難救助者，應備齊申請表件，檢同相關證明，向戶籍所在地鄉（鎮、市、區）公所提出，轉戶籍所在地主管機關申請之。但遇有急迫情形者，得由戶籍所在地主管機關查明先行辦理救助，再行補送有關表件。

第一三條

①本法第二十四條所稱當地鄉（鎮、市、區）公所，依下列情形定之：

一　有戶籍者：為戶籍所在地之鄉（鎮、市、區）公所。

二　戶籍不明者：為路倒或屍體發現地之鄉（鎮、市、區）公所。

②前項情形，應行辦理葬埋之機關，認有必要時，得協調屍體所在地之鄉（鎮、市、區）公所協助辦理。

③鄉（鎮、市、區）公所辦理葬埋時，應將所知死亡者之性別、身世、出生與死亡年月日、埋葬地點及死亡原因列冊登記保存；戶籍不明者，並應將其照片、身體特徵或其他足資辨識之資料列冊登記保存。

④協助辦理葬埋之鄉（鎮、市、區）公所，應將前項列冊登記保存資料，送原請求協助鄉（鎮、市、區）公所保存。

第一四條

①私人或團體贊助社會救助事業捐贈之土地、財物，得依有關稅法規定申請減免稅捐。

②依本法辦理社會救助事業，非以營利為目的者，得依有關稅法規定申請免徵稅捐。

第一五條

①本法第四十四條之一第二項所稱公開徵信，指將接受之捐贈之基本資料及辦理情形，至少每三個月於網際網路、機關（構）發行之刊物或新聞紙公告。
②前項基本資料，包括姓名、金額、捐款日期及指定捐贈項目。

第一六條 111
①本細則自中華民國一百年七月一日施行。
②本細則修正條文，自發布日施行。

道路交通管理處罰條例

①民國57年2月5日總統令制定公布全文77條；並自57年5月7日起施行。
②民國58年1月27日總統令修正公布第14、75條條文；並增訂第76至78條條文，原76、77條改爲79、80條。
③民國64年7月24日總統令修正公布全文93條。
④民國70年7月29日總統令修正公布第8、21、27、31、33、54、65至68、89條條文；增訂第37-1條條文；並自71年1月1日起施行。
⑤民國75年5月21日總統令修正公布全文93條。
民國76年5月29日行政院令發布定自76年7月1日起施行。
⑥民國86年1月22日總統令修正公布第3、7、8、12、15至17、24、27、29至31、33、35至38、44、55至57、59、60、62至65、67、86、887、90條條文；並增訂第7-1、63-1、82-1、83-1、85-1條條文。
民國86年2月24日行政院令發布定自86年3月1日起施行。
⑦民國86年4月23日總統令修正公布第12、14條條文。
民國86年5月26日行政院令發布定自86年6月1日起施行。
⑧民國88年4月21日總統令修正公布第37條條文。
民國88年6月24日行政院令發布定自88年7月1日起施行。
⑨民國90年1月17日總統令修正公布第8、9、12至14、19、21、25、28至31、33至35、37、39至41、43、45、47、51至53、55至57、60、61、63、67、75、78、80至84、87、90、93條條文；並刪除第64、77、85-2至85-4、90-1、90-2條條文。
民國90年4月3日行政院令發布定自90年6月1日起施行。
⑩民國91年7月3日總統令修正公布第4、9、12、16、21-1、24、29、30、33、35、37、62、82-1、85-1、85-2、92條條文；並增訂第7-2、9-1、29-3、29-4條條文。
民國91年8月14日行政院令發布定自91年9月1日起施行。
⑪民國92年1月2日總統令增訂公布第92-1條條文。
民國92年5月12日行政院令發布定自92年6月1日施行。
⑫民國93年4月21日總統令修正公布第61條條文。
民國93年6月30日行政院令發布定自93年7月1日施行。
⑬民國94年2月5日總統令修正公布第56條條文。
民國94年7月5日行政院令發布定自94年9月1日施行。
⑭民國94年12月14日總統令修正公布第68條條文。
民國95年2月27日行政院令發布定自95年3月1日施行。
⑮民國94年12月28日總統令修正公布第3、5、7-2、8至10、12至16、18、20至26、29、29-2、29-3、30、31、32、33、35至38、40、42至50、53至55、57至63、65至67、69、71至74、76、78、80、82、83至85-1、85-3、90-2、92條條文；刪除第28條條文；並增訂第31-2、32-1、67-1、90-3條條文。
民國95年6月23日行政院令發布第29-2、31、31-2、32-1、24、73、82、83、84條定自96年1月1日施行，餘自95年7月1日施行。
⑯民國96年1月29日總統令修正公布第9-1、92條條文。
⑰民國96年7月4日總統令修正公布第69條條文；並增訂第69-1條條文。
⑱民國97年5月28日總統令修正公布第65條條文。
民國97年8月25日行政院令發布定自97年9月1日施行。
⑲民國99年5月5日總統令修正公布第68條條文。
民國99年8月31日行政院令發布定自99年9月1日施行。
⑳民國100年1月19日總統令修正公布第35條條文。
民國100年2月15日行政院令發布定自100年2月15日施行。
㉑民國100年5月11日總統令修正公布第31條條文。
民國100年7月4日行政院令發布定自100年8月1日施行。
㉒民國100年5月18日總統令修正公布第45、55、78條條文。
民國100年7月18日行政院令發布定自100年8月1日施行。
㉓民國100年11月23日總統令修正公布第65、85-3、87、92條條文；並刪除第88、89、90-2條條

文。
民國101年6月19日行政院令發布第92條定自101年7月1日施行，餘自101年9月6日施行。
㉔民國101年5月30日總統令修正公布第3、4、7-2、21、21-1、22、27、31、31-1、33、35、43、45、54、85-2、90-3、91、92條條文。
民國101年10月12日行政院令發布定自101年10月15日施行。
㉕民國102年1月30日總統令修正公布第8、35、67條條文。
民國102年2月26日行政院令發布定自102年3月1日施行。
㉖民國102年5月8日總統令修正公布第14、25、31條條文。
民國102年7月9日行政院令發布定自102年7月15日施行。
民國102年7月19日行政院公告第92條第5項所列屬「行政院衛生署」之權責事項，自102年7月23日起改由「衛生福利部」管轄。
㉗民國103年1月8日總統令修正公布第7-2、9、31-1、43、45、73、74條條文。
民國103年3月27日行政院令發布定自103年3月31日施行。
㉘民國103年6月18日總統令修正公布第7-1、48、91條條文。
民國103年8月11日行政院令發布定自103年8月15日施行。
㉙民國104年1月7日總統令修正公布第4、9、9-1、12、31、31-1、33、56、69、85-3條條文。
民國104年6月8日行政院令發布定自104年7月1日施行。
㉚民國104年5月20日總統令修正公布第3、4、7-2、45、50、63、74、76、80條條文；並增訂第7-3、8-1、53-1、85-5條條文。
民國104年8月10日行政院令發布定自104年8月15日施行。
㉛民國105年11月9日總統令修正公布第37條條文。
民國105年12月30日行政院令發布定自106年1月1日施行。
㉜民國105年11月16日總統令修正公布第29-2、54、63、69條條文；並增訂第56-1條條文。
民國106年5月10日行政院令發布定自106年7月1日施行。
㉝民國107年5月23日總統令修正公布第60條條文。
民國107年7月23日行政院令發布定自107年9月1日施行。
㉞民國107年6月13日總統令修正公布第61、63條條文。
民國107年7月23日行政院令發布定自107年9月1日施行。
㉟民國108年4月17日總統令修正公布第35、37、45、67、73、85-2、87條條文；並增訂第35-1、35-2條條文。
民國108年5月31日行政院令發布第37、87條定自108年6月1日施行；第35、35-2、45、73、85-2條、第67條第1至4、7、8項定自108年7月1日施行；第35-1條及第67條第5、6項定自109年3月1日施行。
㊱民國108年5月22日總統令修正公布第44、48、74、82條條文。
民國108年9月16日行政院令發布定自108年10月1日施行。
㊲民國108年6月19日總統令修正公布第69、72、73、76條條文；並增訂第72-1條條文。
民國108年9月16日行政院令發布除第76條定自109年3月1日施行外，餘自108年10月1日施行。
㊳民國109年6月10日總統令修正公布第30、55、90條條文。
民國109年9月25日行政院令發布定自109年12月1日施行。
㊴民國110年1月20日總統令修正公布第18-1、43條條文。
民國110年5月18日行政院令發布定自110年6月1日施行。
㊵民國110年6月9日總統令修正公布第10、29條條文。
民國110年9月2日行政院令發布定自110年10月1日施行。
㊶民國110年12月15日總統令修正公布第18-1、31條條文。
㊷民國110年12月22日總統令修正公布第7-1、7-2、85-1條條文。
民國111年3月30日行政院令發布定自111年4月30日施行。
㊸民國111年1月28日總統令修正公布第35、35-1條條文。
民國111年3月8日行政院令發布定自111年3月31日施行。
㊹民國111年5月4日總統令修正公布第32-1、69、69-1、71、72、72-1、73、74、78、85-3、92條條文；並增訂第69-2、71-1、71-2、72-2、77-1條條文。
㊺民國112年5月3日總統令修正公布第7-1、15、16、21至24、29、29-2、30、31、33、35、43至45、47、48、56-1、60、61、63、63-1、66、67、74、82、85、85-3、86、92條條文；並增訂第30-1、63-2條條文。
民國112年6月28日行政院令發布定自112年6月30日施行。
民國112年8月18日行政院公告第82-1條第2項所列屬「行政院環境保護署」之權責事項，自

112年8月22日起改由「環境部」管轄。

㊻民國113年5月29日總統令修正公布第7-1、63、63-2條條文。

民國113年6月26日行政院令發布定自113年6月30日施行。

第一章　總　則

第一條　（立法目的）

為加強道路交通管理，維護交通秩序，確保交通安全，制定本條例。

第二條　（適用範圍）

道路交通管理、處罰，依本條例規定；本條例未規定者，依其他法律規定。

第三條　（名詞釋義）104

本條例用詞，定義如下：

一　道路：指公路、街道、巷衖、廣場、騎樓、走廊或其他供公眾通行之地方。

二　車道：指以劃分島、護欄或標線劃定道路之部分，及其他供車輛行駛之道路。

三　人行道：指為專供行人通行之騎樓、走廊，及劃設供行人行走之地面道路，與人行天橋及人行地下道。

四　行人穿越道：指在道路上以標線劃設，供行人穿越道路之地方。

五　標誌：指管制道路交通，表示警告、禁制、指示，而以文字或圖案繪製之標牌。

六　標線：指管制道路交通，表示警告、禁制、指示，而在路面或其他設施上劃設之線條、圖形或文字。

七　號誌：指管制道路交通，表示行進、注意、停止，而以手勢、光色、音響、文字等指示之訊號。

八　車輛：指非依軌道電力架設，而以原動機行駛之汽車（包括機車）、慢車及其他行駛於道路之動力車輛。

九　大眾捷運系統車輛：指大眾捷運法所定大眾捷運系統使用之專用動力車輛。

十　臨時停車：指車輛因上、下人、客，裝卸物品，其停止時間未滿三分鐘，保持立即行駛之狀態。

十一　停車：指車輛停放於道路兩側或停車場所，而不立即行駛。

第四條　（道路安全設施之設置與管理及遵守；違反時應負之刑責）104

①道路標誌、標線、號誌及其他相關設施之設置與管理，應提供車輛、大眾捷運系統車輛駕駛人及行人有關道路路況之警告、禁制、指示等資訊，以便利行旅並確保交通安全。

②駕駛人駕駛車輛、大眾捷運系統車輛或行人在道路上，應遵守道路交通標誌、標線、號誌之指示、警告、禁制規定，並服從執行交通勤務之警察或依法令執行指揮交通及交通稽查任務人員之指揮。

③前項道路交通標誌、標線、號誌之指示、警告、禁制規定、樣式、標示方式、設置基準及設置地點等事項之規則，由交通部會同內政部定之。

④駕駛人駕駛車輛、大眾捷運系統車輛或行人違反第二項規定肇事或致人肇事因而致人受傷或死亡者，應依法負其刑事責任。但因執行交通勤務之警察或依法令執行指揮交通及交通稽查任務人員之指揮有明顯過失而致之者，不在此限。

第五條　（道路通行之禁止或限制）94

為維護道路交通安全與暢通，公路或警察機關於必要時，得就下列事項發布命令：

一　指定某線道路或某線道路區段禁止或限制車輛、行人通行，或禁止穿越道路，或禁止停車及臨時停車。

二　劃定行人徒步區。

第六條　（道路通行之禁止或限制）

道路因車輛或行人臨時通行量顯著增加，或遇突發事故，足使交通陷於停滯或混亂時，警察機關或執行交通勤務之警察，得調撥車道或禁止、限制車輛或行人通行。

第七條 （稽查及違規紀錄之執行）

①道路交通管理之稽查，違規紀錄，由交通勤務警察，或依法令執行交通稽查任務人員執行之。

②前項稽查，得由交通助理人員協助執行，其稽查項目為違規停車者，並得由交通助理人員逕行執行之；其設置、訓練及執行之辦法，由內政部會同交通部定之。

第七條之一 113

①民眾對於下列違反本條例之行為者，得敘明違規事實並檢具違規證據資料，向公路主管或警察機關檢舉：

一　第三十條第一項第二款或第七款。
二　第三十條之一第一項。
三　第三十一條第六項或第三十一條之一第一項。
四　第三十三條第一項第二款、第三款、第四款、第六款、第七款、第九款、第十一款至第十五款、第四項或第九十二條第七項。
五　第四十二條。
六　第四十三條第一項第一款、第三款、第四款或第三項。
七　第四十四條第一項第二款、第二項或第三項。
八　第四十五條第一項第一款、第三款、第四款、第六款、第十款、第十一款、第十三款、第十六款或第二項。
九　第四十七條第一項。
十　第四十八條第一款、第二款、第四款、第五款或第七款。
十一　第四十九條。
十二　第五十三條或第五十三條之一。
十三　第五十四條。
十四　第五十五條第一項第一款於人行道及行人穿越道臨時停車。但機車及騎樓不在此限。
十五　第五十五條第一項第四款之不依順行方向臨時停車。
十六　第五十六條第一項第一款於人行道及行人穿越道停車。但機車及騎樓不在此限。
十七　第五十六條第一項第十款及第二項。
十八　第六十條第二項第三款。

②公路主管機關或警察機關對於第一項之檢舉，經查證屬實者，應即舉發。但行為終了日起逾七日之檢舉，不予舉發。

③民眾依第一項規定檢舉同一輛汽車二以上違反本條例同一規定之行為，其違規時間相隔未逾六分鐘及行駛未經過一個路口以上，公路主管或警察機關以舉發一次為限。

④公路主管或警察機關對第一項檢舉之逕行舉發，依第七條之二第五項規定辦理。

第七條之二 110

①汽車駕駛人之行為有下列情形之一，當場不能或不宜攔截製單舉發者，得逕行舉發：

一　闖紅燈或平交道。
二　搶越行人穿越道。
三　在道路收費停車處所停車，不依規定繳費。
四　不服指揮稽查而逃逸，或聞消防車、救護車、警備車、工程救險車、毒性化學物質災害事故應變車之警號不立即避讓。
五　違規停車或搶越行人穿越道，經各級學校交通服務隊現場導護人員簽證檢舉。
六　行經收費之道路，不依規定繳費。
七　經以科學儀器取得證據資料證明其行為違規。

②前項第七款之科學儀器屬應經定期檢定合格之法定度量衡器，其取得違規證據資料之地點或路段，應定期於網站公布。但汽車駕駛人之行為屬下列情形之一者，不在此

限：

一　有第四十三條第一項第一款、第三款、第四款及第三項之行為。

二　有第三十三條第一項至第三項及第九十二條第二項之行為。

三　違規超車。

四　違規停車而駕駛人不在場。

五　未依規定行駛車道。

六　未依規定轉彎及變換車道。

七　未保持安全距離。

八　跨越禁止變換車道線或槽化線。

九　行車速度超過規定之最高速限或低於規定之最低速限。

十　有第三十一條第一項、第二項、第六項、第三十一條之一第一項、第二項及第九十二條第七項第六款之行為。

③對於前項第九款之取締執法路段，在一般道路應於一百公尺至三百公尺前，在高速公路、快速公路應於三百公尺至一千公尺前，設置測速取締標誌。

④載重貨車行駛於設有地磅站之道路，不依規定過磅或裝載貨物超過核定之總重量、總聯結車重量，得採用科學儀器取得證據資料逕行舉發。

⑤第一項、第四項逕行舉發，公路主管或警察機關應記明車輛牌照號碼、車型等可資辨明之資料，以汽車所有人或其指定之主要駕駛人為被通知人製單舉發。但租賃期一年以上之租賃業汽車，經租賃業者申請，得以租用人為被通知人製單舉發。

第七條之三　（對大眾捷運系統車輛之逕行舉發）104

大眾捷運系統車輛駕駛人之行為，有前條第一項所列得逕行舉發之情形者，應記明其車輛違規地點、時間、行駛方向等可資辨明之資料，以其營運機構為被通知人製單舉發。

第八條　（處罰機關）102

①違反本條例之行為，由下列機關處罰之：

一　第十二條至第六十八條及第九十二條第七項、第八項由公路主管機關處罰。

二　第六十九條至第八十四條由警察機關處罰。

②前項處罰於裁決前，應給予違規行為人陳述之機會。

③第一項第一款之處罰，公路主管機關應設置交通裁決單位辦理；其組織規程由交通部、直轄市政府定之。

第八條之一　（大眾捷運系統車輛違規準用汽車行駛規定之處罰）104

大眾捷運系統車輛行駛共用通行道路，其駕駛人違反第二章汽車行駛規定條文者，依各該條規定處罰。

第九條　（罰鍰之處罰）104

①本條例所定罰鍰之處罰，受處罰人接獲違反道路交通管理事件通知單後，於三十日內得不經裁決，逕依第九十二條第四項之罰鍰基準規定，向指定之處所繳納結案；不服舉發事實者，應於三十日內，向處罰機關陳述意見；其不依通知所定期限前往指定處所聽候裁決，且未依規定期限繳納罰鍰結案或向處罰機關陳述意見者，處罰機關得逕行裁決之。

②本條例之罰鍰，應提撥一定比例專款專用於改善道路交通；其分配、提撥比例及運用等事項之辦法，由交通部會同內政部、財政部定之。

第九條之一　（繳清尚未結案之罰鍰）104

汽車所有人或駕駛人應於向公路監理機關辦理車輛過戶、停駛、復駛、繳交牌照、註銷牌照、換發牌照或駕駛執照前，繳清其所有違反本條例第二章、第三章尚未結案之罰鍰。

第一〇條　110

車輛所有人、駕駛人、行人、道路障礙者，違反道路交通管理，依法應負刑事責任者，分別移送該管地方檢察署、地方法院少年法庭或軍事機關處理。

第一一條　（軍用車輛及駕駛人之適用）

①軍用車輛及軍用車輛駕駛人，應遵守本條例有關道路交通管理之規定，並服從執行交通勤務之警察及憲兵指揮。

②國軍編制內之軍用車輛及軍用車輛駕駛人，違反前項規定之處罰，由國防部定之。

第二章　汽　車

第一二條　（無照行駛、停車之處罰）104

①汽車有下列情形之一者，處汽車所有人新臺幣三千六百元以上一萬零八百元以下罰鍰，並禁止其行駛：

一　未領用牌照行駛。

二　拼裝車輛未經核准領用牌證行駛，或已領用牌證而變更原登檢規格、不依原規定用途行駛。

三　使用僞造、變造或矇領之牌照。

四　使用吊銷、註銷之牌照。

五　牌照借供他車使用或使用他車牌照。

六　牌照吊扣期間行駛。

七　已領有號牌而未懸掛或不依指定位置懸掛。

八　牌照業經繳銷、報停、吊銷、註銷，無牌照仍行駛。

九　報廢登記之汽車仍行駛。

十　號牌遺失不報請公路主管機關補發，經舉發後仍不辦理而行駛。

②前項第一款中屬未依公路法規定取得安全審驗合格證明，及第二款、第九款之車輛並沒入之；第三款、第四款之牌照扣繳之；第五款至第七款之牌照吊銷之。

③第一項第四款、第六款及第八款之汽車當場移置保管，並通知汽車所有人限期領回之。

④汽車未領用有效牌照、懸掛他車號牌或未懸掛號牌於道路停車者，依第一項規定處罰，汽車並當場移置保管及扣繳其牌照。

第一三條　（汽車所有人之處罰－牌照及標明事項之違規）94

汽車行駛有下列情形之一者，處汽車所有人新臺幣二千四百元以上四千八百元以下罰鍰，並責令申請換領牌照或改正：

一　損毀或變造汽車牌照、塗抹污損牌照，或以安裝其他器具之方式，使不能辨認其牌號。

二　塗改客、貨車身標明之載客人數、載重量、總重量或總聯結重量，與原核定數量不符。

三　引擎號碼或車身號碼，與原登記位置或模型不符。

第一四條　（牌照行照違規之處罰）102

①汽車行駛應隨車攜帶行車執照、拖車使用證或預備引擎使用證。

②汽車行駛有下列情形之一者，處汽車所有人新臺幣三百元以上六百元以下罰鍰，並責令改正、補換牌照或禁止其行駛：

一　牌照遺失或破損，不報請公路主管機關補發、換發或重新申請。

二　號牌污穢，不洗刷清楚或爲他物遮蔽，非行車途中因遇雨、雪道路泥濘所致。

第一五條　112

①汽車有下列情形之一者，處汽車所有人或領用人新臺幣九百元以上一千八百元以下罰鍰：

一　經通知而不依規定期限換領號牌，又未申請延期，仍使用。

二　領用試車或臨時牌照，期滿未繳還。

三　領用試車或臨時牌照，載運客貨，收費營業。

四　領用試車牌照，不在指定路線或區域內試車。

五　行車執照及拖車使用證有效期屆滿，不依規定換領而行駛。
六　領用古董車專用牌照，不依規定之時間、路線或區域內行駛。
②前項第一款情形經再通知依限換領號牌，屆期仍不換領者，其牌照應予註銷；第二款、第三款、第六款之牌照應扣繳註銷；第四款應責令改正；第五款之牌照應扣繳並責令換領。

第一六條 112
①汽車有下列情形之一者，處汽車所有人新臺幣九百元以上一千八百元以下罰鍰：
一　各項異動，不依規定申報登記。
二　除頭燈外之燈光、雨刮、喇叭、照後鏡、排氣管、消音器設備不全或損壞不予修復，或擅自增、減、變更原有規格致影響行車安全。
三　尾燈、煞車燈、倒車燈、方向燈、後霧燈、第三煞車燈、輪廓邊界標識燈污穢不予清潔或爲他物遮蔽，致影響正常辨識。
四　未依規定於車身標明指定標識。
五　計程車，未依規定裝置自動計費器、車頂燈、執業登記證插座或在前、後兩邊玻璃門上，黏貼不透明反光紙。
六　裝置高音量或發出不合規定音調之喇叭或其他產生噪音器物。
②前項第一款至第五款並應責令改正、反光紙並應撤除；第六款除應依最高額處罰外，該高音量或發出不合規定音調之喇叭或噪音器物並應沒入。

第一七條　（違反定期檢驗之處罰）
①汽車不依限期參加定期檢驗或臨時檢驗者，處汽車所有人新臺幣九百元以上一千八百元以下罰鍰；逾期一個月以上者並吊扣其牌照，至檢驗合格後發還，逾期六個月以上者，註銷其牌照。
②經檢驗不合格之汽車，於一個月內仍未修復並申請覆驗，或覆驗仍不合格者，吊扣其牌照。

第一八條　（汽車所有人之處罰－基本設備之變換、修復未檢驗）94
①汽車車身、引擎、底盤、電系等重要設備變更或調換，或因交通事故遭受重大損壞修復後，不申請公路主管機關施行臨時檢驗而行駛者，處汽車所有人新臺幣二千四百元以上九千六百元以下罰鍰，並責令其檢驗。
②汽車所有人在一年內違反前項規定二次以上者，並吊扣牌照三個月；三年內經吊扣牌照二次，再違反前項規定者，吊銷牌照。

第一八條之一 110
①汽車未依規定裝設行車紀錄器、行車視野輔助系統或防止捲入裝置者，處汽車所有人新臺幣一萬二千元以上二萬四千元以下罰鍰。
②汽車依前項規定裝設之行車紀錄器、行車視野輔助系統或防止捲入裝置無法正常運作，未於行車前改善，仍繼續行車者，處汽車所有人新臺幣九千元以上一萬八千元以下罰鍰。
③未依規定保存第一項行車紀錄器之紀錄資料或未依規定使用、不當使用行車紀錄器致無法正確記錄資料者，處汽車所有人新臺幣九千元以上一萬二千元以下罰鍰。
④違反前三項除未依規定保存第一項行車紀錄器之紀錄資料之行爲外，應責令其參加臨時檢驗。
⑤第一項應裝設行車視野輔助系統、防止捲入裝置之規格及車輛種類，由交通部定之。
⑥第一項汽車裝設防止捲入裝置之實施、宣導、輔導及獎勵辦法，由交通部定之。

第一九條　（汽車所有人之處罰－煞車失靈）
汽車煞車，未調整完妥靈活有效，或方向盤未保持穩定準確，仍准駕駛人使用者，處汽車所有人新臺幣一千八百元以上三千六百元以下罰鍰，並責令調整或修復。

第二〇條　（汽車所有人之處罰－設備損壞之未修復）94
汽車引擎、底盤、電系、車門損壞，行駛時顯有危險而不即行停駛修復者，處汽車所有人新臺幣一千八百元以上三千六百元以下罰鍰，並扣留其牌照，責令修復檢驗合格後發還之。檢驗不合格，經確認不堪使用者，責令報廢。

第二一條 112

①汽車駕駛人有下列情形之一者，處新臺幣六千元以上二萬四千元以下罰鍰，並當場禁止其駕駛：

一 未領有駕駛執照駕駛小型車或機車。

二 領有機車駕駛執照，駕駛小型車。

三 使用偽造、變造或矇領之駕駛執照駕駛小型車或機車。

四 駕駛執照業經吊銷、註銷仍駕駛小型車或機車。

五 駕駛執照吊扣期間駕駛小型車或機車。

六 領有學習駕駛證，而無領有駕駛執照之駕駛人在旁指導，在駕駛學習場外學習駕車。

七 領有學習駕駛證，在駕駛學習場外未經許可之學習駕駛道路或規定時間駕車。

八 未領有駕駛執照，以教導他人學習駕車爲業。

九 其他未依駕駛執照之持照條件規定駕車。

②汽車駕駛人於五年內違反前項規定二次以上者，處新臺幣二萬四千元罰鍰，並當場禁止其駕駛；如肇事致人重傷或死亡，得沒入該汽車。

③汽車駕駛人於依本條例第三十五條第一項至第五項吊扣或吊銷駕駛執照期間，違反本條第一項第一款至第五款者，按第一項或第二項所處罰鍰加罰新臺幣一萬二千元罰鍰。

④第一項第九款駕駛執照之持照條件規定，由交通部定之。

⑤第一項第三款及第四款之駕駛執照，均應扣繳之；第五款並吊銷其駕駛執照。

⑥汽車所有人允許第一項第一款至第五款之違規駕駛人駕駛其汽車者，除依第一項規定處罰鍰外，並吊扣其汽車牌照一個月；五年內違反二次者，吊扣其汽車牌照三個月；五年內違反三次以上者，吊扣其汽車牌照六個月。但其已善盡查證駕駛人駕駛執照資格之注意，或縱加以相當注意而仍不免發生違規者，不在此限。

⑦十四歲以上未成年之人，違反第一項第一款或第三款規定者，交通勤務警察或依法令執行交通稽查任務人員應將違規事實以書面或其他方式通知其法定代理人或監護人。

第二一條之一 112

①汽車駕駛人駕駛聯結車、大客車或大貨車有下列情形之一者，汽車所有人及駕駛人各處新臺幣四萬元以上八萬元以下罰鍰，並當場禁止其駕駛：

一 未領有駕駛執照駕車。

二 領有機車駕駛執照駕車。

三 領有小型車駕駛執照駕車。

四 領有大貨車駕駛執照，駕駛大客車、聯結車或持大客車駕駛執照，駕駛聯結車。

五 駕駛執照業經吊銷、註銷仍駕車。

六 使用偽造、變造或矇領之駕駛執照駕車。

七 駕駛執照吊扣期間駕車。

②汽車駕駛人於五年內違反前項規定二次以上者，處新臺幣八萬元罰鍰，並當場禁止其駕駛；如肇事致人重傷或死亡，得沒入該汽車。

③汽車駕駛人於依本條例第三十五條第一項吊扣或吊銷駕駛執照期間，違反本條第一項第一款至第五款者，按本條第一項或第二項所處罰鍰加罰新臺幣四萬元罰鍰。

④第一項第五款或第六款之駕駛執照，均應扣繳之；第七款並吊銷其駕駛執照。

⑤違反第一項情形，並吊扣該汽車牌照一個月；五年內違反二次者，吊扣該汽車牌照三個月；五年內違反三次以上者，吊扣該汽車牌照六個月。

⑥汽車所有人已善盡查證駕駛人駕駛執照資格之注意，或縱加以相當之注意而仍不免發生違規者，汽車所有人不受本條之處罰。

第二二條 112

①汽車駕駛人有下列情形之一者，處新臺幣一千八百元以上三千六百元以下罰鍰，並禁

止其駕駛：
一　領有普通駕駛執照，駕駛營業汽車營業。
二　領有普通駕駛執照，以駕駛為職業。
三　領有軍用車駕駛執照，駕駛非軍用車。
四　領有聯結車、大客車、大貨車或小型車駕駛執照，駕駛普通重型機車。
五　領有聯結車、大客車、大貨車或小型車駕駛執照，駕駛輕型機車。但中華民國一百十二年四月十四日修正之條文施行前已取得該汽車駕駛執照者，不在此限。
六　領有輕型機車駕駛執照，駕駛普通重型機車。
七　駕駛執照逾有效期間仍駕車。

②汽車駕駛人領有聯結車、大客車、大貨車、小型車、普通重型或輕型機車駕駛執照，駕駛大型重型機車者，處新臺幣六千元罰鍰，並禁止其駕駛。
③第一項第七款之駕駛執照並應扣繳之。
④汽車所有人允許第一項違規駕駛人駕駛其汽車者，除依第一項規定之罰鍰處罰外，並記該汽車違規紀錄一次。但其已善盡查證駕駛人駕駛執照資格之注意，或縱加以相當注意而仍不免發生違規者，不在此限。

第二三條 112

汽車駕駛人有下列情形之一者，吊扣其駕駛執照三個月：
一　將駕駛執照供他人駕車。
二　允許未領有駕駛執照、駕駛執照經吊銷、註銷或吊扣之人，駕駛其車輛。

第二四條 112

①汽車駕駛人或汽車所有人違反本條例規定者，除依規定處罰外，並得令其或其他相關之人接受道路交通安全講習。
②公路主管機關對於道路交通法規之重大修正或道路交通安全之重要措施，必要時，得通知職業汽車駕駛人參加道路交通安全講習。
③前二項之人，無正當理由，不依規定接受道路交通安全講習者，處新臺幣一千八百元罰鍰。經再通知依限參加講習，逾期六個月以上仍不參加者，其為汽車駕駛人者，吊扣其駕駛執照六個月；其為汽車所有人者，吊扣違規汽車之牌照六個月。
④汽車駕駛人、汽車所有人依第一項規定於接受道路交通安全講習後一年內，再次違反本條例規定，須接受道路交通安全講習時，應增加其或其他相關之人講習時數。

第二五條 （汽車駕駛人之處罰—不變更登記、駕照遺毀）102

①駕駛汽車應隨身攜帶駕駛執照。
②汽車駕駛人，有下列情形之一者，處新臺幣三百元以上六百元以下罰鍰，並責令補辦登記、補照、換照或禁止駕駛：
一　姓名、出生年、月、日、住址，依法更改而不報請變更登記。
二　駕駛執照遺失或損毀，不報請公路主管機關補發或依限期申請換發。

第二六條 （汽車駕駛人之處罰—未參加職業駕照審驗）94

①職業汽車駕駛人，不依規定期限，參加駕駛執照審驗者，處新臺幣三百元以上六百元以下罰鍰；逾期一年以上者，逕行註銷其駕駛執照。
②前項經逕行註銷駕駛執照之職業汽車駕駛人，得申請換發同等車類之普通駕駛執照。

第二七條 （不依規定繳費之處罰）101

①汽車行駛於應繳費之公路或橋樑，汽車所有人或駕駛人未繳費者，應補繳通行費；主管機關應書面通知補繳，逾期再不繳納，處新臺幣三百元罰鍰。
②汽車行駛於應繳費之公路，強行闖越收費站逃避繳費者，處汽車所有人或駕駛人新臺幣三千元以上六千元以下罰鍰，並追繳欠費。
③汽車駕駛人因前項行為，致收費人員受傷或死亡者，吊銷其駕駛執照。

第二八條 （刪除）94

第二九條 112

①汽車裝載時，有下列情形之一者，處汽車所有人新臺幣三千元以上一萬八千元以下罰

鍰，並責令改正或禁止通行：

一　裝載貨物超過規定之長度、寬度、高度。

二　裝載整體物品有超重、超長、超寬、超高，而未請領臨時通行證，或未懸掛危險標識。

三　裝載危險物品，未請領臨時通行證、未依規定懸掛或黏貼危險物品標誌及標示牌、罐槽車之罐槽體未檢驗合格、運送人員未經專業訓練合格或不遵守有關安全之規定。

四　貨車或聯結汽車之裝載，不依規定。

五　汽車牽引拖架或附掛拖車，不依規定。

六　大貨車裝載貨櫃超出車身之外，或未依規定裝置聯鎖設備。

七　未經核准，附掛拖車行駛。

②汽車裝載，違反前項第一款至第四款規定者，並記汽車違規紀錄一次。

③第一項第一款至第四款情形，應歸責於汽車駕駛人時，除依第一項處汽車駕駛人罰鍰外，汽車所有人仍應依前項規定記該汽車違規紀錄一次。

④汽車駕駛人有第一項情形，因而致人受傷者，吊扣駕駛執照一年；致人重傷或死亡者，吊銷其駕駛執照。

第二九條之一　（違規使用專用車輛或車廂之處罰）

①裝載砂石、土方未依規定使用專用車輛或其專用車廂未合於規定或變更車廂者，處汽車所有人新臺幣四萬元以上八萬元以下罰鍰，並當場禁止通行。

②前項專用車廂未合於規定或變更車廂者，並處車廂打造或改裝業者新臺幣四萬元以上八萬元以下罰鍰。

第二九條之二　112

①汽車裝載貨物超過核定之總重量、總聯結重量者，處汽車所有人罰鍰，並記汽車違規紀錄一次，其應歸責於汽車駕駛人時，依第三項規定處汽車駕駛人罰鍰，並記該汽車違規紀錄一次。

②汽車裝載貨物超過所行駛橋樑規定之載重限制者，處汽車駕駛人罰鍰，其應歸責於汽車所有人時，依第三項規定處汽車所有人罰鍰及記該汽車違規紀錄一次。

③有前二項規定之情形者，應責令改正或當場禁止通行，並處新臺幣一萬元罰鍰，超載十公噸以下者，以總超載部分，每一公噸加罰新臺幣一千元；超載逾十公噸至二十公噸以下者，以總超載部分，每一公噸加罰新臺幣二千元；超載逾二十公噸至三十公噸以下者，以總超載部分，每一公噸加罰新臺幣三千元；超載逾三十公噸者，以總超載部分，每一公噸加罰新臺幣五千元。未滿一公噸以一公噸計算。

④汽車裝載貨物行經設有地磅處所五公里內路段，未依標誌、標線、號誌指示或不服從交通勤務警察或依法令執行交通稽查任務人員之指揮過磅者，處汽車駕駛人新臺幣九萬元罰鍰，並得強制其過磅。其應歸責於汽車所有人時，處汽車所有人罰鍰及記該汽車違規紀錄一次。

⑤汽車駕駛人有第一項、第二項情形，因而致人受傷者，吊扣其駕駛執照一年；致人重傷或死亡者，吊銷其駕駛執照。

第二九條之三　（危險物品之運送）94

①危險物品運送人員，應經交通部許可之專業訓練機構訓練合格，並領有訓練證明書，始得駕駛裝載危險物品之汽車。

②前項危險物品運送人員專業訓練方式、專業訓練機構資格、訓練許可、訓練場所、設備、課程、訓練證明書格式、訓練有效期限、查核及管理等事項之辦法，由交通部會商有關機關定之。

③依本條例規定吊銷駕駛執照時，其領有之第一項訓練證明書亦失其效力，且其不得參加訓練之期間，依第六十七條不得考領駕駛執照之期限辦理。

④危險物品運送人員專業訓練機構未依規定辦理訓練、核發訓練證明書或不遵守有關訓練之規定者，依其情節，停止其辦理訓練三個月至六個月或廢止該專業訓練機構之訓

練許可。

⑤前項未依規定核發之訓練證明書不生效力；經廢止訓練許可之訓練機構，三年內不得再申請訓練許可。

第二九條之四（罐槽車之管理）91

①罐槽車之罐槽體屬常壓液態罐槽車罐槽體者，應經交通部許可之檢驗機構檢驗合格並發給檢驗合格證明書，始得裝載危險物品。

②前項常壓液態罐槽車罐槽體檢驗方式、檢驗機構資格、檢驗許可、檢驗場所條件、檢測儀器設備、檢測人員資格、檢驗標準、檢驗合格證明書格式、檢驗有效期限、查核及管理等事項之辦法，由交通部會商有關機關定之。

③常壓液態罐槽車罐槽體檢驗機構未依規定辦理罐槽體檢驗、核發檢驗合格證明書或不遵守有關檢驗之規定者，依其情節，停止其辦理檢驗三個月至六個月或廢止該檢驗機構之檢驗許可。

④前項未依規定核發之檢驗合格證明書不生效力；經廢止檢驗許可之檢驗機構，三年內不得再申請檢驗許可。

第三〇條 112

①汽車裝載時，有下列情形之一者，處汽車駕駛人新臺幣三千元以上一萬八千元以下罰鍰，並責令改正或禁止通行：

一　裝載整體物品有超重、超長、超寬、超高情形，而未隨車攜帶臨時通行證或未依規定路線、時間行駛。

二　所載貨物滲漏、飛散、脫落、掉落或氣味惡臭。

三　貨車運送途中附載作業人員，超過規定人數，或乘坐不依規定。

四　載運人數超過核定數額。但公共汽車於尖峰時刻載重未超過核定總重量，不在此限。

五　小客車前座或貨車駕駛室乘人超過規定人數。

六　車廂以外載客。

七　載運人客、貨物不穩妥，行駛時顯有危險。

八　裝載危險物品未隨車攜帶臨時通行證、罐槽車之罐槽體檢驗合格證明書、運送人員訓練證明書或未依規定車道、路線、時間行駛。

②前項各款情形，應歸責於汽車所有人時，依前項處汽車所有人罰鍰及記該汽車違規紀錄一次。

③前二項情形，因而致人受傷者，吊扣其駕駛執照一年；致人重傷或死亡者，吊銷其駕駛執照。

第三〇條之一 112

①汽車行駛道路，車輛機件、設備、附著物不穩妥或脫落者，處汽車駕駛人新臺幣一千元以上六千元以下罰鍰，並責令改正或禁止通行。

②前項情形，因而致人受傷者，吊扣其駕駛執照一年；致人重傷或死亡者，吊銷其駕駛執照。

第三一條 112

①汽車行駛於道路上，其駕駛人、前座或小型車後座乘客未依規定繫安全帶者，處駕駛人新臺幣一千五百元罰鍰；營業大客車駕駛人未依規定繫安全帶者，處駕駛人新臺幣二千元罰鍰。但營業大客車、計程車或租賃車輛代僱駕駛人已盡告知義務，乘客仍未繫安全帶時，處罰該乘客。

②汽車行駛於高速公路或快速公路，違反前項規定或大型車乘載四歲以上乘客未依規定繫安全帶者，處駕駛人新臺幣三千元以上六千元以下罰鍰。但營業大客車、計程車或租賃車輛代僱駕駛人已盡告知義務，乘客仍未繫安全帶時，處罰該乘客。

③小型車附載幼童未依規定安置於安全椅者，處駕駛人新臺幣一千五百元以上三千元以下罰鍰；有關其幼童安置方式、宣導及其他相關事項之辦法，由交通部會商內政部等有關機關定之。

④汽車駕駛人對於六歲以下或需要特別看護之兒童，單獨留置於車內者，處駕駛人新臺幣三千元罰鍰。
⑤機車附載人員或物品未依規定者，處駕駛人新臺幣三百元以上六百元以下罰鍰。
⑥機車駕駛人或附載座人未依規定戴安全帽者，處駕駛人新臺幣五百元罰鍰。
⑦第一項、第二項繫安全帶之正確使用、實施方式、因特殊事由未能依規定繫安全帶之處理、宣導及其他相關事項之辦法，由交通部定之。

第三一條之一　（有礙安全駕駛之電子產品或其應用程式之處罰）104

①汽車駕駛人於行駛道路時，以手持方式使用行動電話、電腦或其他相類功能裝置進行撥接、通話、數據通訊或其他有礙駕駛安全之行為者，處新臺幣三千元罰鍰。
②機車駕駛人行駛於道路時，以手持方式使用行動電話、電腦或其他相類功能裝置進行撥接、通話、數據通訊或其他有礙駕駛安全之行為者，處新臺幣一千元罰鍰。
③汽機車駕駛人行駛於道路，手持香菸、吸食、點燃香菸致有影響他人行車安全之行為者，處新臺幣六百元罰鍰。
④警備車、消防車及救護車之駕駛人，依法執行任務所必要或其他法令許可者，得不受第一項及第二項之限制。
⑤第一項及第二項實施及宣導辦法，由交通部定之。

第三一條之二　（幼童之定義）94

第三十一條第三項所稱幼童，係指年齡在四歲且體重在十八公斤以下之兒童。

第三二條　（無證行駛動力機械之處罰）94

①非屬汽車範圍而行駛於道路上之動力機械，未依規定請領臨時通行證，或其駕駛人未依規定領有駕駛執照者，處所有人或駕駛人新臺幣三千元以上九千元以下罰鍰，並禁止其行駛。
②前項動力機械駕駛人，未攜帶臨時通行證者，處新臺幣三百元罰鍰，並禁止其行駛。
③第一項動力機械行駛道路，違反本章汽車行駛規定條文者，依各該條規定處罰。

第三二條之一　111

非屬汽車、動力機械及個人行動器具範圍之動力載具、動力運動休閒器材或其他相類之動力器具，於道路上行駛或使用者，處行為人新臺幣一千二百元以上三千六百元以下罰鍰，並禁止其行駛或使用。

第三三條　112

①汽車行駛於高速公路、快速公路，不遵使用限制、禁止、行車管制及管理事項之管制規則而有下列行為者，處汽車駕駛人新臺幣三千元以上六千元以下罰鍰：
　一　行車速度超過規定之最高速限或低於規定之最低速限。
　二　未保持安全距離。
　三　未依規定行駛車道。
　四　未依規定變換車道。
　五　站立乘客。
　六　不依規定使用燈光。
　七　違規超車或跨行車道。
　八　違規減速、臨時停車或停車。
　九　未依規定使用路肩。
　十　未依施工之安全設施指示行駛。
　十一　裝置貨物未依規定覆蓋、捆紮。
　十二　未依標誌、標線、號誌指示行車。
　十三　進入或行駛禁止通行之路段。
　十四　連續密集按鳴喇叭、變換燈光或其他方式迫使前車讓道。
　十五　行駛中向車外丟棄物品或廢棄物。
　十六　輪胎胎紋深度不符規定。
②前項道路內車道應為超車道，超車後，如有安全距離未駛回原車道，致堵塞超車道行

車者，處汽車駕駛人新臺幣六千元以上一萬二千元以下罰鍰。

③除前二項外，其他違反管制規定之行為，處駕駛人新臺幣六百元以上一千二百元以下罰鍰。

④不得行駛或進入第一項道路之人員、車輛或動力機械，而行駛或進入者，處新臺幣三千元以上六千元以下罰鍰。

⑤前四項之行為，本條例有較重之處罰規定者，適用該規定。

⑥第一項之管制規則，由交通部會同內政部定之。

第三四條（汽車駕駛人之處罰─連續駕車超時）

汽車駕駛人，連續駕車超過八小時經查屬實，或患病足以影響安全駕駛者，處新臺幣一千二百元以上二千四百元以下罰鍰，並禁止其駕駛；如應歸責於汽車所有人者，得吊扣其汽車牌照三個月。

第三五條 112

①汽機車駕駛人，駕駛汽機車經測試檢定有下列情形之一，機車駕駛人處新臺幣一萬五千元以上九萬元以下罰鍰，汽車駕駛人處新臺幣三萬元以上十二萬元以下罰鍰，並均當場移置保管該汽機車及吊扣其駕駛執照一年至二年；附載未滿十二歲兒童或因而肇事致人受傷者，並吊扣其駕駛執照二年至四年；致人重傷或死亡者，吊銷其駕駛執照，並不得再考領：

一　酒精濃度超過規定標準。

二　吸食毒品、迷幻藥、麻醉藥品或其相類似之管制藥品。

②汽車駕駛人有前項應受吊扣情形時，駕駛營業大客車者，吊銷其駕駛執照；因而肇事且附載有未滿十二歲兒童之人者，按其吊扣駕駛執照期間加倍處分。

③本條例中華民國一百零八年四月十七日修正公布條文施行之日起，汽機車駕駛人於十年內第二次違反第一項規定者，依其駕駛車輛分別依第一項所定罰鍰最高額處罰之，第三次以上者按前次違反本項所處罰鍰金額加罰新臺幣九萬元，並均應當場移置保管該汽機車、吊銷其駕駛執照，公路主管機關得公布其姓名、照片及違法事實；如肇事致人重傷或死亡者，吊銷其駕駛執照，並不得再考領。

④汽機車駕駛人有下列各款情形之一者，處新臺幣十八萬元罰鍰，並當場移置保管該汽機車、吊銷其駕駛執照；如肇事致人重傷或死亡者，吊銷其駕駛執照，並不得再考領：

一　駕駛汽機車行經警察機關設有告示執行第一項測試檢定之處所，不依指示停車接受稽查。

二　拒絕接受第一項測試之檢定。

三　接受第一項測試檢定前，吸食服用含酒精之物、毒品、迷幻藥、麻醉藥品或其相類似之管制藥品。

四　發生交通事故後，在接受第一項測試檢定前，吸食服用含酒精之物、毒品、迷幻藥、麻醉藥品或其相類似之管制藥品。

⑤本條例中華民國一百零八年四月十七日修正公布條文施行之日起，汽機車駕駛人於十年內第二次違反第四項規定者，處新臺幣三十六萬元罰鍰，第三次以上者按前次違反本項所處罰鍰金額加罰新臺幣十八萬元，並均應當場移置保管該汽機車、吊銷其駕駛執照，公路主管機關得公布其姓名、照片及違法事實；如肇事致人重傷或死亡者，吊銷其駕駛執照，並不得再考領。

⑥汽機車駕駛人肇事拒絕接受或肇事無法實施第一項測試之檢定者，應由交通勤務警察或依法令執行交通稽查任務人員，將其強制移由受委託醫療或檢驗機構對其實施血液或其他檢體之採樣及測試檢定。

⑦汽機車所有人，明知汽機車駕駛人有第一項各款情形，而不予禁止駕駛者，依第一項規定之罰鍰處罰，並吊扣該汽機車牌照二年，於移置保管該汽機車時，扣繳其牌照。

⑧汽機車駕駛人，駕駛汽機車經測試檢定吐氣所含酒精濃度達每公升零點二五毫克或血液中酒精濃度達百分之零點零五以上，年滿十八歲之同車乘客處新臺幣六千元以上一

萬五千元以下罰鍰。但年滿七十歲、心智障礙或汽車運輸業之乘客，不在此限。

⑨汽機車駕駛人有第一項、第三項至第五項之情形之一，吊扣該汽機車牌照二年，並於移置保管該汽機車時，扣繳其牌照；因而肇事致人重傷或死亡，得沒入該車輛。

⑩租賃車業者已盡告知本條處罰規定之義務，汽機車駕駛人仍駕駛汽機車違反第一項、第三項至第五項規定之一者，依其駕駛車輛分別依第一項、第三項至第五項所處罰鍰加罰二分之一。

⑪汽機車駕駛人有第一項、第三項至第五項之情形之一，同時違反刑事法律者，經移置保管汽機車之領回，不受第八十五條之二第二項，應同時檢附繳納罰鍰收據之限制。

⑫前項汽機車駕駛人，經裁判確定科以罰金低於第九十二條第四項所定最低罰鍰基準規定者，應依本條例裁決繳納不足最低罰鍰之部分。

第三五條之一 111

①汽車駕駛人經依第六十七條第五項規定考領駕駛執照，應申請登記配備有車輛點火自動鎖定裝置之汽車後，始發給駕駛執照；不依規定駕駛配備車輛點火自動鎖定裝置汽車者，處新臺幣六萬元以上十二萬元以下罰鍰，並當場移置保管該汽車。

②汽車駕駛人依前項規定申請登記而不依規定使用車輛點火自動鎖定裝置者，處新臺幣一萬元以上三萬元以下罰鍰，並當場移置保管該汽車。

③第一項車輛點火自動鎖定裝置由他人代為使用解鎖者，處罰行為人新臺幣六千元以上一萬二千元以下罰鍰。

④第一項車輛點火自動鎖定裝置之規格功能、應配置車種、配置期間、管理及其他應遵行事項之辦法，由交通部會同內政部定之。

第三五條之二 （職業駕駛人違反規定之賠償責任及懲罰性損害賠償金之請求權） 108

①汽車運輸業所屬之職業駕駛人因執行職務，駕駛汽車有違反第三十五條第一項、第三項、第四項或第五項之情形，致他人受有損害而應負賠償責任者，法院得因被害人之請求，依侵害情節，酌定損害額三倍以下之懲罰性損害賠償金令該汽車運輸業者賠償。但選任受僱人及監督其職務之執行，已盡相當之注意而仍不免發生損害者，汽車運輸業者不負賠償責任。

②前項懲罰性損害賠償金請求權，自請求權人知有損害及賠償義務人時起二年間不行使而消滅；自賠償原因發生之日起逾五年者，亦同。

第三六條 （營業小客車未辦執業登記之處罰） 94

①計程車駕駛人，未向警察機關辦理執業登記，領取執業登記證，即行執業者，處新臺幣一千五百元以上三千六百元以下罰鍰。

②計程車駕駛人，不依規定辦理執業登記，經依前項處罰仍不辦理者，吊銷其駕駛執照。

③計程車駕駛人，不依規定期限，辦理執業登記事項之異動申報，或參加年度查驗者，處新臺幣一千二百元罰鍰；逾期六個月以上仍不辦理者，廢止其執業登記。

④計程車駕駛人經依前項之規定廢止執業登記者，未滿一年不得再行辦理執業登記。

⑤第一項執業登記證，未依規定安置車內指定之插座或以他物遮蔽者，處新臺幣一千五百元罰鍰。

第三七條 （營業小客車駕駛人之消極資格） 108

①曾犯下列各罪之一，經有罪判決確定，或曾依檢肅流氓條例裁定應為交付感訓確定者，不得辦理計程車駕駛人執業登記：

一 故意殺人、故意重傷、搶劫、搶奪、強盜、恐嚇取財或擄人勒贖。

二 刑法第一百八十四條、第一百八十五條或第一百八十五條之三。

三 刑法第二百二十一條至第二百二十九條、兒童及少年性交易防制條例第二十四條至第二十七條或兒童及少年性剝削防制條例第三十三條至第三十七條。

四 槍砲彈藥刀械管制條例第七條或第八條。

五 懲治走私條例第四條至第六條。

六　組織犯罪防制條例第三條、第四條或第六條。
七　毒品危害防制條例。

②犯前項第三款以外各款之罪，而有下列情形之一，於申請執業登記前十二年以內未再受刑之宣告或執行，不受前項規定之限制：
一　緩刑期滿，而緩刑之宣告未經撤銷。
二　受有期徒刑之宣告，經執行完畢或赦免，或曾依檢肅流氓條例裁定應爲交付感訓期滿。

③計程車駕駛人，犯第一項所列各罪之一，經第一審法院判決有罪後，吊扣其執業登記證。其經法院判處有罪判決確定者，廢止其執業登記。除符合前項規定之情形外，不得再辦理計程車駕駛人執業登記與執業。

④計程車駕駛人犯故意傷害、刑法第二百三十一條之一至第二百三十五條及第三百十五條之一各罪之一，或利用職務上機會，犯竊盜、詐欺、妨害自由，經第一審法院判決有期徒刑以上之刑者，吊扣其執業登記證。其經法院判決有期徒刑逾六個月確定而未受緩刑之宣告者，廢止其執業登記，且三年內不得辦理。利用職務上機會犯侵占罪，經第一審法院判決有罪者，吊扣其執業登記證；其經法院判處有罪判決確定者，廢止其執業登記，且三年內不得辦理。

⑤計程車駕駛人，受前二項吊扣執業登記證之處分，未將執業登記證送交發證警察機關者，廢止其執業登記。

⑥計程車駕駛人違反前條及本條規定，應廢止其執業登記或吊扣其執業登記證者，由警察機關處罰，不適用第八條第一項第一款規定。

⑦經廢止執業登記者，其執業登記證由警察機關收繳之。

⑧計程車駕駛人執業資格、執業登記、測驗、執業前、在職講習與講習費用收取、登記證核發及管理等事項之辦法，由內政部會同交通部定之。

第三八條　（違規攬客、拒載、繞道之處罰）94

①汽車駕駛人，於鐵路、公路車站或其他交通頻繁處所，違規攬客營運，妨害交通秩序者，處新臺幣一千五百元以上三千元以下罰鍰；其所駕駛之汽車，如屬營業大客車者，並記該汽車違規紀錄一次。

②計程車駕駛人，任意拒載乘客或故意繞道行駛者，處新臺幣六百元以上一千二百元以下罰鍰。

第三九條（汽車駕駛人之處罰－靠左駕駛）

汽車駕駛人，不在未劃分標線道路之中央右側部分駕車者，處新臺幣六百元以上一千二百元以下罰鍰。但單行道或依規定超車者，不在此限。

第四〇條　（違反速限之處罰）94

汽車駕駛人，行車速度，超過規定之最高時速，或低於規定之最低時速，除有第四十三條第一項第二款情形外，處新臺幣一千二百元以上二千四百元以下罰鍰。

第四一條　（汽車駕駛人之處罰－按鳴喇叭）

汽車駕駛人，按鳴喇叭不依規定，或按鳴喇叭超過規定音量者，處新臺幣三百元以上六百元以下罰鍰。

第四二條　（汽車駕駛人之處罰－燈光使用）94

汽車駕駛人，不依規定使用燈光者，處新臺幣一千二百元以上三千六百元以下罰鍰。

第四三條 112

①汽車駕駛人駕駛汽車有下列情形之一者，處新臺幣六千元以上三萬六千元以下罰鍰，並當場禁止其駕駛：
一　在道路上蛇行，或以其他危險方式駕車。
二　行車速度，超過規定之最高時速四十公里。
三　任意以迫近、驟然變換車道或其他不當方式，迫使他車讓道。
四　非遇突發狀況，在行駛途中任意驟然減速、煞車或於車道中暫停。
五　拆除消音器，或以其他方式造成噪音。

六　在高速公路或快速公路迴車、倒車、逆向行駛。

②汽車駕駛人違反前項第一款至第四款情形因而肇事者，並吊銷其駕駛執照；違反前項第五款情形，於一年內再度違反者，並吊扣其駕駛執照六個月。

③二輛以上之汽車共同違反第一項規定，或在道路上競駛、競技者，處汽車駕駛人新臺幣三萬元以上九萬元以下罰鍰，並當場禁止其駕駛及吊銷其駕駛執照。

④汽車駕駛人有第一項或前項行為者，並吊扣該汽車牌照六個月；經受吊扣牌照之汽車再次提供為違反第一項第一款、第三款、第四款或前項行為者，沒入該汽車。

⑤未滿十八歲之汽車駕駛人違反第一項、第三項規定者，得由警察機關公布其法定代理人或監護人姓名。

第四四條　112

①汽車駕駛人，駕駛汽車有下列情形之一者，處新臺幣六百元以上一千八百元以下罰鍰：

一　行近鐵路平交道，不將時速減至十五公里以下。

二　行近未設行車管制號誌之行人穿越道，不減速慢行。

三　行經設有彎道、坡路、狹路、狹橋或隧道標誌之路段或道路施工路段，不減速慢行。

四　行經設有學校、醫院標誌之路段，不減速慢行。

五　未依標誌、標線、號誌指示減速慢行。

六　行經泥濘或積水道路，不減速慢行，致污濕他人身體、衣物。

七　因雨、霧視線不清或道路上臨時發生障礙，不減速慢行。

②汽車駕駛人，駕駛汽車行近行人穿越道或其他依法可供行人穿越之交岔路口，有行人穿越時，不暫停讓行人先行通過者，處新臺幣一千二百元以上六千元以下罰鍰。

③汽車駕駛人，駕駛汽車行近行人穿越道或其他依法可供行人穿越之交岔路口，遇有攜帶白手杖或導盲犬之視覺功能障礙者時，不暫停讓視覺功能障礙者先行通過者，處新臺幣二千四百元以上七千二百元以下罰鍰。

④汽車駕駛人有前二項規定之情形，因而肇事致人受傷或死亡者，處新臺幣七千二百元以上三萬六千元以下罰鍰。致人受傷者，吊扣駕駛執照一年；致人重傷或死亡者，吊銷其駕駛執照。

第四五條　112

①汽車駕駛人，爭道行駛有下列情形之一者，處新臺幣六百元以上一千八百元以下罰鍰：

一　不按遵行之方向行駛。

二　在單車道駕車與他車並行。

三　不依規定駛入來車道。

四　在多車道不依規定駕車。

五　插入正在連貫行駛汽車之中間。

六　駕車行駛人行道。

七　行至無號誌之圓環路口，不讓已進入圓環之車輛先行。

八　行經多車道之圓環，不讓內側車道之車輛先行。

九　支線道車不讓幹線道車先行。少線道車不讓多線道車先行。車道數相同時，左方車不讓右方車先行。

十　起駛前，不讓行進中之車輛、行人優先通行。

十一　聞消防車、救護車、警備車、工程救險車、毒性化學物質災害事故應變車之警號，在後跟隨急駛，或駛過在救火時放置於路上之消防水帶。

十二　任意駛出邊線，或任意跨越兩條車道行駛。

十三　機車不在規定車道行駛。

十四　遇幼童專用車、校車、教練車不依規定禮讓，或減速慢行。

十五　行經無號誌交叉路口及巷道不依規定或標誌、標線指示。

十六　占用自行車專用道。
十七　聞或見大眾捷運系統車輛之聲號或燈光，不依規定避讓或在後跟隨迫近。
十八　行經設有停車再開標誌、停標字或閃光紅燈號誌之交岔路口，不依規定停讓。

②聞消防車、救護車、警備車、工程救險車、毒性化學物質災害事故應變車之警號，不立即避讓者，處汽車駕駛人新臺幣三千六百元罰鍰，並吊銷駕駛執照。

③前項情形致人死傷者，處汽車駕駛人新臺幣六千元以上九萬元以下罰鍰，並吊銷駕駛執照。

第四六條　（汽車駕駛人之處罰—違規交會）94

汽車駕駛人交會時，有下列情形之一者，處新臺幣六百元以上一千八百元以下罰鍰：
一　未保持適當之間隔。
二　在峻狹坡路，下坡車未讓上坡車先行，或上坡車在坡下未讓已駛至中途之下坡車駛過，而爭先上坡。
三　在山路行車，靠山壁車輛，未讓道路外緣車優先通過。

第四七條 112

①汽車駕駛人超車時，有下列情形之一者，處新臺幣一千二百元以上二千四百元以下罰鍰：
一　駕車行經設有彎道、險坡、狹橋、隧道、交岔路口標誌之路段或道路施工地段超車。
二　在學校、醫院或其他設有禁止超車標誌、標線處所、地段或對面有來車交會或前行車連貫二輛以上超車。
三　在前行車之右側超車，或超車時未保持適當之間隔，或未行至安全距離即行駛入原行路線。
四　未經前行車表示允讓或靠邊慢行，即行超車。
五　前行車聞後行車按鳴喇叭或見後行車顯示超車燈光，如車前路況無障礙，無正當理由，不表示允讓或靠邊慢行。

②前項所稱超車，指汽車於同向或雙向僅有一車道超越前車之行爲。

第四八條 112

汽車駕駛人轉彎或變換車道時，有下列情形之一者，處新臺幣六百元以上一千八百元以下罰鍰：
一　不注意來、往行人，或轉彎前未減速慢行。
二　不依標誌、標線、號誌指示。
三　行經交岔路口未達中心處，占用來車道搶先左轉彎。
四　在多車道右轉彎，不先駛入外側車道，或多車道左轉彎，不先駛入內側車道。
五　道路設有劃分島，劃分快、慢車道，在慢車道上左轉彎或在快車道右轉彎。但另設有標誌、標線或號誌管制者，應依其指示行駛。
六　轉彎車不讓直行車先行。
七　設有左、右轉彎專用車道之交岔路口，直行車占用最內側或最外側或專用車道。

第四九條　（汽車駕駛人之處罰—違規迴車）94

汽車駕駛人迴車時，有下列情形之一者，處新臺幣六百元以上一千八百元以下罰鍰：
一　在設有彎道、坡路、狹路、狹橋或隧道標誌之路段迴車。
二　在設有禁止迴車標誌或劃有分向限制線、禁止超車線或禁止變換車道線之路段迴車。
三　在禁止左轉路段迴車。
四　行經圓環路口，不繞行圓環迴車。
五　迴車前，未依規定暫停，顯示左轉燈光，或不注意來、往車輛、行人，仍擅自迴轉。

第五〇條　（汽車駕駛人之處罰—違規倒車）104

汽車駕駛人倒車時，有下列情形之一者，處新臺幣六百元以上一千二百元以下罰鍰：

一　在設有彎道、坡路、狹路、狹橋、隧道、圓環、單行道標誌之路段、快車道或大眾捷運系統車輛共用通行交岔路口且為大眾捷運系統車輛導引路線上倒車。
二　倒車前未顯示倒車燈光，或倒車時不注意其他車輛或行人。
三　大型汽車無人在後指引時，不先測明車後有足夠之地位，或促使行人避讓。

第五一條　（汽車駕駛人之處罰—違規上下坡）
汽車駕駛人，駕車行經坡道，上坡時蛇行前進，或下坡時將引擎熄火、空檔滑行者，處新臺幣六百元以上一千二百元以下罰鍰。

第五二條　（汽車駕駛人之處罰—違規行經渡口）
汽車駕駛人，駕車行經渡口不依規定者，處新臺幣六百元以上一千二百元以下罰鍰。

第五三條　（汽車駕駛人之處罰—闖紅燈）94
①汽車駕駛人，行經有燈光號誌管制之交岔路口闖紅燈者，處新臺幣一千八百元以上五千四百元以下罰鍰。
②前項紅燈右轉行為者，處新臺幣六百元以上一千八百元以下罰鍰。

第五三條之一　（汽車駕駛人之處罰—行經有燈光號誌管制之大眾捷運系統車輛共用通行交岔路口闖紅燈或紅燈右轉）104
①汽車駕駛人，行經有燈光號誌管制之大眾捷運系統車輛共用通行交岔路口闖紅燈者，處新臺幣三千六百元以上一萬零八百元以下罰鍰。
②前項紅燈右轉行為者，處新臺幣一千二百元以上三千六百元以下罰鍰。

第五四條　（汽車駕駛人之處罰—平交道違規）105
汽車駕駛人，駕車在鐵路平交道有下列情形之一者，處新臺幣一萬五千元以上九萬元以下罰鍰，並吊扣其駕駛執照一年。因而肇事者，吊銷其駕駛執照：
一　不遵守看守人員之指示，或警鈴已響、閃光號誌已顯示，或遮斷器開始放下，仍強行闖越。
二　在無看守人員管理或無遮斷器、警鈴及閃光號誌設備之鐵路平交道，設有警告標誌或跳動路面，不依規定暫停，逕行通過。
三　在鐵路平交道超車、迴車、倒車、臨時停車或停車。

第五五條　109
①汽車駕駛人，臨時停車有下列情形之一者，處新臺幣三百元以上六百元以下罰鍰：
一　在橋樑、隧道、圓環、障礙物對面、人行道、行人穿越道、快車道臨時停車。
二　在交岔路口、公共汽車招呼站十公尺內或消防車出、入口五公尺內臨時停車。
三　在設有禁止臨時停車標誌、標線處所臨時停車。
四　不依順行之方向，或不緊靠道路右側，或單行道不緊靠路邊，或併排臨時停車。
五　在道路交通標誌前臨時停車，遮蔽標誌。
②接送未滿七歲之兒童、行動不便之人上、下車者，臨時停車不受三分鐘之限制。

第五六條　（違規、併排停車之處罰）104
①汽車駕駛人停車時，有下列情形之一者，處新臺幣六百元以上一千二百元以下罰鍰：
一　在禁止臨時停車處所停車。
二　在設有彎道、險坡、狹路標誌之路段、槽化線、交通島或道路修理地段停車。
三　在機場、車站、碼頭、學校、娛樂、展覽、競技、市場、或其他公共場所出、入口或消防栓之前停車。
四　在設有禁止停車標誌、標線之處所停車。
五　在顯有妨礙其他人、車通行處所停車。
六　不依順行方向，或不緊靠道路右側，或單行道不緊靠路邊停車。
七　於路邊劃有停放車輛線之處所停車營業。
八　自用汽車在營業汽車招呼站停車。
九　停車時間、位置、方式、車種不依規定。
十　於身心障礙專用停車位違規停車。
②汽車駕駛人停車時，有併排停車之情事者，處汽車駕駛人新臺幣二千四百元罰鍰。

③汽車駕駛人在道路收費停車處所停車，未依規定繳費，主管機關應書面通知駕駛人於七日內補繳，並收取必要之工本費用，逾期再不繳納，處新臺幣三百元罰鍰。

④第一項及第二項情形，交通勤務警察、依法令執行交通稽查任務人員或交通助理人員，應責令汽車駕駛人將車移置適當處所；如汽車駕駛人不予移置或不在車內時，得由該交通勤務警察、依法令執行交通稽查任務人員或交通助理人員爲之。

⑤第一項第十款應以最高額處罰之，第三項之欠費追繳之。

⑥在圓環、交岔路口十公尺內，公路主管機關、市區道路主管機關或警察機關得在不妨害行人通行或行車安全無虞之原則，設置必要之標誌或標線另行規定汽車之停車處所。

第五六條之一 112

汽車駕駛人臨時停車或停車時，駕駛人或乘客未依規定開啓或關閉車門因而肇事者，處汽車駕駛人新臺幣二千四百元以上四千八百元以下罰鍰。但計程車駕駛人或租賃車輛代僱駕駛人已盡告知義務，乘客仍未依規定開啓或關閉車門因而肇事者，處罰該乘客。

第五七條 （汽車買賣業、修理業違規停車之處罰）94

①汽車所有人、汽車買賣業或汽車修理業，在道路上停放待售或承修之車輛者，處新臺幣二千四百元以上四千八百元以下罰鍰。

②前項情形，交通勤務警察或依法令執行交通稽查任務人員於必要時，並應令汽車所有人、業者將車移置適當場所；如汽車所有人、業者不予移置，應由該交通勤務警察或依法令執行交通稽查任務人員逕爲之，並收取移置費。

第五八條 （汽車駕駛人之處罰—未保持車距等）94

汽車駕駛人，駕駛汽車有下列情形之一者，處新臺幣六百元以上一千二百元以下罰鍰：

一　不依規定保持前、後車距離。

二　行至有號誌之交岔路口，遇紅燈不依車道連貫暫停而逕行插入車道間，致交通擁塞，妨礙其他車輛通行。

三　行至有號誌之交岔路口，遇有前行或轉彎之車道交通擁塞而逕行駛入交岔路口內，致號誌轉換後仍未能通過，妨礙其他車輛通行。

第五九條 （駕車時故障未依規定處理之處罰）94

汽車駕駛人，駕駛汽車發生故障不能行駛，不設法移置於無礙交通之處，或於移置前，未依規定在車輛前、後適當距離樹立車輛故障標誌或事後不除去者，處新臺幣一千五百元以上三千元以下罰鍰。

第六〇條 112

①汽車駕駛人駕駛汽車有違反本條例之行爲，經交通勤務警察或依法令執行交通稽查任務人員制止時，不聽制止或拒絕停車接受稽查而逃逸者，除按各該條規定處罰外，處新臺幣一萬元以上三萬元以下罰鍰，並吊扣其駕駛執照六個月；汽車駕駛人於五年內違反本項規定二次以上者，處新臺幣三萬元罰鍰，並吊扣其駕駛執照一年。

②汽車駕駛人駕駛汽車有下列情形之一，而本章各條無處罰之規定者，處新臺幣九百元以上一千八百元以下罰鍰：

一　不服從交通勤務警察或依法令執行交通指揮、稽查任務人員之指揮或稽查。

二　不遵守公路或警察機關，依第五條規定所發布命令。

三　不遵守道路交通標誌、標線、號誌之指示。

四　計程車之停車上客，不遵守主管機關之規定。

③汽車駕駛人有第二十一條第一項第一款至第五款或第二十一條之一第一項規定之情形，且經交通勤務警察或依法令執行交通稽查任務人員制止時，不聽制止或拒絕停車接受稽查而逃逸者，處新臺幣一萬五千元以上四萬五千元以下罰鍰。

第六一條 112

①汽車駕駛人，駕駛汽車有下列情形之一者，吊銷其駕駛執照：

一　利用汽車犯罪，經判決有期徒刑以上之刑確定。

二　抗拒執行交通勤務之警察或依法令執行交通稽查人員之稽查或有第六十條第一項之情形，因而引起傷害或死亡。

三　撞傷正在執行勤務中之警察或依法令執行指揮交通及交通稽查任務人員。

四　違反道路交通安全規則、第三十三條之管制規則，因而肇事致人死亡。

②汽車駕駛人，駕駛汽車有前項第二款、第三款情形之一者，並處新臺幣九萬元以上十五萬元以下罰鍰；汽車駕駛人於五年內違反前項第二款、第三款規定二次以上者，並處新臺幣十五萬元罰鍰。

③汽車駕駛人，駕駛汽車違反道路交通安全規則、第三十三條之管制規則，致人重傷者，吊扣其駕駛執照三個月至六個月。

④汽車駕駛人駕駛大客車、大貨車、聯結車或重量逾三點五公噸之動力機械，而有前項應受吊扣駕駛執照情形時，吊銷其駕駛執照。

⑤第一項第一款情形，在判決確定前，得視情形暫扣其駕駛執照，禁止其駕駛。

第六二條　（肇事後處理不當之處罰）94

①汽車駕駛人駕駛汽車肇事，無人受傷或死亡而未依規定處置者，處新臺幣一千元以上三千元以下罰鍰；逃逸者，並吊扣其駕駛執照一個月至三個月。

②前項之汽車尚能行駛，而不儘速將汽車位置標繪移置路邊，致妨礙交通者，處駕駛人新臺幣六百元以上一千八百元以下罰鍰。

③汽車駕駛人駕駛汽車肇事致人受傷或死亡者，應即採取救護措施及依規定處置，並通知警察機關處理，不得任意移動肇事汽車及現場痕跡證據，違反者處新臺幣三千元以上九千元以下罰鍰。但肇事致人受傷案件當事人均同意時，應將肇事汽車標繪後，移置不妨礙交通之處所。

④前項駕駛人肇事致人受傷而逃逸者，吊銷其駕駛執照；致人重傷或死亡而逃逸者，吊銷其駕駛執照，並不得再考領。

⑤第一項及前項肇事逃逸案件，經通知汽車所有人到場說明，無故不到場說明，或不提供汽車駕駛人相關資料者，吊扣該汽車牌照一個月至三個月。

⑥肇事車輛機件及車上痕跡證據尚須檢驗、鑑定或查證者，得予暫時扣留處理，其扣留期間不得超過三個月；未經扣留處理之車輛，其駕駛人或所有人不予或不能即時移置，致妨礙交通者，得逕行移置之。

⑦肇事車輛機件損壞，其行駛安全堪虞者，禁止其行駛。

第六三條 113

①汽車駕駛人違反本條例規定，除依規定處罰外，經當場舉發者，並得依對行車秩序及交通安全危害程度記違規點數一點至三點。

②前項情形，已受吊扣或吊銷駕駛執照處分者，不予記違規點數。

③汽車駕駛人於一年內記違規點數每達十二點者，吊扣駕駛執照二個月；二年內經吊扣駕駛執照二次，再經記違規點數者，吊銷其駕駛執照。

④汽車駕駛人於一年內記違規點數達六點者，得申請自費參加道路交通安全講習。完成講習後，扣抵違規點數二點；其扣抵，自記違規點數達六點之日起算，一年內以二次為限。

第六三條之一 112

除第六十三條之二第四項規定外，汽車依本條例規定記違規紀錄於三個月內每達三次者，吊扣其汽車牌照一個月。

第六三條之二 113

①逕行舉發案件之被通知人為自然人，且未指定主要駕駛人或未辦理歸責他人者，駕駛人之行為應接受道路交通安全講習或吊扣、吊銷汽車駕駛執照者，處罰被通知人。但被通知人無可駕駛該車種之有效駕駛執照者，依下列規定處罰被通知人：

一　駕駛人之行為應接受道路交通安全講習者，記該汽車違規紀錄一次。

二　駕駛人之行為應吊扣汽車駕駛執照者，吊扣該汽車牌照。

三　駕駛人之行為應吊銷汽車駕駛執照者，吊銷該汽車牌照。

②逕行舉發案件之被通知人為非自然人，其為汽車所有人，且未指定主要駕駛人或未辦理歸責他人時，駕駛人之行為應接受道路交通安全講習或應吊扣、吊銷汽車駕駛執照者，依前項但書各款規定處罰被通知人。

③逕行舉發案件之被通知人為非自然人之租用人，且未指定主要駕駛人或未辦理歸責他人時，駕駛人之行為應接受道路交通安全講習或應吊扣、吊銷汽車駕駛執照者，依下列規定處罰被通知人：

一　駕駛人之行為應接受道路交通安全講習者，處原違規行為條款之二倍罰鍰。

二　駕駛人之行為應吊扣或吊銷汽車駕駛執照者，處原違規行為條款之三倍罰鍰。

④汽車依第一項、第二項規定記違規紀錄於一年內每達三次者，吊扣其汽車牌照二個月。

第六四條　（刪除）

第六五條（未依裁決繳照繳款之處理）100

①汽車所有人、駕駛人違反本條例，經主管機關裁決書送達後逾三十日之不變期間未向管轄之地方法院行政訴訟庭提起撤銷訴訟，或其訴訟經法院裁判確定，而不繳納罰鍰或不繳送汽車牌照、駕駛執照者，依下列規定處理之：

一　經處分吊銷汽車牌照或駕駛執照者，由公路主管機關逕行註銷。

二　經處分吊扣汽車牌照或駕駛執照者，按其吊扣期間加倍處分；仍不依限期繳送汽車牌照或駕駛執照者，吊銷其汽車牌照或駕駛執照。

三　罰鍰不繳納者，依法移送強制執行。

②於九十五年六月三十日前，十年內，汽車所有人、駕駛人因違反前項第三款修正前罰鍰不繳納，經易處吊銷汽車牌照或駕駛執照者，得於五年內繳清罰款後，申請核發。

第六六條 112

①汽車牌照，經吊銷或註銷者，須滿六個月，且經公路主管機關檢驗合格後，始得再行請領。

②前項屬因牌照吊扣期間行駛而吊銷牌照者，應於其原違反本條例應受吊扣牌照處分期滿後，始得再依前項規定請領牌照。

第六七條 112

①汽車駕駛人曾依第二十七條第三項、第二十九條之二第五項、第三十五條第一項、第三項後段、第四項後段、第五項後段、第五十四條、第六十一條第一項第一款、第二款、第六十二條第四項後段規定吊銷駕駛執照者，終身不得考領駕駛執照。但有第六十七條之一所定情形者，不在此限。

②汽車駕駛人曾依第二十九條第四項、第三十條第三項、第三十條之一第二項、第三十五條第三項前段、第四項前段、第四十三條第二項、第三項、第四十四條第四項、第四十五條第三項、第六十一條第一項第三款、第四款、第四項、第六十二條第四項前段規定吊銷駕駛執照者，三年內不得考領駕駛執照；汽車駕駛人駕駛營業大客車，曾依第三十五條第二項規定吊銷駕駛執照者，四年內不得考領駕駛執照；依第三十五條第五項前段規定吊銷駕駛執照者，五年內不得考領駕駛執照。

③汽車駕駛人曾依本條例其他各條規定吊銷駕駛執照者，一年內不得考領駕駛執照。

④汽車駕駛人曾依第二項及前項規定吊銷駕駛執照，不得考領駕駛執照期間計達六年以上者，終身不得考領駕駛執照。但有第六十七條之一所定情形者，不在此限。

⑤汽車駕駛人曾依第三十五條規定吊銷駕駛執照，未依規定完成酒駕防制教育或酒癮治療，不得考領駕駛執照。

⑥前項酒駕防制教育及酒癮治療之實施對象、教育或治療實施機構、方式、費用收取、完成酒駕防制教育及酒癮治療之認定基準及其他相關事項之辦法，由交通部會商衛生福利部定之。

⑦第一項至第四項不得考領駕駛執照規定，於汽車駕駛人未領有駕駛執照、駕駛執照經吊銷或註銷者，適用之。

⑧汽車駕駛人未領有駕駛執照、駕駛執照經吊銷、註銷或吊扣期間駕車，肇事致人重傷或死亡者，除有第一項或第四項規定終身不得考領駕駛執照情形外，四年內不得考領駕駛執照。

⑨汽車駕駛人違反本條例規定，應受吊扣駕駛執照處分，於汽車駕駛人未領有駕駛執照、駕駛執照經吊銷或註銷者，在所規定最長吊扣期間內，不得考領駕駛執照。

第六七條之一（吊銷駕照之重新申請考照）94

①前條第一項及第四項規定情形，符合特定條件，得於下列各款所定期間後，向公路主管機關申請考領駕駛執照：

一　肇事致人死亡案件，受處分人經吊銷駕駛執照處分執行已逾十二年。

二　肇事致人重傷案件，受處分人經吊銷駕駛執照處分執行已逾十年。

三　肇事致人受傷案件，受處分人經吊銷駕駛執照處分執行已逾八年。

四　其他案件，受處分人經吊銷駕駛執照處分執行已逾六年。

②依前項規定申請者，公路主管機關得於其測驗合格後發給有效期間較短之駕駛執照，其期滿換領駕駛執照，應依主管機關所定條件辦理。

③前二項所定有關特定條件、換領駕駛執照之種類、駕駛執照有效期間、換領條件等事項之辦法，由交通部會商內政部及有關機關定之。

第六八條（吊扣、吊銷駕照處分效力之擴大）99

①汽車駕駛人，因違反本條例及道路交通安全規則之規定，受吊銷駕駛執照處分時，吊銷其執有各級車類之駕駛執照。

②領有汽車駕駛執照之汽車駕駛人，除駕駛聯結車、大客車、大貨車外之非其駕駛執照種類之車輛，違反本條例及道路交通安全規則之規定，應受吊扣駕駛執照情形時，無因而肇事致人受傷或重傷者，記違規點數五點。但一年內違規點數共達六點以上或再次應受吊扣駕駛執照情形者，併依原違反本條例應受吊扣駕駛執照處分規定，吊扣其駕駛執照。

第三章　慢　車

第六九條 111

①慢車種類及名稱如下：

一　自行車：

㈠腳踏自行車。

㈡電動輔助自行車：指經型式審驗合格，以人力為主、電力為輔，最大行駛速率在每小時二十五公里以下，且車重在四十公斤以下之二輪車輛。

㈢微型電動二輪車：指經型式審驗合格，以電力為主，最大行駛速率在每小時二十五公里以下，且車重不含電池在四十公斤以下或車重含電池在六十公斤以下之二輪車輛。

二　其他慢車：

㈠人力行駛車輛：指客、貨車、手拉（推）貨車等。包含以人力為主、電力為輔，最大行駛速率在每小時二十五公里以下，且行駛於指定路段之慢車。

㈡獸力行駛車輛：指牛車、馬車等。

㈢個人行動器具：指設計承載一人，以電力為主，最大行駛速率在每小時二十五公里以下之自平衡或立式器具。

②前項第二款第一目至第二目其他慢車未依規定向直轄市、縣（市）政府辦理登記，領取證照即行駛道路者，處所有人新臺幣三百元罰鍰，並禁止其通行。

③第一項第二款第一目至第二目其他慢車登記、發給證照、規格、指定行駛路段、時間及其他管理事項之辦法，由直轄市、縣（市）政府定之。

④第一項第二款第三目個人行動器具，應依直轄市、縣（市）政府所定規格、指定行駛路段、時間、速度限制、安全注意及其他相關管理事項辦法之規定，始得行駛道路。

⑤第一項第二款第三目個人行動器具違反前項及本章各條規定者，處行為人新臺幣一千二百元以上三千六百元以下罰鍰，並禁止其行駛或使用。

第六九條之一 111

①電動輔助自行車應經檢測及型式審驗合格，並黏貼審驗合格標章後，始得行駛道路。

②微型電動二輪車應經檢測及型式審驗合格，並登記、領用、懸掛牌照後，始得行駛道路。

③前二項電動輔助自行車及微型電動二輪車之檢測基準、檢測方式、型式審驗、品質一致性、申請資格、審驗合格證明書有效期限、查核及監督管理等事項之辦法，由交通部定之。交通部並得委託車輛專業技術研究機構辦理之。

④微型電動二輪車所有人應依強制汽車責任保險法之規定，投保強制汽車責任保險。未依規定投保者，公路監理機關不予受理登記、換照或發照。

⑤已領用牌照之微型電動二輪車未依規定再行訂立保險契約而行駛道路，經主管機關書面通知所有人限期續保，屆期仍未訂立保險契約繼續行駛道路者，註銷其牌照。

第六九條之二 111

微型電動二輪車所有人向公路監理機關辦理車輛過戶、註銷牌照或換發牌照前，應繳清其所有違反本條例第二章、第三章尚未結案之罰鍰。

第七〇條 （慢車所有人之處罰─行駛淘汰車）

慢車經依規定淘汰並公告禁止行駛後仍行駛者，沒入後銷毀之。

第七一條 111

①經型式審驗合格之電動輔助自行車，未黏貼審驗合格標章於道路行駛者，處駕駛人新臺幣六百元以上一千二百元以下罰鍰，並禁止其行駛。

②未經型式審驗合格之電動輔助自行車，於道路行駛者，沒入之。

第七一條之一 111

①微型電動二輪車有下列情形之一者，處所有人新臺幣一千二百元以上三千六百元以下罰鍰，並禁止其行駛：

一　未依規定領用牌照行駛。

二　使用偽造或變造之牌照。

三　牌照借供他車使用或使用他車牌照。

四　已領有牌照而未懸掛或不依指定位置懸掛。

五　牌照業經註銷，無牌照仍行駛。

六　牌照遺失不報請該管主管機關補發，經舉發後仍不辦理而行駛。

②前項微型電動二輪車屬經型式審驗合格車輛者，當場移置保管；前項微型電動二輪車屬未經型式審驗合格車輛者，沒入之；第二款、第三款之牌照扣繳之。

③微型電動二輪車未領用有效牌照、懸掛他車牌照或未懸掛牌照於道路停車者，依前二項規定處罰，並當場移置保管。

④本條例中華民國一百十一年四月十九日修正施行前，已經檢測及型式審驗合格，並黏貼審驗合格標章之微型電動二輪車，應於本條例一百十一年四月十九日修正施行後二年內依規定登記、領用、懸掛牌照。逾期未領用者，依第一項第一款處罰之。

第七一條之二 111

①微型電動二輪車損毀或變造牌照、塗抹污損牌照，或以安裝其他器具之方式，使不能辨認其牌號者，處所有人新臺幣九百元以上一千八百元以下罰鍰，並責令申請換領牌照或改正。

②微型電動二輪車行駛有下列情形之一者，處所有人新臺幣一百五十元以上三百元以下罰鍰，並責令改正、補換牌照或禁止其行駛：

一　牌照遺失或破損，不報請補發、換發或重新申請。

二　牌照污穢，不洗刷清楚或為他物遮蔽，非行車途中因遇雨、雪道路泥濘所致。

第七二條 111

①慢車未經核准，擅自變更裝置，或不依規定保持煞車、鈴號、燈光及反光裝置等安全

設備之良好與完整者，處慢車所有人新臺幣三百元以上一千二百元以下罰鍰，並責令限期安裝或改正。

②電動輔助自行車及微型電動二輪車於道路行駛或使用，擅自增、減、變更電子控制裝置或原有規格，處電動輔助自行車及微型電動二輪車所有人新臺幣一千八百元以上五千四百元以下罰鍰，並責令改正。

第七二條之一 111

微型電動二輪車於道路行駛或使用，行駛速率超過型式審驗合格允許之最大行駛速率每小時二十五公里者，處駕駛人新臺幣九百元以上一千八百元以下罰鍰。

第七二條之二 111

①未滿十四歲之人，駕駛微型電動二輪車或個人行動器具者，處新臺幣六百元以上一千二百元以下罰鍰，並當場禁止其駕駛，車輛移置保管。

②微型電動二輪車或個人行動器具租賃業者，未於租借微型電動二輪車或個人行動器具予駕駛人前，教導駕駛人車輛操作方法及道路行駛規定者，處新臺幣六百元以上一千二百元以下罰鍰。

第七三條 111

①慢車駕駛人，有下列情形之一者，處新臺幣三百元以上一千二百元以下罰鍰：

一　不在劃設之慢車道通行，或無正當理由在未劃設慢車道之道路不靠右側路邊行駛。

二　不在規定之地區路線或時間內行駛。

三　不依規定轉彎、超車、停車或通過交岔路口。

四　在道路上爭先、爭道或其他危險方式駕車。

五　在夜間行車未開啓燈光。

六　行進間以手持方式使用行動電話、電腦或其他相類功能裝置進行撥接、通話、數據通訊或其他有礙駕駛安全之行為。

②慢車駕駛人，駕駛慢車經測試檢定酒精濃度超過規定標準，或吸食毒品、迷幻藥、麻醉藥品及其相類似之管制藥品者，處新臺幣一千二百元以上二千四百元以下罰鍰，並當場禁止其駕駛；駕駛微型電動二輪車者，並當場移置保管該微型電動二輪車。

③慢車駕駛人拒絕接受前項測試之檢定者，處新臺幣四千八百元罰鍰，並當場禁止其駕駛；駕駛微型電動二輪車者，並當場移置保管該微型電動二輪車。

④微型電動二輪車駕駛人未依規定戴安全帽者，處駕駛人新臺幣三百元罰鍰。

第七四條 112

①慢車駕駛人，有下列情形之一者，處新臺幣三百元以上一千二百元以下罰鍰：

一　不服從執行交通勤務警察之指揮或不依標誌、標線、號誌之指示。

二　在同一慢車道上，不按遵行之方向行駛。

三　不依規定，擅自穿越快車道。

四　不依規定停放車輛。

五　在人行道或快車道行駛。

六　聞消防車、警備車、救護車、工程救險車、毒性化學物質災害事故應變車之警號不立即避讓。

七　行經行人穿越道有行人穿越或行駛至交岔路口轉彎時，未讓行人優先通行。

八　於設置有必要之標誌或標線供慢車行駛之人行道上，未讓行人優先通行。

九　聞或見大眾捷運系統車輛之聲號或燈光，不依規定避讓或在後跟隨迫近。

②慢車駕駛人行近行人穿越道，遇有攜帶白手杖或導盲犬之視覺功能障礙者時，不暫停讓視覺功能障礙者先行通過者，處新臺幣六百元以上一千二百元以下罰鍰。

③慢車駕駛人有第一項第五款或第八款之情形，導致視覺功能障礙者受傷或死亡者，處新臺幣一千二百元以上三千六百元以下罰鍰。

第七五條　（慢車駕駛人之處罰—闖越平交道）

慢車駕駛人，駕車在鐵路平交道有第五十四條各款情形之一者，處新臺幣一千二百元以上二千四百元以下罰鍰。

第七六條 （慢車駕駛人之處罰—違規載運客貨及幼童）108

①慢車駕駛人，載運客、貨有下列情形之一者，處新臺幣三百元以上六百元以下罰鍰：

一 乘坐人數超過規定數額。

二 裝載貨物超過規定重量或超出車身一定限制。

三 裝載容易滲漏、飛散、有惡臭氣味及危險性貨物不嚴密封固或不爲適當之裝置。

四 裝載禽、畜重疊或倒置。

五 裝載貨物不捆紮結實。

六 上、下乘客或裝卸貨物不緊靠路邊妨礙交通。

七 牽引其他車輛或攀附車輛隨行。

②腳踏自行車及電動輔助自行車駕駛人附載幼童有下列情形之一者，處新臺幣三百元以上六百元以下罰鍰：

一 駕駛人未滿十八歲。

二 附載之幼童年齡或體重超過規定。

三 不依規定使用合格之兒童座椅、腳踏自行車或電動輔助自行車。

四 未依規定附載幼童。

③前項附載幼童之腳踏自行車、電動輔助自行車應遵行事項及兒童座椅之檢驗方式，由交通部定之。

第七七條 （刪除）

第七七條之一 111

微型電動二輪車駕駛人有第二章或本章違規行爲，得依第七條之二方式，逕行舉發。

第四章 行 人

第七八條 111

①行人在道路上有下列情形之一者，處新臺幣五百元罰鍰：

一 不依標誌、標線、號誌之指示或警察指揮。

二 不在劃設之人行道通行，或無正當理由，在未劃設人行道之道路不靠邊通行。

三 不依規定，擅自穿越車道。

四 於交通頻繁之道路或鐵路平交道附近任意奔跑、追逐、嬉遊或坐、臥、蹲、立，足以阻礙交通。

②使用行動輔具者，因人行道有障礙物致違反前項第二款規定者，不予處罰。

第七九條 （刪除）

第八〇條 （行人之處罰—闖越平交道）104

行人行近鐵路平交道，有下列情形之一者，處新臺幣二千四百元罰鍰：

一 不遵守看守人員之指示，或遮斷器開始放下，或警鈴已響、閃光號誌已顯示，仍強行闖越。

二 在無看守人員管理或無遮斷器、警鈴及閃光號誌設備之鐵路平交道，不依規定暫停、看、聽、有無火車駛來，逕行通過。

第八一條 （行人之處罰—攀跳行車）

在車輛行駛中攀登、跳車或攀附隨行者，處新臺幣五百元罰鍰。

第八一條之一 （違規攬客之處罰）

於鐵路公路車站或其他交通頻繁處所，違規攬客，妨害交通秩序者，處新臺幣一千五百元以上三千元以下罰鍰。

第五章 道路障礙

第八二條 112

①有下列情形之一者，除責令行爲人即時停止並消除障礙外，處行爲人或其雇主新臺幣

一千二百元以上二千四百元以下罰鍰：

一　在道路堆積、置放、設置或抛擲足以妨礙交通之物。

二　在道路兩旁附近燃燒物品，發生濃煙，足以妨礙行車視線。

三　利用道路爲工作場所。

四　利用道路放置拖車、貨櫃或動力機械。

五　興修房屋使用道路未經許可，或經許可超出限制。

六　經主管機關許可挖掘道路而不依規定樹立警告標誌，或於事後未將障礙物清除。

七　擅自設置或變更道路交通標誌、標線、號誌或其類似之標識。

八　未經許可在道路設置石碑、廣告牌、綵坊或其他類似物。

九　未經許可在道路舉行賽會或擺設筵席、演戲、拍攝電影或其他類似行爲。

十　未經許可在道路擺設攤位。

十一　交通勤務之警察、依法令執行指揮交通、交通稽查任務及各級學校交通服務隊現場導護人員以外之人員，於道路上攔阻人、車通行，妨礙交通。

②前項第一款妨礙交通之物、第八款之廣告牌、經勸導行爲人不即時清除或行爲人不在場，視同廢棄物，依廢棄物法令清除之。第十款之攤棚、攤架，不問屬於受處罰人所有與否，得沒入之。

③行爲人在高速公路或高速公路兩旁，有第一項第一款、第二款情事者，處新臺幣三千元以上六千元以下罰鍰；致發生交通事故者，加倍處罰。

④行爲人在行人穿越道，有第一項各款情事者，處新臺幣三千元以上六千元以下罰鍰；致人受傷或死亡者，加倍處罰。

第八二條之一　（廢棄車輛之處理）91

①占用道路之廢棄車輛，經民眾檢舉或由警察機關、環境保護主管機關查報後，由警察機關通知車輛所有人限期清理；車輛所有人屆期未清理，或有車輛所有人行方不明無法通知或無法查明該車輛所有人情形，環境保護主管機關應先行移置或委託民間單位移置，並得向車輛所有人收取移置費及保管費。該車輛經公告一個月仍無人認領者，由該環境保護主管機關依廢棄物清除。

②前項廢棄車輛之認定基準與查報處理辦法，由交通部會同內政部、法務部、行政院環境保護署定之；收取移置費及保管費之基準，由直轄市、縣（市）政府定之。

第八三條　（阻礙交通之處罰）94

有下列情形之一不聽勸阻者，處行爲人或雇主新臺幣三百元以上六百元以下罰鍰，並責令撤除：

一　在車道或交通島上散發廣告物、宣傳單或其相類之物。

二　在車道上、車站內、高速公路服務區休息站，任意販賣物品妨礙交通。

第八四條　（阻礙交通之處罰）94

疏縱或牽繫禽、畜、寵物在道路奔走，妨害交通者，處所有人或行爲人新臺幣三百元以上六百元以下罰鍰。

第六章　附　則

第八五條 112

①本條例之處罰，受舉發違反道路交通管理事件之受處罰人，認爲受舉發之違規行爲應歸責他人者，應於舉發違反道路交通管理事件通知單應到案日期前，檢附相關證據及應歸責人相關證明文件，向處罰機關告知應歸責人，處罰機關應即另行通知應歸責人到案依法處理。逾期未依規定辦理者，仍依本條例各該違反條款規定處罰。

②本條例之處罰，其爲吊扣或吊銷車輛牌照者，不因處分後該車輛所有權移轉、質押、租賃他人或租賃關係終止而免於執行。

③依本條例規定逕行舉發或同時併處罰其他人之案件，推定受逕行舉發人或該其他人有過失。

第八五條之一 110

①汽車駕駛人、汽車所有人、汽車買賣業或汽車修理業違反第五十六條第一項或第五十七條規定，經舉發後，不遵守交通勤務警察或依法令執行交通稽查任務人員責令改正者，得連續舉發之。

②違反本條例之同一行爲，依第七條之二逕行舉發後，有下列之情形，得連續舉發：

一 逕行舉發汽車行車速度超過規定之最高速限或低於規定之最低速度或有違反第三十三條第一項、第二項之情形，其違規地點相距六公里以上、違規時間相隔六分鐘以上或行駛經過一個路口以上。但其違規地點在隧道內者，不在此限。

二 逕行舉發汽車有第五十六條第一項、第二項或第五十七條規定之情形，而駕駛人、汽車所有人、汽車買賣業、汽車修理業不在場或未能將汽車移置每逾二小時。

第八五條之二 （車輛移置保管之領回）108

①車輛所有人或駕駛人依本條例規定應予禁止通行、禁止其行駛、禁止其駕駛者，交通勤務警察或依法令執行交通稽查任務人員應當場執行之，必要時，得逕行移置保管其車輛。

②前項車輛所有人或其委託之第三人得於保管原因消失後，持保管收據及行車執照領回車輛。其違反本條例第三十五條規定者，應同時檢附繳納罰鍰收據。但初次違反規定且未發生交通事故者，得檢附分期繳納罰鍰收據領回車輛。

③依第三十五條規定被逕行移置保管之車輛屬租賃車業者之車輛，得由車輛所有人檢具租賃契約書、違規駕駛人姓名、住址並具結後，據以取回被移置保管車輛。

第八五條之三 112

①第十二條第三項、第四項、第三十五條、第三十五條之一第一項、第二項、第五十六條第四項、第五十七條第二項、第六十二條第六項、第七十一條之一第二項、第三項、第七十二條之二第一項、第七十三條第二項、第三項及前條第一項之移置或扣留，得由交通勤務警察、依法令執行交通稽查任務人員逕行移置或扣留，其屬第五十六條第四項之移置，得由交通助理人員逕行爲之。上述之移置或扣留，得使用民間拖吊車拖離之。

②前項移置或扣留，得向車輛所有人收取移置費及保管費；其不繳納者，追繳之。

③第一項移置保管或扣留之車輛，經通知車輛所有人限期領回，屆期未領回或無法查明車輛所有人，經公告三個月，仍無人認領者，由移置保管機關拍賣之，拍賣所得價款應扣除違反本條例規定應行繳納之罰鍰、移置費、保管費及其他必要費用後，依法提存。

④前項公告無人認領之車輛，符合廢棄車輛認定標準者，依廢棄物清理法及其相關法規規定清除之。

⑤依本條例應沒入之車輛或其他之物經裁決或裁判確定者，得拍賣、銷毀或依廢棄物清理法及其相關法規規定清除。

⑥前五項有關移置保管、收取費用、公告拍賣、移送處理之辦法，在中央由交通部及內政部，在地方由直轄市、縣（市）政府依其權責分別定之。

第八五條之四 （未滿十四歲之人違規之處罰）

未滿十四歲之人違反本條例之規定，處罰其法定代理人或監護人。

第八五條之五 （違規大眾捷運系統車輛之移置或扣留通知）104

大衆捷運系統車輛駕駛人違反本條例規定，有依第八十五條之二或第八十五條之三規定應予移置或扣留車輛之情形，其車輛之移置或扣留，得通知其營運機構處理。

第八六條 112

①汽車駕駛人有下列情形之一，因而致人受傷或死亡，依法應負刑事責任者，得加重其刑至二分之一：

一 未領有駕駛執照駕車。

二 駕駛執照經吊銷、註銷或吊扣期間駕車。

三　酒醉駕車。
四　吸食毒品、迷幻藥、麻醉藥品或其相類似之管制藥品駕車。
五　行駛人行道、行近行人穿越道或其他依法可供行人穿越之交岔路口不依規定讓行人優先通行。
六　行車速度，超過規定之最高時速四十公里以上。
七　任意以迫近、驟然變換車道或其他不當方式，迫使他車讓道。
八　非遇突發狀況，在行駛途中任意驟然減速、煞車或於車道中暫停。
九　二輛以上之汽車在道路上競駛、競技。
十　連續闖紅燈併有超速行為。

②汽車駕駛人，在快車道依規定駕車行駛，因行人或慢車不依規定，擅自進入快車道，而致人受傷或死亡，依法應負刑事責任者，減輕其刑。

第八七條　（提起訴訟及撤銷期間之限制）108

受處分人不服第八條或第三十七條第六項處罰之裁決者，應以原處分機關為被告，逕向管轄之地方法院行政訴訟庭提起訴訟；其中撤銷訴訟之提起，應於裁決書送達後三十日之不變期間內為之。

第八八條至第八九條　（刪除）100

第九〇條 109

違反本條例之行為，自行為成立之日起；行為有連續或繼續之狀態者，自行為終了之日起，逾二個月不得舉發。但汽車肇事致人受傷或死亡案件，因肇事責任不明，已送鑑定者，其期間自鑑定終結之日起算；未送鑑定而須分析研判者，逾三個月不得舉發。

第九〇條之一　（拒絕道路交通安全講習之處罰）

慢車駕駛人、行人不依規定接受道路交通安全講習者，處新臺幣六百元以上一千二百元以下罰鍰。

第九〇條之二　（刪除）100

第九〇條之三　（必要標誌或標線之設置）101

①在圓環、人行道、交岔路口十公尺內，公路主管機關、市區道路主管機關或警察機關得在不妨害行人通行或行車安全無虞之原則，設置必要之標誌或標線另行規定機車、慢車之停車處所。

②公路主管機關、市區道路主管機關或警察機關得在不妨害行人通行或行車安全無虞之原則，於人行道設置必要之標誌或標線供慢車行駛。

第九一條　（獎勵）103

下列機構或人員，應予獎勵；其辦法由交通部、內政部會同有關機關定之：
一　對促進交通安全著有成效之學校、大眾傳播業或公、私汽車駕駛人訓練機構。
二　檢舉汽車肇事或協助救護汽車肇事受傷者之人員。
三　優良駕駛人。
四　檢舉違反第四十三條第一項第一款至第四款規定行為經查證屬實之人員。

第九二條 112

①車輛分類、汽車牌照申領、異動、管理規定、汽車載重噸位、座位立位之核定、汽車檢驗項目、基準、檢驗週期規定、汽車駕駛人執照考驗、換發、證照效期與登記規定、車輛裝載、行駛規定、汽車設備變更規定、動力機械之範圍、駕駛資格與行駛規定、車輛行駛車道之劃分、微型電動二輪車牌照申領、異動、管理規定、行人通行、道路障礙及其他有關道路交通安全事項之規則，由交通部會同內政部定之。

②機車禁止行駛高速公路。但汽缸排氣量五百五十立方公分以上大型重型機車，得依交通部公告規定之路段及時段行駛高速公路，其駕駛人應有得駕駛汽缸排氣量五百五十立方公分以上大型重型機車駕駛執照一年以上及小型車以上之駕駛執照。

③公路主管機關辦理道路交通安全講習得收取費用；其實施對象、應接受道路交通安全講習之條款、辦理方式、內容、時機、時數、執行單位、收費基準及其他相關事項之

辦法，由交通部會同內政部定之。

④本條例之罰鍰基準、舉發或輕微違規勸導、罰鍰繳納、應記違規點數之條款、點數與其通知程序、向處罰機關陳述意見或裁決之處理程序、分期繳納之申請條件、分期期數、不依限期繳納之處理、分期處理規定、繳納機構及其他相關事項之處理細則，由交通部會同內政部定之。

⑤道路交通事故駕駛人、肇事人應處置作為、現場傷患救護、管制疏導、肇事車輛扣留、移置與發還、調查處理及其他相關事項之辦法，由內政部會同交通部、衛生福利部定之。

⑥大型重型機車，除本條例另有規定外，比照小型汽車適用其行駛及處罰規定；其駕駛執照考驗及行駛規定，由交通部會同內政部定之。

⑦汽缸排氣量五百五十立方公分以上之大型重型機車行駛高速公路，有下列行為者，處駕駛人新臺幣三千元以上六千元以下罰鍰：

一　行駛未經公告允許之路段。
二　未依公告允許時段規定行駛。
三　領有駕駛執照，未符合第二項規定。
四　同車道併駛、超車，或未依規定使用路肩。
五　未依規定附載人員或物品。
六　未依規定戴安全帽。

⑧汽缸排氣量五百五十立方公分以上大型重型機車違反前項第四款規定或汽車行駛高速公路有前項第四款前段之行為，處駕駛人新臺幣六千元罰鍰。

⑨道路交通安全講習得委託公私立機構、法人或團體辦理，其資格、申請、設備與人員、收費方式、證照格式、合約應載事項、查核及監督等事項之辦法，由交通部定之。

第九二條之一　（處罰）92

處罰機關裁決職業汽車駕駛人吊扣、吊（註）銷駕駛執照時，得應雇主之請求，以書面或其他方式通知違規當時所駕駛汽車之所有人。

第九三條　（施行日）

本條例施行日期，由行政院以命令定之。

公務人員任用法

①民國75年4月21日總統令制定公布全文40條；並於76年1月16日施行。
②民國79年12月28日總統令增訂公布第18-1條條文；並修正第13、17條條文。
③民國84年1月18日總統令修正公布第13、16條條文。
④民國84年1月28日總統令修正公布第28條條文。
⑤民國85年11月14日總統令增訂公布第26-1、28-1條條文；並修正第6、10、12、13、16至18、22、24、25、28、33、36至38條條文。
⑥民國91年1月29日總統令增訂公布第11-1、33-1條條文；刪除第19條條文；並修正第4、6、9至11、13、17、18、18-1、20、22、26-1、28 32、33、35、40條條文。
⑦民國94年11月30日總統令修正公布第17條條文。
⑧民國96年3月21日總統令修正公布第18、26-1條條文。
⑨民國97年1月16日總統令修正公布第6、7、10、12、13、17、18、20、26-1、28及30條條文；並增訂第13-1及24-1條條文。
⑩民國99年1月6日總統令修正公布第28及40條條文；並自98年11月23日施行。
⑪民國99年7月28日總統令修正公布第40條條文；刪除第29條條文；並自100年1月1日施行。
⑫民國102年1月23日總統令修正公布第28條條文。
⑬民國104年6月17日總統令修正公布第36條條文；並增訂第36-1條條文。
⑭民國108年4月3日總統令修正公布第25、26-1、28、35條條文。
⑮民國111年5月25日總統令修正公布第6、10、17、20、26-1、28、28-1、33-1條條文；並刪除第12條條文。
⑯民國112年2月15日總統令修正公布第22條條文。

第一條　（適用範圍）
公務人員之任用，依本法行之。

第二條　（立法目的）
公務人員之任用，應本專才、專業、適才、適所之旨，初任與升調並重，爲人與事之適切配合。

第三條　（用詞定義）
本法所用名詞意義如左：
一　官等：係任命層次及所需基本資格條件範圍之區分。
二　職等：係職責程度及所需資格條件之區分。
三　職務：係分配同一職稱人員所擔任之工作及責任。
四　職系：係包括工作性質及所需學識相似之職務。
五　職組：係包括工作性質相近之職系。
六　職等標準：係敘述每一職等之工作繁、簡、難、易，責任輕、重及所需資格條件程度之文書。
七　職務說明書：係說明每一職務之工作性質及責任之文書。
八　職系說明書：係說明每一職系工作性質之文書。
九　職務列等表：係將各種職務，按其職責程度依序列入適當職等之文書。

第四條　（品德、忠誠的注意）91
①各機關任用公務人員，應注意其品德及對國家之忠誠，其學識、才能、經驗及體格，應與擬任職務之種類職責相當。如係主管職務，並應注意其領導能力。
②前項人員之品德及忠誠，各機關應於任用前辦理查核。必要時，得洽請有關機關協助辦理。其涉及國家安全或重大利益者，得辦理特殊查核；有關特殊查核之權責機關、適用對象、規範內涵、辦理方式及救濟程序，由行政院會同考試院另定辦法行之。
③各機關辦理前項各種查核時，應將查核結果通知當事人，於當事人有不利情形時，應

許其陳述意見及申辯。

第五條　（公務人員之任等）

①公務人員依官等及職等任用之。

②官等分委任、薦任、簡任。

③職等分第一至第十四職等，以第十四職等為最高職等。

④委任為第一至第五職等；薦任為第六至第九職等；簡任為第十至第十四職等。

第六條 111

①各機關組織法規所定之職務，應就其工作職責及所需資格，依職等標準列入職務列等表。必要時，一職務得列二個至三個職等。

②前項職等標準及職務列等表，依職責程度、業務性質及機關層次，由考試院定之。必要時，得由銓敘部會商相關機關後擬訂，報請考試院核定。

③各機關組織除以法律定其職稱、官等、職等及員額者外，應依其業務性質就其適用之職務列等表選置職稱，並妥適配置各官等、職等職務，訂定編制表，函送考試院核備。但主管機關因業務需要或情形特殊，得合併所屬同層級類別相同機關，報經考試院同意，訂定共用編制表。

④前項職稱及官等、職等員額配置準則，由考試院會同行政院定之。

⑤各機關組織法律原定各職務之官等、職等與中華民國八十五年一月考試院平衡中央與地方薦任第八職等以下公務人員職務列等通案修正之職務列等表不一致時，暫先適用該職務列等表之規定。但各機關組織法律於本條文修正施行後制定或修正者，仍依組織法律之規定。

第七條　（職務說明書）97

①各機關對組織法規所定之職務，應賦予一定範圍之工作項目、適當之工作量及明確之工作權責，並訂定職務說明書，以為該職務人員工作指派及考核之依據。職務內容變動時，應即配合修訂職務說明書。

②前項職務各機關應每年或間年進行職務普查。

第八條　（職系說明書）

各機關組織法規所定之職務，應依職系說明書歸入適當之職系，列表送銓敘部核備。

第九條　（任用資格）91

①公務人員之任用，應具有左列資格之一：

一　依法考試及格。

二　依法銓敘合格。

三　依法升等合格。

②特殊性質職務人員之任用，除應具有前項資格外，如法律另有其他特別遴用規定者，並應從其規定。

③初任各職務人員，應具有擬任職務所列職等之任用資格；未具擬任職務職等任用資格者，在同官等高二職等範圍內得予權理。權理人員得隨時調任與其所具職等資格相當性質相近之職務。

第一〇條 111

①各機關初任各職等人員，除法律別有規定外，應由分發機關或申請舉辦考試機關就公務人員各等級考試正額錄取，依序分配訓練，經訓練期滿成績及格人員分發任用。如可資分配之正額錄取人員已分配完畢，由分發機關或申請舉辦考試機關就列入候用名冊之增額錄取人員按考試成績定期依序分配訓練，經訓練期滿成績及格後予以任用。

②已無前項考試錄取人員可資分配時，得經分發機關同意，由各機關自行遴用具任用資格之合格人員。

③第一項分配訓練、分發任用之程序、辦理方式、限制及有關事項之辦法，由考試院會同行政院定之。

第一一條　（任用資格之例外）91

①各機關辦理機要職務之人員，得不受第九條任用資格之限制。

②前項人員，機關長官得隨時免職。機關長官離職時應同時離職。

第一一條之一 （機要人員之運用）91

①各機關辦理進用機要人員時，應注意其公平性、正當性及其條件與所任職務間之適當性。

②各機關機要人員進用時，其員額、所任職務範圍及各職務應具之條件等規範，由考試院定之。

第一二條 （刪除）111

第一三條 （考試及格人員之任用）97

①考試及格人員之任用，依左列規定：

一 高等考試之一級考試或特種考試之一等考試及格者，取得薦任第九職等任用資格。

二 高等考試之二級考試或特種考試之二等考試及格者，取得薦任第七職等任用資格。

三 高等考試之三級考試或特種考試之三等考試及格者，取得薦任第六職等任用資格。

四 普通考試或特種考試之四等考試及格者，取得委任第三職等任用資格。

五 初等考試或特種考試之五等考試及格者，取得委任第一職等任用資格。

②中華民國八十五年一月十七日公務人員考試法修正施行前，考試及格人員之任用，依左列規定：

一 特種考試之甲等考試及格者，取得簡任第十職等任用資格；初任人員於三年內，不得擔任簡任主管職務。

二 高等考試或特種考試之乙等考試及格者，取得薦任第六職等任用資格。高等考試按學歷分一、二級考試者，其及格人員分別取得薦任第七職等、薦任第六職等任用資格。

三 普通考試或特種考試之丙等考試及格者，取得委任第三職等任用資格。

四 特種考試之丁等考試及格者，取得委任第一職等任用資格。

③第一項第一款至第三款及第二項第一款、第二款各等級考試及格人員，無相當職等職務可資任用時，得先以低一職等任用。

④第一項及第二項各等級考試職系及格者，取得該職系之任用資格。

⑤第一項及第二項各等級考試及格人員，得予任用之機關及職系等範圍，依各該考試及任用法規之限制行之。

第一三條之一 （考試類科適用職系）97

①在本法施行前經依法考試及格或依法銓敘合格實授者，取得與擬任職務性質相近、程度相當之任用資格。

②前項依法考試及格人員考試類科適用職系，由銓敘部會同考選部定之。

③依公務人員考試法規辦理之考試，其考試類科未列明職系者，依前項規定認定其考試類科適用職系。

第一四條 （職系、職組之訂定）

職系、職組及職系說明書，由考試院定之。

第一五條 （升官等考試及格人員之任用）

升官等考試及格人員之任用，依左列規定：

一 雇員升委任考試及格者，取得委任第一職等任用資格。

二 委任升薦任考試及格者，取得薦任第六職等任用資格。

三 薦任升簡任考試及格者，取得簡任第十職等任用資格。

第一六條 （年資之採計提敘）

高等考試或相當高等考試以上之特種考試及格人員，曾任行政機關人員、公立學校教育人員或公營事業人員服務成績優良之年資，除依法令限制不得轉調者外，於相互轉任性質程度相當職務時，得依規定採計提敘官、職等級；其辦法由考試院定之。

第一七條 111

①公務人員官等之晉升，應經升官等考試及格或晉升官等訓練合格。

②經銓敘部銓敘審定合格實授現任薦任第九職等職務人員，具有下列資格之一，且其以該職等職務辦理之年終考績最近三年二年列甲等、一年列乙等以上，並已晉敘至薦任第九職等本俸最高級後，再經晉升簡任官等訓練合格者，取得升任簡任第十職等任用資格：

一　經高等考試、相當高等考試之特種考試或公務人員薦任升官等考試、薦任升等考試或於本法施行前經分類職位第六職等至第九職等考試或分類職位第六職等升等考試及格，並任合格實授薦任第九職等職務滿三年。

二　經大學或獨立學院以上學校畢業，並任合格實授薦任第九職等職務滿六年。

③前項公務人員如有特殊情形或係駐外人員，報經主管機關核准，得先予調派簡任職務，並於一年內或回國服務後一年內補訓合格，不受應先經升官等訓練，始取得簡任任用資格之限制。

④前項應予補訓人員，如未依規定補訓或補訓成績不合格，應予撤銷簡任任用資格，並回任薦任職務，不適用第十八條第一項第二款之規定，且均不得再依前項規定調派簡任職務。

⑤薦任第九職等職務人員經參加晉升簡任官等訓練不合格或廢止受訓資格，須至第九項辦法所定得再參加該訓練之年度時，始得依第三項規定調派簡任職務。

⑥經銓敘部銓敘審定合格實授現任委任第五職等職務人員，具有下列資格之一，且其以該職等職務辦理之年終考績最近三年二年列甲等、一年列乙等以上，並已晉敘至委任第五職等本俸最高級後，再經晉升薦任官等訓練合格者，取得升任薦任第六職等任用資格：

一　經普通考試、相當普通考試之特種考試或相當委任第三職等以上之銓定資格考試或於本法施行前經分類職位第三職等至第五職等考試及格，並任合格實授委任第五職等職務滿三年。

二　經高級中等學校畢業，並任合格實授委任第五職等職務滿十年，或專科學校畢業，並任合格實授委任第五職等職務滿八年，或大學、獨立學院以上學校畢業，並任合格實授委任第五職等職務滿六年。

⑦前項升任薦任官等人員，以擔任職務列等最高爲薦任第七職等以下之職務爲限。但具有碩士以上學位且最近五年薦任第七職等職務年終考績四年列甲等、一年列乙等以上者，得擔任職務列等最高爲薦任第八職等以下職務。

⑧依公務人員考績法相關法規規定不得作爲晉升職等及在同官等內調任低職等職務仍以原職等任用之考績、年資，均不得作爲第二項及第六項規定之考績、年資。

⑨第二項及第六項晉升官等訓練期間、實施方式、受訓資格、名額分配與遴選、成績考核、延訓、停訓、免訓、廢止受訓資格、保留受訓資格、訓練費用及有關事項之辦法，由考試院定之。

第一八條 （現職人員之調任）97

①現職公務人員調任，依左列規定：

一　簡任第十二職等以上人員，在各職系之職務間得予調任；其餘各職等人員在同職組各職系及曾經銓敘審定有案職系之職務間得予調任。

二　經依法任用人員，除自願者外，不得調任低一官等之職務。自願調任低官等人員，以調任官等之最高職等任用。

三　在同官等內調任低職等職務，除自願者外，以調任低一職等之職務爲限，均仍以原職等任用，且機關首長及副首長不得調任本機關同職務列等以外之其他職務，主管人員不得調任本單位之副主管或非主管，副主管人員不得調任本單位之非主管。但有特殊情形，報經總統府、主管院或國家安全會議核准者，不在此限。

②前項人員之調任，必要時，得就其考試、學歷、經歷或訓練等認定其職系專長，並得依其職系專長調任。

③考試及格人員得予調任之機關及職系等範圍，依各該考試及任用法規之限制行之。
④現職公務人員調任時，其職系專長認定標準、再調任限制及有關事項之辦法，由考試院定之。

第一八條之一　（各職務之職等）91

①各機關職務，依職務列等表規定列二個或三個職等者，初任該職務人員應自所列最低職等任用。但未具擬任職務最低職等任用資格者，依第九條第三項規定辦理；已具較高職等任用資格者，仍以敘至該職務所列最高職等為限。
②調任人員，依第十八條第一項第二款及第三款規定辦理。
③再任人員所具任用資格高於職務列等表所列該職務最低職等時，依職務列等表所列該職務所跨範圍內原職等任用。但以至所跨最高職等為限。

第一九條　（刪除）91

第二〇條　111

①初任各官等人員，未具與擬任職務職責程度相當或低一職等之經驗六個月以上者，應先予試用六個月，並由各機關指派專人負責指導。試用期滿成績及格，予以實授；試用期滿成績不及格，予以解職。
②試用人員於試用期間有下列情事之一者，應為試用成績不及格：
　一　有公務人員考績法相關法規所定年終考績得考列丁等情形之一。
　二　有公務人員考績法相關法規所定一次記一大過以上情形之一。
　三　平時考核獎懲互相抵銷後，累積達一大過以上。
　四　曠職繼續達二日或累積達三日。
　五　其他不適任情形有具體事實。
③前項第五款所定不適任情形，應就其工作表現、忠誠守法、品行態度、發展潛能、體能狀況等項目予以考核，並將其具體事實詳實記載。
④試用人員於試用期滿時，由主管人員考核其成績，經機關首長核定後，依送審程序，送銓敘部銓敘審定；其試用成績不及格者，於機關首長核定前，應先送考績委員會審查。
⑤考績委員會對於試用成績不及格案件有疑義時，得調閱有關平時試用成績紀錄及案卷，或查詢有關人員。試用成績不及格人員得向考績委員會陳述意見及申辯。
⑥試用成績不及格人員，自機關首長核定之日起解職，並自處分確定之日起執行，未確定前，應先行停職。
⑦試用人員不得充任各級主管職務。
⑧試用人員於試用期間不得調任其他職系職務。

第二一條　（代理人員之消極資格）

除法律另有規定外，各機關不得指派未具第九條資格之人員代理或兼任應具同條資格之職務。

第二二條　112

①各機關不得任用其他機關人員。如業務需要時，得指名商調之。但指名商調考試及格人員時，仍應受第十三條第五項及第十八條第三項規定之限制。
②高等考試各等級考試、普通考試、初等考試、特種考試地方政府公務人員考試、公務人員特種考試身心障礙人員考試及公務人員特種考試原住民族考試（以下簡稱原住民族特種考試）及格，依各該考試法規受有轉調機關限制人員，同時具有下列各款規定情形者，為親自養育三足歲以下子女，得於限制轉調期間內，調任至該子女實際居住地之直轄市或縣（市）之其他機關服務，不受原轉調機關範圍之限制，並以調任一次為限：
　一　因現職機關所在地與三足歲以下子女實際居住地未在同一直轄市、縣（市），有證明文件。
　二　實際任職達公務人員考試法所定限制轉調期間三分之一以上。
③各機關依前項規定商調公務人員前，應就其子女年齡及實際居住地查明符合規定後，

始得辦理指名商調。原服務機關就該指名商調應優先考量。

④依第二項規定調任之人員於各該考試法規所定原限制轉調期間內再轉調時，以調任至原指名商調機關之主管機關及其所屬機關、原考試法規得任用之機關爲限。

第二三條　（本法施行前取得任用資格之改任）

①各機關現職人員，在本法施行前，經依其他法律規定取得任用資格者，或擔任非臨時性職務之派用人員，具有任用資格者，予以改任；其改任辦法，由考試院定之。

②前項人員，原敘等級較其改任後之職等爲高者，其與原敘等級相當職等之任用資格，仍予保留，俟將來調任相當職等之職務時，再予回復。

第二四條　（各等人員之代理）

各機關擬任公務人員，經依職權規定先派代理，限於實際代理之日起三個月內送請銓敘部銓敘審定。但確有特殊情形未能依限送審者，應報經銓敘部核准延長，其期限除另有規定者從其規定外，最多再延長以二個月爲限，經銓敘審定不合格者，應即停止其代理。

第二四條之一　（銓敘審定）97

①各機關主管之人事人員對於試用及擬任人員之送審，應負責查催，並主動協助於前條所定期限內送銓敘部銓敘審定。逾限不送審者，各該機關得予停止代理。試用及擬任人員依限送審並經銓敘審定者，自其實際到職或代理之日起算試用期間及任職年資，未依限送審而可歸責於當事人者，自各該機關送審之日起算其試用期間及任職年資。如因人事人員疏誤者，各機關應查明責任予以懲處，並送銓敘部備查。

②公務人員經依前項規定程序銓敘審定後，如有不服，得依公務人員保障法提起救濟；如有顯然錯誤，或有發生新事實、發現新證據等行政程序再開事由，得依行政程序法相關規定辦理。

第二五條　（初任簡薦委公務人員之任命）108

各機關初任簡任、薦任、委任官等公務人員，經銓敘部銓敘審定合格後，呈請總統任命。

第二六條　（應迴避任用人員）

①各機關長官對於配偶及三親等以內血親、姻親，不得在本機關任用，或任用爲直接隸屬機關之長官。對於本機關各級主管長官之配偶及三親等以內血親、姻親，在其主管單位中應迴避任用。

②應迴避人員，在各該長官接任以前任用者，不受前項之限制。

第二六條之一　111

①各機關首長於下列期間，不得任用或遷調人員：

一　自退休案核定之日起至離職日止。

二　自免職、調職或新職任命令發布日起至離職日止。

三　民選首長，自次屆同一選舉候選人名單公告之日起至當選人名單公告之日止。但競選連任未當選或未再競選連任者，至離職日止。

四　民意機關首長，自次屆同一民意代表選舉候選人名單公告之日起至其首長當選人宣誓就職止。

五　參加公職選舉者，自選舉候選人名單公告之日起至離職日止。但未當選者，至當選人名單公告之日止。

六　憲法或法規未定有任期之中央各級機關政務首長，於總統競選連任未當選或未再競選連任時，自次屆該項選舉當選人名單公告之日起至當選人宣誓就職止。地方政府所屬機關政務首長及其同層級機關首長，於民選首長競選連任未當選或未再競選連任時，亦同。

七　民選首長及民意機關首長受罷免者，自罷免案宣告成立之日起至罷免投票結果公告之日止。

八　自辭職書提出、停職令發布或受免除職務、撤職、休職懲戒處分判決確定之日起至離職日止。

九　其他定有任期者，自任期屆滿之日前一個月起至離職日止。但連任者，至確定連任之日止。

②駐外人員之任用或遷調，必要時，得不受前項規定之限制。

③考試及格人員分發任用，不受第一項規定之限制。

④第一項規定期間內，機關出缺之職務，得依規定由現職人員代理。

第二七條　（屆退休年齡之禁止任用）

已屆限齡退休人員，各機關不得進用。

第二八條 111

①有下列情事之一者，不得任用為公務人員：

一　未具或喪失中華民國國籍。

二　具中華民國國籍兼具外國國籍。但本法或其他法律另有規定者，不在此限。

三　動員戡亂時期終止後，曾犯內亂罪、外患罪，經有罪判決確定或通緝有案尚未結案。

四　曾服公務有貪污行為，經有罪判決確定或通緝有案尚未結案。

五　犯前二款以外之罪，判處有期徒刑以上之刑確定，尚未執行或執行未畢。但受緩刑宣告者，不在此限。

六　曾受免除職務懲戒處分。

七　依法停止任用。

八　褫奪公權尚未復權。

九　經原住民族特種考試及格，而未具或喪失原住民身分。但具有其他考試及格資格者，得以該考試及格資格任用之。

十　依其他法律規定不得任用為公務人員。

十一　受監護或輔助宣告，尚未撤銷。

②前項第二款具中華民國國籍兼具外國國籍者，無法完成喪失外國國籍及取得證明文件，係因該外國國家法令致不得放棄國籍，且已於到職前依規定辦理放棄外國國籍，並出具書面佐證文件經外交部查證屬實，仍得任用為公務人員，並以擔任不涉及國家安全或國家機密之機關及職務為限。

③前項涉及國家安全或國家機密之機關及職務，於本法施行細則定之。

④公務人員於任用後，有第一項第一款至第十款情事之一，或於任用時有第一項第二款情事，業依國籍法第二十條第四項規定於到職前辦理放棄外國國籍，而未於到職之日起一年內完成喪失該國國籍及取得證明文件，且無第二項情形者，應予免職；有第十一款情事者，應依規定辦理退休或資遣。任用後發現其於任用時有第一項各款情事之一者，應撤銷任用。

⑤前項人員任職期間之職務行為，不失其效力；業已依規定支付之俸給及其他給付，不予追還。但經依第一項第二款情事撤銷任用者，應予追還。

第二八條之一 111

①公務人員因育嬰、侍親、進修及其他情事，經機關核准，得留職停薪，並於原因消失後回職復薪。

②公務人員留職停薪辦法，由考試院會同行政院定之。

第二九條　（刪除）99

第三〇條　（違法任用之糾正）97

各機關任用人員，違反本法規定者，銓敘部應通知該機關改正，並副知審計機關，不准核銷其俸給；情節重大者，應報請考試院逕予降免，並得核轉監察院依法處理。

第三一條　（與本法牴觸者應適用本法）

依法應適用本法之機關，其組織法規與本法牴觸者，應適用本法。

第三二條　（非依本法任用之公務人員）91

司法人員、審計人員、主計人員、關務人員、外交領事人員及警察人員之任用，均另以法律定之。但有關任用資格之規定，不得與本法牴觸。

第三三條　（非依本法任用之公務人員）91

教育人員、醫事人員、交通事業人員及公營事業人員之任用，均另以法律定之。

第三三條之一 111

中華民國八十年十一月一日公布之技術人員任用條例（以下簡稱該條例）廢止後，原依該條例銓敘審定有案之人員，除適用醫事人員人事條例規定辦理改任者外，依下列規定辦理：

一　原依該條例第五條第一項規定銓敘審定有案之人員，改依本法任用。

二　原依該條例第五條第三項規定銓敘審定有案之人員，仍繼續任用。但不得轉調其他職系及公立醫療機構以外之醫療行政職務。

三　原依該條例第十條規定銓敘審定以技術人員任用之人員，仍繼續以技術人員任用，並得在同官等範圍內晉升職等及調任技術職系職務；其官等之晉升，應經升官等考試及格。

第三四條　（經各種考試及格轉任公務員）

經高等考試、普通考試或特種考試及格之專門職業及技術人員轉任公務人員，另以法律定之。

第三五條　（蒙藏邊區之現職人員，得繼續任用至退休或離職時為止）108

蒙藏邊區人員任用條例（以下簡稱蒙藏任用條例）廢止後，原依法銓敘審定以蒙藏邊區人員任用之現職人員，得適用原蒙藏任用條例繼續任用至退休或離職時為止。但以調任中央各機關為限。

第三六條　（聘用人員之規定）104

各機關以契約定期聘用之專業或技術人員，其聘用另以法律定之。

第三六條之一　（依派用條例銓敘審定有案現職人員之處理）104

①派用人員派用條例（以下簡稱派用條例）廢止後，原依派用條例銓敘審定有案之現職人員，依下列規定辦理：

一　臨時機關派用人員：

㈠具所敘官等職等任用資格者，改依本法或原適用之任用法規任用。

㈡未具所敘官等職等任用資格者，於派用條例廢止之日起九年內，得適用原派用條例及其施行細則繼續派用，並自派用條例廢止滿九年之翌日起，留任原職稱原官等之職務至離職時為止。

二　臨時專任職務派用人員，於派用條例廢止之日起九年內，得適用原派用條例等相關規定繼續派用至派用期限屆滿時為止，並自派用條例廢止滿九年之翌日起，留任原職稱原官等之職務至派用期限屆滿時為止。派用期限屆滿不予延長時，應辦理退休或資遣。但機關基於業務需要，認有延長之必要，得酌予延長，每次不得逾三年。

三　派用條例廢止前已由派用機關改制為任用機關，依各該組織法規留任或繼續派用之派用人員，仍依原有之組織法規辦理。

②第一項第一款所定臨時機關，應於派用條例廢止之日起三年內，修正組織法規為任用機關。

③派用條例廢止後，各機關組織法規與本條規定不符者，應依本條規定辦理。

第三七條　（雇員管理規則及適用期限）

①雇員管理規則，由考試院定之。

②前項規則適用至中華民國八十六年十二月三十一日止。期限屆滿仍在職之雇員，得繼續僱用至職離為止。

③本條文修正施行後，各機關不得新進雇員。

第三八條　（政務人員不適用之除外情形）

本法除第二十六條、第二十六條之一及第二十八條規定外，於政務人員不適用之。

第三九條　（施行細則）

本法施行細則，由考試院定之。

第四〇條　（施行日）99

①本法施行日期，由考試院以命令定之。

②本法修正條文，自公布日施行。

③本法中華民國九十八年十二月十五日修正之條文，自九十八年十一月二十三日施行。

④本法中華民國九十九年七月十三日修正之第二十九條條文，自一百年一月一日施行。

公務員懲戒法

①民國20年6月8日國民政府制定公布全文28條。
②民國22年6月27日國民政府修正公布第10條條文。
③民國22年12月1日國民政府修正公布第3條條文。
④民國37年4月15日國民政府修正公布全文27條。
⑤民國74年5月3日總統令修正公布全文41條。
⑥民國104年5月20日總統令修正公布全文80條。
民國105年3月7日司法院令發布定自105年5月2日施行。
⑦民國109年6月10日總統令修正公布全文103條。
民國109年6月15日司法院令發布定自109年7月17日施行。

第一章　總　則

第一條

①公務員非依本法不受懲戒。但法律另有規定者，從其規定。

②本法之規定，對退休（職、伍）或其他原因離職之公務員於任職期間之行爲，亦適用之。

第二條

公務員有下列各款情事之一，有懲戒之必要者，應受懲戒：

一　違法執行職務、怠於執行職務或其他失職行爲。

二　非執行職務之違法行爲，致嚴重損害政府之信譽。

第三條

公務員之行爲非出於故意或過失者，不受懲戒。

第四條

公務員有下列各款情形之一者，其職務當然停止：

一　依刑事訴訟程序被通緝或羈押。

二　依刑事確定判決，受褫奪公權之宣告。

三　依刑事確定判決，受徒刑之宣告，在監所執行中。

第五條

①懲戒法庭對於移送之懲戒案件，認爲情節重大，有先行停止職務之必要者，得裁定先行停止被付懲戒人之職務，並通知被付懲戒人所屬主管機關。

②前項裁定於送達被付懲戒人所屬主管機關之翌日起發生停止職務效力。

③主管機關對於所屬公務員，依第二十四條規定送請監察院審查或懲戒法院審理而認爲有免除職務、撤職或休職等情節重大之虞者，亦得依職權先行停止其職務。

④懲戒法庭第一審所爲第一項之裁定，得爲抗告。

第六條

依前二條規定停止職務之公務員，在停職中所爲之職務上行爲，不生效力。

第七條

①依第四條第一款或第五條規定停止職務之公務員，於停止職務事由消滅後，未經懲戒法庭判決或經判決未受免除職務、撤職或休職處分，且未在監所執行徒刑中者，得依法申請復職。服務機關或其上級機關，除法律另有規定外，應許其復職，並補給其停職期間之本俸（年功俸）或相當之給與。

②前項公務員死亡者，應補給之本俸（年功俸）或相當之給與，由依法得領受撫卹金之人具領之。

第八條

①公務員經依第二十三條、第二十四條移送懲戒，或經主管機關送請監察院審查者，在不受懲戒、免議、不受理判決確定、懲戒處分生效或審查結束前，不得資遣或申請退休、退伍。

②監察院或主管機關於依第二十三條、第二十四條第一項辦理移送懲戒或送請審查時，應通知銓敘部或該管主管機關。

第二章　懲戒處分

第九條

①公務員之懲戒處分如下：

一　免除職務。

二　撤職。

三　剝奪、減少退休（職、伍）金。

四　休職。

五　降級。

六　減俸。

七　罰款。

八　記過。

九　申誡。

②前項第三款之處分，以退休（職、伍）或其他原因離職之公務員為限。

③第一項第七款得與第三款、第六款以外之其餘各款併為處分。

④第一項第四款、第五款及第八款之處分於政務人員不適用之。

第一〇條

懲戒處分時，應審酌一切情狀，尤應注意下列事項，為處分輕重之標準：

一　行為之動機。

二　行為之目的。

三　行為時所受之刺激。

四　行為之手段。

五　行為人之生活狀況。

六　行為人之品行。

七　行為人違反義務之程度。

八　行為所生之損害或影響。

九　行為後之態度。

第一一條

免除職務，免其現職，並不得再任用為公務員。

第一二條

①撤職，撤其現職，並於一定期間停止任用；其期間為一年以上、五年以下。

②前項撤職人員，於停止任用期間屆滿，再任公務員者，自再任之日起，二年內不得晉敘、陞任或遷調主管職務。

第一三條

①剝奪退休（職、伍）金，指剝奪受懲戒人離職前所有任職年資所計給之退休（職、伍）或其他離職給與；其已支領者，並應追回之。

②減少退休（職、伍）金，指減少受懲戒人離職前所有任職年資所計給之退休（職、伍）或其他離職給與百分之十至百分之二十；其已支領者，並應追回之。

③前二項所定退休（職、伍）金，應按最近一次退休（職、伍）或離職前任職年資計算。但公教人員保險養老給付、軍人保險退伍給付、公務員自行繳付之退撫基金費用本息或自提儲金本息，不在此限。

第一四條

①休職，休其現職，停發俸（薪）給，並不得申請退休、退伍或在其他機關任職；其期間爲六個月以上、三年以下。

②休職期滿，許其回復原職務或相當之其他職務。自復職之日起，二年內不得晉敘、陞任或遷調主管職務。

③前項復職，得於休職期滿前三十日內提出申請，並準用公務人員保障法之復職規定辦理。

第一五條

①降級，依受懲戒人現職之俸（薪）級降一級或二級改敘；自改敘之日起，二年內不得晉敘、陞任或遷調主管職務。

②受降級處分而無級可降者，按每級差額，減其月俸（薪）；其期間爲二年。

第一六條

減俸，依受懲戒人現職之月俸（薪）減百分之十至百分之二十支給；其期間爲六個月以上、三年以下。自減俸之日起，一年內不得晉敘、陞任或遷調主管職務。

第一七條

罰款，其金額爲新臺幣一萬元以上、一百萬元以下。

第一八條

記過，得爲記過一次或二次。自記過之日起一年內，不得晉敘、陞任或遷調主管職務。一年內記過累計三次者，依其現職之俸（薪）級降一級改敘；無級可降者，準用第十五條第二項之規定。

第一九條

申誡，以書面爲之。

第二〇條

①應受懲戒行爲，自行爲終了之日起，至案件繫屬懲戒法院之日止，已逾十年者，不得予以休職之懲戒。

②應受懲戒行爲，自行爲終了之日起，至案件繫屬懲戒法院之日止，已逾五年者，不得予以減少退休（職、伍）金、降級、減俸、罰款、記過或申誡之懲戒。

③前二項行爲終了之日，指公務員應受懲戒行爲終結之日。但應受懲戒行爲係不作爲者，指公務員所屬服務機關或移送機關知悉之日。

第二一條

受降級或減俸處分而在處分執行前或執行完畢前離職者，於其再任職時，依其再任職之級俸執行或繼續執行之。

第二二條

①同一行爲，不受懲戒法院二次懲戒。

②同一行爲已受刑罰或行政罰之處罰者，仍得予以懲戒。其同一行爲不受刑罰或行政罰之處罰者，亦同。

③同一行爲經主管機關或其他權責機關爲行政懲處處分後，復移送懲戒，經懲戒法院爲懲戒處分、不受懲戒或免議之判決確定者，原行政懲處處分失其效力。

第三章　審判程序

第一節　第一審程序

第二三條

監察院認爲公務員有第二條所定情事，應付懲戒者，應將彈劾案連同證據，移送懲戒法院審理。

第二四條

①各院、部、會首長，省、直轄市、縣（市）行政首長或其他相當之主管機關首長，認

為所屬公務員有第二條所定情事者，應由其機關備文敘明事由，連同證據送請監察院審查。但對於所屬薦任第九職等或相當於薦任第九職等以下之公務員，得逕送懲戒法院審理。

②依前項但書規定逕送懲戒法院審理者，應提出移送書，記載被付懲戒人之姓名、職級、違法或失職之事實及證據，連同有關卷證，一併移送，並應按被付懲戒人之人數，檢附移送書之繕本。

第二五條

同一違法失職案件，涉及之公務員有數人，其隸屬同一主管機關者，移送監察院審查或懲戒法院審理時，應全部移送；其隸屬不同主管機關者，由共同上級機關全部移送；無共同上級機關者，由各主管機關分別移送。

第二六條

①懲戒法庭認移送之懲戒案件無受理權限者，應依職權以裁定移送至有受理權限之機關。

②當事人就懲戒法院有無受理權限有爭執者，懲戒法庭應先為裁定。

③前二項裁定作成前，懲戒法庭得先徵詢當事人之意見。

第二七條

①除法律別有規定外，法官有下列情形之一者，應自行迴避，不得執行職務：

一　為被付懲戒人受移送懲戒行為之被害人。

二　現為或曾為被付懲戒人或被害人之配偶、八親等內之血親、五親等內之姻親或家長、家屬。

三　與被付懲戒人或被害人訂有婚約。

四　現為或曾為被付懲戒人或被害人之法定代理人。

五　曾為該懲戒案件被付懲戒人之代理人或辯護人，或監察院之代理人。

六　曾為該懲戒案件之證人或鑑定人。

七　曾參與該懲戒案件相牽涉之彈劾、移送懲戒或公務人員保障法、公務人員考績法相關程序。

八　曾參與該懲戒案件相牽涉之民、刑事或行政訴訟裁判。

九　曾參與該懲戒案件再審前之裁判。但其迴避以一次為限。

十　曾參與該懲戒案件之前審裁判。

②法官曾參與懲戒法庭第二審確定判決者，於就該確定判決提起之再審訴訟，毋庸迴避。

第二八條

①有下列情形之一者，被付懲戒人或移送機關得聲請法官迴避：

一　法官有前條所定之情形而不自行迴避。

二　法官有前條所定以外之情形，足認其執行職務有偏頗之虞。

②當事人如已就該案件有所聲明或陳述後，不得依前項第二款聲請法官迴避。但聲請迴避之原因發生在後或知悉在後者，不在此限。

第二九條

①聲請迴避，應以書狀舉其原因向懲戒法院為之。但於審理期日或受訊問時，得以言詞為之。

②聲請迴避之原因及前條第二項但書之事實，應釋明之。

③被聲請迴避之法官，得提出意見書。

④法官被聲請迴避者，在該聲請事件終結前，應停止審理程序。但其聲請因違背第一項、第二項，或前條第二項之規定，或顯係意圖延滯審理程序而為者，不在此限。

⑤依前項規定停止審理程序中，如有急迫情形，仍應為必要處分。

第三〇條

①法官迴避之聲請，由懲戒法庭裁定之。被聲請迴避之法官，不得參與裁定。其因不足法定人數不能合議者，由並任懲戒法院院長之法官裁定之。

②被聲請迴避之法官，以該聲請爲有理由者，毋庸裁定，應即迴避。
③聲請法官迴避經懲戒法庭第一審裁定駁回者，得爲抗告。其以聲請爲正當者，不得聲明不服。

第三一條

法官有第二十八條第一項第二款之情形者，經懲戒法院院長同意，得迴避之。

第三二條

法官迴避之規定，於書記官及通譯準用之。

第三三條

移送機關於懲戒案件，得委任下列之人爲代理人：

一　律師。
二　所屬辦理法制、法務或與懲戒案件相關業務者。

第三四條

①被付懲戒人得選任辯護人爲其辯護。
②辯護人應由律師充之。但經審判長許可者，亦得選任非律師爲辯護人。
③每一被付懲戒人選任辯護人，不得逾三人。
④辯護人有數人者，送達文書應分別爲之。

第三五條

①被付懲戒人應親自到場。但經審判長許可者，得委任代理人一人到場。
②前項代理人，準用前條第二項之規定。

第三六條

①選任辯護人，應向懲戒法庭提出委任書。
②前項規定，於代理人準用之。

第三七條

①懲戒法庭收受移送案件後，應將移送書繕本送達被付懲戒人，並命其於十日內提出答辯狀。但應爲免議或不受理之判決者，不在此限。
②言詞辯論期日，距移送書之送達，至少應有十日爲就審期間。但有急迫情形時，不在此限。
③移送機關、被付懲戒人、代理人及辯護人，得聲請閱覽、抄錄、重製或攝影卷證。

第三八條

①被付懲戒人因精神障礙或其他心智缺陷，無法答辯者，懲戒法庭應於其回復前，裁定停止審理程序。
②被付懲戒人因疾病不能到場者，懲戒法庭應於其能到場前，裁定停止審理程序。
③被付懲戒人顯有應爲不受懲戒、免議或不受理判決之情形，或依第三十五條委任代理人者，不適用前二項之規定。

第三九條

①同一行爲，在刑事偵查或審判中者，不停止審理程序。但懲戒處分牽涉犯罪是否成立者，懲戒法庭認有必要時，得裁定於第一審刑事判決前，停止審理程序。
②依前項規定停止審理程序之裁定，懲戒法庭得依聲請或依職權撤銷之。

第四〇條

①審判長指定期日後，書記官應作通知書，送達於移送機關、被付懲戒人、代理人、辯護人或其他人員。但經審判長面告以所定之期日命其到場，或其曾以書狀陳明屆期到場者，與送達有同一之效力。
②前項通知書，應記載下列事項：

一　案由。
二　應到場人姓名、住居所。
三　應到場之原因。
四　應到之日、時、處所。

③第一項之期日爲言詞辯論期日者，通知書並應記載不到場時之法律效果。

第四一條

①訊問被付懲戒人、證人、鑑定人及通譯，應當場製作筆錄，記載下列事項：

一　對於受訊問人之訊問及其陳述。

二　證人、鑑定人或通譯如未具結者，其事由。

三　訊問之年、月、日及處所。

②前項筆錄應向受訊問人朗讀或令其閱覽，詢以記載有無錯誤。

③受訊問人請求將記載增、刪、變更者，應將其陳述附記於筆錄。

④筆錄應命受訊問人緊接其記載之末行簽名、蓋章或按指印。

第四二條

懲戒法庭審理案件，應依職權自行調查之，並得囑託法院或其他機關調查。受託法院或機關應將調查情形以書面答覆，並應附具調查筆錄及相關資料。

第四三條

懲戒法庭審理案件，必要時得向有關機關調閱卷宗，並得請其爲必要之說明。

第四四條

①懲戒法庭審理案件，應公開法庭行之。但有妨害國家安全或當事人聲請不公開並經許可者，不在此限。

②前項規定，於第四十二條囑託調查證據時，準用之。

第四五條

①移送機關於第一審判決前，得撤回移送案件之全部或一部。

②前項撤回，被付懲戒人已爲言詞辯論者，應得其同意。

③移送案件之撤回，應以書狀爲之。但在期日得以言詞爲之。

④於期日所爲之撤回，應記載於筆錄，如被付懲戒人不在場，應將筆錄送達。

⑤移送案件之撤回，被付懲戒人於期日到場，未爲同意與否之表示者，自該期日起；其未於期日到場或係以書狀撤回者，自前項筆錄或撤回書狀送達之日起，十日內未提出異議者，視爲同意撤回。

⑥案件經撤回者，同一移送機關不得更行移送。

第四六條

①懲戒法庭應本於言詞辯論而爲判決。但就移送機關提供之資料及被付懲戒人書面或言詞答辯，已足認事證明確，或應爲不受懲戒、免議或不受理之判決者，不在此限。

②前項情形，經被付懲戒人、代理人或辯護人請求進行言詞辯論者，不得拒絕。

第四七條

審判長於必要時，得指定受命法官先行準備程序，爲下列各款事項之處理：

一　闡明移送懲戒效力所及之範圍。

二　訊問被付懲戒人、代理人或辯護人。

三　整理案件及證據重要爭點。

四　調查證據。

五　其他與審判有關之事項。

第四八條

第三十四條第二項、第三十五條第一項、第三十七條第一項、第四十條第一項、第四十二條至第四十四條關於懲戒法庭或審判長權限之規定，於受命法官行準備程序時準用之。

第四九條

①言詞辯論期日，以朗讀案由爲始。

②審判長訊問被付懲戒人後，移送機關應陳述移送要旨。

③陳述移送要旨後，被付懲戒人應就移送事實爲答辯。

④被付懲戒人答辯後，審判長應調查證據，並應命依下列次序，就事實及法律辯論之：

一　移送機關。

二　被付懲戒人。

三　辯護人。
⑤已辯論者，得再爲辯論；審判長亦得命再行辯論。
⑥審判長於宣示辯論終結前，最後應訊問被付懲戒人有無陳述。

第五〇條

言詞辯論終結後，宣示判決前，如有必要得命再開言詞辯論。

第五一條

①言詞辯論期日應由書記官製作言詞辯論筆錄，記載下列事項及其他一切程序：
一　辯論之處所及年、月、日。
二　法官、書記官之姓名及移送機關或其代理人、被付懲戒人或其代理人並辯護人、通譯之姓名。
三　被付懲戒人未到場者，其事由。
四　如不公開審理，其理由。
五　移送機關陳述之要旨。
六　辯論之意旨。
七　證人或鑑定人之具結及其陳述。
八　向被付懲戒人提示證物或文書。
九　當場實施之勘驗。
十　審判長命令記載及依訴訟關係人聲請許可記載之事項。
十一　最後曾予被付懲戒人陳述之機會。
十二　判決之宣示。
②第四十一條第二項、第三項之規定，於前項言詞辯論筆錄準用之。

第五二條

①言詞辯論期日，當事人之一造無正當理由不到場者，得依到場者之聲請，由其一造辯論而爲判決；不到場者，經再次通知而仍不到場，並得依職權由一造辯論而爲判決。
②如以前已爲辯論或證據調查或未到場人有準備書狀之陳述者，爲前項判決時，應斟酌之；未到場人以前聲明證據，其必要者，並應調查之。

第五三條

有下列各款情形之一者，懲戒法庭應以裁定駁回前條聲請，並延展辯論期日：
一　不到場之當事人未於相當時期受合法之通知。
二　當事人之不到場，可認爲係因天災或其他正當理由。
三　到場之當事人於懲戒法庭應依職權調查之事項，不能爲必要之證明。
四　到場之當事人所提出之聲明、事實或證據，未於相當時期通知他造。

第五四條

當事人於辯論期日到場拒絕辯論者，得不待其陳述，依他造當事人之聲請，由其一造辯論而爲判決。

第五五條

被付懲戒人有第二條情事之一，並有懲戒必要者，應爲懲戒處分之判決；其無第二條情事或無懲戒必要者，應爲不受懲戒之判決。

第五六條

懲戒案件有下列情形之一者，應爲免議之判決：
一　同一行爲，已受懲戒法院之判決確定。
二　受褫奪公權之宣告確定，認已無受懲戒處分之必要。
三　已逾第二十條規定之懲戒處分行使期間。

第五七條

懲戒案件有下列各款情形之一者，應爲不受理之判決。但其情形可補正者，審判長應定期間先命補正：
一　移送程序或程式違背規定。
二　被付懲戒人死亡。

三　違背第四十五條第六項之規定，再行移送同一案件。

第五八條

①判決應公告之；經言詞辯論之判決，應宣示之，但當事人明示於宣示期日不到場或於宣示期日未到場者，不在此限。

②宣示判決應於辯論終結之期日或辯論終結時指定之期日爲之。

③前項指定之宣示期日，自辯論終結時起，不得逾三星期。但案情繁雜或有特殊情形者，不在此限。

④宣示判決不以參與審理之法官爲限；不問當事人是否在場，均有效力。

⑤公告判決，應於懲戒法院公告處或網站公告其主文，書記官並應作記載該事由及年、月、日、時之證書附卷。

第五九條

判決書應分別記載主文、事實、理由及適用法條。但不受懲戒、免議及不受理之判決，毋庸記載事實。

第六〇條

①判決原本，應於判決宣示後，當日交付書記官；其於辯論終結之期日宣示判決者，應於五日內交付之。

②書記官應於判決原本內，記明收領期日並簽名。

第六一條

①判決書正本，書記官應於收領原本時起十日內送達移送機關、被付懲戒人、代理人及辯護人，並通知銓敘部及該管主管機關。

②前項移送機關爲監察院者，應一併送達被付懲戒人之主管機關。

③第一項判決書，主管機關應送登公報或以其他適當方式公開之。但其他法律另有規定者，依其規定。

第六二條

判決，於上訴期間屆滿時確定。但於上訴期間內有合法之上訴者，阻其確定。

第六三條

①經言詞辯論之裁定，應宣示之。但當事人明示於宣示期日不到場或於宣示期日未到場者，以公告代之。

②終結訴訟之裁定，應公告之。

③第五十八條第二項至第五項、第六十條、第六十一條第一項、第二項規定，於裁定準用之。

第二節　上訴審程序

第六四條

當事人對於懲戒法庭第一審之終局判決不服者，得於判決送達後二十日之不變期間內，上訴於懲戒法庭第二審。但判決宣示或公告後送達前之上訴，亦有效力。

第六五條

①當事人於懲戒法庭第一審判決宣示、公告或送達後，得捨棄上訴權。

②捨棄上訴權應以書狀向原懲戒法庭爲之，書記官應速通知他造當事人。

③捨棄上訴權者，喪失其上訴權。

第六六條

①對於懲戒法庭第一審判決之上訴，非以判決違背法令爲理由，不得爲之。

②判決不適用法規或適用不當者，爲違背法令。

③有下列各款情形之一者，其判決當然違背法令：

一　判決懲戒法庭之組織不合法。

二　依法律或裁判應迴避之法官參與審判。

三　懲戒法庭對於權限之有無辨別不當。

四　當事人於訴訟未經合法辯護、代理或代表。

五　判決不備理由或理由矛盾，足以影響判決之結果。

第六七條

①提起上訴，應以上訴狀表明下列各款事項，提出於原懲戒法庭為之：

一　當事人。

二　第一審判決，及對於該判決上訴之陳述。

三　對於第一審判決不服之程度，及應如何廢棄或變更之聲明。

四　上訴理由。

②前項上訴理由應表明下列各款事項：

一　原判決所違背之法令及其具體內容。

二　依訴訟資料合於該違背法令之具體事實。

③第一項上訴狀內並應添具關於上訴理由之必要證據。

第六八條

①上訴狀內未表明上訴理由者，上訴人應於提起上訴後二十日內提出理由書於原懲戒法庭；未提出者，毋庸命其補正，由原懲戒法庭以裁定駁回之。

②判決宣示或公告後送達前提起上訴者，前項期間應自判決送達後起算。

第六九條

①上訴不合法而其情形不能補正者，原懲戒法庭應以裁定駁回之。

②上訴不合法而其情形可以補正者，原懲戒法庭應定期間命其補正；如不於期間內補正，原懲戒法庭應以裁定駁回之。

第七〇條

①上訴未經依前條規定駁回者，原懲戒法庭應速將上訴狀送達被上訴人。

②被上訴人得於上訴狀或第六十八條第一項理由書送達後十五日內，提出答辯狀於原懲戒法庭。

③原懲戒法庭送交訴訟卷宗於懲戒法庭第二審，應於收到答辯狀或前項期間已滿，及各當事人之上訴期間已滿後為之。

第七一條

①被上訴人在懲戒法庭第二審未判決前得提出答辯狀及其追加書狀於懲戒法庭第二審，上訴人亦得提出上訴理由追加書狀。

②懲戒法庭第二審認有必要時，得將前項書狀送達於他造。

第七二條

①上訴不合法者，懲戒法庭第二審應以裁定駁回之。但其情形可以補正者，審判長應定期間先命補正。

②上訴不合法之情形，已經原懲戒法庭命其補正而未補正者，得不行前項但書之程序。

第七三條

懲戒法庭第二審調查原判決有無違背法令，不受上訴理由之拘束。

第七四條

①懲戒法庭第二審之判決，應經言詞辯論為之。但懲戒法庭第二審認為不必要者，不在此限。

②前項言詞辯論實施之辦法，由懲戒法院定之。

第七五條

①除別有規定外，懲戒法庭第二審應以懲戒法庭第一審判決確定之事實為判決基礎。

②以違背訴訟程序之規定為上訴理由時，所舉違背之事實，及以違背法令確定事實或遺漏事實為上訴理由時，所舉之該事實，懲戒法庭第二審得斟酌之。

③依前條規定行言詞辯論所得闡明或補充訴訟關係之資料，懲戒法庭第二審亦得斟酌之。

第七六條

①懲戒法庭第二審認上訴為無理由者，應為駁回之判決。

②原判決依其理由雖屬不當，而依其他理由認爲正當者，應以上訴爲無理由。

第七七條

①懲戒法庭第二審認上訴爲有理由者，應廢棄原判決。

②因違背訴訟程序之規定廢棄原判決者，其違背之訴訟程序部分，視爲亦經廢棄。

第七八條

除第六十六條第三項之情形外，懲戒法庭第一審判決違背法令而不影響裁判之結果者，不得廢棄。

第七九條

經廢棄原判決而有下列各款情形之一者，懲戒法庭第二審應就該案件自爲判決：

一　因基於確定之事實或依法得斟酌之事實，不適用法規或適用不當廢棄原判決，而案件已可依該事實爲裁判。

二　原判決就訴不合法之案件誤爲實體判決。

第八〇條

①除別有規定外，經廢棄原判決者，懲戒法庭第二審應將該案件發回懲戒法庭第一審。

②前項發回判決，就懲戒法庭第一審應調查之事項，應詳予指示。

③懲戒法庭第一審應以懲戒法庭第二審所爲廢棄理由之法律上判斷爲其判決基礎。

第八一條

①上訴人於終局判決宣示或公告前得將上訴撤回。

②撤回上訴者，喪失其上訴權。

③上訴之撤回，應以書狀爲之。但在言詞辯論時，得以言詞爲之。

④於言詞辯論時所爲上訴之撤回，應記載於言詞辯論筆錄，如他造不在場，應將筆錄送達。

第八二條

①懲戒法庭第二審判決，於宣示時確定；不宣示者，於公告主文時確定。

②除本節別有規定外，第一節之規定，於上訴審程序準用之。

第三節　抗告程序

第八三條

①對於懲戒法庭第一審案件之裁定得提起抗告。但別有不許抗告之規定者，不在此限。

②訴訟程序進行中所爲之裁定，除別有規定外，不得抗告。

③提起抗告，應於裁定送達後十日之不變期間內爲之。但送達前之抗告亦有效力。

④關於捨棄上訴權及撤回上訴之規定，於抗告準用之。

第八四條

①抗告，由懲戒法庭第二審裁定。

②對於懲戒法庭第二審之裁定，不得再爲抗告。

③行政訴訟法第二百六十六條、第二百六十九條、第二百七十一條、第二百七十二條之規定，於本節準用之。

第四章　再　審

第八五條

①有下列各款情形之一者，原移送機關或受判決人得提起再審之訴，對於確定終局判決聲明不服。但原移送機關或受判決人已依上訴主張其事由或知其事由而不爲主張者，不在此限：

一　適用法規顯有錯誤。

二　判決懲戒法庭之組織不合法。

三　依法律或裁定應迴避之法官參與裁判。

四　參與裁判之法官關於該訴訟違背職務，犯刑事上之罪已經證明，或關於該訴訟違背職務受懲戒處分，足以影響原判決。

五　原判決所憑之證言、鑑定、通譯或證物，已證明係虛僞或僞造、變造。

六　同一行爲其後經不起訴處分確定，或爲判決基礎之民事或刑事判決及其他裁判或行政處分，依其後之確定裁判或行政處分已變更。

七　發現確實之新證據，足認應變更原判決。

八　就足以影響原判決之重要證據，漏未斟酌。

九　確定判決所適用之法律或命令，經司法院大法官解釋爲牴觸憲法。

②前項第四款及第五款情形之證明，以經判決確定，或其刑事訴訟不能開始或續行非因證據不足者爲限，得提起再審之訴。

③判決確定後受判決人已死亡者，其配偶、直系血親、三親等內之旁系血親、二親等內之姻親或家長、家屬，得爲受判決人之利益，提起再審之訴。

④再審之訴，於原判決執行完畢後，亦得提起之。

第八六條

①提起再審之訴，應於下列期間內爲之：

一　依前條第一項第一款至第三款、第八款爲理由者，自原判決確定之翌日起三十日內。但判決於送達前確定者，自送達之翌日起算。

二　依前條第一項第四款至第六款爲理由者，自相關之裁判或處分確定之翌日起三十日內。但再審之理由知悉在後者，自知悉時起算。

三　依前條第一項第七款爲理由者，自發現新證據之翌日起三十日內。

四　依前條第一項第九款爲理由者，自解釋公布之翌日起三十日內。

②再審之訴自判決確定時起，如已逾五年者，不得提起。但以前條第一項第四款至第七款、第九款情形爲提起再審之訴之理由者，不在此限。

③對於再審判決不服，復提起再審之訴者，前項所定期間，自原判決確定時起算。但再審之訴有理由者，自該再審判決確定時起算。

第八七條

①再審之訴，專屬爲判決之原懲戒法庭管轄。

②對於懲戒法庭就同一事件所爲之第一審、第二審判決提起再審之訴者，由第二審合併管轄之。

③對於懲戒法庭之第二審判決，本於第八十五條第一項第五款至第八款事由聲明不服者，雖有前二項之情形，仍專屬懲戒法庭第一審管轄。

第八八條

再審之訴，應以訴狀表明下列各款事項，並添具確定判決繕本，提出於懲戒法院爲之：

一　當事人。

二　聲明不服之判決及提起再審之訴之陳述。

三　再審理由及關於再審理由並遵守不變期間之證據。

第八九條

①懲戒法庭受理再審之訴後，應將書狀繕本及附件，函送原移送機關或受判決人於指定期間內提出意見書或答辯狀。但認其訴爲不合法者，不在此限。

②原移送機關或受判決人無正當理由，逾期未提出意見書或答辯狀者，懲戒法庭得逕爲裁判。

第九〇條

①懲戒法庭認爲再審之訴不合法者，應以裁定駁回之。

②懲戒法庭認爲再審之訴無理由者，以判決駁回之；如認爲顯無再審理由者，得不經言詞辯論爲之。

③懲戒法庭認爲再審之訴有理由者，應廢棄原判決更爲判決。但再審之訴雖有理由，如認原判決爲正當者，應以判決駁回之。

④再審判決變更原判決應予復職者，適用第七條之規定。其他有減發俸（薪）給之情形

者，亦同。

第九一條

①受判決人已死亡者，爲其利益提起再審之訴之案件，應不行言詞辯論，於通知監察院或主管機關於一定期間內陳述意見後，即行判決。受判決人於再審判決前死亡者，亦同。

②爲受判決人之不利益提起再審之訴，受判決人於再審判決前死亡者，關於本案視爲訴訟終結。

第九二條

爲受判決人之利益提起再審之訴，爲懲戒處分之判決，不得重於原判決之懲戒處分。

第九三條

①再審之訴，於懲戒法庭判決前得撤回之。

②再審之訴，經撤回或判決者，不得更以同一事由提起再審之訴。

第九四條

提起再審之訴，無停止懲戒處分執行之效力。

第九五條

①再審之訴，除本章規定外，準用第三章關於各該審級訴訟程序之規定。

②裁定已經確定，而有第八十五條第一項之情形者，得準用本章之規定，聲請再審。

第五章　執　行

第九六條

①懲戒法庭第一審懲戒處分之判決，因上訴期間屆滿、未經合法之上訴、當事人捨棄上訴或撤回上訴而確定者，書記官應即製作判決確定證明書，於送達受懲戒人主管機關之翌日起發生懲戒處分效力。

②懲戒法庭第二審懲戒處分之判決，於送達受懲戒人主管機關之翌日起發生懲戒處分效力。

③受懲戒人因懲戒處分之判決而應爲金錢之給付，經主管機關定相當期間催告，逾期未履行者，主管機關得以判決書爲執行名義，移送行政執行機關準用行政執行法強制執行。

④主管機關收受剝奪或減少退休（職、伍）金處分之判決後，應即通知退休（職、伍）金之支給機關（構），由支給機關（構）依前項規定催告履行及移送強制執行。

⑤第三項及前項情形，於退休（職、伍）或其他原因離職人員，並得對其退休（職、伍）金或其他原因離職之給與執行。受懲戒人死亡者，就其遺產強制執行。

第九七條

受懲戒人因懲戒處分之判決而應爲金錢之給付，自懲戒處分生效之日起，五年內未經行政執行機關執行者，不再執行；其於五年期間屆滿前已開始執行者，仍得繼續執行。但自五年期間屆滿之日起已逾五年尚未執行終結者，不得再執行。

第九八條

公務員懲戒判決執行辦法，由司法院會同行政院、考試院定之。

第六章　附　則

第九九條

行政訴訟法之規定，除本法別有規定外，與懲戒案件性質不相牴觸者，準用之。

第一〇〇條

①本法中華民國一百零九年五月二十二日修正之條文施行前已繫屬於公務員懲戒委員會之懲戒案件，於修正施行時尚未終結者，除法律別有規定外，由懲戒法庭第一審適用第一審程序繼續審理。但修正施行前已依法進行之程序，其效力不受影響。

②本法中華民國一百零九年五月二十二日修正之條文施行後，被付懲戒人之應付懲戒事

由、懲戒種類及其他實體規定，依行為時之規定。但修正施行後之規定有利於被付懲戒人者，依最有利於被付懲戒人之規定。

第一〇一條

①本法中華民國一百零九年五月二十二日修正之條文施行後，對本法修正施行前公務員懲戒委員會之議決或裁判提起再審之訴，由懲戒法庭依修正施行後之程序審理。

②前項再審之訴，不適用本法第二十七條第一項第九款之迴避事由。

③第一項再審之訴，其再審期間及再審事由依議決或原判決時之規定。

第一〇二條

本法中華民國一百零四年五月一日修正之條文施行前，公務員懲戒委員會之議決，未經執行或尚未執行終結者，依該次修正施行前之規定執行。

第一〇三條

本法施行日期，由司法院定之。

專利法

①民國33年5月29日國民政府制定公布全文133條；並自38年1月1日施行。
②民國48年1月22日總統令修正公布全文133條。
③民國49年5月12日總統令修正公布第32、95、96、118條條文。
④民國68年4月16日總統令修正公布第1至4、6、10、31、32、37、38、43、61、67至71、75、76、78、89至92、94、96、99、101、105至108、110、114、118、124至127、129、132、133條條文；並刪除第77、80、131條條文。
⑤民國75年12月24日總統令修正公布第4、12至14、42、56、59至61、65、67、69、75、76、82、99至92、100、104至108、110、112、115、116、122、124至127、129條條文；並增訂第43-1、85-1、88-1、88-2條條文。
⑥民國83年1月21日總統令修正公布全文139條。
⑦民國86年5月7日總統令修正公布第21、51、56、57、78至80、82、88、91、105、109、117、122、139條條文。
民國90年12月11日行政院令發布除第139條定自91年1月1日起施行。
⑧民國90年10月24日總統令修正公布第13、16、17、20、23至27、36至38、43至45、52、59、62、63、70、72、73、76、83、89、98、106、107、112至116、118至121、131、132、134、135及139條條文；刪除第28、33、53、75、123、124、127、136、137條條文；並增訂第18-1、20-1、25-1、36-1至36-6、44-1、98-1、102-1、105-1、107-1、117-1、118-1、122-1、131-1、136-1條條文。
民國90年12月11日行政院令發布第24、118-1條定自91年1月1日施行。
⑨民國92年2月6日總統令修正公布全文138條；本法除第11條自公布日施行，刪除條文自92年3月31日施行外，餘定自93年7月1日施行。
⑩民國99年8月25日總統令修正公布第27及28條條文。
民國99年9月10日行政院令發布定自99年9月12日施行。
⑪民國100年12月21日總統令修正公布全文159條。
民國101年8月22日行政院令發布定自102年1月1日施行。
⑫民國102年6月11日總統令修正公布第32、41、97、116、159條條文；並自公布日施行。
⑬民國103年1月22日總統令修正公布第143條條文；並增訂第97-1至97-4條條文。
民國103年3月24日行政院令發布定自103年3月24日施行。
⑭民國106年1月18日總統令修正公布第22、59、122、142條條文；並增訂第157-1條條文。
民國106年4月6日行政院令發布定自106年5月1日施行。
⑮民國108年5月1日總統令修正公布第29、34、46、57、71、73、74、77、107、118至120、135、143條條文；並增訂第157-2至157-4條條文。
民國108年7月31日行政院令發布定自108年11月1日施行。
⑯民國111年5月4日總統令增訂公布第60-1條條文。
民國111年6月13日行政院令發布定自111年7月1日施行。

第一章　總　則

第一條　(立法目的)
　為鼓勵、保護、利用發明、新型及設計之創作，以促進產業發展，特制定本法。
第二條　(專利之種類)
　本法所稱專利，分為下列三種：
　一　發明專利。
　二　新型專利。
　三　設計專利。
第三條　(主管機關)
①本法主管機關為經濟部。

②專利業務，由經濟部指定專責機關辦理。

第四條　（外國人申請專利之互惠原則）

外國人所屬之國家與中華民國如未共同參加保護專利之國際條約或無相互保護專利之條約、協定或由團體、機構互訂經主管機關核准保護專利之協議，或對中華民國國民申請專利，不予受理者，其專利申請，得不予受理。

第五條　（專利申請權及專利申請權人）

①專利申請權，指得依本法申請專利之權利。

②專利申請權人，除本法另有規定或契約另有約定外，指發明人、新型創作人、設計人或其受讓人或繼承人。

第六條　（專利申請權及專利權之讓與或繼承）

①專利申請權及專利權，均得讓與或繼承。

②專利申請權，不得為質權之標的。

③以專利權為標的設定質權者，除契約另有約定外，質權人不得實施該專利權。

第七條　（受雇人職務上發明專利權之歸屬）

①受雇人於職務上所完成之發明、新型或設計，其專利申請權及專利權屬於雇用人，雇用人應支付受雇人適當之報酬。但契約另有約定者，從其約定。

②前項所稱職務上之發明、新型或設計，指受雇人於僱傭關係中之工作所完成之發明、新型或設計。

③一方出資聘請他人從事研究開發者，其專利申請權及專利權之歸屬依雙方契約約定；契約未約定者，屬於發明人、新型創作人或設計人。但出資人得實施其發明、新型或設計。

④依第一項、前項之規定，專利申請權及專利權歸屬於雇用人或出資人者，發明人、新型創作人或設計人享有姓名表示權。

第八條　（受雇人非職務上發明專利權之歸屬）

①受雇人於非職務上所完成之發明、新型或設計，其專利申請權及專利權屬於受雇人。但其發明、新型或設計係利用雇用人資源或經驗者，雇用人得於支付合理報酬後，於該事業實施其發明、新型或設計。

②受雇人完成非職務上之發明、新型或設計，應即以書面通知雇用人，如有必要並應告知創作之過程。

③雇用人於前項書面通知到達後六個月內，未向受雇人為反對之表示者，不得主張該發明、新型或設計為職務上發明、新型或設計。

第九條　（受雇人發明專利權之保障）

前條雇用人與受雇人間所訂契約，使受雇人不得享受其發明、新型或設計之權益者，無效。

第一〇條　（申請變更權利）

雇用人或受雇人對第七條及第八條所定權利之歸屬有爭執而達成協議者，得附具證明文件，向專利專責機關申請變更權利人名義。專利專責機關認有必要時，得通知當事人附具依其他法令取得之調解、仲裁或判決文件。

第一一條（專利代理人）

①申請人申請專利及辦理有關專利事項，得委任代理人辦理之。

②在中華民國境內，無住所或營業所者，申請專利及辦理專利有關事項，應委任代理人辦理之。

③代理人，除法令另有規定外，以專利師為限。

④專利師之資格及管理，另以法律定之。

第一二條　（二人以上共同申請專利之連署）

①專利申請權為共有者，應由全體共有人提出申請。

②二人以上共同為專利申請以外之專利相關程序時，除撤回或拋棄申請案、申請分割、改請或本法另有規定者，應共同連署外，其餘程序各人皆可單獨為之。但約定有代表

者，從其約定。

③前二項應共同連署之情形，應指定其中一人為應受送達人。未指定應受送達人者，專利專責機關應以第一順序申請人為應受送達人，並應將送達事項通知其他人。

第一三條（共有專利申請權讓與或拋棄之限制）

①專利申請權為共有時，非經共有人全體之同意，不得讓與或拋棄。

②專利申請權共有人非經其他共有人之同意，不得以其應有部分讓與他人。

③專利申請權共有人拋棄其應有部分時，該部分歸屬其他共有人。

第一四條（承受專利申請權名義之對抗要件）

①繼受專利申請權者，如在申請時非以繼受人名義申請專利，或未在申請後向專利專責機關申請變更名義者，不得以之對抗第三人。

②為前項之變更申請者，不論受讓或繼承，均應附具證明文件。

第一五條（專利審查人員不得申請或受有專利之權益及保密義務）

①專利專責機關職員及專利審查人員於任職期內，除繼承外，不得申請專利及直接、間接受有關專利之任何權益。

②專利專責機關職員及專利審查人員對職務上知悉或持有關於專利之發明、新型或設計，或申請人事業上之秘密，有保密之義務，如有違反者，應負相關法律責任。

③專利審查人員之資格，以法律定之。

第一六條（專利審查人員應迴避情事）

①專利審查人員有下列情事之一，應自行迴避：

一　本人或其配偶，為該專利案申請人、專利權人、舉發人、代理人、代理人之合夥人或與代理人有僱傭關係者。

二　現為該專利案申請人、專利權人、舉發人或代理人之四親等內血親，或三親等內姻親。

三　本人或其配偶，就該專利案與申請人、專利權人、舉發人有共同權利人、共同義務人或償還義務人之關係者。

四　現為或曾為該專利案申請人、專利權人、舉發人之法定代理人或家長家屬者。

五　現為或曾為該專利案申請人、專利權人、舉發人之訴訟代理人或輔佐人者。

六　現為或曾為該專利案之證人、鑑定人、異議人或舉發人者。

②專利審查人員有應迴避而不迴避之情事者，專利專責機關得依職權或依申請撤銷其所為之處分後，另為適當之處分。

第一七條（程序期間之遲誤與補行）

①申請人為有關專利之申請及其他程序，遲誤法定或指定之期間者，除本法另有規定外，應不受理。但遲誤指定期間在處分前補正者，仍應受理。

②申請人因天災或不可歸責於己之事由，遲誤法定期間者，於其原因消滅後三十日內，得以書面敘明理由，向專利專責機關申請回復原狀。但遲誤法定期間已逾一年者，不得申請回復原狀。

③申請回復原狀，應同時補行期間內應為之行為。

④前二項規定，於遲誤第二十九條第四項、第五十二條第四項、第七十條第二項、第一百二十條準用第二十九條第四項、第一百二十條準用第五十二條第四項、第一百二十條準用第七十條第二項、第一百四十二條第一項準用第二十九條第四項、第一百四十二條第一項準用第五十二條第四項、第一百四十二條第一項準用第七十條第二項規定之期間者，不適用之。

第一八條（公示送達）

審定書或其他文件無從送達者，應於專利公報公告之，並於刊登公報後滿三十日，視為已送達。

第一九條（專利申請方式）

有關專利之申請及其他程序，得以電子方式為之；其實施辦法，由主管機關定之。

第二〇條（期間之計算）

①本法有關期間之計算，其始日不計算在內。
②第五十二條第三項、第一百十四條及第一百三十五條規定之專利權期限，自申請日當日起算。

第二章　發明專利

第一節　專利要件

第二一條　（發明）
發明，指利用自然法則之技術思想之創作。

第二二條　（申請取得發明專利之除外情形）106
①可供產業上利用之發明，無下列情事之一，得依本法申請取得發明專利：
一　申請前已見於刊物者。
二　申請前已公開實施者。
三　申請前已為公眾所知悉者。
②發明雖無前項各款所列情事，但為其所屬技術領域中具有通常知識者依申請前之先前技術所能輕易完成時，仍不得取得發明專利。
③申請人出於本意或非出於本意所致公開之事實發生後十二個月內申請者，該事實非屬第一項各款或前項不得取得發明專利之情事。
④因申請專利而在我國或外國依法於公報上所為之公開係出於申請人本意者，不適用前項規定。

第二三條　（不得取得發明專利之情形）
申請專利之發明，與申請在先而在其申請後始公開或公告之發明或新型專利申請案所附說明書、申請專利範圍或圖式載明之內容相同者，不得取得發明專利。但其申請人與申請在先之發明或新型專利申請案之申請人相同者，不在此限。

第二四條　（不予發明專利之款項）
下列各款，不予發明專利：
一　動、植物及生產動、植物之主要生物學方法。但微生物學之生產方法，不在此限。
二　人類或動物之診斷、治療或外科手術方法。
三　妨害公共秩序或善良風俗者。

第二節　申　請

第二五條　（申請專利之程序）
①申請發明專利，由專利申請權人備具申請書、說明書、申請專利範圍、摘要及必要之圖式，向專利專責機關申請之。
②申請發明專利，以申請書、說明書、申請專利範圍及必要之圖式齊備之日為申請日。
③說明書、申請專利範圍及必要之圖式未於申請時提出中文本，而以外文本提出，且於專利專責機關指定期間內補正中文本者，以外文本提出之日為申請日。
④未於前項指定期間內補正中文本者，其申請案不予受理。但在處分前補正者，以補正之日為申請日，外文本視為未提出。

第二六條　（專利說明書）
①說明書應明確且充分揭露，使該發明所屬技術領域中具有通常知識者，能瞭解其內容，並可據以實現。
②申請專利範圍應界定申請專利之發明；其得包括一項以上之請求項，各請求項應以明確、簡潔之方式記載，且必須為說明書所支持。
③摘要應敘明所揭露發明內容之概要；其不得用於決定揭露是否充分，及申請專利之發明是否符合專利要件。

④說明書、申請專利範圍、摘要及圖式之揭露方式，於本法施行細則定之。

第二七條 （申請生物材料之發明專利）

①申請生物材料或利用生物材料之發明專利，申請人最遲應於申請日將該生物材料寄存於專利專責機關指定之國內寄存機構。但該生物材料爲所屬技術領域中具有通常知識者易於獲得時，不須寄存。

②申請人應於申請日後四個月內檢送寄存證明文件，並載明寄存機構、寄存日期及寄存號碼；屆期未檢送者，視爲未寄存。

③前項期間，如依第二十八條規定主張優先權者，爲最早之優先權日後十六個月內。

④申請前如已於專利專責機關認可之國外寄存機構寄存，並於第二項或前項規定之期間內，檢送寄存於專利專責機關指定之國內寄存機構之證明文件及國外寄存機構出具之證明文件者，不受第一項最遲應於申請日在國內寄存之限制。

⑤申請人在與中華民國有相互承認寄存效力之外國所指定其國內之寄存機構寄存，並於第二項或第三項規定之期間內，檢送該寄存機構出具之證明文件者，不受應在國內寄存之限制。

⑥第一項生物材料寄存之受理要件、種類、型式、數量、收費費率及其他寄存執行之辦法，由主管機關定之。

第二八條 （優先權制度）

①申請人就相同發明在與中華民國相互承認優先權之國家或世界貿易組織會員第一次依法申請專利，並於第一次申請專利之日後十二個月內，向中華民國申請專利者，得主張優先權。

②申請人於一申請案中主張二項以上優先權時，前項期間之計算以最早之優先權日爲準。

③外國申請人爲非世界貿易組織會員之國民且其所屬國家與中華民國無相互承認優先權者，如於世界貿易組織會員或互惠國領域內，設有住所或營業所，亦得依第一項規定主張優先權。

④主張優先權者，其專利要件之審查，以優先權日爲準。

第二九條 （未主張優先權）108

①依前條規定主張優先權者，應於申請專利同時聲明下列事項：

一　第一次申請之申請日。

二　受理該申請之國家或世界貿易組織會員。

三　第一次申請之申請案號數。

②申請人應於最早之優先權日後十六個月內，檢送經前項國家或世界貿易組織會員證明受理之申請文件。

③違反第一項第一款、第二款或前項之規定者，視爲未主張優先權。

④申請人非因故意，未於申請專利同時主張優先權，或違反第一項第一款、第二款規定視爲未主張者，得於最早之優先權日後十六個月內，申請回復優先權主張，並繳納申請費與補行第一項規定之行爲。

第三〇條 （主張優先權）

①申請人基於其在中華民國先申請之發明或新型專利案再提出專利之申請者，得就先申請案申請時說明書、申請專利範圍或圖式所載之發明或新型，主張優先權。但有下列情事之一，不得主張之：

一　自先申請案申請日後已逾十二個月者。

二　先申請案中所記載之發明或新型已經依第二十八條或本條規定主張優先權者。

三　先申請案係第三十四條第一項或第一百零七條第一項規定之分割案，或第一百零八條第一項規定之改請案。

四　先申請案爲發明，已經公告或不予專利審定確定者。

五　先申請案爲新型，已經公告或不予專利處分確定者。

六　先申請案已經撤回或不受理者。

②前項先申請案自其申請日後滿十五個月，視為撤回。
③先申請案申請日後逾十五個月者，不得撤回優先權主張。
④依第一項主張優先權之後申請案，於先申請案申請日後十五個月內撤回者，視為同時撤回優先權之主張。
⑤申請人於一申請案中主張二項以上優先權時，其優先權期間之計算以最早之優先權日為準。
⑥主張優先權者，其專利要件之審查，以優先權日為準。
⑦依第一項主張優先權者，應於申請專利同時聲明先申請案之申請日及申請案號數；未聲明者，視為未主張優先權。

第三一條　（二人以上申請專利之處理方式）

①相同發明有二以上之專利申請案時，僅得就其最先申請者准予發明專利。但後申請者所主張之優先權日早於先申請者之申請日者，不在此限。
②前項申請日、優先權日為同日者，應通知申請人協議定之；協議不成時，均不予發明專利。其申請人為同一人時，應通知申請人限期擇一申請；屆期未擇一申請者，均不予發明專利。
③各申請人為協議時，專利專責機關應指定相當期間通知申請人申報協議結果；屆期未申報者，視為協議不成。
④相同創作分別申請發明專利及新型專利者，除有第三十二條規定之情事外，準用前三項規定。

第三二條　（同一人就相同創作申請專利之處理方式）102

①同一人就相同創作，於同日分別申請發明專利及新型專利者，應於申請時分別聲明；其發明專利核准審定前，已取得新型專利權，專利專責機關應通知申請人限期擇一；申請人未分別聲明或屆期未擇一者，不予發明專利。
②申請人依前項規定選擇發明專利者，其新型專利權，自發明專利公告之日消滅。
③發明專利審定前，新型專利權已當然消滅或撤銷確定者，不予專利。

第三三條　（一發明一申請原則及併案申請例外）

①申請發明專利，應就每一發明提出申請。
②二個以上發明，屬於一個廣義發明概念者，得於一申請案中提出申請。

第三四條　（分割申請）108

①申請專利之發明，實質上為二個以上之發明時，經專利專責機關通知，或據申請人申請，得為分割之申請。
②分割申請應於下列各款之期間內為之：
　一　原申請案再審查審定前。
　二　原申請案核准審定書、再審查核准審定書送達後三個月內。
③分割後之申請案，仍以原申請案之申請日為申請日；如有優先權者，仍得主張優先權。
④分割後之申請案，不得超出原申請案申請時說明書、申請專利範圍或圖式所揭露之範圍。
⑤依第二項第一款規定分割後之申請案，應就原申請案已完成之程序續行審查。
⑥依第二項第二款規定所為分割，應自原申請案說明書或圖式所揭露之發明且與核准審定之請求項非屬相同發明者，申請分割；分割後之申請案，續行原申請案核准審定前之審查程序。
⑦原申請案經核准審定之說明書、申請專利範圍或圖式不得變動，以核准審定時之申請專利範圍及圖式公告之。

第三五條　（撤銷申請日）

①發明專利權經專利申請權人或專利申請權共有人，於該專利案公告後二年內，依第七十一條第一項第三款規定提起舉發，並於舉發撤銷確定後二個月內就相同發明申請專利者，以該經撤銷確定之發明專利權之申請日為其申請日。

②依前項規定申請之案件，不再公告。

第三節　審查及再審查

第三六條　（專利審查人員之指定）

專利專責機關對於發明專利申請案之實體審查，應指定專利審查人員審查之。

第三七條　（發明專利申請案之公開）

①專利專責機關接到發明專利申請文件後，經審查認為無不合規定程式，且無應不予公開之情事者，自申請日後經過十八個月，應將該申請案公開之。

②專利專責機關得因申請人之申請，提早公開其申請案。

③發明專利申請案有下列情事之一，不予公開：

一　自申請日後十五個月內撤回者。

二　涉及國防機密或其他國家安全之機密者。

三　妨害公共秩序或善良風俗者。

④第一項、前項期間之計算，如主張優先權者，以優先權日為準；主張二項以上優先權時，以最早之優先權日為準。

第三八條　（實體審查之申請）

①發明專利申請日後三年內，任何人均得向專利專責機關申請實體審查。

②依第三十四條第一項規定申請分割，或依第一百零八條第一項規定改請為發明專利，逾前項期間者，得於申請分割或改請後三十日內，向專利專責機關申請實體審查。

③依前二項規定所為審查之申請，不得撤回。

④未於第一項或第二項規定之期間內申請實體審查者，該發明專利申請案，視為撤回。

第三九條　（檢附文件、刊載公報及通知）

①申請前條之審查者，應檢附申請書。

②專利專責機關應將申請審查之事實，刊載於專利公報。

③申請審查由發明專利申請人以外之人提起者，專利專責機關應將該項事實通知發明專利申請人。

第四〇條　（優先審查之申請）

①發明專利申請案公開後，如有非專利申請人為商業上之實施者，專利專責機關得依申請優先審查之。

②為前項申請者，應檢附有關證明文件。

第四一條　（補償金請求權）102

①發明專利申請人對於申請案公開後，曾經以書面通知發明專利申請內容，而於通知後公告前就該發明仍繼續為商業上實施之人，得於發明專利申請案公告後，請求適當之補償金。

②對於明知發明專利申請案已經公開，於公告前就該發明仍繼續為商業上實施之人，亦得為前項之請求。

③前二項規定之請求權，不影響其他權利之行使。但依本法第三十二條分別申請發明專利及新型專利，並已取得新型專利權者，僅得在請求補償金或行使新型專利權間擇一主張之。

④第一項、第二項之補償金請求權，自公告之日起，二年間不行使而消滅。

第四二條　（專利審查之行為）

①專利專責機關於審查發明專利時，得依申請或依職權通知申請人限期為下列各款之行為：

一　至專利專責機關面詢。

二　為必要之實驗、補送模型或樣品。

②前項第二款之實驗、補送模型或樣品，專利專責機關認有必要時，得至現場或指定地點勘驗。

第四三條　（限期修正及最後通知）
①專利專責機關於審查發明專利時，除本法另有規定外，得依申請或依職權通知申請人限期修正說明書、申請專利範圍或圖式。
②修正，除誤譯之訂正外，不得超出申請時說明書、申請專利範圍或圖式所揭露之範圍。
③專利專責機關依第四十六條第二項規定通知後，申請人僅得於通知之期間內修正。
④專利專責機關經依前項規定通知後，認有必要時，得為最後通知；其經最後通知者，申請專利範圍之修正，申請人僅得於通知之期間內，就下列事項為之：
　一　請求項之刪除。
　二　申請專利範圍之減縮。
　三　誤記之訂正。
　四　不明瞭記載之釋明。
⑤違反前二項規定者，專利專責機關得於審定書敘明其事由，逕為審定。
⑥原申請案或分割後之申請案，有下列情事之一，專利專責機關得逕為最後通知
　一　對原申請案所為之通知，與分割後之申請案已通知之內容相同者。
　二　對分割後之申請案所為之通知，與原申請案已通知之內容相同者。
　三　對分割後之申請案所為之通知，與其他分割後之申請案已通知之內容相同者。

第四四條　（申請專利範圍之修正）
①說明書、申請專利範圍及圖式，依第二十五條第三項規定，以外文本提出者，其外文本不得修正。
②依第二十五條第三項規定補正之中文本，不得超出申請時外文本所揭露之範圍。
③前項之中文本，其誤譯之訂正，不得超出申請時外文本所揭露之範圍。

第四五條　（審定書之製作）
①發明專利申請案經審查後，應作成審定書送達申請人。
②經審查不予專利者，審定書應備具理由。
③審定書應由專利審查人員具名。再審查、更正、舉發、專利權期間延長及專利權期間延長舉發之審定書，亦同。

第四六條　（不予專利之審定）108
①發明專利申請案違反第二十一條至第二十四條、第二十六條、第三十一條、第三十二條第一項、第三項、第三十三條、第三十四條第四項、第六項前段、第四十三條第二項、第四十四條第二項、第三項或第一百零八條第三項規定者，應為不予專利之審定。
②專利專責機關為前項審定前，應通知申請人限期申復；屆期未申復者，逕為不予專利之審定。

第四七條　（審定公告）
①申請專利之發明經審查認無不予專利之情事者，應予專利，並應將申請專利範圍及圖式公告之。
②經公告之專利案，任何人均得申請閱覽、抄錄、攝影或影印其審定書、說明書、申請專利範圍、摘要、圖式及全部檔案資料。但專利專責機關依法應予保密者，不在此限。

第四八條　（再審查之申請）
發明專利申請人對於不予專利之審定有不服者，得於審定書送達後二個月內備具理由書，申請再審查。但因申請程序不合法或申請人不適格而不受理或駁回者，得逕依法提起行政救濟。

第四九條　（再審查之修正及最後通知）
①申請案經依第四十六條第二項規定，為不予專利之審定者，其於再審查時，仍得修正說明書、申請專利範圍或圖式。
②申請案經審查發給最後通知，而為不予專利之審定者，其於再審查時所為之修正，仍

受第四十三條第四項各款規定之限制。但經專利專責機關再審查認原審查程序發給最後通知爲不當者，不在此限。

③有下列情事之一，專利專責機關得逕爲最後通知：

一　再審查理由仍有不予專利之情事者。

二　再審查時所爲之修正，仍有不予專利之情事者。

三　依前項規定所爲之修正，違反第四十三條第四項各款規定者。

第五〇條　（再審查案之審定）

再審查時，專利專責機關應指定未曾審查原案之專利審查人員審查，並作成審定書送達申請人。

第五一條　（發明之保密）

①發明經審查涉及國防機密或其他國家安全之機密者，應諮詢國防部或國家安全相關機關意見，認有保密之必要者，申請書件予以封存；其經申請實體審查者，應作成審定書送達申請人及發明人。

②申請人、代理人及發明人對於前項之發明應予保密，違反者該專利申請權視爲拋棄。

③保密期間，自審定書送達申請人後爲期一年，並得續行延展保密期間，每次一年；期間屆滿前一個月，專利專責機關應諮詢國防部或國家安全相關機關，於無保密之必要時，應即公開。

④第一項之發明經核准審定者，於無保密之必要時，專利專責機關應通知申請人於三個月內繳納證書費及第一年專利年費後，始予公告；屆期未繳費者，不予公告。

⑤就保密期間申請人所受之損失，政府應給與相當之補償。

第四節　專利權

第五二條　（發明專利權之效力）

①申請專利之發明，經核准審定者，申請人應於審定書送達後三個月內，繳納證書費及第一年專利年費後，始予公告；屆期未繳費者，不予公告。

②申請專利之發明，自公告之日起給予發明專利權，並發證書。

③發明專利權期限，自申請日起算二十年屆滿。

④申請人非因故意，未於第一項或前條第四項所定期限繳費者，得於繳費期限屆滿後六個月內，繳納證書費及二倍之第一年專利年費後，由專利專責機關公告之。

第五三條　（專利權許可證之取得及期間延長）

①醫藥品、農藥品或其製造方法發明專利權之實施，依其他法律規定，應取得許可證者，其於專利案公告後取得時，專利權人得以第一次許可證申請延長專利權期間，並以一次爲限，且該許可證僅得據以申請延長專利權期間一次。

②前項核准延長之期間，不得超過爲向中央目的事業主管機關取得許可證而無法實施發明之期間；取得許可證期間超過五年者，其延長期間仍以五年爲限。

③第一項所稱醫藥品，不及於動物用藥品。

④第一項申請應備具申請書，附具證明文件，於取得第一次許可證後三個月內，向專利專責機關提出。但在專利權期間屆滿前六個月內，不得爲之。

⑤主管機關就延長期間之核定，應考慮對國民健康之影響，並會同中央目的事業主管機關訂定核定辦法。

第五四條　（專利權期間屆滿尚未審定視爲已延長）

依前條規定申請延長專利權期間者，如專利專責機關於原專利權期間屆滿時尚未審定者，其專利權期間視爲已延長。但經審定不予延長者，至原專利權期間屆滿日止。

第五五條　（專利權期間延長申請案之審定）

專利專責機關對於發明專利權期間延長申請案，應指定專利審查人員審查，作成審定書送達專利權人。

第五六條　（核准延長專利權期間之範圍）

經專利專責機關核准延長發明專利權期間之範圍，僅及於許可證所載之有效成分及用途所限定之範圍。

第五七條　（核准延長專利權舉發之原因）108

①任何人對於經核准延長發明專利權期間，認有下列情事之一，得附具證據，向專利專責機關舉發之：

一　發明專利之實施無取得許可證之必要者。

二　專利權人或被授權人並未取得許可證。

三　核准延長之期間超過無法實施之期間。

四　延長專利權期間之申請人並非專利權人。

五　申請延長之許可證非屬第一次許可證或該許可證曾辦理延長者。

六　核准延長專利權之醫藥品爲動物用藥品。

②專利權延長經舉發成立確定者，原核准延長之期間，視爲自始不存在。但因違反前項第三款規定，經舉發成立確定者，就其超過之期間，視爲未延長。

第五八條　（進口權）

①發明專利權人，除本法另有規定外，專有排除他人未經其同意而實施該發明之權。

②物之發明之實施，指製造、爲販賣之要約、販賣、使用或爲上述目的而進口該物之行爲。

③方法發明之實施，指下列各款行爲：

一　使用該方法。

二　使用、爲販賣之要約、販賣或爲上述目的而進口該方法直接製成之物。

④發明專利權範圍，以申請專利範圍爲準，於解釋申請專利範圍時，並得審酌說明書及圖式。

⑤摘要不得用於解釋申請專利範圍。

第五九條　（專利權適用之例外）106

①發明專利權之效力，不及於下列各款情事：

一　非出於商業目的之未公開行爲。

二　以研究或實驗爲目的實施發明之必要行爲。

三　申請前已在國內實施，或已完成必須之準備者。但於專利申請人處得知其發明後未滿十二個月，並經專利申請人聲明保留其專利權者，不在此限。

四　僅由國境經過之交通工具或其裝置。

五　非專利申請權人所得專利權，因專利權人舉發而撤銷時，其被授權人在舉發前，以善意在國內實施或已完成必須之準備者。

六　專利權人所製造或經其同意製造之專利物販賣後，使用或再販賣該物者。上述製造、販賣，不以國內爲限。

七　專利權依第七十條第一項第三款規定消滅後，至專利權人依第七十條第二項回復專利權效力並經公告前，以善意實施或已完成必須之準備者。

②前項第三款、第五款及第七款之實施人，限於在其原有事業目的範圍內繼續利用。

③第一項第五款之被授權人，因該專利權經舉發而撤銷之後，仍實施時，於收到專利權人書面通知之日起，應支付專利權人合理之權利金。

第六〇條　（專利權效力限制）

發明專利權之效力，不及於以取得藥事法所定藥物查驗登記許可或國外藥物上市許可爲目的，而從事之研究、試驗及其必要行爲。

第六〇條之一　111

①藥品許可證申請人就新藥藥品許可證所有人已核准新藥所登載之專利權，依藥事法第四十八條之九第四款規定爲聲明者，專利權人於接獲通知後，得依第九十六條第一項規定，請求除去或防止侵害。

②專利權人未於藥事法第四十八條之十三第一項所定期間內對前項申請人提起訴訟者，該申請人得就其申請藥品許可證之藥品是否侵害該專利權，提起確認之訴。

第六一條　（專利權效力限制）
混合二種以上醫藥品而製造之醫藥品或方法，其發明專利權效力不及於依醫師處方箋調劑之行爲及所調劑之醫藥品。

第六二條　（專利權之授予）
①發明專利權人以其發明專利權讓與、信託、授權他人實施或設定質權，非經向專利專責機關登記，不得對抗第三人。
②前項授權，得爲專屬授權或非專屬授權。
③專屬被授權人在被授權範圍內，排除發明專利權人及第三人實施該發明。
④發明專利權人爲擔保數債權，就同一專利權設定數質權者，其次序依登記之先後定之。

第六三條　（專屬、非專屬被授權人之再授權）
①專屬被授權人得將其被授予之權利再授權第三人實施。但契約另有約定者，從其約定。
②非專屬被授權人非經發明專利權人或專屬被授權人同意，不得將其被授予之權利再授權第三人實施。
③再授權，非經向專利專責機關登記，不得對抗第三人。

第六四條　（共有之約定）
發明專利權爲共有時，除共有人自己實施外，非經共有人全體之同意，不得讓與、信託、授權他人實施、設定質權或拋棄。

第六五條　（共有人之讓與拋棄）
發明專利權共有人非經其他共有人之同意，不得以其應有部分讓與、信託他人或設定質權。發明專利權共有人拋棄其應有部分時，該部分歸屬其他共有人。

第六六條　（專利權之延展）
發明專利權人因中華民國與外國發生戰事受損失者，得申請延展專利權五年至十年，以一次爲限。但屬於交戰國人之專利權，不得申請延展。

第六七條　（專利說明書、申請專利範圍或圖式之申請更正）
①發明專利權人申請更正專利說明書、申請專利範圍或圖式，僅得就下列事項爲之：
　一　請求項之刪除。
　二　申請專利範圍之減縮。
　三　誤記或誤譯之訂正。
　四　不明瞭記載之釋明。
②更正，除誤譯之訂正外，不得超出申請時說明書、申請專利範圍或圖式所揭露之範圍。
③依第二十五條第三項規定，說明書、申請專利範圍及圖式以外文本提出者，其誤譯之訂正，不得超出申請時外文本所揭露之範圍。
④更正，不得實質擴大或變更公告時之申請專利範圍。

第六八條　（更正案之審定）
①專利專責機關對於更正案之審查，除依第七十七條規定外，應指定專利審查人員審查之，並作成審定書送達申請人。
②專利專責機關於核准更正後，應公告其事由。
③說明書、申請專利範圍及圖式經更正公告者，溯自申請日生效。

第六九條　（拋棄專利權及其他請求之限制）
①發明專利權人非經被授權人或質權人之同意，不得拋棄專利權，或就第六十七條第一項第一款或第二款事項爲更正之申請。
②發明專利權爲共有時，非經共有人全體之同意，不得就第六十七條第一項第一款或第二款事項爲更正之申請。

第七〇條　（專利權當然消滅之原因）
①有下列情事之一者，發明專利權當然消滅：

一　專利權期滿時，自期滿後消滅。
二　專利權人死亡而無繼承人。
三　第二年以後之專利年費未於補繳期限屆滿前繳納者，自原繳費期限屆滿後消滅。
四　專利權人拋棄時，自其書面表示之日消滅。

②專利權人非因故意，未於第九十四條第一項所定期限補繳者，得於期限屆滿後一年內，申請回復專利權，並繳納三倍之專利年費後，由專利專責機關公告之。

第七一條　（專利權得提起舉發之原因）108

①發明專利權有下列情事之一，任何人得向專利專責機關提起舉發：
一　違反第二十一條至第二十四條、第二十六條、第三十一條、第三十二條第一項、第三項、第三十四條第四項、第六項前段、第四十三條第二項、第四十四條第二項、第三項、第六十七條第二項至第四項或第一百零八條第三項規定者。
二　專利權人所屬國家對中華民國國民申請專利不予受理者。
三　違反第十二條第一項規定或發明專利權人為非發明專利申請權人。

②以前項第三款情事提起舉發者，限於利害關係人始得為之。

③發明專利權得提起舉發之情事，依其核准審定時之規定。但以違反第三十四條第四項、第六項前段、第四十三條第二項、第六十七條第二項、第四項或第一百零八條第三項規定之情事，提起舉發者，依舉發時之規定。

第七二條　（撤銷專利權原因之舉發）

利害關係人對於專利權之撤銷，有可回復之法律上利益者，得於專利權當然消滅後，提起舉發。

第七三條　（舉發申請書應載明事項）108

①舉發，應備具申請書，載明舉發聲明、理由，並檢附證據。

②專利權有二以上之請求項者，得就部分請求項提起舉發。

③舉發聲明，提起後不得變更或追加，但得減縮。

④舉發人補提理由或證據，應於舉發後三個月內為之，逾期提出者，不予審酌。

第七四條　（舉發案件之審查程序）108

①專利專責機關接到前條申請書後，應將其副本送達專利權人。

②專利權人應於副本送達後一個月內答辯；除先行申明理由，准予展期者外，屆期未答辯者，逕予審查。

③舉發案件審查期間，專利權人僅得於通知答辯、補充答辯或申復期間申請更正。但發明專利權有訴訟案件繫屬中，不在此限。

④專利專責機關認有必要，通知舉發人陳述意見、專利權人補充答辯或申復時，舉發人或專利權人應於通知送達後一個月內為之。除准予展期者外，逾期提出者，不予審酌。

⑤依前項規定所提陳述意見或補充答辯有遲滯審查之虞，或其事證已臻明確者，專利專責機關得逕予審查。

第七五條　（逕予審查）

專利專責機關於舉發審查時，在舉發聲明範圍內，得依職權審酌舉發人未提出之理由及證據，並應通知專利權人限期答辯；屆期未答辯者，逕予審查。

第七六條　（限期作為）

①專利專責機關於舉發審查時，得依申請或依職權通知專利權人限期為下列各款之行為：
一　至專利專責機關面詢。
二　為必要之實驗、補送模型或樣品。

②前項第二款之實驗、補送模型或樣品，專利專責機關認有必要時，得至現場或指定地點勘驗。

第七七條　（舉發案件審查期間，有更正案之處理）108

①舉發案件審查期間，有更正案者，應合併審查及合併審定。

②前項更正案經專利專責機關審查認應准予更正時，應將更正說明書、申請專利範圍或圖式之副本送達舉發人。但更正僅刪除請求項者，不在此限。
③同一舉發案審查期間，有二以上之更正案者，申請在先之更正案，視爲撤回。

第七八條 （舉發案合併審查）
①同一專利權有多件舉發案者，專利專責機關認有必要時，得合併審查。
②依前項規定合併審查之舉發案，得合併審定。

第七九條 （舉發之審定）
①專利專責機關於舉發審查時，應指定專利審查人員審查，並作成審定書，送達專利權人及舉發人。
②舉發之審定，應就各請求項分別爲之。

第八〇條 （舉發案之同意撤回）
①舉發人得於審定前撤回舉發申請。但專利權人已提出答辯者，應經專利權人同意。
②專利專責機關應將撤回舉發之事實通知專利權人；自通知送達後十日內，專利權人未爲反對之表示者，視爲同意撤回。

第八一條 （專利舉發）
有下列情事之一，任何人對同一專利權，不得就同一事實以同一證據再爲舉發：
一　他舉發案曾就同一事實以同一證據提起舉發，經審查不成立者。
二　依智慧財產案件審理法第三十三條規定向智慧財產法院提出之新證據，經審理認無理由者。

第八二條 （專利權之撤銷確定情形）
①發明專利權經舉發審查成立者，應撤銷其專利權；其撤銷得就各請求項分別爲之。
②發明專利權經撤銷後，有下列情事之一，即爲撤銷確定：
一　未依法提起行政救濟者。
二　提起行政救濟經駁回確定者。
③發明專利權經撤銷確定者，專利權之效力，視爲自始不存在。

第八三條 （延長專利權期間舉發之處理規定）
第五十七條第一項延長發明專利權期間舉發之處理，準用本法有關發明專利權舉發之規定。

第八四條 （公告專利公報之事項）
發明專利權之核准、變更、延長、延展、讓與、信託、授權、強制授權、撤銷、消滅、設定質權、舉發審定及其他應公告事項，應於專利公報公告之。

第八五條 （專利權簿應記載之事項）
①專利專責機關應備置專利權簿，記載核准專利、專利權異動及法令所定之一切事項。
②前項專利權簿，得以電子方式爲之，並供人民閱覽、抄錄、攝影或影印。

第八六條 （專利公開、公告事項之方式）
專利專責機關依本法應公開、公告之事項，得以電子方式爲之；其實施日期，由專利專責機關定之。

第五節　強制授權

第八七條 （申請強制授權之事由與要件）
①爲因應國家緊急危難或其他重大緊急情況，專利專責機關應依緊急命令或中央目的事業主管機關之通知，強制授權所需專利權，並儘速通知專利權人。
②有下列情事之一，而有強制授權之必要者，專利專責機關得依申請強制授權：
一　增進公益之非營利實施。
二　發明或新型專利權之實施，將不可避免侵害在前之發明或新型專利權，且較該在前之發明或新型專利權具相當經濟意義之重要技術改良。
三　專利權人有限制競爭或不公平競爭之情事，經法院判決或行政院公平交易委員會處分。
③就半導體技術專利申請強制授權者，以有前項第一款或第三款之情事者為限。
④專利權經依第二項第一款或第二款規定申請強制授權者，以申請人曾以合理之商業條件在相當期間內仍不能協議授權者為限。
⑤專利權經依第二項第三款規定申請強制授權者，其專利權人得提出合理條件，請求就申請人之專利權強制授權。

第八八條（強制授權之審定、補償與限制）
①專利專責機關於接到前條第二項及第九十條之強制授權申請後，應通知專利權人，並限期答辯；屆期未答辯者，得逕予審查。
②強制授權之實施應以供應國內市場需要為主。但依前條第二項第三款規定強制授權者，不在此限。
③強制授權之審定應以書面為之，並載明其授權之理由、範圍、期間及應支付之補償金。
④強制授權不妨礙原專利權人實施其專利權。
⑤強制授權不得讓與、信託、繼承、授權或設定質權。但有下列情事之一者，不在此限：
一　依前條第二項第一款或第三款規定之強制授權與實施該專利有關之營業，一併讓與、信託、繼承、授權或設定質權。
二　依前條第二項第三款或第五項規定之強制授權與被授權人之專利權，一併讓與、信託、繼承、授權或設定質權。

第八九條（廢止強制授權之事由）
①依第八十七條第一項規定強制授權者，經中央目的事業主管機關認無強制授權之必要時，專利專責機關應依其通知廢止強制授權。
②有下列各款情事之一者，專利專責機關得依申請廢止強制授權：
一　作成強制授權之事實變更，致無強制授權之必要。
二　被授權人未依授權之內容適當實施。
三　被授權人未依專利專責機關之審定支付補償金。

第九〇條（申請強制授權生產專利醫藥品之進出口範圍）
①為協助無製藥能力或製藥能力不足之國家，取得治療愛滋病、肺結核、瘧疾或其他傳染病所需醫藥品，專利專責機關得依申請，強制授權申請人實施專利權，以供應該國家進口所需醫藥品。
②依前項規定申請強制授權者，以申請人曾以合理之商業條件在相當期間內仍不能協議授權者為限。但所需醫藥品在進口國已核准強制授權者，不在此限。
③進口國如為世界貿易組織會員，申請人於依第一項申請時，應檢附進口國已履行下列事項之證明文件：
一　已通知與貿易有關之智慧財產權理事會該國所需醫藥品之名稱及數量。
二　已通知與貿易有關之智慧財產權理事會該國無製藥能力或製藥能力不足，而有作為進口國之意願。但為低度開發國家者，申請人毋庸檢附證明文件。
三　所需醫藥品在該國無專利權，或有專利權但已核准強制授權或即將核准強制授權。
④前項所稱低度開發國家，為聯合國所發布之低度開發國家。
⑤進口國如非世界貿易組織會員，而為低度開發國家或無製藥能力或製藥能力不足之國家，申請人於依第一項申請時，應檢附進口國已履行下列事項之證明文件：
一　以書面向中華民國外交機關提出所需醫藥品之名稱及數量。
二　同意防止所需醫藥品轉出口。

第九一條（強制授權製造之醫藥品數量、區別及查驗規定）
①依前條規定強制授權製造之醫藥品應全部輸往進口國，且授權製造之數量不得超過進口國通知與貿易有關之智慧財產權理事會或中華民國外交機關所需醫藥品之數量。

②依前條規定強制授權製造之醫藥品，應於其外包裝依專利專責機關指定之內容標示其授權依據；其包裝及顏色或形狀，應與專利權人或其被授權人所製造之醫藥品足以區別。
③強制授權之被授權人應支付專利權人適當之補償金；補償金之數額，由專利專責機關就與所需醫藥品相關之醫藥品專利權於進口國之經濟價值，並參考聯合國所發布之人力發展指標核定之。
④強制授權被授權人於出口該醫藥品前，應於網站公開該醫藥品之數量、名稱、目的地及可資區別之特徵。
⑤依前條規定強制授權製造出口之醫藥品，其查驗登記，不受藥事法第四十條之二第二項規定之限制。

第六節　納　費

第九二條　（申請費、證書費及年費）
①關於發明專利之各項申請，申請人於申請時，應繳納申請費。
②核准專利者，發明專利權人應繳納證書費及專利年費；請准延長、延展專利權期間者，在延長、延展期間內，仍應繳納專利年費。

第九三條　（專利年費期限）
①發明專利年費自公告之日起算，第一年年費，應依第五十二條第一項規定繳納；第二年以後年費，應於屆期前繳納之。
②前項專利年費，得一次繳納數年；遇有年費調整時，毋庸補繳其差額。

第九四條　（專利年費之補繳）
①發明專利第二年以後之專利年費，未於應繳納專利年費之期間內繳費者，得於期滿後六個月內補繳之。但其專利年費之繳納，除原應繳納之專利年費外，應以比率方式加繳專利年費。
②前項以比率方式加繳專利年費，指依逾越應繳納專利年費之期間，按月加繳，每逾一個月加繳百分之二十，最高加繳至依規定之專利年費加倍之數額；其逾繳期間在一日以上一個月以內者，以一個月論。

第九五條　（專利年費之減免）
發明專利權人爲自然人、學校或中小企業者，得向專利專責機關申請減免專利年費。

第七節　損害賠償及訴訟

第九六條　（專利侵權之救濟方式）
①發明專利權人對於侵害其專利權者，得請求除去之。有侵害之虞者，得請求防止之。
②發明專利權人對於因故意或過失侵害其專利權者，得請求損害賠償。
③發明專利權人爲第一項之請求時，對於侵害專利權之物或從事侵害行爲之原料或器具，得請求銷毀或爲其他必要之處置。
④專屬被授權人在被授權範圍內，得爲前三項之請求。但契約另有約定者，從其約定。
⑤發明人之姓名表示權受侵害時，得請求表示發明人之姓名或爲其他回復名譽之必要處分。
⑥第二項及前項所定之請求權，自請求權人知有損害及賠償義務人時起，二年間不行使而消滅；自行爲時起，逾十年者，亦同。

第九七條　（損害賠償計算方式）102
①依前條請求損害賠償時，得就下列各款擇一計算其損害：
一　依民法第二百十六條之規定。但不能提供證據方法以證明其損害時，發明專利權人得就其實施專利權通常所可獲得之利益，減除受害後實施同一專利權所得之利益，以其差額爲所受損害。
二　依侵害人因侵害行爲所得之利益。

三　依授權實施該發明專利所得收取之合理權利金為基礎計算損害。

②依前項規定，侵害行為如屬故意，法院得因被害人之請求，依侵害情節，酌定損害額以上之賠償。但不得超過已證明損害額之三倍。

第九七條之一　（專利權人對進口物侵害專利權時得申請予以查扣之相關規定）103

①專利權人對進口之物有侵害其專利權之虞者，得申請海關先予查扣。

②前項申請，應以書面為之，並釋明侵害之事實，及提供相當於海關核估該進口物完稅價格之保證金或相當之擔保。

③海關受理查扣之申請，應即通知申請人；如認符合前項規定而實施查扣時，應以書面通知申請人及被查扣人。

④被查扣人得提供第二項保證金二倍之保證金或相當之擔保，請求海關廢止查扣，並依有關進口貨物通關規定辦理。

⑤海關在不損及查扣物機密資料保護之情形下，得依申請人或被查扣人之申請，同意其檢視查扣物。

⑥查扣物經申請人取得法院確定判決，屬侵害專利權者，被查扣人應負擔查扣物之貨櫃延滯費、倉租、裝卸費等有關費用。

第九七條之二　（廢止查扣之事由）103

①有下列情形之一，海關應廢止查扣：

一　申請人於海關通知受理查扣之翌日起十二日內，未依第九十六條規定就查扣物為侵害物提起訴訟，並通知海關者。

二　申請人就查扣物為侵害物所提訴訟經法院裁判駁回確定者。

三　查扣物經法院確定判決，不屬侵害專利權之物者。

四　申請人申請廢止查扣者。

五　符合前條第四項規定者。

②前項第一款規定之期限，海關得視需要延長十二日。

③海關依第一項規定廢止查扣者，應依有關進口貨物通關規定辦理。

④查扣因第一項第一款至第四款之事由廢止者，申請人應負擔查扣物之貨櫃延滯費、倉租、裝卸費等有關費用。

第九七條之三　（查扣物經判決不屬償害專利權之物時，申請人應損害賠償）103

①查扣物經法院確定判決不屬侵害專利權之物者，申請人應賠償被查扣人因查扣或提供第九十七條之一第四項規定保證金所受之損害。

②申請人就第九十七條之一第四項規定之保證金，被查扣人就第九十七條之一第二項規定之保證金，與質權人有同一權利。但前條第四項及第九十七條之一第六項規定之貨櫃延滯費、倉租、裝卸費等有關費用，優先於申請人或被查扣人之損害受償。

③有下列情形之一者，海關應依申請人之申請，返還第九十七條之一第二項規定之保證金：

一　申請人取得勝訴之確定判決，或與被查扣人達成和解，已無繼續提供保證金之必要者。

二　因前條第一項第一款至第四款規定之事由廢止查扣，致被查扣人受有損害後，或被查扣人取得勝訴之確定判決後，申請人證明已定二十日以上之期間，催告被查扣人行使權利而未行使者。

三　被查扣人同意返還者。

④有下列情形之一者，海關應依被查扣人之申請，返還第九十七條之一第四項規定之保證金：

一　因前條第一項第一款至第四款規定之事由廢止查扣，或被查扣人與申請人達成和解，已無繼續提供保證金之必要者。

二　申請人取得勝訴之確定判決後，被查扣人證明已定二十日以上之期間，催告申請人行使權利而未行使者。

三　申請人同意返還者。

第九七條之四　（前三條之具體實施內容及應遵行事項之訂定）103
前三條規定之申請查扣、廢止查扣、檢視查扣物、保證金或擔保之繳納、提供、返還之程序、應備文件及其他應遵行事項之辦法，由主管機關會同財政部定之。
第九八條　（專利標示原則及舉證責任之賠償）
專利物上應標示專利證書號數；不能於專利物上標示者，得於標籤、包裝或以其他足以引起他人認識之顯著方式標示之；其未附加標示者，於請求損害賠償時，應舉證證明侵害人明知或可得而知為專利物。
第九九條　（專利之推定與反證）
①製造方法專利所製成之物在該製造方法申請專利前，為國內外未見者，他人製造相同之物，推定為以該專利方法所製造。
②前項推定得提出反證推翻之。被告證明其製造該相同物之方法與專利方法不同者，為已提出反證。被告舉證所揭示製造及營業秘密之合法權益，應予充分保障。
第一〇〇條　（判決書正本之送達）
發明專利訴訟案件，法院應以判決書正本一份送專利專責機關。
第一〇一條　（訴訟案件之優先審查）
舉發案涉及侵權訴訟案件之審理者，專利專責機關得優先審查。
第一〇二條　（外國法人或團體專利權糾紛之訴訟處理）
未經認許之外國法人或團體，就本法規定事項得提起民事訴訟。
第一〇三條　（設立專業法庭或專人辦理）
①法院為處理發明專利訴訟案件，得設立專業法庭或指定專人辦理。
②司法院得指定侵害專利鑑定專業機構。
③法院受理發明專利訴訟案件，得囑託前項機構為鑑定。

第三章　新型專利

第一〇四條　（新型專利之積極要件）
新型，指利用自然法則之技術思想，對物品之形狀、構造或組合之創作。
第一〇五條　（不予新型專利之限制）
新型有妨害公共秩序或善良風俗者，不予新型專利。
第一〇六條　（新型專利的申請）
①申請新型專利，由專利申請權人備具申請書、說明書、申請專利範圍、摘要及圖式，向專利專責機關申請之。
②申請新型專利，以申請書、說明書、申請專利範圍及圖式齊備之日為申請日。
③說明書、申請專利範圍及圖式未於申請時提出中文本，而以外文本提出，且於專利專責機關指定期間內補正中文本者，以外文本提出之日為申請日。
④未於前項指定期間內補正中文本者，其申請案不予受理。但在處分前補正者，以補正之日為申請日，外文本視為未提出。
第一〇七條　（新型專利得為分割之申請）108
①申請專利之新型，實質上為二個以上之新型時，經專利專責機關通知，或據申請人申請，得為分割之申請。
②分割申請應於下列各款之期間內為之：
一　原申請案處分前。
二　原申請案核准處分書送達後三個月內。
第一〇八條　（改請之申請及範圍限制）
①申請發明或設計專利後改請新型專利者，或申請新型專利後改請發明專利者，以原申請案之申請日為改請案之申請日。
②改請之申請，有下列情事之一者，不得為之：
一　原申請案准予專利之審定書、處分書送達後。

二　原申請案為發明或設計，於不予專利之審定書送達後逾二個月。
三　原申請案為新型，於不予專利之處分書送達後逾三十日。

③改請後之申請案，不得超出原申請案申請時說明書、申請專利範圍或圖式所揭露之範圍。

第一〇九條　（限期修正說明書、申請專利範圍或圖式）

專利專責機關於形式審查新型專利時，得依申請或依職權通知申請人限期修正說明書、申請專利範圍或圖式。

第一一〇條　（外文本不得修正之限制）

①說明書、申請專利範圍及圖式，依第一百零六條第三項規定，以外文本提出者，其外文本不得修正。

②依第一百零六條第三項規定補正之中文本，不得超出申請時外文本所揭露之範圍。

第一一一條　（處分書）

新型專利申請案經形式審查後，應作成處分書送達申請人。經形式審查不予專利者，處分書應備具理由。

第一一二條　（不予專利處分之情形）

新型專利申請案，經形式審查認有下列各款情事之一，應為不予專利之處分：

一　新型非屬物品形狀、構造或組合者。
二　違反第一百零五條規定者。
三　違反第一百二十條準用第二十六條第四項規定之揭露方式者。
四　違反第一百二十條準用第三十三條規定者。
五　說明書、申請專利範圍或圖式未揭露必要事項，或其揭露明顯不清楚者。
六　修正，明顯超出申請時說明書、申請專利範圍或圖式所揭露之範圍者。

第一一三條　（新型專利認定及公告）

申請專利之新型，經形式審查認無不予專利之情事者，應予專利，並應將申請專利範圍及圖式公告之。

第一一四條　（新型專利權期限）

新型專利權期限，自申請日起算十年屆滿。

第一一五條　（新型專利技術報告之申請及專利公報之刊載）

①申請專利之新型經公告後，任何人得向專利專責機關申請新型專利技術報告。

②專利專責機關應將申請新型專利技術報告之事實，刊載於專利公報。

③專利專責機關應指定專利審查人員作成新型專利技術報告，並由專利審查人員具名。

④專利專責機關對於第一項之申請，應就第一百二十條準用第二十二條第一項第一款、第二項、第一百二十條準用第二十三條、第一百二十條準用第三十一條規定之情事，作成新型專利技術報告。

⑤依第一項規定申請新型專利技術報告，如敘明有非專利權人為商業上之實施，並檢附有關證明文件者，專利專責機關應於六個月內完成新型專利技術報告。

⑥新型專利技術報告之申請，於新型專利權當然消滅後，仍得為之。

⑦依第一項所為之申請，不得撤回。

第一一六條　（行使新型專利權未提示新型專利技術報告，不得進行警告）102

新型專利權人行使新型專利權時，如未提示新型專利技術報告，不得進行警告。

第一一七條　（專利權撤銷之賠償責任）

新型專利權人之專利權遭撤銷時，就其於撤銷前，因行使專利權所致他人之損害，應負賠償責任。但其係基於新型專利技術報告之內容，且已盡相當之注意者，不在此限。

第一一八條　（新型專利得申請更正案之期間及審查方式）108

新型專利權人除有依第一百二十條準用第七十四條第三項規定之情形外，僅得於下列期間申請更正：

一　新型專利權有新型專利技術報告申請案件受理中。

二　新型專利權有訴訟案件繫屬中。

第一一九條　（新型專利權得提起舉發之事由）108

①新型專利權有下列情事之一，任何人得向專利專責機關提起舉發：

一　違反第一百零四條、第一百零五條、第一百零八條第三項、第一百十條第二項、第一百二十條準用第二十二條、第一百二十條準用第二十三條、第一百二十條準用第二十六條、第一百二十條準用第三十一條、第一百二十條準用第三十四條第四項、第六項前段、第一百二十條準用第四十三條第二項、第一百二十條準用第四十四條第三項、第一百二十條準用第六十七條第二項至第四項規定者。

二　專利權人所屬國家對中華民國國民申請專利不予受理者。

三　違反第十二條第一項規定或新型專利權人爲非新型專利申請權人者。

②以前項第三款情事提起舉發者，限於利害關係人始得爲之。

③新型專利權得提起舉發之情事，依其核准處分時之規定。但以違反第一百零八條第三項、第一百二十條準用第三十四條第四項、第六項前段、第一百二十條準用第四十三條第二項或第一百二十條準用第六十七條第二項、第四項規定之情事，提起舉發者，依舉發時之規定。

④舉發審定書，應由專利審查人員具名。

第一二〇條　（新型專利準用之規定）108

第二十二條、第二十三條、第二十六條、第二十八條至第三十一條、第三十三條、第三十四條第三項至第七項、第三十五條、第四十三條第二項、第三項、第四十四條第三項、第四十六條第二項、第四十七條第二項、第五十一條、第五十二條第一項、第二項、第四項、第五十八條第一項、第二項、第四項、第五項、第五十九條、第六十二條至第六十五條、第六十七條、第六十八條、第六十九條、第七十條、第七十二條至第八十二條、第八十四條至第九十八條、第一百條至第一百零三條，於新型專利準用之。

第四章　設計專利

第一二一條　（設計之定義與設計專利之申請範圍）

①設計，指對物品之全部或部分之形狀、花紋、色彩或其結合，透過視覺訴求之創作。

②應用於物品之電腦圖像及圖形化使用者介面，亦得依本法申請設計專利。

第一二二條　（取得設計專利之消極要件）106

①可供產業上利用之設計，無下列情事之一，得依本法申請取得設計專利：

一　申請前有相同或近似之設計，已見於刊物者。

二　申請前有相同或近似之設計，已公開實施者。

三　申請前已爲公眾所知悉者。

②設計雖無前項各款所列情事，但爲其所屬技藝領域中具有通常知識者依申請前之先前技藝易於思及時，仍不得取得設計專利。

③申請人出於本意或非出於本意所致公開之事實發生後六個月內申請者，該事實非屬第一項各款或前項不得取得設計專利之情事。

④因申請專利而在我國或外國依法於公報上所爲之公開係出於申請人本意者，不適用前項規定。

第一二三條　（不得取得設計專利之情形）

申請專利之設計，與申請在先而在其申請後始公告之設計專利申請案所附說明書或圖式之內容相同或近似者，不得取得設計專利。但其申請人與申請在先之設計專利申請案之申請人相同者，不在此限。

第一二四條　（不予設計專利之物品）

下列各款，不予設計專利：

一　純功能性之物品造形。

二　純藝術創作。
三　積體電路電路布局及電子電路布局。
四　物品妨害公共秩序或善良風俗者。

第一二五條　（申請設計專利之程序）
①申請設計專利，由專利申請權人備具申請書、說明書及圖式，向專利專責機關申請之。
②申請設計專利，以申請書、說明書及圖式齊備之日爲申請日。
③說明書及圖式未於申請時提出中文本，而以外文本提出，且於專利專責機關指定期間內補正中文本者，以外文本提出之日爲申請日。
④未於前項指定期間內補正中文本者，其申請案不予受理。但在處分前補正者，以補正之日爲申請日，外文本視爲未提出。

第一二六條　（說明書及圖式之揭露方式）
①說明書及圖式應明確且充分揭露，使該設計所屬技藝領域中具有通常知識者，能瞭解其內容，並可據以實現。
②說明書及圖式之揭露方式，於本法施行細則定之。

第一二七條　（衍生設計專利之申請要件及限制）
①同一人有二個以上近似之設計，得申請設計專利及其衍生設計專利。
②衍生設計之申請日，不得早於原設計之申請日。
③申請衍生設計專利，於原設計專利公告後，不得爲之。
④同一人不得就與原設計不近似，僅與衍生設計近似之設計申請爲衍生設計專利。

第一二八條　（先申請原則）
①相同或近似之設計有二以上之專利申請案時，僅得就其最先申請者，准予設計專利。但後申請者所主張之優先權日早於先申請者之申請日者，不在此限。
②前項申請日、優先權日爲同日者，應通知申請人協議定之；協議不成時，均不予設計專利。其申請人爲同一人時，應通知申請人限期擇一申請；屆期未擇一申請者，均不予設計專利。
③各申請人爲協議時，專利專責機關應指定相當期間通知申請人申報協議結果；屆期未申報者，視爲協議不成。
④前三項規定，於下列各款不適用之：
一　原設計專利申請案與衍生設計專利申請案間。
二　同一設計專利申請案有二以上衍生設計專利申請案者，該二以上衍生設計專利申請案間。

第一二九條　（同一類別物品專利之申請原則）
①申請設計專利，應就每一設計提出申請。
②二個以上之物品，屬於同一類別，且習慣上以成組物品販賣或使用者，得以一設計提出申請。
③申請設計專利，應指定所施予之物品。

第一三〇條　（分割申請之依據原則）
①申請專利之設計，實質上爲二個以上之設計時，經專利專責機關通知，或據申請人申請，得爲分割之申請。
②分割申請，應於原申請案再審查審定前爲之。
③分割後之申請案，應就原申請案已完成之程序續行審查。

第一三一條　（改請設計專利之申請日與改請之消極要件）
①申請設計專利後改請衍生設計專利者，或申請衍生設計專利後改請設計專利者，以原申請案之申請日爲改請案之申請日。
②改請之申請，有下列情事之一者，不得爲之：
一　原申請案准予專利之審定書送達後。
二　原申請案不予專利之審定書送達後逾二個月。

③改請後之設計或衍生設計，不得超出原申請案申請時說明書或圖式所揭露之範圍。

第一三二條　（改請設計專利之申請日與改請之消極要件）

①申請發明或新型專利後改請設計專利者，以原申請案之申請日爲改請案之申請日。

②改請之申請，有下列情事之一者，不得爲之：

一　原申請案准予專利之審定書、處分書送達後。

二　原申請案爲發明，於不予專利之審定書送達後逾二個月。

三　原申請案爲新型，於不予專利之處分書送達後逾三十日。

③改請後之申請案，不得超出原申請案申請時說明書、申請專利範圍或圖式所揭露之範圍。

第一三三條　（申請專利中外文本之補修正範圍）

①說明書及圖式，依第一百二十五條第三項規定，以外文本提出者，其外文本不得修正。

②第一百二十五條第三項規定補正之中文本，不得超出申請時外文本所揭露之範圍。

第一三四條　（不予專利之事由）

設計專利申請案違反第一百二十一條至第一百二十四條、第一百二十六條十第一百二十七條、第一百二十八條第一項至第三項、第一百二十九條第一項、第二項、第一百三十一條第三項、第一百三十二條第三項、第一百三十三條第二項、第一百四十二條第一項準用第三十四條第四項、第一百四十二條第一項準用第四十三條第二項、第一百四十二條第一項準用第四十四條第三項規定者，應爲不予專利之審定。

第一三五條　（設計專利權期限）108

設計專利權期限，自申請日起算十五年屆滿；衍生設計專利權期限與原設計專利權期限同時屆滿。

第一三六條　（設計專利範圍）

①設計專利權人，除本法另有規定外，專有排除他人未經其同意而實施該設計或近似該設計之權。

②設計專利權範圍，以圖式爲準，並得審酌說明書。

第一三七條　（衍生設計專利權之單獨主張）

衍生設計專利權得單獨主張，且及於近似之範圍。

第一三八條　（衍生設計專利權之權益）

①衍生設計專利權，應與其原設計專利權一併讓與、信託、繼承、授權或設定質權。

②原設計專利權依第一百四十二條第一項準用第七十條第一項第三款或第四款規定已當然消滅或撤銷確定，其衍生設計專利權有二以上仍存續者，不得單獨讓與、信託、繼承、授權或設定質權。

第一三九條　（更正專利申請之限制）

①設計專利權人申請更正專利說明書或圖式，僅得就下列事項爲之：

一　誤記或誤譯之訂正。

二　不明瞭記載之釋明。

②更正，除誤譯之訂正外，不得超出申請時說明書或圖式所揭露之範圍。

③依第一百二十五條第三項規定，說明書及圖式以外文本提出者，其誤譯之訂正，不得超出申請時外文本所揭露之範圍。

④更正，不得實質擴大或變更公告時之圖式。

第一四〇條　（不得拋棄專利權之限制）

設計專利權人非經被授權人或質權人之同意，不得拋棄專利權。

第一四一條　（提起舉發之事由）

①設計專利權有下列情事之一，任何人得向專利專責機關提起舉發：

一　違反第一百二十一條至第一百二十四條、第一百二十六條、第一百二十七條、第一百二十八條第一項至第三項、第一百三十一條第三項、第一百三十二條第三項、第一百三十三條第二項、第一百三十九條第二項至第四項、第一百四十二條第一項準用第三十四條第四項、第一百四十二條第一項準用第四十三條第二項、第一百四十二條第一項準用第四十四條第三項規定者。

二　專利權人所屬國家對中華民國國民申請專利不予受理者。

三　違反第十二條第一項規定或設計專利權人為非設計專利申請權人者。

②以前項第三款情事提起舉發者，限於利害關係人始得為之。

③設計專利權得提起舉發之情事，依其核准審定時之規定。但以違反第一百三十一條第三項、第一百三十二條第三項、第一百三十九條第二項、第四項、第一百四十二條第一項準用第三十四條第四項或第一百四十二條第一項準用第四十三條第二項規定之情事，提起舉發者，依舉發時之規定。

第一四二條　（準用設計專利之範圍）106

①第二十八條、第二十九條、第三十四條第三項、第四項、第三十五條、第三十六條、第四十二條、第四十三條第一項至第三項、第四十四條第三項、第四十五條、第四十六條第二項、第四十七條、第四十八條、第五十條、第五十二條第一項、第二項、第四項、第五十八條第二項、第五十九條、第六十二條至第六十五條、第六十八條、第七十條、第七十二條、第七十三條第一項、第三項、第四項、第七十四條至第七十八條、第七十九條第一項、第八十條至第八十二條、第八十四條至第八十六條、第九十二條至第九十八條、第一百條至第一百零三條規定，於設計專利準用之。

②第二十八條第一項所定期間，於設計專利申請案為六個月。

③第二十九條第二項及第四項所定期間，於設計專利申請案為十個月。

④第五十九條第一項第三款但書所定期間，於設計專利申請案為六個月。

第五章　附　則

第一四三條　（專利檔案保存年限及範圍）108

①專利檔案中之申請書件、說明書、申請專利範圍、摘要、圖式及圖說，經專利專責機關認定具保存價值者，應永久保存。

②前項以外之專利檔案應依下列規定定期保存：

一　發明專利案除經審定准予專利者保存三十年外，應保存二十年。

二　新型專利案除經處分准予專利者保存十五年外，應保存十年。

三　設計專利案除經審定准予專利者保存二十年外，應保存十五年。

③前項專利檔案保存年限，自審定、處分、撤回或視為撤回之日所屬年度之次年首日開始計算。

④本法中華民國一百零八年四月十六日修正之條文施行前之專利檔案，其保存年限適用修正施行後之規定。

第一四四條　（獎助辦法）

主管機關為獎勵發明、新型或設計之創作，得訂定獎助辦法。

第一四五條　（外文種類之限定及載明事項）

依第二十五條第三項、第一百零六條第三項及第一百二十五條第三項規定提出之外文本，其外文種類之限定及其他應載明事項之辦法，由主管機關定之。

第一四六條　（規費）

①第九十二條、第一百二十條準用第九十二條、第一百四十二條第一項準用第九十二條規定之申請費、證書費及專利年費，其收費辦法由主管機關定之。

②第九十五條、第一百二十條準用第九十五條、第一百四十二條第一項準用第九十五條規定之專利年費減免，其減免條件、年限、金額及其他應遵行事項之辦法，由主管機關定之。

第一四七條　（不得申請延長專利期間之限制）

中華民國八十三年一月二十三日前所提出之申請案，不得依第五十三條規定，申請延長專利權期間。

第一四八條 （專利權期限之適用規定）
①本法中華民國八十三年一月二十一日修正施行前，已審定公告之專利案，其專利權期限，適用修正前之規定。但發明專利案，於世界貿易組織協定在中華民國管轄區域內生效之日，專利權仍存續者，其專利權期限，適用修正施行後之規定。
②本法中華民國九十二年一月三日修正之條文施行前，已審定公告之新型專利申請案，其專利權期限，適用修正前之規定。
③新式樣專利案，於世界貿易組織協定在中華民國管轄區域內生效之日，專利權仍存續者，其專利權期限，適用本法中華民國八十六年五月七日修正之條文施行後之規定。

第一四九條 （施行前未審定案之適用）
①本法中華民國一百年十一月二十九日修正之條文施行前，尚未審定之專利申請案，除本法另有規定外，適用修正施行後之規定。
②本法中華民國一百年十一月二十九日修正之條文施行前，尚未審定之更正案及舉發案，適用修正施行後之規定。

第一五〇條 （法律適用之過渡規定）
①本法中華民國一百年十一月二十九日修正之條文施行前提出，且依修正前第二十九條規定主張優先權之發明或新型專利申請案，其先申請案尚未公告或不予專利之審定或處分尚未確定者，適用第三十條第一項規定。
②本法中華民國一百年十一月二十九日修正之條文施行前已審定之發明專利申請案，未逾第三十四條第二項第二款規定之期間者，適用第三十四條第二項第二款及第六項規定。

第一五一條 （法律適用之規定）
第二十二條第三項第二款、第一百二十條準用第二十二條第三項第二款、第一百二十一條第一項有關物品之部分設計、第一百二十一條第二項、第一百二十二條第三項第一款、第一百二十七條、第一百二十九條第二項規定，於本法中華民國一百年十一月二十九日修正之條文施行後，提出之專利申請案，始適用之。

第一五二條 （法律適用之過渡規定）
本法中華民國一百年十一月二十九日修正之條文施行前，違反修正前第三十條第二項規定，視為未寄存之發明專利申請案，於修正施行後尚未審定者，適用第二十七條第二項之規定；其有主張優先權，自最早之優先權日起仍在十六個月內者，適用第二十七條第三項之規定。

第一五三條 （法律準用之規定）
①本法中華民國一百年十一月二十九日修正之條文施行前，依修正前第二十八條第三項、第一百零八條準用第二十八條第三項、第一百二十九條第一項準用第二十八條第三項規定，以違反修正前第二十八條第一項、第一百零八條準用第二十八條第一項、第一百二十九條第一項準用第二十八條第一項規定喪失優先權之專利申請案，於修正施行後尚未審定或處分，且自最早之優先權日起，發明、新型專利申請案仍在十六個月內，設計專利申請案仍在十個月內者，適用第二十九條第四項、第一百二十條準用第二十九條第四項、第一百四十二條第一項準用第二十九條第四項之規定。
②本法中華民國一百年十一月二十九日修正之條文施行前，依修正前第二十八條第三項、第一百零八條準用第二十八條第三項、第一百二十九條第一項準用第二十八條第三項規定，以違反修正前第二十八條第二項、第一百零八條準用第二十八條第二項、第一百二十九條第一項準用第二十八條第二項規定喪失優先權之專利申請案，於修正施行後尚未審定或處分，且自最早之優先權日起，發明、新型專利申請案仍在十六個月內，設計專利申請案仍在十個月內者，適用第二十九條第二項、第一百二十條準用第二十九條第二項、第一百四十二條第一項準用第二十九條第二項之規定。

第一五四條 （專利權存續之適用規定）
本法中華民國一百年十一月二十九日修正之條文施行前，已提出之延長發明專利權期間申請案，於修正施行後尚未審定，且其發明專利權仍存續者，適用修正施行後之規定。

第一五五條　（法律準用之規定）

本法中華民國一百年十一月二十九日修正之條文施行前，有下列情事之一，不適用第五十二條第四項、第七十條第二項、第一百二十條準用第五十二條第四項、第一百二十條準用第七十條第二項、第一百四十二條第一項準用第五十二條第四項、第一百四十二條第一項準用第七十條第二項之規定：

一　依修正前第五十一條第一項、第一百零一條第一項或第一百十三條第一項規定已逾繳費期限，專利權自始不存在者。

二　依修正前第六十六條第三款、第一百零八條準用第六十六條第三款或第一百二十九條第一項準用第六十六條第三款規定，於本法修正施行前，專利權已當然消滅者。

第一五六條（未審定之專利申請案改申請期限）

本法中華民國一百年十一月二十九日修正之條文施行前，尚未審定之新式樣專利申請案，申請人得於修正施行後三個月內，申請改為物品之部分設計專利申請案。

第一五七條　（法律適用之規定）

①本法中華民國一百年十一月二十九日修正之條文施行前，尚未審定之聯合新式樣專利申請案，適用修正前有關聯合新式樣專利之規定。

②本法中華民國一百年十一月二十九日修正之條文施行前，尚未審定之聯合新式樣專利申請案，且於原新式樣專利公告前申請者，申請人得於修正施行後三個月內申請改為衍生設計專利申請案。

第一五七條之一　（法律適用之規定）106

中華民國一百零五年十二月三十日修正之第二十二條、第五十九條、第一百二十二條及第一百四十二條，於施行後提出之專利申請案，始適用之。

第一五七條之二　（法規適用之規定）108

①本法中華民國一百零八年四月十六日修正之條文施行前，尚未審定之專利申請案，除本法另有規定外，適用修正施行後之規定。

②本法中華民國一百零八年四月十六日修正之條文施行前，尚未審定之更正案及舉發案，適用修正施行後之規定。

第一五七條之三　（法規適用之規定）108

本法中華民國一百零八年四月十六日修正之條文施行前，已審定或處分之專利申請案，尚未逾第三十四條第二項第二款、第一百零七條第二項第二款規定之期間者，適用修正施行後之規定。

第一五七條之四　（法規適用之規定）108

①本法中華民國一百零八年四月十六日修正之條文施行之日，設計專利權仍存續者，其專利權期限，適用修正施行後之規定。

②本法中華民國一百零八年四月十六日修正之條文施行前，設計專利權因第一百四十二條第一項準用第七十條第一項第三款規定之事由當然消滅，而於修正施行後準用同條第二項規定申請回復專利權者，其專利權期限，適用修正施行後之規定。

第一五八條　（施行細則）

本法施行細則，由主管機關定之。

第一五九條　（施行日）102

①本法之施行日期，由行政院定之。

②本法中華民國一百零二年五月三十一日修正之條文，自公布日施行。

商標法

①民國19年5月6日國民政府制定公布全文40條；並自20年1月1日施行。
②民國24年11月23日國民政府修正公布全文39條。
③民國29年10月19日國民政府修正公布全文40條。
④民國47年10月24日總統令修正公布全文38條。
⑤民國61年7月4日總統令修正公布全文69條。
⑥民國72年1月26日總統令修正公布第4、6、19、21、22、31、33、34、37、52、53、62條條文；並增訂第25-1、62-1至62-3、67-1條條文。
⑦民國74年11月29日總統令修正公布第61、64至66條條文；刪除第67-1條條文；並增訂第64-1、66-1、66-2條條文。
⑧民國78年5月26日總統令修正公布第2、8、46、52、62-3條條文。
⑨民國82年12月22日總統令修正公布全文79條。
⑩民國86年5月7日總統令修正公布第4、5、23、25、34、37、61、79條條文；除第79條外，餘自87年11月1日施行。
⑪民國91年5月29日總統令增訂公布第77-1條條文；修正第79條條文；並自公布日施行。
⑫民國92年5月28日總統令修正公布全文94條；並自公布日起六個月後施行。
⑬民國99年8月25日總統令修正公布第4及94條條文。
民國99年9月10日行政院令發布定自99年9月12日施行。
⑭民國100年6月29日總統令修正公布全文111條。
民國101年3月26日行政院令發布定自101年7月1日施行。
⑮民國105年11月30日總統令修正公布第98條條文。
民國105年12月14日行政院令發布定自105年12月15日施行。
⑯民國111年5月4日總統令修正公布第68、70、95至97條條文。
⑰民國112年5月24日總統令修正公布第6、12、13、19、30、36、75、94、99、104、106、107條條文；並增訂第98-1、109-1條條文。
民國113年3月29日行政院令發布定自113年5月1日施行。

第一章　總　則

第一條　（立法目的）

爲保障商標權、證明標章權、團體標章權、團體商標權及消費者利益，維護市場公平競爭，促進工商企業正常發展，特制定本法。

第二條　（商標權之註冊）

欲取得商標權、證明標章權、團體標章權或團體商標權者，應依本法申請註冊。

第三條　（主管機關）

①本法之主管機關爲經濟部。
②商標業務，由經濟部指定專責機關辦理。

第四條　（外國人申請商標之互惠原則）

外國人所屬之國家，與中華民國如未共同參加保護商標之國際條約或無互相保護商標之條約、協定，或對中華民國國民申請商標註冊不予受理者，其商標註冊之申請，得不予受理。

第五條　（商標之使用）

①商標之使用，指爲行銷之目的，而有下列情形之一，並足以使相關消費者認識其爲商標：
　一　將商標用於商品或其包裝容器。
　二　持有、陳列、販賣、輸出或輸入前款之商品。

三　將商標用於與提供服務有關之物品。

四　將商標用於與商品或服務有關之商業文書或廣告。

②前項各款情形，以數位影音、電子媒體、網路或其他媒介物方式爲之者，亦同。

第六條 112

①申請商標註冊及其他程序事項，得委任代理人辦理之。但在中華民國境內無住所或營業所者，應委任代理人辦理之。

②前項代理人以在國內有住所，並具備下列資格之一者爲限：

一　依法得執行商標代理業務之專門職業人員。

二　商標代理人。

③前項第二款規定之商標代理人，應經商標專責機關舉辦之商標專業能力認證考試及格或曾從事一定期間之商標審查工作，並申請登錄及每年完成在職訓練，始得執行商標代理業務。

④前項商標專業能力認證考試之舉辦、商標審查工作之一定期間、登錄商標代理人之資格與應檢附文件、在職訓練之方式、時數、執行商標代理業務之管理措施、停止執行業務之申請、廢止登錄及其他應遵行事項之辦法，由主管機關定之。

第七條　（商標共有申請及選定代表人）

①二人以上欲共有一商標，應由全體具名提出申請，並得選定其中一人爲代表人，爲全體共有人爲各項申請程序及收受相關文件。

②未爲前項選定代表人者，商標專責機關應以申請書所載第一順序申請人爲應受送達人，並應將送達事項通知其他共有商標之申請人。

第八條　（程序期間之遲誤與補行）

①商標之申請及其他程序，除本法另有規定外，遲誤法定期間、不合法定程式不能補正或不合法定程式經指定期間通知補正屆期未補正者，應不受理。但遲誤指定期間在處分前補正者，仍應受理之。

②申請人因天災或不可歸責於己之事由，遲誤法定期間者，於其原因消滅後三十日內，得以書面敘明理由，向商標專責機關申請回復原狀。但遲誤法定期間已逾一年者，不得申請回復原狀。

③申請回復原狀，應同時補行期間內應爲之行爲。

④前二項規定，於遲誤第三十二條第三項規定之期間者，不適用之。

第九條　（各項期間之起算標準）

①商標之申請及其他程序，應以書件或物件到達商標專責機關之日爲準；如係郵寄者，以郵寄地郵戳所載日期爲準。

②郵戳所載日期不清晰者，除由當事人舉證外，以到達商標專責機關之日爲準。

第一〇條　（公示送達）

處分書或其他文件無從送達者，應於商標公報公告之，並於刊登公報後滿三十日，視爲已送達。

第一一條　（商標公報之登載）

①商標專責機關應刊行公報，登載註冊商標及其相關事項。

②前項公報，得以電子方式爲之；其實施日期，由商標專責機關定之。

第一二條 112

①商標專責機關應備置商標註冊簿及商標代理人名簿；商標註冊簿登載商標註冊、商標權異動及法令所定之一切事項，商標代理人名簿登載商標代理人之登錄及其異動等相關事項，並均對外公開之。

②前項商標註冊簿及商標代理人名簿，得以電子方式爲之。

第一三條 112

①有關商標之申請及其他程序，得以電子方式爲之。商標專責機關之文書送達，亦同。

②前項電子方式之適用範圍、效力、作業程序及其他應遵行事項之辦法，由主管機關定之。

第一四條　（指定審查人員審查）

①商標專責機關對於商標註冊之申請、異議、評定及廢止案件之審查，應指定審查人員審查之。

②前項審查人員之資格，以法律定之。

第一五條（審查書面處分）

①商標專責機關對前條第一項案件之審查，應作成書面之處分，並記載理由送達申請人。

②前項之處分，應由審查人員具名。

第一六條　（期間之計算）

有關期間之計算，除第三十三條第一項、第七十五條第四項及第一百零三條規定外，其始日不計算在內。

第一七條　（商標規定之準用）

本章關於商標之規定，於證明標章、團體標章、團體商標，準用之。

第二章　商　標

第一節　申請註冊

第一八條（商標之標識）

①商標，指任何具有識別性之標識，得以文字、圖形、記號、顏色、立體形狀、動態、全像圖、聲音等，或其聯合式所組成。

②前項所稱識別性，指足以使商品或服務之相關消費者認識爲指示商品或服務來源，並得與他人之商品或服務相區別者。

第一九條 112

①申請商標註冊，應備具申請書，載明申請人、商標圖樣及指定使用之商品或服務，向商標專責機關申請之。

②申請商標註冊，以提出前項申請書之日爲申請日。

③第一項之申請人，爲自然人、法人、合夥組織、依法設立之非法人團體或依商業登記法登記之商業，而欲從事其所指定商品或服務之業務者。

④商標圖樣應以清楚、明確、完整、客觀、持久及易於理解之方式呈現。

⑤申請商標註冊，應以一申請案一商標之方式爲之，並得指定使用於二個以上類別之商品或服務。

⑥前項商品或服務之分類，於本法施行細則定之。

⑦類似商品或服務之認定，不受前項商品或服務分類之限制。

⑧申請商標註冊，申請人有即時取得權利之必要時，得敘明事實及理由，繳納加速審查費後，由商標專責機關進行加速審查。但商標專責機關已對該註冊申請案通知補正或核駁理由者，不適用之。

第二〇條　（優先權）

①在與中華民國有相互承認優先權之國家或世界貿易組織會員，依法申請註冊之商標，其申請人於第一次申請日後六個月內，向中華民國就該申請同一之部分或全部商品或服務，以相同商標申請註冊者，得主張優先權。

②外國申請人爲非世界貿易組織會員之國民且其所屬國家與中華民國無相互承認優先權者，如於互惠國或世界貿易組織會員領域內，設有住所或營業所者，得依前項規定主張優先權。

③依第一項規定主張優先權者，應於申請註冊同時聲明，並於申請書載明下列事項：

一　第一次申請之申請日。

二　受理該申請之國家或世界貿易組織會員。

三　第一次申請之申請案號。

④申請人應於申請日後三個月內，檢送經前項國家或世界貿易組織會員證明受理之申請文件。
⑤未依第三項第一款、第二款或前項規定辦理者，視為未主張優先權。
⑥主張優先權者，其申請日以優先權日為準。
⑦主張複數優先權者，各以其商品或服務所主張之優先權日為申請日。

第二一條　（展覽會優先權）

①於中華民國政府主辦或認可之國際展覽會上，展出使用申請註冊商標之商品或服務，自該商品或服務展出日後六個月內，提出申請者，其申請日以展出日為準。
②前條規定，於主張前項展覽會優先權者，準用之。

第二二條　（類似商標各別申請時之註冊標準）

二人以上於同日以相同或近似之商標，於同一或類似之商品或服務各別申請註冊，有致相關消費者混淆誤認之虞，而不能辨別時間先後者，由各申請人協議定之；不能達成協議時，以抽籤方式定之。

第二三條　（商標圖樣之變更）

商標圖樣及其指定使用之商品或服務，申請後即不得變更。但指定使用商品或服務之減縮，或非就商標圖樣為實質變更者，不在此限。

第二四條　（變更註冊申請事項）

申請人之名稱、地址、代理人或其他註冊申請事項變更者，應向商標專責機關申請變更。

第二五條　（商標註冊申請事項錯誤之申請更正）

①商標註冊申請事項有下列錯誤時，得經申請或依職權更正之：
一　申請人名稱或地址之錯誤。
二　文字用語或繕寫之錯誤。
三　其他明顯之錯誤。
②前項之申請更正，不得影響商標同一性或擴大指定使用商品或服務之範圍。

第二六條　（請求分割之註冊申請案）

申請人得就所指定使用之商品或服務，向商標專責機關請求分割為二個以上之註冊申請案，以原註冊申請日為申請日。

第二七條　（權利移轉）

因商標註冊之申請所生之權利，得移轉於他人。

第二八條　（共有商標申請權或共有人應有部分之移轉、拋棄規定）

①共有商標申請權或共有人應有部分之移轉，應經全體共有人之同意。但因繼承、強制執行、法院判決或依其他法律規定移轉者，不在此限。
②共有商標申請權之拋棄，應得全體共有人之同意。但各共有人就其應有部分之拋棄，不在此限。
③前項共有人拋棄其應有部分者，其應有部分由其他共有人依其應有部分之比例分配之。
④前項規定，於共有人死亡而無繼承人或消滅後無承受人者，準用之。
⑤共有商標申請權指定使用商品或服務之減縮或分割，應經全體共有人之同意。

第二節　審查及核准

第二九條　（欠缺商標識別性情形不得註冊）

①商標有下列不具識別性情形之一，不得註冊：
一　僅由描述所指定商品或服務之品質、用途、原料、產地或相關特性之說明所構成者。
二　僅由所指定商品或服務之通用標章或名稱所構成者。
三　僅由其他不具識別性之標識所構成者。

②有前項第一款或第三款規定之情形，如經申請人使用且在交易上已成爲申請人商品或服務之識別標識者，不適用之。

③商標圖樣中包含不具識別性部分，且有致商標權範圍產生疑義之虞，申請人應聲明該部分不在專用之列；未爲不專用之聲明者，不得註冊。

第三〇條 112

①商標有下列情形之一，不得註冊：

一　僅爲發揮商品或服務之功能所必要者。

二　相同或近似於中華民國國旗、國徽、國璽、軍旗、軍徽、印信、勳章或外國國旗，或世界貿易組織會員依巴黎公約第六條之三第三款所爲通知之外國國徽、國璽或國家徽章者。

三　相同於國父或國家元首之肖像或姓名者。

四　相同或近似於中華民國政府機關或其主辦展覽會之標章，或其所發給之褒獎牌狀者。

五　相同或近似於國際跨政府組織或國內外著名且具公益性機構之徽章、旗幟、其他徽記、縮寫或名稱，有致公衆誤認誤信之虞者。

六　相同或近似於國內外用以表明品質管制或驗證之國家標誌或印記，且指定使用於同一或類似之商品或服務者。

七　妨害公共秩序或善良風俗者。

八　使公衆誤認誤信其商品或服務之性質、品質或產地之虞者。

九　相同或近似於中華民國或外國之葡萄酒或蒸餾酒地理標示，且指定使用於與葡萄酒或蒸餾酒同一或類似商品，而該外國與中華民國簽訂協定或共同參加國際條約，或相互承認葡萄酒或蒸餾酒地理標示之保護者。

十　相同或近似於他人同一或類似商品或服務之註冊商標或申請在先之商標，有致相關消費者混淆誤認之虞者。但經該註冊商標或申請在先之商標所有人同意申請，且非顯屬不當者，不在此限。

十一　相同或近似於他人著名商標或標章，有致相關公衆混淆誤認之虞，或有減損著名商標或標章之識別性或信譽之虞者。但得該商標或標章之所有人同意申請註冊者，不在此限。

十二　相同或近似於他人先使用於同一或類似商品或服務之商標，而申請人因與該他人間具有契約、地緣、業務往來或其他關係，知悉他人商標存在，意圖仿襲而申請註冊者。但經其同意申請註冊者，不在此限。

十三　有他人之肖像或著名之姓名、藝名、筆名、稱號者。但經其同意申請註冊者，不在此限。

十四　相同或近似於著名之法人、商號或其他團體之名稱，有致相關公衆混淆誤認之虞者。但經其同意申請註冊者，不在此限。

十五　商標侵害他人之著作權、專利權或其他權利，經判決確定者。但經其同意申請註冊者，不在此限。

②前項第九款及第十一款至第十四款所規定之地理標示、著名及先使用之認定，以申請時爲準。

③第一項第二款、第四款、第五款及第九款規定，於政府機關或相關機構爲申請人或經其同意申請註冊者，不適用之。

④商標圖樣中包含第一項第一款之功能性部分，未以虛線方式呈現者，不得註冊；其不能以虛線方式呈現，且未聲明不屬於商標之一部分者，亦同。

第三一條　（核駁審定）

①商標註冊申請案經審查認有第二十九條第一項、第三項、前條第一項、第四項或第六十五條第三項規定不得註冊之情形者，應予核駁審定。

②前項核駁審定前，應將核駁理由以書面通知申請人限期陳述意見。

③指定使用商品或服務之減縮、商標圖樣之非實質變更、註冊申請案之分割及不專用之

聲明，應於核駁審定前爲之。

第三二條　（核准審定）

①商標註冊申請案經審查無前條第一項規定之情形者，應予核准審定。

②經核准審定之商標，申請人應於審定書送達後二個月內，繳納註冊費後，始予註冊公告，並發給商標註冊證；屆期未繳費者，不予註冊公告。

③申請人非因故意，未於前項所定期限繳費者，得於繳費期限屆滿後六個月內，繳納二倍之註冊費後，由商標專責機關公告之。但影響第三人於此期間內申請註冊或取得商標權者，不得爲之。

第三節　商標權

第三三條　（商標權）

①商標自註冊公告當日起，由權利人取得商標權，商標權期間爲十年。

②商標權期間得申請延展，每次延展爲十年。

第三四條　（商標權延展申請）

①商標權之延展，應於商標權期間屆滿前六個月內提出申請，並繳納延展註冊費；其於商標權期間屆滿後六個月內提出申請者，應繳納二倍延展註費。

②前項核准延展之期間，自商標權期間屆滿日後起算。

第三五條　（商標權應經商標權人同意取得情形）

①商標權人於經註冊指定之商品或服務，取得商標權。

②除本法第三十六條另有規定外，下列情形，應經商標權人之同意：

一　於同一商品或服務，使用相同於註冊商標之商標者。

二　於類似之商品或服務，使用相同於註冊商標之商標，有致相關消費者混淆誤認之虞者。

三　於同一或類似之商品或服務，使用近似於註冊商標之商標，有致相關消費者混淆誤認之虞者。

③商標經註冊者，得標明註冊商標或國際通用註冊符號。

第三六條 112

①下列情形，不受他人商標權之效力所拘束：

一　以符合商業交易習慣之誠實信用方法，表示自己之姓名、名稱，或其商品或服務之名稱、形狀、品質、性質、特性、用途、產地或其他有關商品或服務本身之說明，非作爲商標使用者。

二　以符合商業交易習慣之誠實信用方法，表示商品或服務之使用目的，而有使用他人之商標用以指示該他人之商品或服務之必要者。但其使用結果有致相關消費者混淆誤認之虞者，不適用之。

三　爲發揮商品或服務功能所必要者。

四　在他人商標註冊申請日前，善意使用相同或近似之商標於同一或類似之商品或服務者。但以原使用之範圍爲限；商標權人並得要求其附加適當之區別標示。

②附有註冊商標之商品，係由商標權人或經其同意之人於國內外市場上交易流通者，商標權人不得就該商品主張商標權。但爲防止商品流通於市場後，發生變質、受損或經他人擅自加工、改造，或有其他正當事由者，不在此限。

第三七條　（申請分割商標權）

商標權人得就註冊商標指定使用之商品或服務，向商標專責機關申請分割商標權。

第三八條　（商標註冊事項之變更或更正）

①商標圖樣及其指定使用之商品或服務，註冊後即不得變更。但指定使用商品或服務之減縮，不在此限。

②商標註冊事項之變更或更正，準用第二十四條及第二十五條規定。

③註冊商標涉有異議、評定或廢止案件時，申請分割商標權或減縮指定使用商品或服務

者，應於處分前為之。

第三九條　（商標授權登記）

①商標權人得就其註冊商標指定使用商品或服務之全部或一部指定地區為專屬或非專屬授權。

②前項授權，非經商標專責機關登記者，不得對抗第三人。

③授權登記後，商標權移轉者，其授權契約對受讓人仍繼續存在。

④非專屬授權登記後，商標權人再為專屬授權登記者，在先之非專屬授權登記不受影響。

⑤專屬被授權人在被授權範圍內，排除商標權人及第三人使用註冊商標。

⑥商標權受侵害時，於專屬授權範圍內，專屬被授權人得以自己名義行使權利。但契約另有約定者，從其約定。

第四〇條　（再授權及對抗要件）

①專屬被授權人得於被授權範圍內，再授權他人使用。但契約另有約定者，從其約定。

②非專屬被授權人非經商標權人或專屬被授權人同意，不得再授權他人使用。

③再授權，非經商標專責機關登記者，不得對抗第三人。

第四一條　（申請廢止商標授權登記）

商標授權期間屆滿前有下列情形之一，當事人或利害關係人得檢附相關證據，申請廢止商標授權登記：

一　商標權人及被授權人雙方同意終止者。其經再授權者，亦同。

二　授權契約明定，商標權人或被授權人得任意終止授權關係，經當事人聲明終止者。

三　商標權人以被授權人違反授權契約約定，通知被授權人解除或終止授權契約，而被授權人無異議者。

四　其他相關事證足以證明授權關係已不存在者。

第四二條　（商標權之移轉及對抗要件）

商標權之移轉，非經商標專責機關登記者，不得對抗第三人。

第四三條　（附加適當區別標示）

移轉商標權之結果，有二以上之商標權人使用相同商標於類似之商品或服務，或使用近似商標於同一或類似之商品或服務，而有致相關消費者混淆誤認之虞者，各商標權人使用時應附加適當區別標示。

第四四條　（質權設定、變更及消滅登記）

①商標權人設定質權及質權之變更、消滅，非經商標專責機關登記者，不得對抗第三人。

②商標權人為擔保數債權就商標權設定數質權者，其次序依登記之先後定之。

③質權人非經商標權人授權，不得使用該商標。

第四五條　（拋棄商標權）

①商標權人得拋棄商標權。但有授權登記或質權登記者，應經被授權人或質權人同意。

②前項拋棄，應以書面向商標專責機關為之。

第四六條　（共有商標權）

①共有商標權之授權、再授權、移轉、拋棄、設定質權或應有部分之移轉或設定質權，應經全體共有人之同意。但因繼承、強制執行、法院判決或依其他法律規定移轉者，不在此限。

②共有商標權人應有部分之拋棄，準用第二十八條第二項但書及第三項規定。

③共有商標權人死亡而無繼承人或消滅後無承受人者，其應有部分之分配，準用第二十八條第四項規定。

④共有商標權指定使用商品或服務之減縮或分割，準用第二十八條第五項規定。

第四七條　（商標權之消滅）

有下列情形之一，商標權當然消滅：

一　未依第三十四條規定延展註冊者，商標權自該商標權期間屆滿後消滅。
二　商標權人死亡而無繼承人者，商標權自商標權人死亡後消滅。
三　依第四十五條規定拋棄商標權者，自其書面表示到達商標專責機關之日消滅。

第四節　異　議

第四八條　（提出異議）
①商標之註冊違反第二十九條第一項、第三十條第一項或第六十五條第三項規定之情形者，任何人得自商標註冊公告日後三個月內，向商標專責機關提出異議。
②前項異議，得就註冊商標指定使用之部分商品或服務為之。
③異議應就每一註冊商標各別申請之。

第四九條　（異議書）
①提出異議者，應以異議書載明事實及理由，並附副本。異議書如有提出附屬文件者，副本中應提出。
②商標專責機關應將異議書送達商標權人限期答辯；商標權人提出答辯書者，商標專責機關應將答辯書送達異議人限期陳述意見。
③依前項規定提出之答辯書或陳述意見書有遲滯程序之虞，或其事證已臻明確者，商標專責機關得不通知相對人答辯或陳述意見，逕行審理。

第五〇條　（異議商標註冊有無違法之規定）
異議商標之註冊有無違法事由，除第一百零六條第一項及第三項規定外，依其註冊公告時之規定。

第五一條　（異議案件之審查人員）
商標異議案件，應由未曾審查原案之審查人員審查之。

第五二條　（異議程序）
①異議程序進行中，被異議之商標權移轉者，異議程序不受影響。
②前項商標權受讓人得聲明承受被異議人之地位，續行異議程序。

第五三條　（異議之撤回）
①異議人得於異議審定前，撤回其異議。
②異議人撤回異議者，不得就同一事實，以同一證據及同一理由，再提異議或評定。

第五四條　（異議案件撤銷註冊）
異議案件經異議成立者，應撤銷其註冊。

第五五條　（撤銷註冊）
前條撤銷之事由，存在於註冊商標所指定使用之部分商品或服務者，得僅就該部分商品或服務撤銷其註冊。

第五六條　（異議確定後之效力）
經過異議確定後之註冊商標，任何人不得就同一事實，以同一證據及同一理由，申請評定。

第五節　評　定

第五七條　（商標註冊之評定）
①商標之註冊違反第二十九條第一項、第三十條第一項或第六十五條第三項規定之情形者，利害關係人或審查人員得申請或提請商標專責機關評定其註冊。
②以商標之註冊違反第三十條第一項第十款規定，向商標專責機關申請評定，其據以評定商標之註冊已滿三年者，應檢附於申請評定前三年有使用於據以主張商品或服務之證據，或其未使用有正當事由之事證。
③依前項規定提出之使用證據，應足以證明商標之真實使用，並符合一般商業交易習慣。

第五八條　（商標註冊不得申請或提請評定）

①商標之註冊違反第二十九條第一項第一款、第三款、第三十條第一項第九款至第十五款或第六十五條第三項規定之情形，自註冊公告日後滿五年者，不得申請或提請評定。

②商標之註冊違反第三十條第一項第九款、第十一款規定之情形，係屬惡意者，不受前項期間之限制。

第五九條　（商標評定）

商標評定案件，由商標專責機關首長指定審查人員三人以上為評定委員評定之。

第六〇條　（不成立之評定）

評定案件經評定成立者，應撤銷其註冊。但不得註冊之情形已不存在者，經斟酌公益及當事人利益之衡平，得為不成立之評定。

第六一條　（評定案件處分後之效力）

評定案件經處分後，任何人不得就同一事實，以同一證據及同一理由，申請評定。

第六二條　（商標評定準用規定）

第四十八條第二項、第三項、第四十九條至第五十三條及第五十五條規定，於商標之評定，準用之。

第六節　廢　止

第六三條　（商標註冊之廢止）

①商標註冊後有下列情形之一，商標專責機關應依職權或據申請廢止其註冊：

一　自行變換商標或加附記，致與他人使用於同一或類似之商品或服務之註冊商標構成相同或近似，而有使相關消費者混淆誤認之虞者。

二　無正當事由迄未使用或繼續停止使用已滿三年者。但被授權人有使用者，不在此限。

三　未依第四十三條規定附加適當區別標示者。但於商標專責機關處分前已附加區別標示並無產生混淆誤認之虞者，不在此限。

四　商標已成為所指定商品或服務之通用標章、名稱或形狀者。

五　商標實際使用時有致公眾誤認誤信其商品或服務之性質、品質或產地之虞者。

②被授權人為前項第一款之行為，商標權人明知或可得而知而不為反對之表示者，亦同。

③有第一項第二款規定之情形，於申請廢止時該註冊商標已為使用者，除因知悉他人將申請廢止，而於申請廢止前三個月內開始使用者外，不予廢止其註冊。

④廢止之事由僅存在於註冊商標所指定使用之部分商品或服務者，得就該部分之商品或服務廢止其註冊。

第六四條　（使用註冊商標）

商標權人實際使用之商標與註冊商標不同，而依社會一般通念並不失其同一性者，應認為有使用其註冊商標。

第六五條　（駁回）

①商標專責機關應將廢止申請之情事通知商標權人，並限期答辯；商標權人提出答辯書者，商標專責機關應將答辯書送達申請人限期陳述意見。但申請人之申請無具體事證或其主張顯無理由者，得逕為駁回。

②第六十三條第一項第二款規定情形，其答辯通知經送達者，商標權人應證明其有使用之事實；屆期未答辯者，得逕行廢止其註冊。

③註冊商標有第六十三條第一項第一款規定情形，經廢止其註冊者，原商標權人於廢止日後三年內，不得註冊、受讓或被授權使用與原註冊圖樣相同或近似之商標於同一或類似之商品或服務；其於商標專責機關處分前，聲明拋棄商標權者，亦同。

第六六條　（商標廢止案件法規適用之基準時點）

商標註冊後有無廢止之事由，適用申請廢止時之規定。

第六七條　（廢止案審查準用規定）

①第四十八條第二項、第三項、第四十九條第一項、第三項、第五十二條及第五十三條規定，於廢止案之審查，準用之。

②以註冊商標有第六十三條第一項第一款規定申請廢止者，準用第五十七條第二項及第三項規定。

③商標權人依第六十五條第二項提出使用證據者，準用第五十七條第三項規定。

第七節　權利侵害之救濟

第六八條　111

①未得商標權人同意，有下列情形之一，爲侵害商標權：

一　於同一商品或服務，使用相同於註冊商標之商標者。

二　於類似之商品或服務，使用相同於註冊商標之商標，有致相關消費者混淆誤認之虞者。

三　於同一或類似之商品或服務，使用近似於註冊商標之商標，有致相關消費者混淆誤認之虞者。

②爲供自己或他人用於與註冊商標同一或類似之商品或服務，未得商標權人同意，爲行銷目的而製造、販賣、持有、陳列、輸出或輸入附有相同或近似於註冊商標之標籤、吊牌、包裝容器或與服務有關之物品者，亦爲侵害商標權。

第六九條　（侵害之排除及損害賠償）

①商標權人對於侵害其商標權者，得請求除去之；有侵害之虞者，得請求防止之。

②商標權人依前項規定爲請求時，得請求銷毀侵害商標權之物品及從事侵害行爲之原料或器具。但法院審酌侵害之程度及第三人利益後，得爲其他必要之處置。

③商標權人對於因故意或過失侵害其商標權者，得請求損害賠償。

④前項之損害賠償請求權，自請求權人知有損害及賠償義務人時起，二年間不行使而消滅；自有侵權行爲時起，逾十年者亦同。

第七〇條　111

未得商標權人同意，有下列情形之一，視爲侵害商標權：

一　明知爲他人著名之註冊商標，而使用相同或近似之商標，有致減損該商標之識別性或信譽之虞者。

二　明知爲他人著名之註冊商標，而以該著名商標中之文字作爲自己公司、商號、團體、網域或其他表彰營業主體之名稱，有致相關消費者混淆誤認之虞或減損該商標之識別性或信譽之虞者。

第七一條　（損害之計算）

①商標權人請求損害賠償時，得就下列各款擇一計算其損害：

一　依民法第二百十六條規定。但不能提供證據方法以證明其損害時，商標權人得就其使用註冊商標通常所可獲得之利益，減除受侵害後使用同一商標所得之利益，以其差額爲所受損害。

二　依侵害商標權行爲所得之利益；於侵害商標權者不能就其成本或必要費用舉證時，以銷售該項商品全部收入爲所得利益。

三　就查獲侵害商標權商品之零售單價一千五百倍以下之金額。但所查獲商品超過一千五百件時，以其總價定賠償金額。

四　以相當於商標權人授權他人使用所得收取之權利金數額爲其損害。

②前項賠償金額顯不相當者，法院得予酌減之。

第七二條　（申請查扣）

①商標權人對輸入或輸出之物品有侵害其商標權之虞者，得申請海關先予查扣。

②前項申請，應以書面爲之，並釋明侵害之事實，及提供相當於海關核估該進口物品完稅價格或出口物品離岸價格之保證金或相當之擔保。

③海關受理查扣之申請，應即通知申請人；如認符合前項規定而實施查扣時，應以書面通知申請人及被查扣人。
④被查扣人得提供第二項保證金二倍之保證金或相當之擔保，請求海關廢止查扣，並依有關進出口物品通關規定辦理。
⑤查扣物經申請人取得法院確定判決，屬侵害商標權者，被查扣人應負擔查扣物之貨櫃延滯費、倉租、裝卸費等有關費用。

第七三條　（廢止查扣）
①有下列情形之一，海關應廢止查扣：
一　申請人於海關通知受理查扣之翌日起十二日內，未依第六十九條規定就查扣物爲侵害物提起訴訟，並通知海關者。
二　申請人就查扣物爲侵害物所提訴訟經法院裁定駁回確定者。
三　查扣物經法院確定判決，不屬侵害商標權之物者。
四　申請人申請廢止查扣者。
五　符合前條第四項規定者。
②前項第一款規定之期限，海關得視需要延長十二日。
③海關依第一項規定廢止查扣者，應依有關進出口物品通關規定辦理。
④查扣因第一項第一款至第四款之事由廢止者，申請人應負擔查扣物之貨櫃延滯費、倉租、裝卸費等有關費用。

第七四條　（保證金之返還）
①查扣物經法院確定判決不屬侵害商標權之物者，申請人應賠償被查扣人因查扣或提供第七十二條第四項規定保證金所受之損害。
②申請人就第七十二條第四項規定之保證金，被查扣人就第七十二條第二項規定之保證金，與質權人有同一之權利。但前條第四項及第七十二條第五項規定之貨櫃延滯費、倉租、裝卸費等有關費用，優先於申請人或被查扣人之損害受償。
③有下列情形之一，海關應依申請人之申請，返還第七十二條第二項規定之保證金：
一　申請人取得勝訴之確定判決，或與被查扣人達成和解，已無繼續提供保證金之必要者。
二　因前條第一項第一款至第四款規定之事由廢止查扣，致被查扣人受有損害後，或被查扣人取得勝訴之確定判決後，申請人證明已定二十日以上之期間，催告被查扣人行使權利而未行使者。
三　被查扣人同意返還者。
④有下列情形之一，海關應依被查扣人之申請返還第七十二條第四項規定之保證金：
一　因前條第一項第一款至第四款規定之事由廢止查扣，或被查扣人與申請人達成和解，已無繼續提供保證金之必要者。
二　申請人取得勝訴之確定判決後，被查扣人證明已定二十日以上之期間，催告申請人行使權利而未行使者。
三　申請人同意返還者。

第七五條　112
①海關於執行職務時，發現輸入或輸出之物品顯有侵害商標權之虞者，應通知商標權人及進出口人。
②海關爲前項之通知時，應限期商標權人進行認定，並提出侵權事證，同時限期進出口人提供無侵權情事之證明文件。但商標權人或進出口人有正當理由，無法於指定期間內提出者，得以書面釋明理由向海關申請延長，並以一次爲限。
③商標權人已提出侵權事證，且進出口人未依前項規定提出無侵權情事之證明文件者，海關得採行暫不放行措施。
④商標權人提出侵權事證，經進出口人依第二項規定提出無侵權情事之證明文件者，海關應通知商標權人於通知之時起三個工作日內，依第七十二條第一項規定申請查扣。
⑤商標權人未於前項規定期限內，依第七十二條第一項規定申請查扣者，海關得於取具

代表性樣品後，將物品放行。

第七六條 （申請查扣）

①海關在不損及查扣物機密資料保護之情形下，得依第七十二條所定申請人或被查扣人或前條所定商標權人或進出口人之申請，同意其檢視查扣物。

②海關依第七十二條第三項規定實施查扣或依前條第三項規定採行暫不放行措施後，商標權人得向海關申請提供相關資料；經海關同意後，提供進出口人、收發貨人之姓名或名稱、地址及疑似侵權物品之數量。

③商標權人依前項規定取得之資訊，僅限於作爲侵害商標權案件之調查及提起訴訟之目的而使用，不得任意洩漏予第三人。

第七七條 （侵權認定）

①商標權人依第七十五條第二項規定進行侵權認定時，得繳交相當於海關核估進口貨樣完稅價格及相關稅費或海關核估出口貨樣離岸價格及相關稅費百分之一百二十之保證金，向海關申請調借貨樣進行認定。但以有調借貨樣進行認定之必要，且經商標權人書面切結不侵害進出口人利益及不使用於不正當用途者爲限。

②前項保證金，不得低於新臺幣三千元。

③商標權人未於第七十五條第二項所定提出侵權認定事證之期限內返還所調借之貨樣，或返還之貨樣與原貨樣不符或發生缺損等情形者，海關應留置其保證金，以賠償進出口人之損害。

④貨樣之進出口人就前項規定留置之保證金，與質權人有同一之權利。

第七八條 （相關事項辦法之訂定）

①第七十二條至第七十四條規定之申請查扣、廢止查扣、保證金或擔保之繳納、提供、返還之程序、應備文件及其他應遵行事項之辦法，由主管機關會同財政部定之。

②第七十五條至第七十七條規定之海關執行商標權保護措施、權利人申請檢視查扣物、申請提供侵權貨物之相關資訊及申請調借貨樣，其程序、應備文件及其他相關事項之辦法，由財政部定之。

第七九條 （專業法庭之設立）

法院爲處理商標訴訟案件，得設立專業法庭或指定專人辦理。

第三章　證明標章、團體標章及團體商標

第八〇條 （證明標章）

①證明標章，指證明標章權人用以證明他人商品或服務之特定品質、精密度、原料、製造方法、產地或其他事項，並藉以與未經證明之商品或服務相區別之標識。

②前項用以證明產地者，該地理區域之商品或服務應具有特定品質、聲譽或其他特性，證明標章之申請人得以含有該地理名稱或足以指示該地理區域之標識申請註冊爲產地證明標章。

③主管機關應會同中央目的事業主管機關輔導與補助艱困產業、瀕臨艱困產業及傳統產業，提升生產力及產品品質，並建立各該產業別標示其產品原產地爲台灣製造之證明標章。

④前項產業之認定與輔導、補助之對象、標準、期間及應遵行事項等，由主管機關會商各該中央目的事業主管機關後定之，必要時得免除證明標章之相關規費。

第八一條 （證明標章之申請人）

①證明標章之申請人，以具有證明他人商品或服務能力之法人、團體或政府機關爲限。

②前項之申請人係從事於欲證明之商品或服務之業務者，不得申請註冊。

第八二條 （證明標章註冊之申請）

①申請註冊證明標章者，應檢附具有證明他人商品或服務能力之文件、證明標章使用規範書及不從事所證明商品之製造、行銷或服務提供之聲明。

②申請註冊產地證明標章之申請人代表性有疑義者，商標專責機關得向商品或服務之中

央目的事業主管機關諮詢意見。

③外國法人、團體或政府機關申請產地證明標章，應檢附以其名義在其原產國受保護之證明文件。

④第一項證明標章使用規範書應載明下列事項：

一　證明標章證明之內容。

二　使用證明標章之條件。

三　管理及監督證明標章使用之方式。

四　申請使用該證明標章之程序事項及其爭議解決方式。

⑤商標專責機關於註冊公告時，應一併公告證明標章使用規範書；註冊後修改者，應經商標專責機關核准，並公告之。

第八三條　（證明標章之使用）

證明標章之使用，指經證明標章權人同意之人，依證明標章使用規範書所定之條件，使用該證明標章。

第八四條　（產地證明標章不適用規定）

①產地證明標章之產地名稱不適用第二十九條第一項第一款及第三項規定。

②產地證明標章權人不得禁止他人以符合商業交易習慣之誠實信用方法，表示其商品或服務之產地。

第八五條　（團體標章）

團體標章，指具有法人資格之公會、協會或其他團體，爲表彰其會員之會籍，並藉以與非該團體會員相區別之標識。

第八六條　（團體標章註冊之申請）

①團體標章註冊之申請，應以申請書載明相關事項，並檢具團體標章使用規範書，向商標專責機關申請之。

②前項團體標章使用規範書應載明下列事項：

一　會員之資格。

二　使用團體標章之條件。

三　管理及監督團體標章使用之方式。

四　違反規範之處理規定。

第八七條　（團體標章之使用）

團體標章之使用，指團體會員爲表彰其會員身分，依團體標章使用規範書所定之條件，使用該團體標章。

第八八條　（團體商標）

①團體商標，指具有法人資格之公會、協會或其他團體，爲指示其會員所提供之商品或服務，並藉以與非該團體會員所提供之商品或服務相區別之標識。

②前項用以指示會員所提供之商品或服務來自一定產地者，該地理區域之商品或服務應具有特定品質、聲譽或其他特性，團體商標之申請人得以含有該地理名稱或足以指示該地理區域之標識申請註冊爲產地團體商標。

第八九條　（團體商標註冊之申請）

①團體商標註冊之申請，應以申請書載明商品或服務，並檢具團體商標使用規範書，向商標專責機關申請之。

②前項團體商標使用規範書應載明下列事項：

一　會員之資格。

二　使用團體商標之條件。

三　管理及監督團體商標使用之方式。

四　違反規範之處理規定。

③產地團體商標使用規範書除前項應載明事項外，並應載明地理區域界定範圍內之人，其商品或服務及資格符合使用規範書時，產地團體商標權人應同意其成爲會員。

④商標專責機關於註冊公告時，應一併公告團體商標使用規範書；註冊後修改者，應經

商標專責機關核准，並公告之。

第九〇條　（團體商標之使用）

團體商標之使用，指團體或其會員依團體商標使用規範書所定之條件，使用該團體商標。

第九一條　（產地團體商標準用規定）

第八十二條第二項、第三項及第八十四條規定，於產地團體商標，準用之。

第九二條　（證明標章權、團體標章權或團體商標權之移轉授權他人使用）

證明標章權、團體標章權或團體商標權不得移轉、授權他人使用，或作爲質權標的物。但其移轉或授權他人使用，無損害消費者利益及違反公平競爭之虞，經商標專責機關核准者，不在此限。

第九三條　（廢止註冊之情形）

①證明標章權人、團體標章權人或團體商標權人有下列情形之一者，商標專責機關得依任何人之申請或依職權廢止證明標章、團體標章或團體商標之註冊：

一　證明標章作爲商標使用。

二　證明標章權人從事其所證明商品或服務之業務。

三　證明標章權人喪失證明該註冊商品或服務之能力。

四　證明標章權人對於申請證明之人，予以差別待遇。

五　違反前條規定而爲移轉、授權或設定質權。

六　未依使用規範書爲使用之管理及監督。

七　其他不當方法之使用，致生損害於他人或公衆之虞。

②被授權人爲前項之行爲，證明標章權人、團體標章權人或團體商標權人明知或可得而知而不爲反對之表示者，亦同。

第九四條　112

證明標章、團體標章或團體商標除本章另有規定外，依其性質準用本法有關商標之規定。但第十九條第八項規定，不在準用之列。

第四章　罰　則

第九五條　111

①未得商標權人或團體商標權人同意，有下列情形之一，處三年以下有期徒刑、拘役或科或併科新臺幣二十萬元以下罰金：

一　於同一商品或服務，使用相同於註冊商標或團體商標之商標者。

二　於類似之商品或服務，使用相同於註冊商標或團體商標之商標，有致相關消費者混淆誤認之虞者。

三　於同一或類似之商品或服務，使用近似於註冊商標或團體商標之商標，有致相關消費者混淆誤認之虞者。

②意圖供自己或他人用於與註冊商標或團體商標同一商品或服務，未得商標權人或團體商標權人同意，爲行銷目的而製造、販賣、持有、陳列、輸出或輸入附有相同或近似於註冊商標或團體商標之標籤、吊牌、包裝容器或與服務有關之物品者，處一年以下有期徒刑、拘役或科或併科新臺幣五萬元以下罰金。

③前項之行爲透過電子媒體或網路方式爲之者，亦同。

第九六條　111

①未得證明標章權人同意，於同一或類似之商品或服務，使用相同或近似於註冊證明標章之標章，有致相關消費者誤認誤信之虞者，處三年以下有期徒刑、拘役或科或併科新臺幣二十萬元以下罰金。

②意圖供自己或他人用於與註冊證明標章同一商品或服務，未得證明標章權人同意，爲行銷目的而製造、販賣、持有、陳列、輸出或輸入附有相同或近似於註冊證明標章之標籤、吊牌、包裝容器或與服務有關之物品者，處三年以下有期徒刑、拘役或科或併

科新臺幣二十萬元以下罰金。
③前項之行爲透過電子媒體或網路方式爲之者，亦同。

第九七條 111

①販賣或意圖販賣而持有、陳列、輸出或輸入他人所爲之前二條第一項商品者，處一年以下有期徒刑、拘役或科或併科新臺幣五萬元以下罰金。
②前項之行爲透過電子媒體或網路方式爲之者，亦同。

第九八條 （罰則）105

侵害商標權、證明標章權或團體商標權之物品或文書，不問屬於犯罪行爲人與否，沒收之。

第九八條之一 112

①未依本法登錄而充任商標代理人或以商標代理人名義招攬業務者，由商標專責機關處新臺幣三萬元以上十五萬元以下罰鍰，並限期令其停止行爲；屆期不停止者，按次處罰至停止爲止。
②前項規定，於商標代理人停止執行業務期間，或經公告撤銷或廢止登錄者，亦適用之。
③商標代理人違反第六條第四項所定辦法中有關在職訓練之方式、時數或執行商標代理業務管理措施之規定者，商標專責機關應視其違規情節予以警告、申誡、停止執行業務、撤銷或廢止登錄處分，並公告於商標代理人名簿。

第九九條 112

未經認許之外國法人或團體，就本法規定事項得爲告訴、自訴或提起民事訴訟。我國非法人團體經取得商標權或證明標章權者，亦同。

第五章　附　則

第一〇〇條 （附則）

本法中華民國九十二年四月二十九日修正之條文施行前，已註冊之服務標章，自本法修正施行當日起，視爲商標。

第一〇一條 （附則）

本法中華民國九十二年四月二十九日修正之條文施行前，已註冊之聯合商標、聯合服務標章、聯合團體標章或聯合證明標章，自本法修正施行之日起，視爲獨立之註冊商標或標章；其存續期間，以原核准者爲準。

第一〇二條 （附則）

本法中華民國九十二年四月二十九日修正之條文施行前，已註冊之防護商標、防護服務標章、防護團體標章或防護證明標章，依其註冊時之規定；於其專用期間屆滿前，應申請變更爲獨立之註冊商標或標章；屆期未申請變更者，商標權消滅。

第一〇三條 （附則）

依前條申請變更爲獨立之註冊商標或標章者，關於第六十三條第一項第二款規定之三年期間，自變更當日起算。

第一〇四條 112

①依本法申請註冊、加速審查、延展註冊、異動登記、異議、評定、廢止及其他各項程序，應繳申請費、註冊費、加速審查費、延展註冊費、登記費、異議費、評定費、廢止費等各項相關規費。
②前項收費標準，由主管機關定之。

第一〇五條 （附則）

本法中華民國一百年五月三十一日修正之條文施行前，註冊費已分二期繳納者，第二期之註冊費依修正前之規定辦理。

第一〇六條 112

①本法中華民國一百十二年五月九日修正之條文施行前，已受理而尚未處分之異議或評

定案件，以註冊時及修正施行後之規定均爲違法事由爲限，始撤銷其註冊；其程序依修正施行後之規定辦理。但修正施行前已依法進行之程序，其效力不受影響。

②對本法中華民國一百十二年五月九日修正之條文施行前註冊之商標、證明標章及團體標章，於修正施行後提出異議、申請或提請評定者，以其註冊時及修正施行後之規定均爲違法事由爲限。

第一〇七條 112

本法中華民國一百年五月三十一日修正之條文施行前，尚未處分之商標廢止案件，適用修正施行後之規定辦理。但修正施行前已依法進行之程序，其效力不受影響。

第一〇八條 （附則）

本法中華民國一百年五月三十一日修正之條文施行前，以動態、全像圖或其聯合式申請註冊者，以修正之條文施行日爲其申請日。

第一〇九條 （優先權制度）

①以動態、全像圖或其聯合式申請註冊，並主張優先權者，其在與中華民國有相互承認優先權之國家或世界貿易組織會員之申請日早於本法中華民國一百年五月三十一日修正之條文施行前者，以一百年五月三十一日修正之條文施行日爲其優先權日。

②於中華民國政府主辦或承認之國際展覽會上，展出申請註冊商標之商品或服務而主張展覽會優先權，其展出日早於一百年五月三十一日修正之條文施行前者，以一百年五月三十一日修正之條文施行日爲其優先權日。

第一〇九條之一 112

①本法中華民國一百十二年五月九日修正之條文施行前三年持續從事商標代理業務，且每年辦理申請商標註冊及其他程序案件達十件者，得於修正施行之翌日起算一年內申請登錄爲商標代理人。

②未依前項規定登錄爲商標代理人，且不具第六條第二項所定資格者，不得繼續執行商標代理業務。但所代理案件於本法中華民國一百十二年五月九日修正之條文施行前業經商標專責機關受理，於尚未審定或處分前，不在此限。

第一一〇條 （施行細則）

本法施行細則，由主管機關定之。

第一一一條 （施行日）

本法之施行日期，由行政院定之。

著作權法

①民國17年5月14日國民政府制定公布全文40條。
②民國33年4月27日國民政府修正公布全文37條。
③民國38年1月13日總統令修正公布第30、31、32、33、34條條文。
④民國53年7月10日總統令增訂公布第22、31、32、36、41條條文；原第22至29條遞改爲第23至30條，原第30至32條遞改爲第33至35條，原第33至36條遞改爲第37至40條，原第37條遞改爲第42條；並修正第25、26、33、35、37至40條條文。
⑤民國74年7月10日總統令修正公布全文52條。
⑥民國79年1月24日總統令增訂公布第50-1條條文；並修正第3、28、39條條文。
⑦民國81年6月10日總統令修正公布全文117條。
⑧民國81年7月6日總統令修正公布第53條條文。
⑨民國82年4月24日總統令修正公布第87條條文；並增訂第87-1條條文。
⑩民國87年1月21日總統令修正公布全文117條；並自公布日施行。但第106-1至106-3條規定，自世界貿易組織協定在中華民國管轄區域內生效日起施行。（民國90年11月12日簽署台灣、澎湖、金門及馬祖個別關稅領域加入馬拉喀什設立世界貿易組織協定之議定書，並自91年1月1日生效。）
⑪民國90年11月12日總統令修正公布第2、34、37、71、81、82、90-1條條文。
⑫民國92年7月9日總統令修正公布第2、3、7-1、22、24、26、29、37、49、50、53、56、56-1、60、61、63、65、69、79、82、87、88、91至95、98、100至102、105、106、106-2、106-3、111、113、115-1、115-2、117條條文；並增訂第26-1、28-1、59-1、80-1、82-1至82-4、90-3、91-1、96-1、96-2、98-1條條文及第四章之一章名。
⑬民國93年9月1日總統令修正公布第3、22、26、82、87、90-1、90-3、91、91-1、92、93、96-1條條文及第四章之一章名；並增訂第80-2條條文。
⑭民國95年5月30日總統令修正公布第98、99至102、117條條文；刪除第94條條文；並自95年7月1日施行。
⑮民國96年7月11日總統令修正公布第87、93條條文；並增訂第97-1條條文。
⑯民國98年5月13日總統令修正公布第3條條文；並增訂第90-4至90-12條條文及第六章之一章名。
⑰民國99年2月10日總統令修正公布第37、53、81、82條條文及第五章章名。
⑱民國103年1月22日總統令修正公布第53、65、80-2、87、87-1條條文。
⑲民國105年11月30日總統令修正公布第98條條文。
⑳民國108年5月1日總統令修正公布第87、93條條文。
㉑民國111年5月4日總統令修正公布第91、91-1、100、117條條文；並刪除第98、98-1條條文。
㉒民國111年6月15日總統令修正公布第46、47、48條條文；並增訂第46-1條條文。

第一章　總　則

第一條　（立法目的及適用範圍）

為保障著作人著作權益，調和社會公共利益，促進國家文化發展，特制定本法。本法未規定者，適用其他法律之規定。

第二條　（主管機關）92

①本法主管機關爲經濟部。

②著作權業務，由經濟部指定專責機關辦理。

第三條　（名詞定義）98

①本法用詞，定義如下：

一　著作：指屬於文學、科學、藝術或其他學術範圍之創作。

二　著作人：指創作著作之人。

三　著作權：指因著作完成所生之著作人格權及著作財產權。
四　公眾：指不特定人或特定之多數人。但家庭及其正常社交之多數人，不在此限。
五　重製：指以印刷、複印、錄音、錄影、攝影、筆錄或其他方法直接、間接、永久或暫時之重複製作。於劇本、音樂著作或其他類似著作演出或播送時予以錄音或錄影；或依建築設計圖或建築模型建造建築物者，亦屬之。
六　公開口述：指以言詞或其他方法向公眾傳達著作內容。
七　公開播送：指基於公眾直接收聽或收視爲目的，以有線電、無線電或其他器材之廣播系統傳送訊息之方法，藉聲音或影像，向公眾傳達著作內容。由原播送人以外之人，以有線電、無線電或其他器材之廣播系統傳送訊息之方法，將原播送之聲音或影像向公眾傳達者，亦屬之。
八　公開上映：指以單一或多數視聽機或其他傳送影像之方法於同一時間向現場或現場以外一定場所之公眾傳達著作內容。
九　公開演出：指以演技、舞蹈、歌唱、彈奏樂器或其他方法向現場之公眾傳達著作內容。以擴音器或其他器材，將原播送之聲音或影像向公眾傳達者，亦屬之。
十　公開傳輸：指以有線電、無線電之網路或其他通訊方法，藉聲音或影像向公眾提供或傳達著作內容，包括使公眾得於其各自選定之時間或地點，以上述方法接收著作內容。
十一　改作：指以翻譯、編曲、改寫、拍攝影片或其他方法就原著作另爲創作。
十二　散布：指不問有償或無償，將著作之原件或重製物提供公眾交易或流通。
十三　公開展示：指向公眾展示著作內容。
十四　發行：指權利人散布能滿足公眾合理需要之重製物。
十五　公開發表：指權利人以發行、播送、上映、口述、演出、展示或其他方法向公眾公開提示著作內容。
十六　原件：指著作首次附著之物。
十七　權利管理電子資訊：指於著作原件或其重製物，或於著作向公眾傳達時，所表示足以確認著作、著作名稱、著作人、著作財產權人或其授權之人及利用期間或條件之相關電子資訊；以數字、符號表示此類資訊者，亦屬之。
十八　防盜拷措施：指著作權人所採取有效禁止或限制他人擅自進入或利用著作之設備、器材、零件、技術或其他科技方法。
十九　網路服務提供者，指提供下列服務者：
㈠連線服務提供者：透過所控制或營運之系統或網路，以有線或無線方式，提供資訊傳輸、發送、接收，或於前開過程中之中介及短暫儲存之服務者。
㈡快速存取服務提供者：應使用者之要求傳輸資訊後，透過所控制或營運之系統或網路，將該資訊爲中介及暫時儲存，以供其後要求傳輸該資訊之使用者加速進入該資訊之服務者。
㈢資訊儲存服務提供者：透過所控制或營運之系統或網路，應使用者之要求提供資訊儲存之服務者。
㈣搜尋服務提供者：提供使用者有關網路資訊之索引、參考或連結之搜尋或連結之服務者。

②前項第八款所定現場或現場以外一定場所，包含電影院、俱樂部、錄影帶或碟影片播映場所、旅館房間、供公眾使用之交通工具或其他供不特定人進出之場所。

第四條　（外國人著作權之取得）

外國人之著作合於下列情形之一者，得依本法享有著作權。但條約或協定另有約定，經立法院議決通過者，從其約定：
一　於中華民國管轄區域內首次發行，或於中華民國管轄區域外首次發行後三十日內在中華民國管轄區域內發行者。但以該外國人之本國，對中華民國人之著作，在相同之情形下，亦予保護且經查證屬實者爲限。
二　依條約、協定或其本國法令、慣例，中華民國人之著作得在該國享有著作權者。

第二章　著　作

第五條　（著作之種類）
①本法所稱著作，例示如下：
　一　語文著作。
　二　音樂著作。
　三　戲劇、舞蹈著作。
　四　美術著作。
　五　攝影著作。
　六　圖形著作。
　七　視聽著作。
　八　錄音著作。
　九　建築著作。
　十　電腦程式著作。
②前項各款著作例示內容，由主管機關訂定之。
第六條　（衍生著作之保護）
①就原著作改作之創作爲衍生著作，以獨立之著作保護之。
②衍生著作之保護，對原著作之著作權不生影響。
第七條　（編輯著作之保護）
①就資料之選擇及編排具有創作性者爲編輯著作，以獨立之著作保護之。
②編輯著作之保護，對其所收編著作之著作權不生影響。
第七條之一　（表演之保護）92
①表演人對既有著作或民俗創作之表演，以獨立之著作保護之。
②表演之保護，對原著作之著作權不生影響。
第八條　（共同著作之意義）
　二人以上共同完成之著作，其各人之創作，不能分離利用者，爲共同著作。
第九條　（著作權標的之限制）
①下列各款不得爲著作權之標的：
　一　憲法、法律、命令或公文。
　二　中央或地方機關就前款著作作成之翻譯物或編輯物。
　三　標語及通用之符號、名詞、公式、數表、表格、簿冊或時曆。
　四　單純爲傳達事實之新聞報導所作成之語文著作。
　五　依法令舉行之各類考試試題及其備用試題。
②前項第一款所稱公文，包括公務員於職務上草擬之文告、講稿、新聞稿及其他文書。

第三章　著作人及著作權

第一節　通　則

第一〇條　（著作權之取得）
　著作人於著作完成時享有著作權。但本法另有規定者，從其規定。
第一〇條之一　（著作權之表達）
　依本法取得之著作權，其保護僅及於該著作之表達，而不及於其所表達之思想、程序、製程、系統、操作方法、概念、原理、發現。

第二節　著作人

第一一條　（受雇人之著作權歸屬）
①受雇人於職務上完成之著作，以該受雇人爲著作人。但契約約定以雇用人爲著作人

者，從其約定。

②依前項規定，以受雇人爲著作人者，其著作財產權歸雇用人享有。但契約約定其著作財產權歸受雇人享有者，從其約定。

③前二項所稱受雇人，包括公務員。

第一二條　（出資人及受聘人之著作權歸屬）

①出資聘請他人完成之著作，除前條情形外，以該受聘人爲著作人。但契約約定以出資人爲著作人者，從其約定。

②依前項規定，以受聘人爲著作人者，其著作財產權依契約約定歸受聘人或出資人享有。未約定著作財產權之歸屬者，其著作財產權歸受聘人享有。

③依前項規定著作財產權歸受聘人享有者，出資人得利用該著作。

第一三條　（著作人之推定）

①在著作之原件或其已發行之重製物上，或將著作公開發表時，以通常之方法表示著作人之本名或衆所周知之別名者，推定爲該著作之著作人。

②前項規定，於著作發行日期、地點及著作財產權人之推定，準用之。

第一四條　（刪除）

第三節　著作人格權

第一五條（公開發表著作權）

①著作人就其著作享有公開發表之權利。但公務員，依第十一條及第十二條規定爲著作人，而著作財產權歸該公務員隸屬之法人享有者，不適用之。

②有下列情形之一者，推定著作人同意公開發表其著作：

一　著作人將其尚未公開發表著作之著作財產權讓與他人或授權他人利用時，因著作財產權之行使或利用而公開發表者。

二　著作人將其尚未公開發表之美術著作或攝影著作之著作原件或其重製物讓與他人，受讓人以其著作原件或其重製物公開展示者。

三　依學位授予法撰寫之碩士、博士論文，著作人已取得學位者。

③依第十一條第二項及第十二條第二項規定，由雇用人或出資人自始取得尚未公開發表著作之著作財產權者，因其著作財產權之讓與、行使或利用而公開發表者，視爲著作人同意公開發表其著作。

④前項規定，於第十二條第三項準用之。

第一六條　（著作人格權之行使）

①著作人於著作之原件或其重製物上或於著作公開發表時，有表示其本名、別名或不具名之權利。著作人就其著作所生之衍生著作，亦有相同之權利。

②前條第一項但書規定，於前項準用之。

③利用著作之人，得使用自己之封面設計，並加冠設計人或主編之姓名或名稱。但著作人有特別表示或違反社會使用慣例者，不在此限。

④依著作利用之目的及方法，於著作人之利益無損害之虞，且不違反社會使用慣例者，得省略著作人之姓名或名稱。

第一七條　（著作人之權利）

著作人享有禁止他人以歪曲、割裂、竄改或其他方法改變其著作之內容、形式或名目致損害其名譽之權利。

第一八條　（著作人格權之存續）

著作人死亡或消滅者，關於其著作人格權之保護，視同生存或存續，任何人不得侵害。但依利用行爲之性質及程度、社會之變動或其他情事可認爲不違反該著作人之意思者，不構成侵害。

第一九條　（共同著作之著作人格權）

①共同著作之著作人格權，非經著作人全體同意，不得行使之。各著作人無正當理由

者，不得拒絕同意。
②共同著作之著作人，得於著作人中選定代表人行使著作人格權。
③對於前項代表人之代表權所加限制，不得對抗善意第三人。

第二〇條　（著作不得作為強制執行之標的）
未公開發表之著作原件及其著作財產權，除作為買賣之標的或經本人允諾者外，不得作為強制執行之標的。

第二一條　（著作人格權專屬於著作人本身）
著作人格權專屬於著作人本身，不得讓與或繼承。

第四節　著作財產權

第一款　著作財產權之種類

第二二條　（著作人自行重製權）93
①著作人除本法另有規定外，專有重製其著作之權利。
②表演人專有以錄音、錄影或攝影重製其表演之權利。
③前二項規定，於專為網路合法中繼性傳輸，或合法使用著作，屬技術操作過程中必要之過渡性、附帶性而不具獨立經濟意義之暫時性重製，不適用之。但電腦程式著作，不在此限。
④前項網路合法中繼性傳輸之暫時性重製情形，包括網路瀏覽、快速存取或其他為達成傳輸功能之電腦或機械本身技術上所不可避免之現象。

第二三條　（著作人之公開口述權）
著作人專有公開口述其語文著作之權利。

第二四條　（著作人之公開播送權）92
①著作人除本法另有規定外，專有公開播送其著作之權利。
②表演人就其經重製或公開播送後之表演，再公開播送者，不適用前項規定。

第二五條　（著作人之公開上映權）
著作人專有公開上映其視聽著作之權利。

第二六條　（著作人之公開演出權）93
①著作人除本法另有規定外，專有公開演出其語文、音樂或戲劇、舞蹈著作之權利。
②表演人專有以擴音器或其他器材公開演出其表演之權利。但將表演重製後或公開播送後再以擴音器或其他器材公開演出者，不在此限。
③錄音著作經公開演出者，著作人得請求公開演出之人支付使用報酬。

第二六條之一　（著作人之公開傳輸權）92
①著作人除本法另有規定外，專有公開傳輸其著作之權利。
②表演人就其經重製於錄音著作之表演，專有公開傳輸之權利。

第二七條　（著作人之公開展示權）
著作人專有公開展示其未發行之美術著作或攝影著作之權利。

第二八條　（著作人之改作成編輯著作權）
著作人專有將其著作改作成衍生著作或編輯成編輯著作之權利。但表演不適用之。

第二八條之一　（著作人以移轉所有權方式散布著作權）92
①著作人除本法另有規定外，專有以移轉所有權之方式，散布其著作之權利。
②表演人就其經重製於錄音著作之表演，專有以移轉所有權之方式散布之權利。

第二九條　（著作人之出租著作權）92
①著作人除本法另有規定外，專有出租其著作之權利。
②表演人就其經重製於錄音著作之表演，專有出租之權利。

第二九條之一　（著作財產權之雇用人或出資人其專有權利）
依第十一條第二項或第十二條第二項規定取得著作財產權之雇用人或出資人，專有第二十二條至第二十九條規定之權利。

第二款　著作財產權之存續期間

第三〇條　（著作財產權之存續期間）

①著作財產權，除本法另有規定外，存續於著作人之生存期間及其死亡後五十年。

②著作於著作人死亡後四十年至五十年間首次公開發表者，著作財產權之期間，自公開發表時起存續十年。

第三一條　（共同著作之著作財產權存續期間）

共同著作之著作財產權，存續至最後死亡之著作人死亡後五十年。

第三二條　（別著著作或不具名著作之著作財產權存續期間）

①別名著作或不具名著作之著作財產權，存續至著作公開發表後五十年。但可證明其著作人死亡已逾五十年者，其著作財產權消滅。

②前項規定，於著作人之別名爲衆所周知者，不適用之。

第三三條　（法人爲著作人之著作財產權存續期間）

法人爲著作人之著作，其著作財產權存續至其著作公開發表後五十年。但著作在創作完成時起算五十年內未公開發表者，其著作財產權存續至創作完成時起五十年。

第三四條　（攝影、視聽、錄音及表演之著作財產權存續期間）90

①攝影、視聽、錄音及表演之著作財產權存續至著作公開發表後五十年。

②前條但書規定，於前項準用之。

第三五條　（著作財產權存續期間之計算方式）

①第三十條至第三十四條所定存續期間，以該期間屆滿當年之末日爲期間之終止。

②繼續或逐次公開發表之著作，依公開發表日計算著作財產權存續期間時，如各次公開發表能獨立成一著作者，著作財產權存續期間自各別公開發表日起算。如各次公開發表不能獨立成一著作者，以能獨立成一著作時之公開發表日起算。

③前項情形，如繼續部分未於前次公開發表日後三年內公開發表者，其著作財產權存續期間自前次公開發表日起算。

第三款　著作財產權之讓與、行使及消滅

第三六條　（著作財產權之讓與）

①著作財產權得全部或部分讓與他人或與他人共有。

②著作財產權之受讓人，在其受讓範圍內，取得著作財產權。

③著作財產權讓與之範圍依當事人之約定；其約定不明之部分，推定爲未讓與。

第三七條　（著作財產權人授權之利用與例外）99

①著作財產權人得授權他人利用著作，其授權利用之地域、時間、內容、利用方法或其他事項，依當事人之約定；其約定不明之部分，推定爲未授權。

②前項授權不因著作財產權人嗣後將其著作財產權讓與或再爲授權而受影響。

③非專屬授權之被授權人非經著作財產權人同意，不得將其被授與之權利再授權第三人利用。

④專屬授權之被授權人在被授權範圍內，得以著作財產權人之地位行使權利，並得以自己名義爲訴訟上之行爲。著作財產權人在專屬授權範圍內，不得行使權利。

⑤第二項至前項規定，於中華民國九十年十一月十二日本法修正施行前所爲之授權，不適用之。

⑥有下列情形之一者，不適用第七章規定。但屬於著作權集體管理團體管理之著作，不在此限：

一　音樂著作經授權重製於電腦伴唱機者，利用人利用該電腦伴唱機公開演出該著作。

二　將原播送之著作再公開播送。

三　以擴音器或其他器材，將原播送之聲音或影像向公衆傳達。

四　著作經授權重製於廣告後，由廣告播送人就該廣告爲公開播送或同步公開傳輸，向公衆傳達。

第三八條　（刪除）

第三九條　（以著作財產權爲質權之標的物不影響其行使）

以著作財產權爲質權之標的物者，除設定時另有約定外，著作財產權人得行使其著作財產權。

第四〇條　（共同著作人之著作財產權約定）

①共同著作各著作人之應有部分，依共同著作人間之約定定之；無約定者，依各著作人參與創作之程度定之。各著作人參與創作之程度不明時，推定爲均等。

②共同著作之著作人拋棄其應有部分者，其應有部分由其他共同著作人依其應有部分之比例分享之。

③前項規定，於共同著作之著作人死亡無繼承人或消滅後無承受人者，準用之。

第四〇條之一　（共有著作財產權之行使）

①共有之著作財產權，非經著作財產權人全體同意，不得行使之；各著作財產權人非經其他共有著作財產權人之同意，不得以其應有部分讓與他人或爲他人設定質權。各著作財產權人，無正當理由者，不得拒絕同意。

②共有著作財產權人，得於著作財產權人中選定代表人行使著作財產權。對於代表人之代表權所加限制，不得對抗善意第三人。

③前條第二項及第三項規定，於共有著作財產權準用之。

第四一條　（授與刊載或公開播送一次之權利不影響著作人之其他權利）

著作財產權人投稿於新聞紙、雜誌或授權公開播送著作者，除另有約定外，推定僅授與刊載或公開播送一次之權利，對著作財產權人之其他權利不生影響。

第四二條　（著作財產權存續期間之消滅）

著作財產權因存續期間屆滿而消滅。於存續期間內，有下列情形之一者，亦同：

一　著作財產權人死亡，其著作財產權依法應歸屬國庫者。

二　著作財產權人爲法人，於其消滅後，其著作財產權依法應歸屬於地方自治團體者。

第四三條　（著作財產權消滅之著作得自由利用）

著作財產權消滅之著作，除本法另有規定外，任何人均得自由利用。

第四款　著作財產權之限制

第四四條　（中央或地方機關得重製他人著作之條件）

中央或地方機關，因立法或行政目的所需，認有必要將他人著作列爲內部參考資料時，在合理範圍內，得重製他人之著作。但依該著作之種類、用途及其重製物之數量、方法，有害於著作財產權人之利益者，不在此限。

第四五條　（爲司法程序得重製他人著作之條件）

①專爲司法程序使用之必要，在合理範圍內，得重製他人之著作。

②前條但書規定，於前項情形準用之。

第四六條 111

①依法設立之各級學校及其擔任教學之人，爲學校授課目的之必要範圍內，得重製、公開演出或公開上映已公開發表之著作。

②前項情形，經採取合理技術措施防止未有學校學籍或未經選課之人接收者，得公開播送或公開傳輸已公開發表之著作。

③第四十四條但書規定，於前二項情形準用之。

第四六條之一 111

①依法設立之各級學校或教育機構及其擔任教學之人，爲教育目的之必要範圍內，得公開播送或公開傳輸已公開發表之著作。但有營利行爲者，不適用之。

②前項情形，除符合前條第二項規定外，利用人應將利用情形通知著作財產權人並支付適當之使用報酬。

第四七條 111

①為編製依法規應經審定或編定之教科用書，編製者得重製、改作或編輯已公開發表之著作，並得公開傳輸該教科用書。
②前項規定，除公開傳輸外，於該教科用書編製者編製附隨於該教科用書且專供教學之人教學用之輔助用品，準用之。
③前二項情形，利用人應將利用情形通知著作財產權人並支付使用報酬；其使用報酬率，由主管機關定之。

第四八條 111
①供公眾使用之圖書館、博物館、歷史館、科學館、藝術館、檔案館或其他典藏機構，於下列情形之一，得就其收藏之著作重製之：
一　應閱覽人供個人研究之要求，重製已公開發表著作之一部分，或期刊或已公開發表之研討會論文集之單篇著作，每人以一份為限。但不得以數位重製物提供之。
二　基於避免遺失、毀損或其儲存形式無通用技術可資讀取，且無法於市場以合理管道取得而有保存資料之必要者。
三　就絕版或難以購得之著作，應同性質機構之要求者。
四　數位館藏合法授權期間還原著作之需要者。
②國家圖書館為促進國家文化發展之目的，得以數位方式重製下列著作：
一　為避免原館藏滅失、損傷或污損，替代原館藏提供館內閱覽之館藏著作。但市場已有數位形式提供者，不適用之。
二　中央或地方機關或行政法人於網路上向公眾提供之資料。
③依第一項第二款至第四款及前項第一款規定重製之著作，符合下列各款規定，或依前項第二款規定重製之著作，符合第二款規定者，得於館內公開傳輸提供閱覽：
一　同一著作同一時間提供館內使用者閱覽之數量，未超過該機構現有該著作之館藏數量。
二　提供館內閱覽之電腦或其他顯示設備，未提供使用者進行重製、傳輸。
④國家圖書館依第二項第一款規定重製之著作，除前項規定情形外，不得作其他目的之利用。

第四八條之一　（政府機關或教育機構得重製之著作摘要）
中央或地方機關、依法設立之教育機構或供公眾使用之圖書館，得重製下列已公開發表之著作所附之摘要：
一　依學位授予法撰寫之碩士、博士論文，著作人已取得學位者。
二　刊載於期刊中之學術論文。
三　已公開發表之研討會論文集或研究報告。

第四九條　（報導得利用他人著作之條件）92
以廣播、攝影、錄影、新聞紙、網路或其他方法為時事報導者，在報導之必要範圍內，得利用其報導過程中所接觸之著作。

第五〇條　（政府機關或公法人著作之重製或播送）92
以中央或地方機關或公法人之名義公開發表之著作，在合理範圍內，得重製、公開播送或公開傳輸。

第五一條　（非為營利得重製他人著作之條件）
供個人或家庭為非營利之目的，在合理範圍內，得利用圖書館及非供公眾使用之機器重製已公開發表之著作。

第五二條　（得引用他人著作之條件）
為報導、評論、教學、研究或其他正當目的之必要，在合理範圍內，得引用已公開發表之著作。

第五三條　（得重製公開發表著作之條件）103
①中央或地方政府機關、非營利機構或團體、依法立案之各級學校，為專供視覺障礙者、學習障礙者、聽覺障礙者或其他感知著作有困難之障礙者使用之目的，得以翻譯、點字、錄音、數位轉換、口述影像、附加手語或其他方式利用已公開發表之著

作。
②前項所定障礙者或其代理人為供該障礙者個人非營利使用，準用前項規定。
③依前二項規定製作之著作重製物，得於前三項所定障礙者、中央或地方政府機關、非營利機構或團體、依法立案之各級學校間散布或公開傳輸。

第五四條　（為試題之用得重製他人著作之條件）
中央或地方機關、依法設立之各級學校或教育機構辦理之各種考試，得重製已公開發表之著作，供為試題之用。但已公開發表之著作如為試題者，不適用之。

第五五條　（非營利性表演活動得利用他人著作之條件）
非以營利為目的，未對觀衆或聽衆直接或間接收取任何費用，且未對表演人支付報酬者，得於活動中公開口述、公開播送、公開上映或公開演出他人已公開發表之著作。

第五六條　（廣播電視得錄製他人著作之條件）92
①廣播或電視，為公開播送之目的，得以自己之設備錄音或錄影該著作。但以其公開播送業經著作財產權人之授權或合於本法規定者為限。
②前項錄製物除經著作權專責機關核准保存於指定之處所外，應於錄音或錄影後六個月內銷燬之。

第五六條之一　（無線電視臺著作不得變更其形式或內容）92
為加強收視效能，得以依法令設立之社區共同天線同時轉播依法設立無線電視臺播送之著作，不得變更其形式或內容。

第五七條　（美術攝影著作之展示及重製）
①美術著作或攝影著作原件或合法重製物之所有人或經其同意之人，得公開展示該著作原件或合法重製物。
②前項公開展示之人，為向參觀人解說著作，得於說明書內重製該著作。

第五八條　（長期展示之美術著作或建築著作之利用）
於街道、公園、建築物之外壁或其他向公衆開放之戶外場所長期展示之美術著作或建築著作，除下列情形外，得以任何方法利用之：
一　以建築方式重製建築物。
二　以雕塑方式重製雕塑物。
三　為於本條規定之場所長期展示目的所為之重製。
四　專門以販賣美術著作重製物為目的所為之重製。

第五九條　（合法電腦程式著作之修改或重製）
①合法電腦程式著作重製物之所有人得因配合其所使用機器之需要，修改其程式，或因備用存檔之需要重製其程式。但限於該所有人自行使用。
②前項所有人因滅失以外之事由，喪失原重製物之所有權者，除經著作財產權人同意外，應將其修改或重製之程式銷燬之。

第五九條之一　（所有權人以移轉所有權方式散布所有權）92
在中華民國管轄區域內取得著作原件或其合法重製物所有權之人，得以移轉所有權之方式散布之。

第六〇條　（合法著作重製物之出租）92
①著作原件或其合法著作重製物之所有人，得出租該原件或重製物。但錄音及電腦程式著作，不適用之。
②附含於貨物、機器或設備之電腦程式著作重製物，隨同貨物、機器或設備合法出租且非該項出租之主要標的物者，不適用前項但書之規定。

第六一條　（媒體時論之轉載或播送）92
揭載於新聞紙、雜誌或網路上有關政治、經濟或社會上時事問題之論述，得由其他新聞紙、雜誌轉載或由廣播或電視公開播送，或於網路上公開傳輸。但經註明不許轉載、公開播送或公開傳輸者，不在此限。

第六二條　（公開演說及公開陳述之利用）
政治或宗教上之公開演說、裁判程序及中央或地方機關之公開陳述，任何人得利用之。但專就特定人之演說或陳述，編輯成編輯著作者，應經著作財產權人之同意。

第六三條　（依法利用他人著作者得翻譯該著作）92

①依第四十四條、第四十五條、第四十八條第一款、第四十八條之一至第五十條、第五十二條至第五十五條、第六十一條及第六十二條規定得利用他人著作者，得翻譯該著作。

②依第四十六條及第五十一條規定得利用他人著作者，得改作該著作。

③依第四十六條至第五十條、第五十二條至第五十四條、第五十七條第二項、第五十八條、第六十一條及第六十二條規定利用他人著作者，得散布該著作。

第六四條　（依法利用他人著作者應明示出處）

①依第四十四條至第四十七條、第四十八條之一至第五十條、第五十二條、第五十三條、第五十五條、第五十七條、第五十八條、第六十條至第六十三條規定利用他人著作者，應明示其出處。

②前項明示出處，就著作人之姓名或名稱，除不具名著作或著作人不明者外，應以合理之方式爲之。

第六五條　（合法利用他人著作之判準）103

①著作之合理使用，不構成著作財產權之侵害。

②著作之利用是否合於第四十四條至第六十三條所定之合理範圍或其他合理使用之情形，應審酌一切情狀，尤應注意下列事項，以爲判斷之基準：

一　利用之目的及性質，包括係爲商業目的或非營利教育目的。

二　著作之性質。

三　所利用之質量及其在整個著作所占之比例。

四　利用結果對著作潛在市場與現在價值之影響。

③著作權人團體與利用人團體就著作之合理使用範圍達成協議者，得爲前項判斷之參考。

④前項協議過程中，得諮詢著作權專責機關之意見。

第六六條　（著作人格權不受他人利用之影響）

第四十四條至第六十三條及第六十五條規定，對著作人之著作人格權不生影響。

第五款　著作利用之強制授權

第六七條　（刪除）

第六八條　（刪除）

第六九條　（音樂著作利用之強制授權）92

①錄有音樂著作之銷售用錄音著作發行滿六個月，欲利用該音樂著作錄製其他銷售用錄音著作者，經申請著作權專責機關許可強制授權，並給付使用報酬後，得利用該音樂著作，另行錄製。

②前項音樂著作強制授權許可、使用報酬之計算方式及其他應遵行事項之辦法，由主管機關定之。

第七〇條　（強制授權利用之著作銷售區域限制）

依前條規定利用音樂著作者，不得將其錄音著作之重製物銷售至中華民國管轄區域外。

第七一條　（強制授權許可之撤銷）90

①依第六十九條規定，取得強制授權之許可後，發現其申請有虛僞情事者，著作權專責機關應撤銷其許可。

②依第六十九條規定，取得強制授權之許可後，未依著作權專責機關許可之方式利用著作者，著作權專責機關應廢止其許可。

第七二條至第七八條　（刪除）

第四章　製版權

第七九條　（製版權）92
①無著作財產權或著作財產權消滅之文字著述或美術著作，經製版人就文字著述整理印刷，或就美術著作原件以影印、印刷或類似方式重製首次發行，並依法登記者，製版人就其版面，專有以影印、印刷或類似方式重製之權利。
②製版人之權利，自製版完成時起算存續十年。
③前項保護期間，以該期間屆滿當年之末日，爲期間之終止。
④製版權之讓與或信託，非經登記，不得對抗第三人。
⑤製版權登記、讓與登記、信託登記及其他應遵行事項之辦法，由主管機關定之。

第八〇條　（製版權準用之規定）
第四十二條及第四十三條有關著作財產權消滅之規定、第四十四條至第四十八條、第四十九條、第五十一條、第五十二條、第五十四條、第六十四條及第六十五條關於著作財產權限制之規定，於製版權準用之。

第四章之一　權利管理電子資訊及防盜拷措施 93

第八〇條之一　（設備器材、零件及技術製造輸入之禁止及例外）92
①著作權人所爲之權利管理電子資訊，不得移除或變更。但有下列情形之一者，不在此限：
一　因行爲時之技術限制，非移除或變更著作權利管理電子資訊即不能合法利用該著作。
二　錄製或傳輸系統轉換時，其轉換技術上必要之移除或變更。
②明知著作權利管理電子資訊，業經非法移除或變更者，不得散布或意圖散布而輸入或持有該著作原件或其重製物，亦不得公開播送、公開演出或公開傳輸。

第八〇條之二　（破解、破壞或規避防盜拷措施之設備器材或技術等，未經合法授權不得製造輸入之除外情形）103
①著作權人所採取禁止或限制他人擅自進入著作之防盜拷措施，未經合法授權不得予以破解、破壞或以其他方法規避之。
②破解、破壞或規避防盜拷措施之設備、器材、零件、技術或資訊，未經合法授權不得製造、輸入、提供公衆使用或爲公衆提供服務。
③前二項規定，於下列情形不適用之：
一　爲維護國家安全者。
二　中央或地方機關所爲者。
三　檔案保存機構、教育機構或供公衆使用之圖書館，爲評估是否取得資料所爲者。
四　爲保護未成年人者。
五　爲保護個人資料者。
六　爲電腦或網路進行安全測試者。
七　爲進行加密研究者。
八　爲進行還原工程者。
九　爲依第四十四條至第六十三條及第六十五條規定利用他人著作者。
十　其他經主管機關所定情形。
④前項各款之內容，由主管機關定之，並定期檢討。

第五章　著作權集體管理團體與著作權審議及調解委員會 99

第八一條　（著作權集體管理團體）99
①著作財產權人爲行使權利、收受及分配使用報酬，經著作權專責機關之許可，得組成著作權集體管理團體。
②專屬授權之被授權人，亦得加入著作權集體管理團體。
③第一項團體之許可設立、組織、職權及其監督、輔導，另以法律定之。

第八二條　（著作權審議及調解委員會）99

①著作權專責機關應設置著作權審議及調解委員會，辦理下列事項：

一　第四十七條第四項規定使用報酬率之審議。

二　著作權集體管理團體與利用人間，對使用報酬爭議之調解。

三　著作權或製版權爭議之調解。

四　其他有關著作權審議及調解之諮詢。

②前項第三款所定爭議之調解，其涉及刑事者，以告訴乃論罪之案件爲限。

第八二條之一　（調解書送請管轄法院審核）92

①著作權專責機關應於調解成立後七日內，將調解書送請管轄法院審核。

②前項調解書，法院應儘速審核，除有違反法令、公序良俗或不能強制執行者外，應由法官簽名並蓋法院印信，除抽存一份外，發還著作權專責機關送達當事人。

③法院未予核定之事件，應將其理由通知著作權專責機關。

第八二條之二　（法院核定調解）92

①調解經法院核定後，當事人就該事件不得再行起訴、告訴或自訴。

②前項經法院核定之民事調解，與民事確定判決有同一之效力；經法院核定之刑事調解，以給付金錢或其他代替物或有價證券之一定數量爲標的者，其調解書具有執行名義。

第八二條之三　（撤回起訴）92

①民事事件已繫屬於法院，在判決確定前，調解成立，並經法院核定者，視爲於調解成立時撤回起訴。

②刑事事件於偵查中或第一審法院辯論終結前，調解成立，經法院核定，並經當事人同意撤回者，視爲於調解成立時撤回告訴或自訴。

第八二條之四　（宣告調解無效或撤銷調解之訴）92

①民事調解經法院核定後，有無效或得撤銷之原因者，當事人得向原核定法院提起宣告調解無效或撤銷調解之訴。

②前項訴訟，當事人應於法院核定之調解書送達後三十日內提起之。

第八三條　（著作權審議及調解委員會組織規程及調解辦法）

前條著作權審議及調解委員會之組織規程及有關爭議之調解辦法，由主管機關擬訂，報請行政院核定後發布之。

第六章　權利侵害之救濟

第八四條　（權利侵害之救濟）

著作權人或製版權人對於侵害其權利者，得請求排除之，有侵害之虞者，得請求防止之。

第八五條　（侵害著作人格權之民事責任）

①侵害著作人格權者，負損害賠償責任。雖非財產上之損害，被害人亦得請求賠償相當之金額。

②前項侵害，被害人並得請求表示著作人之姓名或名稱、更正內容或爲其他回復名譽之適當處分。

第八六條　（著作人死亡後得請求救濟著作人格權遭侵害者之先後次序）

著作人死亡後，除其遺囑另有指定外，下列之人，依順序對於違反第十八條或有違反之虞者，得依第八十四條及前條第二項規定，請求救濟：

一　配偶。

二　子女。

三　父母。

四　孫子女。

五　兄弟姊妹。

六　祖父母。

第八七條　（視爲侵害著作權或製版權之情形）108

①有下列情形之一者，除本法另有規定外，視爲侵害著作權或製版權：

一　以侵害著作人名譽之方法利用其著作者。

二　明知爲侵害製版權之物而散布或意圖散布而公開陳列或持有者。

三　輸入未經著作財產權人或製版權人授權重製之重製物或製版物者。

四　未經著作財產權人同意而輸入著作原件或其國外合法重製物者。

五　以侵害電腦程式著作財產權之重製物作爲營業之使用者。

六　明知爲侵害著作財產權之物而以移轉所有權或出租以外之方式散布者，或明知爲侵害著作財產權之物，意圖散布而公開陳列或持有者。

七　未經著作財產權人同意或授權，意圖供公衆透過網路公開傳輸或重製他人著作，侵害著作財產權，對公衆提供可公開傳輸或重製著作之電腦程式或其他技術，而受有利益者。

八　明知他人公開播送或公開傳輸之著作侵害著作財產權，意圖供公衆透過網路接觸該等著作，有下列情形之一而受有利益者：

㈠提供公衆使用匯集該等著作網路位址之電腦程式。

㈡指導、協助或預設路徑供公衆使用前目之電腦程式。

㈢製造、輸入或銷售載有第一目之電腦程式之設備或器材。

②前項第七款、第八款之行爲人，採取廣告或其他積極措施，教唆、誘使、煽惑、說服公衆利用者，爲具備該款之意圖。

第八七條之一　（爲特定原因而輸入或重製，不視爲侵害著作權或製版權之情形）103

①有下列情形之一者，前條第四款之規定，不適用之：

一　爲供中央或地方機關之利用而輸入。但爲供學校或其他教育機構之利用而輸入或非以保存資料之目的而輸入視聽著作原件或其重製物者，不在此限。

二　爲供非營利之學術、教育或宗教機構保存資料之目的而輸入視聽著作原件或一定數量重製物，或爲其圖書館借閱或保存資料之目的而輸入視聽著作以外之其他著作原件或一定數量重製物，並應依第四十八條規定利用之。

三　爲供輸入者個人非散布之利用或屬入境人員行李之一部分而輸入著作原件或一定數量重製物者。

四　中央或地方政府機關、非營利機構或團體、依法立案之各級學校，爲專供視覺障礙者、學習障礙者、聽覺障礙者或其他感知著作有困難之障礙者使用之目的，得輸入以翻譯、點字、錄音、數位轉換、口述影像、附加手語或其他方式重製之著作重製物，並應依第五十三條規定利用之。

五　附含於貨物、機器或設備之著作原件或其重製物，隨同貨物、機器或設備之合法輸入而輸入者，該著作原件或其重製物於使用或操作貨物、機器或設備時不得重製。

六　附屬於貨物、機器或設備之說明書或操作手冊隨同貨物、機器或設備之合法輸入而輸入者。但以說明書或操作手冊爲主要輸入者，不在此限。

②前項第二款及第三款之一定數量，由主管機關另定之。

第八八條　（不法侵害著作財產權或製版權之民事責任）92

①因故意或過失不法侵害他人之著作財產權或製版權者，負損害賠償責任。數人共同不法侵害者，連帶負賠償責任。

②前項損害賠償，被害人得依下列規定擇一請求：

一　依民法第二百十六條之規定請求。但被害人不能證明其損害時，得以其行使權利依通常情形可得預期之利益，減除被侵害後行使同一權利所得利益之差額，爲其所受損害。

二　請求侵害人因侵害行爲所得之利益。但侵害人不能證明其成本或必要費用時，以其侵害行爲所得之全部收入，爲其所得利益。
③依前項規定，如被害人不易證明其實際損害額，得請求法院依侵害情節，在新臺幣一萬元以上一百萬元以下酌定賠償額。如損害行爲屬故意且情節重大者，賠償額得增至新臺幣五百萬元。

第八八條之一 （侵害所用之物之銷燬）
依第八十四條或前條第一項請求時，對於侵害行爲作成之物或主要供侵害所用之物，得請求銷燬或爲其他必要之處置。

第八九條 （被害人得請求侵害人負擔刊載判決書之費用）
被害人得請求由侵害人負擔費用，將判決書內容全部或一部登載新聞紙、雜誌。

第八九條之一 （損害賠償請求權之期限）
第八十五條及第八十八條之損害賠償請求權，自請求權人知有損害及賠償義務人時起，二年間不行使而消滅。自有侵權行爲時起，逾十年者亦同。

第九〇條 （共同著作之權利救濟）
①共同著作之各著作權人，對於侵害其著作權者，得各依本章之規定，請求救濟，並得按其應有部分，請求損害賠償。
②前項規定，於因其他關係成立之共有著作財產權或製版權之共有人準用之。

第九〇條之一 （海關查扣）93
①著作權人或製版權人對輸入或輸出侵害其著作權或製版權之物者，得申請海關先予查扣。
②前項申請應以書面爲之，並釋明侵害之事實，及提供相當於海關核估該進口貨物完稅價格或出口貨物離岸價格之保證金，作爲被查扣人因查扣所受損害之賠償擔保。
③海關受理查扣之申請，應即通知申請人。如認符合前項規定而實施查扣時，應以書面通知申請人及被查扣人。
④申請人或被查扣人，得向海關申請檢視被查扣之物。
⑤查扣之物，經申請人取得法院民事確定判決，屬侵害著作權或製版權者，由海關予以沒入。沒入物之貨櫃延滯費、倉租、裝卸費等有關費用暨處理銷毀費用應由被查扣人負擔。
⑥前項處理銷毀所需費用，經海關限期通知繳納而不繳納者，依法移送強制執行。
⑦有下列情形之一者，除由海關廢止查扣依有關進出口貨物通關規定辦理外，申請人並應賠償被查扣人因查扣所受損害：
　一　查扣之物經法院確定判決，不屬侵害著作權或製版權之物者。
　二　海關於通知申請人受理查扣之日起十二日內，未被告知就查扣物爲侵害物之訴訟已提起者。
　三　申請人申請廢止查扣者。
⑧前項第二款規定之期限，海關得視需要延長十二日。
⑨有下列情形之一者，海關應依申請人之申請返還保證金：
　一　申請人取得勝訴之確定判決或與被查扣人達成和解，已無繼續提供保證金之必要者。
　二　廢止查扣後，申請人證明已定二十日以上之期間，催告被查扣人行使權利而未行使者。
　三　被查扣人同意返還者。
⑩被查扣人就第二項之保證金與質權人有同一之權利。
⑪海關於執行職務時，發現進出口貨物外觀顯有侵害著作權之嫌者，得於一個工作日內通知權利人並通知進出口人提供授權資料。權利人接獲通知後對於空運出口貨物應於四小時內，空運進口及海運進出口貨物應於一個工作日內至海關協助認定。權利人不明或無法通知，或權利人未於通知期限內至海關協助認定，或經權利人認定係爭標的物未侵權者，若無違反其他通關規定，海關應即放行。
⑫經認定疑似侵權之貨物，海關應採行暫不放行措施。

⑬海關採行暫不放行措施後，權利人於三個工作日內，未依第一項至第十項向海關申請查扣，或未採行保護權利之民、刑事訴訟程序，若無違反其他通關規定，海關應即予放行。

第九〇條之二　（查扣物相關事項實施辦法）

前條之實施辦法，由主管機關會同財政部定之。

第九〇條之三　（賠償責任）93

①違反第八十條之一或第八十條之二規定，致著作權人受損害者，負賠償責任。數人共同違反者，負連帶賠償責任。

②第八十四條、第八十八條之一、第八十九條之一及第九十條之一規定，於違反第八十條之一或第八十條之二規定者，準用之。

第六章之一　網路服務提供者之民事免責事由 98

第九〇條之四　（網路服務提供者適用民事免責事由之共通要件）98

①符合下列規定之網路服務提供者，適用第九十條之五至第九十條之八之規定：

一　以契約、電子傳輸、自動偵測系統或其他方式，告知使用者其著作權或製版權保護措施，並確實履行該保護措施。

二　以契約、電子傳輸、自動偵測系統或其他方式，告知使用者若有三次涉有侵權情事，應終止全部或部分服務。

三　公告接收通知文件之聯繫窗口資訊。

四　執行第三項之通用辨識或保護技術措施。

②連線服務提供者於接獲著作權人或製版權人就其使用者所爲涉有侵權行爲之通知後，將該通知以電子郵件轉送該使用者，視爲符合前項第一款規定。

③著作權人或製版權人已提供爲保護著作權或製版權之通用辨識或保護技術措施，經主管機關核可者，網路服務提供者應配合執行之。

第九〇條之五　（連線服務提供者對使用者侵權行爲不負賠償責任之情形）98

有下列情形者，連線服務提供者對其使用者侵害他人著作權或製版權之行爲，不負賠償責任：

一　所傳輸資訊，係由使用者所發動或請求。

二　資訊傳輸、發送、連結或儲存，係經由自動化技術予以執行，且連線服務提供者未就傳輸之資訊爲任何篩選或修改。

第九〇條之六　（快速存取服務提供者對使用者侵權行爲不負賠償責任之情形）98

有下列情形者，快速存取服務提供者對其使用者侵害他人著作權或製版權之行爲，不負賠償責任：

一　未改變存取之資訊。

二　於資訊提供者就該自動存取之原始資訊爲修改、刪除或阻斷時，透過自動化技術爲相同之處理。

三　經著作權人或製版權人通知其使用者涉有侵權行爲後，立即移除或使他人無法進入該涉有侵權之內容或相關資訊。

第九〇條之七　（資訊儲存服務提供者對使用者侵權行爲不負賠償責任之情形）98

有下列情形者，資訊儲存服務提供者對其使用者侵害他人著作權或製版權之行爲，不負賠償責任：

一　對使用者涉有侵權行爲不知情。

二　未直接自使用者之侵權行爲獲有財產上利益。

三　經著作權人或製版權人通知其使用者涉有侵權行爲後，立即移除或使他人無法進入該涉有侵權之內容或相關資訊。

第九〇條之八　（搜尋服務提供者對使用者侵權行爲不負賠償責任之情形）98

有下列情形者，搜尋服務提供者對其使用者侵害他人著作權或製版權之行爲，不負賠償責任：
一　對所搜尋或連結之資訊涉有侵權不知情。
二　未直接自使用者之侵權行爲獲有財產上利益。
三　經著作權人或製版權人通知其使用者涉有侵權行爲後，立即移除或使他人無法進入該涉有侵權之內容或相關資訊。

第九〇條之九　（提供資訊儲存服務執行回復措施時應遵守事項）98

①資訊儲存服務提供者應將第九十條之七第三款處理情形，依其與使用者約定之聯絡方式或使用者留存之聯絡資訊，轉送該涉有侵權之使用者。但依其提供服務之性質無法通知者，不在此限。
②前項之使用者認其無侵權情事者，得檢具回復通知文件，要求資訊儲存服務提供者回復其被移除或使他人無法進入之內容或相關資訊。
③資訊儲存服務提供者於接獲前項之回復通知後，應立即將回復通知文件轉送著作權人或製版權人。
④著作權人或製版權人於接獲資訊儲存服務提供者前項通知之次日起十個工作日內，向資訊儲存服務提供者提出已對該使用者訴訟之證明者，資訊儲存服務提供者不負回復之義務。
⑤著作權人或製版權人未依前項規定提出訴訟之證明，資訊儲存服務提供者至遲應於轉送回復通知之次日起十四個工作日內，回復被移除或使他人無法進入之內容或相關資訊。但無法回復者，應事先告知使用者，或提供其他適當方式供使用者回復。

第九〇條之一〇　（依規定移除涉嫌侵權之資訊對使用者不負賠償責任）98

有下列情形之一者，網路服務提供者對涉有侵權之使用者，不負賠償責任：
一　依第九十條之六至第九十條之八之規定，移除或使他人無法進入該涉有侵權之內容或相關資訊。
二　知悉使用者所爲涉有侵權情事後，善意移除或使他人無法進入該涉有侵權之內容或相關資訊。

第九〇條之一一　（不實通知或回復通知致他人受損害者應負損害賠償責任）98

因故意或過失，向網路服務提供者提出不實通知或回復通知，致使用者、著作權人、製版權人或網路服務提供者受有損害者，負損害賠償責任。

第九〇條之一二　（各項執行細節授權主管機關訂定）98

第九十條之四聯繫窗口之公告、第九十條之六至第九十條之九之通知、回復通知內容、應記載事項、補正及其他應遵行事項之辦法，由主管機關定之。

第七章　罰　則

第九一條　111

①擅自以重製之方法侵害他人之著作財產權者，處三年以下有期徒刑、拘役，或科或併科新臺幣七十五萬元以下罰金。
②意圖銷售或出租而擅自以重製之方法侵害他人之著作財產權者，處六月以上五年以下有期徒刑，得併科新臺幣二十萬元以上二百萬元以下罰金。
③著作僅供個人參考或合理使用者，不構成著作權侵害。

第九一條之一　111

①擅自以移轉所有權之方法散布著作原件或其重製物而侵害他人之著作財產權者，處三年以下有期徒刑、拘役，或科或併科新臺幣五十萬元以下罰金。
②明知係侵害著作財產權之重製物而散布或意圖散布而公開陳列或持有者，處三年以下有期徒刑，得併科新臺幣七萬元以上七十五萬元以下罰金。
③犯前項之罪，經供出其物品來源，因而破獲者，得減輕其刑。

第九二條　（公開侵害著作財產權之處罰）93

擅自以公開口述、公開播送、公開上映、公開演出、公開傳輸、公開展示、改作、編輯、出租之方法侵害他人之著作財產權者，處三年以下有期徒刑、拘役，或科或併科新臺幣七十五萬元以下罰金。

第九三條　（侵害著作人格權、著作權及違反強制授權利用之處罰）108

有下列情形之一者，處二年以下有期徒刑、拘役，或科或併科新臺幣五十萬元以下罰金：

一　侵害第十五條至第十七條規定之著作人格權者。

二　違反第七十條規定者。

三　以第八十七條第一項第一款、第三款、第五款或第六款方法之一侵害他人之著作權者。但第九十一條之一第二項及第三項規定情形，不在此限。

四　違反第八十七條第一項第七款或第八款規定者。

第九四條　（刪除）95

第九五條　（侵害著作人格權及製版權之處罰）92

違反第一百十二條規定者，處一年以下有期徒刑、拘役或科或併科新臺幣二萬元以上二十五萬元以下罰金。

第九六條　（未銷毀修改或重製程式及未明示他人著作出處之處罰）

違反第五十九條第二項或第六十四條規定者，科新臺幣五萬元以下罰金。

第九六條之一　（處罰）93

有下列情形之一者，處一年以下有期徒刑、拘役或科或併科新臺幣二萬元以上二十五萬元以下罰金：

一　違反第八十條之一規定者。

二　違反第八十條之二第二項規定者。

第九六條之二　（酌量加重罰金）92

依本章科罰金時，應審酌犯人之資力及犯罪所得之利益。如所得之利益超過罰金最多額時，得於所得利益之範圍內酌量加重。

第九七條　（刪除）

第九七條之一　（罰則）96

事業以公開傳輸之方法，犯第九十一條、第九十二條及第九十三條第四款之罪，經法院判決有罪者，應即停止其行為；如不停止，且經主管機關邀集專家學者及相關業者認定侵害情節重大，嚴重影響著作財產權人權益者，主管機關應限期一個月內改正，屆期不改正者，得命令停業或勒令歇業。

第九八條　（刪除）111

第九八條之一　（刪除）111

第九九條　（被告負判決書登報之費用）95

犯第九十一條至第九十三條、第九十五條之罪者，因被害人或其他有告訴權人之聲請，得令將判決書全部或一部登報，其費用由被告負擔。

第一〇〇條　111

本章之罪，須告訴乃論。但有下列情形之一，就有償提供著作全部原樣利用，致著作財產權人受有新臺幣一百萬元以上之損害者，不在此限：

一　犯第九十一條第二項之罪，其重製物為數位格式。

二　意圖營利犯第九十一條之一第二項明知係侵害著作財產權之重製物而散布之罪，其散布之重製物為數位格式。

三　犯第九十二條擅自以公開傳輸之方法侵害他人之著作財產權之罪。

第一〇一條　（執行業務者侵害他人著作權時之處罰）95

①法人之代表人、法人或自然人之代理人、受雇人或其他從業人員，因執行業務，犯第九十一條至第九十三條、第九十五條至第九十六條之一之罪者，除依各該條規定處罰其行為人外，對該法人或自然人亦科各該條之罰金。

②對前項行為人、法人或自然人之一方告訴或撤回告訴者，其效力及於他方。

第一〇二條　（外國法人之訴訟資格）95

未經認許之外國法人，對於第九十一條至第九十三條、第九十五條至第九十六條之一之罪，得爲告訴或提起自訴。

第一〇三條　（司法警察之扣押權、移送權）

司法警察官或司法警察對侵害他人之著作權或製版權，經告訴、告發者，得依法扣押其侵害物，並移送偵辦。

第一〇四條　（刪除）

第八章　附　則

第一〇五條　（規費）92

①依本法申請強制授權、製版權登記、製版權讓與登記、製版權信託登記、調解、查閱製版權登記或請求發給謄本者，應繳納規費。

②前項收費基準，由主管機關定之。

第一〇六條　（本法修正前之著作適用之法律）92

①著作完成於中華民國八十一年六月十日本法修正施行前，且合於中華民國八十七年一月二十一日修正施行前本法第一百零六條至第一百零九條規定之一者，除本章另有規定外，適用本法。

②著作完成於中華民國八十一年六月十日本法修正施行後者，適用本法。

第一〇六條之一　（著作財產權期間）

①著作完成於世界貿易組織協定在中華民國管轄區域內生效日之前，未依歷次本法規定取得著作權而依本法所定著作財產權期間計算仍在存續中者，除本章另有規定外，適用本法。但外國人著作在其源流國保護期間已屆滿者，不適用之。

②前項但書所稱源流國依西元一九七一年保護文學與藝術著作之伯恩公約第五條規定決定之。

第一〇六條之二　（著作財產權之利用）92

①依前條規定受保護之著作，其利用人於世界貿易組織協定在中華民國管轄區域內生效日之前，已著手利用該著作或爲利用該著作已進行重大投資者，除本章另有規定外，自該生效日起二年內，得繼續利用，不適用第六章及第七章規定。

②自中華民國九十二年六月六日本法修正施行起，利用人依前項規定利用著作者，除出租或出借之情形外，應對被利用著作之著作財產權人支付該著作一般經自由磋商所應支付合理之使用報酬。

③依前條規定受保護之著作，利用人未經授權所完成之重製物，自本法修正公布一年後，不得再行銷售。但仍得出租或出借。

④利用依前條規定受保護之著作另行創作之著作重製物，不適用前項規定，但除合於第四十四條至第六十五條規定外，應對被利用著作之著作財產權人支付該著作一般經自由磋商所應支付合理之使用報酬。

第一〇六條之三　（衍生著作之使用報酬）92

①於世界貿易組織協定在中華民國管轄區域內生效日之前，就第一百零六條之一著作改作完成之衍生著作，且受歷次本法保護者，於該生效日以後，得繼續利用，不適用第六章及第七章規定。

②自中華民國九十二年六月六日本法修正施行起，利用人依前項規定利用著作者，應對原著作之著作財產權人支付該著作一般經自由磋商所應支付合理之使用報酬。

③前二項規定，對衍生著作之保護，不生影響。

第一〇七條至第一〇九條　（刪除）

第一一〇條　（第十三條不適用於本法修正施行前完成註冊之著作）

第十三條規定，於中華民國八十一年六月十日本法修正施行前已完成註冊之著作，不適用之。

第一一一條　（第十一條及第十二條不適用於本法修正施行前取得著作權者）92

有下列情形之一者，第十一條及第十二條規定，不適用之：
一　依中華民國八十一年六月十日修正施行前本法第十條及第十一條規定取得著作權者。
二　依中華民國八十七年一月二十一日修正施行前本法第十一條及第十二條規定取得著作權者。

第一一二條　（翻譯外國人著作之重製及銷售限制）
①中華民國八十一年六月十日本法修正施行前，翻譯受中華民國八十一年六月十日修正施行前本法保護之外國人著作，如未經其著作權人同意者，於中華民國八十一年六月十日本法修正施行後，除合於第四十四條至第六十五條規定者外，不得再重製。
②前項翻譯之重製物，於中華民國八十一年六月十日本法修正施行滿二年後，不得再行銷售。

第一一三條　（本法修正施行前享有之製版權適用本法）92
自中華民國九十二年六月六日本法修正施行前取得之製版權，依本法所定權利期間計算仍在存續中者，適用本法規定。

第一一四條　（刪除）

第一一五條　（經行政院核准之協議視同協定）
本國與外國之團體或機構互訂保護著作權之協議，經行政院核准者，視爲第四條所稱協定。

第一一五條之一　（註冊簿或登記簿之提供閱覽）92
①製版權登記簿、註冊簿或製版物樣本，應提供民眾閱覽抄錄。
②中華民國八十七年一月二十一日本法修正施行前之著作權註冊簿、登記簿或著作樣本，得提供民眾閱覽抄錄。

第一一五條之二　（專業法庭之設立或指定專人辦理）92
①法院爲處理著作權訴訟案件，得設立專業法庭或指定專人辦理。
②著作權訴訟案件，法院應以判決書正本一份送著作權專責機關。

第一一六條　（刪除）

第一一七條　111
本法除中華民國八十七年一月二十一日修正公布之第一百零六條之一至第一百零六條之三規定，自世界貿易組織協定在中華民國管轄區域內生效日起施行，九十五年五月三十日修正公布條文，自九十五年七月一日施行，及一百十一年四月十五日修正之條文，其施行日期由行政院定之外，自公布日施行。

營業秘密法

①民國85年1月17日總統令制定公布全文16條。
②民國102年1月30日總統令增訂公布第13-1至13-4條條文。
③民國109年1月15日總統令修正公布第15條條文；並增訂第13-5、14-1至14-4條條文。

第一條
爲保障營業秘密，維護產業倫理與競爭秩序，調和社會公共利益，特制定本法。本法未規定者，適用其他法律之規定。

第二條
本法所稱營業秘密，係指方法、技術、製程、配方、程式、設計或其他可用於生產、銷售或經營之資訊，而符合左列要件者：
一　非一般涉及該類資訊之人所知者。
二　因其秘密性而具有實際或潛在之經濟價値者。
三　所有人已採取合理之保密措施者。

第三條
①受雇人於職務上研究或開發之營業秘密，歸雇用人所有。但契約另有約定者，從其約定。
②受雇人於非職務上研究或開發之營業秘密，歸受雇人所有。但其營業秘密係利用雇用人之資源或經驗者，雇用人得於支付合理報酬後，於該事業使用其營業秘密。

第四條
出資聘請他人從事研究或開發之營業秘密，其營業秘密之歸屬依契約之約定；契約未約定者，歸受聘人所有。但出資人得於業務上使用其營業秘密。

第五條
數人共同研究或開發之營業秘密，其應有部分依契約之約定；無約定者，推定爲均等。

第六條
①營業秘密得全部或部分讓與他人或與他人共有。
②營業秘密爲共有時，對營業秘密之使用或處分，如契約未有約定者，應得共有人之全體同意。但各共有人無正當理由，不得拒絕同意。
③各共有人非經其他共有人之同意，不得以其應有部分讓與他人。但契約另有約定者，從其約定。

第七條
①營業秘密所有人得授權他人使用營業秘密。其授權使用之地域、時間、內容、使用方法或其他事項，依當事人之約定。
②前項被授權人非經營業秘密所有人同意，不得將其被授權使用之營業秘密再授權第三人使用。
③營業秘密共有人非經共有人全體同意，不得授權他人使用該營業秘密。但各共有人無正當理由，不得拒絕同意。

第八條
營業秘密不得爲質權及強制執行之標的。

第九條
①公務員因承辦公務而知悉或持有他人之營業秘密者，不得使用或無故洩漏之。
②當事人、代理人、辯護人、鑑定人、證人及其他相關之人，因司法機關偵查或審理而

知悉或持有他人營業秘密者，不得使用或無故洩漏之。
③仲裁人及其他相關之人處理仲裁事件，準用前項之規定。

第一〇條
①有左列情形之一者，爲侵害營業秘密：
一　以不正當方法取得營業秘密者。
二　知悉或因重大過失而不知其爲前款之營業秘密，而取得、使用或洩漏者。
三　取得營業秘密後，知悉或因重大過失而不知其爲第一款之營業秘密，而使用或洩漏者。
四　因法律行爲取得營業秘密，而以不正當方法使用或洩漏者。
五　依法令有守營業秘密之義務，而使用或無故洩漏者。
②前項所稱之不正當方法，係指竊盜、詐欺、脅迫、賄賂、擅自重製、違反保密義務、引誘他人違反其保密義務或其他類似方法。

第一一條
①營業秘密受侵害時，被害人得請求排除之，有侵害之虞者，得請求防止之。
②被害人爲前項請求時，對於侵害行爲作成之物或專供侵害所用之物，得請求銷燬或爲其他必要之處置。

第一二條
①因故意或過失不法侵害他人之營業秘密者，負損害賠償責任。數人共同不法侵害者，連帶負賠償責任。
②前項之損害賠償請求權，自請求權人知有行爲及賠償義務人時起，二年間不行使而消滅；自行爲時起，逾十年者亦同。

第一三條
①依前條請求損害賠償時，被害人得依左列各款規定擇一請求：
一　依民法第二百十六條之規定請求。但被害人不能證明其損害時，得以其使用時依通常情形可得預期之利益，減除被侵害後使用同一營業秘密所得利益之差額，爲其所受損害。
二　請求侵害人因侵害行爲所得之利益。但侵害人不能證明其成本或必要費用時，以其侵害行爲所得之全部收入，爲其所得利益。
②依前項規定，侵害行爲如屬故意，法院得因被害人之請求，依侵害情節，酌定損害額以上之賠償。但不得超過已證明損害額之三倍。

第一三條之一　102
①意圖爲自己或第三人不法之利益，或損害營業秘密所有人之利益，而有下列情形之一，處五年以下有期徒刑或拘役，得併科新臺幣一百萬元以上一千萬元以下罰金：
一　以竊取、侵占、詐術、脅迫、擅自重製或其他不正方法而取得營業秘密，或取得後進而使用、洩漏者。
二　知悉或持有營業秘密，未經授權或逾越授權範圍而重製、使用或洩漏該營業秘密者。
三　持有營業秘密，經營業秘密所有人告知應刪除、銷毀後，不爲刪除、銷毀或隱匿該營業秘密者。
四　明知他人知悉或持有之營業秘密有前三款所定情形，而取得、使用或洩漏者。
②前項之未遂犯罰之。
③科罰金時，如犯罪行爲人所得之利益超過罰金最多額，得於所得利益之三倍範圍內酌量加重。

第一三條之二　102
①意圖在外國、大陸地區、香港或澳門使用，而犯前條第一項各款之罪者，處一年以上十年以下有期徒刑，得併科新臺幣三百萬元以上五千萬元以下之罰金。
②前項之未遂犯罰之。
③科罰金時，如犯罪行爲人所得之利益超過罰金最多額，得於所得利益之二倍至十倍範

圍內酌量加重。

第一三條之三 102

①第十三條之一之罪，須告訴乃論。

②對於共犯之一人告訴或撤回告訴者，其效力不及於其他共犯。

③公務員或曾任公務員之人，因職務知悉或持有他人之營業秘密，而故意犯前二條之罪者，加重其刑至二分之一。

第一三條之四 102

法人之代表人、法人或自然人之代理人、受雇人或其他從業人員，因執行業務，犯第十三條之一、第十三條之二之罪者，除依該條規定處罰其行為人外，對該法人或自然人亦科該條之罰金。但法人之代表人或自然人對於犯罪之發生，已盡力為防止行為者，不在此限。

第一三條之五 109

未經認許之外國法人，就本法規定事項得為告訴、自訴或提起民事訴訟。

第一四條

①法院為審理營業秘密訴訟案件，得設立專業法庭或指定專人辦理。

②當事人提出之攻擊或防禦方法涉及營業秘密，經當事人聲請，法院認為適當者，得不公開審判或限制閱覽訴訟資料。

第一四條之一 109

①檢察官偵辦營業秘密案件，認有偵查必要時，得核發偵查保密令予接觸偵查內容之犯罪嫌疑人、被告、被害人、告訴人、告訴代理人、辯護人、鑑定人、證人或其他相關之人。

②受偵查保密令之人，就該偵查內容，不得為下列行為：

一　實施偵查程序以外目的之使用。

二　揭露予未受偵查保密令之人。

③前項規定，於受偵查保密令之人，在偵查前已取得或持有該偵查之內容時，不適用之。

第一四條之二 109

①偵查保密令應以書面或言詞為之。以言詞為之者，應當面告知並載明筆錄，且得予營業秘密所有人陳述意見之機會，於七日內另以書面製作偵查保密令。

②前項書面，應送達於受偵查保密令之人，並通知營業秘密所有人。於送達及通知前，應給予營業秘密所有人陳述意見之機會。但已依前項規定，給予營業秘密所有人陳述意見之機會者，不在此限。

③偵查保密令以書面為之者，自送達受偵查保密令之人之日起發生效力；以言詞為之者，自告知之時起，亦同。

④偵查保密令應載明下列事項：

一　受偵查保密令之人。

二　應保密之偵查內容。

三　前條第二項所列之禁止或限制行為。

四　違反之效果。

第一四條之三 109

①偵查中應受保密之原因消滅或偵查保密令之內容有變更必要時，檢察官得依職權撤銷或變更其偵查保密令。

②案件經緩起訴處分或不起訴處分確定者，或偵查保密令非屬起訴效力所及之部分，檢察官得依職權或受偵查保密令之人之聲請，撤銷或變更其偵查保密令。

③檢察官為前二項撤銷或變更偵查保密令之處分，得予受偵查保密令之人及營業秘密所有人陳述意見之機會。該處分應以書面送達於受偵查保密令之人及營業秘密所有人。

④案件起訴後，檢察官應將偵查保密令屬起訴效力所及之部分通知營業秘密所有人及受偵查保密令之人，並告知其等關於秘密保持命令、偵查保密令之權益。營業秘密所有

人或檢察官，得依智慧財產案件審理法之規定，聲請法院核發秘密保持命令。偵查保密令屬起訴效力所及之部分，在其聲請範圍內，自法院裁定確定之日起，失其效力。

⑤案件起訴後，營業秘密所有人或檢察官未於案件繫屬法院之日起三十日內，向法院聲請秘密保持命令者，法院得依受偵查保密令之人或檢察官之聲請，撤銷偵查保密令。偵查保密令屬起訴效力所及之部分，在法院裁定予以撤銷之範圍內，自法院裁定確定之日起，失其效力。

⑥法院爲前項裁定前，應先徵詢營業秘密所有人及檢察官之意見。前項裁定並應送達營業秘密所有人、受偵查保密令之人及檢察官。

⑦受偵查保密令之人或營業秘密所有人，對於第一項及第二項檢察官之處分，得聲明不服；檢察官、受偵查保密令之人或營業秘密所有人，對於第五項法院之裁定，得抗告。

⑧前項聲明不服及抗告之程序，準用刑事訴訟法第四百零三條至第四百十九條之規定。

第一四條之四 109

①違反偵查保密令者，處三年以下有期徒刑、拘役或科或併科新臺幣一百萬元以下罰金。

②於外國、大陸地區、香港或澳門違反偵查保密令者，不問犯罪地之法律有無處罰規定，亦適用前項規定。

第一五條

外國人所屬之國家與中華民國如未共同參加保護營業秘密之國際條約或無相互保護營業秘密之條約、協定，或對中華民國國民之營業秘密不予保護者，其營業秘密得不予保護。

第一六條

本法自公布日施行。

個人資料保護法

①民國84年8月11日總統令制定公布全文45條。
②民國99年5月26日總統令修正公布名稱及全文56條；施行日期，由行政院定之，但刪除之第19至22、43條自公布日施行（原名稱：電腦處理個人資料保護法）。
民國101年9月21日行政院令發布除第6、54條餘定自101年10月1日施行。
③民國104年12月30日總統令修正公布第6至8、11、15、16、19、20、41、45、53、54條條文。
民國105年2月25日行政院令發布定自105年3月15日施行。
民國108年1月10日法務部、國家發展委員會會銜公告第53、55條所列屬「法務部」之權責事項，改由「國家發展委員會」管轄。
④民國112年5月31日總統令修正公布第48、56條條文；並增訂第1-1條條文；第48條自公布日施行外，第1-1條施行日期，由行政院定之。
民國112年12月28日國家發展委員會、個人資料保護委員會籌備處會銜公告第53、55條所列屬「國家發展委員會」管轄之權責事項，自113年1月1日起改由「個人資料保護委員會籌備處」管轄。

第一章　總　則

第一條

爲規範個人資料之蒐集、處理及利用，以避免人格權受侵害，並促進個人資料之合理利用，特制定本法。

第一條之一　112

①本法之主管機關爲個人資料保護委員會。
②自個人資料保護委員會成立之日起，本法所列屬中央目的事業主管機關、直轄市、縣（市）政府及第五十三條、第五十五條所列機關之權責事項，由該會管轄。

第二條

本法用詞，定義如下：

一　個人資料：指自然人之姓名、出生年月日、國民身分證統一編號、護照號碼、特徵、指紋、婚姻、家庭、教育、職業、病歷、醫療、基因、性生活、健康檢查、犯罪前科、聯絡方式、財務情況、社會活動及其他得以直接或間接方式識別該個人之資料。
二　個人資料檔案：指依系統建立而得以自動化機器或其他非自動化方式檢索、整理之個人資料之集合。
三　蒐集：指以任何方式取得個人資料。
四　處理：指爲建立或利用個人資料檔案所爲資料之記錄、輸入、儲存、編輯、更正、複製、檢索、刪除、輸出、連結或內部傳送。
五　利用：指將蒐集之個人資料爲處理以外之使用。
六　國際傳輸：指將個人資料作跨國（境）之處理或利用。
七　公務機關：指依法行使公權力之中央或地方機關或行政法人。
八　非公務機關：指前款以外之自然人、法人或其他團體。
九　當事人：指個人資料之本人。

第三條

當事人就其個人資料依本法規定行使之下列權利，不得預先拋棄或以特約限制之：

一　查詢或請求閱覽。

二　請求製給複製本。
三　請求補充或更正。
四　請求停止蒐集、處理或利用。
五　請求刪除。

第四條

受公務機關或非公務機關委託蒐集、處理或利用個人資料者，於本法適用範圍內，視同委託機關。

第五條

個人資料之蒐集、處理或利用，應尊重當事人之權益，依誠實及信用方法爲之，不得逾越特定目的之必要範圍，並應與蒐集之目的具有正當合理之關聯。

第六條 104

①有關病歷、醫療、基因、性生活、健康檢查及犯罪前科之個人資料，不得蒐集、處理或利用。但有下列情形之一者，不在此限：
一　法律明文規定。
二　公務機關執行法定職務或非公務機關履行法定義務必要範圍內，且事前或事後有適當安全維護措施。
三　當事人自行公開或其他已合法公開之個人資料。
四　公務機關或學術研究機構基於醫療、衛生或犯罪預防之目的，爲統計或學術研究而有必要，且資料經過提供者處理後或經蒐集者依其揭露方式無從識別特定之當事人。
五　爲協助公務機關執行法定職務或非公務機關履行法定義務必要範圍內，且事前或事後有適當安全維護措施。
六　經當事人書面同意。但逾越特定目的之必要範圍或其他法律另有限制不得僅依當事人書面同意蒐集、處理或利用，或其同意違反其意願者，不在此限。
②依前項規定蒐集、處理或利用個人資料，準用第八條、第九條規定；其中前項第六款之書面同意，準用第七條第一項、第二項及第四項規定，並以書面爲之。

第七條 104

①第十五條第二款及第十九條第一項第五款所稱同意，指當事人經蒐集者告知本法所定應告知事項後，所爲允許之意思表示。
②第十六條第七款、第二十條第一項第六款所稱同意，指當事人經蒐集者明確告知特定目的外之其他利用目的、範圍及同意與否對其權益之影響後，單獨所爲之意思表示。
③公務機關或非公務機關明確告知當事人第八條第一項各款應告知事項時，當事人如未表示拒絕，並已提供其個人資料者，推定當事人已依第十五條第二款、第十九條第一項第五款之規定表示同意。
④蒐集者就本法所稱經當事人同意之事實，應負舉證責任。

第八條 104

①公務機關或非公務機關依第十五條或第十九條規定向當事人蒐集個人資料時，應明確告知當事人下列事項：
一　公務機關或非公務機關名稱。
二　蒐集之目的。
三　個人資料之類別。
四　個人資料利用之期間、地區、對象及方式。
五　當事人依第三條規定得行使之權利及方式。
六　當事人得自由選擇提供個人資料時，不提供將對其權益之影響。
②有下列情形之一者，得免爲前項之告知：
一　依法律規定得免告知。
二　個人資料之蒐集係公務機關執行法定職務或非公務機關履行法定義務所必要。
三　告知將妨害公務機關執行法定職務。

四　告知將妨害公共利益。

五　當事人明知應告知之內容。

六　個人資料之蒐集非基於營利之目的，且對當事人顯無不利之影響。

第九條

①公務機關或非公務機關依第十五條或第十九條規定蒐集非由當事人提供之個人資料，應於處理或利用前，向當事人告知個人資料來源及前條第一項第一款至第五款所列事項。

②有下列情形之一者，得免為前項之告知：

一　有前條第二項所列各款情形之一。

二　當事人自行公開或其他已合法公開之個人資料。

三　不能向當事人或其法定代理人為告知。

四　基於公共利益為統計或學術研究之目的而有必要，且該資料須經提供者處理後或蒐集者依其揭露方式，無從識別特定當事人者為限。

五　大眾傳播業者基於新聞報導之公益目的而蒐集個人資料。

③第一項之告知，得於首次對當事人為利用時併同為之。

第一〇條

公務機關或非公務機關應依當事人之請求，就其蒐集之個人資料，答覆查詢、提供閱覽或製給複製本。但有下列情形之一者，不在此限：

一　妨害國家安全、外交及軍事機密、整體經濟利益或其他國家重大利益。

二　妨害公務機關執行法定職務。

三　妨害該蒐集機關或第三人之重大利益。

第一一條 104

①公務機關或非公務機關應維護個人資料之正確，並應主動或依當事人之請求更正或補充之。

②個人資料正確性有爭議者，應主動或依當事人之請求停止處理或利用。但因執行職務或業務所必須，或經當事人書面同意，並經註明其爭議者，不在此限。

③個人資料蒐集之特定目的消失或期限屆滿時，應主動或依當事人之請求，刪除、停止處理或利用該個人資料。但因執行職務或業務所必須或經當事人書面同意者，不在此限。

④違反本法規定蒐集、處理或利用個人資料者，應主動或依當事人之請求，刪除、停止蒐集、處理或利用該個人資料。

⑤因可歸責於公務機關或非公務機關之事由，未為更正或補充之個人資料，應於更正或補充後，通知曾提供利用之對象。

第一二條

公務機關或非公務機關違反本法規定，致個人資料被竊取、洩漏、竄改或其他侵害者，應查明後以適當方式通知當事人。

第一三條

①公務機關或非公務機關受理當事人依第十條規定之請求，應於十五日內，為准駁之決定；必要時，得予延長，延長之期間不得逾十五日，並應將其原因以書面通知請求人。

②公務機關或非公務機關受理當事人依第十一條規定之請求，應於三十日內，為准駁之決定；必要時，得予延長，延長之期間不得逾三十日，並應將其原因以書面通知請求人。

第一四條

查詢或請求閱覽個人資料或製給複製本者，公務機關或非公務機關得酌收必要成本費用。

第二章　公務機關對個人資料之蒐集、處理及利用

第一五條 104

公務機關對個人資料之蒐集或處理，除第六條第一項所規定資料外，應有特定目的，並符合下列情形之一者：

一 執行法定職務必要範圍內。

二 經當事人同意。

三 對當事人權益無侵害。

第一六條 104

公務機關對個人資料之利用，除第六條第一項所規定資料外，應於執行法定職務必要範圍內為之，並與蒐集之特定目的相符。但有下列情形之一者，得為特定目的外之利用：

一 法律明文規定。

二 為維護國家安全或增進公共利益所必要。

三 為免除當事人之生命、身體、自由或財產上之危險。

四 為防止他人權益之重大危害。

五 公務機關或學術研究機構基於公共利益為統計或學術研究而有必要，且資料經過提供者處理後或經蒐集者依其揭露方式無從識別特定之當事人。

六 有利於當事人權益。

七 經當事人同意。

第一七條

公務機關應將下列事項公開於電腦網站，或以其他適當方式供公眾查閱；其有變更者，亦同：

一 個人資料檔案名稱。

二 保有機關名稱及聯絡方式。

三 個人資料檔案保有之依據及特定目的。

四 個人資料之類別。

第一八條

公務機關保有個人資料檔案者，應指定專人辦理安全維護事項，防止個人資料被竊取、竄改、毀損、滅失或洩漏。

第三章　非公務機關對個人資料之蒐集、處理及利用

第一九條 104

①非公務機關對個人資料之蒐集或處理，除第六條第一項所規定資料外，應有特定目的，並符合下列情形之一者：

一 法律明文規定。

二 與當事人有契約或類似契約之關係，且已採取適當之安全措施。

三 當事人自行公開或其他已合法公開之個人資料。

四 學術研究機構基於公共利益為統計或學術研究而有必要，且資料經過提供者處理後或經蒐集者依其揭露方式無從識別特定之當事人。

五 經當事人同意。

六 為增進公共利益所必要。

七 個人資料取自於一般可得之來源。但當事人對該資料之禁止處理或利用，顯有更值得保護之重大利益者，不在此限。

八 對當事人權益無侵害。

②蒐集或處理者知悉或經當事人通知依前項第七款但書規定禁止對該資料之處理或利用時，應主動或依當事人之請求，刪除、停止處理或利用該個人資料。

第二〇條 104

①非公務機關對個人資料之利用，除第六條第一項所規定資料外，應於蒐集之特定目的

必要範圍內爲之。但有下列情形之一者，得爲特定目的外之利用：

一　法律明文規定。

二　爲增進公共利益所必要。

三　爲免除當事人之生命、身體、自由或財產上之危險。

四　爲防止他人權益之重大危害。

五　公務機關或學術研究機構基於公共利益爲統計或學術研究而有必要，且資料經過提供者處理後或經蒐集者依其揭露方式無從識別特定之當事人。

六　經當事人同意。

七　有利於當事人權益。

②非公務機關依前項規定利用個人資料行銷者，當事人表示拒絕接受行銷時，應即停止利用其個人資料行銷。

③非公務機關於首次行銷時，應提供當事人表示拒絕接受行銷之方式，並支付所需費用。

第二一條

非公務機關爲國際傳輸個人資料，而有下列情形之一者，中央目的事業主管機關得限制之：

一　涉及國家重大利益。

二　國際條約或協定有特別規定。

三　接受國對於個人資料之保護未有完善之法規，致有損當事人權益之虞。

四　以迂迴方法向第三國（地區）傳輸個人資料規避本法。

第二二條

①中央目的事業主管機關或直轄市、縣（市）政府爲執行資料檔案安全維護、業務終止資料處理方法、國際傳輸限制或其他例行性業務檢查而認有必要或有違反本法規定之虞時，得派員攜帶執行職務證明文件，進入檢查，並得命相關人員爲必要之說明、配合措施或提供相關證明資料。

②中央目的事業主管機關或直轄市、縣（市）政府爲前項檢查時，對於得沒入或可爲證據之個人資料或其檔案，得扣留或複製之。對於應扣留或複製之物，得要求其所有人、持有人或保管人提出或交付；無正當理由拒絕提出、交付或抗拒扣留或複製者，得採取對該非公務機關權益損害最少之方法強制爲之。

③中央目的事業主管機關或直轄市、縣（市）政府爲第一項檢查時，得率同資訊、電信或法律等專業人員共同爲之。

④對於第一項及第二項之進入、檢查或處分，非公務機關及其相關人員不得規避、妨礙或拒絕。

⑤參與檢查之人員，因檢查而知悉他人資料者，負保密義務。

第二三條

①對於前條第二項扣留物或複製物，應加封緘或其他標識，並爲適當之處置；其不便搬運或保管者，得命人看守或交由所有人或其他適當之人保管。

②扣留物或複製物已無留存之必要，或決定不予處罰或未爲沒入之裁處者，應發還之。但應沒入或爲調查他案應留存者，不在此限。

第二四條

①非公務機關、物之所有人、持有人、保管人或利害關係人對前二條之要求、強制、扣留或複製行爲不服者，得向中央目的事業主管機關或直轄市、縣（市）政府聲明異議。

②前項聲明異議，中央目的事業主管機關或直轄市、縣（市）政府認爲有理由者，應立即停止或變更其行爲；認爲無理由者，得繼續執行。經該聲明異議之人請求時，應將聲明異議之理由製作紀錄交付之。

③對於中央目的事業主管機關或直轄市、縣（市）政府前項決定不服者，僅得於對該案件之實體決定聲明不服時一併聲明之。但第一項之人依法不得對該案件之實體決定聲

明不服時，得單獨對第一項之行爲逕行提起行政訴訟。

第二五條

①非公務機關有違反本法規定之情事者，中央目的事業主管機關或直轄市、縣（市）政府除依本法規定裁處罰鍰外，並得爲下列處分：

一　禁止蒐集、處理或利用個人資料。

二　命令刪除經處理之個人資料檔案。

三　沒入或命銷燬違法蒐集之個人資料。

四　公布非公務機關之違法情形，及其姓名或名稱與負責人。

②中央目的事業主管機關或直轄市、縣（市）政府爲前項處分時，應於防制違反本法規定情事之必要範圍內，採取對該非公務機關權益損害最少之方法爲之。

第二六條

中央目的事業主管機關或直轄市、縣（市）政府依第二十二條規定檢查後，未發現有違反本法規定之情事者，經該非公務機關同意後，得公布檢查結果。

第二七條

①非公務機關保有個人資料檔案者，應採行適當之安全措施，防止個人資料被竊取、竄改、毀損、滅失或洩漏。

②中央目的事業主管機關得指定非公務機關訂定個人資料檔案安全維護計畫或業務終止後個人資料處理方法。

③前項計畫及處理方法之標準等相關事項之辦法，由中央目的事業主管機關定之。

第四章　損害賠償及團體訴訟

第二八條

①公務機關違反本法規定，致個人資料遭不法蒐集、處理、利用或其他侵害當事人權利者，負損害賠償責任。但損害因天災、事變或其他不可抗力所致者，不在此限。

②被害人雖非財產上之損害，亦得請求賠償相當之金額；其名譽被侵害者，並得請求爲回復名譽之適當處分。

③依前二項情形，如被害人不易或不能證明其實際損害額時，得請求法院依侵害情節，以每人每一事件新臺幣五百元以上二萬元以下計算。

④對於同一原因事實造成多數當事人權利受侵害之事件，經當事人請求損害賠償者，其合計最高總額以新臺幣二億元爲限。但因該原因事實所涉利益超過新臺幣二億元者，以該所涉利益爲限。

⑤同一原因事實造成之損害總額逾前項金額時，被害人所受賠償金額，不受第三項所定每人每一事件最低賠償金額新臺幣五百元之限制。

⑥第二項請求權，不得讓與或繼承。但以金額賠償之請求權已依契約承諾或已起訴者，不在此限。

第二九條

①非公務機關違反本法規定，致個人資料遭不法蒐集、處理、利用或其他侵害當事人權利者，負損害賠償責任。但能證明其無故意或過失者，不在此限。

②依前項規定請求賠償者，適用前條第二項至第六項規定。

第三〇條

損害賠償請求權，自請求權人知有損害及賠償義務人時起，因二年間不行使而消滅；自損害發生時起，逾五年者，亦同。

第三一條

損害賠償，除依本法規定外，公務機關適用國家賠償法之規定，非公務機關適用民法之規定。

第三二條

依本章規定提起訴訟之財團法人或公益社團法人，應符合下列要件：

一　財團法人之登記財產總額達新臺幣一千萬元或社團法人之社員人數達一百人。
二　保護個人資料事項於其章程所定目的範圍內。
三　許可設立三年以上。

第三三條

①依本法規定對於公務機關提起損害賠償訴訟者，專屬該機關所在地之地方法院管轄。對於非公務機關提起者，專屬其主事務所、主營業所或住所地之地方法院管轄。

②前項非公務機關為自然人，而其在中華民國現無住所或住所不明者，以其在中華民國之居所，視為其住所；無居所或居所不明者，以其在中華民國最後之住所，視為其住所；無最後住所者，專屬中央政府所在地之地方法院管轄。

③第一項非公務機關為自然人以外之法人或其他團體，而其在中華民國現無主事務所、主營業所或主事務所、主營業所不明者，專屬中央政府所在地之地方法院管轄。

第三四條

①對於同一原因事實造成多數當事人權利受侵害之事件，財團法人或公益社團法人經受有損害之當事人二十人以上以書面授與訴訟實施權者，得以自己之名義，提起損害賠償訴訟。當事人得於言詞辯論終結前以書面撤回訴訟實施權之授與，並通知法院。

②前項訴訟，法院得依聲請或依職權公告曉示其他因同一原因事實受有損害之當事人，得於一定期間內向前項起訴之財團法人或公益社團法人授與訴訟實施權，由該財團法人或公益社團法人於第一審言詞辯論終結前，擴張應受判決事項之聲明。

③其他因同一原因事實受有損害之當事人未依前項規定授與訴訟實施權者，亦得於法院公告曉示之一定期間內起訴，由法院併案審理。

④其他因同一原因事實受有損害之當事人，亦得聲請法院為前項之公告。

⑤前二項公告，應揭示於法院公告處、資訊網路及其他適當處所；法院認為必要時，並得命登載於公報或新聞紙，或用其他方法公告之，其費用由國庫墊付。

⑥依第一項規定提起訴訟之財團法人或公益社團法人，其標的價額超過新臺幣六十萬元者，超過部分暫免徵裁判費。

第三五條

①當事人依前條第一項規定撤回訴訟實施權之授與者，該部分訴訟程序當然停止，該當事人應即聲明承受訴訟，法院亦得依職權命該當事人承受訴訟。

②財團法人或公益社團法人依前條規定起訴後，因部分當事人撤回訴訟實施權之授與，致其餘部分不足二十人者，仍得就其餘部分繼續進行訴訟。

第三六條

各當事人於第三十四條第一項及第二項之損害賠償請求權，其時效應分別計算。

第三七條

①財團法人或公益社團法人就當事人授與訴訟實施權之事件，有為一切訴訟行為之權。但當事人得限制其為捨棄、撤回或和解。

②前項當事人中一人所為之限制，其效力不及於其他當事人。

③第一項之限制，應於第三十四條第一項之文書內表明，或以書狀提出於法院。

第三八條

①當事人對於第三十四條訴訟之判決不服者，得於財團法人或公益社團法人上訴期間屆滿前，撤回訴訟實施權之授與，依法提起上訴。

②財團法人或公益社團法人於收受判決書正本後，應即將其結果通知當事人，並應於七日內將是否提起上訴之意旨以書面通知當事人。

第三九條

①財團法人或公益社團法人應將第三十四條訴訟結果所得之賠償，扣除訴訟必要費用後，分別交付授與訴訟實施權之當事人。

②提起第三十四條第一項訴訟之財團法人或公益社團法人，均不得請求報酬。

第四〇條

依本章規定提起訴訟之財團法人或公益社團法人，應委任律師代理訴訟。

第五章　罰　則

第四一條　104

意圖為自己或第三人不法之利益或損害他人之利益，而違反第六條第一項、第十五條、第十六條、第十九條、第二十條第一項規定，或中央目的事業主管機關依第二十一條限制國際傳輸之命令或處分，足生損害於他人者，處五年以下有期徒刑，得併科新臺幣一百萬元以下罰金。

第四二條

意圖為自己或第三人不法之利益或損害他人之利益，而對於個人資料檔案為非法變更、刪除或以其他非法方法，致妨害個人資料檔案之正確而足生損害於他人者，處五年以下有期徒刑、拘役或科或併科新臺幣一百萬元以下罰金。

第四三條

中華民國人民在中華民國領域外對中華民國人民犯前二條之罪者，亦適用之。

第四四條

公務員假借職務上之權力、機會或方法，犯本章之罪者，加重其刑至二分之一。

第四五條　104

本章之罪，須告訴乃論。但犯第四十一條之罪者，或對公務機關犯第四十二條之罪者，不在此限。

第四六條

犯本章之罪，其他法律有較重處罰規定者，從其規定。

第四七條

非公務機關有下列情事之一者，由中央目的事業主管機關或直轄市、縣（市）政府處新臺幣五萬元以上五十萬元以下罰鍰，並令限期改正，屆期未改正者，按次處罰之：

一　違反第六條第一項規定。

二　違反第十九條規定。

三　違反第二十條第一項規定。

四　違反中央目的事業主管機關依第二十一條規定限制國際傳輸之命令或處分。

第四八條　112

①非公務機關有下列情事之一者，由中央目的事業主管機關或直轄市、縣（市）政府限期改正，屆期未改正者，按次處新臺幣二萬元以上二十萬元以下罰鍰：

一　違反第八條或第九條規定。

二　違反第十條、第十一條、第十二條或第十三條規定。

三　違反第二十條第二項或第三項規定。

②非公務機關違反第二十七條第一項或未依第二項訂定個人資料檔案安全維護計畫或業務終止後個人資料處理方法者，由中央目的事業主管機關或直轄市、縣（市）政府處新臺幣二萬元以上二百萬元以下罰鍰，並令其限期改正，屆期未改正者，按次處新臺幣十五萬元以上一千五百萬元以下罰鍰。

③非公務機關違反第二十七條第一項或未依第二項訂定個人資料檔案安全維護計畫或業務終止後個人資料處理方法，其情節重大者，由中央目的事業主管機關或直轄市、縣（市）政府處新臺幣十五萬元以上一千五百萬元以下罰鍰，並令其限期改正，屆期未改正者，按次處罰。

第四九條

非公務機關無正當理由違反第二十二條第四項規定者，由中央目的事業主管機關或直轄市、縣（市）政府處新臺幣二萬元以上二十萬元以下罰鍰。

第五〇條

非公務機關之代表人、管理人或其他有代表權人，因該非公務機關依前三條規定受罰鍰處罰時，除能證明已盡防止義務者外，應並受同一額度罰鍰之處罰。

第六章　附　則

第五一條
①有下列情形之一者，不適用本法規定：
一　自然人為單純個人或家庭活動之目的，而蒐集、處理或利用個人資料。
二　於公開場所或公開活動中所蒐集、處理或利用之未與其他個人資料結合之影音資料。
②公務機關及非公務機關，在中華民國領域外對中華民國人民個人資料蒐集、處理或利用者，亦適用本法。

第五二條
①第二十二條至第二十六條規定由中央目的事業主管機關或直轄市、縣（市）政府執行之權限，得委任所屬機關、委託其他機關或公益團體辦理；其成員因執行委任或委託事務所知悉之資訊，負保密義務。
②前項之公益團體，不得依第三十四條第一項規定接受當事人授與訴訟實施權，以自己之名義提起損害賠償訴訟。

第五三條 104
法務部應會同中央目的事業主管機關訂定特定目的及個人資料類別，提供公務機關及非公務機關參考使用。

第五四條 104
①本法中華民國九十九年五月二十六日修正公布之條文施行前，非由當事人提供之個人資料，於本法一百零四年十二月十五日修正之條文施行後為處理或利用者，應於處理或利用前，依第九條規定向當事人告知。
②前項之告知，得於本法中華民國一百零四年十二月十五日修正之條文施行後首次利用時併同為之。
③未依前二項規定告知而利用者，以違反第九條規定論處。

第五五條
本法施行細則，由法務部定之。

第五六條 112
①本法施行日期，由行政院定之。
②本法中華民國九十九年五月二十六日修正公布之現行條文第十九條至第二十二條、第四十三條之刪除及一百十二年五月十六日修正之第四十八條，自公布日施行。

個人資料保護法施行細則

①民國85年5月1日法務部令訂定發布全文46條。
②民國101年9月26日法務部令修正發布名稱及全文33條；並自101年10月1日施行（原名稱：電腦處理個人資料保護法施行細則）。
③民國105年3月2日法務部令修正發布第9至15、17、18條條文；並自105年3月15日施行。
民國108年1月10日法務部、國家發展委員會會銜公告第33條所列屬「法務部」之權責事項，改由「國家發展委員會」管轄。
民國112年12月28日國家發展委員會、個人資料保護委員會籌備處會銜公告第33條所列屬「國家發展委員會」之權責事項，自113年1月1日起改由「個人資料保護委員會籌備處」管轄。

第一條

本細則依個人資料保護法（以下簡稱本法）第五十五條規定訂定之。

第二條

本法所稱個人，指現生存之自然人。

第三條

本法第二條第一款所稱得以間接方式識別，指保有該資料之公務或非公務機關僅以該資料不能直接識別，須與其他資料對照、組合、連結等，始能識別該特定之個人。

第四條

①本法第二條第一款所稱病歷之個人資料，指醫療法第六十七條第二項所列之各款資料。
②本法第二條第一款所稱醫療之個人資料，指病歷及其他由醫師或其他之醫事人員，以治療、矯正、預防人體疾病、傷害、殘缺為目的，或其他醫學上之正當理由，所為之診察及治療；或基於以上之診察結果，所為處方、用藥、施術或處置所產生之個人資料。
③本法第二條第一款所稱基因之個人資料，指由人體一段去氧核醣核酸構成，為人體控制特定功能之遺傳單位訊息。
④本法第二條第一款所稱性生活之個人資料，指性取向或性慣行之個人資料。
⑤本法第二條第一款所稱健康檢查之個人資料，指非針對特定疾病進行診斷或治療之目的，而以醫療行為施以檢查所產生之資料。
⑥本法第二條第一款所稱犯罪前科之個人資料，指經緩起訴、職權不起訴或法院判決有罪確定、執行之紀錄。

第五條

本法第二條第二款所定個人資料檔案，包括備份檔案。

第六條

①本法第二條第四款所稱刪除，指使已儲存之個人資料自個人資料檔案中消失。
②本法第二條第四款所稱內部傳送，指公務機關或非公務機關本身內部之資料傳送。

第七條

受委託蒐集、處理或利用個人資料之法人、團體或自然人，依委託機關應適用之規定為之。

第八條

①委託他人蒐集、處理或利用個人資料時，委託機關應對受託者為適當之監督。
②前項監督至少應包含下列事項：
　一　預定蒐集、處理或利用個人資料之範圍、類別、特定目的及其期間。

二　受託者就第十二條第二項採取之措施。

三　有複委託者，其約定之受託者。

四　受託者或其受僱人違反本法、其他個人資料保護法律或其法規命令時，應向委託機關通知之事項及採行之補救措施。

五　委託機關如對受託者有保留指示者，其保留指示之事項。

六　委託關係終止或解除時，個人資料載體之返還，及受託者履行委託契約以儲存方式而持有之個人資料之刪除。

③第一項之監督，委託機關應定期確認受託者執行之狀況，並將確認結果記錄之。

④受託者僅得於委託機關指示之範圍內，蒐集、處理或利用個人資料。受託者認委託機關之指示有違反本法、其他個人資料保護法律或其法規命令者，應立即通知委託機關。

第九條 105

本法第六條第一項但書第一款、第八條第二項第一款、第十六條但書第一款、第十九條第一項第一款、第二十條第一項但書第一款所稱法律，指法律或法律具體明確授權之法規命令。

第一〇條 105

本法第六條第一項但書第二款及第五款、第八條第二項第二款及第三款、第十條但書第二款、第十五條第一款、第十六條所稱法定職務，指於下列法規中所定公務機關之職務：

一　法律、法律授權之命令。

二　自治條例。

三　法律或自治條例授權之自治規則。

四　法律或中央法規授權之委辦規則。

第一一條 105

本法第六條第一項但書第二款及第五款、第八條第二項第二款所稱法定義務，指非公務機關依法律或法律具體明確授權之法規命令所定之義務。

第一二條 105

①本法第六條第一項但書第二款及第五款所稱適當安全維護措施、第十八條所稱安全維護事項、第十九條第一項第二款及第二十七條第一項所稱適當之安全措施，指公務機關或非公務機關爲防止個人資料被竊取、竄改、毀損、滅失或洩漏，採取技術上及組織上之措施。

②前項措施，得包括下列事項，並以與所欲達成之個人資料保護目的間，具有適當比例爲原則：

一　配置管理之人員及相當資源。

二　界定個人資料之範圍。

三　個人資料之風險評估及管理機制。

四　事故之預防、通報及應變機制。

五　個人資料蒐集、處理及利用之內部管理程序。

六　資料安全管理及人員管理。

七　認知宣導及教育訓練。

八　設備安全管理。

九　資料安全稽核機制。

十　使用紀錄、軌跡資料及證據保存。

十一　個人資料安全維護之整體持續改善。

第一三條 105

①本法第六條第一項但書第三款、第九條第二項第二款、第十九條第一項第三款所稱當事人自行公開之個人資料，指當事人自行對不特定人或特定多數人揭露其個人資料。

②本法第六條第一項但書第三款、第九條第二項第二款、第十九條第一項第三款所稱已

合法公開之個人資料，指依法律或法律具體明確授權之法規命令所公示、公告或以其他合法方式公開之個人資料。

第一四條 105

本法第六條第一項但書第六款、第十一條第二項及第三項但書所定當事人書面同意之方式，依電子簽章法之規定，得以電子文件爲之。

第一五條 105

本法第七條第二項所定單獨所爲之意思表示，如係與其他意思表示於同一書面爲之者，蒐集者應於適當位置使當事人得以知悉其內容並確認同意。

第一六條

依本法第八條、第九條及第五十四條所定告知之方式，得以言詞、書面、電話、簡訊、電子郵件、傳眞、電子文件或其他足以使當事人知悉或可得知悉之方式爲之。

第一七條 105

本法第六條第一項但書第四款、第九條第二項第四款、第十六條但書第五款、第十九條第一項第四款及第二十條第一項但書第五款所稱無從識別特定當事人，指個人資料以代碼、匿名、隱藏部分資料或其他方式，無從辨識該特定個人者。

第一八條 105

本法第十條但書第三款所稱妨害第三人之重大利益，指有害於第三人個人之生命、身體、自由、財產或其他重大利益。

第一九條

當事人依本法第十一條第一項規定向公務機關或非公務機關請求更正或補充其個人資料時，應爲適當之釋明。

第二〇條

本法第十一條第三項所稱特定目的消失，指下列各款情形之一：

一　公務機關經裁撤或改組而無承受業務機關。

二　非公務機關歇業、解散而無承受機關，或所營事業營業項目變更而與原蒐集目的不符。

三　特定目的已達成而無繼續處理或利用之必要。

四　其他事由足認該特定目的已無法達成或不存在。

第二一條

有下列各款情形之一者，屬於本法第十一條第三項但書所定因執行職務或業務所必須：

一　有法令規定或契約約定之保存期限。

二　有理由足認刪除將侵害當事人值得保護之利益。

三　其他不能刪除之正當事由。

第二二條

①本法第十二條所稱適當方式通知，指即時以言詞、書面、電話、簡訊、電子郵件、傳眞、電子文件或其他足以使當事人知悉或可得知悉之方式爲之。但需費過鉅者，得斟酌技術之可行性及當事人隱私之保護，以網際網路、新聞媒體或其他適當公開方式爲之。

②依本法第十二條規定通知當事人，其內容應包括個人資料被侵害之事實及已採取之因應措施。

第二三條

①公務機關依本法第十七條規定爲公開，應於建立個人資料檔案後一個月內爲之；變更時，亦同。公開方式應予以特定，並避免任意變更。

②本法第十七條所稱其他適當方式，指利用政府公報、新聞紙、雜誌、電子報或其他可供公衆查閱之方式爲公開。

第二四條

公務機關保有個人資料檔案者，應訂定個人資料安全維護規定。

第二五條

①本法第十八條所稱專人，指具有管理及維護個人資料檔案之能力，且足以擔任機關之個人資料檔案安全維護經常性工作之人員。

②公務機關為使專人具有辦理安全維護事項之能力，應辦理或使專人接受相關專業之教育訓練。

第二六條

本法第十九條第一項第二款所定契約或類似契約之關係，不以本法修正施行後成立者為限。

第二七條

①本法第十九條第一項第二款所定契約關係，包括本約，及非公務機關與當事人間為履行該契約，所涉及必要第三人之接觸、磋商或聯繫行為及給付或向其為給付之行為。

②本法第十九條第一項第二款所稱類似契約之關係，指下列情形之一者：

一　非公務機關與當事人間於契約成立前，為準備或商議訂立契約或為交易之目的，所進行之接觸或磋商行為。

二　契約因無效、撤銷、解除、終止而消滅或履行完成時，非公務機關與當事人為行使權利、履行義務，或確保個人資料完整性之目的所為之連繫行為。

第二八條

本法第十九條第一項第七款所稱一般可得之來源，指透過大眾傳播、網際網路、新聞、雜誌、政府公報及其他一般人可得知悉或接觸而取得個人資料之管道。

第二九條

依本法第二十二條規定實施檢查時，應注意保守秘密及被檢查者之名譽。

第三〇條

①依本法第二十二條第二項規定，扣留或複製得沒入或可為證據之個人資料或其檔案時，應掣給收據，載明其名稱、數量、所有人、地點及時間。

②依本法第二十二條第一項及第二項規定實施檢查後，應作成紀錄。

③前項紀錄當場作成者，應使被檢查者閱覽及簽名，並即將副本交付被檢查者；其拒絕簽名者，應記明其事由。

④紀錄於事後作成者，應送達被檢查者，並告知得於一定期限內陳述意見。

第三一條

本法第五十二條第一項所稱之公益團體，指依民法或其他法律設立並具備個人資料保護專業能力之公益社團法人、財團法人及行政法人。

第三二條

本法修正施行前已蒐集或處理由當事人提供之個人資料，於修正施行後，得繼續為處理及特定目的內之利用；其為特定目的外之利用者，應依本法修正施行後之規定為之。

第三三條

本細則施行日期，由法務部定之。

政府資訊公開法

民國94年12月28日總統令制定公布全文24條；並自公布日施行。

第一章　總　則

第一條　（立法目的）
為建立政府資訊公開制度，便利人民共享及公平利用政府資訊，保障人民知的權利，增進人民對公共事務之瞭解、信賴及監督，並促進民主參與，特制定本法。

第二條　（法律適用範圍）
政府資訊之公開，依本法之規定。但其他法律另有規定者，依其規定。

第三條　（政府資訊之定義）
本法所稱政府資訊，指政府機關於職權範圍內作成或取得而存在於文書、圖畫、照片、磁碟、磁帶、光碟片、微縮片、積體電路晶片等媒介物及其他得以讀、看、聽或以技術、輔助方法理解之任何紀錄內之訊息。

第四條　（政府機關之定義）
①本法所稱政府機關，指中央、地方各級機關及其設立之實（試）驗、研究、文教、醫療及特種基金管理等機構。
②受政府機關委託行使公權力之個人、法人或團體，於本法適用範圍內，就其受託事務視同政府機關。

第五條　（政府資訊公開型態）
政府資訊應依本法主動公開或應人民申請提供之。

第二章　政府資訊之主動公開

第六條　（主動公開為原則）
與人民權益攸關之施政、措施及其他有關之政府資訊，以主動公開為原則，並應適時為之。

第七條　（主動公開政府資訊之範圍）
①下列政府資訊，除依第十八條規定限制公開或不予提供者外，應主動公開：
一　條約、對外關係文書、法律、緊急命令、中央法規標準法所定之命令、法規命令及地方自治法規。
二　政府機關為協助下級機關或屬官統一解釋法令、認定事實、及行使裁量權，而訂頒之解釋性規定及裁量基準。
三　政府機關之組織、職掌、地址、電話、傳真、網址及電子郵件信箱帳號。
四　行政指導有關文書。
五　施政計畫、業務統計及研究報告。
六　預算及決算書。
七　請願之處理結果及訴願之決定。
八　書面之公共工程及採購契約。
九　支付或接受之補助。
十　合議制機關之會議紀錄。
②前項第五款所稱研究報告，指由政府機關編列預算委託專家、學者進行之報告或派赴國外從事考察、進修、研究或實習人員所提出之報告。

③第一項第十款所稱合議制機關之會議紀錄，指由依法獨立行使職權之成員組成之決策性機關，其所審議議案之案由、議程、決議內容及出席會議成員名單。

第八條　（政府資訊主動公開之方式）

①政府資訊之主動公開，除法律另有規定外，應斟酌公開技術之可行性，選擇其適當之下列方式行之：

一　刊載於政府機關公報或其他出版品。

二　利用電信網路傳送或其他方式供公眾線上查詢。

三　提供公開閱覽、抄錄、影印、錄音、錄影或攝影。

四　舉行記者會、說明會。

五　其他足以使公眾得知之方式。

②前條第一項第一款之政府資訊，應採前項第一款之方式主動公開。

第三章　申請提供政府資訊

第九條　（得申請政府提供資訊之主體）

①具有中華民國國籍並在中華民國設籍之國民及其所設立之本國法人、團體，得依本法規定申請政府機關提供政府資訊。持有中華民國護照僑居國外之國民，亦同。

②外國人，以其本國法令未限制中華民國國民申請提供其政府資訊者為限，亦得依本法申請之。

第一〇條　（申請提供政府資訊之要式規定）

①向政府機關申請提供政府資訊者，應填具申請書，載明下列事項：

一　申請人姓名、出生年月日、國民身分證統一編號及設籍或通訊地址及聯絡電話；申請人為法人或團體者，其名稱、立案證號、事務所或營業所所在地；申請人為外國人、法人或團體者，並應註明其國籍、護照號碼及相關證明文件。

二　申請人有法定代理人、代表人者，其姓名、出生年月日及通訊處所。

三　申請之政府資訊內容要旨及件數。

四　申請政府資訊之用途。

五　申請日期。

②前項申請，得以書面通訊方式為之。其申請經電子簽章憑證機構認證後，得以電子傳遞方式為之。

第一一條　（申請之方式或要件不備之補正）

申請之方式或要件不備，其能補正者，政府機關應通知申請人於七日內補正。不能補正或屆期不補正者，得逕行駁回之。

第一二條　（政府機關受理資訊提供之處理期限）

①政府機關應於受理申請提供政府資訊之日起十五日內，為准駁之決定；必要時，得予延長，延長之期間不得逾十五日。

②前項政府資訊涉及特定個人、法人或團體之權益者，應先以書面通知該特定個人、法人或團體於十日內表示意見。但該特定個人、法人或團體已表示同意公開或提供者，不在此限。

③前項特定個人、法人或團體之所在不明者，政府機關應將通知內容公告之。

④第二項所定之個人、法人或團體未於十日內表示意見者，政府機關得逕為准駁之決定。

第一三條　（政府資訊提供之方式）

①政府機關核准提供政府資訊之申請時，得按政府資訊所在媒介物之型態給予申請人重製或複製品或提供申請人閱覽、抄錄或攝影。其涉及他人智慧財產權或難於執行者，得僅供閱覽。

②申請提供之政府資訊已依法律規定或第八條第一項第一款至第三款之方式主動公開者，政府機關得以告知查詢之方式以代提供。

第一四條　（政府資訊之更正或補充之申請程序）

①政府資訊內容關於個人、法人或團體之資料有錯誤或不完整者，該個人、法人或團體得申請政府機關依法更正或補充之。

②前項情形，應填具申請書，除載明第十條第一項第一款、第二款及第五款規定之事項外，並載明下列事項：

一　申請更正或補充資訊之件名、件數及記載錯誤或不完整事項。

二　更正或補充之理由。

三　相關證明文件。

③第一項之申請，得以書面通訊方式爲之；其申請經電子簽章憑證機構認證後，得以電子傳遞方式爲之。

第一五條　（政府機關受理資訊更正或補充之處理期限）

①政府機關應於受理申請更正或補充政府資訊之日起三十日內，爲准駁之決定；必要時，得予延長，延長之期間不得逾三十日。

②第九條、第十一條及第十二條第二項至第四項之規定，於申請政府機關更正或補充政府資訊時，準用之。

第一六條　（政府資訊更正或補充其處理結果之告知方式）

①政府機關核准提供、更正或補充政府資訊之申請時，除當場繳費取件外，應以書面通知申請人提供之方式、時間、費用及繳納方法或更正、補充之結果。

②前項應更正之資訊，如其內容不得或不宜刪除者，得以附記應更正內容之方式爲之。

③政府機關全部或部分駁回提供、更正或補充政府資訊之申請時，應以書面記明理由通知申請人。

④申請人依第十條第二項或第十四條第三項規定以電子傳遞方式申請提供、更正或補充政府資訊或申請時已註明電子傳遞地址者，第一項之核准通知，得以電子傳遞方式爲之。

第一七條　（申請受理機關錯誤之告知與移轉）

政府資訊非受理申請之機關於職權範圍內所作成或取得者，該受理機關除應說明其情形外，如確知有其他政府機關於職權範圍內作成或取得該資訊者，應函轉該機關並通知申請人。

第四章　政府資訊公開之限制

第一八條　（限制公開或不予提供之政府資訊）

①政府資訊屬於下列各款情形之一者，應限制公開或不予提供之：

一　經依法核定爲國家機密或其他法律、法規命令規定應秘密事項或限制、禁止公開者。

二　公開或提供有礙犯罪之偵查、追訴、執行或足以妨害刑事被告受公正之裁判或有危害他人生命、身體、自由、財產者。

三　政府機關作成意思決定前，內部單位之擬稿或其他準備作業。但對公益有必要者，得公開或提供之。

四　政府機關爲實施監督、管理、檢（調）查、取締等業務，而取得或製作監督、管理、檢（調）查、取締對象之相關資料，其公開或提供將對實施目的造成困難或妨害者。

五　有關專門知識、技能或資格所爲之考試、檢定或鑑定等有關資料，其公開或提供將影響其公正效率之執行者。

六　公開或提供有侵害個人隱私、職業上秘密或著作權人之公開發表權者。但對公益有必要或爲保護人民生命、身體、健康有必要或經當事人同意者，不在此限。

七　個人、法人或團體營業上秘密或經營事業有關之資訊，其公開或提供有侵害該個人、法人或團體之權利、競爭地位或其他正當利益者。但對公益有必要或爲保護人民生命、身體、健康有必要或經當事人同意者，不在此限。
八　爲保存文化資產必須特別管理，而公開或提供有滅失或減損其價值之虞者。
九　公營事業機構經營之有關資料，其公開或提供將妨害其經營上之正當利益者。但對公益有必要者，得公開或提供之。

②政府資訊含有前項各款限制公開或不予提供之事項者，應僅就其他部分公開或提供之。

第一九條　（已無限制分開之受理申請）

前條所定應限制公開或不予提供之政府資訊，因情事變更已無限制公開或拒絕提供之必要者，政府機關應受理申請提供。

第五章　救　濟

第二〇條　（行政救濟）

申請人對於政府機關就其申請提供、更正或補充政府資訊所爲之決定不服者，得依法提起行政救濟。

第二一條　（秘密審理）

受理訴願機關及行政法院審理有關政府資訊公開之爭訟時，得就該政府資訊之全部或一部進行秘密審理。

第六章　附　則

第二二條　（收取費用）

①政府機關依本法公開或提供政府資訊時，得按申請政府資訊之用途，向申請人收取費用；申請政府資訊供學術研究或公益用途者，其費用得予減免。

②前項費用，包括政府資訊之檢索、審查、複製及重製所需之成本；其收費標準，由各政府機關定之。

第二三條　（違法之懲戒或懲處）

公務員執行職務違反本法規定者，應按其情節輕重，依法予以懲戒或懲處。

第二四條　（施行日）

本法自公布日施行。

資料補充欄

參、民法及相關法規

民　法

第一編　總　則

①民國18年5月23日國民政府制定公布全文152條；並自18年10月10日施行。
②民國71年1月4日總統令修正公布第8、14、18、20、24、27、28、30、32至36、38、42至44、46至48、50至53、56、58至65、85、118、129、131至134、136、137、148、151、152條條文；並自72年1月1日施行。
③民國97年5月23日總統令修正公布第14、15、22條條文；並增訂第15-1、15-2條條文；第14至15-2條自公布後一年六個月（98年11月23日）施行；第22條以命令定之。
民國97年10月22日總統令公布第22條定自98年1月1日施行。
④民國104年6月10日總統令修正公布第10條條文；並自公布日施行。
⑤民國108年6月19日總統令修正公布第14條條文。
⑥民國110年1月13日總統令修正公布第12、13條條文；並自112年1月1日施行。

第一章　法　例

第一條　（法源）
民事，法律所未規定者，依習慣；無習慣者，依法理。

第二條　（適用習慣之限制）
民事所適用之習慣，以不背於公共秩序或善良風俗者爲限。

第三條　（使用文字之原則）
①依法律之規定，有使用文字之必要者，得不由本人自寫，但必須親自簽名。
②如有用印章代簽名者，其蓋章與簽名生同等之效力。
③如以指印、十字或其他符號代簽名者，在文件上，經二人簽名證明，亦與簽名生同等之效力。

第四條　（以文字爲準）
關於一定之數量，同時以文字及其號碼表示者，其文字與號碼有不符合時，如法院不能決定何者爲當事人之原意，應以文字爲準。

第五條　（以最低額爲準）
關於一定之數量，以文字或號碼爲數次之表示者，其表示有不符合時，如法院不能決定何者爲當事人之原意，應以最低額爲準。

第二章　人

第一節　自然人

第六條　（自然人之權利能力）
人之權利能力，始於出生，終於死亡。

第七條　（胎兒之權利能力）
胎兒以將來非死產者爲限，關於其個人利益之保護，視爲既已出生。

第八條　（死亡宣告）
①失蹤人失蹤滿七年後，法院得因利害關係人或檢察官之聲請，爲死亡之宣告。
②失蹤人爲八十歲以上者，得於失蹤滿三年後，爲死亡之宣告。

③失蹤人為遭遇特別災難者，得於特別災難終了滿一年後，為死亡之宣告。

第九條 （死亡時間之推定）

①受死亡宣告者，以判決內所確定死亡之時，推定其為死亡。

②前項死亡之時，應為前條各項所定期間最後日終止之時。但有反證者，不在此限。

第一〇條 （失蹤人財產之管理）104

失蹤人失蹤後，未受死亡宣告前，其財產之管理，除其他法律另有規定者外，依家事事件法之規定。

第一一條 （同死推定）

二人以上同時遇難，不能證明其死亡之先後時，推定其為同時死亡。

第一二條 110

滿十八歲為成年。

第一三條 110

①未滿七歲之未成年人，無行為能力。

②滿七歲以上之未成年人，有限制行為能力。

第一四條 （監護之宣告及撤銷）108

①對於因精神障礙或其他心智缺陷，致不能為意思表示或受意思表示，或不能辨識其意思表示之效果者，法院得因本人、配偶、四親等內之親屬、最近一年有同居事實之其他親屬、檢察官、主管機關、社會福利機構、輔助人、意定監護受任人或其他利害關係人之聲請，為監護之宣告。

②受監護之原因消滅時，法院應依前項聲請權人之聲請，撤銷其宣告。

③法院對於監護之聲請，認為未達第一項之程度者，得依第十五條之一第一項規定，為輔助之宣告。

④受監護之原因消滅，而仍有輔助之必要者，法院得依第十五條之一第一項規定，變更為輔助之宣告。

第一五條 （受監護宣告人之能力）97

受監護宣告之人，無行為能力。

第一五條之一 （輔助之宣告）97

①對於因精神障礙或其他心智缺陷，致其為意思表示或受意思表示，或辨識其意思表示效果之能力，顯有不足者，法院得因本人、配偶、四親等內之親屬、最近一年有同居事實之其他親屬、檢察官、主管機關或社會福利機構之聲請，為輔助之宣告。

②受輔助之原因消滅時，法院應依前項聲請權人之聲請，撤銷其宣告。

③受輔助宣告之人有受監護之必要者，法院得依第十四條第一項規定，變更為監護之宣告。

第一五條之二 （受輔助宣告之人應經輔助人同意之行為）97

①受輔助宣告之人為下列行為時，應經輔助人同意。但純獲法律上利益，或依其年齡及身分、日常生活所必需者，不在此限：

一　為獨資、合夥營業或為法人之負責人。

二　為消費借貸、消費寄託、保證、贈與或信託。

三　為訴訟行為。

四　為和解、調解、調處或簽訂仲裁契約。

五　為不動產、船舶、航空器、汽車或其他重要財產之處分、設定負擔、買賣、租賃或借貸。

六　為遺產分割、遺贈、拋棄繼承權或其他相關權利。

七　法院依前條聲請權人或輔助人之聲請，所指定之其他行為。

②第七十八條至第八十三條規定，於未依前項規定得輔助人同意之情形，準用之。

③第八十五條規定，於輔助人同意受輔助宣告之人為第一項第一款行為時，準用之。

④第一項所列應經同意之行為，無損害受輔助宣告之人利益之虞，而輔助人仍不為同意時，受輔助宣告之人得逕行聲請法院許可後為之。

第一六條（能力之保護）
權利能力及行為能力，不得拋棄。
第一七條（自由之保護）
①自由不得拋棄。
②自由之限制，以不背於公共秩序或善良風俗者為限。
第一八條（人格權之保護）
①人格權受侵害時，得請求法院除去其侵害；有受侵害之虞時，得請求防止之。
②前項情形，以法律有特別規定者為限，得請求損害賠償或慰撫金。
第一九條（姓名權之保護）
姓名權受侵害者，得請求法院除去其侵害，並得請求損害賠償。
第二〇條（住所之設定）
①依一定事實，足認以久住之意思，住於一定之地域者，即為設定其住所於該地。
②一人同時不得有兩住所。
第二一條（無行為能力人及限制行為能力人之住所）
無行為能力人及限制行為能力人，以其法定代理人之住所為住所。
第二二條（居所視為住所）97
遇有下列情形之一，其居所視為住所：
一 住所無可考者。
二 在我國無住所者。但依法須依住所地法者，不在此限。
第二三條（居住視為住所）
因特定行為選定居所者，關於其行為，視為住所。
第二四條（住所之廢止）
依一定事實，足認以廢止之意思離去其住所者，即為廢止其住所。

第二節 法 人

第一款 通 則

第二五條（法人成立法定原則）
法人非依本法或其他法律之規定，不得成立。
第二六條（法人權利能力）
法人於法令限制內，有享受權利負擔義務之能力。但專屬於自然人之權利義務，不在此限。
第二七條（法人之機關）
①法人應設董事。董事有數人者，法人事務之執行，除章程另有規定外，取決於全體董事過半數之同意。
②董事就法人一切事務，對外代表法人。董事有數人者，除章程另有規定外，各董事均得代表法人。
③對於董事代表權所加之限制，不得對抗善意第三人。
④法人得設監察人，監察法人事務之執行。監察人有數人者，除章程另有規定外，各監察人均得單獨行使監察權。
第二八條（法人侵權責任）
法人對於其董事或其他有代表權之人因執行職務所加於他人之損害，與該行為人連帶負賠償之責任。
第二九條（法人住所）
法人以其主事務所之所在地為住所。
第三〇條（法人設立登記）
法人非經向主管機關登記，不得成立。
第三一條（登記之效力）

法人登記後，有應登記之事項而不登記，或已登記之事項有變更而不爲變更之登記者，不得以其事項對抗第三人。

第三二條　(法人業務監督)

受設立許可之法人，其業務屬於主管機關監督，主管機關得檢查其財產狀況及其有無違反許可條件與其他法律之規定。

第三三條　(妨礙監督權行使之處罰)

①受設立許可法人之董事或監察人，不遵主管機關監督之命令，或妨礙其檢查者，得處以五千元以下之罰鍰。

②前項董事或監察人違反法令或章程，足以危害公益或法人之利益者，主管機關得請求法院解除其職務，並爲其他必要之處置。

第三四條　(撤銷法人許可)

法人違反設立許可之條件者，主管機關得撤銷其許可。

第三五條　(法人之破產及其聲請)

①法人之財產不能清償債務時，董事應即向法院聲請破產。

②不爲前項聲請，致法人之債權人受損害時，有過失之董事，應負賠償責任，其有二人以上時，應連帶負責。

第三六條　(法人宣告解散)

法人之目的或其行爲，有違反法律、公共秩序或善良風俗者，法院得因主管機關、檢察官或利害關係人之請求，宣告解散。

第三七條　(法定清算人)

法人解散後，其財產之清算，由董事爲之。但其章程有特別規定，或總會另有決議者，不在此限。

第三八條　(選任清算人)

不能依前條規定，定其清算人時，法院得因主管機關、檢察官或利害關係人之聲請，或依職權，選任清算人。

第三九條　(清算人之解任)

清算人，法院認爲有必要時，得解除其任務。

第四〇條　(清算人之職務及法人存續之擬制)

①清算人之職務如左：

一　了結現務。

二　收取債權，清償債務。

三　移交賸餘財產於應得者。

②法人至清算終結止，在清算之必要範圍內，視爲存續。

第四一條　(清算之程序)

清算之程序，除本通則有規定外，準用股份有限公司清算之規定。

第四二條　(清算之監督機關及方法)

①法人之清算，屬於法院監督。法院得隨時爲監督上必要之檢查及處分。

②法人經主管機關撤銷許可或命令解散者，主管機關應同時通知法院。

③法人經依章程規定或總會決議解散者，董事應於十五日內報告法院。

第四三條　(妨礙之處罰)

清算人不遵法院監督命令，或妨礙檢查者，得處以五千元以下之罰鍰。董事違反前條第三項之規定者亦同。

第四四條　(賸餘財產之歸屬)

①法人解散後，除法律另有規定外，於清償債務後，其賸餘財產之歸屬，應依其章程之規定，或總會之決議。但以公益爲目的之法人解散時，其賸餘財產不得歸屬於自然人或以營利爲目的之團體。

②如無前項法律或章程之規定或總會之決議時，其賸餘財產歸屬於法人住所所在地之地方自治團體。

第二款　社　團

第四五條　（營利法人之登記）

以營利爲目的之社團，其取得法人資格，依特別法之規定。

第四六條　（公益法人之設立）

以公益爲目的之社團，於登記前，應得主管機關之許可。

第四七條　（章程應載事項）

設立社團者，應訂定章程，其應記載之事項如左：

一　目的。
二　名稱。
三　董事之人數、任期及任免。設有監察人者，其人數、任期及任免。
四　總會召集之條件、程序及其決議證明之方法。
五　社員之出資。
六　社員資格之取得與喪失。
七　訂定章程之年、月、日。

第四八條　（社團設立登記事項）

①社團設立時，應登記之事項如左：

一　目的。
二　名稱。
三　主事務所及分事務所。
四　董事之姓名及住所。設有監察人者，其姓名及住所。
五　財產之總額。
六　應受設立許可者，其許可之年、月、日。
七　定有出資方法者，其方法。
八　定有代表法人之董事者，其姓名。
九　定有存立時期者，其時期。

②社團之登記，由董事向其主事務所及分事務所所在地之主管機關行之，並應附具章程備案。

第四九條　（章程得載事項）

社團之組織及社團與社員之關係，以不違反第五十條至第五十八條之規定爲限，得以章程定之。

第五〇條　（社團總會之權限）

①社團以總會爲最高機關。

②左列事項應經總會之決議：

一　變更章程。
二　任免董事及監察人。
三　監督董事及監察人職務之執行。
四　開除社員。但以有正當理由時爲限。

第五一條　（社團總會之召集）

①總會由董事召集之，每年至少召集一次。董事不爲召集時，監察人得召集之。

②如有全體社員十分一以上之請求，表明會議目的及召集理由，請求召集時，董事應召集之。

③董事受前項之請求後，一個月內不爲召集者，得由請求之社員，經法院之許可召集之。

④總會之召集，除章程另有規定外，應於三十日前對各社員發出通知。通知內應載明會議目的事項。

第五二條　（總會之通常決議）

①總會決議，除本法有特別規定外，以出席社員過半數決之。

②社員有平等之表決權。

③社員表決權之行使，除章程另有限制外，得以書面授權他人代理為之。但一人僅得代理社員一人。
④社員對於總會決議事項，因自身利害關係而有損害社團利益之虞時，該社員不得加入表決，亦不得代理他人行使表決權。

第五三條　（社團章程之變更）
①社團變更章程之決議，應有全體社員過半數之出席，出席社員四分三以上之同意，或有全體社員三分二以上書面之同意。
②受設立許可之社團，變更章程時，並應得主管機關之許可。

第五四條　（社員退社自由原則）
①社員得隨時退社。但章程限定於事務年度終，或經過預告期間後，始准退社者，不在此限。
②前項預告期間，不得超過六個月。

第五五條　（退社或開除後之權利義務）
①已退社或開除之社員，對於社團之財產無請求權。但非公益法人，其章程另有規定者，不在此限。
②前項社員，對於其退社或開除以前應分擔之出資，仍負清償之義務。

第五六條　（總會之無效及撤銷）
①總會之召集程序或決議方法，違反法令或章程時，社員得於決議後三個月內請求法院撤銷其決議。但出席社員，對召集程序或決議方法，未當場表示異議者，不在此限。
②總會決議之內容違反法令或章程者，無效。

第五七條　（社團決議解散）
社團得隨時以全體社員三分二以上之可決解散之。

第五八條　（法院宣告解散）
社團之事務，無從依章程所定進行時，法院得因主管機關、檢察官或利害關係人之聲請解散之。

第三款　財　團

第五九條　（設立許可）
財團於登記前，應得主管機關之許可。

第六〇條　（捐助章程之訂定）
①設立財團者，應訂立捐助章程。但以遺囑捐助者，不在此限。
②捐助章程，應訂明法人目的及所捐財產。
③以遺囑捐助設立財團法人者，如無遺囑執行人時，法院得依主管機關、檢察官或利害關係人之聲請，指定遺囑執行人。

第六一條　（財團設立登記事項）
①財團設立時，應登記之事項如左：
一　目的。
二　名稱。
三　主事務所及分事務所。
四　財產之總額。
五　受許可之年、月、日。
六　董事之姓名及住所。設有監察人者，其姓名及住所。
七　定有代表法人之董事者，其姓名。
八　定有存立時期者，其時期。
②財團之登記，由董事向其主事務所及分事務所所在地之主管機關行之。並應附具捐助章程或遺囑備案。

第六二條　（財團組織及管理方法）
財團之組織及其管理方法，由捐助人以捐助章程或遺囑定之。捐助章程或遺囑所定之組織不完全，或重要之管理方法不具備者，法院得因主管機關、檢察官或利害關係人之聲請，爲必要之處分。

第六三條　（財團變更組織）

爲維持財團之目的或保存其財產，法院得因捐助人、董事、主管機關、檢察官或利害關係人之聲請，變更其組織。

第六四條　（財團董事行爲無效之宣告）

財團董事，有違反捐助章程之行爲時，法院得因主管機關、檢察官或利害關係人之聲請，宣告其行爲爲無效。

第六五條　（財團目的不達時之保護）

因情事變更，致財團之目的不能達到時，主管機關得斟酌捐助人之意思，變更其目的及其必要之組織，或解散之。

第三章　物

第六六條　（物之意義─不動產）

①稱不動產者，謂土地及其定著物。

②不動產之出產物，尚未分離者，爲該不動產之部分。

第六七條　（物之意義─動產）

稱動產者，爲前條所稱不動產以外之物。

第六八條　（主物與從物）

①非主物之成分，常助主物之效用，而同屬於一人者，爲從物。但交易上有特別習慣者，依其習慣。

②主物之處分，及於從物。

第六九條　（天然孳息與法定孳息）

①稱天然孳息者，謂果實、動物之產物及其他依物之用法所收穫之出產物。

②稱法定孳息者，謂利息、租金及其他因法律關係所得之收益。

第七〇條　（孳息之歸屬）

①有收取天然孳息權利之人，其權利存續期間內，取得與原物分離之孳息。

②有收取法定孳息權利之人，按其權利存續期間內之日數，取得其孳息。

第四章　法律行為

第一節　通　則

第七一條　（違反強行法之效力）

法律行爲，違反強制或禁止之規定者，無效。但其規定並不以之爲無效者，不在此限。

第七二條　（違背公序良俗之效力）

法律行爲，有背於公共秩序或善良風俗者，無效。

第七三條　（不依法定方式之效力）

法律行爲，不依法定方式者，無效。但法律另有規定者，不在此限。

第七四條　（暴利行爲）

①法律行爲，係乘他人之急迫、輕率或無經驗，使其爲財產上之給付或爲給付之約定，依當時情形顯失公平者，法院得因利害關係人之聲請，撤銷其法律行爲或減輕其給付。

②前項聲請，應於法律行爲後一年內爲之。

第二節　行爲能力

第七五條　（無行爲能力人及無意識能力人之意思表示）

無行爲能力人之意思表示，無效；雖非無行爲能力人，而其意思表示，係在無意識或精神錯亂中所爲者亦同。

第七六條　（無行爲能力人之代理）

無行爲能力人由法定代理人代爲意思表示，並代受意思表示。

第七七條　（限制行爲能力人之意思表示）

限制行爲能力人爲意思表示及受意思表示，應得法定代理人之允許。但純獲法律上利益，或依其年齡及身份、日常生活所必需者，不在此限。

第七八條　（限制行爲能力人爲單獨行爲之效力）

限制行爲能力人未得法定代理人之允許，所爲之單獨行爲，無效。

第七九條　（限制行爲能力人訂立契約之效力）

限制行爲能力人未得法定代理人之允許，所訂立之契約，須經法定代理人之承認，始生效力。

第八〇條　（相對人之催告權）

①前條契約相對人，得定一個月以上之期限，催告法定代理人，確答是否承認。

②於前項期限內，法定代理人不爲確答者，視爲拒絕承認。

第八一條　（限制原因消滅後之承認）

①限制行爲能力人於限制原因消滅後，承認其所訂立之契約者，其承認與法定代理人之承認有同一效力。

②前條規定，於前項情形準用之。

第八二條　（相對人之撤回權）

限制行爲能力人所訂立之契約，未經承認前，相對人得撤回之。但訂立契約時，知其未得有允許者，不在此限。

第八三條　（強制有效行爲）

限制行爲能力人用詐術使人信其爲有行爲能力人或已得法定代理人之允許者，其法律行爲爲有效。

第八四條　（特定財產處分之允許）

法定代理人允許限制行爲能力人處分之財產，限制行爲能力人就該財產有處分之能力。

第八五條　（獨立營業之允許）

①法定代理人允許限制行爲能力人獨立營業者，限制行爲能力人，關於其營業，有行爲能力。

②限制行爲能力人，就其營業有不勝任之情形時，法定代理人得將其允許撤銷或限制之。但不得對抗善意第三人。

第三節　意思表示

第八六條　（眞意保留或單獨虛僞意思表示）

表意人無欲爲其意思表示所拘束之意，而爲意思表示者，其意思表示，不因之無效。但其情形爲相對人所明知者，不在此限。

第八七條　（虛僞意思表示）

①表意人與相對人通謀而爲虛僞意思表示者，其意思表示無效。但不得以其無效對抗善意第三人。

②虛僞意思表示，隱藏他項法律行爲者，適用關於該項法律行爲之規定。

第八八條　（錯誤之意思表示）

①意思表示之內容有錯誤或表意人若知其事情即不爲意思表示者，表意人得將其意思表示撤銷之。但以其錯誤或不知事情，非由表意人自己之過失者爲限。

②當事人之資格或物之性質，若交易上認爲重要者，其錯誤，視爲意思表示內容之錯

誤。

第八九條　（傳達錯誤）

意思表示，因傳達人或傳達機關傳達不實者，得比照前條之規定撤銷之。

第九〇條　（錯誤表示撤銷之除斥期間）

前二條之撤銷權，自意思表示後，經過一年而消滅。

第九一條　（錯誤表意人之賠償責任）

依第八十八條及第八十九條之規定撤銷意思表示時，表意人對於信其意思表示爲有效而受損害之相對人或第三人，應負賠償責任。但其撤銷之原因，受害人明知或可得而知者，不在此限。

第九二條　（意思表示之不自由）

①因被詐欺或被脅迫而爲意思表示者，表意人得撤銷其意思表示。但詐欺係由第三人所爲者，以相對人明知其事實或可得而知者爲限，始得撤銷之。

②被詐欺而爲之意思表示，其撤銷不得以之對抗善意第三人。

第九三條　（撤銷不自由意思表示之除斥期間）

前條之撤銷，應於發見詐欺或脅迫終止後，一年內爲之。但自意思表示後，經過十年，不得撤銷。

第九四條　（對話意思表示之生效時期）

對話人爲意思表示者，其意思表示，以相對人了解時，發生效力。

第九五條　（非對話意思表示之生效時期）

①非對話而爲意思表示者，其意思表示，以通知達到相對人時，發生效力。但撤回之通知，同時或先時到達者，不在此限。

②表意人於發出通知後死亡或喪失行爲能力或其行爲能力受限制者，其意思表示，不因之失其效力。

第九六條　（向無行爲能力人或限制行爲能力人爲意思表示之生效時期）

向無行爲能力人或限制行爲能力人爲意思表示者，以其通知達到其法定代理人時，發生效力。

第九七條　（公示送達）

表意人非因自己之過失，不知相對人之姓名、居所者，得依民事訴訟法公示送達之規定，以公示送達爲意思表示之通知。

第九八條　（意思表示之解釋）

解釋意思表示，應探求當事人之眞意，不得拘泥於所用之辭句。

第四節　條件及期限

第九九條　（停止條件與解除條件）

①附停止條件之法律行爲，於條件成就時，發生效力。

②附解除條件之法律行爲，於條件成就時，失其效力。

③依當事人之特約，使條件成就之效果，不於條件成就之時發生者，依其特約。

第一〇〇條　（附條件利益之保護）

附條件之法律行爲當事人，於條件成否未定前，若有損害相對人因條件成就所應得利益之行爲者，負賠償損害之責任。

第一〇一條　（條件成就或不成就之擬制）

①因條件成就而受不利益之當事人，如以不正當行爲阻其條件之成就者，視爲條件已成就。

②因條件成就而受利益之當事人，如以不正當行爲促其條件之成就者，視爲條件不成就。

第一〇二條　（附期限法律行爲之要件及效力）

①附始期之法律行爲，於期限屆至時，發生效力。

②附終期之法律行爲，於期限屆滿時，失其效力。
③第一百條之規定，於前二項情形準用之。

第五節　代　理

第一〇三條　（代理行爲之要件及效力）
①代理人於代理權限內，以本人名義所爲之意思表示，直接對本人發生效力。
②前項規定，於應向本人爲意思表示，而向其代理人爲之者準用之。
第一〇四條　（代理人之能力）
代理人所爲或所受意思表示之效力，不因其爲限制行爲能力人而受影響。
第一〇五條　（代理行爲之瑕疵）
代理人之意思表示，因其意思欠缺、被詐欺、被脅迫，或明知其事情或可得而知其事情，致其效力受影響時，其事實之有無，應就代理人決之。但代理人之代理權係以法律行爲授與者，其意思表示，如依照本人所指示之意思而爲時，其事實之有無，應就本人決之。
第一〇六條　（自己代理與雙方代理之禁止）
代理人非經本人之許諾，不得爲本人與自己之法律行爲，亦不得既爲第三人之代理人，而爲本人與第三人之法律行爲。但其法律行爲，係專履行債務者，不在此限。
第一〇七條　（代理權之限制及撤回）
代理權之限制及撤回，不得以之對抗善意第三人。但第三人因過失而不知其事實者，不在此限。
第一〇八條　（代理權之消滅與撤回）
①代理權之消滅，依其所由授與之法律關係定之。
②代理權，得於其所由授與之法律關係存續中撤回之。但依該法律關係之性質不得撤回者，不在此限。
第一〇九條　（授權書交還義務）
代理權消滅或撤回時，代理人須將授權書交還於授權者，不得留置。
第一一〇條　（無權代理之責任）
無代理權人，以他人之代理人名義所爲之法律行爲，對於善意之相對人，負損害賠償之責。

第六節　無效及撤銷

第一一一條　（一部無效之效力）
法律行爲之一部分無效者，全部皆爲無效。但除去該部分亦可成立者，則其他部分，仍爲有效。
第一一二條　（無效行爲之轉換）
無效之法律行爲，若具備他法律行爲之要件，並因其情形，可認當事人若知其無效，即欲爲他法律行爲者，其他法律行爲，仍爲有效。
第一一三條　（無效行爲當事人之責任）
無效法律行爲之當事人，於行爲當時知其無效，或可得而知者，應負回復原狀或損害賠償之責任。
第一一四條　（撤銷之自始無效）
①法律行爲經撤銷者，視爲自始無效。
②當事人知其得撤銷或可得而知者，其法律行爲撤銷時，準用前條之規定。
第一一五條　（承認之溯及效力）
經承認之法律行爲，如無特別訂定，溯及爲法律行爲時發生效力。
第一一六條　（撤銷及承認之方法）
①撤銷及承認，應以意思表示爲之。

②如相對人確定者，前項意思表示，應向相對人爲之。

第一一七條 （同意或拒絕之方法）

法律行爲須得第三人之同意始生效力者，其同意或拒絕，得向當事人之一方爲之。

第一一八條 （無權處分）

①無權利人就權利標的物所爲之處分，經有權利人之承認始生效力。

②無權利人就權利標的物爲處分後，取得其權利者，其處分自始有效。但原權利人或第三人已取得之利益，不因此而受影響。

③前項情形，若數處分相牴觸時，以其最初之處分爲有效。

第五章　期日及期間

第一一九條 （本章規定之適用範圍）

法令、審判或法律行爲所定之期日及期間，除有特別訂定外，其計算依本章之規定。

第一二〇條 （期間之起算）

①以時定期間者，即時起算。

②以日、星期、月或年定期間者，其始日不算入。

第一二一條 （期間之終止）

①以日、星期、月或年定期間者，以期間末日之終止，爲期間之終止。

②期間不以星期、月或年之始日起算者，以最後之星期、月或年與起算日相當日之前一日，爲期間之末日。但以月或年定期間，於最後之月，無相當日者，以其月之末日，爲期間之末日。

第一二二條 （期間終止之延長）

於一定期日或期間內，應爲意思表示或給付者，其期日或其期間之末日，爲星期日、紀念日或其他休息日時，以其休息日之次日代之。

第一二三條 （連續或非連續期間之計算法）

①稱月或年者，依曆計算。

②月或年非連續計算者，每月爲三十日，每年爲三百六十五日。

第一二四條 （年齡之計算）

①年齡自出生之日起算。

②出生之月、日無從確定時，推定其爲七月一日出生。知其出生之月，而不知出生之日者，推定其爲該月十五日出生。

第六章　消滅時效

第一二五條 （一般時效期間）

請求權，因十五年間不行使而消滅。但法律所定期間較短者，依其規定。

第一二六條 （五年之短期時效期間）

利息、紅利、租金、贍養費、退職金及其他一年或不及一年之定期給付債權，其各期給付請求權，因五年間不行使而消滅。

第一二七條 （二年之短期時效期間）

左列各款請求權，因二年間不行使而消滅：

一　旅店、飲食店及娛樂場之住宿費、飲食費、座費、消費物之代價及其墊款。

二　運送費及運送人所墊之款。

三　以租賃動產爲營業者之租價。

四　醫生、藥師、看護生之診費、藥費、報酬及其墊款。

五　律師、會計師、公證人之報酬及其墊款。

六　律師、會計師、公證人所收當事人物件之交還。

七　技師、承攬人之報酬及其墊款。

八　商人、製造人、手工業人所供給之商品及產物之代價。

第一二八條 （消滅時效之起算）

消滅時效，自請求權可行使時起算。以不行爲爲目的之請求權，自爲行爲時起算。

第一二九條 （消滅時效中斷之事由）

①消滅時效，因左列事由而中斷：

一 請求。

二 承認。

三 起訴。

②左列事項，與起訴有同一效力：

一 依督促程序，聲請發支付命令。

二 聲請調解或提付仲裁。

三 申報和解債權或破產債權。

四 告知訴訟。

五 開始執行行爲或聲請強制執行。

第一三〇條 （不起訴視爲不中斷）

時效因請求而中斷者，若於請求後六個月內不起訴，視爲不中斷。

第一三一條 （因訴之撤回或駁回而視爲不中斷）

時效因起訴而中斷者，若撤回其訴，或因不合法而受駁回之裁判，其裁判確定，視爲不中斷。

第一三二條 （因送達支付命令而中斷時效之限制）

時效因聲請發支付命令而中斷者，若撤回聲請，或受駁回之裁判，或支付命令失其效力時，視爲不中斷。

第一三三條 （因聲請調解提付仲裁而中斷時效之限制）

時效因聲請調解或提付仲裁而中斷者，若調解之聲請經撤回、被駁回、調解不成立或仲裁之請求經撤回、仲裁不能達成判斷時，視爲不中斷。

第一三四條 （因申報和解或破產債權而中斷時效之限制）

時效因申報和解債權或破產債權而中斷者，若債權人撤回其申報時，視爲不中斷。

第一三五條 （因告知訴訟而中斷時效之限制）

時效因告知訴訟而中斷者，若於訴訟終結後，六個月內不起訴，視爲不中斷。

第一三六條 （因執行而中斷時效之限制）

①時效因開始執行行爲而中斷者，若因權利人之聲請，或法律上要件之欠缺而撤銷其執行處分時，視爲不中斷。

②時效因聲請強制執行而中斷者，若撤回其聲請，或其聲請被駁回時，視爲不中斷。

第一三七條 （時效中斷及於時之效力）

①時效中斷者，自中斷之事由終止時，重行起算。

②因起訴而中斷之時效，自受確定判決，或因其他方法訴訟終結時，重行起算。

③經確定判決或其他與確定判決有同一效力之執行名義所確定之請求權，其原有消滅時效期間不滿五年者，因中斷而重行起算之時效期間爲五年。

第一三八條 （時效中斷及於人之效力）

時效中斷，以當事人、繼承人、受讓人之間爲限，始有效力。

第一三九條 （時效因事變而不完成）

時效之期間終止時，因天災或其他不可避之事變，致不能中斷其時效者，自其妨礙事由消滅時起，一個月內，其時效不完成。

第一四〇條 （時效因繼承人、管理人未確定而不完成）

屬於繼承財產之權利或對於繼承財產之權利，自繼承人確定或管理人選定或破產之宣告時起，六個月內，其時效不完成。

第一四一條 （時效因欠缺法定代理人而不完成）

無行爲能力人或限制行爲能力人之權利，於時效期間終止前六個月內，若無法定代理人者，自其成爲行爲能力人或其法定代理人就職時起，六個月內，其時效不完成。

第一四二條　（因法定代理關係存在而不完成）
無行爲能力人或限制行爲能力人，對於其法定代理人之權利，以代理關係消滅後一年內，其時效不完成。

第一四三條　（因夫妻關係存在而不完成）
夫對於妻或妻對於夫之權利，於婚姻關係消滅後一年內，其時效不完成。

第一四四條　（時效完成之效力—發生抗辯權）
①時效完成後，債務人得拒絕給付。
②請求權已經時效消滅，債務人仍爲履行之給付者，不得以不知時效爲理由，請求返還；其以契約承認該債務或提出擔保者亦同。

第一四五條　（附有擔保物權之請求權時效完成之效力）
①以抵押權、質權或留置權擔保之請求權，雖經時效消滅，債權人仍得就其抵押物、質物或留置物取償。
②前項規定，於利息及其他定期給付之各期給付請求權，經時效消滅者，不適用之。

第一四六條　（主權利時效完成效力所及範圍）
主權利因時效消滅者，其效力及於從權利。但法律有特別規定者，不在此限。

第一四七條　（伸縮時效期間及拋棄時效利益之禁止）
時效期間，不得以法律行爲加長或減短之，並不得預先拋棄時效之利益。

第七章　權利之行使

第一四八條　（權利行使之界限）
①權利之行使，不得違反公共利益，或以損害他人爲主要目的。
②行使權利，履行義務，應依誠實及信用方法。

第一四九條　（正當防衛）
對於現時不法之侵害，爲防衛自己或他人之權利所爲之行爲，不負損害賠償之責。但已逾越必要程度者，仍應負相當賠償之責。

第一五〇條　（緊急避難）
①因避免自己或他人生命、身體、自由或財產上急迫之危險所爲之行爲，不負損害賠償之責。但以避免危險所必要，並未逾越危險所能致之損害程度者爲限。
②前項情形，其危險之發生，如行爲人有責任者，應負損害賠償之責。

第一五一條　（自助行爲）
爲保護自己權利，對於他人之自由或財產施以拘束、押收或毀損者，不負損害賠償之責。但以不及受法院或其他有關機關援助，並非於其時爲之，則請求權不得實行或其實行顯有困難者爲限。

第一五二條　（自助行爲人之義務及責任）
①依前條之規定，拘束他人自由或押收他人財產者，應即時向法院聲請處理。
②前項聲請被駁回或其聲請遲延者，行爲人應負損害賠償之責。

民法總則施行法

①民國18年9月24日國民政府制定公布全文19條；並自18年10月10日施行。
②民國71年1月4日總統令修正公布第1、3至7、10、19條條文；並自72年1月1日施行。
③民國97年5月23日總統令修正公布第4、12、13、19條條文；並增訂第4-1、4-2條條文。民國97年10月22日總統令公布定自98年1月1日施行。
④民國104年6月10日總統令修正公布第19條條文；並自公布日施行。
⑤民國110年1月13日總統令增訂公布第3-1條條文；並自112年1月1日施行。

第一條　（不溯既往原則）
民事在民法總則施行前發生者，除本施行法有特別規定外，不適用民法總則之規定；其在修正前發生者，除本施行法有特別規定外，亦不適用修正後之規定。

第二條　（外國人之權利能力）
外國人於法令限制內，有權利能力。

第三條　（不溯既往之例外）
①民法總則第八條、第九條及第十一條之規定，於民法總則施行前失蹤者，亦適用之。
②民法總則施行前已經過民法總則第八條所定失蹤期間者，得即為死亡之宣告，並應以民法總則施行之日為失蹤人死亡之時。
③修正之民法總則第八條之規定，於民法總則施行後修正前失蹤者，亦適用之。但於民法總則修正前，其情形已合於修正前民法總則第八條之規定者，不在此限。

第三條之一　110
①中華民國一百零九年十二月二十五日修正之民法第十二條及第十三條，自一百十二年一月一日施行。
②於中華民國一百十二年一月一日前滿十八歲而於同日未滿二十歲者，自同日起為成年。
③於中華民國一百十二年一月一日未滿二十歲者，於同日前依法令、行政處分、法院裁判或契約已得享有至二十歲或成年之權利或利益，自同日起，除法律另有規定外，仍得繼續享有該權利或利益至二十歲。

第四條　（施行前經立案之禁治產者）97
①民法總則施行前，有民法總則第十四條所定之原因，經聲請有關機關立案者，如於民法總則施行後三個月內向法院聲請宣告禁治產者，自立案之日起，視為禁治產人。
②民法總則中華民國九十七年五月二日修正之條文施行前，已為禁治產宣告者，視為已為監護宣告；繫屬於法院之禁治產事件，其聲請禁治產宣告者，視為聲請監護宣告；聲請撤銷禁治產宣告者，視為聲請撤銷監護宣告；並均於修正施行後，適用修正後之規定。

第四條之一　（監護或受監護宣告之人）97
民法規定之禁治產或禁治產人，自民法總則中華民國九十七年五月二日修正之條文施行後，一律改稱為監護或受監護宣告之人。

第四條之二　（修正條文之施行日）97
中華民國九十七年五月二日修正之民法總則第十四條至第十五條之二之規定，自公布後一年六個月施行。

第五條　（施行前已許可設立之法人）
依民法總則之規定，設立法人須經許可者，如在民法總則施行前已得主管機關之許可，得於民法總則施行後三個月內聲請登記為法人。

第六條　（施行前具有公益法人性質而有獨立財產者視為法人及其審核）

①民法總則施行前具有財團及以公益為目的社團之性質而有獨立財產者，視為法人，其代表人應依民法總則第四十七條或第六十條之規定作成書狀，自民法總則施行後六個月內聲請主管機關審核。
②前項書狀所記載之事項，若主管機關認其有違背法令或為公益上之必要，應命其變更。
③依第一項規定經核定之書狀，與章程有同一效力。

第七條　（視為法人者經核定後登記之聲請）
依前條規定經主管機關核定者，其法人之代表人，應於核定後二十日內，依民法總則第四十八條或第六十一條之規定，聲請登記。

第八條　（視為法人者財產目錄編造之義務）
第六條所定之法人，如未備置財產目錄、社員名簿者，應於民法總則施行後速行編造。

第九條　（祠堂、寺廟等不視為法人）
第六條至第八條之規定，於祠堂，寺廟及以養贍家族為目的之獨立財產，不適用之。

第一〇條　（法人登記之主管機關）
①依民法總則規定法人之登記，其主管機關為該法人事務所所在地之法院。
②法院對於已登記之事項，應速行公告，並許第三人抄錄或閱覽。

第一一條　（外國法人成立之認許）
外國法人，除依法律規定外，不認許其成立。

第一二條　（經認許之外國法人之權利能力）97
①經認許之外國法人，於法令限制內，與同種類之我國法人有同一之權利能力。
②前項外國法人，其服從我國法律之義務，與我國法人同。

第一三條　（外國法人在我國設事務所者準用之規定）97
外國法人在我國設事務所者，準用民法總則第三十條、第三十一條、第四十五條、第四十六條、第四十八條、第五十九條、第六十一條及前條之規定。

第一四條　（外國法人事務所之撤銷）
依前條所設之外國法人事務所，如有民法總則第三十六條所定情事，法院得撤銷之。

第一五條　（未經認許成立之外國法人為法律行為之責任）
未經認許其成立之外國法人，以其名義與他人為法律行為者，其行為人就該法律行為應與該外國法人負連帶責任。

第一六條　（施行前消滅時效已完成或將完成之請求權之行使）
民法總則施行前，依民法總則之規定，消滅時效業已完成，或其時效期間尚有殘餘不足一年者，得於施行之日起，一年內行使請求權。但自其時效完成後，至民法總則施行時，已逾民法總則所定時效期間二分之一者，不在此限。

第一七條　（施行前之撤銷權之除斥期間）
民法總則第七十四條第二項、第九十條、第九十三條之撤銷權，準用前條之規定。

第一八條　（施行前消滅時效之比較適用）
①民法總則施行前之法定消滅時效已完成者，其時效為完成。
②民法總則施行前之法定消滅時效，其期間較民法總則所定為長者，適用舊法。但其殘餘期間，自民法總則施行日起算較民法總則所定時效期間為長者，應自施行日起，適用民法總則。

第一九條　（施行日）104
①本施行法自民法總則施行之日施行。
②民法總則修正條文及本施行法修正條文之施行日期，除另定施行日期者外，自公布日施行。

民 法

第二編 債

①民國18年11月22日國民政府制定公布全文604條；並自19年5月5日施行。
②民國88年4月21日總統令修正公布第159、160、162、164、165、174、177、178、184、186、187、191、192、195、196、213、217、227、229、244、247、248、250、281、292、293、312至315、318、327、330、331、334、358、365、374、389、397、406、408至410、412、416、425、426、440、449、458、459、464、469、473、474、481、490、495、502、503、507、513至521、523至527、531、534、544、546、553至555、563、567、572、573、580、595、602、603、606至608、612、615、618、620、623、625、637、641、642、650、654、656、658、661、666、667、670至674、679、685至687、697、722、743、749條條文及第十六節節名；增訂第164-1、165-1至165-4、166-1、191-1至191-3、216-1、218-1、227-1、227-2、245-1、247-1、422-1、425-1、426-1、426-2、457-1、460-1、461-1、463-1、465-1、475-1、483-1、487-1、501-1、514-1至514-12、515-1、601-1、601-2、603-1、618-1、629-1、709-1至709-9、720-1、739-1、742-1、756-1至756-9條條文及第二章第八節之一、第十九節之一、第二十四節之一節名；刪除第219、228、407、465、475、522、604、605、636條條文；並自89年5月5日施行；但第166-1條施行日期，由行政院會同司法院另定之。
③民國89年4月26日總統令修正公布第248條條文。
④民國98年12月30日總統令修正公布第687、708條條文；並自98年11月23日施行。
⑤民國99年5月26日總統令修正公布第746條條文；並增訂第753-1條條文。
⑥民國110年1月20日總統令修正公布第205條條文；並自公布後六個月施行。

第一章 通 則

第一節 債之發生

第一款 契 約

第一五三條 （契約之成立）
①當事人互相表示意思一致者，無論其爲明示或默示，契約即爲成立。
②當事人對於必要之點，意思一致，而對於非必要之點，未經表示意思者，推定其契約爲成立，關於該非必要之點，當事人意思不一致時，法院應依其事件之性質定之。

第一五四條 （要約之拘束力、要約引誘）
①契約之要約人，因要約而受拘束。但要約當時預先聲明不受拘束，或依其情形或事件之性質，可認當事人無受其拘束之意思者，不在此限。
②貨物標定賣價陳列者，視爲要約。但價目表之寄送，不視爲要約。

第一五五條 （要約之失效—拒絕要約）
要約經拒絕者，失其拘束力。

第一五六條 （要約之失效—非即承諾）
對話爲要約者，非立時承諾，即失其拘束力。

第一五七條 （要約之失效—不爲承諾）
非對話爲要約者，依通常情形可期待承諾之達到時期內，相對人不爲承諾時，其要約失其拘束力。

第一五八條 （要約之失效—非依限承諾）
要約定有承諾期限者，非於其期限內爲承諾，失其拘束力。

第一五九條 （承諾通知之遲到及遲到之通知）

①承諾之通知，按其傳達方法，通常在相當時期內可達到而遲到，其情形為要約人可得而知者，應向相對人即發遲到之通知。

②要約人怠於為前項通知者，其承諾視為未遲到。

第一六〇條 （遲到之承諾）

①遲到之承諾，除前條情形外，視為新要約。

②將要約擴張、限制或為其他變更而承諾者，視為拒絕原要約而為新要約。

第一六一條 （意思實現）

①依習慣或依其事件之性質，承諾無須通知者，在相當時期內，有可認為承諾之事實時，其契約為成立。

②前項規定，於要約人要約當時預先聲明承諾無須通知者準用之。

第一六二條 （撤回要約通知之遲到）

①撤回要約之通知，其到達在要約到達之後，而按其傳達方法，通常在相當時期內應先時或同時到達，其情形為相對人可得而知者，相對人應向要約人即發遲到之通知。

②相對人怠於為前項通知者，其要約撤回之通知，視為未遲到。

第一六三條 （撤回承諾通知之遲到及遲到之通知）

前條之規定，於承諾之撤回準用之。

第一六四條 （懸賞廣告之效力）

①以廣告聲明對完成一定行為之人給與報酬者，為懸賞廣告。廣告人對於完成該行為之人，負給付報酬之義務。

②數人先後分別完成前項行為時，由最先完成該行為之人，取得報酬請求權；數人共同或同時分別完成行為時，由行為人共同取得報酬請求權。

③前項情形，廣告人善意給付報酬於最先通知之人時，其給付報酬之義務，即為消滅。

④前三項規定，於不知有廣告而完成廣告所定行為之人，準用之。

第一六四條之一 （懸賞廣告權利之歸屬）

因完成前條之行為而可取得一定之權利者，其權利屬於行為人。但廣告另有聲明者，不在此限。

第一六五條 （懸賞廣告之撤銷）

①預定報酬之廣告，如於行為完成前撤回時，除廣告人證明行為人不能完成其行為外，對於行為人因該廣告善意所受之損害，應負賠償之責。但以不超過預定報酬額為限。

②廣告定有完成行為之期間者，推定廣告人拋棄其撤回權。

第一六五條之一 （優等懸賞廣告之定義）

以廣告聲明對完成一定行為，於一定期間內為通知，而經評定為優等之人給與報酬者，為優等懸賞廣告。廣告人於評定完成時，負給付報酬之義務。

第一六五條之二 （優等懸賞廣告之評定）

①前條優等之評定，由廣告中指定之人為之。廣告中未指定者，由廣告人決定方法評定之。

②依前項規定所為之評定，對於廣告人及應徵人有拘束力。

第一六五條之三 （共同取得報酬請求權）

被評定為優等之人有數人同等時，除廣告另有聲明外，共同取得報酬請求權。

第一六五條之四 （優等懸賞廣告權利之歸屬）

第一百六十四條之一之規定，於優等懸賞廣告準用之。

第一六六條 （契約方式之約定）

契約當事人約定其契約須用一定方式者，在該方式未完成前，推定其契約不成立。

第一六六條之一 （公證之概括規定）

①契約以負擔不動產物權之移轉、設定或變更之義務為標的者，應由公證人作成公證書。

②未依前項規定公證之契約，如當事人已合意為不動產物權之移轉、設定或變更而完成

登記者，仍爲有效。

第二款　代理權之授與

第一六七條　（意定代理權之授與）

代理權係以法律行爲授與者，其授與應向代理人或向代理人對之爲代理行爲之第三人，以意思表示爲之。

第一六八條　（共同代理）

代理人有數人者，其代理行爲應共同爲之。但法律另有規定或本人另有意思表示者，不在此限。

第一六九條　（表見代理）

由自己之行爲表示以代理權授與他人，或知他人表示爲其代理人而不爲反對之表示者，對於第三人應負授權人之責任。但第三人明知其無代理權或可得而知者，不在此限。

第一七〇條　（無權代理）

①無代理權人以代理人之名義所爲之法律行爲，非經本人承認，對於本人不生效力。

②前項情形，法律行爲之相對人，得定相當期限，催告本人確答是否承認，如本人逾期未爲確答者，視爲拒絕承認。

第一七一條　（無權代理相對人之撤回權）

無代理權人所爲之法律行爲，其相對人於本人未承認前，得撤回之。但爲法律行爲時，明知其無代理權者，不在此限。

第三款　無因管理

第一七二條　（無因管理人之管理義務）

未受委任，並無義務，而爲他人管理事務者，其管理應依本人明示或可得推知之意思，以有利於本人之方法爲之。

第一七三條　（管理人之通知與計算義務）

①管理人開始管理時，以能通知爲限，應即通知本人，如無急迫之情事，應俟本人之指示。

②第五百四十條至第五百四十二條關於委任之規定，於無因管理準用之。

第一七四條　（管理人之無過失責任）

①管理人違反本人明示或可得推知之意思，而爲事務之管理者，對於因其管理所生之損害，雖無過失，亦應負賠償之責。

②前項之規定，如其管理係爲本人盡公益上之義務，或爲其履行法定扶養義務，或本人之意思違反公共秩序善良風俗者，不適用之。

第一七五條　（因急迫危險而爲管理之免責）

管理人爲免除本人之生命、身體或財產上之急迫危險，而爲事務之管理者，對於因其管理所生之損害，除有惡意或重大過失者外，不負賠償之責。

第一七六條　（適法管理時管理人之權利）

①管理事務，利於本人，並不違反本人明示或可得推知之意思者，管理人爲本人支出必要或有益之費用，或負擔債務，或受損害時，得請求本人償還其費用及自支出時起之利息，或清償其所負擔之債務，或賠償其損害。

②第一百七十四條第二項規定之情形，管理人管理事務，雖違反本人之意思，仍有前項之請求權。

第一七七條　（非適法管理本人之權利義務）

①管理事務不合於前條之規定時，本人仍得享有因管理所得之利益，而本人所負前條第一項對於管理人之義務，以其所得之利益爲限。

②前項規定，於管理人明知爲他人之事務，而爲自己之利益管理之者，準用之。

第一七八條　（無因管理經承認之效果）

管理事務經本人承認者，除當事人有特別意思表示外，溯及管理事務開始時，適用關於委任之規定。

第四款 不當得利

第一七九條 （不當得利之效力）

無法律上之原因而受利益，致他人受損害者，應返還其利益；雖有法律上之原因，而其後已不存在者亦同。

第一八〇條 （不得請求返還之不當得利）

給付，有左列情形之一者，不得請求返還：

一 給付係履行道德上之義務者。

二 債務人於未到期之債務因清償而為給付者。

三 因清償債務而為給付，於給付時明知無給付之義務者。

四 因不法之原因而為給付者。但不法之原因僅於受領人一方存在時，不在此限。

第一八一條 （不當得利返還標的物）

不當得利之受領人，除返還其所受之利益外，如本於該利益更有所取得者，並應返還。但依其利益之性質或其他情形不能返還者，應償還其價額。

第一八二條 （不當得利受領人之返還範圍）

①不當得利之受領人，不知無法律上之原因，而其所受之利益已不存在者，免負返還或償還價額之責任。

②受領人於受領時，知無法律上之原因或其後知之者，應將受領時所得之利益，或知無法律上之原因時所現存之利益，附加利息，一併償還；如有損害，並應賠償。

第一八三條 （第三人之返還責任）

不當得利之受領人，以其所受者，無償讓與第三人，而受領人因此免返還義務者，第三人於其所免返還義務之限度內，負返還責任。

第五款 侵權行為

第一八四條 （獨立侵權行為之責任）

①因故意或過失，不法侵害他人之權利者，負損害賠償責任。故意以背於善良風俗之方法，加損害於他人者亦同。

②違反保護他人之法律，致生損害於他人者，負賠償責任。但能證明其行為無過失者，不在此限。

第一八五條 （共同侵權行為責任）

①數人共同不法侵害他人之權利者，連帶負損害賠償責任；不能知其中孰為加害人者亦同。

②造意人及幫助人，視為共同行為人。

第一八六條 （公務員之侵權責任）

①公務員因故意違背對於第三人應執行之職務，致第三人受損害者，負賠償責任。其因過失者，以被害人不能依他項方法受賠償時為限，負其責任。

②前項情形，如被害人得依法律上之救濟方法，除去其損害，而因故意或過失不為之者，公務員不負賠償責任。

第一八七條 （法定代理人之責任）

①無行為能力人或限制行為能力人，不法侵害他人權利者，以行為時有識別能力為限，與其法定代理人連帶負損害賠償責任。行為時無識別能力者，由法定代理人負損害賠償責任。

②前項情形，法定代理人如其監督並未疏懈，或縱加以相當之監督，而仍不免發生損害者，不負賠償責任。

③如不能依前二項規定受損害賠償時，法院因被害人之聲請，得斟酌行為人及其法定代理人與被害人之經濟狀況，令行為人或其法定代理人為全部或一部之損害賠償。

④前項規定，於其他之人，在無意識或精神錯亂中所爲之行爲致第三人受損害時，準用之。

第一八八條 （僱用人之責任）

①受僱人因執行職務，不法侵害他人之權利者，由僱用人與行爲人連帶負損害賠償責任。但選任受僱人及監督其職務之執行，已盡相當之注意或縱加以相當之注意而仍不免發生損害者，僱用人不負賠償責任。

②如被害人依前項但書之規定，不能受損害賠償時，法院因其聲請，得斟酌僱用人與被害人之經濟狀況，令僱用人爲全部或一部之損害賠償。

③僱用人賠償損害時，對於爲侵權行爲之受僱人，有求償權。

第一八九條 （定作人之責任）

承攬人因執行承攬事項，不法侵害他人之權利者，定作人不負損害賠償責任。但定作人於定作或指示有過失者，不在此限。

第一九〇條 （動物占有人之責任）

①動物加損害於他人者，由其占有人負損害賠償責任。但依動物之種類及性質已爲相當注意之管束，或縱爲相當注意之管束而仍不免發生損害者，不在此限。

②動物係由第三人或他動物之挑動，致加損害於他人者，其占有人對於該第三人或該他動物之占有人，有求償權。

第一九一條 （工作物所有人之責任）

①土地上之建築物或其他工作物所致他人權利之損害，由工作物之所有人負賠償責任。但其對於設置或保管並無欠缺，或損害非因設置或保管有欠缺，或於防止損害之發生，已盡相當之注意者，不在此限。

②前項損害之發生，如別有應負責任之人時，賠償損害之所有人，對於該應負責者，有求償權。

第一九一條之一 （商品製造人之責任）

①商品製造人因其商品之通常使用或消費所致他人之損害，負賠償責任。但其對於商品之生產、製造或加工、設計並無欠缺或其損害非因該項欠缺所致或於防止損害之發生，已盡相當之注意者，不在此限。

②前項所稱商品製造人，謂商品之生產、製造、加工業者。其在商品上附加標章或其他文字、符號，足以表彰係其自己所生產、製造、加工者，視爲商品製造人。

③商品之生產、製造或加工、設計，與其說明書或廣告內容不符者，視爲有欠缺。

④商品輸入業者，應與商品製造人負同一之責任。

第一九一條之二 （動力車輛駕駛人之責任）

汽車、機車或其他非依軌道行駛之動力車輛，在使用中加損害於他人者，駕駛人應賠償因此所生之損害。但於防止損害之發生，已盡相當之注意者，不在此限。

第一九一條之三 （一般危險之責任）

經營一定事業或從事其他工作或活動之人，其工作或活動之性質或其使用之工具或方法有生損害於他人之危險者，對他人之損害應負賠償責任。但損害非由於其工作或活動或其使用之工具或方法所致，或於防止損害之發生已盡相當之注意者，不在此限。

第一九二條 （侵害生命權之損害賠償）

①不法侵害他人致死者，對於支出醫療及增加生活上需要之費用或殯葬費之人，亦應負損害賠償責任。

②被害人對於第三人負有法定扶養義務者，加害人對於該第三人亦應負損害賠償責任。

③第一百九十三條第二項之規定，於前項損害賠償適用之。

第一九三條 （侵害身體、健康之財產上損害賠償）

①不法侵害他人之身體或健康者，對於被害人因此喪失或減少勞動能力或增加生活上之需要時，應負損害賠償責任。

②前項損害賠償，法院得因當事人之聲請，定爲支付定期金。但須命加害人提出擔保。

第一九四條 （侵害生命權之非財產上損害賠償）

不法侵害他人致死者，被害人之父、母、子、女及配偶，雖非財產上之損害，亦得請求賠償相當之金額。

第一九五條 （侵害身體健康名譽或自由之非財產上損害賠償）

①不法侵害他人之身體、健康、名譽、自由、信用、隱私、貞操，或不法侵害其他人格法益而情節重大者，被害人雖非財產上之損害，亦得請求賠償相當之金額。其名譽被侵害者，並得請求回復名譽之適當處分。

②前項請求權，不得讓與或繼承。但以金額賠償之請求權已依契約承諾，或已起訴者，不在此限。

③前二項規定，於不法侵害他人基於父、母、子、女或配偶關係之身分法益而情節重大者，準用之。

第一九六條 （物之毀損之賠償方法）

不法毀損他人之物者，被害人得請求賠償其物因毀損所減少之價額。

第一九七條 （損害賠償請求權之消滅時效與不當得利之返還）

①因侵權行爲所生之損害賠償請求權，自請求權人知有損害及賠償義務人時起，二年間不行使而消滅；自有侵權行爲時起，逾十年者亦同。

②損害賠償之義務人，因侵權行爲受利益，致被害人受損害者，於前項時效完成後，仍應依關於不當得利之規定，返還其所受之利益於被害人。

第一九八條 （債務履行之拒絕）

因侵權行爲對於被害人取得債權者，被害人對該債權之廢止請求權，雖因時效而消滅，仍得拒絕履行。

第二節　債之標的

第一九九條 （債權人之權利、給付之範圍）

①債權人基於債之關係，得向債務人請求給付。

②給付，不以有財產價格者爲限。

③不作爲亦得給付。

第二〇〇條 （種類之債）

①給付物僅以種類指示者，依法律行爲之性質或當事人之意思不能定其品質時，債務人應給以中等品質之物。

②前項情形，債務人交付其物之必要行爲完結後，或經債權人之同意指定其應交付之物時，其物即爲特定給付物。

第二〇一條 （特種通用貨幣之債）

以特種通用貨幣之給付爲債之標的者，如其貨幣至給付期失通用效力時，應給以他種通用貨幣。

第二〇二條 （外國貨幣之債）

以外國通用貨幣定給付額者，債務人得按給付時、給付地之市價，以中華民國通用貨幣給付之。但訂明應以外國通用貨幣爲給付者，不在此限。

第二〇三條 （法定利率）

應付利息之債務，其利率未經約定，亦無法律可據者，週年利率爲百分之五。

第二〇四條 （債務人之提前還本權）

①約定利率逾週年百分之十二者，經一年後，債務人得隨時清償原本。但須於一個月前預告債權人。

②前項清償之權利，不得以契約除去或限制之。

第二〇五條 110

約定利率，超過週年百分之十六者，超過部分之約定，無效。

第二〇六條 （巧取利益之禁止）

債權人除前條限定之利息外，不得以折扣或其他方法，巧取利益。

第二〇七條 （複利）
①利息不得滾入原本再生利息。但當事人以書面約定，利息遲付逾一年後，經催告而不償還時，債權人得將遲付之利息滾入原本者，依其約定。
②前項規定，如商業上另有習慣者，不適用之。
第二〇八條 （選擇之債）
於數宗給付中得選定其一者，其選擇權屬於債務人。但法律另有規定或契約另有訂定者，不在此限。
第二〇九條 （選擇權之行使）
①債權人或債務人有選擇權者，應向他方當事人以意思表示爲之。
②由第三人爲選擇者，應向債權人及債務人以意思表示爲之。
第二一〇條 （選擇權之行使期間與移轉）
①選擇權定有行使期間者，如於該期間內不行使時，其選擇權移屬於他方當事人。
②選擇權未定有行使期間者，債權至清償期時，無選擇權之當事人，得定相當期限催告他方當事人行使其選擇權，如他方當事人不於所定期限內行使選擇權者，其選擇權移屬於爲催告之當事人。
③由第三人爲選擇者，如第三人不能或不欲選擇時，選擇權屬於債務人。
第二一一條 （選擇之債之給付不能）
數宗給付中，有自始不能或嗣後不能給付者，債之關係僅存在於餘存之給付。但其不能之事由，應由無選擇權之當事人負責者，不在此限。
第二一二條 （選擇之溯及效力）
選擇之效力，溯及於債之發生時。
第二一三條 （損害賠償之方法—回復原狀）
①負損害賠償責任者，除法律另有規定或契約另有訂定外，應回復他方損害發生前之原狀。
②因回復原狀而應給付金錢者，自損害發生時起，加給利息。
③第一項情形，債權人得請求支付回復原狀所必要之費用，以代回復原狀。
第二一四條 （損害賠償之方法—金錢賠償）
應回復原狀者，如經債權人定相當期限催告後，逾期不爲回復時，債權人得請求以金錢賠償其損害。
第二一五條 （損害賠償之方法—金錢賠償）
不能回復原狀或回復顯有重大困難者，應以金錢賠償其損害。
第二一六條 （法定損害賠償範圍）
①損害賠償，除法律另有規定或契約另有訂定外，應以塡補債權人所受損害及所失利益爲限。
②依通常情形，或依已定之計劃、設備或其他特別情事，可得預期之利益，視爲所失利益。
第二一六條之一 （損害賠償應損益相抵）
基於同一原因事實受有損害並受有利益者，其請求之賠償金額，應扣除所受之利益。
第二一七條 （過失相抵）
①損害之發生或擴大，被害人與有過失者，法院得減輕賠償金額，或免除之。
②重大之損害原因，爲債務人所不及知，而被害人不預促其注意或怠於避免或減少損害者，爲與有過失。
③前二項之規定，於被害人之代理人或使用人與有過失者，準用之。
第二一八條 （因賠償義務人生計關係之酌減）
損害非因故意或重大過失所致者，如其賠償致賠償義務人之生計有重大影響時，法院得減輕其賠償金額。
第二一八條之一 （賠償義務人之權利讓與請求權）
①關於物或權利之喪失或損害，負賠償責任之人，得向損害賠償請求權人，請求讓與基

於其物之所有權或基於其權利對於第三人之請求權。
②第二百六十四條之規定，於前項情形準用之。

第三節　債之效力

第一款　給　付

第二一九條　（刪除）
第二二〇條　（債務人責任之酌定）
①債務人就其故意或過失之行爲，應負責任。
②過失之責任，依事件之特性而有輕重，如其事件非予債務人以利益者，應從輕酌定。
第二二一條　（行爲能力欠缺人之責任）
債務人爲無行爲能力人或限制行爲能力人者，其責任依第一百八十七條之規定定之。
第二二二條　（故意或重大過失責任之強制性）
故意或重大過失之責任，不得預先免除。
第二二三條　（具體輕過失之最低責任）
應與處理自己事務爲同一注意者，如有重大過失，仍應負責。
第二二四條　（履行輔助人之故意過失）
債務人之代理人或使用人，關於債之履行有故意或過失時，債務人應與自己之故意或過失負同一責任。但當事人另有訂定者，不在此限。
第二二五條　（給付不能之效力－免給付義務與代償請求權之發生）
①因不可歸責於債務人之事由，致給付不能者，債務人免給付義務。
②債務人因前項給付不能之事由，對第三人有損害賠償請求權者，債權人得向債務人請求讓與其損害賠償請求權，或交付其所受領之賠償物。
第二二六條　（給付不能之效力－損害賠償與一部履行之拒絕）
①因可歸責於債務人之事由，致給付不能者，債權人得請求賠償損害。
②前項情形，給付一部不能者，若其他部分之履行，於債權人無利益時，債權人得拒絕該部之給付，請求全部不履行之損害賠償。
第二二七條　（不完全給付之效果）
①因可歸責於債務人之事由，致爲不完全給付者，債權人得依關於給付遲延或給付不能之規定行使其權利。
②因不完全給付而生前項以外之損害者，債權人並得請求賠償。
第二二七條之一　（債務不履行侵害人格權之賠償）
債務人因債務不履行，致債權人之人格權受侵害者，準用第一百九十二條至第一百九十五條及第一百九十七條之規定，負損害賠償責任。
第二二七條之二　（情事變更之原則）
①契約成立後，情事變更，非當時所得預料，而依其原有效果顯失公平者，當事人得聲請法院增、減其給付或變更其他原有之效果。
②前項規定，於非因契約所發生之債，準用之。
第二二八條　（刪除）

第二款　遲　延

第二二九條　（給付期限與債務人之給付遲延）
①給付有確定期限者，債務人自期限屆滿時起，負遲延責任。
②給付無確定期限者，債務人於債權人得請求給付時，經其催告而未爲給付，自受催告時起，負遲延責任。其經債權人起訴而送達訴狀，或依督促程序送達支付命令，或爲其他相類之行爲者，與催告有同一之效力。
③前項催告定有期限者，債務人自期限屆滿時起負遲延責任。
第二三〇條　（給付遲延之阻卻成立事由）

因不可歸責於債務人之事由，致未為給付者，債務人不負遲延責任。

第二三一條　（遲延賠償—非常事變責任）

①債務人遲延者，債權人得請求其賠償因遲延而生之損害。

②前項債務人，在遲延中，對於因不可抗力而生之損害，亦應負責。但債務人證明縱不遲延給付，而仍不免發生損害者，不在此限。

第二三二條　（替補賠償—拒絕受領給付而請求賠償）

遲延後之給付，於債權人無利益者，債權人得拒絕其給付，並得請求賠償因不履行而生之損害。

第二三三條　（遲延利息與其他損害之賠償）

①遲延之債務，以支付金錢為標的者，債權人得請求依法定利率計算之遲延利息。但約定利率較高者，仍從其約定利率。

②對於利息，無須支付遲延利息。

③前二項情形，債權人證明有其他損害者，並得請求賠償。

第二三四條　（受領遲延）

債權人對於已提出之給付，拒絕受領或不能受領者，自提出時起，負遲延責任。

第二三五條　（現實與言詞提出）

債務人非依債務本旨實行提出給付者，不生提出之效力。但債權人預示拒絕受領之意思，或給付兼需債權人之行為者，債務人得以準備給付之事情，通知債權人，以代提出。

第二三六條　（一時受領遲延）

給付無確定期限，或債務人於清償期前得為給付者，債權人就一時不能受領之情事，不負遲延責任。但其提出給付，由於債權人之催告，或債務人已於相當期間前預告債權人者，不在此限。

第二三七條　（受領遲延時債務人責任）

在債權人遲延中，債務人僅就故意或重大過失，負其責任。

第二三八條　（受領遲延利息支付之停止）

在債權人遲延中，債務人無須支付利息。

第二三九條　（孳息返還範圍之縮小）

債務人應返還由標的物所生之孳息或償還其價金者，在債權人遲延中，以已收取之孳息為限，負返還責任。

第二四〇條　（受領遲延費用賠償之請求）

債權人遲延者，債務人得請求其賠償提出及保管給付物之必要費用。

第二四一條　（拋棄占有）

①有交付不動產義務之債務人，於債權人遲延後，得拋棄其占有。

②前項拋棄，應預先通知債權人。但不能通知者，不在此限。

第三款　保　全

第二四二條　（債權人代位權）

債務人怠於行使其權利時，債權人因保全債權，得以自己之名義，行使其權利。但專屬於債務人本身者，不在此限。

第二四三條　（代位權行使時期）

前條債權人之權利，非於債務人負遲延責任時，不得行使。但專為保存債務人權利之行為，不在此限。

第二四四條　（債權人撤銷權）

①債務人所為之無償行為，有害及債權者，債權人得聲請法院撤銷之。

②債務人所為之有償行為，於行為時明知有損害於債權人之權利者，以受益人於受益時亦知其情事者為限，債權人得聲請法院撤銷之。

③債務人之行為非以財產為標的，或僅有害於以給付特定物為標的之債權者，不適用前

二項之規定。

④債權人依第一項或第二項之規定聲請法院撤銷時，得並聲請命受益人或轉得人回復原狀。但轉得人於轉得時不知有撤銷原因者，不在此限。

第二四五條　（撤銷權之除斥期間）

前條撤銷權，自債權人知有撤銷原因時起，一年間不行使，或自行爲時起，經過十年而消滅。

第四款　契　約

第二四五條之一　（締約過失之責任）

①契約未成立時，當事人爲準備或商議訂立契約而有左列情形之一者，對於非因過失而信契約能成立致受損害之他方當事人，負賠償責任：

一　就訂約有重要關係之事項，對他方之詢問，惡意隱匿或爲不實之說明者。

二　知悉或持有他方之秘密，經他方明示應予保密，而因故意或重大過失洩漏之者。

三　其他顯然違反誠實及信用方法者。

②前項損害賠償請求權，因二年間不行使而消滅。

第二四六條　（契約標的給付不能之效力）

①以不能之給付爲契約標的者，其契約爲無效。但其不能情形可以除去，而當事人訂約時並預期於不能之情形除去後爲給付者，其契約仍爲有效。

②附停止條件或始期之契約，於條件成就或期限屆至前，不能之情形已除去者，其契約爲有效。

第二四七條　（因契約標的給付不能之賠償及時效）

①契約因以不能之給付爲標的而無效者，當事人於訂約時知其不能或可得而知者，對於非因過失而信契約爲有效致受損害之他方當事人，負賠償責任。

②給付一部不能，而契約就其他部分仍爲有效者，或依選擇而定之數宗給付中有一宗給付不能者，準用前項之規定。

③前二項損害賠償請求權，因二年間不行使而消滅。

第二四七條之一　（附合契約）

依照當事人一方預定用於同類契約之條款而訂定之契約，爲左列各款之約定，按其情形顯失公平者，該部分約定無效：

一　免除或減輕預定契約條款之當事人之責任者。

二　加重他方當事人之責任者。

三　使他方當事人拋棄權利或限制其行使權利者。

四　其他於他方當事人有重大不利益者。

第二四八條　（收受訂金之效力）

訂約當事人之一方，由他方受有定金時，推定其契約成立。

第二四九條　（定金之效力）

定金，除當事人另有訂定外，適用左列之規定：

一　契約履行時，定金應返還或作爲給付之一部。

二　契約因可歸責於付定金當事人之事由，致不能履行時，定金不得請求返還。

三　契約因可歸責於受定金當事人之事由，致不能履行時，該當事人應加倍返還其所受之定金。

四　契約因不可歸責於雙方當事人之事由，致不能履行時，定金應返還之。

第二五〇條　（約定違約金之性質）

①當事人得約定債務人於債務不履行時，應支付違約金。

②違約金，除當事人另有訂定外，視爲因不履行而生損害之賠償總額。其約定如債務人不於適當時期或不依適當方法履行債務時，即須支付違約金者，債權人除得請求履行債務外，違約金視爲因不於適當時期或不依適當方法履行債務所生損害之賠償總額。

第二五一條　（一部履行之酌減）

債務已爲一部履行者，法院得比照債權人因一部履行所受之利益，減少違約金。

第二五二條 （違約金額過高之酌減）

約定之違約金額過高者，法院得減至相當之數額。

第二五三條 （準違約金）

前三條之規定，於約定違約時應爲金錢以外之給付者準用之。

第二五四條 （非定期行爲給付遲延之解除契約）

契約當事人之一方遲延給付者，他方當事人得定相當期限催告其履行，如於期限內不履行時，得解除其契約。

第二五五條 （定期行爲給付遲延之解除契約）

依契約之性質或當事人之意思表示，非於一定時期爲給付不能達其契約之目的，而契約當事人之一方不按照時期給付者，他方當事人得不爲前條之催告，解除其契約。

第二五六條 （因給付不能之解除契約）

債權人於有第二百二十六條之情形時，得解除其契約。

第二五七條 （解除權之消滅—未於期限內行使解除權）

解除權之行使，未定有期間者，他方當事人得定相當期限，催告解除權人於期限內確答是否解除；如逾期未受解除之通知，解除權即消滅。

第二五八條 （解除權之行使方法）

①解除權之行使，應向他方當事人以意思表示爲之。

②契約當事人之一方有數人者，前項意思表示，應由其全體或向其全體爲之。

③解除契約之意思表示，不得撤銷。

第二五九條 （契約解除後之回復原狀）

契約解除時，當事人雙方回復原狀之義務，除法律另有規定或契約另有訂定外，依左列之規定：

一 由他方所受領之給付物，應返還之。

二 受領之給付爲金錢者，應附加自受領時起之利息償還之。

三 受領之給付爲勞務或爲物之使用者，應照受領時之價額，以金錢償還之。

四 受領之給付物生有孳息者，應返還之。

五 就返還之物，已支出必要或有益之費用，得於他方受返還時所得利益之限度內，請求其返還。

六 應返還之物有毀損、滅失或因其他事由，致不能返還者，應償還其價額。

第二六〇條 （損害賠償之請求）

解除權之行使，不妨礙損害賠償之請求。

第二六一條 （雙務契約規定之準用）

當事人因契約解除而生之相互義務，準用第二百六十四條至第二百六十七條之規定。

第二六二條 （解除權之消滅—受領物不能返還或種類變更）

有解除權人，因可歸責於自己之事由，致其所受領之給付物有毀損、滅失或其他情形不能返還者，解除權消滅；因加工或改造，將所受領之給付物變其種類者亦同。

第二六三條 （終止權之行使方法及效力—準用解除權之規定）

第二百五十八條及第二百六十條之規定，於當事人依法律之規定終止契約者準用之。

第二六四條 （同時履行抗辯）

①因契約互負債務者，於他方當事人未爲對待給付前，得拒絕自己之給付。但自己有先爲給付之義務者，不在此限。

②他方當事人已爲部分之給付時，依其情形，如拒絕自己之給付有違背誠實及信用方法者，不得拒絕自己之給付。

第二六五條 （不安抗辯權）

當事人之一方，應向他方先爲給付者，如他方之財產，於訂約後顯形減少，有難爲對待給付之虞時，如他方未爲對待給付或提出擔保前，得拒絕自己之給付。

第二六六條 （危險負擔—債務人負擔主義）

①因不可歸責於雙方當事人之事由，致一方之給付全部不能者，他方免爲對待給付之義務；如僅一部不能者，應按其比例減少對待給付。
②前項情形，已爲全部或一部之對待給付者，得依關於不當得利之規定，請求返還。

第二六七條　（因可歸責於當事人一方之給付不能）
當事人之一方因可歸責於他方之事由，致不能給付者，得請求對待給付。但其因免給付義務所得之利益或應得之利益，均應由其所得請求之對待給付中扣除之。

第二六八條　（第三人負擔契約）
契約當事人之一方，約定由第三人對於他方爲給付者，於第三人不爲給付時，應負損害賠償責任。

第二六九條　（利益第三人契約）
①以契約訂定向第三人爲給付者，要約人得請求債務人向第三人爲給付，其第三人對於債務人，亦有直接請求給付之權。
②第三人對於前項契約，未表示享受其利益之意思前，當事人得變更其契約或撤銷之。
③第三人對於當事人之一方表示不欲享受其契約之利益者，視爲自始未取得其權利。

第二七〇條　（債務人對第三人之抗辯）
前條債務人，得以由契約所生之一切抗辯，對抗受益之第三人。

第四節　多數債務人及債權人

第二七一條　（可分之債）
數人負同一債務或有同一債權，而其給付可分者，除法律另有規定或契約另有訂定外，應各平均分擔或分受之；其給付本不可分而變爲可分者亦同。

第二七二條　（連帶債務）
①數人負同一債務，明示對於債權人各負全部給付之責任者，爲連帶債務。
②無前項之明示時，連帶債務之成立，以法律有規定者爲限。

第二七三條　（債權人之權利─對連帶債務人之請求）
①連帶債務之債權人，得對於債務人中之一人或數人或其全體，同時或先後請求全部或一部之給付。
②連帶債務未全部履行前，全體債務人仍負連帶責任。

第二七四條　（清償等發生絕對效力）
因連帶債務人中之一人爲清償、代物清償、提存、抵銷或混同而債務消滅者，他債務人亦同免其責任。

第二七五條　（確定判決之限制絕對效力）
連帶債務人中之一人受確定判決，而其判決非基於該債務人之個人關係者，爲他債務人之利益，亦生效力。

第二七六條　（免除與時效完成之限制絕對效力）
①債權人向連帶債務人中之一人免除債務，而無消滅全部債務之意思表示者，除該債務人應分擔之部分外，他債務人仍不免其責任。
②前項規定，於連帶債務人中之一人消滅時效已完成者準用之。

第二七七條　（抵銷之限制絕對效力）
連帶債務人中之一人，對於債權人有債權者，他債務人以該債務人應分擔之部分爲限，得主張抵銷。

第二七八條　（受領遲延之限制絕對效力）
債權人對於連帶債務人中之一人有遲延時，爲他債務人之利益，亦生效力。

第二七九條　（效力相對性原則）
就連帶債務人中之一人所生之事項，除前五條規定或契約另有訂定者外，其利益或不利益，對他債務人不生效力。

第二八〇條　（連帶債務人相互間之分擔義務）

連帶債務人相互間，除法律另有規定或契約另有訂定外，應平均分擔義務。但因債務人中之一人應單獨負責之事由所致之損害及支付之費用，由該債務人負擔。

第二八一條 （連帶債務人同免責任之範圍）

①連帶債務人中之一人，因清償、代物清償、提存、抵銷或混同致他債務人同免責任者，得向他債務人請求償還各自分擔之部分，並自免責時起之利息。

②前項情形，求償權人於求償範圍內，承受債權人之權利。但不得有害於債權人之利益。

第二八二條 （無償還資力人負擔部分之分擔）

①連帶債務人中之一人，不能償還其分擔額者，其不能償還之部分，由求償權人與他債務人按照比例分擔之。但其不能償還，係由求償權人之過失所致者，不得對於他債務人請求其分擔。

②前項情形，他債務人中之一人應分擔之部分已免責者，仍應依前項比例分擔之規定，負其責任。

第二八三條 （連帶債權）

數人依法律或法律行爲，有同一債權，而各得向債務人爲全部給付之請求者，爲連帶債權。

第二八四條 （債務人之權利—對連帶債權人之給付）

連帶債權之債務人，得向債權人中之一人，爲全部之給付。

第二八五條 （請求之絕對效力）

連帶債權人中之一人爲給付之請求者，爲他債權人之利益，亦生效力。

第二八六條 （受領清償等發生絕對效力）

因連帶債權人中之一人，已受領清償、代物清償，或經提存、抵銷、混同而債權消滅者，他債權人之權利，亦同消滅。

第二八七條 （確定判決之限制絕對效力）

①連帶債權人中之一人，受有利益之確定判決者，爲他債權人之利益，亦生效力。

②連帶債權人中之一人，受不利益之確定判決者，如其判決非基於該債權人之個人關係時，對於他債權人，亦生效力。

第二八八條 （免除與時效完成之限制絕對效力）

①連帶債權人中之一人，向債務人免除債務者，除該債權人應享有之部分外，他債權人之權利，仍不消滅。

②前項規定，於連帶債權人中之一人消滅時效已完成者準用之。

第二八九條 （受領遲延之絕對效力）

連帶債權人中之一人有遲延者，他債權人亦負其責任。

第二九〇條 （效力相對性原則）

就連帶債權人中之一人所生之事項，除前五條規定或契約另有訂定者外，其利益或不利益，對他債權人不生效力。

第二九一條 （連帶債權人之均受利益）

連帶債權人相互間，除法律另有規定或契約另有訂定外，應平均分受其利益。

第二九二條 （不可分之債）

數人負同一債務，而其給付不可分者，準用關於連帶債務之規定。

第二九三條 （不可分債權之效力）

①數人有同一債權，而其給付不可分者，各債權人僅得請求向債權人全體爲給付，債務人亦僅得向債權人全體爲給付。

②除前項規定外，債權人中之一人與債務人間所生之事項，其利益或不利益，對他債權人不生效力。

③債權人相互間，準用第二百九十一條之規定。

第五節　債之移轉

第二九四條　（債權之讓與性）
①債權人得將債權讓與於第三人。但左列債權，不在此限：
一　依債權之性質，不得讓與者。
二　依當事人之特約，不得讓與者。
三　債權禁止扣押者。
②前項第二款不得讓與之特約，不得以之對抗善意第三人。
第二九五條　（從權利之隨同移轉）
①讓與債權時，該債權之擔保及其他從屬之權利，隨同移轉於受讓人。但與讓與人有不可分離之關係者，不在此限。
②未支付之利息，推定其隨同原本移轉於受讓人。
第二九六條　（證明文件之交付與必要情形之告知）
讓與人應將證明債權之文件，交付受讓人，並應告以關於主張該債權所必要之一切情形。
第二九七條　（債權讓與之通知）
①債權之讓與，非經讓與人或受讓人通知債務人，對於債務人不生效力。但法律另有規定者，不在此限。
②受讓人將讓與人所立之讓與字據提示於債務人者，與通知有同一之效力。
第二九八條　（表見讓與）
①讓與人已將債權之讓與通知債務人者，縱未爲讓與或讓與無效，債務人仍得以其對抗受讓人之事由，對抗讓與人。
②前項通知，非經受讓人之同意，不得撤銷。
第二九九條　（對於受讓人抗辯之援用與抵銷之主張）
①債務人於受通知時，所得對抗讓與人之事由，皆得以之對抗受讓人。
②債務人於受通知時，對於讓與人有債權者，如其債權之清償期，先於所讓與之債權或同時屆至者，債務人得對於受讓人主張抵銷。
第三〇〇條　（免責的債務承擔—與債權人訂立契約）
第三人與債權人訂立契約承擔債務人之債務者，其債務於契約成立時，移轉於該第三人。
第三〇一條　（免責的債務承擔—與債務人訂立契約）
第三人與債務人訂立契約承擔其債務者，非經債權人承認，對於債權人不生效力。
第三〇二條　（債務人或承擔人之定期催告）
①前條債務人或承擔人，得定相當期限，催告債權人於該期限內確答是否承認，如逾期不爲確答者，視爲拒絕承認。
②債權人拒絕承認時，債務人或承擔人得撤銷其承擔之契約。
第三〇三條　（債務人抗辯權之援用及其限制）
①債務人因其法律關係所得對抗債權人之事由，承擔人亦得以之對抗債權人。但不得以屬於債務人之債權爲抵銷。
②承擔人因其承擔債務之法律關係所得對抗債務人之事由，不得以之對抗債權人。
第三〇四條　（從權利之存續及其例外）
①從屬於債權之權利，不因債務之承擔而妨礙其存在。但與債務人有不可分離之關係者，不在此限。
②由第三人就債權所爲之擔保，除該第三人對於債務之承擔已爲承認外，因債務之承擔而消滅。
第三〇五條　（併存的債務承擔—概括承受）
①就他人之財產或營業，概括承受其資產及負債者，因對於債權人爲承受之通知或公告，而生承擔債務之效力。
②前項情形，債務人關於到期之債權，自通知或公告時起，未到期之債權，自到期時起，二年以內，與承擔人連帶負其責任。

第三〇六條 （併存的債務承擔—營業合併）

營業與他營業合併，而互相承受其資產及負債者，與前條之概括承受同，其合併之新營業，對於各營業之債務，負其責任。

第六節　債之消滅

第一款　通　則

第三〇七條 （從權利之隨同消滅）

債之關係消滅者，其債權之擔保及其他從屬之權利亦同時消滅。

第三〇八條 （負債字據之返還及塗銷）

①債之全部消滅者，債務人得請求返還或塗銷負債之字據，其僅一部消滅或負債字據上載有債權人他項權利者，債務人得請求將消滅事由，記入字據。

②負債字據，如債權人主張有不能返還或有不能記入之事情者，債務人得請求給與債務消滅之公認證書。

第二款　清　償

第三〇九條 （清償之效力及受領清償人）

①依債務本旨，向債權人或其他有受領權人爲清償，經其受領者，債之關係消滅。

②持有債權人簽名之收據者，視爲有受領權人。但債務人已知或因過失而不知其無權受領者，不在此限。

第三一〇條 （向第三人爲清償之效力）

向第三人爲清償，經其受領者，其效力依左列各款之規定：

一　經債權人承認或受領人於受領後取得其債權者，有清償之效力。

二　受領人係債權之準占有人者，以債務人不知其非債權人者爲限，有清償之效力。

三　除前二款情形外，於債權人因而受利益之限度內，有清償之效力。

第三一一條 （第三人之清償）

①債之清償，得由第三人爲之。但當事人另有訂定或依債之性質不得由第三人清償者，不在此限。

②第三人之清償，債務人有異議時，債權人得拒絕其清償。但第三人就債之履行有利害關係者，債權人不得拒絕。

第三一二條 （第三人清償之權利）

就債之履行有利害關係之第三人爲清償者，於其清償之限度內承受債權人之權利，但不得有害於債權人之利益。

第三一三條 （代位之通知抗辯抵銷準用債權讓與）

第二百九十七條及第二百九十九條之規定，於前條之承受權利準用之。

第三一四條 （清償地）

清償地，除法律另有規定或契約另有訂定，或另有習慣，或得依債之性質或其他情形決定者外，應依左列各款之規定：

一　以給付特定物爲標的者，於訂約時，其物所在地爲之。

二　其他之債，於債權人之住所地爲之。

第三一五條 （清償期）

清償期，除法律另有規定或契約另有訂定，或得依債之性質或其他情形決定者外，債權人得隨時請求清償，債務人亦得隨時爲清償。

第三一六條 （期前清償）

定有清償期者，債權人不得於期前請求清償，如無反對之意思表示時，債務人得於期前爲清償。

第三一七條 （清償費用之負擔）

清償債務之費用，除法律另有規定或契約另有訂定外，由債務人負擔。但因債權人變更住所或其他行爲，致增加清償費用者，其增加之費用，由債權人負擔。

第三一八條 （一部或緩期清償）

①債務人無爲一部清償之權利。但法院得斟酌債務人之境況，許其於無甚害於債權人利益之相當期限內，分期給付，或緩期清償。

②法院許爲分期給付者，債務人一期遲延給付時，債權人得請求全部清償。

③給付不可分者，法院得比照第一項但書之規定，許其緩期清償。

第三一九條 （代物清償）

債權人受領他種給付以代原定之給付者，其債之關係消滅。

第三二〇條 （間接給付—新債清償）

因清償債務而對於債權人負擔新債務者，除當事人另有意思表示外，若新債務不履行時，其舊債務仍不消滅。

第三二一條 （清償之抵充—當事人指定）

對於一人負擔數宗債務而其給付之種類相同者，如清償人所提出之給付，不足清償全部債額時，由清償人於清償時，指定其應抵充之債務。

第三二二條 （清償之抵充—法定抵充）

清償人不爲前條之指定者，依左列之規定，定其應抵充之債務：

一　債務已屆清償期者，儘先抵充。

二　債務均已屆清償期或均未屆清償期者，以債務之擔保最少者，儘先抵充；擔保相等者，以債務人因清償而獲益最多者，儘先抵充；獲益相等者，以先到期之債務，儘先抵充。

三　獲益及清償期均相等者，各按比例，抵充其一部。

第三二三條 （不同種類債務之抵充順序）

清償人所提出之給付，應先抵充費用，次充利息，次充原本；其依前二條之規定抵充債務者亦同。

第三二四條 （受領證書給與請求權）

清償人對於受領清償人，得請求給與受領證書。

第三二五條 （給與受領證書或返還債權證書之效力）

①關於利息或其他定期給付，如債權人給與受領一期給付之證書，未爲他期之保留者，推定其以前各期之給付已爲清償。

②如債權人給與受領原本之證書者，推定其利息亦已受領。

③債權證書已返還者，推定其債之關係消滅。

第三款　提　存

第三二六條 （提存之要件）

債權人受領遲延，或不能確知孰爲債權人而難爲給付者，清償人得將其給付物，爲債權人提存之。

第三二七條 （提存之處所）

提存應於清償地之法院提存所爲之。

第三二八條 （危險負擔之移轉）

提存後，給付物毀損、滅失之危險，由債權人負擔，債務人亦無須支付利息，或賠償其孳息未收取之損害。

第三二九條 （提存物之受取及受取之阻止）

債權人得隨時受取提存物，如債務人之清償，係對債權人之給付而爲之者，在債權人未爲對待給付或提出相當擔保前，得阻止其受取提存物。

第三三〇條 （受取權之消滅）

債權人關於提存物之權利，應於提存後十年內行使之，逾期其提存物歸屬國庫。

第三三一條 （提存價金—拍賣給付物）

給付物不適於提存，或有毀損滅失之虞，或提存需費過鉅者，清償人得聲請清償地之法院拍賣，而提存其價金。

第三三二條 （提存價金—變賣）

前條給付物有市價者，該管法院得許可清償人照市價出賣，而提存其價金。

第三三三條 （提存等費用之負擔）

提存拍賣及出賣之費用，由債權人負擔。

第四款 抵 銷

第三三四條 （抵銷之要件）

①二人互負債務，而其給付種類相同，並均屆清償期者，各得以其債務，與他方之債務，互爲抵銷。但依債之性質不能抵銷或依當事人之特約不得抵銷者，不在此限。

②前項特約，不得對抗善意第三人。

第三三五條 （抵銷之方法與效力）

①抵銷，應以意思表示，向他方爲之。其相互間債之關係，溯及最初得爲抵銷時，按照抵銷數額而消滅。

②前項意思表示，附有條件或期限者，無效。

第三三六條 （清償地不同之債務之抵銷）

清償地不同之債務，亦得爲抵銷。但爲抵銷之人，應賠償他方因抵銷而生之損害。

第三三七條 （時效消滅債務之抵銷）

債之請求權雖經時效而消滅，如在時效未完成前，其債務已適於抵銷者，亦得爲抵銷。

第三三八條 （禁止抵銷之債—禁止扣押之債）

禁止扣押之債，其債務人不得主張抵銷。

第三三九條 （禁止抵銷之債—因侵權行爲而負擔之債）

因故意侵權行爲而負擔之債，其債務人不得主張抵銷。

第三四〇條 （禁止抵銷之債—受扣押之債權）

受債權扣押命令之第三債務人，於扣押後，始對其債權人取得債權者，不得以其所取得之債權與受扣押之債權爲抵銷。

第三四一條 （禁止抵銷之債—向第三人爲給付之債）

約定應向第三人爲給付之債務人，不得以其債務，與他方當事人對於自己之債務爲抵銷。

第三四二條 （準用清償之抵充）

第三百二十一條至第三百二十三條之規定，於抵銷準用之。

第五款 免 除

第三四三條 （免除之效力）

債權人向債務人表示免除其債務之意思者，債之關係消滅。

第六款 混 同

第三四四條 （混同之效力）

債權與其債務同歸一人時，債之關係消滅。但其債權爲他人權利之標的或法律另有規定者，不在此限。

第二章 各種之債

第一節 買 賣

第一款 通則

第三四五條 （買賣之意義及成立）

①稱買賣者，謂當事人約定一方移轉財產權於他方，他方支付價金之契約。

②當事人就標的物及其價金互相同意時，買賣契約即為成立。

第三四六條　（買賣價金）

①價金雖未具體約定，而依情形可得而定者，視為定有價金。

②價金約定依市價者，視為標的物清償時，清償地之市價。但契約另有訂定者，不在此限。

第三四七條　（有償契約準用買賣規定）

本節規定，於買賣契約以外之有償契約準用之。但為其契約性質所不許者，不在此限。

第二款　效　力

第三四八條　（出賣人之移轉財產權及交付標的物之義務）

①物之出賣人，負交付其物於買受人，並使其取得該物所有權之義務。

②權利之出賣人，負使買受人取得其權利之義務，如因其權利而得占有一定之物者，並負交付其物之義務。

第三四九條　（權利瑕疵擔保—權利無缺）

出賣人應擔保第三人就買賣之標的物，對於買受人不得主張任何權利。

第三五〇條　（權利瑕疵擔保—權利存在）

債權或其他權利之出賣人，應擔保其權利確係存在，有價證券之出賣人，並應擔保其證券未因公示催告而宣示無效。

第三五一條　（權利瑕疵擔保之免除）

買受人於契約成立時，知有權利之瑕疵者，出賣人不負擔保之責。但契約另有訂定者，不在此限。

第三五二條　（債務人支付能力之擔保責任）

債權之出賣人，對於債務人之支付能力，除契約另有訂定外，不負擔保責任，出賣人就債務人之支付能力，負擔保責任者，推定其擔保債權移轉時債務人之支付能力。

第三五三條　（權利瑕疵擔保之效果）

出賣人不履行第三百四十八條至第三百五十一條所定之義務者，買受人得依關於債務不履行之規定，行使其權利。

第三五四條　（物之瑕疵擔保責任與效果）

①物之出賣人對於買受人，應擔保其物依第三百七十三條之規定危險移轉於買受人時無滅失或減少其價值之瑕疵，亦無滅失或減少其通常效用或契約預定效用之瑕疵。但減少之程度，無關重要者，不得視為瑕疵。

②出賣人並應擔保其物於危險移轉時，具有其所保證之品質。

第三五五條　（物之瑕疵擔保責任之免除）

①買受人於契約成立時，知其物有前條第一項所稱之瑕疵者，出賣人不負擔保之責。

②買受人因重大過失，而不知有前條第一項所稱之瑕疵者，出賣人如未保證其無瑕疵時，不負擔保之責。但故意不告知其瑕疵者，不在此限。

第三五六條　（買受人之檢查通知義務）

①買受人應按物之性質，依通常程序從速檢查其所受領之物，如發見有應由出賣人負擔保責任之瑕疵時，應即通知出賣人。

②買受人怠於為前項之通知者，除依通常之檢查不能發見之瑕疵外，視為承認其所受領之物。

③不能即知之瑕疵，至日後發見者，應即通知出賣人，怠於為通知者，視為承認其所受領之物。

第三五七條　（檢查通知義務之排除）

前條規定，於出賣人故意不告知瑕疵於買受人者，不適用之。

第三五八條　（異地送到之物之保管、通知、變賣義務）

①買受人對於由他地送到之物，主張有瑕疵，不願受領者，如出賣人於受領地無代理

人，買受人有暫爲保管之責。
②前項情形，如買受人不即依相當方法證明其瑕疵之存在者，推定於受領時爲無瑕疵。
③送到之物易於敗壞者，買受人經依相當方法之證明，得照市價變賣之。如爲出賣人之利益，有必要時，並有變賣之義務。
④買受人依前項規定爲變賣者，應即通知出賣人。如怠於通知，應負損害賠償之責。

第三五九條　（物之瑕疵擔保效力—解約或減少價金）
買賣因物有瑕疵，而出賣人依前五條之規定，應負擔保之責者，買受人得解除其契約或請求減少其價金。但依情形，解除契約顯失公平者，買受人僅得請求減少價金。

第三六〇條　（物之瑕疵擔保效力—請求不履行之損害賠償）
買賣之物，缺少出賣人所保證之品質者，買受人得不解除契約或請求減少價金，而請求不履行之損害賠償；出賣人故意不告知物之瑕疵者亦同。

第三六一條　（解約催告）
①買受人主張物有瑕疵者，出賣人得定相當期限，催告買受人於其期限內是否解除契約。
②買受人於前項期限內不解除契約者，喪失其解除權。

第三六二條　（解約與從物）
①因主物有瑕疵而解除契約者，其效力及於從物。
②從物有瑕疵者，買受人僅得就從物之部分爲解除。

第三六三條　（數物併同出賣時之解除契約）
①爲買賣標的之數物中，一物有瑕疵者，買受人僅得就有瑕疵之物爲解除，其以總價金將數物同時賣出者，買受人並得請求減少與瑕疵物相當之價額。
②前項情形，當事人之任何一方，如因有瑕疵之物，與他物分離而顯受損害者，得解除全部契約。

第三六四條　（瑕疵擔保之效力—另行交付無瑕疵之物）
①買賣之物，僅指定種類者，如其物有瑕疵，買受人得不解除契約或請求減少價金，而即時請求另行交付無瑕疵之物。
②出賣人就前項另行交付之物，仍負擔保責任。

第三六五條　（解除權或請求權之消滅）
①買受人因物有瑕疵，而得解除契約或請求減少價金者，其解除權或請求權，於買受人依第三百五十六條規定爲通知後六個月間不行使或自物之交付時起經過五年而消滅。
②前項關於六個月期間之規定，於出賣人故意不告知瑕疵者，不適用之。

第三六六條　（免除或限制擔保義務之特約）
以特約免除或限制出賣人關於權利或物之瑕疵擔保義務者，如出賣人故意不告知其瑕疵，其特約爲無效。

第三六七條　（買受人之義務）
買受人對於出賣人，有交付約定價金及受領標的物之義務。

第三六八條　（價金支付拒絕權）
①買受人有正當理由，恐第三人主張權利，致失其因買賣契約所得權利之全部或一部者，得拒絕支付價金之全部或一部。但出賣人已提出相當擔保者，不在此限。
②前項情形，出賣人得請求買受人提存價金。

第三六九條　（標的物與價金交付時期）
買賣標的物與其價金之交付，除法律另有規定或契約另有訂定或另有習慣外，應同時爲之。

第三七〇條　（價金交付期限之推定）
標的物交付定有期限者，其期限，推定其爲價金交付之期限。

第三七一條　（價金交付之處所）
標的物與價金應同時交付者，其價金應於標的物之交付處所交付之。

第三七二條　（依重量計算價金之方法）

價金依物之重量計算者，應除去其包皮之重量。但契約另有訂定或另有習慣者，從其訂定或習慣。

第三七三條 （標的物利益與危險之承受負擔）

買賣標的物之利益及危險，自交付時起，均由買受人承受負擔。但契約另有訂定者，不在此限。

第三七四條 （送交清償地以外處所之標的物危險之負擔）

買受人請求將標的物送交清償地以外之處所者，自出賣人交付其標的物於為運送之人或承攬送運人時起，標的物之危險，由買受人負擔。

第三七五條 （交付前負擔危險之買受人費用返還義務）

①標的物之危險，於交付前已應由買受人負擔者，出賣人於危險移轉後，標的物之交付前，所支出之必要費用，買受人應依關於委任之規定，負償還責任。

②前項情形，出賣人所支出之費用，如非必要者，買受人應依關於無因管理之規定，負償還責任。

第三七六條 （出賣人違反關於送交方法特別指示之損害賠償）

買受人關於標的物之送交方法，有特別指示，而出賣人無緊急之原因，違其指示者，對於買受人因此所受之損害，應負賠償責任。

第三七七條 （以權利為買賣標的之利益與危險之承受負擔）

以權利為買賣之標的，如出賣人因其權利而得占有一定之物者，準用前四條之規定。

第三七八條 （買賣費用之負擔）

買賣費用之負擔，除法律另有規定或契約另有訂定或另有習慣外，依左列之規定：

一　買賣契約之費用，由當事人雙方平均負擔。

二　移轉權利之費用，運送標的物至清償地之費用及交付之費用，由出賣人負擔。

三　受領標的物之費用，登記之費用及送交清償地以外處所之費用，由買受人負擔。

第三款　買　回

第三七九條 （買回之要件）

①出賣人於買賣契約保留買回之權利者，得返還其所受領之價金，而買回其標的物。

②前項買回之價金，另有特約者，從其特約。

③原價金之利息，與買受人就標的物所得之利益，視為互相抵銷。

第三八〇條 （買回之期限）

買回之期限，不得超過五年，如約定之期限較長者，縮短為五年。

第三八一條 （買賣費用之償還與買回費用之負擔）

①買賣費用由買受人支出者，買回人應與買回價金連同償還之。

②買回之費用，由買回人負擔。

第三八二條 （改良及有益費用之償還）

買受人為改良標的物所支出之費用及其他有益費用，而增加價值者，買回人應償還之。但以現存之增價額為限。

第三八三條 （原買受人之義務及責任）

①買受人對於買回人，負交付標的物及其附屬物之義務。

②買受人因可歸責於自己之事由，致不能交付標的物或標的物顯有變更者，應賠償因此所生之損害。

第四款　特種買賣

第三八四條 （試驗買賣之意義）

試驗買賣，為以買受人之承認標的物為停止條件而訂立之契約。

第三八五條 （容許試驗義務）

試驗買賣之出賣人，有許買受人試驗其標的物之義務。

第三八六條 （視為拒絕承認標的物）

標的物經試驗而未交付者，買受人於約定期限內，未就標的物為承認之表示，視為拒絕；其無約定期限，而於出賣人所定之相當期限內，未為承認之表示者亦同。

第三八七條　（視為承認標的物）

①標的物因試驗已交付於買受人，而買受人不交還其物，或於約定期限或出賣人所定之相當期限內不為拒絕之表示者，視為承認。

②買受人已支付價金之全部或一部，或就標的物為非試驗所必要之行為者，視為承認。

第三八八條　（貨樣買賣）

按照貨樣約定買賣者，視為出賣人擔保其交付之標的物與貨樣有同一之品質。

第三八九條　（分期付價買賣期限利益喪失約款之限制）

分期付價之買賣，如約定買受人有遲延時，出賣人得即請求支付全部價金者，除買受人遲付之價額已達全部價金五分之一外，出賣人仍不得請求支付全部價金。

第三九〇條　（解約扣價約款之限制）

分期付價之買賣，如約定出賣人於解除契約時，得扣留其所受領價金者，其扣留之數額，不得超過標的物使用之代價，及標的物受有損害時之賠償額。

第三九一條　（拍賣之成立）

拍賣，因拍賣人拍板或依其他慣用之方法為賣定之表示而成立。

第三九二條　（拍賣人應買之禁止）

拍賣人對於其所經管之拍賣，不得應買，亦不得使他人為其應買。

第三九三條　（拍賣物之拍定）

拍賣人除拍賣之委任人有反對之意思表示外，得將拍賣物拍歸出價最高之應買人。

第三九四條　（拍定之撤回）

拍賣人對於應買人所出最高之價，認為不足者，得不為賣定之表示而撤回其物。

第三九五條　（應買表示之效力）

應買人所為應買之表示，自有出價較高之應買或拍賣物經撤回時，失其拘束力。

第三九六條　（以現金支付買價及支付時期）

拍賣之買受人，應於拍賣成立時或拍賣公告內所定之時，以現金支付買價。

第三九七條　（不按時支付價金之效力—解約再拍賣及賠償差額）

①拍賣之買受人如不按時支付價金者，拍賣人得解除契約，將其物再為拍賣。

②再行拍賣所得之價金，如少於原拍賣之價金及再行拍賣之費用者，原買受人應負賠償其差額之責任。

第二節　互　易

第三九八條　（交互準用買賣之規定）

當事人雙方約定互相移轉金錢以外之財產權者，準用關於買賣之規定。

第三九九條（附有補足金之互易準用買賣之規定）

當事人之一方，約定移轉前條所定之財產權，並應交付金錢者，其金錢部分，準用關於買賣價金之規定。

第三節　交互計算

第四〇〇條　（交互計算之意義）

稱交互計算者，謂當事人約定，以其相互間之交易所生之債權、債務為定期計算，互相抵銷，而僅支付其差額之契約。

第四〇一條　（票據及證券等記入交互計算項目之除去）

匯票、本票、支票及其他流通證券，記入交互計算者，如證券之債務人不為清償時，當事人得將該記入之項目除去之。

第四〇二條　（交互計算之計算期）

交互計算之計算期，如無特別訂定，每六個月計算一次。

第四〇三條 （交互計算之終止）

當事人之一方，得隨時終止交互計算契約而爲計算。但契約另有訂定者，不在此限。

第四〇四條 （利息之附加）

①記入交互計算之項目，得約定自記入之時起，附加利息。

②由計算而生之差額，得請求自計算時起，支付利息。

第四〇五條 （記入交互計算項目之除去或改正）

記入交互計算之項目，自計算後，經過一年，不得請求除去或改正。

第四節 贈 與

第四〇六條 （贈與之意義及成立）

稱贈與者，謂當事人約定，一方以自己之財產無償給與他方，他方允受之契約。

第四〇七條 （刪除）

第四〇八條 （贈與之任意撤銷及其例外）

①贈與物之權利未移轉前，贈與人得撤銷其贈與。其一部已移轉者，得就其未移轉之部分撤銷之。

②前項規定，於經公證之贈與，或爲履行道德上義務而爲贈與者，不適用之。

第四〇九條 （受贈人之權利）

①贈與人就前條第二項所定之贈與給付遲延時，受贈人得請求交付贈與物；其因可歸責於自己之事由致給付不能時，受贈人得請求賠償贈與物之價額。

②前項情形，受贈人不得請求遲延利息或其他不履行之損害賠償。

第四一〇條 （贈與人之責任）

贈與人僅就其故意或重大過失，對於受贈人負給付不能之責任。

第四一一條 （瑕疵擔保責任）

贈與之物或權利如有瑕疵，贈與人不負擔保責任。但贈與人故意不告知其瑕疵或保證其無瑕疵者，對於受贈人因瑕疵所生之損害，負賠償之義務。

第四一二條 （附負擔之贈與）

①贈與附有負擔者，如贈與人已爲給付而受贈人不履行其負擔時，贈與人得請求受贈人履行其負擔，或撤銷贈與。

②負擔以公益爲目的者，於贈與人死亡後，主管機關或檢察官得請求受贈人履行其負擔。

第四一三條 （受贈人履行負擔責任之限度）

附有負擔之贈與，其贈與不足償其負擔者，受贈人僅於贈與之價值限度內，有履行其負擔之責任。

第四一四條 （附負擔贈與之瑕疵擔保責任）

附有負擔之贈與，其贈與之物或權利如有瑕疵，贈與人於受贈人負擔之限度內，負與出賣人同一之擔保責任。

第四一五條 （定期贈與當事人之死亡）

定期給付之贈與，因贈與人或受贈人之死亡，失其效力。但贈與人有反對之意思表示者，不在此限。

第四一六條 （贈與人之撤銷權）

①受贈人對於贈與人，有左列情事之一者，贈與人得撤銷其贈與：

一 對於贈與人、其配偶、直系血親、三親等內旁系血親或二親等內姻親，有故意侵害之行爲，依刑法有處罰之明文者。

二 對於贈與人有扶養義務而不履行者。

②前項撤銷權，自贈與人知有撤銷原因之時起，一年內不行使而消滅。贈與人對於受贈人已爲宥恕之表示者，亦同。

第四一七條 （繼承人之撤銷權）

受贈人因故意不法之行爲，致贈與人死亡或妨礙其爲贈與之撤銷者，贈與人之繼承人，得撤銷其贈與。但其撤銷權自知有撤銷原因之時起，六個月間不行使而消滅。

第四一八條　（贈與人之窮困抗辯—贈與履行之拒絕）

贈與人於贈與約定後，其經濟狀況顯有變更，如因贈與致其生計有重大之影響，或妨礙其扶養義務之履行者，得拒絕贈與之履行。

第四一九條　（撤銷贈與之方法及效果）

①贈與之撤銷，應向受贈人以意思表示爲之。

②贈與撤銷後，贈與人得依關於不當得利之規定，請求返還贈與物。

第四二〇條　（撤銷權之消滅）

贈與之撤銷權，因受贈人之死亡而消滅。

第五節　租　賃

第四二一條　（租賃之定義）

①稱租賃者，謂當事人約定，一方以物租與他方使用、收益，他方支付租金之契約。

②前項租金，得以金錢或租賃物之孳息充之。

第四二二條　（不動產租賃契約之方式）

不動產之租賃契約，其期限逾一年者，應以字據訂立之，未以字據訂立者，視爲不定期限之租賃。

第四二二條之一　（地上權登記之請求）

租用基地建築房屋者，承租人於契約成立後，得請求出租人爲地上權之登記。

第四二三條　（租賃物之交付及保持義務）

出租人應以合於所約定使用、收益之租賃物，交付承租人，並應於租賃關係存續中，保持其合於約定使用、收益之狀態。

第四二四條　（承租人之契約終止權）

租賃物爲房屋或其他供居住之處所者，如有瑕疵，危及承租人或其同居人之安全或健康時，承租人雖於訂約時已知其瑕疵，或已拋棄其終止契約之權利，仍得終止契約。

第四二五條　（租賃物所有權之讓與）

①出租人於租賃物交付後，承租人占有中，縱將其所有權讓與第三人，其租賃契約，對於受讓人仍繼續存在。

②前項規定，於未經公證之不動產租賃契約，其期限逾五年或未定期限者，不適用之。

第四二五條之一　（土地所有人與房屋所有人之租賃關係）

①土地及其土地上之房屋同屬一人所有，而僅將土地或僅將房屋所有權讓與他人，或將土地及房屋同時或先後讓與相異之人時，土地受讓人或房屋受讓人與讓與人間或房屋受讓人與土地受讓人間，推定在房屋得使用期限內，有租賃關係。其期限不受第四百四十九條第一項規定之限制。

②前項情形，其租金數額當事人不能協議時，得請求法院定之。

第四二六條　（就租賃物設定物權之效力）

出租人就租賃物設定物權，致妨礙承租人之使用收益者，準用第四百二十五條之規定。

第四二六條之一　（房屋所有權移轉時承租人之效力）

租用基地建築房屋，承租人房屋所有權移轉時，其基地租賃契約，對於房屋受讓人，仍繼續存在。

第四二六條之二　（租用基地建築房屋之優先購買權）

①租用基地建築房屋，出租人出賣基地時，承租人有依同樣條件優先承買之權。承租人出賣房屋時，基地所有人有依同樣條件優先承買之權。

②前項情形，出賣人應將出賣條件以書面通知優先承買權人。優先承買權人於通知達到後十日內未以書面表示承買者，視爲放棄。

③出賣人未以書面通知優先承買權人而爲所有權之移轉登記者，不得對抗優先承買權人。

第四二七條　（租賃物稅捐之負擔）

就租賃物應納之一切稅捐，由出租人負擔。

第四二八條　（動物租賃飼養費之負擔）

租賃物爲動物者，其飼養費由承租人負擔。

第四二九條　（出租人之修繕義務）

①租賃物之修繕，除契約另有訂定或另有習慣外，由出租人負擔。

②出租人爲保存租賃物所爲之必要行爲，承租人不得拒絕。

第四三〇條　（修繕義務不履行之效力）

租賃關係存續中，租賃物如有修繕之必要，應由出租人負擔者，承租人得定相當期限，催告出租人修繕，如出租人於其期限內不爲修繕者，承租人得終止契約或自行修繕而請求出租人償還其費用或於租金中扣除之。

第四三一條　（有益費用之償還及工作物之取回）

①承租人就租賃物支出有益費用，因而增加該物之價值者，如出租人知其情事而不爲反對之表示，於租賃關係終止時，應償還其費用。但以其現存之增價額爲限。

②承租人就租賃物所增設之工作物，得取回之。但應回復租賃物之原狀。

第四三二條　（承租人之保管義務）

①承租人應以善良管理人之注意，保管租賃物，租賃物有生產力者，並應保持其生產力。

②承租人違反前項義務，致租賃物毀損、滅失者，負損害賠償責任。但依約定之方法或依物之性質而定之方法爲使用、收益，致有變更或毀損者，不在此限。

第四三三條　（對於第三人行爲之責任）

因承租人之同居人或因承租人允許爲租賃物之使用、收益之第三人應負責之事由，致租賃物毀損、滅失者，承租人負損害賠償責任。

第四三四條　（失火責任）

租賃物因承租人之重大過失，致失火而毀損、滅失者，承租人對於出租人負損害賠償責任。

第四三五條　（租賃物一部滅失之效果）

①租賃關係存續中，因不可歸責於承租人之事由，致租賃物之一部滅失者，承租人得按滅失之部分，請求減少租金。

②前項情形，承租人就其存餘部分不能達租賃之目的者，得終止契約。

第四三六條　（權利瑕疵之效果）

前條規定，於承租人因第三人就租賃物主張權利，致不能爲約定之使用、收益者準用之。

第四三七條　（承租人之通知義務）

①租賃關係存續中，租賃物如有修繕之必要，應由出租人負擔者，或因防止危害有設備之必要，或第三人就租賃物主張權利者，承租人應即通知出租人。但爲出租人所已知者，不在此限。

②承租人怠於爲前項通知，致出租人不能及時救濟者，應賠償出租人因此所生之損害。

第四三八條　（承租人使用收益租賃物之方法及違反之效果）

①承租人應依約定方法，爲租賃物之使用、收益；無約定方法者，應以依租賃物之性質而定之方法爲之。

②承租人違反前項之規定爲租賃物之使用、收益，經出租人阻止而仍繼續爲之者，出租人得終止契約。

第四三九條　（支付租金之時期）

承租人應依約定日期，支付租金；無約定者，依習慣；無約定亦無習慣者，應於租賃期滿時支付之。如租金分期支付者，於每期屆滿時支付之。如租賃物之收益有季節者，於收益季節終了時支付之。

第四四〇條　（租金支付遲延之效力）

①承租人租金支付有遲延者，出租人得定相當期限，催告承租人支付租金，如承租人於其期限內不為支付，出租人得終止契約。

②租賃物為房屋者，遲付租金之總額，非達二個月之租額，不得依前項之規定，終止契約。其租金約定於每期開始時支付者，並應於遲延給付逾二個月時，始得終止契約。

③租用建築房屋之基地，遲付租金之總額，達二年之租額時，適用前項之規定。

第四四一條　（租金之續付）

承租人因自己之事由，致不能為租賃物全部或一部之使用、收益者，不得免其支付租金之義務。

第四四二條　（不動產租賃租金增減請求權）

租賃物為不動產者，因其價值之昇降，當事人得聲請法院增減其租金。但其租賃定有期限者，不在此限。

第四四三條　（轉租之效力）

①承租人非經出租人承諾，不得將租賃物轉租於他人。但租賃物為房屋者，除有反對之約定外，承租人得將其一部分轉租於他人。

②承租人違反前項規定，將租賃物轉租於他人者，出租人得終止契約。

第四四四條　（轉租之效力）

承租人依前條之規定，將租賃物轉租於他人者，其與出租人間之租賃關係，仍為繼續。

因次承租人應負責之事由所生之損害，承租人負賠償責任。

第四四五條　（不動產出租人之留置權）

①不動產之出租人，就租賃契約所生之債權，對於承租人之物置於該不動產者，有留置權。但禁止扣押之物，不在此限。

②前項情形，僅於已得請求之損害賠償及本期與以前未交之租金之限度內，得就留置物取償。

第四四六條　（留置權之消滅與出租人之異議）

①承租人將前條留置物取去者，出租人之留置權消滅。但其取去係乘出租人之不知，或出租人曾提出異議者，不在此限。

②承租人如因執行業務取去其物，或其取去適於通常之生活關係，或所留之物足以擔保租金之支付者，出租人不得提出異議。

第四四七條　（出租人之自助權）

①出租人有提出異議權者，得不聲請法院，逕行阻止承租人取去其留置物；如承租人離去租賃之不動產者，並得占有其物。

②承租人乘出租人之不知或不顧出租人提出異議而取去其物者，出租人得終止契約。

第四四八條　（留置權之消滅—提供擔保）

承租人得提出擔保，以免出租人行使留置權，並得提出與各個留置物價值相當之擔保，以消滅對於該物之留置權。

第四四九條　（租賃之最長期限）

①租賃契約之期限，不得逾二十年。逾二十年者，縮短為二十年。

②前項期限，當事人得更新之。

③租用基地建築房屋者，不適用第一項之規定。

第四五〇條　（租賃契約之消滅）

①租賃定有期限者，其租賃關係，於期限屆滿時消滅。

②未定期限者，各當事人得隨時終止契約。但有利於承租人之習慣者，從其習慣。

③前項終止契約，應依習慣先期通知。但不動產之租金，以星期、半個月或一個月定其支付之期限者，出租人應以曆定星期、半個月或一個月之末日為契約終止期，並應至少於一星期、半個月或一個月前通知之。

第四五一條　（租賃契約之默示更新）
租賃期限屆滿後，承租人仍為租賃物之使用收益，而出租人不即表示反對之意思者，視為以不定期限繼續契約。

第四五二條　（因承租人死亡而終止租約）
承租人死亡者，租賃契約雖定有期限，其繼承人仍得終止契約。但應依第四百五十條第三項之規定，先期通知。

第四五三條　（定期租約之終止）
定有期限之租賃契約，如約定當事人之一方於期限屆滿前，得終止契約者，其終止契約，應依第四百五十條第三項之規定，先期通知。

第四五四條　（預收租金之返還）
租賃契約，依前二條之規定終止時，如終止後始到期之租金，出租人已預先受領者，應返還之。

第四五五條　（租賃物之返還）
承租人於租賃關係終止後，應返還租賃物；租賃物有生產力者，並應保持其生產狀態，返還出租人。

第四五六條　（消滅時效期間及其起算點）
①出租人就租賃物所受損害對於承租人之賠償請求權，承租人之償還費用請求權及工作物取回權，均因二年間不行使而消滅。
②前項期間，於出租人，自受租賃物返還時起算；於承租人，自租賃關係終止時起算。

第四五七條　（耕地租賃之租金減免請求權）
①耕作地之承租人，因不可抗力，致其收益減少或全無者，得請求減少或免除租金。
②前項租金減免請求權，不得預先拋棄。

第四五七條之一　（耕作地預收地租之禁止與承租人得為部分租金之支付）
①耕作地之出租人不得預收租金。
②承租人不能按期支付應交租金之全部，而以一部支付時，出租人不得拒絕收受。

第四五八條　（耕地租約之終止）
耕作地租賃於租期屆滿前，有左列情形之一時，出租人得終止契約：
一　承租人死亡而無繼承人或繼承人無耕作能力者。
二　承租人非因不可抗力不為耕作繼續一年以上者。
三　承租人將耕作地全部或一部轉租於他人者。
四　租金積欠達兩年之總額者。
五　耕作地依法編定或變更為非耕作地使用者。

第四五九條　（耕地租約之終止）
未定期限之耕作地租賃，出租人除收回自耕外，僅於有前條各款之情形或承租人違反第四百三十二條或第四百六十二條第二項之規定時，得終止契約。

第四六〇條　（耕地租約之終止期）
耕作地之出租人終止契約者，應以收益季節後，次期作業開始前之時日，為契約之終止期。

第四六〇條之一　（耕作地之優先承買或承典權）
①耕作地出租人出賣或出典耕作地時，承租人有依同樣條件優先承買或承典之權。
②第四百二十六條之二第二項及第三項之規定，於前項承買或承典準用之。

第四六一條　（耕作費用之償還）
耕作地之承租人，因租賃關係終止時未及收穫之孳息所支出之耕作費用，得請求出租人償還之。但其請求額不得超過孳息之價額。

第四六一條之一　（承租人對耕作地之特別改良）
①耕作地承租人於保持耕作地之原有性質及效能外，得為增加耕作地生產力或耕作便利之改良。但應將改良事項及費用數額，以書面通知出租人。
②前項費用，承租人返還耕作地時，得請求出租人返還。但以其未失效能部分之價額為

限。

第四六二條 （耕作地附屬物之範圍及其補充）

①耕作地之租賃，附有農具，牲畜或其他附屬物者，當事人應於訂約時，評定其價值，並繕具清單，由雙方簽名，各執一份。

②清單所載之附屬物，如因可歸責於承租人之事由而滅失者，由承租人負補充之責任。

③附屬物如因不可歸責於承租人之事由而滅失者，由出租人負補充之責任。

第四六三條 （耕作地附屬物之返還）

耕作地之承租人依清單所受領之附屬物，應於租賃關係終止時，返還於出租人；如不能返還者，應賠償其依清單所定之價值。但因使用所生之通常折耗，應扣除之。

第四六三條之一 （權利租賃之準用）

本節規定，於權利之租賃準用之。

第六節　借　貸

第一款　使用借貸

第四六四條 （使用借貸之定義）

稱使用借貸者，謂當事人一方以物交付他方，而約定他方於無償使用後返還其物之契約。

第四六五條 （刪除）

第四六五條之一 （使用借貸之預約）

使用借貸預約成立後，預約貸與人得撤銷其約定。但預約借用人已請求履行預約而預約貸與人未即時撤銷者，不在此限。

第四六六條 （貸與人之責任）

貸與人故意不告知借用物之瑕疵，致借用人受損害者，負賠償責任。

第四六七條 （依約定方法使用借用物義務）

①借用人應依約定方法，使用借用物；無約定方法者，應以依借用物之性質而定之方法使用之。

②借用人非經貸與人之同意，不得允許第三人使用借用物。

第四六八條 （借用人之保管義務）

①借用人應以善良管理人之注意，保管借用物。

②借用人違反前項義務，致借用物毀損、滅失者，負損害賠償責任。但依約定之方法或依物之性質而定之方法使用借用物，致有變更或毀損者，不負責任。

第四六九條 （通常保管費之負擔及工作物之取回）

①借用物之通常保管費用，由借用人負擔。借用物爲動物者，其飼養費亦同。

②借用人就借用物支出有益費用，因而增加該物之價值者，準用第四百三十一條第一項之規定。

③借用人就借用物所增加之工作物，得取回之。但應回復借用物之原狀。

第四七〇條 （借用人返還借用物義務）

①借用人應於契約所定期限屆滿時，返還借用物；未定期限者，應於依借貸之目的使用完畢時返還之。但經過相當時期，可推定借用人已使用完畢者，貸與人亦得爲返還之請求。

②借貸未定期限，亦不能依借貸之目的而定其期限者，貸與人得隨時請求返還借用物。

第四七一條 （借用人之連帶責任）

數人共借一物者，對於貸與人，連帶負責。

第四七二條 （貸與人之終止契約權）

有左列各款情形之一者，貸與人得終止契約：

一　貸與人因不可預知之情事，自己需用借用物者。

二　借用人違反約定或依物之性質而定之方法使用借用物，或未經貸與人同意允許第三人使用者。

三　因借用人怠於注意，致借用物毀損或有毀損之虞者。

四　借用人死亡者。

第四七三條　（消滅時效期間及其起算）

①貸與人就借用物所受損害，對於借用人之賠償請求權、借用人依第四百六十六條所定之賠償請求權、第四百六十九條所定有益費用償還請求權及其工作物之取回權，均因六個月間不行使而消滅。

②前項期間，於貸與人，自受借用物返還時起算。於借用人，自借貸關係終止時起算。

第二款　消費借貸

第四七四條　（消費借貸之定義）

①稱消費借貸者，謂當事人一方移轉金錢或其他代替物之所有權於他方，而約定他方以種類、品質、數量相同之物返還之契約。

②當事人之一方對他方負金錢或其他代替物之給付義務而約定以之作爲消費借貸之標的者，亦成立消費借貸。

第四七五條　（刪除）

第四七五條之一　（消費借貸之預約）

①消費借貸之預約，其約定之消費借貸有利息或其他報償，當事人之一方於預約成立後，成爲無支付能力者，預約貸與人得撤銷其預約。

②消費借貸之預約，其約定之消費借貸爲無報償者，準用第四百六十五條之一之規定。

第四七六條　（物之瑕疵擔保責任）

①消費借貸，約定有利息或其他報償者，如借用物有瑕疵時，貸與人應另易以無瑕疵之物。但借用人仍得請求損害賠償。

②消費借貸爲無報償者，如借用物有瑕疵時，借用人得照有瑕疵原物之價值，返還貸與人。

③前項情形，貸與人如故意不告知其瑕疵者，借用人得請求損害賠償。

第四七七條　（消費借貸報償之支付時期）

利息或其他報償，應於契約所定期限支付之；未定期限者，應於借貸關係終止時支付之。但其借貸期限逾一年者，應於每年終支付之。

第四七八條　（借用人返還借用物義務）

借用人應於約定期限內，返還與借用物種類、品質、數量相同之物，未定返還期限者，借用人得隨時返還，貸與人亦得定一個月以上之相當期限，催告返還。

第四七九條　（返還不能之補償）

①借用人不能以種類、品質、數量相同之物返還者，應以其物在返還時、返還地所應有之價值償還之。

②返還時或返還地未約定者，以其物在訂約時或訂約地之價值償還之。

第四八〇條　（金錢借貸之返還）

金錢借貸之返還，除契約另有訂定外，應依左列之規定：

一　以通用貨幣爲借貸者，如於返還時已失其通用效力，應以返還時有通用效力之貨幣償還之。

二　金錢借貸，約定折合通用貨幣計算者，不問借用人所受領貨幣價格之增減，均應以返還時有通用效力之貨幣償還之。

三　金錢借貸，約定以特種貨幣爲計算者，應以該特種貨幣，或按返還時、返還地之市價，以通用貨幣償還之。

第四八一條　（貨物折算金錢之消費借貸）

以貨物或有價證券折算金錢而爲借貸者，縱有反對之約定，仍應以該貨物或有價證券按照交付時交付地之市價所應有之價值，爲其借貸金額。

第七節　僱　傭

第四八二條　（僱傭之定義）

稱僱傭者，謂當事人約定，一方於一定或不定之期限內為他方服勞務，他方給付報酬之契約。

第四八三條　（報酬及報酬額）

①如依情形，非受報酬即不服勞務者，視為允與報酬。

②未定報酬額者，按照價目表所定給付之；無價目表者，按照習慣給付。

第四八三條之一　（僱用人對受僱人之保護義務）

受僱人服勞務，其生命、身體、健康有受危害之虞者，僱用人應按其情形為必要之預防。

第四八四條　（勞務之專屬性）

①僱用人非經受僱人同意，不得將其勞務請求權讓與第三人，受僱人非經僱用人同意，不得使第三人代服勞務。

②當事人之一方違反前項規定時，他方得終止契約。

第四八五條　（特種技能之保證）

受僱人明示或默示保證其有特種技能時，如無此種技能時，僱用人得終止契約。

第四八六條　（報酬給付之時期）

報酬應依約定之期限給付之；無約定者，依習慣；無約定亦無習慣者，依左列之規定：

一　報酬分期計算者，應於每期屆滿時給付之。

二　報酬非分期計算者，應於勞務完畢時給付之。

第四八七條　（受領遲延之報酬請求）

僱用人受領勞務遲延者，受僱人無補服勞務之義務，仍得請求報酬。但受僱人因不服勞務所減省之費用，或轉向他處服勞務所取得，或故意怠於取得之利益，僱用人得由報酬額內扣除之。

第四八七條之一　（受僱人之請求賠償）

①受僱人服勞務，因非可歸責於自己之事由，致受損害者，得向僱用人請求賠償。

②前項損害之發生，如別有應負責任之人時，僱用人對於該應負責者，有求償權。

第四八八條　（僱傭關係之消滅—屆期與終止契約）

①僱傭定有期限者，其僱傭關係，於期限屆滿時消滅。

②僱傭未定期限，亦不能依勞務之性質或目的定其期限者，各當事人得隨時終止契約。但有利於受僱人之習慣者，從其習慣。

第四八九條　（僱傭關係之消滅—遇重大事由之終止）

①當事人之一方，遇有重大事由，其僱傭契約，縱定有期限，仍得於期限屆滿前終止之。

②前項事由，如因當事人一方之過失而生者，他方得向其請求損害賠償。

第八節　承　攬

第四九〇條　（承攬之定義）

①稱承攬者，謂當事人約定，一方為他方完成一定之工作，他方俟工作完成，給付報酬之契約。

②約定由承攬人供給材料者，其材料之價額，推定為報酬之一部。

第四九一條　（承攬之報酬）

①如依情形，非受報酬即不為完成其工作者，視為允與報酬。

②未定報酬額者，按照價目表所定給付之；無價目表者，按照習慣給付。

第四九二條　（物之瑕疵擔保責任）

承攬人完成工作，應使其具備約定之品質及無減少或滅失價值或不適於通常或約定使用之瑕疵。

第四九三條　（瑕疵擔保之效力—瑕疵修補）

①工作有瑕疵者，定作人得定相當期限，請求承攬人修補之。

②承攬人不於前項期限內修補者，定作人得自行修補，並得向承攬人請求償還修補必要之費用。

③如修補所需費用過鉅者，承攬人得拒絕修補，前項規定，不適用之。

第四九四條　（瑕疵擔保之效力—解約或減少報酬）

承攬人不於前條第一項所定期限內修補瑕疵，或依前條第三項之規定拒絕修補或其瑕疵不能修補者，定作人得解除契約或請求減少報酬。但瑕疵非重要，或所承攬之工作爲建築物或其他土地上之工作物者，定作人不得解除契約。

第四九五條　（瑕疵擔保之效力—損害賠償）

①因可歸責於承攬人之事由，致工作發生瑕疵者，定作人除依前二條之規定，請求修補或解除契約，或請求減少報酬外，並得請求損害賠償。

②前項情形，所承攬之工作爲建築物或其他土地上之工作物，而其瑕疵重大致不能達使用之目的者，定作人得解除契約。

第四九六條　（瑕疵擔保責任之免除）

工作之瑕疵，因定作人所供給材料之性質或依定作人之指示而生者，定作人無前三條所規定之權利。但承攬人明知其材料之性質或指示不適當，而不告知定作人者，不在此限。

第四九七條　（瑕疵預防請求權）

①工作進行中，因承攬人之過失，顯可預見工作有瑕疵或有其他違反契約之情事者，定作人得定相當期限，請求承攬人改善其工作或依約履行。

②承攬人不於前項期限內，依照改善或履行者，定作人得使第三人改善或繼續其工作，其危險及費用，均由承攬人負擔。

第四九八條　（一般瑕疵發見期間—瑕疵擔保期間）

①第四百九十三條至第四百九十五條所規定定作人之權利，如其瑕疵自工作交付後經過一年始發見者，不得主張。

②工作依其性質無須交付者，前項一年之期間，自工作完成時起算。

第四九九條　（土地上工作物瑕疵發見期間—瑕疵擔保期間）

工作爲建築物或其他土地上之工作物或爲此等工作物之重大之修繕者，前條所定之期限，延爲五年。

第五〇〇條　（瑕疵發見期間之延長）

承攬人故意不告知其工作之瑕疵者，第四百九十八條所定之期限，延爲五年，第四百九十九條所定之期限，延爲十年。

第五〇一條　（瑕疵發見期間之強制性）

第四百九十八條及第四百九十九條所定之期限，得以契約加長。但不得減短。

第五〇一條之一　（特約免除承攬人瑕疵擔保義務之例外）

以特約免除或限制承攬人關於工作之瑕疵擔保義務者，如承攬人故意不告知其瑕疵，其特約爲無效。

第五〇二條　（完成工作延遲之效果）

①因可歸責於承攬人之事由，致工作逾約定期限始完成，或未定期限而逾相當時期始完成者，定作人得請求減少報酬或請求賠償因遲延而生之損害。

②前項情形，如以工作於特定期限完成或交付爲契約之要素者，定作人得解除契約，並得請求賠償因不履行而生之損害。

第五〇三條　（期前遲延之解除契約）

因可歸責於承攬人之事由，遲延工作，顯可預見其不能於限期內完成而其遲延可爲工作完成後解除契約之原因者，定作人得依前條第二項之規定解除契約，並請求損害賠償。

第五〇四條 （遲延責任之免除）

工作遲延後，定作人受領工作時不爲保留者，承攬人對於遲延之結果，不負責任。

第五〇五條 （報酬給付之時期）

①報酬應於工作交付時給付之，無須交付者，應於工作完成時給付之。

②工作係分部交付，而報酬係就各部分定之者，應於每部分交付時，給付該部分之報酬。

第五〇六條 （實際報酬超過預估概數甚鉅時之處理）

①訂立契約時，僅估計報酬之概數者，如其報酬，因非可歸責於定作人之事由，超過概數甚鉅者，定作人得於工作進行中或完成後，解除契約。

②前項情形，工作如爲建築物或其他土地上之工作物或爲此等工作物之重大修繕者，定作人僅得請求相當減少報酬，如工作物尚未完成者，定作人得通知承攬人停止工作，並得解除契約。

③定作人依前二項之規定解除契約時，對於承攬人，應賠償相當之損害。

第五〇七條 （定作人之協力義務）

①工作需定作人之行爲始能完成者，而定作人不爲其行爲時，承攬人得定相當期限，催告定作人爲之。

②定作人不於前項期限內爲其行爲者，承攬人得解除契約，並得請求賠償因契約解除而生之損害。

第五〇八條 （危險負擔）

①工作毀損、滅失之危險，於定作人受領前，由承攬人負擔，如定作人受領遲延者，其危險由定作人負擔。

②定作人所供給之材料，因不可抗力而毀損、滅失者，承攬人不負其責。

第五〇九條 （可歸責於定作人之履行不能）

於定作人受領工作前，因其所供給材料之瑕疵或其指示不適當，致工作毀損、滅失或不能完成者，承攬人如及時將材料之瑕疵或指示不適當之情事通知定作人時，得請求其已服勞務之報酬及墊款之償還，定作人有過失者，並得請求損害賠償。

第五一〇條 （視爲受領工作）

前二條所定之受領，如依工作之性質，無須交付者，以工作完成時視爲受領。

第五一一條 （定作人之終止契約）

工作未完成前，定作人得隨時終止契約。但應賠償承攬人因契約終止而生之損害。

第五一二條 （承攬契約之當然終止）

①承攬之工作，以承攬人個人之技能爲契約之要素者，如承攬人死亡或非因其過失致不能完成其約定之工作時，其契約爲終止。

②工作已完成之部分，於定作人爲有用者，定作人有受領及給付相當報酬之義務。

第五一三條 （承攬人之法定抵押權）

①承攬之工作爲建築物或其他土地上之工作物，或爲此等工作物之重大修繕者，承攬人得就承攬關係報酬額，對於其工作所附之定作人之不動產，請求定作人爲抵押權之登記；或對於將來完成之定作人之不動產，請求預爲抵押權之登記。

②前項請求，承攬人於開始工作前亦得爲之。

③前二項之抵押權登記，如承攬契約已經公證者，承攬人得單獨申請之。

④第一項及第二項就修繕報酬所登記之抵押權，於工作物因修繕所增加之價值限度內，優先於成立在先之抵押權。

第五一四條 （權利行使之期間）

①定作人之瑕疵修補請求權、修補費用償還請求權、減少報酬請求權、損害賠償請求權或契約解除權，均因瑕疵發見後一年間不行使而消滅。

②承攬人之損害賠償請求權或契約解除權，因其原因發生後，一年間不行使而消滅。

第八節之一　旅　遊

第五一四條之一　（旅遊營業人之定義）

①稱旅遊營業人者，謂以提供旅客旅遊服務爲營業而收取旅遊費用之人。

②前項旅遊服務，係指安排旅程及提供交通、膳宿、導遊或其他有關之服務。

第五一四條之二　（旅遊書面之規定）

旅遊營業人因旅客之請求，應以書面記載左列事項，交付旅客：

一　旅遊營業人之名稱及地址。

二　旅客名單。

三　旅遊地區及旅程。

四　旅遊營業人提供之交通、膳宿、導遊或其他有關服務及其品質。

五　旅遊保險之種類及其金額。

六　其他有關事項。

七　塡發之年月日。

第五一四條之三　（旅客之協力義務）

①旅遊需旅客之行爲始能完成，而旅客不爲其行爲者，旅遊營業人得定相當期限，催告旅客爲之。

②旅客不於前項期限內爲其行爲者，旅遊營業人得終止契約，並得請求賠償因契約終止而生之損害。

③旅遊開始後，旅遊營業人依前項規定終止契約時，旅客得請求旅遊營業人墊付費用將其送回原出發地。於到達後，由旅客附加利息償還之。

第五一四條之四　（第三人參加旅遊）

①旅遊開始前，旅客得變更由第三人參加旅遊。旅遊營業人非有正當理由，不得拒絕。

②第三人依前項規定爲旅客時，如因而增加費用，旅遊營業人得請求其給付。如減少費用，旅客不得請求退還。

第五一四條之五　（變更旅遊內容）

①旅遊營業人非有不得已之事由，不得變更旅遊內容。

②旅遊營業人依前項規定變更旅遊內容時，其因此所減少之費用，應退還於旅客；所增加之費用，不得向旅客收取。

③旅遊營業人依第一項規定變更旅程時，旅客不同意者，得終止契約。

④旅客依前項規定終止契約時，得請求旅遊營業人墊付費用將其送回原出發地。於到達後，由旅客附加利息償還之。

第五一四條之六　（旅遊服務之品質）

旅遊營業人提供旅遊服務，應使其具備通常之價值及約定之品質。

第五一四條之七　（旅遊營業人之瑕疵擔保責任）

①旅遊服務不具備前條之價值或品質者，旅客得請求旅遊營業人改善之。旅遊營業人不爲改善或不能改善時，旅客得請求減少費用。其有難於達預期目的之情形者，並得終止契約。

②因可歸責於旅遊營業人之事由致旅遊服務不具備前條之價值或品質者，旅客除請求減少費用或並終止契約外，並得請求損害賠償。

③旅客依前二項規定終止契約時，旅遊營業人應將旅客送回原出發地。其所生之費用，由旅遊營業人負擔。

第五一四條之八　（旅遊時間浪費之求償）

因可歸責於旅遊營業人之事由，致旅遊未依約定之旅程進行者，旅客就其時間之浪費，得按日請求賠償相當之金額。但其每日賠償金額，不得超過旅遊營業人所收旅遊費用總額每日平均之數額。

第五一四條之九　（旅客隨時終止契約之規定）

①旅遊未完成前，旅客得隨時終止契約。但應賠償旅遊營業人因契約終止而生之損害。

②第五百十四條之五第四項之規定，於前項情形準用之。

第五一四條之一〇　（旅客在旅遊途中發生身體或財產上事故之處置）

①旅客在旅遊中發生身體或財產上之事故時，旅遊營業人應爲必要之協助及處理。

②前項之事故，係因非可歸責於旅遊營業人之事由所致者，其所生之費用，由旅客負擔。

第五一四條之一一　（旅遊營業人協助旅客處理購物瑕疵）

旅遊營業人安排旅客在特定場所購物，其所購物品有瑕疵者，旅客得於受領所購物品後一個月內，請求旅遊營業人協助其處理。

第五一四條之一二　（短期之時效）

本節規定之增加、減少或退還費用請求權，損害賠償請求權及墊付費用償還請求權，均自旅遊終了或應終了時起，一年間不行使而消滅。

第九節　出　版

第五一五條　（出版之定義）

①稱出版者，謂當事人約定，一方以文學、科學、藝術或其他之著作，爲出版而交付於他方，他方擔任印刷或以其他方法重製及發行之契約。

②投稿於新聞紙或雜誌經刊登者，推定成立出版契約。

第五一五條之一　（出版權之授與及消滅）

①出版權於出版權授與人依出版契約將著作交付於出版人時，授與出版人。

②依前項規定授與出版人之出版權，於出版契約終了時消滅。

第五一六條　（出版權之移轉與權利瑕疵擔保）

①著作財產權人之權利，於合法授權實行之必要範圍內，由出版人行使之。

②出版權授與人，應擔保其於契約成立時，有出版授與之權利，如著作受法律上之保護者，並應擔保該著作有著作權。

③出版權授與人，已將著作之全部或一部，交付第三人出版，或經第三人公開發表，爲其所明知者，應於契約成立前將其情事告知出版人。

第五一七條　（出版權授與人爲不利於出版人處分之禁止及例外）

出版權授與人於出版人得重製發行之出版物未賣完時，不得就其著作之全部或一部，爲不利於出版人之處分。但契約另有訂定者，不在此限。

第五一八條　（版數與續版義務）

①版數未約定者，出版人僅得出一版。

②出版人依約得出數版或永遠出版者，如於前版之出版物賣完後，怠於新版之重製時，出版權授與人得聲請法院令出版人於一定期限內，再出新版。逾期不遵行者，喪失其出版權。

第五一九條　（出版人之發行義務）

①出版人對於著作，不得增減或變更。

②出版人應以適當之格式重製著作。並應爲必要之廣告及用通常之方法推銷出版物。

③出版物之賣價，由出版人定之。但不得過高，致礙出版物之銷行。

第五二〇條　（著作物之訂正或修改）

①著作人於不妨害出版人出版之利益，或增加其責任之範圍內，得訂正或修改著作。但對於出版人因此所生不可預見之費用，應負賠償責任。

②出版人於重製新版前，應予著作人以訂正或修改著作之機會。

第五二一條　（著作物出版之分合）

①同一著作人之數著作，爲各別出版而交付於出版人者，出版人不得將其數著作，併合出版。

②出版權授與人就同一著作人或數著作人之數著作爲併合出版，而交付於出版人者，出版人不得將著作，各別出版。

第五二二條 （刪除）

第五二三條 （著作物之報酬）

①如依情形非受報酬，即不爲著作之交付者，視爲允與報酬。

②出版人有出數版之權者，其次版之報酬，及其他出版之條件，推定與前版相同。

第五二四條 （給付報酬之時效及銷行證明之提出）

①著作全部出版者，於其全部重製完畢時，分部出版者，於其各部分重製完畢時應給付報酬。

②報酬之全部或一部，依銷行之多寡而定者，出版人應依習慣計算，支付報酬，並應提出銷行之證明。

第五二五條 （著作物之危險負擔─著作物滅失）

①著作交付出版人後，因不可抗力致滅失者，出版人仍負給付報酬之義務。

②滅失之著作，如出版權授與人另存有稿本者，有將該稿本交付於出版人之義務。無稿本時，如出版權授與人係著作人，且不多費勞力，即可重作者，應重作之。

③前項情形，出版權授與人得請求相當之賠償。

第五二六條 （著作物之危險負擔─出版物滅失）

重製完畢之出版物，於發行前，因不可抗力，致全部或一部滅失者，出版人得以自己費用，就滅失之出版物，補行出版，對於出版權授與人，無須補給報酬。

第五二七條 （出版關係之消滅）

①著作未完成前，如著作人死亡，或喪失能力，或非因其過失致不能完成其著作者，其出版契約關係消滅。

②前項情形，如出版契約關係之全部或一部之繼續，爲可能且公平者，法院得許其繼續，並命爲必要之處置。

第十節 委 任

第五二八條 （委任之定義）

稱委任者，謂當事人約定，一方委託他方處理事務，他方允爲處理之契約。

第五二九條 （勞務給付契約之適用）

關於勞務給付之契約，不屬於法律所定其他契約之種類者，適用關於委任之規定。

第五三〇條 （視爲允受委託）

有承受委託處理一定事務之公然表示者，如對於該事務之委託，不即爲拒絕之通知時，視爲允受委託。

第五三一條 （委任事務處理權之授與）

爲委任事務之處理，須爲法律行爲，而該法律行爲，依法應以文字爲之者，其處理權之授與，亦應以文字爲之。其授與代理權者，代理權之授與亦同。

第五三二條 （受任人之權限─特別委任或概括委任）

受任人之權限，依委任契約之訂定；未訂定者，依其委任事務之性質定之。委任人得指定一項或數項事務而爲特別委任，或就一切事務而爲概括委任。

第五三三條 （特別委任）

受任人受特別委任者，就委任事務之處理，得爲委任人爲一切必要之行爲。

第五三四條 （概括委任）

受任人受概括委任者，得爲委任人爲一切行爲。但爲左列行爲，須有特別之授權：

一　不動產之出賣或設定負擔。

二　不動產之租賃其期限逾二年者。

三　贈與。

四　和解。

五　起訴。

六　提付仲裁。

第五三五條　（受任人之依從指示及注意義務）
受任人處理委任事務，應依委任人之指示，並與處理自己事務爲同一之注意，其受有報酬者，應以善良管理人之注意爲之。

第五三六條　（變更指示）
受任人非有急迫之情事，並可推定委任人若知有此情事亦允許變更其指示者，不得變更委任人之指示。

第五三七條　（處理事務之專屬性與複委任）
受任人應自己處理委任事務。但經委任人之同意或另有習慣或有不得已之事由者，得使第三人代爲處理。

第五三八條　（複委任之效力）
①受任人違反前條之規定，使第三人代爲處理委任事務者，就該第三人之行爲，與就自己之行爲，負同一責任。
②受任人依前條之規定，使第三人代爲處理委任事務者，僅就第三人之選任及其對於第三人所爲之指示，負其責任。

第五三九條　（複委任之效力—委任人對第三人之直接請求權）
受任人使第三人代爲處理委任事務者，委任人對於該第三人關於委任事務之履行，有直接請求權。

第五四〇條　（受任人之報告義務）
受任人應將委任事務進行之狀況，報告委任人，委任關係終止時，應明確報告其顛末。

第五四一條　（交付金錢物品孳息及移轉權利之義務）
①受任人因處理委任事務，所收取之金錢、物品及孳息，應交付於委任人。
②受任人以自己之名義，爲委任人取得之權利，應移轉於委任人。

第五四二條　（交付利息與損害賠償）
受任人爲自己之利益，使用應交付於委任人之金錢或使用應爲委任人利益而使用之金錢者，應自使用之日起，支付利息；如有損害，並應賠償。

第五四三條　（處理委任事務請求權讓與之禁止）
委任人非經受任人之同意，不得將處理委任事務之請求權，讓與第三人。

第五四四條　（受任人之損害賠償責任）
受任人因處理委任事務有過失，或因逾越權限之行爲所生之損害，對於委任人應負賠償之責。

第五四五條　（必要費用之預付）
委任人因受任人之請求，應預付處理委任事務之必要費用。

第五四六條　（委任人之償還費用代償債務及損害賠償義務）
①受任人因處理委任事務，支出之必要費用，委任人應償還之。並付自支出時起之利息。
②受任人因處理委任事務，負擔必要債務者，得請求委任人代其清償，未至清償期者，得請求委任人提出相當擔保。
③受任人處理委任事務，因非可歸責於自己之事由，致受損害者，得向委任人請求賠償。
④前項損害之發生，如別有應負責任之人時，委任人對於該應負責者，有求償權。

第五四七條　（委任報酬之支付）
報酬縱未約定，如依習慣或依委任事務之性質，應給與報酬者，受任人得請求報酬。

第五四八條　（請求報酬之時期）
①受任人應受報酬者，除契約另有訂定外，非於委任關係終止及爲明確報告顛末後，不得請求給付。
②委任關係，因非可歸責於受任人之事由，於事務處理未完畢前已終止者，受任人得就其已處理之部份，請求報酬。

第五四九條（委任契約之終止—任意終止）

①當事人之任何一方，得隨時終止委任契約。

②當事人之一方，於不利於他方之時期終止契約者，應負損害賠償責任。但因非可歸責於該當事人之事由，致不得不終止契約者，不在此限。

第五五〇條（委任關係之消滅—當事人死亡、破產或喪失行爲能力）

委任關係，因當事人一方死亡、破產或喪失行爲能力而消滅。但契約另有訂定或因委任事務之性質不能消滅者，不在此限。

第五五一條（委任事務之繼續處理）

前條情形，如委任關係之消滅，有害於委任人利益之虞時，受任人或其繼承人或其法定代理人，於委任人或其繼承人或其法定代理人能接受委任事務前，應繼續處理其事務。

第五五二條（委任關係之視爲存續）

委任關係消滅之事由，係由當事人之一方發生者，於他方知其事由或可得而知其事由前，委任關係視爲存續。

第十一節　經理人及代辦商

第五五三條（經理人之定義及經理權之授與）

①稱經理人者，謂由商號之授權，爲其管理事務及簽名之人。

②前項經理權之授與，得以明示或默示爲之。

③經理權得限於管理商號事務之一部或商號之一分號或數分號。

第五五四條（經理權—管理行爲）

①經理人對於第三人之關係，就商號或其分號，或其事務之一部，視爲其有爲管理上之一切必要行爲之權。

②經理人，除有書面之授權外，對於不動產，不得買賣，或設定負擔。

③前項關於不動產買賣之限制，於以買賣不動產爲營業之商號經理人，不適用之。

第五五五條（經理權—訴訟行爲）

經理人，就所任之事務，視爲有代理商號爲原告或被告或其他一切訴訟上行爲之權。

第五五六條（共同經理人）

商號得授權於數經理人。但經理人中有二人之簽名者，對於商號，即生效力。

第五五七條（經理權之限制）

經理權之限制，除第五百五十三條第三項、第五百五十四條第二項及第五百五十六條所規定外，不得以之對抗善意第三人。

第五五八條（代辦商之意義及其權限）

①稱代辦商者，謂非經理人而受商號之委託，於一定處所或一定區域內，以該商號之名義，辦理其事務之全部或一部之人。

②代辦商對於第三人之關係，就其所代辦之事務，視爲其有爲一切必要行爲之權。

③代辦商除有書面之授權外，不得負擔票據上之義務或爲消費借貸或爲訴訟。

第五五九條（代辦商報告義務）

代辦商就其代辦之事務，應隨時報告其處所或區域之商業狀況於其商號，並應將其所爲之交易，即時報告之。

第五六〇條（報酬及費用償還請求權）

代辦商得依契約所定，請求報酬或請求償還其費用；無約定者，依習慣；無約定亦無習慣者，依其代辦事務之重要程度及多寡，定其報酬。

第五六一條（代辦權終止）

①代辦權未定期限者，當事人之任何一方得隨時終止契約。但應於三個月前通知他方。

②當事人之一方，因非可歸責於自己之事由，致不得不終止契約者，得不先期通知而終止之。

第五六二條　（競業禁止）
經理人或代辦商，非得其商號之允許，不得為自己或第三人經營與其所辦理之同類事業，亦不得為同類事業公司無限責任之股東。

第五六三條　（違反競業禁止之效力—商號之介入權及時效）
①經理人或代辦商，有違反前條規定之行為時，其商號得請求因其行為所得之利益，作為損害賠償。
②前項請求權，自商號知有違反行為時起，經過二個月或自行為時起，經過一年不行使而消滅。

第五六四條　（經理權或代辦權消滅之限制）
經理權或代辦權，不因商號所有人之死亡、破產或喪失行為能力而消滅。

第十二節　居　間

第五六五條　（居間之定義）
稱居間者，謂當事人約定，一方為他方報告訂約之機會或為訂約之媒介，他方給付報酬之契約。

第五六六條　（報酬及報酬額）
①如依情形，非受報酬即不為報告訂約機會或媒介者，視為允與報酬。
②未定報酬額者，按照價目表所定給付之；無價目表者，按照習慣給付。

第五六七條　（居間人據實報告及妥為媒介義務）
①居間人關於訂約事項，應就其所知，據實報告於各當事人。對於顯無履行能力之人，或知其無訂立該約能力之人，不得為其媒介。
②以居間為營業者，關於訂約事項及當事人之履行能力或訂立該約之能力，有調查之義務。

第五六八條　（報酬請求之時期）
①居間人以契約因其報告或媒介而成立者為限，得請求報酬。
②契約附有停止條件者，於該條件成就前，居間人不得請求報酬。

第五六九條　（費用償還請求之限制）
①居間人支出之費用，非經約定，不得請求償還。
②前項規定，於居間人已為報告或媒介而契約不成立者適用之。

第五七〇條　（報酬之給付義務人）
居間人因媒介應得之報酬，除契約另有訂定或另有習慣外，由契約當事人雙方平均負擔。

第五七一條　（違反忠實辦理義務之效力—報酬及費用償還請求權之喪失）
居間人違反其對於委託人之義務，而為利於委託人之相對人之行為，或違反誠實及信用方法，由相對人收受利益者，不得向委託人請求報酬及償還費用。

第五七二條　（報酬之酌減）
約定之報酬，較居間人所任勞務之價值，為數過鉅失其公平者，法院得因報酬給付義務人之請求酌減之。但報酬已給付者，不得請求返還。

第五七三條　（婚姻居間之報酬無請求權）
因婚姻居間而約定報酬者，就其報酬無請求權。

第五七四條　（居間人無為給付或受領給付之權）
居間人就其媒介所成立之契約，無為當事人給付或受領給付之權。

第五七五條　（隱名居間之不告知與履行義務）
①當事人之一方，指定居間人不得以其姓名或商號告知相對人者，居間人有不告知之義務。
②居間人不以當事人一方之姓名或商號告知相對人時，應就該方當事人由契約所生之義務，自己負履行之責，並得為其受領給付。

第十三節　行　紀

第五七六條（行紀之意義）
稱行紀者，謂以自己之名義，爲他人之計算，爲動產之買賣或其他商業上之交易，而受報酬之營業。

第五七七條（委任規定之準用）
行紀，除本節有規定者外，適用關於委任之規定。

第五七八條（行紀人與相對人之權義）
行紀人爲委託人之計算所爲之交易，對於交易之相對人，自得權利並自負義務。

第五七九條（行紀人之直接履行義務）
行紀人爲委託人之計算所訂立之契約，其契約之他方當事人不履行債務時，對於委託人，應由行紀人負直接履行契約之義務。但契約另有訂定或另有習慣者，不在此限。

第五八〇條（差額之補償）
行紀人以低於委託人所指定之價額賣出，或以高於委託人所指定之價額買入者，應補償其差額。

第五八一條（高價出賣或低價買入利益之歸屬）
行紀人以高於委託人所指定之價額賣出，或以低於委託人所指定之價額買入者，其利益均歸屬於委託人。

第五八二條（報酬及費用償還之請求）
行紀人得依約定或習慣請求報酬、寄存費及運送費，並得請求償還其爲委託人之利益而支出之費用及其利息。

第五八三條（行紀人保管義務）
①行紀人爲委託人之計算所買入或賣出之物，爲其占有時，適用寄託之規定。
②前項占有之物，除委託人另有指示外，行紀人不負付保險之義務。

第五八四條（行紀人委託物處置義務）
委託出賣之物，於達到行紀人時有瑕疵，或依其物之性質易於敗壞者，行紀人爲保護委託人之利益，應與保護自己之利益爲同一之處置。

第五八五條（買入物之拍賣提存權）
①委託人拒絕受領行紀人依其指示所買之物時，行紀人得定相當期限，催告委託人受領，逾期不受領者，行紀人得拍賣其物，並得就其對於委託人因委託關係所生債權之數額，於拍賣價金中取償之，如有賸餘，並得提存。
②如爲易於敗壞之物，行紀人得不爲前項之催告。

第五八六條（委託物之拍賣提存權）
委託行紀人出賣之物不能賣出或委託人撤回其出賣之委託者，如委託人不於相當期間取回或處分其物時，行紀人得依前條之規定，行使其權利。

第五八七條（行紀人之介入權）
①行紀人受託出賣或買入貨幣、股票或其他市場定有市價之物者，除有反對之約定外，行紀人得自爲買受人或出賣人，其價值以依委託人指示而爲出賣或買入時市場之市價定之。
②前項情形，行紀人仍得行使第五百八十二條所定之請求權。

第五八八條（介入之擬制）
行紀人得自爲買受人或出賣人時，如僅將訂立契約之情事通知委託人，而不以他方當事人之姓名告知者，視爲自己負擔該方當事人之義務。

第十四節　寄　託

第五八九條（寄託之定義及報酬）
①稱寄託者，謂當事人一方以物交付他方，他方允爲保管之契約。

②受寄人除契約另有訂定或依情形非受報酬即不為保管者外，不得請求報酬。

第五九〇條　（受寄人之注意義務）

受寄人保管寄託物，應與處理自己事務為同一之注意，其受有報酬者，應以善良管理人之注意為之。

第五九一條　（受寄人使用寄託物之禁止）

①受寄人非經寄託人之同意，不得自己使用或使第三人使用寄託物。

②受寄人違反前項之規定者，對於寄託人，應給付相當報償，如有損害，並應賠償。但能證明縱不使用寄託物，仍不免發生損害者，不在此限。

第五九二條　（寄託之專屬性）

受寄人應自己保管寄託物。但經寄託人之同意或另有習慣或有不得已之事由者，得使第三人代為保管。

第五九三條　（受寄人使第三人保管之效力）

①受寄人違反前條之規定，使第三人代為保管寄託物者，對於寄託物因此所受之損害，應負賠償責任。但能證明縱不使第三人代為保管，仍不免發生損害者，不在此限。

②受寄人依前條之規定，使第三人代為保管者，僅就第三人之選任及其對於第三人所為之指示，負其責任。

第五九四條　（保管方法之變更）

寄託物保管之方法經約定者，非有急迫之情事，並可推定寄託人若知有此情事，亦允許變更其約定方法時，受寄人不得變更之。

第五九五條　（必要費用之償還）

受寄人因保管寄託物而支出之必要費用，寄託人應償還之，並付自支出時起之利息。但契約另有訂定者，依其訂定。

第五九六條　（寄託人損害賠償責任）

受寄人因寄託物之性質或瑕疵所受之損害，寄託人應負賠償責任。但寄託人於寄託時，非因過失而不知寄託物有發生危險之性質或瑕疵或為受寄人所已知者，不在此限。

第五九七條　（寄託物返還請求權）

寄託物返還之期限，雖經約定，寄託人仍得隨時請求返還。

第五九八條　（受寄人之返還寄託物）

①未定返還期限者，受寄人得隨時返還寄託物。

②定有返還期限者，受寄人非有不得已之事由，不得於期限屆滿前返還寄託物。

第五九九條　（孳息一併返還）

受寄人返還寄託物時，應將該物之孳息一併返還。

第六〇〇條　（寄託物返還之處所）

①寄託物之返還，於該物應為保管之地行之。

②受寄人依第五百九十二條或依第五百九十四條之規定，將寄託物轉置他處者，得於物之現在地返還之。

第六〇一條　（寄託報酬給付之時期）

①寄託約定報酬者，應於寄託關係終止時給付之；分期定報酬者，應於每期屆滿時給付之。

②寄託物之保管，因非可歸責於受寄人之事由而終止者，除契約另有訂定外，受寄人得就其已為保管之部分，請求報酬。

第六〇一條之一　（第三人主張權利時之返還及危險通知義務）

①第三人就寄託物主張權利者，除對於受寄人提起訴訟或為扣押外，受寄人仍有返還寄託物於寄託人之義務。

②第三人提起訴訟或扣押時，受寄人應即通知寄託人。

第六〇一條之二　（短期消滅時效）

關於寄託契約之報酬請求權、費用償還請求權或損害賠償請求權，自寄託關係終止時起，一年間不行使而消滅。

第六〇二條 （消費寄託）

①寄託物為代替物時，如約定寄託物之所有權移轉於受寄人，並由受寄人以種類、品質、數量相同之物返還者，為消費寄託。自受寄人受領該物時起，準用關於消費借貸之規定。

②消費寄託，如寄託物之返還，定有期限者，寄託人非有不得已之事由，不得於期限屆滿前請求返還。

③前項規定，如商業上另有習慣者，不適用之。

第六〇三條 （法定消費寄託—金錢寄託）

寄託物為金錢時，推定其為消費寄託。

第六〇三條之一 （混藏寄託）

①寄託物為代替物，如未約定其所有權移轉於受寄人者，受寄人得經寄託人同意，就其所受寄託之物與其自己或他寄託人同一種類、品質之寄託物混合保管，各寄託人依其所寄託之數量與混合保管數量之比例，共有混合保管物。

②受寄人依前項規定為混合保管者，得以同一種類、品質、數量之混合保管物返還於寄託人。

第六〇四條 （刪除）

第六〇五條 （刪除）

第六〇六條 （場所主人之責任）

旅店或其他供客人住宿為目的之場所主人，對於客人所攜帶物品之毀損、喪失，應負責任。但因不可抗力或因物之性質或因客人自己或其伴侶、隨從或來賓之故意或過失所致者，不在此限。

第六〇七條 （飲食店浴堂主人之責任）

飲食店、浴堂或其他相類場所之主人，對於客人所攜帶通常物品之毀損、喪失，負其責任。但有前條但書規定之情形時，不在此限。

第六〇八條 （貴重物品之責任）

①客人之金錢、有價證券、珠寶或其他貴重物品，非經報明其物之性質及數量交付保管者，主人不負責任。

②主人無正當理由拒絕為客人保管前項物品者，對於其毀損、喪失，應負責任。其物品因主人或其使用人之故意或過失而致毀損、喪失者，亦同。

第六〇九條 （減免責任揭示之效力）

以揭示限制或免除前三條所定主人之責任者，其揭示無效。

第六一〇條 （客人之通知義務）

客人知其物品毀損、喪失後，應即通知主人，怠於通知者，喪失其損害賠償請求權。

第六一一條 （短期消滅時效）

依第六百零六條至第六百零八條之規定所生之損害賠償請求權，自發見喪失或毀損之時起，六個月間不行使而消滅；自客人離去場所後，經過六個月者亦同。

第六一二條 （主人之留置權）

①主人就住宿、飲食、沐浴或其他服務及墊款所生之債權，於未受清償前，對於客人所攜帶之行李及其他物品，有留置權。

②第四百四十五條至第四百四十八條之規定，於前項留置權準用之。

第十五節 倉 庫

第六一三條 （倉庫營業人之定義）

稱倉庫營業人者，謂以受報酬而為他人堆藏及保管物品為營業之人。

第六一四條 （寄託規定之準用）

倉庫，除本節有規定者外，準用關於寄託之規定。

第六一五條　（倉單之填發）

倉庫營業人於收受寄託物後，因寄託人之請求，應填發倉單。

第六一六條　（倉單之法定記載事項）

①倉單應記載左列事項，並由倉庫營業人簽名：

一　寄託人之姓名及住址。
二　保管之場所。
三　受寄物之種類、品質、數量及其包皮之種類、個數及記號。
四　倉單填發地及填發之年、月、日。
五　定有保管期間者，其期間。
六　保管費。
七　受寄物已付保險者，其保險金額、保險期間及保險人之名號。

②倉庫營業人應將前列各款事項，記載於倉單簿之存根。

第六一七條　（寄託物之分割與新倉單之填發）

①倉單持有人，得請求倉庫營業人將寄託物分割爲數部分，並填發各該部分之倉單。但持有人應將原倉單交還。

②前項分割及填發新倉單之費用，由持有人負擔。

第六一八條　（倉單之背書及其效力）

倉單所載之貨物，非由寄託人或倉單持有人於倉單背書，並經倉庫營業人簽名，不生所有權移轉之效力。

第六一八條之一（倉單遺失或被盜之救濟程序）

倉單遺失、被盜或滅失者，倉單持有人得於公示催告程序開始後，向倉庫營業人提供相當之擔保，請求補發新倉單。

第六一九條　（寄託物之保管期間）

①倉庫營業人於約定保管期間屆滿前，不得請求移去寄託物。

②未約定保管期間者，自爲保管時起經過六個月，倉庫營業人得隨時請求移去寄託物。但應於一個月前通知。

第六二〇條　（檢點寄託物或摘取樣本之允許）

倉庫營業人，因寄託人或倉單持有人之請求，應許其檢點寄託物、摘取樣本，或爲必要之保存行爲。

第六二一條　（拒絕或不能移去寄託物之處理）

倉庫契約終止後，寄託人或倉單持有人，拒絕或不能移去寄託物者，倉庫營業人得定相當期限，請求於期限內移去寄託物。逾期不移去者，倉庫營業人得拍賣寄託物，由拍賣代價中扣去拍賣費用及保管費用，並應以其餘額交付於應得之人。

第十六節　運　送

第一款　通　則

第六二二條　（運送人之定義）

稱運送人者，謂以運送物品或旅客爲營業而受運費之人。

第六二三條　（短期時效）

①關於物品之運送，因喪失、毀損或遲到而生之賠償請求權，自運送終了，或應終了之時起，一年間不行使而消滅。

②關於旅客之運送，因傷害或遲到而生之賠償請求權，自運送終了，或應終了之時起，二年間不行使而消滅。

第二款　物品運送

第六二四條　（託運單之填發及應載事項）

①託運人因運送人之請求，應填給託運單。

②託運單應記載左列事項，並由託運人簽名：
一　託運人之姓名及住址。
二　運送物之種類、品質、數量及其包皮之種類、個數及記號。
三　目的地。
四　受貨人之名號及住址。
五　託運單之塡給地，及塡給之年、月、日。

第六二五條　（提單之塡發）
①運送人於收受運送物後，因託運人之請求，應塡發提單。
②提單應記載左列事項，並由運送人簽名：
一　前條第二項所列第一款至第四款事項。
二　運費之數額及其支付人爲託運人或爲受貨人。
三　提單之塡發地及塡發之年月日。

第六二六條　（必要文件之交付及說明義務）
託運人對於運送人，應交付運送上及關於稅捐、警察所必要之文件，並應爲必要之說明。

第六二七條　（提單之文義性）
提單塡發後，運送人與提單持有人間，關於運送事項，依其提單之記載。

第六二八條　（提單之背書性）
提單縱爲記名式，仍得以背書移轉於他人。但提單上有禁止背書之記載者，不在此限。

第六二九條　（提單之物權證券性）
交付提單於有受領物品權利之人時，其交付就物品所有權移轉之關係，與物品之交付有同一之效力。

第六二九條之一　（提單準用倉單遺失或被盜之救濟程序）
第六百十八條之一之規定，於提單適用之。

第六三〇條　（託運人之告知義務）
受貨人請求交付運送物時，應將提單交還。

第六三一條　（託運人之告知義務）
運送物依其性質，對於人或財產有致損害之虞者，託運人於訂立契約前，應將其性質告知運送人，怠於告知者，對於因此所致之損害，應負賠償之責。

第六三二條　（運送人之按時運送義務）
①託運物品，應於約定期間內運送之；無約定者，依習慣；無約定亦無習慣者，應於相當期間內運送之。
②前項所稱相當期間之決定，應顧及各該運送之特殊情形。

第六三三條　（變更指示之限制）
運送人非有急迫之情事，並可推定託運人若知有此情事亦允許變更其指示者，不得變更託運人之指示。

第六三四條　（運送人之責任）
運送人對於運送物之喪失、毀損或遲到，應負責任。但運送人能證明其喪失、毀損或遲到，係因不可抗力或因運送物之性質或因託運人或受貨人之過失而致者，不在此限。

第六三五條　（運送物有易見瑕疵時運送人責任）
運送物因包皮有易見之瑕疵而喪失或毀損時，運送人如於接收該物時，不爲保留者，應負責任。

第六三六條　（刪除）

第六三七條　（相繼運送人之連帶責任）
運送物由數運送人相繼運送者，除其中有能證明無第六百三十五條所規定之責任者外，對於運送物之喪失、毀損或遲到，應連帶負責。

第六三八條　（損害賠償之範圍）

①運送物有喪失、毀損或遲到者，其損害賠償額，應依其應交付時目的地之價值計算之。

②運費及其他費用，因運送物之喪失、毀損無須支付者，應由前項賠償額中扣除之。

③運送物之喪失、毀損或遲到，係因運送人之故意或重大過失所致者，如有其他損害，託運人並得請求賠償。

第六三九條　（貴重物品之賠償責任）

①金錢、有價證券、珠寶或其他貴重物品，除託運人於託運時報明其性質及價值者外，運送人對於其喪失或毀損，不負責任。

②價值經報明者，運送人以所報價額爲限，負其責任。

第六四〇條　（遲到之損害賠償）

因遲到之損害賠償額，不得超過因其運送物全部喪失可得請求之賠償額。

第六四一條　（運送人之必要注意及處置義務）

①如有第六百三十三條、第六百五十條、第六百五十一條之情形，或其他情形足以妨礙或遲延運送，或危害運送物之安全者，運送人應爲必要之注意及處置。

②運送人怠於前項之注意及處置者，對於因此所致之損害應負責任。

第六四二條　（運送人之中止運送之返還運送物或爲其他處分）

①運送人未將運送物之達到通知受貨人前，或受貨人於運送物達到後，尚未請求交付運送物前，託運人對於運送人，如已塡發提單者，其持有人對於運送人，得請求中止運送，返還運送物，或爲其他之處置。

②前項情形，運送人得按照比例，就其已爲運送之部分，請求運費，及償還因中止、返還或爲其他處置所支出之費用，並得請求相當之損害賠償。

第六四三條　（運送人通知義務）

運送人於運送物達到目的地時，應即通知受貨人。

第六四四條　（受貨人請求交付之效力）

運送物到達目的地，並經受貨人請求交付後，受貨人取得託運人因運送契約所生之權利。

第六四五條　（運送物喪失時之運送費）

運送物於運送中，因不可抗力而喪失者，運送人不得請求運費，其因運送而已受領之數額，應返還之。

第六四六條　（最後運送人之責任）

運送人於受領運費及其他費用前交付運送物者，對於其所有前運送人應得之運費及其他費用，負其責任。

第六四七條　（運送人之留置權與受貨人之提存權）

①運送人爲保全其運費及其他費用得受清償之必要，按其比例，對於運送物有留置權。

②運費及其他費用之數額有爭執時，受貨人得將有爭執之數額提存，請求運送物之交付。

第六四八條　（運送人責任之消滅及其例外）

①受貨人受領運送物並支付運費及其他費用不爲保留者，運送人之責任消滅。

②運送物內部有喪失或毀損不易發見者，以受貨人於受領運送物後，十日內將其喪失或毀損通知於運送人爲限，不適用前項之規定。

③運送物之喪失或毀損，如運送人以詐術隱蔽或因其故意或重大過失所致者，運送人不得主張前二項規定之利益。

第六四九條　（減免責任約款之效力）

運送人交與託運人之提單或其他文件上，有免除或限制運送人責任之記載者，除能證明託運人對於其責任之免除或限制明示同意外，不生效力。

第六五〇條　（運送人之通知並請求指示義務及運送物之寄存拍賣權）

①受貨人所在不明或對運送物受領遲延或有其他交付上之障礙時，運送人應即通知託運

人，並請求其指示。

②如託運人未即爲指示，或其指示事實上不能實行，或運送人不能繼續保管運送物時，運送人得以託運人之費用，寄存運送物於倉庫。

③運送物如有不能寄存於倉庫之情形，或有易於腐壞之性質或顯見其價値不足抵償運費及其他費用時，運送人得拍賣之。

④運送人於可能之範圍內，應將寄存倉庫或拍賣之事情，通知託運人及受貨人。

第六五一條　（有關通知義務及寄存拍賣權之適用）

前條之規定，於受領權之歸屬有訴訟，致交付遲延者適用之。

第六五二條　（拍賣代價之處理）

運送人得就拍賣代價中，扣除拍賣費用、運費及其他費用，並應將其餘額交付於應得之人，如應得之人所在不明者，應爲其利益提存之。

第六五三條　（相繼運送－最後運送人之代理權）

運送物由數運送人相繼運送者，其最後之運送人，就運送人全體應得之運費及其他費用，得行使第六百四十七條、第六百五十條及第六百五十二條所定之權利。

第三款　旅客運送

第六五四條　（旅客運送人之責任）

①旅客運送人對於旅客因運送所受之傷害及運送之遲到應負責任。但因旅客之過失，或其傷害係因不可抗力所致者，不在此限。

②運送之遲到係因不可抗力所致者，旅客運送人之責任，除另有交易習慣者外，以旅客因遲到而增加支出之必要費用爲限。

第六五五條　（行李返還義務）

行李及時交付運送人者，應於旅客達到時返還之。

第六五六條　（行李之拍賣）

①旅客於行李到達後一個月內不取回行李時，運送人得定相當期間催告旅客取回，逾期不取回者，運送人得拍賣之。旅客所在不明者，得不經催告逕予拍賣。

②行李有易於腐壞之性質者，運送人得於到達後，經過二十四小時，拍賣之。

③第六百五十二條之規定，於前二項情形準用之。

第六五七條　（交託之行李適用物品運送之規定）

運送人對於旅客所交託之行李，縱不另收運費，其權利義務，除本款另有規定外，適用關於物品運送之規定。

第六五八條　（對未交託行李之責任）

運送人對於旅客所未交託之行李，如因自己或其受僱人之過失，致有喪失或毀損者，仍負責任。

第六五九條　（減免責任約款之效力）

運送人交與旅客之票、收據或其他文件上，有免除或限制運送人責任之記載者，除能證明旅客對於其責任之免除或限制明示同意外，不生效力。

第十七節　承攬運送

第六六〇條　（承攬運送人之意義及行紀規定之準用）

①稱承攬運送人者，謂以自己之名義，爲他人之計算，使運送人運送物品而受報酬爲營業之人。

②承攬運送，除本節有規定外，準用關於行紀之規定。

第六六一條　（承攬運送人之損害賠償責任）

承攬運送人，對於託運物品之喪失、毀損或遲到，應負責任。但能證明其於物品之接收保管、運送人之選定、在目的地之交付，及其他與承攬運送有關之事項，未怠於注意者，不在此限。

第六六二條　（留置權之發生）

承攬運送人爲保全其報酬及墊款得受清償之必要，按其比例，對於運送物有留置權。

第六六三條　（介入權—自行運送）

承攬運送人除契約另有訂定外，得自行運送物品；如自行運送，其權利義務，與運送人同。

第六六四條　（介入之擬制）

就運送全部約定價額，或承攬運送人塡發提單於委託人者，視爲承攬人自己運送，不得另行請求報酬。

第六六五條　（物品運送規定之準用）

第六百三十一條、第六百三十五條及第六百三十八條至第六百四十條之規定，於承攬運送準用之。

第六六六條　（短期消滅時效）

對於承攬運送人因運送物之喪失、毀損或遲到所生之損害賠償請求權，自運送物交付或應交付之時起，一年間不行使而消滅。

第十八節　合　夥

第六六七條　（合夥之意義及合夥人之出資）

①稱合夥者，謂二人以上互約出資以經營共同事業之契約。

②前項出資，得爲金錢或其他財產權，或以勞務、信用或其他利益代之。

③金錢以外之出資，應估定價額爲其出資額。未經估定者，以他合夥人之平均出資額視爲其出資額。

第六六八條　（合夥財產之公同共有）

各合夥人之出資及其他合夥財產，爲合夥人全體之公同共有。

第六六九條　（合夥人不增資權利）

合夥人除有特別訂定外，無於約定出資之外增加出資之義務。因損失而致資本減少者，合夥人無補充之義務。

第六七〇條　（合夥契約或事業種類之變更）

①合夥之決議，應以合夥人全體之同意爲之。

②前項決議，合夥契約約定得由合夥人全體或一部之過半數決定者，從其約定。但關於合夥契約或其事業種類之變更，非經合夥人全體三分之二以上之同意，不得爲之。

第六七一條　（合夥事務之執行人及其執行）

①合夥之事務，除契約另有訂定或另有決議外，由合夥人全體共同執行之。

②合夥之事務，如約定或決議由合夥人中數人執行者，由該數人共同執行之。

③合夥之通常事務，得由有執行權之各合夥人單獨執行之。但其他有執行權之合夥人中任何一人，對於該合夥人之行爲有異議時，應停止該事務之執行。

第六七二條　（合夥人之注意義務）

合夥人執行合夥之事務，應與處理自己事務爲同一注意。其受有報酬者，應以善良管理人之注意爲之。

第六七三條　（合夥人之表決權）

合夥之決議，其有表決權之合夥人，無論其出資之多寡，推定每人僅有一表決權。

第六七四條　（合夥事務執行人之辭任與解任）

①合夥人中之一人或數人，依約定或決議執行合夥事務者，非有正當事由不得辭任。

②前項執行合夥事務之合夥人，非經其他合夥人全體之同意，不得將其解任。

第六七五條　（合夥人之事務檢查權）

無執行合夥事務權利之合夥人，縱契約有反對之訂定，仍得隨時檢查合夥之事務及其財產狀況，並得查閱賬簿。

第六七六條　（決算及損益分配之時期）

合夥之決算及分配利益，除契約另有訂定外，應於每屆事務年度終為之。

第六七七條　（損益分配之成數）

①分配損益之成數，未經約定者，按照各合夥人出資額之比例定之。

②僅就利益或僅就損失所定之分配成數，視為損益共通之分配成數。

③以勞務為出資之合夥人，除契約另有訂定外，不受損失之分配。

第六七八條　（費用及報酬請求權）

①合夥人因合夥事務所支出之費用，得請求償還。

②合夥人執行合夥事務，除契約另有訂定外，不得請求報酬。

第六七九條　（執行事業合夥人之對外代表權）

合夥人依約定或決議執行合夥事務者，於執行合夥事務之範圍內，對於第三人，為他合夥人之代表。

第六八〇條　（委任規定之準用）

第五百三十七條至第五百四十六條關於委任之規定，於合夥人之執行合夥事務準用之。

第六八一條　（合夥人之補充連帶責任）

合夥財產不足清償合夥之債務時，各合夥人對於不足之額，連帶負其責任。

第六八二條　（合夥財產分析與抵銷之禁止）

①合夥人於合夥清算前，不得請求合夥財產之分析。

②對於合夥負有債務者，不得以其對於任何合夥人之債權與其所負之債務抵銷。

第六八三條　（股分轉讓之限制）

合夥人非經他合夥人全體之同意，不得將自己之股分轉讓於第三人。但轉讓於他合夥人者，不在此限。

第六八四條　（債權人代位權行使之限制）

合夥人之債權人，於合夥存續期間內，就該合夥人對於合夥之權利，不得代位行使。但利益分配請求權，不在此限。

第六八五條　（合夥人股份之扣押及其效力）

①合夥人之債權人，就該合夥人之股份，得聲請扣押。

②前項扣押實施後兩個月內，如該合夥人未對於債權人清償或提供相當之擔保者，自扣押時起，對該合夥人發生退夥之效力。

第六八六條　（合夥人之聲明退夥）

①合夥未定有存續期間，或經訂明以合夥人中一人之終身，為其存續期間者，各合夥人得聲明退夥，但應於兩個月前通知他合夥人。

②前項退夥，不得於退夥有不利於合夥事務之時期為之。

③合夥縱定有存續期間，如合夥人有非可歸責於自己之重大事由，仍得聲明退夥，不受前二項規定之限制。

第六八七條　（法定退夥事由）98

合夥人除依前二條規定退夥外，因下列事項之一而退夥：

一　合夥人死亡者。但契約訂明其繼承人得繼承者，不在此限。

二　合夥人受破產或監護之宣告者。

三　合夥人經開除者。

第六八八條　（合夥人之開除）

①合夥人之開除，以有正當理由為限。

②前項開除，應以他合夥人全體之同意為之，並應通知被開除之合夥人。

第六八九條　（退夥之結算與股分之抵還）

①退夥人與他合夥人間之結算，應以退夥時合夥財產之狀況為準。

②退夥人之股分，不問其出資之種類，得由合夥以金錢抵還之。

③合夥事務，於退夥時尚未了結者，於了結後計算，並分配其損益。

第六九〇條　（退夥人之責任）

合夥人退夥後，對於其退夥前合夥所負之債務，仍應負責。

第六九一條 （入夥）

①合夥成立後，非經合夥人全體之同意，不得允許他人加入爲合夥人。

②加入爲合夥人者，對於其加入前合夥所負之債務，與他合夥人負同一之責任。

第六九二條 （合夥之解散）

合夥因左列事項之一而解散：

一 合夥存續期限屆滿者。

二 合夥人全體同意解散者。

三 合夥之目的事業已完成或不能完成者。

第六九三條 （不定期繼續合夥契約）

合夥所定期限屆滿後，合夥人仍繼續其事務者，視爲以不定期限繼續合夥契約。

第六九四條 （清算人之選任）

①合夥解散後，其清算由合夥人全體或由其所選任之清算人爲之。

②前項清算人之選任，以合夥人全體之過半數決之。

第六九五條 （清算之執行及決議）

數人爲清算人時，關於清算之決議，應以過半數行之。

第六九六條 （清算人之辭任與解任）

以合夥契約，選任合夥人中一人或數人爲清算人者，適用第六百七十四條之規定。

第六九七條 （清償債務與返還出資）

①合夥財產，應先清償合夥之債務。其債務未至清償期，或在訴訟中者，應將其清償所必需之數額，由合夥財產中劃出保留之。

②依前項清償債務，或劃出必需之數額後，其賸餘財產應返還各合夥人金錢或其他財產權之出資。

③金錢以外財產權之出資，應以出資時之價額返還之。

④爲清償債務及返還合夥人之出資，應於必要限度內，將合夥財產變爲金錢。

第六九八條 （出資額之比例返還）

合夥財產不足返還各合夥人之出資者，按照各合夥人出資額之比例返還之。

第六九九條 （賸餘財產之分配）

合夥財產於清償合夥債務及返還各合夥人出資後，尙有賸餘者，按各合夥人應受分配利益之成數分配之。

第十九節 隱名合夥

第七〇〇條 （隱名合夥）

稱隱名合夥者，謂當事人約定，一方對於他方所經營之事業出資，而分受其營業所生之利益，及分擔其所生損失之契約。

第七〇一條 （合夥規定之準用）

隱名合夥，除本節有規定者外，準用關於合夥之規定。

第七〇二條 （隱名合夥人之出資）

隱名合夥人之出資，其財產權移屬於出名營業人。

第七〇三條 （隱名合夥人之責任）

隱名合夥人，僅於其出資之限度內，負分擔損失之責任。

第七〇四條 （隱名合夥事務之執行）

①隱名合夥之事務，專由出名營業人執行之。

②隱名合夥人就出名營業人所爲之行爲，對於第三人，不生權利義務之關係。

第七〇五條 （隱名合夥人參與業務執行—表見出名營業人）

隱名合夥人如參與合夥事務之執行，或爲參與執行之表示，或知他人表示其參與執行而不否認者，縱有反對之約定，對於第三人，仍應負出名營業人之責任。

第七〇六條　（隱名合夥人之監督權）
①隱名合夥人，縱有反對之約定，仍得於每屆事務年度終，查閱合夥之賬簿，並檢查其事務及財產之狀況。
②如有重大事由，法院因隱名合夥人之聲請，得許其隨時為前項之查閱及檢查。
第七〇七條　（損益之計算及其分配）
①出名營業人，除契約另有訂定外，應於每屆事務年度終，計算營業之損益，其應歸隱名合夥人之利益，應即支付之。
②應歸隱名合夥人之利益而未支取者，除另有約定外，不得認為出資之增加。
第七〇八條　（隱名合夥契約終止事由）98
除依第六百八十六條之規定得聲明退夥外，隱名合夥契約，因下列事項之一而終止：
一　存續期限屆滿者。
二　當事人同意者。
三　目的事業已完成或不能完成者。
四　出名營業人死亡或受監護之宣告者。
五　出名營業人或隱名合夥人受破產之宣告者。
六　營業之廢止或轉讓者。
第七〇九條　（隱名合夥出資及餘額之返還）
隱名合夥契約終止時，出名營業人，應返還隱名合夥人之出資及給與其應得之利益。但出資因損失而減少者，僅返還其餘存額。

第十九節之一　合　會

第七〇九條之一　（合會、合會金、會款之定義）
①稱合會者，謂由會首邀集二人以上為會員，互約交付會款及標取合會金之契約。其僅由會首與會員為約定者，亦成立合會。
②前項合會金，係指會首及會員應交付之全部會款。
③會款得為金錢或其他代替物。
第七〇九條之二　（會首及會員之資格限制）
①會首及會員，以自然人為限。
②會首不得兼為同一合會之會員。
③無行為能力人及限制行為能力人不得為會首，亦不得參加其法定代理人為會首之合會。
第七〇九條之三　（會單之訂立、記載事項及保存方式）
①合會應訂立會單，記載左列事項：
一　會首之姓名、住址及電話號碼。
二　全體會員之姓名、住址及電話號碼。
三　每一會份會款之種類及基本數額。
四　起會日期。
五　標會期日。
六　標會方法。
七　出標金額有約定其最高額或最低額之限制者，其約定。
②前項會單，應由會首及全體會員簽名，記明年月日，由會首保存並製作繕本，簽名後交每一會員各執一份。
③會員已交付首期會款者，雖未依前二項規定訂立會單，其合會契約視為已成立。
第七〇九條之四　（標會之方法）
①標會由會首主持，依約定之期日及方法為之。其場所由會首決定並應先期通知會員。
②會首因故不能主持標會時，由會首指定或到場會員推選之會員主持之。
第七〇九條之五　（合會金之歸屬）

首期合會金不經投標，由會首取得，其餘各期由得標會員取得。

第七〇九條之六　（標會之方法）

①每期標會，每一會員僅得出標一次，以出標金額最高者為得標。最高金額相同者，以抽籤定之。但另有約定者，依其約定。

②無人出標時，除另有約定外，以抽籤定其得標人。

③每一會份限得標一次

第七〇九條之七　（會首及會員交付會款之期限）

①會員應於每期標會後三日內交付會款。

②會首應於前項期限內，代得標會員收取會款，連同自己之會款，於期滿之翌日前交付得標會員。逾期未收取之會款，會首應代為給付。

③會首依前項規定收取會款，在未交付得標會員前，對其喪失、毀損，應負責任。但因可歸責於得標會員之事由致喪失、毀損者，不在此限。

④會首依第二項規定代為給付後，得請求未給付之會員附加利息償還之。

第七〇九條之八　（會首及會員轉讓權利之限制）

①會首非經會員全體之同意，不得將其權利及義務移轉於他人。

②會員非經會首及會員全體之同意，不得退會，亦不得將自己之會份轉讓於他人。

第七〇九條之九　（合會不能繼續進行之處理）

①因會首破產、逃匿或有其他事由致合會不能繼續進行時，會首及已得標會員應給付之各期會款，應於每屆標會期日平均交付於未得標之會員。但另有約定者依其約定。

②會首就已得標會員依前項規定應給付之各期會款，負連帶責任。

③會首或已得標會員依第一項規定應平均交付於未得標會員之會款遲延給付，其遲付之數額已達兩期之總額時，該未得標會員得請求其給付全部會款。

④第一項情形，得由未得標之會員共同推選一人或數人處理相關事宜。

第二十節　指示證券

第七一〇條　（指示證券及其關係人之意義）

①稱指示證券者，謂指示他人將金錢、有價證券或其他代替物給付第三人之證券。

②前項為指示之人，稱為指示人，被指示之他人，稱為被指示人，受給付之第三人，稱為領取人。

第七一一條　（指示證券之承擔及被指示人之抗辯權）

①被指示人向領取人承擔所指示之給付者，有依證券內容而為給付之義務。

②前項情形，被指示人僅得以本於指示證券之內容，或其與領取人間之法律關係所得對抗領取人之事由，對抗領取人。

第七一二條　（指示證券發行之效力）

①指示人為清償其對於領取人之債務而交付指示證券者，其債務於被指示人為給付時消滅。

②前項情形，債權人受領指示證券者，不得請求指示人就原有債務為給付。但於指示證券所定期限內，其未定期限者於相當期限內，不能由被指示人領取給付者，不在此限。

③債權人不願由其債務人受領指示證券者，應即時通知債務人。

第七一三條　（指示證券與其基礎關係）

被指示人雖對於指示人負有債務，無承擔其所指示給付或為給付之義務。已向領取人為給付者，就其給付之數額，對於指示人，免其債務。

第七一四條　（拒絕承擔或給付之通知義務）

被指示人對於指示證券拒絕承擔或拒絕給付者，領取人應即通知指示人。

第七一五條　（指示證券之撤回）

①指示人於被指示人未向領取人承擔所指示之給付或為給付前，得撤回其指示證券，其

撤回應向被指示人以意思表示爲之。
②指示人於被指示人未承擔或給付前受破產宣告者，其指示證券，視爲撤回。

第七一六條　（指示證券之讓與）
①領取人得將指示證券讓與第三人。但指示人於指示證券有禁止讓與之記載者，不在此限。
②前項讓與，應以背書爲之。
③被指示人對於指示證券之受讓人已爲承擔者，不得以自己與領取人間之法律關係所生之事由，與受讓人對抗。

第七一七條　（短期消滅時效）
指示證券領取人或受讓人，對於被指示人因承擔所生之請求權，自承擔之時起，三年間不行使而消滅。

第七一八條　（指示證券喪失）
指示證券遺失、被盜或滅失者，法院得因持有人之聲請，依公示催告之程序，宣告無效。

第二十一節　無記名證券

第七一九條　（無記名證券之定義）
稱無記名證券者，謂持有人對於發行人，得請求其依所記載之內容爲給付之證券。

第七二〇條　（無記名證券發行人之義務）
①無記名證券發行人於持有人提示證券時，有爲給付之義務。但知持有人就證券無處分之權利，或受有遺失、被盜或滅失之通知者，不得爲給付。
②發行人依前項規定已爲給付者，雖持有人就證券無處分之權利，亦免其債務。

第七二〇條之一　（無記名證券持有人爲證券遺失被盜或滅失之通知應爲已聲請公示催告證明）
①無記名證券持有人向發行人爲遺失、被盜或滅失之通知後，未於五日內提出已爲聲請公示催告之證明者，其通知失其效力。
②前項持有人於公示催告程序中，經法院通知有第三人申報權利而未於十日內向發行人提出已爲起訴之證明者，亦同。

第七二一條　（無記名證券發行人之責任）
①無記名證券發行人，其證券雖因遺失、被盜或其他非因自己之意思而流通者，對於善意持有人，仍應負責。
②無記名證券，不因發行在發行人死亡或喪失能力後，失其效力。

第七二二條　（無記名證券發行人之抗辯權）
無記名證券發行人，僅得以本於證券之無效、證券之內容或其與持有人間之法律關係所得對抗持有人之事由，對抗持有人。但持有人取得證券出於惡意者，發行人並得以對持有人前手間所存抗辯之事由對抗之。

第七二三條　（無記名證券之交還義務）
①無記名證券持有人請求給付時，應將證券交還發行人。
②發行人依前項規定收回證券時，雖持有人就該證券無處分之權利，仍取得其證券之所有權。

第七二四條　（無記名證券之換發）
①無記名證券，因毀損或變形不適於流通，而其重要內容及識別、記號仍可辨認者，持有人得請求發行人，換給新無記名證券。
②前項換給證券之費用，應由持有人負擔。但證券爲銀行兌換券或其他金錢兌換券者，其費用應由發行人負擔。

第七二五條　（無記名證券喪失）
①無記名證券遺失、被盜或滅失者，法院得因持有人之聲請，依公示催告之程序，宣告

無效。

②前項情形，發行人對於持有人，應告知關於實施公示催告之必要事項，並供給其證明所必要之材料。

第七二六條 （無記名證券提示期間之停止進行）

①無記名證券定有提示期間者，如法院因公示催告聲請人之聲請，對於發行人爲禁止給付之命令時，停止其提示期間之進行。

②前項停止，自聲請發前項命令時起，至公示催告程序終止時止。

第七二七條 （定期給付證券喪失時之通知）

①利息、年金及分配利益之無記名證券，有遺失、被盜或滅失而通知於發行人者，如於法定關於定期給付之時效期間屆滿前未有提示，爲通知之持有人，得向發行人請求給付該證券所記載之利息、年金或應分配之利益。但自時效期間屆滿後，經過一年者，其請求權消滅。

②如於時效期間屆滿前，由第三人提示該項證券者，發行人應將不爲給付之情事，告知該第三人，並於該第三人與爲通知之人合意前，或於法院爲確定判決前，應不爲給付。

第七二八條 （無利息見票即付無記名證券喪失時之例外）

無利息見票即付之無記名證券，除利息、年金及分配利益之證券外，不適用第七百二十條第一項但書及第七百二十五條之規定。

第二十二節 終身定期金

第七二九條 （終身定期金契約之意義）

稱終身定期金契約者，謂當事人約定，一方於自己或他方或第三人生存期內，定期以金錢給付他方或第三人之契約。

第七三〇條 （終身定期金契約之訂定）

終身定期金契約之訂立，應以書面爲之。

第七三一條 （終身定期金契約之存續期間及應給付金額）

①終身定期金契約，關於期間有疑義時，推定其爲於債權人生存期內，按期給付。

②契約所定之金額有疑義時，推定其爲每年應給付之金額。

第七三二條 （終身定期金之給付時期）

①終身定期金，除契約另有訂定外，應按季預行支付。

②依其生存期間而定終身定期金之人，如在定期金預付後，該期屆滿前死亡者，定期金債權人取得該期金額之全部。

第七三三條 （終身定期金契約仍爲存續之宣言）

因死亡而終止定期金契約者，如其死亡之事由，應歸責於定期金債務人時，法院因債權人或其繼承人之聲請，得宣告其債權在相當期限內仍爲存續。

第七三四條 （終身定期金權利之移轉）

終身定期金之權利，除契約另有訂定外，不得移轉。

第七三五條 （遺贈之準用）

本節之規定，於終身定期金之遺贈準用之。

第二十三節 和　解

第七三六條 （和解之定義）

稱和解者，謂當事人約定，互相讓步，以終止爭執或防止爭執發生之契約。

第七三七條 （和解之效力）

和解有使當事人所拋棄之權利消滅，及使當事人取得和解契約所訂明權利之效力。

第七三八條 （和解之撤銷—和解與錯誤之關係）

和解不得以錯誤爲理由撤銷之。但有左列事項之一者，不在此限：

一　和解所依據之文件，事後發見爲僞造或變造，而和解當事人若知其爲僞造或變造，即不爲和解者。
二　和解事件，經法院確定判決，而爲當事人雙方或一方於和解當時所不知者。
三　當事人之一方，對於他方當事人之資格或對於重要之爭點有錯誤，而爲和解者。

第二十四節　保　證

第七三九條　（保證之定義）
稱保證者，謂當事人約定，一方於他方之債務人不履行債務時，由其代負履行責任之契約。

第七三九條之一　（保證人之權利，不得預先拋棄）
本節所規定保證人之權利，除法律另有規定外，不得預先拋棄。

第七四〇條　（保證債務之範圍）
保證債務，除契約另有訂定外，包含主債務之利息、違約金、損害賠償及其他從屬於主債務之負擔。

第七四一條　（保證債務負擔之從屬性）
保證人之負擔，較主債務人爲重者，應縮減至主債務之限度。

第七四二條　（保證人之抗辯權）
①主債務人所有之抗辯，保證人得主張之。
②主債務人拋棄其抗辯者，保證人仍得主張之。

第七四二條之一　（保證人之抵銷權）
保證人得以主債務人對於債權人之債權，主張抵銷。

第七四三條　（無效債務之保證）
保證人對於因行爲能力之欠缺而無效之債務，如知其情事而爲保證者，其保證仍爲有效。

第七四四條　（保證人之拒絕清償權）
主債務人就其債之發生原因之法律行爲有撤銷權者，保證人對於債權人，得拒絕清償。

第七四五條　（先訴抗辯權）
保證人於債權人未就主債務人之財產強制執行而無效果前，對於債權人，得拒絕清償。

第七四六條　（先訴抗辯權之喪失）99
有下列各款情形之一者，保證人不得主張前條之權利：
一　保證人拋棄前條之權利。
二　主債務人受破產宣告。
三　主債務人之財產不足清償其債務。

第七四七條　（請求履行及中斷時效之效力）
向主債務人請求履行及爲其他中斷時效之行爲，對於保證人亦生效力。

第七四八條　（共同保證）
數人保證同一債務者，除契約另有訂定外，應連帶負保證責任。

第七四九條　（保證人之代位權）
保證人向債權人爲清償後，於其清償之限度內，承受債權人對於主債務人之債權。但不得有害於債權人之利益。

第七五〇條　（保證責任除去請求權）
①保證人受主債務人之委任而爲保證者，有左列各款情形之一時，得向主債務人請求除去其保證責任：
一　主債務人之財產顯形減少者。
二　保證契約成立後，主債務人之住所、營業所或居所有變更，致向其請求清償發生困難者。

三　主債務人履行債務遲延者。

四　債權人依確定判決得令保證人清償者。

②主債務未屆清償期者，主債務人得提出相當擔保於保證人，以代保證責任之除去。

第七五一條　（保證責任之免除—拋棄擔保物權）

債權人拋棄爲其債權擔保之物權者，保證人就債權人所拋棄權利之限度內，免其責任。

第七五二條　（定期保證責任之免除—不爲審判上之請求）

約定保證人僅於一定期間內爲保證者，如債權人於其期間內，對於保證人不爲審判上之請求，保證人免其責任。

第七五三條　（未定期保證責任之免除—不爲審判上之請求）

①保證未定期間者，保證人於主債務清償期屆滿後，得定一個月以上之相當期限，催告債權人於其期限內，向主債務人爲審判上之請求。

②債權人不於前項期限內向主債務人爲審判上之請求者，保證人免其責任。

第七五三條之一　（董監改選後免除其保證責任）99

因擔任法人董事、監察人或其他有代表權之人而爲該法人擔任保證人者，僅就任職期間法人所生之債務負保證責任。

第七五四條　（連續發生債務保證之終止）

①就連續發生之債務爲保證，而未定有期間者，保證人得隨時通知債權人終止保證契約。

②前項情形，保證人對於通知到達債權人後所發生主債務人之債務，不負保證責任。

第七五五條　（定期債務保證責任之免除—延期清償）

就定有期限之債務爲保證者，如債權人允許主債務人延期清償時，保證人除對於其延期已爲同意外，不負保證責任。

第七五六條　（信用委任）

委任他人以該他人之名義及其計算，供給信用於第三人者，就該第三人因受領信用所負之債務，對於受任人，負保證責任。

第二十四節之一　人事保證

第七五六條之一　（人事保證之定義）

①稱人事保證者，謂當事人約定，一方於他方之受僱人將來因職務上之行爲而應對他方爲損害賠償時，由其代負賠償責任之契約。

②前項契約，應以書面爲之。

第七五六條之二　（保證人之賠償責任）

①人事保證之保證人，以僱用人不能依他項方法受賠償者爲限，負其責任。

②保證人依前項規定負賠償責任時，除法律另有規定或契約另有訂定外，其賠償金額以賠償事故發生時，受僱人當年可得報酬之總額爲限。

第七五六條之三　（人事保證之期間）

①人事保證約定之期間，不得逾三年。逾三年者，縮短爲三年。

②前項期間，當事人得更新之。

③人事保證未定期間者，自成立之日起有效期間爲三年。

第七五六條之四　（保證人之終止權）

①人事保證未定期間者，保證人得隨時終止契約。

②前項終止契約，應於三個月前通知僱用人。但當事人約定較短之期間者，從其約定。

第七五六條之五　（僱用人負通知義務之特殊事由）

①有左列情形之一者，僱用人應即通知保證人：

一　僱用人依法得終止僱傭契約，而其終止事由有發生保證人責任之虞者。

二　受僱人因職務上之行為而應對僱用人負損害賠償責任，並經僱用人向受僱人行使權利者。

三　僱用人變更受僱人之職務或任職時間、地點，致加重保證人責任或使其難於注意者。

②保證人受前項通知者，得終止契約。保證人知有前項各款情形者，亦同。

第七五六條之六　（減免保證人賠償金額）

有左列情形之一者，法院得減輕保證人之賠償金額或免除之：

一　有前條第一項各款之情形而僱用人不即通知保證人者。

二　僱用人對受僱人之選任或監督有疏懈者。

第七五六條之七　（人事保證契約之消滅）

人事保證關係因左列事由而消滅：

一　保證之期間屆滿。

二　保證人死亡、破產或喪失行為能力。

三　受僱人死亡、破產或喪失行為能力。

四　受僱人之僱傭關係消滅。

第七五六條之八　（請求權之時效）

僱用人對保證人之請求權，因二年間不行使而消滅。

第七五六條之九　（人事保證之準用）

人事保證，除本節有規定者外，準用關於保證之規定。

民法債編施行法

①民國19年2月10日國民政府制定公布全文15條；並自19年5月5日施行。
②民國88年4月21日總統令修正公布全文36條；並自89年5月5日施行。
③民國89年5月5日總統令修正公布第36條條文。
④民國98年12月30日總統令修正公布第36條條文。
⑤民國110年1月20日總統令修正公布第36條條文；增訂第10-1條條文；並自公布後六個月施行。

第一條　（不溯既往）

民法債編施行前發生之債，除本施行法有特別規定外，不適用民法債編之規定；其在修正施行前發生者，除本施行法有特別規定外，亦不適用修正施行後之規定。

第二條　（消滅時效已完成請求權之行使期間）

①民法債編施行前，依民法債編之規定，消滅時效業已完成，或其時效期間尚有殘餘不足一年者，得於施行之日起，一年內行使請求權。但自其時效完成後，至民法債編施行時，已逾民法債編所定時效期間二分之一者，不在此限。

②依民法債編之規定，消滅時效，不滿一年者，如在施行時，尚未完成，其時效自施行日起算。

第三條　（法定消滅時效）

①民法債編修正施行前之法定消滅時效已完成者，其時效為完成。

②民法債編修正施行前之法定消滅時效，其期間較民法債編修正施行後所定為長者，適用修正施行前之規定。但其殘餘期間自民法債編修正施行日起算，較民法債編修正施行後所定期間為長者，應自施行日起，適用民法債編修正施行後之規定。

第四條　（無時效性質法定期間之準用）

前二條之規定，於民法債編所定，無時效性質之法定期間，準用之。

第五條　（懸賞廣告之適用）

修正之民法第一百六十四條之規定，於民法債編修正施行前成立之懸賞廣告，亦適用之。

第六條　（廣告之適用）

修正之民法第一百六十五條第二項之規定，於民法債編修正施行前所為之廣告定有完成行為之期間者，亦適用之。

第七條　（優等懸賞廣告之適用）

修正之民法第一百六十五條之一至第一百六十五條之四之規定，於民法債編修正施行前成立之優等懸賞廣告，亦適用之。

第八條　（法定代理人之適用）

修正之民法第一百八十七條第三項之規定，於民法債編修正施行前無行為能力人或限制行為能力人不法侵害他人之權利者，亦適用之。

第九條　（侵害身體健康名譽等賠償之適用）

修正之民法第一百九十五條之規定，於民法債編修正施行前，不法侵害他人信用、隱私、貞操，或不法侵害其他人格法益或基於父、母、子、女、配偶關係之身分法益而情節重大者，亦適用之。

第一〇條　（債務人提前還本權之適用）

民法第二百零四條之規定，於民法債編施行前，所約定之利率，逾週年百分之十二者，亦適用之。

第一〇條之一　110

修正之民法第二百零五條之規定，於民法債編修正施行前約定，而於修正施行後發生之利息債務，亦適用之。

第一一條　（利息債務之適用）

民法債編施行前，發生之利息債務，於施行時尚未履行者，亦依民法債編之規定，定其數額。但施行時未付之利息總額已超過原本者，仍不得過一本一利。

第一二條　（回復原狀之適用）

修正之民法第二百十三條第三項之規定，於民法債編修正施行前因負損害賠償責任而應回復原狀者，亦適用之。

第一三條　（法定損害賠償範圍之適用）

修正之民法第二百十六條之一之規定，於民法債編修正施行前發生之債，亦適用之。

第一四條　（過失相抵與義務人生計關係酌減規定之適用）

①民法第二百十七條第一項、第二項及第二百十八條之規定，於民法債編施行前，負損害賠償義務者，亦適用之。

②修正之民法第二百十七條第三項之規定，於民法債編修正施行前被害人之代理人或使用人與有過失者，亦適用之。

第一五條　（情事變更之適用）

修正之民法第二百二十七條之二之規定，於民法債編修正施行前發生之債，亦適用之。

第一六條　（債務不履行責任之適用）

①民法債編施行前發生之債務，至施行後不履行時，依民法債編之規定，負不履行之責任。

②前項規定，於債權人拒絕受領或不能受領時，準用之。

第一七條　（因契約標的給付不能賠償之適用）

修正之民法第二百四十七條之一之規定，於民法債編修正施行前訂定之契約，亦適用之。

第一八條　（違約金之適用）

民法第二百五十條至第二百五十三條之規定，於民法債編施行前約定之違約金，亦適用之。

第一九條　（債務清償公認證書之作成）

民法第三百零八條之公認證書，由債權人作成，聲請債務履行地之公證人、警察機關、商業團體或自治機關蓋印簽名。

第二〇條　（一部清償之適用）

①民法第三百十八條之規定，於民法債編施行前所負債務，亦適用之。

②修正之民法第三百十八條第二項之規定，於民法債編修正施行前所負債務，並適用之。

第二一條　（抵銷之適用）

民法債編施行前之債務，亦得依民法債編之規定爲抵銷。

第二二條　（買回期限之限制）

民法債編施行前，所定買回契約定有期限者，依其期限，但其殘餘期限，自施行日起算，較民法第三百八十條所定期限爲長者，應自施行日起，適用民法第三百八十條之規定，如買回契約未定期限者，自施行日起，不得逾五年。

第二三條　（出租人地上權登記之適用）

修正之民法第四百二十二條之一之規定，於民法債編修正施行前租用基地建築房屋者，亦適用之。

第二四條　（租賃之效力及期限）

①民法債編施行前所定之租賃契約，於施行後其效力依民法債編之規定。

②前項契約，訂有期限者，依其期限，但其殘餘期限，自施行日起算，較民法第四百四十九條所規定之期限爲長者，應自施行日起，適用民法第四百四十九條之規定。

第二五條　（使用借貸預約之適用）
修正之民法第四百六十五條之一之規定，於民法債編修正施行前成立之使用借貸預約，亦適用之。

第二六條　（消費借貸預約之適用）
修正之民法第四百七十五條之一之規定，於民法債編修正施行前成立之消費借貸預約，亦適用之。

第二七條　（承攬契約之適用）
修正之民法第四百九十五條第二項之規定，於民法債編修正施行前成立之承攬契約，亦適用之。

第二八條　（拍賣之方法及程序）
民法債編所定之拍賣，在拍賣法未公布施行前，得照市價變賣，但應經公證人、警察機關、商業團體或自治機關之證明。

第二九條　（旅遊之適用）
民法債編修正施行前成立之旅遊，其未終了部分自修正施行之日起，適用修正之民法債編關於旅遊之規定。

第三〇條　（遺失被盜或滅失倉單之適用）
修正之民法第六百十八條之一之規定，於民法債編修正施行前遺失、被盜或滅失之倉單，亦適用之。

第三一條　（遺失被盜或滅失提單之適用）
修正之民法第六百二十九條之一之規定，於民法債編修正施行前遺失、被盜或滅失之提單，亦適用之。

第三二條　（無記名證券發行人抗辯權之適用）
修正之民法第七百二十二條之規定，於民法債編修正施行前取得證券出於惡意之無記名證券持有人，亦適用之。

第三三條　（保證人之權利不得預先拋棄之適用）
修正之民法第七百三十九條之一之規定，於民法債編修正施行前成立之保證，亦適用之。

第三四條　（保證人抵銷權之適用）
修正之民法第七百四十二條之一之規定，於民法債編修正施行前成立之保證，亦適用之。

第三五條　（人事保證之適用）
新增第二十四節之一之規定，除第七百五十六條之二第二項外，於民法債編修正施行前成立之人事保證，亦適用之。

第三六條 110
①本施行法自民法債編施行之日施行。
②民法債編修正條文及本施行法修正條文，除另定施行日期者外，自公布日施行。
③中華民國八十八年四月二十一日修正公布之民法債編修正條文及本施行法修正條文，自八十九年五月五日施行。但民法第一百六十六條之一施行日期，由行政院會同司法院另定之。
④中華民國九十八年十二月十五日修正之民法第六百八十七條及第七百零八條，自九十八年十一月二十三日施行。
⑤中華民國一百零九年十二月二十九日修正之民法第二百零五條，自公布後六個月施行。

民法

第三編 物權

①民國18年11月30日國民政府制定公布全文210條；並自19年5月5日施行。
②民國84年1月16日總統令修正公布第942條條文。
③民國96年3月28日總統令修正公布第860至863、866、869、871至874、876、877、879、881、883至890、892、893、897至900、902、904至906、908至910、928至930、932、933、936、937、939條條文；增訂第862-1、870-1、870-2、873-1、873-2、875-1至875-4、877-1、879-1、881-1至881-17、899-1、899-2、906-1至906-4、907-1、932-1條條文及第六章第一至三節節名；刪除第935、938條條文；並自公布後六個月施行。
④民國98年1月23日總統令修正公布第757至759、764、767至772、774、775、777至782、784至790、792至794、796至800、802至807、810、816、818、820、822至824、827、828、830條條文；增訂第759-1、768-1、796-1、796-2、799-1、799-2、800-1、805-1、807-1、824-1、826-1條條文；刪除第760條條文；並自公布後六個月施行。
⑤民國99年2月3日總統令修正公布第800-1、832、834至836、838至841、851至857、859、882、911、913、915、917至921、925、927、941至945、948至954、956、959、965條條文及第五章章名；增訂第833-1、833-2、835-1、836-1至836-3、838-1、841-1至841-6、850-1至850-9、851-1、855-1、859-1至859-5、917-1、922-1、924-1、924-2、951-1、963-1條條文及第三章第一、二節節名、第四章之一章名；刪除第833、842至850、858、914條條文及第四章章名；並自公布後六個月施行。
⑥民國101年6月13日總統令修正公布第805、805-1條條文；並自公布後六個月施行。

第一章 通則

第七五七條 （物權法定主義）98
物權除依法律或習慣外，不得創設。

第七五八條 （設權登記—登記生效要件主義）98
①不動產物權，依法律行為而取得、設定、喪失及變更者，非經登記，不生效力。
②前項行為，應以書面為之。

第七五九條 （宣示登記—相對登記主義）98
因繼承、強制執行、徵收、法院之判決或其他非因法律行為，於登記前已取得不動產物權者，應經登記，始得處分其物權。

第七五九條之一 （不動產物權登記之變動效力）98
①不動產物權經登記者，推定登記權利人適法有此權利。
②因信賴不動產登記之善意第三人，已依法律行為為物權變動之登記者，其變動之效力，不因原登記物權之不實而受影響。

第七六〇條 （刪除）98

第七六一條 （動產物權之讓與方法—交付、簡易交付、占有改定、指示交付）
①動產物權之讓與，非將動產交付，不生效力。但受讓人已占有動產者，於讓與合意時，即生效力。
②讓與動產物權，而讓與人仍繼續占有動產者，讓與人與受讓人間，得訂立契約，使受讓人因此取得間接占有，以代交付。
③讓與動產物權，如其動產由第三人占有時，讓與人得以對於第三人之返還請求權，讓與於受讓人，以代交付。

第七六二條 （物權之消滅—所有權與他物權混同）

同一物之所有權及其他物權，歸屬於一人者，其他物權因混同而消滅。但其他物權之存續，於所有人或第三人有法律上之利益者，不在此限。

第七六三條 （物權之消滅—所有權以外物權之混同）

①所有權以外之物權及以該物權為標的物之權利，歸屬於一人者，其權利因混同而消滅。

②前條但書之規定，於前項情形準用之。

第七六四條 （物權之消滅—拋棄）98

①物權除法律另有規定外，因拋棄而消滅。

②前項拋棄，第三人有以該物權為標的物之其他物權或於該物權有其他法律上之利益者，非經該第三人同意，不得為之。

③拋棄動產物權者，並應拋棄動產之占有。

第二章　所有權

第一節　通　則

第七六五條 （所有權之權能）

所有人於法令限制之範圍內，得自由使用、收益、處分其所有物，並排除他人之干涉。

第七六六條 （所有人之收益權）

物之成分及其天然孳息，於分離後，除法律另有規定外，仍屬於其物之所有人。

第七六七條 （所有權之保護—物上請求權）98

①所有人對於無權占有或侵奪其所有物者，得請求返還之。對於妨害其所有權者，得請求除去之。有妨害其所有權之虞者，得請求防止之。

②前項規定，於所有權以外之物權，準用之。

第七六八條 （動產所有權之取得時效）98

以所有之意思，十年間和平、公然、繼續占有他人之動產者，取得其所有權。

第七六八條之一 （動產所有權之占有時效）98

以所有之意思，五年間和平、公然、繼續占有他人之動產，而其占有之始為善意並無過失者，取得其所有權。

第七六九條 （不動產之一般取得時效）98

以所有之意思，二十年間和平、公然、繼續占有他人未登記之不動產者，得請求登記為所有人。

第七七〇條 （不動產之特別取得時效）98

以所有之意思，十年間和平、公然、繼續占有他人未登記之不動產，而其占有之始為善意並無過失者，得請求登記為所有人。

第七七一條 （取得時效之中斷）98

①占有人有下列情形之一者，其所有權之取得時效中斷：

一　變為不以所有之意思而占有。

二　變為非和平或非公然占有。

三　自行中止占有。

四　非基於自己之意思而喪失其占有。但依第九百四十九條或第九百六十二條規定，回復其占有者，不在此限。

②依第七百六十七條規定起訴請求占有人返還占有物者，占有人之所有權取得時效亦因而中斷。

第七七二條 （所有權以外財產權取得時效之準用）98

前五條之規定，於所有權以外財產權之取得，準用之。於已登記之不動產，亦同。

第二節　不動產所有權

第七七三條　（土地所有權之範圍）

土地所有權，除法令有限制外，於其行使有利益之範圍內，及於土地之上下，如他人之干涉，無礙其所有權之行使者，不得排除之。

第七七四條　（鄰地損害之防免）98

土地所有人經營事業或行使其所有權，應注意防免鄰地之損害。

第七七五條　（自然流水之排水權及承水義務）98

①土地所有人不得妨阻由鄰地自然流至之水。

②自然流至之水為鄰地所必需者，土地所有人縱因其土地利用之必要，不得妨阻其全部。

第七七六條　（蓄水等工作物破潰阻塞之修繕疏通或預防）

土地因蓄水、排水或引水所設之工作物破潰、阻塞，致損害及於他人之土地或有致損害之虞者，土地所有人應以自己之費用，為必要之修繕、疏通或預防。但其費用之負擔，另有習慣者，從其習慣。

第七七七條　（使雨水直注相鄰不動產之禁止）98

土地所有人不得設置屋簷、工作物或其他設備，使雨水或其他液體直注於相鄰之不動產。

第七七八條　（土地所有人之疏水權）98

①水流如因事變在鄰地阻塞，土地所有人得以自己之費用，為必要疏通之工事。但鄰地所有人受有利益者，應按其受益之程度，負擔相當之費用。

②前項費用之負擔，另有習慣者，從其習慣。

第七七九條　（土地所有人之過水權—人工排水）98

①土地所有人因使浸水之地乾涸，或排泄家用或其他用水，以至河渠或溝道，得使其水通過鄰地。但應擇於鄰地損害最少之處所及方法為之。

②前項情形，有通過權之人對於鄰地所受之損害，應支付償金。

③前二項情形，法令另有規定或另有習慣者，從其規定或習慣。

④第一項但書之情形，鄰地所有人有異議時，有通過權之人或異議人得請求法院以判決定之。

第七八〇條（他人過水工作物使用權）98

土地所有人因使其土地之水通過，得使用鄰地所有人所設置之工作物。但應按其受益之程度，負擔該工作物設置及保存之費用。

第七八一條　（水流地所有人之自由用水權）98

水源地、井、溝渠及其他水流地之所有人得自由使用其水。但法令另有規定或另有習慣者，不在此限。

第七八二條　（用水權人之物上請求權）98

①水源地或井之所有人對於他人因工事杜絕、減少或污染其水者，得請求損害賠償。如其水為飲用或利用土地所必要者，並得請求回復原狀；其不能為全部回復者，仍應於可能範圍內回復之。

②前項情形，損害非因故意或過失所致，或被害人有過失者，法院得減輕賠償金額或免除之。

第七八三條　（使用鄰地餘水之用水權）

土地所有人因其家用或利用土地所必要，非以過鉅之費用及勞力不能得水者，得支付償金，對鄰地所有人，請求給與有餘之水。

第七八四條　（水流地所有人變更水流或寬度之限制）98

①水流地對岸之土地屬於他人時，水流地所有人不得變更其水流或寬度。

②兩岸之土地均屬於水流地所有人者，其所有人得變更其水流或寬度。但應留下游自然之水路。

③前二項情形，法令另有規定或另有習慣者，從其規定或習慣。

第七八五條 （堰之設置與利用）98

①水流地所有人有設堰之必要者，得使其堰附著於對岸。但對於因此所生之損害，應支付償金。

②對岸地所有人於水流地之一部屬於其所有者，得使用前項之堰。但應按其受益之程度，負擔該堰設置及保存之費用。

③前二項情形，法令另有規定或另有習慣者，從其規定或習慣。

第七八六條 （管線安設權）98

①土地所有人非通過他人之土地，不能設置電線、水管、瓦斯管或其他管線，或雖能設置而需費過鉅者，得通過他人土地之上下而設置之。但應擇其損害最少之處所及方法為之，並應支付償金。

②依前項之規定，設置電線、水管、瓦斯管或其他管線後，如情事有變更時，他土地所有人得請求變更其設置。

③前項變更設置之費用，由土地所有人負擔。但法令另有規定或另有習慣者，從其規定或習慣。

④第七百七十九條第四項規定，於第一項但書之情形準用之。

第七八七條 （袋地所有人之必要通行權）98

①土地因與公路無適宜之聯絡，致不能為通常使用時，除因土地所有人之任意行為所生者外，土地所有人得通行周圍地以至公路。

②前項情形，有通行權人應於通行必要之範圍內，擇其周圍地損害最少之處所及方法為之；對於通行地因此所受之損害，並應支付償金。

③第七百七十九條第四項規定，於前項情形準用之。

第七八八條 （開路通行權）98

①有通行權人於必要時，得開設道路。但對於通行地因此所受之損害，應支付償金。

②前項情形，如致通行地損害過鉅者，通行地所有人得請求有通行權人以相當之價額購買通行地及因此形成之畸零地，其價額由當事人協議定之；不能協議者，得請求法院以判決定之。

第七八九條 （通行權之限制）98

①因土地一部之讓與或分割，而與公路無適宜之聯絡，致不能為通常使用者，土地所有人因至公路，僅得通行受讓人或讓與人或他分割人之所有地。數宗土地同屬於一人所有，讓與其一部或同時分別讓與數人，而與公路無適宜之聯絡，致不能為通常使用者，亦同。

②前項情形，有通行權人，無須支付償金。

第七九〇條 （土地之禁止侵入與例外）98

土地所有人得禁止他人侵入其地內。但有下列情形之一，不在此限：

一　他人有通行權者。

二　依地方習慣，任他人入其未設圍障之田地、牧場、山林刈取雜草，採取枯枝枯幹，或採集野生物，或放牧牲畜者。

第七九一條 （因尋查取回物品或動物之允許侵入）

①土地所有人遇他人之物品或動物偶至其地內者，應許該物品或動物之占有人或所有人入其地內，尋查取回。

②前項情形，土地所有人受有損害者，得請求賠償。於未受賠償前，得留置其物品或動物。

第七九二條 （鄰地使用權）98

土地所有人因鄰地所有人在其地界或近旁，營造或修繕建築物或其他工作物有使用其土地之必要，應許鄰地所有人使用其土地。但因而受損害者，得請求償金。

第七九三條 （氣響侵入之禁止）98

土地所有人於他人之土地、建築物或其他工作物有瓦斯、蒸氣、臭氣、煙氣、熱氣、灰屑、喧囂、振動及其他與此相類者侵入時，得禁止之。但其侵入輕微，或按土地形狀、地方習慣，認為相當者，不在此限。

第七九四條　（損害鄰地地基或工作物危險之預防義務）98

土地所有人開掘土地或為建築時，不得因此使鄰地之地基動搖或發生危險，或使鄰地之建築物或其他工作物受其損害。

第七九五條　（工作物傾倒危險之預防）

建築物或其他工作物之全部或一部有傾倒之危險，致鄰地有受損害之虞者，鄰地所有人得請求為必要之預防。

第七九六條　（越界建屋之異議）98

①土地所有人建築房屋非因故意或重大過失逾越地界者，鄰地所有人如知其越界而不即提出異議，不得請求移去或變更其房屋。但土地所有人對於鄰地因此所受之損害，應支付償金。

②前項情形，鄰地所有人得請求土地所有人，以相當之價額購買越界部分之土地及因此形成之畸零地，其價額由當事人協議定之；不能協議者，得請求法院以判決定之。

第七九六條之一　（越界建屋之移去或變更）98

①土地所有人建築房屋逾越地界，鄰地所有人請求移去或變更時，法院得斟酌公共利益及當事人利益，免為全部或一部之移去或變更。但土地所有人故意逾越地界者，不適用之。

②前條第一項但書及第二項規定，於前項情形準用之。

第七九六條之二　（等值建物之準用範圍）98

前二條規定，於具有與房屋價值相當之其他建築物準用之。

第七九七條　（植物枝根越界之刈除）98

①土地所有人遇鄰地植物之枝根有逾越地界者，得向植物所有人，請求於相當期間內刈除之。

②植物所有人不於前項期間內刈除者，土地所有人得刈取越界之枝根，並得請求償還因此所生之費用。

③越界植物之枝根，如於土地之利用無妨害者，不適用前二項之規定。

第七九八條　（鄰地之果實獲得權）98

果實自落於鄰地者，視為屬於鄰地所有人。但鄰地為公用地者，不在此限。

第七九九條　（建築物之區分所有）98

①稱區分所有建築物者，謂數人區分一建築物而各專有其一部，就專有部分有單獨所有權，並就該建築物及其附屬物之共同部分共有之建築物。

②前項專有部分，指區分所有建築物在構造上及使用上可獨立，且得單獨為所有權之標的者。共有部分，指區分所有建築物專有部分以外之其他部分及不屬於專有部分之附屬物。

③專有部分得經其所有人之同意，依規約之約定供區分所有建築物之所有人共同使用；共有部分除法律另有規定外，得經規約之約定供區分所有建築物之特定所有人使用。

④區分所有人就區分所有建築物共有部分及基地之應有部分，依其專有部分面積與專有部分總面積之比例定之。但另有約定者，從其約定。

⑤專有部分與其所屬之共有部分及其基地之權利，不得分離而為移轉或設定負擔。

第七九九條之一　（建築物之費用分擔）98

①區分所有建築物共有部分之修繕費及其他負擔，由各所有人按其應有部分分擔之。但規約另有約定者，不在此限。

②前項規定，於專有部分經依前條第三項之約定供區分所有建築物之所有人共同使用者，準用之。

③規約之內容依區分所有建築物之專有部分、共有部分及其基地之位置、面積、使用目的、利用狀況、區分所有人已否支付對價及其他情事，按其情形顯失公平者，不同意之區分所有人得於規約成立後三個月內，請求法院撤銷之。

④區分所有人間依規約所生之權利義務，繼受人應受拘束；其依其他約定所生之權利義務，特定繼受人對於約定之內容明知或可得而知者，亦同。

第七九九條之二　（同一建築物之所有人區分）98

同一建築物屬於同一人所有，經區分為數專有部分登記所有權者，準用第七百九十九條規定。

第八〇〇條　（他人正中宅門之使用）98

①第七百九十九條情形，其專有部分之所有人，有使用他專有部分所有人正中宅門之必要者，得使用之。但另有特約或另有習慣者，從其特約或習慣。

②因前項使用，致他專有部分之所有人受損害者，應支付償金。

第八〇〇條之一　（準用範圍）99

第七百七十四條至前條規定，於地上權人、農育權人、不動產役權人、典權人、承租人、其他土地、建築物或其他工作物利用人準用之。

第三節　動產所有權

第八〇一條　（善意受讓）

動產之受讓人占有動產，而受關於占有規定之保護者，縱讓與人無移轉所有權之權利，受讓人仍取得其所有權。

第八〇二條　（無主物之先占）98

以所有之意思，占有無主之動產者，除法令另有規定外，取得其所有權。

第八〇三條　（遺失物拾得者之招領報告義務）98

①拾得遺失物者應從速通知遺失人、所有人、其他有受領權之人或報告警察、自治機關。報告時，應將其物一併交存。但於機關、學校、團體或其他公共場所拾得者，亦得報告於各該場所之管理機關、團體或其負責人、管理人，並將其物交存。

②前項受報告者，應從速於遺失物拾得地或其他適當處所，以公告、廣播或其他適當方法招領之。

第八〇四條　（招領後無人認領之處置—交存遺失物）98

①依前條第一項為通知或依第二項由公共場所之管理機關、團體或其負責人、管理人為招領後，有受領權之人未於相當期間認領時，拾得人或招領人應將拾得物交存於警察或自治機關。

②警察或自治機關認原招領之處所或方法不適當時，得再為招領之。

第八〇五條　（認領期限、費用及報酬之請求）101

①遺失物自通知或最後招領之日起六個月內，有受領權之人認領時，拾得人、招領人、警察或自治機關，於通知、招領及保管之費用受償後，應將其物返還之。

②有受領權之人認領遺失物時，拾得人得請求報酬。但不得超過其物財產上價值十分之一；其不具有財產上價值者，拾得人亦得請求相當之報酬。

③有受領權人依前項規定給付報酬顯失公平者，得請求法院減少或免除其報酬。

④第二項報酬請求權，因六個月間不行使而消滅。

⑤第一項費用之支出者或得請求報酬之拾得人，在其費用或報酬未受清償前，就該遺失物有留置權；其權利人有數人時，遺失物占有人視為為全體權利人占有。

第八〇五條之一　（認領報酬之例外）101

有下列情形之一者，不得請求前條第二項之報酬：

一　在公眾得出入之場所或供公眾往來之交通設備內，由其管理人或受僱人拾得遺失物。

二　拾得人未於七日內通知、報告或交存拾得物，或經查詢仍隱匿其拾得遺失物之事實。

三　有受領權之人為特殊境遇家庭、低收入戶、中低收入戶、依法接受急難救助、災害救助，或有其他急迫情事者。

第八〇六條 （遺失物之拍賣及變賣）98
拾得物易於腐壞或其保管需費過鉅者，招領人、警察或自治機關得為拍賣或逕以市價變賣之，保管其價金。

第八〇七條 （逾期未認領之遺失物之歸屬—拾得人取得所有權）98
①遺失物自通知或最後招領之日起逾六個月，未經有受領權之人認領者，由拾得人取得其所有權。警察或自治機關並應通知其領取遺失物或賣得之價金；其不能通知者，應公告之。
②拾得人於受前項通知或公告後三個月內未領取者，其物或賣得之價金歸屬於保管地之地方自治團體。

第八〇七條之一 （五百元以下遺失物之歸屬）98
①遺失物價值在新臺幣五百元以下者，拾得人應從速通知遺失人、所有人或其他有受領權之人。其有第八百零三條第一項但書之情形者，亦得依該條第一項但書及第二項規定辦理。
②前項遺失物於下列期間未經有受領權之人認領者，由拾得人取得其所有權或變賣之價金：
一 自通知或招領之日起逾十五日。
二 不能依前項規定辦理，自拾得日起逾一個月。
③第八百零五條至前條規定，於前二項情形準用之。

第八〇八條 （埋藏物之發現）
發見埋藏物而占有者，取得其所有權。但埋藏物係在他人所有之動產或不動產中發見者，該動產或不動產之所有人與發見人，各取得埋藏物之半。

第八〇九條 （有學術價值埋藏物之歸屬）
發見之埋藏物，足供學術、藝術、考古或歷史之資料者，其所有權之歸屬，依特別法之規定。

第八一〇條 （漂流物或沈沒物之拾得）98
拾得漂流物、沈沒物或其他因自然力而脫離他人占有之物者，準用關於拾得遺失物之規定。

第八一一條 （不動產之附合）
動產因附合而為不動產之重要成分者，不動產所有人，取得動產所有權。

第八一二條 （動產之附合）
①動產與他人之動產附合，非毀損不能分離，或分離需費過鉅者，各動產所有人，按其動產附合時之價值，共有合成物。
②前項附合之動產，有可視為主物者，該主物所有人，取得合成物之所有權。

第八一三條 （混合）
動產與他人之動產混合，不能識別或識別需費過鉅者，準用前條之規定。

第八一四條 （加工）
加工於他人之動產者，其加工物之所有權，屬於材料所有人。但因加工所增之價值顯逾材料之價值者，其加工物之所有權，屬於加工人。

第八一五條 （添附之效果—其他權利之同消滅）
依前四條之規定，動產之所有權消滅者，該動產上之其他權利，亦同消滅。

第八一六條 （添附之效果—補償請求）98
因前五條之規定而受損害者，得依關於不當得利之規定，請求償還價額。

第四節 共 有

第八一七條 （分別共有—共有人及應有部分）
①數人按其應有部分，對於一物有所有權者，為共有人。
②各共有人之應有部分不明者，推定其為均等。

第八一八條　（共有人之使用收益權）98
各共有人，除契約另有約定外，按其應有部分，對於共有物之全部，有使用收益之權。

第八一九條　（應有部分及共有物之處分）
①各共有人得自由處分其應有部分。
②共有物之處分、變更及設定負擔，應得共有人全體之同意。

第八二〇條　（共有物之管理）98
①共有物之管理，除契約另有約定外，應以共有人過半數及其應有部分合計過半數之同意行之。但其應有部分合計逾三分之二者，其人數不予計算。
②依前項規定之管理顯失公平者，不同意之共有人得聲請法院以裁定變更之。
③前二項所定之管理，因情事變更難以繼續時，法院得因任何共有人之聲請，以裁定變更之。
④共有人依第一項規定爲管理之決定，有故意或重大過失，致共有人受損害者，對不同意之共有人連帶負賠償責任。
⑤共有物之簡易修繕及其他保存行爲，得由各共有人單獨爲之。

第八二一條　（共有人對第三人之權利）
各共有人對於第三人，得就共有物之全部爲本於所有權之請求。但回復共有物之請求，僅得爲共有人全體之利益爲之。

第八二二條　（共有物費用之分擔）98
①共有物之管理費及其他負擔，除契約另有約定外，應由各共有人按其應有部分分擔之。
②共有人中之一人，就共有物之負擔爲支付，而逾其所應分擔之部分者，對於其他共有人得按其各應分擔之部分，請求償還。

第八二三條　（共有物之分割與限制）98
①各共有人，除法令另有規定外，得隨時請求分割共有物。但因物之使用目的不能分割或契約訂有不分割之期限者，不在此限。
②前項約定不分割之期限，不得逾五年；逾五年者，縮短爲五年。但共有之不動產，其契約訂有管理之約定時，約定不分割之期限，不得逾三十年；逾三十年者，縮短爲三十年。
③前項情形，如有重大事由，共有人仍得隨時請求分割。

第八二四條　（共有物分割之方法）98
①共有物之分割，依共有人協議之方法行之。
②分割之方法不能協議決定，或於協議決定後因消滅時效完成經共有人拒絕履行者，法院得因任何共有人之請求，命爲下列之分配：
一　以原物分配於各共有人。但各共有人均受原物之分配顯有困難者，得將原物分配於部分共有人。
二　原物分配顯有困難時，得變賣共有物，以價金分配於各共有人；或以原物之一部分分配於各共有人，他部分變賣，以價金分配於各共有人。
③以原物爲分配時，如共有人中有未受分配，或不能按其應有部分受分配者，得以金錢補償之。
④以原物爲分配時，因共有人之利益或其他必要情形，得就共有物之一部分仍維持共有。
⑤共有人相同之數不動產，除法令另有規定外，共有人得請求合併分割。
⑥共有人部分相同之相鄰數不動產，各該不動產均具應有部分之共有人，經各不動產應有部分過半數共有人之同意，得適用前項規定，請求合併分割。但法院認合併分割爲不適當者，仍分別分割之。
⑦變賣共有物時，除買受人爲共有人外，共有人有依相同條件優先承買之權，有二人以上願優先承買者，以抽籤定之。

第八二四條之一 （共有物分割之效力）98

①共有人自共有物分割之效力發生時起，取得分得部分之所有權。

②應有部分有抵押權或質權者，其權利不因共有物之分割而受影響。但有下列情形之一者，其權利移存於抵押人或出質人所分得之部分：

一 權利人同意分割。

二 權利人已參加共有物分割訴訟。

三 權利人經共有人告知訴訟而未參加。

③前項但書情形，於以價金分配或以金錢補償者，準用第八百八十一條第一項、第二項或第八百九十九條第一項規定。

④前條第三項之情形，如爲不動產分割者，應受補償之共有人，就其補償金額，對於補償義務人所分得之不動產，有抵押權。

⑤前項抵押權應於辦理共有物分割登記時，一併登記，其次序優先於第二項但書之抵押權。

第八二五條 （分得物之擔保責任）

各共有人對於他共有人因分割而得之物，按其應有部分，負與出賣人同一之擔保責任。

第八二六條 （所得物與共有物證書之保管）

①共有物分割後，各分割人應保存其所得物之證書。

②共有物分割後，關於共有物之證書，歸取得最大部分之人保存之；無取得最大部分者，由分割人協議定之；不能協議決定者，得聲請法院指定之。

③各分割人，得請求使用他分割人所保存之證書。

第八二六條之一 （共有物讓與之責任）98

①不動產共有人間關於共有物使用、管理、分割或禁止分割之約定或依第八百二十條第一項規定所爲之決定，於登記後，對於應有部分之受讓人或取得物權之人，具有效力。其由法院裁定所定之管理，經登記後，亦同。

②動產共有人間就共有物爲前項之約定、決定或法院所爲之裁定，對於應有部分之受讓人或取得物權之人，以受讓或取得時知悉其情事或可得而知者爲限，亦具有效力。

③共有物應有部分讓與時，受讓人對讓與人就共有物因使用、管理或其他情形所生之負擔連帶負清償責任。

第八二七條 （公同共有人及其權利）98

①依法律規定、習慣或法律行爲，成一公同關係之數人，基於其公同關係，而共有一物者，爲公同共有人。

②前項依法律行爲成立之公同關係，以有法律規定或習慣者爲限。

③各公同共有人之權利，及於公同共有物之全部。

第八二八條 （公同共有人之權利義務與公同共有物之處分）98

①公同共有人之權利義務，依其公同關係所由成立之法律、法律行爲或習慣定之。

②第八百二十條、第八百二十一條及第八百二十六條之一規定，於公同共有準用之。

③公同共有物之處分及其他之權利行使，除法律另有規定外，應得公同共有人全體之同意。

第八二九條 （公同共有物分割之限制）

公同關係存續中，各公同共有人，不得請求分割其公同共有物。

第八三〇條 （公同共有關係之消滅與公同共有物之分割方法）98

①公同共有之關係，自公同關係終止，或因公同共有物之讓與而消滅。

②公同共有物之分割，除法律另有規定外，準用關於共有物分割之規定。

第八三一條 （準共有）

本節規定，於所有權以外之財產權，由數人共有或公同共有者準用之。

第三章 地上權

第一節 普通地上權 99

第八三二條 （普通地上權之定義）99

稱普通地上權者，謂以在他人土地之上下有建築物或其他工作物爲目的而使用其土地之權。

第八三三條 （刪除）99

第八三三條之一 （地上權之存續期間與終止）99

地上權未定有期限者，存續期間逾二十年或地上權成立之目的已不存在時，法院得因當事人之請求，斟酌地上權成立之目的、建築物或工作物之種類、性質及利用狀況等情形，定其存續期間或終止其地上權。

第八三三條之二 （公共建設之地上權存續期限）99

以公共建設爲目的而成立之地上權，未定有期限者，以該建設使用目的完畢時，視爲地上權之存續期限。

第八三四條 （地上權人之拋棄權利）99

地上權無支付地租之約定者，地上權人得隨時拋棄其權利。

第八三五條 （地上權拋棄時應盡之義務及保障）99

①地上權定有期限，而有支付地租之約定者，地上權人得支付未到期之三年分地租後，拋棄其權利。

②地上權未定有期限，而有支付地租之約定者，地上權人拋棄權利時，應於一年前通知土地所有人，或支付未到期之一年分地租。

③因不可歸責於地上權人之事由，致土地不能達原來使用之目的時，地上權人於支付前二項地租二分之一後，得拋棄其權利；其因可歸責於土地所有人之事由，致土地不能達原來使用之目的時，地上權人亦得拋棄其權利，並免支付地租。

第八三五條之一 （地租給付之公平原則）99

①地上權設定後，因土地價值之昇降，依原定地租給付顯失公平者，當事人得請求法院增減之。

②未定有地租之地上權，如因土地之負擔增加，非當時所得預料，仍無償使用顯失公平者，土地所有人得請求法院酌定其地租。

第八三六條 （終止地上權之使用）99

①地上權人積欠地租達二年之總額，除另有習慣外，土地所有人得定相當期限催告地上權人支付地租，如地上權人於期限內不爲支付，土地所有人得終止地上權。地上權經設定抵押權者，並應同時將該催告之事實通知抵押權人。

②地租之約定經登記者，地上權讓與時，前地上權人積欠之地租應併同計算。受讓人就前地上權人積欠之地租，應與讓與人連帶負清償責任。

③第一項終止，應向地上權人以意思表示爲之。

第八三六條之一 （土地所有權之讓與）99

土地所有權讓與時，已預付之地租，非經登記，不得對抗第三人。

第八三六條之二 （土地之用益權）99

①地上權人應依設定之目的及約定之使用方法，爲土地之使用收益；未約定使用方法者，應依土地之性質爲之，並均應保持其得永續利用。

②前項約定之使用方法，非經登記，不得對抗第三人。

第八三六條之三 （土地用益權之終止）99

地上權人違反前條第一項規定，經土地所有人阻止而仍繼續爲之者，土地所有人得終止地上權。地上權經設定抵押權者，並應同時將該阻止之事實通知抵押權人。

第八三七條 （租金減免請求之限制）

地上權人縱因不可抗力，妨礙其土地之使用，不得請求免除或減少租金。

第八三八條 （權利之讓與）99

①地上權人得將其權利讓與他人或設定抵押權。但契約另有約定或另有習慣者，不在此

限。

②前項約定，非經登記，不得對抗第三人。

③地上權與其建築物或其他工作物，不得分離而為讓與或設定其他權利。

第八三八條之一 （強制執行拍賣之協定）99

①土地及其土地上之建築物，同屬於一人所有，因強制執行之拍賣，其土地與建築物之拍定人各異時，視為已有地上權之設定，其地租、期間及範圍由當事人協議定之；不能協議者，得請求法院以判決定之。其僅以土地或建築物為拍賣時，亦同。

②前項地上權，因建築物之滅失而消滅。

第八三九條 （工作物之取回權及期限）99

①地上權消滅時，地上權人得取回其工作物。但應回復土地原狀。

②地上權人不於地上權消滅後一個月內取回其工作物者，工作物歸屬於土地所有人。其有礙於土地之利用者，土地所有人得請求回復原狀。

③地上權人取回其工作物前，應通知土地所有人。土地所有人願以時價購買者，地上權人非有正當理由，不得拒絕。

第八四〇條 （建築物之補償及期限）99

①地上權人之工作物為建築物者，如地上權因存續期間屆滿而消滅，地上權人得於期間屆滿前，定一個月以上之期間，請求土地所有人按該建築物之時價為補償。但契約另有約定者，從其約定。

②土地所有人拒絕地上權人前項補償之請求或於期間內不為確答者，地上權之期間應酌量延長之。地上權人不願延長者，不得請求前項之補償。

③第一項之時價不能協議者，地上權人或土地所有人得聲請法院裁定之。土地所有人不願依裁定之時價補償者，適用前項規定。

④依第二項規定延長期間者，其期間由土地所有人與地上權人協議定之；不能協議者，得請求法院斟酌建築物與土地使用之利益，以判決定之。

⑤前項期間屆滿後，除經土地所有人與地上權人協議者外，不適用第一項及第二項規定。

第八四一條 （地上權之永續性）99

地上權不因建築物或其他工作物之滅失而消滅。

第二節　區分地上權 99

第八四一條之一 （區分地上權之定義）99

稱區分地上權者，謂以在他人土地上下之一定空間範圍內設定之地上權。

第八四一條之二 （使用收益之權益限制）99

①區分地上權人得與其設定之土地上下有使用、收益權利之人，約定相互間使用收益之限制。其約定未經土地所有人同意者，於使用收益權消滅時，土地所有人不受該約定之拘束。

②前項約定，非經登記，不得對抗第三人。

第八四一條之三 （區分地上權期間之第三人權益）99

法院依第八百四十條第四項定區分地上權之期間，足以影響第三人之權利者，應併斟酌該第三人之利益。

第八四一條之四 （第三人之權益補償）99

區分地上權依第八百四十條規定，以時價補償或延長期間，足以影響第三人之權利時，應對該第三人為相當之補償。補償之數額以協議定之；不能協議時，得聲請法院裁定之。

第八四一條之五 （權利行使之設定）99

同一土地有區分地上權與以使用收益為目的之物權同時存在者，其後設定物權之權利行使，不得妨害先設定之物權。

第八四一條之六　（準用地上權之規定）99
區分地上權，除本節另有規定外，準用關於普通地上權之規定。

第四章　（刪除）99

第八四二條至第八五〇條　（刪除）99

第四章之一　農育權 99

第八五〇條之一　（農育權之定義）99
①稱農育權者，謂在他人土地爲農作、森林、養殖、畜牧、種植竹木或保育之權。
②農育權之期限，不得逾二十年；逾二十年者，縮短爲二十年。但以造林、保育爲目的或法令另有規定者，不在此限。
第八五〇條之二　（農育權之終止）99
①農育權未定有期限時，除以造林、保育爲目的者外，當事人得隨時終止之。
②前項終止，應於六個月前通知他方當事人。
③第八百三十三條之一規定，於農育權以造林、保育爲目的而未定有期限者準用之。
第八五〇條之三　（農育權之讓與）99
①農育權人得將其權利讓與他人或設定抵押權。但契約另有約定或另有習慣者，不在此限。
②前項約定，非經登記不得對抗第三人。
③農育權與其農育工作物不得分離而爲讓與或設定其他權利。
第八五〇條之四　（地租減免或變更土地使用目的）99
①農育權有支付地租之約定者，農育權人因不可抗力致收益減少或全無時，得請求減免其地租或變更原約定土地使用之目的。
②前項情形，農育權人不能依原約定目的使用者，當事人得終止之。
③前項關於土地所有人得行使終止權之規定，於農育權無支付地租之約定者，準用之。
第八五〇條之五　（土地或工作物之出租限制）99
①農育權人不得將土地或農育工作物出租於他人。但農育工作物之出租另有習慣者，從其習慣。
②農育權人違反前項規定者，土地所有人得終止農育權。
第八五〇條之六　（土地用益權）99
①農育權人應依設定之目的及約定之方法，爲土地之使用收益；未約定使用方法者，應依土地之性質爲之，並均應保持其生產力或得永續利用。
②農育權人違反前項規定，經土地所有人阻止而仍繼續爲之者，土地所有人得終止農育權。農育權經設定抵押權者，並應同時將該阻止之事實通知抵押權人。
第八五〇條之七　（出產物及工作物之取回權）99
①農育權消滅時，農育權人得取回其土地上之出產物及農育工作物。
②第八百三十九條規定，於前項情形準用之。
③第一項之出產物未及收穫而土地所有人又不願以時價購買者，農育權人得請求延長農育權期間至出產物可收穫時爲止，土地所有人不得拒絕。但延長之期限，不得逾六個月。
第八五〇條之八　（土地特別改良權）99
①農育權人得爲增加土地生產力或使用便利之特別改良。
②農育權人將前項特別改良事項及費用數額，以書面通知土地所有人，土地所有人於收受通知後不即爲反對之表示者，農育權人於農育權消滅時，得請求土地所有人返還特別改良費用。但以其現存之增價額爲限。
③前項請求權，因二年間不行使而消滅。
第八五〇條之九　（農育權之準用）99

第八百三十四條、第八百三十五條第一項、第二項、第八百三十五條之一至第八百三十六條之一、第八百三十六條之二第二項規定，於農育權準用之。

第五章　不動產役權 99

第八五一條　（不動產役權之定義）99
稱不動產役權者，謂以他人不動產供自己不動產通行、汲水、採光、眺望、電信或其他以特定便宜之用為目的之權。

第八五一條之一　（權利行使之設定）99
同一不動產上有不動產役權與以使用收益為目的之物權同時存在者，其後設定物權之權利行使，不得妨害先設定之物權。

第八五二條　（取得時效）99
①不動產役權因時效而取得者，以繼續並表見者為限。
②前項情形，需役不動產為共有者，共有人中一人之行為，或對於共有人中一人之行為，為他共有人之利益，亦生效力。
③向行使不動產役權取得時效之各共有人為中斷時效之行為者，對全體共有人發生效力。

第八五三條　（不動產役權之從屬性）99
不動產役權不得由需役不動產分離而為讓與，或為其他權利之標的物。

第八五四條　（不動產役權人必要之附隨行為權）99
不動產役權人因行使或維持其權利，得為必要之附隨行為。但應擇於供役不動產損害最少之處所及方法為之。

第八五五條　（設置之維持及使用）99
①不動產役權人因行使權利而為設置者，有維持其設置之義務；其設置由供役不動產所有人提供者，亦同。
②供役不動產所有人於無礙不動產役權行使之範圍內，得使用前項之設置，並應按其受益之程度，分擔維持其設置之費用。

第八五五條之一　（不動產役權處所或方法之變更）99
供役不動產所有人或不動產役權人因行使不動產役權之處所或方法有變更之必要，而不甚妨礙不動產役權人或供役不動產所有人權利之行使者，得以自己之費用，請求變更之。

第八五六條　（不動產役權之不可分性—需役不動產之分割）99
需役不動產經分割者，其不動產役權為各部分之利益仍為存續。但不動產役權之行使，依其性質祇關於需役不動產之一部分者，僅就該部分仍為存續。

第八五七條　（不動產役權之不可分性—供役不動產之分割）99
供役不動產經分割者，不動產役權就其各部分仍為存續。但不動產役權之行使，依其性質祇關於供役不動產之一部分者，僅對於該部分仍為存續。

第八五八條　（刪除）99

第八五九條　（不動產役權之宣告消滅）99
①不動產役權之全部或一部無存續之必要時，法院因供役不動產所有人之請求，得就其無存續必要之部分，宣告不動產役權消滅。
②不動產役權因需役不動產滅失或不堪使用而消滅。

第八五九條之一　（不動產役權消滅之取回權及期限）99
不動產役權消滅時，不動產役權人所為之設置，準用第八百三十九條規定。

第八五九條之二　（準用不動產役權之規定）99
第八百三十四條至第八百三十六條之三規定，於不動產役權準用之。

第八五九條之三　（不動產役權之設定）99
①基於以使用收益為目的之物權或租賃關係而使用需役不動產者，亦得為該不動產設定

不動產役權。

②前項不動產役權，因以使用收益爲目的之物權或租賃關係之消滅而消滅。

第八五九條之四　（就自己不動產之設定）99

不動產役權，亦得就自己之不動產設定之。

第八五九條之五　（準用不動產役權之規定）99

第八百五十一條至第八百五十九條之二規定，於前二條準用之。

第六章　抵押權

第一節　普通抵押權 96

第八六〇條　（抵押權之定義）96

稱普通抵押權者，謂債權人對於債務人或第三人不移轉占有而供其債權擔保之不動產，得就該不動產賣得價金優先受償之權。

第八六一條　（抵押權之擔保範圍）96

①抵押權所擔保者爲原債權、利息、遲延利息、違約金及實行抵押權之費用。但契約另有約定者，不在此限。

②得優先受償之利息、遲延利息、一年或不及一年定期給付之違約金債權，以於抵押權人實行抵押權聲請強制執行前五年內發生及於強制執行程序中發生者爲限。

第八六二條　（抵押權效力及於標的物之範圍—從物及從權利）96

①抵押權之效力，及於抵押物之從物與從權利。

②第三人於抵押權設定前，就從物取得之權利，不受前項規定之影響。

③以建築物爲抵押者，其附加於該建築物而不具獨立性之部分，亦爲抵押權效力所及。但其附加部分爲獨立之物，如係於抵押權設定後附加者，準用第八百七十七條之規定。

第八六二條之一　（抵押權效力之範圍）96

①抵押物滅失之殘餘物，仍爲抵押權效力所及。抵押物之成分非依物之通常用法而分離成爲獨立之動產者，亦同。

②前項情形，抵押權人得請求占有該殘餘物或動產，並依質權之規定，行使其權利。

第八六三條　（抵押權效力及於標的物之範圍—天然孳息）96

抵押權之效力，及於抵押物扣押後自抵押物分離，而得由抵押人收取之天然孳息。

第八六四條　（抵押權效力及於標的物之範圍—法定孳息）

抵押權之效力，及於抵押物扣押後抵押人就抵押物得收取之法定孳息。但抵押權人非以扣押抵押物之事情，通知應清償法定孳息之義務人，不得與之對抗。

第八六五條　（抵押權之順位）

不動產所有人因擔保數債權，就同一不動產設定數抵押權者，其次序依登記之先後定之。

第八六六條　（地上權或其他物權之設定）96

①不動產所有人設定抵押權後，於同一不動產上，得設定地上權或其他以使用收益爲目的之物權，或成立租賃關係。但其抵押權不因此而受影響。

②前項情形，抵押權人實行抵押權受有影響者，法院得除去該權利或終止該租賃關係後拍賣之。

③不動產所有人設定抵押權後，於同一不動產上，成立第一項以外之權利者，準用前項之規定。

第八六七條　（抵押不動產之讓與及其效力）

不動產所有人設定抵押權後，得將不動產讓與他人。但其抵押權不因此而受影響。

第八六八條　（不可分性—抵押物分割）

抵押之不動產，如經分割或讓與其一部，或擔保一債權之數不動產而以其一讓與他人者，其抵押權不因此而受影響。

第八六九條 （不可分性—債權分割）96

①以抵押權擔保之債權，如經分割或讓與其一部者，其抵押權不因此而受影響。

②前項規定，於債務分割或承擔其一部時適用之。

第八七〇條 （抵押權之從屬性）

抵押權，不得由債權分離而為讓與，或為其他債權之擔保。

第八七〇條之一 （抵押權次序之調整）96

①同一抵押物有多數抵押權者，抵押權人得以下列方法調整其可優先受償之分配額。但他抵押權人之利益不受影響：

一 為特定抵押權人之利益，讓與其抵押權之次序。

二 為特定後次序抵押權人之利益，拋棄其抵押權之次序。

三 為全體後次序抵押權人之利益，拋棄其抵押權之次序。

②前項抵押權次序之讓與或拋棄，非經登記，不生效力。並應於登記前，通知債務人、抵押人及共同抵押人。

③因第一項調整而受利益之抵押權人，亦得實行調整前次序在先之抵押權。

④調整優先受償分配額時，其次序在先之抵押權所擔保之債權，如有第三人之不動產為同一債權之擔保者，在因調整後增加負擔之限度內，以該不動產為標的物之抵押權消滅。但經該第三人同意者，不在此限。

第八七〇條之二 （抵押權次序之調整）96

調整可優先受償分配額時，其次序在先之抵押權所擔保之債權有保證人者，於因調整後所失優先受償之利益限度內，保證人免其責任。但經該保證人同意調整者，不在此限。

第八七一條 （抵押權之保全—抵押物價值減少之防止）96

①抵押人之行為，足使抵押物之價值減少者，抵押權人得請求停止其行為。如有急迫之情事，抵押權人得自為必要之保全處分。

②因前項請求或處分所生之費用，由抵押人負擔。其受償次序優先於各抵押權所擔保之債權。

第八七二條 （抵押權之保全—抵押物價值減少之補救）96

①抵押物之價值因可歸責於抵押人之事由致減少時，抵押權人得定相當期限，請求抵押人回復抵押物之原狀，或提出與減少價額相當之擔保。

②抵押人不於前項所定期限內，履行抵押權人之請求時，抵押權人得定相當期限請求債務人提出與減少價額相當之擔保。屆期不提出者，抵押權人得請求清償其債權。

③抵押人為債務人時，抵押權人得不再為前項請求，逕行請求清償其債權。

④抵押物之價值因不可歸責於抵押人之事由致減少者，抵押權人僅於抵押人因此所受利益之限度內，請求提出擔保。

第八七三條 （抵押權之實行）96

抵押權人，於債權已屆清償期，而未受清償者，得聲請法院，拍賣抵押物，就其賣得價金而受清償。

第八七三條之一 （流押契約禁止）96

①約定於債權已屆清償期而未為清償時，抵押物之所有權移屬於抵押權人者，非經登記，不得對抗第三人。

②抵押權人請求抵押人為抵押物所有權之移轉時，抵押物價值超過擔保債權部分，應返還抵押人；不足清償擔保債權者，仍得請求債務人清償。

③抵押人在抵押物所有權移轉於抵押權人前，得清償抵押權擔保之債權，以消滅該抵押權。

第八七三條之二 （實行抵押權之效果）96

①抵押權人實行抵押權者，該不動產上之抵押權，因抵押物之拍賣而消滅。

②前項情形，抵押權所擔保之債權有未屆清償期者，於抵押物拍賣得受清償之範圍內，

視爲到期。

③抵押權所擔保之債權未定清償期或清償期尙未屆至，而拍定人或承受抵押物之債權人聲明願在拍定或承受之抵押物價額範圍內清償債務，經抵押權人同意者，不適用前二項之規定。

第八七四條　（抵押物賣得價金之分配次序）96

抵押物賣得之價金，除法律另有規定外，按各抵押權成立之次序分配之。其次序相同者，依債權額比例分配之。

第八七五條　（共同抵押㈠）

爲同一債權之擔保，於數不動產上設定抵押權，而未限定各個不動產所負擔之金額者，抵押權人得就各個不動產賣得之價金，受債權全部或一部之清償。

第八七五條之一　（共同抵押㈡）96

爲同一債權之擔保，於數不動產上設定抵押權，抵押物全部或部分同時拍賣時，拍賣之抵押物中有爲債務人所有者，抵押權人應先就該抵押物賣得之價金受償。

第八七五條之二　（共同抵押㈢）96

①爲同一債權之擔保，於數不動產上設定抵押權者，各抵押物對債權分擔之金額，依下列規定計算之：

一　未限定各個不動產所負擔之金額時，依各抵押物價值之比例。

二　已限定各個不動產所負擔之金額時，依各抵押物所限定負擔金額之比例。

三　僅限定部分不動產所負擔之金額時，依各抵押物所限定負擔金額與未限定負擔金額之各抵押物價值之比例。

②計算前項第二款、第三款分擔金額時，各抵押物所限定負擔金額較抵押物價值爲高者，以抵押物之價值爲準。

第八七五條之三　（共同抵押㈣）96

爲同一債權之擔保，於數不動產上設定抵押權者，在抵押物全部或部分同時拍賣，而其賣得價金超過所擔保之債權額時，經拍賣之各抵押物對債權分擔金額之計算，準用前條之規定。

第八七五條之四　（共同抵押㈤）96

爲同一債權之擔保，於數不動產上設定抵押權者，在各抵押物分別拍賣時，適用下列規定：

一　經拍賣之抵押物爲債務人以外之第三人所有，而抵押權人就該抵押物賣得價金受償之債權額超過其分擔額時，該抵押物所有人就超過分擔額之範圍內，得請求其餘未拍賣之其他第三人償還其供擔保抵押物應分擔之部分，並對該第三人之抵押物，以其分擔額爲限，承受抵押權人之權利。但不得有害於該抵押權人之利益。

二　經拍賣之抵押物爲同一人所有，而抵押權人就該抵押物賣得價金受償之債權額超過其分擔額時，該抵押物之後次序抵押權人就超過分擔額之範圍內，對其餘未拍賣之同一人供擔保之抵押物，承受實行抵押權人之權利。但不得有害於該抵押權人之利益。

第八七六條　（法定地上權）96

①設定抵押權時，土地及其土地上之建築物，同屬於一人所有，而僅以土地或僅以建築物爲抵押者，於抵押物拍賣時，視爲已有地上權之設定，其地租、期間及範圍由當事人協議定之。不能協議者，得聲請法院以判決定之。

②設定抵押權時，土地及其土地上之建築物，同屬於一人所有，而以土地及建築物爲抵押者，如經拍賣，其土地與建築物之拍定人各異時，適用前項之規定。

第八七七條　（營造建築物之併付拍賣權）96

①土地所有人於設定抵押權後，在抵押之土地上營造建築物者，抵押權人於必要時，得於強制執行程序中聲請法院將其建築物與土地併付拍賣。但對於建築物之價金，無優先受清償之權。

②前項規定，於第八百六十六條第二項及第三項之情形，如抵押之不動產上，有該權利

人或經其同意使用之人之建築物者，準用之。

第八七七條之一　（抵押物存在必要權利併付拍賣）96

以建築物設定抵押權者，於法院拍賣抵押物時，其抵押物存在所必要之權利得讓與者，應併付拍賣。但抵押權人對於該權利賣得之價金，無優先受清償之權。

第八七八條　（拍賣以外其他方法處分抵押物）

抵押權人於債權清償期屆滿後，爲受清償，得訂立契約，取得抵押物之所有權，或用拍賣以外之方法處分抵押物。但有害於其他抵押權人之利益者，不在此限。

第八七九條　（物上保證人之求償權）96

①爲債務人設定抵押權之第三人，代爲清償債務，或因抵押權人實行抵押權致失抵押物之所有權時，該第三人於其清償之限度內，承受債權人對於債務人之債權。但不得有害於債權人之利益。

②債務人如有保證人時，保證人應分擔之部分，依保證人應負之履行責任與抵押物之價值或限定之金額比例定之。抵押物之擔保債權額少於抵押物之價值者，應以該債權額爲準。

③前項情形，抵押人就超過其分擔額之範圍，得請求保證人償還其應分擔部分。

第八七九條之一　（物上保證人之免除責任）96

第三人爲債務人設定抵押權時，如債權人免除保證人之保證責任者，於前條第二項保證人應分擔部分之限度內，該部分抵押權消滅。

第八八〇條　（時效完成後抵押權之實行）

以抵押權擔保之債權，其請求權已因時效而消滅，如抵押權人於消滅時效完成後，五年間不實行其抵押權者，其抵押權消滅。

第八八一條　（抵押權之消滅）96

①抵押權除法律另有規定外，因抵押物滅失而消滅。但抵押人因滅失得受賠償或其他利益者，不在此限。

②抵押權人對於前項抵押人所得行使之賠償或其他請求權有權利質權，其次序與原抵押權同。

③給付義務人因故意或重大過失向抵押人爲給付者，對於抵押權人不生效力。

④抵押物因毀損而得受之賠償或其他利益，準用前三項之規定。

第二節　最高限額抵押權 96

第八八一條之一　（最高限額抵押權）96

①稱最高限額抵押權者，謂債務人或第三人提供其不動產爲擔保，就債權人對債務人一定範圍內之不特定債權，在最高限額內設定之抵押權。

②最高限額抵押權所擔保之債權，以由一定法律關係所生之債權或基於票據所生之權利爲限。

③基於票據所生之權利，除本於與債務人間依前項一定法律關係取得者外，如抵押權人係於債務人已停止支付、開始清算程序，或依破產法有和解、破產之聲請或有公司重整之聲請，而仍受讓票據者，不屬最高限額抵押權所擔保之債權。但抵押權人不知其情事而受讓者，不在此限。

第八八一條之二　（最高限額約定額度）96

最高限額抵押權人就已確定之原債權，僅得於其約定之最高限額範圍內，行使其權利。

前項債權之利息、遲延利息、違約金，與前項債權合計不逾最高限額範圍者，亦同。

第八八一條之三　（最高限額抵押權之抵押權人與抵押人變更債權範圍或其債務人）96

①原債權確定前，抵押權人與抵押人得約定變更第八百八十一條之一第二項所定債權之範圍或其債務人。

②前項變更無須得後次序抵押權人或其他利害關係人同意。

第八八一條之四　（最高限額抵押權所擔保之原債權—確定期日）96

①最高限額抵押權得約定其所擔保原債權應確定之期日，並得於確定之期日前，約定變更之。

②前項確定之期日，自抵押權設定時起，不得逾三十年。逾三十年者，縮短爲三十年。

③前項期限，當事人得更新之。

第八八一條之五　（最高限額抵押權所擔保之原債權—未約定確定期日）96

①最高限額抵押權所擔保之原債權，未約定確定之期日者，抵押人或抵押權人得隨時請求確定其所擔保之原債權。

②前項情形，除抵押人與抵押權人另有約定外，自請求之日起，經十五日爲其確定期日。

第八八一條之六　（最高限額抵押權所擔保債權移轉之效力）96

①最高限額抵押權所擔保之債權，於原債權確定前讓與他人者，其最高限額抵押權不隨同移轉。第三人爲債務人清償債務者，亦同。

②最高限額抵押權所擔保之債權，於原債權確定前經第三人承擔其債務，而債務人免其責任者，抵押權人就該承擔之部分，不得行使最高限額抵押權。

第八八一條之七　（最高限額抵押權之抵押權人或債務人爲法人之合併）96

①原債權確定前，最高限額抵押權之抵押權人或債務人爲法人而有合併之情形者，抵押人得自知悉合併之日起十五日內，請求確定原債權。但自合併登記之日起已逾三十日，或抵押人爲合併之當事人者，不在此限。

②有前項之請求者，原債權於合併時確定。

③合併後之法人，應於合併之日起十五日內通知抵押人，其未爲通知致抵押人受損害者，應負賠償責任。

④前三項之規定，於第三百零六條或法人分割之情形，準用之。

第八八一條之八　（單獨讓與最高限額抵押權之方式）96

①原債權確定前，抵押權人經抵押人之同意，得將最高限額抵押權之全部或分割其一部讓與他人。

②原債權確定前，抵押權人經抵押人之同意，得使他人成爲最高限額抵押權之共有人。

第八八一條之九　（最高限額抵押權之共有）96

①最高限額抵押權爲數人共有者，各共有人按其債權額比例分配其得優先受償之價金。但共有人於原債權確定前，另有約定者，從其約定。

②共有人得依前項按債權額比例分配之權利，非經共有人全體之同意，不得處分。但已有應有部分之約定者，不在此限。

第八八一條之一〇　（共同最高限額抵押權原債權均歸於確定）96

爲同一債權之擔保，於數不動產上設定最高限額抵押權者，如其擔保之原債權，僅其中一不動產發生確定事由時，各最高限額抵押權所擔保之原債權均歸於確定。

第八八一條之一一　（最高限額抵押權所擔保之原債權確定事由）96

最高限額抵押權不因抵押權人、抵押人或債務人死亡而受影響。但經約定爲原債權確定之事由者，不在此限。

第八八一條之一二　（最高限額抵押權所擔保之原債權確定事由）96

①最高限額抵押權所擔保之原債權，除本節另有規定外，因下列事由之一而確定：

一　約定之原債權確定期日屆至者。

二　擔保債權之範圍變更或因其他事由，致原債權不繼續發生者。

三　擔保債權所由發生之法律關係經終止或因其他事由而消滅者。

四　債權人拒絕繼續發生債權，債務人請求確定者。

五　最高限額抵押權人聲請裁定拍賣抵押物，或依第八百七十三條之一之規定爲抵押物所有權移轉之請求時，或依第八百七十八條規定訂立契約者。

六　抵押物因他債權人聲請強制執行經法院查封，而爲最高限額抵押權人所知悉，或經執行法院通知最高限額抵押權人者。但抵押物之查封經撤銷時，不在此限。

七　債務人或抵押人經裁定宣告破產者。但其裁定經廢棄確定時，不在此限。

②第八百八十一條之五第二項之規定，於前項第四款之情形，準用之。

③第一項第六款但書及第七款但書之規定，於原債權確定後，已有第三人受讓擔保債權，或以該債權爲標的物設定權利者，不適用之。

第八八一條之一三　（請求結算）96

最高限額抵押權所擔保之原債權確定事由發生後，債務人或抵押人得請求抵押權人結算實際發生之債權額，並得就該金額請求變更爲普通抵押權之登記。但不得逾原約定最高限額之範圍。

第八八一條之一四　（確定後擔保效力）96

最高限額抵押權所擔保之原債權確定後，除本節另有規定外，其擔保效力不及於繼續發生之債權或取得之票據上之權利。

第八八一條之一五　（最高限額抵押權擔保債權之請求權消滅後之效力）96

最高限額抵押權所擔保之債權，其請求權已因時效而消滅，如抵押權人於消滅時效完成後，五年間不實行其抵押權者，該債權不再屬於最高限額抵押權擔保之範圍。

第八八一條之一六　（擔保債權超過限額）96

最高限額抵押權所擔保之原債權確定後，於實際債權額超過最高限額時，爲債務人設定抵押權之第三人，或其他對該抵押權之存在有法律上利害關係之人，於清償最高限額爲度之金額後，得請求塗銷其抵押權。

第八八一條之一七　（最高限額抵押權準用普通抵押權之規定）96

最高限額抵押權，除第八百六十一條第二項、第八百六十九條第一項、第八百七十條、第八百七十條之一、第八百七十條之二、第八百八十條之規定外，準用關於普通抵押權之規定。

第三節　其他抵押權 96

第八八二條　（權利抵押權）99

地上權、農育權及典權，均得爲抵押權之標的物。

第八八三條　（抵押權之準用）96

普通抵押權及最高限額抵押權之規定，於前條抵押權及其他抵押權準用之。

第七章　質　權

第一節　動產質權

第八八四條　（動產質權之定義）96

稱動產質權者，謂債權人對於債務人或第三人移轉占有而供其債權擔保之動產，得就該動產賣得價金優先受償之權。

第八八五條　（設定質權之生效要件）96

①質權之設定，因供擔保之動產移轉於債權人占有而生效力。

②質權人不得使出質人或債務人代自己占有質物。

第八八六條　（質權之善意取得）96

動產之受質人占有動產，而受關於占有規定之保護者，縱出質人無處分其質物之權利，受質人仍取得其質權。

第八八七條　（動產質權之擔保範圍）96

①質權所擔保者爲原債權、利息、遲延利息、違約金、保存質物之費用、實行質權之費用及因質物隱有瑕疵而生之損害賠償。但契約另有約定者，不在此限。

②前項保存質物之費用，以避免質物價值減損所必要者爲限。

第八八八條　（質權人之注意義務）96

①質權人應以善良管理人之注意，保管質物。
②質權人非經出質人之同意，不得使用或出租其質物。但爲保存其物之必要而使用者，不在此限。

第八八九條 （質權人之孳息收取權）96

質權人得收取質物所生之孳息。但契約另有約定者，不在此限。

第八九〇條 （孳息收取人之注意義務及其抵充）96

①質權人有收取質物所生孳息之權利者，應以對於自己財產同一之注意收取孳息，並爲計算。
②前項孳息，先抵充費用，次抵原債權之利息，次抵原債權。
③孳息如須變價始得抵充者，其變價方法準用實行質權之規定。

第八九一條 （責任轉質—非常事變責任）

質權人於質權存續中，得以自己之責任，將質物轉質於第三人，其因轉質所受不可抗力之損失，亦應負責。

第八九二條 （代位物—質物之變賣價金）96

①因質物有腐壞之虞，或其價値顯有減少，足以害及質權人之權利者，質權人得拍賣質物，以其賣得價金，代充質物。
②前項情形，如經出質人之請求，質權人應將價金提存於法院。質權人屆債權清償期而未受清償者，得就提存物實行其質權。

第八九三條 （質權之實行）96

①質權人於債權已屆清償期，而未受清償者，得拍賣質物，就其賣得價金而受清償。
②約定於債權已屆清償期而未爲清償時，質物之所有權移屬於質權人者，準用第八百七十三條之一之規定。

第八九四條 （拍賣之通知義務）

前二條情形，質權人應於拍賣前，通知出質人。但不能通知者，不在此限。

第八九五條 （準用處分抵押物之規定）

第八百七十八條之規定，於動產質權準用之。

第八九六條 （質物之返還義務）

動產質權所擔保之債權消滅時，質權人應將質物返還於有受領權之人。

第八九七條 （質權之消滅—返還質物）96

動產質權，因質權人將質物返還於出質人或交付於債務人而消滅。返還或交付質物時，爲質權繼續存在之保留者，其保留無效。

第八九八條 （質權之消滅—喪失質物之占有）96

質權人喪失其質物之占有，於二年內未請求返還者，其動產質權消滅。

第八九九條 （質權之消滅—物上代位性）96

①動產質權，因質物滅失而消滅。但出質人因滅失得受賠償或其他利益者，不在此限。
②質權人對於前項出質人所得行使之賠償或其他請求權仍有質權，其次序與原質權同。
③給付義務人因故意或重大過失向出質人爲給付者，對於質權人不生效力。
④前項情形，質權人得請求出質人交付其給付物或提存其給付之金錢。
⑤質物因毀損而得受之賠償或其他利益，準用前四項之規定。

第八九九條之一 （最高限額質權之設定）96

①債務人或第三人得提供其動產爲擔保，就債權人對債務人一定範圍內之不特定債權，在最高限額內，設定最高限額質權。
②前項質權之設定，除移轉動產之占有外，並應以書面爲之。
③關於最高限額抵押權及第八百八十四條至前條之規定，於最高限額質權準用之。

第八九九條之二 （營業質）96

①質權人係經許可以受質爲營業者，僅得就質物行使其權利。出質人未於取贖期間屆滿後五日內取贖其質物時，質權人取得質物之所有權，其所擔保之債權同時消滅。
②前項質權，不適用第八百八十九條至第八百九十五條、第八百九十九條、第八百九十

九條之一之規定。

第二節　權利質權

第九〇〇條　（權利質權之定義）96

稱權利質權者，謂以可讓與之債權或其他權利爲標的物之質權。

第九〇一條　（動產質權規定之準用）

權利質權，除本節有規定外，準用關於動產質權之規定。

第九〇二條　（權利質權之設定）96

權利質權之設定，除依本節規定外，並應依關於其權利讓與之規定爲之。

第九〇三條　（處分質權標的物之限制）

爲質權標的物之權利，非經質權人之同意，出質人不得以法律行爲，使其消滅或變更。

第九〇四條　（一般債權質之設定）96

①以債權爲標的物之質權，其設定應以書面爲之。

②前項債權有證書者，出質人有交付之義務。

第九〇五條　（一般債權質之實行—提存給付物）96

①爲質權標的物之債權，以金錢給付爲內容，而其清償期先於其所擔保債權之清償期者，質權人得請求債務人提存之，並對提存物行使其質權。

②爲質權標的物之債權，以金錢給付爲內容，而其清償期後於其所擔保債權之清償期者，質權人於其清償期屆至時，得就擔保之債權額，爲給付之請求。

第九〇六條　（一般債權質之實行—請求給付）96

爲質權標的物之債權，以金錢以外之動產給付爲內容者，於其清償期屆至時，質權人得請求債務人給付之，並對該給付物有質權。

第九〇六條之一　（一般債權質之實行—物權設定或移轉）96

①爲質權標的物之債權，以不動產物權之設定或移轉爲給付內容者，於其清償期屆至時，質權人得請求債務人將該不動產物權設定或移轉於出質人，並對該不動產物權有抵押權。

②前項抵押權應於不動產物權設定或移轉於出質人時，一併登記。

第九〇六條之二　（實行質權）96

質權人於所擔保債權清償期屆至而未受清償時，除依前三條之規定外，亦得依第八百九十三條第一項或第八百九十五條之規定實行其質權。

第九〇六條之三　（權利質權之質權人得行使一定之權利）96

爲質權標的物之債權，如得因一定權利之行使而使其清償期屆至者，質權人於所擔保債權清償期屆至而未受清償時，亦得行使該權利。

第九〇六條之四　（通知義務）96

債務人依第九百零五條第一項、第九百零六條、第九百零六條之一爲提存或給付時，質權人應通知出質人，但無庸得其同意。

第九〇七條　（第三債務人之清償）

爲質權標的物之債權，其債務人受質權設定之通知者，如向出質人或質權人一方爲清償時，應得他方之同意，他方不同意時，債務人應提存其爲清償之給付物。

第九〇七條之一　（債務人不得主張抵銷）96

爲質權標的物之債權，其債務人於受質權設定之通知後，對出質人取得債權者，不得以該債權與爲質權標的物之債權主張抵銷。

第九〇八條　（有價證券債權質之設定）96

①質權以未記載權利人之有價證券爲標的物者，因交付其證券於質權人，而生設定質權之效力。以其他之有價證券爲標的物者，並應依背書方法爲之。

②前項背書，得記載設定質權之意旨。

第九〇九條　（有價證券債權質之實行）96
①質權以未記載權利人之有價證券、票據、或其他依背書而讓與之有價證券爲標的物者，其所擔保之債權，縱未屆清償期，質權人仍得收取證券上應受之給付。如有使證券清償期屆至之必要者，並有爲通知或依其他方法使其屆至之權利。債務人亦僅得向質權人爲給付。
②前項收取之給付，適用第九百零五條第一項或第九百零六條之規定。
③第九百零六條之二及第九百零六條之三之規定，於以證券爲標的物之質權，準用之。
第九一〇條　（有價證券債權質之標的物範圍）96
①質權以有價證券爲標的物者，其附屬於該證券之利息證券、定期金證券或其他附屬證券，以已交付於質權人者爲限，亦爲質權效力所及。
②附屬之證券，係於質權設定後發行者，除另有約定外，質權人得請求發行人或出質人交付之。

第八章　典　權

第九一一條　（典權之定義）99
稱典權者，謂支付典價在他人之不動產爲使用、收益，於他人不回贖時，取得該不動產所有權之權。
第九一二條　（典權之期限）
典權約定期限，不得逾三十年；逾三十年者，縮短爲三十年。
第九一三條　（絕賣之限制）99
①典權之約定期限不滿十五年者，不得附有到期不贖即作絕賣之條款。
②典權附有絕賣條款者，出典人於典期屆滿不以原典價回贖時，典權人即取得典物所有權。
③絕賣條款非經登記，不得對抗第三人。
第九一四條　（刪除）99
第九一五條　（典物之轉典或出租）99
①典權存續中，典權人得將典物轉典或出租於他人。但另有約定或另有習慣者，依其約定或習慣。
②典權定有期限者，其轉典或租賃之期限，不得逾原典權之期限，未定期限者，其轉典或租賃，不得定有期限。
③轉典之典價，不得超過原典價。
④土地及其土地上之建築物同屬一人所有，而爲同一人設定典權者，典權人就該典物不得分離而爲轉典或就其典權分離而爲處分。
第九一六條　（轉典或出租之責任）
典權人對於典物因轉典或出租所受之損害，負賠償責任。
第九一七條　（典權之讓與或抵押權之設定）99
①典權人得將典權讓與他人或設定抵押權。
②典物爲土地，典權人在其上有建築物者，其典權與建築物，不得分離而爲讓與或其他處分。
第九一七條之一　（典物之使用收益）99
①典權人應依典物之性質爲使用收益，並應保持其得永續利用。
②典權人違反前項規定，經出典人阻止而仍繼續爲之者，出典人得回贖其典物。典權經設定抵押權者，並應同時將該阻止之事實通知抵押權人。
第九一八條　（典權之讓與）99
出典人設定典權後，得將典物讓與他人。但典權不因此而受影響。
第九一九條　（典權人之留買權）99
①出典人將典物出賣於他人時，典權人有以相同條件留買之權。

②前項情形，出典人應以書面通知典權人。典權人於收受出賣通知後十日內不以書面表示依相同條件留買者，其留買權視為拋棄。
③出典人違反前項通知之規定而將所有權移轉者，其移轉不得對抗典權人。

第九二〇條 （危險分擔—非常事變責任）99
①典權存續中，典物因不可抗力致全部或一部滅失者，就其滅失之部分，典權與回贖權，均歸消滅。
②前項情形，出典人就典物之餘存部分，為回贖時，得由原典價扣除滅失部分之典價。其滅失部分之典價，依滅失時滅失部分之價值與滅失時典物之價值比例計算之。

第九二一條 （典權人之重建修繕權）99
典權存續中，典物因不可抗力致全部或一部滅失者，除經出典人同意外，典權人僅得於滅失時滅失部分之價值限度內為重建或修繕。原典權對於重建之物，視為繼續存在。

第九二二條 （典權人保管典物責任）
典權存續中，因典權人之過失，致典物全部或一部滅失者，典權人於典價額限度內，負其責任。但因故意或重大過失致滅失者，除將典價抵償損害外，如有不足，仍應賠償。

第九二二條之一 （重建之物原典權）99
因典物滅失受賠償而重建者，原典權對於重建之物，視為繼續存在。

第九二三條 （定期典權之回贖）
①典權定有期限者，於期限屆滿後，出典人得以原典價回贖典物。
②出典人於典期屆滿後，經過二年，不以原典價回贖者，典權人即取得典物所有權。

第九二四條 （未定期典權之回贖）
典權未定期限者，出典人得隨時以原典價回贖典物。但自出典後經過三十年不回贖者，典權人即取得典物所有權。

第九二四條之一 （轉典之典物回贖）99
①經轉典之典物，出典人向典權人為回贖之意思表示時，典權人不於相當期間向轉典權人回贖並塗銷轉典權登記者，出典人得於原典價範圍內，以最後轉典價逕向最後轉典權人回贖典物。
②前項情形，轉典價低於原典價者，典權人或轉典權人得向出典人請求原典價與轉典價間之差額。出典人並得為各該請求權人提存其差額。
③前二項規定，於下列情形亦適用之：
一 典權人預示拒絕塗銷轉典權登記。
二 典權人行蹤不明或有其他情形致出典人不能為回贖之意思表示。

第九二四條之二 （典權存續之租賃關係）99
①土地及其土地上之建築物同屬一人所有，而僅以土地設定典權者，典權人與建築物所有人間，推定在典權或建築物存續中，有租賃關係存在；其僅以建築物設定典權者，典權人與土地所有人間，推定在典權存續中，有租賃關係存在；其分別設定典權者，典權人相互間，推定在典權均存續中，有租賃關係存在。
②前項情形，其租金數額當事人不能協議時，得請求法院以判決定之。
③依第一項設定典權者，於典權人依第九百十三條第二項、第九百二十三條第二項、第九百二十四條規定取得典物所有權，致土地與建築物各異其所有人時，準用第八百三十八條之一規定。

第九二五條 （回贖之通知時期）99
出典人之回贖，應於六個月前通知典權人。

第九二六條 （找貼與其次數）
①出典人於典權存續中，表示讓與其典物之所有權於典權人者，典權人得按時價找貼，取得典物所有權。
②前項找貼，以一次為限。

第九二七條 （有益費用之求償權）99
①典權人因支付有益費用，使典物價值增加，或依第九百二十一條規定，重建或修繕者，於典物回贖時，得於現存利益之限度內，請求償還。
②第八百三十九條規定，於典物回贖時準用之。
③典物爲土地，出典人同意典權人在其上營造建築物者，除另有約定外，於典物回贖時，應按該建築物之時價補償之。出典人不願補償者，於回贖時視爲已有地上權之設定。
④出典人願依前項規定爲補償而就時價不能協議時，得聲請法院裁定之；其不願依裁定之時價補償者，於回贖時亦視爲已有地上權之設定。
⑤前二項視爲已有地上權設定之情形，其地租、期間及範圍，當事人不能協議時，得請求法院以判決定之。

第九章　留置權

第九二八條 （留置權之發生）96
①稱留置權者，謂債權人占有他人之動產，而其債權之發生與該動產有牽連關係，於債權已屆清償期未受清償時，得留置該動產之權。
②債權人因侵權行爲或其他不法之原因而占有動產者，不適用前項之規定。其占有之始明知或因重大過失而不知該動產非爲債務人所有者，亦同。

第九二九條 （牽連關係之擬制）96
商人間因營業關係而占有之動產，與其因營業關係所生之債權，視爲有前條所定之牽連關係。

第九三〇條 （留置權發生之限制）96
動產之留置，違反公共秩序或善良風俗者，不得爲之。其與債權人應負擔之義務或與債權人債務人間之約定相牴觸者，亦同。

第九三一條 （留置權之擴張）
①債務人無支付能力時，債權人縱於其債權未屆清償期前，亦有留置權。
②債務人於動產交付後，成爲無支付能力，或其無支付能力於交付後始爲債權人所知者，其動產之留置，縱有前條所定之牴觸情形，債權人仍得行使留置權。

第九三二條 （留置權之不可分性）96
債權人於其債權未受全部清償前，得就留置物之全部，行使其留置權。但留置物爲可分者，僅得依其債權與留置物價值之比例行使之。

第九三二條之一 （留置物存有所有權以外之物權之效力）96
留置物存有所有權以外之物權者，該物權人不得以之對抗善意之留置權人。

第九三三條 （準用規定）96
第八百八十八條至第八百九十條及第八百九十二條之規定，於留置權準用之。

第九三四條 （必要費用償還請求權）
債權人因保管留置物所支出之必要費用，得向其物之所有人，請求償還。

第九三五條 （刪除）96

第九三六條 （留置權之實行）96
①債權人於其債權已屆清償期而未受清償者，得定一個月以上之相當期限，通知債務人，聲明如不於其期限內爲清償時，即就其留置物取償；留置物爲第三人所有或存有其他物權而爲債權人所知者，應併通知之。
②債務人或留置物所有人不於前項期限內爲清償者，債權人得準用關於實行質權之規定，就留置物賣得之價金優先受償，或取得其所有權。
③不能爲第一項之通知者，於債權清償期屆至後，經過六個月仍未受清償時，債權人亦得行使前項所定之權利。

第九三七條 （留置權之消滅—提出相當擔保）96

①債務人或留置物所有人為債務之清償，已提出相當之擔保者，債權人之留置權消滅。
②第八百九十七條至第八百九十九條之規定，於留置權準用之。

第九三八條　（刪除）96

第九三九條　（留置權之準用）96

本章留置權之規定，於其他留置權準用之。但其他留置權另有規定者，從其規定。

第十章　占　有

第九四〇條　（占有人之意義）

對於物有事實上管領之力者，為占有人。

第九四一條　（間接占有人）99

地上權人、農育權人、典權人、質權人、承租人、受寄人，或基於其他類似之法律關係，對於他人之物為占有者，該他人為間接占有人。

第九四二條　（占有輔助人）99

受僱人、學徒、家屬或基於其他類似之關係，受他人之指示，而對於物有管領之力者，僅該他人為占有人。

第九四三條　（占有權利之推定與排除）99

①占有人於占有物上行使之權利，推定其適法有此權利。
②前項推定，於下列情形不適用之：
　一　占有已登記之不動產而行使物權。
　二　行使所有權以外之權利者，對使其占有之人。

第九四四條　（占有態樣之推定）99

①占有人推定其為以所有之意思，善意、和平、公然及無過失占有。
②經證明前後兩時為占有者，推定前後兩時之間，繼續占有。

第九四五條　（占有之變更）99

①占有依其所由發生之事實之性質，無所有之意思者，其占有人對於使其占有之人表示所有之意思時起，為以所有之意思而占有。其因新事實變為以所有之意思占有者，亦同。
②使其占有之人非所有人，而占有人於為前項表示時已知占有物之所有人者，其表示並應向該所有人為之。
③前二項規定，於占有人以所有之意思占有變為以其他意思而占有，或以其他意思之占有變為以不同之其他意思而占有者，準用之。

第九四六條　（占有之移轉）

①占有之移轉，因占有物之交付而生效力。
②前項移轉，準用第七百六十一條之規定。

第九四七條　（占有之合併）

①占有之繼承人或受讓人，得就自己之占有或將自己之占有與其前占有人之占有合併，而為主張。
②合併前占有人之占有而為主張者，並應承繼其瑕疵。

第九四八條　（善意受讓）99

①以動產所有權，或其他物權之移轉或設定為目的，而善意受讓該動產之占有者，縱其讓與人無讓與之權利，其占有仍受法律之保護。但受讓人明知或因重大過失而不知讓與人無讓與之權利者，不在此限。
②動產占有之受讓，係依第七百六十一條第二項規定為之者，以受讓人受現實交付且交付時善意為限，始受前項規定之保護。

第九四九條　（善意受讓之例外—盜贓遺失物或非因己意喪失占有之回復請求）99

①占有物如係盜贓、遺失物或其他非基於原占有人之意思而喪失其占有者，原占有人自喪失占有之時起二年以內，得向善意受讓之現占有人請求回復其物。

②依前項規定回復其物者，自喪失其占有時起，回復其原來之權利。

第九五〇條 （善意受讓之例外—盜贓遺失物或非因己意喪失占有回復請求之限制）99

盜贓、遺失物或其他非基於原占有人之意思而喪失其占有之物，如現占有人由公開交易場所，或由販賣與其物同種之物之商人，以善意買得者，非償還其支出之價金，不得回復其物。

第九五一條 （盜贓遺失物或非因己意喪失占有回復請求之禁止）99

盜贓、遺失物或其他非基於原占有人之意思而喪失其占有之物，如係金錢或未記載權利人之有價證券，不得向其善意受讓之現占有人請求回復。

第九五一條之一 （排除惡意占有之適用）99

第九百四十九條及第九百五十條規定，於原占有人爲惡意占有者，不適用之。

第九五二條 （善意占有人之權利）99

善意占有人於推定其爲適法所有之權利範圍內，得爲占有物之使用、收益。

第九五三條 （善意占有人之責任）99

善意占有人就占有物之滅失或毀損，如係因可歸責於自己之事由所致者，對於回復請求人僅以滅失或毀損所受之利益爲限，負賠償之責。

第九五四條 （善意占有人之必要費用求償權）99

善意占有人因保存占有物所支出之必要費用，得向回復請求人請求償還。但已就占有物取得孳息者，不得請求償還通常必要費用。

第九五五條 （善意占有人之有益費用求償權）

善意占有人，因改良占有物所支出之有益費用，於其占有物現存之增加價值限度內，得向回復請求人，請求償還。

第九五六條 （惡意占有人之責任）99

惡意占有人或無所有意思之占有人，就占有物之滅失或毀損，如係因可歸責於自己之事由所致者，對於回復請求人，負賠償之責。

第九五七條 （惡意占有人之必要費用求償權）

惡意占有人，因保存占有物所支出之必要費用，對於回復請求人，得依關於無因管理之規定，請求償還。

第九五八條 （惡意占有人之返還孳息義務）

惡意占有人，負返還孳息之義務。其孳息如已消費，或因其過失而毀損，或怠於收取者，負償還其孳息價金之義務。

第九五九條 （視爲惡意占有人）99

①善意占有人自確知其無占有本權時起，爲惡意占有人。

②善意占有人於本權訴訟敗訴時，自訴狀送達之日起，視爲惡意占有人。

第九六〇條 （占有人之自力救濟）

①占有人，對於侵奪或妨害其占有之行爲，得以己力防禦之。

②占有物被侵奪者，如係不動產，占有人得於侵奪後，即時排除加害人而取回之；如係動產，占有人得就地或追蹤向加害人取回之。

第九六一條 （占有輔助人之自力救濟）

依第九百四十二條所定對於物有管領力之人，亦得行使前條所定占有人之權利。

第九六二條 （占有人之物上請求權）

占有人，其占有被侵奪者，得請求返還其占有物；占有被妨害者，得請求除去其妨害；占有有被妨害之虞者，得請求防止其妨害。

第九六三條 （占有人物上請求權之消滅時效）

前條請求權，自侵奪或妨害占有或危險發生後，一年間不行使而消滅。

第九六三條之一 （共同占有人之自力救濟及物上請求權）99

①數人共同占有一物時，各占有人得就占有物之全部，行使第九百六十條或第九百六十二條之權利。

②依前項規定，取回或返還之占有物，仍爲占有人全體占有。

第九六四條　（占有之消滅）

占有，因占有人喪失其對於物之事實上管領力而消滅。但其管領力僅一時不能實行者，不在此限。

第九六五條　（共同占有）99

數人共同占有一物時，各占有人就其占有物使用之範圍，不得互相請求占有之保護。

第九六六條　（準占有）

①財產權，不因物之占有而成立者，行使其財產權之人，爲準占有人。

②本章關於占有之規定，於前項準占有準用之。

民法物權編施行法

①民國19年2月10日國民政府制定公布全文16條；並自19年5月5日施行。
②民國96年3月28日總統令修正公布全文24條；並自公布後六個月施行。
③民國98年1月23日總統令修正公布第4、11、13條條文；增訂第8-1至8-5條條文；並自公布後六個月施行。
④民國99年2月3日總統令增訂公布第13-1、13-2條條文；並自公布後六個月施行。

第一條　（不溯既往原則）
物權在民法物權編施行前發生者，除本施行法有特別規定外，不適用民法物權編之規定；其在修正施行前發生者，除本施行法有特別規定外，亦不適用修正施行後之規定。

第二條　（物權效力之適用）
民法物權編所定之物權，在施行前發生者，其效力自施行之日起，依民法物權編之規定。

第三條　（物權之登記）
①民法物權編所規定之登記，另以法律定之。
②物權於未能依前項法律登記前，不適用民法物權編關於登記之規定。

第四條　（消滅時效已完成請求權之行使）98
①民法物權編施行前，依民法物權編之規定，消滅時效業已完成，或其時效期間尚有殘餘不足一年者，得於施行之日起，一年內行使請求權。但自其時效完成後，至民法物權編施行時，已逾民法物權編所定時效期間二分之一者，不在此限。
②前項規定，於依民法物權編修正施行後規定之消滅時效業已完成，或其時效期間尚有殘餘不足一年者，準用之。

第五條　（無時效性質法定期間之準用）
①民法物權編施行前，無時效性質之法定期間已屆滿者，其期間爲屆滿。
②民法物權編施行前已進行之期間，依民法物權編所定之無時效性質之法定期間，於施行時尚未完成者，其已經過之期間與施行後之期間，合併計算。
③前項規定，於取得時效準用之。

第六條　（無時效性質法定期間之準用）
前條規定，於民法物權編修正施行後所定無時效性質之法定期間準用之。但其法定期間不滿一年者，如在修正施行時尚未屆滿，其期間自修正施行之日起算。

第七條　（動產所有權之取得時效）
民法物權編施行前占有動產而具備民法第七百六十八條之條件者，於施行之日取得其所有權。

第八條　（不動產之取得時效）
民法物權編施行前占有不動產而具備民法第七百六十九條或第七百七十條之條件者，自施行之日起，得請求登記爲所有人。

第八條之一　（用水權人之物上請求權之適用）98
修正之民法第七百八十二條規定，於民法物權編修正施行前水源地或井之所有人，對於他人因工事杜絕、減少或污染其水，而得請求損害賠償或並得請求回復原狀者，亦適用之。

第八條之二　（開路通行權之損害適用）98
修正之民法第七百八十八條第二項規定，於民法物權編修正施行前有通行權人開設道路，致通行地損害過鉅者，亦適用之。但以未依修正前之規定支付償金者爲限。

第八條之三　（越界建屋之移去或變更之請求）98
修正之民法第七百九十六條及第七百九十六條之一規定，於民法物權編修正施行前土地所有人建築房屋逾越地界，鄰地所有人請求移去或變更其房屋時，亦適用之。

第八條之四　（等值建物之適用）98
修正之民法第七百九十六條之二規定，於民法物權編修正施行前具有與房屋價值相當之其他建築物，亦適用之。

第八條之五　（建物基地或專有部分之所有區分）98
①同一區分所有建築物之區分所有人間為使其共有部分或基地之應有部分符合修正之民法第七百九十九條第四項規定之比例而為移轉者，不受修正之民法同條第五項規定之限制。
②民法物權編修正施行前，區分所有建築物之專有部分與其所屬之共有部分及其基地之權利，已分屬不同一人所有或已分別設定負擔者，其物權之移轉或設定負擔，不受修正之民法第七百九十九條第五項規定之限制。
③區分所有建築物之基地，依前項規定有分離出賣之情形時，其專有部分之所有人無基地應有部分或應有部分不足者，於按其專有部分面積比例計算其基地之應有部分範圍內，有依相同條件優先承買之權利，其權利並優先於其他共有人。
④前項情形，有數人表示優先承買時，應按專有部分比例買受之。但另有約定者，從其約定。
⑤區分所有建築物之專有部分，依第二項規定有分離出賣之情形時，其基地之所有人無專有部分者，有依相同條件優先承買之權利。
⑥前項情形，有數人表示優先承買時，以抽籤定之。但另有約定者，從其約定。
⑦區分所有建築物之基地或專有部分之所有人依第三項或第五項規定出賣基地或專有部分時，應在該建築物之公告處或其他相當處所公告五日。優先承買權人不於最後公告日起十五日內表示優先承買者，視為拋棄其優先承買權。

第九條　（視為所有人）
依法得請求登記為所有人者，如第三條第一項所定之登記機關尚未設立，於得請求登記之日，視為所有人。

第一〇條　（動產所有權或質權之善意取得）
民法物權編施行前，占有動產，而具備民法第八百零一條或第八百八十六條之條件者，於施行之日，取得其所有權或質權。

第一一條　（拾得遺失物等規定之適用）98
民法物權編施行前，拾得遺失物、漂流物或沈沒物，而具備民法第八百零三條及第八百零七條之條件者，於施行之日，取得民法第八百零七條所定之權利。

第一二條　（埋藏物與添附規定之適用）
民法物權編施行前，依民法第八百零八條或第八百十一條至第八百十四條之規定，取得所有權者，於施行之日，取得其所有權。

第一三條　（共同物分割期限之適用）98
①民法物權編施行前，以契約訂有共有物不分割之期限者，如其殘餘期限，自施行日起算，較民法第八百二十三條第二項所定之期限為短者，依其期限，較長者，應自施行之日起，適用民法第八百二十三條第二項規定。
②修正之民法第八百二十三條第三項規定，於民法物權編修正施行前契約訂有不分割期限者，亦適用之。

第一三條之一　（地上權期限）99
修正之民法第八百三十三條之一規定，於民法物權編中華民國九十九年一月五日修正之條文施行前未定有期限之地上權，亦適用之。

第一三條之二　（永佃權存續期限）99
①民法物權編中華民國九十九年一月五日修正之條文施行前發生之永佃權，其存續期限縮短為自修正施行日起二十年。

②前項永佃權仍適用修正前之規定。
③第一項永佃權存續期限屆滿時，永佃權人得請求變更登記爲農育權。

第一四條　（抵押物爲債務人以外之第三人所有之適用）
①修正之民法第八百七十五條之一至第八百七十五條之四之規定，於抵押物爲債務人以外之第三人所有，而其上之抵押權成立於民法物權編修正施行前者，亦適用之。
②修正之民法第八百七十五條之四第二款之規定，於其後次序抵押權成立於民法物權編修正施行前者，亦同。

第一五條　（保證情形之適用）
修正之民法第八百七十九條關於爲債務人設定抵押權之第三人對保證人行使權利之規定，於民法物權編修正施行前已成立保證之情形，亦適用之。

第一六條　（時效完成後抵押權之實行）
民法物權編施行前，以抵押權擔保之債權，依民法之規定，其請求權消滅時效已完成者，民法第八百八十條所規定抵押權之消滅期間，自施行日起算。但自請求權消滅時效完成後，至施行之日已逾十年者，不得行使抵押權。

第一七條　（設定最高限額抵押權之適用）
修正之民法第八百八十一條之一至第八百八十一條之十七之規定，除第八百八十一條之一第二項、第八百八十一條之四第二項、第八百八十一條之七之規定外，於民法物權編修正施行前設定之最高限額抵押權，亦適用之。

第一八條　（以地上權或典權爲標的物之抵押權及其他抵押權之適用）
修正之民法第八百八十三條之規定，於民法物權編修正施行前以地上權或典權爲標的物之抵押權及其他抵押權，亦適用之。

第一九條　（拍賣質物之證明）
民法第八百九十二條第一項及第八百九十三條第一項所定之拍賣質物，除聲請法院拍賣者外，在拍賣法未公布施行前，得照市價變賣，並應經公證人或商業團體之證明。

第二〇條　（當舖等不適用質權之規定）
民法物權編修正前關於質權之規定，於當舖或其他以受質爲營業者，不適用之。

第二一條　（質權標的物之債權清償期已屆至者之適用）
修正之民法第九百零六條之一之規定，於民法物權編修正施行前爲質權標的物之債權，其清償期已屆至者，亦適用之。

第二二條　（定期典權之依舊法回贖）
民法物權編施行前，定有期限之典權，依舊法規得回贖者，仍適用舊法規。

第二三條　（留置物存有所有權以外之物權者之適用）
修正之民法第九百三十二條之一之規定，於民法物權編修正施行前留置物存有所有權以外之物權者，亦適用之。

第二四條　（施行日）
①本施行法自民法物權編施行之日施行。
②民法物權編修正條文及本施行法修正條文，自公布後六個月施行。

民法

第四編　親　屬

①民國19年12月26日國民政府制定公布全文171條；並自20年5月5日施行。
②民國74年6月3日總統令修正公布第971、977、982、983、985、988、1002、1010、1013、1016至1019、1021、1024、1050、1052、1058至1060、1063、1067、1074、1078至1080、1084、1088、1105、1113、1118、1131、1132條條文；增訂第979-1、979-2、999-1、1008-1、1030-1、1073-1、1079-1、1079-2、1103-1、1116-1條條文；並刪除第992、1042、1043、1071條條文及第二章第四節第三款第二目目名。
③民國85年9月25日總統令修正公布第999-1、1055、1089條條文；增訂第1055-1、1055-2、1069-1、1116-2條條文；並刪除第1051條條文。
④民國87年6月17日總統令修正公布第983、1000、1002條條文；並刪除第986、987、993、994條條文。
⑤民國88年4月21日總統令修正公布第1067條條文。
⑥民國89年1月19日總統令修正公布第1094條條文。
⑦民國91年6月26日總統令修正公布第1007、1008、1008-1、1010、1017、1018、1022、1023、1030-1、1031至1034、1038、1040、1041、1044、1046、1058條條文；增訂第1003-1、1018-1、1020-1、1020-2、1030-2至1030-4、1031-1條條文；並刪除第1006、1013至1016、1019至1021、1024至1030、1035至1037、1045、1047、1048條條文。
⑧民國96年5月23日總統令修正公布第982、988、1030-1、1052、1059、1062、1063、1067、1070、1073至1083、1086、1090條條文；增訂第988-1、1059-1、1076-1、1076-2、1079-3至1079-5、1080-1至1080-3、1083-1、1089-1條條文；並刪除第1068條條文；除第982條之規定自公布後一年施行，餘自公布日施行。
⑨民國97年1月9日總統令修正公布第1052、1120條條文。
⑩民國97年5月23日總統令修正公布第1092至1101、1103、1104、1106至1109、1110至1113條條文及第四章第二節節名；增訂第1094-1、1099-1、1106-1、1109-1、1109-2、1111-1、1111-2、1112-1、1112-2、1113-1條條文；刪除第1103-1、1105條條文；並自公布後一年六個月（98年11月23日）施行。
⑪ 民國98年4月29日總統令增訂公布第1052-1條條文。
⑫ 民國98年12月30日總統令修正公布第1131、1133條條文；並自98年11月23日施行。
⑬ 民國99年1月27日總統令增訂公布第1118-1條條文。
⑭ 民國99年5月19日總統令修正公布第1059、1059-1條條文。
⑮ 民國101年12月26日總統令修正公布第1030-1條條文；並刪除第1009、1011條條文。
⑯ 民國102年12月11日總統令修正公布第1055-1條條文。
⑰ 民國103年1月29日總統令修正公布第1132條條文。
⑱ 民國104年1月14日總統令修正公布第1111-2條條文。
⑲ 民國108年4月24日總統令修正公布第976條條文；並自公布日施行。
⑳ 民國108年6月19日總統令增訂公布第1113-2至1113-10條條文及第四章第三節節名。
㉑ 民國110年1月13日總統令修正公布第973、980、1049、1077、1091、1127、1128條條文；刪除第981、990條條文；並自112年1月1日施行。
㉒ 民國110年1月20日總統令修正公布第1030-1條條文；並自公布日施行。

第一章　通　則

第九六七條　（*直系與旁系血親*）
①稱直系血親者，謂己身所從出或從己身所出之血親。
②稱旁系血親者，謂非直系血親，而與己身出於同源之血親。

第九六八條 （親等之計算）

血親親等之計算，直系血親，從己身上下數，以一世爲一親等；旁系血親，從己身數至同源之直系血親，再由同源之直系血親，數至與之計算親等之血親，以其總世數爲親等之數。

第九六九條 （姻親之定義）

稱姻親者，謂血親之配偶、配偶之血親及配偶之血親之配偶。

第九七〇條 （姻親之親系及親等）

姻親之親系及親等之計算如左：

一　血親之配偶，從其配偶之親系及親等。
二　配偶之血親，從其與配偶之親系及親等。
三　配偶之血親之配偶，從其與配偶之親系及親等。

第九七一條 （姻親關係之消滅）

姻親關係，因離婚而消滅；結婚經撤銷者亦同。

第二章　婚　姻

第一節　婚　約

第九七二條 （婚約之要件）

婚約，應由男女當事人自行訂定。

第九七三條 110

男女未滿十七歲者，不得訂定婚約。

第九七四條 （婚約之要件）

未成年人訂定婚約，應得法定代理人之同意。

第九七五條 （婚約之效力）

婚約，不得請求強迫履行。

第九七六條 （婚約解除之事由及方法）108

①婚約當事人之一方，有下列情形之一者，他方得解除婚約：

一　婚約訂定後，再與他人訂定婚約或結婚。
二　故違結婚期約。
三　生死不明已滿一年。
四　有重大不治之病。
五　婚約訂定後與他人合意性交。
六　婚約訂定後受徒刑之宣告。
七　有其他重大事由。

②依前項規定解除婚約者，如事實上不能向他方爲解除之意思表示時，無須爲意思表示，自得爲解除時起，不受婚約之拘束。

第九七七條 （解除婚約之賠償）

①依前條之規定，婚約解除時，無過失之一方，得向有過失之他方，請求賠償其因此所受之損害。

②前項情形，雖非財產上之損害，受害人亦得請求賠償相當之金額。

③前項請求權不得讓與或繼承。但已依契約承諾，或已起訴者，不在此限。

第九七八條 （違反婚約之損害賠償）

婚約當事人之一方，無第九百七十六條之理由而違反婚約者，對於他方因此所受之損害，應負賠償之責。

第九七九條 （違反婚約之損害賠償）

①前條情形，雖非財產上之損害，受害人亦得請求賠償相當之金額。但以受害人無過失者爲限。

②前項請求權，不得讓與或繼承。但已依契約承諾或已起訴者，不在此限。

第九七九條之一 （贈與物之返還）

因訂定婚約而為贈與者，婚約無效、解除或撤銷時，當事人之一方，得請求他方返還贈與物。

第九七九條之二 （贈與物返還請求權之消滅時效）

第九百七十七條至第九百七十九條之一所規定之請求權，因二年間不行使而消滅。

第二節 結 婚

第九八〇條 110

男女未滿十八歲者，不得結婚。

第九八一條 （刪除）110

第九八二條 （結婚之形式要件）96

結婚應以書面為之，有二人以上證人之簽名，並應由雙方當事人向戶政機關為結婚之登記。

第九八三條 （結婚之實質要件—須非一定之親屬）

①與左列親屬，不得結婚：

一 直系血親及直系姻親。

二 旁系血親在六親等以內者。但因收養而成立之四親等及六親等旁系血親，輩分相同者，不在此限。

三 旁系姻親在五親等以內，輩分不相同者。

②前項直系姻親結婚之限制，於姻親關係消滅後，亦適用之。

③第一項直系血親及直系姻親結婚之限制，於因收養而成立之直系親屬間，在收養關係終止後，亦適用之。

第九八四條 （結婚之實質要件—須無監護關係）

監護人與受監護人，於監護關係存續中，不得結婚。但經受監護人父母之同意者，不在此限。

第九八五條 （結婚之實質要件—須非重婚）

①有配偶者，不得重婚。

②一人不得同時與二人以上結婚。

第九八六條 （刪除）

第九八七條 （刪除）

第九八八條 （結婚之無效）96

結婚有下列情形之一者，無效：

一 不具備第九百八十二條之方式。

二 違反第九百八十三條規定。

三 違反第九百八十五條規定。但重婚之雙方當事人因善意且無過失信賴一方前婚姻消滅之兩願離婚登記或離婚確定判決而結婚者，不在此限。

第九八八條之一 （前婚姻視為消滅之效力、賠償及相關規定）96

①前條第三款但書之情形，前婚姻自後婚姻成立之日起視為消滅。

②前婚姻視為消滅之效力，除法律另有規定外，準用離婚之效力。但剩餘財產已為分配或協議者，仍依原分配或協議定之，不得另行主張。

③依第一項規定前婚姻視為消滅者，其剩餘財產差額之分配請求權，自請求權人知有剩餘財產之差額時起，二年間不行使而消滅。自撤銷兩願離婚登記或廢棄離婚判決確定時起，逾五年者，亦同。

④前婚姻依第一項規定視為消滅者，無過失之前婚配偶得向他方請求賠償。

⑤前項情形，雖非財產上之損害，前婚配偶亦得請求賠償相當之金額。

⑥前項請求權，不得讓與或繼承。但已依契約承諾或已起訴者，不在此限。

第九八九條（結婚之撤銷—未達結婚年齡）

結婚違反第九百八十條之規定者，當事人或其法定代理人得向法院請求撤銷之。但當事人已達該條所定年齡或已懷胎者，不得請求撤銷。

第九九〇條（刪除）110

第九九一條（結婚之撤銷—有監護關係）

結婚違反第九百八十四條之規定者，受監護人或其最近親屬得向法院請求撤銷之。但結婚已逾一年者，不得請求撤銷。

第九九二條至第九九四條（刪除）

第九九五條（結婚之撤銷—不能人道）

當事人之一方，於結婚時不能人道而不能治者，他方得向法院請求撤銷之。但自知悉其不能治之時起已逾三年者，不得請求撤銷。

第九九六條（結婚之撤銷—精神不健全）

當事人之一方，於結婚時係在無意識或精神錯亂中者，得於常態回復後六個月內向法院請求撤銷之。

第九九七條（結婚之撤銷—因被詐欺或脅迫）

因被詐欺或被脅迫而結婚者，得於發見詐欺或脅迫終止後，六個月內向法院請求撤銷之。

第九九八條（撤銷之不溯及效力）

結婚撤銷之效力，不溯及既往。

第九九九條（婚姻無效或撤銷之損害賠償）

①當事人之一方，因結婚無效或被撤銷而受有損害者，得向他方請求賠償。但他方無過失者，不在此限。

②前項情形，雖非財產上之損害，受害人亦得請求賠償相當之金額。但以受害人無過失者爲限。

③前項請求權，不得讓與或繼承。但已依契約承諾或已起訴者，不在此限。

第九九九條之一（結婚無效或經撤銷準用規定）

①第一千零五十七條及第一千零五十八條之規定，於結婚無效時準用之。

②第一千零五十五條、第一千零五十五條之一、第一千零五十五條之二、第一千零五十七條及第一千零五十八條之規定，於結婚經撤銷時準用之。

第三節　婚姻之普通效力

第一〇〇〇條（夫妻之冠姓）

①夫妻各保有其本姓。但得書面約定以其本姓冠以配偶之姓，並向戶政機關登記。

②冠姓之一方得隨時回復其本姓。但於同一婚姻關係存續中以一次爲限。

第一〇〇一條（夫妻之同居義務）

夫妻互負同居之義務。但有不能同居之正當理由者，不在此限。

第一〇〇二條（夫妻之住所）

①夫妻之住所，由雙方共同協議之；未爲協議或協議不成時，得聲請法院定之。

②法院爲前項裁定前，以夫妻共同戶籍地推定爲其住所。

第一〇〇三條（日常家務代理權）

①夫妻於日常家務，互爲代理人。

②夫妻之一方濫用前項代理權時，他方得限制之。但不得對抗善意第三人。

第一〇〇三條之一（家庭生活費用之分擔方式）91

①家庭生活費用，除法律或契約另有約定外，由夫妻各依其經濟能力、家事勞動或其他情事分擔之。

②因前項費用所生之債務，由夫妻負連帶責任。

第四節　夫妻財產制

第一款　通　則

第一〇〇四條　（夫妻財產制契約之訂立—約定財產制之選擇）
夫妻得於結婚前或結婚後，以契約就本法所定之約定財產制中，選擇其一，爲其夫妻財產制。

第一〇〇五條　（法定財產制之適用）
夫妻未以契約訂立夫妻財產制者，除本法另有規定外，以法定財產制，爲其夫妻財產制。

第一〇〇六條　（刪除）91

第一〇〇七條　（夫妻財產制契約之要件—要式契約）91
夫妻財產制契約之訂立、變更或廢止，應以書面爲之。

第一〇〇八條　（夫妻財產制契約之要件—契約之登記）91
①夫妻財產制契約之訂立、變更或廢止，非經登記，不得以之對抗第三人。
②前項夫妻財產制契約之登記，不影響依其他法律所爲財產權登記之效力。
③第一項之登記，另以法律定之。

第一〇〇八條之一　（除夫妻財產制外，其他約定之方法）91
前二條之規定，於有關夫妻財產之其他約定準用之。

第一〇〇九條　（刪除）101

第一〇一〇條　（分別財產制之原因—法院應夫妻一方之聲請而爲宣告）91
①夫妻之一方有左列各款情形之一時，法院因他方之請求，得宣告改用分別財產制：
一　依法應給付家庭生活費用而不給付時。
二　夫或妻之財產不足清償其債務時。
三　依法應得他方同意所爲之財產處分，他方無正當理由拒絕同意時。
四　有管理權之一方對於共同財產之管理顯有不當，經他方請求改善而不改善時。
五　因不當減少其婚後財產，而對他方剩餘財產分配請求權有侵害之虞時。
六　有其他重大事由時。
②夫妻之總財產不足清償總債務或夫妻難於維持共同生活，不同居已達六個月以上時，前項規定於夫妻均適用之。

第一〇一一條　（刪除）101

第一〇一二條　（夫妻財產制之變更廢止）
夫妻於婚姻關係存續中，得以契約廢止其財產契約，或改用他種約定財產制。

第一〇一三條至第一〇一五條　（刪除）91

第二款　法定財產制

第一〇一六條　（刪除）91

第一〇一七條　（婚前財產與婚後財產）91
①夫或妻之財產分爲婚前財產與婚後財產，由夫妻各自所有。不能證明爲婚前或婚後財產者，推定爲婚後財產；不能證明爲夫或妻所有之財產，推定爲夫妻共有。
②夫或妻婚前財產，於婚姻關係存續中所生之孳息，視爲婚後財產。
③夫妻以契約訂立夫妻財產制後，於婚姻關係存續中改用法定財產制者，其改用前之財產視爲婚前財產。

第一〇一八條　（各自管理財產）91
夫或妻各自管理、使用、收益及處分其財產。

第一〇一八條之一　（自由處分生活費用外金錢）91
夫妻於家庭生活費用外，得協議一定數額之金錢，供夫或妻自由處分。

第一〇一九條　（刪除）91

第一〇二〇條　（刪除）91

第一〇二〇條之一　（婚後剩餘財產之分配）91

①夫或妻於婚姻關係存續中就其婚後財產所為之無償行為，有害及法定財產制關係消滅後他方之剩餘財產分配請求權者，他方得聲請法院撤銷之。但為履行道德上義務所為之相當贈與，不在此限。

②夫或妻於婚姻關係存續中就其婚後財產所為之有償行為，於行為時明知有損於法定財產制關係消滅後他方之剩餘財產分配請求權者，以受益人受益時亦知其情事者為限，他方得聲請法院撤銷之。

第一〇二〇條之二　（婚後剩餘財產分配撤銷權之除斥期間）91

前條撤銷權，自夫或妻之一方知有撤銷原因時起，六個月間不行使，或自行為時起經過一年而消滅。

第一〇二一條　（刪除）91

第一〇二二條　（婚後財產之報告義務）91

夫妻就其婚後財產，互負報告之義務。

第一〇二三條　（各自清償債務）91

①夫妻各自對其債務負清償之責。

②夫妻之一方以自己財產清償他方之債務時，雖於婚姻關係存續中，亦得請求償還。

第一〇二四條至第一〇三〇條　（刪除）91

第一〇三〇條之一　110

①法定財產制關係消滅時，夫或妻現存之婚後財產，扣除婚姻關係存續所負債務後，如有剩餘，其雙方剩餘財產之差額，應平均分配。但下列財產不在此限：

一　因繼承或其他無償取得之財產。

二　慰撫金。

②夫妻之一方對於婚姻生活無貢獻或協力，或有其他情事，致平均分配有失公平者，法院得調整或免除其分配額。

③法院為前項裁判時，應綜合衡酌夫妻婚姻存續期間之家事勞動、子女照顧養育、對家庭付出之整體協力狀況、共同生活及分居時間之久暫、婚後財產取得時間、雙方之經濟能力等因素。

④第一項請求權，不得讓與或繼承。但已依契約承諾，或已起訴者，不在此限。

⑤第一項剩餘財產差額之分配請求權，自請求權人知有剩餘財產之差額時起，二年間不行使而消滅。自法定財產制關係消滅時起，逾五年者，亦同。

第一〇三〇條之二　（法定財產制關係消滅時債務之計算）91

①夫或妻之一方以其婚後財產清償其婚前所負債務，或以其婚前財產清償婚姻關係存續中所負債務，除已補償者外，於法定財產制關係消滅時，應分別納入現存之婚後財產或婚姻關係存續中所負債務計算。

②夫或妻之一方以其前條第一項但書之財產清償婚姻關係存續中其所負債務者，適用前項之規定。

第一〇三〇條之三　（法定財產制關係消滅時財產之追加計算）91

①夫或妻為減少他方對於剩餘財產之分配，而於法定財產制關係消滅前五年內處分其婚後財產者，應將該財產追加計算，視為現存之婚後財產。但為履行道德上義務所為之相當贈與，不在此限。

②前項情形，分配權利人於義務人不足清償其應得之分配額時，得就其不足額，對受領之第三人於其所受利益內請求返還。但受領為有償者，以顯不相當對價取得者為限。

③前項對第三人之請求權，於知悉其分配權利受侵害時起二年間不行使而消滅。自法定財產制關係消滅時起，逾五年者，亦同。

第一〇三〇條之四　（婚後財產與追加計算財算之計價基準）91

①夫妻現存之婚後財產，其價值計算以法定財產制關係消滅時為準。但夫妻因判決而離婚者，以起訴時為準。

②依前條應追加計算之婚後財產，其價值計算以處分時為準。

第三款 約定財產制

第一目 共同財產制

第一〇三一條 （共同財產之定義）91

夫妻之財產及所得，除特有財產外，合併爲共同財產，屬於夫妻公同共有。

第一〇三一條之一 （特有財產之範圍及準用規定）91

①左列財產爲特有財產：

一 專供夫或妻個人使用之物。

二 夫或妻職業上必需之物。

三 夫或妻所受之贈物，經贈與人以書面聲明爲其特有財產者。

②前項所定之特有財產，適用關於分別財產制之規定。

第一〇三二條 （共同財產之管理）91

①共同財產，由夫妻共同管理。但約定由一方管理者，從其約定。

②共同財產之管理費用，由共同財產負擔。

第一〇三三條 （共同財產之處分）91

①夫妻之一方，對於共同財產爲處分時，應得他方之同意。

②前項同意之欠缺，不得對抗第三人。但第三人已知或可得而知其欠缺，或依情形，可認爲該財產屬於共同財產者，不在此限。

第一〇三四條 （結婚前或婚關係存續中債務之清償責任）91

夫或妻結婚前或婚姻關係存續中所負之債務，應由共同財產，並各就其特有財產負清償責任。

第一〇三五條至第一〇三七條 （刪除）91

第一〇三八條 （共同財產制之補償請求權）91

①共同財產所負之債務，而以共同財產清償者，不生補償請求權。

②共同財產之債務，而以特有財產清償，或特有財產之債務，而以共同財產清償者，有補償請求權，雖於婚姻關係存續中，亦得請求。

第一〇三九條 （共同財產制之消滅—因其他原因之消滅）

①夫妻之一方死亡時，共同財產之半數，歸屬於死亡者之繼承人，其他半數，歸屬於生存之他方。

②前項財產之分劃，其數額另有約定者，從其約定。

③第一項情形，如該生存之他方，依法不得爲繼承人時，其對於共同財產得請求之數額，不得超過於離婚時所應得之數額。

第一〇四〇條 （共有財產制之消滅時財產之取回）91

①共同財產制關係消滅時，除法律另有規定外，夫妻各取回其訂立共同財產制契約時之財產。

②共同財產制關係存續中取得之共同財產，由夫妻各得其半數。但另有約定者，從其約定。

第一〇四一條 （勞力所得共同財產制）91

①夫妻得以契約訂定僅以勞力所得爲限爲共同財產。

②前項勞力所得，指夫或妻於婚姻關係存續中取得之薪資、工資、紅利、獎金及其他與勞力所得有關之財產收入。勞力所得之孳息及代替利益，亦同。

③不能證明爲勞力所得或勞力所得以外財產者，推定爲勞力所得。

④夫或妻勞力所得以外之財產，適用關於分別財產制之規定。

⑤第一千零三十四條、第一千零三十八條及第一千零四十條之規定，於第一項情形準用之。

第二目 （刪除）

第一〇四二條 （刪除）

第一〇四三條 （刪除）

第三目　分別財產制

第一〇四四條　（分別財產制之意義）91
分別財產，夫妻各保有其財產之所有權，各自管理、使用、收益及處分。

第一〇四五條　（刪除）91

第一〇四六條　（分別財產制債務之清償）91
分別財產制有關夫妻債務之清償，適用第一千零二十三條之規定。

第一〇四七條　（刪除）91

第一〇四八條　（刪除）91

第五節　離　婚

第一〇四九條 110
夫妻兩願離婚者，得自行離婚。

第一〇五〇條　（離婚之要式性）
兩願離婚，應以書面爲之，有二人以上證人之簽名並應向戶政機關爲離婚之登記。

第一〇五一條　（刪除）

第一〇五二條　（裁判離婚之原因）97
①夫妻之一方，有下列情形之一者，他方得向法院請求離婚：
一　重婚。
二　與配偶以外之人合意性交。
三　夫妻之一方對他方爲不堪同居之虐待。
四　夫妻之一方對他方之直系親屬爲虐待，或夫妻一方之直系親屬對他方爲虐待，致不堪爲共同生活。
五　夫妻之一方以惡意遺棄他方在繼續狀態中。
六　夫妻之一方意圖殺害他方。
七　有不治之惡疾。
八　有重大不治之精神病。
九　生死不明已逾三年。
十　因故意犯罪，經判處有期徒刑逾六個月確定。
②有前項以外之重大事由，難以維持婚姻者，夫妻之一方得請求離婚。但其事由應由夫妻之一方負責者，僅他方得請求離婚。

第一〇五二條之一　（法院調解或和解離婚之效力）98
離婚經法院調解或法院和解成立者，婚姻關係消滅。法院應依職權通知該管戶政機關。

第一〇五三條　（裁判離婚之限制）
對於前條第一款、第二款之情事，有請求權之一方，於事前同意或事後宥恕，或知悉後已逾六個月，或自其情事發生後已逾二年者，不得請求離婚。

第一〇五四條　（裁判離婚之限制）
對於第一千零五十二條第六款及第十款之情事，有請求權之一方，自知悉後已逾一年，或自其情事發生後已逾五年者，不得請求離婚。

第一〇五五條　（離婚未成年子女保護教養之權義及變更）
①夫妻離婚者，對於未成年子女權利義務之行使或負擔，依協議由一方或雙方共同任之。未爲協議或協議不成者，法院得依夫妻之一方、主管機關、社會福利機構或其他利害關係人之請求或依職權酌定之。
②前項協議不利子女者，法院得依主管機關、社會福利機構或其他利害關係人之請求或依職權爲子女之利益改定之。
③行使、負擔權利義務之一方未盡保護教養之義務或對未成年子女有不利之情事者，他方、未成年子女、主管機關、社會福利機構或其他利害關係人得爲子女之利益，請求

法院改定之。
④前三項情形，法院得依請求或依職權，爲子女之利益酌定權利義務行使負擔之內容及方法。
⑤法院得依請求或依職權，爲未行使或負擔權利義務之一方酌定其與未成年子女會面交往之方式及期間。但其會面交往有妨害子女之利益者，法院得依請求或依職權變更之。

第一〇五五條之一 （裁判離婚子女之監護㈠）102
①法院爲前條裁判時，應依子女之最佳利益，審酌一切情狀，尤應注意下列事項：
一 子女之年齡、性別、人數及健康情形。
二 子女之意願及人格發展之需要。
三 父母之年齡、職業、品行、健康情形、經濟能力及生活狀況。
四 父母保護教養子女之意願及態度。
五 父母子女間或未成年子女與其他共同生活之人間之感情狀況。
六 父母之一方是否有妨礙他方對未成年子女權利義務行使負擔之行爲。
七 各族群之傳統習俗、文化及價值觀。
②前項子女最佳利益之審酌，法院除得參考社工人員之訪視報告或家事調查官之調查報告外，並得依囑託警察機關、稅捐機關、金融機構、學校及其他有關機關、團體或具有相關專業知識之適當人士就特定事項調查之結果認定之。

第一〇五五條之二 （裁判離婚子女之監護㈡）
父母均不適合行使權利時，法院應依子女之最佳利益並審酌前條各款事項，選定適當之人爲子女之監護人，並指定監護之方法、命其父母負擔扶養費用及其方式。

第一〇五六條 （損害賠償）
①夫妻之一方，因判決離婚而受有損害者，得向有過失之他方，請求賠償。
②前項情形，雖非財產上之損害，受害人亦得請求賠償相當之金額。但以受害人無過失者爲限。
③前項請求權，不得讓與或繼承。但已依契約承諾或已起訴者，不在此限。

第一〇五七條 （贍養費）
夫妻無過失之一方，因判決離婚而陷於生活困難者，他方縱無過失，亦應給與相當之贍養費。

第一〇五八條 （財產之取回）91
夫妻離婚時，除採用分別財產制者外，各自取回其結婚或變更夫妻財產制時之財產。如有剩餘，各依其夫妻財產制之規定分配之。

第三章　父母子女

第一〇五九條 （子女之姓）99
①父母於子女出生登記前，應以書面約定子女從父姓或母姓。未約定或約定不成者，於戶政事務所抽籤決定之。
②子女經出生登記後，於未成年前，得由父母以書面約定變更爲父姓或母姓。
③子女已成年者，得變更爲父姓或母姓。
④前二項之變更，各以一次爲限。
⑤有下列各款情形之一，法院得依父母之一方或子女之請求，爲子女之利益，宣告變更子女之姓氏爲父姓或母姓：
一 父母離婚者。
二 父母之一方或雙方死亡者。
三 父母之一方或雙方生死不明滿三年者。
四 父母之一方顯有未盡保護或教養義務之情事者。

第一〇五九條之一 （非婚生子女之姓）99

①非婚生子女從母姓。經生父認領者，適用前條第二項至第四項之規定。
②非婚生子女經生父認領，而有下列各款情形之一，法院得依父母之一方或子女之請求，爲子女之利益，宣告變更子女之姓氏爲父姓或母姓：
一　父母之一方或雙方死亡者。
二　父母之一方或雙方生死不明滿三年者。
三　子女之姓氏與任權利義務行使或負擔之父或母不一致者。
四　父母之一方顯有未盡保護或教養義務之情事者。

第一〇六〇條　（未成年子女之住所）
未成年之子女，以其父母之住所爲住所。

第一〇六一條　（婚生子女之定義）
稱婚生子女者，謂由婚姻關係受胎而生之子女。

第一〇六二條　（受胎期間）96
①從子女出生日回溯第一百八十一日起至第三百零二日止，爲受胎期間。
②能證明受胎回溯在前項第一百八十一日以內或第三百零二日以前者，以其期間爲受胎期間。

第一〇六三條　（婚生子女之推定及否認）96
①妻之受胎，係在婚姻關係存續中者，推定其所生子女爲婚生子女。
②前項推定，夫妻之一方或子女能證明子女非爲婚生子女者，得提起否認之訴。
③前項否認之訴，夫妻之一方自知悉該子女非爲婚生子女，或子女自知悉其非爲婚生子女之時起二年內爲之。但子女於未成年時知悉者，仍得於成年後二年內爲之。

第一〇六四條　（準正）
非婚生子女，其生父與生母結婚者，視爲婚生子女。

第一〇六五條　（認領之效力及認領之擬制及非婚生子女與生母之關係）
①非婚生子女經生父認領者，視爲婚生子女。其經生父撫育者，視爲認領。
②非婚生子女與其生母之關係，視爲婚生子女，無須認領。

第一〇六六條　（認領之否認）
非婚生子女或其生母，對於生父之認領，得否認之。

第一〇六七條　（認領之請求）96
①有事實足認其爲非婚生子女之生父者，非婚生子女或其生母或其他法定代理人，得向生父提起認領之訴。
②前項認領之訴，於生父死亡後，得向生父之繼承人爲之。生父無繼承人者，得向社會福利主管機關爲之。

第一〇六八條　（刪除）96

第一〇六九條　（認領之效力—溯及效力）
非婚生子女認領之效力，溯及於出生時。但第三人已得之權利，不因此而受影響。

第一〇六九條之一　（認領非婚生未成年子女權義之準用規定）
非婚生子女經認領者，關於未成年子女權利義務之行使或負擔，準用第一千零五十五條、第一千零五十五條之一及第一千零五十五條之二之規定。

第一〇七〇條　（認領之效力—絕對效力）96
生父認領非婚生子女後，不得撤銷其認領。但有事實足認其非生父者，不在此限。

第一〇七一條　（刪除）

第一〇七二條　（收養之定義）
收養他人之子女爲子女時，其收養者爲養父或養母，被收養者爲養子或養女。

第一〇七三條　（收養要件—年齡）96
①收養者之年齡，應長於被收養者二十歲以上。但夫妻共同收養時，夫妻之一方長於被收養者二十歲以上，而他方僅長於被收養者十六歲以上，亦得收養。
②夫妻之一方收養他方之子女時，應長於被收養者十六歲以上。

第一〇七三條之一　（不得收養爲養子女之親屬）

下列親屬不得收養爲養子女：
一　直系血親。
二　直系姻親。但夫妻之一方，收養他方之子女者，不在此限。
三　旁系血親在六親等以內及旁系姻親在五親等以內，輩分不相當者。

第一〇七四條　（夫妻應爲共同收養）96

夫妻收養子女時，應共同爲之。但有下列各款情形之一者，得單獨收養：
一　夫妻之一方收養他方之子女。
二　夫妻之一方不能爲意思表示或生死不明已逾三年。

第一〇七五條　（同時爲二人養子女之禁止）96

除夫妻共同收養外，一人不得同時爲二人之養子女。

第一〇七六條　（被收養人配偶之同意）96

夫妻之一方被收養時，應得他方之同意。但他方不能爲意思表示或生死不明已逾三年者，不在此限。

第一〇七六條之一　（子女被收養應得父母之同意）96

①子女被收養時，應得其父母之同意。但有下列各款情形之一者，不在此限：
一　父母之一方或雙方對子女未盡保護教養義務或有其他顯然不利子女之情事而拒絕同意。
二　父母之一方或雙方事實上不能爲意思表示。
②前項同意應作成書面並經公證。但已向法院聲請收養認可者，得以言詞向法院表示並記明筆錄代之。
③第一項之同意，不得附條件或期限。

第一〇七六條之二　（未滿七歲及滿七歲之被收養者應得其法定代理人之同意）96

①被收養者未滿七歲時，應由其法定代理人代爲並代受意思表示。
②滿七歲以上之未成年人被收養時，應得其法定代理人之同意。
③被收養者之父母已依前二項規定以法定代理人之身分代爲並代受意思表示或爲同意時，得免依前條規定爲同意。

第一〇七七條　110

①養子女與養父母及其親屬間之關係，除法律另有規定外，與婚生子女同。
②養子女與本生父母及其親屬間之權利義務，於收養關係存續中停止之。但夫妻之一方收養他方之子女時，他方與其子女之權利義務，不因收養而受影響。
③收養者收養子女後，與養子女之本生父或母結婚時，養子女回復與本生父或母及其親屬間之權利義務。但第三人已取得之權利，不受影響。
④養子女於收養認可時已有直系血親卑親屬者，收養之效力僅及於其未成年之直系血親卑親屬。但收養認可前，其已成年之直系血親卑親屬表示同意者，不在此限。
⑤前項同意，準用第一千零七十六條之一第二項及第三項之規定。

第一〇七八條　（收養之效力－養子女之姓氏）96

①養子女從收養者之姓或維持原來之姓。
②夫妻共同收養子女時，於收養登記前，應以書面約定養子女從養父姓、養母姓或維持原來之姓。
③第一千零五十九條第二項至第五項之規定，於收養之情形準用之。

第一〇七九條　（收養之方法）96

①收養應以書面爲之，並向法院聲請認可。
②收養有無效、得撤銷之原因或違反其他法律規定者，法院應不予認可。

第一〇七九條之一　（未成年收養之認可）

法院爲未成年人被收養之認可時，應依養子女最佳利益爲之。

第一〇七九條之二　（不認可成年收養之情形）

被收養者爲成年人而有下列各款情形之一者，法院應不予收養之認可：
一　意圖以收養免除法定義務。

二　依其情形，足認收養於其本生父母不利。

三　有其他重大事由，足認違反收養目的。

第一〇七九條之三　（收養之生效時點）96

收養自法院認可裁定確定時，溯及於收養契約成立時發生效力。但第三人已取得之權利，不受影響。

第一〇七九條之四　（收養之無效）96

收養子女，違反第一千零七十三條、第一千零七十三條之一、第一千零七十五條、第一千零七十六條之一、第一千零七十六條之二第一項或第一千零七十九條第一項之規定者，無效。

第一〇七九條之五　（收養之撤銷及其行使期間）96

①收養子女，違反第一千零七十四條之規定者，收養者之配偶得請求法院撤銷之。但自知悉其事實之日起，已逾六個月，或自法院認可之日起已逾一年者，不得請求撤銷。

②收養子女，違反第一千零七十六條或第一千零七十六條之二第二項之規定者，被收養者之配偶或法定代理人得請求法院撤銷之。但自知悉其事實之日起，已逾六個月，或自法院認可之日起已逾一年者，不得請求撤銷。

③依前二項之規定，經法院判決撤銷收養者，準用第一千零八十二條及第一千零八十三條之規定。

第一〇八〇條　（收養之終止－合意終止）96

①養父母與養子女之關係，得由雙方合意終止之。

②前項終止，應以書面爲之。養子女爲未成年人者，並應向法院聲請認可。

③法院依前項規定爲認可時，應依養子女最佳利益爲之。

④養子女爲未成年人者，終止收養自法院認可裁定確定時發生效力。

⑤養子女未滿七歲者，其終止收養關係之意思表示，由收養終止後爲其法定代理人之人爲之。

⑥養子女爲滿七歲以上之未成年人者，其終止收養關係，應得收養終止後爲其法定代理人之人之同意。

⑦夫妻共同收養子女者，其合意終止收養應共同爲之。但有下列情形之一者，得單獨終止：

一　夫妻之一方不能爲意思表示或生死不明已逾三年。

二　夫妻之一方於收養後死亡。

三　夫妻離婚。

⑧夫妻之一方依前項但書規定單獨終止收養者，其效力不及於他方。

第一〇八〇條之一　（收養之終止－聲請法院許可）96

①養父母死亡後，養子女得聲請法院許可終止收養。

②養子女未滿七歲者，由收養終止後爲其法定代理人之人向法院聲請許可。

③養子女爲滿七歲以上之未成年人者，其終止收養之聲請，應得收養終止後爲其法定代理人之人之同意。

④法院認終止收養顯失公平者，得不許可之。

第一〇八〇條之二　（收養之終止－無效）96

終止收養，違反第一千零八十條第二項、第五項或第一千零八十條之一第二項規定者，無效。

第一〇八〇條之三　（收養之終止－撤銷）96

①終止收養，違反第一千零八十條第七項之規定者，終止收養者之配偶得請求法院撤銷之。但自知悉其事實之日起，已逾六個月，或自法院認可之日起已逾一年者，不得請求撤銷。

②終止收養，違反第一千零八十條第六項或第一千零八十條之一第三項之規定者，終止收養後被收養者之法定代理人得請求法院撤銷之。但自知悉其事實之日起，已逾六個月，或自法院許可之日起已逾一年者，不得請求撤銷。

第一〇八一條 （收養之終止—判決終止）96

①養父母、養子女之一方，有下列各款情形之一者，法院得依他方、主管機關或利害關係人之請求，宣告終止其收養關係：

一 對於他方爲虐待或重大侮辱。

二 遺棄他方。

三 因故意犯罪，受二年有期徒刑以上之刑之裁判確定而未受緩刑宣告。

四 有其他重大事由難以維持收養關係。

②養子女爲未成年人者，法院宣告終止收養關係時，應依養子女最佳利益爲之。

第一〇八二條 （終止之效果—給與金額之請求）96

因收養關係終止而生活陷於困難者，得請求他方給與相當之金額。但其請求顯失公平者，得減輕或免除之。

第一〇八三條 （終止之效果—復姓）96

養子女及收養效力所及之直系血親卑親屬，自收養關係終止時起，回復其本姓，並回復其與本生父母及其親屬間之權利義務。但第三人已取得之權利，不受影響。

第一〇八三條之一 （準用規定）96

法院依第一千零五十九條第五項、第一千零五十九條之一第二項、第一千零七十八條第三項、第一千零七十九條之一、第一千零八十條第三項或第一千零八十一條第二項規定爲裁判時，準用第一千零五十五條之一之規定。

第一〇八四條 （親權—孝親、保護及教養）

①子女應孝敬父母。

②父母對於未成年之子女，有保護及教養之權利義務。

第一〇八五條 （親權—懲戒）

父母得於必要範圍內懲戒其子女。

第一〇八六條 （親權—代理）96

①父母爲其未成年子女之法定代理人。

②父母之行爲與未成年子女之利益相反，依法不得代理時，法院得依父母、未成年子女、主管機關、社會福利機構或其他利害關係人之聲請或依職權，爲子女選任特別代理人。

第一〇八七條 （子女之特有財產）

未成年子女，因繼承、贈與或其他無償取得之財產，爲其特有財產。

第一〇八八條 （親權—子女特有財產之管理）

①未成年子女之特有財產，由父母共同管理。

②父母對於未成年子女之特有財產，有使用、收益之權。但非爲子女之利益，不得處分之。

第一〇八九條 （裁判未成年子女權義之行使及變更）

①對於未成年子女之權利義務，除法律另有規定外，由父母共同行使或負擔之。父母之一方不能行使權利時，由他方行使之。父母不能共同負擔義務時，由有能力者負擔之。

②父母對於未成年子女重大事項權利之行使意思不一致時，得請求法院依子女之最佳利益酌定之。

③法院爲前項裁判前，應聽取未成年子女、主管機關或社會福利機構之意見。

第一〇八九條之一 （未成年子女權義之行使或負擔準用規定）96

父母不繼續共同生活達六個月以上時，關於未成年子女權利義務之行使或負擔，準用第一千零五十五條、第一千零五十五條之一及第一千零五十五條之二之規定。但父母有不能同居之正當理由或法律另有規定者，不在此限。

第一〇九〇條 （親權濫用之禁止）96

父母之一方濫用其對於子女之權利時，法院得依他方、未成年子女、主管機關、社會福利機構或其他利害關係人之請求或依職權，爲子女之利益，宣告停止其權利之全部或一部。

第四章　監　護

第一節　未成年人之監護

第一〇九一條 110

未成年人無父母，或父母均不能行使、負擔對於其未成年子女之權利、義務時，應置監護人。

第一〇九二條 （委託監護人）97

父母對其未成年之子女，得因特定事項，於一定期限內，以書面委託他人行使監護之職務。

第一〇九三條 （遺囑指定監護人）97

①最後行使、負擔對於未成年子女之權利、義務之父或母，得以遺囑指定監護人。

②前項遺囑指定之監護人，應於知悉其為監護人後十五日內，將姓名、住所報告法院；其遺囑未指定會同開具財產清冊之人者，並應申請當地直轄市、縣（市）政府指派人員會同開具財產清冊。

③於前項期限內，監護人未向法院報告者，視為拒絕就職。

第一〇九四條 （法定監護人）97

①父母均不能行使、負擔對於未成年子女之權利義務或父母死亡而無遺囑指定監護人，或遺囑指定之監護人拒絕就職時，依下列順序定其監護人：

一　與未成年人同居之祖父母。

二　與未成年人同居之兄姊。

三　不與未成年人同居之祖父母。

②前項監護人，應於知悉其為監護人後十五日內，將姓名、住所報告法院，並應申請當地直轄市、縣（市）政府指派人員會同開具財產清冊。

③未能依第一項之順序定其監護人時，法院得依未成年子女、四親等內之親屬、檢察官、主管機關或其他利害關係人之聲請，為未成年子女之最佳利益，就其三親等旁系血親尊親屬、主管機關、社會福利機構或其他適當之人選定為監護人，並得指定監護之方法。

④法院依前項選定監護人或依第一千一百零六條及第一千一百零六條之一另行選定或改定監護人時，應同時指定會同開具財產清冊之人。

⑤未成年人無第一項之監護人，於法院依第三項為其選定確定前，由當地社會福利主管機關為其監護人。

第一〇九四條之一 （法院選定或改定監護人應注意事項）97

法院選定或改定監護人時，應依受監護人之最佳利益，審酌一切情狀，尤應注意下列事項：

一　受監護人之年齡、性別、意願、健康情形及人格發展需要。

二　監護人之年齡、職業、品行、意願、態度、健康情形、經濟能力、生活狀況及有無犯罪前科紀錄。

三　監護人與受監護人間或受監護人與其他共同生活之人間之情感及利害關係。

四　法人為監護人時，其事業之種類與內容，法人及其代表人與受監護人之利害關係。

第一〇九五條 （監護人之辭職）97

監護人有正當理由，經法院許可者，得辭任其職務。

第一〇九六條 （監護人資格之限制）97

有下列情形之一者，不得為監護人：

一　未成年。

二　受監護或輔助宣告尚未撤銷。
三　受破產宣告尚未復權。
四　失蹤。

第一〇九七條　（監護人之職務）97

①除另有規定外，監護人於保護、增進受監護人利益之範圍內，行使、負擔父母對於未成年子女之權利、義務。但由父母暫時委託者，以所委託之職務為限。
②監護人有數人，對於受監護人重大事項權利之行使意思不一致時，得聲請法院依受監護人之最佳利益，酌定由其中一監護人行使之。
③法院為前項裁判前，應聽取受監護人、主管機關或社會福利機構之意見。

第一〇九八條　（監護人之法定代理權）97

①監護人於監護權限內，為受監護人之法定代理人。
②監護人之行為與受監護人之利益相反或依法不得代理時，法院得因監護人、受監護人、主管機關、社會福利機構或其他利害關係人之聲請或依職權，為受監護人選任特別代理人。

第一〇九九條　（監護人對受監護人財產之權義—開具財產清冊）97

①監護開始時，監護人對於受監護人之財產，應依規定會同遺囑指定、當地直轄市、縣（市）政府指派或法院指定之人，於二個月內開具財產清冊，並陳報法院。
②前項期間，法院得依監護人之聲請，於必要時延長之。

第一〇九九條之一　（監護人對受監護人之財產僅得為管理上必要行為）97

於前條之財產清冊開具完成並陳報法院前，監護人對於受監護人之財產，僅得為管理上必要之行為。

第一一〇〇條　（監護人對受監護人財產之權義—管理權及注意義務）97

監護人應以善良管理人之注意，執行監護職務。

第一一〇一條　（監護人對受監護人財產之權義—限制）97

①監護人對於受監護人之財產，非為受監護人之利益，不得使用、代為或同意處分。
②監護人為下列行為，非經法院許可，不生效力：
一　代理受監護人購置或處分不動產。
二　代理受監護人，就供其居住之建築物或其基地出租、供他人使用或終止租賃。
③監護人不得以受監護人之財產為投資。但購買公債、國庫券、中央銀行儲蓄券、金融債券、可轉讓定期存單、金融機構承兌匯票或保證商業本票，不在此限。

第一一〇二條　（監護人對受監護人財產之權義—受讓之禁止）

監護人不得受讓受監護人之財產。

第一一〇三條　（監護人對受監護人財產之權義—財產狀況之報告）97

①受監護人之財產，由監護人管理。執行監護職務之必要費用，由受監護人之財產負擔。
②法院於必要時，得命監護人提出監護事務之報告、財產清冊或結算書，檢查監護事務或受監護人之財產狀況。

第一一〇三條之一　（刪除）97

第一一〇四條　（監護人之報酬請求權）97

監護人得請求報酬，其數額由法院按其勞力及受監護人之資力酌定之。

第一一〇五條　（刪除）97

第一一〇六條　（監護人之撤退）97

①監護人有下列情形之一，且受監護人無第一千零九十四條第一項之監護人者，法院得依受監護人、第一千零九十四條第三項聲請權人之聲請或依職權，另行選定適當之監護人：
一　死亡。
二　經法院許可辭任。
三　有第一千零九十六條各款情形之一。

②法院另行選定監護人確定前，由當地社會福利主管機關為其監護人。

第一一〇六條之一 （改定監護人之聲請）97

①有事實足認監護人不符受監護人之最佳利益，或有顯不適任之情事者，法院得依前條第一項聲請權人之聲請，改定適當之監護人，不受第一千零九十四條第一項規定之限制。

②法院於改定監護人確定前，得先行宣告停止原監護人之監護權，並由當地社會福利主管機關為其監護人。

第一一〇七條 （監護終止時受監護人財產之清算）97

①監護人變更時，原監護人應即將受監護人之財產移交於新監護人。

②受監護之原因消滅時，原監護人應即將受監護人之財產交還於受監護人；如受監護人死亡時，交還於其繼承人。

③前二項情形，原監護人應於監護關係終止時起二個月內，為受監護人財產之結算，作成結算書，送交新監護人、受監護人或其繼承人。

④新監護人、受監護人或其繼承人對於前項結算書未為承認前，原監護人不得免其責任。

第一一〇八條 （清算義務之繼承）97

監護人死亡時，前條移交及結算，由其繼承人為之；其無繼承人或繼承人有無不明者，由新監護人逕行辦理結算，連同依第一千零九十九條規定開具之財產清冊陳報法院。

第一一〇九條 （監護人賠償責任之短期時效）97

①監護人於執行監護職務時，因故意或過失，致生損害於受監護人者，應負賠償之責。

②前項賠償請求權，自監護關係消滅之日起，五年間不行使而消滅；如有新監護人者，其期間自新監護人就職之日起算。

第一一〇九條之一 （監護事件依職權囑託戶政機關登記）97

法院於選定監護人、許可監護人辭任及另行選定或改定監護人時，應依職權囑託該管戶政機關登記。

第一一〇九條之二 （未成年人受監護宣告之適用規定）97

未成年人依第十四條受監護之宣告者，適用本章第二節成年人監護之規定。

第二節 成年人之監護及輔助 97

第一一一〇條 （監護人之設置）97

受監護宣告之人應置監護人。

第一一一一條 （監護人之順序及選定）97

①法院為監護之宣告時，應依職權就配偶、四親等內之親屬、最近一年有同居事實之其他親屬、主管機關、社會福利機構或其他適當之人選定一人或數人為監護人，並同時指定會同開具財產清冊之人。

②法院為前項選定及指定前，得命主管機關或社會福利機構進行訪視，提出調查報告及建議。監護之聲請人或利害關係人亦得提出相關資料或證據，供法院斟酌。

第一一一一條之一 （選定監護人之注意事項）97

法院選定監護人時，應依受監護宣告之人之最佳利益，優先考量受監護宣告之人之意見，審酌一切情狀，並注意下列事項：

一 受監護宣告之人之身心狀態與生活及財產狀況。

二 受監護宣告之人與其配偶、子女或其他共同生活之人間之情感狀況。

三 監護人之職業、經歷、意見及其與受監護宣告之人之利害關係。

四 法人為監護人時，其事業之種類與內容，法人及其代表人與受監護宣告之人之利害關係。

第一一一一條之二 （監護人之資格限制）104

照護受監護宣告之人之法人或機構及其代表人、負責人，或與該法人或機構有僱傭、委任或其他類似關係之人，不得為該受監護宣告之人之監護人。但為該受監護宣告之人之配偶、四親等內之血親或二親等內之姻親者，不在此限。

第一一一二條 （監護人之職務）97

監護人於執行有關受監護人之生活、護養療治及財產管理之職務時，應尊重受監護人之意思，並考量其身心狀態與生活狀況。

第一一一二條之一 （成年監護之監護人為數人時執行監護職務之方式）97

①法院選定數人為監護人時，得依職權指定其共同或分別執行職務之範圍。

②法院得因監護人、受監護人、第十四條第一項聲請權人之聲請，撤銷或變更前項之指定。

第一一一二條之二 （監護事件依職權囑託戶政機關登記）97

法院為監護之宣告、撤銷監護之宣告、選定監護人、許可監護人辭任及另行選定或改定監護人時，應依職權囑託該管戶政機關登記。

第一一一三條 （未成年人監護規定之準用）97

成年人之監護，除本節有規定者外，準用關於未成年人監護之規定。

第一一一三條之一 （輔助人之設置）97

①受輔助宣告之人，應置輔助人。

②輔助人及有關輔助之職務，準用第一千零九十五條、第一千零九十六條、第一千零九十八條第二項、第一千一百條、第一千一百零二條、第一千一百零三條第二項、第一千一百零四條、第一千一百零六條、第一千一百零六條之一、第一千一百零九條、第一千一百十一條至第一千一百十一條之二、第一千一百十二條之一及第一千一百十二條之二之規定。

第三節 成年人之意定監護 108

第一一一三條之二 （意定監護契約之定義）108

①稱意定監護者，謂本人與受任人約定，於本人受監護宣告時，受任人允為擔任監護人之契約。

②前項受任人得為一人或數人；其為數人者，除約定為分別執行職務外，應共同執行職務。

第一一一三條之三 （意定監護契約之成立及發生效力）108

①意定監護契約之訂立或變更，應由公證人作成公證書始為成立。公證人作成公證書後七日內，以書面通知本人住所地之法院。

②前項公證，應有本人及受任人在場，向公證人表明其合意，始得為之。

③意定監護契約於本人受監護宣告時，發生效力。

第一一一三條之四 （意定監護優先原則）108

①法院為監護之宣告時，受監護宣告之人已訂有意定監護契約者，應以意定監護契約所定之受任人為監護人，同時指定會同開具財產清冊之人。其意定監護契約已載明會同開具財產清冊之人者，法院應依契約所定者指定之，但意定監護契約未載明會同開具財產清冊之人或所載明之人顯不利本人利益者，法院得依職權指定之。

②法院為前項監護之宣告時，有事實足認意定監護受任人不利於本人或有顯不適任之情事者，法院得依職權就第一千一百十一條第一項所列之人選定為監護人。

第一一一三條之五 （意定監護契約之撤回或終止）108

①法院為監護之宣告前，意定監護契約之本人或受任人得隨時撤回之。

②意定監護契約之撤回，應以書面先向他方為之，並由公證人作成公證書後，始生撤回之效力。公證人作成公證書後七日內，以書面通知本人住所地之法院。契約經一部撤回者，視為全部撤回。

③法院為監護之宣告後，本人有正當理由者，得聲請法院許可終止意定監護契約。受任

人有正當理由者，得聲請法院許可辭任其職務。
④法院依前項許可終止意定監護契約時，應依職權就第一千一百十一條第一項所列之人選定為監護人。

第一一一三條之六　（監護宣告後法院得另行選定或改定監護人）108
①法院為監護之宣告後，監護人共同執行職務時，監護人全體有第一千一百零六條第一項或第一千一百零六條之一第一項之情形者，法院得依第十四條第一項所定聲請權人之聲請或依職權，就第一千一百十一條第一項所列之人另行選定或改定為監護人。
②法院為監護之宣告後，意定監護契約約定監護人數人分別執行職務時，執行同一職務之監護人全體有第一千一百零六條第一項或第一千一百零六條之一第一項之情形者，法院得依前項規定另行選定或改定全體監護人。但執行其他職務之監護人無不適任之情形者，法院應優先選定或改定其為監護人。
③法院為監護之宣告後，前二項所定執行職務之監護人中之一人或數人有第一千一百零六條第一項之情形者，由其他監護人執行職務。
④法院為監護之宣告後，第一項及第二項所定執行職務之監護人中之一人或數人有第一千一百零六條之一第一項之情形者，法院得依第十四條第一項所定聲請權人之聲請或依職權解任之，由其他監護人執行職務。

第一一一三條之七　（意定監護人之報酬）108
意定監護契約已約定報酬或約定不給付報酬者，從其約定；未約定者，監護人得請求法院按其勞力及受監護人之資力酌定之。

第一一一三條之八　（前後意定監護契約有相牴觸者，視為本人撤回前意定監護契約）108
前後意定監護契約有相牴觸者，視為本人撤回前意定監護契約。

第一一一三條之九　（意定監護契約約定受任人代理受監護人購置、處分不動產或得以受監護人財產為投資者，應優先落實當事人意思自主原則）108
意定監護契約約定受任人執行監護職務不受第一千一百零一條第二項、第三項規定限制者，從其約定。

第一一一三條之一〇　（意定監護契約準用成年人監護之規定）108
意定監護，除本節有規定者外，準用關於成年人監護之規定。

第五章　扶養

第一一一四條　（互負扶養義務之親屬）
左列親屬，互負扶養之義務：
一　直系血親相互間。
二　夫妻之一方與他方之父母同居者、其相互間。
三　兄弟姊妹相互間。
四　家長家屬相互間。

第一一一五條　（扶養義務人之順序）
①負扶養義務者有數人時，應依左列順序定其履行義務之人：
一　直系血親卑親屬。
二　直系血親尊親屬。
三　家長。
四　兄弟姊妹。
五　家屬。
六　子婦女婿。
七　夫妻之父母。
②同係直系尊親屬或直系卑親屬者，以親等近者為先。

③負扶養義務者有數人而其親等同一時，應各依其經濟能力，分擔義務。

第一一一六條　（扶養權利人之順序）

①受扶養權利者有數人，而負扶養義務者之經濟能力，不足扶養其全體時，依左列順序，定其受扶養之人：

一　直系血親尊親屬。

二　直系血親卑親屬。

三　家屬。

四　兄弟姊妹。

五　家長。

六　夫妻之父母。

七　子婦女婿。

②同係直系尊親屬或直系卑親屬者，以親等近者為先。

③受扶養權利者有數人而其親等同一人時，應按其需要之狀況，酌為扶養。

第一一一六條之一　（夫妻與其他人扶養權利義務之順位）

夫妻互負扶養之義務，其負扶養義務之順序與直系血親卑親屬同，其受扶養權利之順序與直系血親尊親屬同。

第一一一六條之二　（結婚經撤銷或離婚子女之扶養義務）

父母對於未成年子女之扶養義務，不因結婚經撤銷或離婚而受影響。

第一一一七條　（受扶養之要件）

①受扶養權利者，以不能維持生活而無謀生能力者為限。

②前項無謀生能力之限制，於直系血親尊親屬，不適用之。

第一一一八條　（扶養義務之免除）

因負擔扶養義務而不能維持自己生活者，免除其義務，但受扶養權利者為直系血親尊親屬或配偶時，減輕其義務。

第一一一八條之一　（減輕或免除扶養義務之情形）99

①受扶養權利者有下列情形之一，由負扶養義務者負擔扶養義務顯失公平，負扶養義務者得請求法院減輕其扶養義務：

一　對負扶養義務者、其配偶或直系血親故意為虐待、重大侮辱或其他身體、精神上之不法侵害行為。

二　對負扶養義務者無正當理由未盡扶養義務。

②受扶養權利者對負扶養義務者有前項各款行為之一，且情節重大者，法院得免除其扶養義務。

③前二項規定，受扶養權利者為負扶養義務者之未成年直系血親卑親屬者，不適用之。

第一一一九條　（扶養程序）

扶養之程度，應按受扶養權利者之需要、與負扶養義務者之經濟能力及身分定之。

第一一二〇條　（扶養方法之決定）97

扶養之方法，由當事人協議定之；不能協議時，由親屬會議定之。但扶養費之給付，當事人不能協議時，由法院定之。

第一一二一條　（扶養程度及方法之變更）

扶養之程度及方法，當事人得因情事之變更，請求變更之。

第六章　家

第一一二二條　（家之定義）

稱家者，謂以永久共同生活為目的而同居之親屬團體。

第一一二三條　（家長與家屬）

①家置家長。

②同家之人，除家長外，均為家屬。

③雖非親屬，而以永久共同生活爲目的同居一家者，視爲家屬。

第一一二四條　（家長之選定）

家長由親屬團體中推定之；無推定時，以家中之最尊輩者爲之；尊輩同者，以年長者爲之；最尊或最長者不能或不願管理家務時，由其指定家屬一人代理之。

第一一二五條　（管理家務之注意義務）

家務由家長管理。但家長得以家務之一部，委託家屬處理。

第一一二六條　（管理家務之注意義務）

家長管理家務，應注意於家屬全體之利益。

第一一二七條 110

家屬已成年者，得請求由家分離。

第一一二八條 110

家長對於已成年之家屬，得令其由家分離。但以有正當理由時爲限。

第七章　親屬會議

第一一二九條　（召集人）

依本法之規定應開親屬會議時，由當事人、法定代理人或其他利害關係人召集之。

第一一三〇條　（親屬會議組織）

親屬會議，以會員五人組織之。

第一一三一條　（親屬會議會員之選定順序）98

①親屬會議會員，應就未成年人、受監護宣告之人或被繼承人之下列親屬與順序定之：

一　直系血親尊親屬。

二　三親等內旁系血親尊親屬。

三　四親等內之同輩血親。

②前項同一順序之人，以親等近者爲先；親等同者，以同居親屬爲先，無同居親屬者，以年長者爲先。

③依前二項順序所定之親屬會議會員，不能出席會議或難於出席時，由次順序之親屬充任之。

第一一三二條　（得由有召集權人或利害關係人聲請法院處理之事由）103

依法應經親屬會議處理之事項，而有下列情形之一者，得由有召集權人或利害關係人聲請法院處理之：

一　無前條規定之親屬或親屬不足法定人數。

二　親屬會議不能或難以召開。

三　親屬會議經召開而不為或不能決議。

第一一三三條　（會員資格之限制）98

監護人、未成年人及受監護宣告之人，不得爲親屬會議會員。

第一一三四條　（會員辭職之限制）

依法應爲親屬會議會員之人，非有正當理由，不得辭其職務。

第一一三五條　（會議之召開及決議）

親屬會議，非有三人以上之出席，不得開會；非有出席會員過半數之同意，不得爲決議。

第一一三六條　（決議之限制）

親屬會議會員，於所議事件有個人利害關係者，不得加入決議。

第一一三七條　（不服決議之聲訴）

第一千一百二十九條所定有召集權之人，對於親屬會議之決議有不服者，得於三個月內向法院聲訴。

民法親屬編施行法

①民國20年1月24日國民政府制定公布全文15條；並自20年5月5日施行。
②民國74年6月3日總統令修正公布第1至4、6、8、10、12至15條條文。
③民國85年9月25日總統令增訂公布第6-1條條文。
④民國89年2月2日總統令增訂公布第14-1條條文。
⑤民國91年6月26日總統令增訂公布第6-2條條文。
⑥民國96年5月23日總統令增訂公布第4-1、8-1條條文。
⑦民國97年5月23日總統令修正公布第15條條文；並增訂第14-2、14-3條條文。
⑧民國98年12月30日總統令修正公布第15條條文。
⑨民國101年12月26日總統令增訂公布第6-3條條文。
⑩民國110年1月13日總統令增訂公布第4-2條條文；並自112年1月1日施行。

第一條　（不溯及既往之原則）
關於親屬之事件，在民法親屬編施行前發生者，除本施行法有特別規定外，不適用民法親屬編之規定；其在修正前發生者，除本施行法有特別規定外，亦不適用修正後之規定。

第二條　（消滅時效之特別規定）
①民法親屬編施行前，依民法親屬編之規定消滅時效業已完成，或其時效期間尚有殘餘不足一年者，得於施行之日起一年內行使請求權。但自其時效完成後，至民法親屬編施行時，已逾民法親屬編所定時效期間二分之一者，不在此限。
②前項規定，於依民法親屬編修正後規定之消滅時效業已完成，或其時效期間尚有殘餘不足一年者，準用之。

第三條　（無時效性質之法定期間之準用）
前條之規定，於民法親屬編修正前或修正後所定無時效性質之法定期間準用之。但其法定期間不滿一年者，如在施行時或修正時尚未屆滿，其期間自施行或修正之日起算。

第四條　（婚約規定之適用）
①民法親屬編關於婚約之規定，除第九百七十三條外，於民法親屬編施行前所訂之婚約亦適用之。
②修正之民法第九百七十七條第二項及第三項之規定，於民法親屬編修正前所訂之婚約並適用之。

第四條之一　（重婚規定之適用）96
①中華民國九十六年五月四日修正之民法第九百八十二條之規定，自公布後一年施行。
②修正之民法第九百八十八條之規定，於民法修正前重婚者，仍有適用。

第四條之二　110
①中華民國一百零九年十二月二十五日修正之民法第九百七十三條、第九百八十條、第九百八十一條、第九百九十條、第一千零四十九條、第一千零七十七條、第一千零九十一條、第一千一百二十七條及第一千一百二十八條，自一百十二年一月一日施行。
②中華民國一百零九年十二月二十五日修正之民法第九百九十條、第一千零七十七條、第一千零九十一條、第一千一百二十七條及第一千一百二十八條施行前結婚，修正施行後未滿十八歲者，於滿十八歲前仍適用修正施行前之規定。

第五條　（再婚期間計算之特別規定）
民法第九百八十七條所規定之再婚期間，雖其婚姻關係在民法親屬編施行前消滅者，亦自婚姻關係消滅時起算。

第六條　（夫妻財產制之適用）

①民法親屬編施行前已結婚者，除得適用民法第一千零零四條之規定外，並得以民法親屬編所定之法定財產制爲其約定財產制。

②修正之民法第一千零十條之規定，於民法親屬編施行後修正前已結婚者，亦適用之。其第五款所定之期間，在修正前已屆滿者，其期間爲屆滿，未屆滿者，以修正前已經過之期間與修正後之期間合併計算。

第六條之一　（夫妻聯合財產制之適用）

中華民國七十四年六月四日以前結婚，並適用聯合財產制之夫妻，於婚姻關係存續中以妻之名義在同日以前取得不動產，而有左列情形之一者，於本施行法中華民國八十五年九月六日修正生效一年後，適用中華民國七十四年民法親屬編修正後之第一千零十七條規定：

一　婚姻關係尚存續中且該不動產仍以妻之名義登記者。

二　夫妻已離婚而該不動產仍以妻之名義登記者。

第六條之二　（婚前財產與婚後財產之適用）91

中華民國九十一年民法親屬編修正前適用聯合財產制之夫妻，其特有財產或結婚時之原有財產，於修正施行後視爲夫或妻之婚前財產；婚姻關係存續中取得之原有財產，於修正施行後視爲夫或妻之婚後財產。

第六條之三　（債務人夫妻財產制未判決確定時適用新法之規定）101

本法中華民國一百零一年十二月七日修正施行前，經債權人向法院聲請宣告債務人改用分別財產制或已代位債務人起訴請求分配剩餘財產而尚未確定之事件，適用修正後之規定。

第七條　（裁判離婚規定之適用）

民法親屬編施行前所發生之事實，而依民法親屬編之規定得爲離婚之原因者，得請求離婚。但已逾民法第一千零五十三條或第一千零五十四條所定之期間者，不在此限。

第八條　（婚生子女之推定及否認規定之適用）

①民法親屬編關於婚生子女之推定及否認，於施行前受胎之子女亦適用之。

②民法親屬編修正前結婚，並有修正之民法第一千零五十九條第一項但書之約定而從母姓者，得於修正後一年內，聲請改姓母姓，但子女已成年或已結婚者，不在此限。

③修正之民法第一千零六十三條第二項之規定，於民法親屬編修正前受胎或出生之子女亦適用之。

第八條之一　（否認婚生子女提訴期限）96

夫妻已逾中華民國九十六年五月四日修正前之民法第一千零六十三條第二項規定所定期間，而不得提起否認之訴者，得於修正施行後二年內提起之。

第九條　（立嗣子女與其所後父母之關係）

民法親屬編施行前所立之嗣子女，與其所後父母之關係，與婚生子女同。

第一〇條　（非婚生子女規定之適用）

①非婚生子女在民法親屬編施行前出生者，自施行之日起適用民法親屬編關於非婚生子女之規定。

②非婚生子女在民法親屬編修正前出生者，修正之民法第一千零六十七條之規定，亦適用之。

第一一條　（收養效力規定之適用）

收養關係雖在民法親屬編施行前發生者，自施行之日起有民法親屬編所定之效力。

第一二條　（得請求宣告終止收養關係之規定之適用）

①民法親屬編施行前所發生之事實，依民法親屬編之規定得爲終止收養關係之原因者，得請求宣告終止收養關係。

②民法親屬編施行後修正前所發生之事實，依修正之民法第一千零八十條第五項之規定得爲終止收養關係之原因者，得聲請許可終止收養關係。

第一三條　（父母子女權義規定之適用）

父母子女間之權利義務，自民法親屬編施行之日起，依民法親屬編之規定。其有修正者，適用修正後之規定。

第一四條　（監護人權義規定之適用）

民法親屬編施行前所設置之監護人，其權利義務自施行之日起，適用民法親屬編之規定。其有修正者，適用修正後之規定。

第一四條之一　（法定監護人）

本法於民國八十九年一月十四日修正前已依民法第一千零九十四條任監護人者，於修正公布後，仍適用修正後同條第二項至第四項之規定。

第一四條之二　（修法後監護人適用規定）97

中華民國九十七年五月二日修正之民法親屬編第四章條文施行前所設置之監護人，於修正施行後，適用修正後之規定。

第一四條之三　（施行日）97

中華民國九十七年五月二日修正之民法親屬編第四章之規定，自公布後一年六個月施行。

第一五條　（施行日）98

①本施行法自民法親屬編施行之日施行。

②民法親屬編修正條文及本施行法修正條文，除另定施行日期，及中華民國九十八年十二月十五日修正之民法第一千一百三十一條及第一千一百三十三條自九十八年十一月二十三日施行者外，自公布日施行。

民法

第五編　繼　承

①民國19年12月26日國民政府制定公布全文88條；並自20年5月5日施行。
②民國74年6月3日總統令修正公布第1145、1165、1174、1176至1178、1181、1195、1196、1213、1219至1222條條文暨第三章第五節節名；增訂第1176-1、1178-1條條文；並刪除第1142、1143、1167條條文。
③民國97年1月2日總統令修正公布第1148、1153、1154、1156、1157、1163、1174、1176條條文。
④民國98年6月10日總統令修正公布第1148、1153、1154、1156、1157、1159、1161、1163、1176條條文；增訂第1148-1、1156-1、1162-1、1162-2條條文；並刪除第1155條條文及第二章第二節節名。
⑤民國98年12月30日總統令修正公布第1198、1210條條文；並自98年11月23日施行。
⑥民國103年1月29日總統令修正公布第1212條條文。
⑦民國104年1月14日總統令修正公布第1183條條文；並增訂第1211-1條條文。

第一章　遺產繼承人

第一一三八條　（法定繼承人及其順序）

遺產繼承人，除配偶外，依左列順序定之：

一　直系血親卑親屬。
二　父母。
三　兄弟姊妹。
四　祖父母。

第一一三九條　（第一順序繼承人之決定）

前條所定第一順序之繼承人，以親等近者爲先。

第一一四〇條　（代位繼承）

第一千一百三十八條所定第一順序之繼承人，有於繼承開始前死亡或喪失繼承權者，由其直系血親卑親屬代位繼承其應繼分。

第一一四一條　（同順序繼承人之應繼分）

同一順序之繼承人有數人時，按人數平均繼承。但法律另有規定者，不在此限。

第一一四二條　（刪除）

第一一四三條　（刪除）

第一一四四條　（配偶之應繼分）

配偶有相互繼承遺產之權，其應繼分，依左列各款定之：

一　與第一千一百三十八條所定第一順序之繼承人同爲繼承時，其應繼分與他繼承人平均。
二　與第一千一百三十八條所定第二順序或第三順序之繼承人同爲繼承時，其應繼分爲遺產二分之一。
三　與第一千一百三十八條所定第四順序之繼承人同爲繼承時，其應繼分爲遺產三分之二。
四　無第一千一百三十八條所定第一順序至第四順序之繼承人時，其應繼分爲遺產全部。

第一一四五條 （繼承權喪失之事由）
①有左列各款情事之一者，喪失其繼承權：
一 故意致被繼承人或應繼承人於死或雖未致死因而受刑之宣告者。
二 以詐欺或脅迫使被繼承人爲關於繼承之遺囑，或使其撤回或變更之者。
三 以詐欺或脅迫妨害被繼承人爲關於繼承之遺囑，或妨害其撤回或變更之者。
四 僞造、變造、隱匿或湮滅被繼承人關於繼承之遺囑者。
五 對於被繼承人有重大之虐待或侮辱情事，經被繼承人表示其不得繼承者。
②前項第二款至第四款之規定，如經被繼承人宥恕者，其繼承權不喪失。

第一一四六條 （繼承回復請求權）
①繼承權被侵害者，被害人或其法定代理人得請求回復之。
②前項回復請求權，自知悉被侵害之時起，二年間不行使而消滅；自繼承開始時起逾十年者亦同。

第二章 遺產之繼承

第一節 效 力

第一一四七條 （繼承之開始）
繼承，因被繼承人死亡而開始。

第一一四八條 （限定繼承之有限責任）98
①繼承人自繼承開始時，除本法另有規定外，承受被繼承人財產上之一切權利、義務。但權利、義務專屬於被繼承人本身者，不在此限。
②繼承人對於被繼承人之債務，以因繼承所得遺產爲限，負清償責任。

第一一四八條之一 （財產贈與視同所得遺產之計算期限）98
①繼承人在繼承開始前二年內，從被繼承人受有財產之贈與者，該財產視爲其所得遺產。
②前項財產如已移轉或滅失，其價額，依贈與時之價值計算。

第一一四九條 （遺產酌給請求權）
被繼承人生前繼續扶養之人，應由親屬會議依其所受扶養之程度及其他關係，酌給遺產。

第一一五〇條 （繼承費用之支付）
關於遺產管理、分割及執行遺囑之費用，由遺產中支付之。但因繼承人之過失而支付者，不在此限。

第一一五一條 （遺產之公同共有）
繼承人有數人時，在分割遺產前，各繼承人對於遺產全部爲公同共有。

第一一五二條 （公同共有遺產之管理）
前條公同共有之遺產，得由繼承人中互推一人管理之。

第一一五三條 （債務之連帶責任）98
①繼承人對於被繼承人之債務，以因繼承所得遺產爲限，負連帶責任。
②繼承人相互間對於被繼承人之債務，除法律另有規定或另有約定外，按其應繼分比例負擔之。

第二節 （刪除）98

第一一五四條 （繼承人之權義）98
繼承人對於被繼承人之權利、義務，不因繼承而消滅。

第一一五五條 （刪除）98

第一一五六條 （繼承人開具遺產清冊之呈報）98
①繼承人於知悉其得繼承之時起三個月內開具遺產清冊陳報法院。

民法

②前項三個月期間，法院因繼承人之聲請，認爲必要時，得延展之。
③繼承人有數人時，其中一人已依第一項開具遺產清冊陳報法院者，其他繼承人視爲已陳報。

第一一五六條之一　（債權人遺產清冊之提出）98
①債權人得向法院聲請命繼承人於三個月內提出遺產清冊。
②法院於知悉債權人以訴訟程序或非訟程序向繼承人請求清償繼承債務時，得依職權命繼承人於三個月內提出遺產清冊。
③前條第二項及第三項規定，於第一項及第二項情形，準用之。

第一一五七條　（報明債權之公示催告及其期限）98
①繼承人依前二條規定陳報法院時，法院應依公示催告程序公告，命被繼承人之債權人於一定期限內報明其債權。
②前項一定期限，不得在三個月以下。

第一一五八條　（償還債務之限制）
繼承人在前條所定之一定期限內，不得對於被繼承人之任何債權人償還債務。

第一一五九條　（依期報明債權之償還）98
①在第一千一百五十七條所定之一定期限屆滿後，繼承人對於在該一定期限內報明之債權及繼承人所已知之債權，均應按其數額，比例計算，以遺產分別償還。但不得害及有優先權人之利益。
②繼承人對於繼承開始時未屆清償期之債權，亦應依第一項規定予以清償。
③前項未屆清償期之債權，於繼承開始時，視爲已到期。其無利息者，其債權額應扣除自第一千一百五十七條所定之一定期限屆滿時起至到期時止之法定利息。

第一一六〇條　（交付遺贈之限制）
繼承人非依前條規定償還債務後，不得對受遺贈人交付遺贈。

第一一六一條　（繼承人之賠償責任及受害人之返還請求權）98
①繼承人違反第一千一百五十八條至第一千一百六十條之規定，致被繼承人之債權人受有損害者，應負賠償之責。
②前項受有損害之人，對於不當受領之債權人或受遺贈人，得請求返還其不當受領之數額。
③繼承人對於不當受領之債權人或受遺贈人，不得請求返還其不當受領之數額。

第一一六二條　（未依期報明債權之償還）
被繼承人之債權人，不於第一千一百五十七條所定之一定期限內報明其債權，而又爲繼承人所不知者，僅得就賸餘遺產，行使其權利。

第一一六二條之一　（繼承人之清償債權責任）98
①繼承人未依第一千一百五十六條、第一千一百五十六條之一開具遺產清冊陳報法院者，對於被繼承人債權人之全部債權，仍應按其數額，比例計算，以遺產分別償還。但不得害及有優先權人之利益。
②前項繼承人，非依前項規定償還債務後，不得對受遺贈人交付遺贈。
③繼承人對於繼承開始時未屆清償期之債權，亦應依第一項規定予以清償。
④前項未屆清償期之債權，於繼承開始時，視爲已到期。其無利息者，其債權額應扣除自清償時起至到期時止之法定利息。

第一一六二條之二　（限定繼承之例外原則）98
①繼承人違反第一千一百六十二條之一規定者，被繼承人之債權人得就應受清償而未受償之部分，對該繼承人行使權利。
②繼承人對於前項債權人應受清償而未受償部分之清償責任，不以所得遺產爲限。但繼承人爲無行爲能力人或限制行爲能力人，不在此限。
③繼承人違反第一千一百六十二條之一規定，致被繼承人之債權人受有損害者，亦應負賠償之責。
④前項受有損害之人，對於不當受領之債權人或受遺贈人，得請求返還其不當受領之數

額。
⑤繼承人對於不當受領之債權人或受遺贈人，不得請求返還其不當受領之數額。

第一一六三條　（限定繼承利益之喪失）98
繼承人中有下列各款情事之一者，不得主張第一千一百四十八條第二項所定之利益：
一　隱匿遺產情節重大。
二　在遺產清冊為虛偽之記載情節重大。
三　意圖詐害被繼承人之債權人之權利而為遺產之處分。

第三節　遺產之分割

第一一六四條　（遺產分割自由原則）
繼承人得隨時請求分割遺產。但法律另有規定或契約另有訂定者，不在此限。

第一一六五條　（分割遺產之方法）
①被繼承人之遺囑，定有分割遺產之方法，或託他人代定者，從其所定。
②遺囑禁止遺產之分割者，其禁止之效力以十年為限。

第一一六六條　（胎兒應繼分之保留）
①胎兒為繼承人時，非保留其應繼分，他繼承人不得分割遺產。
②胎兒關於遺產之分割，以其母為代理人。

第一一六七條　（刪除）

第一一六八條　（分割之效力—繼承人互相擔保責任）
遺產分割後，各繼承人按其所得部分，對於他繼承人因分割而得之遺產，負與出賣人同一之擔保責任。

第一一六九條　（分割之效力—債務人資力之擔保責任）
①遺產分割後，各繼承人按其所得部分，對於他繼承人因分割而得之債權，就遺產分割時債務人之支付能力，負擔保之責。
②前項債權，附有停止條件或未屆清償期者，各繼承人就應清償時債務人之支付能力，負擔保之責。

第一一七〇條　（分割之效力—擔保責任人無資力時之分擔）
依前二條規定負擔保責任之繼承人中，有無支付能力不能償還其分擔額者，其不能償還之部分，由有請求權之繼承人與他繼承人，按其所得部分比例分擔之。但其不能償還，係由有請求權人之過失所致者，不得對於他繼承人請求分擔。

第一一七一條　（分割之效力—連帶債務之免除）
①遺產分割後，其未清償之被繼承人之債務，移歸一定之人承受，或劃歸各繼承人分擔，如經債權人同意者，各繼承人免除連帶責任。
②繼承人之連帶責任，自遺產分割時起，如債權清償期在遺產分割後者，自清償期屆滿時起，過五年而免除。

第一一七二條　（分割之計算—債務之扣還）
繼承人中如對於被繼承人負有債務者，於遺產分割時，應按其債務數額，由該繼承人之應繼分內扣還。

第一一七三條　（分割之計算—贈與之歸扣）
①繼承人中有在繼承開始前因結婚、分居或營業，已從被繼承人受有財產之贈與者，應將該贈與價額加入繼承開始時被繼承人所有之財產中，為應繼遺產。但被繼承人於贈與時有反對之意思表示者，不在此限。
②前項贈與價額，應於遺產分割時，由該繼承人之應繼分中扣除。
③贈與價額，依贈與時之價值計算。

第四節　繼承之拋棄

第一一七四條　（繼承權拋棄之自由及方法）97

①繼承人得拋棄其繼承權。
②前項拋棄，應於知悉其得繼承之時起三個月內，以書面向法院爲之。
③拋棄繼承後，應以書面通知因其拋棄而應爲繼承之人。但不能通知者，不在此限。

第一一七五條（繼承拋棄之效力）
繼承之拋棄，溯及於繼承開始時發生效力。

第一一七六條（拋棄繼承權人應繼分之歸屬）98
①第一千一百三十八條所定第一順序之繼承人中有拋棄繼承權者，其應繼分歸屬於其他同爲繼承之人。
②第二順序至第四順序之繼承人中，有拋棄繼承權者，其應繼分歸屬於其他同一順序之繼承人。
③與配偶同爲繼承之同一順序繼承人均拋棄繼承權，而無後順序之繼承人時，其應繼分歸屬於配偶。
④配偶拋棄繼承權者，其應繼分歸屬於與其同爲繼承之人。
⑤第一順序之繼承人，其親等近者均拋棄繼承權時，由次親等之直系血親卑親屬繼承。
⑥先順序繼承人均拋棄其繼承權時，由次順序之繼承人繼承。其次順序繼承人有無不明或第四順序之繼承人均拋棄其繼承權者，準用關於無人承認繼承之規定。
⑦因他人拋棄繼承而應爲繼承之人，爲拋棄繼承時，應於知悉其得繼承之日起三個月內爲之。

第一一七六條之一（拋棄繼承權者繼續管理遺產之義務）
拋棄繼承權者，就其所管理之遺產，於其他繼承人或遺產管理人開始管理前，應與處理自己事務爲同一之注意，繼續管理之。

第五節　無人承認之繼承

第一一七七條（遺產管理人之選定及報明）
繼承開始時，繼承人之有無不明者，由親屬會議於一個月內選定遺產管理人，並將繼承開始及選定遺產管理人之事由，向法院報明。

第一一七八條（搜索繼承人之公示催告與選任遺產管理人）
①親屬會議依前條規定爲報明後，法院應依公示催告程序，定六個月以上之期限，公告繼承人，命其於期限內承認繼承。
②無親屬會議或親屬會議未於前條所定期限內選定遺產管理人者，利害關係人或檢察官，得聲請法院選任遺產管理人，並由法院依前項規定爲公示催告。

第一一七八條之一（法院爲保存遺產之必要處置）
繼承開始時繼承人之有無不明者，在遺產管理人選定前，法院得因利害關係人或檢察官之聲請，爲保存遺產之必要處置。

第一一七九條（遺產管理人之職務）
①遺產管理人之職務如左：
一　編製遺產清冊。
二　爲保存遺產必要之處置。
三　聲請法院依公示催告程序，限定一年以上之期間，公告被繼承人之債權人及受遺贈人，命其於該期間內報明債權及爲願受遺贈與否之聲明，被繼承人之債權人及受遺贈人爲管理人所已知者，應分別通知之。
四　清償債權或交付遺贈物。
五　有繼承人承認繼承或遺產歸屬國庫時，爲遺產之移交。
②前項第一款所定之遺產清冊，管理人應於就職後三個月內編製之；第四款所定債權之清償，應先於遺贈物之交付。爲清償債權或交付遺贈物之必要，管理人經親屬會議之同意，得變賣遺產。

第一一八〇條（遺產管理人之報告義務）

遺產管理人，因親屬會議，被繼承人之債權人或受遺贈人之請求，應報告或說明遺產之狀況。

第一一八一條　（清償債務與交付遺贈物之限制）

遺產管理人非於第一千一百七十九條第一項第三款所定期間屆滿後，不得對被繼承人之任何債權人或受遺贈人，償還債務或交付遺贈物。

第一一八二條　（未依期限報明債權及聲明受遺贈之償還）

被繼承人之債權人或受遺贈人，不於第一千一百七十九條第一項第三款所定期間內為報明或聲明者，僅得就賸餘遺產，行使其權利。

第一一八三條　（遺產管理人之報酬）104

遺產管理人得請求報酬，其數額由法院按其與被繼承人之關係、管理事務之繁簡及其他情形，就遺產酌定之，必要時，得命聲請人先為墊付。

第一一八四條　（遺產管理人行為效果之擬制）

第一千一百七十八條所定之期限內，有繼承人承認繼承時，遺產管理人在繼承人承認繼承前所為之職務上行為，視為繼承人之代理。

第一一八五條　（賸餘遺產之歸屬）

第一千一百七十八條所定之期限屆滿，無繼承人承認繼承時，其遺產於清償債權並交付遺贈物後，如有賸餘，歸屬國庫。

第三章　遺　囑

第一節　通　則

第一一八六條　（遺囑能力）

①無行為能力人，不得為遺囑。

②限制行為能力人，無須經法定代理人之允許，得為遺囑。但未滿十六歲者，不得為遺囑。

第一一八七條　（遺產之自由處分）

遺囑人於不違反關於特留分規定之範圍內，得以遺囑自由處分遺產。

第一一八八條　（受遺贈權之喪失）

第一千一百四十五條喪失繼承權之規定，於受遺贈人準用之。

第二節　方　式

第一一八九條　（遺囑方式之種類）

遺囑應依左列方式之一為之：

一　自書遺囑。

二　公證遺囑。

三　密封遺囑。

四　代筆遺囑。

五　口授遺囑。

第一一九〇條　（自書遺囑）

自書遺囑者，應自書遺囑全文，記明年、月、日，並親自簽名；如有增減、塗改，應註明增減、塗改之處所及字數，另行簽名。

第一一九一條　（公證遺囑）

①公證遺囑，應指定二人以上之見證人，在公證人前口述遺囑意旨，由公證人筆記、宣讀、講解，經遺囑人認可後，記明年、月、日，由公證人、見證人及遺囑人同行簽名，遺囑人不能簽名者，由公證人將其事由記明，使按指印代之。

②前項所定公證人之職務，在無公證人之地，得由法院書記官行之，僑民在中華民國領事駐在地為遺囑時，得由領事行之。

第一一九二條 （密封遺囑）
①密封遺囑，應於遺囑上簽名後，將其密封，於封縫處簽名，指定二人以上之見證人，向公證人提出，陳述其爲自己之遺囑，如非本人自寫，並陳述繕寫人之姓名、住所，由公證人於封面記明該遺囑提出之年、月、日及遺囑人所爲之陳述，與遺囑人及見證人同行簽名。
②前條第二項之規定，於前項情形準用之。

第一一九三條（密封遺囑之轉換）
密封遺囑，不具備前條所定之方式，而具備第一千一百九十條所定自書遺囑之方式者，有自書遺囑之效力。

第一一九四條 （代筆遺囑）
代筆遺囑，由遺囑人指定三人以上之見證人，由遺囑人口述遺囑意旨，使見證人中之一人筆記、宣讀、講解，經遺囑人認可後，記明年、月、日及代筆人之姓名，由見證人全體及遺囑人同行簽名，遺囑人不能簽名者，應按指印代之。

第一一九五條 （口授遺囑之方法）
遺囑人因生命危急或其他特殊情形，不能依其他方式爲遺囑者，得依左列方式之一爲口授遺囑：
一 由遺囑人指定二人以上之見證人，並口授遺囑意旨，由見證人中之一人，將該遺囑意旨，據實作成筆記，並記明年、月、日，與其他見證人同行簽名。
二 由遺囑人指定二人以上之見證人，並口述遺囑意旨、遺囑人姓名及年、月、日，由見證人全體口述遺囑之爲眞正及見證人姓名，全部予以錄音，將錄音帶當場密封，並記明年、月、日，由見證人全體在封縫處同行簽名。

第一一九六條 （口授遺囑之失效）
口授遺囑，自遺囑人能依其他方式爲遺囑之時起，經過三個月而失其效力。

第一一九七條 （口授遺囑之鑑定）
口授遺囑，應由見證人中之一人或利害關係人，於爲遺囑人死亡後三個月內，提經親屬會議認定其眞僞，對於親屬會議之認定如有異議，得聲請法院判定之。

第一一九八條 （遺囑見證人資格之限制）98
下列之人，不得爲遺囑見證人：
一 未成年人。
二 受監護或輔助宣告之人。
三 繼承人及其配偶或其直系血親。
四 受遺贈人及其配偶或其直系血親。
五 爲公證人或代行公證職務人之同居人助理人或受僱人。

第三節 效 力

第一一九九條 （遺囑生效期）
遺囑自遺囑人死亡時發生效力。

第一二〇〇條 （附停止條件遺贈之生效期）
遺囑所定遺贈，附有停止條件者，自條件成就時，發生效力。

第一二〇一條 （遺贈之失效）
受遺贈人於遺囑發生效力前死亡者，其遺贈不生效力。

第一二〇二條 （遺贈之無效）
遺囑人以一定之財產爲遺贈，而其財產在繼承開始時，有一部分不屬於遺產者，其一部分遺贈爲無效；全部不屬於遺產者，其全部遺贈爲無效。但遺囑另有意思表示者，從其意思。

第一二〇三條 （遺贈標的物之推定）
遺囑人因遺贈物滅失、毀損、變造或喪失物之占有，而對於他人取得權利時，推定以其權利為遺贈；因遺贈物與他物附合或混合而對於所附合或混合之物取得權利時亦同。

第一二〇四條　（用益權之遺贈及其期限）

以遺產之使用、收益為遺贈，而遺囑未定返還期限，並不能依遺贈之性質定其期限者，以受遺贈人之終身為其期限。

第一二〇五條　（附負擔之遺贈）

遺贈附有義務者，受遺贈人以其所受利益為限，負履行之責。

第一二〇六條　（遺贈之拋棄及其效力）

①受遺贈人在遺囑人死亡後，得拋棄遺贈。

②遺贈之拋棄，溯及遺囑人死亡時發生效力。

第一二〇七條　（承認遺贈之催告及擬制）

繼承人或其他利害關係人，得定相當期限，請求受遺贈人於期限內為承認遺贈與否之表示；期限屆滿，尚無表示者，視為承認遺贈。

第一二〇八條　（遺贈無效或拋棄之效果）

遺贈無效或拋棄時，其遺贈之財產，仍屬於遺產。

第四節　執　行

第一二〇九條　（遺囑執行人之產生—遺囑指定）

①遺囑人得以遺囑指定遺囑執行人，或委託他人指定之。

②受前項委託者，應即指定遺囑執行人，並通知繼承人。

第一二一〇條　（遺囑執行人資格之限制）98

未成年人、受監護或輔助宣告之人，不得為遺囑執行人。

第一二一一條　（遺囑執行人之產生—親屬會議法院之選任）

遺囑未指定遺囑執行人，並未委託他人指定者，得由親屬會議選定之；不能由親屬會議選定時，得由利害關係人聲請法院指定之。

第一二一一條之一　（遺囑執行人之報酬）104

除遺囑人另有指定外，遺囑執行人就其職務之執行，得請求相當之報酬，其數額由繼承人與遺囑執行人協議定之；不能協議時，由法院酌定之。

第一二一二條　（遺囑保管人將遺囑交付遺囑執行人，並以適當方法通知已知繼承人）103

遺囑保管人知有繼承開始之事實時，應即將遺囑交付遺囑執行人，並以適當方法通知已知之繼承人；無遺囑執行人者，應通知已知之繼承人、債權人、受遺贈人及其他利害關係人。無保管人而由繼承人發現遺囑者，亦同。

第一二一三條　（密封遺囑之開視）

①有封緘之遺囑，非在親屬會議當場或法院公證處，不得開視。

②前項遺囑開視時，應製作紀錄，記明遺囑之封緘有無毀損情形，或其他特別情事，並由在場之人同行簽名。

第一二一四條　（遺囑執行人之執行職務—編製遺產清冊）

遺囑執行人就職後，於遺囑有關之財產，如有編製清冊之必要時，應即編製遺產清冊，交付繼承人。

第一二一五條　（遺囑執行人之執行職務—遺產管理及必要行為）

①遺囑執行人有管理遺產，並為執行上必要行為之職務。

②遺囑執行人因前項職務所為之行為，視為繼承人之代理。

第一二一六條　（遺囑執行人之執行職務—繼承人妨害之排除）

繼承人於遺囑執行人執行職務中，不得處分與遺囑有關之遺產，並不得妨礙其職務之執行。

第一二一七條　（遺囑執行人之執行職務—數執行人執行職務之方法）

遺囑執行人有數人時，其執行職務，以過半數決之。但遺囑另有意思表示者，從其意思。

第一二一八條 （遺囑執行人之解任）

遺囑執行人怠於執行職務，或有其他重大事由時，利害關係人，得請求親屬會議改選他人；其由法院指定者，得聲請法院另行指定。

第五節 撤 回

第一二一九條 （遺囑撤回之自由及其方式）

遺囑人得隨時依遺囑之方式，撤回遺囑之全部或一部。

第一二二〇條 （視爲撤回—前後遺囑牴觸）

前後遺囑有相牴觸者，其牴觸之部分，前遺囑視爲撤回。

第一二二一條 （視爲撤回—遺囑與行爲牴觸）

遺囑人於爲遺囑後所爲之行爲與遺囑有相牴觸者，其牴觸部分，遺囑視爲撤回。

第一二二二條 （視爲撤回—遺囑之廢棄）

遺囑人故意破毀或塗銷遺囑，或在遺囑上記明廢棄之意思者，其遺囑視爲撤回。

第六節 特留分

第一二二三條 （特留分之決定）

繼承人之特留分，依左列各款之規定：

一 直系血親卑親屬之特留分，爲其應繼分二分之一。

二 父母之特留分，爲其應繼分二分之一。

三 配偶之特留分，爲其應繼分二分之一。

四 兄弟姊妹之特留分，爲其應繼分三分之一。

五 祖父母之特留分，爲其應繼分三分之一。

第一二二四條 （特留分之算定）

特留分，由依第一千一百七十三條算定之應繼財產中，除去債務額算定之。

第一二二五條 （遺贈之扣減）

應得特留分之人，如因被繼承人所爲之遺贈，致其應得之數不足者，得按其不足之數由遺贈財產扣減之。受遺贈人有數人時，應按其所得遺贈價額，比例扣減。

民法繼承編施行法

①民國20年1月24日國民政府制定公布全文11條；並自20年5月5日施行。
②民國74年6月3日總統令修正公布全文11條。
③民國97年1月2日總統令增訂公布第1-1條條文。
④民國97年5月7日總統令增訂公布第1-2條條文。
⑤民國98年6月10日總統令修正公布第1-1條條文；並增訂第1-3條條文。
⑥民國98年12月30日總統令修正公布第11條條文。
⑦民國101年12月26日總統令修正公布第1-3條條文。
⑧民國102年1月30日總統令修正公布第1-1、1-2條條文。

第一條　（不溯既往之原則）
繼承在民法繼承編施行前開始者，除本施行法有特別規定外，不適用民法繼承編之規定；其在修正前開始者，除本施行法有特別規定外，亦不適用修正後之規定。

第一條之一　（法律適用範圍）102
①繼承在民法繼承編中華民國九十六年十二月十四日修正施行前開始且未逾修正施行前為拋棄繼承之法定期間者，自修正施行之日起，適用修正後拋棄繼承之規定。
②繼承在民法繼承編中華民國九十六年十二月十四日修正施行前開始，繼承人於繼承開始時為無行為能力人或限制行為能力人，未能於修正施行前之法定期間為限定或拋棄繼承，以所得遺產為限，負清償責任。但債權人證明顯失公平者，不在此限。
③前項繼承人依修正施行前之規定已清償之債務，不得請求返還。

第一條之二　（法律適用範圍）102
①繼承在民法繼承編中華民國九十七年一月四日前開始，繼承人對於繼承開始後，始發生代負履行責任之保證契約債務，以所得遺產為限，負清償責任。但債權人證明顯失公平者，不在此限。
②前項繼承人依中華民國九十七年四月二十二日修正施行前之規定已清償之保證契約債務，不得請求返還。

第一條之三　（法律適用範圍）101
①繼承在民法繼承編中華民國九十八年五月二十二日修正施行前開始，繼承人未逾修正施行前為限定繼承之法定期間且未為概括繼承之表示或拋棄繼承者，自修正施行之日起，適用修正後民法第一千一百四十八條、第一千一百五十三條至第一千一百六十三條之規定。
②繼承在民法繼承編中華民國九十八年五月二十二日修正施行前開始，繼承人對於繼承開始以前已發生代負履行責任之保證契約債務，以所得遺產為限，負清償責任。但債權人證明顯失公平者，不在此限。
③繼承在民法繼承編中華民國九十八年五月二十二日修正施行前開始，繼承人已依民法第一千一百四十條之規定代位繼承，以所得遺產為限，負清償責任。但債權人證明顯失公平者，不在此限。
④繼承在民法繼承編中華民國九十八年五月二十二日修正施行前開始，繼承人因不可歸責於己之事由或未同居共財者，於繼承開始時無法知悉繼承債務之存在，致未能於修正施行前之法定期間為限定或拋棄繼承，以所得遺產為限，負清償責任。但債權人證明顯失公平者，不在此限。
⑤前三項繼承人依修正施行前之規定已清償之債務，不得請求返還。

第二條　（消滅時效之特別規定）
民法繼承編施行前，依民法繼承編之規定，消滅時效業已完成，或其時效期間尚有殘餘不足一年者，得於施行之日起，一年內行使請求權。但自其時效完成後，至民法繼承編施行時，已逾民法繼承編所定時效期間二分之一者，不在此限。

第三條　（無時效性質之法定期間之準用）

前條之規定於民法繼承編所定無時效性質之法定期間準用之。但其法定期間不滿一年者，如在施行時尚未屆滿，其期間自施行之日起算。

第四條　（禁止分割遺產之遺囑與新舊法之適用）

禁止分割遺產之遺囑，在民法繼承編修正前生效者，民法第一千一百六十五條第二項所定之期間，仍適用修正前之規定，但其殘餘期間自修正施行日起算超過十年者，縮短爲十年。

第五條　（口授遺囑與新舊法之適用）

民法繼承編修正前生效之口授遺囑，於修正施行時尚未屆滿一個月者，適用修正之民法第一千一百九十六條之規定，其已經過之期間，與修正後之期間合併計算。

第六條　（喪失繼承權規定之溯及既往效力）

民法繼承編，關於喪失繼承權之規定，於施行前所發生之事實，亦適用之。

第七條　（立嗣子女之繼承順序及應繼分）

民法繼承編施行前，所立之嗣子女，對於施行後開始之繼承，其繼承順序及應繼分與婚生子女同。

第八條　（繼承人規定之適用）

繼承開始在民法繼承編施行前，被繼承人無直系血親卑親屬，依當時之法律亦無其他繼承人者，自施行之日起，依民法繼承編之規定定其繼承人。

第九條　（遺產管理人權義規定之適用）

民法繼承編施行前所設置之遺產管理人，其權利義務自施行之日起，適用民法繼承編之規定。

第一〇條　（特留分規定之適用）

民法繼承編關於特留分之規定，於施行前所立之遺囑，而發生效力在施行後者，亦適用之。

第一一條　（施行日）98

①本施行法自民法繼承編施行之日施行。

②民法繼承編修正條文及本施行法修正條文，除中華民國九十八年十二月十五日修正之民法第一千一百九十八條及第一千二百十條自九十八年十一月二十三日施行者外，自公布日施行。

司法院釋字第七四八號解釋施行法

①民國108年5月22日總統令制定公布全文27條；並自108年5月24日施行。
②民國112年6月9日總統令修正公布第3、9、16、27條條文；除第3、9、16條自112年1月1日施行外，自公布日施行。
③民國112年6月9日總統令修正公布第20條條文。

第一條　（立法目的）
為落實司法院釋字第七四八號解釋之施行，特制定本法。

第二條　（同婚之定義）
相同性別之二人，得為經營共同生活之目的，成立具有親密性及排他性之永久結合關係。

第三條　112
未滿十八歲者，不得成立前條關係。

第四條　（結婚登記之形式要件）
成立第二條關係應以書面為之，有二人以上證人之簽名，並應由雙方當事人，依司法院釋字第七四八號解釋之意旨及本法，向戶政機關辦理結婚登記。

第五條　（一定親屬關係之禁止）
①與下列相同性別之親屬，不得成立第二條關係：
一　直系血親及直系姻親。
二　旁系血親在四親等以內者。但因收養而成立之四親等旁系血親，輩分相同者，不在此限。
三　旁系姻親在五親等以內，輩分不相同者。
②前項與直系姻親成立第二條關係之限制，於姻親關係消滅後，適用之。
③第一項與直系血親及直系姻親成立第二條關係之限制，於因收養而成立之直系親屬間，在收養關係終止後，適用之。

第六條　（監護人與受監護人於監護關係之禁止）
相同性別之監護人與受監護人，於監護關係存續中，不得成立第二條關係。但經受監護人父母同意者，不在此限。

第七條　（禁止成立同婚關係之情形）
①有配偶或已成立第二條關係者，不得再成立第二條關係。
②一人不得同時與二人以上成立第二條關係，或同時與二人以上分別為民法所定之結婚及成立第二條關係。
③已成立第二條關係者，不得再為民法所定之結婚。

第八條　（同婚無效之情形）
①第二條關係有下列情形之一者，無效：
一　不具備第四條之方式。
二　違反第五條之規定。
三　違反前條第一項或第二項之規定。
②違反前條第三項之規定者，其結婚無效。
③民法第九百八十八條第三款但書及第九百八十八條之一之規定，於第一項第三款及前項情形準用之。

第九條　112
①成立第二條關係違反第三條之規定者，當事人或其法定代理人，得向法院請求撤銷

之。但當事人已達該項所定年齡者，不得請求撤銷之。
②成立第二條關係違反第六條之規定者，受監護人或其最近親屬，得向法院請求撤銷之。但第二條關係成立後已逾一年者，不得請求撤銷之。

第一〇條 （撤銷要件及效力準用規定）
①第二條關係撤銷之要件及效力，準用民法第九百九十六條至第九百九十八條之規定。
②第二條關係無效或經撤銷者，其子女親權之酌定及監護、損害賠償、贍養費之給與及財產取回，準用民法第九百九十九條及第九百九十九條之一之規定。

第一一條 （同居義務）
第二條關係雙方當事人互負同居之義務。但有不能同居之正當理由者，不在此限。

第一二條 （住所）
第二條關係雙方當事人之住所，由雙方共同協議；未爲協議或協議不成時，得聲請法院定之。

第一三條 （日常家務之代理）
①第二條關係雙方當事人於日常家務，互爲代理人。
②第二條關係雙方當事人之一方濫用前項代理權時，他方得限制之。但不得對抗善意第三人。

第一四條 （家庭生活費分擔及清償責任）
①第二條關係雙方當事人之家庭生活費用，除法律或契約另有約定外，由雙方當事人各依其經濟能力、家事勞動或其他情事分擔之。
②因前項費用所生之債務，由雙方當事人負連帶責任。

第一五條 （財產制準用規定）
第二條關係雙方當事人之財產制，準用民法親屬編第二章第四節關於夫妻財產制之規定。

第一六條 112
①第二條關係得經雙方當事人合意終止。
②前項終止，應以書面爲之，有二人以上證人簽名並應向戶政機關爲終止之登記。

第一七條 （得向法院請求終止之情形）
①第二條關係雙方當事人之一方有下列情形之一者，他方得向法院請求終止第二條關係：
一　與他人重爲民法所定之結婚或成立第二條關係。
二　與第二條關係之他方以外之人合意性交。
三　第二條關係之一方對他方爲不堪同居之虐待。
四　第二條關係之一方對他方之直系親屬爲虐待，或第二條關係之一方之直系親屬對他方爲虐待，致不堪爲共同生活。
五　第二條關係之一方以惡意遺棄他方在繼續狀態中。
六　第二條關係之一方意圖殺害他方。
七　有重大不治之病。
八　生死不明已逾三年。
九　因故意犯罪，經判處有期徒刑逾六個月確定。
②有前項以外之重大事由，難以維持第二條關係者，雙方當事人之一方得請求終止之。
③對於第一項第一款、第二款之情事，有請求權之一方，於事前同意或事後宥恕，或知悉後已逾六個月，或自其情事發生後已逾二年者，不得請求終止。
④對於第一項第六款及第九款之情事，有請求權之一方，自知悉後已逾一年，或自其情事發生後已逾五年者，不得請求終止。

第一八條 （經法院調解或法院和解成立者）
第二條關係之終止經法院調解或法院和解成立者，第二條關係消滅。法院應依職權通知該管戶政機關。

第一九條 （子女監護、損害賠償等有關準用規定）

第二條關係終止者，其子女親權之酌定及監護、損害賠償、贍養費之給與及財產取回，準用民法第一千零五十五條至第一千零五十五條之二十第一千零五十六條至第一千零五十八條之規定。

第二〇條 112

第二條關係雙方當事人之一方收養他方之子女或共同收養時，準用民法關於收養之規定。

第二一條 （民法親屬編監護相關規定之準用）

民法第一千一百十一條至第一千一百十一條之二中關於配偶之規定，於第二條關係雙方當事人準用之。

第二二條 （互負扶養義務）

①第二條關係雙方當事人互負扶養義務。

②第二條關係雙方當事人間之扶養，準用民法第一千一百十六條之一、第一千一百十七條第一項、第一千一百十八條但書、第一千一百十八條之一第一項及第二項、第一千一百十九條至第一千一百二十一條之規定。

第二三條 （繼承權準用規定）

①第二條關係雙方當事人有相互繼承之權利，互為法定繼承人，準用民法繼承編關於繼承人之規定。

②民法繼承編關於配偶之規定，於第二條關係雙方當事人準用之。

第二四條 （民法相關規定之準用）

①民法總則編及債編關於夫妻、配偶、結婚或婚姻之規定，於第二條關係準用之。

②民法以外之其他法規關於夫妻、配偶、結婚或婚姻之規定，及配偶或夫妻關係所生之規定，於第二條關係準用之。但本法或其他法規另有規定者，不在此限。

第二五條 （家事事件法之準用）

因第二條關係所生之爭議，為家事事件，適用家事事件法有關之規定。

第二六條 （宗教、其他自由權利不受影響）

任何人或團體依法享有之宗教自由及其他自由權利，不因本法之施行而受影響。

第二七條 112

①本法自中華民國一百零八年五月二十四日施行。

②本法修正條文，除另定施行日期者外，自公布日施行。

③中華民國一百十二年五月二十三日修正之第三條、第九條及第十六條，自一百十二年一月一日施行。

消費者保護法

①民國83年1月11日總統令制定公布全文64條。
②民國92年1月22日總統令修正公布第2、6、7、13至17、35、38、39、41、42、49、50、57、58、62條條文；並增訂第7-1、10-1、11-1、19-1、44-1、45-1至45-5條條文。
民國92年5月26日行政院令發布第45-4條第4項之小額消費爭議額度定為新臺幣十萬元。
③民國94年2月5日總統令增訂公布第22-1條條文。
民國100年12月16日行政院公告第39條、第40條第1項、第41條第1、2項、第44-1條、第49條第1、4項所列屬「行政院消費者保護委員會」之權責事項，自101年1月1日起改由「行政院」管轄；第40條第2項所列「行政院消費者保護委員會」，自101年1月1日起改為諮詢審議性質之任務編組「行政院消費者保護會」，並以設置要點定之；第60條所列屬「行政院消費者保護委員會」之權責事項，自101年1月1日起停止辦理。
④民國104年6月17日總統令修正公布第2、8、11-1、13、17、18、19、22、29、39至41、44-1、45、45-4、46、49、51、57、58、60、62、64條條文及第二章第三節節名；增訂第17-1、19-2、56-1條條文；刪除第19-1條條文；並自公布日施行，但第2條第10、11款及第18至19-2條施行日期，由行政院定之。
民國104年12月31日行政院令發布定自105年1月1日施行。

第一章　總　則

第一條　（立法目的）

①為保護消費者權益，促進國民消費生活安全，提昇國民消費生活品質，特制定本法。
②有關消費者之保護，依本法之規定，本法未規定者，適用其他法律。

第二條　（名詞定義）104

本法所用名詞定義如下：

一　消費者：指以消費為目的而為交易、使用商品或接受服務者。
二　企業經營者：指以設計、生產、製造、輸入、經銷商品或提供服務為營業者。
三　消費關係：指消費者與企業經營者間就商品或服務所發生之法律關係。
四　消費爭議：指消費者與企業經營者間因商品或服務所生之爭議。
五　消費訴訟：指因消費關係而向法院提起之訴訟。
六　消費者保護團體：指以保護消費者為目的而依法設立登記之法人。
七　定型化契約條款：指企業經營者為與多數消費者訂立同類契約之用，所提出預先擬定之契約條款。定型化契約條款不限於書面，其以放映字幕、張貼、牌示、網際網路、或其他方法表示者，亦屬之。
八　個別磋商條款：指契約當事人個別磋商而合意之契約條款。
九　定型化契約：指以企業經營者提出之定型化契約條款作為契約內容之全部或一部而訂立之契約。
十　通訊交易：指企業經營者以廣播、電視、電話、傳真、型錄、報紙、雜誌、網際網路、傳單或其他類似之方法，消費者於未能檢視商品或服務下而與企業經營者所訂立之契約。
十一　訪問交易：指企業經營者未經邀約而與消費者在其住居所、工作場所、公共場所或其他場所所訂立之契約。
十二　分期付款：指買賣契約約定消費者支付頭期款，餘款分期支付，而企業經營者於收受頭期款時，交付標的物與消費者之交易型態。

第三條　（定期檢討、協調、改進）

①政府為達成本法目的，應實施下列措施，並應就與下列事項有關之法規及其執行情

形，定期檢討、協調、改進之：
一　維護商品或服務之品質與安全衛生。
二　防止商品或服務損害消費者之生命、身體、健康、財產或其他權益。
三　確保商品或服務之標示，符合法令規定。
四　確保商品或服務之廣告，符合法令規定。
五　確保商品或服務之度量衡，符合法令規定。
六　促進商品或服務維持合理價格。
七　促進商品之合理包裝。
八　促進商品或服務之公平交易。
九　扶植、獎助消費者保護團體。
十　協調處理消費爭議。
十一　推行消費者教育。
十二　辦理消費者諮詢服務。
十三　其他依消費生活之發展所必要之消費者保護措施。
②政府為達成前項之目的，應制定相關法律。

第四條　（企業經營者提供之商品或服務應遵守事項）
企業經營者對於其提供之商品或服務，應重視消費者之健康與安全，並向消費者說明商品或服務之使用方法，維護交易之公平，提供消費者充分與正確之資訊，及實施其他必要之消費者保護措施。

第五條　（充實消費資訊）
政府、企業經營者及消費者均應致力充實消費資訊，提供消費者運用，俾能採取正確合理之消費行為，以維護其安全與權益。

第六條　（主管機關）92
本法所稱主管機關：在中央為目的事業主管機關；在直轄市為直轄市政府；在縣（市）為縣（市）政府。

第二章　消費者權益

第一節　健康與安全保障

第七條　（企業經營者就其商品或服務所應負之責任）92
①從事設計、生產、製造商品或提供服務之企業經營者，於提供商品流通進入市場，或提供服務時，應確保該商品或服務，符合當時科技或專業水準可合理期待之安全性。
②商品或服務具有危害消費者生命、身體、健康、財產之可能者，應於明顯處為警告標示及緊急處理危險之方法。
③企業經營者違反前二項規定，致生損害於消費者或第三人時，應負連帶賠償責任。但企業經營者能證明其無過失者，法院得減輕其賠償責任。

第七條之一　（舉證責任）92
①企業經營者主張其商品於流通進入市場，或其服務於提供時，符合當時科技或專業水準可合理期待之安全性者，就其主張之事實負舉證責任。
②商品或服務不得僅因其後有較佳之商品或服務，而被視為不符合前條第一項之安全性。

第八條　（企業經營者就其商品或服務所負之除外責任）104
①從事經銷之企業經營者，就商品或服務所生之損害，與設計、生產、製造商品或提供服務之企業經營者連帶負賠償責任。但其對於損害之防免已盡相當之注意，或縱加以相當之注意而仍不免發生損害者，不在此限。
②前項之企業經營者，改裝、分裝商品或變更服務內容者，視為第七條之企業經營者。

第九條　（輸入商品或服務之提供者）

輸入商品或服務之企業經營者，視爲該商品之設計、生產、製造者或服務之提供者，負本法第七條之製造者責任。

第一〇條 （企業經營者對於危險商品或服務之處理行爲）

①企業經營者於有事實足認其提供之商品或服務有危害消費者安全與健康之虞時，應即回收該批商品或停止其服務。但企業經營者所爲必要之處理，足以除去其危害者，不在此限。

②商品或服務有危害消費者生命、身體、健康或財產之虞，而未於明顯處爲警告標示，並附載危險之緊急處理方法者，準用前項規定。

第一〇條之一 （損害賠償責任）92

本節所定企業經營者對消費者或第三人之損害賠償責任，不得預先約定限制或免除。

第二節　定型化契約

第一一條 （定型化契約之一般條款）

①企業經營者在定型化契約中所用之條款，應本平等互惠之原則。

②定型化契約條款如有疑義時，應爲有利於消費者之解釋。

第一一條之一 （審閱期間）104

①企業經營者與消費者訂立定型化契約前，應有三十日以內之合理期間，供消費者審閱全部條款內容。

②企業經營者以定型化契約條款使消費者拋棄前項權利者，無效。

③違反第一項規定者，其條款不構成契約之內容。但消費者得主張該條款仍構成契約之內容。

④中央主管機關得選擇特定行業，參酌定型化契約條款之重要性、涉及事項之多寡及複雜程度等事項，公告定型化契約之審閱期間。

第一二條 （定型化契約無效之情形）

①定型化契約中之條款違反誠信原則，對消費者顯失公平者，無效。

②定型化契約中之條款有下列情形之一者，推定其顯失公平：

一　違反平等互惠原則者。

二　條款與其所排除不予適用之任意規定之立法意旨顯相矛盾者。

三　契約之主要權利或義務，因受條款之限制，致契約之目的難以達成者。

第一三條 （構成契約內容之要件；定型化契約書之給與）104

①企業經營者應向消費者明示定型化契約條款之內容；明示其內容顯有困難者，應以顯著之方式，公告其內容，並經消費者同意者，該條款即爲契約之內容。

②企業經營者應給與消費者定型化契約書。但依其契約之性質致給與顯有困難者，不在此限。

③定型化契約書經消費者簽名或蓋章者，企業經營者應給與消費者該定型化契約書正本。

第一四條 （契約之一般條款不構成契約內容之要件）92

定型化契約條款未經記載於定型化契約中而依正常情形顯非消費者所得預見者，該條款不構成契約之內容。

第一五條 （定型化契約中一般條款無效之情形）92

定型化契約中之定型化契約條款牴觸個別磋商條款之約定者，其牴觸部分無效。

第一六條 （契約部份無效之情形）92

定型化契約中之定型化契約條款，全部或一部無效或不構成契約內容之一部者，除去該部分，契約亦可成立者，該契約之其他部分，仍爲有效。但對當事人之一方顯失公平者，該契約全部無效。

第一七條 （中央主管機關公告特定行業定型化契約應記載或不得記載之事項）104

①中央主管機關爲預防消費糾紛，保護消費者權益，促進定型化契約之公平化，得選擇

特定行業，擬訂其定型化契約應記載或不得記載事項，報請行政院核定後公告之。
②前項應記載事項，依契約之性質及目的，其內容得包括：
一　契約之重要權利義務事項。
二　違反契約之法律效果。
三　預付型交易之履約擔保。
四　契約之解除權、終止權及其法律效果。
五　其他與契約履行有關之事項。
③第一項不得記載事項，依契約之性質及目的，其內容得包括：
一　企業經營者保留契約內容或期限之變更權或解釋權。
二　限制或免除企業經營者之義務或責任。
三　限制或剝奪消費者行使權利，加重消費者之義務或責任。
四　其他對消費者顯失公平事項。
④違反第一項公告之定型化契約，其定型化契約條款無效。該定型化契約之效力，依前條規定定之。
⑤中央主管機關公告應記載之事項，雖未記載於定型化契約，仍構成契約之內容。
⑥企業經營者使用定型化契約者，主管機關得隨時派員查核。

第一七條之一　（企業經營者負定型化契約符合規定之舉證責任）104
企業經營者與消費者訂立定型化契約，主張符合本節規定之事實者，就其事實負舉證責任。

第三節　特種交易 104

第一八條　（企業經營者以通訊或訪問交易訂立契約，應記載於書面之資訊事項）104
①企業經營者以通訊交易或訪問交易方式訂立契約時，應將下列資訊以清楚易懂之文句記載於書面，提供消費者：
一　企業經營者之名稱、代表人、事務所或營業所及電話或電子郵件等消費者得迅速有效聯絡之通訊資料。
二　商品或服務之內容、對價、付款期日及方式、交付期日及方式。
三　消費者依第十九條規定解除契約之行使期限及方式。
四　商品或服務依第十九條第二項規定排除第十九條第一項解除權之適用。
五　消費申訴之受理方式。
六　其他中央主管機關公告之事項。
②經由網際網路所爲之通訊交易，前項應提供之資訊應以可供消費者完整查閱、儲存之電子方式爲之。

第一九條　（通訊或訪問交易之解約）104
①通訊交易或訪問交易之消費者，得於收受商品或接受服務後七日內，以退回商品或書面通知方式解除契約，無須說明理由及負擔任何費用或對價。但通訊交易有合理例外情事者，不在此限。
②前項但書合理例外情事，由行政院定之。
③企業經營者於消費者收受商品或接受服務時，未依前條第一項第三款規定提供消費者解除契約相關資訊者，第一項七日期間自提供之次日起算。但自第一項七日期間起算，已逾四個月者，解除權消滅。
④消費者於第一項及第三項所定期間內，已交運商品或發出書面者，契約視爲解除。
⑤通訊交易或訪問交易違反本條規定所爲之約定，其約定無效。

第一九條之一　（刪除）104

第一九條之二　（消費者退回商品或解除契約之處理）104
①消費者依第十九條第一項或第三項規定，以書面通知解除契約者，除當事人另有個別

礎商外，企業經營者應於收到通知之次日起十五日內，至原交付處所或約定處所取回商品。

②企業經營者應於取回商品、收到消費者退回商品或解除服務契約通知之次日起十五日內，返還消費者已支付之對價。

③契約經解除後，企業經營者與消費者間關於回復原狀之約定，對於消費者較民法第二百五十九條之規定不利者，無效。

第二〇條　（保管義務）

①未經消費者要約而對之郵寄或投遞之商品，消費者不負保管義務。

②前項物品之寄送人，經消費者定相當期限通知取回而逾期未取回或無法通知者，視爲拋棄其寄投之商品。雖未經通知，但在寄送後逾一個月未經消費者表示承諾，而仍不取回其商品者，亦同。

③消費者得請求償還因寄送物所受之損害，及處理寄送物所支出之必要費用。

第二一條　（契約書應載事項）

①企業經營者與消費者分期付款買賣契約應以書面爲之。

②前項契約書應載明下列事項：

一　頭期款。

二　各期價款與其他附加費用合計之總價款與現金交易價格之差額。

三　利率。

③企業經營者未依前項規定記載利率者，其利率按現金交易價格週年利率百分之五計算之。

④企業經營者違反第二項第一款、第二款之規定者，消費者不負現金交易價格以外價款之給付義務。

第四節　消費資訊之規範

第二二條　（企業經營者對消費者所負之義務，不得低於廣告之內容）104

①企業經營者應確保廣告內容之眞實，其對消費者所負之義務不得低於廣告之內容。

②企業經營者之商品或服務廣告內容，於契約成立後，應確實履行。

第二二條之一　（總費用之範圍及年百分率計算方式）94

①企業經營者對消費者從事與信用有關之交易時，應於廣告上明示應付所有總費用之年百分率。

②前項所稱總費用之範圍及年百分率計算方式，由各目的事業主管機關定之。

第二三條　（損害賠償責任）

①刊登或報導廣告之媒體經營者明知或可得而知廣告內容與事實不符者，就消費者因信賴該廣告所受之損害與企業經營者負連帶責任。

②前項損害賠償責任，不得預先約定限制或拋棄。

第二四條　（商品及服務之標示）

①企業經營者應依商品標示法等法令爲商品或服務之標示。

②輸入之商品或服務，應附中文標示及說明書，其內容不得較原產地之標示及說明書簡略。

③輸入之商品或服務在原產地附有警告標示者，準用前項之規定。

第二五條　（書面保證書應載事項）

①企業經營者對消費者保證商品或服務之品質時，應主動出具書面保證書。

②前項保證書應載明下列事項：

一　商品或服務之名稱、種類、數量，其有製造號碼或批號者，其製造號碼或批號。

二　保證之內容。

三　保證期間及其起算方法。

四　製造商之名稱、地址。

五　由經銷商售出者，經銷商之名稱、地址。

六　交易日期。

第二六條　（包裝之規定）

企業經營者對於所提供之商品應按其性質及交易習慣，爲防震、防潮、防塵或其他保存商品所必要之包裝，以確保商品之品質與消費者之安全。但不得誇張其內容或爲過大之包裝。

第三章　消費者保護團體

第二七條　（消費者保護團體之定義）

①消費者保護團體以社團法人或財團法人爲限。

②消費者保護團體應以保護消費者權益、推行消費者教育爲宗旨。

第二八條　（消費者保護團體之任務）

消費者保護團體之任務如下：

一　商品或服務價格之調查、比較、研究、發表。

二　商品或服務品質之調查、檢驗、研究、發表。

三　商品標示及其內容之調查、比較、研究、發表。

四　消費資訊之諮詢、介紹與報導。

五　消費者保護刊物之編印發行。

六　消費者意見之調查、分析、歸納。

七　接受消費者申訴，調解消費爭議。

八　處理消費爭議，提起消費訴訟。

九　建議政府採取適當之消費者保護立法或行政措施。

十　建議企業經營者採取適當之消費者保護措施。

十一　其他有關消費者權益之保護事項。

第二九條　（消費者保護團體發表檢驗結果，應公布檢驗相關資訊並通知相關經營者，如有錯誤，應進行更正及澄清）104

①消費者保護團體爲從事商品或服務檢驗，應設置與檢驗項目有關之檢驗設備或委託設有與檢驗項目有關之檢驗設備之機關、團體檢驗之。

②執行檢驗人員應製作檢驗紀錄，記載取樣、儲存樣本之方式與環境、使用之檢驗設備、檢驗方法、經過及結果，提出於該消費者保護團體。

③消費者保護團體發表前項檢驗結果後，應公布其取樣、儲存樣本之方式與環境、使用之檢驗設備、檢驗方法及經過，並通知相關企業經營者。

④消費者保護團體發表第二項檢驗結果有錯誤時，應主動對外更正，並使相關企業經營者有澄清之機會。

第三〇條　（消費者組織參與權）

政府對於消費者保護之立法或行政措施，應徵詢消費者保護團體、相關行業、學者專家之意見。

第三一條　（商品或服務檢驗得請求政府協助之）

消費者保護團體爲商品或服務之調查、檢驗時，得請求政府予以必要之協助。

第三二條　（消費者保護組織之獎勵）

消費者保護團體辦理消費者保護工作成績優良者，主管機關得予以財務上之獎助。

第四章　行政監督

第三三條　（調查進行方式）

①直轄市或縣（市）政府認爲企業經營者提供之商品或服務有損害消費者生命、身體、健康、或財產之虞者，應即進行調查。於調查完成後，得公開其經過及結果。

②前項人員爲調查時，應出示有關證件，其調查得依下列方式進行：

一　向企業經營者或關係人查詢。
二　通知企業經營者或關係人到場陳述意見。
三　通知企業經營者提出資料證明該商品或服務對於消費者生命、身體、健康或財產無損害之虞。
四　派員前往企業經營者之事務所、營業所或其他有關場所進行調查。
五　必要時，得就地抽樣商品，加以檢驗。

第三四條　（調查之扣押）

①直轄市或縣（市）政府於調查時，對於可為證據之物，得聲請檢察官扣押之。
②前項扣押，準用刑事訴訟法關於扣押之規定。

第三五條　（主管機關辦理檢驗）92

直轄市或縣（市）主管機關辦理檢驗，得委託設有與檢驗項目有關之檢驗設備之消費者保護團體、職業團體或其他有關公私機構或團體辦理之。

第三六條　（企業經營者改善、收回或停止生產之情形）

直轄市或縣（市）政府對於企業經營者提供之商品或服務，經第三十三條之調查，認為確有損害消費者生命、身體、健康或財產，或確有損害之虞者，應命其限期改善、回收或銷燬，必要時並得命企業經營者立即停止該商品之設計、生產、製造、加工、輸入、經銷或服務之提供，或採取其他必要措施。

第三七條　（借用大眾傳播媒體公告之情形）

直轄市或縣（市）政府於企業經營者提供之商品或服務，對消費者已發生重大損害或有發生重大損害之虞，而情況危急時，除為前條之處置外，應即在大眾傳播媒體公告企業經營者之名稱、地址、商品、服務、或為其他必要之處置。

第三八條　（中央主管機關必要時之措施）92

中央主管機關認為必要時，亦得為前五條規定之措施。

第三九條　（消費者保護官之設置、任用及職掌）104

①行政院、直轄市、縣（市）政府應置消費者保護官若干名。
②消費者保護官任用及職掌之辦法，由行政院定之。

第四〇條　（行政院應定期邀集事務相關部會首長、團體代表及學者等專家提供諮詢）104

行政院為監督與協調消費者保護事務，應定期邀集有關部會首長、全國性消費者保護團體代表、全國性企業經營者代表及學者、專家，提供本法相關事項之諮詢。

第四一條　（行政院推動消費者保護應辦理之事項）104

①行政院為推動消費者保護事務，辦理下列事項：
一　消費者保護基本政策及措施之研擬及審議。
二　消費者保護計畫之研擬、修訂及執行成果檢討。
三　消費者保護方案之審議及其執行之推動、連繫與考核。
四　國內外消費者保護趨勢及其與經濟社會建設有關問題之研究。
五　消費者保護之教育宣導、消費資訊之蒐集及提供。
六　各部會局署關於消費者保護政策、措施及主管機關之協調事項。
七　監督消費者保護主管機關及指揮消費者保護官行使職權。
②消費者保護之執行結果及有關資料，由行政院定期公告。

第四二條　（消費者服務中心之設置）92

①直轄市、縣（市）政府應設消費者服務中心，辦理消費者之諮詢服務、教育宣導、申訴等事項。
②直轄市、縣（市）政府消費者服務中心得於轄區內設分中心。

第五章　消費爭議之處理

第一節　申訴與調解

第四三條　（申訴之處理期限）

①消費者與企業經營者因商品或服務發生消費爭議時，消費者得向企業經營者、消費者保護團體或消費者服務中心或其分中心申訴。

②企業經營者對於消費者之申訴，應於申訴之日起十五日內妥適處理之。

③消費者依第一項申訴，未獲妥適處理時，得向直轄市、縣（市）政府消費者保護官申訴。

第四四條　（申訴調解）

消費者依前條申訴未能獲得妥適處理時，得向直轄市或縣（市）消費爭議調解委員會申請調解。

第四四條之一（消費爭議調解事件辦法之訂定）104

前條消費爭議調解事件之受理、程序進行及其他相關事項之辦法，由行政院定之。

第四五條（消費爭議調解委員會之設置）104

①直轄市、縣（市）政府應設消費爭議調解委員會，置委員七名至二十一名。

②前項委員以直轄市、縣（市）政府代表、消費者保護官、消費者保護團體代表、企業經營者所屬或相關職業團體代表、學者及專家充任之，以消費者保護官為主席，其組織另定之。

第四五條之一　（調解程序不公開）92

①調解程序，於直轄市、縣（市）政府或其他適當之處所行之，其程序得不公開。

②調解委員、列席協同調解人及其他經辦調解事務之人，對於調解事件之內容，除已公開之事項外，應保守秘密。

第四五條之二　（消費爭議之調解）92

①關於消費爭議之調解，當事人不能合意但已甚接近者，調解委員得斟酌一切情形，求兩造利益之平衡，於不違反兩造當事人之主要意思範圍內，依職權提出解決事件之方案，並送達於當事人。

②前項方案，應經參與調解委員過半數之同意，並記載第四十五條之三所定異議期間及未於法定期間提出異議之法律效果。

第四五條之三　（調解不成立）92

①當事人對於前條所定之方案，得於送達後十日之不變期間內，提出異議。

②於前項期間內提出異議者，視為調解不成立；其未於前項期間內提出異議者，視為已依該方案成立調解。

③第一項之異議，消費爭議調解委員會應通知他方當事人。

第四五條之四　（小額消費爭議解決方案之送達）104

①關於小額消費爭議，當事人之一方無正當理由，不於調解期日到場者，調解委員得審酌情形，依到場當事人一造之請求或依職權提出解決方案，並送達於當事人。

②前項之方案，應經全體調解委員過半數之同意，並記載第四十五條之五所定異議期間及未於法定期間提出異議之法律效果。

③第一項之送達，不適用公示送達之規定。

④第一項小額消費爭議之額度，由行政院定之。

第四五條之五（提出異議）92

①當事人對前條之方案，得於送達後十日之不變期間內，提出異議；未於異議期間內提出異議者，視為已依該方案成立調解。

②當事人於異議期間提出異議，經調解委員另定調解期日，無正當理由不到場者，視為依該方案成立調解。

第四六條　（調解書之作成及效力）104

①調解成立者應作成調解書。

②前項調解書之作成及效力，準用鄉鎮市調解條例第二十五條至第二十九條之規定。

第二節　消費訴訟

第四七條　（消費訴訟之管轄）

消費訴訟，得由消費關係發生地之法院管轄。

第四八條　（消費法庭）

①高等法院以下各級法院及其分院得設立消費專庭或指定專人審理消費訴訟事件。

②法院爲企業經營者敗訴之判決時，得依職權宣告爲減免擔保之假執行。

第四九條　（消費者保護團體之訴訟權）104

①消費者保護團體許可設立二年以上，置有消費者保護專門人員，且申請行政院評定優良者，得以自己之名義，提起第五十條消費者損害賠償訴訟或第五十三條不作爲訴訟。

②消費者保護團體依前項規定提起訴訟者，應委任律師代理訴訟。受委任之律師，就該訴訟，得請求預付或償還必要費用。

③消費者保護團體關於其提起之第一項訴訟，有不法行爲者，許可設立之主管機關應廢止其許可。

④優良消費者保護團體之評定辦法，由行政院定之。

第五〇條　（消費者損害賠償訴訟）92

①消費者保護團體對於同一之原因事件，致使衆多消費者受害時，得受讓二十人以上消費者損害賠償請求權後，以自己名義，提起訴訟。消費者得於言詞辯論終結前，終止讓與損害賠償請求權，並通知法院。

②前項訴訟，因部分消費者終止讓與損害賠償請求權，致人數不足二十人者，不影響其實施訴訟之權能。

③第一項讓與之損害賠償請求權，包括民法第一百九十四條、第一百九十五條第一項非財產上之損害。

④前項關於消費者損害賠償請求權之時效利益，應依讓與之消費者單獨個別計算。

⑤消費者保護團體受讓第三項所定請求權後，應將訴訟結果所得之賠償，扣除訴訟及依前條第二項規定支付予律師之必要費用後，交付該讓與請求權之消費者。

⑥消費者保護團體就第一項訴訟，不得向消費者請求報酬。

第五一條　（消費者求懲罰性賠償金之訴訟）104

依本法所提之訴訟，因企業經營者之故意所致之損害，消費者得請求損害額五倍以下之懲罰性賠償金；但因重大過失所致之損害，得請求三倍以下之懲罰性賠償金，因過失所致之損害，得請求損害額一倍以下之懲罰性賠償金。

第五二條　（訴訟之免繳裁判費）

消費者保護團體以自己之名義提起第五十條訴訟，其標的價額超過新臺幣六十萬元者，超過部分免繳裁判費。

第五三條　（訴訟之免繳裁判費）

①消費者保護官或消費者保護團體，就企業經營者重大違反本法有關保護消費者規定之行爲，得向法院訴請停止或禁止之。

②前項訴訟免繳裁判費。

第五四條　（消費者集體訴訟）

①因同一消費關係而被害之多數人，依民事訴訟法第四十一條之規定，選定一人或數人起訴請求損害賠償者，法院得徵求原被選定人之同意後公告曉示，其他之被害人得於一定之期間內以書狀表明被害之事實、證據及應受判決事項之聲明，併案請求賠償。其請求之人，視爲已依民事訴訟法第四十一條爲選定。

②前項併案請求之書狀，應以繕本送達於兩造。

③第一項之期間，至少應有十日，公告應黏貼於法院牌示處，並登載新聞紙，其費用由國庫墊付。

第五五條　（訴訟法定代理之準用）

民事訴訟法第四十八條、第四十九條之規定，於依前條爲訴訟行爲者，準用之。

第六章　罰　則

第五六條　（罰則）

違反第二十四條、第二十五條或第二十六條規定之一者，經主管機關通知改正而逾期不改正者，處新臺幣二萬元以上二十萬元以下罰鍰。

第五六條之一　（罰鍰）104

企業經營者使用定型化契約，違反中央主管機關依第十七條第一項公告之應記載或不得記載事項者，除法律另有處罰規定外，經主管機關令其限期改正而屆期不改正者，處新臺幣三萬元以上三十萬元以下罰鍰；經再次令其限期改正而屆期不改正者，處新臺幣五萬元以上五十萬元以下罰鍰，並得按次處罰。

第五七條　（罰鍰）104

企業經營者規避、妨礙或拒絕主管機關依第十七條第六項、第三十三條或第三十八條規定所為之調查者，處新臺幣三萬元以上三十萬元以下罰鍰，並得按次處罰。

第五八條　（罰鍰）104

企業經營者違反主管機關依第三十六條或第三十八條規定所為之命令者，處新臺幣六萬元以上一百五十萬元以下罰鍰，並得按次處罰。

第五九條　（罰則）

企業經營者有第三十七條規定之情形者，主管機關除依該條及第三十六條之規定處置外，並得對其處新臺幣十五萬元以上一百五十萬元以下罰鍰。

第六〇條　（停止營業之情形）104

企業經營者違反本法規定，生產商品或提供服務具有危害消費者生命、身體、健康之虞者，影響社會大眾經中央主管機關認定為情節重大，中央主管機關或行政院得立即命令其停止營業，並儘速協請消費者保護團體以其名義，提起消費者損害賠償訴訟。

第六一條　（處罰）

依本法應予處罰者，其他法律有較重處罰之規定時，從其規定；涉及刑事責任者，並應即移送偵查。

第六二條　（罰鍰未繳，移送行政執行）104

本法所定之罰鍰，由主管機關處罰，經限期繳納後，屆期仍未繳納者，依法移送行政執行。

第七章　附　則

第六三條　（施行細則）

本法施行細則，由行政院定之。

第六四條　（施行日）104

本法自公布日施行。但中華民國一百零四年六月二日修正公布之第二條第十款與第十一款及第十八條至第十九條之二之施行日期，由行政院定之。

公寓大廈管理條例

①民國84年6月28日總統令制定公布全文52條。
②民國89年4月26日總統令修正公布第2條條文。
③民國92年12月31日總統令修正公布全文63條；並自公布日施行。
④民國95年1月18日總統令修正公布第29條條文；並增訂第59-1條條文。
民國101年6月25日行政院公告第17條第1項所列屬「財政部」之權責事項，經行政院公告自93年7月1日起變更爲「行政院金融監督管理委員會」管轄，自101年7月1日起改由「金融監督管理委員會」管轄。
⑤民國102年5月8日總統令修正公布第8、27條條文。
⑥民國105年11月16日總統令修正公布第8、18條條文。
⑦民國111年5月11日總統令增訂公布第29-1、49-1條條文。

第一章　總　則

第一條　（立法目的及適用範圍）
①爲加強公寓大廈之管理維護，提昇居住品質，特制定本條例。
②本條例未規定者，適用其他法令之規定。

第二條　（主管機關）
本條例所稱主管機關：在中央爲內政部；在直轄市爲直轄市政府；在縣（市）爲縣（市）政府。

第三條　（名詞定義）
本條例用辭定義如下：
一　公寓大廈：指構造上或使用上或在建築執照設計圖樣標有明確界線，得區分爲數部分之建築物及其基地。
二　區分所有：指數人區分一建築物而各有其專有部分，並就其共用部分按其應有部分有所有權。
三　專有部分：指公寓大廈之一部分，具有使用上之獨立性，且爲區分所有之標的者。
四　共用部分：指公寓大廈專有部分以外之其他部分及不屬專有之附屬建築物，而供共同使用者。
五　約定專用部分：公寓大廈共用部分經約定供特定區分所有權人使用者。
六　約定共用部分：指公寓大廈專有部分經約定供共同使用者。
七　區分所有權人會議：指區分所有權人爲共同事務及涉及權利義務之有關事項，召集全體區分所有權人所舉行之會議。
八　住戶：指公寓大廈之區分所有權人、承租人或其他經區分所有權人同意而爲專有部分之使用者或業經取得停車空間建築物所有權者。
九　管理委員會：指爲執行區分所有權人會議決議事項及公寓大廈管理維護工作，由區分所有權人選任住戶若干人爲管理委員所設立之組織。
十　管理負責人：指未成立管理委員會，由區分所有權人推選住戶一人或依第二十八條第三項、第二十九條第六項規定爲負責管理公寓大廈事務者。
十一　管理服務人：指由區分所有權人會議決議或管理負責人或管理委員會僱傭或委任而執行建築物管理維護事務之公寓大廈管理服務人員或管理維護公司。
十二　規約：公寓大廈區分所有權人爲增進共同利益，確保良好生活環境，經區分所有權人會議決議之共同遵守事項。

第二章　住戶之權利義務

第四條　（專有部分）

①區分所有權人除法律另有限制外，對其專有部分，得自由使用、收益、處分，並排除他人干涉。

②專有部分不得與其所屬建築物共用部分之應有部分及其基地所有權或地上權之應有部分分離而爲移轉或設定負擔。

第五條　（專有部分之使用權）

區分所有權人對專有部分之利用，不得有妨害建築物之正常使用及違反區分所有權人共同利益之行爲。

第六條　（住户之義務）

①住戶應遵守下列事項：

一　於維護、修繕專有部分、約定專用部分或行使其權利時，不得妨害其他住戶之安寧、安全及衛生。

二　他住戶因維護、修繕專有部分、約定專用部分或設置管線，必須進入或使用其專有部分或約定專用部分時，不得拒絕。

三　管理負責人或管理委員會因維護、修繕共用部分或設置管線，必須進入或使用其專有部分或約定專用部分時，不得拒絕。

四　於維護、修繕專有部分、約定專用部分或設置管線，必須使用共用部分時，應經管理負責人或管理委員會之同意後爲之。

五　其他法令或規約規定事項。

②前項第二款至第四款之進入或使用，應擇其損害最少之處所及方法爲之，並應修復或補償所生損害。

③住戶違反第一項規定，經協調仍不履行時，住戶、管理負責人或管理委員會得按其性質請求各該主管機關或訴請法院爲必要之處置。

第七條　（共用部分不得約定專用之範圍）

公寓大廈共用部分不得獨立使用供做專有部分。其爲下列各款者，並不得爲約定專用部分：

一　公寓大廈本身所占之地面。

二　連通數個專有部分之走廊或樓梯，及其通往室外之通路或門廳；社區內各巷道、防火巷弄。

三　公寓大廈基礎、主要樑柱、承重牆壁、樓地板及屋頂之構造。

四　約定專用有違法令使用限制之規定者。

五　其他有固定使用方法，並屬區分所有權人生活利用上不可或缺之共用部分。

第八條　（公寓大廈外圍使用之限制）105

①公寓大廈周圍上下、外牆面、樓頂平臺及不屬專有部分之防空避難設備，其變更構造、顏色、設置廣告物、鐵鋁窗或其他類似之行爲，除應依法令規定辦理外，該公寓大廈規約另有規定或區分所有權人會議已有決議，經向直轄市、縣（市）主管機關完成報備有案者，應受該規約或區分所有權人會議決議之限制。

②公寓大廈有十二歲以下兒童或六十五歲以上老人之住戶，外牆開口部或陽臺得設置不妨礙逃生且不突出外牆面之防墜設施。防墜設施設置後，設置理由消失且不符前項限制者，區分所有權人應予改善或回復原狀。

③住戶違反第一項規定，管理負責人或管理委員會應予制止，經制止而不遵從者，應報請主管機關依第四十九條第一項規定處理，該住戶並應於一個月內回復原狀。屆期未回復原狀者，得由管理負責人或管理委員會回復原狀，其費用由該住戶負擔。

第九條　（共用部分之使用權）

①各區分所有權人按其共有之應有部分比例，對建築物之共用部分及其基地有使用收益之權。但另有約定者從其約定。

②住戶對共用部分之使用應依其設置目的及通常使用方法爲之。但另有約定者從其約定。

③前二項但書所約定事項，不得違反本條例、區域計畫法、都市計畫法及建築法令之規定。

④住戶違反第二項規定，管理負責人或管理委員會應予制止，並得按其性質請求各該主管機關或訴請法院爲必要之處置。如有損害並得請求損害賠償。

第一〇條 （管理、維護費用）

①專有部分、約定專用部分之修繕、管理、維護，由各該區分所有權人或約定專用部分之使用人爲之，並負擔其費用。

②共用部分、約定共用部分之修繕、管理、維護，由管理負責人或管理委員會爲之。其費用由公共基金支付或由區分所有權人按其共有之應有部分比例分擔之。但修繕費係因可歸責於區分所有權人或住戶之事由所致者，由該區分所有權人或住戶負擔。其費用若區分所有權人會議或規約另有規定者，從其規定。

③前項共用部分、約定共用部分，若涉及公共環境清潔衛生之維持、公共消防滅火器材之維護、公共通道溝渠及相關設施之修繕，其費用政府得視情況予以補助，補助辦法由直轄市、縣（市）政府定之。

第一一條 （拆除、修繕費用）

共用部分及其相關設施之拆除、重大修繕或改良，應依區分所有權人會議之決議爲之。

前項費用，由公共基金支付或由區分所有權人按其共有之應有部分比例分擔。

第一二條 （專有部分之權屬）

專有部分之共同壁及樓地板或其內之管線，其維修費用由該共同壁雙方或樓地板上下方之區分所有權人共同負擔。但修繕費係因可歸責於區分所有權人之事由所致者，由該區分所有權人負擔。

第一三條 （必須重建之法定事由）

公寓大廈之重建，應經全體區分所有權人及基地所有權人、地上權人或典權人之同意。但有下列情形之一者，不在此限：

一 配合都市更新計畫而實施重建者。

二 嚴重毀損、傾頹或朽壞，有危害公共安全之虞者。

三 因地震、水災、風災、火災或其他重大事變，肇致危害公共安全者。

第一四條 （重建建造執照之申請）

①公寓大廈有前條第二款或第三款所定情形之一，經區分所有權人會議決議重建時，區分所有權人不同意決議又不出讓區分所有權或同意後不依決議履行其義務者，管理負責人或管理委員會得訴請法院命區分所有權人出讓其區分所有權及其基地所有權應有部分。

②前項之受讓人視爲同意重建。

③重建之建造執照之申請，其名義以區分所有權人會議之決議爲之。

第一五條 （依使用執照及規約使用之義務）

①住戶應依使用執照所載用途及規約使用專有部分、約定專用部分，不得擅自變更。

②住戶違反前項規定，管理負責人或管理委員會應予制止，經制止而不遵從者，報請直轄市、縣（市）主管機關處理，並要求其回復原狀。

第一六條 （維護公共安全、公共衛生與公共安寧之義務）

①住戶不得任意棄置垃圾、排放各種污染物、惡臭物質或發生喧囂、振動及其他與此相類之行爲。

②住戶不得於私設通路、防火間隔、防火巷弄、開放空間、退縮空地、樓梯間、共同走廊、防空避難設備等處所堆置雜物、設置柵欄、門扇或營業使用，或違規設置廣告物或私設路障及停車位侵占巷道妨礙出入。但開放空間及退縮空地，在直轄市、縣（市）政府核准範圍內，得依規約或區分所有權人會議決議供營業使用；防空避難設

備，得為原核准範圍之使用；其兼作停車空間使用者，得依法供公共收費停車使用。

③住戶為維護、修繕、裝修或其他類似之工作時，未經申請主管建築機關核准，不得破壞或變更建築物之主要構造。

④住戶飼養動物，不得妨礙公共衛生、公共安寧及公共安全。但法令或規約另有禁止飼養之規定時，從其規定。

⑤住戶違反前四項規定時，管理負責人或管理委員會應予制止或按規約處理，經制止而不遵從者，得報請直轄市、縣（市）主管機關處理。

第一七條　（投保公共意外責任保險）

①住戶於公寓大廈內依法經營餐飲、瓦斯、電焊或其他危險營業或存放有爆炸性或易燃性物品者，應依中央主管機關所定保險金額投保公共意外責任保險。其因此增加其他住戶投保火災保險之保險費者，並應就其差額負補償責任。其投保、補償辦法及保險費率由中央主管機關會同財政部定之。

②前項投保公共意外責任保險，經催告於七日內仍未辦理者，管理負責人或管理委員會應代為投保；其保險費、差額補償費及其他費用，由該住戶負擔。

第一八條　（公共基金之設置及其來源）105

①公寓大廈應設置公共基金，其來源如下：

一　起造人就公寓大廈領得使用執照一年內之管理維護事項，應按工程造價一定比例或金額提列。

二　區分所有權人依區分所有權人會議決議繳納。

三　本基金之孳息。

四　其他收入。

②依前項第一款規定提列之公共基金，起造人於該公寓大廈使用執照申請時，應提出繳交各直轄市、縣（市）主管機關公庫代收之證明；於公寓大廈成立管理委員會或推選管理負責人，並完成依第五十七條規定點交共用部分、約定共用部分及其附屬設施設備後向直轄市、縣（市）主管機關報備，由公庫代為撥付。同款所稱比例或金額，由中央主管機關定之。

③公共基金應設專戶儲存，並由管理負責人或管理委員會負責管理；如經區分所有權人會議決議交付信託者，由管理負責人或管理委員會交付信託。其運用應依區分所有權人會議之決議為之。

④第一項及第二項所規定起造人應提列之公共基金，於本條例公布施行前，起造人已取得建造執照者，不適用之。

第一九條　（區分所有權人對公共基金之權利）

區分所有權人對於公共基金之權利應隨區分所有權之移轉而移轉；不得因個人事由為讓與、扣押、抵銷或設定負擔。

第二〇條　（公共基金移交程序）

①管理負責人或管理委員會應定期將公共基金或區分所有權人、住戶應分擔或其他應負擔費用之收支、保管及運用情形公告，並於解職、離職或管理委員會改組時，將公共基金收支情形、會計憑證、會計帳簿、財務報表、印鑑及餘額移交新管理負責人或新管理委員會。

②管理負責人或管理委員會拒絕前項公告或移交，經催告於七日內仍不公告或移交時，得報請主管機關或訴請法院命其公告或移交。

第二一條　（積欠公共基金之催討程序）

區分所有權人或住戶積欠應繳納之公共基金或應分擔或其他應負擔之費用已逾二期或達相當金額，經定相當期間催告仍不給付者，管理負責人或管理委員會得訴請法院命其給付應繳之金額及遲延利息。

第二二條　（強制出讓之要件）

①住戶有下列情形之一者，由管理負責人或管理委員會促請其改善，於三個月內仍未改善者，管理負責人或管理委員會得依區分所有權人會議之決議，訴請法院強制其遷

離：

一　積欠依本條例規定應分擔之費用，經強制執行後再度積欠金額達其區分所有權總價百分之一者。

二　違反本條例規定經依第四十九條第一項第一款至第四款規定處以罰鍰後，仍不改善或續犯者。

三　其他違反法令或規約情節重大者。

②前項之住戶如為區分所有權人時，管理負責人或管理委員會得依區分所有權人會議之決議，訴請法院命區分所有權人出讓其區分所有權及其基地所有權應有部分；於判決確定後三個月內不自行出讓並完成移轉登記手續者，管理負責人或管理委員會得聲請法院拍賣之。

③前項拍賣所得，除其他法律另有規定外，於積欠本條例應分擔之費用，其受償順序與第一順位抵押權同。

第二三條　（住戶規約之訂定及範圍）

①有關公寓大廈、基地或附屬設施之管理使用及其他住戶間相互關係，除法令另有規定外，得以規約定之。

②規約除應載明專有部分及共用部分範圍外，下列各款事項，非經載明於規約者，不生效力：

一　約定專用部分、約定共用部分之範圍及使用主體。

二　各區分所有權人對建築物共用部分及其基地之使用收益權及住戶對共用部分使用之特別約定。

三　禁止住戶飼養動物之特別約定。

四　違反義務之處理方式。

五　財務運作之監督規定。

六　區分所有權人會議決議有出席及同意之區分所有權人人數及其區分所有權比例之特別約定。

七　糾紛之協調程序。

第二四條　（繼受人應繼受前區分所有人權利義務）

①區分所有權之繼受人，應於繼受前向管理負責人或管理委員會請求閱覽或影印第三十五條所定文件，並應於繼受後遵守原區分所有權人依本條例或規約所定之一切權利義務事項。

②公寓大廈專有部分之無權占有人，應遵守依本條例規定住戶應盡之義務。

③無權占有人違反前項規定，準用第二十一條、第二十二條、第四十七條、第四十九條住戶之規定。

第三章　管理組織

第二五條　（會議之召開及召集人之產生方式）

①區分所有權人會議，由全體區分所有權人組成，每年至少應召開定期會議一次。

②有下列情形之一者，應召開臨時會議：

一　發生重大事故有及時處理之必要，經管理負責人或管理委員會請求者。

二　經區分所有權人五分之一以上及其區分所有權比例合計五分之一以上，以書面載明召集之目的及理由請求召集者。

③區分所有權人會議除第二十八條規定外，由具區分所有權人身分之管理負責人、管理委員會主任委員或管理委員為召集人；管理負責人、管理委員會主任委員或管理委員喪失區分所有權人資格日起，視同解任。無管理負責人或管理委員會，或無區分所有權人擔任管理負責人、主任委員或管理委員時，由區分所有權人互推一人為召集人；召集人任期依區分所有權人會議或依規約規定，任期一至二年，連選得連任一次。但區分所有權人會議或規約未規定者，任期一年，連選得連任一次。

④召集人無法依前項規定互推產生時，各區分所有權人得申請直轄市、縣（市）主管機關指定臨時召集人，區分所有權人不申請指定時，直轄市、縣（市）主管機關得視實際需要指定區分所有權人一人為臨時召集人，或依規約輪流擔任，其任期至互推召集人為止。

第二六條　（非封閉式之公寓大廈規約訂定）

①非封閉式之公寓大廈集居社區其地面層為各自獨立之數幢建築物，且區內屬住宅與辦公、商場混合使用，其辦公、商場之出入口各自獨立之公寓大廈，各該幢內之辦公、商場部分，得就該幢或結合他幢內之辦公、商場部分，經其區分所有權人過半數書面同意，及全體區分所有權人會議決議或規約明定下列各款事項後，以該辦公、商場部分召開區分所有權人會議，成立管理委員會，並向直轄市、縣（市）主管機關報備。

一　共用部分、約定共用部分範圍之劃分。

二　共用部分、約定共用部分之修繕、管理、維護範圍及管理維護費用之分擔方式。

三　公共基金之分配。

四　會計憑證、會計帳簿、財務報表、印鑑、餘額及第三十六條第八款規定保管文件之移交。

五　全體區分所有權人會議與各該辦公、商場部分之區分所有權人會議之分工事宜。

②第二十條、第二十七條、第二十九條至第三十九條、第四十八條、第四十九條第一項第七款及第五十四條規定，於依前項召開或成立之區分所有權人會議、管理委員會及其主任委員、管理委員準用之。

第二七條　（區分所有權之計算方式）102

①各專有部分之區分所有權人有一表決權。數人共有一專有部分者，該表決權應推由一人行使。

②區分所有權人會議之出席人數與表決權之計算，於任一區分所有權人之區分所有權占全部區分所有權五分之一以上者，或任一區分所有權人所有之專有部分之個數超過全部專有部分個數總合之五分之一以上者，其超過部分不予計算。

③區分所有權人因故無法出席區分所有權人會議時，得以書面委託配偶、有行為能力之直系血親、其他區分所有權人或承租人代理出席；受託人於受託之區分所有權占全部區分所有權五分之一以上者，或以單一區分所有權計算之人數超過區分所有權人數五分之一者，其超過部分不予計算。

第二八條　（起造人召集會議）

①公寓大廈建築物所有權登記之區分所有權人達半數以上及其區分所有權比例合計半數以上時，起造人應於三個月內召集區分所有權人召開區分所有權人會議，成立管理委員會或推選管理負責人，並向直轄市、縣（市）主管機關報備。

②前項起造人為數人時，應互推一人為之。出席區分所有權人之人數或其區分所有權比例合計未達第三十一條規定之定額而未能成立管理委員會時，起造人應就同一議案重新召集會議一次。

③起造人於召集區分所有權人召開區分所有權人會議成立管理委員會或推選管理負責人前，為公寓大廈之管理負責人。

第二九條　（管理委員會、管理負責人之成立）95

①公寓大廈應成立管理委員會或推選管理負責人。

②公寓大廈成立管理委員會者，應由管理委員互推一人為主任委員，主任委員對外代表管理委員會。主任委員、管理委員之選任、解任、權限與其委員人數、召集方式及事務執行方法與代理規定，依區分所有權人會議之決議。但規約另有規定者，從其規定。

③管理委員、主任委員及管理負責人之任期，依區分所有權人會議或規約之規定，任期一至二年，主任委員、管理負責人、負責財務管理及監察業務之管理委員，連選得連任一次，其餘管理委員，連選得連任。但區分所有權人會議或規約未規定者，任期一年，主任委員、管理負責人、負責財務管理及監察業務之管理委員，連選得連任一

次，其餘管理委員，連選得連任。

④前項管理委員、主任委員及管理負責人任期屆滿未再選任或有第二十條第二項所定之拒絕移交者，自任期屆滿日起，視同解任。

⑤公寓大廈之住戶非該專有部分之區分所有權人者，除區分所有權人會議之決議或規約另有規定外，得被選任、推選爲管理委員、主任委員或管理負責人。

⑥公寓大廈未組成管理委員會且未推選管理負責人時，以第二十五條區分所有權人互推之召集人或申請指定之臨時召集人爲管理負責人。區分所有權人無法互推召集人或申請指定臨時召集人時，區分所有權人得申請直轄市、縣（市）主管機關指定住戶一人爲管理負責人，其任期至成立管理委員會、推選管理負責人或互推召集人爲止。

第二九條之一　111

①本條例施行前或施行後已取得建造執照之未成立管理委員會或推選管理負責人之公寓大廈，經直轄市、縣（市）主管機關認定有危險之虞者，其區分所有權人應於直轄市、縣（市）主管機關通知後一定期限內成立管理委員會或推選管理負責人，並向直轄市、縣（市）主管機關報備。因故未能於一定期限內成立管理委員會或推選管理負責人並辦理報備者，直轄市、縣（市）主管機關得視實際情況展延一次，並不得超過一年。

②前項公寓大廈有危險之虞之認定要件及成立管理委員會或推選管理負責人並辦理報備之期限，由中央主管機關公告；直轄市、縣（市）主管機關認有必要時，得公告擴大認定要件並另定其成立管理委員會或推選管理負責人並辦理報備之期限。

③直轄市、縣（市）主管機關應輔導或委託專業機構輔導第一項之公寓大廈成立管理委員會或推選管理負責人並辦理報備。

④公寓大廈區分所有權人經依第四十九條之一處罰後，仍未依規定成立管理委員會或推選管理負責人並辦理報備者，必要時，由直轄市、縣（市）主管機關指定住戶一人爲管理負責人，其任期至成立管理委員會、推選管理負責人或互推召集人爲止。

第三〇條　（召開會議之通知方法）

①區分所有權人會議，應由召集人於開會前十日以書面載明開會內容，通知各區分所有權人。但有急迫情事須召開臨時會者，得以公告爲之；公告期間不得少於二日。

②管理委員之選任事項，應在前項開會通知中載明並公告之，不得以臨時動議提出。

第三一條　（區分所有權之計算方式）

區分所有權人會議之決議，除規約另有規定外，應有區分所有權人三分之二以上及其區分所有權比例合計三分之二以上出席，以出席人數四分之三以上及其區分所有權比例占出席人數區分所有權四分之三以上之同意行之。

第三二條　（未獲致決議時重新開議之要件）

①區分所有權人會議依前條規定未獲致決議、出席區分所有權人之人數或其區分所有權比例合計未達前條定額者，召集人得就同一議案重新召集會議；其開議除規約另有規定出席人數外，應有區分所有權人三人並五分之一以上及其區分所有權比例合計五分之一以上出席，以出席人數過半數及其區分所有權比例占出席人數區分所有權合計過半數之同意作成決議。

②前項決議之會議紀錄依第三十四條第一項規定送達各區分所有權人後，各區分所有權人得於七日內以書面表示反對意見。書面反對意見未超過全體區分所有權人及其區分所有權比例合計半數時，該決議視爲成立。

③第一項會議主席應於會議決議成立後十日內以書面送達全體區分所有權人並公告之。

第三三條　（區分所有權之決議效力）

區分所有權人會議之決議，未經依下列各款事項辦理者，不生效力：

一　專有部分經依區分所有權人會議約定爲約定共用部分者，應經該專有部分區分所有權人同意。

二　公寓大廈外牆面、樓頂平臺，設置廣告物、無線電台基地台等類似強波發射設備或其他類似之行爲，設置於屋頂者，應經頂層區分所有權人同意；設置其他樓層者，應經該樓層區分所有權人同意。該層住戶，並得參加區分所有權人會議陳述意見。

三　依第五十六條第一項規定成立之約定專用部分變更時，應經使用該約定專用部分之區分所有權人同意。但該約定專用顯已違反公共利益，經管理委員會或管理負責人訴請法院判決確定者，不在此限。

第三四條　（會議紀錄作成方式及送達公告）

①區分所有權人會議應作成會議紀錄，載明開會經過及決議事項，由主席簽名，於會後十五日內送達各區分所有權人並公告之。

②前項會議紀錄，應與出席區分所有權人之簽名簿及代理出席之委託書一併保存。

第三五條　（請求閱覽或影印之權利）

利害關係人於必要時，得請求閱覽或影印規約、公共基金餘額、會計憑證、會計帳簿、財務報表、欠繳公共基金與應分攤或其他應負擔費用情形、管理委員會會議紀錄及前條會議紀錄，管理負責人或管理委員會不得拒絕。

第三六條　（管理委員會之職務範圍）

管理委員會之職務如下：

一　區分所有權人會議決議事項之執行。

二　共有及共用部分之清潔、維護、修繕及一般改良。

三　公寓大廈及其周圍之安全及環境維護事項。

四　住戶共同事務應興革事項之建議。

五　住戶違規情事之制止及相關資料之提供。

六　住戶違反第六條第一項規定之協調。

七　收益、公共基金及其他經費之收支、保管及運用。

八　規約、會議紀錄、使用執照謄本、竣工圖說、水電、消防、機械設施、管線圖說、會計憑證、會計帳簿、財務報表、公共安全檢查及消防安全設備檢修之申報文件、印鑑及有關文件之保管。

九　管理服務人之委任、僱傭及監督。

十　會計報告、結算報告及其他管理事項之提出及公告。

十一　共用部分、約定共用部分及其附屬設施設備之點收及保管。

十二　依規定應由管理委員會申報之公共安全檢查與消防安全設備檢修之申報及改善之執行。

十三　其他依本條例或規約所定事項。

第三七條　（管理委員會會議決議內容）

管理委員會會議決議之內容不得違反本條例、規約或區分所有權人會議決議。

第三八條　（管理委員會於民事訴訟上有當事人能力）

①管理委員會有當事人能力。

②管理委員會為原告或被告時，應將訴訟事件要旨速告區分所有權人。

第三九條　（管理委員會應向區分所有權人會議負責）

管理委員會應向區分所有權人會議負責，並向其報告會務。

第四〇條　（管理委員會之職務於管理負責人準用之）

第三十六條、第三十八條及前條規定，於管理負責人準用之。

第四章　管理服務人

第四一條　（執業許可登記）

公寓大廈管理維護公司應經中央主管機關許可及辦理公司登記，並向中央主管機關申領登記證後，始得執業。

第四二條　（管理維護事務）

公寓大廈管理委員會、管理負責人或區分所有權人會議，得委任或僱傭領有中央主管機關核發之登記證或認可證之公寓大廈管理維護公司或管理服務人員執行管理維護事務。

第四三條　（公寓大廈管理維護公司執行業務規定）

公寓大廈管理維護公司，應依下列規定執行業務：

一　應依規定類別，聘僱一定人數領有中央主管機關核發認可證之繼續性從業之管理服務人員，並負監督考核之責。

二　應指派前款之管理服務人員辦理管理維護事務。

三　應依業務執行規範執行業務。

第四四條　（受僱之管理服務人員執行業務規定）

受僱於公寓大廈管理維護公司之管理服務人員，應依下列規定執行業務：

一　應依核准業務類別、項目執行管理維護事務。

二　不得將管理服務人員認可證提供他人使用或使用他人之認可證執業。

三　不得同時受聘於二家以上之管理維護公司。

四　應參加中央主管機關舉辦或委託之相關機構、團體辦理之訓練。

第四五條　（受僱以外之管理服務人員執行業務規定）

前條以外之公寓大廈管理服務人員，應依下列規定執行業務：

一　應依核准業務類別、項目執行管理維護事務。

二　不得將管理服務人員認可證提供他人使用或使用他人之認可證執業。

三　應參加中央主管機關舉辦或委託之相關機構、團體辦理之訓練。

第四六條　（管理維護公司及人員管理辦法之訂定）

第四十一條至前條公寓大廈管理維護公司及管理服務人員之資格、條件、管理維護公司聘僱管理服務人員之類別與一定人數、登記證與認可證之申請與核發、業務範圍、業務執行規範、責任、輔導、獎勵 參加訓練之方式、內容與時數、受委託辦理訓練之機構、團體之資格、條件與責任及登記費之收費基準等事項之管理辦法，由中央主管機關定之。

第五章　罰　則

第四七條　（罰則）

有下列行為之一者，由直轄市、縣（市）主管機關處新臺幣三千元以上一萬五千元以下罰鍰，並得令其限期改善或履行義務、職務；屆期不改善或不履行者，得連續處罰：

一　區分所有權人會議召集人、起造人或臨時召集人違反第二十五條或第二十八條所定之召集義務者。

二　住戶違反第十六條第一項或第四項規定者。

三　區分所有權人或住戶違反第六條規定，主管機關受理住戶、管理負責人或管理委員會之請求，經通知限期改善，屆期不改善者。

第四八條　（罰則）

有下列行為之一者，由直轄市、縣（市）主管機關處新臺幣一千元以上五千元以下罰鍰，並得令其限期改善或履行義務、職務；屆期不改善或不履行者，得連續處罰：

一　管理負責人、主任委員或管理委員未善盡督促第十七條所定住戶投保責任保險之義務者。

二　管理負責人、主任委員或管理委員無正當理由未執行第二十二條所定促請改善或訴請法院強制遷離或強制出讓該區分所有權之職務者。

三　管理負責人、主任委員或管理委員無正當理由違反第三十五條規定者。

四　管理負責人、主任委員或管理委員無正當理由未執行第三十六條第一款、第五款至第十二款所定之職務，顯然影響住戶權益者。

第四九條　（罰則）

①有下列行為之一者，由直轄市、縣（市）主管機關處新臺幣四萬元以上二十萬元以下罰鍰，並得令其限期改善或履行義務；屆期不改善或不履行者，得連續處罰：
一　區分所有權人對專有部分之利用違反第五條規定者。
二　住戶違反第八條第一項或第九條第二項關於公寓大廈變更使用限制規定，經制止而不遵從者。
三　住戶違反第十五條第一項規定擅自變更專有或約定專用之使用者。
四　住戶違反第十六條第二項或第三項規定者。
五　住戶違反第十七條所定投保責任保險之義務者。
六　區分所有權人違反第十八條第一項第二款規定未繳納公共基金者。
七　管理負責人、主任委員或管理委員違反第二十條所定之公告或移交義務者。
八　起造人或建築業者違反第五十七條或第五十八條規定者。
②有供營業使用事實之住戶有前項第三款或第四款行為，因而致人於死者，處一年以上七年以下有期徒刑，得併科新臺幣一百萬元以上五百萬元以下罰金；致重傷者，處六個月以上五年以下有期徒刑，得併科新臺幣五十萬元以上二百五十萬元以下罰金。

第四九條之一　111
公寓大廈未依第二十九條之一第一項規定於期限內成立管理委員會或推選管理負責人並辦理報備者，由直轄市、縣（市）主管機關按每一專有部分處區分所有權人新臺幣四萬元以上二十萬元以下罰鍰，並令其限期辦理；屆期仍未辦理者，得按次處罰。

第五〇條　（罰則）
從事公寓大廈管理維護業務之管理維護公司或管理服務人員違反第四十二條規定，未經領得登記證、認可證或經廢止登記證、認可證而營業，或接受公寓大廈管理委員會、管理負責人或區分所有權人會議決議之委任或僱傭執行公寓大廈管理維護服務業務者，由直轄市、縣（市）主管機關勒令其停業或停止執行業務，並處新臺幣四萬元以上二十萬元以下罰鍰；其拒不遵從者，得按次連續處罰。

第五一條　（罰則）
①公寓大廈管理維護公司，違反第四十三條規定者，中央主管機關應通知限期改正；屆期不改正者，得予停業、廢止其許可或登記證或處新臺幣三萬元以上十五萬元以下罰鍰；其未依規定向中央主管機關申領登記證者，中央主管機關應廢止其許可。
②受僱於公寓大廈管理維護公司之管理服務人員，違反第四十四條規定者，中央主管機關應通知限期改正；屆期不改正者，得廢止其認可證或停止其執行公寓大廈管理維護業務三個月以上三年以下或處新臺幣三千元以上一萬五千元以下罰鍰。
③前項以外之公寓大廈管理服務人員，違反第四十五條規定者，中央主管機關應通知限期改正；屆期不改正者，得廢止其認可證或停止其執行公寓大廈管理維護業務六個月以上三年以下或處新臺幣三千元以上一萬五千元以下罰鍰。

第五二條　（強制執行）
依本條例所處之罰鍰，經限期繳納，屆期仍不繳納者，依法移送強制執行。

第六章　附　則

第五三條　（集居地區之管理及組織）
多數各自獨立使用之建築物、公寓大廈，其共同設施之使用與管理具有整體不可分性之集居地區者，其管理及組織準用本條例之規定。

第五四條　（催告事項）
本條例所定應行催告事項，由管理負責人或管理委員會以書面為之。

第五五條　（管理委員會之成立或管理負責人之推選）
①本條例施行前已取得建造執照之公寓大廈，其區分所有權人應依第二十五條第四項規定，互推一人為召集人，並召開第一次區分所有權人會議，成立管理委員會或推選管理負責人，並向直轄市、縣（市）主管機關報備。

②前項公寓大廈於區分所有權人會議訂定規約前，以第六十條規約範本視為規約。但得不受第七條各款不得為約定專用部分之限制。

③對第一項未成立管理組織並報備之公寓大廈，直轄市、縣（市）主管機關得分期、分區、分類（按樓高或使用之不同等分類）擬定計畫，輔導召開區分所有權人會議成立管理委員會或推選管理負責人，並向直轄市、縣（市）主管機關報備。

第五六條　（建物所有權登記）

①公寓大廈之起造人於申請建造執照時，應檢附專有部分、共用部分、約定專用部分、約定共用部分標示之詳細圖說及規約草約。於設計變更時亦同。

②前項規約草約經承受人簽署同意後，於區分所有權人會議訂定規約前，視為規約。

③公寓大廈之起造人或區分所有權人應依使用執照所記載之用途及下列測繪規定，辦理建物所有權第一次登記：

一　獨立建築物所有權之牆壁，以牆之外緣為界。

二　建築物共用之牆壁，以牆壁之中心為界。

三　附屬建物以其外緣為界辦理登記。

四　有隔牆之共用牆壁，依第二款之規定，無隔牆設置者，以使用執照竣工平面圖區分範圍為界，其面積應包括四周牆壁之厚度。

④第一項共用部分之圖說，應包括設置管理維護使用空間之詳細位置圖說。

⑤本條例中華民國九十二年十二月九日修正施行前，領得使用執照之公寓大廈，得設置一定規模、高度之管理維護使用空間，並不計入建築面積及總樓地板面積；其免計入建築面積及總樓地板面積之一定規模、高度之管理維護使用空間及設置條件等事項之辦法，由直轄市、縣（市）主管機關定之。

第五七條　（檢測移交）

①起造人應將公寓大廈共用部分、約定共用部分與其附屬設施設備；設施設備使用維護手冊及廠商資料、使用執照謄本、竣工圖說、水電、機械設施、消防及管線圖說，於管理委員會成立或管理負責人推選或指定後七日內會同政府主管機關、公寓大廈管理委員會或管理負責人現場針對水電、機械設施、消防設施及各類管線進行檢測，確認其功能正常無誤後，移交之。

②前項公寓大廈之水電、機械設施、消防設施及各類管線不能通過檢測，或其功能有明顯缺陷者，管理委員會或管理負責人得報請主管機關處理，其歸責起造人者，主管機關命起造人負責修復改善，並於一個月內，起造人再會同管理委員會或管理負責人辦理移交手續。

第五八條　（消費者權益）

①公寓大廈起造人或建築業者，非經領得建造執照，不得辦理銷售。

②公寓大廈之起造人或建築業者，不得將共用部分，包含法定空地、法定停車空間及法定防空避難設備，讓售於特定人或為區分所有權人以外之特定人設定專用使用權或為其他有損害區分所有權人權益之行為。

第五九條　（舉證處理）

區分所有權人會議召集人、臨時召集人、起造人、建築業者、區分所有權人、住戶、管理負責人、主任委員或管理委員有第四十七條、第四十八條或第四十九條各款所定情事之一時，他區分所有權人、利害關係人、管理負責人或管理委員會得列舉事實及提出證據，報直轄市、縣（市）主管機關處理。

第五九條之一　（爭議事件調處委員會之設立）95

①直轄市、縣（市）政府為處理有關公寓大廈爭議事件，得聘請資深之專家、學者及建築師、律師，並指定公寓大廈及建築管理主管人員，組設公寓大廈爭議事件調處委員會。

②前項調處委員會之組織，由內政部定之。

第六〇條　（規約範本）

①規約範本，由中央主管機關定之。

②第五十六條規約草約，得依前項規約範本制作。

第六一條 （委託或委辦處理事項）

第六條、第九條、第十五條、第十六條、第二十條、第二十五條、第二十八條、第二十九條及第五十九條所定主管機關應處理事項，得委託或委辦鄉（鎮、市、區）公所辦理。

第六二條 （施行細則）

本條例施行細則，由中央主管機關定之。

第六三條 （施行日）

本條例自公布日施行。

涉外民事法律適用法

①民國42年6月6日總統令制定公布全文31條。
②民國98年12月30日總統令修正公布第3、20條條文。
③民國99年5月26日總統令修正公布全文63條；並自公布日後一年施行。

第一章　通　則

第一條　（適用範圍）

涉外民事，本法未規定者，適用其他法律之規定；其他法律無規定者，依法理。

第二條　（國籍之積極衝突）

依本法應適用當事人本國法，而當事人有多數國籍時，依其關係最切之國籍定其本國法。

第三條　（國籍之消極衝突）

依本法應適用當事人本國法，而當事人無國籍時，適用其住所地法。

第四條　（當事人之住所地法）

①依本法應適用當事人之住所地法，而當事人有多數住所時，適用其關係最切之住所地法。
②當事人住所不明時，適用其居所地法。
③當事人有多數居所時，適用其關係最切之居所地法；居所不明者，適用現在地法。

第五條　（一國數法）

依本法適用當事人本國法時，如其國內法律因地域或其他因素有不同者，依該國關於法律適用之規定，定其應適用之法律；該國關於法律適用之規定不明者，適用該國與當事人關係最切之法律。

第六條　（反致）

依本法適用當事人本國法時，如依其本國法就該法律關係須依其他法律而定者，應適用該其他法律。但依其本國法或該其他法律應適用中華民國法律者，適用中華民國法律。

第七條　（規避法律）

涉外民事之當事人規避中華民國法律之強制或禁止規定者，仍適用該強制或禁止規定。

第八條　（外國法適用之限制）

依本法適用外國法時，如其適用之結果有背於中華民國公共秩序或善良風俗者，不適用之。

第二章　權利主體

第九條　（人之權利能力）

人之權利能力，依其本國法。

第一〇條　（行爲能力之準據法）

①人之行爲能力，依其本國法。
②有行爲能力人之行爲能力，不因其國籍變更而喪失或受限制。
③外國人依其本國法無行爲能力或僅有限制行爲能力，而依中華民國法律有行爲能力者，就其在中華民國之法律行爲，視爲有行爲能力。

④關於親屬法或繼承法之法律行爲，或就在外國不動產所爲之法律行爲，不適用前項規定。

第一一條　（死亡宣告之準據法）

①凡在中華民國有住所或居所之外國人失蹤時，就其在中華民國之財產或應依中華民國法律而定之法律關係，得依中華民國法律爲死亡之宣告。

②前項失蹤之外國人，其配偶或直系血親爲中華民國國民，而現在中華民國有住所或居所者，得因其聲請依中華民國法律爲死亡之宣告，不受前項之限制。

③前二項死亡之宣告，其效力依中華民國法律。

第一二條　（外國人之監護、輔助宣告）

①凡在中華民國有住所或居所之外國人，依其本國及中華民國法律同有受監護、輔助宣告之原因者，得爲監護、輔助宣告。

②前項監護、輔助宣告，其效力依中華民國法律。

第一三條　（法人屬人法）

法人，以其據以設立之法律爲其本國法。

第一四條　（法人屬人法適用範圍）

外國法人之下列內部事項，依其本國法：

一　法人之設立、性質、權利能力及行爲能力。

二　社團法人社員之入社及退社。

三　社團法人社員之權利義務。

四　法人之機關及其組織。

五　法人之代表人及代表權之限制。

六　法人及其機關對第三人責任之內部分擔。

七　章程之變更。

八　法人之解散及清算。

九　法人之其他內部事項。

第一五條　（外國人在內國之分支機構之特別規定）

依中華民國法律設立之外國法人分支機構，其內部事項依中華民國法律。

第三章　法律行為之方式及代理

第一六條　（法律行爲方式之準據法）

法律行爲之方式，依該行爲所應適用之法律。但依行爲地法所定之方式者，亦爲有效；行爲地不同時，依任一行爲地法所定之方式者，皆爲有效。

第一七條　（代理權授與行爲之準據法）

代理權係以法律行爲授與者，其代理權之成立及在本人與代理人間之效力，依本人及代理人所明示合意應適用之法律；無明示之合意者，依與代理行爲關係最切地之法律。

第一八條　（本人與相對人間法律關係之準據法）

代理人以本人之名義與相對人爲法律行爲時，在本人與相對人間，關於代理權之有無、限制及行使代理權所生之法律效果，依本人與相對人所明示合意應適用之法律；無明示之合意者，依與代理行爲關係最切地之法律。

第一九條　（相對人與代理人間法律關係之準據）

代理人以本人之名義與相對人爲法律行爲時，在相對人與代理人間，關於代理人依其代理權限、逾越代理權限或無代理權而爲法律行爲所生之法律效果，依前條所定應適用之法律。

第四章　債

第二〇條　（當事人意思自主原則之規定）

①法律行爲發生債之關係者，其成立及效力，依當事人意思定其應適用之法律。
②當事人無明示之意思或其明示之意思依所定應適用之法律無效時，依關係最切之法律。
③法律行爲所生之債務中有足爲該法律行爲之特徵者，負擔該債務之當事人行爲時之住所地法，推定爲關係最切之法律。但就不動產所爲之法律行爲，其所在地法推定爲關係最切之法律。

第二一條　（票據行爲之準據法）
①法律行爲發生票據上權利者，其成立及效力，依當事人意思定其應適用之法律。
②當事人無明示之意思或其明示之意思依所定應適用之法律無效時，依行爲地法；行爲地不明者，依付款地法。
③行使或保全票據上權利之法律行爲，其方式依行爲地法。

第二二條　（指示證券或無記名證券之法律行爲之準據法）
法律行爲發生指示證券或無記名證券之債者，其成立及效力，依行爲地法；行爲地不明者，依付款地法。

第二三條　（無因管理之準據法）
關於由無因管理而生之債，依其事務管理地法。

第二四條　（不當得利之準據法）
關於由不當得利而生之債，依其利益之受領地法。但不當得利係因給付而發生者，依該給付所由發生之法律關係所應適用之法律。

第二五條　（侵權行爲之準據法）
關於由侵權行爲而生之債，依侵權行爲地法。但另有關係最切之法律者，依該法律。

第二六條　（商品製造人責任之準據法）
因商品之通常使用或消費致生損害者，被害人與商品製造人間之法律關係，依商品製造人之本國法。但如商品製造人事前同意或可預見該商品於下列任一法律施行之地域內銷售，並經被害人選定該法律爲應適用之法律者，依該法律：
一　損害發生地法。
二　被害人買受該商品地之法。
三　被害人之本國法。

第二七條　（不公平競爭及限制競爭而生之債準據法之規定）
市場競爭秩序因不公平競爭或限制競爭之行爲而受妨害者，其因此所生之債，依該市場之所在地法。但不公平競爭或限制競爭係因法律行爲造成，而該法律行爲所應適用之法律較有利於被害人者，依該法律行爲所應適用之法律。

第二八條　（經由媒介實施之侵權行爲之準據法）
①侵權行爲係經由出版、廣播、電視、電腦網路或其他傳播方法爲之者，其所生之債，依下列各款中與其關係最切之法律：
一　行爲地法；行爲地不明者，行爲人之住所地法。
二　行爲人得預見損害發生地者，其損害發生地法。
三　被害人之人格權被侵害者，其本國法。
②前項侵權行爲之行爲人，係以出版、廣播、電視、電腦網路或其他傳播方法爲營業者，依其營業地法。

第二九條　（被害人直接請求保險給付之準據法）
侵權行爲之被害人對賠償義務人之保險人之直接請求權，依保險契約所應適用之法律。但依該侵權行爲所生之債應適用之法律得直接請求者，亦得直接請求。

第三〇條　（因法律事實而生之債之準據法）
關於由第二十條至前條以外之法律事實而生之債，依事實發生地法。

第三一條　（非因法律行爲而生之債合意適用中華民國法律之規定）
非因法律行爲而生之債，其當事人於中華民國法院起訴後合意適用中華民國法律者，適用中華民國法律。

第三二條　（債權讓與之準據法）
①債權之讓與，對於債務人之效力，依原債權之成立及效力所應適用之法律。
②債權附有第三人提供之擔保權者，該債權之讓與對該第三人之效力，依其擔保權之成立及效力所應適用之法律。

第三三條　（債務承擔之準據法）
①承擔人與債務人訂立契約承擔其債務時，該債務之承擔對於債權人之效力，依原債權之成立及效力所應適用之法律。
②債務之履行有債權人對第三人之擔保權之擔保者，該債務之承擔對於該第三人之效力，依該擔保權之成立及效力所應適用之法律。

第三四條　（第三人求償權之準據法）
第三人因特定法律關係而爲債務人清償債務者，該第三人對債務人求償之權利，依該特定法律關係所應適用之法律。

第三五條　（共同債務人求償權之準據法）
數人負同一債務，而由部分債務人清償全部債務者，爲清償之債務人對其他債務人求償之權利，依債務人間之法律關係所應適用之法律。

第三六條　（請求權消滅時效之準據法）
請求權之消滅時效，依該請求權所由發生之法律關係所應適用之法律。

第三七條　（債之消滅之準據法）
債之消滅，依原債權之成立及效力所應適用之法律。

第五章　物　權

第三八條　（物權之準據法）
①關於物權依物之所在地法。
②關於以權利爲標的之物權，依權利之成立地法。
③物之所在地如有變更，其物權之取得、喪失或變更，依其原因事實完成時物之所在地法。
④關於船舶之物權依船籍國法；航空器之物權，依登記國法。

第三九條　（物權行爲方式之準據法）
物權之法律行爲，其方式依該物權所應適用之法律。

第四〇條　（自外國輸入之動產規定）
自外國輸入中華民國領域之動產，於輸入前依其所在地法成立之物權，其效力依中華民國法律。

第四一條　（託運中之動產之物權準據法）
動產於託運期間，其物權之取得、設定、喪失或變更，依其目的地法。

第四二條　（智慧財產權之準據法）
①以智慧財產爲標的之權利，依該權利應受保護地之法律。
②受僱人於職務上完成之智慧財產，其權利之歸屬，依其僱傭契約應適用之法律。

第四三條　（載貨證券相關問題之準據法）
①因載貨證券而生之法律關係，依該載貨證券所記載應適用之法律；載貨證券未記載應適用之法律時，依關係最切地之法律。
②對載貨證券所記載之貨物，數人分別依載貨證券及直接對該貨物主張物權時，其優先次序，依該貨物之物權所應適用之法律。
③因倉單或提單而生之法律關係所應適用之法律，準用前二項關於載貨證券之規定。

第四四條　（集中保管之有價證券權利變動之準據法）
有價證券由證券集中保管人保管者，該證券權利之取得、喪失、處分或變更，依集中保管契約所明示應適用之法律；集中保管契約未明示應適用之法律時，依關係最切地之法律。

第六章　親　屬

第四五條　（婚約之成立及效力準據法）

①婚約之成立，依各該當事人之本國法。但婚約之方式依當事人一方之本國法或依婚約訂定地法者，亦為有效。

②婚約之效力，依婚約當事人共同之本國法；無共同之本國法時，依共同之住所地法；無共同之住所地法時，依與婚約當事人關係最切地之法律。

第四六條　（婚姻成立要件之準據法）

婚姻之成立，依各該當事人之本國法。但結婚之方式依當事人一方之本國法或依舉行地法者，亦為有效。

第四七條　（婚姻效力之準據法）

婚姻之效力，依夫妻共同之本國法；無共同之本國法時，依共同之住所地法；無共同之住所地法時，依與夫妻婚姻關係最切地之法律。

第四八條　（夫妻財產制之準據法）

①夫妻財產制，夫妻以書面合意適用其一方之本國法或住所地法者，依其合意所定之法律。

②夫妻無前項之合意或其合意依前項之法律無效時，其夫妻財產制依夫妻共同之本國法；無共同之本國法時，依共同之住所地法；無共同之住所地法時，依與夫妻婚姻關係最切地之法律。

③前二項之規定，關於夫妻之不動產，如依其所在地法，應從特別規定者，不適用之。

第四九條　（保護善意第三人之準據法）

夫妻財產制應適用外國法，而夫妻就其在中華民國之財產與善意第三人為法律行為者，關於其夫妻財產制對該善意第三人之效力，依中華民國法律。

第五〇條　（離婚及其效力之準據法）

離婚及其效力，依協議時或起訴時夫妻共同之本國法；無共同之本國法時，依共同之住所地法；無共同之住所地法時，依與夫妻婚姻關係最切地之法律。

第五一條　（子女身分之準據法）

子女之身分，依出生時該子女、其母或其母之夫之本國法為婚生子女者，為婚生子女。但婚姻關係於子女出生前已消滅者，依出生時該子女之本國法、婚姻關係消滅時其母或其母之夫之本國法為婚生子女者，為婚生子女。

第五二條　（準正之準據法）

非婚生子女之生父與生母結婚者，其身分依生父與生母婚姻之效力所應適用之法律。

第五三條　（非婚生子女認領之成立及效力之準據法）

①非婚生子女之認領，依認領時或起訴時認領人或被認領人之本國法認領成立者，其認領成立。

②前項被認領人為胎兒時，以其母之本國法為胎兒之本國法。

③認領之效力，依認領人之本國法。

第五四條　（收養之成立及終止之準據法）

①收養之成立及終止，依各該收養者被收養者之本國法。

②收養及其終止之效力，依收養者之本國法。

第五五條　（父母子女法律關係之準據法）

父母與子女間之法律關係，依子女之本國法。

第五六條　（監護之準據法）

①監護，依受監護人之本國法。但在中華民國有住所或居所之外國人有下列情形之一者，其監護依中華民國法律：

一　依受監護人之本國法，有應置監護人之原因而無人行使監護之職務。

二　受監護人在中華民國受監護宣告。

②輔助宣告之輔助，準用前項規定。

第五七條　（扶養之準據法）

扶養，依扶養權利人之本國法。

第七章　繼　承

第五八條　（繼承之準據法）

繼承，依被繼承人死亡時之本國法。但依中華民國法律中華民國國民應為繼承人者，得就其在中華民國之遺產繼承之。

第五九條　（無人繼承遺產之準據法）

外國人死亡時，在中華民國遺有財產，如依前條應適用之法律為無人繼承之財產者，依中華民國法律處理之。

第六〇條　（遺囑之準據法）

①遺囑之成立及效力，依成立時遺囑人之本國法。

②遺囑之撤回，依撤回時遺囑人之本國法。

第六一條　（遺囑訂立及撤回之方式之準據法）

遺囑及其撤回之方式，除依前條所定應適用之法律外，亦得依下列任一法律為之：

一　遺囑之訂立地法。

二　遺囑人死亡時之住所地法。

三　遺囑有關不動產者，該不動產之所在地法。

第八章　附　則

第六二條　（增修條文之適用不溯及既往原則）

涉外民事，在本法修正施行前發生者，不適用本法修正施行後之規定。但其法律效果於本法修正施行後始發生者，就該部分之法律效果，適用本法修正施行後之規定。

第六三條　（施行日）

本法自公布日後一年施行。

土地法

①民國19年6月30日國民政府制定公布全文397條。
②民國35年4月29日國民政府修正公布全文247條。
③民國44年3月19日總統令修正公布第18條條文。
④民國64年7月24日總統令增訂公布第30-1、34-1、37-1、46-1至46-3、73-1、75-1、79-1條條文；並修正第16、18、21、30、37、39、51、58、72、73、104、222條條文。
⑤民國78年12月29日總統令修正公布第37-1、41、44、58、64、67、76、78、79、215、217、219、222、223、225、227、228、230至232、237、241、242條條文；刪除第243條條文；並增訂第44-1、47-2、47-2、79-2條條文。
⑥民國84年1月20日總統令修正公布第37-1條條文。
⑦民國89年1月26日總統令修正公布第4、8、19、20、22、25至29、31、32、34-1、38至40、42、45、52、53、55、57、59、64、73-1、75、81、82、84、86、89、95至97、101、102、122、123、125至127、133、135、140、141、149、152、154、157、159、161、164、171、179、201、204、206、215、217、219、221、222、225、227、228、230、232、234、236至239、241、246、247條條文；並刪除第30、30-1、33、223條條文。
⑧民國90年10月31日總統令修正公布第17、19、20、34-1、37、37-1、44-1、47、214條條文；刪除第21至23、218條條文；並增訂第34-2條條文。
⑨民國94年6月15日總統令修正公布第14條條文。
⑩民國95年6月14日總統令修正公布第69條條文。
⑪民國100年6月15日總統令修正公布第34-1、172條條文；並刪除第8、34、175條條文。
民國101年12月25日行政院公告第17條第2項、第73-1條第2、5項所列屬財政部「國有財產局」之權責事項，自102年1月1日起改由財政部「國有財產署」管轄。
⑫民國110年12月8日總統令增訂公布第219-1條條文。
⑬民國111年6月22日總統令修正公布第73-1條條文。
⑭民國113年8月7日總統令修正公布第14條條文。

第一編　總　則

第一章　法　例

第一條　（土地之意義）

本法所稱土地，謂水陸及天然富源。

第二條　（土地之種類）

①土地依其使用，分為左列各類：

第一類：建築用地，如住宅、官署、機關、學校、工廠、倉庫、公園、娛樂場、會所、祠廟、教堂、城堞、軍營、砲臺、船埠、碼頭、飛機基地、墳場等屬之。

第二類：直接生產用地，如農地、林地、漁地、牧地、狩獵地、礦地、鹽地、水源地、池塘等屬之。

第三類：交通水利用地，如道路、溝渠、水道、湖泊、港灣、海岸、堤堰等屬之。

第四類：其他土地，如沙漠、雪山等屬之。

②前項各類土地，得再分目。

第三條　（執行機關）

本法除法律另有規定外，由地政機關執行之。

第四條　（公有土地之意義）

本法所稱公有土地，為國有土地、直轄市有土地、縣（市）有土地或鄉（鎮、市）有之土地。

第五條　（土地改良物之意義）

①本法所稱土地改良物，分為建築改良物及農作改良物二種。

②附著於土地之建築物或工事，為建築改良物。附著於土地之農作物及其他植物與水利土壤之改良，為農作改良物。

第六條　（自耕之意義）

本法所稱自耕，係指自任耕作者而言。其為維持一家生活直接經營耕作者，以自耕論。

第七條　（土地債券之意義）

本法所稱土地債券，為土地銀行依法所發行之債券。

第八條　（刪除）100

第九條　（施行法另定）

本法之施行法，另定之。

第二章　地　權

第一〇條　（私有土地與國有土地之區別）

①中華民國領域內之土地，屬於中華民國人民全體，其經人民依法取得所有權者，為私有土地。

②私有土地之所有權消滅者，為國有土地。

第一一條　（土地他項權利之設定）

土地所有權以外設定他項權利之種類，依民法之規定。

第一二條　（私地所有權之消滅及回復）

①私有土地，因天然變遷成為湖澤或可通運之水道時，其所有權視為消滅。

②前項土地，回復原狀時，經原所有權人證明為其原有者，仍回復其所有權。

第一三條　（岸地增加之優先取得）

湖澤及可通運之水道及岸地，如因水流變遷而自然增加時，其接連地之所有權人，有優先依法取得其所有權或使用受益之權。

第三章　地權限制

第一四條 113

①下列土地不得為私有：

一　海岸一定限度內之土地。
二　天然形成之湖澤而為公共需用者，及其沿岸一定限度內之土地。
三　可通運之水道及其沿岸一定限度內之土地。
四　城鎮區域內水道湖澤及其沿岸一定限度內之土地。
五　公共交通道路。
六　礦泉地。
七　瀑布地。
八　公共需用之水源地。
九　名勝古蹟。
十　其他法律禁止私有之土地。

②前項土地已成為私有者，得依法徵收之。

③符合下列情形之一者，不受第一項第九款規定之限制：

一　日據時期原屬私有，臺灣光復後登記為公有，依法得贈與移轉為私有之名勝古蹟。
二　公營事業機構及行政法人，有經營或使用古蹟土地需要，並經中央文化主管機關認定古蹟土地移轉為其所有可助於古蹟保存及維護。

第一五條　（不得私有之礦）
①附著於土地之礦，不因土地所有權之取得而成為私有。
②前項所稱之礦，以礦業法所規定之種類為限。
第一六條（私地所有權行使之限制）
私有土地所有權之移轉、設定負擔或租賃，妨害基本國策者，中央地政機關得報請行政院制止之。
第一七條（不得移轉、設定負擔或租賃於外國人之土地）
①左列土地不得移轉、設定負擔或租賃於外國人：
一　林地。
二　漁地。
三　狩獵地。
四　鹽地。
五　礦地。
六　水源地。
七　要塞軍備區域及領域邊境之土地。
②前項移轉，不包括因繼承而取得土地。但應於辦理繼承登記完畢之日起三年內出售與本國人，逾期未出售者，由直轄市、縣（市）地政機關移請國有財產局辦理公開標售，其標售程序準用第七十三條之一相關規定。
③前項規定，於本法修正施行前已因繼承取得第一項所列各款土地尚未辦理繼承登記者，亦適用之。
第一八條　（互惠原則）
外國人在中華民國取得或設定土地權利，以依條約或其本國法律，中華民國人民得在該國享受同樣權利者為限。
第一九條　（外國人租購土地之限制）
①外國人為供自用、投資或公益之目的使用，得取得左列各款用途之土地，其面積及所在地點，應受該管直轄市或縣（市）政府依法所定之限制：
一　住宅。
二　營業處所、辦公場所、商店及工廠。
三　教堂。
四　醫院。
五　外僑子弟學校。
六　使領館及公益團體之會所。
七　墳場。
八　有助於國內重大建設、整體經濟或農牧經營之投資，並經中央目的事業主管機關核准者。
②前項第八款所需土地之申請程序、應備文件、審核方式及其他應遵行事項之辦法，由行政院定之。
第二〇條　（外國人租購土地之程序）
①外國人依前條需要取得土地，應檢附相關文件，申請該管直轄市或縣（市）政府核准；土地有變更用途或為繼承以外之移轉時，亦同。其依前條第一項第八款取得者，並應先經中央目的事業主管機關同意。
②直轄市或縣（市）政府為前項之准駁，應於受理後十四日內為之，並於核准後報請中央地政機關備查。
③外國人依前條第一項第八款規定取得土地，應依核定期限及用途使用，因故未能依核定期限使用者，應敘明原因向中央目的事業主管機關申請展期；其未依核定期限及用途使用者，由直轄市或縣（市）政府通知土地所有權人於通知送達後三年內出售。逾期未出售者，得逕為標售，所得價款發還土地所有權人；其土地上有改良物者，得併同標售。

④前項標售之處理程序、價款計算、異議處理及其他應遵行事項之辦法，由中央地政機關定之。

第二一條至第二三條 （刪除）

第二四條 （外國人租購土地後之權利義務）

外國人租賃或購買之土地，經登記後，依法令之所定，享受權利，負擔義務。

第四章　公有土地

第二五條 （公有土地處置之限制）

直轄市或縣（市）政府對於其所管公有土地，非經該管區內民意機關同意，並經行政院核准，不得處分或設定負擔或為超過十年期間之租賃。

第二六條 （公地撥用之手續）

各級政府機關需用公有土地時，應商同該管直轄市或縣（市）政府層請行政院核准撥用。

第二七條 （公地收益之處理）

直轄市或縣（市）政府應將該管公有土地之收益，列入各該政府預算。

第五章　地權調整

第二八條 （限制私有土地之面積）

①直轄市或縣（市）政府對於私有土地，得斟酌地方情形，按土地種類及性質，分別限制個人或團體所有土地面積之最高額。

②前項限制私有土地面積之最高額，應經中央地政機關之核定。

第二九條 （超額土地之出賣或補償）

①私有土地受前條規定限制時，由該管直轄市或縣（市）政府規定辦法，限令於一定期間內，將額外土地分劃出賣。

②不依前項規定分劃出賣者，該管直轄市或縣（市）政府得依本法徵收之。

③前項徵收之補償地價，得斟酌情形搭給土地債券。

第三〇條 （刪除）

第三〇條之一 （刪除）

第三一條 （最小面積之限制及禁止分割）

①直轄市或縣（市）地政機關於其管轄區內之土地，得斟酌地方經濟情形，依其性質及使用之種類，為最小面積單位之規定，並禁止其再分割。

②前項規定，應經中央地政機關之核准。

第三二條 （耕地負債最高額之限制）

直轄市或縣（市）政府得限制每一自耕農之耕地負債最高額，並報中央地政機關備案。

第三三條 （刪除）

第三四條 （刪除）100

第三四條之一 （共有土地或建物之處分、變更及設定）100

①共有土地或建築改良物，其處分、變更及設定地上權、農育權、不動產役權或典權，應以共有人過半數及其應有部分合計過半數之同意行之。但其應有部分合計逾三分之二者，其人數不予計算。

②共有人依前項規定為處分、變更或設定負擔時，應事先以書面通知他共有人；其不能以書面通知者，應公告之。

③第一項共有人，對於他共有人應得之對價或補償，負連帶清償責任。於為權利變更登記時，並應提出他共有人已為受領或為其提存之證明。其因而取得不動產物權者，應代他共有人申請登記。

④共有人出賣其應有部分時，他共有人得以同一價格共同或單獨優先承購。

⑤前四項規定，於公同共有準用之。

⑥依法得分割之共有土地或建築改良物，共有人不能自行協議分割者，任何共有人得申請該管直轄市、縣（市）地政機關調處，不服調處者，應於接到調處通知後十五日內向司法機關訴請處理，屆期不起訴者，依原調處結果辦理之。

第三四條之二（不動產糾紛處理委員會之設置）

直轄市或縣（市）地政機關爲處理本法不動產之糾紛，應設不動產糾紛調處委員會，聘請地政、營建、法律及地方公正人士爲調處委員；其設置、申請調處之要件、程序、期限、調處費用及其他應遵循事項之辦法，由中央地政機關定之。

第三五條（創設自耕農場法律之制定）

自耕農場之創設，另以法律定之。

第二編　地　籍

第一章　通　則

第三六條（地籍整理及程序）

①地籍除已依法律整理者外，應依本法之規定整理之。

②地籍整理之程序，爲地籍測量及土地登記。

第三七條（土地登記之意義）

①土地登記，謂土地及建築改良物之所有權與他項權利之登記。

②土地登記之內容、程序、規費、資料提供、應附文件及異議處理等事項之規則，由中央地政機關定之。

第三七條之一（土地登記之代理）

①土地登記之申請，得出具委託書，委託代理人爲之。

②土地登記專業代理人，應經土地登記專業代理人考試或檢覈及格。但在本法修正施行前，已從事土地登記專業代理業務，並曾領有政府發給土地代書人登記合格證明或代理他人申辦土地登記案件專業人員登記卡者，得繼續執業；未領有土地代書人登記合格證明或登記卡者，得繼續執業至中華民國八十四年十二月三十一日。

③非土地登記專業代理人擅自以代理申請土地登記爲業者，其代理申請土地登記之件，登記機關應不予受理。

④土地登記專業代理人開業、業務與責任、訓練、公會管理及獎懲等事項之管理辦法，由中央地政機關定之。

第三八條（土地總登記之意義）

①辦理土地登記前，應先辦地籍測量，其已依法辦理地籍測量之地方，應即依本法規定辦理土地總登記。

②前項土地總登記，謂於一定期間內就直轄市或縣（市）土地之全部爲土地登記。

第三九條（土地登記之主管機關）

土地登記，由直轄市或縣（市）地政機關辦理之。但各該地政機關得在轄區內分設登記機關，辦理登記及其他有關事項。

第四〇條（地籍整理之區域單位）

地籍整理以直轄市或縣（市）爲單位，直轄市或縣（市）分區，區內分段，段內分宗，按宗編號。

第四一條（登記之土地免予編號）

第二條第三類及第四類土地，應免予編號登記。但因地籍管理必須編號登記者，不在此限。

第四二條（土地總登記之分區辦理）

①土地總登記得分若干登記區辦理。

②前項登記區，在直轄市不得小於區，在縣（市）不得小於鄉（鎮、市、區）。

第四三條　（土地登記之公信力）
依本法所為之登記，有絕對效力。

第二章　地籍測量

第四四條　（辦理地籍測量之次序）
地籍測量依左列次序辦理：
一　三角測量、三邊測量或精密導線測量。
二　圖根測量。
三　戶地測量。
四　計算面積。
五　製圖。

第四四條之一　（設立界標）
①地籍測量時，土地所有權人應設立界標，並永久保存之。
②界標設立之種類、規格、方式與其銷售及管理等事項之辦法，由中央地政機關定之。

第四五條　（地籍測量之執行及實施計畫之核定）
地籍測量，如由該管直轄市或縣（市）政府辦理，其實施計畫應經中央地政機關之核定。

第四六條　（航空攝影測量之主管機關）
地籍測量如用航空攝影測量，應由中央地政機關統籌辦理。

第四六條之一　（地籍重測之實施）
已辦地籍測量之地區，因地籍原圖破損、滅失、比例尺變更或其他重大原因，得重新實施地籍測量。

第四六條之二　（地籍重測之程序）
①重新實施地籍測量時，土地所有權人應於地政機關通知之限期內，自行設立界標並到場指界。逾期不設立界標或到場指界者，得依左列順序逕行施測：
一　鄰地界址。
二　現使用人之指界。
三　參照舊地籍圖。
四　地方習慣。
②土地所有權人因設立界標或到場指界發生界址爭議時，準用第五十九條第二項規定處理之。

第四六條之三　（地籍重測之公告及錯誤更正）
①重新實施地籍測量之結果，應予公告，其期間為三十日。
②土地所有權人認為前項測量結果有錯誤，除未依前條之規定設立界標或到場指界者外，得於公告期間內，向該管地政機關繳納複丈費，聲請複丈。經複丈者，不得再聲請複丈。
③逾公告期間未經聲請複丈，或複丈結果無誤或經更正者。地政機關應即據以辦理土地標示變更登記。

第四七條　（地籍測量實施規則之制定）
地籍測量實施之作業方法、程序與土地複丈、建物測量之申請程序及應備文件等事項之規則，由中央地政機關定之。

第四七條之一　（地籍測量之委託）
①地政機關辦理地籍測量，得委託地籍測量師為之。
②地籍測量師法，另定之。

第四七條之二　（費用）
土地複丈費及建築改良物測量費標準，由中央地政機關定之。

第三章　土地總登記

第四八條　（辦理土地總登記之次序）

土地總登記，依左列次序辦理：

一　調查地籍。

二　公布登記區及登記期限。

三　接收文件。

四　審查並公告。

五　登記發給書狀並造冊。

第四九條　（接受登記聲請之期限）

每一登記區接受登記聲請之期限，不得少於二個月。

第五〇條　（登記區地籍圖之公布）

土地總登記辦理前，應將該登記區地籍圖公布之。

第五一條　（聲請人）

土地總登記，由土地所有權人於登記期限內檢同證明文件聲請之。如係土地他項權利之登記，應由權利人及義務人共同聲請。

第五二條　（公有土地之囑託登記）

公有土地之登記，由原保管或使用機關囑託該管直轄市或縣（市）地政機關為之，其所有權人欄註明為國有、直轄市有、縣（市）有或鄉（鎮、市）有。

第五三條　（無保管或使用機關之土地公有登記）

無保管或使用機關之公有土地及因地籍整理而發現之公有土地，由該管直轄市或縣（市）地政機關逕為登記，其所有權人欄註明為國有。

第五四條　（時效取得土地之所有權登記）

和平繼續占有之土地，依民法第七百六十九條或第七百七十條之規定，得請求登記為所有人者，應於登記期限內，經土地四鄰證明，聲請為土地所有權之登記。

第五五條　（審查及公告）

①直轄市或縣（市）地政機關接受聲請或囑託登記之件，經審查證明無誤，應即公告之，其依第五十三條逕為登記者亦同。

②前項聲請或囑託登記，如應補繳證明文件者，該管直轄市或縣（市）地政機關應限期令其補繳。

第五六條　（駁回登記之救濟）

依前條審查結果，認為有瑕疵而被駁回者，得向該管司法機關訴請確認其權利，如經裁判確認，得依裁判再行聲請登記。

第五七條　（無主土地）

逾登記期限無人聲請登記之土地或經聲請而逾限未補繳證明文件者，其土地視為無主土地，由該管直轄市或縣（市）地政機關公告之，公告期滿，無人提出異議，即為國有土地之登記。

第五八條　（公告期限）

①依第五十五條所為公告，不得少於十五日。

②依第五十七條所為公告，不得少於三十日。

第五九條　（異議及調處）

①土地權利關係人，在前條公告期間內，如有異議，得向該管直轄市或縣（市）地政機關以書面提出，並應附具證明文件。

②因前項異議而生土地權利爭執時，應由該管直轄市或縣（市）地政機關予以調處，不服調處者，應於接到調處通知後十五日內，向司法機關訴請處理，逾期不起訴者，依原調處結果辦理之。

第六〇條　（占有喪失）

合法占有土地人，未於登記期限內聲請登記，亦未於公告期間內提出異議者，喪失其占有之權利。
第六一條　（土地權利訴訟案件之審判）
在辦理土地總登記期間，當地司法機關應設專庭，受理土地權利訴訟案件，並應速予審判。
第六二條　（土地之公告及登記）
①聲請登記之土地權利，公告期滿無異議，或經調處成立或裁判確定者，應即為確定登記，發給權利人以土地所有權狀或他項權利證明書。
②前項土地所有權狀，應附以地段圖。
第六三條　（土地登記之面積）
①依前條確定登記之面積，應按原有證明文件所載四至範圍以內，依實際測量所得之面積登記之。
②前項證明文件所載四至不明或不符者，如測量所得面積未超過證明文件所載面積十分之二時，應按實際測量所得之面積予以登記，如超過十分之二時，其超過部分視為國有土地，但得由原占有人優先繳價承領登記。
第六四條　（登記總簿之編造及保存）
①每登記區應依登記結果，造具登記總簿，由直轄市或縣（市）政府永久保存之。
②登記總簿之格式及處理與保存方法，由中央地政機關定之。
第六五條　（土地總登記之登記費）
土地總登記，應由權利人按申報地價或土地他項權利價值，繳納登記費千分之二。
第六六條　（登記費之加繳）
依第五十七條公告之土地，原權利人在公告期內提出異議，並呈驗證件，聲請為土地登記者，如經審查證明無誤，應依規定程序，予以公告並登記，但應加繳登記費之二分之一。
第六七條　（權利書狀費）
土地所有權狀及他項權利證明書，應繳納書狀費，其費額由中央地政機關定之。
第六八條　（登記錯誤之損害賠償）
①因登記錯誤遺漏或虛偽致受損害者，由該地政機關負損害賠償責任。但該地政機關證明其原因應歸責於受害人時，不在此限。
②前項損害賠償，不得超過受損害時之價值。
第六九條　（登記錯誤或遺漏之更正）95
登記人員或利害關係人，於登記完畢後，發見登記錯誤或遺漏時，非以書面聲請該管上級機關查明核准後，不得更正。但登記錯誤或遺漏，純屬登記人員記載時之疏忽，並有原始登記原因證明文件可稽者，由登記機關逕行更正之。
第七〇條　（登記儲金）
①地政機關所收登記費，應提存百分之十作為登記儲金，專備第六十八條所定賠償之用。
②地政機關所負之損害賠償，如因登記人員之重大過失所致者，由該人員償還，撥歸登記儲金。
第七一條　（拒絕賠償之救濟）
損害賠償之請求，如經該地政機關拒絕，受損害人得向司法機關起訴。

第四章　土地權利變更登記

第七二條　（土地權利變更登記）
土地總登記後，土地權利有移轉、分割、合併、設定、增減或消滅時，應為變更登記。
第七三條　（聲請人及聲請期限）
①土地權利變更登記，應由權利人及義務人會同聲請之。其無義務人者，由權利人聲請

之。其係繼承登記者，得由任何繼承人爲全體繼承人聲請之。但其聲請，不影響他繼承人拋棄繼承或限定繼承之權利。

②前項聲請，應於土地權利變更後一個月內爲之。其係繼承登記者，得自繼承開始之日起，六個月內爲之。聲請逾期者，每逾一個月得處應納登記費額一倍之罰鍰。但最高不得超過二十倍。

第七三條之一 111

①土地或建築改良物，自繼承開始之日起逾一年未辦理繼承登記者，經該管直轄市或縣市地政機關查明後，應即公告繼承人於三個月內聲請登記，並以書面通知繼承人；逾期仍未聲請者，得由地政機關予以列冊管理。但有不可歸責於聲請人之事由，其期間應予扣除。

②前項列冊管理期間爲十五年，逾期仍未聲請登記者，由地政機關書面通知繼承人及將該土地或建築改良物清冊移請財政部國有財產署公開標售。繼承人占有或第三人占有無合法使用權者，於標售後喪失其占有之權利；土地或建築改良物租賃期間超過五年者，於標售後以五年爲限。

③依第二項規定標售土地或建築改良物前應公告三個月，繼承人、合法使用人或其他共有人就其使用範圍依序有優先購買權。但優先購買權人未於決標後三十日內表示優先購買者，其優先購買權視爲放棄。

④標售所得之價款應於國庫設立專戶儲存，繼承人得依其法定應繼分領取。逾十年無繼承人申請提領該價款者，歸屬國庫。

⑤第二項標售之土地或建築改良物無人應買或應買人所出最高價未達標售之最低價額者，由財政部國有財產署定期再標售，於再行標售時，財政部國有財產署應酌減拍賣最低價額，酌減數額不得逾百分之二十。經五次標售而未標出者，登記爲國有並準用第二項後段喪失占有權及租賃期限之規定。自登記完畢之日起十年內，原權利人得檢附證明文件按其法定應繼分，向財政部國有財產署申請就第四項專戶提撥發給價金；經審查無誤，公告九十日期滿無人異議時，按該土地或建築改良物第五次標售底價分算發給之。

第七四條（聲請變更登記應附文件）

聲請爲土地權利變更登記，應檢附原發土地所有權狀及地段圖或土地他項權利證明書。

第七五條（變更登記之辦理）

①聲請爲土地權利變更登記之件，經該管直轄市或縣（市）地政機關審查證明無誤，應即登記於登記總簿，發給土地所有權狀或土地他項權利證明書，並將原發土地權利書狀註銷，或就該書狀內加以註明。

②依前項發給之土地所有權狀，應附以地段圖。

第七五條之一（優先辦理法院之囑託登記）

前條之登記尚未完畢前，登記機關接獲法院查封、假扣押、假處分或破產登記之囑託時，應即改辦查封、假扣押、假處分或破產登記，並通知登記聲請人。

第七六條（變更登記之登記費）

①聲請爲土地權利變更登記，應由權利人按申報地價或權利價值千分之一繳納登記費。

②聲請他項權利內容變更登記，除權利價值增加部分，依前項繳納登記費外，免納登記費。

第七七條（變更登記應繳之書狀費）

因土地權利變更登記所發給之土地權利書狀，每張應繳費額，依第六十七條之規定。

第七八條（免繳納登記費之項目）

左列登記，免繳納登記費：

一　因土地重劃之變更登記。

二　更正登記。

三　消滅登記。

四　塗銷登記。
五　更名登記。
六　住址變更登記。
七　標示變更登記。
八　限制登記。

第七九條　（換補權利書狀應備文件）
土地所有權狀及土地他項權利證明書，因損壞或滅失請求換給或補給時，依左列規定：
一　因損壞請求換給者，應提出損壞之原土地所有權狀或原土地他項權利證明書。
二　因滅失請求補給者，應敘明滅失原因，檢附有關證明文件，經地政機關公告三十日，公告期滿無人就該滅失事實提出異議後補給之。

第七九條之一　（預告登記之原因及要件）
①聲請保全左列請求權之預告登記，應由請求權人檢附登記名義人之同意書爲之：
一　關於土地權利移轉或使其消滅之請求權。
二　土地權利內容或次序變更之請求權。
三　附條件或期限之請求權。
②前項預告登記未塗銷前，登記名義人就其土地所爲之處分，對於所登記之請求權有妨礙者無效。
③預告登記，對於因徵收、法院判決或強制執行而爲新登記，無排除之效力。

第七九條之二　（工本費或閱覽費之繳納）
①有左列情形之一者，應繳納工本費或閱覽費：
一　聲請換給或補給權利書狀者。
二　聲請發給登記簿或地籍圖謄本或節本者。
三　聲請抄錄或影印登記聲請書及其附件者。
四　聲請分割登記，就新編地號另發權利書狀者。
五　聲請閱覽地籍圖之藍曬圖或複製圖者。
六　聲請閱覽電子處理之地籍資料者。
②前項工本費、閱覽費費額，由中央地政機關定之。

第三編　土地使用

第一章　通　則

第八〇條　（土地使用之意義）
土地使用，謂施以勞力資本爲土地之利用。

第八一條　（土地使用之編定）
直轄市或縣（市）地政機關得就管轄區內之土地，依國家經濟政策、地方需要情形及土地所能供使用之性質，分別商同有關機關，編爲各種使用地。

第八二條　（編定使用後之限制）
凡編爲某種使用地之土地，不得供其他用途之使用。但經該管直轄市或縣（市）地政機關核准，得爲他種使用者，不在此限。

第八三條　（編定使用期限前之使用）
編爲某種使用地之土地，於其所定之使用期限前，仍得繼續爲從來之使用。

第八四條　（使用地之編定及公布）
使用地之種別或其變更，經該管直轄市或縣（市）地政機關編定，由直轄市或縣（市）政府公布之。

第八五條　（編定使用之變更）
使用地編定公布後，上級地政機關認爲有較大利益或較重要之使用時，得令變更之。

第八六條　（集體農場之面積及辦法）
①直轄市或縣（市）地政機關於管轄區內之農地，得依集體耕作方法，商同主管農林機關，爲集體農場面積之規定。
②集體農場之辦法，另以法律定之。
第八七條　（空地之意義）
①凡編爲建築用地，未依法使用者，爲空地。
②土地建築改良物價值不及所占地基申報地價百分之二十者，視爲空地。
第八八條　（荒地之意義）
凡編爲農業或其他直接生產用地，未依法使用者爲荒地。但因農業生產之必要而休閒之土地，不在此限。
第八九條　（空地荒地之限期使用）
①直轄市或縣（市）地政機關對於管轄區內之私有空地及荒地，得劃定區域，規定期限，強制依法使用。
②前項私有荒地，逾期不使用者，該管直轄市或縣（市）政府得照申報地價收買之。

第二章　使用限制

第九〇條　（都市計畫之預定）
城市區域道路溝渠及其他公共使用之土地，應依都市計畫法預爲規定之。
第九一條　（限制使用區及自由使用區）
城市區域之土地，得依都市計畫法，分別劃定爲限制使用區及自由使用區。
第九二條　（徵收重劃及放領）
①新設之都市，得由政府依都市計畫法，將市區土地之全部或一部依法徵收整理重劃，再照徵收原價分宗放領，但得加收整理土地所需之費用。
②前項徵收之土地，得分期徵收，分區開放，未經開放之區域，得爲保留徵收，並限制其爲妨礙都市計畫之使用。
第九三條　（保留徵收及限制建築）
依都市計畫已公布爲道路或其他公共使用之土地，得爲保留徵收，並限制其建築。但臨時性質之建築，不在此限。

第三章　房屋及基地租用

第九四條　（準備房屋及其租金）
①城市地方，應由政府建築相當數量之準備房屋，供人民承租自住之用。
②前項房屋之租金，不得超過土地及其建築物價額年息百分之八。
第九五條　（減免新建房屋之稅捐）
直轄市或縣（市）政府爲救濟房屋不足，經行政院核准，得減免新建房屋之土地稅及改良物稅，並定減免期限。
第九六條　（限制每人自住房屋間數）
城市地方每一人民自住之房屋間數，得由直轄市或縣（市）政府斟酌當地情形，爲必要之限制。但應經民意機關之同意。
第九七條　（房租之限制）
①城市地方房屋之租金，以不超過土地及其建築物申報總價年息百分之十爲限。
②約定房屋租金，超過前項規定者，該管直轄市或縣（市）政府得依前項所定標準強制減定之。
第九八條　（租賃擔保金）
①以現金爲租賃之擔保者，其現金利息視爲租金之一部。
②前項利率之計算，應與租金所由算定之利率相等。
第九九條　（擔保金額之限制）

①前條擔保之金額，不得超過二個月房屋租金之總額。
②已交付之擔保金，超過前項限度者，承租人得以超過之部分抵付房租。

第一〇〇條　（出租人收回房屋之限制）
出租人非因左列情形之一，不得收回房屋：
一　出租人收回自住或重新建築時。
二　承租人違反民法第四百四十三條第一項之規定，轉租於他人時。
三　承租人積欠租金額，除以擔保金抵償外，達二個月以上時。
四　承租人以房屋供違反法令之使用時。
五　承租人違反租賃契約時。
六　承租人損壞出租人之房屋或附著財物，而不為相當之賠償時。

第一〇一條　（房屋租用之爭議）
因房屋租用發生爭議，得由該管直轄市或縣（市）地政機關予以調處，不服調處者，得向司法機關訴請處理。

第一〇二條　（地上權之登記）
租用基地建築房屋，應由出租人與承租人於契約訂立後二個月內，聲請該管直轄市或縣（市）地政機關為地上權之登記。

第一〇三條　（出租人收回基地之限制）
租用建築房屋之基地，非因左列情形之一，出租人不得收回：
一　契約年限屆滿時。
二　承租人以基地供違反法令之使用時。
三　承租人轉租基地於他人時。
四　承租人積欠租金額，除以擔保現金抵償外，達二年以上時。
五　承租人違反租賃契約時。

第一〇四條　（優先購買權）
①基地出賣時，地上權人、典權人或承租人有依同樣條件優先購買之權。房屋出賣時，基地所有權人有依同樣條件優先購買之權。其順序以登記之先後定之。
②前項優先購買權人，於接到出賣通知後十日內不表示者，其優先權視為放棄。出賣人未通知優先購買權人而與第三人訂立買賣契約者，其契約不得對抗優先購買權人。

第一〇五條　（基地租用之準用規定）
第九十七條、第九十九條及第一百零一條之規定，於租用基地建築房屋均準用之。

第四章　耕地租用

第一〇六條　（耕地租用之意義）
①以自任耕作為目的，約定支付地租，使用他人之農地者，為耕地租用。
②前項所稱耕作，包括漁牧。

第一〇七條　（優先承買或承典權）
①出租人出賣或出典耕地時，承租人有依同樣條件優先承買或承典之權。
②第一百零四條第二項之規定，於前項承買承典準用之。

第一〇八條　（禁止耕地轉租）
承租人縱經出租人承諾，仍不得將耕地全部或一部轉租於他人。

第一〇九條　（不定期契約）
依定有期限之契約租用耕地者，於契約屆滿時，除出租人收回自耕外，如承租人繼續耕作，視為不定期限繼續契約。

第一一〇條　（地租最高額之限制）
①地租不得超過地價百分之八，約定地租或習慣地租超過地價百分之八者，應比照地價百分之八減定之，不及地價百分之八者，依其約定或習慣。
②前項地價指法定地價，未經依法規定地價之地方，指最近三年之平均地價。

第一一一條　（農作物代繳地租）

耕地地租，承租人得依習慣以農作物代繳。

第一一二條　（預收地租之禁止及擔保金）

①耕地出租人不得預收地租，但因習慣以現金爲耕地租用之擔保者，其金額不得超過一年應繳租額四分之一。

②前項擔保金之利息，應視爲地租之一部，其利率應按當地一般利率計算之。

第一一三條　（支付部分地租）

承租人不能按期支付應交地租之全部，而以一部支付時，出租人不得拒絕收受，承租人亦不得因其收受而推定爲減租之承諾。

第一一四條　（不定期限耕地租賃契約之終止）

依不定期限租用耕地之契約，僅得於有左列情形之一時終止之：

一　承租人死亡而無繼承人時。

二　承租人放棄其耕作權利時。

三　出租人收回自耕時。

四　耕地依法變更其使用時。

五　違反民法第四百三十二條及第四百六十二條第二項之規定時。

六　違反第一百零八條之規定時。

七　地租積欠達二年之總額時。

第一一五條　（耕作權之放棄）

承租人放棄其耕作權利，應於三個月前向出租人以意思表示爲之，非因不可抗力繼續一年不爲耕作者，視爲放棄耕作權利。

第一一六條　（終止契約之通知）

依第一百十四條第三款及第五款之規定終止契約時，出租人應於一年前通知承租人。

第一一七條　（優先承租權）

①收回自耕之耕地再出租時，原承租人有優先承租之權。

②自收回自耕之日起未滿一年而再出租時，原承租人得以原租用條件承租。

第一一八條　（出租人行使留置權之限制）

出租人對於承租人耕作上必需之農具、牲畜、肥料及農產物，不得行使民法第四百四十五條規定之留置權。

第一一九條　（耕地特別改良權）

①於保持耕地原有性質及效能外，以增加勞力資本之結果，致增加耕地生產力或耕作便利者，爲耕地特別改良。

②前項特別改良，承租人得自由爲之，但特別改良費之數額，應即通知出租人。

第一二〇條　（耕地特別改良費之償還）

①因第一百十四條第二、第三、第五、第六各款契約終止返還耕地時，承租人得向出租人要求償還其所支出前條第二項耕地特別改良費。但以其未失效能部分之價值爲限。

②前項規定，於永佃權依民法第八百四十五條及第八百四十六條之規定撤佃時準用之。

第一二一條　（使用耕地附屬物之報酬）

耕地出租人以耕畜、種子、肥料或其他生產用具供給承租人者，除依民法第四百六十二條及第四百六十三條之規定外，得依租用契約於地租外酌收報酬。但不得超過供給物價值年息百分之十。

第一二二條　（業佃爭議之調處）

因耕地租用，業佃間發生爭議，得由該管直轄市或縣（市）地政機關予以調處，不服調處者，得向司法機關訴請處理。

第一二三條　（荒歉地租之減免）

遇有荒歉，直轄市或縣（市）政府得按照當地當年收穫實況爲減租或免租之決定。但應經民意機關之同意。

第一二四條　（永佃權之準用規定）

第一百零七條至第一百十三條及第一百二十一條各規定，於有永佃權之土地準用之。

第五章　荒地使用

第一二五條　（公有荒地之勘測及使用計畫）

公有荒地，應由該管直轄市或縣（市）地政機關於一定期間內勘測完竣，並規定其使用計畫。

第一二六條　（公有荒地之招墾）

公有荒地適合耕地使用者，除政府保留使用者外，由該管直轄市或縣（市）地政機關會同主管農林機關劃定墾區，規定墾地單位，定期招墾。

第一二七條　（私有荒地收買後之再招墾）

私有荒地，經該管直轄市或縣（市）政府依第八十九條照價收買者，應於興辦水利改良土壤後，再行招墾。

第一二八條　（承墾人之限制）

公有荒地之承墾人，以中華民國人民為限。

第一二九條　（承墾人之資格）

①公有荒地之承墾人，分左列二種：

一　自耕農戶。

二　農業生產合作社。

②前項農業生產合作社，以依法呈准登記，並由社員自任耕作者為限。

第一三〇條　（承墾荒地之限制）

承墾人承領荒地，每一農戶以一墾地單位為限，每一農業合作社承領墾地單位之數，不得超過其所含自耕農戶之數。

第一三一條　（限期開墾）

承墾人自受領承墾證書之日起，應於一年內實施開墾工作，其墾竣之年限，由主管農林機關規定之，逾限不實施開墾者，撤銷其承墾證書。

第一三二條　（墾竣年限之展期）

承墾人於規定墾竣年限而未墾竣者，撤銷其承墾證書。但因不可抗力，致不能依規定年限墾竣，得請求主管農林機關酌予展限。

第一三三條　（耕作權及所有權之取得）

①承墾人自墾竣之日起，無償取得所領墾地之耕作權，應即依法向該管直轄市或縣（市）地政機關聲請為耕作權之登記。但繼續耕作滿十年者，無償取得土地所有權。

②前項耕作權不得轉讓。但繼承或贈與於得為繼承之人，不在此限。

③第一項墾竣土地，得由該管直轄市或縣（市）政府酌予免納土地稅二年至八年。

第一三四條　（墾務機關之設置）

公有荒地，非農戶或農業生產合作社所能開墾者，得設墾務機關辦理之。

第六章　土地重劃

第一三五條　（土地重劃）

直轄市或縣（市）地政機關因左列情形之一，經上級機關核准，得就管轄區內之土地，劃定重劃地區，施行土地重劃，將區內各宗土地重新規定其地界：

一　實施都市計畫者。

二　土地面積畸零狹小，不適合於建築使用者。

三　耕地分配不適合於農事工作或不利於排水灌溉者。

四　將散碎之土地交換合併，成立標準農場者。

五　應用機器耕作，興辦集體農場者。

第一三六條　（分配與補償）

土地重劃後，應依各宗土地原來之面積或地價仍分配於原所有權人。但限於實際情形不能依原來之面積或地價妥為分配者，得變通補償。

第一三七條　（畸零地之廢置或合併）

土地畸零狹小，全宗面積在第三十一條所規定最小面積單位以下者，得依土地重劃廢置或合併之。

第一三八條　（公共使用地之變更或廢置）

重劃區內公園、道路、堤塘、溝渠或其他供公共使用之土地，得依土地重劃變更或廢置之。

第一三九條　（土地重劃後損益之補償）

土地重劃後，土地所有權人所受之損益，應互相補償，其供道路或其他公共使用所用土地之地價，應由政府補償之。

第一四〇條　（反對土地重劃之處理）

土地重劃，自公告之日起三十日內，有關係之土地所有權人半數以上，而其所有土地面積，除公有土地外，超過重劃地區內土地總面積一半者表示反對時，直轄市或縣（市）地政機關應即報上級機關核定之。

第一四一條　（土地重劃之請求）

第一百三十五條之土地重劃，得因重劃區內土地所有權人過半數，而其所有土地面積，除公有土地外，超過重劃區內土地總面積一半者之共同請求，由直轄市或縣（市）地政機關核准為之。

第一四二條　（新設都市之土地重劃）

新設都市內之土地重劃，應於分區開放前為之。

第四編　土地稅

第一章　通　則

第一四三條　（徵稅與免稅）

土地及其改良物，除依法免稅者外，依本法之規定徵稅。

第一四四條　（土地稅之分類）

土地稅分地價稅及土地增值稅二種。

第一四五條　（土地及其改良物之價值）

土地及其改良物之價值，應分別規定。

第一四六條　（土地稅之性質）

土地稅為地方稅。

第一四七條　（課稅之限制）

土地及其改良物，除依本法規定外，不得用任何名目徵收或附加稅款。但因建築道路、堤防、溝渠、或其他土地改良之水陸工程，所需費用，得依法徵收工程受益費。

第二章　地價及改良物價

第一四八條　（法定地價之意義）

土地所有權人依本法所申報之地價，為法定地價。

第一四九條　（申報地價之程序）

直轄市或縣（市）地政機關辦理地價申報之程序如左：

一　查定標準地價。

二　業主申報。

三　編造地價冊。

第一五〇條　（調查地價之方法）

地價調查，應抽查最近二年內土地市價或收益價格，以為查定標準地價之依據，其抽查宗數，得視地目繁簡、地價差異爲之。

第一五一條　（平均地價）

依據前條調查結果，就地價相近及地段相連或地目相同之土地，劃分爲地價等級，並就每等級內抽查宗地之市價或收益價格，以其平均數或中數，爲各該地價等級之平均地價。

第一五二條　（標準地價）

每地價等級之平均地價，由該管直轄市或縣（市）地政機關報請該管直轄市或縣（市）政府公布爲標準地價。

第一五三條　（標準地價之公布時期）

標準地價之公布，應於開始土地總登記前分區行之。

第一五四條　（異議之處理）

①土地所有權人對於標準地價認爲規定不當時，如有該區內同等級土地所有權人過半數之同意，得於標準地價公布後三十日內，向該管直轄市或縣（市）政府提出異議。

②直轄市或縣（市）政府接受前項異議後，應即提交標準地價評議委員會評議之。

第一五五條　（標準地價評議委員會之組織）

①標準地價評議委員會之組織規程，由中央地政機關定之。

②前項委員會委員，應有地方民意機關之代表參加。

第一五六條　（申報地價）

土地所有權人聲請登記所有權時，應同時申報地價，但僅得爲標準地價百分之二十以內之增減。

第一五七條　（照價收買之申請）

土地所有權人認爲標準地價過高，不能依前條爲申報時，得聲請該管直轄市或縣（市）政府照標準地價收買其土地。

第一五八條　（法定地價）

土地所有權人聲請登記而不同時申報地價者，以標準地價爲法定地價。

第一五九條　（地價冊及總歸戶冊）

每直轄市或縣（市）辦理地價申報完竣，應即編造地價冊及總歸戶冊，送該管直轄市或縣（市）財政機關。

第一六〇條　（重新規定地價之時期）

地價申報滿五年，或一年屆滿而地價已較原標準地價有百分之五十以上之增減時，得重新規定地價，適用第一百五十條至第一百五十二條及第一百五十四條至第一百五十六條之規定。

第一六一條　（建物價值之估定）

建築改良物之價值，由該管直轄市或縣（市）地政機關於規定地價時同時估定之。

第一六二條　（建物價值之估計方法）

建築改良物價值之估計，以同樣之改良物於估計時爲重新建築需用費額爲準，但應減去時間經歷所受損耗之數額。

第一六三條　（增加改良物後價值之估計）

就原建築改良物增加之改良物，於重新估計價值時，併合於改良物計算之。但因維持建築改良物現狀所爲之修繕，不視爲增加之改良物。

第一六四條　（改良物價值評定公布及通知）

直轄市或縣（市）地政機關應將改良物估計價值數額，送經標準地價評議委員會評定後，報請該管直轄市或縣（市）政府公布爲改良物法定價值，並由直轄市或縣（市）地政機關分別以書面通知所有權人。

第一六五條　（重新評定之聲請）

前條受通知人，認爲評定不當時，得於通知書達到後三十日內，聲請標準地價評議委員會重新評定。

第一六六條　（改良物價值之重估定）

建築改良物之價值，得與重新規定地價時重爲估定。

第三章　地價稅

第一六七條　（地價稅之徵收方法）
地價稅照法定地價按年徵收一次，必要時得准分兩期繳納。

第一六八條　（地價稅率）
地價稅照法定地價，按累進稅率徵收之。

第一六九條　（基本稅率）
地價稅以其法定地價數額千分之十五爲基本稅率。

第一七〇條　（累進稅率）
土地所有權人之地價總額，未超過累進起點地價時，依前條稅率徵收，超過累進起點地價時，依左列方法累進課稅：
一　超過累進起點地價在百分之五百以下者，其超過部分加徵千分之二。
二　超過累進起點地價百分之一千以下者，除按前款規定徵收外，就其已超過百分之五百部分加徵千分之三。
三　超過累進起點地價百分之一千五百以下者，除按前款規定徵收外，就其已超過百分之一千部分加徵千分之五，以後每超過百分之五百，就其超過部分遞加千分之五，以加至千分之五十爲止。

第一七一條　（累進起點地價之擬核）
前條累進起點地價，由直轄市或縣（市）政府按照自住自耕地必需面積，參酌地價及當地經濟狀況擬定，報請行政院核定之。

第一七二條　（納稅義務人）100
地價稅向所有權人徵收之，其設有典權之土地，由典權人繳納。

第一七三條　（空地稅）
①私有空地，經限期強制使用，而逾期未使用者，應於依法使用前加徵空地稅。
②前項空地稅，不得少於應繳地價稅之三倍，不得超過應繳地價稅之十倍。

第一七四條　（荒地稅）
①私有荒地，經限期強制使用，而逾期未使用者，應於依法使用前加徵荒地稅。
②前項荒地稅，不得少於應徵之地價稅，不得超過應繳地價稅之三倍。

第一七五條　（刪除）100

第四章　土地增值稅

第一七六條　（課稅時機及標準）
①土地增值稅照土地增值之實數額計算，於土地所有權移轉時，或雖無移轉而屆滿十年時，徵收之。
②前項十年期間，自第一次依法規定地價之日起計算。

第一七七條　（工程地區土地增值稅之徵收期）
依第一百四十七條實施工程地區，其土地增值稅於工程完成後屆滿五年時徵收之。

第一七八條　（土地增值總數額之標準）
土地增值總數額之標準，依左列之規定。
一　規定地價後，未經過移轉之土地，於絕賣移轉時，以現賣價超過原規定地價之數額爲標準。
二　規定地價後，未經過移轉之土地，於繼承或贈與移轉時，以移轉時之估定地價超過原規定地價之數額爲標準。
三　規定地價後，曾經移轉之土地，於下次移轉時，以現移轉價超過前次移轉時地價之數額爲標準。

第一七九條　（原地價之意義及其調整）

①前條之原規定地價及前次移轉時之地價，稱為原地價。
②前項原地價，遇一般物價有劇烈變動時，直轄市或縣（市）財政機關應依當地物價指數調整計算之，並應經地方民意機關之同意。

第一八〇條　（土地增值實數額之計算）
土地增值總數額，除去免稅額，為土地增值實數額。

第一八一條　（土地增值稅之稅率）
土地增值稅之稅率，依左列之規定：
一　土地增值實數額在原地價百分之一百以下者，徵收其增值實數額百分之二十。
二　土地增值實數額在原地價數額百分之二百以下者，除按前款規定徵收外，就其已超過百分之一百部分徵收百分之四十。
三　土地增值實數額在原地價百分之三百以下者，除按前二款規定分別徵收外，就其超過百分之二百部分徵收百分之六十。
四　土地增值實數額超過原地價數額百分之三百者，除按前三款規定分別徵收外，就其超過部分徵收百分之八十。

第一八二條　（課徵對象）
土地所有權之移轉為絕賣者，其增值稅向出賣人徵收之，如為繼承或贈與者，其增值稅向繼承人或受贈人徵收之。

第一八三條　（課徵對象）
①規定地價後十年屆滿，或實施工程地區五年屆滿。而無移轉之土地，其增值稅向土地所有權人徵收之。
②前項土地設有典權者，其增值稅得向典權人徵收之。但於土地回贖時，出典人應無息償還。

第一八四條　（土地增值實數額）
土地增值實數額，應減去土地所有權人為改良土地所用之資本及已繳納之工程受益費。

第五章　土地改良物稅

第一八五條　（稅率）
建築改良物得照其估定價值，按年徵稅，其最高稅率不得超過千分之十。

第一八六條　（徵收時期及納稅人）
建築改良物稅之徵收，於徵收地價稅時為之，並適用第一百七十二條之規定。

第一八七條　（免稅）
建築改良物為自住房屋時，免予徵稅。

第一八八條　（不得徵稅）
農作改良物不得徵稅。

第一八九條　（免稅）
地價每畝不滿五百元之地方，其建築改良物應免予徵稅。

第一九〇條　（土地改良稅之性質）
土地改良物稅全部為地方稅。

第六章　土地稅之減免

第一九一條　（公有土地及建築改良物之免稅）
公有土地及公有建築改良物，免徵土地稅及改良物稅。但供公營事業使用或不作公共使用者，不在此限。

第一九二條　（私有土地稅之減免）
供左列各款使用之私有土地，得由財政部會同中央地政機關呈經行政院核准，免稅或減稅：

一　學校及其他學術機關用地。
二　公園及公共體育場用地。
三　農林、漁牧試驗場用地。
四　森林用地。
五　公立醫院用地。
六　公共墳場用地。
七　其他不以營利爲目的之公益事業用地。

第一九三條　（災難或調劑期之減免）
因地方發生災難或調劑社會經濟狀況，得由財政部會同中央地政機關呈經行政院核准，就關係區內之土地，於災難或調劑期中，免稅或減稅。

第一九四條　（保留徵收或限制不能使用免稅）
因保留徵收或依法律限制不能使用之土地，概應免稅。但在保留徵收期內，仍能爲原來之使用者，不在此限。

第一九五條　（無法使用或墾荒中土地之免稅）
在自然環境及技術上無法使用之土地，或在墾荒過程中之土地，由財政部會同中央地政機關呈經行政院核准，免徵地價稅。

第一九六條　（徵收或重劃之免稅）
因土地徵收或土地重劃，致所有權有移轉時，不徵收土地增值稅。

第一九七條　（自耕住地之免稅）
農人之自耕地及自住地，於十年屆滿無移轉時，不徵收土地增值稅。

第一九八條　（農地改良之免稅）
農地因農人施用勞力與資本，致地價增漲時，不徵收土地增值稅。

第一九九條　（繼續徵收）
凡減稅或免稅之土地，其減免之原因事實有變更或消滅時，仍應繼續徵稅。

第七章　欠　稅

第二〇〇條　（不依期完納之）
地價稅不依期完納者，就其所欠數額，自逾期之日起，按月加徵所欠數額百分之二以下之罰鍰，不滿一月者，以一月計。

第二〇一條　（拍賣欠稅土地）
積欠土地稅達二年以上應繳稅額時，該管直轄市或縣（市）財政機關得通知直轄市或縣（市）地政機關，將欠稅土地及其改良物之全部或一部交司法機關拍賣，以所得價款優先抵償欠稅，其次依法分配於他項權利人及原欠稅人。

第二〇二條　（拍賣通知）
前條之土地拍賣，應由司法機關於拍賣前三十日，以書面通知土地所有權人。

第二〇三條　（展期拍賣）
①土地所有權人接到前條通知後，提供相當繳稅擔保者，司法機關得展期拍賣。
②前項展期，以一年爲限。

第二〇四條　（提取收益抵償欠稅）
①欠稅土地爲有收益者，得由該管直轄市或縣（市）財政機關通知直轄市或縣（市）地政機關提取其收益，抵償欠稅，免將土地拍賣。
②前項提取收益，於積欠地價稅額等於全年應繳數額時，方得爲之。
③第一項提取之收益數額，以足抵償其欠稅爲限。

第二〇五條　（欠稅之處罰）
土地增值稅不依法完納者，依第二百條之規定加徵罰鍰。

第二〇六條　（拍賣欠稅土地）
①土地增值稅欠稅至一年屆滿仍未完納者，得由該管直轄市或縣（市）財政機關通知直

轄市或縣（市）地政機關，將其土地及改良物一部或全部交司法機關拍賣，以所得價款抵償欠稅，餘款交還原欠稅人。
②前項拍賣，適用第二百零二條及第二百零三條之規定。

第二〇七條　（準用規定）
建築改良物欠稅，準用本章關於地價稅欠稅各條之規定。

第五編　土地徵收

第一章　通　則

第二〇八條　（土地徵收之目的及範圍）
國家因左列公共事業之需要，得依本法之規定，徵收私有土地，但徵收之範圍，應以其事業所必需者為限：
一　國防設備。
二　交通事業。
三　公用事業。
四　水利事業。
五　公共衛生。
六　政府機關、地方自治機關及其他公共建築。
七　教育學術及慈善事業。
八　國營事業。
九　其他由政府興辦以公共利益為目的之事業。

第二〇九條　（決定徵收）
政府機關因實施國家經濟政策，得徵收私有土地。但應以法律規定者為限。

第二一〇條　（名勝古蹟之保存）
①徵收土地，遇有名勝古蹟，應於可能範圍內避免之。
②名勝古蹟已在被徵收土地區內者，應於可能範圍內保存之。

第二一一條　（聲請徵收土地應證明之事項）
需用土地人於聲請徵收土地時，應證明其興辦之事業已得法令之許可。

第二一二條　（區段徵收）
①因左列各款之一徵收土地，得為區段徵收：
一　實施國家經濟政策。
二　新設都市地域。
三　舉辦第二百零八條第一款或第三款之事業。
②前項區段徵收，謂於一定區域內之土地，應重新分宗整理，而為全區土地之徵收。

第二一三條　（保留徵收）
①因左列各款之一，得為保留徵收：
一　開闢交通路線。
二　興辦公用事業。
三　新設都市地域。
四　國防設備。
②前項保留徵收，謂就舉辦事業將來所需用之土地，在未需用以前，預為呈請核定公布其徵收之範圍，並禁止妨礙徵收之使用。

第二一四條　（保留徵收之期間）
前條保留徵收之期間，不得超過三年，逾期不徵收，視為廢止。但因舉辦前條第一款或第四款之事業，得申請核定延長保留徵收期間；其延長期間，以五年為限。

第二一五條　（改良物一併徵收之例外）

①徵收土地時，其改良物應一併徵收，但有左列情形之一者，不在此限：
　一　法律另有規定者。
　二　改良物所有權人要求取回，並自行遷移者。
　三　建築改良物建造時，依法令規定不得建造者。
　四　農作改良物之種類、數量顯與正常種植情形不相當者。
②前項第三款、第四款之認定，由直轄市或縣（市）地政機關會同有關機關爲之。
③第一項第三款、第四款之改良物，於徵收土地公告期滿後，得由直轄市或縣（市）地政機關通知其所有權人或使用人限期拆除或遷移；逾期由直轄市或縣（市）地政機關會同有關機關逕行除去，並不予補償。

第二一六條　（接連地之補償）
①徵收之土地，因其使用影響於接連土地，致不能爲從來之利用，或減低其從來利用之效能時，該接連土地所有權人得要求需用土地人爲相當補償。
②前項補償金，以不超過接連地，因受徵收地使用影響而減低之地價額爲準。

第二一七條　（殘餘地之一併徵收）
徵收土地之殘餘部分，面積過小或形勢不整，致不能爲相當之使用時，所有權人得於徵收公告期滿六個月內，向直轄市或縣（市）地政機關要求一併徵收之。

第二一八條　（刪除）

第二一九條　（原土地所有權人之買回權）
①私有土地經徵收後，有左列情形之一者，原土地所有權人得於徵收補償發給完竣屆滿一年之次日起五年內，向該管直轄市或縣（市）地政機關聲請照徵收價額收回其土地：
　一　徵收補償發給完竣屆滿一年，未依徵收計畫開始使用者。
　二　未依核准徵收原定興辦事業使用者。
②直轄市或縣（市）地政機關接受聲請後，經查明合於前項規定時，應層報原核准徵收機關核准後，通知原土地所有權人於六個月內繳清原受領之徵收價額，逾期視爲放棄收回權。
③第一項第一款之事由，係因可歸責於原土地所有權人或使用人者，不得聲請收回土地。
④私有土地經依徵收計畫使用後，經過都市計畫變更原使用目的，土地管理機關標售該土地時，應公告一個月，被徵收之原土地所有權人或其繼承人有優先購買權。但優先購買權人未於決標後十日內表示優先購買者，其優先購買權視爲放棄。

第二一九條之一　110
①私有土地經徵收並於補償費發給完竣之次日起，直轄市或縣（市）地政機關應每年通知及公告原土地所有權人或其繼承人土地使用情形，至其申請收回土地之請求權時效完成或依徵收計畫完成使用止。
②未依前項規定通知及公告而有前條第一項各款情形之一者，原土地所有權人或其繼承人得於徵收計畫使用期限屆滿之次日起十年內，申請收回土地。
③本法中華民國一百十年十一月二十三日修正之條文施行時，原土地所有權人或其繼承人申請收回土地之請求權時效尚未完成者，應適用前二項規定。
④第一項通知與公告土地使用情形之辦理事項、作業程序、作業費用及其他應遵行事項之辦法，由中央地政機關定之。

第二二〇條　（公用地徵收之限制）
現供第二百零八條各款事業使用之土地，非因舉辦較爲重大事業無可避免者，不得徵收之。但徵收祇爲現供使用土地之小部分，不妨礙現有事業之繼續進行者，不在此限。

第二二一條　（被徵收地之負擔額及清償）
被徵收之土地應有之負擔，其款額計算，以該土地所應得之補償金額爲限，並由該管直轄市或縣（市）地政機關於補償地價時爲清算結束之。

第二章　徵收程序

第二二二條　（由中央核准之徵收）

徵收土地，由中央地政機關核准之。

第二二三條　（刪除）

第二二四條　（土地徵用之聲請）

徵收土地，應由需用土地人擬具詳細徵收計畫書，並附具徵收土地圖說及土地使用計畫圖，依前二條之規定分別聲請核辦。

第二二五條　（通知）

中央地政機關於核准徵收土地後，應將原案全部通知該土地所在地之該管直轄市或縣（市）地政機關。

第二二六條　（二人以上聲請徵收之決定）

同一土地，有二人以上聲請徵收時，以其舉辦事業性質之輕重爲核定標準，其性質相同者，以其聲請之先後爲核定標準。

第二二七條　（公告與通知）

①直轄市或縣（市）地政機關於接到中央地政機關通知核准徵收土地案時，應即公告，並通知土地所有權人及他項權利人。

②前項公告之期間爲三十日。

③土地權利利害關係人對於第一項之公告事項有異議者，應於公告期間內向直轄市或縣（市）地政機關以書面提出。

第二二八條　（被徵收土地之他項權利之備案）

①被徵收土地之所有權已經登記完畢者，其所有權或他項權利除於公告前因繼承，強制執行或法院之判決而取得，並於前條公告期間內向該管直轄市或縣（市）地政機關聲請將其權利備案者外，以公告之日土地登記簿所記載者爲準。

②被徵收土地之所有權未經登記完畢者，土地他項權利人應於前條公告期間內，向該管直轄市或縣（市）地政機關聲請將其權利備案。

第二二九條　（不聲請備案之效果）

所有權未經依法登記完畢之土地，土地他項權利人不依前條規定聲請備案者，不視爲被徵收土地應有之負擔。

第二三〇條　（需用土地人之調查或勘測）

直轄市或縣（市）地政機關得應需用土地人之請求，爲徵收土地進入公、私有土地實施調查或勘測。但進入建築物或設有圍障之土地調查或勘測，應事先通知其所有權人或使用人。

第二三一條　（需用土地人工作之前提）

需用土地人應俟補償地價及其他補償費發給完竣後，方得進入被徵收土地內工作。但水利事業，因公共安全急需先行使用者，不在此限。

第二三二條　（公告後處分之限制）

①被徵收之土地公告後，除於公告前因繼承、強制執行或法院之判決而取得所有權或他項權利，並於公告期間內聲請將其權利登記者外，不得移轉或設定負擔。土地權利人或使用人並不得在該土地增加改良物；其於公告時已在工作中者，應即停止工作。

②前項改良物之增加或繼續工作，該管直轄市或縣（市）地政機關認爲不妨礙徵收計畫者，得依關係人之聲請特許之。

第二三三條　（補償費之發給）

徵收土地應補償之地價及其他補償費，應於公告期滿後十五日內發給之。但因實施國家經濟政策，或舉辦第二百零八條第一款、第三款或第四款事業徵收土地，得呈准行政院以土地債券搭發補償之。

第二三四條　（限期遷移）

直轄市或縣（市）地政機關於被徵收土地應受之補償發給完竣後，得規定期限，令土地權利人或使用人遷移完竣。

第二三五條　（土地所有權人權利義務之終止）

被徵收土地之所有權人，對於其土地之權利義務，於應受之補償發給完竣時終止，在補償費未發給完竣以前，有繼續使用該土地之權。但合於第二百三十一條但書之規定者，不在此限。

第三章　徵收補償

第二三六條　（徵收補償之負擔）

①徵收土地應給予之補償地價、補償費及遷移費，由該管直轄市或縣（市）地政機關規定之。

②前項補償地價補償費及遷移費，均由需用土地人負擔，並繳交該管直轄市或縣（市）地政機關轉發之。

第二三七條　（地價及補償費之提存）

①直轄市或縣（市）地政機關發給補償地價及補償費，有左列情形之一時，得將款額提存之：

一　應受補償人拒絕受領或不能受領者。

二　應受補償人所在地不明者。

②依前項第二款規定辦理提存時，應以土地登記簿記載之土地所有權人及他項權利人之姓名、住址爲準。

第二三八條　（改良物代爲遷移或一併徵收）

直轄市或縣（市）地政機關遇有左列情形之一者，得將改良物代爲遷移或一併徵收之：

一　受領遷移費人於交付遷移費時，拒絕收受或不能收受者。

二　受領遷移費人所在地不明者。

三　受領遷移費人不依限遷移者。

第二三九條　（應補償之地價）

被徵收土地應補償之地價，依左列之規定：

一　已依法規定地價，其所有權未經移轉者，依其法定地價。

二　已依法規定地價，其所有權經過移轉者，依其最後移轉時之地價。

三　未經依法規定地價者，其地價由該管直轄市或縣（市）地政機關估定之。

第二四〇條　（保留徵收地之補償地價）

保留徵收之土地應補償之地價，依徵收時之地價。

第二四一條　（土地改良物之補償費）

土地改良物被徵收時，其應受之補償費，由該管直轄市或縣（市）地政機關會同有關機關估定之。

第二四二條　（農作改良物之補償費）

被徵收土地之農作改良物，如被徵收時與其孳息成熟時期相距在一年以內者，其應受補償之價值，應按成熟時之孳息估定之；其被徵收時與其孳息成熟時期相距超過一年者，應依其種植、培育費用，並參酌現值估定之。

第二四三條　（刪除）

第二四四條　（遷移費㈠）

因徵收土地致其改良物遷移時，應給以相當遷移費。

第二四五條　（遷移費㈡）

因土地一部分之徵收而其改良物須全部遷移者，該改良物所有權人得請求給以全部之遷移費。

第二四六條　（遷移費㈢）

①徵收土地應將墳墓及其他紀念物遷移者，其遷移費與改良物同。

②無主墳墓應由需用土地人妥為遷移安葬，並將情形詳細記載列冊報該管直轄市或縣（市）地政機關備案。

第二四七條　（補償費估定有異議時之評定）

對於第二百三十九條、第二百四十一條或第二百四十二條之估定有異議時，該管直轄市或縣（市）地政機關應提交標準地價評議委員會評定之。

土地登記規則

①民國90年9月14日內政部令修正發布全文157條；並自90年11月1日施行。
②民國92年7月29日內政部令修正發布第5、6、34、40、41、44、51、101、106、119、130、137、146、155條條文；刪除第76條條文；並自92年9月1日施行。
③民國92年9月23日內政部令修正發布第12、39、119、135條條文；並自92年9月1日施行。
④民國95年6月19日內政部令修正發布第19、27至29、35、42、43、58、65、67、69、97、101、123、126至130、132、133、135、138至142、155條條文；增訂第122-1、133-1條條文；刪除第134條條文；並自95年6月30日施行。
⑤民國96年7月31日內政部令修正發布第3、27、30、46、112、115、116條條文；增訂第111-1、114-1、114-2、115-1、115-2、116-1、117-1、117-2條條文；刪除第101、110條條文；並自96年9月28日施行。
⑥民國98年7月6日內政部令修正發布第4、27、28、39、40、66、70、79至81、83、89、94、96至98、107、143、149條條文；增訂第十二章第四節節名及第24-1、100-1、155-1至155-3條條文；並刪除第82條條文；除第39條自98年11月23日施行外，餘自98年7月23日施行。
⑦民國99年6月28日內政部令修正發布第4、12、16、27、28、30、31、49、56、87、88、95、97、100、108、109、118、143、145、148、155-2、155-3條條文及第十二章第四節節名；增訂第108-1、108-2、109-1、155-4條條文；並自99年8月3日施行。
⑧民國100年12月12日內政部令修正發布第27、29、40至42、94、95條條文；刪除第135條條文；並自100年12月15日施行。
民國100年12月16日行政院公告第27條第4款、第69條第1項第2款、第138條第1、3項、第139條第1至3項、第140條、第141條第1、2項、第142條第1、2款所列屬「行政執行處」之權責事項，自101年1月1日起改由「行政執行分署」管轄。
⑨民國102年8月22日內政部令修正發布第27、40、42、69、78、79、102、138至142、152條條文；增訂第78-1條條文；並自102年8月30日施行。
⑩民國103年12月25日內政部令修正發布第24-1、132、155-3條條文；並自104年2月2日施行。
⑪民國106年2月14日內政部令修正發布第29、85、117、139條條文；並自106年3月1日施行。
⑫民國107年11月16日內政部令修正發布第3、24、29、35至37、46、51、56、57、65、67、69、95、112、123、126、142、146條條文；刪除第122-1條條文；並自107年11月30日施行。
⑬民國108年12月9日內政部令修正發布第35、65、67、97條條文；並自108年12月16日施行。
⑭民國110年7月13日內政部令修正發布第31、35至37、41、47、53、54、65、67、123、126、137、146、155條條文；增訂第70-1至70-7條條文及第三章第五節節名；並自110年8月1日施行。

第一章　總　則

第一條
本規則依土地法第三十七條第二項規定訂定之。

第二條
土地登記，謂土地及建築改良物（以下簡稱建物）之所有權與他項權利之登記。

第三條　107
①土地登記，由土地所在地之直轄市、縣（市）地政機關辦理之。但該直轄市、縣（市）地政機關在轄區內另設或分設登記機關者，由該土地所在地之登記機關辦理之。
②建物跨越二個以上登記機關轄區者，由該建物門牌所屬之登記機關辦理之。
③直轄市、縣（市）地政機關已在轄區內另設或分設登記機關，且登記項目已實施跨登記機關登記者，得由同直轄市、縣（市）內其他登記機關辦理之。

④經中央地政機關公告實施跨直轄市、縣（市）申請土地登記之登記項目，得由全國任一登記機關辦理之。

第四條 99

①下列土地權利之取得、設定、移轉、喪失或變更，應辦理登記：

一 所有權。

二 地上權。

三 中華民國九十九年八月三日前發生之永佃權。

四 不動產役權。

五 典權。

六 抵押權。

七 耕作權。

八 農育權。

九 依習慣形成之物權。

②土地權利名稱與前項第一款至第八款名稱不符，而其性質與其中之一種相同或相類者，經中央地政機關審定為前項第一款至第八款中之某種權利，得以該權利辦理登記，並添註其原有名稱。

第五條 92

①土地登記得以電腦處理，其處理之系統規範由中央地政機關定之。

②土地登記以電腦處理者，其處理方式及登記書表簿冊圖狀格式，得因應需要於系統規範中另定之。

第六條 92

①土地權利經登記機關依本規則登記於登記簿，並校對完竣，加蓋登簿及校對人員名章後，為登記完畢。

②土地登記以電腦處理者，經依系統規範登錄、校對，並異動地籍主檔完竣後，為登記完畢。

第七條

依本規則登記之土地權利，除本規則另有規定外，非經法院判決塗銷確定，登記機關不得為塗銷登記。

第八條

①主登記，指土地權利於登記簿上獨立存在之登記；附記登記，指附屬於主登記之登記。

②主登記之次序，應依登記之先後。附記登記之次序，應依主登記之次序。但附記登記各依其先後。

第九條

同一土地為他項權利登記時，其權利次序，除法律另有規定外，應依登記之先後。但於土地總登記期限內申請登記者，依其原設定之先後。

第一〇條

土地上已有建物者，應於土地所有權完成總登記後，始得為建物所有權登記。

第一一條

未經登記所有權之土地，除法律或本規則另有規定外，不得為他項權利登記或限制登記。

第一二條 99

登記原因證明文件為依法與法院確定判決有同一效力者，於第二十七條第四款、第三十條第一款、第三十五條第三款、第一百條、第一百十九條第五項、第一百四十一條第一項第二款及第二項之規定準用之。

第一三條

土地法第六十八條第一項及第六十九條所稱登記錯誤，係指登記事項與登記原因證明文件所載之內容不符者；所稱遺漏，係指應登記事項而漏未登記者。

第二章　登記書表簿狀圖冊

第一四條

登記機關應備下列登記書表簿冊圖狀：

一　登記申請書。
二　登記清冊。
三　契約書。
四　收件簿。
五　土地登記簿及建物登記簿。
六　土地所有權狀及建物所有權狀。
七　他項權利證明書。
八　地籍圖。
九　地籍總歸戶冊（卡）。
十　其他必要之書表簿冊。

第一五條

收件簿按登記機關、鄉（鎮、市、區）、地段或案件性質設置，依收件之先後次序編號記載之。其封面記明該簿總頁數及起用年月，鈐蓋登記機關印，每頁依次編號，裝訂成冊。

第一六條 99

登記簿用紙除第八十一條第二項規定外，應分標示部、所有權部及他項權利部，依次排列分別註明頁次，並於標示部用紙記明各部用紙之頁數。

第一七條

①登記簿就登記機關轄區情形按鄉（鎮、市、區）或地段登記之，並應於簿面標明某鄉（鎮、市、區）某地段土地或建物登記簿冊次及起止地號或建號，裡面各頁蓋土地登記之章。

②同一地段經分編二冊以上登記簿時，其記載方式與前項同。

第一八條

登記簿應按地號或建號順序，採用活頁裝訂之，並於頁首附索引表。

第一九條 95

①收件簿、登記申請書及其附件，除土地所有權第一次登記案件應永久保存外，應自登記完畢之日起保存十五年。

②前項文件之保存及銷毀，由登記機關依檔案法相關規定辦理。

第二〇條

登記簿及地籍圖由登記機關永久保存之。除法律或中央地政機關另有規定或為避免遭受損害外，不得攜出登記機關。

第二一條

登記簿滅失時，登記機關應即依土地法施行法第十七條之一規定辦理。

第二二條

一宗土地之登記簿用紙部分損壞時，登記機關應依原有記載全部予以重造。登記簿用紙全部損壞、滅失或其樣式變更時，登記機關應依原有記載有效部分予以重造。

第二三條

登記機關應建立地籍資料庫，指定專人管理。其管理事項，由直轄市、縣（市）地政機關定之。

第二四條 107

申請閱覽、抄寫、複印或攝影登記申請書及其附件者，以下列之一者為限：

一　原申請案之申請人、代理人。
二　登記名義人。
三　與原申請案有利害關係之人，並提出證明文件。

第二四條之一 103

①申請提供土地登記及地價資料，其資料分類及內容如下：

一 第一類：顯示登記名義人全部登記資料。

二 第二類：隱匿登記名義人之出生日期、部分姓名、部分統一編號、債務人及債務額比例、設定義務人及其他依法令規定需隱匿之資料。但限制登記、非自然人之姓名及統一編號，不在此限。

三 第三類：隱匿登記名義人之統一編號、出生日期之資料。

②前項第二款資料，得依登記名義人之請求，隱匿部分住址資料。但為權利人之管理人及非自然人，不適用之。

③登記名義人或其他依法令得申請者，得申請第一項第一款資料；任何人得申請第一項第二款資料；登記名義人、具有法律上通知義務或權利義務得喪變更關係之利害關係人得申請第一項第三款資料。

④土地登記及地價資料之申請提供，委託代理人為之者，準用第三十七條第一項規定。

第二五條

土地或建物所有權狀及他項權利證明書，應蓋登記機關印信及其首長職銜簽字章，發給權利人。

第三章　登記之申請及處理

第一節　登記之申請

第二六條

土地登記，除本規則另有規定外，應由權利人及義務人會同申請之。

第二七條 102

下列登記由權利人或登記名義人單獨申請之：

一 土地總登記。

二 建物所有權第一次登記。

三 因繼承取得土地權利之登記。

四 因法院、行政執行分署或公正第三人拍定、法院判決確定之登記。

五 標示變更登記。

六 更名或住址變更登記。

七 消滅登記。

八 預告登記或塗銷登記。

九 法定地上權登記。

十 依土地法第十二條第二項規定回復所有權之登記。

十一 依土地法第十七條第二項、第三項、第二十條第三項、第七十三條之一、地籍清理條例第十一條、第三十七條或祭祀公業條例第五十一條規定標售或讓售取得土地之登記。

十二 依土地法第六十九條規定更正之登記。

十三 依土地法第一百三十三條規定取得耕作權或所有權之登記。

十四 依民法第五百十三條第三項規定抵押權之登記。

十五 依民法第七百六十九條、第七百七十條或第七百七十二條規定因時效完成之登記。

十六 依民法第八百二十四條之一第四項規定抵押權之登記。

十七 依民法第八百五十九條之四規定就自己不動產設定不動產役權之登記。

十八 依民法第八百七十條之一規定抵押權人拋棄其抵押權次序之登記。

十九 依民法第九百零六條之一第二項規定抵押權之登記。

二十 依民法第九百十三條第二項、第九百二十三條第二項或第九百二十四條但書規定典權人取得典物所有權之登記。

二一　依民法第一千一百八十五條規定應屬國庫之登記。

二二　依直轄市縣（市）不動產糾紛調處委員會設置及調處辦法作成調處結果之登記。

二三　法人合併之登記。

二四　其他依法律得單獨申請登記者。

第二八條 99

①下列各款應由登記機關逕為登記：

一　建物因行政區域調整、門牌整編或基地號因重測、重劃或依法逕為分割或合併所為之標示變更登記。

二　依第一百四十三條第三項規定之國有登記。

三　依第一百四十四條規定之塗銷登記。

四　依第一百五十三條規定之住址變更登記。

五　其他依法律得逕為登記者。

②登記機關逕為登記完畢後，應將登記結果通知登記名義人。但登記機關依登記名義人之申請登記資料而逕為併案辦理，及因政府機關辦理行政區域調整、門牌整編而逕為辦理之住址變更或建物標示變更登記，不在此限。

第二九條 107

政府機關遇有下列各款情形之一時，得囑託登記機關登記之：

一　因土地徵收或撥用之登記。

二　照價收買土地之登記。

三　因土地重測或重劃確定之登記。

四　依土地法第五十二條規定公有土地之登記。

五　依土地法第五十七條、第六十三條第二項、第七十三條之一第五項或地籍清理條例第十八條第二項規定國有土地之登記。

六　依強制執行法第十一條或行政執行法第二十六條準用強制執行法第十一條規定之登記。

七　依破產法第六十六條規定之登記。

八　依稅捐稽徵法第二十四條第一項規定之登記。

九　依原國民住宅條例施行細則第二十三條第三項規定法定抵押權之設定及塗銷登記。

十　依第一百四十七條但書規定之塗銷登記。

十一　依第一百五十一條規定之公有土地管理機關變更登記。

十二　其他依法規得囑託登記機關登記。

第三〇條 99

下列各款登記，得代位申請之：

一　登記原因證明文件為法院確定判決書，其主文載明應由義務人先行辦理登記，而怠於辦理者，得由權利人代位申請之。

二　質權人依民法第九百零六條之一第一項規定辦理土地權利設定或移轉登記於出質人者。

三　典權人依民法第九百二十一條或第九百二十二條之一規定重建典物而代位申請建物所有權第一次登記者。

四　其他依法律得由權利人代位申請登記者。

第三一條 110

①建物全部滅失時，該建物所有權人未於規定期限內申請消滅登記者，得由土地所有權人或其他權利人代位申請；亦得由登記機關查明後逕為辦理消滅登記。

②前項建物基地有法定地上權登記者，應同時辦理該地上權塗銷登記；建物為需役不動產者，應同時辦理其供役不動產上之不動產役權塗銷登記。

③登記機關於登記完畢後，應將登記結果通知該建物所有權人及他項權利人。建物已辦理限制登記者，並應通知囑託機關或預告登記請求權人。

第三二條

①公同共有之土地，公同共有人中之一人或數人，爲全體公同共有人之利益，得就公同共有土地之全部，申請爲公同共有之登記。

②登記機關於登記完畢後，應將登記結果通知他公同共有人。

第三三條

①申請土地權利變更登記，應於權利變更之日起一個月內爲之。繼承登記得自繼承開始之日起六個月內爲之。

②前項權利變更之日，係指下列各款之一者：

一　契約成立之日。
二　法院判決確定之日。
三　訴訟上和解或調解成立之日。
四　依鄉鎮市調解條例規定成立之調解，經法院核定之日。
五　依仲裁法作成之判斷，判斷書交付或送達之日。
六　產權移轉證明文件核發之日。
七　法律事實發生之日。

第二節　申請登記之文件

第三四條 92

①申請登記，除本規則另有規定外，應提出下列文件：

一　登記申請書。
二　登記原因證明文件。
三　已登記者，其所有權狀或他項權利證明書。
四　申請人身分證明。
五　其他由中央地政機關規定應提出之證明文件。

②前項第四款之文件，能以電腦處理達成查詢者，得免提出。

第三五條 110

有下列情形之一者，得免提出前條第一項第三款之文件：

一　因徵收、區段徵收、撥用或照價收買土地之登記。
二　因土地重劃或重測確定之登記。
三　登記原因證明文件爲法院權利移轉證書或確定判決之登記。
四　法院囑託辦理他項權利塗銷登記。
五　依法代位申請登記。
六　遺產管理人之登記。
七　法定地上權之登記。
八　依原國民住宅條例規定法定抵押權之設定及塗銷登記。
九　依土地法第三十四條之一第一項至第三項規定辦理之登記，他共有人之土地所有權狀未能提出。
十　依民法第五百十三條第三項規定之抵押權登記。
十一　依本規則規定未發給所有權狀或他項權利證明書。
十二　祭祀公業或神明會依祭祀公業條例第五十條或地籍清理條例第二十四條規定成立法人，所申請之更名登記。
十三　其他依法律或由中央地政機關公告免予提出。

第三六條 110

①登記申請書除本規則另有規定外，應由申請人簽名或蓋章。

②由代理人申請者，代理人並應於登記申請書或委託書內簽名或蓋章；有複代理人者，

亦同。

第三七條 110

①土地登記之申請，委託代理人爲之者，應附具委託書；其委託複代理人者，並應出具委託複代理人之委託書。但登記申請書已載明委託關係者，不在此限。

②前項代理人或複代理人，代理申請登記時，除法律或本規則另有規定外，應親自到場，並由登記機關核對其身分。

第三八條

①代理申請登記檢附之委託書具備特別授權之要件者，委託人得免於登記申請書內簽名或蓋章。

②前項委託書應載明委託事項及委託辦理登記之土地或建物權利之坐落、地號或建號與權利範圍。

第三九條 98

①父母處分未成年子女所有之土地權利，申請登記時，應於登記申請書適當欄記明確爲其利益處分並簽名。

②未成年人或受監護宣告之人，其監護人代理受監護人或受監護宣告之人購置或處分土地權利，應檢附法院許可之證明文件。

③繼承權之拋棄經法院准予備查者，免依前二項規定辦理。

第四〇條 102

①申請登記時，登記義務人應親自到場，提出國民身分證正本，當場於申請書或登記原因證明文件內簽名，並由登記機關指定人員核符後同時簽證。

②前項登記義務人未領有國民身分證者，應提出下列身分證明文件：

一　外國人應提出護照或中華民國居留證。

二　旅外僑民應提出經僑務委員會核發之華僑身分證明書或中央地政主管機關規定應提出之文件，及其他附具照片之身分證明文件。

三　大陸地區人民應提出經行政院設立或指定之機構或委託之民間團體驗證之身分證明文件或臺灣地區長期居留證。

四　香港、澳門居民應提出護照或香港、澳門永久居留資格證明文件。

五　歸化或回復中華民國國籍者，應提出主管機關核發之歸化或回復國籍許可證明文件。

第四一條 110

申請登記時，有下列情形之一者，當事人得免親自到場：

一　依第二十七條第四款規定，得由權利人單獨申請登記。

二　登記原因證明文件及同意書經依法公證、認證。

三　與有前款情形之案件同時連件申請辦理，而登記義務人同一，且其所蓋之印章相同。

四　登記原因證明文件經依法由地政士簽證。

五　登記義務人爲無行爲能力人或限制行爲能力人，其法定代理人已依第三十九條規定辦理並親自到場。

六　登記義務人依土地登記印鑑設置及使用作業要點於土地所在地之登記機關設置土地登記印鑑。

七　外國人或旅外僑民授權第三人辦理土地登記，該授權書經我駐外館處驗證。

八　大陸地區人民或香港、澳門居民授權第三人辦理土地登記，該授權書經行政院設立或指定之機構或委託之民間團體驗證。

九　祭祀公業土地授權管理人處分，該契約書依法經公證或認證。

十　檢附登記原因發生日期前一年以後核發之當事人印鑑證明。

十一　土地合併時，各所有權人合併前後應有部分之價值差額在一平方公尺公告土地現值以下。

十二　建物所有權第一次登記協議書與申請書權利人所蓋印章相符。

十三　依第四十三條第三項規定辦理更正登記所提出之協議書，各共有人更正前後應有部分之價值差額在一平方公尺公告土地現值以下。
十四　依第一百零四條規定以籌備人公推之代表人名義申請登記提出協議書。
十五　應用憑證進行網路身分驗證，辦理線上聲明登錄相關登記資訊。
十六　其他由中央地政機關規定得免由當事人親自到場。

第四二條 102

①申請人爲法人者，應提出法人登記證明文件及其代表人之資格證明。其爲義務人時，應另提出法人登記機關核發之法人及代表人印鑑證明或其他足資證明之文件，及於登記申請書適當欄記明確依有關法令規定完成處分程序，並蓋章。
②前項應提出之文件，於申請人爲公司法人者，爲法人登記機關核發之設立、變更登記表或其抄錄本、影本。
③義務人爲財團法人或祭祀公業法人者，應提出其主管機關核准或同意備查之證明文件。

第四三條 95

①申請登記，權利人爲二人以上時，應於登記申請書件內記明應有部分或相互之權利關係。
②前項應有部分，應以分數表示之，其分子分母不得爲小數，分母以整十、整百、整千、整萬表示爲原則，並不得超過六位數。
③已登記之共有土地權利，其應有部分之表示與前項規定不符者，得由登記機關通知土地所有權人於三十日內自行協議後準用更正登記辦理，如經通知後逾期未能協議者，由登記機關報請上級機關核准後更正之。

第四四條 92

①申請登記須第三人同意者，應檢附第三人之同意書或由第三人在登記申請書內註明同意事由。
②前項第三人除符合第四十一條第二款、第五款至第八款及第十款規定之情形者外，應親自到場，並依第四十條規定程序辦理。

第三節　登記規費及罰鍰

第四五條

登記規費，係指土地法所規定之登記費、書狀費、工本費及閱覽費。

第四六條 107

①土地登記，應依土地法規定繳納登記規費。登記費未滿新臺幣一元者，不予計收。但有下列情形之一者，免繳納：
一　抵押權設定登記後，另增加一宗或數宗土地權利爲共同擔保時，就增加部分辦理設定登記。
二　抵押權次序讓與、拋棄或變更登記。
三　權利書狀補（換）給登記。
四　管理人登記及其變更登記。
五　其他法律規定免納。
②以郵電申請發給登記簿或地籍圖謄本或節本者，應另繳納郵電費。
③登記規費之收支應依預算程序辦理。

第四七條 110

登記規費，除網路申請土地登記依第七十條之六規定繳納外，應於申請登記收件後繳納之。

第四八條

申請建物所有權第一次登記，於計收登記規費時，其權利價值，依下列規定認定之：
一　建物在依法實施建築管理地區者，應以使用執照所列工程造價爲準。

三　建物在未實施建築管理地區者，應以當地稅捐稽徵機關所核定之房屋現值為準。

第四九條 99

①申請他項權利登記，其權利價值為實物或非現行通用貨幣者，應由申請人按照申請時之價值折算為新臺幣，填入申請書適當欄內，再依法計收登記費。

②申請地上權、永佃權、不動產役權、耕作權或農育權之設定或移轉登記，其權利價值不明者，應由申請人於申請書適當欄內自行加註，再依法計收登記費。

③前二項權利價值低於各該權利標的物之土地申報地價或當地稅捐稽徵機關核定之房屋現值百分之四時，以各該權利標的物之土地申報地價或當地稅捐稽徵機關核定之房屋現值百分之四為其一年之權利價值，按存續之年期計算；未定期限者，以七年計算之價值標準計收登記費。

第五〇條

①逾期申請登記之罰鍰，應依土地法之規定計收。

②土地權利變更登記逾期申請，於計算登記費罰鍰時，對於不能歸責於申請人之期間，應予扣除。

第五一條 107

①已繳之登記費及書狀費，有下列情形之一者，得由申請人於十年內請求退還之：

一　登記經申請撤回。

二　登記經依法駁回。

三　其他依法令應予退還。

②申請人於十年內重新申請登記者，得予援用未申請退還之登記費及書狀費。

第五二條

①已繳之登記費罰鍰，除法令另有規定外，不得申請退還。

②經駁回之案件重新申請登記，其罰鍰應重新核算，如前次申請已核計罰鍰之款項者應予扣除，且前後數次罰鍰合計不得超過應納登記費之二十倍。

第四節　登記處理程序

第五三條 110

①辦理土地登記，除本規則另有規定外，程序如下：

一　收件。

二　計收規費。

三　審查。

四　公告。

五　登簿。

六　繕發書狀。

七　異動整理。

八　歸檔。

②前項第四款公告，僅於土地總登記、土地所有權第一次登記、建物所有權第一次登記、時效取得登記、書狀補給登記及其他法令規定者適用之。第七款異動整理，包括統計及異動通知。

第五四條 110

①登記機關接收登記申請書時，除第七十條之五另有規定外，應即收件，並記載收件有關事項於收件簿與登記申請書。

②前項收件，應按接收申請之先後編列收件號數，登記機關並應給與申請人收據。

第五五條

①登記機關接收申請登記案件後，應即依法審查。辦理審查人員，應於登記申請書內簽註審查意見及日期，並簽名或蓋章。

②申請登記案件，經審查無誤者，應即登載於登記簿。但依法應予公告或停止登記者，

不在此限。
第五六條 107
有下列各款情形之一者，登記機關應以書面敘明理由或法令依據，通知申請人於接到通知書之日起十五日內補正：
一 申請人之資格不符或其代理人之代理權有欠缺。
二 登記申請書不合程式，或應提出之文件不符或欠缺。
三 登記申請書記載事項，或關於登記原因之事項，與登記簿或其證明文件不符，而未能證明其不符之原因。
四 未依規定繳納登記規費。
第五七條 107
①有下列各款情形之一者，登記機關應以書面敘明理由及法令依據，駁回登記之申請：
一 不屬受理登記機關管轄。
二 依法不應登記。
三 登記之權利人、義務人或其與申請登記之法律關係有關之權利關係人間有爭執。
四 逾期未補正或未照補正事項完全補正。
②申請人不服前項之駁回者，得依訴願法規定提起訴願。
③依第一項第三款駁回者，申請人並得訴請司法機關裁判或以訴訟外紛爭解決機制處理。
第五八條 95
駁回登記之申請時，應將登記申請書件全部發還，並得將駁回理由有關文件複印存查。
第五九條
申請登記案件，於登記完畢前，全體申請人以書面申請撤回者，登記機關應即將登記申請書及附件發還申請人。
第六〇條
已駁回或撤回登記案件，重新申請登記時，應另行辦理收件。
第六一條
①登記，應依各類案件分別訂定處理期限，並依收件號數之次序或處理期限為之。其為分組辦理者亦同。除法令另有規定外，同一宗土地之權利登記，其收件號數在後之土地，不得提前登記。
②登記程序開始後，除法律或本規則另有規定外，不得停止登記之進行。
第六二條
應登記之事項記載於登記簿後，應由登簿及校對人員分別辦理並加蓋其名章。
第六三條
登記原因證明文件所載之特約，其屬應登記以外之事項，登記機關應不予審查登記。
第六四條
權利人為二人以上時，應將全部權利人分別予以登載。義務人為二人以上時，亦同。
第六五條 110
①土地權利於登記完畢後，除權利書狀所載內容未變更、本規則或其他法規另有規定外，登記機關應即發給申請人權利書狀。但得就原書狀加註者，於加註後發還之。
②有下列情形之一，經申請人於申請書記明免繕發權利書狀者，得免發給之，登記機關並應於登記簿其他登記事項欄內記明之：
一 建物所有權第一次登記。
二 共有物分割登記，於標示變更登記完畢。
三 公有土地權利登記。
③登記機關逕為辦理土地分割登記後，應通知土地所有權人換領土地所有權狀；換領前得免繕發。
第六六條 98

①土地權利如係共有者，應按各共有人分別發給權利書狀，並於書狀內記明其權利範圍。
②共有人取得他共有人之應有部分者，於申請登記時，應檢附原權利書狀，登記機關應就其權利應有部分之總額，發給權利書狀。
③同一所有權人於同一區分所有建物有數專有部分時，其應分擔之基地權利應有部分，得依申請人之申請分別發給權利書狀。

第六七條 110

土地登記有下列各款情形之一者，未能提出權利書狀者，應於登記完畢後公告註銷：
一 申辦繼承登記，經申請之繼承人檢附切結書。
二 申請他項權利塗銷登記，經檢附他項權利人切結書者，或他項權利人出具已交付權利書狀之證明文件，並經申請人檢附未能提出之切結書。
三 申請建物滅失登記，經申請人檢附切結書。
四 申請塗銷信託、信託歸屬或受託人變更登記，經權利人檢附切結書。
五 申請都市更新權利變換登記，未受分配或不願參與分配者；或經登記機關於登記完畢後通知換領土地及建築物權利書狀，未於規定期限內提出。
六 合於第三十五條第一款至第五款、第九款、第十二款及第十三款情形之一。但經中央地政主管機關公告權利書狀免予公告註銷者，不在此限。

第六八條

登記完畢之登記申請書件，除登記申請書、登記原因證明文件或其副本、影本及應予註銷之原權利書狀外，其餘文件應加蓋登記完畢之章，發還申請人。

第六九條 107

①由權利人單獨申請登記者，登記機關於登記完畢後，應即以書面通知登記義務人。但有下列情形之一者，不在此限：
一 無義務人。
二 法院、行政執行分署或公正第三人拍定之登記。
三 抵押權人為金融機構，辦理抵押權塗銷登記，已提出同意塗銷證明文件。
②前項義務人為二人以上時，應分別通知之。

第七〇條 98

政府因實施土地重劃、區段徵收及依其他法律規定，公告禁止所有權移轉、變更、分割及設定負擔之土地，登記機關應於禁止期間內，停止受理該地區有關登記案件之申請。但因繼承、強制執行、徵收、法院判決確定或其他非因法律行為，於登記前已取得不動產物權而申請登記者，不在此限。

第五節　網路申請登記　110

第七〇條之一 110

①網路申請土地登記方式，分為全程網路申請及非全程網路申請。網路申請登記項目由中央地政機關公告之。
②前項全程網路申請，係指申請人於網路提出土地登記之申請，其應提出之文件均以電子文件提供並完成電子簽章者；非全程網路申請，係指申請人於網路提出土地登記之申請，其應提出之文件未能全部以電子文件提供並完成電子簽章，部分文件仍為書面者。
③網路申請土地登記，除未涉權利義務變動者得由權利人或登記名義人單獨申請外，應由地政士或律師代理。

第七〇條之二 110

網路申請土地登記，其處理之系統規範，由中央地政機關定之。

第七〇條之三 110

依第三十四條規定申請登記應提出之文件，於網路申請土地登記時，依下列規定辦理：

一　登記申請書電子文件應以電子簽章方式辦理。

二　登記原因證明文件或其他由中央地政機關規定應提出之證明文件，除能以政府資料庫達成查詢或提供者，得免提出外，應爲電子文件並完成電子簽章。但非全程網路申請土地登記者，不在此限。

三　已登記者，除有第三十五條規定情形外，應提出所有權狀或他項權利證明書。

四　申請人身分證明文件，能以電腦處理達成查詢，得免提出。

第七〇條之四　110

地政士或律師代理以網路申請土地登記，並經憑證確認身分者，得免依第三十七條第二項規定辦理。

第七〇條之五　110

①登記機關接收全程網路申請案件時，應即收件；登記機關接收非全程網路申請案件時，應俟書面文件到所後再辦理收件。

②依前項規定收件之網路申請土地登記案件，其審查、補正、駁回等辦理程序，依第三章第四節規定辦理。

第七〇條之六　110

網路申請土地登記之登記規費，得於登記機關收件前完成網路計費及繳費或於收件後繳納。

第七〇條之七　110

網路申請土地登記之登記申請書及其附件電子檔案之保存及銷毀，準用第十九條規定辦理。

第四章　總登記

第一節　土地總登記

第七一條

①土地總登記，所有權人應於登記申請期限內提出登記申請書，檢附有關文件向登記機關申請之。

②土地總登記前，已取得他項權利之人，得於前項登記申請期限內，會同所有權人申請之。

第七二條

登記機關對審查證明無誤之登記案件，應公告十五日。

第七三條

前條公告，應於主管登記機關之公告處所爲之，其內容應載明下列事項：

一　申請登記爲所有權人或他項權利人之姓名、住址。

二　土地標示及權利範圍。

三　公告起訖日期。

四　土地權利關係人得提出異議之期限、方式及受理機關。

第七四條

依前條公告之事項如發現有錯誤或遺漏時，登記機關應於公告期間內更正，並即於原公告之地方重新公告十五日。

第七五條

土地權利關係人於公告期間內提出異議，而生權利爭執事件者，登記機關應於公告期滿後，依土地法第五十九條第二項規定調處。

第七六條　（刪除）92

第七七條

土地總登記後，未編號登記之土地，因地籍管理，必須編號登記者，其登記程序準用土地總登記之程序辦理。

第二節　建物所有權第一次登記

第七八條 102

申請建物所有權第一次登記前，應先向登記機關申請建物第一次測量。但在中華民國一百零二年十月一日以後領有使用執照之建物，檢附依使用執照竣工平面圖繪製及簽證之建物標示圖辦理登記者，不在此限。

第七八條之一 102

①前條之建物標示圖，應由開業之建築師、測量技師或其他依法規得為測量相關簽證之專門職業及技術人員辦理繪製及簽證。

②前項建物標示圖，應記明本建物平面圖、位置圖及建物面積確依使用執照竣工平面圖繪製，如有遺漏或錯誤致他人受損害者，建物起造人及繪製人願負法律責任等字樣及開業證照字號，並簽名或蓋章。

③依建物標示圖申請建物所有權第一次登記，申請人與委託繪製人不同時，應於登記申請書適當欄記明同意依該圖繪製成果辦理登記，並簽名或蓋章。

第七九條 102

①申請建物所有權第一次登記，應提出使用執照或依法得免發使用執照之證件及建物測量成果圖或建物標示圖。有下列情形者，並應附其他相關文件：

一　區分所有建物申請登記時，應檢具全體起造人就專有部分所屬各共有部分及基地權利應有部分之分配文件。

二　區分所有建物之專有部分，依使用執照無法認定申請人之權利範圍及位置者，應檢具全體起造人之分配文件。

三　區分所有建物之地下層或屋頂突出物，依主管建築機關備查之圖說標示為專有部分且未編釘門牌者，申請登記時，應檢具戶政機關核發之所在地址證明。

四　申請人非起造人時，應檢具移轉契約書或其他證明文件。

②前項第三款之圖說未標示專有部分者，應另檢附區分所有權人依法約定為專有部分之文件。

③實施建築管理前建造之建物，無使用執照者，應提出主管建築機關或鄉（鎮、市、區）公所之證明文件或實施建築管理前有關該建物之下列文件之一：

一　曾於該建物設籍之戶籍證明文件。

二　門牌編釘證明。

三　繳納房屋稅憑證或稅籍證明。

四　繳納水費憑證。

五　繳納電費憑證。

六　未實施建築管理地區建物完工證明書。

七　地形圖、都市計畫現況圖、都市計畫禁建圖、航照圖或政府機關測繪地圖。

八　其他足資證明之文件。

④前項文件內已記載面積者，依其所載認定。未記載面積者，由登記機關會同直轄市、縣（市）政府主管建築、農業、稅務及鄉（鎮、市、區）公所等單位，組成專案小組並參考航照圖等有關資料實地會勘作成紀錄以為合法建物面積之認定證明。

⑤第三項之建物與基地非屬同一人所有者，並另附使用基地之證明文件。

第八〇條 98

區分所有建物，區分所有權人得就其專有部分及所屬共有部分之權利，單獨申請建物所有權第一次登記。

第八一條 98

①區分所有建物所屬共有部分，除法規另有規定外，依區分所有權人按其設置目的及使用性質之約定情形，分別合併，另編建號，單獨登記為各相關區分所有權人共有。

②區分所有建物共有部分之登記僅建立標示部及加附區分所有建物共有部分附表，其建號、總面積及權利範圍，應於各專有部分之建物所有權狀中記明之，不另發給所有權狀。

第八二條 （刪除）98

第八三條 98

①區分所有權人申請建物所有權第一次登記時，除依第七十九條規定，提出相關文件外，並應於申請書適當欄記明基地權利種類及範圍。

②登記機關受理前項登記時，應於建物登記簿標示部適當欄記明基地權利種類及範圍。

第八四條

建物所有權第一次登記，除本節規定者外，準用土地總登記程序。

第五章　標示變更登記

第八五條 106

土地總登記後，因分割、合併、增減及其他標示之變更，應爲標示變更登記。

第八六條

一宗土地之部分合併於他土地時，應先行申請辦理分割。

第八七條 99

一宗土地之部分已設定地上權、永佃權、不動產役權、典權或農育權者，於辦理分割登記時，應先由土地所有權人會同他項權利人申請勘測確定權利範圍及位置後爲之。但設定時已有勘測位置圖且不涉及權利位置變更者，不在此限。

第八八條 99

①二宗以上所有權人不同之土地辦理合併時，各所有權人之權利範圍依其協議定之。

②設定有地上權、永佃權、不動產役權、典權、耕作權或農育權之土地合併時，應先由土地所有權人會同他項權利人申請他項權利位置圖勘測。但設定時已有勘測位置圖且不涉及權利位置變更者，不在此限。

③前項他項權利於土地合併後仍存在於合併前原位置之上，不因合併而受影響。

④設定有抵押權之土地合併時，該抵押權之權利範圍依土地所有權人與抵押權人之協議定之。

第八九條 98

①申請建物基地分割或合併登記，涉及基地號變更者，應同時申請基地號變更登記。建物與基地所有權人不同時，得由基地所有權人代爲申請或由登記機關查明後逕爲辦理變更登記。

②前項登記，除建物所有權人申請登記者外，登記機關於登記完畢後，應通知建物所有權人換發或加註建物所有權狀。

第九〇條

設定有他項權利之土地申請分割或合併登記，於登記完畢後，應通知他項權利人換發或加註他項權利證明書。

第九一條

①因土地重劃辦理權利變更登記時，應依據地籍測量結果釐正後之重劃土地分配清冊重造土地登記簿辦理登記。

②土地重劃前已辦竣登記之他項權利，於重劃後繼續存在者，應按原登記先後及登記事項轉載於重劃後分配土地之他項權利部，並通知他項權利人。

③重劃土地上已登記之建物未予拆除者，應逕爲辦理基地號變更登記。

第九二條

①因地籍圖重測確定，辦理變更登記時，應依據重測結果清冊重造土地登記簿辦理登記。

②建物因基地重測標示變更者，應逕爲辦理基地號變更登記。

③重測前已設定他項權利者，應於登記完畢後通知他項權利人。

第六章　所有權變更登記

第九三條

土地總登記後，土地所有權移轉、分割、合併、增減或消滅時，應為變更登記。

第九四條 100

區分所有建物之共有部分，除法令另有規定外，應隨同各相關專有部分及其基地權利為移轉、設定或限制登記。

第九五條 107

①部分共有人就共有土地全部為處分、變更及設定地上權、農育權、不動產役權或典權申請登記時，登記申請書及契約書內，應列明全體共有人，及於登記申請書備註欄記明依土地法第三十四條之一第一項至第三項規定辦理。並提出已為書面通知或公告之證明文件，及他共有人應得對價或補償已受領或已提存之證明文件。

②依前項申請登記時，契約書及登記申請書上無須他共有人簽名或蓋章。

第九六條 98

區分所有建物，數人共有一專有部分，部分共有人依土地法第三十四條之一規定就該專有部分連同其基地權利之應有部分為處分、變更或設定負擔時，其基地共有人，指該專有部分之全體共有人；其基地權利之應有部分，指該專有部分之全體共有人所持有之基地權利應有部分。

第九七條 108

①申請土地權利移轉登記時，依民法物權編施行法第八條之五第三項、第五項、土地法第三十四條之一第四項、農地重劃條例第五條第二款、第三款或文化資產保存法第三十二條規定之優先購買權人已放棄優先購買權者，應附具出賣人之切結書，或於登記申請書適當欄記明優先購買權人確已放棄其優先購買權，如有不實，出賣人願負法律責任字樣。

②依民法第四百二十六條之二、第九百十九條、土地法第一百零四條、第一百零七條、耕地三七五減租條例第十五條或農地重劃條例第五條第一款規定，優先購買權人放棄或視為放棄其優先購買權者，申請人應檢附優先購買權人放棄優先購買權之證明文件；或出賣人已通知優先購買權人之證件並切結優先購買權人接到出賣通知後逾期不表示優先購買，如有不實，願負法律責任字樣。

③依前二項規定申請之登記，於登記完畢前，優先購買權人以書面提出異議並能證明確於期限內表示願以同樣條件優先購買或出賣人未依通知或公告之條件出賣者，登記機關應駁回其登記之申請。

第九八條 98

土地法第三十四條之一第四項規定，於區分所有建物之專有部分連同其基地應有部分之所有權一併移轉與同一人所有之情形，不適用之。

第九九條

因徵收或照價收買取得土地權利者，直轄市、縣（市）地政機關應於補償完竣後一個月內，檢附土地清冊及已收受之權利書狀，囑託登記機關為所有權登記，或他項權利之塗銷或變更登記。

第一〇〇條 99

依據法院判決申請共有物分割登記者，部分共有人得提出法院確定判決書及其他應附書件，單獨為全體共有人申請分割登記，登記機關於登記完畢後，應通知他共有人。其所有權狀應俟登記規費繳納完畢後再行繕發。

第一〇〇條之一 98

①依民法第八百二十四條第三項規定申請共有物分割登記時，共有人中有應受金錢補償者，申請人應就其補償金額，對於補償義務人所分得之土地，同時為應受補償之共

有人申請抵押權登記。但申請人提出應受補償之共有人已受領或爲其提存之證明文件者，不在此限。

②前項抵押權次序優先於第一百零七條第一項但書之抵押權；登記機關於登記完畢後，應將登記結果通知各次序抵押權人及補償義務人。

第一〇一條 （刪除）96

第一〇二條 102

①土地權利移轉、設定，依法須申報土地移轉現值者，於申報土地移轉現值後，如登記義務人於申請登記前死亡時，得僅由權利人敘明理由並提出第三十四條規定之文件，單獨申請登記。

②登記權利人死亡時，得由其繼承人爲權利人，敘明理由提出契約書及其他有關證件會同義務人申請登記。

③前二項規定於土地權利移轉、設定或權利內容變更，依法無須申報土地移轉現值，經訂立書面契約，依法公證或申報契稅、贈與稅者，準用之。

第一〇三條

破產管理人就破產財團所屬土地申請權利變更登記時，除依第三十四條規定辦理外，應提出破產管理人、監查人之資格證明文件與監查人之同意書或法院之證明文件。

第一〇四條

①法人或寺廟在未完成法人設立登記或寺廟登記前，取得土地所有權或他項權利者，得提出協議書，以其籌備人公推之代表人名義申請登記。其代表人應表明身分及承受原因。

②登記機關爲前項之登記，應於登記簿所有權部或他項權利部其他登記事項欄註記取得權利之法人或寺廟籌備處名稱。

③第一項之協議書，應記明於登記完畢後，法人或寺廟未核准設立或登記者，其土地依下列方式之一處理：

一 申請更名登記爲已登記之代表人所有。

二 申請更名登記爲籌備人全體共有。

④第一項之法人或寺廟在未完成法人設立登記或寺廟登記前，其代表人變更者，已依第一項辦理登記之土地，應由該法人或寺廟籌備人之全體出具新協議書，辦理更名登記。

第一〇五條

共有物分割應先申請標示變更登記，再申辦所有權分割登記。但無須辦理標示變更登記者，不在此限。

第一〇六條 92

數宗共有土地併同辦理共有物分割者，不以同一地段、同一登記機關爲限。

第一〇七條 98

①分別共有土地，部分共有人就應有部分設定抵押權者，於辦理共有物分割登記時，該抵押權按原應有部分轉載於分割後各宗土地之上。但有下列情形之一者，該抵押權僅轉載於原設定人分割後取得之土地上：

一 抵押權人同意分割。

二 抵押權人已參加共有物分割訴訟。

三 抵押權人經共有人告知訴訟而未參加。

②前項但書情形，原設定人於分割後未取得土地者，申請人於申請共有物分割登記時，應同時申請該抵押權之塗銷登記。登記機關於登記完畢後，應將登記結果通知該抵押權人。

第七章 他項權利登記

第一〇八條 99

①於一宗土地內就其特定部分申請設定地上權、不動產役權、典權或農育權登記時，應提出位置圖。
②因主張時效完成，申請地上權、不動產役權或農育權登記時，應提出占有範圍位置圖。
③前二項位置圖應先向該管登記機關申請土地複丈。

第一〇八條之一 99

①申請地上權或農育權設定登記時，登記機關應於登記簿記明設定之目的及範圍；並依約定記明下列事項：
一 存續期間。
二 地租及其預付情形。
三 權利價值。
四 使用方法。
五 讓與或設定抵押權之限制。
②前項登記，除第五款外，於不動產役權設定登記時準用之。

第一〇八條之二 99

①不動產役權設定登記得由需役不動產之所有權人、地上權人、永佃權人、典權人、農育權人、耕作權人或承租人會同供役不動產所有權人申請之。申請登記權利人為需役不動產承租人者，應檢附租賃關係證明文件。
②前項以地上權、永佃權、典權、農育權、耕作權或租賃關係使用需役不動產而設定不動產役權者，其不動產役權存續期間，不得逾原使用需役不動產權利之期限。
③第一項使用需役不動產之物權申請塗銷登記時，應同時申請其供役不動產上之不動產役權塗銷登記。

第一〇九條 99

①不動產役權設定登記時，應於供役不動產登記簿之他項權利部辦理登記，並於其他登記事項欄記明需役不動產之地、建號及使用需役不動產之權利關係；同時於需役不動產登記簿之標示部其他登記事項欄記明供役不動產之地、建號。
②前項登記，需役不動產屬於他登記機關管轄者，供役不動產所在地之登記機關應於登記完畢後，通知他登記機關辦理登記。

第一〇九條之一 99

申請典權設定登記時，登記機關應於登記簿記明其設定之範圍及典價；並依約定記明下列事項：
一 存續期間。
二 絕賣條款。
三 典物轉典或出租之限制。

第一一〇條 （刪除）96

第一一一條

申請為抵押權設定之登記，其抵押人非債務人時，契約書及登記申請書應經債務人簽名或蓋章。

第一一一條之一 96

申請普通抵押權設定登記時，登記機關應於登記簿記明擔保債權之金額、種類及範圍；契約書訂有利息、遲延利息之利率、違約金或其他擔保範圍之約定者，登記機關亦應於登記簿記明之。

第一一二條 107

以不屬同一登記機關管轄之數宗土地權利為共同擔保設定抵押權時，除第三條第三項及第四項另有規定外，應訂立契約分別向土地所在地之登記機關申請登記。

第一一三條

抵押權設定登記後，另增加一宗或數宗土地權利共同為擔保時，應就增加部分辦理抵押權設定登記，並就原設定部分辦理抵押權內容變更登記。

第一一四條
以數宗土地權利為共同擔保，經設定抵押權登記後，就其中一宗或數宗土地權利，為抵押權之塗銷或變更時，應辦理抵押權部分塗銷及抵押權內容變更登記。

第一一四條之一 96
①以數宗土地權利為共同擔保，申請設定抵押權登記時，已限定各宗土地權利應負擔之債權金額者，登記機關應於登記簿記明之；於設定登記後，另為約定或變更限定債權金額申請權利內容變更登記者，亦同。
②前項經變更之土地權利應負擔債權金額增加者，應經後次序他項權利人及後次序抵押權之共同抵押人同意。

第一一四條之二 96
以一宗或數宗土地權利為擔保之抵押權，因擔保債權分割而申請抵押權分割登記，應由抵押權人會同抵押人及債務人申請之。

第一一五條 96
①同一土地權利設定數個抵押權登記後，其中一抵押權因債權讓與為變更登記時，原登記之權利先後，不得變更。
②抵押權因增加擔保債權金額申請登記時，除經後次序他項權利人及後次序抵押權之共同抵押人同意辦理抵押權內容變更登記外，應就其增加金額部分另行辦理設定登記。

第一一五條之一 96
①申請最高限額抵押權設定登記時，登記機關應於登記簿記明契約書所載之擔保債權範圍。
②前項申請登記時，契約書訂有原債權確定期日之約定者，登記機關應於登記簿記明之；於設定登記後，另為約定或於確定期日前變更約定申請權利內容變更登記者，亦同。
③前項確定期日之約定，自抵押權設定時起，不得逾三十年。其因變更約定而申請權利內容變更登記者，自變更之日起，亦不得逾三十年。

第一一五條之二 96
①最高限額抵押權因原債權確定事由發生而申請變更為普通抵押權時，抵押人應會同抵押權人及債務人就結算實際發生之債權額申請為權利內容變更登記。
②前項申請登記之債權額，不得逾原登記最高限額之金額。

第一一六條 96
①同一標的之抵押權因次序變更申請權利變更登記，應符合下列各款規定：
　一　因次序變更致先次序抵押權擔保債權金額增加時，其有中間次序之他項權利存在者，應經中間次序之他項權利人同意。
　二　次序變更之先次序抵押權已有民法第八百七十條之一規定之次序讓與或拋棄登記者，應經該次序受讓或受次序拋棄利益之抵押權人同意。
②前項登記，應由次序變更之抵押權人會同申請；申請登記時，申請人並應於登記申請書適當欄記明確已通知債務人、抵押人及共同抵押人，並簽名。

第一一六條之一 96
①同一標的之普通抵押權，因次序讓與申請權利內容變更登記者，應由受讓人會同讓與人申請；因次序拋棄申請權利內容變更登記者，得由拋棄人單獨申請之。
②前項申請登記，申請人應提出第三十四條及第四十條規定之文件，並提出已通知債務人、抵押人及共同抵押人之證明文件。

第一一七條 106
①承攬人依民法第五百十三條規定申請為抵押權登記或預為抵押權登記，除應提出第三十四條及第四十條規定之文件外，並應提出建築執照或其他建築許可文件，會同定作人申請之。但承攬契約經公證者，承攬人得單獨申請登記，登記機關於登記完畢後，應將登記結果通知定作人。
②承攬人就尚未完成之建物，申請預為抵押權登記時，登記機關應即暫編建號，編造建

物登記簿，於標示部其他登記事項欄辦理登記。

第一一七條之一 96

①申請抵押權設定登記時，契約書訂有於債權已屆清償期而未為清償時，抵押物之所有權移屬於抵押權人之約定者，登記機關應於登記簿記明之；於設定登記後，另為約定或變更約定申請權利內容變更登記者，亦同。

②抵押權人依前項約定申請抵押物所有權移轉登記時，應提出第三十四條及第四十條規定之文件，並提出擔保債權已屆清償期之證明，會同抵押人申請之。

③前項申請登記，申請人應於登記申請書適當欄記明確依民法第八百七十三條之一第二項規定辦理，並簽名。

第一一七條之二 96

①質權人依民法第九百零六條之一第一項規定代位申請土地權利設定或移轉登記於出質人時，應提出第三十四條、第四十條規定之文件及質權契約書，會同債務人申請之。

②前項登記申請時，質權人應於登記申請書適當欄記明確已通知出質人並簽名，同時對出質人取得之該土地權利一併申請抵押權登記。

③前二項登記，登記機關於登記完畢後，應將登記結果通知出質人。

第一一八條 99

①土地總登記後，因主張時效完成申請地上權登記時，應提出以行使地上權意思而占有之證明文件及占有土地四鄰證明或其他足資證明開始占有至申請登記時繼續占有事實之文件。

②前項登記之申請，經登記機關審查證明無誤應即公告。

③公告期間為三十日，並同時通知土地所有權人。

④土地所有權人在前項公告期間內，如有異議，依土地法第五十九條第二項規定處理。

⑤前四項規定，於因主張時效完成申請不動產役權、農育權登記時準用之。

第八章　繼承登記

第一一九條 92

①申請繼承登記，除提出第三十四條第一項第一款及第三款之文件外，並應提出下列文件：

一　載有被繼承人死亡記事之戶籍謄本。

二　繼承人現在戶籍謄本。

三　繼承系統表。

四　遺產稅繳（免）納證明書或其他有關證明文件。

五　繼承人如有拋棄繼承，應依下列規定辦理：

㈠繼承開始時在中華民國七十四年六月四日以前者，應檢附拋棄繼承權有關文件；其向其他繼承人表示拋棄者，拋棄人應親自到場在拋棄書內簽名。

㈡繼承開始時在中華民國七十四年六月五日以後者，應檢附法院准予備查之證明文件。

六　其他依法律或中央地政機關規定應提出之文件。

②前項第二款之繼承人現在戶籍謄本，於部分繼承人申請登記為全體繼承人公同共有時，未能會同之繼承人得以曾設籍於國內之戶籍謄本及敘明未能檢附之理由書代之。

③第一項第一款、第二款之戶籍謄本，能以電腦處理達成查詢者，得免提出。

④第一項第三款之繼承系統表，由申請人依民法有關規定自行訂定，註明如有遺漏或錯誤致他人受損害者，申請人願負法律責任，並簽名。

⑤因法院確定判決申請繼承登記者，得不提出第一項第一款、第三款及第五款之文件。

第一二〇條

①繼承人為二人以上，部分繼承人因故不能會同其他繼承人共同申請繼承登記時，得由其中一人或數人為全體繼承人之利益，就被繼承人之土地，申請為公同共有之登記。

其經繼承人全體同意者，得申請為分別共有之登記。
②登記機關於登記完畢後，應將登記結果通知他繼承人。

第一二一條
①胎兒為繼承人時，應由其母以胎兒名義申請登記，俟其出生辦理戶籍登記後，再行辦理更名登記。
②前項胎兒以將來非死產者為限。如將來為死產者，其經登記之權利，溯及繼承開始時消滅，由其他繼承人共同申請更正登記。

第一二二條
遺產管理人就其所管理之土地申請遺產管理人登記時，除法律另有規定外，應提出親屬會議選定或經法院選任之證明文件。

第一二二條之一　（刪除）107

第一二三條 110
①受遺贈人申辦遺贈之土地所有權移轉登記，應由繼承人先辦繼承登記後，由繼承人會同受遺贈人申請之；如遺囑另指定有遺囑執行人時，應於辦畢遺囑執行人及繼承登記後，由遺囑執行人會同受遺贈人申請之。
②前項情形，於繼承人有無不明時，仍應於辦畢遺產管理人登記後，由遺產管理人會同受遺贈人申請之。

第九章　土地權利信託登記

第一二四條
本規則所稱土地權利信託登記（以下簡稱信託登記），係指土地權利依信託法辦理信託而為變更之登記。

第一二五條
信託以契約為之者，信託登記應由委託人與受託人會同申請之。

第一二六條 110
①信託以遺囑為之者，信託登記應由繼承人辦理繼承登記後，會同受託人申請之；如遺囑另指定遺囑執行人時，應於辦畢遺囑執行人及繼承登記後，由遺囑執行人會同受託人申請之。
②前項情形，於繼承人有無不明時，仍應於辦畢遺產管理人登記後，由遺產管理人會同受託人申請之。

第一二七條 95
受託人依信託法第九條第二項取得土地權利，申請登記時，應檢附信託關係證明文件，並於登記申請書適當欄內載明該取得財產為信託財產及委託人身分資料。登記機關辦理登記時，應依第一百三十條至第一百三十二條規定辦理。

第一二八條 95
①信託財產依第一百二十五條辦理信託登記後，於信託關係消滅時，應由信託法第六十五條規定之權利人會同受託人申請塗銷信託或信託歸屬登記。
②前項登記，受託人未能會同申請時，得由權利人提出足資證明信託關係消滅之文件單獨申請之。未能提出權利書狀時，得檢附切結書或於土地登記申請書敘明未能提出之事由，原權利書狀於登記完畢後公告註銷。

第一二九條 95
①信託財產因受託人變更，應由新受託人會同委託人申請受託人變更登記。
②前項登記，委託人未能或無須會同申請時，得由新受託人提出足資證明文件單獨申請之。未能提出權利書狀時，準用前條第二項規定。

第一三〇條 95
①信託登記，除應於登記簿所有權部或他項權利部登載外，並於其他登記事項欄記明信託財產、委託人姓名或名稱，信託內容詳信託專簿。

②前項其他登記事項欄記載事項，於辦理受託人變更登記時，登記機關應予轉載。

第一三一條

信託登記完畢，發給土地或建物所有權狀或他項權利證明書時，應於書狀記明信託財產，信託內容詳信託專簿。

第一三二條 103

①土地權利經登記機關辦理信託登記後，應就其信託契約或遺囑複印裝訂成信託專簿，提供閱覽或申請複印，其提供資料內容及申請人資格、閱覽費或複印工本費之收取，準用第二十四條之一及土地法第七十九條之二規定。

②信託專簿，應自塗銷信託登記或信託歸屬登記之日起保存十五年。

第一三三條 95

①信託內容有變更，而不涉及土地權利變更登記者，委託人應會同受託人檢附變更後之信託內容變更文件，以登記申請書向登記機關提出申請。

②登記機關於受理前項申請後，應依信託內容變更文件，將收件號、異動內容及異動年月日於土地登記簿其他登記事項欄註明，並將登記申請書件複印併入信託專簿。

第一三三條之一 95

①申請人依不動產證券化條例或金融資產證券化條例規定申請信託登記時，爲資產信託者，應檢附主管機關核准或申報生效文件及信託關係證明文件；登記機關辦理登記時，應於登記簿其他登記事項欄記明委託人姓名或名稱。

②前項信託登記，爲投資信託者，應檢附主管機關核准或申報生效文件，無須檢附信託關係證明文件；登記機關辦理登記時，應於登記簿其他登記事項欄記明該財產屬不動產投資信託基金信託財產。

③依前項規定辦理信託登記後，於信託關係消滅、信託內容變更時，不適用第一百二十八條、第一百三十三條規定。

第十章　更正登記及限制登記

第一三四條 （刪除）95

第一三五條 （刪除）100

第一三六條

①土地法第七十八條第八款所稱限制登記，謂限制登記名義人處分其土地權利所爲之登記。

②前項限制登記，包括預告登記、查封、假扣押、假處分或破產登記，及其他依法律所爲禁止處分之登記。

第一三七條 110

①申請預告登記，除提出第三十四條各款規定之文件外，應提出登記名義人同意書。

②前項登記名義人除符合第四十一條第二款、第四款至第八款、第十款、第十五款及第十六款規定之情形者外，應親自到場，並依第四十條規定程序辦理。

第一三八條 102

①土地總登記後，法院或行政執行分署囑託登記機關辦理查封、假扣押、假處分、暫時處分、破產登記或因法院裁定而爲清算登記時，應於囑託書內記明登記之標的物標示及其事由。登記機關接獲法院或行政執行分署之囑託時，應即辦理，不受收件先後順序之限制。

②登記標的物如已由登記名義人申請移轉或設定登記而尙未登記完畢者，應即改辦查封、假扣押、假處分、暫時處分、破產或清算登記，並通知登記申請人。

③登記標的物如已由登記名義人申請移轉與第三人並已登記完畢者，登記機關應即將無從辦理之事實函復法院或行政執行分署。但法院或行政執行分署因債權人實行抵押權拍賣抵押物，而囑託辦理查封登記，縱其登記標的物已移轉登記與第三人，仍應辦理查封登記，並通知該第三人及將移轉登記之事實函復法院或行政執行分署。

④前三項之規定，於其他機關依法律規定囑託登記機關爲禁止處分之登記，或管理人持法院裁定申請爲清算之登記時，準用之。

第一三九條 106

①法院或行政執行分署囑託登記機關，就已登記土地上之未登記建物辦理查封、假扣押、假處分、暫時處分、破產登記或因法院裁定而爲清算登記時，應於囑託書內另記明登記之確定標示以法院或行政執行分署人員指定勘測結果爲準字樣。

②前項建物，由法院或行政執行分署派員定期會同登記機關人員勘測。勘測費，由法院或行政執行分署命債權人於勘測前向登記機關繳納。

③登記機關勘測建物完畢後，應即編列建號，編造建物登記簿，於標示部其他登記事項欄辦理查封、假扣押、假處分、暫時處分、破產或清算登記。並將該建物登記簿與平面圖及位置圖之影本函送法院或行政執行分署。

④前三項之規定，於管理人持法院裁定申請爲清算之登記時，準用之。

第一四〇條 102

同一土地經辦理查封、假扣押或假處分登記後，法院或行政執行分署再囑託爲查封、假扣押或假處分登記時，登記機關應不予受理，並復知法院或行政執行分署已辦理登記之日期及案號。

第一四一條 102

①土地經辦理查封、假扣押、假處分、暫時處分、破產登記或因法院裁定而爲清算登記後，未爲塗銷前，登記機關應停止與其權利有關之新登記。但有下列情形之一爲登記者，不在此限：

一　徵收、區段徵收或照價收買。

二　依法院確定判決申請移轉、設定或塗銷登記之權利人爲原假處分登記之債權人。

三　公同共有繼承。

四　其他無礙禁止處分之登記。

②有前項第二款情形者，應檢具法院民事執行處或行政執行分署核發查無其他債權人併案查封或調卷拍賣之證明書件。

第一四二條 107

有下列情形之一者，登記機關應予登記，並將該項登記之事由分別通知有關機關：

一　土地經法院或行政執行分署囑託查封、假扣押、假處分、暫時處分、破產登記或因法院裁定而爲清算登記後，其他機關再依法律囑託禁止處分之登記。

二　土地經其他機關依法律囑託禁止處分登記後，法院或行政執行分署再囑託查封、假扣押、假處分、暫時處分、破產登記或因法院裁定而爲清算登記。

第十一章　塗銷登記及消滅登記

第一四三條 99

①依本規則登記之土地權利，因權利之拋棄、混同、終止、存續期間屆滿、債務清償、撤銷權之行使或法院之確定判決等，致權利消滅時，應申請塗銷登記。

②前項因拋棄申請登記時，有以該土地權利爲標的物之他項權利者，應檢附該他項權利人之同意書，同時申請他項權利塗銷登記。

③私有土地所有權之拋棄，登記機關應於辦理塗銷登記後，隨即爲國有之登記。

第一四四條

①依本規則登記之土地權利，有下列情形之一者，於第三人取得該土地權利之新登記前，登記機關得於報經直轄市或縣（市）地政機關查明核准後塗銷之：

一　登記證明文件經該主管機關認定係屬僞造。

二　純屬登記機關之疏失而錯誤之登記。

②前項事實於塗銷登記前，應於土地登記簿其他登記事項欄註記。

第一四五條 99

①他項權利塗銷登記除權利終止外，得由他項權利人、原設定人或其他利害關係人提出第三十四條第一項所列文件，單獨申請之。
②前項單獨申請登記有下列情形之一者，免附第三十四條第一項第二款、第三款之文件：
一　永佃權或不動產役權因存續期間屆滿申請塗銷登記。
二　以建物以外之其他工作物為目的之地上權，因存續期間屆滿申請塗銷登記。
三　農育權因存續期間屆滿六個月後申請塗銷登記。
四　因需役不動產滅失或原使用需役不動產之物權消滅，申請其不動產役權塗銷登記。

第一四六條 110
①預告登記之塗銷，應提出原預告登記請求權人之同意書。
②前項請求權人除符合第四十一條第二款、第四款至第八款、第十款、第十五款及第十六款規定之情形者外，應親自到場，並依第四十條規定程序辦理。
③預告登記之請求權為保全土地權利移轉者，請求權人會同申辦權利移轉登記時，於登記申請書備註欄記明併同辦理塗銷預告登記者，免依前二項規定辦理。

第一四七條
查封、假扣押、假處分、破產登記或其他禁止處分之登記，應經原囑託登記機關或執行拍賣機關之囑託，始得辦理塗銷登記。但因徵收、區段徵收或照價收買完成後，得由徵收或收買機關囑託登記機關辦理塗銷登記。

第一四八條 99
①土地滅失時應申請消滅登記；其為需役土地者，應同時申請其供役不動產上之不動產役權塗銷登記。
②前項土地有他項權利或限制登記者，登記機關應於登記完畢後通知他項權利人、囑託機關或預告登記請求權人。

第十二章　其他登記

第一節　更名登記及管理者變更登記

第一四九條 98
①土地權利登記後，權利人之姓名或名稱有變更者，應申請更名登記。設有管理人者，其姓名變更時，亦同。
②權利人或管理人為自然人，其姓名已經戶政主管機關變更者，登記機關得依申請登記之戶籍資料，就其全部土地權利逕為併案辦理更名登記；登記完畢後，應通知權利人或管理人換發權利書狀。

第一五〇條
法人或寺廟於籌備期間取得之土地所有權或他項權利，已以籌備人之代表人名義登記者，其於取得法人資格或寺廟登記後，應申請為更名登記。

第一五一條
公有土地管理機關變更者，應囑託登記機關為管理機關變更登記。

第二節　住址變更登記

第一五二條 102
①登記名義人之住址變更者，應檢附國民身分證影本或戶口名簿影本，申請住址變更登記。如其所載身分證統一編號與登記簿記載不符或登記簿無記載統一編號者，應加附有原登記住址之身分證明文件。
②登記名義人為法人者，如其登記證明文件所載統一編號與登記簿不符者，應提出其住址變更登記文件。

第一五三條
登記名義人住址變更，未申請登記者，登記機關得查明其現在住址，逕爲住址變更登記。

第三節　書狀換給及補給登記

第一五四條
土地所有權狀或他項權利證明書損壞或滅失，應由登記名義人申請換給或補給。

第一五五條 110
①申請土地所有權狀或他項權利證明書補給時，應由登記名義人敘明其滅失之原因，檢附切結書或其他有關證明文件，經登記機關公告三十日，並通知登記名義人，公告期滿無人提出異議後，登記補給之。
②前項登記名義人除符合第四十一條第二款、第七款、第八款、第十款、第十五款及第十六款規定之情形者外，應親自到場，並依第四十條規定程序辦理。

第四節　使用管理登記 99

第一五五條之一 98
①共有人依民法第八百二十六條之一第一項規定申請登記者，登記機關應於登記簿標示部其他登記事項欄記明收件年月日字號及共有物使用、管理、分割內容詳共有物使用管理專簿。
②共有人依民法第八百二十條第一項規定所爲管理之決定或法院之裁定，申請前項登記時，應於登記申請書適當欄記明確已通知他共有人並簽名；於登記後，決定或裁定之內容有變更，申請登記時，亦同。

第一五五條之二 99
①區分地上權人與設定之土地上下有使用、收益權利之人，就相互間使用收益限制之約定事項申請登記時，登記機關應於該區分地上權及與其有使用收益限制之物權其他登記事項欄記明收件年月日字號及使用收益限制內容詳土地使用收益限制約定專簿。
②前項約定經土地所有權人同意者，登記機關並應於土地所有權部其他登記事項欄辦理登記；其登記方式準用前項規定。

第一五五條之三 103
登記機關依前二條規定辦理登記後，應就其約定、決定或法院裁定之文件複印裝訂成共有物使用管理專簿或土地使用收益限制約定專簿，提供閱覽或申請複印，其提供資料內容及申請人資格、閱覽費或複印工本費之收取，準用第二十四條之一及土地法第七十九條之二規定。

第一五五條之四 99
①依第一百五十五條之一或第一百五十五條之二規定登記之內容，於登記後有變更或塗銷者，申請人應檢附登記申請書、變更或同意塗銷之文件向登記機關提出申請。
②前項申請爲變更登記者，登記機關應將收件年月日字號、變更事項及變更年月日，於登記簿標示部或該區分地上權及與其有使用收益限制之物權所有權部或他項權利部其他登記事項欄註明；申請爲塗銷登記者，應將原登記之註記塗銷。
③前項登記完畢後，登記機關應將登記申請書件複印併入共有物使用管理專簿或土地使用收益限制約定專簿。

第十三章　附　則

第一五六條
本規則所需登記書表簿冊圖狀格式及其塡載須知，由中央地政機關定之。

第一五七條

①本規則自發布日施行。
②本規則修正條文施行日期另定之。

肆、商事法及相關法規

公司法

①民國18年12月26日國民政府制定公布全文233條；並自20年7月1日起施行。
②民國35年4月12日國民政府修正公布全文361條。
③民國55年7月19日總統令修正公布全文449條。
④民國57年3月25日總統令修正公布第108、218條條文。
⑤民國58年9月11日總統令修正公布第13、14、239、241條條文。
⑥民國59年9月4日總統令修正公布第5、9、29、41、45、56、66、84、98、101、103、108、111、119、135、136、138、154、165、169、185、186、248、253、255、258、260、268、271、273、276、282、283、285至288、299、306至308、311、317、334、359、385、386、399、402、419、420、431、435條條文。
⑦民國69年5月9日總統令修正公布第2、8、10、13、17、18、20、24、29、37、77、87、98、100至102、105至113、119、128、156、157、161、162、168、169、172、173、179、181、183、195、198、203、208、210、211、217、222、235、240、241、248、250、251、257、267、268、271、278、294、314、315、319、331、334、335、371、373、386、387、396、397、399、401、402、404、406、408、411、413、415至417、419、420、422、423、435、438、447條條文及第五章第十一節節名；增訂第28-1、161-1、218-1、218-2、317-1、402-1條條文；並刪除第320、321、357至369、430至433、439至446條條文及第六章章名。
⑧民國72年12月7日總統令修正公布第5、7、9、13至16、19、20、22、41、63、73、74、83、87、89、90、93、101、103、112、118、133、135、138、145、146、151、156、159、161、161-1、167至170、172、183至187、195、198、200、209至211、214、217至219、228、230、232、235、237、240、241、245、248、251、252、257至259、267、268、271、273、277、279、284、285、293、300、307、313、316、326、331、374、396、398至400、402、403、405、411、412、419、422、424、428、436條條文；並刪除第447條條文。
⑨民國79年11月10日總統令修正公布第10、13、15、18至22、130、156、228、230、235、248、267、268、278條條文；並增訂第17-1條條文。
⑩民國86年6月25日總統令修正公布第4、9、10、13至16、19至22、41、63、73、74、83、87、89、90、93、101、103、112、118、135、138、145、146、161、161-1、167至170、172、183、184、195、210、211、217至219、230、232、237、245、248、252、259、267、268、273、279、285、293、300、313、326、331、371至376、378、380至382、386、396、398至400、402、403、405、412、419、424、435至437、449條條文；增訂第六章之一章名及第369-1至369-12條條文；並刪除第383條條文。
民國90年12月11日行政院令發布第383條定自91年1月1日施行。
⑪民國89年11月15日總統令修正公布第5、7條條文。
⑫民國90年11月12日總統令修正公布第2、5至7、9至11、13、15至24、27至33、40、41、65、70、73、74、87、89、98、100、101、103、105、106、108、110、118、128至130、135、138、140、143、145、146、156、161至165、167至170、172、173、177、179、183、184、189、192、194、195、197至205、208、210至212、214、216至218、218-2至220、223至225、227、228、230、232、234、235、239至241、245、248、252、253、257、258、262、267、268、270、273、274、278、282至285、287、289至291、304、305、307、309、310、313、315至317、318、319、326、331、369-4、369-12、371、373、374、378至380、386至388、392、393、397、438、448條條文及第五章第十一節節名；增訂第26-1、128-1、162-1、162-2、167-1、167-2、168-1、182-1、189-1、197-1、199-1、208-1、217-1、246-1、257-1、257-2、268-1、283-1、285-1、316-1、316-2、317-2、317-3、319-1條條文；並刪除第14、35、37至39、236、238、242至244、275、288、376、389、390、394至396、398至429、434至437條條文。
民國90年12月11日行政院令發布第373條定自91年1月1日施行。
⑬民國94年6月22日總統令修正公布第18、128、156、172、177、179、183、278條條文；增訂第172-1、177-1至177-3、192-1、216-1條條文；並刪除第317-3條條文。
⑭民國95年2月3日總統令修正公布第267、289、290、292、302、306條條文。
⑮民國98年1月21日總統令修正公布第29、156、196條條文。
⑯民國98年4月29日總統令修正公布第100、156條條文。

⑰民國98年5月27日總統令修正公布第66、123、449條條文；並自98年11月23日施行。
⑱民國100年6月29日總統令修正公布第10、156、158、168、177、177-2、183、204、230、267條條文；並增訂第167-3條條文。
⑲民國100年11月9日總統令修正公布第197-1條條文。
⑳民國100年12月28日總統令修正公布第198條條文。
㉑民國101年1月4日總統令修正公布第7、8、10、23、27、177-1、181、199-1、206、232、241、249條條文；並增訂第26-2條條文。
㉒民國101年8月8日總統令修正公布第248條條文。
㉓民國102年1月16日總統令修正公布第197條條文。
㉔民國102年1月30日總統令修正公布第154條條文。
㉕民國104年5月20日總統令修正公布第235、240條條文；並增訂第235-1條條文。
㉖民國104年7月1日總統令修正公布第449條條文；並增訂第356-1至356-14條條文及第五章第十三節節名。
民國104年9月3日行政院令發布定自104年9月4日施行。
㉗民國107年8月1日總統令修正公布第1、4、8、9、13、18、20、28至30、43、71、77、78、99、101、103、106至113、117、126、128至131、137、140、144、145、156、157、161-1、162、163、164、167至167-2、169、172、172-1、175、177、177-1、179、185、192、192-1、199-1、203、204至206、210、211、214、216、216-1、218、230、235、235-1、237、240、241、245、247、248、257、257-2、263、266至268、273、279、282、283、291、297、309、311、316、343、356-3、356-5、356-7、356-9、356-11、356-13、369-12、370至374、377至380、382、386、387、388、391、392、393、438、449條條文及第八章章名；增訂第22-1、76-1、99-1、156-1至156-4、161-2、172-2、173-1、175-1、193-1、203-1、210-1、228-1、248-1、392-1、447-1條條文；並刪除第104、105、162-1、162-2、166、176、257-1、278、356-6、356-10、375、384、385條條文。
民國107年10月26日行政院令發布定自107年11月1日施行。
㉘民國110年12月29日總統令修正公布第172-2、356-8條條文。

第一章　總　則

第一條　（公司之定義）107

①本法所稱公司，謂以營利為目的，依照本法組織、登記、成立之社團法人。
②公司經營業務，應遵守法令及商業倫理規範，得採行增進公共利益之行為，以善盡其社會責任。

第二條　（公司種類）

①公司分為左列四種：
　一　無限公司：指二人以上股東所組織，對公司債務負連帶無限清償責任之公司。
　二　有限公司：由一人以上股東所組織，就其出資額為限，對公司負其責任之公司。
　三　兩合公司：指一人以上無限責任股東，與一人以上有限責任股東所組織，其無限責任股東對公司債務負連帶無限清償責任；有限責任股東就其出資額為限，對公司負其責任之公司。
　四　股份有限公司：指二人以上股東或政府、法人股東一人所組織，全部資本分為股份；股東就其所認股份，對公司負其責任之公司。
②公司名稱，應標明公司之種類。

第三條　（公司住所）

①公司以其本公司所在地為住所。
②本法所稱本公司，為公司依法首先設立，以管轄全部組織之總機構；所稱分公司，為受本公司管轄之分支機構。

第四條　（外國公司）107

①本法所稱外國公司，謂以營利為目的，依照外國法律組織登記之公司。
②外國公司，於法令限制內，與中華民國公司有同一之權利能力。

第五條 （主管機關）

①本法所稱主管機關：在中央為經濟部；在直轄市為直轄市政府。

②中央主管機關得委任所屬機關、委託或委辦其他機關辦理本法所規定之事項。

第六條 （公司成立要件）

公司非在中央主管機關登記後，不得成立。

第七條 （公司登記之查核簽證）101

①公司申請設立登記之資本額，應經會計師查核簽證；公司應於申請設立登記時或設立登記後三十日內，檢送經會計師查核簽證之文件。

②公司申請變更登記之資本額，應先經會計師查核簽證。

③前二項查核簽證之辦法，由中央主管機關定之。

第八條 （公司負責人）107

①本法所稱公司負責人：在無限公司、兩合公司為執行業務或代表公司之股東；在有限公司、股份有限公司為董事。

②公司之經理人、清算人或臨時管理人，股份有限公司之發起人、監察人、檢查人、重整人或重整監督人，在執行職務範圍內，亦為公司負責人。

③公司之非董事，而實質上執行董事業務或實質控制公司之人事、財務或業務經營而實質指揮董事執行業務者，與本法董事同負民事、刑事及行政罰之責任。但政府為發展經濟、促進社會安定或其他增進公共利益等情形，對政府指派之董事所為之指揮，不適用之。

第九條 （公司應收之股款，股東未實際繳納之處罰）107

①公司應收之股款，股東並未實際繳納，而以申請文件表明收足，或股東雖已繳納而於登記後將股款發還股東，或任由股東收回者，公司負責人各處五年以下有期徒刑、拘役或科或併科新臺幣五十萬元以上二百五十萬元以下罰金。

②有前項情事時，公司負責人應與各該股東連帶賠償公司或第三人因此所受之損害。

③第一項經法院判決有罪確定後，由中央主管機關撤銷或廢止其登記。但判決確定前，已為補正者，不在此限。

④公司之負責人、代理人、受僱人或其他從業人員以犯刑法偽造文書印文罪章之罪辦理設立或其他登記，經法院判決有罪確定後，由中央主管機關依職權或依利害關係人之申請撤銷或廢止其登記。

第一〇條 （命令解散）101

公司有下列情事之一者，主管機關得依職權或利害關係人之申請，命令解散之：

一　公司設立登記後六個月尚未開始營業。但已辦妥延展登記者，不在此限。

二　開始營業後自行停止營業六個月以上。但已辦妥停業登記者，不在此限。

三　公司名稱經法院判決確定不得使用，公司於判決確定後六個月內尚未辦妥名稱變更登記，並經主管機關令其限期辦理仍未辦妥。

四　未於第七條第一項所定期限內，檢送經會計師查核簽證之文件者。但於主管機關命令解散前已檢送者，不在此限。

第一一條 （裁定解散）

①公司之經營，有顯著困難或重大損害時，法院得據股東之聲請，於徵詢主管機關及目的事業中央主管機關意見，並通知公司提出答辯後，裁定解散。

②前項聲請，在股份有限公司，應有繼續六個月以上持有已發行股份總數百分之十以上股份之股東提出之。

第一二條 （登記之效力）

公司設立登記後，有應登記之事項而不登記，或已登記之事項有變更而不為變更之登記者，不得以其事項對抗第三人。

第一三條 （公司轉投資之限制）107

①公司不得為他公司無限責任股東或合夥事業之合夥人。

②公開發行股票之公司為他公司有限責任股東時，其所有投資總額，除以投資為專業或

公司章程另有規定或經代表已發行股份總數三分之二以上股東出席，以出席股東表決權過半數同意之股東會決議者外，不得超過本公司實收股本百分之四十。

③出席股東之股份總數不足前項定額者，得以有代表已發行股份總數過半數股東之出席，出席股東表決權三分之二以上之同意行之。

④前二項出席股東股份總數及表決權數，章程有較高之規定者，從其規定。

⑤公司因接受被投資公司以盈餘或公積增資配股所得之股份，不計入第二項投資總額。

⑥公司負責人違反第一項或第二項規定時，應賠償公司因此所受之損害。

第一四條　（刪除）

第一五條　（貸款之限制）

①公司之資金，除有左列各款情形外，不得貸與股東或任何他人：

一　公司間或與行號間有業務往來者。

二　公司間或與行號間有短期融通資金之必要者。融資金額不得超過貸與企業淨值的百分之四十。

②公司負責人違反前項規定時，應與借用人連帶負返還責任；如公司受有損害者，亦應由其負損害賠償責任。

第一六條　（公司為保證人之限制）

①公司除依其他法律或公司章程規定得為保證者外，不得為任何保證人。

②公司負責人違反前項規定時，應自負保證責任，如公司受有損害時，亦應負賠償責任。

第一七條　（特許之業務）

①公司業務，依法律或基於法律授權所定之命令，須經政府許可者，於領得許可文件後，方得申請公司登記。

②前項業務之許可，經目的事業主管機關撤銷或廢止確定者，應由各該目的事業主管機關，通知中央主管機關，撤銷或廢止其公司登記或部分登記事項。

第一七條之一　（廢止登記）

公司之經營有違反法令受勒令歇業處分確定者，應由處分機關通知中央主管機關，廢止其公司登記或部分登記事項。

第一八條　（公司名稱專用）107

①公司名稱，應使用我國文字，且不得與他公司或有限合夥名稱相同。二公司或公司與有限合夥名稱中標明不同業務種類或可資區別之文字者，視為不相同。

②公司所營事業除許可業務應載明於章程外，其餘不受限制。

③公司所營事業應依中央主管機關所定營業項目代碼表登記。已設立登記之公司，其所營事業為文字敘述者，應於變更所營事業時，依代碼表規定辦理。

④公司不得使用易於使人誤認其與政府機關、公益團體有關或妨害公共秩序或善良風俗之名稱。

⑤公司名稱及業務，於公司登記前應先申請核准，並保留一定期間；其審核準則，由中央主管機關定之。

第一九條　（未登記而營業之限制）

①未經設立登記，不得以公司名義經營業務或為其他法律行為。

②違反前項規定者，行為人處一年以下有期徒刑、拘役或科或併科新臺幣十五萬元以下罰金，並自負民事責任；行為人有二人以上者，連帶負民事責任，並由主管機關禁止其使用公司名稱。

第二〇條　（年終查核）107

①公司每屆會計年度終了，應將營業報告書、財務報表及盈餘分派或虧損撥補之議案，提請股東同意或股東常會承認。

②公司資本額達一定數額以上或未達一定數額而達一定規模者，其財務報表，應先經會計師查核簽證；其一定數額、規模及簽證之規則，由中央主管機關定之。但公開發行股票之公司，證券主管機關另有規定者，不適用之。

③前項會計師之委任、解任及報酬，準用第二十九條第一項規定。
④第一項書表，主管機關得隨時派員查核或令其限期申報；其辦法，由中央主管機關定之。
⑤公司負責人違反第一項或第二項規定時，各處新臺幣一萬元以上五萬元以下罰鍰。規避、妨礙或拒絕前項查核或屆期不申報時，各處新臺幣二萬元以上十萬元以下罰鍰。

第二一條 （平時業務之檢查）
①主管機關得會同目的事業主管機關，隨時派員檢查公司業務及財務狀況，公司負責人不得妨礙、拒絕或規避。
②公司負責人妨礙、拒絕或規避前項檢查者，各處新臺幣二萬元以上十萬元以下罰鍰。連續妨礙、拒絕或規避者，並按次連續各處新臺幣四萬元以上二十萬元以下罰鍰。
③主管機關依第一項規定派員檢查時，得視需要選任會計師或律師或其他專業人員協助辦理。

第二二條 （帳表查核之方法）
①主管機關查核第二十條所定各項書表，或依前條檢查公司業務及財務狀況時，得令公司提出證明文件、單據、表冊及有關資料，除法律另有規定外，應保守秘密，並於收受後十五日內，查閱發還。
②公司負責人違反前項規定，拒絕提出時，各處新臺幣二萬元以上十萬元以下罰鍰。連續拒絕者，並按次連續各處新臺幣四萬元以上二十萬元以下罰鍰。

第二二條之一 （公司應定期申報資料至中央主管機關建置或指定之資訊平臺）107
①公司應每年定期將董事、監察人、經理人及持有已發行股份總數或資本總額超過百分之十之股東之姓名或名稱、國籍、出生年月日或設立登記之年月日、身分證明文件號碼、持股數或出資額及其他中央主管機關指定之事項，以電子方式申報至中央主管機關建置或指定之資訊平臺；其有變動者，並應於變動後十五日內爲之。但符合一定條件之公司，不適用之。
②前項資料，中央主管機關應定期查核。
③第一項資訊平臺之建置或指定、資料之申報期間、格式、經理人之範圍、一定條件公司之範圍、資料之蒐集、處理、利用及其費用、指定事項之內容，前項之查核程序、方式及其他應遵行事項之辦法，由中央主管機關會同法務部定之。
④未依第一項規定申報或申報之資料不實，經中央主管機關限期通知改正，屆期未改正者，處代表公司之董事新臺幣五萬元以上五十萬元以下罰鍰。經再限期通知改正仍未改正者，按次處新臺幣五十萬元以上五百萬元以下罰鍰，至改正爲止。其情節重大者，得廢止公司登記。
⑤前項情形，應於第一項之資訊平臺依次註記裁處情形。

第二三條 （負責人應負違反及損害賠償之責）101
①公司負責人應忠實執行業務並盡善良管理人之注意義務，如有違反致公司受有損害者，負損害賠償責任。
②公司負責人對於公司業務之執行，如有違反法令致他人受有損害時，對他人應與公司負連帶賠償之責。
③公司負責人對於違反第一項之規定，爲自己或他人爲該行爲時，股東會得以決議，將該行爲之所得視爲公司之所得。但自所得產生後逾一年者，不在此限。

第二四條 （解散公司之清算）
解散之公司除因合併、分割或破產而解散外，應行清算。

第二五條 （清算中之公司）
解散之公司，於清算範圍內，視爲尙未解散。

第二六條 （清算中之營業）
前條解散之公司在清算時期中，得爲了結現務及便利清算之目的，暫時經營業務。

第二六條之一 （撤銷或廢止登記之準用）
公司經中央主管機關撤銷或廢止登記者，準用前三條之規定。

第二六條之二　（公司名稱得爲他人申請核准使用之情形）101

經解散、撤銷或廢止登記之公司，自解散、撤銷或廢止登記之日起，逾十年未清算完結，或經宣告破產之公司，自破產登記之日起，逾十年未獲法院裁定破產終結者，其公司名稱得爲他人申請核准使用，不受第十八條第一項規定之限制。但有正當理由，於期限屆滿前六個月內，報中央主管機關核准者，仍受第十八條第一項規定之限制。

第二七條　（政府或法人爲股東時代表權之行使及限制）101

①政府或法人爲股東時，得當選爲董事或監察人。但須指定自然人代表行使職務。

②政府或法人爲股東時，亦得由其代表人當選爲董事或監察人。代表人有數人時，得分別當選，但不得同時當選或擔任董事及監察人。

③第一項及第二項之代表人，得依其職務關係，隨時改派補足原任期。

④對於第一項、第二項代表權所加之限制，不得對抗善意第三人。

第二八條　（公告登載之方式）107

①公司之公告應登載於新聞紙或新聞電子報。

②前項情形，中央主管機關得建置或指定網站供公司公告。

③前二項規定，公開發行股票之公司，證券主管機關另有規定者，從其規定。

第二八條之一　（公文書之送達方式）107

①主管機關依法應送達於公司之公文書，得以電子方式爲之。

②主管機關依法應送達於公司之公文書無從送達者，改向代表公司之負責人送達之；仍無從送達者，得以公告代之。

③電子方式送達之實施辦法，由中央主管機關定之。

第二九條　（經理人之設置及其委任、解任及報酬之規定）98

①公司得依章程規定置經理人，其委任、解任及報酬，依下列規定定之。但公司章程有較高規定者，從其規定：

一　無限公司、兩合公司須有全體無限責任股東過半數同意。

二　有限公司須有全體股東表決權過半數同意。

三　股份有限公司應由董事會以董事過半數之出席，及出席董事過半數同意之決議行之。

②公司有第一百五十六條之四之情形者，專案核定之主管機關應要求參與政府專案紓困方案之公司提具自救計畫，並得限制其發給經理人報酬或爲其他必要之處置或限制；其辦法，由中央主管機關定之。

第三〇條　（經理人之消極資格）107

有下列情事之一者，不得充經理人，其已充任者，當然解任：

一　曾犯組織犯罪防制條例規定之罪，經有罪判決確定，尚未執行、尚未執行完畢，或執行完畢、緩刑期滿或赦免後未逾五年。

二　曾犯詐欺、背信、侵占罪經宣告有期徒刑一年以上之刑確定，尚未執行、尚未執行完畢，或執行完畢、緩刑期滿或赦免後未逾二年。

三　曾犯貪污治罪條例之罪，經判決有罪確定，尚未執行、尚未執行完畢，或執行完畢、緩刑期滿或赦免後未逾二年。

四　受破產之宣告或經法院裁定開始清算程序，尚未復權。

五　使用票據經拒絕往來尚未期滿。

六　無行爲能力或限制行爲能力。

七　受輔助宣告尚未撤銷。

第三一條　（經理人之職權）

①經理人之職權，除章程規定外，並得依契約之訂定。

②經理人在公司章程或契約規定授權範圍內，有爲公司管理事務及簽名之權。

第三二條　（經理人競業之禁止）

經理人不得兼任其他營利事業之經理人，並不得自營或爲他人經營同類之業務。但經依第二十九條第一項規定之方式同意者，不在此限。

第三三條　（遵守決議之義務）
經理人不得變更董事或執行業務股東之決定，或股東會或董事會之決議，或逾越其規定之權限。
第三四條　（經理人之損害賠償責任）
經理人因違反法令、章程或前條之規定，致公司受損害時，對於公司負賠償之責。
第三五條　（刪除）
第三六條　（經理權之限制）
公司不得以其所加於經理人職權之限制，對抗善意第三人。
第三七條至第三九條　（刪除）

第二章　無限公司

第一節　設　立

第四〇條　（股東之限制與章程之訂立）
①無限公司之股東，應有二人以上，其中半數，應在國內有住所。
②股東應以全體之同意，訂立章程，簽名或蓋章，置於本公司，並每人各執一份。
第四一條　（無限公司之章程內容）
①無限公司章程應載明左列事項：
一　公司名稱。
二　所營事業。
三　股東姓名、住所或居所。
四　資本總額及各股東出資額。
五　各股東有以現金以外財產爲出資者，其種類、數量、價格或估價之標準。
六　盈餘及虧損分派比例或標準。
七　本公司所在地；設有分公司者，其所在地。
八　定有代表公司之股東者，其姓名。
九　定有執行業務之股東者，其姓名。
十　定有解散事由者，其事由。
十一　訂立章程之年、月、日。
②代表公司之股東，不備置前項章程於本公司者，處新臺幣一萬元以上五萬元以下罰鍰。連續拒不備置者，並按次連續處新臺幣二萬元以上十萬元以下罰鍰。

第二節　公司之內部關係

第四二條　（內部關係）
公司之內部關係，除法律有規定者外，得以章程定之。
第四三條　（股東之出資）
股東得以勞務或其他權利爲出資，並須依照第四十一條第一項第五款之規定辦理。
第四四條　（債權抵作股本）
股東以債權抵作股本，而其債權到期不得受清償者，應由該股東補繳；如公司因之受有損害，並應負賠償之責。
第四五條　（執行業務權）
①各股東均有執行業務之權利，而負其義務。但章程中訂定由股東之一人或數人執行業務者，從其訂定。
②前項執行業務之股東須半數以上在國內有住所。
第四六條　（業務執行之方法）
①股東之數人或全體執行業務時，關於業務之執行，取決於過半數之同意。
②執行業務之股東，關於通常事務，各得單獨執行。但其餘執行業務之股東，有一人提

出異議時，應即停止執行。

第四七條　（章程之變更）

公司變更章程，應得全體股東之同意。

第四八條　（不執行業務股東之監督權）

不執行業務之股東，得隨時向執行業務之股東質詢公司營業情形，查閱財產文件、帳簿、表冊。

第四九條　（報酬）

執行業務之股東，非有特約，不得向公司請求報酬。

第五〇條　（償還與賠償請求權）

①股東因執行業務所代墊之款項，得向公司請求償還，並支付墊款之利息；如係負擔債務，而其債務尙未到期者，得請求提供相當之擔保。

②股東因執行業務，受有損害，而自己無過失者，得向公司請求賠償。

第五一條　（執行業務之確保）

公司章程訂明專由股東中之一人或數人執行業務時，該股東不得無故辭職，他股東亦不得無故使其退職。

第五二條　（業務執行之依據）

①股東執行業務，應依照法令、章程及股東之決定。

②違反前項規定，致公司受有損害者，對於公司應負賠償之責。

第五三條　（挪用公款）

股東代收公司款項，不於相當期間照繳，或挪用公司款項者，應加算利息，一併償還；如公司受有損害，並應賠償。

第五四條　（競業之限制）

①股東非經其他股東全體之同意，不得爲他公司之無限責任股東，或合夥事業之合夥人。

②執行業務之股東，不得爲自己或他人爲與公司同類營業之行爲。

③執行業務之股東違反前項規定時，其他股東得以過半數之決議，將其爲自己或他人所爲行爲之所得，作爲公司之所得。但自所得產生後逾一年者，不在此限。

第五五條　（出資之轉讓）

股東非經其他股東全體之同意，不得以自己出資之全部或一部，轉讓於他人。

第三節　公司之對外關係

第五六條　（代表公司之股東）

①公司得以章程特定代表公司之股東；其未經特定者，各股東均得代表公司。

②第四十五條第二項之規定，於代表公司之股東準用之。

第五七條　（代表權限）

代表公司之股東，關於公司營業上一切事務，有辦理之權。

第五八條　（代表權之限制）

公司對於股東代表權所加之限制，不得對抗善意第三人。

第五九條　（雙方代表之禁止）

代表公司之股東，如爲自己或他人與公司爲買賣、借貸或其他法律行爲時，不得同時爲公司之代表；但向公司清償債務時，不在此限。

第六〇條　（股東連帶清償責任）

公司資產不足清償債務時，由股東負連帶清償之責。

第六一條　（新入股東之責任）

加入公司爲股東者，對於未加入前公司已發生之債務，亦應負責。

第六二條　（表見股東之責任）

非股東而有可以令人信其爲股東之行爲者，對於善意第三人，應負與股東同一之責任。

第六三條　（盈餘分派）

①公司非彌補虧損後，不得分派盈餘。

②公司負責人違反前項規定時，各處一年以下有期徒刑、拘役或科或併科新臺幣六萬元以下罰金。

第六四條　（抵銷之禁止）

公司之債務人，不得以其債務與其對於股東之債權抵銷。

第四節　退　股

第六五條　（聲明退股）

①章程未定公司存續期限者，除關於退股另有訂定外，股東得於每會計年度終了退股。但應於六個月前，以書面向公司聲明。

②股東有非可歸責於自己之重大事由時，不問公司定有存續期限與否，均得隨時退股。

第六六條　（法定退股）98

①除前條規定外，股東有下列各款情事之一者退股：

一　章程所定退股事由。

二　死亡。

三　破產。

四　受監護或輔助宣告。

五　除名。

六　股東之出資，經法院強制執行者。

②依前項第六款規定退股時，執行法院應於二個月前通知公司及其他股東。

第六七條　（除名）

股東有左列各款情事之一者，得經其他股東全體之同意議決除名。但非通知後不得對抗該股東：

一　應出之資本不能照繳或屢催不繳者。

二　違反第五十四條第一項規定者。

三　有不正當行爲妨害公司之利益者。

四　對於公司不盡重要之義務者。

第六八條　（姓名之停止使用）

公司名稱中列有股東之姓或姓名者，該股東退股時，得請求停止使用。

第六九條　（退股之結算）

①退股之股東與公司之結算，應以退股時公司財產之狀況爲準。

②退股股東之出資，不問其種類，均得以現金抵還。

③股東退股時，公司事務有未了結者，於了結後計算其損益，分派其盈虧。

第七〇條　（退股股東之責任）

①退股股東應向主管機關申請登記，對於登記前公司之債務，於登記後二年內，仍負連帶無限責任。

②股東轉讓其出資者，準用前項之規定。

第五節　解散、合併及變更組織

第七一條　（公司解散之事由）107

①公司有下列各款情事之一者解散：

一　章程所定解散事由。

二　公司所營事業已成就或不能成就。

三　股東三分之二以上之同意。

四　股東經變動而不足本法所定之最低人數。

五　與他公司合併。
六　破產。
七　解散之命令或裁判。

②前項第一款、第二款得經全體或一部股東之同意繼續經營，其不同意者視爲退股。
③第一項第四款得加入新股東繼續經營。
④因前二項情形而繼續經營者，應變更章程。

第七二條　（公司合併）
公司得以全體股東之同意，與他公司合併。

第七三條　（公司合併之程序）
①公司決議合併時，應即編造資產負債表及財產目錄。
②公司爲合併之決議後，應即向各債權人分別通知及公告，並指定三十日以上期限，聲明債權人得於期限內提出異議。

第七四條　（通知與公告之效力）
公司不爲前條之通知及公告，或對於在指定期限內提出異議之債權人不爲清償，或不提供相當擔保者，不得以其合併對抗債權人。

第七五條　（權利義務之概括承受）
因合併而消滅之公司，其權利義務，應由合併後存續或另立之公司承受。

第七六條　（變更組織）
①公司得經全體股東之同意，以一部股東改爲有限責任或另加入有限責任股東，變更其組織爲兩合公司。
②前項規定，於第七十一條第三項所規定繼續經營之公司準用之。

第七六條之一　（公司得經股東三分之二以上之同意變更章程，將其組織變更爲有限公司或股份有限公司）107
①公司得經股東三分之二以上之同意變更章程，將其組織變更爲有限公司或股份有限公司。
②前項情形，不同意之股東得以書面向公司聲明退股。

第七七條　（變更組織之準用規定）107
公司依前二條變更組織時，準用第七十三條至第七十五條之規定。

第七八條　（變更組織後股東之責任）107
股東依第七十六條第一項或第七十六條之一第一項之規定，改爲有限責任時，其在公司變更組織前，公司之債務，於公司變更登記後二年內，仍負連帶無限責任。

第六節　清　算

第七九條　（清算人）
公司之清算，以全體股東爲清算人。但本法或章程另有規定或經股東決議，另選清算人者，不在此限。

第八〇條　（清算之繼承）
由股東全體清算時，股東中有死亡者，清算事務由其繼承人行之；繼承人有數人時，應由繼承人互推一人行之。

第八一條　（選派清算人）
不能依第七十九條規定定其清算人時，法院得因利害關係人之聲請，選派清算人。

第八二條　（清算人之解任）
法院因利害關係人之聲請，認爲必要時，得將清算人解任。但股東選任之清算人，亦得由股東過半數之同意，將其解任。

第八三條　（清算人之聲報）
①清算人應於就任後十五日內，將其姓名、住所或居所及就任日期，向法院聲報。
②清算人之解任，應由股東於十五日內，向法院聲報。

③清算人由法院選派時，應公告之；解任時亦同。
④違反第一項或第二項聲報期限之規定者，各處新臺幣三千元以上一萬五千元以下罰鍰。

第八四條　（清算人之職務）
①清算人之職務如左：
　一　了結現務。
　二　收取債權、清償債務。
　三　分派盈餘或虧損。
　四　分派賸餘財產。
②清算人執行前項職務，有代表公司為訴訟上或訴訟外一切行為之權。但將公司營業包括資產負債轉讓於他人時，應得全體股東之同意。

第八五條　（清算人之代表公司）
①清算人有數人時，得推定一人或數人代表公司，如未推定時，各有對於第三人代表公司之權。關於清算事務之執行，取決於過半數之同意。
②推定代表公司之清算人，應準用第八十三條第一項之規定向法院聲報。

第八六條　（代表權之限制）
對於清算人代表權所加之限制，不得對抗善意第三人。

第八七條　（清算人之檢查財產完結清算與答覆詢問）
①清算人就任後，應即檢查公司財產情形，造具資產負債表及財產目錄，送交各股東查閱。
②對前項所為檢查有妨礙、拒絕或規避行為者，各處新臺幣二萬元以上十萬元以下罰鍰。
③清算人應於六個月內完結清算；不能於六個月內完結清算時，清算人得申敘理由，向法院聲請展期。
④清算人不於前項規定期限內清算完結者，各處新臺幣一萬元以上五萬元以下罰鍰。
⑤清算人遇有股東詢問時，應將清算情形隨時答覆。
⑥清算人違反前項規定者，各處新臺幣一萬元以上五萬元以下罰鍰。

第八八條　（催報債權）
清算人就任後，應以公告方法，催告債權人報明債權，對於明知之債權人，並應分別通知。

第八九條　（聲請宣告破產）
①公司財產不足清償其債務時，清算人應即聲請宣告破產。
②清算人移交其事務於破產管理人時，職務即為終了。
③清算人違反第一項規定，不即聲請宣告破產者，各處新臺幣二萬元以上十萬元以下罰鍰。

第九〇條　（分派財產之限制）
①清算人非清償公司債務後，不得將公司財產分派於各股東。
②清算人違反前項規定，分派公司財產時，各處一年以下有期徒刑、拘役或科或併科新臺幣六萬元以下罰金。

第九一條　（賸餘財產之分派）
賸餘財產之分派，除章程另有訂定外，依各股東分派盈餘或虧損後淨餘出資之比例定之。

第九二條　（結算表冊之承認）
清算人應於清算完結後十五日內，造具結算表冊，送交各股東，請求其承認，如股東不於一個月內提出異議，即視為承認。但清算人有不法行為時，不在此限。

第九三條　（清算完結之聲報）
①清算人應於清算完結，經送請股東承認後十五日內，向法院聲報。
②清算人違反前項聲報期限之規定時，各處新臺幣三千元以上一萬五千元以下罰鍰。

第九四條　（文件之保存）

公司之帳簿、表冊及關於營業與清算事務之文件，應自清算完結向法院聲報之日起，保存十年，其保存人，以股東過半數之同意定之。

第九五條　（清算人之注意義務）

清算人應以善良管理人之注意處理職務，倘有怠忽而致公司發生損害時，應對公司負連帶賠償之責任；其有故意或重大過失時，並應對第三人負連帶賠償責任。

第九六條　（連帶責任之消滅）

股東之連帶無限責任，自解散登記後滿五年而消滅。

第九七條　（清算人之委任關係）

清算人與公司之關係，除本法規定外，依民法關於委任之規定。

第三章　有限公司

第九八條　（有限公司之組成）

①有限公司由一人以上股東所組成。

②股東應以全體之同意訂立章程，簽名或蓋章，置於本公司，每人各執一份。

第九九條　（有限責任）107

①各股東對於公司之責任，除第二項規定外，以其出資額爲限。

②股東濫用公司之法人地位，致公司負擔特定債務且清償顯有困難，其情節重大而有必要者，該股東應負清償之責。

第九九條之一　（股東出資除現金外，得以對公司所有之貨幣債權、公司事業所需之財產或技術抵充）107

股東之出資除現金外，得以對公司所有之貨幣債權、公司事業所需之財產或技術抵充之。

第一〇〇條　（資本總額）98

公司資本總額，應由各股東全部繳足，不得分期繳款或向外招募。

第一〇一條　（公司章程應載明事項）107

①公司章程應載明下列事項：

一　公司名稱。

二　所營事業。

三　股東姓名或名稱。

四　資本總額及各股東出資額。

五　盈餘及虧損分派比例或標準。

六　本公司所在地。

七　董事人數。

八　定有解散事由者，其事由。

九　訂立章程之年、月、日。

②代表公司之董事不備置前項章程於本公司者，處新臺幣一萬元以上五萬元以下罰鍰。再次拒不備置者，並按次處新臺幣二萬元以上十萬元以下罰鍰。

第一〇二條　（股東表決權）

①每一股東不問出資多寡，均有一表決權。但得以章程訂定按出資多寡比例分配表決權。

②政府或法人爲股東時，準用第一百八十一條規定。

第一〇三條　（股東名簿之備置及其內容）107

①公司應在本公司備置股東名簿，記載下列事項：

一　各股東出資額。

二　各股東姓名或名稱、住所或居所。

三　繳納股款之年、月、日。

②代表公司之董事不備置前項股東名簿於本公司者，處新臺幣一萬元以上五萬元以下罰鍰。再次拒不備置者，並按次處新臺幣二萬元以上十萬元以下罰鍰。

第一〇四條　（刪除）107

第一〇五條　（刪除）107

第一〇六條　（資本增減與組織變更）107

①公司增資，應經股東表決權過半數之同意。但股東雖同意增資，仍無按原出資數比例出資之義務。

②有前項但書情形時，得經股東表決權過半數之同意，由新股東參加。

③公司得經股東表決權過半數之同意減資或變更其組織爲股份有限公司。

④前三項不同意之股東，對章程修正部分，視爲同意。

第一〇七條　（變更組織之通知公告及債務承擔）107

①公司爲變更組織之決議後，應即向各債權人分別通知及公告。

②變更組織後之公司，應承擔變更組織前公司之債務。

③第七十三條及第七十四條之規定，於減少資本準用之。

第一〇八條　（執行業務之機關）107

①公司應至少置董事一人執行業務並代表公司，最多置董事三人，應經股東表決權三分之二以上之同意，就有行爲能力之股東中選任之。董事有數人時，得以章程置董事長一人，對外代表公司；董事長應經董事過半數之同意互選之。

②董事請假或因故不能行使職權時，指定股東一人代理之；未指定代理人者，由股東間互推一人代理之。

③董事爲自己或他人爲與公司同類業務之行爲，應對全體股東說明其行爲之重要內容，並經股東表決權三分之二以上之同意。

④第三十條、第四十六條、第四十九條至第五十三條、第五十四條第三項、第五十七條至第五十九條、第二百零八條第三項、第二百零八條之一及第二百十一條第一項及第二項之規定，於董事準用之。

⑤代表公司之董事違反前項準用第二百十一條第一項或第二項規定者，處新臺幣二萬元以上十萬元以下罰鍰。

第一〇九條　（不執行業務股東之監察權）107

①不執行業務之股東，均得行使監察權；其監察權之行使，準用第四十八條之規定。

②不執行業務之股東辦理前項事務，得代表公司委託律師、會計師審核之。

③規避、妨礙或拒絕不執行業務股東行使監察權者，代表公司之董事各處新臺幣二萬元以上十萬元以下罰鍰。

第一一〇條　（會計年度終了董事應造具表冊分送股東）107

①每屆會計年度終了，董事應依第二百二十八條之規定，造具各項表冊，分送各股東，請其承認；其承認應經股東表決權過半數之同意。

②前項表冊，至遲應於每會計年度終了後六個月內分送。分送後逾一個月未提出異議者，視爲承認。

③第二百二十八條之一、第二百三十一條至第二百三十三條、第二百三十五條、第二百三十五條之一、第二百四十條第一項及第二百四十五條第一項之規定，於有限公司準用之。

④對於依前項準用第二百四十五條第一項規定，聲請法院選派檢查人之檢查，有規避、妨礙或拒絕行爲者，處新臺幣二萬元以上十萬元以下罰鍰。

第一一一條　（股東出資之轉讓）107

①股東非得其他股東表決權過半數之同意，不得以其出資之全部或一部，轉讓於他人。

②董事非得其他股東表決權三分之二以上之同意，不得以其出資之全部或一部，轉讓於他人。

③前二項轉讓，不同意之股東有優先受讓權；如不承受，視爲同意轉讓，並同意修改章程有關股東及其出資額事項。

④法院依強制執行程序，將股東之出資轉讓於他人時，應通知公司及其他股東，於二十日內，依第一項或第二項之方式，指定受讓人；逾期未指定或指定之受讓人不依同一條件受讓時，視為同意轉讓，並同意修改章程有關股東及其出資額事項。

第一一二條　（盈餘公積之提出）107

①公司於彌補虧損完納一切稅捐後，分派盈餘時，應先提出百分之十為法定盈餘公積。但法定盈餘公積已達資本總額時，不在此限。

②除前項法定盈餘公積外，公司得以章程訂定，或經股東表決權三分之二以上之同意，另提特別盈餘公積。

③第二百三十九條、第二百四十一條第一項第二款及第三項之規定，於有限公司準用之。

④公司負責人違反第一項規定，不提法定盈餘公積時，各處新臺幣二萬元以上十萬元以下罰鍰。

第一一三條　（變更章程、合併、解散及清算之準用規定）107

①公司變更章程、合併及解散，應經股東表決權三分之二以上之同意。

②除前項規定外，公司變更章程、合併、解散及清算，準用無限公司有關之規定。

第四章　兩合公司

第一一四條　（兩合公司組織與股東責任）

①兩合公司以無限責任股東與有限責任股東組織之。

②無限責任股東，對公司債務負連帶無限清償責任；有限責任股東，以出資額為限，對於公司負其責任。

第一一五條　（無限公司）

兩合公司除本章規定外，準用第二章之規定。

第一一六條　（章程之內容）

兩合公司之章程，除記載第四十一條所列各款事項外，並應記明各股東之責任為無限或有限。

第一一七條　（有限責任股東之出資限制）107

有限責任股東，不得以勞務為出資。

第一一八條　（有限責任股東之監督權）

①有限責任股東，得於每會計年度終了時，查閱公司帳目、業務及財產情形；必要時，法院得因有限責任股東之聲請，許其隨時檢查公司帳目、業務及財產之情形。

②對於前項之檢查，有妨礙、拒絕或規避行為者，各處新臺幣二萬元以上十萬元以下罰鍰。

③連續妨礙、拒絕或規避者，並按次連續各處新臺幣四萬元以上二十萬元以下罰鍰。

第一一九條　（有限責任股東之出資轉讓）

①有限責任股東，非得無限責任股東過半數之同意，不得以其出資全部或一部，轉讓於他人。

②第一百十一條第二項及第四項之規定，於前項準用之。

第一二〇條　（競業禁止責任之免除）

有限責任股東，得為自己或他人，為與本公司同類營業之行為；亦得為他公司之無限責任股東，或合夥事業之合夥人。

第一二一條　（表見無限責任股東之責任）

有限責任股東，如有可以令人信其為無限責任股東之行為者，對於善意第三人，負無限責任股東之責任。

第一二二條　（業務執行及代表公司之禁止）

有限責任股東，不得執行公司業務及對外代表公司。

第一二三條　（退股之限制與出資之繼承）98

①有限責任股東，不因受監護或輔助宣告而退股。
②有限責任股東死亡時，其出資歸其繼承人。

第一二四條（退股）

有限責任股東遇有非可歸責於自己之重大事由時，得經無限責任股東過半數之同意退股，或聲請法院准其退股。

第一二五條（除名）

①有限責任股東有左列各款情事之一者，得經全體無限責任股東之同意，將其除名：
一　不履行出資義務者。
二　有不正當行為，妨害公司利益者。
②前項除名，非通知該股東後，不得對抗之。

第一二六條（公司得經股東三分之二以上之同意變更章程，將其組織變更為有限公司或股份有限公司）107

①公司因無限責任或有限責任股東全體之退股而解散。但其餘股東得以一致之同意，加入無限責任股東或有限責任股東，繼續經營。
②前項有限責任股東全體退股時，無限責任股東在二人以上者，得以一致之同意變更其組織為無限公司。
③無限責任股東與有限責任股東，以全體之同意，變更其組織為無限公司時，依前項規定行之。
④公司得經股東三分之二以上之同意變更章程，將其組織變更為有限公司或股份有限公司。
⑤前項情形，不同意之股東得以書面向公司聲明退股。

第一二七條（清算人）

清算由全體無限責任股東任之。但無限責任股東得以過半數之同意另行選任清算人；其解任時亦同。

第五章　股份有限公司

第一節　設　立

第一二八條（發起人之限制）107

①股份有限公司應有二人以上為發起人。
②無行為能力人、限制行為能力人或受輔助宣告尚未撤銷之人，不得為發起人。
③政府或法人均得為發起人。但法人為發起人者，以下列情形為限：
一　公司或有限合夥。
二　以其自行研發之專門技術或智慧財產權作價投資之法人。
三　經目的事業主管機關認屬與其創設目的相關而予核准之法人。

第一二八條之一（政府或法人股東一人所組織之股份有限公司得不設董事會、監察人）107

①政府或法人股東一人所組織之股份有限公司，不受前條第一項之限制。該公司之股東會職權由董事會行使，不適用本法有關股東會之規定。
②前項公司，得依章程規定不設董事會，置董事一人或二人；置董事一人者，以其為董事長，董事會之職權由該董事行使，不適用本法有關董事會之規定；置董事二人者，準用本法有關董事會之規定。
③第一項公司，得依章程規定不置監察人；未置監察人者，不適用本法有關監察人之規定。
④第一項公司之董事、監察人，由政府或法人股東指派。

第一二九條（章程之絕對應載明事項）107

發起人應以全體之同意訂立章程，載明下列各款事項，並簽名或蓋章：

一　公司名稱。
二　所營事業。
三　採行票面金額股者，股份總數及每股金額；採行無票面金額股者，股份總數。
四　本公司所在地。
五　董事及監察人之人數及任期。
六　訂立章程之年、月、日。

第一三〇條　（章程之相對應載明事項）107

①下列各款事項，非經載明於章程者，不生效力：
一　分公司之設立。
二　解散之事由。
三　特別股之種類及其權利義務。
四　發起人所得受之特別利益及受益者之姓名。

②前項第四款發起人所得受之特別利益，股東會得修改或撤銷之。但不得侵及發起人既得之利益。

第一三一條　（發起設立）107

①發起人認足第一次應發行之股份時，應即按股繳足股款並選任董事及監察人。

②前項選任方法，準用第一百九十八條之規定。

③發起人之出資，除現金外，得以公司事業所需之財產、技術抵充之。

第一三二條　（募集設立）

①發起人不認足第一次發行之股份時，應募足之。

②前項股份招募時，得依第一百五十七條之規定發行特別股。

第一三三條　（公開募股之申請）

①發起人公開招募股份時，應先具備左列事項，申請證券管理機關審核：
一　營業計畫書。
二　發起人姓名、經歷、認股數目及出資種類。
三　招股章程。
四　代收股款之銀行或郵局名稱及地址。
五　有承銷或代銷機構者，其名稱及約定事項。
六　證券管理機關規定之其他事項。

②前項發起人所認股份，不得少於第一次發行股份四分之一。

③第一項各款，應於證券管理機關通知到達之日起三十日內，加記核准文號及年、月、日公告招募之。但第五款約定事項，得免予公告。

第一三四條　（代收股款之證明）

代收股款之銀行或郵局，對於代收之股款，有證明其已收金額之義務，其證明之已收金額，即認為已收股款之金額。

第一三五條　（不予或撤銷核准之情形）

①申請公開招募股份有左列情形之一者，證券管理機關得不予核准或撤銷核准：
一　申請事項有違反法令或虛偽者。
二　申請事項有變更，經限期補正而未補正者。

②發起人有前項第二款情事時，由證券管理機關各處新臺幣二萬元以上十萬元以下罰鍰。

第一三六條　（撤銷核准之效力）

前條撤銷核准，未招募者，停止招募，已招募者，應募人得依股份原發行金額，加算法定利息，請求返還。

第一三七條　（招股章程應載明事項）107

招股章程應載明下列各款事項：
一　第一百二十九條及第一百三十條所列各款事項。
二　各發起人所認之股數。

三　股票超過票面金額發行者，其金額。

四　招募股份總數募足之期限，及逾期未募足時，得由認股人撤回所認股份之聲明。

五　發行特別股者，其總額及第一百五十七條第一項各款之規定。

第一三八條　（認股書之備置）

①發起人應備認股書，載明第一百三十三條第一項各款事項，並加記證券管理機關核准文號及年、月、日，由認股人填寫所認股數、金額及其住所或居所，簽名或蓋章。

②以超過票面金額發行股票者，認股人應於認股書註明認繳之金額。

③發起人違反第一項規定，不備認股書者，由證券管理機關各處新臺幣一萬元以上五萬元以下罰鍰。

第一三九條　（繳款義務）

認股人有照所填認股書，繳納股款之義務。

第一四〇條　（股票發行價格）107

①採行票面金額股之公司，其股票之發行價格，不得低於票面金額。但公開發行股票之公司，證券主管機關另有規定者，不在此限。

②採行無票面金額股之公司，其股票之發行價格不受限制。

第一四一條　（催繳股款）

第一次發行股份總數募足時，發起人應即向各認股人催繳股款，以超過票面金額發行股票時，其溢額應與股款同時繳納。

第一四二條　（延欠股款）

①認股人延欠前條應繳之股款時，發起人應定一個月以上之期限催告該認股人照繳，並聲明逾期不繳失其權利。

②發起人已為前項之催告，認股人不照繳者，即失其權利，所認股份另行募集。

③前項情形，如有損害，仍得向認股人請求賠償。

第一四三條　（創立會之召集）

前條股款繳足後，發起人應於二個月內召開創立會。

第一四四條　（創立會之程序及決議之準用規定）107

①創立會之程序及決議，準用第一百七十二條第一項、第四項、第五項、第一百七十四條、第一百七十五條、第一百七十七條、第一百七十八條、第一百七十九條、第一百八十一條、第一百八十三條第一項、第二項、第四項、第五項及第一百八十九條至第一百九十一條之規定。但關於董事及監察人之選任，準用第一百九十八條之規定。

②發起人違反前項準用第一百七十二條第一項、第五項規定，或違反前項準用第一百八十三條第一項、第四項、第五項規定者，處新臺幣一萬元以上五萬元以下罰鍰。

第一四五條　（發起人之報告義務）107

①發起人應就下列各款事項報告於創立會：

一　公司章程。

二　股東名簿。

三　已發行之股份總數。

四　以現金以外之財產、技術抵繳股款者，其姓名及其財產、技術之種類、數量、價格或估價之標準及公司核給之股數。

五　應歸公司負擔之設立費用，及發起人得受報酬。

六　發行特別股者，其股份總數。

七　董事、監察人名單，並註明其住所或居所、國民身分證統一編號或其他經政府核發之身分證明文件字號。

②發起人對於前項報告有虛偽情事時，各科新臺幣六萬元以下罰金。

第一四六條　（選任董、監事及檢查人）

①創立會應選任董事、監察人。董事、監察人經選任後，應即就前條所列事項，為確實之調查並向創立會報告。

②董事、監察人如有由發起人當選，且與自身有利害關係者，前項調查，創立會得另選

檢查人爲之。

③前二項所定調查，如有冒濫或虛僞者，由創立會裁減之。

④發起人如有妨礙調查之行爲或董事、監察人、檢查人報告有虛僞者，各科新臺幣六萬元以下罰金。

⑤第一項、第二項之調查報告，經董事、監察人或檢查人之請求延期提出時，創立會應準用第一百八十二條之規定，延期或續行集會。

第一四七條　（創立會之裁減權）

發起人所得受之報酬或特別利益及公司所負擔之設立費用有冒濫者，創立會均得裁減之，用以抵作股款之財產，如估價過高者，創立會得減少其所給股數或責令補足。

第一四八條　（連帶認繳義務）

未認足之第一次發行股份，及已認而未繳股款者，應由發起人連帶認繳；其已認而經撤回者亦同。

第一四九條　（公司損害賠償請求權）

因第一百四十七條及第一百四十八條情形，公司受有損害時，得向發起人請求賠償。

第一五〇條　（公司不能成立時發起人之責任）

公司不能成立時，發起人關於公司設立所爲之行爲，及設立所需之費用，均應負連帶責任，其因冒濫經裁減者亦同。

第一五一條　（創立會之權限）

①創立會得修改章程或爲公司不設立之決議。

②第二百七十七條第二項至第四項之規定，於前項修改章程準用之；第三百十六條之規定，於前項公司不設立之決議準用之。

第一五二條　（撤回認股）

第一次發行股份募足後，逾三個月而股款尚未繳足，或已繳納而發起人不於二個月內召集創立會者，認股人得撤回其所認之股。

第一五三條　（股份撤回之限制）

創立會結束後，認股人不得將股份撤回。

第一五四條　（股東之有限責任）102

①股東對於公司之責任，除第二項規定外，以繳清其股份之金額爲限。

②股東濫用公司之法人地位，致公司負擔特定債務且清償顯有困難，其情節重大而有必要者，該股東應負清償之責。

第一五五條　（發起人之連帶賠償責任）

①發起人對於公司設立事項，如有怠忽其任務致公司受損害時，應對公司負連帶賠償責任。

②發起人對於公司在設立登記前所負債務，在登記後亦負連帶責任。

第二節　股　份

第一五六條　（股份有限公司得發行票面金額股或無票面金額股，並自行審酌擇一採行）107

①股份有限公司之資本，應分爲股份，擇一採行票面金額股或無票面金額股。

②公司採行票面金額股者，每股金額應歸一律；採行無票面金額股者，其所得之股款應全數撥充資本。

③公司股份之一部分得爲特別股；其種類，由章程定之。

④公司章程所定股份總數，得分次發行；同次發行之股份，其發行條件相同者，價格應歸一律。但公開發行股票之公司，其股票發行價格之決定方法，得由證券主管機關另定之。

⑤股東之出資，除現金外，得以對公司所有之貨幣債權、公司事業所需之財產或技術抵充之；其抵充之數額需經董事會決議。

第一五六條之一 （股份有限公司得將票面金額股轉換為無票面金額股，但無票面金額股不得轉換為票面金額股）107

①公司得經有代表已發行股份總數三分之二以上股東出席之股東會，以出席股東表決權過半數之同意，將已發行之票面金額股全數轉換為無票面金額股；其於轉換前依第二百四十一條第一項第一款提列之資本公積，應全數轉為資本。

②前項出席股東股份總數及表決權數，章程有較高之規定者，從其規定。

③公司印製股票者，依第一項規定將已發行之票面金額股全數轉換為無票面金額股時，已發行之票面金額股之每股金額，自轉換基準日起，視為無記載。

④前項情形，公司應通知各股東於轉換基準日起六個月內換取股票。

⑤前四項規定，於公開發行股票之公司，不適用之。

⑥公司採行無票面金額股者，不得轉換為票面金額股。

第一五六條之二 （公司得依董事會之決議，向證券主管機關申請辦理公開發行程序）107

①公司得依董事會之決議，向證券主管機關申請辦理公開發行程序；申請停止公開發行者，應有代表已發行股份總數三分之二以上股東出席之股東會，以出席股東表決權過半數之同意行之。

②出席股東之股份總數不足前項定額者，得以有代表已發行股份總數過半數股東之出席，出席股東表決權三分之二以上之同意行之。

③前二項出席股東股份總數及表決權數，章程有較高之規定者，從其規定。

④公開發行股票之公司已解散、他遷不明或因不可歸責於公司之事由，致無法履行證券交易法規定有關公開發行股票公司之義務時，證券主管機關得停止其公開發行。

⑤公營事業之申請辦理公開發行及停止公開發行，應先經該公營事業之主管機關專案核定。

第一五六條之三 （公司設立後得發行新股作為受讓他公司股份之對價）107

公司設立後得發行新股作為受讓他公司股份之對價，需經董事會三分之二以上董事出席，以出席董事過半數決議行之，不受第二百六十七條第一項至第三項之限制。

第一五六條之四 （公司設立後得發行新股作為接受政府財務上協助之對價）107

①公司設立後，為改善財務結構或回復正常營運，而參與政府專案核定之紓困方案時，得發行新股轉讓於政府，作為接受政府財務上協助之對價；其發行程序不受本法有關發行新股規定之限制，其相關辦法由中央主管機關定之。

②前項紓困方案達新臺幣十億元以上者，應由專案核定之主管機關會同受紓困之公司，向立法院報告其自救計畫。

第一五七條 （特別股）107

①公司發行特別股時，應就下列各款於章程中定之：

一　特別股分派股息及紅利之順序、定額或定率。

二　特別股分派公司賸餘財產之順序、定額或定率。

三　特別股之股東行使表決權之順序、限制或無表決權。

四　複數表決權特別股或對於特定事項具否決權特別股。

五　特別股股東被選舉為董事、監察人之禁止或限制，或當選一定名額董事之權利。

六　特別股轉換成普通股之轉換股數、方法或轉換公式。

七　特別股轉讓之限制。

八　特別股權利、義務之其他事項。

②前項第四款複數表決權特別股股東，於監察人選舉，與普通股股東之表決權同。

③下列特別股，於公開發行股票之公司，不適用之：

一　第一項第四款、第五款及第七款之特別股。

二　得轉換成複數普通股之特別股。

第一五八條 （特別股之收回）

公司發行之特別股，得收回之。但不得損害特別股股東按照章程應有之權利。

第一五九條　（特別股之變更與其股東會）
①公司已發行特別股者，其章程之變更如有損害特別股股東之權利時，除應有代表已發行股份總數三分之二以上股東出席之股東會，以出席股東表決權過半數之決議為之外，並應經特別股股東會之決議。
②公開發行股票之公司，出席股東之股份總數不足前項定額者，得以有代表已發行股份總數過半數股東之出席，出席股東表決權三分之二以上之同意行之，並應經特別股股東會之決議。
③前二項出席股東股份總數及表決權數，章程有較高之規定者，從其規定。
④特別股股東會準用關於股東會之規定。

第一六〇條　（股份共有）
①股份為數人共有者，其共有人應推定一人行使股東之權利。
②股份共有人，對於公司負連帶繳納股款之義務。

第一六一條　（股票發行之時期）
①公司非經設立登記或發行新股變更登記後，不得發行股票。但公開發行股票之公司，證券管理機關另有規定者，不在此限。
②違反前項規定發行股票者，其股票無效。但持有人得向發行股票人請求損害賠償。

第一六一條之一　（公開發行股票之公司股票發行期限）107
①公開發行股票之公司，應於設立登記或發行新股變更登記後三個月內發行股票。
②公司負責人違反前項規定，不發行股票者，除由證券主管機關令其限期發行外，各處新臺幣二十四萬元以上二百四十萬元以下罰鍰；屆期仍未發行者，得繼續令其限期發行，並按次處罰至發行股票為止。

第一六一條之二　（發行股票之公司發行股份而未印製股票者，應洽證券集中保管事業機構登錄其發行之股份）107
①發行股票之公司，其發行之股份得免印製股票。
②依前項規定未印製股票之公司，應洽證券集中保管事業機構登錄其發行之股份，並依該機構之規定辦理。
③經證券集中保管事業機構登錄之股份，其轉讓及設質，應向公司辦理或以帳簿劃撥方式為之，不適用第一百六十四條及民法第九百零八條之規定。
④前項情形，於公司已印製之股票未繳回者，不適用之。

第一六二條　（股票應編號及載明事項）107
①發行股票之公司印製股票者，股票應編號，載明下列事項，由代表公司之董事簽名或蓋章，並經依法得擔任股票發行簽證人之銀行簽證後發行之：
　一　公司名稱。
　二　設立登記或發行新股變更登記之年、月、日。
　三　採行票面金額股者，股份總數及每股金額；採行無票面金額股者，股份總數。
　四　本次發行股數。
　五　發起人股票應標明發起人股票之字樣。
　六　特別股票應標明其特別種類之字樣。
　七　股票發行之年、月、日。
②股票應用股東姓名，其為同一人所有者，應記載同一姓名；股票為政府或法人所有者，應記載政府或法人之名稱，不得另立戶名或僅載代表人姓名。
③第一項股票之簽證規則，由中央主管機關定之。但公開發行股票之公司，證券主管機關另有規定者，不適用之。

第一六二條之一　（刪除）107

第一六二條之二　（刪除）107

第一六三條　（股份轉讓自由原則）107
公司股份之轉讓，除本法另有規定外，不得以章程禁止或限制之。但非於公司設立登記後，不得轉讓。

第一六四條　（股票背書轉讓）107

股票由股票持有人以背書轉讓之，並應將受讓人之姓名或名稱記載於股票。

第一六五條　（股東名簿）

①股份之轉讓，非將受讓人之姓名或名稱及住所或居所，記載於公司股東名簿，不得以其轉讓對抗公司。

②前項股東名簿記載之變更，於股東常會開會前三十日內，股東臨時會開會前十五日內，或公司決定分派股息及紅利或其他利益之基準日前五日內，不得爲之。

③公開發行股票之公司辦理第一項股東名簿記載之變更，於股東常會開會前六十日內，股東臨時會開會前三十日內，不得爲之。

④前二項期間，自開會日或基準日起算。

第一六六條　（刪除）

第一六七條　（股份之收回、收買或收爲質物）107

①公司除依第一百五十八條、第一百六十七條之一、第一百八十六條、第二百三十五條之一及第三百十七條規定外，不得自將股份收回、收買或收爲質物。但於股東清算或受破產之宣告時，得按市價收回其股份，抵償其於清算或破產宣告前結欠公司之債務。

②公司依前項但書、第一百八十六條規定，收回或收買之股份，應於六個月內，按市價將其出售，屆期未經出售者，視爲公司未發行股份，並爲變更登記。

③被持有已發行有表決權之股份總數或資本總額超過半數之從屬公司，不得將控制公司之股份收買或收爲質物。

④前項控制公司及其從屬公司直接或間接持有他公司已發行有表決權之股份總數或資本總額合計超過半數者，他公司亦不得將控制公司及其從屬公司之股份收買或收爲質物。

⑤公司負責人違反前四項規定，將股份收回、收買或收爲質物，或抬高價格抵償債務或抑低價格出售時，應負賠償責任。

第一六七條之一　（公司收買股份）107

①公司除法律另有規定者外，得經董事會以董事三分之二以上之出席及出席董事過半數同意之決議，於不超過該公司已發行股份總數百分之五之範圍內，收買其股份；收買股份之總金額，不得逾保留盈餘加已實現之資本公積之金額。

②前項公司收買之股份，應於三年內轉讓於員工，屆期未轉讓者，視爲公司未發行股份，並爲變更登記。

③公司依第一項規定收買之股份，不得享有股東權利。

④章程得訂明第二項轉讓之對象包括符合一定條件之控制或從屬公司員工。

第一六七條之二　（員工認股權憑證及發給對象）107

①公司除法律或章程另有規定者外，得經董事會以董事三分之二以上之出席及出席董事過半數同意之決議，與員工簽訂認股權契約，約定於一定期間內，員工得依約定價格認購特定數量之公司股份，訂約後由公司發給員工認股權憑證。

②員工取得認股權憑證，不得轉讓。但因繼承者，不在此限。

③章程得訂明第一項員工認股權憑證發給對象包括符合一定條件之控制或從屬公司員工。

第一六七條之三　（公司股份轉讓員工之轉讓限制）100

公司依第一百六十七條之一或其他法律規定收買自己之股份轉讓於員工者，得限制員工在一定期間內不得轉讓。但其期間最長不得超過二年。

第一六八條　（股份之銷除）

①公司非依股東會決議減少資本，不得銷除其股份；減少資本，應依股東所持股份比例減少之。但本法或其他法律另有規定者，不在此限。

②公司減少資本，得以現金以外財產退還股款；其退還之財產及抵充之數額，應經股東會決議，並經該收受財產股東之同意。

③前項財產之價值及抵充之數額，董事會應於股東會前，送交會計師查核簽證。
④公司負責人違反前三項規定者，各處新臺幣二萬元以上十萬元以下罰鍰。

第一六八條之一 （公司為彌補虧損之處置）

①公司為彌補虧損，於會計年度終了前，有減少資本及增加資本之必要者，董事會應將財務報表及虧損撥補之議案，於股東會開會三十日前交監察人查核後，提請股東會決議。
②第二百二十九條至第二百三十一條之規定，於依前項規定提請股東臨時會決議時，準用之。

第一六九條 （股東名簿應編號記載事項）107

①股東名簿應編號記載下列事項：
一 各股東之姓名或名稱、住所或居所。
二 各股東之股數；發行股票者，其股票號數。
三 發給股票之年、月、日。
四 發行特別股者，並應註明特別種類字樣。
②採電腦作業或機器處理者，前項資料得以附表補充之。

第三節 股東會

第一七〇條 （股東會之種類與召集之期限）

①股東會分左列二種：
一 股東常會，每年至少召集一次。
二 股東臨時會，於必要時召集之。
②前項股東常會應於每會計年度終了後六個月內召開。但有正當事由經報請主管機關核准者，不在此限。
③代表公司之董事違反前項召開期限之規定者，處新臺幣一萬元以上五萬元以下罰鍰。

第一七一條 （股東會之召集）

股東會除本法另有規定外，由董事會召集之。

第一七二條 （股東會召集之程序）107

①股東常會之召集，應於二十日前通知各股東。
②股東臨時會之召集，應於十日前通知各股東。
③公開發行股票之公司股東常會之召集，應於三十日前通知各股東；股東臨時會之召集，應於十五日前通知各股東。
④通知應載明召集事由；其通知經相對人同意者，得以電子方式為之。
⑤選任或解任董事、監察人、變更章程、減資、申請停止公開發行、董事競業許可、盈餘轉增資、公積轉增資、公司解散、合併、分割或第一百八十五條第一項各款之事項，應在召集事由中列舉並說明其主要內容，不得以臨時動議提出；其主要內容得置於證券主管機關或公司指定之網站，並應將其網址載明於通知。
⑥代表公司之董事，違反第一項至第三項或前項規定者，處新臺幣一萬元以上五萬元以下罰鍰。但公開發行股票之公司，由證券主管機關處代表公司之董事新臺幣二十四萬元以上二百四十萬元以下罰鍰。

第一七二條之一 （股東提案權及公司負責人違法之行政罰鍰）107

①持有已發行股份總數百分之一以上股份之股東，得向公司提出股東常會議案。但以一項為限，提案超過一項者，均不列入議案。
②公司應於股東常會召開前之停止股票過戶日前，公告受理股東之提案、書面或電子受理方式、受理處所及受理期間；其受理期間不得少於十日。
③股東所提議案以三百字為限；提案股東應親自或委託他人出席股東常會，並參與該項議案討論。
④除有下列情事之一者外，股東所提議案，董事會應列為議案：

一　該議案非股東會所得決議。
二　提案股東於公司依第一百六十五條第二項或第三項停止股票過戶時，持股未達百分之一。
三　該議案於公告受理期間外提出。
四　該議案超過三百字或有第一項但書提案超過一項之情事。

⑤第一項股東提案係為敦促公司增進公共利益或善盡社會責任之建議，董事會仍得列入議案。

⑥公司應於股東會召集通知日前，將處理結果通知提案股東，並將合於本條規定之議案列於開會通知。對於未列入議案之股東提案，董事會應於股東會說明未列入之理由。

⑦公司負責人違反第二項、第四項或前項規定者，各處新臺幣一萬元以上五萬元以下罰鍰。但公開發行股票之公司，由證券主管機關各處公司負責人新臺幣二十四萬元以上二百四十萬元以下罰鍰。

第一七二條之二 110

①公司章程得訂明股東會開會時，以視訊會議或其他經中央主管機關公告之方式為之。但因天災、事變或其他不可抗力情事，中央主管機關得公告公司於一定期間內，得不經章程訂明，以視訊會議或其公告之方式開會。

②股東會開會時，如以視訊會議為之，其股東以視訊參與會議者，視為親自出席。

③前二項規定，於公開發行股票之公司應符合之條件、作業程序及其他應遵行事項，證券主管機關另有規定者，從其規定。

第一七三條　（少數股東請求召集）

①繼續一年以上，持有已發行股份總數百分之三以上股份之股東，得以書面記明提議事項及理由，請求董事會召集股東臨時會。

②前項請求提出後十五日內，董事會不為召集之通知時，股東得報經主管機關許可，自行召集。

③依前二項規定召集之股東臨時會，為調查公司業務及財產狀況，得選任檢查人。

④董事因股份轉讓或其他理由，致董事會不為召集或不能召集股東會時，得由持有已發行股份總數百分之三以上股份之股東，報經主管機關許可，自行召集。

第一七三條之一　（股東臨時會）107

①繼續三個月以上持有已發行股份總數過半數股份之股東，得自行召集股東臨時會。

②前項股東持股期間及持股數之計算，以第一百六十五條第二項或第三項停止股票過戶時之持股為準。

第一七四條　（決議方法）

股東會之決議，除本法另有規定外，應有代表已發行股份總數過半數股東之出席，以出席股東表決權過半數之同意行之。

第一七五條　（假決議）107

①出席股東不足前條定額，而有代表已發行股份總數三分之一以上股東出席時，得以出席股東表決權過半數之同意，為假決議，並將假決議通知各股東，於一個月內再行召集股東會。

②前項股東會，對於假決議，如仍有已發行股份總數三分之一以上股東出席，並經出席股東表決權過半數之同意，視同前條之決議。

第一七五條之一　（非公開發行股票之公司股東得以書面訂立表決權拘束契約及表決權信託契約）107

①股東得以書面契約約定共同行使股東表決權之方式，亦得成立股東表決權信託，由受託人依書面信託契約之約定行使其股東表決權。

②股東非將前項書面信託契約、股東姓名或名稱、事務所、住所或居所與移轉股東表決權信託之股份總數、種類及數量於股東常會開會三十日前，或股東臨時會開會十五日前送交公司辦理登記，不得以其成立股東表決權信託對抗公司。

③前二項規定，於公開發行股票之公司，不適用之。

第一七六條　（刪除）107

第一七七條　（委託代理人出席）107

①股東得於每次股東會，出具委託書，載明授權範圍，委託代理人，出席股東會。但公開發行股票之公司，證券主管機關另有規定者，從其規定。

②除信託事業或經證券主管機關核准之股務代理機構外，一人同時受二人以上股東委託時，其代理之表決權不得超過已發行股份總數表決權之百分之三，超過時其超過之表決權，不予計算。

③一股東以出具一委託書，並以委託一人爲限，應於股東會開會五日前送達公司，委託書有重複時，以最先送達者爲準。但聲明撤銷前委託者，不在此限。

④委託書送達公司後，股東欲親自出席股東會或欲以書面或電子方式行使表決權者，應於股東會開會二日前，以書面向公司爲撤銷委託之通知；逾期撤銷者，以委託代理人出席行使之表決權爲準。

第一七七條之一　（表決權行使方式）107

①公司召開股東會時，採行書面或電子方式行使表決權者，其行使方法應載明於股東會召集通知。但公開發行股票之公司，符合證券主管機關依公司規模、股東人數與結構及其他必要情況所定之條件者，應將電子方式列爲表決權行使方式之一。

②前項以書面或電子方式行使表決權之股東，視爲親自出席股東會。但就該次股東會之臨時動議及原議案之修正，視爲棄權。

第一七七條之二　（意思表示）100

①股東以書面或電子方式行使表決權者，其意思表示應於股東會開會二日前送達公司，意思表示有重複時，以最先送達者爲準。但聲明撤銷前意思表示者，不在此限。

②股東以書面或電子方式行使表決權後，欲親自出席股東會者，應於股東會開會二日前，以與行使表決權相同之方式撤銷前項行使表決權之意思表示；逾期撤銷者，以書面或電子方式行使之表決權爲準。

③股東以書面或電子方式行使表決權，並以委託書委託代理人出席股東會者，以委託代理人出席行使之表決權爲準。

第一七七條之三　（召開股東會及相關資料公告）94

①公開發行股票之公司召開股東會，應編製股東會議事手冊，並應於股東會開會前，將議事手冊及其他會議相關資料公告。

②前項公告之時間、方式、議事手冊應記載之主要事項及其他應遵行事項之辦法，由證券管理機關定之。

第一七八條　（表決權行使之迴避）

股東對於會議之事項，有自身利害關係致有害於公司利益之虞時，不得加入表決，並不得代理他股東行使其表決權。

第一七九條　（表決權之計算）107

①公司各股東，除本法另有規定外，每股有一表決權。

②有下列情形之一者，其股份無表決權：

一　公司依法持有自己之股份。

二　被持有已發行有表決權之股份總數或資本總額超過半數之從屬公司，所持有控制公司之股份。

三　控制公司及其從屬公司直接或間接持有他公司已發行有表決權之股份總數或資本總額合計超過半數之他公司，所持有控制公司及其從屬公司之股份。

第一八〇條　（股份數表決權數）

①股東會之決議，對無表決權股東之股份數，不算入已發行股份之總數。

②股東會之決議，對依第一百七十八條規定不得行使表決權之股份數，不算入已出席股東之表決權數。

第一八一條　（政府或法人爲股東時之表決權行使）101

①政府或法人爲股東時，其代表人不限於一人。但其表決權之行使，仍以其所持有之股

份綜合計算。

②前項之代表人有二人以上時，其代表人行使表決權應共同為之。

③公開發行公司之股東係為他人持有股份時，股東得主張分別行使表決權。

④前項分別行使表決權之資格條件、適用範圍、行使方式、作業程序及其他應遵行事項之辦法，由證券主管機關定之。

第一八二條　（延期或續行集會）

股東會決議在五日內延期或續行集會，不適用第一百七十二條之規定。

第一八二條之一　（主席之產生及議事規則之訂定）

①股東會由董事會召集者，其主席依第二百零八條第三項規定辦理；由董事會以外之其他召集權人召集者，主席由該召集權人擔任之，召集權人有二人以上時，應互推一人擔任之。

②公司應訂定議事規則。股東會開會時，主席違反議事規則，宣布散會者，得以出席股東表決權過半數之同意推選一人擔任主席，繼續開會。

第一八三條　（議事錄之作成與保存）100

①股東會之議決事項，應作成議事錄，由主席簽名或蓋章，並於會後二十日內，將議事錄分發各股東。

②前項議事錄之製作及分發，得以電子方式為之。

③第一項議事錄之分發，公開發行股票之公司，得以公告方式為之。

④議事錄應記載會議之年、月、日、場所、主席姓名、決議方法、議事經過之要領及其結果，在公司存續期間，應永久保存。

⑤出席股東之簽名簿及代理出席之委託書，其保存期限至少為一年。但經股東依第一百八十九條提起訴訟者，應保存至訴訟終結為止。

⑥代表公司之董事，違反第一項、第四項或前項規定者，處新臺幣一萬元以上五萬元以下罰鍰。

第一八四條　（股東會之查核權）

①股東會得查核董事會造具之表冊、監察人之報告，並決議盈餘分派或虧損撥補。

②執行前項查核時，股東會得選任檢查人。

③對於前二項查核有妨礙、拒絕或規避之行為者，各處新臺幣二萬元以上十萬元以下罰鍰。

第一八五條　（營業政策重大變更）107

①公司為下列行為，應有代表已發行股份總數三分之二以上股東出席之股東會，以出席股東表決權過半數之同意行之：

一　締結、變更或終止關於出租全部營業，委託經營或與他人經常共同經營之契約。

二　讓與全部或主要部分之營業或財產。

三　受讓他人全部營業或財產，對公司營運有重大影響。

②公開發行股票之公司，出席股東之股份總數不足前項定額者，得以有代表已發行股份總數過半數股東之出席，出席股東表決權三分之二以上之同意行之。

③前二項出席股東股份總數及表決權數，章程有較高之規定者，從其規定。

④第一項之議案，應由有三分之二以上董事出席之董事會，以出席董事過半數之決議提出之。

第一八六條　（少數股東請求收買權）

股東於股東會為前條決議前，已以書面通知公司反對該項行為之意思表示，並於股東會已為反對者，得請求公司以當時公平價格，收買其所有之股份。但股東會為前條第一項第二款之決議，同時決議解散時，不在此限。

第一八七條　（收買股份之價格）

①前條之請求，應自第一百八十五條決議日起二十日內，提出記載股份種類及數額之書面為之。

②股東與公司間協議決定股份價格者，公司應自決議日起九十日內支付價款，自第一百

八十五條決議日起六十日內未達協議者，股東應於此期間經過後三十日內，聲請法院爲價格之裁定。

③公司對法院裁定之價格，自第二項之期間屆滿日起，應支付法定利息，股份價款之支付，應與股票之交付同時爲之，股份之移轉於價款支付時生效。

第一八八條　（股份收買請求權之失效）

①第一百八十六條股東之請求，於公司取銷第一百八十五條第一項所列之行爲時，失其效力。

②股東於前條第一項及第二項之期間內，不爲同項之請求時亦同。

第一八九條　（決議之撤銷）

股東會之召集程序或其決議方法，違反法令或章程時，股東得自決議之日起三十日內，訴請法院撤銷其決議。

第一八九條之一　（法院駁回撤銷決議之請求）

法院對於前條撤銷決議之訴，認爲其違反之事實非屬重大且於決議無影響者，得駁回其請求。

第一九〇條　（撤銷登記）

決議事項已爲登記者，經法院爲撤銷決議之判決確定後，主管機關經法院之通知或利害關係人之申請時，應撤銷其登記。

第一九一條　（股東會決議之無效）

股東會決議之內容，違反法令或章程者無效。

第四節　董事及董事會

第一九二條　（董事之選任）107

①公司董事會，設置董事不得少於三人，由股東會就有行爲能力之人選任之。

②公司得依章程規定不設董事會，置董事一人或二人。置董事一人者，以其爲董事長，董事會之職權並由該董事行使，不適用本法有關董事會之規定；置董事二人者，準用本法有關董事會之規定。

③公開發行股票之公司依第一項選任之董事，其全體董事合計持股比例，證券主管機關另有規定者，從其規定。

④民法第十五條之二及第八十五條之規定，對於第一項行爲能力，不適用之。

⑤公司與董事間之關係，除本法另有規定外，依民法關於委任之規定。

⑥第三十條之規定，對董事準用之。

第一九二條之一　（董事選舉）107

①公司董事選舉，採候選人提名制度者，應載明於章程，股東應就董事候選人名單中選任之。但公開發行股票之公司，符合證券主管機關依公司規模、股東人數與結構及其他必要情況所定之條件者，應於章程載明採董事候選人提名制度。

②公司應於股東會召開前之停止股票過戶日前，公告受理董事候選人提名之期間、董事應選名額、其受理處所及其他必要事項，受理期間不得少於十日。

③持有已發行股份總數百分之一以上股份之股東，得以書面向公司提出董事候選人名單，提名人數不得超過董事應選名額；董事會提名董事候選人之人數，亦同。

④前項提名股東應敘明被提名人姓名、學歷及經歷。

⑤董事會或其他召集權人召集股東會者，除有下列情事之一者外，應將其列入董事候選人名單：

一　提名股東於公告受理期間外提出。

二　提名股東於公司依第一百六十五條第二項或第三項停止股票過戶時，持股未達百分之一。

三　提名人數超過董事應選名額。

四　提名股東未敘明被提名人姓名、學歷及經歷。

⑥公司應於股東常會開會二十五日前或股東臨時會開會十五日前，將董事候選人名單及其學歷、經歷公告。但公開發行股票之公司應於股東常會開會四十日前或股東臨時會開會二十五日前為之。

⑦公司負責人或其他召集權人違反第二項或前二項規定者，各處新臺幣一萬元以上五萬元以下罰鍰。但公開發行股票之公司，由證券主管機關各處公司負責人或其他召集權人新臺幣二十四萬元以上二百四十萬元以下罰鍰。

第一九三條　（董事之責任）

①董事會執行業務，應依照法令章程及股東會之決議。

②董事會之決議，違反前項規定，致公司受損害時，參與決議之董事，對於公司負賠償之責；但經表示異議之董事，有紀錄或書面聲明可證者，免其責任。

第一九三條之一　（公司得為董事就其執行業務範圍投保責任保險）107

①公司得於董事任期內就其執行業務範圍依法應負之賠償責任投保責任保險。

②公司為董事投保責任保險或續保後，應將其責任保險之投保金額、承保範圍及保險費率等重要內容，提最近一次董事會報告。

第一九四條　（股東制止請求權）

董事會決議，為違反法令或章程之行為時，繼續一年以上持有股份之股東，得請求董事會停止其行為。

第一九五條　（董事之任期）

①董事任期不得逾三年。但得連選連任。

②董事任期屆滿而不及改選時，延長其執行職務至改選董事就任時為止。但主管機關得依職權限期令公司改選；屆期仍不改選者，自限期屆滿時，當然解任。

第一九六條　（董事報酬）98

①董事之報酬，未經章程訂明者，應由股東會議定，不得事後追認。

②第二十九條第二項之規定，對董事準用之。

第一九七條　（董事股份轉讓限制）102

①董事經選任後，應向主管機關申報，其選任當時所持有之公司股份數額；公開發行股票之公司董事在任期中轉讓超過選任當時所持有之公司股份數額二分之一時，其董事當然解任。

②董事在任期中其股份有增減時，應向主管機關申報並公告之。

③公開發行股票之公司董事當選後，於就任前轉讓超過選任當時所持有之公司股份數額二分之一時，或於股東會召開前之停止股票過戶期間內，轉讓持股超過二分之一時，其當選失其效力。

第一九七條之一　（董事股份設定或解除質權之通知義務暨表決權行使之限制）100

①董事之股份設定或解除質權者，應即通知公司，公司應於質權設定或解除後十五日內，將其質權變動情形，向主管機關申報並公告之。但公開發行股票之公司，證券管理機關另有規定者，不在此限。

②公開發行股票之公司董事以股份設定質權超過選任當時所持有之公司股份數額二分之一時，其超過之股份不得行使表決權，不算入已出席股東之表決權數。

第一九八條　（董事選任方式）100

①股東會選任董事時，每一股份有與應選出董事人數相同之選舉權，得集中選舉一人，或分配選舉數人，由所得選票代表選舉權較多者，當選為董事。

②第一百七十八條之規定，對於前項選舉權，不適用之。

第一九九條　（董事解任）

①董事得由股東會之決議，隨時解任；如於任期中無正當理由將其解任時，董事得向公司請求賠償因此所受之損害。

②股東會為前項解任之決議，應有代表已發行股份總數三分之二以上股東之出席，以出席股東表決權過半數之同意行之。

③公開發行股票之公司，出席股東之股份總數不足前項定額者，得以有代表已發行股份

總數過半數股東之出席，出席股東表決權三分之二以上之同意行之。

④前二項出席股東股份總數及表決權數，章程有較高之規定者，從其規定。

第一九九條之一 （董事改選及提前解任）107

①股東會於董事任期未屆滿前，改選全體董事者，如未決議董事於任期屆滿始爲解任，視爲提前解任。

②前項改選，應有代表已發行股份總數過半數股東之出席。

第二〇〇條 （解任董事之訴）

董事執行業務，有重大損害公司之行爲或違反法令或章程之重大事項，股東會未爲決議將其解任時，得由持有已發行股份總數百分之三以上股份之股東，於股東會後三十日內，訴請法院裁判之。

第二〇一條 （董事補選）

董事缺額達三分之一時，董事會應於三十日內召開股東臨時會補選之。但公開發行股票之公司，董事會應於六十日內召開股東臨時會補選之。

第二〇二條 （董事會職權）

公司業務之執行，除本法或章程規定應由股東會決議之事項外，均應由董事會決議行之。

第二〇三條 （董事會召集程序）107

①每屆第一次董事會，由所得選票代表選舉權最多之董事於改選後十五日內召開之。但董事係於上屆董事任滿前改選，並決議自任期屆滿時解任者，應於上屆董事任滿後十五日內召開之。

②董事係於上屆董事任期屆滿前改選，並經決議自任期屆滿時解任者，其董事長、副董事長、常務董事之改選得於任期屆滿前爲之，不受前項之限制。

③第一次董事會之召開，出席之董事未達選舉常務董事或董事長之最低出席人數時，原召集人應於十五日內繼續召開，並得適用第二百零六條之決議方法選舉之。

④得選票代表選舉權最多之董事，未在第一項或前項期限內召開董事會時，得由過半數當選之董事，自行召集之。

第二〇三條之一 （股份有限公司過半數董事於董事長不召開董事會時，得自行召集董事會）107

①董事會由董事長召集之。

②過半數之董事得以書面記明提議事項及理由，請求董事長召集董事會。

③前項請求提出後十五日內，董事長不爲召開時，過半數之董事得自行召集。

第二〇四條 （董事會之召集通知）107

①董事會之召集，應於三日前通知各董事及監察人。但章程有較高之規定者，從其規定。

②公開發行股票之公司董事會之召集，其通知各董事及監察人之期間，由證券主管機關定之，不適用前項規定。

③有緊急情事時，董事會之召集，得隨時爲之。

④前三項召集之通知，經相對人同意者，得以電子方式爲之。

⑤董事會之召集，應載明事由。

第二〇五條 （董事應親自出席或委託代理出席董事會）107

①董事會開會時，董事應親自出席。但公司章程訂定得由其他董事代理者，不在此限。

②董事會開會時，如以視訊會議爲之，其董事以視訊參與會議者，視爲親自出席。

③董事委託其他董事代理出席董事會時，應於每次出具委託書，並列舉召集事由之授權範圍。

④前項代理人，以受一人之委託爲限。

⑤公司章程得訂明經全體董事同意，董事就當次董事會議案以書面方式行使其表決權，而不實際集會。

⑥前項情形，視爲已召開董事會；以書面方式行使表決權之董事，視爲親自出席董事

會。

⑦前二項規定，於公開發行股票之公司，不適用之。

第二〇六條　（董事會之決議）107

①董事會之決議，除本法另有規定外，應有過半數董事之出席，出席董事過半數之同意行之。

②董事對於會議之事項，有自身利害關係時，應於當次董事會說明其自身利害關係之重要內容。

③董事之配偶、二親等內血親，或與董事具有控制從屬關係之公司，就前項會議之事項有利害關係者，視爲董事就該事項有自身利害關係。

④第一百七十八條、第一百八十條第二項之規定，於第一項之決議準用之。

第二〇七條　（議事錄）

①董事會之議事，應作成議事錄。

②前項議事錄準用第一百八十三條之規定。

第二〇八條　（董事長常務董事）

①董事會未設常務董事者，應由三分之二以上董事之出席，及出席董事過半數之同意，互選一人爲董事長，並得依章程規定，以同一方式互選一人爲副董事長。

②董事會設有常務董事者，其常務董事依前項選舉方式互選之，名額至少三人，最多不得超過董事人數三分之一。董事長或副董事長由常務董事依前項選舉方式互選之。

③董事長對內爲股東會、董事會及常務董事會主席，對外代表公司。董事長請假或因故不能行使職權時，由副董事長代理之；無副董事長或副董事長亦請假或因故不能行使職權時，由董事長指定常務董事一人代理之；其未設常務董事者，指定董事一人代理之；董事長未指定代理人者，由常務董事或董事互推一人代理之。

④常務董事於董事會休會時，依法令、章程、股東會決議及董事會決議，以集會方式經常執行董事會職權，由董事長隨時召集，以半數以上常務董事之出席，及出席過半數之決議行之。

⑤第五十七條及第五十八條對於代表公司之董事準用之。

第二〇八條之一　（臨時管理人）

①董事會不爲或不能行使職權，致公司有受損害之虞時，法院因利害關係人或檢察官之聲請，得選任一人以上之臨時管理人，代行董事長及董事會之職權。但不得爲不利於公司之行爲。

②前項臨時管理人，法院應囑託主管機關爲之登記。

③臨時管理人解任時，法院應囑託主管機關註銷登記。

第二〇九條　（不競業義務）

①董事爲自己或他人爲屬於公司營業範圍內之行爲，應對股東會說明其行爲之重要內容，並取得其許可。

②股東會爲前項許可之決議，應有代表已發行股份總數三分之二以上股東之出席，以出席股東表決權過半數之同意行之。

③公開發行股票之公司，出席股東之股份總數不足前項定額者，得以有代表已發行股份總數過半數股東之出席，出席股東表決權三分之二以上之同意行之。

④前二項出席股東股份總數及表決權數，章程有較高之規定者，從其規定。

⑤董事違反第一項之規定，爲自己或他人爲該行爲時，股東會得以決議，將該行爲之所得視爲公司之所得。但自所得產生後逾一年者，不在此限。

第二一〇條　（章程簿冊之備置）107

①除證券主管機關另有規定外，董事會應將章程及歷屆股東會議事錄、財務報表備置於本公司，並將股東名簿及公司債存根簿備置於本公司或股務代理機構。

②前項章程及簿冊，股東及公司之債權人得檢具利害關係證明文件，指定範圍，隨時請求查閱、抄錄或複製；其備置於股務代理機構者，公司應令股務代理機構提供。

③代表公司之董事，違反第一項規定，不備置章程、簿冊者，處新臺幣一萬元以上五萬

元以下罰鍰。但公開發行股票之公司，由證券主管機關處代表公司之董事新臺幣二十四萬元以上二百四十萬元以下罰鍰。

④代表公司之董事，違反第二項規定無正當理由而拒絕查閱、抄錄、複製或未令股務代理機構提供者，處新臺幣一萬元以上五萬元以下罰鍰。但公開發行股票之公司，由證券主管機關處代表公司之董事新臺幣二十四萬元以上二百四十萬元以下罰鍰。

⑤前二項情形，主管機關或證券主管機關並應令其限期改正；屆期未改正者，繼續令其限期改正，並按次處罰至改正為止。

第二一〇條之一（董事會或其他召集權人召集股東會者，得請求公司或股務代理機構提供股東名簿）107

①董事會或其他召集權人召集股東會者，得請求公司或股務代理機構提供股東名簿。

②代表公司之董事拒絕提供股東名簿者，處新臺幣一萬元以上五萬元以下罰鍰。但公開發行股票之公司，由證券主管機關處代表公司之董事新臺幣二十四萬元以上二百四十萬元以下罰鍰。

③股務代理機構拒絕提供股東名簿者，由證券主管機關處新臺幣二十四萬元以上二百四十萬元以下罰鍰。

④前二項情形，主管機關或證券主管機關並應令其限期改正；屆期未改正者，繼續令其限期改正，並按次處罰至改正為止。

第二一一條（虧損之報告及聲請宣告破產）107

①公司虧損達實收資本額二分之一時，董事會應於最近一次股東會報告。

②公司資產顯有不足抵償其所負債務時，除得依第二百八十二條辦理者外，董事會應即聲請宣告破產。

③代表公司之董事，違反前二項規定者，處新臺幣二萬元以上十萬元以下罰鍰。

第二一二條（對董事訴訟）

股東會決議對於董事提起訴訟時，公司應自決議之日起三十日內提起之。

第二一三條（公司董事訴訟之代表）

公司與董事間訴訟，除法律另有規定外，由監察人代表公司，股東會亦得另選代表公司為訴訟之人。

第二一四條（少數股東得以書面請求監察人為公司對董事提起訴訟）107

①繼續六個月以上，持有已發行股份總數百分之一以上之股東，得以書面請求監察人為公司對董事提起訴訟。

②監察人自有前項之請求日起，三十日內不提起訴訟時，前項之股東，得為公司提起訴訟；股東提起訴訟時，法院因被告之申請，得命起訴之股東，提供相當之擔保；如因敗訴，致公司受有損害，起訴之股東，對於公司負賠償之責。

③股東提起前項訴訟，其裁判費超過新臺幣六十萬元部分暫免徵收。

④第二項訴訟，法院得依聲請為原告選任律師為訴訟代理人。

第二一五條（代表訴訟之損害賠償）

①提起前條第二項訴訟所依據之事實，顯屬虛構，經終局判決確定時，提起此項訴訟之股東，對於被訴之董事，因此訴訟所受之損害，負賠償責任。

②提起前條第二項訴訟所依據之事實，顯屬實在，經終局判決確定時，被訴之董事，對於起訴之股東，因此訴訟所受之損害，負賠償責任。

第五節　監察人

第二一六條（監察人之選任）107

①公司監察人，由股東會選任之，監察人中至少須有一人在國內有住所。

②公開發行股票之公司依前項選任之監察人須有二人以上，其全體監察人合計持股比例，證券主管機關另有規定者，從其規定。

③公司與監察人間之關係，從民法關於委任之規定。

④第三十條之規定及第一百九十二條第一項、第四項關於行為能力之規定，對監察人準用之。

第二一六條之一 （公司監察人選舉準用規定）107

①公司監察人選舉，依章程規定採候選人提名制度者，準用第一百九十二條之一第一項至第六項規定。

②公司負責人或其他召集權人違反前項準用第一百九十二條之一第二項、第五項或第六項規定者，各處新臺幣一萬元以上五萬元以下罰鍰。但公開發行股票之公司，由證券主管機關各處公司負責人或其他召集權人新臺幣二十四萬元以上二百四十萬元以下罰鍰。

第二一七條 （監察人之任期）

①監察人任期不得逾三年。但得連選連任。

②監察人任期屆滿而不及改選時，延長其執行職務至改選監察人就任時為止。但主管機關得依職權，限期令公司改選；屆期仍不改選者，自限期屆滿時，當然解任。

第二一七條之一 （監察人全體解任）

監察人全體均解任時，董事會應於三十日內召開股東臨時會選任之。但公開發行股票之公司，董事會應於六十日內召開股東臨時會選任之。

第二一八條 （監察人之檢查業務權）107

①監察人應監督公司業務之執行，並得隨時調查公司業務及財務狀況，查核、抄錄或複製簿冊文件，並得請求董事會或經理人提出報告。

②監察人辦理前項事務，得代表公司委託律師、會計師審核之。

③違反第一項規定，規避、妨礙或拒絕監察人檢查行為者，代表公司之董事處新臺幣二萬元以上十萬元以下罰鍰。但公開發行股票之公司，由證券主管機關處代表公司之董事新臺幣二十四萬元以上二百四十萬元以下罰鍰。

④前項情形，主管機關或證券主管機關並應令其限期改正；屆期未改正者，繼續令其限期改正，並按次處罰至改正為止。

第二一八條之一 （董事報告業務）

董事發現公司有受重大損害之虞時，應立即向監察人報告。

第二一八條之二 （監察權）

①監察人得列席董事會陳述意見。

②董事會或董事執行業務有違反法令、章程或股東會決議之行為者，監察人應即通知董事會或董事停止其行為。

第二一九條 （監察人之查核表冊權）

①監察人對於董事會編造提出股東會之各種表冊，應予查核，並報告意見於股東會。

②監察人辦理前項事務，得委託會計師審核之。

③監察人違反第一項規定而為虛偽之報告者，各科新臺幣六萬元以下罰金。

第二二〇條 （監察召集股東會）

監察人除董事會不為召集或不能召集股東會外，得為公司利益，於必要時，召集股東會。

第二二一條 （監察權之行使）

監察人各得單獨行使監察權。

第二二二條 （兼職禁止）

監察人不得兼任公司董事、經理人或其他職員。

第二二三條 （監察人代表公司）

董事為自己或他人與公司為買賣、借貸或其他法律行為時，由監察人為公司之代表。

第二二四條 （監察人責任）

監察人執行職務違反法令、章程或怠忽職務，致公司受有損害者，對公司負賠償責任。

第二二五條 （對監察人訴訟）

①股東會決議，對於監察人提起訴訟時，公司應自決議之日起三十日內提起之。
②前項起訴之代表，股東會得於董事外另行選任。

第二二六條　（董監連帶責任）
監察人對公司或第三人負損害賠償責任，而董事亦負其責任時，該監察人及董事爲連帶債務人。

第二二七條　（監察人之準用）
第一百九十六條至第二百條、第二百零八條之一、第二百十四條及第二百十五條之規定，於監察人準用之。但第二百十四條對監察人之請求，應向董事會爲之。

第六節　會　計

第二二八條　（會計表冊之編造）
①每會計年度終了，董事會應編造左列表冊，於股東常會開會三十日前交監察人查核：
　一　營業報告書。
　二　財務報表。
　三　盈餘分派或虧損撥補之議案。
②前項表冊，應依中央主管機關規定之規章編造。
③第一項表冊，監察人得請求董事會提前交付查核。

第二二八條之一　（公司得於每季或每半會計年度終了後爲盈餘分派或虧損撥補）107
①公司章程得訂明盈餘分派或虧損撥補於每季或每半會計年度終了後爲之。
②公司前三季或前半會計年度盈餘分派或虧損撥補之議案，應連同營業報告書及財務報表交監察人查核後，提董事會決議之。
③公司依前項規定分派盈餘時，應先預估並保留應納稅捐、依法彌補虧損及提列法定盈餘公積。但法定盈餘公積，已達實收資本額時，不在此限。
④公司依第二項規定分派盈餘而以發行新股方式爲之時，應依第二百四十條規定辦理；發放現金者，應經董事會決議。
⑤公開發行股票之公司，依前四項規定分派盈餘或撥補虧損時，應依經會計師查核或核閱之財務報表爲之。

第二二九條　（表冊之備置與查閱）
董事會所造具之各項表冊與監察人之報告書，應於股東常會開會十日前，備置於本公司，股東得隨時查閱，並得偕同其所委託之律師或會計師查閱。

第二三〇條　（會計表冊之承認與分發）107
①董事會應將其所造具之各項表冊，提出於股東常會請求承認，經股東常會承認後，董事會應將財務報表及盈餘分派或虧損撥補之決議，分發各股東。
②前項財務報表及盈餘分派或虧損撥補決議之分發，公開發行股票之公司，得以公告方式爲之。
③第一項表冊及決議，公司債權人得要求給予、抄錄或複製。
④代表公司之董事，違反第一項規定不爲分發者，處新臺幣一萬元以上五萬元以下罰鍰。

第二三一條　（董監事責任之解除）
各項表冊經股東會決議承認後，視爲公司已解除董事及監察人之責任。但董事或監察人有不法行爲者，不在此限。

第二三二條　（不得分派股息及紅利之情形與違反之處罰）101
①公司非彌補虧損及依本法規定提出法定盈餘公積後，不得分派股息及紅利。
②公司無盈餘時，不得分派股息及紅利。
③公司負責人違反第一項或前項規定分派股息及紅利時，各處一年以下有期徒刑、拘役或科或併科新臺幣六萬元以下罰金。

第二三三條　（違法分派效果）

公司違反前條規定分派股息及紅利時，公司之債權人，得請求退還，並得請求賠償因此所受之損害。

第二三四條　（建設股息之分派）

①公司依其業務之性質，自設立登記後，如需二年以上之準備，始能開始營業者，經主管機關之許可，得依章程之規定，於開始營業前分派股息。

②前項分派股息之金額，應以預付股息列入資產負債表之股東權益項下，公司開始營業後，每屆分派股息及紅利超過實收資本額百分之六時，應以其超過之金額扣抵沖銷之。

第二三五條　（股息及紅利之分派）107

股息及紅利之分派，除本法另有規定外，以各股東持有股份之比例為準。

第二三五條之一　（公司應以當年度獲利狀況之定額或比率，分派員工酬勞）107

①公司應於章程訂明以當年度獲利狀況之定額或比率，分派員工酬勞。但公司尚有累積虧損時，應予彌補。

②公營事業除經該公營事業之主管機關專案核定於章程訂明分派員工酬勞之定額或比率外，不適用前項之規定。

③前二項員工酬勞以股票或現金為之，應由董事會以董事三分之二以上之出席及出席董事過半數同意之決議行之，並報告股東會。

④公司經前項董事會決議以股票之方式發給員工酬勞者，得同次決議以發行新股或收買自己之股份為之。

⑤章程得訂明依第一項至第三項發給股票或現金之對象包括符合一定條件之控制或從屬公司員工。

第二三六條　（刪除）

第二三七條　（法定與特別盈餘公積之提出）107

①公司於完納一切稅捐後，分派盈餘時，應先提出百分之十為法定盈餘公積。但法定盈餘公積，已達實收資本額時，不在此限。

②除前項法定盈餘公積外，公司得以章程訂定或股東會議決，另提特別盈餘公積。

③公司負責人違反第一項規定，不提法定盈餘公積時，各處新臺幣二萬元以上十萬元以下罰鍰。

第二三八條　（刪除）

第二三九條　（公積之使用—填補虧損）

①法定盈餘公積及資本公積，除填補公司虧損外，不得使用之。但第二百四十一條規定之情形，或法律另有規定者，不在此限。

②公司非於盈餘公積填補資本虧損，仍有不足時，不得以資本公積補充之。

第二四〇條　（以發行新股或發放現金方式分派股息及紅利）107

①公司得由有代表已發行股份總數三分之二以上股東出席之股東會，以出席股東表決權過半數之決議，將應分派股息及紅利之全部或一部，以發行新股方式為之；不滿一股之金額，以現金分派之。

②公開發行股票之公司，出席股東之股份總數不足前項定額者，得以有代表已發行股份總數過半數股東之出席，出席股東表決權三分之二以上之同意行之。

③前二項出席股東股份總數及表決權數，章程有較高規定者，從其規定。

④依本條發行新股，除公開發行股票之公司，應依證券主管機關之規定辦理者外，於決議之股東會終結時，即生效力，董事會應即分別通知各股東，或記載於股東名簿之質權人。

⑤公開發行股票之公司，得以章程授權董事會以三分之二以上董事之出席，及出席董事過半數之決議，將應分派股息及紅利之全部或一部，以發放現金之方式為之，並報告股東會。

第二四一條　（公司無虧損者，將法定盈餘公積按股份之比例發給新股或現金）107

①公司無虧損者，得依前條第一項至第三項所定股東會決議之方法，將法定盈餘公積及下列資本公積之全部或一部，按股東原有股份之比例發給新股或現金：
　一　超過票面金額發行股票所得之溢額。
　二　受領贈與之所得。
②前條第四項及第五項規定，於前項準用之。
③以法定盈餘公積發給新股或現金者，以該項公積超過實收資本額百分之二十五之部分為限。

第二四二條至第二四四條　（刪除）

第二四五條　（檢查人之選派及權限）107
①繼續六個月以上，持有已發行股份總數百分之一以上之股東，得檢附理由、事證及說明其必要性，聲請法院選派檢查人，於必要範圍內，檢查公司業務帳目、財產情形、特定事項、特定交易文件及紀錄。
②法院對於檢查人之報告認為必要時，得命監察人召集股東會。
③對於檢查人之檢查有規避、妨礙或拒絕行為者，或監察人不遵法院命令召集股東會者，處新臺幣二萬元以上十萬元以下罰鍰。再次規避、妨礙、拒絕或不遵法院命令召集股東會者，並按次處罰。

第七節　公司債

第二四六條　（公司債之募集）
①公司經董事會決議後，得募集公司債。但須將募集公司債之原因及有關事項報告股東會。
②前項決議，應由三分之二以上董事之出席，及出席董事過半數之同意行之。

第二四六條之一　（公司債受償順序）
　公司於發行公司債時，得約定其受償順序次於公司其他債權。

第二四七條　（公司債總額之限制）107
①公開發行股票公司之公司債總額，不得逾公司現有全部資產減去全部負債後之餘額。
②無擔保公司債之總額，不得逾前項餘額二分之一。

第二四八條　（公司債發行應載明事項及私募之規定）107
①公司發行公司債時，應載明下列事項，向證券主管機關辦理之：
　一　公司名稱。
　二　公司債總額及債券每張之金額。
　三　公司債之利率。
　四　公司債償還方法及期限。
　五　償還公司債款之籌集計畫及保管方法。
　六　公司債募得價款之用途及運用計畫。
　七　前已募集公司債者，其未償還之數額。
　八　公司債發行價格或最低價格。
　九　公司股份總數與已發行股份總數及其金額。
　十　公司現有全部資產，減去全部負債後之餘額。
　十一　證券主管機關規定之財務報表。
　十二　公司債權人之受託人名稱及其約定事項。公司債之私募不在此限。
　十三　代收款項之銀行或郵局名稱及地址。
　十四　有承銷或代銷機構者，其名稱及約定事項。
　十五　有發行擔保者，其種類、名稱及證明文件。
　十六　有發行保證人者，其名稱及證明文件。
　十七　對於前已發行之公司債或其他債務，曾有違約或遲延支付本息之事實或現況。
　十八　可轉換股份者，其轉換辦法。

十九　附認股權者，其認購辦法。
二十　董事會之議事錄。
二一　公司債其他發行事項，或證券主管機關規定之其他事項。

②普通公司債、轉換公司債或附認股權公司債之私募不受第二百四十九條第二款及第二百五十條第二款之限制，並於發行後十五日內檢附發行相關資料，向證券主管機關報備；私募之發行公司不以上市、上櫃、公開發行股票之公司為限。

③前項私募人數不得超過三十五人。但金融機構應募者，不在此限。

④公司就第一項各款事項有變更時，應即向證券主管機關申請更正；公司負責人不為申請更正時，由證券主管機關各處新臺幣一萬元以上五萬元以下罰鍰。

⑤第一項第七款、第九款至第十一款、第十七款，應由會計師查核簽證；第十二款至第十六款，應由律師查核簽證。

⑥第一項第十二款之受託人，以金融或信託事業為限，由公司於申請發行時約定之，並負擔其報酬。

⑦第一項第十八款之可轉換股份數額或第十九款之可認購股份數額加計已發行股份總數、已發行轉換公司債可轉換股份總數、已發行附認股權公司債可認購股份總數、已發行附認股權特別股可認購股份總數及已發行認股權憑證可認購股份總數，如超過公司章程所定股份總數時，應先完成變更章程增加資本額後，始得為之。

第二四八條之一　（私募轉換公司債或附認股權公司債應經董事會決議）107

公司依前條第二項私募轉換公司債或附認股權公司債時，應經第二百四十六條董事會之決議，並經股東會決議。但公開發行股票之公司，證券主管機關另有規定者，從其規定。

第二四九條　（無擔保公司債發行之禁止）101

公司有下列情形之一者，不得發行無擔保公司債：

一　對於前已發行之公司債或其他債務，曾有違約或遲延支付本息之事實已了結，自了結之日起三年內。

二　最近三年或開業不及三年之開業年度課稅後之平均淨利，未達原定發行之公司債，應負擔年息總額之百分之一百五十。

第二五〇條　（公司債發行之禁止）

公司有左列情形之一者，不得發行公司債：

一　對於前已發行之公司債或其他債務有違約或遲延支付本息之事實，尚在繼續中者。

二　最近三年或開業不及三年之開業年度課稅後之平均淨利，未達原定發行之公司債應負擔年息總額之百分之一百者。但經銀行保證發行之公司債不受限制。

第二五一條　（撤銷核准）

①公司發行公司債經核准後，如發現其申請事項，有違反法令或虛偽情形時，證券管理機關得撤銷核准。

②為前項撤銷核准時，未發行者，停止募集；已發行者，即時清償。其因此所發生之損害，公司負責人對公司及應募人負連帶賠償責任。

③第一百三十五條第二項規定，於本條第一項準用之。

第二五二條　（應募書之備置與公告）

①公司發行公司債之申請經核准後，董事會應於核准通知到達之日起三十日內，備就公司債應募書，附載第二百四十八條第一項各款事項，加記核准之證券管理機關與年、月、日、文號，並同時將其公告，開始募集。但第二百四十八條第一項第十一款之財務報表，第十二款及第十四款之約定事項，第十五款及第十六款之證明文件，第二十款之議事錄等事項，得免予公告。

②超過前項期限未開始募集而仍須募集者，應重行申請。

③代表公司之董事，違反第一項規定，不備應募書者，由證券管理機關處新臺幣一萬元以上五萬元以下罰鍰。

第二五三條　（應募）

①應募人應在應募書上塡寫所認金額及其住所或居所，簽名或蓋章，並照所塡應募書負繳款之義務。

②應募人以現金當場購買無記名公司債券者，免塡前項應募書。

第二五四條　（繳足金額）

公司債經應募人認定後，董事會應向未交款之各應募人請求繳足其所認金額。

第二五五條　（受託人之查核與監督）

①董事會在實行前條請求前，應將全體記名債券應募人之姓名、住所或居所暨其所認金額，及已發行之無記名債券張數、號碼暨金額，開列清冊，連同第二百四十八條第一項各款所定之文件，送交公司債債權人之受託人。

②前項受託人，爲應募人之利益，有查核及監督公司履行公司債發行事項之權。

第二五六條　（受託人之特定權責）107

①公司爲發行公司債所設定之抵押權或質權，得由受託人爲債權人取得，並得於公司債發行前先行設定。

②受託人對於前項之抵押權或質權或其擔保品，應負責實行或保管之。

第二五七條　（公司債之債券應編號及記載事項以及發行）107

①公司債之債券應編號載明發行之年、月、日及第二百四十八條第一項第一款至第四款、第十八款及第十九款之事項，有擔保、轉換或可認購股份者，載明擔保、轉換或可認購字樣，由代表公司之董事簽名或蓋章，並經依法得擔任債券發行簽證人之銀行簽證後發行之。

②有擔保之公司債除前項應記載事項外，應於公司債正面列示保證人名稱，並由其簽名或蓋章。

第二五七條之一　（刪除）107

第二五七條之二　（免印製債票）107

①公司發行之公司債，得免印製債票，並應洽證券集中保管事業機構登錄及依該機構之規定辦理。

②經證券集中保管事業機構登錄之公司債，其轉讓及設質應向公司辦理或以帳簿劃撥方式爲之，不適用第二百六十條及民法第九百零八條之規定。

③前項情形，於公司已印製之債券未繳回者，不適用之。

第二五八條　（公司債存根簿）

①公司債存根簿，應將所有債券依次編號，並載明左列事項：

一　公司債債權人之姓名或名稱及住所或居所。

二　第二百四十八條第一項第二款至第四款之事項，第十二款受託人之名稱，第十五款、第十六款之發行擔保及保證、第十八款之轉換及第十九款之可認購事項。

三　公司債發行之年、月、日。

四　各債券持有人取得債券之年、月、日。

②無記名債券，應以載明無記名字樣，替代前項第一款之記載。

第二五九條　（公司債款變更用途之處罰）

公司募集公司債款後，未經申請核准變更，而用於規定事項以外者，處公司負責人一年以下有期徒刑、拘役或科或併科新臺幣六萬元以下罰金，如公司因此受有損害時，對於公司並負賠償責任。

第二六〇條　（記名式公司債之轉讓）

記名式之公司債券，得由持有人以背書轉讓之。但非將受讓人之姓名或名稱，記載於債券，並將受讓人之姓名或名稱及住所或居所記載於公司債存根簿，不得以其轉讓對抗公司。

第二六一條　（無記名債券改換爲記名式）

債券爲無記名式者，債權人得隨時請求改爲記名式。

第二六二條　（股份之轉換）

①公司債約定得轉換股份者，公司有依其轉換辦法核給股份之義務。但公司債債權人有選擇權。
②公司債附認股權者，公司有依其認購辦法核給股份之義務。但認股權憑證持有人有選擇權。

第二六三條　（債權人會議）107
①發行公司債之公司，公司債債權人之受託人，或有同次公司債總數百分之五以上之公司債債權人，得爲公司債債權人之共同利害關係事項，召集同次公司債債權人會議。
②前項會議之決議，應有代表公司債債權總額四分之三以上債權人之出席，以出席債權人表決權三分之二以上之同意行之，並按每一公司債券最低票面金額有一表決權。
③無記名公司債債權人，出席第一項會議者，非於開會五日前，將其債券交存公司，不得出席。

第二六四條　（議事錄之作成與執行）
前條債權人會議之決議，應製成議事錄，由主席簽名，經申報公司所在地之法院認可並公告後，對全體公司債債權人發生效力，由公司債債權人之受託人執行之。但債權人會議另有指定者，從其指定。

第二六五條　（不予認可之決議）
公司債債權人會議之決議，有左列情事之一者，法院不予認可：
一　召集公司債債權人會議之手續或其決議方法，違反法令或應募書之記載者。
二　決議不依正當方法達成者。
三　決議顯失公正者。
四　決議違反債權人一般利益者。

第八節　發行新股

第二六六條　（發行新股之決議）107
①公司依第一百五十六條第四項分次發行新股，依本節之規定。
②公司發行新股時，應由董事會以董事三分之二以上之出席，及出席董事過半數同意之決議行之。
③第一百四十一條、第一百四十二條之規定，於發行新股準用之。

第二六七條　（發行新股與認股之程序）107
①公司發行新股時，除經目的事業中央主管機關專案核定者外，應保留發行新股總數百分之十至十五之股份由公司員工承購。
②公營事業經該公營事業之主管機關專案核定者，得保留發行新股由員工承購；其保留股份，不得超過發行新股總數百分之十。
③公司發行新股時，除依前二項保留者外，應公告及通知原有股東，按照原有股份比例儘先分認，並聲明逾期不認購者，喪失其權利；原有股東持有股份按比例不足分認一新股者，得合併共同認購或歸併一人認購；原有股東未認購者，得公開發行或洽由特定人認購。
④前三項新股認購權利，除保留由員工承購者外，得與原有股份分離而獨立轉讓。
⑤第一項、第二項所定保留員工承購股份之規定，於以公積抵充，核發新股予原有股東者，不適用之。
⑥公司對員工依第一項、第二項承購之股份，得限制在一定期間內不得轉讓。但其期間最長不得超過二年。
⑦章程得訂明依第一項規定承購股份之員工，包括符合一定條件之控制或從屬公司員工。
⑧本條規定，對因合併他公司、分割、公司重整或依第一百六十七條之二、第二百三十五條之一、第二百六十二條、第二百六十八條之一第一項而增發新股者，不適用之。
⑨公司發行限制員工權利新股者，不適用第一項至第六項之規定，應有代表已發行股份

總數三分之二以上股東出席之股東會，以出席股東表決權過半數之同意行之。

⑩公開發行股票之公司出席股東之股份總數不足前項定額者，得以有代表已發行股份總數過半數股東之出席，出席股東表決權三分之二以上之同意行之。

⑪章程得訂明依第九項規定發行限制員工權利新股之對象，包括符合一定條件之控制或從屬公司員工。

⑫公開發行股票之公司依前三項規定發行新股者，其發行數量、發行價格、發行條件及其他應遵行事項，由證券主管機關定之。

⑬公司負責人違反第一項規定者，各處新臺幣二萬元以上十萬元以下罰鍰。

第二六八條　（公開發行新股之申請核准事項）107

①公司發行新股時，除由原有股東及員工全部認足或由特定人協議認購而不公開發行者外，應將下列事項，申請證券主管機關核准，公開發行：

一　公司名稱。
二　原定股份總數、已發行數額及金額。
三　發行新股總數、每股金額及其他發行條件。
四　證券主管機關規定之財務報表。
五　增資計畫。
六　發行特別股者，其種類、股數、每股金額及第一百五十七條第一項第一款至第三款、第六款及第八款事項。
七　發行認股權憑證或附認股權特別股者，其可認購股份數額及其認股辦法。
八　代收股款之銀行或郵局名稱及地址。
九　有承銷或代銷機構者，其名稱及約定事項。
十　發行新股決議之議事錄。
十一　證券主管機關規定之其他事項。

②公司就前項各款事項有變更時，應即向證券主管機關申請更正；公司負責人不爲申請更正者，由證券主管機關各處新臺幣一萬元以上五萬元以下罰鍰。

③第一項第二款至第四款及第六款，由會計師查核簽證；第八款、第九款，由律師查核簽證。

④第一項、第二項規定，對於第二百六十七條第五項之發行新股，不適用之。

⑤公司發行新股之股數、認股權憑證或附認股權特別股可認購股份數額加計已發行股份總數、已發行轉換公司債可轉換股份總數、已發行附認股權公司債可認購股份總數、已發行附認股權特別股可認購股份總數及已發行認股權憑證可認購股份總數，如超過公司章程所定股份總數時，應先完成變更章程增加資本額後，始得爲之。

第二六八條之一　（認股權憑證）

①公司發行認股權憑證或附認股權特別股者，有依其認股辦法核給股份之義務，不受第二百六十九條及第二百七十條規定之限制。但認股權憑證持有人有選擇權。

②第二百六十六條第二項、第二百七十一條第一項、第二項、第二百七十二條及第二百七十三條第二項、第三項之規定，於公司發行認股權憑證時，準用之。

第二六九條　（公開發行新股之限制）

公司有左列情形之一者，不得公開發行具有優先權利之特別股：

一　最近三年或開業不及三年之開業年度課稅後之平均淨利，不足支付已發行及擬發行之特別股股息者。
二　對於已發行之特別股約定股息，未能按期支付者。

第二七〇條　（公開發行新股之禁止）

公司有左列情形之一者，不得公開發行新股：

一　最近連續二年有虧損者。但依其事業性質，須有較長準備期間或具有健全之營業計畫，確能改善營利能力者，不在此限。
二　資產不足抵償債務者。

第二七一條　（核准之撤銷）

①公司公開發行新股經核准後，如發現其申請事項，有違反法令或虛偽情形時，證券管理機關得撤銷其核准。
②為前項撤銷核准時，未發行者，停止發行；已發行者，股份持有人，得於撤銷時起，向公司依股票原定發行金額加算法定利息，請求返還；因此所發生之損害，並得請求賠償。
③第一百三十五條第二項之規定，於本條準用之。

第二七二條　（出資之種類）
公司公開發行新股時，應以現金為股款。但由原有股東認購或由特定人協議認購，而不公開發行者，得以公司事業所需之財產為出資。

第二七三條　（公開發行，認股書之備置及載明事項）107
①公司公開發行新股時，董事會應備置認股書，載明下列事項，由認股人填寫所認股數、種類、金額及其住所或居所，簽名或蓋章：
一　第一百二十九條及第一百三十條第一項之事項。
二　原定股份總數，或增加資本後股份總數中已發行之數額及其金額。
三　第二百六十八條第一項第三款至第十一款之事項。
四　股款繳納日期。
②公司公開發行新股時，除在前項認股書加記證券主管機關核准文號及年、月、日外，並應將前項各款事項，於證券主管機關核准通知到達後三十日內，加記核准文號及年、月、日，公告並發行之。但營業報告、財產目錄、議事錄、承銷或代銷機構約定事項，得免予公告。
③超過前項期限仍須公開發行時，應重行申請。
④代表公司之董事，違反第一項規定，不備置認股書者，由證券主管機關處新臺幣一萬元以上五萬元以下罰鍰。

第二七四條　（不公開發行之認股書）
①公司發行新股，而依第二百七十二條但書不公開發行時，仍應依前條第一項之規定，備置認股書；如以現金以外之財產抵繳股款者，並於認股書加載其姓名或名稱及其財產之種類、數量、價格或估價之標準及公司核給之股數。
②前項財產出資實行後，董事會應送請監察人查核加具意見，報請主管機關核定之。

第二七五條　（刪除）

第二七六條　（催告與撤回認股）
①發行新股超過股款繳納期限，而仍有未經認購或已認購而撤回或未繳股款者，其已認購的繳款之股東，得定一個月以上之期限，催告公司使認購足額並繳足股款；逾期不能完成時，得撤回認股，由公司返回其股款，並加給法定利息。
②有行為之董事，對於因前項情事所致公司之損害，應負連帶賠償責任。

第九節　變更章程

第二七七條　（變更章程）
①公司非經股東會決議，不得變更章程。
②前項股東會之決議，應有代表已發行股份總數三分之二以上之股東出席，以出席股東表決權過半數之同意行之。
③公開發行股票之公司，出席股東之股份總數不足前項定額者，得以有代表已發行股份總數過半數股東之出席，出席股東表決權三分之二以上之同意行之。
④前二項出席股東股份總數及表決權數，章程有較高之規定者，從其規定。

第二七八條　（刪除）107

第二七九條　（減資之程序）107
①因減少資本換發新股票時，公司應於減資登記後，定六個月以上之期限，通知各股東換取，並聲明逾期不換取者，喪失其股東之權利。

②股東於前項期限內不換取者，即喪失其股東之權利，公司得將其股份拍賣，以賣得之金額，給付該股東。
③公司負責人違反第一項通知期限之規定時，各處新臺幣三千元以上一萬五千元以下罰鍰。

第二八〇條　（股份之合併）
因減少資本而合併股份時，其不適於合併之股份之處理，準用前條第二項之規定。

第二八一條　（表冊編造、通知、公告之準用規定）
第七十三條及第七十四條之規定，於減少資本準用之。

第十節　公司重整

第二八二條　（重整聲請）107
①公開發行股票或公司債之公司，因財務困難，暫停營業或有停業之虞，而有重建更生之可能者，得由公司或下列利害關係人之一向法院聲請重整：
一　繼續六個月以上持有已發行股份總數百分之十以上股份之股東。
二　相當於公司已發行股份總數金額百分之十以上之公司債權人。
三　工會。
四　公司三分之二以上之受僱員工。
②公司爲前項聲請，應經董事會以董事三分之二以上之出席及出席董事過半數同意之決議行之。
③第一項第三款所稱之工會，指下列工會：
一　企業工會。
二　會員受僱於公司人數，逾其所僱用勞工人數二分之一之產業工會。
三　會員受僱於公司之人數，逾其所僱用具同類職業技能勞工人數二分之一之職業工會。
④第一項第四款所稱之受僱員工，以聲請時公司勞工保險投保名冊人數爲準。

第二八三條　（重整之聲請書狀應載明事項）107
①公司重整之聲請，應由聲請人以書狀連同副本五份，載明下列事項，向法院爲之：
一　聲請人之姓名及住所或居所；聲請人爲法人、其他團體或機關者，其名稱及公務所、事務所或營業所。
二　有法定代理人、代理人者，其姓名、住所或居所，及法定代理人與聲請人之關係。
三　公司名稱、所在地、事務所或營業所及代表公司之負責人姓名、住所或居所。
四　聲請之原因及事實。
五　公司所營事業及業務狀況。
六　公司最近一年度依第二百二十八條規定所編造之表冊；聲請日期已逾年度開始六個月者，應另送上半年之資產負債表。
七　對於公司重整之具體意見。
②前項第五款至第七款之事項，得以附件補充之。
③公司爲聲請時，應提出重整之具體方案。股東、債權人、工會或受僱員工爲聲請時，應檢同釋明其資格之文件，對第一項第五款及第六款之事項，得免予記載。

第二八三條之一　（重整聲請裁定駁回之情形）
重整之聲請，有左列情形之一者，法院應裁定駁回：
一　聲請程序不合者。但可以補正者，應限期命其補正。
二　公司未依本法公開發行股票或公司債者。
三　公司經宣告破產已確定者。
四　公司依破產法所爲之和解決議已確定者。
五　公司已解散者。

六　公司被勒令停業限期清理者。

第二八四條　（裁定前之意見徵詢）

①法院對於重整之聲請，除依前條之規定裁定駁回者外，應即將聲請書狀副本，檢送主管機關、目的事業中央主管機關、中央金融主管機關及證券管理機關，並徵詢其關於應否重整之具體意見。

②法院對於重整之聲請，並得徵詢本公司所在地之稅捐稽徵機關及其他有關機關、團體之意見。

③前二項被徵詢意見之機關，應於三十日內提出意見。

④聲請人為股東或債權人時，法院應檢同聲請書狀副本，通知該公司。

第二八五條　（檢查人之選任與調查）

①法院除為前條徵詢外，並得就對公司業務具有專門學識、經營經驗而非利害關係人者，選任為檢查人，就左列事項於選任後三十日內調查完畢報告法院：

一　公司業務、財務狀況及資產估價。

二　依公司業務、財務、資產及生產設備之分析，是否尚有重建更生之可能。

三　公司以往業務經營之得失及公司負責人執行業務有無怠忽或不當情形。

四　聲請書狀所記載事項有無虛偽不實情形。

五　聲請人為公司者，其所提重整方案之可行性。

六　其他有關重整之方案。

②檢查人對於公司業務或財務有關之一切簿冊、文件及財產，得加以檢查。公司之董事、監察人、經理人或其他職員，對於檢查人關於業務財務之詢問，有答覆之義務。

③公司之董事、監察人、經理人或其他職員，拒絕前項檢查，或對前項詢問無正當理由不為答覆，或為虛偽陳述者，處新臺幣二萬元以上十萬元以下罰鍰。

第二八五條之一　（裁定之執行）

①法院依檢查人之報告，並參考目的事業中央主管機關、證券管理機關、中央金融主管機關及其他有關機關、團體之意見，應於收受重整聲請後一百二十日內，為准許或駁回重整之裁定，並通知各有關機關。

②前項一百二十日之期間，法院得以裁定延長之，每次延長不得超過三十日。但以二次為限。

③有左列情形之一者，法院應裁定駁回重整之聲請：

一　聲請書狀所記載事項有虛偽不實者。

二　依公司業務及財務狀況無重建更生之可能者。

④法院依前項第二款於裁定駁回時，其合於破產規定者，法院得依職權宣告破產。

第二八六條　（造報名冊之命令）

法院於裁定重整前，得命公司負責人，於七日內就公司債權人及股東，依其權利之性質，分別造報名冊，並註明住所或居所及債權或股份總金額。

第二八七條　（裁定前法院之處分）

①法院為公司重整之裁定前，得因公司或利害關係人之聲請或依職權，以裁定為左列各款處分：

一　公司財產之保全處分。

二　公司業務之限制。

三　公司履行債務及對公司行使債權之限制。

四　公司破產、和解或強制執行等程序之停止。

五　公司記名式股票轉讓之禁止。

六　公司負責人，對於公司損害賠償責任之查定及其財產之保全處分。

②前項處分，除法院准予重整外，其期間不得超過九十日；必要時，法院得由公司或利害關係人之聲請或依職權以裁定延長之；其延長期間不得超過九十日。

③前項期間屆滿前，重整之聲請駁回確定者，第一項之裁定失其效力。

④法院為第一項之裁定時，應將裁定通知證券管理機關及相關之目的事業中央主管機

關。

第二八八條　（刪除）

第二八九條　（重整監督人之裁定）95

①法院為重整裁定時，應就對公司業務，具有專門學識及經營經驗者或金融機構，選任為重整監督人，並決定下列事項：

一　債權及股東權之申報期日及場所，其期間應在裁定之日起十日以上，三十日以下。

二　所申報之債權及股東權之審查期日及場所，其期間應在前款申報期間屆滿後十日以內。

三　第一次關係人會議期日及場所，其期日應在第一款申報期間屆滿後三十日以內。

②前項重整監督人，應受法院監督，並得由法院隨時改選。

③重整監督人有數人時，關於重整事務之監督執行，以其過半數之同意行之。

第二九〇條　（重整人）95

①公司重整人由法院就債權人、股東、董事、目的事業中央主管機關或證券管理機關推薦之專家中選派之。

②第三十條之規定，於前項公司重整人準用之。

③關係人會議，依第三百零二條分組行使表決權之結果，有二組以上主張另行選定重整人時，得提出候選人名單，聲請法院選派之。

④重整人有數人時，關於重整事務之執行，以其過半數之同意行之。

⑤重整人執行職務應受重整監督人之監督，其有違法或不當情事者，重整監督人得聲請法院解除其職務，另行選派之。

⑥重整人為下列行為時，應於事前徵得重整監督人之許可：

一　營業行為以外之公司財產之處分。

二　公司業務或經營方法之變更。

三　借款。

四　重要或長期性契約之訂立或解除，其範圍由重整監督人定之。

五　訴訟或仲裁之進行。

六　公司權利之拋棄或讓與。

七　他人行使取回權、解除權或抵銷權事件之處理。

八　公司重要人事之任免。

九　其他經法院限制之行為。

第二九一條　（法院重整裁定之公告及送達）107

①法院為重整裁定後，應即公告下列事項：

一　重整裁定之主文及其年、月、日。

二　重整監督人、重整人之姓名或名稱、住址或處所。

三　第二百八十九條第一項所定期間、期日及場所。

四　公司債權人怠於申報權利時，其法律效果。

②法院對於重整監督人、重整人、公司、已知之公司債權人及股東，仍應將前項裁定及所列各事項，以書面送達之。

③法院於前項裁定送達公司時，應派書記官於公司帳簿，記明截止意旨，簽名或蓋章，並作成節略，載明帳簿狀況。

第二九二條　（重整開始之登記）95

法院為重整裁定後，應檢同裁定書，通知主管機關，為重整開始之登記，並由公司將裁定書影本黏貼於該公司所在地公告處。

第二九三條　（重整裁定之效力）

①重整裁定送達公司後，公司業務之經營及財產之管理處分權移屬於重整人，由重整監督人監督交接，並聲報法院，公司股東會、董事及監察人之職權，應予停止。

②前項交接時，公司董事及經理人，應將有關公司業務及財務之一切帳冊、文件與公司

之一切財產，移交重整人。

③公司之董事、監察人、經理人或其他職員，對於重整監督人或重整人所為關於業務或財務狀況之詢問，有答覆之義務。

④公司之董事、監察人、經理人或其他職員，有左列行為之一者，各處一年以下有期徒刑、拘役或科或併科新臺幣六萬元以下罰金：

一　拒絕移交。

二　隱匿或毀損有關公司業務或財務狀況之帳冊文件。

三　隱匿或毀棄公司財產或為其他不利於債權人之處分。

四　無故對前項詢問不為答覆。

五　捏造債務或承認不眞實之債務。

第二九四條　（訴訟程序之終止）

裁定重整後，公司之破產、和解、強制執行及因財產關係所生之訴訟等程序，當然停止。

第二九五條　（裁定後法院之處分）

法院依第二百八十七條第一項第一、第二、第五及第六各款所為之處分，不因裁定重整失其效力，其未為各該款處分者，於裁定重整後，仍得依利害關係人或重整監督人之聲請，或依職權裁定之。

第二九六條（重整債權之種類與限制）

①對公司之債權，在重整裁定前成立者，為重整債權；其依法享有優先受償權者，為優先重整債權；其有抵押權、質權或留置權為擔保者，為有擔保重整債權；無此項擔保者，為無擔保重整債權；各該債權，非依重整程序，均不得行使權利。

②破產法破產債權節之規定，於前項債權準用之。但其中有關別除權及優先權之規定，不在此限。

③取回權、解除權或抵銷權之行使，應向重整人為之。

第二九七條　（債權之申報及效力）107

①重整債權人，應提出足資證明其權利存在之文件，向重整監督人申報，經申報者，其時效中斷；未經申報者，不得依重整程序受清償。

②前項應為申報之人，因不可歸責於自己之事由，致未依限申報者，得於事由終止後十五日內補報之。但重整計畫已經關係人會議可決時，不得補報。

③股東之權利，依股東名簿之記載。

第二九八條　（重整監督人之任務）

①重整監督人，於權利申報期間屆滿後，應依其初步審查之結果，分別製作優先重整債權人、有擔保重整債權人、無擔保重整債權人及股東清冊，載明權利之性質、金額及表決權數額，於第二百八十九條第一項第二款期日之三日前，聲報法院及備置於適當處所，並公告其開始備置日期及處所，以供重整債權人、股東及其他利害關係人查閱。

②重整債權人之表決權，以其債權之金額比例定之；股東表決權，依公司章程之規定。

第二九九條　（重整債權、股東權之審查）

①法院審查重整債權及股東權之期日，重整監督人、重整人及公司負責人應到場備詢，重整債權人、股東及其他利害關係人，得到場陳述意見。

②有異議之債權或股東權，由法院裁定之。

③就債權或股東權有實體上之爭執者，應由爭執之利害關係人，於前項裁定送達後二十日內提起確認之訴，並應向法院為起訴之證明；經起訴後在判決確定前，仍依前項裁定之內容及數額行使其權利。但依重整計畫受清償時，應予提存。

④重整債權或股東權，在法院宣告審查終結前，未經異議者，視為確定；對公司及全體股東、債權人有確定判決同一之效力。

第三〇〇條　（關係人會議）

①重整債權人及股東，為公司重整之關係人，出席關係人會議，因故不能出席時，得委

託他人代理出席。

②關係人會議由重整監督人爲主席，並召集除第一次以外之關係人會議。

③重整監督人，依前項規定召集會議時，於五日前訂明會議事由，以通知及公告爲之。一次集會未能結束，經重整監督人當場宣告連續或展期舉行者，得免爲通知及公告。

④關係人會議開會時，重整人及公司負責人應列席備詢。

⑤公司負責人無正當理由對前項詢問不爲答覆或爲虛僞之答覆者，各處一年以下有期徒刑、拘役或科或併科新臺幣六萬元以下罰金。

第三〇一條　（關係人會議之任務）

關係人會議之任務如左：

一　聽取關於公司業務與財務狀況之報告及對於公司重整之意見。

二　審議及表決重整計劃。

三　決議其他有關重整之事項。

第三〇二條　（關係人會議之決議）95

①關係人會議，應分別按第二百九十八條第一項規定之權利人，分組行使其表決權，其決議以經各組表決權總額二分之一以上之同意行之。

②公司無資本淨值時，股東組不得行使表決權。

第三〇三條　（重整計畫之擬定）

①重整人應擬訂重整計畫，連同公司業務及財務報表，提請第一次關係人會議審查。

②重整人經依第二百九十條之規定另選者，重整計畫，應由新任重整人於一個月內提出之。

第三〇四條　（重整計畫之內容）

①公司重整如有左列事項，應訂明於重整計畫：

一　全部或一部重整債權人或股東權利之變更。

二　全部或一部營業之變更。

三　財產之處分。

四　債務清償方法及其資金來源。

五　公司資產之估價標準及方法。

六　章程之變更。

七　員工之調整或裁減。

八　新股或公司債之發行。

九　其他必要事項。

②前項重整計畫之執行，除債務清償期限外，自法院裁定認可確定之日起算不得超過一年；其有正當理由，不能於一年內完成時，得經重整監督人許可，聲請法院裁定延展期限；期限屆滿仍未完成者，法院得依職權或依關係人之聲請裁定終止重整。

第三〇五條　（重整計畫之執行與效力）

①重整計畫經關係人會議可決者，重整人應聲請法院裁定認可後執行之，並報主管機關備查。

②前項法院認可之重整計畫，對於公司及關係人均有拘束力，其所載之給付義務，適於爲強制執行之標的者，並得逕予強制執行。

第三〇六條　（重整計畫之變更與終止）95

①重整計畫未得關係人會議有表決權各組之可決時，重整監督人應即報告法院，法院得依公正合理之原則，指示變更方針，命關係人會議在一個月內再予審查。

②前項重整計畫，經指示變更再予審查，仍未獲關係人會議可決時，應裁定終止重整。但公司確有重整之價值者，法院就其不同意之組，得以下列方法之一，修正重整計畫裁定認可之：

一　有擔保重整債權人之擔保財產，隨同債權移轉於重整後之公司，其權利仍存續不變。

二　有擔保重整債權人，對於擔保之財產；無擔保重整債權人，對於可充清償其債權之財產；股東對於可充分派之賸餘財產；均得分別依公正交易價額，各按應得之份，處分清償或分派承受或提存之。

三　其他有利於公司業務維持及債權人權利保障之公正合理方法。

③前條第一項或前項重整計畫，因情事變遷或有正當理由致不能或無須執行時，法院得因重整監督人、重整人或關係人之聲請，以裁定命關係人會議重行審查，其顯無重整之可能或必要者，得裁定終止重整。

④前項重行審查可決之重整計畫，仍應聲請法院裁定認可。

⑤關係人會議，未能於重整裁定送達公司後一年內可決重整計畫者，法院得依聲請或依職權裁定終止重整；其經法院依第三項裁定命重行審查，而未能於裁定送達後一年內可決重整計畫者，亦同。

第三〇七條　（徵詢意見及終止後之處理）

①法院爲前二條處理時，應徵詢主管機關、目的事業中央主管機關及證券管理機關之意見。

②法院爲終止重整之裁定，應檢同裁定書通知主管機關；裁定確定時，主管機關應即爲終止重整之登記；其合於破產規定者，法院得依職權宣告其破產。

第三〇八條　（終止重整之效力）

法院裁定終止重整，除依職權宣告公司破產者，依破產法之規定外，有左列效力：

一　依第二百八十七條、第二百九十四條、第二百九十五條或第二百九十六條所爲之處分或所生之效力，均失效力。

二　因怠於申報權利，而不能行使權利者，恢復其權利。

三　因裁定重整而停止之股東會、董事及監察人之職權，應即恢復。

第三〇九條　（重整中之變通處理）107

公司重整中，下列各款規定，如與事實確有扞格時，經重整人聲請法院，得裁定另作適當之處理：

一　第二百七十七條變更章程之規定。

二　第二百七十九條及第二百八十一條減資之通知公告期間及限制之規定。

三　第二百六十八條至第二百七十條及第二百七十六條發行新股之規定。

四　第二百四十八條至第二百五十條，發行公司債之規定。

五　第一百二十八條、第一百三十三條、第一百四十八條至第一百五十條及第一百五十五條設立公司之規定。

六　第二百七十二條出資種類之規定。

第三一〇條　（重整之完成）

①公司重整人，應於重整計畫所定期限內完成重整工作；重整完成時，應聲請法院爲重整完成之裁定，並於裁定確定後，召集重整後之股東會選任董事、監察人。

②前項董事、監察人於就任後，應會同重整人向主管機關申請登記或變更登記。

第三一一條　（公司重整完成後之效力）107

①公司重整完成後，有下列效力：

一　已申報之債權未受清償部分，除依重整計畫處理，移轉重整後之公司承受者外，其請求權消滅；未申報之債權亦同。

二　股東股權經重整而變更或減除之部分，其權利消滅。

三　重整裁定前，公司之破產、和解、強制執行及因財產關係所生之訴訟等程序，即行失其效力。

②公司債權人對公司債務之保證人及其他共同債務人之權利，不因公司重整而受影響。

第三一二條　（重整債務）

①左列各款，爲公司之重整債務，優先於重整債權而爲清償：

一　維持公司業務繼續營運所發生之債務。

二　進行重整程序所發生之費用。

②前項優先受償權之效力，不因裁定終止重整而受影響。

第三一三條　（重整人員之報酬與責任）
①檢查人、重整監督人或重整人，應以善良管理人之注意，執行其職務，其報酬由法院依其職務之繁簡定之。
②檢查人、重整監督人或重整人，執行職務違反法令，致公司受有損害時，對於公司應負賠償責任。
③檢查人、重整監督人或重整人，對於職務上之行為，有虛偽陳述時，各處一年以下有期徒刑、拘役或科或併科新臺幣六萬元以下罰金。
第三一四條　（民事訴訟法之準用）
關於本節之管轄及聲請通知送達公告裁定或抗告等，應履行之程序，準用民事訴訟法之規定。

第十一節　解散、合併及分割

第三一五條　（解散之法定原因）
①股份有限公司，有左列情事之一者，應予解散：
一　章程所定解散事由。
二　公司所營事業已成就或不能成就。
三　股東會為解散之決議。
四　有記名股票之股東不滿二人。但政府或法人股東一人者，不在此限。
五　與他公司合併。
六　分割。
七　破產。
八　解散之命令或裁判。
②前項第一款得經股東會議變更章程後，繼續經營；第四款本文得增加有記名股東繼續經營。
第三一六條　（解散、合併或分割之決議及通知）107
①股東會對於公司解散、合併或分割之決議，應有代表已發行股份總數三分之二以上股東之出席，以出席股東表決權過半數之同意行之。
②公開發行股票之公司，出席股東之股份總數不足前項定額者，得以有代表已發行股份總數過半數股東之出席，出席股東表決權三分之二以上之同意行之。
③前二項出席股東股份總數及表決權數，章程有較高之規定者，從其規定。
④公司解散時，除破產外，董事會應即將解散之要旨，通知各股東。
第三一六條之一　（公司合併其存續及新設公司之限制）90
①股份有限公司相互間合併，或股份有限公司與有限公司合併者，其存續或新設公司以股份有限公司為限。
②股份有限公司分割者，其存續公司或新設公司以股份有限公司為限。
第三一六條之二　（簡易合併）
①控制公司持有從屬公司百分之九十以上已發行股份者，得經控制公司及從屬公司之董事會以董事三分之二以上出席，及出席董事過半數之決議，與其從屬公司合併。其合併之決議，不適用第三百十六條第一項至第三項有關股東會決議之規定。
②從屬公司董事會為前項決議後，應即通知其股東，並指定三十日以上期限，聲明其股東得於期限內提出書面異議，請求從屬公司按當時公平價格，收買其持有之股份。
③從屬公司股東與從屬公司間依前項規定協議決定股份價格者，公司應自董事會決議日起九十日內支付價款；其自董事會決議日起六十日內未達協議者，股東應於此期間經過後三十日內，聲請法院為價格之裁定。
④第二項從屬公司股東收買股份之請求，於公司取銷合併之決議時，失其效力。股東於第二項及第三項規定期間內不為請求或聲請時，亦同。
⑤第三百十七條有關收買異議股東所持股份之規定，於控制公司不適用之。

⑥控制公司因合併而修正其公司章程者，仍應依第二百七十七條規定辦理。

第三一七條 （股份收買請求權）

①公司分割或與他公司合併時，董事會應就分割、合併有關事項，作成分割計畫、合併契約，提出於股東會；股東在集會前或集會中，以書面表示異議，或以口頭表示異議經紀錄者，得放棄表決權，而請求公司按當時公平價格，收買其持有之股份。

②他公司為新設公司者，被分割公司之股東會視為他公司之發起人會議，得同時選舉新設公司之董事及監察人。

③第一百八十七條及第一百八十八條之規定，於前項準用之。

第三一七條之一 （合併契約應載事項）

①前條第一項所指之合併契約，應以書面為之，並記載左列事項：

一　合併之公司名稱，合併後存續公司之名稱或新設公司之名稱。

二　存續公司或新設公司因合併發行股份之總數、種類及數量。

三　存續公司或新設公司因合併對於消滅公司股東配發新股之總數、種類及數量與配發之方法及其他有關事項。

四　對於合併後消滅之公司，其股東配發之股份不滿一股應支付現金者，其有關規定。

五　存續公司之章程需變更者或新設公司依第一百二十九條應訂立之章程。

②前項之合併契約書，應於發送合併承認決議股東會之召集通知時，一併發送於股東。

第三一七條之二 （分割計畫應載事項）

①第三百十七條第一項之分割計畫，應以書面為之，並記載左列事項：

一　承受營業之既存公司章程需變更事項或新設公司章程。

二　被分割公司讓與既存公司或新設公司之營業價值、資產、負債、換股比例及計算依據。

三　承受營業之既存公司發行新股或新設公司發行股份之總數、種類及數量。

四　被分割公司或其股東所取得股份之總數、種類及數量。

五　對被分割公司或其股東配發之股份不滿一股應支付現金者，其有關規定。

六　既存公司或新設公司承受被分割公司權利義務及其相關事項。

七　被分割公司之資本減少時，其資本減少有關事項。

八　被分割公司之股份銷除所需辦理事項。

九　與他公司共同為公司分割者，分割決議應記載其共同為公司分割有關事項。

②前項分割計畫書，應於發送分割承認決議股東會之召集通知時，一併發送於股東。

第三一七條之三 （刪除）

第三一八條 （合併後之程序）

①公司合併後，存續公司之董事會，或新設公司之發起人，於完成催告債權人程序後，其因合併而有股份合併者，應於股份合併生效後；其不適於合併者，應於該股份為處分後，分別循左列程序行之：

一　存續公司，應即召集合併後之股東會，為合併事項之報告，其有變更章程必要者，並為變更章程。

二　新設公司，應即召開發起人會議，訂立章程。

②前項章程，不得違反合併契約之規定。

第三一九條 （準用無限公司合併之規定）

第七十三條至第七十五條之規定，於股份有限公司之合併或分割準用之。

第三一九條之一 （前公司債務之連帶清償責任）

分割後受讓營業之既存公司或新設公司，應就分割前公司所負債務於其受讓營業之出資範圍負連帶清償責任。但債權人之連帶清償責任請求權，自分割基準日起二年內不行使而消滅。

第三二〇條 （刪除）

第三二一條 （刪除）

第十二節 清 算

第一目 普通清算

第三二二條 （清算人之產生）

①公司之清算，以董事為清算人。但本法或章程另有規定或股東會另選清算人時，不在此限。

②不能依前項之規定定清算人時，法院得因利害關係人之聲請，選派清算人。

第三二三條 （清算人之解任）

①清算人除由法院選派者外，得由股東會決議解任。

②法院因監察人或繼續一年以上持有已發行股份總數百分之三以上股份股東之聲請，得將清算人解任。

第三二四條 （清算人之權利義務）

清算人於執行清算事務之範圍內，除本節有規定外，其權利義務與董事同。

第三二五條 （清算人之報酬）

①清算人之報酬，非由法院選派者，由股東會議定；其由法院選派者，由法院決定之。

②清算費用及清算人之報酬，由公司現存財產中儘先給付。

第三二六條 （清算人檢查財產之處置）

①清算人就任後，應即檢查公司財產情形，造具財務報表及財產目錄，送經監察人審查，提請股東會承認後，並即報法院。

②前項表冊送交監察人審查，應於股東會集會十日前為之。

③對於第一項之檢查有妨礙、拒絕或規避之行為者，各處新臺幣二萬元以上十萬元以下罰鍰。

第三二七條 （催報債權）

清算人於就任後，應即以三次以上之公告，催告債權人於三個月內申報其債權，並應聲明逾期不申報者，不列入清算之內。但為清算人所明知者，不在此限，其債權人為清算人所明知者，並應分別通知之。

第三二八條 （清償債務之限制）

①清算人不得於前條所定之申報期限內，對債權人為清償。但對於有擔保之債權，經法院許可者，不在此限。

②公司對前項未為清償之債權，仍應負遲延給付之損害賠償責任。

③公司之資產顯足抵償其負債者，對於足致前項損害賠償責任之債權，得經法院許可後先行清償。

第三二九條 （未列入清算內之債權之清償）

不列入清算內之債權人，就公司未分派之賸餘財產，有清償請求權。但賸餘財產已依第三百三十條分派，且其中全部或一部已經領取者，不在此限。

第三三〇條 （賸餘財產之分配）

清償債務後，賸餘之財產應按各股東股份比例分派。但公司發行特別股，而章程中另有訂定者，從其訂定。

第三三一條 （清算之完結）

①清算完結時，清算人應於十五日內，造具清算期內收支表、損益表、連同各項簿冊，送經監察人審查，並提請股東會承認。

②股東會得另選檢查人，檢查前項簿冊是否確當。

③簿冊經股東會承認後，視為公司已解除清算人之責任。但清算人有不法行為者，不在此限。

④第一項清算期內之收支表及損益表，應於股東會承認後十五日內，向法院聲報。

⑤清算人違反前項聲報期限之規定時，各處新臺幣一萬元以上五萬元以下罰鍰。

⑥對於第二項之檢查有妨礙、拒絕或規避行為者，各處新臺幣二萬元以上十萬元以下罰鍰。

第三三二條　（簿冊文件之保存）
公司應自清算完結聲報法院之日起，將各項簿冊及文件，保存十年，其保存人，由清算人及其利害關係人聲請法院指定之。

第三三三條　（財產重行分配）
清算完結後，如有可以分派之財產，法院因利害關係人之聲請，得選派清算人重行分派。

第三三四條　（清算之準用規定）
第八十三條至第八十六條、第八十七條第三項、第四項、第八十九條及第九十條之規定，於股份有限公司之清算準用之。

第二目　特別清算

第三三五條　（特別清算之要件）
①清算之實行發生顯著障礙時，法院依債權人或清算人或股東之聲請或依職權，得命令公司開始特別清算；公司負債超過資產有不實之嫌疑者亦同。但其聲請，以清算人爲限。
②第二百九十四條關於破產、和解及強制執行程序當然停止之規定，於特別清算準用之。

第三三六條　（保全處分之提前）
法院依前條聲請人之聲請，或依職權於命令開始特別清算前，得提前爲第三百三十九條之處分。

第三三七條　（清算人之解任與增補）
①有重要事由時，法院得解任清算人。
②清算人缺額或有增加人數之必要時，由法院選派之。

第三三八條　（保全處分之提前）
法院得隨時命令清算人，爲清算事務及財產狀況之報告，並得爲其他清算監督上必要之調查。

第三三九條　（監督上之保全處分）
法院認爲對清算監督上有必要時，得爲第三百五十四條第一項第一款、第二款或第六款之處分。

第三四〇條　（債務之清償）
公司對於其債務之清償，應依其債權額比例爲之；但依法得行使優先受償權或別除權之債權，不在此限。

第三四一條　（債權人會議之召集）
①清算人於清算中，認有必要時，得召集債權人會議。
②占有公司明知之債權總額百分之十以上之債權人，得以書面載明事由，請求清算人召集債權人會議。
③第一百七十三條第二項於前項準用之。
④前條但書所定之債權，不列入第二項之債權總額。

第三四二條　（優先或別除債權人之列席）
債權人會議之召集人，對前條第四項債權之債權人，得通知其列席債權人會議徵詢意見，無表決權。

第三四三條　（債權人會議之準用規定）107
①第一百七十二條第二項、第四項、第一百八十三條第一項至第五項、第二百九十八條第二項及破產法第一百二十三條之規定，於特別清算準用之。
②債權人會議之召集人違反前項準用第一百七十二條第二項規定，或違反前項準用第一百八十三條第一項、第四項或第五項規定者，處新臺幣一萬元以上五萬元以下罰鍰。

第三四四條　（清算人之職務）
清算人應造具公司業務及財產狀況之調查書、資產負債表及財產目錄，提交債權人會議，並就清算實行之方針與預定事項，陳述其意見。

第三四五條　（監理人）

①債權人會議，得經決議選任監理人，並得隨時解任之。

②前項決議應得法院之認可。

第三四六條　（清算人行事之限制）

①清算人為左列各款行為之一者，應得監理人之同意，不同意時，應召集債權人會議決議之。但其標的在資產總值千分之一以下者，不在此限：

一　公司財產之處分。

二　借款。

三　訴之提起。

四　成立和解或仲裁契約。

五　權利之拋棄。

②應由債權人會議決議之事項，如迫不及待時，清算人經法院之許可，得為前項所列之行為。

③清算人違反前兩項規定時，應與公司對於善意第三人連帶負其責任。

④第八十四條第二項但書之規定，於特別清算不適用之。

第三四七條　（協定之建議）

清算人得徵詢監理人之意見，對於債權人會議提出協定之建議。

第三四八條　（協定之條件）

協定之條件，在各債權人間應屬平等。但第三百四十條但書所定之債權，不在此限。

第三四九條　（特定債權人參加協定）

清算人認為作成協定有必要時，得請求第三百四十條但書所定之債權人參加。

第三五〇條　（協定之可決）

①協定之可決，應有得行使表決權之債權人過半數之出席，及得行使表決權之債權總額四分之三以上之同意行之。

②前項決議，應得法院之認可。

③破產法第一百三十六條之規定，於第一項協定準用之。

第三五一條　（協定條件之變更）

協定在實行上遇有必要時，得變更其條件，其變更準用前四條之規定。

第三五二條　（檢查命令）

①依公司財產之狀況有必要時，法院得據清算人或監理人，或繼續六個月以上持有已發行股份總數百分之三以上之股東，或曾為特別清算聲請之債權人，或占有公司明知之債權總額百分之十以上債權人之聲請，或依職權命令檢查公司之業務及財產。

②第二百八十五條之規定，於前項準用之。

第三五三條　（檢查人之報告）

檢查人應將左列檢查結果之事項，報告於法院：

一　發起人、董事、監察人、經理人或清算人依第三十四條、第一百四十八條、第一百五十五條、第一百九十三條及第二百二十四條應負責任與否之事實。

二　有無為公司財產保全處分之必要。

三　為行使公司之損害賠償請求權，對於發起人、董事、監察人、經理人或清算人之財產，有無為保全處分之必要。

第三五四條　（保全、禁止與查定處分）

法院據前條之報告，認為必要時，得為左列之處分：

一　公司財產之保全處分。

二　記名式股份轉讓之禁止。

三　發起人、董事、監察人、經理人或清算人責任解除之禁止。

四　發起人、董事、監察人、經理人或清算人責任解除之撤銷。但於特別清算開始起一年前已為解除，而非出於不法之目的者，不在此限。

五　基於發起人、董事、監察人、經理人或清算人責任所生之損害賠償請求權之查定。
六　因前款之損害賠償請求權，對於發起人、董事、監察人、經理人或清算人之財產為保全處分。

第三五五條　（破產之宣告）
法院之命令特別清算開始後，而協定不可能時，應依職權依破產法為破產之宣告；協定實行上不可能時亦同。

第三五六條　（特別清算之準用條文）
特別清算事項，本目未規定者，準用普通清算之規定。

第十三節　閉鎖性股份有限公司 104

第三五六條之一　（閉鎖性股份有限公司之定義）104
①閉鎖性股份有限公司，指股東人數不超過五十人，並於章程定有股份轉讓限制之非公開發行股票公司。
②前項股東人數，中央主管機關得視社會經濟情況及實際需要增加之；其計算方式及認定範圍，由中央主管機關定之。

第三五六條之二　（公司閉鎖性之屬性應於章程載明，中央主管機關應公開於其網站）104
公司應於章程載明閉鎖性之屬性，並由中央主管機關公開於其資訊網站。

第三五六條之三　（設立之方式，發起人之出資種類及其股數比例）107
①發起人得以全體之同意，設立閉鎖性股份有限公司，並應全數認足第一次應發行之股份。
②發起人之出資除現金外，得以公司事業所需之財產、技術或勞務抵充之。但以勞務抵充之股數，不得超過公司發行股份總數之一定比例。
③前項之一定比例，由中央主管機關定之。
④以技術或勞務出資者，應經全體股東同意，並於章程載明其種類、抵充之金額及公司核給之股數；主管機關應依該章程所載明之事項辦理登記，並公開於中央主管機關之資訊網站。
⑤發起人選任董事及監察人之方式，除章程另有規定者外，準用第一百九十八條規定。
⑥公司之設立，不適用第一百三十二條至第一百四十九條及第一百五十一條至第一百五十三條規定。
⑦股東會選任董事及監察人之方式，除章程另有規定者外，依第一百九十八條規定。

第三五六條之四　（公開發行或募集有價證券之限制）104
①公司不得公開發行或募集有價證券。但經由證券主管機關許可之證券商經營股權群眾募資平臺募資者，不在此限。
②前項但書情形，仍受第三百五十六條之一之股東人數及公司章程所定股份轉讓之限制。

第三五六條之五　（公司股份轉讓之限制，應於章程載明）107
①公司股份轉讓之限制，應於章程載明。
②前項股份轉讓之限制，公司印製股票者，應於股票以明顯文字註記；不發行股票者，讓與人應於交付受讓人之相關書面文件中載明。
③前項股份轉讓之受讓人得請求公司給與章程影本。

第三五六條之六　（刪除）107

第三五六條之七　（公司發行特別股應於章程中訂定之事項）107
①公司發行特別股時，應就下列各款於章程中定之：
一　特別股分派股息及紅利之順序、定額或定率。
二　特別股分派公司賸餘財產之順序、定額或定率。

三　特別股之股東行使表決權之順序、限制、無表決權、複數表決權或對於特定事項之否決權。
四　特別股股東被選舉爲董事、監察人之禁止或限制，或當選一定名額之權利。
五　特別股轉換成普通股之轉換股數、方法或轉換公式。
六　特別股轉讓之限制。
七　特別股權利、義務之其他事項。

②第一百五十七條第二項規定，於前項第三款複數表決權特別股股東不適用之。

第三五六條之八 110

①公司章程得訂明股東會開會時，以視訊會議或其他經中央主管機關公告之方式爲之。但因天災、事變或其他不可抗力情事，中央主管機關得公告公司於一定期間內，得不經章程訂明，以視訊會議或其公告之方式開會。

②股東會開會時，如以視訊會議爲之，其股東以視訊參與會議者，視爲親自出席。

③公司章程得訂明經全體股東同意，股東就當次股東會議案以書面方式行使其表決權，而不實際集會。

④前項情形，視爲已召開股東會；以書面方式行使表決權之股東，視爲親自出席股東會。

第三五六條之九 （公司股東表決權之行使方式）107

①股東得以書面契約約定共同行使股東表決權之方式，亦得成立股東表決權信託，由受託人依書面信託契約之約定行使其股東表決權。

②前項受託人，除章程另有規定者外，以股東爲限。

③股東非將第一項書面信託契約、股東姓名或名稱、事務所、住所或居所與移轉股東表決權信託之股份總數、種類及數量於股東常會開會三十日前，或股東臨時會開會十五日前送交公司辦理登記，不得以其成立股東表決權信託對抗公司。

第三五六條之一〇 （刪除）107

第三五六條之一一 （公司私募普通公司債、轉換公司債或附認股權公司債之程序）107

①公司私募普通公司債，應由董事會以董事三分之二以上之出席，及出席董事過半數同意之決議行之。

②公司私募轉換公司債或附認股權公司債，應經前項董事會之決議，並經股東會決議。但章程規定無須經股東會決議者，從其規定。

③公司債債權人行使轉換權或認購權後，仍受第三百五十六條之一之股東人數及公司章程所定股份轉讓之限制。

④第一項及第二項公司債之發行，不適用第二百四十六條、第二百四十七條、第二百四十八條第一項、第四項至第七項、第二百四十八條之一、第二百五十一條至第二百五十五條、第二百五十七條之二、第二百五十九條及第二百五十七條第一項有關簽證之規定。

第三五六條之一二 （公司發行新股之程序、新股認購人之出資方式）104

①公司發行新股，除章程另有規定者外，應由董事會以董事三分之二以上之出席，及出席董事過半數同意之決議行之。

②新股認購人之出資方式，除準用第三百五十六條之三第二項至第四項規定外，並得以對公司所有之貨幣債權抵充之。

③第一項新股之發行，不適用第二百六十七條規定。

第三五六條之一三 （公司得經股東過半數之同意變更爲非閉鎖性股份有限公司之程序）107

①公司得經有代表已發行股份總數三分之二以上股東出席之股東會，以出席股東表決權過半數之同意，變更爲非閉鎖性股份有限公司。

②前項出席股東股份總數及表決權數，章程有較高之規定者，從其規定。

③公司不符合第三百五十六條之一規定時，應變更爲非閉鎖性股份有限公司，並辦理變

更登記。
④公司未依前項規定辦理變更登記者，主管機關得依第三百八十七條第五項規定責令限期改正並按次處罰；其情節重大者，主管機關得依職權命令解散之。

第三五六條之一四　（非公開發行股票之股份有限公司變更為閉鎖性股份有限公司之程序）104
①非公開發行股票之股份有限公司得經全體股東同意，變更為閉鎖性股份有限公司。
②全體股東為前項同意後，公司應即向各債權人分別通知及公告。

第六章　（刪除）

第三五七條至第三六九條　（刪除）

第六章之一　關係企業

第三六九條之一　（關係企業之定義）
本法所稱關係企業，指獨立存在而相互間具有下列關係之企業：
一　有控制與從屬關係之公司。
二　相互投資之公司。

第三六九條之二　（控制公司與從屬公司）
①公司持有他公司有表決權之股份或出資額，超過他公司已發行有表決權之股份總數或資本總額半數者為控制公司，該他公司為從屬公司。
②除前項外，公司直接或間接控制他公司之人事、財務或業務經營者亦為控制公司，該他公司為從屬公司。

第三六九條之三　（有控制與從屬關係之推定）
有左列情形之一者，推定為有控制與從屬關係：
一　公司與他公司之執行業務股東或董事有半數以上相同者。
二　公司與他公司之已發行有表決權之股份總數或資本總額有半數以上為相同之股東持有或出資者。

第三六九條之四　（賠償責任）
①控制公司直接或間接使從屬公司為不合營業常規或其他不利益之經營，而未於會計年度終了時為適當補償，致從屬公司受有損害者，應負賠償責任。
②控制公司負責人使從屬公司為前項之經營者，應與控制公司就前項損害負連帶賠償責任。
③控制公司未為第一項之賠償，從屬公司之債權人或繼續一年以上持有從屬公司已發行有表決權股份總數或資本總額百分之一以上之股東，得以自己名義行使前二項從屬公司之權利，請求對從屬公司為給付。
④前項權利之行使，不因從屬公司就該請求賠償權利所為之和解或拋棄而受影響。

第三六九條之五　（連帶賠償責任）
控制公司使從屬公司為前條第一項之經營，致他從屬公司受有利益，受有利益之該他從屬公司於其所受利益限度內，就控制公司依前條規定應負之賠償，負連帶責任。

第三六九條之六　（損害賠償請求權）
前二條所規定之損害賠償請求權，自請求權人知控制公司有賠償責任及知有賠償義務人時起，二年間不行使而消滅。自控制公司賠償責任發生時起，逾五年者亦同。

第三六九條之七　（債權）
①控制公司直接或間接使從屬公司為不合營業常規或其他不利益之經營者，如控制公司對從屬公司有債權，在控制公司對從屬公司應負擔之損害賠償限度內，不得主張抵銷。
②前項債權無論有無別除權或優先權，於從屬公司依破產法之規定為破產或和解，或依本法之規定為重整或特別清算時，應次於從屬公司之其他債權受清償。

第三六九條之八　（持有股份及出資額之通知）

①公司持有他公司有表決權之股份或出資額，超過該他公司已發行有表決權之股份總數或資本總額三分之一者，應於事實發生之日起一個月內以書面通知該他公司。

②公司為前項通知後，有左列變動之一者，應於事實發生之日起五日內以書面再為通知：

一　有表決權之股份或出資額低於他公司已發行有表決權之股份總數或資本總額三分之一時。

二　有表決權之股份或出資額超過他公司已發行有表決權之股份總數或資本總額二分之一時。

三　前款之有表決權之股份或出資額再低於他公司已發行有表決權之股份總數或資本總額二分之一時。

③受通知之公司，應於收到前二項通知五日內公告之，公告中應載明通知公司名稱及其持有股份或出資額之額度。

④公司負責人違反前三項通知或公告之規定者，各處新臺幣六千元以上三萬元以下罰鍰。主管機關並應責令限期辦理；期滿仍未辦理者，得責令限期辦理，並按次連續各處新臺幣九千元以上六萬元以下罰鍰至辦理為止。

第三六九條之九　（相互投資公司）

①公司與他公司相互投資各達對方有表決權之股份總數或資本總額三分之一以上者，為相互投資公司。

②相互投資公司各持有對方已發行有表決權之股份總數或資本總額超過半數者，或互可直接或間接控制對方之人事、財務或業務經營者，互為控制公司與從屬公司。

第三六九條之一〇　（相互投資公司表決權之行使）

①相互投資公司知有相互投資之事實者，其得行使之表決權，不得超過被投資公司已發行有表決權股份總數或資本總額之三分之一。但以盈餘或公積增資配股所得之股份，仍得行使表決權。

②公司依第三百六十九條之八規定通知他公司後，於未獲他公司相同之通知，亦未知有相互投資之事實者，其股權之行使不受前項限制。

第三六九條之一一　（股份或出資額之計算）

計算本章公司所持有他公司之股份或出資額，應連同左列各款之股份或出資額一併計入：

一　公司之從屬公司所持有他公司之股份或出資額。

二　第三人為該公司而持有之股份或出資額。

三　第三人為該公司之從屬公司而持有之股份或出資額。

第三六九條之一二　（各項書表之編製及準則之訂定）107

①從屬公司為公開發行股票之公司者，應於每會計年度終了，造具其與控制公司間之關係報告書，載明相互間之法律行為、資金往來及損益情形。

②控制公司為公開發行股票之公司者，應於每會計年度終了，編製關係企業合併營業報告書及合併財務報表。

③前二項書表之編製準則，由證券主管機關定之。

第七章　外國公司

第三七〇條　（外國公司之名稱）107

外國公司在中華民國境內設立分公司者，其名稱，應譯成中文，並標明其種類及國籍。

第三七一條　（外國公司非經辦理分公司登記，禁止以外國公司名義在我國境內經營業務）107

①外國公司非經辦理分公司登記，不得以外國公司名義在中華民國境內經營業務。

②違反前項規定者，行為人處一年以下有期徒刑、拘役或科或併科新臺幣十五萬元以下罰金，並自負民事責任；行為人有二人以上者，連帶負民事責任，並由主管機關禁止其使用外國公司名稱。

第三七二條　（外國公司在我國境內設立分公司之營業資金與負責人）107

①外國公司在中華民國境內設立分公司者，應專撥其營業所用之資金，並指定代表為在中華民國境內之負責人。

②外國公司在中華民國境內之負責人於登記後，將前項資金發還外國公司，或任由外國公司收回者，處五年以下有期徒刑、拘役或科或併科新臺幣五十萬元以上二百五十萬元以下罰金。

③有前項情事時，外國公司在中華民國境內之負責人應與該外國公司連帶賠償第三人因此所受之損害。

④第二項經法院判決有罪確定後，由中央主管機關撤銷或廢止其登記。但判決確定前，已為補正者，不在此限。

⑤外國公司之分公司之負責人、代理人、受僱人或其他從業人員以犯刑法偽造文書印文罪章之罪辦理設立或其他登記，經法院判決有罪確定後，由中央主管機關依職權或依利害關係人之申請撤銷或廢止其登記。

第三七三條　（外國公司不予分公司登記之事由）107

外國公司有下列情事之一者，不予分公司登記：

一　其目的或業務，違反中華民國法律、公共秩序或善良風俗。

二　申請登記事項或文件，有虛偽情事。

第三七四條　（外國公司在我國境內設立分公司其章程與無限責任股東名冊之備置）107

①外國公司在中華民國境內設立分公司者，應將章程備置於其分公司，如有無限責任股東者，並備置其名冊。

②外國公司在中華民國境內之負責人違反前項規定者，處新臺幣一萬元以上五萬元以下罰鍰。再次拒不備置者，並按次處新臺幣二萬元以上十萬元以下罰鍰。

第三七五條　（刪除）107

第三七六條　（刪除）

第三七七條　（外國公司在我國境內設立之分公司準用規定及違法之行政罰鍰）107

①第七條、第十二條、第十三條第一項、第十五條至第十八條、第二十條第一項至第四項、第二十一條第一項及第三項、第二十二條第一項、第二十三條至第二十六條之二，於外國公司在中華民國境內設立之分公司準用之。

②外國公司在中華民國境內之負責人違反前項準用第二十條第一項或第二項規定者，處新臺幣一萬元以上五萬元以下罰鍰；違反前項準用第二十條第四項規定，規避、妨礙或拒絕查核或屆期不申報者，處新臺幣二萬元以上十萬元以下罰鍰。

③外國公司在中華民國境內之負責人違反第一項準用第二十一條第一項規定，規避、妨礙或拒絕檢查者，處新臺幣二萬元以上十萬元以下罰鍰。再次規避、妨礙或拒絕者，並按次處新臺幣四萬元以上二十萬元以下罰鍰。

④外國公司在中華民國境內之負責人違反第一項準用第二十二條第一項規定，拒絕提出證明文件、單據、表冊及有關資料者，處新臺幣二萬元以上十萬元以下罰鍰。再次拒絕者，並按次處新臺幣四萬元以上二十萬元以下罰鍰。

第三七八條　（外國公司在我國境內設立之分公司，無意繼續營業應申請廢止登記）107

外國公司在中華民國境內設立分公司後，無意在中華民國境內繼續營業者，應向主管機關申請廢止分公司登記。但不得免除廢止登記以前所負之責任或債務。

第三七九條　（主管機關得依職權或利害關係人之申請，廢止外國公司在我國境內分公司登記之事由）107

①有下列情事之一者，主管機關得依職權或利害關係人之申請，廢止外國公司在中華民

國境內之分公司登記：

一　外國公司已解散。

二　外國公司已受破產之宣告。

三　外國公司在中華民國境內之分公司，有第十條各款情事之一。

②前項廢止登記，不影響債權人之權利及外國公司之義務。

第三八〇條　（外國公司在我國境內設立之分公司之清算程序）107

①外國公司在中華民國境內設立之所有分公司，均經撤銷或廢止登記者，應就其在中華民國境內營業所生之債權債務清算了結，未了之債務，仍由該外國公司清償之。

②前項清算，除外國公司另有指定清算人者外，以外國公司在中華民國境內之負責人或分公司經理人為清算人，並依外國公司性質，準用本法有關各種公司之清算程序。

第三八一條　（清算中財產之處分）

外國公司在中華民國境內之財產，在清算時期中，不得移出中華民國國境，除清算人為執行清算外，並不得處分。

第三八二條　（違反清算規定之責任）107

外國公司在中華民國境內之負責人、分公司經理人或指定清算人，違反前二條規定時，對於外國公司在中華民國境內營業，或分公司所生之債務，應與該外國公司負連帶責任。

第三八三條　（刪除）

第三八四條　（刪除）107

第三八五條　（刪除）107

第三八六條　（外國公司未經申請分公司登記而派代表人在我國境內設置辦事處之申請及廢止登記）107

①外國公司因無意在中華民國境內設立分公司營業，未經申請分公司登記而派其代表人在中華民國境內設置辦事處者，應申請主管機關登記。

②外國公司設置辦事處後，無意繼續設置者，應向主管機關申請廢止登記。

③辦事處代表人缺位或辦事處他遷不明時，主管機關得依職權限期令外國公司指派或辦理所在地變更；屆期仍不指派或辦理變更者，主管機關得廢止其辦事處之登記。

第八章　登　記

第一節　申　請

第三八七條　（申請登記之期限、應檢附之文件與書表及其他相關事項之辦法，由中央主管機關訂定）107

①申請本法各項登記之期限、應檢附之文件與書表及其他相關事項之辦法，由中央主管機關定之。

②前項登記之申請，得以電子方式為之；其實施辦法，由中央主管機關定之。

③前二項之申請，得委任代理人，代理人以會計師、律師為限。

④代表公司之負責人或外國公司在中華民國境內之負責人申請登記，違反依第一項所定辦法規定之申請期限者，處新臺幣一萬元以上五萬元以下罰鍰。

⑤代表公司之負責人或外國公司在中華民國境內之負責人不依第一項所定辦法規定之申請期限辦理登記者，除由主管機關令其限期改正外，處新臺幣一萬元以上五萬元以下罰鍰；屆期未改正者，繼續令其限期改正，並按次處新臺幣二萬元以上十萬元以下罰鍰，至改正為止。

第三八八條　（登記申請之改正）107

主管機關對於各項登記之申請，認為有違反本法或不合法定程式者，應令其改正，非俟改正合法後，不予登記。

第三八九條　（刪除）

第三九〇條　（刪除）

第三九一條　（登記之更正）107

申請人於登記後，確知其登記事項有錯誤或遺漏時，得申請更正。

第三九二條　（核給登記證明書）107

各項登記事項，主管機關得核給證明書。

第三九二條之一　（公司之外文名稱，應依公司章程記載之外文名稱登記）107

①公司得向主管機關申請公司外文名稱登記，主管機關應依公司章程記載之外文名稱登記之。

②前項公司外文名稱登記後，有下列情事之一者，主管機關得依申請令其限期辦理變更登記；屆期未辦妥變更登記者，撤銷或廢止該公司外文名稱登記：

一　公司外文名稱與依貿易法令登記在先或預查核准在先之他出進口廠商外文名稱相同。該出進口廠商經註銷、撤銷或廢止出進口廠商登記未滿二年者，亦同。

二　公司外文名稱經法院判決確定不得使用。

三　公司外文名稱與政府機關、公益團體之外文名稱相同。

③第一項外文種類，由中央主管機關定之。

第三九三條　（查閱、抄錄或複製之請求）107

①各項登記文件，公司負責人或利害關係人，得聲敘理由請求查閱、抄錄或複製。但主管機關認為必要時，得拒絕或限制其範圍。

②下列事項，主管機關應予公開，任何人得向主管機關申請查閱、抄錄或複製：

一　公司名稱；章程訂有外文名稱者，該名稱。

二　所營事業。

三　公司所在地；設有分公司者，其所在地。

四　執行業務或代表公司之股東。

五　董事、監察人姓名及持股。

六　經理人姓名。

七　資本總額或實收資本額。

八　有無複數表決權特別股、對於特定事項具否決權特別股。

九　有無第一百五十七條第一項第五款、第三百五十六條之七第一項第四款之特別股。

十　公司章程。

③前項第一款至第九款，任何人得至主管機關之資訊網站查閱；第十款，經公司同意者，亦同。

第三九四條至第三九六條　（刪除）

第三九七條　（廢止登記之申請）

①公司之解散，不向主管機關申請解散登記者，主管機關得依職權或據利害關係人申請，廢止其登記。

②主管機關對於前項之廢止，除命令解散或裁定解散外，應定三十日之期間，催告公司負責人聲明異議；逾期不為聲明或聲明理由不充分者，即廢止其登記。

第三九八條至第四三七條　（刪除）

第二節　規　費

第四三八條　（規費之收取）107

依本法受理公司名稱及所營事業預查、登記、查閱、抄錄、複製及各種證明書等之各項申請，應收取費用；其費用之項目、費額及其他事項之準則，由中央主管機關定之。

第四三九條至第四四六條　（刪除）

第九章　附　則

第四四七條　（刪除）

第四四七條之一　（本法修正施行前，公司已發行之無記名股票，繼續適用施行前之規定）107

①本法中華民國一百零七年七月六日修正之條文施行前，公司已發行之無記名股票，繼續適用施行前之規定。

②前項股票，於持有人行使股東權時，公司應將其變更爲記名式。

第四四八條　（罰鍰之強制執行）

本法所定之罰鍰，拒不繳納者，依法移送強制執行。

第四四九條　（施行日）107

本法除中華民國八十六年六月二十五日修正公布之第三百七十三條及第三百八十三條、一百零四年七月一日修正公布之第五章第十三節條文、一百零七年七月六日修正之條文之施行日期由行政院定之，及九十八年五月二十七日修正公布之條文自九十八年十一月二十三日施行外，自公布日施行。

金融控股公司法

①民國90年7月9日總統令制定公布全文69條；並自90年11月1日起施行。
②民國93年2月4日總統令修正公布第57條條文；並增訂第57-1、57-2、67-1、67-2條條文。
③民國93年6月30日總統令修正公布第31條條文。
④民國94年5月18日總統令修正公布第13、66、69條條文；增訂第57-3、57-4、68-1條條文；並自公布日施行。
⑤民國95年5月30日總統令修正公布第57-2、69條條文；並自95年7月1日施行。
⑥民國98年1月21日總統令修正公布第3至5、16、17、30、36、37、43、46、59、60、62、69條條文；刪除第48條條文；並自公布日施行。
民國101年2月3日行政院公告第9條第2項、第19條所列屬「行政院公平交易委員會」之權責事項，自101年2月6日起改由「公平交易委員會」管轄。
民國101年6月25日行政院公告第3條所列屬「行政院金融監督管理委員會」之權責事項，自101年7月1日起改由「金融監督管理委員會」管轄。
⑦民國103年6月4日總統令修正公布第43條條文。
⑧民國104年2月4日總統令修正公布第3條條文。
⑨民國104年9月30日總統令修正公布第53條條文。
⑩民國107年1月31日總統令修正公布第57至57-2、67-1條條文。
⑪民國108年1月16日總統令修正公布第18、58、60至62、67條條文。

第一章　總　則

第一條　（立法目的）
為發揮金融機構綜合經營效益，強化金融跨業經營之合併監理，促進金融市場健全發展，並維護公共利益，特制定本法。

第二條　（法律之適用）
①金融控股公司之設立、管理及監督，依本法之規定；本法未規定者，依其他法律之規定。
②非屬公司組織之銀行，依本法規定辦理轉換或分割時，準用公司法股份有限公司之相關規定。

第三條　（主管機關）104
本法之主管機關為金融監督管理委員會。

第四條　（名詞定義）98
①本法用詞，定義如下：
一　控制性持股：指持有一銀行、保險公司或證券商已發行有表決權股份總數或資本總額超過百分之二十五，或直接、間接選任或指派一銀行、保險公司或證券商過半數之董事。
二　金融控股公司：指對一銀行、保險公司或證券商有控制性持股，並依本法設立之公司。
三　金融機構：指下列之銀行、保險公司及證券商：
㈠銀行：指銀行法所稱之銀行與票券金融公司及其他經主管機關指定之機構。
㈡保險公司：指依保險法以股份有限公司組織設立之保險業。
㈢證券商：指綜合經營證券承銷、自營及經紀業務之證券商，與經營證券金融業務之證券金融公司。
四　子公司：指下列公司：
㈠銀行子公司：指金融控股公司有控制性持股之銀行。

㈡保險子公司：指金融控股公司有控制性持股之保險公司。

㈢證券子公司：指金融控股公司有控制性持股之證券商。

㈣金融控股公司持有已發行有表決權股份總數或資本總額超過百分之五十，或其過半數之董事由金融控股公司直接、間接選任或指派之其他公司。

五　轉換：指營業讓與及股份轉換。

六　外國金融控股公司：指依外國法律組織登記，並對一銀行、保險公司或證券商有控制性持股之公司。

七　同一人：指同一自然人或同一法人。

八　同一關係人：指同一自然人或同一法人之關係人。

九　關係企業：指適用公司法第三百六十九條之一至第三百六十九條之三、第三百六十九條之九及第三百六十九條之十一規定之企業。

十　大股東：指持有金融控股公司或其子公司已發行有表決權股份總數或資本總額百分之五以上者；股東為自然人時，其配偶及未成年子女之持股數應一併計入本人之持股計算。

②前項第八款所定同一自然人之關係人，其範圍如下：

一　同一自然人與其配偶及二親等以內血親。

二　前款之人持有已發行有表決權股份或資本額合計超過三分之一之企業。

三　第一款之人擔任董事長、總經理或過半數董事之企業或財團法人。

③第一項第八款所定同一法人之關係人，其範圍如下：

一　同一法人與其董事長、總經理，及該董事長、總經理之配偶與二親等以內血親。

二　同一法人及前款之自然人持有已發行有表決權股份或資本額合計超過三分之一之企業，或擔任董事長、總經理或過半數董事之企業或財團法人。

三　同一法人之關係企業。

第五條　（持有股份及資本額之計算）98

計算同一人或同一關係人持有金融控股公司、銀行、保險公司或證券商之股份或資本額時，不包含下列各款情形所持有之股份或資本額：

一　證券商於承銷有價證券期間所取得，且於證券主管機關規定期間內處分之股份。

二　金融機構因承受擔保品所取得，且自取得日起未滿四年之股份或資本額。

三　因繼承或遺贈所取得，且自繼承或受贈日起未滿二年之股份或資本額。

第六條　（設立之要件）

①同一人或同一關係人對一銀行、保險公司或證券商有控制性持股者，除政府持股及為處理問題金融機構之需要，經主管機關核准者外，應向主管機關申請許可設立金融控股公司。

②前項所定之同一人或同一關係人，未同時持有銀行、保險公司或證券商二業別以上之股份或資本額，或有控制性持股之銀行、保險公司或證券商之資產總額未達一定金額以上者，得不設立金融控股公司。

③前項所定之一定金額，由主管機關另定之。

第七條　（申請設立之主體）

①前條所定之同一關係人向主管機關申請許可設立金融控股公司時，應由對各金融機構之投資總額最高者，代表申請，並應共同設立。

②非屬同一關係人，各持有一銀行、保險公司或證券商已發行有表決權股份總數或資本總額超過百分之二十五者，應由投資總額最高者申請設立金融控股公司。

③前項投資總額有二人以上相同者，應報請主管機關核定由其中一人申請設立金融控股公司。

第八條　（申請書）

①設立金融控股公司者，應提出申請書，載明下列各款事項，報請主管機關許可：

一　公司名稱。

二　公司章程。

三　資本總額。
四　公司及其子公司所在地。
五　子公司事業類別、名稱及持股比例。
六　營業、財務及投資計畫。
七　預定總經理、副總經理及協理之資格證明文件。
八　辦理營業讓與或股份轉換應具備之書件及計畫書；計畫書應包括對債權人與客戶權益之保障及對受僱人權益之處理等重要事項。
九　發起設立者，發起人之資格證明文件。
十　其他經主管機關指定之書件。

②前項第九款之規定，於金融機構轉換為金融控股公司或金融控股公司之子公司者，不適用之。

第九條　（主管機關審酌條件）

①主管機關為前條許可設立金融控股公司時，應審酌下列條件：
一　財務業務之健全性及經營管理之能力。
二　資本適足性。
三　對金融市場競爭程度及增進公共利益之影響。

②主管機關對於金融控股公司之設立構成公平交易法第六條之事業結合行為，應經行政院公平交易委員會許可；其審查辦法，由行政院公平交易委員會會同主管機關訂定。

第一〇條　（組織型態及股票發行）

金融控股公司之組織，以股份有限公司為限。除經主管機關許可者外，其股票應公開發行。

第一一條　（名稱專用權）

①金融控股公司，應於其名稱中標明金融控股公司之字樣。

②非金融控股公司，不得使用金融控股公司之名稱或易於使人誤認其為金融控股公司之名稱。

第一二條　（最低資本額）

金融控股公司之最低實收資本額，由主管機關定之。

第一三條　（營業執照）94

金融控股公司經許可設立者，應於辦妥公司登記後，向主管機關申請核發營業執照。金融機構轉換為金融控股公司者，其申請核發營業執照，以轉換後之資本淨增加部分為計算基礎繳納執照費。

第一四條　（變更登記）

金融控股公司設立後，對於第八條第一項第一款至第四款申報之事項擬予變更者，應報經主管機關許可，並辦理公司變更登記及申請換發營業執照。

第一五條　（股東最低人數之限制）

①金融控股公司得持有子公司已發行全部股份或資本總額，不受公司法第二條第一項第四款及第一百二十八條第一項有關股份有限公司股東與發起人人數之限制。該子公司之股東會職權由董事會行使，不適用公司法有關股東會之規定。

②前項子公司之董事及監察人，由金融控股公司指派。金融控股公司之董事及監察人，得為第一項子公司之董事及監察人。

第一六條　（股東適格性審查）98

①金融機構轉換為金融控股公司時，同一人或同一關係人單獨、共同或合計持有金融控股公司已發行有表決權股份總數超過百分之十者，應向主管機關申報。

②金融控股公司設立後，同一人或同一關係人單獨、共同或合計持有該金融控股公司已發行有表決權股份總數超過百分之五者，應自持有之日起十日內，向主管機關申報；持股超過百分之五後累積增減逾一個百分點者，亦同。

③金融控股公司設立後，同一人或同一關係人擬單獨、共同或合計持有該金融控股公司已發行有表決權股份總數超過百分之十、百分之二十五或百分之五十者，均應分別事

先向主管機關申請核准。

④第三人為同一人或同一關係人以信託、委任或其他契約、協議、授權等方法持有股份者，應併計入同一關係人範圍。

⑤同一人或同一關係人依第三項規定申請核准應具備之適格條件、應檢附之書件、擬取得股份之股數、目的、資金來源、持有股票之出質情形、持股數與其他重要事項變動之申報、公告及其他應遵行事項之辦法，由主管機關定之。

⑥同一人或同一關係人持有金融控股公司已發行有表決權股份總數超過百分之十者，不得將其股票設定質權予金融控股公司之子公司。但於金融機構轉換為金融控股公司之子公司前，所取得該金融控股公司股票之質權，在原質權存續期限內，不在此限。

⑦第一項所定之同一人或同一關係人，與第五項辦法所定之適格條件不符者，得繼續持有該公司股份。但不得增加持股。

⑧主管機關自第三項之申請書送達次日起十五個營業日內，未表示反對者，視為已核准。

⑨本法中華民國九十七年十二月三十日修正之條文施行前，同一人或同一關係人單獨、共同或合計持有同一金融控股公司已發行有表決權股份總數超過百分之五而未超過百分之十者，應自修正施行之日起六個月內向主管機關申報。

⑩未依第二項、前項規定向主管機關申報或未依第三項規定經核准而持有金融控股公司已發行有表決權之股份者，其超過部分無表決權，並由主管機關命其於限期內處分。

第一七條 （發起人及負責人資格條件）98

①金融控股公司之發起人、負責人應具備之資格條件、負責人兼職限制及其他應遵行事項之準則，由主管機關定之。

②未具備前項準則所定之資格條件者，不得充任金融控股公司負責人；已充任者，當然解任。

③金融控股公司負責人因投資關係兼任子公司職務，或各子公司間負責人之兼任符合主管機關所定之資格條件者，不受票券金融管理法第十一條第三項前段規定之限制。

④金融控股公司負責人及職員不得以任何名義，向該公司或其子公司之交易對象或客戶收受佣金、酬金或其他不當利益。

第一八條 （合併、概括讓與或概括承受之程序）108

①金融控股公司經主管機關許可者，得與下列公司為合併、概括讓與或概括承受，並準用金融機構合併法第六條、第八條、第九條及第十二條至第十四條之規定：

一　金融控股公司。

二　具有第四條第一款之控制性持股，並符合第九條第一項規定條件之既存公司。

②前項第二款之既存公司，其業務範圍有逾越第三十六條或第三十七條之規定者，主管機關為許可時，應限期命其調整。

第一九條 （公司發生經營危機之緊急處置）

金融控股公司有下列情形之一，且金融控股公司或其銀行子公司、保險子公司或證券子公司發生財務或業務狀況顯著惡化，不能支付其債務或調整後淨值為負數，經主管機關認為有緊急處理之必要，對金融市場公平競爭無重大不利影響者，免依公平交易法第十一條第一項規定向行政院公平交易委員會申請許可：

一　與前條第一項第一款或第二款之公司為合併、概括讓與、概括承受者。

二　同一人或同一關係人持有其有表決權股份達三分之一以上者。

三　由金融機構轉換設立者。

第二〇條 （解散清算之程序）

①金融控股公司經股東會決議解散者，應申敘理由，附具股東會會議紀錄、清償債務計畫、子公司或投資事業之處分期限及處理計畫，報經主管機關核准後，依公司法進行清算。

②金融控股公司進行特別清算時，法院為監督該公司之特別清算，應徵詢主管機關之意見；必要時，得請主管機關推薦清算人或派員協助清算人執行職務。

③金融控股公司進行清算後，非經清償全部債務，不得以任何名義退還股本或分配股利。

第二一條 （廢止許可之程序）

金融控股公司設立後，對其銀行子公司、保險子公司或證券子公司喪失第四條第一款規定之控制性持股者，主管機關應限期命其改正；屆期未改正者，廢止其許可。

第二二條 （繳銷營業執照）

①金融控股公司經主管機關核准解散或廢止許可者，應於主管機關規定期限內繳銷營業執照，不得再使用金融控股公司之名稱，並應辦理公司變更登記。

②前項營業執照屆期不繳銷者，由主管機關公告註銷。

第二三條 （外國金融控股公司之設立）

①外國金融控股公司符合下列各款規定，經主管機關許可者，得不在國內另新設金融控股公司：

一 符合第九條第一項有關金融控股公司設立之審酌條件。

二 已具有以金融控股公司方式經營管理之經驗，且信譽卓著。

三 其母國金融主管機關同意該外國金融控股公司在我國境內投資持有子公司，並與我國合作分擔金融合併監督管理義務。

四 其母國金融主管機關及該外國金融控股公司之總機構，對我國境內子公司具有合併監督管理能力。

五 該外國金融控股公司之總機構，在我國境內指定有訴訟及非訴訟之代理人。

②外國金融機構在其母國已有跨業經營業務者，得比照前項之規定。

第二章 轉換及分割

第二四條 （營業讓與）

①金融機構經主管機關許可者，得依營業讓與之方式轉換爲金融控股公司。

②前項所稱營業讓與，指金融機構經其股東會決議，讓與全部營業及主要資產負債予他公司，以所讓與之資產負債淨值爲對價，繳足承購他公司發行新股所需股款，並於取得發行新股時轉換爲金融控股公司，同時他公司轉換爲其子公司之行爲；其辦理依下列各款之規定：

一 金融機構股東會決議方法、少數股東收買股份請求權、收買股份之價格及股份收買請求權之失效，準用公司法第一百八十五條至第一百八十八條之規定。

二 公司法第一百五十六條第二項、第六項、第一百六十三條第二項、第二百六十七條第一項至第三項、第二百七十二條及證券交易法第二十二條之一第一項之規定，不適用之。

三 債權讓與之通知，得以公告方式代之；他公司承擔債務時，免經債權人之承認，不適用民法第二百九十七條及第三百零一條之規定。

③他公司爲新設公司者，金融機構之股東會會議視爲他公司之發起人會議，得同時選舉他公司之董事、監察人，亦不適用公司法第一百二十八條至第一百三十九條、第一百四十一條至第一百五十五條之規定。

④前項規定，就金融機構於本法施行前已召集之股東會，亦適用之。

⑤他公司轉換爲金融控股公司之子公司時，各目的事業主管機關得逕發營業執照，不適用銀行法、保險法及證券交易法有關銀行、保險公司及證券商設立之規定。

⑥金融機構依第二項第一款買回之股份，自買回之日起六個月內未賣出者，金融機構得經董事會三分之二以上出席及出席董事超過二分之一同意後，辦理變更章程及註銷股份登記，不受公司法第二百七十七條規定之限制。

第二五條 （讓與契約與決議）

①金融機構依前條規定辦理營業讓與時，他公司爲既存公司者，該金融機構與該他公司之董事會應作成讓與契約；他公司爲新設公司者，該金融機構之董事會應作成讓與決

議；並均應提出於股東會。

②前項讓與契約或讓與決議應記載下列事項，於發送股東會之召集通知時，一併發送各股東，並準用公司法第一百七十二條第四項但書之規定：

一　既存公司章程需變更事項或新設公司章程。

二　既存公司發行新股或新設公司發行股份之總數、種類及數量。

三　金融機構讓與既存公司或新設公司之全部營業及主要資產負債之種類及數額。

四　對金融機構股東配發之股份不滿一股應支付現金者，其有關規定。

五　召開股東會決議之預定日期。

六　營業讓與基準日。

七　金融機構於營業讓與基準日前發放股利者，其股利發放限額。

八　讓與契約應記載金融機構原任董事及監察人於營業讓與時任期未屆滿者，繼續其任期至屆滿之有關事項；讓與決議應記載新設公司之董事及監察人名冊。

九　與他金融機構共同為營業讓與設立金融控股公司者，讓與決議應記載其共同讓與有關事項。

第二六條　（股份轉換）

①金融機構經主管機關許可者，得依股份轉換之方式轉換為金融控股公司之子公司。

②前項所稱股份轉換，指金融機構經其股東會決議，讓與全部已發行股份予預定之金融控股公司作為對價，以繳足原金融機構股東承購金融控股公司所發行之新股或發起設立所需股款之行為；其辦理依下列各款之規定：

一　金融機構股東會之決議，應有代表已發行股份總數三分之二以上股東之出席，以出席股東過半數表決權之同意行之。預定之金融控股公司為既存公司者，亦同。

二　金融機構異議股東之股份收買請求權，準用公司法第三百十七條第一項後段及第二項之規定。

三　公司法第一百五十六條第一項、第二項、第六項、第一百六十三條第二項、第一百九十七條第一項及第二百二十七條、第二百六十七條第一項至第三項、第二百七十二條、證券交易法第二十二條之一第一項、第二十二條之二及第二十六條之規定，不適用之。

③他公司為新設公司者，金融機構之股東會會議視為預定金融控股公司之發起人會議，得同時選舉金融控股公司之董事、監察人，亦不適用公司法第一百二十八條至第一百三十九條、第一百四十一條至第一百五十五條及第一百六十三條第二項規定。

④前項規定，就金融機構於本法施行前已召集之股東會，亦適用之。

⑤公開發行股票之公司，出席股東之股份總數不足第二項第一款定額者，得以有代表已發行股份總數過半數股東之出席，出席股東表決權三分之二以上之同意行之。但章程有較高之規定者，從其規定。

⑥金融控股公司經主管機關許可設立後，其全數董事或監察人於選任當時所持有記名股票之股份總額不足證券管理機關依證券交易法第二十六條第二項所定董事、監察人股權成數者，應由全數董事或監察人於就任後一個月內補足之。

⑦金融機構依第二項第二款買回之股份，自買回之日起六個月內未賣出者，金融機構得經董事會三分之二以上出席及出席董事超過二分之一同意後，辦理變更章程及註銷股份登記，不受公司法第二百七十七條規定之限制。

第二七條　（轉換契約與決議）

①金融機構與他公司依前條規定辦理股份轉換時，預定之金融控股公司為既存公司者，該金融機構與該既存公司之董事會應作成轉換契約；預定之金融控股公司為新設公司者，該金融機構之董事會應作成轉換決議；並均應提出於股東會。

②前項轉換契約或轉換決議應記載下列事項，於發送股東會之召集通知時，一併發送各股東，並準用公司法第一百七十二條第四項但書之規定：

一　既存公司章程需變更事項或新設公司章程。

二　既存公司發行新股或新設公司發行股份之總數、種類及數量。

三　金融機構股東轉讓予既存公司或新設公司之股份總數、種類及數量。
四　對金融機構股東配發之股份不滿一股應支付現金者，其有關規定。
五　召開股東會決議之預定日期。
六　股份轉換基準日。
七　金融機構於股份轉換基準日前發放股利者，其股利發放限額。
八　轉換契約應記載金融機構原任董事及監察人於股份轉換時任期未屆滿者，繼續其任期至屆滿之有關事項；轉換決議應記載新設公司之董事及監察人名冊。
九　與他金融機構共同為股份轉換設立金融控股公司者，轉換決議應記載其共同轉換股份有關事項。

第二八條　（登記規費及租稅優惠）

金融機構經主管機關許可轉換為金融控股公司或其子公司者，依下列規定辦理：
一　辦理所有不動產、應登記之動產、各項擔保物權及智慧財產權之變更登記時，得憑主管機關證明逕行辦理，免繳納登記規費；辦理公司登記時，其公司設立登記費，以轉換後之資本淨增加部分為計算基礎繳納公司設立登記費。
二　原供金融機構直接使用之土地隨同移轉時，經依土地稅法審核確定其現值後，即予辦理土地所有權移轉登記，其應繳納之土地增值稅准予記存，由繼受公司於轉換行為完成後之該項土地再移轉時一併繳納之；其破產或解散時，經記存之土地增值稅，應優先受償。
三　因營業讓與所產生之印花稅、契稅、所得稅、營業稅及證券交易稅，一律免徵。
四　因股份轉換所產生之所得稅及證券交易稅，一律免徵。

第二九條　（百分之百股權轉換）

①轉換為金融控股公司之金融機構，應以百分之百之股份轉換之。
②前項轉換為金融控股公司之金融機構為上市（櫃）公司者，於股份轉換基準日終止上市（櫃），並由該金融控股公司上市（櫃）。
③金融機構轉換為金融控股公司後，金融控股公司除其董事、監察人應依第二十六條第六項規定辦理外，並應符合證券交易法及公司法有關規定。
④依本法規定轉換完成後，金融控股公司之銀行子公司、保險子公司及證券子公司原為公開發行公司者，除本法另有規定外，仍應準用證券交易法有關公開發行之規定。

第三〇條　（發行新股之準用）98

①金融控股公司為子公司業務而發行新股，金融控股公司之子公司員工得承購金融控股公司之股份，並準用公司法第二百六十七條第一項、第二項、第四項至第六項規定。
②金融控股公司持有子公司已發行全部股份或資本總額者，該子公司發行新股時，得不受公司法第二百六十七條第一項規定之限制。

第三一條　（金融機構轉換為金融控股公司之準用）93

①金融機構辦理轉換為金融控股公司時，原投資事業成為金融控股公司之投資事業者，其組織或股權之調整，得準用第二十四條至第二十八條規定。
②依前項規定轉換而持有金融控股公司之股份者，得於三年內轉讓所持有股份予金融控股公司或其子公司之員工，或準用證券交易法第二十八條之二第一項第二款作為股權轉換之用，或於證券集中市場或證券商營業處所賣出，不受第三十八條規定之限制。屆期未轉讓或未賣出者，視為金融控股公司未發行股份，並應辦理變更登記。
③金融機構辦理股份轉換時，預定之金融控股公司為既存公司者，該既存公司之投資事業準用前二項規定。
④金融機構依前三項規定持有金融控股公司之股份，除分派盈餘、法定盈餘公積或資本公積撥充資本外，不得享有其他股東權利。

第三二條　（簡易合併之程序）

①金融控股公司之子公司吸收合併其持有百分之九十以上已發行股份之他公司，得作成合併契約，經各公司董事會以三分之二以上董事出席及出席董事過半數之決議行之，不適用公司法第三百十六條股東會決議之規定。

②董事會為前項決議後，應於十日內公告決議內容及合併契約書應記載事項，並指定三十日以上期限，聲明股東得於期限內提出異議。
③表示異議之股東，得請求各公司按當時公平價格收買其持有之股份，並應自前項聲明異議期限屆滿之日起二十日內，提出記載股份種類及數額之書面為之。
④前項異議股東與公司間協議決定股份之價格及股份收買請求權之失效，準用公司法第一百八十七條第二項、第三項及第一百八十八條之規定。

第三三條 （公司分割之程序）

①金融控股公司之子公司經股東會決議讓與其部分之營業或財產予既存公司或新設公司，以繳足該子公司（以下稱被分割公司）或其股東承購既存公司發行新股或新設公司發行股份所需股款進行公司分割者，應依下列各款規定辦理：
一　被分割公司以分割之營業或財產承購既存公司發行新股所需股款時，不適用公司法第二百七十二條之規定。
二　被分割公司於分割決議後十日內應公告分割決議之內容，並指定三十日以上之一定期間為異議期間。被分割公司不為公告或對於在指定期間內提出異議之債權人不提供相當之擔保者，不得以其分割對抗債權人。
②他公司為新設公司者，被分割公司之股東會會議視為他公司之發起人會議。
③第一項公司分割屬讓與主要部分之營業或財產者，準用公司法第一百八十五條至第一百八十八條之規定。

第三四條 （分割契約與決議）

①被分割公司與他子公司依前條規定辦理公司分割時，他子公司為既存公司者，被分割公司與他子公司之董事會應作成分割契約；他子公司為新設公司者，被分割公司董事會應作成分割決議；並均應提出於股東會。
②前項分割契約或分割決議應記載下列事項，並於發送股東會之召集通知時，一併發送各股東：
一　承受營業之既存公司章程需變更事項或新設公司章程。
二　承受營業之既存公司發行新股或新設公司發行股份之總數、種類及數量。
三　被分割公司或其股東所取得股份之總數、種類及數量。
四　對被分割公司或其股東配發之股份不滿一股應支付現金者，其有關規定。
五　承受被分割公司權利義務之相關事項。
六　被分割公司債權人、客戶權益之保障及被分割公司受僱人權益之處理事項。
七　被分割公司之資本減少時，其資本減少有關事項。
八　被分割公司之股份銷除或股份合併時，其股份銷除或股份合併所需辦理事項。
九　分割基準日。
十　被分割公司於分割基準日前發放股利者，其股利發放限額。
十一　承受營業之新設公司之董事及監察人名冊。
十二　與他公司共同為公司分割而新設公司者，分割決議應記載其共同為公司分割有關事項。

第三五條 （被分割公司債務之處理）

分割後受讓業務之公司，除被分割業務所生之債務與分割前公司之債務為可分者外，就分割前公司所負債務於受讓業務出資之財產範圍內負連帶清償責任。但其連帶責任請求權自分割基準日起算二年內不行使而消滅。

第三章　業務及財務

第三六條 （投資之範圍）98

①金融控股公司應確保其子公司業務之健全經營，其業務以投資及對被投資事業之管理為限。
②金融控股公司得向主管機關申請核准投資之事業如下：

一　金融控股公司。
二　銀行業。
三　票券金融業。
四　信用卡業。
五　信託業。
六　保險業。
七　證券業。
八　期貨業。
九　創業投資事業。
十　經主管機關核准投資之外國金融機構。
十一　其他經主管機關認定與金融業務相關之事業。

③前項第二款所定銀行業，包括商業銀行、專業銀行及信託投資公司；第六款所定保險業，包括財產保險業、人身保險業、再保險公司、保險代理人及經紀人；第七款所定證券業，包括證券商、證券投資信託事業、證券投資顧問事業；第八款所定期貨業，包括期貨商、槓桿交易商、期貨信託事業、期貨經理事業及期貨顧問事業。

④金融控股公司投資第二項第一款至第九款之事業，或第十款及第十一款之事業時，主管機關自申請書件送達之次日起，分別於十五個營業日內或三十個營業日內，未表示反對者，視為已核准。金融控股公司及其直接或間接控制之關係企業未經核准，除金融事業依各業法之規定辦理外，不得進行所申請之投資行為。違反本項規定者，除應依第六十二條處以罰鍰外，其取得之股份，不論於本法修正前或修正後，應經核准而未申請核准者，無表決權，且不算入已發行股份之總數，主管機關並應限令金融控股公司處分違規投資。

⑤因設立金融控股公司而致其子公司業務或投資逾越法令規定範圍者，或金融機構轉換為金融控股公司之子公司而致其業務或投資逾越法令規定範圍者，主管機關應限期命其調整。

⑥前項調整期限最長為三年。必要時，得申請延長二次，每次以二年為限。

⑦金融控股公司之負責人或職員，不得擔任該公司之創業投資事業所投資事業之經理人。

⑧金融控股公司之子公司減資，應事先向主管機關申請核准；其申請應檢附之書件、申請程序、審查條件及其他應遵行事項之辦法，由主管機關定之。

第三七條　（投資之限制）98

①金融控股公司得向主管機關申請核准投資前條第二項所定事業以外之其他事業；金融控股公司及其代表人，不得擔任該事業董事、監察人或指派人員獲聘為該事業經理人。但經主管機關核准者，不在此限。

②金融控股公司申請投資前項其他事業時，主管機關自申請書件送達之次日起三十個營業日內，未表示反對者，視為已核准。但於上述期間內，金融控股公司不得進行所申請之投資行為。

③金融控股公司對第一項其他事業之投資總額，不得超過金融控股公司淨值百分之十五。

④金融控股公司對第一項其他事業之持股比率，不得超過該被投資事業已發行有表決權股份總數百分之五。

⑤金融控股公司及其子公司對第一項其他事業之持股比率，合計不得超過該被投資事業已發行有表決權股份總數百分之十五，但下列情形，不在此限：
一　金融控股公司之子公司依其業別所適用之法令訂有較高之持股比率者。
二　該其他事業屬非上市或上櫃公司，且金融控股公司及其子公司中，僅有創業投資事業子公司參與投資，且投資未逾一定金額者。

⑥前項第二款所定之一定金額及投資應遵行事項之辦法，由主管機關定之。

⑦本法中華民國九十七年十二月三十日修正之條文施行前，金融控股公司及其子公司對

第一項其他事業之持股比率未符合第五項規定者，主管機關應於修正施行後限期命其調整。

⑧前項調整期限最長爲二年。必要時，得申請延長一次，並以一年爲限。

⑨金融控股公司向主管機關申請核准投資第一項或前條第二項所定之事業者，其申請應檢附之書件、申請程序、審查條件及其他應遵行事項之辦法，由主管機關定之。

第三八條（子公司持有股份之限制）

金融控股公司之子公司或子公司持有已發行有表決權股份總數百分之二十以上或控制性持股之投資事業，不得持有金融控股公司之股份。

第三九條（短期資金運用項目）

①金融控股公司之短期資金運用，以下列各款項目爲限：

一　存款或信託資金。

二　購買政府債券或金融債券。

三　購買國庫券或銀行可轉讓定期存單。

四　購買經主管機關規定一定評等等級以上之銀行保證、承兌或經一定等級以上信用評等之商業票據。

五　購買其他經主管機關核准與前四款有關之金融商品。

②金融控股公司投資不動產，應事先經主管機關核准，並以自用爲限。

③金融控股公司得發行公司債，不適用公司法第二百四十九條第二款及第二百五十條第二款規定之限制；其發行條件、期限及其他應遵行事項之辦法，由主管機關定之。

第四〇條（資本適足率）

①金融控股公司以合併基礎計算之資本適足性比率、衡量範圍及計算辦法，由主管機關定之。

②金融控股公司之實際資本適足性比率低於前項辦法之規定者，主管機關得命其增資、限制其分配盈餘、停止或限制其投資、限制其發給董事、監察人酬勞或爲其他必要之處置或限制；其辦法，由主管機關定之。

第四一條（財務比率之限制）

①爲健全金融控股公司之財務結構，主管機關於必要時，得就金融控股公司之各項財務比率，定其上限或下限。

②金融控股公司之實際各項財務比率，未符合主管機關依前項規定所定上限或下限者，主管機關得命其增資、限制其分配盈餘、停止或限制其投資、限制其發給董事、監察人酬勞或爲其他必要之處置或限制；其辦法，由主管機關定之。

第四二條（保密義務）

①金融控股公司及其子公司對於客戶個人資料、往來交易資料及其他相關資料，除其他法律或主管機關另有規定者外，應保守秘密。

②主管機關得令金融控股公司及其子公司就前項應保守秘密之資料訂定相關之書面保密措施，並以公告、網際網路或主管機關指定之方式，揭露保密措施之重要事項。

第四三條（共同行銷之規範）103

①金融控股公司之子公司間進行共同行銷，應由金融控股公司事先向主管機關申請核准，且不得有損害其客戶權益之行爲。

②金融控股公司之子公司間進行共同行銷，其營業、業務人員及服務項目應使客戶易於識別。除姓名及地址外，共同蒐集、處理及利用客戶其他個人基本資料、往來交易資料等相關資料，應依個人資料保護法相關規定辦理。

③依第一項規定申請核准應具備之條件、應檢附之書件、申請程序、可從事之業務範圍、資訊交互運用、共用設備、場所或人員之管理及其他應遵行事項之辦法，由主管機關定之。

④金融控股公司之子公司與客戶簽訂商品或服務契約時，應向客戶明確揭露契約之重要內容及交易風險，並依該商品或服務之性質，註明有無受存款保險、保險安定基金或其他相關保護機制之保障。上述契約並需向主管機關或其指定之機構報備，並責成於

各金融機構之網站公告。但其他法律另有規定者，從其規定。

第四四條 （擔保授信之限制及準用）

金融控股公司之銀行子公司及保險子公司對下列之人辦理授信時，不得爲無擔保授信；爲擔保授信時，準用銀行法第三十三條規定：

一 該金融控股公司之負責人及大股東。

二 該金融控股公司之負責人及大股東爲獨資、合夥經營之事業，或擔任負責人之企業，或爲代表人之團體。

三 有半數以上董事與金融控股公司或其子公司相同之公司。

四 該金融控股公司之子公司與該子公司負責人及大股東。

第四五條 （從事授信以外交易之對象及限制）

①金融控股公司或其子公司與下列對象爲授信以外之交易時，其條件不得優於其他同類對象，並應經公司三分之二以上董事出席及出席董事四分之三以上之決議後爲之：

一 該金融控股公司與其負責人及大股東。

二 該金融控股公司之負責人及大股東爲獨資、合夥經營之事業，或擔任負責人之企業，或爲代表人之團體。

三 該金融控股公司之關係企業與其負責人及大股東。

四 該金融控股公司之銀行子公司、保險子公司、證券子公司及該等子公司負責人。

②前項稱授信以外之交易，指下列交易行爲之一者：

一 投資或購買前項各款對象爲發行人之有價證券。

二 購買前項各款對象之不動產或其他資產。

三 出售有價證券、不動產或其他資產予前項各款對象。

四 與前項各款對象簽訂給付金錢或提供勞務之契約。

五 前項各款對象擔任金融控股公司或其子公司之代理人、經紀人或提供其他收取佣金或費用之服務行爲。

六 與前項各款對象有利害關係之第三人進行交易或與第三人進行有前項各款對象參與之交易。

③前項第一款及第三款之有價證券，不包括銀行子公司發行之可轉讓定期存單在內。

④金融控股公司之銀行子公司與第一項各款對象爲第二項之交易時，其與單一關係人交易金額不得超過銀行子公司淨值之百分之十，與所有利害關係人之交易總額不得超過銀行子公司淨值之百分之二十。

第四六條 （申報義務）98

①金融控股公司所有子公司對下列對象爲交易行爲合計達一定金額或比率者，應於每營業年度各季終了三十日內，向主管機關申報，並以公告、網際網路或主管機關指定之方式對外揭露：

一 同一自然人或同一法人。

二 同一自然人與其配偶、二親等以內之血親，及以本人或配偶爲負責人之企業。

三 同一關係企業。

②前項交易行爲之範圍如下：

一 授信。

二 短期票券之保證或背書。

三 票券或債券之附賣回交易。

四 投資或購買前項各款對象爲發行人之有價證券。

五 衍生性金融商品交易。

六 其他經主管機關規定之交易。

③第一項所定之一定金額、比率、申報與揭露之內容、格式及其他應遵行事項之辦法，由主管機關定之。

第四七條 （財務報表之備查公告、簽證）

①金融控股公司每屆營業年度終了，應合併編製財務報表、年報及營業報告書，並將上

述所有文件與盈餘分配或虧損撥補之決議及其他經主管機關指定之事項，於股東會承認後十五日內，報請主管機關備查。年報應記載事項，由主管機關定之。
②金融控股公司應將前項財務報表中之資產負債表、損益表、股東權益變動表、現金流量表及其他經主管機關指定之事項，於其所在地之日報或依主管機關指定之方式公告。但已符合證券交易法第三十六條規定者，得免辦理公告。
③第一項財務報表中之資產負債表、損益表、股東權益變動表及現金流量表，應經會計師查核簽證。
④金融機構轉換為金融控股公司者，其未分配盈餘於轉換後，雖列為金融控股公司之資本公積，惟其分派不受公司法第二百四十一條第一項之限制。
⑤轉換設立之金融控股公司金融機構於轉換前已發行特別股者，該特別股股東之權利義務於轉換後，由金融控股公司承受，金融控股公司於轉換年度，得依董事會編造之表冊，經監察人查核後分派股息，不適用公司法第二百二十八條至第二百三十一條之規定。
⑥金融機構轉換設立金融控股公司者，不適用職工福利金條例第二條第一項第一款之規定。

第四八條　（刪除）98

第四九條（營利事業所得稅之申報）

金融控股公司持有本國子公司股份，達已發行股份總數百分之九十者，得自其持有期間在一個課稅年度內滿十二個月之年度起，選擇以金融控股公司為納稅義務人，依所得稅法相關規定合併辦理營利事業所得稅結算申報及未分配盈餘加徵百分之十營利事業所得稅申報；其他有關稅務事項，應由金融控股公司及本國子公司分別辦理。

第五〇條　（所得額及應納稅額之調整）

①金融控股公司與其子公司相互間、金融控股公司或其子公司與國內、外其他個人、營利事業或教育、文化、公益、慈善機關或團體相互間，有關收入、成本、費用及損益之攤計，有以不合交易常規之安排，規避或減少納稅義務者；或有藉由股權之收購、財產之轉移或其他虛偽之安排，不當為他人或自己規避或減少納稅義務者；稽徵機關為正確計算相關納稅義務人之所得額及應納稅額，得報經主管機關核准，按交易常規或依查得資料予以調整。但金融控股公司與其持有達已發行股份總數百分之九十之本國子公司間之交易，不適用之。
②金融控股公司或其子公司經稽徵機關依前項規定調整其所得額及應納稅額者，當年度不得適用前條合併申報營利事業所得稅之規定。

第四章　監　督

第五一條　（內部控制及稽核制度）

金融控股公司應建立內部控制及稽核制度；其辦法，由主管機關定之。

第五二條　（檢查權）

①為確保金融控股公司及其子公司之健全經營，主管機關得令金融控股公司及其子公司於限期內提供相關財務報表、交易資訊或其他有關資料，並得隨時派員，或委託適當機構，檢查金融控股公司或其子公司之業務、財務及其他有關事項。
②主管機關於必要時，得指定專門職業及技術人員為前項檢查事項，並向主管機關據實提出報告；除其他法律另有規定外，所需費用由金融控股公司負擔。

第五三條　（金融控股公司對相關子公司應負之責任）104

①金融控股公司之銀行子公司、保險子公司或證券子公司所受之增資處分，金融控股公司應於持股比例範圍內為其籌募資金。
②金融控股公司之累積虧損逾實收資本額三分之一者，應即召開董事會，並通知監察人列席後，將董事會決議事項、財務報表、虧損原因及改善計畫函報主管機關。
③金融控股公司有前項情形時，主管機關應限期令其補足資本。

④金融控股公司為辦理前項之補足資本，報經主管機關核准者，得以含當年度虧損之累積虧損，於當年度中辦理減少資本及銷除股份，並就所減資本額辦理現金增資，以補足所銷除之股份。

第五四條 （主管機關之緊急處分）

①金融控股公司有違反法令、章程或有礙健全經營之虞時，主管機關除得予以糾正、限期令其改善外，並得視情節之輕重，為下列處分：

一 撤銷法定會議之決議。

二 停止其子公司一部或全部業務。

三 令其解除經理人或職員之職務。

四 解除董事、監察人職務或停止其於一定期間內執行職務。

五 令其處分持有子公司之股份。

六 廢止許可。

七 其他必要之處置。

②依前項第四款解除董事、監察人職務時，由主管機關通知經濟部廢止其董事或監察人登記。

③依第一項第六款廢止許可時，主管機關應令該金融控股公司於一定期限內處分其對銀行、保險公司或證券商持有之已發行有表決權股份或資本額及直接、間接選任或指派之董事人數至不符第四條第一款規定，並令其不得再使用金融控股公司之名稱及辦理公司變更登記；未於期限內處分完成者，應令其進行解散及清算。

第五五條 （投資事業股份之處分）

①金融控股公司之投資事業，如有顯著危及銀行子公司、保險子公司或證券子公司之健全經營之虞者，主管機關得令金融控股公司於一定期間內處分所持有該投資事業之股份，或令金融控股公司降低其對銀行子公司、保險子公司或證券子公司持有之已發行有表決權股份或資本額及直接、間接選任或指派之董事人數至不符第四條第一款規定，並準用前條第三項規定辦理。

②前項逾期未處分之股份，主管機關得依行政執行法第二十七條規定，委由第三人代為處分，或指定第三人強制代為管理至金融控股公司處分完畢為止；其費用，由金融控股公司負擔。

第五六條 （對子公司之責任）

①金融控股公司之銀行子公司、保險子公司或證券子公司未達主管機關規定之最低資本適足性比率或發生業務或財務狀況顯著惡化，不能支付其債務或有損及存款人利益之虞時，金融控股公司應協助其回復正常營運。

②銀行子公司、保險子公司或證券子公司有前項情形者，主管機關為確保公共利益或穩定金融市場之必要，得命金融控股公司履行前項之義務，或於一定期間內處分該金融控股公司持有其他投資事業之一部或全部之股份、營業或資產，所得款項，應用於改善銀行子公司、保險子公司或證券子公司之財務狀況。

第五章 罰 則

第五七條 （罰則）107

①金融控股公司之負責人或職員，意圖為自己或第三人不法之利益，或損害金融控股公司之利益，而為違背其職務之行為，致生損害於公司財產或其他利益者，處三年以上十年以下有期徒刑，得併科新臺幣一千萬元以上二億元以下罰金。其因犯罪獲取之財物或財產上利益達新臺幣一億元以上者，處七年以上有期徒刑，得併科新臺幣二千五百萬元以上五億元以下罰金。

②金融控股公司負責人或職員，二人以上共同實施前項犯罪行為者，得加重其刑至二分之一。

③第一項之未遂犯罰之。

第五七條之一 （罰則）107

①意圖爲自己或第三人不法之所有，以詐術使金融控股公司將金融控股公司或第三人之財物交付，或以不正方法將虛僞資料或不正指令輸入金融控股公司電腦或其相關設備，製作財產權之得喪、變更紀錄而取得他人財產，其因犯罪獲取之財物或財產上利益達新臺幣一億元以上者，處三年以上十年以下有期徒刑，得併科新臺幣一千萬元以上二億元以下罰金。

②以前項方法得財產上不法之利益或使第三人得之者，亦同。

③前二項之未遂犯罰之。

第五七條之二 （罰則）107

①犯第五十七條或第五十七條之一之罪，於犯罪後自首，如自動繳交全部犯罪所得者，減輕或免除其刑；並因而查獲其他正犯或共犯者，免除其刑。

②犯第五十七條或第五十七條之一之罪，在偵查中自白，如自動繳交全部犯罪所得者，減輕其刑；並因而查獲其他正犯或共犯者，減輕其刑至二分之一。

③犯第五十七條、第五十七條之一之罪，其因犯罪獲取之財物或財產上利益超過罰金最高額時，得於犯罪獲取之財物或財產上利益之範圍內加重罰金；如損及金融市場穩定者，加重其刑至二分之一。

第五七條之三 （罰則）94

①第五十七條第一項之金融控股公司負責人、職員或第五十七條之一第一項之行爲人所爲之無償行爲，有害及金融控股公司之權利者，金融控股公司得聲請法院撤銷之。

②前項之金融控股公司負責人、職員或行爲人所爲之有償行爲，於行爲時明知有損害於金融控股公司之權利，且受益人於受益時亦知其情事者，金融控股公司得聲請法院撤銷之。

③依前二項規定聲請法院撤銷時，得並聲請命受益人或轉得人回復原狀。但轉得人於轉得時不知有撤銷原因者，不在此限。

④第一項之金融控股公司負責人、職員或行爲人與其配偶、直系親屬、同居親屬、家長或家屬間所爲之處分其財產行爲，均視爲無償行爲。

⑤第一項之金融控股公司負責人、職員或行爲人與前項以外之人所爲之處分其財產行爲，推定爲無償行爲。

⑥第一項及第二項之撤銷權，自金融控股公司知有撤銷原因時起，一年間不行使，或自行爲時起經過十年而消滅。

第五七條之四 （罰則）94

第五十七條第一項及第五十七條之一第一項之罪，爲洗錢防制法第三條第一項所定之重大犯罪，適用洗錢防制法之相關規定。

第五八條 （罰則）108

①金融控股公司之銀行子公司或保險子公司對第四十四條各款所列之人爲無擔保授信，或爲擔保授信而無十足擔保或其條件優於其他同類授信對象者，其行爲負責人，處三年以下有期徒刑、拘役或科或併科新臺幣五百萬元以上二千五百萬元以下罰金。

②金融控股公司之銀行子公司或保險子公司對第四十四條各款所列之人辦理擔保授信達主管機關規定金額以上，未經董事會三分之二以上董事之出席及出席董事四分之三以上之同意，或違反主管機關所定有關授信限額、授信總餘額之規定者，其行爲負責人，處新臺幣二百萬元以上五千萬元以下罰鍰。

第五九條 （罰則）98

金融控股公司之負責人或職員違反第十七條第四項規定，收受佣金、酬金或其他不當利益者，處三年以下有期徒刑、拘役或科或併科新臺幣五百萬元以下罰金。

第六〇條 （罰則）108

有下列情形之一者，處新臺幣二百萬元以上五千萬元以下罰鍰：

一　違反第六條第一項規定，未申請設立金融控股公司。

二　違反第十六條第三項規定，未經主管機關核准而持有股份。

三　違反第十六條第一項、第二項或第九項規定未向主管機關申報，或違反同條第七項但書規定增加持股。
四　違反第十六條第十項規定，未依主管機關所定期限處分。
五　違反主管機關依第十六條第五項所定辦法中有關申報或公告之規定。
六　違反第十六條第六項規定，爲質權之設定。
七　違反第十八條第一項規定，未經許可爲合併、概括讓與或概括承受。
八　違反第三十八條規定，持有金融控股公司之股份。
九　違反第三十九條第一項所定短期資金運用項目；或違反同條第二項規定，未經核准投資不動產或投資非自用不動產。
十　違反主管機關依第三十九條第三項所定辦法中有關發行條件或期限之規定。
十一　違反主管機關依第四十條或第四十一條所定之比率或所爲之處置或限制。
十二　違反第四十二條第一項規定，未保守秘密。
十三　違反第四十三條第一項、第二項或第四項規定；或違反主管機關依同條第三項所定辦法中有關可從事之業務範圍、資訊交互運用、共用設備、場所或人員管理之規定。
十四　違反第四十五條第一項交易條件之限制或董事會之決議方法；或違反同條第四項所定之金額比率。
十五　違反第四十六條第一項規定，未向主管機關申報或揭露。
十六　違反第五十一條規定，未建立內部控制或稽核制度，或未確實執行。
十七　違反第五十三條第一項或第二項規定；或未於主管機關依同條第三項所定期限內補足資本。
十八　違反主管機關依第五十五條第一項所爲之命令。
十九　違反第五十六條第一項規定，未盡協助義務；或違反主管機關依同條第二項所爲之命令。

第六一條　（罰則）108

金融控股公司之負責人或職員，於主管機關依第五十二條規定要求其於限期內據實提供相關財務報表、交易資訊或其他有關資料；派員或委託適當機構或指定專門職業及技術人員，檢查金融控股公司或其子公司之業務、財務及其他有關事項時，有下列情形之一者，處新臺幣二百萬元以上五千萬元以下罰鍰：
一　拒絕檢查或拒絕開啓金庫或其他庫房。
二　隱匿或毀損有關業務或財務狀況之帳冊文件。
三　對於檢查人員詢問無正當理由不爲答復或答復不實。
四　屆期未提報主管機關指定之財務報表、交易資訊或其他有關資料，或提報不實、不全或未於規定期限內繳納檢查費用。

第六二條　（罰則）108

有下列情形之一者，處新臺幣一百萬元以上二千萬元以下罰鍰：
一　違反第三十六條第四項或第三十七條第二項但書規定，進行投資。
二　違反第三十六條第五項或第三十七條第七項規定，未於主管機關所定期限內調整；或違反第三十六條第七項規定，由其負責人、職員擔任創業投資事業所投資事業之經理人。
三　違反第三十六條第八項規定，未經主管機關核准辦理減資。
四　違反第三十七條第一項規定，未經主管機關核准投資，或自行或由其代表人擔任被投資事業之董事、監察人或指派人員獲聘爲該事業經理人。
五　違反第三十七條第三項至第五項規定，超過投資限額或持股比率之限制。
六　違反第六十八條第一項、第二項或第四項規定，未申報、申請許可、調整持股或申請核准。

第六三條　（罰則）

違反本法或依本法所定命令中之強制或禁止規定或應爲一定行爲而不爲者，除本法另有處以罰鍰規定而應從其規定外，處新臺幣五十萬元以上二百五十萬元以下罰鍰。

第六四條　（求償權）

金融控股公司或其子公司於繳納罰鍰後，對應負責之行為人應予求償。

第六五條　（罰金或罰鍰）

法人之負責人、代理人、受僱人或其他職員，因執行業務違反本法規定，除依本章規定處罰該行為人外，對於該法人亦科以該條之罰鍰或罰金。

第六六條　（強制執行）94

本法所定罰鍰，經主管機關限期繳納而屆期不繳納者，自逾期之日起，每日加收滯納金百分之一；屆三十日仍不繳納者，移送強制執行。

第六七條　（解除負責人職務或廢止許可）108

金融控股公司或受罰人經依本章規定處以罰鍰後，於主管機關規定期限內仍不予改善者，主管機關得按次處罰；其情節重大者，並得解除負責人職務或廢止其許可。

第六七條之一　（沒收犯罪所得）107

犯本法之罪，犯罪所得屬犯罪行為人或其以外之自然人、法人或非法人團體因刑法第三十八條之一第二項所列情形取得者，除應發還被害人或得請求損害賠償之人外，沒收之。

第六七條之二　（易服勞役）93

犯本法之罪，所科罰金達新臺幣五千萬元以上而無力完納者，易服勞役期間為二年以下，其折算標準以罰金總額與二年之日數比例折算；所科罰金達新臺幣一億元以上而無力完納者，易服勞役期間為三年以下，其折算標準以罰金總額與三年之日數比例折算。

第六章　附　則

第六八條　（本法施行前之準用）

①本法施行前，已符合第四條第一款規定之同一人或同一關係人，應自本法施行之日起六個月內向主管機關申報。

②前項同一人或同一關係人如無第六條第二項所定之情形，應自本法施行之日起一年內依第八條規定向主管機關申請許可設立金融控股公司；未經主管機關許可者，應自本法施行之日起五年內，降低其對銀行、保險公司或證券商持有之已發行有表決權股份或資本額及直接、間接選任或指派之董事人數至不符合第四條第一款規定。

③前項五年期限，有正當理由報經主管機關核准者，得延長二次，每次以二年為限。

④本法施行前，依銀行法第七十四條規定投資持有保險公司或證券商已發行有表決權股份總數或資本額符合第四條第一款規定或已直接、間接選任或指派一銀行、保險公司或證券商過半數董事之銀行，自本法施行之日起六個月內申請主管機關核准者，得不適用本法之規定。

第六八條之一　（設立專業法庭或指定專人辦理）94

法院為審理違反本法之犯罪案件，得設立專業法庭或指定專人辦理。

第六九條　（施行日）98

①本法自中華民國九十年十一月一日施行。

②本法修正條文，除中華民國九十五年五月五日修正之條文，自中華民國九十五年七月一日施行外，自公布日施行。

證券交易法

①民國57年4月30日總統令制定公布全文183條。
②民國70年11月13日總統令修正公布第3、17、28、95、156條條文。
③民國72年5月11日總統令修正公布第37、157條條文；並增訂第18-1、18-2、25-1條條文。
④民國77年1月29日總統令修正公布第6、7、17、18、18-1、20、22、25、26、32、33、36、41、43至45、51、53、54、56、60至62、66、71、74、76、126、137、139、150、155、157、163、171至175、177、178條條文；增訂第22-1、22-2、26-1、26-2、28-1、43-1、157-1、177-1、182-1條條文；並刪除第9、52、101、176、182條條文。
⑤民國86年5月7日總統令修正公布第54、95、128、183條條文；並自90年1月15日起施行。
⑥民國89年7月19日總統令修正公布第3、6、8、15、18-2、28-1、41、43、53、54、56、66、75、89、126、128、138、155、157、171至175、177、177-1、178條條文；增訂第18-3、28-2至28-4、38-1條條文；刪除第80、106、131條條文；並自90年1月15日起施行。
⑦民國90年11月14日總統令修正公布第25、27、43、113、126、177條條文。
⑧民國91年2月6日總統令修正公布第7、20、22、43-1、157-1、174、175、177、178條條文及第二章章名；並增訂第43-2至43-8條條文及第二章第一至三節節名。
⑨民國91年6月12日總統令修正公布第30、37、178條條文；並增訂第14-1、36-1條條文。
⑩民國93年4月28日總統令修正公布第171、174、178條條文；並增訂第180-1條條文。
⑪民國94年5月18日總統令增訂公布第174-1、174-2、181-1條條文。
⑫民國95年1月11日總統令修正公布第3、6、14、18、20、22、25-1、28-3、44、45、51、54、60、95、155、156、157-1、172、178、182-1、183條條文；增訂第14-2至14-5、20-1、21-1、26-3、181-2條條文；並刪除第17、18-2、18-3、28、73、76至78、180條條文；除第14-2至14-5、26-3條自96年1月1日施行外，自公布日施行。
⑬民國95年5月30日總統令修正公布第171、183條條文；並自95年7月1日施行。
⑭民國98年6月10日總統令修正公布第43-5、183條條文；並自98年11月23日施行。
⑮民國99年1月13日總統令修正公布第54條條文。
⑯民國99年6月2日總統令修正公布第21-1、36、157-1、171、177、178、183條條文；除第36條自101年1月1日施行外，餘自公布日施行。
⑰民國99年11月24日總統令增訂公布第14-6條條文。
⑱民國101年1月4日總統令修正公布第4、14、22、36、38-1、141、142、144、145、147、166、169至171、174至175、177、178、179、183條條文；增訂第165-1至165-3條條文及第五章之一章名；並刪除第146條條文；除第36條第1項第2款自一〇二會計年度施行外，自公布日施行。
民國101年6月25日行政院公告第3條所列屬「行政院金融監督管理委員會」之權責事項，自101年7月1日起改由「金融監督管理委員會」管轄。
⑲民國102年6月5日總統令修正公布第14-1條條文。
⑳民國104年2月4日總統令修正公布第3條條文。
㉑民國104年7月1日總統令修正公布第20-1、43-1、43-3、155、156、178條條文。
㉒民國105年12月7日總統令修正公布第28-4、43-1條條文。
㉓民國107年1月31日總統令修正公布第171、172條條文；增訂第44-1條條文；並刪除第174-2條條文。
㉔民國107年4月25日總統令修正公布第14-2、178條條文。
㉕民國107年12月5日總統令修正公布第14條條文。
㉖民國108年4月17日總統令修正公布第14-5、28-2、39、43-1、65、66、165-1、177-1、178、179條條文；並增訂第178-1條條文。
㉗民國108年6月21日總統令修正公布第14-5、36條條文。
㉘民國109年5月19日總統令修正公布第14條條文。
㉙民國110年1月27日總統令修正公布第54條條文。
㉚民國111年11月30日總統令修正公布第22-1條條文。
㉛民國112年5月10日總統令修正公布第43-1、178-1、183條條文；除第43-1條自公布後一年施行外，自公布日施行。
㉜民國112年6月28日總統令修正公布第14-4、14-5、178、181-2條條文；並增訂第174-3、174-4

條條文。
㉝民國113年8月7日總統令修正公布第14條條文。

第一章　總　則

第一條　（立法宗旨）
為發展國民經濟，並保障投資，特制定本法。

第二條　（法律適用）
有價證券之募集、發行、買賣，其管理、監督依本法之規定，本法未規定者，適用公司法及其他有關法律之規定。

第三條　（主管機關）104
本法所稱主管機關，為金融監督管理委員會。

第四條　（公司之定義）101
①本法所稱公司，謂依公司法組織之股份有限公司。
②本法所稱外國公司，謂以營利為目的，依照外國法律組織登記之公司。

第五條　（發行人之定義）
本法所稱發行人，謂募集及發行有價證券之公司，或募集有價證券之發起人。

第六條　（有價證券之定義）95
①本法所稱有價證券，指政府債券、公司股票、公司債券及經主管機關核定之其他有價證券。
②新股認購權利證書、新股權利證書及前項各種有價證券之價款繳納憑證或表明其權利之證書，視為有價證券。
③前二項規定之有價證券，未印製表示其權利之實體有價證券者，亦視為有價證券。

第七條　（募集、私募之定義）91
①本法所稱募集，謂發起人於公司成立前或發行公司於發行前，對非特定人公開招募有價證券之行為。
②本法所稱私募，謂已依本法發行股票之公司依第四十三條之六第一項及第二項規定，對特定人招募有價證券之行為。

第八條　（發行之定義）
①本法所稱發行，謂發行人於募集後製作並交付，或以帳簿劃撥方式交付有價證券之行為。
②前項以帳簿劃撥方式交付有價證券之發行，得不印製實體有價證券。

第九條　（刪除）

第一〇條　（承銷之定義）
本法所稱承銷，謂依約定包銷或代銷發行人發行有價證券之行為。

第一一條　（證券交易所之定義）
本法所稱證券交易所，謂依本法之規定，設置場所及設備，以供給有價證券集中交易市場為目的之法人。

第一二條　（有價證券集中交易市場之定義）
本法所稱有價證券集中交易市場，謂證券交易所為供有價證券之競價買賣所開設之市場。

第一三條　（公開說明書之定義）
本法所稱公開說明書，謂發行人為有價證券之募集或出賣，依本法之規定，向公眾提出之說明文書。

第一四條　113
①本法所稱財務報告，指發行人及證券商、證券交易所依法令規定，應定期編送主管機關之財務報告。

②前項財務報告之內容、適用範圍、作業程序、編製及其他應遵行事項之財務報告編製準則，由主管機關定之，不適用商業會計法第四章、第六章及第七章之規定。
③第一項財務報告應經董事長、經理人及會計主管簽名或蓋章，並出具財務報告內容無虛偽或隱匿之聲明。
④前項會計主管應具備一定之資格條件，並於任職期間內持續專業進修；其資格條件、持續專業進修之最低進修時數及辦理進修機構應具備條件等事項之辦法，由主管機關定之。
⑤股票已在證券交易所上市或於證券櫃檯買賣中心上櫃買賣之公司，依第二項規定編製年度財務報告時，應另依主管機關規定揭露公司薪資報酬政策、全體員工平均薪資及調整情形、董事及監察人之酬金等相關資訊。
⑥前項公司應於章程訂明以年度盈餘提撥一定比率為基層員工調整薪資或分派酬勞。但公司尚有累積虧損時，應予彌補。
⑦前項調整薪資或分派酬勞金額，得自當年度營利事業所得額減除之。

第一四條之一　（內部控制制度之建立）102
①公開發行公司、證券交易所、證券商及第十八條所定之事業應建立財務、業務之內部控制制度。
②主管機關得訂定前項公司或事業內部控制制度之準則。
③第一項之公司或事業，除經主管機關核准者外，應於每會計年度終了後三個月內，向主管機關申報內部控制聲明書。

第一四條之二　（獨立董事之設置及資格）107
①已依本法發行股票之公司，得依章程規定設置獨立董事。但主管機關應視公司規模、股東結構、業務性質及其他必要情況，要求其設置獨立董事，人數不得少於二人，且不得少於董事席次五分之一。
②獨立董事應具備專業知識，其持股及兼職應予限制，且於執行業務範圍內應保持獨立性，不得與公司有直接或間接之利害關係。獨立董事之專業資格、持股與兼職限制、獨立性之認定、提名方式及其他應遵行事項之辦法，由主管機關定之。
③公司不得妨礙、拒絕或規避獨立董事執行業務。獨立董事執行業務認有必要時，得要求董事會指派相關人員或自行聘請專家協助辦理，相關必要費用，由公司負擔之。
④有下列情事之一者，不得充任獨立董事，其已充任者，當然解任：
一　有公司法第三十條各款情事之一。
二　依公司法第二十七條規定以政府、法人或其代表人當選。
三　違反依第二項所定獨立董事之資格。
⑤獨立董事持股轉讓，不適用公司法第一百九十七條第一項後段及第三項規定。
⑥獨立董事因故解任，致人數不足第一項或章程規定者，應於最近一次股東會補選之。獨立董事均解任時，公司應自事實發生之日起六十日內，召開股東臨時會補選之。

第一四條之三　（應提董事會決議通過事項）95
已依前條第一項規定選任獨立董事之公司，除經主管機關核准者外，下列事項應提董事會決議通過；獨立董事如有反對意見或保留意見，應於董事會議事錄載明：
一　依第十四條之一規定訂定或修正內部控制制度。
二　依第三十六條之一規定訂定或修正取得或處分資產、從事衍生性商品交易、資金貸與他人、為他人背書或提供保證之重大財務業務行為之處理程序。
三　涉及董事或監察人自身利害關係之事項。
四　重大之資產或衍生性商品交易。
五　重大之資金貸與、背書或提供保證。
六　募集、發行或私募具有股權性質之有價證券。
七　簽證會計師之委任、解任或報酬。
八　財務、會計或內部稽核主管之任免。
九　其他經主管機關規定之重大事項。

第一四條之四 112

①已依本法發行股票之公司，應擇一設置審計委員會或監察人。但符合主管機關依公司規模、業務性質及其他必要情況所定條件者，應設置審計委員會替代監察人。

②審計委員會應由全體獨立董事組成，其人數不得少於三人，其中一人爲召集人，且至少一人應具備會計或財務專長。

③公司設置審計委員會者，本法、公司法及其他法律對於監察人之規定，於審計委員會準用之。

④公司法第二百條、第二百十六條第一項、第三項、第四項、第二百十八條第一項、第二項、第二百十八條之一、第二百十八條之二第二項、第二百二十四條至第二百二十六條及第二百四十五條第二項規定，對審計委員會之獨立董事成員準用之；對獨立董事提起訴訟準用公司法第二百十四條、第二百十五條及第二百二十七條但書規定。

⑤審計委員會與其獨立董事成員對前二項所定職權之行使、作業程序、議事錄應載明事項及其他相關事項之辦法，由主管機關定之。

⑥審計委員會之決議，應有審計委員會全體成員二分之一以上之同意。

第一四條之五 112

①已依本法發行股票之公司設置審計委員會者，下列事項應經審計委員會全體成員二分之一以上同意，並提董事會決議，不適用第十四條之三規定：

一　依第十四條之一規定訂定或修正內部控制制度。

二　內部控制制度有效性之考核。

三　依第三十六條之一規定訂定或修正取得或處分資產、從事衍生性商品交易、資金貸與他人、爲他人背書或提供保證之重大財務業務行爲之處理程序。

四　涉及董事自身利害關係之事項。

五　重大之資產或衍生性商品交易。

六　重大之資金貸與、背書或提供保證。

七　募集、發行或私募具有股權性質之有價證券。

八　簽證會計師之委任、解任或報酬。

九　財務、會計或內部稽核主管之任免。

十　由董事長、經理人及會計主管簽名或蓋章之年度財務報告及須經會計師查核簽證之第二季財務報告。

十一　其他公司或主管機關規定之重大事項。

②前項各款事項除第十款外，如未經審計委員會全體成員二分之一以上同意者，得由全體董事三分之二以上同意行之，不受前項規定之限制，並應於董事會議事錄載明審計委員會之決議。

③如有正當理由致審計委員會無法召開時，第一項各款事項應以全體董事三分之二以上同意行之。但第一項第十款之事項仍應由獨立董事成員出具同意意見。

④公司設置審計委員會者，不適用第三十六條第一項財務報告應經監察人承認之規定。

⑤第一項至第三項及前條所定審計委員會全體成員及全體董事，以實際在任者計算之。

第一四條之六（薪資報酬委員會之設置）99

①股票已在證券交易所上市或於證券商營業處所買賣之公司應設置薪資報酬委員會；其成員專業資格、所定職權之行使及相關事項之辦法，由主管機關定之。

②前項薪資報酬應包括董事、監察人及經理人之薪資、股票選擇權與其他具有實質獎勵之措施。

第一五條（證券業務種類）

依本法經營之證券業務，其種類如左：

一　有價證券之承銷及其他經主管機關核准之相關業務。

二　有價證券之自行買賣及其他經主管機關核准之相關業務。

三　有價證券買賣之行紀、居間、代理及其他經主管機關核准之相關業務。

第一六條（證券商種類）

經營前條各款業務之一者爲證券商，並依左列各款定其種類：
一　經營前條第一款規定之業務者，爲證券承銷商。
二　經營前條第二款規定之業務者，爲證券自營商。
三　經營前條第三款規定之業務者，爲證券經紀商。

第一七條　（刪除）95

第一八條　（核准經營）95
①經營證券金融事業、證券集中保管事業或其他證券服務事業，應經主管機關之核准。
②前項事業之設立條件、申請核准之程序、財務、業務與管理及其他應遵行事項之規則，由主管機關定之。

第一八條之一　（準用規定）
①第三十八條、第三十九條及第六十六條之規定，於前條之事業準用之。
②第五十三條、第五十四條及第五十六條之規定，於前條事業之人員準用之。

第一八條之二　（刪除）95

第一八條之三　（刪除）95

第一九條　（契約方式）
凡依本法所訂立之契約，均應以書面爲之。

第二〇條　（誠實義務及損害賠償責任㈠）95
①有價證券之募集、發行、私募或買賣，不得有虛偽、詐欺或其他足致他人誤信之行爲。
②發行人依本法規定申報或公告之財務報告及財務業務文件，其內容不得有虛偽或隱匿之情事。
③違反第一項規定者，對於該有價證券之善意取得人或出賣人因而所受之損害，應負賠償責任。
④委託證券經紀商以行紀名義買入或賣出之人，視爲前項之取得人或出賣人。

第二〇條之一　（誠實義務及損害賠償責任㈡）104
①前條第二項之財務報告及財務業務文件或依第三十六條第一項公告申報之財務報告，其主要內容有虛偽或隱匿之情事，下列各款之人，對於發行人所發行有價證券之善意取得人、出賣人或持有人因而所受之損害，應負賠償責任：
一　發行人及其負責人。
二　發行人之職員，曾在財務報告或財務業務文件上簽名或蓋章者。
②前項各款之人，除發行人外，如能證明已盡相當注意，且有正當理由可合理確信其內容無虛偽或隱匿之情事者，免負賠償責任。
③會計師辦理第一項財務報告或財務業務文件之簽證，有不正當行爲或違反或廢弛其業務上應盡之義務，致第一項之損害發生者，負賠償責任。
④前項會計師之賠償責任，有價證券之善意取得人、出賣人或持有人得聲請法院調閱會計師工作底稿並請求閱覽或抄錄，會計師及會計師事務所不得拒絕。
⑤第一項各款及第三項之人，除發行人外，因其過失致第一項損害之發生者，應依其責任比例，負賠償責任。
⑥前條第四項規定，於第一項準用之。

第二一條　（損害賠償請求權之期限）
本法規定之損害賠償請求權，自有請求權人知有得受賠償之原因時起二年間不行使而消滅；自募集、發行或買賣之日起逾五年者亦同。

第二一條之一　（國際合作條約或協定之簽訂）99
①爲促進我國與其他國家證券市場主管機關之國際合作，政府或其授權之機構依互惠原則，得與外國政府、機構或國際組織，就資訊交換、技術合作、協助調查等事項，簽訂合作條約或協定。
②除有妨害國家利益或投資大眾權益者外，主管機關依前項簽訂之條約或協定，得洽請相關機關或要求有關之機構、法人、團體或自然人依該條約或協定提供必要資訊，並

基於互惠及保密原則，提供予與我國簽訂條約或協定之外國政府、機構或國際組織。

③為促進證券市場國際合作，對於有違反外國金融管理法律之虞經外國政府調查、追訴或進行司法程序者，於外國政府依第一項簽訂之條約或協定請求協助調查時，主管機關得要求與證券交易有關之機構、法人、團體或自然人，提示相關之帳簿、文據或到達辦公處所說明；必要時，並得請該外國政府派員協助調查事宜。

④前項被要求到達辦公處所說明者，得選任律師、會計師、其他代理人或經主管機關許可偕同輔佐人到場。

⑤第二項及第三項規定之機構、法人、團體或自然人，對於主管機關要求提供必要資訊、提示相關帳簿、文據或到達辦公處所說明，不得規避、妨礙或拒絕。

第二章　有價證券之募集、發行、私募及買賣 91

第一節　有價證券之募集、發行及買賣 91

第二二條　（有價證券之募集與發行）101

①有價證券之募集及發行，除政府債券或經主管機關核定之其他有價證券外，非向主管機關申報生效後，不得為之。

②已依本法發行股票之公司，於依公司法之規定發行新股時，除依第四十三條之六第一項及第二項規定辦理者外，仍應依前項規定辦理。

③出售所持有第六條第一項規定之有價證券或其價款繳納憑證、表明其權利之證書或新股認購權利證書、新股權利證書，而公開招募者，準用第一項規定。

④依前三項規定申報生效應具備之條件、應檢附之書件、審核程序及其他應遵行事項之準則，由主管機關定之。

⑤前項準則有關外匯事項之規定，主管機關於訂定或修正時，應洽商中央銀行同意。

第二二條之一 111

①已依本法發行股票之公司，於增資發行新股時，主管機關得規定其股權分散標準。

②公開發行股票公司召開股東會、股東會視訊會議、書面或電子方式行使股東會表決權、股東或股票之股務事務、股務自辦或股務委外辦理、股務評鑑及其他相關股務事務，其應符合之條件、作業程序及其他應遵行事項之準則，由主管機關定之。

第二二條之二　（董事、監察人等股票之轉讓方式）

①已依本法發行股票公司之董事、監察人、經理人或持有公司股份超過股份總額百分之十之股東，其股票之轉讓，應依左列方式之一為之：

一　經主管機關核准或自申報主管機關生效日後，向非特定人為之。

二　依主管機關所定持有期間及每一交易日得轉讓數量比例，於向主管機關申報之日起三日後，在集中交易市場或證券商營業處所為之。但每一交易日轉讓股數未超過一萬股者，免予申報。

三　於向主管機關申報之日起三日內，向符合主管機關所定條件之特定人為之。

②經由前項第三款受讓之股票，受讓人在一年內欲轉讓其股票，仍須依前項各款所列方式之一為之。

③第一項之人持有之股票，包括其配偶、未成年子女及利用他人名義持有者。

第二三條　（新股認購權利證書轉讓期限）

新股認購權利證書之轉讓，應於原股東認購新股限期前為之。

第二四條　（依本法發行新股後未依法發行股份地位之擬制）

公司依本法發行新股者，其以前未依本法發行之股份，視為已依本法發行。

第二五條　（董事、監察人等持有股票之申報）

①公開發行股票之公司於登記後，應即將其董事、監察人、經理人及持有股份超過股份總額百分之十之股東，所持有之本公司股票種類及股數，向主管機關申報並公告之。

②前項股票持有人，應於每月五日以前將上月份持有股數變動之情形，向公司申報，公

司應於每月十五日以前，彙總向主管機關申報。必要時，主管機關得命令其公告之。
③第二十二條之二第三項之規定，於計算前二項持有股數準用之。
④第一項之股票經設定質權者，出質人應即通知公司；公司應於其質權設定後五日內，將其出質情形，向主管機關申報並公告之。

第二五條之一 （委託書管理規則）95
公開發行股票公司出席股東會使用委託書，應予限制、取締或管理；其徵求人、受託代理人與代為處理徵求事務者之資格條件、委託書之格式、取得、徵求與受託方式、代理之股數、統計驗證、使用委託書代理表決權不予計算之情事、應申報與備置之文件、資料提供及其他應遵行事項之規則，由主管機關定之。

第二六條 （董事、監察人持有記名股票數額最低成數）
①凡依本法公開募集及發行有價證券之公司，其全體董事及監察人二者所持有記名股票之股份總額，各不得少於公司已發行股份總額一定之成數。
②前項董事、監察人股權成數及查核實施規則，由主管機關以命令定之。

第二六條之一 （召集股東會應列舉主要內容之情形）
已依本法發行有價證券之公司召集股東會時，關於公司法第二百零九條第一項、第二百四十條第一項及第二百四十一條第一項之決議事項，應在召集事由中列舉並說明其主要內容，不得以臨時動議提出。

第二六條之二 （對小額記名股票股東股東會之通知期間及方式）
已依本法發行股票之公司，對於持有記名股票未滿一千股股東，其股東常會之召集通知得於開會三十日前；股東臨時會之召集通知得於開會十五日前，以公告方式為之。

第二六條之三 （董事及監察人）95
①已依本法發行股票之公司董事會，設置董事不得少於五人。
②政府或法人為公開發行公司之股東時，除經主管機關核准者外，不得由其代表人同時當選或擔任公司之董事及監察人，不適用公司法第二十七條第二項規定。
③公司除經主管機關核准者外，董事間應有超過半數之席次，不得具有下列關係之一：
　一　配偶。
　二　二親等以內之親屬。
④公司除經主管機關核准者外，監察人間或監察人與董事間，應至少一席以上，不得具有前項各款關係之一。
⑤公司召開股東會選任董事及監察人，原當選人不符前二項規定時，應依下列規定決定當選之董事或監察人：
　一　董事間不符規定者，不符規定之董事中所得選票代表選舉權較低者，其當選失其效力。
　二　監察人間不符規定者，準用前款規定。
　三　監察人與董事間不符規定者，不符規定之監察人中所得選票代表選舉權較低者，其當選失其效力。
⑥已充任董事或監察人違反第三項或第四項規定者，準用前項規定當然解任。
⑦董事因故解任，致不足五人者，公司應於最近一次股東會補選之。但董事缺額達章程所定席次三分之一者，公司應自事實發生之日起六十日內，召開股東臨時會補選之。
⑧公司應訂定董事會議事規範；其主要議事內容、作業程序、議事錄應載明事項、公告及其他應遵行事項之辦法，由主管機關定之。

第二七條 （每股金額之高低限與更改）
①主管機關對於公開發行之股票，得規定其每股之最低或最高金額。但規定前已准發行者，得仍照原金額；其增資發行之新股，亦同。
②公司更改其每股發行價格，應向主管機關申報。

第二八條 （刪除）95

第二八條之一 （公開發行股票公司提撥發行新股總額之比率）
①股票未在證券交易所上市或未於證券商營業處所買賣之公開發行股票公司，其股權分

散未達主管機關依第二十二條之一第一項所定標準者，於現金發行新股時，除主管機關認為無須或不適宜對外公開發行者外，應提撥發行新股總額之一定比率，對外公開發行，不受公司法第二百六十七條第三項關於原股東儘先分認規定之限制。

②股票已在證券交易所上市或於證券商營業處所買賣之公開發行股票公司，於現金發行新股時，主管機關得規定提撥發行新股總額之一定比率，以時價向外公開發行，不受公司法第二百六十七條第三項關於原股東儘先分認規定之限制。

③前二項提撥比率定為發行新股總額之百分之十。但股東會另有較高比率之決議者，從其決議。

④依第一項或第二項規定提撥向外公開發行時，同次發行由公司員工承購或原有股東認購之價格，應與向外公開發行之價格相同。

第二八條之二 （股份之買回）108

①股票已在證券交易所上市或於證券商營業處所買賣之公司，有下列情事之一者，得經董事會三分之二以上董事之出席及出席董事超過二分之一同意，於有價證券集中交易市場或證券商營業處所或依第四十三條之一第二項規定買回其股份，不受公司法第一百六十七條第一項規定之限制：

一　轉讓股份予員工。

二　配合附認股權公司債、附認股權特別股、可轉換公司債、可轉換特別股或認股權憑證之發行，作為股權轉換之用。

三　為維護公司信用及股東權益所必要而買回，並辦理銷除股份。

②前項公司買回股份之數量比例，不得超過該公司已發行股份總數百分之十；收買股份之總金額，不得逾保留盈餘加發行股份溢價及已實現之資本公積之金額。

③公司依第一項規定買回其股份之程序、價格、數量、方式、轉讓方法及應申報公告事項之辦法，由主管機關定之。

④公司依第一項規定買回之股份，除第三款部分應於買回之日起六個月內辦理變更登記外，應於買回之日起五年內將其轉讓；逾期未轉讓者，視為公司未發行股份，並應辦理變更登記。

⑤公司依第一項規定買回之股份，不得質押；於未轉讓前，不得享有股東權利。

⑥公司於有價證券集中交易市場或證券商營業處所買回其股份者，該公司依公司法第三百六十九條之一規定之關係企業或董事、監察人、經理人、持有該公司股份超過股份總額百分之十之股東所持有之股份，於該公司買回之期間內不得賣出。

⑦第一項董事會之決議及執行情形，應於最近一次之股東會報告；其因故未買回股份者，亦同。

⑧第六項所定不得賣出之人所持有之股份，包括其配偶、未成年子女及利用他人名義持有者。

第二八條之三 （認股權之行使）95

①募集、發行認股權憑證、附認股權特別股或附認股權公司債之公開發行公司，於認股權人依公司所定認股辦法行使認股權時，有核給股份之義務，不受公司法第一百五十六條第七項價格應歸一律與第二百六十七條第一項、第二項及第三項員工、原股東儘先分認規定之限制。

②前項依公司所定認股辦法之可認購股份數額，應先於公司章程中載明，不受公司法第二百七十八條第一項及第二項規定之限制。

第二八條之四 （公司債發行總額）105

已依本法發行股票之公司，募集與發行公司債，其發行總額，除經主管機關徵詢目的事業中央主管機關同意者外，依下列規定辦理，不受公司法第二百四十七條規定之限制：

一　有擔保公司債、轉換公司債或附認股權公司債，其發行總額，不得逾全部資產減去全部負債餘額之百分之二百。

二　前款以外之無擔保公司債，其發行總額，不得逾全部資產減去全部負債餘額之二分之一。

第二九條 （由金融機構任保證人之發行）

公司債之發行如由金融機構擔任保證人者，得視爲有擔保之發行。

第三〇條 （申請審核應備之文書）91

①公司募集、發行有價證券，於申請審核時，除依公司法所規定記載事項外，應另行加具公開說明書。

②前項公開說明書，其應記載之事項，由主管機關以命令定之。

③公司申請其有價證券在證券交易所上市或於證券商營業處所買賣者，準用第一項之規定；其公開說明書應記載事項之準則，分別由證券交易所與證券櫃檯買賣中心擬訂，報請主管機關核定。

第三一條 （公開說明書之交付）

①募集有價證券，應先向認股人或應募人交付公開說明書。

②違反前項之規定者，對於善意之相對人因而所受之損害，應負賠償責任。

第三二條 （公開說明書虛僞或隱匿之責任）

①前條之公開說明書，其應記載之主要內容有虛僞或隱匿之情事者，左列各款之人，對於善意之相對人，因而所受之損害，應就其所應負責部分與公司負連帶賠償責任：

一　發行人及其負責人。

二　發行人之職員，曾在公開說明書上簽章，以證實其所載內容之全部或一部者。

三　該有價證券之證券承銷商。

四　會計師、律師、工程師或其他專門職業或技術人員，曾在公開說明書上簽章，以證實其所載內容之全部或一部，或陳述意見者。

②前項第一款至第三款之人，除發行人外，對於未經前項第四款之人簽證部分，如能證明已盡相當之注意，並有正當理由確信其主要內容無虛僞、隱匿情事或對於簽證之意見有正當理由確信其爲眞實者，免負賠償責任；前項第四款之人，如能證明已經合理調查，並有正當理由確信其簽證或意見爲眞實者，亦同。

第三三條 （股款或債款之繳納）

①認股人或應募人繳納股款或債款，應將款項連同認股書或應募書向代收款項之機構繳納之；代收機構收款後，應向各該繳款人交付經由發行人簽章之股款或債款之繳納憑證。

②前項繳納憑證及其存根，應由代收機構簽章，並將存根交還發行人。

③已依本法發行有價證券之公司發行新股時，如依公司法第二百七十三條公告之股款繳納期限在一個月以上者，認股人逾期不繳納股款，即喪失其權利，不適用公司法第二百六十六條第三項準用同法第一百四十二條之規定。

第三四條 （股票或公司債券之交付）

①發行人應於依公司法得發行股票或公司債券之日起三十日內，對認股人或應募人憑前條之繳納憑證，交付股票或公司債券，並應於交付前公告之。

②公司股款、債款繳納憑證之轉讓，應於前項規定之限期內爲之。

第三五條 （簽證）

公司發行股票或公司債券應經簽證，其簽證規則，由主管機關定之。

第三六條 （財務報告公告及申報期限）108

①已依本法發行有價證券之公司，除情形特殊，經主管機關另予規定者外，應依下列規定公告並向主管機關申報：

一　於每會計年度終了後三個月內，公告並申報由董事長、經理人及會計主管簽名或蓋章，並經會計師查核簽證、董事會通過及監察人承認之年度財務報告。

二　於每會計年度第一季、第二季及第三季終了後四十五日內，公告並申報由董事長、經理人及會計主管簽名或蓋章，並經會計師核閱及提報董事會之財務報告。

三　於每月十日以前，公告並申報上月份營運情形。

②前項所定情形特殊之適用範圍、公告、申報期限及其他應遵行事項之辦法，由主管機

關定之。
③第一項之公司有下列情事之一者，應於事實發生之日起二日內公告並向主管機關申報：
一　股東常會承認之年度財務報告與公告並向主管機關申報之年度財務報告不一致。
二　發生對股東權益或證券價格有重大影響之事項。
④第一項之公司，應編製年報，於股東常會分送股東；其應記載事項、編製原則及其他應遵行事項之準則，由主管機關定之。
⑤第一項至第三項公告、申報事項及前項年報，有價證券已在證券交易所上市買賣者，應以抄本送證券交易所；有價證券已在證券商營業處所買賣者，應以抄本送主管機關指定之機構供公眾閱覽。
⑥公司在重整期間，第一項所定董事會及監察人之職權，由重整人及重整監督人行使。
⑦股票已在證券交易所上市或於證券商營業處所買賣之公司股東常會，應於每會計年度終了後六個月內召開；不適用公司法第一百七十條第二項但書規定。
⑧股票已在證券交易所上市或於證券商營業處所買賣之公司董事及監察人任期屆滿之年，董事會未依前項規定召開股東常會改選董事、監察人者，主管機關得依職權限期召開；屆期仍不召開者，自限期屆滿時，全體董事及監察人當然解任。

第三六條之一　（公司重大財務業務之處理準則）91
公開發行公司取得或處分資產、從事衍生性商品交易、資金貸與他人、為他人背書或提供保證及揭露財務預測資訊等重大財務業務行為，其適用範圍、作業程序、應公告、申報及其他應遵行事項之處理準則，由主管機關定之。

第三七條　（會計師查核簽證之管理）91
①會計師辦理第三十六條財務報告之查核簽證，應經主管機關之核准；其準則，由主管機關定之。
②會計師辦理前項查核簽證，除會計師法及其他法律另有規定者外，應依主管機關所定之查核簽證規則辦理。
③會計師辦理第一項簽證，發生錯誤或疏漏者，主管機關得視情節之輕重，為左列處分：
一　警告。
二　停止其二年以內辦理本法所定之簽證。
三　撤銷簽證之核准。
④第三十六條第一項之財務報告，應備置於公司及其分支機構，以供股東及公司債權人之查閱或抄錄。

第三八條　（發行之保護措施）
①主管機關為有價證券募集或發行之核准，因保護公益或投資人利益，對發行人、證券承銷商或其他關係人，得命令其提出參考或報告資料，並得直接檢查其有關書表、帳冊。
②有價證券發行後，主管機關得隨時命令發行人提出財務、業務報告或直接檢查財務、業務狀況。

第三八條之一　（主管機關之檢查）101
①主管機關認為必要時，得隨時指定會計師、律師、工程師或其他專門職業或技術人員，檢查發行人、證券承銷商或其他關係人之財務、業務狀況及有關書表、帳冊，並向主管機關提出報告或表示意見，其費用由被檢查人負擔。
②繼續一年以上，持有股票已在證券交易所上市或於證券商營業處所買賣之公司已發行股份總數百分之三以上股份之股東，對特定事項認有重大損害公司股東權益時，得檢附理由、事證及說明其必要性，申請主管機關就發行人之特定事項或有關書表、帳冊進行檢查，主管機關認有必要時，依前項規定辦理。

第三九條　（發行人不符合法令之處罰）108
主管機關於審查發行人所申報之財務報告、其他參考或報告資料時，或於檢查其財務、業務狀況時，發現發行人有不符合法令規定之事項，除得以命令糾正、限期改善外，並得依本法處罰。

第四〇條（藉核准為宣傳之禁止）
對於有價證券募集之核准，不得藉以作爲證實申請事項或保證證券價值之宣傳。

第四一條（命令另提特別盈餘公積）
①主管機關認爲有必要時，對於已依本法發行有價證券之公司，得以命令規定其於分派盈餘時，除依法提出法定盈餘公積外，並應另提一定比率之特別盈餘公積。
②已依本法發行有價證券之公司，申請以法定盈餘公積或資本公積撥充資本時，應先塡補虧損；其以資本公積撥充資本者，應以其一定比率爲限。

第四二條（發行審核程序之補辦）
①公司對於未依本法發行之股票，擬在證券交易所上市或於證券商營業處所買賣者，應先向主管機關申請補辦本法規定之有關發行審核程序。
②未依前項規定補辦發行審核程序之公司股票，不得爲本法之買賣，或爲買賣該種股票之公開徵求或居間。

第四三條（有價證券買賣之給付或交割）
①在證券交易所上市或證券商營業處所買賣之有價證券之給付或交割應以現款、現貨爲之。其交割期間及預繳買賣證據金數額，得由主管機關以命令定之。
②證券集中保管事業保管之有價證券，其買賣之交割，得以帳簿劃撥方式爲之；其作業辦法，由主管機關定之。
③以證券集中保管事業保管之有價證券爲設質標的者，其設質之交付，得以帳簿劃撥方式爲之，並不適用民法第九百零八條之規定。
④證券集中保管事業以混合保管方式保管之有價證券，由所有人按其送存之種類數量分別共有；領回時，並得以同種類、同數量之有價證券返還之。
⑤證券集中保管事業爲處理保管業務，得就保管之股票、公司債以該證券集中保管事業之名義登載於股票發行公司股東名簿或公司債存根簿。證券集中保管事業於股票、公司債發行公司召開股東會、債權人會議，或決定分派股息及紅利或其他利益，或還本付息前，將所保管股票及公司債所有人之本名或名稱、住所或居所及所持有數額通知該股票及公司債之發行公司時，視爲已記載於公司股東名簿、公司債存根簿或已將股票、公司債交存公司，不適用公司法第一百六十五條第一項、第一百七十六條、第二百六十條及第二百六十三條第三項之規定。
⑥前二項規定於政府債券及其他有價證券準用之。

第二節　有價證券之收購 91

第四三條之一 112
①任何人單獨或與他人共同取得任一公開發行公司已發行股份總額超過百分之五之股份者，應向主管機關申報及公告；申報事項如有變動時，亦同。有關申報取得股份之股數、目的、資金來源、變動事項、公告、期限及其他應遵行事項之辦法，由主管機關定之。
②不經由有價證券集中交易市場或證券商營業處所，對非特定人爲公開收購公開發行公司之有價證券者，除下列情形外，應提出具有履行支付收購對價能力之證明，向主管機關申報並公告特定事項後，始得爲之：
一　公開收購人預定公開收購數量，加計公開收購人與其關係人已取得公開發行公司有價證券總數，未超過該公開發行公司已發行有表決權股份總數百分之五。
二　公開收購人公開收購其持有已發行有表決權股份總數超過百分之五十之公司之有價證券。
三　其他符合主管機關所定事項。
③任何人單獨或與他人共同預定取得公開發行公司已發行股份總額或不動產證券化條例

之不動產投資信託受益證券達一定比例者，除符合一定條件外，應採公開收購方式為之。

④依第二項規定收購有價證券之範圍、條件、期間、關係人及申報公告事項與前項有關取得公開發行公司已發行股份總額達一定比例及條件之辦法，由主管機關定之。

⑤對非特定人為公開收購不動產證券化條例之不動產投資信託受益證券者，應先向主管機關申報並公告後，始得為之；有關收購不動產證券化之受益證券之範圍、條件、期間、關係人及申報公告事項、第三項有關取得不動產投資信託受益證券達一定比例及條件之辦法，由主管機關定之。

第四三條之二　（不得為公開收購條件之不利變更）91

①公開收購人應以同一收購條件為公開收購，且不得為左列公開收購條件之變更：

一　調降公開收購價格。

二　降低預定公開收購有價證券數量。

三　縮短公開收購期間。

四　其他經主管機關規定之事項。

②違反前項應以同一收購條件公開收購者，公開收購人應於最高收購價格與對應賣人公開收購價格之差額乘以應募股數之限額內，對應賣人負損害賠償責任。

第四三條之三　（不得於公開收購期間以其他方式購買同種類之公開發行公司有價證券或不動產證券化條例之不動產投資信託受益證券）104

①公開收購人及其關係人自申報並公告之日起至公開收購期間屆滿日止，不得於集中交易市場、證券商營業處所、其他任何場所或以其他方式，購買同種類之公開發行公司有價證券或不動產證券化條例之不動產投資信託受益證券。

②違反前項規定者，公開收購人應就另行購買有價證券之價格與公開收購價格之差額乘以應募股數之限額內，對應賣人負損害賠償責任。

第四三條之四　（公開收購說明書）91

①公開收購人除依第二十八條之二規定買回本公司股份者外，應於應賣人請求時或應賣人向受委任機構交存有價證券時，交付公開收購說明書。

②前項公開收購說明書，其應記載之事項，由主管機關定之。

③第三十一條第二項及第三十二條之規定，於第一項準用之。

第四三條之五　（停止公開收購之要件及變更公開收購申報）98

①公開收購人進行公開收購後，除有下列情事之一，並經主管機關核准者外，不得停止公開收購之進行：

一　被收購有價證券之公開發行公司，發生財務、業務狀況之重大變化，經公開收購人提出證明者。

二　公開收購人破產、死亡、受監護或輔助宣告或經裁定重整者。

三　其他經主管機關所定之事項。

②公開收購人所申報及公告之內容有違反法令規定之情事者，主管機關為保護公益之必要，得命令公開收購人變更公開收購申報事項，並重行申報及公告。

③公開收購人未於收購期間完成預定收購數量或經主管機關核准停止公開收購之進行者，除有正當理由並經主管機關核准者外，公開收購人於一年內不得就同一被收購公司進行公開收購。

④公開收購人與其關係人於公開收購後，所持有被收購公司已發行股份總數超過該公司已發行股份總數百分之五十者，得以書面記明提議事項及理由，請求董事會召集股東臨時會，不受公司法第一百七十三條第一項規定之限制。

第三節　有價證券之私募及買賣　91

第四三條之六　（有價證券及公司債之私募）91

①公開發行股票之公司，得以有代表已發行股份總數過半數股東之出席，出席股東表決

權三分之二以上之同意，對左列之人進行有價證券之私募，不受第二十八條之一、第一百三十九條第二項及公司法第二百六十七條第一項至第三項規定之限制：

一　銀行業、票券業、信託業、保險業、證券業或其他經主管機關核准之法人或機構。

二　符合主管機關所定條件之自然人、法人或基金。

三　該公司或其關係企業之董事、監察人及經理人。

②前項第二款及第三款之應募人總數，不得超過三十五人。

③普通公司債之私募，其發行總額，除經主管機關徵詢目的事業中央主管機關同意者外，不得逾全部資產減去全部負債餘額之百分之四百，不受公司法第二百四十七條規定之限制。並得於董事會決議之日起一年內分次辦理。

④該公司應第一項第二款之人之合理請求，於私募完成前負有提供與本次有價證券私募有關之公司財務、業務或其他資訊之義務。

⑤該公司應於股款或公司債等有價證券之價款繳納完成日起十五日內，檢附相關書件，報請主管機關備查。

⑥依第一項規定進行有價證券之私募者，應在股東會召集事由中列舉並說明左列事項，不得以臨時動議提出：

一　價格訂定之依據及合理性。

二　特定人選擇之方式。其已洽定應募人者，並說明應募人與公司之關係。

三　辦理私募之必要理由。

⑦依第一項規定進行有價證券私募，並依前項各款規定於該次股東會議案中列舉及說明分次私募相關事項者，得於該股東會決議之日起一年內，分次辦理。

第四三條之七　（有價證券之私募及再行賣出之禁止行爲）91

①有價證券之私募及再行賣出，不得爲一般性廣告或公開勸誘之行爲。

②違反前項規定者，視爲對非特定人公開招募之行爲。

第四三條之八　（私募有價證券再轉讓之條件）91

①有價證券私募之應募人及購買人除有左列情形外，不得再行賣出：

一　第四十三條之六第一項第一款之人持有私募有價證券，該私募有價證券無同種類之有價證券於證券集中交易市場或證券商營業處所買賣，而轉讓予具相同資格者。

二　自該私募有價證券交付日起滿一年以上，且自交付日起第三年期間內，依主管機關所定持有期間及交易數量之限制，轉讓予符合第四十三條之六第一項第一款及第二款之人。

三　自該私募有價證券交付日起滿三年。

四　基於法律規定所生效力之移轉。

五　私人間之直接讓受，其數量不超過該證券一個交易單位，前後二次之讓受行爲，相隔不少於三個月。

六　其他經主管機關核准者。

②前項有關私募有價證券轉讓之限制，應於公司股票以明顯文字註記，並於交付應募人或購買人之相關書面文件中載明。

第三章　證券商

第一節　通　則

第四四條　（營業之許可及分支機構設立之許可）95

①證券商須經主管機關之許可及發給許可證照，方得營業；非證券商不得經營證券業務。

②證券商分支機構之設立，應經主管機關許可。

③外國證券商在中華民國境內設立分支機構，應經主管機關許可及發給許可證照。
④證券商及其分支機構之設立條件、經營業務種類、申請程序、應檢附書件等事項之設置標準與其財務、業務及其他應遵行事項之規則，由主管機關定之。
⑤前項規則有關外匯業務經營之規定，主管機關於訂定或修正時，應洽商中央銀行意見。

第四四條之一　（促進金融科技創新，推動金融監理沙盒，於核准辦理期間及範圍，得不適用本法之規定）107

①為促進普惠金融及金融科技發展，不限於證券商及證券金融事業，得依金融科技發展與創新實驗條例申請辦理證券業務創新實驗。
②前項之創新實驗，於主管機關核准辦理之期間及範圍內，得不適用本法之規定。
③主管機關應參酌第一項創新實驗之辦理情形，檢討本法及相關金融法規之妥適性。

第四五條　（兼營與投資之限制）95

①證券商應依第十六條規定，分別依其種類經營證券業務，不得經營其本身以外之業務。但經主管機關核准者，不在此限。
②證券商不得由他業兼營。但金融機構得經主管機關之許可，兼營證券業務。
③證券商非經主管機關核准，不得投資於其他證券商。

第四六條　（兼營買賣之區別）

證券商依前條第一項但書之規定，兼營證券自營商及證券經紀商者，應於每次買賣時，以書面文件區別其為自行買賣或代客買賣。

第四七條　（證券商之資格）

證券商須為依法設立、登記之公司。但依第四十五條第二項但書規定兼營者，不在此限。

第四八條　（證券商之最低資本額）

①證券商應有最低之資本額，由主管機關依其種類以命令分別定之。
②前項所稱之資本，為已發行股份總額之金額。

第四九條　（證券商之負債總額）

①證券商之對外負債總額，不得超過其資本淨值之規定倍數；其流動負債總額，不得超過其流動資產總額之規定成數。
②前項倍數及成數，由主管機關以命令分別定之。

第五〇條　（證券商公司名稱之使用）

①證券商之公司名稱，應標明證券之字樣。但依第四十五條第二項但書之規定為證券商者，不在此限。
②非證券商不得使用類似證券商之名稱。

第五一條　（董事、監察人及經理人兼任之限制）95

證券商之董事、監察人及經理人，不得兼任其他證券商之任何職務。但因投資關係，並經主管機關核准者，得兼任被投資證券商之董事或監察人。

第五二條　（刪除）

第五三條　（董事監察人或經理人資格之限制與解任）

有左列情事之一者，不得充任證券商之董事、監察人或經理人，其已充任者，解任之，並由主管機關函請經濟部撤銷其董事、監察人或經理人登記：

一　有公司法第三十條各款情事之一者。
二　曾任法人宣告破產時之董事、監察人、經理人或其他地位相等之人，其破產終結未滿三年或調協未履行者。
三　最近三年內在金融機構有拒絕往來或喪失債信之紀錄者。
四　依本法之規定，受罰金以上刑之宣告，執行完畢，緩刑期滿或赦免後未滿三年者。
五　違反第五十一條之規定者。
六　受第五十六條及第六十六條第二款解除職務之處分，未滿三年者。

第五四條 110

①證券商僱用對於有價證券營業行為直接有關之業務人員，應成年，並具備有關法令所規定之資格條件，且無下列各款情事之一：

一　受破產之宣告尚未復權、受監護宣告或受輔助宣告尚未撤銷。

二　兼任其他證券商之職務。但因投資關係，並經主管機關核准兼任被投資證券商之董事或監察人者，不在此限。

三　曾犯詐欺、背信罪或違反工商管理法律，受有期徒刑以上刑之宣告，執行完畢、緩刑期滿或赦免後未滿三年。

四　有前條第二款至第四款或第六款情事之一。

五　違反主管機關依本法所發布之命令。

②前項業務人員之職稱，由主管機關定之。

第五五條　（營業保證金）

①證券商於辦理公司設立登記後，應依主管機關規定，提存營業保證金。

②因證券商特許業務所生債務之債權人，對於前項營業保證金，有優先受清償之權。

第五六條　（違法證券商之處分）

主管機關發現證券商之董事、監察人及受僱人有違背本法或其他有關法令之行為，足以影響證券業務之正常執行者，除得隨時命令該證券商停止其一年以下業務之執行或解除其職務外，並得視其情節之輕重，對證券商處以第六十六條所定之處分。

第五七條　（特許或許可之撤銷）

證券商取得經營證券業務之特許，或設立分支機構之許可後，經主管機關發覺有違反法令或虛偽情事者，得撤銷其特許或許可。

第五八條　（證券商營業之申報）

證券商或其分支機構於開始或停止營業時，應向主管機關申請備查。

第五九條　（特許或許可之撤銷）

①證券商自受領證券業務特許證照，或其分支機構經許可並登記後，於三個月內未開始營業，或雖已開業而自行停止營業連續三個月以上時，主管機關得撤銷其特許或許可。

②前項所定期限，如有正當事由，證券商得申請主管機關核准延展之。

第六〇條　（證券商之禁止行為）95

①證券商非經主管機關核准，不得為下列之業務：

一　有價證券買賣之融資或融券。

二　有價證券買賣融資融券之代理。

三　有價證券之借貸或為有價證券借貸之代理或居間。

四　因證券業務借貸款項或為借貸款項之代理或居間。

五　因證券業務受客戶委託保管及運用其款項。

②證券商依前項規定申請核准辦理有關業務應具備之資格條件、人員、業務及風險管理等事項之辦法，由主管機關定之。

第六一條　（有價證券買賣融資融券之成數）

有價證券買賣融資融券之額度、期限及融資比率、融券保證金成數，由主管機關商經中央銀行同意後定之；有價證券得為融資融券標準，由主管機關定之。

第六二條　（自行買賣有價證券之限制）

①證券經紀商或證券自營商，在其營業處所受託或自行買賣有價證券者，非經主管機關核准不得為之。

②前項買賣之管理辦法，由主管機關定之。

③第一百五十六條及第一百五十七條之規定，於第一項之買賣準用之。

第六三條　（第三六條之準用）

第三十六條關於編製、申報及公告財務報告之規定，於證券商準用之。

第六四條　（保護措施）

主管機關爲保護公益或投資人利益，得隨時命令證券商提出財務或業務之報告資料，或檢查其營業、財產、帳簿、書類或其他有關物件；如發現有違反法令之重大嫌疑者，並得封存或調取其有關證件。

第六五條 （證券商不符合規定之糾正改善）108

主管機關於調查證券商之業務、財務狀況時，發現該證券商有不符合規定之事項，得隨時以命令糾正、限期改善。

第六六條 （證券商違法之處分）108

證券商違反本法或依本法所發布之命令者，除依本法處罰外，主管機關得視情節之輕重，爲下列處分，並得命其限期改善：

一 警告。

二 命令該證券商解除其董事、監察人或經理人職務。

三 對公司或分支機構就其所營業務之全部或一部爲六個月以內之停業。

四 對公司或分支機構營業許可之撤銷或廢止。

五 其他必要之處置。

第六七條 （業務之了結）

證券商經主管機關依本法之規定撤銷其特許或命令停業者，該證券商應了結其被撤銷前或停業前所爲有價證券之買賣或受託之事務。

第六八條 （資格存續之擬制）

經撤銷證券業務特許之證券商，於了結前條之買賣或受託之事務時，就其了結目的之範圍內，仍視爲證券商；因命令停業之證券商，於其了結停業前所爲有價證券之買賣或受託事務之範圍內，視爲尚未停業。

第六九條 （解散或歇業之申報）

①證券商於解散或部分業務歇業時，應由董事會陳明事由，向主管機關申報之。

②第六十七條及第六十八條之規定，於前項情事準用之。

第七〇條 （負責人與業務人員管理事項之命令）

證券商負責人與業務人員之管理事項，由主管機關以命令定之。

第二節　證券承銷商

第七一條 （有價證券之包銷）

①證券承銷商包銷有價證券，於承銷契約所訂定之承銷期間屆滿後，對於約定包銷之有價證券，未能全數銷售者，其賸餘數額之有價證券，應自行認購之。

②證券承銷商包銷有價證券，得先行認購後再行銷售或於承銷契約訂明保留一部分自行認購。

③證券承銷商辦理前項之包銷，其應具備之條件，由主管機關定之。

第七二條 （有價證券之代銷）

證券承銷商代銷有價證券，於承銷契約所訂定之承銷期間屆滿後，對於約定代銷之有價證券，未能全數銷售者，其賸餘數額之有價證券，得退還發行人。

第七三條 （刪除）95

第七四條 （承銷商自己取得之禁止）

證券承銷商除依第七十一條規定外，於承銷期間內，不得爲自己取得所包銷或代銷之有價證券。

第七五條 （自行認購之有價證券出售處所）

證券承銷商出售依第七十一條規定所取得之有價證券，其辦法由主管機關定之。

第七六條至第七八條 （刪除）95

第七九條 （公開說明書之代理交付）

證券承銷商出售其所承銷之有價證券，應依第三十一條第一項之規定，代理發行人交付公開說明書。

第八〇條　（刪除）

第八一條　（包銷總金額之規定）

①證券承銷商包銷有價證券者，其包銷之總金額，不得超過其流動資產減流動負債後餘額之一定倍數；其標準由主管機關以命令定之。

②共同承銷者，每一證券承銷商包銷總金額之計算，依前項之規定。

第八二條　（包銷之報酬與代銷之手續費標準）

證券承銷商包銷之報酬或代銷之手續費，其最高標準，由主管機關以命令定之。

第三節　證券自營商

第八三條　（證券自營商之資格）

證券自營商得爲公司股份之認股人或公司債之應募人。

第八四條　（兼營者之限制）

證券自營商由證券承銷商兼營者，應受第七十四條規定之限制。

第四節　證券經紀商

第八五條　（手續費費率之核定）

①證券經紀商受託於證券集中交易市場，買賣有價證券，其向委託人收取手續費之費率，由證券交易所申報主管機關核定之。

②證券經紀商非於證券集中交易市場，受託買賣有價證券者，其手續費費率，由證券商同業公會申報主管機關核定之。

第八六條　（報告書及對帳單）

①證券經紀商受託買賣有價證券，應於成交時作成買賣報告書交付委託人，並應於每月底編製對帳單分送各委託人。

②前項報告書及對帳單之記載事項，由主管機關以命令定之。

第八七條　（委託書）

①證券經紀商應備置有價證券購買及出售之委託書，以供委託人使用。

②前項委託書之記載事項，由主管機關以命令定之。

第八八條　（書件之保存）

第八十六條第一項及第八十七條第一項之書件，應保存於證券經紀商之營業處所。

第四章　證券商同業公會

第八九條　（加入同業公會）

證券商非加入同業公會，不得開業。

第九〇條　（章程內容及業務之指導與監督規定）

證券商同業公會章程之主要內容，及其業務之指導與監督，由主管機關以命令定之。

第九一條　（保證措施）

主管機關爲保障有價證券買賣之公正，或保護投資人，必要時得命令證券商同業公會變更其章程、規則、決議或提供參考、報告之資料，或爲其他一定之行爲。

第九二條　（理事或監事之違法行爲）

證券商同業公會之理事、監事有違反法令怠於實施該會章程、規則，濫用職權，或違背誠實信用原則之行爲者，主管機關得予糾正，或命令證券商同業公會予以解任。

第五章　證券交易所

第一節　通　則

第九三條　（設立之特許或許可）

證券交易所之設立，應於登記前先經主管機關之特許或許可，其申請程序及必要事項，由主管機關以命令定之。

第九四條（證券交易所之組織）
證券交易所之組織，分會員制及公司制。

第九五條（證券交易所設置標準）95
①證券交易所之設置標準，由主管機關定之。
②每一證券交易所，以開設一個有價證券集中交易市場爲限。

第九六條（經營資格之限制）
非依本法不得經營類似有價證券集中交易市場之業務；其以場所或設備供給經營者亦同。

第九七條（名稱）
證券交易所名稱，應標明證券交易所字樣；非證券交易所，不得使用類似證券交易所之名稱。

第九八條（業務之限制）
證券交易所以經營供給有價證券集中交易市場爲其業務，非經主管機關核准，不得經營其他業務或對其他事業投資。

第九九條（營業保證金）
證券交易所應向國庫繳存營業保證金，其金額由主管機關以命令定之。

第一○○條（特許或許可之撤銷）
主管機關於特許或許可證券交易所設立後，發現其申請書或加具之文件有虛僞之記載，或有其他違反法令之行爲者，得撤銷其特許或許可。

第一○一條（刪除）

第一○二條（指導、監督與管理）
證券交易所業務之指導、監督及其負責人與業務人員管理事項，由主管機關以命令定之。

第二節　會員制證券交易所

第一○三條（會員制證券交易所之性質與會員資格）
①會員制證券交易所，爲非以營利爲目的之社團法人，除依本法規定外，適用民法之規定。
②前項證券交易所之會員，以證券自營商及證券經紀商爲限。

第一○四條（會員人數之限制）
會員制證券交易所之會員，不得少於七人。

第一○五條（章程規定）
會員制證券交易所之章程，應記載左列事項：
一　目的。
二　名稱。
三　主事務所所在地，及其開設有價證券集中交易市場之場所。
四　關於會員資格之事項。
五　關於會員名額之事項。
六　關於會員紀律之事項。
七　關於會員出資之事項。
八　關於會員請求退會之事項。
九　關於董事、監事之事項。
十　關於會議之事項。
十一　關於會員存置、交割清算基金之事項。
十二　關於會員經費之分擔事項。

十三　關於業務之執行事項。
十四　關於解散時賸餘財產之處分事項。
十五　關於會計事項。
十六　公告之方法。
十七　關於主管機關規定之其他事項。

第一〇六條　（刪除）

第一〇七條　（退會）
會員得依章程之規定請求退會，亦得因左列事由之一而退會：
一　會員資格之喪失。
二　會員公司之解散或撤銷。
三　會員之除名。

第一〇八條　（交割結算基金與交易經手費之繳付）
會員應依章程之規定，向證券交易所繳存交割結算基金，及繳付證券交易經手費。

第一〇九條　（出資與責任）
會員應依章程之規定出資，其對證券交易所之責任，除依章程規定分擔經費外，以其出資額爲限。

第一一〇條　（會員違法行爲之處罰）
①會員制證券交易所對會員有左列行爲之一者，應課以違約金，並得警告或停止或限制其於有價證券集中交易市場爲買賣或予以除名：
一　違反法令或本於法令之行政處分者。
二　違反證券交易所章程、業務規則、受託契約準則或其他章則者。
三　交易行爲違背誠實信用，足致他人受損害者。
②前項規定，應於章程中訂定之。

第一一一條　（除名）
會員制證券交易所依前條之規定，對會員予以除名者，應報經主管機關核准；其經核准者，主管機關並得撤銷其證券商業務之特許。

第一一二條　（退會或停止買賣後買賣之了結）
①會員退會或被停止買賣時，證券交易所應依章程之規定，責令本人或指定其他會員了結其於有價證券集中交易市場所爲之買賣，其本人於了結該買賣目的範圍內，視爲尚未退會，或未被停止買賣。
②依前項之規定，經指定之其他會員於了結該買賣目的範圍內，視爲與本人間已有委任契約之關係。

第一一三條　（董監事之人數與資格）
①會員制證券交易所至少應置董事三人，監事一人，依章程之規定，由會員選任之。但董事中至少應有三分之一，監事至少應有一人就非會員之有關專家中選任之。
②董事、監事之任期均爲三年，連選得連任。
③董事應組織董事會，由董事過半數之同意，就非會員董事中選任一人爲董事長。
④董事長應爲專任。但交易所設有其他全權主持業務之經理人者，不在此限。
⑤第一項之非會員董事及監事之選任標準及辦法，由主管機關定之。

第一一四條　（第五三條之準用於董監事與經理人）
①第五十三條之規定，於會員制證券交易所之董事、監事或經理人準用之。
②董事、監事或經理人違反前項之規定者，當然解任。

第一一五條　（兼任之禁止）
會員制證券交易所之董事、監事或經理人，不得爲他證券交易所之董事、監事、監察人或經理人。

第一一六條　（圖利之禁止）
①會員制證券交易所之會員董事或監事之代表人，非會員董事或其他職員，不得爲自己用任何名義自行或委託他人在證券交易所買賣有價證券。

②前項人員，不得對該證券交易所之會員供給資金，分擔盈虧或發生營業上之利害關係。但會員董事或監事之代表人，對於其所代表之會員為此項行為者，不在此限。

第一一七條（董監事經理人違法之解任）

主管機關發現證券交易所之董事、監事之當選有不正當之情事者，或董事、監事、經理人有違反法令、章程或本於法令之行政處分時，得通知該證券交易所令其解任。

第一一八條（公司法規定之準用）

會員制證券交易所之董事、監事或經理人，除本法有規定者外，準用公司法關於董事、監察人或經理人之規定。

第一一九條（交割結算基金之運用）

會員制證券交易所，除左列各款外，非經主管機關核准，不得以任何方法運用交割結算基金：

一　政府債券之買進。

二　銀行存款或郵政儲蓄。

第一二〇條（交易秘密洩漏之禁止）

會員制證券交易所之董事、監事及職員，對於所知有關有價證券交易之秘密，不得洩漏。

第一二一條（董監事規定之準用於會員董監事之代表人）

本節關於董事、監事之規定，對於會員董事、監事之代表人準用之。

第一二二條（解散事由）

①會員制證券交易所因左列事由之一而解散：

一　章程所定解散事由之發生。

二　會員大會之決議。

三　會員不滿七人時。

四　破產。

五　證券交易所設立許可之撤銷。

②前項第二款之解散，非經主管機關核准，不生效力。

第一二三條（業務人員應具條件與職務解除規定之準用）

會員制證券交易所僱用業務人員應具備之條件及解除職務，準用第五十四條及第五十六條之規定。

第三節　公司制證券交易所

第一二四條（公司制證券交易所之組織）

公司制證券交易所之組織，以股份有限公司為限。

第一二五條（章程規定）

①公司制證券交易所章程，除依公司法規定者外，並應記載左列事項：

一　在交易所集中交易之經紀商或自營商之名額及資格。

二　存續期間。

②前項第二款之存續期間，不得逾十年。但得視當地證券交易發展情形，於期滿三個月前，呈請主管機關核准延長之。

第一二六條（證券商及其股東或受僱人兼任之禁止）

①證券商之董事、監察人、股東或受僱人不得為公司制證券交易所之經理人。

②公司制證券交易所之董事、監察人至少應有三分之一，由主管機關指派非股東之有關專家任之；不適用公司法第一百九十二條第一項及第二百十六條第一項之規定。

③前項之非股東董事、監察人之選任標準及辦法，由主管機關定之。

第一二七條（股票交易之限制）

公司制證券交易所發行之股票，不得於自己或他人開設之有價證券集中交易市場，上市交易。

第一二八條　（無記名股票發行之禁止）

①公司制證券交易所不得發行無記名股票；其股份轉讓之對象，以依本法許可設立之證券商為限。

②每一證券商得持有證券交易所股份之比率，由主管機關定之。

第一二九條　（供給使用契約之訂定）

在公司制證券交易所交易之證券經紀商或證券自營商，應由交易所與其訂立供給使用有價證券集中交易市場之契約，並檢同有關資料，申報主管機關核備。

第一三〇條　（契約之中止事由）

前條所訂之契約，除因契約所訂事項終止外，因契約當事人一方之解散或證券自營商、證券經紀商業務特許之撤銷或歇業而終止。

第一三一條　（刪除）

第一三二條　（交割結算基金與交易經手費之繳存）

①公司制證券交易所於其供給使用有價證券集中交易市場之契約內，應訂立由證券自營商或證券經紀商繳存交割結算基金，及繳付證券交易經手費。

②前項交割結算基金金額標準，由主管機關以命令定之。

③第一項之經手費費率，應由證券交易所會同證券商同業公會擬訂，申報主管機關核定之。

第一三三條　（違反第一百十條之處罰）

公司制證券交易所應於契約內訂明對使用其有價證券集中交易市場之證券自營商或證券經紀商有第一百十條各款規定之情事時，應繳納違約金或停止或限制其買賣或終止契約。

第一三四條　（終止契約之準用）

公司制證券交易所依前條之規定，終止證券自營商或證券經紀商之契約者，準用第一百十一條之規定。

第一三五條　（依約了結他人買賣之義務）

公司制證券交易所於其供給使用有價證券集中交易市場之契約內，應比照本法第一百十二條之規定，訂明證券自營商或證券經紀商於被指定了結他證券自營商或證券經紀商所為之買賣者，有依約履行之義務。

第一三六條　（了結義務）

證券自營商或證券經紀商依第一百三十三條之規定終止契約，或被停止買賣時，對其在有價證券集中交易市場所為之買賣，有了結之義務。

第一三七條　（準用之規定）

第四十一條、第四十八條、第五十三條第一款至第四款及第六款、第五十八條、第五十九條、第一百十五條、第一百十七條、第一百十九條至第一百二十一條及第一百二十三條之規定，於公司制證券交易所準用之。

第四節　有價證券之上市及買賣

第一三八條　（業務規則或營業細則應訂定事項）

①證券交易所除分別訂定各項準則外，應於其業務規則或營業細則中，將有關左列各款事項詳細訂定之：

一　有價證券之上市。

二　有價證券集中交易市場之使用。

三　證券經紀商或證券自營商之買賣受託。

四　市場集會之關閉與停止。

五　買賣種類。

六　證券自營商或證券經紀商間進行買賣有價證券之程序，及買賣契約成立之方法。

七　買賣單位。

八　價格升降單位及幅度。
九　結算及交割日期與方法。
十　買賣有價證券之委託數量、價格、撮合成交情形等交易資訊之即時揭露。
十一　其他有關買賣之事項。
②前項各款之訂定，不得違反法令之規定；其有關證券商利益事項，並應先徵詢證券商同業公會之意見。

第一三九條　（有價證券上市之申請）
①依本法發行之有價證券，得由發行人向證券交易所申請上市。
②股票已上市之公司，再發行新股者，其新股股票於向股東交付之日起上市買賣。但公司有第一百五十六條第一項各款情事之一時，主管機關得限制其上市買賣。
③前項發行新股上市買賣之公司，應於新股上市後十日內，將有關文件送達證券交易所。

第一四〇條　（上市審查準則與上市契約準則之訂定）
證券交易所應訂定有價證券上市審查準則及上市契約準則，申請主管機關核定之。

第一四一條　（上市契約之訂立與備查）101
證券交易所與上市有價證券之公司訂立之有價證券上市契約，其內容不得牴觸上市契約準則之規定，並應報請主管機關備查。

第一四二條　（有價證券之買賣規定）101
發行人公開發行之有價證券於發行人與證券交易所訂立有價證券上市契約後，始得於證券交易所之有價證券集中交易市場為買賣。

第一四三條　（上市費用與費率）
有價證券上市費用，應於上市契約中訂定；其費率由證券交易所申報主管機關核定之。

第一四四條　（上市之終止）101
證券交易所得依法令或上市契約之規定終止有價證券上市，並應報請主管機關備查。

第一四五條　（上市之終止）101
①於證券交易所上市之有價證券，其發行人得依上市契約申請終止上市。
②證券交易所應擬訂申請終止上市之處理程序，報請主管機關核定；修正時，亦同。

第一四六條　（刪除）101

第一四七條　（停止或回復買賣之備查）101
證券交易所依法令或上市契約之規定，或為保護公眾之利益，就上市有價證券停止或回復其買賣時，應報請主管機關備查。

第一四八條　（停止買賣或終止上市之處罰）
於證券交易所上市有價證券之公司，有違反本法或依本法發布之命令時，主管機關為保護公益或投資人利益，得命令該證券交易所停止該有價證券之買賣或終止上市。

第一四九條　（政府債券之上市）
政府發行之債券，其上市由主管機關以命令行之，不適用本法有關上市之規定。

第一五〇條　（有價證券之買賣場所及例外）
上市有價證券之買賣，應於證券交易所開設之有價證券集中交易市場為之。但左列各款不在此限：
一　政府所發行債券之買賣。
二　基於法律規定所生之效力，不能經由有價證券集中交易市場之買賣而取得或喪失證券所有權者。
三　私人間之直接讓受，其數量不超過該證券一個成交單位；前後兩次之讓受行為，相隔不少於三個月者。
四　其他符合主管機關所定事項者。

第一五一條　（於有價證券集中交易市場買賣者之資格）
於有價證券集中交易市場為買賣者，在會員制證券交易所限於會員；在公司制證券交易所限於訂有使用有價證券集中交易市場契約之證券自營商或證券經紀商。

第一五二條　（停止或回復集會之申報）

證券交易所於有價證券集中交易市場，因不可抗拒之偶發事故，臨時停止集會，應向主管機關申報；回復集會時亦同。

第一五三條　（不履行交付義務時之處置）

證券交易所之會員或證券經紀商、證券自營商在證券交易所市場買賣證券，買賣一方不履行交付義務時，證券交易所應指定其他會員或證券經紀商或證券自營商代爲交付。其因此所生價金差額及一切費用，證券交易所應先動用交割結算基金代償之；如有不足再由證券交易所代爲支付，均向不履行交割之一方追償之。

第一五四條　（賠償準備金與優先受償權）

①證券交易所得就其證券交易經手費提存賠償準備金，備供前條規定之支付，其攤提方法、攤提比率、停止提存之條件及其保管、運用之方法，由主管機關以命令定之。

②因有價證券集中交易市場買賣所生之債權，就第一百零八條及第一百三十二條之交割結算基金有優先受償之權，其順序如左：

一　證券交易所。

二　委託人。

三　證券經紀商、證券自營商。

③交割結算基金不敷清償時，其未受清償部分，得依本法第五十五條第二項之規定受償之。

第一五五條　（對上市有價證券之禁止行爲）104

①對於在證券交易所上市之有價證券，不得有下列各款之行爲：

一　在集中交易市場委託買賣或申報買賣，業經成交而不履行交割，足以影響市場秩序。

二　（刪除）

三　意圖抬高或壓低集中交易市場某種有價證券之交易價格，與他人通謀，以約定價格於自己出售，或購買有價證券時，使約定人同時爲購買或出售之相對行爲。

四　意圖抬高或壓低集中交易市場某種有價證券之交易價格，自行或以他人名義，對該有價證券，連續以高價買入或以低價賣出，而有影響市場價格或市場秩序之虞。

五　意圖造成集中交易市場某種有價證券交易活絡之表象，自行或以他人名義，連續委託買賣或申報買賣而相對成交。

六　意圖影響集中交易市場有價證券交易價格，而散布流言或不實資料。

七　直接或間接從事其他影響集中交易市場有價證券交易價格之操縱行爲。

②前項規定，於證券商營業處所買賣有價證券準用之。

③違反前二項規定者，對於善意買入或賣出有價證券之人所受之損害，應負賠償責任。

④第二十條第四項規定，於前項準用之。

第一五六條　（有價證券影響市場秩序或損害公益之處置）104

主管機關對於已在證券交易所上市之有價證券，發生下列各款情事之一，而有影響市場秩序或損害公益之虞者，得命令停止其一部或全部之買賣，或對證券自營商、證券經紀商之買賣數量加以限制：

一　發行該有價證券之公司遇有訴訟事件或非訟事件，其結果足使公司解散或變動其組織、資本、業務計畫、財務狀況或停頓生產。

二　發行該有價證券之公司，遇有重大災害，簽訂重要契約，發生特殊事故，改變業務計畫之重要內容或退票，其結果足使公司之財務狀況有顯著重大之變更。

三　發行該有價證券公司之行爲，有虛僞不實或違法情事，足以影響其證券價格。

四　該有價證券之市場價格，發生連續暴漲或暴跌情事，並使他種有價證券隨同爲非正常之漲跌。

五　發行該有價證券之公司發生重大公害或食品藥物安全事件。

六　其他重大情事。

第一五七條　（歸入權）

①發行股票公司董事、監察人、經理人或持有公司股份超過百分之十之股東，對公司之上市股票，於取得後六個月內再行賣出，或於賣出後六個月內再行買進，因而獲得利益者，公司應請求將其利益歸於公司。

②發行股票公司董事會或監察人不為公司行使前項請求權時，股東得以三十日之限期，請求董事或監察人行使之；逾期不行使時，請求之股東得為公司行使前項請求權。

③董事或監察人不行使第一項之請求以致公司受損害時，對公司負連帶賠償之責。

④第一項之請求權，自獲得利益之日起二年間不行使而消滅。

⑤第二十二條之二第三項之規定，於第一項準用之。

⑥關於公司發行具有股權性質之其他有價證券，準用本條規定。

第一五七條之一　（內線交易行為之規範）99

①下列各款之人，實際知悉發行股票公司有重大影響其股票價格之消息時，在該消息明確後，未公開前或公開後十八小時內，不得對該公司之上市或在證券商營業處所買賣之股票或其他具有股權性質之有價證券，自行或以他人名義買入或賣出：

一　該公司之董事、監察人、經理人及依公司法第二十七條第一項規定受指定代表行使職務之自然人。

二　持有該公司之股份超過百分之十之股東。

三　基於職業或控制關係獲悉消息之人。

四　喪失前三款身分後，未滿六個月者。

五　從前四款所列之人獲悉消息之人。

②前項各款所定之人，實際知悉發行股票公司有重大影響其支付本息能力之消息時，在該消息明確後，未公開前或公開後十八小時內，不得對該公司之上市或在證券商營業處所買賣之非股權性質之公司債，自行或以他人名義賣出。

③違反第一項或前項規定者，對於當日善意從事相反買賣之人買入或賣出該證券之價格，與消息公開後十個營業日收盤平均價格之差額，負損害賠償責任；其情節重大者，法院得依善意從事相反買賣之人之請求，將賠償額提高至三倍；其情節輕微者，法院得減輕賠償金額。

④第一項第五款之人，對於前項損害賠償，應與第一項第一款至第四款提供消息之人，負連帶賠償責任。但第一項第一款至第四款提供消息之人有正當理由相信消息已公開者，不負賠償責任。

⑤第一項所稱有重大影響其股票價格之消息，指涉及公司之財務、業務或該證券之市場供求、公開收購，其具體內容對其股票價格有重大影響，或對正當投資人之投資決定有重要影響之消息；其範圍及公開方式等相關事項之辦法，由主管機關定之。

⑥第二項所定有重大影響其支付本息能力之消息，其範圍及公開方式等相關事項之辦法，由主管機關定之。

⑦第二十二條之二第三項規定，於第一項第一款、第二款，準用之；其於身分喪失後未滿六個月者，亦同。第二十條第四項規定，於第三項從事相反買賣之人準用之。

第五節　有價證券買賣之受託

第一五八條　（受託契約準則）

①證券經紀商接受於有價證券集中交易市場為買賣之受託契約，應依證券交易所所訂受託契約準則訂定之。

②前項受託契約準則之主要內容，由主管機關以命令定之。

第一五九條　（全權委託之禁止）

證券經紀商不得接受對有價證券買賣代為決定種類、數量、價格或買入、賣出之全權委託。

第一六〇條　（委託場所之限定）

證券經紀商不得於其本公司或分支機構以外之場所，接受有價證券買賣之委託。

第六節　監　督

第一六一條　（保護措施）

主管機關爲保護公益或投資人利益，得以命令通知證券交易所變更其章程、業務規則、營業細則、受託契約準則及其他章則或停止、禁止、變更、撤銷其決議案或處分。

第一六二條　（保護措施）

主管機關對於證券交易所之檢查及命令提出資料，準用第六十四條之規定。

第一六三條　（證券交易所違法之處分）

①證券交易所之行爲，有違反法令或本於法令之行政處分，或妨害公益或擾亂社會秩序時，主管機關得爲左列之處分：

一　解散證券交易所。

二　停止或禁止證券交易所之全部或一部業務。但停止期間，不得逾三個月。

三　以命令解任其董事、監事、監察人或經理人。

四　糾正。

②主管機關爲前項第一款或第二款之處分時，應先報經行政院核准。

第一六四條　（監理人員）

主管機關得於各該證券交易所派駐監理人員，其監理辦法，由主管機關以命令定之。

第一六五條　（監理人員所爲指示之遵行）

證券交易所及其會員，或與證券交易所訂有使用有價證券集中交易市場契約之證券自營商、證券經紀商，對監理人員本於法令所爲之指示，應切實遵行。

第五章之一　外國公司 101

第一六五條之一　（第一上市上櫃及興櫃外國公司準用之規定）108

外國公司所發行之股票，首次經證券交易所或證券櫃檯買賣中心同意上市、上櫃買賣或登錄興櫃時，其股票未在國外證券交易所交易者，除主管機關另有規定外，其有價證券之募集、發行、私募及買賣之管理、監督，準用第五條至第八條、第十三條至第十四條之一、第十四條之二第一項至第四項、第六項、第十四條之三、第十四條之四第一項、第二項、第五項、第六項、第十四條之五、第十四條之六、第十九條至第二十一條、第二十二條至第二十五條之一、第二十六條之三、第二十七條、第二十八條之一第二項至第四項、第二十八條之二、第二十八條之四至第三十二條、第三十三條第一項、第二項、第三十五條至第四十三條之八、第六十一條、第一百三十九條、第一百四十一條至第一百四十五條、第一百四十七條、第一百四十八條、第一百五十條、第一百五十五條至第一百五十七條之一規定。

第一六五條之二　（第二上市上櫃及興櫃外國公司準用之規定）101

前條以外之外國公司所發行股票或表彰股票之有價證券已在國外證券交易所交易者或符合主管機關所定條件之外國金融機構之分支機構及外國公司之從屬公司，其有價證券經證券交易所或證券櫃檯買賣中心同意上市或上櫃買賣者，除主管機關另有規定外，其有價證券在中華民國募集、發行及買賣之管理、監督，準用第五條至第八條、第十三條、第十四條第一項、第三項、第十九條至第二十一條、第二十二條、第二十三條、第二十九條至第三十二條、第三十三條第一項、第二項、第三十五條、第三十六條第一項至第六項、第三十八條至第四十條、第四十二條、第四十三條、第四十三條之一第二項至第四項、第四十三條之二至第四十三條之五、第六十一條、第一百三十九條、第一百四十一條至第一百四十五條、第一百四十七條、第一百四十八條、第一百五十條、第一百五十五條至第一百五十七條之一規定。

第一六五條之三　（外國公司之行政管理）101
①外國公司，應在中華民國境內指定其依本法之訴訟及非訴訟之代理人，並以之為本法在中華民國境內之負責人。
②前項代理人應在中華民國境內有住所或居所。
③外國公司應將第一項代理人之姓名、住所或居所及授權文件向主管機關申報；變更時，亦同。

第六章　仲　裁

第一六六條　（約定仲裁與強制仲裁）101
①依本法所為有價證券交易所生之爭議，當事人得依約定進行仲裁。但證券商與證券交易所或證券商相互間，不論當事人間有無訂立仲裁契約，均應進行仲裁。
②前項仲裁，除本法規定外，依仲裁法之規定。

第一六七條　（妨訴抗辯）
爭議當事人之一造違反前條規定，另行提起訴訟時，他造得據以請求法院駁回其訴。

第一六八條　（仲裁人之產生）
爭議當事人之仲裁人不能依協議推定另一仲裁人時，由主管機關依申請或以職權指定之。

第一六九條　（仲裁判斷和解不履行之處罰）101
證券商對於仲裁之判斷，或依仲裁法第四十四條成立之和解，延不履行時，除有仲裁法第四十條情形，經提起撤銷判斷之訴者外，在其未履行前，主管機關得以命令停止其業務。

第一七〇條　（仲裁事項之訂定）101
證券商同業公會及證券交易所應於章程或規則內，訂明有關仲裁之事項。但不得牴觸本法及仲裁法。

第七章　罰　則

第一七一條　（罰則）107
①有下列情事之一者，處三年以上十年以下有期徒刑，得併科新臺幣一千萬元以上二億元以下罰金：
一　違反第二十條第一項、第二項、第一百五十五條第一項、第二項、第一百五十七條之一第一項或第二項規定。
二　已依本法發行有價證券公司之董事、監察人、經理人或受僱人，以直接或間接方式，使公司為不利益之交易，且不合營業常規，致公司遭受重大損害。
三　已依本法發行有價證券公司之董事、監察人或經理人，意圖為自己或第三人之利益，而為違背其職務之行為或侵占公司資產，致公司遭受損害達新臺幣五百萬元。
②犯前項之罪，其因犯罪獲取之財物或財產上利益金額達新臺幣一億元以上者，處七年以上有期徒刑，得併科新臺幣二千五百萬元以上五億元以下罰金。
③有第一項第三款之行為，致公司遭受損害未達新臺幣五百萬元者，依刑法第三百三十六條及第三百四十二條規定處罰。
④犯前三項之罪，於犯罪後自首，如自動繳交全部犯罪所得者，減輕或免除其刑；並因而查獲其他正犯或共犯者，免除其刑。
⑤犯第一項至第三項之罪，在偵查中自白，如自動繳交全部犯罪所得者，減輕其刑；並因而查獲其他正犯或共犯者，減輕其刑至二分之一。
⑥犯第一項或第二項之罪，其因犯罪獲取之財物或財產上利益超過罰金最高額時，得於犯罪獲取之財物或財產上利益之範圍內加重罰金；如損及證券市場穩定者，加重其刑至二分之一。

⑦犯第一項至第三項之罪，犯罪所得屬犯罪行爲人或其以外之自然人、法人或非法人團體因刑法第三十八條之一第二項所列情形取得者，除應發還被害人、第三人或得請求損害賠償之人外，沒收之。
⑧違反第一百六十五條之一或第一百六十五條之二準用第二十條第一項、第二項、第一百五十五條第一項、第二項、第一百五十七條之一第一項或第二項規定者，依第一項第一款及第二項至前項規定處罰。
⑨第一項第二款、第三款及第二項至第七項規定，於外國公司之董事、監察人、經理人或受僱人適用之。

第一七二條 （罰則）107
①證券交易所之董事、監察人或受僱人，對於職務上之行爲，要求期約或收受不正利益者，處五年以下有期徒刑、拘役或科或併科新臺幣二百四十萬元以下罰金。
②前項人員對於違背職務之行爲，要求期約或收受不正利益者，處七年以下有期徒刑，得併科新臺幣三百萬元以下罰金。

第一七三條 （罰則）
①對於前條人員關於違背職務之行爲，行求期約或交付不正利益者，處三年以下有期徒刑、拘役或科或併科新臺幣一百八十萬元以下罰金。
②犯前項之罪而自首者，得免除其刑。

第一七四條 （罰則）101
①有下列情事之一者，處一年以上七年以下有期徒刑，得併科新臺幣二千萬元以下罰金：
一　於依第三十條、第四十四條第一項至第三項、第九十三條、第一百六十五條之一或第一百六十五條之二準用第三十條規定之申請事項爲虛僞之記載。
二　對有價證券之行情或認募核准之重要事項爲虛僞之記載而散布於衆。
三　發行人或其負責人、職員有第三十二條第一項之情事，而無同條第二項免責事由。
四　發行人、公開收購人或其關係人、證券商或其委託人、證券商同業公會、證券交易所或第十八條所定之事業，對於主管機關命令提出之帳簿、表冊、文件或其他參考或報告資料之內容有虛僞之記載。
五　發行人、公開收購人、證券商、證券商同業公會、證券交易所或第十八條所定之事業，於依法或主管機關基於法律所發布之命令規定之帳簿、表冊、傳票、財務報告或其他有關業務文件之內容有虛僞之記載。
六　於前款之財務報告上簽章之經理人或會計主管，爲財務報告內容虛僞之記載。但經他人檢舉、主管機關或司法機關進行調查前，已提出更正意見並提供證據向主管機關報告者，減輕或免除其刑。
七　就發行人或特定有價證券之交易，依據不實之資料，作投資上之判斷，而以報刊、文書、廣播、電影或其他方法表示之。
八　發行人之董事、經理人或受僱人違反法令、章程或逾越董事會授權之範圍，將公司資金貸與他人、或爲他人以公司資產提供擔保、保證或爲票據之背書，致公司遭受重大損害。
九　意圖妨礙主管機關檢查或司法機關調查，僞造、變造、湮滅、隱匿、掩飾工作底稿或有關紀錄、文件。
②有下列情事之一者，處五年以下有期徒刑，得科或併科新臺幣一千五百萬元以下罰金：
一　律師對公司、外國公司有關證券募集、發行或買賣之契約、報告書或文件，出具虛僞或不實意見書。
二　會計師對公司、外國公司申報或公告之財務報告、文件或資料有重大虛僞不實或錯誤情事，未善盡查核責任而出具虛僞不實報告或意見；或會計師對於內容存有重大虛僞不實或錯誤情事之公司、外國公司之財務報告，未依有關法規規定、一般公認審計準則查核，致未予敘明。

三　違反第二十二條第一項至第三項規定。

③犯前項之罪，如有嚴重影響股東權益或損及證券交易市場穩定者，得加重其刑至二分之一。

④發行人之職員、受僱人犯第一項第六款之罪，其犯罪情節輕微者，得減輕其刑。

⑤主管機關對於有第二項第二款情事之會計師，應予以停止執行簽證工作之處分。

⑥外國公司為發行人者，該外國公司或外國公司之董事、經理人、受僱人、會計主管違反第一項第二款至第九款規定，依第一項及第四項規定處罰。

⑦違反第一百六十五條之一或第一百六十五條之二準用第二十二條規定，依第二項及第三項規定處罰。

第一七四條之一　（罰則）101

①第一百七十一條第一項第二款、第三款或前條第一項第八款之已依本法發行有價證券公司之董事、監察人、經理人或受僱人所為之無償行為，有害及公司之權利者，公司得聲請法院撤銷之。

②前項之公司董事、監察人、經理人或受僱人所為之有償行為，於行為時明知有損害於公司之權利，且受益人於受益時亦知其情事者，公司得聲請法院撤銷之。

③依前二項規定聲請法院撤銷時，得並聲請命受益人或轉得人回復原狀。但轉得人於轉得時不知有撤銷原因者，不在此限。

④第一項之公司董事、監察人、經理人或受僱人與其配偶、直系親屬、同居親屬、家長或家屬間所為之處分其財產行為，均視為無償行為。

⑤第一項之公司董事、監察人、經理人或受僱人與前項以外之人所為之處分其財產行為，推定為無償行為。

⑥第一項及第二項之撤銷權，自公司知有撤銷原因時起，一年間不行使，或自行為時起經過十年而消滅。

⑦前六項規定，於外國公司之董事、監察人、經理人或受僱人適用之。

第一七四條之二　（刪除）107

第一七四條之三　112

①以竊取、毀壞或其他非法方法危害證券交易所、證券櫃檯買賣中心或證券集中保管事業之核心資通系統設備功能正常運作者，處一年以上七年以下有期徒刑，得併科新臺幣一千萬元以下罰金。

②意圖危害國家安全或社會安定，而犯前項之罪者，處三年以上十年以下有期徒刑，得併科新臺幣五千萬元以下罰金。

③前二項情形致損及證券交易市場穩定者，加重其刑至二分之一。

④第一項及第二項之未遂犯罰之。

第一七四條之四　112

①對證券交易所、證券櫃檯買賣中心或證券集中保管事業之核心資通系統，以下列方法之一，危害其功能正常運作者，處一年以上七年以下有期徒刑，得併科新臺幣一千萬元以下罰金：

一　無故輸入其帳號密碼、破解使用電腦之保護措施或利用電腦系統之漏洞，而入侵其電腦或相關設備。

二　無故以電腦程式或其他電磁方式干擾其電腦或相關設備。

三　無故取得、刪除或變更其電腦或相關設備之電磁紀錄。

②製作專供犯前項之罪之電腦程式，而供自己或他人犯前項之罪者，亦同。

③意圖危害國家安全或社會安定，而犯前二項之罪者，處三年以上十年以下有期徒刑，得併科新臺幣五千萬元以下罰金。

④前三項情形致損及證券交易市場穩定者，加重其刑至二分之一。

⑤第一項至第三項之未遂犯罰之。

第一七五條　（罰則）101

①違反第十八條第一項、第二十八條之二第一項、第四十三條第一項、第四十三條之一第三項、第四十三條之五第二項、第三項、第四十三條之六第一項、第四十四條第一項至第三項、第六十條第一項、第六十二條第一項、第九十三條、第九十六條至第九十八條、第一百十六條、第一百二十條或第一百六十條之規定者，處二年以下有期徒刑、拘役或科或併科新臺幣一百八十萬元以下罰金。

②違反第一百六十五條之一或第一百六十五條之二準用第四十三條第一項、第四十三條之一第三項、第四十三條之五第二項、第三項規定，或違反第一百六十五條之一準用第二十八條之二第一項、第四十三條之六第一項規定者，依前項規定處罰。

③違反第四十三條之一第二項未經公告而為公開收購、第一百六十五條之一或第一百六十五條之二準用第四十三條之一第二項未經公告而為公開收購者，依第一項規定處罰。

第一七六條　（刪除）

第一七七條　（罰則）101

①違反第三十四條、第四十條、第四十三條之八第一項、第四十五條、第四十六條、第五十條第二項、第一百十九條、第一百五十條或第一百六十五條規定者，處一年以下有期徒刑、拘役或科或併科新臺幣一百二十萬元以下罰金。

②違反第一百六十五條之一或第一百六十五條之二準用第四十條、第一百五十條規定，或違反第一百六十五條之一準用第四十三條之八第一項規定者，依前項規定處罰。

第一七七條之一　（罰則）108

違反第七十四條或第八十四條規定者，處證券商相當於所取得有價證券價金額以下之罰鍰。但不得少於新臺幣二十四萬元。

第一七八條 112

①有下列情事之一者，處新臺幣二十四萬元以上四百八十萬元以下罰鍰，並得命其限期改善；屆期未改善者，得按次處罰：

一　違反第二十二條之二第一項、第二項、第二十六條之一，或第一百六十五條之一準用第二十二條之二第一項、第二項規定。

二　違反第十四條第三項、第十四條之一第一項、第三項、第十四條之二第一項、第三項、第六項、第十四條之三、第十四條之五第一項至第三項、第二十一條之一第五項、第二十五條第一項、第二項、第四項、第三十一條第一項、第三十六條第五項、第七項、第四十一條、第四十三條之一第一項、第四十三條之四第一項、第四十三條之六第五項至第七項規定、第一百六十五條之一或第一百六十五條之二準用第十四條第三項、第三十一條第一項、第三十六條第五項、第四十三條之四第一項；或違反第一百六十五條之一準用第十四條之一第一項、第三項、第十四條之二第一項、第三項、第六項、第十四條之三、第十四條之五第一項至第三項、第二十五條第一項、第二項、第四項、第三十六條第七項、第四十一條、第四十三條之一第一項、第四十三條之六第五項至第七項規定。

三　發行人、公開收購人或其關係人、證券商之委託人，對於主管機關命令提出之帳簿、表冊、文件或其他參考或報告資料，屆期不提出，或對於主管機關依法所為之檢查予以規避、妨礙或拒絕。

四　發行人、公開收購人，於依本法或主管機關基於本法所發布之命令規定之帳簿、表冊、傳票、財務報告或其他有關業務之文件，不依規定製作、申報、公告、備置或保存。

五　違反第十四條之四第一項、第二項或第一百六十五條之一準用第十四條之四第一項、第二項規定；或違反第十四條之四第五項、第一百六十五條之一準用該項所定辦法有關作業程序、職權之行使或議事錄應載明事項之規定。

六　違反第十四條之六第一項前段或第一百六十五條之一準用該項前段規定，未設置薪資報酬委員會；或違反第十四條之六第一項後段、第一百六十五條之一準用該項後段所定辦法有關成員之資格條件、組成、作業程序、職權之行使、議事錄應載明事項或公告申報之規定。

七　違反第二十五條之一或第一百六十五條之一準用該條所定規則有關徵求人、受託代理人與代為處理徵求事務者之資格條件、委託書徵求與取得之方式、召開股東會公司應遵守之事項及對於主管機關要求提供之資料拒絕提供之規定。

八　違反主管機關依第二十六條第二項所定公開發行公司董事監察人股權成數及查核實施規則有關通知及查核之規定。

九　違反第二十六條之三第一項、第七項、第八項前段或第一百六十五條之一準用第二十六條之三第一項、第七項或第八項前段規定；或違反第二十六條之三第八項後段、第一百六十五條之一準用該項後段所定辦法有關主要議事內容、作業程序、議事錄應載明事項或公告之規定。

十　違反第二十八條之二第二項、第四項至第七項或第一百六十五條之一準用第二十八條之二第二項、第四項至第七項規定；或違反第二十八條之二第三項、第一百六十五條之一準用該項所定辦法有關買回股份之程序、價格、數量、方式、轉讓方法或應申報公告事項之規定。

十一　違反第三十六條之一或第一百六十五條之一準用該條所定準則有關取得或處分資產、從事衍生性商品交易、資金貸與他人、為他人背書或提供保證及揭露財務預測資訊等重大財務業務行為之適用範圍、作業程序、應公告或申報之規定。

十二　違反第四十三條之二第一項、第四十三條之三第一項、第四十三條之五第一項或第一百六十五條之一、第一百六十五條之二準用第四十三條之二第一項、第四十三條之三第一項、第四十三條之五第一項規定；或違反第四十三條之一第四項、第五項、第一百六十五條之一、第一百六十五條之二準用第四十三條之一第四項所定辦法有關收購有價證券之範圍、條件、期間、關係人或申報公告事項之規定。

②外國公司為發行人時，該外國公司違反前項第三款或第四款規定，依前項規定處罰。

③依前二項規定應處罰鍰之行為，其情節輕微者，得免予處罰，或先命其限期改善，已改善完成者，免予處罰。

④檢舉違反第二十五條之一案件因而查獲者，應予獎勵；其辦法由主管機關定之。

第一七八條之一 112

①證券商、第十八條第一項所定之事業、證券商同業公會、證券交易所或證券櫃檯買賣中心有下列情事之一者，處各該事業或公會新臺幣三十萬元以上六百萬元以下罰鍰，並得命其限期改善；屆期未改善者，得按次處罰：

一　違反第十四條第三項、第十四條之一第一項、第三項、第二十一條之一第五項、第五十八條、第六十一條、第六十九條第一項、第七十九條、第一百四十一條、第一百四十四條、第一百四十五條第二項、第一百四十七條、第一百五十二條、第一百五十九條、第一百六十五條之一或第一百六十五條之二準用第六十一條、第一百四十一條、第一百四十四條、第一百四十五條第二項、第一百四十七條規定。

二　對於主管機關命令提出之帳簿、表冊、文件或其他參考或報告資料，屆期不提出，或對於主管機關依法所為之檢查予以規避、妨礙或拒絕。

三　於依本法或主管機關基於本法所發布之命令規定之帳簿、表冊、傳票、財務報告或其他有關業務之文件，不依規定製作、申報、公告、備置或保存。

四　證券商或第十八條第一項所定之事業未確實執行內部控制制度。

五　第十八條第一項所定之事業違反同條第二項所定規則有關財務、業務或管理之規定。

六　證券商違反第二十二條第四項所定有關發行經主管機關核定之其他有價證券之準則、第四十四條第四項所定標準、規則、第六十條第二項所定辦法、第六十二條第二項所定辦法、規則或第七十條所定規則有關財務、業務或管理之規定。

七　證券櫃檯買賣中心違反第六十二條第二項所定辦法、證券商同業公會違反第九十條所定規則或證券交易所違反第九十三條、第九十五條、第一百零二條所定規則有關財務、業務或管理之規定。

②依前項規定應處罰鍰之行為，其情節輕微者，得免予處罰，或先命其限期改善，已改善完成者，免予處罰。

第一七九條　（法人及外國公司違反本法規定之處罰）108

法人及外國公司違反本法之規定者，除第一百七十七條之一及前條規定外，依本章各條之規定處罰其為行為之負責人。

第一八〇條　（刪除）95

第一八〇條之一　（罰則）93

犯本章之罪所科罰金達新臺幣五千萬元以上而無力完納者，易服勞役期間為二年以下，其折算標準以罰金總額與二年之日數比例折算；所科罰金達新臺幣一億元以上而無力完納者，易服勞役期間為三年以下，其折算標準以罰金總額與三年之日數比例折算。

第八章　附　則

第一八一條　（擬制公開發行）

本法施行前已依證券商管理辦法公開發行之公司股票或公司債券，視同依本法公開發行。

第一八一條之一　（設立專業法庭或指定專人辦理）94

法院為審理違反本法之犯罪案件，得設立專業法庭或指定專人辦理。

第一八一條之二 112

經主管機關依第十四條之二第一項但書規定要求設置獨立董事、依第十四條之四第一項但書規定設置審計委員會，或第二十六條之三施行時依同條第六項規定董事、監察人應當然解任者，得自現任董事或監察人任期屆滿時，始適用之。

第一八二條　（刪除）

第一八二條之一　（施行細則）95

本法施行細則，由主管機關定之。

第一八三條 112

①本法施行日期，除中華民國八十六年五月七日、八十九年七月十九日修正公布之第五十四條、第九十五條及第一百二十八條，自九十年一月十五日施行；九十五年一月十一日修正公布之第十四條之二至第十四條之五、第二十六條之三，自九十六年一月一日施行；九十五年五月三十日修正公布條文，自九十五年七月一日施行；九十八年六月十日修正公布條文，自九十八年十一月二十三日施行；九十九年六月二日修正公布之第三十六條，自一百零一年一月一日施行；一百零一年一月四日修正公布之第三十六條第一項第二款，自一百零二會計年度施行外，自公布日施行。

②本法中華民國一百十二年四月二十一日修正之第四十三條之一，自公布後一年施行。

銀行法

①民國20年3月28日國民政府制定公布全文51條。
②民國36年9月1日國民政府修正公布全文119條。
③民國39年6月16日總統令修正公布第15、17、25、27、34至36、38、43、55、64、77、80、87、90、95、106、114條條文。
④民國57年11月11日總統令修正公布第52、54、61、62、68、75、101、108條條文。
⑤民國64年7月4日總統令修正公布全文140條。
⑥民國66年12月29日總統令修正公布第9、20、79、103、132、136條條文；並增訂第35-1條條文。
⑦民國67年7月19日總統令修正公布第3條條文。
⑧民國68年12月5日總統令修正公布第35-1條條文。
⑨民國69年12月5日總統令修正公布第84條條文。
⑩民國70年7月17日總統令修正公布第29條條文。
⑪民國74年5月20日總統令修正公布第6至9、15、32、33、52、62、71、78、79、101至103、109、115、125至133、139條條文；並增訂第33-1、127-1條條文。
⑫民國78年7月17日總統令修正公布第1、3、4、2529、33-1、41、44、48、50、52、62、71、76、78、79、101、121、123、125至127、127-1、128至132條條文；並增訂第5-1、29-1、35-2、127-2、127-3條條文。
⑬民國81年10月30日總統令修正公布第12、13、32、33、36、45、57、83、127-1、127-2、129、139條條文；並增訂第5-2、33-2、33-3、47-1、139-1條條文。
⑭民國84年6月29日總統令修正公布第3、38條條文。
⑮民國86年5月7日總統令修正公布第42、140條條文。
民國88年7月15日行政院令發布第42條定自88年7月7日起施行。
⑯民國89年11月1日總統令修正公布第19、20、25、28、33-3、44、49、54、59、70、71、74至76、89至91、117、121、123、125、127、127-1至127-3、128至134、136條條文；增訂第8-1、12-1、33-4、33-5、42-1、45-1、47-2、47-3、51-1、61-1、62-1至62-9、63-1、72-1、72-2、74-1、91-1、115-1、125-1、125-2、127-4、129-1條條文；並刪除第9、17、63、77至86條條文及第四章章名。
⑰民國93年2月4日總統令修正公布第125、125-2條條文；並增訂第125-3、125-4、136-1、136-2條條文。
⑱民國94年5月18日總統令修正公布第20、45-1、49、52、62、135條條文；增訂第45-2、125-5、125-6、127-5、138-1條條文；並刪除第60、119、124條條文。
⑲民國95年5月17日總統令增訂公布第64-1條條文。
⑳民國95年5月30日總統令修正公布第125-4、140條條文；並自95年7月1日施行。
㉑民國96年3月21日總統令修正公布第62、64條條文。
㉒民國97年12月30日總統令修正公布第19、25、33-3、35-2、42、44、48、50、62至62-5、62-7、62-9、128、129、131、133條條文；並增訂第25-1、44-1、44-2、129-2條條文。
㉓民國100年11月9日總統令修正公布第12-1條條文；並增訂第12-2條條文。
民國101年2月3日行政院公告第62-4條第1項第4款所列屬「行政院公平交易委員會」之權責事項，自101年二月六日起改由「公平交易委員會」管轄。
民國101年6月25日行政院公告第19條所列屬「行政院金融監督管理委員會」之權責事項，自101年7月1日起改由「金融監督管理委員會」管轄。
民國103年1月21日行政院公告第72-2條第1項第3、4款所列屬「行政院經濟建設委員會」之權責事項，自103年1月22日起改由「國家發展委員會」管轄。
㉔民國103年6月4日總統令修正公布第19條條文。
㉕民國104年2月4日總統令修正公布第11、45-1、47-1、64-1、72-1、72-2、74、75條條文；並刪除第42-1條條文。
㉖民國104年6月24日總統令修正公布第131條條文；並增訂第34-1條條文。
㉗民國107年1月31日總統令修正公布第125、125-2至125-4、136-1條條文；並增訂第22-1條條文。
㉘民國108年4月17日總統令修正公布第13、35-2、47-3、61-1、116、117、125、127-1、128至

133、134至136條條文；增訂第51-2、133-1、136-3條條文；並刪除第125-6、127-3條條文。

㉙民國112年6月28日總統令增訂公布第125-7、125-8條條文。

第一章 通 則

第一條 （立法目的）

爲健全銀行業務經營，保障存款人權益，適應產業發展，並使銀行信用配合國家金融政策，特制定本法。

第二條 （銀行之定義）

本法稱銀行，謂依本法組織登記，經營銀行業務之機構。

第三條 （銀行業務）

銀行經營之業務如左：

一 收受支票存款。
二 收受其他各種存款。
三 受託經理信託資金。
四 發行金融債券。
五 辦理放款。
六 辦理票據貼現。
七 投資有價證券。
八 直接投資生產事業。
九 投資住宅建築及企業建築。
十 辦理國內外匯兌。
十一 辦理商業匯票承兌。
十二 簽發信用狀。
十三 辦理國內外保證業務。
十四 代理收付款項。
十五 承銷及自營買賣或代客買賣有價證券。
十六 辦理債券發行之經理及顧問事項。
十七 擔任股票及債券發行簽證人。
十八 受託經理各種財產。
十九 辦理證券投資信託有關業務。
二十 買賣金塊、銀塊、金幣、銀幣及外國貨幣。
二一 辦理與前列各款業務有關之倉庫、保管及代理服務業務。
二二 經中央主管機關核准辦理之其他有關業務。

第四條 （業務項目之核定）

各銀行得經營之業務項目，由中央主管機關按其類別，就本法所定之範圍內分別核定，並於營業執照上載明之。但其有關外匯業務之經營，須經中央銀行之許可。

第五條 （長短期授信）

銀行依本法辦理授信，其期限在一年以內者，爲短期信用；超過一年而在七年以內者，爲中期信用；超過七年者，爲長期信用。

第五條之一 （收受存款之意義）

本法稱收受存款，謂向不特定多數人收受款項或吸收資金，並約定返還本金或給付相當或高於本金之行爲。

第五條之二 （授信之定義）

本法稱授信，謂銀行辦理放款、透支、貼現、保證、承兌及其他經中央主管機關指定之業務項目。

第六條 （支票存款）

本法稱支票存款，謂依約定憑存款人簽發支票，或利用自動化設備委託支付隨時提取不計利息之存款。

第七條　（活期存款）

本法稱活期存款，謂存款人憑存摺或依約定方式，隨時提取之存款。

第八條　（定期存款）

本法稱定期存款，謂有一定時期之限制，存款人憑存單或依約定方式提取之存款。

第八條之一　（定期存款期前提取之限制及質借或解約）

①定期存款到期前不得提取。但存款人得以之質借，或於七日以前通知銀行中途解約。

②前項質借及中途解約辦法，由主管機關洽商中央銀行定之。

第九條　（刪除）

第一〇條　（信託資金）

本法稱信託資金，謂銀行以受託人地位，收受信託款項，依照信託契約約定之條件，爲信託人指定之受益人之利益而經營之資金。

第一一條　（金融債券）104

本法稱金融債券，謂銀行依本法有關規定，報經主管機關核准發行之債券。

第一二條　（擔保授信）

本法稱擔保授信，謂對銀行之授信，提供左列之一爲擔保者：

一　不動產或動產抵押權。

二　動產或權利質權。

三　借款人營業交易所發生之應收票據。

四　各級政府公庫主管機關、銀行或經政府核准設立之信用保證機構之保證。

第一二條之一　（禁止徵提連帶保證人）100

①銀行辦理自用住宅放款及消費性放款，不得要求借款人提供連帶保證人。

②銀行辦理自用住宅放款及消費性放款，已取得前條所定之足額擔保時，不得要求借款人提供保證人。

③銀行辦理授信徵取保證人時，除前項規定外，應以一定金額爲限。

④未來求償時，應先就借款人進行求償，其求償不足部分，如保證人有數人者，應先就各該保證人平均求償之。但爲取得執行名義或保全程序者，不在此限。

第一二條之二　（保證契約有效期限）100

因自用住宅放款及消費性放款而徵取之保證人，其保證契約自成立之日起，有效期間不得逾十五年。但經保證人書面同意者，不在此限。

第一三條　（無擔保授信）108

本法稱無擔保授信，謂無第十二條各款擔保之授信。

第一四條　（中長期分期償還放款）

本法稱中、長期分期償還放款，謂銀行依據借款人償債能力，經借貸雙方協議，於放款契約內訂明分期還本付息辦法及借款人應遵守之其他有關條件之放款。

第一五條　（商業票據、商業承兌匯票、貼現）

①本法稱商業票據，謂依國內外商品交易或勞務提供而產生之匯票或本票。

②前項匯票以出售商品或提供勞務之相對人爲付款人而經其承兌者，謂商業承兌匯票。

③前項相對人委託銀行爲付款人而經其承兌者，謂銀行承兌匯票。出售商品或提供勞務之人，依交易憑證於交易價款內簽發匯票，委託銀行爲付款人而經其承兌者，亦同。

④銀行對遠期匯票或本票，以折扣方式預收利息而購入者，謂貼現。

第一六條　（信用狀）

本法稱信用狀，謂銀行受客戶之委任。通知並授權指定受益人，在其履行約定條件後，得依照一定款式，開發一定金額以內之匯票或其他憑證，由該行或其指定之代理銀行負責承兌或付款之文書。

第一七條　（刪除）

第一八條　（負責人）

本法稱銀行負責人，謂依公司法或其他法律或其組織章程所定應負責之人。

第一九條　（主管機關）103

本法之主管機關為金融監督管理委員會。

第二〇條　（銀行之種類）94

①銀行分為下列三種：

一　商業銀行。

二　專業銀行。

三　信託投資公司。

②銀行之種類或其專業，除政府設立者外，應在其名稱中表示之。

③非銀行，不得使用第一項名稱或易使人誤認其為銀行之名稱。

第二一條　（非經設立不得營業）

銀行及其分支機構，非經完成第二章所定之設立程序，不得開始營業。

第二二條　（營業範圍限制）

銀行不得經營未經中央主管機關核定經營之業務。

第二二條之一　（促進金融科技創新，推動金融監理沙盒，於核准辦理期間及範圍，得不適用本法之規定）107

①為促進普惠金融及金融科技發展，不限於銀行，得依金融科技發展與創新實驗條例申請辦理銀行業務創新實驗。

②前項之創新實驗，於主管機關核准辦理之期間及範圍內，得不適用本法之規定。

③主管機關應參酌第一項創新實驗之辦理情形，檢討本法及相關金融法規之妥適性。

第二三條　（銀行資本最低額）

①各種銀行資本之最低額，由中央主管機關將全國劃分區域，審酌各區域人口、經濟發展情形，及銀行之種類，分別核定或調整之。

②銀行資本未達前項調整後之最低額者，中央主管機關應指定期限，命其辦理增資；逾期未完成增資者，應撤銷其許可。

第二四條　（貨幣單位）

銀行資本應以國幣計算。

第二五條　（銀行股票）97

①銀行股票應為記名式。

②同一人或同一關係人單獨、共同或合計持有同一銀行已發行有表決權股份總數超過百分之五者，自持有之日起十日內，應向主管機關申報；持股超過百分之五後累積增減逾一個百分點者，亦同。

③同一人或同一關係人擬單獨、共同或合計持有同一銀行已發行有表決權股份總數超過百分之十、百分之二十五或百分之五十者，均應分別事先向主管機關申請核准。

④第三人為同一人或同一關係人以信託、委任或其他契約、協議、授權等方法持有股份者，應併計入同一關係人範圍。

⑤本法中華民國九十七年十二月九日修正之條文施行前，同一人或同一關係人單獨、共同或合計持有同一銀行已發行有表決權股份總數超過百分之五而未超過百分之十五者，應自修正施行之日起六個月內向主管機關申報，於該期限內向主管機關申報者，得維持申報時之持股比率。但原持股比率超過百分之十者，於第一次擬增加持股時，應事先向主管機關申請核准。

⑥同一人或同一關係人依第三項或前項但書規定申請核准應具備之適格條件、應檢附之書件、擬取得股份之股數、目的、資金來源及其他應遵行事項之辦法，由主管機關定之。

⑦未依第二項、第三項或第五項規定向主管機關申報或經核准而持有銀行已發行有表決權之股份者，其超過部分無表決權，並由主管機關命其於限期內處分。

⑧同一人或本人與配偶、未成年子女合計持有同一銀行已發行有表決權股份總數百分之一以上者，應由本人通知銀行。

第二五條之一（銀行股票關係人）97
①前條所稱同一人，指同一自然人或同一法人。
②前條所稱同一關係人，指同一自然人或同一法人之關係人，其範圍如下：
一　同一自然人之關係人：
㈠同一自然人與其配偶及二親等以內血親。
㈡前目之人持有已發行有表決權股份或資本額合計超過三分之一之企業。
㈢第一目之人擔任董事長、總經理或過半數董事之企業或財團法人。
二　同一法人之關係人：
㈠同一法人與其董事長、總經理，及該董事長、總經理之配偶與二親等以內血親。
㈡同一法人及前目之自然人持有已發行有表決權股份或資本額合計超過三分之一之企業，或擔任董事長、總經理或過半數董事之企業或財團法人。
㈢同一法人之關係企業。關係企業適用公司法第三百六十九條之一至第三百六十九條之三、第三百六十九條之九及第三百六十九條之十一規定。
③計算前二項同一人或同一關係人持有銀行之股份，不包括下列各款情形所持有之股份：
一　證券商於承銷有價證券期間所取得，且於主管機關規定期間內處分之股份。
二　金融機構因承受擔保品所取得，且自取得日起未滿四年之股份。
三　因繼承或遺贈所取得，且自繼承或受贈日起未滿二年之股份。

第二六條（增設銀行之限制）
中央主管機關得視國內經濟、金融情形，於一定區域內限制銀行或其分支機構之增設。

第二七條（國外分支機構之核准）
銀行在國外設立分支機構，應由中央主管機關洽商中央銀行後核准辦理。

第二八條（經營信託或證券業務）
①商業銀行及專業銀行經營信託或證券業務，其營業及會計必須獨立；其營運範圍及風險管理規定，得由主管機關定之。
②銀行經營信託及證券業務，應指撥營運資金專款經營，其指撥營運資金之數額，應經主管機關核准。
③除其他法律另有規定者外，銀行經營信託業務，準用第六章之規定辦理。
④銀行經營信託及證券業務之人員，關於客戶之往來、交易資料，除其他法律或主管機關另有規定外，應保守秘密；對銀行其他部門之人員，亦同。

第二九條（專業經營原則）
①除法律另有規定者外，非銀行不得經營收受存款、受託經理信託資金、公眾財產或辦理國內外匯兌業務。
②違反前項規定者，由主管機關或目的事業主管機關會同司法警察機關取締，並移送法辦；如屬法人組織，其負責人對有關債務，應負連帶清償責任。
③執行前項任務時，得依法搜索扣押被取締者之會計帳簿及文件，並得拆除其標誌等設施或為其他必要之處置。

第二九條之一（與收受存款相當之行為）
以借款、收受投資、使加入為股東或其他名義，向多數人或不特定之人收受款項或吸收資金，而約定或給付與本金顯不相當之紅利、利息、股息或其他報酬者，以收受存款論。

第三〇條（抵押權登記或移轉質物占有之免緩）
①銀行辦理放款、開發信用狀或提供保證，其借款人、委任人或被保證人為股份有限公司之企業，如經董事會決議，向銀行出具書面承諾，以一定財產提供擔保，及不再以該項財產提供其他債權人設定質權或抵押權者，得免辦或緩辦不動產或動產抵押權登記或質物之移轉占有。但銀行認為有必要時，債務人仍應於銀行指定之期限內補辦

之。
②借款人、委任人或被保證人違反前項承諾者，其參與決定此項違反承諾行爲之董事及行爲人應負連帶賠償責任。

第三一條　（信用狀或承兌業務）
①銀行開發信用狀或擔任商業匯票之承兌，其與客戶間之權利、義務機關，以契約定之。
②銀行辦理前項業務，如需由客戶提供擔保者，其擔保依第十二條所列各款之規定。

第三二條　（對利害關係人無擔保授信之限制）
①銀行不得對其持有實收資本總額百分之三以上之企業，或本行負責人、職員、或主要股東，或對與本行負責人或辦理授信之職員有利害關係者，爲無擔保授信。但消費者貸款及對政府貸款不在此限。
②前項消費者貸款額度，由中央主管機關定之。
③本法所稱主要股東係指持有銀行已發行股份總數百分之一以上者；主要股東爲自然人時，本人之配偶與其未成年子女之持股應計入本人之持股。

第三三條　（對利害關係人擔保授信之限制）
①銀行對其持有實收資本總額百分之五以上之企業，或本行負責人、職員、或主要股東，或對與本行負責人或辦理授信之職員有利害關係者爲擔保授信，應有十足擔保，其條件不得優於其他同類授信對象，如授信達中央主管機關規定金額以上者，並應經三分之二以上董事之出席及出席董事四分之三以上同意。
②前項授信限額、授信總餘額、授信條件及同類授信對象，由中央主管機關洽商中央銀行定之。

第三三條之一　（行員利害關係人）
前二條所稱有利害關係者，謂有左列情形之一而言：
一　銀行負責人或辦理授信之職員之配偶、三親等以內之血親或二親等以內之姻親。
二　銀行負責人、辦理授信之職員或前款有利害關係者獨資、合夥經營之事業。
三　銀行負責人、辦理授信之職員或第一款有利害關係者單獨或合計持有超過公司已發行股份總數或資本總額百分之十之企業。
四　銀行負責人、辦理授信之職員或第一款有利害關係者爲董事、監察人或經理人之企業。但其董事、監察人或經理人係因投資關係，經中央主管機關核准而兼任者，不在此限。
五　銀行負責人、辦理授信之職員或第一款有利害關係者爲代表人、管理人之法人或其他團體。

第三三條之二　（銀行間主要人員相互授信之禁止）
銀行不得交互對其往來銀行負責人、主要股東，或對該負責人爲負責人之企業爲無擔保授信，其爲擔保授信應依第三十三條之規定辦理。

第三三條之三　（對同一人、同一關係人或同一關係企業交易之限制）97
①主管機關對於銀行就同一人、同一關係人或同一關係企業之授信或其他交易得予限制，其限額、其他交易之範圍及其他應遵行事項之辦法，由主管機關定之。
②前項授信或其他交易之同一人、同一關係人或同一關係企業範圍如下：
一　同一人爲同一自然人或同一法人。
二　同一關係人包括本人、配偶、二親等以內之血親，及以本人或配偶爲負責人之企業。
三　同一關係企業適用公司法第三百六十九條之一至第三百六十九條之三、第三百六十九條之九及第三百六十九條之十一規定。

第三三條之四　（利用他人名義申辦授信之適用）
①第三十二條、第三十三條或第三十三條之二所列舉之授信對象，利用他人名義向銀行申請辦理之授信，亦有上述規定之適用。
②向銀行申請辦理之授信，其款項爲利用他人名義之人所使用；或其款項移轉爲利用他

人名義之人所有時，視爲前項所稱利用他人名義之人向銀行申請辦理之授信。

第三三條之五　（從屬公司）

①計算第三十二條第一項、第三十三條第一項有關銀行持有實收資本總額百分之三以上或百分之五以上之企業之出資額，應連同下列各款之出資額一併計入：

一　銀行之從屬公司單獨或合計持有該企業之出資額。

二　第三人爲銀行而持有之出資額。

三　第三人爲銀行之從屬公司而持有之出資額。

②前項所稱銀行之從屬公司之範圍，適用公司法第三百六十九條之二第一項規定。

第三四條　（吸收存款方法之限制）

銀行不得於規定利息外，以津貼、贈與或其他給與方法吸收存款。但對於信託資金依約定發給紅利者，不在此限。

第三四條之一　（銀行辦理授信業務應訂合理定價）104

銀行辦理授信，應訂定合理之定價，考量市場利率、本身資金成本、營運成本、預期風險損失及客戶整體貢獻度等因素，不得以不合理之定價招攬或從事授信業務。

第三五條　（行員收受不當利益之禁止）

銀行負責人及職員不得以任何名義，向存戶、借款人或其他顧客收受佣金、酬金或其他不當利益。

第三五條之一　（競業禁止）

銀行之負責人及職員不得兼任其他銀行任何職務。但因投資關係，並經中央主管機關核准者，得兼任被投資銀行之董事或監察人。

第三五條之二　（銀行負責人之資格）108

①銀行負責人應具備之資格條件、兼職限制、利益衝突之禁止及其他應遵行事項之準則，由主管機關定之。

②銀行負責人未具備前項準則所定資格條件者，主管機關應予解任；違反兼職限制及利益衝突之禁止者，主管機關得限期命其調整，無正當理由屆期未調整者，應予解任。

第三六條　（資產與負債之監理）

①中央主管機關於必要時，經洽商中央銀行後，得對銀行無擔保之放款或保證，予以適當之限制。

②中央主管機關於必要時，經洽商中央銀行後，得就銀行主要資產與主要負債之比率、主要負債與淨值之比率，規定其標準。凡實際比率未符規定標準之銀行，中央主管機關除依規定處罰外，並得限制其分配盈餘。

③前項所稱主要資產及主要負債，由中央主管機關斟酌各類銀行之業務性質規定之。

第三七條　（擔保物放款值之決定與最高放款率之規定）

借款人所提質物或抵押物之放款值，由銀行根據其時值、折舊率及銷售性，覈實決定。

中央銀行因調節信用，於必要時得選擇若干種類之質物或抵押物，規定其最高放款率。

第三八條　（購屋或建築放款）

銀行對購買或建造住宅或企業用建築，得辦理中、長期放款，其最長期限不得超過三十年。但對於無自用住宅者購買自用住宅之放款，不在此限。

第三九條　（中期放款或貼現）

銀行對個人購置耐久消費品得辦理中期放款；或對買受人所簽發經承銷商背書之本票，辦理貼現。

第四〇條　（中長期分期償還放款方式之適用）

前二條放款，均得適用中、長期分期償還放款方式；必要時，中央銀行得就其付現條件及信用期限，予以規定並管理之。

第四一條　（銀行利率）

銀行利率應以年率爲準，並於營業場所揭示。

第四二條 （存款、負債準備金比率）97

①銀行各種存款及其他各種負債，應依中央銀行所定比率提準備金。

②前項其他各種負債之範圍，由中央銀行洽商主管機關定之。

第四二條之一 （刪除）104

第四三條 （流動資產與負債比率之最低標準）

為促使銀行對其資產保持適當之流動性，中央銀行經洽商中央主管機關後，得隨時就銀行流動資產與各項負債之比率，規定其最低標準。未達最低標準者，中央主管機關應通知限期調整之。

第四四條 （自有資本與風險性資產之比率）97

①銀行自有資本與風險性資產之比率，不得低於一定比率。銀行經主管機關規定應編製合併報表時，其合併後之自有資本與風險性資產之比率，亦同。

②銀行依自有資本與風險性資產之比率，劃分下列資本等級：

一　資本適足。

二　資本不足。

三　資本顯著不足。

四　資本嚴重不足。

③前項第四款所稱資本嚴重不足，指自有資本與風險性資產之比率低於百分之二。銀行淨值占資產總額比率低於百分之二者，視為資本嚴重不足。

④第一項所稱一定比率、銀行自有資本與風險性資產之範圍、計算方法、第二項等級之劃分、審核等事項之辦法，由主管機關定之。

第四四條之一 （不得以現金分配盈餘或買回股份之情形）97

①銀行有下列情形之一者，不得以現金分配盈餘或買回其股份：

一　資本等級為資本不足、顯著不足或嚴重不足。

二　資本等級為資本適足者，如以現金分配盈餘或買回其股份，有致其資本等級降為前款等級之虞。

②前項第一款之銀行，不得對負責人發放報酬以外之給付。但經主管機關核准者，不在此限。

第四四條之二 （銀行資本等級之措施）97

①主管機關應依銀行資本等級，採取下列措施之一部或全部：

一　資本不足者：

㈠命令銀行或其負責人限期提出資本重建或其他財務業務改善計畫。對未依命令提出資本重建或財務業務改善計畫，或未依其計畫確實執行者，得採取次一資本等級之監理措施。

㈡限制新增風險性資產或為其他必要處置。

二　資本顯著不足者：

㈠適用前款規定。

㈡解除負責人職務，並通知公司登記主管機關於登記事項註記。

㈢命令取得或處分特定資產，應先經主管機關核准。

㈣命令處分特定資產。

㈤限制或禁止與利害關係人相關之授信或其他交易。

㈥限制轉投資、部分業務或命令限期裁撤分支機構或部門。

㈦限制存款利率不得超過其他銀行可資比較或同性質存款之利率。

㈧命令對負責人之報酬酌予降低，降低後之報酬不得超過該銀行成為資本顯著不足前十二個月內對該負責人支給之平均報酬之百分之七十。

㈨派員監管或為其他必要處置。

三　資本嚴重不足者：除適用前款規定外，應採取第六十二條第二項之措施。

②銀行依前項規定執行資本重建或財務業務改善計畫之情形，主管機關得隨時查核，必要時得洽商有關機關或機構之意見，並得委請專業機構協助辦理；其費用由銀行負

擔。

③銀行經主管機關派員監管者，準用第六十二條之二第三項規定。

④銀行業務經營有嚴重不健全之情形，或有調降資本等級之虞者，主管機關得對其採取次一資本等級之監理措施；有立即危及其繼續經營或影響金融秩序穩定之虞者，主管機關應重新審核或調整其資本等級。

⑤第一項監管之程序、監管人職權、費用負擔及其他應遵行事項之辦法，由主管機關定之。

第四五條　（中央主管機關之檢查權）

①中央主管機關得隨時派員，或委託適當機構，或令地方主管機關派員，檢查銀行或其他關係人之業務、財務及其他有關事項，或令銀行或其他關係人於限期內據實提報財務報告、財產目錄或其他有關資料及報告。

②中央主管機關於必要時，得指定專門職業及技術人員，就前項規定應行檢查事項、報表或資料予以查核，並向中央主管機關據實提出報告，其費用由銀行負擔。

第四五條之一　（內部控管及稽核制度）104

①銀行應建立內部控制及稽核制度；其目的、原則、政策、作業程序、內部稽核人員應具備之資格條件、委託會計師辦理內部控制查核之範圍及其他應遵行事項之辦法，由主管機關定之。

②銀行對資產品質之評估、損失準備之提列、逾期放款催收款之清理及呆帳之轉銷，應建立內部處理制度及程序；其辦法，由主管機關定之。

③銀行作業委託他人處理者，其對委託事項範圍、客戶權益保障、風險管理及內部控制原則，應訂定內部作業制度及程序；其辦法，由主管機關定之。

④銀行辦理衍生性金融商品業務，其對該業務範圍、人員管理、客戶權益保障及風險管理，應訂定內部作業制度及程序；其辦法，由主管機關定之。

第四五條之二　（加強安全維護）94

①銀行對其營業處所、金庫、出租保管箱（室）、自動櫃員機及運鈔業務等應加強安全之維護；其辦法，由主管機關定之。

②銀行對存款帳戶應負善良管理人責任。對疑似不法或顯屬異常交易之存款帳戶，得予暫停存入或提領、匯出款項。

③前項疑似不法或顯屬異常交易帳戶之認定標準，及暫停帳戶之作業程序及辦法，由主管機關定之。

第四六條　（存款保險組織）

爲保障存款人之利益，得由政府或銀行設立存款保險之組織。

第四七條　（同業間借貸組織）

銀行爲相互調劑準備，並提高貨幣信用之效能，得訂定章程，成立同業間之借貸組織。

第四七條之一　（經營貨幣市場或信用卡業務應經許可；現金卡利率或信用卡循環信用利率之上限）104

①經營貨幣市場業務或信用卡業務之機構，應經中央主管機關之許可；其管理辦法，由中央主管機關洽商中央銀行定之。

②自一百零四年九月一日起，銀行辦理現金卡之利率或信用卡業務機構辦理信用卡之循環信用利率不得超過年利率百分之十五。

第四七條之二　（經營貨幣市場業務機構之準用）

第四條、第三十二條至第三十三條之四、第三十五條至第三十五條之二、第三十六條、第四十五條、第四十五條之一、第四十九條至第五十一條、第五十八條至第六十二條之九、第六十四條至第六十九條及第七十六條之規定，於經營貨幣市場業務之機構準用之。

第四七條之三　（經營金融資訊服務事業之許可與管理）108

①經營金融機構間資金移轉帳務清算之金融資訊服務事業，應經主管機關許可。但涉及

大額資金移轉帳務清算之業務，並應經中央銀行許可；其許可及管理辦法，由主管機關洽商中央銀行定之。
②經營金融機構間徵信資料處理交換之服務事業，應經主管機關許可；其許可及管理辦法，由主管機關定之。

第四八條　（銀行接受第三人請求之限制及存放款資料之保密）97

①銀行非依法院之裁判或其他法律之規定，不得接受第三人有關停止給付存款或匯款、扣留擔保物或保管物或其他類似之請求。
②銀行對於客戶之存款、放款或匯款等有關資料，除有下列情形之一者外，應保守秘密：
一　法律另有規定。
二　對同一客戶逾期債權已轉銷呆帳者，累計轉銷呆帳金額超過新臺幣五千萬元，或貸放後半年內發生逾期累計轉銷呆帳金額達新臺幣三千萬元以上，其轉銷呆帳資料。
三　依第一百二十五條之二、第一百二十五條之三或第一百二十七條之一規定，經檢察官提起公訴之案件，與其有關之逾期放款或催收款資料。
四　其他經主管機關規定之情形。

第四九條　（表冊之呈報、公告與簽證）94

①銀行每屆營業年度終了，應編製年報，並應將營業報告書、財務報表、盈餘分配或虧損撥補之決議及其他經主管機關指定之項目，於股東會承認後十五日內；無股東會之銀行於董事會通過後十五日內，分別報請主管機關及中央銀行備查。年報應記載事項，由主管機關定之。
②銀行除應將財務報表及其他經主管機關指定之項目於其所在地之日報或依主管機關指定之方式公告外，並應備置於每一營業處所之顯著位置以供查閱。但已符合證券交易法第三十六條規定者，得免辦理公告。
③前項應行公告之報表及項目，應經會計師查核簽證。

第五〇條　（法定盈餘公積之提存）97

①銀行於完納一切稅捐後分派盈餘時，應先提百分之三十爲法定盈餘公積；法定盈餘公積未達資本總額前，其最高現金盈餘分配，不得超過資本總額之百分之十五。
②銀行法定盈餘公積已達其資本總額時，或財務業務健全並依公司法提法定盈餘公積者，得不受前項規定之限制。
③除法定盈餘公積外，銀行得於章程規定或經股東會決議，另提特別盈餘公積。
④第二項所定財務業務健全應具備之資本適足率、資產品質及守法性等事項之標準，由主管機關定之。

第五一條　（銀行營業時間及休假日）

銀行之營業時間及休假日，得由中央主管機關規定，並公告之。

第五一條之一　（培育專業人才資金之提撥及運用）

爲培育金融專業人才，銀行應提撥資金，專款專用於辦理金融研究訓練發展事宜；其資金之提撥方法及運用管理原則，由中華民國銀行商業同業公會全國聯合會擬訂，報請主管機關核定之。

第五一條之二　（國際合作依互惠原則）108

①爲促進我國與其他國家金融主管機關之國際合作，政府或其授權之機構依互惠原則，得與外國政府、機構或國際組織，就資訊交換、技術合作、協助調查等事項，簽訂合作條約、協定或協議。
②除有妨害國家或公共利益外，主管機關依前項簽訂之條約、協定或協議，得洽請相關機關、機構依法提供必要資訊，並基於互惠及保密原則，提供予與我國簽訂條約、協定或協議之外國政府、機構或國際組織。

第二章　銀行之設立、變更、停業、解散

第五二條　（銀行之組織）94
①銀行爲法人，其組織除法律另有規定或本法修正施行前經專案核准者外，以股份有限公司爲限。
②銀行股票應公開發行。但經主管機關許可者，不在此限。
③依本法或其他法律設立之銀行或金融機構，其設立標準，由主管機關定之。
第五三條　（設立許可事項）
設立銀行者，應載明左列各款，報請中央主管機關許可：
一　銀行之種類、名稱及其公司組織之種類。
二　資本總額。
三　營業計畫。
四　本行及分支機構所在地。
五　發起人姓名、籍貫、住居所、履歷及認股金額。
第五四條　（申請核發營業執照）
①銀行經許可設立者，應依公司法規定設立公司；於收足資本金額並辦妥公司登記後，再檢同下列各件，申請主管機關核發營業執照：
一　公司登記證件。
二　驗資證明書。
三　銀行章程。
四　股東名冊及股東會會議紀錄。
五　董事名冊及董事會會議紀錄。
六　常務董事名冊及常務董事會會議紀錄。
七　監察人名冊及監察人會議紀錄。
②銀行非公司組織者，得於許可設立後，準用前項規定，逕行申請核發營業執照。
第五五條　（開始營業之公告事項）
銀行開始營業時，應將中央主管機關所發營業執照記載之事項，於本行及分支機構所在地公告之。
第五六條　（撤銷許可）
中央主管機關核發營業執照後，如發現原申請事項有虛僞情事，其情節重大者，應即撤銷其許可。
第五七條　（分支機構、非營業用辦公場所及自動化服務設備）
①銀行增設分支機構時，應開具分支機構營業計劃及所在地，申請中央主管機關許可，並核發營業執照。遷移或裁撤時，亦應申請中央主管機關核准。
②銀行設置、遷移或裁撤非營業用辦公場所或營業場所外自動化服務設備，應事先申請，於申請後經過一定時間，且未經中央主管機關表示禁止者，即可逕行設置、遷移或裁撤。但不得於申請後之等候時間內，進行其所申請之事項。
③前二項之管理辦法，由中央主管機關定之。
第五八條　（合併或變更許可與登記）
①銀行之合併或對於依第五十三條第一款、第二款或第四款所申報之事項擬予變更者，應經中央主管機關許可，並辦理公司變更登記及申請換發營業執照。
②前項合併或變更，應於換發營業執照後十五日內，在本行及分支機構所在地公告之。
第五九條　（勒令停業）
銀行違反前條第一項規定者，主管機關應命限期補正，屆期不補正，其情節重大者，得勒令其停業。
第六〇條　（刪除）94
第六一條　（決議解散）
①銀行經股東會決議解散者，應申敘理由，附具股東會紀錄及清償債務計畫，申請主管機關核准後進行清算。
②主管機關依前項規定核准解散時，應即撤銷其許可。

第六一條之一　（銀行違規或管理不善之處分）108

①銀行違反法令、章程或有礙健全經營之虞時，主管機關除得予以糾正、命其限期改善外，並得視情節之輕重，為下列處分：

一　撤銷法定會議之決議。
二　停止銀行部分業務。
三　限制投資。
四　命令或禁止特定資產之處分或移轉。
五　命令限期裁撤分支機構或部門。
六　命令銀行解除經理人、職員之職務或停止其於一定期間內執行職務。
七　解除董事、監察人職務或停止其於一定期間內執行職務。
八　命令提撥一定金額之準備。
九　其他必要之處置。

②依前項第七款解除董事、監察人職務時，由主管機關通知公司登記主管機關撤銷或廢止其董事、監察人登記。

③為改善銀行之營運缺失而有業務輔導之必要時，主管機關得指定機構辦理之。

第六二條　（勒令停業之事由）97

①銀行因業務或財務狀況顯著惡化，不能支付其債務或有損及存款人利益之虞時，主管機關應派員接管、勒令停業清理或為其他必要之處置，必要時得通知有關機關或機構禁止其負責人財產為移轉、交付或設定他項權利，函請入出國管理機關限制其出國。

②銀行資本等級經列入嚴重不足者，主管機關應自列入之日起九十日內派員接管。但經主管機關命令限期完成資本重建或限期合併而未依限完成者，主管機關應自期限屆滿之次日起九十日內派員接管。

③前二項接管之程序、接管人職權、費用負擔及其他應遵行事項之辦法，由主管機關定之。

④第一項勒令停業之銀行，其清理程序視為公司法之清算。

⑤法院對於銀行破產之聲請，應即將聲請書狀副本，檢送主管機關，並徵詢其關於應否破產之具體意見。

第六二條之一　（銀行之保全）97

銀行經主管機關派員接管或勒令停業清理時，其股東會、董事會、董事、監察人或審計委員會之職權當然停止；主管機關對銀行及其負責人或有違法嫌疑之職員，得通知有關機關或機構禁止其財產為移轉、交付或設定他項權利，並得函請入出國管理機關限制其出國。

第六二條之二　（接管之處分程序）97

①銀行經主管機關派員接管者，銀行之經營權及財產之管理處分權均由接管人行使之。

②前項接管人，有代表受接管銀行為訴訟上及訴訟外一切行為之權責，並得指派自然人代表行使職務。接管人因執行職務，不適用行政執行法第十七條之規定。

③銀行負責人或職員於接管處分書送達銀行時，應將銀行業務、財務有關之一切帳冊、文件、印章及財產等列表移交予接管人，並應將債權、債務有關之必要事項告知或應其要求為配合接管之必要行為；銀行負責人或職員對其就有關事項之查詢，不得拒絕答覆或為虛偽陳述。

④銀行於受接管期間，不適用民法第三十五條、公司法第二百零八條之一、第二百十一條、第二百四十五條、第二百八十二條至第三百十四條及破產法之規定。

⑤銀行受接管期間，自主管機關派員接管之日起為二百七十日；必要時經主管機關核准得予延長一次，延長期限不得超過一百八十日。

⑥接管人執行職務聲請假扣押、假處分時，得免提供擔保。

第六二條之三　（接管人得為之處置）97

①接管人對受接管銀行為下列處置時，應研擬具體方案，報經主管機關核准：

一　委託其他銀行、金融機構或中央存款保險公司經營全部或部分業務。

二　增資、減資或減資後再增資。
三　讓與全部或部分營業及資產負債。
四　與其他銀行或金融機構合併。
五　其他經主管機關指定之重要事項。

②接管人為維持營運及因執行職務所生之必要費用及債務，應由受接管銀行負擔，隨時由受接管銀行財產清償之；其必要費用及債務種類，由主管機關定之。

③前項費用及債務未受清償者，於受接管銀行經主管機關勒令停業清理時，應先於清理債權，隨時由受清理銀行財產清償之。

第六二條之四（接管或合併之適用）97

①銀行或金融機構依前條第一項第三款受讓營業及資產負債時，適用下列規定：

一　股份有限公司經代表已發行股份總數過半數股東出席之股東會，以出席股東表決權過半數之同意行之；不同意之股東不得請求收買股份，免依公司法第一百八十五條至第一百八十八條規定辦理。
二　債權讓與之通知以公告方式辦理之，免依民法第二百九十七條規定辦理。
三　承擔債務時，免依民法第三百零一條經債權人之承認規定辦理。
四　經主管機關認為有緊急處理之必要，且對金融市場競爭無重大不利影響時，免依公平交易法第十一條第一項規定向行政院公平交易委員會申報。

②銀行依前條第一項第三款規定讓與營業及資產負債時，免依大量解僱勞工保護法第五條第二項規定辦理。

③銀行或其他金融機構依前條第一項第四款規定與受接管銀行合併時，除適用第一項第四款規定外，並適用下列規定：

一　股份有限公司經代表已發行股份總數過半數股東出席之股東會，以出席股東表決權過半數之同意行之；不同意之股東不得請求收買股份；信用合作社經社員（代表）大會以全體社員（代表）二分之一以上之出席，出席社員（代表）二分之一以上之同意行之；不同意之社員不得請求返還股金，免依公司法第三百十六條第一項至第三項、第三百十七條及信用合作社法第二十九條第一項規定辦理。
二　解散或合併之通知以公告方式辦理之，免依公司法第三百十六條第四項規定辦理。

④銀行、金融機構或中央存款保險公司依前條第一項第一款受託經營業務時，適用第一項第四款規定。

第六二條之五（銀行之清理）97

①銀行之清理，主管機關應指定清理人為之，並得派員監督清理之進行；清理人執行職務，準用第六十二條之二第一項至第三項及第六項規定。

②清理人之職務如下：

一　了結現務。
二　收取債權、清償債務。

③清理人執行前項職務，將受清理銀行之營業及資產負債讓與其他銀行或金融機構，或促成其與其他銀行或金融機構合併時，應報經主管機關核准。

④其他銀行或金融機構受讓受清理銀行之營業及資產負債或與其合併時，應依前條第一項及第三項規定辦理。

第六二條之六（銀行之清理）

①清理人就任後，應即於銀行總行所在地之日報為三日以上之公告，催告債權人於三十日內申報其債權，並應聲明逾期不申報者，不列入清理。但清理人所明知之債權，不在此限。

②清理人應即查明銀行之財產狀況，於申報期限屆滿後三個月內造具資產負債表及財產目錄，並擬具清理計畫，報請主管機關備查，並將資產負債表於銀行總行所在地日報公告之。

③清理人於第一項所定申報期限內，不得對債權人為清償。但對信託財產、受託保管之

財產、已屆清償期之職員薪資及依存款保險條例規定辦理清償者，不在此限。

第六二條之七　（銀行之清理）97

①銀行經主管機關勒令停業清理時，第三人對該銀行之債權，除依訴訟程序確定其權利者外，非依前條第一項規定之清理程序，不得行使。

②前項債權因涉訟致分配有稽延之虞時，清理人得按照清理分配比例提存相當金額，而將剩餘財產分配於其他債權。

③銀行清理期間，其重整、破產、和解、強制執行等程序當然停止。

④受清理銀行已訂立之契約尚未履行或尚未完全履行者，清理人得終止或解除契約，他方當事人所受之損害，得依清理債權行使權利。

⑤下列各款債權，不列入清理：

一　銀行停業日後之利息。

二　債權人參加清理程序爲個人利益所支出之費用。

三　銀行停業日後債務不履行所生之損害賠償及違約金。

四　罰金、罰鍰及追繳金。

⑥在銀行停業日前，對於銀行之財產有質權、抵押權或留置權者，就其財產有別除權；有別除權之債權人不依清理程序而行使其權利。但行使別除權後未能受清償之債權，得依清理程序申報列入清理債權。

⑦清理人因執行清理職務所生之費用及債務，應先於清理債權，隨時由受清理銀行財產清償之。

⑧依前條第一項規定申報之債權或爲清理人所明知而列入清理之債權，其請求權時效中斷，自清理完結之日起重行起算。

⑨債權人依清理程序已受清償者，其債權未能受清償之部分，請求權視爲消滅。清理完結後，如復發現可分配之財產時，應追加分配，於列入清理程序之債權人受清償後，有剩餘時，第五項之債權人仍得請求清償。

⑩依前項規定清償債務後，如有剩餘財產，應依公司法分派各股東。

第六二條之八　（清理完後之處理）

清理人應於清理完結後十五日內造具清理期內收支表、損益表及各項帳冊，並將收支表及損益表於銀行總行所在地之日報公告後，報主管機關撤銷銀行許可。

第六二條之九　（接管或清理費用之負擔）97

主管機關指定機構或派員執行輔導、監管任務所生之費用及債務，應由受輔導、監管之銀行負擔。

第六三條　（刪除）

第六三條之一　（依其他法律設立之金融機構之適用）

第六十一條之一、第六十二條之一至第六十二條之九之規定，對於依其他法律設立之銀行或金融機構適用之。

第六四條　（勒令停業）96

①銀行虧損逾資本三分之一者，其董事或監察人應即申報中央主管機關。

②中央主管機關對具有前項情形之銀行，應於三個月內，限期命其補足資本；逾期未經補足資本者，應派員接管或勒令停業。

第六四條之一　（銀行或金融機構停業清理清償債務之優先順序）104

①銀行或金融機構經營不善，需進行停業清理清償債務時，存款債務應優先於非存款債務。

②前項所稱存款債務係指存款保險條例第十二條所稱存款；非存款債務則指該要保機構存款債務以外之負債項目。

第六五條　（補正）

銀行經勒令停業，並限期命其就有關事項補正；逾期不爲補正者，應由中央主管機關撤銷其許可。

第六六條　（撤銷許可之效力）

銀行經中央主管機關撤銷許可者，應即解散，進行清算。

第六七條　（撤銷註銷執照）

銀行經核准解散或撤銷許可者，應限期繳銷執照；逾期不繳銷者，由中央主管機關公告註銷之。

第六八條　（特別清算之監督）

法院為監督銀行之特別清算，應徵詢主管機關之意見；必要時得請主管機關推薦清算人，或派員協助清算人執行職務。

第六九條　（退還股本或分配股利之限制）

銀行進行清算後，非經清償全部債務，不得以任何名義，退還股本或分配股利。銀行清算時，關於信託資金及信託財產之處理，依信託契約之約定。

第三章　商業銀行

第七〇條　（商業銀行定義）

本法稱商業銀行，謂以收受支票存款、活期存款、定期存款，供給短期、中期信用為主要任務之銀行。

第七一條　（商業銀行之業務範圍）

商業銀行經營下列業務：

一　收受支票存款。

二　收受活期存款。

三　收受定期存款。

四　發行金融債券。

五　辦理短期、中期及長期放款。

六　辦理票據貼現。

七　投資公債、短期票券、公司債券、金融債券及公司股票。

八　辦理國內外匯兌。

九　辦理商業匯票之承兌。

十　簽發國內外信用狀。

十一　保證發行公司債券。

十二　辦理國內外保證業務。

十三　代理收付款項。

十四　代銷公債、國庫券、公司債券及公司股票。

十五　辦理與前十四款業務有關之倉庫、保管及代理服務業務。

十六　經主管機關核准辦理之其他有關業務。

第七二條　（中期放款總餘額之限制）

商業銀行辦理中期放款之總餘額，不得超過其所收定期存款總餘額。

第七二條之一　（發行金融債券）104

商業銀行得發行金融債券，並得約定此種債券持有人之受償順序次於銀行其他債權人；其發行辦法及最高發行餘額，由主管機關洽商中央銀行定之。

第七二條之二　（建築放款總額之限度）104

①商業銀行辦理住宅建築及企業建築放款之總額，不得超過放款時所收存款總餘額及金融債券發售額之和之百分之三十。但下列情形不在此限：

一　為鼓勵儲蓄協助購置自用住宅，經主管機關核准辦理之購屋儲蓄放款。

二　以中央銀行提撥之郵政儲金轉存款辦理之購屋放款。

三　以國家發展委員會中長期資金辦理之輔助人民自購住宅放款。

四　以行政院開發基金管理委員會及國家發展委員會中長期資金辦理之企業建築放款。

五　受託代辦之獎勵投資興建國宅放款、國民住宅放款及輔助公教人員購置自用住宅放款。
②主管機關於必要時，得規定銀行辦理前項但書放款之最高額度。

第七三條　（證券資金之融通）
①商業銀行得就證券之發行與買賣，對有關證券商或證券金融公司予以資金融通。
②前項資金之融通，其管理辦法由中央銀行定之。

第七四條　（投資事業之限制）104
①商業銀行得向主管機關申請投資於金融相關事業。主管機關自申請書件送達之次日起十五日內，未表示反對者，視爲已核准。但於前揭期間內，銀行不得進行所申請之投資行爲。
②商業銀行爲配合政府經濟發展計畫，經主管機關核准者，得投資於非金融相關事業。但不得參與該相關事業之經營。主管機關自申請書件送達之次日起三十日內，未表示反對者，視爲已核准。但於前揭期間內，銀行不得進行所申請之投資行爲。
③前二項之投資須符合下列規定：
一　投資總額不得超過投資時銀行淨值之百分之四十，其中投資非金融相關事業之總額不得超過投資時淨值之百分之十。
二　商業銀行投資金融相關事業，其屬同一業別者，除配合政府政策，經主管機關核准者外，以一家爲限。
三　商業銀行投資非金融相關事業，對每一事業之投資金額不得超過該被投資事業實收資本總額或已發行股份總數之百分之五。
④第一項及前項第二款所稱金融相關事業，指銀行、票券、證券、期貨、信用卡、融資性租賃、保險、信託事業及其他經主管機關認定之金融相關事業。
⑤爲利銀行與被投資事業之合併監督管理，並防止銀行與被投資事業間之利益衝突，確保銀行之健全經營，銀行以投資爲跨業經營方式應遵守之事項，由主管機關另定之。
⑥被投資事業之經營，有顯著危及銀行健全經營之虞者，主管機關得命銀行於一定期間內處分所持有該被投資事業之股份。
⑦本條中華民國八十九年十一月一日修正施行前，投資非金融相關事業之投資金額超過第三項第三款所定比率者，在符合所定比率之金額前，經主管機關核准者，得維持原投資金額。二家或二家以上銀行合併前，個別銀行已投資同一事業部分，於銀行申請合併時，經主管機關核准者，亦得維持原投資金額。

第七四條之一　（投資有價證券之限制）
商業銀行得投資有價證券；其種類及限制，由主管機關定之。

第七五條　（投資不動產之限制）104
①商業銀行對自用不動產之投資，除營業用倉庫外，不得超過其於投資該項不動產時之淨值；投資營業用倉庫，不得超過其投資於該項倉庫時存款總餘額百分之五。
②商業銀行不得投資非自用不動產。但下列情形不在此限：
一　營業所在地不動產主要部分爲自用者。
二　爲短期內自用需要而預購者。
三　原有不動產就地重建主要部分爲自用者。
四　提供經目的事業主管機關核准設立之文化藝術或公益之機構團體使用，並報經主管機關洽相關目的事業主管機關核准者。
③商業銀行依前項但書規定投資非自用不動產總金額不得超過銀行淨值之百分之二十，且與自用不動產投資合計之總金額不得超過銀行於投資該項不動產時之淨值。
④商業銀行與其持有實收資本總額百分之三以上之企業，或與本行負責人、職員或主要股東，或與第三十三條之一銀行負責人之利害關係人爲不動產交易時，須合於營業常規，並應經董事會三分之二以上董事之出席及出席董事四分之三以上同意。
⑤第一項所稱自用不動產、第二項所稱非自用不動產、主要部分爲自用、短期、就地重建之範圍，及第二項第四款之核准程序、其他銀行投資、持有及處分不動產應遵行事項之辦法，由主管機關定之。

第七六條 （承受擔保物之處分）

商業銀行因行使抵押權或質權而取得之不動產或股票，除符合第七十四條或第七十五條規定者外，應自取得之日起四年內處分之。但經主管機關核准者，不在此限。

第四章 （刪除）

第七七條至第八六條 （刪除）

第五章 專業銀行

第八七條 （專業銀行之設立與指定）

爲便利專業信用之供給，中央主管機關得許可設立專業銀行，或指定現有銀行，擔任該項信用之供給。

第八八條 （專業信用之分類）

前條所稱專業信用，分爲左列各類：

一 工業信用。

二 農業信用。

三 輸出入信用。

四 中小企業信用。

五 不動產信用。

六 地方性信用。

第八九條 （業務範圍）

①專業銀行得經營之業務項目，由主管機關根據其主要任務，並參酌經濟發展之需要，就第三條所定範圍規定之。

②第七十三條至第七十六條之規定，除法律或主管機關另有規定者外，於專業銀行準用之。

第九〇條 （金融債券之發行）

①專業銀行以供給中期及長期信用爲主要任務者，除主管機關另有規定外，得發行金融債券，其發行應準用第七十二條之一規定。

②專業銀行依前項規定發行金融債券募得之資金，應全部用於其專業之投資及中、長期放款。

第九一條 （工業銀行辦理業務之限制）

①供給工業信用之專業銀行爲工業銀行。

②工業銀行以供給工、礦、交通及其他公用事業所需中、長期信用爲主要業務。

③工業銀行得投資生產事業；生產事業之範圍，由主管機關定之。

④工業銀行收受存款，應以其投資、授信之公司組織客戶、依法設立之保險業與財團法人及政府機關爲限。

⑤工業銀行之設立標準、辦理授信、投資有價證券、投資企業、收受存款、發行金融債券之範圍、限制及其管理辦法，由主管機關定之。

第九一條之一 （工業銀行業務之管理）

①工業銀行對有下列各款情形之生產事業直接投資，應經董事會三分之二以上董事出席及出席董事四分之三以上同意；且其投資總餘額不得超過該行上一會計年度決算後淨值百分之五：

一 本行主要股東、負責人及其關係企業者。

二 本行主要股東、負責人及其關係人獨資、合夥經營者。

三 本行主要股東、負責人及其關係人單獨或合計持有超過公司已發行股份總額或實收資本總額百分之十者。

四 本行主要股東、負責人及其關係人爲董事、監察人或經理人者。但其董事、監察人或經理人係因銀行投資關係而兼任者，不在此限。

②前項第一款所稱之關係企業，適用公司法第三百六十九條之一至第三百六十九條之三、第三百六十九條之九及第三百六十九條之十一規定。
③第一項第二款至第四款所稱關係人，包括本行主要股東及負責人之配偶、三親等以內之血親及二親等以內之姻親。

第九二條　（農業銀行任務）
①供給農業信用之專業銀行爲農業銀行。
②農業銀行以調劑農村金融，及供應農、林、漁、牧之生產及有關事業所需信用爲主要任務。

第九三條　（農業銀行之業務）
爲加強農業信用調節功能，農業銀行得透過農會組織吸收農村資金，供應農業信用及辦理有關農民家計金融業務。

第九四條　（輸出入銀行任務）
①供給輸出入信用之專業銀行爲輸出入銀行。
②輸出入銀行以供給中、長期信用，協助拓展外銷及輸入國內工業所必需之設備與原料爲主要任務。

第九五條　（輸出入銀行任務）
輸出入銀行爲便利國內工業所需重要原料之供應，經中央主管機關核准，得提供業者向國外進行生產重要原料投資所需信用。

第九六條　（中小企業銀行任務）
①供給中小企業信用之專業銀行爲中小企業銀行。
②中小企業以供給中小企業中、長期信用，協助其改善生產設備及財務結構，暨健全經營管理爲主要任務。
③中小企業之範圍，由中央經濟主管機關擬訂，報請行政院核定之。

第九七條　（不動產信用銀行任務）
①供給不動產信用之專業銀行爲不動產信用銀行。
②不動產信用銀行以供給土地開發、都市改良、社區發展、道路建設、觀光設施及房屋建築等所需中、長期信用爲主要任務。

第九八條　（國民銀行任務）
①供給地方性信用之專業銀行爲國民銀行。
②國民銀行以供給地區發展及當地國民所需短、中期信用爲主要任務。

第九九條　（國民銀行設立區域之劃分與放款總額之限制）
①國民銀行應分區經營，在同一地區內以設立一家爲原則。
②國民銀行對每一客戶之放款總額，不得超過一定之金額。
③國民銀行設立區域之劃分，與每戶放款總額之限制，由中央主管機關定之。

第六章　信託投資公司

第一〇〇條　（信託投資公司）
①本法稱信託投資公司，謂以受託人之地位，按照特定目的，收受、經理及運用信託資金與經營信託財產，或以投資中間人之地位，從事與資本市場有關特定目的投資之金融機構。
②信託投資公司之經營管理，依本法之規定；本法未規定者，適用其他有關法律之規定；其管理規則，由中央主管機關定之。

第一〇一條　（信託投資公司之業務範圍）
①信託投資公司經營左列業務：
一　辦理中、長期放款。
二　投資公債、短期票券、公司債券、金融債券及上市股票。
三　保證發行公司債券。

四　辦理國內外保證業務。
五　承銷及自營買賣或代客買賣有價證券。
六　收受、經理及運用各種信託資金。
七　募集共同信託基金。
八　受託經管各種財產。
九　擔任債券發行受託人。
十　擔任債券或股票發行簽證人。
十一　代理證券發行、登記、過戶、及股息紅利之發放事項。
十二　受託執行遺囑及管理遺產。
十三　擔任公司重整監督人。
十四　提供證券發行、募集之顧問服務，及辦理與前列各款業務有關之代理服務事項。
十五　經中央主管機關核准辦理之其他有關業務。

②經中央主管機關核准，得以非信託資金辦理對生產事業直接投資或投資住宅建築及企業建築。

第一〇二條　（專款之指撥及存放）

信託投資公司經營證券承銷商或證券自營商業務時，至少應指撥相當於其上年度淨值百分之十專款經營，該項專款在未動用時，得以現金貯存，存放於其他金融機構或購買政府債券。

第一〇三條　（賠償準備金與買賣證券專款之繳存）

①信託投資公司應以現金或中央銀行認可之有價證券繳存中央銀行，作爲信託資金準備。其準備與各種信託資金契約總值之比率，由中央銀行在百分之十五至二十之範圍內定之。但其繳存總額最低不得少於實收資本總額百分之二十。

②前項信託資金準備，在公司開業時期，暫以該公司實收資本總額百分之二十爲準，俟公司經營一年後，再照前項標準於每月月底調整之。

第一〇四條　（信託契約）

信託投資公司收受、經理或運用各種信託資金及經營信託財產，應與信託人訂立信託契約，載明左列事項：
一　資金營運之方式及範圍。
二　財產管理之方法。
三　收益之分配。
四　信託投資公司之責任。
五　會計報告之送達。
六　各項費用收付之標準及其計算之方法。
七　其他有關協議事項。

第一〇五條　（注意義務）

信託投資公司受託經理信託資金或信託財產，應盡善良管理人之注意。

第一〇六條　（經營管理人員資格）

信託投資公司之經營與管理，應由具有專門學識與經驗之財務人員爲之；並應由合格之法律、會計及各種業務上所需之技術人員協助辦理。

第一〇七條　（連帶賠償責任）

①信託投資公司違反法令或信託契約，或因其他可歸責於公司之事由，致信託人受有損害者，其應負責之董事及主管人員應與公司連帶負損害賠償之責。

②前項連帶責任，自各該應負責之董事或主管人員卸職登記之日起二年間，未經訴訟上之請求而消滅。

第一〇八條　（交易行爲之禁止與限制）

①信託投資公司不得爲左列行爲。但因裁判之結果，或經信託人書面同意，並依市價購讓，或雖未經信託人同意，而係由集中市場公開競價購讓者，不在此限：

一　承受信託財產之所有權。
二　於信託財產上設定或取得任何權益。
三　以自己之財產或權益讓售與信託人。
四　從事於其他與前三項有關的交易。
五　就信託財產或運用信託資金與公司之董事、職員或與公司經營之信託資金有利益關係之第三人爲任何交易。

②信託投資公司依前項但書所爲之交易，除應依規定報請主管機關核備外，應受左列規定之限制：
一　公司決定從事交易時，與該項交易所涉及之信託帳戶、信託財產或證券有直接或間接利益關係之董事或職員，不得參與該項交易行爲之決定。
二　信託投資公司爲其本身或受投資人之委託辦理證券承銷、證券買賣交易或直接投資業務時，其董事或職員如同時爲有關證券發行公司之董事、職員或與該項證券有直接間接利害關係者，不得參與該交易行爲之決定。

第一〇九條　（信託户資金存放之限制）
信託投資公司在未依信託契約營運前，或依約營運收回後尙未繼續營運前，其各信託戶之資金，應以存放商業銀行或專業銀行爲限。

第一一〇條　（信託基金之經營與本金損失之準備）
①信託投資公司得經營左列信託資金：
一　由信託人指定用途之信託資金。
二　由公司確定用途之信託資金。
②信託投資公司對由公司確定用途之信託資金，得以信託契約約定，由公司負責，賠償其本金損失。
③信託投資公司對應賠償之本金損失，應於每會計年度終了時確實評審，依信託契約之約定，由公司以特別準備金撥付之。
④前項特別準備金，由公司每年在信託財產收益項下依主管機關核定之標準提撥。
⑤信託投資公司經依規定十足撥補本金損失後，如有剩餘，作爲公司之收益；如有不敷，應由公司以自有資金補足。

第一一一條　（記帳與借入款項之限制）
①信託投資公司應就每一信託戶及每種信託資金設立專帳；並應將公司自有財產與受託財產，分別記帳，不得流用。
②信託投資公司不得爲信託資金借入項款。

第一一二條　（債權人對信託財產行使權利之禁止）
信託投資公司之債權人對信託財產不得請求扣押或對之行使其他權利。

第一一三條　（債權人對信託財產行使權利之禁止）
信託投資公司應設立信託財產評審委員會，將各信託戶之信託財產每三個月評審一次；並將每一信託帳戶審查結果，報告董事會。

第一一四條　（定期會計報告）
信託投資公司應依照信託契約之約定及中央主管機關之規定，分別向每一信託人及中央主管機關作定期會計報告。

第一一五條　（募集信託資金之核准與管理）
①信託投資公司募集共同信託基金，應先擬具發行計畫，報經中央主管機關核准。
②前項共同信託基金管理辦法，由中央主管機關定之。

第一一五條之一　（信託投資公司之準用）
第七十四條、第七十五條及第七十六條之規定，於信託投資公司準用之。但經主管機關依第一百零一條第二項核准之業務，不在此限。

第七章　外國銀行

第一一六條　（外國銀行）108
本法稱外國銀行，謂依照外國法律組織登記之銀行，在中華民國境內依公司法及本法登記營業之分行。
第一一七條　（外國銀行營業之許可）108
①外國銀行在中華民國境內設立，應經主管機關之許可，依公司法辦理登記，並應依第五十四條申請核發營業執照後始得營業；在中華民國境內設置代表人辦事處者，應經主管機關核准。
②前項設立及管理辦法，由主管機關定之。
第一一八條　（外國銀行設立地區之指定）
中央主管機關得按照國際貿易及工業發展之需要，指定外國銀行得設立之地區。
第一一九條　（刪除）94
第一二〇條　（營業基金）
外國銀行應專撥其在中華民國境內營業所用之資金，並準用第二十三條及第二十四條之規定。
第一二一條　（外國銀行業務經營範圍）
外國銀行得經營之業務，由主管機關洽商中央銀行後，於第七十一條及第一百零一條第一項所定範圍內以命令定之。其涉及外匯業務者，並應經中央銀行之許可。
第一二二條　（貨幣限制）
外國銀行收付款項，除經中央銀行許可收受外國貨幣存款者外，以中華民國國幣為限。
第一二三條　（外國銀行之準用）
外國銀行準用第一章至第三章及第六章之規定。
第一二四條　（刪除）94

第八章　罰　則

第一二五條　（違反專業經營之處罰）108
①違反第二十九條第一項規定者，處三年以上十年以下有期徒刑，得併科新臺幣一千萬元以上二億元以下罰金。其因犯罪獲取之財物或財產上利益達新臺幣一億元以上者，處七年以上有期徒刑，得併科新臺幣二千五百萬元以上五億元以下罰金。
②經營金融機構間資金移轉帳務清算之金融資訊服務事業，未經主管機關許可，而擅自營業者，依前項規定處罰。
③法人犯前二項之罪者，處罰其行為負責人。
第一二五條之一　（故意損害銀行信用之處罰）
散布流言或以詐術損害銀行、外國銀行、經營貨幣市場業務機構或經營銀行間資金移轉帳務清算之金融資訊服務事業之信用者，處五年以下有期徒刑，得併科新臺幣一千萬元以下罰金。
第一二五條之二　（罰則）107
①銀行負責人或職員，意圖為自己或第三人不法之利益，或損害銀行之利益，而為違背其職務之行為，致生損害於銀行之財產或其他利益者，處三年以上十年以下有期徒刑，得併科新臺幣一千萬元以上二億元以下罰金。其因犯罪獲取之財物或財產上利益達新臺幣一億元以上者，處七年以上有期徒刑，得併科新臺幣二千五百萬元以上五億元以下罰金。
②銀行負責人或職員，二人以上共同實施前項犯罪之行為者，得加重其刑至二分之一。
③第一項之未遂犯罰之。
④前三項規定，於外國銀行或經營貨幣市場業務機構之負責人或職員，適用之。
第一二五條之三　（罰則）107
①意圖為自己或第三人不法之所有，以詐術使銀行將銀行或第三人之財物交付，或以不

正方法將虛僞資料或不正指令輸入銀行電腦或其相關設備，製作財產權之得喪、變更紀錄而取得他人財產，其因犯罪獲取之財物或財產上利益達新臺幣一億元以上者，處三年以上十年以下有期徒刑，得併科新臺幣一千萬元以上二億元以下罰金。
②以前項方法得財產上不法之利益或使第三人得之者，亦同。
③前二項之未遂犯罰之。

第一二五條之四 （罰則）107
①犯第一百二十五條、第一百二十五條之二或第一百二十五條之三之罪，於犯罪後自首，如自動繳交全部犯罪所得者，減輕或免除其刑；並因而查獲其他正犯或共犯者，免除其刑。
②犯第一百二十五條、第一百二十五條之二或第一百二十五條之三之罪，在偵查中自白，如自動繳交全部犯罪所得者，減輕其刑；並因而查獲其他正犯或共犯者，減輕其刑至二分之一。
③犯第一百二十五條第一項、第一百二十五條之二第一項及第一百二十五條之三第一項、第二項之罪，其因犯罪獲取之財物或財產上利益超過罰金最高額時，得於犯罪獲取之財物或財產上利益之範圍內加重罰金；如損及金融市場穩定者，加重其刑至二分之一。

第一二五條之五 （罰則）
①第一百二十五條之二第一項之銀行負責人、職員或第一百二十五條之三第一項之行爲人所爲之無償行爲，有害及銀行之權利者，銀行得聲請法院撤銷之。
②前項之銀行負責人、職員或行爲人所爲之有償行爲，於行爲時明知有損害於銀行之權利，且受益人於受益時亦知其情事者，銀行得聲請法院撤銷之。
③依前二項規定聲請法院撤銷時，得並聲請命受益人或轉得人回復原狀。但轉得人於轉得時不知有撤銷原因者，不在此限。
④第一項之銀行負責人、職員或行爲人與其配偶、直系親屬、同居親屬、家長或家屬間所爲之處分其財產行爲，均視爲無償行爲。
⑤第一項之銀行負責人、職員或行爲人與前項以外之人所爲之處分其財產行爲，推定爲無償行爲。
⑥第一項及第二項之撤銷權，自銀行知有撤銷原因時起，一年間不行使，或自行爲時起經過十年而消滅。
⑦前六項規定，於第一百二十五條之二第四項之外國銀行負責人或職員適用之。

第一二五條之六 （刪除）108

第一二五條之七 112
①以竊取、毀壞或其他非法方法危害經營金融機構間資金移轉帳務清算之金融資訊服務事業之核心資通系統設備功能正常運作者，處一年以上七年以下有期徒刑，得併科新臺幣一千萬元以下罰金。
②意圖危害國家安全或社會安定，而犯前項之罪者，處三年以上十年以下有期徒刑，得併科新臺幣五千萬元以下罰金。
③前二項情形致損及金融市場穩定者，加重其刑至二分之一。
④第一項及第二項之未遂犯罰之。

第一二五條之八 112
①對經營金融機構間資金移轉帳務清算之金融資訊服務事業之核心資通系統，以下列方法之一，危害其功能正常運作者，處一年以上七年以下有期徒刑，得併科新臺幣一千萬元以下罰金：
一　無故輸入其帳號密碼、破解使用電腦之保護措施或利用電腦系統之漏洞，而入侵其電腦或相關設備。
二　無故以電腦程式或其他電磁方式干擾其電腦或相關設備。
三　無故取得、刪除或變更其電腦或相關設備之電磁紀錄。
②製作專供犯前項之罪之電腦程式，而供自己或他人犯前項之罪者，亦同。

③意圖危害國家安全或社會安定，而犯前二項之罪者，處三年以上十年以下有期徒刑，得併科新臺幣五千萬元以下罰金。
④前三項情形致損及金融市場穩定者，加重其刑至二分之一。
⑤第一項至第三項之未遂犯罰之。

第一二六條　（違反承諾之處罰）

股份有限公司違反其依第三十條所為之承諾者，其參與決定此項違反承諾行為之董事及行為人，處三年以下有期徒刑、拘役或科或併科新臺幣一百八十萬元以下罰金。

第一二七條　（收受不當利益之處罰）

①違反第三十五條規定者，處三年以下有期徒刑、拘役或科或併科新臺幣五百萬元以下罰金。但其他法律有較重之處罰規定者，依其規定。
②違反第四十七條之二或第一百二十三條準用第三十五條規定者，依前項規定處罰。

第一二七條之一　（不當關係人交易之罰則）108

①銀行違反第三十二條、第三十三條、第三十三條之二或適用第三十三條之四第一項而有違反前三條規定或違反第九十一條之一規定者，其行為負責人，處三年以下有期徒刑、拘役或科或併科新臺幣五百萬元以上二千五百萬元以下罰金。
②銀行依第三十三條辦理授信達主管機關規定金額以上，或依第九十一條之一辦理生產事業直接投資，未經董事會三分之二以上董事之出席及出席董事四分之三以上同意者或違反主管機關依第三十三條第二項所定有關授信限額、授信總餘額之規定或違反第九十一條之一有關投資總餘額不得超過銀行上一會計年度決算後淨值百分之五者，其行為負責人處新臺幣二百萬元以上五千萬元以下罰鍰，不適用前項規定。
③外國銀行違反第一百二十三條準用第三十二條、第三十三條、第三十三條之二或第三十三條之四規定者，其行為負責人依前二項規定處罰。
④前三項規定於行為負責人在中華民國領域外犯罪者，適用之。

第一二七條之二　（違反監管接管等處置之罰則）

①違反主管機關依第六十二條第一項規定所為之處置，足以生損害於公眾或他人者，其行為負責人處一年以上七年以下有期徒刑，得併科新臺幣二千萬元以下罰金。
②銀行負責人或職員於主管機關指定機構派員監管或接管或勒令停業進行清理時，有下列情形之一者，處一年以上七年以下有期徒刑，得併科新臺幣二千萬元以下罰金：
　一　於主管機關指定期限內拒絕將銀行業務、財務有關之帳冊、文件、印章及財產等列表移交予主管機關指定之監管人、接管人或清理人，或拒絕將債權、債務有關之必要事項告知或拒絕其要求不為進行監管、接管或清理之必要行為。
　二　隱匿或毀損有關銀行業務或財務狀況之帳冊文件。
　三　隱匿或毀棄銀行財產或為其他不利於債權人之處分。
　四　對主管機關指定之監管人、接管人或清理人詢問無正當理由不為答復或為虛偽之陳述。
　五　捏造債務或承認不真實之債務。
③違反主管機關依第四十七條之二或第一百二十三條準用第六十二條第一項、第六十二條之二或第六十二條之五規定所為之處置，有前二項情形者，依前二項規定處罰。

第一二七條之三　（刪除）108

第一二七條之四　（對法人之處罰）

①法人之負責人、代理人、受雇人或其他職員，因執行業務違反第一百二十五條至第一百二十七條之二規定之一者，除依各該條規定處罰其行為負責人外，對該法人亦科以各該條之罰鍰或罰金。
②前項規定，於外國銀行準用之。

第一二七條之五　（違反使用銀行名稱之處罰）94

①違反第二十條第三項規定者，處三年以下有期徒刑、拘役或科或併科新臺幣五百萬元以下罰金。
②法人犯前項之罪者，處罰其行為負責人。

第一二八條　（怠於申報或違反參與決定之處罰）108

①銀行之董事或監察人違反第六十四條第一項規定怠於申報，或信託投資公司之董事或職員違反第一百零八條規定參與決定者，各處新臺幣二百萬元以上一千萬元以下罰鍰。

②外國銀行負責人或職員違反第一百二十三條準用第一百零八條規定參與決定者，依前項規定處罰。

③銀行股東持股違反第二十五條第二項、第三項或第五項規定未向主管機關申報或經核准而持有股份者，處該股東新臺幣二百萬元以上一千萬元以下罰鍰。

④經營金融機構間資金移轉帳務清算之金融資訊服務事業或金融機構間徵信資料處理交換之服務事業，有下列情事之一者，處新臺幣二百萬元以上五千萬元以下罰鍰：

一　主管機關派員或委託適當機構，檢查其業務、財務及其他有關事項或令其於限期內提報財務報告或其他有關資料時，拒絕檢查、隱匿毀損有關資料、對檢查人員詢問無正當理由不為答復或答復不實、逾期提報資料或提報不實或不全。

二　未經主管機關許可，擅自停止其業務之全部或一部。

三　除其他法律或主管機關另有規定者外，無故洩漏因職務知悉或持有他人之資料。

⑤經營金融機構間徵信資料處理交換之服務事業，未經主管機關許可，而擅自營業者，依前項規定處罰。

第一二九條　（違規營業等之罰則）108

有下列情事之一者，處新臺幣二百萬元以上五千萬元以下罰鍰：

一　違反第二十一條、第二十二條或第五十七條或違反第一百二十三條準用第二十一條、第二十二條或第五十七條規定。

二　違反第二十五條第一項規定發行股票。

三　違反第二十八條第一項至第三項或違反第一百二十三條準用第二十八條第一項至第三項規定。

四　違反主管機關依第三十三條之三或第三十六條或依第一百二十三條準用第三十三條之三或第三十六條規定所為之限制。

五　違反主管機關依第四十三條或依第一百二十三條準用第四十三條規定所為之通知，未於限期內調整。

六　違反第四十四條之一或主管機關依第四十四條之二第一項所為措施。

七　未依第四十五條之一或未依第一百二十三條準用第四十五條之一規定建立內部控制與稽核制度、內部處理制度與程序、內部作業制度與程序或未確實執行。

八　未依第一百零八條第二項或未依第一百二十三條準用第一百零八條第二項規定報核。

九　違反第一百十條第四項或違反第一百二十三條準用第一百十條第四項規定，未提足特別準備金。

十　違反第一百十五條第一項或違反第一百二十三條準用第一百十五條第一項募集共同信託基金。

十一　違反第四十八條規定。

第一二九條之一　（妨害金融檢查之處罰）

①銀行或其他關係人之負責人或職員於主管機關依第四十五條規定，派員或委託適當機構，或令地方主管機關派員，或指定專門職業及技術人員，檢查業務、財務及其他有關事項，或令銀行或其他關係人於限期內據實提報財務報告、財產目錄或其他有關資料及報告時，有下列情事之一者，處新臺幣二百萬元以上五千萬元以下罰鍰：

一　拒絕檢查或拒絕開啓金庫或其他庫房。

二　隱匿或毀損有關業務或財務狀況之帳冊文件。

三　對檢查人員詢問無正當理由不為答復或答復不實。

四　逾期提報財務報告、財產目錄或其他有關資料及報告，或提報不實、不全或未於規定期限內繳納查核費用。

②外國銀行之負責人、職員或其他關係人於主管機關依第一百二十三條準用第四十五條規定，派員或委託適當機構，或指定專門職業及技術人員，檢查業務、財務及其他有關事項，或令其或其他關係人於限期內據實提報財務報告、財產目錄或其他有關資料及報告時，有前項所列各款情事之一者，依前項規定處罰。

第一二九條之二　（違反資本重建或其他財務業務改善計畫之處罰）97

銀行負責人違反第四十四條之二第一項規定，未依限提出或未確實執行資本重建或其他財務業務改善計畫者，處新臺幣二百萬元以上五千萬元以下罰鍰。

第一三〇條　（違反放款或投資等之處罰）108

有下列情事之一者，處新臺幣一百萬元以上二千萬元以下罰鍰：

一　違反中央銀行依第三十七條第二項、第四十條或依第一百二十三條準用第三十七條第二項、第四十條所為之規定而放款。

二　違反第七十二條或違反第一百二十三條準用第七十二條或違反主管機關依第九十九條第三項所為之規定而放款。

三　違反第七十四條或違反第八十九條第二項、第一百十五條之一或第一百二十三條準用第七十四條之規定而為投資。

四　違反第七十四條之一、第七十五條或違反第八十九條第二項準用第七十四條之一或違反第八十九條第二項、第一百十五條之一或第一百二十三條準用第七十五條之規定而為投資。

五　違反第七十六條、或違反第四十七條之二、第八十九條第二項、第一百十五條之一或第一百二十三條準用第七十六條之規定。

六　違反第九十一條或主管機關依第九十一條所為授信、投資、收受存款及發行金融債券之範圍、限制及其管理辦法。

七　違反第一百零九條或違反第一百二十三條準用第一百零九條之規定運用資金。

八　違反第一百十一條或違反第一百二十三條準用第一百十一條之規定。

第一三一條　（罰則）108

有下列情事之一者，處新臺幣五十萬元以上一千萬元以下罰鍰：

一　違反第二十五條第八項規定未為通知。

二　違反第三十四條或違反第一百二十三條準用第三十四條之規定吸收存款。

三　違反第三十四條之一或違反第一百二十三條準用第三十四條之一規定。

四　銀行負責人或職員違反第三十五條之一規定兼職，或外國銀行負責人或職員違反第一百二十三條準用第三十五條之一規定兼職。其兼職係經銀行指派者，受罰人為該指派兼職之銀行。

五　銀行負責人違反第三十五條之二第一項所定準則有關兼職限制、利益衝突禁止之規定，或外國銀行負責人違反第一百二十三條準用第三十五條之二第一項所定準則有關兼職限制、利益衝突禁止之規定。

六　任用未具備第三十五條之二第一項所定準則有關資格條件之規定，或違反兼職限制或利益衝突禁止之規定者擔任負責人。

七　違反主管機關依第四十七條之一所定辦法有關業務、管理或消費者保護之規定。

八　違反第四十九條或違反第一百二十三條準用第四十九條之規定。

九　違反第一百十四條或違反第一百二十三條準用第一百十四條之規定。

十　未依第五十條第一項規定提撥法定盈餘公積。

十一　違反主管機關依第五十一條或依第一百二十三條準用第五十一條所為之規定。

十二　違反主管機關依第五十一條之一所為之規定，拒絕繳付。

第一三二條　（違反強制或禁止規定之處罰）108

違反本法或本法授權所定命令中有關強制或禁止規定或應為一定行為而不為者，除本法另有處以罰鍰規定而應從其規定外，處新臺幣五十萬元以上一千萬元以下罰鍰。

第一三三條　（受罰人）108

①第一百二十九條、第一百二十九條之一、第一百三十條、第一百三十一條第二款、第

三款、第六款至第十二款及前條所定罰鍰之受罰人為銀行或其分行。
②銀行或其分行經依前項受罰後，對應負責之人應予求償。
第一三三條之一　（應處罰鍰之行為其情節輕微者或已改善完成者，得免予處罰）108
依本法規定應處罰鍰之行為，其情節輕微者，得免予處罰，或先命其限期改善，已改善完成者，免予處罰。
第一三四條　（罰鍰之處罰機關）108
本法所定罰鍰，由主管機關處罰。但依第一百三十條第一款應處之罰鍰，及違反第四十二條或中央銀行依第七十三條第二項所定辦法有關資金融通限制或管理之規定，而依第一百三十二條應處之罰鍰，由中央銀行處罰，並通知主管機關。
第一三五條　（逾期不繳納罰鍰之處罰）108
罰鍰經限期繳納而逾期不繳納者，自逾期之日起，每日加收滯納金百分之一；屆三十日仍不繳納者，得由主管機關勒令該銀行或分行停業。
第一三六條　（罰鍰後限期內仍不改善之處罰）108
銀行或受罰人經依本章規定處以罰鍰後，於主管機關規定限期內仍不予改善者，主管機關得按次處罰；其情節重大者，並得解除負責人職務或廢止其許可。
第一三六條之一　（沒收犯罪所得）93
犯本法之罪，犯罪所得屬犯罪行為人或其以外之自然人、法人或非法人團體因刑法第三十八條之一第二項所列情形取得者，除應發還被害人或得請求損害賠償之人外，沒收之。
第一三六條之二　（易服勞役）93
犯本法之罪，所科罰金達新臺幣五千萬元以上而無力完納者，易服勞役期間為二年以下，其折算標準以罰金總額與二年之日數比例折算；所科罰金達新臺幣一億元以上而無力完納者，易服勞役期間為三年以下，其折算標準以罰金總額與三年之日數比例折算。
第一三六條之三　（經營信用卡業務機構準用規定）108
第一百三十三條、第一百三十五條及第一百三十六條規定，於經營信用卡業務機構準用之。

第九章　附　則

第一三七條　（補辦設立程序）
本法施行前，未經申請許可領取營業執照之銀行，或其他經營存放款業務之類似銀行機構，均應於中央主管機關指定期限內，依本法規定，補行辦理設立程序。
第一三八條　（限令調整）
本法公布施行後，現有銀行或類似銀行機構之種類及其任務，與本法規定不相符合者，中央主管機關應依本法有關規定，指定期限命其調整。
第一三八條之一　（設立專業法庭或指定專人辦理）94
法院為審理違反本法之犯罪案件，得設立專業法庭或指定專人辦理。
第一三九條　（其他金融機構之適用本法）
①依其他法律設立之銀行或其他金融機構，除各該法律另有規定者外，適用本法之規定。
②前項其他金融機構之管理辦法，由行政院定之。
第一三九條之一　（施行細則之訂定）
本法施行細則，由中央主管機關定之。
第一四〇條　（施行日）95
①本法自公布日施行。
②本法中華民國八十六年五月七日修正公布之第四十二條施行日期，由行政院定之；中華民國九十五年五月五日修正之條文，自中華民國九十五年七月一日施行。

票據法

①民國18年10月30日國民政府制定公布全文139條。
②民國43年5月14日總統令修正公布第123條條文。
③民國49年3月31日總統令修正公布全文145條。
④民國62年5月28日總統令修正公布第6、8、11、13、14、16、18、19、22、23、25、29、30至34、37、41、46、47、49、64、65、67、71、73、76、85至87、99至101、111、114、116、120、124、125、128、130、131、135、138、139、141、144、145條條文；並增訂第146條條文。
⑤民國66年7月23日總統令修正公布第4、127、139、141條條文。
⑥民國75年6月29日總統令修正公布第4、127、139條條文；並增訂第144-1條條文。
⑦民國76年6月29日總統令公布刪除第144-1條條文。
民國76年6月29日財政部、法務部公告第141、142條之施行期限，已於75年12月31日屆滿當然廢止。
民國101年6月25日行政院公告第4條第2項所列屬「財政部」之權責事項，經行政院公告自93年7月1日起變更爲「行政院金融監督管理委員會」管轄，自101年7月1日起改由「金融監督管理委員會」管轄。

第一章　通　則

第一條　（票據之種類）
本法所稱票據，爲匯票、本票及支票。

第二條　（匯票之定義）
稱匯票者，謂發票人簽發一定之金額，委託付款人於指定之到期日，無條件支付與受款人或執票人之票據。

第三條　（本票之定義）
稱本票者，謂發票人簽發一定之金額，於指定之到期日，由自己無條件支付與受款人或執票人之票據。

第四條　（支票、金融業之定義）
①稱支票者，謂發票人簽發一定之金額，委託金融業者於見票時，無條件支付與受款人或執票人之票據。
②前項所稱金融業者，係指經財政部核准辦理支票存款業務之銀行、信用合作社、農會及漁會。

第五條　（簽名人責任）
①在票據上簽名者，依票上所載文義負責。
②二人以上共同簽名時，應連帶負責。

第六條　（蓋章代簽名）
票據上之簽名，得以蓋章代之。

第七條　（確定金額之標準）
票據上記載金額之文字與號碼不符時，以文字爲準。

第八條　（票據行爲之獨立性）
票據上雖有無行爲能力人或限制行爲能力人之簽名，不影響其他簽名之效力。

第九條　（隱名代理）
代理人未載明爲本人代理之旨而簽名於票據者，應自負票據上之責任。

第一〇條　（無代理權與越權代理）
①無代理權而以代理人名義簽名於票據者，應自負票據上之責任。

②代理人逾越權限時，就其權限外之部分，亦應自負票據上之責任。

第一一條　（要式性、空白授權票據、改寫）

①欠缺本法所規定票據上應記載事項之一者，其票據無效。但本法別有規定者，不在此限。

②執票人善意取得已具備本法規定應記載事項之票據者，得依票據文義行使權利；票據債務人不得以票據原係欠缺應記載事項為理由，對於執票人，主張票據無效。

③票據上之記載，除金額外，得由原記載人於交付前改寫之。但應於改寫處簽名。

第一二條　（不生票據上效力之記載）

票據上記載本法所不規定之事項者，不生票據上之效力。

第一三條　（票據抗辯）

票據債務人，不得以自己與發票人或執票人之前手間所存抗辯之事由，對抗執票人。但執票人取得票據出於惡意者，不在此限。

第一四條　（善意取得）

①以惡意或有重大過失取得票據者，不得享有票據上之權利。

②無對價或以不相當之對價取得票據者，不得享有優於其前手之權利。

第一五條　（票據之偽造及簽名之偽造）

票據之偽造或票上簽名之偽造，不影響於真正簽名之效力。

第一六條　（票據之變造）

①票據經變造時，簽名在變造前者，依原有文義負責；簽名在變造後者，依變造文義負責；不能辨別前後時，推定簽名在變造前。

②前項票據變造，其參與或同意變造者，不論簽名在變造前後，均依變造文義負責。

第一七條　（票據之塗銷）

票據上之簽名或記載被塗銷時，非由票據權利人故意為之者，不影響於票據上之效力。

第一八條　（止付通知）

①票據喪失時，票據權利人得為止付之通知。但應於提出止付通知後五日內，向付款人提出已為聲請公示催告之證明。

②未依前項但書規定辦理者，止付通知失其效力。

第一九條　（公示催告）

①票據喪失時，票據權利人得為公示催告之聲請。

②公示催告程序開始後，其經到期之票據，聲請人得提供擔保，請求票據金額之支付；不能提供擔保時，得請求將票據金額依法提存。其尚未到期之票據，聲請人得提供擔保，請求給與新票據。

第二〇條　（行使或保全票據上權利之處所）

為行使或保全票據上權利，對於票據關係人應為之行為，應在票據上指定之處所為之；無指定之處所者，在其營業所為之；無營業所者，在其住所或居所為之。票據關係人之營業所、住所或居所不明時，因作成拒絕證書，得請求法院公證處、商會或其他公共會所，調查其人之所在；若仍不明時，得在該法院公證處、商會或其他公共會所作成之。

第二一條　（行使或保全票據上權利之時間）

為行使或保全票據上權利，對於票據關係人應為之行為，應於其營業日之營業時間內為之；如其無特定營業日或未訂有營業時間者，應於通常營業日之營業時間內為之。

第二二條　（票據時效、利益償還請求權）

①票據上之權利，對匯票承兌人及本票發票人，自到期日起算；見票即付之本票，自發票日起算，三年間不行使，因時效而消滅。對支票發票人自發票日起算，一年間不行使，因時效而消滅。

②匯票、本票之執票人，對前手之追索權，自作成拒絕證書日起算，一年間不行使，因時效而消滅。支票之執票人，對前手之追索權，四個月間不行使，因時效而消滅。其

免除作成拒絕證書者：匯票、本票自到期日起算；支票自提示日起算。
③匯票、本票之背書人，對於前手之追索權，自爲清償之日或被訴之日起算，六個月間不行使，因時效而消滅。支票之背書人，對前手之追索權，二個月間不行使，因時效而消滅。
④票據上之債權，雖依本法因時效或手續之欠缺而消滅，執票人對於發票人或承兌人，於其所受利益之限度，得請求償還。
第二三條 （黏單）
①票據餘白不敷記載時，得黏單延長之。
②黏單後第一記載人，應於騎縫上簽名。

第二章 匯 票

第一節 發票及款式

第二四條 （匯票應載事項）
①匯票應記載左列事項，由發票人簽名：
一 表明其爲匯票之文字。
二 一定之金額。
三 付款人之姓名或商號。
四 受款人之姓名或商號。
五 無條件支付之委託。
六 發票地。
七 發票年、月、日。
八 付款地。
九 到期日。
②未載到期日者，視爲見票即付。
③未載付款人者，以發票人爲付款人。
④未載受款人者，以執票人爲受款人。
⑤未載發票地者，以發票人之營業所、住所或居所所在地爲發票地。
⑥未載付款地者，以付款人之營業所、住所或居所所在地爲付款地。
第二五條 （變則匯票）
①發票人得以自己或付款人爲受款人，並得以自己爲付款人。
②匯票未載受款人者，執票人得於無記名匯票之空白內，記載自己或他人爲受款人，變更爲記名匯票。
第二六條 （擔當付款人、預備付款人）
①發票人得於付款人外，記載一人爲擔當付款人。
②發票人亦得於付款人外，記載在付款地之一人爲預備付款人。
第二七條 （付款處所）
發票人得記載在付款地之付款處所。
第二八條 （利息及利率）
①發票人得記載對於票據金額支付利息及其利率。
②利率未經載明時，定爲年利六釐。
③利息自發票日起算。但有特約者，不在此限。
第二九條 （發票人之責任）
①發票人應照匯票文義擔保承兌及付款。但得依特約免除擔保承兌之責。
②前項特約，應載明於匯票。
③匯票上有免除擔保付款之記載者，其記載無效。

第二節 背 書

第三〇條（轉讓方式與禁止轉讓）

①匯票依背書及交付而轉讓。無記名匯票得僅依交付轉讓之。

②記名匯票發票人有禁止轉讓之記載者，不得轉讓。

③背書人於票上記載禁止轉讓者，仍得依背書而轉讓之。但禁止轉讓者，對於禁止後再由背書取得匯票之人，不負責任。

第三一條（背書之處所與種類）

①背書由背書人在匯票之背面或其黏單上爲之。

②背書人記載被背書人，並簽名於匯票者，爲記名背書。

③背書人不記載被背書人，僅簽名於匯票者，爲空白背書。

④前兩項之背書，背書人得記載背書之年、月、日。

第三二條（空白背書匯票之轉讓方式）

①空白背書之匯票，得依匯票之交付轉讓之。

②前項匯票，亦得以空白背書或記名背書轉讓之。

第三三條（空白背書匯票之轉讓方式）

匯票之最後背書爲空白背書者，執票人得於該空白內，記載自己或他人爲被背書人，變更爲記名背書，再爲轉讓。

第三四條（回頭背書）

①匯票得讓與發票人、承兌人、付款人或其他票據債務人。

②前項受讓人，於匯票到期日前，得再爲轉讓。

第三五條（預備付款人）

背書人得記載在付款地之一人爲預備付款人。

第三六條（一部背書、分別轉讓背書、附條件背書）

就匯票金額之一部分所爲之背書，或將匯票金額分別轉讓於數人之背書，不生效力。背書附記條件者，其條件視爲無記載。

第三七條（背書之連續與塗銷之背書）

①執票人應以背書之連續，證明其權利。但背書中有空白背書時，其次之背書人，視爲前空白背書之被背書人。

②塗銷之背書，不影響背書之連續者，對於背書之連續，視爲無記載。

③塗銷之背書，影響背書之連續者，對於背書之連續，視爲未塗銷。

第三八條（故意塗銷背書）

執票人故意塗銷背書者，其被塗銷之背書人，及其被塗銷背書人名次之後而於未塗銷以前爲背書者，均免其責任。

第三九條（背書人責任）

第二十九條之規定，於背書人準用之。

第四〇條（委任取款背書）

①執票人以委任取款之目的而爲背書時，應於匯票上記載之。

②前項被背書人，得行使匯票上一切權利，並得以同一目的更爲背書。

③其次之被背書人所得行使之權利，與第一被背書人同。

④票據債務人，對於受任人所得提出之抗辯，以得對抗委任人者爲限。

第四一條（期後背書）

①到期日後之背書，僅有通常債權轉讓之效力。

②背書未記明日期者，推定其作成於到期日前。

第三節 承 兌

第四二條（提示承兌之時期）

執票人於匯票到期日前，得向付款人爲承兌之提示。

第四三條 （承兌之格式）

承兌應在匯票正面記載承兌字樣，由付款人簽名。付款人僅在票面簽名者，視爲承兌。

第四四條 （指定及禁止承兌之期限）

①除見票即付之匯票外，發票人或背書人，得在匯票上爲應請求承兌之記載，並得指定其期限。

②發票人得爲於一定日期前，禁止請求承兌之記載。

③背書人所定應請求承兌之期限，不得在發票人所定禁止期限之內。

第四五條 （法定承兌期限）

①見票後定期付款之匯票，應自發票日起六個月內爲承兌之提示。

②前項期限，發票人得以特約縮短或延長之。但延長之期限，不得逾六個月。

第四六條 （承兌日）

①見票後定期付款之匯票，或指定請求承兌期限之匯票，應由付款人在承兌時，記載其日期。

②承兌日期未經記載時，承兌仍屬有效。但執票人得請作成拒絕證書，證明承兌日期；未作成拒絕證書者，以前條所許或發票人指定之承兌期限之末日爲承兌日。

第四七條 （一部承兌、附條件承兌）

①付款人承兌時，經執票人之同意，得就匯票金額之一部分爲之。但執票人應將事由通知其前手。

②承兌附條件者，視爲承兌之拒絕。但承兌人仍依所附條件負其責任。

第四八條 （承兌之延期）

付款人於執票人請求承兌時，得請其延期爲之。但以三日爲限。

第四九條 （擔當付款人之指定、塗銷與變更）

①付款人於承兌時，得指定擔當付款人。

②發票人已指定擔當付款人者，付款人於承兌時，得塗銷或變更之。

第五〇條 （付款處所）

付款人於承兌時，得於匯票上記載付款地之付款處所。

第五一條 （承兌之撤銷）

付款人雖在匯票上簽名承兌，未將匯票交還執票人以前，仍得撤銷其承兌。但已向執票人或匯票簽名人以書面通知承兌者，不在此限。

第五二條 （承兌之效力）

①付款人於承兌後，應負付款之責。

②承兌人到期不付款者，執票人雖係原發票人，亦得就第九十七條及第九十八條所定之金額，直接請求支付。

第四節　參加承兌

第五三條 （請求參加承兌之時期與對象）

①執票人於到期日前得行使追索權時，匯票上指定有預備付款人者，得請求其爲參加承兌。

②除預備付款人與票據債務人外，不問何人，經執票人同意，得以票據債務人中之一人爲被參加人，而爲參加承兌。

第五四條 （參加承兌之記載事項）

①參加承兌，應在匯票正面記載左列各款，由參加承兌人簽名：

一　參加承兌之意旨。

二　被參加人姓名。

三　年、月、日。

②未記載被參加人者，視為為發票人參加承兌。
③預備付款人為參加承兌時，以指定預備付款人之人為被參加人。
第五五條　（參加之通知與怠於通知之效果）
①參加人非受被參加人之委託而為參加者，應於參加後四日內，將參加事由通知被參加人。
②參加人怠於為前項通知因而發生損害時，應負賠償之責。
第五六條　（參加承兌之效力）
①執票人允許參加承兌後，不得於到期日前行使追索權。
②被參加人及其前手，仍得於參加承兌後，向執票人支付第九十七條所定金額，請其交出匯票及拒絕證書。
第五七條　（參加承兌人之責任）
付款人或擔當付款人，不於第六十九條及第七十條所定期限內付款時，參加承兌人應負支付第九十七條所定金額之責。

第五節　保　證

第五八條　（保證人之資格）
①匯票之債務，得由保證人保證之。
②前項保證人，除票據債務人外，不問何人，均得為之。
第五九條　（保證之格式）
①保證應在匯票或其謄本上記載左列各款，由保證人簽名：
一　保證人之意旨。
二　被保證人姓名。
三　年、月、日。
②保證未載明年、月、日者，以發票年、月、日為年、月、日。
第六〇條　（被保證人之擬制）
保證未載明被保證人者，視為為承兌人保證；其未經承兌者，視為為發票人保證。但得推知其為何人保證者，不在此限。
第六一條　（保證人之責任）
①保證人與被保證人負同一責任。
②被保證人之債務縱為無效，保證人仍負擔其義務。但被保證人之債務，因方式之欠缺而為無效者，不在此限。
第六二條　（共同保證之責任）
二人以上為保證時，均應連帶負責。
第六三條　（一部保證）
保證得就匯票金額之一部分為之。
第六四條　（保證人之權利）
保證人清償債務後，得行使執票人對承兌人、被保證人及其前手之追索權。

第六節　到期日

第六五條　（到期日）
①匯票之到期日，應依左列各式之一定之：
一　定日付款。
二　發票日後定期付款。
三　見票即付。
四　見票後定期付款。
②分期付款之匯票，其中任何一期，到期不獲付款時，未到期部分，視為全部到期。
③前項視為到期之匯票金額中所含未到期之利息，於清償時，應扣減之。

④利息經約定於匯票到期日前分期付款者，任何一期利息到期不獲付款時，全部匯票金額視爲均已到期。

第六六條　（見票即付匯票之到期日）
①見票即付之匯票，以提示日爲到期日。
②第四十五條之規定，於前項提示準用之。

第六七條　（見票後定期付款匯票之到期日）
①見票後定期付款之匯票，依承兌日或拒絕承兌證書作成日，計算到期日。
②匯票經拒絕承兌而未作成拒絕承兌證書者，依第四十五條所規定承兌提示期限之末日，計算到期日。

第六八條　（期間之計算方法）
①發票日後或見票日後一個月或數個月付款之匯票，以在應付款之月與該日期相當之日爲到期日；無相當日者，以該月末日爲到期日。
②發票日後或見票日後一個月半或數個月半付款之匯票，應依前項規定，計算全月後加十五日，以其末日爲到期日。
③票上僅載月初、月中、月底者，謂月之一日、十五日、末日。

第七節　付　款

第六九條　（提示付款時期及對象）
①執票人應於到期日或其後二日內，爲付款之提示。
②匯票上載有擔當付款人者，其付款之提示，應向擔當付款人爲之。
③爲交換票據向票據交換所提示者，與付款之提示有同一效力。

第七〇條　（付款日期）
付款經執票人之同意，得延期爲之。但以提示後三日爲限。

第七一條　（付款人之審查責任）
①付款人對於背書不連續之匯票而付款者，應自負其責。
②付款人對於背書簽名之眞僞，及執票人是否票據權利人，不負認定之責。但有惡意或重大過失時，不在此限。

第七二條　（期前付款）
①到期日前之付款，執票人得拒絕之。
②付款人於到期日前付款者，應自負其責。

第七三條　（一部付款）
一部分之付款，執票人不得拒絕。

第七四條　（匯票之繳回性）
①付款人付款時，得要求執票人記載收訖字樣簽名爲證，並交出匯票。
②付款人爲一部分之付款時，得要求執票人在票上記載所收金額，並另給收據。

第七五條　（支付之貨幣）
①表示匯票金額之貨幣，如爲付款地不通用者，得依付款日行市，以付款地通用之貨幣支付之。但有特約者，不在此限。
②表示匯票金額之貨幣，如在發票地與付款地名同價異者，推定其爲付款地之貨幣。

第七六條　（匯票金額之提存）
執票人在第六十九條所定期限內，不爲付款之提示時，票據債務人得將匯票金額依法提存；其提存費用，由執票人負擔之。

第八節　參加付款

第七七條　（參加付款之期限）
參加付款，應於執票人得行使追索權時爲之。但至遲不得逾拒絕證明作成期限之末日。

第七八條　（得參加付款人與拒絕參加付款之效果）
①參加付款，不問何人，均得為之。
②執票人拒絕參加付款者，對於被參加人及其後手喪失追索權。
第七九條　（參加付款之提示）
①付款人或擔當付款人，不於第六十九條及第七十條所定期限內付款者，有參加承兌人時，執票人應向參加承兌人為付款之提示；無參加承兌人而有預備付款人時，應向預備付款人為付款之提示。
②參加承兌人或預備付款人，不於付款提示時為清償者，執票人應請作成拒絕付款證書之機關，於拒絕證書上載明之。
③執票人違反前二項規定時，對於被參加人與指定預備付款人之人及其後手，喪失追索權。
第八〇條　（優先參加人）
①請為參加付款者有數人時，其能免除最多數之債務者，有優先權。
②故意違反前項規定為參加付款者，對於因之未能免除債務之人，喪失追索權。
③能免除最多數之債務者有數人時，應由受被參加人之委託者或預備付款人參加之。
第八一條　（參加付款之金額）
參加付款，應就被參加人應支付金額之全部為之。
第八二條　（參加付款之程序）
①參加付款，應於拒絕付款證書內記載之。
②參加承兌人付款，以被參加承兌人為被參加付款人。預備付款人付款，以指定預備付款人之人為被參加付款人。
③無參加承兌人或預備付款人，而匯票上未記載被參加付款人者，以發票人為被參加付款人。
④第五十五條之規定，於參加付款準用之。
第八三條　（匯票之繳回性）
①參加付款後，執票人應將匯票及收款清單交付參加付款人，有拒絕證書者，應一併交付之。
②違反前項之規定者，對於參加付款人，應負損害賠償之責。
第八四條　（參加付款之效力）
①參加付款人，對於承兌人、被參加付款人及其前手，取得執票人之權利。但不得以背書更為轉讓。
②被參加付款人之後手，因參加付款而免除債務。

第九節　追索權

第八五條　（到期追索與期前追索）
①匯票到期不獲付款時，執票人於行使或保全匯票上權利之行為後，對於背書人、發票人及匯票上其他債務人，得行使追索權。
②有左列情形之一者，雖在到期日前，執票人亦得行使前項權利：
一　匯票不獲承兌時。
二　付款人或承兌人死亡、逃避或其他原因，無從為承兌或付款提示時。
三　付款人或承兌人受破產宣告時。
第八六條　（拒絕證書之作成）
①匯票全部或一部不獲承兌或付款或無從為承兌或付款提示時，執票人應請求作成拒絕證書證明之。
②付款人或承兌人在匯票上記載提示日期，及全部或一部承兌或付款之拒絕，經其簽名後，與作成拒絕證書有同一效力。
③付款人或承兌人之破產，以宣告破產裁定之正本或節本證明之。

第八七條　（作成拒絕證書之期限）
①拒絕承兌證書，應於提示承兌期限內作成之。
②拒絕付款證書，應以拒絕付款日或其後五日內作成之。但執票人允許延期付款時，應於延期之末日，或其後五日內作成之。

第八八條　（已作成拒絕承兌證書效果）
拒絕承兌證書作成後，無須再為付款提示，亦無須再請求作成付款拒絕證書。

第八九條　（拒絕事由之通知）
①執票人應於拒絕證書作成後四日內，對於背書人、發票人及其他匯票上債務人，將拒絕事由通知之。
②如有特約免除作成拒絕證書者，執票人應於拒絕承兌或拒絕付款後四日內，為前項之通知。
③背書人應於收到前項通知後四日內，通知其前手。
④背書人未於票據上記載住所或記載不明時，其通知對背書人之前手為之。

第九〇條　（通知義務之免除）
發票人、背書人及匯票上其他債務人，得於第八十九條所定通知期限前，免除執票人通知之義務。

第九一條　（通知方法）
通知得用任何方法為之。但主張於第八十九條所定期限內曾為通知者，應負舉證之責。
付郵遞送之通知，如封面所記被通知人之住所無誤，視為已經通知。

第九二條　（因不可抗力違誤通知之補救）
①因不可抗力，不能於第八十九條所定期限內將通知發出者，應於障礙中止後四日內行之。
②證明於第八十九條所定期間內已將通知發出者，認為遵守通知期限。

第九三條　（怠於通知之效果）
不於第八十九條所定期限內為通知者，仍得行使追索權。但因其怠於通知發生損害時，應負賠償之責；其賠償金額，不得超過匯票金額。

第九四條　（免除作成拒絕證書）
①發票人或背書人，得為免除作成拒絕證書之記載。
②發票人為前項記載時，執票人得不請求作成拒絕證書，而行使追索權。但執票人仍請求作成拒絕證書時，應自負擔其費用。
③背書人為第一項記載時，僅對於該背書人發生效力。執票人作成拒絕證書者，得向匯票上其他簽名人要求償還其費用。

第九五條　（提示義務）
匯票上雖有免除作成拒絕證書之記載，執票人仍應於所定期限內為承兌或付款之提示。但對於執票人主張未為提示者，應負舉證之責。

第九六條　（票據債務人責任）
①發票人、承兌人、背書人及其他票據債務人，對於執票人連帶負責。
②執票人得不依負擔債務之先後，對於前項債務人之一人或數人或全體行使追索權。
③執票人對於債務人之一人或數人已為追索者，對於其他票據債務人，仍得行使追索權。
④被追索者已為清償時，與執票人有同一權利。

第九七條　（得追索之金額）
①執票人向匯票債務人行使追索權時，得要求左列金額：
　一　被拒絕承兌或付款之匯票金額，如有約定利息者，其利息。
　二　自到期日起如無約定利率者，依年利六釐計算之利息。
　三　作成拒絕證書與通知及其他必要費用。
②於到期日前付款者，自付款日至到期日前之利息，應由匯票金額內扣除。無約定利率者，依年利六釐計算。

第九八條　（再追索之金額）

①爲第九十七條之清償者，得向承兌人或前手要求左列金額：

一　所支付之總金額。

二　前款金額之利息。

三　所支出之必要費用。

②發票人爲第九十七條之清償者，向承兌人要求之金額同。

第九九條　（回頭背書匯票之追索權）

①執票人爲發票人時，對其前手無追索權。

②執票人爲背書人時，對該背書之後手無追索權。

第一〇〇條　（被追索人之權利）

①匯票債務人爲清償時，執票人應交出匯票。有拒絕證書時，應一併交出。

②匯票債務人爲前項清償，如有利息及費用者，執票人應出具收據及償還計算書。

③背書人爲清償時，得塗銷自己及其後手之背書。

第一〇一條　（一部承兌時之追索）

匯票金額一部分獲承兌時，清償未獲承兌部分之人，得要求執票人在匯票上記載其事由，另行出具收據，並交出匯票之謄本及拒絕承兌證書。

第一〇二條　（發行回頭匯票之追索）

①有追索權者，得以發票人或前背書人之一人或其他票據債務人爲付款人，向其住所所在地發見票即付之匯票。但有相反約定時，不在此限。

②前項匯票之金額，於第九十七條及第九十八條所列者外，得加經紀費及印花稅。

第一〇三條　（回頭匯票金額之決定）

①執票人依第一百零二條之規定發匯票時，其金額依原匯票付款地匯往前手所在地之見票即付匯票之市價定之。

②背書人依第一百零二條之規定發匯票時，其金額依其所在地匯往前手所在地之見票即付匯票之市價定之。

③前二項市價，以發票日之市價爲準。

第一〇四條　（追索權之喪失）

①執票人不於本法所定期限內爲行使或保全匯票上權利之行爲者，對於前手喪失追索權。

②執票人不於約定期限內爲前項行爲者，對於該約定之前手喪失追索權。

第一〇五條　（遇不可抗力事變之處置）

①執票人因不可抗力之事變，不能於所定期限內爲承兌或付款之提示，應將其事由從速通知發票人、背書人及其他票據債務人。

②第八十九條至第九十三條之規定，於前項通知準用之。

③不可抗力之事變終止後，執票人應即對付款人提示。

④如事變延至到期日後三十日以外時，執票人得逕行使追索權，無須提示或作成拒絕證書。

⑤匯票爲見票即付或見票後定期付款者，前項三十日之期限，自執票人通知其前手之日起算。

第十節　拒絕證書

第一〇六條　（拒絕證書作成機關）

拒絕證書，由執票人請求拒絕承兌地或拒絕付款地之法院公證處、商會或銀行公會作成之。

第一〇七條　（應載事項）

拒絕證書，應記載左列各款，由作成人簽名，並蓋作成機關之印章：

一　拒絕者及被拒絕者之姓名或商號。

二　對於拒絕者，雖爲請求未得允許之意旨，或不能會晤拒絕者之事由，或其營業所、住所或居所不明之情形。
三　為前款請求，或不能為前款請求之地及其年、月、日。
四　於法定處所外作成拒絕證書時，當事人之合意。
五　有參加承兌時或參加付款時，參加之種類及參加人，並被參加人之姓名或商號。
六　拒絕證書作成之處所及其年、月、日。

第一〇八條　（付款拒絕證書之制作）

①付款拒絕證書，應在匯票或其黏單上作成之。
②匯票有複本或謄本者，於提示時，僅須在複本之一份或原本或其黏單上作成之。但可能時，應在其他複本之各份或謄本上記載已作拒絕證書之事由。

第一〇九條　（其他拒絕證書之制作）

付款拒絕證書以外之拒絕證書，應照匯票或其謄本作成抄本，在該抄本或其黏單上作成之。

第一一〇條　（拒絕交還原本時證書之記載處所）

執票人以匯票之原本請求承兌或付款而被拒絕，並未經返還原本時，其拒絕證書，應在謄本或其黏單上作成之。

第一一一條　（記載地位）

①拒絕證書應接續匯票上、複本上或謄本上原有之最後記載作成之。
②在黏單上作成者，並應於騎縫處簽名。

第一一二條　（作成份數）

對數人行使追索權時，祇須作成拒絕證書一份。

第一一三條　（抄本）

①拒絕證書作成人，應將證書原本交付執票人，並就證書全文另作抄本存於事務所，以備原本滅失時之用。
②抄本與原本有同一效力。

第十一節　複　本

第一一四條　（複本之發行及份數）

①匯票之受款人，得自負擔其費用，請求發票人發行複本。但受款人以外之執票人，請求發行複本時，須依次經由其前手請求之，並由其前手在各複本上，為同樣之背書。
②前項複本，以三份為限。

第一一五條　（複本之款式）

複本應記載同一文句，標明複本字樣，並編列號數。未經標明複本字樣，並編列號數者，視為獨立之匯票。

第一一六條　（複本之效力）

①就複本之一付款時，其他複本失其效力。但承兌人對於經其承兌而未收回之複本，應負其責。
②背書人將複本分別轉讓於二人以上時，對於經其背書而未收回之複本，應負其責。
③將複本各份背書轉讓與同一人者，該背書人為償還時，得請求執票人交出複本之各份。但執票人已立保證或提供擔保者，不在此限。

第一一七條　（提示承兌與行使追索權）

①為提示承兌送出複本之一者，應於其他各份上載明接收人之姓名或商號及住址。
②匯票上有前項記載者，執票人得請求接收人交還其所接收之複本。
③接收人拒絕交還時，執票人非以拒絕證書證明左列各款事項，不得行使追索權：
一　曾向接收人請求交還此項複本，而未經其交還。
二　以他複本為承兌或付款之提示，而不獲承兌或付款。

第十二節　謄　本

第一一八條　（謄本之製作與效力）
①執票人有作成匯票謄本之權利。
②謄本應標明謄本字樣，謄寫原本上之一切事項，並註明迄於何處爲謄寫部分。
③執票人就匯票作成謄本時，應將已作成謄本之旨，記載於原本。
④背書及保證，亦得在謄本上爲之，與原本上所爲之背書及保證有同一效力。

第一一九條　（使用謄本之時機與方式）
①爲提示承兌送出原本者，應於謄本上載明原本接收人之姓名或商號及其住址。
②匯票上有前項記載者，執票人得請求接收人交還原本。
③接收人拒絕交還時，執票人非將曾向接收人請求交還原本而未經其交還之事由，以拒絕證書證明，不得行使追索權。

第三章　本　票

第一二〇條　（本票之應載事項）
①本票應記載左列事項，由發票人簽名：
一　表明其爲本票之文字。
二　一定之金額。
三　受款人之姓名或商號。
四　無條件擔任支付。
五　發票地。
六　發票年、月、日。
七　付款地。
八　到期日。
②未載到期日者，視爲見票即付。
③未載受款人者，以執票人爲受款人。
④未載發票地者，以發票人之營業所、住所或居所所在地爲發票地。
⑤未載付款地者，以發票地爲付款地。
⑥見票即付，並不記載受款人之本票，其金額須在五百元以上。

第一二一條　（發票人之責任）
本票發票人所負責任，與匯票承兌人同。

第一二二條　（見票後定期付款本票特別規定）
①見票後定期付款之本票，應由執票人向發票人爲見票之提示，請其簽名，並記載見票字樣及日期；其提示期限，準用第四十五條之規定。
②未載見票日期者，應以所定提示見票期限之末日爲見票日。
③發票人於提示見票時，拒絕簽名者，執票人應於提示見票期限內，請求作成拒絕證書。
④執票人依前項規定，作成見票拒絕證書後，無須再爲付款之提示，亦無須再請求作成付款拒絕證書。
⑤執票人不於第四十五條所定期限內爲見票之提示或作成拒絕證書者，對於發票人以外之前手，喪失追索權。

第一二三條　（本票之強制執行）
執票人向本票發票人行使追索權時，得聲請法院裁定後強制執行。

第一二四條　（關於準用匯票之規定）
第二章第一節第二十五條第二項、第二十六條第一項及第二十八條，關於發票人之規定；第二章第二節關於背書之規定，除第三十五條外，第二章第五節關於保證之規定；第二章第六節關於到期日之規定；第二章第七節關於付款之規定；第二章第八節關於參加付款之規定，除第七十九條及第八十二條第二項外；第二章第九節關於追索權之規定，除第八十七條第一項，第八十八條及第一百零一條外；第二章第十節關於拒絕證書之規定；第二章第十二節關於謄本之規定，除第一百十九條外；均於本票準用之。

第四章　支　票

第一二五條　（支票之應載事項）

①支票應記載左列事項，由發票人簽名：

　一　表明其爲支票之文字。
　二　一定之金額。
　三　付款人之商號。
　四　受款人之姓名或商號。
　五　無條件支付之委託。
　六　發票地。
　七　發票年、月、日。
　八　付款地。

②未載受款人者，以執票人爲受款人。

③未載發票地者，以發票人之營業所、住所或居所爲發票地。

④發票人得以自己或付款人爲受款人，並得以自己爲付款人。

第一二六條　（發票人之責任）

發票人應照支票文義擔保支票之支付。

第一二七條　（付款人之資格）

支票之付款人，以第四條所定之金融業者爲限。

第一二八條　（見票即付與遠期支票）

①支票限於見票即付，有相反之記載者，其記載無效。

②支票在票載發票日前，執票人不得爲付款之提示。

第一二九條　（轉帳或抵銷）

以支票轉帳或爲抵銷者，視爲支票之支付。

第一三〇條　（提示期限）

支票之執票人，應於左列期限內，爲付款之提示：

　一　發票地與付款地在同一省（市）區內者，發票日後七日內。
　二　發票地與付款地不在同一省（市）區內者，發票日後十五日內。
　三　發票地在國外，付款地在國內者，發票日後二個月內。

第一三一條　（追索之要件）

①執票人於第一百三十條所定提示期限內，爲付款之提示而被拒絕時，對於前手得行使追索權。但應於拒絕付款日或其後五日內，請求作成拒絕證書。

②付款人於支票或黏單上記載拒絕文義及其年、月、日並簽名者，與作成拒絕證書，有同一效力。

第一三二條　（喪失追索權之事由）

執票人不於第一百三十條所定期限內爲付款之提示，或不於拒絕付款日或其後五日內請求作成拒絕證書者，對於發票人以外之前手，喪失追索權。

第一三三條　（利息之請求）

執票人向支票債務人行使追索權時，得請求自爲付款提示日起之利息。如無約定利率者，依年利六釐計算。

第一三四條　（提示期限經過後發票人之責任）

發票人雖於提示期限經過後，對於執票人仍負責任。但執票人怠於提示，致使發票人受損失時，應負賠償之責；其賠償金額，不得超過票面金額。

第一三五條　（撤銷付款委託之限制）

發票人於第一百三十條所定期限內，不得撤銷付款之委託。

第一三六條　（提示期限經過後之付款）

付款人於提示期限經過後，仍得付款。但有左列情事之一者，不在此限：

一　發票人撤銷付款之委託時。

二　發行滿一年時。

第一三七條　（一部付款）

①付款人於發票人之存款或信用契約所約定之數不敷支付支票金額時，得就一部分支付之。

②前項情形，執票人應於支票上記明實收之數目。

第一三八條　（保付支票）

①付款人於支票上記載照付或保付或其他同義字樣並簽名後，其付款責任，與匯票承兌人同。

②付款人於支票上已為前項之記載時，發票人及背書人免除其責任。

③付款人不得為存款額外或信用契約所約定數目以外之保付，違反者應科以罰鍰。但罰鍰不得超過支票金額。

④依第一項規定，經付款人保付之支票，不適用第十八條、第一百三十條及第一百三十六條之規定。

第一三九條　（平行線支票）

①支票經在正面劃平行線二道者，付款人僅得對金融業者支付票據金額。

②支票上平行線內記載特定金融業者，付款人僅得對特定金融業者支付票據金額。但該特定金融業者為執票人時，得以其他金融業者為被背書人，背書後委託其取款。

③劃平行線支票之執票人，如非金融業者，應將該項支票存入其在金融業者之帳戶，委託其代為取款。

④支票上平行線內，記載特定金融業者，應存入其在該特定金融業者之帳戶，委託其代為取款。

⑤劃平行線之支票，得由發票人於平行線內記載照付現款或同義字樣，由發票人簽名或蓋章於其旁，支票上有此記載者，視為平行線之撤銷。但支票經背書轉讓者，不在此限。

第一四〇條　（付款人之賠償責任）

違反第一百三十九條之規定而付款者，應負賠償損害之責。但賠償金額不得超過支票金額。

第一四一條　（刪除）76

第一四二條　（刪除）76

第一四三條　（付款人之付款責任）

付款人於發票人之存款或信用契約所約定之數，足敷支付支票金額時，應負支付之責。但收到發票人受破產宣告之通知者，不在此限。

第一四四條　（準用匯票之規定）

第二章第一節第二十五條第二項關於發票人之規定；第二節關於背書之規定，除第三十五條外；第二章第七節關於付款之規定，除第六十九條第一項、第二項、第七十條、第七十二條、第七十六條外；第二章第九節關於追索權之規定，除第八十五條第二項第一款、第二款、第八十七條、第八十八條、第九十七條第一項第二款、第二項及第一百零一條外；第二章第十節關於拒絕證書之規定，除第一百零八條第二項、第一百零九條及第一百十條外；均於支票準用之。

第五章　附　則

第一四四條之一　（刪除）76

第一四五條　（施行細則之制定）

本法施行細則，由行政院定之。

第一四六條　（施行日）

本法自公布日施行。

海商法

①民國18年12月30日國民政府制定公布全文174條；並自20年1月1日施行。
②民國51年7月25日總統令修正公布全文194條。
③民國88年7月14日總統令修正公布全文153條。
④民國89年1月26日總統令修正公布第76條條文。
⑤民國98年7月8日總統令修正公布第16、153條條文；並自98年11月23日施行。

第一章　通　則

第一條　（船舶之定義）
本法稱船舶者，謂在海上航行，或在與海相通之水面或水中航行之船舶。
第二條　（船長與海員之定義）
本法稱船長者，謂受船舶所有人僱用主管船舶一切事務之人員；稱海員者，謂受船舶所有人僱用由船長指揮服務於船舶上所有人員。
第三條　（不適用本法之船舶）
下列船舶除因碰撞外，不適用本法之規定：
一　船舶法所稱之小船。
二　軍事建制之艦艇。
三　專用於公務之船舶。
四　第一條規定以外之其他船舶。
第四條　（船舶保全程序之強制執行）
①船舶保全程序之強制執行，於船舶發航準備完成時起，以迄航行至次一停泊港時止，不得為之。但為使航行可能所生之債務，或因船舶碰撞所生之損害，不在此限。
②國境內航行船舶之保全程序，得以揭示方法為之。
第五條　（補充法）
海商事件，依本法之規定，本法無規定者，適用其他法律之規定。

第二章　船　舶

第一節　船舶所有權

第六條　（動產不動產之適用）
船舶除本法有特別規定外，適用民法關於動產之規定。
第七條　（船舶所有權範圍）
除給養品外，凡於航行上或營業上必需之一切設備及屬具，皆視為船舶之一部。
第八條　（讓與船舶之方式）
船舶所有權或應有部分之讓與，非作成書面並依下列之規定，不生效力：
一　在中華民國，應申請讓與地或船舶所在地航政主管機關蓋印證明。
二　在外國，應申請中華民國駐外使領館、代表處或其他外交部授權機構蓋印證明。
第九條　（移轉登記之效力）
船舶所有權之移轉，非經登記，不得對抗第三人。
第一〇條　（建造中船舶）
船舶建造中，承攬人破產而破產管理人不為完成建造者，船舶定造人，得將船舶及業經交付或預定之材料，照估價扣除已付定金給償收取之，並得自行出資在原處完成建造。但使用船廠應給與報償。

第一一條　（船舶共有人之內部關係—共同利益事項）

共有船舶之處分及其他與共有人共同利益有關之事項，應以共有人過半數並其應有部分之價值合計過半數之同意爲之。

第一二條　（船舶共有人之內部關係—出賣應有部分）

①船舶共有人有出賣其應有部分時，其他共有人，得以同一價格儘先承買。

②因船舶共有權一部分之出賣，致該船舶喪失中華民國國籍時，應得共有人全體之同意。

第一三條　（船舶共有人之內部關係—抵押應有部分）

船舶共有人，以其應有部分供抵押時，應得其他共有人過半數之同意。

第一四條　（船舶共有人之外部關係—船舶利用債務與委棄）

①船舶共有人，對於利用船舶所生之債務，就其應有部分，負比例分擔之責。

②共有人對於發生債務之管理行爲，曾經拒絕同意者，關於此項債務，得委棄其應有部分於他共有人而免其責任。

第一五條　（共有關係之退出）

①船舶共有人爲船長而被辭退或解任時，得退出共有關係，並請求返還其應有部分之資金。

②前項資金數額，依當事人之協議定之，協議不成時，由法院裁判之。

③第一項所規定退出共有關係之權，自被辭退之日起算，經一個月不行使而消滅。

第一六條　（共有關係）98

共有關係，不因共有人中一人之死亡、破產或受監護宣告而終止。

第一七條　（共有船舶經理人之選任）

船舶共有人，應選任共有船舶經理人，經營其業務，共有船舶經理人之選任，應以共有人過半數，並其應有部分之價值合計過半數之同意爲之。

第一八條　（共有船舶經理人之權限—代表權）

共有船舶經理人關於船舶之營運，在訴訟上或訴訟外代表共有人。

第一九條　（共有船舶經理人之權限—處分權）

①共有船舶經理人，非經共有人依第十一條規定之書面委任，不得出賣或抵押其船舶。

②船舶共有人，對於共有船舶經理人權限所加之限制，不得對抗善意第三人。

第二〇條　（共有船舶經理人之義務）

共有船舶經理人，於每次航行完成後，應將其經過情形，報告於共有人，共有人亦得隨時檢查其營業情形，並查閱帳簿。

第二一條　（船舶所有人限制責任之標的、項目及範圍）

①船舶所有人對下列事項所負之責任，以本次航行之船舶價值、運費及其他附屬費爲限：

一　在船上、操作船舶或救助工作直接所致人身傷亡或財物毀損滅失之損害賠償。

二　船舶操作或救助工作所致權益侵害之損害賠償。但不包括因契約關係所生之損害賠償。

三　沈船或落海之打撈移除所生之債務。但不包括依契約之報酬或給付。

四　爲避免或減輕前二款責任所負之債務。

②前項所稱船舶所有人，包括船舶所有權人、船舶承租人、經理人及營運人。

③第一項所稱本次航行，指船舶自一港至次一港之航程；所稱運費，不包括依法或依約不能收取之運費及票價；所稱附屬費，指船舶因受損害應得之賠償。但不包括保險金。

④第一項責任限制數額如低於下列標準者，船舶所有人應補足之：

一　對財物損害之賠償，以船舶登記總噸，每一總噸爲國際貨幣基金，特別提款權五四計算單位，計算其數額。

二　對人身傷亡之賠償，以船舶登記總噸，每一總噸特別提款權一六二計算單位計算其數額。

三　前二款同時發生者，以船舶登記總噸，每一總噸特別提款權一六二計算單位計算其數額。但人身傷亡應優先以船舶登記總噸，每一總噸特別提款權一〇八計算單位計算之數額內賠償，如此數額不足以全部清償時，其不足額再與財物之毀損滅失，共同在現存之責任限制數額內比例分配之。

四　船舶登記總噸不足三百噸者，以三百噸計算。

第二二條　（船舶所有人限制責任之例外）

前條責任限制之規定，於下列情形不適用之：

一　本於船舶所有人本人之故意或過失所生之債務。

二　本於船長、海員及其他服務船舶之人員之僱用契約所生之債務。

三　救助報酬及共同海損分擔額。

四　船舶運送毒性化學物質或油污所生損害之賠償。

五　船舶運送核子物質或廢料發生核子事故所生損害之賠償。

六　核能動力船舶所生核子損害之賠償。

第二三條　（船價之證明及估計）

①船舶所有人，如依第二十一條之規定限制其責任者，對於本次航行之船舶價值應證明之。

②船舶價值之估計，以下列時期之船舶狀態為準：

一　因碰撞或其他事變所生共同海損之債權，及事變後以迄於第一到達港時所生之一切債權，其估價依船舶於到達第一港時之狀態。

二　關於船舶在停泊港內發生事變所生之債權，其估價依船舶在停泊港內事變發生後之狀態。

三　關於貨載之債權或本於載貨證券而生之債權，除前二款情形外，其估價依船舶於到達貨物之目的港時，或航行中斷地之狀態，如貨載應送達於數個不同之港埠，而損害係因同一原因而生者，其估價依船舶於到達該數港中之第一港時之狀態。

四　關於第二十一條所規定之其他債權，其估價依船舶航行完成時之狀態。

第二節　海事優先權

第二四條　（海事優先權之項目）

①下列各款為海事優先權擔保之債權，有優先受償之權：

一　船長、海員及其他在船上服務之人員，本於僱傭契約所生之債權。

二　因船舶操作直接所致人身傷亡，對船舶所有人之賠償請求。

三　救助之報酬、清除沈船費用及船舶共同海損分擔額之賠償請求。

四　因船舶操作直接所致陸上或水上財物毀損滅失，對船舶所有人基於侵權行為之賠償請求。

五　港埠費、運河費、其他水道費及引水費。

②前項海事優先權之位次，在船舶抵押權之前。

第二五條　（留置權之位次）

建造或修繕船舶所生債權，其債權人留置船舶之留置權位次，在海事優先權之後，船舶抵押權之前。

第二六條　（不適用優先權之規定）

本法第二十二條第四款至第六款之賠償請求，不適用本法有關海事優先權之規定。

第二七條　（海事優先權之標的物）

依第二十四條之規定，得優先受償之標的如下：

一　船舶、船舶設備及屬具或其殘餘物。

二　在發生優先債權之航行期內之運費。

三　船舶所有人因本次航行中船舶所受損害，或運費損失應得之賠償。

四　船舶所有人因共同海損應得之賠償。
五　船舶所有人在航行完成前，爲施行救助所應得之報酬。

第二八條　（僱傭契約債權之標的）
第二十四條第一項第一款之債權，得就同一僱傭契約期內所得之全部運費，優先受償，不受前條第二款之限制。

第二九條　（同次航行海事優先權之位次）
①屬於同次航行之海事優先權，其位次依第二十四條各款之規定。
②一款中有數債權者，不分先後，比例受償。
③第二十四條第一項第三款所列債權，如有二個以上屬於同一種類，其發生在後者優先受償。救助報酬之發生應以施救行爲完成時爲準。
④共同海損之分擔，應以共同海損行爲發生之時爲準。
⑤因同一事變所發生第二十四條第一項各款之債權，視爲同時發生之債權。

第三〇條　（異次航行海事優先權之位次）
不屬於同次航行之海事優先權，其後次航行之海事優先權，先於前次航行之海事優先權。

第三一條　（海事優先權之物權效力）
海事優先權，不因船舶所有權之移轉而受影響。

第三二條　（海事優先權之消滅）
第二十四條第一項海事優先權自其債權發生之日起，經一年而消滅。但第二十四條第一項第一款之賠償，自離職之日起算。

第三節　船舶抵押權

第三三條　（船舶之抵押）
船舶抵押權之設定，應以書面爲之。

第三四條　（建造中船舶之抵押）
船舶抵押權，得就建造中之船舶設定之。

第三五條　（船舶抵押權設定人）
船舶抵押權之設定，除法律別有規定外，僅船舶所有人或受其特別委任之人始得爲之。

第三六條　（抵押權設定之效力）
船舶抵押權之設定，非經登記，不得對抗第三人。

第三七條　（抵押權之不可分性）
船舶共有人中一人或數人，就其應有部分所設定之抵押權，不因分割或出賣而受影響。

第三章　運　送

第一節　貨物運送

第三八條　（貨物運送契約之種類）
貨物運送契約爲下列二種：
一　以件貨之運送爲目的者。
二　以船舶之全部或一部供運送爲目的者。

第三九條　（傭船契約之方式）
以船舶之全部或一部供運送爲目的之運送契約，應以書面爲之。

第四〇條　（傭船契約應載事項）
前條運送契約應載明下列事項：
一　當事人姓名或名稱，及其住所、事務所或營業所。

二　船名及對船舶之說明。
三　貨物之種類及數量。
四　契約期限或航程事項。
五　運費。

第四一條　（傭船契約之效力）
以船舶之全部或一部供運送之契約，不因船舶所有權之移轉而受影響。

第四二條　（法定解除）
運送人所供給之船舶有瑕疵，不能達運送契約之目的時，託運人得解除契約。

第四三條　（全部傭船契約之解除）
①以船舶之全部供運送時，託運人於發航前得解除契約。但應支付運費三分之一，其已裝載貨物之全部或一部者，並應負擔因裝卸所增加之費用。
②前項如為往返航程之約定者，託運人於返程發航前要求終止契約時，應支付運費三分之二。
③前二項之規定，對於當事人之間，關於延滯費之約定不受影響。

第四四條　（一部傭船契約之解除）
①以船舶之一部供運送時，託運人於發航前，非支付其運費之全部，不得解除契約。如託運人已裝載貨物之全部或一部者，並應負擔因裝卸所增加之費用及賠償加於其他貨載之損害。
②前項情形，託運人皆為契約之解除者，各託運人僅負前條所規定之責任。

第四五條　（繼續性傭船契約解除之禁止）
前二條之規定，對船舶於一定時期內供運送或為數次繼續航行所訂立之契約，不適用之。

第四六條　（託運之運送方法）
以船舶之全部於一定時期內供運送者，託運人僅得以約定或以船舶之性質而定之方法，使為運送。

第四七條　（事變時運費之計算）
①前條託運人，僅就船舶可使用之期間，負擔運費。但因航行事變所生之停止，仍應繼續負擔運費。
②前項船舶之停止，係因運送人或其代理人之行為或因船舶之狀態所致者，託運人不負擔運費，如有損害，並得請求賠償。
③船舶行蹤不明時，託運人以得最後消息之日為止，負擔運費之全部，並自最後消息後，以迄於該次航行通常所需之期間應完成之日，負擔運費之半數。

第四八條　（貨物缺裝時運費之計算）
以船舶之全部或一部供運送者，託運人所裝載貨物，不及約定之數量時，仍應負擔全部之運費。但應扣除船舶因此所減省費用之全部，及因另裝貨物所取得運費四分之三。

第四九條　（解約時運費之扣除）
託運人因解除契約，應付全部運費時，得扣除運送人因此減省費用之全部，及另裝貨物所得運費四分之三。

第五〇條　（貨物運達之通知）
貨物運達後，運送人或船長應即通知託運人指定之應受通知人或受貨人。

第五一條　（貨物之寄存及拍賣）
①受貨人怠於受領貨物時，運送人或船長得以受貨人之費用，將貨物寄存於港埠管理機關或合法經營之倉庫，並通知受貨人。
②受貨人不明或受貨人拒絕受領貨物時，運送人或船長得依前項之規定辦理，並通知託運人及受貨人。
③運送人對於前二項貨物有下列情形之一者，得聲請法院裁定准予拍賣，於扣除運費或其他相關之必要費用後提存其價金之餘額：

一　不能寄存於倉庫。
二　有腐壞之虞。
三　顯見其價值不足抵償運費及其他相關之必要費用。

第五二條　（裝卸期間之計算）

①以船舶之全部或一部供運送者，運送人非於船舶完成裝貨或卸貨準備時，不得簽發裝貨或卸貨準備完成通知書。

②裝卸期間自前項通知送達之翌日起算，期間內不工作休假日及裝卸不可能之日不算入。但超過合理裝卸期間者，船舶所有人得按超過之日期，請求合理之補償。

③前項超過裝卸期間，休假日及裝卸不可能之日亦算入之。

第五三條　（載貨證券之發給）

運送人或船長於貨物裝載後，因託運人之請求，應發給載貨證券。

第五四條　（載貨證券應載事項）

①載貨證券，應載明下列各款事項，由運送人或船長簽名：
一　船舶名稱。
二　託運人之姓名或名稱。
三　依照託運人書面通知之貨物名稱、件數或重量，或其包裝之種類、個數及標誌。
四　裝載港及卸貨港。
五　運費交付。
六　載貨證券之份數。
七　填發之年月日。

②前項第三款之通知事項，如與所收貨物之實際情況有顯著跡象，疑其不相符合，或無法核對時，運送人或船長得在載貨證券內載明其事由或不予載明。

③載貨證券依第一項第三款為記載者，推定運送人依其記載為運送。

第五五條　（交運貨物不正確之賠償）

①託運人對於交運貨物之名稱、數量，或其包裝之種類、個數及標誌之通知，應向運送人保證其正確無訛，其因通知不正確所發生或所致之一切毀損、滅失及費用，由託運人負賠償責任。

②運送人不得以前項託運人應負賠償責任之事由，對抗託運人以外之載貨證券持有人。

第五六條　（貨物受領之效力）

①貨物一經有受領權利人受領，推定運送人已依照載貨證券之記載，交清貨物。但有下列情事之一者，不在此限：
一　提貨前或當時，受領權利人已將毀損滅失情形，以書面通知運送人者。
二　提貨前或當時，毀損滅失經共同檢定，作成公證報告書者。
三　毀損滅失不顯著而於提貨後三日內，以書面通知運送人者。
四　在收貨證件上註明毀損或滅失者。

②貨物之全部或一部毀損、滅失者，自貨物受領之日或自應受領之日起，一年內未起訴者，運送人或船舶所有人解除其責任。

第五七條　（託運人賠償責任之限制）

運送人或船舶所有人所受之損害，非由於託運人或其代理人受僱人之過失所致者，託運人不負賠償責任。

第五八條　（數份載貨證券貨物受領之效力）

①載貨證券有數份者，在貨物目的港請求交付貨物之人，縱僅持有載貨證券一份，運送人或船長不得拒絕交付。不在貨物目的港時，運送人或船長非接受載貨證券之全數，不得為貨物之交付。

②二人以上之載貨證券持有人請求交付貨物時，運送人或船長應即將貨物按照第五十一條之規定寄存，並通知曾為請求之各持有人，運送人或船長，已依第一項之規定，交付貨物之一部後，他持有人請求交付貨物者，對於其賸餘之部分亦同。

③載貨證券之持有人有二人以上者，其中一人先於他持有人受貨物之交付時，他持有人

之載貨證券對運送人失其效力。

第五九條　（先受交付人之權利）

載貨證券之持有人有二人以上，而運送人或船長尚未交付貨物者，其持有先受發送或交付之證券者，得先於他持有人行使其權利。

第六〇條　（載貨證券之物權效力）

①民法第六百二十七條至第六百三十條關於提單之規定，於載貨證券準用之。

②以船舶之全部或一部供運送爲目的之運送契約另行簽發載貨證券者，運送人與託運人以外載貨證券持有人間之關係，依載貨證券之記載。

第六一條　（運送人責任免除之限制）

以件貨運送爲目的之運送契約或載貨證券記載條款、條件或約定，以減輕或免除運送人或船舶所有人，對於因過失或本章規定應履行之義務而不履行，致有貨物毀損、滅失或遲到之責任者，其條款、條件或約定不生效力。

第六二條　（發航之注意及措置義務）

①運送人或船舶所有人於發航前及發航時，對於下列事項，應爲必要之注意及措置：

一　使船舶有安全航行之能力。

二　配置船舶相當船員、設備及供應。

三　使貨艙、冷藏室及其他供載運貨物部分適合於受載、運送與保存。

②船舶於發航後因突失航行能力所致之毀損或滅失，運送人不負賠償責任。

③運送人或船舶所有人爲免除前項責任之主張，應負舉證之責。

第六三條　（承運之注意及處置義務）

運送人對於承運貨物之裝載、卸載、搬移、堆存、保管、運送及看守，應爲必要之注意及處置。

第六四條　（拒絕載運及危險物之載運）

①運送人知悉貨物爲違禁物或不實申報物者，應拒絕載運。其貨物之性質足以毀損船舶或危害船舶上人員健康者亦同。但爲航運或商業習慣所許者，不在此限。

②運送人知悉貨物之性質具易燃性、易爆性或危險性並同意裝運後，若此貨物對於船舶或貨載有危險之虞時，運送人得隨時將其起岸、毀棄或使之無害、運送人除由於共同海損者外，不負賠償責任。

第六五條　（未報明貨物之處置）

①運送人或船長發見未經報明之貨物，得在裝載港將其起岸，或使支付同一航程同種貨物應付最高額之運費，如有損害並得請求賠償。

②前項貨物在航行中發見時，如係違禁物或其性質足以發生損害者，船長得投棄之。

第六六條　（事變時運費之計算）

船舶發航後，因不可抗力不能到達目的港而將原裝貨物運回時，縱其船舶約定爲去航及歸航之運送，託運人僅負擔去航運費。

第六七條　（事變時運費之計算）

船舶在航行中，因海上事故而須修繕時，如託運人於到達目地港前提取貨物者，應付全部運費。

第六八條　（事變時運費之計算）

①船舶在航行中遭難或不能航行，而貨物仍由船長設法運到目地港時，如其運費較低於約定之運費者，託運人減支兩運費差額之半數。

②如新運費等於約定之運費，託運人不負擔任何費用，如新運費較高於約定之運費，其增高額由託運人負擔之。

第六九條　（免責事由）

因下列事由所發生之毀損或滅失，運送人或船舶所有人不負賠償責任：

一　船長、海員、引水人或運送人之受僱人，於航行或管理船舶之行爲而有過失。

二　海上或航路上之危險、災難或意外事故。

三　非由於運送人本人之故意或過失所生之火災。

四　天災。

五　戰爭行爲。

六　暴動。

七　公共敵人之行爲。

八　有權力者之拘捕、限制或依司法程序之扣押。

九　檢疫限制。

十　罷工或其他勞動事故。

十一　救助或意圖救助海上人命或財產。

十二　包裝不固。

十三　標誌不足或不符。

十四　因貨物之固有瑕疵、品質或特性所致之耗損或其他毀損滅失。

十五　貨物所有人、託運人或其代理人、代表人之行爲或不行爲。

十六　船舶雖經注意仍不能發現之隱有瑕疵。

十七　其他非因運送人或船舶所有人本人之故意或過失及非因其代理人、受僱人之過失所致者。

第七〇條　（免責事由）

①託運人於託運時故意虛報貨物之性質或價值，運送人或船舶所有人對於其貨物之毀損或滅失，不負賠償責任。

②除貨物之性質及價值於裝載前，已經託運人聲明並註明於載貨證券者外，運送人或船舶所有人對於貨物之毀損滅失，其賠償責任，以每件特別提款權六六六．六七單位或每公斤特別提款權二單位計算所得之金額，兩者較高者爲限。

③前項所稱件數，係指貨物託運之包裝單位。其以貨櫃、墊板或其他方式併裝運送者，應以載貨證券所載其內之包裝單位爲件數。但載貨證券未經載明者，以併裝單位爲件數。其使用之貨櫃係由託運人提供者，貨櫃本身得作爲一件計算。

④由於運送人或船舶所有人之故意或重大過失所發生之毀損或滅失，運送人或船舶所有人不得主張第二項單位限制責任之利益。

第七一條　（免責事由）

爲救助或意圖救助海上人命、財產，或因其他正當理由偏航者，不得認爲違反運送契約，其因而發生毀損或滅失時，船舶所有人或運送人不負賠償責任。

第七二條　（免責事由）

貨物未經船長或運送人之同意而裝載者，運送人或船舶所有人，對於其貨物之毀損或滅失，不負責任。

第七三條　（免責事由）

運送人或船長如將貨物裝載於甲板上，致生毀損或滅失時，應負賠償責任。但經託運人之同意並載明於運送契約或航運種類或商業習慣所許者，不在此限。

第七四條　（運送人與連續運送人之責任）

①載貨證券之發給人，對於依載貨證券所記載應爲之行爲，均應負責。

②前項發給人，對於貨物之各連續運送人之行爲，應負保證之責。但各連續運送人，僅對於自己航程中所生之毀損滅失及遲到負其責任。

第七五條　（多種運輸工具連續運送之準用）

①連續運送同時涉及海上運送及其他方法之運送者，其海上運送部分適用本法之規定。

②貨物毀損滅失發生時間不明者，推定其發生於海上運送階段。

第七六條　（代理人及受僱人之責任限制）

①本節有關運送人因貨物滅失、毀損或遲到對託運人或其他第三人所得主張之抗辯及責任限制之規定，對運送人之代理人或受僱人亦得主張之。但經證明貨物之滅失、毀損或遲到，係因代理人或受僱人故意或重大過失所致者，不在此限。

②前項之規定，對從事商港區域內之裝卸、搬運、保管、看守、儲存、理貨、穩固、墊艙者，亦適用之。

第七七條　（涉外民事法律之適用）

載貨證券所載之裝載港或卸貨港為中華民國港口者，其載貨證券所生之法律關係依涉外民事法律適用法所定應適用法律。但依本法中華民國受貨人或託運人保護較優者，應適用本法之規定。

第七八條　（載貨證券裝卸貨港為我國港口時之管轄權）

①裝貨港或卸貨港為中華民國港口者之載貨證券所生之爭議，得由我國裝貨港或卸貨港或其他依法有管轄權之法院管轄。

②前項載貨證券訂有仲裁條款者，經契約當事人同意後，得於我國進行仲裁，不受載貨證券內仲裁地或仲裁規則記載之拘束。

③前項規定視為當事人仲裁契約之一部。但當事人於爭議發生後另有書面合意者，不在此限。

第二節　旅客運送

第七九條　（旅客運送之準用）

旅客之運送，除本節規定外，準用本章第一節之規定。

第八〇條　（膳費計算）

對於旅客供膳者，其膳費應包括於票價之內。

第八一條　（強制保險之規定）

①旅客於實施意外保險之特定航線及地區，均應投保意外險，保險金額載入客票，視同契約，其保險費包括於票價內，並以保險金額為損害賠償之最高額。

②前項特定航線地區及保險金額，由交通部定之。

第八二條　（任意保險之規定）

旅客除前條保險外，自行另加保意外險者，其損害賠償依其約定。但應以書面為之。

第八三條　（依約運送義務）

①運送人或船長應依船票所載，運送旅客至目的港。

②運送人或船長違反前項規定時，旅客得解除契約，如有損害，並得請求賠償。

第八四條　（旅客解約權）

旅客於發航二十四小時前，得給付票價十分之二，解除契約；其於發航前因死亡、疾病或其他基於本身不得已之事由，不能或拒絕乘船者，運送人得請求票價十分之一。

第八五條　（票價之負擔）

旅客在船舶發航或航程中不依時登船，或船長依職權實行緊急處分迫令其離船者，仍應給付全部票價。

第八六條　（遲誤發航日之解約）

船舶不於預定之日發航者，旅客得解除契約。

第八七條　（票價之負擔）

旅客在航程中自願上陸時，仍負擔全部票價，其因疾病上陸或死亡時，僅按其已運送之航程負擔票價。

第八八條　（因不可抗力時之運送義務）

船舶因不可抗力不能繼續航行時，運送人或船長應設法將旅客運送至目的港。

第八九條　（不能進港時之運送義務）

旅客之目的港如發生天災、戰亂、瘟疫，或其他特殊事故致船舶不能進港卸客者，運送人或船長得依旅客之意願，將其送至最近之港口或送返乘船港。

第九〇條　（修繕時之運送義務）

運送人或船長在航行中為船舶修繕時，應以同等級船舶完成其航程，旅客在候船期間並應無償供給膳宿。

第九一條　（依指示離船之義務）

旅客於船舶抵達目的港後，應依船長之指示即行離船。

第三節　船舶拖帶

第九二條　（單一拖帶責任）

拖船與被拖船如不屬於同一所有人時，其損害賠償之責任，應由拖船所有人負擔。但契約另有訂定者，不在此限。

第九三條　（共同或連接拖帶責任）

共同或連接之拖船，因航行所生之損害，對被害人負連帶責任。但他拖船對於加害之拖船有求償權。

第四章　船舶碰撞

第九四條　（船舶碰撞之法律適用）

船舶之碰撞，不論發生於何地，皆依本章之規定處理之。

第九五條　（因不可抗力之碰撞）

碰撞係因不可抗力而發生者，被害人不得請求損害賠償。

第九六條　（因一船過失之碰撞）

碰撞係因於一船舶之過失所致者，由該船舶負損害賠償責任。

第九七條　（因共同過失之碰撞）

①碰撞之各船舶有共同過失時，各依其過失程度之比例負其責任，不能判定其過失之輕重時，各方平均負其責任。

②有過失之各船舶，對於因死亡或傷害所生之損害，應負連帶責任。

第九八條　（因引水人過失之碰撞）

前二條責任，不因碰撞係由引水人之過失所致而免除。

第九九條　（消滅時效）

因碰撞所生之請求權，自碰撞日起算，經過兩年不行使而消滅。

第一〇〇條　（加害船舶之扣押）

①船舶在中華民國領海內水港口河道內碰撞者，法院對於加害之船舶，得扣押之。

②碰撞不在中華民國領海內水港口河道內，而被害者為中華民國船舶或國民，法院於加害之船舶進入中華民國領海後，得扣押之。

③前兩項被扣押船舶得提供擔保，請求放行。

④前項擔保，得由適當之銀行或保險人出具書面保證代之。

第一〇一條　（碰撞訴訟之管轄）

關於碰撞之訴訟，得向下列法院起訴：

一　被告之住所或營業所所在地之法院。
二　碰撞發生地之法院。
三　被告船舶船籍港之法院。
四　船舶扣押地之法院。
五　當事人合意地之法院。

第五章　海難救助

第一〇二條　（一般海難之救助義務）

船長於不甚危害其船舶、海員、旅客之範圍內，對於淹沒或其他危難之人應盡力救助。

第一〇三條　（財物救助之報酬）

①對於船舶或船舶上財物施以救助而有效果者，得按其效果請求相當之報酬。

②施救人所施救之船舶或船舶上貨物，有損害環境之虞者，施救人得向船舶所有人請求與實際支出費用同額之報酬；其救助行為對於船舶或船舶上貨物所造成環境之損害已有效防止或減輕者，得向船舶所有人請求與實際支出費用同額或不超過其費用一倍之

報酬。
③施救人同時有前二項報酬請求權者，前項報酬應自第一項可得請求之報酬中扣除之。
④施救人之報酬請求權，自救助完成日起二年間不行使而消滅。

第一〇四條　（報酬請求權人）
①屬於同一所有人之船舶救助，仍得請求報酬。
②拖船對於被拖船施以救助者，得請求報酬。但以非為履行該拖船契約者為限。

第一〇五條　（報酬金額）
救助報酬由當事人協議定之，協議不成時，得提付仲裁或請求法院裁判之。

第一〇六條　（分配報酬之比例）
前條規定，於施救人與船舶間，及施救人間之分配報酬之比例，準用之。

第一〇七條　（救助報酬之分配權）
於實行施救中救人者，對於船舶及財物之救助報酬金，有參加分配之權。

第一〇八條　（不得請求報酬）
經以正當理由拒絕施救，而仍強為施救者，不得請求報酬。

第一〇九條　（碰撞時之救助義務）
①船舶碰撞後，各碰撞船舶之船長於不甚危害其船舶、海員或旅客之範圍內，對於他船船長、海員及旅客、應盡力救助。
②各該船長，除有不可抗力之情形外，在未確知繼續救助為無益前，應停留於發生災難之處所。
③各該船長，應於可能範圍內，將其船舶名稱及船籍港並開來及開往之處所，通知於他船舶。

第六章　共同海損

第一一〇條　（共同海損之定義）
稱共同海損者，謂在船舶航程期間，為求共同危險中全體財產之安全所為故意及合理處分，而直接造成之犧牲及發生之費用。

第一一一條　（共同海損之範圍）
共同海損以各被保存財產價值與共同海損總額之比例，由各利害關係人分擔之。因共同海損行為所犧牲而獲共同海損補償之財產，亦應參與分擔。

第一一二條　（分擔額之計算）
①前條各被保存財產之分擔價值，應以航程終止地或放棄共同航程時地財產之實際淨值為準，依下列規定計算之：
一　船舶以到達時地之價格為準。如船舶於航程中已修復者，應扣除在該航程中共同海損之犧牲額及其他非共同海損之損害額。但不得低於其實際所餘殘值。
二　貨物以送交最後受貨人之商業發票所載價格為準，如無商業發票者，以裝船時地之價值為準，並均包括應支付之運費及保險費在內。
三　運費以到付運費之應收額，扣除非共同海損費用為準。
②前項各類之實際淨值，均應另加計共同海損之補償額。

第一一三條　（補償額之計算）
共同海損犧牲之補償額，應以各財產於航程終止時地或放棄共同航程時地之實際淨值為準，依下列規定計算之：
一　船舶以實際必要之合理修繕或設備材料之更換費用為準。未經修繕或更換者，以該損失所造成之合理貶值。但不能超過估計之修繕或更換費用。
二　貨物以送交最後受貨人商業發票價格計算所受之損害為準，如無商業發票者，以裝船時地之價值為準，並均包括應支付之運費及保險費在內。受損貨物如被出售者，以出售淨值與前述所訂商業發票或裝船時地貨物淨值之差額為準。
三　運費以貨載之毀損或滅失致減少或全無者為準。但運送人因此減省之費用，應扣除之。

第一一四條　（共同海損費用）

①下列費用爲共同海損費用：

一　爲保存共同危險中全體財產所生之港埠、貨物處理、船員工資及船舶維護所必需之燃、物料費用。

二　船舶發生共同海損後，爲繼續共同航程所需之額外費用。

三　爲共同海損所墊付現金百分之二之報酬。

四　自共同海損發生之日起至共同海損實際收付日止，應行收付金額所生之利息。

②爲替代前項第一款、第二款共同海損費用所生之其他費用，視爲共同海損之費用。但替代費用不得超過原共同海損費用。

第一一五條　（共同海損之範圍）

共同海損因利害關係人之過失所致者，各關係人仍應分擔之。但不影響其他關係人對過失之負責人之賠償請求權。

第一一六條　（共同海損之除外）

未依航運習慣裝載之貨物經投棄者，不認爲共同海損犧牲。但經撈救者，仍應分擔共同海損。

第一一七條　（共同海損之除外）

無載貨證券亦無船長收據之貨物，或未記載於目錄之設備屬具，經犧牲者，不認爲共同海損。但經撈救者，仍應分擔共同海損。

第一一八條　（共同海損之除外）

貨幣、有價證券或其他貴重物品，經犧牲者，除已報明船長者外，不認爲共同海損犧牲。但經撈救者，仍應分擔共同海損。

第一一九條　（不實聲明之分擔額及補償額）

①貨物之性質，於託運時故意爲不實之聲明，經犧牲者，不認爲共同海損。但經保存者，應按其實在價值分擔之。

②貨物之價值，於託運時爲不實之聲明，使聲明價值與實在價值不同者，其共同海損犧牲之補償額以金額低者爲準，分擔價值以金額高者爲準。

第一二〇條　（共同海損之除外）

①船上所備糧食、武器、船員之衣物、薪津、郵件及無載貨證券之旅客行李、私人物品皆不分擔共同海損。

②前項物品如被犧牲，其損失應由各關係人分擔之。

第一二一條　（共同海損之計算）

共同海損之計算，由全體關係人協議定之。協議不成時，得提付仲裁或請求法院裁判之。

第一二二條　（共同海損債權之擔保）

運送人或船長對於未清償分擔額之貨物所有人，得留置其貨物。但提供擔保者，不在此限。

第一二三條　（共同海損之回復）

利害關係人於受分擔額後，復得其船舶或貨物之全部或一部者，應將其所受之分擔額返還於關係人。但得將其所受損害及復得之費用扣除之。

第一二四條　（委棄免責權）

應負分擔義務之人，得委棄其存留物而免分擔海損之責。

第一二五條　（消滅時效）

因共同海損所生之債權，自計算確定之日起，經過一年不行使而消滅。

第七章　海上保險

第一二六條　（補充法）

關於海上保險，本章無規定者，適用保險法之規定。

第一二七條 （保險標的）

①凡與海上航行有關而可能發生危險之財產權益，皆得為海上保險之標的。

②海上保險契約，得約定延展加保至陸上、內河、湖泊或內陸水道之危險。

第一二八條 （保險期間）

保險期間除契約另有訂定外，關於船舶及其設備屬具，自船舶起錨或解纜之時，以迄目的港投錨或繫纜之時，為其期間；關於貨物，自貨物離岸之時，以迄目的港起岸之時，為其期間。

第一二九條 （保險人之責任）

保險人對於保險標的物，除契約另有規定外，因海上一切事變及災害所生之毀損滅失及費用，負賠償責任。

第一三〇條 （減免損失費用之償還）

①保險事故發生時，要保人或被保險人應採取必要行為，以避免或減輕保險標的之損失，保險人對於要保人或被保險人未履行此項義務而擴大之損失，不負賠償責任。

②保險人對於要保人或被保險人，為履行前項義務所生之費用，負償還之責，其償還數額與賠償金額合計雖超過保險標的價值，仍應償還之。

③保險人對於前項費用之償還，以保險金額為限。但保險金額不及保險標的物之價值時，則以保險金額對於保險標的之價值比例定之。

第一三一條 （保險人免責範圍之擴大）

因要保人或被保險人或其代理人之故意或重大過失所致之損失，保險人不負賠償責任。

第一三二條 （裝船通知義務）

未確定裝運船舶之貨物保險，要保人或被保險人於知其已裝載於船舶時，應將該船舶之名稱、裝船日期、所裝貨物及其價值，立即通知於保險人。不為通知者，保險人對未為通知所生之損害，不負賠償責任。

第一三三條 （保險契約之解除）

要保人或被保險人於保險人被產時，得終止契約。

第一三四條 （船舶之保險價額）

船舶之保險以保險人責任開始時之船舶價格及保險費，為保險價額。

第一三五條 （貨物之保險價額）

貨物之保險以裝載時、地之貨物價格、裝載費、稅捐、應付之運費及保險費，為保險價額。

第一三六條 （應有利得之保險價額）

貨物到達時應有之佣金、費用或其他利得之保險以保險時之實際金額，為保險價額。

第一三七條 （運費之保險價額）

①運費之保險，僅得以運送人如未經交付貨物即不得收取之運費為之，並以被保險人應收取之運費及保險費為保險價額。

②前項保險，得包括船舶之租金及依運送契約可得之收益。

第一三八條 （貨物之分損）

貨物損害之計算，依其在到達港於完好狀態下所應有之價值，與其受損狀態之價值比較定之。

第一三九條 （船舶分損補償額之計算方式）

①船舶部分損害之計算，以其合理修復費用為準。但每次事故應以保險金額為限。

②部分損害未修復之補償額，以船舶因受損所減少之市價為限。但不得超過所估計之合理修復費用。

③保險期間內，船舶部分損害未修復前，即遭遇全損者，不得再行請求前項部分損害未修復之補償額。

第一四〇條 （運費分損補償額之計算方式）

運費部分損害之計算，以所損運費與總運費之比例就保險金額定之。

第一四一條　（變賣時之分損）

受損害貨物之變賣，除由於不可抗力或船長依法處理者外，應得保險人之同意。並以變賣淨額與保險價額之差額爲損害額。但因變賣後所減少之一切費用，應扣除之。

第一四二條　（委付之定義）

海上保險之委付，指被保險人於發生第一百四十三條至第一百四十五條委付原因後，移轉保險標的物之一切權利於保險人，而請求支付該保險標的物全部保險金額之行爲。

第一四三條　（委付原因）

①被保險船舶有下列各款情形之一時，得委付之：

一　船舶被捕獲時。

二　船舶不能爲修繕或修繕費用超過保險價額時。

三　船舶行蹤不明已逾二個月時。

四　船舶被扣押已逾二個月仍未放行時。

②前項第四款所稱扣押，不包含債權人聲請法院所爲之查封、假扣押及假處分。

第一四四條　（委付原因）

被保險貨物有下列各款情形之一時，得委付之：

一　船舶因遭難，或其他事變不能航行已逾二個月而貨物尙未交付於受貨人、要保人或被保險人時。

二　裝運貨物之船舶，行蹤不明，已逾二個月時。

三　貨物因應由保險人負保險責任之損害，其回復原狀及繼續或轉運至目的地費用總額合併超過到達目的地價值時。

第一四五條　（委付原因）

運費之委付，得於船舶或貨物之委付時爲之。

第一四六條　（委付之範圍）

①委付應就保險標的物之全部爲之。但保險單上僅有其中一種標的物發生委付原因時，得就該一種標的物爲委付請求其保險金額。

②委付不得附有條件。

第一四七條　（委付之積極效力）

①委付經承諾或經判決爲有效後，自發生委付原因之日起，保險標的物即視爲保險人所有。

②委付未經承諾前，被保險人對於保險標的物之一切權利不受影響。保險人或被保險人對於保險標的物採取救助、保護或回復之各項措施，不視爲已承諾或拋棄委付。

第一四八條　（委付之消極效力）

委付之通知一經保險人明示承諾，當事人均不得撤銷。

第一四九條　（危險通知之義務）

要保人或被保險人，於知悉保險之危險發生後，應即通知保險人。

第一五〇條　（保險金額之給付與返還）

①保險人應於收到要保人或被保險人證明文件後三十日內給付保險金額。

②保險人對於前項證明文件如有疑義，而要保人或被保險人提供擔保時，仍應將保險金額全部給付。

③前項情形，保險人之金額返還請求權，自給付後經過一年不行使而消滅。

第一五一條　（貨損通知之義務）

要保人或被保險人，自接到貨物之日起，一個月內不將貨物所受損害通知保險人或其代理人時，視爲無損害。

第一五二條　（委付之消滅時效）

委付之權利，於知悉委付原因發生後，自得爲委付之日起，經過二個月不行使而消滅。

第八章　附　則

第一五三條　（施行日）98

①本法自公布日施行。

②本法中華民國九十八年六月十二日修正之條文，自九十八年十一月二十三日施行。

保險法

①民國18年12月30日國民政府制定公布全文82條。
②民國26年1月11日國民政府修正公布全文98條。
③民國52年9月2日總統令修正公布全文178條。
④民國63年11月30日總統令修正公布第107、136、138、143、146、149、153、166至172條條文；並增訂第149-1、149-2、149-3、149-4、149-5、172-1條條文。
⑤民國81年2月26日總統令修正公布第6、11、13、54、64、107、136、137、138、140、141、143、146、149、163、164、166、167、168、169、170、171、172、172-1、177條條文；增訂第8-1、95-1、95-2、95-3、135-1、135-2、135-3、135-4、137-1、143-1、143-2、143-3、146-1、146-2、146-3、146-4、146-5、167-1、169-1、169-2、172-2條條文；並刪除第154條條文。
⑥民國81年4月20日總統令修正公布第64條條文。
⑦民國86年5月28日總統令修正公布第33、34、93、96、119、120、122、129、130、132、135、135-4、138、143條條文；增訂第54-1、82-1條條文；並刪除第100、107、169-1條條文。
⑧民國86年10月29日總統令增訂公布第167-2條條文。
⑨民國90年7月9日總統令修正公布第13、29、94、105、107、109、117至119、121、123、124、135、138、143至143-3、144、146至146-3、146-5、148、149至149-3、149-5、153、166、167至167-2、168、169、169-2、170、171、172-1、177、178條條文；並增訂第138-1、143-4、144-1、146-6至146-8、148-1至148-3、149-6至149-11、168-1、168-2、171-1條條文；本法修正條文，除已另定施行日期者外，自公布日施行。
⑩民國92年1月22日總統令修正公布第131、146-4條條文。
⑪民國93年2月4日總統令修正公布第167、168、168-2、172-1條條文；並增訂第168-3至168-5條條文。
⑫民國94年5月18日總統令增訂公布第168-6、168-7、174-1條條文；並刪除第173條條文。
⑬民國95年5月30日總統令修正公布第168-3、178條條文；並自95年7月1日施行。
⑭民國96年1月10日總統令修正公布第22條條文。
⑮民國96年7月18日總統令修正公布第9、11、12、40、56、116、117、120、136、137、138、138-1、143、143-1、143-3至144、145至146-1、146-3至146-7、147、148-1、149、149-2、149-6至149-8、149-10、149-11、168、169、171-1、172-1、175、178條條文；增訂第138-2、138-3、145-1、146-9、147-1、165-1至165-7、170-1、175-1條條文及第五章第四節之一節名；刪除第143-2、155、160、170條條文；並自公布日施行。
⑯民國99年2月1日總統令修正公布第107條條文。
⑰民國99年12月8日總統令增訂公布第139-1、139-2、171-2條條文。
⑱民國100年6月29日總統令修正公布第163、165、167-1、167-2、177、178條條文及第五章第四節節名；增訂第164-1、167-3至167-5、177-1條條文；並刪除第164條條文；除第177-1條施行日期由行政院定之外，自公布日施行。
民國105年2月24日行政院令發布定自105年3月15日施行。
⑲民國100年11月30日總統令修正公布第146-4條條文。
民國101年2月3日行政院公告第149-7條第1項第4款所列屬「行政院公平交易委員會」之權責事項，自101年2月6日起改由「公平交易委員會」管轄。
⑳民國101年6月6日總統令修正公布第172-1條條文。
民國101年6月25日行政院公告第12條所列屬「行政院金融監督管理委員會」之權責事項，自101年7月1日起改由「金融監督管理委員會」管轄。
㉑民國103年1月8日總統令修正公布第22條條文。
㉒民國103年6月4日總統令修正公布第12、136、142、143-3、146-1、146-2、146-4、146-5、146-9、149至149-2、149-6至149-8、149-11、168、169-2條條文；並增訂第166-1條條文。
㉓民國104年2月4日總統令修正公布第8-1、29、64、122、130、136、143-4、144、149、163、167至167-4、168、171、171-1、178條條文；並增訂第138-4、143-5、143-6條條文；除第143-4至143-6、149條及第168條第4項自105年1月1日施行外，餘自公布日施行。
㉔民國105年6月8日總統令修正公布第167-2、167-3條條文。

㉕民國105年11月9日總統令修正公布第146-5、168條條文。
㉖民國105年12月28日總統令修正公布第163條條文。
㉗民國107年1月31日總統令修正公布第167、168-2至168-4條條文；並增訂第136-1條條文。
㉘民國107年4月25日總統令增訂公布第16-1、163-1條條文。
㉙民國107年5月23日總統令修正公布第146-4條條文。
㉚民國107年6月6日總統令修正公布第166、167-1、167-4至168-1、169、169-2、170-1至171-1、172、172-2條條文。
㉛民國107年6月13日總統令修正公布第107、125、128、131、133、135、138-2、146-5條條文；並增訂第107-1條條文。
㉜民國108年1月16日總統令修正公布第165條條文。
㉝民國109年6月10日總統令修正公布第107、138-2條條文。
㉞民國110年5月26日總統令修正公布第137、137-1、143-4至143-6、146-1至146-3、146-5、149、168條條文。
㉟民國111年11月30日總統令修正公布第116條條文。

第一章　總　則

第一節　定義及分類

第一條　（定義—保險）

①本法所稱保險，謂當事人約定，一方交付保險費於他方，他方對於因不可預料或不可抗力之事故所致之損害，負擔賠償財物之行爲。

②根據前項所訂之契約，稱爲保險契約。

第二條　（定義—保險人）

本法所稱保險人，指經營保險事業之各種組織，在保險契約成立時，有保險費之請求權；在承保危險事故發生時，依其承保之責任，負擔賠償之義務。

第三條　（定義—要保人）

本法所稱要保人，指對保險標的具有保險利益，向保險人申請訂立保險契約，並負有交付保險費義務之人。

第四條　（定義—被保險人）

本法所稱被保險人，指於保險事故發生時，遭受損害，享有賠償請求權之人；要保人亦得爲被保險人。

第五條　（定義—受益人）

本法所稱受益人，指被保險人或要保人約定享有賠償請求權之人，要保人或被保險人均得爲受益人。

第六條　（保險業及外國保險業之定義）

①本法所稱保險業，指依本法組織登記，以經營保險爲業之機構。

②本法所稱外國保險業，指依外國法律組織登記，並經主管機關許可，在中華民國境內經營保險爲業之機構。

第七條　（定義—保險業負責人）

本法所稱保險業負責人，指依公司法或合作社法應負責之人。

第八條　（定義—保險代理人）

本法所稱保險代理人，指根據代理契約或授權書，向保險人收取費用，並代理經營業務之人。

第八條之一　（保險業務員之定義）104

本法所稱保險業務員，指爲保險業、保險經紀人公司、保險代理人公司或兼營保險代理人或保險經紀人業務之銀行，從事保險招攬之人。

第九條　（保險經紀人之意義）96

本法所稱保險經紀人，指基於被保險人之利益，洽訂保險契約或提供相關服務，而收取佣金或報酬之人。

第一〇條　（定義—公證人）

本法所稱公證人，指向保險人或被保險人收取費用，為其辦理保險標的之查勘、鑑定及估價與賠款之理算、洽商，而予證明之人。

第一一條　（準備金之種類）96

本法所定各種準備金，包括責任準備金、未滿期保費準備金、特別準備金、賠款準備金及其他經主管機關規定之準備金。

第一二條　（主管機關）103

本法所稱主管機關為金融監督管理委員會。但保險合作社除其經營之業務，以金融監督管理委員會為主管機關外，其社務以合作社之主管機關為主管機關。

第一三條　（保險之種類）

①保險分為財產保險及人身保險。

②財產保險，包括火災保險、海上保險、陸空保險、責任保險、保證保險及經主管機關核准之其他保險。

③人身保險，包括人壽保險、健康保險、傷害保險及年金保險。

第二節　保險利益

第一四條　（財產上之現有與期待利益）

要保人對於財產上之現有利益，或因財產上之現有利益而生之期待利益，有保險利益。

第一五條　（財產上之責任利益）

運送人或保管人對於所運送或保管之貨物，以其所負之責任為限，有保險利益。

第一六條　（人身保險之保險利益）

要保人對於左列各人之生命或身體，有保險利益：

一　本人或其家屬。

二　生活費或教育費所仰給之人。

三　債務人。

四　為本人管理財產或利益之人。

第一六條之一　（保險利益處分權之放棄）107

未成年人或依民法第十四條第一項得受監護宣告者之父、母或監護人，依本法第一百三十八條之二第二項規定為被保險人時，保險契約之要保人、被保險人及受益人得於保險事故發生前，共同約定保險金於保險事故發生後應匯入指定信託帳戶，要保人並得放棄第一百十一條保險利益之處分權。

第一七條　（保險利益之效力）

要保人或被保險人，對於保險標的物無保險利益者，保險契約失其效力。

第一八條　（保險利益之移轉）

被保險人死亡或保險標的物所有權移轉時，保險契約除另有訂定外，仍為繼承人或受讓人之利益而存在。

第一九條　（保險利益之移轉）

合夥人或共有人聯合為被保險人時，其中一人或數人讓與保險利益於他人者，保險契約不因之而失效。

第二〇條　（有效契約之利益）

凡基於有效契約而生之利益，亦得為保險利益。

第三節　保險費

第二一條　（保費之交付）

保險費分一次交付及分期交付兩種。保險契約規定一次交付，或分期交付之第一期保險費，應於契約生效前交付之。但保險契約簽訂時，保險費未能確定者，不在此限。

第二二條　（交付保費之義務人）103

①保險費應由要保人依契約規定交付。信託業依信託契約有交付保險費義務者，保險費應由信託業代為交付之。

②前項信託契約，保險人依保險契約應給付之保險金額，屬該信託契約之信託財產。

③要保人為他人利益訂立之保險契約，保險人對於要保人所得為之抗辯，亦得以之對抗受益人。

第二三條　（善意複保險保費之返還）

①以同一保險利益，同一保險事故，善意訂立數個保險契約，其保險金額之總額超過保險標的之價值者，在危險發生前，要保人得依超過部份，要求比例返還保險費。

②保險契約因第三十七條之情事而無效時，保險人於不知情之時期內，仍取得保險費。

第二四條　（契約相對無效與終止保費之返還）

①保險契約因第五十一條第二項之情事，而保險人不受拘束時，保險人得請求償還費用。其已收受之保險費，無須返還。

②保險契約因第五十一條第三項之情事而要保人不受拘束時，保險人不得請求保險費及償還費用。其已收受者，應返還之。

③保險契約因第六十條或第八十一條之情事而終止，或部份終止時，除保險費非以時間為計算基礎者外，終止後之保險費已交付者，應返還之。

第二五條　（契約解除保費之返還）

保險契約因第六十四條第二項之情事而解除時，保險人無須返還其已收受之保險費。

第二六條　（保費之減少與契約終止之返還）

①保險費依保險契約所載增加危險之特別情形計算者，其情形在契約存續期內消滅時，要保人得按訂約時保險費率，自其情形消滅時起算，請求比例減少保險費。

②保險人對於前項減少保險費不同意時，要保人得終止契約，其終止後之保險費已交付者，應返還之。

第二七條　（保險人破產時契約終止保費之返還）

保險人破產時，保險契約於破產宣告之日終止，其終止後之保險費，已交付者，保險人應返還之。

第二八條　（要保人破產時契約終止保費之返還）

要保人破產時，保險契約仍為破產債權人之利益而存在。但破產管理人或保險人得於破產宣告三個月內終止契約，其終止後之保險費已交付者，應返還之。

第四節　保險人之責任

第二九條　（保險人對不可抗力事故或要保人及被保險人過失之負損害賠償責任；被保險人死亡，要保人或受益人之通知義務）104

①保險人對於由不可預料或不可抗力之事故所致之損害，負賠償責任。但保險契約內有明文限制者，不在此限。

②保險人對於由要保人或被保險人之過失所致之損害，負賠償責任。但出於要保人或被保險人之故意者，不在此限。

③被保險人之死亡保險事故發生時，要保人或受益人應通知保險人。保險人接獲通知後，應依要保人最後所留於保險人之所有受益人住所或聯絡方式，主動為通知。

第三〇條　（道義損害之責任）

保險人對於履行道德上之義務所致之損害，應負賠償責任。

第三一條　（受僱人或動物等損害之責任）

保險人對於因要保人，或被保險人之受僱人，或其所有之物或動物所致之損害，應負賠償責任。

第三二條　（兵險責任）
保險人對於因戰爭所致之損害，除契約有相反之訂定外，應負賠償責任。

第三三條　（減免損失費用之償還責任）
①保險人對於要保人或被保險人，為避免或減輕損害之必要行為所生之費用，負償還之責。其償還數額與賠償金額，合計雖超過保險金額，仍應償還。
②保險人對於前項費用之償還，以保險金額對於保險標的之價值比例定之。

第三四條　（賠償金額之給付期限）
①保險人應於要保人或被保險人交齊證明文件後，於約定期限內給付賠償金額。無約定期限者，應於接到通知後十五日內給付之。
②保險人因可歸責於自己之事由致未在前項規定期限內為給付者，應給付遲延利息年利一分。

第五節　複保險

第三五條　（複保險之義意）
複保險，謂要保人對於同一保險利益，同一保險事故，與數保險人分別訂立數個保險之契約行為。

第三六條　（複保險之通知）
複保險，除另有約定外，要保人應將他保險人之名稱及保險金額通知各保險人。

第三七條　（惡意複保險無效）
要保人故意不為前條之通知，或意圖不當得利而為複保險者，其契約無效。

第三八條　（善意複保險之效力）
善意之複保險，其保險金額之總額超過保險標的之價值者，除另有約定外，各保險人對於保險標的之全部價值，僅就其所保金額負比例分擔之責。但賠償總額，不得超過保險標的之價值。

第六節　再保險

第三九條　（再保險之意義）
再保險，謂保險人以其所承保之危險，轉向他保險人為保險之契約行為。

第四〇條　（原被保險人與再保險人間之權義）96
原保險契約之被保險人，對於再保險人無賠償請求權。但原保險契約及再保險契約另有約定者，不在此限。

第四一條　（再保險人與原要保人關係）
再保險人不得向原保險契約之要保人，請求交付保險費。

第四二條　（原保險人與原被保險人關係）
原保險人不得以再保險人不履行再保險金額給付之義務為理由，拒絕或延遲履行其對於被保險人之義務。

第二章　保險契約

第一節　通　則

第四三條　（要式契約）
保險契約，應以保險單或暫保單為之。

第四四條　（保險人之同意）
①保險契約，由保險人於同意要保人聲請後簽訂。
②利害關係人，均得向保險人請求保險契約之謄本。

第四五條　（第三人利益契約）

要保人得不經委任，爲他人之利益訂立保險契約。受益人有疑義時，推定要保人爲自己之利益而訂立。

第四六條　（保險契約代訂之方式）

保險契約由代理人訂立者，應載明代訂之意旨。

第四七條　（保險契約代訂之效力）

保險契約由合夥人或共有人中之一人或數人訂立，而其利益及於全體合夥人或共有人者，應載明爲全體合夥人或共有人訂立之意旨。

第四八條　（共保條款）

①保險人得約定保險標的物之一部份，應由要保人自行負擔由危險而生之損失。

②有前項約定時，要保人不得將未經保險之部份，另向他保險人訂立保險契約。

第四九條　（契約之方式與抗辯之援用）

①保險契約除人身保險外，得爲指示式或無記名式。

②保險人對於要保人所得爲之抗辯，亦得以之對抗保險契約之受讓人。

第五〇條　（定值與不定值保險契約）

①保險契約分不定值保險契約，及定值保險契約。

②不定值保險契約，爲契約上載明保險標的之價值，須至危險發生後估計而訂之保險契約。

③定值保險契約，爲契約上載明保險標的一定價值之保險契約。

第五一條　（危險已發生或已消滅之效力）

①保險契約訂立時，保險標的之危險已發生或已消滅者，其契約無效。但爲當事人雙方所不知者，不在此限。

②訂約時，僅要保人知危險已發生者，保險人不受契約之拘束。

③訂約時，僅保險人知危險已消滅者，要保人不受契約之拘束。

第五二條　（受益人之確定）

爲他人利益訂立之保險契約，於訂約時，該他人未確定者，由要保人或保險契約所載可得確定之受益人，享受其利益。

第五三條　（保險人之當然代位權）

①被保險人因保險人應負保險責任之損失發生，而對於第三人有損失賠償請求權者，保險人得於給付賠償金額後，代位行使被保險人對於第三人之請求權；但其所請求之數額，以不逾賠償金額爲限。

②前項第三人爲被保險人之家屬或受僱人時，保險人無代位請求權。但損失係由其故意所致者，不在此限。

第五四條　（強制規定之效力及保險契約之解釋）

①本法之強制規定，不得以契約變更之。但有利於被保險人者，不在此限。

②保險契約之解釋，應探求契約當事人之眞意，不得拘泥於所用之文字；如有疑義時，以作有利於被保險人之解釋爲原則。

第五四條之一　（約定無效之情形）

保險契約中有左列情事之一，依訂約時情形顯失公平者，該部分之約定無效：

一　免除或減輕保險人依本法應負之義務者。

二　使要保人、受益人或被保險人拋棄或限制其依本法所享之權利者。

三　加重要保人或被保險人之義務者。

四　其他於要保人、受益人或被保險人有重大不利益者。

第二節　基本條款

第五五條　（基本條款）

保險契約，除本法另有規定外，應記載左列各款事項：

一　當事人之姓名及住所。

二　保險之標的物。
三　保險事故之種類。
四　保險責任開始之日、時及保險期間。
五　保險金額。
六　保險費。
七　無效及失權之原因。
八　訂約之年、月、日。

第五六條　（變更或恢復效力之通知）96

變更保險契約或恢復停止效力之保險契約時，保險人於接到通知後十日內不為拒絕者，視為承諾。但本法就人身保險有特別規定者，從其規定。

第五七條　（怠於通知之解約）

當事人之一方對於他方應通知之事項而怠於通知者，除不可抗力之事故外，不問是否故意，他方得據為解除保險契約之原因。

第五八條　（危險發生之通知義務）

要保人、被保險人或受益人，遇有保險人應負保險責任之事故發生，除本法另有規定，或契約另有訂定外，應於知悉後五日內通知保險人。

第五九條　（危險增加之通知義務）

①要保人對於保險契約內所載增加危險之情形應通知者，應於知悉後通知保險人。
②危險增加，由於要保人或被保險人之行為所致，其危險達於應增加保險費或終止契約之程度者，要保人或被保險人應先通知保險人。
③危險增加，不由於要保人或被保險人之行為所致者，要保人或被保險人應於知悉後十日內通知保險人。
④危險減少時，被保險人得請求保險人重新核定保費。

第六〇條　（危險增加之效果）

①保險遇有前條情形，得終止契約，或提議另定保險費。要保人對於另定保險費不同意者，其契約即為終止。但因前條第二項情形終止契約時，保險人如有損失，並得請求賠償。
②保險人知危險增加後，仍繼續收受保險費，或於危險發生後給付賠償金額，或其他維持契約之表示者，喪失前項之權利。

第六一條　（危險增加通知義務之例外）

危險增加如有左列情形之一時，不適用第五十九條之規定：
一　損害之發生不影響保險人之負擔者。
二　為防護保險人之利益者。
三　為履行道德上之義務者。

第六二條　（不負通知義務者）

當事人之一方對於左列各款，不負通知之義務：
一　為他方所知者。
二　依通常注意為他方所應知，或無法諉為不知者。
三　一方對於他方經聲明不必通知者。

第六三條　（怠於通知之賠償）

要保人或被保險人不於第五十八條、第五十九條第三項所規定之期限內為通知者，對於保險人因此所受之損失，應負賠償責任。

第六四條　（要保人據實說明之義務）104

①訂立契約時，要保人對於保險人之書面詢問，應據實說明。
②要保人有為隱匿或遺漏不為說明，或為不實之說明，足以變更或減少保險人對於危險之估計者，保險人得解除契約；其危險發生後亦同。但要保人證明危險之發生未基於其說明或未說明之事實時，不在此限。
③前項解除契約權，自保險人知有解除之原因後，經過一個月不行使而消滅；或契約訂

立後經過二年，即有可以解除之原因，亦不得解除契約。

第六五條　（消滅時效）

由保險契約所生之權利，自得為請求之日起，經過二年不行使而消滅。有左列各款情形之一者，其期限之起算，依各該款之規定：

一　要保人或被保險人對於危險之說明，有隱匿、遺漏或不實者，自保險人知情之日起算。

二　危險發生後，利害關係人能證明其非因疏忽而不知情者，自其知情之日起算。

三　要保人或被保險人對於保險人之請求，係由於第三人之請求而生者，自要保人或被保險人受請求之日起算。

第三節　特約條款

第六六條　（特約條款之意義）

特約條款，為當事人於保險契約基本條款外，承認履行特種義務之條款。

第六七條　（特約條款內容）

與保險契約有關之一切事項，不問過去、現在或將來，均得以特約條款定之。

第六八條　（違背特約條款之效力）

①保險契約當事人之一方違背特約條款時，他方得解除契約；其危險發生後亦同。

②第六十四條第三項之規定，於前項情形準用之。

第六九條　（未來事項特約條款之效力）

關於未來事項之特約條款，於未屆履行期前危險已發生，或其履行為不可能，或在訂約地為不合法而未履行者，保險契約不因之而失效。

第三章　財產保險

第一節　火災保險

第七〇條　（火災保險人之責任）

①火災保險人，對於由火災所致保險標的物之毀損或滅失，除契約另有訂定外，負賠償之責。

②因救護保險標的物，致保險標的物發生損失者，視同所保危險所生之損失。

第七一條　（集合保險契約之責任）

①就集合之物而總括為保險者，被保險人家屬、受僱人或同居人之物，亦得為保險標的，載明於保險契約，在危險發生時，就其損失享受賠償。

②前項保險契約，視同並為第三人利益而訂立。

第七二條　（保險金額之作用）

保險金額，為保險人在保險期內，所負責任之最高額度。保險人應於承保前，查明保險標的物之市價，不得超額承保。

第七三條　（保險標的—定值與不定值）

①保險標的，得由要保人，依主管機關核定之費率及條款，作定值或不定值約定之要保。

②保險標的，以約定價值為保險金額者，發生全部損失或部份損失時，均按約定價值為標準計算賠償。

③保險標的，未經約定價值者，發生損失時，按保險事故發生時實際價值為標準，計算賠償，其賠償金額，不得超過保險金額。

第七四條　（全損之定義）

第七十三條所稱全部損失，係指保險標的全部滅失或毀損，達於不能修復，或其修復之費用，超過保險標的恢復原狀所需者。

第七五條　（標的物價值之約定）

保險標的物不能以市價估計者，得由當事人約定其價值，賠償時從其約定。

第七六條　（超額保險）

①保險金額超過保險標的價值之契約，係由當事人一方之詐欺而訂立者，他方得解除契約，如有損失，並得請求賠償；無詐欺情事者，除定值保險外，其契約僅於保險標的價值之限度內爲有效。

②無詐欺情事之保險契約，經當事人一方將超過價值之事實通知他方後，保險金額及保險費，均應按照保險標的之價值比例減少。

第七七條　（一部保險）

保險金額不及保險標的物之價值者，除契約另有訂定外，保險人之負擔，以保險金額對於保險標的物之價值比例定之。

第七八條　（損失估計遲延之責任）

損失之估計，因可歸責於保險人之事由而遲延者，應自被保險人交出損失清單一個月後加給利息。損失清單交出二個月後損失尚未完全估定者，被保險人得請求先行交付其所應得之最低賠償金額。

第七九條　（估計損失費用之負擔）

①保險人或被保險人爲證明及估計損失所支出之必要費用，除契約另有訂定外，由保險人負擔之。

②保險金額不及保險標的物之價值時，保險人對於前項費用，依第七十七條規定比例負擔之。

第八〇條　（標的物變更之禁止）

損失未估定前，要保人或被保險人除爲公共利益或避免擴大損失外，非經保險人同意，對於保險標的物不得加以變更。

第八一條　（標的物全損時契約之終止）

保險標的物非因保險契約所載之保險事故而完全滅失時，保險契約即爲終止。

第八二條　（標的物分損時契約之終止）

①保險標的物受部份之損失者，保險人與要保人均有終止契約之權。終止後，已交付未損失部分之保險費應返還之。

②前項終止契約權，於賠償金額給付後，經過一個月不行使而消滅。

③保險人終止契約時，應於十五日前通知要保人。

④要保人與保險人均不終止契約時，除契約另有訂定外，保險人對於以後保險事故所致之損失，其責任以賠償保險金額之餘額爲限。

第八二條之一　（有關法條之準用）

①第七十三條至第八十一條之規定，於海上保險、陸空保險、責任保險、保證保險及其他財產保險準用之。

②第一百二十三條及第一百二十四條之規定，於超過一年之財產保險準用之。

第二節　海上保險

第八三條　（海上保險人之責任）

海上保險人對於保險標的物，除契約另有規定外，因海上一切事變及災害所生之毀損、滅失及費用，負賠償之責。

第八四條　（適用海商法之規定）

關於海上保險，適用海商法海上保險章之規定。

第三節　陸空保險

第八五條　（陸空保險人之責任）

陸上、內河及航空保險人，對於保險標的物，除契約另有訂定外，因陸上、內河及航空一切事變及災害所致之毀損、滅失及費用，負賠償之責。

第八六條　（貨物保險之期間）
關於貨物之保險，除契約另有訂定外，自交運之時以迄於其目的地收貨之時爲其期間。

第八七條　（保險契約應載事項）
保險契約，除記載第五十五條規定事項外，並應載明左列事項：
一　運送路線及方法。
二　運送人姓名或商號名稱。
三　交運及取貨地點。
四　運送有期限者其期限。

第八八條　（暫停、或變更運路或方法之效力）
因運送上之必要，暫時停止或變更運送路線或方法時，保險契約除另有訂定外，仍繼續有效。

第八九條　（海上保險之準用）
航行內河船舶運費及裝載貨物之保險，除本節另有規定外，準用海上保險有關條文之規定。

第四節　責任保險

第九〇條　（責任保險人之責任）
責任保險人於被保險人對於第三人，依法應負賠償責任，而受賠償之請求時，負賠償之責。

第九一條　（必要費用之負擔）
①被保險人因受第三人之請求而爲抗辯，所支出之訴訟上或訴訟外之必要費用，除契約另有訂定外，由保險人負擔之。
②被保險人得請求保險人墊給前項費用。

第九二條　（第三人利益契約）
保險契約係爲被保險人所營事業之損失賠償責任而訂立者，被保險人之代理人、管理人或監督人所負之損失賠償責任，亦享受保險之利益，其契約視同並爲第三人之利益而訂立。

第九三條　（保險人之參與權）
保險人得約定被保險人對於第三人就其責任所爲之承認、和解或賠償，未經其參與者，不受拘束。但經要保人或被保險人通知保險人參與而無正當理由拒絕或藉故遲延者，不在此限。

第九四條　（向被保險人給付賠償金之限制）
①保險人於第三人由被保險人應負責任事故所致之損失，未受賠償以前，不得以賠償金額之全部或一部給付被保險人。
②被保險人對第三人應負損失賠償責任確定時，第三人得在保險金額範圍內，依其應得之比例，直接向保險人請求給付賠償金額。

第九五條　（向第三人給付賠償金）
保險人得經被保險人通知，直接對第三人爲賠償金額之給付。

第四節之一　保證保險

第九五條之一　（保證保險人之責任）
保證保險人於被保險人因其受僱人之不誠實行爲或其債務人之不履行債務所致損失，負賠償之責。

第九五條之二　（以受僱人不誠實行爲之保險契約應載事項）
以受僱人之不誠實行爲爲保險事故之保證保險契約，除記載第五十五條規定事項外，並應載明左列事項：

一　被保險人之姓名及住所。

二　受僱人之姓名、職稱或其他得以認定為受僱人之方式。

第九五條之三　（以債務人不履行債務之保險契約應載事項）

以債務人之不履行債務為保險事故之保證保險契約，除記載第五十五條規定事項外，並應載明左列事項：

一　被保險人之姓名及住所。

二　債務人之姓名或其他得以認定為債務人之方式。

第五節　其他財產保險

第九六條　（其他財產保險之意義）

其他財產保險為不屬於火災保險、海上保險、陸空保險、責任保險及保證保險之範圍，而以財物或無形利益為保險標的之各種保險。

第九七條　（標的物查勘權）

保險人有隨時查勘保險標的物之權，如發現全部或一部分處於不正常狀態，經建議要保人或被保險人修復後，再行使用。如要保人或被保險人不接受建議時，得以書面通知終止保險契約或其有關部分。

第九八條　（未盡保護義務之責任）

①要保人或被保險人，對於保險標的物未盡約定保護責任所致之損失，保險人不負賠償之責。

②危險事故發生後，經鑑定係因要保人或被保險人未盡合理方法保護標的物，因而增加之損失，保險人不負賠償之責。

第九九條　（保險契約之變動）

保險標的物受部份之損失，經賠償或回復原狀後，保險契約繼續有效。但與原保險情況有異時，得增減其保險費。

第一〇〇條　（刪除）

第四章　人身保險

第一節　人壽保險

第一〇一條　（人壽保險人之責任）

人壽保險人於被保險人在契約規定年限內死亡，或屆契約規定年限而仍生存時，依照契約，負給付保險金額之責。

第一〇二條　（保險金額）

人壽保險之保險金額，依保險契約之所定。

第一〇三條　（保險人代位之禁止）

人壽保險之保險人，不得代位行使要保人或受益人因保險事故所生對於第三人之請求權。

第一〇四條　（契約之代訂）

人壽保險契約，得由本人或第三人訂立之。

第一〇五條　（他人人壽保約訂立之限制）

①由第三人訂立之死亡保險契約，未經被保險人書面同意，並約定保險金額，其契約無效。

②被保險人依前項所為之同意，得隨時撤銷之。其撤銷之方式應以書面通知保險人及要保人。

③被保險人依前項規定行使其撤銷權者，視為要保人終止保險契約。

第一〇六條　（他人死亡保約代訂之限制）

由第三人訂立之人壽保險契約，其權利之移轉或出質，非經被保險人以書面承認者，不生效力。

第一〇七條 109

①以未滿十五歲之未成年人爲被保險人訂立之人壽保險契約，除喪葬費用之給付外，其餘死亡給付之約定於被保險人滿十五歲時始生效力。

②前項喪葬費用之保險金額，不得超過遺產及贈與稅法第十七條有關遺產稅喪葬費扣除額之一半。

③前二項於其他法律另有規定者，從其規定。

第一〇七條之一 （受監護宣告尚未撤銷之被保險人喪葬費用及死亡給付之效力） 107

①訂立人壽保險契約時，以受監護宣告尚未撤銷者爲被保險人，除喪葬費用之給付外，其餘死亡給付部分無效。

②前項喪葬費用之保險金額，不得超過遺產及贈與稅法第十七條有關遺產稅喪葬費扣除額之一半。

③前二項規定於其他法律另有規定者，從其規定。

第一〇八條 （保約之應載事項）

人壽保險契約，除記載第五十五條規定事項外，並應載明左列事項：

一 被保險人之姓名、性別、年齡及住所。

二 受益人姓名及與被保險人之關係或確定受益人之方法。

三 請求保險金額之保險事故及時期。

四 依第一百十八條之規定，有減少保險金額之條件者，其條件。

第一〇九條 （故意自殺）

①被保險人故意自殺者，保險人不負給付保險金額之責任。但應將保險之保單價值準備金返還於應得之人。

②保險契約載有被保險人故意自殺，保險人仍應給付保險金額之條款者，其條款於訂約二年後始生效力。恢復停止效力之保險契約，其二年期限應自恢復停止效力之日起算。

③被保險人因犯罪處死或拒捕或越獄致死者，保險人不負給付保險金額之責任。但保險費已付足二年以上者，保險人應將其保單價值準備金返還於應得之人。

第一一〇條 （受益人之指定）

①要保人得通知保險人，以保險金額之全部或一部，給付其所指定之受益人一人或數人。

②前項指定之受益人，以於請求保險金額時生存者爲限。

第一一一條 （受益人之變更）

①受益人經指定後，要保人對其保險利益，除聲明放棄處分權者外，仍得以契約或遺囑處分之。

②要保人行使前項處分權，非經通知，不得對抗保險人。

第一一二條 （受益人之權利）

保險金額約定於被保險人死亡時給付於其所指定之受益人者，其金額不得作爲被保險人之遺產。

第一一三條 （法定受益人）

死亡保險契約未指定受益人者，其保險金額作爲被保險人之遺產。

第一一四條 （受益權之轉讓）

受益人非經要保人之同意，或保險契約載明允許轉讓者，不得將其利益轉讓他人。

第一一五條 （保費之代付）

利害關係人，均得代要保人交付保險費。

第一一六條 111

①人壽保險之保險費到期未交付者，除契約另有訂定外，經催告到達後屆三十日仍不交付時，保險契約之效力停止。

②催告應送達於要保人，或負有交付保險費義務之人之最後住所或居所，保險費經催告後，應依與保險人約定之交付方法交付之；保險人並應將前開催告通知被保險人以確保其權益。對被保險人之通知，依最後留存於保險人之聯絡資料，以書面、電子郵件、簡訊或其他約定方式擇一發出通知者，視為已完成。
③第一項停止效力之保險契約，於停止效力之日起六個月內清償保險費、保險契約約定之利息及其他費用後，翌日上午零時起，開始恢復其效力。要保人於停止效力之日起六個月後申請恢復效力者，保險人得於要保人申請恢復效力之日起五日內要求要保人提供被保險人之可保證明，除被保險人之危險程度有重大變更已達拒絕承保外，保險人不得拒絕其恢復效力。
④保險人未於前項規定期限內要求要保人提供可保證明或於收到前項可保證明後十五日內不為拒絕者，視為同意恢復效力。
⑤保險契約所定申請恢復效力之期限，自停止效力之日起不得低於二年，並不得遲於保險期間之屆滿日。
⑥保險人於前項所規定之期限屆滿後，有終止契約之權。
⑦保險契約終止時，保險費已付足二年以上，如有保單價值準備金者，保險人應返還其保單價值準備金。
⑧保險契約約定由保險人墊繳保險費者，於墊繳之本息超過保單價值準備金時，其停止效力及恢復效力之申請準用第一項至第六項規定。

第一一七條　（保險費未付之效果）96
①保險人對於保險費，不得以訴訟請求交付。
②以被保險人終身為期，不附生存條件之死亡保險契約，或契約訂定於若干年後給付保險金額或年金者，如保險費已付足二年以上而有不交付時，於前條第五項所定之期限屆滿後，保險人僅得減少保險金額或年金。

第一一八條　（減少保險金額或年金之辦法）
①保險人依前條規定，或因要保人請求，得減少保險金額或年金。其條件及可減少之數額，應載明於保險契約。
②減少保險金額或年金，應以訂原約時之條件，訂立同類保險契約為計算標準。其減少後之金額，不得少於原契約終止時已有之保單價值準備金，減去營業費用，而以之作為保險費一次交付所能得之金額。
③營業費用以原保險金額百分之一為限。
④保險金額之一部，係因其保險費全數一次交付而訂定者，不因其他部分之分期交付保險費之不交付而受影響。

第一一九條　（解約金之償付）
①要保人終止保險契約，而保險費已付足一年以上者，保險人應於接到通知後一個月內償付解約金；其金額不得少於要保人應得保單價值準備金之四分之三。
②償付解約金之條件及金額，應載明於保險契約。

第一二〇條　（保險金額之質借）96
①保險費付足一年以上者，要保人得以保險契約為質，向保險人借款。
②保險人於接到要保人之借款通知後，得於一個月以內之期間，貸給可得質借之金額。
③以保險契約為質之借款，保險人應於借款本息超過保單價值準備金之日之三十日前，以書面通知要保人返還借款本息，要保人未於該超過之日前返還者，保險契約之效力自借款本息超過保單價值準備金之日停止。
④保險人未依前項規定為通知時，於保險人以書面通知要保人返還借款本息之日起三十日內要保人未返還者，保險契約之效力自該三十日之次日起停止。
⑤前二項停止效力之保險契約，其恢復效力之申請準用第一百十六條第三項至第六項規定。

第一二一條　（保險人之免責事由）
①受益人故意致被保險人於死或雖未致死者，喪失其受益權。

②前項情形，如因該受益人喪失受益權，而致無受益人受領保險金額時，其保險金額作爲被保險人遺產。
③要保人故意致被保險人於死者，保險人不負給付保險金額之責。保險費付足二年以上者，保險人應將其保單價值準備金給付與應得之人，無應得之人時，應解交國庫。

第一二二條　（被保險人年齡不實之效果）104
①被保險人年齡不實，而其眞實年齡已超過保險人所定保險年齡限度者，其契約無效，保險人應退還所繳保險費。
②因被保險人年齡不實，致所付之保險費少於應付數額者，要保人得補繳短繳之保險費或按照所付之保險費與被保險人之眞實年齡比例減少保險金額。但保險事故發生後，且年齡不實之錯誤不可歸責於保險人者，要保人不得要求補繳短繳之保險費。
③因被保險人年齡不實，致所付之保險費多於應付數額者，保險人應退還溢繳之保險費。

第一二三條　（當事人破產之效果）
①保險人破產時，受益人對於保險人得請求之保險金額之債權，以其保單價值準備金按訂約時之保險費率比例計算之。要保人破產時，保險契約訂有受益人者，仍爲受益人之利益而存在。
②投資型保險契約之投資資產，非各該投資型保險之受益人不得主張，亦不得請求扣押或行使其他權利。

第一二四條　（責任準備金之優先受償權）
人壽保險之要保人、被保險人、受益人，對於被保險人之保單價值準備金，有優先受償之權。

第二節　健康保險

第一二五條　（健康保險人之責任）107
①健康保險人於被保險人疾病、分娩及其所致失能或死亡時，負給付保險金額之責。
②前項所稱失能之內容，依各保險契約之約定。

第一二六條　（健康檢查）
①保險人於訂立保險契約前，對於被保險人得施以健康檢查。
②前項檢查費用，由保險人負擔。

第一二七條　（保險人免責事由㈠）
保險契約訂立時，被保險人已在疾病或妊娠情況中者，保險人對是項疾病或分娩，不負給付保險金額之責任。

第一二八條　（保險人免責事由㈡）107
被保險人故意自殺或墮胎所致疾病、失能、流產或死亡，保險人不負給付保險金額之責。

第一二九條　（代訂之保險契約應記載事項）
被保險人不與要保人爲同一人時，保險契約除載明第五十五條規定事項外，並應載明左列各款事項：
一　被保險人之姓名、年齡及住所。
二　被保險人與要保人之關係。

第一三〇條　（相關法條之準用）104
第一百零二條至第一百零五條、第一百十五條、第一百十六條、第一百二十二條至第一百二十四條，於健康保險準用之。

第三節　傷害保險

第一三一條　（傷害保險人之責任）107
①傷害保險人於被保險人遭受意外傷害及其所致失能或死亡時，負給付保險金額之責。

②前項意外傷害，指非由疾病引起之外來突發事故所致者。

第一三二條　（傷害保險契約應記載事項）

傷害保險契約，除記載第五十五條規定事項外，並應載明左列事項：

一　被保險人之姓名、年齡、住所及與要保人之關係。

二　受益人之姓名及與被保險人之關係或確定受益人之方法。

三　請求保險金額之事故及時期。

第一三三條　（保險人之免責事由）107

被保險人故意自殺，或因犯罪行為，所致傷害、失能或死亡，保險人不負給付保險金額之責任。

第一三四條　（受益權之喪失與撤銷）

①受益人故意傷害被保險人者，無請求保險金額之權。

②受益人故意傷害被保險人未遂時，被保險人得撤銷其受益權利。

第一三五條　（傷害保險準用法條）107

第一百零二條至第一百零五條、第一百零七條、第一百零七條之一、第一百十條至第一百十六條、第一百二十三條、第一百二十四條及第一百二十五條第二項，於傷害保險準用之。

第四節　年金保險

第一三五條之一　（年金保險人之責任）

年金保險人於被保險人生存期間或特定期間內，依照契約負一次或分期給付一定金額之責。

第一三五條之二　（年金保險契約應記載之事項）

年金保險契約，除記載第五十五條規定事項外，並應載明左列事項：

一　被保險人之姓名、性別、年齡及住所。

二　年金金額或確定年金金額之方法。

三　受益人之姓名及與被保險人之關係。

四　請求年金之期間、日期及給付方法。

五　依第一百十八條之規定，有減少年金之條件者，其條件。

第一三五條之三　（年金保險之受益人）

①受益人於被保險人生存期間為被保險人本人。

②保險契約載有於被保險人死亡後給付年金者，其受益人準用第一百十條至第一百十三條之規定。

第一三五條之四　（人壽保險規定之準用）

第一百零三條、第一百零四條、第一百零六條、第一百十四條至第一百二十四條規定，於年金保險準用之。但於年金給付期間，要保人不得終止契約或以保險契約為質，向保險人借款。

第五章　保險業

第一節　通　則

第一三六條　（保險業之組織及相關規定）104

①保險業之組織，以股份有限公司或合作社為限。但經主管機關核准者，不在此限。

②非保險業不得兼營保險業務。

③違反前項規定者，由主管機關或目的事業主管機關會同司法警察機關取締，並移送法辦；如屬法人組織，其負責人對有關債務，應負連帶清償責任。

④執行前項任務時，得依法搜索扣押被取締者之會計帳簿及文件，並得撤除其標誌等設施或為其他必要之處置。

⑤保險業之組織為股份有限公司者，除其他法律另有規定或經主管機關許可外，其股票應辦理公開發行。
⑥保險業依前項除外規定未辦理公開發行股票者，應設置獨立董事及審計委員會，並以審計委員會替代監察人。
⑦前項獨立董事、審計委員會之設置及其他應遵行事項，準用證券交易法第十四條之二至第十四條之五相關規定。
⑧本法中華民國一百零三年五月二十日修正之條文施行時，第六項規定之保險業現任董事或監察人任期尚未屆滿者，得自任期屆滿時適用該規定。但其現任董事或監察人任期於修正施行後一年內屆滿者，得自改選之董事或監察人任期屆滿時始適用之。

第一三六條之一 （促進金融科技創新，推動金融監理沙盒，於核准辦理期間及範圍，得不適用本法之規定）107
①為促進普惠金融及金融科技發展，不限於保險業、保險經紀人、保險代理人及保險公證人，得依金融科技發展與創新實驗條例申請辦理保險業務創新實驗。
②前項之創新實驗，於主管機關核准辦理之期間及範圍內，得不適用本法之規定。
③主管機關應參酌第一項創新實驗之辦理情形，檢討本法及相關金融法規之妥適性。

第一三七條 110
①保險業非經主管機關許可，並依法為設立登記，繳存保證金，領得營業執照後，不得開始營業。
②保險業申請設立許可應具備之條件、程序、應檢附之文件、發起人、董事、監察人與經理人應具備之資格條件、廢止許可、分支機構之設立、遷移或裁撤、保險契約轉讓、解散及其他應遵行事項之辦法，由主管機關定之。
③外國保險業非經主管機關許可，並依法為設立登記，繳存保證金，領得營業執照後，不得開始營業。
④外國保險業，除本法另有規定外，準用本法有關保險業之規定。
⑤外國保險業申請設立許可應具備之條件、程序、應檢附之文件、廢止許可、營業執照核發、增設分公司之條件、營業項目變更、撤換負責人之情事、資金運用及其他應遵行事項之辦法，由主管機關定之。
⑥依其他法律設立之保險業，除各該法律另有規定外，準用本法有關保險業之規定。

第一三七條之一 110
①保險業負責人應具備之資格條件、兼職限制、利益衝突之禁止及其他應遵行事項之準則，由主管機關定之。
②保險業負責人未具備前項準則所定資格條件者，主管機關應予解任；違反兼職限制或利益衝突之禁止者，主管機關得限期令其調整，無正當理由屆期未調整者，應予解任。

第一三八條 （保險業營業範圍之限制）96
①財產保險業經營財產保險，人身保險業經營人身保險，同一保險業不得兼營財產保險及人身保險業務。但財產保險業經主管機關核准經營傷害保險及健康保險者，不在此限。
②財產保險業依前項但書規定經營傷害保險及健康保險業務應具備之條件、業務範圍、申請核准應檢附之文件及其他應遵行事項之辦法，由主管機關定之。
③保險業不得兼營本法規定以外之業務。但經主管機關核准辦理其他與保險有關業務者，不在此限。
④保險業辦理前項與保險有關業務，涉及外匯業務之經營者，須經中央銀行之許可。
⑤保險合作社不得經營非社員之業務。

第一三八條之一 （共保住宅地震險）96
①財產保險業應承保住宅地震危險，以主管機關建立之危險分散機制為之。
②前項危險分散機制，應成立財團法人住宅地震保險基金負責管理，就超過財產保險業共保承擔限額部分，由該基金承擔、向國內、外為再保險、以主管機關指定之方式為

之或由政府承受。
③前二項有關危險分散機制之承擔限額、保險金額、保險費率、各種準備金之提存及其他應遵行事項之辦法，由主管機關定之。
④財團法人住宅地震保險基金之捐助章程、業務範圍、資金運用及其他管理事項之辦法，由主管機關定之。
⑤因發生重大震災，致住宅地震保險基金累積之金額不足支付應攤付之賠款，為保障被保險人之權益，必要時，該基金得請求主管機關會同財政部報請行政院核定後，由國庫提供擔保，以取得必要之資金來源。

第一三八條之二 109
①保險業經營人身保險業務，保險契約得約定保險金一次或分期給付。
②人身保險契約中屬死亡或失能之保險金部分，要保人於保險事故發生前得預先洽訂信託契約，由保險業擔任該保險金信託之受託人，其中要保人與被保險人應為同一人，該信託契約之受益人並應為保險契約之受益人，且以被保險人、未成年人、受監護宣告尚未撤銷者為限。
③前項信託給付屬本金部分，視為保險給付，信託業依信託業法規定擔任保險金信託之受託人，且該信託契約之受益人與保險契約之受益人為同一人，並以被保險人、未成年人、受監護宣告尚未撤銷者為限者，其信託給付屬本金部分，亦同。
④保險業辦理保險金信託業務應設置信託專戶，並以信託財產名義表彰。
⑤前項信託財產為應登記之財產者，應依有關規定為信託登記。
⑥第四項信託財產為有價證券者，保險業設置信託專戶，並以信託財產名義表彰；其以信託財產為交易行為時，得對抗第三人，不適用信託法第四條第二項規定。
⑦保險業辦理保險金信託，其資金運用範圍以下列為限：
一　現金或銀行存款。
二　公債或金融債券。
三　短期票券。
四　其他經主管機關核准之資金運用方式。

第一三八條之三　（保險金信託）
①保險業經營保險金信託業務，應經主管機關許可，其營業及會計必須獨立。
②保險業為擔保其因違反受託人義務而對委託人或受益人所負之損害賠償、利益返還或其他責任，應提存賠償準備。
③保險業申請許可經營保險金信託業務應具備之條件、應檢附之文件、廢止許可、應提存賠償準備額度、提存方式及其他應遵行事項之辦法，由主管機關定之。

第一三八條之四　（保險業應於網站公開保險商品之契約條款及相關事項資訊）104
保險業應於其網站或主管機關指定機構之網站公告現行銷售中保險商品之契約條款，並公開揭露該等商品之預定附加費用率、承保範圍、不保事項及其他經主管機關指定之保險商品資訊。

第一三九條　（最低資本或基金）
各種保險業資本或基金之最低額，由主管機關審酌各地經濟實況，及各種保險業務之需要，分別呈請行政院核定之。

第一三九條之一　（保險公司具有控制權人資格適當性之監理）99
①同一人或同一關係人單獨、共同或合計持有同一保險公司已發行有表決權股份總數超過百分之五者，自持有之日起十日內，應向主管機關申報；持股超過百分之五後累積增減逾一個百分點者，亦同。
②同一人或同一關係人擬單獨、共同或合計持有同一保險公司已發行有表決權股份總數超過百分之十、百分之二十五或百分之五十者，均應分別事先向主管機關申請核准。
③第三人為同一人或同一關係人以信託、委任或其他契約、協議、授權等方法持有股份者，應併計入同一關係人範圍。
④中華民國九十九年十一月十二日修正之條文施行前，同一人或同一關係人單獨、共同

或合計持有同一保險公司已發行有表決權股份總數超過百分之五者，應自施行之日起六個月內向主管機關申報。於申報後第一次擬增減持股比率而增減後持股比率超過百分之十者，應事先向主管機關申請核准；第二次以後之增減持股比率，依第一項及第二項規定辦理。

⑤同一人或同一關係人依第二項或前項規定申請核准應具備之適格條件、應檢附之書件、擬取得股份之股數、目的、資金來源、持有股票之出質情形、持股數與其他重要事項變動之申報、公告及其他應遵行事項之辦法，由主管機關定之。

⑥未依第一項、第二項或第四項規定向主管機關申報或經核准而持有保險公司已發行有表決權之股份者，其超過部分無表決權，並由主管機關命其於限期內處分。

⑦同一人或本人與配偶、未成年子女合計持有同一保險公司已發行有表決權股份總數百分之一以上者，應由本人通知保險公司。

第一三九條之二　（同一人或同一關係人持有保險公司股份之規範）99

①前條所稱同一人，指同一自然人或同一法人。

②前條所稱同一關係人，指同一自然人或同一法人之關係人，其範圍如下：

一　同一自然人之關係人：

㈠同一自然人與其配偶及二親等以內血親。

㈡前目之人持有已發行有表決權股份或資本額合計超過三分之一之企業。

㈢第一目之人擔任董事長、總經理或過半數董事之企業或財團法人。

二　同一法人之關係人：

㈠同一法人與其董事長、總經理，及該董事長、總經理之配偶與二親等以內血親。

㈡同一法人及前目之自然人持有已發行有表決權股份或資本額合計超過三分之一之企業，或擔任董事長、總經理或過半數董事之企業或財團法人。

㈢同一法人之關係企業。關係企業適用公司法第三百六十九條之一至第三百六十九條之三、第三百六十九條之九及第三百六十九條之十一規定。

③計算前二項同一人或同一關係人持有同一保險公司之股份，不包括下列各款情形所持有之股份：

一　證券商於承銷有價證券期間所取得，且於主管機關規定期間內處分之股份。

二　金融機構因承受擔保品所取得，且自取得日起未滿四年之股份。

三　因繼承或遺贈所取得，且自繼承或受贈日起未滿二年之股份。

第一四〇條　（分紅保險契約之簽定）

①保險公司得簽訂參加保單紅利之保險契約。

②保險合作社簽訂之保險契約，以參加保單紅利者爲限。

③前二項保單紅利之計算基礎及方法，應於保險契約中明訂之。

第一四一條　（保證金繳存之數額）

保險業應按資本或基金實收總額百分之十五，繳存保證金於國庫。

第一四二條　（保證金之繳存及不予發還之情形）

①保證金之繳存應以現金爲之。但經主管機關之核准，得以公債或庫券代繳之。

②前項繳存之保證金，除保險業有下列情事之一者外，不予發還：

一　經法院宣告破產。

二　經主管機關依本法規定爲接管、勒令停業清理、清算之處分，並經接管人、清理人或清算人報經主管機關核准。

三　經宣告停業依法完成清算。

③接管人得依前項第二款規定報請主管機關核准發還保證金者，以於接管期間讓與受接管保險業全部營業者爲限。

④以有價證券抵繳保證金者，其息票部分，在宣告停業依法清算時，得准移充清算費用。

第一四三條　（保證金之補足與借款）96

保險業不得向外借款、為保證人或以其財產提供為他人債務之擔保。但保險業有下列情形之一，報經主管機關核准向外借款者，不在此限：

一　為給付鉅額保險金、大量解約或大量保單貸款之週轉需要。

二　因合併或承受經營不善同業之有效契約。

三　為強化財務結構，發行具有資本性質之債券。

第一四三條之一　（安定基金之提撥）96

①為保障被保險人之基本權益，並維護金融之安定，財產保險業及人身保險業應分別提撥資金，設置財團法人安定基金。

②財團法人安定基金之組織及管理等事項之辦法，由主管機關定之。

③安定基金由各保險業者提撥；其提撥比率，由主管機關審酌經濟、金融發展情形及保險業承擔能力定之，並不得低於各保險業者總保險費收入之千分之一。

④安定基金累積之金額不足保障被保險人權益，且有嚴重危及金融安定之虞時，得報經主管機關同意，向金融機構借款。

第一四三條之二　（刪除）96

第一四三條之三　（安定基金辦理之事項）96

①安定基金辦理之事項如下：

一　對經營困難保險業之貸款。

二　保險業因與經營不善同業進行合併或承受其契約，致遭受損失時，安定基金得予以低利貸款或墊支，並就其墊支金額取得對經營不善保險業之求償權。

三　保險業依第一百四十九條第三項規定被接管、勒令停業清理或命令解散，或經接管人依第一百四十九條之二第二項第四款規定向法院聲請重整時，安定基金於必要時應代該保險業墊付要保人、被保險人及受益人依有效契約所得為之請求，並就其墊付金額取得並行使該要保人、被保險人及受益人對該保險業之請求權。

四　保險業依本法規定進行重整時，為保障被保險人權益，協助重整程序之迅速進行，要保人、被保險人及受益人除提出書面反對意見者外，視為同意安定基金代理其出席關係人會議及行使重整相關權利。安定基金執行代理行為之程序及其他應遵行事項，由安定基金訂定，報請主管機關備查。

五　受主管機關委託擔任監管人、接管人、清理人或清算人職務。

六　經主管機關核可承接不具清償能力保險公司之保險契約。

七　財產保險業及人身保險業安定基金提撥之相關事宜。

八　受主管機關指定處理保險業依本法規定彙報之財務、業務及經營風險相關資訊。但不得逾越主管機關指定之範圍。

九　其他為安定保險市場或保障被保險人之權益，經主管機關核定之事項。

②安定基金辦理前項第一款至第三款及第九款事項，其資金動用時點、範圍、單項金額及總額之限制由安定基金擬訂，報請主管機關核定。

③保險業與經營不善同業進行合併或承受其契約致遭受損失，依第一項第二款規定申請安定基金墊支之金額，由安定基金報請主管機關核准。

④主管機關於安定基金辦理第一項第七款及第八款事項時，得視其需要，提供必要之保險業經營資訊。

⑤保險業於安定基金辦理第一項第七款及第八款事項時，於安定基金報經主管機關核可後，應依安定基金規定之檔案格式及內容，建置必要之各項準備金等電子資料檔案，並提供安定基金認為必要之電子資料檔案。

⑥安定基金得對保險業辦理下列事項之查核：

一　提撥比率正確性及前項所定電子資料檔案建置內容。

二　自有資本與風險資本比率未符合第一百四十三條之四規定保險業之資產、負債及營業相關事項。

⑦監管人、接管人、清理人及清算人之負責人及職員，依本法執行監管、接管、清理、清算業務或安定基金之負責人及職員，依本法辦理墊支或墊付事項時，因故意或過失

不法侵害他人權利者，監管人、接管人、清理人、清算人或安定基金應負損害賠償責任。

⑧前項情形，負責人及職員有故意或重大過失時，監管人、接管人、清理人、清算人或安定基金對之有求償權。

第一四三條之四 110

①保險業自有資本與風險資本之比率及淨值比率，不得低於一定比率。

②保險業依自有資本與風險資本之比率及淨值比率，劃分為下列資本等級：

一　資本適足。

二　資本不足。

三　資本顯著不足。

四　資本嚴重不足。

③前項第四款所稱資本嚴重不足，指自有資本與風險資本之比率低於第一項所定一定比率之百分之二十五或保險業淨值低於零。

④第一項所定一定比率、淨值比率之計算、自有資本與風險資本之範圍、計算方法、管理、第二項資本等級之劃分及其他應遵行事項之辦法，由主管機關定之。

第一四三條之五 110

①保險業有下列情形之一者，不得以股票股利或以移充社員增認股金以外之其他方式分配盈餘、買回其股份或退還股金：

一　資本等級為資本不足、顯著不足或嚴重不足。

二　資本等級為資本適足，如以股票股利、移充社員增認股金以外之其他方式分配盈餘、買回其股份或退還股金，有致其資本等級降為前款等級之虞。

②前項第一款之保險業，不得對負責人發放報酬以外之給付。但經主管機關核准者，不在此限。

第一四三條之六 110

主管機關應依保險業資本等級，對保險業採取下列措施之一部或全部：

一　資本不足者：

㈠令其或其負責人限期提出增資、其他財務或業務改善計畫。屆期未提出增資、財務或業務改善計畫，或未依計畫確實執行者，得採取次一資本等級之監理措施。

㈡令停售保險商品或限制保險商品之開辦。

㈢限制資金運用範圍。

㈣限制其對負責人有酬勞、紅利、認股權憑證或其他類似性質之給付。

㈤其他必要之處置。

二　資本顯著不足者：

㈠前款之措施。

㈡解除其負責人職務，並通知公司（合作社）登記主管機關廢止其負責人登記。

㈢停止其負責人於一定期間內執行職務。

㈣令取得或處分特定資產，應先經主管機關核准。

㈤令處分特定資產。

㈥限制或禁止與利害關係人之授信或其他交易。

㈦令其對負責人之報酬酌予降低，降低後之報酬不得超過該保險業資本等級列入資本顯著不足等級前十二個月內對該負責人支給平均報酬之百分之七十。

㈧限制增設或令限期裁撤分支機構或部門。

㈨其他必要之處置。

三　資本嚴重不足者：除前款之措施外，應採取第一百四十九條第三項第一款規定之處分。

第一四四條　（保險單相關事項準則之訂定；保險業應聘請外部複核精算人員負責辦理主管機關指定之精算簽證報告複核項目）104

①保險業之各種保險單條款、保險費及其他相關資料，由主管機關視各種保險之發展狀況，分別規定銷售前應採行之程序、審核及內容有錯誤、不實或違反規定之處置等事項之準則。
②為健全保險業務之經營，保險業應聘用精算人員並指派其中一人為簽證精算人員，負責保險費率之釐訂、各種準備金之核算簽證及辦理其他經主管機關指定之事項；其資格條件、簽證內容、教育訓練及其他應遵行事項之辦法，由主管機關定之。
③保險業應聘請外部複核精算人員，負責辦理經主管機關指定之精算簽證報告複核項目；其資格條件、複核頻率、複核報告內容及其他應遵行事項之辦法，由主管機關定之。
④第二項簽證精算人員之指派及前項外部複核精算人員之聘請，應經董（理）事會同意，並報主管機關備查。
⑤簽證精算人員應本公正及公平原則向其所屬保險業之董（理）事會及主管機關提供各項簽證報告；外部複核精算人員應本公正及公平原則向主管機關提供複核報告。簽證報告及複核報告內容不得有虛偽、隱匿、遺漏或錯誤等情事。

第一四四條之一　（共保方式承保情形）

有下列情形之一者，保險業得以共保方式承保：
一　有關巨災損失之保險者。
二　配合政府政策需要者。
三　基於公共利益之考量者。
四　能有效提昇對投保大眾之服務者。
五　其他經主管機關核准者。

第一四五條　（責任準備金之提存）96

①保險業於營業年度屆滿時，應分別保險種類，計算其應提存之各種準備金，記載於特設之帳簿。
②前項所稱各種準備金之提存比率、計算方式及其他應遵行事項之辦法，由主管機關定之。

第一四五條之一　（盈餘分派）96

①保險業於完納一切稅捐後，分派盈餘時，應先提百分之二十為法定盈餘公積。但法定盈餘公積，已達其資本總額或基金總額時，不在此限。
②保險業得以章程規定或經股東會或社員大會決議，另提特別盈餘公積。主管機關於必要時，亦得命其提列。
③第一項規定，自本法中華民國九十六年六月十四日修正之條文生效之次一會計年度施行。

第一四六條　（資金之運用及定義）96

①保險業資金之運用，除存款外，以下列各款為限：
一　有價證券。
二　不動產。
三　放款。
四　辦理經主管機關核准之專案運用、公共及社會福利事業投資。
五　國外投資。
六　投資保險相關事業。
七　從事衍生性商品交易。
八　其他經主管機關核准之資金運用。
②前項所定資金，包括業主權益及各種準備金。
③第一項所定存款，其存放於每一金融機構之金額，不得超過該保險業資金百分之十。但經主管機關核准者，不在此限。
④第一項第六款所稱保險相關事業，指保險、金融控股、銀行、票券、信託、信用卡、融資性租賃、證券、期貨、證券投資信託、證券投資顧問事業及其他經主管機關認定

之保險相關事業。

⑤保險業經營投資型保險業務、勞工退休金年金保險業務應專設帳簿，記載其投資資產之價值。

⑥投資型保險業務專設帳簿之管理、保存、投資資產之運用及其他應遵行事項之辦法，由主管機關定之，不受第一項、第三項、第一百四十六條之一、第一百四十六條之二、第一百四十六條之四、第一百四十六條之五及第一百四十六條之七規定之限制。

⑦依第五項規定應專設帳簿之資產，如要保人以保險契約委任保險業全權決定運用標的，且將該資產運用於證券交易法第六條規定之有價證券者，應依證券投資信託及顧問法申請兼營全權委託投資業務。

⑧保險業依第一項第七款規定從事衍生性商品交易之條件、交易範圍、交易限額、內部處理程序及其他應遵行事項之辦法，由主管機關定之。

第一四六條之一 110

①保險業資金得購買下列有價證券：

一　公債、國庫券。

二　金融債券、可轉讓定期存單、銀行承兌匯票、金融機構保證商業本票；其總額不得超過該保險業資金百分之三十五。

三　經依法核准公開發行之公司股票；其購買每一公司之股票，加計其他經主管機關核准購買之具有股權性質之有價證券總額及股份總數，分別不得超過該保險業資金百分之五及該發行股票之公司已發行股份總數百分之十。

四　經依法核准公開發行之有擔保公司債，或經評等機構評定爲相當等級以上之公司所發行之公司債及免保證商業本票；其購買每一公司之公司債及免保證商業本票總額，不得超過該保險業資金百分之五及該發行公司債之公司業主權益百分之十。

五　經依法核准公開發行之證券投資信託基金及共同信託基金受益憑證；其投資總額不得超過該保險業資金百分之十及每一基金已發行之受益憑證總額百分之十。

六　證券化商品及其他經主管機關核准保險業購買之有價證券；其總額不得超過該保險業資金百分之十。

②前項第三款及第四款之投資總額，合計不得超過該保險業資金百分之三十五。

③保險業依第一項第三款及第六款投資，不得有下列情事之一：

一　以保險業或其代表人擔任被投資公司董事、監察人。

二　行使對被投資公司董事、監察人選舉之表決權。

三　指派人員獲聘爲被投資公司經理人。

四　擔任被投資證券化商品之信託監察人。

五　與第三人以信託、委任或其他契約約定或以協議、授權或其他方法參與對被投資公司之經營、被投資不動產投資信託基金之經營、管理。但不包括該基金之清算。

④保險業有前項各款情事之一者，其或代表人擔任董事、監察人、行使表決權、指派人員獲聘爲經理人、與第三人之約定、協議或授權，無效。

⑤保險業依第一項第三款至第六款規定投資於公開發行之未上市、未上櫃有價證券、私募之有價證券；其應具備之條件、投資範圍、內容、投資規範及其他應遵行事項之辦法，由主管機關定之。

第一四六條之二 110

①保險業對不動產之投資，以所投資不動產即時利用並有收益者爲限；其投資總額，除自用不動產外，不得超過其資金百分之三十。但購買自用不動產總額不得超過其業主權益之總額。

②保險業不動產之取得及處分，應經合法之不動產鑑價機構評價。

③保險業依住宅法興辦社會住宅且僅供租賃者，得不受第一項即時利用並有收益者之限制。

④保險業依第一項規定辦理不動產投資之內部處理程序、不動產之條件限制、即時利用並有收益之認定基準、處理原則及其他應遵行事項之辦法，由主管機關定之。

第一四六條之三 110

①保險業辦理放款，以下列各款為限：

一 銀行或主管機關認可之信用保證機構提供保證之放款。

二 以動產或不動產為擔保之放款。

三 以合於第一百四十六條之一之有價證券為質之放款。

四 人壽保險業以各該保險業所簽發之人壽保險單為質之放款。

②前項第一款至第三款放款，每一單位放款金額不得超過該保險業資金百分之五；其放款總額，不得超過該保險業資金百分之三十五。

③保險業依第一項第一款、第二款及第三款對其負責人、職員或主要股東，或對與其負責人或辦理授信之職員有利害關係者，所為之擔保放款，應有十足擔保，其條件不得優於其他同類放款對象，如放款達主管機關規定金額以上者，並應經三分之二以上董事之出席及出席董事四分之三以上同意；其利害關係人之範圍、限額、放款總餘額及其他應遵行事項之辦法，由主管機關定之。

④保險業依第一百四十六條之一第一項第三款及第四款對每一公司有價證券之投資與依第一項第三款以該公司發行之有價證券為質之放款，合併計算不得超過其資金百分之十及該發行有價證券之公司業主權益百分之十。

第一四六條之四 （保險業資金辦理國外投資額度）107

①保險業資金辦理國外投資，以下列各款為限：

一 外匯存款。

二 國外有價證券。

三 設立或投資國外保險公司、保險代理人公司、保險經紀人公司或其他經主管機關核准之保險相關事業。

四 其他經主管機關核准之國外投資。

②保險業資金依前項規定辦理國外投資總額，由主管機關視各保險業之經營情況核定之，最高不得超過各該保險業資金百分之四十五。但下列金額不計入其國外投資限額：

一 保險業經主管機關核准銷售以外幣收付之非投資型人身保險商品，並經核准不計入國外投資之金額。

二 保險業依本法規定投資於國內證券市場上市或上櫃買賣之外幣計價股權或債券憑證之投資金額。

三 保險業經主管機關核准設立或投資國外保險相關事業，並經核准不計入國外投資之金額。

四 其他經主管機關核准之投資項目及金額。

③保險業資金辦理國外投資之投資規範、投資額度、審核及其他應遵行事項之辦法，由主管機關定之。主管機關並得視保險業之財務狀況、風險管理及法令遵循之情形就前項第二款之投資金額予以限制。

第一四六條之五 110

①保險業資金辦理專案運用、公共及社會福利事業投資，應申請主管機關核准或備供主管機關事後查核；其申請核准或備供事後查核之情形、應具備之文件、程序、運用或投資之範圍、限額及其他應遵行事項之辦法，由主管機關定之。

②前項資金運用方式為投資公司股票時，其投資之條件及比率，不受第一百四十六條之一第一項第三款規定之限制。

③保險業資金依第一項規定辦理專案運用投資，準用第一百四十六條之一第三項及第四項規定。

④保險業資金依第一項規定辦理公共及社會福利事業投資，應符合下列規定：

一 保險業或其代表人擔任被投資公司董事、監察人者，其派任之董事、監察人席次不得超過被投資事業全體董事、監察人席次之三分之二。

二　保險業派任被投資公司董事席次達半數者，該被投資公司應設置至少一席具獨立性之董事。

三　不得指派保險業人員兼任被投資事業經理人。

第一四六條之六　（投資之限制）107

①保險業業主權益，超過第一百三十九條規定最低資本或基金最低額者，得經主管機關核准，投資保險相關事業所發行之股票，不受第一百四十六條之一第一項第三款及第三項規定之限制；其投資總額，最高不得超過該保險業業主權益。

②保險業依前項規定投資而與被投資公司具有控制與從屬關係者，其投資總額，最高不得超過該保險業業主權益百分之四十。

③保險業依第一項規定投資保險相關事業，其控制與從屬關係之範圍、投資申報方式及其他應遵行事項之辦法，由主管機關定之。

第一四六條之七　（企業放款限制）96

①主管機關對於保險業就同一人、同一關係人或同一關係企業之放款或其他交易得予限制；其限額、其他交易之範圍及其他應遵行事項之辦法，由主管機關定之。

②前項所稱同一人，指同一自然人或同一法人；同一關係人之範圍，包含本人、配偶、二親等以內之血親及以本人或配偶爲負責人之事業；同一關係企業之範圍，適用公司法第三百六十九條之一至第三百六十九條之三、第三百六十九條之九及第三百六十九條之十一規定。

③主管機關對於保險業與其利害關係人從事放款以外之其他交易得予限制；其利害關係人及交易之範圍、決議程序、限額及其他應遵行事項之辦法，由主管機關定之。

第一四六條之八　（放款）

①第一百四十六條之三第三項所列舉之放款對象，利用他人名義向保險業申請辦理之放款，適用第一百四十六條之三第三項規定。

②向保險業申請辦理之放款，其款項爲利用他人名義之人所使用，或其款項移轉爲利用他人名義之人所有時，推定爲前項所稱利用他人名義之人向保險業申請辦理之放款。

第一四六條之九　（不得有股權交換或利益輸送）103

①保險業因持有有價證券行使股東權利時，不得與被投資公司或第三人以信託、委任或其他契約約定或以協議、授權或其他方法進行股權交換或利益輸送，並不得損及要保人、被保險人或受益人之利益。

②保險業於出席被投資公司股東會前，應將行使表決權之評估分析作業作成說明，並應於各該次股東會後，將行使表決權之書面紀錄，提報董事會。

③保險業及其從屬公司，不得擔任被投資公司之委託書徵求人或委託他人擔任委託書徵求人。

第一四七條　（保險金額之限制）96

保險業辦理再保險之分出、分入或其他危險分散機制業務之方式、限額及其他應遵行事項之辦法，由主管機關定之。

第一四七條之一　（專業再保險業不適用規定）

①保險業專營再保險業務者，爲專業再保險業，不適用第一百三十八條第一項、第一百四十三條之一、第一百四十三條之三及第一百四十四條第一項規定。

②前項專業再保險業之業務、財務及其他相關管理事項之辦法，由主管機關定之。

第一四八條　（檢查業務及財務狀況）

①主管機關得隨時派員檢查保險業之業務及財務狀況，或令保險業於限期內報告營業狀況。

②前項檢查，主管機關得委託適當機構或專業經驗人員擔任；其費用，由受檢查之保險業負擔。

③前二項檢查人員執行職務時，得爲下列行爲，保險業負責人及相關人員不得規避、妨礙或拒絕：

一　令保險業提供第一百四十八條之一第一項所定各項書表，並提出證明文件、單據、表冊及有關資料。

二　詢問保險業相關業務之負責人及相關人員。

三　評估保險業資產及負債。

④第一項及第二項檢查人員執行職務時，基於調查事實及證據之必要，於取得主管機關許可後，得為下列行為：

一　要求受檢查保險業之關係企業提供財務報告，或檢查其有關之帳冊、文件，或向其有關之職員詢問。

二　向其他金融機構查核該保險業與其關係企業及涉嫌為其利用名義交易者之交易資料。

⑤前項所稱關係企業之範圍，適用公司法第三百六十九條之一至第三百六十九條之三、第三百六十九條之九及第三百六十九條之十一規定。

第一四八條之一　（財務業務報告）96

①保險業每屆營業年度終了，應將其營業狀況連同資金運用情形，作成報告書，併同資產負債表、損益表、股東權益變動表、現金流量表及盈餘分配或虧損撥補之議案及其他經主管機關指定之項目，先經會計師查核簽證，並提經股東會或社員代表大會承認後，十五日內報請主管機關備查。

②保險業除依前項規定提報財務業務報告外，主管機關並得視需要，令保險業於規定期限內，依規定之格式及內容，將業務及財務狀況彙報主管機關或其指定之機構，或提出帳簿、表冊、傳票或其他有關財務業務文件。

③前二項財務報告之編製準則，由主管機關定之。

第一四八條之二　（說明文件及重大訊息）

①保險業應依規定據實編製記載有財務及業務事項之說明文件提供公開查閱。

②保險業於有攸關消費大眾權益之重大訊息發生時，應於二日內以書面向主管機關報告，並主動公開說明。

③第一項說明文件及前項重大訊息之內容、公開時期及方式，由主管機關定之。

第一四八條之三　（內部控制及稽核制度）

①保險業應建立內部控制及稽核制度；其辦法，由主管機關定之。

②保險業對資產品質之評估、各種準備金之提存、逾期放款、催收款之清理、呆帳之轉銷及保單之招攬核保理賠，應建立內部處理制度及程序；其辦法，由主管機關定之。

第一四九條 110

①保險業違反法令、章程或有礙健全經營之虞時，主管機關除得予以糾正或令其限期改善外，並得視情況為下列處分：

一　限制其營業或資金運用範圍。

二　令其停售保險商品或限制其保險商品之開辦。

三　令其增資。

四　令其解除經理人或職員之職務。

五　撤銷法定會議之決議。

六　解除董（理）事、監察人（監事）職務或停止其於一定期間內執行職務。

七　其他必要之處置。

②依前項第六款規定解除董（理）事、監察人（監事）職務時，由主管機關通知公司（合作社）登記之主管機關廢止其董（理）事、監察人（監事）登記。

③主管機關應依下列規定對保險業為監管、接管、勒令停業清理或命令解散之處分：

一　資本等級為嚴重不足，且其或其負責人未依主管機關規定期限完成增資、財務或業務改善計畫或合併者，應自期限屆滿之次日起九十日內，為接管、勒令停業清理或命令解散之處分。

二　前款情形以外之財務或業務狀況顯著惡化，不能支付其債務，或無法履行契約責任或有損及被保險人權益之虞時，主管機關應先令該保險業提出財務或業務改善計畫，並經主管機關核定。若該保險業損益、淨值呈現加速惡化或經輔導仍未改善，致仍有前述情事之虞者，主管機關得依情節之輕重，為監管、接管、勒令停業清理或命令解散之處分。

④前項保險業因國內外重大事件顯著影響金融市場之系統因素，致其或其負責人未於主管機關規定期限內完成前項增資、財務或業務改善或合併計畫者，主管機關得令該保險業另定完成期限或重新提具增資、財務或業務改善或合併計畫。

⑤依第三項規定監管、接管、停業清理或解散者，主管機關得委託其他保險業、保險相關機構或具有專業經驗人員擔任監管人、接管人、清理人或清算人；其有涉及第一百四十三條之三安定基金辦理事項時，安定基金應配合辦理。

⑥前項經主管機關委託之相關機構或個人，於辦理受委託事項時，不適用政府採購法之規定。

⑦保險業受接管或被勒令停業清理時，不適用公司法有關臨時管理人或檢查人之規定，除依本法規定聲請之重整外，其他重整、破產、和解之聲請及強制執行程序當然停止。

⑧接管人依本法規定聲請重整，就該受接管保險業於受接管前已聲請重整者，得聲請法院合併審理或裁定；必要時，法院得於裁定前訊問利害關係人。

⑨保險業經主管機關為監管處分時，非經監管人同意，保險業不得為下列行為：

一　支付款項或處分財產，超過主管機關規定之限額。

二　締結契約或重大義務之承諾。

三　其他重大影響財務之事項。

⑩監管人執行監管職務時，準用第一百四十八條有關檢查之規定。

⑪保險業監管或接管之程序、監管人與接管人之職權、費用負擔及其他應遵行事項之辦法，由主管機關定之。

第一四九條之一（管理處分之移交）103

①保險業經主管機關派員接管者，其經營權及財產之管理處分權均由接管人行使之。原有股東會、董事會、董事、監察人、審計委員會或類似機構之職權即行停止。

②前項接管人，有代表受接管保險業為訴訟上及訴訟外一切行為之權，並得指派自然人代表行使職務。接管人執行職務，不適用行政執行法第十七條及稅捐稽徵法第二十四條第三項規定。

③保險業之董事、經理人或類似機構應將有關業務及財務上一切帳冊、文件與財產列表移交與接管人。董事、監察人、經理人或其他職員，對於接管人所為關於業務或財務狀況之詢問，有答復之義務。

④接管人因執行職務聲請假扣押、假處分時，得免提供擔保。

第一四九條之二　（接管人之義務及職務之執行）103

①保險業於受接管期間內，主管機關對其新業務之承接、受理有效保險契約之變更或終止、受理要保人以保險契約為質之借款或償付保險契約之解約金，得予以限制。

②接管人執行職務而有下列行為時，應研擬具體方案，事先取得主管機關許可：

一　增資或減資後再增資。

二　讓與全部或部分營業、資產或負債。

三　分割或與其他保險業合併。

四　有重建更生可能而應向法院聲請重整。

五　其他經主管機關指定之重要事項。

③保險業於受接管期間內，經接管人評估認為有利於維護保戶基本權益或金融穩定等必要，得由接管人研擬過渡保險機制方案，報主管機關核准後執行。

④接管人依第二項第一款或第三款規定辦理而持有受接管保險業已發行有表決權股份者，不適用第一百三十九條之一規定。

⑤法院受理接管人依本法規定之重整聲請時，得逕依主管機關所提出之財務業務檢查報告及意見於三十日內為裁定。

⑥依保險契約所生之權利於保險業重整時，有優先受償權，並免為重整債權之申報。
⑦接管人依本法聲請重整之保險業，不以公開發行股票或公司債之公司為限，且其重整除本法另有規定外，準用公司法有關重整之規定。
⑧受接管保險業依第二項第二款規定讓與全部或部分營業、資產或負債時，如受接管保險業之有效保險契約之保險費率與當時情況有顯著差異，非調高其保險費率或降低其保險金額，其他保險業不予承接者，接管人得報經主管機關核准，調整其保險費率或保險金額。

第一四九條之三　（監管接管期限與終止）
①監管、接管之期限，由主管機關定之。在監管、接管期間，監管、接管原因消失時，監管人、接管人應報請主管機關終止監管、接管。
②接管期間屆滿或雖未屆滿而經主管機關決定終止接管時，接管人應將經營之有關業務及財務上一切帳冊、文件與財產，列表移交與該保險業之代表人。

第一四九條之四　（解散後之清算程序）
依第一百四十九條為解散之處分者，其清算程序，除本法另有規定外，其為公司組織者，準用公司法關於股份有限公司清算之規定；其為合作社組織者，準用合作社法關於清算之規定。但有公司法第三百三十五條特別清算之原因者，均應準用公司法關於股份有限公司特別清算之程序為之。

第一四九條之五　（監管人接管人清理人與清算人之報酬）
①監管人、接管人、清理人或清算人之報酬及因執行職務所生之費用，由受監管、接管、清理、清算之保險業負擔，並優先於其他債權受清償。
②前項報酬，應報請主管機關核定。

第一四九條之六　（受處分之保險業負責人及有違法嫌疑之人其財產及出境之限制）103
保險業經主管機關依第一百四十九條第三項規定為監管、接管、勒令停業清理或命令解散之處分時，主管機關對該保險業及其負責人或有違法嫌疑之職員，得通知有關機關或機構禁止其財產為移轉、交付或設定他項權利，並得函請入出境許可之機關限制其出境。

第一四九條之七　（股份有限公司組織之保險業受讓接管之規定）103
①股份有限公司組織之保險業受讓依第一百四十九條之二第二項第二款受接管保險業讓與之營業、資產或負債時，適用下列規定：
一　股份有限公司受讓全部營業、資產或負債時，應經代表已發行股份總數過半數股東出席之股東會，以出席股東表決權過半數之同意行之；不同意之股東不得請求收買股份，免依公司法第一百八十五條至第一百八十七條規定辦理。
二　債權讓與之通知以公告方式辦理之，免依民法第二百九十七條之規定辦理。
三　承擔債務時免依民法第三百零一條債權人承認之規定辦理。
四　經主管機關認為有緊急處理之必要，且對市場競爭無重大不利影響時，免依公平交易法第十一條第一項規定向公平交易委員會申報結合。
②保險業依第一百四十九條之二第二項第三款與受接管保險業合併時，除適用前項第一款及第四款規定外，解散或合併之通知得以公告方式辦理之，免依公司法第三百十六條第四項規定辦理。

第一四九條之八　（清理人之職務）103
①保險業之清理，主管機關應指定清理人為之，並得派員監督清理之進行。
②清理人之職務如下：
一　了結現務。
二　收取債權，清償債務。
三　分派賸餘財產。
③保險業經主管機關為勒令停業清理之處分時，準用第一百四十九條之一、第一百四十九條之二第一項、第二項、第四項及第八項規定。

④其他保險業受讓受清理保險業之營業、資產或負債或與其合併時，應依前條規定辦理。

第一四九條之九　（公告）

①清理人就任後，應即於保險業所在地之日報爲三日以上之公告，催告債權人於三十日內申報其債權，並應聲明屆期不申報者，不列入清理。但清理人所明知之債權，不在此限。

②清理人應即查明保險業之財產狀況，於申報期限屆滿後三個月內造具資產負債表及財產目錄，並擬具清理計畫，報請主管機關備查，並將資產負債表於保險業所在地日報公告之。

③清理人於第一項所定申報期限內，不得對債權人爲清償。但對已屆清償期之職員薪資，不在此限。

第一四九條之一〇　（清理債權）96

①保險業經主管機關勒令停業進行清理時，第三人對該保險業之債權，除依訴訟程序確定其權利者外，非依前條第一項規定之清理程序，不得行使。

②前項債權因涉訟致分配有稽延之虞時，清理人得按照清理分配比例提存相當金額，而將所餘財產分配於其他債權人。

③下列各款債權，不列入清理：

一　債權人參加清理程序爲個人利益所支出之費用。

二　保險業停業日後債務不履行所生之損害賠償及違約金。

三　罰金、罰鍰及追繳金。

④在保險業停業日前，對於保險業之財產有質權、抵押權或留置權者，就其財產有別除權；有別除權之債權人不依清理程序而行使其權利。但行使別除權後未能受清償之債權，得依清理程序申報列入清理債權。

⑤清理人因執行清理職務所生之費用及債務，應先於清理債權，隨時由受清理保險業財產清償之。

⑥依前條第一項規定申報之債權或爲清理人所明知而列入清理之債權，其請求權時效中斷，自清理完結之日起重行起算。

⑦債權人依清理程序已受清償者，其債權未能受清償之部分，對該保險業之請求權視爲消滅。清理完結後，如復發現可分配之財產時，應追加分配，於列入清理程序之債權人受清償後，有剩餘時，第三項之債權人仍得請求清償。

第一四九條之一一　（清理完結之相關規定）103

①保險業經主管機關勒令停業進行清理者，於清理完結後，免依公司法或合作社法規定辦理清算。

②清理人應於清理完結後十五日內造具清理期內收支表、損益表及各項帳冊，並將收支表及損益表於保險業所在地之新聞紙及主管機關指定之網站公告後，報主管機關廢止保險業許可。

③保險業於清理完結後，應以主管機關廢止許可日，作爲向公司或合作社主管機關辦理廢止登記日及依所得稅法第七十五條第一項所定應辦理當期決算之期日。

第一五〇條　（解散後執照之繳銷）

保險業解散清算時，應將其營業執照繳銷。

第二節　保險公司

第一五一條　（適用股份有限公司之規定）

保險公司除本法另有規定外，適用公司法關於股份有限公司之規定。

第一五二條　（股票限制）

保險公司之股票，不得爲無記名式。

第一五三條　（負責人之責任）

①保險公司違反保險法令經營業務，致資產不足清償債務時，其董事長、董事、監察人、總經理及負責決定該項業務之經理，對公司之債權人應負連帶無限清償責任。
②主管機關對前項應負連帶無限清償責任之負責人，得通知有關機關或機構禁止其財產爲移轉、交付或設定他項權利，並得函請入出境許可之機關限制其出境。
③第一項責任，於各該負責人卸職登記之日起滿三年解除。

第一五四條 （刪除）

第一五五條 （刪除）96

第三節 保險合作社

第一五六條 （合作社法令之適用）
保險合作社除依本法規定外，適用合作社法及其有關法令之規定。

第一五七條 （股金與基金之籌足）
①保險合作社，除依合作社法籌集股金外，並依本法籌足基金。
②前項基金非俟公積金積至與基金總額相等時，不得發還。

第一五八條 （社員出社時之責任）
保險合作社於社員出社時，其現存財產不足抵償債務，出社之社員仍負擔出社前應負之責任。

第一五九條 （競業禁止）
保險合作社之理事，不得兼任其他合作社之理事、監事或無限責任社員。

第一六〇條 （刪除）96

第一六一條 （抵銷之禁止）
保險合作社之社員，對於保險合作社應付之股金及基金，不得以其對保險合作社之債權互相抵銷。

第一六二條 （社員最低額之限制）
財產保險合作社之預定社員人數不得少於三百人；人身保險合作社之預定社員人數不得少於五百人。

第四節 保險代理人、經紀人、公證人 100

第一六三條 （保險代理人、經紀人、公證人執業之資格及責任，以及準用之規定）105
①保險代理人、經紀人、公證人應經主管機關許可，繳存保證金並投保相關保險，領有執業證照後，始得經營或執行業務。
②前項所定相關保險，於保險代理人、公證人爲責任保險；於保險經紀人爲責任保險及保證保險。
③第一項繳存保證金、投保相關保險之最低金額及實施方式，由主管機關考量保險代理人、經紀人、公證人經營業務與執行業務範圍及規模等因素定之。
④保險代理人、經紀人、公證人之資格取得、申請許可應具備之條件、程序、應檢附之文件、董事、監察人與經理人應具備之資格條件、解任事由、設立分支機構之條件、財務與業務管理、教育訓練、廢止許可及其他應遵行事項之管理規則，由主管機關定之。
⑤銀行得經主管機關許可擇一兼營保險代理人或保險經紀人業務，並應分別準用本法有關保險代理人、保險經紀人之規定。
⑥保險經紀人應以善良管理人之注意義務，爲被保險人洽訂保險契約或提供相關服務，並負忠實義務。
⑦保險經紀人爲被保險人洽訂保險契約前，於主管機關指定之適用範圍內，應主動提供書面之分析報告，向要保人或被保險人收取報酬者，應明確告知其報酬收取標準。
⑧前項書面分析報告之適用範圍、內容及報酬收取標準之範圍，由主管機關定之。

第一六三條之一（保險代理人、經紀人經營保險電子商務，得以電子系統執行業務）107
保險代理人、保險經紀人經主管機關許可，得配合保險業電子商務發展辦理相關業務，並得以電子系統執行業務；其資格條件、業務範圍及其他應遵行事項之辦法，由主管機關定之。
第一六四條（刪除）100
第一六四條之一（違反法令或有礙健全經營之管制處分）100
①保險代理人、經紀人、公證人違反法令或有礙健全經營之虞時，主管機關除得予以糾正或命其限期改善外，並得視情節之輕重為下列處分：
一　限制其經營或執行業務之範圍。
二　命公司解除經理人或職員之職務。
三　解除公司董事、監察人職務或停止其於一定期間內執行職務。
四　其他必要之處置。
②依前項第三款規定解除公司董事或監察人職務時，由主管機關通知公司登記之主管機關註銷其董事或監察人登記。
第一六五條（執業證照及管理制度）108
①保險代理人、經紀人、公證人，應有固定業務處所，並專設帳簿記載業務收支。
②兼有保險代理人、經紀人、公證人資格者，僅得擇一申領執業證照。
③保險代理人公司、經紀人公司為公開發行公司或具一定規模者，應建立內部控制、稽核制度與招攬處理制度及程序；其辦法，由主管機關定之。
④第一百四十二條、第一百四十八條於保險代理人、經紀人、公證人準用之。

第四節之一　同業公會 96

第一六五條之一（保險輔助人加入同業公會）96
保險業、保險代理人公司、保險經紀人公司、保險公證人公司非加入同業公會，不得營業；同業公會非有正當理由，不得拒絕其加入，或就其加入附加不當之條件。
第一六五條之二（為健全經營及維護同業之聲譽應辦事項）96
①同業公會為會員之健全經營及維護同業之聲譽，應辦理下列事項：
一　訂定共同性業務規章、自律規範及各項實務作業規定，並報請主管機關備查後供會員遵循。
二　就會員所經營業務，為必要指導或協調其間之糾紛。
三　主管機關規定或委託辦理之事項。
四　其他為達成保險業務發展及公會任務之必要業務。
②同業公會為辦理前項事項，得要求會員提供有關資料或提出說明。
第一六五條之三（遵行事項規則之訂定）96
同業公會之業務、財務規範與監督、章程應記載事項、負責人與業務人員之資格條件及其他應遵行事項之規則，由主管機關定之。
第一六五條之四（理監事違法予以糾正或解任）96
同業公會之理事、監事有違反法令、怠於遵守該會章程、規章、濫用職權或違背誠實信用原則之行為者，主管機關得予以糾正或命令同業公會予以解任。
第一六五條之五（章程規章等之變更）96
主管機關為健全保險市場或保護被保險人之權益，必要時，得命令同業公會變更其章程、規章、規範或決議，或提供參考、報告之資料，或為其他一定之行為。
第一六五條之六（會員或其會員代表違反章程規章等之處置）96
同業公會得依章程之規定，對會員或其會員代表違反章程、規章、自律規範、會員大會或理事會決議等事項時，為必要之處置。
第一六五條之七（章程變更及會議紀錄之報備）96

同業公會章程之變更及理事會、監事會會議紀錄，應報請主管機關備查。

第五節　罰　則

第一六六條　（未經核准而營業者之處罰）107

未依第一百三十七條規定，經主管機關核准經營保險業務者，應勒令停業，並處新臺幣三百萬元以上三千萬元以下罰鍰。

第一六六條之一　（散布流言或以詐術損害保險業信用者之處罰）

散布流言或以詐術損害保險業、外國保險業之信用者，處五年以下有期徒刑，得併科新臺幣一千萬元以下罰金。

第一六七條　（非保險業者營業之處罰）107

①非保險業經營保險業務者，處三年以上十年以下有期徒刑，得併科新臺幣一千萬元以上二億元以下罰金。其因犯罪獲取之財物或財產上利益達新臺幣一億元以上者，處七年以上有期徒刑，得併科新臺幣二千五百萬元以上五億元以下罰金。

②法人之代表人、代理人、受僱人或其他從業人員，因執行業務犯前項之罪者，除處罰其行為人外，對該法人亦科該項之罰金。

第一六七條之一　（罰則）107

①為非本法之保險業或外國保險業代理、經紀或招攬保險業務者，處三年以下有期徒刑，得併科新臺幣三百萬元以上二千萬元以下罰金；情節重大者，得由主管機關對保險代理人、經紀人、公證人或兼營保險代理人或保險經紀人業務之銀行停止一部或全部業務，或廢止許可，並註銷執業證照。

②法人之代表人、代理人、受僱人或其他從業人員，因執行業務犯前項之罪者，除處罰其行為人外，對該法人亦科該項之罰金。

③未領有執業證照而經營或執行保險代理人、經紀人、公證人業務者，處新臺幣九十萬元以上九百萬元以下罰鍰。

第一六七條之二　（罰則）105

違反第一百六十三條第四項所定管理規則中有關財務或業務管理之規定、第一百六十三條第七項規定，或違反第一百六十五條第一項或第一百六十三條第五項準用上開規定者，應限期改正，或併處新臺幣十萬元以上三百萬元以下罰鍰；情節重大者，廢止其許可，並註銷執業證照。

第一六七條之三　（罰則）105

違反第一百六十五條第三項或第一百六十三條第五項準用上開規定，未建立或未確實執行內部控制、稽核制度、招攬處理制度或程序者，應限期改正，或併處新臺幣十萬元以上三百萬元以下罰鍰。

第一六七條之四　（罰則）107

①主管機關依第一百六十三條第五項、第一百六十五條第四項準用第一百四十八條規定派員，或委託適當機構或專業經驗人員，檢查保險代理人、經紀人、公證人或兼營保險代理人或保險經紀人業務之銀行之財務及業務狀況或令其於限期內報告營業狀況，保險代理人、經紀人或公證人本人或其負責人、職員，或兼營保險代理人或保險經紀人業務之銀行部門主管、部門副主管或職員，有下列情形之一者，處保險代理人、經紀人、公證人或兼營保險代理人或保險經紀人業務之銀行新臺幣三十萬元以上三百萬元以下罰鍰，情節重大者，並得解除其負責人職務：

一　拒絕檢查或拒絕開啓金庫或其他庫房。

二　隱匿或毀損有關業務或財務狀況之帳冊文件。

三　無故對檢查人員之詢問不為答復或答復不實。

四　屆期未提報財務報告、財產目錄或其他有關資料及報告，或提報不實、不全或未於規定期限內繳納查核費用。

②保險代理人、經紀人、公證人及兼營保險代理人或保險經紀人業務之銀行之關係企業

或其他金融機構，於主管機關依第一百六十三條第五項、第一百六十五條第四項準用第一百四十八條第四項規定派員檢查時，怠於提供財務報告、帳冊、文件或相關交易資料者，處新臺幣三十萬元以上三百萬元以下罰鍰。

第一六七條之五 （罰則）107

保險業與第一百六十七條之一第三項之人為代理、經紀或公證業務往來者，處新臺幣一百五十萬元以上一千五百萬元以下罰鍰。

第一六八條 110

①保險業違反第一百三十八條第一項、第三項、第五項或第二項所定辦法中有關業務範圍之規定者，處新臺幣九十萬元以上九百萬元以下罰鍰。

②保險業違反第一百三十八條之二第二項、第四項、第五項、第七項、第一百三十八條之三第一項、第二項或第三項所定辦法中有關賠償準備金提存額度、提存方式之規定者，處新臺幣九十萬元以上九百萬元以下罰鍰；其情節重大者，並得廢止其經營保險金信託業務之許可。

③保險業違反第一百四十三條規定者，處新臺幣九十萬元以上九百萬元以下罰鍰。

④保險業違反第一百四十三條之五或主管機關依第一百四十三條之六各款規定所為措施者，處新臺幣二百萬元以上二千萬元以下罰鍰。

⑤保險業資金之運用有下列情形之一者，處新臺幣一百萬元以上一千萬元以下罰鍰或解除其負責人職務；其情節重大者，並得廢止其許可：

一　違反第一百四十六條第一項、第三項、第五項、第七項或第六項所定辦法中有關專設帳簿之管理、保存及投資資產運用之規定，或違反第八項所定辦法中有關保險業從事衍生性商品交易之條件、交易範圍、交易限額、內部處理程序之規定。

二　違反第一百四十六條之一第一項、第二項、第三項或第五項所定辦法中有關投資條件、投資範圍、內容及投資規範之規定；或違反第一百四十六條之五第三項或第四項規定。

三　違反第一百四十六條之二第一項、第二項或第四項所定辦法中有關不動產投資條件限制之規定。

四　違反第一百四十六條之三第一項、第二項或第四項規定。

五　違反第一百四十六條之四第一項、第二項或第三項所定辦法中有關投資規範或投資額度之規定。

六　違反第一百四十六條之五第一項前段規定，未經核准而投資，或屬備供主管機關事後查核情形，未具備應具備之文件或程序；或違反同項後段所定辦法中有關運用、投資範圍或限額之規定。

七　違反第一百四十六條之六第一項、第二項或第三項所定辦法中有關投資申報方式之規定。

八　違反第一百四十六條之九第一項、第二項或第三項規定。

⑥保險業依第一百四十六條之三第三項或第一百四十六條之八第一項規定所為之放款無十足擔保或條件優於其他同類放款對象者，其行為負責人，處三年以下有期徒刑或拘役，得併科新臺幣二千萬元以下罰金。

⑦保險業依第一百四十六條之三第三項或第一百四十六條之八第一項規定所為之擔保放款達主管機關規定金額以上，未經董事會三分之二以上董事之出席及出席董事四分之三以上同意者，或違反第一百四十六條之三第三項所定辦法中有關放款限額、放款總餘額之規定者，其行為負責人，處新臺幣二百萬元以上二千萬元以下罰鍰。

⑧保險業違反第一百四十六條之七第一項所定辦法中有關放款或其他交易限額之規定，或第三項所定辦法中有關決議程序或限額之規定者，處新臺幣二百萬元以上二千萬元以下罰鍰。

第一六八條之一 （妨礙金融檢查之處罰）107

①主管機關依第一百四十八條規定派員，或委託適當機構或專業經驗人員，檢查保險業之業務及財務狀況或令保險業於限期內報告營業狀況時，保險業之負責人或職員有下

列情形之一者，處新臺幣一百八十萬元以上一千八百萬元以下罰鍰，情節重大者，並得解除其負責人職務：

一　拒絕檢查或拒絕開啓金庫或其他庫房。

二　隱匿或毀損有關業務或財務狀況之帳冊文件。

三　無故對檢查人員之詢問不爲答復或答復不實。

四　逾期提報財務報告、財產目錄或其他有關資料及報告，或提報不實、不全或未於規定期限內繳納查核費用者。

②保險業之關係企業或其他金融機構，於主管機關依第一百四十八條第四項派員檢查時，怠於提供財務報告、帳冊、文件或相關交易資料者，處新臺幣一百八十萬元以上一千八百萬元以下罰鍰。

第一六八條之二　（罰則）107

①保險業負責人或職員或以他人名義投資而直接或間接控制該保險業之人事、財務或業務經營之人，意圖爲自己或第三人不法之利益，或損害保險業之利益，而爲違背保險業經營之行爲，致生損害於保險業之財產或利益者，處三年以上十年以下有期徒刑，得併科新臺幣一千萬元以上二億元以下罰金。其因犯罪獲取之財物或財產上利益達新臺幣一億元以上者，處七年以上有期徒刑，得併科新臺幣二千五百萬元以上五億元以下罰金。

②保險業負責人或職員或以他人名義投資而直接或間接控制該保險業之人事、財務或業務經營之人，二人以上共同實施前項犯罪之行爲者，得加重其刑至二分之一。

③第一項之未遂犯罰之。

第一六八條之三　（罰則）107

①犯第一百六十七條或第一百六十八條之二之罪，於犯罪後自首，如自動繳交全部犯罪所得財物者，減輕或免除其刑；並因而查獲其他正犯或共犯者，免除其刑。

②犯第一百六十七條或第一百六十八條之二之罪，在偵查中自白，如自動繳交全部犯罪所得財物者，減輕其刑；並因而查獲其他正犯或共犯者，減輕其刑至二分之一。

③犯第一百六十七條或第一百六十八條之二之罪，其因犯罪獲取之財物或財產上利益超過罰金最高額時，得於犯罪獲取之財物或財產上利益之範圍內加重罰金；如損及保險市場穩定者，加重其刑至二分之一。

第一六八條之四　（沒收犯罪所得）107

犯本法之罪，犯罪所得屬犯罪行爲人或其以外之自然人、法人或非法人團體因刑法第三十八條之一第二項所列情形取得者，除應發還被害人或得請求損害賠償之人外，沒收之。

第一六八條之五　（罰則）93

犯本法之罪，所科罰金達新臺幣五千萬元以上而無力完納者，易服勞役期間爲二年以下，其折算標準以罰金總額與二年之日數比例折算；所科罰金達新臺幣一億元以上而無力完納者，易服勞役期間爲三年以下，其折算標準以罰金總額與三年之日數比例折算。

第一六八條之六　（罰則）94

①第一百六十八條之二第一項之保險業負責人、職員或以他人名義投資而直接或間接控制該保險業之人事、財務或業務經營之人所爲之無償行爲，有害及保險業之權利者，保險業得聲請法院撤銷之。

②前項之保險業負責人、職員或以他人名義投資而直接或間接控制該保險業之人事、財務或業務經營之人所爲之有償行爲，於行爲時明知有損害於保險業之權利，且受益之人於受益時亦知其情事者，保險業得聲請法院撤銷之。

③依前二項規定聲請法院撤銷時，得並聲請命受益之人或轉得人回復原狀。但轉得人於轉得時不知有撤銷原因者，不在此限。

④第一項之保險業負責人、職員或以他人名義投資而直接或間接控制該保險業之人事、財務或業務經營之人與其配偶、直系親屬、同居親屬、家長或家屬間所爲之處分其財

產行爲，均視爲無償行爲。

⑤第一項之保險業負責人、職員或以他人名義投資而直接或間接控制該保險業之人事、財務或業務經營之人與前項以外之人所爲之處分其財產行爲，推定爲無償行爲。

⑥第一項及第二項之撤銷權，自保險業知有撤銷原因時起，一年間不行使，或自行爲時起經過十年而消滅。

第一六八條之七　（罰則）94

第一百六十八條之二第一項之罪，爲洗錢防制法第三條第一項所定之重大犯罪，適用洗錢防制法之相關規定。

第一六九條　（超額承保之處罰）107

保險業違反第七十二條規定超額承保者，除違反部分無效外，處新臺幣四十五萬元以上四百五十萬元以下罰鍰。

第一六九條之一　（刪除）

第一六九條之二　（違反安定基金提撥規定之處罰）107

保險業有下列情事之一者，由安定基金報請主管機關處新臺幣三十萬元以上三百萬元以下罰鍰，情節重大者，並得解除其負責人職務：

一　未依限提撥安定基金或拒絕繳付。

二　違反第一百四十三條之三第五項規定，未依規定建置電子資料檔案、拒絕提供電子資料檔案，或所提供之電子資料檔案嚴重不實。

三　規避、妨礙或拒絕安定基金依第一百四十三條之三第六項規定之查核。

第一七〇條　（刪除）96

第一七〇條之一　（罰鍰）107

①保險業辦理再保險業務違反第一百四十七條所定辦法中有關再保險之分出、分入、其他危險分散機制業務之方式或限額之規定者，處新臺幣九十萬元以上九百萬元以下罰鍰。

②專業再保險業違反第一百四十七條之一第二項所定辦法中有關業務範圍或財務管理之規定者，處新臺幣九十萬元以上九百萬元以下罰鍰。

第一七一條　（違反保費比率與準備金提存比率之處罰）107

①保險業違反第一百四十四條第一項至第四項、第一百四十五條規定者，處新臺幣六十萬元以上六百萬元以下罰鍰，並得令其撤換核保或精算人員。

②保險業簽證精算人員或外部複核精算人員違反第一百四十四條第五項規定者，主管機關得視其情節輕重爲警告、停止於三年以內期間簽證或複核，並得令保險業予以撤換。

第一七一條之一　（罰鍰）107

①保險業違反第一百四十八條之一第一項或第二項規定者，處新臺幣六十萬元以上六百萬元以下罰鍰。

②保險業違反第一百四十八條之二第一項規定，未提供說明文件供查閱、或所提供之說明文件未依規定記載，或所提供之說明文件記載不實，處新臺幣六十萬元以上六百萬元以下罰鍰。

③保險業違反第一百四十八條之二第二項規定，未依限向主管機關報告或主動公開說明，或向主管機關報告或公開說明之內容不實，處新臺幣三十萬元以上三百萬元以下罰鍰。

④保險業違反第一百四十八條之三第一項規定，未建立或未執行內部控制或稽核制度，處新臺幣六十萬元以上一千二百萬元以下罰鍰。

⑤保險業違反第一百四十八條之三第二項規定，未建立或未執行內部處理制度或程序，處新臺幣六十萬元以上一千二百萬元以下罰鍰。

第一七一條之二　（罰則）99

①保險公司股東持股違反第一百三十九條之一第一項、第二項或第四項規定，未向主管機關申報或經核准而持有股份者，處該股東新臺幣四十萬元以上四百萬元以下罰鍰。

②保險公司股東違反主管機關依第一百三十九條之一第五項所定辦法中有關持股數與其他重要事項變動之申報或公告規定，或未於主管機關依同條第六項所定期限內處分股份者，處該股東新臺幣四十萬元以上四百萬元以下罰鍰。

③保險公司股東違反第一百三十九條之一第七項規定未為通知者，處該股東新臺幣十萬元以上一百萬元以下罰鍰。

第一七二條　（遲延清算之處罰）107

保險業經撤銷或廢止許可後，遲延不清算者，得處負責人各新臺幣六十萬元以上六百萬元以下罰鍰。

第一七二條之一　（違反監理效力處罰）101

保險業於主管機關監管、接管或勒令停業清理時，其董（理）事、監察人（監事）、經理人或其他職員有下列情形之一者，處一年以上七年以下有期徒刑，得併科新臺幣二千萬元以下罰金：

一　拒絕將保險業業務財務有關之帳冊、文件、印章及財產等列表移交予監管人、接管人或清理人或不為全部移交。

二　隱匿或毀損與業務有關之帳冊、隱匿或毀棄該保險業之財產，或為其他不利於債權人之處分。

三　捏造債務，或承認不眞實之債務。

四　無故拒絕監管人、接管人或清理人之詢問，或對其詢問為虛偽之答復，致影響被保險人或受益人之權益者。

第一七二條之二　（期限內不予改正得按次處罰）107

①保險業或受罰人經依本節規定處罰後，於規定限期內仍不予改正者，主管機關得按次處罰。

②依本節規定應處罰鍰之行為，其情節輕微，以不處罰為適當者，得免予處罰。

第一七三條　（刪除）94

第六章　附　則

第一七四條　（社會保險之訂定）

社會保險另以法律定之。

第一七四條之一　（設立專業法庭或指定專人辦理）94

法院為審理違反本法之犯罪案件，得設立專業法庭或指定專人辦理。

第一七五條　（施行細則）96

本法施行細則，由主管機關定之。

第一七五條之一　（合作條約或協定之簽訂）96

①為促進我國與其他國家保險市場主管機關之國際合作，政府或其授權之機構依互惠原則，得與外國政府、機構或國際組織，就資訊交換、技術合作、協助調查等事項，簽訂合作條約或協定。

②除有妨害國家利益或投保大眾權益者外，主管機關依前項簽訂之條約或協定，得洽請相關機關、機構依法提供必要資訊，並基於互惠及保密原則，提供予與我國簽訂條約或協定之外國政府、機構或國際組織。

第一七六條　（保險業管理辦法之內容）

保險業之設立、登記、轉讓、合併及解散清理，除依公司法規定外，應將詳細程序明訂於管理辦法內。

第一七七條　（保險業務之管理規則）100

保險業務員之資格取得、登錄、撤銷或廢止登錄、教育訓練、懲處及其他應遵行事項之管理規則，由主管機關定之。

第一七七條之一　（蒐集、處理個資之特定範圍）100

①符合下列各款規定之一者，於經本人書面同意，得蒐集、處理或利用病歷、醫療、健

康檢查之個人資料：

一　依本法經營或執行業務之保險業、保險代理人、經紀人、公證人。

二　協助保險契約義務之確定或履行而受保險業委託之法人。

三　辦理爭議處理、車禍受害人補償業務而經主管機關許可設立之保險事務財團法人。

②前項書面同意方式、第一款業務範圍及其他應遵行事項，由主管機關訂定辦法管理之。

③保險業爲執行核保或理賠作業需要，處理、利用依法所蒐集保險契約受益人之姓名、出生年月日、國民身分證統一編號及聯絡方式，得免爲個人資料保護法第九條第一項之告知。

④中華民國一百年六月十四日修正之本條文施行前，第一項各款之人已依法蒐集之病歷、醫療、健康檢查之個人資料，於修正施行後，得繼續處理及爲符合蒐集之特定目的必要範圍內利用。

第一七八條　（施行日）104

本法除中華民國九十五年五月三十日修正公布之條文自九十五年七月一日施行，一百年六月十四日修正之第一百七十七條之一施行日期由行政院定之，一百零四年一月二十二日修正之第一百四十三條之四至第一百四十三條之六、第一百四十九條及第一百六十八條第四項規定自一百零五年一月一日施行外，自公布日施行。

信託法

①民國85年1月26日總統令制定公布全文86條。
②民國98年12月30日總統令修正公布第21、45、53及86條條文；並自98年11月23日施行。

第一章　總　則

第一條　（定義）
稱信託者，謂委託人將財產權移轉或為其他處分，使受託人依信託本旨，為受益人之利益或為特定之目的，管理或處分信託財產之關係。

第二條　（信託之成立）
信託，除法律另有規定外，應以契約或遺囑為之。

第三條　（保障受益人之權益）
委託人與受益人非同一人者，委託人除信託行為另有保留外，於信託成立後不得變更受益人或終止其信託，亦不得處分受益人之權利。但經受益人同意者，不在此限。

第四條　（信託公示之原則）
①以應登記或註冊之財產權為信託者，非經信託登記，不得對抗第三人。
②以有價證券為信託者，非依目的事業主管機關規定於證券上或其他表彰權利之文件上載明為信託財產，不得對抗第三人。
③以股票或公司債券為信託者，非經通知發行公司，不得對抗該公司。

第五條　（信託行為無效之情形）
信託行為，有左列各款情形之一者，無效：
一　其目的違反強制或禁止規定者。
二　其目的違反公共秩序或善良風俗者。
三　以進行訴願或訴訟為主要目的者。
四　以依法不得受讓特定財產權之人為該財產權之受益人者。

第六條　（撤銷權之聲請）
①信託行為有害於委託人之債權人權利者，債權人得聲請法院撤銷之。
②前項撤銷，不影響受益人已取得之利益。但受益人取得之利益未屆清償期或取得利益時明知或可得而知有害及債權者，不在此限。
③信託成立後六個月內，委託人或其遺產受破產之宣告者，推定其行為有害及債權。

第七條　（撤銷權行使之除斥期間）
前條撤銷權，自債權人知有撤銷原因時起，一年間不行使而消滅。自行為時起逾十年者，亦同。

第八條　（信託關係）
①信託關係不因委託人或受託人死亡、破產或喪失行為能力而消滅。但信託行為另有訂定者，不在此限。
②委託人或受託人為法人時，因解散或撤銷設立登記而消滅者，適用前項之規定。

第二章　信託財產

第九條　（信託財產）
①受託人因信託行為取得之財產權為信託財產。
②受託人因信託財產之管理、處分、滅失、毀損或其他事由取得之財產權，仍屬信託財

產。

第一〇條　（信託財產不屬於受託人之遺產）

受託人死亡時，信託財產不屬於其遺產。

第一一條　（信託財產不屬於受託人之破產財團）

受託人破產時，信託財產不屬於其破產財團。

第一二條　（受託人之債權人原則上不得對信託財產聲請強制執行）

①對信託財產不得強制執行。但基於信託前存在於該財產之權利、因處理信託事務所生之權利或其他法律另有規定者，不在此限。

②違反前項規定者，委託人、受益人或受託人得於強制執行程序終結前，向執行法院對債權人提起異議之訴。

③強制執行法第十八條第二項、第三項之規定，於前項情形，準用之。

第一三條　（債權債務不得互相抵銷）

屬於信託財產之債權與不屬於該信託財產之債務不得互相抵銷。

第一四條　（財產權之取得）

信託財產爲所有權以外之權利時，受託人雖取得該權利標的之財產權，其權利亦不因混同而消滅。

第一五條　（信託財產之管理方法）

信託財產之管理方法，得經委託人、受託人及受益人之同意變更。

第一六條　（信託財產管理方法因情事變更得聲請法院變更）

①信託財產之管理方法因情事變更致不符合受益人之利益時，委託人、受益人或受託人得聲請法院變更之。

②前項規定，於法院所定之管理方法，準用之。

第三章　受益人

第一七條　（信託利益）

①受益人因信託之成立而享有信託利益。但信託行爲另有訂定者，從其所定。

②受益人得拋棄其享有信託利益之權利。

第一八條　（受益人撤銷權之行使）

①受託人違反信託本旨處分信託財產時，受益人得聲請法院撤銷其處分。受益人有數人者，得由其中一人爲之。

②前項撤銷權之行使，以有左列情形之一者爲限，始得爲之：

一　信託財產爲已辦理信託登記之應登記或註冊之財產權者。

二　信託財產爲已依目的事業主管機關規定於證券上或其他表彰權利之文件上載明其爲信託財產之有價證券者。

三　信託財產爲前二款以外之財產權而相對人及轉得人明知或因重大過失不知受託人之處分違反信託本旨者。

第一九條　（撤銷權行使之除斥期間）

前條撤銷權，自受益人知有撤銷原因時起，一年間不行使而消滅。自處分時起逾十年者，亦同。

第二〇條　（受益權讓與）

民法第二百九十四條至第二百九十九條之規定，於受益權之讓與，準用之。

第四章　受託人

第二一條　（受託人資格之限制）98

未成年人、受監護或輔助宣告之人及破產人，不得爲受託人。

第二二條　（信託事務之處理）

受託人應依信託本旨，以善良管理人之注意，處理信託事務。

第二三條　（請求賠償及減免報酬）

受託人因管理不當致信託財產發生損害或違反信託本旨處分信託財產時，委託人、受益人或其他受託人得請求以金錢賠償信託財產所受損害或回復原狀，並得請求減免報酬。

第二四條　（受託人個人財產與信託財產之管理）

①受託人應將信託財產與其自有財產及其他信託財產分別管理。信託財產為金錢者，得以分別記帳方式為之。

②前項不同信託之信託財產間，信託行為訂定得不必分別管理者，從其所定。

③受託人違反第一項規定獲得利益者，委託人或受益人得請求將其利益歸於信託財產。如因而致信託財產受損害者，受託人雖無過失，亦應負損害賠償責任；但受託人證明縱為分別管理，而仍不免發生損害者，不在此限。

④前項請求權，自委託人或受益人知悉之日起，二年間不行使而消滅。自事實發生時起，逾五年者，亦同。

第二五條　（信託事務之代理）

受託人應自己處理信託事務。但信託行為另有訂定或有不得已之事由者，得使第三人代為處理。

第二六條　（代為處理信託事務之第三人，應負與受託人同一之責任）

①受託人依前條但書規定，使第三人代為處理信託事務者，僅就第三人之選任與監督其職務之執行負其責任。

②前條但書情形，該第三人負與受託人處理信託事務同一之責任。

第二七條　（受託人違反處理信託事務，應使該第三人與其負連帶責任）

①受託人違反第二十五條規定，使第三人代為處理信託事務者，就該第三人之行為與就自己之行為負同一責任。

②前項情形，該第三人應與受託人負連帶責任。

第二八條　（受託財產為全體受託人所公同共有）

①同一信託之受託人有數人時，信託財產為其公同共有。

②前項情形，信託事務之處理除經常事務、保存行為或信託行為另有訂定外，由全體受託人共同為之。受託人意思不一致時，應得受益人全體之同意。受益人意思不一致時，得聲請法院裁定之。

③受託人有數人者，對其中一人所為之意思表示，對全體發生效力。

第二九條　（連帶清償責任）

受託人有數人者，對受益人因信託行為負擔之債務負連帶清償責任。其因處理信託事務負擔債務者，亦同。

第三〇條　（受託人因信託行為對受益人所負擔之債務，僅於信託財產限度內負履行責任）

受託人因信託行為對受益人所負擔之債務，僅於信託財產限度內負履行責任。

第三一條　（信託財產目錄）

①受託人就各信託，應分別造具帳簿，載明各信託事務處理之狀況。

②受託人除應於接受信託時作成信託財產目錄外，每年至少定期一次作成信託財產目錄，並編製收支計算表，送交委託人及受益人。

第三二條　（利害關係人於必要時，得請求閱覽、抄錄或影印）

①委託人或受益人得請求閱覽、抄錄或影印前條之文書，並得請求受託人說明信託事務之處理情形。

②利害關係人於必要時，得請求閱覽、抄錄或影印前條之文書。

第三三條　（受託人關於信託財產之占有，承繼委託人占有之瑕疵）

①受託人關於信託財產之占有，承繼委託人占有之瑕疵。

②前項規定於以金錢、其他代替物或有價證券為給付標的之有價證券之占有，準用之。

第三四條　（受託人不得以任何名義，享有信託利益）

受託人不得以任何名義，享有信託利益。但與他人爲共同受益人時，不在此限。

第三五條　（禁止受託人將信託財產轉爲自有財產）

①受託人除有左列各款情形之一外，不得將信託財產轉爲自有財產，或於該信託財產上設定或取得權利：

一　經受益人書面同意，並依市價取得者。

二　由集中市場競價取得者。

三　有不得已事由經法院許可者。

②前項規定，於受託人因繼承、合併或其他事由，概括承受信託財產上之權利時，不適用之。於此情形，並準用第十四條之規定。

③受託人違反第一項之規定，使用或處分信託財產者，委託人、受益人或其他受託人，除準用第二十三條規定外，並得請求將其所得之利益歸於信託財產；於受託人有惡意者，應附加利息一併歸入。

④前項請求權，自委託人或受益人知悉之日起，二年間不行使而消滅。自事實發生時起逾五年者，亦同。

第三六條（受託人職務解除之事由）

①受託人除信託行爲另有訂定外，非經委託人及受益人之同意，不得辭任。但有不得已之事由時，得聲請法院許可其辭任。

②受託人違背其職務或有其他重大事由時，法院得因委託人或受益人之聲請將其解任。

③前二項情形，除信託行爲另有訂定外，委託人得指定新受託人，如不能或不爲指定者，法院得因利害關係人或檢察官之聲請選任新受託人，並爲必要之處分。

④已辭任之受託人於新受託人能接受信託事務前，仍有受託人之權利及義務。

第三七條（發行有價證券）

信託行爲訂定對於受益權得發行有價證券者，受託人得依有關法律之規定，發行有價證券。

第三八條　（請求報酬）

①受託人係信託業或信託行爲訂有給付報酬者，得請求報酬。

②約定之報酬，依當時之情形或因情事變更顯失公平者，法院得因委託人、受託人、受益人或同一信託之其他受託人之請求增減其數額。

第三九條　（費用支出）

①受託人就信託財產或處理信託事務所支出之稅捐、費用或負擔之債務，得以信託財產充之。

②前項費用，受託人有優先於無擔保債權人受償之權。

③第一項權利之行使不符信託目的時，不得爲之。

第四〇條（請求補償或提供擔保）

①信託財產不足清償前條第一項之費用或債務，或受託人有前條第三項之情形時，受託人得向受益人請求補償或清償債務或提供相當之擔保。但信託行爲另有訂定者，不在此限。

②信託行爲訂有受託人得先對受益人請求補償或清償所負之債務或要求提供擔保者，從其所定。

③前二項規定，於受益人拋棄其權利時，不適用之。

④第一項之請求權，因二年間不行使而消滅。

第四一條　（受託人之權利）

受託人有第三十九條第一項或前條之權利者，於其權利未獲滿足前，得拒絕將信託財產交付受益人。

第四二條　（損害補償準用規定）

①受託人就信託財產或處理信託事務所受損害之補償，準用前三條之規定。

②前項情形，受託人有過失時，準用民法第二百十七條規定。

第四三條　（收取報酬之準用規定）

①第三十九條第一項、第三項，第四十條及第四十一條之規定，於受託人得自信託財產收取報酬時，準用之。
②第四十一條規定，於受託人得向受益人請求報酬時，準用之。

第四四條　（受託人之權利）
前五條所定受託人之權利，受託人非履行第二十三條或第二十四條第三項所定損害賠償、回復原狀或返還利益之義務，不得行使。

第四五條　（受託人之任務終了）98
①受託人之任務，因受託人死亡、受破產、監護或輔助宣告而終了。其爲法人者，經解散、破產宣告或撤銷設立登記時，亦同。
②第三十六條第三項之規定，於前項情形，準用之。
③新受託人於接任處理信託事務前，原受託人之繼承人或其法定代理人、遺產管理人、破產管理人、監護人、輔助人或清算人應保管信託財產，並爲信託事務之移交採取必要之措施。法人合併時，其合併後存續或另立之法人，亦同。

第四六條　（受託人之選任）
遺囑指定之受託人拒絕或不能接受信託時，利害關係人或檢察官得聲請法院選任受託人。但遺囑另有訂定者，不在此限。

第四七條　（受託財產之移轉）
①受託人變更時，信託財產視爲於原受託人任務終了時，移轉於新受託人。
②共同受託人中之一人任務終了時，信託財產歸屬於其他受託人。

第四八條　（債務負擔）
①受託人變更時，由新受託人承受原受託人因信託行爲對受益人所負擔之債務。
②前項情形，原受託人因處理信託事務負擔之債務，債權人亦得於新受託人繼受之信託財產限度內，請求新受託人履行。
③新受託人對原受託人得行使第二十三條及第二十四條第三項所定之權利。
④第一項之規定，於前條第二項之情形，準用之。

第四九條　（強制執行）
對於信託財產之強制執行，於受託人變更時，債權人仍得依原執行名義，以新受託人爲債務人，開始或續行強制執行。

第五〇條　（結算書及報告書之移交）
①受託人變更時，原受託人應就信託事務之處理作成結算書及報告書，連同信託財產會同受益人或信託監察人移交於新受託人。
②前項文書經受益人或信託監察人承認時，原受託人就其記載事項，對受益人所負之責任視爲解除。但原受託人有不正當行爲者，不在此限。

第五一條　（留置權）
①受託人變更時，原受託人爲行使第三十九條、第四十二條或第四十三條所定之權利，得留置信託財產，並得對新受託人就信託財產爲請求。
②前項情形，新受託人提出與各個留置物價値相當之擔保者，原受託人就該物之留置權消滅。

第五章　信託監察人

第五二條　（信託監察人之選任）
①受益人不特定、尚未存在或其他爲保護受益人之利益認有必要時，法院得因利害關係人或檢察官之聲請，選任一人或數人爲信託監察人。但信託行爲定有信託監察人或其選任方法者，從其所定。
②信託監察人得以自己名義，爲受益人爲有關信託之訴訟上或訴訟外之行爲。
③受益人得請求信託監察人爲前項之行爲。

第五三條　（信託監察人資格之限制）98

未成年人、受監護或輔助宣告之人及破產人，不得爲信託監察人。

第五四條　（善良管理人）

信託監察人執行職務，應以善良管理人之注意爲之。

第五五條　（執行職務）

信託監察人有數人時，其職務之執行除法院另有指定或信託行爲另有訂定外，以過半數決之。但就信託財產之保存行爲得單獨爲之。

第五六條　（請求報酬）

法院因信託監察人之請求，得斟酌其職務之繁簡及信託財產之狀況，就信託財產酌給相當報酬。但信託行爲另有訂定者，從其所定。

第五七條　（辭任）

信託監察人有正當事由時，得經指定或選任之人同意或法院之許可辭任。

第五八條　（解任）

信託監察人怠於執行其職務或有其他重大事由時，指定或選任之人得解任之；法院亦得因利害關係人或檢察官之聲請將其解任。

第五九條　（選任）

①信託監察人辭任或解任時，除信託行爲另有訂定外，指定或選任之人得選任新信託監察人；不能或不爲選任者，法院亦得因利害關係人或檢察官之聲請選任之。

②信託監察人拒絕或不能接任時，準用前項規定。

第六章　信託之監督

第六〇條　（法院監督）

①信託除營業信託及公益信託外，由法院監督。

②法院得因利害關係人或檢察官之聲請爲信託事務之檢查，並選任檢查人及命爲其他必要之處分。

第六一條　（罰鍰）

受託人不遵守法院之命令或妨礙其檢查者，處新臺幣一萬元以上十萬元以下罰鍰。

第七章　信託關係之消滅

第六二條　（信託關係消滅之事由）

信託關係，因信託行爲所定事由發生，或因信託目的已完成或不能完成而消滅。

第六三條　（信託終止(一)）

①信託利益全部由委託人享有者，委託人或其繼承人得隨時終止信託。

②前項委託人或其繼承人於不利於受託人之時期終止信託者，應負損害賠償責任。但有不得已之事由者，不在此限。

第六四條　（信託終止(二)）

①信託利益非由委託人全部享有者，除信託行爲另有訂定外，委託人及受益人得隨時共同終止信託。

②委託人及受益人於不利受託人之時期終止信託者，應負連帶損害賠償責任。但有不得已之事由者，不在此限。

第六五條　（信託關係消滅時，信託財產之歸屬）

信託關係消滅時，信託財產之歸屬，除信託行爲另有訂定外，依左列順序定之：

一　享有全部信託利益之受益人。

二　委託人或其繼承人。

第六六條　（信託關係之存續）

信託關係消滅時，於受託人移轉信託財產於前條歸屬權利人前，信託關係視爲存續，以歸屬權利人視爲受益人。

第六七條　（信託關係消滅準用之規定）

第四十九條及第五十一條之規定，於信託財產因信託關係消滅而移轉於受益人或其他歸屬權利人時，準用之。

第六八條　（結算書及報告書）

①信託關係消滅時，受託人應就信託事務之處理作成結算書及報告書，並取得受益人、信託監察人或其他歸屬權利人之承認。

②第五十條第二項規定，於前項情形，準用之。

第八章　公益信託

第六九條　（公益信託定義）

稱公益信託者，謂以慈善、文化、學術、技藝、宗教、祭祀或其他以公共利益爲目的之信託。

第七〇條　（公益信託設立之申請）

①公益信託之設立及其受託人，應經目的事業主管機關之許可。

②前項許可之申請，由受託人爲之。

第七一條　（信託關係之權利義務）

①法人爲增進公共利益，得經決議對外宣言自爲委託人及受託人，並邀公眾加入爲委託人。

②前項信託對公衆宣言前，應經目的事業主管機關許可。

③第一項信託關係所生之權利義務，依該法人之決議及宣言內容定之。

第七二條　（公益信託之核備及公告）

①公益信託由目的事業主管機關監督。

②目的事業主管機關得隨時檢查信託事務及財產狀況；必要時並得命受託人提供相當之擔保或爲其他處置。

③受託人應每年至少一次定期將信託事務處理情形及財務狀況，送公益信託監察人審核後，報請主管機關核備並公告之。

第七三條　（信託條款）

公益信託成立後發生信託行爲當時不能預見之情事時，目的事業主管機關得參酌信託本旨，變更信託條款。

第七四條　（受託人非經許可不得辭任）

公益信託之受託人非有正當理由，並經目的事業主管機關許可，不得辭任。

第七五條　（信託監察人之設置）

公益信託應置信託監察人。

第七六條　（法院之權限）

第三十五條第一項第三款、第三十六條第二項、第三項、第四十五條第二項、第四十六條、第五十六條至第五十九條所定法院之權限，於公益信託由目的事業主管機關行之。但第三十六條第二項、第三項、第四十五條第二項及第四十六條所定之權限，目的事業主管機關亦得依職權爲之。

第七七條　（公益信託之撤銷）

①公益信託違反設立許可條件、監督命令或爲其他有害公益之行爲者，目的事業主管機關得撤銷其許可或爲其他必要之處置。其無正當理由連續三年不爲活動者，亦同。

②目的事業主管機關爲前項處分前，應通知委託人、信託監察人及受託人於限期內表示意見。但不能通知者，不在此限。

第七八條　（公益信託之消滅）

公益信託，因目的事業主管機關撤銷設立之許可而消滅。

第七九條　（信託關係之存續）

公益信託關係消滅，而無信託行爲所訂信託財產歸屬權利人時，目的事業主管機關得爲類似之目的，使信託關係存續，或使信託財產移轉於有類似目的之公益法人或公益信託。

第八〇條 （受託人申報義務）

公益信託關係依第六十二條規定消滅者，受託人應於一個月內，將消滅之事由及年月日，向目的事業主管機關申報。

第八一條 （公益信託關係消滅之申報）

公益信託關係消滅時，受託人應於依第六十八條第一項規定取得信託監察人承認後十五日內，向目的事業主管機關申報。

第八二條 （處罰）

公益信託之受託人有左列情事之一者，由目的事業主管機關處新臺幣二萬元以上二十萬元以下罰鍰：

一　帳簿、財產目錄或收支計算表有不實之記載。
二　拒絕、妨礙或規避目的事業主管機關之檢查。
三　向目的事業主管機關爲不實之申報或隱瞞事實。
四　怠於公告或爲不實之公告。
五　違反目的事業主管機關監督之命令。

第八三條 （使用公益信託名稱之限制）

①未經許可，不得使用公益信託之名稱或使用易於使人誤認爲公益信託之文字。
②違反前項規定者，由目的事業主管機關處新臺幣一萬元以上十萬元以下罰鍰。

第八四條 （公益信託適用規定）

公益信託除本章另有規定外，適用第二章至第七章之規定。

第八五條 （許可條件及監督辦法）

公益信託之許可及監督辦法，由目的事業主管機關定之。

第九章　附　則

第八六條 （施行日）98

①本法自公布日施行。
②本法中華民國九十八年十二月十五日修正之條文，自九十八年十一月二十三日施行。

企業併購法

①民國91年2月6日總統令制定公布全文50條。
②民國93年5月5日總統令修正公布第6、8、11至15、17至19、22、23、25、27、29、32至34、39、40、42條條文。
③民國104年7月8日總統令修正公布全文54條。
④民國111年6月15日總統令修正公布第1、5、10至12、18、29、35、36、40、45、53條條文；增訂第40-1、44-1條條文；並自公布後六個月施行。

第一章　總　則

第一條　111

爲利企業以併購進行組織調整，發揮企業經營效率，並兼顧股東權益之保障，特制定本法。

第二條　（法律適用）

①公司之併購，依本法之規定；本法未規定者，依公司法、證券交易法、公平交易法、勞動基準法、外國人投資條例及其他法律之規定。
②金融機構之併購，依金融機構合併法及金融控股公司法之規定；該二法未規定者，依本法之規定。

第三條　（主管機關）

①本法主管機關爲經濟部。
②本法所定事項涉及目的事業主管機關職掌者，由主管機關會同目的事業主管機關辦理。

第四條　（用詞定義）

本法用詞定義如下：

一　公司：指依公司法設立之股份有限公司。
二　併購：指公司之合併、收購及分割。
三　合併：指依本法或其他法律規定參與之公司全部消滅，由新成立之公司概括承受消滅公司之全部權利義務；或參與之其中一公司存續，由存續公司概括承受消滅公司之全部權利義務，並以存續或新設公司之股份、或其他公司之股份、現金或其他財產作爲對價之行爲。
四　收購：指公司依本法、公司法、證券交易法、金融機構合併法或金融控股公司法規定取得他公司之股份、營業或財產，並以股份、現金或其他財產作爲對價之行爲。
五　股份轉換：指公司讓與全部已發行股份予他公司，而由他公司以股份、現金或其他財產支付公司股東作爲對價之行爲。
六　分割：指公司依本法或其他法律規定將其得獨立營運之一部或全部之營業讓與既存或新設之他公司，而由既存公司或新設公司以股份、現金或其他財產支付予該公司或其股東作爲對價之行爲。
七　母、子公司：直接或間接持有他公司已發行有表決權之股份總數或資本總額超過半數之公司，爲母公司；被持有者，爲子公司。
八　外國公司：指以營利爲目的，依照外國法律組織登記之公司。

第五條　111

①公司進行併購時，董事會應爲公司之最大利益行之，並應以善良管理人之注意，處理

併購事宜。

②公司董事會違反法令、章程或股東會決議處理併購事宜，致公司受有損害時，參與決議之董事，對公司應負賠償之責。但經表示異議之董事，有紀錄或書面聲明可證者，免其責任。

③公司進行併購時，公司董事就併購交易有自身利害關係時，應向董事會及股東會說明其自身利害關係之重要內容及贊成或反對併購決議之理由。

④前項情形，公司應於股東會召集事由中敘明董事利害關係之重要內容及贊成或反對併購決議之理由，其內容得置於證券主管機關或公司指定之網站，並應將其網址載明於通知。

第六條　（特別委員會之設置、審議事項及其組成、資格等相關辦法由證券主管機關訂定）

①公開發行股票之公司於召開董事會決議併購事項前，應設置特別委員會，就本次併購計畫與交易之公平性、合理性進行審議，並將審議結果提報董事會及股東會。但本法規定無須召開股東會決議併購事項者，得不提報股東會。

②前項規定，於公司依證券交易法設有審計委員會者，由審計委員會行之；其辦理本條之審議事項，依證券交易法有關審計委員會決議事項之規定辦理。

③特別委員會或審計委員會進行審議時，應委請獨立專家協助就換股比例或配發股東之現金或其他財產之合理性提供意見。

④特別委員會之組成、資格、審議方法與獨立專家之資格條件、獨立性之認定、選任方式及其他相關事項之辦法，由證券主管機關定之。

第七條　（應發送股東之併購文件，於證券主管機關指定之網站公告；併購文件備置於公司及股東會會場供股東索閱者，視爲已發送）

①公開發行股票之公司依本法應發送股東之併購文件屬下列之一者，經公司於證券主管機關指定之網站公告同一內容，且備置於公司及股東會會場供股東索閱者，對於股東視爲已發送：

一　依第二十二條第三項、第三十一條第七項、第三十八條第二項規定應附於股東會召集通知之合併契約、轉換契約或分割計畫之應記載事項、特別委員會或審計委員會審議結果及獨立專家意見。

二　依第十九條第二項、第三十條第二項或第三十七條第三項規定於董事會決議後，應附於對股東通知之合併契約、轉換契約或分割計畫之應記載事項、特別委員會或審計委員會審議結果及獨立專家意見。

②公司董事會依第十八條第七項、第十九條第一項、第二十九條第六項、第三十條第一項、第三十六條第一項及第二項、第三十七條第一項爲併購之決議，免經股東會決議且決議無須通知股東者，應於最近一次股東會就併購事項提出報告。

第八條　（公司得不受公司法與證券交易法有關原股東新股優先認購權及提撥一定比例對外發行限制之情形）

①公司有下列情形之一者，得不保留發行之新股由員工承購、通知原有股東儘先分認或提撥一定比率對外公開發行，不受公司法第二百六十七條第一項至第三項及證券交易法第二十八條之一規定之限制：

一　存續公司爲合併而發行新股，或母公司爲子公司與他公司之合併而發行新股。

二　發行新股全數用於被收購。

三　發行新股全數用於收購他公司已發行之股份、營業或財產。

四　因進行股份轉換而發行新股。

五　因受讓分割而發行新股。

②公司依前項發行之新股，得以現金或公司事業所需之財產爲出資，且不受公司法第二百七十二條規定之限制。

第九條　（公司併購後之發行新股）

公司依公司法第三百零四條規定訂定之重整計畫，得訂明以債權人對公司之債權作價繳足債權人承購公司發行新股所需股款，並經公司法第三百零五條關係人會議可決及經法院裁定認可後執行之，不受公司法第二百七十條、第二百七十二條及第二百九十六條規定之限制。

第一〇條 111

①公司進行併購時，股東得以書面契約約定其共同行使股東表決權之方式及相關事宜。

②公司進行併購時，股東得將其所持有股票移轉予信託公司或兼營信託業務之金融機構，成立股東表決權信託，並由受託人依書面信託契約之約定行使其股東表決權。

③股東非將前項書面信託契約、股東姓名或名稱、事務所或住（居）所與移轉股東表決權信託之股份總數、種類及數量於股東常會開會三十日前，或股東臨時會開會十五日前送交公司辦理登記，不得以其成立股東表決權信託對抗公司。

④前項情形，公開發行股票公司之股東應於股東常會開會六十日前，或股東臨時會開會三十日前為之。

第一一條 111

①公司進行併購時，得以股東間書面契約或公司與股東間之書面契約合理限制下列事項：

一 股東轉讓持股時，應優先轉讓予公司、其他股東或指定之第三人。
二 公司、股東或指定之第三人得優先承購其他股東所持有股份。
三 股東得請求其他股東一併轉讓所持有股份。
四 股東轉讓股份或將股票設質予特定人應經公司董事會或股東會之同意。
五 股東轉讓股份或設質股票之對象。
六 股東於一定期間內不得將股份轉讓或股票設質予他人。

②未公開發行股票之公司得以章程記載前項約定事項。

③第一項所指合理限制，應符合下列原則：

一 為符合證券交易法、稅法或其他法令規定所為之限制。
二 其他因股東身分、公司業務競爭或整體業務發展之目的所為必要之限制。

④公開發行股票之公司進行併購發行新股而受第一項股份轉讓或股票設質之限制時，應依證券交易法規定於公開說明書或證券主管機關規定應交付投資人之書面文件中載明。

⑤公司法第一百六十三條不得以章程禁止或限制股份轉讓之規定，於第一項及第二項情形不適用之。

⑥公司依第一項第一款或第二款買回股份之數量併同依其他法律買回股份之總數，不得超過該公司已發行股份總數百分之二十，且其收買股份之總金額，不得逾保留盈餘加已實現之資本公積之金額。

第一二條 111

①公司於進行併購而有下列情形之一，股東得請求公司按當時公平價格，收買其持有之股份：

一 公司股東對公司依前條規定修改章程記載股份轉讓或股票設質之限制，於股東會集會前或集會中，以書面表示異議，或以口頭表示異議經記錄，並投票反對或放棄表決權者。
二 公司進行第十八條之合併時，存續公司或消滅公司之股東於決議合併之股東會集會前或集會中，以書面表示異議，或以口頭表示異議經記錄，並投票反對或放棄表決權者。但公司依第十八條第七項進行合併時，僅消滅公司股東得表示異議。
三 公司進行第十九條之簡易合併時，其子公司股東於決議合併之董事會依第十九條第二項公告及通知所定期限內以書面向子公司表示異議者。
四 公司進行第二十七條之收購時，公司股東於股東會集會前或集會中，以書面表示異議，或以口頭表示異議經記錄，並投票反對或放棄表決權者。
五 公司進行第二十九條之股份轉換時，進行轉換股份之公司股東及受讓股份之既存公司股東於決議股份轉換之股東會集會前或集會中，以書面表示異議，或以口頭表示異議經記錄，並投票反對或放棄表決權者。但公司依第二十九條第六項規定進行股份轉換時，僅轉換股份公司之股東得表示異議。

六　公司進行第三十條股份轉換時，其子公司股東於決議股份轉換之董事會依第三十條第二項規定公告及通知所定期限內，以書面向子公司表示異議者。

七　公司進行第三十五條之分割時，被分割公司之股東或受讓營業或財產之既存公司之股東於決議分割之股東會集會前或集會中，以書面表示異議，或以口頭表示異議經記錄，並投票反對或放棄表決權者。

八　公司進行第三十七條之簡易分割時，其子公司股東，於決議分割之董事會依第三十七條第三項規定公告及通知所定期限內，以書面向子公司表示異議者。

②前項放棄表決權之股份數，不算入已出席股東之表決權數。

③股東爲第一項之請求，應於股東會決議日起二十日內以書面提出，並列明請求收買價格及交存股票之憑證。依本法規定以董事會爲併購決議者，應於第十九條第二項、第三十條第二項或第三十七條第三項所定期限內以書面提出，並列明請求收買價格及交存股票之憑證。

④公司受理股東交存股票時，應委任依法得受託辦理股務業務之機構辦理。股東交存股票時，應向公司委任股務業務之機構辦理。受委任機構接受股票交存時，應開具該股票種類、數量之憑證予股東；股東以帳簿劃撥方式交存股票者，應依證券集中保管事業相關規定辦理。

⑤第一項股東之請求，於公司取銷同項所列之行爲時，失其效力。

⑥股東與公司間就收買價格達成協議者，公司應自股東會或董事會決議日起九十日內支付價款。未達成協議者，公司應自決議日起九十日內，依其所認爲之公平價格支付價款予未達成協議之股東；公司未支付者，視爲同意股東依第三項請求收買之價格。

⑦股東與公司間就收買價格自股東會或董事會決議日起六十日內未達成協議者，公司應於此期間經過後三十日內，以全體未達成協議之股東爲相對人，聲請法院爲價格之裁定。未達成協議之股東未列爲相對人者，視爲公司同意該股東第三項請求收買價格。公司撤回聲請，或受駁回之裁定，亦同。但經相對人陳述意見或裁定送達相對人後，公司爲聲請之撤回者，應得相對人之同意。

⑧公司聲請法院爲價格之裁定時，應檢附會計師查核簽證公司財務報表及公平價格評估說明書，並按相對人之人數，提出繕本或影本，由法院送達之。

⑨法院爲價格之裁定前，應使聲請人與相對人有陳述意見之機會。相對人有二人以上時，準用民事訴訟法第四十一條至第四十四條及第四百零一條第二項規定。

⑩對於前項裁定提起抗告，抗告法院於裁定前，應給予當事人陳述意見之機會。

⑪價格之裁定確定時，公司應自裁定確定之日起三十日內，支付裁定價格扣除已支付價款之差額及自決議日起九十日翌日起算之法定利息。

⑫非訟事件法第一百七十一條、第一百八十二條第一項、第二項及第四項規定，於本條裁定事件準用之。

⑬聲請程序費用及檢查人之報酬，由公司負擔。

第一三條　（公司買回股份之處理）

①公司依前條規定買回股份，應依下列規定辦理：

一　消滅公司自合併後買回股東之股份，應併同消滅公司其他已發行股份，於消滅公司解散時，一併辦理註銷登記。

二　前款以外情形買回之股份，得依下列規定辦理：

㈠依合併契約、股份轉換契約、分割計畫或其他契約約定轉讓予消滅公司或其他公司股東。

㈡逕行辦理變更登記。

㈢於買回之日起三年內，按市價將其出售，屆期未經出售者，視爲公司未發行股份，並辦理變更登記。

②公司依本法規定買回之股份，不得質押；於未出售或註銷前，不得享有股東權利。

第一四條 （臨時管理人之選任）

①公司於併購時，董事會有不能行使職權之虞，得經代表已發行股份總數三分之二以上股東出席股東會，以出席股東表決權過半數之同意選任臨時管理人，並訂定行使職權之範圍及期限，由臨時管理人於董事會不能行使職權時，代行董事長、董事會依公司法規定之職權。

②公開發行股票之公司，出席股東之股份總數不足前項定額者，得以有代表已發行股份總數過半數股東之出席，出席股東表決權三分之二以上之同意行之。

③臨時管理人之委任，應於就任後十五日內向公司登記主管機關辦理登記；其解任，應併同改選董事、監察人後十五日內為之。

第一五條 （公司合併其權利義務由存續或新設公司概括承受）

①公司進行合併時，消滅公司提撥之勞工退休準備金，於支付未留用或不同意留用勞工之退休金後，得支付資遣費；所餘款項，應自公司勞工退休準備金監督委員會專戶全數移轉至合併後存續公司或新設公司之勞工退休準備金監督委員會專戶。

②公司進行收購財產或分割而移轉全部或一部營業者，讓與公司或被分割公司提撥之勞工退休準備金，於支付未留用或不同意留用勞工之退休金後，得支付資遣費；所餘款項，應按隨同該營業或財產一併移轉適用勞動基準法退休金制度工作年資勞工之比例，移轉至受讓公司之勞工退休準備金監督委員會專戶。

③讓與公司或被分割公司依前項規定比例移轉勞工退休準備金前，其提撥之勞工退休準備金，應達到勞工法令相關規定申請暫停提撥之數額。但其具有適用勞動基準法退休金制度工作年資之勞工，已全數隨同移轉至受讓公司，所餘款項，應全數移轉至受讓公司之勞工退休準備金監督委員會專戶。

第一六條 （留用勞工之權益）

①併購後存續公司、新設公司或受讓公司應於併購基準日三十日前，以書面載明勞動條件通知新舊雇主商定留用之勞工。該受通知之勞工，應於受通知日起十日內，以書面通知新雇主是否同意留用，屆期未為通知者，視為同意留用。

②留用勞工於併購前在消滅公司、讓與公司或被分割公司之工作年資，併購後存續公司、新設公司或受讓公司應予以承認。

第一七條 （未留用或不同意留用勞工，由併購前之雇主發給退休金或資遣費）

①公司進行併購，未經留用或不同意留用之勞工，應由併購前之雇主終止勞動契約，並依勞動基準法第十六條規定期間預告終止或支付預告期間工資，並依法發給勞工退休金或資遣費。

②前項所定不同意留用，包括經同意留用後，於併購基準日前因個人因素不願留用之情形。

第二章　合併、收購及分割

第一節　合　併

第一八條 111

①股東會對於公司合併或解散之決議，應有代表已發行股份總數三分之二以上股東之出席，以出席股東表決權過半數之同意行之。

②公開發行股票之公司，出席股東之股份總數不足前項定額者，得以有代表已發行股份總數過半數股東之出席，出席股東表決權三分之二以上之同意行之。

③前二項股東會決議，屬上市（櫃）公司參與合併後消滅，且存續或新設公司為非上市（櫃）公司者，應經該上市（櫃）公司已發行股份總數三分之二以上股東之同意行之。

④前三項出席股東股份總數及表決權數，章程有較高之規定者，從其規定。

⑤公司已發行特別股者，就公司合併事項，除本法規定無須經股東會決議或公司章程明

定無須經特別股股東會決議者外，應另經該公司特別股股東會決議行之。有關特別股股東會之決議，準用前四項之規定。

⑥公司持有其他參加合併公司之股份，或該公司或其指派代表人當選為其他參加合併公司之董事者，就其他參與合併公司之合併事項為決議時，得行使表決權。

⑦存續公司為合併發行之新股，未超過存續公司已發行有表決權股份總數之百分之二十，或交付消滅公司股東之股份、現金或其他財產價值總額未超過存續公司淨值之百分之二十者，得作成合併契約，經存續公司董事會以三分之二以上董事出席及出席董事過半數之決議行之。但與存續公司合併後消滅之公司，其資產有不足抵償負債之虞或存續公司有變更章程之必要者，仍應適用第一項至第四項有關股東會決議之規定。

第一九條　（簡易合併）

①公司合併其持有百分之九十以上已發行股份之子公司或公司分別持有百分之九十以上已發行股份之子公司間合併時，得作成合併契約，經各該公司董事會以三分之二以上董事出席及出席董事過半數之決議行之。

②子公司董事會為前項決議後，應於十日內公告決議內容、合併契約應記載事項，並通知子公司股東，得於限定期間內以書面提出異議，請求公司按當時公平價格，收買其持有之股份。公開發行股票之公司並應同時將特別委員會或審計委員會審議結果及獨立專家意見發送於股東。

③前項期限，不得少於三十日。

④公司合併其持有百分之九十以上資本總額之子公司，準用前三項規定。

第二〇條　（參與合併公司存續之限制）

股份有限公司相互間合併，或股份有限公司與有限公司合併者，存續或新設公司以股份有限公司為限。

第二一條　（與外國公司合併之規定）

①公司與外國公司合併應符合下列規定：

一　該外國公司依其成立之準據法規定，係屬股份有限公司或有限公司之型態，且得與公司合併者。

二　合併契約業已依該外國公司成立之準據法規定，經該公司股東會、董事會或依其他方式合法決議。

三　公司與外國公司合併者，存續或新設公司以股份有限公司為限。

②前項外國公司應於合併基準日前，指定在中華民國境內之送達代收人。

第二二條　（合併契約應載事項）

①公司合併契約應以書面為之，並應記載下列事項：

一　參與合併之公司名稱、資本額及合併後存續公司或新設公司之名稱及資本額。

二　存續公司或新設公司因合併發行該公司股份或換發其他公司股份之總數、種類及數量或換發現金或其他財產之數量。

三　存續公司或新設公司因合併對於消滅公司股東配發該公司或其他公司股份之總數、種類及數量或換發現金或其他財產與配發之方法、比例及其他相關事項。

四　依法買回存續公司股份作為配發消滅公司股東股份之相關事項。

五　存續公司之章程變更事項或新設公司依公司法第一百二十九條規定應訂立之章程。

六　上市（櫃）公司換股比例計算之依據及得變更之條件。

②公司與外國公司合併者，準用前項之規定。

③第一項合併契約之應記載事項，應於發送合併決議股東會之召集通知時，一併發送於股東；公開發行股票公司並應同時將特別委員會或審計委員會審議結果及獨立專家意見發送於股東。

第二三條　（債權人權益之保護）

①公司為合併之決議後，應即向各債權人分別通知及公告，並指定三十日以上期限，聲明債權人得於期限內提出異議。

②公司不為前項之通知及公告，或對於在其指定期間內對提出異議之債權人不為清償、不提供相當之擔保、不成立專以清償債務為目的之信託或未經公司證明無礙於債權人之權利者，不得以其合併對抗債權人。

③第一項規定，於依第十八條第七項規定之合併，以適用於消滅公司債權人為限；其通知及公告，以消滅公司之股東會決議日為起算日。

④第一項規定，於依第十九條規定之簡易合併，以適用於子公司債權人為限；其通知及公告，以子公司董事會決議日為起算日。

第二四條　（合併之效力）

因合併而消滅之公司，其權利義務應由合併後存續或新設之公司概括承受；消滅公司繼續中之訴訟、非訟、仲裁及其他程序，由存續公司或新設公司承受消滅公司之當事人地位。

第二五條　（變更登記或合併登記之程序）

①存續公司或新設公司取得消滅公司之財產，其權利義務事項之移轉，自合併基準日起生效。但依其他法律規定其權利之取得、設定、喪失或變更應經登記者，非經登記，不得處分。

②存續公司或新設公司為辦理前項財產權利之變更或合併登記，得檢附下列文件逕向相關登記機關辦理批次登記，不受土地法第七十三條第一項、動產擔保交易法第七條及其他法律規定有關權利變更登記應由權利人及義務人共同辦理之限制：

一　公司合併登記之證明。

二　消滅公司原登記之財產清冊及存續公司或新設公司辦理變更登記之財產清冊。

三　其他各登記機關規定之文件。

③前項登記，除其他法規另有更長期間之規定外，應於合併基準日起六個月內為之，不適用土地法第七十三條第二項前段有關一個月內辦理土地權利變更登記之限制。

第二六條　（公司進行合併事項報告之時點）

存續公司得於合併後第一次股東會為合併事項之報告。

第二節　收　購

第二七條　（公司以概括承受或概括讓與方式收購之程序）

①公司經股東會代表已發行股份總數三分之二以上股東之出席，以出席股東表決權過半數之同意，概括承受或概括讓與，或依公司法第一百八十五條第一項第二款或第三款讓與或受讓營業或財產者，其債權讓與之通知，得以公告方式代之，承擔債務時，免經債權人之承認，不適用民法第二百九十七條及第三百零一條規定。

②公開發行股票之公司，出席股東之股份總數不足前項定額者，得以有代表已發行股份總數過半數股東之出席，出席股東表決權三分之二以上之同意行之。

③前二項股東會決議，屬上市（櫃）公司概括讓與，或讓與營業或財產而致終止上市（櫃），且受讓公司非上市（櫃）公司者，應經該上市（櫃）公司已發行股份總數三分之二以上股東之同意行之。

④前三項出席股東股份總數及表決權數，公司章程有較高之規定者，從其規定。

⑤受讓公司取得讓與公司之財產，其權利義務事項之移轉及變更登記，準用第二十五條規定。

⑥公司與外國公司依公司法第一百八十五條第一項第二款或第三款讓與或受讓營業或財產，或以概括承受或概括讓與方式為收購者，準用前五項及第二十一條規定。

⑦第十八條第六項規定，於本條之收購程序準用之。

⑧公司為第一項之決議後，應即向各債權人分別通知及公告決議內容，並指定三十日以上之期限，聲明債權人得於期限內提出異議。

⑨公司不為前項之通知及公告，或對於在其指定期間內對提出異議之債權人不為清償、不提供相當之擔保、不成立專以清償債務為目的之信託或未經公司證明無礙於債權人

之權利者，不得以其收購對抗債權人。

⑩為併購目的而取得任一公開發行公司已發行股份總額百分之十以下之股份者，得以不公開方式先行單獨或與他人共同為之。

⑪前項所稱單獨為之，係指下列情形之一：

一　以自己名義取得者。

二　以符合證券交易法施行細則第二條所定要件之他人名義取得者。

三　以符合國際會計準則或國際財務報導準則所稱之特殊目的個體名義取得者。

⑫第十項所稱與他人共同為之，係指基於同一併購目的，數人間以契約、協議或其他方式之合意，取得公開發行公司已發行股份者。

⑬依第十項規定取得上市（櫃）公司股份者，其股票之轉讓，得於有價證券集中交易市場、證券商營業處所以盤中或盤後方式為之。

⑭為併購目的，依本法規定取得任一公開發行公司已發行股份總額超過百分之十之股份者，應於取得後十日內，向證券主管機關申報其併購目的及證券主管機關所規定應行申報之事項；申報事項如有變動時，應隨時補正之。

⑮違反前項規定取得公開發行公司已發行有表決權之股份者，其超過部分無表決權。

第二八條　（子公司收購母公司之相關規定）

①公司之子公司收購公司全部或主要部分之營業或財產，符合下列規定者，得經公司董事會決議行之，不適用公司法第一百八十五條第一項至第四項應經讓與公司與受讓公司股東會決議之規定及公司法第一百八十六條至第一百八十八條之規定：

一　該子公司為公司百分之百持有。

二　子公司以受讓之營業或財產作價發行新股予該公司。

三　該公司與子公司已依一般公認會計原則編製合併財務報表。

②公司讓與全部或主要部分之營業或財產予其百分之百持股在中華民國境外設立之子公司者，或外國公司讓與全部或主要部分之營業予其百分之百持股在中華民國境內設立之子公司者，準用前項及第二十一條之規定。

③受讓公司取得讓與公司之財產，其權利義務事項之移轉及變更登記，準用第二十五條規定。

④屬上市（櫃）公司讓與營業或財產而致終止上市（櫃）者，應經該上市（櫃）公司已發行股份總數三分之二以上股東之同意行之，不適用第一項及第二項有關讓與公司董事會決議之規定。

⑤第十八條第六項規定，於本條之收購程序準用之。

第二九條 111

①公司經股東會決議，得以股份轉換之方式，被他既存或新設公司收購為其百分之百持股之子公司，並依下列各款規定辦理：

一　公司股東會之決議，應有代表已發行股份總數三分之二以上股東之出席，以出席股東表決權過半數之同意行之。預定之受讓股份之公司為既存公司者，亦同。

二　公司法第一百九十七條第一項後段、第二百二十七條準用第一百九十七條第一項後段及證券交易法第二十二條之二及第二十六條規定，於股份轉換不適用之。

②公開發行股票之公司，出席股東之股份總數不足前項第一款定額者，得以有代表已發行股份總數過半數股東之出席，出席股東表決權三分之二以上之同意行之。

③前二項股東會決議，屬上市（櫃）公司被他既存或新設之非上市（櫃）公司收購為其百分之百持股之子公司而致終止上市（櫃）者，應經該上市（櫃）公司已發行股份總數三分之二以上股東之同意行之。

④前三項出席股東股份總數及表決權數，公司章程有較高之規定者，從其規定。

⑤預定受讓股份之公司為新設公司者，第一項第一款規定轉換公司之股東會，視為受讓公司之發起人會議，得同時訂立章程，並選舉新設公司之董事及監察人，不適用公司法第一百二十八條、第一百二十九條至第一百三十九條、第一百四十一條及第一百五十五條規定。

⑥受讓股份之既存公司支付對價發行之新股總數，未超過該公司已發行有表決權股份總數百分之二十，或支付之股份、現金或其他財產價值總額未超過該公司淨值百分之二十者，得作成轉換契約，經受讓股份之既存公司董事會以三分之二以上董事出席及出席董事過半數之決議行之。但轉換股份之公司有資產不足抵償負債之虞或受讓股份之既存公司有變更章程之必要者，仍應適用第一項第一款及第二項有關受讓股份之既存公司股東會決議之規定。
⑦第十八條第六項規定，於本條之股份轉換程序準用之。

第三〇條　（母子公司間之簡易股份轉換契約）

①公司以股份轉換收購其持有百分之九十以上已發行股份之子公司時，得作成轉換契約，經各該公司董事會以三分之二以上董事出席及出席董事過半數之決議行之。
②子公司董事會為前項決議後，應於十日內公告決議內容、轉換契約應記載事項，並通知子公司股東，得於限定期間內以書面提出異議，請求公司按當時公平價格，收買其持有之股份。公開發行股票之公司，並應同時將特別委員會或審計委員會審議結果及獨立專家意見發送於股東。
③前項期限，不得少於三十日。
④第十八條第六項規定，於本條之股份轉換程序準用之。

第三一條　（轉換契約及轉換決議應載事項）

①公司與他公司依前二條規定辦理股份轉換時，預定受讓全部已發行股份之公司為既存公司者，該公司與既存公司之董事會應作成轉換契約；預定受讓全部已發行股份之公司為新設公司者，該公司之董事會應作成轉換決議；並均應提出於股東會。但依前二條規定免經股東會決議者，不在此限。
②前項轉換契約或轉換決議應記載下列事項：
　一　既存公司章程需變更事項或新設公司章程。
　二　既存公司或新設公司支付股份、現金或其他財產之總數、種類、數量及其他有關事項。
　三　公司股東轉讓予既存公司或新設公司之股份總數、種類、數量及其他有關事項。
　四　對公司股東配發之股份不滿一股應支付現金者，其有關規定。
　五　轉換契約應記載公司原任董事及監察人於股份轉換時任期未屆滿者是否繼續其任期至屆滿有關事項；轉換決議應記載新設公司之董事及監察人名冊。
　六　與他公司共同為股份轉換新設公司者，轉換決議應記載其共同轉換股份有關事項。
③公司與外國公司進行股份轉換時，準用前二項、前二條及第二十一條規定。
④公司與他公司進行股份轉換者，其未分配盈餘於轉換後，列為他公司之資本公積。
⑤公司與他公司進行股份轉換者，而於該公司轉換前已發行特別股，該特別股股東之權利義務於轉換後，由他公司承受，他公司於轉換年度，得依董事會編造之表冊，經監察人查核後分派股息，不適用公司法第二百二十八條至第二百三十一條規定。
⑥公司與他公司進行股份轉換而新設公司者，該新設公司就轉換股份之資本額度內，得不適用職工福利金條例第二條第一項第一款之規定。
⑦第二項轉換契約或轉換決議之應記載事項，應於發送股份轉換決議股東會之召集通知時，一併發送各股東；公開發行股票公司並應同時將特別委員會或審計委員會審議結果及獨立專家意見發送於股東。

第三二條　（轉換股份之公司取得之股份，除盈餘分派、賸餘財產分配及法定盈餘公積或資本公積發放現金及新股外，不得行使其他股東權利）

①股份轉換之公司取得預定受讓股份公司之股份時，不受公司法第一百六十七條第三項及第四項規定之限制。
②前項規定，轉換股份之公司所取得之股份，除有下列情形之一者外，不得行使股東權利：
　一　盈餘分派請求權。

二　賸餘財產分配請求權。
三　法定盈餘公積或資本公積發放現金及新股。

第三三條　（股份轉換之公告事項及程序）

公司爲股份轉換之決議後，應於股份轉換基準日三十日前，將下列事項公告並分別通知各股東及記載於股東名簿上之質權人：
一　董事會或股東會決議之要旨。
二　股份轉換基準日發生股權移轉之效力。
三　股東應於股份轉換基準日一日前將其持有之股票提出於公司；未提出者，其原持有之股票失其效力。

第三四條　（上市（櫃）公司與他既存或新設公司股份轉換）

上市（櫃）公司與他既存或新設公司依第二十九條進行股份轉換者，其已上市（櫃）之股份於完成股份轉換及上市（櫃）之相關程序後終止上市（櫃），並由符合上市（櫃）相關規定之他公司上市（櫃）。

第三節　分　割

第三五條　111

①公司進行分割時，董事會應就分割有關事項，作成分割計畫，提出於股東會。
②股東會對於公司分割之決議，應有代表已發行股份總數三分之二以上股東之出席，以出席股東表決權過半數之同意行之。
③公開發行股票之公司，出席股東之股份總數不足前項定額者，得以有代表已發行股份總數過半數股東之出席，出席股東表決權三分之二以上之同意行之。
④前二項股東會決議，屬上市（櫃）公司進行分割而致終止上市（櫃），且分割後受讓營業之既存公司或新設公司非上市（櫃）公司者，應經該上市（櫃）公司已發行股份總數三分之二以上股東之同意行之。
⑤前三項出席股東股份總數及表決權數，章程有較高之規定者，從其規定。
⑥公司爲分割之決議後，應即向各債權人分別通知及公告，並指定三十日以上之期限，聲明債權人得於期限內提出異議。公司不爲通知及公告，或對於在指定期間內提出異議之債權人不爲清償、提供相當之擔保、未成立專以清償債務爲目的之信託或未經公司證明無礙於債權人之權利者，不得以其分割對抗債權人。
⑦分割後受讓營業之既存或新設公司，除被分割業務所生之債務與分割前公司之債務爲可分者外，應就分割前公司所負債務，於其受讓營業之出資範圍，與分割前之公司負連帶清償責任。但債權人之債權請求權，自分割基準日起二年內不行使而消滅。
⑧他公司爲新設公司者，被分割公司之股東會視爲他公司之發起人會議，得同時訂立章程，並選舉新設公司之董事及監察人，不適用公司法第一百二十八條、第一百二十九條至第一百三十九條、第一百四十一條至第一百五十五條規定。
⑨公司法第二十四條規定，於公司因分割而消滅時準用之。
⑩上市（櫃）公司進行分割後，該分割後受讓營業或財產之既存或新設公司，符合公司分割及上市（櫃）相關規定者，於其完成公司分割及上市（櫃）之相關程序後，得繼續上市（櫃）或開始上市（櫃）；原已上市（櫃）之公司被分割後，得繼續上市（櫃）。
⑪股份有限公司分割者，其存續公司或新設公司均以股份有限公司爲限。
⑫分割後受讓營業之既存或新設公司取得被分割公司之財產，其權利義務事項之移轉及變更登記，準用第二十五條規定。
⑬第十八條第六項規定，於分割程序準用之。

第三六條　111

①被分割公司讓與既存或新設公司之營業價值，未超過被分割公司淨值之百分之二十，且由被分割公司取得全部對價者，得作成分割計畫，經被分割公司董事會以三分之二

以上董事出席及出席董事過半數之決議行之。但被分割公司有變更章程之必要者，仍應適用前條第一項至第五項有關被分割公司股東會決議之規定。

②分割而受讓營業之既存公司，爲分割發行之新股，未超過已發行有表決權股份總數之百分之二十，或支付被分割公司之股份、現金或其他財產價值總額未超過既存公司淨值之百分之二十者，得作成分割計畫，經既存公司董事會以三分之二以上董事出席及出席董事過半數之決議行之。但既存公司所受讓被分割公司之營業，其資產有不足抵償負債之虞或既存公司有變更章程之必要者，仍應適用前條第一項至第五項有關既存公司股東會決議之規定。

③依第一項規定經被分割公司董事會決議分割，且被分割公司爲新設公司之唯一股東者，被分割公司之董事會視爲他公司之發起人會議，得同時訂立章程，並選舉新設公司之董事及監察人，不適用公司法第一百二十八條、第一百二十九條至第一百三十九條、第一百四十一條至第一百五十五條規定。

第三七條　（母子公司間之簡易分割）

①公司與其持有百分之九十以上已發行股份之子公司進行分割，以母公司爲受讓營業之既存公司，以子公司爲被分割公司並取得全部對價者，其分割計畫得經各該公司之董事會以三分之二以上董事之出席及出席董事過半數之決議行之。

②公司依第三十五條第六項規定向前項分割子公司各債權人分別通知及公告，其通知及公告，以子公司董事會決議日爲起算日。

③子公司董事會爲第一項決議後，應於十日內公告決議內容、分割計畫應記載事項，並通知子公司股東，得於限定期間內以書面提出異議，請求公司按當時公平價格，收買其持有之股份。公開發行股票之公司，並應同時將特別委員會或審計委員會審議結果及獨立專家意見發送於股東。

④前項期限，不得少於三十日。

第三八條　（分割計畫應載事項）

①前三條之分割計畫，應以書面爲之，並記載下列事項：

一　承受營業之既存公司章程需變更事項或新設公司章程。

二　被分割公司讓與既存公司或新設公司之營業價值、資產、負債、換股比例及計算依據。

三　承受營業之既存公司發行新股或新設公司給付股份、現金或其他財產之總數、種類、數量及其計算依據。

四　被分割公司或其股東或二者所取得股份、現金或其他財產之配發比例及其他相關事項。

五　對被分割公司或其股東配發之股份不滿一股應支付現金者，其有關規定。

六　既存公司或新設公司承受被分割公司權利義務及其相關事項。

七　被分割公司之資本減少時，其資本減少有關事項。

八　被分割公司之股份銷除所應辦理事項。

九　與他公司共同爲公司分割者，分割決議應記載其共同爲公司分割有關事項。

②前項分割計畫之應記載事項，應於發送分割承認決議股東會之召集通知時，一併發送於股東；公開發行股票公司並應同時將特別委員會或審計委員會審議結果及獨立專家意見發送於股東。

③公司與外國公司進行公司分割時，準用前三條、本條第一項至第二項及第二十一條規定。

第三章　租稅措施

第三九條　（公司分割或收購之稅捐減免）

①公司進行分割或依第二十七條至第三十條規定收購財產或股份，而以有表決權之股份作爲支付被併購公司之對價，並達全部對價百分之六十五以上，或進行合併者，適用

下列規定：
一　所書立之各項契據憑證，免徵印花稅。
二　取得不動產所有權者，免徵契稅。
三　其移轉之有價證券，免徵證券交易稅。
四　其移轉貨物或勞務，非屬營業稅之課徵範圍。
五　公司所有之土地，經申報審核確定其土地移轉現值後，即予辦理土地所有權移轉登記。其依法由原土地所有權人負擔之土地增值稅，准予記存於併購後取得土地之公司名下；該項土地再移轉時，其記存之土地增值稅，就該土地處分所得價款中，優先於一切債權及抵押權受償。

②依前項第五款規定記存土地增值稅後，被收購公司或被分割公司於該土地完成移轉登記日起三年內，轉讓該對價取得之股份致持有股份低於原取得對價之百分之六十五時，被收購公司或被分割公司應補繳記存之土地增值稅；該補繳稅款未繳清者，應由收購公司、分割後既存或新設公司負責代繳。

第四〇條 111

①公司進行併購而產生之商譽，得於十五年內平均攤銷。

②前項商譽之攤銷，納稅義務人應提示足資證明併購之合理商業目的、併購成本、取得可辨認淨資產公允價值及其他相關審查項目之文件資料，由主管稽徵機關認定之。但納稅義務人依會計處理規定不得認列商譽、無合理商業目的、藉企業併購法律形式之虛僞安排製造商譽或未提供相關證明文件者，不予認定。

第四〇條之一 111

①公司因合併、分割、依第二十七條或第二十八條規定收購營業或財產而取得具有可辨認性、可被公司控制、有未來經濟效益及金額能可靠衡量之無形資產，得按實際取得成本於一定年限內平均攤銷。

②前項無形資產，以營業權、著作權、商標權、專利權、積體電路電路布局權、植物品種權、漁業權、礦業權、水權、營業秘密、電腦軟體及各種特許權爲限。

③第一項無形資產攤銷之一定年限，依下列各款基準計算：
一　營業權爲十年，著作權爲十五年。但公司合併、分割或收購取得後賸餘法定享有年數較短者，按其賸餘法定享有年數計算。
二　前款以外之無形資產，爲公司合併、分割或收購取得後賸餘法定享有年數；法未明定享有年數者，按十年計算。

④第二項營業秘密之認定，稅捐稽徵機關於進行調查時如有疑義，得向合併後存續或新設公司、分割後既存或新設公司或收購公司之中央目的事業主管機關徵詢意見。

第四一條　（費用平均攤銷之年限）

公司進行併購而產生之費用，得於十年內平均攤銷。

第四二條　（租稅獎勵之繼受）

①公司進行合併、分割或依第二十七條及第二十八條規定收購，合併後存續或新設公司、分割後既存或新設公司、收購公司得分別繼續承受合併消滅公司、被分割公司或被收購公司於併購前就併購之財產或營業部分依相關法律規定已享有而尚未屆滿或尚未抵減之租稅獎勵。但適用免徵營利事業所得稅之獎勵者，應繼續生產合併消滅公司、被分割公司或被收購公司於併購前受獎勵之產品或提供受獎勵之勞務，且以合併後存續或新設之公司、分割後新設或既存公司、收購公司中，屬消滅公司、被分割公司或被收購公司原受獎勵且獨立生產之產品或提供之勞務部分計算之所得額爲限；適用投資抵減獎勵者，以合併後存續或新設公司、分割後新設或既存公司、收購公司中，屬合併消滅公司、被分割公司或被收購公司部分計算之應納稅額爲限。

②依前項規定得由公司繼續承受之租稅優惠，應符合相關法令規定之獎勵條件及標準者，公司於繼受後仍應符合同一獎勵條件及標準。

③爲加速產業結構調整，鼓勵有盈餘之公司併購虧損之公司，償還併購時隨同移轉積欠銀行之債務，行政院得訂定辦法在一定期間內，就併購之財產或營業部分產生之所

得，免徵營利事業所得稅。
④虧損公司互為合併者，比照前項規定辦理。
⑤第三項及第四項免徵營利事業所得稅之一定期間，適用條件及辦法，由行政院定之。

第四三條（併購前虧損之扣除）

①公司合併，其虧損及申報扣除年度，會計帳冊簿據完備，均使用所得稅法第七十七條所稱之藍色申報書或經會計師查核簽證，且如期辦理申報並繳納所得稅額者，合併後存續或新設公司於辦理營利事業所得稅結算申報時，得將各該參與合併之公司於合併前，依所得稅法第三十九條規定得扣除各期虧損，按各該公司股東因合併而持有合併後存續或新設公司股權之比例計算之金額，自虧損發生年度起十年內從當年度純益額中扣除。
②公司與外國公司合併者，合併後存續或新設之公司或外國公司在中華民國境內設立之分公司，得依前項規定扣除各參與合併之公司或外國公司在中華民國境內設立之分公司合併前尚未扣除之虧損額。
③公司分割時，既存或新設公司，得依第一項規定，將各參與分割公司分割前尚未扣除之虧損，按股權分割比例計算之金額，自其純益額中扣除。既存公司於計算可扣除之虧損時，應再按各參與分割公司之股東分割後持有既存公司之股權之比例計算之。

第四四條（因讓與營業或財產、分割產生之所得，免徵營利事業所得稅；損失不得自所得額中減除）

①公司讓與全部或主要之營業或財產予他公司，取得有表決權之股份達全部交易對價百分之八十以上，並將取得之股份全數轉予股東者，其因讓與營業或財產而產生之所得，免徵營利事業所得稅；其因而產生之損失，亦不得自所得額中減除。
②前項所稱主要之營業，指讓與營業之最近三年收入達各該年度全部營業收入之百分之五十以上者；所稱主要之財產，指讓與財產達移轉時全部財產之百分之五十以上者。
③公司分割取得有表決權之股份達全部交易對價百分之八十以上，並將取得之股份全數轉予股東者，其因而產生之所得，免徵營利事業所得稅；其因而產生之損失，亦不得自所得額中減除。

第四四條之一 111

①因合併而消滅之公司、被分割公司，其個人股東取得合併後存續或新設、分割後既存或新設之公司或外國公司股份，依所得稅法規定計算之股利所得，得選擇全數延緩至取得次年度之第三年起，分三年平均課徵所得稅，一經擇定不得變更。
②前項消滅公司、被分割公司應符合以下條件：
　一　公司自設立登記日起至其決議合併、分割日未滿五年。
　二　公司未公開發行股票。
③第一項消滅公司、被分割公司應於主管機關核准變更登記日起四十五日內，依規定格式填具股東擇定延緩繳稅情形，並檢附相關文件資料，送請公司所在地稅捐稽徵機關備查，始適用第一項規定，逾期不予受理。
④第二項第一款所稱決議合併、分割日，指對於公司合併或分割，股東會首次決議通過之日。但公司進行第十九條之簡易合併或第三十七條之簡易分割時，為董事會首次決議通過之日。
⑤第一項股利所得延緩繳稅於所得稅申報之程序、應提示文件資料、第三項規定格式、文件資料及其他相關事項之辦法，由財政部定之。

第四五條 111

①公司進行合併、分割或依第二十七條至第三十條規定收購，而持有其子公司股份或出資額達已發行股份總數或資本總額百分之九十者，得自其持有期間在一個課稅年度內滿十二個月之年度起，選擇以該公司為納稅義務人，依所得稅法相關規定合併辦理營利事業所得稅結算申報及未分配盈餘申報；其他有關稅務事項，應由該公司及其子公司分別辦理。
②依前項規定選擇合併申報營利事業所得稅者，其合於規定之各本國子公司，應全部納

入合併申報；其選擇合併申報，無須事先申請核准，一經選擇，除因正當理由，於會計年度終了前二個月內，報經財政部核准者外，不得變更。

③依前項規定經核准變更採分別申報者，自變更之年度起連續五年，不得再選擇合併申報；其子公司因股權變動不符第一項規定而個別辦理申報者，自該子公司個別申報之年度起連續五年，不得再依前項規定納入合併申報。

④依第一項規定合併申報營利事業所得稅者，其合併結算申報課稅所得額及應納稅額之計算、合併申報未分配盈餘及應加徵稅額之計算、營業虧損之扣除、投資抵減獎勵之適用、國外稅額之扣抵、暫繳申報及其他應遵行事項之辦法，由財政部定之。

第四六條　（跨國併購之準用）

公司與外國公司進行合併、分割或依第二十七條、第二十八條及第三十一條第三項規定收購財產或股份者，第三十九條至第四十五條之規定，於該公司適用之；第三十九條及第四十三條之規定，於該外國公司亦適用之。

第四七條　（公司或其子公司不當規避納稅義務，稽徵機關得調整其所得額及應納稅額）

①公司與其子公司相互間、公司或其子公司與國內、外其他個人、營利事業或教育、文化、公益、慈善機關或團體相互間有下列情形之一者，稽徵機關爲正確計算相關納稅義務人之所得額及應納稅額，得報經賦稅主管機關核准，按交易常規或依查得資料予以調整：

一　有關收入、成本、費用及損益之攤計，有以不合交易常規之安排，規避或減少納稅義務者。

二　有藉由股權之收購、財產之轉移或其他虛僞之安排，不當爲他人或自己規避或減少納稅義務者。

②公司或其子公司經稽徵機關依前項規定調整其所得額及應納稅額者，當年度不得適用第四十五條合併申報營利事業所得稅之規定。

第四八條　（公司認購或交換他公司股票之交易損失認列）

公司以營業或財產認購或交換他公司股票時，如所得股票之價值低於營業或財產帳面價值時，其交易損失，得於十五年內認列。但依第四十四條規定損失不得自所得額中減除者，不得認列。

第四章　金融措施

第四九條　（逾越授信額度）

公司因合併、收購或分割而逾越銀行法令有關關係人或同一人、同一關係人或同一關係企業授信額度規定者，金融機構得依原授信契約至所訂授信期間屆滿爲止。

第五〇條　（股份爲擔保之效力）

公司因收購、分割以部分營業或財產之讓與而取得既存公司之股份時，金融機構在不損及債權確保原則下，得將取得之股份替代原營業或財產之擔保。

第五章　公司重整之組織再造

第五一條　（重整計畫）

①公司進行重整時，得將併購之規劃，訂明於重整計畫中。

②公司以併購之方式進行重整時應提供相關書面文件，爲重整計畫之一部分，其程序不適用第十八條、第十九條、第二十七條至第三十條、第三十五條至第三十七條有關股東會或董事會決議之規定。

第五二條　（公司重整中併購，股東無股份收買請求權）

公司於重整中進行併購者，其股東無股份收買請求權，不適用第十二條規定。

第六章　附　則

第五三條 111

公司或其股東適用第三章有關租稅之規定，應依財政部之規定檢附相關書件；未檢附或書件不齊者，稅捐稽徵機關應通知限期補送齊全；屆期無正當理由而未補齊者，不予適用。

第五四條 （施行日）

本法自公布後六個月施行。

強制汽車責任保險法

①民國85年12月27日總統令制定公布全文50條。
民國86年10月22日行政院令發布定自87年1月1日施行。
機車所有人投保強制汽車責任保險定於88年1月1日施行。
②民國94年2月5日總統令修正公布全文53條；並自公布日施行。
③民國99年5月19日總統令修正公布第19、25、35及47至49條條文；並增訂第47-1條條文。
民國101年6月25日行政院公告第3條所列屬「行政院金融監督管理委員會」之權責事項，自101年7月1日起改由「金融監督管理委員會」管轄。
④民國105年1月6日總統令修正公布第16、23條條文。
⑤民國110年1月20日總統令修正公布第3、5、19、22、27及35條條文。
⑥民國111年6月15日總統令修正公布第38、49、50、53條條文；增訂第5-1、51-1條條文。
民國111年11月10日行政院令發布定自111年11月30日施行。

第一章　總　則

第一條　（立法目的）

爲使汽車交通事故所致傷害或死亡之受害人，迅速獲得基本保障，並維護道路交通安全，特制定本法。

第二條　（適用範圍）

強制汽車責任保險（以下簡稱本保險）依本法之規定；本法未規定者，適用保險法之規定。

第三條 110

本法之主管機關爲金融監督管理委員會。

第四條　（要求提供有關資料之對象）

主管機關爲調查本保險之汽車交通事故理賠、精算統計及補償業務，得向保險人、警政、交通監理及其他與本保險相關之機關（構），要求提供有關資料。

第五條 110

①本法所稱汽車，指公路法第二條第十款規定之汽車及行駛道路之動力機械。
②第三十八條及第四十九條所稱之機車，亦爲公路法第二條第十款所定義之汽車。
③除前二項所稱汽車外，亦包括特定之非依軌道行駛，具有運輸功能之陸上動力車輛；其範圍及應訂立本保險契約之汽車種類，由主管機關會同中央交通主管機關訂定公告之。

第五條之一 111

①道路交通管理處罰條例第六十九條第一項第一款第三目所定微型電動二輪車，視爲本法所稱汽車；投保義務人應依本法之規定訂立本保險契約，未訂立者，公路監理機關不予受理登記、換照或發照。
②道路交通管理處罰條例第七十一條之一第四項規定施行前，已經檢測及型式審驗合格，並黏貼審驗合格標章之微型電動二輪車，投保義務人應於該條文施行後二年內依本法規定訂立本保險契約，並依該條例規定登記、領用、懸掛牌照。
③微型電動二輪車投保義務人未曾依本法規定訂立本保險契約者，其所致汽車交通事故不受本法之保障。

第六條　（訂立保險契約）

①應訂立本保險契約之汽車所有人應依本法規定訂立本保險契約。軍用汽車於非作戰期間，亦同。

②前項汽車所有人未訂立本保險契約者，推定公路監理機關登記之所有人爲投保義務人。
③第一項汽車有下列情形之一者，以其使用人或管理人爲投保義務人：
一　汽車牌照已繳還、繳銷或註銷。
二　汽車所有人不明。
三　因可歸責於汽車使用人或管理人之事由，致汽車所有人無法管理或使用汽車。
④本保險之投保義務人應維持保險契約之有效性，於保險契約終止前或經保險人依第十八條第一項規定拒絕承保時，應依本法規定再行訂立本保險契約。

第七條　（請求保險給付或補償）
因汽車交通事故致受害人傷害或死亡者，不論加害人有無過失，請求權人得依本法規定向保險人請求保險給付或向財團法人汽車交通事故特別補償基金（以下簡稱特別補償基金）請求補償。

第八條　（保險人之定義）
①本法所稱保險人，指經主管機關許可，得經營本保險之保險業。
②前項保險業申請許可應具備之資格條件、應檢附文件、廢止許可事由及其他應遵行事項之辦法，由主管機關會同中央交通主管機關定之。

第九條　（要保人、被保險人之定義）
①本法所稱要保人，指依第六條規定向保險人申請訂立本保險契約，並負有交付保險費義務之人。
②本法所稱被保險人，指經保險人承保之要保人及經該要保人同意使用或管理被保險汽車之人。

第一〇條　（加害人、受害人之定義）
①本法所稱加害人，指因使用或管理汽車造成汽車交通事故之人。
②本法所稱受害人，指因汽車交通事故遭致傷害或死亡之人。

第一一條　（請求權人之定義）
①本法所稱請求權人，指下列得向保險人請求保險給付或向特別補償基金請求補償之人：
一　因汽車交通事故遭致傷害者，爲受害人本人。
二　因汽車交通事故死亡者，爲受害人之遺屬；其順位如下：
㈠父母、子女及配偶。
㈡祖父母。
㈢孫子女。
㈣兄弟姐妹。
②同一順位之遺屬有數人時，按人數平均分配保險給付或補償。
③受害人死亡，無第一項第二款所定之請求權人時，爲其支出殯葬費之人於殯葬費數額範圍內，得向保險人請求給付或向特別補償基金請求補償。保險給付扣除殯葬費後有餘額時，其餘額歸特別補償基金所有。受害人死亡，無第一項第二款所定之請求權人，亦無支出殯葬費之人時，保險給付歸特別補償基金所有。
④前項殯葬費之項目及金額，由主管機關訂定公告之。

第一二條　（被保險汽車、未保險汽車之定義）
①本法所稱被保險汽車，指應依本法規定訂立本保險契約之汽車。保險人接到要保書後，逾十日未爲承保或拒絕承保之意思表示者，該要保書所載之汽車視爲被保險汽車。
②本保險保險證（以下簡稱保險證）所記載之汽車，推定爲被保險汽車。
③本法所稱未保險汽車，指應依本法規定訂立本保險契約而未訂立之汽車。

第一三條　（汽車交通事故之定義）
本法所稱汽車交通事故，指使用或管理汽車致乘客或車外第三人傷害或死亡之事故。

第一四條　（保險給付請求權時效）

①請求權人對於保險人之保險給付請求權，自知有損害發生及保險人時起，二年間不行使而消滅。自汽車交通事故發生時起，逾十年者，亦同。
②前項時效完成前，請求權人已向保險人爲保險給付之請求者，自請求發生效力之時起，至保險人爲保險給付決定之通知到達時止，不計入時效期間。
③請求權人對於保險人保險給付請求權，有時效中斷、時效不完成或前項不計入消滅時效期間之情事者，在保險金額範圍內，就請求權人對於被保險人之損害賠償請求權，亦生同一效力。請求權人對被保險人之損害賠償請求權，有時效中斷或時效不完成之情事者，就請求權人對於保險人之保險給付請求權，亦生同一效力。
④前三項規定，於關於本法所生請求特別補償基金補償之權利，除其請求權消滅時效之起算依下列規定外，準用之：
一　事故汽車無法查究者，自知有損害及確認肇事汽車無法查究時起算。
二　事故汽車爲未保險汽車者，自知有損害及確認肇事汽車爲未保險汽車時起算。
三　事故汽車係未經被保險人同意使用或管理之被保險汽車者，自知有損害發生及確認被保險汽車係未經同意使用或管理之事實起算。
四　事故汽車爲無須訂立本保險契約之汽車者，自知有損害發生及確認加害汽車爲無須訂立本保險契約之汽車時起算。

第一五條　（通知續保義務）
保險人應於保險期間屆滿三十日前通知要保人續保，其怠於通知而於原保險期間屆滿後三十日內發生保險事故者，如要保人辦妥續保手續，並將其始期追溯自原保險期間屆滿之時，保險人仍須負給付責任。

第二章　保險契約

第一節　契約之成立

第一六條　（領照或換照前訂立保險契約）105
①應訂立本保險契約之汽車所有人於申請發給牌照、臨時通行證或本保險期間屆滿前，應以每一個別汽車爲單位，向保險人申請訂立本保險契約。
②公路監理機關對於有下列情事之汽車，不得發給牌照、臨時通行證、換發牌照、異動登記或檢驗，惟停駛中車輛過戶不在此限：
一　應訂立本保險契約而未訂立。
二　本保險有效期間不滿三十日。但申請臨時牌照或臨時通行證者，不適用之。

第一七條　（保險契約說明事項）
要保人申請訂立本保險契約時，對於下列事項應據實說明：
一　汽車種類。
二　使用性質。
三　汽車號牌號碼、引擎號碼或車身號碼。
四　投保義務人姓名、性別、出生年月日、住所及國民身分證統一編號。汽車所有人爲法人、非法人團體或機關時，其名稱、營利事業統一編號或財稅機關編發之統一編號、營業所或事務所所在地及代表人之姓名。

第一八條　（拒保之情形）
①除要保人未交付保險費或有違反前條規定之據實說明義務外，保險人不得拒絕承保。
②保險人依前項規定拒絕承保時，應於接到要保書之日起十日內以書面爲意思表示；屆期未以書面表示者，視爲同意承保。

第一九條 110
①保險人於本保險契約成立後，應將載有保險條款之文書及保險證交予要保人。
②保險人應於本保險契約成立後四個工作日內，將承保資料傳輸至主管機關及中央交通主管機關指定之機關（構）。

③保險證上記載之被保險人、保險期間、被保險汽車及保險證號碼有變更時，要保人應通知保險人更正。

第二〇條　（保險人解除保險契約之情形）

①保險人不得解除保險契約。

②除有下列情事之一者外，保險人不得終止保險契約：

一　要保人違反第十七條之據實說明義務。

二　要保人未依約定交付保險費。

③保險人依前項規定終止保險契約前，應以書面通知要保人於通知到達後十日內補正；要保人於終止契約通知到達前補正者，保險人不得終止契約。

④保險契約終止，保險人應於三日內通知被保險汽車之轄屬公路監理機關、主管機關及中央交通主管機關指定之機關（構）。

⑤保險人應返還要保人終止契約後未到期之保險費；保險費未返還前，視爲保險契約存續中。

第二一條　（要保人解除保險契約之情形）

①要保人不得解除保險契約。

②除有下列情事之一者外，要保人不得終止保險契約：

一　被保險汽車之牌照已繳銷或因吊銷、註銷、停駛而繳存。

二　被保險汽車報廢。

三　被保險汽車因所有權移轉且移轉後之投保義務人已投保本保險契約致發生重複投保情形。

③保險契約依前項規定終止後，保險費已交付者，保險人應返還終止後未到期之保險費；未交付者，要保人應支付終止前已到期之保險費。

第二二條 110

①要保人重複訂立本保險契約者，要保人或保險契約生效在後之保險人得撤銷生效在後之保險契約。汽車交通事故發生後，亦同。

②前項撤銷權之行使，應於重複訂立事實發生之時起，至生效在先之保險契約期間屆滿前爲之。

③保險契約經撤銷者，保險人應將保險費扣除健全本保險費用之餘額，返還要保人。

第二三條　（所有權移轉）105

被保險汽車所有權移轉時，應先辦理本保險契約之訂立或變更手續，惟停駛中車輛辦理過戶不在此限；未辦理前，公路監理機關不得辦理過戶登記。

第二四條　（保險契約之變更及通知）

要保人、被保險人或請求權人對保險人之通知及要保人申請變更保險契約，應以書面爲之；保險人對要保人、被保險人、請求權人之通知或同意變更保險契約，亦同。

第二節　保險範圍

第二五條　（保險給付）99

①保險人於被保險汽車發生汽車交通事故時，依本法規定對請求權人負保險給付之責。

②保險人應於被保險人或請求權人交齊相關證明文件之次日起十個工作日內給付之；相關證明文件之內容，由主管機關會商相關機關（構）訂定公告之。

③保險人因可歸責於自己之事由致未在前項規定期限內爲給付者，自期限屆滿之次日起，應按年利一分給付遲延利息。

④第一項請求權人請求保險給付之權利及未經請求權人具領之保險給付，不得扣押、讓與或提供擔保。

第二六條　（保險期間）

本保險之保險期間，由主管機關會同中央交通主管機關視實際需要定之。

第二七條 110

①本保險之給付項目如下：
　一　傷害醫療費用給付。
　二　失能給付。
　三　死亡給付。
②前項給付項目之等級、金額及審核等事項之標準，由主管機關會同中央交通主管機關視社會及經濟實際情況定之。
③前項標準修正時，於修正生效日後發生之汽車交通事故，保險人應依修正後之規定辦理保險給付。

第二八條　（保險人不負保險給付之情形）
①受害人或其他請求權人有下列情事之一，致被保險汽車發生汽車交通事故者，保險人不負保險給付責任：
　一　故意行為所致。
　二　從事犯罪行為所致。
②前項其他請求權人有數人，其中一人或數人有故意或從事犯罪之行為者，保險人應將扣除該一人或數人應分得部分之餘額，給付於其他請求權人。

第二九條　（保險人得代位行使請求權人對被保險人請求權之情形）
①被保險人有下列情事之一，致被保險汽車發生汽車交通事故者，保險人仍應依本法規定負保險給付之責。但得在給付金額範圍內，代位行使請求權人對被保險人之請求權：
　一　飲用酒類或其他類似物後駕駛汽車，其吐氣或血液中所含酒精濃度超過道路交通管理法規規定之標準。
　二　駕駛汽車，經測試檢定有吸食毒品、迷幻藥、麻醉藥品或其他相類似管制藥品。
　三　故意行為所致。
　四　從事犯罪行為或逃避合法拘捕。
　五　違反道路交通管理處罰條例第二十一條或第二十一條之一規定而駕車。
②前項保險人之代位權，自保險人為保險給付之日起，二年間不行使而消滅。

第三〇條　（保險人代位行使請求權不受請求權人與被保險人和解拋棄等之規定）
請求權人對被保險人之和解、拋棄或其他約定，有妨礙保險人依前條規定代位行使請求權人對於被保險人之請求權，而未經保險人同意者，保險人不受其拘束。

第三節　請求權之行使

第三一條　（保險人減免責任）
①被保險汽車發生汽車交通事故，被保險人已為一部之賠償者，保險人僅於本法規定之保險金額扣除該賠償金額之餘額範圍內，負給付責任。但請求權人與被保險人約定不得扣除者，從其約定。
②前項被保險人先行賠償之金額，保險人於本法規定之保險金額範圍內給付被保險人。但前項但書之情形，不在此限。

第三二條　（損害賠償之扣除）
保險人依本法規定所為之保險給付，視為被保險人損害賠償金額之一部分；被保險人受賠償請求時，得扣除之。

第三三條　（保險人代位求償之權）
①汽車交通事故之發生，如可歸責於被保險人以外之第三人，保險人於保險給付後，得代位行使被保險人對於第三人之請求權。但其所得請求之數額，以不逾保險給付為限。
②前項第三人為被保險人或請求權人之配偶、家長、家屬、四親等內血親或三親等內姻親者，保險人無代位求償之權利。但汽車交通事故由其故意所致者，不在此限。

第三四條　（被保險汽車發生事故時之辦理規定）

①被保險汽車發生交通事故時，應依下列規定辦理：
一　被保險人或加害人應自行或請他人立即將受害人護送至當地或附近之醫療院所急救。但依當時情形顯然無法施救者，不在此限。
二　被保險人或加害人應立即報請當地警、憲機關處理，並應於五日內以書面通知保險人。請求權人亦得直接以書面通知保險人。
三　被保險人、加害人及請求權人應與保險人合作，提供人證、物證有關資料及文件。
②被保險人、加害人及請求權人違反前項規定之義務者，保險人仍負保險給付之責任。但因其故意或過失致生保險人之損害者，應負賠償責任。

第三五條 110
①因汽車交通事故死亡者，請求權人得提出證明文件，請求保險人暫先給付相當於保險給付二分之一之金額。
②因汽車交通事故失能者，請求權人得提出證明文件，就保險人已審定之失能等級，請求保險人暫先給付其保險金。
③保險人應於請求權人依前二項規定提出證明文件之次日起十個工作日內給付之。保險人因可歸責於自己之事由致未在期限內爲給付者，自期限屆滿時起，應按年利一分給付遲延利息。
④保險人暫先給付之保險金額超過其應爲之保險給付時，就超過部分，得向請求權人請求返還。

第三六條　（同一交通事故牽涉數汽車之處理規定）
①同一汽車交通事故牽涉數汽車時，依下列規定處理：
一　事故汽車全部爲被保險汽車者，請求權人得請求各應負給付義務之保險人連帶爲保險給付。
二　事故汽車全部爲第四十條第一項所定之汽車者，請求權人得請求特別補償基金補償。
三　事故汽車部分爲被保險汽車，部分爲第四十條第一項所定之汽車者，請求權人得請求各應負給付義務之保險人與特別補償基金連帶爲保險給付或補償。
②前項保險人間或保險人與特別補償基金間，按其所應給付或補償之事故汽車數量比例，負分擔之責。

第三七條　（保險人不得以請求權人有其他保險而拒絕給付）
請求權人依本法規定請求保險給付者，保險人不得以其有本保險以外之其他種類保險而拒絕或減少給付。

第三章　汽車交通事故特別補償基金

第三八條 111
①爲使汽車交通事故之受害人均能依本法規定獲得基本保障及健全本保險制度，應設置特別補償基金，並依汽、機車及微型電動二輪車分別列帳，作爲計算費率之依據。
②前項特別補償基金爲財團法人；其捐助章程及基金管理辦法，由主管機關會同中央交通主管機關定之。

第三九條　（特別補償基金之來源）
特別補償基金之來源如下：
一　本保險之保險費所含特別補償基金分擔額。
二　依第四十二條第二項規定代位求償之所得。
三　基金之孳息。
四　依第十一條第三項規定之所得。
五　其他收入。

第四〇條　（向特別補償基金請求補償之要件）

①汽車交通事故發生時，請求權人因下列情事之一，未能依本法規定向保險人請求保險給付者，得於本法規定之保險金額範圍內，向特別補償基金請求補償：
一　事故汽車無法查究。
二　事故汽車爲未保險汽車。
三　事故汽車係未經被保險人同意使用或管理之被保險汽車。
四　事故汽車全部或部分爲無須訂立本保險契約之汽車。
②前項第三款規定未經被保險人同意使用或管理認定如有疑義，在確認前，應由被保險汽車之保險人暫先給付保險金。
③第一項第四款所定事故汽車，全部爲無須訂立本保險契約之汽車之情形，各事故汽車之駕駛人不得向特別補償基金請求補償。
④特別補償基金依第一項第一款規定爲補償後，事故汽車經查明係本保險之被保險汽車者，得向其保險人請求返還。
⑤保險人依前項規定對特別補償基金爲返還者，視爲已依本法之規定向請求權人爲保險給付。
⑥汽車交通事故之請求權人，依第一項規定申請特別補償基金補償者，準用第二十五條第二項至第四項、第二十七條、第二十八條、第三十五條及第三十七條規定。但準用第二十七條規定補償之傷害醫療費用給付，不包括全民健康保險之給付金額。

第四一條　（未保險或無須訂立保險契約汽車發生交通事故之準用規定）
未保險汽車或無須訂立本保險契約之汽車發生交通事故時，準用第三十四條規定。

第四二條　（特別補償基金之補償）
①特別補償基金依第四十條規定所爲之補償，視爲損害賠償義務人損害賠償金額之一部分；損害賠償義務人受賠償請求時，得扣除之。
②特別補償基金於給付補償金額後，得代位行使請求權人對於損害賠償義務人之請求權。但其所得請求之數額，以補償金額爲限。
③前項之請求權，自特別補償基金爲補償之日起，二年間不行使而消滅。
④損害賠償義務人爲請求權人之配偶、家長、家屬、四親等內血親或三親等內姻親者，特別補償基金無代位求償之權利。但損害賠償義務人有第二十九條第一項各款情事之一者，不在此限。

第四三條　（特別補償基金代位行使請求權不受請求權人與損害賠償義務人和解拋棄等之規定）
①請求權人對損害賠償義務人之和解、拋棄或其他約定，有妨礙特別補償基金代位行使請求權人對損害賠償義務人請求權，而未經特別補償基金同意者，特別補償基金不受其拘束。
②請求權人自損害賠償義務人獲有賠償者，特別補償基金於補償時，應扣除之。如有應扣除而未扣除者，特別補償基金得於該應扣除之範圍內請求返還之。

第四章　保險業之監理

第四四條　（保險費結構因素）
①本保險之保險費結構如下：
一　預期損失。
二　保險人之業務費用。
三　安定基金。
四　特別補償基金之分擔額。
五　費率精算、研究發展、查詢服務、資訊傳輸等健全本保險之費用。
②前項各款之比率、金額及內容，由主管機關會同中央交通主管機關訂定公告之。

第四五條　（保險費率之訂定）
①本保險費率，由主管機關會同中央交通主管機關擬訂，提經社會公正人士組成之費率

審議委員會審議通過後發布之。
②前項費率擬訂工作，得委託適當專業機構辦理。
③保險費率之訂定，以兼採從人因素及從車因素爲原則。但得視社會實際情形擇一採用之。
④保險人應依主管機關會同中央交通主管機關依第一項規定發布之保險費率計收保險費。
⑤主管機關得委託專業機構辦理保險費及其他相關資訊之查詢服務。

第四六條　（正確記載承保資料及辦理理賠）
保險人經營本保險，應正確記載承保資料及辦理理賠；承保資料應記載內容、理賠程序與第十五條通知之方式及其他應遵行事項之辦法，由主管機關定之。

第四七條　（保險人應設立獨立會計帳簿）99
①保險人應設立獨立會計，記載本保險之業務及財務狀況。
②保險人辦理本保險之保險費，屬於第四十四條第一項第一款規定之預期損失者，應專供本保險理賠及提存各種準備金之用，其預期損失與實際損失之差額，應提存爲特別準備金，除因調整保險費率、調高保險金額、彌補純保險費虧損或依第三項所定辦法處理外，不得收回、移轉或供其他用途。
③保險人辦理本保險之會計處理與業務財務資料陳報、各種準備金之提存、保管、運用、收回、移轉及其他應遵行事項之辦法，由主管機關會商中央交通主管機關定之。

第四七條之一　（債權人不得對保險之相關資產聲請扣押或行使其他權利）99
①保險人之債權人，非基於本法所取得之債權，不得對本保險之相關資產聲請扣押或行使其他權利。
②前項相關資產之項目及範圍，於前條第三項之辦法定之。

第五章　罰　則

第四八條　（處罰）99
①保險業違反第八條第一項規定者，由主管機關處新臺幣三百萬元以上一千五百萬元以下罰鍰。
②保險人違反第十八條第一項或第二十條規定者，由主管機關處新臺幣二十萬元以上一百萬元以下罰鍰。
③保險人違反第四十五條第四項、第四十七條第一項、第二項或依第三項所定辦法中有關本保險之會計處理與業務財務資料陳報、各種準備金提存、保管、運用、收回及移轉之規定者，由主管機關處新臺幣六十萬元以上三百萬元以下罰鍰。
④保險人違反第十五條、第十九條第一項、第二項或依第四十六條所定辦法中有關正確記載承保資料、辦理理賠或第十五條通知方式之規定者，由主管機關處新臺幣六萬元以上三十萬元以下罰鍰。
⑤主管機關爲前四項處分時，得命其限期改正，屆期未改正者，按次處罰，並得視情節輕重爲下列處分：
　一　命其解除經理人或職員之職務。
　二　解除董事、監察人職務或停止其於一定期間內執行職務。
　三　停止於一定期間內接受本保險之投保。
　四　撤銷或廢止經營本保險之許可。

第四九條　111
①投保義務人未依本法規定訂立本保險契約，或本保險期間屆滿前未再行訂立者，其處罰依下列各款規定：
　一　經公路監理機關執行路邊稽查或警察機關執行交通勤務，或因違反道路交通管理處罰條例併同舉發者，由公路監理機關處以罰鍰。爲汽車者，處新臺幣三千元以上一萬五千元以下罰鍰；爲機車者，處新臺幣一千五百元以上三千元以下罰鍰；

為微型電動二輪車者，處新臺幣七百五十元以上一千五百元以下罰鍰。

二　未投保汽車肇事，由公路監理機關處新臺幣九千元以上三萬二千元以下罰鍰。

②依前項規定所處罰鍰，得分期繳納；其申請條件、分期期數、不依期限繳納之處理等事項之辦法，由中央交通主管機關會同主管機關定之。

第五〇條 111

①公路監理機關執行路邊稽查或警察機關執行交通勤務時，應查驗保險證。對於未依規定投保本保險者，應予舉發。

②公路監理機關或警察機關舉發違反道路交通管理處罰條例之行為人時，對於未依規定投保本保險者，併同舉發。

③投保義務人接獲違反本保險事件通知單後，應於十五日內到達指定處所聽候裁決；屆期未到案者，公路監理機關得逕行裁決之。但投保義務人認為舉發之事實與違規情形相符者，得不經裁決，逕依公路監理機關所處罰鍰，自動向指定之處所繳納結案。

第五一條　（強制執行）

①依本法所處之罰鍰未繳納前，公路監理機關不予受理應訂立本保險契約之汽車辦理換發牌照、異動登記或檢驗。

②前項罰鍰經限期繳納，屆期未繳納者，依法移送強制執行。

第五一條之一 111

投保義務人於本保險期間屆滿逾六個月，仍未依本法規定再行訂立本保險契約者，主管機關得移請公路監理機關註銷其牌照。

第六章　附　則

第五二條　（施行細則）

本法施行細則，由主管機關會同中央交通主管機關定之。

第五三條 111

本法除中華民國一百十一年五月三十日修正之條文施行日期，由行政院定之外，自公布日施行。

強制汽車責任保險法施行細則

①民國86年12月31日財政部、交通部令會銜訂定發布全文17條。
②民國94年9月8日行政院金融監督管理委員會、交通部令會銜修正發布全文12條；並自發布日施行。
③民國99年11月8日行政院金融監督管理委員會、交通部令會銜修正發布第9條條文；並增訂第4-1條條文。
④民國103年11月6日金融監督管理委員會、交通部令會銜修正發布第2、3條條文。
⑤民國105年6月15日金融監督管理委員會、交通部令會銜修正發布第6條條文。
⑥民國110年6月24日金融監督管理委員會、交通部令會銜修正發布第4條條文。
⑦民國111年11月25日金融監督管理委員會、交通部令會銜修正發布第5、9、11、12條條文；除第5條第1項、第11條自111年11月30日施行外，自發布日施行。

第一條

本細則依強制汽車責任保險法（以下簡稱本法）第五十二條規定訂定之。

第二條　103

①主管機關爲精算強制汽車責任保險（以下簡稱本保險）費率或計算保險費需要，得依本法第四條規定向保險人、中央交通、警政主管機關要求提供駕駛人或車輛之車籍、肇事紀錄及違規紀錄有關資料。

②前項資料之蒐集、處理或利用，主管機關得委託專業機構爲之。

③保險人爲計算保險費需要，得依個人資料保護法第十九條第一項第二款規定，向前項之專業機構查詢相關資訊。

第三條　103

全民健康保險之保險人，依全民健康保險法第九十五條規定，向本保險之保險人代位請求之金額，以傷害醫療費用給付總金額扣除應給付請求權人金額後之餘額爲限。

第四條　110

保險人辦理本保險之要保書、保險條款及保險證，均應先報經主管機關核准；修正時，亦同。

第四條之一　99

本法第二十五條第二項及第三十五條第三項之適用，分別依被保險人或請求權人交齊或提出相關文件之日之本法規定。

第五條　111

①本法第二十條第五項及第二十一條第三項所定未到期之保險費，其計算方式如下：

一　未到期之保險期間未超過一年者，保險人應以扣除當年度保險人之業務費用及健全本保險之費用後剩餘之保險費，按當年度未到期日數與保險期間之比例計算。

二　未到期之保險期間等於或超過一年者，保險人應將未經過年度之保險費全數退還。當年度不足一年之未到期保險期間應退還之保險費，依照前款退費方式辦理。

②保險人依前項規定返還未到期之保險費後，其所含安定基金及特別補償基金之分擔額，得分別向財團法人保險安定基金及財團法人汽車交通事故特別補償基金（以下簡稱特別補償基金）請求歸還。

③依第一項規定計算之金額尾數不滿新臺幣一元者，按四捨五入計算。

第六條　105

①本法第十六條第二項及第二十三條所稱停駛中車輛，指經向公路監理機關辦理停駛登記，並將號牌及行車執照繳存之車輛。

②本法第二十一條第二項第二款所稱報廢，指經公路監理機關辦理報廢登記。

第七條

本法第四十條第一項第一款所定事故汽車無法查究之事實，特別補償基金得斟酌請求權人提供之下列文件資料認定之：

一　警憲機關處理交通事故之有關文件。

二　檢察機關之相驗屍體證明書或起訴書。

三　其他足以證明事故汽車無法查究之證據或資料。

第八條

保險人應於每月底前，將上月承保本保險之保險費中所含特別補償基金分擔額，繳存特別補償基金指定之專戶；保險人因作業遲延未能於月底前匯入分擔額時，應即通知特別補償基金，至遲並應於次月底前匯入。

第九條 111

本法第四十九條第一項各款規定之處罰，處罰對象為汽車所有人時，以其車籍所在地之公路監理機關為處罰機關；處罰對象為汽車使用人或管理人時，以其戶籍所在地之公路監理機關為處罰機關，無戶籍之人士以居留地址所在地之公路監理機關為處罰機關。

第一〇條

①本保險之保險證應隨車攜帶備驗。

②汽車駕駛人於公路監理機關執行路邊稽查或警察機關執行交通勤務，依本法第五十條第一項規定查驗本保險之保險證時，應配合提示。

③汽車駕駛人未依前項規定配合提示保險證者，稽查人員應於舉發違反道路交通管理事件通知單保險證欄勾記或以其他方式通知公路監理機關。

第一一條 111

①公路監理機關接獲前條第三項規定之通知或汽車涉及違反道路交通管理處罰條例案件後，應向主管機關及中央交通主管機關依本法第十九條第二項規定指定之機關（構）查證投保義務人之姓名或名稱、牌照、引擎或車身號碼、保險證號碼、保險期間及保險人等投保資料。

②投保義務人接獲違反本保險事件通知單後，到達指定處所聽候裁決時，其提供之投保資料與前項查證資料不符時，公路監理機關得依投保義務人提供之保險證及投保證明，認定其是否投保；無法認定時，應向主管機關查證後認定之。

第一二條 111

本細則除中華民國一百十一年十一月二十五日修正發布之第五條第一項、第十一條自一百十一年十一月三十日施行外，自發布日施行。

金融消費者保護法

①民國100年6月29日總統令制定公布全文33條。
民國100年7月26日行政院令發布定自100年12月30日施行。
民國101年6月25日行政院公告第2條所列屬「行政院金融監督管理委員會」之權責事項，自101年7月1日起改由「金融監督管理委員會」管轄。
②民國103年6月4日總統令修正公布第7、10條條文。
民國103年6月23日行政院令發布定自103年7月1日施行。
③民國104年2月4日總統令修正公布第2、3、10、12、30條條文；並增訂第11-1至11-3、12-1、13-1、30-1、30-2、32-1條條文及第三章之一章名。
民國104年4月27日行政院令發布定自104年5月3日施行。
④民國105年12月28日總統令修正公布第4、30-1條條文。
民國106年1月24日行政院令發布定自106年2月10日施行。
⑤民國112年12月6日總統令修正公布第3、11-1、19條條文。
民國112年12月21日行政院令發布定自113年2月1日施行。

第一章　總　則

第一條　（立法目的）
爲保護金融消費者權益，公平、合理、有效處理金融消費爭議事件，以增進金融消費者對市場之信心，並促進金融市場之健全發展，特制定本法。

第二條　（主管機關）104
本法之主管機關爲金融監督管理委員會。

第三條　112
①本法所定金融服務業，包括銀行業、證券業、期貨業、保險業、電子支付業及其他經主管機關公告之金融服務業。
②前項銀行業、證券業、期貨業及保險業之範圍，依金融監督管理委員會組織法第二條第三項規定。但不包括證券交易所、證券櫃檯買賣中心、證券集中保管事業、期貨交易所及其他經主管機關公告之事業。
③第一項所稱電子支付業，指電子支付機構管理條例第三條第一款之電子支付機構。

第四條　（金融消費者之定義）105
①本法所稱金融消費者，指接受金融服務業提供金融商品或服務者。但不包括下列對象：
一　專業投資機構。
二　符合一定財力或專業能力之自然人或法人。
②前項專業投資機構之範圍及一定財力或專業能力之條件，由主管機關定之。
③金融服務業對自然人或法人未符合前項所定之條件，而協助其創造符合形式上之外觀條件者，該自然人或法人仍爲本法所稱金融消費者。

第五條　（金融消費爭議）
本法所稱金融消費爭議，指金融消費者與金融服務業間因商品或服務所生之民事爭議。

第六條　（損害賠償責任）
①本法所定金融服務業對金融消費者之責任，不得預先約定限制或免除。
②違反前項規定者，該部分約定無效。

第二章　金融消費者之保護

第七條　（訂立契約之原則及善良管理人之注意義務）103

①金融服務業與金融消費者訂立提供金融商品或服務之契約，應本公平合理、平等互惠及誠信原則。

②金融服務業與金融消費者訂立之契約條款顯失公平者，該部分條款無效；契約條款如有疑義時，應爲有利於金融消費者之解釋。

③金融服務業提供金融商品或服務，應盡善良管理人之注意義務；其提供之金融商品或服務具有信託、委託等性質者，並應依所適用之法規規定或契約約定，負忠實義務。

第八條　（廣告、業務招攬及營業促銷活動之內容與責任）

①金融服務業刊登、播放廣告及進行業務招攬或營業促銷活動時，不得有虛僞、詐欺、隱匿或其他足致他人誤信之情事，並應確保其廣告內容之眞實，其對金融消費者所負擔之義務不得低於前述廣告之內容及進行業務招攬或營業促銷活動時對金融消費者所提示之資料或說明。

②前項廣告、業務招攬及營業促銷活動之方式、內容及其他應遵行事項之辦法，由主管機關定之。

③金融服務業不得藉金融教育宣導，引薦個別金融商品或服務。

第九條　（銷售適合度考量之義務）

①金融服務業與金融消費者訂立提供金融商品或服務之契約前，應充分瞭解金融消費者之相關資料，以確保該商品或服務對金融消費者之適合度。

②前項應充分瞭解之金融消費者相關資料、適合度應考量之事項及其他應遵行事項之辦法，由主管機關定之。

第一〇條　（契約內容及風險揭露之權利義務）104

①金融服務業與金融消費者訂立提供金融商品或服務之契約前，應向金融消費者充分說明該金融商品、服務及契約之重要內容，並充分揭露其風險。

②前項涉及個人資料之蒐集、處理及利用者，應向金融消費者充分說明個人資料保護之相關權利，以及拒絕同意可能之不利益；金融服務業辦理授信業務，應同時審酌借款戶、資金用途、還款來源、債權保障及授信展望等授信原則，不得僅因金融消費者拒絕授權向經營金融機構間信用資料之服務事業查詢信用資料，作爲不同意授信之唯一理由。

③第一項金融服務業對金融消費者進行之說明及揭露，應以金融消費者能充分瞭解之文字或其他方式爲之，其內容應包括但不限交易成本、可能之收益及風險等有關金融消費者權益之重要內容；其相關應遵循事項之辦法，由主管機關定之。

④金融服務業提供之金融商品屬第十一條之二第二項所定之複雜性高風險商品者，前項之說明及揭露，除以非臨櫃之自動化通路交易或金融消費者不予同意之情形外，應錄音或錄影。

第一一條　（損害賠償責任）

金融服務業違反前二條規定，致金融消費者受有損害者，應負損害賠償責任。但金融服務業能證明損害之發生非因其未充分瞭解金融消費者之商品或服務適合度或非因其未說明、說明不實、錯誤或未充分揭露風險之事項所致者，不在此限。

第一一條之一　112

①金融服務業應訂定業務人員之酬金制度，並提報董（理）事會通過。

②前項酬金制度應衡平考量客戶權益、金融商品或服務對金融服務業及客戶可能產生之各項風險，不得僅考量金融商品或服務之業績目標達成情形。

③前項金融服務業業務人員酬金制度應遵行之原則，由所屬同業公會擬訂或經主管機關指定之公會團體擬訂，報請主管機關核定。

第一一條之二　（初次銷售複雜性高風險商品須經董（理）事會或常務董（理）事會通過）104

①金融服務業初次銷售之複雜性高風險商品應報經董（理）事會或常務董（理）事會通過。
②前項所定複雜性高風險商品類型，由主管機關定之。
③第一項複雜性高風險商品及前條第一項之酬金制度，於外國金融服務業在臺分支機構，應經其在臺負責人同意。

第一一條之三 （懲罰性賠償）104
①金融服務業因違反本法規定應負損害賠償責任者，對於故意所致之損害，法院得因金融消費者之請求，依侵害情節，酌定損害額三倍以下之懲罰性賠償；對於過失所致之損害，得酌定損害額一倍以下之懲罰性賠償。
②前項懲罰性賠償請求權，自請求權人知有得受賠償之原因時起二年間不行使而消滅；自賠償原因發生之日起逾五年者，亦同。

第一二條 （內部控制與稽核制度之規範）104
金融服務業應將第八條至第十條、第十一條之一及第十一條之二規定事項，納入其內部控制及稽核制度，並確實執行。

第一二條之一 （違反金融消費者保護規定之管制處分）104
①金融服務業未依第二章有關金融消費者之保護規定辦理者，主管機關得限期令其改正，並得視情節之輕重，爲下列處分：
一　警告。
二　停止該金融商品全部或一部之銷售。
三　對金融服務業就其全部或部分業務爲一年以下之停業。
四　命令金融服務業停止其董（理）事、監察人、經理人或受僱人一年以下執行職務。
五　命令金融服務業解除其董（理）事、監察人、經理人或受僱人職務。
六　其他必要之處置。
②金融服務業未依前項主管機關命令於限期內改正者，主管機關得再限期令其改正，並依前項規定處分；情節重大者，並得廢止其營業許可。

第三章　金融消費爭議處理

第一三條 （爭議處理機構之設立）
①爲公平合理、迅速有效處理金融消費爭議，以保護金融消費者權益，應依本法設立爭議處理機構。
②金融消費者就金融消費爭議事件應先向金融服務業提出申訴，金融服務業應於收受申訴之日起三十日內爲適當之處理，並將處理結果回覆提出申訴之金融消費者；金融消費者不接受處理結果者或金融服務業逾上述期限不爲處理者，金融消費者得於收受處理結果或期限屆滿之日起六十日內，向爭議處理機構申請評議；金融消費者向爭議處理機構提出申訴者，爭議處理機構之金融消費者服務部門應將該申訴移交金融服務業處理。
③爭議處理機構除處理金融消費爭議外，並應辦理對金融服務業及金融消費者之教育宣導，使金融服務業與金融消費者均能充分瞭解正確之金融消費觀念及金融消費關係之權利與義務，以有效預防金融消費爭議發生。
④爭議處理機構辦理金融消費爭議處理及前項業務，得向金融服務業收取年費及爭議處理服務費。
⑤前項年費及服務費之收取標準及有關規定由主管機關定之。

第一三條之一 （團體評議之程序）104
①爲保護金融消費者，主管機關得指定金融相關之財團法人或公益社團法人，對於金融服務業與金融消費者間因同一原因事實受有損害之金融消費爭議事件，由二十人以上金融消費者以書面授與評議實施權後，以自己名義，依第二十三條至第二十八條規定

為金融消費者進行評議程序。
②前項金融消費者於申請評議後作成評議決定前，終止評議實施權之授與者，應通知爭議處理機構，該部分之評議程序先行停止；該金融消費者應於七個工作日內以書面向爭議處理機構表明自行續行評議，屆期未表明者，視為撤回該部分之評議申請。
③第一項受指定之金融相關財團法人或公益社團法人申請評議後，因部分金融消費者終止評議實施權之授與，致其餘部分不足二十人者，爭議處理機構應就其餘部分繼續進行評議。
④爭議處理機構作成之評議書，應由依第一項規定授與評議實施權之各金融消費者，依第二十九條及第三十條規定表明接受或拒絕評議決定及是否申請將評議書送法院核可。
⑤第一項法人應具備之資格要件、同一原因事實之認定基準、評議實施權授與之範圍、評議程序之進行及其他應遵行事項之辦法，由主管機關定之。

第一四條　（爭議處理機構之基金設立及來源）
①爭議處理機構為財團法人，捐助財產總額為新臺幣十億元，除民間捐助外，由政府分五年編列預算捐助。爭議處理機構設立時之捐助財產為新臺幣二億元。
②爭議處理機構設基金，基金來源如下：
一　捐助之財產。
二　依前條第四項向金融服務業收取之年費及服務費。
三　基金之孳息及運用收益。
四　其他受贈之收入。
③爭議處理機構之下列事項，由主管機關定之：
一　組織與設立、財務及業務之監督管理、變更登記之相關事項、捐助章程應記載事項。
二　各金融服務業繳交年費、服務費之計算方式。
三　基金之收支、保管及運用辦法。
四　董事、監察人之任期與解任、董事會之召集與決議、董事會與監察人之職權及其他應遵行事項。

第一五條　（爭議處理機構董監事之設立）
①爭議處理機構應設董事會，置董事七人至十一人。
②爭議處理機構置監察人一人至三人。
③爭議處理機構之董事及監察人，由主管機關就學者、專家及公正人士遴選（派）之。
④董事會應由全體董事三分之二以上之出席，出席董事過半數之同意，選出董事一人為董事長，經主管機關核可後生效。
⑤董事、董事會及監察人不得介入評議個案之處理。

第一六條　（金融消費者服務部門之設立）
①爭議處理機構設金融消費者服務部門，辦理協調金融服務業處理申訴及協助評議委員處理評議事件之各項審查準備事宜。
②爭議處理機構內部人員應具備之資格條件，由爭議處理機構擬訂，報請主管機關核定。

第一七條　（評議委員會之設立）
①爭議處理機構為處理評議事件，設評議委員會，置評議委員九人至二十五人，必要時得予增加，其中一人為主任委員，均由董事會遴選具備相關專業學養或實務經驗之學者、專家、公正人士，報請主管機關核定後聘任。
②評議委員任期為三年，期滿得續聘。主任委員應為專任，其餘評議委員得為兼任。
③評議委員均應獨立公正行使職權。

第一八條　（評議委員會分組規則）
①評議委員會為處理評議事件，得依委員專業領域及事件性質分組。
②評議委員應具備之資格條件、聘任、解任、薪酬及其他應遵行事項之辦法，由主管機

關定之。

第一九條 112

①金融消費爭議當事人，就他方當事人於爭議過程所提出之申請及各種說明資料或協商讓步事項，除已公開、依法規規定或經該他方當事人同意者外，不得公開。

②爭議處理機構及其人員對所知悉金融消費爭議之資料及評議過程，除法規另有規定或經爭議雙方之同意外，應保守秘密。

③爭議處理機構應定期揭露金融服務業申訴及評議案件之統計資料。

第二〇條 （爭議處理機制之評議原則）

①爭議處理機構受理申請評議後，應斟酌事件之事實證據，依公平合理原則，超然獨立進行評議。

②爭議處理機構爲處理金融消費爭議事件，得於合理必要範圍內，請求金融服務業協助或提出文件、相關資料。受請求之金融服務業未協助或提出文件、相關資料者，爭議處理機構得報請主管機關處理。

第二一條 （請求權時效）

①金融消費者依其申訴或申請評議內容所得主張之請求權，其時效因依本法申訴或申請評議而中斷。

②有下列情形之一者，前項請求權時效視爲不中斷：

一　申訴或評議之申請經撤回。

二　申訴後未依第十三條第二項規定申請評議。

三　評議之申請經不受理。

四　評議不成立。

第二二條 （通案處理原則之訂定）

金融消費爭議事件涉及衆多金融消費者或金融服務業且事件類型相似者，或涉及重大法律適用爭議者，爭議處理機構對該等爭議事件得暫時停止處理，並針對該等爭議事件擬訂爭議處理原則經報請主管機關同意後，依該處理原則繼續處理，或向有權解釋法令之機關申請解釋後，據以繼續處理。

第二三條 （爭議處理機構處理調處之程序）

①爭議處理機構處理評議之程序、評議期限及其他應遵行事項之辦法，由主管機關定之。

②金融消費者申請評議後，爭議處理機構得試行調處；當事人任一方不同意調處或經調處不成立者，爭議處理機構應續行評議。

③爭議處理機構處理調處之程序、調處人員應具備之資格條件、迴避、調處期限及其他應遵行之事項，由爭議處理機構擬訂，報請主管機關核定。

④第十五條第五項及第十九條第二項有關評議之規定，於調處準用之。

⑤調處成立者應作成調處書；調處書之作成、送達、核可及效力，準用第二十八條及第三十條規定。

⑥金融消費者已依其他法律規定調處或調解不成立者，得於調處或調解不成立之日起六十日內申請評議。

第二四條 （申請評議程序之訂定及不受理之情形）

①金融消費者申請評議，應塡具申請書，載明當事人名稱及基本資料、請求標的、事實、理由、相關文件或資料及申訴未獲妥適處理之情形。

②金融消費者申請評議有下列各款情形之一者，爭議處理機構應決定不受理，並以書面通知金融消費者及金融服務業。但其情形可以補正者，爭議處理機構應通知金融消費者於合理期限內補正：

一　申請不合程式。

二　非屬金融消費爭議。

三　未先向金融服務業申訴。

四　向金融服務業提出申訴後，金融服務業處理申訴中尙未逾三十日。

五　申請已逾法定期限。
六　當事人不適格。
七　曾依本法申請評議而不成立。
八　申請評議事件已經法院判決確定，或已成立調處、評議、和解、調解或仲裁。
九　其他主管機關規定之情形。

第二五條　（評議委員之預審及利益迴避）

①爭議處理機構於受理申請評議後，應由評議委員會主任委員指派評議委員三人以上爲預審委員先行審查，並研提審查意見報告。
②評議委員對於評議事項涉及本人、配偶、二親等以內之親屬或同居家屬之利益、曾服務於該金融服務業離職未滿三年或有其他足認其執行職務有偏頗之虞時，應自行迴避；經當事人申請者，亦應迴避。
③前項情形，如評議委員及當事人對於應否迴避有爭議，應由爭議處理機構評議委員會決議該評議委員是否應予迴避，並由爭議處理機構將決議結果於決議之日起三日內，以書面通知當事人。
④評議委員會主任委員應於預審委員自行迴避或前項評議委員會決議預審委員應予迴避之日起五日內，另行指派預審委員。

第二六條　（書面審理原則）

①評議程序以書面審理爲原則，並使當事人有於合理期間陳述意見之機會。
②評議委員會認爲有必要者，得通知當事人或利害關係人至指定處所陳述意見；當事人請求到場陳述意見，評議委員會認有正當理由者，應給予到場陳述意見之機會。
③前項情形，爭議處理機構應於陳述意見期日七日前寄發通知書予當事人或利害關係人。

第二七條　（評議程序）

①預審委員應將審查意見報告提送評議委員會評議。
②評議委員會應公平合理審酌評議事件之一切情狀，以全體評議委員二分之一以上之出席，出席評議委員二分之一以上之同意，作成評議決定。

第二八條　（評議書之形式及送達）

①評議委員會之評議決定應以爭議處理機構名義作成評議書，送達當事人。
②前項送達，準用民事訴訟法有關送達之規定。

第二九條　（評議決定之期限）

①當事人應於評議書所載期限內，以書面通知爭議處理機構，表明接受或拒絕評議決定之意思。評議經當事人雙方接受而成立。
②金融服務業於事前以書面同意或於其商品、服務契約或其他文件中表明願意適用本法之爭議處理程序者，對於評議委員會所作其應向金融消費者給付每一筆金額或財產價值在一定額度以下之評議決定，應予接受；評議決定超過一定額度，而金融消費者表明願意縮減該金額或財產價值至一定額度者，亦同。
③前項一定額度，由爭議處理機構擬訂，報請主管機關核定後公告之。

第三〇條　（評議書送請法院核可及效力之規定）104

①金融消費者得於評議成立之日起九十日之不變期間內，申請爭議處理機構將評議書送請法院核可。爭議處理機構應於受理前述申請之日起五日內，將評議書及卷證送請爭議處理機構事務所所在地之管轄地方法院核可。但爭議處理機構送請法院核可前，金融服務業已依評議成立之內容完全履行者，免送請核可。
②除有第三項情形外，法院對於前項之評議書應予核可。法院核可後，應將經核可之評議書併同評議事件卷證發還爭議處理機構，並將經核可之評議書以正本送達當事人及其代理人。
③法院因評議書內容牴觸法令、違背公共秩序或善良風俗或有其他不能強制執行之原因而未予核可者，法院應將其理由通知爭議處理機構及當事人。
④評議書依第二項規定經法院核可者，與民事確定判決有同一之效力，當事人就該事件

不得再行起訴或依本法申訴、申請評議。
⑤評議書經法院核可後，依法有無效或得撤銷之原因者，當事人得向管轄地方法院提起宣告評議無效或撤銷評議之訴。
⑥前項情形，準用民事訴訟法第五百條至第五百零二條及第五百零六條、強制執行法第十八條第二項規定。

第三章之一　罰　則 104

第三〇條之一　（罰則）105
①金融服務業有下列情形之一者，處新臺幣三十萬元以上一千萬元以下罰鍰：
一　違反第八條第二項所定辦法中有關廣告、業務招攬、營業促銷活動方式或內容之規定。
二　違反第九條第一項規定未充分瞭解金融消費者相關資料及確保金融消費者之適合度，或同條第二項所定辦法中有關適合度應考量事項之規定。
三　違反第十條第一項規定，未向金融消費者充分說明金融商品、服務、契約之重要內容或充分揭露風險，或違反同條第三項所定辦法中有關說明、揭露應以金融消費者能充分瞭解之方式或內容之規定。
四　違反第十一條之一規定，未訂定或未依主管機關核定應遵行之原則訂定酬金制度或未確實執行。
②金融服務業對自然人或法人未符合第四條第二項所定之條件，而協助其創造符合形式上之外觀條件者，處新臺幣一千萬元以上五千萬元以下罰鍰。
③金融服務業有前二項情形之一，且情節重大者，主管機關得於其所得利益之範圍內酌量加重，不受前二項罰鍰最高額之限制。

第三〇條之二　（罰則）104
金融服務業有下列情形之一者，處新臺幣三十萬元以上三百萬元以下罰鍰：
一　違反第十一條之一第一項或第十一條之二第三項規定，業務人員酬金制度未提報董（理）事會通過，或未經外國金融服務業在臺分支機構負責人同意。
二　違反第十一條之二第一項或第三項規定，初次銷售之複雜性高風險商品未報經董（理）事會或常務董（理）事會通過，或未經外國金融服務業在臺分支機構負責人同意。

第四章　附　則

第三一條　（違法解除職務）
爭議處理機構之董事、監察人、評議委員、受任人或受僱人違反本法或依本法所發布之命令者，主管機關得解除其董事、監察人、評議委員、受任人或受僱人之職務。

第三二條　（爭議處理之溯及力）
金融消費者於本法施行前已向主管機關及其所屬機關、金融服務業所屬同業公會或財團法人保險事業發展中心申請申訴、和解、調解、調處、評議及其他相當程序，其爭議處理結果不成立者，得於爭議處理結果不成立之日起六十日內申請評議；自爭議處理結果不成立之日起已逾六十日者，得依第十三條第二項規定向金融服務業重新提出申訴，金融消費者不接受處理結果或金融服務業逾三十日處理期限不爲處理者，得向爭議處理機構申請評議。

第三二條之一　（爭議處理機構業務、財務、金融消費爭議案件相關資料之提供）104
主管機關爲辦理金融監督、管理及檢查業務，得令爭議處理機構提出業務、財務及金融消費爭議案件之相關資料。

第三三條　（施行日）
本法施行日期，由行政院定之。

伍、民事訴訟法及相關法規

民事訴訟法

①民國19年12月26日國民政府制定公布全文534條。
②民國20年2月13日國民政府制定公布第535至600條條文。
③民國24年2月1日國民政府修正公布名稱及全文636條；並自24年7月1日施行（原名稱：民事訴訟法）。
④民國34年12月26日國民政府修正公布第15、23、28、38、51、53、64、70、94、109、110、114、138、149、166、186、198、233、248、249、257、265、273、380、385、389、402、433、440、443、451、454、473、487、535、613條條文。
⑤民國57年2月1日總統令修正公布名稱及全文640條（原名稱：中華民國民事訴訟法）。
⑥民國60年11月17日總統令修正公布第32、104、181、262、374、399、442、443、466、478、492、514、518、519、521條條文；並刪除第517、520條條文。
⑦民國72年11月9日總統令修正公布第608、622、634、635條條文；並增訂第95-1條條文。
⑧民國73年6月18日總統令修正公布第466、471、472、478、484條條文；並增訂第477-1條條文。
⑨民國75年4月25日總統令修正公布第568、569、582、590、596條條文；並增訂第589-1條條文。
⑩民國79年8月20日總統令修正公布第403、406、409、410、416至419、421、426、427、434、435條條文；並增訂第433-1至433-3、436-1至436-7條條文。
⑪民國85年9月25日總統令修正公布第363條條文。
⑫民國88年2月3日總統令修正公布第223、228、403至414、416、417、419至424、426至429、433、433-2、434至436、436-1、436-2、466、470、471、572、574、579、596條條文；增訂第406-1、406-2、407-1、409-1、410-1、415-1、420-1、427-1、434-1、436-8至436-32、572-1、575-1、582-1條條文及第四章章名；並刪除第415條條文。
⑬民國89年2月9日總統令修正公布第83、84、107、116、195、196、199、222、244、246、247、250至252、254至256、258、259、262、265、266至277、279、280、283至285、287至291、293至295、297、298、301、303至306、311至313、316、319至323、326至328、330至335、337、340、342、344至354、356、358、359、363、365至368、370、373、376、433、441、442、446、447、466條條文；增訂第109-1、153-1、199-1、268-1、268-2、270-1、271-1、282-1、296-1、313-1、357-1、367-1至367-3、375-1、376-1、376-2、444-1、466-1至466-3條條文及第五目之一目名；並刪除第362、436-13、436-17條條文。
⑭民國92年2月7日總統令修正公布第1、2、18、23、28、32至38、40、41、44、48至50、52、54、56、58、63、68、69、74至76、79、90至92、94、96、100、102至104、106、108至110、113至117、119、120、124、127、129、130、132、133、135、136、138、140、141、143、145、146、149、151、152、162、164、167、171、172、180至182、188至191、197、200至202、204至207、211、212、217、221、223至227、231至233、235、238至240、242、243、249、272、294、367-2、377、378至380、383、385、386、389、392至394、396至400、402、406、416、419、420-1、436-11、437、439、440、443、444、444-1、445至447、450、451、454、456、458至460、466-3、467、469、470、474至476、477-1、478、484至488、490至492、496、497、499至501、506、508至511、514至516、519、521、522、524至531、533、535、536、538、539、542、543、550、551、553、559、562至564條條文及第三章章名、第三至五節節名；增訂第44-1至44-4、56-1、67-1、70-1、77-1至77-27、80-1、94-1、182-1、182-2、195-1、213-1、240-1至240-4、377-1、377-2、380-1、384-1、449-1、451-1、466-4、469-1、477-2、495-1、498-1、505-1、507-1至507-5、537-1至537-4、538-1至538-4、549-1條條文及第三章第一、二節、第四章第六節之一節名、第五編之一編名；並刪除第147、479、489、493、494、534、537條條文。
民國92年7月2日司法院令發布定自92年9月1日施行。
⑮民國92年6月25日總統令修正公布第53、59、81、203、207、213、299、307、308、314、436-32、531、541、568、576、602、628、638條條文。
民國92年7月2日司法院令發布定自92年9月1日施行。
⑯民國96年3月21日總統令修正公布第83、84、403、406-1、420-1、425、463條條文。
⑰民國96年12月26日總統令修正公布第77-23條條文。

⑱民國98年1月21日總統令修正公布第77-19、77-22、77-26、174、182-1、249、486、515條條文；並增訂第31-1至31-3條條文。
⑲民國98年7月8日總統令修正公布第50、56、69、77-19、571、583、585、589至590、596至624條條文及第三章章名；並增訂第45-1、571-1、590-1、609-1、616-1、624-1至624-8條條文；除第583、585、589、589-1、590、590-1條於施行之日施行外，餘自98年11月23日施行。
⑳民國102年5月8日總統令修正公布第18、39、69、77-19、240-4、380、389、416、420-1、427、431、526條條文；刪除第568至640條條文及第九編編名、第一至四章章名；並自公布日施行。
㉑民國104年7月1日總統令修正公布第254、511、514、521條條文；並自公布日施行。
㉒民國106年6月14日總統令修正公布第254條條文；並自公布日施行。
㉓民國107年6月13日總統令修正公布第44-2、77-23、151、152、542、543、562條條文；並自公布日後六個月施行。
㉔民國107年11月28日總統令修正公布第223、224、235條條文；並自公布日施行。
㉕民國110年1月20日總統令修正公布第77-25、133、149、249、272、427、444、449-1條條文；增訂第211-1、249-1條條文；並自公布日施行。
㉖民國110年6月16日總統令修正公布第207條條文；增訂第114-1條條文；並自公布日施行。
㉗民國110年12月8日總統令修正公布第182-1、249、469條條文；刪除第31-1至31-3條條文；並自111年1月4日施行。
㉘民國112年11月29日總統令修正公布第77-1、77-2、77-4、77-5、77-13、77-17至77-19、77-22、83、90、91、95、116、486條條文；並自公布日施行。

第一編　總　則

第一章　法　院

第一節　管　轄

第一條　（普通審判籍—自然人）92

①訴訟，由被告住所地之法院管轄。被告住所地之法院不能行使職權者，由其居所地之法院管轄。訴之原因事實發生於被告居所地者，亦得由其居所地之法院管轄。

②被告在中華民國現無住所或住所不明者，以其在中華民國之居所，視為其住所；無居所或居所不明者，以其在中華民國最後之住所，視為其住所。

③在外國享有治外法權之中華民國人，不能依前二項規定定管轄法院者，以中央政府所在地視為其住所地。

第二條　（普通審判籍—法人及其他團體）92

①對於公法人之訴訟，由其公務所所在地之法院管轄；其以中央或地方機關為被告時，由該機關所在地之法院管轄。

②對於私法人或其他得為訴訟當事人之團體之訴訟，由其主事務所或主營業所所在地之法院管轄。

③對於外國法人或其他得為訴訟當事人之團體之訴訟，由其在中華民國之主事務所或主營業所所在地之法院管轄。

第三條　（因財產權涉訟之特別審判籍）

①對於在中華民國現無住所或住所不明之人，因財產權涉訟者，得由被告可扣押之財產或請求標的所在地之法院管轄。

②被告之財產或請求標的如為債權，以債務人住所或該債權擔保之標的所在地，視為被告財產或請求標的之所在地。

第四條　（因財產權涉訟之特別審判籍）

對於生徒、受僱人或其他寄寓人因財產權涉訟者，得由寄寓地之法院管轄。

第五條　（因財產權涉訟之特別審判籍）
對於現役軍人或海員因財產權涉訟者，得由其公務所、軍艦本籍或船籍所在地之法院管轄。

第六條　（因業務涉訟之特別審判權）
對於設有事務所或營業所之人，因關於其事務所或營業所之業務涉訟者，得由該事務所或營業所所在地之法院管轄。

第七條　（因船舶涉訟之特別審判權）
對於船舶所有人或利用船舶人，因船舶或航行涉訟者，得由船籍所在地之法院管轄。

第八條　（因船舶涉訟之特別審判籍）
因船舶債權或以船舶擔保之債權涉訟者，得由船舶所在地之法院管轄。

第九條　（因社員資格涉訟之特別審判籍）
①公司或其他團體或其債權人對於社員，或社員對於社員，於其社員之資格有所請求而涉訟者，得由該團體主事務所或主營業所所在地之法院管轄。
②前項規定，於團體或其債權人或社員，對於團體職員或已退社員有所請求而涉訟者準用之。

第一〇條　（因不動產涉訟之特別審判籍）
①因不動產之物權或其分割或經界涉訟者，專屬不動產所在地之法院管轄。
②其他因不動產涉訟者，得由不動產所在地之法院管轄。

第一一條　（因不動產涉訟之特別審判籍）
對於同一被告因債權及擔保該債權之不動產物權涉訟者，得由不動產所在地之法院合併管轄。

第一二條　（因契約涉訟之特別審判籍）
因契約涉訟者，如經當事人定有債務履行地，得由該履行地之法院管轄。

第一三條　（因票據涉訟之特別審判籍）
本於票據有所請求而涉訟者，得由票據付款地之法院管轄。

第一四條　（因財產管理涉訟之特別審判籍）
因關於財產管理有所請求而涉訟者，得由管理地之法院管轄。

第一五條　（因侵權行為涉訟之特別審判籍）
①因侵權行為涉訟者，得由行為地之法院管轄。
②因船舶碰撞或其他海上事故請求損害賠償而涉訟者，得由受損害之船舶最初到達地，或加害船舶被扣留地，或其船籍港之法院管轄。
③因航空器飛航失事或其他空中事故請求損害賠償而涉訟者，得由受損害航空器最初降落地，或加害航空器被扣留地之法院管轄。

第一六條　（因海難救助涉訟之特別審判籍）
因海難救助涉訟者，得由救助地或被救助之船舶最初到達地之法院管轄。

第一七條　（因登記涉訟之特別審判籍）
因登記涉訟者，得由登記地之法院管轄。

第一八條　（因自然人死亡之特別審判籍）102
①因自然人死亡而生效力之行為涉訟者，得由該自然人死亡時之住所地法院管轄。
②前項法院不能行使職權，或訴之原因事實發生於該自然人居所地，或其為中華民國人，於死亡時，在中華民國無住所或住所不明者，定前項管轄法院時，準用第一條之規定。

第一九條　（關於繼承事件之特別審判籍）
因遺產上之負擔涉訟，如其遺產之全部或一部，在前條所定法院管轄區域內者，得由該法院管轄。

第二〇條　（共同訴訟之特別審判籍）
共同訴訟之被告數人，其住所不在一法院管轄區域內者，各該住所地之法院俱有管轄權。但依第四條至前條規定有共同管轄法院者，由該法院管轄。

第二一條　（管轄之競合）
被告住所、不動產所在地、侵權行爲地或其他據以定管轄法院之地，跨連或散在數法院管轄區域內者，各該法院俱有管轄權。

第二二條　（管轄競合之效果—選擇管轄）
同一訴訟，數法院有管轄權者，原告得任向其中一法院起訴。

第二三條　（指定管轄—原因及程序）92
①有下列各款情形之一者，直接上級法院應依當事人之聲請或受訴法院之請求，指定管轄：
一　有管轄權之法院，因法律或事實不能行使審判權，或因特別情形，由其審判恐影響公安或難期公平者。
二　因管轄區域境界不明，致不能辨別有管轄權之法院者。
②直接上級法院不能行使職權者，前項指定由再上級法院爲之。
③第一項之聲請得向受訴法院或直接上級法院爲之，前項聲請得向受訴法院或再上級法院爲之。
④指定管轄之裁定，不得聲明不服。

第二四條　（合意管轄及其表意方法）
①當事人得以合意定第一審管轄法院。但以關於由一定法律關係而生之訴訟爲限。
②前項合意，應以文書證之。

第二五條　（擬制之合意管轄）
被告不抗辯法院無管轄權而爲本案之言詞辯論者，以其法院爲有管轄權之法院。

第二六條　（合意管轄之限制）
前二條之規定，於本法定有專屬管轄之訴訟不適用之。

第二七條　（定管轄之時期）
定法院之管轄，以起訴時爲準。

第二八條　（移送訴訟之原因及程序）92
①訴訟之全部或一部，法院認爲無管轄權者，依原告聲請或依職權以裁定移送於其管轄法院。
②第二十四條之合意管轄，如當事人之一造爲法人或商人，依其預定用於同類契約之條款而成立，按其情形顯失公平者，他造於爲本案之言詞辯論前，得聲請移送於其管轄法院。但兩造均爲法人或商人者，不在此限。
③移送訴訟之聲請被駁回者，不得聲明不服。

第二九條　（移送前有急迫情形時之必要處分）
移送訴訟前如有急迫情形，法院應依當事人聲請或依職權爲必要之處分。

第三〇條　（移送裁定之效力）
①移送訴訟之裁定確定時，受移送之法院受其羈束。
②前項法院，不得以該訴訟更移送於他法院。但專屬於他法院管轄者，不在此限。

第三一條　（移送裁定之效力）
①移送訴訟之裁定確定時，視爲該訴訟自始即繫屬於受移送之法院。
②前項情形，法院書記官應速將裁定正本附入卷宗，送交受移送之法院。

第三一條之一至第三一條之三　（刪除）110

第二節　法院職員之迴避

第三二條　（法官之自行迴避及其事由）92
法官有下列各款情形之一者，應自行迴避，不得執行職務：
一　法官或其配偶、前配偶或未婚配偶，爲該訴訟事件當事人者。
二　法官爲該訴訟事件當事人八親等內之血親或五親等內之姻親，或曾有此親屬關係者。

三　法官或其配偶、前配偶或未婚配偶，就該訴訟事件與當事人有共同權利人、共同義務人或償還義務人之關係者。

四　法官現爲或曾爲該訴訟事件當事人之法定代理人或家長、家屬者。

五　法官於該訴訟事件，現爲或曾爲當事人之訴訟代理人或輔佐人者。

六　法官於該訴訟事件，曾爲證人或鑑定人者。

七　法官曾參與該訴訟事件之前審裁判或仲裁者。

第三三條　（聲請法官迴避及其事由）92

①遇有下列各款情形，當事人得聲請法官迴避：

一　法官有前條所定之情形而不自行迴避者。

二　法官有前條所定以外之情形，足認其執行職務有偏頗之虞者。

②當事人如已就該訴訟有所聲明或爲陳述後，不得依前項第二款聲請法官迴避。但迴避之原因發生在後或知悉在後者，不在此限。

第三四條　（聲請法官迴避之程序）92

①聲請法官迴避，應舉其原因，向法官所屬法院爲之。

②前項原因及前條第二項但書之事實，應自爲聲請之日起，於三日內釋明之。

③被聲請迴避之法官，對於該聲請得提出意見書。

第三五條　（聲請法官迴避之裁定）92

①法官迴避之聲請，由該法官所屬法院以合議裁定之；其因不足法定人數不能合議者，由兼院長之法官裁定之；如並不能由兼院長之法官裁定者，由直接上級法院裁定之。

②前項裁定，被聲請迴避之法官，不得參與。

③被聲請迴避之法官，以該聲請爲有理由者，毋庸裁定，應即迴避。

第三六條　（聲請法官迴避裁定之救濟）92

聲請法官迴避經裁定駁回者，得爲抗告。其以聲請爲正當者，不得聲明不服。

第三七條　（聲請法官迴避之效力）92

①法官被聲請迴避者，在該聲請事件終結前，應停止訴訟程序。但其聲請因違背第三十三條第二項，或第三十四條第一項或第二項之規定，或顯係意圖延滯訴訟而爲者，不在此限。

②依前項規定停止訴訟程序中，如有急迫情形，仍應爲必要處分。

第三八條　（職權裁定迴避與同意迴避）92

①第三十五條第一項所定爲裁定之法院或兼院長之法官，如認法官有應自行迴避之原因者，應依職權爲迴避之裁定。

②法官有第三十三條第一項第二款之情形者，經兼院長之法官同意，得迴避之。

第三九條　（司法事務官、書記官及通譯之迴避）102

本節之規定，於司法事務官、法院書記官及通譯準用之。

第二章　當事人

第一節　當事人能力及訴訟能力

第四〇條　（當事人能力）92

①有權利能力者，有當事人能力。

②胎兒，關於其可享受之利益，有當事人能力。

③非法人之團體，設有代表人或管理人者，有當事人能力。

④中央或地方機關，有當事人能力。

第四一條　（選定當事人之要件及效力）92

①多數有共同利益之人，不合於前條第三項所定者，得由其中選定一人或數人，爲選定人及被選定人全體起訴或被訴。

②訴訟繫屬後，經選定前項之訴訟當事人者，其他當事人脫離訴訟。

③前二項被選定之人得更換或增減之。但非通知他造，不生效力。

第四二條　（選定當事人之程序）

前條訴訟當事人之選定及其更換、增減，應以文書證之。

第四三條　（選定當事人喪失其資格之救濟）

第四十一條之被選定人中，有因死亡或其他事由喪失其資格者，他被選定人得爲全體爲訴訟行爲。

第四四條　（選定當事人爲訴訟行爲之限制）92

①被選定人有爲選定人爲一切訴訟行爲之權。但選定人得限制其爲捨棄、認諾、撤回或和解。

②選定人中之一人所爲限制，其效力不及於他選定人。

③第一項之限制，應於第四十二條之文書內表明，或以書狀提出於法院。

第四四條之一　（選定法人之要件）92

①多數有共同利益之人爲同一公益社團法人之社員者，於章程所定目的範圍內，得選定該法人爲選定人起訴。

②法人依前項規定爲社員提起金錢賠償損害之訴時，如選定人全體以書狀表明願由法院判定被告應給付選定人全體之總額，並就給付總額之分配方法達成協議者，法院得不分別認定被告應給付各選定人之數額，而僅就被告應給付選定人全體之總額爲裁判。

③第一項情形準用第四十二條及第四十四條之規定。

第四四條之二　（公告曉示）107

①因公害、交通事故、商品瑕疵或其他本於同一原因事實而有共同利益之多數人，依第四十一條之規定選定一人或數人爲同種類之法律關係起訴者，法院得徵求原被選定人之同意，或由被選定人聲請經法院認爲適當時，公告曉示其他共同利益人，得於一定期間內以書狀表明其原因事實、證據及應受判決事項之聲明，併案請求。其請求之人，視爲已依第四十一條爲選定。

②其他有共同利益之人，亦得聲請法院依前項規定爲公告曉示。

③併案請求之書狀，應以繕本或影本送達於兩造。

④第一項之期間至少應有二十日，公告應黏貼於法院公告處，並公告於法院網站；法院認爲必要時，得命登載公報、新聞紙或以其他傳播工具公告之，其費用由國庫墊付。

⑤第一項原被選定人不同意者，法院得依職權公告曉示其他共同利益人起訴，由法院併案審理。

第四四條之三　（提起不作爲訴訟之權）92

①以公益爲目的之社團法人或財團法人，經其目的事業主管機關許可，於章程所定目的範圍內，得對侵害多數人利益之行爲人，提起不作爲之訴。

②前項許可及監督辦法，由司法院會同行政院定之。

第四四條之四　（訴訟代理人之選任）92

①前三條訴訟，法院得依聲請爲原告選任律師爲訴訟代理人。

②前項訴訟代理人之選任，以伸張或防衛權利所必要者爲限。

第四五條　（訴訟能力）

能獨立以法律行爲負義務者，有訴訟能力。

第四五條之一　（受輔助宣告之人爲訴訟行爲之同意）98

①輔助人同意受輔助宣告之人爲訴訟行爲，應以文書證之。

②受輔助宣告之人就他造之起訴或上訴爲訴訟行爲時，無須經輔助人同意。

③受輔助宣告之人爲捨棄、認諾、撤回或和解，應經輔助人以書面特別同意。

第四六條　（外國人之訴訟能力）

外國人依其本國法律無訴訟能力，而依中華民國法律有訴訟能力者，視爲有訴訟能力。

第四七條　（法定代理及爲訴訟所必要之允許應適用之法規）

關於訴訟之法定代理及爲訴訟所必要之允許，依民法及其他法令之規定。

第四八條　（能力、法定代理權或為訴訟所必要之允許欠缺之追認）92

於能力、法定代理權或為訴訟所必要之允許有欠缺之人所為之訴訟行為，經取得能力之本人、取得法定代理權或允許之人、法定代理人或有允許權人之承認，溯及於行為時發生效力。

第四九條　（能力、法定代理權或為訴訟所必要之允許欠缺之補正）92

能力、法定代理權或為訴訟所必要之允許有欠缺而可以補正者，審判長應定期間命其補正；如恐久延致當事人受損害時，得許其暫為訴訟行為。

第五〇條　（選定當事人能力欠缺之追認或補正）98

前二條規定，於第四十一條、第四十四條之一、第四十四條之二被選定人及第四十五條之一受輔助宣告之人為訴訟行為者準用之。

第五一條　（特別代理人之選任及其權限）

①對於無訴訟能力人為訴訟行為，因其無法定代理人或其法定代理人不能行代理權，恐致久延而受損害者，得聲請受訴訟法院之審判長，選任特別代理人。

②無訴訟能力人有為訴訟之必要，而無法定代理人或法定代理人不能行代理權者，其親屬或利害關係人，得聲請受訴法院之審判長，選任特別代理人。

③選任特別代理人之裁定，並應送達於特別代理人。

④特別代理人於法定代理人或本人承當訴訟以前，代理當事人為一切訴訟行為。但不得為捨棄、認諾、撤回或和解。

⑤選定特別代理人所需費用，及特別代理人代為訴訟所需費用，得命聲請人墊付。

第五二條　（法定代理規定之準用）92

本法關於法定代理之規定，於法人之代表人、第四十條第三項之代表人或管理人、第四項機關之代表人及依法令得為訴訟上行為之代理人準用之。

第二節　共同訴訟

第五三條　（共同訴訟之要件）92

二人以上於下列各款情形，得為共同訴訟人，一同起訴或一同被訴：

一　為訴訟標的之權利或義務，為其所共同者。

二　為訴訟標的之權利或義務，本於同一之事實上及法律上原因者。

三　為訴訟標的之權利或義務，係同種類，而本於事實上及法律上同種類之原因者。但以被告之住所在同一法院管轄區域內，或有第四條至第十九條所定之共同管轄法院者為限。

第五四條　（主參加訴訟）92

①就他人間之訴訟，有下列情形之一者，得於第一審或第二審本訴訟繫屬中，以其當事人兩造為共同被告，向本訴訟繫屬之法院起訴：

一　對其訴訟標的全部或一部，為自己有所請求者。

二　主張因其訴訟之結果，自己之權利將被侵害者。

②依前項規定起訴者，準用第五十六條各款之規定。

第五五條　（通常共同訴訟人間之關係）

共同訴訟中，一人之行為或他造對於共同訴訟人中一人之行為及關於其一人所生之事項，除別有規定外，其利害不及於他共同訴訟人。

第五六條　（必要共同訴訟人間之關係）98

①訴訟標的對於共同訴訟之各人必須合一確定者，適用下列各款之規定：

一　共同訴訟人中一人之行為有利益於共同訴訟人者，其效力及於全體；不利益者，對於全體不生效力。

二　他造對於共同訴訟人中一人之行為，其效力及於全體。

三　共同訴訟人中之一人生有訴訟當然停止或裁定停止之原因者，其當然停止或裁定停止之效力及於全體。

②前項共同訴訟人中一人提起上訴，其他共同訴訟人為受輔助宣告之人時，準用第四十五條之一第二項之規定。

第五六條之一（未共同起訴之人追加為原告）92

①訴訟標的對於數人必須合一確定而應共同起訴，如其中一人或數人拒絕同為原告而無正當理由者，法院得依原告聲請，以裁定命該未起訴之人於一定期間內追加為原告。逾期未追加者，視為已一同起訴。

②法院為前項裁定前，應使該未起訴之人有陳述意見之機會。

③第一項未共同起訴之人所在不明，經原告聲請命為追加，法院認其聲請為正當者，得以裁定將該未起訴之人列為原告。但該原告於第一次言詞辯論期日前陳明拒絕為原告之理由，經法院認為正當者，得撤銷原裁定。

④第一項及前項裁定，得為抗告。

⑤第一項及第三項情形，如訴訟費用應由原告負擔者，法院得酌量情形，命僅由原起訴之原告負擔。

第五七條（續行訴訟權）

①共同訴訟人，各有續行訴訟之權。

②法院指定期日者，應通知各共同訴訟人到場。

第三節　訴訟參加

第五八條（訴訟參加之要件）92

①就兩造之訴訟有法律上利害關係之第三人，為輔助一造起見，於該訴訟繫屬中，得為參加。

②參加，得與上訴、抗告或其他訴訟行為，合併為之。

③就兩造之確定判決有法律上利害關係之第三人，於前訴訟程序中已為參加者，亦得輔助一造提起再審之訴。

第五九條（訴訟參加之程序）92

①參加，應提出參加書狀，於本訴訟繫屬之法院為之。

②參加書狀，應表明下列各款事項：

一　本訴訟及當事人。

二　參加人於本訴訟之利害關係。

三　參加訴訟之陳述。

③法院應將參加書狀，送達於兩造。

第六〇條（當事人對第三人參加訴訟之異議權）

①當事人對於第三人之參加，得聲請法院駁回。但對於參加未提出異議而已為言詞辯論者，不在此限。

②關於前項聲請之裁定，得為抗告。

③駁回參加之裁定未確定前，參加人得為訴訟行為。

第六一條（參加人之權限）

參加人得按參加時之訴訟程度，輔助當事人為一切訴訟行為。但其行為與該當事人之行為牴觸者，不生效力。

第六二條（獨立參加之效力）

訴訟標的，對於參加人及其所輔助之當事人必須合一確定者，準用第五十六條之規定。

第六三條（本訴訟裁判對參加人之效力）92

①參加人對於其所輔助之當事人，不得主張本訴訟之裁判不當。但參加人因參加時訴訟之程度或因該當事人之行為，不能用攻擊或防禦方法，或當事人因故意或重大過失不用參加人所不知之攻擊或防禦方法者，不在此限。

②參加人所輔助之當事人對於參加人，準用前項之規定。

第六四條 （參加人之承當訴訟）

①參加人經兩造同意時，得代其所輔助之當事人承當訴訟。

②參加人承當訴訟者，其所輔助之當事人，脫離訴訟。但本案之判決，對於脫離之當事人，仍有效力。

第六五條 （告知訴訟）

①當事人得於訴訟繫屬中，將訴訟告知於因自己敗訴而有法律上利害關係之第三人。

②受訴訟之告知，得遞行告知。

第六六條 （告知訴訟之程序）

①告知訴訟，應以書狀表明理由及訴訟程度提出於法院，由法院送達於第三人。

②前項書狀，並應送達於他造。

第六七條 （告知訴訟之效力）

受告知人不為參加或參加逾時者，視為於得行參加時已參加於訴訟，準用第六十三條之規定。

第六七條之一 （訴訟事件及進行程度通知利害關係人之第三人）92

①訴訟之結果，於第三人有法律上利害關係者，法院得於第一審或第二審言詞辯論終結前相當時期，將訴訟事件及進行程度以書面通知該第三人。

②前項受通知人得於通知送達後五日內，為第二百四十二條第一項之請求。

③第一項受通知人得依第五十八條規定參加訴訟者，準用前條之規定。

第四節　訴訟代理人及輔佐人

第六八條 （訴訟代理人之限制）92

①訴訟代理人應委任律師為之。但經審判長許可者，亦得委任非律師為訴訟代理人。

②前項之許可，審判長得隨時以裁定撤銷之，並應送達於為訴訟委任之人。

③非律師為訴訟代理人之許可準則，由司法院定之。

第六九條 （委任訴訟代理人之方式）102

①訴訟代理人，應於最初為訴訟行為時，提出委任書。但由當事人以言詞委任，經法院書記官記明筆錄，或經法院、審判長依法選任者，不在此限。

②前項委任或選任，應於每審級為之。但當事人就特定訴訟於委任書表明其委任不受審級限制，並經公證者，不在此限。

第七〇條 （訴訟代理人之權限）

①訴訟代理人就其受委任之事件有為一切訴訟行為之權。但捨棄、認諾、撤回、和解、提起反訴、上訴或再審之訴及選任代理人，非受特別委任不得為之。

②關於強制執行之行為或領取所爭物，準用前項但書之規定。

③如於第一項之代理權加以限制者，應於前條之委任書或筆錄內表明。

第七〇條之一 （訴訟代理人之權限）92

①法院或審判長依法律規定為當事人選任律師為訴訟代理人者，該訴訟代理人得代理當事人為一切訴訟行為。但不得為捨棄、認諾、撤回或和解。

②當事人自行委任訴訟代理人或表示自為訴訟行為者，前項訴訟代理人之代理權消滅。

③前項情形，應通知選任之訴訟代理人及他造當事人。

第七一條 （各別代理權）

①訴訟代理人有二人以上者，均得單獨代理當事人。

②違反前項之規定而為委任者，對於他造不生效力。

第七二條 （當事人本人之撤銷或更正權）

訴訟代理人事實上之陳述，經到場之當事人本人即時撤銷或更正者，不生效力。

第七三條 （訴訟代理權之效力）

訴訟代理權，不因本人死亡、破產或訴訟能力喪失而消滅；法定代理有變更者亦同。

第七四條 （終止訴訟委任之要件及程序）92

①訴訟委任之終止，非通知他造，不生效力。
②前項通知，應以書狀或言詞提出於法院，由法院送達或告知於他造。
③由訴訟代理人終止委任者，自爲終止之意思表示之日起十五日內，仍應爲防衛本人權利所必要之行爲。

第七五條　（訴訟代理權欠缺之補正）92
①訴訟代理權有欠缺而可以補正者，審判長應定期間命其補正。但得許其暫爲訴訟行爲。
②第四十八條之規定，於訴訟代理準用之。

第七六條　（輔佐人到場之許可及撤銷）92
①當事人或訴訟代理人經審判長之許可，得於期日偕同輔佐人到場。
②前項許可，審判長得隨時撤銷之。

第七七條　（輔佐人所爲陳述之效力）
輔佐人所爲之陳述，當事人或訴訟代理人不即時撤銷或更正者，視爲其所自爲。

第三章　訴訟標的價額之核定及訴訟費用 92

第一節　訴訟標的價額之核定 92

第七七條之一 112
①訴訟標的之價額，由法院核定。
②核定訴訟標的之價額，以起訴時之交易價額爲準；無交易價額者，以原告就訴訟標的所有之利益爲準。
③法院因核定訴訟標的之價額，得依職權調查證據。
④第一項之核定，得爲抗告；抗告法院爲裁定前，應使當事人有陳述意見之機會。關於法院命補繳裁判費之裁定，並受抗告法院之裁判。
⑤核定訴訟標的價額之裁定確定時，法院及當事人應受拘束。

第七七條之二 112
①以一訴主張數項標的者，其價額合併計算之。但所主張之數項標的互相競合或應爲選擇者，其訴訟標的價額，應依其中價額最高者定之。
②以一訴附帶請求其起訴後之孳息、損害賠償、違約金或費用者，不併算其價額。

第七七條之三　（原告應負擔對待給付之計算）92
①原告應負擔之對待給付，不得從訴訟標的之價額中扣除。
②原告並求確定對待給付之額數者，其訴訟標的之價額，應依給付中價額最高者定之。

第七七條之四 112
因地上權、永佃權、農育權涉訟，其價額以一年租金十五倍爲準；無租金時，以一年所獲可視同租金利益之十五倍爲準；如一年租金或利益之十五倍超過其地價者，以地價爲準。

第七七條之五 112
因不動產役權涉訟，如係不動產役權人爲原告，以需役不動產所增價額爲準；如係供役不動產所有人爲原告，以供役不動產所減價額爲準。

第七七條之六　（擔保債權涉訟其價額之計算）92
因債權之擔保涉訟，以所擔保之債權額爲準；如供擔保之物其價額少於債權額時，以該物之價額爲準。

第七七條之七　（典權涉訟其價額之計算）92
因典產回贖權涉訟，以產價爲準；如僅係典價之爭執，以原告主張之利益爲準。

第七七條之八　（水利涉訟其價額之計算）92
因水利涉訟，以一年水利可望增加收益之額爲準。

第七七條之九　（租賃權涉訟其價額之計算）92

因租賃權涉訟，其租賃定有期間者，以權利存續期間之租金總額爲準；其租金總額超過租賃物之價額者，以租賃物之價額爲準；未定期間者，動產以二個月租金之總額爲準，不動產以二期租金之總額爲準。

第七七條之一〇　（定期給付涉訟其價額之計算）92

因定期給付或定期收益涉訟，以權利存續期間之收入總數爲準；期間未確定時，應推定其存續期間。但其期間超過十年者，以十年計算。

第七七條之一一　（分割共有物涉訟其價額之計算）92

分割共有物涉訟，以原告因分割所受利益之價額爲準。

第七七條之一二　（訴訟標的價額不能核定者）92

訴訟標的之價額不能核定者，以第四百六十六條所定不得上訴第三審之最高利益額數加十分之一定之。

第二節　訴訟費用之計算及徵收 92

第七七條之一三 112

因財產權而起訴，其訴訟標的之金額或價額在新臺幣十萬元以下部分，徵收裁判費一千元；逾十萬元至一百萬元部分，每萬元徵收一百元；逾一百萬元至一千萬元部分，每萬元徵收九十元；逾一千萬元至一億元部分，每萬元徵收八十元；逾一億元至十億元部分，每萬元徵收七十元；逾十億元部分，每萬元徵收六十元；其畸零之數不滿萬元者，以萬元計算。

第七七條之一四　（非財產權訴訟其訴訟費之徵收）92

①非因財產權而起訴者，徵收裁判費新臺幣三千元。

②於非財產權上之訴，並爲財產權上之請求者，其裁判費分別徵收之。

第七七條之一五　（反訴之裁判費）92

①本訴與反訴之訴訟標的相同者，反訴不另徵收裁判費。

②依第三百九十五條第二項、第五百三十一條第二項所爲之聲明，不徵收裁判費。

③訴之變更或追加，其變更或追加後訴訟標的之價額超過原訴訟標的之價額者，就其超過部分補徵裁判費。

第七七條之一六　（上訴之裁判費）92

①向第二審或第三審法院上訴，依第七十七條之十三及第七十七條之十四規定，加徵裁判費十分之五；發回或發交更審再行上訴者免徵；其依第四百五十二條第二項爲移送，經判決後再行上訴者，亦同。

②於第二審爲訴之變更、追加或依第五十四條規定起訴者，其裁判費之徵收，依前條第三項規定，並準用前項規定徵收之。提起反訴應徵收裁判費者，亦同。

第七七條之一七 112

①再審之訴，按起訴法院之審級，依第七十七條之十三、第七十七條之十四及前條規定徵收裁判費。

②對於確定之裁定聲請再審者，徵收裁判費新臺幣一千元。

③第一項之規定，於第三人撤銷訴訟準用之。

第七七條之一八 112

抗告、再爲抗告，徵收裁判費新臺幣一千元；發回或發交更爲裁定再行抗告或再爲抗告者免徵。

第七七條之一九 112

①聲請或聲明，除別有規定外，不徵費用。

②下列聲請或提出異議，徵收裁判費新臺幣五百元：

一　聲請迴避。

二　聲請通知受擔保利益人行使權利。

三　聲請變換提存物或保證書。

四　對於法院書記官之處分提出異議。
五　聲請發支付命令。
六　聲請命假扣押、假處分、定暫時狀態處分之債權人於一定期間內起訴。

③法院職員於有前項第一款之聲請而迴避者，聲請人得於收受法院告知之日起三個月內聲請退還已繳裁判費。

④下列聲請或提出異議，徵收裁判費新臺幣一千元：
一　聲請參加訴訟或駁回參加。
二　聲請命返還提存物或保證書。
三　聲請回復原狀。
四　對於司法事務官之處分提出異議。
五　聲請許可承當訴訟。
六　聲請許可爲訴訟繫屬事實登記或撤銷許可登記裁定。
七　起訴前聲請證據保全。
八　依第四百八十四條第一項但書、第四百八十五條第一項但書、第四項、第四百八十六條第二項但書，提出異議。
九　聲請假扣押、假處分或撤銷假扣押、假處分裁定。
十　聲請公示催告或除權判決。

⑤聲請定暫時狀態處分或撤銷定暫時狀態處分裁定，徵收裁判費新臺幣三千元。

⑥第二項第四款及第四項第八款之異議爲有理由者，異議人得於收受法院告知之日起三個月內聲請退還已繳裁判費。

第七七條之二〇　（聲請費之徵收）92

①因財產權事件聲請調解，其標的之金額或價額未滿新臺幣十萬元者，免徵聲請費；十萬元以上，未滿一百萬元者，徵收一千元；一百萬元以上，未滿五百萬元者，徵收二千元；五百萬元以上，未滿一千萬元者，徵收三千元；一千萬元以上者，徵收五千元。非因財產權而聲請調解者，免徵聲請費。

②調解不成立後三十日內起訴者，當事人應繳之裁判費，得以其所繳調解之聲請費扣抵之。

第七七條之二一　（視爲起訴者裁判費之徵收）92

①依第五百十九條第一項規定以支付命令之聲請視爲起訴或聲請調解者，仍應依第七十七條之十三或第七十七條之二十規定全額徵收裁判費或聲請費。

②前項應徵收之裁判費或聲請費，當事人得以聲請支付命令時已繳之裁判費扣抵之。

第七七條之二二　112

①依第四十四條之二請求賠償之人，其裁判費超過新臺幣六十萬元部分暫免徵收。

②依第四十四條之三規定請求者，暫免徵收裁判費。

③依前二項或其他法律規定暫免徵收之裁判費，第一審法院應於該事件確定後，依職權裁定向負擔訴訟費用之一造徵收之。但應由第四十四條之三規定之社團法人或財團法人負擔訴訟費用，或其他法律別有規定者，不在此限。

第七七條之二三　（其他費用之徵收）107

①訴訟文書之影印費、攝影費、抄錄費、翻譯費，證人、鑑定人之日費、旅費及其他進行訴訟之必要費用，其項目及標準由司法院定之。

②運送費、公告法院網站費、登載公報新聞紙費及法院核定之鑑定人報酬，依實支數計算。

③命當事人預納之前二項費用，應專就該事件所預納之項目支用，並得由法院代收代付之。有剩餘者，應於訴訟終結後返還繳款人。

④郵電送達費及法官、書記官、執達員、通譯於法院外爲訴訟行爲之食、宿、舟、車費，不另徵收。

第七七條之二四　（到場費用之計算）92

①當事人、法定代理人或其他依法令代當事人爲訴訟行爲之人，經法院命其於期日到場

或依當事人訊問程序陳述者，其到場之費用為訴訟費用之一部。
②前項費用額之計算，準用證人日費、旅費之規定。
第七七條之二五 110
①法院或審判長依法律規定，為當事人選任律師為特別代理人或訴訟代理人者，其律師之酬金由法院酌定之。
②前項及第四百六十六條之三第一項之律師酬金為訴訟費用之一部，應限定其最高額，其支給標準，由司法院參酌法務部及全國律師聯合會等意見定之。
③前項律師酬金之數額，法院為終局裁判時，應併予酌定；訴訟不經裁判而終結者，法院應依聲請以裁定酌定之。
④對於酌定律師酬金數額之裁判，得為抗告，但不得再為抗告。
第七七條之二六 （溢收訴訟費用之返還）98
①訴訟費用如有溢收情事者，法院應依聲請並得依職權以裁定返還之。
②前項聲請，至遲應於裁判確定或事件終結後三個月內為之。
③裁判費如有因法院曉示文字記載錯誤或其他類此情形而繳納者，得於繳費之日起五年內聲請返還，法院並得依職權以裁定返還之。
第七七條之二七 （裁判費之加徵）92
本法應徵收之裁判費，各高等法院得因必要情形，擬定額數，報請司法院核准後加徵之。但其加徵之額數，不得超過原額數十分之五。

第三節 訴訟費用之負擔 92

第七八條 （訴訟費用負擔之原則）92
訴訟費用，由敗訴之當事人負擔。
第七九條 （一部勝訴一部敗訴之負擔標準）92
各當事人一部勝訴、一部敗訴者，其訴訟費用，由法院酌量情形，命兩造以比例分擔或命一造負擔，或命兩造各自負擔其支出之訴訟費用。
第八〇條 （原告負擔訴訟費用）
被告對於原告關於訴訟標的之主張逕行認諾，並能證明其無庸起訴者，訴訟費用由原告負擔。
第八〇條之一 （分割共有物或定經界等訴訟費用之負擔）92
因共有物分割、經界或其他性質上類似之事件涉訟，由敗訴當事人負擔訴訟費用顯失公平者，法院得酌量情形，命勝訴之當事人負擔其一部。
第八一條 （由勝訴人負擔訴訟費用）92
因下列行為所生之費用，法院得酌量情形，命勝訴之當事人負擔其全部或一部：
一 勝訴人之行為，非為伸張或防衛權利所必要者。
二 敗訴人之行為，按當時之訴訟程度，為伸張或防衛權利所必要者。
第八二條 （由勝訴人負擔訴訟費用）
當事人不於適當時期提出攻擊或防禦方法，或遲誤期日或期間，或因其他應歸責於己之事由而致訴訟延滯者，雖該當事人勝訴，其因延滯而生之費用，法院得命其負擔全部或一部。
第八三條 112
①原告撤回其訴者，訴訟費用由原告負擔。其於第一審言詞辯論終結前撤回者，得於撤回後三個月內聲請退還該審級所繳裁判費三分之二。
②前項規定，於當事人撤回上訴或抗告者準用之。
③原告於上訴審言詞辯論終結前；其未行言詞辯論者，於終局裁判生效前，撤回其訴，上訴人得於撤回後三個月內聲請退還該審級所繳裁判費三分之二。
第八四條 （和解時之訴訟費用負擔）96
①當事人為和解者，其和解費用及訴訟費用各自負擔之。但別有約定者，不在此限。

②和解成立者，當事人得於成立之日起三個月內聲請退還其於該審級所繳裁判費三分之二。

第八五條　（共同訴訟之訴訟費用負擔）

①共同訴訟人，按其人數，平均分擔訴訟費用。但共同訴訟人於訴訟之利害關係顯有差異者，法院得酌量其利害關係之比例，命分別負擔。

②共同訴訟人因連帶或不可分之債敗訴者，應連帶負擔訴訟費用。

③共同訴訟人中有專爲自己之利益而爲訴訟行爲者，因此所生之費用，應由該當事人負擔。

第八六條　（參加人之訴訟費用負擔）

①因參加訴訟所生之費用，由參加人負擔。但他造當事人依第七十八條至第八十四條規定應負擔之訴訟費用，仍由該當事人負擔。

②訴訟標的，對於參加人與其所輔助之當事人必須合一確定者，準用前條之規定。

第八七條　（依職權爲訴訟費用之裁判）

①法院爲終局判決時，應依職權爲訴訟費用之裁判。

②上級法院廢棄下級法院之判決，而就該事件爲裁判或變更下級法院之判決者，應爲訴訟總費用之裁判；受發回或發交之法院爲終局之判決者亦同。

第八八條　（對訴訟費用聲明不服之限制）

訴訟費用之裁判，非對於本案裁判有上訴時，不得聲明不服。

第八九條　（第三人負擔訴訟費用）

①法院書記官、執達員、法定代理人或訴訟代理人因故意或重大過失，致生無益之訴訟費用者，法院得依聲請或依職權以裁定命該官員或代理人負擔。

②依第四十九條或第七十五條第一項規定，暫爲訴訟行爲之人不補正其欠缺者，因其訴訟行爲所生之費用，法院得依職權以裁定命其負擔。

③前二項裁定，得爲抗告。

第九〇條 112

①訴訟不經裁判而終結者，法院應依聲請以裁定爲訴訟費用之裁判。

②前項聲請，應於知悉或受通知訴訟終結後三個月之不變期間內爲之。

③第八十一條、第八十二條、第九十一條至第九十三條之規定，於第一項情形準用之。

第九一條 112

①法院未於訴訟費用之裁判確定其費用額者，於訴訟終結後，第一審受訴法院應依聲請以裁定確定之。

②聲請確定訴訟費用額者，應提出費用計算書、交付他造之計算書繕本或影本及釋明費用額之證書。

③依第一項及其他裁判確定之訴訟費用額，應於裁判確定之翌日起，加給按法定利率計算之利息。

第九二條　（確定訴訟費用額之程序）92

①當事人分擔訴訟費用者，法院應於裁判前命他造於一定期間內，提出費用計算書、交付聲請人之計算書繕本或影本及釋明費用額之證書。

②他造遲誤前項期間者，法院得僅就聲請人一造之費用裁判之。但他造嗣後仍得聲請確定其訴訟費用額。

第九三條　（確定之方法）

當事人分擔訴訟費用者，法院爲確定費用額之裁判時，除前條第二項情形外，應視爲各當事人應負擔之費用，已就相等之額抵銷，而確定其一造應賠償他造之差額。

第九四條　（費用之計算）92

法院得命書記官計算訴訟費用額。

第九四條之一　（訴訟費用之預納）92

①訴訟行爲須支出費用者，審判長得定期命當事人預納之。當事人不預納者，法院得不爲該行爲。但其不預納費用致訴訟無從進行，經定期通知他造墊支亦不爲墊支時，視

爲合意停止訴訟程序。
②前項但書情形，經當事人於四個月內預納或墊支費用者，續行其訴訟程序。其逾四個月未預納或墊支者，視爲撤回其訴或上訴。
第九五條 112
①本節之規定，於法院以裁定終結本案或與本案無涉之爭點者準用之。
②聲請或聲明事件無相對人者，除別有規定外，訴訟費用由聲請人或聲明人負擔。
第九五條之一 （國庫負擔訴訟費用）
檢察官爲當事人，依本節之規定應負擔訴訟費用時，由國庫支付。

第四節　訴訟費用之擔保　92

第九六條 （命供訴訟費用擔保之要件）92
①原告於中華民國無住所、事務所及營業所者，法院應依被告聲請，以裁定命原告供訴訟費用之擔保；訴訟中發生擔保不足額或不確實之情事時，亦同。
②前項規定，如原告請求中，被告無爭執之部分，或原告在中華民國有資產，足以賠償訴訟費用時，不適用之。
第九七條 （聲請命供擔保之限制）
被告已爲本案之言詞辯論者，不得聲請命原告供擔保。但應供擔保之事由知悉在後者，不在此限。
第九八條 （被告之拒絕本案辯論權）
被告聲請命原告供擔保者，於其聲請被駁回或原告供擔保前，得拒絕本案辯論。
第九九條 （命供擔保裁定之內容）
①法院命原告供擔保者，應於裁定中定擔保額及供擔保之期間。
②定擔保額，以被告於各審應支出之費用總額爲準。
第一〇〇條 （裁定之抗告）92
關於聲請命供擔保之裁定，得爲抗告。
第一〇一條 （不遵期提供擔保之效果）
原告於裁定所定供擔保之期間內不供擔保者，法院應以裁定駁回其訴。但在裁定前已供擔保者，不在此限。
第一〇二條 （供擔保之方法）92
①供擔保應提存現金或法院認爲相當之有價證券。但當事人別有約定者，不在此限。
②前項擔保，得由保險人或經營保證業務之銀行出具保證書代之。
③應供擔保之原告，不能依前二項規定供擔保者，法院得許由該管區域內有資產之人具保證書代之。
第一〇三條 （擔保之效力）92
①被告就前條之提存物，與質權人有同一之權利。
②前條具保證書人，於原告不履行其所負義務時，有就保證金額履行之責任。法院得因被告之聲請，逕向具保證書人爲強制執行。
第一〇四條 （擔保物返還原因及程序）92
①有下列各款情形之一者，法院應依供擔保人之聲請，以裁定命返還其提存物或保證書：
一　應供擔保之原因消滅者。
二　供擔保人證明受擔保利益人同意返還者。
三　訴訟終結後，供擔保人證明已定二十日以上之期間，催告受擔保利益人行使權利而未行使，或法院依供擔保人之聲請，通知受擔保利益人於一定期間內行使權利並向法院爲行使權利之證明而未證明者。
②關於前項聲請之裁定，得爲抗告，抗告中應停止執行。
第一〇五條 （供擔保物之變換）

①供擔保之提存物或保證書，除得由當事人約定變換外，法院得依供擔保人之聲請，以裁定許其變換。
②關於前項聲請之裁定，得為抗告；抗告中應停止執行。

第一〇六條　（其他依法令供訴訟上擔保者準用之規定）92
第一百零二條第一項、第二項及第一百零三條至前條之規定，於其他依法令供訴訟上之擔保者準用之；其應就起訴供擔保者，並準用第九十八條、第九十九條第一項、第一百條及第一百零一條之規定。

第五節　訴訟救助 92

第一〇七條　（訴訟救助之要件）
①當事人無資力支出訴訟費用者，法院應依聲請，以裁定准予訴訟救助。但顯無勝訴之望者，不在此限。
②法院認定前項資力時，應斟酌當事人及其共同生活親屬基本生活之需要。

第一〇八條　（外國人訴訟救助之要件）92
對於外國人准予訴訟救助，以依條約、協定或其本國法令或慣例，中華民國人在其國得受訴訟救助者為限。

第一〇九條　（聲請訴訟救助之程序）92
①聲請訴訟救助，應向受訴法院為之。於訴訟繫屬前聲請者，並應陳明關於本案訴訟之聲明及其原因事實。
②無資力支出訴訟費用之事由，應釋明之。
③前項釋明，得由受訴法院管轄區域內有資力之人，出具保證書代之。保證書內，應載明具保證書人於聲請訴訟救助人負擔訴訟費用時，代繳暫免之費用。

第一〇九條之一　（訴訟救助之駁回）92
駁回訴訟救助聲請之裁定確定前，第一審法院不得以原告未繳納裁判費為由駁回其訴。

第一一〇條　（訴訟救助之效力）92
①准予訴訟救助，於訴訟終結前，有下列各款之效力：
　一　暫免裁判費及其他應預納之訴訟費用。
　二　免供訴訟費用之擔保。
　三　審判長依法律規定為受救助人選任律師代理訴訟時，暫行免付酬金。
②前項第一款暫免之訴訟費用，由國庫墊付。

第一一一條　（訴訟救助之效力）
准予訴訟救助，於假扣押、假處分、上訴及抗告，亦有效力。

第一一二條　（訴訟救助效力之消滅）
准予訴訟救助之效力，因受救助人死亡而消滅。

第一一三條　（訴訟救助之撤銷）92
①當事人力能支出訴訟費用而受訴訟救助或其後力能支出者，法院應以裁定撤銷救助，並命其補交暫免之費用。
②前項裁定，由訴訟卷宗所在之法院為之。

第一一四條　（訴訟費用之徵收）92
①經准予訴訟救助者，於終局判決確定或訴訟不經裁判而終結後，第一審受訴法院應依職權以裁定確定訴訟費用額，向應負擔訴訟費用之當事人徵收之；其因訴訟救助暫免而應由受救助人負擔之訴訟費用，並得向具保證書人為強制執行。
②為受救助人選任律師之酬金，徵收而無效果時，由國庫墊付。

第一一四條之一　110
①前條第一項情形，受救助人為兒童或少年，負擔訴訟費用致生計有重大影響者，得聲請該法院以裁定減輕或免除之。但顯不適當者，不在此限。

②前項聲請，應於前條第一項裁定確定後三個月內爲之。

第一一五條　（裁定之抗告）92

本節所定之各裁定，得爲抗告。

第四章　訴訟程序

第一節　當事人書狀

第一一六條 112

①當事人書狀，除別有規定外，應記載下列各款事項：

一　當事人姓名及住所或居所；當事人爲法人、其他團體或機關者，其名稱及公務所、事務所或營業所。

二　有法定代理人、訴訟代理人者，其姓名、住所或居所，及法定代理人與當事人之關係。

三　訴訟事件。

四　應爲之聲明或陳述。

五　供證明或釋明用之證據。

六　附屬文件及其件數。

七　法院。

八　年、月、日。

②書狀內宜記載當事人、法定代理人或訴訟代理人之性別、出生年月日、職業、國民身分證號碼、營利事業統一編號、電話號碼及其他足資辨別之特徵。

③當事人得以電信傳眞或其他科技設備將書狀傳送於法院，效力與提出書狀同。其辦法，由司法院定之。

④當事人書狀之格式、記載方法及效力之規則，由司法院定之。未依該規則爲之者，法院得拒絕其書狀之提出。

第一一七條　（書狀之簽名）92

當事人或代理人應於書狀內簽名或蓋章。其以指印代簽名者，應由他人代書姓名，記明其事由並簽名。

第一一八條　（書狀內引用證據）

①當事人於書狀內引用所執之文書者，應添具該文書原本或繕本或影本；其僅引用一部分者，得祇具節本，摘錄該部分及其所載年、月、日並名押、印記；如文書係他造所知或浩繁難以備錄者，得祇表明該文書。

②當事人於書狀內引用非其所執之文書或其他證物者，應表明執有人姓名及住、居所或保管之機關；引用證人者，應表明該證人姓名及住、居所。

第一一九條　（書狀繕本或影本之提出）92

①書狀及其附屬文件，除提出於法院者外，應按應受送達之他造人數，提出繕本或影本。

②前項繕本或影本與書狀有不符時，以提出於法院者爲準。

第一二〇條　（他造對附屬文件原本之閱覽）92

①當事人提出於法院之附屬文件原本，他造得請求閱覽；所執原本未經提出者，法院因他造之聲請，應命其於五日內提出，並於提出後通知他造。

②他造接到前項通知後，得於三日內閱覽原本，並製作繕本或影本。

第一二一條　（書狀欠缺之補正）

①書狀不合程式或有其他欠缺者，審判長應定期間命其補正。

②因命補正欠缺，得將書狀發還；如當事人住居法院所在地者，得命其到場補正。

③書狀之欠缺，經於期間內補正者，視其補正之書狀，與最初提出同。

第一二二條　（以筆錄代書狀）

①於言詞辯論外，關於訴訟所為之聲明或陳述，除依本法應用書狀者外，得於法院書記官前以言詞為之。
②前項情形，法院書記官應作筆錄，並於筆錄內簽名。
③第一百十六條及第一百十八條至第一百二十條之規定，於前項筆錄準用之。

第二節　送　達

第一二三條　（依職權送達）
送達，除別有規定外，由法院書記官依職權為之。
第一二四條　（送達之機關）92
①送達，由法院書記官交執達員或郵務機構行之。
②由郵務機構行送達者，以郵務人員為送達人。
第一二五條　（囑託送達—於管轄區域外之送達）
法院得向送達地地方法院為送達之囑託。
第一二六條　（自行交付送達）
法院書記官，得於法院內，將文書付與應受送達人，以為送達。
第一二七條　（對無訴訟能力人之送達）92
①對於無訴訟能力人為送達者，應向其全體法定代理人為之。
②法定代理人有二人以上，如其中有應為送達處所不明者，送達得僅向其餘之法定代理人為之。
第一二八條　（對外國法人團體之送達）
①對於在中華民國有事務所或營業所之外國法人或團體為送達者，應向其在中華民國之代表人或管理人為之。
②前條第二項規定，於前項送達準用之。
第一二九條　（對軍人之送達）92
對於在軍隊或軍艦服役之軍人為送達者，應囑託該管軍事機關或長官為之。
第一三〇條　（對在監所人之送達）92
對於在監所人為送達者，應囑託該監所首長為之。
第一三一條　（商業訴訟事件之送達）
關於商業之訴訟事件，送達得向經理人為之。
第一三二條　（對訴訟代理人之送達）92
訴訟代理人受送達之權限未受限制者，送達應向該代理人為之。但審判長認為必要時，得命送達於當事人本人。
第一三三條　110
①當事人或代理人經指定送達代收人向受訴法院陳明者，應向該代收人為送達。
②原告、聲請人、上訴人或抗告人於中華民國無送達處所者，應指定送達處所在中華民國之送達代收人。
第一三四條　（指定送達代收人之效力）
送達代收人，經指定陳明後，其效力及於同地之各級法院。但該當事人或代理人別有陳明者，不在此限。
第一三五條　（應送達之文書）92
送達，除別有規定外，付與該文書之繕本或影本。
第一三六條　（送達處所）92
①送達於應受送達人之住居所、事務所或營業所行之。但在他處會晤應受送達人時，得於會晤處所行之。
②不知前項所定應為送達之處所或不能在該處所為送達時，得在應受送達人就業處所為送達。應受送達人陳明在其就業處所收受送達者，亦同。
③對於法定代理人之送達，亦得於當事人本人之事務所或營業所行之。

第一三七條　（補充送達）
①送達於住、居所，事務所或營業所，不獲會晤應受送達人者，得將文書付與有辨別事理能力之同居人或受僱人。
②如同居人或受僱人爲他造當事人者，不適用前項之規定。
第一三八條　（寄存送達）92
①送達不能依前二條規定爲之者，得將文書寄存送達地之自治或警察機關，並作送達通知書兩份，一份黏貼於應受送達人住居所、事務所、營業所或其就業處所門首，另一份置於該送達處所信箱或其他適當位置，以爲送達。
②寄存送達，自寄存之日起，經十日發生效力。
③寄存之文書自寄存之日起，寄存機關應保存二個月。
第一三九條　（留置送達）
①應受送達人拒絕收領而無法律上理由者，應將文書置於送達處所，以爲送達。
②前項情形，如有難達留置情事者，準用前條之規定。
第一四〇條　（送達時間）92
①送達，除依第一百二十四條第二項由郵務人員爲之者外，非經審判長或受命法官、受託法官或送達地地方法院法官之許可，不得於星期日或其他休息日或日出前、日沒後爲之。但應受送達人不拒絕收領者，不在此限。
②前項許可，法院書記官應於送達之文書內記明。
第一四一條　（送達證書）92
①送達人應作送達證書，記載下列各款事項並簽名：
一　交送達之法院。
二　應受送達人。
三　應送達之文書。
四　送達處所及年、月、日、時。
五　送達方法。
②送達證書，應於作就後交收領人簽名、蓋章或按指印；如拒絕或不能簽名、蓋章或按指印者，送達人應記明其事由。
③收領人非應受送達人本人者，應由送達人記明其姓名。
④送達證書，應提出於法院附卷。
第一四二條　（不能送達時處置）
①不能爲送達者，送達人應作記載該事由之報告書，提出於法院附卷，並繳回應送達之文書。
②法院書記官應將不能送達之事由，通知使爲送達之當事人。
第一四三條　（送達之證據方法）92
依第一百二十六條之規定爲送達者，應命受送達人提出收據附卷。
第一四四條　（囑託送達—對治外法權人之送達）
於有治外法權人之住、居所或事務所爲送達者，得囑託外交部爲之。
第一四五條　（囑託送達—於外國爲送達）92
①於外國爲送達者，應囑託該國管轄機關或駐在該國之中華民國使領館或其他機構、團體爲之。
②不能依前項規定爲囑託送達者，得將應送達之文書交郵務機構以雙掛號發送，以爲送達，並將掛號回執附卷。
第一四六條　（囑託送達—對駐外使節送達）92
對於駐在外國之中華民國大使、公使、領事或其他駐外人員爲送達者，應囑託外交部爲之。
第一四七條　（刪除）92
第一四八條　（受託送達之處理）
受囑託之機關或公務員，經通知已爲送達或不能爲送達者，法院書記官應將通知書附卷；其不能爲送達者，並應將其事由通知使爲送達之當事人。

第一四九條 110

①對於當事人之送達，有下列各款情形之一者，受訴法院得依聲請，准爲公示送達：

一 應爲送達之處所不明者。

二 於有治外法權人之住居所或事務所爲送達而無效者。

三 於外國爲送達，不能依第一百四十五條之規定辦理，或預知雖依該條規定辦理而無效者。

②駁回前項聲請之裁定，得爲抗告。

③第一項所列各款情形，如無人爲公示送達之聲請者，受訴法院爲避免訴訟遲延認有必要時，得依職權命爲公示送達。

④原告或曾受送達之被告變更其送達之處所，而不向受訴法院陳明，致有第一項第一款之情形者，受訴法院得依職權，命爲公示送達。

⑤原告、聲請人、上訴人或抗告人未依第一百三十三條第二項規定指定送達代收人者，受訴法院得依職權，命爲公示送達。

第一五〇條 （職權公示送達）

依前條規定爲公示送達後，對於同一當事人仍應爲公示送達者，依職權爲之。

第一五一條 （公示送達之方法）92

①公示送達，應由法院書記官保管應送達之文書，而於法院之公告處黏貼公告，曉示應受送達人應隨時向其領取。但應送達者如係通知書，應將該通知書黏貼於公告處。

②除前項規定外，法院應命將文書之繕本、影本或節本，公告於法院網站；法院認爲必要時，得命登載於公報或新聞紙。

第一五二條 （公示送達生效之起始日）107

公示送達，自將公告或通知書黏貼公告處之日起，公告於法院網站者，自公告之日起，其登載公報或新聞紙者，自最後登載之日起，經二十日發生效力；就應於外國爲送達而爲公示送達者，經六十日發生效力。但第一百五十條之公示送達，自黏貼公告處之翌日起，發生效力。

第一五三條 （公示送達證書）

爲公示送達者，法院書記官應作記載該事由及年、月、日、時之證書附卷。

第一五三條之一 （訴訟文書之傳送）

①訴訟文書，得以電信傳眞或其他科技設備傳送之；其有下列情形之一者，傳送與送達有同一之效力：

一 應受送達人陳明已收領該文書者。

二 訴訟關係人就特定訴訟文書聲請傳送者。

②前項傳送辦法，由司法院定之。

第三節 期日及期間

第一五四條 （指定期日之人）

期日，除別有規定外，由審判長依職權定之。

第一五五條 （指定期日之限制）

期日，除有不得已之情形外，不得於星期日或其他休息日定之。

第一五六條 （期日之告知）

審判長定期日後，法院書記官應作通知書送達於訴訟關係人。但經審判長面告以所定之期日命其到場，或訴訟關係人曾以書狀陳明屆期到場者，與送達有同一之效力。

第一五七條 （期日應爲行爲之處所）

期日應爲之行爲，於法院內爲之。但在法院內不能爲或爲之而不適當者，不在此限。

第一五八條 （期日之開始）

期日，以朗讀案由爲始。

第一五九條　（期日之變更或延展）
①期日，如有重大理由，得變更或延展之。
②變更或延展期日，除別有規定外，由審判長裁定之。
第一六〇條　（裁定期間之酌定及其起算）
①期間，除法定者外，由法院或審判長酌量情形定之。
②法院或審判長所定期間，自送達定期間之文書時起算；無庸送達者，自宣示定期間之裁判時起算。但別定起算方法者，不在此限。
第一六一條　（期間之計算）
期間之計算，依民法之規定。
第一六二條　（在途期間之扣除）92
①當事人不在法院所在地住居者，計算法定期間，應扣除其在途之期間。但有訴訟代理人住居法院所在地，得為期間內應為之訴訟行為者，不在此限。
②前項應扣除之在途期間，由司法院定之。
第一六三條　（期間之伸長或縮短）
①期間，如有重大理由，得伸長或縮短之。但不變期間，不在此限。
②伸長或縮短期間，由法院裁定。但期間係審判長所定者，由審判長裁定。
第一六四條　（回復原狀之聲請）92
①當事人或代理人，因天災或其他不應歸責於己之事由，遲誤不變期間者，於其原因消滅後十日內，得聲請回復原狀。
②前項期間，不得伸長或縮短之。但得準用前項之規定，聲請回復原狀。
③遲誤不變期間已逾一年者，不得聲請回復原狀。
第一六五條　（聲請回復原狀之程序）
①因遲誤上訴或抗告期間而聲請回復原狀者，應以書狀向為裁判之原法院為之；遲誤其他期間者，向管轄該期間內應為之訴訟行為之法院為之。
②遲誤期間之原因及其消滅時期，應於書狀內表明並釋明之。
③聲請回復原狀，應同時補行期間內應為之訴訟行為。
第一六六條　（聲請回復原狀之裁判）
回復原狀之聲請，由受聲請之法院與補行之訴訟行為合併裁判之。但原法院認其聲請應行許可，而將該上訴或抗告事件送交上級法院者，應送由上級法院合併裁判。
第一六七條　（受命法官或受託法官之指定期日及期間）92
①受命法官或受託法官關於其所為之行為，得定期日及期間。
②第一百五十四條至第一百六十條及第一百六十三條之規定，於受命法官或受託法官定期日及期間者準用之。

第四節　訴訟程序之停止

第一六八條　（當然停止—當事人死亡）
當事人死亡者，訴訟程序在有繼承人、遺產管理人或其他依法令應續行訴訟之人承受其訴訟以前當然停止。
第一六九條　（當然停止—法人合併）
①法人因合併而消滅者，訴訟程序在因合併而設立或合併後存續之法人承受其訴訟以前當然停止。
②前項規定，於其合併不得對抗他造者，不適用之。
第一七〇條　（當然停止—喪失訴訟能力、法定代理人死亡或代理權消滅）
當事人喪失訴訟能力或法定代理人死亡或其代理權消滅者，訴訟程序在有法定代理人或取得訴訟能力之本人承受其訴訟以前當然停止。
第一七一條　（當然停止—信託任務終了）92
受託人之信託任務終了者，訴訟程序在新受託人或其他依法令應續行訴訟之人承受其訴訟以前當然停止。

第一七二條 （當然停止—喪失一定資格或死亡）92

①本於一定資格以自己名義為他人任訴訟當事人之人，喪失其資格或死亡者，訴訟程序在有同一資格之人承受其訴訟以前當然停止。

②依法被選定為訴訟當事人之人全體喪失其資格者，訴訟程序在該有共同利益人全體或新被選定為訴訟當事人之人承受其訴訟以前當然停止。

第一七三條 （當然停止之例外規定）

第一百六十八條、第一百六十九條第一項及第一百七十條至前條之規定，於有訴訟代理人時不適用之。但法院得酌量情形，裁定停止其訴訟程序。

第一七四條 （當然停止—破產宣告）98

①當事人受破產之宣告者，關於破產財團之訴訟程序，在依破產法有承受訴訟人或破產程序終結以前當然停止。

②當事人經法院依消費者債務清理條例裁定開始清算程序者，關於清算財團之訴訟程序，於管理人承受訴訟或清算程序終止、終結以前當然停止。

第一七五條 （承受訴訟之聲明）

①第一百六十八條至第一百七十二條及前條所定之承受訴訟人，於得為承受時，應即為承受之聲明。

②他造當事人，亦得聲明承受訴訟。

第一七六條 （聲明承受訴訟之程序）

聲明承受訴訟，應提出書狀於受訴法院，由法院送達於他造。

第一七七條 （法院對承受訴訟聲明之處置）

①承受訴訟之聲明有無理由，法院應依職權調查之。

②法院認其聲明為無理由者，應以裁定駁回之。

③訴訟程序於裁判送達後當然停止者，其承受訴訟之聲明，由為裁判之原法院裁定之。

第一七八條 （命續行訴訟）

當事人不聲明承受訴訟時，法院亦得依職權，以裁定命其續行訴訟。

第一七九條 （裁定之抗告）

前二條之裁定，得為抗告。

第一八〇條 （當然停止—法院不能執行職務）92

①法院因天災或其他不可避之事故不能執行職務者，訴訟程序在法院公告執行職務前當然停止。但因戰事不能執行職務者，訴訟程序在法院公告執行職務屆滿六個月以前當然停止。

②前項但書情形，當事人於停止期間內均向法院為訴訟行為者，其停止終竣。

第一八一條 （裁定停止—特殊障礙事故）92

當事人於戰時服兵役，有停止訴訟程序之必要者，或因天災、戰事或其他不可避之事故與法院交通隔絕者，法院得在障礙消滅前，裁定停止訴訟程序。

第一八二條 （裁定停止—訴訟之裁判以他訴訟法律關係為據）92

①訴訟全部或一部之裁判，以他訴訟之法律關係是否成立為據者，法院得在他訴訟終結前以裁定停止訴訟程序。

②前項規定，於應依行政爭訟程序確定法律關係是否成立者準用之。但法律別有規定者，依其規定。

第一八二條之一 110

①普通法院就行政法院移送之訴訟認無審判權者，應以裁定停止訴訟程序，並請求最高法院指定有審判權之管轄法院。但有下列情形之一者，不在此限：

一　移送經最高行政法院裁判確定。

二　當事人合意願由普通法院裁判。

②前項第二款之合意，應記明筆錄或以文書證之。

③最高法院就第一項請求為裁定前，應使當事人有陳述意見之機會。

④普通法院就行政法院移送之訴訟爲裁判者，上級審法院不得以其無審判權而廢棄之。

第一八二條之二　（裁定停止—已在外國法院起訴之事件）92

①當事人就已繫屬於外國法院之事件更行起訴，如有相當理由足認該事件之外國法院判決在中華民國有承認其效力之可能，並於被告在外國應訴無重大不便者，法院得在外國法院判決確定前，以裁定停止訴訟程序。但兩造合意願由中華民國法院裁判者，不在此限。

②法院爲前項裁定前，應使當事人有陳述意見之機會。

第一八三條　（裁定停止—犯罪嫌疑涉其裁判）

訴訟中有犯罪嫌疑牽涉其裁判者，法院得在刑事訴訟終結前，以裁定停止訴訟程序。

第一八四條　（裁定停止—提起主參加訴訟）

依第五十四條之規定提起訴訟者，法院得在該訴訟終結前，以裁定停止本訴訟之程序。

第一八五條　（裁定停止—告知訴訟）

依第六十五條之規定，告知訴訟，法院如認受告知人能爲參加者，得在其參加前以裁定停止訴訟程序。

第一八六條　（裁定停止之撤銷）

停止訴訟程序之裁定，法院得依聲請或依職權撤銷之。

第一八七條　（裁定之抗告）

關於停止訴訟程序之裁定，及關於撤銷停止之裁定，得爲抗告。

第一八八條　（當然停止裁定停止之效力）92

①訴訟程序當然或裁定停止間，法院及當事人不得爲關於本案之訴訟行爲。但於言詞辯論終結後當然停止者，本於其辯論之裁判得宣示之。

②訴訟程序當然或裁定停止者，期間停止進行；自停止終竣時起，其期間更始進行。

第一八九條　（合意停止）92

①當事人得以合意停止訴訟程序。但不變期間之進行，不受影響。

②前項合意，應由兩造向受訴法院或受命法官陳明。

③前條規定，除第一項但書外，於合意停止訴訟程序準用之。

第一九〇條　（合意停止之期間及次數之限制）92

合意停止訴訟程序之當事人，自陳明合意停止時起，如於四個月內不續行訴訟者，視爲撤回其訴或上訴；續行訴訟而再以合意停止訴訟程序者，以一次爲限。如再次陳明合意停止訴訟程序，不生合意停止訴訟之效力，法院得依職權續行訴訟；如兩造無正當理由仍遲誤言詞辯論期日者，視爲撤回其訴或上訴。

第一九一條　（擬制合意停止）92

①當事人兩造無正當理由遲誤言詞辯論期日者，除別有規定外，視爲合意停止訴訟程序。如於四個月內不續行訴訟者，視爲撤回其訴或上訴。

②前項訴訟程序停止間，法院於認爲必要時，得依職權續行訴訟，如無正當理由兩造仍遲誤不到者，視爲撤回其訴或上訴。

第五節　言詞辯論

第一九二條　（言詞辯論之開始）

言詞辯論，以當事人聲明應受裁判之事項爲始。

第一九三條　（當事人之陳述）

①當事人應就訴訟關係爲事實上及法律上之陳述。

②當事人不得引用文件以代言詞陳述。但以舉文件之辭句爲必要時，得朗讀其必要之部分。

第一九四條　（聲明證據）

當事人應依第二編第一章第三節之規定，聲明所用之證據。

第一九五條（當事人之陳述）

①當事人就其提出之事實，應爲眞實及完全之陳述。

②當事人對於他造提出之事實及證據，應爲陳述。

第一九五條之一（不公開審判之要件）92

當事人提出之攻擊或防禦方法，涉及當事人或第三人隱私、業務秘密，經當事人聲請，法院認爲適當者，得不公開審判；其經兩造合意不公開審判者，亦同。

第一九六條（攻擊或防禦方法之提出時期）

①攻擊或防禦方法，除別有規定外，應依訴訟進行之程度，於言詞辯論終結前適當時期提出之。

②當事人意圖延滯訴訟，或因重大過失逾時始行提出攻擊或防禦方法，有礙訴訟之終結者，法院得駁回之。攻擊或防禦方法之意旨不明瞭，經命其敘明而不爲必要之敘明者，亦同。

第一九七條（責問權）92

①當事人對於訴訟程序規定之違背，得提出異議。但已表示無異議或無異議而就該訴訟有所聲明或陳述者，不在此限。

②前項但書規定，於該訴訟程序之規定，非僅爲當事人之利益而設者，不適用之。

第一九八條（審判長之職權）

①審判長開閉及指揮言詞辯論，並宣示法院之裁判。

②審判長對於不從其命者，得禁止發言。

③言詞辯論須續行者，審判長應速定其期日。

第一九九條（審判長之職權）

①審判長應注意令當事人就訴訟關係之事實及法律爲適當完全之辯論。

②審判長應向當事人發問或曉諭，令其爲事實上及法律上陳述、聲明證據或爲其他必要之聲明及陳述；其所聲明或陳述有不明瞭或不完足者，應令其敘明或補充之。

③陪席法官告明審判長後，得向當事人發問或曉諭。

第一九九條之一（審判長之職權）

①依原告之聲明及事實上之陳述，得主張數項法律關係，而其主張不明瞭或不完足者，審判長應曉諭其敘明或補充之。

②被告如主張有消滅或妨礙原告請求之事由，究爲防禦方法或提起反訴有疑義時，審判長應闡明之。

第二〇〇條（當事人之發問權）92

①當事人得聲請審判長爲必要之發問，並得向審判長陳明後自行發問。

②審判長認爲當事人聲請之發問或自行發問有不當者，得不爲發問或禁止之。

第二〇一條（對審判長指揮訴訟提出異議之裁定）92

參與辯論人，如以審判長關於指揮訴訟之裁定，或審判長及陪席法官之發問或曉諭爲違法而提出異議者，法院應就其異議爲裁定。

第二〇二條（受命法官之指定及法院之囑託）92

①凡依本法使受命法官爲行爲者，由審判長指定之。

②法院應爲之囑託，除別有規定外，由審判長行之。

第二〇三條（法院因闡明或確定訴訟關係得爲之處置）92

法院因闡明或確定訴訟關係，得爲下列各款之處置：

一　命當事人或法定代理人本人到場。

二　命當事人提出圖案、表冊、外國文文書之譯本或其他文書、物件。

三　將當事人或第三人提出之文書、物件，暫留置於法院。

四　依第二編第一章第三節之規定，行勘驗、鑑定或囑託機關、團體爲調查。

第二〇四條（分別辯論）92

當事人以一訴主張之數項標的，法院得命分別辯論。但該數項標的或其攻擊或防禦方法有牽連關係者，不得爲之。

第二〇五條　（合併辯論）92
①分別提起之數宗訴訟，其訴訟標的相牽連或得以一訴主張者，法院得命合併辯論。
②命合併辯論之數宗訴訟，得合併裁判。
③第五十四條所定之訴訟，應與本訴訟合併辯論及裁判之。但法院認為無合併之必要或應適用第一百八十四條之規定者，不在此限。

第二〇六條　（限制辯論）92
當事人關於同一訴訟標的，提出數種獨立之攻擊或防禦方法者，法院得命限制辯論。

第二〇七條　110
①參與辯論人如不通中華民國語言，法院應用通譯；法官不通參與辯論人所用之方言者，亦同。
②參與辯論人如為聽覺、聲音或語言障礙者，法院應用通譯。但亦得以文字發問或使其以文字陳述。
③關於鑑定人之規定，於前二項通譯準用之。

第二〇八條　（對欠缺陳述能力當事人之處置）
①當事人欠缺陳述能力者，法院得禁止其陳述。
②前項情形，除有訴訟代理人或輔佐人同時到場者外，應延展辯論期日；如新期日到場之人再經禁止陳述者，得視同不到場。
③前二項之規定，於訴訟代理人或輔佐人欠缺陳述能力者準用之。

第二〇九條　（調查證據之期日）
法院調查證據，除別有規定外，於言詞辯論期日行之。

第二一〇條　（再開辯論）
法院於言詞辯論終結後，宣示裁判前，如有必要得命再開言詞辯論。

第二一一條　（再開辯論）92
參與言詞辯論之法官有變更者，當事人應陳述以前辯論之要領。但審判長得令書記官朗讀以前筆錄代之。

第二一一條之一　110
①當事人、法定代理人、訴訟代理人、輔佐人或其他訴訟關係人所在與法院間有聲音及影像相互傳送之科技設備而得直接審理者，法院認為適當時，得依聲請或依職權以該設備審理之。
②前項情形，法院應徵詢當事人之意見。
③第一項情形，其期日通知書記載之應到處所為該設備所在處所。
④依第一項進行程序之筆錄及其他文書，須陳述人簽名者，由法院傳送至陳述人所在處所，經陳述人確認內容並簽名後，將筆錄及其他文書以電信傳真或其他科技設備傳回法院。
⑤第一項審理及前項文書傳送之辦法，由司法院定之。

第二一二條　（言詞辯論筆錄應記載之事項）92
法院書記官應作言詞辯論筆錄，記載下列各款事項：
一　辯論之處所及年、月、日。
二　法官、書記官及通譯姓名。
三　訴訟事件。
四　到場當事人、法定代理人、訴訟代理人、輔佐人及其他經通知到場之人姓名。
五　辯論之公開或不公開，如不公開者，其理由。

第二一三條　（言詞辯論筆錄實質上應記載之事項）92
①言詞辯論筆錄內，應記載辯論進行之要領，並將下列各款事項，記載明確：
一　訴訟標的之捨棄、認諾及自認。
二　證據之聲明或捨棄及對於違背訴訟程序規定之異議。
三　依本法規定應記載筆錄之其他聲明或陳述。
四　證人或鑑定人之陳述及勘驗所得之結果。

五　不作裁判書附卷之裁判。
六　裁判之宣示。
②除前項所列外，當事人所為重要聲明或陳述，及經曉諭而不為聲明或陳述之情形，審判長得命記載於筆錄。

第二一三條之一　（言詞辯論筆錄製作之輔助設備）92
法院得依當事人之聲請或依職權，使用錄音機或其他機器設備，輔助製作言詞辯論筆錄。其辦法，由司法院定之。

第二一四條　（附於言詞辯論筆錄之書狀）
當事人將其在言詞辯論時所為之聲明或陳述記載於書狀，當場提出，經審判長認為適當者，得命法院書記官以該書狀附於筆錄，並於筆錄內記載其事由。

第二一五條　（筆錄內引用附卷文書之效力）
筆錄內引用附卷之文書或表示將該文書作為附件者，其文書所記載之事項，與記載筆錄者有同一之效力。

第二一六條　（筆錄之朗讀閱覽）
①筆錄或前條文書內所記第二百十三條第一項第一款至第四款事項，應依聲請於法庭向關係人朗讀或令其閱覽，並於筆錄內附記其事由。
②關係人對於筆錄所記有異議者，法院書記官得更正或補充之；如以異議為不當，應於筆錄內附記其異議。

第二一七條　（筆錄之簽名）92
審判長及法院書記官應於筆錄內簽名；審判長因故不能簽名者，由資深陪席法官簽名，法官均不能簽名者，僅由書記官簽名，書記官不能簽名者，由審判長或法官簽名，並均應附記其事由。

第二一八條　（筆錄之增刪）
筆錄不得挖補或塗改文字，如有增加、刪除，應蓋章並記明字數，其刪除處應留存字跡，俾得辨認。

第二一九條　（筆錄之效力）
關於言詞辯論所定程式之遵守，專以筆錄證之。

第六節　裁　判

第二二〇條　（裁判之方式）
裁判，除依本法應用判決者外，以裁定行之。

第二二一條　（判決之形式要件—言詞審理、直接審理）92
①判決，除別有規定外，應本於當事人之言詞辯論為之。
②法官非參與為判決基礎之辯論者，不得參與判決。

第二二二條　（判決之實質要件—自由心證）
①法院為判決時，應斟酌全辯論意旨及調查證據之結果，依自由心證判斷事實之真偽。但別有規定者，不在此限。
②當事人已證明受有損害而不能證明其數額或證明顯有重大困難者，法院應審酌一切情況，依所得心證定其數額。
③法院依自由心證判斷事實之真偽，不得違背論理及經驗法則。
④得心證之理由，應記明於判決。

第二二三條　（判決之公告及宣示；宣示之期日）107
①判決應公告之；經言詞辯論之判決，應宣示之，但當事人明示於宣示期日不到場或於宣示期日未到場者，不在此限。
②宣示判決，應於言詞辯論終結之期日或辯論終結時指定之期日為之。
③前項指定之宣示期日，自辯論終結時起，獨任審判者，不得逾二星期；合議審判者，不得逾三星期。但案情繁雜或有特殊情形者，不在此限。

④前項判決之宣示，應本於已作成之判決原本爲之。

第二二四條（宣示及公告判決之程序）107

①宣示判決，應朗讀主文，其理由如認爲須告知者，應朗讀或口述要領。

②公告判決，應於法院公告處或網站公告其主文，法院書記官並應作記載該事由及年、月、日、時之證書附卷。

第二二五條（宣示判決之效力）92

宣示判決，不問當事人是否在場，均有效力。

第二二六條（判決書之內容）92

①判決，應作判決書，記載下列各款事項：

一　當事人姓名及住所或居所；當事人爲法人、其他團體或機關者，其名稱及公務所、事務所或營業所。

二　有法定代理人、訴訟代理人者，其姓名、住所或居所。

三　訴訟事件；判決經言詞辯論者，其言詞辯論終結日期。

四　主文。

五　事實。

六　理由。

七　年、月、日。

八　法院。

②事實項下，應記載言詞辯論時當事人之聲明，並表明其聲明爲正當之攻擊或防禦方法要領。

③理由項下，應記載關於攻擊或防禦方法之意見及法律上之意見。

④一造辯論判決及基於當事人就事實之全部自認所爲之判決，其事實及理由得簡略記載之。

第二二七條（判決書之簽名）92

爲判決之法官，應於判決書內簽名；法官中有因故不能簽名者，由審判長附記其事由；審判長因故不能簽名者，由資深陪席法官附記之。

第二二八條（判決原本之交付）

①判決原本，應於判決宣示後，當日交付法院書記官；其於辯論終結之期日宣示判決者，應於五日內交付之。

②書記官應於判決原本內，記明收領期日並簽名。

第二二九條（判決正本之送達）

①判決，應以正本送達於當事人。

②前項送達，自法院書記官收領判決原本時起，至遲不得逾十日。

③對於判決得上訴者，應於送達當事人之正本內，記載其期間及提出上訴狀之法院。

第二三〇條（判決正本及節本之程式）

判決之正本或節本，應分別記明之，由法院書記官簽名並蓋法院印。

第二三一條（判決羈束力之發生）92

①判決經宣示後，爲該判決之法院受其羈束；不宣示者，經公告後受其羈束。

②判決宣示或公告後，當事人得不待送達，本於該判決爲訴訟行爲。

第二三二條（判決之更正）92

①判決如有誤寫、誤算或其他類此之顯然錯誤者，法院得依聲請或依職權以裁定更正；其正本與原本不符者，亦同。

②前項裁定，附記於判決原本及正本；如正本已經送達，不能附記者，應製作該裁定之正本送達。

③對於更正或駁回更正聲請之裁定，得爲抗告。但對於判決已合法上訴者，不在此限。

第二三三條（判決之補充）92

①訴訟標的之一部或訴訟費用，裁判有脫漏者，法院應依聲請或依職權以判決補充之。

②當事人就脫漏部分聲明不服者，以聲請補充判決論。

③脫漏之部分已經辯論終結者，應即爲判決；未終結者，審判長應速定言詞辯論期日。
④因訴訟費用裁判脫漏所爲之補充判決，於本案判決有合法之上訴時，上訴審法院應與本案訴訟同爲裁判。
⑤駁回補充判決之聲請，以裁定爲之。

第二三四條 （裁定之審理—不採言詞辯論主義）
①裁定得不經言詞辯論爲之。
②裁定前不行言詞辯論者，除別有規定外，得命關係人以書狀或言詞爲陳述。

第二三五條 （裁定之宣示）107
①經言詞辯論之裁定，應宣示之。但當事人明示於宣示期日不到場或於宣示期日未到場者，得以公告代之。
②終結訴訟之裁定，不經言詞辯論者，應公告之。

第二三六條 （裁定之送達）
①不宣示之裁定，應爲送達。
②已宣示之裁定得抗告者，應爲送達。

第二三七條 （應附理由之裁定）
駁回聲明或就有爭執之聲明所爲裁定，應附理由。

第二三八條 （裁定羈束力之發生）92
裁定經宣示後，爲該裁定之法院、審判長、受命法官或受託法官受其羈束；不宣示者，經公告或送達後受其羈束。但關於指揮訴訟或別有規定者，不在此限。

第二三九條 （裁定準用判決之規定）92
第二百二十一條第二項、第二百二十三條第二項及第三項、第二百二十四條第二項、第二百二十五條、第二百二十七條至第二百三十條、第二百三十一條第二項、第二百三十二條及第二百三十三條之規定，於裁定準用之。

第二四〇條 （書記官處分之送達及異議）92
①法院書記官所爲之處分，應依送達或其他方法通知關係人。
②對於法院書記官之處分，得於送達後或受通知後十日內提出異議，由其所屬法院裁定。

第六節之一　司法事務官之處理程序 92

第二四〇條之一 （司法事務官處理事件之適用規定）92
本法所定事件，依法律移由司法事務官處理者，除別有規定外，適用本節之規定。

第二四〇條之二 （處理移轉事件作成文書之內容及製作程序）92
①司法事務官處理事件作成之文書，其名稱及應記載事項各依有關法律之規定。
②前項文書之正本或節本由司法事務官簽名，並蓋法院印。
③司法事務官在地方法院簡易庭處理事件時，前項文書之正本或節本得僅蓋簡易庭關防。

第二四〇條之三 （處理事件所爲處分之效力）92
司法事務官處理事件所爲之處分，與法院所爲者有同一之效力。

第二四〇條之四 （異議之提出及處理）102
①當事人對於司法事務官處理事件所爲之終局處分，得於處分送達後十日之不變期間內，以書狀向司法事務官提出異議。但支付命令經異議者，除有第五百十八條所定或其他不合法之情形，由司法事務官駁回外，仍適用第五百十九條規定。
②司法事務官認前項異議有理由時，應另爲適當之處分；認異議爲無理由者，應送請法院裁定之。
③法院認第一項之異議爲有理由時，應爲適當之裁定；認異議爲無理由者，應以裁定駁回之。
④前項裁定，應敘明理由，並送達於當事人。

第七節　訴訟卷宗

第二四一條　（訴訟文書之保存）

①當事人書狀、筆錄、裁判書及其他關於訴訟事件之文書，法院應保存者，應由書記官編爲卷宗。

②卷宗滅失事件之處理，另以法律定之。

第二四二條　（訴訟文書之利用）92

①當事人得向法院書記官聲請閱覽、抄錄或攝影卷內文書，或預納費用聲請付與繕本、影本或節本。

②第三人經當事人同意或釋明有法律上之利害關係，而爲前項之聲請者，應經法院裁定許可。

③卷內文書涉及當事人或第三人隱私或業務秘密，如准許前二項之聲請，有致其受重大損害之虞者，法院得依聲請或依職權裁定不予准許或限制前二項之行爲。

④前項不予准許或限制裁定之原因消滅者，當事人或第三人得聲請法院撤銷或變更該裁定。

⑤前二項裁定得爲抗告。於抗告中，第一項、第二項之聲請不予准許；其已准許之處分及前項撤銷或變更之裁定，應停止執行。

⑥當事人、訴訟代理人、參加人及其他經許可之第三人之閱卷規則，由司法院定之。

第二四三條　（訴訟文書利用之限制）92

裁判草案及其準備或評議文件，除法律別有規定外，不得交當事人或第三人閱覽、抄錄、攝影或付與繕本、影本或節本；裁判書在宣示或公告前，或未經法官簽名者，亦同。

第二編　第一審程序

第一章　通常訴訟程序

第一節　起　訴

第二四四條　（起訴之程式）

①起訴，應以訴狀表明下列各款事項，提出於法院爲之：

一　當事人及法定代理人。

二　訴訟標的及其原因事實。

三　應受判決事項之聲明。

②訴狀內宜記載因定法院管轄及其適用程序所必要之事項。

③第二百六十五條所定準備言詞辯論之事項，宜於訴狀內記載之。

④第一項第三款之聲明，於請求金錢賠償損害之訴，原告得在第一項第二款之原因事實範圍內，僅表明其全部請求之最低金額，而於第一審言詞辯論終結前補充其聲明。其未補充者，審判長應告以得爲補充。

⑤前項情形，依其最低金額適用訴訟程序。

第二四五條　（保留關於給付範圍之聲明）

以一訴請求計算及被告因該法律關係所應爲之給付者，得於被告爲計算之報告前，保留關於給付範圍之聲明。

第二四六條　（將來給付之訴之要件）

請求將來給付之訴，以有預爲請求之必要者爲限，得提起之。

第二四七條　（提起確認之訴之條件）

①確認法律關係之訴，非原告有即受確認判決之法律上利益者，不得提起之；確認證書眞僞或爲法律關係基礎事實存否之訴，亦同。

②前項確認法律關係基礎事實存否之訴，以原告不能提起他訴訟者為限。
③前項情形，如得利用同一訴訟程序提起他訴訟者，審判長應闡明之；原告因而為訴之變更或追加時，不受第二百五十五條第一項前段規定之限制。

第二四八條　（客觀訴之合併）

對於同一被告之數宗訴訟，除定有專屬管轄者外，得向就其中一訴訟有管轄權之法院合併提起之。但不得行同種訴訟程序者，不在此限。

第二四九條 110

①原告之訴，有下列各款情形之一者，法院應以裁定駁回之。但其情形可以補正者，審判長應定期間先命補正：
　一　訴訟事件不屬普通法院之審判權，不能依法移送。
　二　訴訟事件不屬受訴法院管轄而不能為第二十八條之裁定。
　三　原告或被告無當事人能力。
　四　原告或被告無訴訟能力，未由法定代理人合法代理。
　五　由訴訟代理人起訴，而其代理權有欠缺。
　六　起訴不合程式或不備其他要件。
　七　當事人就已繫屬於不同審判權法院之事件更行起訴、起訴違背第二百五十三條、第二百六十三條第二項之規定，或其訴訟標的為確定判決效力所及。
　八　起訴基於惡意、不當目的或有重大過失，且事實上或法律上之主張欠缺合理依據。
②原告之訴，有下列各款情形之一者，法院得不經言詞辯論，逕以判決駁回之。但其情形可以補正者，審判長應定期間先命補正：
　一　當事人不適格或欠缺權利保護必要。
　二　依其所訴之事實，在法律上顯無理由。
③前二項情形，原告之訴因逾期未補正經裁判駁回後，不得再為補正。

第二四九條之一 110

①前條第一項第八款，或第二項情形起訴基於惡意、不當目的或有重大過失者，法院得各處原告、法定代理人、訴訟代理人新臺幣十二萬元以下之罰鍰。
②前項情形，被告之日費、旅費及委任律師為訴訟代理人之酬金，為訴訟費用之一部，其數額由法院酌定之；並準用第七十七條之二十四第二項、第七十七條之二十五第二項、第四項之規定。
③第一項處罰，應與本訴訟合併裁判之；關於訴訟費用額，應併予確定。
④原告對於本訴訟之裁判聲明不服，關於處罰部分，視為提起抗告或上訴；僅就處罰部分聲明不服時，適用抗告程序。
⑤受處罰之法定代理人或訴訟代理人，對於處罰之裁判聲明不服者，適用抗告程序。
⑥第三項處罰之裁判有聲明不服時，停止執行。
⑦原告對於本訴訟之裁判聲明不服者，就所處罰鍰及第三項之訴訟費用應供擔保。

第二五〇條　（言詞辯論期日之指定）

法院收受訴狀後，審判長應速定言詞辯論期日。但應依前條之規定逕行駁回，或依第二十八條之規定移送他法院，或須行書狀先行程序者，不在此限。

第二五一條　（言詞辯論期日通知書之送達及就審期間）

①訴狀，應與言詞辯論期日之通知書，一併送達於被告。
②前項送達，距言詞辯論之期日，至少應有十日為就審期間。但有急迫情形者，不在此限。
③曾行準備程序之事件，前項就審期間至少應有五日。

第二五二條　（言詞辯論期日通知書之記載）

言詞辯論期日之通知書，應記載到場之日、時及處所。除向律師為送達者外，並應記載不到場時之法定效果。

第二五三條　（一事不再理）

當事人不得就已起訴之事件，於訴訟繫屬中，更行起訴。

第二五四條　（當事人恆定原則）106

①訴訟繫屬中爲訴訟標的之法律關係，雖移轉於第三人，於訴訟無影響。

②前項情形，第三人經兩造同意，得聲請代移轉之當事人承當訴訟；僅他造不同意者，移轉之當事人或第三人得聲請法院以裁定許第三人承當訴訟。

③前項裁定，得爲抗告。

④第一項情形，第三人未參加或承當訴訟者，當事人得爲訴訟之告知；當事人未爲訴訟之告知者，法院知悉訴訟標的有移轉時，應即以書面將訴訟繫屬之事實通知第三人。

⑤訴訟標的基於物權關係，且其權利或標的物之取得、設定、喪失或變更，依法應登記者，於事實審言詞辯論終結前，原告得聲請受訴法院以裁定許可爲訴訟繫屬事實之登記。

⑥前項聲請，應釋明本案請求。法院爲裁定前，得使兩造有陳述意見之機會。

⑦前項釋明如有不足，法院得定相當之擔保，命供擔保後爲登記。其釋明完足者，亦同。

⑧第五項裁定應載明應受判決事項之聲明、訴訟標的及其原因事實。

⑨第五項裁定由原告持向該管登記機關申請登記。但被告及第三人已就第五項之權利或標的物申請移轉登記，經登記機關受理者，不在此限。

⑩關於第五項聲請之裁定，當事人得爲抗告。抗告法院爲裁定前，應使當事人有陳述意見之機會。對於抗告法院之裁定，不得再爲抗告。

⑪訴訟繫屬事實登記之原因消滅，或有其他情事變更情形，當事人或利害關係人得向受訴法院聲請撤銷許可登記之裁定。其本案已繫屬第三審者，向原裁定許可之法院聲請之。

⑫第六項後段及第十項規定，於前項聲請準用之。

⑬訴訟終結或第五項裁定經廢棄、撤銷確定後，當事人或利害關係人得聲請法院發給證明，持向該管登記機關申請塗銷訴訟繫屬事實之登記。

第二五五條　（訴之變更或追加限制之例外）

①訴狀送達後，原告不得將原訴變更或追加他訴。但有下列各款情形之一者，不在此限：

一　被告同意者。
二　請求之基礎事實同一者。
三　擴張或減縮應受判決事項之聲明者。
四　因情事變更而以他項聲明代最初之聲明者。
五　該訴訟標的對於數人必須合一確定時，追加其原非當事人之人爲當事人者。
六　訴訟進行中，於某法律關係之成立與否有爭執，而其裁判應以該法律關係爲據，並求對於被告確定其法律關係之判決者。
七　不甚礙被告之防禦及訴訟之終結者。

②被告於訴之變更或追加無異議，而爲本案之言詞辯論者，視爲同意變更或追加。

第二五六條　（訴之變更或追加）

不變更訴訟標的，而補充或更正事實上或法律上之陳述者，非爲訴之變更或追加。

第二五七條　（訴之變更或追加之禁止）

訴之變更或追加，如新訴專屬他法院管轄或不得行同種之訴訟程序者，不得爲之。

第二五八條　（訴之變更或追加之判決）

①法院因第二百五十五條第一項但書規定，而許訴之變更或追加，或以訴爲非變更或無追加之裁判，不得聲明不服。

②因不備訴之追加要件而駁回其追加之裁定確定者，原告得於該裁定確定後十日內聲請法院就該追加之訴爲審判。

第二五九條　（反訴之提起）

被告於言詞辯論終結前，得在本訴繫屬之法院，對於原告及就訴訟標的必須合一確定之人提起反訴。

第二六〇條 （反訴之限制）

①反訴之標的，如專屬他法院管轄，或與本訴之標的及其防禦方法不相牽連者，不得提起。

②反訴，非與本訴得行同種之訴訟程序者，不得提起。

③當事人意圖延滯訴訟而提起反訴者，法院得駁回之。

第二六一條 （訴之變更追加及提起反訴之程式）

①訴之變更或追加及提起反訴，得於言詞辯論時爲之。

②於言詞辯論時所爲訴之變更、追加或提起反訴，應記載於言詞辯論筆錄；如他造不在場，應將筆錄送達。

第二六二條 （訴訟撤回之要件及程序）

①原告於判決確定前，得撤回訴之全部或一部。但被告已爲本案之言詞辯論者，應得其同意。

②訴之撤回應以書狀爲之。但於期日，得以言詞向法院或受命法官爲之。

③以言詞所爲訴之撤回，應記載於筆錄，如他造不在場，應將筆錄送達。

④訴之撤回，被告於期日到場，未爲同意與否之表示者，自該期日起；其未於期日到場或係以書狀撤回者，自前項筆錄或撤回書狀送達之日起，十日內未提出異議者，視爲同意撤回。

第二六三條 （訴之撤回效力）

①訴經撤回者，視同未起訴。但反訴不因本訴撤回而失效力。

②於本案經終局判決後將訴撤回者，不得復提起同一之訴。

第二六四條 （反訴之撤回）

本訴撤回後，反訴之撤回，不須得原告之同意。

第二節 言詞辯論之準備

第二六五條 （當事人準備書狀之記載及提出）

①當事人因準備言詞辯論之必要，應以書狀記載其所用之攻擊或防禦方法，及對於他造之聲明並攻擊或防禦方法之陳述，提出於法院，並以繕本或影本直接通知他造。

②他造就曾否受領前項書狀繕本或影本有爭議時，由提出書狀之當事人釋明之。

第二六六條 （原告準備書狀之記載事項）

①原告準備言詞辯論之書狀，應記載下列各款事項：

一 請求所依據之事實及理由。

二 證明應證事實所用之證據。如有多數證據者，應全部記載之。

三 對他造主張之事實及證據爲承認與否之陳述；如有爭執，其理由。

②被告之答辯狀，應記載下列各款事項：

一 答辯之事實及理由。

二 前項第二款及第三款之事項。

③前二項各款所定事項，應分別具體記載之。

④第一項及第二項之書狀，應添具所用書證之影本，提出於法院，並以影本直接通知他造。

第二六七條 （被告答辯狀之提出時期）

①被告於收受訴狀後，如認有答辯必要，應於十日內提出答辯狀於法院，並以繕本或影本直接通知原告；如已指定言詞辯論期日者，至遲應於該期日五日前爲之。

②應通知他造使爲準備之事項，有未記載於訴狀或答辯狀者，當事人應於他造得就該事項進行準備所必要之期間內，提出記載該事項之準備書狀於法院，並以繕本或影本直接通知他造；如已指定言詞辯論期日者，至遲應於該期日五日前爲之。

③對於前二項書狀所記載事項再爲主張或答辯之準備書狀，當事人應於收受前二項書狀

後五日內提出於法院，並以繕本或影本直接通知他造；如已指定言詞辯論期日者，至遲應於該期日三日前爲之。

第二六八條 （言詞辯論準備未充足之處置）

審判長如認言詞辯論之準備尙未充足，得定期間命當事人依第二百六十五條至第二百六十七條之規定，提出記載完全之準備書狀或答辯狀，並得命其就特定事項詳爲表明或聲明所用之證據。

第二六八條之一 （摘要書狀之提出）

①依前二條規定行書狀先行程序後，審判長或受命法官應速定言詞辯論期日或準備程序期日。

②法院於前項期日，應使當事人整理並協議簡化爭點。

③審判長於必要時，得定期間命當事人就整理爭點之結果提出摘要書狀。

④前項書狀，應以簡明文字，逐項分段記載，不得概括引用原有書狀或言詞之陳述。

第二六八條之二 （書狀之說明）

①當事人未依第二百六十七條、第二百六十八條及前條第三項之規定提出書狀或聲明證據者，法院得依聲請或依職權命該當事人以書狀說明其理由。

②當事人未依前項規定說明者，法院得準用第二百七十六條之規定，或於判決時依全辯論意旨斟酌之。

第二六九條 （法院於言詞辯論前得爲之處置）

法院因使辯論易於終結，認爲必要時，得於言詞辯論前，爲下列各款之處置：

一　命當事人或法定代理人本人到場。

二　命當事人提出文書、物件。

三　通知證人或鑑定人及調取或命第三人提出文書、物件。

四　行勘驗、鑑定或囑託機關、團體爲調查。

五　使受命法官或受託法官調查證據。

第二七〇條 （準備程序）

①行合議審判之訴訟事件，法院於必要時以庭員一人爲受命法官，使行準備程序。

②準備程序，以闡明訴訟關係爲止。但另經法院命於準備程序調查證據者，不在此限。

③命受命法官調查證據，以下列情形爲限：

一　有在證據所在地調查之必要者。

二　依法應在法院以外之場所調查者。

三　於言詞辯論期日調查，有致證據毀損、滅失或礙難使用之虞，或顯有其他困難者。

四　兩造合意由受命法官調查者。

④第二百五十一條第一項、第二項之規定，於行準備程序準用之。

第二七〇條之一 （闡明訴訟關係之程序）

①受命法官爲闡明訴訟關係，得爲下列各款事項，並得不用公開法庭之形式行之：

一　命當事人就準備書狀記載之事項爲說明。

二　命當事人就事實或文書、物件爲陳述。

三　整理並協議簡化爭點。

四　其他必要事項。

②受命法官於行前項程序認爲適當時，得暫行退席或命當事人暫行退庭，或指定七日以下之期間命當事人就雙方主張之爭點，或其他有利於訴訟終結之事項，爲簡化之協議，並共同向法院陳明。但指定期間命當事人爲協議者，以二次爲限。

③當事人就其主張之爭點，經依第一項第三款或前項爲協議者，應受其拘束。但經兩造同意變更，或因不可歸責於當事人之事由或依其他情形協議顯失公平者，不在此限。

第二七一條 （準備程序筆錄之記載）

準備程序筆錄應記載下列各款事項：

一　各當事人之聲明及所用之攻擊或防禦方法。

二　對於他造之聲明及攻擊或防禦方法之陳述。
三　前條第一項所列各款事項及整理爭點之結果。

第二七一條之一　（獨任審判之訴訟事件之準用）
前二條之規定，於行獨任審判之訴訟事件準用之。

第二七二條 110
①第四十四條之四、第四十九條、第六十八條第一項至第三項、第七十五條第一項、第七十六條、第七十七條之一第三項、第九十四條之一第一項前段、第一百二十條第一項、第一百二十一條第一項、第二項、第一百三十二條、第一百九十八條至第二百條、第二百零三條、第二百零七條、第二百零八條、第二百十一條之一第一項、第二項、第二百十三條第二項、第二百十三條之一、第二百十四條、第二百十七條、第二百四十九條第一項但書、第二項但書、第二百五十四條第四項、第二百六十八條、第二百六十八條之一第三項、第二百六十八條之二第一項、第二百六十九條第一款至第四款、第三百七十一條第一項、第二項及第三百七十二條關於法院或審判長權限之規定，於受命法官行準備程序時準用之。
②第九十六條第一項及第九十九條關於法院權限之規定，於受命法官行準備程序時，經兩造合意由受命法官行之者，準用之。

第二七三條　（當事人一造不到場之處置）
①當事人之一造，於準備程序之期日不到場者，應對於到場之一造，行準備程序，將筆錄送達於未到場人。
②前項情形，除有另定新期日之必要者外，受命法官得終結準備程序。

第二七四條　（準備程序之終結及再開）
①準備程序至終結時，應告知當事人，並記載於筆錄。
②受命法官或法院得命再開已終結之準備程序。

第二七五條　（言詞辯論時應踐行之程序）
於準備程序後行言詞辯論時，當事人應陳述準備程序之要領。但審判長得令書記官朗讀準備程序筆錄代之。

第二七六條　（準備程序之效果）
①未於準備程序主張之事項，除有下列情形之一者外，於準備程序後行言詞辯論時，不得主張之：
一　法院應依職權調查之事項。
二　該事項不甚延滯訴訟者。
三　因不可歸責於當事人之事由不能於準備程序提出者。
四　依其他情形顯失公平者。
②前項第三款事由應釋明之。

第三節　證　據

第一目　通　則

第二七七條　（舉證責任分配之原則）
當事人主張有利於己之事實者，就其事實有舉證之責任。但法律別有規定，或依其情形顯失公平者，不在此限。

第二七八條　（舉證責任之例外─顯著或已知事實）
①事實於法院已顯著或為其職務上所已知者，無庸舉證。
②前項事實，雖非當事人提出者，亦得斟酌之。但裁判前應令當事人就其事實有辯論之機會。

第二七九條　（舉證責任之例外─自認）
①當事人主張之事實，經他造於準備書狀內或言詞辯論時或在受命法官、受託法官前自認者，無庸舉證。

②當事人於自認有所附加或限制者，應否視有自認，由法院審酌情形斷定之。
③自認之撤銷，除別有規定外，以自認人能證明與事實不符或經他造同意者，始得為之。

第二八〇條　（舉證責任之例外—視同自認）
①當事人對於他造主張之事實，於言詞辯論時不爭執者，視同自認。但因他項陳述可認為爭執者，不在此限。
②當事人對於他造主張之事實，為不知或不記憶之陳述者，應否視同自認，由法院審酌情形斷定之。
③當事人對於他造主張之事實，已於相當時期受合法之通知，而於言詞辯論期日不到場，亦未提出準備書狀爭執者，準用第一項之規定。但不到場之當事人係依公示送達通知者，不在此限。

第二八一條　（舉證責任之例外—法律上推定之事實）
法律上推定之事實無反證者，無庸舉證。

第二八二條　（舉證責任之例外—事實之推定）
法院得依已明瞭之事實，推定應證事實之眞僞。

第二八二條之一　（當事人不正當妨礙舉證之處置）
①當事人因妨礙他造使用，故意將證據滅失、隱匿或致礙難使用者，法院得審酌情形認他造關於該證據之主張或依該證據應證之事實為眞實。
②前項情形，於裁判前應令當事人有辯論之機會。

第二八三條　（為法院不知之習慣、地方法規及外國法令之舉證）
習慣、地方制定之法規及外國法為法院所不知者，當事人有舉證之責任。但法院得依職權調查之。

第二八四條　（事實之釋明）
釋明事實上之主張者，得用可使法院信其主張為眞實之一切證據。但依證據之性質不能即時調查者，不在此限。

第二八五條　（證據之聲明）
①聲明證據，應表明應證事實。
②聲明證據，於言詞辯論期日前，亦得為之。

第二八六條　（證據之調查）
當事人聲明之證據，法院應為調查。但就其聲明之證據中認為不必要者，不在此限。

第二八七條　（定調查期間）
因有窒礙不能預定調查證據之時期者，法院得依聲請定其期間。但期間已滿而不致延滯訴訟者，仍應為調查。

第二八八條　（依職權調查）
①法院不能依當事人聲明之證據而得心證，為發現眞實認為必要時，得依職權調查證據。
②依前項規定為調查時，應令當事人有陳述意見之機會。

第二八九條　（囑託調查）
①法院得囑託機關、學校、商會、交易所或其他團體為必要之調查；受託者有為調查之義務。
②法院認為適當時，亦得商請外國機關、團體為必要之調查。

第二九〇條　（囑託調查）
法院於認為適當時，得囑託他法院指定法官調查證據。

第二九一條　（囑託調查時對當事人之告知）
囑託他法院法官調查證據者，審判長應告知當事人，得於該法院所在地指定應受送達之處所，或委任住居該地之人為訴訟代理人，陳報受囑託之法院。

第二九二條　（代囑託他法院調查）
①受託法院如知應由他法院調查證據者，得代為囑託該法院。

②前項情形，受託法院應通知其事由於受訴法院及當事人。

第二九三條 （代囑託他法院調查）

受訴法院、受命法官或受託法官於必要時，得在管轄區域外調查證據。

第二九四條 （調查證據筆錄）92

①受訴法院於言詞辯論前調查證據，或由受命法官、受託法官調查證據者，法院書記官應作調查證據筆錄。

②第二百十二條、第二百十三條、第二百十三條之一及第二百十五條至第二百十九條之規定，於前項筆錄準用之。

③受託法官調查證據筆錄，應送交受訴法院。

第二九五條 （於外國調查）

①應於外國調查證據者，囑託該國管轄機關或駐在該國之中華民國大使、公使、領事或其他機構、團體爲之。

②外國機關調查證據，雖違背該國法律，如於中華民國之法律無違背者，仍有效力。

第二九六條 （當事人不到場時之調查）

調查證據，於當事人之一造或兩造不到場時，亦得爲之。

第二九六條之一 （訴訟有關爭點之曉諭）

①法院於調查證據前，應將訴訟有關之爭點曉諭當事人。

②法院訊問證人及當事人本人，應集中爲之。

第二九七條 （調查證據後法院應爲之處置）

①調查證據之結果，應曉諭當事人爲辯論。

②於受訴法院外調查證據者，當事人應於言詞辯論時陳述其調查之結果。但審判長得令書記官朗讀調查證據筆錄或其他文書代之。

第二目 人 證

第二九八條 （人證之聲明）

①聲明人證，應表明證人及訊問之事項。

②證人有二人以上時，應一併聲明之。

第二九九條 （通知證人到場之程式）92

①通知證人，應於通知書記載下列各款事項：

一 證人及當事人。

二 證人應到場之日、時及處所。

三 證人不到場時應受之制裁。

四 證人請求日費及旅費之權利。

五 法院。

②審判長如認證人非有準備不能爲證言者，應於通知書記載訊問事項之概要。

第三〇〇條 （通知現役軍人爲證人）

①通知現役軍人爲證人者，審判長應併通知該管長官令其到場。

②被通知者如礙難到場，該管長官應通知其事由於法院。

第三〇一條 （通知在監所人爲證人）

①通知在監所或其他拘禁處所之人爲證人者，審判長應併通知該管長官提送到場或派員提解到場。

②前條第二項之規定，於前項情形準用之。

第三〇二條 （作證義務）

除法律別有規定外，不問何人，於他人之訴訟，有爲證人之義務。

第三〇三條 （證人不到場之處罰）

①證人受合法之通知，無正當理由而不到場者，法院得以裁定處新臺幣三萬元以下罰鍰。

②證人已受前項裁定，經再次通知，仍不到場者，得再處新臺幣六萬元以下罰鍰，並得

拘提之。

③拘提證人，準用刑事訴訟法關於拘提被告之規定；證人為現役軍人者，應以拘票囑託該管長官執行。

④處證人罰鍰之裁定，得為抗告；抗告中應停止執行。

第三〇四條　（元首為證人之詢問）

元首為證人者，應就其所在詢問之。

第三〇五條　（證人之訊問）

①遇證人不能到場，或有其他必要情形時，得就其所在訊問之。

②證人須依據文書、資料為陳述，或依事件之性質、證人之狀況，經法院認為適當者，得命兩造會同證人於公證人前作成陳述書狀。

③經兩造同意者，證人亦得於法院外以書狀為陳述。

④依前二項為陳述後，如認證人之書狀陳述須加說明，或經當事人聲請對證人為必要之發問者，法院仍得通知該證人到場陳述。

⑤證人所在與法院間有聲音及影像相互傳送之科技設備而得直接訊問，並經法院認為適當者，得以該設備訊問之。

⑥證人以書狀為陳述者，仍應具結，並將結文附於書狀，經公證人認證後提出。其以科技設備為訊問者，亦應於訊問前或訊問後具結。

⑦證人得以電信傳真或其他科技設備將第二項、第三項及前項文書傳送於法院，效力與提出文書同。

⑧第五項證人訊問、第六項證人具結及前項文書傳送之辦法，由司法院定之。

第三〇六條　（公務員為證人）

①以公務員或曾為公務員之人為證人，而就其職務上應守秘密之事項訊問者，應得該監督長官之同意。

②前項同意，除經釋明有妨害國家之利益者外，不得拒絕。

第三〇七條　（得拒絕證言之事由）92

①證人有下列各款情形之一者，得拒絕證言：

一　證人為當事人之配偶、前配偶、未婚配偶或四親等內之血親、三親等內之姻親或曾有此親屬關係者。

二　證人所為證言，於證人或與證人有前款關係之人，足生財產上之直接損害者。

三　證人所為證言，足致證人或與證人有第一款關係或有監護關係之人受刑事訴追或蒙恥辱者。

四　證人就其職務上或業務上有秘密義務之事項受訊問者。

五　證人非洩漏其技術上或職業上之秘密不能為證言者。

②得拒絕證言者，審判長應於訊問前或知有前項情形時告知之。

第三〇八條　（不得拒絕證言之事由）92

①證人有前條第一項第一款或第二款情形者，關於下列各款事項，仍不得拒絕證言：

一　同居或曾同居人之出生、死亡、婚姻或其他身分上之事項。

二　因親屬關係所生財產上之事項。

三　為證人而知悉之法律行為之成立及其內容。

四　為當事人之前權利人或代理人，而就相爭之法律關係所為之行為。

②證人雖有前條第一項第四款情形，如其秘密之責任已經免除者，不得拒絕證言。

第三〇九條　（拒絕證言之程序）

①證人拒絕證言，應陳明拒絕之原因、事實，並釋明之。但法院酌量情形，得令具結以代釋明。

②證人於訊問期日前拒絕證言者，毋庸於期日到場。

③前項情形，法院書記官應將拒絕證言之事由，通知當事人。

第三一〇條　（拒絕證言當否之裁定）

①拒絕證言之當否，由受訴法院於訊問到場之當事人後裁定之。

②前項裁定，得爲抗告；抗告中應停止執行。

第三一一條　（拒絕證言之處罰）

①證人不陳明拒絕之原因、事實而拒絕證言，或以拒絕爲不當之裁定已確定而仍拒絕證言者，法院得以裁定處新臺幣三萬元以下罰鍰。

②前項裁定，得爲抗告；抗告中應停止執行。

第三一二條　（具結之證人）

①審判長於訊問前，應命證人各別具結。但其應否具結有疑義者，於訊問後行之。

②審判長於證人具結前，應告以具結之義務及僞證之處罰。

③證人以書狀爲陳述者，不適用前二項之規定。

第三一三條　（具結之程序）

①證人具結，應於結文內記載當據實陳述，其於訊問後具結者，應於結文內記載係據實陳述，並均記載決無匿、飾、增、減，如有虛僞陳述，願受僞證之處罰等語。

②證人應朗讀結文，如不能朗讀者，由書記官朗讀，並說明其意義。

③結文應命證人簽名，其不能簽名者，由書記官代書姓名，並記明其事由，命證人蓋章或按指印。

第三一三條之一　（證人以書狀爲陳述之具結）

證人以書狀爲陳述者，其具結應於結文內記載係據實陳述並無匿、飾、增、減，如有虛僞陳述，願受僞證之處罰等語，並簽名。

第三一四條　（不得令具結者）92

①以未滿十六歲或因精神障礙不解具結意義及其效果之人爲證人者，不得令其具結。

②以下列各款之人爲證人者，得不令其具結：

一　有第三百零七條第一項第一款至第三款情形而不拒絕證言者。

二　當事人之受僱人或同居人。

三　就訴訟結果有直接利害關係者。

第三一五條　（拒絕具結之處罰）

第三百十一條之規定，於證人拒絕具結者準用之。

第三一六條　（隔別訊問與對質）

①訊問證人，應與他證人隔別行之。但審判長認爲必要時，得命與他證人或當事人對質。

②證人在期日終竣前，非經審判長許可，不得離去法院或其他訊問之處所。

第三一七條　（人別訊問）

審判長對於證人，應先訊問其姓名、年齡、職業及住、居所；於必要時，並應訊問證人與當事人之關係及其他關於證言信用之事項。

第三一八條　（連續陳述）

①審判長應命證人就訊問事項之始末，連續陳述。

②證人之陳述，不得朗讀文件或用筆記代之。但經審判長許可者，不在此限。

第三一九條　（法院之發問權）

①審判長因使證人之陳述明瞭完足，或推究證人得知事實之原因，得爲必要之發問。

②陪席法官告明審判長後，得對於證人發問。

第三二〇條　（當事人之聲請發問及自行發問）

①當事人得聲請審判長對於證人爲必要之發問，或向審判長陳明後自行發問。

②前項之發問，亦得就證言信用之事項爲之。

③前二項之發問，與應證事實無關、重複發問、誘導發問、侮辱證人或有其他不當情形，審判長得依聲請或依職權限制或禁止之。

④關於發問之限制或禁止有異議者，法院應就其異議爲裁定。

第三二一條　（命當事人及旁聽人退庭訊問）

①法院如認證人在當事人前不能盡其陳述者，得於其陳述時命當事人退庭。但證人陳述畢後，審判長應命當事人入庭，告以陳述內容之要旨。

②法院如認證人在特定旁聽人前不能盡其陳述者，得於其陳述時命該旁聽人退庭。

第三二二條　（受命受託法官訊問證人之權限）

受命法官或受託法官訊問證人時，與法院及審判長有同一之權限。

第三二三條　（證人法定日費及旅費之請求權）

①證人得請求法定之日費及旅費。但被拘提或無正當理由拒絕具結或證言者，不在此限。

②前項請求，應於訊問完畢後十日內爲之。

③關於第一項請求之裁定，得爲抗告。

④證人所需之旅費，得依其請求預行酌給之。

第三目　鑑　定

第三二四條　（準用人證之規定）

鑑定，除本目別有規定外，準用關於人證之規定。

第三二五條　（鑑定之聲請）

聲請鑑定，應表明鑑定之事項。

第三二六條　（鑑定人之選任及撤換）

①鑑定人由受訴法院選任，並定其人數。

②法院於選任鑑定人前，得命當事人陳述意見；其經當事人合意指定鑑定人者，應從其合意選任之。但法院認其人選顯不適當時，不在此限。

③已選任之鑑定人，法院得撤換之。

第三二七條　（受命或受託法官行鑑定之權限）

有調查證據權限之受命法官或受託法官依鑑定調查證據者，準用前條之規定。但經受訴法院選任鑑定人者，不在此限。

第三二八條　（爲鑑定人之義務）

具有鑑定所需之特別學識經驗，或經機關委任有鑑定職務者，於他人之訴訟，有爲鑑定人之義務。

第三二七條　（拘提之禁止）

鑑定人不得拘提。

第三三〇條　（不得爲鑑定人或免除鑑定義務）

①有第三十二條第一款至第五款情形之一者，不得爲鑑定人。但無其他適當之人可爲選任或經當事人合意指定時，不在此限。

②鑑定人拒絕鑑定，雖其理由不合於第三百零七條第一項之規定，如法院認爲正當者，亦得免除其鑑定義務。

第三三一條　（鑑定人之拒卻）

①當事人得依聲請法官迴避之原因拒卻鑑定人。但不得以鑑定人於該訴訟事件曾爲證人或鑑定人爲拒卻之原因。

②除前條第一項情形外，鑑定人已就鑑定事項有所陳述或已提出鑑定書後，不得聲明拒卻。但拒卻之原因發生在後或知悉在後者，不在此限。

第三三二條　（拒卻鑑定人之程序）

①聲明拒卻鑑定人，應舉其原因，向選任鑑定人之法院或法官爲之。

②前項原因及前條第二項但書之事實，應釋明之。

第三三三條　（拒卻鑑定人裁定之抗告）

拒卻鑑定人之聲明經裁定爲不當者，得爲抗告；其以聲明爲正當者，不得聲明不服。

第三三四條　（鑑定人具結之程式）

鑑定人應於鑑定前具結，於結文內記載必爲公正、誠實之鑑定，如有虛僞鑑定，願受僞證之處罰等語。

第三三五條　（鑑定人陳述之義務及方法）

①受訴法院、受命法官或受託法官得命鑑定人具鑑定書陳述意見。

②前項情形，依前條規定具結之結文，得附於鑑定書提出。
③鑑定書須說明者，得命鑑定人到場說明。
第三三六條 （多數鑑定人陳述意見之方法）
鑑定人有數人者，得命其共同或各別陳述意見。
第三三七條 （鑑定人之職權）
①鑑定所需資料在法院者，應告知鑑定人准其利用。法院於必要時，得依職權或依聲請命證人或當事人提供鑑定所需資料。
②鑑定人因行鑑定，得聲請調取證物或訊問證人或當事人，經許可後，並得對於證人或當事人自行發問；當事人亦得提供意見。
第三三八條 （鑑定人法定費用及報酬之請求權）
①鑑定人於法定之日費、旅費外，得請求相當之報酬。
②鑑定所需費用，得依鑑定人之請求預行酌給之。
第三三九條 （鑑定證人）
訊問依特別知識得知已往事實之人者，適用關於人證之規定。
第三四〇條 （囑託鑑定）
①法院認為必要時，得囑託機關、團體或商請外國機關、團體為鑑定或審查鑑定意見。其須說明者，由該機關或團體所指定之人為之。
②本目關於鑑定人之規定，除第三百三十四條及第三百三十九條外，於前項情形準用之。

第四目　書　證

第三四一條 （聲明書證）
聲明書證，應提出文書為之。
第三四二條 （聲明書證）
①聲明書證，係使用他造所執之文書者，應聲請法院命他造提出。
②前項聲請，應表明下列各款事項：
一　應命其提出之文書。
二　依該文書應證之事實。
三　文書之內容。
四　文書為他造所執之事由。
五　他造有提出文書義務之原因。
③前項第一款及第三款所列事項之表明顯有困難時，法院得命他造為必要之協助。
第三四三條 （命他造提出文書之裁定）
法院認應證之事實重要，且舉證人之聲請正當者，應以裁定命他造提出文書。
第三四四條 （當事人有提出義務之文書）
①下列各款文書，當事人有提出之義務：
一　該當事人於訴訟程序中曾經引用者。
二　他造依法律規定，得請求交付或閱覽者。
三　為他造之利益而作者。
四　商業帳簿。
五　就與本件訴訟有關之事項所作者。
②前項第五款之文書內容，涉及當事人或第三人之隱私或業務秘密，如予公開，有致該當事人或第三人受重大損害之虞者，當事人得拒絕提出。但法院為判斷其有無拒絕提出之正當理由，必要時，得命其提出，並以不公開之方式行之。
第三四五條 （當事人違背提出文書命令之效果）
①當事人無正當理由不從提出文書之命者，法院得審酌情形認他造關於該文書之主張或依該文書應證之事實為真實。
②前項情形，於裁判前應令當事人有辯論之機會。

第三四六條　（聲請命第三人提出文書）
①聲明書證係使用第三人所執之文書者，應聲請法院命第三人提出，或定由舉證人提出之期間。
②第三百四十二條第二項及第三項之規定，於前項聲請準用之。
③文書為第三人所執之事由及第三人有提出義務之原因，應釋明之。
第三四七條　（命第三人提出文書之裁定）
①法院認應證之事實重要且舉證人之聲請正當者，應以裁定命第三人提出文書或定由舉證人提出文書之期間。
②法院為前項裁定前，應使該第三人有陳述意見之機會。
第三四八條　（第三人提出文書義務之範圍）
關於第三人提出文書之義務，準用第三百零六條至第三百十條、第三百四十四條第一項第二款至第五款及第二項之規定。
第三四九條　（第三人不從提出文書命令之制裁）
①第三人無正當理由不從提出文書之命者，法院得以裁定處新臺幣三萬元以下罰鍰；於必要時，並得以裁定命為強制處分。
②前項強制處分之執行，準用強制執行法關於物之交付請求權執行之規定。
③第一項裁定，得為抗告；處罰鍰之裁定，抗告中應停止執行。
第三五〇條　（書證之調取）
①機關保管或公務員執掌之文書，不問其有無提出之義務，法院得調取之。
②第三百零六條之規定，於前項情形準用之。但法院為判斷其有無拒絕提出之正當理由，必要時，得命其提出，並以不公開之方式行之。
第三五一條　（第三人之權利）
①第三人得請求提出文書之費用。但有第三百四十九條第一項之情形者，不在此限。
②第三百二十三條第二項至第四項之規定，於前項情形準用之。
第三五二條　（文書之提出方法）
①公文書應提出其原本或經認證之繕本或影本。
②私文書應提出其原本。但僅因文書之效力或解釋有爭執者，得提出繕本或影本。
③前二項文書，法院認有送達之必要時，得命當事人提出繕本或影本。
第三五三條　（原本之提出及繕本證據力之斷定）
①法院得命提出文書之原本。
②不從前項之命提出原本或不能提出者，法院依其自由心證斷定該文書繕本或影本之證據力。
第三五四條　（調查文書證據之筆錄）
使受命法官或受託法官就文書調查證據者，受訴法院得定其筆錄內應記載之事項及應添附之文書。
第三五五條　（文書之證據力—公文書）
①文書，依其程式及意旨得認作公文書者，推定為眞正。
②公文書之眞偽有可疑者，法院得請作成名義之機關或公務員陳述其眞偽。
第三五六條　（文書之證據力—外國公文書）
外國之公文書，其眞偽由法院審酌情形斷定之。但經駐在該國之中華民國大使、公使、領事或其他機構證明者，推定為眞正。
第三五七條　（文書之證據力—私文書）
私文書應由舉證人證其眞正。但他造於其眞正無爭執者，不在此限。
第三五七條之一　（就眞正文書故意爭執之處罰）
①當事人或代理人就眞正之文書，故意爭執其眞正者，法院得以裁定處新臺幣三萬元以下罰鍰。
②前項裁定，得為抗告；抗告中應停止執行。
③第一項之當事人或代理人於第二審言詞辯論終結前，承認該文書為眞正者，訴訟繫屬

之法院得審酌情形撤銷原裁定。

第三五八條　（文書之證據力—私文書）

①私文書經本人或其代理人簽名、蓋章或按指印或有法院或公證人之認證者，推定為真正。

②當事人就其本人之簽名、蓋章或按指印為不知或不記憶之陳述者，應否推定為真正，由法院審酌情形斷定之。

第三五九條　（文書真偽之辨別）

①文書之真偽，得依核對筆跡或印跡證之。

②法院得命當事人或第三人提出可供核對之文書。

③核對筆跡或印跡，適用關於勘驗之規定。

第三六〇條　（鑑別筆跡之方法及違背書寫命令之效果）

①無適當之筆跡可供核對者，法院得指定文字，命該文書之作成名義人書寫，以供核對。

②文書之作成名義人無正當理由不從前項之命者，準用第三百四十五條或第三百四十九條之規定。

③因供核對所寫之文字，應附於筆錄；其他供核對之文件不須發還者亦同。

第三六一條　（文書之發還及保管）

①提出之文書原本須發還者，應將其繕本、影本或節本附卷。

②提出之文書原本，如疑為偽造或變造者，於訴訟未終結前，應由法院保管之。但應交付其他機關者，不在此限。

第三六二條　（刪除）

第三六三條　（準文書）

①本目規定，於文書外之物件有與文書相同之效用者準用之。

②文書或前項物件，須以科技設備始能呈現其內容或提出原件有事實上之困難者，得僅提出呈現其內容之書面並證明其內容與原件相符。

③前二項文書、物件或呈現其內容之書面，法院於必要時得命說明之。

第五目　勘　驗

第三六四條　（勘驗之聲請）

聲請勘驗，應表明勘驗之標的物及應勘驗之事項。

第三六五條　（勘驗之實施）

受訴法院、受命法官或受託法官於勘驗時得命鑑定人參與。

第三六六條　（勘驗筆錄）

勘驗，於必要時，應以圖畫或照片附於筆錄；並得以錄音、錄影或其他有關物件附於卷宗。

第三六七條　（準用書證提出之規定）

第三百四十一條、第三百四十二條第一項、第三百四十三條至第三百四十五條、第三百四十六條第一項、第三百四十七條至第三百五十一條及第三百五十四條之規定，於勘驗準用之。

第五目之一　當事人訊問

第三六七條之一　（當事人訊問）

①法院認為必要時，得依職權訊問當事人。

②前項情形，審判長得於訊問前或訊問後命當事人具結，並準用第三百十二條第二項、第三百十三條及第三百十四條第一項之規定。

③當事人無正當理由拒絕陳述或具結者，法院得審酌情形，判斷應證事實之真偽。

④當事人經法院命其本人到場，無正當理由而不到場者，視為拒絕陳述。但命其到場之通知書係寄存送達或公示送達者，不在此限。

⑤法院命當事人本人到場之通知書，應記載前項不到場及第三項拒絕陳述或具結之效

果。
⑥前五項規定，於當事人之法定代理人準用之。
第三六七條之二　（虛偽陳述之制裁）92
①依前條規定具結而故意為虛偽陳述，足以影響裁判之結果者，法院得以裁定處新臺幣三萬元以下之罰鍰。
②前項裁定，得為抗告；抗告中應停止執行。
③第一項之當事人或法定代理人於第二審言詞辯論終結前，承認其陳述為虛偽者，訴訟繫屬之法院得審酌情形撤銷原裁定。
第三六七條之三　（準用人證提出之規定）
第三百條、第三百零一條、第三百零四條、第三百零五條第一項、第五項、第三百零六條、第三百零七條第一項第三款至第五款、第二項、第三百零八條第二項、第三百零九條、第三百十條、第三百十六條第一項、第三百十八條至第三百二十二條之規定，於訊問當事人或其法定代理人時準用之。

第六目　證據保全

第三六八條　（聲請證據保全之要件）
①證據有滅失或礙難使用之虞，或經他造同意者，得向法院聲請保全；就確定事、物之現狀有法律上利益並有必要時，亦得聲請為鑑定、勘驗或保全書證。
②前項證據保全，應適用本節有關調查證據方法之規定。
第三六九條　（管轄法院）
①保全證據之聲請，在起訴後，向受訴法院為之；在起訴前，向受訊問人住居地或證物所在地之地方法院為之。
②遇有急迫情形時，於起訴後，亦得向前項地方法院聲請保全證據。
第三七〇條　（聲請保全證據應記載之事項）
①保全證據之聲請，應表明下列各款事項：
一　他造當事人，如不能指定他造當事人者，其不能指定之理由。
二　應保全之證據。
三　依該證據應證之事實。
四　應保全證據之理由。
②前項第一款及第四款之理由，應釋明之。
第三七一條　（聲請之裁定）
①保全證據之聲請，由受聲請之法院裁定之。
②准許保全證據之裁定，應表明該證據及應證之事實。
③駁回保全證據聲請之裁定，得為抗告；准許保全證據之裁定，不得聲明不服。
第三七二條　（依職權保全證據）
法院認為必要時，得於訴訟繫屬中，依職權為保全證據之裁定。
第三七三條　（調查證據期日之通知）
①調查證據期日，應通知聲請人，除有急迫或有礙證據保全情形外，並應於期日前送達聲請書狀或筆錄及裁定於他造當事人而通知之。
②當事人於前項期日在場者，得命其陳述意見。
第三七四條　（選任特別代理人）
①他造當事人不明或調查證據期日不及通知他造者，法院因保護該當事人關於調查證據之權利，得為選任特別代理人。
②第五十一條第三項至第五項之規定，於前項特別代理人準用之。
第三七五條　（調查證據筆錄之保管）
調查證據筆錄，由命保全證據之法院保管。但訴訟繫屬他法院者，應送交該法院。
第三七五條之一　（聲請再為訊問）
當事人就已於保全證據程序訊問之證人，於言詞辯論程序中聲請再為訊問時，法院應爲訊問。但法院認爲不必要者，不在此限。

第三七六條　（保全證據程序之費用）

保全證據程序之費用，除別有規定外，應作爲訴訟費用之一部定其負擔。

第三七六條之一　（協議筆錄）

①本案尚未繫屬者，於保全證據程序期日到場之兩造，就訴訟標的、事實、證據或其他事項成立協議時，法院應將其協議記明筆錄。

②前項協議係就訴訟標的成立者，法院並應將協議之法律關係及爭議情形記明筆錄。依其協議之內容，當事人應爲一定之給付者，得爲執行名義。

③協議成立者，應於十日內以筆錄正本送達於當事人。

④第二百十二條至第二百十九條之規定，於前項筆錄準用之。

第三七六條之二　（保全證據程序尚未繫屬之處置）

①保全證據程序終結後逾三十日，本案尚未繫屬者，法院得依利害關係人之聲請，以裁定解除因保全證據所爲文書、物件之留置或爲其他適當之處置。

②前項期間內本案尚未繫屬者，法院得依利害關係人之聲請，命保全證據之聲請人負擔程序費用。

③前二項裁定得爲抗告。

第四節　和　解

第三七七條　（試行和解）92

①法院不問訴訟程度如何，得隨時試行和解。受命法官或受託法官亦得爲之。

②第三人經法院之許可，得參加和解。法院認爲必要時，亦得通知第三人參加。

第三七七條之一　（兩造當事人聲請和解及和解方案之訂定）92

①當事人和解之意思已甚接近者，兩造得聲請法院、受命法官或受託法官於當事人表明之範圍內，定和解方案。

②前項聲請，應以書狀表明法院得定和解方案之範圍及願遵守所定之和解方案。

③法院、受命法官或受託法官依第一項定和解方案時，應斟酌一切情形，依衡平法理爲之；並應將所定和解方案，於期日告知當事人，記明筆錄，或將和解方案送達之。

④當事人已受前項告知或送達者，不得撤回第一項之聲請。

⑤兩造當事人於受第三項之告知或送達時，視爲和解成立。

⑥依前條第二項規定參加和解之第三人，亦得與兩造爲第一項之聲請，並適用前四項之規定。

第三七七條之二　（當事人一造聲請和解及和解方案之提出）92

①當事人有和解之望，而一造到場有困難時，法院、受命法官或受託法官得依當事人一造之聲請或依職權提出和解方案。

②前項聲請，宜表明法院得提出和解方案之範圍。

③依第一項提出之和解方案，應送達於兩造，並限期命爲是否接受之表示；如兩造於期限內表示接受時，視爲已依該方案成立和解。

④前項接受之表示，不得撤回。

第三七八條　（試行和解之處置）92

因試行和解或定和解方案，得命當事人或法定代理人本人到場。

第三七九條　（和解筆錄）92

①試行和解而成立者，應作成和解筆錄。

②第二百十二條至第二百十九條之規定，於前項筆錄準用之。

③和解筆錄，應於和解成立之日起十日內，以正本送達於當事人及參加和解之第三人。

④依第三百七十七條之一或第三百七十七條之二視爲和解成立者，應於十日內將和解內容及成立日期以書面通知當事人及參加和解之第三人，該通知視爲和解筆錄。

第三八〇條　（和解之效力與繼續審判之請求）102

①和解成立者，與確定判決有同一之效力。
②和解有無效或得撤銷之原因者，當事人得請求繼續審判。
③請求繼續審判者，應繳納第八十四條第二項所定退還之裁判費。
④第五百條至第五百零二條及第五百零六條之規定，於第二項情形準用之。
⑤第五編之一第三人撤銷訴訟程序之規定，於第一項情形準用之。

第三八〇條之一　（得為執行名義之要件）92

當事人就未聲明之事項或第三人參加和解成立者，得為執行名義。

第五節　判　決

第三八一條　（終局判決）

①訴訟達於可為裁判之程度者，法院應為終局判決。
②命合併辯論之數宗訴訟，其一達於可為裁判之程度者，應先為終局判決。但應適用第二百零五條第三項之規定者，不在此限。

第三八二條　（一部終局判決）

訴訟標的之一部或以一訴主張之數項標的，其一達於可為裁判之程度者，法院得為一部之終局判決；本訴或反訴達於可為裁判之程度者亦同。

第三八三條　（中間判決）92

①各種獨立之攻擊或防禦方法，達於可為裁判之程度者，法院得為中間判決。請求之原因及數額俱有爭執時，法院以其原因為正當者，亦同。
②訴訟程序上之中間爭點，達於可為裁判之程度者，法院得先為裁定。

第三八四條　（捨棄認諾判決）

當事人於言詞辯論時為訴訟標的之捨棄或認諾者，應本於其捨棄或認諾為該當事人敗訴之判決。

第三八四條之一　（中間判決或捨棄認諾判決之判決書之製作程式）92

①中間判決或捨棄、認諾判決之判決書，其事實及理由得合併記載其要領。
②法院亦得於宣示捨棄或認諾判決時，命將判決主文所裁判之事項及理由要領，記載於言詞辯論筆錄，不另作判決書。其筆錄正本或節本之送達，與判決正本之送達，有同一之效力。
③第二百三十條之規定，於前項筆錄準用之。

第三八五條　（一造辯論判決）92

①言詞辯論期日，當事人之一造不到場者，得依到場當事人之聲請，由其一造辯論而為判決；不到場之當事人，經再次通知而仍不到場者，並得依職權由一造辯論而為判決。
②前項規定，於訴訟標的對於共同訴訟之各人必須合一確定者，言詞辯論期日，共同訴訟人中一人到場時，亦適用之。
③如以前已為辯論或證據調查或未到場人有準備書狀之陳述者，為前項判決時，應斟酌之；未到場人以前聲明證據，其必要者，並應調查之。

第三八六條　（不得一造辯論判決之情形）92

有下列各款情形之一者，法院應以裁定駁回前條聲請，並延展辯論期日：

一　不到場之當事人未於相當時期受合法之通知者。
二　當事人之不到場，可認為係因天災或其他正當理由者。
三　到場之當事人於法院應依職權調查之事項，不能為必要之證明者。
四　到場之當事人所提出之聲明、事實或證據，未於相當時期通知他造者。

第三八七條　（不到場之擬制）

當事人於辯論期日到場不為辯論者，視同不到場。

第三八八條　（判決之範圍）

除別有規定外，法院不得就當事人未聲明之事項為判決。

第三八九條　（應依職權宣告假執行之判決）102

①下列各款之判決，法院應依職權宣告假執行：

一　本於被告認諾所為之判決。

二　（刪除）

三　就第四百二十七條第一項至第四項訴訟適用簡易程序所為被告敗訴之判決。

四　（刪除）

五　所命給付之金額或價額未逾新臺幣五十萬元之判決。

②計算前項第五款價額，準用關於計算訴訟標的價額之規定。

③第一項第五款之金額或價額，準用第四百二十七條第七項之規定。

第三九〇條　（應依聲請宣告假執行之判決）

①關於財產權之訴訟，原告釋明在判決確定前不為執行，恐受難於抵償或難於計算之損害者，法院應依其聲請，宣告假執行。

②原告陳明在執行前可供擔保而聲請宣告假執行者，雖無前項釋明，法院應定相當之擔保額，宣告供擔保後，得為假執行。

第三九一條　（宣告假執行之障礙）

被告釋明因假執行恐受不能回復之損害者，如係第三百八十九條情形，法院應依其聲請宣告不准假執行；如係前條情形，應宣告駁回原告假執行之聲請。

第三九二條　（附條件之假執行或免為假執行之宣告）92

①法院得宣告非經原告預供擔保，不得為假執行。

②法院得依聲請或依職權，宣告被告預供擔保，或將請求標的物提存而免為假執行。

③依前項規定預供擔保或提存而免為假執行，應於執行標的物拍定、變賣或物之交付前為之。

第三九三條　（假執行之聲請時期及裁判）92

①關於假執行之聲請，應於言詞辯論終結前為之。

②關於假執行之裁判，應記載於裁判主文。

第三九四條　（補充假執行判決）92

法院應依職權宣告假執行而未為宣告，或忽視假執行或免為假執行之聲請者，準用第二百三十三條之規定。

第三九五條　（假執行宣告之失效）

①假執行之宣告，因就本案判決或該宣告有廢棄或變更之判決，自該判決宣示時起，於其廢棄或變更之範圍內，失其效力。

②法院廢棄或變更宣告假執行之本案判決者，應依被告之聲明，將其因假執行或因免假執行所為給付及所受損害，於判決內命原告返還及賠償，被告未聲明者，應告以得為聲明。

③僅廢棄或變更假執行之宣告者，前項規定，於其後廢棄或變更本案判決之判決適用之。

第三九六條　（定履行期間及分次履行之判決）92

①判決所命之給付，其性質非長期間不能履行，或斟酌被告之境況，兼顧原告之利益，法院得於判決內定相當之履行期間或命分期給付。經原告同意者，亦同。

②法院依前項規定，定分次履行之期間者，如被告遲誤一次履行，其後之期間視為亦已到期。

③履行期間，自判決確定或宣告假執行之判決送達於被告時起算。

④法院依第一項規定定履行期間或命分期給付者，於裁判前應令當事人有辯論之機會。

第三九七條　（情事變更法則）92

①確定判決之內容如尚未實現，而因言詞辯論終結後之情事變更，依其情形顯失公平者，當事人得更行起訴，請求變更原判決之給付或其他原有效果。但以不得依其他法定程序請求救濟者為限。

②前項規定，於和解、調解或其他與確定判決有同一效力者準用之。

第三九八條　（判決確定之時期）92
①判決，於上訴期間屆滿時確定。但於上訴期間內有合法之上訴者，阻其確定。
②不得上訴之判決，於宣示時確定；不宣示者，於公告時確定。
第三九九條　（判決確定證明書）92
①當事人得聲請法院，付與判決確定證明書。
②判決確定證明書，由第一審法院付與之。但卷宗在上級法院者，由上級法院付與之。
③判決確定證明書，應於聲請後七日內付與之。
④前三項之規定，於裁定確定證明書準用之。
第四〇〇條　（既判力之客觀範圍）92
①除別有規定外，確定之終局判決就經裁判之訴訟標的，有既判力。
②主張抵銷之請求，其成立與否經裁判者，以主張抵銷之額爲限，有既判力。
第四〇一條　（既判力之主觀範圍）
①確定判決，除當事人外，對於訴訟繫屬後爲當事人之繼受人者，及爲當事人或其繼受人占有請求之標的物者，亦有效力。
②對於爲他人而爲原告或被告者之確定判決，對於該他人亦有效力。
③前二項之規定，於假執行之宣告準用之。
第四〇二條　（外國法院確定判決之效力）92
①外國法院之確定判決，有下列各款情形之一者，不認其效力：
一　依中華民國之法律，外國法院無管轄權者。
二　敗訴之被告未應訴者。但開始訴訟之通知或命令已於相當時期在該國合法送達，或依中華民國法律上之協助送達者，不在此限。
三　判決之內容或訴訟程序，有背中華民國之公共秩序或善良風俗者。
四　無相互之承認者。
②前項規定，於外國法院之確定裁定準用之。

第二章　調解程序

第四〇三條　（強制調解之事件）96
①下列事件，除有第四百零六條第一項各款所定情形之一者外，於起訴前，應經法院調解：
一　不動產所有人或地上權人或其他利用不動產之人相互間因相鄰關係發生爭執者。
二　因定不動產之界線或設置界標發生爭執者。
三　不動產共有人間因共有物之管理、處分或分割發生爭執者。
四　建築物區分所有人或利用人相互間因建築物或其共同部分之管理發生爭執者。
五　因增加或減免不動產之租金或地租發生爭執者。
六　因定地上權之期間、範圍、地租發生爭執者。
七　因道路交通事故或醫療糾紛發生爭執者。
八　雇用人與受雇人間因僱傭契約發生爭執者。
九　合夥人間或隱名合夥人與出名營業人間因合夥發生爭執者。
十　配偶、直系親屬、四親等內之旁系血親、三親等內之旁系姻親、家長或家屬相互間因財產權發生爭執者。
十一　其他因財產權發生爭執，其標的之金額或價額在新臺幣五十萬元以下者。
②前項第十一款所定數額，司法院得因情勢需要，以命令減至新臺幣二十五萬元或增至七十五萬元。
第四〇四條　（聲請調解之事件）
①不合於前條規定之事件，當事人亦得於起訴前，聲請調解。
②有起訴前應先經法院調解之合意，而當事人逕行起訴者，經他造抗辯後，視其起訴爲調解之聲請。但已爲本案之言詞辯論者，不得再爲抗辯。

第四〇五條　（聲請調解之程式）
①調解，依當事人之聲請行之。
②前項聲請，應表明為調解標的之法律關係及爭議之情形。有文書為證據者，並應提出其原本或影本。
③聲請調解之管轄法院，準用第一編第一章第一節之規定。
第四〇六條　（聲請調解之裁定）92
①法院認調解之聲請有下列各款情形之一者，得逕以裁定駁回之：
一　依法律關係之性質，當事人之狀況或其他情事可認為不能調解或顯無調解必要或調解顯無成立之望者。
二　經其他法定調解機關調解未成立者。
三　因票據發生爭執者。
四　係提起反訴者。
五　送達於他造之通知書，應為公示送達或於外國為送達者。
六　金融機構因消費借貸契約或信用卡契約有所請求者。
②前項裁定，不得聲明不服。
第四〇六條之一　（調解委員之選任）96
①調解程序，由簡易庭法官行之。但依第四百二十條之一第一項移付調解事件，得由原法院、受命法官或受託法官行之。
②調解由法官選任調解委員一人至三人先行調解，俟至相當程度有成立之望或其他必要情形時，再報請法官到場。但兩造當事人合意或法官認為適當時，亦得逕由法官行之。
③當事人對於前項調解委員人選有異議或兩造合意選任其他適當之人者，法官得另行選任或依其合意選任之。
第四〇六條之二　（地方法院調解委員之列冊、選任）
①地方法院應將其管轄區域內適於為調解委員之人選列冊，以供選任；其人數、資格、任期及其聘任、解任等事項，由司法院定之。
②法官於調解事件認有必要時，亦得選任前項名冊以外之人為調解委員。
第四〇七條　（調解期日之指定與通知書之送達）
①調解期日，由法官依職權定之，其續行之調解期日，得委由主任調解委員定之；無主任調解委員者，得委由調解委員定之。
②第一百五十六條、第一百五十九條之規定，於法官定調解期日準用之。
③聲請書狀或言詞聲請之筆錄應與調解期日之通知書，一併送達於他造。
④前項通知書，應記載不到場時之法定效果。
第四〇七條之一　（調解程序之指揮）
調解委員行調解時，由調解委員指揮其程序，調解委員有二人以上時，由法官指定其中一人為主任調解委員指揮之。
第四〇八條　（命當事人或法定代理人到場）
法官於必要時，得命當事人或法定代理人本人於調解期日到場；調解委員認有必要時，亦得報請法官行之。
第四〇九條　（違背到場義務之處罰）
①當事人無正當理由不於調解期日到場者，法院得以裁定處新臺幣三千元以下之罰鍰；其有代理人到場而本人無正當理由不從前條之命者亦同。
②前項裁定得為抗告，抗告中應停止執行。
第四〇九條之一　（聲請命他造為一定之行為或不行為及提供擔保）
①為達成調解目的之必要，法院得依當事人之聲請，禁止他造變更現狀、處分標的物，或命為其他一定行為或不行為；於必要時，得命聲請人供擔保後行之。
②關於前項聲請之裁定，不得抗告。
③法院為第一項處置前，應使當事人有陳述意見之機會。但法院認為不適當或經通知而

不為陳述者，不在此限。

④第一項之處置，不得作為執行名義，並於調解事件終結時失其效力。

⑤當事人無正當理由不從第一項處置之命者，法院得以裁定處新臺幣三萬元以下之罰鍰。

⑥前項裁定得為抗告，抗告中應停止執行。

第四一〇條　（調解處所）

①調解程序於法院行之，於必要時，亦得於其他適當處所行之。調解委員於其他適當處所行調解者，應經法官之許可。

②前項調解，得不公開。

第四一〇條之一　（報請法官處理調解之裁定）

調解委員認調解有第四百零六條第一項各款所定情形之一者，報請法官處理之。

第四一一條　（調解委員之報酬）

①調解委員行調解，得支領日費、旅費，並得酌支報酬；其計算方法及數額由司法院定之。

②前項日費、旅費及報酬，由國庫負擔。

第四一二條　（參加調解）

就調解事件有利害關係之第三人，經法官之許可，得參加調解程序；法官並得將事件通知之，命其參加。

第四一三條　（審究爭議之所在）

行調解時，為審究事件關係及兩造爭議之所在，得聽取當事人、具有專門知識經驗或知悉事件始末之人或其他關係人之陳述，察看現場或調解標的物之狀況；於必要時，得由法官調查證據。

第四一四條　（調解之態度）

調解時應本和平懇切之態度，對當事人兩造為適當之勸導，就調解事件酌擬平允方案，力謀雙方之和諧。

第四一五條　（刪除）

第四一五條之一　（調解條款及調解程序筆錄）

①關於財產權爭議之調解，經兩造同意，得由調解委員酌定解決事件之調解條款。

②前項調解條款之酌定，除兩造另有約定外，以調解委員過半數定之。

③調解委員不能依前項規定酌定調解條款時，法官得於徵詢兩造同意後，酌定調解條款，或另定調解期日，或視為調解不成立。

④調解委員酌定之調解條款，應作成書面，記明年月日，或由書記官記明於調解程序筆錄，由調解委員簽名後，送請法官審核；其經法官核定者，視為調解成立。

⑤前項經核定之記載調解條款之書面，視為調解程序筆錄。

⑥法官酌定之調解條款，於書記官記明於調解程序筆錄時，視為調解成立。

第四一六條　（調解成立之效力與調解無效或撤銷）102

①調解經當事人合意而成立；調解成立者，與訴訟上和解有同一之效力。

②調解有無效或得撤銷之原因者，當事人得向原法院提起宣告調解無效或撤銷調解之訴。

③前項情形，原調解事件之聲請人，得就原調解事件合併起訴或提起反訴，請求法院於宣告調解無效或撤銷調解時合併裁判之。並視為自聲請調解時，已經起訴。

④第五百條至第五百零二條及第五百零六條之規定，於第二項情形準用之。

⑤調解不成立者，法院應付與當事人證明書。

⑥第五編之一第三人撤銷訴訟程序之規定，於第一項情形準用之。

第四一七條　（依職權為解決事件之方案）

①關於財產權爭議之調解，當事人不能合意但已甚接近者，法官應斟酌一切情形，其有調解委員者，並應徵詢調解委員之意見，求兩造利益之平衡，於不違反兩造當事人之主要意思範圍內，以職權提出解決事件之方案。

②前項方案，應送達於當事人及參加調解之利害關係人。

第四一八條　（對職權調解方案之異議及調解成立之擬制）

①當事人或參加調解之利害關係人對於前條之方案，得於送達後十日之不變期間內，提出異議。

②於前項期間內提出異議者，視爲調解不成立；其未於前項期間內提出異議者，視爲已依該方案成立調解。

③第一項之異議，法院應通知當事人及參加調解之利害關係人。

第四一九條　（調解不成立之效果）92

①當事人兩造於期日到場而調解不成立者，法院得依一造當事人之聲請，按該事件應適用之訴訟程序，命即爲訴訟之辯論。但他造聲請延展期日者，應許可之。

②前項情形，視爲調解之聲請人自聲請時已經起訴。

③當事人聲請調解而不成立，如聲請人於調解不成立證明書送達後十日之不變期間內起訴者，視爲自聲請調解時，已經起訴；其於送達前起訴者，亦同。

④以起訴視爲調解之聲請或因債務人對於支付命令提出異議而視爲調解之聲請者，如調解不成立，除調解當事人聲請延展期日外，法院應按該事件應適用之訴訟程序，命即爲訴訟之辯論，並仍自原起訴或支付命令聲請時，發生訴訟繫屬之效力。

第四二〇條　（當事人不到場之效果）

當事人兩造或一造於期日不到場者，法官酌量情形，得視爲調解不成立或另定調解期日。

第四二〇條之一　（移付調解）102

①第一審訴訟繫屬中，得經兩造合意將事件移付調解。

②前項情形，訴訟程序停止進行。調解成立時，訴訟終結。調解不成立時，訴訟程序繼續進行。

③依第一項規定移付調解而成立者，原告得於調解成立之日起三個月內聲請退還已繳裁判費三分之二。

④第二項調解有無效或得撤銷之原因者，準用第三百八十條第二項規定；請求人並應繳納前項退還之裁判費。

第四二一條　（調解筆錄）

①法院書記官應作調解程序筆錄，記載調解成立或不成立及期日之延展或訴訟之辯論。但調解委員行調解時，得僅由調解委員自行記錄調解不成立或延展期日情形。

②第四百十七條之解決事件之方案，經法官當場宣示者，應一併記載於筆錄。

③調解成立者，應於十日內以筆錄正本，送達於當事人及參加調解之利害關係人。

④第二百十二條至第二百十九條之規定，於第一項、第二項筆錄準用之。

第四二二條　（調解之陳述或讓步不得爲裁判之基礎）

調解程序中，調解委員或法官所爲之勸導及當事人所爲之陳述或讓步，於調解不成立後之本案訴訟，不得採爲裁判之基礎。

第四二三條　（調解不成立費用之負擔）

①調解不成立後起訴者，其調解程序之費用，應作爲訴訟費用之一部；不起訴者，由聲請人負擔。

②第八十四條之規定，於調解成立之情形準用之。

第四二四條　（簡易程序訴狀之表明事項）

①第四百零三條第一項之事件，如逕向法院起訴者，宜於訴狀內表明其具有第四百零六條第一項所定事由，並添具釋明其事由之證據。其無該項所定事由而逕行起訴者，視爲調解之聲請。

②以一訴主張數項標的，其一部非屬第四百零三條第一項之事件者，不適用前項視爲調解聲請之規定。

第四二五條　（調解費用－經撤回之負擔）96

①調解之聲請經撤回者，視爲未聲請調解。

②第八十三條第一項之規定，於前項情形準用之。

第四二六條　（調解事件之保密）

法官、書記官及調解委員因經辦調解事件，知悉他人職務上、業務上之秘密或其他涉及個人隱私之事項，應保守秘密。

第三章　簡易訴訟程序

第四二七條 110

①關於財產權之訴訟，其標的之金額或價額在新臺幣五十萬元以下者，適用本章所定之簡易程序。

②下列各款訴訟，不問其標的金額或價額一律適用簡易程序：

一　因建築物或其他工作物定期租賃或定期借貸關係所生之爭執涉訟者。

二　僱用人與受僱人間，因僱傭契約涉訟，其僱傭期間在一年以下者。

三　旅客與旅館主人、飲食店主人或運送人間，因食宿、運送費或因寄存行李、財物涉訟者。

四　因請求保護占有涉訟者。

五　因定不動產之界線或設置界標涉訟者。

六　本於票據有所請求而涉訟者。

七　本於合會有所請求而涉訟者。

八　因請求利息、紅利、租金、退職金或其他定期給付涉訟者。

九　因動產租賃或使用借貸關係所生之爭執涉訟者。

十　因第一款至第三款、第六款至第九款所定請求之保證關係涉訟者。

十一　本於道路交通事故有所請求而涉訟者。

十二　適用刑事簡易訴訟程序案件之附帶民事訴訟，經裁定移送民事庭者。

③不合於前二項規定之訴訟，得以當事人之合意，適用簡易程序，其合意應以文書證之。

④不合於第一項及第二項之訴訟，法院適用簡易程序，當事人不抗辯而爲本案之言詞辯論者，視爲已有前項之合意。

⑤第二項之訴訟，案情繁雜或其訴訟標的金額或價額逾第一項所定額數十倍以上者，法院得依當事人聲請，以裁定改用通常訴訟程序，並由原法官繼續審理。

⑥前項裁定，不得聲明不服。

⑦第一項所定數額，司法院得因情勢需要，以命令減至新臺幣二十五萬元，或增至七十五萬元。

第四二七條之一　（同一地方法院之事務分配）

同一地方法院適用簡易程序審理之事件，其事務分配辦法由司法院定之。

第四二八條　（言詞起訴）

①第二百四十四條第一項第二款所定事項，原告於起訴時得僅表明請求之原因事實。

②起訴及其他期日外之聲明或陳述，概得以言詞爲之。

第四二九條　（言詞起訴之送達與就審期間）

①以言詞起訴者，應將筆錄與言詞辯論期日之通知書，一併送達於被告。

②就審期間，至少應有五日。但有急迫情形者，不在此限。

第四三〇條　（通知書應爲特別之表明）

言詞辯論期日之通知書，應表明適用簡易訴訟程序，並記載當事人務於期日攜帶所用證物及偕同所舉證人到場。

第四三一條　（準備書狀或答辯狀）

當事人於其聲明或主張之事實或證據，以認爲他造非有準備不能陳述者爲限，應於期日前提出準備書狀或答辯狀，並以繕本或影本直接通知他造；其以言詞爲陳述者，由法院書記官作成筆錄，送達於他造。

第四三二條　（當事人之自行到庭）

①當事人兩造於法院通常開庭之日，得不待通知，自行到場，爲訴訟之言詞辯論。

②前項情形，其起訴應記載於言詞辯論筆錄，並認當事人已有第四百二十七條第三項適用簡易程序之合意。

第四三三條　（證據調查之便宜方法）

通知證人或鑑定人，得不送達通知書，依法院認爲便宜之方法行之。但證人或鑑定人如不於期日到場，仍應送達通知書。

第四三三條之一　（簡易訴訟程序之辯論期日）

簡易訴訟程序事件，法院應以一次期日辯論終結爲原則。

第四三三條之二　（言詞辯論之筆錄）

①言詞辯論筆錄，經法院之許可，得省略應記載之事項。但當事人有異議者，不在此限。

②前項規定，於言詞辯論程式之遵守、捨棄、認諾、撤回、和解、自認及裁判之宣示，不適用之。

第四三三條之三　（一造辯論判決）

言詞辯論期日，當事人之一造不到場者，法院得依職權由一造辯論而爲判決。

第四三四條　（判決書之記載）

①判決書內之事實及理由，得合併記載其要領或引用當事人書狀、筆錄或其他文書，必要時得以之作爲附件。

②法院亦得於宣示判決時，命將判決主文及其事實、理由之要領，記載於言詞辯論筆錄，不另作判決書；其筆錄正本或節本之送達，與判決正本之送達，有同一之效力。

③第二百三十條之規定，於前項筆錄準用之。

第四三四條之一　（判決書僅記載主文之情形）

有下列各款情形之一者，判決書得僅記載主文：

一　本於當事人對於訴訟標的之捨棄或認諾者。

二　受不利判決之當事人於宣示判決時，捨棄上訴權者。

三　受不利判決之當事人於宣示判決時，履行判決所命之給付者。

第四三五條　（簡易程序之變更、追加或反訴）

①因訴之變更、追加或提起反訴，致其訴之全部或一部，不屬第四百二十七條第一項及第二項之範圍者，除當事人合意繼續適用簡易程序外，法院應以裁定改用通常訴訟程序，並由原法官繼續審理。

②前項情形，被告不抗辯而爲本案之言詞辯論者，視爲已有適用簡易程序之合意。

第四三六條　（簡易程序之實行）

①簡易訴訟程序在獨任法官前行之。

②簡易訴訟程序，除本章別有規定外，仍適用第一章通常訴訟程序之規定。

第四三六條之一　（上訴及抗告程序之準用）

①對於簡易程序之第一審裁判，得上訴或抗告於管轄之地方法院，其審判以合議行之。

②當事人於前項上訴程序，爲訴之變更、追加或提起反訴，致應適用通常訴訟程序者，不得爲之。

③第一項之上訴及抗告程序，準用第四百三十四條第一項、第四百三十四條之一及第三編第一章、第四編之規定。

④對於依第四百二十七條第五項規定改用通常訴訟程序所爲之裁判，得上訴或抗告於管轄之高等法院。

第四三六條之二　（上訴利益逾法定數額之第二審判決的上訴及抗告）

①對於簡易訴訟程序之第二審裁判，其上訴利益逾第四百六十六條所定之額數者，當事人僅得以其適用法規顯有錯誤爲理由，逕向最高法院提起上訴或抗告。

②前項上訴及抗告，除別有規定外，仍適用第三編第二章第三審程序、第四編抗告程序之規定。

第四三六條之三　（上訴利益逾法定數額之第二審判決上訴及抗告之限制）
①對於簡易訴訟程序之第二審裁判，提起第三審上訴或抗告，須經原裁判法院之許可。
②前項許可，以訴訟事件所涉及之法律見解具有原則上之重要性者為限。
③第一項之上訴或抗告，為裁判之原法院認為應行許可者，應添具意見書，敘明合於前項規定之理由，逕將卷宗送最高法院；認為不應許可者，應以裁定駁回其上訴或抗告。
④前項裁定，得逕向最高法院抗告。
第四三六條之四　（上訴及抗告理由）
①依第四百三十六條之二第一項提起上訴或抗告者，應同時表明上訴或抗告理由；其於裁判宣示後送達前提起上訴或抗告者，應於裁判送達後十日內補具之。
②未依前項規定表明上訴或抗告理由者，毋庸命其補正，由原法院裁定駁回之。
第四三六條之五　（上訴或抗告之裁定駁回）
①最高法院認上訴或抗告，不合第四百三十六條之二第一項及第四百三十六條之三第二項之規定而不應許可者，應以裁定駁回之。
②前項裁定，不得聲請再審。
第四三六條之六　（提起再審之訴或聲請再審之限制）
對於簡易訴訟程序之裁判，逕向最高法院提起上訴或抗告，經以上訴或抗告無理由為駁回之裁判者，不得更以同一理由提起再審之訴或聲請再審。
第四三六條之七　（重要證物漏未斟酌之提起再審之訴或聲請再審）
對於簡易訴訟程序之第二審確定終局裁判，如就足影響於裁判之重要證物，漏未斟酌者，亦得提起再審之訴或聲請再審。

第四章　小額訴訟程序

第四三六條之八　（適用小額程序之事件或不適用者之處理）
①關於請求給付金錢或其他代替物或有價證券之訴訟，其標的金額或價額在新臺幣十萬元以下者，適用本章所定之小額程序。
②法院認適用小額程序為不適當者，得依職權以裁定改用簡易程序，並由原法官繼續審理。
③前項裁定，不得聲明不服。
④第一項之訴訟，其標的金額或價額在新臺幣五十萬元以下者，得以當事人之合意適用小額程序，其合意應以文書證之。
第四三六條之九　（約定債務履行地或合意管轄）
小額事件當事人之一造為法人或商人者，於其預定用於同類契約之條款，約定債務履行地或以合意定第一審管轄法院時，不適用第十二條或第二十四條之規定。但兩造均為法人或商人者，不在此限。
第四三六條之一〇　（使用表格化訴狀）
依小額程序起訴者，得使用表格化訴狀；其格式由司法院定之。
第四三六條之一一　（得於夜間或休息日進行程序）92
①小額程序，得於夜間或星期日或其他休息日行之。但當事人提出異議者，不在此限。
②前項於夜間或星期日或其他休息日之開庭規則，由司法院定之。
第四三六條之一二　（調解期日不到場之效果）
①第四百三十六條之八所定事件，依法應行調解程序者，如當事人一造於調解期日五日前，經合法通知無正當理由而不於調解期日到場，法院得依到場當事人之聲請，命即為訴訟之辯論，並得依職權由其一造辯論而為判決。
②調解期日通知書，並應記載前項不到場之效果。
第四三六條之一三　（刪除）
第四三六條之一四　（不調查證據之情形）

有下列各款情形之一者，法院得不調查證據，而審酌一切情況，認定事實，為公平之裁判：
一　經兩造同意者。
二　調查證據所需時間、費用與當事人之請求顯不相當者。

第四三六條之一五（訴之變更、追加或提起反訴之適用）
當事人為訴之變更、追加或提起反訴，除當事人合意繼續適用小額程序並經法院認為適當者外，僅得於第四百三十六條之八第一項之範圍內為之。

第四三六條之一六（不得為適用小額程序而為一部請求）
當事人不得為適用小額程序而為一部請求。但已向法院陳明就其餘額不另起訴請求者，不在此限。

第四三六條之一七（刪除）

第四三六條之一八（簡化判決書）
①判決書得僅記載主文，就當事人有爭執事項，於必要時得加記理由要領。
②前項判決得於訴狀或言詞起訴筆錄上記載之。
③前二項判決之記載得表格化，其格式及正本之製作方式，由司法院定之。

第四三六條之一九（訴訟費用額之計算及文書）
①法院為訴訟費用之裁判時，應確定其費用額。
②前項情形，法院得命當事人提出費用計算書及釋明費用額之文書。

第四三六條之二〇（假執行）
法院為被告敗訴之判決時，應依職權宣告假執行。

第四三六條之二一（按期清償及免除部分給付）
法院命被告為給付時，如經原告同意，得為被告於一定期限內自動清償者，免除部分給付之判決。

第四三六條之二二（逾期不履行分期給付或緩期清償）
法院依被告之意願而為分期給付或緩期清償之判決者，得於判決內定被告逾期不履行時應加給原告之金額。但其金額不得逾判決所命原給付金額或價額之三分之一。

第四三六條之二三（小額程序之準用）
第四百二十八條至第四百三十一條、第四百三十二條第一項、第四百三十三條至第四百三十四條之一及第四百三十六條之規定，於小額程序準用之。

第四三六條之二四（第一審判決之上訴或抗告）
①對於小額程序之第一審裁判，得上訴或抗告於管轄之地方法院，其審判以合議行之。
②對於前項第一審裁判之上訴或抗告，非以其違背法令為理由，不得為之。

第四三六條之二五（上訴狀之記載事項）
上訴狀內應記載上訴理由，表明下列各款事項：
一　原判決所違背之法令及其具體內容。
二　依訴訟資料可認為原判決有違背法令之具體事實。

第四三六條之二六（發回原法院或自為裁判）
①應適用通常訴訟程序或簡易訴訟程序事件，而第一審法院行小額程序者，第二審法院得廢棄原判決，將該事件發回原法院。但第四百三十六條之八第四項之事件，當事人已表示無異議或知其違背或可得而知其違背，並無異議而為本案辯論者，不在此限。
②前項情形，應予當事人陳述意見之機會，如兩造同意由第二審法院繼續適用小額程序者，應自為裁判。
③第一項之判決，得不經言詞辯論為之。

第四三六條之二七（訴之變更、追加或提起反訴）
當事人於第二審程序不得為訴之變更、追加或提起反訴。

第四三六條之二八（新攻擊或防禦方法之提出）
當事人於第二審程序不得提出新攻擊或防禦方法。但因原法院違背法令致未能提出者，不在此限。

第四三六條之二九　（言詞辯論之例外）

小額程序之第二審判決，有下列情形之一者，得不經言詞辯論爲之：

一　經兩造同意者。

二　依上訴意旨足認上訴爲無理由者。

第四三六條之三〇　（第二審裁制不得上訴或抗告）

對於小額程序之第二審裁判，不得上訴或抗告。

第四三六條之三一　（上訴或抗告駁回，不得以同理由提起再審）

對於小額程序之第一審裁判，提起上訴或抗告，經以上訴或抗告無理由爲駁回之裁判者，不得更以同一理由提起再審之訴或聲請再審。

第四三六條之三二　（上訴、抗告、再審程序之準用）92

①第四百三十六條之十四、第四百三十六條之十九、第四百三十六條之二十一及第四百三十六條之二十二之規定，於小額事件之上訴程序準用之。

②第四百三十八條至第四百四十五條、第四百四十八條至第四百五十條、第四百五十四條、第四百五十五條、第四百五十九條、第四百六十二條、第四百六十三條、第四百六十八條、第四百六十九條第一款至第五款、第四百七十一條至第四百七十三條及第四百七十五條第一項之規定，於小額事件之上訴程序準用之。

③第四編之規定，於小額事件之抗告程序準用之。

④第五編之規定，於小額事件之再審程序準用之。

第三編　上訴審程序

第一章　第二審程序

第四三七條　（第二審上訴之特別要件）92

對於第一審之終局判決，除別有規定外，得上訴於管轄第二審之法院。

第四三八條　（第二審上訴之範圍）

前條判決前之裁判，牽涉該判決者，並受第二審法院之審判。但依本法不得聲明不服或得以抗告聲明不服者，不在此限。

第四三九條　（上訴權之捨棄）92

①當事人於第一審判決宣示、公告或送達後，得捨棄上訴權。

②當事人於宣示判決時，以言詞捨棄上訴權者，應記載於言詞辯論筆錄；如他造不在場，應將筆錄送達。

第四四〇條　（上訴期間）92

提起上訴，應於第一審判決送達後二十日之不變期間內爲之。但宣示或公告後送達前之上訴，亦有效力。

第四四一條　（上訴之程式）

①提起上訴，應以上訴狀表明下列各款事項，提出於原第一審法院爲之：

一　當事人及法定代理人。

二　第一審判決及對於該判決上訴之陳述。

三　對於第一審判決不服之程度，及應如何廢棄或變更之聲明。

四　上訴理由。

②上訴理由應表明下列各款事項：

一　應廢棄或變更原判決之理由。

二　關於前款理由之事實及證據。

第四四二條　（原審對不合法上訴之處置）

①提起上訴，如逾上訴期間或係對於不得上訴之判決而上訴者，原第一審法院應以裁定駁回之。

②上訴不合程式或有其他不合法之情形而可以補正者，原第一審法院應定期間命其補

正，如不於期間內補正，應以裁定駁回之。
③上訴狀未具上訴理由者，不適用前項之規定。

第四四三條　（上訴狀之送達）92
①上訴未經依前條規定駁回者，第一審法院應速將上訴狀送達被上訴人。
②各當事人均提起上訴，或其他各當事人之上訴期間已滿後，第一審法院應速將訴訟卷宗連同上訴狀及其他有關文件送交第二審法院。
③前項應送交之卷宗，如為第一審法院所需者，應自備繕本、影本或節本。

第四四四條 110
①上訴不合法者，第二審法院應以裁定駁回之。但其情形可以補正者，審判長應定期間先命補正。
②上訴不合法之情形，已經原第一審法院定期間命其補正而未補正者，得不行前項但書之程序。
③第一項及第四百四十二條第一項、第二項情形，上訴基於惡意或不當目的者，第二審法院或原第一審法院得各處上訴人、法定代理人、訴訟代理人新臺幣十二萬元以下之罰鍰。
④第二百四十九條之一第三項、第四項、第六項及第七項之規定，於前項情形準用之。

第四四四條之一　（上訴理由書、答辯狀之提出）92
①上訴狀內未表明上訴理由者，審判長得定相當期間命上訴人提出理由書。
②上訴人提出理由書後，除應依前條規定駁回者外，第二審法院應速將上訴理由書送達被上訴人。
③審判長得定相當期間命被上訴人提出答辯狀，及命上訴人就答辯狀提出書面意見。
④當事人逾第一項及前項所定期間提出書狀者，法院得命該當事人以書狀說明其理由。
⑤當事人未依第一項提出上訴理由書或未依前項規定說明者，第二審法院得準用第四百四十七條之規定，或於判決時依全辯論意旨斟酌之。

第四四五條　（言詞辯論之範圍）92
①言詞辯論，應於上訴聲明之範圍內為之。
②當事人應陳述第一審言詞辯論之要領。但審判長得令書記官朗讀第一審判決、筆錄或其他卷內文書代之。

第四四六條　（訴之變更、追加或提起反訴之限制）92
①訴之變更或追加，非經他造同意，不得為之。但第二百五十五條第一項第二款至第六款情形，不在此限。
②提起反訴，非經他造同意，不得為之。但有下列各款情形之一者，不在此限：
　一　於某法律關係之成立與否有爭執，而本訴裁判應以該法律關係為據，並請求確定其關係者。
　二　就同一訴訟標的有提起反訴之利益者。
　三　就主張抵銷之請求尚有餘額部分，有提起反訴之利益者。

第四四七條　（第一審之續行）92
①當事人不得提出新攻擊或防禦方法。但有下列情形之一者，不在此限：
　一　因第一審法院違背法令致未能提出者。
　二　事實發生於第一審法院言詞辯論終結後者。
　三　對於在第一審已提出之攻擊或防禦方法為補充者。
　四　事實於法院已顯著或為其職務上所已知或應依職權調查證據者。
　五　其他非可歸責於當事人之事由，致未能於第一審提出者。
　六　如不許其提出顯失公平者。
②前項但書各款事由，當事人應釋明之。
③違反前二項之規定者，第二審法院應駁回之。

第四四八條　（第一審之續行）
在第一審所為之訴訟行為，於第二審亦有效力。

第四四九條　（上訴無理由之判決）
①第二審法院認上訴爲無理由者，應爲駁回之判決。
②原判決依其理由雖屬不當，而依其他理由認爲正當者，應以上訴爲無理由。
第四四九條之一　110
①上訴基於惡意、不當目的或有重大過失，且事實上或法律上之主張欠缺合理依據者，第二審法院得各處上訴人、法定代理人、訴訟代理人新臺幣十二萬元以下之罰鍰。
②第二百四十九條之一第二項至第七項之規定，於前項情形準用之。
第四五〇條　（上訴有理由之判決）92
第二審法院認上訴爲有理由者，應於上訴聲明之範圍內，爲廢棄或變更原判決之判決。
第四五一條　（廢棄原判決—將事件發回原法院或自爲判決）92
①第一審之訴訟程序有重大之瑕疵者，第二審法院得廢棄原判決，而將該事件發回原法院。但以因維持審級制度認爲必要時爲限。
②前項情形，應予當事人陳述意見之機會，如兩造同意願由第二審法院就該事件爲裁判者，應自爲判決。
③依第一項之規定廢棄原判決者，其第一審訴訟程序有瑕疵之部分，視爲亦經廢棄。
第四五一條之一　（不得廢棄原判決之情形）92
①應適用簡易訴訟程序之事件，第二審法院不得以第一審法院行通常訴訟程序而廢棄原判決。
②前項情形，應適用簡易訴訟事件第二審程序之規定。
第四五二條　（廢棄原判決—將事件移送於管轄法院）
①第二審法院不得以第一審法院無管轄權而廢棄原判決。但違背專屬管轄之規定者，不在此限。
②因第一審法院無管轄權而廢棄原判決者，應以判決將該事件移送於管轄法院。
第四五三條　（言詞審理之例外）
第四百五十一條第一項及前條第二項之判決，得不經言詞辯論爲之。
第四五四條　（第一審判決事實之引用）92
①判決書內應記載之事實，得引用第一審判決。當事人提出新攻擊或防禦方法者，應併記載之。
②判決書內應記載之理由，如第二審關於攻擊或防禦方法之意見及法律上之意見與第一審判決相同者，得引用之；如有不同者，應另行記載。關於當事人提出新攻擊或防禦方法之意見，應併記載之。
第四五五條　（假執行上訴之辯論與裁判）
第二審法院應依聲請，就關於假執行之上訴，先爲辯論及裁判。
第四五六條　（裁定宣告假執行）92
①第一審判決未宣告假執行或宣告附條件之假執行者，其未經聲明不服之部分，第二審法院應依當事人之聲請，以裁定宣告假執行。
②第二審法院認爲上訴人係意圖延滯訴訟而提起上訴者，應依被上訴人聲請，以裁定就第一審判決宣告假執行；其逾時始行提出攻擊或防禦方法可認爲係意圖延滯訴訟者，亦同。
第四五七條　（財產權訴訟之宣告假執行）
①關於財產權之訴訟，第二審法院之判決，維持第一審判決者，應於其範圍內，依聲請宣告假執行。
②前項宣告假執行，如有必要，亦得以職權爲之。
第四五八條　（假執行之裁判不得聲明不服）92
對第二審法院關於假執行之裁判，不得聲明不服。但依第三百九十五條第二項及第三項所爲之裁判，不在此限。
第四五九條　（上訴之撤回）92

①上訴人於終局判決前，得將上訴撤回。但被上訴人已為附帶上訴者，應得其同意。
②訴訟標的對於共同訴訟之各人必須合一確定者，其中一人或數人於提起上訴後撤回上訴時，法院應即通知視為已提起上訴之共同訴訟人，命其於十日內表示是否撤回，逾期未為表示者，視為亦撤回上訴。
③撤回上訴者，喪失其上訴權。
④第二百六十二條第二項至第四項之規定，於撤回上訴準用之。

第四六〇條　（附帶上訴之提起）92
①被上訴人於言詞辯論終結前，得為附帶上訴。但經第三審法院發回或發交後，不得為之。
②附帶上訴，雖在被上訴人之上訴期間已滿，或曾捨棄上訴權或撤回上訴後，亦得為之。
③第二百六十一條之規定，於附帶上訴準用之。

第四六一條　（附帶上訴之效力）
上訴經撤回或因不合法而被駁回者，附帶上訴失去效力。但附帶上訴備上訴之要件者，視為獨立之上訴。

第四六二條　（上訴事件終結後對卷宗之處理）
①上訴因判決而終結者，第二審法院書記官應於判決確定後，速將判決正本附入卷宗，送交第一審法院。
②前項規定，於上訴之非因判決而終結者準用之。

第四六三條　（第一審程序之準用）96
除本章別有規定外，前編第一章、第二章之規定，於第二審程序準用之。

第二章　第三審程序

第四六四條　（第三審上訴之特別要件）
對於第二審之終局判決，除別有規定外，得上訴於管轄第三審之法院。

第四六五條　（不得上訴之規定—未於第二審聲明不服）
對於第一審判決，或其一部未經向第二審法院上訴，或附帶上訴之當事人，對於維持該判決之第二審判決，不得上訴。

第四六六條　（上訴利益之計算）
①對於財產權訴訟之第二審判決，如因上訴所得受之利益，不逾新臺幣一百萬元者，不得上訴。
②對於第四百二十七條訴訟，如依通常訴訟程序所為之第二審判決，仍得上訴於第三審法院。其因上訴所得受之利益不逾新臺幣一百萬元者，適用前項規定。
③前二項所定數額，司法院得因情勢需要，以命令減至新臺幣五十萬元，或增至一百五十萬元。
④計算上訴利益，準用關於計算訴訟標的價額之規定。

第四六六條之一　（訴訟代理人之委任）
①對於第二審判決上訴，上訴人應委任律師為訴訟代理人。但上訴人或其法定代理人具有律師資格者，不在此限。
②上訴人之配偶、三親等內之血親、二親等內之姻親，或上訴人為法人、中央或地方機關時，其所屬專任人員具有律師資格並經法院認為適當者，亦得為第三審訴訟代理人。
③第一項但書及第二項情形，應於提起上訴或委任時釋明之。
④上訴人未依第一項、第二項規定委任訴訟代理人，或雖依第二項委任，法院認為不適當者，第二審法院應定期先命補正。逾期未補正亦未依第四百六十六條之二為聲請者，第二審法院應以上訴不合法裁定駁回之。

第四六六條之二　（訴訟代理人之資格）

①上訴人無資力委任訴訟代理人者，得依訴訟救助之規定，聲請第三審法院為之選任律師為其訴訟代理人。
②上訴人依前項規定聲請者，第二審法院應將訴訟卷宗送交第三審法院。

第四六六條之三　（訴訟費用）92
①第三審律師之酬金，為訴訟費用之一部，並應限定其最高額。
②第四百六十六條之二選任律師為訴訟代理人辦法，由司法院定之。
③前項辦法之擬訂，應參酌法務部及中華民國律師公會全國聯合會之意見。

第四六六條之四　（逕向第三審提起飛躍上訴）92
①當事人對於第一審法院依通常訴訟程序所為之終局判決，就其確定之事實認為無誤者，得合意逕向第三審法院上訴。
②前項合意，應以文書證之，並連同上訴狀提出於原第一審法院。

第四六七條　（不得上訴之規定—非以原判決違法為理由）
上訴第三審法院，非以原判決違背法令為理由，不得為之。

第四六八條　（違背法令之意義）
判決不適用法規或適用不當者，為違背法令。

第四六九條 110
有下列各款情形之一者，其判決當然為違背法令：
一　判決法院之組織不合法。
二　依法律或裁判應迴避之法官參與裁判。
三　法院於審判權之有無辨別不當或違背專屬管轄之規定。但當事人未於事實審爭執，或法律別有規定者，不在此限。
四　當事人於訴訟未經合法代理。
五　違背言詞辯論公開之規定。
六　判決不備理由或理由矛盾。

第四六九條之一　（上訴許可制）92
①以前條所列各款外之事由提起第三審上訴者，須經第三審法院之許可。
②前項許可，以從事法之續造、確保裁判之一致性或其他所涉及之法律見解具有原則上重要性者為限。

第四七〇條　（上訴狀之提出）92
①提起上訴，應以上訴狀提出於原判決法院為之。
②上訴狀內，應記載上訴理由，表明下列各款事項：
一　原判決所違背之法令及其具體內容。
二　依訴訟資料合於該違背法令之具體事實。
三　依第四百六十九條之一規定提起上訴者，具體敘述為從事法之續造、確保裁判之一致性或其他所涉及之法律見解具有原則上重要性之理由。
③上訴狀內，宜記載因上訴所得受之利益。

第四七一條　（補提書狀於第二審法院之處置）
①上訴狀內未表明上訴理由者，上訴人應於提起上訴後二十日內，提出理由書於原第二審法院；未提出者，毋庸命其補正，由原第二審法院以裁定駁回之。
②被上訴人得於上訴狀或前項理由書送達後十五日內，提出答辯狀於原第二審法院。
③第二審法院送交訴訟卷宗於第三審法院，應於收到答辯狀或前項期間已滿後為之。
④判決宣示後送達前提起上訴者，第一項之期間自判決送達後起算。

第四七二條　（上訴理由書狀等之提出）
①被上訴人在第三審未判決前，得提出答辯狀及其追加書狀於第三審法院。上訴人亦得提出上訴理由追加書狀。
②第三審法院以認為有必要時為限，得將前項書狀送達於他造。

第四七三條　（上訴聲明範圍之限制）
①上訴之聲明，不得變更或擴張之。

②被上訴人，不得為附帶上訴。

第四七四條　（不經言詞辯論之情形）92

①第三審之判決，應經言詞辯論為之。但法院認為不必要時，不在此限。

②第三審法院行言詞辯論時，應由兩造委任律師代理為之。

③被上訴人委任訴訟代理人時，準用第四百六十六條之一第一項至第三項、第四百六十六條之二第一項及第四百六十六條之三之規定。

第四七五條　（調查之範圍）92

第三審法院應於上訴聲明之範圍內，依上訴理由調查之。但法院應依職權調查之事項，或有統一法令見解之必要者，不在此限。

第四七六條　（判決之基礎）92

①第三審法院，應以原判決確定之事實為判決基礎。

②言詞辯論筆錄記載當事人陳述之事實，第三審法院得斟酌之。

③以違背訴訟程序之規定為上訴理由時，所舉違背之事實及以違背法令確定事實、遺漏事實或認作主張事實為上訴理由時，所舉之該事實，第三審法院亦得斟酌之。

第四七七條　（上訴有理由之判決）

①第三審法院認上訴為有理由者，就該部分應廢棄原判決。

②因違背訴訟程序之規定廢棄原判決者，其違背之訴訟程序部分，視為亦經廢棄。

第四七七條之一　（不得廢棄原判決）92

除第四百六十九條第一款至第五款之情形外，原判決違背法令而不影響裁判之結果者，不得廢棄原判決。

第四七七條之二　（不得廢棄原判決）92

第三審法院就第四百六十六條之四所定之上訴，不得以原判決確定事實違背法令為理由廢棄該判決。

第四七八條　（廢棄原判決而自為判決之情形）92

①第三審法院廢棄原判決，而有下列各款情形之一者，應自為判決：

一　因基於確定之事實或依法得斟酌之事實，不適用法規或適用不當廢棄原判決，而事件已可依該事實為裁判者。

二　原判決就訴或上訴不合法之事件誤為實體裁判者。

三　法院應依職權調查之事項，第三審得自行確定事實而為判斷者。

四　原判決未本於當事人之捨棄或認諾為裁判者。

五　其他無發回或發交使重為辯論之必要者。

②除有前項情形外，第三審法院於必要時，得將該事件發回原法院或發交其他同級法院。

③前項發回或發交判決，就應調查之事項，應詳予指示。

④受發回或發交之法院，應以第三審法院所為廢棄理由之法律上判斷為其判決基礎。

第四七九條　（刪除）92

第四八〇條　（發回或發交所應為之處置）

為發回或發交之判決者，第三審法院應速將判決正本附入卷宗，送交受發回或發交之法院。

第四八一條　（第二審程序之準用）

除本章別有規定外，前章之規定，於第三審程序準用之。

第四編　抗告程序

第四八二條　（得抗告之裁定）

對於裁定，得為抗告。但別有不許抗告之規定者，不在此限。

第四八三條　（程序中裁定不得抗告原則）

訴訟程序進行中所爲之裁定，除別有規定外，不得抗告。
第四八四條 （財產權訴訟之抗告限制及得向原法院提出異議之裁定）92
①不得上訴於第三審法院之事件，其第二審法院所爲裁定，不得抗告。但下列裁定，得向原法院提出異議：
一　命法院書記官、執達員、法定代理人、訴訟代理人負擔訴訟費用之裁定。
二　對證人、鑑定人、通譯或執有文書、勘驗物之第三人處以罰鍰之裁定。
三　駁回拒絕證言、拒絕鑑定、拒絕通譯之裁定。
四　強制提出文書、勘驗物之裁定。
②前項異議，準用對於法院同種裁定抗告之規定。
③受訴法院就異議所爲之裁定，不得聲明不服。
第四八五條 （異議之提出—準抗告）92
①受命法官或受託法官之裁定，不得抗告。但其裁定如係受訴法院所爲而依法得爲抗告者，得向受訴法院提出異議。
②前項異議，準用對於法院同種裁定抗告之規定。
③受訴法院就異議所爲之裁定，得依本編之規定抗告。
④訴訟繫屬於第三審法院者，其受命法官或受託法官所爲之裁定，得向第三審法院提出異議。不得上訴於第三審法院之事件，第二審法院受命法官或受託法官所爲之裁定，得向受訴法院提出異議。
第四八六條 112
①抗告，除別有規定外，由直接上級法院裁定。
②抗告法院之裁定，以抗告不合法而駁回者，不得再爲抗告。但得向所屬法院提出異議。
③前項異議，準用第四百八十四條第二項及第三項之規定。
④除前二項之情形外，對於抗告法院之裁定再爲抗告，僅得以其適用法規顯有錯誤爲理由。
⑤第四百三十六條之六之規定，於前項之抗告準用之。
⑥抗告未繳納裁判費，經原法院以抗告不合法而裁定駁回者，準用第二項、第三項之規定。
⑦第二項及前項之裁定確定，而聲請再審或以其他方法聲明不服者，不生效力，法院毋庸處理。
第四八七條 （抗告期間）92
提起抗告，應於裁定送達後十日之不變期間內爲之。但送達前之抗告，亦有效力。
第四八八條 （提起抗告之程序）92
①提起抗告，除別有規定外，應向爲裁定之原法院或原審判長所屬法院提出抗告狀爲之。
②適用簡易或小額訴訟程序之事件或關於訴訟救助提起抗告及由證人、鑑定人、通譯或執有證物之第三人提起抗告者，得以言詞爲之。但依第四百三十六條之二第一項規定提起抗告者，不在此限。
③提起抗告，應表明抗告理由。
第四八九條 （刪除）92
第四九〇條 （原法院或審判長對抗告之處置）92
①原法院或審判長認抗告爲有理由者，應撤銷或變更原裁定。
②原法院或審判長未以抗告不合法駁回抗告，亦未依前項規定爲裁定者，應速將抗告事件送交抗告法院；如認爲必要時，應送交訴訟卷宗，並得添具意見書。
第四九一條 （抗告之效力）92
①抗告，除別有規定外，無停止執行之效力。
②原法院或審判長或抗告法院得在抗告事件裁定前，停止原裁定之執行或爲其他必要處分。

③前項裁定，不得抗告。

第四九二條　（抗告法院之裁定）92

抗告法院認抗告爲有理由者，應廢棄或變更原裁定；非有必要，不得命原法院或審判長更爲裁定。

第四九三條　（刪除）92

第四九四條　（刪除）92

第四九五條　（擬制抗告或異議）

依本編規定，應爲抗告而誤爲異議者，視爲已提起抗告；應提出異議而誤爲抗告者，視爲已提出異議。

第四九五條之一　（抗告及再抗告之準用）92

①抗告，除本編別有規定外，準用第三編第一章之規定。

②第四百三十六條之二第一項之逕向最高法院抗告、第四百八十六條第四項之再爲抗告，準用第三編第二章之規定。

第五編　再審程序

第四九六條　（再審事由）92

①有下列各款情形之一者，得以再審之訴對於確定終局判決聲明不服。但當事人已依上訴主張其事由或知其事由而不爲主張者，不在此限：

一　適用法規顯有錯誤者。

二　判決理由與主文顯有矛盾者。

三　判決法院之組織不合法者。

四　依法律或裁判應迴避之法官參與裁判者。

五　當事人於訴訟未經合法代理者。

六　當事人知他造之住居所，指爲所在不明而與涉訟者。但他造已承認其訴訟程序者，不在此限。

七　參與裁判之法官關於該訴訟違背職務犯刑事上之罪者，或關於該訴訟違背職務受懲戒處分，足以影響原判決者。

八　當事人之代理人或他造或其代理人關於該訴訟有刑事上應罰之行爲，影響於判決者。

九　爲判決基礎之證物係僞造或變造者。

十　證人、鑑定人、通譯、當事人或法定代理人經具結後，就爲判決基礎之證言、鑑定、通譯或有關事項爲虛僞陳述者。

十一　爲判決基礎之民事、刑事、行政訴訟判決及其他裁判或行政處分，依其後之確定裁判或行政處分已變更者。

十二　當事人發現就同一訴訟標的在前已有確定判決或和解、調解或得使用該判決或和解、調解者。

十三　當事人發現未經斟酌之證物或得使用該證物者。但以如經斟酌可受較有利益之裁判者爲限。

②前項第七款至第十款情形，以宣告有罪之判決或處罰鍰之裁定已確定，或因證據不足以外之理由，而不能爲有罪之確定判決或罰鍰之確定裁定者爲限，得提起再審之訴。

③第二審法院就該事件已爲本案判決者，對於第一審法院之判決不得提起再審之訴。

第四九七條　（再審事由）92

依第四百六十六條不得上訴於第三審法院之事件，除前條規定外，其經第二審確定之判決，如就足影響於判決之重要證物，漏未斟酌，或當事人有正當理由不到場，法院爲一造辯論判決者，亦得提起再審之訴。

第四九八條　（再審事由）

為判決基礎之裁判，如有前二條所定之情形者，得據以對於該判決提起再審之訴。

第四九八條之一　（不得提起再審之事由）92

再審之訴，法院認無再審理由，判決駁回後，不得以同一事由，對於原確定判決或駁回再審之訴之確定判決，更行提起再審之訴。

第四九九條　（再審管轄法院）92

①再審之訴，專屬為判決之原法院管轄。

②對於審級不同之法院就同一事件所為之判決，提起再審之訴者，專屬上級法院合併管轄。但對於第三審法院之判決，係本於第四百九十六條第一項第九款至第十三款事由，聲明不服者，專屬原第二審法院管轄。

第五〇〇條　（提起再審之期間）92

①再審之訴，應於三十日之不變期間內提起。

②前項期間，自判決確定時起算，判決於送達前確定者，自送達時起算；其再審之理由發生或知悉在後者，均自知悉時起算。但自判決確定後已逾五年者，不得提起。

③以第四百九十六條第一項第五款、第六款或第十二款情形為再審之理由者，不適用前項但書之規定。

第五〇一條　（提起再審之程式）92

①再審之訴，應以訴狀表明下列各款事項，提出於管轄法院為之：

一　當事人及法定代理人。

二　聲明不服之判決及提起再審之訴之陳述。

三　應於如何程度廢棄原判決及就本案如何判決之聲明。

四　再審理由及關於再審理由並遵守不變期間之證據。

②再審訴狀內，宜記載準備本案言詞辯論之事項，並添具確定終局判決繕本或影本。

第五〇二條　（再審之訴之駁回）

①再審之訴不合法者，法院應以裁定駁回之。

②再審之訴顯無再審理由者，得不經言詞辯論，以判決駁回之。

第五〇三條　（本案審理之範圍）

本案之辯論及裁判，以聲明不服之部分為限。

第五〇四條　（再審之訴之駁回）

再審之訴，雖有再審理由，法院如認原判決為正當者，應以判決駁回之。

第五〇五條　（各審程序之準用）

除本編別有規定外，再審之訴訟程序，準用關於各該審級訴訟程序之規定。

第五〇五條之一　（再審之訴之準用規定）92

第三百九十五條第二項之規定，於再審之訴準用之。

第五〇六條　（判決之效力）92

再審之訴之判決，於第三人以善意取得之權利無影響。

第五〇七條　（準再審）

裁定已經確定，而有第四百九十六條第一項或第四百九十七條之情形者，得準用本編之規定，聲請再審。

第五編之一　第三人撤銷訴訟程序 92

第五〇七條之一　（第三人撤銷訴訟程序─要件）92

有法律上利害關係之第三人，非因可歸責於己之事由而未參加訴訟，致不能提出足以影響判決結果之攻擊或防禦方法者，得以兩造為共同被告對於確定終局判決提起撤銷之訴，請求撤銷對其不利部分之判決。但應循其他法定程序請求救濟者，不在此限。

第五〇七條之二　（第三人撤銷之訴─管轄法院）92

①第三人撤銷之訴，專屬為判決之原法院管轄。

②對於審級不同之法院就同一事件所為之判決合併提起第三人撤銷之訴，或僅對上級法院所為之判決提起第三人撤銷之訴者，專屬原第二審法院管轄。其未經第二審法院判決者，專屬原第一審法院管轄。

第五〇七條之三　（第三人撤銷之訴—原確定判決效力）92

①第三人撤銷之訴無停止原確定判決執行之效力。但法院因必要情形或依聲請定相當並確實之擔保，得於撤銷之訴聲明之範圍內對第三人不利部分以裁定停止原確定判決之效力。

②關於前項裁定，得為抗告。

第五〇七條之四　（第三人撤銷之訴—變更原判決）92

①法院認第三人撤銷之訴為有理由者，應撤銷原確定終局判決對該第三人不利之部分，並依第三人之聲明，於必要時，在撤銷之範圍內為變更原判決之判決。

②前項情形，原判決於原當事人間仍不失其效力。但訴訟標的對於原判決當事人及提起撤銷之訴之第三人必須合一確定者，不在此限。

第五〇七條之五　（第三人撤銷之訴之準用規定）92

第五百條第一項、第二項、第五百零一條至第五百零三條、第五百零五條、第五百零六條之規定，於第三人撤銷之訴準用之。

第六編　督促程序

第五〇八條　（聲請支付命令之要件）92

①債權人之請求，以給付金錢或其他代替物或有價證券之一定數量為標的者，得聲請法院依督促程序發支付命令。

②支付命令之聲請與處理，得視電腦或其他科技設備發展狀況，使用其設備為之。其辦法，由司法院定之。

第五〇九條　（聲請支付命令之限制）92

督促程序，如聲請人應為對待給付尚未履行，或支付命令之送達應於外國為之，或依公示送達為之者，不得行之。

第五一〇條　（管轄法院）92

支付命令之聲請，專屬債務人為被告時，依第一條、第二條、第六條或第二十條規定有管轄權之法院管轄。

第五一一條　（聲請支付命令應表明之事項）104

①支付命令之聲請，應表明下列各款事項：

一　當事人及法定代理人。

二　請求之標的及其數量。

三　請求之原因事實。其有對待給付者，已履行之情形。

四　應發支付命令之陳述。

五　法院。

②債權人之請求，應釋明之。

第五一二條　（法院之裁定）

法院應不訊問債務人，就支付命令之聲請為裁定。

第五一三條　（支付命令之駁回）

①支付命令之聲請，不合於第五百零八條至第五百十一條之規定，或依聲請之意旨認債權人之請求為無理由者，法院應以裁定駁回之；就請求之一部不得發支付命令者，應僅就該部分之聲請駁回之。

②前項裁定，不得聲明不服。

第五一四條　（支付命令應載事項）104

①支付命令，應記載下列各款事項：

一　第五百十一條第一項第一款至第三款及第五款所定事項。
二　債務人應向債權人清償其請求並賠償程序費用，否則應於支付命令送達後二十日之不變期間內，向發命令之法院提出異議。
三　債務人未於不變期間內提出異議時，債權人得依法院核發之支付命令及確定證明書聲請強制執行。

②第五百十一條第一項第三款所定事項之記載，得以聲請書狀作爲附件代之。

第五一五條　（支付命令之送達）98

①發支付命令後，三個月內不能送達於債務人者，其命令失其效力。
②前項情形，法院誤發確定證明書者，自確定證明書所載確定日期起五年內，經撤銷確定證明書時，法院應通知債權人。如債權人於通知送達後二十日之不變期間起訴，視爲自支付命令聲請時，已經起訴；其於通知送達前起訴者，亦同。
③前項情形，督促程序費用，應作爲訴訟費用或調解程序費用之一部。

第五一六條　（提出異議之程式）92

①債務人對於支付命令之全部或一部，得於送達後二十日之不變期間內，不附理由向發命令之法院提出異議。
②債務人得在調解成立或第一審言詞辨論終結前，撤回其異議。但應負擔調解程序費用或訴訟費用。

第五一七條　（刪除）

第五一八條　（逾期異議之駁回）

債務人於支付命令送達後，逾二十日之不變期間，始提出異議者，法院應以裁定駁回之。

第五一九條　（異議之效力）92

①債務人對於支付命令於法定期間合法提出異議者，支付命令於異議範圍內失其效力，以債權人支付命令之聲請，視爲起訴或聲請調解。
②前項情形，督促程序費用，應作爲訴訟費用或調解程序費用之一部。

第五二〇條　（刪除）

第五二一條　（支付命令之效力）104

①債務人對於支付命令未於法定期間合法提出異議者，支付命令得爲執行名義。
②前項情形，爲裁定之法院應付與裁定確定證明書。
③債務人主張支付命令上所載債權不存在而提起確認之訴者，法院依債務人聲請，得許其提供相當並確實之擔保，停止強制執行。

第七編　保全程序

第五二二條　（聲請假扣押之要件）

①債權人就金錢請求或得易爲金錢請求之請求，欲保全強制執行者，得聲請假扣押。
②前項聲請，就附條件或期限之請求，亦得爲之。

第五二三條　（假扣押之限制）

①假扣押，非有日後不能強制執行或甚難執行之虞者，不得爲之。
②應在外國爲強制執行者，視爲有日後甚難執行之虞。

第五二四條　（假扣押之管轄法院）92

①假扣押之聲請，由本案管轄法院或假扣押標的所在地之地方法院管轄。
②本案管轄法院，爲訴訟已繫屬或應繫屬之第一審法院。但訴訟現繫屬於第二審者，得以第二審法院爲本案管轄法院。
③假扣押之標的如係債權或須經登記之財產權，以債務人住所或擔保之標的所在地或登記地，爲假扣押標的所在地。

第五二五條　（聲請假扣押之程式）92

①假扣押之聲請，應表明下列各款事項：
一　當事人及法定代理人。
二　請求及其原因事實。
三　假扣押之原因。
四　法院。
②請求非關於一定金額者，應記載其價額。
③依假扣押之標的所在地定法院管轄者，應記載假扣押之標的及其所在地。

第五二六條　（請求及假扣押原因之釋明）102
①請求及假扣押之原因，應釋明之。
②前項釋明如有不足，而債權人陳明願供擔保或法院認為適當者，法院得定相當之擔保，命供擔保後為假扣押。
③請求及假扣押之原因雖經釋明，法院亦得命債權人供擔保後為假扣押。
④夫或妻基於剩餘財產差額分配請求權聲請假扣押者，前項法院所命供擔保之金額不得高於請求金額之十分之一。

第五二七條　（免為或撤銷假扣押方法之記載）92
假扣押裁定內，應記載債務人供所定金額之擔保或將請求之金額提存，得免為或撤銷假扣押。

第五二八條　（假扣押裁定及抗告）92
①關於假扣押聲請之裁定，得為抗告。
②抗告法院為裁定前，應使債權人及債務人有陳述意見之機會。
③抗告法院認抗告有理由者，應自為裁定。
④准許假扣押之裁定，如經抗告者，在駁回假扣押聲請裁定確定前，已實施之假扣押執行程序，不受影響。

第五二九條　（撤銷假扣押原因—未依期起訴）92
①本案尚未繫屬者，命假扣押之法院應依債務人聲請，命債權人於一定期間內起訴。
②下列事項與前項起訴有同一效力：
一　依督促程序，聲請發支付命令者。
二　依本法聲請調解者。
三　依第三百九十五條第二項為聲明者。
四　依法開始仲裁程序者。
五　其他經依法開始起訴前應踐行之程序者。
六　基於夫妻剩餘財產差額分配請求權而聲請假扣押，已依民法第一千零十條請求宣告改用分別財產制者。
③前項第六款情形，債權人應於宣告改用分別財產制裁定確定之日起十日內，起訴請求夫妻剩餘財產差額分配。
④債權人不於第一項期間內起訴或未遵守前項規定者，債務人得聲請命假扣押之法院撤銷假扣押裁定。

第五三〇條　（撤銷假扣押原因—原因消滅等）92
①假扣押之原因消滅、債權人受本案敗訴判決確定或其他命假扣押之情事變更者，債務人得聲請撤銷假扣押裁定。
②第五百二十八條第三項、第四項之規定，於前項撤銷假扣押裁定準用之。
③假扣押之裁定，債權人得聲請撤銷之。
④第一項及前項聲請，向命假扣押之法院為之；如本案已繫屬者，向本案法院為之。

第五三一條　（撤銷假扣押時債權人之賠償責任）92
①假扣押裁定因自始不當而撤銷，或因第五百二十九條第四項及第五百三十條第三項之規定而撤銷者，債權人應賠償債務人因假扣押或供擔保所受之損害。
②假扣押所保全之請求已起訴者，法院於第一審言詞辯論終結前，應依債務人之聲明，於本案判決內命債權人為前項之賠償。債務人未聲明者，應告以得為聲明。

第五三二條　（假處分之要件）
①債權人就金錢請求以外之請求，欲保全強制執行者，得聲請假處分。
②假處分，非因請求標的之現狀變更，有日後不能強制執行，或甚難執行之虞者，不得爲之。
第五三三條　（假扣押規定之準用）92
關於假扣押之規定，於假處分準用之。但因第五百三十五條及第五百三十六條之規定而不同者，不在此限。
第五三四條　（刪除）92
第五三五條　（假處分之方法）92
①假處分所必要之方法，由法院以裁定酌定之。
②前項裁定，得選任管理人及命令或禁止債務人爲一定行爲。
第五三六條　（假處分撤銷之原因）92
①假處分所保全之請求，得以金錢之給付達其目的，或債務人將因假處分而受難以補償之重大損害，或有其他特別情事者，法院始得於假處分裁定內，記載債務人供所定金額之擔保後免爲或撤銷假處分。
②假處分裁定未依前項規定爲記載者，債務人亦得聲請法院許其供擔保後撤銷假處分。
③法院爲前二項裁定前，應使債權人有陳述意見之機會。
第五三七條　（刪除）92
第五三七條之一　（押收債務人財產或拘束自由—程式）92
①債權人依民法第一百五十一條規定押收債務人之財產或拘束其自由者，應即時聲請法院爲假扣押或假處分之裁定。
②前項聲請，專屬押收債務人財產或拘束其自由之行爲地地方法院管轄。
第五三七條之二　（押收債務人財產或拘束自由—裁定）92
①前條第一項之聲請，法院應即調查裁定之；其不合於民法第一百五十一條之規定，或有其他不應准許之情形者，法院應即以裁定駁回之。
②因拘束債務人自由而爲假扣押或假處分之聲請者，法院爲准許之裁定，非命債權人及債務人以言詞爲陳述，不得爲之。
第五三七條之三　（押收債務人財產或拘束自由—送交法院）92
①債權人依第五百三十七條之一爲聲請時，應將所押收之財產或被拘束自由之債務人送交法院處理。但有正當理由不能送交者，不在此限。
②法院爲裁定及開始執行前，應就前項財產或債務人爲適當之處置。但拘束債務人之自由，自送交法院時起，不得逾二十四小時。
③債權人依第一項規定將所押收之財產或拘束自由之債務人送交法院者，如其聲請被駁回時，應將該財產發還於債務人或回復其自由。
第五三七條之四　（押收債務人財產或拘束自由—起訴期限）
因拘束債務人自由而爲假扣押或假處分裁定之本案尚未繫屬者，債權人應於裁定送達後五日內起訴；逾期未起訴時，命假扣押或假處分之法院得依聲請或依職權撤銷假扣押或假處分裁定。
第五三八條　（定暫時狀態之假處分）92
①於爭執之法律關係，爲防止發生重大之損害或避免急迫之危險或有其他相類之情形而有必要時，得聲請爲定暫時狀態之處分。
②前項裁定，以其本案訴訟能確定該爭執之法律關係者爲限。
③第一項處分，得命先爲一定之給付。
④法院爲第一項及前項裁定前，應使兩造當事人有陳述之機會。但法院認爲不適當者，不在此限。
第五三八條之一　（定暫時狀態之處分—緊急處置）92
①法院爲前條第一項裁定前，於認有必要時，得依聲請以裁定先爲一定之緊急處置，其處置之有效期間不得逾七日。期滿前得聲請延長之，但延長期間不得逾三日。

②前項期間屆滿前，法院以裁定駁回定暫時狀態處分之聲請者，其先爲之處置當然失其效力；其經裁定許爲定暫時狀態，而其內容與先爲之處置相異時，其相異之處置失其效力。
③第一項之裁定，不得聲明不服。

第五三八條之二　（定暫時狀態之處分—返還給付）92
①抗告法院廢棄或變更第五百三十八條第三項之裁定時，應依抗告人之聲請，在廢棄或變更範圍內，同時命聲請人返還其所受領之給付。其給付爲金錢者，並應依聲請附加自受領時起之利息。
②前項命返還給付之裁定，非對於抗告法院廢棄或變更定暫時狀態之裁定再爲抗告時，不得聲明不服；抗告中應停止執行。
③前二項規定，於第五百三十八條之一第二項之情形準用之。

第五三八條之三　（定暫時狀態之處分—損害賠償責任）92
定暫時狀態之裁定因第五百三十一條之事由被撤銷，而應負損害賠償責任者，如聲請人證明其無過失時，法院得視情形減輕或免除其賠償責任。

第五三八條之四　（定暫時狀態之處分—假處分）92
除別有規定外，關於假處分之規定，於定暫時狀態之處分準用之。

第八編　公示催告程序

第五三九條　（一般公示催告之要件及效果）92
①申報權利之公示催告，以得依背書轉讓之證券或法律有規定者爲限。
②公示催告，對於不申報權利人，生失權之效果。

第五四〇條　（准許之裁定）
①法院應就公示催告之聲請爲裁定。
②法院准許聲請者，應爲公示催告。

第五四一條　（公示催告之記載）92
公示催告，應記載下列各款事項：
一　聲請人。
二　申報權利之期間及在期間內應爲申報之催告。
三　因不申報權利而生之失權效果。
四　法院。

第五四二條　（公示催告之公告方法）107
①公示催告之公告，應黏貼於法院之公告處，並公告於法院網站；法院認爲必要時，得命登載於公報或新聞紙。
②前項公告於法院網站、登載公報、新聞紙之日期或期間，由法院定之。
③聲請人未依前項規定聲請公告於法院網站，或登載公報、新聞紙者，視爲撤回公示催告之聲請。

第五四三條　（申報權利之期間）107
申報權利之期間，除法律別有規定外，自公示催告之公告開始公告於法院網站之日起、最後登載公報、新聞紙之日起，應有二個月以上。

第五四四條　（期間已滿未爲除權判決前申報之效力）
申報權利在期間已滿後，而在未爲除權判決前者，與在期間內申報者，有同一之效力。

第五四五條　（除權判決之聲請）
公示催告，聲請人得於申報權利之期間已滿後三個月內，聲請爲除權判決。但在期間未滿前之聲請，亦有效力，除權判決前之言詞辯論期日，應並通知已申報權利之人。

第五四六條　（除權判決前之職權調查）

法院就除權判決之聲請爲裁判前，得依職權爲必要之調查。

第五四七條 （駁回聲請之裁判）

駁回除權判決之聲請，以裁定爲之。

第五四八條 （對申報權利爭執之處置）

申報權利人，如對於公示催告聲請人所主張之權利有爭執者，法院應酌量情形，在就所報權利有確定裁判前，裁定停止公示催告程序，或於除權判決保留其權利。

第五四九條 （除權判決前之言詞辯論）

①公示催告聲請人，不於言詞辯論期日到場者，法院應依其聲請，另定新期日。

②前項聲請，自有遲誤時起，逾二個月後不得爲之。

③聲請人遲誤新期日者，不得聲請更定新期日。

第五四九條之一 （費用之負擔）92

法院爲除權判決者，程序費用由聲請人負擔。但因申報權利所生之費用，由申報權利人負擔。

第五五〇條 （除權判決之公告）92

法院應以相當之方法，將除權判決之要旨公告之。

第五五一條 （除權判決之撤銷）92

①對於除權判決，不得上訴。

②有下列各款情形之一者，得以公示催告聲請人爲被告，向原法院提起撤銷除權判決之訴：

一　法律不許行公示催告程序者。

二　未爲公示催告之公告，或不依法定方式爲公告者。

三　不遵守公示催告之公告期間者。

四　爲除權判決之法官，應自行迴避者。

五　已經申報權利而不依法律於判決中斟酌之者。

六　有第四百九十六條第一項第七款至第十款之再審理由者。

第五五二條 （撤銷除權判決之期間）

①撤銷除權判決之訴，應於三十日之不變期間內提起之。

②前項期間，自原告知悉除權判決時起算。但依前條第四款或第六款所定事由提起撤銷除權判決之訴，如原告於知有除權判決時不知其事由者，自知悉其事由時起算。

③除權判決宣示後已逾五年者，不得提起撤銷之訴。

第五五三條 （撤銷除權判決之準用）92

第五百零一條、第五百零二條及第五百零六條之規定，於撤銷除權判決之訴準用之。

第五五四條 （對於除權判決所附限制及保留之抗告）

對於除權判決所附之限制或保留，得爲抗告。

第五五五條 （公示催告程序之合併）

數宗公示催告程序，法院得命合併之。

第五五六條 （宣告證券無效之公示催告）

宣告證券無效之公示催告程序，適用第五百五十七條至第五百六十七條之規定。

第五五七條 （管轄法院）

公示催告，由證券所載履行地之法院管轄；如未載履行地者，由證券發行人爲被告時，依第一條或第二條規定有管轄權之法院管轄；如無此法院者，由發行人於發行之日爲被告時，依各該規定有管轄權之法院管轄。

第五五八條 （公示催告之聲請人）

①無記名證券或空白背書之指示證券，得由最後之持有人爲公示催告之聲請。

②前項以外之證券，得由能據證券主張權利之人爲公示催告之聲請。

第五五九條 （聲請之程序）92

聲請人應提出證券繕本、影本，或開示證券要旨及足以辨認證券之事項，並釋明證券被盜、遺失或滅失及有聲請權之原因、事實。

第五六〇條　（公示催告之記載）

公示催告，應記載持有證券人應於期間內申報權利及提出證券，並曉示以如不申報及提出者，即宣告證券無效。

第五六一條　（公示催告之公告）

公示催告之公告，除依第五百四十二條之規定外，如法院所在地有交易所者，並應黏貼於該交易所。

第五六二條　（申報權利之期間）92

申報權利之期間，自公示催告之公告開始公告於法院網站之日起、最後登載公報、新聞紙之日起，應有三個月以上，九個月以下。

第五六三條　（申報權利後之處置）92

持有證券人經申報權利並提出證券者，法院應通知聲請人，並酌定期間使其閱覽證券。

聲請人閱覽證券認其為真正時，其公示催告程序終結，由法院書記官通知聲請人及申報權利人。

第五六四條　（除權判決及撤銷除權判決之公告）92

①除權判決，應宣告證券無效。

②除權判決之要旨，法院應以職權依第五百六十一條之方法公告之。

③證券無效之宣告，因撤銷除權判決之訴而撤銷者，為公示催告之法院於撤銷除權判決之判決確定後，應以職權依前項方法公告之。

第五六五條　（除權判決之效力）

①有除權判決後，聲請人對於依證券負義務之人，得主張證券上之權利。

②因除權判決而為清償者，於除權判決撤銷後，仍得以其清償對抗債權人或第三人。但清償時已知除權判決撤銷者，不在此限。

第五六六條　（禁止支付之命令）

①因宣告無記名證券之無效聲請公示催告，法院准許其聲請者，應依聲請不經言詞辯論，對於發行人為禁止支付之命令。

②前項命令，應附記已為公示催告之事由。

③第一項命令，應準用第五百六十一條之規定公告之。

第五六七條　（禁止支付命令之撤銷）

①公示催告程序，因提出證券或其他原因未為除權判決而終結者，法院應依職權以裁定撤銷禁止支付之命令。

②禁止支付命令之撤銷，應準用第五百六十一條之規定公告之。

第九編　（刪除）102

第五六八條至第六四〇條　（刪除）102

民事訴訟法施行法

①民國21年5月14日國民政府制定公布全文13條；並自民事訴訟法施行之日施行。
②民國24年5月10日國民政府修正公布名稱及全文15條；並自24年7月1日施行（原名稱：民事訴訟法施行法）。
③民國57年2月1日總統令修正公布名稱及全文12條（原名稱：中華民國民事訴訟法施行法）。
④民國79年8月20日總統令增訂公布第4-1條條文。
⑤民國88年2月3日總統令修正公布第4-1條條文；並增訂第7-1條條文。
⑥民國92年2月7日總統令修正公布第3、10、12條條文；並增訂第4-2、4-3條條文。
民國92年7月2日司法院令發布定自92年9月1日施行。
⑦民國92年6月25日總統令修正公布第12條條文；並刪除第7-1條條文。
民國92年7月2日司法院令發布定自92年9月1日施行。
⑧民國98年7月8日總統令修正公布第12條條文；並自98年11月23日施行。
⑨民國102年5月8日總統令修正公布第12條條文；並自公布日施行。
⑩民國104年7月1日總統令修正公布第12條條文；增訂第4-4條條文；並自公布日施行。
⑪民國106年6月14日總統令修正公布第12條條文；增訂第4-5條條文；並自公布日施行。
⑫民國107年6月13日總統令修正公布第12條條文；並自公布後六個月施行。
⑬民國107年11月28日總統令修正公布第12條條文；並自公布日施行。
⑭民國110年1月20日總統令修正公布第4-1、12條條文；增訂第4-6條條文；並自公布日施行。
⑮民國110年6月16日總統令修正公布第12條條文；增訂第4-7條條文；並自公布日施行。
⑯民國110年12月8日總統令修正公布第12條條文；並自111年1月4日施行。
⑰民國112年11月29日總統令修正公布全文22條；並自公布日施行。

第一條

本施行法稱修正民事訴訟法者，謂中華民國五十七年一月九日修正後，公布施行之民事訴訟法。稱舊法者，謂修正民事訴訟法施行前之民事訴訟法及其他關於民事訴訟之法律。

第二條

除本施行法別有規定外，修正民事訴訟法於其施行前發生之事項亦適用之。但因舊法所生之效力，不因此而受影響。

第三條

郵務機構送達訴訟文書實施辦法，由司法院會同行政院訂定之。

第四條

修正民事訴訟法施行前繫屬之事件，其法院依修正民事訴訟法或舊法有管轄權者，為有管轄權。

第五條

修正民事訴訟法新定期間之訴訟行為，而應於其施行之際為之者，其期間自修正民事訴訟法施行之日起算。但修正民事訴訟法施行前，審判長依舊法裁定之期間已進行者，依其期間。

第六條

修正民事訴訟法施行前，依舊法法定期間已進行者，其期間依舊法之所定。

第七條

修正民事訴訟法施行前訴訟程序中斷、中止、休止，即本法所定當然停止、裁定停止、合意停止。

第八條

修正民事訴訟法施行前所為之判決，依第四百六十六條所定不得上訴之額數，於修正民事訴訟法施行後有增加時，而依增加前之法令許之者，仍得上訴。

第九條

上訴人有律師為訴訟代理人，或依書狀上之記載可認其明知上訴要件有欠缺者，法院得不行民事訴訟法第四百四十二條第二項及第四百四十四條第一項但書之程序。

第一〇條

關於民事訴訟法第一百六十二條所稱法院所在地之範圍，由司法院斟酌實際情形訂定之。

第一一條

修正民事訴訟法第五百條第三項、第五百五十二條第三項之規定，因於戰事不能於五年內起訴者，不適用之。

第一二條

①支付命令於中華民國一百零四年六月十五日修正之民事訴訟法督促程序編施行後確定者，適用修正後之規定；於施行前確定者，債務人仍得依修正前民事訴訟法第五百二十一條第二項規定提起再審之訴。

②前項後段情形，債務人有債權人於督促程序所提出之證物係偽造或變造之情形，或債務人提出可受較有利益裁判之證物者，仍得向支付命令管轄法院提起再審之訴，並以原支付命令之聲請，視為起訴。

③前項再審之訴應於民事訴訟法督促程序編修正施行後二年內為之，不受民事訴訟法第五百條之限制。本施行法施行起至無行為能力人或限制行為能力人成年後二年內均得為之。

④前二項規定，債務人就已經清償之債務範圍，不適用之。

第一三條

①中華民國一百零六年五月二十六日修正之民事訴訟法第二百五十四條施行前，法院業發給已起訴之證明者，仍適用修正前之規定。

②前項情形，訴訟標的非基於物權關係，或有修正之民事訴訟法第二百五十四條第九項但書、第十一項情形者，被告或利害關係人亦得依修正前民事訴訟法第二百五十四條第七項規定提出異議。

第一四條

中華民國一百零九年十二月三十日修正之民事訴訟法簡易訴訟程序施行前已繫屬之事件，其法院管轄權及審理程序依下列之規定：

一　未經終局裁判者，適用修正後之規定。

二　曾經終局裁判者，適用修正前之規定。

第一五條

中華民國一百零九年十二月三十日修正之民事訴訟法第一百三十三條第二項、第一百四十九條第五項、第二百四十九條之一、第四百四十四條第三項、第四項、第四百四十九條之一施行前已繫屬之事件，於該審級終結前，仍適用修正前之規定。

第一六條

①民事訴訟法第一百十四條第一項裁定於中華民國一百十年五月三十一日修正之民事訴訟法第一百十四條之一施行前確定者，受救助人得於修正條文施行之日起三個月內，依修正條文第一項規定為聲請。

②前項規定，受救助人就已清償訴訟費用之範圍，不適用之。

第一七條

中華民國九十二年一月十四日修正之民事訴訟法第四百四十七條施行前，已繫屬於第二審之事件，於該審級終結前，仍適用修正前之規定。

第一八條

中華民國九十二年一月十四日修正之民事訴訟法第四百六十九條之一及第四百七十條施行前，已經第二審法院判決之事件，仍適用修正前之規定。

第一九條

中華民國一百十二年十一月十四日修正之民事訴訟法第七十七條之二第二項、第七十七條之十九及第七十七條之二十二第二項施行前已繫屬之事件；第九十一條第一項、第三項施行前，法院為訴訟費用之裁判未確定其費用額，而該裁判有執行力之事件，仍適用修正前之規定。

第二〇條

中華民國一百十二年十一月十四日修正之民事訴訟法第九十條第二項施行時，訴訟不經裁判而終結已逾二十日之不變期間者，不適用修正後之規定。

第二一條

中華民國一百十二年十一月十四日修正之民事訴訟法第七十七條之一第五項規定，於施行前所為之裁判，不適用之。

第二二條

①本施行法自修正民事訴訟法施行之日施行。

②民事訴訟法修正條文及本施行法修正條文，除另定施行日期者外，自公布日施行。

③中華民國九十二年一月十四日、九十二年六月六日修正之民事訴訟法，其施行日期由司法院定之。

④中華民國九十八年六月十二日修正之民事訴訟法第四十五條之一、第五十條、第五十六條、第六十九條、第七十七條之十九、第五百七十一條、第五百七十一條之一、第五百九十六條至第六百二十四條之八及第九編第三章章名，自九十八年十一月二十三日施行。

⑤中華民國一百零七年五月二十二日修正之民事訴訟法，自公布後六個月施行。

⑥中華民國一百十年十一月二十三日修正之民事訴訟法，自一百十一年一月四日施行。

民事訴訟事件裁判費徵收核算對照表

民事訴訟法第七七條之一三、第七七條之一六、第七七條之二七

因財產權起訴／上訴 訴訟標的金（價）額	第一審	第二、三審
10 萬元以下	1,000 元	1,500 元
逾 10 萬元至 100 萬元部	110 元／萬	165 元／萬
100 萬元	10,900 元	16,350 元
逾 100 萬元至 1,000 萬元部分	99 元／萬	148.5 元／萬
1,000 萬元	100,000 元	150,000 元
逾 1,000 萬元至 1 億元部分	88 元／萬	132 元／萬
1 億元	892,000 元	1,338,000 元
逾 1 億元至 10 億元部分	77 元／萬	115.5 元／萬
10 億元	7,822,000 元	11,733,000 元
逾 10 億元部分	66 元／萬	99 元／萬

備註：

1. 其畸零之數不滿萬元者以萬元計算。
2. 符合勞動事件法第 12 條第 1 項，因確認僱傭關係或給付工資、退休金或資遣費涉訟，勞工或工會起訴或上訴，暫免徵收裁判費三分之二。
3. 符合勞動事件法第 13 條第 1 項，工會依民事訴訟法第 44 條之 1 及本法第 42 條提起之訴訟，其訴訟標的金額或價額超過新臺幣 100 萬元者，超過部分暫免徵收裁判費。
4. 本院所屬高等法院，業依民事訴訟法第 77 條之 27 規定，報請本院核准加徵裁判費，並依「臺灣高等法院民事訴訟、強制執行費用提高徵收額數標準」第 2 條及「福建高等法院金門分院民事訴訟、強制執行費用提高徵收額數標準」第 2 條規定：「因財產權而起訴，其訴訟標的金額或價額逾新臺幣十萬元部分，裁判費依民事訴訟法第七十七條之十三原定額數，加徵十分之一。」另「臺灣高等法院民事訴訟、強制執行費用提高徵收額數標準」第 3 條第 1 項及「福建高等法院金門分院民事訴訟、強制執行費用提高徵收額數標準」第 3 條第 1 項規定：「因財產權而起訴之事件，向第二審或第三審法院上訴，其訴訟標的金額或價額逾新臺幣十萬元部分，裁判費依民事訴訟法第七十七條之十六第一項原定額數，加徵十分之一。」

例如：訴訟標的金（價）額 1,500 萬元
第一審徵收裁判費 500（萬元）× 88（元／萬）＋ 100,000 元＝ 144,000 元
第二審徵收裁判費 500（萬元）× 132（元／萬）＋ 150,000 元＝ 216,000 元

民事訴訟法第七七條之一四、第七七條之一六

非因財產權起訴／上訴	第一審	第二、三審
	3,000 元	4,500 元

民事訴訟法第七七條之一七

再審之訴 第三人撤銷之訴	按起訴法院之審級，依第 77 條之 13、第 77 條之 14 及第 77 條之 16 規定徵收	
聲請再審	第一審	第二、三審
	1,000 元	1,000 元

民事訴訟法第七七條之一八

抗告／再爲抗告	第一審	第二、三審
	1,000 元	1,000 元

民事訴訟法第七七條之一九

聲請事件	聲請裁判費	備註
聲請迴避	500 元	法院職員於有本款之聲請而迴避者，聲請人得於收受法院告知之日起 3 個月內聲請退還已繳裁判費。（法院應主動告知其權利）
聲請通知受擔保利益人行使權利	500 元	
聲請變換提存物或保證書	500 元	
對於法院書記官之處分提出異議	500 元	異議有理由者，異議人得於收受法院告知之日起 3 個月內聲請退還已繳裁判費。（法院應主動告知其權利）
聲請發支付命令	500 元	
聲請命假扣押、假處分、定暫時狀態處分之債權人於一定期間內起訴	500 元	
聲請參加訴訟或駁回參加	1,000 元	
聲請命返還提存物或保證書	1,000 元	
聲請回復原狀	1,000 元	
對於司法事務官之處分提出異議	1,000 元	
聲請許可承當訴訟	1,000 元	
聲請許可爲訴訟繫屬事實登記或撤銷許可登記裁定	1,000 元	
起訴前聲請證據保全	1,000 元	
依第 484 條第 1 項但書、第 485 條第 1 項但書、第 4 項、第 486 條第 2 項但書，提出異議	1,000 元	異議有理由者，異議人得於收受法院告知之日起 3 個月內聲請退還已繳裁判費。（法院應主動告知其權利）
聲請假扣押、假處分或撤銷假扣押、假處分裁定	1,000 元	
聲請公示催告或除權判決	1,000 元	
聲請定暫時狀態處分或撤銷定暫時狀態處分裁定	3,000 元	

聲請調解　民事訴訟法第七七條之二○

標的金（價）額	徵收聲請費
未滿 10 萬元	免徵
10 萬元以上至未滿 100 萬元	1,000 元
100 萬元以上至未滿 500 萬元	2,000 元
500 萬元以上至未滿 1,000 萬元	3,000 元
1,000 萬元以上	5,000 元
非財產權事件	免徵

聲請強制執行　強制執行法第二八條之二、第二八條之三、民事訴訟法第七七條之二七

財產權案件	執行標的金（價）額	徵收執行費
聲請強制執行／聲明參與分配	未滿 5,000 元／債權憑證	免徵
	5,000 元以上	0.8 元／百
	備註：畸零之數未滿百元者以百元計算	
	依強制執行法第 27 條第 2 項逕行發給債權憑證	1,000 元
	備註： 1. 依上開標準計算應徵收之執行費低於新臺幣 1,000 元者，依該計算金額徵收。 2. 依此債權憑證聲請強制執行債務人財產者，應補徵收依上開標準計算執行費之差額。	
非財產權案件		3,000 元
備註：本院所屬高等法院，業依民事訴訟法第 77 條之 27 規定，報請本院核准加徵裁判費，相關徵收標準請參照「臺灣高等法院民事訴訟、強制執行費用提高徵收額數標準」、「福建高等法院金門分院民事訴訟、強制執行費用提高徵收額數標準」。		

強制執行法

①民國29年1月19日國民政府制定公布全文142條。
②民國34年5月16日國民政府修正公布第128、129條條文。
③民國37年12月21日總統令修正公布第128、129條條文。
④民國64年4月22日總統令修正公布第4至7、11、18、25、32、39、43、51、70、75、91、92、94至96、99、114至116、119、124、129、131、132、140條條文；並增訂第114-1至114-4條條文。
⑤民國85年10月9日總統令修正公布全文142條。
⑥民國89年2月2日總統令修正公布第10、20、25、27、77-1、80-1、95、115-1條條文。
⑦民國96年12月12日總統令修正公布第2、3條條文。
⑧民國100年6月29日總統令修正公布第20、21、22、23、25、28-2、77-1、122、128、129條條文；並增訂第28-3條條文。
⑨民國103年6月4日總統令修正公布第1、77、77-1、81條條文。
⑩民國107年6月13日總統令修正公布第65、84、122、142條條文；並自公布日施行。
⑪民國108年5月29日總統令修正公布第115-1條條文。

第一章　總　則

第一條　（執行機關及強制執行之原則）103
①民事強制執行事務，於地方法院及其分院設民事執行處辦理之。
②強制執行應依公平合理之原則，兼顧債權人、債務人及其他利害關係人權益，以適當之方法爲之，不得逾達成執行目的之必要限度。

第二條　（法官、書記官及執達員之設置）96
民事執行處置法官或司法事務官、書記官及執達員，辦理執行事務。

第三條　（執行事件之辦理人員）96
①強制執行事件，由法官或司法事務官命書記官督同執達員辦理之。
②本法所規定由法官辦理之事項，除拘提、管收外，均得由司法事務官辦理之。

第三條之一　（防止抗拒之協助）
①執行人員於執行職務時，遇有抗拒者，得用強制力實施之。但不得逾必要之程度。
②實施強制執行時，爲防止抗拒或遇有其他必要之情形者，得請警察或有關機關協助。
③前項情形，警察或有關機關有協助之義務。

第四條　（執行名義之種類及時效關係）
①強制執行，依左列執行名義爲之：
　一　確定之終局判決。
　二　假扣押、假處分、假執行之裁判及其他依民事訴訟法得爲強制執行之裁判。
　三　依民事訴訟法成立之和解或調解。
　四　依公證法規定得爲強制執行之公證書。
　五　抵押權人或質權人，爲拍賣抵押物或質物之聲請，經法院爲許可強制執行之裁定者。
　六　其他依法律之規定，得爲強制執行名義者。
②執行名義附有條件、期限或須債權人提供擔保者，於條件成就、期限屆至或供擔保後，始得開始強制執行。
③執行名義有對待給付者，以債權人已爲給付或已提出給付後，始得開始強制執行。

第四條之一　（請求許可執行之訴）

①依外國法院確定判決聲請強制執行者，以該判決無民事訴訟法第四百零二條各款情形之一，並經中華民國法院以判決宣示許可其執行者爲限，得爲強制執行。
②前項請求許可執行之訴，由債務人住所地之法院管轄。債務人於中華民國無住所者，由執行標的物所在地或應爲執行行爲地之法院管轄。

第四條之二　（執行名義）
①執行名義爲確定終局判決者，除當事人外，對於左列之人亦有效力：
一　訴訟繫屬後爲當事人之繼受人及爲當事人或其繼受人占有請求之標的物者。
二　爲他人而爲原告或被告者之該他人及訴訟繫屬後爲該他人之繼受人，及爲該他人或其繼受人占有請求之標的物者。
②前項規定，於第四條第一項第二款至第六款規定之執行名義，準用之。

第五條　（書狀表明事項）
①債權人聲請強制執行，應以書狀表明左列各款事項，提出於執行法院爲之：
一　當事人及法定代理人。
二　請求實現之權利。
②書狀內宜記載執行之標的物、應爲之執行行爲或本法所定其他事項。
③強制執行開始後，債務人死亡者，得續行強制執行。
④債務人死亡，有左列情形之一者，執行法院得依債權人或利害關係人聲請，選任特別代理人，但有遺囑執行人或遺產管理人者，不在此限：
一　繼承人有無不明者。
二　繼承人所在不明者。
三　繼承人是否承認繼承不明者。
四　繼承人因故不能管理遺產者。

第五條之一　（分期屆至之執行）
債權人聲請強制執行之執行名義係命債務人分期給付者，於各期履行期屆至時，執行法院得經債權人之聲請，繼續執行之。

第五條之二　（強制執行之聲請）
①有執行名義之債權人依民法第一百五十一條規定，自行拘束債務人之自由或押收其財產，而聲請法院處理者，依本法規定有關執行程序辦理之。
②前項情形，如債權人尚未聲請強制執行者，視爲強制執行之聲請。

第六條　（聲請強制執行應提出之證件）
①債權人聲請強制執行，應依左列規定，提出證明文件：
一　依第四條第一項第一款聲請者，應提出判決正本並判決確定證明書或各審級之判決正本。
二　依第四條第一項第二款聲請者，應提出裁判正本。
三　依第四條第一項第三款聲請者，應提出筆錄正本。
四　依第四條第一項第四款聲請者，應提出公證書。
五　依第四條第一項第五款聲請者，應提出債權及抵押權或質權之證明文件及裁定正本。
六　依第四條第一項第六款聲請者，應提出得爲強制執行名義之證明文件。
②前項證明文件，未經提出者，執行法院應調閱卷宗。但受聲請之法院非係原第一審法院時，不在此限。

第七條　（執行事件之管轄法院及囑託執行）
①強制執行由應執行之標的物所在地或應爲執行行爲地之法院管轄。
②應執行之標的物所在地或應爲執行行爲地不明者，由債務人之住、居所、公務所、事務所、營業所所在地之法院管轄。
③同一強制執行，數法院有管轄權者，債權人得向其中一法院聲請。
④受理強制執行事件之法院，須在他法院管轄區內爲執行行爲時，應囑託該他法院爲之。

第八條（執行處調閱卷宗）

①關於強制執行事項及範圍發生疑義時，執行法院應調閱卷宗。

②前項卷宗，如為他法院所需用時，應自作繕本或節本，或囑託他法院移送繕本或節本。

第九條（傳訊當事人之限制）

開始強制執行前，除因調查關於強制執行之法定要件或執行之標的物認為必要者外，無庸傳訊當事人。

第一〇條（延緩執行之要件）

①實施強制執行時，經債權人同意者，執行法院得延緩執行。

②前項延緩執行之期限不得逾三個月。債權人聲請續行執行而再同意延緩執行者，以一次為限。每次延緩期間屆滿後，債權人經執行法院通知而不於十日內聲請續行執行者，視為撤回其強制執行之聲請。

③實施強制執行時，如有特別情事繼續執行顯非適當者，執行法院得變更或延展執行期日。

第一一條（執行財產之登記通知）

①供強制執行之財產權，其取得、設定、喪失或變更，依法應登記者，為強制執行時，執行法院應即通知該管登記機關登記其事由。

②前項通知，執行法院得依債權人之聲請，交債權人逕行持送登記機關登記。

③債務人因繼承、強制執行、徵收或法院之判決，於登記前已取得不動產物權者，執行法院得因債權人之聲請，以債務人費用，通知登記機關登記為債務人所有後而為執行。

④前項規定，於第五條第三項之續行強制執行而有辦理繼承登記之必要者，準用之。但不影響繼承人拋棄繼承或限定繼承之權利。

第一二條（聲請及聲明異議）

①當事人或利害關係人，對於執行法院強制執行之命令，或對於執行法官、書記官、執達員實施強制執行之方法，強制執行時應遵守之程序，或其他侵害利益之情事，得於強制執行程序終結前，為聲請或聲明異議。但強制執行不因而停止。

②前項聲請及聲明異議，由執行法院裁定之。

③不服前項裁定者，得為抗告。

第一三條（對於執行異議或抗告之處理）

①執行法院對於前條之聲請，聲明異議或抗告認為有理由時，應將原處分或程序撤銷或更正之。

②執行法院於前項撤銷或更正之裁定確定前，因必要情形或依聲請定相當並確實之擔保，得以裁定停止該撤銷或更正裁定之執行。

③當事人對前項裁定，不得抗告。

第一四條（債務人異議之訴㈠）

①執行名義成立後，如有消滅或妨礙債權人請求之事由發生，債務人得於強制執行程序終結前，向執行法院對債權人提起異議之訴。如以裁判為執行名義時，其為異議原因之事實發生在前訴訟言詞辯論終結後者，亦得主張之。

②執行名義無確定判決同一之效力者，於執行名義成立前，如有債權不成立或消滅或妨礙債權人請求之事由發生，債務人亦得於強制執行程序終結前提起異議之訴。

③依前二項規定起訴，如有多數得主張之異議原因事實，應一併主張之。其未一併主張者，不得再行提起異議之訴。

第一四條之一（債務人異議之訴㈡）

①債務人對於債權人依第四條之二規定聲請強制執行，如主張非執行名義效力所及者，得於強制執行程序終結前，向執行法院對債權人提起異議之訴。

②債權人依第四條之二規定聲請強制執行經執行法院裁定駁回者，得於裁定送達後十日之不變期間內，向執行法院對債務人提起許可執行之訴。

第一五條　（第三人異議之訴）

第三人就執行標的物有足以排除強制執行之權利者，得於強制執行程序終結前，向執行法院對債權人提起異議之訴。如債務人亦否認其權利時，並得以債務人為被告。

第一六條　（異議之訴之處理）

債務人或第三人就強制執行事件得提起異議之訴時，執行法院得指示其另行起訴，或諭知債權人，經其同意後，即由執行法院撤銷強制執行。

第一七條　（執行財產非債務人所有時之處置）

執行法院如發見債權人查報之財產確非債務人所有者，應命債權人另行查報，於強制執行開始後始發見者，應由執行法院撤銷其執行處分。

第一八條　（執行之停止）

①強制執行程序開始後，除法律另有規定外，不停止執行。

②有回復原狀之聲請，或提起再審或異議之訴，或對於和解為繼續審判之請求，或提起宣告調解無效之訴、撤銷調解之訴，或對於許可強制執行之裁定提起抗告時，法院因必要情形或依聲請定相當並確實之擔保，得為停止強制執行之裁定。

第一九條　（執行事件之調查）

①執行法院對於強制執行事件，認有調查之必要時，得命債權人查報，或依職權調查之。

②執行法院得向稅捐及其他有關機關、團體或知悉債務人財產之人調查債務人財產狀況，受調查者不得拒絕。但受調查者為個人時，如有正當理由，不在此限。

第二〇條　（命債務人報告財務義務及限期履行執行債務）100

①已發見之債務人財產不足抵償聲請強制執行債權或不能發現債務人應交付之財產時，執行法院得依債權人聲請或依職權，定期間命債務人據實報告該期間屆滿前一年內應供強制執行之財產狀況。

②債務人違反前項規定，不為報告或為虛偽之報告，執行法院得依債權人聲請或依職權命其提供擔保或限期履行執行債務。

③債務人未依前項命令提供相當擔保或遵期履行者，執行法院得依債權人聲請或依職權管收債務人。但未經訊問債務人，並認其非不能報告財產狀況者，不得為之。

第二一條　（拘提之事由及程序規定）100

①債務人有下列情形之一，而有強制其到場之必要者，執行法院得拘提之：

一　經合法通知，無正當理由而不到場。

二　有事實足認為有逃匿之虞。

②債務人有前項情形者，司法事務官得報請執行法院拘提之。

③債務人經拘提到場者，執行法院得交由司法事務官即時詢問之。

④司法事務官於詢問後，應向執行法院提出書面報告。

第二一條之一　（拘票應載事項）

①拘提，應用拘票。

②拘票應記載左列事項，由執行法官簽名：

一　應拘提人姓名、性別、年齡、出生地及住所或居所，有必要時，應記載其足資辨別之特徵。但年齡、出生地、住所或居所不明者，得免記載。

二　案由。

三　拘提之理由。

四　應到之日、時及處所。

第二一條之二　（執行拘提人員）

拘提，由執達員執行。

第二二條　（管收要件及程序規定）100

①債務人有下列情形之一者，執行法院得依債權人聲請或依職權命其提供擔保或限期履行：

一　有事實足認顯有履行義務之可能故不履行。

二　就應供強制執行之財產有隱匿或處分之情事。
②債務人有前項各款情形之一，而有事實足認顯有逃匿之虞或其他必要事由者，執行法院得依債權人聲請或依職權，限制債務人住居於一定之地域。但債務人已提供相當擔保、限制住居原因消滅或執行完結者，應解除其限制。
③前項限制住居及其解除，應通知債務人及有關機關。
④債務人無正當理由違反第二項限制住居命令者，執行法院得拘提之。
⑤債務人未依第一項命令提供相當擔保、遵期履行或無正當理由違反第二項限制住居命令者，執行法院得依債權人聲請或依職權管收債務人。但未經訊問債務人，並認非予管收，顯難進行強制執行程序者，不得為之。
⑥債務人經拘提、通知或自行到場，司法事務官於詢問後，認有前項事由，而有管收之必要者，應報請執行法院依前項規定辦理。

第二二條之一　（管收票應載事項）
①管收，應用管收票。
②管收票，應記載左列事項，由執行法官簽名：
一　應管收人之姓名、性別、年齡、出生地及住所或居所，有必要時，應記載其足資辨別之特徵。
二　案由。
三　管收之理由。

第二二條之二　（執行管收之驗收及簽名）
①執行管收，由執達員將應管收人送交管收所。
②管收所所長驗收後，應於管收票附記送到之年、月、日、時，並簽名。

第二二條之三　（不得管收之情形）
債務人有左列情形之一者，不得管收，其情形發生於管收後者，應停止管收：
一　因管收而其一家生計有難以維持之虞者。
二　懷胎五月以上或生產後二月未滿者。
三　現罹疾病，恐因管收而不能治療者。

第二二條之四　（釋放被管收人之情形）
被管收人有左列情形之一者，應即釋放：
一　管收原因消滅者。
二　已就債務提出相當擔保者。
三　管收期限屆滿者。
四　執行完結者。

第二二條之五　（準用規定）
拘提、管收，除本法別有規定外，準用刑事訴訟法關於拘提、羈押之規定。

第二三條　（擔保之效力）100
①債務人依第二十條第二項、第二十二條第一項、第二項及第二十二條之四第二款提供之擔保，執行法院得許由該管區域內有資產之人具保證書代之。
②前項具保證書人，如於保證書載明債務人逃亡或不履行義務時，由其負責清償或賠償一定之金額者，執行法院得因債權人之聲請，逕向具保證書人為強制執行。

第二四條　（管收之期限及次數）
①管收期限不得逾三個月。
②有管收新原因發生時，對於債務人仍得再行管收，但以一次為限。

第二五條　（債務人應負義務之規定）100
①債務人履行債務之義務，不因債務人或依本法得管收之人被管收而免除。
②關於債務人拘提、管收、限制住居、報告及其他應負義務之規定，於下列各款之人亦適用之：
一　債務人為無行為能力人或限制行為能力人者，其法定代理人。
二　債務人失蹤者，其財產管理人。

三　債務人死亡者，其繼承人、遺產管理人、遺囑執行人或特別代理人。
四　法人或非法人團體之負責人、獨資商號之經理人。
③前項各款之人，於喪失資格或解任前，具有報告及其他應負義務或拘提、管收、限制住居之原因者，在喪失資格或解任後，於執行必要範圍內，仍得命其履行義務或予拘提、管收、限制住居。
第二六條　（管收所設置及管理之制定）
管收所之設置及管理，以法律定之。
第二七條　（債權憑證之發給）
①債務人無財產可供強制執行，或雖有財產經強制執行後所得之數額仍不足清償債務時，執行法院應命債權人於一個月內查報債務人財產。債權人到期不為報告或查報無財產者，應發給憑證，交債權人收執，載明俟發見有財產時，再予強制執行。
②債權人聲請執行，而陳明債務人現無財產可供執行者，執行法院得逕行發給憑證。
第二八條　（執行費用之負擔與預納）
①強制執行之費用，以必要部分為限，由債務人負擔，並應與強制執行之債權同時收取。
②前項費用，執行法院得命債權人代為預納。
第二八條之一　（執行處分之撤銷）
強制執行程序如有左列情形之一，致不能進行時，執行法院得以裁定駁回其強制執行之聲請，並於裁定確定後，撤銷已為之執行處分：
一　債權人於執行程序中應為一定必要之行為，無正當理由而不為，經執行法院再定期限命為該行為，無正當理由逾期仍不為者。
二　執行法院命債權人於相當期限內預納必要之執行費用而不預納者。
第二八條之二　（免徵執行費之規定）100
①民事強制執行，其執行標的金額或價額未滿新臺幣五千元者，免徵執行費；新臺幣五千元以上者，每百元收七角，其畸零之數不滿百元者，以百元計算。
②前項規定，於聲明參與分配者，適用之。
③執行非財產案件，徵收執行費新臺幣三千元。
④法院依法科處罰鍰或怠金之執行，免徵執行費。
⑤法院依法徵收暫免繳納費用或國庫墊付款之執行，暫免繳執行費，由執行所得扣還之。
⑥執行人員之食、宿、舟、車費，不另徵收。
第二八條之三　（應徵執行費之規定）100
①債權人聲請執行，依第二十七條第二項逕行發給憑證者，徵收執行費新臺幣一千元。但依前條第一項規定計算應徵收之執行費低於新臺幣一千元者，依該規定計算徵收之。
②債權人依前項憑證聲請執行，而依第二十七條第二項逕行發給憑證者，免徵執行費。
③債權人依前二項憑證聲請強制執行債務人財產者，應補徵收按前條第一項規定計算執行費之差額。
第二九條　（執行費用之確定及優先受償方法）
①債權人因強制執行而支出之費用，得求償於債務人者，得準用民事訴訟法第九十一條之規定，向執行法院聲請確定其數額。
②前項費用及其他為債權人共同利益而支出之費用，得求償於債務人者，得就強制執行之財產先受清償。
第三〇條　（執行費用之償還）
①依判決為強制執行，其判決經變更或廢棄時，受訴法院因債務人之聲請，應於其判決內，命債權人償還強制執行之費用。
②前項規定，於判決以外之執行名義經撤銷時，準用之。
第三〇條之一　（準用規定）

強制執行程序，除本法有規定外，準用民事訴訟法之規定。

第二章　關於金錢請求權之執行

第一節　參與分配

第三一條　（分配表之作成與交付閱覽）

因強制執行所得之金額，如有多數債權人參與分配時，執行法院應作成分配表，並指定分配期日，於分配期日五日前以繕本交付債務人及各債權人，並置於民事執行處，任其閱覽。

第三二條　（參與分配之時期及其限制）

①他債權人參與分配者，應於標的物拍賣、變賣終結或依法交債權人承受之日一日前，其不經拍賣或變賣者，應於當次分配表作成之日一日前，以書狀聲明之。

②逾前項期間聲明參與分配者，僅得就前項債權人受償餘額而受清償；如尚應就債務人其他財產執行時，其債權額與前項債權餘額，除有優先權者外，應按其數額平均受償。

第三三條　（聲請及合併其執行程序）

對於已開始實施強制執行之債務人財產，他債權人再聲請強制執行者，已實施執行行爲之效力，於爲聲請時及於該他債權人，應合併其執行程序，並依前二條之規定辦理。

第三三條之一　（不得再行查封㈠）

①執行人員於實施強制執行時，發現債務人之財產業經行政執行機關查封者，不得再行查封。

②前項情形，執行法院應將執行事件連同卷宗函送行政執行機關合併辦理，並通知債權人。

③行政執行機關就已查封之財產不再繼續執行時，應將有關卷宗送請執行法院繼續執行。

第三三條之二　（不得再行查封㈡）

①執行法院已查封之財產，行政執行機關不得再行查封。

②前項情形，行政執行機關應將執行事件連同卷宗函送執行法院合併辦理，並通知移送機關。

③執行法院就已查封之財產不再繼續執行時，應將有關卷宗送請行政執行機關繼續執行。

第三四條　（參與分配之程序）

①有執行名義之債權人聲明參與分配時，應提出該執行名義之證明文件。

②依法對於執行標的物有擔保物權或優先受償權之債權人，不問其債權已否屆清償期，應提出其權利證明文件，聲明參與分配。

③執行法院知有前項債權人者，應通知之。知有債權人而不知其住居所或知有前項債權而不知孰爲債權人者，應依其他適當方法通知或公告之。經通知或公告仍不聲明參與分配者，執行法院僅就已知之債權及其金額列入分配。其應徵收之執行費，於執行所得金額扣繳之。

④第二項之債權人不聲明參與分配，其債權金額又非執行法院所知者，該債權對於執行標的物之優先受償權，因拍賣而消滅，其已列入分配而未受清償部分，亦同。

⑤執行法院於有第一項或第二項之情形時，應通知各債權人及債務人。

第三四條之一　（處分檢具證明文件）

政府機關依法令或本於法令之處分，對義務人有公法上金錢債權，依行政執行法得移送執行者，得檢具證明文件，聲明參與分配。

第三五條　（刪除）

第三六條　（刪除）

第三七條　（分配筆錄之製作）

實行分配時，應由書記官作成分配筆錄。

第三八條　（分配方法及順序）

參分配之債權人，除依法優先受償者外，應按其債權額數平均分配。

第三九條　（債權人對分配表之異議）

①債權人或債務人對於分配表所載各債權人之債權或分配金額有不同意者，應於分配期日一日前，向執行法院提出書狀，聲明異議。

②前項書狀，應記載異議人所認原分配表之不當及應如何變更之聲明。

第四〇條　（對分配表異議之處理）

①執行法院對於前條之異議認為正當，而到場之債務人及有利害關係之他債權人不為反對之陳述或同意者，應即更正分配表而為分配。

②異議未依前項規定終結者，應就無異議之部分先為分配。

第四〇條之一　（同意依更正分配表實行分配）

①依前條第一項更正之分配表，應送達於未到場之債務人及有利害關係之他債權人。

②前項債務人及債權人於受送達後三日內不為反對之陳述者，視為同意依更正分配表實行分配。其有為反對陳述者，應通知聲明異議人。

第四一條　（異議未終結之處置）

①異議未終結者，為異議之債權人或債務人，得向執行法院對為反對陳述之債權人或債務人提起分配表異議之訴。但異議人已依同一事由就有爭執之債權先行提起其他訴訟者，毋庸再行起訴，執行法院應依該確定判決實行分配。

②債務人對於有執行名義而參與分配之債權人為異議者，僅得以第十四條規定之事由，提起分配表異議之訴。

③聲明異議人未於分配期日起十日內向執行法院為前二項起訴之證明者，視為撤回其異議之聲明；經證明者，該債權應受分配之金額，應行提存。

④前項期間，於第四十條之一有反對陳述之情形，自聲明異議人受通知之日起算。

第四二條至第四四條　（刪除）

第二節　對於動產之執行

第四五條　（動產之執行方法）

動產之強制執行，以查封、拍賣或變賣之方法行之。

第四六條　（執行查封之人員與其協助機關）

查封動產，由執行法官命書記官督同執達員為之。於必要時得請有關機關、自治團體、商業團體、工業團體或其他團體，或對於查封物有專門知識經驗之人協助。

第四七條　（查封動產之方法）

①查封動產，由執行人員實施占有。其將查封物交付保管者，並應依左列方法行之：

一　標封。

二　烙印或火漆印。

三　其他足以公示查封之適當方法。

②前項方法，於必要時得併用之。

第四八條　（執行人員之查封權限）

①查封時，得檢查、啓視債務人居住所、事務所、倉庫、箱櫃及其他藏置物品之處所。

②查封時，如債務人不在場，應命其家屬或鄰右之有辨別事理能力者到場，於必要時，得請警察到場。

第四九條　（刪除）

第五〇條　（查封動產之範圍）

查封動產，以其價格足清償強制執行之債權額及債務人應負擔之費用者為限。

第五〇條之一　（撤銷查封）

①應查封動產之賣得價金，清償強制執行費用後，無賸餘之可能者，執行法院不得查封。

②查封物賣得價金，於清償優先債權及強制執行費用後，無賸餘之可能者，執行法院應撤銷查封，將查封物返還債務人。

③前二項情形，應先詢問債權人之意見，如債權人聲明於查封物賣得價金不超過優先債權及強制執行費用時，願負擔其費用者，不適用之。

第五一條　（查封之效力）

①查封之效力及於查封物之天然孳息。

②實施查封後，債務人就查封物所為移轉、設定負擔或其他有礙執行效果之行為，對於債權人不生效力。

③實施查封後，第三人未經執行法院允許，占有查封物或為其他有礙執行效果之行為者，執行法院得依職權或依聲請排除之。

第五二條　（酌留生活必需物）

①查封時，應酌留債務人及其共同生活之親屬二個月間生活所必需之食物、燃料及金錢。

②前項期間，執行法官審核債務人家庭狀況，得伸縮之。但不得短於一個月或超過三個月。

第五三條　（禁止查封之動產）

①左列之物不得查封：

一　債務人及其共同生活之親屬所必需之衣服、寢具及其他物品。

二　債務人及其共同生活之親屬職業上或教育上所必需之器具、物品。

三　債務人所受或繼承之勳章及其他表彰榮譽之物品。

四　遺像、牌位、墓碑及其他祭祀、禮拜所用之物。

五　未與土地分離之天然孳息不能於一個月內收穫者。

六　尚未發表之發明或著作。

七　附於建築物或其他工作物，而為防止災害或確保安全，依法令規定應設備之機械或器具、避難器具及其他物品。

②前項規定斟酌債權人及債務人狀況，有顯失公平情形，仍以查封為適當者，執行法院得依聲請查封其全部或一部。其經債務人同意者，亦同。

第五四條　（查封筆錄之記載）

①查封時，書記官應作成查封筆錄及查封物品清單。

②查封筆錄，應載明左列事項：

一　為查封原因之權利。

二　動產之所在地、種類、數量、品質及其他應記明之事項。

三　債權人及債務人。

四　查封開始之日時及終了之日時。

五　查封之動產保管人。

六　保管方法。

③查封人員，應於前項筆錄簽名，如有保管人及依第四十八條第二項規定之人員到場者，亦應簽名。

第五五條　（查封時間之限制）

①星期日或其他休息日及日出前、日沒後，不得進入有人居住之住宅實施關於查封之行為。但有急迫情事，經執行法官許可者，不在此限。

②日沒前已開始為查封行為者，得繼續至日沒後。

③第一項許可之命令，應於查封時提示債務人。

第五六條　（重複查封之防止）

書記官、執達員於查封時發見債務人之動產業經因案受查封者，應速將其查封原因報告執行法官。

第五七條 （拍賣期日之指定）

①查封後，執行法官應速定拍賣期日。

②查封日至拍賣期間，至少應留七日之期間。但經債權人及債務人之同意或因查封物之性質，須迅速拍賣者，不在此限。

③前項拍賣期日不得多於一個月。但因查封物之性質或有不得已之事由者，不在此限。

第五八條 （查封之撤銷）

①查封後，債務人得於拍定前提出現款，聲請撤銷查封。

②拍定後，在拍賣物所有權移轉前，債權人撤回強制執行之聲請者，應得拍定人之同意。

第五九條 （查封物之保管方法）

①查封之動產，應移置於該管法院所指定之貯藏所或委託妥適之保管人保管之。認爲適當時，亦得以債權人爲保管人。

②查封物除貴重物品及有價證券外，經債權人同意或認爲適當時，得使債務人保管之。

③查封物交保管人時，應告知刑法所定損壞、除去或污穢查封標示或爲違背其效力之行爲之處罰。

④查封物交保管人時，應命保管人出具收據。

⑤查封物以債務人爲保管人時，得許其於無損查封物之價值範圍內，使用之。

第五九條之一 （查封有價證券）

查封之有價證券，須於其所定之期限內爲權利之行使或保全行爲者，執行法院應於期限之始期屆至時，代債務人爲該行爲。

第五九條之二 （拍賣）

①查封未與土地分離之天然孳息者，於收穫期屆至後，始得拍賣。

②前項拍賣，得於採收後爲之，其於分離前拍賣者，應由買受人自行負擔費用採收之。

第六〇條 （動產之變賣）

①查封物應公開拍賣之。但有左列情形之一者，執行法院得不經拍賣程序，將查封物變賣之：

一 債權人及債務人聲請或對於查封物之價格爲協議者。

二 有易於腐壞之性質者。

三 有減少價值之虞者。

四 爲金銀物品或有市價之物品者。

五 保管困難或需費過鉅者。

②第七十一條之規定，於前項變賣準用之。

第六〇條之一 （查封有價證券之準用規定）

查封之有價證券，執行法院認爲適當時，得不經拍賣程序，準用第一百十五條至第一百十七條之規定處理之。

第六一條 （拍賣之人員及場所）

①拍賣動產，由執行法官命書記官督同執達員於執行法院或動產所在地行之。

②前項拍賣，執行法院認爲必要時，得委託拍賣行或適當之人行之。但應派員監督。

第六二條 （貴重物品之鑑定）

查封物爲貴重物品而其價格不易確定者，執行法院應命鑑定人鑑定之。

第六三條 （拍賣期日通知當事人到場）

執行法院應通知債權人及債務人於拍賣期日到場，無法通知或屆期不到場者，拍賣不因而停止。

第六四條 （拍賣之公告）

①拍賣動產，應由執行法院先期公告。

②前項公告，應載明左列事項：

一 拍賣物之種類、數量、品質及其他應記明之事項。

二　拍賣之原因、日時及場所。
三　閱覽拍賣物及查封筆錄之處所及日時。
四　定有拍賣價金之交付期限者，其期限。
五　定有應買之資格或條件者，其資格或條件。
六　定有保證金者，其金額。

第六五條　（拍賣公告之方法）107
拍賣公告，應揭示於執行法院及動產所在地之鄉鎮市（區）公所或拍賣場所，如認為必要或因債權人或債務人之聲請，並得公告於法院網站；法院認為必要時，得命登載於公報或新聞紙。

第六六條　（拍賣之期日）
拍賣，應於公告五日後行之。但因物之性質須迅速拍賣者，不在此限。

第六七條　（刪除）

第六八條　（拍賣物之交付）
拍賣物之交付，應於價金繳足時行之。

第六八條之一　（代債務人背書或變更名義之行為）
執行法院於有價證券拍賣後，得代債務人為背書或變更名義與買受人之必要行為，並載明其意旨。

第六八條之二　（再拍賣）
①拍定人未繳足價金者，執行法院應再拍賣。再拍賣時原拍定人不得應買。如再拍賣之價金低於原拍賣價金及因再拍賣所生之費用者，原拍定人應負擔其差額。
②前項差額，執行法院應依職權以裁定確定之。
③原拍定人繳納之保證金不足抵償差額時，得依前項裁定對原拍定人強制執行。

第六九條　（瑕疵擔保）
拍賣物買受人就物之瑕疵無擔保請求權。

第七〇條　（拍賣動產之程序）
①執行法院因債權人或債務人之聲請，或認為必要時，應依職權於拍賣前預定拍賣物之底價，並得酌定保證金額，命應買人於應買前繳納之。未照納者，其應買無效。
②執行法院定底價時，應詢問債權人及債務人之意見，但無法通知或屆期不到場者，不在此限。
③拍定，應就應買人所出之最高價，高呼三次後為之。
④應買人所出之最高價，如低於底價，或雖未定底價而債權人或債務人對於應買人所出之最高價，認為不足而為反對之表示時，執行拍賣人應不為拍定，由執行法院定期再行拍賣。但債權人願依所定底價承受者，執行法院應交債權人承受。
⑤拍賣物依前項規定，再行拍賣時，應拍歸出價最高之應買人。但其最高價不足底價百分之五十；或雖未定底價，而其最高價顯不相當者，執行法院應作價交債權人承受；債權人不承受時，執行法院應撤銷查封，將拍賣物返還債務人。
⑥債務人不得應買。

第七一條　（拍賣物無人應買之處置）
拍賣物無人應買時，執行法院應作價交債權人承受，債權人不願承受或依法不能承受者，應由執行法院撤銷查封，將拍賣物返還債務人。但拍賣物顯有賣得相當價金之可能者，準用前條第五項之規定。

第七二條　（拍賣動產之限度）
拍賣於賣得價金足以清償強制執行之債權額及債務人應負擔之費用時，應即停止。

第七三條　（拍賣筆錄之製作）
①拍賣終結後，書記官應作成拍賣筆錄，載明左列事項：
一　拍賣物之種類、數量、品質及其他應記明之事項。
二　債權人及債務人。
三　拍賣之買受人姓名、住址及其應買之最高價額。

四　拍賣不成立或停止時，其原因。
五　拍賣之日時及場所。
六　作成拍賣筆錄之處所及年、月、日。

②前項筆錄，應由執行拍賣人簽名。

第七四條　（拍賣價金清償之順序）

拍賣物賣得價金，扣除強制執行之費用後，應將餘額交付債權人，其餘額超過債權人取得執行名義之費用及其債權所應受償之數額時，應將超過額交付債務人。

第三節　對於不動產之執行

第七五條　（不動產之執行方法）

①不動產之強制執行，以查封、拍賣、強制管理之方法行之。

②前項拍賣及強制管理之方法，於性質上許可並認為適當時，得併行之。

③建築物及其基地同屬於債務人所有者，得併予查封、拍賣。

④應拍賣之財產有動產及不動產者，執行法院得合併拍賣之。

⑤前項合併拍賣之動產，適用關於不動產拍賣之規定。

第七六條　（查封不動產之方法）

①查封不動產，由執行法官命書記官督同執達員依左列方法行之：

一　揭示。
二　封閉。
三　追繳契據。

②前項方法，於必要時得併用之。

③已登記之不動產，執行法院並應先通知登記機關為查封登記，其通知於第一項執行行為實施前到達登記機關時，亦發生查封之效力。

第七七條　（查封筆錄之製作）103

①查封時，書記官應作成查封筆錄，載明下列事項：

一　為查封原因之權利。
二　不動產之所在地、種類、實際狀況、使用情形、現場調查所得之海砂屋、輻射屋、地震受創、嚴重漏水、火災受損、建物內有非自然死亡或其他足以影響交易之特殊情事及其應記明之事項。
三　債權人及債務人。
四　查封方法及其實施之年、月、日、時。
五　查封之不動產有保管人者，其保管人。

②查封人員及保管人應於前項筆錄簽名，如有依第四十八條第二項規定之人員到場者，亦應簽名。

第七七條之一　（債務人不履行陳述或提出文書義務之法律效果）103

①執行法官或書記官，為調查前條第一項第二款情事或其他權利關係，得依下列方式行之：

一　開啓門鎖進入不動產或訊問債務人或占有之第三人，並得命其提出有關文書。
二　向警察及其他有關機關、團體調查，受調查者不得拒絕。

②前項情形，債務人無正當理由拒絕陳述或提出文書，或為虛偽陳述或提出虛偽之文書者，執行法院得依債權人聲請或依職權管收債務人。但未經訊問債務人，並認非予管收，顯難查明不動產狀況者，不得為之。

③第三人有前項情形或拒絕到場者，執行法院得以裁定處新臺幣一萬五千元以下之罰鍰。

第七八條　（債務人之管理使用）

已查封之不動產，以債務人為保管人者，債務人仍得為從來之管理或使用。由債務人以外之人保管者，執行法院得許債務人於必要範圍內管理或使用之。

第七九條　（自治團體等之保管或管理）

查封之不動產保管或管理，執行法院得交由有關機關、自治團體、商業團體、工業團體或其他團體爲之。

第八〇條　（不動產價格之鑑定）

拍賣不動產，執行法院應命鑑定人就該不動產估定價格，經核定後，爲拍賣最低價額。

第八〇條之一　（撤銷查封將不動產返還債務人）

①不動產之拍賣最低價額不足清償優先債權及強制執行之費用者，執行法院應將其事由通知債權人。債權人於受通知後七日內，得證明該不動產賣得價金有賸餘可能或指定超過該項債權及費用總額之拍賣最低價額，並聲明如未拍定願負擔其費用而聲請拍賣。逾期未聲請者，執行法院應撤銷查封，將不動產返還債務人。

②依債權人前項之聲請爲拍賣而未拍定，債權人亦不承受時，執行法院應公告願買受該不動產者，得於三個月內依原定拍賣條件爲應買之表示，執行法院於訊問債權人及債務人意見後，許其應買；債權人復願承受者亦同。逾期無人應買或承受者，執行法院應撤銷查封，將不動產返還債務人。

③不動產由順位在先之抵押權或其他優先受償權人聲請拍賣者，不適用前二項之規定。

④第一項、第二項關於撤銷查封將不動產返還債務人之規定，於該不動產已併付強制管理之情形；或債權人已聲請另付強制管理而執行法院認爲有實益者，不適用之。

第八一條　（拍賣不動產之公告）103

①拍賣不動產，應由執行法院先期公告。

②前項公告，應載明下列事項：

一　不動產之所在地、種類、實際狀況、占有使用情形、調查所得之海砂屋、輻射屋、地震受創、嚴重漏水、火災受損、建物內有非自然死亡或其他足以影響交易之特殊情事及其應記明之事項。

二　拍賣之原因、日期及場所。如以投標方法拍賣者，其開標之日時及場所，定有保證金額者，其金額。

三　拍賣最低價額。

四　交付價金之期限。

五　閱覽查封筆錄之處所及日、時。

六　定有應買資格或條件者，其資格或條件。

七　拍賣後不點交者，其原因。

八　定有應買人察看拍賣物之日、時者，其日、時。

第八二條　（拍賣期日距離公告日之期間）

拍賣期日距公告之日，不得少於十四日。

第八三條　（不動產拍賣之人員與場所）

拍賣不動產，由執行法官命書記官督同執達員於執行法院或其他場所爲之。

第八四條　（拍賣公告之方法）107

①拍賣公告，應揭示於執行法院及不動產所在地或其所在地之鄉鎮市（區）公所。

②拍賣公告，應公告於法院網站；法院認爲必要時，得命登載於公報或新聞紙。

第八五條　（以投標之方法拍賣）

拍賣不動產，執行法院得因債權人或債務人之聲請或依職權，以投標之方法行之。

第八六條　（保證金之預納）

以投標方法拍賣不動產時，執行法院得酌定保證金額，命投標人於開標前繳納之。

第八七條　（投標之方法及投標書內之記載）

①投標人應以書件密封，投入執行法院所設之標匭。

②前項書件，應載明左列事項：

一　投標人之姓名、年齡及住址。

二　願買之不動產。

三　願出之價額。

第八八條　（開標人員及其方式）

開標應由執行法官當衆開示，並朗讀之。

第八九條　（未納保證金之效果）

投標應繳納保證金而未照納者，其投標無效。

第九〇條　（出價相同之解決方法）

①投標人願出之最高價額相同者，以當場增加之金額最高者爲得標人；無人增加價額者，以抽籤定其得標人。

②前項得標人未於公告所定期限內繳足價金者，再行拍賣。但未中籤之投標人仍願按原定投標條件依法承買者，不在此限。

第九一條　（無人應買或出價未達最低價時之處置）

①拍賣之不動產無人應買或應買人所出之最高價未達拍賣最低價額，而到場之債權人於拍賣期日終結前聲明願承受者，執行法院應依該次拍賣所定之最低價額，將不動產交債權人承受，並發給權利移轉證書。其無人承受或依法不得承受者，由執行法院定期再行拍賣。

②依前項規定再行拍賣時，執行法院應酌減拍賣最低價額；酌減數額不得逾百分之二十。

第九二條　（第一次減價拍賣未能拍定時之處置）

再行拍賣期日，無人應買或應買人所出之最高價，未達於減定之拍賣最低價額者，準用前條之規定；如再行拍賣，其酌減數額，不得逾減定之拍賣最低價額百分之二十。

第九三條　（再行拍賣之期日）

前二條再行拍賣之期日，距公告之日，不得少於十日多於三十日。

第九四條　（權利移轉證書）

①債權人有二人以上願承受者，以抽籤定之。

②承受不動產之債權人，其應繳之價金超過其應受分配額者，執行法院應限期命其補繳差額後，發給權利移轉證書；逾期不繳者，再行拍賣。但有未中籤之債權人仍願按原定拍賣條件依法承受者，不在此限。

③第六十八條之二之規定，於前項再行拍賣準用之。

第九五條　（強制管理及再行拍賣）

①經二次減價拍賣而未拍定之不動產，債權人不願承受或依法不得承受時，執行法院應於第二次減價拍賣期日終結後十日內公告願買受該不動產者，得於公告之日起三個月內依原定拍賣條件爲應買之表示，執行法院得於詢問債權人及債務人意見後，許其買受。債權人復願爲承受者，亦同。

②前項三個月期限內，無人應買前，債權人亦得聲請停止前項拍賣，而另行估價或減價拍賣，如仍未拍定或由債權人承受，或債權人未於該期限內聲請另行估價或減價拍賣者，視爲撤回該不動產之執行。

③第九十四條第二項、第三項之規定，於本條第一項承買準用之。

第九六條　（拍賣不動產之限度）

①供拍賣之數宗不動產，其中一宗或數宗之賣得價金，已足清償強制執行之債權額及債務人應負擔之費用時，其他部分應停止拍賣。

②前項情形，債務人得指定其應拍賣不動產之部分。但建築物及其基地，不得指定單獨拍賣。

第九七條　（權利移轉證書之發給）

拍賣之不動產，買受人繳足價金後，執行法院應發給權利移轉證書及其他書據。

第九八條　（領得權利移轉證書之效力）

①拍賣之不動產，買受人自領得執行法院所發給權利移轉證書之日起，取得該不動產所有權，債權人承受債務人之不動產者亦同。

②前項不動產原有之地上權、永佃權、地役權、典權及租賃關係隨同移轉。但發生於設

定抵押權之後，並對抵押權有影響，經執行法院除去後拍賣者，不在此限。
③存於不動產上之抵押權及其他優先受償權，因拍賣而消滅。但抵押權所擔保之債權未定清償期或其清償期尚未屆至，而拍定人或承受抵押物之債權人聲明願在拍定或承受之抵押物價額範圍內清償債務，經抵押權人同意者，不在此限。

第九九條 （不動產之點交）

①債務人應交出之不動產，現爲債務人占有或於查封後爲第三人占有者，執行法院應解除其占有，點交於買受人或承受人；如有拒絕交出或其他情事時，得請警察協助。
②第三人對其在查封前無權占有不爭執或其占有爲前條第二項但書之情形者，前項規定亦適用之。
③依前二項規定點交後，原占有人復即占有該不動產者，執行法院得依聲請再解除其占有後點交之。
④前項執行程序，應徵執行費。

第一〇〇條 （未拍賣動產之點交）

①房屋內或土地上之動產，除應與不動產同時強制執行外，應取去點交債務人或其代理人、家屬或受僱人。
②無前項之人接受點交時，應將動產暫付保管，向債務人爲限期領取之通知，債務人逾限不領取時，得拍賣之而提存其價金，或爲其他適當之處置。
③前二項規定，於前條之第三人適用之。

第一〇一條 （拒交書據之處置）

債務人應交出書據而拒絕交出時，執行法院得將書據取交債權人或買受人，並得以公告宣示未交出之書據無效，另作證明書發給債權人或買受人。

第一〇二條 （共有物之拍賣方法）

①共有物應有部分第一次之拍賣，執行法院應通知他共有人。但無法通知時，不在此限。
②最低拍賣價額，就共有物全部估價，按債務人應有部分比例定之。

第一〇三條 （強制管理）

已查封之不動產，執行法院得因債權人之聲請或依職權，命付強制管理。

第一〇四條 （強制管理對債務人及第三人之效力）

①命付強制管理時，執行法院應禁止債務人干涉管理人事務及處分該不動產之收益，如收益應由第三人給付者，應命該第三人向管理人給付。
②前項命第三人給付之命令，於送達於該第三人時發生效力。

第一〇五條 （選任管理人）

①管理人由執行法院選任之。但債權人得推薦適當之人。
②執行法院得命管理人提供擔保。
③管理人之報酬，由執行法院詢問債權人及債務人意見後定之。

第一〇六條 （管理人之人數與職權行使之方法）

①強制管理，以管理人一人爲之。但執行法院認爲必要時，得選任數人。
②管理人有數人時，應共同行使職權。但執行法院另以命令定其職務者，不在此限。
③管理人共同行使職權時，第三人之意思表示，得僅向其中一人爲之。

第一〇七條 （對管理人之指示監督）

①執行法院對於管理人，應指示關於管理上必要之事項，並監督其職務之進行。
②管理人將管理之不動產出租者，應以書面爲之，並應經執行法院之許可。
③執行法院爲前項許可時，應詢問債權人及債務人之意見。但無法通知或屆期不到場者，不在此限。

第一〇八條 （管理人之更換）

管理人不勝任或管理不適當時，執行法院得解除其職務或更換之。

第一〇九條 （管理人之權限）

管理人因強制管理及收益，得占有不動產，遇有抗拒，得請執行法院核辦，或請警察協助。

第一一〇條 （收益之清償順序）

①管理人於不動產之收益，扣除管理費用及其他必需之支出後，應將餘額速交債權人；如有多數債權人參與分配，執行法院認爲適當時，得指示其作成分配表分配之。

②債權人對於前項所交數額有異議時，得向執行法院聲明之；如債權人於前項分配表達到後三日內向管理人異議者，管理人應即報請執行法院分配之。

③第一項收益，執行法院得依債務人或其共同生活之親屬之聲請，酌留維持其生活所必需之數額，命管理人支付之。

第一一一條 （管理人收支計算書之呈送義務）

①管理人應於每月或其業務終結後，繕具收支計算書，呈報執行法院，並送交債權人及債務人。

②債權人或債務人對於前項收支計算書有異議時，得於接得計算書後五日內，向執行法院聲明之。

第一一二條 （強制管理之終結）

①強制執行之債權額及債務人應負擔之費用，就不動產之收益已受清償時，執行法院應即終結強制管理。

②不動產之收益，扣除管理費用及其他必需之支出後，無賸餘之可能者，執行法院應撤銷強制管理程序。

第一一三條 （動產執行規定之準用）

不動產之強制執行，除本節有規定外，準用關於動產執行之規定。

第四節　對於船舶及航空器之執行

第一一四條 （船舶之強制執行）

①海商法所定之船舶，其強制執行，除本法另有規定外，準用關於不動產執行之規定；建造中之船舶亦同。

②對於船舶之強制執行，自運送人或船長發航準備完成時起，以迄航行完成時止，仍得爲之。

③前項強制執行，除海商法第四條第一項但書之規定或船舶碰撞之損害賠償外，於保全程序之執行名義，不適用之。

第一一四條之一 （船舶查封後之管理方法）

①船舶於查封後，應取去證明船舶國籍之文書，使其停泊於指定之處所，並通知航政主管機關。但經債權人同意，執行法院得因當事人或利害關係人之聲請，准許其航行。

②債務人或利害關係人，得以債權額及執行費用額或船舶之價額，提供擔保金額或相當物品，聲請撤銷船舶之查封。

③前項擔保，得由保險人或經營保證業務之銀行出具擔保書代之。擔保書應載明債務人不履行義務時，由其負責清償或併賠償一定之金額。

④依前二項規定撤銷船舶之查封時，得就該項擔保續行執行。如擔保人不履行義務時，執行法院得因債權人之聲請，逕向擔保人爲強制執行。

⑤第二項、第三項係就債權額及執行費用額提供擔保者，於擔保提出後，他債權人對該擔保不得再聲明參與分配。

⑥第一項但書情形，不影響海商法第二十四條第一項第一款之優先受償權。

第一一四條之二 （船舶之拍賣及變賣）

①依前條第一項但書准許航行之船舶，在未返回指定之處所停泊者，不得拍賣。但船舶現停泊於他法院轄區者，得囑託該法院拍賣或爲其他執行行爲。

②拍賣船舶之公告，除記載第八十一條第二項第二款至第五款事項外，並應載明船名、船種、總噸位、船舶國籍、船籍港、停泊港及其他事項，揭示於執行法院、船舶所在地及船籍港所在地航政主管機關牌示處。

③船舶得經應買人、債權人及債務人同意變賣之，並於買受人繳足價金後，由執行法院發給權利移轉證書。
④前項變賣，其賣得價金足以清償債權人之債權者，無須得其同意。

第一一四條之三　（拍賣外國船舶及其優先抵押爭議之處理）
外國船舶經中華民國法院拍賣者，關於船舶之優先權及抵押權，依船籍國法。當事人對優先權與抵押權之存在所擔保之債權額或優先次序有爭議者，應由主張有優先權或抵押權之人，訴請執行法院裁判；在裁判確定前，其應受償之金額，應予提存。

第一一四條之四　（航空器之強制執行）
①民用航空法所定航空器之強制執行，除本法另有規定外，準用關於船舶執行之規定。
②查封之航空器，得交由當地民用航空主管機關保管之。航空器第一次拍賣期日，距公告之日，不得少於一個月。
③拍賣航空器之公告，除記載第八十一條第二項第二款至第五款事項外，並應載明航空器所在地、國籍、標誌、登記號碼、型式及其他事項。
④前項公告，執行法院應通知民用航空主管機關登記之債權人。但無法通知者，不在此限。

第五節　對於其他財產權之執行

第一一五條　（對第三人金錢債權之執行方法）
①就債務人對於第三人之金錢債權為執行時，執行法院應發扣押命令禁止債務人收取或為其他處分，並禁止第三人向債務人清償。
②前項情形，執行法院得詢問債權人意見，以命令許債權人收取，或將該債權移轉於債權人。如認為適當時，得命第三人向執行法院支付轉給債權人。
③金錢債權因附條件、期限、對待給付或其他事由，致難依前項之規定辦理者，執行法院得依聲請，準用對於動產執行之規定拍賣或變賣之。
④金錢債權附有已登記之擔保物權者，執行法院依前三項為強制執行時，應即通知該管登記機關登記其事由。

第一一五條之一　（對於薪資或其他繼續性給付債權執行之效力）108
①對於薪資或其他繼續性給付之債權所為強制執行，於債權人之債權額及強制執行費用額之範圍內，其效力及於扣押後應受及增加之給付。
②對於下列債權發扣押命令之範圍，不得逾各期給付數額三分之一：
　一　自然人因提供勞務而獲得之繼續性報酬債權。
　二　以維持債務人或其共同生活親屬生活所必需為目的之繼續性給付債權。
③前項情形，執行法院斟酌債務人與債權人生活狀況及其他情事，認有失公平者，得不受扣押範圍之比例限制。但應預留債務人生活費用，不予扣押。
④第一項債務人於扣押後應受及增加之給付，執行法院得以命令移轉於債權人。但債務人喪失其權利或第三人喪失支付能力時，債權人債權未受清償部分，移轉命令失其效力，得聲請繼續執行。並免徵執行費。

第一一五條之二　（扣押命令）
①第三人於執行法院發第一百十五條第二項命令前，得將對債務人之金錢債權全額或扣押部分提存於清償地之提存所。
②第三人於依執行法院許債權人收取或向執行法院支付轉給債權人之命令辦理前，又收受扣押命令，而其扣押之金額超過債務人之金錢債權未受扣押部分者，應即將該債權之全額支付扣押在先之執行法院。
③第三人已為提存或支付時，應向執行法院陳明其事由。

第一一六條　（對於物之交付或移轉請求權之執行㈠）
①就債務人基於債權或物權，得請求第三人交付或移轉動產或不動產之權利為執行時，執行法院除以命令禁止債務人處分，並禁止第三人交付或移轉外，如認為適當時，得

命第三人將該動產或不動產交與執行法院，依關於動產或不動產執行之規定執行之。

②基於確定判決，或依民事訴訟法成立之和解、調解，第三人應移轉或設定不動產物權於債務人者，執行法院得因債權人之聲請，以債務人之費用，通知登記機關登記為債務人所有後執行之。

第一一六條之二　（對於物之交付或移轉請求權之執行㈡）

就債務人基於債權或物權，得請求第三人交付或移轉船舶或航空器之權利為執行時，準用前條之規定辦理，並依關於船舶或航空器執行之規定執行之。

第一一七條　（對於他種財產權之執行）

對於前三節及第一百十五條至前條所定以外之財產權執行時，準用第一百十五條至前條之規定，執行法院並得酌量情形，命令讓與或管理，而以讓與價金或管理之收益清償債權人。

第一一八條　（扣押命令等之送達）

①第一百十五條、第一百十六條、第一百十六條之一及前條之命令，應送達於債務人及第三人，已為送達後，應通知債權人。

②前項命令，送達於第三人時發生效力，無第三人者，送達於債務人時發生效力。但送達前已為扣押登記者，於登記時發生效力。

第一一九條　（扣押命令等之異議及其執行）

①第三人不承認債務人之債權或其他財產權之存在，或於數額有爭議或有其他得對抗債務人請求之事由時，應於接受執行法院命令後十日內，提出書狀，向執行法院聲明異議。

②第三人不於前項期間內聲明異議，亦未依執行法院命令，將金錢支付債權人，或將金錢、動產或不動產支付或交付執行法院時，執行法院得因債權人之聲請，逕向該第三人為強制執行。

③對於前項執行，第三人得以第一項規定之事由，提起異議之訴。

④第十八條第二項之規定，於前項訴訟準用之。

第一二〇條　（債權人對第三人之訴訟）

①第三人依前條第一項規定聲明異議者，執行法院應通知債權人。

②債權人對於第三人之聲明異議認為不實時，得於收受前項通知後十日內向管轄法院提起訴訟，並應向執行法院為起訴之證明及將訴訟告知債務人。

③債權人未於前項規定期間內為起訴之證明者，執行法院得依第三人之聲請，撤銷所發執行命令。

第一二一條　（債務人拒交書據之處理）

債務人對於第三人之債權或其他財產權持有書據，執行法院命其交出而拒絕者，得將該書據取出，並得以公告宣示未交出之書據無效，另作證明書發給債權人。

第一二二條　（禁止執行之債權）107

①債務人依法領取之社會福利津貼、社會救助或補助，不得為強制執行。

②債務人依法領取之社會保險給付或其對於第三人之債權，係維持債務人及其共同生活之親屬生活所必需者，不得為強制執行。

③債務人生活所必需，以最近一年衛生福利部或直轄市政府所公告當地區每人每月最低生活費一點二倍計算其數額，並應斟酌債務人之其他財產。

④債務人共同生活親屬生活所必需，準用前項計算基準，並按債務人依法應負擔扶養義務之比例定其數額。

⑤執行法院斟酌債務人與債權人生活狀況及其他情事，認有失公平者，不受前三項規定之限制。但應酌留債務人及其扶養之共同生活親屬生活費用。

第六節　對於公法人財產之執行

第一二二條之一　（金錢請求權之強制執行）

①關於金錢請求權之強制執行，債務人爲中央或地方機關或依法爲公法人者，適用本節之規定。但債務人爲金融機構或其他無關人民生活必需之公用事業者，不在此限。
②第二十條至第二十五條之規定，於前項執行不適用之。

第一二二條之二　（執行命令）
①執行法院應對前條債務人先發執行命令，促其於三十日內依照執行名義自動履行或將金錢支付執行法院轉給債權人。
②債務人應給付之金錢，列有預算項目而不依前項規定辦理者，執行法院得適用第一百十五條第一項、第二項規定，逕向該管公庫執行之。

第一二二條之三　（債務人之公用財產）
①債務人管有之公用財產，爲其推行公務所必需或其移轉違反公共利益者，債權人不得爲強制執行。
②關於前項情形，執行法院有疑問時，應詢問債務人之意見或爲其他必要之調查。

第一二二條之四　（債務人之非公用財產）
債務人管有之非公用財產及不屬於前條第一項之公用財產，仍得爲強制執行，不受國有財產法、土地法及其他法令有關處分規定之限制。

第三章　關於物之交付請求權之執行

第一二三條　（交付動產之執行方法）
①執行名義係命債務人交付一定之動產而不交付者，執行法院得將該動產取交債權人。
②債務人應交付之物爲書據、印章或其他相類之憑證而依前項規定執行無效果者，得準用第一百二十一條、第一百二十八條第一項之規定強制執行之。

第一二四條　（交付不動產之執行方法）
①執行名義係命債務人交出不動產而不交出者，執行法院得解除債務人之占有，使歸債權人占有。如債務人於解除占有後，復即占有該不動產者，執行法院得依聲請再爲執行。
②前項再爲執行，應徵執行費。
③執行名義係命債務人交出船舶、航空器或在建造中之船舶而不交出者，準用前二項規定。

第一二五條　（物之交付請求權執行方法之準用）
關於動產、不動產執行之規定，於前二條情形準用之。

第一二六條　（應交付之物爲第三人占有時之執行方法）
第一百二十三條及第一百二十四條應交付之動產、不動產或船舶及航空器爲第三人占有者，執行法院應以命令將債務人對於第三人得請求交付之權利移轉於債權人。

第四章　關於行為及不行為請求權之執行

第一二七條　（可代替行爲請求權之執行方法）
①依執行名義，債務人應爲一定行爲而不爲者，執行法院得以債務人之費用，命第三人代爲履行。
②前項費用，由執行法院酌定數額，命債務人預行支付或命債權人代爲預納，必要時，並得命鑑定人鑑定其數額。

第一二八條　（債務人未履行不可代替行爲義務之執行規定）100
①依執行名義，債務人應爲一定之行爲，而其行爲非他人所能代履行者，債務人不爲履行時，執行法院得定債務人履行之期間。債務人不履行時，得處新臺幣三萬元以上三十萬元以下之怠金。其續經定期履行而仍不履行者，得再處怠金或管收之。
②前項規定，於夫妻同居之判決不適用之。
③執行名義，係命債務人交出子女或被誘人者，除適用第一項規定外，得用直接強制方式，將該子女或被誘人取交債權人。

第一二九條　（債務人未履行不作為義務之執行規定）100

①執行名義係命債務人容忍他人之行為，或禁止債務人為一定之行為者，債務人不履行時，執行法院得處新臺幣三萬元以上三十萬元以下之怠金。其仍不履行時，得再處怠金或管收之。

②前項情形，於必要時，並得因債權人之聲請，以債務人之費用，除去其行為之結果。

③依前項規定執行後，債務人復行違反時，執行法院得依聲請再為執行。

④前項再為執行，應徵執行費。

第一二九條之一　（不可代替行為請求權執行方法之協助）

債務人應為第一百二十八條第一項及前條第一項之行為或不行為者，執行法院得通知有關機關為適當之協助。

第一三〇條　（意思表示請求權之執行方法）

①命債務人為一定之意思表示之判決確定或其他與確定判決有同一效力之執行名義成立者，視為自其確定或成立時，債務人已為意思表示。

②前項意思表示有待於對待給付者，於債權人已為提存或執行法院就債權人已為對待給付給予證明書時，視為債務人已為意思表示。公證人就債權人已為對待給付予以公證時，亦同。

第一三一條　（分割繼承財產或共有物之執行方法）

①關於繼承財產或共有物分割之裁判，執行法院得將各繼承人或共有人分得部分點交之；其應以金錢補償者，並得對於補償義務人之財產執行。

②執行名義係變賣繼承財產或共有物，以價金分配於各繼承人或各共有人者，執行法院得予以拍賣，並分配其價金，其拍賣程序，準用關於動產或不動產之規定。

第五章　假扣押假處分之執行

第一三二條　（假扣押假處分之執行時期）

①假扣押或假處分之執行，應於假扣押或假處分之裁定送達同時或送達前為之。

②前項送達前之執行，於執行後不能送達，債權人又未聲請公示送達者，應撤銷其執行。其公示送達之聲請被駁回確定者亦同。

③債權人收受假扣押或假處分裁定後已逾三十日者，不得聲請執行。

第一三二條之一　（執行處分）

假扣押、假處分或定暫時狀態之處分裁定經廢棄或變更已確定者，於其廢棄或變更之範圍內，執行法院得依聲請撤銷其已實施之執行處分。

第一三二條之二　（管收處分）

債權人依民法第一百五十一條規定拘束債務人自由，並聲請法院處理，經法院命為假扣押或假處分者，執行法院得依本法有關管收之規定，管收債務人或為其他限制自由之處分。

第一三三條　（收取金錢及分配金額之提存）

因執行假扣押收取之金錢，及依分配程序應分配於假扣押債權人之金額，應提存之。

第一三四條　（拍賣假扣押動產之權宜辦法）

假扣押之動產，如有價格減少之虞或保管需費過多時，執行法院得因債權人或債務人之聲請或依職權，定期拍賣，提存其賣得金。

第一三五條　（對債權或其他財產權執行假扣押之方法）

對於債權或其他財產權執行假扣押者，執行法院應分別發禁止處分清償之命令，並準用對於其他財產權執行之規定。

第一三六條　（假扣押執行方法之準用規定）

假扣押之執行，除本章有規定外，準用關於動產、不動產、船舶及航空器執行之規定。

第一三七條　（系爭物之管理）

假處分裁定，應選任管理人管理系爭物者，於執行時，執行法院應使管理人占有其物。

第一三八條　（假處分裁定之送達）

假處分裁定，係命令或禁止債務人爲一定行爲者，執行法院應將該裁定送達於債務人。

第一三九條　（假處分裁定之揭示）

假處分裁定，係禁止債務人設定、移轉或變更不動產上之權利者，執行法院應將該裁定揭示。

第一四〇條　（假處分執行方法之準用規定）

假處分之執行，除前三條規定外，準用關於假扣押、金錢請求權及行爲、不行爲請求權執行之規定。

第六章　附　則

第一四一條　（施行前已開始執行事件之結案方法）

本法施行前，已開始強制執行之事件，視其進行程度，依本法所定程序終結之。其已進行之部分，不失其效力。

第一四二條　（施行日）107

①本法自公布日起施行。

②中華民國一百零七年五月二十二日修正之條文，自公布日施行。

民訴

辦理強制執行事件應行注意事項

①民國89年4月14日司法院函修正發布全文73點。
②民國92年1月24日司法院函修正發布第40、43點。
③民國93年12月15日司法院函修正發布第47、48、56點之附件一至五。
④民國96年1月4日司法院函修正發布第2、12、21、27-1、34、37、40、42、43、45、47至49點及附件二、四。
⑤民國96年9月27日司法院函修正發布第2、4、16、57點。
⑥民國98年5月5日司法院函修正發布第27、62-1、68、69點；並增訂第3-2點。
⑦民國98年12月2日司法院函增訂發布第39-1點。
⑧民國100年6月29日司法院函修正發布第3、3-1、9、10至12、41-1、65、68、69-2點；增訂第3-3、15-2點；並自即日生效。
⑨民國100年12月5日司法院函修正發布第16點及第56點之附件五；並自即日生效。
⑩民國101年6月21日司法院函修正發布第46至48點。
⑪民國101年10月1日司法院函修正發布第5點。
⑫民國102年12月10日司法院函修正發布第41、43點；並自即日生效。
⑬民國103年6月9日司法院函修正發布第41、43點；並自即日生效。
⑭民國103年10月13日司法院函修正發布第56點之附件五；並自即日生效。
⑮民國106年2月23日司法院函修正發布第41、43點；並自即日生效。
⑯民國107年6月15日司法院函修正發布第45、65點；並自即日生效。
⑰民國108年3月5日司法院函修正發布第45點；並自即日生效。
⑱民國108年5月31日司法院函修正發布第62-1、65點；並自即日生效。

一　關於第三條、第三條之一部分：

㈠執行期日，應由執行法官指定，不得由書記官代爲辦理，關於查封、拍賣及其他執行筆錄，應由書記官當場作成，並即送執行法官核閱處理。

㈡同一地區之數個執行事件，宜儘量指定同一期日執行。

㈢實施強制執行時，遇有抗拒或防止抗拒，得請警察協助，債務人爲現役軍人時，並得請憲兵協助。參與協助之警憲人員，其出差旅費，視爲執行費用，執行法院得命債權人代爲預納。

㈣執行之標的物性質特殊者，得請對該物有特別知識經驗之機關協助。例如：拆屋還地事件，於必要時，得請電力、電信或自來水機構協助斷電、斷水。

㈤警察或有關機關違背本法第三條之一第三項之義務者，執行法院得函請其上級機關議處或送請監察院處理。

二　關於第四條、第四條之二部分：

㈠確定判決爲執行名義時，其執行應以該確定判決之內容爲準。未經確定判決判明之事項，執行法院不得逕爲何種處分。

㈡確定判決之執行，以給付判決且適於強制執行者爲限。其不得據以強制執行者，倘誤爲開始執行，應撤銷執行程序，並以裁定駁回強制執行聲請。

㈢關於確定判決之執行，如其判決主文不明瞭，而所附理由已記載明晰，與主文不相牴觸者，得參照該判決之理由爲執行。

㈣確定判決命合夥履行債務者，應先對合夥財產爲執行，如不足清償時，得對合夥人之財產執行之。但其人否認爲合夥人，而其是否爲合夥人亦欠明確者，非另有確認其爲合夥人之確定判決，不得對之強制執行。

㈤確定判決如就同一債務命數債務人連帶履行者，債權人得專對債務人中之一人聲請爲全部給付之執行。執行法院不得依該債務人之聲請，就其他連帶債務人之財產，逕爲強制執行。

(六)判決，除有本法第四條之二情形外，祇能對於當事人爲之，若對於非當事人之人命爲給付，自不生效力。執行法院即不得本此判決，對之爲強制執行。

(七)判決所命被告交付之物，於判決確定後，經法律禁止交易者，執行法院不得據以執行。

(八)在執行法院成立之和解，爲訴訟外之和解，無執行力。但因該和解有民法上和解之效力，當事人仍須受其拘束。執行法院亦得勸告當事人依照和解了結。

(九)執行名義如爲依公證法作成之公證書，應注意公證法第十三條及公證法施行細則第四十條至第四十八條之規定。

(十)檢察官或軍事檢察官就法院或軍事審判機關所處罰金、罰鍰、沒收、沒入及追徵之裁判，所爲指揮執行之命令，與民事執行名義有同一之效力，執行法院得受託強制執行。

(十一)依民事訴訟法科處當事人、法定代理人、證人或鑑定人等罰鍰之裁定，依刑事訴訟法科處證人或鑑定人罰鍰之裁定及依少年事件處理法科處少年法定代理人罰鍰之裁定，得爲執行名義，執行法院可據以強制執行。

(十二)依鄉鎮市調解條例成立並經法院核定之調解書、耕地三七五減租條例成立之調解或調處之書面證明、商務仲裁人之判斷經法院爲執行之裁定、公務人員交代條例公務人員經管財物移交不清該主管機關之移送函、依工程受益費徵收條例受益人不依限繳納工程受益費經機關移送函及其他依法具有強制執行名義之文書，均得據以強制執行。

(十三)法律有公法上金錢給付義務移送法院強制執行之規定者，自九十年一月一日行政執行法修正條文施行之日起，不適用之；其於修正條文施行前已移送法院強制執行而尚未終結之事件，自修正條文施行之日起，應移送該管行政執行處繼續執行之。

(十四)（刪除）

(十五)國民住宅主管機關依國民住宅條例第二十一條至第二十三條及第二十九條規定收回住宅及其基地、終止租賃契約收回該住宅或收回貸款者，應由該管地方法院民事庭裁定准許後，始得聲請執行法院爲之強制執行。

(十六)債權人依本法第四條之二規定聲請強制執行者，應提出證明其本人或債務人爲執行名義效力所及之人之相當證據。執行法院並應爲必要之調查。

(十七)債權人依假扣押、假處分、假執行之裁判供擔保後聲請法院強制執行者，執行法院於實施執行行爲後，應即通知該出具供擔保證明之提存所有關該案已實施執行行爲之事項。

三　關於第五條、第五條之一部分：

(一)債權人之聲請，不合程式或有其他欠缺而可以補正者，應定相當期間通知補正。

(二)強制執行開始後，債權人死亡而無繼承人承認繼承時，其遺產於清償債權並交付遺贈物後，如有賸餘，歸屬國庫，故仍應繼續執行。

(三)強制執行開始後，債務人死亡者，繼承人對於債務人之債務，以因繼承所得遺產爲限，負清償責任，僅得對遺產續行強制執行。

(四)選任特別代理人之費用，視爲執行費用。

(五)執行名義係命債務人分期給付者，債權人就其清償期屆至部分以言詞或書面聲請繼續執行時，如原案尚未執行完畢者，應併原案繼續執行，並另徵執行費；如原案已執行完畢者，則依一般程序處理。

三之一　關於第五條之二部分：

有執行名義之債權人，依本法第五條之二規定聲請處理者，執行法院對於被拘束到場之債務人，認有本法第二十二條第一項所列情形之一者，得依該條第二項、第五項之規定，予以限制其住居或管收，對於押收之財產，應視其種類依本法有關規定處理之。

三之二

受託法院就其受託執行之事件，經執行有效果者，例如已查封或扣押債務人之財產，應迅即告知囑託法院，並候囑託法院通知是否續為執行。囑託法院就其囑託執行之事件，發現有囑託執行範圍應予減縮之情事者，應於知悉該情事後，迅即告知所有受託法院。

三之三　關於第六條部分：

執行人員應切實審查執行名義之眞僞，各地方法院民事執行處應指定專人負責辦理其他地方法院查詢執行名義眞僞相關事項。對於法院核發之執行名義眞僞有疑義時，應調卷或以其他方法查證。

四　關於第十一條部分：

(一)依本法第十一條第二項規定將通知交債權人逕行持送登記機關登記者，執行法院應在發文簿內記明其事由，並命債權人簽收。

(二)查封之動產，如係經公路監理機關登記之車輛，應記明牌照及引擎號碼，通知該機關登記其事由。

(三)聲請撤銷查封、假扣押、假處分或債權人聲請撤回強制執行，其應准許，且無併案執行之情形時，執行法院應即通知該管登記機關登記其事由。

(四)供強制執行之財產有本法第十一條第三項情形，如經債務人表示願自行辦理繼承登記，得由其自行辦理。但自被繼承人死亡時已逾十個月仍未辦竣者，執行法院應轉知債權人得依本法第十一條第三項規定聲請代辦繼承登記後而為執行。

五　關於第十二條、第十三條部分：

(一)就強制執行所為之聲請或聲明異議，執行法院應迅速裁定，執行程序並不因之而停止。此項裁定，不得以其他公文為之，裁定正本應記載當事人不服裁定者，得於十日之不變期間內提起抗告。

(二)當事人或利害關係人不服前款裁定提起抗告時，執行法院除認抗告為有理由，將原處分或程序撤銷或更正外，應速將執行卷宗送交抗告法院，如該卷宗為執行法院所需用者，應自備影本、繕本或節本。

(三)執行法院依本法第十三條第二項規定為裁定時，主文宜記載為「○○○於本裁定送達之翌日起○日內得以新臺幣○○○元為○○○供擔保後，停止（中華民國○年○月○日本院○年度○字第○號裁定）主文第○項之執行。」並於裁定理由敘明如屆期未供擔保，即執行該撤銷或更正裁定。

六　關於第十四條、第十四條之一部分：

(一)債權人受確定判決後，於重行起算之時效期間業已屆滿，而聲請強制執行者，執行法院不得逕行駁回，但得由債務人提起異議之訴。

(二)債權人依本法第四條之二規定聲請強制執行，經執行法院裁定駁回者，應通知債權人得於裁定送達後十日之不變期間向執行法院對債務人提起許可執行之訴，此不變期間不因抗告而停止進行。

七　關於第十五條部分：

(一)出典人之債權人，僅就典物為禁止出典人讓與其所有權之假扣押或假處分，或僅請就典物之所有權執行拍賣，而典權本身並不受強制執行之影響者，典權人不得提起異議之訴。

(二)第三人對於執行之不動產有抵押權時，僅能主張就該不動產強制管理中，其權利繼續存在，或拍賣後有優先受償之權，不得提起異議之訴，以排除強制執行。

八　關於第十六條部分：

債務人或第三人就強制執行事件，得提起異議之訴時，宜先勸告債權人，俾得其同意撤銷強制執行，不得率行指示債務人或第三人另行起訴。

九　關於第十八條部分：

(一)債務人如受破產之宣告，其屬於破產財團之財產，除債權人行使別除權者外，應即停止強制執行程序，並通知債權人。

(二)債務人不能清償債務，依破產法向法院聲請和解，經法院裁定許可，或向商會請求和解，經商會同意處理時，其在法院裁定許可前或商會同意處理前成立之債權，除有擔保或優先權者外，對於債務人不得開始或繼續強制執行程序，並通知債權人。

(三)債務人為股份有限公司而經法院裁定准予重整者，應即停止強制執行程序，並通知債權人。

(四)依本法第十八條第二項裁定停止強制執行之權限，惟審判法院有之，執行法院並無此項權限。其停止強制執行之裁定，如以提供擔保為停止強制執行之條件者，在提供擔保以前，不得停止強制執行。

(五)當事人對於停止強制執行之裁定提起抗告時，執行法院應注意本法第三十條之一準用民事訴訟法第四百九十一條第二項、第三項規定，在有停止該裁定執行之裁定前，執行程序應停止進行。

(六)債務人經法院依消費者債務清理條例裁定開始更生程序者，除有擔保或有優先權之債權外，對於債務人不得開始或繼續強制執行程序，並通知債權人。

(七)債務人經法院依消費者債務清理條例裁定開始清算程序者，其屬於清算財團之財產，除債權人行使別除權者外，應停止強制執行程序，並通知債權人。

九之一　關於第十九條部分：

執行法院對債務人之財產狀況，應注意調查，認有必要時，得逕依職權行之。債權人聲請執行法院依本條第二項調查時，宜予准許，但調查所得資料，除執行債權人得於執行必要範圍內使用外，仍應注意稅捐稽徵法第三十三條等有關法律保密之規定，不得允許其他人員閱覽。

一〇　關於第二十一條、第二十一條之二部分：

(一)債務人如為在軍隊或軍艦服役之軍人者，其通知書，應準用民事訴訟法第一百二十九條之規定而為送達。

(二)債務人為現役軍人者，其拘提應以拘票知照該管長官協助執行。

(三)執達員執行拘提時，應備拘票二聯，以一聯交債務人或其家屬。

(四)債務人有本法第二十一條第一項情形者，司法事務官得報請執行法院發動職權拘提債務人（格式如附件六）。

(五)司法事務官詢問經拘提到場之債務人，應詢問其姓名、年齡、身分證統一編號、住所或居所，以查驗其人別有無錯誤。於詢問後，應就有無管收必要之事實、理由及法律依據載明於報告書，向執行法院提出（格式如附件七）。

一一　關於第二十二條部分：

(一)債務人是否顯有履行義務之可能而故不履行，應參酌該義務之內容、債務人之資力、生活狀況及其他情形認定之。

(二)本法第二十二條之規定，於假扣押之執行，亦適用之。

(三)本法第二十二條第二項之限制住居，包括禁止出境在內。執行法院為此處分時，應通知該管戶政、警察機關限制債務人遷徙，通知入出境管理機關限制其出境，並同時通知債務人。解除其限制時，亦同。

(四)本法第二十二條第二項規定，所稱「其他必要事由」，係限制住居必要性之概括規定，如債務人就應供強制執行之財產有隱匿或處分情事，雖其並無逃匿之虞，但若已無從執行（於物之交付請求權執行之情形）或無其他財產或剩餘財產顯不足清償債權者（於金錢請求權執行之情形）均屬之。又如債務人於短時間內多次遷移戶籍地址，圖以規避執行法院執行債權人與未成年人子女間會面交往探視權事件，此時即有限制債務人住居之必要。是否有其他必要事由，應由執行法院就具體個案依比例原則予以審酌。

(五)債權人聲請管收債務人者，應分案由執行法院裁定之。

(六)司法事務官詢問經拘提、通知或自行到場之債務人後，認有本法第二十二條第五項管收事由，而有管收之必要者，應依同條第六項規定，就有無管收必要之事實、理由及法律依據載明於報告書，向執行法院提出（格式如附件八）。

(七)執行法院於管收債務人前，仍須依本法第二十二條第五項但書規定踐行管收前之訊問程序，不得以司法事務官之詢問代之。

一一之一　關於第二十三條部分：

(一)具保證書人依本法第二十條第二項、第二十二條第一項、第二項及第二十二條之四第二款所為之擔保，其保證書未載明債務人逃亡或不履行債務時，由其負責清償或賠償一定之金額者，不宜准許。

(二)對具保證書人不得拘提、管收。

一二　關於第二十五條部分：

(一)管收債務人或本法第二十五條第二項各款之人，非具有本法第二十條第三項、第二十二條第五項、第七十七條之一第二項、第一百二十八條第一項及第一百二十九條第一項規定應行管收情形之一，且經執行法院踐行管收前訊問程序者，不得為之，管收期限，不得逾三個月，其有管收新原因者，亦僅得再管收一次。

(二)債務人或本法第二十五條第二項各款之人，雖合於管收條件。但依其他執行方法，足以達到強制執行之目的者，不得率予管收。

(三)本法第二十五條第二項第二款所謂財產管理人，應依非訟事件法第一百零九條之所定；本法第二十五條第二項第三款所謂繼承人，應依民法第一千一百三十八條、第一千一百四十四條之所定；所謂遺產管理人，應依民法第一千一百七十七條、第一千一百七十八條第二項及非訟事件法第一百四十六條至第一百四十九條、第一百五十三條之所定，並包括非訟事件法第一百五十四條所定之遺產清理人；所謂遺囑執行人，應依民法第一千二百零九條、第一千二百十一條、第一千二百十八條及非訟事件法第一百五十六條之所定；所謂特別代理人，應依本法第五條第四項之所定；本法第二十五條第二項第四款所謂法人之負責人，在公司，應依公司法第八條之所定；在其他法人，係指法人之董事或與董事地位相等而執行業務之人；並均以有清償債務之權責者為限。如有管收情事，必要時得以限制住居代之。

(四)債務人或本法第二十五條第二項各款之人為現役軍人者，如予管收，應先知洽該管長官，認與軍事任務無影響者，始得為之。

一三　關於第二十六條部分：

執行拘提、管收，應注意有關法律之規定，管收期間，對於被管收人之提詢，每月不得少於二次，並應隨時注意被管收人有無應停止管收或釋放之情形。

一四　關於第二十七條部分：

(一)有本法第二十七條第一項規定之情形時，執行法院應命債權人於一個月內查報債務人財產，並得就其調查方法，為必要之曉示。債權人到期不為報告，或查報無財產時，執行法院應發給憑證，俟發現財產時再予執行。

(二)執行法院依本法第二十七條規定，發給俟發見財產再予執行之憑證者，其因開始執行而中斷之時效，應由此重行起算。

(三)執行名義為拍賣抵押物或質物之裁定，如拍賣結果不足清償抵押權或質權所擔保之債權者，其不足金額，須另行取得執行名義，始得對債務人其他財產執行，不得依本條發給憑證。

一五　關於第二十八條、第二十九條部分：

(一)本法第十一條第三項、第四項、第一百十六條第二項、第一百二十九條第二項所定登記或其他費用及管收債務人或本法第二十五條第二項各款之人所支出飲食費及其他必要費用，均為執行費用，有本法第二十九條第二項規定之適用。

(二)得依第二十九條第二項規定先受清償者，以為債權人全體共同利益而支出之費用為限；取得執行名義之費用，除係為其他債權人共同利益而支出者外，不在此之先受清償之列。

一五之一　關於第二十八條之一部分：

債權人不為一定必要之行為或不預納必要之費用，以事件因此不能進行者為限，始得駁回其強制執行之聲請。

一五之二　關於第二十八條之三部分：

債權人依本法第二十八條之三第三項規定，聲請強制執行債務人財產，而未補繳執行費差額者，執行法院應限期命其補正，逾期不補正者，應依本法第三十條之一準用民事訴訟法第二百四十九條第一項第六款規定，以強制執行之聲請不合法，裁定駁回。

一六　關於第三十一條、第三十八條部分：

(一)債權人撤回強制執行之聲請時，如他債權人已依本法第三十四條第一項之規定聲明參與分配者，得聲請繼續執行。

(二)拍賣或變賣所得價金，如有多數債權人於拍賣或變賣終結之日一日前聲明參與分配者，除依法有優先受償權者外，應按債權額之比例平均分配，並應迅即作成分配表，分配於債權人。執行標的物由債權人承受時，其承受價金之分配，亦同。

(三)執行名義所命給付之利息或違約金，載明算至清償日者，應以拍賣或變賣之全部價金交付與法院之日或債務人將債權額現款提出於法院之日視為清償日。

(四)土地增值稅、拍賣土地之地價稅、拍賣房屋之房屋稅、拍賣或變賣貨物之營業稅，應依稅捐稽徵法第六條第三項扣繳，不適用本法關於參與分配之規定。

(五)拍賣土地或房屋及拍賣或變賣貨物時，於拍定或准許承受後，應於三日內通知稅捐機關查復土地增值稅、地價稅、房屋稅、營業稅之稅額，不必待繳足價金後始行通知，以爭取時效。如得標人或承受人未遵守期限繳納價金，須再行拍賣或另行處理時，可函知稅捐機關不能依原通知扣繳稅捐之原因。

(六)拍定後，不得因買受人之聲請而准其延期繳納價金，除有不能分配之情形外，應於買受人繳交價金後，其依法應扣繳稅捐者，應於稅捐機關查復各該稅額後，五日內製作分配表，指定分配期日，迅速分配。業務繁忙之法院得斟酌情形，指定書記官專責製作分配表。

(七)如確有不能於規定期限內製作分配表之事由時，執行法院應主動將該事由通知各債權人，以釋其疑。

(八)分配期日，如有部分債權人對分配表異議，應依本法第四十條規定更正分配表而為分配，或就無異議之部分，先行分配，不得全部停止分配。

一七　（刪除）

一八　關於第三十三條部分：

(一)對於已開始強制執行之債務人財產，他債權人再聲請強制執行者，應注意併案處理。

(二)依本法第三十三條之規定處理者，以原聲請強制執行及再聲請強制執行之債權，均為金錢債權者為限。

(三)聲請強制執行之債權人撤回其聲請時，原實施之執行處分，對再聲請強制執行之他債權人繼續有效。

一八之一　關於第三十三條之一、第三十三條之二部分：

(一)執行法院將事件函送行政執行機關併辦時，應敘明如行政執行機關就已查封之財產不再進行執行程序時，應維持已實施之執行程序原狀，並將卷宗送由執行法院繼續執行。

(二)執行法院就已查封之財產不再進行執行程序時，如有行政執行機關函送併辦之事件，應維持已實施之執行程序原狀，並將卷宗送請行政執行機關繼續執行。

一九　關於第三十四條部分：

(一)他債權人參與分配者，以有執行名義或依法對於執行標的物有擔保物權或優先受償權之債權人為限。

(二)無執行名義之普通債權人聲明參與分配者，執行法院應即駁回之。

㈢本法第三十四條第二項之債權人聲明參與分配而不繳納執行費者，不得予以駁回，其應納之執行費，就執行標的物拍賣或變賣後所得金額扣繳之。執行法院將未聲明參與分配而已知之債權及金額，依職權列入分配者，其應納之執行費，亦同。又依本項規定參與分配之債權人，如已取得拍賣抵押物或質物裁定以外之金錢債權執行名義，其未受清償之金額，得依本法第二十七條之規定發給憑證。

㈣有本法第三十四條第一項、第二項之債權人參與分配時，應即通知各債權人及債務人，俾其早日知悉而為必要之主張。

㈤本法第三十四條第二項規定之債權人，其參與分配，不受本法第三十二條第一項規定之限制。

二〇　（刪除）

二一　關於第三十七條部分：

各債權人應領之分配金額，如由債權人親自領取者，應核對其身分證明文件無誤後交付之。如由原委任之代理人代為領取者，應查明有無特別代理權，及核對代理人之身分證明文件無誤後，交付之。如係臨時委任之代理人，應命提出有特別代理權之委任書，並查明委任人之簽名或印章與聲請執行書狀上之簽名或印章是否相符，及核對代理人之身分證明文件無誤後，交付之。

二一之一　關於第三十九條部分：

當事人未於分配期日一日前對分配表提出異議，但對分配表，協議變更者，仍得依其協議實行分配。

二二　關於第四十條、第四十條之一部分：

㈠依本法第四十條第一項規定更正之分配表應送達於未到場之債務人及有利害關係之他債權人，俾能使其有反對之陳述機會。

㈡更正分配表而為分配時，應記載於分配筆錄。

㈢無異議部分不影響債務人或其他債權人之債權者，應就該部分先為分配。

二三　（刪除）

二四　關於第四十五條部分：

執行法院僅就未與土地分離之農作物，實施查封者，限於將成熟時始得為之，並於收穫後再行拍賣。

二五　關於第四十六條、第七十六條部分：

動產或不動產之查封，應命書記官督同執達員為之，並由書記官依法作成筆錄，不得僅命執達員前往實施。

二六　（刪除）

二七　關於第五十條、第七十二條部分：

查封、拍賣債務人之財產，應以將來拍賣所得之價金足敷清償債權額及債務人應負擔之費用為限。債權人聲請執行債務人之多項財產時，應釋明其聲請執行標的之個別財產價值，並須以此為標準而加以選擇。

二七之一　關於第五十條之一、第八十條之一部分：

㈠依本法第五十條之一第三項拍賣之動產，其出價未超過優先債權及強制執行費用之總額者，應不予拍定；依本法第八十條之一第一項規定拍賣不動產者，其拍賣最低價額，不得低於債權人依本法第八十條之一第一項規定指定之拍賣最低價額。

㈡因無益拍賣所生費用，應由聲請拍賣之債權人負擔。聲請之債權人有二人以上者，依債權額比例分擔。

二八　關於第五十一條部分：

實施查封後，第三人未經執行法院允許而占有查封之動產，或第三人為其他有礙執行效果行為者，執行法院於必要時，得依職權排除之，並應先予排除後再行拍賣。

二九　關於第五十四條部分：

查封筆錄之記載，應詳細明確，記明開始及終了之年、月、日、時，並於當場作成。到場人須於查封筆錄內簽名，如拒絕或不能簽名者，應由書記官記明其事由；如有保管人者，亦同。

三〇　關於第五十五條、第一百三十六條部分：

㈠假扣押、假處分及其他執行案件，遇債務人有脫產之虞或其他急迫情形，法官應許可得於星期日、例假日或其他休息日及日出前、日沒後執行之。

㈡休息日及日出前日沒後之執行，應將急迫情形記載於執行筆錄，並將執行法官許可執行之命令出示當事人。

三一　關於第五十六條部分：

本法第五十六條所謂「因案受查封者」，不以本件執行法院查封者為限。其經行政執行機關查封者，亦包括在內。

三二　關於第五十八條部分：

㈠債務人提出現款聲請撤銷查封，於拍定前均得為之，若債務人於已經拍定之後提出現款請求撤銷查封者，亦得勸告拍定人，經其同意後予以准許，並記明筆錄。

㈡拍賣物所有權移轉於拍定人後，債權人不得再撤回其強制執行之聲請。

三三　關於第五十九條部分：

㈠查封債務人之動產，除貴重物品及有價證券宜由該管法院自行保管外，其他動產，執行法院認為適當時，固得交由債權人保管，但其後如認為不適當者，亦得另行委託第三人保管。

㈡查封標的物之保管人，因故意或過失致該標的物有滅失或毀損者，非有命該保管人賠償損害之執行名義，不得對之為強制執行。

三四　關於第六十條、第六十條之一部分：

㈠查封物易腐壞或為有市價之物品，執行法官應注意依職權變賣之。對於易腐壞之物如無人應買時，得作價交債權人收受，債權人不收受時，應由執行法院撤銷查封，將該物返還債務人。

㈡查封之動產，如為依法令管制交易之物品，應依職權洽請政府指定之機構，按照規定價格收購之。

㈢得於有價證券集中交易市場交易之有價證券，宜委託證券經紀商變賣之。

㈣本法第六十條第一項第一款之協議，係指經全體債權人（包括參與分配之債權人）及債務人之協議而言；同項第四款之變賣，僅適用於金銀物品及有市價之物品，變賣價格亦不得低於市價。

三五　關於第六十三條、第一百十三條部分：

拍賣期日，應通知債權人及債務人到場。此項通知應予送達，並作成送達證書附卷。拍賣物如有優先承買權人或他項權利人者，亦宜一併通知之，但無法通知或經通知而屆期不到場者，拍賣不因之停止。

三六　關於第六十四條、第八十一條部分：

拍賣價金之交付，拍賣公告定有期限者，應依公告所載期限為之，拍定後不得延展。如有逾期不繳者，應依本法第六十八條之二之規定，將該標的物再行拍賣。

三七　關於第六十四條、第一百十七條部分：

㈠拍賣標的物有特殊情形，足以影響其利用者，例如一、汽車無牌照。二、電影片無准演執照或非在准演期間。三、電話租用權人欠繳電話費等。執行法院應在拍賣公告內載明該事項，並註明由買受人自行處理字樣，以促應買人注意。

㈡動產之拍賣，拍定人預納保證金者，如因拍定人不繳足價金而再行拍賣時，原拍定人所繳納之保證金，應於清償再拍賣程序所生之費用及拍定價額低於前次拍定價額時所生之差額後，予以發還。

三七之一　關於第五十九條之一、第六十八條之一部分：

㈠查封之有價證券須於一定之期限為承兌、提示、支付之請求或其他保全證券上權利之行為者，執行法院應注意於其期限之始期屆至時，代債務人為該行為，以免證券之權利喪失。

㈡依本法第六十八條之一規定，代債務人為背書等行為，應由執行法官為之，並應記明依該條代為該行為之意旨。

三七之二　關於第六十八條之二、第一百十三條部分：

因拍定人未繳足價金而再行拍賣時，拍賣公告宜載明「原拍定人不得應買」字樣以促其注意。

三八　關於第七十條、第七十一條部分：

㈠拍賣物價格不易確定或其價值較高者，執行法院宜依職權調查其價格，並預定其底價。

㈡依本法第七十條第一項規定，認為應酌定保證金額者，以拍賣物價值較高，並已預定拍賣物之底價者為限。其酌定之保證金額，應命應買人於應買前，向執行法院繳納，並應於拍賣公告內載明。未照納者，其應買無效。此種拍賣，執行法院認為必要時，得命應買人以書面提出願買之價額。

㈢依本法第七十條第三項規定，在最後一次高呼與拍定之間，應間隔相當之時間，如有同條第四項情形，執行拍賣人應不為拍定。

㈣依本法第七十條第五項及第七十一條規定將拍賣物作價交債權人承受時，其作價不得低於拍賣物底價百分之五十，未定底價者，應以估定價額為準，或參酌債權人及債務人意見，公平衡量而為核定。如債權人不願照價承受時，應撤銷查封，將拍賣物返還債務人。如債務人逃匿或行蹤不明或拒收，致撤銷查封後，無從返還拍賣物者，得參照本法第一百條第二項規定辦理。但如有本法第七十一條但書之情形者，得再行拍賣。

㈤依前款規定作價交由債權人承受者，如拍賣物價金超過債權人應受分配之債權額者，在未補繳差額前，不得將該物交付。

㈥依本法第七十條第五項及第七十一條規定撤銷查封，將拍賣物返還債務人時，應依本法第二十七條第一項規定辦理。

三九　關於第七十三條部分：

拍賣筆錄之記錄，應詳細明確，並當場作成。

三九之一　關於第七十四條部分：

拍賣公告未定有拍賣價金之交付期限者，拍定人應當場交付；如無多數債權人參與分配，執行人員得逕交付債權人以為清償；其超過債權人應受償之數額部分，得逕交付債務人。

四〇　關於第七十五條、第七十六條部分：

㈠債權人聲請查封不動產，應提出產權證明文件，並導引執行人員前往現場指封之。

㈡查封未經登記之房屋，仍應通知地政機關依有關法令之規定辦理查封登記。

㈢（刪除）

㈣依本法第七十五條第四項得合併拍賣之動產及不動產，以具有不可分離之關係或能增加拍賣總價額者為限。

㈤土地及其土地上之建築物同屬抵押人所有，而僅以土地或僅以建築物設定抵押權者，執行法院拍賣抵押物時，應先確定建築物使用土地之面積及範圍（宜繪圖說明）於拍賣公告內載明之，並說明建築物占用部分之土地，建築物所有權人享有法定地上權，以促應買人注意。

㈥查封債務人之土地，執行法院應查明該土地上是否有建築物。

㈦建築物及其基地同屬債務人所有者，宜將建築物及其基地併予查封、拍賣。其有公寓大廈管理條例第四條第二項情形者，應將其建築物及其基地併予查封、拍賣，不得分別拍定。

㈧建築物及其基地非同屬債務人所有，執行法院單就建築物或其基地拍賣時，宜於拍賣期日前通知建築物所在之基地所有人或基地上之建築物所有人。
㈨查封債務人之不動產，應以將來拍賣所得價金足敷清償債權額及債務人應負擔之費用爲限，不得過度查封。於債務人有數宗不動產時，並須以此爲標準加以選擇。
㈩債權人聲請查封已登記之不動產，應於實施查封前，先行通知登記機關爲查封登記。如係未經登記之不動產，應於查封後一日內，通知該管地政機關登記其事由。

四一　關於第七十七條部分：

㈠實施不動產查封時，查封筆錄內應載明「到達執行標的物所在時間、離開時間及揭示時間」。
㈡查封筆錄記載本法第七十七條第一項第二款所列事項，如爲土地，應載明其坐落地號、面積、地上物或其他使用情形；如爲房屋，應載明坐落地號、門牌、房屋構造及型式、層別或層數、面積、用途。如查封之不動產於查封前一部或全部爲第三人占有者，應載明債務人及第三人占有之實際狀況，第三人姓名、住所、占有原因、占有如有正當權源者，其權利存續期間。如訂有租約者，應命提出租約，即時影印附卷，如未能提出租約，或未訂有書面租約者，亦應詢明其租賃起訖時間、租金若干及其他租賃條件，逐項記明查封筆錄，以防止債務人事後勾串第三人僞訂長期或不定期限租約，阻撓點交。
㈢查封共有不動產之應有部分者，應於查封筆錄記明債務人對於共有物之使用狀況及他共有人之姓名、住所。
㈣查封之不動產有設定負擔或有使用限制者，亦應於查封筆錄載明。

四一之一　關於第七十七條之一部分：

㈠查封之不動產，究爲債務人占有，抑爲第三人占有，如爲第三人占有，其權源如何，關係該不動產之能否點交，影響拍賣之效果，執行法官或書記官應善盡本法第七十七條之一規定之調查職權，詳實塡載不動產現況調查表，必要時得開啓門鎖進入不動產或訊問債務人或第三人，並得依債權人聲請或依職權管收債務人，或對第三人以科罰鍰之方法行之，務期發現占有之實情。但未經訊問債務人，並認非予管收，顯難查明不動產狀況者，不得管收債務人。
㈡執行法院依本法第七十七條之一規定調查不動產現況，如認債務人符合本法第二十一條規定拘提事由，而有強制其到場之必要時，得拘提之。

四一之二　關於第七十八條部分：

查封之不動產，如債務人拒絕保管，得不許其爲從來之使用。

四二　關於第八十條部分：

㈠鑑定人估價時，宜就不動產是否出租、是否被第三人占用等情形分別估價。其估定之不動產價額與市價不相當時，執行法院得參考其他資料，核定拍賣最低價額。
㈡查封房屋之實際構造與登記簿記載不符時，仍應按實際構造情形鑑定拍賣。
㈢土地或建築物設定抵押權後，抵押人於土地上營造建築物或於原建築物再行擴建或增建者，除應認爲係抵押物之從物，或因添附而成爲抵押物之一部者外，執行法院於必要時得就原設定抵押權部分及其營造、擴建或增建部分分別估定價格，並核定其拍賣最低價額後一併拍賣之。但抵押權人就營造、擴建或增建部分，無優先受償之權。
㈣債務人於不動產設定抵押權後，就同一不動產上設定負擔或予出租者，執行法院應命鑑定人就無負擔或未出租之價額與有負擔或出租之價額，分別估定。
㈤核定拍賣最低價額應儘量與市價相當，且於核定前應使債權人、債務人就鑑定價格表示意見，俾作爲核定拍賣最低價額之參考。
㈥不動產價值之鑑定，除有特殊情形外，應囑託不動產估價師或建築師爲之。
㈦不動產如確因地區日趨繁榮、商業日趨興盛，或存有其他無形之價值，而鑑定人未將之估定在內者，執行法官核定拍賣最低價額時，得酌量提高。必要時並宜赴現場勘驗，瞭解不動產內部裝璜設備及環境四周，以爲核定拍賣最低價額之參考，避免不當提高或壓低拍賣最低價額。

四二之一　關於第八十條之一部分：

本條關於無益執行之禁止，對次順序抵押權人或其他優先債權人均有適用。

四三　關於第八十一條部分：

(一)拍賣建築物及其基地時，應於公告內載明拍賣最低之總價額並附記建築物及其基地之各別最低價額，而以應買人所出總價額最高者爲得標人。數宗不動產合併拍賣者，亦同。

(二)拍賣不動產公告記載本法第八十一條第二項第一款所列事項，如爲土地，應載明其坐落地號、面積、地上物或其他使用情形。如爲房屋，應載明坐落地號、門牌、房屋構造及型式、層別或層數、面積、建號（或暫編建號）。拍賣之不動產於查封前一部或全部爲第三人占有者，應載明債務人及第三人占有之實際狀況、第三人姓名、占有原因，占有如有正當權源者，其權利存續期間。又拍定人繳交價金之期間宜定爲七日。

(三)查封之不動產，未查明該不動產之占有使用情形前，不宜率行拍賣。

(四)拍賣之不動產，查封時爲債務人或其占有輔助人占有者，應於拍賣公告載明拍定後可以點交。如查封時爲第三人占有，依法不能點交者，則應詳載其占有之原因及依法不能點交之事由，不得記載「占有使用情形不明，拍定後不點交」之類似字樣。

(五)拍賣債務人之不動產應有部分時，應於拍賣公告載明其現在占有狀況及拍定後依債務人現實占有部分爲點交。如依法不能點交時，亦應詳記其原因事由，不得僅記載「拍賣不動產應有部分，拍定後不點交」之類似字樣。

(六)拍賣之不動產已有負擔，或債務人之權利受有限制，或他人對之有優先承買權利等情形，亦應於拍賣公告載明。

(七)拍賣之不動產爲政府直接興建之國民住宅及其基地，債務人有辦理國民住宅貸款者，應於拍賣公告記載應買人或聲明承受人如欲承接國民住宅貸款餘額及剩餘期限，應以法令所定具有購買國民住宅資格者爲限。

(八)外國人不得爲土地法第十七條第一項所列各款土地之應買人或承受人，但合於外國人投資條例第十六條第二款之規定者，不在此限。

(九)拍賣之土地爲土地法第十七條第一項所列各款以外之土地時，應於拍賣公告內記載外國人應買或聲明承受時，應依土地法第二十條第一項規定，向土地所在地市縣政府申請核准，並將該經市縣政府核准之證明文件附於投標書。

四四　關於第八十三條部分：

(一)不動產經拍定或交債權人承受時，如依法有優先承買權利人者，執行法院應通知其於法定期限或執行法院所定期限內表示願否優先承買。拍定人未繳足價金或承受之債權人逾期未補繳價金與其應受分配額之差額，致再定期拍賣時亦同。

(二)共有物應有部分於拍定後，如執行法院已盡調查之能事，仍無法查悉優先承買權人或無法送達，致不能通知其優先承買者，無須公示送達。

(三)數人享有同一優先承買權者，其中一人或數人拋棄或不行使優先承買權時，其餘之人仍得就拍賣不動產之全部，以同一價格共同或單獨優先承買。

四五　關於第八十四條部分：

(一)各法院應於公共區域設置一般或電子公告欄，揭示拍賣公告至拍賣期日終了時止。揭示於一般公告欄者，不可交疊張貼致遮蔽內容，並應裝置加鎖之透明隔離設施，謹防公告散失及被破壞、除去或塗改；揭示於電子公告欄者，應隨時顯示公告之全部內容，或輪播其摘要並於現場提供全部內容即時查詢。

(二)拍賣公告應揭示於不動產所在地，或函囑該管鄉、鎮、市（區）公所揭示於其公告處所。拍賣標的物爲大型工廠或機器，得另函請當地同業公會將拍賣公告揭示並轉告會員。

㈢依第一款及前款前段所為揭示，與不動產拍賣或再拍賣期日應距期間，自最先揭示日起算。

㈣拍賣公告應公告於法院網站，必要時，並得命債權人登載於當地發行量較多之報紙。

㈤各法院應設置投標室及閱覽查封筆錄之處所，並於投標室設置公告欄。開標前，應將該拍賣期日應停止拍賣之案件，列表公告於該公告欄，並應載明停止拍賣之原因，一式二份，一份揭示，另一份附卷。

四六　關於第八十五條部分：

㈠投標得以通訊投標之方式為之。

㈡有下列情形之一者，宜採通訊投標：

1.有圍標之虞。

2.法院因債權人或債務人聲請認為適當或有其他必要之情形。

㈢採通訊投標時，應於拍賣公告載明下列事項：

1.投標書最後寄達之日、時。

2.投標書應寄達之地址或郵局信箱。

3.投標書逾期寄達指定之地址或郵局信箱者，其投標無效。

4.投標書寄達後，不得撤回或變更投標之意思表示。

㈣通訊投標得與現場投標並行。

㈤通訊投標之開標應以公開方式為之。通訊投標之投標人或其代理人於開標時，得不在場。

㈥法院得依所在區域之特性，訂定通訊投標要點，辦理通訊投標。

四七　關於第八十六條部分：

㈠拍賣時，投標人應繳納之保證金，宜定為拍賣最低價額百分之十至百分之三十。但如有圍標之虞時，可提高保證金額，以減少投機並防止圍標。

㈡不動產以投標方法拍賣，因拍定人不繳足價金而再行拍賣時，拍定人所繳納之保證金，應於清償再拍賣程序所生之費用及拍定價額低於前次拍定價額時所生之差額後，予以發還。不動產不以投標方法而為拍賣，拍定人如預納保證金者亦同。

㈢保證金，由投標人填具聲請書（附件一），連同現金或銀行即期本票或劃線支票逕行繳交執行法院出納室。但通訊投標人應將願買之標的及願出之價額，填具投標書（附件二）連同應繳之保證金妥為密封，以雙掛號信函依拍賣公告所定方式及最後寄達日、時，寄達執行法院指定之地址或郵局信箱。保證金不以繳納執行法院當地臺灣銀行為付款人之票據為必要。

㈣執行法院出納室接到聲請書，並點收保證金無訛後，應製作保證金臨時收據一式三聯（附件三）第一聯存查，第二、三聯交投標人，由投標人將第二聯黏貼於投標書，投入標匭，第三聯由投標人收執。其以通訊投標而投標書寄達處所為郵局信箱者，執行法官應於拍賣公告所定最後寄達日、時，率同書記官及會同同院政風人員或院長指定之人前往郵局領取投標信函，並於開標前由書記官會同同院政風人員或院長指定之人將投標信函投入標匭；寄達處所非郵局信箱者，執行法院應妥善保管投標信函，並於開標前依上述方式將投標信函投入標匭。

㈤執行法院得斟酌情形自行規定，保證金得不必向出納室繳納，而由投標人逕將以經金融主管機關核准之金融業者為發票人之即期支票、本票或匯票為保證金，放入執行法院印製之保證金封存袋（如附件四），將之密封，與投標書一併投入標匭。惟應防止保證金票據遺失、被竊及投錯標匭等情事發生。開標時由執行法官當眾開示投標書朗讀之，並將得標者之保證金封存袋當眾拆封展示，必要時可將得標者之投標書及保證金票據即時影印，張貼於投標室，以昭公信。其未得標者之保證金封存袋，應由投標人在執行人員監視下自行拆封，當場簽章取回。

㈥執行人員及出納室承辦人員，在開標前，對於投標人姓名及繳納保證金人數，應嚴守秘密。

(七)投標距開標之時間，宜定為半小時或一小時。

(八)開標後凡未得標，或係停止拍賣者，執行法官、書記官應即時於投標人持有之臨時收據第三聯上「未得標或停止拍賣，應予發還」欄簽名或蓋章，交還投標人持向出納室領回原繳保證金，出納室核對聲請書及存根無誤後，退還原繳保證金時，命投標人在該聯收據上「原款如數領回」欄簽名或蓋章，並註明時間後，立即將該收據黏貼存根，通知會計室補製收支傳票。但通訊投標之保證金，當場憑身分證明文件、交寄投標書之郵局執據及與投標書相符之印章退還之；投標人未到場者，其保證金應交由會計室入帳處理，並通知投標人依規定領取之。

(九)拍賣得標時，由執行法官、書記官於原保證金臨時收據「得標應換正式收據」欄簽名或蓋章，交由投標人持向執行法院出納室換發正式收據後，由執行法院依一般會計程序處理。通訊投標之得標人所繳保證金，應即交同院出納室，並發給正式收據。

(十)於必要時，得指派穿制服之法警，在投標室維持秩序，如有恐嚇、詐欺等情事發生，應即移送偵查。

四八　關於第八十七條部分：

投標書用紙及保證金封存袋，應依司法院規定格式（附件二、四）印製，存放民事執行處或服務處，供投標人使用，並得依規定標準收取費用。通訊投標之投標人應依司法院規定標封之格式載明相關內容（附件四之一），再將標封黏貼於信封；未依規定格式黏貼標封，並載明開標日、時及案號者，其投標為無效。

四九　關於第八十八條部分：

(一)拍賣開標時間，宜指定為每日上午九時半至十一時，或下午三時至四時之間，不得撥快或撥慢投標室時鐘。

(二)以投標方法拍賣不動產者，應依照拍賣公告所載時間準時開標，縱當事人請求延緩開標時間，亦不應准許。

(三)開標期日，應由執行法官全程參與不得委由書記官辦理。執行法官應在法院投標室當眾開示投標書，並朗讀之。關於通訊投標之開標，應先當眾審查投標書是否密封及有無附繳保證金，暨具備其他應備要件。

(四)開標，應以應買人所出價額達該次拍賣標的物之最低價額並係最高價者為得標。開標情形，應記明於拍賣筆錄。

(五)拍賣公告欄已張貼「停止拍賣」之公告或由主持開標之法官於開標前宣告停止拍賣程序，即應停止拍賣，不得開標實施拍賣，以免紛爭。

(六)以投標方法拍賣不動產時，應注意防範圍標及其他不法行為。

五〇　關於第九十條部分：

(一)數宗不動產合併拍賣時，投標人未記載每宗之價額或其記載每宗價額之合計數與其記載之總價不符者，應以其所載之總價額為準，其總價額高於其他投標人，且達於拍賣最低總價額者為得標；投標人僅記載每宗之價額而漏記總價額者執行法院於代為核計其總價額後，如其總價額高於其他投標人，且達於拍賣最低總價額時，亦為得標。

(二)土地與地上建築物合併拍賣者，應於拍賣公告載明，投標人對土地及其建築物所出價額，均應達拍賣最低價額，如投標人所出總價額高於其他投標人，且達拍賣最低總價額，但土地或建築物所出價額未達拍賣最低價額，而投標人不自行調整者，執行法院得按總價額及拍賣最低價額比例調整之。

(三)投標人對願出之價額，未載明一定之金額，僅表明就他人願出之價額為增、減之數額者，不應准許得標。

(四)法院認定投標是否有效時，應依投標書各項記載之外觀，為整體與綜合之考量，並依其投標能否確保投標之秘密性及正確性，客觀認定之。倘投標書之記載，足以確定其投標應買之不動產與拍賣之不動產具有同一性者，且無其他無效事由時，其投標即應認為有效。

(五)投標人願出之最高價額相同者，於定得標人時，其當場增加價額或抽籤，由執行法官主持之。

五一　關於第九十一條部分：

(一)每宗耕地原由數人劃區分別承租耕作者，執行法院於拍賣時，應將承租人不能就其承租部分優先承買之意旨，事先通知承租人。俾促其參加投標應買，以杜爭執。

(二)拍賣不動產期日之通知書，應記載：「債權人對於本次拍賣之不動產，於無人應買或應買人所出之最高價未達拍賣最低價額時，如依法得承受並願照拍賣最低價額承受者，應於拍賣期日到場，並於該次期日終結前聲明之。」

(三)債權人未於拍賣期日到場者，不得聲明承受，除他債權人已於拍賣期日到場依法承受者外，執行法院應再行定期拍賣。

(四)得為承受之債權人，不以有執行名義者為限，無執行名義而依法對於執行標的物有擔保物權或優先受償權之債權人，經聲明或依職權列入分配者，亦得承受之。

(五)拍賣不動產時，應買人欠缺法定資格條件者，其應買無效。如無其他合於法定要件之人應買者，應認為「無人應買」。

五二　關於第九十二條部分：

再行拍賣之酌減數額，執行法官應斟酌當地經濟狀況減少適當金額，不宜一律減少原拍賣最低價額百分之二十。

五三　關於第九十四條部分：

(一)到場之債權人有二人以上願承受者，其抽籤，應由執行法官主持之。

(二)依本法第九十四條第二項規定之再行拍賣，其原承受人不得應買或再聲明承受。

五四　關於第九十五條部分：

(一)依本法第九十五條第一項規定，於公告之日起三個月內依原定拍賣條件應買或承受之表示時，如不動產之價格已上漲，且債權人或債務人表示反對，執行法院應不准應買或承受。

(二)本法第九十四條第二項、第三項有關債權人承受差額之補繳及再拍賣之規定，於本條第一項承買準用之。

五五　關於第九十六條部分：

(一)供拍賣之數宗不動產，其中一宗或數宗之賣得價金，已足清償強制執行之債權額及債務人應負擔之費用時，於拍定前，債務人得指定其應拍定不動產之部分。

(二)拍賣之不動產有數宗時，原則上應一次拍賣，但法院得斟酌實際情況，於拍賣公告註明：「如一宗或數宗不動產拍賣所得價金已足敷清償債權額及債務人應負擔之費用時，其餘部分即不予拍定」字樣。

五六　關於第九十七條、第九十八條部分：

(一)不動產經拍定或交債權人承受並已繳足價金後，應於五日內按拍定人或承受人之名義發給權利移轉證書。優先承買者亦同。

(二)不動產由外國人拍定或承受者，執行法院於權利移轉證書發給後，應即通知該管市縣政府。

(三)民事執行處收到出納室移來之買受人繳納價金收據後，應由收文人員填寫核發權利移轉證書管制追蹤考核表一式三份（如附件五，此表得與價金分配之管制考核併用）。一份送庭長存查，二份送研考科轉陳院長核閱後，一份送交承辦股，一份存研考科。

(四)承辦股書記官應就考核表所列應辦事項之辦畢日期，逐欄填載後退還研考科陳報院長查核。

(五)承辦股逾十五日尚未將考核表退還者，研考科應以查詢單每週一次向承辦股查詢其遲延原因，至案件終結為止，不得疏懈。

㈥承辦股書記官接到研考科查詢單後，應即將已於規定期限內核發權利移轉證書，或未能於規定期限內核發之遲延原因，詳載於查詢單，退還研考科。

㈦強制執行中拍賣之不動產，經第三人訴由法院判決確定認為應屬於該第三人所有時，原發權利移轉證書當然失其效力，執行法院應逕予註銷，並通知該管登記機關登記其事由。

㈧拍定人繳足價金後，債務人提出停止執行之裁定者，拍定人之地位不因之而受影響，執行法院不得停止權利移轉證書之發給。惟拍定人所繳價金，執行法院如未交付債權人，應依停止執行之裁定停止交付。

㈨依本法第九十八條第三項但書規定，保留不動產上之抵押權者，須於該不動產拍定後，繳納價金期限屆滿一日前，由拍定人或承受人及抵押權人共同向執行法院陳明。有此情形時，其抵押權，毋庸塗銷。

五七　關於第九十九條、第一百條、第一百十四條、第一百二十四條部分：

㈠拍賣之不動產，除有依法不能點交之情形者外，應於核發權利移轉證書後，依買受人之聲請，迅速點交。

㈡拍賣之不動產可否點交，以查封時之占有狀態為準，苟查封時不動產為債務人占有，執行法院於拍定後即應依法嚴格執行點交，不因事後債務人將不動產移轉予第三人占有而受影響。

㈢應點交之土地，如有未分離之農作物事先未併同估價拍賣者，得勸告買受人與有收穫權人協議為相當之補償，或俟有收穫權人收穫後，再行點交。

㈣不動產所有人設定抵押權後，於同一不動產上設定地上權或其他權利或出租於第三人，因而價值減少，致其抵押權所擔保之債權不能受滿足之清償者，執行法院得依聲請或依職權除去後拍賣之。

㈤拍賣債務人之不動產應有部分者，應將該債務人現實占有部分，點交於買受人或承受人。

㈥依本法第九十九條規定解除債務人或第三人對於不動產占有時，該債務人或第三人存置於不動產之動產，應取出點交與該債務人或第三人者，如無人接受點交或出面接受點交者於點交過程中逕自離開現場，致無法完成點交時，應適用本法第一百條第二項規定處理之。

㈦本法第九十九條及第一百二十四條所定債務人，包括為債務人之受僱人、學徒或與債務人共同生活而同居一家之人，或基於其他類似之關係，受債務人指示而對之有管領之力者在內。

㈧不動產或船舶經點交後，原占有人復占有該不動產或船舶，由買受人或債權人聲請再解除其占有者，其聲請應另分新案。

㈨依本法第九十九條第二項、第一百二十四條之規定，聲請續為執行，以原占有人復行占有者始得依聲請再予點交，並以本法修正施行後，經聲請執行法院點交者為限。

㈩出租人與承租人訂立租賃契約後，將租賃物交付承租人占有前，經執行法院查封者，承租人不得主張係查封前與債務人訂約承租該不動產，阻止點交。

⑪第三人於查封後始占用拍賣之不動產，拒絕交出者，執行法院除應嚴格執行，解除其占有，將不動產點交於買受人或承受人外，如遇有竊佔執行標的物，恐嚇投標人、得標人、偽造借據、租約或涉有其他罪嫌時，應即移送該管檢察官依法偵辦。債務人受點交後復占有該不動產者，亦同。

⑫債務人或第三人於查封後提出租賃契約，主張查封之不動產上已有租賃關係者，執行法院宜為相當之調查，如發現其契約有冒用他人名義偽訂情事時，亦應依前款規定辦理。

⑬第三人對其在查封前無權占有不動產不爭執，或其對該不動產之租賃權業經執行法院除去，而有第十一款規定之情事者，亦得依該款規定辦理。

五八　關於第一百零二條部分：

依本法第一百零二條第一項所為之通知，應於第一次揭示拍賣公告同時為之，其通知書應載明他共有人得以同一價格共同或單獨優先承買。

五九　關於第一百零三條部分：

執行法院依本法第一百零三條規定，對於已查封之不動產命付強制管理者，應以該不動產在相當期間內，其收益於扣除管理費用及其他必需之支出後，足以清償債權額及債務人應負擔之費用者為準。

六〇　關於第一百零四條、第一百零七條部分：

(一)債務人所有之不動產因執行實施強制管理，並命不動產之承租人按期向管理人給付租金，而承租人不遵行時，管理人得對之提起交租之訴。

(二)管理人聲請將管理之不動產出租時，須所收租金足以清償債權及應由債務人負擔之費用總額，或雖不能為此清償，但其出租並不影響該不動產之同時併行拍賣者，執行法院始得為許可。許可前，並應詢問債權人及債務人之意見。

六一　關於第一百十四條至第一百十四條之四部分：

(一)本法第一百十四條第一項所稱建造中之船舶，係指自安放龍骨或相當於安放龍骨之時起，至其成為海商法所定之船舶時為止之船舶而言。

(二)對於船舶之查封，除為查封之標示及追繳船舶文書外，應使其停泊於指定之處所，並即通知當地航政主管機關。但國內航行船舶之假扣押，得以揭示方法為之。以揭示方法執行假扣押時，應同時頒發船舶航行許可命令，明示准許航行之目的港、航路與期間；並通知當地航政主管機關及關稅局。

(三)就船舶為保全程序之執行僅得於運送人或船長發航準備完成前或於航行完成後，始得為之。但保全程序係保全為使航行可能所生之債權及船舶碰撞所生之債權者，則無此限制。所謂發航準備完成者，指法律上及事實上得開行之狀態而言，例如船長已取得當地航政主管機關核准發航與海關准結關放行及必需品之補給已完成，並已配置相當海員、設備及船舶之供應等屬之；所謂航行完成，指船舶到達下次預定停泊之商港而言；所謂為使航行可能所生之債權，例如為備航而向之購置燃料、糧食及修繕等所生債權是。

(四)船舶之強制執行，執行法院於必要時，得請警察、航政機關或其他有關機關協助。

(五)船舶經查封後，得委託航政機關、船長或其他妥適之人或機關、團體保管；並得許可為必要之保存及移泊行為。保管、保存及移泊費用，得命債權人預納。

(六)本法第一百十四條之一第二項之債權額，包括參與分配之債權額。又依本項因查封所提供之擔保物品，依序為：現金、有價證券，或債務人與金融機構所締結之支付保證證明文書，該證明文書須載明金融機構應隨時依執行法院之通知，為債務人繳納一定金額。

(七)拍賣船舶，執行法院應囑託船舶製造業者、航政機關、船長同業公會或其他妥適之人或機關、團體估定其價額，經核定後，以為拍賣最低價額。

(八)本法第一百十四條之二第二項拍賣船舶公告應記載之其他事項，須記明「船舶國籍證明書」是否為執行法院所扣留。

(九)船舶法第九條第一項規定之船舶應具備之文書，於船舶拍賣或變賣後，執行法院應命債務人或船長交出，或以直接強制方法將其取交買受人或承受人，對於船舶有關證書，執行法院並得以公告方式宣告該證書無效，另作證明書發給買受人或承受人。

(十)依本法第一百十四條之三適用船籍國法時，不得以該船籍國法不承認我國法而拒絕適用該船籍國法。

(十一)船舶應有部分之拍賣或變賣，他共有人有優先承買權。此項執行，除應依本法第一百零二條規定辦理外，非得共有人全體同意，不得使該船舶喪失我國之國籍。

(十二)海商法所定船舶以外之船舶，其強制執行，適用關於動產執行之規定。

(十三)航空器，除法律另有規定外，自開始飛航時起，至完成該次飛航時止，不得實施扣押或假扣押。所謂：「飛航時起至完成該次飛航時止」，指航空器自一地起飛至任何一地降落之一段航程而言。

六二　關於第一百十五條部分：

(一)依當事人之特約，不得讓與之金錢債權，執行法院仍得發移轉命令。

(二)本法第一百十五條第二項規定之收取、移轉或支付轉給命令，以發何種命令對債權人最爲有利，宜詢問債權人之意見。

(三)扣押命令之效力，當然及於從屬之擔保物權。擔保物爲動產者，債務人不得處分之；擔保物爲不動產者，執行法院應通知該不動產之登記機關登記其事由。

六二之一　關於第一百十五條之一部分：

(一)本法第一百十五條之一第二項各款債權扣押金額上限，應以債務人對第三人各期債權全額之三分之一定之。

(二)對於本法第一百十五條之一第二項各款所定債權發扣押命令，除有同條第三項有失公平之情形外，扣押後餘額，不得低於依本法第一百二十二條第三項所定數額。

(三)對繼續性給付之債權發移轉命令後，案件得報結，並於執行名義正本上註記執行案號、執行費用及第三人名稱等字句，影印附卷後，將之發還債權人。

(四)債權人如依本法第一百十五條之一第四項但書規定聲請繼續執行時，執行法院應另分新案辦理之。

(五)執行法院對繼續性給付債權核發移轉命令後，經第三債權人就同一債務人之同一繼續性給付債權聲請併案執行或參與分配者，執行法院應撤銷未到期部分之移轉命令，改發按各該參與分配或併案執行債權額比例分配之移轉命令。

六三　關於第一百十七條部分：

就債務人之公有財產租賃權或其他須經主管機關同意始得轉讓之財產權爲執行時，應先囑託各該主管機關禁止債務人處分，並經其同意轉讓後，始得命令讓與。

六四　關於第一百十九條、第一百二十條部分：

(一)本法第一百十九條第一項之「法院命令」，包括執行法院依第一百十五條第一項、第二項、第一百十六條第一項、及第一百十七條規定對第三人所發之命令在內，此項命令應附記第一百十九條第一項及第二項之意旨：如第三人對之聲明異議，而債權人認該第三人之聲明爲不實時，得依本法第一百二十條規定提起訴訟，非得有確定勝訴之判決，不得逕向第三人爲強制執行。

(二)本法第一百十九條第二項所謂「執行法院命令」，係指同項所稱「將金錢支付債權人，或將金錢、動產不動產支付或交付執行法院」之命令而言，不包括移轉命令在內。

(三)依本法第一百十九條第二項規定逕向第三人爲強制執行者，應另行分案辦理。

六五　關於第一百二十二條部分：

(一)本法第一百二十二條第一項所稱社會福利津貼，係指低收入老人生活津貼、中低收入老人生活津貼、身心障礙者生活補助、老年農民福利津貼及榮民就養給付等其他依社會福利法規所發放之津貼或給付；又所稱社會救助或補助，係指生活扶助、醫療補助、急難救助及災害救助等。

(二)本法第一百二十二條第二項所稱社會保險，係指公教人員保險、勞工保險、軍人保險、農民保險及其他政府強制辦理之保險。

(三)本法第一百二十二條第三項所稱當地區，係指債務人之生活中心地區；所稱債務人生活所必需，應保障其具有用於維持基本生活之自由處分權限。

(四)債務人依法領取之社會保險給付或其對於第三人之債權，除酌留債務人及其他共同生活之親屬生活所必需者外，得發收取命令、移轉命令或支付轉給命令爲換價之執行。

六五之一　關於第一百二十二條之一至第一百二十二條之四部分：

(一)債務人爲公營金融機構或其他無關人民生活必需之公用事業者，不屬本法第一百二十二條之一至第一百二十二條之四之適用範圍。

(二)債務人爲政府機關或其他公法人，其應給付之金錢列有預算項目，經通知而不自動履行或支付執行法院者，執行法院得逕向該管公庫執行之。

(三)債務人爲政府機關或其他公法人時，如其應給付之金錢，不在原列預算項目範圍內，應由該機關於原列預算內之預備金項下支付或另行辦理預算法案撥付。

(四)對政府機關或其他公法人管有之公用財產強制執行時，應擇其非推行公務所必需或對之執行不影響公共利益者行之。

六六　關於第一百二十四條部分：

(一)關於遷讓房屋、拆屋還地或點交不動產等執行事件，執行法院於收案後，得斟酌實際情形，訂定一定期間，命債務人自動履行，但其期間不得超過十五日。

(二)應執行拆除之房屋，如係鋼筋混凝土建築，價值較高，得斟酌情形先行勸諭兩造將房屋或土地作價讓售對方，無法協調時，再予拆除。

(三)定期拆除房屋前，應作充分準備，如有界址不明之情形，應先函地政機關派員於執行期日到場指界。如債務人有拒不履行之情形，宜先函電力、電信、自來水機構屆時派員到場協助，切斷水電。債務人家中如有患精神病或半身不遂之類疾病之人，債務人藉詞無處安置拒絕拆遷時，宜先洽請適當之社會救濟機構或醫院，予以安置。如債務人有聚衆抗拒之虞，宜先函請警察、憲兵、醫護等單位，派員協助執行。

(四)遷讓房屋、拆屋還地或點交不動產執行事件，執行法官宜親至現場執行，實施執行期日，除有法定情形應予停止執行者外，不得率予停止，並須使債權人確實占有標的物。

六七　關於第一百二十七條部分：

爲執行名義之確定判決，僅命債務人交付一定種類、數量之動產，而未載明不交付時應折付金錢者，執行法院不得因債務人無該動產交付，逕對債務人之其他財產執行。惟命交付之動產爲一定種類、數量之代替物者，本應由債務人採買交付，債務人不爲此項行爲時，執行法院得以債務人之費用，命第三人代爲採買交付。此項費用，由執行法院定其數額，以裁定命債務人預行支付，基此裁定，得就債務人之一切財產而爲執行。

六八　關於第一百二十八條、第一百二十九條部分：

(一)依本法第一百二十八條第一項規定，執行法院定期命債務人履行而債務人不履行時，得先處怠金，其續經定期履行而仍不履行者，得再處怠金或管收之。
依第一百二十九條第一項規定，執行法院於債務人不履行時，得先處怠金，其仍不履行時，得再處怠金或管收之。但管收期間，仍應受本法第二十四條之限制。如符合拘提事由時，執行法院得依本法第二十一條規定拘提債務人。

(二)本法第一百二十九條第二項規定，所稱「除去其行爲之結果」，係指禁止債務人爲一定行爲之執行名義成立後存在之「行爲之結果」而言；執行名義成立前發生者，亦包括在內。

(三)執行法院依本法第一百二十八條、第一百二十九條規定所爲之執行，必要時，應通知相關機關協助維持執行之效果。

(四)執行法院辦理交付子女或被誘人強制執行事件時，應注意遵循交付子女或被誘人強制執行事件作業要點之相關規定。

六八之一　關於第一百三十條部分：

債權人就應爲之對待給付已爲提存，或經法院公證其已爲對待給付者，以其提存書或公證書爲已爲對待給付之證明書；以其他方法爲對待給付者，其已爲對待給付之證明書，應由執行法院給予之。

六九　關於第一百三十二條部分：

(一)依本法第一百三十二條第二項規定，於送達前之執行，執行法院應於執行之同時或執行完畢後七日內，將假扣押或假處分裁定送達債務人，其執行後不能送達者，執行法院應將其事由通知債權人，並命其於相當期間內查報債務人之住、居所。倘債權人逾期未爲報明，亦未聲明公示送達或其公示送達之聲請被駁回確定者，執行法院應撤銷假扣押或假處分之執行。

㈡債權人聲請假扣押或假處分執行時，已逾本法第一百三十二條第二項規定之三十日期限者，執行法院應以裁定駁回之。

六九之一　關於第一百三十二條之一部分：

執行法院對於假扣押、假處分或定暫時狀態假處分之裁定經廢棄或變更部分，撤銷已實施之執行處分時，對於該執行處分撤銷前所生之效力，不生影響。

六九之二　關於第一百三十二條之二部分：

債權人依民法第一百五十一條第一項規定拘束債務人之自由，即時聲請該管法院裁定准許假扣押者，執行法院應即時予以執行，若債務人具有本法第二十二條第一項所列情形之一者，得依該條第二項或第五項規定，予以限制其住居或管收。

七〇　關於第一百三十四條、第一百四十條部分：

在假扣押或假處分中之財產，如經政府機關依法強制採購或徵收者，執行法院應將其價金或補償金額提存之。

七一　關於第一百三十六條部分：

以准許假扣押之裁定爲執行名義，祇須依該裁定之意旨，就債務人之財產爲扣押，除法律另有規定外，不得更爲其他之執行。

七二　關於第一百三十九條部分：

假處分之裁定，係禁止債務人設定、移轉或變更船舶上之權利者，執行法院應將裁定揭示於船舶所在地，如該船係我國國籍船舶，應將裁定揭示於船籍港所在地，並通知船籍港航政主管機關登記其事由。

七二之一　關於第一百四十條部分：

定法律關係暫時狀態之假處分裁定，命債務人即爲金錢給付者，準用關於金錢請求權之執行程序辦理。

七三　關於執行人員之監督考核：

㈠執行人員應奉公守法、廉潔自持，其有拒受當事人餽贈、招待或辦理執行業務特別認眞努力，足爲同仁表率者，各級主管應列舉具體事實，專案報請敘獎。

㈡執行人員工作懈怠，或利用職務上之機會接受當事人餽贈、招待或有其他違法失職行爲者，應依法嚴懲。其涉及刑事責任者，應即移送檢察機關偵辦。

㈢院長及各級主管應隨時注意執行人員之品德、節操，嚴格監督其承辦案件之進行情況。如發現有行爲不軌者，即予警告。如因疏於監督，致有違法失職情事發生者，應追究行政責任。其明知有違法失職而不舉發者，亦應依法議處。

㈣庭長應每月一次召開民事執行處會議，檢討執行業務之得失，院長不定期列席指導，提升執行績效。

家事事件法

①民國101年1月11日總統令制定公布全文200條。
民國101年2月29日司法院令發布定自101年6月1日施行。
②民國104年12月30日總統令修正公布第19、32、60、64、165條條文。
民國105年1月11日司法院令發布定自105年1月15日施行。
③民國108年4月24日總統令修正公布第53、167條條文。
民國108年5月3日司法院令發布定自108年5月3日施行。
④民國108年6月19日總統令修正公布第164、165條條文。
民國108年6月21日司法院令發布定自108年6月21日施行。
⑤民國112年6月21日總統令修正公布第3、12、96、138、185、200條條文；除第3、96、185條施行日期由司法院定之外，自公布日施行。

第一編　總　則

第一條　（立法目的）
爲妥適、迅速、統合處理家事事件，維護人格尊嚴、保障性別地位平等、謀求未成年子女最佳利益，並健全社會共同生活，特制定本法。

第二條　（家事事件由少年及家事法院或地方法院家事法庭之處理原則）
本法所定家事事件由少年及家事法院處理之；未設少年及家事法院地區，由地方法院家事法庭處理之。

第三條 112
①下列事件爲甲類事件：
一　確認婚姻無效、婚姻關係存在或不存在事件。
二　確定母再婚後所生子女生父事件。
三　確認親子關係存在或不存在事件。
四　確認收養關係存在或不存在事件。
②下列事件爲乙類事件：
一　撤銷婚姻事件。
二　離婚事件。
三　否認子女、認領子女事件。
四　撤銷收養、撤銷終止收養事件。
③下列事件爲丙類事件：
一　因婚約無效、解除、撤銷、違反婚約之損害賠償、返還婚約贈與物事件。
二　因婚姻無效、撤銷婚姻、離婚、婚姻消滅之損害賠償事件。
三　夫妻財產之補償、分配、分割、取回、返還及其他因夫妻財產關係所生請求事件。
四　因判決終止收養關係給與相當金額事件。
五　因監護所生損害賠償事件。
六　因繼承回復、遺產分割、特留分、遺贈、確認遺囑眞僞或其他繼承關係所生請求事件。
④下列事件爲丁類事件：
一　宣告死亡事件。
二　撤銷死亡宣告事件。

三　失蹤人財產管理事件。
四　監護或輔助宣告事件。
五　撤銷監護或輔助宣告事件。
六　定監護人、選任特別代理人事件。
七　認可收養或終止收養、許可終止收養事件。
八　親屬會議事件。
九　拋棄繼承、無人承認繼承及其他繼承事件。
十　指定遺囑執行人事件。
十一　兒童、少年或身心障礙者保護安置事件。
十二　嚴重病人保護安置事件。
十三　民事保護令事件。

⑤下列事件為戊類事件：
一　因婚姻無效、撤銷或離婚之給與贍養費事件。
二　夫妻同居事件。
三　指定夫妻住所事件。
四　報告夫妻財產狀況事件。
五　給付家庭生活費用事件。
六　宣告改用分別財產制事件。
七　變更子女姓氏事件。
八　定對於未成年子女權利義務之行使負擔事件。
九　交付子女事件。
十　宣告停止親權或監護權及撤銷其宣告事件。
十一　監護人報告財產狀況及監護人報酬事件。
十二　扶養事件。
十三　宣告終止收養關係事件。

⑥其他應由法院處理之家事事件，除法律別有規定外，適用本法之規定。

第四條　（當事人合意處理原則）
①少年及家事法院就其受理事件之權限，與非少年及家事法院確定裁判之見解有異時，如當事人合意由少年及家事法院處理者，依其合意。
②前項合意，應記明筆錄或以文書證之。

第五條　（家事事件管轄之準據）
家事事件之管轄，除本法別有規定外，準用非訟事件法有關管轄之規定；非訟事件法未規定者，準用民事訴訟法有關管轄之規定。

第六條　（合意管轄與移送管轄）
①法院受理家事事件之全部或一部不屬其管轄者，除當事人有管轄之合意外，應依聲請或依職權以裁定移送於其管轄法院。但法院為統合處理事件認有必要，或當事人已就本案為陳述者，得裁定自行處理。
②法院受理有管轄權之事件，為統合處理事件之必要，經當事人合意者，得依聲請以裁定移送於相關家事事件繫屬中之其他法院。
③對於前項移送之裁定，得為抗告。
④移送之聲請被駁回者，不得聲明不服。
⑤移送之裁定確定後，受移送之法院不得以違背專屬管轄為理由，移送於他法院。法院書記官應速將裁定正本附入卷宗，送交受移送之法院。受移送之法院，應即就該事件為處理。

第七條　（權限劃分之訂定）
①同一地區之少年及家事法院與地方法院處理權限之劃分，除本法及其他法令別有規定外，由司法院定之。
②同一地方法院家事法庭與民事庭之事務分配，由司法院定之。

第八條　（法官之遴選）
①處理家事事件之法官，應遴選具有性別平權意識、尊重多元文化並有相關學識、經驗及熱忱者任之。
②前項法官之遴選資格、遴選方式、任期及其他有關事項，由司法院定之。
第九條　（程序不公開原則）
①家事事件之處理程序，以不公開法庭行之。但有下列各款情形之一者，審判長或法官應許旁聽：
一　經當事人合意，並無妨礙公共秩序或善良風俗之虞。
二　經有法律上利害關係之第三人聲請。
三　法律別有規定。
②審判長或法官認爲適當時，得許就事件無妨礙之人旁聽。
第一〇條　（法院事證調查之規定）
①法院審理家事事件認有必要時，得斟酌當事人所未提出之事實，並依職權調查證據。但法律別有規定者，不在此限。
②離婚、終止收養關係、分割遺產或其他當事人得處分之事項，準用民事訴訟法第二編第一章第二節有關爭點簡化協議、第三節有關事實證據之規定。但有下列各款情形之一者，適用前項之規定：
一　涉及家庭暴力或有危害未成年子女利益之虞。
二　有害當事人或關係人人格權之虞。
三　當事人自認及不爭執之事實顯與事實不符。
四　依其他情形顯失公平。
③第一項情形，法院應使當事人或關係人有辯論或陳述意見之機會。
第一一條　（未成年及陪同人員之隱私及安全）
①未成年人、受監護或輔助宣告之人，表達意願或陳述意見時，必要者，法院應通知直轄市、縣（市）主管機關指派社會工作人員或其他適當人員陪同在場，並得陳述意見。
②前項情形，法院得隔別爲之，並提供友善環境、採取適當及必要措施，保護意見陳述者及陪同人員之隱私及安全。
第一二條 112
①當事人、證人、鑑定人及其他依法參與家事事件程序之人之所在處所與法院間有聲音及影像相互傳送之科技設備而得直接審理者，法院認爲必要時，得依聲請或依職權以該設備爲之。
②前項情形，法院應徵詢當事人之意見。
③第一項情形，其期日通知書記載之應到處所爲該設備所在處所。
④依第一項進行程序之筆錄及其他文書，須陳述人簽名者，由訊問端法院傳送至陳述人所在處所，經陳述人確認內容並簽名後，將筆錄及其他文書以電信傳眞或其他科技設備傳回訊問端法院。
⑤法院依第一項規定審理時，準用民事訴訟法第二編第一章第三節第二目、第三目及第五目之一之規定。
⑥第一項之審理及第四項文書傳送之辦法，由司法院定之。
第一三條　（當事人或法定代理人到場之義務）
①法院處理家事事件，得命當事人或法定代理人本人到場，或依事件之性質，以適當方法命其陳述或訊問之。但法律別有規定者，依其規定。
②當事人或法定代理人本人無正當理由，而不從法院之命到場者，準用民事訴訟法第三百零三條之規定。但不得拘提之。
③受前項裁定之人經法院合法通知，無正當理由仍不到場者，法院得連續處罰。
④受裁定人對於前二項裁定得爲抗告；抗告中應停止執行。
第一四條　（家事事件之程序能力）

①能獨立以法律行爲負義務者，有程序能力。
②滿七歲以上之未成年人，除法律別有規定外，就有關其身分及人身自由之事件，有程序能力。
③不能獨立以法律行爲負義務，而能證明其有意思能力者，除法律別有規定外，就有關其身分及人身自由之事件，亦有程序能力。

第一五條　（程序監理人制度）

①處理家事事件有下列各款情形之一者，法院得依利害關係人聲請或依職權選任程序監理人：
　一　無程序能力人與其法定代理人有利益衝突之虞。
　二　無程序能力人之法定代理人不能行使代理權，或行使代理權有困難。
　三　爲保護有程序能力人之利益認有必要。
②前條第二項及第三項情形，法院得依職權選任程序監理人。
③法院依前二項選任程序監理人後，認有必要時，得隨時以裁定撤銷或變更之。
④法院爲前三項裁定前，應使當事人、法定代理人、被選任人及法院職務上已知之其他利害關係人有陳述意見之機會。但有礙難之情形或恐有害其健康或顯有延滯程序者，不在此限。

第一六條　（程序監理人之資格、選任程序及行使權利）

①法院得就社會福利主管機關、社會福利機構所屬人員，或律師公會、社會工作師公會或其他相類似公會所推薦具有性別平權意識、尊重多元文化，並有處理家事事件相關知識之適當人員，選任爲程序監理人。
②程序監理人有爲受監理人之利益爲一切程序行爲之權，並得獨立上訴、抗告或爲其他聲明不服。程序監理人之行爲與有程序能力人之行爲不一致者，以法院認爲適當者爲準。
③選任之程序監理人不受審級限制。
④法院得依程序監理人聲請，按其職務內容、事件繁簡等一切情況，以裁定酌給酬金，其報酬爲程序費用之一部。
⑤前項酬金，法院於必要時得定期命當事人或利害關係人預納之。但其預納顯有困難者，得由國庫墊付全部或一部。其由法院依職權選任者，亦得由國庫墊付之。
⑥有關程序監理人之選任、酌給酬金、預納費用及國庫墊付辦法，由司法院定之。

第一七條　（受託機關之調查義務及費用之核定）

①法院得囑託警察機關、稅捐機關、金融機構、學校及其他有關機關、團體或具有相關專業知識之適當人士爲必要之調查及查明當事人或關係人之財產狀況。
②前項受託者有爲調查之義務。
③囑託調查所需必要費用及受託個人請求之酬金，由法院核定，並爲程序費用之一部。

第一八條　（家事調查官調查事實之責）

①審判長或法官得依聲請或依職權命家事調查官就特定事項調查事實。
②家事調查官爲前項之調查，應提出報告。
③審判長或法官命爲第一項調查前，應使當事人或利害關係人以言詞或書狀陳述意見。但認爲不必要者，不在此限。
④審判長或法官斟酌第二項調查報告書爲裁判前，應使當事人或利害關係人有陳述意見或辯論之機會。但其內容涉及隱私或有不適當之情形者，不在此限。
⑤審判長或法官認爲必要時，得命家事調查官於期日到場陳述意見。

第一九條　（通譯）104

當事人、證人、鑑定人及其他有關係之人，如有不通曉國語者，由通譯傳譯之；其爲聽覺或語言障礙者，除由通譯傳譯之外，並得依其選擇以文字訊問，或命以文字陳述。

第二〇條　（預納裁判費用之規定）

①處理家事事件需支出費用者，法院得定期命當事人預納之。但其預納顯有困難，並爲

維護公益應依職權調查證據所需費用，法院得裁定暫免預納其全部或一部，由國庫墊付之。
②法院為程序費用之裁判時，應併確定前項國庫墊付之費用額。
第二一條　（家事調查官及諮詢人員之迴避規定）
民事訴訟法有關法院職員迴避之規定，於家事調查官及諮詢人員準用之。
第二二條　（審判長權限）
本法關於審判長權限之規定，於受命法官行準備程序時準用之。

第二編　調解程序

第二三條　（強制調解原則）
①家事事件除第三條所定丁類事件外，於請求法院裁判前，應經法院調解。
②前項事件當事人逕向法院請求裁判者，視為調解之聲請。但當事人應為公示送達或於外國為送達者，不在此限。
③除別有規定外，當事人對丁類事件，亦得於請求法院裁判前，聲請法院調解。
第二四條　（未成年子女權益之保障）
關於未成年子女權利義務行使負擔之內容、方法及其身分地位之調解，不得危害未成年子女之利益。
第二五條　（家事調解事件之管轄法院）
家事調解事件，除別有規定外，由管轄家事事件之法院管轄。
第二六條　（合併調解）
①相牽連之數宗家事事件，法院得依聲請或依職權合併調解。
②兩造得合意聲請將相牽連之民事事件合併於家事事件調解，並視為就該民事事件已有民事調解之聲請。
③合併調解之民事事件，如已繫屬於法院者，原民事程序停止進行。調解成立時，程序終結；調解不成立時，程序繼續進行。
④合併調解之民事事件，如原未繫屬於法院者，調解不成立時，依當事人之意願，移付民事裁判程序或其他程序；其不願移付者，程序終結。
第二七條　（法官辦理家事事件之調解程序）
家事事件之調解程序，由法官行之，並得商請其他機構或團體志願協助之。
第二八條　（聲請調解事件之裁定）
①聲請調解事件，法官認為依事件性質調解無實益時，應向聲請人發問或曉諭，依聲請人之意願，裁定改用應行之裁判程序或其他程序；其不願改用者，以裁定駁回之。
②前項裁定，不得聲明不服。
③法官依聲請人之意願，按第一項規定改用裁判程序者，視為自聲請調解時，已請求法院裁判。
第二九條　（移付調解）
①法院得於家事事件程序進行中依職權移付調解；除兩造合意或法律別有規定外，以一次為限。
②前項情形，原程序停止進行。調解成立或第三十三條、第三十六條之裁定確定者，程序終結；調解不成立或未依第三十三條、第三十六條規定裁定或該裁定失其效力者，程序繼續進行。
第三〇條　（調解成立及效力）
①家事事件之調解，就離婚、終止收養關係、分割遺產或其他得處分之事項，經當事人合意，並記載於調解筆錄時成立。但離婚及終止收養關係之調解，須經當事人本人表明合意，始得成立。
②前項調解成立者，與確定裁判有同一之效力。

③因調解成立有關身分之事項，依法應辦理登記者，法院應依職權通知該管戶政機關。
④調解成立者，原當事人得於調解成立之日起三個月內，聲請退還已繳裁判費三分之二。

第三一條　（調解不成立之裁定）

①當事人兩造於調解期日到場而調解不成立者，法院得依一造當事人之聲請，按該事件應適用之程序，命即進行裁判程序，並視為自聲請調解時已請求裁判。但他造聲請延展期日者，應許可之。
②當事人聲請調解而不成立，如聲請人於調解不成立證明書送達後十日之不變期間內請求裁判者，視為自聲請調解時已請求裁判；其於送達前請求裁判者亦同。
③以裁判之請求視為調解之聲請者，如調解不成立，除當事人聲請延展期日外，法院應按該事件應適用之程序，命即進行裁判程序，並仍自原請求裁判時，發生程序繫屬之效力。
④前三項情形，於有第三十三條或第三十六條所定之聲請或裁定者，不適用之。
⑤調解程序中，當事人所為之陳述或讓步，於調解不成立後之本案裁判程序，不得採為裁判之基礎。
⑥前項陳述或讓步，係就程序標的、事實、證據或其他事項成立書面協議者，如為得處分之事項，當事人應受其拘束。但經兩造同意變更，或因不可歸責於當事人之事由或依其他情形協議顯失公平者，不在此限。

第三二條　（家事調解委員資格及報酬等之訂定）104

①家事調解，應聘任具有性別平權意識、尊重多元文化，並有法律、醫療、心理、社會工作或其他相關專業，或社會經驗者為調解委員。
②關於家事調解委員之資格、聘任、考核、訓練、解任及報酬等事項，由司法院定之。
③調解程序，除本法另有規定者外，準用民事訴訟法第二編第二章調解程序之規定。

第三三條　（不得處分事項之裁定）

①當事人就不得處分之事項，其解決事件之意思已甚接近或對於原因事實之有無不爭執者，得合意聲請法院為裁定。
②法院為前項裁定前，應參酌調解委員之意見及家事調查官之報告，依職權調查事實及必要之證據，並就調查結果使當事人或知悉之利害關係人有陳述意見之機會。當事人聲請辯論者，應予准許。
③前二項程序，準用民事訴訟法第一編第二章第三節關於訴訟參加之規定。

第三四條　（不得處分事項裁定之理由與抗告法院之裁定）

①法院為前條裁定，應附理由。
②當事人對於前條裁定得為抗告，抗告中除別有規定外，應停止執行。
③抗告法院之裁定，準用前二項及前條第二項、第三項之規定。
④對於抗告法院之裁定，非以其違背法令為理由，不得再為抗告。
⑤前項情形，準用民事訴訟法第四百六十八條、第四百六十九條第一款至第四款、第六款、第四百七十五條及第四百七十六條之規定。

第三五條　（不得處分事項裁定之效力）

①第三十三條裁定確定者，與確定裁判有同一之效力。
②前項確定裁定，得準用民事訴訟法第五編之規定，聲請再審。
③第一項確定裁定效力所及之第三人，得準用民事訴訟法第五編之一之規定，聲請撤銷原裁定。

第三六條　（處分事項調解不成立之裁定情形）

①就得處分之事項調解不成立，而有下列各款情形之一者，法院應參酌調解委員之意見，平衡當事人之權益，並審酌其主要意思及其他一切情形，就本案為適當之裁定：
　一　當事人合意聲請法院為裁定。
　二　當事人合意聲請法院與不得處分之牽連、合併或附帶請求事項合併為裁定。
　三　當事人解決事件之意思已甚接近，而僅就其他牽連、合併或附帶之請求事項有爭執，法院認有統合處理之必要，徵詢兩造當事人同意。

②前項程序準用第三十三條第二項、第三項、第三十四條及第三十五條之規定。

第三編　家事訴訟程序

第一章　通　則

第三七條（法律適用之規定）

第三條所定甲類、乙類、丙類及其他家事訴訟事件，除別有規定外，適用本編之規定。

第三八條（起訴之程式）

①起訴，應以訴狀表明下列各款事項，提出於法院為之：

一　當事人及法定代理人。

二　訴訟標的及其原因事實。

三　應受判決事項之聲明。

②訴狀內宜記載下列各款事項：

一　因定法院管轄及其適用程序所必要之事項。

二　準備言詞辯論之事項。

三　當事人間有無共同未成年子女。

四　當事人間有無其他相關事件繫屬於法院。

第三九條（被告適格要件之一般規定）

①第三條所定甲類或乙類家事訴訟事件，由訟爭身分關係當事人之一方提起者，除別有規定外，以他方為被告。

②前項事件，由第三人提起者，除別有規定外，以訟爭身分關係當事人雙方為共同被告；其中一方已死亡者，以生存之他方為被告。

第四〇條（訴訟參與權與和解）

①第三條所定甲類或乙類家事訴訟之結果，於第三人有法律上利害關係者，法院應於事實審言詞辯論終結前相當時期，將訴訟事件及進行程度，以書面通知已知悉之該第三人，並將判決書送達之。

②法院為調查有無前項利害關係人，於必要時，得命當事人提出有關資料或為其他必要之處分。

③第一項受通知人依民事訴訟法第五十八條規定參加訴訟者，準用同法第五十六條之規定。

④法律審認有試行和解之必要時，亦得依民事訴訟法第三百七十七條規定，通知有利害關係之第三人參加和解。

第四一條（合併審理規定）

①數家事訴訟事件，或家事訴訟事件及家事非訟事件請求之基礎事實相牽連者，得向就其中一家事訴訟事件有管轄權之少年及家事法院合併請求，不受民事訴訟法第五十三條及第二百四十八條規定之限制。

②前項情形，得於第一審或第二審言詞辯論終結前為請求之變更、追加或為反請求。

③依前項情形得為請求之變更、追加或反請求者，如另行請求時，法院為統合處理事件認有必要或經當事人合意者，得依聲請或依職權，移由或以裁定移送家事訴訟事件繫屬最先之第一審或第二審法院合併審理，並準用第六條第三項至第五項之規定。

④受移送之法院於移送裁定確定時，已就繫屬之事件為終局裁判者，應就移送之事件自行處理。

⑤前項終局裁判為第一審法院之裁判，並經合法上訴第二審者，受移送法院應將移送之事件併送第二審法院合併審理。

⑥法院就第一項至第三項所定得合併請求、變更、追加或反請求之數宗事件合併審理

時，除本法別有規定外，適用合併審理前各該事件原應適用法律之規定爲審理。

第四二條（分別審理與分別裁判之情形）

①法院就前條第一項至第三項所定得合併請求、變更、追加或反請求之數宗事件，應合併審理、合併裁判。但有下列各款情形之一者，得分別審理、分別裁判：

一　請求之標的或其攻擊防禦方法不相牽連。

二　兩造合意分別審理、分別裁判，經法院認爲適當。

三　依事件性質，認有分別審理、分別裁判之必要。

②法院就前項合併審理之家事訴訟事件與家事非訟事件合併裁判者，除別有規定外，應以判決爲之。

第四三條（裁定移送）

依第四十一條第三項規定裁定移送時，繫屬於受移送法院之事件，其全部或一部之裁判，以移送事件之請求是否成立爲前提，或與其請求不相容者，受移送法院得依聲請或依職權，在該移送裁定確定前，以裁定停止訴訟程序。

第四四條（上訴程序）

①當事人就家事訴訟事件與家事非訟事件之終局裁判聲明不服者，除別有規定外，適用上訴程序。

②當事人僅就家事訴訟事件之終局判決全部或一部聲明不服者，適用上訴程序。

③當事人或利害關係人僅就家事非訟事件之第一審終局裁定全部或一部聲明不服者，適用該家事非訟事件抗告程序。

④對於家事訴訟事件之終局判決聲明不服者，以該判決所認定之法律關係爲據之其他事件之裁判，視爲提起上訴。

第四五條（訴訟上和解之效力）

①當事人就離婚、終止收養關係、分割遺產或其他得處分之事項得爲訴訟上和解。但離婚或終止收養關係之和解，須經當事人本人表明合意，始得成立。

②前項和解成立者，於作成和解筆錄時，發生與確定判決同一之效力。

③因和解成立有關身分之事項，依法應辦理登記者，法院應依職權通知該管戶政機關。

④民事訴訟法第五編之一第三人撤銷訴訟程序之規定，於第二項情形準用之。

第四六條（捨棄或認諾之判決處分及例外）

①當事人於言詞辯論期日就前條第一項得處分之事項，爲捨棄或認諾者，除法律別有規定外，法院應本於其捨棄或認諾爲該當事人敗訴之判決。但離婚或終止收養關係事件有下列各款情形之一者，不在此限：

一　其捨棄或認諾未經當事人本人到場陳明。

二　當事人合併爲其他請求，而未能爲合併或無矛盾之裁判。

三　其捨棄或認諾有危害未成年子女之利益之虞，而未能就其利益保護事項爲合併裁判。

②前項情形，本於當事人之捨棄或認諾爲判決前，審判長應就該判決及於當事人之利害爲闡明。

③當事人本人於言詞辯論期日就不得處分之事項爲捨棄者，視爲撤回其請求。但當事人合併爲其他請求，而以捨棄之請求是否成立爲前提者，不在此限。

④民事訴訟法第二百六十二條至第二百六十四條之規定，於前項情形準用之。

第四七條（審理計畫之擬定與訴訟義務之促進）

①法院於收受訴狀後，審判長應依事件之性質，擬定審理計畫，並於適當時期定言詞辯論期日。

②攻擊或防禦方法，除別有規定外，應依事件進行之程度，於言詞辯論終結前適當時期提出之。

③當事人因故意或重大過失逾時提出攻擊或防禦方法，有礙事件之終結者，法院於裁判時得斟酌其逾時提出之理由。

④離婚、終止收養關係、分割遺產或其他當事人得處分之事項，有前項情形者，準用民事訴

訟法第一百九十六條第二項、第二百六十八條之二第二項、第二百七十六條、第四百四十四條之一及第四百四十七條之規定。

⑤前二項情形，法院應使當事人有辯論之機會。

⑥依當事人之陳述得爲請求之合併、變更、追加或反請求者，法院應向當事人闡明之。

第四八條　（身分關係訴訟之終局判決及例外）

①就第三條所定甲類或乙類家事訴訟事件所爲確定之終局判決，對於第三人亦有效力。但有下列各款情形之一者，不在此限：

一　因確認婚姻無效、婚姻關係存在或不存在訴訟判決之結果，婚姻關係受影響之人，非因可歸責於己之事由，於該訴訟之事實審言詞辯論終結前未參加訴訟。

二　因確認親子關係存在或不存在訴訟判決之結果，主張自己與該子女有親子關係之人，非因可歸責於己之事由，於該訴訟之事實審言詞辯論終結前未參加訴訟。

三　因認領子女訴訟判決之結果，主張受其判決影響之非婚生子女，非因可歸責於己之事由，於該訴訟之事實審言詞辯論終結前未參加訴訟。

②前項但書所定之人或其他與家事訴訟事件有法律上利害關係之第三人，非因可歸責於己之事由而未參加訴訟者，得請求撤銷對其不利部分之確定終局判決，並準用民事訴訟法第五編之一第三人撤銷訴訟程序之規定。

第四九條　（訴訟程序之停止）

法院認當事人間之家事訴訟事件，有和諧解決之望或解決事件之意思已甚接近者，得定六個月以下之期間停止訴訟程序或爲其他必要之處分。

第五〇條　（身分關係訴訟終結之認定）

①身分關係之訴訟，原告於判決確定前死亡者，除別有規定外，關於本案視爲訴訟終結。

②依第三十九條規定提起之訴訟，於判決確定前，共同被告中之一方死亡者，由生存之他方續行訴訟。

③依第三十九條規定提起之訴訟，於判決確定前被告均死亡者，除別有規定外，由檢察官續行訴訟。

第五一條　（法律準用之規定）

家事訴訟事件，除本法別有規定者外，準用民事訴訟法之規定。

第二章　婚姻事件程序

第五二條　（辦理婚姻事件之專屬管轄法院）

①確認婚姻無效、撤銷婚姻、離婚、確認婚姻關係存在或不存在事件，專屬下列法院管轄：

一　夫妻之住所地法院。

二　夫妻經常共同居所地法院。

三　訴之原因事實發生之夫或妻居所地法院。

②當事人得以書面合意定管轄法院，不受前項規定之限制。

③第一項事件夫或妻死亡者，專屬於夫或妻死亡時住所地之法院管轄。

④不能依前三項規定定法院管轄者，由被告住、居所地之法院管轄。被告之住、居所不明者，由中央政府所在地之法院管轄。

第五三條　（涉外婚姻事件之審判管轄權）108

①婚姻事件有下列各款情形之一者，由中華民國法院審判管轄：

一　夫妻之一方爲中華民國國民。

二　夫妻均非中華民國國民而於中華民國境內有住所或持續一年以上有共同居所。

三　夫妻之一方爲無國籍人而於中華民國境內有經常居所。

四　夫妻之一方於中華民國境內持續一年以上有經常居所。但中華民國法院之裁判顯不爲夫或妻所屬國之法律承認者，不在此限。

②被告在中華民國應訴顯有不便者，不適用前項之規定。

第五四條　（訴訟參與權之保障）

依第三十九條提起確認婚姻無效、婚姻關係存在或不存在之訴者，法院應依職權通知未被列爲當事人之其餘結婚人參加訴訟，並適用第四十條之規定。

第五五條　（監護人代爲訴訟之規定）

①婚姻事件之夫或妻爲受監護宣告之人者，除第十四條第三項之情形外，由其監護人代爲訴訟行爲，並適用第十五條及第十六條之規定。

②監護人違反受監護宣告人之利益而起訴者，法院應以裁定駁回之。

第五六條　（婚姻關係訴訟之請求與合併裁判規定）

確認婚姻無效、撤銷婚姻、離婚或確認婚姻關係存在或不存在事件，得依第四十一條第二項規定爲請求之變更、追加或反請求者，不得另行請求。其另行請求者，法院應以裁定移送於訴訟繫屬中之第一審或第二審法院合併裁判，並適用第六條第二項至第五項之規定。

第五七條　（獨立上訴之禁止）

有關婚姻關係之訴訟，經判決確定後，當事人不得援以前依請求之合併、變更、追加或反請求所得主張之事實，就同一婚姻關係，提起獨立之訴。但有下列各款情形之一者，不在此限：

一　因法院未闡明致未爲主張。

二　經法院闡明，因不可歸責於當事人之事由而未爲主張。

第五八條　（婚姻關係不適用自認及不爭執事實之效力）

關於訴訟上自認及不爭執事實之效力之規定，在撤銷婚姻，於構成撤銷婚姻之原因、事實，及在確認婚姻無效或婚姻關係存在或不存在之訴，於確認婚姻無效或婚姻不存在及婚姻有效或存在之原因、事實，不適用之。

第五九條　（離婚訴訟終結或撤銷之認定）

離婚之訴，夫或妻於判決確定前死亡者，關於本案視爲訴訟終結；夫或妻提起撤銷婚姻之訴者，亦同。

第六〇條　（撤銷婚姻之訴）104

撤銷婚姻之訴，原告於判決確定前死亡者，除依第四十條之規定爲通知外，有權提起同一訴訟之他人，得於知悉原告死亡時起三個月內聲明承受訴訟。但原告死亡後已逾一年者，不得爲之。

第三章　親子關係事件程序

第六一條　（辦理親子關係事件之專屬管轄法院）

①親子關係事件，專屬下列法院管轄：

一　子女或養子女住所地之法院。

二　父、母、養父或養母住所地之法院。

②前項事件，有未成年子女或養子女爲被告時，由其住所地之法院專屬管轄。

第六二條　（收養關係之訴訟及監理人）

①養父母與養子女間之訴訟，如養子女無程序能力，而養父母爲其法定代理人者，應由本生父母代爲訴訟行爲；法院並得依第十五條之規定選任程序監理人。

②無本生父母或本生父母不適任者，依第十五條之規定選任程序監理人。

第六三條　（否認子女之訴）

①否認子女之訴，應以未起訴之夫、妻及子女爲被告。

②子女否認推定生父之訴，以法律推定之生父爲被告。

③前二項情形，應爲被告中之一人死亡者，以生存者爲被告；應爲被告之人均已死亡者，以檢察官爲被告。

第六四條　（否認子女之訴之繼承權訴訟）104

①否認子女之訴，夫妻之一方或子女於法定期間內或期間開始前死亡者，繼承權被侵害之人得提起之。
②前項規定起訴者，應自被繼承人死亡時起，於一年內爲之。
③夫妻之一方或子女於其提起否認子女之訴後死亡者，繼承權被侵害之人得於知悉原告死亡時起十日內聲明承受訴訟。但於原告死亡後已逾二年者，不得爲之。

第六五條　（再婚所生子女生父之訴）
①確定母再婚後所生子女生父之訴，得由子女、母、母之配偶或前配偶提起之。
②前項之訴，由母之配偶提起者，以前配偶爲被告；由前配偶提起者，以母之配偶爲被告；由子女或母提起者，以母之配偶及前配偶爲共同被告；母之配偶或前配偶死亡者，以生存者爲被告。
③前項情形，應爲被告之人均已死亡者，以檢察官爲被告。

第六六條　（認領之訴）
①認領之訴，有民法第一千零六十七條第二項後段之情形者，得以社會福利主管機關或檢察官爲被告。
②由子女、生母或其他法定代理人提起之認領之訴，原告於判決確定前死亡者，有權提起同一訴訟之他人，得於知悉原告死亡時起十日內聲明承受訴訟。但於原告死亡後已逾三十日者，不得爲之。
③前項之訴，被指爲生父之被告於判決確定前死亡者，由其繼承人承受訴訟；無繼承人或被告之繼承人於判決確定前均已死亡者，由檢察官續受訴訟。

第六七條　（親子或收養關係確認之訴）
①就法律所定親子或收養關係有爭執，而有即受確認判決之法律上利益者，得提起確認親子或收養關係存在或不存在之訴。
②確認親子關係不存在之訴，如法院就原告或被告爲生父之事實存在已得心證，而認爲得駁回原告之訴者，應闡明當事人得爲確認親子關係存在之請求。
③法院就前項請求爲判決前，應通知有法律上利害關係之第三人，並使當事人或該第三人就親子關係存在之事實，有辯論或陳述意見之機會。
④依第三十九條規定，由二人以上或對二人以上提起第一項之訴者，法院應合併審理、合併裁判。

第六八條　（確認血緣關係之檢驗程序）
①未成年子女爲當事人之親子關係事件，就血緣關係存否有爭執，法院認有必要時，得依聲請或依職權命當事人或關係人限期接受血型、去氧核醣核酸或其他醫學上之檢驗。但爲聲請之當事人應釋明有事實足以懷疑血緣關係存否者，始得爲之。
②命爲前項之檢驗，應依醫學上認可之程序及方法行之，並應注意受檢驗人之身體、健康及名譽。
③法院爲第一項裁定前，應使當事人或關係人有陳述意見之機會。

第六九條　（法律準用之規定）
①第五十二條第二項至第四項、第五十三條、第五十六條、第五十七條及第六十條規定，於本章之事件準用之。
②第五十四條及第五十五條之規定，於第六十二條之訴準用之。
③第五十九條之規定，於撤銷收養、終止收養關係、撤銷終止收養之訴準用之。

第四章　繼承訴訟事件

第七〇條　（辦理繼承關係訴訟事件之管轄法院）
因繼承回復、遺產分割、特留分、遺贈、確認遺囑眞僞或繼承人間因繼承關係所生請求事件，得由下列法院管轄：
一　繼承開始時被繼承人住所地之法院；被繼承人於國內無住所者，其在國內居所地之法院。

二　主要遺產所在地之法院。

第七一條　（遺產分割訴狀之規定事項）

請求遺產分割之訴狀，除應記載第三十八條規定之事項外，並宜附具繼承系統表及遺產清冊。

第七二條　（遺產分割訴訟之請求）

於遺產分割訴訟中，關於繼承權有爭執者，法院應曉諭當事人得於同一訴訟中爲請求之追加或提起反請求。

第七三條　（遺產分割協議之裁定）

①當事人全體就遺產分割方法達成協議者，除有適用第四十五條之情形外，法院應斟酌其協議爲裁判。

②法院爲前項裁判前，應曉諭當事人爲辯論或爲請求。

第四編　家事非訟程序

第一章　通　則

第七四條　（法律適用之規定）

第三條所定丁類、戊類及其他家事非訟事件，除別有規定外，適用本編之規定。

第七五條　（書狀或筆錄應載明事項）

①聲請或陳述，除別有規定外，得以書狀或言詞爲之。

②以言詞爲聲請或陳述，應在法院書記官前爲之；書記官應作成筆錄，並於筆錄內簽名。

③聲請書狀或筆錄，應載明下列各款事項：

一　聲請人之姓名及住所或居所；聲請人爲法人、機關或其他團體者，其名稱及公務所、事務所或營業所。

二　有相對人者，其姓名、住所或居所。

三　有利害關係人者，其姓名、住所或居所。

四　有法定代理人、非訟代理人者，其姓名、住所或居所及法定代理人與關係人之關係。

五　聲請之意旨及其原因事實。

六　供證明或釋明用之證據。

七　附屬文件及其件數。

八　法院。

九　年、月、日。

④聲請書狀或筆錄內宜記載下列各款事項：

一　聲請人、相對人、其他利害關係人、法定代理人或非訟代理人之性別、出生年月日、職業、身分證件號碼、營利事業統一編號、電話號碼及其他足資辨別之特徵。

二　定法院管轄及其適用程序所必要之事項。

三　有其他相關事件繫屬於法院者，其事件。

⑤聲請人或其代理人應於書狀或筆錄內簽名；其不能簽名者，得使他人代書姓名，由聲請人或其代理人蓋章或按指印。

⑥第三項、第四項聲請書狀及筆錄之格式，由司法院定之。

⑦關係人得以電信傳眞或其他科技設備將書狀傳送於法院，效力與提出書狀同。其辦法由司法院定之。

第七六條　（書狀或筆錄之送達及陳述）

法院收受書狀或筆錄後，除得定期間命聲請人以書狀或於期日就特定事項詳爲陳述外，應速送達書狀或筆錄繕本於前條第三項第二款及第三款之人，並限期命其陳述意見。

第七七條 （程序參與權之保障）

①法院應通知下列之人參與程序。但通知顯有困難者，不在此限：

一　法律規定應依職權通知參與程序之人。

二　親子關係相關事件所涉子女、養子女、父母、養父母。

三　因程序之結果而權利受侵害之人。

②法院得通知因程序之結果而法律上利害受影響之人或該事件相關主管機關或檢察官參與程序。

③前二項之人或其他利害關係人得聲請參與程序。但法院認不合於參與之要件時，應以裁定駁回之。

第七八條 （法院調查事實之責）

①法院應依職權調查事實及必要之證據。

②法院認爲關係人之聲明或陳述不完足者，得命其敘明或補充之，並得命就特定事項詳爲陳述。

第七九條 （家事非訟事件合併審理、裁定之規定）

家事非訟事件之合併、變更、追加或反聲請，準用第四十一條、第四十二條第一項及第四十三條之規定。

第八〇條 （承受程序）

①聲請人因死亡、喪失資格或其他事由致不能續行程序者，其他有聲請權人得於該事由發生時起十日內聲明承受程序；法院亦得依職權通知承受程序。

②相對人有前項不能續行程序之事由時，準用前項之規定。

③依聲請或依職權開始之事件，雖無人承受程序，法院認爲必要時，應續行之。

第八一條 （裁定之送達）

①裁定應送達於受裁定之人，並應送達於已知之利害關係人。

②第七十七條第一項所定之人，得聲請法院付與裁定書。

第八二條 （裁定送達之效力及抗告）

①裁定，除法律別有規定外，於宣示、公告、送達或以其他適當方法告知於受裁定人時發生效力。但有合法之抗告者，抗告中停止其效力。

②以公告或其他適當方法告知者，法院書記官應作記載該事由及年、月、日、時之證書附卷。

第八三條 （法院得撤銷或變更之事由）

①法院認其所爲裁定不當，而有下列情形之一者，除法律別有規定外，得撤銷或變更之：

一　不得抗告之裁定。

二　得抗告之裁定，經提起抗告而未將抗告事件送交抗告法院。

三　就關係人不得處分事項所爲之裁定。但經抗告法院爲裁定者，由其撤銷或變更之。

②法院就關係人得處分之事項爲裁定者，其駁回聲請之裁定，非依聲請人之聲請，不得依前項第一款規定撤銷或變更之。

③裁定確定後而情事變更者，法院得撤銷或變更之。

④法院爲撤銷或變更裁定前，應使關係人有陳述意見之機會。

⑤裁定經撤銷或變更之效力，除法律別有規定外，不溯及既往。

第八四條 （非訟事件之調解得撤銷或變更之規定）

①法院就家事非訟事件所成立之調解，準用前條之規定。但關係人得處分之事項，非依聲請人或相對人聲請，不得撤銷或變更之。

②就關係人得處分之事項成立調解而應爲一定之給付，如其內容尚未實現，因情事變更，依原調解內容顯失公平者，法院得依聲請以裁定變更之。

③法院爲前項裁定前，應使關係人有陳述意見之機會。

第八五條　（暫時處分）

①法院就已受理之家事非訟事件，除法律別有規定外，於本案裁定確定前，認有必要時，得依聲請或依職權命為適當之暫時處分。但關係人得處分之事項，非依其聲請，不得為之。

②關係人為前項聲請時，應表明本案請求、應受暫時處分之事項及其事由，並就得處分之事項釋明暫時處分之事由。

③第一項暫時處分，得命令或禁止關係人為一定行為、定暫時狀態或為其他適當之處置。

④第一項暫時處分之裁定，免供擔保。但法律別有規定或法院認有必要者，不在此限。

⑤關於得命暫時處分之類型及其方法，其辦法由司法院定之。

第八六條　（暫時處分之裁定）

暫時處分，由受理本案之法院裁定；本案裁定業經抗告，且於聲請時，卷宗已送交抗告法院者，由抗告法院裁定。但本案繫屬後有急迫情形，不及由本案法院或抗告法院裁定時，得由財產、標的或其相關人所在地之法院裁定，並立即移交本案法院或抗告法院。

第八七條　（暫時處分之效力）

①暫時處分於裁定送達或告知受裁定人時，對其發生效力。但告知顯有困難者，於公告時發生效力。

②暫時處分之裁定得為執行名義。

③暫時處分之執行，除法律別有規定外，得由暫時處分裁定之法院依職權為之。

④暫時處分之裁定就依法應登記事項為之者，法院應依職權通知該管機關；裁定失其效力時亦同。

第八八條　（暫時處分之聲請、撤銷或變更）

①暫時處分之裁定確定後，如認為不當或已無必要者，本案法院得依聲請或依職權撤銷或變更之。

②法院為前項裁定時，應使關係人有陳述意見之機會。但法院認為不適當者，不在此限。

第八九條　（暫時處分之裁定不具效力之情形）

暫時處分之裁定，除法律別有規定或法院另有裁定外，有下列各款情形之一者，失其效力：

一　本案請求經裁判駁回確定。

二　本案程序經撤回請求或因其他事由視為終結。

三　暫時處分之內容與本案請求經裁判准許確定、調解或和解成立之內容相異部分。

四　暫時處分經裁定撤銷或變更確定。

第九〇條　（暫時處分之返還給付或權利）

①暫時處分之裁定有前條所定情形之一者，法院得依聲請或依職權，在失效範圍內，命返還所受領給付或為其他適當之處置。但命給付家庭生活費用或扶養費未逾必要範圍者，不在此限。

②法院為前項裁定前，應使關係人有辯論之機會。

③第一項裁定，準用第八十七條第二項、第三項及第九十一條之規定。

④第一項裁定確定者，有既判力。

第九一條　（暫時處分之抗告）

①暫時處分之裁定，除法律別有規定外，僅對准許本案請求之裁定有抗告權之人得為抗告；抗告中不停止執行。但原法院或抗告法院認有必要時，得裁定命供擔保或免供擔保後停止執行。

②前項但書裁定，不得抗告。

③駁回暫時處分聲請之裁定，僅聲請人得為抗告。

④抗告法院為裁定前，應使關係人有陳述意見之機會。但抗告法院認為不適當者，不在

此限。
第九二條　（暫時處分之抗告）
①因裁定而權利受侵害之關係人，得為抗告。
②因裁定而公益受影響時，該事件相關主管機關或檢察官得為抗告。
③依聲請就關係人得處分之事項為裁定者，於聲請被駁回時，僅聲請人得為抗告。
第九三條　（提起抗告之期限及效力）
①提起抗告，除法律別有規定外，抗告權人應於裁定送達後十日之不變期間內為之。但送達前之抗告，亦有效力。
②抗告權人均未受送達者，前項期間，自聲請人或其他利害關係人受送達後起算。
③第一項或第二項受裁定送達之人如有數人，除法律別有規定外，抗告期間之起算以最初受送達者為準。
第九四條　（合議裁定後提起抗告之理由）
①對於第一審就家事非訟事件所為裁定之抗告，由少年及家事法院以合議裁定之。
②對於前項合議裁定，僅得以其適用法規顯有錯誤為理由，逕向最高法院提起抗告。
③依第四十一條規定於第二審為追加或反請求者，對於該第二審就家事非訟事件所為裁定之抗告，由其上級法院裁定之。
第九五條　（利益關係人程序參與權之保障）
抗告法院為本案裁判前，應使因該裁判結果而法律上利益受影響之關係人有陳述意見之機會。但抗告法院認為不適當者，不在此限。
第九六條 112
①民事訴訟法第五編再審程序之規定，於家事非訟事件之確定本案裁定準用之。但有下列各款情形之一者，不得更以同一事由聲請再審：
一　已依抗告、聲請再審、聲請撤銷或變更裁定主張其事由，經以無理由被駁回。
二　知其事由而不為抗告；或抗告而不為主張，經以無理由被駁回。
②民事訴訟法第四百九十六條第一項第四款、第七款及第二項規定，於參審員參與審理之家事事件準用之。
第九七條　（法律準用之規定）
家事非訟事件，除法律別有規定外，準用非訟事件法之規定。

第二章　婚姻非訟事件

第九八條　（專屬管轄法院之準用規定）
夫妻同居、指定夫妻住所、請求報告夫妻財產狀況、給付家庭生活費用、扶養費、贍養費或宣告改用分別財產制事件之管轄，準用第五十二條及第五十三條之規定。
第九九條　（聲請狀或筆錄應載明事項）
①請求家庭生活費用、扶養費或贍養費，應於準備書狀或於筆錄載明下列各款事項：
一　請求之金額、期間及給付方法。
二　關係人之收入所得、財產現況及其他個人經濟能力之相關資料，並添具所用書證影本。
②聲請人就前項數項費用之請求，得合併聲明給付之總額或最低額；其聲明有不明瞭或不完足者，法院應曉諭其敘明或補充之。
③聲請人為前項最低額之聲明者，應於程序終結前補充其聲明。其未補充者，法院應告以得為補充。
第一〇〇條　（各項費用給付方式之原則）
①法院命給付家庭生活費、扶養費或贍養費之負擔或分擔，得審酌一切情況，定其給付之方法，不受聲請人聲明之拘束。
②前項給付，法院得依聲請或依職權，命為一次給付、分期給付或給付定期金，必要時並得命提出擔保。

③法院命分期給付者，得酌定遲誤一期履行時，其後之期間視爲亦已到期之範圍或條件。
④法院命給付定期金者，得酌定逾期不履行時，喪失期限利益之範圍或條件，並得酌定加給之金額。但其金額不得逾定期金每期金額之二分之一。

第一〇一條（和解成立）
①本案程序進行中，聲請人與相對人就第九十八條之事件或夫妻間其他得處分之事項成立和解者，於作成和解筆錄時，發生與本案確定裁判同一之效力。
②聲請人與相對人就程序標的以外得處分之事項成立前項和解者，非經爲請求之變更、追加或反請求，不得爲之。
③就前二項以外之事項經聲請人與相對人合意者，法院應斟酌其內容爲適當之裁判。
④第一項及第二項之和解有無效或得撤銷之原因者，聲請人或相對人得請求依原程序繼續審理，並準用民事訴訟法第三百八十條第三項之規定。
⑤因第一項或第二項和解受法律上不利影響之第三人，得請求依原程序撤銷或變更和解對其不利部分，並準用民事訴訟法第五編之一第三人撤銷訴訟程序之規定。

第一〇二條（聲請變更原裁判或和解之內容）
①就第九十九條所定各項費用命爲給付之確定裁判或成立之和解，如其內容尚未實現，因情事變更，依原裁判或和解內容顯失公平者，法院得依聲請人或相對人聲請變更原確定裁判或和解之內容。
②法院爲前項裁判前，應使關係人有陳述意見之機會。

第一〇三條（合併請求裁判）
①第九十九條所定事件程序，關係人就請求所依據之法律關係有爭執者，法院應曉諭其得合併請求裁判。
②關係人爲前項合併請求時，除關係人合意適用家事非訟程序外，法院應裁定改用家事訴訟程序，由原法官繼續審理。
③前項裁定，不得聲明不服。

第三章　親子非訟事件

第一〇四條（親子非訟事件管轄法院）
①下列親子非訟事件，專屬子女住所或居所地法院管轄；無住所或居所者，得由法院認爲適當之所在地法院管轄：
一　關於未成年子女扶養請求、其他權利義務之行使或負擔之酌定、改定、變更或重大事項權利行使酌定事件。
二　關於變更子女姓氏事件。
三　關於停止親權事件。
四　關於未成年子女選任特別代理人事件。
五　關於交付子女事件。
六　關於其他親子非訟事件。
②未成年子女有數人，其住所或居所不在一法院管轄區域內者，各該住所或居所地之法院俱有管轄權。
③第一項事件有理由時，程序費用由未成年子女之父母或父母之一方負擔。

第一〇五條（移送裁定）
①婚姻或親子訴訟事件與其基礎事實相牽連之親子非訟事件，已分別繫屬於法院者，除別有規定外，法院應將親子非訟事件移送於婚姻或親子訴訟事件繫屬中之第一審或第二審法院合併裁判。
②前項移送之裁定不得聲明不服。受移送之法院應即就該事件處理，不得更爲移送。

第一〇六條（聽審請求權）
①法院爲審酌子女之最佳利益，得徵詢主管機關或社會福利機構之意見、請其進行訪視

或調查，並提出報告及建議。

②法院斟酌前項調查報告為裁判前，應使關係人有陳述意見之機會。但其內容涉及隱私或有不適當之情形者，不在此限。

③法院認為必要時，得通知主管機關或社會福利機構相關人員於期日到場陳述意見。

④前項情形，法院得採取適當及必要措施，保護主管機關或社會福利機構相關人員之隱私及安全。

第一〇七條 （給付扶養費方法之準用規定）

①法院酌定、改定或變更父母對於未成年子女權利義務之行使或負擔時，得命交付子女、容忍自行帶回子女、未行使或負擔權利義務之一方與未成年子女會面交往之方式及期間、給付扶養費、交付身分證明文件或其他財物，或命為相當之處分，並得訂定必要事項。

②前項命給付扶養費之方法，準用第九十九條至第一百零三條規定。

第一〇八條 （兒童及少年心理或其他專業人士協助）

①法院就前條事件及其他親子非訟事件為裁定前，應依子女之年齡及識別能力等身心狀況，於法庭內、外，以適當方式，曉諭裁判結果之影響，使其有表達意願或陳述意見之機會；必要時，得請兒童及少年心理或其他專業人士協助。

②前項兒童及少年心理或其他專業人士之報酬，準用第十七條第三項規定。

第一〇九條 （程序監理人之選任）

就有關未成年子女權利義務之行使或負擔事件，未成年子女雖非當事人，法院為未成年子女之最佳利益，於必要時，亦得依父母、未成年子女、主管機關、社會福利機構或其他利害關係人之聲請或依職權為未成年子女選任程序監理人。

第一一〇條 （合意內容之記載）

①第一百零七條所定事件及其他親子非訟事件程序進行中，父母就該事件得協議之事項達成合意，而其合意符合子女最佳利益時，法院應將合意內容記載於和解筆錄。

②前項情形，準用第一百零一條、第一百零二條及第一百零八條之規定。

第一一一條 （特別代理人之選任）

①法院為未成年子女選任特別代理人時，應斟酌得即時調查之一切證據。

②法院為前項選任之裁定前，應徵詢被選任人之意見。

③前項選任之裁定，得記載特別代理人處理事項之種類及權限範圍。

④選任特別代理人之裁定，於裁定送達或當庭告知被選任人時發生效力。

⑤法院為保護未成年子女之最佳利益，於必要時，得依父母、未成年子女、主管機關、社會福利機構或其他利害關係人之聲請或依職權，改定特別代理人。

第一一二條 （特別代理人報酬額應審酌事項）

①法院得依特別代理人之聲請酌定報酬。其報酬額，應審酌下列事項：

一　選任特別代理人之原因。

二　特別代理人執行職務之勞力。

三　未成年子女及父母之資力。

四　未成年子女與特別代理人之關係。

②前項報酬，除法律另有規定外，由未成年子女負擔。但選任特別代理人之原因係父母所致者，法院得酌量情形命父母負擔全部或一部。

第一一三條 （準用規定）

本章之規定，於父母不繼續共同生活達六個月以上時，關於未成年子女權利義務之行使負擔事件，準用之。

第四章　收養事件

第一一四條 （認可收養事件管轄法院）

①認可收養子女事件，專屬收養人或被收養人住所地之法院管轄；收養人在中華民國無

住所者，由被收養人住所地之法院管轄。
②認可終止收養事件、許可終止收養事件及宣告終止收養事件，專屬養子女住所地之法院管轄。

第一一五條　（聲請認可收養事件應附具之文件）
①認可收養事件，除法律別有規定外，以收養人及被收養人為聲請人。
②認可收養之聲請應以書狀或於筆錄載明收養人及被收養人、被收養人之父母、收養人及被收養人之配偶。
③前項聲請應附具下列文件：
一　收養契約書。
二　收養人及被收養人之國民身分證、戶籍謄本、護照或其他身分證明文件。
④第二項聲請，宜附具下列文件：
一　被收養人為未成年人時，收養人之職業、健康及有關資力之證明文件。
二　夫妻之一方被收養時，他方之同意書。但有民法第一千零七十六條但書情形者，不在此限。
三　經公證之被收養人父母之同意書。但有民法第一千零七十六條之一第一項但書、第二項但書或第一千零七十六條之二第三項情形者，不在此限。
四　收養人或被收養人為外國人時，收養符合其本國法之證明文件。
五　經收出養媒合服務者為訪視調查，其收出養評估報告。
⑤前項文件在境外作成者，應經當地中華民國駐外機構驗證或證明；如係外文，並應附具中文譯本。

第一一六條　（未成年人被收養前之處理程序）
法院認可未成年人被收養前，得准收養人與未成年人共同生活一定期間，供法院決定之參考；共同生活期間，對於未成年人權利義務之行使負擔，由收養人為之。

第一一七條　（認可收養之裁定）
①認可收養之裁定，於其對聲請人及第一百十五條第二項所定之人確定時發生效力。
②認可收養之裁定正本，應記載該裁定於確定時發生效力之意旨。
③認可、許可或宣告終止收養之裁定，準用前二項之規定。

第一一八條　（聽審請求權）
被收養人之父母為未成年人而未結婚者，法院為認可收養之裁定前，應使該未成年人及其法定代理人有陳述意見之機會。但有礙難情形者，不在此限。

第一一九條　（收養事件準用規定）
第一百零六條及第一百零八條之規定，於收養事件準用之。

第五章　未成年人監護事件

第一二〇條　（未成年人監護事件管轄法院）
①下列未成年人監護事件，專屬未成年人住所地或居所地法院管轄；無住所或居所者，得由法院認為適當之所在地法院管轄：
一　關於選定、另行選定或改定未成年人監護人事件。
二　關於監護人報告或陳報事件。
三　關於監護人辭任事件。
四　關於酌定監護人行使權利事件。
五　關於酌定監護人報酬事件。
六　關於為受監護人選任特別代理人事件。
七　關於許可監護人行為事件。
八　關於交付子女事件。
九　關於監護所生損害賠償事件。
十　關於其他未成年人監護事件。

②第一百零四條第二項、第三項及第一百零五條之規定，於前項事件準用之。

第一二一條　（損害賠償事件之裁定）

①關於監護所生之損害賠償事件，其程序標的之金額或價額逾得上訴第三審利益額者，聲請人與相對人得於第一審程序終結前，合意向法院陳明改用家事訴訟程序，由原法官繼續審理。

②前項損害賠償事件，案情繁雜者，聲請人或相對人得於第一審程序終結前，聲請法院裁定改用家事訴訟程序，由原法官繼續審理。

③前項裁定，不得聲明不服。

第一二二條　（監護人辭任準用規定）

①法院選定之監護人，有下列情形之一者，得聲請法院許可其辭任：

一　滿七十歲。

二　因身心障礙或疾病不能執行監護。

三　住所或居所與法院或受監護人所在地隔離，不便執行監護。

四　其他重大事由。

②法院為前項許可時，應另行選任監護人。

③第一百零六條及第一百零八條之規定，於監護人辭任事件準用之。

第一二三條　（法院為未成年人選定、另行選定或改定監護人事件準用規定）

第一百零六條至第一百零八條及第一百十一條第一項、第二項之規定，於法院為未成年人選定、另行選定或改定監護人事件準用之。

第一二四條　（法院為受監護人選任特別代理人事件準用規定）

第一百十一條及第一百十二條之規定，於法院為受監護人選任特別代理人事件準用之。

第六章　親屬間扶養事件

第一二五條　（扶養事件管轄法院）

①下列扶養事件，除本法別有規定外，專屬受扶養權利人住所地或居所地法院管轄：

一　關於扶養請求事件。

二　關於請求減輕或免除扶養義務事件。

三　關於因情事變更請求變更扶養之程度及方法事件。

四　關於其他扶養事件。

②第一百零四條第二項、第三項及第一百零五條之規定，於前項事件準用之。

第一二六條　（扶養事件準用規定）

第九十九條至第一百零三條及第一百零七條第一項之規定，於扶養事件準用之。

第七章　繼承事件

第一二七條　（繼承事件管轄法院）

①下列繼承事件，專屬繼承開始時被繼承人住所地法院管轄：

一　關於遺產清冊陳報事件。

二　關於債權人聲請命繼承人提出遺產清冊事件。

三　關於拋棄繼承事件。

四　關於無人承認之繼承事件。

五　關於保存遺產事件。

六　關於指定或另行指定遺囑執行人事件。

七　關於其他繼承事件。

②保存遺產事件，亦得由遺產所在地法院管轄。

③第五十二條第四項之規定，於第一項事件準用之。

④第一項及第二項事件有理由時，程序費用由遺產負擔。

第一二八條　（遺產清冊應載事項）

①繼承人為遺產陳報時，應於陳報書記載下列各款事項，並附具遺產清冊：

一　陳報人。

二　被繼承人之姓名及最後住所。

三　被繼承人死亡之年月日時及地點。

四　知悉繼承之時間。

五　有其他繼承人者，其姓名、性別、出生年月日及住、居所。

②前項遺產清冊應記載被繼承人之財產狀況及繼承人已知之債權人、債務人。

第一二九條　（遺產清冊聲請書應載事項）

①債權人聲請命繼承人提出遺產清冊時，其聲請書應記載下列各款事項：

一　聲請人。

二　被繼承人之姓名及最後住所。

三　繼承人之姓名及住、居所。

四　聲請命繼承人提出遺產清冊之意旨。

②繼承人依法院命令提出遺產清冊者，準用前條之規定。

第一三〇條　（報明債權之公告）

①法院公示催告被繼承人之債權人報明債權時，應記載下列各款事項：

一　為陳報之繼承人。

二　報明權利之期間及在期間內應為報明之催告。

三　因不報明權利而生之失權效果。

四　法院。

②前項情形應通知其他繼承人。

③第一項公示催告應公告之。

④前項公告應揭示於法院公告處、資訊網路及其他適當處所；法院認為必要時，並得命登載於公報或新聞紙，或用其他方法公告之。

⑤第一項報明期間，自前項揭示之日起，應有六個月以上。

第一三一條　（報明債權期間及展延）

①前條報明債權期間屆滿後六個月內，繼承人應向法院陳報償還遺產債務之狀況並提出有關文件。

②前項六個月期間，法院因繼承人之聲請，認為必要時，得延展之。

第一三二條　（　棄繼承）

①繼承人拋棄繼承時，應以書面表明下列各款事項：

一　拋棄繼承人。

二　被繼承人之姓名及最後住所。

三　被繼承人死亡之年月日時及地點。

四　知悉繼承之時間。

五　有其他繼承人者，其姓名、性別、出生年月日及住、居所。

②拋棄繼承為合法者，法院應予備查，通知拋棄繼承人及已知之其他繼承人，並公告之。

③拋棄繼承為不合法者，法院應以裁定駁回之。

第一三三條　（親屬會議報明陳報書之應載事項）

親屬會議報明繼承開始及選定遺產管理人時，應由其會員一人以上於陳報書記載下列各款事項，並附具證明文件：

一　陳報人。

二　被繼承人之姓名、最後住所、死亡之年月日時及地點。

三　選定遺產管理人之事由。

四　所選定遺產管理人之姓名、性別、出生年月日及住、居所。

第一三四條　（遺產管理人之消極資格）

①親屬會議選定之遺產管理人，以自然人爲限。
②前項遺產管理人有下列各款情形之一者，法院應解任之，命親屬會議於一個月內另爲選定：
一　未成年。
二　受監護或輔助宣告。
三　受破產宣告或依消費者債務清理條例受清算宣告尚未復權。
四　褫奪公權尚未復權。

第一三五條　（遺產管理人解任原因）
親屬會議選定之遺產管理人有下列情形之一者，法院得依利害關係人或檢察官之聲請，徵詢親屬會議會員、利害關係人或檢察官之意見後解任之，命親屬會議於一個月內另爲選定：
一　違背職務上之義務者。
二　違背善良管理人之注意義務，致危害遺產或有危害之虞者。
三　有其他重大事由者。

第一三六條　（聲請選任遺產管理人之聲請書應載事項）
①利害關係人或檢察官聲請選任遺產管理人時，其聲請書應記載下列事項，並附具證明文件：
一　聲請人。
二　被繼承人之姓名、最後住所、死亡之年月日時及地點。
三　聲請之事由。
四　聲請人爲利害關係人時，其法律上利害關係之事由。
②親屬會議未依第一百三十四條第二項或前條另爲選定遺產管理人時，利害關係人或檢察官得聲請法院選任遺產管理人，並適用前項之規定。
③法院選任之遺產管理人，除自然人外，亦得選任公務機關。

第一三七條　（公示催告承認繼承之應載事項）
①法院公示催告繼承人承認繼承時，應記載下列事項：
一　陳報人。
二　被繼承人之姓名、最後住所、死亡之年月日時及地點。
三　承認繼承之期間及期間內應爲承認之催告。
四　因不於期間內承認繼承而生之效果。
五　法院。
②前項公示催告，準用第一百三十條第三項至第五項之規定。

第一三八條 112
法院依遺產管理人聲請爲公示催告時，除記載前條第一項第二款及第五款所定事項外，並應記載下列事項：
一　遺產管理人之姓名及處理遺產事務之處所。
二　報明債權及願否受遺贈聲明之期間，並於期間內應爲報明或聲明之催告。
三　因不報明或聲明而生之失權效果。

第一三九條　（公告方法及期間計算等規定之準用）
第一百三十條第三項至第五項之規定，除申報權利期間外，於前二條之公示催告準用之。

第一四〇條　（遺產管理人陳報之義務）
法院選任之遺產管理人於職務執行完畢後，應向法院陳報處理遺產之狀況並提出有關文件。

第一四一條　（遺產管理人、遺囑執行人及其他法院選任財產管理人準用規定）
第八章之規定，除法律別有規定外，於遺產管理人、遺囑執行人及其他法院選任財產管理人準用之。

第八章　失蹤人財產管理事件

第一四二條　（失蹤人財產管理事件管轄法院）

①關於失蹤人之財產管理事件，專屬其住所地之法院管轄。

②第五十二條第四項之規定，於前項事件準用之。

第一四三條　（財產管理人選任順序）

①失蹤人未置財產管理人者，其財產管理人依下列順序定之：

一　配偶。

二　父母。

三　成年子女。

四　與失蹤人同居之祖父母。

五　家長。

②不能依前項規定定財產管理人時，法院得因利害關係人或檢察官之聲請，選任財產管理人。

③財產管理人之權限，因死亡、受監護、輔助或破產之宣告或其他原因消滅者，準用前二項之規定。

第一四四條　（財產管理人有數人之選定）

財產管理人有數人者，關於失蹤人之財產管理方法，除法院選任數財產管理人，而另有裁定者外，依協議定之；不爲協議或協議不成時，財產管理人或利害關係人得聲請法院酌定之。

第一四五條　（財產管理人之改任及辭任）

①財產管理人不勝任或管理不適當時，法院得依利害關係人或檢察官之聲請改任之；其由法院選任者，法院認爲必要時得依職權改任之。

②財產管理人有正當理由者，得聲請法院許可其辭任。

③法院爲前項許可時，應另行選任財產管理人。

第一四六條　（利害關係人及受選任人意見之詢問）

法院選任、改任或另行選任財產管理人時，應詢問利害關係人及受選任人之意見。

第一四七條　（失蹤人財產之登記）

失蹤人財產之取得、設定、喪失或變更，依法應登記者，財產管理人應向該管登記機關爲管理人之登記。

第一四八條　（管理財產目錄之作成）

財產管理人應作成管理財產目錄，並應經公證人公證，其費用由失蹤人之財產負擔之。

第一四九條（管理財產狀況之報告或計算）

①法院得因利害關係人或檢察官之聲請，命財產管理人報告管理財產狀況或計算；財產管理人由法院選任者，並得依職權爲之。

②前項裁定，不得聲明不服。

第一五〇條　（財產狀況有關文件之聲請閱覽）

利害關係人得釋明原因，向法院聲請閱覽前條之報告及有關計算之文件，或預納費用聲請付與繕本、影本或節本。

第一五一條　（財產管理人之注意義務及權限）

財產管理人應以善良管理人之注意，保存財產，並得爲有利於失蹤人之利用或改良行爲。但其利用或改良有變更財產性質之虞者，非經法院許可，不得爲之。

第一五二條　（財產管理人之提供擔保）

①法院得命財產管理人就財產之管理及返還，供相當之擔保，並得以裁定增減、變更或免除之。

②前項擔保，準用民事訴訟法關於訴訟費用擔保之規定。

第一五三條　（財產管理人之聲請報酬）

法院得依財產管理人之聲請，按財產管理人與失蹤人之關係、管理事務之繁簡及其他情形，就失蹤人之財產，酌給相當報酬。

第九章　宣告死亡事件

第一五四條　（宣告死亡事件管轄法院）
①下列宣告死亡事件，專屬失蹤人住所地法院管轄：
　一　關於聲請宣告死亡事件。
　二　關於聲請撤銷或變更宣告死亡裁定事件。
　三　關於其他宣告死亡事件。
②第五十二條第四項之規定，於前項事件準用之。
③第一項事件之程序費用，除宣告死亡者由遺產負擔外，由聲請人負擔。

第一五五條　（聲請裁定）
宣告死亡或撤銷、變更宣告死亡之裁定，利害關係人或檢察官得聲請之。

第一五六條　（公示催告應載事項）
①法院准許宣告死亡之聲請者，應公示催告。
②公示催告，應記載下列各款事項：
　一　失蹤人應於期間內陳報其生存，如不陳報，即應受死亡之宣告。
　二　凡知失蹤人之生死者，應於期間內將其所知陳報法院。
③前項公示催告，準用第一百三十條第三項至第五項之規定。但失蹤人滿百歲者，其陳報期間，得定為自揭示之日起二個月以上。

第一五七條　（陳報之效力）
為失蹤人生存之陳報在陳報期間屆滿後，而未宣告死亡或宣告死亡之裁定確定前者，與在期間內陳報者，有同一效力。

第一五八條　（宣告死亡之程序）
①宣告死亡程序，除通知顯有困難者外，法院應通知失蹤人之配偶、子女及父母參與程序；失蹤人另有法定代理人者，並應通知之。
②宣告死亡之裁定，應送達於前項所定之人。

第一五九條　（宣告死亡之裁定）
①宣告死亡之裁定應確定死亡之時。
②宣告死亡之裁定，於其對聲請人、生存陳報人及前條第一項所定之人確定時發生效力。
③前項裁定生效後，法院應以相當之方法，將該裁定要旨公告之。

第一六〇條　（聲請撤銷或變更宣告死亡之裁定）
宣告死亡裁定確定後，發現受宣告死亡之人尚生存或確定死亡之時不當者，得聲請撤銷或變更宣告死亡之裁定。

第一六一條（撤銷或變更宣告死亡裁定聲請狀應表明事項）
①聲請撤銷或變更宣告死亡之裁定，應於聲請狀表明下列各款事項：
　一　聲請人、宣告死亡之聲請人及法定代理人。
　二　聲請撤銷或變更之裁定。
　三　應如何撤銷或變更之聲明。
　四　撤銷或變更之事由。
②前項第四款之事由宜提出相關證據。
③第一百五十八條之規定，於撤銷或變更宣告死亡裁定事件準用之。

第一六二條　（程序終結之裁定）
受宣告死亡人於撤銷宣告死亡裁定之裁定確定前死亡者，法院應裁定本案程序終結。

第一六三條　（撤銷或變更宣告死亡裁定之效力）
①撤銷或變更宣告死亡裁定之裁定，不問對於何人均有效力。但裁定確定前之善意行

爲，不受影響。

②因宣告死亡取得財產者，如因前項裁定失其權利，僅於現受利益之限度內，負歸還財產之責。

③第一百五十九條第二項及第三項之規定，於第一項裁定準用之。

第十章　監護宣告事件

第一六四條　（監護宣告事件管轄法院）108

①下列監護宣告事件，專屬應受監護宣告之人或受監護宣告之人住所地或居所地法院管轄；無住所或居所者，得由法院認爲適當之所在地法院管轄：

一　關於聲請監護宣告事件。

二　關於指定、撤銷或變更監護人執行職務範圍事件。

三　關於另行選定或改定監護人事件。

四　關於監護人報告或陳報事件。

五　關於監護人辭任事件。

六　關於酌定監護人行使權利事件。

七　關於酌定監護人報酬事件。

八　關於爲受監護宣告之人選任特別代理人事件。

九　關於許可監護人行爲事件。

十　關於監護所生損害賠償事件。

十一　關於聲請撤銷監護宣告事件。

十二　關於變更輔助宣告爲監護宣告事件。

十三　關於許可終止意定監護契約事件。

十四　關於解任意定監護人事件。

十五　關於其他監護宣告事件。

②前項事件有理由時，程序費用由受監護宣告之人負擔。

③除前項情形外，其費用由聲請人負擔。

第一六五條　（程序監理人之選任）108

於聲請監護宣告事件、撤銷監護宣告事件、另行選定或改定監護人事件、許可終止意定監護契約事件及解任意定監護人事件，應受監護宣告之人及受監護宣告之人有程序能力。如其無意思能力者，法院應依職權爲其選任程序監理人。但有事實足認無選任之必要者，不在此限。

第一六六條　（診斷書之提出）

聲請人爲監護宣告之聲請時，宜提出診斷書。

第一六七條　（受監護宣告之人之訊問）108

①法院應於鑑定人前，就應受監護宣告之人之精神或心智狀況，訊問鑑定人及應受監護宣告之人，始得爲監護之宣告。但有事實足認無訊問之必要者，不在此限。

②鑑定應有精神科專科醫師或具精神科經驗之醫師參與並出具書面報告。

第一六八條　（監護宣告之裁定與送達）

①監護宣告之裁定，應同時選定監護人及指定會同開具財產清冊之人，並附理由。

②法院爲前項之選定及指定前，應徵詢被選定人及被指定人之意見。

③第一項裁定，應送達於聲請人、受監護宣告之人、法院選定之監護人及法院指定會同開具財產清冊之人；受監護宣告之人另有程序監理人或法定代理人者，並應送達之。

第一六九條　（監護宣告裁定之效力與公告）

①監護宣告之裁定，於裁定送達或當庭告知法院選定之監護人時發生效力。

②前項裁定生效後，法院應以相當之方法，將該裁定要旨公告之。

第一七〇條　（監護宣告裁定經廢棄確定前之效力）

①監護宣告裁定經廢棄確定前，監護人所爲之行爲，不失其效力。

②監護宣告裁定經廢棄確定前，受監護宣告之人所為之行為，不得本於宣告監護之裁定而主張無效。

③監護宣告裁定經廢棄確定後，應由第一審法院公告其要旨。

第一七一條　（程序終結之裁定）

受監護宣告之人於監護宣告程序進行中死亡者，法院應裁定本案程序終結。

第一七二條　（聲請撤銷監護宣告事件準用規定）

①撤銷監護宣告之裁定，於其對聲請人、受監護宣告之人及監護人確定時發生效力。

②第一百六十六條至第一百六十八條及第一百七十條第三項之規定，於聲請撤銷監護宣告事件準用之。

第一七三條　（裁定變更為輔助之宣告）

①法院對於撤銷監護宣告之聲請，認受監護宣告之人受監護原因消滅，而仍有輔助之必要者，得依聲請或依職權以裁定變更為輔助之宣告。

②前項裁定，準用前條之規定。

第一七四條　（裁定為輔助之宣告）

①法院對於監護宣告之聲請，認為未達應受監護宣告之程度，而有輔助宣告之原因者，得依聲請或依職權以裁定為輔助之宣告。

②法院為前項裁定前，應使聲請人及受輔助宣告之人有陳述意見之機會。

③第一項裁定，於監護宣告裁定生效時，失其效力。

第一七五條　（法院對於輔助宣告變更之規範）

①受輔助宣告之人，法院認有受監護宣告之必要者，得依聲請以裁定變更為監護宣告。

②前項裁定，準用第一百七十二條之規定。

第一七六條　（準用規定）

①第一百零六條至第一百零八條之規定，於聲請監護宣告事件、撤銷監護宣告事件、就監護宣告聲請為輔助宣告事件及另行選定或改定監護人事件準用之。

②第一百二十二條之規定，於監護人辭任事件準用之。

③第一百十二條之規定，於酌定監護人報酬事件準用之。

④第一百十一條及第一百十二條之規定，於法院為受監護宣告之人選任特別代理人事件準用之。

⑤第一百二十一條之規定，於監護所生損害賠償事件準用之。

第十一章　輔助宣告事件

第一七七條　（輔助宣告事件管轄法院）

①下列輔助宣告事件，專屬應受輔助宣告之人或受輔助宣告之人之住所地或居所地法院管轄；無住所或居所者，得由法院認為適當之所在地法院管轄：

一　關於聲請輔助宣告事件。

二　關於另行選定或改定輔助人事件。

三　關於輔助人辭任事件。

四　關於酌定輔助人行使權利事件。

五　關於酌定輔助人報酬事件。

六　關於為受輔助宣告之人選任特別代理人事件。

七　關於指定、撤銷或變更輔助人執行職務範圍事件。

八　關於聲請許可事件。

九　關於輔助所生損害賠償事件。

十　關於聲請撤銷輔助宣告事件。

十一　關於聲請變更監護宣告為輔助宣告事件。

十二　關於其他輔助宣告事件。

②第一百六十四條第二項、第三項之規定，於前項事件準用之。

第一七八條　（聲請輔助宣告事件準用規定）

①輔助宣告之裁定，於裁定送達或當庭告知受輔助宣告之人時發生效力。

②第一百零六條、第一百零八條、第一百六十六條至第一百六十八條、第一百六十九條第二項及第一百七十條之規定，於聲請輔助宣告事件準用之。

第一七九條　（裁定為監護之宣告）

①法院對於輔助宣告之聲請，認有監護宣告之必要者，得依聲請或依職權以裁定為監護之宣告。

②前項裁定，準用第一百七十四條第二項及第三項之規定。

第一八〇條　（準用規定）

①第一百零六條至第一百零八條之規定，於法院選定、另行選定或改定輔助人事件準用之。

②第一百二十二條之規定，於輔助人辭任事件準用之。

③第一百十二條之規定，於酌定輔助人報酬事件準用之。

④第一百十一條及第一百十二條之規定，於法院為受輔助宣告之人選任特別代理人事件準用之。

⑤第一百二十一條之規定，於輔助所生損害賠償事件準用之。

⑥第一百七十二條之規定，於聲請撤銷輔助宣告事件準用之。

⑦第一百七十三條之規定，於聲請變更監護宣告為輔助宣告事件準用之。

第十二章　親屬會議事件

第一八一條　（親屬會議處理事件之管轄法院）

①關於為未成年人及受監護或輔助宣告之人聲請指定親屬會議會員事件，專屬未成年人、受監護或輔助宣告之人住所地或居所地法院管轄。

②關於為遺產聲請指定親屬會議會員事件，專屬繼承開始時被繼承人住所地法院管轄。

③關於為養子女或未成年子女指定代為訴訟行為人事件，專屬養子女或未成年子女住所地法院管轄。

④關於聲請酌定扶養方法及變更扶養方法或程度事件，專屬受扶養權利人住所地或居所地法院管轄。

⑤聲請法院處理下列各款所定應經親屬會議處理之事件，專屬被繼承人住所地法院管轄：

一　關於酌給遺產事件。

二　關於監督遺產管理人事件。

三　關於酌定遺產管理人報酬事件。

四　關於認定口授遺囑真偽事件。

五　關於提示遺囑事件。

六　關於開視密封遺囑事件。

七　關於其他應經親屬會議處理事件。

⑥第五十二條第四項之規定，於前五項事件準用之。

⑦第一百零四條第二項及第一百零五條之規定，於第四項事件準用之。

⑧第一項事件有理由時，程序費用由未成年人、受監護或輔助宣告之人負擔。

⑨第二項事件有理由時，程序費用由遺產負擔。

⑩第三項事件有理由時，程序費用由養子女或未成年子女負擔。

⑪第五項事件有理由時，程序費用由遺產負擔。

第一八二條　（裁定之調查）

法院就前條第五項所定事件所為裁定時，得調查遺產管理人所為遺產管理事務之繁簡及被繼承人之財產收益狀況。

第一八三條　（準用規定）

①第一百二十二條之規定，於第一百八十一條第一項及第二項事件準用之。
②第九十九條至第一百零三條及第一百零七條之規定，於第一百八十一條第四項事件準用之。
③第一百零六條之規定，於本章之事件準用之。
④本章之規定，於其他聲請法院處理親屬會議處理之事件準用之。

第十三章　保護安置事件

第一八四條　（保護安置事件管轄法院）
①下列安置事件，專屬被安置人住所地、居所地或所在地法院管轄：
一　關於兒童及少年之繼續安置事件。
二　關於兒童及少年之安置保護事件。
三　關於身心障礙者之繼續安置事件。
四　關於其他法律規定應由法院裁定安置事件。
②除法律別有規定外，第一百零六條、第一百零八條、第一百六十五條、第一百六十六條、第一百六十九條及第一百七十一條之規定，於前項事件準用之。

第一八五條 112
①下列嚴重病人保護安置事件，專屬司法院指定之法院管轄：
一　關於停止緊急安置事件。
二　關於停止強制社區治療事件。
三　關於許可、延長及停止強制住院事件。
四　關於其他停止安置、住院事件。
②除法律別有規定外，第一百零六條、第一百零八條、第一百六十五條至第一百六十七條、第一百六十八條第一項、第一百六十九條第一項及第一百七十一條之規定，於前項事件準用之。

第五編　履行之確保及執行

第一章　通　則

第一八六條　（強制執行）
①依本法作成之調解、和解及本案裁判，除法律別有規定外，得爲強制執行名義。
②家事事件之強制執行，除法律別有規定外，準用強制執行法之規定，並得請求行政機關、社會福利機構協助執行。

第一八七條　（調查及勸告）
①債權人於執行名義成立後，除依法聲請強制執行外，亦得聲請法院調查義務之履行狀況，並勸告債務人履行債務之全部或一部。
②前項調查及勸告，由爲裁判或成立調解或和解之第一審法院管轄。
③法院於必要時，得命家事調查官爲調查及勸告，或囑託其他法院爲之。
④第一項聲請，徵收費用新臺幣五百元，由聲請人負擔，並準用民事訴訟法第七十七條之二十三第四項規定。

第一八八條　（共同勸告）
①法院爲勸告時，得囑託其他法院或相關機關、團體及其他適當人員共同爲之。
②勸告履行所需費用，由法院酌量情形，命債權人及債務人以比例分擔或命一造負擔，或命各自負擔其支出之費用。

第二章　扶養費及其他費用之執行

第一八九條　（扶養費請求權）

扶養費請求權之執行，暫免繳執行費，由執行所得扣還之。

第一九〇條（債權之執行）

①債務人依執行名義應定期或分期給付家庭生活費用、扶養費或贍養費，有一期未完全履行者，雖其餘履行期限尚未屆至，債權人亦得聲請執行。

②前項債權之執行，僅得扣押其履行期限屆至後債務人已屆清償期之薪資債權或其他繼續給付之債權。

第一九一條（裁定給付強制金予債權人）

①債務人依執行名義應定期或分期給付家庭生活費用、扶養費或贍養費，有一期未完全履行者，雖其餘履行期限尚未屆至，執行法院得依債權人之聲請，以裁定命債務人應遵期履行，並命其於未遵期履行時，給付強制金予債權人。但爲裁判法院已依第一百條第四項規定酌定加給金額者，不在此限。

②法院爲前項裁定時，應斟酌債權人因債務不履行所受之不利益、債務人資力狀態及以前履行債務之狀況。

③第一項強制金不得逾每期執行債權二分之一。

④第一項債務已屆履行期限者，法院得依債權人之聲請，以裁定命債務人限期履行，並命其於期限屆滿仍不履行時，給付強制金予債權人，並準用前二項之規定。

⑤債務人證明其無資力清償或清償債務將致其生活顯著窘迫者，執行法院應依債務人之聲請或依職權撤銷第一項及前項之裁定。

第一九二條（裁定停止強制金裁定之執行）

①前條第一項、第四項強制金裁定確定後，情事變更者，執行法院得依債務人之聲請變更之。

②債務人爲前項聲請，法院於必要時，得以裁定停止強制金裁定之執行。

③前項裁定，不得聲明不服。

第一九三條（未成年子女扶養費債權之執行）

未成年子女扶養費債權之執行，不受強制執行法第一百二十二條規定之限制。但應酌留債務人及受其扶養之其他未成年子女生活所需。

第三章　交付子女與子女會面交往之執行

第一九四條（決定符合子女最佳利益之執行方法審酌因素）

執行名義係命交付子女或會面交往者，執行法院應綜合審酌下列因素，決定符合子女最佳利益之執行方法，並得擇一或併用直接或間接強制方法：

一　未成年子女之年齡及有無意思能力。

二　未成年子女之意願。

三　執行之急迫性。

四　執行方法之實效性。

五　債務人、債權人與未成年子女間之互動狀況及可能受執行影響之程度。

第一九五條（強制方式執行計畫之擬定）

①以直接強制方式將子女交付債權人時，宜先擬定執行計畫；必要時，得不先通知債務人執行日期，並請求警察機關、社工人員、醫療救護單位、學校老師、外交單位或其他有關機關協助。

②前項執行過程，宜妥爲說明勸導，儘量採取平和手段，並注意未成年子女之身體、生命安全、人身自由及尊嚴，安撫其情緒。

第六編　附　則

第一九六條（事件移交公告）

本法施行後，已成立少年及家事法院之地區，原管轄之地方法院，應以公告將本法所定家事事件，移送少年及家事法院，並通知當事人及已知之關係人。

第一九七條 （程序從新原則）

①除本法別有規定外，本法於施行前發生之家事事件亦適用之。

②本法施行前已繫屬尙未終結之家事事件，依其進行程度，由繫屬之法院依本法所定程序終結之，已依法定程序進行之行爲，效力不受影響。

③本法施行前已繫屬尙未終結之家事事件，依繫屬時之法律定法院之管轄。

④本法施行前已繫屬尙未終結之家事事件，除依本法施行前民事訴訟法人事訴訟編得合併裁判者外，不得移送合併審理。

⑤本法所定期間之程序行爲，而應於其施行之際爲之者，其期間自本法施行之日起算。但本法施行前，法院依原適用法律裁定之期間已進行者，依其期間。

第一九八條 （非訟事件必要處分程序之規定）

①本法施行前已繫屬尙未終結之非訟事件必要處分程序，由繫屬之法院依本法所定程序終結之；已終結程序之撤銷、擔保金之發還及效力，仍應依原程序所適用之法律。

②本法施行前法院已終結之家事事件，其異議、上訴、抗告及再審之管轄，依原程序所適用之法律定之。

③本法施行前已取得之家事事件執行名義，適用本法所定履行確保及執行程序。

第一九九條 （審理細則及施行細則）

家事事件審理細則、本法施行細則，由司法院定之。

第二〇〇條 112

①本法施行日期，由司法院定之。

②本法修正條文，除中華民國一百十二年五月三十日修正之第三條、第九十六條及第一百八十五條施行日期由司法院定之外，自公布日施行。

家事事件法施行細則

民國101年5月11日司法院令訂定發布全文18條；並自101年6月1日施行。

第一條

本細則依家事事件法（以下簡稱本法）第一百九十九條規定訂定之。

第二條

①成立少年及家事法院之地區，應由原管轄之地方法院，以公告將本法所定家事事件，移送少年及家事法院，並通知當事人及已知之關係人。

②成立少年及家事法院之地區，原管轄之地方法院應即將家事事件之卷宗資料依下列規定辦理：

一　已繫屬尚未終結者，移交少年及家事法院。

二　已終結經上訴、抗告者，應依本法第一百九十八條第二項規定送上訴、抗告之法院。

三　已終結而未上訴或抗告者，依法歸檔。

③已成立少年及家事法院之地區，經上訴或抗告之家事事件，有應廢棄發回之事由者，應發回少年及家事法院。應發交者，亦同。

第三條

本法施行前已繫屬且有管轄權而尚未終結之家事事件，應由受理法院依本法所定程序終結之，除有本法第一百九十七條第四項所定得合併裁判情形外，不得裁定移送其他法院。當事人合意者，亦同。

第四條

地方法院於本法施行前受理而未終結之家事事件，經分由民事庭處理者，應由原法官依本法所定程序終結之。

第五條

本法施行前已繫屬尚未終結之家事事件，受理之法院得依本法之規定選任程序監理人。事件繫屬於第二審法院者，亦同。

第六條

本法施行前已繫屬尚未終結之家事事件，受理之法院得依本法第十八條之規定，依聲請或依職權命家事調查官就特定事項調查事實。

第七條

本法施行前已繫屬尚未終結之家事事件，受理之法院得依本法第十一條之規定，通知直轄市、縣（市）主管機關指派社會工作人員或其他適當人員陪同在場。

第八條

本法施行前已繫屬尚未終結之家事事件，受理之法院得依本法第十二條之規定以遠距訊問設備審理。

第九條

本法施行前，已進行調解程序之家事事件，於本法施行後，應依本法行之。

第一〇條

本法施行前之訴訟事件，依本法爲家事非訟事件者，自本法施行後，應依本法所定之家事非訟程序處理之。上訴審，亦同。

第一一條

本法施行前已繫屬尚未終結之家事非訟事件，受理之法院得依本法第八十五條之規定，依聲請或依職權命爲適當之暫時處分。

第一二條

本法施行前已受理而尚未終結之死亡宣告事件，應依本法第四編第九章所定程序終結之。

第一三條

本法施行前已受理而尚未終結之監護宣告、撤銷監護宣告事件，應依本法第四編第十章所定程序終結之。

第一四條

本法施行前已受理而尚未終結之輔助宣告、撤銷輔助宣告事件，應依本法第四編第十一章所定程序終結之。

第一五條

本法施行前已終結之家事訴訟事件，依本法爲家事非訟事件，而經當事人上訴者，應由該判決之上訴審法院管轄。

第一六條

債權人於本法施行前已取得本法所定家事事件之執行名義者，得於本法施行後，依本法第一百八十七條之規定，聲請法院調查義務之履行狀況並勸告債務人履行債務之全部或一部。

第一七條

本法施行前，家事事件原適用法律之法定期間已進行者，其期間依原適用法律之所定。

第一八條

本細則自中華民國一百零一年六月一日施行。

家事事件審理細則

①民國101年5月28日司法院令訂定發布全文167條；並自101年6月1日施行。
②民國105年3月2日司法院令修正發布第46、150、158、167條條文；並自發布日施行。
③民國106年1月17日司法院令修正發布第14、15、75至78、101、103、105、107、108、120、123、124、149、151、153、154、158條條文；並增訂第156-1至156-3、162-1條條文。
④民國106年5月23日司法院令修正發布第15條條文。
⑤民國109年7月23日司法院令修正發布第22、23、26至28、66、67、70、73、74、79、86、95、96、101、108、123、126至131、137、138、143、147條條文；增訂第138-1、140-1至140-3條條文；並刪除第102條條文。

第一編　總　則

第一條

本細則依家事事件法（以下簡稱本法）第一百九十九條規定訂定之。

第二條

家事事件之處理，應依保護家庭爲社會自然基本團體單位之精神，確保所有兒童及少年獲得平等充足之養護教育、保障男女於婚姻關係存續中及消滅後權利責任平等、確認人人有權享受其本人及家屬所需之適當生活程度及不斷改善之生活環境。

第三條

①少年及家事法院認其有受理事件之權限而爲裁判確定者，其他法院受該裁判之羈束。
②少年及家事法院認無受理事件之權限者，應依職權裁定將事件移送至有受理事件權限之其他法院。
③少年及家事法院就其受理事件之權限，與其他法院確定裁判之見解有異，而當事人合意由少年及家事法院處理者，依其合意。
④前項當事人之合意，應記明筆錄或以文書證之。
⑤當事人就少年及家事法院有無受理事件之權限而有爭執者，少年及家事法院應先爲裁定。
⑥前項裁定，得爲抗告。
⑦少年及家事法院爲第二項、第三項及第五項之裁定前，應先徵詢當事人之意見。

第四條

①設有少年及家事法院之地區，少年及家事法院認爲所受理事件之全部或一部非屬家事事件而不屬其管轄者，除當事人合意由少年及家事法院處理或少年及家事法院爲統合處理認有必要或當事人已就本案爲陳述而裁定自行處理者外，應依聲請或依職權以裁定移送於同一地區之普通法院。
②前項當事人之合意，應記明筆錄或以文書證之。

第五條

①法院受理家事事件不屬其管轄者，除當事人有管轄之合意外，應依聲請或依職權以裁定移送於管轄法院。
②法院受理家事事件雖不屬其管轄，惟法院爲統合處理認有必要或當事人已就本案爲陳述者，得裁定自行處理。
③第一項當事人之合意，應記明筆錄或以文書證之。

第六條

①法院受理家事事件，應即按事件之類型，分案處理。

②當事人相同者，得由法院於每年度終結前，由院長、庭長、法官舉行會議，決定次年度配分同一法官審理之事務分配規則。

第七條

①經法院受理之事件，家事庭與民事庭就事務分配有爭議者，應由院長徵詢家事庭庭長及民事庭庭長意見後，決定之。

②法官因前項事務分配所受理之事件，應本於確信，依事件之性質，適用該事件應適用之法律規定為審理。

第八條

第二審法院受理之事件，家事庭與民事庭就事務分配有爭議者，準用前條之規定。

第九條

①本細則所列之家事事件，於設有少年及家事法院之地區，劃分由少年及家事法院處理。於同一地方法院，分配由家事法庭處理。

②本法第三條第五項所定戊類之給付家庭生活費用、贍養費或扶養費家事事件，有依當事人之協議而為一定財產上之請求者，仍適用前項之規定。

第一〇條

法官於法院內、外開庭時，除有本法第九條第一項但書或第二項之情形外，以不公開法庭行之。

第一一條

①當事人得以書狀或言詞陳述是否允許旁聽之意見。

②法院允許旁聽者，應使當事人或關係人有陳述意見之機會。

③法院允許旁聽開庭，應載明於筆錄，並宣示理由。

第一二條

不公開審理之家事事件，法院認為適當時，得於徵詢兩造當事人或關係人之意見後，以電信傳真或其他科技設備方式告知當事人或關係人開庭期日。

第一三條

①非經審判長許可，開庭時不得錄音。

②審判長認為前項許可不適當時，得隨時撤銷之。

第一四條 106

①法院所製作應對外公開之文書時，除法律別有規定外，不得揭露足以識別兒童及少年身分之資訊。

②法院之人員或其他任何人不得於媒體、資訊或以其他公示方式，揭示足以識別兒童及少年福利與權益保障法第六十九條第一項、兒童及少年性剝削防制條例所定之兒童、少年及被害人姓名及其他足以識別身分之資訊。

③前二項所定其他足以識別身分之資訊，包括兒童、少年及被害人之照片或影像、聲音、住址、親屬姓名或其關係、就讀學校班級等個人基本資料。

第一五條 107

①法院處理涉及未成年子女之家事調解、訴訟或非訟事件時，得連結相關資源，通知未成年子女之父母、監護人或其他協助照顧子女之關係人，接受免付費之親職教育、輔導或諮商；參加者表明願自行支付費用時，亦得提供付費資源之參考資料，供其選用參與。

②父母、監護人或關係人參與前項親職教育、輔導或諮商之情形，得作為法院處理相關家事事件之參考。

③法院審理家事事件，依職權調查證據，斟酌當事人未提出之事實時，應使當事人或關係人有辯論或陳述意見之機會。

第一六條

①法院訊問未成年人、受監護或輔助宣告人，於必要時，得定於學校非上學時間、夜間或休息日。

②法院為前項期日之指定，應使當事人或關係人有陳述意見之機會。

第一七條
當事人或關係人得以言詞或書面陳述得否與對造當事人、其他關係人隔別訊問之意見。
第一八條
①未成年人、受監護或輔助宣告之人陳述意見或表達意願，法院認為有必要時，應通知直轄市、縣（市）主管機關指派社會工作人員或其他適當人員陪同。
②前項情形，除社會工作人員外，亦得由未成年人、受監護或輔助宣告人之親屬或學校老師等其他適當人員陪同在場。
③法院於未成年人、受監護或輔助宣告人陳述意見或表達意願前，應徵詢有無與其他當事人或關係人隔別訊問之必要。陪同人並得陳述意見。
④陪同人得坐於被陪同人之側。
⑤第一項通知，應載明被陪同人之姓名。就有關被陪同人之住所、所在地或所涉事件之案由依法應予保密者，應予密封。
第一九條
①未成年人、受監護或輔助宣告人陳述之意見或意願，涉及當事人或第三人隱私或陪同人、被陪同人之安全者，除法律規定應提示當事人為辯論者外，得不揭示於當事人或關係人。
②陪同未成年人、受監護或輔助宣告人陳述意見或表達意願之社會工作人員，得於報到簽名時，以其所屬機關、機構、工作證號或代號代替。陪同人之人別資料，若有危及陪同人之安全者，亦同。
第二〇條
①法院於處理家事訴訟事件或家事非訟事件，認有本法第十五條第一項所列之情形，宜依聲請或依職權選任一人或一人以上為程序監理人。
②選任程序監理人，應使當事人、法定代理人、被選任人以及已知之關係人有陳述意見之機會。但有礙難之情形或恐有害其健康或顯有延滯程序者，不在此限。
③前項意見之陳述，得以書面或本法第七十五條第七項所定電信傳真或其他科技設備之方式為之。
④法院駁回選任程序監理人之聲請時，應附具理由。
第二一條
①當事人或關係人已委任代理人者，法院除已無其他適當之人外，不得選任該代理人為其程序監理人。
②法院選任當事人委任之代理人為程序監理人時，該代理人已支領報酬者，不得再支領程序監理人之報酬。
第二二條 109
下列事件，法院認為有必要時，宜依本法第十五條第一項、第二項、第一百零九條及第一百六十五條之規定選任程序監理人：
一　涉及未成年子女權利義務之行使或負擔事件。
二　涉及受監護或輔助宣告人之事件。
三　涉及受安置人或嚴重病人之事件。
第二三條 109
①有下列情形之一者，程序監理人之報酬得由國庫墊付全部或一部：
　一　受監理人為未成年人，其本人無支付能力。
　二　受監理人為應受監護或輔助宣告人、被安置人而無支付能力。
②受監理人為未成年人，其法定代理人為當事人或關係人且有支付能力者，法院得命法定代理人預納之。
③前二項所定無支付能力之認定，得參酌法律扶助法第五條之規定認定之。
第二四條
①程序監理人得向法院書記官聲請閱覽、抄錄或攝影卷內文書，或聲請付與繕本、影本

或節本。其程序準用民事訴訟法第二百四十二條、第二百四十三條之規定。
②程序行為限由受監理人本人為之者，程序監理人不得為之。
③除法律別有規定外，受監理人依法不得為之程序行為，程序監理人不得為之。
④家事事件之裁判應送達程序監理人。
⑤程序監理人之上訴、抗告及聲明不服之期間，自程序監理人受送達時起算。

第二五條

①程序監理人執行職務，應維護受監理人之最佳利益，注意受監理人與其他親屬之家庭關係、生活狀況、感情狀況等一切情狀。
②程序監理人發現其與受監理人有利益衝突之情形者，應即向法院陳明之。
③受監理人之親屬、學校老師或社會工作人員發現有前項情形，亦得向法院陳明之。

第二六條 109

程序監理人應以適當之方法，依受監理人之年齡及所能理解之程度，與受監理人會談，並告知事件進行之標的、程序及結果。

第二七條 109

①法院認有必要時，得令程序監理人與受監理人之法定代理人、家屬及其他生活中關係密切之人會談。
②前項會談，應於必要且最少限度內為之，注意保護受監理人之最佳利益及隱私，並避免使會談之人重複陳述。

第二八條 109

①法院依事件進行之程度，認為有和諧處理之望者，得命程序監理人與受監理人之特定家屬會談，分析事件進行之利害關係及和解或調解可能之影響。
②法院為前項指示時，應具體指明會談之重點與範圍，並向當事人或關係人說明之。

第二九條

①法院得令程序監理人就下列事項提出報告或建議：
一　受監理人對於法院裁定之理解能力。
二　受監理人之意願。
三　受監理人是否適合或願意出庭陳述。
四　程序進行之適當場所、環境或方式。
五　程序進行之適當時間。
六　其他有利於受監理人之本案請求方案。
七　其他法院認為適當或程序監理人認為應使法院了解之事項。
②前項報告或建議，經法院同意以言詞提出者，應載明於筆錄。

第三〇條

程序監理人與受監理人之法定代理人或有程序能力之受監理人所為之程序行為不一致時，應以法院認為適當者為準。

第三一條

①法院選任程序監理人後，受監理人另行委任代理人者，法院認為適當時，得撤銷或變更程序監理人。
②程序監理人自受撤銷或變更裁定生效時起，喪失為受監理人為一切程序行為之權。

第三二條

①程序監理人有下列情形之一者，法院得撤銷或變更之：
一　未維護受監理人之最佳利益。
二　與受監理人利益衝突。
三　與受監理人或其家屬會談，有不當行為，足以影響事件之進行或受監理人之利益。
四　受監理人已有適合之代理人。
五　違反其職業倫理規範或程序監理人倫理規範。
六　有其他不適任之情事或已無選任程序監理人之必要。

②法院為前項裁定前，應使受監理人及程序監理人有陳述意見之機會。
③前條第二項於第一項之撤銷或變更準用之。

第三三條

家事調查官承審判長或法官之命，就家事事件之特定事項為調查，蒐集資料、履行勸告，並提出調查報告、出庭陳述意見，或協調連繫社會主管機關、社會福利機關或其他必要之協調措施。

第三四條

審判長或法官除前條所定特定事項外，並得命家事調查官就下列事項提出報告：
一　未成年子女、受監護或輔助宣告人、被安置人之意願、心理、情感狀態、學習狀態、生活狀況、溝通能力及其他必要事項。
二　評估當事人或關係人會談之可能性。
三　進行親職教育或親子關係輔導之必要性。
四　進行心理諮商、輔導或其他醫療行為之必要性。
五　其他可連結或轉介協助之社會主管機關、福利機關或團體。

第三五條

①審判長或法官得指定特定事項之範圍，定期命家事調查官為調查，於調查前並應使當事人或關係人以言詞或書面陳述意見。並視事件處理之進度，分別指明應調查之特定事項。於必要時，得命家事調查官於管轄區域外為調查。
②審判長或法官得命家事調查官於當事人或關係人陳述意見時到場。

第三六條

法院於指定特定事項有為調查之必要時，得囑託他法院為調查。

第三七條

①家事調查官於所定調查事項範圍內，應實地訪視，並就事件當事人、關係人之身心狀況、家庭關係、生活、經濟狀況、經歷、居住環境、親職及監護能力、有無犯罪紀錄、有無涉及性侵害或兒少保護通報事件、資源網絡等事項為必要之調查。
②家事調查官為調查前，應先由程序監理人或相關之社會福利機關、團體取得資料，以避免使當事人或關係人重複陳述。

第三八條

①家事調查官應依審判長或法官之命提出調查報告，並向審判長或法官為報告。
②前項調查報告未定期限者，應於接獲命令後二個月內完成。但經審判長或法官允許者，至多延長一個月，並以一次為限。
③調查報告書應記載下列事項：
一　當事人及關係人姓名、出生年月日、住所、現居所、可辨別身分之證件號碼及電話號碼。
二　指定調查之特定事項。
三　調查之方法。
四　與調查事項有關當事人、關係人之身心狀況、家庭關係、生活、經濟狀況、經歷、居住環境、親職及監護能力、資源網絡等事項。
五　涉及未成年子女、受監護或輔助宣告或被安置人，其意願或意見。
六　與本案有關之評估、建議或其他與調查事項有關之必要事項。
七　總結報告。
八　年、月、日。
④調查報告之內容有涉及隱私或有不適宜提示當事人或關係人為辯論或令陳述意見者，應於報告中載明。未成年子女陳述意願，經表示不願公開者，亦同。
⑤家事調查官應於調查報告書簽名，並記載報告日期。

第三九條

家事調查官除法律另有規定外，就調查所知事項，應保守秘密。程序監理人、陪同之社工人員或其他人員，因執行職務所知事項，亦同。

第四〇條
①審判長或法官認有必要時，得命家事調查官於期日到場，就調查報告書所涉事項陳述意見。
②家事調查官於期日到場陳述意見者，其姓名應載明於筆錄。
第四一條
①家事訴訟事件應準用民事訴訟法之規定繳納裁判費。
②家事非訟事件應準用非訟事件法之規定繳納裁判費。
③家事事件經聲請調解者，應依民事訴訟法第七十七條之二十繳納裁判費。

第二編　調解程序

第四二條
調解成立者，當事人得於調解成立之日起三個月內，聲請退還已繳裁判費三分之二。
第四三條
①本法第三條第四項所定丁類事件，除經當事人聲請調解外，不得行調解程序。
②保護令事件，不得進行調解，亦不得合併調解。
第四四條
①法院應依實際需要之人數，聘任符合家事調解委員資格之人為調解委員，並造冊送司法院備查。
②司法院得將志願協助調解機構團體所送符合家事調解委員資格名冊，轉送各法院，供各法院選任。
第四五條
①調解由法官選任符合家事調解委員資格者一人至三人先行為之。
②調解委員之選任及解任，應依法院設置家事調解委員辦法行之。
第四六條 105
①關於未成年子女權利義務行使負擔事件之調解，法院於必要時，得命家事調查官先為特定事項之調查。
②監護或輔助宣告事件，經關係人依本法第三十三條或第三十六條聲請裁定者，法院於必要時，得命家事調查官先為特定事項之調查。
③前二項事項，法院宜依本法第十五條、第一百零九條、第一百六十五條之規定選任程序監理人。
第四七條
①調解程序於法院行之。但因未成年子女、受監護或輔助宣告人、被安置人之利益，於必要時，亦得於其他適當處所行之。
②調解委員於其他適當處所行調解者，應經法官之許可。
第四八條
調解不以開庭之形式進行時，法官與書記官得不著制服。
第四九條
①調解期日，由法官依職權定之；其續行之調解期日，得委由主任調解委員定之；無主任調解委員者，得委由調解委員定之。
②調解期日，應通知經選任之程序監理人；已有陪同之人或已命家事調查官先為調查者，並應通知該陪同人及家事調查官。
第五〇條
法官於必要時，得命當事人、關係人或法定代理人本人於調解期日到場；調解委員認有必要時，亦得報請法官行之。
第五一條
就調解事件有利害關係之第三人，經法官之許可，得參加調解程序；法官並得將事件通知之，命其參加。

第五二條

①調解時應本和平懇切之態度，對當事人兩造為適當之勸導，就調解事件酌擬平允方案，力謀雙方之和諧。

②參與調解程序之人員，應以具性別平權意識，尊重多元文化之語氣進行調解。

第五三條

家事調查官或程序監理人於調解程序中，發現有危及未成年人、受監護或輔助宣告人、被安置人利益情事之虞者，應即陳報法院。

第五四條

①調解成立者，應由書記官將解決爭端之條款詳細記明調解筆錄，送請法官簽名。

②調解委員行調解而自行記錄調解不成立或延展期日者，法官勿庸於該紀錄上簽名。

第五五條

應經調解之事件，法院未進行調解，當事人或關係人於第一審程序終結前未抗辯者，上級審法院不得以之為廢棄發回之理由。

第五六條

①關係人聲請家事非訟事件之調解，於程序終結前，法院認為有命為暫時處分之必要者，宜曉諭關係人為暫時處分之聲請。

②關係人為家事非訟事件本案之聲請，經法院行調解程序者，法院於程序終結前，認有必要時，得依聲請或依職權命為適當之暫時處分。但關係人得處分之事項，非依其聲請，不得為之。

③調解委員於調解程序中，認為有為暫時處分之必要者，應報明審判長或法官。

第五七條

行調解時，為瞭解當事人或關係人之家庭及相關環境，於必要時，法院得命家事調查官連繫社會福利機構，並提出行調解所必要事項之報告。

第五八條

①法院得根據家事調查官之報告，命當事人或關係人分別或共同參與法院所指定之專業人士或機構、團體所進行之免付費諮商、輔導、治療或其他相關之協助。

②前項裁定，不得為執行名義。

第五九條

法院於家事事件程序進行中依職權移付調解前，應先徵詢當事人及關係人之意見。

第六〇條

法官、書記官及調解委員因經辦調解事件，知悉他人職務上、業務上之秘密或其他涉及隱私之事項，除法律別有規定外，應保守秘密。

第三編　家事訴訟事件

第一章　通　則

第六一條

①得合併審理之家事事件，當事人向有管轄權之不同法院請求者，後繫屬之法院認有統合處理之必要或經當事人合意者，得依聲請或依職權，以裁定移送於繫屬最先之家事訴訟事件第一審或第二審法院。

②前項情形，先繫屬者為家事非訟事件，該繫屬法院得依聲請或依職權，以裁定移送於繫屬最先之家事訴訟事件第一審或第二審法院。

③得合併審理之家事事件，經當事人先後向同一法院請求者，得依職權或依聲請，移由最先受理家事訴訟之法官處理。

④經合併審理之家事事件而法院分別裁判者，不得將未裁判之其他家事事件移送他法院審理。

⑤已受理家事事件之第二審法院，不得將家事事件移送第一審法院處理。

第六二條

①得合併審理之家事事件，經先後繫屬於有管轄權之不同第二審法院，後繫屬之法院認有統合處理之必要或經當事人合意者，得依聲請或依職權，以裁定移送於家事訴訟事件最先繫屬之第二審法院。

②得合併審理之家事事件，經先後繫屬於有管轄權之同一第二審法院，得依職權或依聲請，移由最先繫屬家事訴訟事件之法官審理。

第六三條

①經合併審理之家事事件，應分別依照各該家事訴訟事件或家事非訟合併審理前應適用之法律爲審理。

②經合併審理之家事非訟事件，除別有規定外，經以判決爲之者，該部分判決之效力仍應依該家事非訟事件合併審理前應適用之法律定之。

第六四條

經合併審理並判決之家事事件，當事人就家事訴訟事件一部聲明不服者，以家事訴訟事件判決所認定法律關係爲據之其他部分，視爲提起上訴。

第六五條

①當事人得於訴訟中就得處分之事項爲訴訟上和解。

②經合併審理之家事非訟事件，得依本法第一百零一條第一項之規定爲和解或依第一百十條之規定爲合意。

③就合併審理之親子非訟事件爲合意時，應符合未成年子女最佳利益，並應依本法第一百零八條之規定徵詢未成年子女之意願。

④第二項之和解與合意得合併記載於家事訴訟事件之和解筆錄，並於作成和解筆錄時，發生與本案確定裁判同一之效力。

第六六條 109

撤銷婚姻、撤銷司法院釋字第七四八號解釋施行法（以下簡稱釋字七四八號施行法）第二條關係、否認子女之訴、認領子女之訴及其他非屬當事人得處分之事項，不得爲訴訟上和解。

第六七條 109

關於捨棄、認諾效力之規定，於撤銷婚姻、撤銷釋字七四八號施行法第二條關係、否認子女之訴、認領子女之訴及其他非屬當事人得處分之事項不適用之。

第六八條

①家事訴訟事件，有和諧解決之望或解決事件之意思已甚接近，法院得停止訴訟程序，並移付調解或命家事調查官爲調查等必要處分。

②前項移付調解，除兩造當事人或關係人合意外，以一次爲限。

第六九條

①判決，應作判決書。

②經選任程序監理人者，應於判決書記載其姓名。

第七〇條 109

下列事件亦爲家事訴訟事件：

一　民法第九百七十七條至第九百七十九條之一所定因婚約解除或違反婚約之損害賠償、因婚約無效、解除或撤銷之返還婚約贈與物事件。

二　民法第九百八十八條之一第四項至第六項、第九百九十九條、第一千零五十六條所定因婚姻消滅、無效、撤銷、判決離婚之損害賠償事件；依釋字七四八號施行法第八條第三項、第十條第二項及第十九條準用前開民法規定所生之損害賠償事件。

三　因離婚之原因或事實所生之損害賠償事件；因釋字七四八號施行法第二條關係終止之原因或事實所生之損害賠償事件。

四　民法第九百九十九條之一、第一千零三十條之一、第一千零三十八條至第一千零四十一條、第一千零五十八條所定夫妻財產之分配、補償、返還、取回、分割及其他因夫妻財產關係所生請求事件；依釋字七四八號施行法第十條第二項、第十五條及第十九條準用前開民法規定所生之財產分配、補償、返還、取回、分割及其他因財產關係所生請求事件。

五　民法第一千零二十三條第二項所定清償債務事件；依釋字七四八號施行法第十五條準用前開民法規定所生之清償債務事件。

六　民法第一千零八十二條所定因終止收養關係給與相當金額事件；依釋字七四八號施行法第二十條準用前開民法規定所生之因終止收養關係給與相當金額事件。

第七一條

家事訴訟事件，得準用民事訴訟法保全程序之規定，為假扣押、假處分之聲請。

第七二條

本法第三條第三項所定丙類事件，除本法特別規定外，應依事件之性質，分別適用民事訴訟法有關通常訴訟程序、簡易訴訟程序及小額訴訟程序之規定審理。

第二章　婚姻訴訟事件

第七三條 109

下列事件為婚姻訴訟事件：

一　確認婚姻無效、婚姻關係存在或不存在事件；確認釋字七四八號施行法第二條關係無效、存在或不存在事件。

二　撤銷婚姻事件；撤銷釋字七四八號施行法第二條關係事件。

三　離婚事件；終止釋字七四八號施行法第二條關係事件。

第三章　親子訴訟事件

第七四條 109

下列事件為親子訴訟事件：

一　確認母再婚所生子女生父事件。

二　確認親子關係存在或不存在事件。

三　確認收養關係存在或不存在事件；確認釋字七四八號施行法第二十條收養關係存在或不存在事件。

四　民法第一千零六十三條第二項否認子女之訴。

五　民法第一千零六十七條認領子女事件。

六　民法第一千零七十九條之五、第一千零八十條之三撤銷收養、撤銷終止收養事件。

七　依釋字七四八號施行法第二十條準用前款民法規定所生之撤銷收養、撤銷終止收養事件。

八　人工生殖法第二十三條第二項及第二十四條第二項所定否認之訴。

第七五條 106

撤銷收養之訴，以收養人及被收養人為被告。但收養人或被收養人一方已死亡者，以生存之他方為被告。

第七六條 106

撤銷收養之訴，法院應於事實審言詞辯論終結前相當時期，將訴訟事件及進行程度，以書面通知撤銷收養後應為養子女法定代理人之人，並適用本法第四十條之規定為判決之送達或參加訴訟。但法定代理人為當事人者，不在此限。

第七七條 106

撤銷終止收養之訴，以終止收養之收養人與被收養人為被告。但收養人或被收養人一方已死亡者，以生存之他方為被告。

第七八條 106

第七十六條之規定，於撤銷終止收養之訴準用之。

第四章　繼承訴訟事件

第七九條 109

①下列事件為繼承訴訟事件：

一　民法第一千一百四十六條所定繼承回復事件。

二　民法第一千一百六十四條所定遺產分割事件。

三　民法第一千二百二十五條所定特留分事件。

四　遺贈事件。

五　確認遺囑眞僞事件。

六　民法第一千一百四十九條所定遺產酌給請求權事件。

七　其他繼承關係所生請求事件。

八　依釋字七四八號施行法第二十三條準用民法繼承編所生之前七款繼承訴訟事件。

②前項第一款、第二款之訴，不包含民法第八百二十三條所定之共有物分割訴訟。

第四編　家事非訟事件

第一章　通　則

第八〇條

聲請人為家事非訟事件聲請時，應依相對人及已知關係人之人數附具繕本或影本。

第八一條

①通知本法第七十七條第一項各款所列之人參與程序，通知書應載明下列事項：

一　受通知人之姓名；受通知人為機關或機構者，其名稱。

二　家事事件。

三　聲請人及相對人之姓名。

四　應到場之處所及日時。

②法院對前項得參與程序之人，應送達聲請狀之繕本並限期命陳述意見。

第八二條

①家事非訟程序訊問應作成筆錄。

②前項訊問筆錄應記載下列事項：

一　訊問之處所及年、月、日。

二　法官、書記官及通譯姓名。

三　家事事件。

四　聲請人、相對人、到場之關係人、法定代理人、非訟代理人或其他經通知到場之人姓名。

五　已知之利害關係人姓名。

六　經選任程序監理人，其姓名及職銜。

七　家事調查官到場陳述意見者，其姓名。

八　有社工人員或適當人員陪同者，其姓名或所屬機關、機構、工作證號或代號。

九　到庭陳述意見之主管機關、社會福利機構人員或其他到場人姓名。

十　訊問允許旁聽者，其理由。

第八三條

①關係人得向法院書記官聲請閱覽、抄錄或攝影卷內文書，或預納費用聲請付與繕本、影本或節本。

②第三人經聲請人及相對人同意，而為前項之聲請者，應經法院許可。

③卷內文書涉及關係人或第三人隱私或業務秘密、家事調查官之調查報告，如准許前二

項之聲請，有致其受重大損害之虞者，法院得依聲請或依職權裁定不予准許或限制前二項之行爲。

④前項不予准許或限制裁定之原因消滅者，關係人或第三人得聲請法院撤銷或變更該裁定。

⑤前二項裁定得爲抗告。於抗告中，第一項、第二項之聲請不予准許；其已准許之處分及前項撤銷或變更之裁定，應停止執行。

第八四條

法院得囑託其他法院爲事實及證據之調查。

第八五條

除法律別有規定外，得依本法第七十九條爲合併、變更、追加或反聲請者，以家事非訟事件爲限。

第八六條 109

①家事非訟事件因聲請人或相對人死亡、喪失資格或其他事由致不能續行程序，無人承受程序，經法院認爲無續行之必要者，視爲終結。

②前項情形，法院應公告並通知已知之關係人。

第八七條

①裁定，應作成裁定書。但得於聲請書或筆錄記載裁定內容，由法官簽名，以代原本。

②裁定之正本及節本，由書記官簽名，並蓋法院印信。

第八八條

裁定，得以下列方式告知之：

一　由書記官於辦公處所告知之，並製作告知證書，經關係人簽名確認後附卷。

二　經受裁定人或受告知人陳明之電信傳眞或其他科技設備之方式。

第八九條

①裁定以公告或其他適當方法告知者，法院書記官應製作載有下列事項之證書附卷：

一　受裁定人。

二　公告或告知之方式。

三　公告之起迄年月日或告知之年月日時。

②得抗告之裁定雖經公告或告知，仍應送達於受裁定人及已知之利害關係人。

第九〇條

依法應辦理登記身分事項之裁定，法院應於裁定生效後，依職權通知該管戶政機關。

第九一條

①家事非訟事件關係人聲請暫時處分，應表明下列事項：

一　關係人及法定代理人。

二　本案聲請及其事由。

三　應受暫時處分之事項及其事由。

四　法院。

②關係人就得處分之事項聲請暫時處分，應釋明其事由。

③關係人於家事非訟事件聲請前，向法院聲請暫時處分者，法院應以書面或其他適當方式向聲請人發問或曉諭是否併爲本案聲請，並告知未爲本案聲請之法律上效果。

第九二條

法院受理家事非訟事件，於必要時命爲適當之暫時處分，其方法由法院酌量定之，不受當事人聲明之拘束。但以具體、明確、可執行並以可達本案聲請之目的者爲限，不得悖離本案聲請或逾越必要之範圍。

第九三條

①法院依聲請或依職權酌定適當之暫時處分前，爲審酌未成年人、受監護或輔助宣告人、被安置人之最佳利益，得先命家事調查官爲調查、徵詢主管機關或社會福利機構之意見，選任程序監理人，並應使未成年人、受監護或輔助宣告之人、被安置人表達意願或陳述意見。

②前項情形，應使關係人有陳述意見之機會。但有急迫或不適當情形者，不在此限。

第九四條

對於抗告法院裁定之再抗告，應委任律師爲代理人。但抗告人或其法定代理人、程序監理人具有律師資格者，不在此限。

第二章　婚姻非訟事件

第九五條 109

①下列事件爲婚姻非訟事件：

一　民法第九百九十九條之一、第一千零五十七條因婚姻無效、撤銷或離婚之給與贍養費事件；依釋字七四八號施行法第十條第二項及第十九條準用前開民法規定所生因該法第二條關係無效、撤銷或終止之給與贍養費事件。

二　民法第一千零一條夫妻同居事件；釋字七四八號施行法第十一條之同居事件。

三　民法第一千零二條指定夫妻住所事件；釋字七四八號施行法第十二條之指定住所事件。

四　民法第一千零二十二條報告夫妻財產狀況事件；依釋字七四八號施行法第十五條準用前開民法規定所生之報告財產狀況事件。

五　給付家庭生活費用事件；釋字七四八號施行法第十四條之給付家庭生活費用事件。

六　給付扶養費事件；釋字七四八號施行法第二十二條之給付扶養費事件。

七　民法第一千零十條宣告改用分別財產制事件；依釋字七四八號施行法第十五條準用前開民法規定所生之宣告改用分別財產制事件。

八　依當事人協議請求給付家庭生活費、贍養費或扶養費事件。

②前項第五款、第六款及第八款事件，包含已屆期而未給付之費用。

第九六條 109

①請求履行夫妻同居事件，聲請人應於聲請狀載明應爲同居之處所；依釋字七四八號施行法第十一條請求履行同居者，亦同。

②夫妻就住所未爲協議或協議不成者，法院得曉諭合併聲請或反聲請指定住所；於釋字七四八號施行法第十二條之情形，亦同。

第九七條

聲請人請求給付家庭生活費、扶養費或贍養費時，就數項費用之請求，除得聲明給付之總額或最低額外，宜表明各項費用之金額；聲明有不明瞭或不完足者，法院應曉諭其敘明或補充之。

第九八條

法院命給付家庭生活費、扶養費或贍養費之負擔或分擔，得審酌關係人所爲之約定內容等一切情況，定給付之方法。

第九九條

本法第九十九條所定事件程序，關係人就請求所依據之法律關係有爭執者，法院應曉諭其得合併請求裁判，並徵詢應適用程序之意見。

第一〇〇條

前條合併裁判事件之程序，準用本法第四十一條至第四十四條之規定。

第三章　親子非訟事件

第一〇一條 109

下列事件爲親子非訟事件：

一　民法第一千零五十五條、第一千零五十五條之二、第一千零六十九條之一、第一千零八十九條、第一千零八十九條之一、兒童及少年福利與權益保障法第七十一條第二項所定關於未成年子女扶養請求、其他權利義務之行使或負擔之酌定、改定、變更或重大事項權利行使酌定事件。
二　民法第一千零五十九條第五項、第一千零五十九條之一第二項、第一千零七十八條第三項關於變更子女姓氏事件。
三　民法第一千零九十條、兒童及少年福利與權益保障法第七十一條第一項前段、兒童及少年性剝削防制條例第二十八條所定關於停止親權及撤銷停止親權事件。
四　關於未成年子女選任特別代理人事件。
五　關於交付子女事件。
六　關於其他親子非訟事件。
七　依釋字七四八號施行法第十條第二項、第十九條及第二十條所定父母子女關係所生之前六款事件。

第一〇二條　（刪除）109

第一〇三條 106
①兒童及少年福利與權益保障法第七十一條第一項所定停止親權、選定監護人、改定監護人事件及民法第一千零九十條所定之停止親權事件，應以各該法律所定得聲請之人爲聲請人。
②停止親權之聲請，以應受停止親權人爲相對人。
③前二項規定，於兒童及少年性剝削防制條例第二十八條所定停止親權、選定或改定監護人事件準用之。

第一〇四條
法院爲停止親權之裁定前，應通知未成年子女之父母參與程序。但通知顯有困難者，不在此限。

第一〇五條 106
①停止親權之原因消滅後，未成年子女、兒童、少年、被害人或其最近尊親屬、父母、直轄市、縣（市）主管機關、兒童及少年福利機構或其他利害關係人得聲請法院撤銷停止親權之宣告。
②撤銷停止親權之聲請，以停止親權人爲相對人；由被停止親權之人聲請者，以現行親權之人或監護人爲相對人。

第一〇六條
法院受理親子非訟事件聲請後，得儘速定期日，並應先聽取未成年人父母、其他關係人及社會福利機關之意見。非有急迫情形，不宜先訊問未成年子女。

第一〇七條 106
①處理親子非訟事件，應依子女之最佳利益，審酌一切情狀，參考訪視或調查報告而爲裁判。
②法院爲前項裁判前，應依子女之年齡及識別能力等身心狀況，於法庭內、外，以適當方式，曉諭裁判結果之影響，使其有表達意願或陳述意見之機會；必要時，得請兒童及少年心理或其他專業人士協助。

第四章　收養非訟事件

第一〇八條 109
下列事件爲收養非訟事件：
一　民法第一千零七十九條第一項認可收養事件。
二　民法第一千零八十條第二項後段認可終止收養事件。
三　民法第一千零八十條之一第一項許可終止收養事件。
四　民法第一千零八十一條第一項宣告終止收養事件。
五　兒童及少年福利與權益保障法第二十條、第七十一條第一項後段及兒童及少年性剝削防制條例第二十八條第一項後段所定宣告終止收養事件。
六　依釋字七四八號施行法第二十條所定收養關係所生之前五款事件。

第一〇九條

被收養人爲未成年人，法院爲前條所列事件裁定前，得依本法第十五條之規定，爲其選任程序監理人。

第一一〇條

收養事件涉及外國人者，應注意使收養人到庭陳述，確認其收養眞意，必要時並得囑託駐外機構爲調查。

第一一一條

①法院爲有關收養事件裁定前，應依子女之年齡及識別能力等身心狀況，於法庭內、外，以適當方式，曉諭裁判結果之影響，使其有表達意願或陳述意見之機會；必要時，得請兒童及少年心理或其他專業人士協助。

②被收養人爲滿七歲以上之未成年人，法院於裁判前，應聽取其意見。但有礙難情形或恐有害其健康者，不在此限。

第一一二條

①認可收養事件，以收養人及被收養人爲聲請人。

②夫妻收養子女時，除得單獨收養外，應共同爲聲請人。

③被收養人爲未成年人者，應載明其法定代理人。

第一一三條

父母或監護人依兒童及少年福利與權益保障法第十六條規定出養者，於聲請收養認可時，除有該條第一項但書情形外，應附具收出養媒合服務者之評估報告。

第一一四條

①法院認可未滿十八歲之兒童及少年之收養前，得採行下列措施，供決定認可之參考：

一　命直轄市、縣（市）主管機關、兒童及少年福利機構、其他適當之團體或專業人員進行訪視，提出訪視報告及建議。

二　命收養人與兒童及少年先行共同生活一段期間。

三　命收養人接受親職準備教育課程、精神鑑定、藥、酒癮檢測或其他維護兒童及少年最佳利益之必要事項。

四　命直轄市、縣（市）主管機關調查被遺棄兒童及少年身分資料。

②法院命先行共同生活者，宜於裁定中載明其起訖日期。

③第一項第三款之費用，由收養人負擔。

第一一五條

①父母對於未滿十八歲兒童及少年出養之意見不一致，或一方所在不明時，父母之一方仍可向法院聲請認可。

②前項情形，法院認爲收養符合兒童及少年之最佳利益時，應予認可。

第一一六條

法院認可或駁回未滿十八歲之兒童及少年收養之聲請，應於裁定生效後，以書面通知兒童及少年住所地之直轄市、縣（市）主管機關。

第一一七條

①聲請認可收養後，被收養人爲未滿十八歲之兒童或少年，於法院裁定前死亡者，程序終結。

②收養人於法院認可裁定前死亡者，除有其他不符收養要件或應駁回認可之情形外，法院應命直轄市、縣（市）主管機關、兒童及少年福利機構、其他適當之團體或專業人員爲評估，並提出報告及建議。法院認收養有利於未滿十八歲之兒童及少年時，仍得爲認可收養之裁定。

第一一八條

①民法第一千零八十條第二項後段所定認可終止收養事件，應以收養人及被收養人爲聲請人。

②養子女未滿七歲者，應由收養終止後爲其法定代理人之人代爲聲請。

第一一九條

民法第一千零八十條之一所定許可終止收養事件，以養子女爲聲請人；養子女未滿七歲者，應由收養終止後爲其法定代理人之人爲聲請人。

第一二〇條 106

①民法第一千零八十一條第一項所定宣告終止收養事件，應以該項所列情事之他方、主管機關或利害關係人爲聲請人。

②兒童及少年福利與權益保障法第二十條所定宣告終止收養事件，應以養子女、利害關係人或主管機關爲聲請人。

③兒童及少年福利與權益保障法第七十一條第一項後段所定宣告終止收養事件，應以養子女或其最近尊親屬、直轄市、縣（市）主管機關、兒童及少年福利機構或其他利害關係人爲聲請人。

④兒童及少年性剝削防制條例第二十八條第一項後段所定宣告終止收養事件，應以被害人、檢察官、被害人最近尊親屬、直轄市、縣（市）主管機關、兒童及少年福利機構或其他利害關係人爲聲請人。

⑤養子女爲未滿七歲之未成年人，而養父母爲其法定代理人者，前四項宣告終止收養事件，應由本生父母代爲聲請並爲程序行爲。

第一二一條

①數宣告終止收養事件，應合併審理。

②前項事件，經合併審理者，準用本法第四十一條、第四十二條第一項及第四十三條之規定。

第一二二條

①認可終止收養、許可終止收養及宣告終止收養事件，法院應依本法第七十七條之規定，通知收養終止後爲養子女法定代理人之人等人參與程序。

②前項法定代理人有配偶或子女者，並應通知之。但通知顯有困難者，不在此限。

第五章　未成年人監護事件

第一二三條 109

下列事件爲未成年人監護事件：

一　民法第一千零九十七條第二項酌定監護方法事件。

二　民法第一千一百零一條第二項許可監護人行爲事件。

三　民法第一千一百零三條第二項命監護人陳報、檢查監護事務或受監護人財產事件。

四　兒童及少年福利與權益保障法第七十一條第一項、兒童及少年性剝削防制條例第二十八條所定停止監護權，選定或改定監護人事件。

五　兒童及少年福利與權益保障法第七十二條第一項所定監護兒童及少年財產權益事件。

六　其他民法親屬編所定未成年子女監護事件。

七　依釋字七四八號施行法第十條第二項、第十九條及第二十條所定父母子女關係所生之前六款事件。

第一二四條 106

①兒童及少年福利與權益保障法第七十一條第一項所定停止監護權，選定或改定監護人事件，得由兒童及少年或其最近尊親屬、直轄市、縣（市）主管機關、兒童及少年福利機構或其他利害關係人爲聲請人。

②兒童及少年性剝削防制條例第二十八條所定停止親權、選定或改定監護人事件，得以被害人、檢察官、被害人最近尊親屬、直轄市、縣（市）主管機關、兒童及少年福利機構或其他利害關係人爲聲請人。

③第一項停止監護權事件之停止原因消滅後，該項聲請人得聲請法院撤銷停止監護權之宣告，並準用第一百零五條第二項之規定。

第一二五條
兒童及少年福利與權益保障法第七十二條第一項所定監護兒童及少年財產權益事件，由直轄市、縣（市）主管機關爲聲請人。

第一二六條 109
法院於爲未成年人監護事件相關之裁定前，因保護應受監護人之身體或財產，於必要時，得依聲請或依職權命爲適當之暫時處分。但關係人得處分之事項，非依聲請，不得爲之。

第一二七條 109
爲未成年人選定、另行選定或改定監護人事件，除聲請人及未成年人外，應通知監護人、應被選定之監護人、得爲聲請之人參與程序。但通知顯有困難者，不在此限。

第六章　親屬間扶養事件

第一二八條 109
下列事件，除本法第一百條及第一百零七條所定者外，爲親屬間扶養事件：
一　關於扶養請求事件。
二　民法第一千一百十八條之一所定請求法院減輕或免除扶養義務事件。
三　民法第一千一百二十一條所定因情事變更請求變更扶養之程度及方法事件。
四　關於其他扶養事件。
五　依釋字七四八號施行法第二十二條第二項準用民法扶養規定所生之前四款事件。

第七章　繼承非訟事件

第一二九條 109
下列事件爲繼承非訟事件：
一　關於遺產清冊陳報事件。
二　關於債權人聲請命繼承人提出遺產清冊事件。
三　關於拋棄繼承事件。
四　關於無人承認之繼承事件。
五　關於保存遺產事件。
六　關於指定或另行指定遺囑執行人事件。
七　關於定遺囑執行人報酬事件。
八　關於其他繼承事件。
九　依釋字七四八號施行法第二十三條準用民法繼承編所生之前八款事件。
十　臺灣地區與大陸地區人民關係條例第六十六條、第六十七條之一所定事件。

第一三〇條 109
①法院受理繼承人依民法第一千一百五十六條第一項陳報遺產清冊時，應注意審查其陳報是否於繼承開始起三個月內爲之。
②繼承人有數人時，一人陳報遺產清冊，其他繼承人視爲已陳報。

第一三一條 109
①法院於知悉債權人以訴訟程序或非訟程序向繼承人請求清償繼承債務時，得依職權命繼承人於三個月內，向依本法第一百二十七條所定之管轄法院提出遺產清冊。
②前項情形，受理遺產清冊之法院得付與證明書。

第一三二條
①繼承人陳報遺產清冊後，法院即應依本法第一百三十條爲公示催告程序。
②公示催告除由法院揭示於公告處、公報、資訊網路或其他處所外，並得命繼承人登載於新聞紙或用其他方法公告之。

第八章　失蹤人財產管理事件

第一三三條

失蹤人財產管理事件有數宗者，應合併審理之，並適用本法第七十九條之規定。

第九章　死亡宣告事件

第一三四條

死亡宣告之聲請權人得為共同聲請人，加入程序或代聲請人續行程序。

第一三五條

死亡宣告之聲請、變更或撤銷有數宗者，應合併審理之，並適用本法第七十九條之規定。

第一三六條

法院應於死亡宣告、撤銷死亡宣告及變更死亡宣告之裁定生效後，通知該管戶政機關。

第十章　監護宣告事件

第一三七條 109

①應受監護宣告人本人、配偶、四親等內之親屬、最近一年有同居事實之其他親屬、檢察官、社會福利主管機關、社會福利機構、輔助人、意定監護受任人或其他利害關係人得聲請監護宣告。

②前項聲請人知悉應受監護宣告人訂有意定監護契約者，應於聲請書狀載明。

第一三八條 109

①法院為有關監護宣告事件之裁定前，應通知得被選任之監護人或意定監護受任人參與程序。但通知顯有困難者，不在此限。

②法院為改定或另行選定監護人、解任意定監護人、許可終止意定監護契約之裁定前，應另通知原監護人參與程序。但通知顯有困難者，不在此限。

③法院得提供執行成年監護職務相關講習、輔導或諮商相關訊息予得被選任之監護人或意定監護受任人參考選用；得被選任者及意定監護受任人得提出參與相關講習、輔導或諮商之情形，供法院處理相關家事事件參考。

第一三八條之一 109

①本法第一百六十七條第一項但書所定有事實足認無訊問之必要者，係指有具體明確事證，認應受監護宣告之人為植物人或有客觀事實，明顯不能為意思表示、受意思表示或辨識意思表示效果之情形者。

②法院審酌前項事證時，應調查應受監護宣告之人實際精神及心智狀況，參考醫生診斷資料等，以維護應受監護宣告之人利益方式為之。

第一三九條

法院於為監護宣告相關之裁定前，因保護應受監護宣告人之身體或財產，於必要時，得依聲請或依職權命為適當之暫時處分，於監護宣告裁定後，認為必要時，亦同。但關係人得處分之事項，非依聲請，不得為之。

第一四〇條

①監護人有正當理由辭任者，應向法院聲請之，並應敘明辭任之正當理由。

②監護人死亡、經法院許可辭任或有其他不得為監護人之情事者，法院得依受監護人、第一百三十七條聲請權人之聲請或依職權，另行選定適當之監護人。

③有事實足認為監護人不符受監護宣告人之最佳利益，或有顯不適任之情事者，法院得依前項聲請權人之聲請，改定監護人。

第一四〇條之一 109

①法院為監護之宣告時，有事實足認意定監護受任人不利於本人或有顯不適任之情事者，得依職權就民法第一千一百十一條第一項所列之人選定為監護人，不受意定監護契約之限制。

②前項不適任之情事，包括下列事項：
一　因客觀事實足認其身心狀況不能執行監護職務。
二　受任人有意圖詐欺本人財產之重大嫌疑。
三　受任人長期不在國內，無法勝任監護職務之執行。
四　其他重大事由。

第一四〇條之二 109

①法院爲監護之宣告後，本人有正當理由者，得敘明其理由，聲請法院裁定許可終止意定監護契約。法院許可終止時，應依職權就民法第一千一百十一條第一項所列之人選定爲監護人。

②法院爲監護之宣告後，意定監護契約受任人有正當理由者，得敘明理由，聲請法院裁定許可辭任其職務。

③法院許可前項受任人辭任時，如無執行同一職務之其他監護人者，應依職權就民法第一千一百十一條第一項所列之人選定爲監護人；有執行其他職務之監護人且無不適任之情形者，應優先選定之。

第一四〇條之三 109

意定監護之監護人數人共同執行職務之情形，於爲民法第一千一百十三條之六第一項之聲請時，得僅由其中一人聲請，無須共同爲之。

第一四一條

監護宣告之裁定不因抗告而停止效力。

第一四二條

撤銷監護宣告事件，除受監護宣告之人外，應通知監護人參與程序。

第一四三條 109

法院應於監護宣告、撤銷監護宣告、變更監護宣告及廢棄監護宣告之裁定生效後，依職權通知戶政機關登記；選定監護人、許可監護人辭任、另行選定監護人、改定監護人、許可終止意定監護契約時依職權選定監護人及解任意定監護人，亦同。

第一四四條

成年人之監護，除本章別有規定外，準用本細則關於未成年監護事件之規定。

第十一章　輔助宣告事件

第一四五條

①法院爲輔助宣告，無庸併選任會同開具財產清冊之人。

②輔助宣告之裁定不因抗告而停止效力。

③法院應於輔助宣告、撤銷輔助宣告、變更輔助宣告及廢棄輔助監護宣告之裁定生效後，依職權囑託該管戶政機關登記。

第一四六條

輔助宣告事件，除別有規定外，準用前章之規定。

第十二章　親屬會議事件

第一四七條 109

①民法第一千一百二十條前段所定扶養方法事件，應由當事人協議定之；不能協議者，由親屬會議定之。

②親屬會議不能召開或召開有困難時，由有召集權之人聲請法院處理之。

③當事人逕向法院聲請者，法院應以裁定駁回之。

第一四八條

前條所定扶養方法事件，法院得命爲下列之扶養方法：
一　命爲同居一處而受扶養。
二　定期給付。

三　分期給付。
四　撥給一定財產由受扶養權利人自行收益。
五　其他適當之方法。

第十三章　保護安置事件

第一四九條 106
下列事件爲保護安置事件：
一　兒童及少年福利與權益保障法第五十七條第二項所定兒童及少年之繼續安置事件。
二　兒童及少年性剝削防制條例第十六條、第十九條第一項、第二十一條第一項至第三項及第二十三條第二項所定兒童及少年之安置保護、延長安置及停止安置事件。
三　身心障礙者權益保護法第八十條第一項所定身心障礙者之繼續安置事件。
四　其他法律規定應由法院裁定安置事件。

第一五〇條 105
保護安置事件之被安置人，於保護安置事件有程序能力。如其無意思能力者，法院應依職權爲其選任程序監理人。但有事實足認無選任之必要者，不在此限。

第一五一條 106
依兒童及少年福利與權益保障法第五十七條第二項聲請繼續安置期間，原安置機關、機構或寄養家庭得繼續安置；依兒童及少年性剝削防制條例第十六條第一項聲請者，直轄市、縣（市）主管機關於收到法院裁定前，得繼續安置。

第一五二條
法院爲保護安置之裁定前，應依本法第一百零八條之規定，使被安置人有表達意願或陳述意見之機會。

第一五三條 106
①被安置人陳述意見或表達意願，法院認爲有必要時，得適用本法第十一條之規定，通知直轄市、縣（市）主管機關指派社會工作人員或其他適當人員陪同。
②訊問兒童及少年性剝削防制條例所定之被害人時，應通知直轄市、縣（市）主管機關指派社會工作人員陪同在場，並得陳述意見。
③前項被害人之法定代理人、直系或三親等內旁系血親、配偶、家長、家屬、醫師、心理師、輔導人員或社會工作人員得陪同在場並陳述意見。但得陪同之人爲前開條例所定犯罪嫌疑人或被告時，不在此限。
④訊問兒童或少年時，應注意其人身安全，並提供確保其安全之環境與措施，必要時應採適當隔離方式爲之，亦得依聲請或依職權於法庭外爲之。

第一五四條
繼續、停止或延長安置之裁定，於裁定送達或當庭告知被安置人時發生效力。

第一五五條
①直轄市、縣（市）社會福利主管機關、父母、監護人、受安置兒童及少年對於法院依兒童及少年福利與權益保障法第五十七條第二項裁定有不服者，得提起抗告。
②對於抗告法院之裁定不得再抗告。
③抗告期間，原安置機關、機構或寄養家庭得繼續安置。

第一五六條
依兒童及少年福利與權益保障法第五十七條第二項裁定繼續安置期間，因情事變更或無依原裁定繼續安置之必要者，直轄市、縣（市）主管機關、父母、原監護人、受安置兒童及少年得向法院聲請變更或撤銷之。

第一五六條之一 106
①兒童及少年性剝削防制條例第十六條第一項之聲請事件，法院應儘速裁定；經裁定繼

續安置者，期間不得逾三個月。

②前項安置期間，法院得依職權或依直轄市、縣（市）主管機關、被害人、其父母、監護人或其他適當之人之聲請，裁定停止安置，並將被害人交由其父母、監護人或其他適當之人保護及教養。

③兒童及少年性剝削防制條例第二十一條第一項、第二十三條第二項之聲請事件，應以直轄市、縣（市）主管機關爲聲請人。

④法院對停止安置之聲請，應儘速裁定。

第一五六條之二 106

①兒童及少年性剝削防制條例第十八條第一項之聲請事件，法院應於相關事證調查完竣後七日內爲裁定。

②兒童及少年性剝削防制條例第十八條第一項、第二十一條第二項之聲請事件，法院認有繼續或延長安置之必要時，宜於原裁定安置之期限屆至前，爲繼續安置或延長安置之裁定。

第一五六條之三 106

①直轄市、縣（市）主管機關、檢察官、父母、監護人、被害人或其他適當之人，對於法院依兒童及少年性剝削防制條例第十六條第二項、第三項、第十九條第一項、第二十一條第一項、第二項及第二十三條第二項所爲之裁定有不服者，得提起抗告。

②對於抗告法院之裁定不得再抗告。

③抗告期間，不停止原裁定之執行，法院對抗告事件，應儘速裁定。

第一五七條

下列事件爲停止保護安置事件：

一　精神衛生法第四十二條第三項停止緊急安置事件。

二　精神衛生法第四十二條第三項停止強制住院事件。

三　精神衛生法第四十二條第四項緊急處置事件。

四　其他法律所定應由法院裁定之停止安置、住院事件。

第一五八條 106

停止緊急安置或住院之嚴重病人、滿七歲以上之未成年人，於停止保護安置事件有程序能力；其無意思能力者，法院應依職權爲其選任程序監理人。但有事實足認無選任之必要者，不在此限。

第一五九條

嚴重病人陳述意見或表達意願，法院認爲有必要時，得適用本法第十一條之規定，通知直轄市、縣（市）主管機關指派社會工作人員或其他適當人員陪同。

第一六〇條

經緊急安置或強制住院之嚴重病人或其保護人，得向法院聲請裁定停止緊急安置或強制住院。

第一六一條

嚴重病人或保護人對於法院所爲前條裁定有不服者，得於裁定送達後十日內提起抗告。

第一六二條

①前二條之聲請或抗告期間，法院認有保障嚴重病人利益之必要時，得依聲請以裁定先爲保護嚴重病人本人生命、身體、健康之一定緊急處置。

②對於前項緊急處置之裁定不得聲明不服。

第一六二條之一 106

中華民國一百零四年二月四日修正公布之兒童及少年性剝削防制條例施行後，法院依修正前兒童及少年性交易防制條例有關規定受理而尙未終結之保護安置事件，應依修正後所定程序終結之；已依法定程序進行之行爲，效力不受影響。

第五編　履行之確保及執行

第一六三條

①依本法作成之調解、和解及本案裁判，除法律別有規定外，得爲強制執行名義。暫時處分之裁定及依本法第九十條第一項所爲回復原狀之裁定，亦得爲執行名義。

②債權人執得爲執行名義之家事非訟事件本案裁判聲請強制執行，無庸提出裁定確定證明書。法院受理家事非訟事件本案裁判強制執行時，應注意該裁判是否已合法抗告、上訴。

第一六四條

本法第一百八十七條所定之履行調查及勸告，由少年及家事法院爲之。未設少年及家事法院之地區，由地方法院家事法庭法官爲之。

第一六五條

法院爲履行調查及勸告，應聽取債務人之陳述。但法院認有急迫情形或依事件性質顯不適當者，不在此限。

第一六六條

①法院認有勸告之必要者，得視實際需要、法院及社會資源等情形，採行下列措施，必要時，並得囑託其他法院或協調相關機關、機構、團體及其他適當人員共同爲之，並得命家事調查官等調查：

一　評估債務人自動履行之可能性、何時自動履行、債權人之意見、未成年子女之意願、心理、情感狀態或學習生活狀況及其他必要事項等，以擬定適當之對策。

二　評估債權人及債務人會談可能性並促成會談。但有家庭暴力情形者，準用家庭暴力防治法第四十七條之規定。

三　進行親職教育或親子關係輔導。

四　未成年子女無意願時，予以適當之輔導，評估促成共同會談、協助履行。

五　向其他關係人曉諭利害關係，請其協助促請債務人履行。

六　協助債權人或債務人擬定安全執行計畫或短期試行方案。

七　勸告債務人就全部或已屆期之金錢或其他代替物之給付，提出履行之方式。

八　其他適當之措施。

②前項第二款、第三款及第六款情形，應經債權人及債務人之同意；請債權人、債務人與未成年子女共同會談時，並應注意未成年子女之意願及其最佳利益。

③法院認第一項第七款履行之方式適當時，得通知債權人爲是否接受之表示；債權人表示接受時，請債務人依債權人接受履行之方式爲之。

④第一項各款措施需支出費用者，由法院酌量情形，命債權人及債務人以比例分擔或命一造負擔，或命各自負擔其支出之費用。

第一六七條 105

①本細則自中華民國一百零一年六月一日施行。

②本細則修正條文自發布日施行。

勞動事件法

①民國107年12月5日總統令制定公布全文53條。
民國108年8月16日司法院令發布定自109年1月1日施行。
②民國112年12月15日總統令修正公布第2、16、25、32條條文。
民國113年1月5日司法院令發布定自113年1月8日施行。

第一章　總　則

第一條

爲迅速、妥適、專業、有效、平等處理勞動事件，保障勞資雙方權益及促進勞資關係和諧，進而謀求健全社會共同生活，特制定本法。

第二條 112

①本法所稱勞動事件，係指下列事件：

一　基於勞工法令、團體協約、工作規則、勞資會議決議、勞動契約、勞動習慣及其他勞動關係所生民事上權利義務之爭議。

二　建教生與建教合作機構基於高級中等學校建教合作實施及建教生權益保障法、建教訓練契約及其他建教合作關係所生民事上權利義務之爭議。

三　因性別平等工作之違反、就業歧視、職業災害、工會活動與爭議行爲、競業禁止及其他因勞動關係所生之侵權行爲爭議。

②與前項事件相牽連之民事事件，得與其合併起訴，或於其訴訟繫屬中爲追加或提起反訴。

第三條

①本法所稱勞工，係指下列之人：

一　受僱人及其他基於從屬關係提供其勞動力而獲致報酬之人。

二　技術生、養成工、見習生、建教生、學徒及其他與技術生性質相類之人。

三　求職者。

②本法所稱雇主，係指下列之人：

一　僱用人、代表雇主行使管理權之人，或依據要派契約，實際指揮監督管理派遣勞工從事工作之人。

二　招收技術生、養成工、見習生、建教生、學徒及其他與技術生性質相類之人者或建教合作機構。

三　招募求職者之人。

第四條

①爲處理勞動事件，各級法院應設立勞動專業法庭（以下簡稱勞動法庭）。但法官員額較少之法院，得僅設專股以勞動法庭名義辦理之。

②前項勞動法庭法官，應遴選具有勞動法相關學識、經驗者任之。

③勞動法庭或專股之設置方式，與各該法院民事庭之事務分配，其法官之遴選資格、方式、任期，以及其他有關事項，由司法院定之。

第五條

①以勞工爲原告之勞動事件，勞務提供地或被告之住所、居所、事務所、營業所所在地在中華民國境內者，由中華民國法院審判管轄。

②勞動事件之審判管轄合意，違反前項規定者，勞工得不受拘束。

第六條

①勞動事件以勞工為原告者，由被告住所、居所、主營業所、主事務所所在地或原告之勞務提供地法院管轄；以雇主為原告者，由被告住所、居所、現在或最後之勞務提供地法院管轄。
②前項雇主為原告者，勞工得於為本案言詞辯論前，聲請將該訴訟事件移送於其所選定有管轄權之法院。但經勞動調解不成立而續行訴訟者，不得為之。
③關於前項聲請之裁定，得為抗告。

第七條
①勞動事件之第一審管轄合意，如當事人之一造為勞工，按其情形顯失公平者，勞工得逕向其他有管轄權之法院起訴；勞工為被告者，得於本案言詞辯論前，聲請移送於其所選定有管轄權之法院，但經勞動調解不成立而續行訴訟者，不得為之。
②關於前項聲請之裁定，得為抗告。

第八條
①法院處理勞動事件，應迅速進行，依事件性質，擬定調解或審理計畫，並於適當時期行調解或言詞辯論。
②當事人應以誠信方式協力於前項程序之進行，並適時提出事實及證據。

第九條
①勞工得於期日偕同由工會或財團法人於章程所定目的範圍內選派之人到場為輔佐人，不適用民事訴訟法第七十六條第一項經審判長許可之規定。
②前項之工會、財團法人及輔佐人，不得向勞工請求報酬。
③第一項之輔佐人不適為訴訟行為，或其行為違反勞工利益者，審判長得於程序進行中以裁定禁止其為輔佐人。
④前項規定，於受命法官行準備程序時準用之。

第一〇條
受聘僱從事就業服務法第四十六條第一項第八款至第十款所定工作之外國人，經審判長許可，委任私立就業服務機構之負責人、職員、受僱人或從業人員為其勞動事件之訴訟代理人者，有害於委任人之權益時，審判長得以裁定撤銷其許可。

第一一條
因定期給付涉訟，其訴訟標的之價額，以權利存續期間之收入總數為準；期間未確定時，應推定其存續期間。但超過五年者，以五年計算。

第一二條
①因確認僱傭關係或給付工資、退休金或資遣費涉訟，勞工或工會起訴或上訴，暫免徵收裁判費三分之二。
②因前項給付聲請強制執行時，其執行標的金額超過新臺幣二十萬元者，該超過部分暫免徵收執行費，由執行所得扣還之。

第一三條
①工會依民事訴訟法第四十四條之一及本法第四十二條提起之訴訟，其訴訟標的金額或價額超過新臺幣一百萬元者，超過部分暫免徵收裁判費。
②工會依第四十條規定提起之訴訟，免徵裁判費。

第一四條
①勞工符合社會救助法規定之低收入戶、中低收入戶，或符合特殊境遇家庭扶助條例第四條第一項之特殊境遇家庭，其聲請訴訟救助者，視為無資力支出訴訟費用。
②勞工或其遺屬因職業災害提起勞動訴訟，法院應依其聲請，以裁定准予訴訟救助。但顯無勝訴之望者，不在此限。

第一五條
有關勞動事件之處理，依本法之規定；本法未規定者，適用民事訴訟法及強制執行法之規定。

第二章　勞動調解程序

第一六條 112
①勞動事件，除有下列情形之一者外，於起訴前，應經法院行勞動調解程序：
一　有民事訴訟法第四百零六條第一項第二款、第四款、第五款所定情形之一。
二　因性別平等工作法第十二條所生爭議。
②前項事件當事人逕向法院起訴者，視為調解之聲請。
③不合於第一項規定之勞動事件，當事人亦得於起訴前，聲請勞動調解。
第一七條
①勞動調解事件，除別有規定外，由管轄勞動事件之法院管轄。
②第六條第二項、第三項及第七條規定，於勞動調解程序準用之。但勞工聲請移送，應於第一次調解期日前為之。
第一八條
①聲請勞動調解及其他期日外之聲明或陳述，應以書狀為之。但調解標的之金額或價額在新臺幣五十萬元以下者，得以言詞為之。
②以言詞為前項之聲請、聲明或陳述，應於法院書記官前以言詞為之；書記官應作成筆錄，並於筆錄內簽名。
③聲請書狀或筆錄，應載明下列各款事項：
一　聲請人之姓名、住所或居所；聲請人為法人、機關或其他團體者，其名稱及公務所、事務所或營業所。
二　相對人之姓名、住所或居所；相對人為法人、機關或其他團體者，其名稱及公務所、事務所或營業所。
三　有法定代理人者，其姓名、住所或居所，及法定代理人與關係人之關係。
四　聲請之意旨及其原因事實。
五　供證明或釋明用之證據。
六　附屬文件及其件數。
七　法院。
八　年、月、日。
④聲請書狀或筆錄內宜記載下列各款事項：
一　聲請人、相對人、其他利害關係人、法定代理人之性別、出生年月日、職業、身分證件號碼、營利事業統一編號、電話號碼及其他足資辨別之特徵。
二　有利害關係人者，其姓名、住所或居所。
三　定法院管轄及其適用程序所必要之事項。
四　有其他相關事件繫屬於法院者，其事件。
五　預期可能之爭點及其相關之重要事實、證據。
六　當事人間曾為之交涉或其他至調解聲請時之經過概要。
第一九條
①相牽連之數宗勞動事件，法院得依聲請或依職權合併調解。
②兩造得合意聲請將相牽連之民事事件合併於勞動事件調解，並視為就該民事事件已有民事調解之聲請。
③合併調解之民事事件，如已繫屬於法院者，原民事程序停止進行。調解成立時，程序終結；調解不成立時，程序繼續進行。
④合併調解之民事事件，如原未繫屬於法院者，調解不成立時，依當事人之意願，移付民事裁判程序或其他程序；其不願移付者，程序終結。
第二〇條
①法院應遴聘就勞動關係或勞資事務具有專門學識、經驗者為勞動調解委員。
②法院遴聘前項勞動調解委員時，委員之任一性別比例不得少於遴聘總人數三分之一。
③關於勞動調解委員之資格、遴聘、考核、訓練、解任及報酬等事項，由司法院定之。
④民事訴訟法有關法院職員迴避之規定，於勞動調解委員準用之。
第二一條

①勞動調解，由勞動法庭之法官一人及勞動調解委員二人組成勞動調解委員會行之。
②前項勞動調解委員，由法院斟酌調解委員之學識經驗、勞動調解委員會之妥適組成及其他情事指定之。
③勞動調解委員應基於中立、公正之立場，處理勞動調解事件。
④關於調解委員之指定事項，由司法院定之。

第二二條

①調解之聲請不合法者，勞動法庭之法官應以裁定駁回之。但其情形可以補正者，應定期間先命補正。
②下列事項，亦由勞動法庭之法官爲之：
　一　關於審判權之裁定。
　二　關於管轄權之裁定。
③勞動法庭之法官不得逕以不能調解或顯無調解必要或調解顯無成立之望，或已經其他法定調解機關調解未成立爲理由，裁定駁回調解之聲請。

第二三條

①勞動調解委員會行調解時，由該委員會之法官指揮其程序。
②調解期日，由勞動調解委員會之法官，依職權儘速定之；除有前條第一項、第二項情形或其他特別事由外，並應於勞動調解聲請之日起三十日內，指定第一次調解期日。

第二四條

①勞動調解程序，除有特別情事外，應於三個月內以三次期日內終結之。
②當事人應儘早提出事實及證據，除有不可歸責於己之事由外，應於第二次期日終結前爲之。
③勞動調解委員會應儘速聽取當事人之陳述、整理相關之爭點與證據，適時曉諭當事人訴訟之可能結果，並得依聲請或依職權調查事實及必要之證據。
④前項調查證據之結果，應使當事人及知悉之利害關係人有到場陳述意見之機會。

第二五條 112

①勞動調解程序不公開。但勞動調解委員會認爲適當時，得許就事件無妨礙之人旁聽。
②因性別平等工作法第十二條所生勞動事件，勞動調解委員會審酌事件情節、勞工身心狀況與意願，認爲適當者，得以利用遮蔽或視訊設備爲適當隔離之方式行勞動調解。

第二六條

①勞動調解，經當事人合意，並記載於調解筆錄時成立。
②前項調解成立，與確定判決有同一之效力。

第二七條

①勞動調解經兩造合意，得由勞動調解委員會酌定解決事件之調解條款。
②前項調解條款之酌定，除兩造另有約定外，以調解委員會過半數之意見定之；關於數額之評議，意見各不達過半數時，以次多額之意見定之。
③調解條款，應作成書面，記明年月日，或由書記官記明於調解程序筆錄。其經勞動調解委員會之法官及勞動調解委員全體簽名者，視爲調解成立。
④前項經法官及勞動調解委員簽名之書面，視爲調解筆錄。
⑤前二項之簽名，勞動調解委員中有因故不能簽名者，由法官附記其事由；法官因故不能簽名者，由勞動調解委員附記之。

第二八條

①當事人不能合意成立調解時，勞動調解委員會應依職權斟酌一切情形，並求兩造利益之平衡，於不違反兩造之主要意思範圍內，提出解決事件之適當方案。
②前項方案，得確認當事人間權利義務關係、命給付金錢、交付特定標的物或爲其他財產上給付，或定解決個別勞動紛爭之適當事項，並應記載方案之理由要旨，由法官及勞動調解委員全體簽名。
③勞動調解委員會認爲適當時，得於全體當事人均到場之調解期日，以言詞告知適當方案之內容及理由，並由書記官記載於調解筆錄。

④第一項之適當方案，準用前條第二項、第五項之規定。

第二九條

①除依前條第三項規定告知者外，適當方案應送達於當事人及參加調解之利害關係人。

②當事人或參加調解之利害關係人，對於前項方案，得於送達或受告知日後十日之不變期間內，提出異議。

③於前項期間內合法提出異議者，視為調解不成立，法院並應告知或通知當事人及參加調解之利害關係人；未於前項期間內合法提出異議者，視為已依該方案成立調解。

④依前項規定調解不成立者，除調解聲請人於受告知或通知後十日之不變期間內，向法院為反對續行訴訟程序之意思外，應續行訴訟程序，並視為自調解聲請時，已經起訴；其於第一項適當方案送達前起訴者，亦同。以起訴視為調解者，仍自起訴時發生訴訟繫屬之效力。

⑤依前項情形續行訴訟程序者，由參與勞動調解委員會之法官為之。

第三〇條

①調解程序中，勞動調解委員或法官所為之勸導，及當事人所為不利於己之陳述或讓步，於調解不成立後之本案訴訟，不得採為裁判之基礎。

②前項陳述或讓步，係就訴訟標的、事實、證據或其他得處分之事項成立書面協議者，當事人應受其拘束。但經兩造同意變更，或因不可歸責於當事人之事由或依其他情形，協議顯失公平者，不在此限。

第三一條

①勞動調解委員會參酌事件之性質，認為進行勞動調解不利於紛爭之迅速與妥適解決，或不能依職權提出適當方案者，視為調解不成立，並告知或通知當事人。

②有前項及其他調解不成立之情形者，準用第二十九條第四項、第五項之規定。

第三章　訴訟程序

第三二條 112

①勞動事件，法院應以一次期日辯論終結為原則，第一審並應於六個月內審結。但因案情繁雜或審理上之必要者，不在此限。

②為言詞辯論期日之準備，法院應儘速釐清相關爭點，並得為下列處置：

一　命當事人就準備書狀為補充陳述、提出書證與相關物證，必要時並得諭知期限及失權效果。

二　請求機關或公法人提供有關文件或公務資訊。

三　命當事人本人到場。

四　通知當事人一造所稱之證人及鑑定人於言詞辯論期日到場。

五　聘請勞動調解委員參與諮詢。

③法院為前項之處置時，應告知兩造。

④因性別平等工作法第十二條所生勞動事件，法院審酌事件情節、勞工身心狀況與意願，認為適當者，得不公開審判，或利用遮蔽、視訊等設備為適當隔離。

第三三條

①法院審理勞動事件，為維護當事人間實質公平，應闡明當事人提出必要之事實，並得依職權調查必要之證據。

②勞工與雇主間以定型化契約訂立證據契約，依其情形顯失公平者，勞工不受拘束。

第三四條

①法院審理勞動事件時，得審酌就處理同一事件而由主管機關指派調解人、組成委員會或法院勞動調解委員會所調查之事實、證據資料、處分或解決事件之適當方案。

②前項情形，應使當事人有辯論之機會。

第三五條

勞工請求之事件，雇主就其依法令應備置之文書，有提出之義務。

第三六條
①文書、勘驗物或鑑定所需資料之持有人，無正當理由不從法院之命提出者，法院得以裁定處新臺幣三萬元以下罰鍰；於必要時並得以裁定命為強制處分。
②前項強制處分之執行，準用強制執行法關於物之交付請求權執行之規定。
③第一項裁定，得為抗告；處罰鍰之裁定，抗告中應停止執行。
④法院為判斷第一項文書、勘驗物或鑑定所需資料之持有人有無不提出之正當理由，於必要時仍得命其提出，並以不公開方式行之。
⑤當事人無正當理由不從第一項之命者，法院得認依該證物應證之事實為眞實。
第三七條
勞工與雇主間關於工資之爭執，經證明勞工本於勞動關係自雇主所受領之給付，推定為勞工因工作而獲得之報酬。
第三八條
出勤紀錄內記載之勞工出勤時間，推定勞工於該時間內經雇主同意而執行職務。
第三九條
①法院就勞工請求之勞動事件，判命雇主為一定行為或不行為者，得依勞工之請求，同時命雇主如在判決確定後一定期限內未履行時，給付法院所酌定之補償金。
②民事訴訟法第二百二十二條第二項規定，於前項法院酌定補償金時準用之。
③第一項情形，逾法院所定期限後，勞工不得就行為或不行為請求，聲請強制執行。
第四〇條
①工會於章程所定目的範圍內，得對侵害其多數會員利益之雇主，提起不作為之訴。
②前項訴訟，應委任律師代理訴訟。
③工會違反會員之利益而起訴者，法院應以裁定駁回其訴。
④第一項訴訟之撤回、捨棄或和解，應經法院之許可。
⑤第二項律師之酬金，為訴訟費用之一部，並應限定其最高額，其支給標準，由司法院參酌法務部及中華民國律師公會全國聯合會意見定之。
⑥前四項規定，於第一項事件之調解程序準用之。
第四一條
①工會依民事訴訟法第四十四條之一第一項為選定之會員起訴，被選定人得於第一審言詞辯論終結前為訴之追加，並求對於被告確定選定人與被告間關於請求或法律關係之共通基礎前提要件是否存在之判決。
②關於前項追加之訴，法院應先為辯論及裁判；原訴訟程序於前項追加之訴裁判確定以前，得裁定停止。
③第一項追加之訴，不另徵收裁判費。
④被選定人於同一事件提起第一項追加之訴，以一次為限。
第四二條
①被選定人依前條第一項為訴之追加者，法院得徵求被選定人之同意，或由被選定人聲請經法院認為適當時，公告曉示其他本於同一原因事實有共同利益之勞工，得於一定期間內以書狀表明下列事項，併案請求：
一　併案請求人、被告及法定代理人。
二　請求併入之事件案號。
三　訴訟標的及其原因事實、證據。
四　應受判決事項之聲明。
②其他有共同利益之勞工，亦得聲請法院依前項規定為公告曉示。
③依第一項規定為併案請求之人，視為已選定。
④被選定人於前條第一項追加之訴判決確定後三十日內，應以書狀表明為全體選定人請求之應受判決事項之聲明，並依法繳納裁判費。
⑤前項情形，視為併案請求之人自併案請求時，已經起訴。
⑥關於併案請求之程序，除本法別有規定外，準用民事訴訟法第四十四條之二規定。

⑦第一項原被選定人不同意者，法院得依職權公告曉示其他共同利益勞工起訴，由法院併案審理。

第四三條

工會應將民事訴訟法第四十四條之一及前條之訴訟所得，扣除訴訟必要費用後，分別交付為選定或視為選定之勞工，並不得請求報酬。

第四四條

①法院就勞工之給付請求，為雇主敗訴之判決時，應依職權宣告假執行。

②前項情形，法院應同時宣告雇主得供擔保或將請求標的物提存而免為假執行。

③工會依民事訴訟法第四十四條之一及本法第四十二條所提訴訟，準用前二項之規定。

第四五條

①勞工對於民事訴訟法第四十四條之一及本法第四十二條訴訟之判決不服，於工會上訴期間屆滿前撤回選定者，得依法自行提起上訴。

②工會於收受判決後，應即將其結果通知勞工，並應於七日內將是否提起上訴之意旨以書面通知勞工。

③多數有共同利益之勞工，於在職期間依工會法無得加入之工會者，得選定同一工會聯合組織為選定人起訴。但所選定之工會聯合組織，以於其章程所定目的範圍內，且勞務提供地、雇主之住所、居所、主營業所或主事務所所在地在其組織區域內者為限。

④多數有共同利益之勞工，於離職或退休時為同一工會之會員者，於章程所定目的範圍內，得選定該工會為選定人起訴。

⑤民事訴訟法第四十四條之一第二項、第三項，及本法關於工會依民事訴訟法第四十四條之一第一項為選定之會員起訴之規定，於第三項、第四項之訴訟準用之。

第四章　保全程序

第四六條

①勞工依勞資爭議處理法就民事爭議事件申請裁決者，於裁決決定前，得向法院聲請假扣押、假處分或定暫時狀態處分。

②勞工於裁決決定書送達後，就裁決決定之請求，欲保全強制執行或避免損害之擴大，向法院聲請假扣押、假處分或定暫時狀態處分時，有下列情形之一者，得以裁決決定代替請求及假扣押、假處分或定暫時狀態處分原因之釋明，法院不得再命勞工供擔保後始為保全處分：

一　裁決決定經法院核定前。

二　雇主就裁決決定之同一事件向法院提起民事訴訟。

③前二項情形，於裁決事件終結前，不適用民事訴訟法第五百二十九條第一項之規定。裁決決定未經法院核定，如勞工於受通知後三十日內就裁決決定之請求起訴者，不適用勞資爭議處理法第五十條第四項之規定。

第四七條

①勞工就請求給付工資、職業災害補償或賠償、退休金或資遣費、勞工保險條例第七十二條第一項及第三項之賠償與確認僱傭關係存在事件，聲請假扣押、假處分或定暫時狀態之處分者，法院依民事訴訟法第五百二十六條第二項、第三項所命供擔保之金額，不得高於請求標的金額或價額之十分之一。

②前項情形，勞工釋明提供擔保於其生計有重大困難者，法院不得命提供擔保。

③依民事訴訟法第四十四條之一或本法第四十二條規定選定之工會，聲請假扣押、假處分或定暫時狀態之處分者，準用前二項之規定。

第四八條

勞工所提請求給付工資、職業災害補償或賠償、退休金或資遣費事件，法院發現進行訴訟造成其生計上之重大困難者，應闡明其得聲請命先為一定給付之定暫時狀態處分。

第四九條
①勞工提起確認僱傭關係存在之訴，法院認勞工有勝訴之望，且雇主繼續僱用非顯有重大困難者，得依勞工之聲請，為繼續僱用及給付工資之定暫時狀態處分。
②第一審法院就前項訴訟判決僱傭關係存在者，第二審法院應依勞工之聲請為前項之處分。
③前二項聲請，法院得為免供擔保之處分。
④法院因勞工受本案敗訴判決確定而撤銷第一項、第二項處分之裁定時，得依雇主之聲請，在撤銷範圍內，同時命勞工返還其所受領之工資，並依聲請附加自受領時起之利息。但勞工已依第一項、第二項處分提供勞務者，不在此限。
⑤前項命返還工資之裁定，得抗告，抗告中應停止執行。

第五〇條
勞工提起確認調動無效或回復原職之訴，法院認雇主調動勞工之工作，有違反勞工法令、團體協約、工作規則、勞資會議決議、勞動契約或勞動習慣之虞，且雇主依調動前原工作繼續僱用非顯有重大困難者，得經勞工之聲請，為依原工作或兩造所同意工作內容繼續僱用之定暫時狀態處分。

第五章　附　則

第五一條
①除別有規定外，本法於施行前發生之勞動事件亦適用之。
②本法施行前已繫屬尚未終結之勞動事件，依其進行程度，由繫屬之法院依本法所定程序終結之，不適用第十六條第二項規定；其已依法定程序進行之行為，效力不受影響。
③本法施行前已繫屬尚未終結之勞動事件，依繫屬時之法律或第六條第一項規定，定法院之管轄。
④本法施行前已繫屬尚未終結之保全事件，由繫屬之法院依本法所定程序終結之。

第五二條
本法施行細則及勞動事件審理細則，由司法院定之。

第五三條
本法施行日期，由司法院定之。

破產法

①民國24年7月17日國民政府制定公布全文159條；並自24年10月1日施行。
②民國26年5月1日國民政府修正公布第27條條文。
③民國69年12月5日總統令修正公布第3條條文。
④民國82年7月30日總統令修正公布第71至73條條文；並增訂第73-1條條文。
⑤民國107年6月13日總統令修正公布第13條條文；並自公布日施行。

第一章　總　則

第一條　（和解與破產之原因）
①債務人不能清償債務者，依本法所規定和解或破產程序，清理其債務。
②債務人停止支付者，推定其爲不能清償。

第二條　（和解與破產事件之管轄）
①和解及破產事件，專屬債務人或破產人住所地之地方法院管轄；債務人或破產人有營業所者，專屬其主營業所所在地之地方法院管轄；主營業所在外國者，專屬其在中國之主營業所所在地之地方法院管轄。
②不能依前項規定定管轄法院者，由債務人或破產人主要財產所在地之地方法院管轄。

第三條　（破產法之人的效力）
本法關於和解之債務人或破產人應負義務及應受處罰之規定，於左列各款之人亦適用之：
一　無限公司或兩合公司執行業務之股東。
二　股份有限公司之董事。
三　其他法人之董事或與董事地位相等之人。
四　債務人或破產人之法定代理人、經理人或清算人。
五　遺產受破產宣告時之繼承人、遺產管理人或遺囑執行人。

第四條　（破產法之地的效力）
和解在外國成立或破產在外國宣告者，對於債務人或破產人在中國之財產，不生效力。

第五條　（民事訴訟法之準用）
關於和解或破產之程序，除本法有規定外，準用民事訴訟法之規定。

第二章　和　解

第一節　法院之和解

第六條　（聲請和解之要件）
①債務人不能清償債務者，在有破產聲請前，得向法院聲請和解。
②已依第四十一條向商會請求和解，而和解不成立者，不得爲前項之聲請。

第七條　（聲請和解之程序）
債務人聲請和解時，應提出財產狀況說明書及其債權人、債務人清冊，並附具所擬與債權人和解之方案，及提供履行其所擬清償辦法之擔保。

第八條　（審查和解之必要處分）
法院認爲必要時，得傳喚聲請人，令其對於前條所規定之事項補充陳述，並得隨時令其提出關係文件或爲其他必要之調查。

第九條　（聲請和解之裁定）
法院對於和解聲請之許可或駁回，應自收到聲請之日起七日內，以裁定爲之。
前項裁定，不得抗告。
第一〇條　（聲請和解之駁回）
和解之聲請，遇有左列情形之一時，應駁回之：
一　聲請不合第七條之規定，經限期令其補正而不補正者。
二　聲請人曾因和解或破產，依本法之規定而受有期徒刑之宣告者。
三　聲請人曾經法院認可和解或調協，而未能履行其條件者。
四　聲請人經法院傳喚無正當理由而不到場，或到場而不爲眞實之陳述或拒絕提出關係文件者。
第一一條　（監督人及監督輔助人之選定與報酬）
①和解聲請經許可後，法院應指定推事一人爲監督人，並選任會計師或當地商會所推舉之人員或其他適當之人一人或二人，爲監督輔助人。
②法院認爲必要時，得命監督輔助人提供相當之擔保。
③監督輔助人之報酬，由法院定之，有優先受清償之權。
第一二條　（許可和解之公告事項及通知）
①法院許可和解聲請後，應即將左列事項公告之：
一　許可和解聲請之要旨。
二　監督人之姓名，監督輔助人之姓名、住址及進行和解之地點。
三　申報債權之期間及債權人會議期日。
②前項第三款申報債權之期間，應自許可和解聲請之日起，爲十日以上二個月以下。但聲請人如有支店或代辦商在遠隔之地者，得酌量延長之。債權人會議期日，應在申報債權期間屆滿後七日以外一個月以內。
③對於已知之債權人及聲請人，應另以通知書記明第一項各款所列事項送達之。
④對於已知之債權人，應將聲請人所提出和解方案之繕本，一併送達之。
第一三條　（公告方法）107
前條公告，應黏貼於法院牌示處，並公告於法院網站；法院認爲必要時，得命登載於公報或新聞紙。
第一四條　（債務人管理財產之限制）
①在和解程序進行中，債務人繼續其業務。但應受監督人及監督輔助人之監督。
②與債務人業務有關之一切簿冊、文件及財產，監督人及監督輔助人得加以檢查。
③債務人對於監督人及監督輔助人關於其業務之詢問，有答覆之義務。
第一五條　（債務人無償行爲之效力）
①債務人聲請和解後，其無償行爲，不生效力。
②配偶間、直系親屬間或同居親屬或家屬間所成立之有償行爲，及債務人以低於市價一半之價格而處分其財產之行爲，均視爲無償行爲。
第一六條　（債務人有償行爲之效力）
債務人聲請和解後，其有償行爲逾越通常管理行爲或通常營業之範圍者，對於債權人不生效力。
第一七條　（債權人權利行使之限制）
和解聲請經許可後，對於債務人不得開始或繼續民事執行程序。但有擔保或有優先權之債權者，不在此限。
第一八條　（監督輔助人之職務）
①監督輔助人之職務如左：
一　監督債務人業務之管理，並制止債務人有損債權人利益之行爲。
二　保管債務人之流動資產及其業務上之收入。但管理業務及債務人維持家庭生活所必需之費用，不在此限。
三　完成債權人清冊。

四　調查債務人之業務、財產及其價格。
②監督輔助人執行前項職務，應受監督人之指揮。
第一九條　（監督人之報告義務）
債務人有左列情事之一者，監督人應即報告法院：
一　隱匿簿冊、文件或財產或虛報債務。
二　拒絕答復監督人或監督輔助人之詢問或為虛偽之陳述。
三　不受監督人或監督輔助人之制止，於業務之管理，有損債權人利益之行為。
第二〇條　（法院接受報告後之處置）
法院接到前條報告後，應即傳訊債務人，如債務人無正當理由不到場或關於其行為不能說明正當理由時，法院應即宣告債務人破產。
第二一條　（文書之閱覽或抄錄）
法院應以左列文書之原本或繕本，備利害關係人閱覽或鈔錄：
一　關於聲請和解之文件及和解方案。
二　債務人之財產狀況說明書，及其債權人、債務人清冊。
三　關於申報債權之文書及債權表。
第二二條　（債權人會議之主席及列席人）
①債權人會議，以監督人為主席。
②監督輔助人，應列席債權人會議。
第二三條　（債權人之出席）
債權人會議，債權人得委託代理人出席。
第二四條　（債務人不出席債權人會議之效果）
①債務人應出席債權人會議，並答復監督人、監督輔助人或債權人之詢問。
②債務人經通知後，無正當理由而不出席債權人會議時，主席應解散債權人會議，並向法院報告，由法院宣告債務人破產。
第二五條　（債權人會議之討論）
①債權人會議時，監督人或監督輔助人，應依據調查結果報告債務人財產、業務之狀況，並陳述對於債務人所提出和解方案之意見。
②關於和解條件，應由債權人與債務人自由磋商，主席應力謀雙方之妥協。
第二六條　（對債權或數額之駁議及爭議之解決）
債權人會議時，對於債權人所主張之權利或數額，債務人或其他債權人，得提出駁議。
對於前項爭議，主席應即為裁定。
第二七條　（可決和解之決議）
債權人會議為和解之決議時，應有出席債權人過半數之同意，而其所代表之債權額並應占無擔保總債權額三分之二以上。
第二八條　（否決和解時之處置）
和解經債權人會議否決時，主席應即宣告和解程序終結，並報告法院。
第二九條　（可決和解時之處置）
①和解經債權人會議可決時，主席應即呈報法院，由法院為認可與否之裁定。
②前項裁定，應公告之，無須送達。
第三〇條　（對爭議裁定或可決和解決議之異議）
債權人對於主席依第二十六條所為之裁定，或對於債權人會議所通過之和解決議有不服時，應自裁定或決議之日起十日內，向法院提出異議。
第三一條　（對異議裁定前之異議）
法院對於前條異議為裁定前，得傳喚債權人及債務人為必要之訊問，並得命監督人、監督輔助人到場陳述意見。
第三二條　（認可和解之裁定）
法院如認為債權人會議可決之和解條件公允，提供之擔保相當者，應以裁定認可和解。

第三三條　（不認可和解之裁定）

法院因債權人之異議，認爲應增加債務人之負擔時，經債務人之同意，應將所增負擔列入於認可和解裁定書內；如債務人不同意時，法院應不認可和解。

第三四條　（認可或不認可和解裁定之救濟）

①對於認可和解之裁定，得爲抗告。但以曾向法院提出異議或被拒絕參加和解之債權人爲限。

②前項裁定，雖經抗告，仍有執行效力。

③對於不認可和解之裁定，不得抗告。

④對於抗告法院之裁定，不得再抗告。

第三五條　（駁回或不認可和解之裁定）

法院駁回和解之聲請或不認可和解時，應依職權宣告債務人破產。

第三六條　（和解認可之效力）

經認可之和解，除本法另有規定外，對於一切債權人其債權在和解聲請許可前成立者，均有效力。

第三七條　（和解認可對優先債權之效力）

和解不影響有擔保或有優先權之債權人之權利。但經該債權人同意者，不在此限。

第三八條　（和解認可對保證人及共同債務人之效力）

債權人對於債務人之保證人及其他共同債務人所有之權利，不因和解而受影響。

第三九條　（債務人允許額外利益之效力）

債務人對債權人允許和解方案所未規定之額外利益者，其允許不生效力。

第四〇條　（未完全履行和解條件而受破產宣告時債權人之權利）

①在法院認可和解後，債務人尙未完全履行和解條件而受破產宣告時，債權人依和解條件已受清償者，關於其在和解前原有債權之未清償部分仍加入破產程序。但於破產財團，應加算其已受清償部分，以定其應受分配額。

②前項債權人，應俟其他債權人所受之分配與自己已受清償之程度成同一比例後，始得再受分配。

第二節　商會之和解

第四一條　（聲請商會和解之要件）

商人不能清償債務者，在有破產聲請前，得向當地商會請求和解。但以未經向法院聲請和解者爲限。

第四二條　（債權人之查明）

商會應就債務人簿冊或以其他方法，查明一切債權人，使其參加和解並出席債權人會議。

第四三條　（監督人員之委派）

商會得委派商會會員、會計師或其他專門人員，檢查債務人之財產及簿冊，監督債務人業務之管理，並制止債務人有損債權人利益之行爲。

第四四條　（債權人會議之召集）

商會接到和解請求後，應從速召集債權人會議，自接到和解請求之日起，至遲不得逾二個月。

第四五條　（債權人推舉檢查財產之代表）

債權人會議，得推舉代表一人至三人，會同商會所委派人員，檢查債務人之財產及簿冊。

第四六條　（終止和解）

債務人有第十九條各款所列情事之一者，商會得終止和解。

第四七條　（和解之可決）

和解經債權人會議可決時，應訂立書面契約，並由商會主席署名，加蓋商會鈐記。

第四八條　（推舉監督執行之代表）

債權人會議，得推舉代表一人至三人，監督和解條件之執行。

第四九條　（準用法院和解程序之規定）

第七條、第十條、第十五條至第十七條、第二十一條、第二十三條至第二十五條、第二十七條、第三十六條至第四十條關於法院和解之規定，於商會之和解準用之。

第三節　和解及和解讓步之撤銷

第五〇條　（和解之撤銷－條件偏頗）

債權人於債權人會議時不贊同和解之條件，或於決議和解時未曾出席亦未委託代理人出席，而能證明和解偏重其他債權人之利益，致有損本人之權利者，得自法院認可和解或商會主席簽署和解契約之日起十日內，聲請法院撤銷和解。

第五一條　（和解之撤銷－債務人之虛僞行爲）

自法院認可和解或商會主席簽署和解契約之日起一年內，如債權人證明債務人有虛報債務，隱匿財產或對於債權人中一人或數人允許額外利益之情事者，法院因債權人之聲請，得撤銷和解。

第五二條　（和解之撤銷－債務人不履行和解條件）

①債務人不履行和解條件時，經債權人過半數而其所代表之債權額占無擔保總債權額三分之二以上者之聲請，法院應撤銷和解。

②依和解已受全部清償之債權人，不算入前項聲請之人數。

③第一項總債權額之計算，應將已受清償之債權額扣除之。

第五三條　（撤銷和解之裁定及抗告）

①法院撤銷和解或駁回和解撤銷之聲請，以裁定爲之。

②對於撤銷和解之裁定，不得抗告。

③對於駁回和解撤銷聲請之裁定，得爲抗告。

第五四條　（撤銷和解之效果）

法院撤銷和解時，應以職權宣告債務人破產。

第五五條　（和解程序之沿用）

法院撤銷經其認可之和解而宣告債務人破產時，以前之和解程序，得作爲破產程序之一部。

第五六條　（和解讓步之撤銷）

①債務人不依和解條件爲清償者，其未受清償之債權人得撤銷和解所定之讓步。

②前項債權人，就其因和解讓步之撤銷而回復之債權額，非於債務人對於其他債權人完全履行和解條件後，不得行使其權利。

第三章　破　產

第一節　破產之宣告及效力

第五七條　（破產之原因）

破產，對債務人不能清償債務者宣告之。

第五八條　（破產聲請人及聲請之期間）

①破產，除另有規定外，得因債權人或債務人之聲請宣告之。

②前項聲請，縱在和解程序中，亦得爲之。但法院認爲有和解之可能者，得駁回之。

第五九條　（遺產之破產宣告）

①遺產不敷清償被繼承人債務，而有左列情形之一者，亦得宣告破產：

一　無繼承人時。

二　繼承人爲限定繼承或繼承人全體拋棄繼承時。

三　未拋棄繼承之繼承人全體有破產之原因時。

②前項破產聲請，繼承人、遺產管理人及遺囑執行人，亦得為之。

第六〇條　（訴訟或執行中不能清償債務之破產宣告）

在民事訴訟程序或民事執行程序進行中，法院查悉債務人不能清償債務時，得依職權宣告債務人破產。

第六一條　（破產聲請書之記載）

債權人聲請宣告破產時，應於聲請書敘明其債權之性質、數額及債務人不能清償其債務之事實。

第六二條　（破產聲請書應附之文件）

債務人聲請宣告破產時，應附具財產狀況說明書及其債權人、債務人清冊。

第六三條　（破產聲請准駁之審查及期間）

①法院對於破產之聲請，應自收到聲請之日起七日內，以裁定宣告破產或駁回破產之聲請。

②在裁定前，法院得依職權為必要之調查，並傳訊債務人、債權人及其他關係人。

③第一項期間屆滿，調查不能完竣時，得為七日以內之展期。

第六四條　（法院為破產宣告時應為之處置）

法院為破產宣告時，應選任破產管理人，並決定左列事項：

一　申報債權之期間。但其期間，須在破產宣告之日起，十五日以上三個月以下。

二　第一次債權人會議期日。但其期日，須在破產宣告之日起一個月以內。

第六五條　（破產宣告之公告）

①法院為破產宣告時，應公告左列事項：

一　破產裁定之主文，及其宣告之年、月、日。

二　破產管理人之姓名、地址及處理破產事務之地址。

三　前條規定之期間及期日。

四　破產人之債務人及屬於破產財團之財產持有人，對於破產人不得為清償或交付其財產，並應即交還或通知破產管理人。

五　破產人之債權人，應於規定期限內向破產管理人申報其債權，其不依限申報者，不得就破產財團受清償。

②對於已知之債權人、債務人及財產持有人，仍應將前項所列各事項，以通知書送達之。

③第一項公告，準用第十三條之規定。

第六六條　（破產之登記）

法院為破產宣告時，就破產人或破產財團有關之登記，應即通知該登記所，囑託為破產之登記。

第六七條　（破產對人身之效力—秘密通訊之限制）

法院於破產宣告後，認為必要時，得囑託郵局或電報局將寄與破產人之郵件、電報，送交破產管理人。

第六八條　（破產對財產之效力—帳簿記載之保全）

法院書記官於破產宣告後，應即於破產人關於財產之帳簿記明截止帳目，簽名、蓋章，並作成節略，記明帳簿之狀況。

第六九條　（破產對人身之效力—居住之限制）

破產人非經法院之許可，不得離開其住居地。

第七〇條　（破產對人身之效力—傳喚拘提）

①法院認為必要時，得傳喚或拘提破產人。

②前項傳喚或拘提，準用刑事訴訟法關於傳喚或拘提之規定。

第七一條　（破產對人身的效力—管收）

①破產人有逃亡或隱匿、毀棄其財產之虞時，法院得管收之。

②管收期間不得超過三個月。但經破產管理人提出正當理由時，法院得准予展期，展期

以三個月爲限。
③破產人有管收新原因被發現時，得再行管收。
④管收期間，總計不得逾六個月。

第七二條（破產對人身的效力—宣告前的保全處分）
有破產聲請時，雖在破產宣告前，法院得因債權人之聲請或依職權拘提或管收債務人，或命爲必要之保全處分。

第七三條（釋放被管收人）
管收之原因不存在時，應即釋放被管收人。

第七三條之一（破產人之管收）
破產人之管收，除前三條規定外，準用強制執行法之規定。

第七四條（法院之查訊權）
法院得依職權或因破產管理人或債權人之聲請，傳喚破產人之親屬或其他關係人，查詢破產人之財產及業務狀況。

第七五條（破產對財產之效力—喪失財團之管理處分權）
破產人因破產之宣告，對於應屬破產財團之財產，喪失其管理及處分權。

第七六條（破產對財產之效力—破產人之債務人清償之限制）
破產人之債務人，於破產宣告後，不知其事實而爲清償者，得以之對抗破產債權人；如知其事實而爲清償者，僅得以破產財團所受之利益爲限，對抗破產債權人。

第七七條（破產對財產之效力—租賃契約之終止）
承租人受破產宣告時，雖其租賃契約定有期限，破產管理人得終止契約。

第七八條（破產對財產之效力—詐害行爲之撤銷）
債務人在破產宣告前所爲之無償或有償行爲，有損害於債權人之權利，依民法之規定得撤銷者，破產管理人應聲請法院撤銷之。

第七九條（破產對財產之效力—擔保或清償之撤銷）
債務人在破產宣告六個月內所爲之左列行爲，破產管理人得撤銷之：
一　對於現有債務提供擔保。但債務人對於該項債務已於破產宣告六個月前承諾提供擔保者，不在此限。
二　對於未到期之債務爲清償。

第八〇條（對轉得人行使撤銷權之限制）
前二條之撤銷權，對於轉得人於轉得時知其有得撤銷之原因者，亦得行使之。

第八一條（撤銷權之除斥期間）
第七十八條及第七十九條所定之撤銷權，自破產宣告之日起，二年間不行使而消滅。

第二節　破產財團之構成及管理

第八二條（破產財團之構成）
①左列財產，爲破產財團：
一　破產宣告時屬於破產人之一切財產，及將來行使之財產請求權。
二　破產宣告後，破產終結前，破產人所取得之財產。
②專屬於破產人本身之權利及禁止扣押之財產，不屬於破產財團。

第八三條（破產管理人之選任）
①破產管理人，應就會計師或其他適於管理該破產財團之人中選任之。
②前項破產管理人，債權人會議得就債權人中另爲選任。
③破產管理人受法院之監督，必要時，法院並得命其提供相當之擔保。

第八四條（破產管理人之報酬）
破產管理人之報酬，由法院定之。

第八五條（破產管理人之撤換）
法院因債權人會議之決議或監查人之聲請或依職權，得撤換破產管理人。

第八六條　（破產管理人之義務）
破產管理人，應以善良管理人之注意，執行其職務。
第八七條　（破產人之提出財產說明書及債權人債務人清冊）
①破產人經破產管理人之請求，應即提出財產狀況說明書及其債權人、債務人清冊。
②前項說明書，應開列破產人一切財產之性質及所在地。
第八八條　（破產人財產之移交義務）
破產人應將與其財產有關之一切簿冊、文件及其所管有之一切財產，移交破產管理人。但禁止扣押之財產，不在此限。
第八九條　（破產人之答覆詢問義務）
破產人對於破產管理人或監查人，關於其財產及業務之詢問，有答復之義務。
第九〇條　（破產管理人之保全行爲）
破產人之權利屬於破產財團者，破產管理人應爲必要之保全行爲。
第九一條　（破產管理人之繼續營業）
破產管理人於第一次債權人會議前，經法院之許可，得於清理之必要範圍內，繼續破產人之營業。
第九二條　（破產管理人應得監查人同意之行爲）
破產管理人爲左列行爲時，應得監查人之同意：
一　不動產物權之讓與。
二　礦業權、漁業權、著作權、專利權之讓與。
三　存貨全部或營業之讓與。
四　借款。
五　非繼續破產人之營業，而爲一百圓以上動產之讓與。
六　債權及有價證券之讓與。
七　專託之貨幣、有價證券及其他貴重物品之取回。
八　雙務契約之履行請求。
九　關於破產人財產上爭議之和解及仲裁。
十　權利之拋棄。
十一　取回權、別除權、財團債務及第九十五條第一款費用之承認。
十二　別除權標的物之收回。
十三　關於應行收歸破產財團之財產提起訴訟或進行其他法律程序。
第九三條　（法人破產時出資之令繳）
法人破產時，破產管理人應不問其社員或股東出資期限，而令其繳納所認之出資。
第九四條　（債權表之編造）
①破產管理人，申報債權期限屆滿後，應即編造債權表，並將已收集及可收集之破產人資產，編造資產表。
②前項債權表及資產表，應存置於處理破產事務之處所，任利害關係人自由閱覽。
第九五條　（財團費用）
①左列各款，爲財團費用：
一　因破產財團之管理、變價及分配所生之費用。
二　因破產債權人共同利益所需審判上之費用。
三　破產管理人之報酬。
②破產人及其家屬之必要生活費及喪葬費，視爲財團費用。
第九六條　（財團債務）
左列各款，爲財團債務：
一　破產管理人關於破產財團所爲行爲而生之債務。
二　破產管理人爲破產財團請求履行雙務契約所生之債務，或因破產宣告後應履行雙務契約而生之債務。
三　爲破產財團無因管理所生之債務。

四　因破產財團不當得利所生之債務。

第九七條　（財團債權之優先清償）

財團費用及財團債務，應先於破產債權，隨時由破產財團清償之。

第三節　破產債權

第九八條　（破產債權）

對於破產人之債權，在破產宣告前成立者，爲破產債權。但有別除權者，不在此限。

第九九條　（破產債權之行使）

破產債權，非依破產程序，不得行使。

第一〇〇條　（附期限之債權）

附期限之破產債權未到期者，於破產宣告時，視爲已到期。

第一〇一條　（中間利息之扣除）

破產宣告後始到期之債權無利息者，其債權額應扣除自破產宣告時起至到期時止之法定利息。

第一〇二條　（附條件之債權）

附條件之債權，得以其全額爲破產債權。

第一〇三條　（除斥破產債權）

左列各款債權，不得爲破產債權：

一　破產宣告後之利息。

二　參加破產程序所支出之費用。

三　因破產宣告後之不履行所生之損害賠償及違約金。

四　罰金、罰鍰及追徵金。

第一〇四條　（連帶、不可分債務之債權人之債權）

數人就同一給付各負全部履行之責任者，其全體或其中數人受破產宣告時，債權人得就其債權之總額，對各破產財團行使其權利。

第一〇五條　（連帶、不可分債務對他共同債務人求償權之債權）

數人就同一給付各負全部履行責任者，其中一人或數人受破產宣告時，其他共同債務人，得以將來求償權之總額，爲破產債權而行使其權利。但債權人已以其債權總額爲破產債權行使權利者，不在此限。

第一〇六條　（法人之債權人對無限責任股東之債權）

對於法人債務應負無限責任之人受破產宣告時，法人之債權人，得以其債權之總額，爲破產債權而行使其權利。

第一〇七條　（匯票、支票及表彰財產權證券善意付款人之債權）

①匯票發票人或背書人受破產宣告，而付款人或預備付款人不知其事實爲承兌或付款者，其因此所生之債權，得爲破產債權而行使其權利。

②前項規定，於支票及其他以給付金錢或其他物件爲標的之有價證券準用之。

第一〇八條　（別除權）

①在破產宣告前，對於債務人之財產有質權、抵押權或留置權者，就其財產有別除權。

②有別除權之債權人，不依破產程序而行使其權利。

第一〇九條　（行使別除權後未能受償之破產債權）

有別除權之債權人，得以行使別除權後未能受清償之債權，爲破產債權而行使其權利。

第一一〇條　（取回權之一般法則）

不屬於破產人之財產，其權利人得不依破產程序，由破產管理人取回之。

第一一一條　（出賣人之取回權）

出賣人已將買賣標的物發送，買受人尚未收到，亦未付清全價，而受破產宣告者，出賣人得解除契約，並取回其標的物。但破產管理人得清償全價而請求標的物之交付。

第一一二條　（優先權之受償次序）

對於破產財團之財產有優先權之債權，先於他債權而受清償，優先權之債權有同順位者，各按其債權額之比例而受清償。

第一一三條　（抵銷權）

①破產債權人於破產宣告時，對於破產人負有債務者，無論給付種類是否相同，得不依破產程序而爲抵銷。

②破產債權人之債權爲附期限或附解除條件者，均得爲抵銷。

第一一四條　（抵銷權之限制）

有左列各款情形之一時，不得爲抵銷：

一　破產債權人，在破產宣告後，對於破產財團負債務者。

二　破產人之債務人，在破產宣告後，對於破產人取得債權或取得他人之破產債權者。

三　破產人之債務人，已知其停止支付或聲請破產後而取得債權者。但其取得係基於法定原因或基於其知悉以前所生之原因者，不在此限。

第一一五條　（遺產債權之保護）

遺產受破產宣告時，縱繼承人就其繼承未爲限定之承認者，繼承人之債權人對之不得行使其權利。

第四節　債權人會議

第一一六條　（會議之召集）

法院因破產管理人或監查人之聲請或依職權，召集債權人會議。

第一一七條　（會議之主持）

債權人會議，應由法院指派推事一人爲主席。

第一一八條　（預定會議期日及公告）

法院應預定債權人會議期日及其應議事項公告之。

第一一九條　（會議時破產管理人義務）

破產管理人於債權人會議時，應提示第九十四條所定之債權表及資產表，並報告破產事務之進行狀況；如破產人擬有調協方案者，亦應提示之。

第一二〇條　（會議之議決事項）

債權人會議，得議決左列事項：

一　選任監查人一人或數人，代表債權人監督破產程序之進行。

二　破產財團之管理方法。

三　破產人營業之繼續或停止。

第一二一條　（監查人之職權）

監查人得隨時向破產管理人要求關於破產財團之報告，並得隨時調查破產財團之狀況。

第一二二條　（破產人之出席）

破產人應出席債權人會議，並答復主席、破產管理人、監查人或債權人之詢問。

第一二三條　（決議方法）

債權人會議之決議，除本法另有規定外，應有出席破產債權人過半數，而其所代表之債權額超過總債權額之半數者之同意。

第一二四條　（禁止決議之執行）

①債權人會議之決議，與破產債權人之利益相反者，法院得依破產管理人、監查人或不同意之破產債權人之聲請，禁止決議之執行。

②前項聲請，應自決議之日起五日內爲之。

第一二五條　（對破產債權之加入或其數額之爭議及解決）

①對於破產債權之加入或其數額有異議者，應於第一次債權人會議終結前提出之。但其

異議之原因知悉在後者，不在此限。
②前項爭議，由法院裁定之。
第一二六條　（改編債權表）
關於破產債權之加入及其數額之爭議，經法院裁定後，破產管理人應改編債權表，提出於債權人會議。
第一二七條　（債權人出席之準用）
第二十三條之規定，於本節債權人會議準用之。
第一二八條　（監查人之報酬及義務之準用）
第八十四條及第八十六條之規定，於監查人準用之。

第五節　調　協

第一二九條　（調協計畫之提出）
破產人於破產財團分配未認可前，得提出調協計劃。
第一三〇條　（調協計畫之內容）
調協計畫，應載明左列事項：
一　清償之成數。
二　清償之期限。
三　有可供之擔保者，其擔保。
第一三一條　（調協計畫提出之禁止）
破產人有左列情形之一者，不得提出調協計畫：
一　所在不明者。
二　詐欺破產尚在訴訟進行中者。
三　因詐欺和解或詐欺破產受有罪之判決者。
第一三二條　（調協計畫之審查）
調協計畫，應送交破產管理人審查，由破產管理人提出債權人會議。
第一三三條　（調協認可前之意見或異議）
關於調協之應否認可，破產管理人、監查人、債權人及破產人，均得向法院陳述意見，或就調協之決議提出異議。
第一三四條　（法院對異議裁定前之處置）
法院對於前條異議爲裁定前，應傳喚破產管理人、監查人、債權人及破產人爲必要之訊問，債權人會議之主席，亦應到場陳述意見。
第一三五條　（調協之認可）
法院如認爲債權人會議可決之調協條件公允，應以裁定認可調協。
第一三六條　（認可調協之效力）
調協經法院認可後，對於一切破產債權人，均有效力。
第一三七條　（和解規定之準用）
第二十五條、第二十七條、第二十九條、第三十三條、第三十四條、第三十八條、第三十九條、第五十一條至第五十三條及第五十六條關於和解之規定，於調協準用之。

第六節　破產財團之分配及破產之終結

第一三八條　（財團財產之變價）
破產財團之財產有變價之必要者，應依拍賣方法爲之。但債權人會議另有決議指示者，不在此限。
第一三九條　（中間分配、分配表之作成、認可、公告及異議）
①在第一次債權人會議後，破產財團之財產可分配時，破產管理人應即平均分配於債權人。
②前項分配，破產管理人應作成分配表，記載分配之比例及方法。

③分配表，應經法院之認可，並公告之。
④對於分配表有異議者，應自公告之日起十五日內，向法院提出之。

第一四〇條　（附解除條件債權之分配）
附解除條件債權受分配時，應提供相當之擔保，無擔保者，應提存其分配額。

第一四一條　（附停止條件債權之分配）
附停止條件債權之分配額，應提存之。

第一四二條　（附停止條件債權或將來債權分配之限制）
附停止條件之債權或將來行使之請求權，如最後分配表公告後十五日內尚不能行使者，不得加入分配。

第一四三條　（附解除條件債權分配之限制）
附解除條件債權之條件，在最後分配表公告後十五日內尚未成就時，其已提供擔保者，免除擔保責任，返還其擔保品。

第一四四條　（對有異議或涉訟之破產債權所爲之分配）
關於破產債權有異議或涉訟，致分配有稽延之虞時，破產管理人得按照分配比例提存相當金額，而將所餘財產分配於其他債權人。

第一四五條　（最後分配完結之報告）
破產管理人於最後分配完結時，應即向法院提出關於分配之報告。

第一四六條　（終結破產之裁定）
①法院接到前條報告後，應即爲破產終結之裁定。
②對於前項裁定，不得抗告。

第一四七條　（追加分配）
破產財團於最後分配表公告後，復有可分配之財產時，破產管理人經法院之許可，應爲追加分配。但其財產於破產終結之裁定公告之日起三年後始發現者，不得分配。

第一四八條　（破產終止之裁定）
破產宣告後，如破產財團之財產不敷清償財團費用及財團債務時，法院因破產管理人之聲請，應以裁定宣告破產終止。

第一四九條　（破產終結對破產人之效力）
破產債權人依調協或破產程序已受清償者，其債權未能受清償之部份，請求權視爲消滅。但破產人因犯詐欺破產罪而受刑之宣告者，不在此限。

第七節　復　權

第一五〇條　（復權之聲請）
①破產人依清償或其他方法解免其全部債務時，得向法院爲復權之聲請。
②破產人不能依前項規定解免其全部債務，而未依第一百五十四條或第一百五十五條之規定受刑之宣告者，得於破產終結三年後或於調協履行後，向法院爲復權之聲請。

第一五一條　（復權之撤銷）
破產人經法院許可復權後，如發現有依第一百五十四條所規定應受處罰之行爲者，法院於爲刑之宣告時，應依職權撤銷復權之裁定。

第四章　罰　則

第一五二條　（違反義務罪）
破產人拒絕提出第八十七條所規定之說明書或清冊，或故意於說明書內不開列其財產之全部，或拒絕將第八十八條所規定之財產或簿冊、文件移交破產管理人者，處一年以下有期徒刑。

第一五三條　（違反義務罪）
依第七十四條、第八十九條及第一百二十二條之規定有說明或答復義務之人，無故不爲說明或答復或爲虛僞之陳述者，處一年以下有期徒刑、拘役或五百圓以下之罰金。

第一五四條　（詐欺破產罪）

破產人在破產宣告前一年內或在破產程序中以損害債權人為目的，而有左列行為之一者，為詐欺破產罪，處五年以下有期徒刑：

一　隱匿或毀棄其財產或為其他不利於債權人之處分者。

二　捏造債務或承認不眞實之債務者。

三　毀棄或捏造帳簿或其他會計文件之全部或一部，致其財產之狀況不眞確者。

第一五五條　（詐欺和解罪）

債務人聲請和解經許可後，以損害債權人為目的，而有前條所列各款行為之一者，為詐欺和解罪，處五年以下有期徒刑。

第一五六條　（過怠破產罪）

破產人在破產宣告前一年內，有左列行為之一者，處一年以下有期徒刑：

一　浪費、賭博或其他投機行為，致財產顯然減少或負過重之債務者。

二　以拖延受破產之宣告為目的，以不利益之條件，負擔債務或購入貨物或處分之者。

三　明知已有破產原因之事實，非基於本人之義務，而以特別利於債權人中之一人或數人為目的，提供擔保或消滅債務者。

第一五七條　（賄賂罪）

和解之監督輔助人、破產管理人或監查人，對於其職務上之行為，要求、期約或收受賄賂或其他不正利益者，處三年以下有期徒刑，得併科三千圓以下罰金。

第一五八條　（賄賂罪）

債權人或其代理人關於債權人會議決議之表決，要求、期約或收受賄賂或其他不正利益者，處三年以下有期徒刑，得併科三千圓以下罰金。

第一五九條　（賄賂罪）

行求、期約或交付前二條所規定之賄賂或不正利益者，處三年以下有期徒刑，得併科三千圓以下罰金。

破產法施行法

①民國24年7月18日國民政府制定公布全文6條；並自24年10月1日施行。
②民國82年7月30日總統令修正公布第2條條文。
③民國107年6月13日總統令修正公布第6條條文；自公布日施行。

第一條　（施行前不能清償債務之處理）
破產法施行前不能清償債務之事件，已由法院或商會開始處理者，視其進行程度，依破產法所定之程序終結之，其已進行之部分，不失其效力。

第二條　（羈押、管收）
依破產法修正前所爲之羈押，與該法修正後所爲之管收，其期間應合併計算，總計不得逾一年。

第三條　（不適用之規定）
破產法第一百四十九條之規定，於不能清償債務之事件，在破產法施行前已處理完結者，不適用之。

第四條　（復權聲請之適用）
破產法施行前受破產宣告者，得依破產法第三章第七節之規定，爲復權之聲請。

第五條　（商人債務清理暫行條例之失效）
商人債務清理暫行條例，自破產法施行之日，失其效力。

第六條　（施行日）107
①本法自破產法施行之日施行。
②中華民國一百零七年五月二十二日修正之破產法，自公布日施行。

消費者債務清理條例

①民國96年7月11日總統令制定公布全文158條；並自公布日後九個月施行。
②民國98年5月13日總統令修正公布第53條條文。
③民國100年1月26日總統令修正公布第11、33、66、67、158條條文；增訂第5-1、151-1條條文；並自公布日施行。
④民國101年1月4日總統令修正公布5、11、12、16、29、30、33、34、47、48、53、61、63、64、74、75、86、100、111、128、133、134、136、151、151-1、154、156、158條條文；並增訂第11-1、32-1、54-1、142-1、153-1條條文。
⑤民國101年12月26日總統令修正公布第98條條文。
⑥民國107年12月26日總統令修正公布第29、33、42、46、54-1、63、64、73、75、134、140至142、151、153-1、156條條文；並增訂第64-1、64-2條條文。
⑦民國110年6月16日總統令修正公布第43、81、148、149、151條條文。

第一章　總　則

第一節　通　則

第一條　（立法目的）
爲使負債務之消費者得依本條例所定程序清理其債務，以調整其與債權人及其他利害關係人之權利義務關係，保障債權人之公平受償，謀求消費者經濟生活之更生及社會經濟之健全發展，特制定本條例。

第二條　（定義）
①本條例所稱消費者，指五年內未從事營業活動或從事小規模營業活動之自然人。
②前項小規模營業指營業額平均每月新臺幣二十萬元以下者。
③前項所定數額，司法院得因情勢需要，以命令增減之。

第三條　（更生或清算程序之適用）
債務人不能清償債務或有不能清償之虞者，得依本條例所定更生或清算程序，清理其債務。

第四條　（法定代理人之適用）
債務人爲無行爲能力人或限制行爲能力人者，本條例關於債務人應負義務及應受處罰之規定，於其法定代理人亦適用之。

第五條　（管轄法院）101
更生及清算事件專屬債務人住所地或居所地之地方法院管轄。
不能依前項規定定管轄法院者，由債務人主要財產所在地之地方法院管轄。

第五條之一　（消費者債務清理專庭或專股之設立）100
地方法院應設消費者債務清理專庭或專股辦理消費者債務清理事件。

第六條　（費用之徵收）
①聲請更生或清算，徵收聲請費新臺幣一千元。
②郵務送達費及法院人員之差旅費不另徵收。但所需費用超過應徵收之聲請費者，其超過部分，依實支數計算徵收。
③前項所需費用及進行更生或清算程序之必要費用，法院得酌定相當金額，定期命聲請人預納之，逾期未預納者，除別有規定外，法院得駁回更生或清算之聲請。

第七條　（費用之暫免繳納）
債務人聲請清算而無資力支出前條費用者，得聲請法院以裁定准予暫免繳納。

①無資力支出費用之事由，應釋明之。
②法院准予暫免繳納費用之裁定，不得抗告。
③第一項暫免繳納之費用，由國庫墊付。

第八條　（聲請要件之審查與補正）

聲請更生或清算不合程式或不備其他要件者，法院應以裁定駁回之。但其情形可以補正者，法院應定期間先命補正。

第九條　（法院之調查）

①法院應依職權調查必要之事實及證據，並得向稅捐或其他機關、團體爲查詢。
②法院爲調查事實，得命關係人或法定代理人本人到場或以書面陳述意見。
③法院之調查及訊問，得不公開。

第一〇條　（關係人答覆之義務）

①債務人之親屬、爲債務人管理財產之人或其他關係人，於法院查詢債務人之財產、收入及業務狀況時，有答覆之義務。
②前項之人對於法院之查詢，無故不爲答覆或爲虛僞之陳述者，法院得以裁定處新臺幣三千元以上三萬元以下之罰鍰。
③第一項之人已受前項裁定，仍無故不爲答覆或爲虛僞之陳述者，法院得連續處罰之。
④法院爲前二項裁定前，應使被處罰人有陳述意見之機會。
⑤第二項、第三項裁定，抗告中應停止執行。

第一一條　（更生或清算之裁定）101

①更生或清算事件之裁判，由獨任法官以裁定行之。
②抗告，由管轄之地方法院以合議裁定之。
③抗告法院之裁定，以抗告不合法而駁回者，不得再爲抗告。但得向原法院提出異議。
④前項異議，準用民事訴訟法第四百八十四條第二項及第三項規定。
⑤除前二項情形外，對於抗告法院之裁定，僅得以其適用法規顯有錯誤爲理由，向直接上級法院再爲抗告。
⑥依本條例所爲之裁定，不得聲請再審。

第一一條之一　（裁定駁回前，債務人應到場陳述意見）101

法院就更生或清算之聲請爲駁回裁定前，應使債務人有到場陳述意見之機會。

第一二條　（更生或清算聲請之撤回）101

①法院裁定開始更生或清算程序後，非經已申報無擔保及無優先權債權人全體同意，債務人不得撤回更生或清算之聲請。法院於裁定前，已依第十九條規定爲保全處分者，亦同。
②更生或清算聲請之撤回，應以書狀爲之。
③第一項債權人自撤回書狀送達之日起，十日內未提出異議者，視爲同意撤回。

第一三條　（與破產法之關係）

債務人依本條例聲請更生或清算者，債權人不得依破產法規定聲請宣告債務人破產。

第一四條　（公告之方式）

①本條例所定之公告，應揭示於法院公告處、資訊網路及其他適當處所；法院認爲必要時，並得命登載於公報或新聞紙，或用其他方法公告之。
②前項公告，除本條例別有規定外，自最後揭示之翌日起，對所有利害關係人發生送達之效力。

第一五條　（民事訴訟法之準用）

關於更生或清算之程序，除本條例別有規定外，準用民事訴訟法之規定。

第二節　監督人及管理人

第一六條　（監督人或管理人之選任）101

①法院裁定開始更生或清算程序後，得命司法事務官進行更生或清算程序；必要時，得

選任律師、會計師或其他適當之自然人或法人一人為監督人或管理人。

②法院認為必要時，得命監督人或管理人提供相當之擔保。

③監督人或管理人之報酬，由法院定之，有優先受清償之權。

④法院選任法人為監督人或管理人之辦法，由司法院定之。

⑤法院命司法事務官進行更生或清算程序，未選任監督人或管理人者，除別有規定或法院另有限制外，有關法院及監督人、管理人所應進行之程序，由司法事務官為之。

⑥法院裁定開始更生或清算程序後，未選任監督人或管理人，亦未命司法事務官進行更生或清算程序者，除別有規定外，有關監督人或管理人之職務，由法院為之。

第一七條　（對監督人或管理人之指揮監督）

①監督人或管理人應受法院之指揮、監督。法院得隨時命其為清理事務之報告，及為其他必要之調查。

②法院得因債權人會議決議或依職權撤換監督人或管理人。但於撤換前，應使其有陳述意見之機會。

第一八條　（監督人或管理人之注意義務）

①監督人或管理人應以善良管理人之注意，執行其職務；非經法院許可，不得辭任。

②監督人或管理人違反前項義務致利害關係人受有損害時，應負損害賠償責任。

第三節　債務人財產之保全

第一九條　（保全處分之裁定）

①法院就更生或清算之聲請為裁定前，得因利害關係人之聲請或依職權，以裁定為下列保全處分：

一　債務人財產之保全處分。

二　債務人履行債務及債權人對於債務人行使債權之限制。

三　對於債務人財產強制執行程序之停止。

四　受益人或轉得人財產之保全處分。

五　其他必要之保全處分。

②前項保全處分，除法院裁定開始更生或清算程序外，其期間不得逾六十日；必要時，法院得依利害關係人聲請或依職權以裁定延長一次，延長期間不得逾六十日。

③第一項保全處分，法院於駁回更生或清算之聲請或認為必要時，得依利害關係人聲請或依職權變更或撤銷之。

④第二項期間屆滿前，更生或清算之聲請經駁回確定者，第一項及第三項保全處分失其效力。

⑤第一項及第三項保全處分之執行，由該管法院依職權準用強制執行法關於假扣押、假處分執行之規定執行之。

⑥第一項至第三項之裁定應公告之。

第二〇條　（監督人或管理人之撤銷權）

①債務人所為之下列行為，除本條例別有規定外，監督人或管理人得撤銷之：

一　債務人於法院裁定開始更生或清算程序前，二年內所為之無償行為，有害及債權人之權利者。

二　債務人於法院裁定開始更生或清算程序前，二年內所為之有償行為，於行為時明知有害及債權人之權利，而受益人於受益時亦知其情事者。

三　債務人於法院裁定開始更生或清算程序前，六個月內所為提供擔保、清償債務或其他有害及債權人權利之行為，而受益人於受益時，明知其有害及債權人之權利者。

四　債務人於法院裁定開始更生或清算程序前，六個月內所為提供擔保、清償債務或其他有害及債權人權利之行為，而該行為非其義務或其義務尚未屆清償期者。

②債務人與其配偶、直系親屬或家屬間成立之有償行為及債務人以低於市價一半之價格

而處分其財產之行為，視為無償行為。
③債務人與其配偶、直系親屬或家屬間成立第一項第三款之行為者，推定受益人於受益時知其行為有害及債權人之權利。
④第一項第三款之提供擔保，係在法院裁定開始更生或清算程序之日起六個月前承諾並經公證者，不得撤銷。
⑤第一項之撤銷權，自法院裁定開始更生或清算程序之翌日起，一年間不行使而消滅。
⑥債務人因得撤銷之行為而負履行之義務者，其撤銷權雖因前項規定而消滅，債務人或管理人仍得拒絕履行。
⑦第二項及第三項之規定，於債務人與第四條所定之人及其配偶、直系親屬或家屬間所為之有償行為，準用之。

第二一條　（撤銷之效力）
①前條第一項之行為經撤銷後，適用下列規定：
一　受益人應負回復原狀之責任。但無償行為之善意受益人，僅就現存之利益負返還或償還價額之責任。
二　受益人對債務人所為之給付，得請求返還之；其不能返還者，得請求償還其價額，並有優先受償權。
②受益人受領他種給付以代原定之給付者，於返還所受給付或償還其價額時，其債權回復效力。

第二二條　（對轉得人之撤銷）
①第二十條之撤銷權，對於轉得人有下列情形之一者，亦得行使之：
一　轉得人於轉得時知其前手有撤銷原因。
二　轉得人係債務人或第四條所定之人之配偶、直系親屬或家屬或曾有此關係。但轉得人證明於轉得時不知其前手有撤銷原因者，不在此限。
三　轉得人係無償取得。
②前條第一項第一款之規定，於前項情形準用之。

第二三條　（債務人無償及有償行為之效力）
①債務人聲請更生或清算後，其無償行為，不生效力；有償行為逾越通常管理行為或通常營業範圍，相對人於行為時明知其事實者，對於債權人不生效力。
②前項所定不生效力之行為，監督人或管理人得請求相對人及轉得人返還其所受領之給付。但轉得人係善意並有償取得者，不在此限。

第二四條　（監督人或管理人之終止權或解除權）
①法院裁定開始更生或清算程序時，債務人所訂雙務契約，當事人之一方尚未完全履行，監督人或管理人得終止或解除契約。但依其情形顯失公平者，不在此限。
②前項情形，他方當事人得催告監督人或管理人於二十日內確答是否終止或解除契約，監督人逾期不為確答者，喪失終止或解除權；管理人逾期不為確答者，視為終止或解除契約。

第二五條　（契約終止或解除之異議）
①依前條規定終止或解除契約時，他方當事人得於十日內提出異議。
②前項異議由法院裁定之。
③對於前項裁定提起抗告，抗告法院於裁定前，應行言詞辯論。
④前二項裁定確定時，有確定判決同一之效力。

第二六條　（契約終止或解除之效力）
①依第二十四條規定終止或解除契約時，他方當事人就其所受損害，得為更生或清算債權而行使其權利。
②依第二十四條規定終止或解除契約時，債務人應返還之給付、利息或孳息，他方當事人得請求返還之；其不能返還者，得請求償還其價額，並有優先受償權。

第二七條　（債權人提起訴訟之當然停止）
債權人於法院裁定開始更生或清算程序前，就應屬債務人之財產，提起代位訴訟、撤銷訴訟或其他保全權利之訴訟，於更生或清算程序開始時尚未終結者，訴訟程序在監督人或管理人承受訴訟或更生或清算程序終止或終結以前當然停止。

第四節　債權之行使及確定

第二八條　（更生或清算債權之定義及行使）

①對於債務人之債權，於法院裁定開始更生或清算程序前成立者，為更生或清算債權。

②前項債權，除本條例別有規定外，不論有無執行名義，非依更生或清算程序，不得行使其權利。

第二九條　（劣後債權之種類）107

①下列各款債權為劣後債權，僅得就其他債權受償餘額而受清償；於更生或清算程序終止或終結後，亦同：

一　法院裁定開始更生或清算程序前，因不履行金錢債務所生損害賠償、違約金及其他費用，總額逾其本金週年比率百分之二部分。有擔保或優先權債權之損害賠償、違約金及其他費用，亦同。

二　法院裁定開始更生或清算程序後所生之利息。

三　因法院裁定開始更生或清算程序後不履行債務所生之損害賠償及違約金。有擔保或優先權債權之損害賠償及違約金，亦同。

四　罰金、罰鍰、怠金、滯納金、滯報金、滯報費、怠報金及追徵金。

②前項第四款所定債權，於法律有特別規定者，依其規定。

③債權人參加更生或清算程序所支出之費用，不得請求債務人返還之。

第三〇條　（債權人對共同債務人之債權行使）101

①數人就同一給付各負全部履行之責任者，其中一人或數人或其全體受法院開始更生或清算程序之裁定時，債權人得就其債權於裁定時之現存額，對各更生債務人或清算財團行使權利。

②保證人受法院開始更生或清算程序之裁定時，債權人得就其債權於裁定時之現存額行使權利。

第三一條　（共同債務人對他共同債務人之債權行使）

①數人就同一給付各負全部履行之責任者，其中一人或數人受法院開始更生或清算程序之裁定時，其他共同債務人得以將來求償權總額為債權額而行使其權利。但債權人已以更生或清算程序開始時之現存債權額行使權利者，不在此限。

②前項規定，於為債務人提供擔保之人及債務人之保證人準用之。

第三二條　（承兌人或付款人之債權行使）

①匯票發票人或背書人受法院開始更生或清算程序裁定，付款人或預備付款人不知其事實而為承兌或付款者，其因此所生之債權，得為更生或清算債權而行使其權利。

②前項規定，於支票及其他以給付金錢或其他物件為標的之有價證券準用之。

第三二條之一　（附期限之債權及利息之扣除）101

①附期限之債權未到期者，於法院裁定開始更生或清算程序時，視為已到期。

②法院裁定開始更生或清算程序後始到期之債權無利息者，其債權額應扣除自法院裁定開始更生或清算程序時起至到期時止之法定利息。

第三三條　（債權之申報）107

①債權人應於法院所定申報債權之期間內提出債權說明書，申報其債權之種類、數額及順位；其有證明文件者，並應提出之。

②債權人為金融機構、資產管理公司者，前項債權說明書並應表明下列事項：

一　尚未清償之債權本金及債權發生日。

二　利息及違約金之金額及其計算方式。

三　債務人已償還金額。

四　前款金額抵充費用、利息、本金之順序及數額。

五　供還款之金融機構帳號、承辦人及聯絡方式。
六　其他債務人請求之事項，經法院認爲適當者。

③前項債權人未依前項規定提出債權說明書者，法院應依債務人之聲請，以裁定定期命債權人補正。逾期未補正者，法院依第三十六條爲裁定時，依全辯論意旨斟酌之。

④債權人因非可歸責於己之事由，致未於第一項所定期間申報債權者，得於其事由消滅後十日內補報之。但不得逾法院所定補報債權之期限。

⑤債權人申報債權逾申報期限者，監督人或管理人應報由法院以裁定駁回之。但有前項情形者，不在此限。

⑥監督人或管理人收受債權申報，應於補報債權期限屆滿後，編造債權表，由法院公告之，並應送達於債務人及已知住居所、事務所或營業所之債權人。

⑦未選任監督人或管理人者，前項債權表，由法院編造之。

第三四條　（消滅時效之中斷）101

①消滅時效，因申報債權而中斷。

②時效之期間終止時，因非可歸責於債權人之事由，致不能依前項規定中斷其時效者，自其妨礙事由消滅時起，一個月內，其時效不完成。

第三五條　（有優先權或擔保物權之債權申報）

①債權人對於債務人之特定財產有優先權、質權、抵押權、留置權或其他擔保物權者，仍應依本條例規定申報債權。

②監督人或管理人於必要時，得請求前項債權人交出其權利標的物或估定其價額。債權人無正當理由而不交出者，監督人或管理人得聲請法院將該標的物取交之。

第三六條　（債權申報之異議）

①對於債權人所申報之債權及其種類、數額或順位，債務人或其他債權人得自債權表送達之翌日起，監督人、管理人或其他利害關係人得自債權表公告最後揭示之翌日起，於十日內提出異議。

②前項異議，由法院裁定之，並應送達於異議人及受異議債權人。

③對於前項裁定提起抗告，抗告法院於裁定前，應行言詞辯論。

④對於第二項裁定提起抗告，不影響債權人會議決議之效力，受異議之債權於裁定確定前，仍依該裁定之內容行使權利。但依更生或清算程序所得受償之金額，應予提存。

⑤債權人所申報之債權，未經依第一項規定異議或異議經裁定確定者，視爲確定，對債務人及全體債權人有確定判決同一之效力。

第三七條　（債權表之改編與公告）

關於債權之加入及其種類、數額或順位之爭議，經法院裁定確定者，監督人、管理人或法院應改編債權表並公告之。

第五節　債權人會議

第三八條　（債權人會議之召集）

①法院於必要時得依職權召集債權人會議。

②法院召集債權人會議時，應預定期日、處所及其應議事項，於期日五日前公告之。

第三九條　（債權人會議之指揮）

①債權人會議由法院指揮。

②監督人或管理人應列席債權人會議。

第四〇條　（代理人出席債權人會議之限制）

債權人會議，債權人得以書面委任代理人出席。但同一代理人所代理之人數逾申報債權人人數十分之一者，其超過部分，法院得禁止之。

第四一條　（債務人應出席債權人會議）

債務人應出席債權人會議，並答覆法院、監督人、管理人或債權人之詢問。

第二章　更　生

第一節　更生之聲請及開始

第四二條　（更生聲請之要件）107
①債務人無擔保或無優先權之本金及利息債務總額未逾新臺幣一千二百萬元者，於法院裁定開始清算程序或宣告破產前，得向法院聲請更生。
②前項債務總額，司法院得因情勢需要，以命令增減之。

第四三條 110
①債務人聲請更生時，應提出財產及收入狀況說明書及其債權人、債務人清冊。
②前項債權人清冊，應表明下列事項：
　一　債權人之姓名或名稱及地址，各債權之數額、原因及種類。
　二　有擔保權或優先權之財產及其權利行使後不能受滿足清償之債權數額。
　三　自用住宅借款債權。
③有自用住宅借款債務之債務人聲請更生時，應同時表明其更生方案是否定自用住宅借款特別條款。
④第二項第三款之自用住宅指債務人所有，供自己及家屬居住使用之建築物。如有二以上住宅，應限於其中主要供居住使用者。自用住宅借款債權指債務人爲建造或購買住宅或爲其改良所必要之資金，包括取得住宅基地或其使用權利之資金，以住宅設定擔保向債權人借貸而約定分期償還之債權。
⑤第一項債務人清冊，應表明債務人之姓名或名稱及地址，各債務之數額、原因、種類及擔保。
⑥第一項財產及收入狀況說明書，應表明下列事項，並提出證明文件：
　一　財產目錄，並其性質及所在地。
　二　最近五年是否從事營業活動及平均每月營業額。
　三　收入及必要支出之數額、原因及種類。
　四　依法應受債務人扶養之人。
⑦債務人就前項第三款必要支出所表明之數額，與第六十四條之二第一項、第二項規定之必要生活費用數額相符者，毋庸記載其原因、種類及提出證明文件；未逾該必要生活費用數額，經債務人釋明無須負擔必要支出一部或全部者，亦同。

第四四條　（法院之調查）
法院認爲必要時，得定期命債務人據實報告更生聲請前二年內財產變動之狀況，並對於前條所定事項補充陳述、提出關係文件或爲其他必要之調查。

第四五條　（開始更生程序裁定效力之發生）
①法院開始更生程序之裁定，應載明其年、月、日、時，並即時發生效力。
②前項裁定不得抗告，並應公告之。

第四六條　（更生聲請之駁回事由）107
更生之聲請有下列情形之一者，應駁回之：
　一　債務人曾依本條例或破產法之規定而受刑之宣告。
　二　債務人曾經法院認可和解、更生或調協，因可歸責於己之事由，致未履行其條件。
　三　債務人經法院通知，無正當理由而不到場，或到場而故意不爲眞實之陳述，或無正當理由拒絕提出關係文件或爲財產變動狀況之報告。

第四七條　（更生程序開始之公告事項）101
①法院裁定開始更生程序後，應即將下列事項公告之：
　一　開始更生程序裁定之主文及其年、月、日、時。
　二　選任監督人者，其姓名、住址；監督人爲法人者，其名稱、法定代理人及事務所或營業所。

三　申報、補報債權之期間及債權人應於期間內向監督人申報債權；未選任監督人者，應向法院爲之；其有證明文件者，並應提出之。

四　不依前款規定申報、補報債權之失權效果。

五　對於已申報、補報債權向法院提出異議之期間。

六　召集債權人會議者，其期日、處所及應議事項。

②前項第三款申報債權之期間，應自開始更生程序之翌日起，爲十日以上二十日以下；補報債權期間，應自申報債權期間屆滿之翌日起二十日以內。

③債權人依第二十六條第一項規定行使權利者，前項申報債權之期間，應自契約終止或解除之翌日起算。但申報或補報債權不得逾債權人會議可決更生方案或法院裁定認可更生方案日之前一日。

④第一項公告及債權人清冊應送達於已知住居所、事務所或營業所之債權人，該公告另應送達於債務人。

⑤債權人清冊已記載之債權人，視爲其已於申報債權期間之首日爲與清冊記載同一內容債權之申報。

第四八條　（更生之登記）101

①法院裁定開始更生程序後，就債務人之財產依法應登記者，應通知該管登記機關爲登記。

②法院裁定開始更生程序後，對於債務人不得開始或繼續訴訟及強制執行程序。但有擔保或有優先權之債權，不在此限。

第四九條　（監督人之職務）

①監督人之職務如下：

一　調查債務人之財產、收入及業務狀況，並向法院提出書面報告。

二　協助債務人作成更生方案。

三　試算無擔保及無優先權債權，於法院裁定開始更生程序時，依清算程序所得受償之總額。

四　其他依本條例規定或法院指定之事項。

②第十條之規定，於監督人調查債務人之財產、收入及業務狀況時準用之。但受查詢人爲個人而有正當理由者，不在此限。

③未選任監督人時，法院得定期命債務人提出財產及收入狀況報告書。

第五〇條　（監督人應備置文書）

監督人應備置下列文書之原本、繕本或影本，供利害關係人閱覽或抄錄：

一　關於聲請更生之文書及更生方案。

二　債務人之財產及收入狀況報告書及其債權人、債務人清冊。

三　關於申報債權之文書及債權表。

第五一條　（債務人財產、收入狀況報告書及更生方案之公告）

法院應將債務人之財產及收入狀況報告書及更生方案公告之。

第五二條　（債權債務之抵銷）

①債權人於法院裁定開始更生程序前對於債務人負有債務者，以於債權補報期間屆滿前得抵銷者爲限，得於該期間屆滿前向債務人爲抵銷，並通知監督人或向法院陳報。

②有下列各款情形之一者，不得爲抵銷：

一　債權人已知有更生聲請後而對債務人負債務。但其負債務係基於法定原因或基於其知悉以前所生之原因者，不在此限。

二　債務人之債務人在法院裁定開始更生程序後，對於債務人取得債權或取得他人之更生債權。

三　債務人之債務人已知有更生聲請後而取得債權。但其取得係基於法定原因或基於其知悉以前所生之原因者，不在此限。

第二節　更生之可決及認可

第五三條　（更生方案之提出）101
①債務人應於收受債權表後十日內提出更生方案於法院。
②更生方案應記載下列事項：
一　清償之金額。
二　三個月給付一次以上之分期清償方法。
三　最終清償期，自認可更生方案裁定確定之翌日起不得逾六年。但更生方案定有自用住宅借款特別條款，或債務人與其他有擔保或有優先權之債權人成立清償協議，或為達第六十四條第二項第三款、第四款之最低清償總額者，得延長為八年。
③普通保證債權受償額未確定者，以監督人估定之不足受償額，列入更生方案，並於債權人對主債務人求償無效果時，按實際不足受償額，依更生條件受清償。
④債權人或債務人對前項估定金額有爭議者，準用第三十六條第一項至第四項規定。
⑤債務人未依限提出更生方案者，法院得裁定開始清算程序。
⑥債務人就第四十三條、第四十四條所定之事項，無法為完全之陳述或表明者，法院裁定開始更生程序後，債務人於必要時，得向直轄市或縣（市）政府申請協助作成更生方案。
⑦前項申請之程序及相關辦法，由司法院會同行政院定之。

第五四條　（自用住宅借款之協議）
債務人得與自用住宅借款債權人協議，於更生方案定自用住宅借款特別條款。但自用住宅另有其他擔保權且其權利人不同意更生方案者，不在此限。

第五四條之一　（自用住宅借款債務之清償）107
①自用住宅借款特別條款不能依前條規定協議時，該借款契約雖有債務人因喪失期限利益而清償期屆至之約定，債務人仍得不受其拘束，逕依下列各款方式之一定之：
一　就原約定自用住宅借款債務未清償之本金、已到期之利息及法院裁定開始更生程序前已發生未逾本金週年比率百分之二部分之違約金總額，於原約定最後清償期前，按月平均攤還，並於各期給付時，就未清償本金，依原約定利率計付利息。
二　於更生方案所定最終清償期屆至前，僅就原約定自用住宅借款債務未清償本金，依原約定利率按月計付利息；該期限屆至後，就該本金、前已到期之利息及法院裁定開始更生程序前已發生未逾本金週年比率百分之二部分之違約金總額，於原約定最後清償期前，按月平均攤還，並於各期給付時，就未清償本金，依原約定利率計付利息。
②自用住宅借款債務原約定最後清償期之殘餘期間較更生方案所定最終清償期為短者，得延長至該最終清償期。
③債務人依前二項期限履行有困難者，得再延長其履行期限至六年。
④依前項延長期限者，應就未清償本金，依原約定利率計付利息。

第五五條　（經同意得減免之債務種類）
①下列債務，非經債權人之同意，不得減免之：
一　罰金、罰鍰、怠金及追徵金。
二　債務人因故意侵權行為所生損害賠償之債務。
三　債務人履行法定扶養義務之費用。
②前項未經債權人同意減免之債務，於更生方案所定清償期間屆滿後，債務人仍應負清償責任。

第五六條　（裁定開始清算程序之事由）
債務人有下列情形之一者，法院得裁定開始清算程序：
一　無正當理由不出席債權人會議或不回答詢問。
二　不遵守法院之裁定或命令，致更生程序無法進行。

第五七條　（債權人會議之監督人職責）
①債權人會議時，監督人應提出債權表，依據調查結果提出債務人資產表，報告債務人

財產及收入之狀況，並陳述對債務人所提出更生方案之意見。

②更生條件應由債權人與債務人自由磋商，法院應力謀雙方之妥協及更生條件之公允。

第五八條（得列席債權人會議之共同負擔債務人等）

①債務人提出之更生方案，如有保證人、提供擔保之人或其他共同負擔債務之人，得列席債權人會議陳述意見。

②法院應將債權人會議期日及更生方案之內容通知前項之人。

第五九條（更生方案之表決）

①債權人會議可決更生方案時，應有出席已申報無擔保及無優先權債權人過半數之同意，而其所代表之債權額，並應逾已申報無擔保及無優先權總債權額之二分之一。

②計算前項債權，應扣除劣後債權。

③更生方案定有自用住宅借款特別條款者，該借款債權人對於更生方案無表決權。

第六〇條（債權人對更生方案之同意）

①法院得將更生方案之內容及債務人財產及收入狀況報告書通知債權人，命債權人於法院所定期間內以書面確答是否同意該方案，逾期不爲確答，視爲同意。

②同意及視爲同意更生方案之已申報無擔保及無優先權債權人過半數，且其所代表之債權額，逾已申報無擔保及無優先權總債權額之二分之一時，視爲債權人會議可決更生方案。

③前條第二項、第三項規定，於前項情形準用之。

第六一條（更生方案未可決時之裁定開始清算程序）

①更生方案未依前二條規定可決時，除有第十二條、第六十四條規定情形外，法院應以裁定開始清算程序。

②法院爲前項裁定前，應使債權人、債務人有陳述意見之機會。

③第一項裁定得爲抗告，並於裁定確定時，始得進行清算程序。

第六二條（更生方案之法院認可）

①更生方案經可決者，法院應爲認可與否之裁定。

②法院爲認可之裁定時，因更生方案履行之必要，對於債務人在未依更生條件全部履行完畢前之生活程度，得爲相當之限制。

③第一項裁定應公告之，認可之裁定應送達於不同意更生方案之債權人；不認可之裁定應送達於債務人。

④對於第一項認可之裁定提起抗告者，以不同意更生方案之債權人爲限。

第六三條（法院不認可更生方案之事由）107

①有下列情形之一者，除有第十二條規定情形外，法院應以裁定不認可更生方案：

一　債權人會議可決之更生方案對不同意或未出席之債權人不公允。

二　更生程序違背法律規定而不能補正。

三　更生方案違反法律強制或禁止規定，或有背於公共秩序、善良風俗。

四　以不正當方法使更生方案可決。

五　已申報無擔保及無優先權之本金及利息債權總額逾新臺幣一千二百萬元。

六　更生方案定有自用住宅借款特別條款，而債務人仍有喪失住宅或其基地之所有權或使用權之虞。

七　更生方案所定自用住宅借款特別條款非依第五十四條或第五十四條之一規定成立。

八　更生方案無履行可能。

九　債務人有虛報債務、隱匿財產，或對於債權人中之一人或數人允許額外利益，情節重大。

②前項第五款所定債權總額，司法院得因情勢需要，以命令增減之。

③第六十一條第二項規定，於第一項情形準用之。

第六四條（視爲債務人盡力清償之情形）107

①債務人有薪資、執行業務所得或其他固定收入，依其收入及財產狀況，可認更生方案

之條件已盡力清償者，法院應以裁定認可更生方案。債務人無固定收入，更生方案有保證人、提供擔保之人或其他共同負擔債務之人，法院認其條件公允者，亦同。

②有下列情形之一者，法院不得為前項之認可：

一　債務人於七年內曾依破產法或本條例規定受免責。

二　有前條第一項各款情形之一。

三　無擔保及無優先權債權受償總額，顯低於法院裁定開始更生程序時，依清算程序所得受償之總額。

四　無擔保及無優先權債權受償總額，低於債務人聲請更生前二年間，可處分所得扣除自己及依法應受其扶養者所必要生活費用之數額。

③計算前項第三款清算程序所得受償之總額時，應扣除不易變價之財產，及得依第九十九條以裁定擴張不屬於清算財團範圍之財產。

④法院為第一項認可裁定前，應將更生方案之內容及債務人之財產及收入狀況報告書通知債權人，並使債權人有陳述意見之機會。

第六四條之一　（視為債務人盡力清償之情形）107

下列情形，視為債務人已盡力清償：

一　債務人之財產有清算價值者，加計其於更生方案履行期間可處分所得總額，扣除自己及依法應受其扶養者所必要生活費用後之餘額，逾十分之九已用於清償。

二　債務人之財產無清算價值者，以其於更生方案履行期間可處分所得總額，扣除自己及依法應受其扶養者所必要生活費用後之餘額，逾五分之四已用於清償。

第六四條之二　（債務人必要生活費用之計算基準）107

①債務人必要生活費用，以最近一年衛生福利部或直轄市政府所公告當地區每人每月最低生活費一點二倍定之。

②受扶養者之必要生活費用，準用第一項規定計算基準數額，並依債務人依法應負擔扶養義務之比例認定之。

③前二項情形，債務人釋明更生期間無須負擔必要生活費用一部或全部者，於該範圍內，不受最低數額限制；債務人證明確有必要支出者，不受最高數額及應負擔比例之限制。

第六五條　（法院不認可更生方案時之裁定開始清算程序）

①法院裁定不認可更生方案時，應同時裁定開始清算程序。

②對於不認可更生方案之裁定提起抗告者，前項開始清算程序之裁定，並受抗告法院之裁判。

③第一項裁定確定時，始得進行清算程序。

第六六條　（更生程序之終結）100

①更生程序於更生方案認可裁定確定時終結。

②法院於認可裁定確定後，應依職權付與兩造確定證明書。

第六七條　（裁定認可之更生方案效力）100

①更生方案經法院裁定認可確定後，除本條例別有規定外，對於全體債權人均有效力；其定有自用住宅借款特別條款者，該借款債權人並受拘束；對於債務人有求償權之共同債務人、保證人或為其提供擔保之第三人，亦同。

②債權人為金融機構者，債務人得以書面請求最大債權金融機構統一辦理收款及撥付款項之作業。

第六八條　（更生不影響有擔保或優先權之債權人權利）

更生不影響有擔保或有優先權之債權人之權利。但本條例別有規定或經該債權人同意者，不在此限。

第六九條　（保全處分及強制執行程序之終結）

更生程序終結時，除本條例別有規定外，依第十九條所為之保全處分失其效力；依第四十八條不得繼續之強制執行程序，視為終結。

第七〇條　（有擔保或有優先權債權人之強制執行程序開始或繼續）

①更生方案效力所不及之有擔保或有優先權債權人，於更生程序終結後，得開始或繼續強制執行程序。
②對於債務人之特定財產有優先權或擔保權之債權人聲請強制執行時，債務人得於拍賣公告前向執行法院聲明，願按拍定或債權人承受之價額，提出現款消滅該標的物上之優先權及擔保權。
③前項情形，債務人未於受執行法院通知後七日內繳足現款者，仍由拍定人買受或債權人承受。
④第二項拍賣標的物爲土地者，其價額應扣除土地增值稅。
⑤前三項規定，於依其他法律所爲之拍賣，準用之。

第七一條　（更生不影響債權人對債務人之共同債務人等第三人權利）
債權人對於債務人之共同債務人、保證人或爲其提供擔保之第三人所有之權利，不因更生而受影響。

第七二條　（債務人允許之效力）
債務人對債權人允許更生方案所未定之額外利益者，其允許不生效力。

第三節　更生之履行及免責

第七三條　（更生履行之效力）107
①債務人依更生條件全部履行完畢者，除本條例別有規定外，已申報之債權未受清償部分及未申報之債權，均視爲消滅。但其未申報係因不可歸責於債權人之事由者，債務人仍應依更生條件負履行之責。
②債務人就前項但書債權，因不可歸責於己之事由，致履行有困難者，得聲請法院裁定延長其履行期限。但延長之期限不得逾二年。

第七四條　（未依更生條件履行之效力）107
①更生方案經法院裁定認可確定後，債務人未依更生條件履行者，債權人得以之爲執行名義，聲請對債務人及更生之保證人、提供擔保之人或其他共同負擔債務之人爲強制執行。但債權人之債權有第三十六條之異議，而未裁定確定者，不在此限。
②債權人聲請對債務人爲強制執行時，法院得依債務人之聲請裁定開始清算程序。

第七五條　（履行期限之延長）107
①更生方案經法院裁定認可確定後，債務人因不可歸責於己之事由，致履行有困難者，得聲請法院裁定延長其履行期限。但延長之期限不得逾二年。
②債務人可處分所得扣除自己及依法應受其扶養者所必要生活費用之餘額，連續三個月低於更生方案應清償之金額者，推定有前項事由。
③第一項延長期限顯有重大困難，債務人對各債權人之清償額已達原定數額三分之二，且無擔保及無優先權債權受償總額已逾依清算程序所得受償之總額時，法院得依債務人之聲請，爲免責之裁定。但於裁定前，應使債權人有陳述意見之機會。
④前三項規定，於定自用住宅借款特別條款之債權不適用之。
⑤債務人有第一項履行困難情形者，法院得依其聲請裁定開始清算程序。

第七六條　（更生裁定之撤銷㈠）
①自法院認可更生方案之翌日起一年內，發見債務人有虛報債務、隱匿財產，或對於債權人中之一人或數人允許額外利益之情事者，法院得依債權人之聲請裁定撤銷更生，並應同時裁定開始清算程序。
②對於撤銷更生之裁定提起抗告者，前項開始清算程序之裁定，並受抗告法院之裁判。
③第一項裁定確定時，始得進行清算程序。

第七七條　（更生裁定之撤銷㈡）
第三人因更生所爲之擔保或負擔之債務，不因法院撤銷更生而受影響。

第七八條　（更生程序與清算程序之關係㈠）
①法院裁定開始更生程序後，債務人免責前，法院裁定開始清算程序，其已進行之更生

程序，適於清算程序者，作爲清算程序之一部；其更生聲請視爲清算聲請。
②前項情形，於更生程序已申報之債權，視爲於清算程序已申報債權；更生程序所生之費用或履行更生方案所負之債務，視爲財團費用或債務。

第七九條　(更生程序與清算程序之關係(二))

①更生方案經法院裁定認可確定後，債務人尚未完全履行，而經法院裁定開始清算程序時，債權人依更生條件已受清償者，其在更生前之原有債權，仍加入清算程序，並將已受清償部分加算於清算財團，以定其應受分配額。
②前項債權人，應俟其他債權人所受之分配與自己已受清償之程度達同一比例後，始得再受分配。

第三章　清　算

第一節　清算之聲請及開始

第八〇條　(清算聲請之要件)

債務人於法院裁定開始更生程序或許可和解或宣告破產前，得向法院聲請清算；債權人縱爲一人，債務人亦得爲聲請。

第八一條 110

①債務人聲請清算時，應提出財產及收入狀況說明書及其債權人、債務人清冊。
②前項債權人清冊，應表明下列事項：
　一　債權人之姓名或名稱及地址，各債權之數額、原因及種類。
　二　有擔保權或優先權之財產及其權利行使後不能受滿足清償之債權數額。
③第一項債務人清冊，應表明債務人之姓名或名稱及地址，各債務之數額、原因、種類及擔保。
④第一項財產及收入狀況說明書，應表明下列事項，並提出證明文件：
　一　財產目錄，並其性質及所在地。
　二　最近五年是否從事營業活動及平均每月營業額。
　三　收入及必要支出之數額、原因及種類。
　四　依法應受債務人扶養之人。
⑤第四十三條第七項規定，於前項第三款情形準用之。

第八二條　(清算程序開始前之職權訊問)

①法院裁定開始清算程序前，得依職權訊問債務人、債權人及其他關係人，並得定期命債務人據實報告清算聲請前二年內財產變動之狀況。
②債務人違反前項報告義務者，法院得駁回清算之聲請。

第八三條　(開始清算程序裁定效力之發生)

①法院開始清算程序之裁定，應載明其年、月、日、時，並即時發生效力。
②前項裁定，不得抗告。

第八四條　(破產人資格、權利限制規定之準用)

其他法令關於破產人資格、權利限制之規定，於受法院裁定開始清算程序之債務人準用之。

第八五條　(清算程序之終止)

①債務人之財產不敷清償清算程序之費用時，法院應裁定開始清算程序，並同時終止清算程序。
②前項同時終止清算程序之裁定得爲抗告。
③第一項裁定應公告之，並送達於已知之債權人。

第八六條　(清算程序開始之公告事項) 101

①法院裁定開始清算程序後，應公告下列事項：
　一　開始清算程序裁定之主文及其年、月、日、時。

二　選任管理人者，其姓名、住址及處理清算事務之地址。管理人爲法人者，其名稱、法定代理人及事務所或營業所。
三　債務人之債務人及屬於清算財團之財產持有人，對於債務人不得爲清償或交付其財產，並應即交還或通知管理人或法院指定之人。如於申報債權之期間，無故不交還或通知者，對於清算財團因此所受之損害，應負賠償責任。
四　申報、補報債權之期間及債權人應於申報、補報期間內向管理人申報其債權；未選任管理人者，應向法院爲之；其有證明文件者，並應提出之。
五　不依前款規定申報、補報債權之失權效果。
六　對於已申報、補報債權向法院提出異議之期間。
七　召集債權人會議者，其期日、處所及應議事項。

②第四十七條第二項至第五項之規定，於前項情形準用之。但債權人依第二十六條第一項規定行使權利者，不得逾最後分配表公告日之前一日。

第八七條　（清算之登記）

①法院裁定開始清算程序時，就債務人或清算財團有關之登記，應即通知該管登記機關爲清算之登記。

②管理人亦得持開始清算程序之裁定，向前項登記機關聲請爲清算之登記。

③債務人因繼承、強制執行、徵收、法院之判決，或其他非因法律行爲，於登記前已取得不動產物權者，法院得因管理人之聲請，通知登記機關登記爲債務人所有。

④已爲清算登記之清算財團財產，經管理人爲返還或讓與者，法院得依其聲請，囑託該管登記機關塗銷其清算登記後登記之。

第八八條　（清算程序開始之書記官職責）

法院裁定開始清算程序後，書記官應即於債務人關於營業上財產之帳簿記明截止帳目，簽名蓋章，並作成節略記明帳簿之狀況。

第八九條　（法院對債務人之限制）

①債務人聲請清算後，其生活不得逾越一般人通常之程度，法院並得依利害關係人之聲請或依職權限制之。

②債務人非經法院之許可，不得離開其住居地；法院並得通知入出境管理機關，限制其出境。

第九〇條　（法院對債務人之拘提事由）

債務人有下列情形之一者，法院得拘提之。但以有強制其到場之必要者爲限。

一　受合法通知，無正當理由而不到場。
二　顯有逃匿之虞。
三　顯有隱匿、毀棄或處分屬於清算財團財產之虞。
四　無正當理由違反前條第二項之規定。

第九一條　（法院對債務人之管收事由）

①債務人有下列情形之一，非予管收顯難進行清算程序者，法院得管收之：

一　有前條第二款、第三款或第四款之情形。
二　違反第一百零二條第一項、第一百零三條第一項之規定。

②管收期間不得超過三個月。

第九二條　（管收原因消滅之效力）

管收之原因消滅時，應即釋放被管收人。

第九三條　（強制執行法之準用）

拘提、管收除前三條規定外，準用強制執行法之規定。

第九四條　（清算程序中債務人法律行爲之效力）

①債務人因法院裁定開始清算程序，對於應屬清算財團之財產，喪失其管理及處分權。

②法院裁定開始清算程序後，債務人就應屬清算財團之財產所爲之法律行爲，非經管理人之承認，不生效力。

③前項情形，法律行爲之相對人得催告管理人於十日內確答是否承認，逾期未爲確答

者，視爲拒絕承認。

④債務人於法院裁定開始清算程序之日所爲之法律行爲，推定爲清算程序開始後所爲。

第九五條 （管理人不承認債務人法律行爲之返還裁定聲請）

①管理人不爲前條第二項之承認時，得聲請法院裁定命相對人返還所受領之給付物、塗銷其權利取得之登記或爲其他回復原狀之行爲。

②對於前項裁定提起抗告，抗告法院於裁定前，應行言詞辯論。

③前二項裁定確定時，有確定判決同一之效力。

④相對人不依第一項裁定履行者，法院得依管理人之聲請強制執行或囑託登記機關塗銷其權利取得之登記。但相對人提起抗告時，應停止執行。

第九六條 （債務人之債務人所爲清償之效力）

①債務人之債務人，於法院裁定開始清算程序後不知其事實而爲清償者，得以之對抗債權人；如知其事實而爲清償者，僅得以清算財團所受之利益爲限，對抗債權人。

②前項債務人所爲清償，在法院公告開始清算程序前者，推定爲不知其事實；在公告後者，推定爲知其事實。

第九七條 （聲請或職權命債務人法定代理人賠償之裁定）

①債務人之法定代理人對於債務人應負損害賠償責任者，法院得依管理人、債權人之聲請或依職權以裁定命其賠償；其因同一事由應負責任之法定代理人爲二人時，應命連帶賠償。

②前項情形，法院於裁定前應使當事人有陳述意見之機會。但應公示送達者，不在此限。

③對於第一項裁定提起抗告，抗告法院於裁定前，應行言詞辯論。

④第一項、第三項裁定確定時，有確定判決同一之效力。

第二節 清算財團之構成及管理

第九八條 （清算財團之構成）101

①下列財產爲清算財團：

一 法院裁定開始清算程序時，屬於債務人之一切財產及將來行使之財產請求權。

二 法院裁定開始清算程序後，程序終止或終結前，債務人因繼承或無償取得之財產。

②專屬於債務人本身之權利及禁止扣押之財產，不屬於清算財團。

第九九條 （清算財團財產範圍之擴張）

法院於裁定開始清算程序後一個月內，得依債務人之聲請或依職權，審酌債務人之生活狀況、清算財團財產之種類及數額、債務人可預見之收入及其他情事，以裁定擴張不屬於清算財團財產之範圍。

第一〇〇條 （聲請清算後債務人繼承之效力）101

債務人之繼承在聲請清算前三個月內開始者，於聲請清算後不得拋棄繼承。

第一〇一條 （債務人清算財團財產書面之提出）

法院裁定開始清算程序後，債務人應將屬於清算財團之財產，記載書面提出於法院及管理人。

第一〇二條 （與財產有關簿冊、文件及管有財產之移交）

①債務人及其使用人應將與其財產有關之一切簿冊、文件及其所管有之一切財產，移交管理人或法院指定之人。但禁止扣押之財產，不在此限。

②前項之人拒絕爲移交時，法院得依聲請或依職權強制執行之。

第一〇三條 （債務人答覆管理人詢問之義務）

①債務人對於管理人關於其財產、收入及業務狀況之詢問，有答覆之義務。

②第十條之規定，於管理人調查債務人之財產、收入及業務狀況時準用之。但受查詢人爲個人而有正當理由者，不在此限。

第一〇四條　（管理人之保全行為）

債務人之權利屬於清算財團者，管理人應為必要之保全行為。

第一〇五條　（管理人資產表之編造）

①管理人應將已收集及可收集之債務人資產，編造資產表，由法院公告之。

②債權表及資產表應存置於法院及處理清算事務之處所，供利害關係人閱覽或抄錄。

第一〇六條　（財團費用之種類）

①下列各款為財團費用：

一　由國庫墊付之費用。

二　因清算財團之管理、變價與分配所生之費用及清算財團應納之稅捐。

三　因債權人共同利益所需聲請及審判上之費用。

四　管理人之報酬。

②債務人及依法應受其扶養者之必要生活費及喪葬費，視為財團費用。

第一〇七條　（財團債務之種類）

下列各款為財團債務：

一　管理人關於清算財團所為行為而生之債務。

二　管理人為清算財團請求履行雙務契約所生之債務，或因法院裁定開始清算程序後應履行雙務契約而生之債務。

三　為清算財團無因管理所生之債務。

四　因清算財團不當得利所生之債務。

第一〇八條　（優先於清算債權清償之債務）

下列各款應先於清算債權，隨時由清算財團清償之：

一　財團費用。

二　財團債務。

三　第二十一條第一項第二款、第二十六條第二項之債務。

四　在法院裁定開始清算程序前六個月內，債務人本於勞動契約所積欠之勞工工資而不能依他項方法受清償者。

第一〇九條　（清算財團不足清償之清償順序）

前條情形，於清算財團不足清償時，依下列順序清償之；順序相同者，按債權額比例清償之：

一　第一百零六條第一項第一款至第四款之財團費用。

二　第一百零七條第一款之財團債務。

三　第一百零六條第二項之財團費用、第一百零七條第二款至第四款及前條第三款、第四款之財團債務。

第一一〇條　（管理人損害賠償準用債務人法定代理人賠償之規定）

管理人對清算財團應負損害賠償責任者，準用第九十七條之規定。

第三節　清算債權及債權人會議

第一一一條　（清算債權之金額）101

①債權之標的如非金錢，或雖為金錢而其金額不確定，或為外國貨幣者，由管理人以法院裁定開始清算程序時之估定金額列入分配。普通保證債權受償額或定期金債權金額或存續期間不確定者，亦同。

②債權人或債務人對前項估定金額有爭議者，準用第三十六條規定。

③附條件之債權，得以其全額為清算債權。

第一一二條　（別除權債權人之權利行使㈠）

①在法院裁定開始清算程序前，對於債務人之財產有質權、抵押權、留置權或其他擔保物權者，就其財產有別除權。

②有別除權之債權人得不依清算程序行使其權利。但管理人於必要時，得將別除權之標

的物拍賣或變賣，就其賣得價金扣除費用後清償之，並得聲請法院囑託該管登記機關塗銷其權利之登記。

第一一三條　（別除權債權人之權利行使(二)）

有別除權之債權人，得以行使別除權後未能受清償之債權，爲清算債權而行使其權利。但未依清算程序申報債權者，不在此限。

第一一四條　（不屬於債務人財產之權利人取回權）

①不屬於債務人之財產，其權利人得不依清算程序，向管理人取回之。

②債務人於法院裁定開始清算程序前或管理人於法院裁定開始清算程序後，將前項財產讓與第三人，而未受領對待給付者，取回權人得向管理人請求讓與其對待給付請求權。

③前項情形，管理人受有對待給付者，取回權人得請求交付之。

第一一五條　（出賣人之取回權）

①出賣人已將買賣標的物發送，買受人尚未收到，亦未付清全價而受法院裁定開始清算程序者，出賣人得解除契約，並取回其標的物。但管理人得清償全價而請求標的物之交付。

②前項給付，於行紀人將其受託買入之標的物，發送於委託人之情形，準用之。

第一一六條　（優先權債權之清償順位）

對於清算財團之財產有優先權之債權，先於他債權而受清償，優先權之債權有同順位者，各按其債權額之比例而受清償。

第一一七條　（債權債務之抵銷）

①債權人於法院裁定開始清算程序時，對於債務人負有債務者，無論給付種類是否相同，得不依清算程序而爲抵銷。

②債權人之債權爲附期限或附解除條件者，均得爲抵銷。

③附停止條件之債權，其條件於債權表公告後三十日內成就者，得爲抵銷。

④附解除條件之債權人爲抵銷時，應提供相當之擔保，並準用第一百二十四條第二項之規定。

⑤第五十二條第二項之規定，於第一項至第三項之情形，準用之。

第一一八條　（債權人會議議決事項）

債權人會議得議決下列事項：

一　清算財團之管理及其財產之處分方法。

二　營業之停止或繼續。

三　不易變價之財產返還債務人或拋棄。

第一一九條　（債權人會議之管理人職責）

管理人於債權人會議時，應提示債權表及資產表，並報告清算事務之進行狀況。

第一二〇條　（債權人會議決議之表決）

①債權人會議之決議，應有出席已申報無擔保債權人過半數，而其所代表之債權額超過已申報無擔保總債權額之半數者之同意。

②計算前項債權，應扣除劣後債權。

第一二一條　（不召集債權人會議之代替裁定）

①法院不召集債權人會議時，得以裁定代替其決議。但法院裁定前應將第一百零一條規定之書面通知債權人。

②前項裁定不得抗告，並應公告之。

第四節　清算財團之分配及清算程序之終了

第一二二條　（清算財團財產之變價）

清算財團之財產有變價之必要者，管理人應依債權人會議之決議辦理。無決議者，得依拍賣、變賣或其他適當之方法行之。

第一二三條　（清算財團財產之分配）
①自債權表公告之翌日起三十日後，清算財團之財產可分配時，管理人應即分配於債權人。
②前項分配，管理人應作成分配表，記載分配之順位、比例及方法。
③分配表，應經法院之認可，並公告之。
④對於分配表有異議者，應自公告之翌日起十日內，向法院提出之。
⑤前項異議由法院裁定之。
第一二四條　（附解除條件債權之分配）
①附解除條件債權受分配時，應提供相當之擔保，無擔保者，應提存其分配額。
②附解除條件債權之條件，自最後分配表公告之翌日起十日內尚未成就時，其已提供擔保者，免除擔保責任，返還其擔保品。
第一二五條　（附停止條件債權或將來行使請求權之分配）
附停止條件之債權或將來行使之請求權，自債權表公告之翌日起三十日內，尚不能行使者，不得加入分配。
第一二六條　（清算債權有異議之分配與提存）
①關於清算債權有異議，致分配有稽延之虞時，管理人得按照分配比例提存相當之金額，而將所餘財產分配於其他債權人。
②債權人之住居所、事務所、營業所或地址變更而未向管理人陳明者，管理人得將其應受分配金額提存之。
第一二七條　（管理人分配報告之提出）
①管理人於最後分配完結時，應即向法院提出關於分配之報告。
②法院接到前項報告後，應即爲清算程序終結之裁定。
③前項裁定不得抗告，並應公告之。
第一二八條　（管理人追加分配之聲請）101
①清算程序終止或終結後，發現可分配於債權人之財產時，法院應依管理人之聲請以裁定許可追加分配。但其財產於清算程序終止或終結之裁定確定之翌日起二年後始發現者，不在此限。
②前項追加分配，於債務人受免責裁定確定後，仍得爲之，並準用第一百二十三條規定。
③第一項情形，清算程序未行申報及確定債權程序者，應續行之。
第一二九條　（清算程序之裁定終止㈠）
①法院裁定開始清算程序後，如清算財團之財產不敷清償第一百零八條所定費用及債務時，法院因管理人之聲請或依職權以裁定終止清算程序。
②法院爲前項裁定前，應使管理人及債權人有陳述意見之機會。
③第一項裁定不得抗告，並應公告之。
第一三〇條　（清算程序之裁定終止㈡）
法院裁定終止清算程序時，管理人應依第一百零九條之規定爲清償；其有爭議部分，提存之。
第一三一條　（清算登記規定之準用）
第八十七條之規定，於法院裁定終止或終結清算程序時準用之。

第五節　免責及復權

第一三二條　（債務人債務之裁定免除）
法院爲終止或終結清算程序之裁定確定後，除別有規定外，應以裁定免除債務人之債務。
第一三三條　（應爲不免責裁定之事由㈠）101
法院裁定開始清算程序後，債務人有薪資、執行業務所得或其他固定收入，扣除自己及依法應受其扶養者所必要生活費用之數額後仍有餘額，而普通債權人之分配總額低於債務人聲請清算前二年間，可處分所得扣除自己及依法應受其扶養者所必要生活費用之數額者，法院應為不免責之裁定。但債務人證明經普通債權人全體同意者，不在此限。

第一三四條　（應為不免責裁定之事由(二)）107

債務人有下列各款情形之一者，法院應為不免責之裁定。但債務人證明經普通債權人全體同意者，不在此限：

一　於七年內曾依破產法或本條例規定受免責。

二　故意隱匿、毀損應屬清算財團之財產，或為其他不利於債權人之處分，致債權人受有損害。

三　捏造債務或承認不眞實之債務。

四　聲請清算前二年內，因消費奢侈商品或服務、賭博或其他投機行為，所負債務之總額逾聲請清算時無擔保及無優先權債務之半數，而生開始清算之原因。

五　於清算聲請前一年內，已有清算之原因，而隱瞞其事實，使他人與之為交易致生損害。

六　明知已有清算原因之事實，非基於本人之義務，而以特別利於債權人中之一人或數人為目的，提供擔保或消滅債務。

七　隱匿、毀棄、偽造或變造帳簿或其他會計文件之全部或一部，致其財產之狀況不眞確。

八　故意於財產及收入狀況說明書為不實之記載，或有其他故意違反本條例所定義務之行為，致債權人受有損害，或重大延滯程序。

第一三五條　（得為免責裁定事由）

債務人有前條各款事由，情節輕微，法院審酌普通債權人全體受償情形及其他一切情狀，認為適當者，得為免責之裁定。

第一三六條　（法院之調查）101

①前三條情形，法院於裁定前應依職權調查，或命管理人調查以書面提出報告，並使債權人、債務人有到場陳述意見之機會。

②債務人對於前項調查，應協助之。

第一三七條　（免責裁定之效力）

①免責裁定確定時，除別有規定外，對於已申報及未申報之債權人均有效力。對於債務人有求償權之共同債務人、保證人或為其提供擔保之第三人，亦同。

②前項規定不影響債權人對於債務人之共同債務人、保證人或為其提供擔保之第三人之權利。

第一三八條　（不受免責裁定影響之債務）

下列債務，不受免責裁定之影響：

一　罰金、罰鍰、怠金及追徵金。

二　債務人因故意或重大過失侵權行為所生損害賠償之債務。

三　稅捐債務。

四　債務人履行法定扶養義務之費用。

五　因不可歸責於債權人之事由致未申報之債權，債務人對該債權清償額未達已申報債權受償比例之債務。

六　由國庫墊付之費用。

第一三九條　（免責裁定之撤銷）

自法院為免責裁定確定之翌日起一年內，發見債務人有虛報債務、隱匿財產或以不正當方法受免責者，法院得依債權人之聲請或依職權裁定撤銷免責。但有第一百三十五條得為免責之情形者，不在此限。

第一四〇條　（債權人聲請對債務人之強制執行）107

①法院為不免責或撤銷免責之裁定確定後，債權人得以確定之債權表為執行名義，聲請

對債務人爲強制執行。法院裁定開始清算程序前，債權人已取得執行名義者，於確定之債權表範圍，亦同。但依第一百三十三條不免責之情形，自裁定確定之翌日起二年內，不得爲之。

②前項債權人對債務人爲強制執行時，債務人得聲請執行法院通知債權表上之其他債權人；於聲請時，視爲其他債權人就其債權之現存額已聲明參與分配。其應徵收之執行費，於執行所得金額扣繳之。

第一四一條 （不免責裁定確定後得聲請法院裁定免責）107

①債務人因第一百三十三條之情形，受不免責之裁定確定後，繼續清償達該條規定之數額，且各普通債權人受償額均達其應受分配額時，得聲請法院裁定免責。

②法院依第一百三十三條規定爲不免責裁定，裁定正本應附錄前項、第一百四十二條規定，及債務人嗣後聲請裁定免責時，須繼續清償各普通債權之最低應受分配額之說明。

③第六十七條第二項規定，於債務人依第一項規定繼續清償債務，準用之。

第一四二條 （不免責或撤銷免責裁定確定後之聲請裁定免責）107

①法院爲不免責或撤銷免責之裁定確定後，債務人繼續清償債務，而各普通債權人受償額均達其債權額之百分之二十以上者，法院得依債務人之聲請裁定免責。

②前條第三項規定，於債務人依前項規定繼續清償債務，準用之。

第一四二條之一 （不免責或撤銷免責裁定確定後清償之抵充順位）101

①法院爲不免責或撤銷免責之裁定確定後，債務人對清算債權人所爲清償，應先抵充費用，次充原本。

②前項規定，於本條例中華民國一百年十二月十二日修正之條文施行前已受前項裁定之債務人，於修正條文施行後所爲清償，亦適用之。

第一四三條 （免責裁定確定後對債務人取得債權之優先受償權）

於免責裁定確定後，至撤銷免責之裁定確定前對債務人取得之債權，有優先於清算債權受清償之權利。

第一四四條 （債務人復權聲請事由）

債務人有下列各款情形之一者，得向法院爲復權之聲請：

一　依清償或其他方法解免全部債務。

二　受免責之裁定確定。

三　於清算程序終止或終結之翌日起三年內，未因第一百四十六條或第一百四十七條之規定受刑之宣告確定。

四　自清算程序終止或終結之翌日起滿五年。

第一四五條 （復權裁定之職權撤銷）

債務人依前條第一款至第三款之規定復權，於清算程序終止或終結之翌日起五年內，因第一百四十六條或第一百四十七條之規定受刑之宣告確定者，法院應依職權撤銷復權之裁定。

第四章　附　則

第一四六條 （債務人之處罰㈠）

債務人在法院裁定開始清算程序前一年內，或在清算程序中，以損害債權爲目的，而有下列各款行爲之一者，處三年以下有期徒刑：

一　隱匿或毀棄其財產或爲其他不利於債權人之處分。

二　捏造債務或承認不眞實之債務。

三　隱匿、毀棄、僞造或變造帳簿或其他會計文件之全部或一部，致其財產之狀況不眞確。

第一四七條 （債務人之處罰㈡）

債務人聲請更生後，以損害債權爲目的，而有前條所列各款行爲之一者，處三年以下有期徒刑。

第一四八條 110

監督人或管理人對於職務上之行爲，要求、期約或收受賄賂或其他不正利益者，處三年以下有期徒刑，得併科新臺幣二十萬元以下罰金。

第一四九條 110

①監督人或管理人對於違背職務之行爲，要求、期約或收受賄賂或其他不正利益者，處五年以下有期徒刑，得併科新臺幣三十萬元以下罰金。

②對於監督人或管理人，關於違背職務之行爲，行求、期約或交付賄賂或其他不正利益者，處二年以下有期徒刑，得併科新臺幣十萬元以下罰金。但自首者，減輕或免除其刑。在偵查中或審判中自白者，得減輕其刑。

第一五〇條 （法人之處罰）

法人經選任爲監督人或管理人者，其負責人、代理人、受僱人或其他職員，於執行業務時，有前二條所定之情形，除依各該條規定處罰其行爲人外，對於該法人亦科以各該條規定之罰金。

第一五一條 110

①債務人對於金融機構負債務者，在聲請更生或清算前，應向最大債權金融機構請求協商債務清償方案，或向其住、居所地之法院或鄉、鎮、市、區調解委員會聲請債務清理之調解。

②債務人爲前項請求或聲請，應以書面爲之，並提出財產及收入狀況說明書、債權人及債務人清冊，及按債權人之人數提出繕本或影本。

③第四十三條第二項、第五項至第七項規定，於前項情形準用之。

④債權人爲金融機構者，於協商或調解時，由最大債權金融機構代理其他金融機構。但其他金融機構以書面向最大債權金融機構爲反對之表示者，不在此限。

⑤債權人爲金融機構、資產管理公司或受讓其債權者，應提出債權說明書予債務人，並準用第三十三條第二項第一款至第五款規定。

⑥債務人請求協商或聲請調解後，任一債權金融機構對債務人聲請強制執行，或不同意延緩強制執行程序，視爲協商或調解不成立。

⑦協商或調解成立者，債務人不得聲請更生或清算。但因不可歸責於己之事由，致履行有困難者，不在此限。

⑧第七十五條第二項規定，於前項但書情形準用之。

⑨本條例施行前，債務人依金融主管機關協調成立之中華民國銀行公會會員，辦理消費金融案件無擔保債務協商機制與金融機構成立之協商，準用前二項之規定。

第一五一條之一 （金融機構得財務狀況之查詢及協商債務清償之通知—債務人請求協商）101

①債務人請求協商時，視爲同意或授權受請求之金融機構，得向稅捐或其他機關、團體查詢其財產、收入、業務及信用狀況。

②前項金融機構應即通知其他債權人與債務人爲債務清償之協商，並將前項查詢結果供其他債權人閱覽或抄錄。

③債權人之債權移轉於第三人者，應提出相關證明文件，由受請求之金融機構通知該第三人參與協商。

④協商成立者，應以書面作成債務清償方案，由當事人簽名、蓋章或按指印；協商不成立時，應於七日內付與債務人證明書。

第一五二條 （債務人與債權金融機構之協商—法院審核）

①前條第一項受請求之金融機構應於協商成立之翌日起七日內，將債務清償方案送請金融機構所在地之管轄法院審核。但當事人就債務清償方案已依公證法第十三條第一項規定，請求公證人作成公證書者，不在此限。

②前項債務清償方案，法院應儘速審核，認與法令無牴觸者，應以裁定予以認可；認與法令牴觸者，應以裁定不予認可。

③前項裁定，不得抗告。
④債務清償方案經法院裁定認可後，得爲執行名義。

第一五三條（債務人與債權金融機構之協商—協商期間）
自債務人提出協商請求之翌日起逾三十日不開始協商，或自開始協商之翌日起逾九十日協商不成立，債務人得逕向法院聲請更生或清算。

第一五三條之一（債務人與金融機構之協商—調解之聲請與參與）107
①債務人依第一百五十一條第一項聲請法院調解，徵收聲請費新臺幣一千元。
②債務人於法院調解不成立之日起二十日內，聲請更生或清算者，以其調解之聲請，視爲更生或清算之聲請，不另徵收聲請費。
③債務人於調解期日到場而調解不成立，得當場於法院書記官前，以言詞爲前項更生或清算之聲請。
④債權人之債權移轉於第三人者，應提出相關證明文件，由法院或鄉、鎭、市、區調解委員會通知該第三人參與調解。

第一五四條（債務人與債權金融機構之協商—債權人更生或清算程序之加入）101
①債務清償方案協商或調解成立後，債務人經法院裁定開始更生或清算程序，債權人依債務清償方案未受全部清償者，仍得以其在協商或調解前之原有債權，加入更生或清算程序；其經法院裁定開始清算程序者，應將債權人已受清償部分，加算於清算財團，以定其應受分配額。
②前項債權人，應俟其他債權人所受清償與自己已受清償之程度達同一比例後，始得再受清償。

第一五五條（施行前已依破產法規定處理之事件）
本條例施行前不能清償債務之事件，已由法院依破產法之規定開始處理者，仍依破產法所定程序終結之。

第一五六條（免責或復權聲請之適用）107
①消費者於本條例施行前受破產宣告者，得依本條例之規定，爲免責或復權之聲請。
②本條例中華民國一百年十二月十二日修正之條文施行前，消費者依第一百三十四條第四款規定受不免責裁定者，得於修正條文施行之日起二年內，爲免責之聲請。
③本條例中華民國一百零七年十一月三十日修正之條文施行前，消費者依第一百三十四條第二款、第四款或第八款規定受不免責裁定者，得於修正條文施行之日起二年內，爲免責之聲請。

第一五七條（施行細則）
本條例施行細則，由司法院定之。

第一五八條（施行日）101
①本條例自公布日後九個月施行。
②本條例修正條文自公布日施行。

消費者債務清理條例施行細則

①民國97年3月18日司法院令訂定發布全文46條；並自97年4月11日施行。
②民國100年2月11日司法院令修正發布第11、26、46條條文；並自發布日施行。
③民國101年2月6日司法院令修正發布第11、16、27、42、45條條文；增訂第6-1、16-1、18-1、30-1、37-1、38-1、39-1、42-1、42-2、44-1、44-2條條文；並刪除第44條條文。
④民國106年8月25日司法院令增訂發布第44-3條條文；並自發布日施行。
⑤民國107年4月17日司法院令修正發布第8條條文；並自發布日施行。
⑥民國108年1月17日司法院令修正發布第11、18-1、21、28、30-1、44-1、45條條文；增訂第20-1、21-1、27-1、40-1條條文；並自發布日施行。

第一條
本細則依消費者債務清理條例（以下簡稱本條例）第一百五十七條規定訂定之。

第二條
①聲請依本條例所定程序清理其債務之債務人，以本條例第二條所稱之消費者爲限。
②消費者依本條例所清理之債務，不以因消費行爲所生者爲限。

第三條
①本條例第二條第一項所稱之營業活動，係指反覆從事銷售貨物、提供勞務或其他相類行爲，以獲取代價之社會活動。
②債務人爲公司或其他營利法人之負責人，無論是否受有薪資，均視爲自己從事營業活動。其營業額依該公司或其他營利法人之營業額定之。

第四條
本條例第二條第一項所定之五年期間，自聲請更生或清算前一日回溯五年計算之；第二項所定之營業額，以五年內之營業總額除以實際營業月數計算之。

第五條
①法院裁定開始更生或清算程序前，認有選任監督人或管理人之必要者，得預估其報酬之數額，定期命債務人預納之，逾期未預納者，除有本條例第七條第一項所定情形外，法院得依本條例第六條第三項規定駁回更生或清算之聲請。
②法院裁定開始更生程序後，認有選任監督人之必要者，得預估其報酬之數額，定期命債務人預納之，逾期未預納致更生程序無法進行者，法院得依本條例第五十六條第二款規定裁定開始清算程序。

第六條
法院裁定開始更生或清算程序後，不得再以債務人之聲請不合程式、不備其他要件、因其違反本條例所定之義務或有其他障礙之事由而駁回其聲請或撤銷裁定。

第六條之一 101
更生或清算程序終止或終結後，債務人不得撤回更生或清算之聲請。

第七條
①債務人聲請更生或清算前或後，經聲請破產，而法院尚未裁定爲破產之宣告者，於法院裁定開始更生或清算程序，或駁回債務人之聲請前，該聲請破產程序應停止。
②法院裁定開始更生、清算程序、許可和解或宣告破產後，債務人聲請更生或清算者，法院應駁回之。

第八條 107
①依本條例規定應公告之文書，除下列情形者外，應公告全部內容：
一　債務人以外之兒童及少年姓名、身分證統一編號及其他足資識別該個人資料部分，應爲適當遮隱。

二　其他法院認爲不宜公開事項，得予遮隱。

②依本條例規定應公告並送達文書予利害關係人者，其送達效力，依民事訴訟法之規定。

第九條

法院裁定開始更生或清算程序後，債務人於程序終止或終結前死亡者，其程序視爲終結。

第一〇條

本條例所定保全處分之執行，及更生或清算程序終止或終結前得強制執行之事項，由辦理消費者債務清理事件之法院爲之。

第一一條 108

法院裁定開始更生或清算程序後，命司法事務官進行更生或清算程序者，至該程序終止或終結時止，本條例規定由法院辦理之事務，及程序終止或終結後關於本條例第七十三條第二項、第七十五條第一項、第一百二十八條第一項前段、第一百三十一條準用第八十七條所定事務，得由司法事務官爲之。但下列事務不在此限：

一　有關拘提、管收之事項。

二　本條例第五十三條第五項、第五十六條、第六十一條第一項及第六十五條第一項所定裁定。

第一二條

法院裁定開始更生或清算程序，有下列各款情形之一者，應選任監督人或管理人：

一　依本條例第二十條至第二十四條規定有行使撤銷權、終止權、解除權、請求相對人、受益人或轉得人返還所受領之給付或受催告之必要。

二　依本條例第二十七條規定有承受訴訟之必要。

三　依本條例第九十四條或第九十五條規定有承認、受催告、聲請法院裁定命相對人返還所受領之給付物、塗銷其權利取得登記、爲其他回復原狀行爲或聲請強制執行之必要。

第一三條

監督人或管理人於法院許可辭任前，仍應以善良管理人之注意，繼續執行其職務。

第一四條

①法院就更生或清算之聲請爲裁定前，依本條例第十九條第三項變更保全處分者，其期間與原保全處分期間合計，不得逾同條第二項所定之期間。

②法院裁定開始更生或清算程序後，爲保全處分及變更保全處分之期間，不受本條例第十九第二項之限制。

第一五條

受益人或轉得人依本條例第二十一條第一項或第二十二條第二項規定應回復原狀者，由監督人或管理人請求之。

第一六條 101

①有擔保之債權人，就其行使擔保權後未能受償之債權，非依更生或清算程序，不得行使其權利。

②前項債權依更生程序行使權利，以行使擔保權後未能受償額，列入更生方案；其未確定者，由監督人估定之，並於確定時依更生條件受清償。

③債權人或債務人對前項估定金額有爭議者，準用本條例第三十六條第一項至第四項規定。

第一六條之一 101

普通保證債權人之債權受償額未確定者，於更生或清算程序應依監督人或管理人估定之金額，行使表決權。

第一七條

法院裁定開始更生或清算程序後，有擔保或優先權債權所生之損害賠償及違約金，對於債務人之財產無優先受償之權，非依更生或清算程序，不得行使其權利。

第一八條

執行法院依強制執行法第一百十五條之一第二項規定核發移轉命令，執行債務人之薪資或其他繼續性給付之債權者，於法院裁定開始更生或清算程序後；應停止強制執行，債權人債權未受清償部分，非依更生或清算程序，不得行使其權利。

第一八條之一 108

①本條例第二十九條第一項規定，於債務人撤回更生或清算之聲請，或有第九條情形者，不適用之。

②本條例中華民國一百零七年十二月二十八日修正公布施行前確定之債權表，不適用修正後本條例第二十九條第一項第一款規定。

③本條例第二十九條第一項第一款所定因不履行金錢債務所生損害賠償、違約金及其他費用之總額，應就據以發生之本金債權分筆計算。

第一九條

監督人或管理人為估定債務人財產之價額，請求質權人或留置權人交出其權利標的物者，質權人或留置權人之權利不受影響。

第二〇條

債權人申報之債權，有本條例第三十六條第一項之異議者，於法院裁定前，債權人會議不得為決議。但受異議之債權不影響債權人會議之決議者，不在此限。

第二〇條之一 108

本條例第四十二條第一項所定無擔保或無優先權之本金及利息債務總額未逾新臺幣一千二百萬元，應計算至法院裁定開始更生程序前一日。

第二一條 108

①債務人依本條例第四十三條第二項、第八十一條第二項規定所表明之債權人地址，有住居所不明者，應表明其最後住居所及不明之意旨；所表明之債權種類，應記載該債權之名稱、貨幣種類、有無擔保權或優先權、擔保權之順位及扣除擔保債權或優先權後之餘額。

②債務人依本條例第四十三條第五項、第八十一條第三項規定所表明之債務人地址，有住居所不明者，應表明其最後住居所及不明之意旨；所表明之債務種類，應記載該債務之名稱、貨幣種類、有無擔保權或優先權、擔保權之順位及扣除擔保債權或優先權後之餘額。

③債務人依本條例第四十三條第六項第一款、第八十一條第四項第一款規定所表明之財產目錄，係指包括土地、建築物、動產、銀行存款、股票、人壽保單、事業投資或其他資產在內之所有財產。其於更生或清算聲請前二年內有財產變動狀況者，宜併予表明。

④債務人依本條例第四十三條第六項第三款、第八十一條第四項第三款規定所表明之收入數額，係指包括基本薪資、工資、佣金、獎金、津貼、年金、保險給付、租金收入、退休金或退休計畫收支款、政府補助金、分居或離婚贍養費或其他收入款項在內之所有收入數額。

第二一條之一 108

①債務人依本條例第四十三條第六項第三款、第八十一條第四項第三款規定所表明之必要支出數額，係指包括膳食、衣服、教育、交通、醫療、稅賦開支、全民健保、勞保、農保、漁保、公保、學生平安保險或其他支出在內之所有必要支出數額。

②債務人依本條例第四十三條第六項第四款、第八十一條第四項第四款規定所表明依法應受債務人扶養之人，除應記載該受扶養人外，尚應記載依法應分擔該扶養義務之人數及債務人實際支出之扶養金額。

③債務人聲請更生或清算時所提財產及收入狀況說明書，其表明每月必要支出之數額，與本條例第六十四條之二第一項、第二項規定之認定標準相符者，毋庸記載原因、種類及提出證明文件。

第二二條

債權人就逾債權人清冊記載內容部分之債權，仍應遵期申報，始得行使其權利。

第二三條

監督人或管理人向本條例第十條第一項所定之人查詢債務人財產、收入及業務狀況時，有同條第二項或第三項所定情形者，應即陳報法院。

第二四條

債權人縱為一人，債務人亦得聲請更生。

第二五條

①法院裁定開始更生程序後，應即通知債務人之財產登記機關為更生登記。

②監督人亦得持開始更生程序之裁定，向前項登記機關聲請為更生登記。

③法院於必要時或更生程序終結時，應即通知第一項之登記機關塗銷更生登記。

④更生登記無禁止債務人移轉或處分其財產之效力。

第二六條 100

①債務人提出之更生方案所記載清償之金額，應表明其計算方法。

②更生方案之清償方法得記載由最大債權金融機構統一辦理收款及撥付款項之作業。

③法院裁定認可之更生方案無前項記載，最大債權金融機構受債務人依本條例第六十七條第二項規定之請求者，應統一辦理收款及撥付款項。

第二七條 101

債務人提出之更生方案最終清償期逾六年者，應表明符合本條例第五十三條第二項第三款但書之情形。

第二七條之一 108

更生方案未於本條例中華民國一百零七年十二月二十八日修正公布施行前經法院裁定認可確定，且依本條例第五十四條之一第一項定自用住宅借款特別條款者，適用修正後之規定。

第二八條 108

本條例第六十三條第一項第五款所定已申報無擔保及無優先權之本金及利息債權總額，不包括劣後債權。

第二九條

①依本條例第六十九條後段規定視為終結強制執行程序者，其已為之執行處分應予撤銷；假扣押或假處分之執行，亦同。

②更生方案效力所及之有擔保或有優先權債權人，於更生程序終結時，其已開始之強制執行程序，視為終結，並準用前項規定。

第三〇條

①債務人於法院裁定開始更生程序後，更生方案履行期限屆至前，得依本條例第七十條第二項或第五項規定，提出現款聲明消滅拍賣標的物上之優先權及擔保權。

②前項拍賣標的物為不動產者，債務人提出現款之數額，應扣除依法核課之地價稅及房屋稅額。

第三〇條之一 108

本條例第五十五條第二項規定，於債務人依本條例第七十三條第一項但書應履行之債務，準用之。

第三一條

依本條例第八十三條第一項規定所為裁定，應公告之。

第三二條

債務人依本條例第八十九條規定所受生活之限制，於法院為終止或終結清算程序之裁定確定時，當然解除。

第三三條

法院依本條例第九十七條第一項或第一百十條規定，裁定命債務人之法定代理人或管理人賠償者，準用本條例第九十五條第四項規定。

第三四條

強制執行法第二十一條之一、第二十一條之二、第二十二條之一、第二十二條之二、第二十二條之三、第二十二條之四第三款及第四款、第二十二條之五、第二十四條第二項、第二十六條規定，於本條例所定拘提、管收，準用之。

第三五條

法院裁定開始清算程序後，管理人因繼續債務人營業所得之財產，應歸屬於清算財團。

第三六條

法院裁定開始清算程序前成立之有債權優先權之債權，非依清算程序，不得行使其權利。

第三七條

清算財團之財產經管理人依本條例第一百二十二條規定變價後，債務人應交出書據而未交出者，管理人得報請法院以公告宣示未交出之書據無效，另作證明書發給買受人。

第三七條之一 101

依本條例第一百二十八條第三項續行債權申報程序者，準用本條例第七十九條規定。

第三八條

利害關係人對財團費用及財團債務之債權及其種類、數額或順位有爭議者，準用本條例第三十六條第二項、第三項及第五項之規定。

第三八條之一 101

法院裁定開始清算程序後，債務人撤回清算之聲請或死亡者，準用本條例第一百三十條及第一百三十一條規定。

第三九條

本條例第一百三十三條、第一百三十四條但書、第一百三十五條、第一百四十一條、第一百四十二條所稱之普通債權人，指其債權無擔保或優先權及不屬於劣後債權之債權人。

第三九條之一 101

法院所為免責、不免責或撤銷免責之裁定應公告之，並送達於債務人及已知住居所、事務所或營業所之債權人。

第四〇條

法院為免責或不免責之裁定確定前，債權人不得對債務人聲請強制執行。但有別除權者，不在此限。

第四〇條之一 108

本條例第一百四十條第一項本文後段之規定，於清算程序無確定債權表者亦適用之。

第四一條

①法院依本條例第一百三十三條但書或第一百三十四條但書規定為債務人免責之裁定，應經未受清償之有債權優先權債權人之全體同意。

②有債權優先權之債權人未受全部清償前，債務人不得依本條例第一百四十一條或第一百四十二條規定聲請裁定免責。

第四二條 101

本條例施行前，債務人依金融主管機關協調成立之中華民國銀行公會會員，辦理消費金融案件無擔保債務協商機制協商未成立者，仍應依本條例第一百五十一條第一項規定請求協商或聲請調解。

第四二條之一 101

①債務人依本條例第一百五十一條第一項規定應請求協商或聲請調解者，如逕向法院聲請更生或清算，視其聲請為法院調解之聲請。

②前項情形，調解不成立者，法院於調解不成立之日起二十日內，得依債務人之聲請，依原聲請程序續行之，並仍自原聲請時，發生程序繫屬之效力。

第四二條之二 101

①最大債權金融機構依本條例第一百五十一條第四項規定，當然爲其他金融機構之代理人，除有該項但書情形外，不得拒絕代理。
②前項最大債權金融機構就債務清理之協商或調解，得代理其他金融機構爲一切必要之行爲，並得使第三人代爲處理。

第四三條
①受請求協商之最大債權金融機構應依債務人提出之債權人清冊，通知全體債權人與債務人爲債務清償之協商。
②前項金融機構於協商不成立時，應付與債務人證明書。

第四四條　（刪除）101

第四四條之一　108
①債權人之債權移轉於第三人者，無論其移轉在債務人請求協商或聲請調解之前或後，移轉人或受移轉人應依本條例第一百五十一條之一第三項、第一百五十三條之一第四項規定，將債權移轉相關文件之正本、繕本或影本提出於最大債權金融機構或鄉、鎮、市、區調解委員會或法院。
②前項債權移轉包括債權讓與及法定移轉。
③債務人依本條例第一百五十三條之一第三項規定以言詞爲更生或清算之聲請者，法院書記官應記明筆錄。

第四四條之二　101
債務人依本條例第一百五十一條第一項聲請法院調解，不合程式或不備其他要件者，法院應以裁定駁回之。但其情形可以補正者，法院應定期間先命補正。

第四四條之三　106
債務人於協商或調解不成立後聲請更生或清算，法院不得以其未接受債權人於協商或調解程序所提債務清償方案爲由，駁回其更生或清算之聲請。

第四五條　108
①消費者依本條例第一百五十六條第一項規定聲請免責或復權，由宣告破產之地方法院管轄。
②消費者依本條例第一百五十六條第二項、第三項規定聲請免責，由裁定開始清算程序之地方法院管轄。

第四六條　100
①本細則自中華民國九十七年四月十一日施行。
②本細則修正條文自發布日施行。

陸、非訟事件法及相關法規

非訟事件法

①民國53年5月28日總統令制定公布全文96條。
②民國58年9月8日總統令修正公布全文107條。
③民國61年9月9日總統令修正公布全文112條。
④民國69年7月4日總統令修正公布第47、111條條文。
⑤民國72年11月9日總統令修正公布第32、62至64、80條條文。
⑥民國75年4月30日總統令修正公布第42、75、78、79條條文及第二章第五節節名；並增訂第75-1、75-2、77-1條條文。
⑦民國88年2月3日總統令增訂公布第71-1至71-11條條文。
⑧民國94年2月5日總統令修正公布全文198條；並自公布日起六個月施行。
⑨民國99年1月13日總統令修正公布第45、109、130、131、133、134、136、138、140、141、147、158、163、167、168、176、198條條文；增訂第131-1、131-2、138-1至138-6、139-1至139-3、140-1、140-2、141-1、141-2、169-1、169-2條條文及第四章第四節之一、第六節之一節名；刪除第139、160、161條條文；並自公布日施行。
⑩民國102年5月8日總統令修正公布第5、32、40、44、198條條文；增訂第30-1至30-3、35-1至35-3、46-1、74-1條條文；刪除第108至138-6、139-1至159、162至170條條文及第四章章名、第一至七節節名；並自公布日施行。
⑪民國104年2月4日總統令修正公布第104條條文。
⑫民國107年6月13日總統令修正公布第93、187、198條條文；並自公布後六個月施行。

第一章　總　則

第一節　事件管轄

第一條　（適用範圍）
法院管轄之非訟事件，除法律另有規定外，適用本法之規定。

第二條　（土地管轄）
①非訟事件之管轄，法院依住所而定者，在中華民國無住所或住所不明時，以在中華民國之居所視爲住所；無居所或居所不明者，以在中華民國最後之住所視爲住所。
②住所地之法院不能行使職權者，由居所地之法院管轄。
③無最後住所者，以財產所在地或司法院所在地之法院爲管轄法院。

第三條　（移送管轄—管轄之競合）
數法院俱有管轄權者，由受理在先之法院管轄之。但該法院得依聲請或依職權，以裁定將事件移送於認爲適當之其他管轄法院。

第四條　（事件管轄）
同一地方法院或分院及其簡易庭受理之事件，其事務分配辦法，由司法院定之。

第五條　（移送訴訟之準用）102
民事訴訟法第二十八條第一項及第二十九條至第三十一條之三規定，除別有規定外，於非訟事件準用之。

第六條　（指定管轄）
①有下列各款情形之一者，直接上級法院應依關係人之聲請或法院之請求，指定管轄：
　一　有管轄權之法院，因法律或事實不能行使職權者。
　二　因管轄區域境界不明，致不能辨別有管轄權之法院者。
　三　數法院於管轄權有爭議者。
②直接上級法院不能行使職權者，管轄之指定，由再上級法院爲之。

③指定管轄之裁定，不得聲明不服。

第七條　（土地管轄權）

非訟事件，除本法或其他法律有規定外，依其處理事項之性質，由關係人住所地、事務所或營業所所在地、財產所在地、履行地或行為地之法院管轄。

第八條　（管轄之時點）

定法院之管轄，以聲請或開始處理時為準。

第九條　（法院職員之迴避）

民事訴訟法有關法院職員迴避之規定，於非訟事件準用之。

第二節　關係人

第一〇條　（關係人之定義）

本法稱關係人者，謂聲請人、相對人及其他利害關係人。

第一一條　（當事人能力、訴訟能力及共同訴訟之準用）

民事訴訟法有關當事人能力、訴訟能力及共同訴訟之規定，於非訟事件關係人準用之。

第一二條　（訴訟代理人及輔佐人之準用）

民事訴訟法有關訴訟代理人及輔佐人之規定，於非訟事件之非訟代理人及輔佐人準用之。

第三節　費用之徵收及負擔

第一三條　（因財產權關係而聲請之非訟事件之徵收費用標準）

因財產權關係為聲請者，按其標的之金額或價額，以新臺幣依下列標準徵收費用：

一　未滿十萬元者，五百元。

二　十萬元以上未滿一百萬元者，一千元。

三　一百萬元以上未滿一千萬元者，二千元。

四　一千萬元以上未滿五千萬元者，三千元。

五　五千萬元以上未滿一億元者，四千元。

六　一億元以上者，五千元。

第一四條　（非因財產權關係而聲請之非訟事件之徵收費用標準）

①因非財產權關係為聲請者，徵收費用新臺幣一千元。

②因非財產權關係而為聲請，並為財產上之請求者，關於財產上之請求，不另徵收費用。

第一五條　（夫妻財產制契約及法人設立登記之費用徵收）

①夫妻財產制契約登記及法人設立登記，徵收費用新臺幣一千元。

②除前項登記外，有關夫妻財產制及法人之其他登記，每件徵收費用新臺幣五百元。

第一六條　（免徵費用）

非訟事件繫屬於法院後，處理終結前，繼續為聲請或聲明異議者，免徵費用。

第一七條　（抗告、再抗告之費用徵收）

對於非訟事件之裁定提起抗告者，徵收費用新臺幣一千元；再抗告者亦同。

第一八條　（登記簿、文件之謄本及證明書等之費用）

聲請付與法人登記簿、補發法人登記證書、夫妻財產制契約登記簿或管理財產報告及有關計算文件之謄本、繕本、影本或節本、法人及代表法人董事之印鑑證明書者，每份徵收費用新臺幣二百元。

第一九條　（非訟事件標的金額或價額之計算及費用徵收之準用）

關於非訟事件標的金額或價額之計算及費用之徵收，本法未規定者，準用民事訴訟費用有關之規定。

第二〇條　（郵務送達費及法院人員差旅費不另徵收）

郵務送達費及法院人員之差旅費不另徵收。但所需費用超過應徵收費用者，其超過部分，依實支數計算徵收。

第二一條　（費用負擔之原則）

①非訟事件程序費用，除法律另有規定外，由聲請人負擔。檢察官為聲請人時，由國庫支付。

②前項費用之負擔，有相對人者，準用民事訴訟法有關訴訟費用之規定。

第二二條　（無益費用之負擔）

因可歸責於關係人之事由，致生無益之費用時，法院得以裁定命其負擔費用之全部或一部。

第二三條　（費用之共同負擔）

民事訴訟法第八十五條之規定，於應共同負擔費用之人準用之。

第二四條　（關係人費用負擔之確定）

①依法應由關係人負擔費用者，法院裁定命關係人負擔時，應一併確定其數額。

②前項情形，法院於裁定前，得命關係人提出費用計算書及釋明費用額之證書。

第二五條　（費用之預納及墊付）

應徵收之費用，由聲請人預納。但法院依職權所為之處分，由國庫墊付者，於核實計算後，向應負擔之關係人徵收之。

第二六條　（未為費用預納之效果）

①第十三條、第十四條、第十五條及第十七條規定之費用，關係人未預納者，法院應限期命其預納；逾期仍不預納者，應駁回其聲請或抗告。

②第二十條及前項以外之費用，聲請人未預納者，法院得拒絕其聲請。

③前二項規定，於法人及夫妻財產制契約登記事件準用之。

第二七條　（費用裁定之效力）

對於費用之裁定，不得獨立聲明不服。

第二八條　（費用裁定之效力—執行名義）

對於費用之裁定，得為執行名義。

第四節　聲請及處理

第二九條　（聲請或陳述之程序）

①聲請或陳述，除另有規定外，得以書狀或言詞為之。

②以言詞為聲請或陳述時，應在法院書記官前為之。

③前項情形，法院書記官應作成筆錄，並於筆錄內簽名。

第三〇條　（聲請書狀或筆錄之應載事項）

①聲請書狀或筆錄，應載明下列各款事項：

一　聲請人之姓名、性別、出生年月日、身分證統一號碼、職業及住、居所；聲請人為法人、機關或其他團體者，其名稱及公務所、事務所或營業所。

二　有法定代理人、非訟代理人者，其姓名、性別、出生年月日、身分證統一號碼、職業及住、居所。

三　聲請之意旨及其原因、事實。

四　供證明或釋明用之證據。

五　附屬文件及其件數。

六　法院。

七　年、月、日。

②聲請人或其代理人，應於書狀或筆錄內簽名；其不能簽名者，得使他人代書姓名，由聲請人或其代理人蓋章或按指印。

③第一項聲請書狀及筆錄之格式，由司法院定之。

第三〇條之一　（聲請之審查及補正）102

非訟事件之聲請，不合程式或不備其他要件者，法院應以裁定駁回之。但其情形可以補正者，法院應定期間先命補正。

第三〇條之二　（命聲請人或相對人於期限內陳述意見）

法院收受聲請書狀或筆錄後，得定期間命聲請人以書狀或於期日就特定事項詳為陳述；有相對人者，並得送達聲請書狀繕本或筆錄於相對人，限期命其陳述意見。

第三〇條之三　（參與程序之聲請及通知）102

①因程序之結果而法律上利害受影響之人，得聲請參與程序。

②法院認為必要時，得依職權通知前項之人參與程序。

第三一條　（送達、期日、期間、證據之準用）

民事訴訟法有關送達、期日、期間及證據之規定，於非訟事件準用之。

第三二條　（事實、證據之調查及闡明義務）102

①法院應依職權或依聲請，調查事實及必要之證據。

②法院為調查事實，得命關係人或法定代理人本人到場。

③法院認為關係人之聲明或陳述不明瞭或不完足者，得曉諭其敘明或補充之。

④關係人應協力於事實及證據之調查。

⑤關係人就其提出之事實，應為真實、完全及具體之陳述。

第三三條　（調查、通知及裁定執行之囑託）

關於事實及證據之調查、通知及裁定之執行，得依囑託為之。

第三四條　（秘密審理原則）

訊問關係人、證人或鑑定人，不公開之。但法院認為適當時得許旁聽。

第三五條　（訊問筆錄）

訊問應作成筆錄。

第三五條之一　（訴訟程序停止之準用）102

民事訴訟法第一百六十八條至第一百八十條及第一百八十八條規定，於非訟事件準用之。

第三五條之二　（聲明承受程序及無人承受之程序續行）102

①聲請人因死亡、喪失資格或其他事由致不能續行程序，而無依法令得續行程序之人，其他有聲請權人得於該事由發生時起十日內聲明承受程序；法院亦得依職權通知於一定期間內聲明承受程序。

②依聲請或依職權開始之事件，雖無人承受程序，法院認為必要時，應續行之。

第三五條之三　（和解成立之效力與無效、得撤銷時程序之保障）102

①聲請人與相對人就得處分之事項成立和解者，於作成和解筆錄時，發生與本案確定裁定同一之效力。

②前項和解有無效或得撤銷之原因者，聲請人或相對人得請求依原程序繼續審理，並準用民事訴訟法第三百八十條第四項規定。

③因第一項和解受法律上不利影響之第三人，得請求依原程序撤銷或變更和解對其不利部分，並準用民事訴訟法第五編之一第三人撤銷訴訟程序之規定。

第五節　裁定及抗告

第三六條　（非訟事件處分之形式—裁定）

①非訟事件之裁判，除法律另有規定外，由獨任法官以裁定行之。

②命關係人為一定之給付及科處罰鍰之裁定，得為執行名義。

③民事訴訟法第二百三十二條、第二百三十三條及第二百三十六條至第二百三十八條之規定，於第一項裁定準用之。

第三七條　（裁定書）

①裁定應作成裁定書，由法官簽名。但得於聲請書或筆錄上記載裁定，由法官簽名以代原本。

②裁定之正本及節本，由書記官簽名，並蓋法院印信。

第三八條　（裁定之送達）

①裁定應送達於受裁定之人；必要時，並得送達於已知之利害關係人。

②因裁定而權利受侵害者，得聲請法院付與裁定書。

第三九條　（裁定確定證明書）

①關係人得聲請法院付與裁定確定證明書。

②裁定確定證明書，由最初為裁定之法院付與之。但卷宗在上級法院者，由上級法院付與之。

第四〇條　（裁定之撤銷或變更）102

①法院認為不得抗告之裁定不當時，得撤銷或變更之。

②因聲請而為裁定者，其駁回聲請之裁定，非因聲請不得依前項規定為撤銷或變更之。

③裁定確定後而情事變更者，法院得撤銷或變更之。

④法院為撤銷或變更裁定前，應使關係人有陳述意見之機會。

⑤裁定經撤銷或變更之效力，除法律別有規定外，不溯及既往。

第四一條　（抗告）

①因裁定而權利受侵害者，得為抗告。

②駁回聲請之裁定，聲請人得為抗告。

③因裁定而公益受侵害者，檢察官得為抗告。

第四二條　（抗告期間）

①受裁定送達之人提起抗告，應於裁定送達後十日之不變期間內為之。但送達前之抗告，亦有效力。

②未受裁定送達之人提起抗告，前項期間應自其知悉裁定時起算。但裁定送達於受裁定之人後已逾六個月，或因裁定而生之程序已終結者，不得抗告。

第四三條　（抗告之方式）

①抗告應向為裁定之原法院提出抗告狀，或以言詞為之。

②以言詞為抗告時，準用第二十九條第二項、第三項之規定。

第四四條　（抗告裁定）102

①抗告，除法律另有規定外，由地方法院以合議裁定之。

②抗告法院為裁定前，應使因該裁定結果而法律上利益受影響之關係人有陳述意見之機會。但抗告法院認為不適當者，不在此限。

③抗告法院之裁定，應附理由。

第四五條　（再抗告）99

①抗告法院之裁定，以抗告不合法而駁回者，不得再為抗告。但得向原法院提出異議。

②前項異議，準用民事訴訟法第四百八十四條第二項及第三項之規定。

③除前二項之情形外，對於抗告法院之裁定再為抗告，僅得以其適用法規顯有錯誤為理由。

第四六條　（抗告程序之準用）

抗告及再抗告，除本法另有規定外，準用民事訴訟法關於抗告程序之規定。

第四六條之一　（再審程序之準用）102

①民事訴訟法第五編再審程序之規定，於非訟事件之確定裁定準用之。

②除前項規定外，有下列各款情形之一者，不得更以同一事由聲請再審：

　一　已依抗告、聲請再審、聲請撤銷或變更裁定主張其事由，經以無理由駁回者。

　二　知其事由而不為抗告；或抗告而不為主張，經以無理由駁回者。

第四七條　（命其履行及連續處罰）

①因法院之裁定有為一定行為、不為一定行為或忍受一定行為之義務者，經命其履行而不履行時，除法律另有規定外，得處新臺幣三萬元以下罰鍰，並得繼續命其履行及按次連續各處新臺幣三萬元以下罰鍰。

②前項裁定，應附理由，於裁定前應為警告。

③對於第一項裁定，得為抗告；抗告中應停止執行。

第四八條　（非訟事件文書保存、利用及其限制）

民事訴訟法第二百四十一條至第二百四十三條之規定，於非訟事件準用之。

第四九條　（不認外國法院裁判之情形）

外國法院之確定非訟事件之裁判，有下列各款情形之一者，不認其效力：

一　依中華民國之法律，外國法院無管轄權者。

二　利害關係人為中華民國人，主張關於開始程序之書狀或通知未及時受送達，致不能行使其權利者。

三　外國法院之裁判，有背公共秩序或善良風俗者。

四　無相互之承認者。但外國法院之裁判，對中華民國人並無不利者，不在此限。

第六節　司法事務官處理程序

第五〇條　（移轉司法事務官處理之準用規定）

非訟事件，依法律移由司法事務官處理者，依本法之規定；本法未規定者，準用其他法律關於法院處理相同事件之規定。

第五一條　（調查事實及證據）

司法事務官處理受移轉之非訟事件，得依職權調查事實及必要之證據。但命為具結之調查，應報請法院為之。

第五二條　（文書名稱及應載事項）

司法事務官處理受移轉之非訟事件或兼辦其他事務作成之文書，其名稱及應記載事項，各依有關法律之規定。

第五三條　（文書正本節本及確定證明書之製作及核發）

①司法事務官就受移轉之非訟事件所為處分，其文書正本或節本，由司法事務官簽名，並蓋法院印信。

②司法事務官在地方法院簡易庭處理受移轉之非訟事件時，前項文書正本或節本，得僅蓋該簡易庭之關防。

③第一項處分確定後，由司法事務官付與確定證明書。

第五四條　（確定處分之效力）

司法事務官就受移轉之非訟事件所為處分，與法院所為者有同一之效力。

第五五條　（處分事件之救濟程序）

①聲請人或權利受侵害者，對於司法事務官就受移轉事件所為之處分，得依各該事件適用原由法院所為之救濟程序，聲明不服。

②前項救濟程序應為裁定者，由地方法院行之。

③對於前項裁定，得依第四十五條規定向直接上級法院提起再抗告。

第五六條　（對終局處分提出異議及裁定）

①當事人對於司法事務官就受移轉事件所為之終局處分，如由法院裁定無救濟方法時，仍得於處分送達後十日之不變期間內，以書狀向司法事務官提出異議。

②司法事務官認前項異議為有理由時，應另為適當之處分；認異議為無理由者，應送請法院裁定之。

③法院認第一項之異議為有理由時，應自為適當之裁定；認異議為無理由者，應以裁定駁回之。

④前項裁定，應敘明理由，並送達於當事人。

⑤對於第三項之駁回裁定，不得聲明不服。

第五七條　（異議程序之費用）

前條異議程序免徵費用。

第五八條　（提存及登記事務之適用、名義及處分效力）

①司法事務官兼辦提存或法人及夫妻財產制契約登記事務，適用各該法令之規定，並應

以提存所主任或登記處主任名義行之。
②司法事務官兼辦前項事務所爲處分，與提存所主任或登記處主任所爲者有同一之效力。

第二章　民事非訟事件

第一節　法人之監督及維護事件

第五九條　（法人監督及維護之管轄法院）
民法第三十三條第二項之請求解除董事或監察人職務事件、第三十六條之請求宣告解散事件、第三十八條、第三十九條及第四十二條之有關法人清算事件、第五十一條第三項之許可召集總會事件、第五十八條之聲請解散事件、第六十二條之聲請必要處分事件及第六十三條之聲請變更組織事件，均由法人主事務所所在地之法院管轄。

第六〇條　（法人宣告解散聲請應具之文件）
主管機關、檢察官或利害關係人依民法第三十六條或第五十八條規定，聲請法院宣告解散法人時，應附具應爲解散之法定事由文件；由利害關係人聲請者，並應釋明其利害關係。

第六一條　（其他監督及維護之聲請）
①主管機關或檢察官依下列規定爲聲請時，應附具法定事由之文件；其他聲請人爲聲請時，並應附具資格之證明文件：
一　民法第三十八條之聲請選任清算人。
二　民法第六十二條之聲請法院爲必要處分。
三　民法第六十三條之聲請變更財團組織。
②主管機關依民法第三十三條第二項規定，請求法院解除法人董事或監察人職務時，應附具法定事由之文件。
③社團之社員依民法第五十一條第三項規定，請求法院爲召集總會之許可時，應附具法定事由及資格證明之文件。

第六二條　（法院徵詢主管機關之情形）
法院依民法第六十二條爲必要之處分及第六十三條變更財團之組織前，應徵詢主管機關之意見。但由主管機關聲請者，不在此限。

第六三條　（法院通知檢察官陳述意見之情形）
法院依民法第三十六條或第五十八條宣告法人解散、第三十八條選任清算人、第六十條第三項指定遺囑執行人、第六十二條爲必要之處分及第六十三條變更財團之組織前，得通知檢察官陳述意見。

第六四條　（法人臨時管理人之選任、職權及報酬）
①法人之董事一人、數人或全體不能或怠於行使職權，或對於法人之事務有自身利害關係，致法人有受損害之虞時，法院因主管機關、檢察官或利害關係人之聲請，得選任臨時董事代行其職權。但不得爲不利於法人之行爲。
②法院爲前項裁定前，得徵詢主管機關、檢察官或利害關係人之意見。
③法院得按代行事務性質、繁簡、法人財務狀況及其他情形，命法人酌給第一項臨時董事相當報酬；其數額由法院徵詢主管機關、檢察官或利害關係人意見後定之。

第六五條　（囑託登記之情形）
法院依民法第三十三條第二項解除董事或監察人職務、第三十六條或第五十八條宣告法人解散、第三十八條選任清算人、第三十九條解除清算人職務、第六十三條變更財團組織及依前條選任臨時董事者，應囑託登記處登記。

第二節　意思表示之公示送達事件

第六六條　（不知相對人姓名之公示送達）

民法第九十七條之聲請公示送達事件，不知相對人之姓名時，由表意人住所地之法院管轄；不知相對人之居所者，由相對人最後住所地之法院管轄。

第三節　出版、拍賣及證書保存事件

第六七條　（再出新版事件之管轄法院）

民法第五百十八條第二項所定聲請再出新版事件，由出版人營業所所在地或住所地之法院管轄。

第六八條　（許可出版契約繼續之聲請及管轄法院）

①民法第五百二十七條第二項所定許可繼續出版契約關係之聲請，得由出版權授與人或其繼承人、法定代理人或出版人爲之。

②前項聲請事件，由出版人營業所所在地或住所地之法院管轄。

第六九條　（拍賣之證明機關）

民法債編施行法第二十八條所定之證明，由應變賣地公證人、警察機關、商業團體或自治機關爲之。

第七〇條　（共有物分割後共有物證書之保存事件）

①民法第八百二十六條第二項所定證書保存人之指定事件，由共有物分割地之法院管轄。

②法院於裁定前，應訊問共有人。

③指定事件之程序費用，由分割人共同負擔之。

第七一條　（其他共有財產權證書之保存事件）

前條之規定，於所有權以外之財產權，由數人共有或公同共有者準用之。

第七二條　（抵押物拍賣事件之管轄法院）

民法所定抵押權人、質權人、留置權人及依其他法律所定擔保物權人聲請拍賣擔保物事件，由拍賣物所在地之法院管轄。

第七三條　（擔保債權發生爭執之拍賣）

①法定抵押權人或未經登記之擔保物權人聲請拍賣擔保物事件，如債務人就擔保物權所擔保債權之發生或其範圍有爭執時，法院僅得就無爭執部分裁定准許拍賣之。

②法院於裁定前，應使債務人有陳述意見之機會。

第七四條　（最高限額抵押權人聲請拍賣）

最高限額抵押權人聲請拍賣抵押物事件，法院於裁定前，就抵押權所擔保之債權額，應使債務人有陳述意見之機會。

第七四條之一　（爭執部分之曉諭及訴訟相關規定之準用）102

①第七十二條所定事件程序，關係人就聲請所依據之法律關係有爭執者，法院應曉諭其得提起訴訟爭執之。

②前項情形，關係人提起訴訟者，準用第一百九十五條規定。

第四節　信託事件

第七五條　（財產信託之管轄法院）

①信託法第十六條所定聲請變更信託財產管理方法事件、第二十八條第二項所定聲請信託事務之處理事件、第三十五條第一項第三款所定聲請許可將信託財產轉爲自有財產或於該信託財產上設定或取得權利事件、第三十六條第一項但書所定受託人聲請許可辭任事件、第二項所定聲請解任受託人事件、第五十二條第一項所定聲請選任信託監察人事件、第五十六條所定信託監察人聲請酌給報酬事件、第五十七條所定聲請許可信託監察人辭任事件、第五十八條所定聲請解任信託監察人事件、第五十九條所定聲請選任新信託監察人事件及第六十條第二項所定聲請檢查信託事務、選任檢查人及命爲其他必要之處分事件，均由受託人住所地之法院管轄。

②信託法第三十六條第三項所定聲請選任新受託人或爲必要之處分事件，由原受託人住

所地之法院管轄。
③前二項之受託人或原受託人有數人，其住所不在一法院管轄區域內者，各該住所地之法院俱有管轄權。
④信託法第四十六條所定聲請選任受託人事件，由遺囑人死亡時住所地之法院管轄。

第七六條　（信託事務之監督、處理及裁定）
①信託法第六十條第一項所定信託事務之監督，由受託人住所地之法院為之。
②法院對於信託事務之監督認為必要時，得命提出財產目錄、收支計算表及有關信託事務之帳簿、文件，並得就信託事務之處理，訊問受託人或其他關係人。
③前項裁定，不得聲明不服。

第七七條　（信託監察人之解任）
法院選任之信託監察人有信託法第五十八條所定解任事由時，法院得依職權解任之，並同時選任新信託監察人。

第七八條　（選任解任受託人或信託監察人之裁定）
①法院選任或解任受託人或信託監察人時，於裁定前得訊問利害關係人。
②對於法院選任或解任受託人或信託監察人之裁定，不得聲明不服。

第七九條　（選任檢查人）
對於法院選任檢查人之裁定，不得聲明不服。

第八〇條　（選任檢查人之準用）
第一百七十三條規定，於法院依信託法第六十條規定選任之檢查人，準用之。

第八一條　（檢查人之報酬）
法院得就信託財產酌給檢查人相當報酬；其數額由法院徵詢受託人意見後酌定之，必要時，並得徵詢受益人、信託監察人之意見。

第三章　登記事件

第一節　法人登記

第八二條　（法人登記之主管機關）
①法人登記事件，由法人事務所所在地之法院管轄。
②前項登記事務，由地方法院登記處辦理之。

第八三條　（法人登記簿）
登記處應備置法人登記簿。

第八四條　（法人設立登記之聲請及文件）
①法人設立之登記，除依民法第四十八條第二項及第六十一條第二項規定辦理外，並應附具下列文件：
　一　主管機關許可或核准之文件。
　二　董事資格之證明文件。設有監察人者，其資格之證明文件。
　三　社員名簿或財產目錄，並其所有人名義為法人籌備處之財產證明文件。
　四　法人及其董事之簽名式或印鑑。
②法人辦理分事務所之登記時，應附具下列文件：
　一　主管機關許可或核准之文件。
　二　分事務所負責人資格之證明文件。
　三　分事務所及其負責人之簽名式或印鑑。

第八五條　（法人事務所新設、遷移等事項登記之聲請）
①法人以事務所之新設、遷移或廢止，其他登記事項之變更，而為登記或為登記之更正及註銷者，由董事聲請之。
②為前項聲請者，應附具聲請事由之證明文件；其須主管機關核准者，並應加具核准之證明文件。

第八六條　（法人登記證書）

①登記處於登記後，應發給專用於辦理法人取得財產登記之登記簿謄本，並限期命聲請人繳驗法人已取得財產目錄所載財產之證明文件，逾期撤銷其設立登記，並通知主管機關。

②聲請人繳驗前項財產證明文件後，登記處應發給法人登記證書，並通知其主管機關及稅捐機關。

③法人登記證書滅失或毀損致不堪用者，得聲請補發。

第八七條　（印鑑證明書）

①法人聲請登記時所使用之印鑑，得由法人預納費用，向登記處聲請核發印鑑證明書。

②前項印鑑證明書，登記處認有必要時，得記載其用途。

第八八條　（法人解散許可登記之聲請）

①法人解散之登記，由清算人聲請之。

②為前項聲請者，應附具清算人資格及解散事由之證明文件。

③已成立之法人，經主管機關撤銷許可者，準用前二項之規定。

④法人因法院或其他有關機關命令解散者，登記處應依有關機關囑託為解散之登記。

第八九條　（法人清算程序之規用準用）

法人依本法規定撤銷或註銷其設立登記者，其清算程序，除本法別有規定外，準用民法關於法人清算之規定。

第九〇條　（法人之清算人任免或變更登記之聲請）

①法人之清算人任免或變更之登記，由現任清算人聲請之。

②為前項聲請者，應附具清算人任免或變更之證明文件。

第九一條　（法人清算終結之登記）

①法人清算終結之登記，由清算人聲請之。

②為前項聲請者，應附具清算各事項已得承認之證明文件。

第九二條　（法人登記之補正）

法人登記之聲請有違反法律、不合程式或其他欠缺而可以補正者，登記處應酌定期間，命聲請人補正後登記之。逾期不補正者，駁回其聲請。

第九三條　（法人登記事項之公告）107

①法人已登記之事項，登記處應於登記後三日內於公告處公告七日以上。

②除前項規定外，登記處應命將公告之繕本或節本，公告於法院網站；登記處認為必要時，並得命登載於公報或新聞紙。

③公告與登記不符者，以登記為準。

第九四條　（登記錯誤或遺漏之更正）

①聲請人發見登記錯誤或遺漏時，得聲請登記處更正之。

②登記處發見因聲請人之錯誤或遺漏致登記錯誤或遺漏者，應限期命聲請人聲請更正，逾期不聲請更正者，登記處應於登記簿附記其應更正之事由。

③因登記處人員登記所生之顯然錯誤或遺漏，登記處經法院院長許可，應速為登記之更正。

④前三項經更正後，應即通知聲請人及利害關係人。

第九五條　（註銷登記之情形）

登記處於登記後，發見有下列各款情形之一者，經法院院長之許可，應註銷其登記，並通知聲請人及利害關係人。但其情形可以補正者，應定期間先命補正：

一　事件不屬該登記處之法院管轄者。

二　聲請登記事項不適於登記者。

三　應提出之證明文件不完備者。

四　所提出之財產目錄，其記載與證明文件不相符者。

五　聲請不備其他法定要件者。

第九六條　（異議之提出）

關係人認登記處處理登記事務違反法令或不當時，得於知悉後十日內提出異議。但於處理事務完畢後已逾二個月時，不得提出異議。

第九七條　（異議之裁定）

①登記處如認前條之異議為有理由時，應於三日內為適當之處置。如認為無理由時，應附具意見於三日內送交所屬法院。

②法院認異議為有理由者，應以裁定命登記處為適當之處置。認異議為無理由者，應駁回之。

③前項裁定，應附理由，並送達於登記處、異議人及已知之利害關係人。

第九八條　（更正撤銷或註銷登記之規定準用）

法人之登記經更正、撤銷或註銷確定者，準用第九十三條之規定。

第九九條　（法人登記之銷結）

法人登記自為清算終結之登記後，即行銷結。

第一〇〇條　（外國法人之登記）

①本法有關法人登記之規定，於外國法人之登記準用之。但法令有特別規定者，不在此限。

②外國法人經認許設立事務所者，其事務所之聲請設立登記，由該法人之董事或其在中華民國之代表人為之。

③前項聲請，除提出認許之文件外，並應附具經中華民國駐外機構認證或證明之下列文件：

一　法人名稱、種類及其國籍。

二　法人之組織章程或捐助章程。

三　董事或在中華民國代表人資格之證明文件。

第二節　夫妻財產制契約登記

第一〇一條　（契約登記之管轄法院）

①民法有關夫妻財產制契約之登記，由夫妻住所地之法院管轄；不能在住所地為登記或其主要財產在居所地者，得由居所地之法院管轄。

②不能依前項規定定管轄之法院者，由司法院所在地之法院管轄。

③前二項登記事務，由地方法院登記處辦理之。

第一〇二條　（遷移之陳報）

①依前條規定為登記之住所或居所遷移至原法院管轄區域以外時，應為遷移之陳報。

②前項陳報，得由配偶之一方為之；陳報時應提出原登記簿謄本。

第一〇三條　（契約登記簿之備置）

登記處應備置夫妻財產制契約登記簿。

第一〇四條　（契約登記聲請應附具之文件）104

①夫妻財產制契約之登記，應附具下列文件，由契約當事人雙方聲請之。但其契約經公證者，得由一方聲請之：

一　夫妻財產制契約。

二　財產目錄及其證明文件；其財產依法應登記者，應提出該管登記機關所發給之謄本。

三　夫及妻之簽名式或印鑑。

②法院依民法規定，宣告改用分別財產制者，應於裁判確定後囑託登記處登記之。

第一〇五條　（契約登記之準用）

第九十二條至第九十八條之規定，於夫妻財產制契約之登記準用之。

第一〇六條　（契約登記簿之閱覽）

①法人或夫妻財產制契約登記簿，任何人得向登記處聲請閱覽、抄錄或攝影，或預納費用聲請付與謄本。

②前項登記簿之附屬文件，利害關係人得敘明理由，聲請閱覽、抄錄或攝影。但有妨害關係人隱私或其他權益之虞者，登記處得拒絕或限制其範圍。

第一〇七條　（契約登記規則之訂定）

法人及夫妻財產制契約登記規則，由司法院定之。

第四章　（刪除）102

第一〇八條至第一七〇條　（刪除）102

第五章　商事非訟事件

第一節　公司事件

第一七一條　（管轄法院）

公司法所定由法院處理之公司事件，由本公司所在地之法院管轄。

第一七二條　（公司裁定解散之聲請方式）

①公司裁定解散事件，有限責任股東聲請法院准其檢查公司帳目、業務及財產事件，股東聲請法院准其退股及選派檢查人事件，其聲請應以書面為之。

②前項事件，法院為裁定前，應訊問利害關係人。

③第一項事件之裁定應附理由。

第一七三條　（檢查人之報告及法院之訊問）

①檢查人之報告，應以書面為之。

②法院就檢查事項認為必要時，得訊問檢查人。

第一七四條　（檢查人之報酬）

檢查人之報酬，由公司負擔；其金額由法院徵詢董事及監察人意見後酌定之。

第一七五條　（選派或解任公司清算人、檢查人之裁定效力及其費用之負擔）

①對於法院選派或解任公司清算人、檢查人之裁定，不得聲明不服。但法院依公司法第二百四十五條第一項規定選派檢查人之裁定，不在此限。

②前項但書之裁定，抗告中應停止執行。

③第一項事件之聲請為有理由時，程序費用由公司負擔。

第一七六條　（選派清算人資格之限制）

有下列情形之一者，不得選派為清算人：

一　未成年人。

二　受監護或輔助宣告之人。

三　褫奪公權尚未復權。

四　受破產宣告尚未復權。

五　曾任清算人而被法院解任。

第一七七條　（選任清算人報酬之準用）

第一百七十四條之規定，於法院選派之清算人準用之。

第一七八條　（清算人就任之聲報）

①公司法所定清算人就任之聲報，應以書面為之。

②前項書面，應記載清算人之姓名、住居所及就任日期，並附具下列文件：

一　公司解散、撤銷或廢止登記之證明。

二　清算人資格之證明。

第一七九條　（普通清算程序之聲請）

公司法所定股東或股東會解任清算人之聲報、清算人所造具資產負債表或財務報表及財產目錄之聲報、清算人展期完結清算之聲請及法院許可清算人清償債務之聲請，應以書面為之。

第一八〇條　（清算完結聲報應附具文件）

公司法所定清算完結之聲報，應以書面爲之，並附具下列文件：

一　結算表冊經股東承認之證明或清算期內之收支表、損益表經股東會承認之證明。

二　經依規定以公告催告申報債權及已通知債權人之證明。

第一八一條　（指定簿冊文件保存人之裁定效力及其費用之負擔）

①對於法院依公司法規定指定公司簿冊及文件保存人之裁定，不得聲明不服。

②前項程序費用，由公司負擔。

第一八二條　（收買股份價格之裁定事件）

①公司法所定股東聲請法院爲收買股份價格之裁定事件，法院爲裁定前，應訊問公司負責人及爲聲請之股東；必要時，得選任檢查人就公司財務實況，命爲鑑定。

②前項股份，如爲上櫃或上市股票，法院得斟酌聲請時當地證券交易實際成交價格核定之。

③第一項檢查人之報酬，經法院核定後，除有第二十二條之情形外，由爲聲請之股東及公司各負擔二分之一。

④對於收買股份價格事件之裁定，應附理由，抗告中應停止執行。

第一八三條　（臨時管理人）

①公司法第二百零八條之一所定選任臨時管理人事件，由利害關係人或檢察官向法院聲請。

②前項聲請，應以書面表明董事會不爲或不能行使職權，致公司有受損害之虞之事由，並釋明之。

③第一項事件，法院爲裁定前，得徵詢主管機關、檢察官或其他利害關係人之意見。

④第一項事件之裁定，應附理由。

⑤法院選任臨時管理人時，應囑託主管機關爲之登記。

第一八四條　（公司債債權人會議決議之認可申報之申報人及裁定）

①公司法第二百六十四條所定公司債債權人會議決議認可事件，由公司債債權人之受託人或債權人會議指定之人向法院申報。

②第一百七十二條第二項及前條第四項規定，於前項申報事件之裁定準用之。

第一八五條　（公司重整程序之裁定）

①就公司重整程序所爲各項裁定，除公司法另有規定外，準用第一百七十二條第二項之規定。

②前項裁定，應附理由；其認可重整計畫之裁定，抗告中應停止執行。

第一八六條　（公司重整財產保全處分之登記或註冊）

①依公司法第二百八十七條第一項第一款及第六款所爲之財產保全處分，如其財產依法應登記者，應囑託登記機關登記其事由；其財產依法應註冊者亦同。

②駁回重整聲請裁定確定時，法院應囑託登記或註冊機關塗銷前項事由之登記。

第一八七條　（法院有關公司重整處分之公告）107

①依公司法第二百八十七條第一項第二款、第三款及第五款所爲之處分，應黏貼法院公告處，自公告之日起發生效力；必要時，並得登載本公司所在地之新聞紙或公告於法院網站。

②駁回重整聲請裁定確定時，法院應將前項處分已失效之事由，依原處分公告方法公告之。

第一八八條　（重整計畫之認可、變更與終止及重整完成等裁定之公告）

①依公司法第三百零五條第一項、第三百零六條第二項至第四項及第三百十條第一項所爲裁定，應公告之，毋庸送達。

②前項裁定及准許開始重整之裁定，其利害關係人之抗告期間，應自公告之翌日起算。

③第一項之公告方法，準用前條第一項之規定。

④准許開始重整之裁定，如經抗告者，在駁回重整聲請裁定確定前，不停止執行。

第一八九條　（命令開始特別清算與清算協定之認可及變更等事件之裁定）

公司法第三百三十五條第一項命令開始特別清算、第三百五十條第二項及第三百五十一條協定之認可或變更，準用第一百七十二條第二項、第一百八十二條第四項及前條之規定。

第一九〇條　（特別清算程序中應聲請法院處理事件之聲請及準用）

①公司法所定特別清算程序中應聲請法院處理之事件，其聲請應以書面為之。

②前項事件，準用第一百七十二條第二項之規定。

第一九一條　（法院對公司清算所為之保全及禁止處分之登記、註冊與公告）

公司法第三百五十四條第一款、第二款及第六款之處分，準用第一百八十六條及第一百八十七條之規定。

第一九二條　（破產財團債務之認定）

依公司法第三百五十五條宣告破產時，其在特別清算程序之費用，視為破產財團債務。

第二節　海商事件

第一九三條　（寄存貨物拍賣事件之管轄法院）

海商法第五十一條第三項所定貨物拍賣事件，由貨物應受領地之法院管轄。

第三節　票據事件

第一九四條　（本票強制執行事件之管轄法院）

①票據法第一百二十三條所定執票人就本票聲請法院裁定強制執行事件，由票據付款地之法院管轄。

②二人以上為發票人之本票，未載付款地，其以發票地為付款地，而發票地不在一法院管轄區域內者，各該發票地之法院俱有管轄權。

第一九五條　（偽造或變造本票確認之訴之提起及其效力）

①發票人主張本票係偽造、變造者，於前條裁定送達後二十日內，得對執票人向為裁定之法院提起確認之訴。

②發票人證明已依前項規定提起訴訟時，執行法院應停止強制執行。但得依執票人聲請，許其提供相當擔保，繼續強制執行，亦得依發票人聲請，許其提供相當擔保，停止強制執行。

③發票人主張本票債權不存在而提起確認之訴不合於第一項之規定者，法院依發票人聲請，得許其提供相當並確實之擔保，停止強制執行。

第六章　附　則

第一九六條　（施行細則）

①本法施行細則，由司法院定之。

②本法未規定及新增之非訟事件，其處理辦法由司法院定之。

第一九七條　（本法施行前已繫屬事件之管轄權及審理程序）

本法施行前已繫屬之事件，其法院管轄權及審理程序依下列之規定：

一　地方法院未為終局裁定者，依本法修正後之規定。

二　地方法院已為終局裁定尚未送抗告法院者，依本法修正後之規定。

三　抗告法院未為終局裁定者，依本法修正前之規定。

第一九八條　（施行日）107

①本法自公布日起六個月施行。

②本法修正條文，除中華民國一百零七年五月二十二日修正之條文自公布後六個月施行外，自公布日施行。

非訟事件法施行細則

①民國69年7月30日司法院令訂定發布全文31條。
②民國84年12月20日司法院令修正發布第2、17、18、21至24、27條條文。
③民國93年11月29日司法院令修正發布第3條條文。
④民國94年9月13日司法院令修正發布全文29條；並自發布日施行。
⑤民國102年6月19日司法院令增訂發布第2-1、11-1、24-1條條文；並刪除第13、23條條文。

第一條
本細則依非訟事件法第一百九十六條第一項之規定訂定之。

第二條
① 本法所定非訟事件，除登記事件外，由地方法院或分院民事庭或簡易庭辦理之。
② 地方法院設登記處辦理法人登記及夫妻財產制契約登記。

第二條之一　102
普通法院認其無受理非訟事件之權限者，應依職權裁定移送至有受理權限之管轄法院。

第三條
登記處，應置下列簿冊：
一　登記事件收件簿。
二　法人登記簿。
三　夫妻財產制契約登記簿。
四　法人簽名式或印鑑簿。
五　夫妻財產制契約登記簽名式或印鑑簿。
六　登記事件檔案簿及索引簿。
七　其他依法令應備置之簿冊。

第四條
前條第一款至第五款所定之簿冊，於未為記載前，應於封面加蓋院印，並記明頁數。其每頁騎縫處應加蓋騎縫章。

第五條
登記事件簿冊，應連續使用，並於封面記明起用年月。

第六條
非訟事件之編號、計數、報結，依民刑案件編號、計數、報結之規定為之。

第七條
非訟事件書狀之格式，依民事訴訟書狀之規定。

第八條
非訟事件之筆錄，依民事訴訟法關於筆錄之規定。

第九條
遇有以言詞為聲請或陳述時，應即時由法院書記官依非訟事件法第二十九條之規定，製作筆錄，分案處理。

第一〇條
法院依非訟事件法第三十二條第一項及第三十三條之規定，為調查事實及證據時，如以文書為之者，得斟酌情形以密件處理。

第一一條
法院依非訟事件法第三十四條但書之規定，准許旁聽時，應記明筆錄。

第一一條之一 102
①非訟事件之和解，應就爲程序標的且屬聲請人與相對人得以合意處分之事項爲之。
②和解筆錄，應於和解成立之日起十日內，以正本送達於聲請人及相對人；必要時，並得送達於已知之利害關係人。

第一二條
非訟事件裁定之程式，參照民事裁定之規定。

第一三條 （刪除）102

第一四條
非訟事件裁定正本之送達，自法院書記官收領裁定原本時起，至遲不得逾七日。

第一五條
依非訟事件法第三十八條第二項聲請付與裁定書之權利受侵害人，應釋明其法律上之利害關係。

第一六條
法官依非訟事件法第四十條之規定，就裁定爲撤銷或變更者，應附理由。

第一七條
①原法院收受抗告狀或言詞抗告時，法院書記官應即送法官審閱。除應撤銷或變更原裁定或逕行駁回其抗告者外，應於抗告期間屆滿後七日內檢卷送抗告法院。
②前項卷宗，如爲原法院所需用者，得自備繕本或節本。

第一八條
非訟事件法第四十七條第二項所定警告，得以言詞爲之，但須記明筆錄。

第一九條
法人登記簿及夫妻財產制契約登記簿，應永久保存。

第二〇條
登記事件簿冊及附屬文件應妥愼保管，如發現有滅失之危險時，地方法院院長應速爲必要之處置，並陳報高等法院。

第二一條
①非訟事件裁定原本一部或全部滅失時，承辦書記官應即將滅失之事由及年月日，陳明地方法院院長。並請核定六個月以上之限期，徵求非訟事件裁定正本或繕本，依式作成新正本保存之。
②前項新正本內，應記明原本滅失之事由及年月日，新正本作成之年月日，由法官簽名蓋院印。

第二二條
登記事件簿冊滅失時，法院應補製之，並將滅失簿冊之種類、件數、滅失之事由及年月日，陳報高等法院轉陳司法院備案。

第二三條 （刪除）102

第二四條
依公司法之規定爲清算人之聲報時，應附具向主管機關申請解散登記之證明文件、股東名冊、選舉清算人之股東會紀錄及資產負債表。

第二四條之一 102
第一審法院依非訟事件法第七十二條爲准許拍賣之裁定時，其裁定正本應附載下列文句：「一、如不服本裁定，應於裁定送達後十日內，向本院提出抗告狀。二、關係人如就聲請所依據之法律關係有爭執者，得提起訴訟爭執之。」

第二五條
依非訟事件法第一百九十五條第二項但書規定，執票人聲請許其提供相當擔保繼續強制執行或發票人聲請許其提供相當擔保停止強制執行事件，由同條第一項之受訴法院裁定之。

第二六條
第一審法院依非訟事件法第一百九十四條及第一百九十五條爲准許本票強制執行之裁

定時，其裁定正本應附載下列文句：「一、如不服本裁定，應於裁定送達後十日之不變期間內，向本院提出抗告狀。二、發票人如主張本票係偽造、變造者，得於接到本裁定後二十日內，對執票人向本院另行提起確認債權不存在之訴。」

第二七條

本細則施行前，各法院已受理之非訟事件尚未終結者，依本細則辦理之。但本法第一百九十七條第三款所定者，依實施前之規定。

第二八條

修正非訟事件法有新增法定期間者，其期間自修正非訟事件法施行之日重行起算。

第二九條

本細則自發布日施行。

非訟事件徵收費用標準表

非訟事件法第一三條

因財產權關係爲聲請者，按其標的之金額或價額，以下列標準徵收費用：	
未滿 10 萬元整	500 元
10 萬元以上至未滿 100 萬元	1,000 元
100 元萬以上至未滿 1,000 萬元	2,000 元
1,000 萬元以上至未滿 5,000 萬元	3,000 元
5,000 萬元以上至未滿 1 億元	4,000 元
1 億元以上者	5,000 元

非訟事件法第一四條

徵收費用項目	費用
因非財產權關係爲聲請者	1,000 元
因非財產權關係而爲聲請，並爲財產上之請求者，關於財產上之請求，不另徵收費用。	

非訟事件法第一五條

徵收費用項目	費用
夫妻財產制契約登記、法人設立登記	1,000 元
除前項登記外，有關夫妻財產制及法人之其他登記	500 元

非訟事件法第一七條

徵收費用項目	費用
抗告／再抗告	1,000 元

非訟事件法第一八條

徵收費用項目	費用
聲請付與法人登記簿、補發法人登記證書、夫妻財產制契約登記簿或管理財產報告及有關計算文件之謄本、繕本、影本或節本、法人及代表法人董事之印鑑證明書者	每份 200 元

公證法

①民國32年3月31日國民政府制定公布全文52條；並自33年1月1日施行。
②民國63年1月29日總統令修正公布全文67條。
③民國69年7月4日總統令修正公布第66條條文。
④民國88年4月21日總統令修正公布全文152條；並自公布生效後二年施行。
⑤民國96年12月26日總統令修正公布第22條條文。
⑥民國98年12月30日總統令修正公布第26、33、79、152條條文；並自98年11月23日施行。
⑦民國108年4月3日總統令修正公布第26、30、33、74至76條條文。

第一章　總　則

第一條　（主管機關）
①公證事務，由法院或民間之公證人辦理之。
②地方法院及其分院應設公證處；必要時，並得於管轄區域內適當處所設公證分處。
③民間之公證人應於所屬之地方法院或其分院管轄區域內，司法院指定之地設事務所。
第二條　（公證事項─法律行為）
①公證人因當事人或其他關係人之請求，就法律行為及其他關於私權之事實，有作成公證書或對於私文書予以認證之權限。
②公證人對於下列文書，亦得因當事人或其他關係人之請求予以認證：
一　涉及私權事實之公文書原本或正本，經表明係持往境外使用者。
二　公、私文書之繕本或影本。
第三條　（請求公證之手續）
①前條之請求，得以言詞或書面為之。
②公證或認證請求書，應由請求人或其代理人簽名；其以言詞請求者，由公證人、佐理員或助理人作成筆錄並簽名後，由請求人或其代理人簽名。
③前項請求書或筆錄，準用非訟事件法關於聲請書狀或筆錄之規定。
第四條　（代理請求公認證暨例外限制）
公證或認證之請求，得由代理人為之。但依法律規定或事件性質不得由代理人為之者，不在此限。
第五條　（使用之文字）
①公證文書應以中國文字作成之。但經當事人請求時，得以外國文字作成。
②前項文書以中國文字作成者，必要時得附記外國文字或附譯本。
③以外國文字作成公證文書或就文書之翻譯本為認證之公證人，以經司法院核定通曉各該外國語文者為限。
第六條　（公證事務無土地管轄及除外規定）
當事人或其他關係人，除法律另有規定外，得向任何地區之公證人請求作成公證書或認證文書。
第七條　（公證人執行職務之區域）
①公證人應以所屬之地方法院或其分院之管轄區域為執行職務之區域。但有急迫情形或依事件之性質有至管轄區域外執行職務之必要者，不在此限。
②違反前項規定所作成之公、認證文書，效力不受影響。
第八條　（辦理公證事物之處所及時間）
①辦理公證事務，應於法院公證處或民間之公證人事務所為之。但法令另有規定或因事

件之性質，在法院公證處或民間之公證人事務所執行職務不適當或有其他必要情形者，不在此限。

②辦理公證事務之時間，依一般法令之規定。但必要時，得於法令所定時間外爲之。

第九條 （文書上之簽名）

公證人爲職務上簽名時，應記載其職稱及所屬之法院。民間之公證人並應記載其事務所所在地。

第一〇條 （公證人不得執行職務之情形）

公證人有下列各款情形之一者，不得執行其職務：

一　爲請求人或就請求事項有利害關係者。

二　爲請求人或其代理人或就請求事項有利害關係者之配偶、前配偶、未婚配偶、四親等內之親屬或同居之家長、家屬者。其親屬或家長、家屬關係終止後，亦同。

三　爲請求人或其代理人之法定代理人者。

四　就請求事項現爲或曾爲代理人或輔佐人者。

第一一條 （公證文書之生效要件）

①公證人作成之文書，非具備本法及其他法律所定之要件，不生公證效力。

②公證人違反本法不得執行職務之規定所作成之文書，亦不生公證效力。

第一二條 （公證事務之請求協助）

①公證人辦理公證事務，於必要時，得向有關機關、團體或個人查詢，並得請求其協助。

②前項情形，亦得商請外國機關、團體或個人爲之。

第一三條 （公證書之執行力）

①當事人請求公證人就下列各款法律行爲作成之公證書，載明應逕受強制執行者，得依該證書執行之：

一　以給付金錢或其他代替物或有價證券之一定數量爲標的者。

二　以給付特定之動產爲標的者。

三　租用或借用建築物或其他工作物，定有期限並應於期限屆滿時交還者。

四　租用或借用土地，約定非供耕作或建築爲目的，而於期限屆滿時應交還土地者。

②前項公證書，除當事人外，對於公證書作成後，就該法律行爲，爲當事人之繼受人，及爲當事人或其繼受人占有請求之標的物者，亦有效力。

③債務人、繼受人或占有人，主張第一項之公證書有不得強制執行之事由提起訴訟時，受訴法院得因必要情形，命停止執行，但聲請人陳明願供擔保者，法院應定相當之擔保額，命停止執行。

第一四條 （守密義務）

公證人、佐理員及助理人，除法律另有規定外，對於經辦事件，應守秘密。

第一五條 （公證請求之拒絕）

①公證人非有正當理由，不得拒絕請求人之請求。

②公證人拒絕請求時，得以言詞或書面爲之。但請求人要求說明其理由者，應付與理由書。

第一六條 （公證異議之提出）

①請求人或利害關係人，認爲公證人辦理公證事務有違法或不當者，得提出異議。

②公證人如認異議爲有理由時，應於三日內爲適當之處置；如認爲無理由時，應附具意見書，於三日內送交所屬之地方法院或其分院，法院應於五日內裁定之。

第一七條 （對公證異議之裁判）

①法院認異議爲有理由時，應以裁定命公證人爲適當之處置；認異議爲無理由時，應駁回之。

②前項裁定，應附具理由，並送達於公證人、異議人及已知之其他利害關係人。

③對於第一項之裁定，得於十日內抗告。但不得再抗告。

④抗告，除本法另有規定外，準用非訟事件法關於抗告之規定。

第一八條　（簿冊文件之保管）
①公證人作成之公證書原本，與其附屬文件或已認證之文書繕本、影本，及依法令應編製之簿冊，保存於公證處或事務所，不得攜出。但經法院或其他有關機關依法律調閱或因避免事變而攜出者，不在此限。
②公證文書依前項規定調閱而攜出者，公證人應製作影本留存。
③第一項文書、簿冊之保存及銷燬規則，由司法院定之。
第一九條　（貨幣單位）
本法規定之各項金額或價額，均以新臺幣為單位。
第二〇條　（強制執行）
依本法所為罰鍰處分之議決，得為強制執行名義。
第二一條　（公證事件之準用）
公證事件，除本法另有規定外，準用非訟事件法之規定，非訟事件法未規定者，準用民事訴訟法之規定。

第二章　公證人

第一節　法院之公證人

第二二條　（公證人之資格）96
①法院之公證人，應就具有司法人員人事條例第二十三條第一項所定資格之一者遴任之。
②公證人有二人以上者，以一人為主任公證人，處理並監督公證處之行政事務。
③法院之公證人，得由地方法院或其分院法官或具有第一項資格之司法事務官兼充之。
第二三條　（佐理員之資格）
①公證處置佐理員，輔助法院之公證人辦理公證事務，應就具有法院書記官任用資格者遴任之。
②前項佐理員，得由地方法院或其分院書記官兼充之。

第二節　民間之公證人

第二四條　（民間公證人之定義）
①民間之公證人為司法院依本法遴任，從事第二條所定公證事務之人員。
②有關公務人員人事法律之規定，於前項公證人不適用之。
第二五條　（民間公證人之遴任資格）
民間之公證人，應就已成年之中華民國國民具有下列資格之一者遴任之：
一　經民間之公證人考試及格者。
二　曾任法官、檢察官，經銓敘合格者。
三　曾任公設辯護人，經銓敘合格者。
四　曾任法院之公證人，經銓敘合格，或曾任民間之公證人者。
五　經高等考試律師考試及格，並執行律師業務三年以上者。
第二六條　（民間公證人之消極資格）108
有下列情事之一者，不得遴任為民間之公證人：
一　年滿七十歲。
二　曾受一年有期徒刑以上刑之裁判確定。但受緩刑宣告期滿而未經撤銷或因過失犯罪者，不在此限。
三　褫奪公權，尚未復權。
四　曾任公務員而受撤職處分，其停止任用期間尚未屆滿。
五　曾依本法免職或受撤職處分。但因第三十三條第一項第六款、第七款規定受免職處分，於原因消滅後，不在此限。

六　曾受律師法所定除名處分。
七　受破產之宣告或依消費者債務清理條例經法院裁定開始清算程序，尙未復權。
八　受監護或輔助之宣告，尙未撤銷。
九　經相關專科醫師鑑定，認有客觀事實足認其身心狀況不能勝任職務。但於原因消滅後，不在此限。

第二七條　（候補公證人）

①交通不便地區無民間之公證人時，得依有關民間之公證人遴任辦法之規定，就曾在公立或經立案之私立大學、獨立學院法律學系、法律研究所或經教育部承認之國外大學法律學系、法律研究所畢業，並任薦任司法行政人員、薦任書記官辦理民刑事紀錄或委任第五職等公證佐理員四年以上，成績優良，經審查合格者，遴任爲候補公證人。

②候補公證人候補期間三年，期滿成績優良者，得遴任爲民間之公證人。

③候補公證人，除本法另有規定外，準用關於民間之公證人之規定。

第二八條　（民間之公證人助理人）

①民間之公證人經所屬地方法院或其分院之許可，得僱用助理人，輔助辦理公證事務。

②前項許可，必要時得撤銷之。

③第一項之助理人其資格、人數、處理事務之範圍及撤銷許可之事由等事項，由司法院定之。

第二九條　（職前研習及在職研習）

①民間之公證人於執行職務前，應經相當期間之研習。但具有第二十五條第二款或第四款之資格者不在此限。

②民間之公證人於執行職務期間內，得視業務需要，令其參加研習。

第三〇條　（民間公證人遴選、研習及任免辦法之訂定）108

①司法院遴選民間之公證人，應審酌其品德、能力及敬業精神。

②民間之公證人之遴選、研習及任免辦法，由司法院定之。

第三一條　（遴任機關）

民間之公證人由司法院遴任之，並指定其所屬之地方法院或其分院。但不得限制其人數。

第三二條　（執行職務前應踐行之事項）

民間之公證人於任命後，非經踐行下列各款事項，不得執行職務：
一　向所屬地方法院或其分院登錄。
二　加入公證人公會。
三　參加責任保險並繳納保險費。
四　向所屬地方法院或其分院提出職章、鋼印之印鑑及簽名式。

第三三條　（民間公證人免職之事由）108

①民間之公證人任命後有下列情事之一者，應予免職：
一　受一年有期徒刑以上刑之裁判確定。但受緩刑宣告或因過失犯罪者，不在此限。
二　受褫奪公權之宣告。
三　曾任公務員而受撤職處分。
四　受律師法所定除名處分。
五　受破產之宣告或依消費者債務清理條例經法院裁定開始清算程序。
六　受監護或輔助之宣告。
七　經相關專科醫師鑑定，認有客觀事實足認其身心狀況不能勝任職務。
八　犯本法第七章之罪經裁判確定。

②民間之公證人於任命後，經發見其在任命前有第二十六條第一款至第八款所定情事之一者，亦應予免職。

第三四條　（免職—未繳強制責任保險費）

民間之公證人未依本法規定繳納強制責任保險費者，得予免職。

第三五條　（退職年齡）

民間之公證人年滿七十歲者，應予退職。

第三六條 （公文書）

民間之公證人依本法執行公證職務作成之文書，視爲公文書。

第三七條 （兼業之禁止）

①民間之公證人具有律師資格者，不得執行律師業務。但經遴任僅辦理文書認證事務者，或因地理環境或特殊需要，經司法院許可者，不在此限。

②律師兼任民間之公證人者，就其執行文書認證事務相關之事件，不得再受委任執行律師業務，其同一聯合律師事務所之他律師，亦不得受委任辦理相同事件。

③除本法另有規定外，民間之公證人不得兼任有薪給之公職或業務，亦不得兼營商業或爲公司或以營利爲目的之社團法人代表人或使用人。但與其職務無礙，經司法院許可者，不在此限。

第三八條 （執行職務之限制）

民間之公證人及其助理人，不得爲居間介紹貸款或不動產買賣之行爲。

第三九條 （職務代理人）

①民間之公證人因疾病或其他事故，暫時不能執行職務時，得委請所屬之地方法院或其分院管轄區域內之其他民間之公證人或候補公證人代理之。

②民間之公證人依前項規定委請代理時，應即向所屬之地方法院或其分院陳報。解除代理時，亦同。

③依第一項規定委請代理之期間逾一個月者，應經所屬之地方法院或其分院許可。

第四〇條 （指定代理人及解除代理）

①民間之公證人未依前條第一項規定委請代理時，所屬之地方法院或其分院得命管轄區域內之其他民間之公證人或候補公證人代理之。

②前條第一項之民間之公證人得執行職務時，所屬之地方法院或其分院應解除其代理人之代理。

③地方法院或其分院不能依第一項規定指定代理人時，得命法院之公證人至該地執行職務。

第四一條 （代理之處所及文書之簽名）

①民間之公證人之代理人，執行前二條所定代理職務時，應以被代理人之事務所爲事務所。

②前項代理人爲職務上簽名時，應記載被代理公證人之職稱、姓名、所屬法院、事務所所在地及其爲代理之旨。

第四二條 （代理人之賠償責任及報償）

①民間之公證人之代理人應自行承受其執行代理職務行爲之效果；其違反職務上義務致他人受損害時，應自負賠償責任。

②前項代理人使用被代理公證人之事務所、人員或其他設備，應給與相當報償，其數額有爭議者，得聲請法院裁定。

③前項裁定得爲執行名義。

第四三條 （公證人永久離職—文書之處置）

民間之公證人死亡、免職、撤職或因其他事由離職者，所屬之地方法院或其分院認爲必要時，得指派人員將其事務所之有關文書、物件封存。

第四四條 （民間公證人死亡之因應措施）

民間之公證人死亡時，其繼承人、助理人或其他使用人，應於知悉後十日內陳報該公證人所屬之地方法院或其分院。

第四五條 （公證人永久離職—指定兼任）

①民間之公證人死亡、免職、撤職或因其他事由離職者，在繼任人未就職前，所屬之地方法院或其分院得指定管轄區域內其他民間之公證人兼任其職務。

②前項兼任職務之民間之公證人得在兼任之區域內設事務所。

③第一項兼任之職務，在繼任人就職時，所屬之地方法院或其分院應解除其兼任。

第四六條　（公證人永久離職—文書物件之交接）
①民間之公證人免職、撤職或因其他事由離職時，應與其繼任人或兼任人辦理有關文書、物件之移交；其繼任人或兼任人應予接收。
②民間之公證人因死亡或其他事由不能辦理移交者，其繼任人或兼任人應會同所屬之地方法院或其分院指定之人員接收文書、物件。
③依第四十三條規定封存之文書、物件，繼任人或兼任人應會同所屬之地方法院或其分院指定之人員解除封印，接收文書、物件。
④民間之公證人之交接規則，由司法院定之。
第四七條　（兼任再行移交程序之準用）
前條之規定，於兼任人將有關文書、物件移交其他民間之公證人時，準用之。
第四八條　（兼任繼任之表明）
①兼任人於職務上簽名時，應記載其為兼任之旨。
②繼任人依前任人或兼任人作成之公證書，而作成正本、繕本、影本或節本時，應記明其為繼任人。
第四九條　（公證人永久離職—不任命繼任人之處置）
①民間之公證人死亡、免職、撤職或因其他事由離職並因名額調整而無繼任人者，司法院得命將有關文書、物件移交於同一地方法院或其分院管轄區域內其他民間之公證人。
②第四十六條及前條第二項之規定，於依前項受命移交之間民之公證人準用之。
第五〇條　（公證人之停職）
①第四十三條、第四十五條、第四十六條第三項及第四十八條第一項之規定，於民間之公證人停職時準用之。
②兼任人依前項規定執行職務時，以停職人之事務所為事務所。
第五一條　（監督機關）
①民間之公證人之監督由司法院行之。
②前項監督，得由所屬之高等法院、地方法院或其分院為之。
③前二項之監督，其辦法由司法院定之。
第五二條　（監督機關定期檢查保管之文書物件）
依前條規定行使監督權之機關，得定期檢查民間之公證人保管之文書、物件。
第五三條　（行使監督權之範圍）
監督機關得對民間之公證人為下列行為：
一　關於職務上之事項，得發命令促其注意。
二　對有與其職位不相稱之行為者，加以警告。但警告前，應通知該公證人得為申辯。
第五四條　（懲戒之事由）
①民間之公證人有下列情事之一者，應付懲戒：
一　有違反第一條第三項、第七條第一項、第十條、第十四條、第十五條第一項、第十八條第一項、第三十二條、第三十七條、第三十八條、第四十一條第一項、第四十六條、第六十七條第一項、第六十九條、第七十條、第九十條第一項、第九十八條第二項、第一百零一條第一項、第四項、第一百零八條之行為者。
二　經監督機關為第五十三條之懲處後，仍未改善者。
三　因犯罪行為，經判刑確定者。但因過失犯罪者，不在此限。
②前項第三款行為，經依第三十三條規定免職者，免付懲戒。
③民間之公證人有下列情事之一者，得付懲戒：
一　有違反第七十一條至第七十五條、第八十條之行為者。
二　有其他違反職務上之義務或損害名譽之行為者。
第五五條　（懲戒處分）
①民間之公證人懲戒處分如下：

一　申誡。
二　罰鍰一萬五千元以上十五萬元以下。
三　停職二月以上二年以下。
四　撤職。
②前項第一款、第二款之處分得同時爲之。

第五六條　（懲戒機關）
民間之公證人之懲戒，由民間之公證人懲戒委員會爲之。

第五七條　（懲戒委員會之組織）
①民間之公證人懲戒委員會，由高等法院或其分院法官四人及民間之公證人三人組織之，主任委員由委員互選之。
②民間之公證人懲戒覆審委員會，由最高法院法官五人及民間之公證人四人組織之；主任委員由委員互選之。

第五八條　（移付懲戒之機關）
①民間之公證人應付懲戒者，由高等法院或其分院依職權移送民間之公證人懲戒委員會審議。
②地方法院或其分院認其轄區內民間之公證人有應付懲戒之事由者，得報請高等法院或其分院審查移送民間之公證人懲戒委員會審議。
③地區公證人公會認其會員有應付懲戒之事由者，得經會員大會或理事、監事聯席會議之決議，送請民間之公證人懲戒委員會審議。

第五九條　（受理懲戒案件之審議程序）
①民間之公證人懲戒委員會受理懲戒案件後，於議決前，應爲相當之調查，並予被付懲戒人充分申辯之機會，亦得通知前條之移送機關或公會爲必要之說明。
②前項之議決，應作成議決書。

第六〇條　（不服議決之覆審）
①受懲戒處分人、依第五十八條第三項移送懲戒之公證人公會，對於民間之公證人懲戒委員會之議決有不服者，得於議決書送達之翌日起二十日內向民間之公證人懲戒覆審委員會請求覆審。
②前條之規定，於前項覆審程序準用之。
③關於停職、撤職之處分，經懲戒覆審委員會議決確定後，受懲戒處分人得向原懲戒覆審委員會請求再審議。其請求再審議之事由及程序，準用公務員懲戒法之規定。

第六一條　（懲戒程序規則之訂定）
民間之公證人懲戒程序規則，由司法院定之。

第六二條　（懲戒處分之執行）
懲戒處分確定後，民間之公證人懲戒委員會或懲戒覆審委員會應將全卷函送受懲戒處分人所屬高等法院或其分院，報請司法院分別命令執行；其懲戒處分爲停職或撤職者，並應將議決書刊登公報。

第六三條　（公證人職務之停止）
①民間之公證人依刑事訴訟程序被羈押，或依刑事確定判決，受拘役以上刑之宣告，在執行中者，其職務當然停止。
②民間之公證人應受懲戒之事由情節重大者，司法院得在懲戒程序終結前，先行停止其職務。
③民間之公證人依前二項規定停止其職務時，準用第五十條之規定。

第六四條　（復職）
依前條第一項、第二項停止職務之民間之公證人，有下列各款情形之一者，於停止職務之原因消滅後，應許其復職：
一　未受免職、撤職或停職處分者。
二　受拘役以上刑之宣告，經執行完畢而未受免職、撤職或停職處分者。

第六五條　（公證人之請辭）

民間之公證人得請求辭去職務，司法院於其依本法規定移交完畢後，解除其職務。

第六六條 （不得有執行職務之起算時點）

民間之公證人經依本法免職、停職、撤職、停止職務、退職或辭職而解除其職務者，自命令送達之翌日起，不得繼續執行職務；其依第六十三條第一項規定職務當然停止者，自被羈押或受刑之執行時起，不得繼續執行職務。

第六七條 （強制責任保險）

①民間之公證人於執行職務期間，應繼續參加責任保險。

②前項保險契約於每一保險事故之最低保險金額，由司法院視情勢需要，以命令定之。但保險人對同一保險年度內之最高賠償金額得限制在最低保險金額之二倍以下。

③保險人於第一項之保險契約停止、終止、解除或民間之公證人遲延繳納保險費或有其他足以影響保險契約效力之情形時，應即通知所屬地方法院或其分院及地區公證人公會。

第六八條 （負賠償責任之要件及請求國家賠償之程序）

①民間之公證人因故意違反職務上之義務，致他人之權利受損害者，負賠償責任。其因過失者，以被害人不能依他項方法受賠償時為限，負其責任。

②被害人不能依前項、前條、第一百四十五條規定或他項方法受賠償或補償時，得依國家賠償法所定程序，請求國家賠償。其賠償義務機關為該民間之公證人所屬之地方法院或其分院。

③前二項之規定，於第四十二條第一項之民間之公證人代理人準用之。

④國家賠償法第四條第二項之規定，於前二項情形準用之。

⑤民間之公證人之助理人或其他使用人，於辦理有關公證事務之行為有故意或過失時，民間之公證人應與自己之故意或過失，負同一責任。

第六九條 （按月將公認證書彙送所屬地方法院及分院備查）

民間之公證人應按月於次月十日前，將作成之公證書、認證書繕本或影本，依受理時間之先後順序彙整成冊，送所屬之地方法院或其分院備查。

第三章 公 證

第七〇條 （公證之限制）

公證人不得就違反法令事項及無效之法律行為，作成公證書。

第七一條 （公證書之說明補充或修正）

公證人於作成公證書時，應探求請求人之真意及事實真相，並向請求人說明其行為之法律上效果；對於請求公證之內容認有不明瞭、不完足或依當時情形顯失公平者，應向請求人發問或曉諭，使其敘明、補充或修正之。

第七二條 （疑義公證事件之處理方法）

公證人對於請求公證之內容是否符合法令或對請求人之真意有疑義時，應就其疑慮向請求人說明；如請求人仍堅持該項內容時，公證人應依其請求作成公證書。但應於公證書上記載其說明及請求人就此所為之表示。

第七三條 （請求人之身分證明文件）

公證人作成公證書，應令請求人提出國民身分證或其他身分證明文件，證明其實係本人；如請求人為外國人者，應令其提出護照、其本國使領館出具之證明書或其他身分證明文件。

第七四條 （傳譯）108

請求人如使用公證人所不通曉之語言，或為聽覺、聲音及語言障礙而不能使用文字表達意思，公證人作成公證書，應由通譯傳譯之。但經請求人同意由公證人傳譯者，不在此限。

第七五條 （見證人之在場）108

①請求人為視覺障礙或不識文字者，公證人作成公證書，應使見證人在場。但經請求人

放棄並記明筆錄者，不在此限。
②無前項情形而經請求人請求者，亦應使見證人在場。

第七六條 （授權書之提出）108
①由代理人請求者，除適用前三條之規定外，應提出授權書；事件依法非受特別委任不得為之者，並須有特別之授權。
②前項情形，其授權行為或授權書如未經公、認證者，應依下列方式之一證明之：
一 經有關公務機關證明。
二 於境外作成者，經中華民國駐外使領館或經外交部授權之駐外機構或經其他有權機關授權之團體證明。
三 外國人或居住境外之人作成者，經該國駐中華民國使領館或經該國授權之機構或經該地區有權機關授權之團體證明。
③授權書附有請求人之印鑑證明書者，與前項證明有同一效力。

第七七條 （已得允許或同意證明書之提出）
①就須得第三人允許或同意之法律行為，請求作成公證書，應提出已得允許或同意之證明書。
②前條第二項、第三項之規定，於前項情形準用之。

第七八條 （通譯及見證人之選定）
①通譯及見證人，應由請求人或其代理人選定之，見證人得兼充通譯。
②請求人或其代理人未選定通譯者，得由公證人選定之。

第七九條 （見證人之消極資格）98
①下列各款之人，不得充本法所定之見證人。但第七十五條第二項之情形，不在此限：
一 未成年人。
二 受監護或輔助宣告之人。
三 於請求事件有利害關係者。
四 於請求事件為代理人或曾為代理人者。
五 為公證人之配偶、直系血親或直系姻親者。
六 公證人之佐理員及助理人。
②前項第四款至第六款規定之人，如經請求人全體同意者，仍得為見證人。

第八〇條 （公證書之作成）
公證人作成公證書，應記載其所聽取之陳述與所見之狀況，及其他實際體驗之方法與結果。

第八一條 （公證書應記載事項）
公證書應記載下列各款事項：
一 公證書之字號。
二 公證之本旨。
三 請求人之姓名、性別、出生地、出生年、月、日、職業、國民身分證或其他身分證明及其字、號、住、居所；為法人或其他團體者，其名稱及事務所。
四 由代理人請求者，其事由與代理人之姓名、性別、出生地、出生年、月、日、職業、國民身分證或其他身分證明與其字、號、住、居所及其授權書之提出。
五 有應逕受強制執行之約定者，其意旨。
六 曾提出已得第三人允許或同意之證明書者，其事由，及該第三人之姓名、性別、出生地、出生年、月、日、職業、住、居所，該第三人為法人或其他團體者，其名稱及事務所。
七 有通譯或見證人在場者，其事由，及其姓名、性別、出生地、出生年、月、日、職業、住、居所。
八 作成之年、月、日及處所。

第八二條 （公證書字句之要求）
①公證書應文句簡明、字畫清晰，其字行應相接續，如有空白，應以墨線填充或以其他

方法表示其爲空白。
②公證之本旨記載年、月、日及其他數目表示同一內容者，其第一次出現時，應以文字大寫；作成公證書年、月、日之記載，亦應以文字大寫。
第八三條　（公證書增刪之限制）
①公證書文字，不得挖補；如有增加、刪除或塗改，應依下列方法行之：
　一　刪除或塗改字句，應留存字跡，俾得辨認。
　二　公證書末尾或欄外應記明增刪字數，由公證人、請求人或其代理人、見證人簽名或蓋章。
②違反前項規定所爲之更正，不生效力。
第八四條　（公證書之朗讀閱覽及其章戳）
①公證人應將作成之公證書，向在場人朗讀，或使其閱覽，經請求人或代理人承認無誤後，記明其事由。
②有通譯在場時，應使通譯將公證書譯述，並記明其事由。
③爲前二項之記載時，公證人及在場人應各自簽名；在場人不能簽名者，公證人得代書姓名，使本人蓋章或按指印，並記明其事由，由公證人簽名。
④公證書有數頁者，公證人、請求人或其代理人、見證人，應於每頁騎縫處蓋章或按指印，或以其他方法表示其爲連續。但公證書各頁能證明全部連續無誤，雖缺一部分人蓋章，其公證書仍屬有效。
第八五條　（附件文書之章戳）
①公證書內引用他文書或與文書有相同效用之物件爲附件者，公證人、請求人或其代理人、見證人應於公證書與該附件之騎縫處蓋章或按指印，或以其他方法表示其爲連續。
②前三條之規定，於前項附件準用之。
第八六條　（附件之效力）
依前條規定所爲之附件，視爲公證書之一部。
第八七條　（附屬文書之編卷保存）
①公證人應將公證書、證明身分、代理人權限、第三人允許或同意之證明書及其他附屬文件，編爲卷宗保存之。
②前項卷宗，應逐頁連續編號，如請求人請求返還附屬文件時，得將其繕本或影本替代原本保存之。
第八八條　（公證書原本滅失之補救）
①公證書之原本全部或一部滅失時，公證人應徵求已交付之正本、經證明與正本相符之繕本或影本，或向所屬地方法院或其分院請求調閱公證書繕本或影本，經該院院長認可後，依該正本、繕本或影本作成經認證之繕本，替代原本保存之。
②前項情形及認可之年、月、日，應記明於替代原本之繕本並簽名。
第八九條　（公證書原本之閱讀）
①請求人或其繼受人或就公證書有法律上利害關係之人，得請求閱覽公證卷內文書。
②第七十三條、第七十六條、第七十七條之規定，於依前項爲請求時準用之。
③請求人之繼受人及就公證書有法律上利害關係之人請求閱覽時，應提出證明文件。
④第七十六條第二項、第三項之規定，於前項證明文件準用之。
第九〇條　（公證書登記簿之編製）
①公證人應編製公證書登記簿及其他相關之簿冊。
②前項簿冊及其應載之內容，由司法院定之。
第九一條　（公證書正本之交付）
①公證人得依職權或依請求人或其繼受人之請求，交付公證書之正本。
②第七十三條、第七十六條、第七十七條、第八十九條第三項之規定，於依前項爲請求時準用之。
第九二條　（公證書正本應記載事項及簽名蓋章）

①公證書正本應記載下列各款事項，由公證人簽名並蓋職章或鋼印：
一　公證書之全文。
二　記明為正本字樣。
三　受交付人之姓名。
四　作成之年、月、日及處所。
②違反前項規定者，無正本之效力。

第九三條　（節錄正本）
①一公證書記載數事件，或數人共一公證書時，得請求公證人節錄與自己有關係部分，作成公證書正本。
②前項正本，應記明係節錄正本字樣。

第九四條　（交付正本的原因時點之記載）
公證人交付公證書正本時，應於該公證書原本末行之後，記明受交付人之姓名、事由及年、月、日，並簽名。

第九五條　（交付繕本影本或節本之請求人）
①請求人或其繼受人或就公證書有法律上利害關係之人，得請求交付公證書及其附屬文件之繕本、影本或節本。
②第七十三條、第七十六條、第七十七條、第八十九條第三項之規定，於依前項為請求時準用之。

第九六條（繕本影本或節本之記載及簽名蓋章）
公證書及其附屬文件之繕本、影本或節本，應記載下列各款事項，由公證人簽名並蓋職章或鋼印：
一　公證書及其附屬文件之全文或一部分。
二　記載為繕本、影本或節本字樣。
三　作成之年、月、日及處所。

第九七條（文書之連續及文字之增刪）
①公證書正本或公證書及其附屬文件之繕本、影本或節本有數頁時，公證人應於騎縫處蓋章，或以其他方法表示其為連續。
②第八十二條、第八十三條之規定，於前項文書準用之。

第九八條　（閱讀公證遺囑之請求）
①公證遺囑，除請求人外，不得請求閱覽或交付正本、繕本、影本或節本。但請求人聲明願意公開或於公證遺囑後死亡者，不在此限。
②公證人應於作成公證遺囑之日起十日內製作繕本一份，將其密封，於封面上記明遺囑人之人別資料及作成之年、月、日，加蓋職章後，送交全國公證人公會聯合會保存之。
③於有第一項但書之情形，請求人之繼受人或就公證遺囑有法律上利害關係之人，亦得向全國公證人公會聯合會查詢有無第一項之遺囑並請求閱覽。
④前二項之規定，於其他遺囑之公、認證，準用之。

第九九條　（票據作成拒絕證書）
公證人依票據法作成拒絕證書者，不適用第十八條、第七十三條至第七十七條及第八十一條之規定。

第四章　認　證

第一〇〇條　（認證書之作成）
公證人認證文書，應作成認證書。

第一〇一條　（認證私文書及公文書之方法）
①公證人認證私文書，應使當事人當面於私文書簽名，或承認為其簽名，並於認證書內記明其事由。

②認證公文書之原本或正本，應就其程式及意旨審認該文書是否真正。
③認證公文書或私文書之繕本或影本，應與經審認為真正之原本、正本對照相符，並於繕本或影本內記明其事由。
④認證文書之翻譯本者，除依前三項規定辦理外，應審查該翻譯語文是否正確，並將原文連綴其後。
⑤公文書或私文書有增刪、塗改、損壞或形式上顯有可疑之點者，應記明於認證書內，必要時，並得為查證。

第一〇二條　（私文書之認證）
①公證人認證請求人陳述私權事實之私文書，以該文書係持往境外使用者為限，得命請求人親自到場並為具結。
②請求人陳述私權事實之私文書，依法律或基於法律授權訂定之命令，得提出於法院或其他機關為一定之證明者，請求人請求認證時，適用前項認證方法之規定。

第一〇三條　（具結之程序及結文應記載之文字）
①請求人依前條規定具結，應於結文內記載當據實陳述決無虛偽等語。
②公證人於請求人具結前，應告以具結之意義及虛偽陳述之處罰。

第一〇四條　（請求之手續）
請求認證文書，應提出文書之繕本或影本。

第一〇五條　（製作認證書之方法）
①認證書應記載下列各款事項，由公證人及在場人簽名，並蓋公證人職章或鋼印：
一　認證書之字號。
二　依第一百零一條規定為認證之意旨。
三　認證之年、月、日及處所。
②為第一百零一條第一項之認證者，其認證書並應記載第八十一條第三款、第四款、第六款及第七款所定之事項。
③認證書應連綴於認證之文書；由公證人及在場人加蓋騎縫章，或以其他方法表示其為連續。

第一〇六條　（直接認證）
①公證人得在認證之文書上以直接註記之方式為認證，記載前條第一項規定之事項，由其簽名並蓋職章或鋼印。
②依前項方式為第一百零一條第一項之認證者，並應依前條第二項之規定為記載。但請求書或認證之文書上已有記載者，不在此限。

第一〇七條　（認證之準用）
認證，除本章有規定外，準用前章公證之規定。

第五章　公證費用

第一〇八條　（公證費用之收取）
公證費用，應依本章之規定收取之，不得增減其數額。

第一〇九條　（法律行為之公證費用收取標準）
請求就法律行為或涉及私權之事實作成公證書者，其費用除本法另有規定外，按其標的之金額或價額，依下列標準收取之：
一　二十萬元以下者，一千元。
二　逾二十萬元至五十萬元者，二千元。
三　逾五十萬元至一百萬元者，三千元。
四　逾一百萬元至二百萬元者，四千元。
五　逾二百萬元至五百萬元者，五千元。
六　逾五百萬元至一千萬元者，六千元。
七　逾一千萬元至五千萬元者，其超過一千萬元部分，每一千萬元加收二千元；不滿一千萬元者，按一千萬元計算。

八　逾五千萬元者，其超過部分，每一千萬元加收一千元；不滿一千萬元者，按一千萬元計算。

第一一〇條　（民事訴訟費用之準用）

關於計算公證事件標的之價額，本法未規定者，準用民事訴訟費用有關之規定。

第一一一條　（典權價額之收取標準）

典權之價額，以其典價為準。

第一一二條　（私權事實之公證費用收取標準）

公證之法律行為或涉及私權之事實，其標的之價額不能算定者，收取費用一千元。

第一一三條　（非財產關係之公證費用收取標準）

①請求就婚姻、認領、收養或其他非因財產關係之法律行為或涉及私權之事實，作成公證書者，收取費用一千元。

②於非財產關係之公證，並請求為財產關係之公證者，其公證費用分別收取之。

第一一四條　（特定事項之公證費用收取標準）

請求就下列各款事項作成公證書者，收取費用一千元：

一　承認、允許或同意。

二　契約之解除或終止。

三　遺囑全部或一部之撤回。

四　曾於同一公證處或公證人事務所作成公證書之法律行為之補充或更正。但以不增加標的金額或價額為限。其增加標的金額或價額者，就增加之部分，依第一百零九條之規定收取費用。

第一一五條　（體驗之公證費用之收取標準）

請求作成公證書，須實際體驗者，依其所需之時間，按一小時加收費用一千元；不滿一小時者，按一小時計算。

第一一六條　（集會決議之公證費用收取標準）

請求就股東會或其他集會之決議作成公證書者，依前條之規定收取費用。

第一一七條　（遺囑之公證費用收取標準）

請求就密封遺囑完成法定方式者，收取費用一千元。

第一一八條　（私權證書之公證費用收取標準）

請求作成授權書、催告書、受領證書或拒絕證書者，收取費用一千元。

第一一九條　（公證費用之加倍收取）

請求就法律行為作成公證書，並載明應逕受強制執行者，依第一百零九條或第一百十二條所定之費用額，加收二分之一。

第一二〇條　（文書認證收取費用之標準）

請求就文書為認證者，依作成公證書所定之費用額，減半收取之。

第一二一條　（未規定事項公證費用之收取）

本法未規定公證費用之事項，依其最相類似事項之規定收取費用。

第一二二條　（法定時間外公證費用之收取）

公證人因請求人之請求，於夜間、例假日或其他法令所定執行職務時間外之時間執行公、認證職務者，各依本法所定之費用額，加收二分之一。但加收部分最高不得超過五千元。

第一二三條　（特殊場所公證費用之收取）

公證人在請求人病榻前或其他相類場所執行公、認證職務者，加收費用二千元。

第一二四條　（超過基本張數加收費用之基準）

①公證人作成之公證書，其張數如超過六張時，超過部分每一張加收費用五十元。

②前項之張數，以一行二十五字、二十行為一張，未滿一張者，以一張計算。

第一二五條　（作成外交翻譯本之公證費用加收之最高限制）

公證人因請求人之請求以外文作成公證書或認證文書之翻譯本者，依本法所定之費用額，加收二分之一。但加收部分最高不得超過一萬元。

第一二六條　（請求停止或可歸責事由致不能完成職務之費用收取標準）

公證人已著手執行職務後，因請求人之請求停止其職務之執行，或因可歸責於請求人或到場人之事由致不能完成職務之執行者，依本法所定之費用額，收取二分之一。但最高不得超過五千元。

第一二七條　（閱覽費之徵收）

請求人或其他就法律上有利害關係之人請求閱覽公、認證卷內文書者，每閱覽一次收取費用二百元。

第一二八條　（民事訴訟費用之準用）

①請求交付公、認證書及其附屬文件之繕本、影本或節本者，每份收取二百元。其張數超過六張時，每一張加收五元。

②翻譯費每百字收取費用一百元至四百元，由公證人酌定之，其酌定標準由司法院另以命令定之。未滿百字者，按百字計算。

③郵電費、運送費、登載公報新聞紙費、送達公證文件費、法院之公證人、佐理員出外執行職務之旅費、民間之公證人、助理人出外執行職務及鑑定人、通譯之日費及旅費，準用民事訴訟費用有關之規定。

第一二九條　（收費標準之增減）

本章所定之收費標準，司法院得按情勢需要，以命令減至二分之一，或增至十倍。

第六章　公　會

第一三〇條　（公證人公會設立之宗旨）

公證人公會，以謀求公證理論與實務之研究發展，砥礪會員品德，增進共同利益，執行民間之公證人之研習、指導、監督及處理其他共同有關事項為宗旨。

第一三一條　（法律上之獨立人格）

公證人公會為法人。

第一三二條　（公會之組織依據強制入會及贊助會員）

①公證人公會由民間之公證人依法組織之。

②民間之公證人除執行律師業務者外，應加入公證人公會，公證人公會不得拒絕其加入。

③法院之公證人及執行律師業務之民間之公證人，得加入其所屬法院所在地之地區公證人公會為贊助會員。

第一三三條　（公會之組織層級及設立）

①公證人公會分為地區公證人公會及全國公證人公會聯合會。

②高等法院或其分院所屬地方法院或其分院登錄之民間之公證人總數滿九人者，應於該高等法院或其分院所在地組織地區公證人公會，並以該高等法院或其分院之管轄區域為組織區域；其未滿九人者，應加入鄰近高等法院或其分院管轄區域內之地區公證人公會，或共同組織之。

③全國公證人公會聯合會，應由各地區公證人公會三個以上之發起，及全體過半數之同意，於中央政府所在地組織之。

④地區公證人公會應加入全國公證人公會聯合會為會員。

⑤在同一組織區域內之同級公會，以一個為限。

第一三四條　（理監事候補理監事之名額任期及常務理監事之選舉方式）

①公證人公會置理事、監事，由會員大會選舉之，其名額如下：

一　地區公證人公會，理事三人至十一人，監事一人至三人。

二　全國公證人公會聯合會，理事五人至十七人，監事一人至五人。

②前項理事名額不得超過全體會員人數二分之一，監事名額不得超過理事名額三分之一。

③公證人公會得置候補理事、候補監事，其名額不得超過理事、監事名額三分之一。
④理事、監事名額在三人以上者，得分別互選常務理事及常務監事，其名額不得超過理事或監事總額之三分之一；並由理事就常務理事中選舉一人爲理事長，其不設常務理事者，就理事中互選之。
⑤第一項理事、監事任期三年，連選得連任，理事長之連任以一次爲限。

第一三五條（全國公證人公會聯合會之組織依據及代表人數）

全國公證人公會聯合會由各地區公證人公會選派之代表，舉行代表大會，行使會員大會職權；其代表之人數，依各地區公證人公會會員人數之比例，於章程中定之。

第一三六條（章程之訂定及報備）

①地區公證人公會應訂立章程，報經所在地高等法院或其分院轉送司法院核准後，向所在地社會行政主管機關報備；章程有變更時，亦同。
②全國公證人公會聯合會應訂立章程，報經司法院核准後，向中央社會行政主管機關報備；章程有變更時，亦同。

第一三七條（地區公證人公會章程之應載事項）

①地區公證人公會章程，應載明下列事項：
　一　名稱及會址。
　二　所屬區域。
　三　組織。
　四　會員資格之取得與喪失。
　五　會員之權利與義務。
　六　理事、監事之名額、職權、任期、選任及解任。
　七　會員大會及理事、監事會議之召集程序及決議方法。
　八　經費及會計。
　九　章程修改之程序。
　十　其他有關會務之必要事項。
②前項章程，並得載明關於公證人互助基金之設置及運用事項。

第一三八條（地區公證人公會會員大會之召集）

①地區公證人公會會員大會由理事長召集之，每年至少召集一次。理事長不爲召集時，監事得召集之。
②如有全體會員五分之一以上之請求，表明會議目的及召集理由，請求召集時，理事長應召集之。
③理事長受前項之請求後，一個月內不爲召集者，得由請求之會員，經法院之許可召集之。
④會員大會之召集，除章程另有規定外，應於三十日前對各會員發出通知。通知內應載明會議目的事項。

第一三九條（公會之主管機關）

①地區公證人公會之主管機關爲該公會所在地之社會行政主管機關。但其目的事業，應受所屬之高等法院或其分院之指導、監督。
②全國公證人公會聯合會之主管機關爲中央社會行政主管機關。但其目的事業應受司法院之指導、監督。

第一四〇條（召開會議之陳報及主管機關派員列席）

①地區公證人公會舉行會議時，應陳報所在地社會行政主管機關及所屬之高等法院或其分院。
②全國公證人公會聯合會舉行會議時，應陳報中央社會行政主管機關及司法院。
③前二項會議，各該主管機關得派員列席。

第一四一條（陳報主管機關之事項）

①地區公證人公會應將下列各款事項，陳報所在地之社會行政主管機關及所屬之高等法院或其分院：

一　會員名冊及會員之入會、退會。
二　理事、監事選舉情形及當選人姓名。
三　會員大會，理事、監事會議開會之時間、地點及會議情形。
四　提議、決議事項。

②前項陳報，所屬之高等法院或其分院應轉送司法院備查。

第一四二條　（民間公證人規範之訂立及修正）

全國公證人公會聯合會應訂立民間之公證人規範，提經會員代表大會通過後，報請司法院備查，其修正亦同。

第一四三條　（地區公證人公會會員大會之決議）

地區公證人公會會員大會之決議，以會員過半數之出席，出席人數過半數或較多數之同意行之。但下列事項之決議應以出席人數三分之二以上同意行之：

一　章程之訂定與變更。
二　理事、監事及會員代表之罷免。
三　財產之處分。
四　其他與會員權利義務有關之重大事項。

第一四四條　（違反公會章程之處分）

①公證人公會之行爲或決議違反法令或公證人公會章程者，司法院或社會行政主管機關得分別施以下列之處分：

一　警告。
二　撤銷其決議。
三　整理。

②前項第一款、第二款之處分，所在地高等法院或其分院亦得爲之。

第一四五條　（地區公證人公會之補充責任保險及保險金額）

①地區公證人公會，應爲該地區民間之公證人辦理責任保險，以確保民間之公證人因執行職務依第六十七條規定參加責任保險所不能理賠之損害賠償。

②前項保險契約於每一保險事故之最低保險金額，由司法院視情勢需要，以命令定之。但保險人對同一保險年度內之最高賠償金額得限制在最低保險金額之四倍以下。

第一四六條　（全國公證人公會聯合會之準用）

第一百三十七條、第一百三十八條、第一百四十一條第一項、第一百四十三條之規定，於全國公證人公會聯合會準用之。

第七章　罰　則

第一四七條　（擅自執行公證事務之罰則）

冒充公證人或候補公證人而執行其職務者，處三年以下有期徒刑、拘役，或科或併科新臺幣三十萬元以下罰金。

第一四八條　（非親自執行事務之罰則）

民間之公證人或候補公證人非親自執行職務，而將事務所、章證或標識提供與無民間之公證人資格之人使用者，處二年以下有期徒刑、拘役，或科或併科新臺幣十五萬元以下罰金。

第一四九條　（虛僞陳述之罰則）

依第一百零二條規定具結之人，就與認證之私文書內容本旨有關之重要事項，爲虛僞之陳述者，處一年以下有期徒刑、拘役或科新臺幣三萬元以下之罰金。

第八章　附　則

第一五〇條　（駐外人員於駐在地辦理公證事務之依據及準用）

①駐外領務人員，得依法令授權，於駐在地辦理公證事務。

②前項人員辦理公證事務時，除不得作成第十三條之公證書外，準用本法之規定。

③第一項之授權辦法，由司法院會同行政院定之。

第一五一條 （施行細則之訂定）

本法施行細則，由司法院定之。

第一五二條 （施行日）98

①本法自公布生效後二年施行。

②本法修正條文，除中華民國九十八年十二月十五日修正之第二十六條、第三十三條、第七十九條自中華民國九十八年十一月二十三日施行外，自公布日施行。

公證法施行細則

①民國69年9月30日司法院令訂定發布全文57條。
②民國87年8月13日司法院令修正發布第10條條文。
③民國90年3月16日司法院令修正發布全文97條。
④民國90年4月19日司法院令修正發布第4、5、9、14、30、71、76、77、84、86至90條條文；並增訂第5-1、53-1、75-1條條文。
⑤民國93年9月1日司法院令修正發布第19、28條條文。
⑥民國93年12月2日司法院令修正發布第49、53、56、62、63、72條附式三至七及附圖爲橫式書寫。
⑦民國94年5月26日司法院令修正發布第49條附式三（含附式三之一、附式三之三）。
⑧民國95年10月16日司法院令修正發布第9、21、26、28條條文。
⑨民國97年4月24日司法院令修正發布第9、10、17、49、60至64、66、80、97條條文及附式六；其中第9、10、17、49、64、66、97條自公布日施行；第60至63、80條自97年5月23日施行。
⑩民國97年7月23日司法院令修正發布第5、9、61、97條條文；並自發布日施行。
民國101年6月25日行政院公告第19條第3項所列屬「行政院金融監督管理委員會」之權責事項，自101年7月1日起改由「金融監督管理委員會」管轄。
⑪民國108年7月11日司法院令修正發布第19、60、80、81條條文及第62條附式六；並增訂第66-1、66-2條條文。
⑫民國111年12月8日司法院令修正發布第60、61、66、75、97條條文及第62條附式六、第63條附圖；其中，第60、61、66條及第62條附式六，自112年1月1日施行。

第一章　總　則

第一條
本細則依公證法（以下簡稱本法）第一百五十一條規定訂定之。

第二條
本法所稱公證事務，係指公證及認證事務。

第三條
①本法所稱公證人，係指法院之公證人及民間之公證人（以下簡稱法院公證人、民間公證人）。
②本細則及本法相關法規所稱民間公證人，除別有規定外，係指本法第二十四條之民間公證人、第二十七條之候補公證人、第三十七條第一項但書經遴任僅辦理文書認證事務及因地理環境或特殊需要，經司法院許可得兼執行律師業務者（以下簡稱許可兼業律師者）。

第四條
本法第五條所稱公證文書如下：
一　公證書及依本法第八十六條視爲公證書一部之附件。
二　認證書。

第五條 97
①本法第五條第三項所定通曉外國語文（以下簡稱外文）程度，英文分第一級、第二級；英文以外其他外文（以下簡稱其他外文）不分級。
②通曉英文第一級或其他外文者，得以經核定通曉之外文作成公證文書、所附譯本、於公證文書附記外國文字、認證外文文書及其翻譯本。
③通曉英文第二級者，僅得以英文作成結婚書面公證書、結婚書面公證書譯本、於公證

文書附記必要英文文字、認證英文文書及其翻譯本。

第五條之一

①英文以外其他外文無或僅有少數公證人通曉時，該外文文書之翻譯本，得依下列方式之一請求認證：

一　檢具中文原文或中文翻譯本及請求人出具保證翻譯正確之書面，送請公證人認證；公證費用按認證一般私文書計算，保證翻譯正確之書面附卷。

二　送請經核定通曉該外文之公證人依認證外文文書之翻譯本方式辦理。公證人對文書或翻譯內容有疑義者，應命請求人到場說明並記明筆錄；必要時，得依本法第一百零二條規定，命請求人到場具結並告以同法第一百四十九條虛僞具結之處罰。請求人未到場說明或拒絕具結者，公證人應拒絕認證。

②第一項其他外文種類，司法院得視公證人通曉其他外文種類、人數、該種語文公、認證件數、民衆請求認證便利性等實際情況調整之。

第六條

①公證人得以下列各款文件之一，聲請爲通曉英文第一級或其他外文之核定：

一　財團法人語言訓練測驗中心（以下簡稱語言中心）出具之全民英文能力分級檢定測驗中高級以上、英文或其他外文能力測驗成績八十分以上之證明。

二　司法院指定之其他語言訓練或鑑定機構、教育部承認之國內外專科以上學校（以下簡稱語測機構）所出具相當於前款成績、學分之證明。

三　經法院或民間公證人考試及格，英文一科成績七十分以上之證明。

四　經轉任法院公證人甄試及格，英文一科成績七十分以上之證明。

②前項第二款證明由外國語測機構出具者，應經中華民國駐外使領館、代表處、辦事處或外交部授權之駐外機構（以下簡稱駐外館處）證明。

第七條

①公證人得以下列各款文件之一，聲請爲通曉英文第二級之核定：

一　語言中心出具之英文能力測驗成績五十分以上、全民英文能力分級檢定測驗初級以上或語測機構所出具相當成績、學分之證明。

二　經法院或民間公證人考試及格，英文一科成績五十分以上之證明。

三　經轉任法院公證人甄試及格，英文一科成績五十分以上之證明。

四　聲請前五年內，曾連續任公證人或兼任法院公證人一年以上之服務證明。

②前條第二項規定，於前項第一款證明準用之。

③本法施行前三年內，已連續任法院公證人六個月以上，於本法施行後續任法院公證人期間，視同通曉英文第二級之核定，不另發給核定證明。

④本法施行後，始任法院公證人連續六個月以上並有第一項各款情形之一者，自任滿六個月之翌日起，於續任法院公證人期間，視同通曉英文第二級之核定，不另發給核定證明。

第八條

①公證人聲請爲通曉各該外文核定時，應具聲請書並檢附各該證明文件及其影本（正本核驗後發還）。

②司法院核定前得爲查證；審查合格時，應分別發給載明下列事項之通曉外文核定證明，造冊刊登於司法院公報：

一　姓名及出生年月日。

二　所屬地方法院或其分院（以下簡稱所屬法院）；民間公證人者，其遴任證書字號。

三　核定之外文；如係英文，應註明等級。

四　得辦理之外文公證事務範圍。

第九條 97

①公證人職章，角質、木質或用橡皮刻製，正方形，其尺度爲闊二點四公分，長二點四公分，邊寬零點一公分，印文「公證人〇〇〇」，以正楷或隸書刻製（附式一）。

②公證人中式簽名章，以第一項材質依公證人親筆簽名刻製，長方形，其尺度爲長七公分，闊二公分；直接註記認證用中文簽字章，橫式，長二點五公分，闊一點五公分。
③地方法院公證處及其分處鋼印，銅質、圓形、直徑四點四公分，用陽文方體字；由司法院製發使用，並由使用法院指定專人保管。法院公證人作成之公證文書須蓋鋼印時，蓋用本項鋼印，不另蓋用或鑄製法院公證人鋼印。
④民間公證人鋼印，鋼製、圓形、圓周直徑四點四公分，用陽文方體字，印文與職章同，另加鑄事務所英文名稱（附式二）。
⑤章戳及鋼印，法院公證人由所屬法院製發使用，民間公證人自行製用；公證人應自行或指定專人保管之。
⑥法院應將公證人職章、鋼印之印鑑及簽名式一式十一份送外交部；公證人職務異動時，亦應通知外交部。
⑦民間公證人辦理數頁或有附件連綴之公、認證文書，而以其他文字或符號之密碼蓋章機爲連續之表示，如與所屬法院密碼蓋章機使用相同之文字或符號，於變更所屬法院時，應配合變更，不得繼續使用與原所屬法院密碼蓋章機相同之文字或符號。

第一〇條 97

①公證書類，應使用縱二九七毫米，寬二一〇毫米（A4尺寸），每平方公尺七十公克重白色紙張；公、認證書用紙應加印法院公證處、民間公證人事務所、僅辦認證民間公證人事務所或候補公證人事務所名稱字樣。
②中、英文結婚書面公證書，應使用尺寸、加印字樣同前，每平方公尺八十公克重，加印寬零點五公分「雙喜」、玫瑰花、紅心或其他表徵幸福喜氣圖案之淺粉紅色紙張。

第一一條

公證人、佐理員或助理人辦理或輔助辦理公證事務，應以審慎、誠懇、和藹之態度妥速爲之；請求人就公證程序有所詢問時，並應詳爲解答。

第一二條

①公證處及民間公證人受理公證或認證事件，應按年度以收件先後統一編號，並依編號之次序辦理。
②公證處置二人以上之公證人者，除指定專人辦理之事件外，應依編號次序輪流分配之；民間公證人聯合事務所之事務分配，依協議定之。
③公、認證書字號如下：

一　法院公證處：〇〇年度〇院公字第〇〇〇〇號、〇〇年度〇院認字第〇〇〇〇號。

二　民間公證人：〇〇年度〇院民公〇（公證人自擇姓名中之一字）字第〇〇〇〇號、〇〇年度〇院民認〇（公證人自擇姓名中之一字）字第〇〇〇〇號。

三　候補公證人：〇〇年度〇院候公〇（公證人自擇姓名中之一字）字第〇〇〇〇號、〇〇年度〇院候認〇（公證人自擇姓名中之一字）字第〇〇〇〇號。

第一三條

公證人、佐理員或助理人依本法第十二條規定前往查詢或請求協助時，應出示身分證明文件。

第一四條

①經公證或認證之文書持往外國使用前，得聲請外交部複驗公證人之簽章。
②請求人檢附由駐外館處出具或經其公證、認證、證明之文書辦理公證事務前，得聲請外交部複驗駐外館處領務人員之簽章。
③請求人檢附由外國駐華使領館或授權代表機構出具或經其公證、認證、證明之文書辦理公證事務者，公證人得向該機構查證；必要時，得請外交部複驗外國駐華使領館或授權代表機構之簽字鈐印。

第一五條

佐理員及助理人應以其學識及經驗，受公證人指揮監督，輔助辦理下列事項：

一　收受編號及登載公、認證事件。

二　點收、整理及編訂卷證目錄。
三　審查請求書狀程式及通知補正。
四　製作筆錄或撰擬通知、查詢等文稿。
五　協助公證人查證及體驗。
六　協助製作、交付公、認證書及其附屬文件正本、繕本、影本或節本。
七　送達或通知閱覽前款文書。
八　編製收件簿、公、認證書、異議、閱覽事件登記簿、其他相關簿冊及報表。
九　整理編訂保管卷證。
十　已結卷證發還、歸檔。
十一　解答詢問及其他相關公證事務。

第二章　法院公證處

第一六條
①地方法院設公證分處時，應層報司法院核准。
②前項公證分處，得置專任法院公證人或佐理員，或由公證處派員定期前往辦理公證事務。其定期辦理者，並應在該分處公告之。

第一七條 97
①依本法第二十二條第三項規定兼充公證人者，得由地方法院院長派兼後，層報司法院備查。
②法院公證人臨時因故不能執行職務而該院無其他法院公證人代理時，由院長指定前項規定之人員兼代之。
③前二項兼任人員辦理公證事務時，應以法院公證人名義行之。

第一八條
①公證處佐理員輔助法院公證人辦理公證事務，應受主任公證人或公證人之指揮監督。
②依本法第二十三條第二項規定兼充佐理員者，得由地方法院院長派兼後，報請該管高等法院備查。
③佐理員臨時因故不能執行職務而無其他佐理員代理時，由院長指定書記官兼代之。
④前二項兼任人員輔助辦理公證事務時，應以佐理員名義爲之。

第三章　民間公證人

第一節　登　錄

第一九條 108
①民間公證人不得向所屬法院以外之法院登錄。
②聲請登錄，應具聲請書並繳驗下列文件及其影本（正本核驗後發還）：
一　民間公證人遴任證書。
二　身分證明。
三　職前研習成績合格或免經職前研習證明。
四　加入公證人公會之證明。但未加入地區公證人公會爲贊助會員之許可兼業律師者，不在此限。
五　已參加責任保險及繳保費之證明。
六　職章、鋼印之印鑑及簽名式一式十二份（其中十一份轉送外交部存參）。
七　擬設事務所地址及使用權利之證明。
八　公證文書編號字別（○○院民公（認）○字）。
九　其他相關證明文件。
③前項第四款、第五款之證明文件，於地區公證人公會成立或金融監督管理委員會核准開辦民間公證人責任保險業務前，得暫免繳驗。但應於地區公證人公會成立或民間公

證人責任保險業務開辦後一個月內補正之；逾期不補正者，得註銷其登錄。

第二〇條

聲請登錄之民間公證人，有本法第二十六條、第三十三條及第三十五條所定情事、違反第三十七條第三項及第三十八條規定或有其他不得執行職務情形者，法院應駁回其聲請。

第二一條 95

民間公證人有下列情形之一者，應註銷登錄：

一　死亡。

二　退職、免職、撤職或離職。

三　事務所遷移至所屬法院管轄區域外。

四　其他不得執行職務之情形。

第二二條

法院依前二條規定駁回登錄聲請或註銷登錄者，應層報司法院備查。

第二三條

民間公證人登錄或註銷登錄，所屬法院應按月造冊層報司法院並送登司法院公報。

第二四條

①所屬法院應於公證處備置記載下列事項之民間公證人名簿，並供民眾查參：

一　姓名、性別、出生年月。

二　民間公證人（候補公證人）遴任證書字號。

三　事務所或聯合事務所名稱、地址、電話及電子郵件信箱帳號。

四　助理人姓名、出生年月、學、經歷。

五　登錄年月日及其號數。

六　加入公證人公會年月日。

七　公證事務權限（公認證、僅辦文書認證）及公證文書編號字別。

八　得辦理之外文公證事務。

九　獎懲事項。

十　註銷登錄年月日及其依據。

②前項名簿，得以電磁紀錄製作、查閱；登錄事項變更時，民間公證人應隨時聲報備查。

第二節　事務所及助理人

第二五條

①民間公證人之事務所，不得有下列情形：

一　於所屬法院管轄區域外設事務所；遷移時亦同。

二　於任何地區設二以上事務所。

三　於任何地區與律師、會計師、土地登記專業代理人或其他專業人員設聯合事務所、分事務所、辦事處、其他類似名目或合署辦公。但許可兼業律師者，得與律師設聯合事務所或合署辦公。

四　未經司法院許可，將事務所遷移至指定地區以外之區域。

②前項第三款但書情形，所屬法院認不當者，得禁止之。

第二六條 95

①民間公證人遷移事務所時，應檢具下列文件報請所屬法院層轉司法院許可：

一　民間公證人證書影本一份。

二　身分證正、反面影本各一份。

三　擬設事務所所址之使用權利證明文件影本一份。

②民間公證人聲請遷移事務所至指定設事務所地區以外地區，免檢具前項第三款文件。

第二七條

民間公證人事務所，以聲請設立者為負責公證人，對其業務及事務所人員負督導責任；二以上民間公證人聯合聲請設立者，應以其中一人為負責公證人。

第二八條 95

①民間公證人事務所名稱應載明「○○○○地方法院所屬民間公證人○○○（聯合）事務所（○○○為公證人姓名，聯合事務所則為全部公證人姓名或其他文字）」、「○○○○地方法院所屬候補公證人○○○事務所（○○○為候補公證人姓名）」字樣，並應懸掛載明事務所名稱之標幟；經遴任僅辦理文書認證者，其標幟應加註「僅辦認證不辦公證」八字。

②前項標幟型式，由司法院定之。

③非民間公證人事務所，不得使用民間公證人事務所或類似名稱。

第二九條

民間公證人應將民間公證人遴任證書、通曉英文第一級、第二級或其他外文核定證明及收費標準懸掛於事務所明顯處所。

第三〇條

①本法第二十八條所定助理人，不包括民間公證人事務所內未直接輔助辦理公證事務之其他人員。

②助理人人數不限，應就國內外專科以上學校畢業之已成年中華民國國民或曾任法院公證佐理員經銓敘合格者聘僱之。但有本法第二十六條第七款至第九款情形之一者，不得聘僱。

第三一條

①民間公證人聘僱助理人，應檢具下列文件聲請所屬法院許可：

一　聲請書。

二　聘僱契約書影本。

三　助理人身分及學經歷證明文件影本，如係外文，應附中文譯本；境外發給者，應經駐外館處或其他有權機關授權之團體證明。

②前項第二款聘僱契約應記載下列事項：

一　聘僱之民間公證人姓名、所屬法院及事務所所址。

二　助理人之姓名、出生年月日、身分證字號及住居所。

三　工作內容。

四　聘僱期間。

第三二條

①有下列情形之一者，所屬法院對聘僱助理人之聲請，得不予許可：

一　違反本法或本細則規定者。

二　檢具之文件記載不詳或不符規定，經通知限期補正，逾期未補正者。

三　違反其他法令規定情節重大者。

②所屬法院許可後，發現有前項各款情形之一者，得撤銷或廢止其許可。

第三三條

助理人辭職、遭解僱或不續聘時，民間公證人應即向所屬法院陳報。

第四章　收件簿及登記簿

第三四條

公證人應置下列各簿，除以電磁紀錄製作者外，並應於簿面註明使用起訖年月日、號數及頁數：

一　收件簿。但法院公證處或民間公證人聯合事務所，得備置共用之收件簿。

二　公證書登記簿。但僅辦理文書認證事務者，得毋庸備置。

三　認證書登記簿。

四　閱覽登記簿。

五　異議事件登記簿。

第三五條

①收件簿應按日期及收件先後順序編號連續登記，載明下列事項：

一　請求人、代理人姓名、身分證明文件字號及住居所；如係法人或其他團體者，其名稱、核准字號及事務所。

二　案由（公證或認證）。

三　作成證書日期、字號或處理結果；停止辦理時，收取之公證費用。

四　送交正本、繕本、影本或節本份數、日期。

②前項收件簿之增、刪、塗改或空白，準用本法相關規定處理；其以電磁紀錄製作者，應於相關欄位記明其事由。

第三六條

①公證書登記簿應依公證書作成日期及編號順序登記，載明下列事項：

一　收件簿編號。

二　公證書字號及案由（種類）。

三　標的金額或價額。

四　公證費用。

五　請求人、代理人姓名、身分證明文件字號及住居所；如係法人或其他團體者，其名稱、核准字號及事務所。

六　作成之年、月、日。

七　有無強制執行條款及其種類。

八　歸檔日期。

九　銷燬日期。

十　遺囑經公證者，繕本送交全國公證人公會聯合會日期。

②前條第二項規定，於前項登記簿準用之。

第三七條

①認證書登記簿應依認證書作成日期及編號順序登記，載明下列事項：

一　收件簿編號。

二　認證書字號。

三　認證文書種類及案由（種類）。

四　標的金額或價額。

五　認證費用。

六　請求人、代理人姓名、身分證明文件字號及住居所；如係法人或其他團體者，其名稱、核准字號及事務所。

七　認證之年、月、日。

八　歸檔日期。

九　銷燬日期。

十　認證遺囑者，繕本送交全國公證人公會聯合會日期。

②第三十五條第二項規定，於前項登記簿準用之。

第三八條

①閱覽登記簿應記載請求閱覽日期、閱覽之文書名稱、字號、閱覽人姓名、身分證明文件字號、住居所、與請求人之關係。

②異議事件登記簿應記載異議日期、異議之公證文書字號、異議人姓名、身分證明文件字號、住居所、與請求人之關係及異議結果。

③第三十五條第二項規定，於前二項登記簿準用之。

第三九條

①公證處應製備公證須知，公證、認證請求書、範例及各種契約例稿，以供當事人閱覽及採用。

②前項所定書稿，民間公證人得於事務所製備之。

第五章　關於公證書強制執行事項之規定

第四〇條

①依本法第十三條第一項於公證書載明應逕受強制執行，其給付約定期限者，應記明給付之時期或可得確定之給付時期。債務人於給付期屆至時未爲給付者，得爲強制執行。

②本法第十三條第一項第一款、第二款之給付，未約定清償期而聲請強制執行者，債權人應提出經催告之證明。

第四一條

依本法第十三條第一項規定，於公證書載明應逕受強制執行者，其給付之標的，宜依下列各款規定記載之：

一　金錢債權：載明貨幣之種類及金額。

二　代替物：載明其名稱、種類、數量、品質、出產地、製造廠商或其他特定事項。

三　有價證券：載明其名稱、種類、發行年、月、面額及張數。

四　特定之動產：載明其名稱、種類、數量、品質、型式，規格、商標、製造廠商、出廠年、月或其他足以識別之特徵。

五　建築物：載明其坐落、型式、構造、層別或層數、面積或其他識別事項。

六　土地：載明其坐落、類目、四至、面積（宜附圖說）及約定使用之方法。

第四二條

當事人依雙務契約互負給付義務，約定應逕受強制執行者，應依前二條規定，將其相互應爲之給付，於公證書內載明。

第四三條

利息或租金之給付，約定應逕受強制執行者，應於公證書內載明其每期給付之金額或計算標準及給付日期。

第四四條

違約金之給付，約定應逕受強制執行者，應將其違約事實及違約時應給付之金額，於公證書內載明。

第四五條

承租人交付出租人之押租金或保證金，約定應於交還租賃物後返還並逕受強制執行者，應將其金額於公證書內載明。

第四六條

依本法第十三條第一項第一款、第二款所爲之給付，約定爲分次履行之期間，如遲誤一次履行，其後之期間視爲亦已到期，得對其全部爲強制執行者，應於公證書內載明。

第四七條

①債權人就公證書記載之他人債權認爲有虛僞，得代位債務人提起確認債權不存在之訴。

②前項確認之訴繫屬後，強制執行程序開始者，得變更爲代位債務人提起異議之訴，並得依本法第十三條第三項但書之規定以裁定停止執行。強制執行程序開始後，第三人代位債務人提起異議之訴時，亦同。

第四八條

當事人就已屆清償期之債權請求作成公證書者，不得附載逕受強制執行。

第六章　公證、認證之程序

第四九條 97

①公證或認證請求書（附式三），應依式逐項塡明並由請求人或其代理人簽名，其不能簽名者，得使他人代書姓名，由請求人或其代理人蓋章或按指印，並由代書人記明其

事由及簽名。

②以言詞請求者，筆錄應記載請求書規定之事項，並當場向請求人或其代理人朗讀或令其閱覽，經其承認無誤後，由請求人或其代理人簽名，其不能簽名者，準用前項規定。

③第二項規定，於請求閱覽或交付公證文書正本、繕本、影本或節本者，準用之。

第五〇條

①請求人請求作成公證文書、交付公證文書正本、繕本、影本、節本或閱覽公證文書，應提出下列文件：

一　請求人爲本人者，本法第七十三條所定之身分證明文件。

二　請求人爲無行爲能力或限制行爲能力人而由其法定代理人代爲請求者，具有法定代理人資格之證明文件。

三　請求人爲法人或非法人之團體者，其代表人或管理人之資格證明文件。

四　由代理人請求者，本法第七十六條所定之授權書。

五　請求人就須得第三人允許或同意之法律行爲爲請求而第三人未到場者，本法第七十七條所定已得允許或同意之證明書。

②請求人之繼承人或就公證事件有法律上利害關係之人，請求交付公證書正本、繕本、影本、節本或閱覽公證文書，應提出本法第七十三條所定之身分證明及爲繼承人或就公證事件確有法律上利害關係之證明文件。

第五一條

有下列第一款至第四款情形之一者，公證人應拒絕公、認證之請求；有第五款情形者，得拒絕請求。但其情形可補正者，公證人應當場或定期先命補正：

一　請求不合程式或不備其他法定要件。

二　不屬本法第二條所定得作成公證書或認證文書之範圍。

三　有本法第七十條所定違反法令事項及無效法律行爲之情事。

四　請求認證內容與公文書記載事項相反。

五　請求認證之內容無從查考或不明。

第五二條

①公證人就請求事件詢問請求人、繼受人、利害關係人或其代理人，認有必要或經受詢問人聲請時，應由佐理員或助理人作成筆錄，記載下列事項：

一　詢問之處所及年、月、日。

二　受詢問人及到場請求人或其代理人之姓名。

三　詢問事項及其結果。

②前項筆錄，應當場向受詢問人朗讀或交其閱覽，確認無訛後，製作筆錄人、公證人、受詢問人及在場人應於筆錄內簽名。

③受詢問人對筆錄之記載有異議時，得聲請更正或補充之；筆錄製作人認異議爲不當不予更正或補充時，應於筆錄內附記其事由。

④請求人、繼承人、利害關係人或其代理人以言詞陳述者，準用前三項之規定。

第五三條

①公證人依本法第十五條第二項規定以書面拒絕請求時，應於受理請求書後三日內製作處分書（附式四）附具理由，並送達於請求人。

②公證人以言詞拒絕請求時，應於筆錄或請求書內記明其事由。但請求人要求說明其理由者，應於拒絕後三日內付與理由書。

③拒絕請求之處分書及理由書，應蓋用公證人職章。

第五三條之一

①請求事件因請求人未到場、請求停止、逾期未補正或其他無法作成公、認證書事由結案時，公證人應記明事由或於請求書上註明原因並簽名，將記明事由之書面、筆錄、請求書或其他附屬文件附卷。

②前項事件訂卷歸檔時得合併數卷辦理，卷面應記明各該事件收件號，自歸檔翌年起保

存五年。

第五四條

①本法第七十六條所定代理人，不包括法定代理人在內。

②事件由代理人代爲請求，或代理人經請求人之許諾，得爲雙方代理或爲其自己與請求人間之法律行爲或私權事實公、認證者，公證人認有必要時，得通知請求人本人到場；本人不到場者，得拒絕其請求。

③應由請求人親自到場辦理之事件，不得由代理人代爲請求。

第五五條

本法第七十九條第一項第四款至第六款規定之人，經請求人全體同意爲見證人者，公證人應於公證書或認證書內記明其事由。

第五六條

公證書正本、繕本、影本應依原本（附式五）作成；節錄繕本僅就與請求人或法律人利害關係人有關部分節錄作成之。

第五七條

公證人交付公證書正本、繕本、影本或節本之年、月、日，與其作成之年、月、日相同者，仍應分別記載之。

第五八條

①經公證或認證事件，依其他法令規定，以經主管機關登記、法院認可、許可或完成其他程序爲生效或對抗第三人之要件者，於登記完畢、經認可、許可或完成相關程序後，始生該項效力。

②前項事由，公證人宜向請求人說明或於公、認證書原本、正本、繕本、影本、節本內記明。

第五九條

①公證人交付公證書正本後，發現有誤寫、誤算或其他類此顯然錯誤或內容有脫漏者，公證人得隨時或依聲請作成更正或補充之處分，並將處分通知請求人及其他已知之利害關係人。

②前項規定，於交付公證書繕本、影本或節本情形準用之。

③公證人依第一項規定作成之更正或補充處分，不另收取費用。

第七章　關於親屬事件公證之特別規定

第六〇條 112

①結婚書面之公證，結婚當事人應偕同證人攜帶身分證明文件親自到場，並在結婚書面上簽名。請求人應提出婚姻狀況證明文件；外國人、外國軍人，依其本國法須經核准始得結婚者，並應提出其本國主管長官核准結婚之證明文件。

②前項證明文件如係境外出具者，應經駐外館處或有權機關授權團體證明；由外國駐華使領館或授權代表機構出具者，應經外交部證明。

③公證人應詢問結婚當事人有無結婚之眞意，並說明未向戶政機關辦妥結婚登記前，其結婚尚不生效力之旨，並於公證書註記前開說明。

第六一條 112

結婚當事人得請求於結婚書面公證同時舉行結婚儀式。

第六二條 97

①結婚儀式應於公證處或民間之公證人事務所之禮堂或其他適當處所公開舉行，公證處禮堂之佈置應喜氣、溫馨，並揭示其進行程序（附式六）。

②結婚儀式，除公證人預先聲明係舉行集團結婚儀式或經當事人同意者外，不得合併舉行。

第六三條 97

公證人主持結婚儀式，應著黑色紅邊制服（如附圖）；宣讀結婚書面公證書及致詞，應態度懇切、言詞清晰、快慢適度，致詞應以祝賀及增進家庭幸福為內容。

第六四條 97

①收養契約之公證，收養者與被收養者應親自到場，被收養者未滿七歲時，其法定代理人應親自到場，並應依下列規定辦理：

一 有配偶者收養子女時，應與其配偶共同為請求人。但有民法第一千零七十四條但書情形者，不在此限。

二 子女被收養時，應提出父母同意出養之公證書面，但父母已親自到場提出同意書面併請求公證或有民法第一千零七十六條之一第一項但書各款情形之一者，不在此限。

三 有配偶者被收養時，應得其配偶之同意。但有民法第一千零七十六條但書情形者，不在此限。

四 收養關係之一方為外國人者，應提出收養合乎其本國法之證明文件。

②前項公證，公證人應說明收養契約之法律效果及未經法院認可前，該契約不生效力之旨，並於公證書記載上開說明及當事人就此所為之表示。

第六五條

①生父請求公證認領非婚生子女者，請求書應載明非婚生子女及其生母之姓名、住居所。

②公證人公證前，宜先徵詢非婚生子女及其生母之意見，不同意時，得拒絕受理；無法徵詢意見時亦同。

第六六條 112

①兩願離婚書面公證，應由雙方當事人為共同請求人，並偕同證人兩人到場於公證書上簽名。

②公證人應審酌離婚協議內容是否符合當事人真意，向當事人說明未向戶政機關辦妥離婚登記前，兩願離婚尚不生效力之旨，並於公證書記載上開說明及當事人就此所為之表示。

第六六條之一 108

①意定監護契約訂立或變更之公證，本人及受任人應親自到場。

②前項公證應依下列規定辦理：

一 提出戶籍謄本或其他得證明尚未受監護宣告之文件。

二 請求意定監護契約變更之公證者，提出訂立意定監護契約之公證書正本、繕本或影本。如曾變更意定監護契約者，宜提出歷次變更之公證書正本、繕本或影本。

三 依民法第一千一百十三條之四第一項規定同時指定會同開具財產清冊之人時，提出載有受指定人身分資料之文件。

四 提出其他必要文件。

③公證人應確認本人之意識清楚，並確實明瞭意定監護契約之意義。公證人認有必要時，得隔離單獨詢問本人。但本人有本法第七十四條或第七十五條規定之情形時，應使通譯或見證人在場。

④公證人應闡明意定監護契約於本人受監護宣告時，始發生效力，以及前後意定監護契約有相牴觸者，視為本人撤回前意定監護契約之旨，並於公證書記載上開說明及當事人就此所為之表示。

⑤公證人作成意定監護契約訂立或變更之公證書後，應於七日內於司法院所定系統登錄案件，並以司法院所定格式書面通知本人住所地之法院。公證人依第五十九條第一項規定為更正或補充之處分者，亦同。

第六六條之二 108

①意定監護契約撤回之公證，撤回人應親自到場。

②前項公證應依下列規定辦理：

一 提出戶籍謄本或其他得證明尚未受監護宣告之文件。

二 提出訂立意定監護契約之公證書正本、繕本或影本。

三　提出已以書面向他方撤回之證明。
四　提出其他必要文件。
③公證人應闡明意定監護契約經一部撤回者，視爲全部撤回之旨，並於公證書記載上開說明及當事人就此所爲之表示。
④前條第三項、第五項之規定，於意定監護契約撤回之公證準用之。

第八章　關於遺囑事件之特別規定

第六七條
全國公證人公會聯合會成立前，依本法第九十八條第二項及第四項規定應送交該會保存之公、認證遺囑繕本，由法院公證處或承辦之民間公證人各自集中保管，俟該會成立後函請送交時，再送交保存之。

第六八條
①全國公證人公會聯合會應置遺囑繕本登記簿，依序記載下列事項：
一　遺囑繕本送達日期。
二　遺囑人姓名、身分證明文件字號及住居所。
三　遺囑種類及公、認證書字號。
四　作成公、認證遺囑之年月日、公證人姓名或駐外館處名稱。
②前項登記簿，除以電磁紀錄製作者外，應於簿面註明使用起訖日期、號數及頁數，由記載人簽名。

第六九條
公證遺囑，應由遺囑人及其指定之見證人，攜帶身分證明文件親自到場辦理，不得由代理人代爲請求。

第七〇條
密封遺囑，應由遺囑人於遺囑上簽名後，將其密封，並於封縫處簽名，由遺囑人及其指定之見證人，攜帶身分證明文件親自到場辦理，不得由代理人代爲請求。

第七一條
①公證人辦理遺囑公證或認證，應向遺囑人說明民法關於特留分之規定；遺囑人爲外國人或我國僑民，依形式審查應爲繼承人爲我國人者，亦同。
②公證人應於公證書或認證書記載前項說明及當事人就此所爲之表示，必要時並得註明：「於繼承開始時，其遺囑內容如有違反特留分之規定者，相關繼承人得依法扣減之」。

第九章　關於文書認證之特別規定

第七二條
①認證文書，公證人應詢問請求人是否瞭解文書內容，並於認證書（附式七）內記明其事由及認之方法。
②認證文書，應依本法第一百零一條及第一百零五條規定製作認證書，連綴於請求認證之文書交付請求人，並另作一份連綴於認證文書之繕本或影本留存；依本法第一百零六條規定認證者，以經認證之文書繕本或影本留存。

第七三條
認證私文書，當事人得委任代理人於公證人前，承認私文書上當事人之簽名或蓋章爲當事人本人所爲，公證人應於認證書內記明其事由。

第七四條
請求認證之文書內容無從查考或不明，請求人仍堅請辦理並記明筆錄者，公證人得予認證；但應於認證書註明：「本公證人僅認證文書內○○○簽名（簽章）眞正（或繕本、影本與原本、正本對照相符），至其內容，不在認證之列」等字句，以促當事人及接受文書者注意。

第七五條 112
①依本法第二條第二項第一款請求認證涉及私權事實之公文書原本或正本者，應於請求書表明文書將持往使用之地區及用途。
②認證公文書原本、正本、繕本或影本，於必要時，得以行文、親自前往或其他適當方式向作成名義之機關或公務員查證。
第七五條之一
本法第一百零一條第四項前段除外規定，係指公證人認證時，應依同條第一項規定使請求人當面於翻譯本簽名或承認為其簽名。如翻譯公文書或翻譯之原文文書為影本或繕本者，得依請求分按同條第二項或第三項規定辦理；必要時，亦得依職權就原文文書予以審認、查證。
第七六條
①認證文書翻譯本時，除第五條之一第一項第一款規定情形外，公證人就翻譯語文與原文文義是否相符，應予審認；認證書及原文文書應連綴於翻譯本，並加蓋騎縫章或以其他方法表示其為連續。
②前項認證書內應加蓋「本翻譯本文義核與連綴之原文文書文義尚屬相符」之中、英文戳記並由公證人簽名；簽名得簽英文姓名或姓名縮寫。
③前二項及第五條之一第二項規定，於以直接註記方式認證或認證英文文書或其翻譯本時準用之。
第七七條
①本法第一百零二條所定具結，除以直接註記方式認證者外，應於另紙結文為之。
②結文原本應連綴於認證文書，一併交付請求人，另以結文影本附卷保存。
③公證人應視相關法規、請求人需求、認證文書內容、性質、持往使用地區、目的等因素，決定是否命請求人到場並具結。
第七八條
①依本法第一百零六條以直接註記方式認證時，應於文書原本、繕本、影本或翻譯本之空白處、背面或另紙為之；另紙應連綴於認證之文書，並加蓋騎縫章或以其他方法表示其為連續。
②前項文書有增刪、塗改、損壞或形式上顯有可疑之點者，公證人應於文書增刪、塗改、損壞、可疑之點或其他空白處記明其事由並加蓋職章或簽名；如係外文文書，得僅簽姓名縮寫。
第七九條
①信函認證，應由當事人提出信函一式三份，如對造人為二人以上時，應按人數增加份數，載明對造人姓名、住居所，並繳足送達費用。
②前項信函內容，宜力求簡明扼要，不得有恫嚇、謾罵、猥褻之詞句，如有增刪、塗改，當事人應記明字數並蓋章。
③第一項信函之送達，準用民事訴訟法關於送達之規定。但公示送達及囑託送達，不在此限。
④公證人送達寄往境外之信函時，應使用國際郵件回執，不使用送達證書。
第八〇條 108
①結婚證書或結婚書面之認證，應由結婚當事人及於結婚證書或結婚書面上簽名或蓋章之證人二人，攜帶身分證明文件親自到場簽名。
②第六十條及第六十一條規定，於前項情形準用之。
第八一條 108
①離婚證書之認證，應由雙方當事人及於離婚證書上簽名或蓋章之證人二人，攜帶身分證明文件親自到場簽名。
②第六十六條規定，於前項情形準用之。

第十章　公證費用

第八二條

①公證或認證事件，應由公證人核定其應收費用數額；收取費用後應掣給收據及收費明細表。

②請求人申報之標的價額，公證人認為與實際情形不符者，應依職權調查核定之。

③公證費用收據副聯應附於公、認證卷內保存之。

第八三條

公證處或公證分處收取公證費用，應依法院財務處理有關規定辦理。

第八四條

①土地或房屋租賃契約之公證費用，依租金總額或租賃物公告現值二者較高者，為其標的價額；如約定有保證金或押租金者，併計之；併有違約事項或違約金之約定者，違約事項及違約金部分不併計公證費用。

②就租賃契約約定逕受強制執行者，依前項標準算定之公證費用加收二分之一。

③前二項規定，於土地或房屋借用契約之公證，準用之。

第八五條

不動產買賣契約之公證費用，依契約所載買賣價額或買賣標的物公告現值二者較高者，為其標的價額。

第八六條

①本法第一百十五條所定體驗費，於公證人就請求公證之法律行為或私權事實本身出外至現場實際體驗時，始能收取；公證人、佐理員或助理人就請求事件出外查證時不得收取之。

②前項費用時間之計算，以公證人至現場後，實際就請求事件開始進行體驗之時間為準，不包括在途舟車時間；一次體驗數個請求事件時，時間以總體驗時間計算。

第八七條

①本法第一百二十四條第一項所稱公證書，包括視為公證書一部之書面附件；所定張數，按該次請求事件交付請求人之每份公證書正本所應加收部分張數合併計算。

②書面附件無法按字數計算或為外文文書、圖片者，不以字數而按實際張數計算。

第八八條

本法第一百二十五條所稱公證人，係指經司法院核定通曉英文第一級、第二級或其他外文者；同條所定以外文作成公證書或認證文書翻譯本，不包括公證人依本法第五條第二項規定於公證文書附記外文或作成所附譯本之情形。

第八九條

①本法第一百二十六條所定著手執行職務，係指公證人受理後，已開始就公、認證本旨事項作形式審查、說明或與請求人就請求內容為諮談等，經公證人說明撤回應繳納之費用，請求人仍堅持撤回之情形。

②請求人所為前項表示，應記明筆錄，由請求人或其代理人簽名。

③請求人、代理人未到場、拒絕簽名、無法通知或拒絕繳納撤回費用時，公證人應記明事由或作成筆錄附卷。

第九〇條

①本法第一百二十八條第一項所定費用，係指請求人、繼受人或利害關係人依本法第九十五條第一項及第一百零七條規定請求交付公、認證書及其附屬文件繕本、影本或節本情形，不包括原請求事件應發給請求人之公、認證書正本份數。

②依同條第二項規定收取翻譯費之情形如下：

一　於公證文書附記外文。

二　公證文書依請求人請求另附外文譯本。

③第一項後段請求事件應發給之公、認證書正本份數，按請求人一人一份定之；每一案號請求事件全部加發正本份數，以四份為限，超過四份時，得經請求人同意改依發給繕本、影本或節本方式辦理。

第九一條

民間公證人及助理人出外執行職務之交通費、住宿費及繕雜費，比照國內出差旅費報支要點薦任級以下人員標準計算。但因事實上需要經請求人同意並記明筆錄者，得搭乘飛機或定價較高之交通工具及參照簡任級以上人員標準收取住宿費及繕雜費。

第十一章　地區公證人公會

第九二條

①地區公證人公會會員及贊助會員之權利義務，除本法及本細則別有規定外，依章程之規定。

②贊助會員之入會費及常年會費，按會員應繳數額三分之一繳納之。

③會員大會議決時，贊助會員表決權之累計總數，不得超過按會員人數計算所得表決權總數之三分之一。

④前項贊助會員表決權之取得，依親自出席該次會議者報到先後順序決定，未取得表決權者，不得參與表決。

⑤第二項、第三項所定比例，得經會員大會議決調整之。

第九三條

本法第五十八條第三項所稱會員，包括許可兼業律師者之贊助會員。

第九四條

本法第一百四十五條第一項所稱該地區民間公證人，係指地區公證人公會之會員及許可兼業律師者之贊助會員。

第十二章　附　則

第九五條

地方法院、全國公證人公會聯合會及地區公證人公會，得視實際需要，自行或聯合辦理公證之宣傳、推廣及勸導，並將辦理情形層報司法院備查。

第九六條

本法施行前，各地方法院公證處已受理尚未終結之事件，依本法辦理之。但應繳納之公證費用，依受理時規定計算收取之。

第九七條 112

①本細則自中華民國九十年四月二十三日施行。

②本細則修正條文，除另定施行日期者外，自發布日施行。

③本細則中華民國九十七年四月二十四日修正發布之第六十條至第六十三條及第八十條，自九十七年五月二十三日施行。

④本細則中華民國一百十一年十二月八日修正發布之第六十條、第六十一條、第六十六條及第六十二條附式六，自一百十二年一月一日施行。

提存法

①民國26年1月7日國民政府制定公布全文19條。
②民國62年9月3日總統令修正公布全文24條。
③民國69年7月4日總統令修正公布第23條條文。
④民國96年12月12日總統令修正公布全文32條；並自公布日施行。

第一條　（提存所）
①地方法院及其分院設提存所，辦理提存事務。
②提存所之設置，其他法律另有規定者，從其規定。

第二條　（提存所主任）
①提存所置主任一人，辦理提存事務。
②提存事務，得由法官、司法事務官或具有提存所主任任用資格之職員兼辦之。

第三條　（佐理員）
提存所置佐理員若干人，輔助主任辦理提存事務，應就具有法院書記官任用資格者遴任之。但在事務較簡之法院，得指定書記官兼辦之。

第四條　（管轄）
①清償提存事件，由民法第三百十四條所定清償地之法院提存所辦理之。
②債權人在中華民國現無住所或住所不明時，以其在中華民國之居所，視為住所；無居所或居所不明者，以其在中華民國最後之住所，視為住所。
③債權人在中華民國無最後住所，或不能確知孰為債權人，致難依前項定其清償地者，由債務人住所地法院提存所辦理之。
④數人有同一債權，其給付不可分，或為公同共有債權，而債權人住所不在一法院管轄區域者，由其中一住所地法院提存所辦理之。
⑤強制執行法關於強制執行所得金額、破產法關於破產債權分配金額或消費者債務清理條例關於清算事件分配金額之提存，由受理強制執行、破產事件或辦理清算事件之法院提存所辦理之。
⑥政府機關依據法律所發給之補償費或其他公法上金錢給付，其提存由該機關所在地之法院提存所辦理之。

第五條　（管轄）
擔保提存事件由本案訴訟已繫屬或應繫屬之第一審法院或執行法院提存所辦理之。

第六條　（提存物）
①提存物以金錢、有價證券或其他動產為限。
②提存物不適於提存，或有毀損滅失之虞，或提存需費過鉅者，提存所得不准許其提存。

第七條　（保管處所）
①提存之金錢、有價證券，應交由法院或其分院所在地代理國庫之銀行保管之。
②前項有價證券以登記形式或帳簿劃撥方式保管、登錄者，其提存程序由司法院定之。
③第一項以外之提存物，法院得指定商會、銀行、倉庫或其他適當之處所保管之。

第八條　（提存之聲請）
①聲請提存應作成提存書一式二份，連同提存物一併提交提存物保管機構；如係清償提存，應附具提存通知書。
②前項保管機構為法院依第七條第三項規定指定者，提存人於提存時應先行聲請該管法院指定之。

第九條　（提存書應載事項）

①提存書應記載下列事項：

一　提存人為自然人者，其姓名、住所或居所及國民身分證號碼；無國民身分證號碼者，應記載其他足資辨別身分之證件號碼或特徵。提存人為法人、其他團體或機關者，其名稱及公務所、事務所或營業所並統一編號；無統一編號者，宜記載其他足資辨別之事項。

二　有代理人者，其姓名、住所或居所。

三　提存物為金錢者，其金額；為有價證券者，其種類、標記、號數、張數、面額；為其他動產者，其物品之名稱、種類、品質及數量。

四　提存之原因事實。

五　清償提存者，應記載提存物受取權人之姓名、名稱及住、居所或公務所、事務所、營業所，或不能確知受取權人之事由。其受取提存物如應為對待給付，或附有一定要件者，並應記載其對待給付之標的或所附之要件。

六　擔保提存者，應記載命供擔保法院之名稱及案號。

七　提存所之名稱。

八　聲請提存之日期。

②提存書宜記載代理人、受取權人之國民身分證號碼、統一編號、電話號碼或其他足資辨別之特徵。

③擔保提存應附具法院裁判書正本或影本。

④提存書類之格式及其記載方法，由司法院定之。

第一〇條　（保管機構之處置）

①提存物保管機構收到提存書，並收清提存物後，應作成收據聯單，連同提存書送交該管法院提存所。

②前項聯單之通知聯及提存書，提存物保管機構得交提存人逕行持送該管法院提存所。

③提存所接到提存書後，認為應予提存者，應於提存書載明准予提存之旨，一份留存，一份交還提存人。如係清償提存，並應將提存通知書送達受取權人。認為程式不合規定或不應提存者，應限期命提存人取回。但其情形可以補正者，應定期間先命補正；其逾十年不取回者，提存物歸屬國庫。提存所於准許提存後，發現有程式不合規定或不應提存者，亦同。

④提存人依前項規定取回提存物時，應證明未依提存之效果行使權利或雖行使權利而已回復原狀。但有第十七條第一項第二款或第三款規定之情形，不在此限。

第一一條　（期間之起算日）

①前條第三項所定十年期間，自提存所命取回處分書送達發生效力之翌日起算。

②民法第三百三十條所定十年期間，自提存通知書送達發生效力之翌日起算。

第一二條　（提存金之利息）

①提存金應給付利息，以實收之利息照付。

②已解繳國庫之提存金，經依法定程序應返還者，國庫亦應依前項利息所由計算之利率支付利息，其期間以五年為限。

第一三條　（有價證券之受取）

①提存物為有價證券者，其償還金、替代證券、孳息，提存所得因利害關係人之聲請，通知保管機構代為受取，以代替提存物或連同保管之。

②前項代為受取程序，由司法院定之。

第一四條　（保管費用）

①提存物除為金錢外，提存物保管機構得請求交付保管費用。

②前項費用，不得超過通常因保管所應收取之額數，由提存人預付之。

③提存物歸屬國庫者，自歸屬國庫時起，其保管費用由國庫負擔。

第一五條　（提存物之拍賣）

①前條提存物為物品者，於提存後有毀損、滅失或減少價值之情形時，提存物保管機構

得報經該管法院提存所許可拍賣提存物；其有市價者，照市價出賣，扣除拍賣、出賣及其他費用後，將其餘額交由當地代理國庫之銀行保管。清償提存之提存物，自提存之翌日起經六個月後未經受取權人領取者，亦同。

②提存物保管機構依前項規定為拍賣或出賣時，應通知提存人及受取權人。但不能通知者，拍賣或出賣不因而停止。

③提存物依法應歸屬國庫時，其價值已滅失者，以廢棄物處分之。

第一六條　（保管費用以處分執行）

①保管費用之確定由保管機構聲請提存所以處分行之。

②前項處分得為執行名義。

第一七條　（提存物之返還）

①清償提存之提存人於提存後有下列情形之一者，得聲請該管法院提存所返還提存物：

一　提存出於錯誤。

二　提存之原因已消滅。

三　受取權人同意返還。

②前項聲請，應自提存之翌日起十年內為之；逾期其提存物歸屬國庫。

第一八條　（聲請提存物返還之情形）

①擔保提存之提存人於提存後，有下列情形之一者，得聲請該管法院提存所返還提存物：

一　假執行之本案判決已全部勝訴確定。

二　因免為假執行而預供擔保或將請求標的物提存，其假執行之宣告全部失其效力。

三　假扣押、假處分、假執行經裁判後未聲請執行，或於執行程序實施前撤回執行之聲請。

四　因免為假扣押、假處分、假執行預供擔保，而有前款情形。

五　假扣押、假處分所保全之請求，其本案訴訟已獲全部勝訴判決確定；其請求取得與確定判決有同一效力者，亦同。

六　假執行、假扣押或假處分所保全之請求，其本案訴訟經和解或調解成立，受擔保利益人負部分給付義務而對提存物之權利聲明不予保留。

七　依法令提供擔保停止強制執行，其本案訴訟已獲全部勝訴判決確定。

八　受擔保利益人於法官或提存所主任前表明同意返還，經記明筆錄。

九　提存出於錯誤或依其他法律之規定，經法院裁定返還確定。

②前項聲請，應於供擔保原因消滅之翌日起十年內為之；逾期其提存物歸屬國庫。

第一九條　（提存物之取回或領取）

第十條第三項、第十七條第二項、第十八條第二項及民法第三百三十條所定期間屆滿時，提存物經扣押或有強制執行法第四十一條第三項、第一百三十三條、第一百三十四條及其他依法律規定不能取回或領取提存物之情形，或因爭執孰為受取權人之訴訟已繫屬者，除別有規定外，得自撤銷其扣押、本案訴訟裁判確定或事件終結之翌日起六個月內，聲請取回或領取提存物。

第二〇條　（提存物之權利歸屬）

①提存物不能依第十條第三項、第十七條第二項、第十八條第二項或其他法律規定歸屬國庫者，自提存之翌日起二十五年內未經取回或領取時，亦歸屬國庫。

②前項情形，提存人或受取權人因不可歸責於自己之事由致未取回或領取提存物者，得於歸屬國庫之翌日起二年內聲請該管法院裁定准予返還提存物。不能返還者，得請求償還相當於提存物歸屬國庫時之價額。

第二一條　（清償提存之受取提存物）

清償提存之提存物受取權人如應為對待給付時，非有提存人之受領證書、裁判書、公證書或其他文件，證明其已經給付或免除其給付或已提出相當擔保者，不得受取提存物。受取權人領取提存物應具備其他要件時，非證明其要件已具備者，亦同。

第二二條　（無益之清償提存）

非依債務本旨或向無受領權人所爲之清償提存，其債之關係不消滅。

第二三條　（民法關於質權、留置權提存事件之準用規定）

①民法關於質權、留置權之提存事件，準用清償提存之規定。

②前項提存事件，關於第十七條第二項及民法第三百三十條所定期間，自所擔保債權清償期屆至時起算。

第二四條　（對於提存所處分之異議）

①關係人對於提存所之處分，得於處分通知書送達關係人翌日起十日之不變期間內，提出異議。

②提存所認前項異議有理由時，應於十日內變更原處分，並將通知書送達關係人；認異議無理由時，應於十日內添具意見書，送請法院裁定之。

第二五條　（裁定）

①法院認異議爲有理由時，應以裁定命提存所爲適當之處分，認異議爲無理由時，應駁回之。

②前項裁定，應自收受異議之日起十日內爲之，並應附具理由，送達提存所及關係人。

③對於法院之裁定，得爲抗告。但不得再抗告。

第二六條　（抗告）

抗告，除本法有規定外，準用民事訴訟法第四編抗告程序之規定。

第二七條　（送達）

依本法所爲之送達，準用民事訴訟法關於送達之規定。不能確知孰爲債權人者，亦同。

第二八條　（提存費）

①清償提存費，其提存金額或價額在新臺幣一萬元以下者，徵收一百元；逾一萬元至十萬元者，徵收五百元；逾十萬元者，徵收一千元。但執行法院依強制執行法、管理人依破產法或消費者債務清理條例規定辦理提存者，免徵提存費。

②前項提存費及依民法第三百三十三條規定拍賣、出賣之費用，提存人得於提存金額中扣除之。但應於提存書記載其數額，並附具計算書。

③擔保提存費，每件徵收新臺幣五百元。

第二九條　（施行細則之訂定）

本法施行細則，由司法院定之。

第三〇條　（提存物歸屬國庫之期間）

①本法修正施行前已提存之事件，提存物歸屬國庫之期間，依下列規定：

一　自提存之翌日起至本法修正施行之日止未逾十年之清償提存事件，適用第十一條第二項之規定。

二　供擔保原因消滅後至本法修正施行之日止未逾五年之擔保提存事件，適用第十八條第二項之規定；已逾五年但尚未解繳國庫之擔保提存事件，自本法修正施行之翌日起二年內，仍得依第十八條第一項之規定聲請取回。

三　第十九條之規定，於本法修正施行前之提存事件，亦適用之。

四　自提存之翌日起已逾二十五年之提存物未歸屬國庫之提存事件，本法修正施行之翌日起，得於二年內聲請領取或取回。未逾二十五年者，依第二十條第一項之規定。但其殘餘期限未滿二年者，延長爲二年。

②本法修正施行前提存已逾十年應歸屬國庫之清償提存事件，如其提存通知書在民法第三百三十條所定期間內，未經合法送達或公告，提存所在本法修正施行前已補行送達或已解繳國庫者，受取權人得於本法修正施行之翌日起二年內，聲請領取，但以卷宗尚未依法銷毀者爲限；提存所在本法修正施行前未送達且尚未解繳國庫者，應補行送達，受取權人得於送達生效之翌日起二年內，聲請領取。

第三一條　（提存物歸屬國庫之保管費用）

本法修正施行前，應歸屬國庫之提存物，其保管費用經向受取權人財產強制執行而無效果者，由國庫墊付。

第三二條 （施行日）

本法自公布日施行。

提存事件徵收費用標準表

提存法第二八條

	提存金額或價額	費用
清償提存法	1 萬元以下	100 元
	逾 1 萬元～10 萬元	500 元
	逾 10 萬元	1,000 元
	執行法院依強制執行法、管理人依破產法或消費者債務清理條例規定辦理	免徵
擔保提存費		500 元

仲裁法

①民國50年1月20日總統令制定公布全文30條。
②民國71年6月11日總統令修正公布全文36條。
③民國75年12月26日總統令修正公布第21、28、29條；並增訂第28-1、28-2條條文。
④民國87年6月24日總統令修正公布名稱及全文56條；並自修正公布日後六個月施行（原名稱：商務仲裁條例）。
⑤民國91年7月10日總統令修正公布第8、54、56條條文；並自公布日施行。
⑥民國98年12月30日總統令修正公布第7、56條條文；並自98年11月23日施行。
⑦民國104年12月2日總統令修正公布第47條條文。

第一章　仲裁協議

第一條　（仲裁協議）

①有關現在或將來之爭議，當事人得訂立仲裁協議，約定由仲裁人一人或單數之數人成立仲裁庭仲裁之。
②前項爭議，以依法得和解者為限。
③仲裁協議，應以書面為之。
④當事人間之文書、證券、信函、電傳、電報或其他類似方式之通訊，足認有仲裁合意者，視為仲裁協議成立。

第二條　（仲裁協議不生效力之情形）

約定應付仲裁之協議，非關於一定之法律關係，及由該法律關係所生之爭議而為者，不生效力。

第三條　（仲裁條款之效力應獨立認定）

當事人間之契約訂有仲裁條款者，該條款之效力，應獨立認定；其契約縱不成立、無效或經撤銷、解除、終止，不影響仲裁條款之效力。

第四條　（不遵守仲裁協議所提之訴訟）

①仲裁協議，如一方不遵守，另行提起訴訟時，法院應依他方聲請裁定停止訴訟程序，並命原告於一定期間內提付仲裁。但被告已為本案之言詞辯論者，不在此限。
②原告逾前項期間未提付仲裁者，法院應以裁定駁回其訴。
③第一項之訴訟，經法院裁定停止訴訟程序後，如仲裁成立，視為於仲裁庭作成判斷時撤回起訴。

第二章　仲裁庭之組織

第五條　（仲裁人）

①仲裁人應為自然人。
②當事人於仲裁協議約定仲裁機構以外之法人或團體為仲裁人者，視為未約定仲裁人。

第六條　（仲裁人之資格）

具有法律或其他各業專門知識或經驗，信望素孚之公正人士，具備下列資格之一者，得為仲裁人：

一　曾任實任推事、法官或檢察官者。
二　曾執行律師、會計師、建築師、技師或其他與商務有關之專門職業人員業務五年以上者。
三　曾任國內、外仲裁機構仲裁事件之仲裁人者。

四　曾任教育部認可之國內、外大專院校助理教授以上職務五年以上者。
五　具有特殊領域之專門知識或技術，並在該特殊領域服務五年以上者。

第七條　（不得爲仲裁人之情形）98

有下列各款情形之一者，不得爲仲裁人：
一　犯貪污、瀆職之罪，經判刑確定。
二　犯前款以外之罪，經判處有期徒刑一年以上之刑確定。
三　經褫奪公權宣告尚未復權。
四　破產宣告尚未復權。
五　受監護或輔助宣告尚未撤銷。
六　未成年人。

第八條　（仲裁資格及訓練講習）91

①具有本法所定得爲仲裁人資格者，除有下列情形之一者外，應經訓練並取得合格證書，始得向仲裁機構申請登記爲仲裁人：
一　曾任實任推事、法官或檢察官者。
二　曾執行律師職務三年以上者。
三　曾在教育部認可之國內、外大專校院法律學系或法律研究所專任教授二年、副教授三年，講授主要法律科目三年以上者。
四　本法修正施行前已向仲裁機構登記爲仲裁人，並曾實際參與爭議事件之仲裁者。

②前項第三款所定任教年資之計算及主要法律科目之範圍，由法務部會商相關機關定之。

③仲裁人未依第一項規定向仲裁機構申請登記者，亦適用本法訓練之規定。

④仲裁人已向仲裁機構申請登記者，應參加仲裁機構每年定期舉辦之講習；未定期參加者，仲裁機構得註銷其登記。

⑤仲裁人之訓練及講習辦法，由行政院會同司法院定之。

第九條　（仲裁人之約定及選定）

①仲裁協議，未約定仲裁人及其選定方法者，應由雙方當事人各選一仲裁人，再由雙方選定之仲裁人共推第三仲裁人爲主任仲裁人，並由仲裁庭以書面通知當事人。

②仲裁人於選定後三十日內未共推主任仲裁人者，當事人得聲請法院爲之選定。

③仲裁協議約定由單一之仲裁人仲裁，而當事人之一方於收受他方選定仲裁人之書面要求後三十日內未能達成協議時，當事人一方得聲請法院爲之選定。

④前二項情形，於當事人約定仲裁事件由仲裁機構辦理者，由該仲裁機構選定仲裁人。

⑤當事人之一方有二人以上，而對仲裁人之選定未達成協議者，依多數決定之；人數相等時，以抽籤定之。

第一〇條　（選定仲裁人後應書面通知）

①當事人之一方選定仲裁人後，應以書面通知他方及仲裁人；由仲裁機構選定仲裁人者，仲裁機構應以書面通知雙方當事人及仲裁人。

②前項通知送達後，非經雙方當事人同意，不得撤回或變更。

第一一條　（催告選定仲裁人之期限）

①當事人之一方選定仲裁人後，得以書面催告他方於受催告之日起，十四日內選定仲裁人。

②應由仲裁機構選定仲裁人者，當事人得催告仲裁機構，於前項規定期間內選定之。

第一二條　（逾期限不選定仲裁人之處理）

①受前條第一項之催告，已逾規定期間而不選定仲裁人者，催告人得聲請仲裁機構或法院爲之選定。

②受前條第二項之催告，已逾規定期間而不選定仲裁人者，催告人得聲請法院爲之選定。

第一三條　（約定仲裁人無法履行仲裁任務之處理）

①仲裁協議所約定之仲裁人，因死亡或其他原因出缺，或拒絕擔任仲裁人或延滯履行仲

裁任務者，當事人得再行約定仲裁人；如未能達成協議者，當事人一方得聲請仲裁機構或法院為之選定。
②當事人選定之仲裁人，如有前項事由之一者，他方得催告該當事人，自受催告之日起，十四日內另行選定仲裁人。但已依第九條第一項規定共推之主任仲裁人不受影響。
③受催告之當事人，已逾前項之規定期間，而不另行選定仲裁人者，催告人得聲請仲裁機構或法院為之選定。
④仲裁機構或法院選定之仲裁人，有第一項情形者，仲裁機構或法院得各自依聲請或職權另行選定。
⑤主任仲裁人有第一項事由之一者，法院得依聲請或職權另行選定。

第一四條　（當事人不得不服選定之仲裁人）
對於仲裁機構或法院依本章選定之仲裁人，除依本法請求迴避者外，當事人不得聲明不服。

第一五條　（仲裁人應即告知當事人之情形）
①仲裁人應獨立、公正處理仲裁事件，並保守秘密。
②仲裁人有下列各款情形之一者，應即告知當事人：
一　有民事訴訟法第三十二條所定法官應自行迴避之同一原因者。
二　仲裁人與當事人間現有或曾有僱傭或代理關係者。
三　仲裁人與當事人之代理人或重要證人間現有或曾有僱傭或代理關係者。
四　有其他情形足使當事人認其有不能獨立、公正執行職務之虞者。

第一六條　（當事人得請求仲裁人迴避之情形）
①仲裁人有下列各款情形之一者，當事人得請求其迴避：
一　不具備當事人所約定之資格者。
二　有前條第二項各款情形之一者。
②當事人對其自行選定之仲裁人，除迴避之原因發生在選定後，或至選定後始知其原因者外，不得請求仲裁人迴避。

第一七條　（向仲裁庭提出書面迴避原因）
①當事人請求仲裁人迴避者，應於知悉迴避原因後十四日內，以書面敘明理由，向仲裁庭提出，仲裁庭應於十日內作成決定。但當事人另有約定者，不在此限。
②前項請求，仲裁庭尚未成立者，其請求期間自仲裁庭成立後起算。
③當事人對於仲裁庭之決定不服者，得於十四日內聲請法院裁定之。
④當事人對於法院依前項規定所為之裁定，不得聲明不服。
⑤雙方當事人請求仲裁人迴避者，仲裁人應即迴避。
⑥當事人請求獨任仲裁人迴避者，應向法院為之。

第三章　仲裁程序

第一八條　（仲裁程序之起始）
①當事人將爭議事件提付仲裁時，應以書面通知相對人。
②爭議事件之仲裁程序，除當事人另有約定外，自相對人收受提付仲裁之通知時開始。
③前項情形，相對人有多數而分別收受通知者，以收受之日在前者為準。

第一九條　（仲裁程序之適用法律）
當事人就仲裁程序未約定者，適用本法之規定；本法未規定者，仲裁庭得準用民事訴訟法或依其認為適當之程序進行。

第二〇條　（仲裁地）
仲裁地，當事人未約定者，由仲裁庭決定。

第二一條　（仲裁程序及期限）
①仲裁進行程序，當事人未約定者，仲裁庭應於接獲被選為仲裁人之通知日起十日內，

決定仲裁處所及詢問期日，通知雙方當事人，並於六個月內作成判斷書；必要時得延長三個月。
②前項十日期間，對將來爭議，應自接獲爭議發生之通知日起算。
③仲裁庭逾第一項期間未作成判斷書者，除強制仲裁事件外，當事人得逕行起訴或聲請續行訴訟。其經當事人起訴或聲請續行訴訟者，仲裁程序視爲終結。
④前項逕行起訴之情形，不適用民法第一百三十三條之規定。

第二二條　（仲裁庭管轄權異議之決定）
當事人對仲裁庭管轄權之異議，由仲裁庭決定之。但當事人已就仲裁協議標的之爭議爲陳述者，不得異議。

第二三條　（仲裁程序不公開）
①仲裁庭應予當事人充分陳述機會，並就當事人所提主張爲必要之調查。
②仲裁程序，不公開之。但當事人另有約定者，不在此限。

第二四條　（委任代理人）
當事人得以書面委任代理人到場陳述。

第二五條　（涉外仲裁事件得約定使用語文）
①涉外仲裁事件，當事人得約定仲裁程序所使用之語文。但仲裁庭或當事人之一方得要求就仲裁相關文件附具其他語文譯本。
②當事人或仲裁人，如不諳國語，仲裁庭應用通譯。

第二六條　（應詢證人或鑑定人）
①仲裁庭得通知證人或鑑定人到場應詢。但不得令其具結。
②證人無正當理由而不到場者，仲裁庭得聲請法院命其到場。

第二七條　（文書之送達）
仲裁庭辦理仲裁事件，有關文書之送達，準用民事訴訟法有關送達之規定。

第二八條　（請求機關協助仲裁之進行）
①仲裁庭爲進行仲裁，必要時得請求法院或其他機關協助。
②受請求之法院，關於調查證據，有受訴法院之權。

第二九條　（對仲裁程序之異議）
①當事人知悉或可得而知仲裁程序違反本法或仲裁協議，而仍進行仲裁程序者，不得異議。
②異議，由仲裁庭決定之，當事人不得聲明不服。
③異議，無停止仲裁程序之效力。

第三〇條　（當事人之主張無理由時仍得進行仲裁程序）
當事人下列主張，仲裁庭認其無理由時，仍得進行仲裁程序，並爲仲裁判斷：
一　仲裁協議不成立。
二　仲裁程序不合法。
三　違反仲裁協議。
四　仲裁協議與應判斷之爭議無關。
五　仲裁庭欠缺仲裁權限。
六　其他得提起撤銷仲裁判斷之訴之事由。

第三一條　（當事人明示合意之判斷原則）
仲裁庭經當事人明示合意者，得適用衡平原則爲判斷。

第三二條　（仲裁判斷之評議）
①仲裁判斷之評議，不得公開。
②合議仲裁庭之判斷，以過半數意見定之。
③關於數額之評議，仲裁人之意見各不達過半數時，以最多額之意見順次算入次多額之意見，至達過半數爲止。
④合議仲裁庭之意見不能過半數者，除當事人另有約定外，仲裁程序視爲終結，並應將其事由通知當事人

⑤前項情形不適用民法第一百三十三條之規定。但當事人於收受通知後，未於一個月內起訴者，不在此限。

第三三條　（判斷書記載事項）

①仲裁庭認仲裁達於可爲判斷之程度者，應宣告詢問終結，依當事人聲明之事項，於十日內作成判斷書。

②判斷書應記載下列各款事項：

一　當事人姓名、住所或居所。當事人爲法人或其他團體或機關者，其名稱及公務所、事務所或營業所。

二　有法定代理人、仲裁代理人者，其姓名、住所或居所。

三　有通譯者，其姓名、國籍及住所或居所。

四　主文。

五　事實及理由。但當事人約定無庸記載者，不在此限。

六　年月日及仲裁判斷作成地。

③判斷書之原本，應由參與評議之仲裁人簽名；仲裁人拒絕簽名或因故不能簽名者，由簽名之仲裁人附記其事由。

第三四條　（判斷書之送達）

①仲裁庭應以判斷書正本，送達於當事人。

②前項判斷書，應另備正本，連同送達證書，送請仲裁地法院備查。

第三五條　（判斷書錯誤之更正）

判斷書如有誤寫、誤算或其他類此之顯然錯誤者，仲裁庭得隨時或依聲請更正之，並以書面通知當事人及法院。其正本與原本不符者，亦同。

第三六條　（簡易仲裁程序之適用）

①民事訴訟法所定應適用簡易程序事件，經當事人合意向仲裁機構聲請仲裁者，由仲裁機構指定獨任仲裁人依該仲裁機構所定之簡易仲裁程序仲裁之。

②前項所定以外事件，經當事人合意者，亦得適用仲裁機構所定之簡易仲裁程序。

第四章　仲裁判斷之執行

第三七條　（仲裁判斷之執行）

①仲裁人之判斷，於當事人間，與法院之確定判決，有同一效力。

②仲裁判斷，須聲請法院爲執行裁定後，方得爲強制執行。但合於下列規定之一，並經當事人雙方以書面約定仲裁判斷無須法院裁定即得爲強制執行者，得逕爲強制執行：

一　以給付金錢或其他代替物或有價證券之一定數量爲標的者。

二　以給付特定之動產爲標的者。

③前項強制執行之規定，除當事人外，對於下列之人，就該仲裁判斷之法律關係，亦有效力：

一　仲裁程序開始後爲當事人之繼受人及爲當事人或其繼受人占有請求之標的物者。

二　爲他人而爲當事人者之該他人及仲裁程序開始後爲該他人之繼受人，及爲該他人或其繼受人占有請求之標的物者。

第三八條　（駁回執行裁定聲請之情形）

有下列各款情形之一者，法院應駁回其執行裁定之聲請：

一　仲裁判斷與仲裁協議標的之爭議無關，或逾越仲裁協議之範圍者。但除去該部分亦可成立者，其餘部分，不在此限。

二　仲裁判斷書應附理由而未附者。但經仲裁庭補正後，不在此限。

三　仲裁判斷，係命當事人爲法律上所不許之行爲者。

第三九條　（聲請假扣押或假處分）

①仲裁協議當事人之一方，依民事訴訟法有關保全程序之規定，聲請假扣押或假處分者，如其尚未提付仲裁，命假扣押或假處分之法院，應依相對人之聲請，命該保全程

序之聲請人，於一定期間內提付仲裁。但當事人依法得提起訴訟時，法院亦得命其起訴。

②保全程序聲請人不於前項期間內提付仲裁或起訴者，法院得依相對人之聲請，撤銷假扣押或假處分之裁定。

第五章　撤銷仲裁判斷之訴

第四〇條　（得提撤銷仲裁判斷之訴之情形）

①有下列各款情形之一者，當事人得對於他方提起撤銷仲裁判斷之訴：

一　有第三十八條各款情形之一者。

二　仲裁協議不成立、無效，或於仲裁庭詢問終結時尚未生效或已失效者。

三　仲裁庭於詢問終結前未使當事人陳述，或當事人於仲裁程序未合法代理者。

四　仲裁庭之組成或仲裁程序，違反仲裁協議或法律規定者。

五　仲裁人違反第十五條第二項所定之告知義務而顯有偏頗或被聲請迴避而仍參與仲裁者。但迴避之聲請，經依本法駁回者，不在此限。

六　參與仲裁之仲裁人，關於仲裁違背職務，犯刑事上之罪者。

七　當事人或其代理人，關於仲裁犯刑事上之罪者。

八　爲判斷基礎之證據、通譯內容係僞造、變造或有其他虛僞情事者。

九　爲判斷基礎之民事、刑事及其他裁判或行政處分，依其後之確定裁判或行政處分已變更者。

②前項第六款至第八款情形，以宣告有罪之判決已確定，或其刑事訴訟不能開始或續行非因證據不足者爲限。

③第一項第四款違反仲裁協議及第五款至第九款情形，以足以影響判斷之結果爲限。

第四一條　（提起撤銷仲裁判斷之訴之期限）

①撤銷仲裁判斷之訴，得由仲裁地之地方法院管轄。

②提起撤銷仲裁判斷之訴，應於判斷書交付或送達之日起，三十日之不變期間內爲之；如有前條第一項第六款至第九款所列之原因，並經釋明，非因當事人之過失，不能於規定期間內主張撤銷之理由者，自當事人知悉撤銷之原因時起算。但自仲裁判斷書作成日起，已逾五年者，不得提起。

第四二條　（提起撤銷仲裁判斷之訴）

①當事人提起撤銷仲裁判斷之訴者，法院得依當事人之聲請，定相當並確實之擔保，裁定停止執行。

②仲裁判斷，經法院撤銷者，如有執行裁定時，應依職權併撤銷其執行裁定。

第四三條　（撤銷確定者得提起訴訟）

仲裁判斷經法院判決撤銷確定者，除另有仲裁合意外，當事人得就該爭議事項提起訴訟。

第六章　和解與調解

第四四條　（和解）

①仲裁事件，於仲裁判斷前，得爲和解。和解成立者，由仲裁人作成和解書。

②前項和解，與仲裁判斷有同一效力。但須聲請法院爲執行裁定後，方得爲強制執行。

第四五條　（調解）

①未依本法訂立仲裁協議者，仲裁機構得依當事人之聲請，經他方同意後，由雙方選定仲裁人進行調解。調解成立者，由仲裁人作成調解書。

②前項調解成立者，其調解與仲裁和解有同一效力。但須聲請法院爲執行裁定後，方得爲強制執行。

第四六條　（和解、調解情形之準用）

第三十八條、第四十條至第四十三條之規定，於仲裁和解、調解之情形準用之。

第七章　外國仲裁判斷

第四七條　（外國仲裁判斷）104

①在中華民國領域外作成之仲裁判斷或在中華民國領域內依外國法律作成之仲裁判斷，為外國仲裁判斷。

②外國仲裁判斷，經聲請法院裁定承認後，於當事人間，與法院之確定判決有同一效力，並得為執行名義。

第四八條　（外國仲裁判斷之聲請承認）

①外國仲裁判斷之聲請承認，應向法院提出聲請狀，並附具下列文件：

一　仲裁判斷書之正本或經認證之繕本。

二　仲裁協議之原本或經認證之繕本。

三　仲裁判斷適用外國仲裁法規、外國仲裁機構仲裁規則或國際組織仲裁規則者，其全文。

②前項文件以外文作成者，應提出中文譯本。

③第一項第一款、第二款所稱之認證，指中華民國駐外使領館、代表處、辦事處或其他經政府授權之機構所為之認證。

④第一項之聲請狀，應按應受送達之他方人數，提出繕本，由法院送達之。

第四九條　（駁回承認外國仲裁判斷聲請之情形）

①當事人聲請法院承認之外國仲裁判斷，有下列各款情形之一者，法院應以裁定駁回其聲請：

一　仲裁判斷之承認或執行，有背於中華民國公共秩序或善良風俗者。

二　仲裁判斷依中華民國法律，其爭議事項不能以仲裁解決者。

②外國仲裁判斷，其判斷地國或判斷所適用之仲裁法規所屬國對於中華民國之仲裁判斷不予承認者，法院得以裁定駁回其聲請。

第五〇條　（他方當事人聲請駁回外國仲裁判斷承認之情形）

當事人聲請法院承認之外國仲裁判斷，有下列各款情形之一者，他方當事人得於收受通知後二十日內聲請法院駁回其聲請：

一　仲裁協議，因當事人依所應適用之法律係欠缺行為能力而不生效力者。

二　仲裁協議，依當事人所約定之法律為無效；未約定時，依判斷地法為無效者。

三　當事人之一方，就仲裁人之選定或仲裁程序應通知之事項未受適當通知，或有其他情事足認仲裁欠缺正當程序者。

四　仲裁判斷與仲裁協議標的之爭議無關，或逾越仲裁協議之範圍者。但除去該部分亦可成立者，其餘部分，不在此限。

五　仲裁庭之組織或仲裁程序違反當事人之約定；當事人無約定時，違反仲裁地法者。

六　仲裁判斷，對於當事人尚無拘束力或經管轄機關撤銷或停止其效力者。

第五一條　（請求撤銷承認外國仲裁判斷）

①外國仲裁判斷，於法院裁定承認或強制執行終結前，當事人已請求撤銷仲裁判斷或停止其效力者，法院得依聲請，命供相當並確實之擔保，裁定停止其承認或執行之程序。

②前項外國仲裁判斷經依法撤銷確定者，法院應駁回其承認之聲請或依聲請撤銷其承認。

第八章　附　則

第五二條　（仲裁事件程序之適用及準用法律）

法院關於仲裁事件之程序，除本法另有規定外，適用非訟事件法，非訟事件法未規定者，準用民事訴訟法。

第五三條 （應付仲裁之準用法律）
依其他法律規定應提付仲裁者，除該法律有特別規定外，準用本法之規定。
第五四條 （仲裁機構之設立）91
①仲裁機構，得由各級職業團體、社會團體設立或聯合設立，負責仲裁人登記、註銷登記及辦理仲裁事件。
②仲裁機構之組織、設立許可、撤銷或廢止許可、仲裁人登記、註銷登記、仲裁費用、調解程序及費用等事項之規則，由行政院會同司法院定之。
第五五條 （政府得補助仲裁機構）
爲推展仲裁業務、疏減訟源，政府對於仲裁機構得予補助。
第五六條 （施行日）98
本法除中華民國八十七年六月二十四日修正公布之條文自公布後六個月施行，及九十八年十二月十五日修正公布之條文自九十八年十一月二十三日施行外，自公布日施行。

柒、刑法及相關法規

中華民國刑法

①民國24年1月1日國民政府制定公布全文357條；並自24年7月1日起施行。
②民國37年11月7日總統令修正公布第5條條文。
③民國43年7月21日總統令修正公布第77條條文。
④民國43年10月23日總統令修正公布第160條條文。
⑤民國58年12月26日總統令修正公布第235條條文。
⑥民國81年5月16日總統令修正公布第100條條文。
⑦民國83年1月28日總統令修正公布第77至79條條文；並增訂第79-1條條文。
⑧民國86年10月8日總統令修正公布第220、315、323、352條條文；並增訂第318-1、318-2、339-1至339-3條條文。
⑨民國86年11月26日總統令修正公布第77、79、79-1條條文。
⑩民國88年2月3日總統令修正公布第340、343條條文。
⑪民國88年4月21日總統令修正公布第10、77、221、222、224至236、240、241、243、298、300、319、332、334、348條條文及第十六章章名；增訂第91-1、185-1至185-4、186-1、187-1至187-3、189-1、189-2、190-1、191-1、224-1、226-1、227-1、229-1、231-1、296-1、315-1至315-3條條文及第十六章之一章名；並刪除第223條條文。
⑫民國90年1月10日總統令修正公布第41條條文。
⑬民國90年6月20日總統令修正公布第204、205條條文；並增訂第201-1條條文。
⑭民國90年11月7日總統令修正公布第131條條文。
⑮民國91年1月30日總統令修正公布第328、330至332、347、348條條文；並增訂第334-1、348-1條條文。
⑯民國92年6月25日總統令修正公布第323、352條條文；並增訂第三十六章章名及第358至363條條文。
⑰民國94年2月2日總統令修正公布第1至3、5、10、11、15、16、19、25至31、33至38、40至42、46、47、49、51、55、57至59、61至65、67、68、74至80、83及90、91-1、93、96、98、99、157、182、220、222、225、229-1、231、231-1、296-1、297、315-1、315-2、316、341、343條條文及第四章章名；增訂第40-1、75-1條條文；刪除第56、81、94、97、267、322、327、331、340、345、350條條文；並自95年7月1日施行。
⑱民國95年5月17日總統令修正公布第333、334條條文。
⑲民國96年1月24日總統令修正公布第146條條文。
⑳民國97年1月2日總統令修正公布第185-3條條文。
㉑民國98年1月21日總統令修正公布第41條條文；並自98年9月1日施行。
㉒民國98年6月10日總統令修正公布第42、44、74至75-1條條文；並增訂第42-1條條文；其中第42條自公布日施行；第42-1、44、74至75-1條自98年9月1日施行。
㉓民國98年12月30日總統令修正公布第41、42-1條條文；並自公布日施行。
㉔民國99年1月27日總統令修正公布第295條條文；增訂第294-1條條文；並自公布日施行。
㉕民國100年1月26日總統令修正公布第321條條文；並自公布日施行。
㉖民國100年11月30日總統令修正公布第185-3條條文；並自公布日施行。
㉗民國101年12月5日總統令修正公布第286條條文；並自公布日施行。
㉘民國102年1月23日總統令修正公布第50條條文；並自公布日施行。
㉙民國102年6月11日總統令修正公布第185-3、185-4條條文；並自公布日施行。
㉚民國103年1月15日總統令修正公布第315-1條條文；並自公布日施行。
㉛民國103年6月18日總統令修正公布第251、285、339至339-3、341至344、347、349條條文；增訂第339-4、344-1條條文；並自公布日施行。
㉜民國104年12月30日總統令修正公布第2、11、36、38、40、51、74、84條條文；增訂第37-1、37-2、38-1至38-3、40-2條條文及第五章之一、第五章之二章名；刪除第34、39、40-1、45、46條條文；並自105年7月1日施行。
㉝民國105年6月22日總統令修正公布第38-3條條文；並自105年7月1日施行。
㉞民國105年11月30日總統令修正公布第5條條文。
㉟民國107年5月23日總統令修正公布第121、122、131、143條條文。
㊱民國107年6月13日總統令修正公布第190-1條條文。

㊲民國108年5月10日總統令修正公布第113條條文；並增訂第115-1條條文。
㊳民國108年5月29日總統令修正公布第10、61、80、98、139、183、184、189、272、274至279、281至284、286、287、315-2、320、321條條文；並刪除第91、285條條文。
㊴民國108年6月19日總統令修正公布第185-3條條文。
㊵民國108年12月25日總統令修正公布第108、110、117、118、127、129、132、133、135至137、140、141、144、147、148、149、150、153、154、158至160、163、164、165、171、173至175、177至181、185、185-2、186、186-1、187-2、188、189-1、190、191、192至194、195至199、201至204、206至208、212、214、215、233至235、240、241、243、246、252至255、256至260、262、263、266、268、269、288、290、292、293、298、300、302、304至307、309、310、312、313、315、317至318-1、328、335至337、346、352、354至356、358至360、362條條文。
㊶民國108年12月31日總統令修正公布第83、85條條文。
㊷民國109年1月15日總統令修正公布第149、150、251、313條條文。
㊸民國110年1月20日總統令修正公布第135、136、240、241條條文。
㊹民國110年5月28日總統令修正公布第185-4條條文。
㊺民國110年6月9日總統令修正公布第222條條文。
㊻民國110年6月16日總統令修正公布第245條條文；並刪除第239條條文。
㊼民國111年1月12日總統令修正公布第78、79、140、141、266條條文。
㊽民國111年1月28日總統令修正公布第185-3條條文。
㊾民國111年2月18日總統令修正公布第87、98條條文。
㊿民國112年2月8日總統令修正公布第10、91-1條條文；增訂第319-1至319-6條條文及第二十八章之一章名；除第91-1條自112年7月1日施行外，自公布日施行。
51民國112年5月31日總統令修正公布第303、339-4條條文；並增訂第302-1條條文。
52民國112年12月27日總統令修正公布第185-3條條文。
53民國113年6月24日總統令增訂公布第141-1條條文及第五章之一章名。
54民國113年7月31日總統令修正公布第286條條文。

第一編　總　則

第一章　法　例

第一條　（罪刑法定主義）94

行為之處罰，以行為時之法律有明文規定者為限。拘束人身自由之保安處分，亦同。

第二條　（從舊從輕主義）104

①行為後法律有變更者，適用行為時之法律。但行為後之法律有利於行為人者，適用最有利於行為人之法律。

②沒收、非拘束人身自由之保安處分適用裁判時之法律。

③處罰或保安處分之裁判確定後，未執行或執行未完畢，而法律有變更，不處罰其行為或不施以保安處分者，免其刑或保安處分之執行。

第三條　（屬地主義）94

本法於在中華民國領域內犯罪者，適用之。在中華民國領域外之中華民國船艦或航空器內犯罪者，以在中華民國領域內犯罪論。

第四條　（隔地犯）

犯罪之行為或結果，有一在中華民國領域內者，為在中華民國領域內犯罪。

第五條　（保護主義、世界主義—國外犯罪之適用）105

本法於凡在中華民國領域外犯下列各罪者，適用之：

一　內亂罪。

二　外患罪。

三　第一百三十五條、第一百三十六條及第一百三十八條之妨害公務罪。

四　第一百八十五條之一及第一百八十五條之二之公共危險罪。

五　僞造貨幣罪。
六　第二百零一條至第二百零二條之僞造有價證券罪。
七　第二百十一條、第二百十四條、第二百十八條及第二百十六條行使第二百十一條、第二百十三條、第二百十四條文書之僞造文書罪。
八　毒品罪。但施用毒品及持有毒品、種子、施用毒品器具罪，不在此限。
九　第二百九十六條及第二百九十六條之一之妨害自由罪。
十　第三百三十三條及第三百三十四條之海盜罪。
十一　第三百三十九條之四之加重詐欺罪。

第六條　（屬人主義—公務員國外犯罪之適用）
本法於中華民國公務員在中華民國領域外犯左列各罪者適用之：
一　第一百二十一條至第一百二十三條、第一百二十五條、第一百二十六條、第一百二十九條、第一百三十一條、第一百三十二條及第一百三十四條之瀆職罪。
二　第一百六十三條之脫逃罪。
三　第二百十三條之僞造文書罪。
四　第三百三十六條第一項之侵占罪。

第七條　（屬人主義—國民國外犯罪之適用）
本法於中華民國人民在中華民國領域外犯前二條以外之罪，而其最輕本刑爲三年以上有期徒刑者適用之。但依犯罪地之法律不罰者，不在此限。

第八條　（國外對國人犯罪之適用）
前條之規定，於在中華民國領域外對於中華民國人民犯罪之外國人準用之。

第九條　（外國裁判服刑之效力）
同一行爲，雖經外國確定裁判，仍得依本法處斷。但在外國已受刑之全部或一部執行者，得免其刑之全部或一部之執行。

第一〇條 112
①稱以上、以下、以內者，俱連本數或本刑計算。
②稱公務員者，謂下列人員：
一　依法令服務於國家、地方自治團體所屬機關而具有法定職務權限，以及其他依法令從事於公共事務，而具有法定職務權限者。
二　受國家、地方自治團體所屬機關依法委託，從事與委託機關權限有關之公共事務者。
③稱公文書者，謂公務員職務上製作之文書。
④稱重傷者，謂下列傷害：
一　毀敗或嚴重減損一目或二目之視能。
二　毀敗或嚴重減損一耳或二耳之聽能。
三　毀敗或嚴重減損語能、味能或嗅能。
四　毀敗或嚴重減損一肢以上之機能。
五　毀敗或嚴重減損生殖之機能。
六　其他於身體或健康，有重大不治或難治之傷害。
⑤稱性交者，謂非基於正當目的所爲之下列性侵入行爲：
一　以性器進入他人之性器、肛門或口腔，或使之接合之行爲。
二　以性器以外之其他身體部位或器物進入他人之性器、肛門，或使之接合之行爲。
⑥稱電磁紀錄者，謂以電子、磁性、光學或其他相類之方式所製成，而供電腦處理之紀錄。
⑦稱凌虐者，謂以強暴、脅迫或其他違反人道之方法，對他人施以凌辱虐待行爲。
⑧稱性影像者，謂內容有下列各款之一之影像或電磁紀錄：
一　第五項第一款或第二款之行爲。
二　性器或客觀上足以引起性慾或羞恥之身體隱私部位。
三　以身體或器物接觸前款部位，而客觀上足以引起性慾或羞恥之行爲。

四　其他與性相關而客觀上足以引起性慾或羞恥之行爲。

第一一條　（本總則對於其他刑罰法規之適用）104

本法總則於其他法律有刑罰、保安處分或沒收之規定者，亦適用之。但其他法律有特別規定者，不在此限。

第二章　刑事責任

第一二條　（犯罪之責任要件—故意、過失）

①行爲非出於故意或過失者，不罰。

②過失行爲之處罰，以有特別規定者，爲限。

第一三條　（直接故意與間接故意）

①行爲人對於構成犯罪之事實，明知並有意使其發生者，爲故意。

②行爲人對於構成犯罪之事實，預見其發生，而其發生並不違背其本意者，以故意論。

第一四條　（無認識之過失與有認識之過失）

①行爲人雖非故意，但按其情節，應注意並能注意而不注意者，爲過失。

②行爲人對於構成犯罪之事實，雖預見其能發生而確信其不發生者，以過失論。

第一五條　（不作爲犯）94

①對於犯罪結果之發生，法律上有防止之義務，能防止而不防止者，與因積極行爲發生結果者同。

②因自己行爲致有發生犯罪結果之危險者，負防止其發生之義務。

第一六條　（法律之不知與減刑）94

除有正當理由而無法避免者外，不得因不知法律而免除刑事責任。但按其情節，得減輕其刑。

第一七條　（加重結果犯）

因犯罪致發生一定之結果，而有加重其刑之規定者，如行爲人不能預見其發生時，不適用之。

第一八條　（未成年人、滿八歲人之責任能力）

①未滿十四歲人之行爲，不罰。

②十四歲以上未滿十八歲人之行爲，得減輕其刑。

③滿八十歲人之行爲，得減輕其刑。

第一九條　（責任能力—精神狀態）94

①行爲時因精神障礙或其他心智缺陷，致不能辨識其行爲違法或欠缺依其辨識而行爲之能力者，不罰。

②行爲時因前項之原因，致其辨識行爲違法或依其辨識而行爲之能力，顯著減低者，得減輕其刑。

③前二項規定，於因故意或過失自行招致者，不適用之。

第二〇條　（責任能力—生理狀態）

瘖啞人之行爲，得減輕其刑。

第二一條　（依法令之行爲）

①依法令之行爲，不罰。

②依所屬上級公務員命令之職務上行爲，不罰。但明知命令違法者，不在此限。

第二二條　（業務上正當行爲）

業務上之正當行爲，不罰。

第二三條　（正當防衛）

對於現在不法之侵害，而出於防衛自己或他人權利之行爲，不罰。但防衛行爲過當者，得減輕或免除其刑。

第二四條　（緊急避難）

①因避免自己或他人生命、身體、自由、財產之緊急危難而出於不得已之行爲，不罰。

但避難行爲過當者，得減輕或免除其刑。
②前項關於避免自己危難之規定，於公務上或業務上有特別義務者，不適用之。

第三章 未遂犯

第二五條 （未遂犯）94
①已著手於犯罪行爲之實行而不遂者，爲未遂犯。
②未遂犯之處罰，以有特別規定者爲限，並得按既遂犯之刑減輕之。
第二六條 （不能犯之處罰）94
行爲不能發生犯罪之結果，又無危險者，不罰。
第二七條 （中止犯）94
①已著手於犯罪行爲之實行，而因己意中止或防止其結果之發生者，減輕或免除其刑。結果之不發生，非防止行爲所致，而行爲人已盡力爲防止行爲者，亦同。
②前項規定，於正犯或共犯中之一人或數人，因己意防止犯罪結果之發生，或結果之不發生，非防止行爲所致，而行爲人已盡力爲防止行爲者，亦適用之。

第四章 正犯與共犯 94

第二八條 （共同正犯）94
二人以上共同實行犯罪之行爲者，皆爲正犯。
第二九條 （教唆犯及其處罰）94
①教唆他人使之實行犯罪行爲者，爲教唆犯。
②教唆犯之處罰，依其所教唆之罪處罰之。
第三〇條 （幫助犯及其處罰）94
①幫助他人實行犯罪行爲者，爲幫助犯。雖他人不知幫助之情者，亦同。
②幫助犯之處罰，得按正犯之刑減輕之。
第三一條 （正犯或共犯與身份）94
①因身分或其他特定關係成立之罪，其共同實行、教唆或幫助者，雖無特定關係，仍以正犯或共犯論。但得減輕其刑。
②因身分或其他特定關係致刑有重輕或免除者，其無特定關係之人，科以通常之刑。

第五章 刑

第三二條 （刑罰之種類）
刑分爲主刑及從刑。
第三三條 （主刑之種類）94
主刑之種類如下：
一 死刑。
二 無期徒刑。
三 有期徒刑：二月以上十五年以下。但遇有加減時，得減至二月未滿，或加至二十年。
四 拘役：一日以上，六十日未滿。但遇有加重時，得加至一百二十日。
五 罰金：新臺幣一千元以上，以百元計算之。
第三四條 （刪除）104
第三五條 （主刑之重輕標準）94
①主刑之重輕，依第三十三條規定之次序定之。
②同種之刑，以最高度之較長或較多者爲重。最高度相等者，以最低度之較長或較多者爲重。
③刑之重輕，以最重主刑爲準，依前二項標準定之。最重主刑相同者，參酌下列各款標

準定其輕重：

一　有選科主刑者與無選科主刑者，以無選科主刑者為重。

二　有併科主刑者與無併科主刑者，以有併科主刑者為重。

三　次重主刑同為選科刑或併科刑者，以次重主刑為準，依前二項標準定之。

第三六條　（褫奪公權之內容）104

①從刑為褫奪公權。

②褫奪公權者，褫奪下列資格：

一　為公務員之資格。

二　為公職候選人之資格。

第三七條　（褫奪公權之宣告）94

①宣告死刑或無期徒刑者，宣告褫奪公權終身。

②宣告一年以上有期徒刑，依犯罪之性質認為有褫奪公權之必要者，宣告一年以上十年以下褫奪公權。

③褫奪公權，於裁判時併宣告之。

④褫奪公權之宣告，自裁判確定時發生效力。

⑤依第二項宣告褫奪公權者，其期間自主刑執行完畢或赦免之日起算。但同時宣告緩刑者，其期間自裁判確定時起算之。

第三七條之一　（刑期起算日）104

①刑期自裁判確定之日起算。

②裁判雖經確定，其尚未受拘禁之日數，不算入刑期內。

第三七條之二　（羈押之日數）104

①裁判確定前羈押之日數，以一日抵有期徒刑或拘役一日，或第四十二條第六項裁判所定之罰金額數。

②羈押之日數，無前項刑罰可抵，如經宣告拘束人身自由之保安處分者，得以一日抵保安處分一日。

第五章之一　沒　收 104

第三八條　（沒收物）104

①違禁物，不問屬於犯罪行為人與否，沒收之。

②供犯罪所用、犯罪預備之物或犯罪所生之物，屬於犯罪行為人者，得沒收之。但有特別規定者，依其規定。

③前項之物屬於犯罪行為人以外之自然人、法人或非法人團體，而無正當理由提供或取得者，得沒收之。但有特別規定者，依其規定。

④前二項之沒收，於全部或一部不能沒收或不宜執行沒收時，追徵其價額。

第三八條之一　（沒收犯罪所得）104

①犯罪所得，屬於犯罪行為人者，沒收之。但有特別規定者，依其規定。

②犯罪行為人以外之自然人、法人或非法人團體，因下列情形之一取得犯罪所得者，亦同：

一　明知他人違法行為而取得。

二　因他人違法行為而無償或以顯不相當之對價取得。

三　犯罪行為人為他人實行違法行為，他人因而取得。

③前二項之沒收，於全部或一部不能沒收或不宜執行沒收時，追徵其價額。

④第一項及第二項之犯罪所得，包括違法行為所得、其變得之物或財產上利益及其孳息。

⑤犯罪所得已實際合法發還被害人者，不予宣告沒收或追徵。

第三八條之二　（犯罪所得及追徵之範圍與價額以估算認定）104

①前條犯罪所得及追徵之範圍與價額，認定顯有困難時，得以估算認定之。第三十八條

之追徵，亦同。
②宣告前二條之沒收或追徵，有過苛之虞、欠缺刑法上之重要性、犯罪所得價值低微，或爲維持受宣告人生活條件之必要者，得不宣告或酌減之。
第三八條之三　（收裁判確定時移轉爲國家所有）105
①第三十八條之物及第三十八條之一之犯罪所得之所有權或其他權利，於沒收裁判確定時移轉爲國家所有。
②前項情形，第三人對沒收標的之權利或因犯罪而得行使之債權均不受影響。
③第一項之沒收裁判，於確定前，具有禁止處分之效力。
第三九條　（刪除）104
第四〇條　（沒收之宣告）104
①沒收，除有特別規定者外，於裁判時併宣告之。
②違禁物或專科沒收之物得單獨宣告沒收。
③第三十八條第二項、第三項之物、第三十八條之一第一項、第二項之犯罪所得，因事實上或法律上原因未能追訴犯罪行爲人之犯罪或判決有罪者，得單獨宣告沒收。
第四〇條之一　（刪除）104
第四〇條之二　（宣告多數沒收者一併執行）104
①宣告多數沒收者，併執行之。
②沒收，除違禁物及有特別規定者外，逾第八十條規定之時效期間，不得爲之。
③沒收標的在中華民國領域外，而逾前項之時效完成後五年者，亦同。
④沒收之宣告，自裁判確定之日起，逾十年未開始或繼續執行者，不得執行。

第五章之二　易　刑 104

第四一條　（易科罰金）98
①犯最重本刑爲五年以下有期徒刑以下之刑之罪，而受六月以下有期徒刑或拘役之宣告者，得以新臺幣一千元、二千元或三千元折算一日，易科罰金。但易科罰金，難收矯正之效或難以維持法秩序者，不在此限。
②依前項規定得易科罰金而未聲請易科罰金者，得以提供社會勞動六小時折算一日，易服社會勞動。
③受六月以下有期徒刑或拘役之宣告，不符第一項易科罰金之規定者，得依前項折算規定，易服社會勞動。
④前二項之規定，因身心健康之關係，執行顯有困難者，或易服社會勞動，難收矯正之效或難以維持法秩序者，不適用之。
⑤第二項及第三項之易服社會勞動履行期間，不得逾一年。
⑥無正當理由不履行社會勞動，情節重大，或履行期間屆滿仍未履行完畢者，於第二項之情形應執行原宣告刑或易科罰金；於第三項之情形應執行原宣告刑。
⑦已繳納之罰金或已履行之社會勞動時數依所定之標準折算日數，未滿一日者，以一日論。
⑧第一項至第四項及第七項之規定，於數罪併罰之數罪均得易科罰金或易服社會勞動，其應執行之刑逾六月者，亦適用之。
⑨數罪併罰應執行之刑易服社會勞動者，其履行期間不得逾三年。但其應執行之刑未逾六月者，履行期間不得逾一年。
⑩數罪併罰應執行之刑易服社會勞動有第六項之情形者，應執行所定之執行刑，於數罪均得易科罰金者，另得易科罰金。
第四二條　（易服勞役）98
①罰金應於裁判確定後二個月內完納。期滿而不完納者，強制執行。其無力完納者，易服勞役。但依其經濟或信用狀況，不能於二個月內完納者，得許期滿後一年內分期繳納。遲延一期不繳或未繳足者，其餘未完納之罰金，強制執行或易服勞役。

②依前項規定應強制執行者，如已查明確無財產可供執行時，得逕予易服勞役。
③易服勞役以新臺幣一千元、二千元或三千元折算一日。但勞役期限不得逾一年。
④依第五十一條第七款所定之金額，其易服勞役之折算標準不同者，從勞役期限較長者定之。
⑤罰金總額折算逾一年之日數者，以罰金總額與一年之日數比例折算。依前項所定之期限，亦同。
⑥科罰金之裁判，應依前三項之規定，載明折算一日之額數。
⑦易服勞役不滿一日之零數，不算。
⑧易服勞役期內納罰金者，以所納之數，依裁判所定之標準折算，扣除勞役之日期。

第四二條之一　（罰金易服勞役得易服社會勞動之適用）98

①罰金易服勞役，除有下列情形之一者外，得以提供社會勞動六小時折算一日，易服社會勞動：

一　易服勞役期間逾一年。
二　入監執行逾六月有期徒刑併科或併執行之罰金。
三　因身心健康之關係，執行社會勞動顯有困難。

②前項社會勞動之履行期間不得逾二年。
③無正當理由不履行社會勞動，情節重大，或履行期間屆滿仍未履行完畢者，執行勞役。
④社會勞動已履行之時數折算勞役日數，未滿一日者，以一日論。
⑤社會勞動履行期間內繳納罰金者，以所納之數，依裁判所定罰金易服勞役之標準折算，扣除社會勞動之日數。
⑥依第三項執行勞役，於勞役期內納罰金者，以所納之數，依裁判所定罰金易服勞役之標準折算，扣除社會勞動與勞役之日數。

第四三條　（易以訓誡）

受拘役或罰金之宣告，而犯罪動機在公益或道義上顯可宥恕者，得易以訓誡。

第四四條　（易刑之效力）98

易科罰金、易服社會勞動、易服勞役或易以訓誡執行完畢者，其所受宣告之刑，以已執行論。

第四五條　（刪除）104

第四六條　（刪除）104

第六章　累　犯

第四七條　（累犯）94

①受徒刑之執行完畢，或一部之執行而赦免後，五年以內故意再犯有期徒刑以上之罪者，為累犯，加重本刑至二分之一。
②第九十八條第二項關於因強制工作而免其刑之執行者，於受強制工作處分之執行完畢或一部之執行而免除後，五年以內故意再犯有期徒刑以上之罪者，以累犯論。

第四八條　（裁判確定後發覺累犯之處置）

裁判確定後，發覺為累犯者，依前條之規定更定其刑。但刑之執行完畢或赦免後發覺者，不在此限。

第四九條　（累犯適用之除外）94

累犯之規定，於前所犯罪在外國法院受裁判者，不適用之。

第七章　數罪併罰

第五〇條　（數罪併罰與限制）102

①裁判確定前犯數罪者，併合處罰之。但有下列情形之一者，不在此限：

一　得易科罰金之罪與不得易科罰金之罪。

二　得易科罰金之罪與不得易服社會勞動之罪。
三　得易服社會勞動之罪與不得易科罰金之罪。
四　得易服社會勞動之罪與不得易服社會勞動之罪。

②前項但書情形，受刑人請求檢察官聲請定應執行刑者，依第五十一條規定定之。

第五一條　（數罪併罰之執行）104

數罪併罰，分別宣告其罪之刑，依下列各款定其應執行者：

一　宣告多數死刑者，執行其一。
二　宣告之最重刑為死刑者，不執行他刑。但罰金及從刑不在此限。
三　宣告多數無期徒刑者，執行其一。
四　宣告之最重刑為無期徒刑者，不執行他刑。但罰金及從刑不在此限。
五　宣告多數有期徒刑者，於各刑中之最長期以上，各刑合併之刑期以下，定其刑期。但不得逾三十年。
六　宣告多數拘役者，比照前款定其刑期。但不得逾一百二十日。
七　宣告多數罰金者，於各刑中之最多額以上，各刑合併之金額以下，定其金額。
八　宣告多數褫奪公權者，僅就其中最長期間執行之。
九　依第五款至前款所定之刑，併執行之。但應執行者為三年以上有期徒刑與拘役時，不執行拘役。

第五二條　（裁判確定後餘罪之處理）

數罪併罰，於裁判確定後，發覺未經裁判之餘罪者，就餘罪處斷。

第五三條　（執行刑）

數罪併罰，有二裁判以上者，依第五十一條之規定，定其應執行之刑。

第五四條　（各罪中有受赦免時餘罪之執行）

數罪併罰，已經處斷，如各罪中有受赦免者，餘罪仍依第五十一條之規定，定其應執行之刑，僅餘一罪者，依其宣告之刑執行。

第五五條　（想像競合犯）94

一行為而觸犯數罪名者，從一重處斷。但不得科以較輕罪名所定最輕本刑以下之刑。

第五六條　（刪除）94

第八章　刑之酌科及加減

第五七條　（刑罰之酌量）94

科刑時應以行為人之責任為基礎，並審酌一切情狀，尤應注意下列事項，為科刑輕重之標準：

一　犯罪之動機、目的。
二　犯罪時所受之刺激。
三　犯罪之手段。
四　犯罪行為人之生活狀況。
五　犯罪行為人之品行。
六　犯罪行為人之智識程度。
七　犯罪行為人與被害人之關係。
八　犯罪行為人違反義務之程度。
九　犯罪所生之危險或損害。
十　犯罪後之態度。

第五八條　（罰金之酌量）94

科罰金時，除依前條規定外，並應審酌犯罪行為人之資力及犯罪所得之利益。如所得之利益超過罰金最多額時，得於所得利益之範圍內酌量加重。

第五九條　（酌量減輕）94

犯罪之情狀顯可憫恕，認科以最低度刑仍嫌過重者，得酌量減輕其刑。

第六〇條　（酌量減輕）

依法律加重或減輕者，仍得依前條之規定酌量減輕其刑。

第六一條　（裁判免除）108

犯下列各罪之一，情節輕微，顯可憫恕，認爲依第五十九條規定減輕其刑仍嫌過重者，得免除其刑：

一　最重本刑爲三年以下有期徒刑、拘役或專科罰金之罪。但第一百三十二條第一項、第一百四十三條、第一百四十五條、第一百八十六條及對於直系血親尊親屬犯第二百七十一條第三項之罪，不在此限。

二　第三百二十條、第三百二十一條之竊盜罪。

三　第三百三十五條、第三百三十六條第二項之侵占罪。

四　第三百三十九條、第三百四十一條之詐欺罪。

五　第三百四十二條之背信罪。

六　第三百四十六條之恐嚇罪。

七　第三百四十九條第二項之贓物罪。

第六二條　（自首減輕）94

對於未發覺之罪自首而受裁判者，得減輕其刑。但有特別規定者，依其規定。

第六三條　（老幼處刑之限制）94

未滿十八歲人或滿八十歲人犯罪者，不得處死刑或無期徒刑，本刑爲死刑或無期徒刑者，減輕其刑。

第六四條　（死刑加重之限制與減輕）94

①死刑不得加重。

②死刑減輕者，爲無期徒刑。

第六五條　（無期徒刑加重之限制與減輕）94

①無期徒刑不得加重。

②無期徒刑減輕者，爲二十年以下十五年以上有期徒刑。

第六六條　（有期徒刑、拘役、罰金之減輕方法）

有期徒刑、拘役、罰金減輕者，減輕其刑至二分之一。但同時有免除其刑之規定者，其減輕得減至三分之二。

第六七條　（有期徒刑、罰金之加減例）94

有期徒刑或罰金加減者，其最高度及最低度同加減之。

第六八條　（拘役之加減例）94

拘役加減者，僅加減其最高度。

第六九條　（二種主刑以上併加減例）

有二種以上之主刑者，加減時併加減之。

第七〇條　（遞加遞減例）

有二種以上刑之加重或減輕者，遞加或遞減之。

第七一條　（主刑加減之順序）

①刑有加重及減輕者，先加後減。

②有二種以上之減輕者，先依較少之數減輕之。

第七二條　（零數不算）

因刑之加重、減輕，而有不滿一日之時間或不滿一元之額數者，不算。

第七三條　（酌量減輕之準用）

酌量減輕其刑者，準用減輕其刑之規定。

第九章　緩　刑

第七四條　（緩刑要件）104

①受二年以下有期徒刑、拘役或罰金之宣告，而有下列情形之一，認以暫不執行爲適當

者，得宣告二年以上五年以下之緩刑，其期間自裁判確定之日起算：

一　未曾因故意犯罪受有期徒刑以上刑之宣告者。

二　前因故意犯罪受有期徒刑以上刑之宣告，執行完畢或赦免後，五年以內未曾因故意犯罪受有期徒刑以上刑之宣告者。

②緩刑宣告，得斟酌情形，命犯罪行為人為下列各款事項：

一　向被害人道歉。

二　立悔過書。

三　向被害人支付相當數額之財產或非財產上之損害賠償。

四　向公庫支付一定之金額。

五　向指定之政府機關、政府機構、行政法人、社區或其他符合公益目的之機構或團體，提供四十小時以上二百四十小時以下之義務勞務。

六　完成戒癮治療、精神治療、心理輔導或其他適當之處遇措施。

七　保護被害人安全之必要命令。

八　預防再犯所為之必要命令。

③前項情形，應附記於判決書內。

④第二項第三款、第四款得為民事強制執行名義。

⑤緩刑之效力不及於從刑、保安處分及沒收之宣告。

第七五條　（緩刑宣告之撤銷）98

①受緩刑之宣告，而有下列情形之一者，撤銷其宣告：

一　緩刑期內因故意犯他罪，而在緩刑期內受逾六月有期徒刑之宣告確定者。

二　緩刑前因故意犯他罪，而在緩刑期內受逾六月有期徒刑之宣告確定者。

②前項撤銷之聲請，於判決確定後六月以內為之。

第七五條之一　（緩刑宣告之撤銷）98

①受緩刑之宣告而有下列情形之一，足認原宣告之緩刑難收其預期效果，而有執行刑罰之必要者，得撤銷其宣告：

一　緩刑前因故意犯他罪，而在緩刑期內受六月以下有期徒刑、拘役或罰金之宣告確定者。

二　緩刑期內因故意犯他罪，而在緩刑期內受六月以下有期徒刑、拘役或罰金之宣告確定者。

三　緩刑期內因過失更犯罪，而在緩刑期內受有期徒刑之宣告確定者。

四　違反第七十四條第二項第一款至第八款所定負擔情節重大者。

②前條第二項之規定，於前項第一款至第三款情形亦適用之。

第七六條　（緩刑之效力）94

緩刑期滿，而緩刑之宣告未經撤銷者，其刑之宣告失其效力。但依第七十五條第二項、第七十五條之一第二項撤銷緩刑宣告者，不在此限。

第十章　假　釋

第七七條　（假釋之要件）94

①受徒刑之執行而有悛悔實據者，無期徒刑逾二十五年，有期徒刑逾二分之一、累犯逾三分之二，由監獄報請法務部，得許假釋出獄。

②前項關於有期徒刑假釋之規定，於下列情形，不適用之：

一　有期徒刑執行未滿六個月者。

二　犯最輕本刑五年以上有期徒刑之罪之累犯，於假釋期間，受徒刑之執行完畢，或一部之執行而赦免後，五年以內故意再犯最輕本刑為五年以上有期徒刑之罪者。

三　犯第九十一條之一所列之罪，於徒刑執行期間接受輔導或治療後，經鑑定、評估其再犯危險未顯著降低者。

③無期徒刑裁判確定前逾一年部分之羈押日數算入第一項已執行之期間內。

第七八條 111
①假釋中因故意更犯罪，受逾六月有期徒刑之宣告確定者，撤銷其假釋。
②假釋中因故意更犯罪，受緩刑或六月以下有期徒刑之宣告確定，而有再入監執行刑罰之必要者，得撤銷其假釋。
③前二項之撤銷，於判決確定後六月以內爲之。但假釋期滿逾三年者，不在此限。
④假釋撤銷後，其出獄日數不算入刑期內。

第七九條 111
①在無期徒刑假釋後滿二十年或在有期徒刑所餘刑期內未經撤銷假釋者，其未執行之刑，以已執行論。但依第七十八條第三項撤銷其假釋者，不在此限。
②假釋中另受刑之執行、羈押或其他依法拘束人身自由之期間，不算入假釋期內。但不起訴處分或無罪判決確定前曾受之羈押或其他依法拘束人身自由之期間，不在此限。

第七九條之一 （合併刑期）94
①二以上徒刑併執行者，第七十七條所定最低應執行之期間，合併計算之。
②前項情形，併執行無期徒刑者，適用無期徒刑假釋之規定；二以上有期徒刑合併刑期逾四十年，而接續執行逾二十年者，亦得許假釋。但有第七十七條第二項第二款之情形者，不在此限。
③依第一項規定合併計算執行期間而假釋者，前條第一項規定之期間，亦合併計算之。
④前項合併計算後之期間逾二十年者，準用前條第一項無期徒刑假釋之規定。
⑤經撤銷假釋執行殘餘刑期者，無期徒刑於執行滿二十五年，有期徒刑於全部執行完畢後，再接續執行他刑，第一項有關合併計算執行期間之規定不適用之。

第十一章 時 效

第八〇條 （追訴權之時效期間）108
①追訴權，因下列期間內未起訴而消滅：
一 犯最重本刑爲死刑、無期徒刑或十年以上有期徒刑之罪者，三十年。但發生死亡結果者，不在此限。
二 犯最重本刑爲三年以上十年未滿有期徒刑之罪者，二十年。
三 犯最重本刑爲一年以上三年未滿有期徒刑之罪者，十年。
四 犯最重本刑爲一年未滿有期徒刑、拘役或罰金之罪者，五年。
②前項期間自犯罪成立之日起算。但犯罪行爲有繼續之狀態者，自行爲終了之日起算。

第八一條 （刪除）94

第八二條 （本刑應加減時追訴權時效期間之計算）
本刑應加重或減輕者，追訴權之時效、期間，仍依本刑計算。

第八三條 （追訴權時效之停止）108
①追訴權之時效，因起訴而停止進行。依法應停止偵查或因犯罪行爲人逃匿而通緝者，亦同。
②前項時效之停止進行，有下列情形之一者，其停止原因視爲消滅：
一 諭知公訴不受理判決確定，或因程序上理由終結自訴確定者。
二 審判程序依法律之規定或因被告逃匿而通緝，不能開始或繼續，而其期間已達第八十條第一項各款所定期間三分之一者。
三 依第一項後段規定停止偵查或通緝，而其期間已達第八十條第一項各款所定期間三分之一者。
③前二項之時效，自停止原因消滅之日起，與停止前已經過之期間，一併計算。

第八四條 （行刑權之時效期間）104
①行刑權因下列期間內未執行而消滅：
一 宣告死刑、無期徒刑或十年以上有期徒刑者，四十年。
二 宣告三年以上十年未滿有期徒刑者，三十年。

三　宣告一年以上三年未滿有期徒刑者，十五年。
四　宣告一年未滿有期徒刑、拘役或罰金者，七年。

②前項期間，自裁判確定之日起算。但因保安處分先於刑罰執行者，自保安處分執行完畢之日起算。

第八五條　（行刑權時效之停止）108

①行刑權之時效，因刑之執行而停止進行。有下列情形之一而不能開始或繼續執行時，亦同：

一　依法應停止執行者。
二　因受刑人逃匿而通緝或執行期間脫逃未能繼續執行者。
三　受刑人依法另受拘束自由者。

②停止原因繼續存在之期間，如達於第八十四條第一項各款所定期間三分之一者，其停止原因視為消滅。

③第一項之時效，自停止原因消滅之日起，與停止前已經過之期間，一併計算。

第十二章　保安處分

第八六條　（感化教育處分）94

①因未滿十四歲而不罰者，得令入感化教育處所，施以感化教育。

②因未滿十八歲而減輕其刑者，得於刑之執行完畢或赦免後，令入感化教育處所，施以感化教育。但宣告三年以下有期徒刑、拘役或罰金者，得於執行前為之。

③感化教育之期間為三年以下。但執行已逾六月，認無繼續執行之必要者，法院得免其處分之執行。

第八七條 111

①因第十九條第一項之原因而不罰者，其情狀足認有再犯或有危害公共安全之虞時，令入相當處所或以適當方式，施以監護。

②有第十九條第二項及第二十條之原因，其情狀足認有再犯或有危害公共安全之虞時，於刑之執行完畢或赦免後，令入相當處所或以適當方式，施以監護。但必要時，得於刑之執行前為之。

③前二項之期間為五年以下；其執行期間屆滿前，檢察官認為有延長之必要者，得聲請法院許可延長之，第一次延長期間為三年以下，第二次以後每次延長期間為一年以下。但執行中認無繼續執行之必要者，法院得免其處分之執行。

④前項執行或延長期間內，應每年評估有無繼續執行之必要。

第八八條　（禁戒處分）94

①施用毒品成癮者，於刑之執行前令入相當處所，施以禁戒。

②前項禁戒期間為一年以下。但執行中認無繼續執行之必要者，法院得免其處分之執行。

第八九條　（禁戒處分）94

①因酗酒而犯罪，足認其已酗酒成癮並有再犯之虞者，於刑之執行前，令入相當處所，施以禁戒。

②前項禁戒期間為一年以下。但執行中認無繼續執行之必要者，法院得免其處分之執行。

第九〇條　（強制工作處分）94

①有犯罪之習慣或因遊蕩或懶惰成習而犯罪者，於刑之執行前，令入勞動場所，強制工作。

②前項之處分期間為三年。但執行滿一年六月後，認無繼續執行之必要者，法院得免其處分之執行。

③執行期間屆滿前，認為有延長之必要者，法院得許可延長之，其延長之期間不得逾一年六月，並以一次為限。

第九一條　（刪除）

第九一條之一　112

①犯第二百二十一條至第二百二十七條、第二百二十八條、第二百二十九條、第二百三十條、第二百三十四條、第三百三十二條第二項第二款、第三百三十四條第二項第二款、第三百四十八條第二項第一款及其特別法之罪，而有下列情形之一者，得令入相當處所，施以強制治療：

一　徒刑執行期滿前，於接受輔導或治療後，經鑑定、評估，認有再犯之危險者。

二　依其他法律規定，於接受身心治療、輔導或教育後，經鑑定、評估，認有再犯之危險者。

②前項處分期間爲五年以下；其執行期間屆滿前，檢察官認爲有延長之必要者，得聲請法院許可延長之，第一次延長期間爲三年以下，第二次以後每次延長期間爲一年以下。但執行中認無繼續執行之必要者，法院得停止治療之執行。

③停止治療之執行後有第一項情形之一者，法院得令入相當處所，繼續施以強制治療。

④前項強制治療之期間，應與停止治療前已執行之期間合併計算。

⑤前三項執行或延長期間內，應每年鑑定、評估有無繼續治療之必要。

第九二條　（代替保安處分之保護管束）

①第八十六條至第九十條之處分，按其情形，得以保護管束代之。

②前項保護管束期間，爲三年以下，其不能收效者，得隨時撤銷之，仍執行原處分。

第九三條　（緩刑與假釋之保護管束）94

①受緩刑之宣告者，除有下列情形之一，應於緩刑期間付保護管束外，得於緩刑期間付保護管束：

一　犯第九十一條之一所列之罪者。

二　執行第七十四條第二項第五款至第八款所定之事項者。

②假釋出獄者，在假釋中付保護管束。

第九四條　（刪除）94

第九五條　（驅逐出境處分）

外國人受有期徒刑以上刑之宣告者，得於刑之執行完畢或赦免後，驅逐出境。

第九六條　（保安處分之宣告）94

保安處分於裁判時併宣告之。但本法或其他法律另有規定者，不在此限。

第九七條　（刪除）94

第九八條　111

①依第八十六條第二項、第八十七條第二項、第三項規定宣告之保安處分，其先執行徒刑者，於刑之執行完畢或赦免後，認爲無執行之必要者，法院得免其處分之執行；其先執行保安處分者，於處分執行完畢或一部執行而免除後，認爲無執行刑之必要者，法院得免其刑之全部或一部執行。

②依第八十八條第一項、第八十九條第一項規定宣告之保安處分，於處分執行完畢或一部執行而免除後，認爲無執行刑之必要者，法院得免其刑之全部或一部執行。

③依刑事訴訟法第一百二十一條之一第一項或第三項前段宣告之暫行安置執行後，認爲無執行刑之必要者，法院得免其刑之全部或一部執行。

④前三項免其刑之執行，以有期徒刑或拘役爲限。

第九九條　（保安處分之執行時效）94

保安處分自應執行之日起逾三年未開始或繼續執行者，非經法院認爲原宣告保安處分之原因仍繼續存在時，不得許可執行；逾七年未開始或繼續執行者，不得執行。

第二編　分　則

第一章　內亂罪

第一〇〇條　（普通內亂罪）

①意圖破壞國體，竊據國土，或以非法之方法變更國憲，顛覆政府，而以強暴或脅迫著手實行者，處七年以上有期徒刑；首謀者，處無期徒刑。

②預備犯前項之罪者，處六月以上五年以下有期徒刑。

第一〇一條　（暴動內亂罪）

①以暴動犯前條第一項之罪者，處無期徒刑或七年以上有期徒刑；首謀者，處死刑或無期徒刑。

②預備或陰謀犯前項之罪者，處一年以上、七年以下有期徒刑。

第一〇二條　（內亂罪自首之減刑）

犯第一百條第二項或第一百零一條第二項之罪而自首者，減輕或免除其刑。

第二章　外患罪

第一〇三條　（通謀開戰端罪）

①通謀外國或其派遣之人，意圖使該國或他國對於中華民國開戰端者，處死刑或無期徒刑。

②前項之未遂犯罰之。

③預備或陰謀犯第一項之罪者，處三年以上、十年以下有期徒刑。

第一〇四條　（通謀喪失領域罪）

①通謀外國或其派遣之人，意圖使中華民國領域屬於該國或他國者，處死刑或無期徒刑。

②前項之未遂犯罰之。

③預備或陰謀犯第一項之罪者，處三年以上，十年以下有期徒刑。

第一〇五條　（直接抗敵民國罪）

①中華民國人民在敵軍執役，或與敵國械抗中華民國或其同盟國者，處死刑或無期徒刑。

②前項之未遂犯罰之。

③預備或陰謀犯第一項之罪者，處三年以上、十年以下有期徒刑。

第一〇六條　（單純助敵罪）

①在與外國開戰或將開戰期內，以軍事上之利益供敵國，或以軍事上之不利益害中華民國或其同盟國者，處無期徒刑或七年以上有期徒刑。

②前項之未遂犯罰之。

③預備或陰謀犯第一項之罪者，處五年以下有期徒刑。

第一〇七條　（加重助敵罪）

①犯前條第一項之罪而有左列情形之一者，處死刑或無期徒刑：

一　將軍隊交付敵國，或將要塞、軍港、軍營、軍用船艦、航空機及其他軍用處所建築物，與供中華民國軍用之軍械、彈藥、錢糧及其他軍需品，或橋樑、鐵路、車輛、電線、電機、電局及其他供轉運之器物，交付敵國或毀壞或致令不堪用者。

二　代敵國招募軍隊，或煽惑軍人使其降敵者。

三　煽惑軍人不執行職務或不守紀律或逃叛者。

四　以關於要塞、軍港、軍營、軍用船艦、航空機及其他軍用處所建築物或軍略之秘密文書、圖畫、消息或物品，洩漏或交付於敵國者。

五　為敵國之間諜，或幫助敵國之間諜者。

②前項之未遂犯罰之。

③預備或陰謀犯第一項之罪者，處三年以上、十年以下有期徒刑。

第一〇八條　（戰時不履行軍需契約罪）108

①在與外國開戰或將開戰期內，不履行供給軍需之契約或不照契約履行者，處一年以上七年以下有期徒刑，得併科十五萬元以下罰金。

②因過失犯前項之罪者，處二年以下有期徒刑、拘役或三萬元以下罰金。

第一〇九條（洩漏交付國防秘密罪）

①洩漏或交付關於中華民國國防應秘密之文書、圖畫、消息或物品者，處一年以上、七年以下有期徒刑。

②洩漏或交付前項之文書、圖畫、消息或物品於外國或其派遣之人者，處三年以上、十年以下有期徒刑。

③前二項之未遂犯罰之。

④預備或陰謀犯第一項或第二項之罪者，處二年以下有期徒刑。

第一一〇條（公務員過失洩漏交付國防秘密罪）108

公務員對於職務上知悉或持有前條第一項之文書、圖畫、消息或物品，因過失而洩漏或交付者，處二年以下有期徒刑、拘役或三萬元以下罰金。

第一一一條（刺探搜集國防秘密罪）

①刺探或收集第一百零九條第一項之文書、圖畫、消息或物品者，處五年以下有期徒刑。

②前項之未遂犯罰之。

③預備或陰謀犯第一項之罪者，處一年以下有期徒刑。

第一一二條（不法侵入或留滯軍用處所罪）

意圖刺探或收集第一百零九條第一項之文書、圖畫、消息或物品，未受允准而入要塞、軍港、軍艦及其他軍用處所建築物或留滯其內者，處一年以下有期徒刑。

第一一三條（私與外國訂約罪）108

應經政府授權之事項，未獲授權，私與外國政府或其派遣之人爲約定，處五年以下有期徒刑、拘役或科或併科五十萬元以下罰金；足以生損害於中華民國者，處無期徒刑或七年以上有期徒刑。

第一一四條（違背對外事務委任罪）

受政府之委任，處理對於外國政府之事務，而違背其委任，致生損害於中華民國者，處無期徒刑或七年以上有期徒刑。

第一一五條（毀匿國權證據罪）

僞造、變造、毀棄或隱匿可以證明中華民國對於外國所享權利之文書、圖畫或其他證據者，處五年以上、十二年以下有期徒刑。

第一一五條之一（外患罪亦適用之地域或對象違反規定之處斷）108

本章之罪，亦適用於地域或對象爲大陸地區、香港、澳門、境外敵對勢力或其派遣之人，行爲人違反各條規定者，依各該條規定處斷之。

第三章　妨害國交罪

第一一六條（侵害友邦元首或外國代表罪）

對於友邦元首或派至中華民國之外國代表，犯故意傷害罪、妨害自由罪或妨害名譽罪者，得加重其刑至三分之一。

第一一七條（違背中立命令罪）108

於外國交戰之際，違背政府局外中立之命令者，處一年以下有期徒刑、拘役或九萬元以下罰金。

第一一八條（侮辱外國旗章罪）108

意圖侮辱外國，而公然損壞、除去或污辱外國之國旗、國章者，處一年以下有期徒刑、拘役或九千元以下罰金。

第一一九條（請求乃論）

第一百十六條之妨害名譽罪及第一百十八條之罪，須外國政府之請求乃論。

第四章　瀆職罪

第一二〇條　（委棄守地罪）
公務員不盡其應盡之責，而委棄守地者，處死刑、無期徒刑或十年以上有期徒刑。

第一二一條　（不違背職務之受賄罪）107
公務員或仲裁人對於職務上之行為，要求、期約或收受賄賂或其他不正利益者，處七年以下有期徒刑，得併科七十萬元以下罰金。

第一二二條　（違背職務受賄罪及行賄罪）107
①公務員或仲裁人對於違背職務之行為，要求、期約或收受賄賂或其他不正利益者，處三年以上十年以下有期徒刑，得併科二百萬元以下罰金。
②因而為違背職務之行為者，處無期徒刑或五年以上有期徒刑，得併科四百萬元以下罰金。
③對於公務員或仲裁人關於違背職務之行為，行求、期約或交付賄賂或其他不正利益者，處三年以下有期徒刑，得併科三十萬元以下罰金。但自首者減輕或免除其刑。在偵查或審判中自白者，得減輕其刑。

第一二三條　（準受賄罪）
於未為公務員或仲裁人時，預以職務上之行為，要求期約或收受賄賂或其他不正利益，而於為公務員或仲裁人後履行者，以公務員或仲裁人要求期約或收受賄賂或其他不正利益論。

第一二四條　（枉法裁判或仲裁罪）
有審判職務之公務員或仲裁人，為枉法之裁判或仲裁者，處一年以上、七年以下有期徒刑。

第一二五條　（濫權追訴處罰罪）
①有追訴或處罰犯罪職務之公務員，為左列行為之一者，處一年以上、七年以下有期徒刑：
　一　濫用職權為逮捕或羈押者。
　二　意圖取供而施強暴、脅迫者。
　三　明知為無罪之人而使其受追訴或處罰，或明知為有罪之人而無故不使其受追訴或處罰者。
②因而致人於死者，處無期徒刑或七年以上有期徒刑；致重傷者，處三年以上、十年以下有期徒刑。

第一二六條　（凌虐人犯罪）
①有管收、解送或拘禁人犯職務之公務員，對於人犯施以凌虐者，處一年以上、七年以下有期徒刑。
②因而致人於死者，處無期徒刑或七年以上有期徒刑；致重傷者，處三年以上、十年以下有期徒刑。

第一二七條　（違法行刑罪）108
①有執行刑罰職務之公務員，違法執行或不執行刑罰者，處五年以下有期徒刑。
②因過失而執行不應執行之刑罰者，處一年以下有期徒刑、拘役或九千元以下罰金。

第一二八條　（越權受理罪）
公務員對於訴訟事件，明知不應受理而受理者，處三年以下有期徒刑。

第一二九條　（違法徵收罪、抑留或剋扣款物罪）108
①公務員對於租稅或其他入款，明知不應徵收而徵收者，處一年以上七年以下有期徒刑，得併科二十一萬元以下罰金。
②公務員對於職務上發給之款項、物品，明知應發給而抑留不發或剋扣者，亦同。
③前二項之未遂犯罰之。

第一三〇條　（廢弛職務釀成災害罪）
公務員廢弛職務釀成災害者，處三年以上、十年以下有期徒刑。

第一三一條　（公務員圖利罪）107
公務員對於主管或監督之事務，明知違背法令，直接或間接圖自己或其他私人不法利益，因而獲得利益者，處一年以上七年以下有期徒刑，得併科一百萬元以下罰金。

第一三二條　（洩漏國防以外之秘密罪）108

①公務員洩漏或交付關於中華民國國防以外應秘密之文書、圖畫、消息或物品者，處三年以下有期徒刑。

②因過失犯前項之罪者，處一年以下有期徒刑、拘役或九千元以下罰金。

③非公務員因職務或業務知悉或持有第一項之文書、圖畫、消息或物品，而洩漏或交付之者，處一年以下有期徒刑、拘役或九千元以下罰金。

第一三三條　（郵電人員妨害郵電秘密罪）108

在郵務或電報機關執行職務之公務員，開拆或隱匿投寄之郵件或電報者，處三年以下有期徒刑、拘役或一萬五千元以下罰金。

第一三四條　（公務員犯罪加重處罰之規定）

公務員假借職務上之權力、機會或方法，以故意犯本章以外各罪者，加重其刑至二分之一。但因公務員之身分已特別規定其刑者，不在此限。

第五章　妨害公務罪

第一三五條 110

①對於公務員依法執行職務時，施強暴脅迫者，處三年以下有期徒刑、拘役或三十萬元以下罰金。

②意圖使公務員執行一定之職務或妨害其依法執行一定之職務或使公務員辭職，而施強暴脅迫者，亦同。

③犯前二項之罪而有下列情形之一者，處六月以上五年以下有期徒刑：

一　以駕駛動力交通工具犯之。

二　意圖供行使之用而攜帶兇器或其他危險物品犯之。

④犯前三項之罪，因而致公務員於死者，處無期徒刑或七年以上有期徒刑；致重傷者，處三年以上十年以下有期徒刑。

第一三六條 110

①在公共場所或公眾得出入之場所，聚集三人以上犯前條之罪者，在場助勢之人，處一年以下有期徒刑、拘役或十萬元以下罰金；首謀及下手實施強暴、脅迫者，處一年以上七年以下有期徒刑。

②因而致公務員於死或重傷者，首謀及下手實施強暴脅迫之人，依前條第四項之規定處斷。

第一三七條　（妨害考試罪）108

①對於依考試法舉行之考試，以詐術或其他非法之方法，使其發生不正確之結果者，處一年以下有期徒刑、拘役或九千元以下罰金。

②前項之未遂犯罰之。

第一三八條　（妨害職務上掌管之文書物品罪）

毀棄、損壞或隱匿公務員職務上掌管或委託第三人掌管之文書、圖畫、物品或致令不堪用者，處五年以下有期徒刑。

第一三九條　（污損封印、查封標示或違背其效力罪）108

①損壞、除去或污穢公務員依法所施之封印或查封之標示，或為違背其效力之行為者，處二年以下有期徒刑、拘役或二十萬元以下罰金。

②為違背公務員依法所發具扣押效力命令之行為者，亦同。

第一四〇條 111

於公務員依法執行職務時，當場侮辱或對於其依法執行之職務公然侮辱者，處一年以下有期徒刑、拘役或十萬元以下罰金。

第一四一條 111

意圖侮辱公務員，而損壞、除去或污穢實貼公共場所之文告者，處拘役或六萬元以下罰金。

第五章之一　藐視國會罪 113

第一四一條之一 113
公務員於立法院聽證或受質詢時，就其所知之重要關係事項，為虛偽陳述者，處一年以下有期徒刑、拘役或二十萬元以下罰金。

第六章　妨害投票罪

第一四二條　（妨害投票自由罪）
①以強暴脅迫或其他非法之方法，妨害他人自由行使法定之政治上選舉或其他投票權者，處五年以下有期徒刑。
②前項之未遂犯罰之。

第一四三條　（投票受賄罪）107
有投票權之人，要求、期約或收受賄賂或其他不正利益，而許以不行使其投票權或為一定之行使者，處三年以下有期徒刑，得併科三十萬元以下罰金。

第一四四條　（投票行賄罪）108
對於有投票權之人，行求、期約或交付賄賂或其他不正利益，而約其不行使投票權或為一定之行使者，處五年以下有期徒刑，得併科二十一萬元以下罰金。

第一四五條　（利誘投票罪）
以生計上之利害，誘惑投票人不行使其投票權或為一定之行使者，處三年以下有期徒刑。

第一四六條　（妨害投票正確罪）96
①以詐術或其他非法之方法，使投票發生不正確之結果或變造投票之結果者，處五年以下有期徒刑。
②意圖使特定候選人當選，以虛偽遷徙戶籍取得投票權而為投票者，亦同。
③前二項之未遂犯罰之。

第一四七條　（妨害投票秩序罪）108
妨害或擾亂投票者，處二年以下有期徒刑、拘役或一萬五千元以下罰金。

第一四八條　（妨害投票秘密罪）108
於無記名之投票，刺探票載之內容者，處九千元以下罰金。

第七章　妨害秩序罪

第一四九條　（公然聚眾不遵令解散罪）109
在公共場所或公眾得出入之場所聚集三人以上，意圖為強暴脅迫，已受該管公務員解散命令三次以上而不解散者，在場助勢之人處六月以下有期徒刑、拘役或八萬元以下罰金；首謀者，處三年以下有期徒刑。

第一五〇條　（公然聚眾實施強暴罪）109
①在公共場所或公眾得出入之場所聚集三人以上，施強暴脅迫者，在場助勢之人，處一年以下有期徒刑、拘役或十萬元以下罰金；首謀及下手實施者，處六月以上五年以下有期徒刑。
②犯前項之罪，而有下列情形之一者，得加重其刑至二分之一：
　一　意圖供行使之用而攜帶兇器或其他危險物品犯之。
　二　因而致生公眾或交通往來之危險。

第一五一條　（恐嚇公眾罪）
以加害生命、身體、財產之事恐嚇公眾，致生危害於公安者，處二年以下有期徒刑。

第一五二條　（妨害合法集會罪）

以強暴脅迫或詐術，阻止或擾亂合法之集會者，處二年以下有期徒刑。

第一五三條　（煽惑他人犯罪或違背法令罪）108

以文字、圖畫、演說或他法，公然爲下列行爲之一者，處二年以下有期徒刑、拘役或三萬元以下罰金：

一　煽惑他人犯罪者。

二　煽惑他人違背法令，或抗拒合法之命令者。

第一五四條　（參與犯罪結社罪）108

①參與以犯罪爲宗旨之結社者，處三年以下有期徒刑、拘役或一萬五千元以下罰金；首謀者，處一年以上七年以下有期徒刑。

②犯前項之罪而自首者，減輕或免除其刑。

第一五五條　（煽惑軍人背叛罪）

煽惑軍人不執行職務或不守紀律或逃叛者，處六月以上、五年以下有期徒刑。

第一五六條　（私招軍隊罪）

未受允准，招集軍隊、發給軍需或率帶軍隊者，處五年以下有期徒刑。

第一五七條　（挑唆包攬訴訟罪）94

意圖漁利，挑唆或包攬他人訴訟者，處一年以下有期徒刑、拘役或五萬元以下罰金。

第一五八條　（僭行公務員職權罪）108

①冒充公務員而行使其職權者，處三年以下有期徒刑、拘役或一萬五千元以下罰金。

②冒充外國公務員而行使其職權者，亦同。

第一五九條　（冒充公務員服章官銜罪）108

公然冒用公務員服飾、徽章或官銜者，處一萬五千元以下罰金。

第一六〇條　（侮辱國旗國徽及國父遺像罪）108

①意圖侮辱中華民國，而公然損壞、除去或污辱中華民國之國徽、國旗者，處一年以下有期徒刑、拘役或九千元以下罰金。

②意圖侮辱創立中華民國之孫先生，而公然損壞、除去或污辱其遺像者，亦同。

第八章　脫逃罪

第一六一條　（脫逃罪）

①依法逮捕、拘禁之人脫逃者，處一年以下有期徒刑。

②損壞拘禁處所械具或以強暴、脅迫犯前項之罪者，處五年以下有期徒刑。

③聚衆以強暴、脅迫犯第一項之罪者，在場助勢之人，處三年以上、十年以下有期徒刑；首謀及下手實施強暴、脅迫者，處五年以上有期徒刑。

④前三項之未遂犯罰之。

第一六二條　（縱放或便利脫逃罪）

①縱放依法逮捕、拘禁之人或便利其脫逃者，處三年以下有期徒刑。

②損壞拘禁處所械具或以強暴、脅迫犯前項之罪者，處六月以上、五年以下有期徒刑。

③聚衆以強暴、脅迫犯第一項之罪者，在場助勢之人，處五年以上、十二年以下有期徒刑；首謀及下手實施強暴、脅迫者，處無期徒刑或七年以上有期徒刑。

④前三項之未遂犯罰之。

⑤配偶、五親等內之血親或三親等內之姻親，犯第一項之便利脫逃罪者，得減輕其刑。

第一六三條　（公務員縱放或便利脫逃罪）108

①公務員縱放職務上依法逮捕、拘禁之人或便利其脫逃者，處一年以上七年以下有期徒刑。

②因過失致前項之人脫逃者，處六月以下有期徒刑、拘役或九千元以下罰金。

③第一項之未遂犯罰之。

第九章　藏匿人犯及湮滅證據罪

第一六四條　（藏匿人犯或使之隱避、頂替罪）108

①藏匿犯人或依法逮捕、拘禁之脫逃人或使之隱避者，處二年以下有期徒刑、拘役或一萬五千元以下罰金。

②意圖犯前項之罪而頂替者，亦同。

第一六五條　（湮滅刑事證據罪）108

偽造、變造、湮滅或隱匿關係他人刑事被告案件之證據，或使用偽造、變造之證據者，處二年以下有期徒刑、拘役或一萬五千元以下罰金。

第一六六條　（犯湮滅證據自白之減免）

犯前條之罪，於他人刑事被告案件裁判確定前自白者，減輕或免除其刑。

第一六七條　（親屬間犯本章罪之減免）

配偶、五親等內之血親或三親等內之姻親圖利犯人或依法逮捕、拘禁之脫逃人，而犯第一百六十四條或第一百六十五條之罪者，減輕或免除其刑。

第十章　偽證及誣告罪

第一六八條　（偽證罪）

於執行審判職務之公署審判時或於檢察官偵查時，證人、鑑定人、通譯於案情有重要關係之事項，供前或供後具結，而為虛偽陳述者，處七年以下有期徒刑。

第一六九條　（誣告罪）

①意圖他人受刑事或懲戒處分，向該管公務員誣告者，處七年以下有期徒刑。

②意圖他人受刑事或懲戒處分，而偽造、變造證據或使用偽造變造之證據者亦同。

第一七〇條　（加重誣告罪）

意圖陷害直系血親尊親屬，而犯前條之罪者，加重其刑至二分之一。

第一七一條　（未指定犯人誣告罪）108

①未指定犯人，而向該管公務員誣告犯罪者，處一年以下有期徒刑、拘役或九千元以下罰金。

②未指定犯人，而偽造、變造犯罪證據，或使用偽造、變造之犯罪證據，致開始刑事訴訟程序者，亦同。

第一七二條　（偽證、誣告自白減免）

犯第一百六十八條至第一百七十一條之罪，於所虛偽陳述或所誣告之案件，裁判或懲戒處分確定前自白者，減輕或免除其刑。

第十一章　公共危險罪

第一七三條　（放火或失火燒燬現住建築物及交通工具罪）108

①放火燒燬現供人使用之住宅或現有人所在之建築物、礦坑、火車、電車或其他供水、陸、空公眾運輸之舟、車、航空機者，處無期徒刑或七年以上有期徒刑。

②失火燒燬前項之物者，處一年以下有期徒刑、拘役或一萬五千元以下罰金。

③第一項之未遂犯罰之。

④預備犯第一項之罪者，處一年以下有期徒刑、拘役或九千元以下罰金。

第一七四條　（放火失火燒燬非現住建築物及交通工具罪）108

①放火燒燬現非供人使用之他人所有住宅或現未有人所在之他人所有建築物、礦坑、火車、電車或其他供水、陸、空公眾運輸之舟、車、航空機者，處三年以上十年以下有期徒刑。

②放火燒燬前項之自己所有物，致生公共危險者，處六月以上五年以下有期徒刑。

③失火燒燬第一項之物者，處六月以下有期徒刑、拘役或九千元以下罰金；失火燒燬前項之物，致生公共危險者，亦同。

④第一項之未遂犯罰之。

第一七五條　（放火失火燒燬住宅等以外之物罪）108

①放火燒燬前二條以外之他人所有物，致生公共危險者，處一年以上七年以下有期徒刑。
②放火燒燬前二條以外之自己所有物，致生公共危險者，處三年以下有期徒刑。
③失火燒燬前二條以外之物，致生公共危險者，處拘役或九千元以下罰金。

第一七六條 （準放火罪）
故意或因過失，以火藥、蒸氣、電氣、煤氣或其他爆裂物，炸燬前三條之物者，準用各該條放火、失火之規定。

第一七七條 （漏逸或間隔氣體罪）108
①漏逸或間隔蒸氣、電氣、煤氣或其他氣體，致生公共危險者，處三年以下有期徒刑、拘役或九千元以下罰金。
②因而致人於死者，處無期徒刑或七年以上有期徒刑；致重傷者，處三年以上十年以下有期徒刑。

第一七八條 （決水浸害現供人使用之住宅或現有人所在之建築物及交通工具罪）108
①決水浸害現供人使用之住宅或現有人所在之建築物、礦坑或火車、電車者，處無期徒刑或五年以上有期徒刑。
②因過失決水浸害前項之物者，處一年以下有期徒刑、拘役或一萬五千元以下罰金。
③第一項之未遂犯罰之。

第一七九條 （決水浸害現非供人使用之住宅或現未有人在之建築物罪）108
①決水浸害現非供人使用之他人所有住宅或現未有人所在之他人所有建築物或礦坑者，處一年以上七年以下有期徒刑。
②決水浸害前項之自己所有物，致生公共危險者，處六月以上五年以下有期徒刑。
③因過失決水浸害第一項之物者，處六月以下有期徒刑、拘役或九千元以下罰金。
④因過失決水浸害前項之物，致生公共危險者，亦同。
⑤第一項之未遂犯罰之。

第一八〇條 （決水浸害住宅等以外之物罪）108
①決水浸害前二條以外之他人所有物，致生公共危險者，處五年以下有期徒刑。
②決水浸害前二條以外之自己所有物，致生公共危險者，處二年以下有期徒刑。
③因過失決水浸害前二條以外之物，致生公共危險者，處拘役或九千元以下罰金。

第一八一條 （破壞防水蓄水設備罪）108
①決潰隄防、破壞水閘或損壞自來水池，致生公共危險者，處五年以下有期徒刑。
②因過失犯前項之罪者，處拘役或九千元以下罰金。
③第一項之未遂犯罰之。

第一八二條 （妨害救災罪）94
於火災、水災、風災、震災、爆炸或其他相類災害發生之際，隱匿或損壞防禦之器械或以他法妨害救災者，處三年以下有期徒刑、拘役或三萬元以下罰金。

第一八三條 （傾覆或破壞現有人所在之交通工具罪）108
①傾覆或破壞現有人所在之火車、電車或其他供水、陸、空公眾運輸之舟、車、航空機者，處無期徒刑或五年以上有期徒刑。
②因過失犯前項之罪者，處三年以下有期徒刑、拘役或三十萬元以下罰金。
③第一項之未遂犯罰之。

第一八四條 （妨害舟車及航空機行駛安全罪）108
①損壞軌道、燈塔、標識或以他法致生火車、電車或其他供水、陸、空公眾運輸之舟、車、航空機往來之危險者，處三年以上十年以下有期徒刑。
②因而致前項之舟、車、航空機傾覆或破壞者，依前條第一項之規定處斷。
③因過失犯第一項之罪者，處二年以下有期徒刑、拘役或二十萬元以下罰金。
④第一項之未遂犯罰之。

第一八五條 （妨害公眾往來安全罪）108

①損壞或壅塞陸路、水路、橋樑或其他公眾往來之設備或以他法致生往來之危險者，處五年以下有期徒刑、拘役或一萬五千元以下罰金。
②因而致人於死者，處無期徒刑或七年以上有期徒刑；致重傷者，處三年以上十年以下有期徒刑。
③第一項之未遂犯罰之。

第一八五條之一　（劫持交通工具之罪）
①以強暴、脅迫或其他非法方法劫持使用中之航空器或控制其飛航者，處死刑、無期徒刑或七年以上有期徒刑。其情節輕微者，處七年以下有期徒刑。
②因而致人於死者，處死刑或無期徒刑；致重傷者，處死刑、無期徒刑或十年以上有期徒刑。
③以第一項之方法劫持使用中供公眾運輸之舟、車或控制其行駛者，處五年以上有期徒刑。其情節輕微者，處三年以下有期徒刑。
④因而致人於死者，處無期徒刑或十年以上有期徒刑；致重傷者，處七年以上有期徒刑。
⑤第一項、第三項之未遂犯罰之。
⑥預備犯第一項之罪者，處三年以下有期徒刑。

第一八五條之二　（危害飛航安全或其設施罪）108
①以強暴、脅迫或其他非法方法危害飛航安全或其設施者，處七年以下有期徒刑、拘役或九十萬元以下罰金。
②因而致航空器或其他設施毀損者，處三年以上十年以下有期徒刑。
③因而致人於死者，處死刑、無期徒刑或十年以上有期徒刑；致重傷者，處五年以上十二年以下有期徒刑。
④第一項之未遂犯罰之。

第一八五條之三　112
①駕駛動力交通工具而有下列情形之一者，處三年以下有期徒刑，得併科三十萬元以下罰金：
一　吐氣所含酒精濃度達每公升零點二五毫克或血液中酒精濃度達百分之零點零五以上。
二　有前款以外之其他情事足認服用酒類或其他相類之物，致不能安全駕駛。
三　尿液或血液所含毒品、麻醉藥品或其他相類之物或其代謝物達行政院公告之品項及濃度值以上。
四　有前款以外之其他情事足認施用毒品、麻醉藥品或其他相類之物，致不能安全駕駛。
②因而致人於死者，處三年以上十年以下有期徒刑，得併科二百萬元以下罰金；致重傷者，處一年以上七年以下有期徒刑，得併科一百萬元以下罰金。
③曾犯本條或陸海空軍刑法第五十四條之罪，經有罪判決確定或經緩起訴處分確定，於十年內再犯第一項之罪因而致人於死者，處無期徒刑或五年以上有期徒刑，得併科三百萬元以下罰金；致重傷者，處三年以上十年以下有期徒刑，得併科二百萬元以下罰金。

第一八五條之四　110
①駕駛動力交通工具發生交通事故，致人傷害而逃逸者，處六月以上五年以下有期徒刑；致人於死或重傷而逃逸者，處一年以上七年以下有期徒刑。
②犯前項之罪，駕駛人於發生交通事故致人死傷係無過失者，減輕或免除其刑。

第一八六條　（單純危險物罪）108
未受允准，而製造、販賣、運輸或持有炸藥、棉花藥、雷汞或其他相類之爆裂物或軍用槍砲、子彈而無正當理由者，處二年以下有期徒刑、拘役或一萬五千元以下罰金。

第一八六條之一　（不法使用爆裂物及其加重結果犯）108
①無正當理由使用炸藥、棉花藥、雷汞或其他相類之爆裂物爆炸，致生公共危險者，處

一年以上七年以下有期徒刑。
②因而致人於死者，處無期徒刑或七年以上有期徒刑；致重傷者，處三年以上十年以下有期徒刑。
③因過失致炸藥、棉花藥、雷汞或其他相類之爆裂物爆炸而生公共危險者，處二年以下有期徒刑、拘役或一萬五千元以下罰金。
④第一項之未遂犯罰之。

第一八七條 （加重危險物罪）
意圖供自己或他人犯罪之用，而製造、販賣、運輸或持有炸藥、棉花藥、雷汞或其他相類之爆裂物或軍用槍砲、子彈者，處五年以下有期徒刑。

第一八七條之一 （不法使用核子原料等物之處罰）
不依法令製造、販賣、運輸或持有核子原料、燃料、反應器、放射性物質或其原料者，處五年以下有期徒刑。

第一八七條之二 （放逸核能、放射線致生公共危險罪）108
①放逸核能、放射線，致生公共危險者，處五年以下有期徒刑。
②因而致人於死者，處無期徒刑或十年以上有期徒刑；致重傷者，處五年以上有期徒刑。
③因過失犯第一項之罪者，處二年以下有期徒刑、拘役或一萬五千元以下罰金。
④第一項之未遂犯罰之。

第一八七條之三 （無正當理由使用放射線之處罰）
①無正當理由使用放射線，致傷害人之身體或健康者，處三年以上十年以下有期徒刑。
②因而致人於死者，處無期徒刑或十年以上有期徒刑；致重傷者，處五年以上有期徒刑。
③第一項之未遂犯罰之。

第一八八條 （妨害公用事業罪）108
妨害鐵路、郵務、電報、電話或供公眾之用水、電氣、煤氣事業者，處五年以下有期徒刑、拘役或一萬五千元以下罰金。

第一八九條 （損壞保護生命設備罪）108
①損壞礦坑、工廠或其他相類之場所內關於保護生命之設備，致生危險於他人生命者，處一年以上七年以下有期徒刑。
②因而致人於死者，處無期徒刑或七年以上有期徒刑；致重傷者，處三年以上十年以下有期徒刑。
③因過失犯第一項之罪者，處二年以下有期徒刑、拘役或二十萬元以下罰金。
④第一項之未遂犯罰之。

第一八九條之一 （損壞保護生命設備致生危險於他人身體健康罪）108
①損壞礦場、工廠或其他相類之場所內關於保護生命之設備或致令不堪用，致生危險於他人之身體健康者，處一年以下有期徒刑、拘役或九千元以下罰金。
②損壞前項以外之公共場所內關於保護生命之設備或致令不堪用，致生危險於他人之身體健康者，亦同。

第一八九條之二 （阻塞逃生通道之處罰）
①阻塞戲院、商場、餐廳、旅店或其他公眾得出入之場所或公共場所之逃生通道，致生危險於他人生命、身體或健康者，處三年以下有期徒刑。阻塞集合住宅或共同使用大廈之逃生通道，致生危險於他人生命、身體或健康者，亦同。
②因而致人於死者，處七年以下有期徒刑；致重傷者，處五年以下有期徒刑。

第一九〇條 （妨害公眾飲水罪）108
①投放毒物或混入妨害衛生物品於供公眾所飲之水源、水道或自來水池者，處一年以上七年以下有期徒刑。
②因而致人於死者，處無期徒刑或七年以上有期徒刑；致重傷者，處三年以上十年以下有期徒刑。

③因過失犯第一項之罪者，處六月以下有期徒刑、拘役或九千元以下罰金。
④第一項之未遂犯罰之。

第一九〇條之一　（流放毒物罪及結果加重犯）107
①投棄、放流、排出、放逸或以他法使毒物或其他有害健康之物污染空氣、土壤、河川或其他水體者，處五年以下有期徒刑、拘役或科或併科一千萬元以下罰金。
②廠商或事業場所之負責人、監督策劃人員、代理人、受僱人或其他從業人員，因事業活動而犯前項之罪者，處七年以下有期徒刑，得併科一千五百萬元以下罰金。
③犯第一項之罪，因而致人於死者，處三年以上十年以下有期徒刑；致重傷者，處一年以上七年以下有期徒刑。
④犯第二項之罪，因而致人於死者，處無期徒刑或七年以上有期徒刑；致重傷者，處三年以上十年以下有期徒刑。
⑤因過失犯第一項之罪者，處一年以下有期徒刑、拘役或科或併科二百萬元以下罰金。
⑥因過失犯第二項之罪者，處三年以下有期徒刑、拘役或科或併科六百萬元以下罰金。
⑦第一項或第二項之未遂犯罰之。
⑧犯第一項、第五項或第一項未遂犯之罪，其情節顯著輕微者，不罰。

第一九一條　（製造販賣陳列妨害衛生物品罪）108
製造、販賣或意圖販賣而陳列妨害衛生之飲食物品或其他物品者，處六月以下有期徒刑、拘役或科或併科三萬元以下罰金。

第一九一條之一　（流通食品下毒之罪及結果加重犯）
①對他人公開陳列、販賣之飲食物品或其他物品滲入、添加或塗抹毒物或其他有害人體健康之物質者，處七年以下有期徒刑。
②將已滲入、添加或塗抹毒物或其他有害人體健康之飲食物品或其他物品混雜於公開陳列、販賣之飲食物品或其他物品者，亦同。
③犯前二項之罪而致人於死者，處無期徒刑或七年以上有期徒刑；致重傷者，處三年以上十年以下有期徒刑。
④第一項及第二項之未遂犯罰之。

第一九二條　（違背預防傳染病法令罪及散布傳染病菌罪）108
①違背關於預防傳染病所公布之檢查或進口之法令者，處二年以下有期徒刑、拘役或三萬元以下罰金。
②暴露有傳染病菌之屍體，或以他法散布病菌，致生公共危險者，亦同。

第一九三條　（違背建築術成規罪）108
承攬工程人或監工人於營造或拆卸建築物時，違背建築術成規，致生公共危險者，處三年以下有期徒刑、拘役或九萬元以下罰金。

第一九四條　（不履行賑災契約罪）108
於災害之際，關於與公務員或慈善團體締結供給糧食或其他必需品之契約，而不履行或不照契約履行，致生公共危險者，處五年以下有期徒刑，得併科九萬元以下罰金。

第十二章　偽造貨幣罪

第一九五條　（僞造變造通貨、幣券罪）108
①意圖供行使之用，而僞造、變造通用之貨幣、紙幣、銀行券者，處五年以上有期徒刑，得併科十五萬元以下罰金。
②前項之未遂犯罰之。

第一九六條　（行使收集或交付僞造變造通貨、幣券罪）108
①行使僞造、變造之通用貨幣、紙幣、銀行券，或意圖供行使之用而收集或交付於人者，處三年以上十年以下有期徒刑，得併科十五萬元以下罰金。
②收受後方知爲僞造、變造之通用貨幣、紙幣、銀行券而仍行使，或意圖供行使之用而交付於人者，處一萬五千元以下罰金。

③第一項之未遂犯罰之。

第一九七條　（減損通用貨幣罪）108

①意圖供行使之用而減損通用貨幣之分量者，處五年以下有期徒刑，得併科九萬元以下罰金。

②前項之未遂犯罰之。

第一九八條　（行使減損通用貨幣罪）108

①行使減損分量之通用貨幣，或意圖供行使之用而收集或交付於人者，處三年以下有期徒刑，得併科三萬元以下罰金。

②收受後方知爲減損分量之通用貨幣而仍行使，或意圖供行使之用而交付於人者，處三千元以下罰金。

③第一項之未遂犯罰之。

第一九九條　（預備僞造變造幣券或減損貨幣罪）108

意圖供僞造、變造通用之貨幣、紙幣、銀行券或意圖供減損通用貨幣分量之用，而製造、交付或收受各項器械、原料者，處五年以下有期徒刑，得併科三萬元以下罰金。

第二〇〇條　（沒收物之特例）

僞造、變造之通用貨幣、紙幣、銀行券，減損分量之通用貨幣及前條之器械、原料，不問屬於犯人與否，沒收之。

第十三章　僞造有價證券罪

第二〇一條　（有價證券之僞造變造與行使罪）108

①意圖供行使之用，而僞造、變造公債票、公司股票或其他有價證券者，處三年以上十年以下有期徒刑，得併科九萬元以下罰金。

②行使僞造、變造之公債票、公司股票或其他有價證券，或意圖供行使之用而收集或交付於人者，處一年以上七年以下有期徒刑，得併科九萬元以下罰金。

第二〇一條之一　（支付工具電磁紀錄物之僞造變造與行使罪）108

①意圖供行使之用，而僞造、變造信用卡、金融卡、儲值卡或其他相類作爲簽帳、提款、轉帳或支付工具之電磁紀錄物者，處一年以上七年以下有期徒刑，得併科九萬元以下罰金。

②行使前項僞造、變造之信用卡、金融卡、儲值卡或其他相類作爲簽帳、提款、轉帳或支付工具之電磁紀錄物，或意圖供行使之用，而收受或交付於人者，處五年以下有期徒刑，得併科九萬元以下罰金。

第二〇二條　（郵票印花稅票之僞造變造與行使塗抹罪）108

①意圖供行使之用，而僞造、變造郵票或印花稅票者，處六月以上五年以下有期徒刑，得併科三萬元以下罰金。

②行使僞造、變造之郵票或印花稅票，或意圖供行使之用而收集或交付於人者，處三年以下有期徒刑，得併科三萬元以下罰金。

③意圖供行使之用，而塗抹郵票或印花稅票上之註銷符號者，處一年以下有期徒刑、拘役或九千元以下罰金；其行使之者，亦同。

第二〇三條　（僞造變造及行使往來客票罪）108

意圖供行使之用，而僞造、變造船票、火車、電車票或其他往來客票者，處一年以下有期徒刑、拘役或九千元以下罰金；其行使之者，亦同。

第二〇四條　（預備僞造變造有價證券罪）108

①意圖供僞造、變造有價證券、郵票、印花稅票、信用卡、金融卡、儲值卡或其他相類作爲簽帳、提款、轉帳或支付工具之電磁紀錄物之用，而製造、交付或收受各項器械、原料、或電磁紀錄者，處二年以下有期徒刑，得併科一萬五千元以下罰金。

②從事業務之人利用職務上機會犯前項之罪者，加重其刑至二分之一。

第二〇五條　（沒收物）

偽造、變造之有價證券、郵票、印花稅票、信用卡、金融卡、儲值卡或其他相類作爲提款、簽帳、轉帳或支付工具之電磁紀錄物及前條之器械原料及電磁紀錄，不問屬於犯人與否，沒收之。

第十四章　偽造度量衡罪

第二〇六條　（偽造變造度量衡定程罪）108
意圖供行使之用，而製造違背定程之度量衡，或變更度量衡之定程者，處一年以下有期徒刑、拘役或九千元以下罰金。

第二〇七條　（販賣違背定程之度量衡罪）108
意圖供行使之用，而販賣違背定程之度量衡者，處六月以下有期徒刑、拘役或九千元以下罰金。

第二〇八條　（行使違背定程之度量衡罪）108
①行使違背定程之度量衡者，處九千元以下罰金。
②從事業務之人，關於其業務犯前項之罪者，處六月以下有期徒刑、拘役或一萬五千元以下罰金。

第二〇九條　（沒收物）
違背定程之度量衡，不問屬於犯人與否，沒收之。

第十五章　偽造文書印文罪

第二一〇條　（偽造變造私文書罪）
偽造、變造私文書，足以生損害於公衆或他人者，處五年以下有期徒刑。

第二一一條　（偽造變造公文書罪）
偽造、變造公文書，足以生損害於公衆或他人者，處一年以上、七年以下有期徒刑。

第二一二條　（偽造變造特種文書罪）108
偽造、變造護照、旅券、免許證、特許證及關於品行、能力、服務或其他相類之證書、介紹書，足以生損害於公衆或他人者，處一年以下有期徒刑、拘役或九千元以下罰金。

第二一三條　（公文書不實登載罪）
公務員明知爲不實之事項，而登載於職務上所掌之公文書，足以生損害於公衆或他人者，處一年以上、七年以下有期徒刑。

第二一四條　（使公務員登載不實罪）108
明知爲不實之事項，而使公務員登載於職務上所掌之公文書，足以生損害於公衆或他人者，處三年以下有期徒刑、拘役或一萬五千元以下罰金。

第二一五條　（業務上文書登載不實罪）108
從事業務之人，明知爲不實之事項，而登載於其業務上作成之文書，足以生損害於公衆或他人者，處三年以下有期徒刑、拘役或一萬五千元以下罰金。

第二一六條　（行使偽造變造或登載不實之文書罪）
行使第二百一十條至第二百一十五條之文書者，依偽造、變造文書或登載不實事項或使登載不實事項之規定處斷。

第二一七條　（偽造盜用印章印文或署押罪）
①偽造印章、印文或署押，足以生損害於公衆或他人者，處三年以下有期徒刑。
②盜用印章、印文或署押，足以生損害於公衆或他人者亦同。

第二一八條　（偽造盜用公印或公印文罪）
①偽造公印或公印文者，處五年以下有期徒刑。
②盜用公印或公文印，足以生損害於公衆或他人者亦同。

第二一九條　（沒收之特例）
偽造之印章、印文或署押，不問屬於犯人與否，沒收之。

第二二〇條　（準文書）94

①在紙上或物品上之文字、符號、圖畫、照像，依習慣或特約，足以爲表示其用意之證明者，關於本章及本章以外各罪，以文書論。

②錄音、錄影或電磁紀錄，藉機器或電腦之處理所顯示之聲音、影像或符號，足以爲表示其用意之證明者，亦同。

第十六章　妨害性自主罪

第二二一條　（強制性交罪）

①對於男女以強暴、脅迫、恐嚇、催眠術或其他違反其意願之方法而爲性交者，處三年以上十年以下有期徒刑。

②前項之未遂犯罰之。

第二二二條 110

①犯前條之罪而有下列情形之一者，處七年以上有期徒刑：

一　二人以上共同犯之。

二　對未滿十四歲之男女犯之。

三　對精神、身體障礙或其他心智缺陷之人犯之。

四　以藥劑犯之。

五　對被害人施以凌虐。

六　利用駕駛供公衆或不特定人運輸之交通工具之機會犯之。

七　侵入住宅或有人居住之建築物、船艦或隱匿其內犯之。

八　攜帶兇器犯之。

九　對被害人爲照相、錄音、錄影或散布、播送該影像、聲音、電磁紀錄。

②前項之未遂犯罰之。

第二二三條　（刪除）

第二二四條　（強制猥褻罪）

對於男女以強暴、脅迫、恐嚇、催眠術或其他違反其意願之方法，而爲猥褻之行爲者，處六月以上五年以下有期徒刑。

第二二四條之一　（加重強制猥褻罪）

犯前條之罪而有第二百二十二條第一項各款情形之一者，處三年以上十年以下有期徒刑。

第二二五條　（乘機性交猥褻罪）94

①對於男女利用其精神、身體障礙、心智缺陷或其他相類之情形，不能或不知抗拒而爲性交者，處三年以上十年以下有期徒刑。

②對於男女利用其精神、身體障礙、心智缺陷或其他相類之情形，不能或不知抗拒而爲猥褻之行爲者，處六月以上五年以下有期徒刑。

③第一項之未遂犯罰之。

第二二六條　（強制性交猥褻罪之加重結果犯）

①犯第二百二十一條、第二百二十二條、第二百二十四條、第二百二十四條之一或第二百二十五條之罪，因而致被害人於死者，處無期徒刑或十年以上有期徒刑；致重傷者，處十年以上有期徒刑。

②因而致被害人羞忿自殺或意圖自殺而致重傷者，處十年以上有期徒刑。

第二二六條之一　（強制性交猥褻等罪之殺人重傷害之結合犯）

犯第二百二十一條、第二百二十二條、第二百二十四條、第二百二十四條之一或第二百二十五條之罪，而故意殺害被害人者，處死刑或無期徒刑；使被害人受重傷者，處無期徒刑或十年以上有期徒刑。

第二二七條　（準強制性交與準強制猥褻罪）

①對於未滿十四歲之男女爲性交者，處三年以上十年以下有期徒刑。

②對於未滿十四歲之男女爲猥褻之行爲者，處六月以上五年以下有期徒刑。
③對於十四歲以上未滿十六歲之男女爲性交者，處七年以下有期徒刑。
④對於十四歲以上未滿十六歲之男女爲猥褻之行爲者，處三年以下有期徒刑。
⑤第一項、第三項之未遂犯罰之。

第二二七條之一　（減刑或免刑）

十八歲以下之人犯前條之罪者，減輕或免除其刑。

第二二八條　（利用權勢性交或猥褻罪）

①對於因親屬、監護、教養、教育、訓練、救濟、醫療、公務、業務或其他相類關係受自己監督、扶助、照護之人，利用權勢或機會爲性交者，處六月以上五年以下有期徒刑。
②因前項情形而爲猥褻之行爲者，處三年以下有期徒刑。
③第一項之未遂犯罰之。

第二二九條　（詐術性交罪）

①以詐術使男女誤信爲自己配偶，而聽從其爲性交者，處三年以上十年以下有期徒刑。
②前項之未遂犯罰之。

第二二九條之一　（告訴乃論）94

對配偶犯第二百二十一條、第二百二十四條之罪者，或未滿十八歲之人犯第二百二十七條之罪者，須告訴乃論。

第十六章之一　妨害風化罪

第二三〇條　（血親爲性交罪）

與直系或三親等內旁系血親爲性交者，處五年以下有期徒刑。

第二三一條　（圖利使人爲性交或猥褻罪）94

①意圖使男女與他人爲性交或猥褻之行爲，而引誘、容留或媒介以營利者，處五年以下有期徒刑，得併科十萬元以下罰金。以詐術犯之者，亦同。
②公務員包庇他人犯前項之罪者，依前項之規定加重其刑至二分之一。

第二三一條之一　（圖利強制使人爲性交猥褻罪）94

①意圖營利，以強暴、脅迫、恐嚇、監控、藥劑、催眠術或其他違反本人意願之方法使男女與他人爲性交或猥褻之行爲者，處七年以上有期徒刑，得併科三十萬元以下罰金。
②媒介、收受、藏匿前項之人或使之隱避者，處一年以上七年以下有期徒刑。
③公務員包庇他人犯前二項之罪者，依各該項之規定加重其刑至二分之一。
④第一項之未遂犯罰之。

第二三二條　（利用權勢或圖利使人性交之加重其刑）

對於第二百二十八條所定受自己監督、扶助、照護之人，或夫對於妻，犯第二百三十一條第一項、第二百三十一條之一第一項、第二項之罪者，依各該條項之規定加重其刑至二分之一。

第二三三條　（使未滿六歲之男女爲性交或猥褻罪）108

①意圖使未滿十六歲之男女與他人爲性交或猥褻之行爲，而引誘、容留或媒介之者，處五年以下有期徒刑、拘役或一萬五千元以下罰金。以詐術犯之者，亦同。
②意圖營利犯前項之罪者，處一年以上七年以下有期徒刑，得併科十五萬元以下罰金。

第二三四條　（公然猥褻罪）108

①意圖供人觀覽，公然爲猥褻之行爲者，處一年以下有期徒刑、拘役或九千元以下罰金。
②意圖營利犯前項之罪者，處二年以下有期徒刑、拘役或科或併科三萬元以下罰金。

第二三五條　（散布、販賣猥褻物品及製造持有罪）108

①散布、播送或販賣猥褻之文字、圖畫、聲音、影像或其他物品，或公然陳列，或以他

法供人觀覽、聽聞者，處二年以下有期徒刑、拘役或科或併科九萬元以下罰金。
②意圖散布、播送、販賣而製造、持有前項文字、圖畫、聲音、影像及其附著物或其他物品者，亦同。
③前二項之文字、圖畫、聲音或影像之附著物及物品，不問屬於犯人與否，沒收之。

第二三六條　（告訴乃論）
第二百三十條之罪，須告訴乃論。

第十七章　妨害婚姻及家庭罪

第二三七條　（重婚罪）
有配偶而重為婚姻或同時與二人以上結婚者，處五年以下有期徒刑；其相婚者亦同。

第二三八條　（詐術結婚罪）
以詐術締結無效或得撤銷之婚姻，因而致婚姻無效之裁判或撤銷婚姻之裁判確定者，處三年以下有期徒刑。

第二三九條　（刪除）110

第二四〇條 110
①和誘未成年人脫離家庭或其他有監督權之人者，處三年以下有期徒刑。
②和誘有配偶之人脫離家庭者，亦同。
③意圖營利，或意圖使被誘人為猥褻之行為或性交，而犯前二項之罪者，處六月以上五年以下有期徒刑，得併科五十萬元以下罰金。
④前三項之未遂犯罰之。

第二四一條 110
①略誘未成年人脫離家庭或其他有監督權之人者，處一年以上七年以下有期徒刑。
②意圖營利，或意圖使被誘人為猥褻之行為或性交，而犯前項之罪者，處三年以上十年以下有期徒刑，得併科二百萬元以下罰金。
③和誘未滿十六歲之人，以略誘論。
④前三項之未遂犯罰之。

第二四二條　（移送被誘人出國罪）
①移送前二條之被誘人出中華民國領域外者，處無期徒刑或七年以上有期徒刑。
②前項之未遂犯罰之。

第二四三條　（收受藏匿被誘人或使之隱避罪）108
①意圖營利、或意圖使第二百四十條或第二百四十一條之被誘人為猥褻之行為或性交，而收受、藏匿被誘人或使之隱避者，處六月以上五年以下有期徒刑，得併科一萬五千元以下罰金。
②前項之未遂犯罰之。

第二四四條　（減刑之特例）
犯第二百四十條至第二百四十三條之罪，於裁判宣告前送回被誘人或指明所在地因而尋獲者，得減輕其刑。

第二四五條 110
第二百三十八條、第二百四十條第二項之罪，須告訴乃論。

第十八章　褻瀆祀典及侵害墳墓屍體罪

第二四六條　（侮辱宗教建築物或紀念場所罪、妨害祭禮罪）108
①對於壇廟、寺觀、教堂、墳墓或公眾紀念處所公然侮辱者，處六月以下有期徒刑、拘役或九千元以下罰金。
②妨害喪、葬、祭禮、說教、禮拜者，亦同。

第二四七條　（侵害屍體罪侵害遺骨遺髮殮物遺灰罪）
①損壞、遺棄、污辱或盜取屍體者，處六月以上、五年以下有期徒刑。

②損壞、遺棄或盜取遺骨、遺髮、殮物或火葬之遺灰者，處五年以下有期徒刑。
③前二項之未遂犯罰之。

第二四八條 （發掘墳墓罪）
①發掘墳墓者，處六月以上、五年以下有期徒刑。
②前項之未遂犯罰之。

第二四九條 （發掘墳墓結合罪）
①發掘墳墓而損壞、遺棄、污辱或盜取屍體者，處三年以上、十年以下有期徒刑。
②發掘墳墓而損壞、遺棄或盜取遺骨、遺髮、殮物或火葬之遺灰者，處一年以上、七年以下有期徒刑。

第二五〇條 （侵害直系血親尊親屬屍體墳墓罪）
對於直系血親尊親屬犯第二百四十七條至第二百四十九條之罪者，加重其刑至二分之一。

第十九章 妨害農工商罪

第二五一條 （不法囤積物品哄抬價格牟利罪）109
①意圖抬高交易價格，囤積下列物品之一，無正當理由不應市銷售者，處三年以下有期徒刑、拘役或科或併科三十萬元以下罰金：
一 糧食、農產品或其他民生必需之飲食物品。
二 種苗、肥料、原料或其他農業、工業必需之物品。
三 前二款以外，經行政院公告之生活必需用品。
②以強暴、脅迫妨害前項物品之販運者，處五年以下有期徒刑、拘役或科或併科五十萬元以下罰金。
③意圖影響第一項物品之交易價格，而散布不實資訊者，處二年以下有期徒刑、拘役或科或併科二十萬元以下罰金。
④以廣播電視、電子通訊、網際網路或其他傳播工具犯前項之罪者，得加重其刑至二分之一。
⑤第二項之未遂犯罰之。

第二五二條 （妨害農事水利罪）108
意圖加損害於他人而妨害其農事上之水利者，處二年以下有期徒刑、拘役或九千元以下罰金。

第二五三條 （偽造仿造商標商號罪）108
意圖欺騙他人而偽造或仿造已登記之商標、商號者，處二年以下有期徒刑、拘役或科或併科九萬元以下罰金。

第二五四條 （販賣陳列輸入偽造仿造商標商號之貨物罪）108
明知為偽造或仿造之商標、商號之貨物而販賣，或意圖販賣而陳列，或自外國輸入者，處六萬元以下罰金。

第二五五條 （對商品為虛偽標記與販賣陳列輸入該商品罪）108
①意圖欺騙他人，而就商品之原產國或品質，為虛偽之標記或其他表示者，處一年以下有期徒刑、拘役或三萬元以下罰金。
②明知為前項商品而販賣，或意圖販賣而陳列，或自外國輸入者，亦同。

第二十章 鴉片罪

第二五六條 （製造鴉片、毒品罪）108
①製造鴉片者，處七年以下有期徒刑，得併科九萬元以下罰金。
②製造嗎啡、高根、海洛因或其化合質料者，處無期徒刑或五年以上有期徒刑，得併科十五萬元以下罰金。
③前二項之未遂犯罰之。

第二五七條　（販賣運輸鴉片、毒品罪）108

①販賣或運輸鴉片者，處七年以下有期徒刑，得併科九萬元以下罰金。

②販賣或運輸嗎啡、高根、海洛因或其化合質料者，處三年以上十年以下有期徒刑，得併科十五萬元以下罰金。

③自外國輸入前二項之物者，處無期徒刑或五年以上有期徒刑，得併科三十萬元以下罰金。

④前三項之未遂犯罰之。

第二五八條　（製造販運吸食鴉片器具罪）108

①製造、販賣或運輸專供吸食鴉片之器具者，處三年以下有期徒刑，得併科一萬五千元以下罰金。

②前項之未遂犯罰之。

第二五九條　（爲人施打嗎啡或以館舍供人吸食鴉片罪）108

①意圖營利，爲人施打嗎啡或以館舍供人吸食鴉片或其化合質料者，處一年以上七年以下有期徒刑，得併科三萬元以下罰金。

②前項之未遂犯罰之。

第二六〇條　（栽種與販運罌粟種子罪）108

①意圖供製造鴉片、嗎啡之用而栽種罌粟者，處五年以下有期徒刑，得併科九萬元以下罰金。

②意圖供製造鴉片、嗎啡之用而販賣或運輸罌粟種子者，處三年以下有期徒刑，得併科九萬元以下罰金。

③前二項之未遂犯罰之。

第二六一條　（公務員強迫他人栽種或販運罌粟種子罪）

公務員利用權力強迫他人犯前條之罪者，處死刑或無期徒刑。

第二六二條　（吸用煙毒罪）108

吸食鴉片或施打嗎啡或使用高根、海洛因或其化合質料者，處六月以下有期徒刑、拘役或一萬五千元以下罰金。

第二六三條　（持有煙毒或吸食鴉片器具罪）108

意圖供犯本章各罪之用，而持有鴉片、嗎啡、高根、海洛因或其化合質料，或專供吸食鴉片之器具者，處拘役或一萬五千元以下罰金。

第二六四條　（公務員包庇煙毒罪）

公務員包庇他人犯本章各條之罪者，依各該條之規定，加重其刑至二分之一。

第二六五條　（沒收物）103

犯本章各條之罪者，其鴉片、嗎啡、高根、海洛因或其化合質料，或種子，或專供吸食鴉片之器具，不問屬於犯人與否，沒收之。

第二十一章　賭博罪

第二六六條 111

①在公共場所或公衆得出入之場所賭博財物者，處五萬元以下罰金。

②以電信設備、電子通訊、網際網路或其他相類之方法賭博財物者，亦同。

③前二項以供人暫時娛樂之物爲賭者，不在此限。

④犯第一項之罪，當場賭博之器具、彩券與在賭檯或兌換籌碼處之財物，不問屬於犯罪行爲人與否，沒收之。

第二六七條　（刪除）94

第二六八條　（圖利供給賭場或聚眾賭博罪）108

意圖營利，供給賭博場所或聚衆賭博者，處三年以下有期徒刑，得併科九萬元以下罰金。

第二六九條　（辦理有獎蓄儲或發行彩票罪、經營或媒介之罪）108

①意圖營利，辦理有獎儲蓄或未經政府允准而發行彩票者，處一年以下有期徒刑或拘役，得併科九萬元以下罰金。
②經營前項有獎儲蓄或為買賣前項彩票之媒介者，處六月以下有期徒刑、拘役或科或併科三萬元以下罰金。

第二七〇條　（公務員包庇賭博罪）
公務員包庇他人犯本章各條之罪者，依各該條之規定，加重其刑至二分之一。

第二十二章　殺人罪

第二七一條　（普通殺人罪）
①殺人者，處死刑、無期徒刑或十年以上有期徒刑。
②前項之未遂犯罰之。
③預備犯第一項之罪者，處二年以下有期徒刑。

第二七二條　（殺直系血親尊親屬罪）108
對於直系血親尊親屬，犯前條之罪者，加重其刑至二分之一。

第二七三條　（義憤殺人罪）
①當場激於義憤而殺人者，處七年以下有期徒刑。
②前項之未遂犯罰之。

第二七四條　（母殺嬰兒罪）108
①母因不得已之事由，於生產時或甫生產後，殺其子女者，處六月以上五年以下有期徒刑。
②前項之未遂犯罰之。

第二七五條　（加工自殺罪）108
①受他人囑託或得其承諾而殺之者，處一年以上七年以下有期徒刑。
②教唆或幫助他人使之自殺者，處五年以下有期徒刑。
③前二項之未遂犯罰之。
④謀為同死而犯前三項之罪者，得免除其刑。

第二七六條　（過失致死罪）108
因過失致人於死者，處五年以下有期徒刑、拘役或五十萬元以下罰金。

第二十三章　傷害罪

第二七七條　（普通傷害罪）108
①傷害人之身體或健康者，處五年以下有期徒刑、拘役或五十萬元以下罰金。
②犯前項之罪，因而致人於死者，處無期徒刑或七年以上有期徒刑；致重傷者，處三年以上十年以下有期徒刑。

第二七八條　（重傷罪）108
①使人受重傷者，處五年以上十二年以下有期徒刑。
②犯前項之罪因而致人於死者，處無期徒刑或十年以上有期徒刑。
③第一項之未遂犯罰之。

第二七九條　（義憤傷害罪）108
當場激於義憤犯前二條之罪者，處二年以下有期徒刑、拘役或二十萬元以下罰金。但致人於死者，處五年以下有期徒刑。

第二八〇條　（傷害直系血親尊親屬罪）
對於直系血親尊親屬，犯第二百七十七條或第二百七十八條之罪者，加重其刑至二分之一。

第二八一條　（加暴行於直系血親尊親屬罪）108
施強暴於直系血親尊親屬，未成傷者，處一年以下有期徒刑、拘役或十萬元以下罰金。

第二八二條　（加工自傷罪）108
①受他人囑託或得其承諾而傷害之，因而致死者，處六月以上五年以下有期徒刑；致重傷者，處三年以下有期徒刑。
②教唆或幫助他人使之自傷，因而致死者，處五年以下有期徒刑；致重傷者，處二年以下有期徒刑。
第二八三條　（聚眾鬥毆罪）108
聚衆鬥毆致人於死或重傷者，在場助勢之人，處五年以下有期徒刑。
第二八四條　（過失傷害罪）108
因過失傷害人者，處一年以下有期徒刑、拘役或十萬元以下罰金；致重傷者，處三年以下有期徒刑、拘役或三十萬元以下罰金。
第二八五條　（刪除）108
第二八六條 113
①對於未滿十八歲之人，施以凌虐或以他法足以妨害其身心之健全或發育者，處六月以上五年以下有期徒刑。
②意圖營利，而犯前項之罪者，處五年以上有期徒刑，得併科三百萬元以下罰金。
③犯第一項之罪，因而致人於死者，處無期徒刑或十年以上有期徒刑；致重傷者，處五年以上十二年以下有期徒刑。
④犯第二項之罪，因而致人於死者，處無期徒刑或十二年以上有期徒刑；致重傷者，處十年以上有期徒刑。
⑤對於未滿七歲之人，犯前四項之罪者，依各該項之規定加重其刑至二分之一。
第二八七條　（告訴乃論）108
第二百七十七條第一項、第二百八十一條及第二百八十四條之罪，須告訴乃論。但公務員於執行職務時，犯第二百七十七條第一項之罪者，不在此限。

第二十四章　墮胎罪

第二八八條　（自行或聽從墮胎罪）108
①懷胎婦女服藥或以他法墮胎者，處六月以下有期徒刑、拘役或三千元以下罰金。
②懷胎婦女聽從他人墮胎者，亦同。
③因疾病或其他防止生命上危險之必要，而犯前二項之罪者，免除其刑。
第二八九條　（加工墮胎罪）
①受懷胎婦女之囑託或得其承諾，而使之墮胎者，處二年以下有期徒刑。
②因而致婦女於死者，處六月以上、五年以下有期徒刑；致重傷者，處三年以下有期徒刑。
第二九〇條　（意圖營利加工墮胎罪）108
①意圖營利而犯前條第一項之罪者，處六月以上五年以下有期徒刑，得併科一萬五千元以下罰金。
②因而致婦女於死者，處三年以上十年以下有期徒刑，得併科一萬五千元以下罰金；致重傷者，處一年以上七年以下有期徒刑，得併科一萬五千元以下罰金。
第二九一條　（未得孕婦同意使之墮胎罪）
①未受懷胎婦女之囑託或未得其承諾，而使之墮胎者，處一年以上、七年以下有期徒刑。
②因而致婦女於死者，處無期徒刑或七年以上有期徒刑；致重傷者，處三年以上、十年以下有期徒刑。
③第一項之未遂犯罰之。
第二九二條　（介紹墮胎罪）108
以文字、圖畫或他法，公然介紹墮胎之方法或物品，或公然介紹自己或他人爲墮胎之行爲者，處一年以下有期徒刑、拘役或科或併科三萬元以下罰金。

第二十五章　遺棄罪

第二九三條　（無義務者之遺棄罪）108

①遺棄無自救力之人者，處六月以下有期徒刑、拘役或三千元以下罰金。

②因而致人於死者，處五年以下有期徒刑；致重傷者，處三年以下有期徒刑。

第二九四條　（違背義務之遺棄罪）

①對於無自救力之人，依法令或契約應扶助、養育或保護而遺棄之，或不爲其生存所必要之扶助、養育或保護者，處六月以上、五年以下有期徒刑。

②因而致人於死者，處無期徒刑或七年以上有期徒刑；致重傷者，處三年以上、十年以下有期徒刑。

第二九四條之一　（阻卻遺棄罪成立之事由）99

對於無自救力之人，依民法親屬編應扶助、養育或保護，因有下列情形之一，而不爲無自救力之人生存所必要之扶助、養育或保護者，不罰：

一　無自救力之人前爲最輕本刑六月以上有期徒刑之罪之行爲，而侵害其生命、身體或自由者。

二　無自救力之人前對其爲第二百二十七條第三項、第二百二十八條第二項、第二百三十一條第一項、第二百八十六條之行爲或人口販運防制法第三十二條、第三十三條之行爲者。

三　無自救力之人前侵害其生命、身體、自由，而故意犯前二款以外之罪，經判處逾六月有期徒刑確定者。

四　無自救力之人前對其無正當理由未盡扶養義務持續逾二年，且情節重大者。

第二九五條　（遺棄直系血親尊親屬罪）99

對於直系血親尊親屬犯第二百九十四條之罪者，加重其刑至二分之一。

第二十六章　妨害自由罪

第二九六條　（使人爲奴隸罪）

①使人爲奴隸或使人居於類似奴隸之不自由地位者，處一年以上、七年以下有期徒刑。

②前項之未遂犯罰之。

第二九六條之一　（買賣人口爲性交或猥褻罪）94

①買賣、質押人口者，處五年以上有期徒刑，得併科五十萬元以下罰金。

②意圖使人爲性交或猥褻之行爲而犯前項之罪者，處七年以上有期徒刑，得併科五十萬元以下罰金。

③以強暴、脅迫、恐嚇、監控、藥劑、催眠術或其他違反本人意願之方法犯前二項之罪者，加重其刑至二分之一。

④媒介、收受、藏匿前三項被買賣、質押之人或使之隱避者，處一年以上七年以下有期徒刑，得併科三十萬元以下罰金。

⑤公務員包庇他人犯前四項之罪者，依各該項之規定加重其刑至二分之一。

⑥第一項至第三項之未遂犯罰之。

第二九七條　（意圖營利以詐術使人出國罪）94

①意圖營利，以詐術使人出中華民國領域外者，處三年以上十年以下有期徒刑，得併科三十萬元以下罰金。

②前項之未遂犯罰之。

第二九八條　（略誘婦女結婚罪、加重略誘罪）108

①意圖使婦女與自己或他人結婚而略誘之者，處五年以下有期徒刑。

②意圖營利、或意圖使婦女爲猥褻之行爲或性交而略誘之者，處一年以上七年以下有期徒刑，得併科三萬元以下罰金。

③前二項之未遂犯罰之。

第二九九條　（移送被略誘人出國罪）
①移送前條被略誘人出中華民國領域外者，處五年以上有期徒刑。
②前項之未遂犯罰之。

第三〇〇條　（收藏隱避被略誘人罪）108
①意圖營利，或意圖使被略誘人爲猥褻之行爲或性交，而收受、藏匿被略誘人或使之隱避者，處六月以上五年以下有期徒刑，得併科一萬五千元以下罰金。
②前項之未遂犯罰之。

第三〇一條　（減輕之特例）
犯第二百九十八條至第三百條之罪，於裁判宣告前，送回被誘人或指明所在地因而尋獲者，得減輕其刑。

第三〇二條　（剝奪他人行動自由罪）108
①私行拘禁或以其他非法方法，剝奪人之行動自由者，處五年以下有期徒刑、拘役或九千元以下罰金。
②因而致人於死者，處無期徒刑或七年以上有期徒刑；致重傷者，處三年以上十年以下有期徒刑。
③第一項之未遂犯罰之。

第三〇二條之一　112
①犯前條第一項之罪而有下列情形之一者，處一年以上七年以下有期徒刑，得併科一百萬元以下罰金：
　一　三人以上共同犯之。
　二　攜帶兇器犯之。
　三　對精神、身體障礙或其他心智缺陷之人犯之。
　四　對被害人施以凌虐。
　五　剝奪被害人行動自由七日以上。
②因而致人於死者，處無期徒刑或十年以上有期徒刑；致重傷者，處五年以上十二年以下有期徒刑。
③第一項第一款至第四款之未遂犯罰之。

第三〇三條　112
對於直系血親尊親屬犯前二條第一項或第二項之罪者，加重其刑至二分之一。

第三〇四條　（強制罪）108
①以強暴、脅迫使人行無義務之事或妨害人行使權利者，處三年以下有期徒刑、拘役或九千元以下罰金。
②前項之未遂犯罰之。

第三〇五條　（恐嚇危害安全罪）108
以加害生命、身體、自由、名譽、財產之事恐嚇他人，致生危害於安全者，處二年以下有期徒刑、拘役或九千元以下罰金。

第三〇六條　（侵入住居罪）108
①無故侵入他人住宅、建築物或附連圍繞之土地或船艦者，處一年以下有期徒刑、拘役或九千元以下罰金。
②無故隱匿其內，或受退去之要求而仍留滯者，亦同。

第三〇七條　（違法搜索罪）108
不依法令搜索他人身體、住宅、建築物、舟、車或航空機者，處二年以下有期徒刑、拘役或九千元以下罰金。

第三〇八條　（告訴乃論）
①第二百九十八條及第三百零六條之罪，須告訴乃論。
②第二百九十八條第一項之罪，其告訴以不違反被略誘人之意思爲限。

第二十七章　妨害名譽及信用罪

第三〇九條　（公然侮辱罪）108
①公然侮辱人者，處拘役或九千元以下罰金。
②以強暴犯前項之罪者，處一年以下有期徒刑、拘役或一萬五千元以下罰金。
第三一〇條　（誹謗罪）108
①意圖散布於衆，而指摘或傳述足以毀損他人名譽之事者，為誹謗罪，處一年以下有期徒刑、拘役或一萬五千元以下罰金。
②散布文字、圖畫犯前項之罪者，處二年以下有期徒刑、拘役或三萬元以下罰金。
③對於所誹謗之事，能證明其為眞實者，不罰。但涉於私德而與公共利益無關者，不在此限。
第三一一條　（免責條件）
以善意發表言論，而有左列情形之一者，不罰：
一　因自衛、自辯或保護合法之利益者。
二　公務員因職務而報告者。
三　對於可受公評之事，而為適當之評論者。
四　對於中央及地方之會議或法院或公衆集會之記事，而為適當之載述者。
第三一二條　（侮辱誹謗死者罪）108
①對於已死之人公然侮辱者，處拘役或九千元以下罰金。
②對於已死之人犯誹謗罪者，處一年以下有期徒刑、拘役或三萬元以下罰金。
第三一三條　（妨害信用罪）109
①散布流言或以詐術損害他人之信用者，處二年以下有期徒刑、拘役或科或併科二十萬元以下罰金。
②以廣播電視、電子通訊、網際網路或其他傳播工具犯前項之罪者，得加重其刑至二分之一。
第三一四條　（告訴乃論）
本章之罪，須告訴乃論。

第二十八章　妨害秘密罪

第三一五條　（妨害書信秘密罪）108
無故開拆或隱匿他人之封緘信函、文書或圖畫者，處拘役或九千元以下罰金。無故以開拆以外之方法，窺視其內容者，亦同。
第三一五條之一　（妨害秘密罪）103
有下列行為之一者，處三年以下有期徒刑、拘役或三十萬元以下罰金：
一　無故利用工具或設備窺視、竊聽他人非公開之活動、言論、談話或身體隱私部位者。
二　無故以錄音、照相、錄影或電磁紀錄竊錄他人非公開之活動、言論、談話或身體隱私部位者。
第三一五條之二　（圖利為妨害秘密罪）108
①意圖營利供給場所、工具或設備，便利他人為前條之行為者，處五年以下有期徒刑、拘役或科或併科五十萬元以下罰金。
②意圖散布、播送、販賣而有前條第二款之行為者，亦同。
③製造、散布、播送或販賣前二項或前條第二款竊錄之內容者，依第一項之規定處斷。
④前三項之未遂犯罰之。
第三一五條之三　（持有妨害秘密之物品）
前二條竊錄內容之附著物及物品，不問屬於犯人與否，沒收之。
第三一六條　（洩漏業務上知悉他人秘密罪）94
醫師、藥師、藥商、助產士、心理師、宗教師、律師、辯護人、公證人、會計師或其業務上佐理人，或曾任此等職務之人，無故洩漏因業務知悉或持有之他人秘密者，處一年以下有期徒刑、拘役或五萬元以下罰金。

第三一七條　（洩漏業務上知悉工商秘密罪）108

依法令或契約有守因業務知悉或持有工商秘密之義務而無故洩漏之者，處一年以下有期徒刑、拘役或三萬元以下罰金。

第三一八條　（洩漏職務上知悉工商秘密罪）108

公務員或曾任公務員之人，無故洩漏因職務知悉或持有他人之工商秘密者，處二年以下有期徒刑、拘役或六萬元以下罰金。

第三一八條之一　（洩漏電腦取得秘密罪）108

無故洩漏因利用電腦或其他相關設備知悉或持有他人之秘密者，處二年以下有期徒刑、拘役或一萬五千元以下罰金。

第三一八條之二　（加重其刑）

利用電腦或其相關設備犯第三百十六條至第三百十八條之罪者，加重其刑至二分之一。

第三一九條　（告訴乃論）

第三百十五條、第三百十五條之一及第三百十六條至第三百十八條之二之罪，須告訴乃論。

第二十八章之一　妨害性隱私及不實性影像罪 112

第三一九條之一 112

①未經他人同意，無故以照相、錄影、電磁紀錄或其他科技方法攝錄其性影像者，處三年以下有期徒刑。

②意圖營利供給場所、工具或設備，便利他人爲前項之行爲者，處五年以下有期徒刑，得併科五十萬元以下罰金。

③意圖營利、散布、播送、公然陳列或以他法供人觀覽，而犯第一項之罪者，依前項規定處斷。

④前三項之未遂犯罰之。

第三一九條之二 112

①以強暴、脅迫、恐嚇或其他違反本人意願之方法，以照相、錄影、電磁紀錄或其他科技方法攝錄其性影像，或使其本人攝錄者，處五年以下有期徒刑，得併科五十萬元以下罰金。

②意圖營利供給場所、工具或設備，便利他人爲前項之行爲者，處六月以上五年以下有期徒刑，得併科五十萬元以下罰金。

③意圖營利、散布、播送、公然陳列或以他法供人觀覽，而犯第一項之罪者，依前項規定處斷。

④前三項之未遂犯罰之。

第三一九條之三 112

①未經他人同意，無故重製、散布、播送、交付、公然陳列，或以他法供人觀覽其性影像者，處五年以下有期徒刑，得併科五十萬元以下罰金。

②犯前項之罪，其性影像係第三百十九條之一第一項至第三項攝錄之內容者，處六月以上五年以下有期徒刑，得併科五十萬元以下罰金。

③犯第一項之罪，其性影像係前條第一項至第三項攝錄之內容者，處一年以上七年以下有期徒刑，得併科七十萬元以下罰金。

④意圖營利而犯前三項之罪者，依各該項之規定，加重其刑至二分之一。販賣前三項性影像者，亦同。

⑤前四項之未遂犯罰之。

第三一九條之四 112

①意圖散布、播送、交付、公然陳列，或以他法供人觀覽，以電腦合成或其他科技方法

製作關於他人不實之性影像，足以生損害於他人者，處五年以下有期徒刑、拘役或科或併科五十萬元以下罰金。
②散布、播送、交付、公然陳列，或以他法供人觀覽前項性影像，足以生損害於他人者，亦同。
③意圖營利而犯前二項之罪者，處七年以下有期徒刑，得併科七十萬元以下罰金。販賣前二項性影像者，亦同。

第三一九條之五 112

第三百十九條之一至前條性影像之附著物及物品，不問屬於犯罪行為人與否，沒收之。

第三一九條之六 112

第三百十九條之一第一項及其未遂犯、第三百十九條之三第一項及其未遂犯之罪，須告訴乃論。

第二十九章　竊盜罪

第三二〇條　（普通竊盜罪、竊佔罪）108

①意圖為自己或第三人不法之所有，而竊取他人之動產者，為竊盜罪，處五年以下有期徒刑、拘役或五十萬元以下罰金。
②意圖為自己或第三人不法之利益，而竊佔他人之不動產者，依前項之規定處斷。
③前二項之未遂犯罰之。

第三二一條　（加重竊盜罪）108

①犯前條第一項、第二項之罪而有下列情形之一者，處六月以上五年以下有期徒刑，得併科五十萬元以下罰金：
　一　侵入住宅或有人居住之建築物、船艦或隱匿其內而犯之。
　二　毀越門窗、牆垣或其他安全設備而犯之。
　三　攜帶兇器而犯之。
　四　結夥三人以上而犯之。
　五　乘火災、水災或其他災害之際而犯之。
　六　在車站、港埠、航空站或其他供水、陸、空公眾運輸之舟、車、航空機內而犯之。
②前項之未遂犯罰之。

第三二二條　（刪除）94

第三二三條　（竊能量以竊取動產論）92

電能、熱能及其他能量，關於本章之罪，以動產論。

第三二四條　（親屬相盜免刑與告訴乃論）

①於直系血親、配偶或同財共居親屬之間，犯本章之罪者，得免除其刑。
②前項親屬或其他五親等內血親或三親等內姻親之間，犯本章之罪者，須告訴乃論。

第三十章　搶奪強盜及海盜罪

第三二五條　（普通搶奪罪）

①意圖為自己或第三人不法之所有，而搶奪他人之動產者，處六月以上、五年以下有期徒刑。
②因而致人於死者，處無期徒刑或七年以上有期徒刑；致重傷者，處三年以上、十年以下有期徒刑。
③第一項之未遂犯罰之。

第三二六條　（加重搶奪罪）

①犯前條第一項之罪，而有第三百二十一條第一項各款情形之一者，處一年以上、七年以下有期徒刑。

②前項之未遂犯罰之。

第三二七條　（刪除）94

第三二八條　（普通強盜罪）108

①意圖爲自己或第三人不法之所有，以強暴、脅迫、藥劑、催眠術或他法，至使不能抗拒，而取他人之物或使其交付者，爲強盜罪，處五年以上有期徒刑。

②以前項方法得財產上不法之利益或使第三人得之者，亦同。

③犯強盜罪因而致人於死者，處死刑、無期徒刑或十年以上有期徒刑；致重傷者，處無期徒刑或七年以上有期徒刑。

④第一項及第二項之未遂犯罰之。

⑤預備犯強盜罪者，處一年以下有期徒刑、拘役或九千元以下罰金。

第三二九條　（準強盜罪）

竊盜或搶奪，因防護贓物、脫免逮捕或湮滅罪證，而當場施以強暴、脅迫者，以強盜論。

第三三〇條　（加重強盜罪）91

①犯強盜罪而有第三百二十一條第一項各款情形之一者，處七年以上有期徒刑。

②前項之未遂犯罰之。

第三三一條　（刪除）94

第三三二條　（強盜結合罪）91

①犯強盜罪而故意殺人者，處死刑或無期徒刑。

②犯強盜罪而有下列行爲之一者，處死刑、無期徒刑或十年以上有期徒刑：

一　放火者。

二　強制性交者。

三　擄人勒贖者。

四　使人受重傷者。

第三三三條　（海盜罪、準海盜罪）95

①未受交戰國之允准或不屬於各國之海軍，而駕駛船艦，意圖施強暴、脅迫於他船或他船之人或物者，爲海盜罪，處死刑、無期徒刑或七年以上有期徒刑。

②船員或乘客意圖掠奪財物，施強暴、脅迫於其他船員或乘客，而駕駛或指揮船艦者，以海盜論。

③因而致人於死者，處死刑、無期徒刑或十二年以上有期徒刑；致重傷者，處死刑、無期徒刑或十年以上有期徒刑。

第三三四條　（海盜結合罪）95

①犯海盜罪而故意殺人者，處死刑或無期徒刑。

②犯海盜罪而有下列行爲之一，處死刑、無期徒刑或十二年以上有期徒刑：

一　放火者。

二　強制性交者。

三　擄人勒贖者。

四　使人受重傷者。

第三三四條之一　（竊能量罪之準用）91

第三百二十三條之規定，於本章之罪準用之。

第三十一章　侵占罪

第三三五條　（普通侵占罪）108

①意圖爲自己或第三人不法之所有，而侵占自己持有他人之物者，處五年以下有期徒刑、拘役或科或併科三萬元以下罰金。

②前項之未遂犯罰之。

第三三六條　（公務公益侵占罪、業務侵占罪）108

①對於公務上或因公益所持有之物，犯前條第一項之罪者，處一年以上七年以下有期徒刑，得併科十五萬元以下罰金。
②對於業務上所持有之物，犯前條第一項之罪者，處六月以上五年以下有期徒刑，得併科九萬元以下罰金。
③前二項之未遂犯罰之。

第三三七條　（侵占遺失物罪）108
意圖為自己或第三人不法之所有，而侵占遺失物、漂流物或其他離本人所持有之物者，處一萬五千元以下罰金。

第三三八條　（侵占電氣與親屬間犯侵占罪者準用竊盜罪之規定）
第三百二十三條及第三百二十四條之規定，於本章之罪準用之。

第三十二章　詐欺背信及重利罪

第三三九條　（普通詐欺罪）103
①意圖為自己或第三人不法之所有，以詐術使人將本人或第三人之物交付者，處五年以下有期徒刑、拘役或科或併科五十萬元以下罰金。
②以前項方法得財產上不法之利益或使第三人得之者，亦同。
③前二項之未遂犯罰之。

第三三九條之一　（違法由收費設備取得他人之物之處罰）
①意圖為自己或第三人不法之所有，以不正方法由收費設備取得他人之物者，處一年以下有期徒刑、拘役或十萬元以下罰金。
②以前項方法得財產上不法之利益或使第三人得之者，亦同。
③前二項之未遂犯罰之。

第三三九條之二　（違法由自動付款設備取得他人之物之處罰）103
①意圖為自己或第三人不法之所有，以不正方法由自動付款設備取得他人之物者，處三年以下有期徒刑、拘役或三十萬元以下罰金。
②以前項方法得財產上不法之利益或使第三人得之者，亦同。
③前二項之未遂犯罰之。

第三三九條之三　（違法製作財產權之處罰）103
①意圖為自己或第三人不法之所有，以不正方法將虛偽資料或不正指令輸入電腦或其相關設備，製作財產權之得喪、變更紀錄，而取得他人之財產者，處七年以下有期徒刑，得併科七十萬元以下罰金。
②以前項方法得財產上不法之利益或使第三人得之者，亦同。
③前二項之未遂犯罰之。

第三三九條之四 112
①犯第三百三十九條詐欺罪而有下列情形之一者，處一年以上七年以下有期徒刑，得併科一百萬元以下罰金：
一　冒用政府機關或公務員名義犯之。
二　三人以上共同犯之。
三　以廣播電視、電子通訊、網際網路或其他媒體等傳播工具，對公眾散布而犯之。
四　以電腦合成或其他科技方法製作關於他人不實影像、聲音或電磁紀錄之方法犯之。
②前項之未遂犯罰之。

第三四〇條　（刪除）94

第三四一條　（準詐欺罪）103
①意圖為自己或第三人不法之所有，乘未滿十八歲人之知慮淺薄，或乘人精神障礙、心智缺陷而致其辨識能力顯有不足或其他相類之情形，使之將本人或第三人之物交付者，處五年以下有期徒刑、拘役或科或併科五十萬元以下罰金。

②以前項方法得財產上不法之利益或使第三人得之者，亦同。
③前二項之未遂犯罰之。

第三四二條　（背信罪）103
①為他人處理事務，意圖為自己或第三人不法之利益，或損害本人之利益，而為違背其任務之行為，致生損害於本人之財產或其他利益者，處五年以下有期徒刑、拘役或科或併科五十萬元以下罰金。
②前項之未遂犯罰之。

第三四三條　（準用之規定）103
第三百二十三條及第三百二十四條之規定，於第三百三十九條至前條之罪準用之。

第三四四條　（重利罪）103
①乘他人急迫、輕率、無經驗或難以求助之處境，貸以金錢或其他物品，而取得與原本顯不相當之重利者，處三年以下有期徒刑、拘役或科或併科三十萬元以下罰金。
②前項重利，包括手續費、保管費、違約金及其他與借貸相關之費用。

第三四四條之一　（加重重利罪）103
①以強暴、脅迫、恐嚇、侵入住宅、傷害、毀損、監控或其他足以使人心生畏懼之方法取得前條第一項之重利者，處六月以上五年以下有期徒刑，得併科五十萬元以下罰金。
②前項之未遂犯罰之。

第三四五條　（刪除）94

第三十三章　恐嚇及擄人勒贖罪

第三四六條　（單純恐嚇罪）108
①意圖為自己或第三人不法之所有，以恐嚇使人將本人或第三人之物交付者，處六月以上五年以下有期徒刑，得併科三萬元以下罰金。
②以前項方法得財產上不法之利益或使第三人得之者，亦同。
③前二項之未遂犯罰之。

第三四七條　（擄人勒贖罪）103
①意圖勒贖而擄人者，處無期徒刑或七年以上有期徒刑。
②因而致人於死者，處死刑、無期徒刑或十二年以上有期徒刑；致重傷者，處無期徒刑或十年以上有期徒刑。
③第一項之未遂犯罰之。
④預備犯第一項之罪者，處二年以下有期徒刑。
⑤犯第一項之罪，未經取贖而釋放被害人者，減輕其刑；取贖後而釋放被害人者，得減輕其刑。

第三四八條　（擄人勒贖結合罪）91
①犯前條第一項之罪而故意殺人者，處死刑或無期徒刑。
②犯前條第一項之罪而有下列行為之一者，處死刑、無期徒刑或十二年以上有期徒刑：
　一　強制性交者。
　二　使人受重傷者。

第三四八條之一　（意圖勒贖而擄人）91
擄人後意圖勒贖者，以意圖勒贖而擄人論。

第三十四章　贓物罪

第三四九條　（普通贓物罪）103
①收受、搬運、寄藏、故買贓物或媒介者，處五年以下有期徒刑、拘役或科或併科五十萬元以下罰金。
②因贓物變得之財物，以贓物論。

第三五〇條　（刪除）94

第三五一條　（親屬贓物罪）

於直系血親、配偶或同財共居親屬之間，犯本章之罪者，得免除其刑。

第三十五章　毀棄損壞罪

第三五二條　（毀損文書罪）108

毀棄、損壞他人文書或致令不堪用，足以生損害於公眾或他人者，處三年以下有期徒刑、拘役或三萬元以下罰金。

第三五三條　（毀壞建築物、礦坑、船艦罪）

①毀壞他人建築物、礦坑、船艦或致令不堪用者，處六月以上、五年以下有期徒刑。

②因而致人於死者，處無期徒刑或七年以上有期徒刑；致重傷者，處三年以上、十年以下有期徒刑。

③第一項之未遂犯罰之。

第三五四條　（毀損器物罪）108

毀棄、損壞前二條以外之他人之物或致令不堪用，足以生損害於公眾或他人者，處二年以下有期徒刑、拘役或一萬五千元以下罰金。

第三五五條　（間接毀損罪）108

意圖損害他人，以詐術使本人或第三人爲財產上之處分，致生財產上之損害者，處三年以下有期徒刑、拘役或一萬五千元以下罰金。

第三五六條　（損害債權罪）108

債務人於將受強制執行之際，意圖損害債權人之債權，而毀壞、處分或隱匿其財產者，處二年以下有期徒刑、拘役或一萬五千元以下罰金。

第三五七條　（告訴乃論）

第三百五十二條、第三百五十四條至第三百五十六條之罪，須告訴乃論。

第三十六章　妨害電腦使用罪 92

第三五八條　（入侵電腦或其相關設備罪）108

無故輸入他人帳號密碼、破解使用電腦之保護措施或利用電腦系統之漏洞，而入侵他人之電腦或其相關設備者，處三年以下有期徒刑、拘役或科或併科三十萬元以下罰金。

第三五九條　（破壞電磁紀錄罪）108

無故取得、刪除或變更他人電腦或其相關設備之電磁紀錄，致生損害於公眾或他人者，處五年以下有期徒刑、拘役或科或併科六十萬元以下罰金。

第三六〇條　（干擾電腦或其相關設備罪）108

無故以電腦程式或其他電磁方式干擾他人電腦或其相關設備，致生損害於公眾或他人者，處三年以下有期徒刑、拘役或科或併科三十萬元以下罰金。

第三六一條　（加重其刑）92

對於公務機關之電腦或其相關設備犯前三條之罪者，加重其刑至二分之一。

第三六二條　（製作犯罪電腦程式罪）108

製作專供犯本章之罪之電腦程式，而供自己或他人犯本章之罪，致生損害於公眾或他人者，處五年以下有期徒刑、拘役或科或併科六十萬元以下罰金。

第三六三條　（告訴乃論）92

第三百五十八條至第三百六十條之罪，須告訴乃論。

中華民國刑法施行法

①民國24年4月1日國民政府制定公布全文10條；並自24年7月1日施行。
②民國86年11月26日總統令增訂公布第7-1條條文。
③民國88年4月21日總統令增訂公布第9-1、9-2條條文。
④民國90年1月10日總統令增訂公布第3-1條條文。
⑤民國94年2月2日總統令修正公布第3-1條條文；增訂第6-1、7-2、8-1、9-3、10-1條條文；並自95年7月1日施行。
⑥民國95年6月14日總統令增訂公布第1-1條條文。
⑦民國98年1月21日總統令增訂公布第10-2條條文。
⑧民國98年6月10日總統令修正公布第6-1、10-2條條文；並增訂第3-2條條文。
⑨民國98年12月30日總統令修正公布第10條條文；增訂第3-3條條文；並自公布日施行。
⑩民國104年12月30日總統令增訂公布第10-3條條文。
⑪民國105年6月22日總統令修正公布第10-3條條文。
⑫民國108年5月29日總統令增訂公布第8-2條條文。
⑬民國108年12月31日總統令修正公布第8-1條條文。
⑭民國111年5月4日總統令修正公布第9-1條條文。
⑮民國112年2月8日總統令增訂公布第9-4條條文。

第一條　（舊刑法、刑律、其他法令之定義）
本法稱舊刑法者，謂中華民國十七年九月一日施行之刑法；稱刑律者，謂中華民國元年三月十日頒行之暫行新刑律；稱其他法令者，謂刑法施行前與法律有同一效力之刑事法令。

第一條之一　（罰金貨幣單位與罰鍰倍數）95
①中華民國九十四年一月七日刑法修正施行後，刑法分則編所定罰金之貨幣單位爲新臺幣。
②九十四年一月七日刑法修正時，刑法分則編未修正之條文定有罰金者，自九十四年一月七日刑法修正施行後，就其所定數額提高爲三十倍。但七十二年六月二十六日至九十四年一月七日新增或修正之條文，就其所定數額提高爲三倍。

第二條　（褫奪公權從新主義）
依刑法第二條第一項但書，適用舊刑法、刑律或其他法令時，其褫奪公權所褫奪之資格，應依刑法第三十六條之規定。

第三條　（易科監禁之期限與易科罰金折算之抵充）
①依舊刑法易科監禁者，其監禁期限，自刑法施行之日起，不得逾六個月。
②其在刑法施行後，易科監禁期限內納罰金者，以所納之數，仍依裁判所定之標準扣除監禁日期。

第三條之一　（易科罰金之適用範圍）94
①刑法第四十一條之規定，中華民國九十年一月四日刑法修正施行前已裁判確定之處罰，未執行或執行未完畢者，亦適用之。
②未諭知得易科罰金之處罰者，亦同。
③於九十四年一月七日刑法修正施行前犯併合處罰數罪中之一罪，且該數罪均符合第四十一條第一項得易科罰金之規定者，適用九十年一月四日修正之刑法第四十一條第二項規定。

第三條之二　（易服社會勞動制度之適用範圍）98
刑法第四十一條及第四十二條之一之規定，於中華民國九十八年九月一日刑法修正施行前已裁判確定之處罰，未執行或執行未完畢者，亦適用之。

第三條之三（新舊法律之適用規定）98
刑法第四十一條及第四十二條之一之規定，於中華民國九十八年十二月十五日刑法修正施行前已裁判確定之處罰，未執行或執行未完畢者，亦適用之。
第四條（累犯加重之限制）
①刑法施行前，累犯舊刑法第六十六條第一項所定不同一之罪或不同款之罪一次者，其加重本刑，不得逾三分之一。
②依刑法第四十八條更定其刑者，準用前項之規定。
第五條（老幼人減刑之方法與例外）
刑法施行前，未滿十八歲人或滿八十歲人犯罪，經裁判確定處死刑或無期徒刑者，應報由司法行政最高官署，呈請司法院提請國民政府減刑。但有刑法第六十三條第二項情形者，不在此限。
第六條（緩刑假釋之保護管束）
刑法施行前，受緩刑之宣告或假釋出獄者，刑法施行後，於其緩刑期內得付保護管束，假釋中，付保護管束。
第六條之一（刑法修正前受緩刑宣告之適用規定）98
①於中華民國九十四年一月七日刑法修正施行前，受緩刑之宣告，九十四年一月七日修正刑法施行後，仍在緩刑期內者，適用九十四年一月七日修正施行之刑法第七十五條、第七十五條之一及第七十六條規定。
②於中華民國九十八年五月十九日刑法修正施行前，受緩刑之宣告，九十八年五月十九日修正刑法施行後，仍在緩刑期內者，適用九十八年五月十九日修正施行之刑法第七十五條及第七十五條之一規定。
第七條（緩刑假釋之撤銷）
刑法施行前，宣告緩刑或准許假釋者，在刑法施行後撤銷時，應依刑法之規定。
第七條之一（假釋之撤銷規定）
①於中華民國八十六年刑法第七十七條修正施行前犯罪者，其假釋適用八十三年一月二十八日修正公布之刑法第七十七條規定。但其行為終了或犯罪結果之發生在八十六年刑法第七十七條修正施行後者，不在此限。
②因撤銷假釋執行殘餘刑期，其撤銷之原因事實發生在八十六年刑法第七十九條之一修正施行前者，依修正前之刑法第七十九條之一規定合併計算其殘餘刑期與他刑應執行之期間。但其原因事實行為終了或犯罪結果之發生在八十六年刑法第七十七條修正施行後者，不在此限。
第七條之二（撤銷假釋之殘餘刑期計算）94
①於中華民國八十六年十一月二十六日刑法修正公布後，九十四年一月七日刑法修正施行前犯罪者，其假釋適用八十六年十一月二十六日修正公布之刑法第七十七條規定。但其行為終了或犯罪結果之發生在九十四年一月七日刑法修正施行後者，其假釋適用九十四年一月七日修正施行之刑法第七十七條規定。
②因撤銷假釋執行殘餘刑期，其撤銷之原因事實發生在八十六年十一月二十六日刑法修正公布後，九十四年一月七日刑法修正施行前者，依八十六年十一月二十六日修正公布之刑法第七十九條之一規定合併計算其殘餘刑期與他刑應執行之期間。但其原因事實行為終了或犯罪結果之發生在九十四年一月七日刑法修正施行後者，依九十四年一月七日修正施行之刑法第七十九條之一規定合併計算其殘餘刑期與他刑應執行之期間。
第八條（行刑權時效停止之起算）
刑法施行前，行刑權之時效停止原因繼續存在者，適用刑法第八十五條第三項之規定，其期間自刑法施行之日起算。
第八條之一（刑法修正前其追訴權或行刑權時效已進行而未完成者適用最有利之規定）108
於中華民國九十四年一月七日刑法修正施行前，其追訴權或行刑權時效已進行而未完成者，比較修正前後之條文，適用最有利於行爲人之規定。於一百零八年十二月六日刑法修正施行前，其追訴權或行刑權時效已進行而未完成者，亦同。

第八條之二　（刑法修正施行前其追訴權時效已進行而未完成者適用修正後之規定，不適用前條之規定）108

於中華民國一百零八年五月十日修正之刑法第八十條第一項第一款但書施行前，其追訴權時效已進行而未完成者，適用修正後之規定，不適用前條之規定。

第九條　（刑法施行前非配偶而同居者不適用通姦罪）

刑法第二百三十九條之規定，於刑法施行前，非配偶而以永久共同生活爲目的有同居之關係者，不適用之。

第九條之一 111

刑法第二百三十一條之規定，於中華民國八十八年三月三十日刑法修正施行前依法令規定經營性交易場所者，不適用之。

第九條之二（強制性交及猥褻罪之緩衝期）

刑法第二百二十一條、第二百二十四條之罪，於中華民國八十九年十二月三十一日前仍適用八十八年三月三十日修正施行前之刑法第二百三十六條告訴乃論之規定。

第九條之三（刑法修正前受強制治療宣告之適用規定）94

於中華民國九十四年一月七日刑法修正施行前，受強制治療之宣告，九十四年一月七日修正刑法施行後，仍在執行期間內者，適用八十八年四月二十一日修正公布之刑法第九十一條之一規定。

第九條之四 112

①中華民國一百十二年一月七日修正之刑法第九十一條之一，自一百十二年七月一日施行。

②於中華民國一百十二年七月一日刑法修正施行前，受強制治療之宣告者，於一百十二年七月一日修正刑法施行後，應繼續執行。

③前項情形，由原執行檢察署之檢察官於中華民國一百十二年七月一日修正刑法施行後六月內，向該案犯罪事實最後裁判之法院，依修正後刑法第九十一條之一第二項規定，聲請裁定強制治療之期間。

④前項聲請，如法院裁定時，其強制治療已執行累計逾五年者，視爲依修正後刑法第九十一條之一第二項後段規定爲第一次許可延長之聲請；已執行累計逾八年者，視爲第二次許可延長之聲請。

⑤有下列情形之一者，由該案犯罪事實最後裁判之法院，依刑法第九十一條之一第二項及第三項規定裁定之，並適用前項規定：

一　於中華民國一百十二年七月一日刑法修正施行前，受法院停止治療執行之裁定，於一百十二年七月一日修正刑法施行後，經聲請繼續施以強制治療。

二　第二項或第三項之情形，法院於中華民國一百十二年七月一日修正刑法施行後爲停止治療執行之裁定，經聲請繼續施以強制治療。

第一〇條　（施行日）98

①本法自刑法施行之日施行。

②刑法修正條文及本法修正條文，除另定施行日期者外，自公布日施行。

第一〇條之一　（刑法施行日）94

中華民國九十四年一月七日修正公布之刑法，自九十五年七月一日施行。

第一〇條之二　（刑法施行日）98

①中華民國九十七年十二月三十日修正之刑法第四十一條，自九十八年九月一日施行。

②中華民國九十八年五月十九日修正之刑法第四十二條之一、第四十四條、第七十四條、第七十五條、第七十五條之一，自九十八年九月一日施行。

第一〇條之三　（刑法施行日）105

①中華民國一百零四年十二月十七日及一百零五年五月二十七日修正之刑法，自一百零五年七月一日施行。

②一百零五年七月一日前施行之其他法律關於沒收、追徵、追繳、抵償之規定，不再適用。

貪污治罪條例

①民國52年7月15日總統令制定公布全文20條。
②民國62年8月17日總統令修正公布全文20條。
③民國81年7月17日總統令修正公布名稱及全文18條（原名稱：戡亂時期貪污治罪條例）。
④民國85年10月23日總統令修正公布全文20條。
⑤民國90年11月7日總統令修正公布第6條條文。
⑥民國92年2月6日總統令修正公布第11條條文；並增訂第12-1條條文。
⑦民國95年5月30日總統令修正公布第2、8、20條條文；並自95年7月1日施行。
⑧民國98年4月22日總統令修正公布第6、10條條文；並增訂第6-1條條文。
⑨民國100年6月29日總統令修正公布第5、11、12、16條條文；並刪除第12-1條條文。
⑩民國100年11月23日總統令修正公布第6-1條條文。
⑪民國105年4月13日總統令修正公布第6-1、20條條文。
民國105年12月14日行政院令發布定自106年1月1日施行。
⑫民國105年6月22日總統令修正公布第10、20條條文；並自105年7月1日施行。

第一條　（立法目的）
為嚴懲貪污，澄清吏治，特制定本條例。

第二條　（規範對象）95
公務員犯本條例之罪者，依本條例處斷。

第三條　（共犯之適用）
與前條人員共犯本條例之罪者，亦依本條例處斷。

第四條　（重大貪污行為之處罰）
①有下列行為之一者，處無期徒刑或十年以上有期徒刑，得併科新臺幣一億元以下罰金：
一　竊取或侵占公用或公有器材、財物者。
二　藉勢或藉端勒索、勒徵、強占或強募財物者。
三　建築或經辦公用工程或購辦公用器材、物品，浮報價額、數量、收取回扣或有其他舞弊情事者。
四　以公用運輸工具裝運違禁物品或漏稅物品者。
五　對於違背職務之行為，要求、期約或收受賄賂或其他不正利益者。
②前項第一款至第四款之未遂犯罰之。

第五條　（重度貪污行為之處罰）100
①有下列行為之一者，處七年以上有期徒刑，得併科新臺幣六千萬元以下罰金：
一　意圖得利，擅提或截留公款或違背法令收募稅捐或公債者。
二　利用職務上之機會，以詐術使人將本人之物或第三人之物交付者。
三　對於職務上之行為，要求、期約或收受賄賂或其他不正利益者。
②前項第一款及第二款之未遂犯罰之。

第六條　（輕度貪污行為之處罰）98
①有下列行為之一，處五年以上有期徒刑，得併科新臺幣三千萬元以下罰金：
一　意圖得利，抑留不發職務上應發之財物者。
二　募集款項或徵用土地、財物，從中舞弊者。
三　竊取或侵占職務上持有之非公用私有器材、財物者。
四　對於主管或監督之事務，明知違背法律、法律授權之法規命令、職權命令、自治條例、自治規則、委辦規則或其他對多數不特定人民就一般事項所作對外發生法律效果之規定，直接或間接圖自己或其他私人不法利益，因而獲得利益者。

五　對於非主管或監督之事務，明知違背法律、法律授權之法規命令、職權命令、自治條例、自治規則、委辦規則或其他對多數不特定人民就一般事項所作對外發生法律效果之規定，利用職權機會或身分圖自己或其他私人不法利益，因而獲得利益者。

②前項第一款至第三款之未遂犯罰之。

第六條之一　（公務員財產來源不明罪之認定與罰則）105

公務員犯下列各款所列罪嫌之一，檢察官於偵查中，發現公務員本人及其配偶、未成年子女自公務員涉嫌犯罪時及其後三年內，有財產增加與收入顯不相當時，得命本人就來源可疑之財產提出說明，無正當理由未為說明、無法提出合理說明或說明不實者，處五年以下有期徒刑、拘役或科或併科不明來源財產額度以下之罰金：

一　第四條至前條之罪。

二　刑法第一百二十一條第一項、第一百二十二條第一項至第三項、第一百二十三條至第一百二十五條、第一百二十七條第一項、第一百二十八條至第一百三十條、第一百三十一條第一項、第一百三十二條第一項、第一百三十三條、第二百三十一條第二項、第二百三十一條之一第三項、第二百七十條、第二百九十六條之一第五項之罪。

三　組織犯罪防制條例第九條之罪。

四　懲治走私條例第十條第一項之罪。

五　毒品危害防制條例第十五條之罪。

六　人口販運防制法第三十六條之罪。

七　槍砲彈藥刀械管制條例第十六條之罪。

八　藥事法第八十九條之罪。

九　包庇他人犯兒童及少年性剝削防制條例之罪。

十　其他假借職務上之權力、機會或方法所犯之罪。

第七條　（調查追訴審判人員加重其刑）

有調查、追訴或審判職務之人員，犯第四條第一項第五款或第五條第一項第三款之罪者，加重其刑至二分之一。

第八條　（自首減刑）95

①犯第四條至第六條之罪，於犯罪後自首，如有所得並自動繳交全部所得財物者，減輕或免除其刑；因而查獲其他正犯或共犯者，免除其刑。

②犯第四條至第六條之罪，在偵查中自白，如有所得並自動繳交全部所得財物者，減輕其刑；因而查獲其他正犯或共犯者，減輕或免除其刑。

第九條　（犯罪自首之處理）

本條例修正施行前，犯第四條至第六條之罪，於修正施行後一年內自首者，準用前條第一項之規定。

第一〇條　（視為犯罪之所得）105

犯第四條至第六條之罪，本人及其配偶、未成年子女自犯罪時及其後三年內取得之來源可疑財產，經檢察官或法院於偵查、審判程序中命本人證明來源合法而未能證明者，視為其犯罪所得。

第一一條　（行賄之處罰）100

①對於第二條人員，關於違背職務之行為，行求、期約或交付賄賂或其他不正利益者，處一年以上七年以下有期徒刑，得併科新臺幣三百萬元以下罰金。

②對於第二條人員，關於不違背職務之行為，行求、期約或交付賄賂或其他不正利益者，處三年以下有期徒刑、拘役或科或併科新臺幣五十萬元以下罰金。

③對於外國、大陸地區、香港或澳門之公務員，就跨區貿易、投資或其他商業活動有關事項，為前二項行為者，依前二項規定處斷。

④不具第二條人員之身分而犯前三項之罪者，亦同。

⑤犯前四項之罪而自首者，免除其刑；在偵查或審判中自白者，減輕或免除其刑。

⑥在中華民國領域外犯第一項至第三項之罪者，不問犯罪地之法律有無處罰規定，均依本條例處罰。

第一二條 （情節輕微之減刑）100

①犯第四條至第六條之罪，情節輕微，而其所得或所圖得財物或不正利益在新臺幣五萬元以下者，減輕其刑。

②犯前條第一項至第四項之罪，情節輕微，而其行求、期約或交付之財物或不正利益在新臺幣五萬元以下者，亦同。

第一二條之一 （刪除）100

第一三條 （長官之包庇罪）

①直屬主管長官對於所屬人員，明知貪污有據，而予以庇護或不爲舉發者，處一年以上七年以下有期徒刑。

②公務機關主管長官對於受其委託承辦公務之人，明知貪污有據，而予以庇護或不爲舉發者，處六月以上五年以下有期徒刑。

第一四條 （相關人員不爲舉發罪）

辦理監察、會計、審計、犯罪調查、督察、政風人員，因執行職務，明知貪污有據之人員，不爲舉發者，處一年以上七年以下有期徒刑。

第一五條 （藏匿代管贓物罪）

明知因犯第四條至第六條之罪所得之財物，故爲收受、搬運、隱匿、寄藏或故買者，處一年以上七年以下有期徒刑，得併科新臺幣三百萬元以下罰金。

第一六條 （誣告之處罰）100

①誣告他人犯本條例之罪者，依刑法規定加重其刑至二分之一。

②意圖他人受刑事處分，虛構事實，而爲第十一條第五項之自首者，處三年以上十年以下有期徒刑。

③不具第二條人員之身分而犯前二項之罪者，亦依前二項規定處斷。

第一七條 （褫奪公權）

犯本條例之罪，宣告有期徒刑以上之刑者，並宣告褫奪公權。

第一八條 （檢舉人之獎勵保護）

①貪污瀆職案件之檢舉人應予獎勵及保護；其辦法由行政院定之。

②各機關應採取具體措施防治貪污；其辦法由行政院定之。

第一九條 （補充法）

本條例未規定者，適用其他法律之規定。

第二〇條 （施行日）105

本條例施行日期，除中華民國九十五年五月五日修正之條文，自九十五年七月一日施行，及一百零五年三月二十五日修正之條文，由行政院定之；一百零五年五月二十七日修正之條文，自一百零五年七月一日施行外，自公布日施行。

槍砲彈藥刀械管制條例

①民國72年6月27日總統令制定公布全文15條。
②民國74年1月18日總統令修正公布第7條條文；並增訂第13-1條條文。
③民國79年7月16日總統令增訂公布第13-2、13-3條條文。
④民國85年9月25日總統令修正公布第4、6、13-2、14條條文；並增訂第9-1條條文。
⑤民國86年11月24日總統令修正公布全文25條；並自公布日施行。
⑥民國89年7月5日總統令修正公布第3、6、11條條文。
⑦民國90年11月14日總統令修正公布第6、10、20條條文；增訂第5-1、6-1條條文；並刪除第19、23、24條條文。
⑧民國93年6月2日總統令修正公布第6-1、20條條文；並增訂第5-2條條文。
⑨民國94年1月26日總統令修正公布第4、8、16、20條條文；增訂第20-1條條文；並刪除第10、11、17條條文。
⑩民國97年11月26日總統令修正公布第7條條文。
⑪民國98年5月27日總統令修正公布第5-2、25條條文；並自98年11月23日施行。
⑫民國100年1月5日總統令修正公布第8、20條條文。
⑬民國100年11月23日總統令修正公布第7條條文。
⑭民國106年6月14日總統令修正公布第5-2條條文。
⑮民國109年6月10日總統令修正公布第4、7至9、20、20-1、25條條文。
⑯民國113年1月3日總統令修正公布第4、5-2、13、18、20-1、25條條文；並增訂第5-3、9-1、13-1、20-2、20-3條條文；除第13-1、20-2條施行日期由行政院另定外，餘自公布日施行。

第一條　（立法目的）
為管制槍砲、彈藥、刀械，維護社會秩序、保障人民生命財產安全，特制定本條例。

第二條　（適用範圍）
槍砲、彈藥、刀械，除依法令規定配用者外，悉依本條例之規定。

第三條　（主管機關）
槍砲、彈藥、刀械管制之主管機關：中央為內政部；直轄市為直轄市政府；縣（市）為縣（市）政府。

第四條 113
①本條例所稱槍砲、彈藥、刀械如下：
一　槍砲：指制式或非制式之火砲、肩射武器、機關槍、衝鋒槍、卡柄槍、自動步槍、普通步槍、馬槍、手槍、鋼筆槍、瓦斯槍、麻醉槍、獵槍、空氣槍、魚槍及其他可發射金屬或子彈具有殺傷力之各式槍砲。
二　彈藥：指前款各式槍砲所使用之砲彈、子彈及其他具有殺傷力或破壞性之各類炸彈、爆裂物。
三　刀械：指武士刀、手杖刀、鴛鴦刀、手指虎、鋼（鐵）鞭、扁鑽、匕首（各如附圖例式）及其他經中央主管機關公告查禁，非供正當使用具有殺傷力之刀械。
②前項第一款、第二款槍砲、彈藥，包括其主要組成零件。但無法供組成槍砲、彈藥之用者，不在此限。
③槍砲、彈藥主要組成零件材質與種類及殺傷力之認定基準，由中央主管機關公告之。

第五條　（槍砲、彈藥之禁止事項）
前條所列槍砲、彈藥，非經中央主管機關許可，不得製造、販賣、運輸、轉讓、出租、出借、持有、寄藏或陳列。

第五條之一　（槍砲、彈藥之禁止事項）
手槍、空氣槍、獵槍及其他槍砲、彈藥專供射擊運動使用者，非經中央主管機關許可，不得製造、販賣、運輸、轉讓、出租、出借、持有、寄藏或陳列。

第五條之二 113

①依本條例許可之槍砲、彈藥、刀械，有下列情形之一者，撤銷或廢止其許可；其持有之槍砲、彈藥、刀械，由中央主管機關給價收購。但政府機關（構）購置使用之槍砲、彈藥、刀械或違反本條例之罪者，不予給價收購：

一　許可原因消滅。
二　不需置用或毀損致不堪使用。
三　持有人喪失原住民或漁民身分。
四　持有人規避、妨礙或拒絕檢查。
五　持有人死亡。
六　持有人受判處有期徒刑以上之刑確定，且未經宣告緩刑或經宣告緩刑被撤銷。
七　持有人受監護或輔助宣告，尚未撤銷。
八　持有槍砲、彈藥、刀械之團體解散。
九　其他違反應遵行事項之規定。

②刀械持有人死亡、團體解散，重新申請許可持有者，或自製獵槍持有人死亡，其繼用人申請繼續持有者，經許可後，不予給價收購。

③前項自製獵槍繼用人，以享有法定繼承權人之一人爲限。但無行爲能力人者，不得申請繼續持有；未成年人之繼承及使用之相關規定，另由中央原住民族主管機關定之。

④第一項給價收購經費由中央主管機關逐年編列預算支應；其價格標準由中央主管機關定之，並委由直轄市、縣（市）政府執行。

⑤第一項收購之槍砲、彈藥、刀械及收繳之證照，由中央主管機關送交內政部警政署銷毀。但經留用者，不予銷毀。

⑥第一項第六款規定，於經許可持有自製獵槍或魚槍之原住民，以其故意犯最輕本刑爲三年以上有期徒刑之罪或犯下列規定之一之罪爲限，適用之：

一　刑法第一百八十五條之二第一項、第四項、第一百八十六條、第一百八十六條之一第一項、第四項、第一百八十七條、第二百二十四條、第二百三十一條之一第三項、第二百七十一條第三項、第二百七十二條、第二百七十三條、第二百七十四條、第二百七十五條、第二百七十七條第一項、第二百七十九條、第二百八十一條、第二百八十二條、第二百九十六條、第二百九十八條、第三百零二條第一項、第三項、第三百零三條、第三百零四條、第三百零五條、第三百二十一條、第三百二十五條第一項、第三項、第三百二十六條、第三百二十八條第五項、第三百四十六條或第三百四十七條第四項。
二　森林法第五十一條第二項、第五十二條、第五十三條第二項或第五十四條。
三　野生動物保育法第四十條、第四十一條或第四十二條。但於中華民國一百零六年六月十四日修正公布之本條文施行前，基於原住民族之傳統文化、祭儀或非營利自用而犯野生動物保育法第四十一條之罪者，不在此限。
四　本條例第九條、第十二條第一項、第二項、第四項、第五項、第十三條第二項、第四項、第五項、第十三條之一、第二十條之一第三項至第五項、第十四條或第十五條。
五　懲治走私條例第二條、第三條或第七條。
六　組織犯罪防制條例第三條第一項後段或第六條。
七　毒品危害防制條例第四條第五項、第六項、第五條第四項、第七條第二項、第三項、第四項、第五項、第八條、第十條、第十一條、第十三條、第十四條或第十五條。

第五條之三 113

中央主管機關爲槍砲彈藥審認爭議，得遴聘（派）相關機關（構）代表及專家學者組成槍砲彈藥審認爭議諮詢小組；其組織及運作方式，由中央主管機關定之。

第六條 （刀械之禁止事項）

第四條第一項第三款所列之各式刀械，非經主管機關許可，不得製造、販賣、運輸、轉讓、出租、出借、持有。

第六條之一（*槍砲彈藥之許可申請*）93

①第五條及第六條所定槍砲、彈藥、刀械之許可申請、條件、廢止、檢查及其他應遵行事項之管理辦法，由中央主管機關定之。

②第五條之一所定槍砲、彈藥之許可申請、條件、期限、廢止、檢查及其他應遵行事項之管理辦法，由中央目的事業主管機關會同中央主管機關定之。

③違反前項所定之管理辦法者，處新臺幣五萬元以下之罰鍰。但違反第五條之一，或意圖供自己或他人犯罪而使用經許可之槍砲、彈藥者，不適用之。

第七條 109

①未經許可，製造、販賣或運輸制式或非制式火砲、肩射武器、機關槍、衝鋒槍、卡柄槍、自動步槍、普通步槍、馬槍、手槍或各類砲彈、炸彈、爆裂物者，處無期徒刑或七年以上有期徒刑，併科新臺幣三千萬元以下罰金。

②未經許可，轉讓、出租或出借前項所列槍砲、彈藥者，處無期徒刑或五年以上有期徒刑，併科新臺幣一千萬元以下罰金。

③意圖供自己或他人犯罪之用，而犯前二項之罪者，處死刑或無期徒刑；處徒刑者，併科新臺幣五千萬元以下罰金。

④未經許可，持有、寄藏或意圖販賣而陳列第一項所列槍砲、彈藥者，處五年以上有期徒刑，併科新臺幣一千萬元以下罰金。

⑤意圖供自己或他人犯罪之用，以強盜、搶奪、竊盜或其他非法方法，持有依法執行公務之人所持有之第一項所列槍砲、彈藥者，得加重其刑至二分之一。

⑥第一項至第三項之未遂犯罰之。

第八條 109

①未經許可，製造、販賣或運輸制式或非制式鋼筆槍、瓦斯槍、麻醉槍、獵槍、空氣槍或第四條第一項第一款所定其他可發射金屬或子彈具有殺傷力之各式槍砲者，處無期徒刑或五年以上有期徒刑，併科新臺幣一千萬元以下罰金。

②未經許可，轉讓、出租或出借前項所列槍砲者，處五年以上有期徒刑，併科新臺幣一千萬元以下罰金。

③意圖供自己或他人犯罪之用，而犯前二項之罪者，處無期徒刑或七年以上有期徒刑，併科新臺幣一千萬元以下罰金。

④未經許可，持有、寄藏或意圖販賣而陳列第一項所列槍砲者，處三年以上十年以下有期徒刑，併科新臺幣七百萬元以下罰金。

⑤第一項至第三項之未遂犯罰之。

⑥犯第一項、第二項或第四項有關空氣槍之罪，其情節輕微者，得減輕其刑。

第九條 109

①未經許可，製造、販賣、轉讓、出租或出借制式或非制式魚槍者，處一年以下有期徒刑、拘役或新臺幣五十萬元以下罰金。

②意圖供自己或他人犯罪之用，而犯前項之罪者，處二年以下有期徒刑、拘役或新臺幣一百萬元以下罰金。

③未經許可，持有、寄藏或意圖販賣而陳列制式或非制式魚槍者，處六月以下有期徒刑、拘役或新臺幣五十萬元以下罰金。

④第一項及第二項之未遂犯罰之。

第九條之一 113

①持第七條第一項所列槍砲，於公共場所、公眾得出入之場所開槍射擊或朝公共場所、公眾得出入之場所開槍射擊者，處七年以上有期徒刑，併科新臺幣一千五百萬元以下罰金。

②持第八條第一項或第九條第一項所列槍砲，於公共場所、公眾得出入之場所開槍射擊或朝公共場所、公眾得出入之場所開槍射擊者，處五年以上十二年以下有期徒刑，併科新臺幣一千萬元以下罰金。但原住民族基於傳統文化、祭儀、非營利自用獵捕野生

動物者，不在此限。
③犯前二項之罪，情節輕微者，得減輕其刑。
第一〇條 （刪除）94
第一一條 （刪除）94
第一二條 （製造、販賣或運輸子彈罪）
①未經許可，製造、販賣或運輸子彈者，處一年以上七年以下有期徒刑，併科新臺幣五百萬元以下罰金。
②未經許可，轉讓、出租或出借子彈者，處六月以上五年以下有期徒刑，併科新臺幣三百萬元以下罰金。
③意圖供自己或他人犯罪之用，而犯前二項之罪者，處三年以上十年以下有期徒刑，併科新臺幣七百萬元以下罰金。
④未經許可，持有、寄藏或意圖販賣而陳列子彈者，處五年以下有期徒刑，併科新臺幣三百萬元以下罰金。
⑤第一項至第三項之未遂犯罰之。
第一三條 113
①未經許可，製造、販賣或運輸槍砲或各類砲彈、炸彈、爆裂物之主要組成零件者，處三年以上十年以下有期徒刑，併科新臺幣七百萬元以下罰金。
②未經許可，轉讓、出租或出借前項零件者，處一年以上七年以下有期徒刑，併科新臺幣五百萬元以下罰金。
③意圖供自己或他人犯罪之用，而犯前二項之罪者，處五年以上有期徒刑，併科新臺幣一千萬元以下罰金。
④未經許可，持有、寄藏或意圖販賣而陳列第一項所列零件者，處六月以上五年以下有期徒刑，併科新臺幣三百萬元以下罰金。
⑤第一項至第三項之未遂犯罰之。
第一三條之一 113
①未經許可，製造、販賣或運輸子彈主要組成零件者，處六個月以上五年以下有期徒刑，併科新臺幣三百萬元以下罰金。
②未經許可，轉讓、出租或出借前項零件者，處三年以下有期徒刑，併科新臺幣二百萬元以下罰金。
③意圖供自己或他人犯罪之用，而犯前二項之罪者，處一年以上七年以下有期徒刑，併科新臺幣五百萬元以下罰金。
④未經許可，持有、寄藏或意圖販賣而陳列第一項所列零件者，處一年以下有期徒刑，併科新臺幣一百萬元以下罰金，情節輕微者，得免除其刑。
⑤第一項至第三項之未遂犯罰之。
第一四條 （製造、販賣或運輸刀械罪）
①未經許可，製造、販賣或運輸刀械者，處三年以下有期徒刑，併科新臺幣一百萬元以下罰金。
②意圖供自己或他人犯罪之用，而犯前項之罪者，處六月以上五年以下有期徒刑，併科新臺幣三百萬元以下罰金。
③未經許可，持有或意圖販賣而陳列刀械者，處一年以下有期徒刑、拘役或新臺幣五十萬元以下罰金。
④第一項及第二項之未遂犯罰之。
第一五條 （加重攜帶刀械罪）
未經許可攜帶刀械而有下列情形之一者，處二年以下有期徒刑：
一 於夜間犯之者。
二 於車站、埠頭、航空站、公共場所或公眾得出入之場所犯之者。
三 結夥犯之者。
第一六條 （公務員或公職人員予以包庇者加重其刑）94

公務員或經選舉產生之公職人員明知犯第七條、第八條或第十二條之罪有據予以包庇者，依各該條之規定加重其刑至二分之一。

第一七條 （刪除）94

第一八條 113

①犯本條例之罪自首，並報繳其持有之全部槍砲、彈藥、刀械者，得減輕或免除其刑；其已移轉持有而據實供述全部槍砲、彈藥、刀械之來源或去向，因而查獲者，亦同。

②前項情形，於中央主管機關報經行政院核定辦理公告期間自首者，免除其刑。

③前二項情形，其報繳不實者，不實部分仍依本條例所定之罪論處。

④犯本條例之罪，於偵查或審判中自白，並供述全部槍砲、彈藥、刀械之來源及去向，因而查獲或因而防止重大危害治安事件之發生者，得減輕或免除其刑。拒絕供述或供述不實者，得加重其刑至三分之一。

第一九條 （刪除）

第二〇條 109

①原住民未經許可，製造、運輸或持有自製獵槍、其主要組成零件或彈藥；或原住民、漁民未經許可，製造、運輸或持有自製魚槍，供作生活工具之用者，處新臺幣二千元以上二萬元以下罰鍰，本條例有關刑罰之規定，不適用之。

②原住民相互間或漁民相互間未經許可，販賣、轉讓、出租、出借或寄藏自製獵槍、其主要組成零件或彈藥、自製魚槍，供作生活工具之用者，處新臺幣二千元以上二萬元以下罰鍰，本條例有關刑罰之規定，不適用之。

③第一項之自製獵槍、魚槍之構造、自製獵槍彈藥，及前二項之許可申請、條件、期限、廢止、檢查及其他應遵行事項之管理辦法，由中央主管機關會同中央原住民族主管機關及國防部定之。

④於中華民國九十年十一月十四日本條例修正施行前，原住民單純僅犯未經許可製造、運輸、持有及相互間販賣、轉讓、出租、出借或寄藏自製獵槍、魚槍之罪，受判處有期徒刑以上之刑確定者，仍得申請自製獵槍、魚槍之許可。

⑤主管機關應輔導原住民及漁民依法申請自製獵槍、魚槍。

⑥第一項、第二項情形，於中央主管機關報經行政院核定辦理公告期間自動報繳者，免除其處罰。

第二〇條之一 113

①具類似眞槍之外型、構造、材質及火藥式擊發機構裝置，且足以改造成具有殺傷力者，爲模擬槍。模擬槍及其主要組成零件，由中央主管機關會同中央目的事業主管機關公告查禁。

②前項公告查禁之模擬槍及其主要組成零件，不得製造、販賣、運輸、轉讓、出租、出借、持有、寄藏或陳列。但專供外銷、研發，並經警察機關許可，或影視攝製使用經中央目的事業主管機關核轉中央主管機關許可，且列冊以備稽核者，不在此限。

③未經許可製造、販賣或運輸第一項公告查禁之模擬槍者，處一年以上七年以下有期徒刑，併科新臺幣七百萬元以下罰金。

④未經許可轉讓、出租、出借、持有、寄藏或意圖販賣而陳列第一項公告查禁之模擬槍者，處一年以下有期徒刑，併科新臺幣二百萬元以下罰金。

⑤改造第一項公告查禁之模擬槍可供發射金屬或子彈，未具殺傷力者，處三年以下有期徒刑，併科新臺幣三百萬元以下罰金。

⑥公告查禁前已持有第一項模擬槍及其主要組成零件之人民或團體，應自公告查禁之日起六個月內，向警察機關報備。於期限內完成報備者，其持有之行爲不罰。

⑦第二項但書有關專供外銷、研發許可之申請程序、應備文件、條件、期限、廢止、定期查核及其他應遵行事項之辦法，由中央主管機關會同中央目的事業主管機關定之。

⑧第二項但書有關影視攝製使用許可之申請程序、應備文件、條件、期限、廢止及其他應遵行事項之辦法，由中央目的事業主管機關會同中央主管機關定之。

第二〇條之二 113

①未經許可製造、販賣或運輸前條第一項公告查禁之模擬槍主要組成零件者，處新臺幣一百萬元以上一千萬元以下罰鍰；其情節重大者，得併令其停止營業或勒令歇業。

②未經許可轉讓、出租、出借、持有、寄藏或意圖販賣而陳列前條第一項公告查禁之模擬槍主要組成零件者，處新臺幣二十萬元以上五百萬元以下罰鍰；其情節重大者，得併令其停止營業或勒令歇業。

③公告查禁模擬槍之主要組成零件，不問屬於何人所有，沒入之。但有前條第二項但書或同條第六項情形者，不在此限。

第二〇條之三 113

①警察機關為查察槍砲、彈藥、公告查禁之模擬槍及其主要組成零件，得派員進入槍砲、彈藥及模擬槍製造、儲存或販賣場所，就其零組件、成品、半成品、各種簿冊及其他必要之物件實施檢查，並得詢問關係人及令提供必要之資料。

②前項檢查，必要時得會同目的事業主管機關執行之。

③檢查人員於執行第一項規定之檢查任務時，應主動出示執行職務之證明文件，並不得妨礙該場所正常業務之進行。

④規避、妨礙或拒絕第一項之檢查、詢問或提供資料者，處新臺幣二十萬元以上五十萬元以下罰鍰，並得按次處罰及強制執行檢查。

⑤第一項檢查之人員、檢查處所、對象、檢查物品範圍、實施程序及其他應遵行事項之辦法，由中央主管機關定之。

第二一條 （從重處罰）

犯本條例之罪，其他法律有較重處罰之規定者，從其規定。

第二二條 （檢舉破案獎金）

①因檢舉而破獲違反本條例之案件，應給與檢舉人獎金。

②前項獎金給獎辦法，由行政院定之。

第二三條 （刪除）

第二四條 （刪除）

第二五條 113

本條例除中華民國九十八年五月二十七日修正公布之條文，自九十八年十一月二十三日施行；一百零九年六月十日修正公布之第二十條第三項、一百十二年十二月十八日修正之第十三條之一及第二十條之二之施行日期，由行政院另定外，自公布日施行。

毒品危害防制條例

①民國44年6月3日總統令制定公布全文22條。
②民國62年6月21日總統令修正公布第4、9條條文。
③民國81年7月27日總統令修正公布名稱及第1、4、5、7至12、14條條文（原名稱：戡亂時期肅清煙毒條例）。
④民國87年5月20日總統令修正公布名稱及全文36條（原名稱：肅清煙毒條例）。
⑤民國92年7月9日總統令修正公布全文36條；並自公布後六個月施行。
⑥民國97年4月30日總統令修正公布第24條條文；並自公布後六個月施行。
⑦民國98年5月20日總統令修正公布第4、11、11-1、17、20、25條條文；並自公布後六個月施行。
⑧民國99年11月24日總統令修正公布第2、27、28、36條條文；並增訂第2-1條條文；除第2條自公布後六個月施行外，餘自公布日施行。
民國101年12月25日行政院公告第33-1條第1項第3款所列屬「國防部憲兵司令部」之權責事項，自102年1月1日起改由「國防部憲兵指揮部」管轄。
民國102年7月19日行政院公告第2條第3項、第11-1條第4項、第18條第2項、第21條第1項、第27條第1、3、5項、第28條第1項、第33-1條第1項第1、2款、第2、3項、第34條所列屬「行政院衛生署」之權責事項，自102年7月23日起改由「衛生福利部」管轄。
民國102年10月25日行政院公告第27條第1、3、5項、第28條第1項所列屬「行政院國軍退除役官兵輔導委員會」之權責事項，自102年11月1日起改由「國軍退除役官兵輔導委員會」管轄。
⑨民國104年2月4日總統令修正公布第4、9、36條條文；並自公布日施行。
⑩民國105年6月22日總統令修正公布第18、19、36條條文；並自105年7月1日施行。
⑪民國106年6月14日總統令修正公布第36條條文；增訂第2-2、31-1條條文；並自公布日施行。
⑫民國109年1月15日總統令修正公布第2、4、9、11、15、17至20、21、23、24、27、28、32-1、33-1、34、36條條文；並增訂第35-1條條文；除第18、24、33-1條施行日期由行政院定之外，自公布後六個月施行。
民國110年4月15日行政院令發布第18、24條定自110年5月1日施行。
民國110年5月18日行政院令發布第33-1條定自110年7月1日施行。
⑬民國111年5月4日總統令修正公布第12、36條條文；並自公布日施行。

第一條　（立法目的）
爲防制毒品危害，維護國民身心健康，制定本條例。

第二條　（毒品之定義、分級及品項）109
①本條例所稱毒品，指具有成癮性、濫用性、對社會危害性之麻醉藥品與其製品及影響精神物質與其製品。
②毒品依其成癮性、濫用性及對社會危害性，分爲四級，其品項如下：
一　第一級　海洛因、嗎啡、鴉片、古柯鹼及其相類製品（如附表一）。
二　第二級　罌粟、古柯、大麻、安非他命、配西汀、潘他唑新及其相類製品（如附表二）。
三　第三級　西可巴比妥、異戊巴比妥、納洛芬及其相類製品（如附表三）。
四　第四級　二丙烯基巴比妥、阿普唑他及其相類製品（如附表四）。
③前項毒品之分級及品項，由法務部會同衛生福利部組成審議委員會，每三個月定期檢討，審議委員會並得將具有成癮性、濫用性、對社會危害性之虞之麻醉藥品與其製品、影響精神物質與其製品及與該等藥品、物質或製品具有類似化學結構之物質進行審議，並經審議通過後，報由行政院公告調整、增減之，並送請立法院查照。
④醫藥及科學上需用之麻醉藥品與其製品及影響精神物質與其製品之管理，另以法律定之。

第二條之一　（毒品防制專責組織之成立及應辦事項）99

①直轄市、縣（市）政府為執行毒品防制工作，應由專責組織辦理下列事項：

一　毒品防制教育宣導。

二　提供施用毒品者家庭重整及心理輔導等關懷訪視輔導。

三　提供或轉介施用毒品者各項社會救助、法律服務、就學服務、保護安置、危機處理服務、職業訓練及就業服務。

四　提供或轉介施用毒品者接受戒癮治療及追蹤輔導。

五　依法採驗尿液及訪查施用毒品者。

六　追蹤及管理轉介服務案件。

七　其他毒品防制有關之事項。

②直轄市、縣（市）政府應編列預算辦理前項事宜；必要時，得由各中央目的事業主管機關視實際情形酌予補助。

第二條之二　（毒品防制業務基金來源及用途）106

①法務部為推動毒品防制業務，應設基金，其來源如下：

一　循預算程序之撥款。

二　犯本條例之罪所科罰金及沒收、追徵所得款項之部分提撥。

三　違反本條例所處罰鍰之部分提撥。

四　基金孳息收入。

五　捐贈收入。

六　其他有關收入。

②前項基金之用途如下：

一　補助直轄市、縣（市）政府辦理前條第一項所列事項。

二　辦理或補助毒品檢驗、戒癮治療及研究等相關業務。

三　辦理或補助毒品防制宣導。

四　提供或補助施用毒品者安置、就醫、就學、就業及家庭扶助等輔導與協助。

五　辦理或補助與其他國家或地區間毒品防制工作之合作及交流事項。

六　辦理或補助其他毒品防制相關業務。

七　管理及總務支出。

八　其他相關支出。

第三條　（適用範圍）

本條例有關法院、檢察官、看守所、監獄之規定，於軍事法院、軍事檢察官、軍事看守所及軍事監獄之規定亦適用之。

第四條　（販運製造毒品罪）109

①製造、運輸、販賣第一級毒品者，處死刑或無期徒刑；處無期徒刑者，得併科新臺幣三千萬元以下罰金。

②製造、運輸、販賣第二級毒品者，處無期徒刑或十年以上有期徒刑，得併科新臺幣一千五百萬元以下罰金。

③製造、運輸、販賣第三級毒品者，處七年以上有期徒刑，得併科新臺幣一千萬元以下罰金。

④製造、運輸、販賣第四級毒品者，處五年以上十二年以下有期徒刑，得併科新臺幣五百萬元以下罰金。

⑤製造、運輸、販賣專供製造或施用毒品之器具者，處一年以上七年以下有期徒刑，得併科新臺幣一百五十萬元以下罰金。

⑥前五項之未遂犯罰之。

第五條　（意圖販賣而持有毒品罪）

①意圖販賣而持有第一級毒品者，處無期徒刑或十年以上有期徒刑，得併科新臺幣七百萬元以下罰金。

②意圖販賣而持有第二級毒品者，處五年以上有期徒刑，得併科新臺幣五百萬元以下罰

金。
③意圖販賣而持有第三級毒品者，處三年以上十年以下有期徒刑，得併科新臺幣三百萬元以下罰金。
④意圖販賣而持有第四級毒品或專供製造、施用毒品之器具者，處一年以上七年以下有期徒刑，得併科新臺幣一百萬元以下罰金。

第六條　（強迫或欺瞞使人施用毒品罪）
①以強暴、脅迫、欺瞞或其他非法之方法使人施用第一級毒品者，處死刑、無期徒刑或十年以上有期徒刑；處無期徒刑或十年以上有期徒刑者，得併科新臺幣一千萬元以下罰金。
②以前項方法使人施用第二級毒品者，處無期徒刑或七年以上有期徒刑，得併科新臺幣七百萬元以下罰金。
③以第一項方法使人施用第三級毒品者，處五年以上有期徒刑，得併科新臺幣五百萬元以下罰金。
④以第一項方法使人施用第四級毒品者，處三年以上十年以下有期徒刑，得併科新臺幣三百萬元以下罰金。
⑤前四項之未遂犯罰之。

第七條　（引誘他人施用毒品罪）
①引誘他人施用第一級毒品者，處三年以上十年以下有期徒刑，得併科新臺幣三百萬元以下罰金。
②引誘他人施用第二級毒品者，處一年以上七年以下有期徒刑，得併科新臺幣一百萬元以下罰金。
③引誘他人施用第三級毒品者，處六月以上五年以下有期徒刑，得併科新臺幣七十萬元以下罰金。
④引誘他人施用第四級毒品者，處三年以下有期徒刑，得併科新臺幣五十萬元以下罰金。
⑤前四項之未遂犯罰之。

第八條　（轉讓毒品罪）
①轉讓第一級毒品者，處一年以上七年以下有期徒刑，得併科新臺幣一百萬元以下罰金。
②轉讓第二級毒品者，處六月以上五年以下有期徒刑，得併科新臺幣七十萬元以下罰金。
③轉讓第三級毒品者，處三年以下有期徒刑，得併科新臺幣三十萬元以下罰金。
④轉讓第四級毒品者，處一年以下有期徒刑，得併科新臺幣十萬元以下罰金。
⑤前四項之未遂犯罰之。
⑥轉讓毒品達一定數量者，加重其刑至二分之一，其標準由行政院定之。

第九條　（加重其刑）109
①成年人對未成年人販賣毒品或犯前三條之罪者，依各該條項規定加重其刑至二分之一。
②明知為懷胎婦女而對之販賣毒品或犯前三條之罪者，亦同。
③犯前五條之罪而混合二種以上之毒品者，適用其中最高級別毒品之法定刑，並加重其刑至二分之一。

第一〇條　（施用毒品罪）
①施用第一級毒品者，處六月以上五年以下有期徒刑。
②施用第二級毒品者，處三年以下有期徒刑。

第一一條　（持有毒品罪）109
①持有第一級毒品者，處三年以下有期徒刑、拘役或新臺幣三十萬元以下罰金。
②持有第二級毒品者，處二年以下有期徒刑、拘役或新臺幣二十萬元以下罰金。
③持有第一級毒品純質淨重十公克以上者，處一年以上七年以下有期徒刑，得併科新臺

幣一百萬元以下罰金。
④持有第二級毒品純質淨重二十公克以上者，處六月以上五年以下有期徒刑，得併科新臺幣七十萬元以下罰金。
⑤持有第三級毒品純質淨重五公克以上者，處二年以下有期徒刑，得併科新臺幣二十萬元以下罰金。
⑥持有第四級毒品純質淨重五公克以上者，處一年以下有期徒刑，得併科新臺幣十萬元以下罰金。
⑦持有專供製造或施用第一級、第二級毒品之器具者，處一年以下有期徒刑、拘役或新臺幣十萬元以下罰金。

第一一條之一　（不得擅自持有毒品及器具）98
①第三級、第四級毒品及製造或施用毒品之器具，無正當理由，不得擅自持有。
②無正當理由持有或施用第三級或第四級毒品者，處新臺幣一萬元以上五萬元以下罰鍰，並應限期令其接受四小時以上八小時以下之毒品危害講習。
③少年施用第三級或第四級毒品者，應依少年事件處理法處理，不適用前項規定。
④第二項裁罰之基準及毒品危害講習之方式、內容、時機、時數、執行單位等事項之辦法，由法務部會同內政部、行政院衛生署定之。

第一二條　111
①意圖供製造毒品之用，而栽種罌粟或古柯者，處無期徒刑或七年以上有期徒刑，得併科新臺幣七百萬元以下罰金。
②意圖供製造毒品之用，而栽種大麻者，處五年以上有期徒刑，得併科新臺幣五百萬元以下罰金。
③因供自己施用而犯前項之罪，且情節輕微者，處一年以上七年以下有期徒刑，得併科新臺幣一百萬元以下罰金。
④前三項之未遂犯罰之。

第一三條　（販運罌粟、古柯、大麻種子罪）
①意圖供栽種之用，而運輸或販賣罌粟種子或古柯種子者，處五年以下有期徒刑，得併科新臺幣五十萬元以下罰金。
②意圖供栽種之用，而運輸或販賣大麻種子者，處二年以下有期徒刑，得併科新臺幣二十萬元以下罰金。

第一四條　（持有或轉讓罌粟、古柯、大麻種子罪）
①意圖販賣而持有或轉讓罌粟種子、古柯種子者，處三年以下有期徒刑。
②意圖販賣而持有或轉讓大麻種子者，處二年以下有期徒刑。
③持有罌粟種子、古柯種子者，處二年以下有期徒刑、拘役或新臺幣三萬元以下罰金。
④持有大麻種子者，處一年以下有期徒刑、拘役或新臺幣一萬元以下罰金。

第一五條　（公務員加重其刑）109
①公務員假借職務上之權力、機會或方法犯第四條第二項或第六條第一項之罪者，處死刑或無期徒刑；處無期徒刑者，得併科新臺幣三千萬元以下罰金。犯第四條第三項至第五項、第五條、第六條第二項至第四項、第七條第一項至第四項、第八條第一項至第四項、第九條至第十四條之罪者，依各該條項規定加重其刑至二分之一。
②公務員明知他人犯第四條至第十四條之罪而予以庇護者，處一年以上七年以下有期徒刑。

第一六條　（刪除）

第一七條　（減輕或免除其刑）109
①犯第四條至第八條、第十條或第十一條之罪，供出毒品來源，因而查獲其他正犯或共犯者，減輕或免除其刑。
②犯第四條至第八條之罪於偵查及歷次審判中均自白者，減輕其刑。
③被告因供自己施用而犯第四條之運輸毒品罪，且情節輕微者，得減輕其刑。

第一八條　（查獲毒品或器具之銷燬）109

①查獲之第一級、第二級毒品及專供製造或施用第一級、第二級毒品之器具，不問屬於犯罪行爲人與否，均沒收銷燬之；查獲之第三級、第四級毒品及製造或施用第三級、第四級毒品之器具，無正當理由而擅自持有者，均沒入銷燬之。但合於醫藥、研究或訓練之用者，得不予銷燬。

②查獲易生危險、有喪失毀損之虞、不便保管或保管需費過鉅之毒品，經取樣後於判決確定前得銷燬之；其取樣之數量、方式、程序及其他相關事項之辦法，由法務部定之。

③毒品檢驗機構檢驗出含有新興毒品或成分而有製成標準品之需者，得由衛生福利部或其他政府機關依法設置之檢驗機關（構）領用部分檢體，製成標準品使用或供其他檢驗機構使用。

④第一項但書與前項合於醫藥、研究或訓練用毒品或器具、檢驗機關（構）領用檢體之要件、程序、管理及其他相關事項之辦法，由法務部會同衛生福利部定之。

第一九條　（供犯罪所用物或交通工具之沒收及擴大沒收制度）109

①犯第四條至第九條、第十二條、第十三條或第十四條第一項、第二項之罪者，其供犯罪所用之物，不問屬於犯罪行爲人與否，均沒收之。

②犯第四條之罪所使用之水、陸、空交通工具，沒收之。

③犯第四條至第九條、第十二條、第十三條或第十四條第一項、第二項之罪，有事實足以證明行爲人所得支配之前二項規定以外之財物或財產上利益，係取自其他違法行爲所得者，沒收之。

第二〇條　（施用毒品者之觀察、勒戒或強制戒治）109

①犯第十條之罪者，檢察官應聲請法院裁定，或少年法院（地方法院少年法庭）應先裁定，令被告或少年入勒戒處所觀察、勒戒，其期間不得逾二月。

②觀察、勒戒後，檢察官或少年法院（地方法院少年法庭）依據勒戒處所之陳報，認受觀察、勒戒人無繼續施用毒品傾向者，應即釋放，並爲不起訴之處分或不付審理之裁定；認受觀察、勒戒人有繼續施用毒品傾向者，檢察官應聲請法院裁定或由少年法院（地方法院少年法庭）裁定令入戒治處所強制戒治，其期間爲六個月以上，至無繼續強制戒治之必要爲止。但最長不得逾一年。

③依前項規定爲觀察、勒戒或強制戒治執行完畢釋放後，三年後再犯第十條之罪者，適用前二項之規定。

④受觀察、勒戒或強制戒治處分之人，於觀察、勒戒或強制戒治期滿後，由公立就業輔導機構輔導就業。

第二〇條之一　（重新審理之聲請）

①觀察、勒戒及強制戒治之裁定確定後，有下列情形之一，認爲應不施以觀察、勒戒或強制戒治者，受觀察、勒戒或強制戒治處分之人，或其法定代理人、配偶，或檢察官得以書狀敘述理由，聲請原裁定確定法院重新審理：

一　適用法規顯有錯誤，並足以影響裁定之結果者。

二　原裁定所憑之證物已證明爲僞造或變造者。

三　原裁定所憑之證言、鑑定或通譯已證明其爲虛僞者。

四　參與原裁定之法官，或參與聲請之檢察官，因該案件犯職務上之罪，已經證明者。

五　因發現確實之新證據足認受觀察、勒戒或強制戒治處分之人，應不施以觀察、勒戒或強制戒治者。

六　受觀察、勒戒或強制戒治處分之人，已證明其係被誣告者。

②聲請重新審理，應於裁定確定後三十日內提起。但聲請之事由，知悉在後者，自知悉之日起算。

③聲請重新審理，無停止觀察、勒戒或強制戒治執行之效力。但原裁定確定法院認爲有停止執行之必要者，得依職權或依聲請人之聲請，停止執行之。

④法院認爲無重新審理之理由，或程序不合法者，應以裁定駁回之；認爲有理由者，應

重新審理，更為裁定。法院認為無理由裁定駁回聲請者，不得更以同一原因，聲請重新審理。

⑤重新審理之聲請，於裁定前得撤回之。撤回重新審理之人，不得更以同一原因，聲請重新審理。

第二一條 （施用毒品者之自動請求治療）109

①犯第十條之罪者，於犯罪未發覺前，自動向衛生福利部指定之醫療機構請求治療，醫療機構免將請求治療者送法院或檢察機關。

②依前項規定治療中經查獲之被告或少年，應由檢察官為不起訴之處分或由少年法院（地方法院少年法庭）為不付審理之裁定。但以一次為限。

第二二條 （刪除）

第二三條 （強制戒治期滿之法律豁免及再犯之刑事處遇）109

①依第二十條第二項強制戒治期滿，應即釋放，由檢察官為不起訴之處分或少年法院（地方法院少年法庭）為不付審理之裁定。

②觀察、勒戒或強制戒治執行完畢釋放後，三年內再犯第十條之罪者，檢察官或少年法院（地方法院少年法庭）應依法追訴或裁定交付審理。

第二三條之一 （拘提逮捕者之裁定觀察、勒戒）

①被告因拘提或逮捕到場者，檢察官依第二十條第一項規定聲請法院裁定觀察、勒戒，應自拘提或逮捕之時起二十四小時內為之，並將被告移送該管法院訊問；被告因傳喚、自首或自行到場，經檢察官予以逮捕者，亦同。

②刑事訴訟法第九十三條之一之規定，於前項情形準用之。

第二三條之二 （觀察、勒戒或強制戒治者之裁定處分）

①少年經裁定觀察、勒戒或強制戒治者，不適用少年事件處理法第四十五條第二項規定。

②少年法院（地方法院少年法庭）依第二十條第二項、第二十三條第一項規定為不付審理之裁定，或依第三十五條第一項第四款規定為不付保護處分之裁定者，得並為下列處分：

一 轉介少年福利或教養機構為適當之輔導。

二 交付少年之法定代理人或現在保護少年之人嚴加管教。

三 告誡。

③前項處分，均交由少年調查官執行之。

第二四條 （緩起訴處分之多元處遇）109

①第二十條第一項及第二十三條第二項之程序，於檢察官先依刑事訴訟法第二百五十三條之一第一項、第二百五十三條之二第一項第四款至第六款或第八款規定，為附條件之緩起訴處分時，或於少年法院（地方法院少年法庭）認以依少年事件處理法程序處理為適當時，不適用之。

②前項緩起訴處分，經撤銷者，檢察官應繼續偵查或起訴。

③檢察官依刑事訴訟法第二百五十三條之二第一項第六款規定為緩起訴處分前，應徵詢醫療機構之意見；必要時，並得徵詢其他相關機關（構）之意見。

④刑事訴訟法第二百五十三條之二第一項第六款規定之緩起訴處分，其適用戒癮治療之種類、實施對象、內容、方式、執行醫療機構或其他機構與其他相關事項之辦法及完成戒癮治療之認定標準，由行政院定之。

第二四條之一 （觀察、勒戒或強制戒治處分之執行時效）

觀察、勒戒或強制戒治處分於受處分人施用毒品罪之追訴權消滅時，不得執行。

第二五條 （強制採驗尿液）98

①犯第十條之罪而付保護管束者，或因施用第一級或第二級毒品經裁定交付保護管束之少年，於保護管束期間，警察機關或執行保護管束者應定期或於其有事實可疑為施用毒品時，通知其於指定之時間到場採驗尿液，無正當理由不到場，得報請檢察官或少年法院（地方法院少年法庭）許可，強制採驗。到場而拒絕採驗者，得違反其意思

強制採驗，於採驗後，應即時報請檢察官或少年法院（地方法院少年法庭）補發許可書。

②依第二十條第二項前段、第二十一條第二項、第二十三條第一項規定為不起訴之處分或不付審理之裁定，或依第三十五條第一項第四款規定為免刑之判決或不付保護處分之裁定，或犯第十條之罪經執行刑罰或保護處分完畢後二年內，警察機關得適用前項之規定採驗尿液。

③前二項人員採驗尿液實施辦法，由行政院定之。

④警察機關或執行保護管束者依第一項規定通知少年到場採驗尿液時，應併為通知少年之法定代理人。

第二六條　（行刑權時效）

犯第十條之罪者，於送觀察、勒戒或強制戒治期間，其所犯他罪之行刑權時效，停止進行。

第二七條　（勒戒處所之設立）109

①勒戒處所，由法務部、國防部於所屬戒治處所、看守所、少年觀護所或所屬醫院內附設，或委託國軍退除役官兵輔導委員會、衛生福利部、直轄市或縣（市）政府指定之醫院內附設。

②受觀察、勒戒人另因他案依法應予羈押、留置或收容者，其觀察、勒戒應於看守所或少年觀護所附設之勒戒處所執行。

③戒治處所、看守所或少年觀護所附設之勒戒處所，由國防部、國軍退除役官兵輔導委員會、衛生福利部或直轄市或縣（市）政府指定之醫療機構負責其醫療業務。

④第一項受委託醫院附設之勒戒處所，其戒護業務由法務部及國防部負責，所需相關戒護及醫療經費，由法務部及國防部編列預算支應。

⑤第一項之委託辦法，由法務部會同國防部、國軍退除役官兵輔導委員會、衛生福利部定之。

第二八條　（戒治處所之設立）109

戒治處所，由法務部及國防部設立。未設立前，得先於監獄或少年矯正機構內設立，並由國防部、衛生福利部、國軍退除役官兵輔導委員會、直轄市或縣（市）政府指定之醫療機構負責其醫療業務；其所需員額及經費，由法務部及國防部編列預算支應。

第二九條　（觀察、勒戒及強制戒治執行之規定）

觀察、勒戒及強制戒治之執行，另以法律定之。

第三〇條　（觀察、勒戒及強制戒治費用）

①觀察、勒戒及強制戒治之費用，由勒戒處所及戒治處所填發繳費通知單向受觀察、勒戒或強制戒治處分人或上開受處分少年之扶養義務人收取並解繳國庫。但自首或貧困無力負擔者，得免予繳納。

②前項費用經限期繳納，屆期未繳納者，由勒戒處所及戒治處所，依法移送強制執行。

第三〇條之一　（請求返還已繳納之觀察、勒戒或強制戒治費用）

①受觀察、勒戒或強制戒治處分人其原受觀察、勒戒或強制戒治處分之裁定經撤銷確定者，得請求返還原已繳納之觀察、勒戒或強制戒治費用；尚未繳納者，不予以繳納。

②受觀察、勒戒或強制戒治處分人其原受觀察、勒戒或強制戒治處分之裁定經撤銷確定者，其觀察、勒戒或強制戒治處分之執行，得準用冤獄賠償法之規定請求賠償。

第三一條　（工業原料之種類及申報、檢查）

①經濟部為防制先驅化學品之工業原料流供製造毒品，得命廠商申報該項工業原料之種類及輸出入、生產、銷售、使用、貯存之流程、數量，並得檢查其簿冊及場所；廠商不得規避、妨礙或拒絕。

②前項工業原料之種類及申報、檢查辦法，由經濟部定之。

③違反第一項之規定不為申報者，處新臺幣三萬元以上三十萬元以下罰鍰，並通知限期補報，屆期仍未補報者，按日連續處罰。

④規避、妨礙或拒絕第一項之檢查者，處新臺幣三萬元以上三十萬元以下罰鍰，並得按

次處罰及強制檢查。
⑤依前二項所處之罰鍰，經限期繳納，屆期未繳納者，依法移送強制執行。

第三一條之一　（特定營業場所之防制措施）106

①爲防制毒品危害，特定營業場所應執行下列防制措施：

一　於入口明顯處標示毒品防制資訊，其中應載明持有毒品之人不得進入。
二　指派一定比例從業人員參與毒品危害防制訓練。
三　備置負責人及從業人員名冊。
四　發現疑似施用或持有毒品之人，通報警察機關處理。

②特定營業場所未執行前項各款所列防制措施之一者，由直轄市、縣（市）政府令負責人限期改善；屆期未改善者，處負責人新臺幣五萬元以上五十萬元以下罰鍰，並得按次處罰；其屬法人或合夥組織經營者，併同處罰之。
③特定營業場所人員知悉有人在內施用或持有毒品，未通報警察機關處理者，由直轄市、縣（市）政府處負責人新臺幣十萬元以上一百萬元以下罰鍰；其屬法人或合夥組織經營者，併同處罰之。其情節重大者，各目的事業主管機關得令其停止營業六個月以上一年六個月以下或勒令歇業。
④直轄市、縣（市）政府應定期公布最近一年查獲前項所定情節重大之特定營業場所名單。
⑤第一項特定營業場所之種類、毒品防制資訊之內容與標示方式、負責人及從業人員名冊之格式、毒品危害防制訓練、執行機關與執行程序之辦法，由法務部會商相關機關定之。

第三二條　（獎懲辦法）

防制毒品危害有功人員或檢舉人，應予獎勵，防制不力者，應予懲處；其獎懲辦法，由行政院定之。

第三二條之一　（控制下交付之實施）109

①爲偵辦跨國性毒品犯罪，檢察官或刑事訴訟法第二百二十九條之司法警察官，得由其檢察長或其最上級機關首長向最高檢察署提出偵查計畫書，並檢附相關文件資料，經最高檢察署檢察總長核可後，核發偵查指揮書，由入、出境管制相關機關許可毒品及人員入、出境。
②前項毒品、人員及其相關人、貨之入、出境之協調管制作業辦法，由行政院定之。

第三二條之二　（偵查計畫書應載事項）

前條之偵查計畫書，應記載下列事項：

一　犯罪嫌疑人或被告之年籍資料。
二　所犯罪名。
三　所涉犯罪事實。
四　使用控制下交付調查犯罪之必要性。
五　毒品數量及起迄處所。
六　毒品及犯罪嫌疑人入境航次、時間及方式。
七　毒品及犯罪嫌疑人入境後，防制毒品散逸及犯罪嫌疑人逃逸之監督作爲。
八　偵查犯罪所需期間、方法及其他作爲。
九　國際合作情形。

第三三條　（特定人員及採驗尿液實施辦法）

①爲防制毒品氾濫，主管機關對於所屬或監督之特定人員於必要時，得要求其接受採驗尿液，受要求之人不得拒絕；拒絕接受採驗者，並得拘束其身體行之。
②前項特定人員之範圍及採驗尿液實施辦法，由行政院定之。

第三三條之一　（尿液之檢驗機關（構）及驗餘檢體之處理）109

①尿液之檢驗，應由下列機關（構）爲之：

一　衛生福利部認證之檢驗及醫療機構。
二　衛生福利部指定之衛生機關。

三　法務部調查局、內政部警政署刑事警察局、國防部憲兵指揮部或其他政府機關依法設置之檢驗機關（構）。

②檢驗機構對於前項驗餘尿液檢體之處理，應依相關規定或與委驗機構之約定爲之。但合於人體代謝物研究供開發檢驗方法或試劑之用者，於不起訴處分、緩起訴處分或判決確定，經去識別化方式後，得供醫藥或研究機構領用。

③第一項第一款檢驗及醫療機構之認證標準、認證與認證之撤銷或廢止及管理等事項之辦法；第二款、第三款檢驗機關（構）之檢驗設置標準，由衛生福利部定之。

④第一項各類機關（構）尿液檢驗之方式、判定基準、作業程序、檢體保管，與第二項驗餘檢體之處理、領用及其他相關事項之準則，由衛生福利部定之。

第三四條　（施行細則）109

本條例施行細則，由法務部會同內政部、衛生福利部擬訂，報請行政院核定之。

第三五條　（本條例繫屬施用毒品案件之處理）

①於中華民國九十二年六月六日本條例修正施行前繫屬之施用毒品案件，於修正施行後，適用修正後之規定，並依下列方式處理：

一　觀察、勒戒及強制戒治中之案件，適用修正後觀察、勒戒及強制戒治之規定。

二　偵查中之案件，由檢察官依修正後規定處理之。

三　審判中之案件，由法院或少年法院（地方法院少年法庭）依修正後規定處理之。

四　審判中之案件，依修正後之規定應爲不起訴之處分或不付審理之裁定者，法院或少年法院（地方法院少年法庭）應爲免刑之判決或不付保護處分之裁定。

②前項情形，依修正前之規定有利於行爲人者，適用最有利於行爲人之法律。

第三五條之一　（本條例修正施行前犯施用毒品罪案件處理之過渡規定）109

本條例中華民國一百零八年十二月十七日修正之條文施行前犯第十條之罪之案件，於修正施行後，依下列規定處理：

一　偵查中之案件，由檢察官依修正後規定處理。

二　審判中之案件，由法院或少年法院（地方法院少年法庭）依修正後規定處理；依修正後規定應爲不起訴處分或不付審理之裁定者，法院或少年法院（地方法院少年法庭）應爲免刑之判決或不付審理之裁定。

三　判決確定尚未執行或執行中之案件，適用修正前之規定。

第三六條　111

本條例除中華民國九十九年十一月五日修正之第二條之一、第二十七條及第二十八條，一百零四年一月二十三日、一百零六年五月二十六日、一百十一年四月十九日修正之條文，自公布日施行；一百零五年五月二十七日修正之條文，自一百零五年七月一日施行；一百零八年十二月十七日修正之第十八條、第二十四條及第三十三條之一之施行日期，由行政院定之外，自公布後六個月施行。

洗錢防制法

①民國85年10月23日總統令制定公布全文15條；並自公布後六個月起施行。
②民國92年2月6日總統令修正公布全文15條；並自公布後六個月施行。
③民國95年5月30日總統令修正公布第3、9、15條條文；並自95年7月1日施行。
④民國96年7月11日總統令修正公布全文17條；並自公布日施行。
⑤民國97年6月11日總統令修正公布第3條條文。
⑥民國98年6月10日總統令修正公布第3、7至11、13條條文。
民國101年6月25日行政院公告第10條第2項所列屬「行政院金融監督管理委員會」之權責事項，自101年7月1日起改由「金融監督管理委員會」管轄。
⑦民國105年4月13日總統令修正公布第3、17條條文。
民國105年12月14日行政院令發布定自106年1月1日施行。
⑧民國105年12月28日總統令修正公布全文23條；並自公布日後六個月施行。
⑨民國107年11月7日總統令修正公布第5、6、9至11、16、17、22、23條條文；並自公布日施行。
⑩民國112年6月14日總統令修正公布第16條條文；並增訂第15-1、15-2條條文。
⑪民國113年7月31日總統令修正公布全文31條；除第6、11條之施行日期由行政院定之外，自公布日施行。

第一條
爲防制洗錢，打擊犯罪，健全防制洗錢體系，穩定金融秩序，促進金流之透明，強化國際合作，特制定本法。

第二條
本法所稱洗錢，指下列行爲：
一　隱匿特定犯罪所得或掩飾其來源。
二　妨礙或危害國家對於特定犯罪所得之調查、發現、保全、沒收或追徵。
三　收受、持有或使用他人之特定犯罪所得。
四　使用自己之特定犯罪所得與他人進行交易。

第三條
本法所稱特定犯罪，指下列各款之罪：
一　最輕本刑爲六月以上有期徒刑之罪。
二　刑法第一百二十一條、第一百二十三條、第二百零一條之一第二項、第二百三十一條、第二百三十三條第一項、第二百三十五條第一項、第二項、第二百六十六條第一項、第二項、第二百六十八條、第三百十九條之一第二項、第三項及該二項之未遂犯、第三百十九條之三第四項而犯第一項及其未遂犯、第三百十九條之四第三項、第三百三十九條、第三百三十九條之二、第三百三十九條之三、第三百四十二條、第三百四十四條第一項、第三百四十九條、第三百五十八條至第三百六十二條之罪。
三　懲治走私條例第二條第一項、第二項、第三條之罪。
四　破產法第一百五十四條、第一百五十五條之罪。
五　商標法第九十五條、第九十六條之罪。
六　商業會計法第七十一條、第七十二條之罪。
七　稅捐稽徵法第四十一條第一項、第四十二條及第四十三條第一項、第二項之罪。
八　政府採購法第八十七條第三項、第五項、第六項、第八十九條、第九十一條第一項、第三項之罪。
九　電子支付機構管理條例第四十六條第二項、第三項、第四十七條之罪。

十　證券交易法第一百七十二條之罪。
十一　期貨交易法第一百十三條之罪。
十二　資恐防制法第八條、第九條第一項、第二項、第四項之罪。
十三　本法第二十一條之罪。
十四　組織犯罪防制條例第三條第二項、第四項、第五項之罪。
十五　營業秘密法第十三條之一第一項、第二項之罪。
十六　人口販運防制法第三十條第一項、第三項、第三十一條第二項、第五項、第三十三條之罪。
十七　入出國及移民法第七十三條、第七十四條之罪。
十八　食品安全衛生管理法第四十九條第一項、第二項前段、第五項之罪。
十九　著作權法第九十一條第一項、第九十一條之一第一項、第二項、第九十二條之罪。
二十　總統副總統選舉罷免法第八十八條之一第一項、第二項、第四項之罪。
二十一　公職人員選舉罷免法第一百零三條之一第一項、第二項、第四項之罪。

第四條
①本法所稱特定犯罪所得，指犯第三條所列之特定犯罪而取得或變得之財物或財產上利益及其孳息。
②前項特定犯罪所得之認定，不以其所犯特定犯罪經有罪判決為必要。

第五條
①本法所稱金融機構，包括下列機構：
一　銀行。
二　信託投資公司。
三　信用合作社。
四　農會信用部。
五　漁會信用部。
六　全國農業金庫。
七　辦理儲金匯兌、簡易人壽保險業務之郵政機構。
八　票券金融公司。
九　信用卡公司。
十　保險公司。
十一　證券商。
十二　證券投資信託事業。
十三　證券金融事業。
十四　證券投資顧問事業。
十五　證券集中保管事業。
十六　期貨商。
十七　信託業。
十八　其他經目的事業主管機關指定之金融機構。
②辦理融資性租賃、提供虛擬資產服務之事業或人員，適用本法關於金融機構之規定。
③本法所稱指定之非金融事業或人員，指從事下列交易之事業或人員：
一　銀樓業。
二　地政士及不動產經紀業從事與不動產買賣交易有關之行為。
三　律師、公證人、會計師為客戶準備或進行下列交易時：
㈠買賣不動產。
㈡管理客戶金錢、證券或其他資產。
㈢管理銀行、儲蓄或證券帳戶。
㈣有關提供公司設立、營運或管理之資金籌劃。
㈤法人或法律協議之設立、營運或管理以及買賣事業體。

四　信託及公司服務提供業為客戶準備或進行下列交易時：

㈠關於法人之籌備或設立事項。

㈡擔任或安排他人擔任公司董事或秘書、合夥之合夥人或在其他法人組織之類似職位。

㈢提供公司、合夥、信託、其他法人或協議註冊之辦公室、營業地址、居住所、通訊或管理地址。

㈣擔任或安排他人擔任信託或其他類似契約性質之受託人或其他相同角色。

㈤擔任或安排他人擔任實質持股股東。

五　提供第三方支付服務之事業或人員。

六　其他業務特性或交易型態易為洗錢犯罪利用之事業或從業人員。

④第二項辦理融資性租賃、提供虛擬資產服務之事業或人員之範圍、第三項第六款指定之非金融事業或人員，其適用之交易型態，及得不適用第十二條第一項申報規定之前項各款事業或人員，由法務部會同中央目的事業主管機關報請行政院指定。

⑤第一項至第三項之金融機構、事業或人員所從事之交易，必要時，得由法務部會同中央目的事業主管機關指定其達一定金額者，應使用現金以外之支付工具。

⑥第一項至第三項之金融機構、事業或人員違反前項規定者，由中央目的事業主管機關處交易金額二倍以下罰鍰。

⑦前六項之中央目的事業主管機關認定有疑義者，由行政院指定之。

⑧第四項、第五項及前項之指定，其事務涉司法院者，由行政院會同司法院指定之。

第六條

①提供虛擬資產服務、第三方支付服務之事業或人員未向中央目的事業主管機關完成洗錢防制、服務能量登記或登錄者，不得提供虛擬資產服務、第三方支付服務。境外設立之提供虛擬資產服務、第三方支付服務之事業或人員非依公司法辦理公司或分公司設立登記，並完成洗錢防制、服務能量登記或登錄者，不得在我國境內提供虛擬資產服務、第三方支付服務。

②提供虛擬資產服務之事業或人員辦理前項洗錢防制登記之申請條件、程序、撤銷或廢止登記、虛擬資產上下架之審查機制、防止不公正交易機制、自有資產與客戶資產分離保管方式、資訊系統與安全、錢包管理機制及其他應遵行事項之辦法，由中央目的事業主管機關定之。

③提供第三方支付服務之事業或人員辦理第一項洗錢防制及服務能量登錄之申請條件、程序、撤銷或廢止登錄及其他應遵行事項之辦法，由中央目的事業主管機關定之。

④違反第一項規定未完成洗錢防制、服務能量登記或登錄而提供虛擬資產服務、第三方支付服務，或其洗錢防制登記經撤銷或廢止、服務能量登錄經廢止或失效而仍提供虛擬資產服務、第三方支付服務者，處二年以下有期徒刑、拘役或科或併科新臺幣五百萬元以下罰金。

⑤法人犯前項之罪者，除處罰其行為人外，對該法人亦科以前項十倍以下之罰金。

第七條

①金融機構及指定之非金融事業或人員應依洗錢與資恐風險及業務規模，建立洗錢防制內部控制與稽核制度；其內容應包括下列事項：

一　防制洗錢及打擊資恐之作業及控制程序。

二　定期舉辦或參加防制洗錢之在職訓練。

三　指派專責人員負責協調監督第一款事項之執行。

四　備置並定期更新防制洗錢及打擊資恐風險評估報告。

五　稽核程序。

六　其他經中央目的事業主管機關指定之事項。

②前項制度之執行，中央目的事業主管機關應定期查核，並得委託其他機關（構）、法人或團體辦理。

③第一項制度之實施內容、作業程序、執行措施，前項查核之方式、受委託之資格條件

及其他應遵行事項之辦法，由中央目的事業主管機關會商法務部及相關機關定之；於訂定前應徵詢相關公會之意見。

④違反第一項規定未建立制度，或前項辦法中有關制度之實施內容、作業程序、執行措施之規定者，由中央目的事業主管機關限期令其改善，屆期未改善者，處金融機構新臺幣五十萬元以上一千萬元以下罰鍰、處指定之非金融事業或人員新臺幣五萬元以上五百萬元以下罰鍰，並得按次處罰。

⑤金融機構及指定之非金融事業或人員規避、拒絕或妨礙現地或非現地查核者，由中央目的事業主管機關處金融機構新臺幣五十萬元以上五百萬元以下罰鍰、處指定之非金融事業或人員新臺幣五萬元以上二百五十萬元以下罰鍰，並得按次處罰。

第八條

①金融機構及指定之非金融事業或人員應進行確認客戶身分程序，並留存其確認客戶身分程序所得資料；其確認客戶身分程序應以風險為基礎，並應包括實質受益人之審查。

②前項確認客戶身分程序所得資料，應自業務關係終止時起至少保存五年；臨時性交易者，應自臨時性交易終止時起至少保存五年。但法律另有較長保存期間規定者，從其規定。

③金融機構及指定之非金融事業或人員對現任或曾任國內外政府或國際組織重要政治性職務之客戶或受益人與其家庭成員及有密切關係之人，應以風險為基礎，執行加強客戶審查程序。

④第一項確認客戶身分範圍、留存確認資料之範圍、程序、方式及前項加強客戶審查之範圍、程序、方式之辦法，由中央目的事業主管機關會商法務部及相關機關定之；於訂定前應徵詢相關公會之意見。前項重要政治性職務之人與其家庭成員及有密切關係之人之範圍，由法務部定之。

⑤違反第一項至第三項規定或前項所定辦法中有關確認客戶身分、留存確認資料、加強客戶審查之範圍、程序、方式之規定者，由中央目的事業主管機關處金融機構新臺幣五十萬元以上一千萬元以下罰鍰、處指定之非金融事業或人員新臺幣五萬元以上五百萬元以下罰鍰，並得按次處罰。

第九條

①為配合防制洗錢及打擊資恐之國際合作，金融目的事業主管機關及指定之非金融事業或人員之中央目的事業主管機關得自行或經法務部調查局通報，對洗錢或資恐高風險國家或地區，為下列措施：

一　令金融機構、指定之非金融事業或人員強化相關交易之確認客戶身分措施。

二　限制或禁止金融機構、指定之非金融事業或人員與洗錢或資恐高風險國家或地區為匯款或其他交易。

三　採取其他與風險相當且有效之必要防制措施。

②前項所稱洗錢或資恐高風險國家或地區，指下列之一者：

一　經國際防制洗錢組織公告防制洗錢及打擊資恐有嚴重缺失之國家或地區。

二　經國際防制洗錢組織公告未遵循或未充分遵循國際防制洗錢組織建議之國家或地區。

三　其他有具體事證認有洗錢及資恐高風險之國家或地區。

第一〇條

①金融機構及指定之非金融事業或人員因執行業務而辦理國內外交易，應留存必要交易紀錄。

②前項必要交易紀錄之保存，自交易完成時起，應至少保存五年。但法律另有較長保存期間規定者，從其規定。

③第一項留存必要交易紀錄之適用交易範圍、程序、方式之辦法，由中央目的事業主管機關會商法務部及相關機關定之；於訂定前應徵詢相關公會之意見。

④違反第一項、第二項規定或前項所定辦法中有關留存必要交易紀錄之範圍、程序、方

式之規定者，由中央目的事業主管機關處金融機構新臺幣五十萬元以上一千萬元以下罰鍰、處指定之非金融事業或人員新臺幣五萬元以上五百萬元以下罰鍰，並得按次處罰。

第一一條

①非信託業之受託人於信託關係存續中，必須取得並持有足夠、正確與最新有關信託之委託人、受託人、受益人及任何其他最終有效控制信託之自然人之身分資訊，及持有其他信託代理人、信託服務業者基本資訊。

②前項受託人應就前項信託資訊進行申報，並於資訊發生變更時，主動更新申報資訊。

③第一項非信託業之受託人，以非信託業之指定之非金融事業或人員或其他法人爲限，其受理申報之機關如下：

一　指定之非金融事業或人員擔任受託人者，爲各該業別之主管機關。

二　前款以外之法人擔任受託人者，爲各該目的事業主管機關。

④受託人自信託關係終止時起，應保存第一項之資訊至少五年。

⑤第一項受託人以信託財產於金融機構、指定之非金融事業或人員建立業務關係或進行達一定金額之臨時性交易時，應主動揭露其在信託中之地位。

⑥第二項之申報、更新申報之範圍、方式、程序、前項一定金額之範圍、揭露方式及其他應遵行事項之辦法，由法務部會商相關機關定之。

⑦違反第二項、第四項、第五項或前項所定辦法中有關第二項申報、更新申報之範圍、方式、程序或第五項揭露方式之規定者，由第三項受理申報機關處新臺幣五萬元以上五百萬元以下罰鍰，並得按次處罰。

第一二條

①金融機構及指定之非金融事業或人員對於達一定金額之通貨交易，除本法另有規定外，應向法務部調查局申報。

②金融機構及指定之非金融事業或人員依前項規定爲申報者，免除其業務上應保守秘密之義務。該機構或事業之負責人、董事、經理人及職員，亦同。

③第一項一定金額、通貨交易之範圍、種類、申報之範圍、方式、程序及其他應遵行事項之辦法，由中央目的事業主管機關會商法務部及相關機關定之；於訂定前應徵詢相關公會之意見。

④違反第一項規定或前項所定辦法中有關申報之範圍、方式、程序之規定者，由中央目的事業主管機關處金融機構新臺幣五十萬元以上一千萬元以下罰鍰、處指定之非金融事業或人員新臺幣五萬元以上五百萬元以下罰鍰，並得按次處罰。

第一三條

①金融機構及指定之非金融事業或人員對疑似犯第十九條、第二十條之罪之交易，應向法務部調查局申報；其交易未完成者，亦同。

②金融機構及指定之非金融事業或人員依前項規定爲申報者，免除其業務上應保守秘密之義務。該機構或事業之負責人、董事、經理人及職員，亦同。

③第一項之申報範圍、方式、程序及其他應遵行事項之辦法，由中央目的事業主管機關會商法務部及相關機關定之；於訂定前應徵詢相關公會之意見。

④前項、第七條第三項、第八條第四項、第十條第三項及前條第三項之辦法，其事務涉司法院者，由司法院會商行政院定之。

⑤違反第一項規定或第三項所定辦法中有關申報之範圍、方式、程序之規定者，由中央目的事業主管機關處金融機構新臺幣五十萬元以上一千萬元以下罰鍰、處指定之非金融事業或人員新臺幣五萬元以上五百萬元以下罰鍰，並得按次處罰。

第一四條

①旅客或隨交通工具服務之人員出入境攜帶下列之物，應向海關申報；海關受理申報後，應向法務部調查局通報：

一　總價值達一定金額之外幣、香港或澳門發行之貨幣及新臺幣現金。

二　總面額達一定金額之有價證券。

三　總價值達一定金額之黃金。

四　其他總價值達一定金額，且有被利用進行洗錢之虞之物品。

②以貨物運送、快遞、郵寄或其他相類之方法運送前項各款物品出入境者，亦同。

③前二項之一定金額、有價證券、黃金、物品、受理申報與通報之範圍、程序及其他應遵行事項之辦法，由財政部會商法務部、中央銀行、金融監督管理委員會定之。

④外幣、香港或澳門發行之貨幣未依第一項、第二項規定申報者，其超過前項規定金額部分由海關沒入之；申報不實者，其超過申報部分由海關沒入之；有價證券、黃金、物品未依第一項、第二項規定申報或申報不實者，由海關處以相當於其超過前項規定金額部分或申報不實之有價證券、黃金、物品價額之罰鍰。

⑤新臺幣依第一項、第二項規定申報者，超過中央銀行依中央銀行法第十八條之一第一項所定限額部分，應予退運。未依第一項、第二項規定申報者，其超過第三項規定金額部分由海關沒入之；申報不實者，其超過申報部分由海關沒入之，均不適用中央銀行法第十八條之一第二項規定。

⑥大陸地區發行之貨幣依第一項、第二項所定方式出入境，應依臺灣地區與大陸地區人民關係條例相關規定辦理，總價值超過同條例第三十八條第五項所定限額時，海關應向法務部調查局通報。

第一五條

海關查獲未依前條第一項或第二項規定申報或申報不實之物，應予扣留。但該扣留之物爲前條第一項第一款之物者，其所有人、管領人或持有人得向海關申請提供足額之保證金，准予撤銷扣留後發還之。

第一六條

海關依第十四條第四項後段裁處罰鍰，於處分書送達後，爲防止受處分人隱匿或移轉財產以逃避執行，得免供擔保向行政法院聲請假扣押或假處分。但受處分人已提供相當擔保者，不在此限。

第一七條

①受理第十二條、第十三條申報及第十四條通報之機關，基於防制洗錢或打擊資恐目的，得就所受理申報、通報之資料予以分析；爲辦理分析業務得向相關公務機關或非公務機關調取必要之資料。

②前項受理申報、通報之機關就分析結果，認有查緝犯罪、追討犯罪所得、健全洗錢防制、穩定金融秩序及強化國際合作之必要時，得分送國內外相關機關。

③相關公務機關基於防制洗錢、打擊資恐目的或依其他法律規定，得向第一項受理申報、通報之機關查詢所受理申報、通報之相關資料。

④前三項資料與分析結果之種類、範圍、運用，調取、分送、查詢之程序、方式及其他相關事項之辦法，由法務部定之。

第一八條

①檢察官於偵查中，有事實足認被告利用帳戶、匯款、通貨或其他支付工具犯第十九條或第二十條之罪者，得聲請該管法院指定六個月以內之期間，對該筆交易之財產爲禁止提款、轉帳、付款、交付、轉讓或其他必要處分之命令。其情況急迫，有相當理由足認非立即爲上開命令，不能保全得沒收之財產或證據者，檢察官得逕命執行之，但應於執行後三日內，聲請法院補發命令。法院如不於三日內補發或檢察官未於執行後三日內聲請法院補發命令者，應即停止執行。

②前項禁止提款、轉帳、付款、交付、轉讓或其他必要處分之命令，法官於審判中得依職權爲之。

③前二項命令，應以書面爲之，並準用刑事訴訟法第一百二十八條規定。

④第一項之指定期間如有繼續延長之必要者，檢察官應檢附具體理由，至遲於期間屆滿之前五日聲請該管法院裁定。但延長期間不得逾六個月，並以延長一次爲限。

⑤對於外國政府、機構或國際組織依第二十八條所簽訂之條約或協定或基於互惠原則請求我國協助之案件，如所涉之犯罪行爲符合第三條所列之罪，雖非在我國偵查或審判

中者，亦得準用前四項規定。

⑥對第一項、第二項之命令、第四項之裁定不服者，準用刑事訴訟法第四編抗告之規定。

第一九條

①有第二條各款所列洗錢行爲者，處三年以上十年以下有期徒刑，併科新臺幣一億元以下罰金。其洗錢之財物或財產上利益未達新臺幣一億元者，處六月以上五年以下有期徒刑，併科新臺幣五千萬元以下罰金。

②前項之未遂犯罰之。

第二〇條

①收受、持有或使用之財物或財產上利益，有下列情形之一，而無合理來源者，處六月以上五年以下有期徒刑，得併科新臺幣五千萬元以下罰金：

一　冒名、以假名或其他與身分相關之不實資訊向金融機構、提供虛擬資產服務或第三方支付服務之事業或人員申請開立帳戶、帳號。

二　以不正方法取得、使用他人向金融機構申請開立之帳戶、向提供虛擬資產服務或第三方支付服務之事業或人員申請之帳號。

三　規避第八條、第十條至第十三條所定洗錢防制程序。

②前項之未遂犯罰之。

第二一條

①無正當理由收集他人向金融機構申請開立之帳戶、向提供虛擬資產服務或第三方支付服務之事業或人員申請之帳號，而有下列情形之一者，處五年以下有期徒刑、拘役或科或併科新臺幣三千萬元以下罰金：

一　冒用政府機關或公務員名義犯之。

二　以廣播電視、電子通訊、網際網路或其他媒體等傳播工具，對公衆散布而犯之。

三　以電腦合成或其他科技方法製作關於他人不實影像、聲音或電磁紀錄之方法犯之。

四　以期約或交付對價使他人交付或提供而犯之。

五　以強暴、脅迫、詐術、監視、控制、引誘或其他不正方法而犯之。

②前項之未遂犯罰之。

第二二條

①任何人不得將自己或他人向金融機構申請開立之帳戶、向提供虛擬資產服務或第三方支付服務之事業或人員申請之帳號交付、提供予他人使用。但符合一般商業、金融交易習慣，或基於親友間信賴關係或其他正當理由者，不在此限。

②違反前項規定者，由直轄市、縣（市）政府警察機關裁處告誡。經裁處告誡後逾五年再違反前項規定者，亦同。

③違反第一項規定而有下列情形之一者，處三年以下有期徒刑、拘役或科或併科新臺幣一百萬元以下罰金：

一　期約或收受對價而犯之。

二　交付、提供之帳戶或帳號合計三個以上。

三　經直轄市、縣（市）政府警察機關依前項或第四項規定裁處後，五年以內再犯。

④前項第一款或第二款情形，應依第二項規定，由該管機關併予裁處之。

⑤違反第一項規定者，金融機構、提供虛擬資產服務及第三方支付服務之事業或人員，應對其已開立之帳戶、帳號，或欲開立之新帳戶、帳號，於一定期間內，暫停或限制該帳戶、帳號之全部或部分功能，或逕予關閉。

⑥前項帳戶、帳號之認定基準，暫停、限制功能或逕予關閉之期間、範圍、程序、方式、作業程序之辦法，由法務部會同中央目的事業主管機關定之。

⑦警政主管機關應會同社會福利主管機關，建立個案通報機制，於依第二項規定爲告誡處分時，倘知悉有社會救助需要之個人或家庭，應通報直轄市、縣（市）社會福利主管機關，協助其獲得社會救助法所定社會救助。

第二三條

①法人之代表人、代理人、受僱人或其他從業人員，因執行業務犯前四條之罪者，除處罰行爲人外，對該法人並科以十倍以下之罰金。但法人之代表人或自然人對於犯罪之發生，已盡力爲防止行爲者，不在此限。

②犯第十九條至第二十一條之罪，於犯罪後自首，如有所得並自動繳交全部所得財物者，減輕或免除其刑；並因而使司法警察機關或檢察官得以扣押全部洗錢之財物或財產上利益，或查獲其他正犯或共犯者，免除其刑。

③犯前四條之罪，在偵查及歷次審判中均自白者，如有所得並自動繳交全部所得財物者，減輕其刑；並因而使司法警察機關或檢察官得以扣押全部洗錢之財物或財產上利益，或查獲其他正犯或共犯者，減輕或免除其刑。

④第十九條、第二十條或第二十一條之罪，於中華民國人民在中華民國領域外犯罪者，適用之。

⑤第十九條之罪，不以本法所定特定犯罪之行爲或結果在中華民國領域內爲必要。但該特定犯罪依行爲地之法律不罰者，不在此限。

第二四條

①公務員洩漏或交付關於申報疑似犯第十九條、第二十條之罪之交易或犯第十九條、第二十條之罪嫌疑之文書、圖畫、消息或物品者，處三年以下有期徒刑。

②第五條第一項至第三項不具公務員身分之人洩漏或交付關於申報疑似犯第十九條、第二十條之罪之交易或犯第十九條、第二十條之罪嫌疑之文書、圖畫、消息或物品者，處二年以下有期徒刑、拘役或新臺幣五十萬元以下罰金。

第二五條

①犯第十九條、第二十條之罪，洗錢之財物或財產上利益，不問屬於犯罪行爲人與否，沒收之。

②犯第十九條或第二十條之罪，有事實足以證明行爲人所得支配之前項規定以外之財物或財產上利益，係取自其他違法行爲所得者，沒收之。

③對於外國政府、機構或國際組織依第二十八條所簽訂之條約或協定或基於互惠原則，請求我國協助執行扣押或沒收之案件，如所涉之犯罪行爲符合第三條所列之罪，不以在我國偵查或審判中者爲限。

第二六條

①犯本法之罪沒收之犯罪所得爲現金或有價證券以外之財物者，得由法務部撥交檢察機關、司法警察機關或其他協助查緝洗錢犯罪之機關作公務上使用。

②我國與外國政府、機構或國際組織依第二十八條所簽訂之條約或協定或基於互惠原則協助執行沒收犯罪所得或其他追討犯罪所得作爲者，法務部得依條約、協定或互惠原則將該沒收財產之全部或一部撥交該外國政府、機構或國際組織，或請求撥交沒收財產之全部或一部款項。

③前二項沒收財產之撥交辦法，由行政院定之。

第二七條

法務部辦理防制洗錢業務，得設置基金。

第二八條

①爲防制洗錢，政府依互惠原則，得與外國政府、機構或國際組織簽訂防制洗錢之條約或協定。

②對於外國政府、機構或國際組織請求我國協助之案件，除條約或協定另有規定者外，得基於互惠原則，提供第十二條至第十四條受理申報或通報之資料及其調查結果。

③依第一項規定以外之其他條約或協定所交換之資訊，得基於互惠原則，爲防制洗錢或打擊資恐目的之用。但依該條約或協定規定禁止或應符合一定要件始得爲特定目的外之用者，從其規定。

④臺灣地區與大陸地區、香港及澳門間之洗錢防制，準用前三項規定。

第二九條

①爲偵辦洗錢犯罪，檢察官得依職權或依司法警察官聲請，提出控制下交付之偵查計畫書，並檢附相關資料，報請檢察長核可後，核發偵查指揮書。

②前項控制下交付之偵查計畫書，應記載下列事項：

一　犯罪嫌疑人或被告之年籍資料。

二　所犯罪名。

三　所涉犯罪事實。

四　使用控制下交付調查犯罪之必要性。

五　洗錢行爲態樣、標的及數量。

六　偵查犯罪所需期間、方法及其他作爲。

七　其他必要之事項。

第三〇條

第七條第二項之查核，第七條第四項、第五項、第八條第五項、第十條第四項、第十二條第四項、第十三條第五項之裁處及其調查，中央目的事業主管機關得委辦直轄市、縣（市）政府辦理，並由直轄市、縣（市）政府定期陳報查核成效。

第三一條

本法除第六條及第十一條之施行日期由行政院定之外，自公布日施行。

組織犯罪防制條例

①民國85年12月11日總統令制定公布全文19條；並自公布日施行。
②民國105年7月20日總統令修正公布第7條條文。
③民國106年4月19日總統令修正公布第2至4、8條條文；增訂第7-1條條文；並刪除第5、17、18條條文。
④民國107年1月3日總統令修正公布第2、3、12條條文。
⑤民國112年5月24日總統令修正公布第3、4、7、8、13條條文；並增訂第6-1條條文。

第一條 （立法目的）
①為防制組織犯罪，以維護社會秩序，保障人民權益，特制定本條例。
②本條例未規定者，適用其他法律之規定。

第二條 （犯罪組織之定義）107
①本條例所稱犯罪組織，指三人以上，以實施強暴、脅迫、詐術、恐嚇為手段或最重本刑逾五年有期徒刑之刑之罪，所組成具有持續性或牟利性之有結構性組織。
②前項有結構性組織，指非為立即實施犯罪而隨意組成，不以具有名稱、規約、儀式、固定處所、成員持續參與或分工明確為必要。

第三條 112
①發起、主持、操縱或指揮犯罪組織者，處三年以上十年以下有期徒刑，得併科新臺幣一億元以下罰金；參與者，處六月以上五年以下有期徒刑，得併科新臺幣一千萬元以下罰金。但參與情節輕微者，得減輕或免除其刑。
②以言語、舉動、文字或其他方法，明示或暗示其為犯罪組織之成員，或與犯罪組織或其成員有關聯，而要求他人為下列行為之一者，處三年以下有期徒刑，得併科新臺幣三百萬元以下罰金：
　一　出售財產、商業組織之出資或股份或放棄經營權。
　二　配合辦理都市更新重建之處理程序。
　三　購買商品或支付勞務報酬。
　四　履行債務或接受債務協商之內容。
③前項犯罪組織，不以現存者為必要。
④以第二項之行為，為下列行為之一者，亦同：
　一　使人行無義務之事或妨害其行使權利。
　二　在公共場所或公眾得出入之場所聚集三人以上，已受該管公務員解散命令三次以上而不解散。
⑤第二項、前項第一款之未遂犯罰之。

第四條 112
①招募他人加入犯罪組織者，處六月以上五年以下有期徒刑，得併科新臺幣一千萬元以下罰金。
②意圖使他人出中華民國領域外實行犯罪，而犯前項之罪者，處一年以上七年以下有期徒刑，得併科新臺幣二千萬元以下罰金。
③成年人招募未滿十八歲之人加入犯罪組織，而犯前二項之罪者，加重其刑至二分之一。
④以強暴、脅迫或其他非法之方法，使他人加入犯罪組織或妨害其成員脫離者，處一年以上七年以下有期徒刑，得併科新臺幣二千萬元以下罰金。
⑤前四項之未遂犯罰之。

第五條 （刪除）106

第六條　（資助犯罪組織之處罰）

非犯罪組織之成員而資助犯罪組織者，處六月以上五年以下有期徒刑，得併科新臺幣一千萬元以下罰金。

第六條之一　112

具公務員或經選舉產生之公職人員之身分，犯第三條、第四條、第六條之罪者，加重其刑至二分之一。

第七條　112

①犯第三條、第四條、第六條、第六條之一之罪者，其參加、招募、資助之組織所有之財產，除應發還被害人者外，應予沒收。

②犯第三條、第六條之一之罪者，對於參加組織後取得之財產，未能證明合法來源者，亦同。

第七條之一　（法人及僱用人等因執行業務，犯本條例相關犯罪之處罰）106

法人之代表人、法人或自然人之代理人、受僱人或其他從業人員，因執行業務，犯第三條至第六條之罪者，除處罰其行爲人外，並對該法人或自然人科以各該條之罰金。但法人或自然人爲被害人或對於犯罪之發生，已盡監督責任或爲防止行爲者，不在此限。

第八條　112

①犯第三條、第六條之一之罪自首，並自動解散或脫離其所屬之犯罪組織者，減輕或免除其刑；因其提供資料，而查獲該犯罪組織者，亦同；偵查及歷次審判中均自白者，減輕其刑。

②犯第四條、第六條、第六條之一之罪自首，並因其提供資料，而查獲各該條之犯罪組織者，減輕或免除其刑；偵查及歷次審判中均自白者，減輕其刑。

第九條　（包庇之處罰）

公務員或經選舉產生之公職人員明知爲犯罪組織有據予以包庇者，處五年以上十二年以下有期徒刑。

第一〇條　（檢舉獎金辦法）

檢舉人於本條例所定之犯罪未發覺前檢舉，其所檢舉之犯罪，經法院判決有罪者，給與檢舉人檢舉獎金。其辦法由行政院定之。

第一一條　（檢舉人之保護）

①前條檢舉人之身分資料應予保密。

②檢察機關、司法警察機關爲保護檢舉人，對於檢舉人之身分資料，應另行封存，不得附入移送法院審理之文書內。

③公務員洩露或交付前項檢舉人之消息、身分資料或足資辨別檢舉人之物品者，處一年以上七年以下有期徒刑。

第一二條　（檢舉人、被害人及證人之保護）107

①關於本條例之罪，證人之姓名、性別、年齡、出生地、職業、身分證字號、住所或居所或其他足資辨別之特徵等資料，應由檢察官或法官另行封存，不得閱卷。訊問證人之筆錄，以在檢察官或法官面前作成，並經踐行刑事訴訟法所定訊問證人之程序者爲限，始得採爲證據。但有事實足認被害人或證人有受強暴、脅迫、恐嚇或其他報復行爲之虞者，法院、檢察機關得依被害人或證人之聲請或依職權拒絕被告與之對質、詰問或其選任辯護人檢閱、抄錄、攝影可供指出被害人或證人眞實姓名、身分之文書及詰問。法官、檢察官應將作爲證據之筆錄或文書向被告告以要旨，訊問其有無意見陳述。

②於偵查或審判中對組織犯罪之被害人或證人爲訊問、詰問或對質，得依聲請或依職權在法庭外爲之，或利用聲音、影像傳眞之科技設備或其他適當隔離方式將被害人或證人與被告隔離。

③組織犯罪之被害人或證人於境外時，得於我國駐外使領館或代表處內，利用聲音、影像傳眞之科技設備爲訊問、詰問。

④檢舉人、被害人及證人之保護，另以法律定之。

第一三條 112

犯本條例之罪，經判決有罪確定者，不得登記為公職人員候選人。

第一四條 （政黨之連帶責任）

①本條例施行後辦理之各類公職人員選舉，政黨所推薦之候選人，於登記為候選人之日起五年內，經法院判決犯本條例之罪確定者，每有一名，處該政黨新臺幣一千萬元以上五千萬元以下之罰鍰。

②前項情形，如該類選舉應選名額中有政黨比例代表者，該屆其缺額不予遞補。

③前二項處分，由辦理該類選舉之選務主管機關為之。

第一五條 （簽訂防制組織犯罪協定）

為防制國際性之組織犯罪活動，政府或其授權之機構依互惠原則，得與外國政府、機構或國際組織簽訂防制組織犯罪之合作條約或其他國際協定。

第一六條 （準用軍事審判機關偵查、審判之規定）

第十條至第十二條之規定，於軍事審判機關偵查、審判組織犯罪時，準用之。

第一七條（刪除）106

第一八條 （刪除）106

第一九條 （施行日）

本條例自公布日施行。

家庭暴力防治法

①民國87年6月24日總統令制定公布全文54條；其中第二至四、六章及第五章第40、41條，自公布後一年施行。
②民國96年3月28日總統令修正公布全文66條；並自公布日施行。
③民國97年1月9日總統令修正公布第10條條文。
④民國98年4月22日總統令修正公布第50條條文。
⑤民國98年4月29日總統令修正公布第58條條文。
民國102年7月19日行政院公告第4條所列屬「內政部」之權責事項，自102年7月23日起改由「衛生福利部」管轄。
⑥民國104年2月4日總統令修正公布第2、4至6、8、11、14至17、19、20、31、32、34、36、37、38、42、48至50、58、59、60條條文；並增訂第30-1、34-1、36-1、36-2、50-1、58-1、61-1、63-1條條文；除第63-1條自公布後一年施行外，餘自公布日施行。
⑦民國110年1月27日總統令修正公布第58條條文。
⑧民國112年12月6日總統令修正公布第3、4、6、14至16、32、50、50-1、54、59至61-1、62、63-1、64、66條條文；增訂第50-2、58-2、61-2條條文；並自公布日施行。

第一章　通　則

第一條　（立法宗旨）
為防治家庭暴力行為及保護被害人權益，特制定本法。

第二條　（用詞定義）104
本法用詞定義如下：
一　家庭暴力：指家庭成員間實施身體、精神或經濟上之騷擾、控制、脅迫或其他不法侵害之行為。
二　家庭暴力罪：指家庭成員間故意實施家庭暴力行為而成立其他法律所規定之犯罪。
三　目睹家庭暴力：指看見或直接聽聞家庭暴力。
四　騷擾：指任何打擾、警告、嘲弄或辱罵他人之言語、動作或製造使人心生畏怖情境之行為。
五　跟蹤：指任何以人員、車輛、工具、設備、電子通訊或其他方法持續性監視、跟追或掌控他人行蹤及活動之行為。
六　加害人處遇計畫：指對於加害人實施之認知教育輔導、親職教育輔導、心理輔導、精神治療、戒癮治療或其他輔導、治療。

第三條　112
本法所定家庭成員，包括下列各員及其未成年子女：
一　配偶或前配偶。
二　現有或曾有同居關係、家長家屬或家屬間關係者。
三　現為或曾為直系血親。
四　現為或曾為四親等以內之旁系血親。
五　現為或曾為四親等以內血親之配偶。
六　現為或曾為配偶之四親等以內血親。
七　現為或曾為配偶之四親等以內血親之配偶。

第四條　112
①本法所稱主管機關：在中央為衛生福利部；在直轄市為直轄市政府；在縣（市）為縣

（市）政府。

②本法所定事項，主管機關及目的事業主管機關應就其權責範圍，針對家庭暴力防治之需要，基於性別平等，尊重多元文化差異，主動規劃所需保護、預防及宣導措施，對涉及相關機關之防治業務，並應全力配合之；其權責事項如下：

一　主管機關：家庭暴力防治政策之規劃、推動、監督、訂定跨機關（構）合作規範及定期公布家庭暴力相關統計等事宜。

二　衛生主管機關：家庭暴力被害人驗傷、採證、身心治療、諮商及加害人處遇等相關事宜。

三　教育主管機關：各級學校家庭暴力防治教育、目睹家庭暴力兒童及少年之輔導措施、家庭暴力被害人及其子女就學權益之維護等相關事宜。

四　勞動主管機關：家庭暴力被害人職業訓練及就業服務等相關事宜。

五　警政主管機關：家庭暴力被害人與其未成年子女人身安全之維護、緊急處理、家庭暴力犯罪偵查及刑事案件資料統計等相關事宜。

六　法務主管機關：家庭暴力犯罪之偵查、矯正及再犯預防等刑事司法相關事宜。

七　移民主管機關：設籍前之外籍、大陸或港澳配偶因家庭暴力造成逾期停留、居留及協助其在臺居留或定居權益維護等相關事宜。

八　文化主管機關：出版品違反本法規定之處理等相關事宜。

九　通訊傳播主管機關：廣播、電視及其他由該機關依法管理之媒體違反本法規定之處理等相關事宜。

十　戶政主管機關：家庭暴力被害人與其未成年子女身分資料及戶籍等相關事宜。

十一　其他家庭暴力防治措施，由相關目的事業主管機關依職權辦理。

第五條　（中央主管機關辦理事項）104

①中央主管機關應辦理下列事項：

一　研擬家庭暴力防治法規及政策。

二　協調、督導有關機關家庭暴力防治事項之執行。

三　提高家庭暴力防治有關機構之服務效能。

四　督導及推展家庭暴力防治教育。

五　協調被害人保護計畫及加害人處遇計畫。

六　協助公立、私立機構建立家庭暴力處理程序。

七　統籌建立、管理家庭暴力電子資料庫，供法官、檢察官、警察、醫師、護理人員、心理師、社會工作人員及其他政府機關使用，並對被害人之身分予以保密。

八　協助地方政府推動家庭暴力防治業務，並提供輔導及補助。

九　每四年對家庭暴力問題、防治現況成效與需求進行調查分析，並定期公布家庭暴力致死人數、各項補助及醫療救護支出等相關之統計分析資料。各相關單位應配合調查，提供統計及分析資料。

十　其他家庭暴力防治有關事項。

②中央主管機關辦理前項事項，應遴聘（派）學者專家、民間團體及相關機關代表提供諮詢，其中學者專家、民間團體代表之人數，不得少於總數二分之一；且任一性別人數不得少於總數三分之一。

③第一項第七款規定電子資料庫之建立、管理及使用辦法，由中央主管機關定之。

第六條　112

①中央主管機關為加強推動家庭暴力及性侵害相關防治工作，應設置基金。

②前項基金來源如下：

一　政府預算撥充。

二　緩起訴處分金。

三　認罪協商金。

四　本基金之孳息收入。

五　受贈收入。

六　依本法所處之罰鍰。
七　其他相關收入。

第七條　（家庭暴力防治委員會之設置）
直轄市、縣（市）主管機關為協調、研究、審議、諮詢、督導、考核及推動家庭暴力防治工作，應設家庭暴力防治委員會；其組織及會議事項，由直轄市、縣（市）主管機關定之。

第八條　（家庭暴力防治中心辦理事項）104
①直轄市、縣（市）主管機關應整合所屬警政、教育、衛生、社政、民政、戶政、勞工、新聞等機關、單位業務及人力，設立家庭暴力防治中心，並協調司法、移民相關機關，辦理下列事項：
一　提供二十四小時電話專線服務。
二　提供被害人二十四小時緊急救援、協助診療、驗傷、採證及緊急安置。
三　提供或轉介被害人經濟扶助、法律服務、就學服務、住宅輔導，並以階段性、支持性及多元性提供職業訓練與就業服務。
四　提供被害人及其未成年子女短、中、長期庇護安置。
五　提供或轉介被害人、經評估有需要之目睹家庭暴力兒童及少年或家庭成員身心治療、諮商、社會與心理評估及處置。
六　轉介加害人處遇及追蹤輔導。
七　追蹤及管理轉介服務案件。
八　推廣家庭暴力防治教育、訓練及宣導。
九　辦理危險評估，並召開跨機構網絡會議。
十　其他家庭暴力防治有關之事項。
②前項中心得與性侵害防治中心合併設立，並應配置社會工作、警察、衛生及其他相關專業人員；其組織，由直轄市、縣（市）主管機關定之。

第二章　民事保護令

第一節　聲請及審理

第九條　（保護令）
民事保護令（以下簡稱保護令）分為通常保護令、暫時保護令及緊急保護令。

第一〇條　（保護令之聲請）97
①被害人得向法院聲請通常保護令、暫時保護令；被害人為未成年人、身心障礙者或因故難以委任代理人者，其法定代理人、三親等以內之血親或姻親，得為其向法院聲請之。
②檢察官、警察機關或直轄市、縣（市）主管機關得向法院聲請保護令。
③保護令之聲請、撤銷、變更、延長及抗告，均免徵裁判費，並準用民事訴訟法第七十七條之二十三第四項規定。

第一一條　（保護令聲請之管轄）104
①保護令之聲請，由被害人之住居所地、相對人之住居所地或家庭暴力發生地之地方法院管轄。
②前項地方法院，於設有少年及家事法院地區，指少年及家事法院。

第一二條　（保護令之聲請）
①保護令之聲請，應以書面為之。但被害人有受家庭暴力之急迫危險者，檢察官、警察機關或直轄市、縣（市）主管機關，得以言詞、電信傳真或其他科技設備傳送之方式聲請緊急保護令，並得於夜間或休息日為之。
②前項聲請得不記載聲請人或被害人之住居所，僅記載其送達處所。
③法院為定管轄權，得調查被害人之住居所。經聲請人或被害人要求保密被害人之住居

所，法院應以秘密方式訊問，將該筆錄及相關資料密封，並禁止閱覽。

第一三條 （保護令事件之審理）

①聲請保護令之程式或要件有欠缺者，法院應以裁定駁回之。但其情形可以補正者，應定期間先命補正。

②法院得依職權調查證據，必要時得隔別訊問。

③前項隔別訊問，必要時得依聲請或依職權在法庭外爲之，或採有聲音及影像相互傳送之科技設備或其他適當隔離措施。

④被害人得於審理時，聲請其親屬或個案輔導之社工人員、心理師陪同被害人在場，並得陳述意見。

⑤保護令事件之審理不公開。

⑥法院於審理終結前，得聽取直轄市、縣（市）主管機關或社會福利機構之意見。

⑦保護令事件不得進行調解或和解。

⑧法院受理保護令之聲請後，應即行審理程序，不得以當事人間有其他案件偵查或訴訟繫屬爲由，延緩核發保護令。

第一四條 112

①法院於審理終結後，認有家庭暴力之事實且有必要者，應依聲請或依職權核發包括下列一款或數款之通常保護令：

一 禁止相對人對於被害人、目睹家庭暴力兒童及少年或其特定家庭成員實施家庭暴力。

二 禁止相對人對於被害人、目睹家庭暴力兒童及少年或其特定家庭成員爲騷擾、接觸、跟蹤、通話、通信或其他非必要之聯絡行爲。

三 命相對人遷出被害人、目睹家庭暴力兒童及少年或其特定家庭成員之住居所；必要時，並得禁止相對人就該不動產爲使用、收益或處分行爲。

四 命相對人遠離下列場所特定距離：被害人、目睹家庭暴力兒童及少年或其特定家庭成員之住居所、學校、工作場所或其他經常出入之特定場所。

五 定汽車、機車及其他個人生活上、職業上或教育上必需品之使用權；必要時，並得命交付之。

六 定暫時對未成年子女權利義務之行使或負擔，由當事人之一方或雙方共同任之、行使或負擔之內容及方法；必要時，並得命交付子女。

七 定相對人對未成年子女會面交往之時間、地點及方式；必要時，並得禁止會面交往。

八 命相對人給付被害人住居所之租金或被害人及其未成年子女之扶養費。

九 命相對人交付被害人或特定家庭成員之醫療、輔導、庇護所或財物損害等費用。

十 命相對人完成加害人處遇計畫。

十一 命相對人負擔相當之律師費用。

十二 禁止相對人與其特定家庭成員查閱被害人及受其暫時監護之未成年子女戶籍、學籍、所得來源相關資訊。

十三 禁止相對人未經被害人同意，重製、散布、播送、交付、公然陳列，或以他法供人觀覽被害人之性影像。

十四 命相對人交付所持有之被害人性影像予被害人；必要時，並得命其刪除之。

十五 命相對人刪除或向網際網路平臺提供者、網際網路應用服務提供者或網際網路接取服務提供者申請移除其已上傳之被害人性影像。

十六 命其他保護被害人、目睹家庭暴力兒童及少年或其特定家庭成員之必要命令。

②法院爲前項第六款、第七款裁定前，應考量未成年子女之最佳利益，必要時並得徵詢未成年子女或社會工作人員之意見。

③第一項第十款之加害人處遇計畫，法院得逕命相對人接受認知教育輔導、親職教育輔導、心理輔導及其他輔導，並得命相對人接受有無必要施以精神治療、戒癮治療及其他治療處遇計畫之鑑定、評估；直轄市、縣（市）主管機關得於法院裁定前，對處遇

計畫之實施方式提出建議。
④第一項第十款之裁定應載明處遇計畫完成期限。

第一五條 112
①通常保護令之有效期間爲二年以下，自核發時起生效。
②通常保護令有效期間屆滿前，當事人或被害人得聲請法院撤銷、變更或延長之；保護令有效期間之延長，每次爲二年以下。
③檢察官、警察機關或直轄市、縣（市）主管機關得爲前項延長保護令之聲請。
④當事人或被害人依第二項規定聲請變更或延長通常保護令，於法院裁定前，原保護令不失其效力。檢察官、警察機關或直轄市、縣（市）主管機關依前項規定聲請延長保護令，亦同。
⑤通常保護令所定之命令，於期間屆滿前經法院另爲裁判確定者，該命令失其效力。
⑥法院受理延長保護令之聲請後，應即時通知當事人、被害人、警察機關及直轄市、縣（市）主管機關。

第一六條 112
①法院核發暫時保護令或緊急保護令，得不經審理程序。
②法院爲保護被害人，得於通常保護令審理終結前，依聲請或依職權核發暫時保護令。
③法院得依聲請或依職權，核發第十四條第一項第一款至第七款、第十二款至第十四款及第十六款之暫時保護令或緊急保護令；聲請人爲直轄市、縣（市）主管機關者，法院並得依其聲請核發同條項第十款之暫時保護令或緊急保護令。
④法院於受理緊急保護令之聲請後，依聲請人到庭或電話陳述家庭暴力之事實，足認被害人有受家庭暴力之急迫危險者，應於四小時內以書面核發緊急保護令，並得以電信傳眞或其他科技設備傳送緊急保護令予警察機關。
⑤聲請人於聲請通常保護令前聲請暫時保護令或緊急保護令，其經法院准許核發者，視爲已有通常保護令之聲請。
⑥暫時保護令、緊急保護令自核發時起生效，於聲請人撤回通常保護令之聲請、法院審理終結核發通常保護令或駁回聲請時失其效力。
⑦暫時保護令、緊急保護令失效前，法院得依當事人或被害人之聲請或依職權撤銷或變更之，並自撤銷或變更時起生效。

第一七條 （命遠離被害人保護令之效力）104
法院對相對人核發第十四條第一項第三款及第四款之保護令，不因被害人、目睹家庭暴力兒童及少年或其特定家庭成員同意相對人不遷出或不遠離而失其效力。

第一八條 （保護令送達當事人之時限）
①保護令除緊急保護令外，應於核發後二十四小時內發送當事人、被害人、警察機關及直轄市、縣（市）主管機關。
②直轄市、縣（市）主管機關應登錄法院所核發之保護令，並供司法及其他執行保護令之機關查閱。

第一九條 （提供安全出庭之環境與措施）104
①法院應提供被害人或證人安全出庭之環境與措施。
②直轄市、縣（市）主管機關應於所在地地方法院自行或委託民間團體設置家庭暴力事件服務處所，法院應提供場所、必要之軟硬體設備及其他相關協助。但離島法院有礙難情形者，不在此限。
③前項地方法院，於設有少年及家事法院地區，指少年及家事法院。

第二〇條 （保護令之程序及裁定）104
①保護令之程序，除本章別有規定外，適用家事事件法有關規定。
②關於保護令之裁定，除有特別規定者外，得爲抗告；抗告中不停止執行。

第二節 執　行

第二一條　（保護令之執行）

①保護令核發後，當事人及相關機關應確實遵守，並依下列規定辦理：

一　不動產之禁止使用、收益或處分行爲及金錢給付之保護令，得爲強制執行名義，由被害人依強制執行法聲請法院強制執行，並暫免徵收執行費。

二　於直轄市、縣（市）主管機關所設處所爲未成年子女會面交往，及由直轄市、縣（市）主管機關或其所屬人員監督未成年子女會面交往之保護令，由相對人向直轄市、縣（市）主管機關申請執行。

三　完成加害人處遇計畫之保護令，由直轄市、縣（市）主管機關執行之。

四　禁止查閱相關資訊之保護令，由被害人向相關機關申請執行。

五　其他保護令之執行，由警察機關爲之。

②前項第二款及第三款之執行，必要時得請求警察機關協助之。

第二二條　（保護被害人或相對人之住居所）

①警察機關應依保護令，保護被害人至被害人或相對人之住居所，確保其安全占有住居所、汽車、機車或其他個人生活上、職業上或教育上必需品。

②前項汽車、機車或其他個人生活上、職業上或教育上必需品，相對人應依保護令交付而未交付者，警察機關得依被害人之請求，進入住宅、建築物或其他標的物所在處所解除相對人之占有或扣留取交被害人。

第二三條　（必需品相對人應交付有關憑證）

①前條所定必需品，相對人應一併交付有關證照、書據、印章或其他憑證而未交付者，警察機關得將之取交被害人。

②前項憑證取交無著時，其屬被害人所有者，被害人得向相關主管機關申請變更、註銷或補行發給；其屬相對人所有而爲行政機關製發者，被害人得請求原核發機關發給保護令有效期間之代用憑證。

第二四條　（強制執行）

義務人不依保護令交付未成年子女時，權利人得聲請警察機關限期命義務人交付，屆期未交付者，命交付未成年子女之保護令得爲強制執行名義，由權利人聲請法院強制執行，並暫免徵收執行費。

第二五條　（執行機關或權利人得聲請變更保護令）

義務人不依保護令之內容辦理未成年子女之會面交往時，執行機關或權利人得依前條規定辦理，並得向法院聲請變更保護令。

第二六條　（未成年子女戶籍遷徙登記之申請）

當事人之一方依第十四條第一項第六款規定取得暫時對未成年子女權利義務之行使或負擔者，得持保護令逕向戶政機關申請未成年子女戶籍遷徙登記。

第二七條　（聲明異議）

①當事人或利害關係人對於執行保護令之方法、應遵行之程序或其他侵害利益之情事，得於執行程序終結前，向執行機關聲明異議。

②前項聲明異議，執行機關認其有理由者，應即停止執行並撤銷或更正已爲之執行行爲；認其無理由者，應於十日內加具意見，送原核發保護令之法院裁定之。

③對於前項法院之裁定，不得抗告。

第二八條　（外國法院保護令聲請之執行或駁回）

①外國法院關於家庭暴力之保護令，經聲請中華民國法院裁定承認後，得執行之。

②當事人聲請法院承認之外國法院關於家庭暴力之保護令，有民事訴訟法第四百零二條第一項第一款至第三款所列情形之一者，法院應駁回其聲請。

③外國法院關於家庭暴力之保護令，其核發地國對於中華民國法院之保護令不予承認者，法院得駁回其聲請。

第三章　刑事程序

第二九條　（家庭暴力罪現行犯或嫌疑重大者應逕行逮捕或拘提）
①警察人員發現家庭暴力罪之現行犯時，應逕行逮捕之，並依刑事訴訟法第九十二條規定處理。
②檢察官、司法警察官或司法警察偵查犯罪認被告或犯罪嫌疑人犯家庭暴力罪或違反保護令罪嫌疑重大，且有繼續侵害家庭成員生命、身體或自由之危險，而情況急迫者，得逕行拘提之。
③前項拘提，由檢察官親自執行時，得不用拘票；由司法警察官或司法警察執行時，以其急迫情形不及報請檢察官者爲限，於執行後，應即報請檢察官簽發拘票。如檢察官不簽發拘票時，應即將被拘提人釋放。

第三〇條　（逕行拘提或簽發拘票時應注意事項）
檢察官、司法警察官或司法警察依前條第二項、第三項規定逕行拘提或簽發拘票時，應審酌一切情狀，尤應注意下列事項：
一　被告或犯罪嫌疑人之暴力行爲已造成被害人身體或精神上傷害或騷擾，不立即隔離者，被害人或其家庭成員生命、身體或自由有遭受侵害之危險。
二　被告或犯罪嫌疑人有長期連續實施家庭暴力或有違反保護令之行爲、酗酒、施用毒品或濫用藥物之習慣。
三　被告或犯罪嫌疑人有利用兇器或其他危險物品恐嚇或施暴行於被害人之紀錄，被害人有再度遭受侵害之虞者。
四　被害人爲兒童、少年、老人、身心障礙或具有其他無法保護自身安全之情形。

第三〇條之一　（犯違反保護令者有反覆實行犯罪之虞，必要時得羈押之）
被告經法官訊問後，認爲犯違反保護令者、家庭成員間故意實施家庭暴力行爲而成立之罪，其嫌疑重大，有事實足認爲有反覆實行前開犯罪之虞，而有羈押之必要者，得羈押之。

第三一條　（無羈押必要之被告得附條件命其遵守）104
①家庭暴力罪或違反保護令罪之被告經檢察官或法院訊問後，認無羈押之必要，而命具保、責付、限制住居或釋放者，對被害人、目睹家庭暴力兒童及少年或其特定家庭成員得附下列一款或數款條件命被告遵守：
一　禁止實施家庭暴力。
二　禁止爲騷擾、接觸、跟蹤、通話、通信或其他非必要之聯絡行爲。
三　遷出住居所。
四　命相對人遠離其住居所、學校、工作場所或其他經常出入之特定場所特定距離。
五　其他保護安全之事項。
②前項所附條件有效期間自具保、責付、限制住居或釋放時起生效，至刑事訴訟終結時爲止，最長不得逾一年。
③檢察官或法院得依當事人之聲請或依職權撤銷或變更依第一項規定所附之條件。

第三二條　112
①被告違反檢察官或法院依前條第一項規定所附之條件者，檢察官或法院得撤銷原處分，另爲適當之處分；其有繳納保證金者，並得沒入其保證金。
②被告違反檢察官或法院依前條第一項第一款、第二款或第四款所定應遵守之條件，犯罪嫌疑重大，且有事實足認被告有反覆實施家庭暴力行爲之虞，而有羈押之必要者，偵查中檢察官得聲請法院羈押之；審判中法院得命羈押之。

第三三條　（得命停止羈押之被告遵守條件）
①第三十一條及前條第一項規定，於羈押中之被告，經法院裁定停止羈押者，準用之。
②停止羈押之被告違反法院依前項規定所附之條件者，法院於認有羈押必要時，得命再執行羈押。

第三四條　（附條件處分或裁定應以書面爲之）104
檢察官或法院爲第三十一條第一項及前條第一項之附條件處分或裁定時，應以書面爲之，並送達於被告、被害人及被害人住居所所在地之警察機關。

第三四條之一　（法院或檢察官應即時通報被害人所在地之警察機關及家庭暴力防治中心之情形）104

①法院或檢察署有下列情形之一，應即時通知被害人所在地之警察機關及家庭暴力防治中心：

一　家庭暴力罪或違反保護令罪之被告解送法院或檢察署經檢察官或法官訊問後，認無羈押之必要，而命具保、責付、限制住居或釋放者。

二　羈押中之被告，經法院撤銷或停止羈押者。

②警察機關及家庭暴力防治中心於接獲通知後，應立即通知被害人或其家庭成員。

③前二項通知應於被告釋放前通知，且得以言詞、電信傳真或其他科技設備傳送之方式通知。但被害人或其家庭成員所在不明或通知顯有困難者，不在此限。

第三五條　（警員發現被告違反條件應即報告）

警察人員發現被告違反檢察官或法院依第三十一條第一項、第三十三條第一項規定所附之條件者，應即報告檢察官或法院。第二十九條規定，於本條情形，準用之。

第三六條　（訊問或詰問採取適當隔離措施）104

對被害人之訊問或詰問，得依聲請或依職權在法庭外爲之，或採取適當隔離措施。

警察機關於詢問被害人時，得採取適當之保護及隔離措施。

第三六條之一　（被害人於偵察訊問時，得自行指定其陪同人員，該陪同人並得陳述意見）104

①被害人於偵查中受訊問時，得自行指定其親屬、醫師、心理師、輔導人員或社工人員陪同在場，該陪同人並得陳述意見。

②被害人前項之請求，檢察官除認其在場有妨礙偵查之虞者，不得拒絕之。

③陪同人之席位應設於被害人旁。

第三六條之二　（被害人受訊問前，檢察官應告知得自行選任符合資格之人陪同在場）104

被害人受訊問前，檢察官應告知被害人得自行選任符合第三十六條之一資格之人陪同在場。

第三七條　（起訴書、裁定書或判決書等應送達於被害人）104

對於家庭暴力罪或違反保護令罪案件所爲之起訴書、聲請簡易判決處刑書、不起訴處分書、緩起訴處分書、撤銷緩起訴處分書、裁定書或判決書，應送達於被害人。

第三八條　（緩刑期內付保護管束者應遵守之事項）104

①犯家庭暴力罪或違反保護令罪而受緩刑之宣告者，在緩刑期內應付保護管束。

②法院爲前項緩刑宣告時，除顯無必要者外，應命被告於付緩刑保護管束期間內，遵守下列一款或數款事項：

一　禁止實施家庭暴力。

二　禁止對被害人、目睹家庭暴力兒童及少年或其特定家庭成員爲騷擾、接觸、跟蹤、通話、通信或其他非必要之聯絡行爲。

三　遷出被害人、目睹家庭暴力兒童及少年或其特定家庭成員之住居所。

四　命相對人遠離下列場所特定距離：被害人、目睹家庭暴力兒童及少年或其特定家庭成員之住居所、學校、工作場所或其他經常出入之特定場所。

五　完成加害人處遇計畫。

六　其他保護被害人、目睹家庭暴力兒童及少年或其特定家庭成員安全之事項。

③法院依前項第五款規定，命被告完成加害人處遇計畫前，得準用第十四條第三項規定。

④法院爲第一項之緩刑宣告時，應即通知被害人及其住居所所在地之警察機關。

⑤受保護管束人違反第二項保護管束事項情節重大者，撤銷其緩刑之宣告。

第三九條　（假釋付保護管束者應遵守事項）

前條規定，於受刑人經假釋出獄付保護管束者，準用之。

第四〇條　（直轄市、縣（市）主管機關或警察機關執行）

檢察官或法院依第三十一條第一項、第三十三條第一項、第三十八條第二項或前條規定所附之條件，得通知直轄市、縣（市）主管機關或警察機關執行之。

第四一條　（受刑人之處遇計畫）

①法務部應訂定並執行家庭暴力罪或違反保護令罪受刑人之處遇計畫。

②前項計畫之訂定及執行之相關人員，應接受家庭暴力防治教育及訓練。

第四二條　（受刑人出獄日期或脫逃應通知被害人）104

①矯正機關應將家庭暴力罪或違反保護令罪受刑人預定出獄之日期通知被害人、其住居所所在地之警察機關及家庭暴力防治中心。但被害人之所在不明者，不在此限。

②受刑人如有脫逃之事實，矯正機關應立即為前項之通知。

第四章　父母子女

第四三條　（推定加害人不適負擔子女之權利義務）

法院依法為未成年子女酌定或改定權利義務之行使或負擔之人時，對已發生家庭暴力者，推定由加害人行使或負擔權利義務不利於該子女。

第四四條　（為子女之最佳利益改定裁判）

法院依法為未成年子女酌定或改定權利義務之行使或負擔之人或會面交往之裁判後，發生家庭暴力者，法院得依被害人、未成年子女、直轄市、縣（市）主管機關、社會福利機構或其他利害關係人之請求，為子女之最佳利益改定之。

第四五條　（加害人會面其子女時得為之命令）

①法院依法准許家庭暴力加害人會面交往其未成年子女時，應審酌子女及被害人之安全，並得為下列一款或數款命令：

一　於特定安全場所交付子女。

二　由第三人或機關、團體監督會面交往，並得定會面交往時應遵守之事項。

三　完成加害人處遇計畫或其他特定輔導為會面交往條件。

四　負擔監督會面交往費用。

五　禁止過夜會面交往。

六　準時、安全交還子女，並繳納保證金。

七　其他保護子女、被害人或其他家庭成員安全之條件。

②法院如認有違背前項命令之情形，或准許會面交往無法確保被害人或其子女之安全者，得依聲請或依職權禁止之。如違背前項第六款命令，並得沒入保證金。

③法院於必要時，得命有關機關或有關人員保密被害人或子女住居所。

第四六條　（會面交往處所或委託其他機關、團體辦理）

①直轄市、縣（市）主管機關應設未成年子女會面交往處所或委託其他機關（構）、團體辦理。

②前項處所，應有受過家庭暴力安全及防制訓練之人員；其設置、監督會面交往與交付子女之執行及收費規定，由直轄市、縣（市）主管機關定之。

第四七條　（得進行和解或調解之情形）

法院於訴訟或調解程序中如認為有家庭暴力之情事時，不得進行和解或調解。但有下列情形之一者，不在此限：

一　行和解或調解之人曾受家庭暴力防治之訓練並以確保被害人安全之方式進行和解或調解。

二　准許被害人選定輔助人參與和解或調解。

三　其他行和解或調解之人認為能使被害人免受加害人脅迫之程序。

第五章　預防及處遇

第四八條　（警員處理家庭暴力案件可採取之方法）

①警察人員處理家庭暴力案件，必要時應採取下列方法保護被害人及防止家庭暴力之發

生：

一　於法院核發緊急保護令前，在被害人住居所守護或採取其他保護被害人或其家庭成員之必要安全措施。

二　保護被害人及其子女至庇護所或醫療機構。

三　告知被害人其得行使之權利、救濟途徑及服務措施。

四　查訪並告誡相對人。

五　訪查被害人及其家庭成員，並提供必要之安全措施。

②警察人員處理家庭暴力案件，應製作書面紀錄；其格式，由中央警政主管機關定之。

第四九條　（請求警察機關提供必要之協助）104

醫事人員、社會工作人員、教育人員及保育人員為防治家庭暴力行為或保護家庭暴力被害人之權益，有受到身體或精神上不法侵害之虞者，得請求警察機關提供必要之協助。

第五〇條 112

①醫事人員、社會工作人員、教育人員、教保服務人員、保育人員、警察人員、移民業務人員及其他執行家庭暴力防治人員，於執行職務時知有疑似家庭暴力情事，應立即通報當地直轄市、縣（市）主管機關，至遲不得逾二十四小時。

②前項通報之方式及內容，由中央主管機關定之；通報人之身分資料，應予保密。

③直轄市、縣（市）主管機關接獲通報後，應即行處理，並評估被害人需求、有無兒童及少年目睹家庭暴力之情事；必要時得自行或委託其他機關（構）、團體進行訪視、調查，並提供適當處置。

④直轄市、縣（市）主管機關或受其委託之機關（構）或團體進行訪視、調查時，得請求警察機關、醫療（事）機構、學校、教保服務機構、公寓大廈管理委員會或其他相關機關（構）協助，被請求者應予配合。

第五〇條之一 112

①宣傳品、出版品、廣播、電視、網際網路或其他媒體，不得報導或記載有被害人及其未成年子女之姓名，或其他足以識別被害人及其未成年子女身分之資訊。但有下列情形之一者，不在此限：

一　被害人為成年人，經本人同意；受監護宣告者並應取得其監護人同意。

二　犯罪偵查機關或司法機關依法認為有必要。

②前項但書第一款所定被害人為心智障礙者、受監護宣告或輔助宣告者，應以其可理解方式提供資訊。

③第一項但書第一款所定監護人為同意時，應尊重受監護宣告者之意願。

④第一項但書第一款所定監護人為該家庭暴力案件相對人時，不得報導或記載有被害人及其未成年子女之姓名，或其他足以識別被害人及其未成年子女身分之資訊。

第五〇條之二 112

①網際網路平臺提供者、網際網路應用服務提供者及網際網路接取服務提供者，透過網路內容防護機構、主管機關、警察機關或其他機關，知有被害人之性影像，應先行限制瀏覽或移除與被害人性影像有關之網頁資料。

②前項網頁資料與散布被害人性影像行為人之個人資料及網路使用紀錄資料，應保留一百八十日，以提供司法及警察機關調查。

第五一條　（撥打專線得追查其電話號碼及地址之情形）

直轄市、縣（市）主管機關對於撥打依第八條第一項第一款設置之二十四小時電話專線者，於有下列情形之一時，得追查其電話號碼及地址：

一　為免除當事人之生命、身體、自由或財產上之急迫危險。

二　為防止他人權益遭受重大危害而有必要。

三　無正當理由撥打專線電話，致妨害公務執行。

四　其他為增進公共利益或防止危害發生。

第五二條　（不得無故拒絕診療及開立驗傷診斷書）

醫療機構對於家庭暴力之被害人，不得無故拒絕診療及開立驗傷診斷書。

第五三條　（擬訂及推廣家庭暴力防治宣導計畫）

衛生主管機關應擬訂及推廣有關家庭暴力防治之衛生教育宣導計畫。

第五四條 112

①中央主管機關應訂定家庭暴力加害人處遇計畫規範；其內容包括下列各款：

一　處遇計畫之評估標準。

二　司法機關、家庭暴力被害人保護計畫之執行機關（構）、加害人處遇計畫之執行機關（構）間之連繫及評估制度。

三　執行機關（構）之資格。

②中央主管機關應會同相關機關負責家庭暴力加害人處遇計畫之推動、發展、協調、督導及其他相關事宜。

第五五條　（執行加害人處遇計畫之機關得為事項）

①加害人處遇計畫之執行機關（構）得為下列事項：

一　將加害人接受處遇情事告知司法機關、被害人及其辯護人。

二　調閱加害人在其他機構之處遇資料。

三　將加害人之資料告知司法機關、監獄監務委員會、家庭暴力防治中心及其他有關機構。

②加害人有不接受處遇計畫、接受時數不足或不遵守處遇計畫內容及恐嚇、施暴等行為時，加害人處遇計畫之執行機關（構）應告知直轄市、縣（市）主管機關；必要時並得通知直轄市、縣（市）主管機關協調處理。

第五六條　（製作救濟服務之書面資料）

①直轄市、縣（市）主管機關應製作家庭暴力被害人權益、救濟及服務之書面資料，供被害人取閱，並提供醫療機構及警察機關使用。

②醫事人員執行業務時，知悉其病人為家庭暴力被害人時，應將前項資料交付病人。

③第一項資料，不得記明庇護所之地址。

第五七條　（家庭暴力防治資料之提供）

①直轄市、縣（市）主管機關應提供醫療機構、公、私立國民小學及戶政機關家庭暴力防治之相關資料，俾醫療機構、公、私立國民小學及戶政機關將該相關資料提供新生兒之父母、辦理小學新生註冊之父母、辦理結婚登記之新婚夫妻及辦理出生登記之人。

②前項資料內容應包括家庭暴力對於子女及家庭之影響及家庭暴力之防治服務。

第五八條 110

①直轄市、縣（市）主管機關得核發家庭暴力被害人下列補助：

一　緊急生活扶助費用。

二　非屬全民健康保險給付範圍之醫療費用及身心治療、諮商與輔導費用。

三　訴訟費用及律師費用。

四　安置費用、房屋租金費用。

五　子女教育、生活費用及兒童托育費用。

六　其他必要費用。

②第一項第一款、第二款規定，於目睹家庭暴力兒童及少年，準用之。

③第一項補助對象、條件及金額等事項規定，由直轄市、縣（市）主管機關定之。

④家庭暴力被害人為成年人者，得申請創業貸款；其申請資格、程序、利息補助金額、名額、期限及其他相關事項之辦法，由中央目的事業主管機關定之。

⑤為辦理第一項及第四項補助業務所需之必要資料，主管機關得洽請相關機關（構）、團體、法人或個人提供之，受請求者不得拒絕。

⑥主管機關依前項規定所取得之資料，應盡善良管理人之注意義務，確實辦理資訊安全稽核作業；其保有、處理及利用，並應遵循個人資料保護法之規定。

第五八條之一　（有就業願而就業能力不足之家庭暴力被害人，勞工主管機關應提

供預備性或支持性就業服務）104

①對於具就業意願而就業能力不足之家庭暴力被害人，勞工主管機關應提供預備性就業或支持性就業服務。

②前項預備性就業或支持性就業服務相關辦法，由勞工主管機關定之。

第五八條之二 112

①被害人於未成年遭受家庭成員實施家庭暴力或性侵害行為，並有下列情事之一者，得向戶政機關申請註記該行為人、直系血親不得申請閱覽或交付被害人之戶籍資料：

一 該行為人經判決有罪確定。

二 直系血親經法院依兒童及少年福利與權益保障法規定，宣告停止親權或監護權。

三 被害人經法院依兒童及少年福利與權益保障法規定，裁定繼續安置至成年。

四 被害人曾獲法院核發裁定家庭暴力防治法第十四條第一項第十二款之民事保護令。

五 被害人因具民法第一千一百十八條之一第一項第一款情事，獲法院裁定減輕或免除其扶養義務。

六 其他經主管機關評估認行為人、直系血親知悉被害人之戶籍資料對個人日常生活或人身安全有不利影響之虞。

②被害人因於未成年遭受家庭成員實施家庭暴力或性侵害行為之創傷經驗，致影響生活者，直轄市、縣（市）政府應提供身心治療、諮商、社會與心理評估及處置。

第五九條 112

①主管機關應辦理社會工作人員、居家式托育服務提供者、托育人員、保育人員及其他相關社會行政人員防治家庭暴力在職教育。

②警政主管機關應辦理警察人員防治家庭暴力在職教育。

③司法院及法務部應辦理相關司法人員防治家庭暴力在職教育。

④衛生主管機關應辦理或督促相關醫療團體辦理醫護人員防治家庭暴力在職教育。

⑤教育主管機關應辦理下列事項：

一 學校、教保服務機構及家庭教育中心之輔導人員、行政人員、教師、教保服務人員防治家庭暴力在職教育；其在職教育課程，應納入學生目睹家庭暴力之辨識及輔導內容。

二 高級中等以下學校對目睹家庭暴力兒童及少年納入學生輔導。

⑥移民主管機關應辦理移民業務人員防治家庭暴力在職教育。

⑦各目的事業主管機關辦理防治家庭暴力在職教育訓練，應納入性別平等課程。

刑法

第六〇條 112

①學校應實施防治家庭暴力之課程或活動。

②高級中等以下學校每學年應有四小時以上之家庭暴力防治課程，並得於總時數不變下，彈性安排於各學年實施。

第六章 罰則

第六一條 112

違反法院依第十四條第一項、第十六條第三項或依第六十三條之一第一項準用第十四條第一項第一款、第二款、第四款、第十款、第十三款至第十五款及第十六條第三項所為之下列裁定者，為違反保護令罪，處三年以下有期徒刑、拘役或科或併科新臺幣十萬元以下罰金：

一 禁止實施家庭暴力。

二 禁止騷擾、接觸、跟蹤、通話、通信或其他非必要之聯絡行為。

三 遷出住居所。

四 遠離住居所、工作場所、學校或其他特定場所。

五 完成加害人處遇計畫。

六　禁止未經被害人同意，重製、散布、播送、交付、公然陳列，或以他法供人觀覽被害人之性影像。
七　交付或刪除所持有之被害人性影像。
八　刪除或向網際網路平臺提供者、網際網路應用服務提供者或網際網路接取服務提供者申請移除已上傳之被害人性影像。

第六一條之一 112

①廣播、電視事業違反第五十條之一第一項或第四項規定，或違反依第六十三條之一第一項準用第五十條之一第一項或第四項規定者，由目的事業主管機關處新臺幣六萬元以上六十萬元以下罰鍰，並令其限期改正；屆期未改正者，得按次處罰。

②前項以外之宣傳品、出版品、網際網路或其他媒體之負責人違反第五十條之一第一項或第四項規定或違反依第六十三條之一第一項準用第五十條之一第一項或第四項規定者，由目的事業主管機關處新臺幣六萬元以上六十萬元以下罰鍰，並得沒入第五十條之一規定之物品、令其限期移除內容、下架或其他必要之處置；屆期不履行者，得按次處罰至履行爲止。但被害人死亡，經目的事業主管機關權衡社會公益，認有報導之必要者，不罰。

③宣傳品、出版品、網際網路或其他媒體無負責人或負責人對行爲人之行爲不具監督關係者，第二項之處罰對象爲行爲人。

第六一條之二 112

網際網路平臺提供者、網際網路應用服務提供者或網際網路接取服務提供者有下列情形之一，無正當理由者，由目的事業主管機關處新臺幣六萬元以上六十萬元以下罰鍰，並令其限期改正；屆期未改正者，得按次處罰，並得令其限制接取：

一　違反第五十條之二第一項規定，未先行限制瀏覽或移除。
二　違反依第六十三條之一第一項準用第五十條之二第一項規定，未先行限制瀏覽或移除。
三　違反第五十條之二第二項規定，未保留一百八十日，或未將資料提供司法或警察機關調查。
四　違反依第六十三條之一第一項準用第五十條之二第二項規定，未保留一百八十日，或未將資料提供司法或警察機關調查。

第六二條 112

①違反第五十條第一項規定者，由直轄市、縣（市）主管機關處新臺幣六千元以上三萬元以下罰鍰。但醫事人員爲避免被害人身體緊急危難而違反者，不罰。

②違反第五十二條或依第六十三條之一第一項準用第五十二條規定者，由直轄市、縣（市）主管機關處新臺幣六千元以上三萬元以下罰鍰。

第六三條 （處罰）

違反第五十一條第三款規定，經勸阻不聽者，直轄市、縣（市）主管機關得處新臺幣三千元以上一萬五千元以下罰鍰。

第六三條之一 112

①被害人年滿十六歲，遭受現有或曾有親密關係之未同居伴侶施以身體或精神上不法侵害之情事者，準用第九條至第十三條、第十四條第一項第一款、第二款、第四款、第九款至第十六款、第三項、第四項、第十五條至第二十條、第二十一條第一項第一款、第三款至第五款、第二項、第二十七條至第四十二條、第四十八條、第五十條之一、第五十條之二、第五十二條、第五十四條、第五十五條及第五十八條第一項之規定。

②前項所稱親密關係伴侶，指雙方以情感或性行爲爲基礎，發展親密之社會互動關係。

第七章　附　則

第六四條 112

行政機關辦理家庭暴力案件之管轄與民事保護令之聲請、執行及其他應遵行事項之辦法，由中央主管機關定之。

第六五條 （施行細則）

本法施行細則，由中央主管機關定之。

第六六條 112

本法除中華民國一百零四年二月四日修正公布之第六十三條之一自一百零五年二月四日施行外，自公布日施行。

性騷擾防治法

①民國94年2月5日總統令制定公布全文28條；並自公布後一年施行。
②民國95年1月18日總統令修正公布第18、26條條文。
③民國98年1月23日總統令修正公布第1條條文。
民國102年7月19日行政院公告第4條所列屬「內政部」之權責事項，自102年7月23日起改由「衛生福利部」管轄。
④民國112年8月16日總統令修正公布全文34條；除第7條第2、3項、第14至24、27條、第28條第2項及第30條自113年3月8日施行外，自公布日施行。

第一章　總　則

第一條

①為防治性騷擾及保護被害人之權益，特制定本法。
②性騷擾事件之處理及防治，依本法之規定。但依性騷擾事件發生之場域及當事人之身分關係，性別平等教育法及性別平等工作法別有規定其處理及防治事項者，適用各該法律之規定。

第二條

①本法所稱性騷擾，指性侵害犯罪以外，對他人實施違反其意願而與性或性別有關之行為，且有下列情形之一：
一　以明示或暗示之方式，或以歧視、侮辱之言行，或以他法，而有損害他人人格尊嚴，或造成使人心生畏怖、感受敵意或冒犯之情境，或不當影響其工作、教育、訓練、服務、計畫、活動或正常生活之進行。
二　以該他人順服或拒絕該行為，作為自己或他人獲得、喪失或減損其學習、工作、訓練、服務、計畫、活動有關權益之條件。
②本法所稱權勢性騷擾，指對於因教育、訓練、醫療、公務、業務、求職或其他相類關係受自己監督、照護、指導之人，利用權勢或機會為性騷擾。

第三條

①本法所稱部隊，指國防部所屬單位。
②本法所稱學校，指公私立各級學校、軍事學校、預備學校、警察各級學校及少年矯正學校。
③本法所稱機構，指法人、合夥、設有代表人或管理人之非法人團體及其他組織。

第四條

本法所稱主管機關：在中央為衛生福利部；在直轄市為直轄市政府；在縣（市）為縣（市）政府。

第五條

①中央主管機關辦理下列事項。但涉及各中央目的事業主管機關職掌者，各該中央目的事業主管機關應配合辦理：
一　研擬與審議性騷擾防治政策及法規事項。
二　協調、督導及考核各級政府性騷擾防治之執行事項。
三　督導直轄市、縣（市）主管機關建立性騷擾事件處理程序及協助提供被害人保護扶助事項。
四　培訓性騷擾事件調查處理專業人才。
五　推展性騷擾防治教育及宣導事項。

六　辦理性騷擾防治績效優良之政府機關（構）、部隊、學校、機構、僱用人、團體或個人之獎勵事項。
七　彙整與統計性騷擾事件之各項資料及建立性騷擾事件電子資料庫。
八　辦理性騷擾防治趨勢及有關問題研究之事項。
九　其他性騷擾防治事項。

②中央主管機關辦理前項事項，應遴聘（派）學者專家、民間團體及相關機關代表提供諮詢，其中學者專家、民間團體代表，不得少於總數二分之一；且女性代表不得少於總數二分之一。

第六條

①直轄市、縣（市）主管機關應設性騷擾防治審議會（以下簡稱審議會），辦理下列事項。但涉及各直轄市、縣（市）目的事業主管機關職掌者，各該直轄市、縣（市）目的事業主管機關應配合辦理：
一　擬定性騷擾防治政策及法規事項。
二　協調、督導及執行性騷擾防治事項。
三　調查、調解、審議性騷擾案件及移送有關機關事項。
四　提供被害人諮詢協談、心理輔導、法律協助、社會福利資源及其他必要之服務。
五　推展性騷擾防治教育訓練及宣導事項。
六　彙整及統計性騷擾事件各項資料。
七　其他性騷擾防治事項。

②前項審議會置召集人一人，由直轄市長、縣（市）長或副首長兼任，並應遴聘（派）有關機關高級職員、社會公正人士、民間團體代表、學者專家為委員；其中社會公正人士、民間團體代表、學者專家不得少於總數二分之一；且女性代表不得少於總數二分之一。

第二章　性騷擾之防治及責任

第七條

①政府機關（構）、部隊、學校、機構或僱用人，於所屬公共場所及公眾得出入之場所，應採取下列預防措施，防治性騷擾行為之發生：
一　組織之成員、受僱人或受服務人員人數達十人以上者，應設立申訴管道協調處理。
二　組織之成員、受僱人或受服務人員人數達三十人以上者，並應訂定性騷擾防治措施，且公開揭示之。

②政府機關（構）、部隊、學校、機構或僱用人於前項場所有性騷擾事件發生當時知悉者，應採取下列有效之糾正及補救措施，並注意被害人安全及隱私之維護：
一　協助被害人申訴及保全相關證據。
二　必要時協助通知警察機關到場處理。
三　檢討所屬場所安全。

③政府機關（構）、部隊、學校、機構或僱用人於性騷擾事件發生後知悉者，應採取前項第三款之糾正及補救措施。

④為預防及處理性騷擾事件，中央主管機關應訂定性騷擾防治之準則；其內容應包括性騷擾樣態、防治原則、申訴管道、教育訓練方案及其他相關措施。

第八條

前條所定政府機關（構）、部隊、學校、機構或僱用人應定期舉辦或鼓勵所屬人員參與防治性騷擾之相關教育訓練。

第九條

①政府機關（構）、部隊、學校、機構、僱用人對於在性騷擾事件申訴、調查、偵查或審理程序中，為申訴、告訴、告發、提起訴訟、作證、提供協助或其他參與行為之

人，不得爲不當之差別待遇。
②違反前項規定者，負損害賠償責任。

第三章　被害人保護

第一〇條
①宣傳品、出版品、廣播、電視、網際網路或其他媒體，不得報導或記載被害人之姓名或其他足資識別被害人身分之資訊。但有下列情形之一者，不在此限：
　一　被害人爲成年人，經本人同意。但心智障礙者、受監護宣告或輔助宣告者，應以其可理解方式提供資訊；受監護宣告者並應取得其監護人同意。
　二　檢察官或法院依法認爲有必要。
②前項第一款但書規定之監護人爲同意時，應尊重受監護宣告者之意願。
③第一項第一款但書所定監護人爲該性騷擾事件行爲人、犯罪嫌疑人或被告時，不得報導或記載被害人之姓名或其他足資識別被害人身分之資訊。
④任何人除第一項但書規定情形外，不得以媒體或其他方法公開或揭露被害人之姓名及其他足資識別被害人身分之資訊。
⑤因職務或業務知悉或持有第一項足資識別被害人身分之資訊者，除法律另有規定外，應予保密。
⑥行政機關及司法機關所公示之文書，不得揭露被害人之姓名、出生年月日、住居所及其他足資識別被害人身分之資訊。

第一一條
政府機關（構）、部隊、學校、警察機關及直轄市、縣（市）主管機關於性騷擾事件調查過程中，應視被害人之身心狀況，主動提供或轉介諮詢協談、心理輔導、法律協助、社會福利資源及其他必要之服務。

第一二條
①對他人爲性騷擾者，負損害賠償責任。
②前項情形，雖非財產上之損害，亦得請求賠償相當之金額，其名譽被侵害者，並得請求回復名譽之適當處分。
③依前二項規定負損害賠償責任，且屬權勢性騷擾者，法院並得因被害人之請求，依侵害情節，酌定損害額一倍至三倍之懲罰性賠償金。

第一三條
①受僱人、機構負責人利用執行職務之便，對他人爲性騷擾，依前條第二項規定對被害人爲回復名譽之適當處分時，僱用人、機構應提供適當之協助。
②學生、接受教育或訓練之人員於學校、教育或訓練機構接受教育或訓練時，對他人爲性騷擾，依前條第二項規定對被害人爲回復名譽之適當處分時，學校、教育或訓練機構應提供適當之協助。
③前二項規定於政府機關（構）、部隊不適用之。

第四章　申訴及調查程序

第一四條
①性騷擾事件被害人除可依相關法律請求協助外，得依下列規定提出申訴：
　一　屬權勢性騷擾以外之性騷擾事件者，於知悉事件發生後二年內提出申訴。但自性騷擾事件發生之日起逾五年者，不得提出。
　二　屬權勢性騷擾事件者，於知悉事件發生後三年內提出申訴。但自性騷擾事件發生之日起逾七年者，不得提出。
②性騷擾事件發生時被害人未成年者，得於成年後三年內提出申訴。但依前項各款規定有較長之申訴期限者，從其規定。
③前二項申訴得以書面或言詞，依下列規定提出：

一　申訴時行為人有所屬政府機關（構）、部隊、學校：向該政府機關（構）、部隊、學校提出。
二　申訴時行為人為政府機關（構）首長、各級軍事機關（構）及部隊上校編階以上之主官、學校校長、機構之最高負責人或僱用人：向該政府機關（構）、部隊、學校、機構或僱用人所在地之直轄市、縣（市）主管機關提出。
三　申訴時行為人不明或為前二款以外之人：向性騷擾事件發生地之警察機關提出。

④性騷擾事件經撤回申訴或依第二十一條第五項規定視為撤回申訴者，不得就同一事件再行申訴。

⑤申訴有下列情形之一者，直轄市、縣（市）主管機關應不予受理：
一　當事人逾期提出申訴。
二　申訴不合法定程式，經通知限期補正，屆期未補正。
三　同一性騷擾事件，撤回申訴或視為撤回申訴後再行申訴。

第一五條

①政府機關（構）、部隊、學校、警察機關及直轄市、縣（市）主管機關應於受理申訴或移送到達之日起七日內開始調查，並應於二個月內調查完成；必要時，得延長一個月，並應通知當事人。

②直轄市、縣（市）主管機關受理前條第三項第二款性騷擾申訴案件後，審議會召集人應於七日內指派委員三人至五人組成調查小組進行調查，並依前項規定辦理；調查小組之女性代表不得少於總數二分之一，並推選一人為小組召集人。

③性騷擾事件之調查應秉持客觀、公正、專業之原則，給予雙方當事人充分陳述意見及答辯之機會，並應適時通知案件辦理情形；有詢問當事人之必要時，應避免重複詢問。

④政府機關（構）、部隊、學校及警察機關為第一項調查及審議會為第二項調查，應作成調查報告及處理建議，移送直轄市、縣（市）主管機關辦理。

第一六條

①直轄市、縣（市）主管機關於接獲前條第四項之調查報告及處理建議後，應提報審議會審議；審議會審議認有必要者，得依前條第二項規定組成調查小組重行調查後再行審議。

②性騷擾事件已進入偵查或審判程序者，審議會認有必要時，得議決於該程序終結前，停止該事件之處理。

③性騷擾申訴案件經審議會審議後，直轄市、縣（市）主管機關應將該申訴案件調查結果之決定，以書面載明事實及理由通知申訴人、行為人、原移送單位及第十四條第三項第二款所定行為人之所屬單位。

④申訴人及行為人對於前項調查結果之決定不服者，得依法提起訴願。

第一七條

政府機關（構）、部隊、學校、警察機關及直轄市、縣（市）主管機關進行調查時，行為人及受邀協助調查之人或單位應予配合，並提供相關資料，不得規避、妨礙或拒絕。

第五章　調解程序

第一八條

①權勢性騷擾以外之性騷擾事件，任一方當事人得以書面或言詞向直轄市、縣（市）主管機關申請調解。政府機關（構）、部隊、學校及警察機關於性騷擾事件調查程序中，獲知任一方當事人有調解意願時，應協助其向直轄市、縣（市）主管機關申請調解。

②當事人以言詞申請調解者，直轄市、縣（市）主管機關應製作筆錄；以書面申請者，應按他造人數提出繕本。

③調解期間，除依被害人之請求停止調查外，調查程序繼續進行。

第一九條

①直轄市、縣（市）主管機關應於受理調解申請後十日內，遴聘具有法學素養、性別平等意識之學者專家一人至三人擔任性騷擾事件調解委員調解之。

②前項調解委員經遴聘後二十日內，直轄市、縣（市）主管機關應決定調解期日，通知當事人或其代理人到場，並將申請書狀或言詞申請筆錄繕本一併送達他造。但經當事人之一方申請延期者，得延長十日。

第二〇條

①調解委員應親自進行調解，不得委任他人代理。

②調解得視案件情形爲必要之調查及商請有關機關協助。

③調解除勘驗費，應由當事人核實支付外，不得收取任何費用或報酬。

第二一條

①調解成立者，應作成調解書，並由當事人及出席調解委員簽名、蓋章或按指印。

②前項調解書應記載事項如下：

一　當事人或其法定代理人之姓名、出生年月日、住居所及身分證明文件字號。

二　出席調解委員之姓名。

三　調解事由。

四　調解成立之內容。

五　調解成立之年、月、日。

六　決定機關及其首長。

③直轄市、縣（市）主管機關應於調解成立之日起十日內將調解書及相關資料送請管轄法院核定。調解書經法院核定後，除抽存一份外，併調解事件資料發還直轄市、縣（市）主管機關送達當事人。

④法院因調解內容牴觸法令、違背公共秩序或善良風俗或不能強制執行而未予核定者，應將其理由通知直轄市、縣（市）主管機關。

⑤性騷擾申訴案件於作成調查結果之決定前經調解成立，調解書上載有當事人同意撤回申訴、告訴、自訴或起訴意旨，於法院核定後，其已提起之申訴、刑事告訴或自訴均視爲撤回；其已提起之民事訴訟視爲訴訟終結，原告並得於送達法院核定調解書之日起三個月內，向法院聲請退還已繳裁判費三分之二。

⑥調解成立，經法院核定後，當事人就該事件不得提起申訴、刑事告訴、自訴及民事訴訟。

第二二條

①當事人無正當理由，於調解期日不到場者，視爲調解不成立。但調解委員認爲有成立調解之望者，得另訂調解期日。

②調解不成立者，直轄市、縣（市）主管機關應即發給調解不成立證明書。被害人於調解不成立證明書送達後十日內，得向直轄市、縣（市）主管機關申請將調解事件移送該管司法機關，效力分別如下：

一　已提起申訴者，依申訴程序進行；未提起申訴者，視爲申請調解時，提起申訴。

二　該調解事件移送民事法院，其第一審裁判費暫免徵收。

三　該調解事件涉及第二十五條第一項規定，於移送該管檢察官偵查時，視爲於申請調解時已經告訴。

第二三條

①調解經法院核定，其屬民事調解者，與民事確定判決有同一之效力；屬涉及第二十五條第一項規定之刑事調解，以給付金錢或其他代替物或有價證券之一定數量爲標的者，其調解書得爲執行名義。

②經法院核定後之民事調解，有無效或得撤銷之原因者，當事人得向原核定法院提起宣告調解無效或撤銷調解之訴。

③前項規定，當事人應於法院核定之調解書送達後三十日內爲之。

④民事訴訟法第五百零二條及強制執行法第十八條第二項規定，於第二項情形準用之。
第二四條
①調解程序，不公開之。
②調解委員及經辦調解事務之人，對於調解事件，除已公開之事項外，應保守秘密。

第六章　罰　則

第二五條
①意圖性騷擾，乘人不及抗拒而爲親吻、擁抱或觸摸其臀部、胸部或其他身體隱私處之行爲者，處二年以下有期徒刑、拘役或併科新臺幣十萬元以下罰金；利用第二條第二項之權勢或機會而犯之者，加重其刑至二分之一。
②前項之罪，須告訴乃論。
第二六條
①廣播、電視事業違反第十條第一項或第三項規定者，由目的事業主管機關處新臺幣六萬元以上六十萬元以下罰鍰，並令其限期改正；屆期未改正者，得按次處罰。
②前項以外之宣傳品、出版品、網際網路或其他媒體業者違反第十條第一項或第三項規定者，由目的事業主管機關處負責人新臺幣六萬元以上六十萬元以下罰鍰，並得沒入第十條第一項規定之物品、令其限期移除內容、下架或其他必要之處置；屆期不履行者，得按次處罰。
③前二項規定，於被害人死亡，經目的事業主管機關權衡爲維護治安、安定人心、澄清視聽、防止危險擴大或其他社會公益，認有報導或揭露必要者，不罰。
④違反第十條第五項規定者，由直轄市、縣（市）主管機關處新臺幣六萬元以上六十萬元以下罰鍰。
⑤第一項及第二項以外之任何人違反第十條第四項規定，而無正當理由者，由直轄市、縣（市）主管機關處新臺幣二萬元以上十萬元以下罰鍰。
⑥宣傳品、出版品、網際網路或其他媒體無負責人或負責人對行爲人之行爲不具監督關係者，第二項之處罰對象爲行爲人。
第二七條
①對他人爲權勢性騷擾，經申訴調查成立者，由直轄市、縣（市）主管機關處新臺幣六萬元以上六十萬元以下罰鍰。
②對他人爲權勢性騷擾以外之性騷擾，經申訴調查成立者，由直轄市、縣（市）主管機關處新臺幣一萬元以上十萬元以下罰鍰。
③前二項規定之裁處權，自被害人提出申訴時起，因三年期間之經過而消滅。
第二八條
①違反第七條第一項規定者，由直轄市、縣（市）主管機關處新臺幣二萬元以上二十萬元以下罰鍰，並令其限期改正；屆期未改正者，得按次處罰。
②違反第七條第二項規定，致被害人權益受損者，由直轄市、縣（市）主管機關處新臺幣二萬元以上二十萬元以下罰鍰。
第二九條
政府機關（構）、部隊、學校、機構或僱用人違反第九條第一項規定爲不當之差別待遇者，由直轄市、縣（市）主管機關處新臺幣一萬元以上十萬元以下罰鍰，並令其限期改正；屆期未改正者，得按次處罰。
第三〇條
行爲人違反第十七條規定，無正當理由規避、妨礙、拒絕調查或拒絕提供資料者，由直轄市、縣（市）主管機關處新臺幣一萬元以上五萬元以下罰鍰，並得按次處罰。

第七章　附　則

第三一條

①第七條至第九條、第十二條至第十三條、第二十八條及第二十九條之規定，於性侵害犯罪準用之。
②前項行政罰鍰之科處，由性侵害犯罪防治主管機關為之。

第三二條

本法中華民國一百十二年七月三十一日修正之本條文施行前，已受理之性騷擾申訴、再申訴事件尚未終結者，及修正施行前已發生之性騷擾事件而於修正施行後受理申訴者，均依修正施行後之規定終結之。但已進行之程序，其效力不受影響。

第三三條

本法施行細則，由中央主管機關定之。

第三四條

本法除第七條第二項、第三項、第十四條至第二十四條、第二十七條、第二十八條第二項及第三十條自中華民國一百十三年三月八日施行外，自公布日施行。

性侵害犯罪防治法

①民國86年1月22日總統令制定公布全文20條；並自公布日施行。
②民國91年5月15日總統令修正公布第3條條文。
③民國91年6月12日總統令增訂公布第6-1、6-2條條文。
④民國94年2月5日總統令修正公布全文25條；並自公布後六個月施行。
⑤民國99年1月13日總統令修正公布第11、25條條文；並自98年11月23日施行。
⑥民國100年11月9日總統令修正公布第4、7至9、12至14、20、21、23、25條條文；增訂第22-1、23-1條條文；刪除第5條條文；並自101年1月1日施行。
民國102年7月19日行政院公告第3條、第20條第7項、第22-1條第5項所列屬「內政部」及「行政院衛生署」之權責事項，自102年7月23日起改由「衛生福利部」管轄。
⑦民國104年12月23日總統令修正公布第2、3、8、13、17、20、22-1、25條條文；並增訂第13-1、15-1、16-1、16-2條條文；除第15-1條自106年1月1日施行外，餘自公布日施行。
⑧民國112年2月15日總統令修正公布全文56條；除第13條自公布後六個月施行外，餘自公布日施行。

第一章　總　則

第一條
為防治性侵害犯罪及保護被害人權益，特制定本法。

第二條
本法用詞，定義如下：
一　性侵害犯罪：指觸犯刑法第二百二十一條至第二百二十七條、第二百二十八條、第二百二十九條、第三百三十二條第二項第二款、第三百三十四條第二項第二款、第三百四十八條第二項第一款及其特別法之罪。
二　加害人：指觸犯前款各罪經判決有罪確定之人。
三　被害人：指遭受性侵害或疑似遭受性侵害之人。
四　專業人士：指因學識、技術、經驗、訓練或教育而就兒童或心智障礙性侵害案件協助詢（訊）問具有專業能力之人。

第三條
本法所稱主管機關：在中央為衛生福利部；在直轄市為直轄市政府；在縣（市）為縣（市）政府。

第四條
本法所定事項，主管機關及目的事業主管機關權責事項如下：
一　社政主管機關：被害人保護、扶助與定期公布性侵害相關統計資料及其他相關事宜。
二　衛生主管機關：被害人驗傷、採證、身心治療與加害人身心治療、輔導或教育及其他相關事宜。
三　教育主管機關：各級學校、幼兒園性侵害防治教育、被害人與其子女就學權益之維護及其他相關事宜。
四　勞動主管機關：被害人職業訓練、就業服務、勞動權益維護及其他相關事宜。
五　警政主管機關：被害人安全維護、性侵害犯罪調查、資料統計、加害人登記、報到、查訪、查閱及其他相關事宜。
六　法務主管機關：性侵害犯罪偵查、矯正、徒刑執行期間治療及其他相關事宜。
七　移民主管機關：臺灣地區無戶籍國民、外國人、無國籍人民、大陸地區人民、香港或澳門居民因遭受性侵害致逾期停留、居留者，協助其在臺居留或定居權益維護，配合協助辦理後續送返事宜；加害人為臺灣地區無戶籍國民、外國人、大陸地區人民、香港或澳門居民，配合協助辦理後續遣返及其他相關事宜。

八　文化主管機關：出版品違反本法規定之處理及其他相關事宜。

九　通訊傳播主管機關：廣播、電視及其他由該機關依法管理之媒體違反本法規定之處理及其他相關事宜。

十　戶政主管機關：提供被害人與其未成年子女身分、戶籍資料及其他相關事宜。

十一　其他性侵害防治措施，由相關目的事業主管機關依其權責辦理。

第五條

①中央主管機關應辦理下列事項：

一　規劃、推動、監督與訂定性侵害防治政策及相關法規。

二　督導有關性侵害防治事項之執行。

三　協調各級政府建立性侵害案件處理程序、防治及醫療網絡。

四　推展性侵害防治之宣導及教育。

五　被害人個案資料與加害人身心治療、輔導或教育資料之建立、彙整、統計及管理。

六　其他性侵害防治有關事項。

②中央主管機關辦理前項事項，應遴聘（派）學者專家、民間團體及相關機關代表提供諮詢；其中學者專家、民間團體代表之人數，不得少於總數二分之一。任一性別人數不得少於總數五分之二。

③第一項第五款資料之範圍、來源、管理、使用及其他相關事項之辦法，由中央主管機關定之。

第六條

①直轄市、縣（市）主管機關應整合所屬警政、教育、衛生、社政、勞政、新聞、戶政與其他相關機關、單位之業務及人力，設立性侵害防治中心，並協調相關機關辦理下列事項：

一　提供二十四小時電話專線服務。

二　提供被害人二十四小時緊急救援。

三　協助被害人就醫診療、驗傷及採證。

四　協助被害人心理治療、輔導、緊急安置與法律諮詢及服務。

五　協調醫療機構成立專門處理性侵害案件之醫療小組。

六　提供加害人身心治療、輔導或教育。

七　辦理加害人登記、報到、查訪及查閱。

八　轉介加害人接受更生輔導。

九　推廣性侵害防治教育、訓練及宣導。

十　召開加害人再犯預防跨網絡會議。

十一　其他有關性侵害防治及保護事項。

②前項性侵害防治中心得與家庭暴力防治中心合併設立，並應配置社會工作、警察、衛生及其他相關專業人員；其組織，由直轄市、縣（市）主管機關定之。

第七條

①犯性騷擾防治法第二十五條第一項之罪及犯刑法第三百十九條之二第一項之罪，經判決有罪確定者，準用第三十一條、第三十三條至第三十五條、第四十二條及第四十三條規定。

②刑法第三百十九條之一至第三百十九條之四案件，準用第八條、第九條、第十二條、第十三條、第十五條、第十六條、第十八條至第二十八條規定。

③以刑法第三百十九條之一至第三百十九條之三之性影像，犯刑法第三百零四條、第三百零五條、第三百四十六條之罪者，準用第八條、第九條、第十二條、第十五條、第十六條、第十八條至第二十八條規定。

第二章　預防及通報

第八條

主管機關及目的事業主管機關應就其權責範圍，依性侵害防治之需要，尊重多元文化差異，主動規劃預防、宣導、教育及其他必要措施；對涉及相關機關之防治業務，並應全力配合。

第九條

①高級中等以下學校每學期應實施性侵害防治教育課程，至少二小時。

②前項性侵害防治教育課程，應包括：

一　他人性自主之尊重。

二　性侵害犯罪之認識。

三　性侵害危機之處理。

四　性侵害防範之技巧。

五　其他與性侵害防治有關之教育。

③幼兒園應實施性侵害防治教育宣導。

④機關、部隊、學校、機構或僱用人之組織成員、受僱人或受服務人數達三十人以上者，應定期舉辦或督促所屬人員參與性侵害防治教育訓練。

第一〇條

①法院、檢察署、司法警察機關及醫療機構，應由經專業訓練之專責人員處理性侵害案件。

②前項經專業訓練之專責人員每年應至少接受性侵害防治專業訓練課程六小時。

③第一項之機關應適時辦理教育訓練，以充實調查、偵查或審理兒童或心智障礙者性侵害案件之司法警察、司法警察官、檢察事務官、檢察官或法官之辦案專業素養；相關教育訓練至少包含接受兒童或心智障礙者性侵害案件詢（訊）問訓練課程。

④第一項醫療機構，應經中央主管機關指定，並設置處理性侵害案件醫療小組。

第一一條

①醫事人員、社會工作人員、教育人員、保育人員、教保服務人員、警察人員、勞政人員、司法人員、移民業務人員、矯正人員、村（里）幹事人員、私立就業服務機構及其從業人員，於執行職務時，知有疑似性侵害犯罪情事者，應立即向當地直轄市、縣（市）主管機關通報，至遲不得超過二十四小時。

②前項通報內容、通報人員之姓名、住居所及其他足資識別其身分之資訊，除法律另有規定外，應予保密。

③直轄市、縣（市）主管機關於接獲第一項通報時，應即派員評估被害人需求及提供服務。

第一二條

直轄市、縣（市）主管機關接獲前條第一項規定之通報後，知悉行為人為兒童或少年者，應依相關法規轉介各該權責機關提供教育、心理諮商或輔導、法律諮詢或其他服務。

第一三條

①網際網路平臺提供者、網際網路應用服務提供者及網際網路接取服務提供者，透過網路內容防護機構、主管機關、警察機關或其他機關，知有性侵害犯罪嫌疑情事，應先行限制瀏覽或移除與犯罪有關之網頁資料。

②前項犯罪網頁資料與嫌疑人之個人資料及網路使用紀錄資料，應保留一百八十日，以提供司法及警察機關調查。

第三章　被害人保護

第一四條

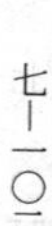

①醫療機構對於被害人，不得無故拒絕診療及開立驗傷診斷書。
②醫療機構對被害人診療時，應有護理人員陪同，並應保護被害人之隱私，提供安全及合適之就醫環境。
③第一項驗傷診斷書之格式，由中央主管機關定之。

第一五條

①因職務或業務上知悉或持有被害人姓名、出生年月日、住居所及其他足資識別其身分之資料者，除法律另有規定外，應予保密。
②警察人員於必要時應採取保護被害人之安全措施。
③行政機關及司法機關所公示之文書，不得揭露被害人之姓名、出生年月日、住居所及其他足資識別被害人身分之資訊。

第一六條

①宣傳品、出版品、廣播、電視、網際網路或其他媒體，不得報導或記載有被害人之姓名或其他足資識別身分之資訊。但有下列情形之一者，不在此限：
一　被害人爲成年人，經本人同意。但心智障礙者、受監護宣告或輔助宣告者，應以其可理解方式提供資訊。受監護宣告者並應取得其監護人同意。
二　檢察官或法院依法認爲有必要。
②前項第一款但書規定之監護人爲同意時，應尊重受監護宣告者之意願。
③第一項第一款但書所定監護人爲該性侵害犯罪嫌疑人或被告時，不得報導或記載有被害人之姓名或其他足資識別身分之資訊。
④第一項以外之任何人，不得以媒體或其他方法公開或揭露被害人之姓名及其他足資識別身分之資訊。

第一七條

①對於被害人之驗傷及採證，除依刑事訴訟法之規定或被害人無意識或無法表意者外，應經被害人之同意，並依下列規定辦理：
一　被害人爲心智障礙者、受監護宣告或輔助宣告者，應以其可理解方式提供資訊。受監護宣告者並應取得其監護人同意。
二　被害人爲未滿十二歲者，應經其法定代理人同意。
②前項第一款之監護人爲同意時，應尊重受監護宣告者之意願。
③第一項第二款之法定代理人同意時，應以兒童之最佳利益爲優先考量，並依其心智成熟程度權衡其意見。
④第一項第一款及第二款所定監護人或法定代理人不明、通知顯有困難或爲該性侵害犯罪之嫌疑人時，得逕行驗傷及採證。
⑤第一項採證，應將所取得之證物保全於證物袋，司法警察機關應即送請內政部警政署鑑驗。證物鑑驗報告應依法妥善保存。
⑥告訴乃論之性侵害犯罪案件，於未提出告訴或自訴前，司法警察機關應將證物送交犯罪發生地之直轄市、縣（市）主管機關保管；除因未能知悉犯罪嫌疑人者外，於保管六個月後得將該證物逕行銷毀。

第一八條

①被害人之法定代理人、配偶、直系或三親等內旁系血親、家長、家屬、醫師、心理師、輔導人員、社會工作人員或其信賴之人，經被害人同意後，得於偵查或審判時，陪同被害人在場，並得陳述意見。
②前項得陪同在場之人爲性侵害犯罪嫌疑人、被告，或檢察官、檢察事務官、司法警察官或司法警察認其在場，有礙偵查程序之進行時，不適用之。
③被害人爲兒童或少年時，除顯無必要者外，直轄市、縣（市）主管機關應指派社會工作人員於偵查或審判時陪同在場，並得陳述意見。

第一九條

①兒童或心智障礙之被害人於偵查或審判中，經司法警察、司法警察官、檢察事務官、檢察官或法官認有必要時，應由具相關專業人士在場協助詢（訊）問。

②前項專業人士應於詢（訊）問前，評估被害人之溝通能力及需求，並向司法警察、司法警察官、檢察事務官、檢察官或法官說明其評估之結果及相關建議。

③專業人士依第一項規定協助詢（訊）問時，如司法警察、司法警察官、檢察事務官、檢察官、法官、被告或其辯護人提出不適當問題或被害人無法適當回答之問題，專業人士得爲適當建議。必要時，偵查中經司法警察、司法警察官、檢察事務官或檢察官之許可，審判中經法官之許可，得由專業人士直接對被害人進行詢問。

④專業人士於協助詢（訊）問時，司法警察、司法警察官、檢察事務官、檢察官、法官、被告或其辯護人，得透過單面鏡、聲音影像相互傳送之科技設備，或適當隔離措施爲之。

⑤偵查或審判中，兒童或心智障礙被害人受專業人士評估及專業人士直接對被害人進行詢問之過程，應全程錄音錄影。

第二〇條

①前條專業人士辦理協助詢（訊）問事務，依其性質，準用刑事訴訟法第十二章第二節、第三節規定。

②前條專業人士之資格、條件、酬勞支給、提出說明或建議方式及其他相關事項之辦法，由中央主管機關會商相關機關定之。

第二一條

前二條規定，於少年保護事件及少年刑事案件之被害人爲兒童或心智障礙者時，準用之。

第二二條

犯罪嫌疑人、被告或少年事件之少年爲心智障礙者，於刑事案件偵查、審判程序或少年事件處理程序中，除適用刑事訴訟法或少年事件處理法有關規定外，認有必要時，得準用第十九條規定。

第二三條

①法院對被害人之訊問或詰問，得依聲請或依職權於法庭外爲之，或利用聲音、影像傳送之科技設備或其他適當隔離措施，將被害人與被告或法官隔離。

②傳喚到庭作證之被害人爲兒童、少年或心智障礙、身心創傷者，其因當庭詰問致有不能自由或完全陳述之虞時，法院應採取前項之隔離措施。

③法院因當事人或辯護人詰問被害人不當而禁止其詰問者，得以訊問代之。

④被告或其辯護人不得詰問或提出有關被害人與被告以外之人之性經驗證據。但法院認有必要者，不在此限。

第二四條

偵查或審判時，檢察官或法院得依職權或依聲請指定或選任相關領域之專家證人，提供專業意見。其經傳喚到庭陳述之意見，得爲證據，並準用刑事訴訟法第一百六十三條至第一百七十一條、第一百七十五條及第一百九十九條規定。

第二五條

被告或其辯護人於審判時，對被害人有任何性別歧視之陳述或舉止者，法院應即時予以制止。

第二六條

①被害人於審判時有下列情形之一，其於檢察事務官、司法警察官或司法警察調查時所爲之陳述，經證明具有可信之特別情況，且爲證明犯罪事實之存否所必要者，得爲證據：

一　因性侵害致身心創傷無法陳述。

二　因身心壓力於訊問或詰問時無法爲完全陳述或拒絕陳述。

三　依第十九條規定接受詢（訊）問之陳述。

②被害人於偵查中，依第十九條第三項後段規定接受專業人士直接詢問所爲之陳述，除顯有不可信之情況外，得爲證據。

第二七條

①性侵害犯罪之案件，審判不得公開。但被害人為成年人，經本人同意，且法院認有必要者，不在此限。

②前項被害人為心智障礙者、受監護宣告或輔助宣告者，應以其可理解方式提供資訊，受監護宣告者並應取得其監護人同意。監護人為同意時，應尊重受監護宣告者之意願。

③第二項所定監護人為該性侵害犯罪之被告時，審判不得公開。

第二八條

①直轄市、縣（市）主管機關得依被害人之申請，核發下列補助：

一　非屬全民健康保險給付範圍之醫療費用、驗傷與採證費用及心理復健費用。

二　訴訟費用及律師費用。

三　其他費用。

②前項補助對象、條件、金額及其他相關事項之自治法規，由直轄市、縣（市）主管機關定之。

第四章　加害人處遇

第二九條

①加害人應接受司法警察機關對其照相、採取指紋及採樣去氧核醣核酸，不得拒絕。

②中央警政主管機關應建立加害人之相片、指紋、去氧核醣核酸紀錄及個人基本資料。

③前項資料應予保密，非依法律規定，不得提供。

④第一項照相、採取指紋、採樣去氧核醣核酸之方式與第二項資料之內容、管理及其他相關事項之辦法，由中央警政主管機關定之。

第三〇條

為防治跨國性侵害犯罪，中央目的事業主管機關必要時，得依法律、條約、協定或協議，提供加害人之個人資料。

第三一條

①加害人有下列情形之一，經評估認有施以身心治療、輔導或教育之必要者，直轄市、縣（市）主管機關應令其接受身心治療、輔導或教育：

一　有期徒刑、保安處分或第三十七條、第三十八條所定之強制治療執行完畢。但有期徒刑經易服社會勞動者，於准易服社會勞動時起執行之。

二　假釋。

三　緩刑。

四　免刑。

五　赦免。

六　經法院依第三十八條第一項但書及第六項規定或刑法第九十一條之一第二項但書規定裁定停止強制治療。

②前項規定，對於犯罪後經驅逐或限令出境者，不適用之。

③第一項之執行期間為三年以下。執行期間屆滿前，經評估認有繼續執行之必要者，直轄市、縣（市）主管機關得延長之，最長不得逾一年；其無繼續執行之必要者，得停止其處分之執行。

④前項經評估認無繼續執行之必要者，於其登記、報到期間，經評估認有施以身心治療、輔導或教育之必要，直轄市、縣（市）主管機關應令其再接受身心治療、輔導或教育；其執行期間應予併計，且不得逾前項執行期間之規定。

⑤犯性騷擾防治法第二十五條第一項之罪經判處拘役或罰金確定，依第七條第一項準用本條第一項規定，於判決確定時執行之。

⑥第一項至第三項規定對於有性侵害犯罪行為，經法院依少年事件處理法裁定保護處分確定且認有必要者，得準用之。

第三二條

性侵害犯罪經緩起訴處分確定者，經直轄市、縣（市）主管機關評估小組評估認有施以身心治療、輔導或教育之必要，應令其接受身心治療、輔導或教育。

第三三條

①第三十一條第一項、第三項至第六項及前條之評估，由直轄市、縣（市）主管機關成立評估小組辦理。但服徒刑之成年受刑人由監獄、少年受刑人及受感化教育少年由少年矯正學校成立評估小組辦理。

②前項評估小組之組成與其辦理第三十一條第一項、第三項、第四項及前條評估之內容、基準、程序與身心治療、輔導或教育之內容、程序、期間及其他相關事項之辦法，由中央主管機關會同法務主管機關定之。

第三四條

①觀護人對於付保護管束之加害人，得採取下列一款或數款之處遇方式：

一　實施約談、訪視，並得進行團體活動或問卷等輔助行爲。

二　有事實足認其有再犯之虞或需加強輔導及管束者，得密集實施約談、訪視；必要時，並得請警察機關派員定期或不定期查訪。

三　有事實可疑爲施用毒品者，得命其接受尿液採驗。

四　無一定之居住處所，或其居住處所不利保護管束之執行者，得報請檢察官許可，命其居住於指定之處所。

五　有於特定時間犯罪之習性，或有事實足認其有再犯之虞時，得報請檢察官許可，命其於監控時段內，未經許可，不得外出。

六　報請檢察官許可，對其實施測謊。

七　報請檢察官許可，對其實施科技設備監控。

八　有固定犯罪模式，或有事實足認其有再犯之虞時，得報請檢察官許可，禁止其接近特定場所或對象。

九　轉介相關機構或團體爲適當處遇。

十　其他必要處遇。

②少年保護官對於依第三十一條第六項規定接受身心治療、輔導或教育之少年，除前項第四款至第八款外，於與少年保護事件性質不相違反者，得採取前項一款或數款之處遇方式。

③第一項第三款尿液採驗之執行方式、程序、期間、次數、檢驗機構、項目及其他相關事項之辦法；第六款之測謊、第七款之科技設備監控，其實施機關（構）、人員、方式、程序及其他相關事項之辦法，由法務主管機關會商相關機關定之。

第三五條

前條付保護管束且經實施科技設備監控之加害人，故意拆除、損壞、隱匿、阻斷科技監控設備，經檢察署通報警察機關，司法警察官或司法警察得強制其到檢察署或檢察官指定之處所，由檢察署派員回復科技監控設備正常運作，相關機關並依法令規定爲後續處理。

第三六條

加害人依第三十一條第一項及第四項接受身心治療、輔導或教育，經第三十三條評估小組評估認有再犯之風險者，直轄市、縣（市）主管機關得檢具相關評估報告，送請檢察官依刑法第九十一條之一規定聲請強制治療或繼續施以強制治療。

第三七條

①加害人於徒刑執行期滿前，接受身心治療、輔導或教育後，經矯正機關評估小組評估認有再犯之風險，而不適用刑法第九十一條之一規定者，矯正機關得檢具相關評估報告，送請檢察官聲請法院裁定命其進入醫療機構或其他指定處所，施以強制治療。

②加害人依第三十一條第一項及第四項接受身心治療、輔導或教育後，經評估認有再犯之風險，而不適用刑法第九十一條之一規定者，由檢察官或直轄市、縣（市）主管機關檢具相關評估報告聲請法院裁定命其進入醫療機構或其他指定處所，施以強制治療。

③依前二項規定經法院裁定施以強制治療之加害人，於徒刑執行期滿或接獲法院裁定後，直轄市、縣（市）主管機關應逕移強制治療處所接續治療，必要時得協調相關機關協助移送。

第三八條

①前條強制治療之執行期間爲五年以下；其執行期間屆滿前，經評估認其再犯風險未顯著降低，而有繼續強制治療之必要者，檢察官或直轄市、縣（市）主管機關得向法院聲請許可延長之，第一次延長期間爲三年以下，第二次以後每次延長期間爲一年以下。但執行中，檢察官或直轄市、縣（市）主管機關認無繼續執行之必要者，得向法院聲請裁定停止強制治療。

②停止強制治療之執行後有前條第一項或第二項情形之一者，法院得令入相當處所，繼續施以強制治療。

③前項強制治療之期間，應與停止強制治療前已執行之期間合併計算。

④前三項執行或延長期間內，應每年至少評估一次有無繼續強制治療之必要。

⑤強制治療處所應於第一項之執行或延長期間屆滿前三個月，檢具治療、評估等結果通知強制治療受處分人及檢察官或直轄市、縣（市）主管機關。

⑥強制治療受處分人於收受前項通知後，得自行向法院聲請裁定停止強制治療之執行。

⑦直轄市、縣（市）主管機關於收受第五項通知後，認強制治療受處分人無繼續強制治療之必要，或收受第一項但書或前項停止強制治療執行之裁定後，應召開轉銜會議，安排強制治療受處分人身心治療、輔導或教育及登記、報到事宜，並提供就學、就業、家庭支持及其他照顧服務。

第三九條

前三條強制治療之聲請、停止與延長程序、執行機關（構）、處所、執行程序、方式、經費來源、評估小組之組成及其他相關事項之辦法，由法務主管機關會同中央主管機關定之。

第四〇條

①第三十七條及第三十八條之聲請、停止、延長及裁定事項，除本法另有規定外，準用刑事訴訟法相關規定。

②加害人有下列情形之一，且未經選任辯護人者，法院應指定公設辯護人或律師爲其辯護，並準用刑事訴訟法第三十一條第二項及第四項規定：

一　身心障礙，致無法爲完全之陳述。

二　其他經法院認有必要。

③刑事訴訟法第三十五條規定，於前項情形，準用之。

④法院受理第三十七條及第三十八條之聲請，除顯無必要者外，應指定期日傳喚加害人，並通知聲請人、辯護人、輔佐人。

⑤前項期日，聲請人得到場陳述意見。但法院認有必要者，聲請人應到場陳述聲請理由或提出必要之證據。

⑥法院應給予到場加害人、辯護人、輔佐人陳述意見之機會。但經合法傳喚、通知無正當理由不到場，或陳明不願到場者，不在此限。

第四一條

①犯刑法第二百二十一條、第二百二十二條、第二百二十四條之一、第二百二十五條第一項、第二百二十六條、第二百二十六條之一、第三百三十二條第二項第二款、第三百三十四條第二項第二款、第三百四十八條第二項第一款或其特別法之罪之加害人，有第三十一條第一項各款情形之一者，應定期向警察機關辦理身分、就學、工作、車籍之異動或其他相關資料之登記、報到；其登記、報到期間爲七年。

②犯刑法第二百二十四條、第二百二十五條第二項、第二百二十七條、第二百二十八條之罪之加害人，有第三十一條第一項各款情形之一者，亦適用前項之規定；其登記、報到期間爲五年。

③前二項規定，對於犯罪後經驅逐或限令出境者或犯罪時未滿十八歲者，不適用之。

④第一項、第二項加害人於登記、報到期間，應定期或不定期接受警察機關查訪；其登記內容有變更者，應於變更之七日內辦理資料異動。
⑤犯性侵害犯罪經外國、大陸地區、香港或澳門法院有罪判決確定後，於未經我國法院重新判決確定前，準用前項查訪規定。

第四二條
①性侵害犯罪經緩起訴處分確定者，其接受身心治療、輔導或教育期間，應定期向警察機關辦理身分、就學、工作、車籍之異動或其他相關資料之登記、報到。
②前項人員於登記、報到期間，應定期或不定期接受警察機關查訪；其登記內容有變更者，應於變更後七日內辦理資料異動。
③前二項規定，於犯罪時未滿十八歲者，不適用之。

第四三條
①爲維護公共利益及社會安全目的，前二條登記、報到期間之登記事項，得提供特定人員查閱。
②前二條登記、報到之程序、方式、查訪頻率與前項查閱之範圍、內容、執行機關、查閱人員之資格、條件、查閱程序及其他應遵行事項之辦法，由中央警政主管機關會商中央各目的事業主管機關定之。

第五章　罰　則

第四四條
第三十七條第一項、第二項之加害人經通知依指定期日到場接受強制治療而未按時到場者，處一年以下有期徒刑、拘役、科或併科新臺幣十萬元以下罰金。

第四五條
違反第十一條第二項保密規定者，處新臺幣六萬元以上六十萬元以下罰鍰。

第四六條
有下列情形之一，而無正當理由者，由目的事業主管機關處新臺幣六萬元以上六十萬元以下罰鍰，並令其限期改善；屆期未改善者，得按次處罰，並得令其限制接取：
一　違反第十三條第一項規定，未先行限制瀏覽、移除。
二　違反第十三條第二項規定，未保留一百八十日，或未將資料提供司法或警察機關調查。
三　違反依第七條第二項準用第十三條第一項規定，未先行限制瀏覽、移除。
四　違反依第七條第二項準用第十三條第二項規定，未保留一百八十日，或未將資料提供司法或警察機關調查。

第四七條
違反第十五條第一項保密規定者，或違反依第七條第二項、第三項準用第十五條第一項保密規定者，處新臺幣六萬元以上六十萬元以下罰鍰。

第四八條
①廣播、電視事業違反第十六條第一項或第三項規定，或違反依第七條第二項、第三項準用第十六條第一項或第三項規定者，由目的事業主管機關處新臺幣六萬元以上六十萬元以下罰鍰，並令其限期改正；屆期未改正者，得按次處罰。
②前項以外之宣傳品、出版品、網際網路或其他媒體業者違反第十六條第一項或第三項規定，或違反依第七條第二項、第三項準用第十六條第一項或第三項規定者，由目的事業主管機關處負責人新臺幣六萬元以上六十萬元以下罰鍰，並得沒入第十六條規定之物品、令其限期移除內容、下架或其他必要之處置；屆期不履行者，得按次處罰至履行爲止。
③前二項規定，於被害人死亡，經目的事業主管機關權衡爲維護治安、安定人心、澄清視聽、防止危險擴大或其他社會公益，認有報導或揭露必要者，不罰。
④第一項及第二項以外之任何人違反第十六條第四項規定，或違反依第七條第二項、第

三項準用第十六條第四項規定，而無正當理由者，處新臺幣二萬元以上十萬元以下罰鍰。

⑤宣傳品、出版品、網際網路或其他媒體無負責人或負責人對行為人之行為不具監督關係者，第二項之處罰對象為行為人。

第四九條

違反第十四條第一項規定者，由直轄市、縣（市）主管機關處新臺幣一萬元以上五萬元以下罰鍰。

第五〇條

①第三十一條第一項、第四項之加害人、性侵害犯罪經緩起訴處分確定者、依第七條第一項準用第三十一條第一項及第四十二條第一項、第二項規定者，有下列情形之一，由直轄市、縣（市）主管機關處新臺幣一萬元以上五萬元以下罰鍰，並令其限期履行：

一　經直轄市、縣（市）主管機關通知，無正當理由不到場或拒絕接受評估、身心治療、輔導或教育，或接受之時數不足。

二　未依第四十一條第一項、第二項、第四項或第四十二條第一項、第二項規定，定期辦理登記、報到、資料異動或接受查訪。

②依第四十一條第五項準用同條第四項規定受查訪者，有前項第二款規定情形時，依前項規定處罰。

③依前二項規定令其限期履行，屆期仍不履行者，處一年以下有期徒刑、拘役或科或併科新臺幣十萬元以下罰金。

④受前三項處分者於執行完畢後，仍應依第三十一條、第三十二條、第四十一條及第四十二條規定辦理。

第六章　附　則

第五一條

①直轄市、縣（市）主管機關對於下列各款之人為前條第一項之處分後，應即通知該管檢察官：

一　假釋、緩刑或有期徒刑經易服社會勞動之加害人。

二　犯性騷擾防治法第二十五條第一項之罪及犯刑法第三百十九條之二第一項之罪經假釋、緩刑或有期徒刑易服社會勞動者。

三　性侵害犯罪經緩起訴處分確定者。

②該管檢察官接獲前項通知後，得通知原執行監獄典獄長報請法務部撤銷假釋，或向法院聲請撤銷緩刑之宣告，或依職權撤銷緩起訴處分及易服社會勞動。

第五二條

①第四十四條、第五十條第三項之被告或判決有罪確定之加害人逃亡、藏匿經通緝者，該管警察機關得將其身分相關資訊刊載於機關網站、報紙或以其他方法公開之；其經拘提、逮捕、已死亡或顯無必要時，該管警察機關應即停止公告。

②前項規定，於犯罪時未滿十八歲者，不適用之。

第五三條

本法規定於軍法機關戰時辦理現役軍人犯性侵害犯罪案件，準用之。

第五四條

①第三十六條至第四十條修正施行前，受強制治療之宣告者，於修正施行後，應繼續執行。

②前項情形，由原執行檢察署之檢察官或直轄市、縣（市）主管機關於第三十六條至第四十條修正施行後六月內，向該案犯罪事實最後裁判之法院，依第三十八條第一項或刑法第九十一條之一第二項規定，聲請裁定強制治療之期間。

③前項聲請，如法院裁定時，其強制治療已執行累計逾五年者，視為依第三十八條第一

項後段或刑法第九十一條之一第二項後段規定為第一次許可延長之聲請；已執行逾八年者，視為第二次許可延長之聲請。

④有下列情形之一，由該案犯罪事實最後裁判之法院，依第三十八條第一項、第二項或刑法第九十一條之一第二項、第三項規定裁定之，並適用前項規定：

一　第三十六條至第四十條修正施行前，受法院停止治療執行之裁定，於修正施行後，經聲請繼續施以強制治療者。

二　第一項或第二項之情形，法院於第三十六條至第四十條修正施行後為停止治療執行之裁定，經聲請繼續施以強制治療者。

第五五條

本法施行細則，由中央主管機關定之。

第五六條

本法除第十三條自公布後六個月施行外，其餘自公布日施行。

兒童及少年性剝削防制條例

①民國84年8月11日總統令制定公布全文39條；並自公布日施行。
②民國88年4月21日總統令修正公布第2、27條條文；並刪除第37條條文。
③民國88年6月2日總統令修正公布第9、22、29、33、34條條文。
④民國89年11月8日總統令修正公布第3、13至16、33條條文；並增訂第36-1條條文。
⑤民國94年2月5日總統令修正公布第14、20、23至26、28、31條條文；並增訂第36-2條條文。
⑥民國95年5月30日總統令修正公布第23至25、27、39條條文；並自95年7月1日施行。
⑦民國96年7月4日總統令修正公布第9、28條條文。
民國102年7月19日行政院公告第3條第1項、第6、8條、第14條第1項所列屬「內政部」之權責事項，自102年7月23日起改由「衛生福利部」管轄。
⑧民國104年2月4日總統令修正公布名稱及全文55條（原名稱：兒童及少年性交易防制條例）。
民國105年11月17日行政院令發布定自106年1月1日施行。
⑨民國106年11月29日總統令修正公布第36、38、39、51條條文。
民國107年3月19日行政院令發布定自107年7月1日施行。
⑩民國107年1月3日總統令修正公布第2、7、8、15、19、21、23、30、44、45、49、51條條文。
民國107年3月19日行政院令發布定自107年7月1日施行。
⑪民國112年2月15日總統令修正公布第2、5、7、8、14、22、28、31、35、36、38、39、43至45、46至48、51、53、55條條文；增訂第45-1、52-1、53-1條條文；除第22條施行日期由行政院定之外，自公布日施行。
⑫民國113年8月7日總統令修正公布第2至5、8、28、36、39、43、44、47、51、53、55條條文；並增訂第8-1條條文；除第3、8、8-1、47條施行日期由行政院定之外，自公布日施行。

第一章　總　則

第一條　（立法目的）

爲防制兒童及少年遭受任何形式之性剝削，保護其身心健全發展，特制定本條例。

第二條 113

①本條例所稱兒童或少年性剝削，指下列行爲之一者：
一　使兒童或少年爲有對價之性交或猥褻行爲。
二　利用兒童或少年爲性交或猥褻之行爲，以供人觀覽。
三　拍攝、製造、重製、持有、散布、播送、交付、公然陳列、販賣或支付對價觀覽兒童或少年之性影像、與性相關而客觀上足以引起性慾或羞恥之圖畫、語音或其他物品。
四　使兒童或少年坐檯陪酒或涉及色情之伴遊、伴唱、伴舞或其他類似行爲。
②本條例所稱被害人，指遭受性剝削或疑似遭受性剝削之兒童或少年。

第三條 113

①本條例所稱主管機關：在中央爲衛生福利部；在直轄市爲直轄市政府；在縣（市）爲縣（市）政府。主管機關應獨立編列預算，並置專職人員辦理兒童及少年性剝削防制業務。
②本條例所定事項，主管機關及目的事業主管機關權責事項如下：
一　主管機關：兒童及少年性剝削防制政策規劃、推動、監督及其他相關事宜；被害人保護扶助、行政裁處、行爲人輔導教育、定期公布兒童及少年性剝削相關統計資料及其他相關事宜。
二　衛生主管機關：被害人驗傷、採證、行爲人身心治療及其他相關事宜。

三　教育主管機關：各級學校、幼兒園兒童及少年性剝削防制教育、被害人就學權益之維護、中途學校及其他相關事宜。
四　勞動主管機關：被害人職業訓練、就業服務及其他相關事宜。
五　警政主管機關：兒童及少年性剝削犯罪預防及調查、資料統計、行為人登記、報到、查訪、查閱及其他相關事宜。
六　法務主管機關：兒童及少年性剝削犯罪偵查、矯正及其他相關事宜。
七　移民主管機關：臺灣地區無戶籍國民、外國人、無國籍人民、大陸地區人民、香港或澳門居民因遭受兒童及少年性剝削致逾期停留或居留者，協助維護其在臺灣地區停留或居留權益，並配合協助辦理後續送返事宜；加害人為臺灣地區無戶籍國民、外國人、大陸地區人民、香港或澳門居民者，配合協助辦理後續遣返及其他相關事宜。
八　文化主管機關：出版品違反本條例規定之處理及其他相關事宜。
九　通訊傳播主管機關：廣播、電視及其他由該機關依法管理之媒體違反本條例規定之處理及其他相關事宜。
十　數位發展主管機關：兒童或少年性影像犯罪防制情事之技術支援相關事宜。
十一　經濟主管機關：特定行業營業場所違反本條例規定之處理及其他相關事宜。
十二　戶政主管機關：提供被害人身分、戶籍資料及其他相關事宜。
十三　其他兒童及少年性剝削及性影像防制措施，由相關目的事業主管機關依其權責辦理。

③主管機關應會同前項相關機關定期公布並檢討教育、宣導、救援及保護、加害者處罰、安置及服務等工作成效。

④主管機關應邀集相關學者或專家、民間相關機構、團體代表及目的事業主管機關代表，協調、研究、審議、諮詢及推動兒童及少年性剝削防制政策；其中學者、專家及民間相關機構、團體代表不得少於二分之一，任一性別不得少於三分之一。

⑤為協助被害人處理性影像限制瀏覽或移除，中央主管機關得自行或委託民間團體成立性影像處理中心，並設專職人員辦理下列事項：
一　受理性影像申訴、諮詢、查察。
二　通知網際網路平臺提供者、網際網路應用服務提供者及網際網路接取服務提供者（以下併稱網路業者）限制瀏覽或移除兒童或少年之性影像。
三　其他性影像防制相關業務。

⑥中央主管機關得運用科技技術方式，於網路主動巡查涉兒童或少年性影像犯罪嫌疑情事，數位發展主管機關依法提供相關技術協助。

⑦網路業者對於前項巡查，不得拒絕、妨礙或規避。

第四條　113

①高級中等以下學校每學期應辦理兒童及少年性剝削防制教育課程，至少二小時。

②前項兒童及少年性剝削教育課程內容如下：
一　性不得作為交易對象之宣導。
二　性剝削犯罪之認識。
三　遭受性剝削之處境。
四　網路安全及正確使用網路之知識。
五　其他有關性剝削防制事項。

③各級學校、幼兒園應對教職員工及教保相關人員實施兒童及少年性剝削防制教育及宣導。

第二章　救援及保護

第五條　113

①中央法務主管機關及中央警政主管機關應分別指定所屬機關專責指揮督導各地方檢察

署、警察機關辦理有關本條例犯罪偵查工作；各地方檢察署、警察機關應指定經專業訓練之專責人員辦理本條例事件。

②爲辦理本條例第二條第一項第三款性剝削行爲之犯罪偵查，警察機關應指定或設立專責單位建立被害人性影像數位鑑識資料庫。

③前項資料庫之內容、儲存、管理及使用之辦法，由中央警政主管機關定之。

④中央警政主管機關、中央法務主管機關及司法院應適時辦理兒童及少年性剝削防制教育訓練，以充實調查、偵查或審理兒童及少年性剝削案件之司法警察、司法警察官、檢察事務官、檢察官或法官之辦案專業素養。

第六條 （主管機關應提供緊急庇護等其他必要之服務）

爲預防兒童及少年遭受性剝削，直轄市、縣（市）主管機關對於脫離家庭之兒童及少年應提供緊急庇護、諮詢、關懷、連繫或其他必要服務。

第七條 112

①醫事人員、社會工作人員、教育人員、保育人員、移民管理人員、移民業務機構從業人員、戶政人員、村里幹事、警察人員、司法人員、觀光業從業人員、電子遊戲場業從業人員、資訊休閒業從業人員、就業服務人員、公寓大廈管理服務人員及其他執行兒童福利或少年福利業務人員，於執行職務或業務時，知有被害人，應即通報當地直轄市、縣（市）主管機關，至遲不得超過二十四小時。

②前項人員於執行職務或業務時，知有第四章之犯罪嫌疑人，應即通報第五條所定機關或人員，至遲不得超過二十四小時。

③任何人知有被害人或第四章之犯罪嫌疑人，得通報直轄市、縣（市）主管機關或第五條所定機關或人員。

④前三項通報人之身分資料，應予保密。

⑤直轄市、縣（市）主管機關接獲第一項通報後，知悉行爲人爲兒童或少年者，應依相關法規轉介各該權責機關提供教育、心理諮商或輔導、法律諮詢或其他服務。

第八條 113

①網路業者透過主管機關或其他機關，知有第四章犯罪嫌疑情事，應於二十四小時內限制瀏覽或移除與第四章犯罪有關之網頁資料。

②前項犯罪網頁資料與嫌疑人之個人資料及網路使用紀錄資料，應保留一百八十日，以提供司法及警察機關調查。

③直轄市、縣（市）主管機關得協助被害人於偵查中向檢察官、審理中向法院請求重製扣案之被害人性影像。第一項之網路業者於技術可行下，應依直轄市、縣（市）主管機關通知比對、移除或下架被害人之性影像。

④性影像處理中心得知網頁資料涉有兒童或少年之性影像犯罪嫌疑情事者，應通知網路業者、警察機關及中央主管機關。

⑤前項通知，應記載下列事項：

一　足以識別犯罪嫌疑情事之網站名稱與網址及性影像之網址。

二　行爲人網路平臺帳號或網際網路協定位置。

三　通知之國家、機關、聯絡人姓名、電話及電子郵件。

⑥中央主管機關收受第四項通知後，應即令網路業者依第一項規定，限制瀏覽或移除與犯罪有關之網頁資料。

⑦前項處分內容，應記載下列事項：

一　第五項各款事項。

二　網路業者網站名稱、網址、網際網路協定位置或其他足資辨別指涉之該網路業者特徵。

三　主旨、事實、理由及其法令依據。

四　有附款者，附款之內容。

五　處分機關及其首長署名、蓋章，該機關有代理人或受任人者，須同時於其下簽名。但以自動機器作成之大量行政處分，得不經署名，以蓋章爲之。

六　發文字號及年、月、日。

七　表明其為行政處分之意旨及不服行政處分之救濟方法、期間及其受理機關。

第八條之一　113

①主管機關對網路業者依前條及第四十七條作成之行政處分，得以電子文件利用網際網路之方式，傳送至網路業者公開揭示、指定或網域註冊之電子郵件、電子表單，以為送達。

②前項電子文件，由主管機關傳送至網路業者公開揭示、指定或網域註冊之電子郵件、電子表單後一工作日，發生依法送達、通知或使其知悉之效力。但有下列情形之一者，不在此限：

一　電子文件已傳送而未進入網路業者公開揭示、指定或網域註冊之電子郵件、電子表單。

二　電子文件已進入網路業者公開揭示、指定或網域註冊之電子郵件、電子表單後一工作日，網路業者釋明其無法閱讀。

三　網路業者證明電子文件於較早或較晚之時點進入其公開揭示、指定或網域註冊之電子郵件、電子表單。

③前項但書第一款情形有爭議時，由主管機關證明；主管機關不能證明者，應另以適當之方式重行送達、通知或使其知悉。

④第二項但書第二款情形，主管機關應另以適當之方式重行送達、通知或使其知悉。

⑤第二項但書第三款情形，依網路業者證明較早或較晚之時點，發生依法送達、通知或使其知悉之效力。

⑥有下列情形之一者，主管機關得為限制接取：

一　無從知悉網路業者聯絡資訊，致無法為第一項之送達。

二　認網頁資料所涉犯罪嫌疑情節重大，為避免犯罪、危害擴大或避免急迫危險，而有即時處置之必要時。

三　網路業者經限制接取後，更換網域名稱或其他方法疑有第四章犯罪嫌疑情事。

⑦主管機關為執行前項及第四十七條之限制接取，數位發展主管機關、教育主管機關、通訊傳播主管機關、法務主管機關、警政主管機關、網際網路接取服務提供者應依法協助執行。

第九條　（偵查或審判時應通知社工人員之陪同）

①警察及司法人員於調查、偵查或審判時，詢（訊）問被害人，應通知直轄市、縣（市）主管機關指派社會工作人員陪同在場，並得陳述意見。

②被害人於前項案件偵查、審判中，已經合法訊問，其陳述明確別無訊問之必要者，不得再行傳喚。

第一〇條　（偵查或審理中被害人受詢問或詰問時，得陪同在場之相關人員）

①被害人於偵查或審理中受詢（訊）問或詰問時，其法定代理人、直系或三親等內旁系血親、配偶、家長、家屬、醫師、心理師、輔導人員或社會工作人員得陪同在場，並陳述意見。於司法警察官或司法警察調查時，亦同。

②前項規定，於得陪同在場之人為本條例所定犯罪嫌疑人或被告時，不適用之。

第一一條　（對證人、被害人、檢舉人、告發人或告訴人之保護）

性剝削案件之證人、被害人、檢舉人、告發人或告訴人，除依本條例規定保護外，經檢察官或法官認有必要者，得準用證人保護法第四條至第十四條、第十五條第二項、第二十條及第二十一條規定。

第一二條　（偵查審理時，訊問兒童或少年時應注意其人身安全，並提供安全環境與措施）

①偵查及審理中訊問兒童或少年時，應注意其人身安全，並提供確保其安全之環境與措施，必要時，應採取適當隔離方式為之，另得依聲請或依職權於法庭外為之。

②於司法警察官、司法警察調查時，亦同。

第一三條　（得為證據之情形）

兒童或少年於審理中有下列情形之一者，其於檢察事務官、司法警察官、司法警察調查中所為之陳述，經證明具有可信之特別情況，且為證明犯罪事實存否所必要者，得為證據：

一　因身心創傷無法陳述。

二　到庭後因身心壓力，於訊問或詰問時，無法為完全之陳述或拒絕陳述。

三　非在臺灣地區或所在不明，而無法傳喚或傳喚不到。

第一四條 112

①宣傳品、出版品、廣播、電視、網際網路或其他媒體不得報導或記載有被害人之姓名、出生年月日、住居所、學籍或其他足資識別身分之資訊。

②因職務或業務知悉或持有前項足資識別被害人身分之資訊者，除法律另有規定外，應予保密。

③行政及司法機關所公示之文書，不得揭露足資識別被害人身分之資訊。但法律另有規定者，不在此限。

④前三項以外之任何人不得以媒體或其他方法公開或揭露被害人之姓名及其他足資識別身分之資訊。

第三章　安置及服務

第一五條　（查獲及救援之被害人或自行求助者之處置）107

①檢察官、司法警察官及司法警察查獲及救援被害人後，應於二十四小時內將被害人交由當地直轄市、縣（市）主管機關處理。

②前項直轄市、縣（市）主管機關應即評估被害人就學、就業、生活適應、人身安全及其家庭保護教養功能，經列為保護個案者，為下列處置：

一　通知父母、監護人或親屬帶回，並為適當之保護及教養。

二　送交適當場所緊急安置、保護及提供服務。

三　其他必要之保護及協助。

③前項被害人未列為保護個案者，直轄市、縣（市）主管機關得視其需求，轉介相關服務資源協助。

④前二項規定於直轄市、縣（市）主管機關接獲報告、自行發現或被害人自行求助者，亦同。

第一六條　（繼續安置之評估及採取之措施）

①直轄市、縣（市）主管機關依前條緊急安置被害人，應於安置起七十二小時內，評估有無繼續安置之必要，經評估無繼續安置必要者，應不付安置，將被害人交付其父母、監護人或其他適當之人；經評估有安置必要者，應提出報告，聲請法院裁定。

②法院受理前項聲請後，認無繼續安置必要者，應裁定不付安置，並將被害人交付其父母、監護人或其他適當之人；認有繼續安置必要者，應交由直轄市、縣（市）主管機關安置於兒童及少年福利機構、寄養家庭或其他適當之醫療、教育機構，期間不得逾三個月。

③安置期間，法院得依職權或依直轄市、縣（市）主管機關、被害人、父母、監護人或其他適當之人之聲請，裁定停止安置，並交由被害人之父母、監護人或其他適當之人保護及教養。

④直轄市、縣（市）主管機關收到第二項裁定前，得繼續安置。

第一七條　（緊急安置時限之計算及不予計入之時間）

前條第一項所定七十二小時，自依第十五條第二項第二款規定緊急安置被害人之時起，即時起算。但下列時間不予計入：

一　在途護送時間。

二　交通障礙時間。

三　依其他法律規定致無法就是否有安置必要進行評估之時間。

四　其他不可抗力之事由所生之遲滯時間。

第一八條　（主管機關審前報告之提出及其內容項目）

①直轄市、縣（市）主管機關應於被害人安置後四十五日內，向法院提出審前報告，並聲請法院裁定。審前報告如有不完備者，法院得命於七日內補正。

②前項審前報告應包括安置評估及處遇方式之建議，其報告內容、項目及格式，由中央主管機關定之。

第一九條　（審前報告之裁定）107

①法院依前條之聲請，於相關事證調查完竣後七日內對被害人為下列裁定：

一　認無安置必要者應不付安置，並交付父母、監護人或其他適當之人。其為無合法有效之停（居）留許可之外國人、大陸地區人民、香港、澳門居民或臺灣地區無戶籍國民，亦同。

二　認有安置之必要者，應裁定安置於直轄市、縣（市）主管機關自行設立或委託之兒童及少年福利機構、寄養家庭、中途學校或其他適當之醫療、教育機構，期間不得逾二年。

三　其他適當之處遇方式。

②前項第一款後段不付安置之被害人，於遣返前，直轄市、縣（市）主管機關應委託或補助民間團體續予輔導，移民主管機關應儘速安排遣返事宜，並安全遣返。

第二〇條　（不服法院裁定得提起抗告之期限）

①直轄市、縣（市）主管機關、檢察官、父母、監護人、被害人或其他適當之人對於法院裁定有不服者，得於裁定送達後十日內提起抗告。

②對於抗告法院之裁定，不得再抗告。

③抗告期間，不停止原裁定之執行。

第二一條　（定期評估、聲請繼續安置及停止安置之規定）107

①被害人經依第十九條安置後，主管機關應每三個月進行評估。經評估無繼續安置、有變更安置處所或為其他更適當處遇方式之必要者，得聲請法院為停止安置、變更處所或其他適當處遇之裁定。

②經法院依第十九條第一項第二款裁定安置期滿前，直轄市、縣（市）主管機關認有繼續安置之必要者，應於安置期滿四十五日前，向法院提出評估報告，聲請法院裁定延長安置，其每次延長之期間不得逾一年。但以延長至被害人年滿二十歲為止。

③被害人於安置期間年滿十八歲，經評估有繼續安置之必要者，得繼續安置至期滿或年滿二十歲。

④因免除、不付或停止安置者，直轄市、縣（市）主管機關應協助該被害人及其家庭預為必要之返家準備。

第二二條　112

①中央教育主管機關及中央主管機關應聯合設置或協調直轄市、縣（市）主管機關設置安置被害人之中途學校。

②中途學校之組織及其教育之實施，另以法律定之。

第二三條　（指派社工人員進行輔導處遇及輔導期限）107

①經法院依第十九條第一項第一款前段、第三款裁定之被害人，直轄市、縣（市）主管機關應指派社會工作人員進行輔導處遇，期間至少一年或至其年滿十八歲止。

②前項輔導期間，直轄市、縣（市）主管機關或父母、監護人或其他適當之人認為難收輔導成效者或認仍有安置必要者，得檢具事證及敘明理由，由直轄市、縣（市）主管機關自行或接受父母、監護人或其他適當之人之請求，聲請法院為第十九條第一項第二款之裁定。

第二四條　（受指派社會工作人員對交付者之輔導義務）

經法院依第十六條第二項或第十九條第一項裁定之受交付者，應協助直轄市、縣（市）主管機關指派之社會工作人員對被害人為輔導。

第二五條　（對免除、停止或結束安置無法返家者之處遇）

直轄市、縣（市）主管機關對於免除、停止或結束安置，無法返家之被害人，應依兒童及少年福利與權益保障法爲適當之處理。

第二六條　（有無另犯其他罪之處理）

①兒童或少年遭受性剝削或有遭受性剝削之虞者，如無另犯其他之罪，不適用少年事件處理法及社會秩序維護法規定。

②前項之兒童或少年如另犯其他之罪，應先依第十五條規定移送直轄市、縣（市）主管機關處理後，再依少年事件處理法移送少年法院（庭）處理。

第二七條　（受交付安置之機構，在保護教養被害人範圍內，行使負擔父母對未成年子女之權利義務）

安置或保護教養期間，直轄市、縣（市）主管機關或受其交付或經法院裁定交付之機構、學校、寄養家庭或其他適當之人，在安置或保護教養被害人之範圍內，行使、負擔父母對於未成年子女之權利義務。

第二八條 113

①父母、養父母或監護人對未滿十八歲之子女、養子女或受監護人犯第三十二條至第三十八條、第三十九條第二項、第四項之罪者，被害人、檢察官、被害人最近尊親屬、直轄市、縣（市）主管機關、兒童及少年福利機構或其他利害關係人，得向法院聲請停止其行使、負擔父母對於被害人之權利義務，另行選定監護人。對於養父母，並得請求法院宣告終止其收養關係。

②法院依前項規定選定或改定監護人時，得指定直轄市、縣（市）主管機關、兒童及少年福利機構或其他適當之人爲被害人之監護人，並得指定監護方法、命其父母、原監護人或其他扶養義務人交付子女、支付選定或改定監護人相當之扶養費用及報酬、命爲其他必要處分或訂定必要事項。

③前項裁定，得爲執行名義。

第二九條　（加強親職教育輔導，並實施家庭處遇計畫）

直轄市、縣（市）主管機關得令被害人之父母、監護人或其他實際照顧之人接受八小時以上五十小時以下之親職教育輔導，並得實施家庭處遇計畫。

第三〇條　（對被害人進行輔導處遇及追蹤之情形）107

①直轄市、縣（市）主管機關應對有下列情形之一之被害人進行輔導處遇及追蹤，並提供就學、就業、自立生活或其他必要之協助，其期間至少一年或至其年滿二十歲止：

一　經依第十五條第二項第一款及第三款規定處遇者。

二　經依第十六條第一項、第二項規定不付安置之處遇者。

三　經依第十六條第二項規定安置於兒童及少年福利機構、寄養家庭或其他適當之醫療、教育機構，屆期返家者。

四　經依第十六條第三項規定裁定停止安置，並交由被害人之父母、監護人或其他適當之人保護及教養者。

五　經依第十九條第一項第二款規定之安置期滿。

六　經依第二十一條規定裁定安置期滿或停止安置。

②前項輔導處遇及追蹤，教育、勞動、衛生、警察等單位，應全力配合。

第四章　罰　則

第三一條 112

①與未滿十六歲之人爲有對價之性交或猥褻行爲者，依刑法之規定處罰之。

②十八歲以上之人與十六歲以上未滿十八歲之人爲有對價之性交或猥褻行爲者，處三年以下有期徒刑、拘役或新臺幣十萬元以下罰金。

第三二條　（罰則）

①引誘、容留、招募、媒介、協助或以他法，使兒童或少年爲有對價之性交或猥褻行爲者，處一年以上七年以下有期徒刑，得併科新臺幣三百萬元以下罰金。以詐術犯之

者，亦同。

②意圖營利而犯前項之罪者，處三年以上十年以下有期徒刑，併科新臺幣五百萬元以下罰金。

③媒介、交付、收受、運送、藏匿前二項被害人或使之隱避者，處一年以上七年以下有期徒刑，得併科新臺幣三百萬元以下罰金。

④前項交付、收受、運送、藏匿行爲之媒介者，亦同。

⑤前四項之未遂犯罰之。

第三三條　（罰則）

①以強暴、脅迫、恐嚇、監控、藥劑、催眠術或其他違反本人意願之方法，使兒童或少年爲有對價之性交或猥褻行爲者，處七年以上有期徒刑，得併科新臺幣七百萬元以下罰金。

②意圖營利而犯前項之罪者，處十年以上有期徒刑，併科新臺幣一千萬元以下罰金。

③媒介、交付、收受、運送、藏匿前二項被害人或使之隱避者，處三年以上十年以下有期徒刑，得併科新臺幣五百萬元以下罰金。

④前項交付、收受、運送、藏匿行爲之媒介者，亦同。

⑤前四項之未遂犯罰之。

第三四條　（罰則）

①意圖使兒童或少年爲有對價之性交或猥褻行爲，而買賣、質押或以他法，爲他人人身之交付或收受者，處七年以上有期徒刑，併科新臺幣七百萬元以下罰金。以詐術犯之者，亦同。

②以強暴、脅迫、恐嚇、監控、藥劑、催眠術或其他違反本人意願之方法，犯前項之罪者，加重其刑至二分之一。

③媒介、交付、收受、運送、藏匿前二項被害人或使之隱避者，處三年以上十年以下有期徒刑，併科新臺幣五百萬元以下罰金。

④前項交付、收受、運送、藏匿行爲之媒介者，亦同。

⑤前四項未遂犯罰之。

⑥預備犯第一項、第二項之罪者，處二年以下有期徒刑。

第三五條 112

①招募、引誘、容留、媒介、協助、利用或以他法，使兒童或少年爲性交或猥褻之行爲，以供人觀覽者，處三年以上十年以下有期徒刑，得併科新臺幣三百萬元以下罰金。

②以強暴、脅迫、藥劑、詐術、催眠術或其他違反本人意願之方法，使兒童或少年爲性交或猥褻之行爲，以供人觀覽者，處七年以上有期徒刑，得併科新臺幣五百萬元以下罰金。

③意圖營利犯前二項之罪者，依各該條項之規定，加重其刑至二分之一。

④前三項之未遂犯罰之。

第三六條 113

①拍攝、製造、無故重製兒童或少年之性影像、與性相關而客觀上足以引起性慾或羞恥之圖畫、語音或其他物品，處一年以上七年以下有期徒刑，得併科新臺幣十萬元以上一百萬元以下罰金。

②招募、引誘、容留、媒介、協助或以他法，使兒童或少年被拍攝、自行拍攝、製造、無故重製性影像、與性相關而客觀上足以引起性慾或羞恥之圖畫、語音或其他物品，處三年以上十年以下有期徒刑，得併科新臺幣三百萬元以下罰金。

③以強暴、脅迫、藥劑、詐術、催眠術或其他違反本人意願之方法，使兒童或少年被拍攝、自行拍攝、製造、無故重製性影像、與性相關而客觀上足以引起性慾或羞恥之圖畫、語音或其他物品者，處七年以上有期徒刑，得併科新臺幣五百萬元以下罰金。

④意圖營利犯前三項之罪者，依各該條項之規定，加重其刑至二分之一。

⑤前四項之未遂犯罰之。

⑥第一項至第四項之附著物、圖畫及物品，不問屬於犯罪行爲人與否，沒收之。

⑦拍攝、製造、無故重製兒童或少年之性影像、與性相關而客觀上足以引起性慾或羞恥之圖畫、語音或其他物品之工具或設備，不問屬於犯罪行為人與否，沒收之。但屬於被害人者，不在此限。

第三七條 （罰則）

①犯第三十三條第一項、第二項、第三十四條第二項、第三十五條第二項或第三十六條第三項之罪，而故意殺害被害人者，處死刑或無期徒刑；使被害人受重傷者，處無期徒刑或十二年以上有期徒刑。

②犯第三十三條第一項、第二項、第三十四條第二項、第三十五條第二項或第三十六條第三項之罪，因而致被害人於死者，處無期徒刑或十二年以上有期徒刑；致重傷者，處十二年以上有期徒刑。

第三八條 112

①散布、播送、交付、公然陳列或以他法供人觀覽、聽聞兒童或少年之性影像、與性相關而客觀上足以引起性慾或羞恥之圖畫、語音或其他物品者，處一年以上七年以下有期徒刑，得併科新臺幣五百萬元以下罰金。

②意圖散布、播送、交付或公然陳列而持有前項物品者，處六月以上五年以下有期徒刑，得併科新臺幣三百萬元以下罰金。

③意圖營利犯前二項之罪者，依各該條項之規定，加重其刑至二分之一。販賣前二項性影像、與性相關而客觀上足以引起性慾或羞恥之圖畫、語音或其他物品者，亦同。

④第一項及第三項之未遂犯罰之。

⑤查獲之第一項至第三項之附著物、圖畫及物品，不問屬於犯罪行為人與否，沒收之。

第三九條 113

①無正當理由支付對價而持有兒童或少年之性影像，處一年以上七年以下有期徒刑，得併科新臺幣十萬元以上一百萬元以下罰金。

②無正當理由持有兒童或少年之性影像，處三年以下有期徒刑、拘役，得併科新臺幣六萬元以上六十萬元以下罰金。

③無正當理由持有兒童或少年與性相關而客觀上足以引起性慾或羞恥之圖畫、語音或其他物品，第一次被查獲者，處新臺幣一萬元以上十萬元以下罰鍰，並得令其接受二小時以上十小時以下之輔導教育，其附著物、圖畫及物品不問屬於持有人與否，沒入之。

④無正當理由持有兒童或少年與性相關而客觀上足以引起性慾或羞恥之圖畫、語音或其他物品第二次以上被查獲者，處新臺幣二萬元以上二十萬元以下罰金。

⑤查獲之第一項、第二項及第四項之附著物、圖畫及物品，不問屬於犯罪行為人與否，沒收之。

第四〇條 （罰則）

①以宣傳品、出版品、廣播、電視、電信、網際網路或其他方法，散布、傳送、刊登或張貼足以引誘、媒介、暗示或其他使兒童或少年有遭受第二條第一項第一款至第三款之虞之訊息者，處三年以下有期徒刑，得併科新臺幣一百萬元以下罰金。

②意圖營利而犯前項之罪者，處五年以下有期徒刑，得併科新臺幣一百萬元以下罰金。

第四一條 （公務員或經選舉產生之公職人員違反本條例之罪，加重處罰）

公務員或經選舉產生之公職人員犯本條例之罪，或包庇他人犯本條例之罪者，依各該條項之規定，加重其刑至二分之一。

第四二條 （父母對其子女違反本條例之罪，因自白或自首之罰則）

①意圖犯第三十二條至第三十六條或第三十七條第一項後段之罪，而移送被害人入出臺灣地區者，依各該條項之規定，加重其刑至二分之一。

②前項之未遂犯罰之。

第四三條 113

①父母對其子女犯本條例之罪，因自白或自首，而查獲第三十二條至第三十八條、第三十九條第一項、第二項、第四項之犯罪者，減輕或免除其刑。

②犯第三十一條之罪自白或自首，因而查獲第三十二條至第三十八條、第三十九條第一項、第二項、第四項之犯罪者，減輕或免除其刑。

第四四條 113

支付對價觀覽兒童或少年為性交或猥褻之行為或其性影像者，處一年以上七年以下有期徒刑，得併科新臺幣十萬元以上一百萬元以下罰金。

第四五條 112

①使兒童或少年從事坐檯陪酒或涉及色情之伴遊、伴唱、伴舞或其他類似行為者，處新臺幣二十萬元以上二百萬元以下罰鍰，並令其限期改善；屆期未改善者，由直轄市、縣（市）主管機關移請目的事業主管機關令其停業一個月以上一年以下。

②招募、引誘、容留、媒介、協助或以他法，使兒童或少年坐檯陪酒或涉及色情之伴遊、伴唱、伴舞或其他類似行為者，處一年以下有期徒刑，得併科新臺幣三十萬元以下罰金。

③以強暴、脅迫、藥劑、詐術、催眠術或其他違反本人意願之方法，使兒童或少年坐檯陪酒或涉及色情之伴遊、伴唱、伴舞或其他類似行為者，處三年以上五年以下有期徒刑，得併科新臺幣一百五十萬元以下罰金。

④意圖營利犯前二項之罪者，依各該條項之規定，加重其刑至二分之一。

⑤前三項之未遂犯罰之。

第四五條之一 112

犯第三十二條至第三十六條、第三十八條、第四十條、第四十五條之罪，有事實足以證明行為人所得支配之財物或財產上利益，係取自其違法行為所得者，沒收之。

第四六條 112

①違反第七條第四項保密規定者，處新臺幣六萬元以上六十萬元以下罰鍰。

②無正當理由違反第七條第一項規定，未通報或未依時限通報者，處新臺幣六千元以上六萬元以下罰鍰。

第四七條 113

有下列情形之一，而無正當理由者，由主管機關處新臺幣六萬元以上六十萬元以下罰鍰，並令其限期改善；屆期未改善者，得按次處罰，並得令其限制接取：

一　違反第三條第七項規定，拒絕、妨礙或規避。

二　違反第八條第一項規定，未限制瀏覽、移除。

三　違反第八條第二項規定，未保留資料一百八十日，或未將資料提供司法或警察機關調查。

第四八條 112

①廣播、電視事業違反第十四條第一項報導規定者，由目的事業主管機關處新臺幣六萬元以上六十萬元以下罰鍰，並令其限期改正；屆期未改正者，得按次處罰。

②前項以外之宣傳品、出版品、網際網路或其他媒體業者違反第十四條第一項報導或記載規定者，由目的事業主管機關處負責人新臺幣六萬元以上六十萬元以下罰鍰，並得沒入第十四條第一項規定之物品、令其限期移除內容、下架或其他必要之處置；屆期不履行者，得按次處罰至履行為止。

③違反第十四條第二項保密規定者，處新臺幣六萬元以上六十萬元以下罰鍰。

④違反第十四條第四項禁止公開或揭露規定而無正當理由者，處新臺幣二萬元以上十萬元以下罰鍰。

⑤宣傳品、出版品、網際網路或其他媒體無負責人或負責人對行為人之行為不具監督關係者，第二項所定之處罰對象為行為人。

第四九條 （不接受親職教育輔導等之處罰）107

①不接受第二十九條規定之親職教育輔導或拒不完成其時數者，處新臺幣三千元以上一萬五千元以下罰鍰，並得按次處罰。

②父母、監護人或其他實際照顧之人，因未善盡督促配合之責，致兒童或少年不接受第二十三條第一項及第三十條規定之輔導處遇及追蹤者，處新臺幣一千二百元以上六千

元以下罰鍰。

第五〇條 （罰則）

①宣傳品、出版品、廣播、電視、網際網路或其他媒體，為他人散布、傳送、刊登或張貼足以引誘、媒介、暗示或其他使兒童或少年有遭受第二條第一項第一款至第三款之虞之訊息者，由各目的事業主管機關處新臺幣五萬元以上六十萬元以下罰鍰。

②各目的事業主管機關對於違反前項規定之媒體，應發布新聞並公開之。

③第一項網際網路或其他媒體若已善盡防止任何人散布、傳送、刊登或張貼使兒童或少年有遭受第二條第一項第一款至第三款之虞之訊息者，經各目的事業主管機關邀集兒童及少年福利團體與專家學者代表審議同意後，得減輕或免除其罰鍰。

第五一條 113

①犯第三十六條第三項之罪，經判決有罪確定者，準用性侵害犯罪防治法第三十一條、第三十三條至第三十五條、第四十二條、第四十三條、第五十條及第五十一條規定。

②犯第三十一條第二項、第三十六條第一項、第三十八條第一項、第三十九條第一項、第二項、第四項或第四十四條之罪，經判決有罪或緩起訴處分確定者，直轄市、縣（市）主管機關應對其實施八小時以上五十小時以下之輔導教育。

③前項輔導教育之執行，主管機關得協調矯正機關於犯罪行為人服刑期間辦理，矯正機關應提供場地及必要之協助。

④無正當理由不接受第二項或第三十九條第三項之輔導教育，或拒不完成其時數者，處新臺幣六千元以上三萬元以下罰鍰，並得按次處罰。

第五二條 （從重處罰；軍人犯罪之準用）

①違反本條例之行為，其他法律有較重處罰之規定者，從其規定。

②軍事審判機關於偵查、審理現役軍人犯罪時，準用本條例之規定。

第五二條之一 112

中華民國人民在中華民國領域外犯本條例所定之罪者，不問犯罪地之法律有無處罰規定，均依本條例處罰。

第五章 附 則

第五三條 113

第三十九條第三項及第五十一條第二項輔導教育之對象、方式、內容及其他應遵行事項之辦法，由中央主管機關會同法務主管機關定之。

第五三條之一 112

本條例中華民國一百十二年一月十日修正之第三十九條及第四十四條施行前，無正當理由持有兒童或少年之性影像或支付對價觀覽兒童或少年為性交或猥褻之行為，於修正施行後裁罰者，適用修正施行前之規定。

第五四條 （施行細則）

本條例施行細則，由中央主管機關定之。

第五五條 113

①本條例施行日期，由行政院定之。

②本條例中華民國一百十二年一月十日修正之條文，除第二十二條施行日期由行政院定之外，自公布日施行。

③本條例中華民國一百十三年七月十二日修正之條文，除第三條、第八條、第八條之一及第四十七條施行日期由行政院定之外，自公布日施行。

兒童及少年性剝削防制條例施行細則

①民國85年2月10日行政院令訂定發布全文44條；並自發布日施行。
②民國89年2月2日內政部令修正發布第2、17、40條條文。
③民國89年12月30日內政部令修正發布第2、17條條文。
④民國105年12月13日衛生福利部令修正發布名稱及全文23條；並自106年1月1日施行（原名稱：兒童及少年性交易防制條例施行細則）。
⑤民國107年6月22日衛生福利部令修正發布第3、12、21條條文。
⑥民國112年8月16日衛生福利部令修正發布全文26條；並自112年2月17日施行。

第一條

本細則依兒童及少年性剝削防制條例（以下簡稱本條例）第五十四條規定訂定之。

第二條

受理本條例第七條第二項通報之機關或人員，對通報人之身分資料應另行封存，不得附入移送法院審理之文書內。

第三條

①本條例所定直轄市、縣（市）主管機關，為受理通報之直轄市、縣（市）主管機關。但有下列情形之一者，從其規定：

一　同一被害人通報案件有二以上直轄市、縣（市）主管機關受理：被害人居所地之直轄市、縣（市）主管機關。

二　被害人有立即救援、就醫診療、驗傷、取得證據、陪同詢（訊）問、評估保護安置之緊急情形：被害人所在地之直轄市、縣（市）主管機關。

三　被害人安置、醫療及相關費用之支付：被害人戶籍地之直轄市、縣（市）主管機關。

②受理通報之直轄市、縣（市）主管機關得因案件個案需要，經協商後移轉由被害人之法定代理人居所地之直轄市、縣（市）主管機關為後續處置。

第四條

①本條例所稱目的事業主管機關，指下列機關：

一　本條例第四十七條：

㈠登記為電信事業之網際網路接取服務提供者：國家通訊傳播委員會。

㈡非登記為電信事業之網際網路接取服務提供者、網際網路平臺提供者、網際網路應用服務提供者：

1.於我國辦理公司、商業或有限合夥登記者：該公司、商業或有限合夥登記所在地之直轄市、縣（市）主管機關。

2.非於我國辦理公司、商業或有限合夥登記者：被害人居所地之直轄市、縣（市）主管機關。

二　本條例第四十八條第一項、第二項及第五十條第一項、第二項：

㈠廣播、電視事業：國家通訊傳播委員會。

㈡宣傳品、出版品、網際網路或其他媒體：被害人居所地之直轄市、縣（市）主管機關。

②前項第一款第二目之2及第二款第二目所定被害人不明時，以陳情人所在地之直轄市、縣（市）主管機關為目的事業主管機關。

第五條

①中央主管機關得知網頁資料涉有本條例第四章所定犯罪嫌疑情事者，應通知網際網路平臺提供者、網際網路應用服務提供者、網際網路接取服務提供者（以下併稱網路業

者）及第四條第一項第一款之目的事業主管機關。

②前項通知，應記載下列事項：

一　足以識別犯罪嫌疑情事之網站名稱與網址及性影像之網址。

二　行為人網路平臺帳號或網際網路協定位置。

三　通知之國家、機關、聯絡人姓名、電話及電子郵件。

③目的事業主管機關收受第一項通知後，應立即以書面令網路業者於二十四小時內，依本條例第八條第一項規定，限制瀏覽或移除與犯罪有關之網頁資料。

④前項書面內容，應包括第二項各款、本條例第八條第二項犯罪網頁資料保留一百八十日之起訖日期及行政程序法第九十六條第一項應記載事項。

第六條

①目的事業主管機關對網路業者依本條例作成之行政處分，得以電子文件利用網際網路之方式，傳送至網路業者公開揭示或指定之電子郵件、電子表單，以為送達。

②前項電子文件，由目的事業主管機關傳送至網路業者公開揭示或指定之電子郵件、電子表單後一工作日，發生依法送達、通知或使其知悉之效力。但有下列情形之一者，不在此限：

一　電子文件已傳送而未進入網路業者公開揭示或指定之電子郵件、電子表單。

二　電子文件已進入網路業者公開揭示或指定之電子郵件、電子表單後一工作日，網路業者釋明其無法閱讀。

三　網路業者證明電子文件於較早或較晚之時點進入其公開揭示或指定之電子郵件、電子表單。

③前項但書第一款情形有爭議時，由目的事業主管機關證明；目的事業主管機關不能證明者，應另以適當之方式重行送達、通知或使其知悉。

④第二項但書第二款情形，目的事業主管機關應另以適當之方式重行送達、通知或使其知悉。

⑤第二項但書第三款情形，依網路業者證明較早或較晚之時點，發生依法送達、通知或使其知悉之效力。

第七條

目的事業主管機關無從知悉網路業者聯絡資訊，致無法為前條之送達者，為阻止犯罪、危害之發生或避免急迫危險，而有即時處置之必要時，得依行政執行法規定為即時強制。

第八條

①警察及司法人員依本條例第九條第一項規定進行詢（訊）問前，直轄市、縣（市）主管機關指派之社會工作人員得與被害人單獨晤談。

②前項社會工作人員未能到場，警察及司法人員應記明事實，並得在不妨礙該被害人身心情況下，逕送請檢察官進行本條例第九條第一項之訊問。

第九條

本條例第十三條第三款、第十九條第一項第一款、第四十二條第一項所稱臺灣地區，指臺灣、澎湖、金門、馬祖及政府統治權所及之其他地區。

第一〇條

司法機關為本條例第三章、第四章之審理、裁定、偵查、審判，傳喚安置之被害人時，該被害人之主管機關應指派社會工作人員護送被害人到場。

第一一條

司法警察官或司法警察，依本條例第十五條第一項將被害人交由當地直轄市、縣（市）主管機關處理時，應檢具報告（通報）單或其他相關資料。

第一二條

①本條例第十五條第一項所定二十四小時，自依本條例第九條第一項規定通知直轄市、縣（市）主管機關時起算。

②本條例第十六條第一項所定七十二小時期間之終止，逾法定上班時間者，以次日上午

代之；其次日爲休息日時，以其休息日之次日上午代之。

第一三條

下列時間，不計入本條例第十五條第一項所定期間之計算：

一　在途護送時間。

二　交通障礙時間。

三　因不可抗力事由所致之遲滯時間。

第一四條

直轄市、縣（市）主管機關依本條例第十五條第二項第二款安置被害人後，應向其法定代理人或最近尊親屬敘明安置之依據，並告知其應配合事項。但無法通知其法定代理人或最近尊親屬者，不在此限。

第一五條

直轄市、縣（市）主管機關於依本條例第十五條、第十六條安置被害人期間，發現另有本條例第三十一條至第四十條、第四十四條、第四十五條第二項至第五項之犯罪情事者，應通知該管檢察署或警察機關。

第一六條

①直轄市、縣（市）主管機關於依本條例第十五條第二項第二款、第十六條及第十九條第一項第二款安置被害人時，應建立個案資料；必要時，得請被害人戶籍地、住所地或居所地之直轄市、縣（市）主管機關配合提供資料。

②前項個案資料，應於個案結案後保存七年。

第一七條

依本條例第十六條第一項、第十八條第一項規定聲請法院裁定，不得隨案移送被害人。但法院請求隨案移送者，不在此限。

第一八條

①法院依本條例第十六條第二項爲有安置必要之裁定時，該繼續安置期間，由同條第一項安置七十二小時後起算。

②本條例第十八條第一項所定四十五日內，由本條例第十六條第二項繼續安置時起算。

第一九條

直轄市、縣（市）主管機關對法院依本條例第十六條第二項、第十九條第一項第一款裁定不付安置之被害人，應通知法院裁定交付對象戶籍地之直轄市、縣（市）主管機關。

第二〇條

①被害人逾假未歸，或未假離開兒童及少年福利機構、寄養家庭、中途學校或其他醫療與教育機構者，直轄市、縣（市）主管機關應立即以書面通知當地警察機關協尋；尋獲被害人時，直轄市、縣（市）主管機關應即評估及適當處理。

②協尋原因消滅或被害人年滿二十歲時，直轄市、縣（市）主管機關應以書面通知前項警察機關撤銷協尋。

第二一條

①直轄市、縣（市）主管機關對十五歲以上未就學之被害人，認有提供職業訓練或就業服務必要時，應移請當地公立職業訓練機構或公立就業服務機構依其意願施予職業訓練或推介就業。

②直轄市、縣（市）主管機關對前項接受職業訓練或就業服務之被害人，應定期或不定期派社會工作人員訪視，協助其適應社會生活。

第二二條

直轄市、縣（市）主管機關對被害人因就學、接受職業訓練、就業或其他因素，經其法定代理人同意遷離住居所，主管機關認有續予輔導及協助之必要者，得協調其他直轄市、縣（市）主管機關協助處理。

第二三條

本條例所定處罰，由下列機關爲之：

一　本條例第四十五條第一項：查獲地直轄市、縣（市）主管機關。

二　本條例第四十六條及第四十八條第三項、第四項：被害人居所地之直轄市、縣（市）主管機關。

第二四條

①目的事業主管機關依本條例第四十七條規定令其限制接取，其限制接取之行政處分書，除適用行政程序法有關行政處分規定外，應記載限制接取之起訖日期。

②網路業者對於目的事業主管機關依前項規定實施限制接取之決定不服者，得依法提起訴願及行政訴訟。

第二五條

直轄市、縣（市）主管機關接獲警察機關、檢察機關或法院對行為人為移送、不起訴、緩起訴、起訴或判決之書面通知，應建立資料檔案，並通知被害人所在地或戶籍地直轄市、縣（市）主管機關。

第二六條

本細則自中華民國一百十二年二月十七日施行。

資料補充欄

捌、刑事訴訟法及相關法規

刑事訴訟法

①民國17年7月28日國民政府制定公布全文513條；並自17年9月1日施行。
②民國24年1月1日國民政府修正公布全文516條。
③民國34年12月26日國民政府修正公布第6、22、50、67、68、108、109、114、120、121、173、207、217、221、232、235、238、252、287、306、308、311、312、317、318、323、335、362、374至376、378、385、387、389、390、400、415、440、441、495、499、505、507、508、515條條文。
④民國56年1月28日總統令修正公布名稱及全文512條（原名稱：中華民國刑事訴訟法）。
⑤民國57年12月5日總統令修正公布第344、506條條文。
⑥民國71年8月4日總統令修正公布第27、29至31、33、34、150、245、255條條文；並增訂第71-1、88-1條條文。
⑦民國79年8月3日總統令修正公布第308、451、454條條文；並增訂第310-1、451-1、455-1條條文。
⑧民國82年7月30日總統令修正公布第61條條文。
⑨民國84年10月20日總統令修正公布第253、373、376、449、451、454條條文；並增訂第449-1條條文。
⑩民國86年12月19日總統令修正公布第27、31、35、91至93、95、98、101至103、105至108、110、111、114、117至119、121、146、226、228至230、259、271、311、379、449、451、451-1、452條條文；刪除第104、120條條文；並增訂第93-1、100-1、100-2、101-1、101-2、103-1、116-1、231-1條條文。
⑪民國87年1月21日總統令修正公布第55、100-1、100-2、420條條文；並增訂第100-3、248-1條條文。
⑫民國88年2月3日總統令修正公布第93-1、146條條文。
⑬民國88年4月21日總統令修正公布第101-1、147條條文。
⑭民國89年2月9日總統令修正公布第38、117、323、326、328、338、441、442條條文；並增訂第116-2、117-1條條文。
⑮民國89年7月19日總統令修正公布第245條條文。
⑯民國90年1月12日總統令修正公布第122、127、128、130、131、136、137、143至145、153、228、230、231、404、416條條文；刪除第129條條文；增訂第128-1、128-2、131-1、132-1條條文；並自90年7月1日施行。
⑰民國91年2月8日總統令修正公布第61、131、161、163、177、178、218、253、255至260、326條條文；並增訂第253-1至253-3、256-1、258-1至258-4、259-1條條文。
⑱民國91年6月5日總統令修正公布第101-1條條文。
⑲民國92年2月6日總統令修正公布第31、35、37、38、43、44、117-1、118、121、154至156、159、160、164、165至167、169至171、175、180、182至184、186、189、190、192、193、195、196、198、200、201、203至205、208、209、214、215、219、229、258-1、273、274、276、279、287、288、289、303、307、319、320、327、329、331、449、455條條文；增訂第43-1、44-1、158-1至158-4、159-1至159-5、161-1至161-3、163-1、163-2、165-1、166-1至166-7、167-1至167-7、168-1、176-1、176-2、181-1、196-1、203-1至203-4、204-1至204-3、205-1、205-2、206-1、第五節節名、219-1至219-8、236-1、236-2、271-1、273-1、273-2、284-1、287-1、287-2、288-1至288-3條條文；並刪除第162、172至174、191、340條條文；其中第117-1、118、121、175、182、183、189、193、195、198、200、201、205、229、236-1、236-2、258-1、271-1、303、307條自公布日施行，餘自92年9月1日施行。
⑳民國93年4月7日總統令增訂公布第七編之一編名及第455-2至455-11條條文。
㉑民國93年6月23日總統令修正公布第308、309、310-1、326、454條條文；並增訂第310-2、314-1條條文。
㉒民國95年5月24日總統令修正公布第31條條文。
㉓民國95年6月14日總統令修正公布第101-1、301、470、481條條文；並自95年7月1日施行。
㉔民國96年3月21日總統令修正公布第284-1條條文。
㉕民國96年7月4日總統令修正公布第33、108、344、354、361、367、455-1條條文。

㉖民國96年12月12日總統令修正公布第121條條文。
㉗民國98年7月8日總統令修正公布第93、253-2、449、479、480條條文；其中第253-2、449、479、480條自98年9月1日施行；第93條自99年1月1日施行。
㉘民國99年6月23日總統令修正公布第34、404、416條條文；並增訂第34-1條條文。
㉙民國101年6月13日總統令修正公布第245條條文。
㉚民國102年1月23日總統令修正公布第31、95條條文。
㉛民國103年1月29日總統令修正公布第119條條文。
民國103年1月29日總統令修正公布第404、416條條文。
㉜民國103年6月4日總統令修正公布第253-2、370、455-2條條文。
㉝民國103年6月18日總統令增訂公布第119-1條條文；並自公布後六個月施行。
㉞民國103年12月24日總統令修正公布第376條條文。
㉟民國104年1月14日總統令修正公布第27、31、35、93-1條條文。
㊱民國104年2月4日總統令修正公布第420條條文。
㊲民國105年6月22日總統令修正公布第133、136、137、141、143、145、259-1、309、310、404、416、455-2、470、473、475條條文；增訂第3-1、133-1、133-2、142-1、310-3、455-12至455-37條條文及第七編之二編名；並自105年7月1日施行。
㊳民國106年4月26日總統令修正公布第93、101條條文；並增訂第31-1、33-1條條文；除第31-1條自107年1月1日施行外，餘自公布日施行。
㊴民國106年11月16日總統令修正公布第253、284-1、376條條文。
㊵民國107年11月21日總統令修正公布第57、61條條文。
㊶民國107年11月28日總統令修正公布第311條條文。
㊷民國108年6月19日總統令修正公布第33、404、416條條文；增訂第93-2至93-6條條文及第八章之一章名；並自公布後六個月施行。
㊸民國108年7月17日總統令修正公布第116-2、117、121、456、469條條文。
㊹民國109年1月8日總統令修正公布第248-1、429、433、434條條文；並增訂第248-2、248-3、271-2至271-4、429-1至429-3、455-38至455-47條條文及第七編之三編名。
㊺民國109年1月15日總統令修正公布第15、17至26、38、41、46、50、51、58、60、63、67、68、71、76、85、88-1、89、99、101-1、114、121、142、158-2、163、192、256、256-1、271-1、280、289、292、313、344、349、382、390、391、394、426、454、457條條文；並增訂第38-1、89-1條條文；除第38-1條、第51條第1項、第71條第2項、第85條第2項、第89、99條、第142條第3項、第192、289條自公布後六個月施行外，自公布日施行。
㊻民國110年6月16日總統令修正公布第234、239、348條條文。
㊼民國111年2月18日總統令修正公布第316、481條條文；增訂第121-1至121-6條條文及第十章之一章名；並自公布日施行。
㊽民國111年11月30日總統令修正公布第481條條文；並增訂第481-1至481-7條條文。
㊾民國112年5月3日總統令修正公布第67、416條條文。
㊿民國112年6月21日總統令修正公布第161、258-1至258-4、259、260、284-1、303、321、323、326、376、406條條文；並增訂第227-1條條文。
(51)民國112年12月15日總統令修正公布第27、31、35、93-1、182、186、198、206、208、253-2、294、298條條文；並增訂第198-1、198-2、211-1、298-1條條文；除第206條第4、5項、第208、211-1條自公布後五個月施行外，自公布日施行。
(52)民國112年12月27日總統令修正公布第219-3、219-7、257、258、288、385、427、428、430、434、441、442、455-30、476、477條條文。
(53)民國113年7月31日總統令修正公布第245條條文；並增訂第70-1、153-1至153-10、245-1條條文及第十一章之一章名。

第一編　總　則

第一章　法　例

第一條　（犯罪追訴處罰之限制及本法之適用範圍）
①犯罪，非依本法或其他法律所定之訴訟程序，不得追訴、處罰。
②現役軍人之犯罪，除犯軍法應受軍事裁判者外，仍應依本法規定追訴、處罰。

③因受時間或地域之限制，依特別法所為之訴訟程序，於其原因消滅後，尚未判決確定者，應依本法追訴、處罰。

第二條　（實施訴訟程序之原則）

①實施刑事訴訟程序之公務員，就該管案件，應於被告有利及不利之情形，一律注意。

②被告得請求前項公務員，為有利於己之必要處分。

第三條　（刑事訴訟之當事人）

本法稱當事人者，謂檢察官、自訴人及被告。

第三條之一　（刑事訴訟之沒收）105

本法所稱沒收，包括其替代手段。

第二章　法院之管轄

第四條　（事物管轄）

地方法院於刑事案件，有第一審管轄權。但左列案件，第一審管轄權屬於高等法院：

一　內亂罪。

二　外患罪。

三　妨害國交罪。

第五條　（土地管轄）

①案件由犯罪地或被告之住所、居所或所在地之法院管轄。

②在中華民國領域外之中華民國船艦或航空機內犯罪者，船艦本籍地、航空機出發地或犯罪後停泊地之法院，亦有管轄權。

第六條　（牽連管轄）

①數同級法院管轄之案件相牽連者，得合併由其中一法院管轄。

②前項情形，如各案件已繫屬於數法院者，經各該法院之同意，得以裁定將其案件移送於一法院合併審判之；有不同意者，由共同之直接上級法院裁定之。

③不同級法院管轄之案件相牽連者，得合併由其上級法院管轄。已繫屬於下級法院者，其上級法院得以裁定命其移送上級法院合併審判。但第七條第三款之情形，不在此限。

第七條　（相牽連案件）

有左列情形之一者，為相牽連之案件：

一　一人犯數罪者。

二　數人共犯一罪或數罪者。

三　數人同時在同一處所各別犯罪者。

四　犯與本罪有關係之藏匿人犯、湮滅證據、偽證、贓物各罪者。

第八條　（管轄競合）

同一案件繫屬於有管轄權之數法院者，由繫屬在先之法院審判之。但經共同之直接上級法院裁定，亦得由繫屬在後之法院審判。

第九條　（指定管轄）

①有左列情形之一者，由直接上級法院以裁定指定該案件之管轄法院：

一　數法院於管轄權有爭議者。

二　有管轄權之法院經確定裁判為無管轄權，而無他法院管轄該案件者。

三　因管轄區域境界不明，致不能辨別有管轄權之法院者。

②案件不能依前項及第五條之規定，定其管轄法院者，由最高法院以裁定指定管轄法院。

第一〇條　（移轉管轄）

①有左列情形之一者，由直接上級法院，以裁定將案件移轉於其管轄區域內與原法院同級之他法院：

一　有管轄權之法院因法律或事實不能行使審判權者。

二　因特別情形由有管轄權之法院審判，恐影響公安或難期公平者。

②直接上級法院不能行使審判權時，前項裁定由再上級法院爲之。

第一一條　（指定或移轉管轄之聲請）

指定或移轉管轄由當事人聲請者，應以書狀敘述理由向該管法院爲之。

第一二條　（無管轄權法院所爲訴訟程序之效力）

訴訟程序不因法院無管轄權而失效力。

第一三條　（轄區外行使職務）

法院因發見眞實之必要或遇有急迫情形時，得於管轄區域外行其職務。

第一四條　（無管轄權法院之必要處分）

法院雖無管轄權，如有急迫情形，應於其管轄區域內爲必要之處分。

第一五條　（牽連管轄之偵查與起訴）109

第六條所規定之案件，得由一檢察官合併偵查或合併起訴；如該管他檢察官有不同意者，由共同之直接上級檢察署檢察長或檢察總長命令之。

第一六條　（檢察官必要處分之準用規定）

第十三條及第十四條之規定，於檢察官行偵查時準用之。

第三章　法院職員之迴避

第一七條　（法官自行迴避之事由）109

法官於該管案件有下列情形之一者，應自行迴避，不得執行職務：

一　法官爲被害人者。

二　法官現爲或曾爲被告或被害人之配偶、八親等內之血親、五親等內之姻親或家長、家屬者。

三　法官與被告或被害人訂有婚約者。

四　法官現爲或曾爲被告或被害人之法定代理人者。

五　法官曾爲被告之代理人、辯護人、輔佐人或曾爲自訴人、附帶民事訴訟當事人之代理人、輔佐人者。

六　法官曾爲告訴人、告發人、證人或鑑定人者。

七　法官曾執行檢察官或司法警察官之職務者。

八　法官曾參與前審之裁判者。

第一八條　（聲請法官迴避—事由）109

當事人遇有下列情形之一者，得聲請法官迴避：

一　法官有前條情形而不自行迴避者。

二　法官有前條以外情形，足認其執行職務有偏頗之虞者。

第一九條　（聲請法官迴避—時期）109

①前條第一款情形，不問訴訟程度如何，當事人得隨時聲請法官迴避。

②前條第二款情形，如當事人已就該案件有所聲明或陳述後，不得聲請法官迴避。但聲請迴避之原因發生在後或知悉在後者，不在此限。

第二〇條　（聲請法官迴避—程序）109

①聲請法官迴避，應以書狀舉其原因向法官所屬法院爲之。但於審判期日或受訊問時，得以言詞爲之。

②聲請迴避之原因及前條第二項但書之事實，應釋明之。

③被聲請迴避之法官，得提出意見書。

第二一條　（聲請法官迴避—裁定）109

①法官迴避之聲請，由該法官所屬之法院以合議裁定之，其因不足法定人數不能合議者，由院長裁定之；如並不能由院長裁定者，由直接上級法院裁定之。

②前項裁定，被聲請迴避之法官不得參與。

③被聲請迴避之法官，以該聲請爲有理由者，毋庸裁定，即應迴避。

第二二條　（聲請法官迴避—效力）109

法官被聲請迴避者，除因急速處分或以第十八條第二款爲理由者外，應即停止訴訟程序。

第二三條　（聲請法官迴避—裁定駁回之救濟）109

聲請法官迴避經裁定駁回者，得提起抗告。

第二四條　（職權裁定迴避）109

①該管聲請迴避之法院或院長，如認法官有應自行迴避之原因者，應依職權爲迴避之裁定。

②前項裁定，毋庸送達。

第二五條　（書記官及通譯迴避之準用）109

①本章關於法官迴避之規定，於法院書記官及通譯準用之。但不得以曾於下級法院執行書記官或通譯之職務，爲迴避之原因。

②法院書記官及通譯之迴避，由所屬法院院長裁定之。

第二六條　（檢察官、檢察事務官及辦理檢察事務書記官迴避之準用）109

①第十七條至第二十條及第二十四條關於法官迴避之規定，於檢察官、檢察事務官及辦理檢察事務之書記官準用之。但不得以曾於下級檢察署執行檢察官、檢察事務官、書記官或通譯之職務，爲迴避之原因。

②檢察官、檢察事務官及前項書記官之迴避，應聲請所屬檢察長或檢察總長核定之。

③檢察長之迴避，應聲請直接上級檢察署檢察長或檢察總長核定之；其檢察官僅有一人者，亦同。

第四章　辯護人、輔佐人及代理人

第二七條 112

①被告得隨時選任辯護人。犯罪嫌疑人受司法警察官或司法警察調查者，亦同。

②被告或犯罪嫌疑人之法定代理人、配偶、直系或三親等內旁系血親或家長、家屬，得獨立爲被告或犯罪嫌疑人選任辯護人。

③被告或犯罪嫌疑人因身心障礙，致無法爲完全之陳述者，應通知前項之人得爲被告或犯罪嫌疑人選任辯護人。但不能通知者，不在此限。

第二八條　（辯護人—人數限制）

每一被告選任辯護人，不得逾三人。

第二九條　（辯護人—資格）

辯護人應選任律師充之。但審判中經審判長許可者，亦得選任非律師爲辯護人。

第三〇條　（辯護人—選任程序）

①選任辯護人，應提出委任書狀。

②前項委任書狀，於起訴前應提出於檢察官或司法警察官；起訴後應於每審級提出於法院。

第三一條 112

①有下列情形之一，於審判中未經選任辯護人者，審判長應指定公設辯護人或律師爲被告辯護：

一　最輕本刑爲三年以上有期徒刑案件。

二　高等法院管轄第一審案件。

三　被告因身心障礙，致無法爲完全之陳述。

四　被告具原住民身分，經依通常程序起訴或審判。

五　被告爲低收入戶或中低收入戶而聲請指定。

六　其他審判案件，審判長認有必要。

②前項案件選任辯護人於審判期日無正當理由而不到庭者，審判長得指定公設辯護人或律師。

③被告有數人者，得指定一人辯護。但各被告之利害相反者，不在此限。
④指定辯護人後，經選任律師為辯護人者，得將指定之辯護人撤銷。
⑤被告或犯罪嫌疑人因身心障礙，致無法為完全之陳述，或具原住民身分，於偵查中未經選任辯護人，檢察官、司法警察官或司法警察應通知依法設立之法律扶助機構指派律師到場為其辯護。但經被告或犯罪嫌疑人主動請求立即訊問或詢問，或等候律師逾四小時未到場者，得逕行訊問或詢問。

第三一條之一　（偵查中之羈押審查程序適用強制辯護制度）106
①偵查中之羈押審查程序未經選任辯護人者，審判長應指定公設辯護人或律師為被告辯護。但等候指定辯護人逾四小時未到場，經被告主動請求訊問者，不在此限。
②前項選任辯護人無正當理由而不到庭者，審判長得指定公設辯護人或律師。
③前條第三項、第四項之規定，於第一項情形準用之。

第三二條　（數辯護人送達文書之方法）
被告有數辯護人者，送達文書應分別為之。

第三三條　（辯護人之閱卷、抄錄、重製或攝影）108
①辯護人於審判中得檢閱卷宗及證物並得抄錄、重製或攝影。
②被告於審判中得預納費用請求付與卷宗及證物之影本。但卷宗及證物之內容與被告被訴事實無關或足以妨害另案之偵查，或涉及當事人或第三人之隱私或業務秘密者，法院得限制之。
③被告於審判中經法院許可者，得在確保卷宗及證物安全之前提下檢閱之。但有前項但書情形，或非屬其有效行使防禦權之必要者，法院得限制之。
④對於前二項之但書所為限制，得提起抗告。
⑤持有第一項及第二項卷宗及證物內容之人，不得就該內容為非正當目的之使用。

第三三條之一　（辯護人偵查中之羈押審查程序得檢閱卷宗及證物並得抄錄或攝影）106
①辯護人於偵查中之羈押審查程序，除法律另有規定外，得檢閱卷宗及證物並得抄錄或攝影。
②辯護人持有或獲知之前項證據資料，不得公開、揭露或為非正當目的之使用。
③無辯護人之被告於偵查中之羈押審查程序，法院應以適當之方式使其獲知卷證之內容。

第三四條　（辯護人之接見、通信權及限制之條件）99
①辯護人得接見羈押之被告，並互通書信。非有事證足認其有湮滅、偽造、變造證據或勾串共犯或證人者，不得限制之。
②辯護人與偵查中受拘提或逮捕之被告或犯罪嫌疑人接見或互通書信，不得限制之。但接見時間不得逾一小時，且以一次為限。接見經過之時間，同為第九十三條之一第一項所定不予計入二十四小時計算之事由。
③前項接見，檢察官遇有急迫情形且具正當理由時，得暫緩之，並指定即時得為接見之時間及場所。該指定不得妨害被告或犯罪嫌疑人之正當防禦及辯護人依第二百四十五條第二項前段規定之權利。

第三四條之一　（限制書應載明之事項）99
①限制辯護人與羈押之被告接見或互通書信，應用限制書。
②限制書，應記載下列事項：
　一　被告之姓名、性別、年齡、住所或居所，及辯護人之姓名。
　二　案由。
　三　限制之具體理由及其所依據之事實。
　四　具體之限制方法。
　五　如不服限制處分之救濟方法。
③第七十一條第三項規定，於限制書準用之。
④限制書，由法官簽名後，分別送交檢察官、看守所、辯護人及被告。

⑤偵查中檢察官認羈押中被告有限制之必要者，應以書面記載第二項第一款至第四款之事項，並檢附相關文件，聲請該管法院限制。但遇有急迫情形時，得先為必要之處分，並應於二十四小時內聲請該管法院補發限制書；法院應於受理後四十八小時內核復。檢察官未於二十四小時內聲請，或其聲請經駁回者，應即停止限制。
⑥前項聲請，經法院駁回者，不得聲明不服。

第三五條 112
①被告或自訴人之配偶、直系或三親等內旁系血親或家長、家屬或被告之法定代理人於起訴後，得向法院以書狀或於審判期日以言詞陳明為被告或自訴人之輔佐人。
②輔佐人得為本法所定之訴訟行為，並得在法院陳述意見。但不得與被告或自訴人明示之意思相反。
③被告或犯罪嫌疑人因身心障礙，致無法為完全之陳述者，應有第一項得為輔佐人之人或其委任之人或主管機關、相關社福機構指派之社工人員或其他專業人員為輔佐人陪同在場。但經合法通知無正當理由不到場者，不在此限。

第三六條 （被告得委任代理人者）
最重本刑為拘役或專科罰金之案件，被告於審判中或偵查中得委任代理人到場。但法院或檢察官認為必要時，仍得命本人到場。

第三七條 （自訴人得委任代理人者）92
①自訴人應委任代理人到場。但法院認為必要時，得命本人到場。
②前項代理人應選任律師充之。

第三八條 （被告或自訴人之代理人準用之規定）109
第二十八條、第三十條、第三十二條及第三十三條第一項之規定，於被告或自訴人之代理人準用之；第二十九條之規定，於被告之代理人並準用之。

第三八條之一 （閱卷規則之訂定）109
依本法於審判中得檢閱卷宗及證物或抄錄、重製或攝影之閱卷規則，由司法院會同行政院定之。

第五章 文 書

第三九條 （公文書製作之程序）
文書由公務員制作者，應記載制作之年、月、日及其所屬機關，由制作人簽名。

第四〇條 （公文書之增刪附記）
公務員制作之文書，不得竄改或挖補；如有增加、刪除或附記者，應蓋章其上，並記明字數，其刪除處應留存字跡，俾得辨認。

第四一條 （訊問筆錄之製作）109
①訊問被告、自訴人、證人、鑑定人及通譯，應當場制作筆錄，記載下列事項：
一 對於受訊問人之訊問及其陳述。
二 證人、鑑定人或通譯如未具結者，其事由。
三 訊問之年、月、日及處所。
②前項筆錄應向受訊問人朗讀或令其閱覽，詢以記載有無錯誤。受訊問人為被告者，在場之辯護人得協助其閱覽，並得對筆錄記載有無錯誤表示意見。
③受訊問人及在場之辯護人請求將記載增、刪、變更者，應將其陳述附記於筆錄。但附記辯護人之陳述，應使被告明瞭後為之。
④筆錄應命受訊問人緊接其記載之末行簽名、蓋章或按指印。但受訊問人拒絕時，應附記其事由。

第四二條 （搜索、扣押、勘驗筆錄之製作）
①搜索、扣押及勘驗，應制作筆錄，記載實施之年、月、日及時間、處所並其他必要之事項。
②扣押應於筆錄內詳記扣押物之名目，或制作目錄附後。

③勘驗得制作圖畫或照片附於筆錄。
④筆錄應令依本法命其在場之人簽名、蓋章或按指印。

第四三條　（筆錄之製作）92
前二條筆錄應由在場之書記官製作之。其行訊問或搜索、扣押、勘驗之公務員應在筆錄內簽名；如無書記官在場，得由行訊問或搜索、扣押、勘驗之公務員親自或指定其他在場執行公務之人員製作筆錄。

第四三條之一　（詢問、搜索、扣押之準用）92
①第四十一條、第四十二條之規定，於檢察事務官、司法警察官、司法警察行詢問、搜索、扣押時，準用之。
②前項犯罪嫌疑人詢問筆錄之製作，應由行詢問以外之人爲之。但因情況急迫或事實上之原因不能爲之，而有全程錄音或錄影者，不在此限。

第四四條　（審判筆錄之製作）92
①審判期日應由書記官製作審判筆錄，記載下列事項及其他一切訴訟程序：
一　審判之法院及年、月、日。
二　法官、檢察官、書記官之官職、姓名及自訴人、被告或其代理人並辯護人、輔佐人、通譯之姓名。
三　被告不出庭者，其事由。
四　禁止公開者，其理由。
五　檢察官或自訴人關於起訴要旨之陳述。
六　辯論之要旨。
七　第四十一條第一項第一款及第二款所定之事項。但經審判長徵詢訴訟關係人之意見後，認爲適當者，得僅記載其要旨。
八　當庭曾向被告宣讀或告以要旨之文書。
九　當庭曾示被告之證物。
十　當庭實施之扣押及勘驗。
十一　審判長命令記載及依訴訟關係人聲請許可記載之事項。
十二　最後曾與被告陳述之機會。
十三　裁判之宣示。
②受訊問人就前項筆錄中關於其陳述之部分，得請求朗讀或交其閱覽，如請求將記載增、刪、變更者，應附記其陳述。

第四四條之一　（審判錄音錄影之製作及使用）92
①審判期日應全程錄音；必要時，並得全程錄影。
②當事人、代理人、辯護人或輔佐人如認爲審判筆錄之記載有錯誤或遺漏者，得於次一期日前，其案件已辯論終結者，得於辯論終結後七日內，聲請法院定期播放審判期日錄音或錄影內容核對更正之。其經法院許可者，亦得於法院指定之期間內，依據審判期日之錄音或錄影內容，自行就有關被告、自訴人、證人、鑑定人或通譯之訊問及其陳述之事項轉譯爲文書提出於法院。
③前項後段規定之文書，經書記官核對後，認爲其記載適當者，得作爲審判筆錄之附錄，並準用第四十八條之規定。

第四五條　（審判筆錄之整理）
審判筆錄，應於每次開庭後三日內整理之。

第四六條　（審判筆錄之簽名）109
審判筆錄應由審判長簽名；審判長有事故時，由資深陪席法官簽名；獨任法官有事故時，僅由書記官簽名；書記官有事故時，僅由審判長或法官簽名；並分別附記其事由。

第四七條　（審判筆錄之效力）
審判期日之訴訟程序，專以審判筆錄爲證。

第四八條　（審判筆錄內引用文件之效力）

審判筆錄內引用附卷之文書或表示將該文書作為附錄者，其文書所記載之事項，與記載筆錄者，有同一之效力。

第四九條　（辯護人攜同速記之許可）

辯護人經審判長許可，得於審判期日攜同速記到庭記錄。

第五〇條　（裁判書之製作）109

裁判應由法官制作裁判書。但不得抗告之裁定當庭宣示者，得僅命記載於筆錄。

第五一條　（裁判書之應載事項及簽名）109

①裁判書除依特別規定外，應記載受裁判人之姓名、性別、出生年月日、身分證明文件編號、住、居所；如係判決書，並應記載檢察官或自訴人並代理人、辯護人之姓名。

②裁判書之原本，應由為裁判之法官簽名；審判長有事故不能簽名者，由資深法官附記其事由；法官有事故者，由審判長附記其事由。

第五二條　（裁判書、起訴書、不起訴處分書正本之製作）

①裁判書或記載裁判之筆錄之正本，應由書記官依原本制作之，蓋用法院之印，並附記證明與原本無異字樣。

②前項規定，於檢察官起訴書及不起訴處分書之正本準用之。

第五三條　（非公務員自作文書之程式）

文書由非公務員自作者，應記載年、月、日並簽名。其非自作者，應由本人簽名，不能簽名者，應使他人代書姓名，由本人蓋章或按指印。但代書之人，應附記其事由並簽名。

第五四條　（卷宗之編訂與滅失之處理）

①關於訴訟之文書，法院應保存者，由書記官編為卷宗。

②卷宗滅失案件之處理，另以法律定之。

第六章　送　達

第五五條　（應受送達人與送達處所之陳明）

①被告、自訴人、告訴人、附帶民事訴訟當事人、代理人、辯護人、輔佐人或被害人為接受文書之送達，應將其住所、居所或事務所向法院或檢察官陳明。被害人死亡者，由其配偶、子女或父母陳明之。如在法院所在地無住所、居所或事務所者，應陳明以在該地有住所、居所或事務所之人為送達代收人。

②前項之陳明，其效力及於同地之各級法院。

③送達向送達代收人為之者，視為送達於本人。

第五六條　（囑託送達）

①前條之規定，於在監獄或看守所之人，不適用之。

②送達於在監獄或看守所之人，應囑託該監所長官為之。

第五七條　（文書送達）107

應受送達人雖未為第五十五條之陳明，而其住、居所或事務所為書記官所知者，亦得向該處送達之。

第五八條　（對檢察官之送達）109

對於檢察官之送達，應向承辦檢察官為之；承辦檢察官不在辦公處所時，向檢察長或檢察總長為之。

第五九條　（公示送達—事由）

被告、自訴人、告訴人或附帶民事訴訟當事人，有左列情形之一者，得為公示送達：

一　住、居所、事務所及所在地不明者。

二　掛號郵寄而不能達到者。

三　因住居於法權所不及之地，不能以其他方法送達者。

第六〇條　（公示送達—程式及生效期日）109

①公示送達應由書記官分別經法院或檢察總長、檢察長或檢察官之許可，除將應送達之

文書或其節本張貼於法院或檢察署牌示處外，並應以其繕本登載報紙，或以其他適當方法通知或公告之。

②前項送達，自最後登載報紙或通知公告之日起，經三十日發生效力。

第六一條　（文書送達方式）107

①送達文書由司法警察或郵務機構行之。

②前項文書爲判決、裁定、不起訴或緩起訴處分書者，送達人應作收受證書、記載送達證書所列事項，並簽名交受領人。

③拘提前之傳喚，如由郵務機構行送達者，以郵務人員爲送達人，且應以掛號郵寄；其實施辦法由司法院會同行政院定之。

第六二條　（民事訴訟法送達規定之準用）

送達文書，除本章有特別規定外，準用民事訴訟法之規定。

第七章　期日及期間

第六三條　（期日之傳喚或通知義務）109

審判長、受命法官、受託法官或檢察官指定期日行訴訟程序者，應傳喚或通知訴訟關係人使其到場。但訴訟關係人在場或本法有特別規定者，不在此限。

第六四條　（期日之變更或延展）

①期日，除有特別規定外，非有重大理由，不得變更或延展之。

②期日經變更或延展者，應通知訴訟關係人。

第六五條　（期間之計算）

期間之計算，依民法之規定。

第六六條　（在途期間之扣除）

①應於法定期間內爲訴訟行爲之人，其住、居所或事務所不在法院所在地者，計算該期間時，應扣除其在途之期間。

②前項應扣除之在途期間，由司法行政最高機關定之。

第六七條 112

①非因過失，遲誤上訴、抗告或聲請再審之期間，或聲請撤銷或變更審判長、受命法官、受託法官裁定或檢察官命令之期間者，於其原因消滅後十日內，得聲請回復原狀。

②許用代理人之案件，代理人之過失，視爲本人之過失。

第六八條　（回復原狀—聲請之程序）109

①因遲誤上訴或抗告或聲請再審期間而聲請回復原狀者，應以書狀向原審法院爲之。其遲誤聲請撤銷或變更審判長、受命法官、受託法官裁定或檢察官命令之期間者，向管轄該聲請之法院爲之。

②非因過失遲誤期間之原因及其消滅時期，應於書狀內釋明之。

③聲請回復原狀，應同時補行期間內應爲之訴訟行爲。

第六九條　（回復原狀—聲請之裁判）

①回復原狀之聲請，由受聲請之法院與補行之訴訟行爲合併裁判之；如原審法院認其聲請應行許可者，應繕具意見書，將該上訴或抗告案件送由上級法院合併裁判。

②受聲請之法院於裁判回復原狀之聲請前，得停止原裁判之執行。

第七〇條　（回復原狀—聲請再議期間之回復）

遲誤聲請再議之期間者，得準用前三條之規定，由原檢察官准予回復原狀。

第七〇條之一　113

第六十七條至第六十九條之規定，於遲誤聲請撤銷或變更檢察事務官、司法警察官或司法警察處分之期間者，準用之。

第八章　被告之傳喚及拘提

第七一條　（書面傳喚）109
①傳喚被告，應用傳票。
②傳票，應記載下列事項：
一　被告之姓名、性別、出生年月日、身分證明文件編號及住、居所。
二　案由。
三　應到之日、時、處所。
四　無正當理由不到場者，得命拘提。
③被告之姓名不明或因其他情形有必要時，應記載其足資辨別之特徵。被告之出生年月日、身分證明文件編號、住、居所不明者，得免記載。
④傳票，於偵查中由檢察官簽名，審判中由審判長或受命法官簽名。
第七一條之一　（到場詢問通知書）
①司法警察官或司法警察，因調查犯罪嫌疑人犯罪情形及蒐集證據之必要，得使用通知書，通知犯罪嫌疑人到場詢問。經合法通知，無正當理由不到場者，得報請檢察官核發拘票。
②前項通知書，由司法警察機關主管長官簽名，其應記載事項，準用前條第二項第一款至第三款之規定。
第七二條　（口頭傳喚）
對於到場之被告，經面告以下次應到之日、時、處所及如不到場得命拘提，並記明筆錄者，與已送達傳票有同一之效力；被告經以書狀陳明屆期到場者亦同。
第七三條　（對在監所被告之傳喚）
傳喚在監獄或看守所之被告，應通知該監所長官。
第七四條　（傳喚之效力—按時訊問）
被告因傳喚到場者，除確有不得已之事故外，應按時詢問之。
第七五條　（傳喚之效力—拘提）
被告經合法傳喚，無正當理由不到場者，得拘提之。
第七六條　（不經傳喚逕行拘提事由）109
被告犯罪嫌疑重大，而有下列情形之一者，必要時，得不經傳喚逕行拘提：
一　無一定之住、居所者。
二　逃亡或有事實足認為有逃亡之虞者。
三　有事實足認為有湮滅、偽造、變造證據或勾串共犯或證人之虞者。
四　所犯為死刑、無期徒刑或最輕本刑為五年以上有期徒刑之罪者。
第七七條　（拘提—拘票）
①拘提被告，應用拘票。
②拘票，應記載左列事項：
一　被告之姓名、性別、年齡、籍貫及住、居所。但年齡、住、居所不明者，得免記載。
二　案由。
三　拘提之理由。
四　應解送之處所。
③第七十一條第三項及第四項之規定，於拘票準用之。
第七八條　（拘提—執行機關）
①拘提，由司法警察或司法警察官執行，並得限制其執行之期間。
②拘票得作數通，分交數人各別執行。
第七九條　（拘提—執行程序）
拘票應備二聯，執行拘提時，應以一聯交被告或其家屬。
第八〇條　（拘提—執行後之處置）
執行拘提後，應於拘票記載執行之處所及年、月、日、時；如不能執行者，記載其事由，由執行人簽名，提出於命拘提之公務員。

第八一條　（警察轄區外之拘提）

司法警察或司法警察官必要時，得以管轄區域外執行拘提，或請求該地之司法警察官執行。

第八二條　（囑託拘提）

審判長或檢察官得開具拘票應記載之事項，囑託被告所在地之檢察官拘提被告；如被告不在該地者，受託檢察官得轉囑託其所在地之檢察官。

第八三條　（對現役軍人之拘提）

被告爲現役軍人者，其拘提應以拘票知照該管長官協助執行。

第八四條　（通緝—法定原因）

被告逃亡或藏匿者，得通緝之。

第八五條　（通緝—通緝書）109

①通緝被告，應用通緝書。

②通緝書，應記載下列事項：

一　被告之姓名、性別、出生年月日、身分證明文件編號、住、居所，及其他足資辨別之特徵。但出生年月日、住、居所不明者，得免記載。

二　被訴之事實。

三　通緝之理由。

四　犯罪之日、時、處所。但日、時、處所不明者，得免記載。

五　應解送之處所。

③通緝書，於偵查中由檢察總長或檢察長簽名，審判中由法院院長簽名。

第八六條　（通緝—方法）

通緝，應以通緝書通知附近或各處檢察官、司法警察機關；遇有必要時，並得登載報紙或以其他方法公告之。

第八七條　（通緝—效力及撤銷）

①通緝經通知或公告後，檢察官、司法警察官得拘提被告或逕行逮捕之。

②利害關係人，得逕行逮捕通緝之被告，送交檢察官、司法警察官，或請求檢察官、司法警察官逮捕之。

③通緝於其原因消滅或已顯無必要時，應即撤銷。

④撤銷通緝之通知或公告，準用前條之規定。

第八八條　（現行犯與準現行犯）

①現行犯，不問何人得逕行逮捕之。

②犯罪在實施中或實施後即時發覺者，爲現行犯。

③有左列情形之一者，以現行犯論：

一　被追呼爲犯罪人者。

二　因持有兇器、贓物或其他物件，或於身體、衣服等處露有犯罪痕跡，顯可疑爲犯罪人者。

第八八條之一　（偵查犯罪逕行拘提事由）109

①檢察官、司法警察官或司法警察偵查犯罪，有下列情形之一而情況急迫者，得逕行拘提之：

一　因現行犯之供述，且有事實足認爲共犯嫌疑重大者。

二　在執行或在押中之脫逃者。

三　有事實足認爲犯罪嫌疑重大，經被盤查而逃逸者。但所犯顯係最重本刑爲一年以下有期徒刑、拘役或專科罰金之罪者，不在此限。

四　所犯爲死刑、無期徒刑或最輕本刑爲五年以上有期徒刑之罪，嫌疑重大，有事實足認爲有逃亡之虞者。

②前項拘提，由檢察官親自執行時，得不用拘票；由司法警察官或司法警察執行時，以其急迫情況不及報告檢察官者爲限，於執行後，應即報請檢察官簽發拘票。如檢察官不簽發拘票時，應即將被拘提人釋放。

③檢察官、司法警察官或司法警察，依第一項規定程序拘提犯罪嫌疑人，應即告知本人及其家屬，得選任辯護人到場。

第八九條 （拘捕之告知及注意事項）109

①執行拘提或逮捕，應當場告知被告或犯罪嫌疑人拘提或逮捕之原因及第九十五條第一項所列事項，並注意其身體及名譽。

②前項情形，應以書面將拘提或逮捕之原因通知被告或犯罪嫌疑人及其指定之親友。

第八九條之一 （戒具之使用）109

①執行拘提、逮捕或解送，得使用戒具。但不得逾必要之程度。

②前項情形，應注意被告或犯罪嫌疑人之身體及名譽，避免公然暴露其戒具；認已無繼續使用之必要時，應即解除。

③前二項使用戒具之範圍、方式、程序及其他應遵行事項之實施辦法，由行政院會同司法院定之。

第九〇條 （強制拘捕）

被告抗拒拘提、逮捕或脫逃者，得用強制力拘提或逮捕之。但不得逾必要之程度。

第九一條 （拘捕被告之解送）

拘提或因通緝逮捕之被告，應即解送指定之場所；如二十四小時內不能達到指定之處所者，應分別其命拘提或通緝者爲法院或檢察官，先行解送較近之法院或檢察機關，訊問其人有無錯誤。

第九二條 （逮捕現行犯之解送）

①無偵查犯罪權限之人逮捕現行犯者，應即送交檢察官、司法警察官或司法警察。

②司法警察官、司法警察逮捕或接受現行犯者，應即解送檢察官。但所犯最重本刑爲一年以下有期徒刑、拘役或專科罰金之罪、告訴或請求乃論之罪，其告訴或請求已經撤回或已逾告訴期間者，得經檢察官之許可，不予解送。

③對於第一項逮捕現行犯之人，應詢其姓名、住所或居所及逮捕之事由。

第九三條 （即時訊問及漏夜應訊之規定）106

①被告或犯罪嫌疑人因拘提或逮捕到場者，應即時訊問。

②偵查中經檢察官訊問後，認有羈押之必要者，應自拘提或逮捕之時起二十四小時內，以聲請書敘明犯罪事實並所犯法條及證據與羈押之理由，備具繕本並檢附卷宗及證物，聲請該管法院羈押之。但有事實足認有湮滅、僞造、變造證據或勾串共犯或證人等危害偵查目的或危害他人生命、身體之虞之卷證，應另行分卷敘明理由，請求法院以適當之方式限制或禁止被告及其辯護人獲知。

③前項情形，未經聲請者，檢察官應即將被告釋放。但如認有第一百零一條第一項或第一百零一條之一第一項各款所定情形之一而無聲請羈押之必要者，得逕命具保、責付或限制住居；如不能具保、責付或限制住居，而有必要情形者，仍得聲請法院羈押之。

④前三項之規定，於檢察官接受法院依少年事件處理法或軍事審判機關依軍事審判法移送之被告時，準用之。

⑤法院於受理前三項羈押之聲請，付予被告及其辯護人聲請書之繕本後，應即時訊問。但至深夜仍未訊問完畢，被告、辯護人及得爲被告輔佐人之人得請求法院於翌日日間訊問，法院非有正當理由，不得拒絕。深夜始受理聲請者，應於翌日日間訊問。

⑥前項但書所稱深夜，指午後十一時至翌日午前八時。

第九三條之一 112

①第九十一條及前條第二項所定之二十四小時，有下列情形之一者，其經過之時間不予計入。但不得有不必要之遲延：

一　因交通障礙或其他不可抗力事由所生不得已之遲滯。

二　在途解送時間。

三　依第一百條之三第一項規定不得爲詢問。

四　因被告或犯罪嫌疑人身體健康突發之事由，事實上不能訊問。

五　被告或犯罪嫌疑人因表示選任辯護人之意思，而等候辯護人到場致未予訊問。但等候時間不得逾四小時。其等候第三十一條第五項律師到場致未予訊問，或因身心障礙，致無法為完全之陳述，因等候第三十五條第三項經通知陪同在場之人到場致未予訊問，亦同。
六　被告或犯罪嫌疑人須由通譯傳譯，因等候其通譯到場致未予訊問。但等候時間不得逾六小時。
七　經檢察官命具保或責付之被告，在候保或候責付中。但候保或候責付時間不得逾四小時。
八　犯罪嫌疑人經法院提審之期間。
②前項各款情形之經過時間內不得訊問。
③因第一項之法定障礙事由致二十四小時內無法移送該管法院者，檢察官聲請羈押時，並應釋明其事由。

第八章之一　限制出境、出海 108

第九三條之二　（被告犯罪嫌疑重大，檢察官或法官得逕行限制出境、出海之情形）108
①被告犯罪嫌疑重大，而有下列各款情形之一者，必要時檢察官或法官得逕行限制出境、出海。但所犯係最重本刑為拘役或專科罰金之案件，不得逕行限制之：
一　無一定之住、居所者。
二　有相當理由足認有逃亡之虞者。
三　有相當理由足認有湮滅、偽造、變造證據或勾串共犯或證人之虞者。
②限制出境、出海，應以書面記載下列事項：
一　被告之姓名、性別、出生年月日、住所或居所、身分證明文件編號或其他足資辨別之特徵。
二　案由及觸犯之法條。
三　限制出境、出海之理由及期間。
四　執行機關。
五　不服限制出境、出海處分之救濟方法。
③除被告住、居所不明而不能通知者外，前項書面至遲應於為限制出境、出海後六個月內通知。但於通知前已訊問被告者，應當庭告知，並付與前項之書面。
④前項前段情形，被告於收受書面通知前獲知經限制出境、出海者，亦得請求交付第二項之書面。

第九三條之三　（偵查或審判中限制出境、出海之期限）108
①偵查中檢察官限制被告出境、出海，不得逾八月。但有繼續限制之必要者，應附具體理由，至遲於期間屆滿之二十日前，以書面記載前條第二項第一款至第四款所定之事項，聲請該管法院裁定之，並同時以聲請書繕本通知被告及其辯護人。
②偵查中檢察官聲請延長限制出境、出海，第一次不得逾四月，第二次不得逾二月，以延長二次為限。審判中限制出境、出海每次不得逾八月，犯最重本刑為有期徒刑十年以下之罪者，累計不得逾五年；其餘之罪，累計不得逾十年。
③偵查或審判中限制出境、出海之期間，因被告逃匿而通緝之期間，不予計入。
④法院延長限制出境、出海裁定前，應給予被告及其辯護人陳述意見之機會。
⑤起訴或判決後案件繫屬法院或上訴審時，原限制出境、出海所餘期間未滿一月者，延長為一月。
⑥前項起訴後繫屬法院之法定延長期間及偵查中所餘限制出境、出海之期間，算入審判中之期間。

第九三條之四　（視為撤銷限制出境、出海之情形）108
被告受不起訴處分、緩起訴處分，或經諭知無罪、免訴、免刑、緩刑、罰金或易以訓訴或第三百零三條第三款、第四款不受理之判決者，視爲撤銷限制出境、出海。但上訴期間內或上訴中，如有必要，得繼續限制出境、出海。

第九三條之五　（被告及其辯護人得聲請撤銷或變更限制出境、出海）108

①被告及其辯護人得向檢察官或法院聲請撤銷或變更限制出境、出海。檢察官於偵查中亦得爲撤銷之聲請，並得於聲請時先行通知入出境、出海之主管機關，解除限制出境、出海。

②偵查中之撤銷限制出境、出海，除依檢察官聲請者外，應徵詢檢察官之意見。

③偵查中檢察官所爲限制出境、出海，得由檢察官依職權撤銷或變更之。但起訴後案件繫屬法院時，偵查中所餘限制出境、出海之期間，得由法院依職權或聲請爲之。

④偵查及審判中法院所爲之限制出境、出海，得由法院依職權撤銷或變更之。

第九三條之六　（得命具保、責付或限制住居者亦得命限制出境、出海之準用規定）108

依本章以外規定得命具保、責付或限制住居者，亦得命限制出境、出海，並準用第九十三條之二第二項及第九十三條之三至第九十三條之五之規定。

第九章　被告之訊問

第九四條　（人別訊問）

訊問被告，應先詢其姓名、年齡、籍貫、職業、住、居所，以查驗其人有無錯誤，如係錯誤應即釋放。

第九五條　（訊問被告應先告知事項）102

①訊問被告應先告知下列事項：

一　犯罪嫌疑及所犯所有罪名。罪名經告知後，認爲應變更者，應再告知。

二　得保持緘默，無須違背自己之意思而爲陳述。

三　得選任辯護人。如爲低收入戶、中低收入戶、原住民或其他依法令得請求法律扶助者，得請求之。

四　得請求調查有利之證據。

②無辯護人之被告表示已選任辯護人時，應即停止訊問。但被告同意續行訊問者，不在此限。

第九六條　（訊問方法—罪嫌之辯明）

訊問被告，應與以辯明犯罪嫌疑之機會；如有辯明，應命就其始末連續陳述；其陳述有利之事實者，應命其指出證明之方法。

第九七條　（訊問方法—隔別訊問與對質）

①被告有數人時，應分別訊問之；其未經訊問者，不得在場。但因發見眞實之必要，得命其對質，被告亦得請求對質。

②對於被告之請求對質，除顯無必要者，不得拒絕。

第九八條　（訊問之態度）

訊問被告應出以懇切之態度，不得用強暴、脅迫、利誘、詐欺、疲勞訊問或其他不正之方法。

第九九條　（訊問方法—通譯之使用）109

①被告爲聽覺或語言障礙或語言不通者，應由通譯傳譯之；必要時，並得以文字訊問或命以文字陳述。

②前項規定，於其他受訊問或詢問人準用之。但法律另有規定者，從其規定。

第一〇〇條　（被告陳述之記載）

被告對於犯罪之自白及其他不利之陳述，並其所陳述有利之事實與指出證明之方法，應於筆錄內記載明確。

第一〇〇條之一　（錄音、錄影資料）

①訊問被告，應全程連續錄音；必要時，並應全程連續錄影。但有急迫情況且經記明筆

錄者，不在此限。

②筆錄內所載之被告陳述與錄音或錄影之內容不符者，除有前項但書情形外，其不符之部分，不得作爲證據。

③第一項錄音、錄影資料之保管方法，分別由司法院、行政院定之。

第一〇〇條之二　（本章之準用）

本章之規定，於司法警察官或司法警察詢問犯罪嫌疑人時，準用之。

第一〇〇條之三　（准許夜間詢問之情形）

①司法警察官或司法警察詢問犯罪嫌疑人，不得於夜間行之。但有左列情形之一者，不在此限：

一　經受詢問人明示同意者。

二　於夜間經拘提或逮捕到場而查驗其人有無錯誤者。

三　經檢察官或法官許可者。

四　有急迫之情形者。

②犯罪嫌疑人請求立即詢問者，應即時爲之。

③稱夜間者，爲日出前，日沒後。

第十章　被告之羈押

第一〇一條　（羈押—要件）106

①被告經法官訊問後，認爲犯罪嫌疑重大，而有下列情形之一，非予羈押，顯難進行追訴、審判或執行者，得羈押之：

一　逃亡或有事實足認爲有逃亡之虞者。

二　有事實足認爲有湮滅、僞造、變造證據或勾串共犯或證人之虞者。

三　所犯爲死刑、無期徒刑或最輕本刑爲五年以上有期徒刑之罪，有相當理由認爲有逃亡、湮滅、僞造、變造證據或勾串共犯或證人之虞者。

②法官爲前項之訊問時，檢察官得到場陳述聲請羈押之理由及提出必要之證據。但第九十三條第二項但書之情形，檢察官應到場敘明理由，並指明限制或禁止之範圍。

③第一項各款所依據之事實、各項理由之具體內容及有關證據，應告知被告及其辯護人，並記載於筆錄。但依第九十三條第二項但書規定，經法院禁止被告及其辯護人獲知之卷證，不得作爲羈押審查之依據。

④被告、辯護人得於第一項訊問前，請求法官給予適當時間爲答辯之準備。

第一〇一條之一　（預防性羈押之適用範圍）109

①被告經法官訊問後，認爲犯下列各款之罪，其嫌疑重大，有事實足認爲有反覆實行同一犯罪之虞，而有羈押之必要者，得羈押之：

一　刑法第一百七十三條第一項、第三項、第一百七十四條第一項、第二項、第四項、第一百七十五條第一項、第二項之放火罪、第一百七十六條之準放火罪、第一百八十五條之一之劫持交通工具罪。

二　刑法第二百二十一條之強制性交罪、第二百二十二條之加重強制性交罪、第二百二十四條之強制猥褻罪、第二百二十四條之一之加重強制猥褻罪、第二百二十五條之乘機性交猥褻罪、第二百二十六條之一之強制性交猥褻之結合罪、第二百二十七條之與幼年男女性交或猥褻罪、第二百七十一條第一項、第二項之殺人罪、第二百七十二條之殺直系血親尊親屬罪、第二百七十七條第一項之傷害罪、第二百七十八條第一項之重傷罪、性騷擾防治法第二十五條第一項之罪。但其須告訴乃論，而未經告訴或其告訴已經撤回或已逾告訴期間者，不在此限。

三　刑法第二百九十六條之一之買賣人口罪、第二百九十九條之移送被略誘人出國罪、第三百零二條之妨害自由罪。

四　刑法第三百零四條之強制罪、第三百零五條之恐嚇危害安全罪。

五　刑法第三百二十條、第三百二十一條之竊盜罪。

六　刑法第三百二十五條、第三百二十六條之搶奪罪、第三百二十八條第一項、第二項、第四項之強盜罪、第三百三十條之加重強盜罪、第三百三十二條之強盜結合罪、第三百三十三條之海盜罪、第三百三十四條之海盜結合罪。
七　刑法第三百三十九條、第三百三十九條之三之詐欺罪、第三百三十九條之四之加重詐欺罪。
八　刑法第三百四十六條之恐嚇取財罪、第三百四十七條第一項、第三項之擄人勒贖罪、第三百四十八條之擄人勒贖結合罪、第三百四十八條之一之準擄人勒贖罪。
九　槍砲彈藥刀械管制條例第七條、第八條之罪。
十　毒品危害防制條例第四條第一項至第四項之罪。
十一　人口販運防制法第三十四條之罪。
②前條第二項至第四項之規定，於前項情形準用之。

第一〇一條之二　（羈押—要件）
被告經法官訊問後，雖有第一百零一條第一項或第一百零一條之一第一項各款所定情形之一而無羈押之必要者，得逕命具保、責付或限制住居；其有第一百十四條各款所定情形之一者，非有不能具保、責付或限制住居之情形，不得羈押。

第一〇二條　（羈押—押票）
①羈押被告，應用押票。
②押票，應按被告指印，並記載左列事項：
一　被告之姓名、性別、年齡、出生地及住所或居所。
二　案由及觸犯之法條。
三　羈押之理由及其所依據之事實。
四　應羈押之處所。
五　羈押期間及其起算日。
六　如不服羈押處分之救濟方法。
③第七十一條第三項之規定，於押票準用之。
④押票，由法官簽名。

第一〇三條　（羈押—執行）
①執行羈押，偵查中依檢察官之指揮；審判中依審判長或受命法官之指揮，由司法警察將被告解送指定之看守所，該所長官查驗人別無誤後，應於押票附記解到之年、月、日、時並簽名。
②執行羈押時，押票應分別送交檢察官、看守所、辯護人、被告或其指定之親友。
③第八十一條、第八十九條及第九十條之規定，於執行羈押準用之。

第一〇三條之一　（聲請變更羈押處所）
①偵查中檢察官、被告或其辯護人認有維護看守所及在押被告安全或其他正當事由者，得聲請法院變更在押被告之羈押處所。
②法院依前項聲請變更被告之羈押處所時，應即通知檢察官、看守所、辯護人、被告及其指定之親友。

第一〇四條　（刪除）

第一〇五條　（羈押之方法）
①管束羈押之被告，應以維持羈押之目的及押所之秩序所必要者爲限。
②被告得自備飲食及日用必需物品，並與外人接見、通信、受授書籍及其他物件。但押所得監視或檢閱之。
③法院認被告爲前項之接見、通信及受授物件有足致其脫逃或湮滅、僞造、變造證據或勾串共犯或證人之虞者，得依檢察官之聲請或依職權命禁止或扣押之。但檢察官或押所遇有急迫情形時，得先爲必要之處分，並應即時陳報法院核准。
④依前項所爲之禁止或扣押，其對象、範圍及期間等，偵查中由檢察官；審判中由審判長或受命法官指定並指揮看守所爲之。但不得限制被告正當防禦之權利。
⑤被告非有事實足認爲有暴行或逃亡、自殺之虞者，不得束縛其身體。束縛身體之處

分，以有急迫情形者為限，由押所長官行之，並應即時陳報法院核准。

第一〇六條　（押所之視察）

羈押被告之處所，檢察官應勤加視察，按旬將視察情形陳報主管長官，並通知法院。

第一〇七條　（羈押之撤銷）

①羈押於其原因消滅時，應即撤銷羈押，將被告釋放。

②被告、辯護人及得為被告輔佐人之人得聲請法院撤銷羈押。檢察官於偵查中亦得為撤銷羈押之聲請。

③法院對於前項之聲請得聽取被告、辯護人或得為被告輔佐人之人陳述意見。

④偵查中經檢察官聲請撤銷羈押者，法院應撤銷羈押，檢察官得於聲請時先行釋放被告。

⑤偵查中之撤銷羈押，除依檢察官聲請者外，應徵詢檢察官之意見。

第一〇八條　（羈押之期間）96

①羈押被告，偵查中不得逾二月，審判中不得逾三月。但有繼續羈押之必要者，得於期間未滿前，經法院依第一百零一條或第一百零一條之一之規定訊問被告後，以裁定延長之。在偵查中延長羈押期間，應由檢察官附具體理由，至遲於期間屆滿之五日前聲請法院裁定。

②前項裁定，除當庭宣示者外，於期間未滿前以正本送達被告者，發生延長羈押之效力。羈押期滿，延長羈押之裁定未經合法送達者，視為撤銷羈押。

③審判中之羈押期間，自卷宗及證物送交法院之日起算。起訴或裁判後送交前之羈押期間算入偵查中或原審法院之羈押期間。

④羈押期間自簽發押票之日起算。但羈押前之逮捕、拘提期間，以一日折算裁判確定前之羈押日數一日。

⑤延長羈押期間，偵查中不得逾二月，以延長一次為限。審判中每次不得逾二月，如所犯最重本刑為十年以下有期徒刑以下之刑者，第一審、第二審以三次為限，第三審以一次為限。

⑥案件經發回者，其延長羈押期間之次數，應更新計算。

⑦羈押期間已滿未經起訴或裁判者，視為撤銷羈押，檢察官或法院應將被告釋放；由檢察官釋放被告者，並應即時通知法院。

⑧依第二項及前項視為撤銷羈押者，於釋放前，偵查中，檢察官得聲請法院命被告具保、責付或限制住居。如認為不能具保、責付或限制住居，而有必要者，並得附具體理由一併聲請法院依第一百零一條或第一百零一條之一之規定訊問被告後繼續羈押之。審判中，法院得命具保、責付或限制住居；如不能具保、責付或限制住居，而有必要者，並得依第一百零一條或第一百零一條之一之規定訊問被告後繼續羈押之。但所犯為死刑、無期徒刑或最輕本刑為七年以上有期徒刑之罪者，法院就偵查中案件，得依檢察官之聲請；就審判中案件，得依職權，逕依第一百零一條之規定訊問被告後繼續羈押之。

⑨前項繼續羈押之期間自視為撤銷羈押之日起算，以二月為限，不得延長。繼續羈押期間屆滿者，應即釋放被告。

⑩第一百十一條、第一百十三條、第一百十五條、第一百十六條、第一百十六條之二、第一百十七條、第一百十八條第一項、第一百十九條之規定，於第八項之具保、責付或限制住居準用之。

第一〇九條　（羈押之撤銷—逾刑期）

案件經上訴者，被告羈押期間如已逾原審判決之刑期者，應即撤銷羈押，將被告釋放。但檢察官為被告之不利益而上訴者，得命具保、責付或限制住居。

第一一〇條　（具保聲請停止羈押）

①被告及得為其輔佐人之人或辯護人，得隨時具保，向法院聲請停止羈押。

②檢察官於偵查中得聲請法院命被告具保停止羈押。

③前二項具保停止羈押之審查，準用第一百零七條第三項之規定。

④偵查中法院為具保停止羈押之決定時，除有第一百十四條及本條第二項之情形外，應徵詢檢察官之意見。

第一一一條 （許可具保停止羈押之條件）

①許可停止羈押之聲請者，應命提出保證書，並指定相當之保證金額。

②保證書以該管區域內殷實之人所具者為限，並應記載保證金額及依法繳納之事由。

③指定之保證金額，如聲請人願繳納或許由第三人繳納者，免提出保證書。

④繳納保證金，得許以有價證券代之。

⑤許可停止羈押之聲請者，得限制被告之住居。

第一一二條 （保釋—保證金之限制）

被告係犯專科罰金之罪者，指定之保證金額，不得逾罰金之最多額。

第一一三條 （保釋—生效期）

許可停止羈押之聲請者，應於接受保證書或保證金後，停止羈押，將被告釋放。

第一一四條 （駁回聲請停止羈押之限制）109

羈押之被告，有下列情形之一者，如經具保聲請停止羈押，不得駁回：

一 所犯最重本刑為三年以下有期徒刑、拘役或專科罰金之罪者。但累犯、有犯罪之習慣、假釋中更犯罪或依第一百零一條之一第一項羈押者，不在此限。

二 懷胎五月以上或生產後二月未滿者。

三 現罹疾病，非保外治療顯難痊癒者。

第一一五條 （停止羈押—責付）

①羈押之被告，得不命具保而責付於得為其輔佐人之人或該管區域內其他適當之人，停止羈押。

②受責付者，應出具證書，載明如經傳喚應令被告隨時到場。

第一一六條 （停止羈押—限制住居）

羈押之被告，得不命具保而限制其住居，停止羈押。

第一一六條之一 （有關法條之準用）

第一百十條第二項至第四項之規定，於前二條之責付、限制住居準用之。

第一一六條之二 （許可停止羈押時應遵守之事項）108

①法院許可停止羈押時，經審酌人權保障及公共利益之均衡維護，認有必要者，得定相當期間，命被告應遵守下列事項：

一 定期向法院、檢察官或指定之機關報到。

二 不得對被害人、證人、鑑定人、辦理本案偵查、審判之公務員或其配偶、直系血親、三親等內之旁系血親、二親等內之姻親、家長、家屬之身體或財產實施危害、恐嚇、騷擾、接觸、跟蹤之行為。

三 因第一百十四條第三款之情形停止羈押者，除維持日常生活及職業所必需者外，未經法院或檢察官許可，不得從事與治療目的顯然無關之活動。

四 接受適當之科技設備監控。

五 未經法院或檢察官許可，不得離開住、居所或一定區域。

六 交付護照、旅行文件；法院亦得通知主管機關不予核發護照、旅行文件。

七 未經法院或檢察官許可，不得就特定財產為一定之處分。

八 其他經法院認為適當之事項。

②前項各款規定，得依聲請或依職權變更、延長或撤銷之。

③法院於審判中許可停止羈押者，得命被告於宣判期日到庭。

④違背法院依第一項或第三項所定應遵守之事項者，得逕行拘提。

⑤第一項第四款科技設備監控之實施機關（構）、人員、方式及程序等事項之執行辦法，由司法院會同行政院定之。

第一一七條 （再執行羈押之事由）108

①停止羈押後有下列情形之一者，得命再執行羈押：

一 經合法傳喚無正當之理由不到場者。

二　受住居之限制而違背者。
三　本案新發生第一百零一條第一項、第一百零一條之一第一項各款所定情形之一者。
四　違背法院依前條所定應遵守之事項者。
五　依第一百零一條第一項第三款羈押之被告，因第一百十四條第三款之情形停止羈押後，其停止羈押之原因已消滅，而仍有羈押之必要者。

②偵查中有前項情形之一者，由檢察官聲請法院行之。
③再執行羈押之期間，應與停止羈押前已經過之期間合併計算。
④法院依第一項之規定命再執行羈押時，準用第一百零三條第一項之規定。

第一一七條之一　（逕命具保、責付、限制居住等之準用）92

①前二條之規定，於檢察官依第九十三條第三項但書或第二百二十八條第四項逕命具保、責付、限制住居，或法院依第一百零一條之二逕命具保、責付、限制住居之情形，準用之。
②法院依前項規定羈押被告時，適用第一百零一條、第一百零一條之一之規定。檢察官聲請法院羈押被告時，適用第九十三條第二項之規定。
③因第一項之規定執行羈押者，免除具保之責任。

第一一八條　（保證金之沒入）92

①具保之被告逃匿者，應命具保人繳納指定之保證金額，並沒入之。不繳納者，強制執行。保證金已繳納者，沒入之。
②前項規定，於檢察官依第九十三條第三項但書及第二百二十八條第四項命具保者，準用之。

第一一九條　（免除具保責任與退保）103

①撤銷羈押、再執行羈押、受不起訴處分、有罪判決確定而入監執行或因裁判而致羈押之效力消滅者，免除具保之責任。
②被告及具保證書或繳納保證金之第三人，得聲請退保，法院或檢察官得准其退保。但另有規定者，依其規定。
③免除具保之責任或經退保者，應將保證書註銷或將未沒入之保證金發還。
④前三項規定，於受責付者準用之。

第一一九條之一　（刑事保證金之存管、計息及發還作業辦法）103

①以現金繳納保證金具保者，保證金應給付利息，並於依前條第三項規定發還時，實收利息併發還之。其應受發還人所在不明，或因其他事故不能發還者，法院或檢察官應公告之；自公告之日起滿十年，無人聲請發還者，歸屬國庫。
②依第一百十八條規定沒入保證金時，實收利息併沒入之。
③刑事保證金存管、計息及發還作業辦法，由司法院會同行政院定之。

第一二〇條　（刪除）

第一二一條　（有關羈押各項處分之裁定或命令機關）109

①第一百零七條第一項之撤銷羈押、第一百零九條之命具保、責付或限制住居、第一百十條第一項、第一百十五條及第一百十六條之停止羈押、第一百十六條之二第二項之變更、延長或撤銷、第一百十八條第一項之沒入保證金、第一百十九條第二項之退保，以法院之裁定行之。
②案件在第三審上訴中，而卷宗及證物已送交該法院者，前項處分、羈押、其他關於羈押事項及第九十三條之二至第九十三條之五關於限制出境、出海之處分，由第二審法院裁定之。
③第二審法院於為前項裁定前，得向第三審法院調取卷宗及證物。
④檢察官依第一百十七條之一第一項之變更、延長或撤銷被告應遵守事項、第一百十八條第二項之沒入保證金、第一百十九條第二項之退保及第九十三條第三項但書、第二百二十八條第四項命具保、責付或限制住居，於偵查中以檢察官之命令行之。

第十章之一　暫行安置 111

第一二一條之一 111

①被告經法官訊問後，認爲犯罪嫌疑重大，且有事實足認爲刑法第十九條第一項、第二項之原因可能存在，而有危害公共安全之虞，並有緊急必要者，得於偵查中依檢察官聲請，或於審判中依檢察官聲請或依職權，先裁定諭知六月以下期間，令入司法精神醫院、醫院、精神醫療機構或其他適當處所，施以暫行安置。

②第三十一條之一、第三十三條之一、第九十三條第二項前段、第五項、第六項、第九十三條之一及第二百二十八條第四項之規定，於偵查中檢察官聲請暫行安置之情形準用之。

③暫行安置期間屆滿前，被告經法官訊問後，認有延長之必要者，得於偵查中依檢察官聲請，或於審判中依檢察官聲請或依職權，以裁定延長之，每次延長不得逾六月，並準用第一百零八條第二項之規定。但暫行安置期間，累計不得逾五年。

④檢察官聲請暫行安置或延長暫行安置者，除法律另有規定外，應以聲請書敘明理由及證據並備具繕本爲之，且聲請延長暫行安置應至遲於期間屆滿之五日前爲之。

⑤對於第一項及第三項前段暫行安置、延長暫行安置或駁回聲請之裁定有不服者，得提起抗告。

第一二一條之二 111

①法官爲前條第一項或第三項前段訊問時，檢察官得到場陳述意見。但檢察官聲請暫行安置或延長暫行安置者，應到場陳述聲請理由及提出必要之證據。

②暫行安置或延長暫行安置所依據之事實、各項理由之具體內容及有關證據，應告知被告及其辯護人，並記載於筆錄。

③檢察官、被告及辯護人得於前條第一項或第三項前段訊問前，請求法官給予適當時間爲陳述意見或答辯之準備。

④暫行安置、延長暫行安置，由該管檢察官執行。

第一二一條之三 111

①暫行安置之原因或必要性消滅或不存在者，應即撤銷暫行安置裁定。

②檢察官、被告、辯護人及得爲被告輔佐人之人得聲請法院撤銷暫行安置裁定；法院對於該聲請，得聽取被告、辯護人及得爲被告輔佐人之人陳述意見。

③偵查中經檢察官聲請撤銷暫行安置裁定者，法院應撤銷之，檢察官得於聲請時先行釋放被告。

④撤銷暫行安置裁定，除依檢察官聲請者外，應徵詢檢察官之意見。

⑤對於前四項撤銷暫行安置裁定或駁回聲請之裁定有不服者，得提起抗告。

第一二一條之四 111

①案件在第三審上訴中，而卷宗及證物已送交該法院者，關於暫行安置事項，由第二審法院裁定之。

②第二審法院於爲前項裁定前，得向第三審法院調取卷宗及證物。

第一二一條之五 111

①暫行安置後，法院判決未宣告監護者，視爲撤銷暫行安置裁定。

②判決宣告監護開始執行時，暫行安置或延長暫行安置之裁定尚未執行完畢者，免予繼續執行。

第一二一條之六 111

①暫行安置，本法未規定者，適用或準用保安處分執行法或其他法律之規定。

②於執行暫行安置期間，有事實足認被告與外人接見、通信、受授書籍及其他物件，有湮滅、僞造、變造證據或勾串共犯或證人之虞，且情形急迫者，檢察官或執行處所之戒護人員得爲限制、扣押或其他必要之處分，並應即時陳報該管法院；法院認爲不應准許者，應於受理之日起三日內撤銷之。

③前項檢察官或執行處所之戒護人員之處分，經陳報而未撤銷者，其效力之期間爲七

日，自處分之日起算。
④對於第二項之處分有不服者，得於處分之日起十日內聲請撤銷或變更之。法院不得以已執行終結而無實益爲由駁回。
⑤第四百零九條至第四百十四條規定，於前項情形準用之。
⑥對於第二項及第四項之裁定，不得抗告。

第十一章　搜索及扣押

第一二二條　（搜索之客體）
①對於被告或犯罪嫌疑人之身體、物件、電磁紀錄及住宅或其他處所，必要時得搜索之。
②對於第三人之身體、物件、電磁紀錄及住宅或其他處所，以有相當理由可信爲被告或犯罪嫌疑人或應扣押之物或電磁紀錄存在時爲限，得搜索之。

第一二三條　（搜索之限制—搜索婦女）
搜索婦女之身體，應命婦女行之。但不能由婦女行之者，不在此限。

第一二四條　（搜索之應注意事項）
搜索應保守秘密，並應注意受搜索人之名譽。

第一二五條　（證明書之付與）
經搜索而未發見應扣押之物者，應付與證明書於受搜索人。

第一二六條　（扣押之限制——一般公物、公文書）
政府機關或公務員所持有或保管之文書及其他物件應扣押者，應請求交付。但於必要時得搜索之。

第一二七條　（搜索之限制—軍事秘密處）
①軍事上應秘密之處所，非得該管長官之允許，不得搜索。
②前項情形，除有妨害國家重大利益者外，不得拒絕。

第一二八條　（搜索票）
①搜索，應用搜索票。
②搜索票，應記載下列事項：
　一　案由。
　二　應搜索之被告、犯罪嫌疑人或應扣押之物。但被告或犯罪嫌疑人不明時，得不予記載。
　三　應加搜索之處所、身體、物件或電磁紀錄。
　四　有效期間，逾期不得執行搜索及搜索後應將搜索票交還之意旨。
③搜索票，由法官簽名。法官並得於搜索票上對執行人員爲適當之指示。
④核發搜索票之程序，不公開之。

第一二八條之一　（聲請核發搜索票）
①偵查中檢察官認有搜索之必要者，除第一百三十一條第二項所定情形外，應以書面記載前條第二項各款之事項，並敘述理由，聲請該管法院核發搜索票。
②司法警察官因調查犯罪嫌疑人犯罪情形及蒐集證據，認有搜索之必要時，得依前項規定報請檢察官許可後，向該管法院聲請核發搜索票。
③前二項之聲請經法院駁回者，不得聲明不服。

第一二八條之二　（搜索之執行）
①搜索，除由法官或檢察官親自實施外，由檢察事務官、司法警察官或司法警察執行。
②檢察事務官爲執行搜索，必要時，得請求司法警察官或司法警察輔助。

第一二九條　（刪除）

第一三〇條　（附帶搜索）
檢察官、檢察事務官、司法警察官或司法警察逮捕被告、犯罪嫌疑人或執行拘提、羈押時，雖無搜索票，得逕行搜索其身體、隨身攜帶之物件、所使用之交通工具及其立即可觸及之處所。

第一三一條　（逕行搜索）91

①有左列情形之一者，檢察官、檢察事務官、司法警察官或司法警察，雖無搜索票，得逕行搜索住宅或其他處所：

一　因逮捕被告、犯罪嫌疑人或執行拘提、羈押，有事實足認被告或犯罪嫌疑人確實在內者。

二　因追躡現行犯或逮捕脫逃人，有事實足認現行犯或脫逃人確實在內者。

三　有明顯事實足信爲有人在內犯罪而情形急迫者。

②檢察官於偵查中確有相當理由認爲情況急迫，非迅速搜索，二十四小時內證據有僞造、變造、湮滅或隱匿之虞者，得逕行搜索，或指揮檢察事務官、司法警察官或司法警察執行搜索，並層報檢察長。

③前二項搜索，由檢察官爲之者，應於實施後三日內陳報該管法院；由檢察事務官、司法警察官或司法警察爲之者，應於執行後三日內報告該管檢察署檢察官及法院。法院認爲不應准許者，應於五日內撤銷之。

④第一項、第二項之搜索執行後未陳報該管法院或經法院撤銷者，審判時法院得宣告所扣得之物，不得作爲證據。

第一三一條之一　（同意搜索）

搜索，經受搜索人出於自願性同意者，得不使用搜索票。但執行人員應出示證件，並將其同意之意旨記載於筆錄。

第一三二條　（強制搜索）

抗拒搜索者，得用強制力搜索之。但不得逾必要之程度。

第一三二條之一　（搜索結果之陳報）

檢察官或司法警察官於聲請核發之搜索票執行後，應將執行結果陳報核發搜索票之法院，如未能執行者，應敘明其事由。

第一三三條　（扣押之客體）105

①可爲證據或得沒收之物，得扣押之。

②爲保全追徵，必要時得酌量扣押犯罪嫌疑人、被告或第三人之財產。

③對於應扣押物之所有人、持有人或保管人，得命其提出或交付。

④扣押不動產、船舶、航空器，得以通知主管機關爲扣押登記之方法爲之。

⑤扣押債權得以發扣押命令禁止向債務人收取或爲其他處分，並禁止向被告或第三人清償之方法爲之。

⑥依本法所爲之扣押，具有禁止處分之效力，不妨礙民事假扣押、假處分及終局執行之查封、扣押。

第一三三條之一　（扣押之裁定及應記載事項）105

①非附隨於搜索之扣押，除以得爲證據之物而扣押或經受扣押標的權利人同意者外，應經法官裁定。

②前項之同意，執行人員應出示證件，並先告知受扣押標的權利人得拒絕扣押，無須違背自己之意思而爲同意，並將其同意之意旨記載於筆錄。

③第一項裁定，應記載下列事項：

一　案由。

二　應受扣押裁定之人及扣押標的。但應受扣押裁定之人不明時，得不予記載。

三　得執行之有效期間及逾期不得執行之意旨；法官並得於裁定中，對執行人員爲適當之指示。

④核發第一項裁定之程序，不公開之。

第一三三條之二　（扣押裁定之程序）105

①偵查中檢察官認有聲請前條扣押裁定之必要時，應以書面記載前條第三項第一款、第二款之事項，並敘述理由，聲請該管法院裁定。

②司法警察官認有爲扣押之必要時，得依前項規定報請檢察官許可後，向該管法院聲請

核發扣押裁定。

③檢察官、檢察事務官、司法警察官或司法警察於偵查中有相當理由認爲情況急迫，有立即扣押之必要時，得逕行扣押；檢察官亦得指揮檢察事務官、司法警察官或司法警察執行。

④前項之扣押，由檢察官爲之者，應於實施後三日內陳報該管法院；由檢察事務官、司法警察官或司法警察爲之者，應於執行後三日內報告該管檢察署檢察官及法院。法院認爲不應准許者，應於五日內撤銷之。

⑤第一項及第二項之聲請經駁回者，不得聲明不服。

第一三四條　（扣押之限制—應守密之公物、公文書）

①政府機關、公務員或曾爲公務員之人所持有或保管之文書及其他物件，如爲其職務上應守秘密者，非經該管監督機關或公務員允許，不得扣押。

②前項允許，除有妨害國家之利益者外，不得拒絕。

第一三五條　（扣押之限制—郵電）

①郵政或電信機關，或執行郵電事務之人員所持有或保管之郵件、電報，有左列情形之一者，得扣押之：

一　有相當理由可信其與本案有關係者。

二　爲被告所發或寄交被告者。但與辯護人往來之郵件、電報，以可認爲犯罪證據或有湮滅、偽造、變造證據或勾串共犯或證人之虞，或被告已逃亡者爲限。

②爲前項扣押者，應即通知郵件、電報之發送人或收受人。但於訴訟程序有妨害者，不在此限。

第一三六條　（扣押之執行機關）105

①扣押，除由法官或檢察官親自實施外，得命檢察事務官、司法警察官或司法警察執行。

②命檢察事務官、司法警察官或司法警察執行扣押者，應於交與之搜索票或扣押裁定內，記載其事由。

第一三七條　（附帶扣押）105

①檢察官、檢察事務官、司法警察官或司法警察執行搜索或扣押時，發現本案應扣押之物爲搜索票或扣押裁定所未記載者，亦得扣押之。

②第一百三十一條第三項之規定，於前項情形準用之。

第一三八條　（強制扣押）

應扣押物之所有人、持有人或保管人無正當理由拒絕提出或交付或抗拒扣押者，得用強制力扣押之。

第一三九條　（扣押後之處置—收據、封緘）105

①扣押，應制作收據，詳記扣押物之名目，付與所有人、持有人或保管人。

②扣押物，應加封緘或其他標識，由扣押之機關或公務員蓋印。

第一四〇條　（扣押後之處置—看守、保管、毀棄）

①扣押物，因防其喪失或毀損，應爲適當之處置。

②不便搬運或保管之扣押物，得命人看守，或命所有人或其他適當之人保管。

③易生危險之扣押物，得毀棄之。

第一四一條　（扣押物之變價）105

①得沒收或追徵之扣押物，有喪失毀損、減低價值之虞或不便保管、保管需費過鉅者，得變價之，保管其價金。

②前項變價，偵查中由檢察官爲之，審理中法院得囑託地方法院民事執行處代爲執行。

第一四二條　（扣押物之發還或付與影本）109

①扣押物若無留存之必要者，不待案件終結，應以法院之裁定或檢察官命令發還之；其係贓物而無第三人主張權利者，應發還被害人。

②扣押物因所有人、持有人或保管人之請求，得命其負保管之責，暫行發還。

③扣押物之所有人、持有人或保管人，有正當理由者，於審判中得預納費用請求付與扣

押物之影本。

第一四二條之一　（扣押物之聲請撤銷扣押）105

①得沒收或追徵之扣押物，法院或檢察官依所有人或權利人之聲請，認爲適當者，得以裁定或命令定相當之擔保金，於繳納後，撤銷扣押。

②第一百十九條之一之規定，於擔保金之存管、計息、發還準用之。

第一四三條　（留存物之準用規定）105

被告、犯罪嫌疑人或第三人遺留在犯罪現場之物，或所有人、持有人或保管人任意提出或交付之物，經留存者，準用前五條之規定。

第一四四條　（搜索、扣押之必要處分）

①因搜索及扣押得開啓鎖扃、封緘或爲其他必要之處分。

②執行扣押或搜索時，得封鎖現場，禁止在場人員離去，或禁止前條所定之被告、犯罪嫌疑人或第三人以外之人進入該處所。

③對於違反前項禁止命令者，得命其離開或交由適當之人看守至執行終了。

第一四五條　（搜索票或扣押裁定之提示）105

法官、檢察官、檢察事務官、司法警察官或司法警察執行搜索及扣押，除依法得不用搜索票或扣押裁定之情形外，應以搜索票或扣押裁定示第一百四十八條在場之人。

第一四六條　（搜索或扣押時間之限制）

①有人住居或看守之住宅或其他處所，不得於夜間入內搜索或扣押。但經住居人、看守人或可爲其代表之人承諾或有急迫之情形者，不在此限。

②於夜間搜索或扣押者，應記明其事由於筆錄。

③日間已開始搜索或扣押者，得繼續至夜間。

④第一百條之三第三項之規定，於夜間搜索或扣押準用之。

第一四七條　（搜索、扣押之共同限制—例外）

左列處所，夜間亦得入內搜索或扣押：

一　假釋人住居或使用者。

二　旅店、飲食店或其他於夜間公衆可以出入之處所，仍在公開時間內者。

三　常用爲賭博，妨害性自主或妨害風化之行爲者。

第一四八條　（搜索、扣押時之在場人）

在有人住居或看守之住宅或其他處所內行搜索或扣押者，應命住居人、看守人或可爲其代表之人在場；如無此等人在場時，得命鄰居之人或就近自治團體之職員在場。

第一四九條　（搜索、扣押時之在場人）

在政府機關、軍營、軍艦或軍事上秘密處所內行搜索或扣押者，應通知該管長官或可爲其代表之人在場。

第一五〇條　（搜索、扣押時之在場人）

①當事人及審判中之辯護人得於搜索或扣押時在場。但被告受拘禁，或認其在場於搜索或扣押有妨害者，不在此限。

②搜索或扣押時，如認有必要，得命被告在場。

③行搜索或扣押之日、時及處所，應通知前二項得在場之人。但有急迫情形時，不在此限。

第一五一條　（暫停搜索、扣押應爲之處分）

搜索或扣押暫時中止者，於必要時應將該處所閉鎖，並命人看守。

第一五二條　（另案扣押）

實施搜索或扣押時，發見另案應扣押之物亦得扣押之，分別送交該管法院或檢察官。

第一五三條　（囑託搜索或扣押）

①搜索或扣押，得由審判長或檢察官囑託應行搜索、扣押地之法官或檢察官行之。

②受託法官或檢察官發現應在他地行搜索、扣押者，該法官或檢察官得轉囑託該地之法官或檢察官。

第十一章之一　特殊強制處分 113

第一五三條之一 113

①為調查犯罪情形或蒐集證據認有必要時，得使用全球衛星定位系統或其他非以辨識個人生物特徵之科技方法對被告或犯罪嫌疑人追蹤位置。

②對第三人實施前項調查，以有相當理由可信與被告、犯罪嫌疑人、證人或應扣押之物或電磁紀錄有所關連時為限。

③前二項實施期間，不得逾連續二十四小時或累計逾二日，實施當日不足二十四小時，以一日計。有再次或繼續實施之必要者，至遲應於再次實施前或期間屆滿前，由檢察官依職權或由司法警察官報請檢察官許可後，以書面記載第一百五十三條之五第一項各款之事項與實施調查之必要性及其理由向該管法院聲請核發許可書。

④實施第一項、第二項調查前，可預期實施期間將逾連續二十四小時或累計逾二日者，得於實施前，依前項規定向該管法院聲請核發許可書。

⑤前二項法院許可之期間，每次不得逾三十日。有繼續實施之必要者，至遲應於期間屆滿之二日前，由檢察官依職權或由司法警察官報請檢察官許可後，以書面記載具體理由向該管法院聲請核發許可書。

第一五三條之二 113

①為調查犯罪情形或蒐集證據認有必要時，得使用科技方法調查被告或犯罪嫌疑人管領或使用之行動通訊設備之位置、設備號碼或使用之卡片號碼。

②對第三人管領或使用之行動通訊設備之位置、設備號碼或使用之卡片號碼實施前項調查，以有相當理由可信與被告、犯罪嫌疑人、證人或應扣押之物或電磁紀錄有所關連時為限。

③前二項情形，應由檢察官依職權或由司法警察官報請檢察官許可後，以書面記載第一百五十三條之五第一項各款之事項與實施調查之必要性及其理由向該管法院聲請核發許可書。

④前項許可之期間，每次不得逾三十日。有繼續實施之必要者，至遲應於期間屆滿之二日前，由檢察官依職權或由司法警察官報請檢察官許可後，以書面記載具體理由向該管法院聲請核發許可書。

⑤實施第一項、第二項調查時，因技術上無可避免取得非受調查人之個人資料，除為供第一項、第二項之比對目的外，不得使用，且於調查實施結束後應即刪除。

第一五三條之三 113

①為調查最重本刑五年以上有期徒刑之罪，有相當理由可信被告或犯罪嫌疑人管領或使用具隱私或秘密合理期待之空間內之人或物與本案有關，得從該空間外，使用非實體侵入性之科技方法對該空間內之人或物監看及攝錄影像。

②對於第三人管領或使用具隱私或秘密合理期待之空間內之人或物，實施前項調查，以有事實足認與被告、犯罪嫌疑人、證人或應扣押之物或電磁紀錄有所關連時為限。

③前二項情形，應由檢察官依職權或由司法警察官報請檢察官許可後，以書面記載第一百五十三條之五第一項各款之事項與實施調查之必要性及其理由向該管法院聲請核發許可書。

④前項許可之期間，每次不得逾三十日。有繼續實施之必要者，至遲應於期間屆滿之二日前，由檢察官依職權或由司法警察官報請檢察官許可後，以書面記載具體理由向該管法院聲請核發許可書。

第一五三條之四 113

①對軍事上應秘密之處所，非得該管長官允許，不得實施前條之調查。

②前項情形，除有妨害國家重大利益者外，不得拒絕。

第一五三條之五 113

①第一百五十三條之一至第一百五十三條之三之許可書應記載下列事項：

　一　案由及涉犯之法條。

二　受調查人或物。但受調查人不明者，得不予記載。
三　使用之調查方法及使用該方法調查得取得之標的。
四　前款之調查方法裝設或實施方式。
五　執行機關。
六　實施期間。

②核發許可書之程序，不公開之。法院並得於許可書上，對執行人員為適當之指示。

③第一百五十三條之一至第一百五十三條之三之聲請，經法院駁回者，不得聲明不服。

④檢察官或核發許可書之法官得命執行機關提出執行情形之報告。執行機關應於執行期間內，依檢察官或法官指示作成報告書，說明執行行為之進行情形，以及有無繼續執行之需要。核發許可書之法官並得於發現有不應繼續執行之情狀時，撤銷原核發之許可。

⑤第一百二十八條之二之規定，於實施本章規定之調查時，準用之。

第一五三條之六 113

①於下列情形之一，檢察官、檢察事務官、司法警察官或司法警察有相當理由認為情況急迫，而有立即實施之必要者，得逕行實施，並應於實施後三日內依各該條規定以書面聲請該管法院補發許可書：

一　實施第一百五十三條之一之調查已逾連續二十四小時或已累計逾二日，實施當日不足二十四小時，以一日計。
二　實施第一百五十三條之二、第一百五十三條之三之調查。

②前項之調查，有下列情形之一者，應即停止實施：

一　檢察官不許可或於報請日起逾三日未為許可之決定。
二　法院未補發許可書或於聲請日起逾三日未為補發許可書之裁定。

③法院補發許可書者，實施期間自實施之日起算。

④第一項之聲請，經法院駁回者，不得聲明不服。

第一五三條之七 113

①經法院依第一百五十三條之一至第一百五十三條之三及前條核發或補發許可書實施之調查結束，或依前條第二項停止實施後，執行機關應敘明受調查人之姓名、住所或居所、許可書核發機關文號、實際調查期間、有無獲得調查目的之資料及救濟程序，陳報該管檢察官及法院，由法院通知受調查人。如認通知有妨害調查目的之虞、通知顯有困難或不能通知者，應一併陳報。

②調查結束或停止實施後，執行機關逾一個月未為前項之陳報者，法院應於十四日內主動通知受調查人。但通知顯有困難或不能通知者，法院得不通知受調查人。

③法院對於第一項陳報，除有具體理由足認通知有妨害調查目的之虞、通知顯有困難或不能通知之情形外，應通知受調查人。

④第一項不通知之原因消滅後，執行機關應陳報法院補行通知。原因未消滅者，應於第一項陳報後每三個月向法院陳報未消滅之情形。逾期未陳報者，法院應於十四日內主動通知受調查人。

⑤實施第一百五十三條之一之調查未逾連續二十四小時或未逾累計二日者，除通知有妨害調查目的之虞、通知顯有困難或不能通知之情形外，應由執行機關於調查結束後一個月內，敘明受調查人之姓名、住所或居所、實際調查期間、有無獲得調查目的之資料及救濟程序，通知受調查人。並應每三個月檢視不通知之情形是否消滅，如不通知之情形已消滅，應即通知受調查人。

第一五三條之八 113

①實施第一百五十三條之一至第一百五十三條之三及第一百五十三條之六調查所得資料，與本案有關者，除法律另有規定外，應留存該案卷宗，供本案偵查、審判使用，不得作為其他程序之證據或其他用途。

②實施第一百五十三條之一至第一百五十三條之三及第一百五十三條之六調查所得其他案件資料，不得作為證據。但於實施期間屆滿後三十日內補行陳報法院，並經法院審

查認可該案件與本案具有關連性或為最重本刑五年以上之罪者，不在此限。
③實施第一百五十三條之一至第一百五十三條之三及第一百五十三條之六調查所得資料，除符合前二項情形外，應即銷燬或刪除之，不得作為司法偵查、審判、其他程序之證據或其他用途。但已供另案偵辦使用者，不在此限。
④第二項之陳報，經法院駁回者，不得聲明不服。

第一五三條之九 113
為執行刑事裁判，除其他法律另有規定外，法官、檢察官、檢察事務官、司法警察官或司法警察得依本章之規定實施調查。

第一五三條之一〇 113
①受調查人及被告或犯罪嫌疑人之辯護人，對於法官、檢察官依本章所為之裁定或處分，得向該管法院提起抗告或聲請撤銷或變更之。
②前項提起抗告或聲請期間為十日，自送達後起算。法院不得以已執行終結而無實益為由駁回。
③第四百零九條至第四百十四條、第四百十七條、第四百十八條第二項規定，於本條準用之。
④對於第一項之裁定，不得聲明不服。
⑤依本章實施調查之方式、所得資料之保存、管理及銷燬、陳報、通知、救濟、監督及其他相關事項之辦法，由司法院會同行政院定之。

第十二章　證　據

第一節　通　則

第一五四條　（證據裁判主義）92
①被告未經審判證明有罪確定前，推定其為無罪。
②犯罪事實應依證據認定之，無證據不得認定犯罪事實。

第一五五條　（自由心證主義）92
①證據之證明力，由法院本於確信自由判斷。但不得違背經驗法則及論理法則。
②無證據能力、未經合法調查之證據，不得作為判斷之依據。

第一五六條　（自白之證據能力、證明力與緘默權）92
①被告之自白，非出於強暴、脅迫、利誘、詐欺、疲勞訊問、違法羈押或其他不正之方法，且與事實相符者，得為證據。
②被告或共犯之自白，不得作為有罪判決之唯一證據，仍應調查其他必要之證據，以察其是否與事實相符。
③被告陳述其自白係出於不正之方法者，應先於其他事證而為調查。該自白如係經檢察官提出者，法院應命檢察官就自白之出於自由意志，指出證明之方法。
④被告未經自白，又無證據，不得僅因其拒絕陳述或保持緘默，而推斷其罪行。

第一五七條　（舉證責任之例外—公知事實）
公眾週知之事實，無庸舉證。

第一五八條　（舉證責任之例外—職務已知事實）
事實於法院已顯著，或為其職務上所已知者，無庸舉證。

第一五八條之一　（無庸舉證—當事人意見陳述）92
前二條無庸舉證之事實，法院應予當事人就其事實有陳述意見之機會。

第一五八條之二　（不得作為證據之情事）109
①違背第九十三條之一第二項、第一百條之三第一項之規定，所取得被告或犯罪嫌疑人之自白及其他不利之陳述，不得作為證據。但經證明其違背非出於惡意，且該自白或陳述係出於自由意志者，不在此限。
②檢察事務官、司法警察官或司法警察詢問受拘提、逮捕之被告或犯罪嫌疑人時，違反

第九十五條第一項第二款、第三款或第二項之規定者，準用前項規定。

第一五八條之三（不得作爲證據之情事）92

證人、鑑定人依法應具結而未具結者，其證言或鑑定意見，不得作爲證據。

第一五八條之四（證據排除法則）92

除法律另有規定外，實施刑事訴訟程序之公務員因違背法定程序取得之證據，其有無證據能力之認定，應審酌人權保障及公共利益之均衡維護。

第一五九條（傳聞法則之適用及例外）92

①被告以外之人於審判外之言詞或書面陳述，除法律有規定者外，不得作爲證據。

②前項規定，於第一百六十一條第二項之情形及法院以簡式審判程序或簡易判決處刑者，不適用之。其關於羈押、搜索、鑑定留置、許可、證據保全及其他依法所爲強制處分之審查，亦同。

第一五九條之一（傳聞法則之適用）92

①被告以外之人於審判外向法官所爲之陳述，得爲證據。

②被告以外之人於偵查中向檢察官所爲之陳述，除顯有不可信之情況者外，得爲證據。

第一五九條之二（傳聞法則之適用）92

被告以外之人於檢察事務官、司法警察官或司法警察調查中所爲之陳述，與審判中不符時，其先前之陳述具有較可信之特別情況，且爲證明犯罪事實存否所必要者，得爲證據。

第一五九條之三（傳聞法則之適用及例外）92

被告以外之人於審判中有下列情形之一，其於檢察事務官、司法警察官或司法警察調查中所爲之陳述，經證明具有可信之特別情況，且爲證明犯罪事實之存否所必要者，得爲證據：

一　死亡者。

二　身心障礙致記憶喪失或無法陳述者。

三　滯留國外或所在不明而無法傳喚或傳喚不到者。

四　到庭後無正當理由拒絕陳述者。

第一五九條之四（傳聞證據）92

除前三條之情形外，下列文書亦得爲證據：

一　除顯有不可信之情況外，公務員職務上製作之紀錄文書、證明文書。

二　除顯有不可信之情況外，從事業務之人於業務上或通常業務過程所須製作之紀錄文書、證明文書。

三　除前二款之情形外，其他於可信之特別情況下所製作之文書。

第一五九條之五（傳聞證據之能力）92

①被告以外之人於審判外之陳述，雖不符前四條之規定，而經當事人於審判程序同意作爲證據，法院審酌該言詞陳述或書面陳述作成時之情況，認爲適當者，亦得爲證據。

②當事人、代理人或辯護人於法院調查證據時，知有第一百五十九條第一項不得爲證據之情形，而未於言詞辯論終結前聲明異議者，視爲有前項之同意。

第一六〇條（不得作爲證據）92

證人之個人意見或推測之詞，除以實際經驗爲基礎者外，不得作爲證據。

第一六一條 112

①檢察官就被告犯罪事實，應負舉證責任，並指出證明之方法。

②法院於第一次審判期日前，認爲檢察官指出之證明方法顯不足認定被告有成立犯罪之可能時，應以裁定定期通知檢察官補正；逾期未補正者，得以裁定駁回起訴。

③駁回起訴之裁定已確定者，非有第二百六十條第一項各款情形之一，不得對於同一案件再行起訴。

④違反前項規定，再行起訴者，應諭知不受理之判決。

第一六一條之一（被告之舉證責任）92

被告得就被訴事實指出有利之證明方法。

第一六一條之二　（當事人進行主義）92
①當事人、代理人、辯護人或輔佐人應就調查證據之範圍、次序及方法提出意見。
②法院應依前項所提意見而為裁定；必要時，得因當事人、代理人、辯護人或輔佐人之聲請變更之。

第一六一條之三　（被告自白之調查）92
法院對於得為證據之被告自白，除有特別規定外，非於有關犯罪事實之其他證據調查完畢後，不得調查。

第一六二條　（刪除）92

第一六三條　（聲請或職權調查證據）109
①當事人、代理人、辯護人或輔佐人得聲請調查證據，並得於調查證據時，詢問證人、鑑定人或被告。審判長除認為有不當者外，不得禁止之。
②法院為發見真實，得依職權調查證據。但於公平正義之維護或對被告之利益有重大關係事項，法院應依職權調查之。
③法院為前項調查證據前，應予當事人、代理人、辯護人或輔佐人陳述意見之機會。
④告訴人得就證據調查事項向檢察官陳述意見，並請求檢察官向法院聲請調查證據。

第一六三條之一　（調查證據之程式）92
①當事人、代理人、辯護人或輔佐人聲請調查證據，應以書狀分別具體記載下列事項：
　一　聲請調查之證據及其與待證事實之關係。
　二　聲請傳喚之證人、鑑定人、通譯之姓名、性別、住居所及預期詰問所需之時間。
　三　聲請調查之證據文書或其他文書之目錄。若僅聲請調查證據文書或其他文書之一部分者，應將該部分明確標示。
②調查證據聲請書狀，應按他造人數提出繕本。法院於接受繕本後，應速送達。
③不能提出第一項之書狀而有正當理由或其情況急迫者，得以言詞為之。
④前項情形，聲請人應就第一項各款所列事項分別陳明，由書記官製作筆錄；如他造不在場者，應將筆錄送達。

第一六三條之二　（聲請調查證據之駁回）92
①當事人、代理人、辯護人或輔佐人聲請調查之證據，法院認為不必要者，得以裁定駁回之。
②下列情形，應認為不必要：
　一　不能調查者。
　二　與待證事實無重要關係者。
　三　待證事實已臻明瞭無再調查之必要者。
　四　同一證據再行聲請者。

第一六四條　（普通物證之調查）92
①審判長應將證物提示當事人、代理人、辯護人或輔佐人，使其辨認。
②前項證物如係文書而被告不解其意義者，應告以要旨。

第一六五條　（書證之調查）92
①卷宗內之筆錄及其他文書可為證據者，審判長應向當事人、代理人、辯護人或輔佐人宣讀或告以要旨。
②前項文書，有關風化、公安或有毀損他人名譽之虞者，應交當事人、代理人、辯護人或輔佐人閱覽，不得宣讀；如被告不解其意義者，應告以要旨。

第一六五條之一　（新型態證據之調查）92
①前條之規定，於文書外之證物有與文書相同之效用者，準用之。
②錄音、錄影、電磁紀錄或其他相類之證物可為證據者，審判長應以適當之設備，顯示聲音、影像、符號或資料，使當事人、代理人、辯護人或輔佐人辨認或告以要旨。

第一六六條　（對證人、鑑定人之詰問）92
①當事人、代理人、辯護人及輔佐人聲請傳喚之證人、鑑定人，於審判長為人別訊問後，由當事人、代理人或辯護人直接詰問之。被告如無辯護人，而不欲行詰問時，審

判長仍應予詢問證人、鑑定人之適當機會。
②前項證人或鑑定人之詰問，依下列次序：
一　先由聲請傳喚之當事人、代理人或辯護人爲主詰問。
二　次由他造之當事人、代理人或辯護人爲反詰問。
三　再由聲請傳喚之當事人、代理人或辯護人爲覆主詰問。
四　再次由他造當事人、代理人或辯護人爲覆反詰問。
③前項詰問完畢後，當事人、代理人或辯護人，經審判長之許可，得更行詰問。
④證人、鑑定人經當事人、代理人或辯護人詰問完畢後，審判長得爲訊問。
⑤同一被告、自訴人有二以上代理人、辯護人時，該被告、自訴人之代理人、辯護人對同一證人、鑑定人之詰問，應推由其中一人代表爲之。但經審判長許可者，不在此限。
⑥兩造同時聲請傳喚之證人、鑑定人，其主詰問次序由兩造合意決定，如不能決定時，由審判長定之。

第一六六條之一（主詰問之範圍及誘導詰問之例外）92
①主詰問應就待證事項及其相關事項行之。
②爲辯明證人、鑑定人陳述之證明力，得就必要之事項爲主詰問。
③行主詰問時，不得爲誘導詰問。但下列情形，不在此限：
一　未爲實體事項之詰問前，有關證人、鑑定人之身分、學歷、經歷、與其交游所關之必要準備事項。
二　當事人顯無爭執之事項。
三　關於證人、鑑定人記憶不清之事項，爲喚起其記憶所必要者。
四　證人、鑑定人對詰問者顯示敵意或反感者。
五　證人、鑑定人故爲規避之事項。
六　證人、鑑定人爲與先前不符之陳述時，其先前之陳述。
七　其他認有誘導詰問必要之特別情事者。

第一六六條之二（反詰問之範圍）92
①反詰問應就主詰問所顯現之事項及其相關事項或爲辯明證人、鑑定人之陳述證明力所必要之事項行之。
②行反詰問於必要時，得爲誘導詰問。

第一六六條之三（對新事項之詰問權）92
①行反詰問時，就支持自己主張之新事項，經審判長許可，得爲詰問。
②依前項所爲之詰問，就該新事項視爲主詰問。

第一六六條之四（覆主詰問之範圍及行覆主詰問之方式）92
①覆主詰問應就反詰問所顯現之事項及其相關事項行之。
②行覆主詰問，依主詰問之方式爲之。
③前條之規定，於本條準用之。

第一六六條之五（覆反詰問之範圍及行覆反詰問之方式）92
①覆反詰問，應就辯明覆主詰問所顯現證據證明力必要之事項行之。
②行覆反詰問，依反詰問之方式行之。

第一六六條之六（詰問次序及續行訊問）92
①法院依職權傳喚之證人或鑑定人，經審判長訊問後，當事人、代理人或辯護人得詰問之，其詰問之次序由審判長定之。
②證人、鑑定人經當事人、代理人或辯護人詰問後，審判長得續行訊問。

第一六六條之七（詰問之限制）92
①詰問證人、鑑定人及證人、鑑定人之回答，均應就個別問題具體爲之。
②下列之詰問不得爲之。但第五款至第八款之情形，於有正當理由時，不在此限：
一　與本案及因詰問所顯現之事項無關者。
二　以恫嚇、侮辱、利誘、詐欺或其他不正之方法者。

三　抽象不明確之詰問。
四　爲不合法之誘導者。
五　對假設性事項或無證據支持之事實爲之者。
六　重覆之詰問。
七　要求證人陳述個人意見或推測、評論者。
八　恐證言於證人或與其有第一百八十條第一項關係之人之名譽、信用或財產有重大損害者。
九　對證人未親身經歷事項或鑑定人未行鑑定事項爲之者。
十　其他爲法令禁止者。

第一六七條　（限制或禁止詰問）92

當事人、代理人或辯護人詰問證人、鑑定人時，審判長除認其有不當者外，不得限制或禁止之。

第一六七條之一　（聲明異議權）92

當事人、代理人或辯護人就證人、鑑定人之詰問及回答，得以違背法令或不當爲由，聲明異議。

第一六七條之二　（聲明異議之處理）92

①前條之異議，應就各個行爲，立即以簡要理由爲之。
②審判長對於前項異議，應立即處分。
③他造當事人、代理人或辯護人，得於審判長處分前，就該異議陳述意見。
④證人、鑑定人於當事人、代理人或辯護人聲明異議後，審判長處分前，應停止陳述。

第一六七條之三　（聲明異議之處理—駁回）92

審判長認異議有遲誤時機、意圖延滯訴訟或其他不合法之情形者，應以處分駁回之。但遲誤時機所提出之異議事項與案情有重要關係者，不在此限。

第一六七條之四　（聲明異議之處理—異議無理由）92

審判長認異議無理由者，應以處分駁回之。

第一六七條之五　（聲明異議之處理—異議有理由）92

審判長認異議有理由者，應視其情形，立即分別爲中止、撤回、撤銷、變更或其他必要之處分。

第一六七條之六　（異議之處分不得聲明不服）92

對於前三條之處分，不得聲明不服。

第一六七條之七　（詢問之準用規定）92

第一百六十六條之七第二項、第一百六十七條至第一百六十七條之六之規定，於行第一百六十三條第一項之詢問準用之。

第一六八條　（證人、鑑定人之在庭義務）92

證人、鑑定人雖經陳述完畢，非得審判長之許可，不得退庭。

第一六八條之一　（當事人在場權）92

①當事人、代理人、辯護人或輔佐人得於訊問證人、鑑定人或通譯時在場。
②前項訊問之日、時及處所，法院應預行通知之。但事先陳明不願到場者，不在此限。

第一六九條　（被告在庭權之限制）92

審判長預料證人、鑑定人或共同被告於被告前不能自由陳述者，經聽取檢察官及辯護人之意見後，得於其陳述時，命被告退庭。但陳述完畢後，應再命被告入庭，告以陳述之要旨，並予詰問或對質之機會。

第一七〇條　（陪席法官之訊問）92

參與合議審判之陪席法官，得於告知審判長後，訊問被告或準用第一百六十六條第四項及第一百六十六條之六第二項之規定，訊問證人、鑑定人。

第一七一條　（審判期日前訊問之準用規定）92

法院或受命法官於審判期日前爲第二百七十三條第一項或第二百七十六條之訊問者，準用第一百六十四條至第一百七十條之規定。

第一七二條至第一七四條　（刪除）92

第二節　人　證

第一七五條　（傳喚證人之傳票）92

①傳喚證人，應用傳票。

②傳票，應記載下列事項：

一　證人之姓名、性別及住所、居所。

二　待證之事由。

三　應到之日、時、處所。

四　無正當理由不到場者，得處罰鍰及命拘提。

五　證人得請求日費及旅費。

③傳票，於偵查中由檢察官簽名，審判中由審判長或受命法官簽名。

④傳票至遲應於到場期日二十四小時前送達。但有急迫情形者，不在此限。

第一七六條　（監所證人之傳喚與口頭傳喚）

第七十二條及第七十三條之規定，於證人之傳喚準用之。

第一七六條之一　（作證義務）92

除法律另有規定者外，不問何人，於他人之案件，有爲證人之義務。

第一七六條之二　（聲請調查證據人促使證人到場之責任）92

法院因當事人、代理人、辯護人或輔佐人聲請調查證據，而有傳喚證人之必要者，爲聲請之人應促使證人到場。

第一七七條　（就訊證人）91

①證人不能到場或有其他必要情形，得於聽取當事人及辯護人之意見後，就其所在或於其所在地法院訊問之。

②前項情形，證人所在與法院間有聲音及影像相互傳送之科技設備而得直接訊問，經法院認爲適當者，得以該設備訊問之。

③當事人、辯護人及代理人得於前二項訊問證人時在場並得詰問之；其訊問之日時及處所，應預行通知之。

④第二項之情形，於偵查中準用之。

第一七八條　（證人之到場義務及制裁）91

①證人經合法傳喚，無正當理由而不到場者，得科以新臺幣三萬元以下之罰鍰，並得拘提之；再傳不到者，亦同。

②前項科罰鍰之處分，由法院裁定之。檢察官爲傳喚者，應聲請該管法院裁定之。

③對於前項裁定，得提起抗告。

④拘提證人，準用第七十七條至第八十三條及第八十九條至第九十一條之規定。

第一七九條　（拒絕證言—公務員）

①以公務員或曾爲公務員之人爲證人，而就其職務上應守秘密之事項訊問者，應得該管監督機關或公務員之允許。

②前項允許，除有妨害國家之利益者外，不得拒絕。

第一八〇條　（拒絕證言—身分關係）92

①證人有下列情形之一者，得拒絕證言：

一　現爲或曾爲被告或自訴人之配偶、直系血親、三親等內之旁系血親、二親等內之姻親或家長、家屬者。

二　與被告或自訴人訂有婚約者。

三　現爲或曾爲被告或自訴人之法定代理人或現由或曾由被告或自訴人爲其法定代理人者。

②對於共同被告或自訴人中一人或數人有前項關係，而就僅關於他共同被告或他共同自訴人之事項爲證人者，不得拒絕證言。

第一八一條　（拒絕證言—身分與利害關係）
證人恐因陳述致自己或與其有前條第一項關係之人受刑事追訴或處罰者，得拒絕證言。

第一八一條之一　（不得拒絕證言之事項）92
被告以外之人於反詰問時，就主詰問所陳述有關被告本人之事項，不得拒絕證言。

第一八二條 112
證人為醫師、藥師、心理師、助產士、宗教師、律師、辯護人、公證人、會計師或其業務上佐理人或曾任此等職務之人，就其因業務所知悉有關他人秘密之事項受訊問者，除經本人允許者外，得拒絕證言。

第一八三條　（拒絕證言原因之釋明）92
①證人拒絕證言者，應將拒絕之原因釋明之。但於第一百八十一條情形，得命具結以代釋明。
②拒絕證言之許可或駁回，偵查中由檢察官命令之，審判中由審判長或受命法官裁定之。

第一八四條　（證人之隔別訊問與對質）92
①證人有數人者，應分別訊問之；其未經訊問者，非經許可，不得在場。
②因發見眞實之必要，得命證人與他證人或被告對質，亦得依被告之聲請，命與證人對質。

第一八五條　（證人之人別訊問）
①訊問證人，應先調查其人有無錯誤及與被告或自訴人有無第一百八十條第一項之關係。
②證人與被告或自訴人有第一百八十條第一項之關係者，應告以得拒絕證言。

第一八六條 112
①證人應命具結。但有下列情形之一者，不得令其具結：
一　未滿十六歲。
二　因精神或其他心智障礙，致不解具結意義及效果。
②證人有第一百八十一條之情形者，應告以得拒絕證言。

第一八七條　（具結程序）
①證人具結前，應告以具結之義務及僞證之處罰。
②對於不令具結之證人，應告以當據實陳述，不得匿、飾、增、減。

第一八八條　（具結時期）
具結應於訊問前為之。但應否具結有疑義者，得命於訊問後為之。

第一八九條　（結文之作成）92
①具結應於結文內記載當據實陳述，決無匿、飾、增、減等語；其於訊問後具結者，結文內應記載係據實陳述，並無匿、飾、增、減等語。
②結文應命證人朗讀；證人不能朗讀者，應命書記官朗讀，於必要時並說明其意義。
③結文應命證人簽名、蓋章或按指印。
④證人係依第一百七十七條第二項以科技設備訊問者，經具結之結文得以電信傳眞或其他科技設備傳送予法院或檢察署，再行補送原本。
⑤第一百七十七條第二項證人訊問及前項結文傳送之辦法，由司法院會同行政院定之。

第一九〇條　（訊問證人之方式—連續陳述）92
訊問證人，得命其就訊問事項之始末連續陳述。

第一九一條　（刪除）92

第一九二條　（訊問證人之準用規定）109
第七十四條、第九十八條、第九十九條、第一百條之一第一項、第二項之規定，於證人之訊問準用之。

第一九三條　（拒絕具結或證言及不實具結之處罰）92
①證人無正當理由拒絕具結或證言者，得處以新臺幣三萬元以下之罰鍰，於第一百八十

三條第一項但書情形為不實之具結者，亦同。
②第一百七十八條第二項及第三項之規定，於前項處分準用之。

第一九四條　（證人請求日費及旅費之權利）
①證人得請求法定之日費及旅費。但被拘提或無正當理由，拒絕具結或證言者，不在此限。
②前項請求，應於訊問完畢後十日內，向法院為之。但旅費得請求預行酌給。

第一九五條　（囑託訊問證人）92
①審判長或檢察官得囑託證人所在地之法官或檢察官訊問證人；如證人不在該地者，該法官、檢察官得轉囑託其所在地之法官、檢察官。
②第一百七十七條第三項之規定，於受託訊問證人時準用之。
③受託法官或檢察官訊問證人者，與本案繫屬之法院審判長或檢察官有同一之權限。

第一九六條　（再行傳訊之限制）92
證人已由法官合法訊問，且於訊問時予當事人詰問之機會，其陳述明確別無訊問之必要者，不得再行傳喚。

第一九六條之一　（證人通知及詢問之準用規定）92
①司法警察官或司法警察因調查犯罪嫌疑人犯罪情形及蒐集證據之必要，得使用通知書通知證人到場詢問。
②第七十一條之一第二項、第七十三條、第七十四條、第一百七十五條第二項第一款至第三款、第四項、第一百七十七條第一項、第三項、第一百七十九條至第一百八十二條、第一百八十四條、第一百八十五條及第一百九十二條之規定，於前項證人之通知及詢問準用之。

第三節　鑑定及通譯

第一九七條　（鑑定事項之準用規定）
鑑定，除本節有特別規定外，準用前節關於人證之規定。

第一九八條 112
①鑑定人由審判長、受命法官或檢察官就下列之人選任一人或數人充之：
一　因學識、技術、經驗、訓練或教育而就鑑定事項具有專業能力者。
二　經政府機關委任有鑑定職務者。
②鑑定人就本案相關專業意見或資料之準備或提出，應揭露下列資訊：
一　與被告、自訴人、代理人、辯護人、輔佐人或其他訴訟關係人有無分工或合作關係。
二　有無受前款之人金錢報酬或資助及其金額或價值。
三　前項以外其他提供金錢報酬或資助者之身分及其金額或價值。

第一九八條之一 112
①被告、辯護人及得為被告輔佐人之人於偵查中得請求鑑定，並得請求檢察官選任前條第一項之人為鑑定。
②第一百六十三條之一第一項第一款、第二款、第三項及第四項前段規定，於前項請求準用之。
③當事人於審判中得向法院聲請選任前條第一項之人為鑑定。

第一九八條之二 112
①檢察官於偵查中選任鑑定人前，得予被告及其辯護人陳述意見之機會。
②審判長、受命法官於審判中選任鑑定人前，當事人、代理人、辯護人或輔佐人得陳述意見。

第一九九條　（拘提之禁止）
鑑定人，不得拘提。

第二〇〇條　（聲請拒卻鑑定人之原因及時期）92

①當事人得依聲請法官迴避之原因，拒卻鑑定人。但不得以鑑定人於該案件曾爲證人或鑑定人爲拒卻之原因。
②鑑定人已就鑑定事項爲陳述或報告後，不得拒卻。但拒卻之原因發生在後或知悉在後者，不在此限。

第二〇一條　（拒卻鑑定人之程序）92
①拒卻鑑定人，應將拒卻之原因及前條第二項但書之事實釋明之。
②拒卻鑑定人之許可或駁回，偵查中由檢察官命令之，審判中由審判長或受命法官裁定之。

第二〇二條　（鑑定人之具結義務）
鑑定人應於鑑定前具結，其結文內應記載必爲公正誠實之鑑定等語。

第二〇三條　（於法院外爲鑑定）92
①審判長、受命法官或檢察官於必要時，得使鑑定人於法院外爲鑑定。
②前項情形，得將關於鑑定之物，交付鑑定人。
③因鑑定被告心神或身體之必要，得預定七日以下之期間，將被告送入醫院或其他適當之處所。

第二〇三條之一　（鑑定留置票）92
①前條第三項情形，應用鑑定留置票。但經拘提、逮捕到場，其期間未逾二十四小時者，不在此限。
②鑑定留置票，應記載下列事項：
一　被告之姓名、性別、年齡、出生地及住所或居所。
二　案由。
三　應鑑定事項。
四　應留置之處所及預定之期間。
五　如不服鑑定留置之救濟方法。
③第七十一條第三項之規定，於鑑定留置票準用之。
④鑑定留置票，由法官簽名。檢察官認有鑑定留置必要時，向法院聲請簽發之。

第二〇三條之二　（鑑定留置之執行）92
①執行鑑定留置，由司法警察將被告送入留置處所，該處所管理人員查驗人別無誤後，應於鑑定留置票附記送入之年、月、日、時並簽名。
②第八十九條、第九十條之規定，於執行鑑定留置準用之。
③執行鑑定留置時，鑑定留置票應分別送交檢察官、鑑定人、辯護人、被告及其指定之親友。
④因執行鑑定留置有必要時，法院或檢察官得依職權或依留置處所管理人員之聲請，命司法警察看守被告。

第二〇三條之三　（鑑定留置期間及處所）92
①鑑定留置之預定期間，法院得於審判中依職權或偵查中依檢察官之聲請裁定縮短或延長之。但延長之期間不得逾二月。
②鑑定留置之處所，因安全或其他正當事由之必要，法院得於審判中依職權或偵查中依檢察官之聲請裁定變更之。
③法院爲前二項裁定，應通知檢察官、鑑定人、辯護人、被告及其指定之親友。

第二〇三條之四　（鑑定留置期日數視爲羈押日數）92
對被告執行第二百零三條第三項之鑑定者，其鑑定留置期間之日數，視爲羈押之日數。

第二〇四條　（鑑定之必要處分）92
①鑑定人因鑑定之必要，得經審判長、受命法官或檢察官之許可，檢查身體、解剖屍體、毀壞物體或進入有人住居或看守之住宅或其他處所。
②第一百二十七條、第一百四十六條至第一百四十九條、第二百十五條、第二百十六條第一項及第二百十七條之規定，於前項情形準用之。

第二〇四條之一（鑑定許可書）92
①前條第一項之許可，應用許可書。但於審判長、受命法官或檢察官前為之者，不在此限。
②許可書，應記載下列事項：
　一　案由。
　二　應檢查之身體、解剖之屍體、毀壞之物體或進入有人住居或看守之住宅或其他處所。
　三　應鑑定事項。
　四　鑑定人之姓名。
　五　執行之期間。
③許可書，於偵查中由檢察官簽名，審判中由審判長或受命法官簽名。
④檢查身體，得於第一項許可書內附加認為適當之條件。
第二〇四條之二（出示許可書及證明文件）92
①鑑定人為第二百零四條第一項之處分時，應出示前條第一項之許可書及可證明其身分之文件。
②許可書於執行期間屆滿後不得執行，應即將許可書交還。
第二〇四條之三（無正當理由拒絕鑑定）92
①被告以外之人無正當理由拒絕第二百零四條第一項之檢查身體處分者，得處以新臺幣三萬元以下之罰鍰，並準用第一百七十八條第二項及第三項之規定。
②無正當理由拒絕第二百零四條第一項之處分者，審判長、受命法官或檢察官得率同鑑定人實施之，並準用關於勘驗之規定。
第二〇五條（鑑定之必要處分）92
①鑑定人因鑑定之必要，得經審判長、受命法官或檢察官之許可，檢閱卷宗及證物，並得請求蒐集或調取之。
②鑑定人得請求訊問被告、自訴人或證人，並許其在場及直接發問。
第二〇五條之一（鑑定之必要處分—採取分泌物等之許可）92
①鑑定人因鑑定之必要，得經審判長、受命法官或檢察官之許可，採取分泌物、排泄物、血液、毛髮或其他出自或附著身體之物，並得採取指紋、腳印、聲調、筆跡、照相或其他相類之行為。
②前項處分，應於第二百零四條之一第二項許可書中載明。
第二〇五條之二（調查及蒐證之必要處分—採取指紋等）92
檢察事務官、司法警察官或司法警察因調查犯罪情形及蒐集證據之必要，對於經拘提或逮捕到案之犯罪嫌疑人或被告，得違反犯罪嫌疑人或被告之意思，採取其指紋、掌紋、腳印，予以照相、測量身高或類似之行為；有相當理由認為採取毛髮、唾液、尿液、聲調或吐氣得作為犯罪之證據時，並得採取之。
第二〇六條 112
①鑑定之經過及其結果，應命鑑定人以言詞或書面報告。
②鑑定人有數人時，得使其共同報告之。但意見不同者，應使其各別報告。
③第一項之言詞或書面報告，應包括以下事項：
　一　鑑定人之專業能力有助於事實認定。
　二　鑑定係以足夠之事實或資料為基礎。
　三　鑑定係以可靠之原理及方法作成。
　四　前款之原理及方法係以可靠方式適用於鑑定事項。
④以書面報告者，於審判中應使實施鑑定之人到庭以言詞說明。但經當事人明示同意書面報告得為證據者，不在此限。
⑤前項書面報告如經實施鑑定之人於審判中以言詞陳述該書面報告之作成為真正者，得為證據。
第二〇六條之一（行鑑定時當事人之在場權）92

①行鑑定時，如有必要，法院或檢察官得通知當事人、代理人或辯護人到場。
②第一百六十八條之一第二項之規定，於前項情形準用之。

第二〇七條　（鑑定人之增加或變更）
鑑定有不完備者，得命增加人數或命他人繼續或另行鑑定。

第二〇八條 112
①法院或檢察官得囑託醫院、學校或其他相當之機關、機構或團體爲鑑定，或審查他人之鑑定，除本條另有規定外，準用第二百零三條至第二百零六條之一之規定；其須以言詞報告或說明時，得命實施鑑定或審查之人爲之。
②前項情形，其實施鑑定或審查之人，應由第一百九十八條第一項之人充之，並準用第二百零二條之規定，及應於書面報告具名。
③第一項之書面報告有下列情形之一者，得爲證據：
一　當事人明示同意。
二　依法令具有執掌鑑定、鑑識或檢驗等業務之機關所實施之鑑定。
三　經主管機關認證之機構或團體所實施之鑑定。
④當事人於審判中得向法院聲請囑託醫院、學校或其他相當之機關、機構或團體爲鑑定或審查他人之鑑定，並準用第一百九十八條第二項之規定。
⑤當事人於審判中得委任醫院、學校或其他相當之機關、機構或團體爲鑑定或審查他人之鑑定，並準用第一項至第三項及第一百九十八條第二項之規定。
⑥前項情形，當事人得因鑑定之必要，向審判長或受命法官聲請將關於鑑定之物，交付受委任之醫院、學校或其他相當之機關、機構或團體，並準用第一百六十三條至第一百六十三條之二之規定。
⑦因第五項委任鑑定或審查他人之鑑定所生之費用，由委任之人負擔。
⑧第一百六十三條第一項、第一百六十六條至第一百六十七條之七、第二百零二條之規定，於第一項、第四項及第五項由實施鑑定或審查之人爲言詞報告或說明之情形準用之。

第二〇九條　（鑑定人之費用請求權）92
鑑定人於法定之日費、旅費外，得向法院請求相當之報酬及預行酌給或償還因鑑定所支出之費用。

第二一〇條　（鑑定證人）
訊問依特別知識得知已往事實之人者，適用關於人證之規定。

第二一一條　（通譯準用本節規定）
本節之規定，於通譯準用之。

第二一一條之一　112
①法院認有必要時，得依職權或依當事人、代理人、辯護人或輔佐人之聲請，就案件之專業法律問題選任專家學者，以書面或於審判期日到場陳述其法律上意見。
②前項意見，於辯論終結前應告知當事人及辯護人使爲辯論。
③本節之規定，除第二百零二條外，於前二項之情形準用之。

第四節　勘驗

第二一二條　（勘驗之機關及原因）
法院或檢察官因調查證據及犯罪情形，得實施勘驗。

第二一三條　（勘驗之處分）
勘驗，得爲左列處分：
一　履勘犯罪場所或其他與案情有關係之處所。
二　檢查身體。
三　檢驗屍體。
四　解剖屍體。

五　檢查與案情有關係之物件。
六　其他必要之處分。

第二一四條　（勘驗時之到場人）92
①行勘驗時，得命證人、鑑定人到場。
②檢察官實施勘驗，如有必要，得通知當事人、代理人或辯護人到場。
③前項勘驗之日、時及處所，應預行通知之。但事先陳明不願到場或有急迫情形者，不在此限。

第二一五條　（檢查身體處分之限制）92
①檢查身體，如係對於被告以外之人，以有相當理由可認為於調查犯罪情形有必要者為限，始得為之。
②行前項檢查，得傳喚其人到場或指定之其他處所，並準用第七十二條、第七十三條、第一百七十五條及第一百七十八條之規定。
③檢查婦女身體，應命醫師或婦女行之。

第二一六條　（檢驗或解剖屍體處分）
①檢驗或解剖屍體，應先查明屍體有無錯誤。
②檢驗屍體，應命醫師或檢驗員行之。
③解剖屍體，應命醫師行之。

第二一七條　（檢驗或解剖屍體處分）
①因檢驗或解剖屍體，得將該屍體或其一部暫行留存，並得開棺及發掘墳墓。
②檢驗或解剖屍體及開棺發掘墳墓，應通知死者之配偶或其他同居或較近之親屬，許其在場。

第二一八條　（相驗）91
①遇有非病死或可疑為非病死者，該管檢察官應速相驗。
②前項相驗，檢察官得命檢察事務官會同法醫師、醫師或檢驗員行之。但檢察官認顯無犯罪嫌疑者，得調度司法警察官會同法醫師、醫師或檢驗員行之。
③依前項規定相驗完畢後，應即將相關之卷證陳報檢察官。檢察官如發現有犯罪嫌疑時，應繼續為必要之勘驗及調查。

第二一九條　（勘驗準用之規定）92
第一百二十七條、第一百三十二條、第一百四十六條至第一百五十一條及第一百五十三條之規定，於勘驗準用之。

第五節　證據保全 92

第二一九條之一　（證據保全之聲請）92
①告訴人、犯罪嫌疑人、被告或辯護人於證據有湮滅、偽造、變造、隱匿或礙難使用之虞時，偵查中得聲請檢察官為搜索、扣押、鑑定、勘驗、訊問證人或其他必要之保全處分。
②檢察官受理前項聲請，除認其為不合法或無理由予以駁回者外，應於五日內為保全處分。
③檢察官駁回前項聲請或未於前項期間內為保全處分者，聲請人得逕向該管法院聲請保全證據。

第二一九條之二　（聲請證據保全之裁定）92
①法院對於前條第三項之聲請，於裁定前應徵詢檢察官之意見，認為不合法律上之程式或法律上不應准許或無理由者，應以裁定駁回之。但其不合法律上之程式可以補正者，應定期間先命補正。
②法院認為聲請有理由者，應為准許保全證據之裁定。
③前二項裁定，不得抗告。

第二一九條之三 112

第二百十九條之一之保全證據聲請，應向偵查中之該管檢察官為之。但案件尚未移送或報告檢察官者，應向調查之司法警察官或司法警察所屬機關所在地之地方檢察署檢察官聲請。

第二一九條之四 （聲請證據保全之期日）92

①案件於第一審法院審判中，被告或辯護人認為證據有保全之必要者，得在第一次審判期日前，聲請法院或受命法官為保全證據處分。遇有急迫情形時，亦得向受訊問人住居地或證物所在地之地方法院聲請之。

②檢察官或自訴人於起訴後，第一次審判期日前，認有保全證據之必要者，亦同。

③第二百七十九條第二項之規定，於受命法官為保全證據處分之情形準用之。

④法院認為保全證據之聲請不合法律上之程式或法律上不應准許或無理由者，應即以裁定駁回之。但其不合法律上之程式可以補正者，應定期間先命補正。

⑤法院或受命法官認為聲請有理由者，應為准許保全證據之裁定。

⑥前二項裁定，不得抗告。

第二一九條之五 （聲請保全證據書狀）92

①聲請保全證據，應以書狀為之。

②聲請保全證據書狀，應記載下列事項：

一　案情概要。

二　應保全之證據及保全方法。

三　依該證據應證之事實。

四　應保全證據之理由。

③前項第四款之理由，應釋明之。

第二一九條之六 （犯罪嫌疑人於實施保全證據時之在場權）92

①告訴人、犯罪嫌疑人、被告、辯護人或代理人於偵查中，除有妨害證據保全之虞者外，對於其聲請保全之證據，得於實施保全證據時在場。

②保全證據之日、時及處所，應通知前項得在場之人。但有急迫情形致不能及時通知，或犯罪嫌疑人、被告受拘禁中者，不在此限。

第二一九條之七 112

①保全之證據於偵查中，由該管檢察官保管。但案件在司法警察官或司法警察調查中，經法院為准許保全證據之裁定者，由該司法警察官或司法警察所屬機關所在地之地方檢察署檢察官保管之。

②審判中保全之證據，由命保全之法院保管。但案件繫屬他法院者，應送交該法院。

第二一九條之八 （證據保全之準用規定）92

證據保全，除有特別規定外，準用本章、前章及第二百四十八條之規定。

第十三章　裁　判

第二二〇條 （法院意思表示之方式）

裁判，除依本法應以判決行之者外，以裁定行之。

第二二一條 （言詞辯論主義）

判決，除有特別規定外，應經當事人之言詞辯論為之。

第二二二條 （裁定之審理）

①裁定因當庭之聲明而為之者，應經訴訟關係人之言詞陳述。

②為裁定前有必要時，得調查事實。

第二二三條 （裁判之理由敘述）

判決應敘述理由；得為抗告或駁回聲明之裁定亦同。

第二二四條 （應宣示之裁判）

①裁決應宣示之。但不經言詞辯論之判決，不在此限。

②裁定以當庭所為者為限，應宣示之。

第二二五條　（裁判之宣示方法）
①宣示判決，應朗讀主文，說明其意義，並告以理由之要旨。
②宣示裁定，應告以裁定之意旨；其敘述理由者，並告以理由。
③前二項應宣示之判決或裁定，於宣示之翌日公告之，並通知當事人。
第二二六條　（裁判書之製作）
①裁判應製作裁判書者，應於裁判宣示後，當日將原本交付書記官。但於辯論終結之期日宣示判決者，應於五日內交付之。
②書記官應於裁判原本記明接受之年、月、日並簽名。
第二二七條　（裁判正本之送達）
①裁判制作裁判書者，除有特別規定外，應以正本送達於當事人、代理人、辯護人及其他受裁判之人。
②前項送達，自接受裁判原本之日起，至遲不得逾七日。
第二二七條之一　112
①裁判如有誤寫、誤算或其他類此之顯然錯誤或其正本與原本不符，而於全案情節與裁判本旨無影響者，法院得依聲請或依職權以裁定更正。
②前項更正之裁定，附記於裁判原本及正本；如正本已經送達，不能附記者，應製作該更正裁定之正本送達。
③對於更正或駁回更正聲請之裁定，得為抗告。但裁判於合法上訴或抗告中，或另有特別規定者，不在此限。

第二編　第一審

第一章　公　訴

第一節　偵　查

第二二八條　（偵查之發動）
①檢察官因告訴、告發、自首或其他情事知有犯罪嫌疑者，應即開始偵查。
②前項偵查，檢察官得限期命檢察事務官、第二百三十條之司法警察官或第二百三十一條之司法警察調查犯罪情形及蒐集證據，並提出報告。必要時，得將相關卷證一併發交。
③實施偵查非有必要，不得先行傳訊被告。
④被告經傳喚、自首或自行到場者，檢察官於訊問後，認有第一百零一條第一項各款或第一百零一條之一第一項各款所定情形之一而無聲請羈押之必要者，得命具保、責付或限制住居。但認有羈押之必要者，得予逮捕，並將逮捕所依據之事實告知被告後，聲請法院羈押之。第九十三條第二項、第三項、第五項之規定於本項之情形準用之。
第二二九條　（協助檢察官偵查之司法警察官）92
①下列各員，於其管轄區域內為司法警察官，有協助檢察官偵查犯罪之職權：
一　警政署署長、警察局局長或警察總隊總隊長。
二　憲兵隊長官。
三　依法令關於特定事項，得行相當於前二款司法警察官之職權者。
②前項司法警察官，應將調查之結果，移送該管檢察官；如接受被拘提或逮捕之犯罪嫌疑人，除有特別規定外，應解送該管檢察官。但檢察官命其解送者，應即解送。
③被告或犯罪嫌疑人未經拘提或逮捕者，不得解送。
第二三〇條　（聽從檢察官指揮之司法警察官）
①下列各員為司法警察官，應受檢察官之指揮，偵查犯罪：
一　警察官長。
二　憲兵隊官長、士官。

三　依法令關於特定事項，得行司法警察官之職權者。

②前項司法警察官知有犯罪嫌疑者，應即開始調查，並將調查之情形報告該管檢察官及前條之司法警察官。

③實施前項調查有必要時，得封鎖犯罪現場，並爲即時之勘察。

第二三一條　（司法警察）

①下列各員爲司法警察，應受檢察官及司法警察官之命令，偵查犯罪：

一　警察。

二　憲兵。

三　依法令關於特定事項，得行司法警察之職權者。

②司法警察知有犯罪嫌疑者，應即開始調查，並將調查之情形報告該管檢察官及司法警察官。

③實施前項調查有必要時，得封鎖犯罪現場，並爲即時之勘察。

第二三一條之一　（案件之補足或調查）

①檢察官對於司法警察官或司法警察移送或報告之案件，認爲調查未完備者，得將卷證發回，命其補足，或發交其他司法警察官或司法警察調查。司法警察官或司法警察應於補足或調查後，再行移送或報告。

②對於前項之補足或調查，檢察官得限定時間。

第二三二條　（被害人之告訴權）

犯罪之被害人，得爲告訴。

第二三三條　（獨立及代理告訴人）

①被害人之法定代理人或配偶，得獨立告訴。

②被害人已死亡者，得由其配偶、直系血親、三親等內之旁系血親、二親等內之姻親或家長、家屬告訴。但告訴乃論之罪，不得與被害人明示之意思相反。

第二三四條 110

①刑法第二百三十條之妨害風化罪，非下列之人不得告訴：

一　本人之直系血親尊親屬。

二　配偶或其直系血親尊親屬。

②刑法第二百四十條第二項之妨害婚姻及家庭罪，非配偶不得告訴。

③刑法第二百九十八條之妨害自由罪，被略誘人之直系血親、三親等內之旁系血親、二親等內之姻親或家長、家屬亦得告訴。

④刑法第三百十二條之妨害名譽及信用罪，已死者之配偶、直系血親、三親等內之旁系血親、二親等內之姻親或家長、家屬得爲告訴。

第二三五條　（特定犯罪人之獨立告訴人）

被害人之法定代理人爲被告或該法定代理人之配偶或四親等內之血親、三親等內之姻親或家長、家屬爲被告者，被害人之直系血親、三親等內之旁系血親、二親等內之姻親或家長、家屬得獨立告訴。

第二三六條　（代行告訴人）

①告訴乃論之罪，無得爲告訴之人或得爲告訴之人不能行使告訴權者，該管檢察官得依利害關係人之聲請或依職權指定代行告訴人。

②第二百三十三條第二項但書之規定，本條準用之。

第二三六條之一　（委任告訴代理人） 92

①告訴，得委任代理人行之。但檢察官或司法警察官認爲必要時，得命本人到場。

②前項委任應提出委任書狀於檢察官或司法警察官，並準用第二十八條及第三十二條之規定。

③第二三六條之二（代行告訴人）92

④前條及第二百七十一條之一之規定，於指定代行告訴人不適用之。

第二三七條　（告訴乃論之告訴期間）

①告訴乃論之罪，其告訴應自得爲告訴之人知悉犯人之時起，於六個月內爲之。

②得為告訴之人有數人，其一人遲誤期間者，其效力不及於他人。

第二三八條　（告訴乃論之撤回告訴）

①告訴乃論之罪，告訴人於第一審辯論終結前，得撤回其告訴。

②撤回告訴之人，不得再行告訴。

第二三九條 110

告訴乃論之罪，對於共犯之一人告訴或撤回告訴者，其效力及於其他共犯。

第二四〇條　（權利告發）

不問何人知有犯罪嫌疑者，得為告發。

第二四一條　（義務告發）

公務員因執行職務知有犯罪嫌疑者，應為告發。

第二四二條　（告訴之程式）

①告訴、告發，應以書狀或言詞向檢察官或司法警察官為之，其以言詞為之者，應制作筆錄。為便利言詞告訴、告發，得設置申告鈴。

②檢察官或司法警察官實施偵查，發見犯罪事實之全部或一部係告訴乃論之罪而未經告訴者，於被害人或其他得為告訴之人到案陳述時，應訊問其是否告訴，記明筆錄。

③第四十一條第二項至第四項及第四十三條之規定，於前二項筆錄準用之。

第二四三條　（請求之程序）

①刑法第一百十六條及第一百十八條請求乃論之罪，外國政府之請求，得經外交部長函請司法行政最高長官令知該管檢察官。

②第二百三十八條及第二百三十九條之規定，於外國政府之請求準用之。

第二四四條　（自首準用告訴之程序）

自首向檢察官或司法警察官為之者，準用第二百四十二條之規定。

第二四五條 113

①偵查，不公開之。

②被告或犯罪嫌疑人之辯護人，得於檢察官、檢察事務官、司法警察官或司法警察訊問該被告或犯罪嫌疑人時在場，並得筆記及陳述意見。但有事實足認其有妨害國家機密或有湮滅、偽造、變造證據或勾串共犯或證人或妨害他人名譽之虞，或其行為不當足以影響偵查秩序者，得限制或禁止之。

③前項限制或禁止事由應記明於筆錄。

④檢察官、檢察事務官、司法警察官或司法警察依第二項但書禁止辯護人在場，致被告或犯罪嫌疑人無其他辯護人在場陪同，應再行告知第九十五條第一項第二款、第三款之事項。

⑤檢察官、檢察事務官、司法警察官、司法警察、辯護人、告訴代理人或其他於偵查程序依法執行職務之人員，除依法令或為維護公共利益或保護合法權益有必要者外，偵查中因執行職務知悉之事項，不得公開或揭露予執行法定職務必要範圍以外之人員。

⑥偵查中訊問被告或犯罪嫌疑人時，應將訊問之日、時及處所通知辯護人。但情形急迫者，不在此限。

⑦第一項偵查不公開作業辦法，由司法院會同行政院定之。

第二四五條之一 113

①被告、犯罪嫌疑人及其辯護人，對於前條第二項但書之限制或禁止不服者，得向該管法院聲請撤銷或變更之。

②前項聲請期間為十日，自為限制或禁止之日起算，其為送達者，自送達後起算。法院不得以已執行終結而無實益為由駁回。

③第四百零九條至第四百十四條、第四百十七條、第四百十八條第二項規定，於本條準用之。

④對於第一項之裁定，不得抗告。

第二四六條　（就地訊問被告）

遇被告不能到場，或有其他必要情形，得就其所在訊問之。

第二四七條　（偵查之輔助—該管機關）

關於偵查事項，檢察官得請該管機關爲必要之報告。

第二四八條　（人證之訊問及詰問）

①訊問證人、鑑定人時，如被告在場者，被告得親自詰問；詰問有不當者，檢察官得禁止之。

②預料證人、鑑定人於審判時不能訊問者，應命被告在場。但恐證人、鑑定人於被告前不能自由陳述者，不在此限。

第二四八條之一　（偵查中被害人受訊問或詢問之陪同人在場及陳述意見）109

①被害人於偵查中受訊問或詢問時，其法定代理人、配偶、直系或三親等內旁系血親、家長、家屬、醫師、心理師、輔導人員、社工人員或其信賴之人，經被害人同意後，得陪同在場，並得陳述意見。

②前項規定，於得陪同在場之人爲被告，或檢察官、檢察事務官、司法警察官或司法警察認其在場，有礙偵查程序之進行時，不適用之。

第二四八條之二　（偵查中之移付調解及轉介修復式司法程序）109

①檢察官於偵查中得將案件移付調解；或依被告及被害人之聲請，轉介適當機關、機構或團體進行修復。

②前項修復之聲請，被害人無行爲能力、限制行爲能力或死亡者，得由其法定代理人、直系血親或配偶爲之。

第二四八條之三　（偵查中之隱私保護及隔離措施）109

①檢察官於偵查中應注意被害人及其家屬隱私之保護。

②被害人於偵查中受訊問時，檢察官依被害人之聲請或依職權，審酌案件情節及被害人之身心狀況後，得利用遮蔽設備，將被害人與被告、第三人適當隔離。

③前二項規定，於檢察事務官、司法警察官或司法警察調查時，準用之。

第二四九條　（偵查之輔助—軍民）

實施偵查遇有急迫情形，得命在場或附近之人爲相當之輔助。檢察官於必要時，並得請附近軍事官長派遣軍隊輔助。

第二五〇條　（無管轄權時之通知與移送）

檢察官知有犯罪嫌疑而不屬其管轄或於開始偵查後認爲案件不屬其管轄者，應即分別通知或移送該管檢察官。但有急迫情形時，應爲必要之處分。

第二五一條　（公訴之提起）

①檢察官依偵查所得之證據，足認被告有犯罪嫌疑者，應提起公訴。

②被告之所在不明者，亦應提起公訴。

第二五二條　（絕對不起訴處分）

案件有左列情形之一者，應爲不起訴之處分：

一　曾經判決確定者。

二　時效已完成者。

三　曾經大赦者。

四　犯罪後之法律已廢止其刑罰者。

五　告訴或請求乃論之罪，其告訴或請求已經撤回或已逾告訴期間者。

六　被告死亡者。

七　法院對於被告無審判權者。

八　行爲不罰者。

九　法律應免除其刑者。

十　犯罪嫌疑不足者。

第二五三條　（相對不起訴案件）106

第三百七十六條第一項各款所規定之案件，檢察官參酌刑法第五十七條所列事項，認爲以不起訴爲適當者，得爲不起訴之處分。

第二五三條之一　（緩起訴處分之適用範圍及期間）91

①被告所犯為死刑、無期徒刑或最輕本刑三年以上有期徒刑以外之罪，檢察官參酌刑法第五十七條所列事項及公共利益之維護，認以緩起訴為適當者，得定一年以上三年以下之緩起訴期間為緩起訴處分，其期間自緩起訴處分確定之日起算。
②追訴權之時效，於緩起訴之期間內，停止進行。
③刑法第八十三條第三項之規定，於前項之停止原因，不適用之。
④第三百二十三條第一項但書之規定，於緩起訴期間，不適用之。

第二五三條之二 112

①檢察官為緩起訴處分者，得命被告於一定期間內遵守或履行下列各款事項：
一 向被害人道歉。
二 立悔過書。
三 向被害人支付相當數額之財產或非財產上之損害賠償。
四 向公庫支付一定金額，並得由該管檢察署依規定提撥一定比率補助相關公益團體或地方自治團體。
五 向該管檢察署指定之政府機關、政府機構、行政法人、社區或其他符合公益目的之機構或團體提供四十小時以上二百四十小時以下之義務勞務。
六 完成戒癮治療、精神治療、心理治療、心理諮商、心理輔導或其他適當之處遇措施。
七 保護被害人安全之必要命令。
八 預防再犯所為之必要命令。
②檢察官命被告遵守或履行前項第三款至第六款之事項，應得被告之同意；第三款、第四款並得為民事強制執行名義。
③第一項情形，應附記於緩起訴處分書內。
④第一項之期間，不得逾緩起訴期間。
⑤第一項第四款提撥比率、收支運用及監督管理辦法，由行政院會同司法院另定之。

第二五三條之三 （緩起訴處分之撤銷）91

①被告於緩起訴期間內，有左列情形之一者，檢察官得依職權或依告訴人之聲請撤銷原處分，繼續偵查或起訴：
一 於期間內故意更犯有期徒刑以上刑之罪，經檢察官提起公訴者。
二 緩起訴前，因故意犯他罪，而在緩起訴期間內受有期徒刑以上刑之宣告者。
三 違背第二百五十三條之二第一項各款之應遵守或履行事項者。
②檢察官撤銷緩起訴之處分時，被告已履行之部分，不得請求返還或賠償。

第二五四條 （相對不起訴處分—於執行刑無實益）

被告犯數罪時，其一罪已受重刑之確定判決，檢察官認為他罪雖行起訴，於應執行之刑無重大關係者，得為不起訴之處分。

第二五五條 （不起訴處分之程序）91

①檢察官依第二百五十二條、第二百五十三條、第二百五十三條之一、第二百五十三條之三、第二百五十四條規定為不起訴、緩起訴或撤銷緩起訴或因其他法定理由為不起訴處分者，應製作處分書敘述其處分之理由。但處分前經告訴人或告發人同意者，處分書得僅記載處分之要旨。
②前項處分書，應以正本送達於告訴人、告發人、被告及辯護人。緩起訴處分書，並應送達與遵守或履行行為有關之被害人、機關、團體或社區。
③前項送達，自書記官接受處分書原本之日起，不得逾五日。

第二五六條 （再議之聲請及期間）109

①告訴人接受不起訴或緩起訴處分書後，得於十日內以書狀敘述不服之理由，經原檢察官向直接上級檢察署檢察長或檢察總長聲請再議。但第二百五十三條、第二百五十三條之一之處分曾經告訴人同意者，不得聲請再議。
②不起訴或緩起訴處分得聲請再議者，其再議期間及聲請再議之直接上級檢察署檢察長或檢察總長，應記載於送達告訴人處分書正本。

③死刑、無期徒刑或最輕本刑三年以上有期徒刑之案件，因犯罪嫌疑不足，經檢察官為不起訴之處分，或第二百五十三條之一之案件經檢察官為緩起訴之處分者，如無得聲請再議之人時，原檢察官應依職權逕送直接上級檢察署檢察長或檢察總長再議，並通知告發人。

第二五六條之一　（聲請再議—撤銷緩起訴處分）109

①被告接受撤銷緩起訴處分書後，得於十日內以書狀敘述不服之理由，經原檢察官向直接上級檢察署檢察長或檢察總長聲請再議。

②前條第二項之規定，於送達被告之撤銷緩起訴處分書準用之。

第二五七條 112

①再議之聲請，原檢察官認為有理由者，應撤銷其處分，除前條情形外，應繼續偵查或起訴。

②原檢察官認聲請為無理由者，應即將該案卷宗及證物送交上級檢察署檢察長或檢察總長。

③聲請已逾前二條之期間者，應駁回之。

④原檢察署檢察長認為必要時，於依第二項之規定送交前，得親自或命令他檢察官再行偵查或審核，分別撤銷或維持原處分；其維持原處分者，應即送交。

第二五八條 112

上級檢察署檢察長或檢察總長認再議為無理由者，應駁回之；認為有理由者，第二百五十六條之一之情形應撤銷原處分，第二百五十六條之情形應分別為下列處分：

一　偵查未完備者，得親自或命令他檢察官再行偵查，或命令原檢察署檢察官續行偵查。

二　偵查已完備者，命令原檢察署檢察官起訴。

第二五八條之一 112

①告訴人不服前條之駁回處分者，得於接受處分書後十日內委任律師提出理由狀，向該管第一審法院聲請准許提起自訴。

②依法已不得提起自訴者，不得為前項聲請。但第三百二十一條前段或第三百二十三條第一項前段之情形，不在此限。

③律師受第一項之委任，得檢閱偵查卷宗及證物並得抄錄、重製或攝影。但涉及另案偵查不公開或其他依法應予保密之事項，得限制或禁止之。

④第三十條第一項之規定，於第一項及前項之情形準用之。

第二五八條之二 112

①准許提起自訴之聲請，於法院裁定前，得撤回之。

②撤回准許提起自訴之聲請，書記官應速通知被告。

③撤回准許提起自訴聲請之人，不得再行聲請准許提起自訴。

第二五八條之三 112

①聲請准許提起自訴之裁定，法院應以合議行之。

②法院認准許提起自訴之聲請不合法或無理由者，應駁回之；認為有理由者，應定相當期間，為准許提起自訴之裁定，並將正本送達於聲請人、檢察官及被告。

③法院為前項裁定前認有必要時，得予聲請人、代理人、檢察官、被告或辯護人以言詞或書面陳述意見之機會。

④法院為第二項裁定前，得為必要之調查。

⑤被告對於第二項准許提起自訴之裁定，得提起抗告。駁回之裁定，不得抗告。

第二五八條之四 112

①聲請人於前條第二項後段裁定所定期間內提起自訴者，經法院通知後，檢察官應即將該案卷宗及證物送交法院，其審判程序適用第二編第二章之規定；未於該期間內提起自訴者，不得再行自訴。

②參與准許提起自訴裁定之法官，不得參與其後自訴之審判。

第二五九條 112

①羈押之被告受不起訴或緩起訴之處分者，視爲撤銷羈押，檢察官應將被告釋放，並應即時通知法院。
②爲不起訴或緩起訴之處分者，扣押物應即發還。但法律另有規定、再議期間內、聲請再議中、聲請法院准許提起自訴中或法院裁定准許提起自訴所定期間內遇有必要情形，或應沒收或爲偵查他罪或他被告之用應留存者，不在此限。

第二五九條之一 （宣告沒收之聲請）105
檢察官依第二百五十三條或第二百五十三條之一爲不起訴或緩起訴之處分者，對刑法第三十八條第二項、第三項之物及第三十八條之一第一項、第二項之犯罪所得，得單獨聲請法院宣告沒收。

第二六〇條 112
①不起訴處分已確定或緩起訴處分期滿未經撤銷者，非有下列情形之一，不得對於同一案件再行起訴：
一　發現新事實或新證據者。
二　有第四百二十條第一項第一款、第二款、第四款或第五款所定得爲再審原因之情形者。
②前項第一款之新事實或新證據，指檢察官偵查中已存在或成立而未及調查斟酌，及其後始存在或成立之事實、證據。

第二六一條 （停止偵查—民事訴訟終結前）
犯罪是否成立或刑罰應否免除，以民事法律關係爲斷者，檢察官應於民事訴訟終結前，停止偵查。

第二六二條 （終結偵查之限制）
犯人不明者，於認有第二百五十二條所定之情形以前，不得終結偵查。

第二六三條 （起訴書之送達）
第二百五十五條第二項及第三項之規定，於檢察官之起訴書準用之。

第二節　起　訴

第二六四條 （起訴之程式與起訴書應記載事項）
①提起公訴，應由檢察官向管轄法院提出起訴書爲之。
②起訴書應記載左列事項：
一　被告之姓名、性別、年齡、籍貫、職業、住所或居所或其他足資辨別之特徵。
二　犯罪事實及證據並所犯法條。
③起訴時，應將卷宗及證物一併送交法院。

第二六五條 （追加起訴之期間、限制及方式）
①於第一審辯論終結前，得就與本案相牽連之犯罪或本罪之誣告罪，追加起訴。
②追加起訴，得於審判期日以言詞爲之。

第二六六條 （起訴對人的效力）
起訴之效力，不及於檢察官所指被告以外之人。

第二六七條 （起訴對事的效力—公訴不可分）
檢察官就犯罪事實一部起訴者，其效力及於全部。

第二六八條 （不告不理原則）
法院不得就未經起訴之犯罪審判。

第二六九條 （撤回起訴之時期、原因及程式）
①檢察官於第一審辯論終結前，發見有應不起訴或以不起訴爲適當之情形者，得撤回起訴。
②撤回起訴，應提出撤回書敘述理由。

第二七〇條 （撤回起訴之效力）
撤回起訴與不起訴處分有同一之效力，以其撤回書視爲不起訴處分書，準用第二百五十五條至第二百六十條之規定。

第三節　審　判

第二七一條　（審判期日之傳喚及通知）

①審判期日，應傳喚被告或其代理人，並通知檢察官、辯護人、輔佐人。

②審判期日，應傳喚被害人或其家屬並予陳述意見之機會。但經合法傳喚無正當理由不到場，或陳明不願到場，或法院認爲不必要或不適宜者，不在此限。

第二七一條之一　（委任告訴代理人之程式及準用規定）109

①告訴人得於審判中委任代理人到場陳述意見。但法院認爲必要時，得命本人到場。

②前項委任應提出委任書狀於法院，並準用第二十八條、第三十二條及第三十三條第一項之規定，但代理人爲非律師者於審判中，對於卷宗及證物不得檢閱、抄錄或攝影。

第二七一條之二　（審判中之隱私保護及隔離遮蔽）109

①法院於審判中應注意被害人及其家屬隱私之保護。

②被害人依第二百七十一條第二項之規定到場者，法院依被害人之聲請或依職權，審酌案件情節及被害人之身心狀況，並聽取當事人及辯護人之意見後，得利用遮蔽設備，將被害人與被告、旁聽人適當隔離。

第二七一條之三　（審判中之被害人陪同措施）109

①被害人之法定代理人、配偶、直系或三親等內旁系血親、家長、家屬、醫師、心理師、輔導人員、社工人員或其信賴之人，經被害人同意後，得於審判中陪同被害人在場。

②前項規定，於得陪同在場之人爲被告時，不適用之。

第二七一條之四　（審判中之移付調解及轉介修復式司法程序）109

①法院於言詞辯論終結前，得將案件移付調解；或依被告及被害人之聲請，於聽取檢察官、代理人、辯護人及輔佐人之意見後，轉介適當機關、機構或團體進行修復。

②前項修復之聲請，被害人無行爲能力、限制行爲能力或死亡者，得由其法定代理人、直系血親或配偶爲之。

第二七二條　（第一次審判期日傳票送達期間）

第一次審判期日之傳票，至遲應於七日前送達；刑法第六十一條所列各罪之案件至遲應於五日前送達。

第二七三條　（準備程序中應處理之事項及訴訟行爲欠缺程式之定期補正）92

①法院得於第一次審判期日前，傳喚被告或其代理人，並通知檢察官、辯護人、輔佐人到庭，行準備程序，爲下列各款事項之處理：

一　起訴效力所及之範圍與有無應變更檢察官所引應適用法條之情形。

二　訊問被告、代理人及辯護人對檢察官起訴事實是否爲認罪之答辯，及決定可否適用簡式審判程序或簡易程序。

三　案件及證據之重要爭點。

四　有關證據能力之意見。

五　曉諭爲證據調查之聲請。

六　證據調查之範圍、次序及方法。

七　命提出證物或可爲證據之文書。

八　其他與審判有關之事項。

②於前項第四款之情形，法院依本法之規定認定無證據能力者，該證據不得於審判期日主張之。

③前條之規定，於行準備程序準用之。

④第一項程序處理之事項，應由書記官製作筆錄，並由到庭之人緊接其記載之末行簽名、蓋章或按指印。

⑤第一項之人經合法傳喚或通知，無正當理由不到庭者，法院得對到庭之人行準備程

序。
⑥起訴或其他訴訟行為，於法律上必備之程式有欠缺而其情形可補正者，法院應定期間，以裁定命其補正。

第二七三條之一 （進行簡式審判程序之裁定）92
①除被告所犯為死刑、無期徒刑、最輕本刑為三年以上有期徒刑之罪或高等法院管轄第一審案件者外，於前條第一項程序進行中，被告先就被訴事實為有罪之陳述時，審判長得告知被告簡式審判程序之旨，並聽取當事人、代理人、辯護人及輔佐人之意見後，裁定進行簡式審判程序。
②法院為前項裁定後，認有不得或不宜者，應撤銷原裁定，依通常程序審判之。
③前項情形，應更新審判程序。但當事人無異議者，不在此限。

第二七三條之二 （簡式審判程序之證據調查）92
簡式審判程序之證據調查，不受第一百五十九條第一項、第一百六十一條之二、第一百六十一條之三、第一百六十三條之一及第一百六十四條至第一百七十條規定之限制。

第二七四條 （期日前證物之調取）92
法院於審判期日前，得調取或命提出證物。

第二七五條 （期日前之舉證權利）
當事人或辯護人，得於審判期日前，提出證據及聲請法院為前條之處分。

第二七六條 （期日前人證之訊問）92
①法院預料證人不能於審判期日到場者，得於審判期日前訊問之。
②法院得於審判期日前，命為鑑定及通譯。

第二七七條 （期日前物之強制處分）
法院得於審判期日前，為搜索扣押及勘驗。

第二七八條 （期日前公署之報告）
法院得於審判期日前，就必要之事項，請求該管機關報告。

第二七九條 （受命法官之指定及其權限）92
①行合議審判之案件，為準備審判起見，得以庭員一人為受命法官，於審判期日前，使行準備程序，以處理第二百七十三條第一項、第二百七十四條、第二百七十六條至第二百七十八條規定之事項。
②受命法官行準備程序，與法院或審判長有同一之權限。但第一百二十一條之裁定，不在此限。

第二八〇條 （審判庭之組織）109
審判期日，應由法官、檢察官及書記官出庭。

第二八一條 （被告到庭之義務）
①審判期日，除有特別規定外，被告不到庭者，不得審判。
②許被告用代理人之案件，得由代理人到庭。

第二八二條 （在庭之身體自由）
被告在庭時，不得拘束其身體。但得命人看守。

第二八三條 （被告之在庭義務）
①被告到庭後，非經審判長許可，不得退庭。
②審判長因命被告在庭，得為相當處分。

第二八四條 （強制辯護案件辯護人之到庭）
第三十一條第一項所定之案件無辯護人到庭者，不得審判。但宣示判決，不在此限。

第二八四條之一 112
①除簡式審判程序、簡易程序及下列各罪之案件外，第一審應行合議審判：
一　最重本刑為三年以下有期徒刑、拘役或專科罰金之罪。
二　刑法第二百七十七條第一項之傷害罪。
三　刑法第二百八十三條之助勢聚眾鬥毆罪。

四　刑法第三百二十條、第三百二十一條之竊盜罪。
五　刑法第三百四十九條第一項之贓物罪。
六　毒品危害防制條例第十條第一項之施用第一級毒品罪、第十一條第四項之持有第二級毒品純質淨重二十公克以上罪。
七　刑法第三百三十九條、第三百三十九條之四　第三百四十一條之詐欺罪及與之有裁判上一罪關係之違反洗錢防制法第十四條、第十五條之洗錢罪。
八　洗錢防制法第十五條之一之無正當理由收集帳戶、帳號罪。

②前項第二款、第三款及第七款之案件，法院認為案情繁雜或有特殊情形者，於第一次審判期日前，經聽取當事人、辯護人、代理人及輔佐人之意見後，得行合議審判。

第二八五條　（審判開始—朗讀案由）

審判期日，以朗讀案由為始。

第二八六條　（人別訊問與起訴要旨之陳述）

審判長依第九十四條訊問被告後，檢察官應陳述起訴之要旨。

第二八七條　（訊問被告應先告知）92

檢察官陳述起訴要旨後，審判長應告知被告第九十五條規定之事項。

第二八七條之一　（共同被告之調查證據、辯論程序之分離或合併）92

①法院認為適當時，得依職權或當事人或辯護人之聲請，以裁定將共同被告之調查證據或辯論程序分離或合併。

②前項情形，因共同被告之利害相反，而有保護被告權利之必要者，應分離調查證據或辯論。

第二八七條之二　（共同被告之準用規定）92

法院就被告本人之案件調查共同被告時，該共同被告準用有關人證之規定。

第二八八條 112

①調查證據應於第二百八十七條程序完畢後行之。

②審判長對於準備程序中當事人不爭執之被告以外之人之陳述，得僅以宣讀或告以要旨代之。但法院認有必要者，不在此限。

③除簡式審判程序案件外，審判長就被告被訴事實為訊問者，應於調查證據程序之最後行之。

④審判長就被告科刑資料之調查，應於前項事實訊問後行之，並先曉諭當事人就科刑資料，指出證明之方法。

第二八八條之一　（陳述意見權及提出有利證據之告知）92

①審判長每調查一證據畢，應詢問當事人有無意見。

②審判長應告知被告得提出有利之證據。

第二八八條之二　（證據證明力之辯論）92

法院應予當事人、代理人、辯護人或輔佐人，以辯論證據證明力之適當機會。

第二八八條之三　（聲明異議權）92

①當事人、代理人、辯護人或輔佐人對於審判長或受命法官有關證據調查或訴訟指揮之處分不服者，除有特別規定外，得向法院聲明異議。

②法院應就前項異議裁定之。

第二八九條　（言詞辯論）109

①調查證據完畢後，應命依下列次序就事實及法律分別辯論之：

一　檢察官。
二　被告。
三　辯護人。

②前項辯論後，應命依同一次序，就科刑範圍辯論之。於科刑辯論前，並應予到場之告訴人、被害人或其家屬或其他依法得陳述意見之人就科刑範圍表示意見之機會。

③已依前二項辯論者，得再為辯論，審判長亦得命再行辯論。

第二九〇條　（被告最後陳述）

審判長於宣示辯論終結前，最後應詢問被告有無陳述。

第二九一條　（再開辯論）

辯論終結後，遇有必要情形，法院得命再開辯論。

第二九二條　（更新審判事由）109

①審判期日，應由參與之法官始終出庭；如有更易者，應更新審判程序。

②參與審判期日前準備程序之法官有更易者，毋庸更新其程序。

第二九三條　（連續開庭與更新審判事由）

審判非一次期日所能終結者，除有特別情形外，應於次日連續開庭；如下次開庭因事故間隔至十五日以上者，應更新審判程序。

第二九四條　112

①被告因精神或其他心智障礙，致不解訴訟行為意義或欠缺依其理解而為訴訟行為之能力者，應於其回復以前停止審判。

②被告因疾病不能到庭者，應於其能到庭以前停止審判。

③前二項被告顯有應諭知無罪或免刑判決之情形者，得不待其到庭，逕行判決。

④許用代理人案件委任有代理人者，不適用前三項之規定。

⑤有第一項或第二項停止審判之原因者，當事人、辯護人或輔佐人得聲請停止審判。

第二九五條　（停止審判—相關之他罪判決）

犯罪是否成立以他罪為斷，而他罪已經起訴者，得於其判決確定前，停止本罪之審判。

第二九六條　（停止審判—無關之他罪判決）

被告犯有他罪已經起訴應受重刑之判決，法院認為本罪科刑於應執行之刑無重大關係者，得於他罪判決確定前停止本罪之審判。

第二九七條　（停止審判—民事判決）

犯罪是否成立或刑罰應否免除，以民事法律關係為斷，而民事已經起訴者，得於其程序終結前停止審判。

第二九八條　112

第二百九十四條第一項、第二項及第二百九十五條至第二百九十七條停止審判之原因消滅時，法院應繼續審判，當事人、辯護人或輔佐人亦得聲請法院繼續審判。

第二九八條之一　112

對於第二百九十四條第一項、第二項及前四條停止或繼續審判之裁定，或駁回第二百九十四條第五項或前條聲請之裁定，得提起抗告。

第二九九條　（科刑或免刑判決）

①被告犯罪已經證明者，應諭知科刑之判決。但免除其刑者，應諭知免刑之判決。

②依刑法第六十一條規定，為前項免刑判決前，並得斟酌情形經告訴人或自訴人同意，命被告為左列各款事項：

一　向被害人道歉。

二　立悔過書。

三　向被害人支付相當數額之慰撫金。

③前項情形，應附記於判決書內。

④第二項第三款並得為民事強制執行名義。

第三〇〇條　（變更法條）

前條之判決，得就起訴之犯罪事實，變更檢察官所引應適用之法條。

第三〇一條　（無罪判決）95

①不能證明被告犯罪或其行為不罰者應諭知無罪之判決。

②依刑法第十八條第一項或第十九條第一項其行為不罰，認為有諭知保安處分之必要者，並應諭知其處分及期間。

第三〇二條　（免訴判決）

案件有左列情形之一者，應諭知免訴之判決：

一　曾經判決確定者。
二　時效已完成者。
三　曾經大赦者。
四　犯罪後之法律已廢止其刑罰者。

第三〇三條 112

案件有下列情形之一者，應諭知不受理之判決：
一　起訴之程序違背規定。
二　已經提起公訴或自訴之案件，在同一法院重行起訴。
三　告訴或請求乃論之罪，未經告訴、請求或其告訴、請求經撤回或已逾告訴期間。
四　曾為不起訴處分、撤回起訴或緩起訴期滿未經撤銷，而違背第二百六十條第一項之規定再行起訴。
五　被告死亡或為被告之法人已不存續。
六　對於被告無審判權。
七　依第八條之規定不得為審判。

第三〇四條　（管轄錯誤判決）

無管轄權之案件，應諭知管轄錯誤之判決，並同時諭知移送於管轄法院。

第三〇五條　（一造缺席判決）

被告拒絕陳述者，得不待其陳述逕行判決；其未受許可而退庭者亦同。

第三〇六條　（一造缺席判決）

法院認為應科拘役、罰金或應諭知免刑或無罪之案件，被告經合法傳喚無正當理由不到庭者，得不待其陳述逕行判決。

第三〇七條　（言詞審理之例外）92

第一百六十一條第四項、第三百零二條至第三百零四條之判決，得不經言詞辯論為之。

第三〇八條　（判決書之內容）93

判決書應分別記載其裁判之主文與理由；有罪之判決書並應記載犯罪事實，且得與理由合併記載。

第三〇九條　（有罪判決書之主文應記載事項）105

有罪之判決書，應於主文內載明所犯之罪，並分別情形，記載下列事項：
一　諭知之主刑、從刑、刑之免除或沒收。
二　諭知有期徒刑或拘役者，如易科罰金，其折算之標準。
三　諭知罰金者，如易服勞役，其折算之標準。
四　諭知易以訓誡者，其諭知。
五　諭知緩刑者，其緩刑之期間。
六　諭知保安處分者，其處分及期間。

第三一〇條　（有罪判決書之理由記載事項）105

有罪之判決書，應於理由內分別情形記載下列事項：
一　認定犯罪事實所憑之證據及其認定之理由。
二　對於被告有利之證據不採納者，其理由。
三　科刑時就刑法第五十七條或第五十八條規定事項所審酌之情形。
四　刑罰有加重、減輕或免除者，其理由。
五　易以訓誡或緩刑者，其理由。
六　諭知沒收、保安處分者，其理由。
七　適用之法律。

第三一〇條之一　（有罪判決之記載）93

①有罪判決，諭知六月以下有期徒刑或拘役得易科罰金、罰金或免刑者，其判決書得僅記載判決主文、犯罪事實、證據名稱、對於被告有利證據不採納之理由及應適用之法條。

②前項判決，法院認定之犯罪事實與起訴書之記載相同者，得引用之。

第三一〇條之二　（適用簡式審判程序之有罪判決書製作）93
適用簡式審判程序之有罪判決書之製作，準用第四百五十四條之規定。

第三一〇條之三　（諭知沒收之判決）105
除於有罪判決諭知沒收之情形外，諭知沒收之判決，應記載其裁判之主文、構成沒收之事實與理由。理由內應分別情形記載認定事實所憑之證據及其認定之理由、對於被告有利證據不採納之理由及應適用之法律。

第三一一條　（宣示判決之時期）107
行獨任審判之案件宣示判決，應自辯論終結之日起二星期內為之；行合議審判者，應於三星期內為之。但案情繁雜或有特殊情形者，不在此限。

第三一二條　（宣示判決—被告不在庭）
宣示判決，被告雖不在庭亦應為之。

第三一三條　（宣示判決—主體）109
宣示判決，不以參與審判之法官為限。

第三一四條　（得上訴判決之宣示及送達）
①判決得為上訴者，其上訴期間及提出上訴狀之法院，應於宣示時一併告知，並應記載於送達被告之判決正本。
②前項判決正本，並應送達於告訴人及告發人，告訴人於上訴期間內，得向檢察官陳述意見。

第三一四條之一（判決正本附錄論罪法條全文）93
有罪判決之正本，應附記論罪之法條全文。

第三一五條　（判決書之登報）
犯刑法偽證及誣告罪章或妨害名譽及信用罪章之罪者，因被害人或其他有告訴權人之聲請，得將判決書全部或一部登報，其費用由被告負擔。

第三一六條　111
羈押之被告，經諭知無罪、免訴、免刑、緩刑、罰金或易以訓誡或第三百零三條第三款、第四款不受理之判決者，視為撤銷羈押。但上訴期間內或上訴中，得命具保、責付或限制住居，並準用第一百十六條之二之規定；如不能具保、責付或限制住居，而有必要情形者，並得繼續羈押之。

第三一七條　（判決後扣押物之處分）
扣押物未經諭知沒收者，應即發還。但上訴期間內或上訴中遇有必要情形，得繼續扣押之。

第三一八條　（贓物之處理）
扣押之贓物，依第一百四十二條第一項應發還被害人者，應不待其請求即行發還。
依第一百四十二條第二項暫行發還之物無他項諭知者，視為已有發還之裁定。

第二章　自　訴

第三一九條　（適格之自訴人及審判不可分原則）92
①犯罪之被害人得提起自訴。但無行為能力或限制行為能力或死亡者，得由其法定代理人、直系血親或配偶為之。
②前項自訴之提起，應委任律師行之。
③犯罪事實之一部提起自訴者，他部雖不得自訴亦以得提起自訴論。但不得提起自訴部分係較重之罪，或其第一審屬於高等法院管轄，或第三百二十一條之情形者，不在此限。

第三二〇條　（自訴狀）92
①自訴，應向管轄法院提出自訴狀為之。
②自訴狀應記載下列事項：

一　被告之姓名、性別、年齡、住所或居所，或其他足資辨別之特徵。
二　犯罪事實及證據並所犯法條。

③前項犯罪事實，應記載構成犯罪之具體事實及其犯罪之日、時、處所、方法。

自訴狀應按被告之人數，提出繕本。

第三二一條 112

對於直系尊親屬或配偶，不得提起自訴。但依第二百五十八條之三第二項後段裁定而提起自訴者，不在此限。

第三二二條　（自訴之限制—不得告訴請求者）

告訴或請求乃論之罪，已不得為告訴或請求者，不得再行自訴。

第三二三條 112

①同一案件經檢察官依第二百二十八條規定開始偵查者，不得再行自訴。但告訴乃論之罪經犯罪之直接被害人提起自訴，或依第二百五十八條之三第二項後段裁定而提起自訴者，不在此限。

②於開始偵查後，檢察官知有自訴在先或前項但書之情形者，應即停止偵查，將案件移送法院。但遇有急迫情形，檢察官仍應為必要之處分。

第三二四條　（自訴之效力—不得再行告訴、請求）

同一案件經提起自訴者，不得再行告訴或為第二百四十三條之請求。

第三二五條　（自訴人之撤回自訴）

①告訴或請求乃論之罪，自訴人於第一審辯論終結前，得撤回其自訴。

②撤回自訴，應以書狀為之。但於審判期日或受訊問時，得以言詞為之。

③書記官應速將撤回自訴之事由，通知被告。

④撤回自訴之人，不得再行自訴或告訴或請求。

第三二六條 112

①法院或受命法官，得於第一次審判期日前，訊問自訴人、被告及調查證據，於發見案件係民事或利用自訴程序恫嚇被告者，得曉諭自訴人撤回自訴。

②前項訊問不公開之；非有必要，不得先行傳訊被告。

③第一項訊問及調查結果，如認為案件有第二百五十二條、第二百五十三條、第二百五十四條之情形者，得以裁定駁回自訴，並準用第二百五十三條之二第一項第一款至第四款、第二項及第三項之規定。

④駁回自訴之裁定已確定者，非有第二百六十條第一項各款情形之一，不得對於同一案件再行自訴。

第三二七條　（自訴人之傳喚）92

①命自訴代理人到場，應通知之；如有必要命自訴人本人到場者，應傳喚之。

②第七十一條、第七十二條及第七十三條之規定，於自訴人之傳喚準用之。

第三二八條　（自訴狀繕本之送達）

法院於接受自訴狀後，應速將其繕本送達於被告。

第三二九條　（諭知不受理判決—未委任代理人）92

①檢察官於審判期日所得為之訴訟行為，於自訴程序，由自訴代理人為之。

②自訴人未委任代理人，法院應定期間以裁定命其委任代理人；逾期仍不委任者，應諭知不受理之判決。

第三三〇條　（檢察官之協助）

①法院應將自訴案件之審判期日通知檢察官。

②檢察官對於自訴案件，得於審判期日出庭陳述意見。

第三三一條　（諭知不受理判決—代理人無正當理由不到庭）92

自訴代理人經合法通知無正當理由不到庭，應再行通知，並告知自訴人。自訴代理人無正當理由仍不到庭者，應諭知不受理之判決。

第三三二條　（承受或擔當訴訟與一造缺席判決）

自訴人於辯論終結前，喪失行為能力或死亡者，得由第三百十九條第一項所列得為提起自訴之人，於一個月內聲請法院承受訴訟；如無承受訴訟之人或逾期不爲承受者，法院應分別情形，逕行判決或通知檢察官擔當訴訟。

第三三三條　（停止審判—民事判決）
犯罪是否成立或刑罰應否免除，以民事法律關係爲斷，而民事未起訴者，停止審判，並限期命自訴人提起民事訴訟，逾期不提起者，應以裁定駁回其自訴。

第三三四條　（不受理判決）
不得提起自訴而提起者，應諭知不受理之判決。

第三三五條　（管轄錯誤判決）
諭知管轄錯誤之判決者，非經自訴人聲明，毋庸移送案件於管轄法院。

第三三六條　（自訴判決書之送達與檢察官之處分）
①自訴案件之判決書，並應送達於該管檢察官。
②檢察官接受不受理或管轄錯誤之判決書後，認爲應提起公訴者，應即開始或續行偵查。

第三三七條　（得上訴判決宣示方法之準用）
第三百十四條第一項之規定，於自訴人準用之。

第三三八條　（提起反訴之要件）
提起自訴之被害人犯罪，與自訴事實直接相關，而被告爲其被害人者，被告得於第一審辯論終結前，提起反訴。

第三三九條　（反訴準用自訴程序）
反訴，準用自訴之規定。

第三四〇條　（刪除）92

第三四一條　（反訴與自訴之判決時期）
反訴應與自訴同時判決。但有必要時，得於自訴判決後判決之。

第三四二條　（反訴之獨立性）
自訴之撤回，不影響於反訴。

第三四三條　（自訴準用公訴程序）
自訴程序，除本章有特別規定外，準用第二百四十六條、第二百四十九條及前章第二節、第三節關於公訴之規定。

第三編　上　訴

第一章　通　則

第三四四條　（上訴權人—當事人）109
①當事人對於下級法院之判決有不服者，得上訴於上級法院。
②自訴人於辯論終結後喪失行爲能力或死亡者，得由第三百十九條第一項所列得爲提起自訴之人上訴。
③告訴人或被害人對於下級法院之判決有不服者，亦得具備理由，請求檢察官上訴。
④檢察官爲被告之利益，亦得上訴。
⑤宣告死刑之案件，原審法院應不待上訴依職權逕送該管上級法院審判，並通知當事人。
⑥前項情形，視爲被告已提起上訴。

第三四五條　（上訴權人—獨立上訴）
被告之法定代理人或配偶，得爲被告之利益獨立上訴。

第三四六條　（上訴權人—代理上訴）
原審之代理人或辯護人，得爲被告之利益而上訴。但不得與被告明示之意思相反。

第三四七條　（上訴權人—自訴案件檢察官）
檢察官對於自訴案件之判決，得獨立上訴。

第三四八條 110
①上訴得對於判決之一部爲之。
②對於判決之一部上訴者，其有關係之部分，視爲亦已上訴。但有關係之部分爲無罪、免訴或不受理者，不在此限。
③上訴得明示僅就判決之刑、沒收或保安處分一部爲之。
第三四九條 （上訴期間）109
上訴期間爲二十日，自送達判決後起算。但判決宣示後送達前之上訴，亦有效力。
第三五〇條 （提起上訴之程式）
①提起上訴，應以上訴書狀提出於原審法院爲之。
②上訴書狀應按他造當事人之人數，提出繕本。
第三五一條 （在監所被告之上訴）
①在監獄或看守所之被告，於上訴期間內向監所長官提出上訴書狀者，視爲上訴期間內之上訴。
②被告不能自作上訴書狀者，監所公務員應爲之代作。
③監所長官接受上訴書狀後，應附記接受之年、月、日、時，送交原審法院。
④被告之上訴書狀，未經監所長官提出者，原審法院之書記官於接到上訴書狀後，應即通知監所長官。
第三五二條 （上訴狀繕本之送達）
原審法院書記官，應速將上訴書狀之繕本，送達於他造當事人。
第三五三條 （上訴權之捨棄）
當事人得捨棄其上訴權。
第三五四條 （上訴之撤回）96
上訴於判決前，得撤回之。案件經第三審法院發回原審法院，或發交與原審法院同級之他法院者，亦同。
第三五五條 （撤回上訴之限制—被告同意）
爲被告之利益而上訴者，非得被告之同意，不得撤回。
第三五六條 （撤回上訴之限制—檢察官同意）
自訴人上訴者，非得檢察官之同意，不得撤回。
第三五七條 （捨棄或撤回上訴之管轄）
①捨棄上訴權，應向原審法院爲之。
②撤回上訴，應向上訴審法院爲之。但於該案卷宗送交上訴審法院以前，得向原審法院爲之。
第三五八條 （捨棄或撤回上訴之程式）
①捨棄上訴權及撤回上訴，應以書狀爲之。但於審判期日，得以言詞爲之。
②第三百五十一條之規定，於被告捨棄上訴權或撤回上訴準用之。
第三五九條（捨棄或撤回上訴之效力）
捨棄上訴權或撤回上訴者，喪失其上訴權。
第三六〇條（捨棄或撤回上訴之通知）
捨棄上訴權或撤回上訴，書記官應速通知他造當事人。

第二章　第二審

第三六一條 （第二審上訴之管轄）96
①不服地方法院之第一審判決而上訴者，應向管轄第二審之高等法院爲之。
②上訴書狀應敘述具體理由。
③上訴書狀未敘述上訴理由者，應於上訴期間屆滿後二十日內補提理由書於原審法院。逾期未補提者，原審法院應定期間先命補正。
第三六二條 （原審對不合法上訴之處置—裁定駁回與補正）

原審法院認爲上訴不合法律上之程式或法律上不應准許或其上訴權已經喪失者，應以裁定駁回之。但其不合法律上之程式可補正者，應定期間先命補正。

第三六三條　（卷宗證物之送交與監所被告之解送）

①除前條情形外，原審法院應速將該案卷宗及證物送交第二審法院。

②被告在看守所或監獄而不在第二審法院所在地者，原審法院應命將被告解送第二審法院所在地之看守所或監獄，並通知第二審法院。

第三六四條　（第一審程序之準用）

第二審之審判，除本章有特別規定外，準用第一審審判之規定。

第三六五條　（上訴人陳述上訴要旨）

審判長依第九十四條訊問被告後，應命上訴人陳述上訴之要旨。

第三六六條　（第二審調查範圍）

第二審法院，應就原審判決經上訴之部分調查之。

第三六七條　（第二審對不合法上訴之處置—判決駁回補正）96

第二審法院認爲上訴書狀未敘述理由或上訴有第三百六十二條前段之情形者，應以判決駁回之。但其情形可以補正而未經原審法院命其補正者，審判長應定期間先命補正。

第三六八條　（上訴無理由之判決）

第二審法院認爲上訴無理由者，應以判決駁回之。

第三六九條　（撤銷原判決—自爲判決或發回）

①第二審法院認爲上訴有理由，或上訴雖無理由，而原判不當或違法者，應將原審判決經上訴之部分撤銷，就該案件自爲判決。但因原審判決論知管轄錯誤、免訴、不受理係不當而撤銷之者，得以判決將該案件發回原審法院。

②第二審法院因原審判決未論知管轄錯誤係不當而撤銷之者，如第二審法院有第一審管轄權，應爲第一審之判決。

第三七〇條　（禁止不利益變更原則）103

①由被告上訴或爲被告之利益而上訴者，第二審法院不得論知較重於原審判決之刑。但因原審判決適用法條不當而撤銷之者，不在此限。

②前項所稱刑，指宣告刑及數罪併罰所定應執行之刑。

③第一項規定，於第一審或第二審數罪併罰之判決，一部上訴經撤銷後，另以裁定定其應執行之刑時，準用之。

第三七一條　（一造缺席判決）

被告經合法傳喚，無正當之理由不到庭者，得不待其陳述，逕行判決。

第三七二條　（言詞審理之例外）

第三百六十七條之判決及對於原審論知管轄錯誤、免訴或不受理之判決上訴時，第二審法院認其爲無理由而駁回上訴，或認爲有理由而發回該案件之判決，得不經言詞辯論爲之。

第三七三條　（第一審判決書之引用）

第二審判決書，得引用第一審判決書所記載之事實、證據及理由，對案情重要事項第一審未予論述，或於第二審提出有利於被告之證據或辯解不予採納者，應補充記載其理由。

第三七四條　（得上訴判決正本之記載方法）

第二審判決，被告或自訴人得爲上訴者，應併將提出上訴理由書之期間，記載於送達之判決正本。

第三章　第三審

第三七五條　（第三審上訴之管轄）

①不服高等法院之第二審或第一審判決而上訴者，應向最高法院爲之。

②最高法院審判不服高等法院第一審判決之上訴，亦適用第三審程序。

第三七六條 112

①下列各罪之案件，經第二審判決者，不得上訴於第三審法院。但第一審法院所為無罪、免訴、不受理或管轄錯誤之判決，經第二審法院撤銷並諭知有罪之判決者，被告或得為被告利益上訴之人得提起上訴：

一 最重本刑為三年以下有期徒刑、拘役或專科罰金之罪。
二 刑法第二百七十七條第一項之傷害罪。
三 刑法第三百二十條、第三百二十一條之竊盜罪。
四 刑法第三百三十五條、第三百三十六條第二項之侵占罪。
五 刑法第三百三十九條、第三百四十一條之詐欺罪。
六 刑法第三百四十二條之背信罪。
七 刑法第三百四十六條之恐嚇罪。
八 刑法第三百四十九條第一項之贓物罪。
九 毒品危害防制條例第十條第一項之施用第一級毒品罪、第十一條第四項之持有第二級毒品純質淨重二十公克以上罪。

②依前項但書規定上訴，經第三審法院撤銷並發回原審法院或發交其他第二審法院判決者，不得上訴於第三審法院。

第三七七條 （上訴三審理由—違背法令）

上訴於第三審法院，非以判決違背法令為理由，不得為之。

第三七八條 （違背法令之意義）

判決不適用法則或適用不當者，為違背法令。

第三七九條 （當然違背法令之事由）

有左列情形之一者，其判決當然違背法令：

一 法院之組織不合法者。
二 依法律或裁判應迴避之法官參與審判者。
三 禁止審判公開非依法律之規定者。
四 法院所認管轄之有無係不當者。
五 法院受理訴訟或不受理訴訟係不當者。
六 除有特別規定外，被告未於審判期日到庭而逕行審判者。
七 依本法應用辯護人之案件或已經指定辯護人之案件，辯護人未經到庭辯護而逕行審判者。
八 除有特別規定外，未經檢察官或自訴人到庭陳述而為審判者。
九 依本法應停止或更新審判而未經停止或更新者。
十 依本法應於審判期日調查之證據而未予調查者。
十一 未與被告以最後陳述之機會者。
十二 除本法有特別規定外，已受請求之事項未予判決，或未受請求之事項予以判決者。
十三 未經參與審理之法官參與判決者。
十四 判決不載理由或所載理由矛盾者。

第三八〇條 （上訴三審之限制—上訴理由）

除前條情形外，訴訟程序雖係違背法令而顯然於判決無影響者，不得為上訴之理由。

第三八一條 （上訴三審之理由—刑罰變、廢、免除）

原審判決後，刑罰有廢止、變更或免除者，得為上訴之理由。

第三八二條 （上訴理由及理由書補提）109

①上訴書狀應敘述上訴之理由；其未敘述者，得於提起上訴後二十日內補提理由書於原審法院；未補提者，毋庸命其補提。

②第三百五十條第二項、第三百五十一條及第三百五十二條之規定，於前項理由書準用之。

第三八三條　（答辯書之提出）
①他造當事人接受上訴書狀或補提理由書之送達後，得於十日內提出答辯書於原審法院。
②如係檢察官爲他造當事人者，應就上訴之理由提出答辯書。
③答辯書應提出繕本，由原審法院書記官送達於上訴人。
第三八四條　（原審法院對不合法上訴之處置—裁定駁回與補正）
原審法院認爲上訴不合法律上之程式或法律上不應准許或其上訴權已經喪失者，應以裁定駁回之。但其不合法律上之程式可補正者，應定期間先命補正。
第三八五條 112
①除前條情形外，原審法院於接受答辯書或提出答辯書之期間已滿後，應速將該案卷宗及證物，送交第三審法院對應之檢察署檢察官。
②第三審法院對應之檢察署檢察官接受卷宗及證物後，應於七日內添具意見書送交第三審法院。但於原審法院對應之檢察署檢察官提出之上訴書或答辯書外無他意見者，毋庸添具意見書。
③無檢察官爲當事人之上訴案件，原審法院應將卷宗及證物逕送交第三審法院。
第三八六條　（書狀之補提）
①上訴人及他造當事人，在第三審法院未判決前，得提出上訴理由書、答辯書、意見書或追加理由書於第三審法院。
②前項書狀，應提出繕本，由第三審法院書記官送達於他造當事人。
第三八七條　（第一審審判程序之準用）
第三審之審判，除本章有特別規定外，準用第一審審判之規定。
第三八八條　（強制辯護規定之排除）
第三十一條之規定於第三審之審判不適用之。
第三八九條　（言詞審理之例外）
①第三審法院之判決，不經言詞辯論爲之。但法院認爲有必要者，得命辯論。
②前項辯論，非以律師充任之代理人或辯護人，不得行之。
第三九〇條　（指定受命法官及製作報告書）109
第三審法院於命辯論之案件，得以庭員一人爲受命法官，調查上訴及答辯之要旨，制作報告書。
第三九一條　（朗讀報告書與陳述上訴意旨）109
①審判期日，受命法官應於辯論前，朗讀報告書。
②檢察官或代理人、辯護人應先陳述上訴之意旨，再行辯論。
第三九二條　（一造辯論與不行辯論）
審判期日，被告或自訴人無代理人、辯護人到庭者，應由檢察官或他造當事人之代理人、辯護人陳述後，即行判決。被告及自訴人均無代理人、辯護人到庭者，得不行辯論。
第三九三條　（三審調查範圍—上訴理由事項）
第三審法院之調查，以上訴理由所指摘之事項爲限。但左列事項，得依職權調查之：
一　第三百七十九條各款所列之情形。
二　免訴事由之有無。
三　對於確定事實援用法令之當否。
四　原審判決後刑罰之廢止、變更或免除。
五　原審判決後之赦免或被告死亡。
第三九四條　（第三審調查範圍—事實調查）109
①第三審法院應以第二審判決所確認之事實爲判決基礎。但關於訴訟程序及得依職權調查之事項，得調查事實。
②前項調查，得以受命法官行之，並得囑託他法院之法官調查。
③前二項調查之結果，認爲起訴程序違背規定者，第三審法院得命其補正；其法院無審

判權而依原審判決後之法令有審判權者，不以無審判權論。

第三九五條 （上訴不合法之判決—判決駁回）

第三審法院認爲上訴有第三百八十四條之情形者，應以判決駁回之；其以逾第三百八十二條第一項所定期間，而於第三審法院未判決前，仍未提出上訴理由書狀者亦同。

第三九六條 （上訴無理由之判決—判決駁回）

①第三審法院認爲上訴無理由者，應以判決駁回之。

②前項情形，得同時諭知緩刑。

第三九七條 （上訴有理由之判決—撤銷原判）

第三審法院認爲上訴有理由者，應將原審判決中經上訴之部份撤銷。

第三九八條 （撤銷原判—自爲判決）

第三審法院因原審判決有左列情形之一而撤銷之者，應就該案件自爲判決。但應爲後二條之判決者，不在此限：

一　雖係違背法令，而不影響於事實之確定，可據以爲裁判者。

二　應諭知免訴或不受理者。

三　有第三百九十三條第四款或五款之情形者。

第三九九條 （撤銷原判—發回更審）

第三審法院因原審判決諭知管轄錯誤、免訴或不受理係不當而撤銷之者，應以判決將該案件發回原審法院。但有必要時，得逕行發回第一審法院。

第四〇〇條 （撤銷原判—發交審判）

第三審法院因原審法院未諭知管轄錯誤係不當而撤銷之者，應以判決將該案件發交該管第二審或第一審法院。但第四條所列之案件，經有管轄權之原審法院爲第二審判決者，不以管轄錯誤論。

第四〇一條 （撤銷原判—發回更審或發交審判）

第三審法院因前三條以外之情形而撤銷原審判決者，應以判決將該案件發回原審法院，或發交與原審法院同級之他法院。

第四〇二條 （爲被告利益而撤銷原判決之效力）

爲被告之利益而撤銷原審判決時，如於共同被告有共同之撤銷理由者，其利益並及於共同被告。

第四編　抗　告

第四〇三條 （抗告權人及管轄法院）

①當事人對於法院之裁定有不服者，除有特別規定外，得抗告於直接上級法院。

②證人、鑑定人、通譯及其他非當事人受裁定者，亦得抗告。

第四〇四條 （抗告之限制及例外）108

①對於判決前關於管轄或訴訟程序之裁定，不得抗告。但下列裁定，不在此限：

一　有得抗告之明文規定者。

二　關於羈押、具保、責付、限制住居、限制出境、限制出海、搜索、扣押或扣押物發還、變價、擔保金、身體檢查、通訊監察、因鑑定將被告送入醫院或其他處所之裁定及依第一百零五條第三項、第四項所爲之禁止或扣押之裁定。

三　對於限制辯護人與被告接見或互通書信之裁定。

②前項第二款、第三款之裁定已執行終結，受裁定人亦得提起抗告，法院不得以已執行終結而無實益爲由駁回。

第四〇五條 （抗告之限制）

不得上訴於第三審法院之案件，其第二審法院所爲裁定，不得抗告。

第四〇六條 112

抗告期間，除有特別規定外，爲十日，自送達裁定後起算。但裁定經宣示者，宣示後送達前之抗告，亦有效力。

第四〇七條　（抗告之程式）

提起抗告，應以抗告書狀，敘述抗告之理由，提出於原審法院爲之。

第四〇八條　（原審法院對抗告之處置）

①原審法院認爲抗告不合法律上之程式或法律上不應准許，或其抗告權已經喪失者，應以裁定駁回之。但其不合法律上之程式可補正者，應定期間先命補正。

②原審法院認爲抗告有理由者，應更正其裁定；認爲全部或一部無理由者，應於接受抗告書狀後三日內，送交抗告法院，並得添具意見書。

第四〇九條　（抗告之效力）

①抗告無停止執行裁判之效力。但原審法院於抗告法院之裁定前，得以裁定停止執行。

②抗告法院得以裁定停止裁判之執行。

第四一〇條　（卷宗及證物之送交及裁定期間）

①原審法院認爲有必要者，應將該案卷宗及證物送交抗告法院。

②抗告法院認爲有必要者，得請原審法院送交該案卷宗及證物。

③抗告法院收到該案卷宗及證物後，應於十日內裁定。

第四一一條　（抗告法院對不合法抗告之處置）

抗告法院認爲抗告有第四百零八條第一項前段之情形者，應以裁定駁回之。但其情形可以補正而未經原審法院命其補正者，審判長應定期間先命補正。

第四一二條　（對無理由之抗告之裁定）

抗告法院認爲抗告無理由者，應以裁定駁回之。

第四一三條　（對有理由之抗告之裁定）

抗告法院認爲抗告有理由者，應以裁定將原裁定撤銷；於有必要時，並自爲裁定。

第四一四條　（裁定之通知）

抗告法院之裁定，應速通知原審法院。

第四一五條　（得再抗告之裁定）

①對於抗告法院之裁定，不得再行抗告。但對於其就左列抗告所爲之裁定，得提起再抗告：

一　對於駁回上訴之裁定抗告者。
二　對於因上訴逾期聲請回復原狀之裁定抗告者。
三　對於聲請再審之裁定抗告者。
四　對於第四百七十七條定刑之裁定抗告者。
五　對於第四百八十六條聲明疑義或異議之裁定抗告者。
六　證人、鑑定人、通譯及其他非當事人對於所受之裁定抗告者。

②前項但書之規定，於依第四百零五條不得抗告之裁定，不適用之。

第四一六條　112

①對於審判長、受命法官、受託法官或檢察官所爲下列處分有不服者，受處分人得聲請所屬法院撤銷或變更之。處分已執行終結，受處分人亦得聲請，法院不得以已執行終結而無實益爲由駁回：

一　關於羈押、具保、責付、限制住居、限制出境、限制出海、搜索、扣押或扣押物發還、變價、擔保金、因鑑定將被告送入醫院或其他處所之處分、身體檢查、通訊監察及第一百零五條第三項、第四項所爲之禁止或扣押之處分。
二　對於證人、鑑定人或通譯科罰鍰之處分。
三　對於限制辯護人與被告接見或互通書信之處分。
四　對於第三十四條第三項指定之處分。

②前項之搜索、扣押經撤銷者，審判時法院得宣告所扣得之物，不得作爲證據。

③第一項聲請期間爲十日，自爲處分之日起算，其爲送達者，自送達後起算。

④第四百零九條至第四百十四條規定，於本條準用之。

⑤第二十一條第一項規定，於聲請撤銷或變更受託法官之裁定者準用之。

第四一七條　（準抗告之聲請程式）

前條聲請應以書狀敘述不服之理由，提出於該管法院爲之。

第四一八條　（準抗告之救濟及錯誤提起抗告或聲請準抗告）

①法院就第四百十六條之聲請所爲裁定，不得抗告。但對於其就撤銷罰鍰之聲請而爲者，得提起抗告。

②依本編規定得提起抗告，而誤爲撤銷或變更之聲請者，視爲已提抗告；其得爲撤銷或變更之聲請而誤爲抗告者，視爲已有聲請。

第四一九條　（抗告準用上訴之規定）

抗告，除本章有特別規定外，準用第三編第一章關於上訴之規定。

第五編　再　審

第四二〇條　（爲受判決人利益聲請再審之事由）104

①有罪之判決確定後，有下列情形之一者，爲受判決人之利益，得聲請再審：

一　原判決所憑之證物已證明其爲僞造或變造者。

二　原判決所憑之證言、鑑定或通譯已證明其爲虛僞者。

三　受有罪判決之人，已證明其係被誣告者。

四　原判決所憑之通常法院或特別法院之裁判已經確定裁判變更者。

五　參與原判決或前審判決或判決前所行調查之法官，或參與偵查或起訴之檢察官，或參與調查犯罪之檢察事務官、司法警察官或司法警察，因該案件犯職務上之罪已經證明者，或因該案件違法失職已受懲戒處分，足以影響原判決者。

六　因發現新事實或新證據，單獨或與先前之證據綜合判斷，足認受有罪判決之人應受無罪、免訴、免刑或輕於原判決所認罪名之判決者。

②前項第一款至第三款及第五款情形之證明，以經判決確定，或其刑事訴訟不能開始或續行非因證據不足者爲限，得聲請再審。

③第一項第六款之新事實或新證據，指判決確定前已存在或成立而未及調查斟酌，及判決確定後始存在或成立之事實、證據。

第四二一條　（爲受判決人利益聲請再審之理由）

不得上訴於第三審法院之案件，除前條規定外，其經第二審確定之有罪判決，如就足生影響於判決之重要證據漏未審酌者，亦得爲受判決人之利益，聲請再審。

第四二二條　（爲受判決人之不利益聲請再審之理由）

有罪、無罪、免訴或不受理之判決確定後，有左列情形之一者，爲受判決人之不利益，得聲請再審：

一　有第四百二十條第一款、第二款、第四款或第五款之情形者。

二　受無罪或輕於相當之刑之判決，而於訴訟上或訴訟外自白，或發見確實之新證據，足認其有應受有罪或重刑判決之犯罪事實者。

三　受免訴或不受理之判決，而於訴訟上或訴訟外自述，或發見確實之新證據，足認其並無免訴或不受理之原因者。

第四二三條　（聲請再審之期間）

聲請再審於刑罰執行完畢後，或已不受執行時，亦得爲之。

第四二四條　（聲請再審之期間）

依第四百二十一條規定，因重要證據漏未審酌而聲請再審者，應於送達判決後二十日內爲之。

第四二五條　（聲請再審之期間）

爲受判決人之不利益聲請再審，於判決確定後，經過刑法第八十條第一項期間二分之一者，不得爲之。

第四二六條　（再審之管轄法院）109

①聲請再審，由判決之原審法院管轄。
②判決之一部曾經上訴，一部未經上訴，對於各該部分均聲請再審，而經第二審法院就其在上訴審確定之部分爲開始再審之裁定者，其對於在第一審確定之部分聲請再審，亦應由第二審法院管轄之。
③判決在第三審確定者，對於該判決聲請再審，除以第三審法院之法官有第四百二十條第一項第五款情形爲原因者外，應由第二審法院管轄之。

第四二七條 112
爲受判決人之利益聲請再審，得由下列各人爲之：
一　管轄法院對應之檢察署檢察官。
二　受判決人。
三　受判決人之法定代理人或配偶。
四　受判決人已死亡者，其配偶、直系血親、三親等內之旁系血親、二親等內之姻親或家長、家屬。

第四二八條 112
①爲受判決人之不利益聲請再審，得由管轄法院對應之檢察署檢察官及自訴人爲之。但自訴人聲請再審者，以有第四百二十二條第一款規定之情形爲限。
②自訴人已喪失行爲能力或死亡者，得由第三百十九條第一項所列得爲提起自訴之人，爲前項之聲請。

第四二九條　（聲請再審之程序）109
聲請再審，應以再審書狀敘述理由，附具原判決之繕本及證據，提出於管轄法院爲之。但經釋明無法提出原判決之繕本，而有正當理由者，亦得同時請求法院調取之。

第四二九條之一　（聲請再審得委任律師爲代理人及準用之規定）109
①聲請再審，得委任律師爲代理人。
②前項委任，應提出委任狀於法院，並準用第二十八條及第三十二條之規定。
③第三十三條之規定，於聲請再審之情形，準用之。

第四二九條之二　（聲請再審之通知到場義務）109
聲請再審之案件，除顯無必要者外，應通知聲請人及其代理人到場，並聽取檢察官及受判決人之意見。但無正當理由不到場，或陳明不願到場者，不在此限。

第四二九條之三　（再審聲請人得聲請調查證據）109
①聲請再審得同時釋明其事由聲請調查證據，法院認有必要者，應爲調查。
②法院爲查明再審之聲請有無理由，得依職權調查證據。

第四三〇條 112
聲請再審，無停止刑罰執行之效力。但管轄法院對應之檢察署檢察官於再審之裁定前，得命停止。

第四三一條　（再審聲請之撤回及其效力）
①再審之聲請，於再審判決前，得撤回之。
②撤回再審聲請之人，不得更以同一原因聲請再審。

第四三二條　（撤回上訴規定之準用）
第三百五十八條及第三百六十條之規定，於聲請再審及其撤回準用之。

第四三三條　（聲請不合法之裁定—裁定駁回）109
法院認爲聲請再審之程序違背規定者，應以裁定駁回之。但其不合法律上之程式可以補正者，應定期間先命補正。

第四三四條 112
①法院認爲無再審理由者，應以裁定駁回之。
②聲請人或受裁定人不服前項裁定者，得於裁定送達後十日內抗告。
③經第一項裁定後，不得更以同一原因聲請再審。

第四三五條　（聲請有理由之裁定—開始再審之裁定）
①法院認爲有再審理由者，應爲開始再審之裁定。

②為前項裁定後，得以裁定停止刑罰之執行。
③對於第一項之裁定，得於三日內抗告。

第四三六條　（再審之審判）
開始再審之裁定確定後，法院應依其審級之通常程序，更為審判。

第四三七條　（言詞審理之例外）
①受判決人已死亡者，為其利益聲請再審之案件，應不行言詞辯論，由檢察官或自訴人以書狀陳述意見後，即行判決。但自訴人已喪失行為能力或死亡者，得由第三百三十二條規定得為承受訴訟之人於一個月內聲請法院承受訴訟；如無承受訴訟之人之或逾期不為承受者，法院得逕行判決，或通知檢察官陳述意見。
②為受判決人之利益聲請再審之案件，受判決人於再審判決前死亡者，準用前項規定。
③依前二項規定所為之判決，不得上訴。

第四三八條　（終結再審程序）
為受判決人之不利益聲請再審之案件，受判決人於再審判決前死亡者，其再審之聲請及關於再審之裁定，失其效力。

第四三九條　（禁止不利益變更原則）
為受判決人之利益聲請再審之案件，諭知有罪之判決者，不得重於原判決所諭知之刑。

第四四〇條　（再審諭知無罪判決之公示）
為受判決人之利益聲請再審之案件，諭知無罪之判決者，應將該判決書刊登公報或其他報紙。

第六編　非常上訴

第四四一條　112
判決確定後，發見該案件之審判係違背法令者，最高檢察署檢察總長得向最高法院提起非常上訴。

第四四二條　112
檢察官發見有前條情形者，應具意見書將該案卷宗及證物送交最高檢察署檢察總長，聲請提起非常上訴。

第四四三條　（提起非常上訴之程式）
提起非常上訴，應以非常上訴書敘述理由，提出於最高法院為之。

第四四四條　（言詞審理之例外）
非常上訴之判決，不經言詞辯論為之。

第四四五條　（調查之範圍）
①最高法院之調查，以非常上訴理由所指摘之事項為限。
②第三百九十四條之規定，於非常上訴準用之。

第四四六條　（非常上訴無理由之處置—駁回判決）
認為非常上訴無理由者，應以判決駁回之。

第四四七條　（非常上訴有理由之處置）
①認為非常上訴有理由者，應分別為左列之判決：
一　原判決違背法令者，將其違背之部分撤銷。但原判決不利於被告者，應就該案件另行判決。
二　訴訟程序違背法令者，撤銷其程序。
②前項第一款情形，如係誤認為無審判權而不受理，或其他有維持被告審級利益之必要者，得將原判決撤銷，由原審法院依判決前之程序更為審判。但不得諭知較重於原確定判決之刑。

第四四八條　（非常上訴判決之效力）

非常上訴之判決，除依前條第一項第一款但書及第二項規定者外，其效力不及於被告。

第七編　簡易程序

第四四九條　（簡易判決處刑之適用範圍）98

①第一審法院依被告在偵查中之自白或其他現存之證據，已足認定其犯罪者，得因檢察官之聲請，不經通常審判程序，逕以簡易判決處刑。但有必要時，應於處刑前訊問被告。

②前項案件檢察官依通常程序起訴，經被告自白犯罪，法院認為宜以簡易判決處刑者，得不經通常審判程序，逕以簡易判決處刑。

③依前二項規定所科之刑以宣告緩刑、得易科罰金或得易服社會勞動之有期徒刑及拘役或罰金為限。

第四四九條之一　（簡易程序案件之辦理）

簡易程序案件，得由簡易庭辦理之。

第四五〇條　（法院之簡易判決—處刑、免刑判決）

①以簡易判決處刑時，得併科沒收或為其他必要之處分。

②第二百九十九條第一項但書之規定，於前項判決準用之。

第四五一條　（簡易判決之聲請）

①檢察官審酌案件情節，認為宜以簡易判決處刑者，應即以書面為聲請。

②第二百六十四條之規定，於前項聲請準用之。

③第一項聲請，與起訴有同一之效力。

④被告於偵查中自白者，得請求檢察官為第一項之聲請。

第四五一條之一　（檢察官得為具體之求刑）

①前條第一項之案件，被告於偵查中自白者，得向檢察官表示願受科刑之範圍或願意接受緩刑之宣告，檢察官同意者，應記明筆錄，並即以被告之表示為基礎，向法院求刑或為緩刑宣告之請求。

②檢察官為前項之求刑或請求前，得徵詢被害人之意見，並斟酌情形，經被害人同意，命被告為左列各款事項：

一　向被害人道歉。

二　向被害人支付相當數額之賠償金。

③被告自白犯罪未為第一項之表示者，在審判中得向法院為之，檢察官亦得依被告之表示向法院求刑或請求為緩刑之宣告。

④第一項及前項情形，法院應於檢察官求刑或緩刑宣告請求之範圍內為判決。但有左列情形之一者，不在此限：

一　被告所犯之罪不合第四百四十九條所定得以簡易判決處刑之案件者。

二　法院認定之犯罪事實顯然與檢察官據以求處罪刑之事實不符，或於審判中發現其他裁判上一罪之犯罪事實，足認檢察官之求刑顯不適當者。

三　法院於審理後，認應為無罪、免訴、不受理或管轄錯誤判決之諭知者。

四　檢察官之請求顯有不當或顯失公平者。

第四五二條　（審判程序）

檢察官聲請以簡易判決處刑之案件，經法院認為有第四百五十一條之一第四項但書之情形者，應適用通常程序審判之。

第四五三條　（法院之簡易判決—立即處分）

以簡易判決處刑案件，法院應立即處分。

第四五四條　（簡易判決應載事項）109

①簡易判決，應記載下列事項：

一　第五十一條第一項之記載。
二　犯罪事實及證據名稱。
三　應適用之法條。
四　第三百零九條各款所列事項。
五　自簡易判決送達之日起二十日內，得提起上訴之曉示。但不得上訴者，不在此限。

②前項判決書，得以簡略方式為之，如認定之犯罪事實、證據及應適用之法條，與檢察官聲請簡易判決處刑書或起訴書之記載相同者，得引用之。

第四五五條　（簡易判決正本之送達）92

書記官接受簡易判決原本後，應立即製作正本為送達，並準用第三百十四條第二項之規定。

第四五五條之一　（對簡易判決不服之上訴）96

①對於簡易判決有不服者，得上訴於管轄之第二審地方法院合議庭。
②依第四百五十一條之一之請求所為之科刑判決，不得上訴。
③第一項之上訴，準用第三編第一章及第二章除第三百六十一條外之規定。
④對於適用簡易程序案件所為裁定有不服者，得抗告於管轄之第二審地方法院合議庭。
⑤前項之抗告，準用第四編之規定。

第七編之一　協商程序 93

第四五五條之二　（協商程序之聲請）105

①除所犯為死刑、無期徒刑、最輕本刑三年以上有期徒刑之罪或高等法院管轄第一審案件者外，案件經檢察官提起公訴或聲請簡易判決處刑，於第一審言詞辯論終結前或簡易判決處刑前，檢察官得於徵詢被害人之意見後，逕行或依被告或其代理人、辯護人之請求，經法院同意，就下列事項於審判外進行協商，經當事人雙方合意且被告認罪者，由檢察官聲請法院改依協商程序而為判決：
一　被告願受科刑及沒收之範圍或願意接受緩刑之宣告。
二　被告向被害人道歉。
三　被告支付相當數額之賠償金。
四　被告向公庫支付一定金額，並得由該管檢察署依規定提撥一定比率補助相關公益團體或地方自治團體。

②檢察官就前項第二款、第三款事項與被告協商，應得被害人之同意。
③第一項之協商期間不得逾三十日。
④第一項第四款提撥比率、收支運用及監督管理辦法，由行政院會同司法院另定之。

第四五五條之三　（撤銷協商）93

①法院應於接受前條之聲請後十日內，訊問被告並告以所認罪名、法定刑及所喪失之權利。
②被告得於前項程序終結前，隨時撤銷協商之合意。被告違反與檢察官協議之內容時，檢察官亦得於前項程序終結前，撤回協商程序之聲請。

第四五五條之四　（不得為協商判決之情形）93

①有下列情形之一者，法院不得為協商判決：
一　有前條第二項之撤銷合意或撤回協商聲請者。
二　被告協商之意思非出於自由意志者。
三　協商之合意顯有不當或顯失公平者。
四　被告所犯之罪非第四百五十五條之二第一項所定得以聲請協商判決者。
五　法院認定之事實顯與協商合意之事實不符者。
六　被告有其他較重之裁判上一罪之犯罪事實者。

七　法院認應諭知免刑或免訴、不受理者。

②除有前項所定情形之一者外，法院應不經言詞辯論，於協商合意範圍內爲判決。法院爲協商判決所科之刑，以宣告緩刑、二年以下有期徒刑、拘役或罰金爲限。

③當事人如有第四百五十五條之二第一項第二款至第四款之合意，法院應記載於筆錄或判決書內。

④法院依協商範圍爲判決時，第四百五十五條之二第一項第三款、第四款並得爲民事強制執行名義。

第四五五條之五　（公設辯護人之指定）93

①協商之案件，被告表示所願受科之刑逾有期徒刑六月，且未受緩刑宣告，其未選任辯護人者，法院應指定公設辯護人或律師爲辯護人，協助進行協商。

②辯護人於協商程序，得就協商事項陳述事實上及法律上之意見。但不得與被告明示之協商意見相反。

第四五五條之六　（裁定駁回）93

①法院對於第四百五十五條之二第一項協商之聲請，認有第四百五十五條之四第一項各款所定情形之一者，應以裁定駁回之，適用通常、簡式審判或簡易程序審判。

②前項裁定，不得抗告。

第四五五條之七　（協商過程中之陳述不得於本案或其他案採爲對被告或共犯不利之證據）93

法院未爲協商判決者，被告或其代理人、辯護人在協商過程中之陳述，不得於本案或其他案件採爲對被告或其他共犯不利之證據。

第四五五條之八　（協商判決書製作送達準用規定）93

協商判決書之製作及送達，準用第四百五十四條、第四百五十五條之規定。

第四五五條之九　（宣示判決筆錄送達準用規定及其效力）93

①協商判決，得僅由書記官將主文、犯罪事實要旨及處罰條文記載於宣示判決筆錄，以代判決書。但於宣示判決之日起十日內，當事人聲請法院交付判決書者，法院仍應爲判決書之製作。

②前項筆錄正本或節本之送達，準用第四百五十五條之規定，並與判決書之送達有同一之效力。

第四五五條之一〇　（不得上訴之除外情形）93

①依本編所爲之科刑判決，不得上訴。但有第四百五十五條之四第一項第一款、第二款、第四款、第六款、第七款所定情形之一，或協商判決違反同條第二項之規定者，不在此限。

②對於前項但書之上訴，第二審法院之調查以上訴理由所指摘之事項爲限。

③第二審法院認爲上訴有理由者，應將原審判決撤銷，將案件發回第一審法院依判決前之程序更爲審判。

第四五五條之一一　（協商判決之上訴準用規定）93

①協商判決之上訴，除本編有特別規定外，準用第三編第一章及第二章之規定。

②第一百五十九條第一項、第二百八十四條之一之規定，於協商程序不適用之。

第七編之二　沒收特別程序 105

第四五五條之一二　（財產可能被沒收之第三人得聲請參與沒收程序）105

①財產可能被沒收之第三人得於本案最後事實審言詞辯論終結前，向該管法院聲請參與沒收程序。

②前項聲請，應以書狀記載下列事項爲之：

一　本案案由及被告之姓名、性別、出生年月日、身分證明文件編號或其他足資辨別之特徵。

二　參與沒收程序之理由。
三　表明參與沒收程序之意旨。

③第三人未為第一項聲請，法院認有必要時，應依職權裁定命該第三人參與沒收程序。但該第三人向法院或檢察官陳明對沒收其財產不提出異議者，不在此限。

④前三項規定，於自訴程序、簡易程序及協商程序之案件準用之。

第四五五條之一三（沒收第三人財產之通知義務）105

①檢察官有相當理由認應沒收第三人財產者，於提起公訴前應通知該第三人，予其陳述意見之機會。

②檢察官提起公訴時認應沒收第三人財產者，應於起訴書記載該意旨，並即通知該第三人下列事項：

一　本案案由及其管轄法院。
二　被告之姓名、性別、出生年月日、身分證明文件編號或其他足資辨別之特徵。
三　應沒收財產之名稱、種類、數量及其他足以特定之事項。
四　構成沒收理由之事實要旨及其證據。
五　得向管轄法院聲請參與沒收程序之意旨。

③檢察官於審理中認應沒收第三人財產者，得以言詞或書面向法院聲請。

第四五五條之一四（參與沒收程序聲請裁定前之通知義務）105

法院對於參與沒收程序之聲請，於裁定前應通知聲請人、本案當事人、代理人、辯護人或輔佐人，予其陳述意見之機會。

第四五五條之一五（沒收聲請顯不相當者法院得免予沒收）105

①案件調查證據所需時間、費用與沒收之聲請顯不相當者，經檢察官或自訴代理人同意後，法院得免予沒收。

②檢察官或自訴代理人得於本案最後事實審言詞辯論終結前，撤回前項之同意。

第四五五條之一六（聲請參與沒收程序之駁回）105

①法院認為聲請參與沒收程序不合法律上之程式或法律上不應准許或無理由者，應以裁定駁回之。但其不合法律上之程式可補正者，應定期間先命補正。

②法院認為聲請參與沒收程序有理由者，應為准許之裁定。

③前項裁定，不得抗告。

第四五五條之一七（法院所為第三人參與沒收程序之裁定應記載事項）105

法院所為第三人參與沒收程序之裁定，應記載訴訟進行程度、參與之理由及得不待其到庭陳述逕行諭知沒收之旨。

第四五五條之一八（經法院裁定參與沒收程序者，適用通常程序審判）105

行簡易程序、協商程序之案件，經法院裁定第三人參與沒收程序者，適用通常程序審判。

第四五五條之一九（參與人就沒收其財產事項之準用規定）105

參與人就沒收其財產之事項，除本編有特別規定外，準用被告訴訟上權利之規定。

第四五五條之二〇（審判期日及沒收財產事項文書之通知及送達）105

法院應將審判期日通知參與人並送達關於沒收其財產事項之文書。

第四五五條之二一（參與人及委任代理人到場之準用規定）105

①參與人得委任代理人到場。但法院認為必要時，得命本人到場。

②第二十八條至第三十條、第三十二條、第三十三條第一項及第三十五條第二項之規定，於參與人之代理人準用之。

③第一項情形，如有必要命參與人本人到場者，應傳喚之；其經合法傳喚，無正當理由不到場者，得拘提之。

④第七十一條、第七十二條至第七十四條、第七十七條至第八十三條及第八十九條至第九十一條之規定，於前項參與人之傳喚及拘提準用之。

第四五五條之二二（審判長應於審判期日向到場之參與人告知事項）105

審判長應於審判期日向到場之參與人告知下列事項：

一　構成沒收理由之事實要旨。
二　訴訟進行程度。
三　得委任代理人到場。
四　得請求調查有利之證據。
五　除本編另有規定外，就沒收其財產之事項，準用被告訴訟上權利之規定。

第四五五條之二三　（參與沒收程序不適用交互詰問規則）105
參與沒收程序之證據調查，不適用第一百六十六條第二項至第六項、第一百六十六條之一至第一百六十六條之六之規定。

第四五五條之二四　（言詞辯論之順序及程序）105
①參與人就沒收其財產事項之辯論，應於第二百八十九條程序完畢後，依同一次序行之。
②參與人經合法傳喚或通知而不到庭者，得不待其陳述逕行判決；其未受許可而退庭或拒絕陳述者，亦同。

第四五五條之二五　（撤銷參與沒收程序之裁定）105
法院裁定第三人參與沒收程序後，認有不應參與之情形者，應撤銷原裁定。

第四五五條之二六　（判決及其應載事項）105
①參與人財產經認定應沒收者，應對參與人諭知沒收該財產之判決；認不應沒收者，應諭知不予沒收之判決。
②前項判決，應記載其裁判之主文、構成沒收之事實與理由。理由內應分別情形記載認定事實所憑之證據及其認定應否沒收之理由、對於參與人有利證據不採納之理由及應適用之法律。
③第一項沒收應與本案同時判決。但有必要時，得分別為之。

第四五五條之二七　（對判決提起上訴其效力應及於相關之沒收判決）105
①對於本案之判決提起上訴者，其效力及於相關之沒收判決；對於沒收之判決提起上訴者，其效力不及於本案判決。
②參與人提起第二審上訴時，不得就原審認定犯罪事實與沒收其財產相關部分再行爭執。但有下列情形之一者，不在此限：
一　非因過失，未於原審就犯罪事實與沒收其財產相關部分陳述意見或聲請調查證據。
二　參與人以外得爭執犯罪事實之其他上訴權人，提起第二審上訴爭執犯罪事實與沒收參與人財產相關部分。
三　原審有第四百二十條第一項第一款、第二款、第四款或第五款之情形。

第四五五條之二八　（參與沒收程序審判、上訴及抗告之準用規定）105
參與沒收程序之審判、上訴及抗告，除本編有特別規定外，準用第二編第一章第三節、第三編及第四編之規定。

第四五五條之二九　（第三人得聲請撤銷沒收之確定判決）105
①經法院判決沒收財產確定之第三人，非因過失，未參與沒收程序者，得於知悉沒收確定判決之日起三十日內，向諭知該判決之法院聲請撤銷。但自判決確定後已逾五年者，不得為之。
②前項聲請，應以書面記載下列事項：
一　本案案由。
二　聲請撤銷宣告沒收判決之理由及其證據。
三　遵守不變期間之證據。

第四五五條之三〇　112
聲請撤銷沒收確定判決，無停止執行之效力。但管轄法院對應之檢察署檢察官於撤銷沒收確定判決之裁定前，得命停止。

第四五五條之三一　（聲請撤銷沒收確定判決之陳述意見）105
法院對於撤銷沒收確定判決之聲請，應通知聲請人、檢察官及自訴代理人，予其陳述意見之機會。

第四五五條之三二　（聲請撤銷沒收確定判決之駁回）105

①法院認爲撤銷沒收確定判決之聲請不合法律上之程式或法律上不應准許或無理由者，應以裁定駁回之。但其不合法律上之程式可以補正者，應定期間先命補正。

②法院認爲聲請撤銷沒收確定判決有理由者，應以裁定將沒收確定判決中經聲請之部分撤銷。

③對於前二項抗告法院之裁定，得提起再抗告。

④聲請撤銷沒收確定判決之抗告及再抗告，除本編有特別規定外，準用第四編之規定。

第四五五條之三三　（撤銷沒收確定判決之裁定確定後，更爲審判）105

撤銷沒收確定判決之裁定確定後，法院應依判決前之程序，更爲審判。

第四五五條之三四　（單獨宣告沒收之裁定）105

單獨宣告沒收由檢察官聲請違法行爲地、沒收財產所在地或其財產所有人之住所、居所或所在地之法院裁定之。

第四五五條之三五　（聲請單獨宣告沒收之書狀應載事項）105

前條聲請，檢察官應以書狀記載下列事項，提出於管轄法院爲之：

一　應沒收財產之財產所有人姓名、性別、出生年月日、住居所、身分證明文件編號或其他足資辨別之特徵。但財產所有人不明時，得不予記載。

二　應沒收財產之名稱、種類、數量及其他足以特定沒收物或財產上利益之事項。

三　應沒收財產所由來之違法事實及證據並所涉法條。

四　構成單獨宣告沒收理由之事實及證據。

第四五五條之三六　（聲請單獨宣告沒收之駁回）105

①法院認爲單獨宣告沒收之聲請不合法律上之程式或法律上不應准許或無理由者，應以裁定駁回之。但其不合法律上之程式可以補正者，應定期間先命補正。

②法院認爲聲請單獨宣告沒收有理由者，應爲准許之裁定。

③對於前二項抗告法院之裁定，得提起再抗告。

第四五五條之三七　（準用第三人參與沒收程序之規定）105

本編關於第三人參與沒收程序之規定，於單獨宣告沒收程序準用之。

第七編之三　被害人訴訟參與 109

第四五五條之三八　（犯罪被害人得聲請參與訴訟之資格及案件類型）109

①下列犯罪之被害人得於檢察官提起公訴後第二審言詞辯論終結前，向該管法院聲請參與本案訴訟：

一　因故意、過失犯罪行爲而致人於死或致重傷之罪。

二　刑法第二百三十一條、第二百三十一條之一、第二百三十二條、第二百三十三條、第二百四十條、第二百四十一條、第二百四十二條、第二百四十三條、第二百七十一條第一項、第二項、第二百七十二條、第二百七十三條、第二百七十五條第一項至第三項、第二百七十八條第一項、第三項、第二百八十條、第二百八十六條第一項、第二項、第二百九十一條、第二百九十六條、第二百九十六條之一、第二百九十七條、第二百九十八條、第二百九十九條、第三百條、第三百二十八條第一項、第二項、第四項、第三百二十九條、第三百三十條、第三百三十二條第一項、第二項第一款、第三款、第四款、第三百三十三條第一項、第二項、第三百三十四條第一項、第二項第一款、第三款、第四款、第三百四十七條第一項、第三項、第三百四十八條第一項、第二項第二款之罪。

三　性侵害犯罪防治法第二條第一項所定之罪。

四　人口販運防制法第三十一條至第三十四條、第三十六條之罪。

五　兒童及少年性剝削防制條例第三十二條至第三十五條、第三十六條第一項至第五項、第三十七條第一項之罪。

②前項各款犯罪之被害人無行爲能力、限制行爲能力、死亡或因其他不得已之事由而不能聲請者，得由其法定代理人、配偶、直系血親、三親等內之旁系血親、二親等內之姻親或家長、家屬爲之。但被告具前述身分之一，而無其他前述身分之人聲請者，得由被害人戶籍所在地之直轄市、縣（市）政府或財團法人犯罪被害人保護協會爲之。被害人戶籍所在地不明者，得由其住（居）所或所在地之直轄市、縣（市）政府或財團法人犯罪被害人保護協會爲之。

第四五五條之三九　（聲請訴訟參與之法定程式及訴訟參與聲請書狀之應載事項）109

①聲請訴訟參與，應於每審級向法院提出聲請書狀。

②訴訟參與聲請書狀，應記載下列事項：

一　本案案由。

二　被告之姓名、性別、出生年月日、身分證明文件編號或其他足資辨別之特徵。

三　非被害人者，其與被害人之身分關係。

四　表明參與本案訴訟程序之意旨及理由。

第四五五條之四〇　（聲請訴訟參與之裁定）109

①法院對於前條之聲請，認爲不合法律上之程式或法律上不應准許者，應以裁定駁回之。但其不合法律上之程式可補正者，應定期間先命補正。

②法院於徵詢檢察官、被告、辯護人及輔佐人之意見，並斟酌案件情節、聲請人與被告之關係、訴訟進行之程度及聲請人之利益，認爲適當者，應爲准許訴訟參與之裁定；認爲不適當者，應以裁定駁回之。

③法院裁定准許訴訟參與後，認有不應准許之情形者，應撤銷原裁定。

④前三項裁定，不得抗告。

第四五五條之四一　（訴訟參與人之選任代理人及指定代理人）109

①訴訟參與人得隨時選任代理人。

②第二十八條至第三十條、第三十二條之規定，於訴訟參與人之代理人準用之；第三十一條第一項第三款至第六款、第二項至第四項之規定，於訴訟參與人未經選任代理人者並準用之。

第四五五條之四二　（訴訟參與人之資訊取得權）109

①代理人於審判中得檢閱卷宗及證物並得抄錄、重製或攝影。但代理人爲非律師者，於審判中對於卷宗及證物不得檢閱、抄錄、重製或攝影。

②無代理人或代理人爲非律師之訴訟參與人於審判中得預納費用請求付與卷宗及證物之影本。但卷宗及證物之內容與被告被訴事實無關或足以妨害另案之偵查，或涉及當事人或第三人之隱私或業務秘密者，法院得限制之。

③前項但書之限制，得提起抗告。

第四五五條之四三　（訴訟參與人於準備程序期日受通知、在場權及對準備程序事項陳述意見之權利）109

①準備程序期日，應通知訴訟參與人及其代理人到場。但經合法通知無正當理由不到場或陳明不願到場者，不在此限。

②第二百七十三條第一項各款事項，法院應聽取訴訟參與人及其代理人之意見。

第四五五條之四四　（訴訟參與人於審判期日受通知及在場權之權利）109

審判期日，應通知訴訟參與人及其代理人。但經合法通知無正當理由不到場或陳明不願到場者，不在此限。

第四五五條之四五　（有多數訴訟參與人之選定或指定代表人）109

①多數訴訟參與人得由其中選定一人或數人，代表全體或一部訴訟參與人參與訴訟。

②未依前項規定選定代表人者，法院認爲必要時，得限期命爲選定，逾期未選定者，法院得依職權指定之。

③前二項經選定或指定之代表人得更換、增減之。

④本編所定訴訟參與之權利，由經選定或指定之代表人行使之。

第四五五條之四六　（訴訟參與人對證據表示意見及辯論證據證明力之權利）109
①每調查一證據畢，審判長應詢問訴訟參與人及其代理人有無意見。
②法院應予訴訟參與人及其代理人，以辯論證據證明力之適當機會。

第四五五條之四七　（訴訟參與人就科刑範圍表示意見之權利）109
審判長於行第二百八十九條關於科刑之程序前，應予訴訟參與人及其代理人、陪同人就科刑範圍表示意見之機會。

第八編　執　行

第四五六條　（執行裁判之時期）108
①裁判除關於保安處分者外，於確定後執行之。但有特別規定者，不在此限。
②前項情形，檢察官於必要時，得於裁判法院送交卷宗前執行之。

第四五七條　（指揮執行之機關）109
①執行裁判由為裁判法院對應之檢察署檢察官指揮之。但其性質應由法院或審判長、受命法官、受託法官指揮，或有特別規定者，不在此限。
②因駁回上訴抗告之裁判，或因撤回上訴、抗告而應執行下級法院之裁判者，由上級法院對應之檢察署檢察官指揮之。
③前二項情形，其卷宗在下級法院者，由下級法院對應之檢察署檢察官指揮執行。

第四五八條　（指揮執行之方式）
指揮執行，應以指揮書附具裁判書或筆錄之繕本或節本為之。但執行刑罰或保安處分以外之指揮，毋庸制作指揮書者，不在此限。

第四五九條　（主刑之執行順序）
二以上主刑之執行，除罰金外，應先執行其重者。但有必要時，檢察官得命先執行他刑。

第四六〇條　（死刑之執行—審核）
諭知死刑之判決確定後，檢察官應速將該案卷宗送交司法行政最高機關。

第四六一條　（死刑之執行—執行時期與再審核）
死刑，應經司法行政最高機關令准，於令到三日內執行之。但執行檢察官發見案情確有合於再審或非常上訴之理由者，得於三日內電請司法行政最高機關，再加審核。

第四六二條　（死刑之執行—場所）
死刑，於監獄內執行之。

第四六三條　（死刑之執行—在場人）
①執行死刑，應由檢察官蒞視，並命書記官在場。
②執行死刑，除經檢察官或監獄長官之許可者外，不得入行刑場內。

第四六四條　（死刑之執行—筆錄）
①執行死刑，應由在場之書記官制作筆錄。
②筆錄應由檢察官及監獄長官簽名。

第四六五條　（停止執行死刑事由及恢復執行）
①受死刑之諭知者，如在心神喪失中，由司法行政最高機關命令停止執行。
②受死刑諭知之婦女懷胎者，於其生產前，由司法行政最高機關命令停止執行。
③依前二項規定停止執行者，於其痊癒或生產後，非有司法行政最高機關命令，不得執行。

第四六六條　（自由刑之執行）
處徒刑及拘役之人犯，除法律別有規定外，於監獄內分別拘禁之，令服勞役。但得因其情節，免服勞役。

第四六七條　（停止執行自由刑之事由）

受徒刑或拘役之諭知而有左列情形之一者，依檢察官之指揮，於其痊癒或該事故消滅前，停止執行：

一　心神喪失者。

二　懷胎五月以上者。

三　生產未滿二月者。

四　現罹疾病，恐因執行而不能保其生命者。

第四六八條　（停止執行受刑人之醫療）

依前條第一款及第四款情形停止執行者，檢察官得將受刑人送入醫院或其他適當之處所。

第四六九條　（刑罰執行前之強制處分）108

①受罰金以外主刑之諭知，而未經羈押者，檢察官於執行時，應傳喚之；傳喚不到者，應行拘提。但經諭知死刑、無期徒刑或逾二年有期徒刑，而有相當理由認爲有逃亡之虞者，得逕行拘提。

②前項前段受刑人，檢察官得依第七十六條第一款及第二款之規定，逕行拘提，及依第八十四條之規定通緝之。

第四七〇條　（財產刑之執行）105

①罰金、罰鍰、沒收及沒入之裁判，應依檢察官之命令執行之。但罰金、罰鍰於裁判宣示後，如經受裁判人同意而檢察官不在場者，得由法官當庭指揮執行。

②前項命令與民事執行名義有同一之效力。

③罰金及沒收，得就受刑人之遺產執行。

第四七一條　（民事裁判執行之準用及囑託執行）

①前條裁判之執行，準用執行民事裁判之規定。

②前項執行，檢察官於必要時，得囑託地方法院民事執行處爲之。

③檢察官之囑託執行，免徵執行費。

第四七二條　（沒收物之處分機關）

沒收物，由檢察官處分之。

第四七三條　（沒收物、追徵財產之聲請發還或給付）

①沒收物、追徵財產，於裁判確定後一年內，由權利人聲請發還者，或因犯罪而得行使債權請求權之人已取得執行名義者聲請給付，除應破毀或廢棄者外，檢察官應發還或給付之；其已變價者，應給與變價所得之價金。

②聲請人對前項關於發還、給付之執行不服者，準用第四百八十四條之規定。

③第一項之變價、分配及給付，檢察官於必要時，得囑託法務部行政執行署所屬各分署爲之。

④第一項之請求權人、聲請發還或給付之範圍、方式、程序與檢察官得發還或給付之範圍及其他應遵行事項之執行辦法，由行政院定之。

第四七四條　（發還僞造變造物時之處置）

僞造或變造之物，檢察官於發還時，應將其僞造、變造之部分除去或加以標記。

第四七五條　（扣押物不能發還之公告）

①扣押物之應受發還人所在不明，或因其他事故不能發還者，檢察官應公告之；自公告之日起滿二年，無人聲請發還者，以其物歸屬國庫。

②雖在前項期間內，其無價值之物得廢棄之；不便保管者，得命變價保管其價金。

第四七六條　112

緩刑之宣告應撤銷者，由受刑人所在地或其最後住所地之地方法院對應之檢察署檢察官聲請該法院裁定之。

第四七七條　112

①依刑法第五十三條及第五十四條應依刑法第五十一條第五款至第七款之規定，定其應執行之刑者，由該案犯罪事實最後判決之法院對應之檢察署檢察官，備具繕本，聲請該法院裁定之。法院於接受繕本後，應將繕本送達於受刑人。

②受刑人或其法定代理人、配偶，亦得請求檢察官為前項之聲請。
③法院對於第一項聲請，除顯無必要或有急迫情形者外，於裁定前應予受刑人以言詞或書面陳述意見之機會。
④法院依第一項裁定其應執行之刑者，應記載審酌之事項。

第四七八條　（免服勞役之執行）

依本法第四百六十六條但書應免服勞役者，由指揮執行之檢察官命令之。

第四七九條　（易服勞動之服務對象及執行方式）98

①依刑法第四十一條、第四十二條及第四十二條之一易服社會勞動或易服勞役者，由指揮執行之檢察官命令之。
②易服社會勞動，由指揮執行之檢察官命令向該管檢察署指定之政府機關、政府機構、行政法人、社區或其他符合公益目的之機構或團體提供勞動，並定履行期間。

第四八〇條　（易服勞役之分別執行與易服社會勞動之適用）98

①罰金易服勞役者，應與處徒刑或拘役之人犯，分別執行。
②第四百六十七條及第四百六十九條之規定，於易服勞役準用之。
③第四百六十七條規定，於易服社會勞動準用之。

第四八一條　111

①下列刑法第一編第十二章保安處分事項，由檢察官聲請該案犯罪事實最後裁判之法院裁定之：
一　依刑法第八十七條第三項前段許可延長監護，第九十一條之一第一項施以強制治療，第九十二條第二項撤銷保護管束執行原處分，第九十九條許可拘束人身自由處分之執行，及其他拘束人身自由之保安處分者。
二　依刑法第八十六條第三項但書、第八十七條第三項但書、第八十八條第二項但書、第八十九條第二項但書或第九十八條第一項前段免其處分之執行，第九十一條之一第二項停止強制治療，第九十二條第一項以保護管束替代，第九十三條第二項付保護管束，第九十八條第一項後段、第二項、第三項免其刑之執行，第九十九條許可非拘束人身自由處分之執行，及其他非拘束人身自由之保安處分者。
②檢察官依刑法第十八條第一項或第十九條第一項而為不起訴之處分者，如認有宣告保安處分之必要，得聲請法院裁定之。
③法院裁判時未併宣告保安處分，而檢察官認為有宣告之必要者，得於裁判後三個月內，聲請法院裁定之。

第四八一條之一　111

①檢察官聲請為前條所列處分時，應以聲請書敘明理由及證據，並同時以聲請書繕本通知受處分人。
②法院認為前條之聲請不合法律上之程式或法律上不應准許或無理由者，應以裁定駁回之。但其不合法律上之程式可補正者，應定期間先命補正。
③法院認為前條之聲請有理由者，應為准許之裁定。

第四八一條之二　111

①檢察官依刑法第一編第十二章聲請為下列處分，除有正當事由者外，應於下列期限內提出於該管法院：
一　依刑法第八十七條第三項前段許可延長監護，或許可延長其他拘束人身自由之保安處分，至遲於執行期間屆滿之二個月前。
二　依刑法第九十一條之一第一項第一款施以強制治療，至遲於徒刑執行期滿之二個月前。
三　依刑法第九十九條許可拘束人身自由處分之執行，至遲於該處分得執行期間屆滿之二個月前。
②前項正當事由，檢察官應於聲請時釋明之。

第四八一條之三　111

①第四百八十一條第一項第一款之聲請，有下列情形之一，且未經選任辯護人者，法院

應指定公設辯護人或律師為其辯護，並準用第三十一條第二項及第四項之規定：
一　身心障礙，致無法為完全之陳述。
二　其他經法院認有必要。
②第三十五條之規定，於前項情形準用之。

第四八一條之四 111
①辯護人於第四百八十一條第一項第一款之案件得檢閱卷宗及證物並得抄錄、重製或攝影。
②受處分人於第四百八十一條第一項第一款之案件得預納費用請求法院付與卷宗及證物之影本。但有下列情形之一，經檢察官另行分卷敘明理由及限制範圍，請求法院限制受處分人獲知者，法院得限制之：
一　有事實足認有危害他人生命、身體、隱私或業務秘密之虞。
二　有事實足認有妨害受處分人醫療之虞。
③受處分人於第四百八十一條第一項第一款之案件經法院許可者，得在確保卷宗及證物安全之前提下檢閱之。但有前項但書情形，或非屬其有效行使防禦權之必要者，法院得限制之。
④對於依前二項但書所為之限制，得提起抗告。
⑤持有第一項及第二項卷宗及證物內容之人，不得就該內容為非正當目的之使用。
⑥依第一項至第三項得檢閱卷宗及證物或抄錄、重製或攝影者，除本條另有規定外，準用第三十八條之一規定之閱卷規則。

第四八一條之五 111
①法院受理第四百八十一條第一項第一款所列處分之聲請，除顯無必要者外，應指定期日傳喚受處分人，並通知檢察官、辯護人、輔佐人。
②前項期日，檢察官得到場陳述意見。但法院認有必要者，檢察官應到場陳述聲請理由或提出必要之證據。
③法院應給予到場受處分人、辯護人、輔佐人陳述意見之機會。但經合法傳喚、通知無正當理由不到場，或陳明不願到場者，不在此限。

第四八一條之六 111
①法院受理第四百八十一條第一項第二款所列處分之聲請，有下列情形之一，準用前三條之規定：
一　檢察官聲請依刑法第九十一條之一第二項之停止強制治療者。
二　其他經法院認有必要者。
②除有前項所定情形之一者外，法院認為適當時，得於裁定前給予受處分人、辯護人以言詞或書面陳述意見之機會。
③依刑法第九十一條之一第二項鑑定、評估認無繼續強制治療必要，而檢察官仍為繼續強制治療之執行指揮，經受處分人依第四百八十四條聲明異議，除顯無必要者外，準用前三條之規定。

第四八一條之七 111
法院受理第四百八十一條第二項及第三項所列處分之聲請時，應分別準用下列規定辦理：
一　聲請宣告拘束人身自由之保安處分者，準用第四百八十一條之三至第四百八十一條之五規定。
二　聲請宣告非拘束人身自由之保安處分者，準用前條第一項及第二項規定。

第四八二條　（易以訓誡之執行）
依刑法第四十三條易以訓誡者，由檢察官執行之。

第四八三條　（聲明疑義—有罪判決之文義）
當事人對於有罪裁判之文義有疑義者，得向諭知該裁判之法院聲明疑義。

第四八四條　（聲明異議—檢察官之執行指揮）
受刑人或其法定代理人或配偶以檢察官執行之指揮為不當者，得向諭知該裁判之法院聲明異議。

第四八五條　（疑義或異議之聲明及撤回）

①聲明疑義或異議，應以書狀爲之。

②聲明疑義或異議，於裁判前得以書狀撤回之。

③第三百五十一條之規定，於疑義或異議之聲明及撤回準用之。

第四八六條　（疑義、異議聲明之裁定）

法院應就疑義或異議之聲明裁定之。

第九編　附帶民事訴訟

第四八七條　（附帶民事訴訟之當事人及請求範圍）

①因犯罪而受損害之人，於刑事訴訟程序得附帶提起民事訴訟，對於被告及依民法負賠償責任之人，請求回復其損害。

②前項請求之範圍，依民法之規定。

第四八八條　（提起之期間）

提起附帶民事訴訟，應於刑事訴訟起訴後第二審辯論終結前爲之。但在第一審辯論終結後提起上訴前，不得提起。

第四八九條　（管轄法院）

①法院就刑事訴訟爲第六條第二項，第八條至第十條之裁定者，視爲就附帶民事訴訟有同一之裁定。

②就刑事訴訟諭知管轄錯誤及移送該案件者，應併就附帶民事訴訟爲同一之諭知。

第四九〇條　（適用法律之準據—刑訴法）

附帶民事訴訟除本編有特別規定外，準用關於刑事訴訟之規定。但經移送或發回、發交於民事庭後，應適用民事訴訟法。

第四九一條　（適用法律之準據—民訴法）

民事訴訟法關於左列事項之規定，於附帶民事訴訟準用之：

一　當事人能力及訴訟能力。

二　共同訴訟。

三　訴訟參加。

四　訴訟代理人及輔佐人。

五　訴訟程序之停止。

六　當事人本人之到場。

七　和解。

八　本於捨棄之判決。

九　訴及上訴或抗告之撤回。

十　假扣押、假處分及假執行。

第四九二條　（提起之程式—訴狀）

①提起附帶民事訴訟，應提出訴狀於法院爲之。

②前項訴狀，準用民事訴訟法之規定。

第四九三條　（訴狀及準備書狀之送達）

訴狀及各當事人準備訴訟之書狀，應按他造人數提出繕本，由法院送達於他造。

第四九四條　（當事人及關係人之傳喚）

刑事訴訟之審判期日，得傳喚附帶民事訴訟當事人及關係人。

第四九五條　（提起之程式—言詞）

①原告於審判期日到庭時，得以言詞提起附帶民事訴訟。

②其以言詞起訴者，應陳述訴狀所應表明之事項，記載於筆錄。

③第四十一條第二項至第四項之規定，於前項筆錄準用之。

④原告以言詞起訴而他造不在場，或雖在場而請求送達筆錄者，應將筆錄送達於他造。

第四九六條 （審理之時期）

附帶民事訴訟之審理，應於審理刑事訴訟後行之。但審判長如認爲適當者，亦得同時調查。

第四九七條 （檢察官之毋庸參與）

檢察官於附帶民事訴訟之審判，毋庸參與。

第四九八條 （得不待陳述而爲判決）

當事人經合法傳喚，無正當之理由不到庭或到庭不爲辯論者，得不待其陳述而爲判決；其未受許可而退庭者亦同。

第四九九條 （調查證據之方法）

①就刑事訴訟所調查之證據，視爲就附帶民事訴訟亦經調查。

②前項之調查，附帶民事訴訟當事人或代理人得陳述意見。

第五〇〇條 （事實之認定）

附帶民事訴訟之判決，應以刑事訴訟判決所認定之事實爲據。但本於捨棄而爲判決者，不在此限。

第五〇一條 （判決期間）

附帶民事訴訟，應與刑事訴訟同時判決。

第五〇二條 （裁判—駁回或敗訴判決）

①法院認爲原告之訴不合法或無理由者，應以判決駁回之。

②認爲原告之訴有理由者，應依其關於請求之聲明，爲被告敗訴之判決。

第五〇三條 （裁判—駁回或移送民庭）

①刑事訴訟諭知無罪、免訴或不受理之判決者，應以判決駁回原告之訴。但經原告聲請時，應將附帶民事訴訟移送管轄法院之民事庭。

②前項判決，非對於刑事訴訟之判決有上訴時，不得上訴。

③第一項但書移送案件，應繳納訴訟費用。

④自訴案件經裁定駁回自訴者，應以裁定駁回原告之訴，並準用前三項之規定。

第五〇四條 （裁判—移送民庭）

①法院認附帶民事訴訟確係繁雜，非經長久時日不能終結其審判者，得以合議裁定移送該法院之民事庭；其因不足法定人數不能合議者，由院長裁定之。

②前項移送案件，免納裁判費。

③對於第一項裁定，不得抗告。

第五〇五條 （裁判—移送民庭）

①適用簡易訴訟程序案件之附帶民事訴訟，準用第五百零一條或第五百零四條之規定。

②前項移送案件，免納裁判費用。

③對於第一項裁定，不得抗告。

第五〇六條 （上訴第三審之限制）

①刑事訴訟之第二審判決不得上訴於第三審法院者，對於其附帶民事訴訟之第二審判決，得上訴於第三審法院。但應受民事訴訟法第四百六十六條之限制。

②前項上訴，由民事庭審理之。

第五〇七條 （附帶民訴上訴第三審理由之省略）

刑事訴訟之第二審判決，經上訴於第三審法院，對於其附帶民事訴訟之判決所提起之上訴，已有刑事上訴書狀之理由可資引用者，得不敘述上訴之理由。

第五〇八條 （第三審上訴之判決—無理由駁回）

第三審法院認爲刑事訴訟之上訴無理由而駁回之者，應分別情形，就附帶民事訴訟之上訴，爲左列之判決：

一　附帶民事訴訟之原審判決無可爲上訴理由之違背法令者，應駁回其上訴。

二　附帶民事訴訟之原審判決有可爲上訴理由之違背法令者，應將其判決撤銷，就該案件自爲判決。但有審理事實之必要時，應將該案件發回原審法院之民事庭，或發交與原審法院同級之他法院民事庭。

第五〇九條 （第三審上訴之判決—自爲判決）

第三審法院認爲刑事訴訟之上訴有理由，將原審判決撤銷而就該案件自爲判決者，應分別情形，就附帶民事訴訟之上訴爲左列之判決：

一　刑事訴訟判決之變更，其影響及於附帶民事訴訟，或附帶民事訴訟之原審判決有可爲上訴理由之違背法令者，應將原審判決撤銷，就該案件自爲判決。但有審理事實之必要時，應將該案件發回原審法院之民事庭，或發交與原審法院同級之他法院民事庭。

二　刑事訴訟判決之變更，於附帶民事訴訟無影響，且附帶民事訴訟之原審判決無可爲上訴理由之違背法令者，應將上訴駁回。

第五一〇條 （第三審上訴之判決—發回更審、發交審判）

第三審法院認爲刑事訴訟之上訴有理由，撤銷原審判決，而將該案件發回或發交原審法院或他法院者，應併就附帶民事訴訟之上訴，爲同一之判決。

第五一一條 （裁判—移送民庭）

①法院如僅應就附帶民事訴訟爲審判者，應以裁定將該案件移送該法院之民事庭。但附帶民事訴訟之上訴不合法者，不在此限。

②對於前項裁定，不得抗告。

第五一二條 （附帶民訴之再審）

對於附帶民事訴訟之判決聲請再審者，應依民事訴訟法向原判決法院之民事庭提起再審之訴。

刑事訴訟法施行法

①民國24年4月1日國民政府制定公布全文16條；並自24年7月1日施行。
②民國56年1月28日總統令修正公布名稱及全文7條（原名稱：中華民國刑事訴訟法施行法）。
③民國79年8月3日總統令修正公布第5條條文。
④民國84年10月20日總統令修正公布第1、5條條文。
⑤民國86年12月19日總統令修正公布第4條條文。
⑥民國90年1月12日總統令增訂公布第7-1條條文。
⑦民國92年2月6日總統令增訂公布第7-2、7-3條條文。
⑧民國95年6月14日總統令增訂公布第7-4條條文；並自95年7月1日施行。
⑨民國96年7月4日總統令增訂公布第7-5條條文。
⑩民國98年7月8日總統令增訂公布第7-6條條文。
⑪民國103年6月18日總統令增訂公布第7-7條條文；並自公布後六個月施行。
⑫民國104年2月4日總統令增訂公布第7-8條條文。
⑬民國105年6月22日總統令增訂公布第7-9條條文；並自105年7月1日施行。
⑭民國106年4月26日總統令增訂公布第7-10條條文。
⑮民國108年6月19日總統令增訂公布第7-11條條文；並自公布後六個月施行。
⑯民國109年1月15日總統令增訂公布第7-12條條文。
⑰民國110年6月16日總統令增訂公布第7-13條條文。
⑱民國111年2月18日總統令修正公布第7條條文；並自公布日施行。
⑲民國111年11月30日總統令增訂公布第7-14條條文。
⑳民國112年5月3日總統令增訂公布第7-15條條文。
㉑民國112年6月21日總統令增訂公布第7-16、7-17條條文。
㉒民國112年12月15日總統令增訂公布第7-18、7-19條條文。

第一條　（修正刑事訴訟法之意義）
本法稱修正刑事訴訟法者，謂中華民國八十四年十月五日修正後公布施行之刑事訴訟法。

第二條　（程序從新原則）
修正刑事訴訟法施行前，已經開始偵查或審判之案件，除有特別規定外，其以後之訴訟程序，應依修正刑事訴訟法終結之。

第三條　（公設辯護人及指定辯護人）
在未設置公設辯護人之法院，修正刑事訴訟法第三十一條之辯護人，由審判長指定律師或推事充之。

第四條　（羈押之延長及撤銷）
①刑事訴訟法關於羈押之規定於中華民國八十六年修正施行前羈押之被告，其延長及撤銷羈押，依修正後第一百零八條之規定，其延長羈押次數及羈押期間，連同施行前合併計算。
②前項羈押之被告，於偵查中經檢察官簽發押票，或禁止接見、通信、受授書籍及其他物件，或命扣押書信物件，或核准押所長官為束縛被告身體之處分者，其效力不受影響。

第五條　（程序從舊）
①修正刑事訴訟法施行前，原得上訴於第三審之案件，已繫屬於各級法院者，仍依施行前之法定程序終結之。
②修正刑事訴訟法施行前，已繫屬於各級法院之簡易程序案件，仍應依施行前之法定程序終結之。

第六條　（程序從舊）

刑訴

修正刑事訴訟法施行前，已繫屬於各級法院之附帶民事訴訟，仍應依施行前之法定程序終結之。

第七條 111

①本法自修正刑事訴訟法施行之日施行。

②刑事訴訟法修正條文及本法修正條文，除另定施行日期者外，自公布日施行。

第七條之一 （施行日）

中華民國九十年一月三日修正之刑事訴訟法，自九十年七月一日施行。

第七條之二 （施行日）92

中華民國九十二年一月十四日修正通過之刑事訴訟法第一百十七條之一、第一百十八條、第一百二十一條、第一百七十五條、第一百八十二條、第一百八十三條、第一百八十九條、第一百九十三條、第一百九十五條、第一百九十八條、第二百條、第二百零一條、第二百零五條、第二百二十九條、第二百三十六條之一、第二百三十六條之二、第二百五十八條之一、第二百七十一條之一、第三百零三條及第三百零七條自公布日施行；其他條文自中華民國九十二年九月一日施行。

第七條之三 （修正前已繫屬各級法院案件之適用規定）92

中華民國九十二年一月十四日修正通過之刑事訴訟法施行前，已繫屬於各級法院之案件，其以後之訴訟程序，應依修正刑事訴訟法終結之。但修正刑事訴訟法施行前已依法定程序進行之訴訟程序，其效力不受影響。

第七條之四 （施行日）95

中華民國九十五年五月二十三日修正通過之刑事訴訟法，自九十五年七月一日施行。

第七條之五 （修正前不服地方法院第一審判而上訴者之適用規定）96

中華民國九十六年六月十五日修正通過之刑事訴訟法施行前，不服地方法院第一審判決而上訴者，仍適用修正前第三百六十一條、第三百六十七條規定。

第七條之六 （施行日）98

中華民國九十八年六月十二日修正通過之刑事訴訟法第二百五十三條之二、第四百四十九條、第四百七十九條、第四百八十條，自九十八年九月一日施行；第九十三條自九十九年一月一日施行。

第七條之七 （施行日及刑事保證金之處理）103

①中華民國一百零三年五月三十日修正通過之刑事訴訟法第一百十九條之一，自修正公布後六個月施行。

②自繳納之翌日起至前項所定施行之日止已逾十年之刑事保證金，於本法施行後經公告領取者，自公告之日起已滿二年，無人聲請發還者，歸屬國庫。

③自繳納之翌日起至第一項所定施行之日止未逾十年之刑事保證金，於本法施行後經公告領取者，適用刑事訴訟法第一百十九條之一第一項後段之規定。

第七條之八 （一〇四年一月二十三日修正通過之刑事訴訟法施行前，依規定聲請再審，經聲請人撤回，或經法院裁定駁回，於施行後聲請再審，該事實、證據符合修正後規定者，不適用刑事訴訟法第四百三十一條第二項、第四百三十四條第二項規定）104

①中華民國一百零四年一月二十三日修正通過之刑事訴訟法施行前，以不屬於修正前刑事訴訟法第四百二十條第一項第六款之新事實、新證據，依該規定聲請再審，經聲請人依刑事訴訟法第四百三十一條第一項撤回，或經法院專以非屬事實審法院於判決前因未發現而不及調查斟酌之新證據為由，依刑事訴訟法第四百三十四條第一項裁定駁回，於施行後復以同一事實、證據聲請再審，而該事實、證據符合修正後規定者，不適用刑事訴訟法第四百三十一條第二項、第四百三十四條第二項規定。

②前項情形，經聲請人依刑事訴訟法第四百三十一條第一項撤回，或經法院依刑事訴訟法第四百三十四條第一項裁定駁回後，仍適用刑事訴訟法第四百三十一條第二項、第四百三十四條第二項規定。

第七條之九 （施行日）105

①中華民國一百零五年五月二十七日修正通過之刑事訴訟法，自一百零五年七月一日施行。
②中華民國一百零五年五月二十七日修正通過之刑事訴訟法施行前，已繫屬於各級法院之案件，其以後之訴訟程序，應依修正刑事訴訟法終結之。但修正刑事訴訟法施行前已依法定程序進行之訴訟程序，其效力不受影響。

第七條之一〇 （施行日）106

①中華民國一百零六年四月二十一日修正通過之刑事訴訟法第三十三條之一、第九十三條、第一百零一條，自公布日施行；第三十一條之一自一百零七年一月一日施行。
②中華民國一百零六年四月二十一日修正通過之刑事訴訟法施行前，法院已受理之偵查中聲請羈押案件，其以後之訴訟程序，應依修正刑事訴訟法終結之。但修正刑事訴訟法施行前已依法定程序進行之訴訟程序，其效力不受影響。

第七條之一一 （施行日）108

①中華民國一百零八年五月二十四日修正通過之刑事訴訟法，自修正公布後六個月施行。
②中華民國一百零八年五月二十四日修正通過之刑事訴訟法施行前，偵查或審判中經限制出境、出海者，應於生效施行之日起二個月內，依刑事訴訟法第八章之一規定重爲處分，逾期未重爲處分者，原處分失其效力。
③依前項規定重爲處分者，期間依刑事訴訟法第九十三條之三之規定重新起算。但犯最重本刑爲有期徒刑十年以下之罪者，審判中之限制出境、出海期間，連同原處分期間併計不得逾五年。

第七條之一二 （施行日）109

①中華民國一百零八年十二月十七日修正通過之刑事訴訟法部分條文，除第三十八條之一、第五十一條第一項、第七十一條第二項、第八十五條第二項、第八十九條、第九十九條、第一百四十二條第三項、第一百九十二條、第二百八十九條自公布後六個月施行外，自公布日施行。
②中華民國一百零八年十二月十七日修正通過之刑事訴訟法施行前，經宣告無期徒刑之案件，尚未依職權送交上級法院審判者，於施行後仍適用修正前第三百四十四條第五項規定。
③再議期間及上訴期間，於中華民國一百零八年十二月十七日修正通過之刑事訴訟法施行時，依修正前之規定尚未屆滿者，適用修正後第二百五十六條、第二百五十六條之一及第三百四十九條之規定。
④案件在第三審上訴中，於中華民國一百零八年十二月十七日修正通過之刑事訴訟法施行時，尚未判決者，其補提理由書期間，適用修正後第三百八十二條之規定。

第七條之一三 110

中華民國一百十年五月三十一日修正通過之刑事訴訟法施行前，已繫屬於各級法院之案件，於施行後仍適用修正前刑事訴訟法第三百四十八條規定；已終結或已繫屬於各級法院而未終結之案件，於施行後提起再審或非常上訴者，亦同。

第七條之一四 111

中華民國一百十一年十一月十五日修正通過之刑事訴訟法部分條文施行前，各級法院已受理依第四百八十一條聲請之案件，或已受理依刑法第九十一條之一第二項鑑定、評估認無繼續強制治療必要，經受處分人依第四百八十四條聲明異議之案件，其以後之訴訟程序，應依修正刑事訴訟法終結之。但修正刑事訴訟法施行前已依法定程序進行之訴訟程序，其效力不受影響。

第七條之一五 112

聲請回復原狀或聲請撤銷或變更審判長、受命法官、受託法官或檢察官所爲處分之期間，於中華民國一百十二年四月十八日修正通過之刑事訴訟法施行時，依修正前之規定尚未屆滿者，適用修正後第六十七條或第四百十六條之規定。

第七條之一六 112

①中華民國一百十二年五月三十日修正通過之刑事訴訟法施行前，第一審原行合議審判之案件，仍依施行前之法定程序終結之。

②中華民國一百十二年五月三十日修正通過之刑事訴訟法施行前，原得上訴於第三審之案件，已繫屬於各級法院者，仍依施行前之法定程序終結之。

③抗告期間，於中華民國一百十二年五月三十日修正通過之刑事訴訟法施行時，依修正前之規定尚未屆滿者，適用修正後第四百零六條之規定。

第七條之一七 112

①中華民國一百十二年五月三十日修正通過之刑事訴訟法施行前，已繫屬於法院而未確定之聲請交付審判案件，其以後之訴訟程序，應依修正刑事訴訟法終結之。但另有規定者，依其規定。

②前項前段情形，以交付審判之聲請，視爲聲請准許提起自訴。但修正刑事訴訟法施行前，已依法定程序進行之訴訟程序，其效力不受影響。

③中華民國一百十二年五月三十日修正通過之刑事訴訟法施行前，已經法院裁定交付審判確定者，仍依施行前之法定程序審理之；施行前已裁定交付審判，未經合法抗告或經撤回抗告而於施行後確定者，亦同。

第七條之一八 112

中華民國一百十二年十二月一日修正通過之刑事訴訟法施行前，已爲刑事訴訟法第二百九十四條第一項、第二項及第二百九十五條至第二百九十八條停止、繼續審判或駁回繼續審判聲請之裁定者，仍適用刑事訴訟法第四百零四條第一項本文規定。

第七條之一九 112

①中華民國一百十二年十二月一日修正通過之刑事訴訟法部分條文，除第二百零六條第四項、第五項、第二百零八條、第二百十一條之一自公布後五個月施行外，自公布日施行。

②中華民國一百十二年十二月一日修正通過之刑事訴訟法施行前，已繫屬於各級法院之案件，其以後之訴訟程序，除本法另有規定外，應依修正刑事訴訟法終結之。但修正刑事訴訟法施行前已依法定程序進行之訴訟程序，其效力不受影響。

刑事妥速審判法

①民國99年5月19日總統令制定公布全文14條；其中第5條第2至4項自公布後二年（即101年5月19日）施行；第9條自公布後一年（即100年5月19日）施行；其他條文施行日期由司法院定之。
民國99年5月19日司法院令發布定自99年9月1日施行。
②民國103年6月4日總統令修正公布第5、7條條文。
民國103年6月4日司法院令發布定自103年6月6日施行。
③民國108年6月19日總統令修正公布第5、14條條文；第5條第3項自修正公布後一年施行；第5條第5項之刪除自公布後六個月施行。

第一條　（立法目的）
①爲維護刑事審判之公正、合法、迅速，保障人權及公共利益，特制定本法。
②本法未規定者，適用其他法律之規定。

第二條　（法院裁判品質）
法院應依法迅速周詳調查證據，確保程序之公正適切，妥慎認定事實，以爲裁判之依據，並維護當事人及被害人之正當權益。

第三條　（依誠信原則行使訴訟程序權利）
當事人、代理人、辯護人及其他參與訴訟程序而爲訴訟行爲者，應依誠信原則，行使訴訟程序上之權利，不得濫用，亦不得無故拖延。

第四條　（落實準備程序行集中審理）
法院行準備程序時，應落實刑事訴訟法相關規定，於準備程序終結後，儘速行集中審理，以利案件妥速審理。

第五條　（被告在押案件優先且密集集中審理、羈押期之年限）108
①法院就被告在押之案件，應優先且密集集中審理。
②審判中之延長羈押，如所犯最重本刑爲死刑、無期徒刑或逾有期徒刑十年者，第一審、第二審以六次爲限，第三審以一次爲限。
③審判中之羈押期間，累計不得逾五年。
④前項羈押期間已滿，仍未判決確定者，視爲撤銷羈押，法院應將被告釋放。

第六條　（貫徹無罪推定原則）
檢察官對於起訴之犯罪事實，應負提出證據及說服之實質舉證責任。倘其所提出之證據，不足爲被告有罪之積極證明，或其指出證明之方法，無法說服法院以形成被告有罪之心證者，應貫徹無罪推定原則。

第七條　（侵害速審權之法律效果）103
自第一審繫屬日起已逾八年未能判決確定之案件，除依法應諭知無罪判決者外，法院依職權或被告之聲請，審酌下列事項，認侵害被告受迅速審判之權利，且情節重大，有予適當救濟之必要者，應減輕其刑：
一　訴訟程序之延滯，是否係因被告之事由。
二　案件在法律及事實上之複雜程度與訴訟程序延滯之衡平關係。
三　其他與迅速審判有關之事項。

第八條　（無罪判決不得上訴最高法院）
案件自第一審繫屬日起已逾六年且經最高法院第三次以上發回後，第二審法院更審維持第一審所爲無罪判決，或其所爲無罪之更審判決，如於更審前曾經同審級法院爲二次以上無罪判決者，不得上訴於最高法院。

第九條　（上訴之限制）

①除前條情形外，第二審法院維持第一審所為無罪判決，提起上訴之理由，以下列事項為限：
一　判決所適用之法令牴觸憲法。
二　判決違背司法院解釋。
三　判決違背判例。
②刑事訴訟法第三百七十七條至第三百七十九條、第三百九十三條第一款規定，於前項案件之審理，不適用之。

第一〇條　（本法施行前之法律適用）
前二條案件於本法施行前已經第二審法院判決而在得上訴於最高法院之期間內、已在上訴期間內提起上訴或已繫屬於最高法院者，適用刑事訴訟法第三編第三章規定。

第一一條　（相關機關之配合義務）
法院為迅速審理需相關機關配合者，相關機關應優先儘速配合。

第一二條　（國家之義務）
為達妥速審判及保障人權之目的，國家應建構有效率之訴訟制度，增加適當之司法人力，建立便於國民利用律師之體制及環境。

第一三條　（程序從新原則）
①本法施行前已繫屬於法院之案件，亦適用本法。
②第五條第二項至第四項施行前，被告經法院延長羈押者，其效力不受影響。

第一四條　（施行日）108
①第五條第二項至第四項，自公布後二年施行；第九條自公布後一年施行；其他條文施行日期由司法院定之。
②中華民國一百零八年五月二十四日修正通過之第五條第三項，自修正公布後一年施行；第五條第五項之刪除，自修正公布後六個月施行，並適用中華民國一百零八年五月二十四日修正通過之刑事訴訟法施行法第七條之十一第二項、第三項規定。

刑事補償法

①民國48年6月11日總統令制定公布全文26條；並自48年9月1日施行。
②民國55年6月2日總統令修正公布第3條條文。
③民國56年8月1日總統令修正公布第2條條文。
④民國72年6月24日總統令修正公布第3條條文。
⑤民國80年11月22日總統令修正公布第3條條文。
⑥民國96年7月11日總統令修正公布全文34條；並自公布日施行。
⑦民國100年7月6日總統令修正公布名稱及全文41條；並自100年9月1日施行（原名稱：冤獄賠償法）。
⑧民國112年12月15日總統令修正公布第4、6、8、10、13、17、18、21、41條條文；增訂第27-1、40-1條條文；刪除第7、36條條文；並自公布日施行。

第一條　（刑事補償之範圍）
依刑事訴訟法、軍事審判法或少年事件處理法受理之案件，具有下列情形之一者，受害人得依本法請求國家補償：
一　因行為不罰或犯罪嫌疑不足而經不起訴處分或撤回起訴、受駁回起訴裁定或無罪之判決確定前，曾受羈押、鑑定留置或收容。
二　依再審、非常上訴或重新審理程序裁判無罪、撤銷保安處分或駁回保安處分聲請確定前，曾受羈押、鑑定留置、收容、刑罰或拘束人身自由保安處分之執行。
三　因無付保護處分之原因而經不付審理或不付保護處分之裁定確定前，曾受鑑定留置或收容。
四　因無付保護處分之原因而依重新審理程序裁定不付保護處分確定前，曾受鑑定留置、收容或感化教育之執行。
五　羈押、鑑定留置或收容期間，或刑罰之執行逾有罪確定裁判所定之刑。
六　羈押、鑑定留置或收容期間、刑罰或拘束人身自由保安處分之執行逾依再審或非常上訴程序確定判決所定之刑罰或保安處分期間。
七　非依法律受羈押、鑑定留置、收容、刑罰或拘束人身自由保安處分之執行。

第二條　（刑事補償之範圍）
依前條法律受理之案件，有下列情形之一者，受害人亦得依本法請求國家補償：
一　因行為不罰或犯罪嫌疑不足以外之事由而經不起訴處分或撤回起訴前，曾受羈押、鑑定留置或收容，如有證據足認為無該事由即應認行為不罰或犯罪嫌疑不足。
二　免訴或不受理判決確定前曾受羈押、鑑定留置或收容，如有證據足認為如無該判決免訴或不受理之事由即應為無罪判決。
三　依再審或非常上訴程序判決免訴或不受理確定前曾受羈押、鑑定留置、收容、刑罰或拘束人身自由保安處分之執行，如有證據足認為無該判決免訴或不受理之事由即應為無罪判決。
四　因同一案件重行起訴或曾經判決確定而經不起訴處分、免訴或不受理判決確定前，曾受羈押、鑑定留置或收容，且該同一案件業經判決有罪確定。
五　因同一案件重行起訴或曾經判決確定，依再審或非常上訴程序判決免訴或不受理確定前，曾受羈押、鑑定留置、收容、刑罰或拘束人身自由保安處分之執行，且該同一案件業經判決有罪確定。
六　因死亡或刑法第十九條第一項規定之事由而經不付審理或不付保護處分之裁定確定前，曾受鑑定留置或收容，如有證據足認為無該事由即應認無付保護處分之原因。

第三條 （補償請求之限制）

前二條之人，有下列情形之一者，不得請求補償：

一 因刑法第十八條第一項或第十九條第一項規定之事由而受不起訴處分或無罪判決時，如有證據足認為無該事由即應起訴或為科刑、免刑判決。

二 因判決併合處罰之一部受無罪之宣告，而其他部分受有罪之宣告時，其羈押、鑑定留置或收容期間未逾有罪確定裁判所定之刑、拘束人身自由保安處分期間。

第四條 112

①補償請求之事由係因受害人意圖招致犯罪嫌疑，而為下列誤導偵查或審判行為之一所致者，受理補償事件之機關得不為補償：

一 虛偽自白。

二 湮滅、偽造、變造或隱匿證據。

三 勾串共犯、證人。

四 其他足資證明有頂替真正犯罪行為人之行為。

②前項受害人之行為，應有經合法調查之證據證明之。

第五條 （少年保護事件之補償請求）

少年保護事件之補償請求，係因受害人不能責付而經收容所致者，受理補償事件之機關得不為一部或全部之補償。

第六條 112

①羈押、鑑定留置、收容及徒刑、拘役、感化教育或拘束人身自由保安處分執行之補償，依其羈押、鑑定留置、收容或執行之日數，以新臺幣三千元以上五千元以下折算一日支付之。

②罰金及易科罰金執行之補償，應依已繳罰金一點五倍至二倍金額附加依法定利率計算之利息返還之。

③易服勞役執行之補償，準用第一項規定支付之。

④易服社會勞動執行之補償，依其執行折算之日數，以新臺幣七百五十元以上一千五百元以下折算一日支付之。

⑤沒收、追徵、追繳或抵償執行之補償，除應銷燬者外，應返還之；其已拍賣者，應支付與賣得價金一倍至二倍之金額，並附加依法定利率計算之利息。

⑥死刑執行之補償，除其羈押依第一項規定補償外，並應按受刑人執行死刑當年度國人平均餘命計算受刑人餘命，以新臺幣五千元折算一日支付撫慰金。但其總額不得低於新臺幣一千萬元。

⑦羈押、鑑定留置或收容之日數，應自拘提、同行或逮捕時起算。

第七條 （刪除）112

第八條 112

受理補償事件之機關決定補償金額時，應審酌一切情狀，尤應注意下列事項：

一 公務員行為違法或不當。

二 受害人所受損失。

三 受害人經命具保後逃亡或藏匿、故意干擾證據調查或其他事由而可歸責。

第九條 （管轄機關）

①刑事補償，由原處分或撤回起訴機關，或為駁回起訴、無罪、免訴、不受理、不付審理、不付保護處分、撤銷保安處分或駁回保安處分之聲請、諭知第一條第五款、第六款裁判之機關管轄。但依第一條第七款規定請求補償者，由為羈押、鑑定留置、收容或執行之機關所在地或受害人之住所地、居所地或最後住所地之地方法院管轄；軍法案件，由地方軍事法院管轄。

②前項原處分或裁判之軍事審判機關，經裁撤或改組者，由承受其業務之軍事法院或檢察署為管轄機關。

第一〇條 112

補償之請求，應以書狀記載下列事項，向管轄機關提出之：
一　補償請求人姓名、性別、年齡、住所或居所。
二　有代理人者，其姓名、性別、年齡、住所或居所。
三　請求補償之標的。如請求爲分期支付，其分期方式及金額。
四　事實及理由，並應附具請求補償所憑之不起訴處分書、撤回起訴書，或裁判書之正本或其他相關之證明文件。
五　管轄機關。
六　年、月、日。

第一一條　（法定繼承人之請求補償）
①受害人死亡者，法定繼承人得請求補償。
②前項之請求，除死亡者係受死刑之執行者外，不得違反死亡者本人或順序在前繼承人明示之意思。

第一二條　（繼承人請求時之釋明及多數繼承人中單獨請求及撤回之效力）
①繼承人爲請求時，應釋明其與死亡者之關係，及有無同一順序繼承人。
②繼承人有數人時，其中一人請求補償者，其效力及於全體。但撤回請求，應經全體同意。

第一三條 112
①補償之請求，應於不起訴處分、撤回起訴或駁回起訴、無罪、免訴、不受理、不付審理、不付保護處分、撤銷保安處分或駁回保安處分之聲請、第一條第五款或第六款之裁判確定日起二年內，向管轄機關爲之。但依第一條第七款規定請求者，自停止羈押、鑑定留置、收容或執行之日起算。
②前項不起訴處分、撤回起訴或裁判確定之事實，因不可歸責於受害人之事由而知悉在後者，自知悉時起算。但自不起訴處分、撤回起訴或裁判確定後已逾五年者，不得請求。

第一四條　（請求之委任）
①補償之請求，得委任代理人爲之。
②委任代理人應提出委任書。
③代理人撤回請求，非受特別委任不得爲之。

第一五條　（請求之撤回）
①補償之請求，得於決定前撤回。
②請求經撤回者，不得再請求。

第一六條　（違背法律上程式請求之補正）
補償之請求，違背法律上之程式，經定期命其補正，而逾期不補正者，應以決定駁回之。

第一七條 112
①受理補償事件之機關認爲無管轄權者，應諭知移送於管轄機關；認爲已逾請求期間或請求無理由者，應以決定駁回之；認爲請求有理由者，應爲補償之決定。
②前項機關，應於收到補償請求後三個月內，製作決定書，送達於最高檢察署及補償請求人。
③前項之送達，準用刑事訴訟法之規定。
④補償之請求，經受理機關決定後，不得以同一事由，更行請求。

第一八條 112
①補償請求人不服前條第一項機關之決定者，得聲請司法院刑事補償法庭覆審。
②補償決定違反第一條至第三條規定，或有其他依法不應補償而補償之情形者，最高檢察署亦得聲請覆審。

第一九條　（刑事補償法庭之組織）
①司法院刑事補償法庭法官，由司法院院長指派最高法院院長及法官若干人兼任之，並以最高法院院長爲審判長。

②司法院刑事補償法庭職員，由司法院調用之。

第二〇條　（聲請覆審之期間程序及機關）

聲請覆審，應於決定書送達後二十日內，以書狀敘述理由，經原決定機關，向司法院刑事補償法庭爲之。

第二一條 112

①不利於補償請求人之決定確定後，有下列情形之一，足以影響原決定之結果者，原補償請求人、或其法定代理人或法定繼承人得向爲原確定決定機關聲請重審：

一　適用法規顯有錯誤。

二　原決定理由與主文顯有矛盾。

三　原決定所憑之證物已證明其爲僞造或變造。

四　原決定所憑之證言、鑑定或通譯已證明其爲虛僞。

五　參與原決定之檢察官、軍事檢察官或法官、軍事審判官因該補償決定事件犯職務上之罪已經證明者，或因該事件違法失職已受懲戒處分。

六　發現新事實或新證據。

②前項第六款之新事實或新證據，指決定確定前已存在或成立而未及調查斟酌，及決定確定後始存在或成立之事實、證據。

第二二條　（聲請重審之期間及起算）

聲請重審，應於決定確定之日起三十日之不變期間內爲之；其聲請之事由發生或知悉在確定之後者，上開不變期間自知悉時起算。但自決定確定後已逾五年者，不得聲請。

第二三條　（聲請重審之程序）

聲請重審，應以書狀敘述理由，附具原確定決定之繕本及證據，向原確定決定機關爲之。

第二四條　（駁回決定）

①受理重審機關認爲無重審理由，或逾聲請期限，或聲請程式不合法者，應以決定駁回之；認爲聲請有理由者，應撤銷原決定，並更爲決定。

②聲請重審，經受理機關認爲無理由駁回後，不得以同一事由，更行聲請。

第二五條　（撤回重審之聲請）

①重審之聲請，得於受理機關決定前撤回之。重審之聲請經撤回者，不得更以同一事由，聲請重審。

②撤回重審之聲請，應提出撤回書狀。

第二六條　（聲請重審或撤回之準用規定）

聲請人依本法聲請重審或撤回時，準用第十二條第二項及第十四條規定。

第二七條　（決定之公告與公示）

原決定機關應於決定確定後十日內，將主文及決定要旨公告，並登載公報及受害人所在地之報紙。

第二七條之一 112

司法院應於補償之決定確定後，進行必要之調查或研究，分析刑事誤判原因。

第二八條　（補償支付請求之要件、期間及賠償額之扣除）

①補償支付之請求，應於補償決定送達後五年內，以書狀並附戶籍謄本向原決定機關爲之，逾期不爲請求者，其支付請求權消滅。

②繼承人爲前項請求時，準用第十二條之規定。

③受害人就同一原因，已依其他法律受有賠償或補償者，應於依本法支付補償額內扣除之。

第二九條　（補償請求權及補償支付請求權之禁止扣押、讓與或供擔保）

補償請求權及補償支付請求權，均不得扣押、讓與或供擔保。

第三〇條　（支付補償金、返還罰金沒收物之期限）

補償金之支付、罰金或沒收物之返還，應於收受請求支付或返還請求書狀後十五日內爲之。

第三一條 （補償審理程序之停止）

①補償事件繫屬中有本案再行起訴、再審或重新審理之聲請時，於其裁判確定前，停止補償審理之程序。

②前項停止之程序，於本案再行起訴、再審或重新審理之裁判確定時，續行之。

第三二條 （補償支付之停止及補償決定之失效）

①補償決定確定後，有本案再行起訴、再審或重新審理之聲請時，於其裁判確定前，停止補償之交付。

②前項情形，本案重新審理經裁定保護處分確定時，其決定失其效力；本案再行起訴或再審經判決有罪確定時，於判決諭知刑罰或保安處分期間之範圍內，其決定失其效力。

第三三條 （補償金返還命令）

①前條第二項之情形，已爲補償之支付者，原決定機關就補償決定失其效力部分，應以決定命其返還。

②前項決定，具有執行名義。

第三四條 （補償經費之負擔及求償權）

①補償經費由國庫負擔。

②依第一條所列法律執行職務之公務員，因故意或重大過失而違法，致生補償事件者，補償機關於補償後，應依國家賠償法規定，對該公務員求償。

③前項求償權自支付補償金之日起，因二年間不行使而消滅。

④行使求償權，應審酌公務員應負責事由輕重之一切情狀，決定一部或全部求償。被求償者有數人時，應斟酌情形分別定其求償金額。

第三五條 （審理規則及程序費）

①刑事補償審理規則，由司法院會同行政院定之。

②刑事補償事件之初審決定機關，應傳喚補償請求人、代理人，並予陳述意見之機會。但經合法傳喚無正當理由不到場者，不在此限。

③刑事補償程序，不徵收費用。

第三六條 （刪除）112

第三七條 （請求國家賠償）

受害人有不能依本法受補償之損害者，得依國家賠償法之規定請求賠償。

第三八條 （溯及適用及請求補償法定期間）

①本法中華民國九十六年六月十四日修正之條文施行前，依軍事審判法受理之案件，亦適用之。

②依前項規定請求補償者，應自本法中華民國九十六年六月十四日修正之條文施行之日起二年內爲之。

第三九條 （溯及適用及聲請重審法定期間）

①本法中華民國九十六年六月十四日修正之條文施行前，有第二十一條得聲請重審事由者，應自本法中華民國九十六年六月十四日修正之條文施行之日起二年內爲之。

②本法中華民國一百年九月一日修正施行前五年，依本法中華民國一百年六月十三日修正前條文第二條第三款駁回請求賠償之案件，受害人得自中華民國一百年九月一日起二年內，以原確定決定所適用之法律牴觸憲法爲由，向原確定決定機關聲請重審。

第四〇條 （支付補償請求權）

本法中華民國一百年九月一日修正施行前，補償支付請求權消滅時效業已完成，或其時效期間尚未完成者，得於本法修正施行之日起五年內行使請求權。但自其時效完成後，至本法修正施行時已逾五年者，不在此限。

第四〇條之一 112

①本法中華民國一百十二年十二月五日修正之第十三條第二項施行前經不起訴處分、撤回起訴或裁判確定，且受害人於該確定之事實因不可歸責之事由而知悉在後者，其請

求期間適用修正後第十三條第二項前段之規定。但自修正之第十三條第二項施行之日起已逾五年者，不得請求。

②計算前項請求期間時，應扣除受害人依修正前規定因已逾請求期間而無法行使權利之期間。

第四一條 112

①本法自中華民國一百年九月一日施行。

②本法修正條文自公布日施行。

國民法官法

民國109年8月12日總統令制定公布全文113條；除第17至20、33條自公布日施行，第5條第1項第1款自115年1月1日施行外，餘自112年1月1日施行。

第一章　總　則

第一條

為使國民與法官共同參與刑事審判，提升司法透明度，反映國民正當法律感情，增進國民對於司法之瞭解及信賴，彰顯國民主權理念，特制定本法。

第二條

本法用詞，定義如下：

一　國民法官：指依本法選任，參與審判及終局評議之人。

二　備位國民法官：指法院視審理需要，依本法選任，於國民法官不能執行其職務時，依序遞補為國民法官之人。

三　終局評議：指國民法官法庭於辯論終結後，由法官與國民法官就事實之認定、法律之適用及科刑共同討論、表決之程序。

四　國民法官法庭：指由法官三人及國民法官六人共同組成，就本法所定行國民參與審判之案件，共同進行審判之合議庭。

第三條

①行國民參與審判之案件，由法官三人及國民法官六人共同組成國民法官法庭，共同進行審判，並以庭長充審判長；無庭長或庭長有事故時，以法官中資深者充之，資同以年長者充之。

②中華民國國民，有依本法規定擔任國民法官或備位國民法官，參與刑事審判之權利及義務。

③國民法官之選任，應避免選任帶有偏見、歧視、差別待遇或有其他不當行為之人擔任。

第四條

行國民參與審判之案件，除本法有特別規定外，適用法院組織法、刑事訴訟法及其他法律之規定。

第二章　適用案件及管轄

第五條

①除少年刑事案件及犯毒品危害防制條例之罪之案件外，下列經檢察官提起公訴且由地方法院管轄之第一審案件應行國民參與審判：

一　所犯最輕本刑為十年以上有期徒刑之罪。

二　故意犯罪因而發生死亡結果者。

②前項罪名，以起訴書記載之犯罪事實及所犯法條為準。

③檢察官非以第一項所定案件起訴，法院於第一次審判期日前，認為應變更所犯法條為第一項之罪名者，應裁定行國民參與審判。

④刑事訴訟法第二百六十五條之規定，於行國民參與審判之案件，不適用之。

⑤行國民參與審判之案件，被告未經選任辯護人者，審判長應指定公設辯護人或律師。

⑥第一項案件，法院得設立專業法庭辦理。

第六條

①應行國民參與審判之案件，有下列情形之一者，法院得依職權或當事人、辯護人、輔佐人之聲請，於聽取當事人、辯護人、輔佐人之意見後，裁定不行國民參與審判：

一　有事實足認行國民參與審判有難期公正之虞。

二　對於國民法官、備位國民法官本人或其配偶、八親等內血親、五親等內姻親或家長、家屬之生命、身體、自由、名譽、財產有致生危害之虞。

三　案件情節繁雜或需高度專業知識，非經長久時日顯難完成審判。

四　被告就被訴事實為有罪之陳述，經審判長告知被告通常審判程序之旨，且依案件情節，認不行國民參與審判為適當。

五　其他有事實足認行國民參與審判顯不適當。

②於國民法官法庭組成後，法院於前項裁定前並應聽取國民法官、備位國民法官之意見。

③法院為第一項裁定，應審酌公共利益、國民法官與備位國民法官之負擔，及當事人訴訟權益之均衡維護。

④第一項裁定，當事人得抗告。抗告中，停止審判。抗告法院應即時裁定，認為抗告有理由者，應自為裁定。

⑤依第一項規定裁定不行國民參與審判之案件，裁定前已依法定程序所進行之訴訟程序，其效力不受影響。

第七條

①檢察官以被告犯應行國民參與審判之罪與非應行國民參與審判之罪，合併起訴者，應合併行國民參與審判。但關於非應行國民參與審判之罪，法院得於第一次審判期日前，聽取當事人、辯護人及輔佐人之意見後，裁定不行國民參與審判。

②前項裁定，當事人得抗告。抗告中，停止審判。

第三章　國民法官及備位國民法官

第一節　通　則

第八條

國民法官之職權，除本法另有規定外，與法官同。

第九條

①國民法官依據法律獨立行使職權，不受任何干涉。

②國民法官應依法公平誠實執行職務，不得為有害司法公正信譽之行為。

③國民法官不得洩漏評議秘密及其他職務上知悉之秘密。

第一〇條

①法院認有必要時，得選任一人至四人為備位國民法官，於國民法官不能執行其職務時，依序遞補為國民法官。

②前二條規定，於備位國民法官準用之。

第一一條

①國民法官、備位國民法官及受通知到庭之候選國民法官，應按到庭日數支給日費、旅費及相關必要費用。

②前項費用之支給辦法，由司法院定之。

第二節　國民法官及備位國民法官之資格

第一二條

①年滿二十三歲，且在地方法院管轄區域內繼續居住四個月以上之中華民國國民，有被選任為國民法官、備位國民法官之資格。

②前項年齡及居住期間之計算，均以算至備選國民法官複選名冊供使用年度之一月一日

爲準，並以戶籍登記資料爲依據。
③第一項居住期間之計算，自戶籍遷入登記之日起算。

第一三條

有下列情形之一者，不得被選任爲國民法官、備位國民法官：

一　褫奪公權，尚未復權。
二　曾任公務人員而受免除職務處分，或受撤職處分，其停止任用期間尚未屆滿。
三　現任公務人員而受休職、停職處分，其休職、停職期間尚未屆滿。
四　人身自由依法受拘束中。
五　因案經檢察官提起公訴或聲請以簡易判決處刑，或經自訴人提起自訴，尚未判決確定。
六　曾受有期徒刑以上刑之宣告確定。
七　受有期徒刑以上刑之宣告確定，現於緩刑期內或期滿後未逾二年。
八　於緩起訴期間內，或期滿後未逾二年。
九　受觀察勒戒或戒治處分，尚未執行，或執行完畢未滿二年。
十　受監護或輔助宣告，尚未撤銷。
十一　受破產宣告或經裁定開始清算程序，尚未復權。

第一四條

下列人員，不得被選任爲國民法官、備位國民法官：

一　總統、副總統。
二　各級政府機關首長、政務人員及民意代表。
三　政黨黨務工作人員。
四　現役軍人、警察。
五　法官或曾任法官。
六　檢察官或曾任檢察官。
七　律師、公設辯護人或曾任律師、公設辯護人。
八　現任或曾任教育部審定合格之大學或獨立學院專任教授、副教授或助理教授，講授主要法律科目者。
九　司法院、法務部及所屬各機關之公務人員。
十　司法官考試、律師考試及格之人員。
十一　司法警察官、司法警察。
十二　未完成國民教育之人員。

第一五條

下列人員，不得就行國民參與審判之案件被選任爲國民法官、備位國民法官：

一　被害人。
二　現爲或曾爲被告或被害人之配偶、八親等內之血親、五親等內之姻親或家長、家屬。
三　與被告或被害人訂有婚約。
四　現爲或曾爲被告或被害人之法定代理人、輔助人。
五　現爲或曾爲被告或被害人之同居人或受僱人。
六　現爲或曾爲被告之代理人、辯護人或輔佐人或曾爲附帶民事訴訟當事人之代理人、輔佐人。
七　現爲或曾爲告訴人、告訴代理人、告發人、證人或鑑定人。
八　曾參與偵查或審理者。
九　有具體事證足認其執行職務有難期公正之虞。

第一六條

①有下列情形之一者，得拒絕被選任爲國民法官、備位國民法官：

一　年滿七十歲以上者。
二　公立或已立案私立學校之教師。

三　公立或已立案私立學校之在校學生。
四　有重大疾病、傷害、生理或心理因素致執行國民法官、備位國民法官職務顯有困難。
五　執行國民法官、備位國民法官職務有嚴重影響其身心健康之虞。
六　因看護、養育親屬致執行國民法官、備位國民法官職務顯有困難。
七　因重大災害生活所仰賴之基礎受顯著破壞，有處理為生活重建事務之必要時。
八　因生活上、工作上、家庭上之重大需要致執行國民法官、備位國民法官職務顯有困難。
九　曾任國民法官或備位國民法官未滿五年。
十　除前款情形外，曾為候選國民法官經通知到庭未滿一年。

②前項年齡及期間之計算，均以候選國民法官通知書送達之日為準。

第三節　國民法官及備位國民法官之選任

第一七條

①地方法院應於每年九月一日前，將所估算之次年度所需備選國民法官人數，通知管轄區域內之直轄市、縣（市）政府。

②前項之直轄市、縣（市）政府應於每年十月一日前，自地方法院管轄區域內具有第十二條第一項之資格者，以隨機抽選方式選出地方法院所需人數之備選國民法官，造具備選國民法官初選名冊，送交地方法院。

③前項備選國民法官初選名冊之製作及管理辦法，由司法院會同行政院定之。

第一八條

各地方法院應設置備選國民法官審核小組，院長或其指定之人為當然委員兼召集人，其餘委員五人由院長聘任下列人員組成之：

一　該地方法院法官一人。
二　該地方法院對應之檢察署檢察官一人。
三　該地方法院管轄區域內之直轄市、縣（市）政府民政局（處）長或其指派之代表一人。
四　該地方法院管轄區域內律師公會推薦之律師代表一人；管轄區域內無律師公會者，得由全國律師聯合會推薦之。
五　前款以外之該地方法院管轄區域內之學者專家或社會公正人士一人。

第一九條

①備選國民法官審核小組之職權如下：

一　審查直轄市、縣（市）政府製作之備選國民法官初選名冊是否正確。
二　審查備選國民法官有無第十三條或第十四條所定情形。
三　造具備選國民法官複選名冊。

②備選國民法官審核小組為前項審查之必要，得蒐集資料及調查，相關資料保管機關應予配合。

③前二項備選國民法官審核小組審查程序、蒐集資料與調查方法及其他職權行使事項之辦法，由司法院定之。

④備選國民法官審核小組委員及其他參與人員因執行職務所知悉之個人資料，應予保密。

第二〇條

地方法院於備選國民法官複選名冊造具完成後，應以書面通知名冊內之各備選國民法官。

第二一條

①行國民參與審判之案件，於審判期日之訴訟程序前，法院應自備選國民法官複選名冊中，以隨機抽選方式選出該案所需人數之候選國民法官，並為必要之調查，以審核其

有無不具第十二條第一項所定資格，或有第十三條至第十五條所定情形而應予除名。
②前項情形，如候選國民法官不足該案所需人數，法院應依前項規定抽選審核補足之。

第二二條
①法院應於國民法官選任期日三十日前，以書面通知候選國民法官於選任期日到庭。
②前項通知，應併檢附國民參與審判制度概要說明書、候選國民法官調查表；候選國民法官應就調查表據實填載之，並於選任期日十日前送交法院。
③前項說明書及調查表應記載之事項，由司法院定之。
④法院於收受第二項之調查表後，應為必要之調查，如有不具第十二條第一項所定資格，或有第十三條至第十五條所定情形，或有第十六條所定情形且經其陳明拒絕被選任者，應予除名，並通知之。

第二三條
①法院應於國民法官選任期日二日前，將應到庭之候選國民法官名冊，送交檢察官及辯護人。
②法院為進行國民法官選任程序，應將應到庭之候選國民法官之調查表，提供檢察官及辯護人檢閱。但不得抄錄或攝影。

第二四條
①國民法官選任期日，法院應通知當事人及辯護人。
②被告於選任期日得不到場。法院認為不適當者，亦得禁止或限制被告在場。

第二五條
①國民法官選任程序，不公開之；非經檢察官、辯護人到庭，不得進行。
②法院為續行國民法官選任程序，經面告以下次應到之日、時、處所，及不到場之處罰，並記明筆錄者，與已送達通知有同一之效力。

第二六條
①法院為踐行第二十七條之程序，得隨時依職權或檢察官、辯護人之聲請，對到庭之候選國民法官進行詢問。
②前項詢問，經法院認為適當者，得由檢察官或辯護人直接行之。
③前二項之詢問，法院得視情形對候選國民法官之全體、部分或個別為之，且不以一次為限。
④候選國民法官對於第一項、第二項之詢問，不得為虛偽之陳述；非有正當理由，不得拒絕陳述。
⑤候選國民法官不得洩漏因參與選任期日而知悉之秘密。
⑥法院應於第一次詢問前，告知候選國民法官前二項義務及違反之法律效果。

第二七條
①候選國民法官不具第十二條第一項所定資格，或有第十三條至第十五條所定情形，或違反第二十六條第四項規定者，法院應依職權或當事人、辯護人之聲請，裁定不選任之。但辯護人依第十五條第九款所為之聲請，不得與被告明示之意思相反。
②法院認候選國民法官有第十六條第一項所定情形，且經其陳明拒絕被選任者，應為不選任之裁定。

第二八條
①檢察官、被告與辯護人，於前條所定程序後，另得不附理由聲請法院不選任特定之候選國民法官。但檢察官、被告與辯護人雙方各不得逾四人。
②辯護人之聲請，不得與被告明示之意思相反。
③雙方均提出第一項聲請者，應交互為之，並由檢察官先行聲請。
④法院對於第一項之聲請，應為不選任之裁定。

第二九條
①法院應於踐行前二條之程序後，自到庭且未受不選任裁定之候選國民法官中，以抽籤方式抽選六名國民法官及所需人數之備位國民法官。
②備位國民法官經選出後，應編定其遞補序號。

第三〇條

①除依前條之抽選方式外，法院認有必要且經檢察官、辯護人同意者，得先以抽籤方式自到庭之候選國民法官中抽出一定人數，對其編定序號並為第二十七條、第二十八條之不選任裁定。經抽出且未受裁定不選任者，依序號順次定為國民法官、備位國民法官至足額為止。

②法院為選出足額之國民法官及備位國民法官，得重複為前項之程序。

③前條第二項規定，於前二項之情形準用之。

第三一條

無足夠候選國民法官可受抽選為國民法官或備位國民法官時，法院不得逕行抽選部分國民法官或備位國民法官，應重新踐行選任程序。

第三二條

關於選任程序之裁定，不得抗告。

第三三條

地方法院為調查第十二條第一項、第十三條至第十五條事項，得利用相關之個人資料資料庫進行自動化檢核，管理及維護之機關不得拒絕，並應提供批次化查詢介面及使用權限。

第三四條

關於踐行選任程序必要事項之辦法，由司法院定之。

第四節　國民法官及備位國民法官之解任

第三五條

①國民法官、備位國民法官有下列情形之一者，法院應依職權或當事人、辯護人、輔佐人之書面聲請，以裁定解任之：

一　不具第十二條第一項所定資格，或有第十三條至第十五條所定情形。

二　未依本法規定宣誓。

三　於選任程序受詢問時為虛偽之陳述，足認其繼續執行職務已不適當。

四　未依本法規定全程參與審判期日之訴訟程序、參與終局評議，足認其繼續執行職務已不適當。

五　不聽從審判長之指揮，致妨害審判期日之訴訟程序或終局評議之順暢進行，足認其繼續執行職務已不適當。

六　為有害司法公正信譽之行為或洩漏應予保密之事項，足認其繼續執行職務已不適當。

七　其他可歸責於國民法官、備位國民法官之事由，足認其繼續執行職務不適當。

八　因不可抗力事由致不能或不宜執行職務。

②法院為前項裁定前，應聽取當事人、辯護人及輔佐人之意見，並予該國民法官或備位國民法官陳述意見之機會；其程序，不公開之。

③第一項之裁定，當事人、辯護人或輔佐人得聲請撤銷並更為裁定。

④前項之聲請，由同法院之其他合議庭裁定，於程序終結前，應停止訴訟程序。

⑤前項裁定，應即時為之；認為聲請有理由者，應撤銷原裁定並自為裁定。

⑥第四項裁定，不得抗告。

第三六條

①國民法官、備位國民法官於受選任後有第十六條第一項第四款至第八款情形之一，致繼續執行職務顯有困難者，得以書面向法院聲請辭去其職務。

②法院認前項聲請為無理由者，應裁定駁回之；認為有理由者，應裁定解任之。

③前項裁定，不得抗告。

第三七條

①國民法官、備位國民法官因前二條之規定解任者，國民法官所生缺額，由備位國民法

官依序遞補之；備位國民法官所生缺額，由序號在後之備位國民法官遞補之。
②無備位國民法官可遞補國民法官缺額時，法院應重新踐行選任程序補足之。

第三八條
有下列情形之一者，國民法官、備位國民法官之職務即告終了：
一　宣示判決。
二　經依第六條第一項之規定裁定不行國民參與審判確定。

第五節　國民法官、備位國民法官及候選國民法官之保護

第三九條
國民法官、備位國民法官於執行職務期間，或候選國民法官受通知到庭期間，其所屬機關（構）、學校、團體、公司、廠場應給予公假；並不得以其現任或曾任國民法官、備位國民法官或候選國民法官為由，予以任何職務上不利之處分。

第四〇條
①除有特別規定者外，任何人不得揭露個人資料保護法第二條第一款所定屬於國民法官、備位國民法官或候選國民法官之個人資料。
②國民法官、備位國民法官或候選國民法官個人資料保護之方式、期間、範圍、處理及利用等事項之辦法，由司法院會同行政院定之。

第四一條
①任何人不得意圖影響審判，而以任何方式與國民法官、備位國民法官或候選國民法官接觸、聯絡。
②任何人不得向現任或曾任國民法官、備位國民法官或候選國民法官之人，刺探依法應予保密之事項。

第四二條
法院得依職權或當事人、辯護人、輔佐人、國民法官或備位國民法官之聲請，對國民法官、備位國民法官，予以必要之保護措施。

第四章　審理程序

第一節　起　訴

第四三條
①行國民參與審判之案件，檢察官起訴時，應向管轄法院提出起訴書，並不得將卷宗及證物一併送交法院。
②起訴書應記載下列事項：
一　被告之姓名、性別、出生年月日、身分證明文件編號、住所或居所或其他足資辨別之特徵。
二　犯罪事實。
三　所犯法條。
③前項第二款之犯罪事實，以載明日、時、處所及方法特定之。
④起訴書不得記載使法院就案件產生預斷之虞之內容。
⑤刑事訴訟法第一百六十一條第二項至第四項之規定，於行國民參與審判之案件，不適用之。

第二節　基本原則

第四四條
①於起訴後至第一次審判期日前，有關強制處分及證據保全之事項，由未參與本案審理之管轄法院法官處理之。但因管轄法院法官員額不足，致不能由未參與本案審理之法

官處理時，不在此限。
②前項但書情形，法官不得接受或命提出與該強制處分審查無關之陳述或證據。
第四五條
為使國民法官、備位國民法官易於理解、得以實質參與，並避免造成其時間與精神上之過重負擔，法官、檢察官或辯護人應為下列各款事項之處理：
一　於準備程序，進行詳盡之爭點整理。
二　於審判期日之訴訟程序，進行集中、迅速之調查證據及辯論。
三　於國民法官、備位國民法官請求時，進行足為釐清其疑惑之說明；於終局評議時，使其完整陳述意見。
第四六條
審判長指揮訴訟，應注意法庭上之言詞或書面陳述無使國民法官、備位國民法官產生預斷之虞或偏見之事項，並隨時為必要之闡明或釐清。

第三節　準備程序

第四七條
①法院應於第一次審判期日前，行準備程序。
②準備程序，得為下列各款事項之處理：
一　起訴效力所及之範圍與有無應變更檢察官所引應適用法條之情形。
二　訊問被告及辯護人對檢察官起訴事實是否為認罪之答辯。
三　案件爭點之整理。
四　曉諭為證據調查之聲請。
五　有關證據開示之事項。
六　有關證據能力及證據有無調查必要之事項。
七　依職權調查之證據，予當事人、辯護人或輔佐人陳述意見之機會。
八　命為鑑定或為勘驗。
九　確認證據調查之範圍、次序及方法。
十　與選任程序有關之事項。
十一　其他與審判有關之事項。
③法院應依前項整理結果，作成審理計畫。審理計畫之格式及應記載之事項，由司法院定之。
④準備程序，得以庭員一人為受命法官行之。受命法官行準備程序，與法院或審判長有同一之權限。但第五十條第一項、第六十條第一項、第六十二條第一項、第二項、刑事訴訟法第一百二十一條之裁定，不適用之。
第四八條
①法院應指定準備程序期日，傳喚被告，並通知檢察官、辯護人及輔佐人到庭。
②法院認有必要者，得傳喚或通知訴訟關係人於準備程序期日到庭。
③檢察官、辯護人不到庭者，不得行準備程序。
④第一次準備程序期日之傳票或通知，至遲應於十四日前送達。
第四九條
法院為處理第四十七條第二項之各款事項，得對當事人、辯護人、輔佐人及訴訟關係人為必要之訊問。
第五〇條
①準備程序之進行，除有下列情形之一者外，應於公開法庭行之：
一　法律另有規定者。
二　有妨害國家安全、公共秩序或善良風俗之虞，經裁定不予公開。
三　為期程序順利進行，經聽取當事人、辯護人及輔佐人之意見後，裁定不予公開。
②前項裁定，不得抗告。

③國民法官及備位國民法官，於準備程序期日無須到庭。

第五一條

①檢察官、辯護人因準備程序之必要，宜相互聯絡以確認下列事項：

一　檢察官起訴書記載之犯罪事實、所犯法條及被告之陳述或答辯。

二　本案之爭點。

三　雙方預定聲請調查證據項目、待證事實，及其範圍、次序及方法。

四　雙方對聲請調查證據之意見。

②辯護人應於第一次準備程序期日前，與被告事先確定事實關係，整理爭點。

③法院認為適當者，得於準備程序期日前，聯繫檢察官、辯護人並協商訴訟進行之必要事項。

第五二條

①檢察官因準備程序之必要，應以準備程序書狀分別具體記載下列各款之事項，提出於法院，並將繕本送達於被告或辯護人：

一　聲請調查之證據及其與待證事實之關係。

二　聲請傳喚之證人、鑑定人、通譯之姓名、性別、住居所及預期詰問所需之時間。

②前項事項有補充或更正者，應另以準備程序書狀或當庭以言詞提出於法院。

③前二項書狀及陳述不得包含與起訴犯罪事實無關之事實、證據，及使法院就案件產生預斷之虞之內容。

④檢察官依第一項、第二項規定聲請調查證據，應慎選證據為之。

⑤法院得於聽取檢察官、辯護人之意見後，定第一項、第二項書狀或陳述之提出期限。

第五三條

①檢察官於起訴後，應即向辯護人或被告開示本案之卷宗及證物。但有下列情形之一者，檢察官得拒絕開示或限制開示，並應同時以書面告知理由：

一　卷宗及證物之內容與被訴事實無關。

二　妨害另案之偵查。

三　涉及當事人或第三人之隱私或業務秘密。

四　危害他人生命、身體之虞。

②前項之開示，係指賦予辯護人得檢閱、抄錄、重製或攝影卷宗及證物；或被告得預納費用向檢察官請求付與卷宗及證物之影本；或經檢察官許可，得在確保卷宗及證物安全之前提下檢閱原本之機會。其收費標準及方法，由行政院定之。

③檢察官應於受理辯護人或被告之聲請後五日內開示之。如無法於五日內開示完畢者，得與辯護人或被告合意為適當之延展。

第五四條

①辯護人於檢察官依前條之規定開示證據後，應以準備程序書狀分別具體記載下列各款之事項，提出於法院，並將繕本送達於檢察官：

一　被告對檢察官起訴事實認罪與否之陳述；如否認犯罪，其答辯，及對起訴事實爭執或不爭執之陳述。

二　對檢察官聲請調查證據之證據能力及有無調查必要之意見。

三　聲請調查之證據及其與待證事實之關係。

四　聲請傳喚之證人、鑑定人、通譯之姓名、性別、住居所及預期詰問所需之時間。

五　對檢察官所引應適用法條之意見。

②前項各款事項有補充或更正者，應另以準備程序書狀或當庭以言詞提出於法院。

③第五十二條第三項至第五項規定，於前二項之情形準用之。

④被告亦得提出關於第一項各款事項之書狀或陳述。於此情形，準用第五十二條第三項、第四項之規定。

第五五條

①辯護人或被告依前條第一項、第二項、第四項規定向法院聲請調查證據之情形，應即向檢察官開示下列項目：

一　聲請調查之證據。
二　聲請傳喚之證人、鑑定人或通譯於審判期日前陳述之紀錄，無該紀錄者，記載預料其等於審判期日陳述要旨之書面。

②第五十三條第三項之規定，於前項情形準用之。

第五六條

①檢察官於辯護人依前條之規定開示證據後，應表明對辯護人或被告聲請調查證據之證據能力及有無調查必要之意見。

②前項事項有補充或更正者，應另提出於法院。

③第五十二條第五項之規定，於前二項之情形準用之。

第五七條

①檢察官、辯護人認他造違反第五十三條、第五十五條規定未開示應開示之證據者，得聲請法院裁定命開示證據。

②前項裁定，法院得指定開示之日期、方法或附加條件。

③法院爲第一項裁定前，應先聽取他造意見；於認有必要時，得命檢察官向法院提出證據清冊，或命當事人、辯護人向法院提出該證據，並不得使任何人檢閱、抄錄、重製或攝影之。

④關於第一項裁定，得抗告。法院裁定命開示證據者，抗告中，停止執行。

⑤抗告法院應即時裁定，認爲抗告有理由者，應自爲裁定。

第五八條

檢察官或辯護人未履行前條第一項之開示命令者，法院得以裁定駁回其調查證據之聲請，或命檢察官、辯護人立即開示全部持有或保管之證據。

第五九條

法院爲前條之裁定前，應審酌其違反義務之態樣、原因及所造成之不利益等情事，審愼爲之。

第六〇條

①持有第五十三條之卷宗及證物內容者，不得就該內容爲非正當目的之使用。

②違反前項規定者，處一年以下有期徒刑、拘役或科新臺幣十五萬元以下罰金。

第六一條

①告訴代理人或訴訟參與人之代理人爲律師者，於起訴後得向檢察官請求檢閱卷宗及證物並得抄錄、重製或攝影。

②無代理人或代理人爲非律師之訴訟參與人於起訴後，得預納費用向檢察官請求付與卷宗及證物之影本。

③第一項及第二項卷宗及證物之內容與被告被訴事實無關或足以妨害另案之偵查，或涉及當事人或第三人之隱私或業務秘密，或有危害他人生命、身體之虞者，檢察官得限制之，並應同時以書面告知理由。

④對於檢察官依前項所爲之限制不服者，告訴代理人、訴訟參與人或其代理人得聲請法院撤銷或變更之。但代理人所爲之聲請，不得與告訴人或訴訟參與人明示之意思相反。

⑤法院就前項之聲請所爲裁定，不得抗告。

第六二條

①法院應於準備程序終結前，就聲請或職權調查證據之證據能力有無爲裁定。但就證據能力之有無，有於審判期日調查之必要者，不在此限。

②當事人或辯護人聲請調查之證據，法院認爲不必要者，應於準備程序終結前以裁定駁回之。

③下列情形，應認爲不必要：

一　不能調查。
二　與待證事實無重要關係。
三　待證事實已臻明瞭無再調查之必要。

四　同一證據再行聲請。

④法院於第一項、第二項裁定前，得為必要之調查。但非有必要者，不得命提出所聲請調查之證據。

⑤法院依第一項、第二項規定為裁定後，因所憑之基礎事實改變，致應為不同之裁定者，應即重新裁定；就聲請調查之證據，嗣認為不必要者，亦同。

⑥審判期日始聲請或職權調查之證據，法院應於調查該項證據前，就其證據能力有無為裁定；就聲請調查之證據認為不必要者，亦同。

⑦證據經法院裁定無證據能力或不必要者，不得於審判期日主張或調查之。

⑧第一項、第二項、第五項及第六項之裁定，不得抗告。

第六三條

①法院於第四十七條第二項各款事項處理完畢後，應與當事人及辯護人確認整理結果及審理計畫內容，並宣示準備程序終結。

②法院認有必要者，得裁定命再開已終結之準備程序。

第六四條

①當事人、辯護人於準備程序終結後不得聲請調查新證據。但有下列情形之一者，不在此限：

一　當事人、辯護人均同意，且法院認為適當者。

二　於準備程序終結後始取得證據或知悉其存在者。

三　不甚妨害訴訟程序之進行者。

四　為爭執審判中證人證述內容而有必要者。

五　非因過失，未能於準備程序終結前聲請者。

六　如不許其提出顯失公平者。

②前項但書各款事由，應由聲請調查證據之人釋明之。

③違反第一項之規定者，法院應駁回之。

第四節　審判期日

第六五條

①國民法官、備位國民法官於第一次審判期日前，應行宣誓。

②備位國民法官經遞補為國民法官者，應另行宣誓。

③前二項宣誓之程序、誓詞內容及筆錄製作等事項之辦法，由司法院定之。

第六六條

①審判長於前條第一項之程序後，應向國民法官、備位國民法官說明下列事項：

一　國民參與審判之程序。

二　國民法官、備位國民法官之權限、義務、違背義務之處罰。

三　刑事審判之基本原則。

四　被告被訴罪名之構成要件及法令解釋。

五　審判期日預估所需之時間。

六　其他應注意之事項。

②審判期日之訴訟程序進行中，國民法官、備位國民法官就前項所定事項有疑惑者，得請求審判長釋疑。

第六七條

審判期日，國民法官有缺額者，不得審判。

第六八條

審判期日，除有特別情形外，應連日接續開庭。

第六九條

①關於證據能力、證據調查必要性與訴訟程序之裁定及法令之解釋，專由法官合議決定之。於決定前認有必要者，得聽取檢察官、辯護人、國民法官及備位國民法官之意

見。

②國民法官、備位國民法官對於前項之決定有疑惑者，得請求審判長釋疑。

第七〇條

①檢察官於刑事訴訟法第二百八十八條第一項之調查證據程序前，應向國民法官法庭說明經依第四十七條第二項整理之下列事項：

一　待證事實。

二　聲請調查證據之範圍、次序及方法。

三　聲請調查之證據與待證事實之關係。

②被告、辯護人主張待證事實或聲請調查證據者，應於檢察官為前項之說明後，向國民法官法庭說明之，並準用前項規定。

第七一條

審判長於前條程序完畢後，應說明準備程序整理爭點之結果及調查證據之範圍、次序及方法。

第七二條

審判長於聽取當事人、辯護人之意見後，得變更準備程序所擬定調查證據之範圍、次序及方法。

第七三條

①當事人、辯護人聲請傳喚之證人、鑑定人、通譯，於審判長為人別訊問後，由當事人、辯護人直接詰問之。國民法官、備位國民法官於證人、鑑定人、通譯經詰問完畢，得於告知審判長後，於待證事項範圍內，自行或請求審判長補充訊問之。

②國民法官、備位國民法官於審判長就被訴事實訊問被告完畢，得於告知審判長後，就判斷罪責及科刑之必要事項，自行或請求審判長補充訊問之。

③國民法官、備位國民法官於被害人或其家屬陳述意見完畢，得於告知審判長後，於釐清其陳述意旨之範圍內，自行或請求審判長補充詢問之。

④審判長認國民法官、備位國民法官依前三項所為之訊問或詢問為不適當者，得限制或禁止之。

第七四條

①當事人、辯護人聲請調查之筆錄及其他可為證據之文書，由聲請人向國民法官法庭、他造當事人、辯護人或輔佐人宣讀。

②前項文書由法院依職權調查者，審判長應向國民法官法庭、當事人、辯護人或輔佐人宣讀。

③前二項情形，經當事人及辯護人同意，且法院認為適當者，得以告以要旨代之。

④第一項及第二項之文書，有關風化、公安或有毀損他人名譽之虞者，應交國民法官法庭、當事人、辯護人或輔佐人閱覽，不得宣讀；如當事人或辯護人不解其意義者，並應由聲請人或審判長告以要旨。

第七五條

①前條之規定，於文書外之證物有與文書相同之效用者，準用之。

②錄音、錄影、電磁紀錄或其他相類之證物可為證據者，聲請人應以適當之設備，顯示聲音、影像、符號或資料，使國民法官法庭、他造當事人、辯護人或輔佐人辨認或告以要旨。

③前項證據由法院依職權調查者，審判長應以前項方式使國民法官法庭、當事人、辯護人或輔佐人辨認或告以要旨。

第七六條

①當事人、辯護人聲請調查之證物，由聲請人提示予國民法官法庭、他造當事人、辯護人或輔佐人辨認。

②法院依職權調查之證物，審判長應提示予國民法官法庭、當事人、辯護人或輔佐人辨認。

③前二項證物如係文書而當事人或辯護人不解其意義者，並應由聲請人或審判長告以要

旨。

第七七條

①當事人、辯護人或輔佐人得於個別證據調查完畢後請求表示意見。審判長認為適當者，亦得請當事人、辯護人或輔佐人表示意見。

②審判長應於證據調查完畢後，告知當事人、辯護人或輔佐人得對證據證明力表示意見。

第七八條

依第七十四條至第七十六條所定程序調查之證據調查完畢後，應立即提出於法院。但經法院許可者，得僅提出複本。

第七九條

①調查證據完畢後，應命依下列次序就事實及法律分別辯論之：

一　檢察官。

二　被告。

三　辯護人。

②前項辯論後，應命依同一次序，就科刑範圍辯論之。於科刑辯論前，並應予到場之告訴人、被害人或其家屬或其他依法得陳述意見之人，就科刑範圍表示意見之機會。

③已依前二項辯論者，得再為辯論，審判長亦得命再行辯論。

第八〇條

①參與審判之國民法官有更易者，除第三十七條第一項之情形外，應更新審判程序，新任國民法官有疑惑者，得請求審判長釋疑。

②前項審判程序之更新，審判長應斟酌新任國民法官對於爭點、已經調查完畢證據之理解程度，及全體國民法官與備位國民法官負擔程度之均衡維護。

第五節　終局評議及判決

第八一條

終局評議，除有特別情形外，應於辯論終結後，即時行之。

第八二條

①終局評議，由國民法官法庭法官與國民法官共同行之，依序討論事實之認定、法律之適用與科刑。

②前項之評議，應由法官及國民法官全程參與，並以審判長為主席。

③評議時，審判長應懇切說明刑事審判基本原則、本案事實與法律之爭點及整理各項證據之調查結果，並予國民法官、法官自主陳述意見及充分討論之機會，且致力確保國民法官善盡其獨立判斷之職責。

④審判長認有必要時，應向國民法官說明經法官合議決定之證據能力、證據調查必要性之判斷、訴訟程序之裁定及法令之解釋。

⑤國民法官應依前項之說明，行使第一項所定之職權。

⑥評議時，應依序由國民法官及法官就事實之認定、法律之適用及科刑個別陳述意見。

⑦國民法官不得因其就評議事項係屬少數意見，而拒絕對次一應行評議之事項陳述意見。

⑧旁聽之備位國民法官不得參與討論及陳述意見。

第八三條

①有罪之認定，以包含國民法官及法官雙方意見在內達三分之二以上之同意決定之。未獲該比例人數同意時，應諭知無罪之判決或為有利於被告之認定。

②免訴、不受理或管轄錯誤之認定，以包含國民法官及法官雙方意見在內過半數之同意決定之。

③有關科刑事項之評議，以包含國民法官及法官雙方意見在內過半數之意見決定之。但死刑之科處，非以包含國民法官及法官雙方意見在內達三分之二以上之同意，不得為

之。
④前項本文之評議，因國民法官及法官之意見歧異，而未達包含國民法官及法官雙方意見在內之過半數意見者，以最不利於被告之意見，順次算入次不利於被告之意見，至達包含國民法官及法官雙方意見在內之過半數意見爲止，爲評決結果。

第八四條

終局評議於當日不能終結者，除有特別情形外，應於翌日接續爲之。

第八五條

①國民法官及法官就終局評議時所爲之個別意見陳述、意見分布情形、評議之經過，應嚴守秘密。
②案件之當事人、辯護人或輔佐人，得於裁判確定後聲請閱覽評議意見。但不得抄錄、攝影或影印。
③前項之情形，個人資料保護法第二條第一款所定屬於國民法官之個人資料應予保密，不得供閱覽。

第八六條

①終局評議終結者，除有特別情形外，應即宣示判決。
②宣示判決，應朗讀主文，說明其意義。但科刑判決，得僅宣示所犯之罪及主刑。
③宣示判決，應通知國民法官到庭。但國民法官未到庭，亦得爲之。
④判決經宣示後，至遲應於判決宣示之日起三十日內，將判決書原本交付書記官。

第八七條

國民法官法庭宣示之判決，由法官製作判決書並簽名之，且應記載本件經國民法官全體參與審判之旨。

第八八條

有罪之判決書，有關認定犯罪事實之理由，得僅記載證據名稱及對重要爭點判斷之理由。

第六節　上　訴

第八九條

國民法官不具第十二條第一項所定之資格，或有第十三條、第十四條所定情形者，不得爲上訴之理由。

第九〇條

①當事人、辯護人於第二審法院，不得聲請調查新證據。但有下列情形之一，而有調查之必要者，不在此限：
一　有第六十四條第一項第一款、第四款或第六款之情形。
二　非因過失，未能於第一審聲請。
三　於第一審辯論終結後始存在或成立之事實、證據。
②有證據能力，並經原審合法調查之證據，第二審法院得逕作爲判斷之依據。

第九一條

行國民參與審判之案件經上訴者，上訴審法院應本於國民參與審判制度之宗旨，妥適行使其審查權限。

第九二條

①第二審法院認爲上訴有理由，或上訴雖無理由，而原審判決不當或違法者，應將原審判決經上訴之部分撤銷。但關於事實之認定，原審判決非違背經驗法則或論理法則，顯然影響於判決者，第二審法院不得予以撤銷。
②第二審法院撤銷原審判決者，應就該案件自爲判決。但因原審判決有下列情形之一而撤銷者，應以判決將該案件發回原審法院：
一　論知管轄錯誤、免訴、不受理係不當者。
二　有刑事訴訟法第三百七十九條第一款、第二款、第六款、第七款或第十三款之情形。

三　已受請求之事項未予判決。

四　諭知無罪，係違背法令而影響於事實之認定，或認定事實錯誤致影響於判決。

五　法院審酌國民參與審判制度之宗旨及被告防禦權之保障，認為適當時。

第七節　再　審

第九三條

判決確定後，參與判決之國民法官因該案件犯職務上之罪已經證明，且足以影響原判決者，亦得聲請再審。

第五章　罰　則

第九四條

①國民法官、備位國民法官要求、期約或收受賄賂或其他不正利益，而許以不行使其職務或為一定之行使者，處三年以上十年以下有期徒刑，得併科新臺幣二百萬元以下罰金。

②候選國民法官於未為國民法官或備位國民法官時，預以不行使國民法官或備位國民法官之職務或為一定之行使，要求、期約或收受賄賂或其他不正利益，而於為國民法官或備位國民法官後履行者，亦同。

③犯前二項之罪，於犯罪後自首，如有所得並自動繳交全部所得財物者，減輕或免除其刑；因而查獲其他正犯或共犯者，免除其刑。

④犯第一項、第二項之罪，在偵查中自白，如有所得並自動繳交全部所得財物者，減輕其刑；因而查獲其他正犯或共犯者，減輕或免除其刑。

⑤犯第一項、第二項之罪，情節輕微，而其所得或所圖得財物或不正利益在新臺幣五萬元以下者，減輕其刑。

第九五條

①對於國民法官、備位國民法官，行求、期約或交付賄賂或其他不正利益，而約其不行使其職務或為一定之行使者，處一年以上七年以下有期徒刑，得併科新臺幣一百萬元以下罰金。

②犯前項之罪而自首者，免除其刑；在偵查或審判中自白者，減輕或免除其刑。

③犯第一項之罪，情節輕微，而其行求、期約或交付之財物或不正利益在新臺幣五萬元以下者，減輕其刑。

第九六條

意圖使國民法官、備位國民法官不行使其職務或為一定之行使，或意圖報復國民法官、備位國民法官之職務行使，對其本人或其配偶、八親等內血親、五親等內姻親或家長、家屬，實行犯罪者，依其所犯之罪，加重其刑至二分之一。

第九七條

①現任或曾任國民法官、備位國民法官之人，無正當理由而洩漏評議秘密者，處一年以下有期徒刑、拘役或科新臺幣十萬元以下罰金。

②除有特別規定者外，現任或曾任國民法官、備位國民法官之人，無正當理由而洩漏其他職務上知悉之秘密者，處六月以下有期徒刑、拘役或科新臺幣八萬元以下罰金。

第九八條

除有特別規定者外，有下列情形之一者，處六月以下有期徒刑、拘役或科新臺幣八萬元以下罰金：

一　無正當理由而違反第十九條第四項、第二十六條第五項或第四十條第一項不得洩漏所知悉秘密之規定。

二　意圖影響審判而違反第四十一條第二項不得刺探依法應予保密事項之規定。

第九九條

候選國民法官有下列情形之一者，得處新臺幣三萬元以下罰鍰：
一　明知為不實之事項，而填載於候選國民法官調查表，提出於法院。
二　經合法通知，無正當理由而不於國民法官選任期日到場。
三　於國民法官選任期日為虛偽之陳述或無正當理由拒絕陳述。

第一〇〇條
國民法官、備位國民法官拒絕宣誓者，得處新臺幣三萬元以下罰鍰。備位國民法官經遞補為國民法官，拒絕另行宣誓者，亦同。

第一〇一條
無正當理由而有下列情形之一者，得處新臺幣三萬元以下罰鍰：
一　國民法官不於審判期日或終局評議時到場。
二　國民法官於終局評議時，以拒絕陳述或其他方式拒絕履行其職務。
三　備位國民法官不於審判期日到場。

第一〇二條
國民法官、備位國民法官違反審判長所發維持秩序之命令，致妨害審判期日訴訟程序之進行，經制止不聽者，得處新臺幣三萬元以下罰鍰。

第一〇三條
①前四條罰鍰之處分，由國民法官法庭之法官三人合議裁定之。
②前項裁定，得抗告。

第六章　國民參與審判制度成效評估

第一〇四條
國民參與審判制度成效評估期間為自中華民國一百十二年一月一日起六年；必要時，得由司法院延長或縮短之。

第一〇五條
①本法施行後，司法院應即成立國民參與審判制度成效評估委員會（以下簡稱成效評估委員會），進行必要之調查研究，並於每年就前一年度制度施行之成效，提出成效評估報告。
②成效評估委員會應於成效評估期間屆滿後一年內提出總結報告，其內容包括國民參與審判制度施行狀況之整體性評估，以及未來法律修正、有關配套措施之建議。

第一〇六條
①成效評估委員會置委員十五人，以司法院院長為當然委員並任主席，與司法院代表二人、法務部代表一人，及法官、檢察官、律師之代表各二人，學者專家及社會公正人士共五人組成。委員任一性別比例，不得少於三分之一。
②前項學者專家及社會公正人士，應包含具法律及法律以外專業背景學者專家共三人，及其他背景之社會公正人士二人。
③成效評估委員會委員均為無給職，除司法院院長外，應自本法施行日前，以下列方式產生：
一　司法院代表由司法院院長就所屬人員中指派兼任之，並依職務進退。
二　法務部代表由法務部部長就所屬人員中指派兼任之，並依職務進退。
三　法官、檢察官、律師代表由司法院、法務部、全國律師聯合會分別各自推舉。
四　學者專家及社會公正人士代表，由司法院院長、司法院及法務部代表，與前款法官、檢察官、律師代表共同推選之。
④委員出缺時，司法院院長、司法院代表、法務部代表及法官、檢察官、律師代表依原產生方式遞補缺額，學者專家及社會公正人士代表由現任委員共同推選遞補其缺額。

第一〇七條
①成效評估委員會置執行秘書一人、助理二人至五人；執行秘書由司法院指定或聘用之，助理由司法院聘用之。

②執行秘書承主席之命蒐集資料、籌備會議及辦理其他經常性事務。
③執行秘書及助理之聘用、業務、管理及考核辦法，由司法院定之。

第一〇八條
①為評估制度必要，司法院得聘用適當人員為研究員。但不得逾六人。
②研究員承成效評估委員會之命，執行有關國民參與審判制度成效評估之研究。
③研究員之聘用、業務及考核辦法，由司法院定之。

第一〇九條
司法院應編列預算，支應成效評估委員會運作所必要之費用。

第一一〇條
成效評估委員會之組織規程，由司法院定之。

第七章　附　則

第一一一條
本法施行細則，由司法院會同行政院定之。

第一一二條
施行前已繫屬於各級法院而屬本法適用範圍之案件，仍應依施行前之法定程序終結之。

第一一三條
本法除第十七條至第二十條及第三十三條自公布日施行，第五條第一項第一款自中華民國一百十五年一月一日施行外，其餘條文自中華民國一百十二年一月一日施行。

少年事件處理法

①民國51年1月31日總統令制定公布全文80條。
②民國56年8月1日總統令修正公布第42、64條條文。
③民國60年5月14日總統令修正公布全文87條。
④民國65年2月12日總統令修正公布第3、12、13、18、19、22、23、26、27、39、42、43、45、50、55至57、59至61、74、77、81、84、85條條文及第三章第三節節名；並增訂第23-1、64-1、83-1、85-1條條文。
⑤民國69年7月4日總統令修正公布第85-1、86條條文。
⑥民國86年10月29日總統令修正公布全文87條。
⑦民國89年2月2日總統令修正公布第13、27、43、49、54、55-3、68、78條條文。
⑧民國91年6月5日總統令修正公布第84條條文。
⑨民國94年5月18日總統令修正公布第24、29、42、61、84條條文；並刪除第68條條文。
⑩民國108年6月19日總統令修正公布第 3、3-1、17至19、26、26-2、29、38、42、43、49、52、54、55-2、55-3、58、61、64-2、67、71、82、83-1、83-3、84、86、87條條文；增訂第3-2至3-4條條文；並刪除第72、85-1條條文；除第18條第2至7項自112年7月1日施行；第42條第1項第3款關於交付安置於適當之醫療機構、執行過渡性教育措施或其他適當措施之處所輔導部分及刪除之第85-1條自公布一年後施行外，餘自公布日施行。
⑪民國110年12月15日總統令修正公布第84條條文。
⑫民國112年6月21日總統令修正公布第1-1、18、26、34、42、61、65、78、87條條文；並增訂第18-1至18-9、36-1、73-1條條文；除第18條第6、7項、第26條第2至4項及第61條第1項第3款自112年7月1日施行，第18-1至18-8條自113年1月1日施行外，自公布日施行。

第一章　總　則

第一條　（立法目的）

為保障少年健全之自我成長，調整其成長環境，並矯治其性格，特制定本法。

第一條之一　112

①少年保護事件及少年刑事案件之處理，依本法之規定。
②本法未規定者，於與少年保護事件、少年刑事案件性質不相違反之範圍內，準用其他法律。

第二條　（少年之定義）

本法稱少年者，謂十二歲以上十八歲未滿之人。

第三條　（少年法院之管轄事件）108

①下列事件，由少年法院依本法處理之：
　一　少年有觸犯刑罰法律之行為者。
　二　少年有下列情形之一，而認有保障其健全自我成長之必要者：
　　㈠無正當理由經常攜帶危險器械。
　　㈡有施用毒品或迷幻物品之行為而尚未觸犯刑罰法律。
　　㈢有預備犯罪或犯罪未遂而為法所不罰之行為。
②前項第二款所指之保障必要，應依少年之性格及成長環境、經常往來對象、參與團體、出入場所、生活作息、家庭功能、就學或就業等一切情狀而為判斷。

第三條之一　（成人陪同在場、兒童少年心理衛生或其他專業人士、通譯協助等表意權保障規定）108

①詢問或訊問少年時，應通知其法定代理人、現在保護少年之人或其他適當之人陪同在場。但經合法通知，無正當理由不到場或有急迫情況者，不在此限。

②依法應於二十四小時內護送少年至少年法院之事件，等候前項陪同之人到場之時間不予計入，並應釋明其事由。但等候時間合計不得逾四小時。
③少年因精神或其他心智障礙無法為完全之陳述者，必要時，得請兒童及少年心理衛生或其他專業人士協助。
④少年不通曉詢問或訊問之人所使用之語言者，應由通譯傳譯之。其為聽覺、語言或多重障礙者，除由通譯傳譯外，並得以文字、手語或其他適當方式詢問或訊問，亦得許其以上開方式表達。

第三條之二　（詢問或訊問時應告知事項）108

①詢問或訊問少年時，應先告知下列事項：

一　所涉之觸犯刑罰法律事實及法條或有第三條第一項第二款各目事由；經告知後，認為應變更者，應再告知。

二　得保持緘默，無須違背自己之意思而為陳述。

三　得選任輔佐人；如依法令得請求法律扶助者，得請求之。

四　得請求調查有利之證據。

②少年表示已選任輔佐人時，於被選任之人到場前，應即停止詢問或訊問。但少年及其法定代理人或現在保護少年之人請求或同意續行詢問或訊問者，不在此限。

第三條之三　（少年詢問、訊問、護送及等候過程，應與一般刑事案件嫌疑人或被告隔離）108

詢問、訊問、護送少年或使其等候時，應與一般刑事案件之嫌疑人或被告隔離。但偵查、審判中認有對質、詰問之必要者，不在此限。

第三條之四　（連續詢問或訊問少年之限制）108

①連續詢問或訊問少年時，得有和緩之休息時間。
②詢問或訊問少年，不得於夜間行之。但有下列情形之一者，不在此限：

一　有急迫之情形。

二　查驗其人有無錯誤。

三　少年、其法定代理人或現在保護少年之人請求立即詢問或訊問。

③前項所稱夜間者，為日出前，日沒後。

第四條　（應受軍事審判者之處理）

少年犯罪依法應受軍事審判者，得由少年法院依本法處理之。

第二章　少年法院之組織

第五條　（少年法院之設置）

①直轄市設少年法院，其他縣（市）得視其地理環境及案件多寡分別設少年法院。
②尚未設少年法院地區，於地方法院設少年法庭。但得視實際情形，其職務由地方法院原編制內人員兼任，依本法執行之。
③高等法院及其分院設少年法庭。

第五條之一　（少年法院各庭處室之設置）

少年法院分設刑事庭、保護庭、調查保護處、公設輔佐人室，並應配置心理測驗員、心理輔導員及佐理員。

第五條之二　（少年法院之組織、準用規定）

少年法院之組織，除本法有特別規定者外，準用法院組織法有關地方法院之規定。

第五條之三　（心理測驗員、輔導員及佐理員之職等）

①心理測驗員、心理輔導員及佐理員配置於調查保護處。
②心理測驗員、心理輔導員，委任第五職等至薦任第八職等。佐理員委任第三職等至薦任第六職等。

第六條　（刪除）

第七條　（院長、庭長及法官之遴選）

①少年法院院長、庭長及法官、高等法院及其分院少年法庭庭長及法官、公設輔佐人，除須具有一般之資格外，應遴選具有少年保護之學識、經驗及熱忱者充之。
②前項院長、庭長及法官遴選辦法，由司法院定之。

第八條　（刪除）

第九條（少年調查官、少年保護官之職務）
①少年調查官職務如左：
　一　調查、蒐集關於少年保護事件之資料。
　二　對於少年觀護所少年之調查事項。
　三　法律所定之其他事務。
②少年保護官職務如左：
　一　掌理由少年保護官執行之保護處分。
　二　法律所定之其他事務。
③少年調查官及少年保護官執行職務，應服從法官之監督。

第一〇條　（處長之設置）
調查保護處置處長一人，由少年調查官或少年保護官兼任，綜理及分配少年調查及保護事務；其人數合計在六人以上者，應分組辦事，各組並以一人兼任組長，襄助處長。

第一一條　（心理測驗員、輔導員等人之職責）
心理測驗員、心理輔導員、書記官、佐理員及執達員隨同少年調查官或少年保護官執行職務者，應服從其監督。

第一二條　（刪除）

第一三條　（少年調查官、少年保護官之職等）
①少年法院兼任處長或組長之少年調查官、少年保護官薦任第九職等或簡任第十職等，其餘少年調查官、少年保護官薦任第七職等至第九職等。
②高等法院少年法庭少年調查官薦任第八職等至第九職等或簡任第十職等。

第三章　少年保護事件

第一節　調查及審理

第一四條　（土地管轄）
少年保護事件由行為地或少年之住所、居所或所在地之少年法院管轄。

第一五條　（移送管轄）
少年法院就繫屬中之事件，經調查後認為以由其他有管轄權之少年法院處理，可使少年受更適當之保護者，得以裁定移送於該管少年法院；受移受之法院，不得再行移送。

第一六條　（相牽連案件管轄之準用）
刑事訴訟法第六條第一項、第二項，第七條及第八條前段之規定，於少年保護事件準用之。

第一七條　（少年事件之報告）108
不論何人知有第三條第一項第一款之事件者，得向該管少年法院報告。

第一八條　112
①司法警察官、檢察官或法院於執行職務時，知有第三條第一項第一款之事件者，應移送該管少年法院。
②司法警察官、檢察官或法院於執行職務時，知有第三條第一項第二款之情形者，得通知少年住所、居所或所在地之少年輔導委員會處理之。
③對於少年有監督權人、少年之肄業學校、從事少年保護事業之機關或機構，發現少年有第三條第一項第二款之情形者，得通知少年住所、居所或所在地之少年輔導委員會

處理之。
④有第三條第一項第二款情形之少年，得請求住所、居所或所在地之少年輔導委員會協助之。
⑤少年住所、居所或所在地之少年輔導委員會知悉少年有第三條第一項第二款情形之一者，應結合福利、教育、心理、醫療、衛生、戶政、警政、財政、金融管理、勞政、移民及其他相關資源，對少年施以適當期間之輔導。
⑥前項輔導期間，少年輔導委員會如經評估認由少年法院處理，始能保障少年健全之自我成長者，得敘明理由並檢具輔導相關紀錄、有關資料及證據，請求少年法院處理之，並持續依前項規定辦理。
⑦少年輔導委員會對於少年有第三條第一項第二款行爲所用、所生或所得之物，得扣留、保管之，除依前項規定檢具請求少年法院處理者外，應予沒入、銷毀、發還或爲適當之處理；其要件、方式、程序及其他相關事項之辦法，由行政院會同司法院定之。
⑧直轄市、縣（市）政府少年輔導委員會應由具備社會工作、心理、教育、家庭教育或其他相關專業之人員，辦理第二項至第六項之事務；少年輔導委員會之設置、輔導方式、辦理事務、評估及請求少年法院處理等事項之辦法，由行政院會同司法院定之。
⑨於中華民國一百十二年七月一日前，司法警察官、檢察官、法院、對於少年有監督權人、少年之肄業學校、從事少年保護事業之機關或機構，發現少年有第三條第一項第二款之情形者，得移送或請求少年法院處理之。

第一八條之一 112

①司法警察官或司法警察爲調查少年觸犯刑罰法律之行爲，必要時，得使用通知書，通知少年、少年之法定代理人、現在保護少年之人或其他適當之人到場。
②前項通知書，由司法警察機關主管長官簽名，並應記載下列事項：
一　受通知人之姓名、性別、出生年月日、身分證明文件編號及住、居所。
二　事由。
三　應到之日、時、處所。
四　少年無正當理由不到場者，得報請該管少年法院法官核發同行書強制其到場之意旨。
③司法警察官或司法警察未使用通知書通知第一項所定之人到場者，應於通知時，告知前項第一款至第三款之事項。
④司法警察官或司法警察詢問、同行、逕行同行、逮捕或接受少年時，應即告知少年、少年之法定代理人或現在保護少年之人第三條之二第一項各款事項；少年有第三條之一第三項或第四項所定情形者，並應依各該項規定辦理。

第一八條之二 112

少年經合法通知，無正當理由不到場者，司法警察官或司法警察於必要時，得報請該管少年法院法官核發同行書，強制其到場。

第一八條之三 112

司法警察官或司法警察因調查少年觸犯刑罰法律之行爲，有下列各款情形之一者，得不經通知，逕行報請該管少年法院法官核發同行書，強制少年到場：
一　逃匿或有事實足認爲有逃匿之虞。
二　有事實足認爲有湮滅、僞造、變造證據或串證之虞。
三　所觸犯之刑罰法律爲死刑、無期徒刑或最輕本刑爲五年以上有期徒刑之罪。

第一八條之四 112

①司法警察官或司法警察因調查少年觸犯刑罰法律之行爲，有下列各款情形之一而情況急迫者，得逕行同行之：
一　因現行犯之供述，且有事實足認爲共同觸犯刑罰法律。
二　少年於收容、羈押、執行感化教育或徒刑之執行中脫逃。
三　有事實足認爲觸犯刑罰法律，經被盤查而逃逸。

四　所觸犯之刑罰法律爲死刑、無期徒刑或最輕本刑爲五年以上有期徒刑之罪，有事實足認爲有逃匿之虞。

②前項第一款及第三款，於所觸犯之刑罰法律顯係最重本刑爲三年以下有期徒刑、拘役或專科罰金之罪，不適用之。

③第一項同行，以其急迫情況不及向該管少年法院法官報請核發同行書者爲限，於執行後，應即報請該管少年法院法官簽發同行書。如法官不簽發時，應即將被同行少年釋放。

第一八條之五 112

①司法警察官或司法警察同行觸犯刑罰法律之少年，應自同行時起二十四小時內，指派妥適人員，將少年連同卷證，護送該管少年法院處理。但法官通知其即時護送者，應即護送。

②檢察官、司法警察官或司法警察發現被逕行拘提之人爲少年者，應依前項規定處理。

③前二項情形，其關係人之筆錄或有關證據，如因情況急迫，不及蒐集調查者，得由原移送機關於三日內補送之。

第一八條之六 112

①前條規定，於檢察官、司法警察官、司法警察逮捕、接受或發現被逮捕之人爲少年時，準用之。

②前項少年所觸犯之刑罰法律顯係最重本刑爲三年以下有期徒刑、拘役或專科罰金之罪時，司法警察官或司法警察得塡載不護送報告書，以傳眞或其他適當方式，報請該管少年法院法官許可後，不予護送，逕行釋放。但法官未許可者，應即護送。

③司法警察官、司法警察依前項規定不護送少年時，應將法官批示許可不護送報告書附於警卷內，檢同相關卷證於七日內將案件移送該管少年法院處理。

第一八條之七 112

司法警察官因調查少年觸犯刑罰法律之行爲，必要時，得準用刑事訴訟法、通訊保障及監察法關於人證、鑑定、搜索、扣押、證據保全及通訊監察之規定，逕向該管少年法院聲請或陳報之。

第一八條之八 112

①對少年執行同行、逕行同行、協尋、護送或逮捕時，應注意其身體及名譽；除依少年之身心狀況、使用暴力情形、所處環境、年齡或其他事實，認有防止其自傷、傷人、脫逃或嚴重毀損他人財物之必要，且無其他約制方法外，不應對少年使用約束工具。

②前項除外情形，不得逾必要之程度，避免公然暴露少年之約束工具及確保少年不致於因而受到侵害；認已無繼續使用之必要時，應即解除。

③前二項使用約束工具之範圍、方式、程序及其他應遵行事項之實施辦法，由行政院會同司法院定之。

第一八條之九 112

少年法院接受移送、報告或請求之事件後，認爲有關證據或其他可供參考之資料未完備者，得於收案後以書面敘明應補足或調查之部分，並指定期間將卷證發回或發交司法警察機關或其他相關機關補足或調查；受發回或發交之機關應於限定之期間內補正。

第一九條　（事件之調查）108

①少年法院接受移送、報告或請求之事件後，應先由少年調查官調查該少年與事件有關之行爲、其人之品格、經歷、身心狀況、家庭情形、社會環境、教育程度以及其他必要之事項，於指定之期限內提出報告，並附具建議。

②少年調查官調查之結果，不得採爲認定事實之唯一證據。

③少年調查官到庭陳述調查及處理之意見時，除有正當理由外，應由進行第一項之調查者爲之。

④少年法院訊問關係人時，書記官應製作筆錄。

第二〇條　（審理獨任制）

少年法院審理少年保護事件，得以法官一人獨任行之。

第二一條 （傳喚與通知書之內容）

①少年法院法官或少年調查官對於事件之調查，必要時得傳喚少年、少年之法定代理人或現在保護少年之人到場。

②前項調查，應於相當期日前將調查之日、時及處所通知少年之輔佐人。

③第一項之傳喚，應用通知書，記載左列事項，由法官簽名；其由少年調查官傳喚者，由少年調查官簽名：

一 被傳喚人之姓名、性別、年齡、出生地及住居所。

二 事由。

三 應到場之日、時及處所。

四 無正當理由不到場者，得強制其同行。

④傳喚通知書應送達於被傳喚人。

第二二條 （同行書及其內容）

①少年、少年之法定代理人或現在保護少年之人，經合法傳喚，無正當理由不到場者，少年法院法官得依職權或依少年調查官之請求發同行書，強制其到場。但少年有刑事訴訟法第七十六條所列各款情形之一，少年法院法官並認為必要時，得不經傳喚，逕發同行書，強制其到場。

②同行書應記載左列事項，由法官簽名：

一 應同行人之姓名、性別、年齡、出生地、國民身分證字號、住居所及其他足資辨別之特徵。但年齡、出生地、國民身分證字號或住居所不明者，得免記載。

二 事由。

三 應與執行人同行到達之處所。

四 執行同行之期限。

第二三條 （同行書之執行）

①同行書由執達員、司法警察官或司法警察執行之。

②同行書應備三聯，執行同行時，應各以一聯交應同行人及其指定之親友，並應注意同行人之身體及名譽。

③執行同行後，應於同行書內記載執行之處所及年、月、日；如不能執行者，記載其情形，由執行人簽名提出於少年法院。

第二三條之一 （協尋）

①少年行蹤不明者，少年法院得通知各地區少年法院、檢察官、司法警察機關協尋之。但不得公告或登載報紙或以其他方法公開之。

②協尋少年，應用協尋書，記載左列事項，由法官簽名：

一 少年之姓名、性別、年齡、出生地、國民身分證字號、住居所及其他足資辨別之特徵。但年齡、出生地、國民身分證字號或住居所不明者，得免記載。

二 事件之內容。

三 協尋之理由。

四 應護送之處所。

③少年經尋獲後，少年調查官、檢察官、司法警察官或司法警察，得逕行護送少年至應到之處所。

④協尋於其原因消滅或顯無必要時，應即撤銷。撤銷協尋之通知，準用第一項之規定。

第二四條 （刑訴法有關證據規定之準用）94

刑事訴訟法關於人證、鑑定、通譯、勘驗、證據保全、搜索及扣押之規定，於少年保護事件性質不相違反者準用之。

第二五條 （執行職務之協助）

少年法院因執行職務，得請警察機關、自治團體、學校、醫院或其他機關、團體為必要之協助。

第二六條 112

①少年法院於必要時，對於少年得以裁定為下列之處置：
一　責付於少年之法定代理人、家長、最近親屬、現在保護少年之人、適當之機關、福利、教養機構、醫療機構、執行過渡性教育措施或其他適當措施之處所、團體或個人，並得在事件終結前，交付少年調查官為適當之輔導。
二　命收容於少年觀護所進行身心評估及行為觀察，並提供鑑別報告。但以不能責付或以責付為顯不適當，而需收容者為限；少年、其法定代理人、現在保護少年之人或輔佐人，得隨時向少年法院聲請責付，以停止收容。
②少年法院就少年故意致死亡、致重傷或侵害性自主權之事件，經審酌少年健全自我成長之保障與被害人或其家屬之保護，認有必要者，得於裁定責付時，命少年於事件終結確定前遵守下列事項：
一　禁止對被害人或其家屬之身體或財產實施危害。
二　禁止對被害人或其家屬為恐嚇、騷擾、接觸、跟蹤之行為。
三　禁止無正當理由接近被害人或其家屬之住居所、學校、工作場所或其他經常出入之特定場所特定距離。
四　禁止其他危害被害人或其家屬之事項。
③少年法院就少年觸犯刑法第二編第二十八章之一，或以性影像觸犯刑法第三百零四條、第三百零五條及第三百四十六條之事件，經審酌少年健全自我成長之保障與被害人之保護，認有必要者，得命少年於事件終結確定前遵守下列事項：
一　前項第一款至第三款之事項。
二　禁止重製、散布、播送、交付、公然陳列，或以他法供人觀覽被害人之性影像。
三　提出或交付被害人之性影像。
四　移除或向網際網路平台提供者、網際網路應用服務提供者申請刪除已上傳之被害人之性影像。
五　禁止其他危害被害人之事項。
④犯罪被害人權益保障法第三條第一款第二目、第三款、第六款、第三十七條、第三十八條、第四十條及第四十二條之規定，於前二項情形，準用之。

第二六條之一　（收容書及其內容）

①收容少年應用收容書。
②收容書應記載左列事項，由法官簽名：
一　少年之姓名、性別、年齡、出生地、國民身分證字號、住居所及其他足資辨別之特徵。但年齡、出生地、國民身分證字號或住居所不明者，得免記載。
二　事件之內容。
三　收容之理由。
四　應收容之處所。
③第二十三條第二項之規定，於執行收容準用之。

第二六條之二　（收容之期間）108

①少年觀護所收容少年之期間，調查或審理中均不得逾二月。但有繼續收容之必要者，得於期間未滿前，由少年法院裁定延長之；延長收容期間不得逾一月，以一次為限。收容之原因消滅時，少年法院應依職權或依少年、其法定代理人、現在保護少年之人或輔佐人之聲請，將命收容之裁定撤銷之。
②事件經抗告者，抗告法院之收容期間，自卷宗及證物送交之日起算。
③事件經發回者，其收容及延長收容之期間，應更新計算。
④裁定後送交前之收容期間，算入原審法院之收容期間。
⑤少年觀護所之人員，應於職前及在職期間接受包括少年保護之相關專業訓練；所長、副所長、執行鑑別及教導業務之主管人員，應遴選具有少年保護之學識、經驗及熱忱者充任。
⑥少年觀護所之組織、人員之遴聘及教育訓練等事項，以法律定之。

第二七條　（移送管轄法院之情形）

①少年法院依調查之結果，認少年觸犯刑罰法律，且有左列情形之一者，應以裁定移送於有管轄權之法院檢察署檢察官。
一　犯最輕本刑為五年以上有期徒刑之罪者。
二　事件繫屬後已滿二十歲者。
②除前項情形外，少年法院依調查之結果，認犯罪情節重大，參酌其品行、性格、經歷等情狀，以受刑事處分為適當者，得以裁定移送於有管轄權之法院檢察署檢察官。
③前二項情形，於少年犯罪時未滿十四歲者，不適用之。

第二八條（應不付審理之裁定）
①少年法院依調查之結果，認為無付保護處分之原因或以其他事由不應付審理者，應為不付審理之裁定。
②少年因心神喪失而為前項裁定者，得令入相當處所實施治療。

第二九條（得不付審理之裁定）108
①少年法院依少年調查官調查之結果，認為情節輕微，以不付審理為適當者，得為不付審理之裁定，並為下列處分：
一　告誡。
二　交付少年之法定代理人或現在保護少年之人嚴加管教。
三　轉介福利、教養機構、醫療機構、執行過渡性教育措施或其他適當措施之處所為適當之輔導。
②前項處分，均交由少年調查官執行之。
③少年法院為第一項裁定前，得斟酌情形，經少年、少年之法定代理人及被害人之同意，轉介適當機關、機構、團體或個人進行修復，或使少年為下列各款事項：
一　向被害人道歉。
二　立悔過書。
三　對被害人之損害負賠償責任。
④前項第三款之事項，少年之法定代理人應負連帶賠償之責任，並得為民事強制執行之名義。

第三〇條（開始審理之裁定）
少年法院依調查之結果，認為應付審理者，應為開始審理之裁定。

第三一條（輔佐人）
①少年或少年之法定代理人或現在保護少年之人，得隨時選任少年之輔佐人。
②犯最輕本刑為三年以上有期徒刑之罪，未經選任輔佐人者，少年法院應指定適當之人輔佐少年。其他案件認有必要者亦同。
③前項案件，選任輔佐人無正當理由不到庭者，少年法院亦得指定之。
④前兩項指定輔佐人之案件，而該地區未設置公設輔佐人時，得由少年法院指定適當之人輔佐少年。
⑤公設輔佐人準用公設辯護人條例有關規定。
⑥少年保護事件中之輔佐人，於與少年保護事件性質不相違反者，準用刑事訴訟法辯護人之相關規定。

第三一條之一（輔佐人之選任應得少年法院同意）
選任非律師為輔佐人者，應得少年法院之同意。

第三一條之二（協助促成少年健全成長）
輔佐人除保障少年於程序上之權利外，應協助少年法院促成少年之健全成長。

第三二條（審理期日之傳喚及通知）
①少年法院審理事件應定審理期日。審理期日應傳喚少年、少年之法定代理人或現在保護少年之人，並通知少年之輔佐人。
②少年法院指定審理期日時，應考慮少年、少年之法定代理人、現在保護少年之人或輔佐人準備審理所需之期間。但經少年及其法定代理人或現在保護少年之人之同意，得及時開始審理。

③第二十一條第三項、第四項之規定，於第一項傳喚準用之。

第三三條　（審理筆錄之製作）

審理期日，書記官應隨同法官出席，製作審理筆錄。

第三四條 112

調查及審理不公開。但少年法院得許少年之親屬、學校教師、從事少年保護事業之人或其他認為相當之人在場旁聽；必要時得聽取其意見。

第三五條　（審理態度）

審理應以和藹懇切之態度行之。法官參酌事件之性質與少年之身心、環境狀態，得不於法庭內進行審理。

第三六條　（法定代理人之陳述意見）

審理期日訊問少年時，應予少年之法定代理人或現在保護少年之人及輔佐人陳述意見之機會。

第三六條之一 112

①審理期日，應傳喚被害人及其法定代理人或現在保護被害人之人到庭陳述意見。但經合法傳喚無正當理由不到場，或陳明不願到場，或少年法院認為不必要或有礙少年健全之自我成長者，不在此限。

②前項被害人及其法定代理人或現在保護被害人之人之意見陳述，少年法院得於調查時為之。

③被害人依前二項之規定到場者，其配偶、直系或三親等內旁系血親、家長、家屬、醫師、心理師、輔導人員、社工人員或其信賴之人，經被害人同意後，得陪同在場，並得陳述意見。但少年法院認有礙程序進行或少年健全之自我成長者，不適用之。

④少年法院審酌個案情節、被害人及少年之身心狀況，並聽取被害人、少年及其他在場人之意見後，認有必要者，得不令少年及其法定代理人或現在保護少年之人在場，或透過單面鏡、聲音影像相互傳送之科技設備或其他適當隔離措施為之。

⑤被害人及其法定代理人或現在保護被害人之人得向少年法院查詢調查及審理之進度；少年法院認不宜告知者，亦應回復之。

第三七條　（調查證據）

①審理期日，應調查必要之證據。

②少年應受保護處分之原因、事實，應依證據認定之。

第三八條　（陳述時之處置）108

①少年法院認為必要時，得為下列處置：

一　少年為陳述時，不令少年以外之人在場。

二　少年以外之人為陳述時，不令少年在場。

②前項少年為陳述時，少年法院應依其年齡及成熟程度權衡其意見。

第三九條　（少年調查官之陳述）

①少年調查官應於審理期日出庭陳述調查及處理之意見。

②少年法院不採少年調查官陳述之意見者，應於裁定中記載不採之理由。

第四〇條　（移送之裁定）

少年法院依審理之結果，認為事件有第二十七條第一項之情形者，應為移送之裁定；有同條第二項之情形者，得為移送之裁定。

第四一條　（不付保護處分之裁定）

①少年法院依審理之結果，認為事件不應或不宜付保護處分者，應裁定諭知不付保護處分。

②第二十八條第二項、第二十九條第三項、第四項之規定，於少年法院認為事件不宜付保護處分，而依前項規定為不付保護處分裁定之情形準用之。

第四二條 112

①少年法院審理事件，除為前二條處置者外，應對少年以裁定諭知下列之保護處分：

一　訓誡，並得予以假日生活輔導。

二　交付保護管束並得命為勞動服務。
三　交付安置於適當之福利、教養機構、醫療機構、執行過渡性教育措施或其他適當措施之處所輔導。
四　令入感化教育處所施以感化教育。
②少年有下列情形之一者，得於為前項保護處分之前或同時諭知下列處分：
一　少年施用毒品或迷幻物品成癮，或有酗酒習慣者，令入相當處所實施禁戒。
二　少年身體、精神或其他心智顯有障礙者，令入醫療機構或其他相當處所實施治療。
③第一項處分之期間，毋庸諭知。
④第二十六條第二項至第四項、第二十九條第三項、第四項之規定，於少年法院依第一項為保護處分之裁定情形準用之。
⑤少年法院為第一項裁定前，認有必要時，得徵詢適當之機關（構）、學校、團體或個人之意見，並得召開協調、諮詢或整合符合少年所需之福利服務、安置輔導、衛生醫療、就學、職業訓練、就業服務、家庭處遇計畫或其他資源與服務措施之相關會議。
⑥前項規定，於第二十六條、第二十八條、第二十九條第一項、第四十一條第一項、第四十四條第一項、第五十一條第三項、第五十五條第一項、第四項、第五十五條之二第二項至第五項、第五十五條之三、第五十六條第一項及第三項情形準用之。

第四三條　（沒收規定之準用）108
①刑法及其他法律有關沒收之規定，於第二十八條、第二十九條、第四十一條及前條之裁定準用之。
②少年法院認供第三條第一項第二款各目行為所用或所得之物不宜發還者，得沒收之。

第四四條　（觀察之裁定）
①少年法院為決定宜否為保護處分或應為何種保護處分，認有必要時，得以裁定將少年交付少年調查官為六月以內期間之觀察。
②前項觀察，少年法院得徵詢少年調查官之意見，將少年交付適當之機關、學校、團體或個人為之，並受少年調查官之指導。
③少年調查官應將觀察結果，附具建議提出報告。
④少年法院得依職權或少年調查官之請求，變更觀察期間或停止觀察。

第四五條　（另有裁判處分之撤銷）
①受保護處分之人，另受有期徒刑以上刑之宣告確定者，為保護處分之少年法院，得以裁定將該處分撤銷之。
②受保護處分之人，另受保安處分之宣告確定者，為保護處分之少年法院，應以裁定定其應執行之處分。

第四六條　（定應執行之處分與處分之撤銷）
①受保護處分之人，復受另件保護處分，分別確定者，後為處分之少年法院，得以裁定定其應執行之處分。
②依前項裁定為執行之處分者，其他處分無論已否開始執行，視為撤銷。

第四七條　（無審判權之撤銷保護處分）
①少年法院為保護處分後，發見其無審判權者，應以裁定將該處分撤銷之，移送於有審判權之機關。
②保護處分之執行機關，發見足認為有前項情形之資料者，應通知該少年法院。

第四八條　（裁定之送達）
少年法院所為裁定，應以正本送達於少年、少年之法定代理人或現在保護少年之人、輔佐人及被害人，並通知少年調查官。

第四九條　（文書之送達）108
①文書之送達，除本法另有規定外，適用民事訴訟法關於送達之規定。
②前項送達，對少年、少年之法定代理人、現在保護少年之人、輔佐人，及依法不得揭露足以識別其身分資訊之被害人或其法定代理人，不得為公示送達。

③文書之送達，不得於信封、送達證書、送達通知書或其他對外揭示之文書上，揭露足以使第三人識別少年或其他依法應保密其身分者之資訊。

第二節　保護處分之執行

第五〇條　（訓誡之執行及假日生活輔導）

①對於少年之訓誡，應由少年法院法官向少年指明其不良行爲，曉諭以將來應遵守之事項，並得命立悔過書。

②行訓誡時，應通知少年之法定代理人或現在保護少年之人及輔佐人到場。

③少年之假日生活輔導爲三次至十次，由少年法院交付少年保護官於假日爲之，對少年施以個別或群體之品德教育，輔導其學業或其他作業，並得命爲勞動服務，使其養成勤勉習慣及守法精神；其次數由少年保護官視其輔導成效而定。

④前項假日生活輔導，少年法院得依少年保護官之意見，將少年交付適當之機關、團體或個人爲之，受少年保護官之指導。

第五一條　（保護管束之執行）

①對於少年之保護管束，由少年保護官掌理之；少年保護官應告少年以應遵守之事項，與之常保接觸，注意其行動，隨時加以指示；並就少年之教養、醫治疾病、謀求職業及改善環境，予以相當輔導。

②少年保護官因執行前項職務，應與少年之法定代理人或現在保護少年之人爲必要之洽商。

③少年法院得依少年保護官之意見，將少年交付適當之福利或教養機構、慈善團體、少年之最近親屬或其他適當之人保護管束，受少年保護官之指導。

第五二條　（感化教育之執行）108

①對於少年之交付安置輔導及施以感化教育時，由少年法院依其行爲性質、身心狀況、學業程度及其他必要事項，分類交付適當之福利、教養機構、醫療機構、執行過渡性教育措施、其他適當措施之處所或感化教育機構執行之，受少年法院之指導。

②感化教育機構之組織及其教育之實施，以法律定之。

第五三條　（保護管束及感化教育之期間）

保護管束與感化教育之執行，其期間均不得逾三年。

第五四條　（轉介輔導及保護處分之限制）108

①少年轉介輔導處分及保護處分之執行，至多執行至滿二十一歲爲止。

②執行安置輔導之福利及教養機構之設置及管理辦法，由兒童及少年福利機構之中央主管機關定之。

第五五條　（保護管束之考核）

①保護管束之執行，已逾六月，著有成效，認無繼續之必要者，或因事實上原因，以不繼續執行爲宜者，少年保護官得檢具事證，聲請少年法院免除其執行。

②少年、少年之法定代理人、現在保護少年之人認保護管束之執行有前項情形時，得請求少年保護官爲前項之聲請，除顯無理由外，少年保護官不得拒絕。

③少年在保護管束執行期間，違反應遵守之事項，不服從勸導達二次以上，而有觀察之必要者，少年保護官得聲請少年法院裁定留置少年於少年觀護所中，予以五日以內之觀察。

④少年在保護管束期間違反應遵守之事項，情節重大，或曾受前項觀察處分後，再違反應遵守之事項，足認保護管束難收效果者，少年保護官得聲請少年法院裁定撤銷保護管束，將所餘之執行期間令入感化處所施以感化教育，其所餘之期間不滿六月者，應執行至六月。

第五五條之一　（勞動服務）

保護管束所命之勞動服務爲三小時以上五十小時以下，由少年保護官執行，其期間視輔導之成效而定。

第五五條之二　（安置輔導）108
①第四十二條第一項第三款之安置輔導為二月以上二年以下。
②前項執行已逾二月，著有成效，認無繼續執行之必要者，或有事實上原因以不繼續執行為宜者，少年保護官、負責安置輔導之福利、教養機構、醫療機構、執行過渡性教育措施或其他適當措施之處所、少年、少年之法定代理人或現在保護少年之人得檢具事證，聲請少年法院免除其執行。
③安置輔導期滿，少年保護官、負責安置輔導之福利、教養機構、醫療機構、執行過渡性教育措施或其他適當措施之處所、少年、少年之法定代理人或現在保護少年之人認有繼續安置輔導之必要者，得聲請少年法院裁定延長，延長執行之次數以一次為限，其期間不得逾二年。
④第一項執行已逾二月，認有變更安置輔導之福利、教養機構、醫療機構、執行過渡性教育措施或其他適當措施之處所之必要者，少年保護官、少年、少年之法定代理人或現在保護少年之人得檢具事證或敘明理由，聲請少年法院裁定變更。
⑤少年在安置輔導期間違反應遵守之事項，情節重大，或曾受第五十五條之三留置觀察處分後，再違反應遵守之事項，足認安置輔導難收效果者，少年保護官、負責安置輔導之福利、教養機構、醫療機構、執行過渡性教育措施或其他適當措施之處所、少年之法定代理人或現在保護少年之人得檢具事證，聲請少年法院裁定撤銷安置輔導，將所餘之執行期間令入感化處所施以感化教育，其所餘之期間不滿六月者，應執行至六月。

第五五條之三　（聲請核發勸導書）108
少年無正當理由拒絕接受第二十九條第一項或第四十二條第一項第一款、第三款之處分，少年調查官、少年保護官、少年之法定代理人或現在保護少年之人、福利、教養機構、醫療機構、執行過渡性教育措施或其他適當措施之處所，得聲請少年法院核發勸導書，經勸導無效者，各該聲請人得聲請少年法院裁定留置少年於少年觀護所中，予以五日內之觀察。

第五六條　（感化教育之免除或停止執行）
①執行感化教育已逾六月，認無繼續執行之必要者，得由少年保護官或執行機關檢具事證，聲請少年法院裁定免除或停止其執行。
②少年或少年之法定代理人認感化教育之執行有前項情形時，得請求少年保護官為前項之聲請，除顯無理由外，少年保護官不得拒絕。
③第一項停止感化教育之執行者，所餘之執行時間，應由少年法院裁定交付保護管束。
④第五十五條之規定，於前項之保護管束準用之；依該條第四項應繼續執行感化教育時，其停止期間不算入執行期間。

第五七條　（保護處分等之執行）
①第二十九條第一項之處分、第四十二條第一項第一款之處分及第五十五條第三項或第五十五條之三之留置觀察，應自處分裁定之日起，二年內執行之；逾期免予執行。
②第四十二條第一項第二款、第三款、第四款及同條第二項之處分，自應執行之日起，經過三年未執行者，非經少年法院裁定應執行時，不得執行之。

第五八條　（禁戒治療之期間及執行）108
①第四十二條第二項第一款、第二款之處分期間，以戒絕治癒或至滿二十歲為止。但認無繼續執行之必要者，少年法院得免除之。
②前項處分與保護管束一併諭知者，同時執行之；與安置輔導或感化教育一併諭知者，先執行之。但其執行無礙於安置輔導或感化教育之執行者，同時執行之。
③依禁戒或治療處分之執行，少年法院認為無執行保護處分之必要者，得免其保護處分之執行。

第五九條　（轉介處分、保護處分或留置觀察執行之通知）
①少年法院法官因執行轉介處分、保護處分或留置觀察，於必要時，得對少年發通知書、同行書或請有關機關協尋之。

②少年保護官因執行保護處分，於必要時得對少年發通知書。
③第二十一條第三項、第四項、第二十二條第二項、第二十三條及第二十三條之一規定，於前二項通知書、同行書及協尋書準用之。

第六〇條 （教養費用之負擔及執行）
①少年法院諭知保護處分之裁定確定後，其執行保護處分所需教養費用，得斟酌少年本人或對少年負扶養義務人之資力，以裁定命其負擔全部或一部；其特殊清寒無力負擔者，豁免之。
②前項裁定，得為民事強制執行名義，由少年法院囑託各該法院民事執行處強制執行，免徵執行費。

第三節 抗告及重新審理

第六一條 112
少年、少年之法定代理人、現在保護少年之人或輔佐人，對於少年法院所為下列之裁定有不服者，得提起抗告。但輔佐人提起抗告，不得與選任人明示之意思相反：
一 第二十六條第一項第一款交付少年調查官為適當輔導之裁定。
二 第二十六條第一項第二款命收容或駁回聲請責付之裁定。
三 依第二十六條第二項、第三項所為命少年應遵守事項之裁定。
四 第二十六條之二第一項延長收容或駁回聲請撤銷收容之裁定。
五 第二十七條第一項、第二項之裁定。
六 第二十九條第一項之裁定。
七 第四十條之裁定。
八 第四十二條之處分。
九 第五十五條第三項、第五十五條之三留置觀察之裁定及第五十五條第四項之撤銷保護管束執行感化教育之處分。
十 第五十五條之二第三項延長安置輔導期間之裁定、第五項撤銷安置輔導執行感化教育之處分。
十一 駁回第五十六條第一項聲請免除或停止感化教育執行之裁定。
十二 第五十六條第四項命繼續執行感化教育之處分。
十三 第六十條命負擔教養費用之裁定。

第六二條 （被害人之抗告）
①少年行為之被害人或其法定代理人，對於少年法院之左列裁定，得提起抗告：
一 依第二十八條第一項所為不付審理之裁定。
二 依第二十九條第一項所為不付審理，並為轉介輔導、交付嚴加管教或告誡處分之裁定。
三 依第四十一條第一項諭知不付保護處分之裁定。
四 依第四十二條第一項諭知保護處分之裁定。
②被害人已死亡或有其他事實上之原因不能提起抗告者，得由其配偶、直系血親、三親等內之旁系血親、二親等內之姻親或家長家屬提起抗告。

第六三條 （抗告管轄法院）
①抗告以少年法院之上級法院為管轄法院。
②對於抗告法院之裁定，不得再行抗告。

第六四條 （刑訴法抗告之準用）108
①抗告期間為十日，自送達裁定後起算。但裁定宣示後送達前之抗告亦有效力。
②刑事訴訟法第四百零七條至第四百十四條及本章第一節有關之規定，於本節抗告準用之。

第六四條之一 （重新審理）
①諭知保護處分之裁定確定後，有左列情形之一，認為應不付保護處分者，少年保護

官、少年、少年之法定代理人、現在保護少年之人或輔佐人得聲請爲保護處分之少年法院重新審理：
一　適用法規顯有錯誤，並足以影響裁定之結果者。
二　因發見確實之新證據，足認受保護處分之少年，應不付保護處分者。
三　有刑事訴訟法第四百二十條第一項第一款、第二款、第四款或第五款所定得爲再審之情形者。
②刑事訴訟法第四百二十三條、第四百二十九條、第四百三十條前段、第四百三十一條至第四百三十四條、第四百三十五條第一項、第二項、第四百三十六條之規定，於前項之重新審理程序準用之。
③爲保護處分之少年法院發見有第一項各款所列情形之一者，亦得依職權爲應重新審理之裁定。
④少年受保護處分之執行完畢後，因重新審理之結果，須受刑事訴追者，其不利益不及於少年，毋庸裁定移送於有管轄權之法院檢察署檢察官。

第六四條之二　（重新審理）108
①諭知不付保護處分之裁定確定後有下列情形之一，認爲應諭知保護處分者，少年行爲之被害人或其法定代理人得聲請爲不付保護處分之少年法院重新審理：
一　有刑事訴訟法第四百二十二條第一款得爲再審之情形。
二　經少年自白或發見確實之新證據，足認其有第三條第一項行爲應諭知保護處分。
②刑事訴訟法第四百二十九條、第四百三十一條至第四百三十四條、第四百三十五條第一項、第二項及第四百三十六條之規定，於前項之重新審理程序準用之。
③爲不付保護處分之少年法院發見有第一項各款所列情形之一者，亦得依職權爲應重新審理之裁定。
④第一項或前項之重新審理於諭知不付保護處分之裁定確定後，經過一年者不得爲之。

第四章　少年刑事案件

第六五條 112
①對於少年犯罪之刑事追訴及處罰，以依第二十七條第一項、第二項移送之案件爲限。
②刑事訴訟法關於自訴及被害人訴訟參與之規定，於少年刑事案件不適用之。
③本章之規定，於少年犯罪後已滿十八歲者適用之。

第六六條　（開始偵查）
檢察官受理少年法院移送之少年刑事案件，應即開始偵查。

第六七條　（起訴與不起訴處分）108
①檢察官依偵查之結果，對於少年犯最重本刑五年以下有期徒刑之罪，參酌刑法第五十七條有關規定，認以不起訴處分而受保護處分爲適當者，得爲不起訴處分，移送少年法院依少年保護事件審理；認應起訴者，應向少年法院提起公訴。
②前項經檢察官爲不起訴處分而移送少年法院依少年保護事件審理之案件，如再經少年法院裁定移送，檢察官不得依前項規定，再爲不起訴處分而移送少年法院依少年保護事件審理。

第六八條　（刪除）94

第六九條　（同一事件之處理）
對於少年犯罪已依第四十二條爲保護處分者，不得就同一事件再爲刑事追訴或處罰。但其保護處分經依第四十五條或第四十七條之規定撤銷者，不在此限。

第七〇條　（偵查及審判之程序）
少年刑事案件之偵查及審判，準用第三章第一節及第三節有關之規定。

第七一條　（羈押之限制）108
①少年被告非有不得已情形，不得羈押之。
②少年被告應羈押於少年觀護所。於年滿二十歲時，應移押於看守所。

③少年刑事案件，前於法院調查及審理中之收容，視爲未判決前之羈押，準用刑法第三十七條之二折抵刑期之規定。

第七二條 （刪除）108

第七三條 （秘密審判）

①審判得不公開之。

②第三十四條但書之規定，於審判不公開時準用之。

③少年、少年之法定代理人或現在保護少年之人請求公開審判者，除有法定不得公開之原因外，法院不得拒絕。

第七三條之一 112

①少年刑事案件之審判中，被害人得選任律師爲代理人。但被害人無行爲能力或限制行爲能力或死亡者，得由其法定代理人、直系血親或配偶選任之。

②代理人得向少年法院就少年被告之犯罪事實，檢閱相關卷宗及證物，並得抄錄、重製或攝影。但卷宗及證物之內容與被告被訴事實無關或足以妨害另案之偵查，或涉及當事人或第三人之隱私或業務秘密，或有礙少年健全之自我成長之虞者，少年法院得限制之。

③被害人、依第一項但書已選任代理人之人及代理人，就前項所檢閱、抄錄、重製或攝影之內容，無正當理由，不得交付、洩漏予他人或使他人知悉。

第七四條 （免刑及免刑後之處分）

①法院審理第二十七條之少年刑事案件，對於少年犯最重本刑十年以下有期徒刑之罪，如顯可憫恕，認爲依刑法第五十九條規定減輕其刑仍嫌過重，且以受保護處分爲適當者，得免除其刑，諭知第四十二條第一項第二款至第四款之保護處分，並得同時諭知同條第二項各款之處分。

②前項處分之執行，適用第三章第二節有關之規定。

第七五條至第七七條 （刪除）

第七八條 112

①對於少年不得宣告褫奪公權。

②少年受刑之宣告，經執行完畢或赦免者，適用關於公權資格之法令時，視爲未曾犯罪。

第七九條 （宣告緩刑之要件）

刑法第七十四條緩刑之規定，於少年犯罪受三年以下有期徒刑、拘役或罰金之宣告者適用之。

第八〇條 （執行徒刑應注意事項）

少年受刑人徒刑之執行，應注意監獄行刑法第三條、第八條及第三十九條第二項之規定。

第八一條 （假釋之要件）

①少年受徒刑之執行而有悛悔實據者，無期徒刑逾七年後，有期徒刑逾執行期三分之一後，得予假釋。

②少年於本法施行前，已受徒刑之執行者，或在本法施行前受徒刑宣告確定之案件於本法施行後受執行者，準用前項之規定。

第八二條 （緩刑假釋中保護管束之執行）108

①少年在緩刑或假釋期中應付保護管束。

②前項保護管束，於受保護管束人滿二十三歲前，由檢察官囑託少年法院少年保護官執行之。

第五章　附　則

第八三條 （少年事件之保密）

①任何人不得於媒體、資訊或以其他公示方式揭示有關少年保護事件或少年刑事案件之

記事或照片，使閱者由該項資料足以知悉其人為該保護事件受調查、審理之少年或該刑事案件之被告。
②違反前項規定者，由主管機關依法予以處分。

第八三條之一　（紀錄之塗銷）108
①少年受第二十九條第一項之處分執行完畢二年後，或受保護處分或刑之執行完畢或赦免三年後，或受不付審理或不付保護處分之裁定確定後，視為未曾受各該宣告。
②少年有前項或下列情形之一者，少年法院應通知保存少年前案紀錄及有關資料之機關、機構及團體，將少年之前案紀錄及有關資料予以塗銷：
一　受緩刑之宣告期滿未經撤銷，或受無罪、免訴、不受理判決確定。
二　經檢察機關將緩起訴處分期滿，未經撤銷之事由通知少年法院。
三　經檢察機關將不起訴處分確定，毋庸移送少年法院依少年保護事件審理之事由通知少年法院。
③前項紀錄及資料，除下列情形或本法另有規定外，少年法院及其他任何機關、機構、團體或個人不得提供：
一　為少年本人之利益。
二　經少年本人同意，並應依其年齡及身心發展程度衡酌其意見；必要時得聽取其法定代理人或現在保護少年之人之意見。
④少年之前案紀錄及有關資料之塗銷、利用、保存、提供、統計及研究等相關事項之辦法，由司法院定之。

第八三條之二　（未將紀錄塗銷之處罰）
違反前條規定未將少年之前科紀錄及有關資料塗銷或無故提供者，處六月以下有期徒刑、拘役或新臺幣三萬元以下罰金。

第八三條之三　（驅逐出境）108
①外國少年受轉介處分、保護處分、緩刑或假釋期內交付保護管束者，少年法院得裁定以驅逐出境代之。
②前項裁定，得由少年調查官或少年保護官聲請；裁定前，應予少年、其法定代理人或現在保護少年之人陳述意見之機會。但經合法通知，無正當理由不到場者，不在此限。
③對於第一項裁定，得提起抗告，並準用第六十一條、第六十三條及第六十四條之規定。
④驅逐出境由司法警察機關執行之。

第八四條　110
①少年之法定代理人，因忽視教養，致少年有第三條第一項之情形，而受保護處分或刑之宣告，或致保護處分之執行難收效果者，少年法院得裁定命其接受八小時以上五十小時以下之親職教育輔導，以強化其親職功能。
②少年法院為前項親職教育輔導裁定前，認為必要時，得先命少年調查官就忽視教養之事實，提出調查報告並附具建議。
③親職教育輔導之執行，由少年法院交付少年保護官為之，並得依少年保護官之意見，交付適當之機關、團體或個人為之，受少年保護官之指導。
④親職教育輔導應於裁定之日起三年內執行之；逾期免予執行，或至多執行至少年成年為止。但因事實上原因以不繼續執行為宜者，少年保護官得檢具事證，聲請少年法院免除其執行。
⑤拒不接受親職教育輔導或時數不足者，少年法院得裁定處新臺幣六千元以上三萬元以下罰鍰；經再通知仍不接受者，得按次連續處罰，至其接受為止。其經連續處罰三次以上者，並得裁定公告法定代理人之姓名。
⑥前項罰鍰之裁定，得為民事強制執行名義，由少年法院囑託各該地方法院民事執行處強制執行之，免徵執行費。
⑦少年之法定代理人有第一項情形，情況嚴重者，少年法院並得裁定公告其姓名。

⑧第一項、第五項及前項之裁定，受處分人得提起抗告，並準用第六十三條、第六十四條之規定。

第八五條 （重懲成年犯之條件）

①成年人教唆、幫助或利用未滿十八歲之人犯罪或與之共同實施犯罪者，依其所犯之罪，加重其刑至二分之一。

②少年法院得裁定命前項之成年人負擔第六十條第一項教養費用全部或一部，並得公告其姓名。

第八五條之一 （刪除）108

第八六條 （補助法規定之訂定）108

①本法施行細則，由司法院會同行政院定之。

②少年保護事件審理細則，由司法院定之。

③少年法院與相關行政機關處理少年事件聯繫辦法，由司法院會同行政院定之。

④少年偏差行爲之輔導及預防辦法，由行政院會同司法院定之。

第八七條 112

①本法自中華民國六十年七月一日施行。

②本法修正條文，除中華民國一百零八年五月三十一日修正之第十八條第二項至第七項自一百十二年七月一日施行，第四十二條第一項第三款關於交付安置於適當之醫療機構、執行過渡性教育措施或其他適當措施之處所輔導部分及刪除第八十五條之一自公布一年後施行；一百十二年五月三十日修正之第十八條第六項及第七項、第二十六條第二項至第四項及第六十一條第一項第三款自一百十二年七月一日施行，第十八條之一至第十八條之八自一百十三年一月一日施行外，自公布日施行。

少年事件處理法施行細則

①民國60年6月21日司法行政部令訂定發布全文14條。
②民國65年2月12日司法行政部令修正發布全文19條。
③民國69年12月31日司法院、行政院令會同修正發布全文19條。
④民國87年5月4日司法院、行政院令會銜修正發布全文21條。
⑤民國90年6月29日司法院、行政院令會銜修正發布第1、8、9條條文；增訂第3-1條條文；並刪除第17條條文。
⑥民國108年8月21日司法院、行政院令會同修正發布全文19條；並自發布日施行。
⑦民國110年12月15日司法院、行政院令會同修正發布第12條條文；並增訂第15-1條條文。

第一條

本細則依少年事件處理法（以下簡稱本法）第八十六條第一項規定訂定之。

第二條

本法規定由少年法院行使之職權，於未設少年及家事法院地區，由地方法院設少年法庭依本法辦理之。

第三條

本法所稱少年刑事案件，係指少年於十四歲以上未滿十八歲時，有觸犯刑罰法律之行爲，經少年法院依本法第二十七條裁定移送檢察官開始偵查之案件。本細則第七條第二項規定之案件，亦同。

第四條

少年觸犯刑罰法律，於滿十八歲後，始經報告或移送少年法院之事件，仍由少年法院依本法第三章之規定處理。但事件繫屬後少年已滿二十歲，且少年法院依調查之結果，認少年觸犯刑罰法律者，應以裁定移送有管轄權之檢察署檢察官。

第五條

本法修正施行前已受理之事件，除有特別規定外，其調查、審理及執行程序，應依修正後之規定處理；於本法修正施行前已依法定程序進行之處理，其效力不受影響。

第六條

①本法中華民國一百零八年六月十九日修正公布之第三條施行前，僅依修正前該條第二款第一目至第四目規定移送少年法院之事件，於修正施行後，應視其進行情形，分別諭知不付審理或不付保護處分之裁定；收容中之少年，並應立即釋放。

②前項事件經裁定交付轉介輔導或保護處分確定，其尙未執行或未執行完畢者，自本法中華民國一百零八年六月十九日修正公布之第三條施行之日起，免予執行或中止執行。

③前二項少年之法定代理人或監護人經少年法院裁定命接受親職教育確定，其尙未執行或未執行完畢者，自本法中華民國一百零八年六月十九日修正公布之第三條施行之日起，免予執行或中止執行。

④前三項情形，少年法院尙未通知保存少年前案紀錄及有關資料之機關、機構及團體，將少年之前案紀錄及有關資料塗銷者，自本法中華民國一百零八年六月十九日修正公布之第三條施行之日起，應通知予以塗銷。

第七條

①檢察官受理一般刑事案件，發現被告於犯罪時未滿十八歲者，應移送該管少年法院。但被告已滿二十歲者，不在此限。

②前項但書情形，檢察官應適用本法第四章之規定進行偵查，認應起訴者，應向少年法院提起公訴。

③少年刑事案件，少年法院就犯罪事實之一部移送者，其效力及於全部，檢察官應就全部犯罪事實加以偵查。

第八條

本法中華民國八十九年二月二日修正公布施行前，已依修正前第二十七條第一項或第二項規定移送檢察官或提起公訴之案件，依修正施行後之規定處理。但案件已判決確定者，不在此限。

第九條

①少年法院於調查或審理中，對於觸犯告訴乃論之罪，而其未經告訴、告訴已經撤回或已逾告訴期間之十四歲以上少年，應逕依少年保護事件處理，毋庸裁定移送檢察官。

②檢察官偵查少年刑事案件，認有前項情形者，應依刑事訴訟法第二百五十二條第五款規定為不起訴處分，並於處分確定後，將案件移送少年法院依少年保護事件處理。其因未經告訴或告訴不合法而未為處分者，亦同。

③少年法院審理少年刑事案件，認有第一項情形者，應依刑事訴訟法第三百零三條第三款規定諭知不受理判決，並於判決確定後，依少年保護事件處理。其因檢察官起訴違背本法第六十五條第一項、第三項規定，經依刑事訴訟法第三百零三條第一款規定諭知不受理判決確定，而應以少年保護事件處理者，亦同。

④前三項所定應依保護事件處理之情形，於少年超過二十一歲者，不適用之。

第一〇條

①檢察官、司法警察官或法院於執行職務時，知七歲以上未滿十二歲之兒童有觸犯刑罰法律之行為者，應依本法第八十五條之一第一項規定移送該管少年法院。

②不論何人知兒童有前項之行為者，得向該管少年法院報告。

③前二項規定自本法修正刪除第八十五條之一於中華民國一百零九年六月十九日施行之日起，不再適用；已移送少年法院之事件，應準用第六條規定處理之。

第一一條

檢察官對少年法院依本法第二十七條第一項第一款規定移送之案件，經偵查結果，認為係犯該款規定以外之罪者，應依刑事訴訟法第二百五十五條第一項規定為不起訴處分，並於處分確定後，將案件移送少年法院。

第一二條 110

①少年受保安處分之保護管束宣告，並另受保護處分之保護管束宣告，依本法第四十五條第二項定其應執行處分者，少年法院得裁定執行其一，或併執行之。

②宣告多數保護管束或感化教育處分時，除依前項或本法第四十六條規定處理外，準用保安處分執行法第四條之一之有關規定執行之；保護處分與保安處分併存時，亦同。

第一三條

本法修正施行前規定不得抗告之裁定，依修正後本法規定得為抗告，其確定在修正施行前者，仍不得抗告；其確定在修正施行後者，適用修正後之規定。

第一四條

本法第六十四條之二規定，於本法中華民國八十六年十月二十九日修正公布施行後受理之案件始有適用。

第一五條

少年保護官於本法中華民國一百零八年六月十九日修正公布之第八十二條施行前辦理之保護管束案件，執行期間受保護管束人滿二十三歲者，應報請檢察官交由檢察署觀護人執行之。

第一五條之一 110

少年之法定代理人經少年法院裁定命接受親職教育確定，其尚未執行或未執行完畢，而少年已成年者，自少年成年之日起，免予執行或中止執行。

第一六條

少年法院審理少年刑事案件認有必要時，得依本法第十九條規定辦理。

第一七條

①本法中華民國一百零八年六月十九日修正公布之第八十三條之一第二項、第三項關於塗銷少年前案紀錄及有關資料與不得無故提供之規定，及依同條第四項所定之辦法，於本法修正施行前之少年事件，亦有適用。

②前項紀錄及有關資料塗銷之規定，於法院不適用之。

③本法所稱塗銷，係指予以塗抹、刪除或遮掩，使一般人無法直接或經比對後可辨識為少年者而言；經塗銷後紀錄及檔案資料之保存及銷毀，仍依保存機關、機構或團體對各該檔案之保存及銷毀有關法規辦理。

第一八條

本法所稱之少年前案紀錄及有關資料，係指保存機關、機構及團體依其業務就本法第八十三條之一第一項事件或案件所建立之移送、調查、偵查、審理、執行之紀錄。但不含保存機關、機構及團體因調查、偵查、審理、執行該事件或案件所編纂之卷宗。

第一九條

本細則自發布日施行。

資料補充欄

玖、法律倫理及相關法規

法律扶助法

①民國93年1月7日總統令制定公布全文66條。
民國93年6月14日司法院令發布定自93年6月20日施行。
②民國98年12月30日總統令修正公布第54條條文。
民國99年8月30日司法院令發布定自99年1月1日施行。
③民國104年7月1日總統令修正公布全文68條。
民國104年7月3日司法院令發布除第7、37、38、40、41、44、48、51至55、59條定自105年3月23日施行外，餘定自104年7月6日施行。

第一章　總　則

第一條　（立法目的）
為保障人民權益，對於無資力或因其他原因，無法受到法律適當保護者，提供必要之法律扶助，特制定本法。

第二條　（協助實施法律扶助事務之責任與義務）
①國家負有推展法律扶助事務及提供必要資金之責任。
②各級法院、檢察署、律師公會及律師負有協助實施法律扶助事務之義務。

第三條　（基金會之成立及主管機關）
①為實現本法之立法目的，應成立財團法人法律扶助基金會（以下簡稱基金會）；其捐助及組織章程，由主管機關定之。
②本法主管機關為司法院。

第四條　（法律扶助之事項）
本法所稱法律扶助，包括下列事項：
一　訴訟、非訟、仲裁及其他事件之代理、辯護或輔佐。
二　調解、和解之代理。
三　法律文件撰擬。
四　法律諮詢。
五　其他法律事務上必要之服務及費用。
六　其他經基金會決議之事項。

第五條　（無資力者、因其他原因無法受法律適當保護者之範圍）
①本法所稱無資力者，係指下列情形之一：
一　符合社會救助法規定之低收入戶、中低收入戶。
二　符合特殊境遇家庭扶助條例第四條第一項之特殊境遇家庭。
三　其可處分之資產及每月可處分之收入低於一定標準。
②申請人非同財共居之配偶或親屬，其名下財產不計入前項第三款之可處分之資產。前項第三款之資產及收入，申請人與其父母、子女、配偶或同財共居親屬間無扶養事實者得不計入；申請人與其配偶長期分居者，亦同。
③第一項第三款可處分資產、收入標準及前項之認定辦法，由基金會定之。
④本法所稱因其他原因無法受到法律適當保護者，係指下列情形之一：
一　涉犯最輕本刑為三年以上有期徒刑或高等法院管轄第一審案件，於偵查中初次詢（訊）問、審判中，未經選任辯護人。
二　被告或犯罪嫌疑人具原住民身分，於偵查、審判中未經選任辯護人。
三　因神經系統構造及精神、心智功能損傷或不全，無法為完全陳述，於偵查、審判中未經選任辯護人；或於審判中未經選任代理人，審判長認有選任之必要。

四　前三款情形，於少年事件調查、審理中，未經選任輔佐人。

五　其他審判、少年事件未經選任辯護人、代理人或輔佐人，審判長認有選任之必要。

六　重大公益、社會矚目、重大繁雜或其他相類事件，經基金會決議。

第六條　（編列預算捐助）

①基金會之基金爲新臺幣一百億元，除鼓勵民間捐助外，由主管機關逐年編列預算捐助。

②創立基金新臺幣五億元，由主管機關於第一個年度編足預算捐助。

第七條　（捐助及組織章程應載事項）

基金會之捐助及組織章程應載明下列事項：

一　宗旨。

二　名稱。

三　基金會及分會會址。

四　基金種類、數額、保管及運用方法。

五　業務項目。

六　組織。

七　人事管理。

八　業務及財務之監督及管理。

九　法律扶助之申請、審查及覆議等。

十　董事會及監察人會議。

十一　幹部及職員。

十二　會計。

十三　章程之變更。

十四　依本法授權訂定之辦法，其訂定、修正及廢止程序。

十五　財產處分之程序。

十六　解散事由、清算程序及賸餘財產之歸屬。

十七　其他依本法所定重要事項。

第八條　（政府補助款及基金會其他經費來源）

①主管機關應依基金會業務需求，逐年編列預算補助。

②中央政府相關部會應編列補助款補助之。

③基金會其他經費來源如下：

一　直轄市、縣（市）政府之補助款。

二　支付公庫之緩起訴處分金或協商判決金。

三　全國性及各地方律師公會之捐贈。

四　基金之孳息。

五　受扶助人依本法所分擔或負擔之酬金及必要費用。

六　其他團體或個人之捐贈。

七　其他收入。

④前項第三款、第六款、第七款之收入，於會計年度結束後之結餘款，應轉入第六條第一項所定之基金。

⑤第三項第二款之經費，由主管機關依前三年度平均總金額百分之十五，併同第一項預算編列之。

第九條　（基金會會址及分會設立）

①基金會會址設於主管機關所在地。但經主管機關核准者，不在此限。

②基金會得按地方法院轄區設立基金會分會（以下簡稱分會）。

第一〇條　（基金會之辦理事項）

①基金會辦理事項如下：

一　訂定、修正及廢止法律扶助辦法。
二　規劃、執行法律扶助事務。
三　法律扶助經費之募集、管理及運用。
四　推廣法律扶助、弱勢人權議題之教育。
五　受理機關（構）、團體委託執行法律扶助事務。
六　推動與法律扶助、弱勢人權議題相關之法令建置。
七　不服分會審查委員會決定之覆議案件。
八　扶助律師之評鑑。
九　其他法律扶助事宜。
②基金會辦理前項第五款之事項，應依基金會與委託之政府機關（構）、團體之契約辦理。

第一一條　（分會之業務內容）
分會辦理事項如下：
一　法律扶助事件准駁、變更、撤銷及終止之審議與執行。
二　酬金及必要費用之預付、給付、酌增、酌減、取消、返還、分擔或負擔之審議與執行。
三　受扶助人與扶助律師間爭議之調解。
四　協助法律扶助經費之募集。
五　執行基金會交辦事項及其他法律扶助事項。

第一二條　（辦法涉及組織編制、基金及經費運用和重大措施者應經主管機關核定）
依本法授權基金會訂定之辦法，涉及組織編制、基金及經費之運用、重大措施者，其訂定、修正及廢止，應經主管機關核定，其餘應報請主管機關備查。

第二章　法律扶助之申請

第一三條　（法律扶助之對象）
①無資力或因其他原因無法受到法律適當保護者，得申請法律扶助。
②符合下列情形之一者，於申請法律扶助時，無須審查其資力：
一　第五條第一項第一款、第二款。
二　第五條第四項第一款至第五款。
三　得依消費者債務清理條例清理債務之債務人。
四　言詞法律諮詢。
③有下列情形之一者，經切結後推定為無資力，無須審查其資力：
一　依就業服務法第四十六條第一項第八款至第十款引進之外國人。
二　經濟弱勢且尚未歸化或歸化後尚未設有戶籍之國人配偶。
④前項之認定辦法，由基金會定之。
⑤第五條第四項第六款之事件應否審查資力，由基金會決議之。
⑥符合第二項第二款之情形，未申請法律扶助，審判長或檢察官得通知基金會指派扶助律師為其辯護或輔佐。

第一四條　（適用對象）
①非中華民國國民符合下列情形之一者，本法之扶助規定亦適用之：
一　合法居住於中華民國境內之人民。
二　因不可歸責於己之事由而喪失居留權。
三　人口販運案件之被害人或疑似被害人。
四　非居住於中華民國境內之人民，曾因同一事實受基金會扶助。
五　非居住於中華民國境內之人民，對於他人曾因同一事實受基金會扶助後死亡，依中華民國法律得行使權利。

六　非居住於中華民國境內之人民，對於他人因職業災害死亡，依中華民國法律得行使權利。

七　其他經基金會決議。

②前項之審查辦法，由基金會定之。

第一五條　（不應准許申請法律扶助之情形及例外規定）

①法律扶助之申請，有下列情形之一者，不應准許：

一　依申請人之陳述及所提資料，顯無理由。

二　申請人勝訴所可能獲得之利益，小於訴訟費用及律師報酬。但所涉及之紛爭具有法律上或社會上之重大意義者，不在此限。

三　同一事件依本法或其他法律已受法律扶助，而無再予扶助之必要。

四　同一事件申請人已選任律師；法院已指定辯護人或指定律師擔任代理人或輔佐人。

五　對基金會之訴訟。

六　於中華民國境外所進行之訴訟。

七　同一事件業經基金會或分會駁回確定，而無其他新事實或新證據。但依申請人所提之資料，足以認定有予以扶助之必要者，不在此限。

八　申請之事項不符法律扶助之目的。

②前項第一款、第二款之規定，於第五條第四項第一款至第五款之情形，不適用之。

第一六條　（法律扶助種類及其代理、辯護或輔佐施行範圍之決定）

①基金會得按經費狀況，依事件類型，決定法律扶助種類及其代理、辯護或輔佐之施行範圍。

②前項施行範圍之辦法，由基金會定之。

第一七條　（申請法律扶助應表明事項；由身心障礙福利機構代爲申請之規定）

①申請法律扶助，應以言詞或書狀表明下列各款事項，提出於分會：

一　申請人姓名、性別、出生年月日、身分證明文件編號、住所或居所。有法定代理人或申請代理人者，其姓名、出生年月日、身分證明文件編號、住所或居所，及與申請人之關係。

二　第五條之情形及相關釋明或證明文件。

三　法律事件之陳述及相關證據。

四　法律扶助之種類。

②神經系統構造及精神、心智功能損傷或不全，無法爲完全陳述者，得由身心障礙福利機構逕以其爲申請人代爲前項之申請。

③以言詞爲申請者，分會應做成紀錄，經向申請人或其代理人朗讀或使閱讀，確認內容無誤後由其簽名或蓋章。

④申請法律扶助不合第一項所定程式者，分會應定期通知補正；逾期未補正者，駁回其申請，並載明覆議之期間。

第一八條　（准許扶助決定及載明事項）

①符合法律扶助申請之要件及程式者，分會應爲准許扶助之決定。

②前項決定，應以書面載明下列事項：

一　法律扶助之種類。

二　全部或部分扶助。

三　部分扶助，受扶助人應分擔之酬金及必要費用之數額及繳納期限。

四　扶助之理由。

五　扶助律師。

第一九條　（變更法律扶助之申請，及變更前給予受扶助人陳述意見之機會）

①法律扶助之申請經准許後，受扶助人因情事變遷而認有變更原准許法律扶助種類或範圍之必要時，得向分會提出申請。

②前項申請之要件、程式及准駁之決定，準用第十三條至第十五條、第十七條及前條之

規定。

③分會認扶助之種類或範圍有變更之必要者，得依扶助律師申請或依職權變更之，並準用前條第二項之規定。但變更足以影響受扶助人之權益者，應給予陳述意見之機會。

第二〇條　（暫時扶助之決定及撤銷法律扶助，於撤銷前給予受扶助人陳述意見之機會）

①申請事件急迫者，縱申請人未盡釋明請求法律扶助之要件，分會亦得依申請爲暫時扶助之決定。

②爲暫時扶助之決定後，分會認受扶助人不符扶助要件時，應撤銷其決定。

③依前項規定撤銷前，應給予受扶助人陳述意見之機會。

④依第二項規定撤銷時，分會應以書面通知受扶助人於一定期限內將已受扶助所生之酬金及必要費用返還之。但不可歸責於受扶助人之事由者，不在此限。

第二一條　（撤銷准許，及於撤銷前給予受扶助人陳述意見之機會）

①法律扶助之申請經准許後，受扶助人所提供釋明、證明之文件或陳述有僞造、變造或虛僞不實之情事者，分會應撤銷其准許。

②依前項規定撤銷前，應給予受扶助人陳述意見之機會。

③依第一項規定撤銷時，分會應以書面通知受扶助人於一定期限內將已受扶助所生之酬金及必要費用返還之。

第二二條　（終止法律扶助之情形）

①受扶助人有下列情形之一者，分會得終止法律扶助：

一　因繼承、贈與或其他原因，已不符無資力之要件。

二　死亡或行蹤不明。

三　因法令變更、情事變遷或請求之標的毀損、滅失致無繼續扶助之必要。

四　無正當理由不配合執行扶助之要求，或不依限繳納應分擔之酬金及必要費用，致該扶助事件無法進行。

五　對扶助律師爲重大侮辱行爲。

六　其他原因致無繼續扶助之必要。

②依前項規定終止前，除第二款之情形外，應給予受扶助人陳述意見之機會。

第三章　扶助律師及其酬金

第二三條　（基金會得遴選律師及與之簽約辦理法律扶助相關事務）

①基金會得遴選律師辦理本法所規定之法律扶助事務；經遴選之律師非有正當理由，不得拒絕。

②前項律師之遴選辦法，由基金會定之。

③爲辦理本法規定之法律扶助事務，基金會得約聘專職律師；其約聘標準、期間、薪資、派案、違反義務時應負之責任及管理考核之辦法，由基金會定之。

④爲辦理本法規定之法律扶助事務，基金會得與律師（律師事務所）簽約；其簽約標準、期間、報酬、派案、違反義務時應負之責任及其他相關事項之辦法，由基金會定之。

第二四條　（扶助律師依基金會或分會指派，辦理法律扶助事務）

前條律師應依基金會或分會之指派，辦理本法所規定之法律扶助事務。

第二五條　（指派扶助律師應審酌之事項）

分會指派扶助律師時，應審酌扶助事件之類型，扶助律師之專長、意願、已承接扶助事件之數量及受扶助人之意願等一切情況。

第二六條　（扶助律師應善盡律師職責，違反者移送評鑑）

①扶助律師應忠實執行工作，善盡律師職責。

②扶助律師經指派辦理法律扶助事務，非有正當理由，不得拒絕。

③扶助律師除依本法規定請領酬金及必要費用外，不得以任何方式收受報酬或不正利

益。

④扶助律師違反前三項規定者，視同違反律師倫理規範，移送評鑑；情節重大者，由基金會移請律師懲戒委員會依律師法處理。

⑤有關扶助律師評鑑之辦法，由基金會定之。

第二七條 （扶助律師酬金及必要費用給付標準）

①扶助律師之酬金及必要費用，由基金會給付之。

②酬金依下列標準計算：

一 每一審級訴訟、非訟、仲裁或其他事件之代理、辯護或輔佐，十五至五十個基數。

二 偵查程序之代理或辯護，二至三十五個基數。

三 調解、和解之代理或法律文件撰擬，而不涉及前二款之代理、辯護或輔佐者，二至十五個基數。

四 法律諮詢，一至五個基數。

五 其他法律事務上必要之服務，依其性質，準用前四款規定。

第二八條 （酬金及必要費用之申請）

扶助律師得於承接事件後檢附相關文件，向分會申請預付酬金及必要費用；或於扶助事件終結或每一審級終結後二個月內，檢附相關文件，向分會申請給付結案酬金及必要費用。

第二九條 （酌增、酌減或取消酬金之情形）

①有下列情形之一者，分會得依扶助律師之申請酌增酬金：

一 律師因承接第五條第四項第六款或其他案情繁雜之事件，致原審定之酬金過低。

二 事件因扶助律師之協助，而達成和解。

②因可歸責於扶助律師之事由或情事變更，致未適當履行法律扶助事務，分會得視情節酌減、取消其酬金，或變更扶助律師。

第三〇條 （酬金及必要費用給付等相關辦法，由基金會訂定）

前三條有關酬金基數之折算數額、酬金及必要費用之給付、預付與酬金之酌增、酌減或取消辦法，由基金會定之。

第三一條 （全部扶助與部分扶助之決定及分擔比例）

①分會准許法律扶助時，應視受扶助人之資力，決定為全部或部分扶助。但第五條第一項第一款、第二款之情形，應為全部扶助。

②分會准許部分扶助時，應決定受扶助人應分擔酬金及必要費用之比例。

③受扶助人就其應分擔之酬金及必要費用未能及時給付者，得向分會申請墊付。

④受扶助人之全部或部分扶助、應分擔之酬金及必要費用之審查辦法，由基金會定之。

第三二條 （回饋金）

①因法律扶助所取得之標的具財產價值，且其財產價值達一定標準者，分會經審查得請求受扶助人負擔酬金及必要費用之全部或一部為回饋金。

②前項標準及審查辦法，由基金會定之。

第三三條 （受扶助人應分擔酬金及必要費用或回饋金）

①受扶助人應依分會書面通知之期限及額度，給付應分擔之酬金及必要費用或回饋金。

②應分擔之酬金及必要費用或回饋金之給付，有影響受扶助人及其共同生活親屬生計之虞者，分會得減免之；其減免認定之標準，由基金會定之。

第三四條 （訴訟費用）

①基金會就扶助事件適用（準用）民事訴訟法第七十七條之二十五第一項、第四百六十六條之三第一項、行政訴訟法第二百四十一條之一第三項及其他法律規定，應支出之酬金及必要費用，視為訴訟費用之一部。

②基金會依前項規定支出之酬金及必要費用，得向負擔訴訟費用之他造請求；基金會或分會並得據受扶助人之執行名義，聲請確定訴訟費用額及強制執行。

③第一項訴訟費用依法可向法院聲請退還者，基金會或分會得以其名義聲請退還之。

④基金會或分會依前二項規定所收取之款項，抵充受扶助人應分擔、負擔或返還之酬金及必要費用。

第三五條　（返還酬金及必要費用強制執行之聲請）

①受扶助人不依第二十條第四項、第二十一條第三項或第三十三條第一項返還酬金及必要費用，未提出覆議或提出覆議經駁回者，基金會或分會除認強制執行無實益外，得提出相關證明文件，聲請法院裁定強制執行；於聲請法院強制執行時，免徵執行費。

②前項強制執行無實益之認定標準，由基金會定之。

第四章　救濟程序

第三六條　（申請覆議之主體及覆議之申請程序）

①申請人、受扶助人不服分會審查委員會之決定者，得於收受決定書後三十日內，以言詞或書面附具理由向基金會申請覆議。

②扶助律師不服分會審查委員會對於酬金酌增、酌減或取消之決定者，得於收受決定書後三十日內，以書面附具理由向基金會申請覆議。

③前二項之申請程式，應表明下列各款事項，並準用第十七條第三項、第四項之規定：

一　申請人姓名、性別、出生年月日、身分證明文件編號、住所或居所。有法定代理人或申請代理人者，其姓名、出生年月日、身分證明文件編號、住所或居所，及與申請人之關係。

二　對於原決定不服之程度及應如何撤銷或變更之聲明。

三　覆議之事實及理由。

四　釋明或證明文件。

④對於覆議之決定，不得聲明不服。

第五章　基金會之組織及監督

第三七條　（董事會之設置；董事之任期、遴聘及解任）

①基金會設董事會，置董事十三人，任期三年，均爲無給職。

②董事由司法院院長遴聘下列人員擔任之：

一　司法院代表二人、法務部及衛生福利部代表各一人，隨職位進退。

二　全國性及各地方律師公會推舉長期參與人權、公益或弱勢議題之律師三人。

三　社會團體推薦長期參與人權、公益或弱勢議題之法學、社會學、管理學或其他專門學識之學者、專家二人。

四　社會團體推舉之弱勢團體代表二人。

五　各界推舉之勞工團體代表一人。

六　各界推舉之原住民族代表一人。

③前項第一款之董事，期滿後得續聘，無次數之限制。

④第二項第二款至第六款之董事，期滿後得續聘一次。但續聘人數不得超過該五款所定總人數三分之二。

⑤董事會應於每屆董事任期屆滿前一個月，依第二項第二款至第六款規定加倍推舉次屆董事人選，併同依第二項第一款產生之董事人選，送請司法院院長遴聘。

⑥董事於任期中，有下列情形之一者，由基金會報請司法院院長予以解任：

一　第二項第一款之董事離去原職位。

二　第二項第二款至第六款之董事，有辭職、未續聘或不適任之情形。

⑦前項情形，應重新遴聘董事，其程序準用第五項之規定；新聘董事之任期至原任董事任期屆滿之日止。

⑧第二項之董事，單一性別不得少於三分之一。

⑨董事會開會時，應通知基金會或分會工作人員代表及工會代表列席。

第三八條　（董事會掌理事項）

董事會爲基金會最高決策機構，掌理下列事項：

一　執行長、副執行長、分會會長、分會執行秘書、審查委員會委員、覆議委員會委員、專門委員會委員及其他重要職位之聘任及解任。
二　會務方針及計畫之訂定。
三　預算之編列。
四　基金之管理及運用。
五　經費之籌措。
六　依本法授權基金會訂定之辦法，其訂定、修正及廢止。
七　章程之變更。
八　財產之處分。
九　其他重大事項之決定。

第三九條　（董事會之召集）

①董事會由董事長召集並擔任主席。董事長因故不能召集或主持會議時，由董事長指定董事一人代理。董事長未指定代理人時，由董事互推一人召集或主持會議；董事長不爲召集時，亦同。

②董事會之決議，除本法另有規定外，應有全體董事過半數之出席及出席董事過半數之同意行之。

③董事會爲章程之變更或重大財產之處分等決議，應有全體董事三分之二以上出席及出席董事三分之二以上同意，報請司法院核定。

④董事會開會時，如以視訊會議爲之，其董事以視訊參與會議者，視爲出席。

第四〇條　（董事長之設置及職權）

①基金會置董事長一人，對外代表基金會。

②董事長由全體董事互選，由基金會報請司法院院長核定後聘任之；任期與董事同；未聘任前，由其代行董事長職權，代行期間不得逾一個月。

③董事長於任期中辭職、喪失董事身分或有不適任之情形者，應由基金會報請司法院院長核定後解任之。

④前項情形，主管機關得限期命基金會改選董事長；任期至前任董事長任期屆滿之日止。未改選前，由董事互推一人代理之。

第四一條　（正、副執行長之設置、任期及職權）

①基金會置執行長、副執行長各一人，均專任，應具有法學專門學識，由基金會聘任。執行長任期三年，期滿得續聘。執行長受董事會指揮監督，綜理會務；副執行長襄助執行長處理會務。

②執行長、副執行長由董事長提請董事會通過後報請司法院院長核定。

③執行長、副執行長有辭職或不適任之情形者，應予解任，其解任程序與聘任程序同。

第四二條　（各種專門委員會之設置及組成）

①基金會依業務需要，得設各種專門委員會，辦理法律扶助相關事宜。

②各專門委員會，置委員若干人，其中一人爲主任委員，均爲無給職，由基金會遴聘具有法學、社會學、心理學或其他專門學識之人士擔任；其有辭職或不適任之情形者，應由基金會予以解任。

③前項各專門委員會之委員，單一性別不得少於三分之一。

第四三條　（分會會長之設置、任期及職權）

①分會置會長一人，爲無給職，由基金會遴聘具有法學或相關專門學識之人士擔任，綜理分會會務，任期三年，期滿得續聘。

②分會會長有辭職或不適任之情形者，應由基金會予以解任；主管機關亦得移請基金會予以解任。

③基金會爲前二項之聘任、解任後，應報請主管機關備查。

第四四條　（分會執行秘書之聘任、解任由執行長報請基金會爲之）

①分會置執行秘書一人，專任，應具有法學或相關專門學識，承分會會長之命處理會

務。
②執行秘書之聘任、解任，由執行長或分會會長報請基金會爲之。

第四五條　（審查委員會之設置、組成及任期）

①分會設審查委員會，置委員若干人，任期三年，均爲無給職。
②審查委員會委員，由分會會長推舉法官、檢察官、公設辯護人、律師、軍法官或其他具有法學專門學識之學者、專家，報請基金會聘任之；其有辭職或不適任之情形者，應由分會會長報請基金會予以解任。

第四六條　（審查委員會審議事項）

①審查委員會審議下列事項：
　一　法律扶助事件之准駁、變更、撤銷及終止。
　二　酬金及必要費用之給付、酌增、酌減或取消。
　三　受扶助人應返還、分擔或負擔之酬金及必要費用。
　四　受扶助人與扶助律師間之爭議事項。
　五　其他法令規定之事項。
②有下列情形之一者，得由分會決定予以扶助並酌定律師酬金，不適用前項第一款、第二款之規定：
　一　審判長或檢察官因刑事案件符合刑事訴訟法第三十一條規定而轉介至基金會指派律師。
　二　檢察官求處死刑、法院曾宣告死刑或有宣告死刑之虞之刑事案件。
　三　其他經基金會決議。
③前項辦法，由基金會定之。

第四七條　（審查委員會之審議決定）

①審查委員會之審議決定，由三人合議行之。
②前項審議之決定應附理由，並以書面爲之。
③前條所定事項之審議辦法，由基金會定之。

第四八條　（覆議委員會之設置、組成及任期）

①基金會設覆議委員會，置委員若干人，任期三年，均爲無給職。
②審查委員會委員不得兼任覆議委員會委員。
③覆議委員會委員，由執行長或分會會長推舉資深之法官、檢察官、公設辯護人、軍法官、律師或其他具有法學專門學識之學者、專家，報請基金會聘任之；其有辭職或不適任之情形者，應由執行長或分會會長報請基金會予以解任。

第四九條　（覆議委員會之審議決定）

①覆議委員會審議不服分會審查委員會決定之覆議案件。
②覆議委員會之審議決定，由三人合議行之。
③前項審議之決定，應附理由，並以書面爲之。
④覆議案件之審議辦法，由基金會定之。

第五〇條　（得由扶助律師准駁之法律扶助事件）

下列法律扶助事件之准駁，得由扶助律師行之，不適用第四十六條、第四十七條及前條之規定：
　一　第五條第四項第一款至第四款之事件，於偵查中初次詢（訊）問。
　二　言詞法律諮詢。

第五一條　（監察人之遴聘、解任及任期）

①基金會置監察人五人，任期三年，均爲無給職。
②監察人由司法院院長遴聘下列人員擔任之：
　一　行政院代表一人。
　二　司法院代表一人。
　三　全國性及各地方律師公會推舉之律師一人。
　四　具有會計專業之學者專家一人。

五　社會公正人士一人。

③前項第一款、第二款之監察人，期滿後得續聘，無次數之限制。

④第二項第三款至第五款之監察人，期滿後得續聘一次。但續聘人數不得超過該三款所定總人數三分之二。

⑤監察人應於每屆任期屆滿前一個月召開會議，依第二項第三款至第五款規定加倍推舉次屆監察人人選，併同依第二項第一款、第二款產生之監察人人選，送請司法院院長遴聘。

⑥監察人於任期中，有下列情形之一者，由基金會報請司法院院長予以解任：

一　第二項第一款、第二款之監察人離去原職位。

二　第二項第三款至第五款之監察人，有辭職或不適任之情形。

⑦前項情形，應重新遴聘監察人，其程序準用第五項之規定；新聘監察人之任期至原任監察人任期屆滿之日止。

第五二條　（監察人之職權）

①監察人職權如下：

一　基金會業務推展及執行業務人員之監督。

二　基金、存款及其他財產之稽核。

三　財務狀況之檢查。

四　決算之審議。

②監察人獨立行使職權，必要時得召開監察人會議行使之。

③監察人得列席董事會陳述意見。

第五三條　（常務監察人之設置及任期）

①基金會置常務監察人一人，由全體監察人互選，並由基金會報請司法院院長核定後聘任之；任期與監察人同。

②監察人會議由常務監察人召集之。

③前項會議之決議，應有全體監察人過半數之出席及出席監察人過半數之同意行之。

④常務監察人於任期中辭職、喪失監察人身分或有其他不適任之情形者，應由基金會報請司法院院長核定後解任之。

⑤前項情形，主管機關得限期命基金會改選常務監察人；任期至前任常務監察人任期屆滿之日止。未改選前，由監察人互推一人代理之。

第五四條　（董事、監察人之消極資格）

有下列情形之一者，不得擔任基金會之董事或監察人：

一　故意犯罪，受有期徒刑以上刑之宣告確定。但宣告緩刑者，不在此限。

二　受破產宣告，或依消費者債務清理條例經法院裁定開始清算程序，尚未復權。

三　受監護或輔助宣告，尚未撤銷。

四　經中央衛生主管機關評鑑合格之醫院證明身心障礙或其他事由致不能勝任職務。

第五五條　（董事、監察人之利益迴避）

①董事、監察人應遵守利益迴避原則，不得假借職務上之權力、機會或方法圖謀本人或第三人之利益。

②董事、監察人相互間，不得有或曾有配偶及三親等以內血親、姻親之關係。

③董事、監察人之配偶及其三親等以內血親、姻親，不得擔任基金會總務、會計及人事職務。

④前三項之規定，於執行長及副執行長準用之。

第五六條　（年度工作計畫及經費預算之擬定）

①基金會應依設立目的，擬定年度工作計畫及經費預算，並於會計年度開始前六個月陳報主管機關。

②基金會應將年度工作報告、決算及財產清冊於會計年度結束後二個月內，報請主管機關備查。

第五七條　（主管機關監督業務得派員檢查及命其提出相關證明文件）

①主管機關爲監督基金會業務之正常運作，得命基金會就其業務、會計及財產相關事項提出報告，並得派員檢查其業務。
②主管機關爲前項監督時，得命基金會提出證明文件、簿冊及相關資料。
第五八條　（訂定會計制度、保存相關會計資料）
基金會應訂定會計制度，並應妥適保存相關會計簿籍及憑證，以備查核。
第五九條　（糾正或解任之處分）
董事、監察人不依本法行使職權，或未依本法履行義務，主管機關得視其違反情節之輕重，爲糾正或解任之必要處分。
第六〇條　（主管機關訂定監督管理辦法）
爲監督並確保基金會之正常運作及健全發展，主管機關得就基金及經費之運用、法律扶助事件品質、年度重大措施等事項，訂定監督管理之辦法。

第六章　附　則

第六一條　（法院得申請撥用非公用財產類之不動產，協助法律扶助事務）
法院爲協助法律扶助事務，得申請撥用非公用財產類之不動產，提供基金會使用。
第六二條　（資金管理及運用辦法由基金會訂定）
基金會與各分會間資金管理及運用之辦法，由基金會定之。
第六三條　（訴訟救助之聲請）
經分會准許法律扶助之無資力者，其於訴訟或非訟程序中，向法院聲請訴訟救助時，除顯無理由者外，應准予訴訟救助，不受民事訴訟法第一百零八條規定之限制。
第六四條　（保密義務）
曾依本法從事法律扶助相關業務者，因職務知悉之秘密或非公開訊息，負有保密之責，非經當事人同意或有正當理由，不得洩漏或公開。
第六五條　（依法申請法律扶助之告知）
司法人員、司法警察（官）、軍法人員或律師處理法律事務，發現符合本法所定申請法律扶助之要件時，應告知當事人得依本法申請法律扶助。
第六六條　（法定救濟期間之告知）
扶助律師應於偵查終結或每一審級終結後，告知受扶助人法定救濟期間之規定。
第六七條　（分會出具保證書）
①分會認爲法律扶助事件顯有勝訴之望，並有聲請實施保全或停止強制執行程序之必要，受扶助人應向法院繳納之假扣押、假處分、定暫時狀態處分、暫時處分或停止強制執行擔保金，得由分會出具之保證書代之。
②前項出具保證書原因消滅時，分會得以自己名義向法院聲請返還。
第六八條　（施行日）
本法施行日期由司法院定之。

律師法

①民國81年11月16日總統令修正公布全文53條。
②民國86年4月23日總統令修正公布第3、7條條文。
③民國87年6月24日總統令修正公布第42、45、46、48、49、50、53條條文；並增訂第20-1、37-1、47-1至47-14、50-1條條文。
民國90年12月19日行政院令發布除第37-1、47-3、47-10、50、53條外，定自91年1月1日施行。
④民國90年11月14日總統令修正公布第47、47-3、47-10、50條條文。
民國90年12月19日行政院令發布第47-3、47-10、50條定自91年1月1日施行。
⑤民國91年1月30日總統令修正公布第1、4、7至9、14、21、23、27、32、37-1條條文；並刪除第10條條文。
⑥民國99年1月27日總統令修正公布第4、53條條文；並自98年11月23日施行。
民國103年2月14日行政院公告第20-1條所列屬「行政院勞工委員會」之權責事項，自103年2月17日起改由「勞動部」管轄。
⑦民國109年1月15日總統令修正公布全文146條；並自公布日施行。但第4、10條第1項、78、80、106至113條第1項及第136條之施行日期，由行政院以命令定之；第20、22、37條、第63條第2項、第64、67條、第68條第2項、第75條、第76條第1項第3款及第123條第2項，自110年1月1日施行。
民國109年9月28日行政院令發布第10條第1項定自110年1月1日施行。
民國109年12月3日行政院令發布第78、80、106至113條第1項、第136條定自110年1月1日施行。
⑧民國112年6月9日總統令修正公布第12、18、24、27、28條條文；並增訂第23-1條條文。

第一章　律師之使命

第一條　（律師之使命）
①律師以保障人權、實現社會正義及促進民主法治爲使命。
②律師應基於前項使命，本於自律自治之精神，誠正信實執行職務，維護社會公義及改善法律制度。

第二條　（律師之職責）
律師應砥礪品德、維護信譽、遵守律師倫理規範、精研法令及法律事務。

第二章　律師之資格及養成

第三條　（請領律師證書之積極資格）
①經律師考試及格並完成律師職前訓練者，得請領律師證書。但有第五條第一項各款情形之一者，不得請領。
②前項職前訓練，得以下列經歷代之：
一　曾任實任、試署、候補達二年之法官或檢察官。
二　曾任公設辯護人、軍事審判官或軍事檢察官合計達六年。
③非領有律師證書，不得使用律師名銜。

第四條　（全國律師聯合會辦理律師職前訓練）
①前條第一項律師職前訓練，由全國律師聯合會辦理。
②前項訓練之實施期間、時間、方式及其他相關事項，由全國律師聯合會訂定，並報法務部備查。但退訓、停訓、重訓及收費事項，由全國律師聯合會擬訂，報請法務部核定。

第五條（請領律師證書之消極資格）
①申請人有下列情形之一者，不得發給律師證書：
一　受一年有期徒刑以上刑之裁判確定，依其罪名及情節足認有害於律師之信譽。但受緩刑之宣告，緩刑期滿而未經撤銷，或因過失犯罪者，不在此限。
二　曾受本法所定除名處分。
三　曾任法官、檢察官而依法官法受免除法官、檢察官職務，並不得再任用為公務員。
四　曾任法官、檢察官而依法官法受撤職處分。
五　曾任公務人員而受撤職處分，其停止任用期間尚未屆滿，或現任公務人員而受休職、停職處分，其休職、停職期間尚未屆滿。
六　受破產之宣告，尚未復權。
七　受監護或輔助宣告，尚未撤銷。
八　違法執行律師業務、有損司法廉潔性或律師職務獨立性之行為，且情節重大。
②前項第一款及第八款之情形，法務部應徵詢全國律師聯合會之意見。

第六條　（請領律師證書之程序）
請領律師證書者，應檢具申請書及相關證明文件，報請法務部審查通過後核准發給。

第七條　（請領律師證書停止審查之情形）
請領律師證書者，因涉嫌犯最重本刑五年以上之貪污、行賄、侵占、詐欺、背信或最輕本刑一年以上有期徒刑之罪，經檢察官提起公訴，法務部得停止審查其申請。但所涉案件經宣判、改判無罪或非屬本條所列罪者，不在此限。

第八條　（受理律師證書請領之處理期間及程序）
①法務部受理律師證書之請領，除有前條情形外，應自受理申請之日起三個月內為准駁之決定；必要時，得延長一次，延長期間不得逾三個月。
②前項延長，應通知申請人。

第九條（律師證書撤銷或廢止及律師停止職務之情形）
①法務部核准發給律師證書後，發現申請人於核准前有第五條第一項各款情形之一者，撤銷其律師證書。但該條項第五款至第七款之原因，於撤銷前已消滅者，不在此限。
②法務部核准發給律師證書後，律師有第五條第一項第二款至第四款情形之一者，法務部應廢止其律師證書。
③法務部核准發給律師證書後，律師有下列要件之一者，法務部應命其停止執行職務：
一　第五條第一項第五款至第七款情形之一。
二　客觀事實足認其身心狀況不能執行業務，並經法務部邀請相關專科醫師組成小組認定。
④前項受停止執行職務處分之律師於原因消滅後，得向法務部申請准其回復執行職務。
⑤律師於本法中華民國一百零八年十二月十三日修正之條文施行前有第五條第一項第一款情形者，法務部應於修正施行後二年內廢止其證書。但修正施行前經律師懲戒委員會審議為除名以外之其他處分，或刑之執行完畢已逾七年者，不予廢止。

第一〇條　（律師資格審查會之設立）
①法務部應設律師資格審查會，審議律師證書之核發、撤銷、廢止及律師執行職務之停止、回復等事項。
②律師資格審查會由法務部次長、檢察司司長及高等行政法院法官、高等法院法官、高等檢察署檢察官各一人、律師四人、學者專家二人組成之；召集人由法務部次長任之。
③前項委員之任期、產生方式、審查程序及其他相關事項之規則，由法務部定之。

第三章　律師入退公會

第一一條　（地方律師公會及全國律師聯合會之加入）

①擬執行律師職務者，應依本法規定，僅得擇一地方律師公會爲其所屬地方律師公會，申請同時加入該地方律師公會及全國律師聯合會，爲該地方律師公會之一般會員及全國律師聯合會之個人會員。
②擇定前項所屬地方律師公會外，律師亦得申請加入其他地方律師公會爲其特別會員。特別會員之權利義務除本法或地方律師公會章程另有規定者外，同於該地方律師公會之一般會員。
③地方律師公會受理前項申請後，應逕予同意並自申請時生效，另應通知申請人、其所屬地方律師公會及全國律師聯合會，不適用第十二條至第十六條規定。
④特別會員行使表決權、選舉權、罷免權或算入出席人數之累計總數，超過按一般會員及特別會員人數計算各該權利數或出席人數之四分之一者，該累計總數仍以四分之一權重計算。但地方律師公會章程就該累計總數比例另有規定者，從其規定。
⑤前項情形，章程應就特別會員個人行使各該權利數或算入出席人數之權重計算方式併予規定。
⑥第四項但書及前項所定章程就累計總數比例、行使各該權利數或算入出席人數之權重計算方式之調整，應由一般會員決議爲之。

第一二條 112
①地方律師公會對入會之申請，除申請人有下列情形之一者外，應予同意：
一 第五條第一項各款情形之一。
二 因涉嫌犯最重本刑五年以上之貪污、行賄、侵占、詐欺、背信或最輕本刑一年以上有期徒刑之罪，經檢察官提起公訴。但所涉案件經宣判、改判無罪或非屬本款所列之罪者，不在此限。
三 除前二款情形外，違反律師倫理規範，情節重大，自事實終了時起未逾五年。
四 除第一款及第二款情形外，於擔任公務員期間違反公務員服務法或倫理規範，情節重大，自事實終了時起未逾五年。
五 擔任中央或地方機關特定臨時職務以外之公務員。但擔任公職律師或其他法律有特別規定者，不在此限。
六 已爲其他地方律師公會之一般會員。
②地方律師公會受理入會申請後，應於三十日內審核是否同意，並通知申請人。逾期未爲決定者，視爲作成同意入會之決定。
③申請人之申請文件有欠缺而可以補正者，地方律師公會應定期間命其補正，補正期間不計入前項審核期間。
④地方律師公會因天災或其他不可避之事故不能進行審核者，第二項審核期間，於地方律師公會重新進行審核前當然停止。

第一三條 （同意入會申請之效果及審核入會結果後應行之程序）
①律師經地方律師公會審核同意入會者，即成爲該地方律師公會及全國律師聯合會之會員。
②地方律師公會審核入會申請後，應將結果及其他相關資料轉送全國律師聯合會。如審核不同意者，並應檢附其理由，送請全國律師聯合會複審。

第一四條 （全國律師聯合會複審之處理方式及申請人權益之保障）
①全國律師聯合會認地方律師公會不同意入會無理由者，應逕爲同意申請人入會之決定，申請人即成爲該地方律師公會及全國律師聯合會之會員。
②全國律師聯合會認地方律師公會不同意入會有理由者，應爲維持之決定。
③全國律師聯合會對於地方律師公會不同意入會之複審，應於收件後三十日內作成決定，並通知送件之地方律師公會及申請人。逾期未決定者，視爲作成同意入會之決定。
④申請人之申請文件有欠缺而可以補正者，全國律師聯合會應定期間命其補正，補正期間不計入前項審核期間。
⑤全國律師聯合會因天災或其他不可避之事故不能進行審核者，第三項審核期間，於全

國律師聯合會重新進行審核前當然停止。

第一五條（同意入會決定違法之廢止）

①全國律師聯合會或地方律師公會認原同意入會之決定違法者，得廢止之。

②前項情形，由地方律師公會廢止者，準用第十三條第二項及前條之規定。

第一六條（拒絕及廢止入會之救濟程序）

申請人對全國律師聯合會不同意入會或廢止入會之決定不服者，得提起請求入會之民事訴訟。

第一七條（所屬會籍之變更）

①律師為變更所屬地方律師公會，得向其他地方律師公會申請入會。

②前項申請，應提出入會申請書及相關文件，並附具已向原所屬地方律師公會申請退會之證明。

③地方律師公會受理第一項申請後，應逕予同意，並通知申請人、原所屬地方律師公會及全國律師聯合會，不適用第十二條規定。

④前項同意，自申請時生效。但退出原所屬地方律師公會之效力發生在後者，自退出時生效。

第一八條 112

①律師有下列情形之一者，應於事實發生之日起一個月內，向律師公會申請退會。未主動申請退會者，律師公會應除去其會員資格：

一　經法務部撤銷、廢止律師證書、停止執行職務或除名。

二　受停止執行職務之懲戒處分，其停止執行職務期間尚未屆滿。

三　擔任中央或地方機關特定臨時職務以外之公務員。但擔任公職律師或其他法律有特別規定者，不在此限。

②律師死亡者，應由律師公會主動除去其會員資格。

第四章　律師職務之執行

第一九條（律師於全國執業之要件）

領有律師證書並加入地方律師公會及全國律師聯合會者，得依本法規定於全國執行律師職務。

第二〇條（律師繳納全國或跨區執業費用之適用範圍及未繳費之法律效果）

①律師於所加入地方律師公會區域外，受委任處理繫屬於法院、檢察署及司法警察機關之法律事務者，應依本法或章程規定，繳納全國或跨區執業費用。

②律師於全國或跨區執業之相關程序、應收費用項目、數額、收取方式、公益案件優遇條件及其他相關事項，由全國律師聯合會以章程定之。

③律師未依第一項規定繳納全國或跨區執業費用，全國律師聯合會或地方律師公會得依下列方式處理：

一　經催告後，仍未於催告期限內繳納者，律師公會得視違反情節，課予該律師未繳納費用十倍以下之滯納金。

二　其他依全國律師聯合會章程或律師倫理規範所定之處置方式。

④各級法院及檢察署就律師公會稽核第一項應繳納全國或跨區執業費用而未繳納者，應予以協助，其方式由法務部會商司法院、律師公會及相關機關後定之。

第二一條（律師得辦理之事務）

①律師得受當事人之委任，辦理法律事務。

②律師得辦理商標、專利、工商登記、土地登記、移民、就業服務及其他依法得代理之事務。

③律師辦理前項事務，應遵守有關法令規定。

第二二條（律師之在職進修）

①律師執行職務期間，應依規定參加在職進修。

②前項進修，由全國律師聯合會或地方律師公會辦理；其實施方式、最低進修時數、科目、收費、補修、違反規定之效果、處理程序及其他相關事項，由全國律師聯合會訂定，並報法務部備查。
③律師違反前項關於最低時數或科目之規定，且情節重大者，全國律師聯合會得報請法務部命其停止執行職務；受命停止執行職務者，於完成補修後，得洽請全國律師聯合會報請法務部准其回復執行職務。
④律師進修專業領域課程者，得向全國律師聯合會申請核發專業領域進修證明。
⑤前項專業領域之科目、請領之要件、程序、效期、收費及其他相關事項，由全國律師聯合會訂定，並報法務部備查。

第二三條（機構律師及其入會之規定）
①律師因僱傭關係或委任關係專任於社團法人或財團法人，執行律師業務者，爲機構律師。
②機構律師應加入任職所在地之地方律師公會；任職所在地無地方律師公會者，應擇一鄰近地方律師公會入會。

第二三條之一 112
①專任於政府機關（構）或公立學校以律師名義辦理法律事務者，爲公職律師。
②公職律師應加入任職機關（構）或公立學校所在地之地方律師公會；任職機關（構）或公立學校所在地無地方律師公會者，應擇一鄰近地方律師公會入會。
③公職律師得擔任政府機關（構）或公立學校之訴訟代理人，並得依公務人員保障法規定擔任公務人員依法執行職務涉訟案件之代理人或辯護人。

第二四條 112
①除機構律師及公職律師外，律師應設一主事務所，並加入主事務所所在地之地方律師公會，爲其一般會員；主事務所所在地無地方律師公會者，應擇一鄰近地方律師公會入會。
②前項情形，本法中華民國一百零八年十二月十三日修正之條文施行後，依第五十一條第一項規定始納入特定地方律師公會之區域者，於本法一百零八年十二月十三日修正之條文施行前，已於該區域內設有主事務所之律師，得就該特定地方律師公會或其主事務所所在地鄰近之地方律師公會擇一入會，爲其一般會員。
③律師得於主事務所所在地之地方律師公會區域外設分事務所。
④律師於每一地方律師公會區域以設一事務所爲限，並不得以其他名目另設事務所。
⑤律師於設立律師事務所及分事務所十日內，應經各該地方律師公會向全國律師聯合會辦理登記；變更時，亦同。
⑥前項律師事務所及分事務所應登記及變更登記事項，由全國律師聯合會訂定，並報法務部備查。
⑦第五項之資料，全國律師聯合會應陳報法務部。

第二五條　（分事務所常駐律師及其入會之規定）
①前條分事務所應有一名以上常駐律師加入分事務所所在地地方律師公會，爲其一般會員；分事務所所在地無地方律師公會者，應擇一鄰近地方律師公會入會。
②前項常駐律師，不得再設其他事務所或爲其他分事務所之常駐律師。
③受僱律師除第一項情形外，應以僱用律師之事務所爲其事務所。

第二六條　（對律師爲送達之處所）
對律師應爲之送達，除律師另陳明收受送達之處所外，應向主事務所行之。

第二七條 112
①全國律師聯合會及各地方律師公會，應置個人會員名簿，載明下列事項：
一　姓名、性別、出生年月日、身分證明文件編號及戶籍地址。
二　律師證書字號。
三　學歷及經歷。
四　主事務所、機構律師任職法人或公職律師任職機關（構）、公立學校之名稱、地

　　址、電子郵件信箱及電話。
五　加入律師公會年月日。
六　曾否受過懲戒。
②前項會員名簿，除律師之出生月日、身分證明文件編號、戶籍地址外，全國律師聯合會及各地方律師公會應利用電信網路或其他方式提供公衆閱覽。
③全國律師聯合會應置團體會員名簿，載明下列事項：
一　名稱及會址。
二　代表人。

第二八條 112
①司法人員或公職律師自離職之日起三年內，不得在其離職前三年內曾任職務之法院、檢察署、政府機關（構）或公立學校執行律師職務。但其因停職、休職或調職等原因離開上開法院、檢察署、政府機關（構）或公立學校已滿三年者，不在此限。
②前項人員離職後，得受曾任職務之法院、檢察署、政府機關（構）或公立學校委任，於其他機關（構）或公立學校執行律師職務，不適用前項之規定。

第二九條　（律師之迴避）
①律師與法院院長有配偶、五親等內血親或三親等內姻親之關係者，不得在該法院辦理訴訟事件。
②律師與檢察署檢察長有前項之親屬關係者，不得在該檢察署及對應配置之法院辦理刑事訴訟案件及以檢察署或檢察官爲當事人或參加人之民事事件。
③律師與辦理案件之法官、檢察官、司法事務官、檢察事務官、司法警察官或司法警察有第一項之親屬關係且受委任在後者，應行迴避。

第五章　律師之權利及義務

第三〇條　（執行法院或檢察官指定職務之義務）
律師非經釋明有正當理由，不得辭任法院或檢察官依法指定之職務。

第三一條　（探案蒐證之義務）
律師爲他人辦理法律事務，應探究案情，蒐集證據。

第三二條　（終止委任契約之限制及權益保障）
律師接受委任後，非有正當理由，不得片面終止契約；終止契約時，應於相當期間前通知委任人，並採取必要措施防止當事人權益受損，及應返還不相當部分之報酬。

第三三條　（怠忽致受損害之賠償責任）
律師如因懈怠或疏忽，致其委任人或當事人受損害者，應負賠償之責。

第三四條　（不得執行職務之事件）
①律師對於下列事件，不得執行其職務：
一　本人或同一律師事務所之律師曾受委任人之相對人之委任，或曾與商議而予以贊助者。
二　任法官、檢察官、其他公務員或受託行使公權力時曾經處理之事件。
三　依仲裁程序以仲裁人身分曾經處理之事件。
四　依法以調解人身分曾經處理之事件。
五　依法以家事事件程序監理人身分曾經處理之事件。
②前項第一款事件，律師經利益受影響之當事人全體書面同意，仍得受任之。
③當事人之請求如係違法或其他職務上所不應爲之行爲，律師應拒絕之。

第三五條　（於法庭或偵查中執業應受尊重及遵守秩序）
①律師在法庭或偵查中依法執行職務，應受尊重。
②律師在法庭或偵查中執行職務時，應遵守法庭或偵查庭之秩序。

第三六條　（保密之權利及義務）
律師有保守其職務上所知悉秘密之權利及義務。但法律另有規定者，不在此限。

第三七條　（參與社會公益活動之義務）
①律師應參與法律扶助、平民法律服務或其他社會公益活動。
②前項律師參與社會公益活動之種類、最低時數、方式、違反規定之處理程序及其他相關事項，由全國律師聯合會徵詢法務部及各地方律師公會意見後訂定之，並報法務部備查。

第三八條　（矇欺行爲之禁止）
律師對於委任人、法院、檢察機關或司法警察機關，不得有矇蔽或欺誘之行爲。

第三九條　（保持名譽信用之義務）
律師不得有足以損害律師名譽或信用之行爲。

第四〇條　（推展業務之限制）
①律師不得挑唆訴訟，或以誇大不實、不正當之方法推展業務。
②前項推展業務之限制，於律師倫理規範中定之。

第四一條　（兼任公務員之禁止及例外）
律師不得兼任公務員。但擔任中央或地方機關特定之臨時職務或其他法律有特別規定者，不在此限。

第四二條　（擔任各級民意代表者執業之禁止）
律師擔任中央或地方各級民意代表者，不得執行律師職務。

第四三條　（從事行業之限制及善盡職責）
①律師不得從事有辱律師尊嚴或名譽之行業。
②律師對於受委任、指定或囑託之事件，不得有不正當之行爲或違反其職務上應盡之義務。

第四四條　（與司法人員及司法警察不當應酬之禁止）
律師不得與司法人員及司法警察官、司法警察爲不正當之往還酬應。

第四五條　（受讓當事人間系爭權利或標的之禁止）
律師不得利用職務上之機會，直接或間接受讓當事人間系爭之權利或標的。

第四六條　（代顯無理由訴訟之禁止）
律師不得代當事人爲顯無理由之起訴、上訴、抗告或其他濫行訴訟之行爲。

第四七條　（明示收取酬金之計算方法及數額）
律師應向委任人明示其收取酬金之計算方法及數額。

第六章　律師事務所

第四八條　（律師事務所之型態分類）
①律師事務所之型態分下列四種：
　一　獨資律師或法律事務所。
　二　合署律師或法律事務所。
　三　合夥律師或法律事務所。
　四　法人律師或法律事務所。
②前項第一款稱獨資律師或法律事務所，指單一律師設立之律師事務所。
③第一項第二款稱合署律師或法律事務所，指二人以上律師合用辦公處所及事務所名稱，個別承接業務，且個別承擔責任之事務所。
④第一項第三款稱合夥律師或法律事務所，指二人以上律師，依民法合夥之規定，就業務之執行負連帶責任之事務所。
⑤第一項第四款之法人律師或法律事務所，另以法律定之。

第四九條　（獨資及合署律師事務所應負民法合夥連帶責任之情形）
獨資及合署之律師或法律事務所使用之名稱或標示，足以使他人誤認爲合夥律師或法律事務所者，事務所全體律師應依民法合夥之規定，就業務之執行負連帶責任。

第五〇條　（合夥律師事務所向全國律師聯合會申報之義務）

①合夥律師或法律事務所應向全國律師聯合會申報合夥人姓名；合夥人有變更時，亦同。

②全國律師聯合會應就前項申報事項爲適當之揭露。

第七章　公　會

第一節　地方律師公會

第五一條　（地方律師公會之設立）

①每一地方法院轄區設有事務所執業之律師三十人以上者，得成立一地方律師公會，並以成立時該法院轄區爲其區域。但於本法中華民國一百零八年十二月十三日修正之條文施行前，地方律師公會原組織區域內，已因法院轄區異動而成立其他地方律師公會者，以異動後之法院轄區爲其區域。

②無地方律師公會之數地方法院轄區內，得共同成立一地方律師公會。

③數地方律師公會得合併之。

第五二條　（地方律師公會之法人地位、主管機關及成立目的）

①地方律師公會爲社團法人。其主管機關爲所在地社會行政主管機關；目的事業主管機關爲所在地地方檢察署。

②地方律師公會應以提升律師之品格、能力、改善律師執業環境、督促律師參與公益活動爲目的。

第五三條　（地方律師公會理、監事之名額及選舉方式）

地方律師公會應置理事三人至二十一人、監事三人至七人，由會員或會員代表中選舉之。

第五四條　（地方律師公會會員或會員代表大會之掌理事項）

地方律師公會之會員大會或會員代表大會掌理下列事項：

一　預算之決議及決算之承認。

二　章程之訂定及修正。

三　會員大會或會員代表大會議事規則之訂定及修正。

四　重大財產處分之議決。

五　公會解散之議決。

六　章程所定其他事項。

第五五條　（地方律師公會之代表人及代理順序）

①地方律師公會以理事長爲代表人。

②理事長因故無法執行職務時，由副理事長代理；無副理事長或副理事長無法執行職務時，置有常務理事者，應由理事長指定常務理事一人代理，無常務理事者，應由理事長指定理事一人代理；理事長未指定或不能指定時，由常務理事或理事互推一人代理。

第五六條　（會員或會員代表大會之召開、出席及決議方式）

①地方律師公會應每年召開會員大會或會員代表大會一次，由理事長召集之；經會員或會員代表五分之一以上或監事會請求時，理事長應召開臨時會。

②會員大會或會員代表大會，應有會員或會員代表二分之一以上出席，始得開會。但章程另有規定者，從其規定。

③前項會員代表應親自出席。

④第二項會員不能出席時，得以書面委任其他會員代理。但委任出席人數，不得超過該次會議親自出席人數之三分之一，且每一會員以受一人委任爲限。

⑤章程所定開會之應出席人數低於會員二分之一者，會員應親自出席。

⑥會員大會或會員代表大會之決議，應以較多數之同意行之。但下列事項應有出席人數三分之二以上同意行之：

一　章程之訂定及修正。
二　會員或會員代表資格之除名。
三　理事長、副理事長、常務理事、理事、常務監事、監事及監事會召集人之罷免。
四　重大財產之處分。
五　公會之解散。
六　其他與會員權利義務有關之重大事項。

第五七條　（地方律師公會章程之訂定）

地方律師公會應訂定章程，報請所在地地方檢察署、所在地社會行政主管機關及全國律師聯合會備查；章程有變更時，亦同。

第五八條　（地方律師公會章程之應載事項）

①地方律師公會章程應記載下列事項：
一　名稱、所在地及其組織區域。
二　宗旨、任務及組織。
三　理事長、理事、監事、候補理事、候補監事之名額、任期、職務、權限及選任、解任方式。
四　置有副理事長、常務理事、監事會召集人、常務監事者，其名額、任期、職務、權限及選任、解任方式。
五　理事會及監事會之職掌。
六　理事長爲專職者，其報酬事項。
七　會員大會或會員代表大會及理事、監事會議規則。
八　一般會員及特別會員之入會、退會。
九　一般會員及特別會員應繳之會費。
十　一般會員及特別會員之權利與義務。
十一　關於會員共同利益之維護、增進及會員個人資料編製發送事項。
十二　置有會員代表者，其名額及產生標準。
十三　律師倫理之遵行事項及方法。
十四　開會及會議事項之通知方法。
十五　法律扶助、平民法律服務及其他社會公益活動之實施事項。
十六　律師在職進修之事項。
十七　律師之保險及福利有關事項。
十八　經費及會計。
十九　收支決算、現金出納、資產負債及財產目錄之公開方式。
二十　重大財產處分之程序。
二一　章程修改之程序。

②前項章程內容牴觸依法應由全國律師聯合會章程訂定且需全國一致適用者，無效。

第五九條　（地方律師公會舉行會議之陳報）

地方律師公會舉行會員大會、會員代表大會及理事、監事會議時，應陳報所在地社會行政主管機關及地方檢察署。

第六〇條　（地方律師公會違反法令章程或妨害公益情事之處分）

①地方律師公會有違反法令、章程或妨害公益情事者，所在地社會行政主管機關得予警告、撤銷其決議、命其停止業務之一部或全部，並限期改善；屆期未改善或情節重大者，得爲下列之處分：
一　撤免其職員。
二　限期整理。
三　解散。

②前項警告及撤銷決議之處分，所在地地方檢察署報經法務部核准後，亦得爲之。

第六一條　（地方律師公會資料之陳報）

①地方律師公會應將下列資料，陳報所在地之社會行政主管機關及所在地之地方檢察

署：

一　會員名簿或會員代表名冊及會員入會、退會資料。

二　會員大會或會員代表大會及理事、監事會議紀錄。

三　章程、選任職員簡歷冊。

②前項第一款資料應陳報全國律師聯合會。

第二節　全國律師聯合會

第六二條　（全國律師聯合會之法人地位、主管機關及成立目的）

①全國律師聯合會爲社團法人。其主管機關爲中央社會行政主管機關；目的事業主管機關爲法務部。

②全國律師聯合會應以促進法治社會發展、改善律師執業環境、落實律師自律自治、培育律師人才、提升律師服務品質及保障人權爲目的。

第六三條　（全國律師聯合會之會員種類）

①全國律師聯合會之會員分爲下列二種：

一　個人會員：各地方律師公會之一般會員。

二　團體會員：各地方律師公會。

②各地方律師公會爲全國律師聯合會之當然會員。

第六四條　（全國律師聯合會理、監事會與常務理、監事之名額及選舉方式）

①全國律師聯合會應設理事會、監事會，除依第一百四十二條規定選出之當屆外，其名額及組成如下：

一　理事會：理事三十七人至四十五人，其中一人爲理事長、二人爲副理事長。除由各地方律師公會理事長兼任當然理事外，理事長、副理事長及其餘理事由個人會員以通訊或電子投票方式直接選舉之。

二　監事會：監事十一人至十五人。由個人會員以通訊或電子投票方式直接選舉之。

②前項理事、監事任期最長不得逾三年，連選得連任一次。

③地方律師公會理事長如爲該地方律師公會之特別會員，該地方律師公會理事、監事聯席會議應另推派具一般會員身分之理事兼任第一項第一款之當然理事。

④全國律師聯合會得置常務理事。常務理事之名額不超過理事名額三分之一，除理事長、副理事長爲當然常務理事外，其餘名額由第一項理事互選之。

⑤全國律師聯合會得置常務監事。常務監事之名額不超過監事名額三分之一，由第一項監事互選之；常務監事三人以上時，應互選一人爲監事會召集人。

⑥理事長、副理事長、常務理事、理事、監事會召集人、常務監事、監事之名額、選任及解任方式，除依第一百四十二條規定選出之當屆外，由全國律師聯合會以章程定之。

第六五條　（全國律師聯合會會員代表大會之掌理事項）

全國律師聯合會會員代表大會掌理下列事項：

一　預算之決議及決算之承認。

二　章程之訂定及修正。

三　律師倫理規範之訂定及修正。

四　會員代表大會議事規則之訂定及修正。

五　重大財產處分之議決。

六　公會解散之議決。

七　章程所定其他事項。

第六六條　（全國律師聯合會之代表人及代理順序）

①全國律師聯合會以理事長爲代表人。

②理事長因故無法執行職務時，由副理事長代理；副理事長無法執行職務時，置有常務理事者，應由理事長指定常務理事一人代理，無常務理事者，應由理事長指定理事一

人代理；理事長未指定或不能指定時，由常務理事或理事互推一人代理。

第六七條　（會員代表大會之召開、出席及決議方式）

①全國律師聯合會應每年召開會員代表大會一次，由理事長召集之；經會員代表五分之一以上或監事會請求時，理事長應召開臨時會。

②會員代表大會應出席者如下：

一　當然會員代表：由全體理事、監事兼任。

二　個人會員代表：由全體個人會員以通訊或電子投票方式直接選舉之，其任期最長爲三年，連選得連任；其名額、任期、選任及解任方式，除依第一百四十二條規定選出之當屆外，由全國律師聯合會以章程定之。

三　團體會員代表：由各地方律師公會理事、監事聯席會議推派其一般會員擔任，並得隨時改派之；其名額由全國律師聯合會以章程定之。

③會員代表大會應出席之人數及決議事項，準用第五十六條第二項、第三項及第六項規定。

第六八條　（全國律師聯合會章程及律師倫理規範之訂定）

①全國律師聯合會應將其章程，報請法務部及中央社會行政主管機關備查；章程變更時，亦同。

②全國律師聯合會應訂定律師倫理規範，經會員代表大會通過後，報法務部備查。

第六九條　（全國律師聯合會章程之應載事項）

①全國律師聯合會章程應記載下列事項：

一　名稱及所在地。

二　宗旨、任務及組織。

三　理事長、副理事長、理事、監事、候補理事、候補監事之名額、任期、職務、權限及選任、解任方式。

四　置有常務理事、監事會召集人、常務監事者，其名額、任期、職務、權限及選任、解任方式。

五　團體會員代表之名額。

六　理事會及監事會之職掌。

七　理事長爲專職者，其報酬事項。

八　會員代表大會及理事、監事會議規則。

九　個人會員之入會、退會。

十　會員應繳之會費。

十一　會員之權利與義務。

十二　關於會員共同利益之維護、增進及會員個人資料編製發送事項。

十三　律師於全國或跨區執業之相關程序、應收費用項目、數額、收取方式、公益案件優遇條件等相關事項。

十四　對於各地方律師公會之會務協助及經費挹助之方式。

十五　律師倫理之遵行事項及方法。

十六　開會及會議事項之通知方法。

十七　法律扶助、平民法律服務及其他社會公益活動之實施事項。

十八　律師在職進修之事項。

十九　律師之保險及福利有關事項。

二十　經費及會計。

二一　收支決算、現金出納、資產負債及財產目錄之公開方式。

二二　重大財產處分之程序。

二三　章程修改之程序。

②前項第十四款所記載經費挹助方式，應考量各地方律師公會之財務狀況，及其一般會員、特別會員及跨區執業律師之人數，使其得以維持有效運作。

第七〇條　（全國律師聯合會舉行會議之陳報）

全國律師聯合會舉行會員代表大會及理事、監事會議時，應陳報中央社會行政主管機關及法務部。

第七一條　（全國律師聯合會違反法令章程或妨害公益情事之處分）

①全國律師聯合會有違反法令、章程或妨害公益情事者，中央社會行政主管機關得予警告、撤銷其決議、命其停止業務之一部或全部，並限期令其改善；屆期未改善或情節重大者，得爲下列之處分：

一　撤免其職員。

二　限期整理。

三　解散。

②前項警告及撤銷決議之處分，法務部亦得爲之。

第七二條　（全國律師聯合會資料之陳報）

全國律師聯合會應將下列資料，陳報中央社會行政主管機關及法務部：

一　會員名簿及會員之入會、退會資料。

二　會員代表大會及理事、監事會議紀錄。

三　章程、選任職員簡歷冊。

第八章　律師之懲戒

第一節　總　則

第七三條　（律師懲戒之事由）

律師有下列情事之一者，應付懲戒：

一　違反第二十四條第三項、第二十五條第一項、第二項、第二十八條、第二十九條、第三十二條、第三十四條、第三十八條、第四十條第一項、第四十一條、第四十二條、第四十四條至第四十七條規定。

二　犯罪行爲經判刑確定。但因過失犯罪，不在此限。

三　違反第二十一條第三項、第二十四條第四項、第三十條、第三十一條、第三十五條第二項、第三十六條、第三十九條、第四十三條或違背律師倫理規範，情節重大。

第七四條　（律師懲戒委員會命停止執行職務之情形）

①律師有第七條所定情形者，律師懲戒委員會得命其停止執行職務，並應將停止執行職務決定書送司法院、法務部、受懲戒律師所屬地方律師公會及全國律師聯合會。

②律師有前項停止執行職務情形，所涉案件經宣判、改判無罪或非屬第七條所定之罪者，得向律師懲戒委員會聲請准其回復執行職務。

③律師未依前項規定回復執行職務者，自所涉案件判決確定時起，停止執行職務之決定失其效力；其屬有罪判決確定者，應依前條第二款規定處理。

第七五條　（申覆救濟及律師倫理風紀委員會之設立）

①律師涉及違反律師倫理規範案件，經所屬地方律師公會審議後，爲移付懲戒以外處置，或不予處置者，受處置之律師或請求處置人得於處理結果送達二十日內，向全國律師聯合會申覆之。

②全國律師聯合會爲處理前項申覆案件，應設律師倫理風紀委員會，置主任委員一人，其中三分之一以上委員應由現非屬執業律師之社會公正人士擔任。

③前項律師倫理風紀委員會就申覆案件，依其調查結果得爲移付懲戒、維持原處置、另爲處置或不予處置之決議。

④第二項委員會之委員人數、資格、遴選方式、任期、主任委員之產生、組織運作、申覆程序、決議及其他相關事項，由全國律師聯合會訂定，並報法務部備查。

第七六條　（具移付律師懲戒權之機關團體）

①律師應付懲戒或有第七條所定情形者，除法律另有規定外，由下列機關、團體移付律

師懲戒委員會處理：

一　高等檢察署以下各級檢察署及其檢察分署對在其轄區執行職務之律師爲之。

二　地方律師公會就所屬會員依會員大會、會員代表大會或理事監事聯席會議決議爲之。

三　全國律師聯合會就所屬個人會員依律師倫理風紀委員會決議爲之。

②律師因辦理第二十一條第二項事務應付懲戒者，中央主管機關就其主管業務範圍，於必要時，得逕行移付律師懲戒委員會處理。

第七七條　（移送理由書之提出及應載事項）

①移送懲戒之機關、團體應提出移送理由書及其繕本。

②前項移送理由書，應記載被付懲戒律師之姓名、性別、出生年月日、身分證明文件編號、住居所、應付懲戒之事實及理由。

③移送懲戒之機關、團體爲提出第一項移送理由書，得依職權調查證據，並得函詢法院、檢察署或其他機關。有詢問被申訴律師之必要時，得通知其到場，並作成筆錄。

第七八條　（律師懲戒委員會之組織）

律師懲戒委員會，由高等法院法官三人、高等檢察署檢察官三人、律師七人及學者或社會公正人士二人擔任委員；委員長由委員互選之。

第七九條　（懲戒覆審之請求）

被付懲戒律師或原移送懲戒機關、團體，對於律師懲戒委員會之決議不服者，得向律師懲戒覆審委員會請求覆審。

第八〇條　（律師懲戒覆審委員會之組織）

律師懲戒覆審委員會，由最高法院法官三人、最高檢察署檢察官三人、律師七人及學者或社會公正人士二人擔任委員；委員長由委員互選之。

第八一條　（懲戒委員之自行迴避）

律師懲戒委員會及律師懲戒覆審委員會之委員，有下列情形之一者，應自行迴避，不得執行職務：

一　爲被付懲戒律師應付懲戒行爲之被害人。

二　現爲或曾爲被付懲戒律師或其被害人之配偶、八親等內之血親、五親等內之姻親或家長、家屬。

三　與被付懲戒律師或其被害人訂有婚約。

四　現爲或曾爲被付懲戒律師或其被害人之法定代理人。

五　曾於訴願、訴願先行程序或訴訟程序中，爲被付懲戒律師之代理人、辯護人或輔佐人。

六　曾參與該懲戒事件相牽涉之裁判、移送懲戒相關程序。

七　其他有事實足認其執行職務有偏頗之虞。

第八二條　（懲戒委員之聲請或職權迴避）

①律師懲戒委員會及律師懲戒覆審委員會之委員有前條情形而不自行迴避者，被付懲戒律師或原移送懲戒機關、團體得聲請迴避。

②律師懲戒委員會及律師懲戒覆審委員會，如認委員有應自行迴避之原因者，應依職權爲迴避之決定。

第八三條　（聲請迴避之決定）

①委員迴避之聲請，由律師懲戒委員會或律師懲戒覆審委員會決定之。被聲請迴避之委員，不得參與決定。

②被聲請迴避之委員，認該聲請有理由者，不待決定，應即迴避。

第八四條　（律師懲戒委員會及律師懲戒覆審委員會組織及審議細則之訂定）

律師懲戒委員會及律師懲戒覆審委員會之組織及審議細則，由法務部徵詢全國律師聯合會意見後擬訂，報請行政院會同司法院核定之。

第二節　審議程序

第八五條　（移送理由書繕本之送達及申辯書之提出；閱覽抄錄卷證之聲請）

①律師懲戒委員會受理懲戒事件，應將移送理由書繕本送達被付懲戒律師。被付懲戒律師應於收受後二十日內提出申辯書，其不遵限提出者，於懲戒程序之進行不生影響。

②移送機關、團體、被付懲戒律師及其代理人，得聲請閱覽及抄錄卷證。但有依法保密之必要或涉及第三人隱私、業務秘密者，律師懲戒委員會得拒絕或限制之。

第八六條　（相關刑案偵審中得否停止懲戒程序）

同一事件，在刑事偵查或審判中，不停止懲戒程序。但懲戒處分應以犯罪是否成立為斷，律師懲戒委員會認有必要時，得於刑事判決確定前，停止懲戒程序。

第八七條　（律師懲戒委員會調查證據之方式）

①律師懲戒委員會應依職權調查證據，並得囑託地方法院或其他機關調查之。有詢問被付懲戒律師之必要時，得通知其到會，並作成筆錄。

②前項職權調查證據，委員長得指派委員一人至三人為之。

③第一項規定之受託法院或機關應將調查情形以書面答復，並應附具調查筆錄及相關資料。

第八八條　（詢問調查之不公開）

①律師懲戒委員會所為詢問及調查，均不公開。但被付懲戒律師聲請公開並經許可者，不在此限。

②前項規定，於前條囑託地方法院或其他機關調查證據時，適用之。

第八九條　（律師懲戒委員會審議之期間及程序）

①律師懲戒委員會應於受理懲戒事件後三個月內完成審議，必要時得延長至六個月。

②律師懲戒委員會開會審議時，應通知被付懲戒律師到場陳述意見。被付懲戒律師無正當理由不到場者，得不待其陳述逕行審議。

③前項到場陳述意見，被付懲戒律師得委任律師為之。

第九〇條　（應為懲戒處分或不受懲戒決議之情形）

被付懲戒律師有第七十三條情事之一者，應為懲戒處分之決議；其證據不足或無第七十三條情事者，應為不受懲戒之決議。

第九一條　（應為免議決議之情形）

懲戒案件有下列情形之一者，應為免議之決議：

一　同一行為，已受律師懲戒委員會之懲戒處分確定。

二　已逾第一百零二條規定之懲戒權行使期間。

第九二條　（應為不受理決議之情形）

懲戒案件有下列情形之一者，應為不受理之決議：

一　移付懲戒之程序違背規定不能補正或經通知補正逾期不補正。

二　被付懲戒律師死亡。

第九三條　（審議會議之出席人數、決議方式及是否公開）

①律師懲戒委員會之審議會議，應有委員三分之二以上之出席，始得開會。但委員有第八十一條應迴避之事由者，不計入應出席人數。

②審議應以過半數之意見決之。

③審議之意見，分三說以上，均未達過半數時，以最不利於被付懲戒人之意見順次算入次不利於被付懲戒人之意見，至達過半數之意見為決議。

④審議不公開，其意見應記入審議簿，並應嚴守秘密。

第九四條　（懲戒決議書之應載事項）

①律師懲戒委員會之審議，應作成決議書，記載下列事項：

一　被付懲戒律師之姓名、性別、年齡及所屬地方律師公會。

二　懲戒之事由。

三　決議主文。

四　事實證據及決議之理由。

五　決議之年、月、日。

六　自決議書送達之日起二十日內，得提起覆審之教示。

②出席審議之委員長、委員應於決議書簽名。

第九五條　（懲戒決議書之送達）

律師懲戒委員會應將決議書正本，送達移送懲戒之機關、團體及被付懲戒律師。

第九六條　（審議程序之準用規定）

律師懲戒審議程序，除本章另有規定外，關於送達、期日、期間、通譯及筆錄製作，準用行政訴訟法之規定。

第三節　覆審程序

第九七條　（請求覆審之方式）

①被付懲戒律師或移送懲戒機關、團體，不服律師懲戒委員會之決議請求覆審者，應於決議書送達之日起二十日內為之。

②請求覆審應提出理由書及繕本於律師懲戒委員會。

第九八條　（覆議理由書繕本之送達、意見書或申辯書之提出及全卷之送交）

①律師懲戒委員會應將請求覆審理由書繕本送達原移送懲戒機關、團體或被付懲戒律師。

②前項受送達人得於十日內提出意見書或申辯書。

③律師懲戒委員會應於前項期限屆滿後，速將全卷連同前項意見書、申辯書送交律師懲戒覆審委員會。

第九九條　（應為駁回決議、無理由或更為決議之情形）

①律師懲戒覆審委員會認請求覆審不合法或無理由者，應為駁回之決議。

②原決議依其理由雖屬不當，而依其他理由認為正當者，應以請求覆審為無理由。

③律師懲戒覆審委員會認請求覆審有理由者，應撤銷原決議更為決議。

第一〇〇條　（覆審程序之準用規定）

律師懲戒覆審委員會之覆審程序，除本節另有規定外，準用第二節之規定。

第四節　懲戒處分

第一〇一條　（懲戒處分）

①懲戒處分如下：

一　命於一定期間內自費接受額外之律師倫理規範六小時至十二小時之研習。

二　警告。

三　申誡。

四　停止執行職務二月以上二年以下。

五　除名。

②前項第二款至第四款之處分，應併為第一款之處分。

第一〇二條　（懲戒權之行使期間）

①律師有第七十三條應付懲戒情事者，自行為終了之日起至案件繫屬律師懲戒委員會之日止，逾十年者，不得予懲戒處分；逾五年者，不得再予除名以外之懲戒處分。

②依第七十三條第二款規定移付懲戒者，前項期間自裁判確定之日起算。

第一〇三條　（懲戒決議之主文公告及確定時點）

①律師懲戒委員會及律師懲戒覆審委員會決議之主文，應由司法院公告之。

②律師懲戒委員會之決議，無人請求覆審或撤回請求者，於請求覆審期間屆滿時確定。

③律師懲戒覆審委員會之決議，於公告主文時確定。

第一〇四條　（懲戒決議書之通知及對外公開方式）

①律師懲戒委員會或律師懲戒覆審委員會應將決議書送司法院、法務部、受懲戒律師所屬地方律師公會及全國律師聯合會，並應於懲戒處分決議確定後十日內將全卷函送法務部。

②法務部應將前項決議書，對外公開並將其置於第一百三十六條之律師及律師懲戒決議書查詢系統。

③前項公開內容，除受懲戒處分人之姓名、性別、年籍、事務所名稱及其地址外，得不含自然人之身分證明文件編號及其他足資識別該個人之資料。

第一〇五條（懲戒處分之執行方式）

懲戒處分之決議於確定後生效，其執行方式如下：

一　命於一定期間內自費接受額外之律師倫理規範之研習、警告或申誡之處分者，法務部於收受懲戒處分之決議書後，應即通知全國律師聯合會，督促其所屬地方律師公會執行。

二　受除名處分或一定期間停止執行職務處分者，法務部應將停止執行職務處分之起訖日期或除名處分生效日通知司法院、經濟部、全國律師聯合會及移送懲戒機關、團體。

第五節　再審議程序

第一〇六條（聲請再審議之事由）

律師懲戒委員會或律師懲戒覆審委員會之決議確定後，有下列各款情形之一者，原移送懲戒機關、團體或受懲戒處分人，得聲請再審議：

一　適用法規顯有錯誤。

二　律師懲戒委員會或律師懲戒覆審委員會之組織不合法。

三　依法律應迴避之委員參與決議。

四　參與決議之委員關於該決議違背職務，犯刑事上之罪已經證明，或關於該決議違背職務受懲戒處分，足以影響原決議。

五　原決議所憑之證言、鑑定、通譯或證物經確定判決，證明其爲虛僞或僞造、變造。

六　同一行爲其後經不起訴處分確定，或爲決議基礎之刑事判決，依其後之確定裁判已變更。

七　發現確實之新證據，足認應變更原決議。

八　就足以影響原決議之重要證據，漏未斟酌。

九　確定決議所適用之法律或命令，經司法院大法官解釋爲牴觸憲法。

第一〇七條（聲請再審議之期間）

①聲請再審議，應於下列期間內爲之：

一　依前條第一款至第三款、第八款爲理由者，自原決議書送達之日起三十日內。

二　依前條第四款至第六款爲理由者，自相關之刑事確定裁判送達受判決人之日起三十日內。但再審議之理由知悉在後者，自知悉時起算。

三　依前條第七款爲理由者，自發現新證據之日起三十日內。

四　依前條第九款爲理由者，自解釋公布之翌日起三十日內。

②再審議自決議確定時起，已逾五年者，不得聲請。但以前條第四款至第九款情形爲聲請再議之理由者，不在此限。

第一〇八條（受理再審議之機關及聲請之程序）

①再審議事件之原確定決議，爲律師懲戒委員會作成者，由律師懲戒再審議委員會審議；爲律師懲戒覆審委員會作成者，由律師懲戒覆審再審議委員會審議。

②聲請再審議，應以書面敘述理由，附具繕本，連同原決議書影本及證據，向律師懲戒再審議委員會或律師懲戒覆審再審議委員會提出。

第一〇九條（再審議之審議程序）

①律師懲戒再審議委員會或律師懲戒覆審再審議委員會受理再審議之聲請，應將聲請書繕本及附件，函送作成原決議之律師懲戒委員會或律師懲戒覆審委員會、原移送懲戒機關、團體或受懲戒處分相對人，並告知得於指定期間內提出意見書或申辯書。但認

其聲請不合法者，不在此限。

②作成原決議之律師懲戒委員會或律師懲戒覆審委員會、原移送懲戒機關、團體或受懲戒處分人無正當理由，屆期未提出意見書或申辯書者，律師懲戒再審議委員會或律師懲戒覆審再審議委員會得逕為決議。

第一一〇條　（聲請再審議之效力）

聲請再審議，無停止懲戒處分執行之效力。

第一一一條　（再審議聲請不合法或有無理由之決議方式）

①律師懲戒再審議委員會或律師懲戒覆審再審議委員會認為再審議之聲請不合法或無理由者，應為駁回之決議。

②律師懲戒再審議委員會或律師懲戒覆審再審議委員會認為再審議之聲請有理由者，應撤銷原決議更為決議。

③前項情形，原懲戒處分應停止執行，依新決議執行，並回復未受執行前之狀況。但不能回復者，不在此限。

第一一二條　（再審議聲請之撤回及禁止再聲請再審議之情形）

①再審議之聲請，於律師懲戒再審議委員會或律師懲戒覆審再審議委員會決議前得撤回之。

②再審議之聲請，經撤回或決議者，不得更以同一事由聲請再審議。

第一一三條　（再審議委員會之準用規定與組織及審議細則之訂定）

①律師懲戒再審議委員會及律師懲戒覆審再審議委員會之組織、迴避及審議相關事項，準用第一節之規定；再審議程序，除本節另有規定外，準用第二節、第三節之規定。

②律師懲戒再審議委員會及律師懲戒覆審再審議委員會之組織及審議細則，由法務部徵詢全國律師聯合會意見後擬訂，報請行政院會同司法院核定之。

第九章　外國律師及外國法事務律師

第一一四條（外國律師、外國法事務律師及原資格國之定義）

①本法稱外國律師，指在中華民國以外之國家或地區，取得律師資格之律師。

②本法稱外國法事務律師，指經法務部許可執行職務及經律師公會同意入會之外國律師。

③本法稱原資格國，指外國律師取得外國律師資格之國家或地區。

第一一五條　（外國律師得執行職務之情形）

①外國律師非經法務部許可，並於許可後六個月內加入律師公會，不得執行職務。但有下列情形之一者，不在此限：

一　受任處理繫屬於外國法院、檢察機關、行政機關、仲裁庭及調解機構等外國機關（機構）之法律事務。

二　我國與該外國另有條約、協定或協議。

②依前項但書第一款規定進入中華民國境內之外國律師，其執業期間每次不得逾三十日，一年累計不得逾九十日。

第一一六條　（外國律師申請許可執行職務之資格）

外國律師向法務部申請許可執行職務，應符合下列資格之一：

一　在原資格國執業五年以上。但受中華民國律師聘僱於中華民國從事其原資格國法律事務助理或顧問性質之工作，或於其他國家、地區執行其原資格國法律業務之經歷，以二年為限，得計入該執業期間。

二　於中華民國九十一年一月一日前依律師聘僱外國人許可及管理辦法受僱擔任助理或顧問，申請時，受僱滿二年者。

第一一七條　（外國律師禁止許可執業之情形）

外國律師有下列情形之一者，不得許可其執業：

一　有第五條第一項各款情事之一。

二　曾受大陸地區、香港、澳門或外國法院有期徒刑一年以上刑之裁判確定。
三　受原資格國撤銷或廢止律師資格、除名處分或停止執業期間尚未屆滿。

第一一八條　（外國律師申請許可應提出之文件）
①外國律師申請許可，應提出下列文件：
一　申請書：載明外國律師姓名、出生年月日、國籍、住所、取得外國律師資格年月日、原資格國名、事務所。
二　符合第一百十六條規定之證明文件。
②法務部受理前項申請得收取費用，其金額另定之。

第一一九條　（外國律師入退公會程序之準用規定）
外國律師申請加入律師公會及退會之程序準用第十一條至第十八條規定。

第一二〇條　（外國法事務律師得執行之法律事務）
①外國法事務律師僅得執行原資格國之法律或國際法事務。
②外國法事務律師依前項規定，辦理當事人一造爲中華民國國民或相關不動產在中華民國境內之婚姻、親子或繼承事件，應與中華民國律師合作或取得其書面意見。

第一二一條　（外國法事務律師遵守我國法令規章之義務）
外國法事務律師應遵守中華民國法令、律師倫理規範及律師公會章程。

第一二二條　（外國法事務律師執行職務應表明身分、告知原資格國國名及設立事務所）
①外國法事務律師執行職務時，應表明其爲外國法事務律師並告知其原資格國之國名。
②外國法事務律師執行職務，除受僱用外，應設事務所。

第一二三條　（外國法事務律師僱用或合夥我國律師之禁止及例外）
①外國法事務律師不得僱用中華民國律師，或與中華民國律師合夥經營法律事務所。但爲履行國際條約、協定或協議義務，經法務部許可者，不在此限。
②前項但書之許可條件、程序及其他應遵行事項之辦法，由法務部徵詢全國律師聯合會意見後定之。

第一二四條　（外國法事務律師執業許可撤銷或廢止之情形）
外國法事務律師有下列情形之一者，其執業之許可應予撤銷或廢止：
一　喪失外國律師資格。
二　申請許可所附文件虛僞不實。
三　受許可者死亡、有第一百十七條各款情事之一或自行申請廢止。
四　業務或財產狀況顯著惡化，有致委任人損害之虞。
五　未於受許可後六個月內向事務所所在地之律師公會申請入會。
六　違反前條第一項規定。

第一二五條　（外國法事務律師懲戒之事由）
外國法事務律師有下列情事之一者，應付懲戒：
一　違反第一百二十條第二項、第一百二十一條或第一百二十二條規定。
二　犯罪行爲經判刑確定。但因過失犯罪，不在此限。

第一二六條　（外國法事務律師移付懲戒程序之準用規定）
外國法事務律師應付懲戒者，其移付懲戒、懲戒處分、審議程序、覆審程序及再審議程序準用第八章之規定。

第十章　罰　則

第一二七條　（罰則）
①無律師證書，意圖營利而辦理訴訟事件者，除依法令執行業務者外，處一年以下有期徒刑，得併科新臺幣三萬元以上十五萬元以下罰金。
②外國律師違反第一百十五條，外國法事務律師違反第一百二十條第一項規定者，亦同。

第一二八條　（律師出借資格之處罰）
①律師非親自執行職務，而將事務所、章證或標識提供與無律師證書之人使用者，處一年以下有期徒刑，得併科新臺幣三萬元以上十五萬元以下罰金。
②外國法事務律師非親自執行職務，而將事務所、章證或標識提供他人使用者，亦同。

第一二九條　（罰則）
①無律師證書，意圖營利，設立事務所而僱用律師或與律師合夥經營事務所執行業務者，處一年以下有期徒刑，得併科新臺幣三萬元以上十五萬元以下罰金。
②外國人或未經許可之外國律師，意圖營利，僱用中華民國律師或與中華民國律師合夥經營律師事務所執行中華民國法律事務者，亦同。

第一三〇條　（外國法事務律師洩漏業務上知悉秘密之處罰）
外國法事務律師無故洩漏因業務知悉或持有之他人秘密者，處一年以下有期徒刑、拘役或科新臺幣二十萬元以下罰金。

第一三一條　（領有律師證書未加入公會逕行執業之處罰）
領有律師證書，未加入律師公會，意圖營利而自行或與律師合作辦理下列各款法律事務者，由法務部處新臺幣十萬元以上五十萬元以下罰鍰，並限期命其停止其行為；屆期不停止者，處新臺幣二十萬元以上一百萬元以下罰鍰，並廢止其律師證書：
一　訴訟事件、非訟事件、訴願事件、訴願先行程序等對行政機關聲明不服事件。
二　以經營法律諮詢或撰寫法律文件為業。

第十一章　附則

第一三二條　（外國人助理或顧問之聘僱）
律師或外國法事務律師得聘僱外國人從事助理或顧問性質之工作；其許可之條件、期限、廢止許可及管理等事項之辦法，由法務部會同勞動部定之。

第一三三條　（外國人得依法應律師考試）
外國人得依中華民國法律應律師考試。

第一三四條　（外國人執行律師職務遵守我國法令規章之義務）
外國人在中華民國執行律師職務者，應遵守中華民國關於律師之一切法令、律師倫理規範及律師公會章程。

第一三五條　（外國人於政府機關執行律師職務應用我國語文）
外國人在中華民國執行律師職務者，於我國政府機關執行職務時，應使用我國語言及文字。

第一三六條　（律師及律師懲戒決議書查詢系統之建置及得對外公開之資料）
①法務部應於網站上建置律師及律師懲戒決議書查詢系統，供民眾查詢。
②前項查詢系統公開之律師懲戒決議書，應註明該懲戒決定是否已確定。
③第一項查詢系統得對外公開之個人資料如下：
一　姓名。
二　性別。
三　出生年。
四　律師證書之字號及相片。
五　事務所名稱、電子郵件、地址及電話。
六　所屬地方律師公會。
七　除名、停止執行職務及五年內之其他懲戒處分。

第一三七條　（律師職前訓練之適用及除外規定）
①本法中華民國八十一年十一月十六日修正施行前，已取得律師資格者，不適用第三條規定。
②本法中華民國八十一年十一月十六日修正施行之日起，經律師考試及格領得律師證書，尚未完成律師職前訓練者，除依八十六年四月二十三日修正施行之第七條第二項

但書規定免予職前訓練者外，應依一百零八年十二月十三日修正之第三條第一項規定完成律師職前訓練，始得申請加入律師公會。

第一三八條　（地方律師公會會籍單一化過渡期間之轉銜處理機制）

①律師於本法中華民國一百零八年十二月十三日修正之條文施行前，已加入二以上地方律師公會者，應於修正施行後二個月內，依第二十四條第一項或第二項規定擇定一地方律師公會為其所屬地方律師公會；該地方律師公會並應將擇定情形陳報中華民國律師公會全國聯合會，由其轉知有關地方律師公會。

②律師未依前項規定擇定所屬地方律師公會者，中華民國律師公會全國聯合會應代為擇定，並於擇定後二個月內通知該律師及有關地方律師公會。

③依前二項規定擇定所屬地方律師公會後，律師與其他地方律師公會之關係，除該律師自行申請退出該公會者外，轉為特別會員，其會員年資應接續計算。

④各地方律師公會於本法中華民國一百零八年十二月十三日修正之條文施行後一個月內，應通知其會員依本法規定擇定所屬地方律師公會、擇定之效果及未擇定時依前二項規定辦理之處理程序。

⑤各地方律師公會未依前四項規定確認其所屬會員為一般會員或特別會員前，應暫停修正章程；其理事、監事或會員代表任期屆滿者，應暫停改選，原有理事、監事或會員代表之任期延長至改選完成後為止。

⑥本法中華民國一百零八年十二月十三日修正之條文施行前，各地方律師公會已當選會員代表之律師，已轉為該公會之特別會員者，其行使表決權、選舉權、罷免權或算入出席人數，不受第十一條第四項之限制。

第一三九條　（律師全國或跨區執業相關事項規定生效前之過渡條款）

①律師於全國律師聯合會之章程就律師於全國或跨區執業之相關事項規定生效以前，於所加入之地方律師公會及無地方律師公會之區域外，受委任處理繫屬於法院、檢察署及司法警察機關之法律事務者，應向該區域之地方律師公會申請跨區執業。但專任於公益法人之機構律師，無償受委任處理公益案件者，不在此限。

②律師於全國律師聯合會之章程就律師於全國或跨區執業之相關事項規定生效以前，依前項規定申請跨區執業者，應依下列規定之服務費數額，按月繳納予該地方律師公會。但該地方律師公會之章程關於服務費數額有較低之規定者，從其規定。

一　地方律師公會所屬一般會員達一百五十人者，新臺幣三百元。

二　地方律師公會所屬一般會員未達一百五十人者，新臺幣四百元。

③律師於全國律師聯合會之章程就律師於全國或跨區執業之相關事項規定生效以前，未依前項規定繳納跨區執業服務費者，其執業區域之地方律師公會對該律師經催告後，仍未於催告期限內繳納應繳納服務費，該公會得視違反情節，課予該律師未繳納服務費十倍以下之滯納金。

第一四〇條　（已入地方律師公會者於本法修正施行後當然為中華民國律師公會全國聯合會之個人會員）

①本法中華民國一百零八年十二月十三日修正之條文施行前，已加入地方律師公會者，於修正施行後，當然為中華民國律師公會全國聯合會之個人會員。

②中華民國律師公會全國聯合會之個人會員，應按月繳納會費新臺幣三百元，至全國律師聯合會之章程就其會員應繳之會費規定生效為止。

第一四一條　（中華民國律師公會全國聯合會造具個人會員名冊之相關程序及效果）

①各地方律師公會應於本法中華民國一百零八年十二月十三日修正之條文施行後四個月內，將該地方律師公會一般會員之會員名冊提報中華民國律師公會全國聯合會；律師未擇定其為所屬地方律師公會或屬其特別會員者，並應註記及提報之。

②中華民國律師公會全國聯合會應於本法中華民國一百零八年十二月十三日修正之條文施行後六個月內，確定並造具個人會員名冊，陳報中央社會行政主管機關及法務部，並公告之。

③前項個人會員，有全國律師聯合會理事、監事及個人會員代表之選舉權、被選舉權及

罷免權。

第一四二條　（第一屆全國律師聯合會選舉之辦理規定）

①中華民國律師公會全國聯合會應於依前條第二項規定公告個人會員名冊後一個月內，辦理全國律師聯合會理事長、副理事長、理事、監事及個人會員代表之選舉，由前條第二項確定之全體個人會員以通訊或電子投票方式直接選出之。

②參選前項理事長、副理事長、理事、監事及個人會員代表之個人會員，為二種以上候選人之登記時，其登記均無效。

③第一項選舉之應選名額及選舉辦法如下：

一　理事四十五人，其中一人為理事長、二人為副理事長，採聯名登記候選方式，由個人會員以無記名單記投票法行之。其餘理事除由各地方律師公會理事長兼任為當然理事外，採登記候選方式，由個人會員以無記名限制連記法行之，其連記人數為九人。

二　監事十一人，採登記候選方式，由個人會員以無記名限制連記法行之，其連記人數為四人。

三　個人會員代表七十八人，採登記候選方式，由個人會員以無記名限制連記法行之，其連記人數為二十六人。

④前項理事長、副理事長、理事、監事及個人會員代表之任期自中華民國一百十年一月一日起，為期三年。

⑤地方律師公會理事長如為該地方律師公會之特別會員，該地方律師公會理事、監事聯席會議應另推派具一般會員身分之理事兼任第三項第一款之當然理事。

⑥中華民國律師公會全國聯合會為辦理第一項之選舉，應經由理事、監事聯席會議之決議，訂定選舉辦法，並報請中央社會行政主管機關備查。

第一四三條　（中華民國律師公會全國聯合會組織改制之相關規定）

①依前條第一項規定當選之理事長、副理事長、理事、監事及前條第三項第一款之當然理事應於當選後組成組織改造委員會，依本法規定完成中華民國律師公會全國聯合會之組織改制事宜。

②依前條第一項規定當選之理事長應於其就任後三個月內，將組織改造委員會決議通過之章程修正案，送請會員代表大會決議通過，並辦理相關登記。

③前項會員代表大會應出席者如下：

一　當然會員代表：由全體理事、監事兼任。

二　個人會員代表。

三　團體會員代表：由各地方律師公會理事、監事聯席會推派一般會員一人擔任。

④第二項會員代表大會之決議，應有過半數會員代表之出席，出席人數三分之二以上之同意行之。

⑤中華民國律師公會全國聯合會於第一項之組織改造委員會成立後，關於內部規章之訂定、修正與廢止，應先徵詢其意見。

第一四四條　（中華民國律師公會全國聯合會改制為全國律師聯合會之轉銜規定）

①本法稱全國律師聯合會者，於中華民國一百零九年十二月三十一日以前，指中華民國律師公會全國聯合會。

②中華民國律師公會全國聯合會已公布施行之章程與本法牴觸者，自本法中華民國一百零八年十二月十三日修正之條文施行之日起，失其效力。

③中華民國律師公會全國聯合會第十一屆理事、監事及會員代表之任期，至中華民國一百零九年十二月三十一日為止。

④中華民國律師公會全國聯合會自中華民國一百十年一月一日起，更名為全國律師聯合會。

第一四五條　（施行細則）

本法施行細則，由法務部於徵詢全國律師聯合會意見後，會商內政部定之。

第一四六條　（施行日）

本法自公布日施行。但第四條、第十條第一項、第七十八條、第八十條、第一百零六條至第一百十三條第一項及第一百三十六條之施行日期，由行政院以命令定之；第二十條、第二十二條、第三十七條、第六十三條第二項、第六十四條、第六十七條、第六十八條第二項、第七十五條、第七十六條第一項第三款及第一百二十三條第二項，自中華民國一百十年一月一日施行。

律師懲戒及審議細則

①民國95年6月29日行政院、司法院令會銜修正發布全文27條；並自發布日施行。
②民國108年1月29日行政院、司法院令會同修正發布第2、24條條文。
③民國110年1月19日法務部令修正發布名稱及全文13條；並自110年1月1日施行（原名稱：律師懲戒規則）。

第一條

本細則依律師法（以下簡稱本法）第八十四條及第一百十三條第二項訂定之。

第二條

①律師懲戒委員會及律師懲戒再審議委員會之委員，法官三人由臺灣高等法院指定，檢察官三人由臺灣高等檢察署指定，律師七人由全國律師聯合會推薦，學者或社會公正人士二人由臺灣高等法院就臺灣高等檢察署及全國律師聯合會各自推舉三人之名單中遴聘之；委員長由委員互選之。

②律師懲戒覆審委員會及律師懲戒覆審再審議委員會之委員，法官三人由最高法院指定，檢察官三人由最高檢察署指定，律師七人由全國律師聯合會推薦，學者或社會公正人士二人由最高法院就最高檢察署及全國律師聯合會各自推舉三人之名單中遴聘之；委員長由委員互選之。

③前二項委員均爲無給職，任期一年。

④第一項、第二項委員長及委員名冊，應函報司法院，並送法務部。

⑤中華民國一百十年一月一日前，已擔任律師懲戒委員會委員或律師懲戒覆審委員會委員者，任期至一百零九年十二月三十一日爲止。

第三條

委員長因故不能執行職務時，由委員互選一人代理之。

第四條

①律師懲戒委員會、律師懲戒再審議委員會、律師懲戒覆審委員會及律師懲戒覆審再審議委員會之行政事務，由臺灣高等法院及最高法院分別指派人員辦理。但委員長得遴派法院編制以外適當人員協助之。

②前項各委員會辦理事務所需經費，分別由臺灣高等法院及最高法院編列預算支應。

第五條

律師懲戒委員會受理懲戒事件，應輪流分配於各委員審查之。

第六條

審查委員應於懲戒事件輪分後二個月內將審查經過情形，作成審查意見送交委員長；委員長應於收受審查意見後一個月內召開審議會議。

第七條

①被付懲戒律師因有客觀事實足認其身心狀況，無法陳述意見者，律師懲戒委員會應於其回復前，爲停止審議之議決。

②被付懲戒律師因疾病不能到場者，律師懲戒委員會應於其能到場前，爲停止審議之議決。

③被付懲戒律師顯有應爲不受懲戒、免議或不受理決議之情形，不適用前二項之規定。

第八條

委員長或委員因故不能出席，致懲戒事件之審議會議不足法定出席人數時，應由委員長或代理委員長於二十日內再行召開；再行召開之審議會議，仍有前述情形時，由委員長或代理委員長商請原指定、推薦或遴聘機關、團體，指派與缺席委員同等資格之人代理出席。

第九條

懲戒事件審議時，委員長、委員應各自陳述意見。

第一〇條

懲戒事件之審議會議決議後，原審查委員應於七日內作成決議書。

第一一條

律師懲戒委員會應將前條規定之決議書正本，於決議書作成後七日內送達移送懲戒之機關、團體及被付懲戒律師。

第一二條

第五條至第十一條之規定於律師懲戒再審議、律師懲戒覆審及律師懲戒覆審再審議之程序，準用之。

第一三條

本細則自中華民國一百十年一月一日施行。

律師倫理規範

民國111年7月3日全國律師聯合會第1屆第5次會員代表大會、111年5月29日第1屆第4次會員代表大會通過修正全文55條；並自111年8月1日施行。

（前言）

律師以保障人權、實現社會正義及促進民主法治為使命，並應基於倫理自覺，實踐律師自治，維護律師職業尊嚴與榮譽，爰訂定律師倫理規範，切盼全國律師一體遵行。

第一章　總　則

第一條

本規範依律師法第六十八條第二項規定訂定之。

第二條

律師執行職務，應遵守法律、本規範、全國律師聯合會章程及其所屬地方律師公會章程。

第三條

律師應共同維護律師職業尊嚴及榮譽。

第四條

律師應重視職務之自由與獨立。

第五條

律師應精研法令，充實法律專業知識，吸收時代新知，提昇法律服務品質，並依全國律師聯合會訂定之在職進修辦法，每年完成在職進修課程。

第六條

律師應謹言慎行，避免損及律師形象，以符合律師職業之品位與尊嚴。

第七條

律師應體認律師職務為公共職務，於執行職務時，應兼顧當事人合法權益及公共利益。

第八條

律師執行職務，應基於誠信、公平、理性及良知。

第九條

律師應依律師法及全國律師聯合會章程，參與法律扶助、平民法律服務，或從事其他社會公益活動，以普及法律服務。但依法免除者，不在此限。

第一〇條

律師對於全國律師聯合會及所屬地方律師公會就該律師之倫理風紀事項查詢，應據實答復。

第一一條

律師不應拘泥於訴訟勝敗而忽略眞實之發現。

第一二條

①律師不得以下列方式推展業務：

一　作誇大不實或引人錯誤之宣傳。

二　支付介紹人報酬，但法令或全國律師聯合會另有規定者，不在此限。

三　利用司法人員或聘僱業務人員為之。

四　其他不正當之方法。

②律師推展業務限制之相關規範，應由全國律師聯合會理事、監事聯席會議訂定，並經會員代表大會通過。

第二章　紀　律

第一三條

律師不得以違反公共秩序善良風俗或有損律師尊嚴與信譽之方法受理業務。

第一四條

律師不得有下列行為：

一　不當利用與司法人員或仲裁人之非職務上之關係。

二　向當事人明示或暗示其有不當影響司法人員或仲裁人之關係或能力。

三　向司法人員或仲裁人關說案件或從事其他損害司法或仲裁公正之行為。

四　與司法人員出入有害司法形象之不正當場所或從事其他有害司法形象之活動。

五　教唆、幫助司法人員從事違法或違反司法倫理風紀之行為。

第一五條

①律師事務所聘僱人員，應遴選品行端正者擔任之。

②律師事務所中負有監督或管理權限之律師，應負責督導所聘僱之人員不得有違法或不當之行為，亦不得洩漏或利用業務上知悉之秘密。

第一六條

①律師接受事件之委託後，應探究案情、忠實蒐求證據，於合理範圍內為委任人之利益提出合法且適當之證據，並得在訴訟程序外就與案情或證明力有關之事項詢問證人，但不得騷擾證人，或將詢問所得作不正當之使用。

②律師不得以威脅、利誘、欺騙或其他不當方法取得證據、要求任何第三人不得向對造當事人提供相關資訊、以提供利益方式誘使證人提供證據，或提出明知為虛偽之證據。

③律師不得自行或教唆、幫助他人作偽證，或使證人於受傳喚時不出庭作證，或使證人出庭作證時不為眞實完整之陳述。但有拒絕證言事由時，律師得向證人說明拒絕證言之相關法律規定。

第一七條

①律師於法庭外訪談證人時，宜向證人表明其所代表之當事人，並告知證人此項訪談之任意性。

②律師於訪談證人過程中不得故意為下列行為：

一　教唆偽證、誘導證人為不實陳述。

二　就重要之事實或法律，向證人為虛偽陳述。

③律師若於訪談證人過程中為錄音、錄影，應向證人表明，並得其同意。

④律師於訪談證人過程中，除證人表示不同意者外，得使其他非承辦案件之律師、實習律師、助理或其他適當之第三人在場。

第一八條

①律師不得以合夥、受雇，或其他方式協助無中華民國律師資格者執行律師業務。但法律另有規定者，不在此限。

②律師不得將律師證書、律師事務所、會員章證或標識以任何方式提供他人使用。

第一九條

司法人員自離職之日起三年內，不得在其離職前三年內曾任職務之法院或檢察署執行律師職務。

第二〇條

律師不得以受當事人指示為由，為違反本規範之行為。

第三章　律師與司法機關

第二一條

律師應協助法院維持司法尊嚴及實現司法正義，並與司法機關共負法治責任。

第二二條

律師應積極參與律師公會或其他機關團體所辦理之法官及檢察官評鑑。

第二三條

律師對於依法指定其辯護、代理或輔佐之案件，非經釋明有正當理由，不得拒絕或延宕，亦不得自當事人或其他關係人收取報酬或費用。

第二四條

①律師於執行職務時，不得有故爲矇蔽欺罔之行爲，亦不得僞造變造證據、教唆僞證或爲其他刻意阻礙眞實發現之行爲。

②律師於案件進行中，經合理判斷爲不實之證據，得拒絕提出。但刑事被告之陳述，不在此限。

第二五條

①律師不得惡意詆譭司法人員或司法機關；對於司法人員貪污有據者，應予舉發。

②律師不得公開或透過傳播媒體發表有關特定司法人員品格、操守，足以損害司法尊嚴或公正形象之輕率言論。但有合理之懷疑者，不在此限。

③律師就受任之訴訟案件於判決確定前，不得就該案件公開或透過傳播媒體發表足以損害司法公正之言論。但爲保護當事人免於輿論媒體之報導或評論所致之不當偏見，得在必要範圍內，發表平衡言論。

第二六條

律師對於司法機關詢問、囑託、指定之案件，應予以協助。但有正當理由者，不在此限。

第四章　律師與委任人

第二七條

①律師爲當事人承辦法律事務，應努力充實承辦該案所必要之法律知識，並作適當之準備。

②律師應依據法令及正當程序，盡力維護當事人之合法權益，對於受任事件之處理，不得無故延宕，並應適時告知事件進行之重要情事。

第二八條

律師對於受任事件，應將法律意見坦誠告知委任人，不得故意曲解法令或爲欺罔之告知，致誤導委任人爲不正確之期待或判斷。

第二九條

律師就受任事件，不得擔保將獲有利之結果。

第三〇條

律師於執行職務時，如發現和解、息訟或認罪，符合當事人之利益及法律正義時，宜協力促成之，但仍以當事人之決定爲準。

第三一條

①律師不得受任下列事件：

一　依信賴關係或法律顧問關係接受諮詢，與該諮詢事件利害相衝突之同一或有實質關連之事件。

二　與受任之事件利害相衝突之同一或有實質關連之事件。關於現在受任事件，其與原委任人終止委任者，亦同。

三　以現在受任事件之委任人爲對造之其他事件。

四　由現在受任事件之對造所委任之其他事件。

五　曾任公務員或仲裁人，其職務上所處理之同一或有實質關連之事件。

六　與律師之財產、業務或個人利益有關，可能影響其獨立專業判斷之事件。

七　相對人或其所委任之律師，與其有配偶或二親等內之血親或姻親關係之同一或有實質關連之事件。
八　委任人有數人，而其間利害關係相衝突之事件。
九　其他與律師對其他委任人、前委任人或第三人之現存義務有衝突之事件。

②前項除第五款情形外，律師於告知受影響之委任人、前委任人或前項第九款之第三人因利害衝突產生之實質風險，並得其書面同意後，仍得受任之。

③律師於同一具訟爭性事件中，不得同時或先後受兩造當事人委任，或同時受利害關係相衝突之一造當事人數人委任，亦不適用前項之規定。

④律師於特定事件已充任為見證人者，不得擔任該訟爭性事件之代理人或辯護人。但經兩造當事人同意者，不在此限。

⑤委任人如為行政機關，適用利害衝突規定時，以該行政機關為委任人，不及於其所屬公法人之其他機關。相對人如為行政機關，亦同。

第三二條

律師因受任事件而取得有關委任人之事證或資訊，非經委任人之書面同意，不得為不利於委任人之使用。但依法律或本規範之使用，或該事證、資訊已公開者，不在此限。

第三三條

①律師不得接受第三人代付委任人之律師費。但經告知委任人並得其同意，且不影響律師獨立專業判斷者，不在此限。

②於前項但書情形，律師對委任人仍應依本規範第三十七條負保密義務。

第三四條

有下列情形之一者，律師不得接受當事人之委任；已委任者，應終止之：
一　律師明知當事人採取法律行動、提出防禦、或在訴訟中為主張之目的僅在恐嚇或惡意損害他人。
二　依律師之專業判斷，當事人係利用律師之服務進行犯罪或詐欺行為；或當事人繼續進行之行為為犯罪或詐欺之行為，而其過程中涉及律師之服務者。
三　律師明知其受任或繼續受任將違反本規範。
四　律師之身心狀況使其難以有效執行職務。

第三五條

①於案件進行過程當中，律師如與當事人終止委任關係，律師應依相關法律立即向法院或相關機關陳報終止委任之書面通知。

②律師終止與當事人間之委任關係時，應採取合理步驟，以防止當事人之權益遭受損害，並應返還不相當部分之報酬。

第三六條

①律師依第三十一條第一項、第三項、第三十二條受利害衝突之限制者，與其同事務所之其他律師，亦均受相同之限制。但有下列情事之一且受限制之律師未參與該事件，亦未自該事件分受任何報酬者，同事務所之其他律師不受相同之限制：
一　第三十一條第一項第六款、第七款之事件。
二　不得受任之限制係因受限制之律師任職於前事務所而生之利害衝突，且經後事務所及該受限制之律師採行適當、有效之程序，而得確實隔離資訊者。

②律師適用前項但書第二款而受委任，經受影響之前委任人書面請求時，該律師或受限制之律師應即提供下列資訊予該受影響之前委任人：
一　所採行資訊隔離措施之內容。
二　後事務所及該受限制之律師遵守本規範之聲明。

第三七條

律師對於受任事件內容應嚴守秘密，非經告知委任人並得其同意，不得洩漏。但有下列情形之一，且在必要範圍內者，得為揭露：
一　避免任何人之生命、身體或健康之危害。

二　避免或減輕因委任人之犯罪意圖及計畫或已完成之犯罪行爲之延續可能造成他人財產上之重大損害。
三　律師與委任人間就委任關係所生之爭議而需主張或抗辯時，或律師因處理受任事務而成爲民刑事訴訟之被告，或因而被移送懲戒時。
四　依法律或本規範應揭露者。

第三八條
①律師對於受任事件代領、代收之財物，應即時交付委任人。但法令另有規定或契約另有約定者，不在此限。
②律師對於保管與事件有關之物品，應於事件完畢後或於當事人指示時立即返還，不得無故拖延或拒絕返還。

第三九條
①律師應於與當事人成立委任關係時，向委任人明示其酬金數額或計算方法，且以文字說明爲宜。
②律師不得就家事、刑事案件或少年事件之結果約定後酬。但下列家事事件於不違反家事事件應統合處理原則且基本身分關係已確定者，不在此限：
一　家事事件法第三條第三項第三款之丙類財產權事件；
二　家事事件法第三條第三項第六款之丙類財產權事件。

第四〇條
①律師不得就其所經辦案件之標的獲取財產利益。但依法就受任之報酬及費用行使留置權，或依本規範收取後酬者，不在此限。
②律師不得就尚未終結之訴訟案件直接或間接受讓系爭標的物。

第四一條
律師爲受羈押之嫌疑人、被告或受刑人傳遞或交付任何物品，應依羈押法、監獄行刑法及相關法令之規定辦理。

第五章　律師與事件之相對人

第四二條
①律師應就受任事件設置檔案，並於委任關係結束後二年內保存卷證。
②律師應依委任人之要求，提供檔案影本，不得無故拖延或拒絕；其所需費用，由委任人負擔。但依法律規定不得提供予委任人之文件、資料，不在此限。

第四三條
律師就受任事件維護當事人之合法權益時不得故爲詆譭、中傷或其他有損相對人之不當行爲。

第四四條
律師就受任事件於未獲委任人之授權或同意前，不得無故逕與相對人洽議，亦不得收受相對人之報酬或餽贈。

第四五條
律師於處理受任事件時，知悉相對人或關係人已委任律師者，不應未經該受任律師之同意而直接與該他人討論案情。但法律另有規定、或經法官或檢察官之指示者，不在此限。

第六章　律師相互間

第四六條
律師間應彼此尊重，顧及同業之正當利益，對於同業之詢問應予答復或告以不能答復之理由。

第四七條
律師不應詆譭、中傷其他律師，亦不得教唆當事人爲之。

第四八條

律師知悉其他律師有違反本規範之具體事證，除負有保密義務者外，宜報告該律師所屬地方律師公會。

第四九條

律師不得以不正當之方法妨礙其他律師受任事件，或使委任人終止對其他律師之委任。

第五〇條

①律師基於自己之原因對於同業進行民事或刑事訴訟程序之前，宜先通知各方所屬地方律師公會。

②若為民事爭議或刑事告訴乃論事件，宜先經前項任一地方律師公會試行調解。

第五一條

①律師相互間因受任事件所生之爭議，宜向所屬地方律師公會請求調處。

②前項情形，如律師所屬地方律師公會不同者，各該地方律師公會均有受理權。

第五二條

數律師共同受同一當事人委任處理同一事件時，關於該事件之處理，應盡力互相協調合作。

第五三條

受僱於法律事務所之律師離職時，不應促使該事務所之當事人轉委任自己為受任人；另行受僱於其他法律事務所者，亦同。

第七章　附　則

第五四條

律師違反本規範，由所屬地方律師公會審議，按下列方法處置之：

一　勸告。

二　告誡。

三　情節重大者，送請相關機關處理。

第五五條

①本規範經全國律師聯合會會員代表大會通過後施行，並報請法務部備查；修正時，亦同。

②中華民國一百一十一年五月二十九日及一百一十一年七月三日修正之規定，於中華民國一百一十一年八月一日施行。

法官法

①民國100年7月6日總統令制定公布全文103條；除第五章法官評鑑自公布後半年施行、第78條自公布後三年六個月施行外，自公布後一年施行。
②民國108年7月17日總統令修正公布第2、4、5、7、9、30、33至37、39至41、43、47、48、49、50、51、52、55、56、58、59、61至63、69、76、79、89、103條條文；增訂第41-1、41-2、48-1至48-3、50-1、59-1至59-6、63-1、68-1、101-1至101-3條條文；並刪除第31條條文；除第2、5、9、31、43、76、79、101-3條自公布日施行者外，餘自公布後一年施行。
③民國109年6月10日總統令修正公布第2、4、5、20、23、47、48、48-2、59-5、63-1、72、78、80、89條條文。
④民國110年1月20日總統令修正公布第87、88條條文。
⑤民國111年6月22日總統令修正公布第5、9、71、76、103條條文；除第76條自公布日施行外，其施行日期由司法院定之。
民國111年7月1日司法院令發布第5、9、71條定自112年8月15日施行。
⑥民國112年4月26日總統令修正公布第7、34、57、86、90、91、94、102條條文。
⑦民國112年12月15日總統令修正公布第77、78、80條條文。

第一章　總　則

第一條　（立法目的、法官之任用關係及法律適用順序）
①為維護法官依法獨立審判，保障法官之身分，並建立法官評鑑機制，以確保人民接受公正審判之權利，特制定本法。
②法官與國家之關係為法官特別任用關係。
③本法未規定者，適用其他法律之規定。

第二條 109
①本法所稱法官，指下列各款之人員：
一　司法院大法官。
二　懲戒法院法官。
三　各法院法官。
②前項第三款所稱之法官，除有特別規定外，包括試署法官、候補法官。
③本法所稱之法院及院長，除有特別規定外，包括懲戒法院及其院長。
④本法所稱司法行政人員，指於司法院及法官學院辦理行政事項之人員。

第三條　（不適用司法院大法官之情形）
本法之規定，與司法院大法官依據憲法及法律所定不相容者，不適用於司法院大法官。

第四條 109
①司法院設人事審議委員會，依法審議法官之任免、轉任、解職、遷調、考核、獎懲、專業法官資格之認定或授與、第十一條所規定之延任事項及其他法律規定應由司法院人事審議委員會審議之事項。
②前項委員會，以司法院院長為當然委員並任主席，除第一款委員外，其他委員任期一年，得連任一次，名額及產生之方式如下：
一　司法院院長指定十一人。
二　法官代表十二人：最高法院法官代表一人、最高行政法院法官及懲戒法院法官代表一人、高等法院法官代表二人、高等行政法院及智慧財產及商業法院法官代表一人、地方法院及少年及家事法院法官代表七人，由各級法院法官互選之。

三　學者專家三人：由法務部、全國律師聯合會各推舉檢察官、律師以外之人三人，送司法院院長遴聘。

③學者專家對法官之初任、再任、轉任、解職、免職、獎懲、候補、試署法官予以試署、實授之審查及第十一條所規定之延任事項，有表決權；對其餘事項僅得列席表示意見，無表決權。

④曾受懲戒者，不得擔任第二項之法官代表。

⑤司法院為向司法院人事審議委員會提出人事議案所設置之各種委員會，其委員會成員應有法官、學者專家、律師或檢察官代表之參與。

⑥司法院人事審議委員會委員之資格條件、產生方式等有關事項之辦法，及其審議規則，由司法院定之。但審議規則涉及法官任免、考績、級俸、遷調及褒獎之事項者，由司法院會同考試院定之。

第二章　法官之任用

第五條 111

①高等法院以下各法院之法官，應就具有下列資格之一者任用之：

一　經法官、檢察官考試及格，或曾實際執行律師業務三年以上且具擬任職務任用資格。但以任用於地方法院法官為限。

二　曾任實任法官。

三　曾任實任檢察官。

四　曾任公設辯護人六年以上。

五　曾實際執行律師業務六年以上，具擬任職務任用資格。

六　公立或經立案之私立大學、獨立學院法律學系或其研究所畢業，曾任教育部審定合格之大學或獨立學院專任教授、副教授或助理教授合計六年以上，講授主要法律科目二年以上，有法律專門著作，具擬任職務任用資格。

七　公立或經立案之私立大學、獨立學院法律學系或其研究所畢業，曾任中央研究院研究員、副研究員或助研究員合計六年以上，有主要法律科目之專門著作，具擬任職務任用資格。

②高等行政法院高等行政訴訟庭與地方行政訴訟庭之法官，應就具有下列資格之一者任用之：

一　具有前項第一款、第四款至第七款所列資格之一。但以任用於高等行政法院地方行政訴訟庭法官為限。

二　曾任實任法官。

三　曾任實任檢察官。

四　曾任法官、檢察官職務並任公務人員合計八年以上。

五　曾實際執行行政訴訟律師業務八年以上，具擬任職務任用資格。

六　公立或經立案之私立大學、獨立學院法律、政治、行政學系或其研究所畢業，曾任教育部審定合格之大學或獨立學院專任教授、副教授或助理教授合計八年以上，講授憲法、行政法、商標法、專利法、租稅法、土地法、公平交易法、政府採購法或其他行政法課程五年以上，有上述相關之專門著作，具擬任職務任用資格。

七　公立或經立案之私立大學、獨立學院法律、政治、行政學系或其研究所畢業，曾任中央研究院研究員、副研究員或助研究員合計八年以上，有憲法、行政法之專門著作，具擬任職務任用資格。

八　公立或經立案之私立大學、獨立學院法律、政治、行政學系或其研究所畢業，曾任簡任公務人員，辦理機關之訴願或法制業務十年以上，有憲法、行政法之專門著作。

③最高法院、最高行政法院之法官及懲戒法院之法官，除法律另有規定外，應就具有下

列資格之一者任用之：
一　曾任司法院大法官，具擬任職務任用資格。
二　曾任懲戒法院法官。
三　曾任實任法官十二年以上。
四　曾任實任檢察官十二年以上。
五　曾實際執行律師業務十八年以上，具擬任職務任用資格。
六　公立或經立案之私立大學、獨立學院法律學系或其研究所畢業，曾任教育部審定合格之大學或獨立學院專任教授十年以上，講授主要法律科目五年以上，有法律專門著作，具擬任職務任用資格。
七　公立或經立案之私立大學、獨立學院法律學系或其研究所畢業，曾任中央研究院研究員十年以上，有主要法律科目之專門著作，具擬任職務任用資格。

④第一項第六款、第七款及第三項第六款、第七款所稱主要法律科目，指憲法、民法、刑法、國際私法、商事法、行政法、民事訴訟法、刑事訴訟法、行政訴訟法、強制執行法、破產法及其他經考試院指定爲主要法律科目者而言。
⑤第一項第六款、第七款、第二項第六款、第七款及第三項第六款、第七款之任職年資，分別依各項之規定合併計算。
⑥其他專業法院之法官任用資格另以法律定之。
⑦未具擬任職務任用資格之大法官、律師、教授、副教授、助理教授及中央研究院研究員、副研究員、助研究員，其擬任職務任用資格取得之考試，得採筆試、口試及審查著作發明、審查知能有關學歷、經歷證明之考試方式行之，其考試辦法由考試院定之。
⑧經依前項通過擬任職務任用資格考試及格者，僅取得參加由考試院委託司法院依第七條辦理之法官遴選之資格。
⑨司法院爲辦理前項法官遴選，其遴選標準、遴選程序、被遴選人員年齡限制及其他應遵行事項之辦法，由司法院會同考試院定之。

第六條　（法官之消極資格）

具有下列情事之一者，不得任法官：
一　依公務人員任用法之規定，不得任用爲公務人員。
二　因故意犯罪，受有期徒刑以上刑之宣告確定，有損法官職位之尊嚴。
三　曾任公務員，依公務員懲戒法或相關法規之規定，受撤職以上處分確定。
四　曾任公務員，依公務人員考績法或相關法規之規定，受免職處分確定。但因監護宣告受免職處分，經撤銷監護宣告者，不在此限。
五　受破產宣告，尚未復權。
六　曾任民選公職人員離職後未滿三年。但法令另有規定者，不在此限。

第七條 112

①初任法官者除因法官、檢察官考試及格直接分發任用外，應經遴選合格。曾任法官因故離職後申請再任者，亦同。
②司法院設法官遴選委員會，掌理前項法官之遴選及其他法律規定辦理之事務。
③前項遴選委員會，以司法院院長爲當然委員，其他委員任期二年，得連任一次，名額及產生之方式如下：
一　考試院代表一人：由考試院推派。
二　法官代表七人：由司法院院長提名應選名額三倍人選，送請司法院人事審議委員會從中審定應選名額二倍人選，交法官票選。
三　檢察官代表一人：由法務部推舉應選名額三倍人選，送請司法院院長從中提名應選名額二倍人選，辦理檢察官票選。
四　律師代表三人：由全國律師聯合會、各地律師公會各別推舉應選名額三倍人選，送請司法院院長從中提名應選名額二倍人選，辦理全國性律師票選。
五　學者及社會公正人士共六人：學者應包括法律、社會及心理學專長者，由司法院院長遴聘。
④第二項委員會由司法院院長召集並擔任主席；其因故不能召集或主持會議時，由其指定之委員代理之。委員會之決議，應以委員總人數三分之二以上出席，出席委員過半數之同意行之。
⑤前項總人數，應扣除任期中解職、死亡致出缺之人數，但不得低於十二人。
⑥遴選委員會之審議規則，由司法院定之。
⑦法官遴選委員會委員任一性別不得少於三分之一。
⑧遴選委員之資格條件、票選程序及委員出缺之遞補等相關事項之辦法，由司法院、行政院、全國律師聯合會分別定之，並各自辦理票選。

第八條　（法官遴選委員會）
①司法院法官遴選委員會遴選法官，應審酌其操守、能力、身心狀態、敬業精神、專長及志願。
②已具擬任職務任用資格之法官之遴選，其程序、法官年齡限制等有關事項之辦法，由司法院定之。
③經遴選爲法官者，應經研習；其研習期間、期間縮短或免除、實施方式、津貼、費用、請假、考核、獎懲、研習資格之保留或廢止等有關事項之辦法，由司法院定之。

第九條　111
①具第五條第一項第一款資格經遴選者，爲候補法官，候補期間五年，候補期滿審查及格者，予以試署，試署期間一年。因法官、檢察官考試及格直接分發任用爲法官者，亦同。
②具第五條第一項第四款至第七款、第二項第四款至第八款資格經遴選者，爲試署法官，試署期間二年；曾任法官、檢察官並任公務人員合計十年以上或執行律師業務十年以上者，試署期間一年。
③候補法官任用於地方法院法官者，於候補期間，輪辦下列事務。但司法院得視實際情形酌予調整之：
一　調至上級審法院辦理法院組織法第三十四條第三項、行政法院組織法第十條第五項之事項，期間爲一年。
二　充任地方法院合議案件之陪席法官及受命法官，期間爲二年。
三　獨任辦理地方法院少年案件以外之民刑事有關裁定案件、民刑事簡易程序案件、民事小額訴訟程序事件或刑事簡式審判程序案件，期間爲二年。
④前項候補法官於候補第三年起，除得獨任辦理前項第三款事務外，並得獨任辦理刑事訴訟法第三百七十六條第一款、第二款所列之罪之案件。
⑤第三項候補法官應依該項各款之次序輪辦事務。但第一款與第二款之輪辦次序及其名額分配，司法院爲應業務需要，得調整之；第二款、第三款之輪辦次序，各法院爲應業務需要得調整之。
⑥候補法官任用於高等行政法院地方行政訴訟庭法官者，於候補期間，充任合議案件之陪席法官及受命法官，並得獨任辦理適用或準用行政訴訟簡易訴訟程序事件。
⑦對於候補法官、試署法官，應考核其服務成績；候補、試署期滿時，應陳報司法院送請司法院人事審議委員會審查。審查及格者，予以試署、實授；不及格者，應於二年內再予考核，報請審查，仍不及格時，停止其候補、試署並予以解職。
⑧前項服務成績項目包括學識能力、敬業精神、裁判品質、品德操守及身心健康情形。
⑨司法院人事審議委員會爲服務成績之審查時，應徵詢法官遴選委員會意見；爲不及格之決定前，應通知受審查之候補、試署法官陳述意見。
⑩司法院爲審查候補、試署法官裁判或相關書類，應組成審查委員會，其任期、審查標準等由司法院另定之。
⑪候補、試署法官，於候補、試署期間辦理之事務、服務成績考核及再予考核等有關事項之辦法，由司法院定之。

第一〇條　（法官之遷調及庭長之遴選）

①法官之遷調改任，應本於法官自治之精神辦理；其資格、程序、在職研習及調派辦事等有關事項之辦法，由司法院會同考試院定之。
②各法院庭長之遴任，其資格、程序等有關事項之辦法，由司法院定之。

第一一條　（高等法院以下各級法院院長、庭長之任期）

①高等法院以下各法院及高等行政法院、其他專業法院院長、庭長之任期為三年，得連任一次。但司法院認為確有必要者，得再延任之，其期間以三年為限。
②前項院長不同審級之任期，應合併計算。司法院每年應對前項院長之品德、操守、執行職務之能力及參與審判工作之努力等事項，徵詢該院法官意見，並得參酌徵詢結果，對任期尚未屆滿者免兼院長職務。
③第一項庭長同審級之任期，應合併計算。其任期屆滿連任前，司法院應徵詢該庭長曾任職法院法官之意見。
④司法院於庭長任期中，如發現有具體事證，足認其有不適任庭長之情事者，得對其免兼庭長職務。
⑤院長及庭長之調任、連任、延任、免兼等有關事項之辦法，由司法院定之。

第一二條　（法官之任命、法官先派代理之停止及任用之撤銷）

①法官之任用，準用公務人員相關規定先派代理，並應送請銓敘部銓敘審定，經銓敘審定合格者，呈請總統任命。銓敘審定不合格者，應即停止其代理。
②法官於任用前有第六條所列各款情事之一，或不合各該審級法官任用資格者，撤銷其任用或該審級法官之任用資格。
③第一項代理之停止及前項任用之撤銷，不影響其在任時職務行為之效力；業已依規定支付之給與，不予追還。

第三章　法官之司法倫理與監督

第一三條　（法官職務執行之基本原則）

①法官應依據憲法及法律，本於良心，超然、獨立、公正審判，不受任何干涉。
②法官應遵守法官倫理規範，其內容由司法院徵詢全國法官代表意見定之。

第一四條　（法官之宣誓及誓詞）

法官於就職時應依法宣誓，其誓詞如下：「余誓以至誠，接受國家任命，恪遵憲法及法律之規定，秉持超然獨立之精神，公正廉明，勤奮謹慎，執行法官職務，如違誓言，願受最嚴厲之制裁。謹誓。」

第一五條　（參政之禁止）

①法官於任職期間不得參加政黨、政治團體及其活動，任職前已參加政黨、政治團體者，應退出之。
②法官參與各項公職人員選舉，應於各該公職人員任期屆滿一年以前，或參與重行選舉、補選及總統解散立法院後辦理之立法委員選舉，應於辦理登記前，辭去其職務或依法退休、資遣。
③法官違反前項規定者，不得登記為公職人員選舉之候選人。

第一六條　（兼職之禁止）

法官不得兼任下列職務或業務：
一　中央或地方各級民意代表。
二　公務員服務法規所規定公務員不得兼任之職務。
三　司法機關以外其他機關之法規、訴願審議委員會委員或公務人員保障暨培訓委員會委員。
四　各級私立學校董事、監察人或其他負責人。
五　其他足以影響法官獨立審判或與其職業倫理、職位尊嚴不相容之職務或業務。

第一七條　（兼職之限制）

法官兼任前條以外其他職務者，應經其任職機關同意；司法院大法官、各級法院院長及機關首長應經司法院同意。

第一八條　（維護法官尊嚴及嚴守職務秘密之義務）

①法官不得爲有損其職位尊嚴或職務信任之行爲，並應嚴守職務上之秘密。

②前項守密之義務，於離職後仍應遵守。

第一九條　（獨立審判權）

①法官於其獨立審判不受影響之限度內，受職務監督。職務監督包括制止法官違法行使職權、糾正法官不當言行及督促法官依法迅速執行職務。

②法官認職務監督危及其審判獨立時，得請求職務法庭撤銷之。

第二〇條 109

法官之職務監督，依下列規定：

一　司法院院長監督各法院法官及懲戒法院法官。

二　最高法院院長監督該法院法官。

三　最高行政法院院長監督該法院法官。

四　懲戒法院院長監督該法院法官。

五　高等法院院長監督該法院及其分院與所屬地方法院及其分院法官。

六　高等法院分院院長監督該分院與轄區內地方法院及其分院法官。

七　高等行政法院院長監督該法院及其分院法官。

八　高等行政法院分院院長監督該分院法官。

九　專業法院院長監督該法院法官。

十　地方法院院長監督該法院及其分院法官。

十一　地方法院分院院長監督該分院法官。

第二一條　（職務監督權人之處分權限）

①前條所定職務監督權人，對於被監督之法官得爲下列處分：

一　關於職務上之事項，得發命令促其注意。

二　違反職務上之義務、怠於執行職務或言行不檢者，加以警告。

②基於保障人民之訴訟權及服公職權益，各法院或分院院長，得對該院法官遲延未結之案件，提經法官會議決議改分同院其他法官辦理，或爲其他適當之處理。

第二二條　（職務監督之處分權）

①被監督之法官有前條第一項第二款之情事，情節重大者，第二十條所定職務監督權人得以所屬機關名義，請求法官評鑑委員會評鑑，或移由司法院依第五十一條第二項、第三項規定辦理。

②被監督之法官有前條第一項第二款之情事，經警告後一年內再犯，或經警告累計達三次者，視同情節重大。

第二三條 109

①司法院大法官爲強化自律功能，應就自律事項、審議程序、決議之作成及處分種類等有關事項，訂定司法院大法官自律實施辦法。

②前項辦法經司法院大法官現有總額三分之二以上之出席及出席人數三分之二以上之決議訂定之；修正時亦同。

③司法院應就懲戒法院法官及各法院法官之自律事項、審議程序、決議之作成及處分種類等有關事項，訂定各級法院法官自律實施辦法。

第四章　法官會議

第二四條　（法官會議之議決事項）

①各法院及其分院設法官會議，議決下列事項：

一　依法律及司法院所定事務分配辦法，預定次年度司法事務分配、代理次序及合議審判時法官之配置事項。

二　辦理法官考核之建議事項。

三　第二十一條所定對法官為監督處分之建議事項。
四　其他與法官權利義務有重大影響之建議事項。

②前項第一款之議決對象，不包括調至他機關辦事之法官。

③法官年度司法事務分配後，因案件增減或他項事由，有變更之必要時，得由院長徵詢有關庭長、法官之意見後定之。但遇有法官分發調動，而有大幅變更法官司法事務分配之必要時，應以法官會議議決。

④院長認為法官會議關於第一項第一款或第三項但書議決事項所為決議有違背法令之情事，應於議決後五日內以書面附具理由，交法官會議復議。復議如經三分之二以上法官之出席及出席人數四分之三以上之同意維持原決議時，院長得於復議決議後五日內聲請職務法庭宣告其決議違背法令。

⑤法官會議關於第一項第一款或第三項但書議決事項所為決議經職務法庭宣告為違背法令者，其決議無效。法官會議自發交復議日起十五日內未議決，或未作成前項維持原決議之議決者，其原決議失其效力。

⑥前項情形，院長得提出事務分配方案取代原決議。

⑦職務法庭審理第四項之聲請案件，得不經言詞辯論，並應於受理後三十日內為裁定。

⑧院長認為法官會議就第一項第二款至第四款所列建議事項之決議違背法令或窒礙難行時，應拒絕之，並於一個月內，以書面或其他適當方式說明之。

第二五條　（法官會議之召開）

①法官會議由全體實際辦案之法官組成，以院長為主席，每半年召開一次，無議案時，得不召開。必要時，亦得由院長或五分之一以上之法官提議，加開臨時會。

②法官會議之決議，除前條第四項之復議外，應以過半數法官之出席及出席人數過半數以上之同意行之，可否同數時，取決於主席；法官因故不能出席時，得出具委託書委託其他法官代理出席，但每一法官受託代理以一人為限。

③委託代理出席人數，不得逾前項出席人數三分之一。

第二六條　（法官司法事務分配小組）

①法官會議得組成法官司法事務分配小組或其他小組，研擬第二十四條第一項各款所列事項之意見，並提出法官會議議決。

②前項事務分配小組遇有第二十四條第三項但書情形時，亦得預擬事務分配方案，提出法官會議議決。

③前二項事務分配方案，應顧及審判業務之需要、承辦法官之專業、職務之穩定及負擔之公平。

④第一項小組由法官代表組成，任期一年；其人數及得否連任由法官會議議決。

⑤前項法官代表，除院長為當然代表外，其餘三分之一由院長指定，另三分之二依法官會議議決之方式產生。

第二七條　（法官之遞補方式）

前條法官代表，因調職或其他事由無法執行職務時，依其產生之方式，分別遞補，任期接續原代表任期計算。

第二八條　（法官司法事務分配小組會議之主席及決議方式）

法官司法事務分配小組會議，由院長或其指定之人擔任主席，其決議以法官代表三分之二以上出席，出席人數二分之一以上同意行之。可否同數時，取決於主席。

第二九條　（法官會議之議事規則）

法官會議之議事規則、決議及建議之執行、司法事務分配小組或其他小組之組成及運作等有關事項之辦法，由司法院定之。

第五章　法官評鑑

第三〇條　（法官個案評鑑之機制）108

①司法院設法官評鑑委員會，掌理法官之評鑑。

②法官有下列各款情事之一者，應付個案評鑑：

一　裁判確定後或自第一審繫屬日起已逾六年未能裁判確定之案件，有事實足認因故意或重大過失，致審判案件有明顯違誤，而嚴重侵害人民權益。

二　有第二十一條第一項第二款情事，情節重大。

三　違反第十五條第二項、第三項規定。

四　違反第十五條第一項、第十六條或第十八條規定，情節重大。

五　違反辦案程序規定或職務規定，情節重大。

六　無正當理由遲延案件之進行，致影響當事人權益，情節重大。

七　違反法官倫理規範，情節重大。

③適用法律之見解，不得據爲法官個案評鑑之事由。

第三一條　（刪除）108

第三二條　（各級法院團體績效之評比）

①司法院應每三年一次進行各級法院之團體績效評比，其結果應公開，並作爲各級法院首長職務評定之參考。

②前項評比之標準、項目及方式，由司法院定之。

第三三條　（法官評鑑委員之組織及迴避）108

①法官評鑑委員會由法官三人、檢察官一人、律師三人、學者及社會公正人士六人組成；評鑑委員任期爲二年，得連任一次。

②評鑑委員有下列各款情形之一者，應自行迴避，不得執行職務：

一　評鑑委員或其配偶、前配偶或未婚配偶，爲評鑑事件所涉個案之當事人。

二　評鑑委員爲受評鑑法官、請求人八親等內之血親或五親等內之姻親，或曾有此親屬關係。

三　評鑑委員或其配偶、前配偶或未婚配偶，就評鑑事件所涉個案，與當事人有共同權利人、共同義務人或償還義務人之關係。

四　評鑑委員於評鑑事件所涉個案，現爲或曾爲當事人之代理人、辯護人、輔佐人或家長、家屬。

五　評鑑委員於評鑑事件所涉個案，曾爲證人或鑑定人。

六　評鑑委員曾參與評鑑事件之法官自律程序。

七　評鑑委員現受任或三年內曾受任辦理受評鑑法官所承辦之各類案件。

③遇有下列各款情形，請求人或受評鑑法官得聲請評鑑委員迴避：

一　評鑑委員有前項所定之情形而不自行迴避者。

二　評鑑委員有前項所定以外之情形，足認其執行職務有偏頗之虞者。

④法官評鑑委員會如認評鑑委員有應自行迴避之原因，或受前項之聲請，應爲迴避與否之決議。但被聲請迴避之評鑑委員，不得參與該決議。

⑤前項決議，不得聲明不服。

第三四條 112

①評鑑委員產生之方式如下：

一　法官代表由全體法官票選之。

二　檢察官代表由全體檢察官票選之。

三　律師代表，由各地律師公會各別推舉一人至三人，由全國律師聯合會辦理全國性律師票選。

四　學者及社會公正人士，由法務部、全國律師聯合會各推舉法官、檢察官、律師以外之人六人，送司法院院長遴聘。

②有下列情形之一者，不得擔任前項委員：

一　各級法院及其分院之現任院長。

二　各級檢察署及其檢察分署之現任檢察長。

三　全國性及各地方律師公會之現任理事長。

四　前項第一款及第二款以外之公務人員。但公立各級學校及學術研究機構之教學、研究人員不在此限。

五　政黨黨務工作人員。

③司法院院長遴聘第一項第四款之委員時，任一性別不得少於三分之一。

④評鑑委員之資格條件、票選程序及委員出缺之遞補等有關事項之辦法，由司法院、行政院、全國律師聯合會分別定之。

第三五條　（評鑑事件之來源及審查）108

①法官有第三十條第二項各款情事之一者，下列人員或機關、團體認為有個案評鑑之必要時，得請求法官評鑑委員會進行個案評鑑：

一　受評鑑法官所屬機關法官三人以上。

二　受評鑑法官所屬機關、上級機關或所屬法院對應設置之檢察署。

三　受評鑑法官所屬法院管轄區域之律師公會或全國性律師公會。

四　受評鑑法官所承辦已終結案件檢察官以外之當事人或犯罪被害人。

②就第三十條第二項各款情事，法官認有澄清之必要時，得陳請所屬機關請求法官評鑑委員會個案評鑑之。

③前二項請求，應提出書狀及繕本，記載下列各款事項，並檢附相關資料：

一　請求人之姓名及住所或居所、所屬機關名稱；請求人為機關、團體者，其名稱、代表人姓名及機關、團體所在地。

二　受評鑑法官之姓名及所屬或評鑑事實發生機關名稱。

三　與第三十條第二項各款所列情事有關之具體事實。

四　請求評鑑之日期。

④個案評鑑事件之請求有下列情形之一者，法官評鑑委員會應決定不予受理：

一　無具體之內容或未具真實姓名或住址。

二　同一事由，經法官評鑑委員會決議不付評鑑後仍一再請求。

⑤個案評鑑事件之請求，應先依前項及第三十七條規定審查有無應不予受理或不付評鑑之情事，不得逕予調查或通知受評鑑法官陳述意見。

⑥法官評鑑委員會審議個案評鑑事件，為確定違失行為模式之必要，或已知受評鑑法官有其他應受評鑑之情事時，得就未經請求之違失情事，併予調查及審議。

第三六條　（評鑑事件之請求期限）108

①法官個案評鑑之請求，應於下列期間內為之：

一　無涉受評鑑法官承辦個案者，自受評鑑事實終了之日起算三年。

二　牽涉受評鑑法官承辦個案，非以裁判終結者，自該案件辦理終結之日起算三年。

三　牽涉受評鑑法官承辦個案，並以裁判終結者，自裁判確定之日起算三年。但自案件辦理終結日起算逾六年者，不得請求。

四　第三十條第二項第一款情形，自裁判確定或案件繫屬滿六年時起算三年。

②受評鑑事實因逾前項請求期間而不付評鑑者，不影響職務監督權或移付懲戒程序之行使。

第三七條　（不付評鑑決議之情形）108

個案評鑑事件之請求，有下列情形之一者，法官評鑑委員會應為不付評鑑之決議：

一　個案評鑑事件之請求，不合第三十五條第一項至第三項之規定。

二　個案評鑑事件之請求，已逾前條第一項所定期間。

三　對不屬法官個案評鑑之事項，請求評鑑。

四　就法律見解請求評鑑。

五　已為職務法庭判決、監察院彈劾、或經法官評鑑委員會決議之事件，重行請求評鑑。

六　受評鑑法官死亡。

七　請求顯無理由。

第三八條　（請求不成立決議之情形）

法官評鑑委員會認法官無第三十條第二項各款所列情事者，應為請求不成立之決議。

必要時，並得移請職務監督權人依第二十一條規定為適當之處分。

第三九條 （區別評鑑請求決議之懲處）108

①法官評鑑委員會認法官有第三十條第二項各款所列情事之一，得為下列決議：

一 有懲戒之必要者，報由司法院移送職務法庭審理，並得建議懲戒之種類。

二 無懲戒之必要者，報由司法院交付司法院人事審議委員會審議，並得建議處分之種類。

②前項第一款情形，司法院應將決議結果告知監察院。

③第一項評鑑決議作成前，應予受評鑑法官陳述意見之機會。

第四〇條 （評鑑請求決議之移送及處置）108

司法院應依法官評鑑委員會所為之前條決議，檢具受個案評鑑法官相關資料，分別移送職務法庭審理或交付司法院人事審議委員會審議。

第四一條 （評鑑委員會之決議方式）108

①法官評鑑委員會會議之決議，除本法另有規定外，以委員總人數二分之一以上之出席，出席委員過半數之同意行之。

②法官評鑑委員會為第三十五條第四項之決定及第三十七條之決議，得以三名委員之審查及該三名委員一致之同意行之。該三名委員之組成由委員會決定之。

③法官評鑑委員會為第三十八條、第三十九條之決議，應以委員總人數三分之二以上之出席，出席委員過半數之同意行之。

④第一項、第三項委員總人數，應扣除未依規定推派、票選或任期中解職、死亡或迴避致出缺之人數，但不得低於八人。

第四一條之一 （評鑑委員會之調查程序）108

①法官評鑑委員會得依受評鑑法官及請求人之聲請或依職權為必要之調查，並得通知關係人到會說明；調查所得資料，除法令另有規定外，不得提供其他機關、團體、個人，或供人閱覽、抄錄。

②受評鑑法官及請求人聲請到會陳述意見，除顯無必要者外，不得拒絕；其到會陳述如有不當言行，並得制止之。

③請求人得聲請交付受評鑑法官提出之意見書，如無正當理由，法官評鑑委員會不得限制或拒絕之；如同意交付，並應給予表示意見之合理期間。

④受評鑑法官及請求人得聲請閱覽、抄錄、複印或攝錄第一項調查所得資料。但有下列情形之一者，法官評鑑委員會得限制或拒絕之：

一 個案評鑑事件決議前擬辦之文稿。

二 個案評鑑事件決議之準備或審議文件。

三 為第三人之正當權益有保障之必要。

四 其他依法律或基於公益，有保密之必要。

⑤前項經聲請而取得之資料，應予保密。

⑥評鑑程序關於調查事實及證據、期日與期間及送達，除本法另有規定外，準用行政程序法之規定。

第四一條之二 （評鑑委員會其他相關規定）108

①個案評鑑事件牽涉法官承辦個案尚未終結者，於該法官辦理終結其案件前，停止進行評鑑程序。

②司法院應依法聘用專責人員，協助辦理評鑑請求之審查、評鑑事件之調查，及其他與評鑑有關之事務。

③法官評鑑委員會行使職權，應兼顧評鑑功能之發揮及受評鑑法官程序上應有之保障，且不得影響審判獨立。

④前項職權之行使，非經受評鑑法官之同意或法官評鑑委員會之決議，不得公開。

⑤法官評鑑委員會之決議書，應於法官評鑑委員會網站公開。但其他法律另有規定者，依其規定。

⑥法官評鑑委員會組織規程、評鑑實施辦法及評鑑委員倫理規範，由司法院定之。

第六章　法官之保障

第四二條　（法官免職之限制）

①實任法官非有下列情事之一，不得免職：

一　因犯內亂、外患、故意瀆職罪，受判刑確定者。

二　故意犯前款以外之罪，受有期徒刑以上刑之宣告確定，有損法官尊嚴者。但宣告緩刑者，不在此限。

三　受監護之宣告者。

②實任法官受監護或輔助之宣告者，自宣告之日起，得依相關規定辦理退休或資遣。

③司法院大法官於任職中，有第一項各款情事之一時，經司法院大法官現有總額三分之二以上之出席，出席人數三分之二以上之同意，由司法院呈請總統免職。

④候補、試署法官除本法另有規定外，準用第一項、第二項規定。

第四三條　（法官停職之限制）108

①實任法官，除法律別有規定者外，非有下列各款情事之一，不得停止其職務：

一　依公務人員任用法之規定，不得任用爲公務人員者。

二　有第六條第五款之情事者。

三　依刑事訴訟程序被通緝或羈押者。

四　依刑事確定判決，受徒刑或拘役之宣告，未依規定易科罰金，或受罰金之宣告，依規定易服勞役，在執行中者。

五　所涉刑事、懲戒情節重大者。

六　有客觀事實足認其不能執行職務，經司法院邀請相關專科醫師及學者專家組成小組認定者。

②經依法停職之實任法官於停職事由消滅後三個月內，得申請復職，並依公務人員保障法及公務員懲戒法復職之規定辦理。

③實任法官因第一項第一款至第五款事由停止其職務者，其停止職務期間及復職後之給俸，準用公務人員俸給法之規定；因第一項第六款事由停止其職務者，支給第七十一條第一項所定本俸及加給各三分之一。但期限最長不得逾三年。

④司法院大法官有第一項各款情事之一者，經司法院大法官現有總額三分之二以上之出席及出席人數過半數之同意，由司法院呈請總統停止其職務；因第一項第六款情事停止其職務者，於停止職務期間，支給第七十二條所定月俸及加給各三分之一。

⑤實任法官或司法院大法官有貪污行爲，經有罪判決確定或經職務法庭裁判確定而受第五十條第一項第一款至第三款之懲戒處分者，應繳回其停職期間所領之本俸。

第四四條　（法官轉任之限制）

實任法官除法律規定或經本人同意外，不得將其轉任法官以外職務。

第四五條　（法官地區調動之限制）

①實任法官除經本人同意外，非有下列原因之一，不得爲地區調動：

一　因法院設立、裁併或員額增減者。

二　因審判事務量之需要，急需人員補充者。

三　依法停止職務之原因消滅而復職者。

四　有相當原因足資釋明不適合繼續在原地區任職者。

五　因法院業務需要，無適當人員志願前往，調派同級法院法官至該法院任職或辦理審判事務者，其期間不得逾二年，期滿回任原法院。

②前項第五款之法官調派辦法，由司法院定之；其調派期間之津貼補助辦法，由司法院會同行政院定之。

第四六條　（法官審級調動之限制）

實任法官除經本人同意外，非有下列原因之一，不得爲審級調動：

一　因法院設立、裁併或編制員額增減而調派至直接下級審法院。

二　於高等法院繼續服務二年以上，爲堅實事實審功能，調派至直接下級審法院。

三　依法停止職務之原因消滅而復職，顯然不適合在原審級法院任職者。

四　有相當原因足資釋明不適合繼續在原審級法院任職者。

第七章　職務法庭

第四七條 109

①懲戒法院設職務法庭，審理下列之事項：

一　法官懲戒之事項。

二　法官不服撤銷任用資格、免職、停止職務、解職、轉任法官以外職務或調動之事項。

三　職務監督影響法官審判獨立之事項。

四　其他依法律應由職務法庭管轄之事項。

②對職務法庭之裁判，不得提起行政訴訟。

第四八條 109

①職務法庭第一審案件之審理及裁判，以懲戒法院法官一人為審判長，與法官二人為陪席法官組成合議庭行之。但審理法官懲戒案件時，應增加參審員二人為合議庭成員。

②前項合議庭之法官應至少一人與當事人法官為同審判系統；於審理司法院大法官懲戒案件時，陪席法官應全部以最高法院、最高行政法院法官充之。

③第一項之陪席法官，須具備實任法官十年以上之資歷，由司法院法官遴選委員會遴定普通法院、行政法院法官各三人，提請司法院院長任命，任期三年，得連任。其人數並得視業務需要增加之。

④各法院院長不得為職務法庭之陪席法官。

⑤第一項但書之參審員，由司法院法官遴選委員會遴定學者及社會公正人士六人，提請司法院院長任命，任期三年，不得連任。其人數並得視業務需要增加之。

⑥有下列情形之一者，不得擔任參審員：

一　全國性及各地方律師公會之現任理事長。

二　公務人員。但公立各級學校及學術研究機構之教學、研究人員不在此限。

三　政黨黨務工作人員。

第四八條之一　（參審員依法獨立審判及公正執行職務）108

①前條第一項但書之參審員，職權與法官同，應依據法律獨立行使職權，不受任何干涉。

②參審員應依法公平誠實執行職務，不得為有害司法公正信譽之行為，並不得洩漏評議秘密及其他職務上知悉之秘密。

③參審員有第四十二條第一項、第四十三條第一項各款情形之一，或有具體事證足認其執行職務有難期公正之虞者，司法院院長得經法官遴選委員會同意後解任之。

④參審員應按到庭日數支給日費、旅費及相關必要費用。

⑤前項費用之支給辦法及參審員之倫理規範，由司法院定之。

第四八條之二 109

①職務法庭第二審案件之審理及裁判，以懲戒法院院長為審判長，與最高法院法官二人、最高行政法院法官一人及懲戒法院法官一人為陪席法官組成合議庭行之。

②前項最高法院、最高行政法院陪席法官由司法院法官遴選委員會遴定，提請司法院院長任命，任期為三年，得連任。其人數並得視業務需要增加之。

第四八條之三　（職務法庭成員之兼任義務及遞補）108

①法官經任命為職務法庭成員者，有兼任義務。

②法官遴選委員會依第四十八條第三項、第五項、第四十八條之二第二項規定遴定職務法庭成員時，應同時遴定遞補人選，於成員出缺時遞補之，任期1至出缺者任滿時為止。

③職務法庭之事務分配及代理次序，由全體職務法庭成員決定之。

④職務法庭成員之遴選及遞補規則由司法院定之。

第四九條　（法官之懲戒）108

①法官有第三十條第二項各款所列情事之一，有懲戒之必要者，應受懲戒。

②第三十條第二項法官應付個案評鑑之規定及第五十條懲戒之規定，對轉任司法行政人員、退休或其他原因離職之法官，於轉任、退休或離職前之行為亦適用之。

③適用法律之見解，不得據為法官懲戒之事由。

④法官應受懲戒之同一行為，不受二次懲戒。同一行為已經職務法庭為懲戒、不受懲戒或免議之判決確定者，其原懲處失其效力。

⑤法官應受懲戒之同一行為已受刑罰或行政罰之處罰者，仍得予以懲戒。其同一行為不受刑罰或行政罰之處罰者，亦同。但情節輕微，如予懲戒顯失公平者，無須再予懲戒。

⑥懲戒案件有下列情形之一者，應為免議之判決：

一　同一行為，已受懲戒判決確定。

二　受褫奪公權之宣告確定，認已無受懲戒之必要。

三　已逾第五十二條規定之懲戒權行使期間。

四　有前項但書之情形。

第五〇條　（法官懲戒之種類）108

①法官之懲戒處分如下：

一　免除法官職務，並不得再任用為公務員。

二　撤職：除撤其現職外，並於一定期間停止任用，其期間為一年以上五年以下。

三　免除法官職務，轉任法官以外之其他職務。

四　剝奪退休金及退養金，或剝奪退養金。

五　減少退休金及退養金百分之十至百分之二十。

六　罰款：其數額為現職月俸給總額或任職時最後月俸給總額一個月以上一年以下。

七　申誡。

②依應受懲戒之具體情事足認已不適任法官者，應予前項第一款至第三款之處分。

③受第一項第一款、第二款之懲戒處分者，不得充任律師，其已充任律師者，停止其執行職務；其中受第一項第二款、第三款之懲戒處分者，並不得回任法官職務。

④受第一項第二款之懲戒處分者，於停止任用期間屆滿，再任公務員，自再任之日起，二年內不得晉敘、陞任或遷調主管職務。

⑤職務法庭為第一項第三款之懲戒處分，關於轉任之職務應徵詢司法院之意見後定之。

⑥第一項第四款、第五款之懲戒處分，以退休或其他原因離職之法官為限。已給付之給與，均應予追回，並得以受懲戒法官尚未領取之退休金或退養金為抵銷、扣押或強制執行。

⑦第一項第四款、第五款之退休金，指受懲戒法官離職前所有任職年資所計給之退休或其他離職給與。但公教人員保險養老給付、受懲戒法官自行繳付之退撫基金費用本息，不在此限。

⑧第一項第六款得與第四款、第五款以外之其餘各款併為處分。

⑨第一項第七款之懲戒處分，以書面為之。

第五〇條之一　（法官退休金、退養金之剝奪、減少或追繳）108

①法官退休或其他原因離職後始受前條第一項第一款至第三款之處分確定者，應依下列規定剝奪或減少其退休金、退養金；其已支領者，照應剝奪或減少之全部或一部追繳之：

一　受前條第一項第一款處分者，應自始剝奪其退休金及退養金。

二　受前條第一項第二款處分者，應自始減少其退休金及退養金百分之六十。

三　受前條第一項第三款處分者，應自始剝奪其退養金。

②前項所指之退休金，適用前條第七項之規定。

③第一項人員因同一案件，於其他法律有較重之剝奪或減少退休金處分者，從重處罰。

第五一條　（法官懲戒之程序）108

①法官之懲戒，除第四十條之情形外，應由監察院彈劾後移送職務法庭審理。

②司法院認法官有應受懲戒之情事時，除依法官評鑑之規定辦理外，得逕行移送監察院審查。

③司法院依前項規定逕行移送監察院審查前，應予被付懲戒法官陳述意見之機會，並經司法院人事審議委員會決議之。

第五二條　（法官懲戒行使期）108

①法官應受懲戒行為，自行為終了之日起，至案件繫屬職務法庭之日止，已逾五年者，不得為減少退休金及退養金、罰款或申誡之懲戒。但第三十條第二項第一款情形，自依本法得付個案評鑑之日起算。

②前項行為終了之日，係指法官應受懲戒行為終結之日。但應受懲戒行為係不作為者，自法官所屬機關知悉之日起算。

第五三條　（自立救濟）

①法官不服司法院所為撤銷任用資格、免職、停止職務、解職、轉任法官以外職務或調動等職務處分，應於收受人事令翌日起三十日內，以書面附具理由向司法院提出異議。

②法官認職務監督影響審判獨立時，應於監督行為完成翌日起三十日內，以書面附具理由向職務監督權人所屬之機關提出異議。

第五四條　（機關受理異議之決議期限）

①前條所列機關應於受理異議之日起三十日內，作成決定。

②對於前條第一項之異議所作之決定，應依原決定程序為決議。

③法官不服前條所列機關對異議所作之決定，應於決定書送達翌日起三十日內，向職務法庭起訴。

④前條所列機關未於第一項期間內作成決定時，法官得逕向職務法庭起訴。

第五五條　（申請退休或資遣之禁止）108

①法官經司法院或監察院移送懲戒，或經司法院送請監察院審查者，在判決確定生效或審查結束前，不得申請退休或資遣。但移送懲戒後經職務法庭同意者，不在此限。

②經移送懲戒之法官於判決確定生效時已逾七十歲，且未受撤職以上之處分，並於判決確定生效後六個月內申請退休者，計算其任職年資至滿七十歲之前一日，準用第七十八條第一項第一款至第三款規定給與退養金。

③職務法庭於受理第一項之移送後，應將移送書繕本送交被移送法官所屬法院及銓敘機關。

第五六條　（得為職務法庭案件當事人之規定）108

①監察院、司法院、各法院或分院、法官，得為第四十七條各款案件之當事人。

②職務法庭審理法官評鑑委員會報由司法院移送之案件，應通知法官評鑑委員會派員到庭陳述意見。

第五七條 112

職務法庭審理案件，應公開法庭行之。但有下列情形之一者，不在此限：

一　有妨害善良風俗之虞。

二　所涉個案之處理程序依法律規定不公開。

三　涉及法律規定應秘密之事項。

四　當事人聲請不公開，法院經聽取他造當事人、辯護人、代理人或輔佐人之意見後予以許可。

第五八條　（第一審行言詞辯論及調查證據之範圍）108

①職務法庭第一審案件之審理，除法律另有規定者外，應行言詞辯論。

②職務法庭第一審審判長於必要時，得命法官一人為受命法官，先行準備程序，闡明起訴之事由。

③受命法官經審判長指定調查證據，以下列情形為限：

一　有在證據所在地調查之必要者。
二　依法應在法院以外之場所調查者。
三　於言詞辯論期日調查，有致證據毀損、滅失或礙難使用之虞，或顯有其他困難者。
四　調取或命提出證物。
五　就必要之事項，請求該管機關報告。

第五九條　（停止被付懲戒法官之職務）108

①職務法庭審理法官懲戒案件，認爲情節重大，有先行停止職務之必要者，得依職權或依聲請裁定先行停止被付懲戒法官之職務，並通知所屬法院院長。
②職務法庭爲前項裁定前，應予被付懲戒法官陳述意見之機會。
③職務法庭第一審判決爲第五十條第一項第一款至第三款之懲戒處分者，除受懲戒法官已遭停職者外，應依職權裁定停止受懲戒法官之職務，並通知所屬法院院長。
④前項裁定，不得抗告。
⑤第一項及第三項裁定於送達受懲戒法官所屬法院院長之翌日起發生效力。
⑥第一項之訴如經駁回，或第三項之判決如經廢棄，被停職法官得向司法院請求復職，其停止職務期間及復職後之給俸，準用公務人員俸給法之規定。

第五九條之一　（第一審判決之上訴期限）108

當事人對於職務法庭第一審之終局判決不服者，得自判決送達後二十日之不變期間內，上訴於職務法庭第二審。但判決宣示或公告後送達前之上訴，亦有效力。

第五九條之二　（第一審判決之上訴理由）108

對於職務法庭第一審判決提起上訴，非以其違背法令爲理由，不得爲之。

第五九條之三　（判決違背法令之情形）108

①判決不適用法規或適用不當者，爲違背法令。
②有下列各款情形之一者，其判決當然違背法令：
一　判決職務法庭之組織不合法。
二　依法律或裁判應迴避之法官或參審員參與審判。
三　職務法庭對於權限之有無辨別不當。
四　當事人於訴訟未經合法代理、代表或辯護。
五　判決不備理由或理由矛盾，足以影響判決之結果。

第五九條之四　（上訴狀之內容要件）108

①提起上訴，應以上訴狀表明下列各款事項，提出於原職務法庭爲之：
一　當事人。
二　第一審判決，及對於該判決上訴之陳述。
三　對於第一審判決不服之程度，及應如何廢棄或變更之聲明。
四　上訴理由。
②前項上訴理由應表明下列各款事項：
一　原判決所違背之法令及其具體內容。
二　依訴訟資料合於該違背法令之具體事實。
③第一項上訴狀內應添具關於上訴理由之必要證據。

第五九條之五　109

①職務法庭第二審案件應於六個月內審結。
②職務法庭第二審之判決，應經言詞辯論爲之。但職務法庭認爲不必要者，不在此限。
③前項言詞辯論實施之辦法，由懲戒法院定之。

第五九條之六　（第一審案件之裁定得爲抗告）108

對於職務法庭第一審案件之裁定，得提起抗告。但別有不許抗告之規定者，不在此限。

第六〇條　（法官懲戒案件審理規則）

①職務法庭審理第四十七條第一項第一款法官懲戒案件審理規則，由司法院定之。

②職務法庭審理第四十七條第一項第二款、第三款及第四款法官職務案件之程序及裁判，除本法另有規定外，準用行政訴訟法之規定。

第六一條　（職務案件再審之訴）108

①有下列各款情形之一者，當事人得提起再審之訴，對於確定終局判決聲明不服。但當事人已依上訴主張其事由或知其事由而不為主張者，不在此限：

一　適用法規顯有錯誤。

二　判決職務法庭之組織不合法。

三　依法律或裁定應迴避之法官、參審員參與審判。

四　參與裁判之法官或參審員關於該訴訟違背職務，犯刑事上之罪已經證明，或關於該訴訟違背職務受懲戒處分，足以影響原判決。

五　原判決所憑之證言、鑑定、通譯或證物，已證明係虛偽或偽造、變造。

六　原判決就足以影響於判決之重要證物漏未斟酌。

七　發現確實之新證據，足認應變更原判決。

八　同一行為其後經不起訴處分確定，或為判決基礎之民事或刑事判決及其他裁判或行政處分，依其後之確定裁判或行政處分已變更。

九　確定終局判決所適用之法律或命令，經司法院大法官依當事人之聲請，解釋為牴觸憲法。

②前項第四款及第五款情形之證明，以經判決確定，或其刑事訴訟不能開始或續行非因證據不足者為限，得提起再審之訴。

③判決確定後受判決人已死亡者，其配偶、直系血親、三親等內之旁系血親、二親等內之姻親或家長、家屬，得為受判決人之利益，提起再審之訴。

④再審之訴，於原判決執行完畢後，亦得提起之。

第六二條　（再審之訴為原判決法院管轄）108

①再審之訴，專屬為判決之原職務法庭管轄之。

②對於職務法庭就同一事件所為之第一審、第二審判決提起再審之訴者，由第二審合併管轄之。

③對於職務法庭之第二審判決，本於前條第一項第五款至第八款事由聲明不服者，雖有前二項之情形，仍專屬職務法庭第一審管轄。

第六三條　（再審之訴期限）108

①提起再審之訴，應於下列期間為之：

一　以第六十一條第一項第一款至第三款、第六款為原因者，自原判決確定之翌日起三十日內。但判決於送達前確定者，自送達之翌日起算。

二　以第六十一條第一項第四款、第五款、第八款為原因者，自相關之裁判或處分確定之翌日起三十日內。但再審之理由知悉在後者，自知悉時起算。

三　以第六十一條第一項第七款為原因者，自發現新證據之翌日起三十日內。

四　以第六十一條第一項第九款為原因者，自解釋公布之翌日起三十日內。

②為受懲戒法官之不利益提起再審之訴，於判決後經過一年者不得為之。

第六三條之一　109

職務法庭法官或懲戒法院法官曾參與職務法庭之第二審確定判決者，於就該確定判決提起之再審訴訟，無庸迴避。

第六四條　（再審程序之裁判執行限制）

提起再審之訴，無停止裁判執行之效力。

第六五條　（不合再審之訴之駁回）

職務法庭認為再審之訴不合法者，應以裁定駁回之。

第六六條　（無再審理由之駁回）

①職務法庭認為再審之訴顯無再審理由者，得不經言詞辯論，以判決駁回之。

②再審之訴雖有理由，職務法庭如認原判決為正當者，應以判決駁回之。

第六七條　（再審之訴之辯論及裁判範圍）

再審之訴之辯論及裁判，以聲明不服之部分爲限。

第六八條　（不得提起再審之訴規定）

①再審之訴，於職務法庭裁判前得撤回之。

②再審之訴，經撤回或裁判者，不得更以同一原因提起再審之訴。

第六八條之一　（裁定之聲請再審）108

裁定已經確定，且有第六十一條第一項之情形者，得準用第六十一條至前條之規定，聲請再審。

第六九條　（懲戒處分效力及執行）108

①職務法庭懲戒處分之第二審判決，於送達受懲戒法官所屬法院院長之翌日起發生懲戒處分效力。

②受懲戒法官因懲戒處分之判決而應爲金錢之給付，經所屬法院定相當期間催告，逾期未履行者，該院得以判決書爲執行名義，囑託民事執行處或法務部行政執行署所屬各分署代爲執行。

③前項執行程序，應視執行機關爲民事執行處或法務部行政執行署所屬各分署而分別準用強制執行法或行政執行法之規定。

④受懲戒法官所屬法院院長收受剝奪或減少退休金及退養金處分之判決後，應即通知退休金及退養金之支給機關，由支給或發放機關依第二項規定催告履行及囑託執行。

⑤第二項及第四項情形，於退休或其他原因離職法官，並得對其退休金、退養金或其他原因離職之給與執行。受懲戒法官死亡者，就其遺產強制執行。

⑥法官懲戒判決執行辦法，由司法院會同行政院、考試院定之。

第七〇條　（大法官之懲戒）

①司法院大法官之懲戒，得經司法院大法官現有總額三分之二以上之出席及出席人數三分之二以上之決議，由司法院移送監察院審查。

②監察院審查後認應彈劾者，移送職務法庭審理。

第八章　法官之給與

第七一條　111

①法官不列官等、職等。其俸給，分本俸、專業加給、職務加給及地域加給，均以月計之。

②前項本俸之級數及點數，依法官俸表之規定。

③本俸按法官俸表俸點依公務人員俸表相同俸點折算俸額標準折算俸額。

④法官之俸級區分如下：

一　實任法官本俸分二十級，從第一級至第二十級，並自第二十級起敘。

二　試署法官本俸分九級，從第十四級至第二十二級，並自第二十二級起敘。依本法第五條第二項第八款轉任法官者，準用現職法官改任換敘及行政教育研究人員轉任法官提敘辦法敘薪。

三　候補法官本俸分六級，從第十九級至第二十四級，並自第二十四級起敘。

⑤律師、教授、副教授、助理教授及中央研究院研究員、副研究員、助研究員轉任法官者，依其執業、任教或服務年資六年、八年、十年、十四年及十八年以上者，分別自第二十二級、二十一級、二十級、十七級及第十五級起敘。

⑥法官各種加給之給與條件、適用對象及支給數額，依行政院所定各種加給表規定辦理。但全國公務人員各種加給年度通案調整時，以具法官身分者爲限，其各種加給應按各該加給通案調幅調整之。

⑦法官生活津貼及年終工作獎金等其他給與，準用公務人員相關法令規定。

⑧法官曾任公務年資，如與現任職務等級相當、性質相近且服務成績優良者，得按年核計加級至所任職務最高俸級爲止。

⑨前項所稱等級相當、性質相近、服務成績優良年資提敘俸級之認定，其辦法由考試院

會同司法院、行政院定之。

第七二條 109

①司法院院長、副院長、大法官、最高法院院長、最高行政法院院長及懲戒法院院長之俸給，按下列標準支給之：

一　司法院院長準用政務人員院長級標準支給。

二　司法院副院長準用政務人員副院長級標準支給。

三　司法院大法官、最高法院院長、最高行政法院院長及懲戒法院院長準用政務人員部長級標準支給。

②前項人員並給與前條第一項規定之專業加給。

③司法院秘書長由法官、檢察官轉任者，其俸給依第一項第三款及第二項標準支給。

第七三條 （法官之職務評定）

①法官現辦事務所在之法院院長或機關首長應於每年年終，辦理法官之職務評定，報送司法院核定。法院院長評定時，應先徵詢該法院相關庭長、法官之意見。

②法官職務評定項目包括學識能力、品德操守、敬業精神及裁判品質；其評定及救濟程序等有關事項之辦法，由司法院定之。

第七四條 （法官考核之獎勵）

①法官任職至年終滿一年，經職務評定為良好，且未受有刑事處罰、懲戒處分者，晉一級，並給與一個月俸給總額之獎金；已達所敘職務最高俸級者，給與二個月俸給總額之獎金。但任職不滿一年已達六個月，未受有刑事處罰、懲戒處分者，獎金折半發給。

②法官連續四年職務評定為良好，且未受有刑事處罰、懲戒處分者，除給與前項之獎金外，晉二級。

③法官及司法行政人員於年度中相互轉（回）任時，其轉（回）任當年之年資，得合併計算參加年終考績或職務評定。

④第一項及第二項有關晉級之規定於候補、試署服務成績審查不及格者不適用之。

第七五條 （法官改任及轉任之規定）

①現職法官之改任換敘及行政、教育、研究人員與法官之轉任提敘辦法，由考試院會同司法院、行政院定之。

②依法官俸表所支俸給如較原支俸給為低者，補足其差額，並隨同待遇調整而併銷。

③前項所稱待遇調整，指全國軍公教員工待遇之調整、職務調動（升）、職務評定晉級所致之待遇調整。

第七六條 111

①實任法官轉任司法行政人員者，視同法官，其年資及待遇，依相當職務之法官規定列計，並得不受公務人員任用法，有關職系調任及晉升簡任官等訓練合格之限制；轉任期間三年，得延長一次；其達司法行政人員屆齡退休年齡三個月前，應予回任法官。

②前項任期於該實任法官有兼任各法院院長情事者，二者任期合計以六年為限。但司法院認確有必要者，得延任之，延任期間不得逾三年。

③第十一條第一項及前二項所定任期，於免兼或回任法官本職逾二年時，重行起算。

④曾任實任法官之第七十二條人員回任法官者，不受公務人員任用法第二十七條之限制。

⑤第一項轉任、回任、換敘辦法，由考試院會同司法院、行政院定之。

第七七條 112

①實任法官任職十五年以上年滿七十歲者，應停止辦理審判案件，得從事研究、調解或其他司法行政工作；滿六十五歲者，得申請調任地方法院辦理簡易案件。

②實任法官任職十五年以上年滿六十五歲，經中央衛生主管機關評鑑合格之醫院證明身體衰弱，難以勝任職務者，得申請停止辦理審判案件。

③前二項停止辦理審判案件法官，仍為現職法官，但不計入該機關所定員額之內，支領俸給總額之三分之二，並得依公務人員退休資遣撫卹法或公務人員個人專戶制退休資

遣撫卹法辦理自願退休及撫卹。

④第一項、第二項停止辦理審判案件之申請程序、從事研究之方法項目、業務種類等有關事項之辦法，由司法院定之。

第七八條 112

①法官自願退休時，除依公務人員退休資遣撫卹法或公務人員個人專戶制退休資遣撫卹法規定給與一次退休金總額或月退休金外，其為實任法官者，另按下列標準給與一次退養金或月退養金：

一 任職法官年資十年以上十五年未滿者，給與百分之二十，十五年以上者，給與百分之三十。

二 五十五歲以上未滿六十歲者，任職法官年資十五年以上二十年未滿者，給與百分之四十，二十年以上者，給與百分之五十。

三 六十歲以上未滿七十歲，且任職法官年資滿二十年者，給與百分之六十，其每逾一年之年資，加發百分之八，最高給與百分之一百四十。滿二十年以上之年資，尾數不滿六個月者，給與百分之四，滿六個月以上者，以一年計。但本法施行前，年滿六十五歲者，於年滿七十歲前辦理自願退休時，給與百分之一百四十。

四 七十歲以上者，給與百分之五。

②依前項給與標準支領之月退養金與依法支領之月退休金、公保養老給付之每月優惠存款利息合計，超過同俸級現職法官每月俸給之百分之九十八者，減少其月退養金給與數額，使每月所得，不超過同俸級現職法官每月俸給之百分之九十八。

③第二項退養金給與辦法由司法院會同考試院、行政院定之。

④司法院大法官、最高法院院長、最高行政法院院長及懲戒法院院長退職時，除準用政務人員退職撫卹條例規定給與離職儲金外，並依前三項規定給與退養金。但非由實任法官、檢察官轉任者，不適用退養金之規定。

⑤司法院秘書長由法官、檢察官轉任者，準用前項規定。

第七九條 （法官之資遣）108

①法官經中央衛生主管機關評鑑合格之醫院證明身體衰弱，不堪工作者，得準用公務人員有關資遣之規定申請資遣。

②法官經中央衛生主管機關評鑑合格之醫院證明身心障礙難以回復或依第四十三條第一項第六款之規定停止職務超過三年者，得準用公務人員有關資遣之規定資遣之。

③前二項資遣人員除依法給與資遣費外，並比照前條規定，發給一次退養金。

第八〇條 112

①法官之撫卹，適用公務人員退休資遣撫卹法或公務人員個人專戶制退休資遣撫卹法之規定。

②司法院大法官、最高法院院長、最高行政法院院長及懲戒法院院長，其在職死亡之撫卹，準用政務人員退職撫卹條例之規定。

③司法院秘書長由法官、檢察官轉任者，準用前項規定。

第九章　法官之考察、進修及請假

第八一條 （法官之在職進修）

①法官每年度應從事在職進修。

②司法院應逐年編列預算，遴選各級法院法官，分派國內外從事司法考察或進修。

第八二條 （法官進修之申請規則）

①實任法官每連續服務滿七年者，得提出具體研究計畫，向司法院申請自行進修一年，進修期間支領全額薪給，期滿六個月內應提出研究報告送請司法院審核。

②前項自行進修之人數，以不超過當年度各該機關法官人數百分之七為限。但人數不足一人時，以一人計。

第八三條 （法官留職停薪進修及年限）

①實任法官於任職期間，得向司法院提出入學許可證明文件，經同意後，聲請留職停薪。
②前項留職停薪之期間，除經司法院准許外，以三年為限。

第八四條（法官考察及進修規則之訂定）

前三條之考察及進修，其期間、資格條件、遴選程序、進修人員比例及研究報告之著作財產權歸屬等有關事項之辦法，由司法院定之。

第八五條（法官之請假規則）

①法官之請假，適用公務人員有關請假之規定。
②除本法另有規定外，法官之留職停薪，準用公務人員有關留職停薪之規定。

第十章　檢察官

第八六條 112

①檢察官代表國家依法追訴處罰犯罪，為維護社會秩序之公益代表人。檢察官須超出黨派以外，維護憲法及法律保護之公共利益，公正超然、勤慎執行檢察職務。
②本法所稱檢察官，指下列各款人員：
　一　最高檢察署檢察總長、主任檢察官、檢察官。
　二　高等檢察署以下各級檢察署及其檢察分署檢察長、主任檢察官、檢察官。
③前項第二款所稱之檢察官，除有特別規定外，包括試署檢察官、候補檢察官。
④本法所稱實任檢察官，係指試署服務成績審查及格，予以實授者。

第八七條 110

①地方檢察署或其檢察分署檢察官，應就具有下列資格之一者任用之：
　一　經法官、檢察官考試及格。
　二　曾任法官。
　三　曾任檢察官。
　四　曾任公設辯護人六年以上。
　五　曾實際執行律師職務六年以上，成績優良，具擬任職務任用資格。
　六　公立或經立案之私立大學、獨立學院法律學系或其研究所畢業，曾任教育部審定合格之大學或獨立學院專任教授、副教授或助理教授合計六年以上，講授主要法律科目二年以上，有法律專門著作，具擬任職務任用資格。
　七　曾實際擔任檢察事務官職務六年以上，工作表現優良，並經專門職業及技術人員高等考試律師考試及格。
②高等檢察署或其檢察分署檢察官，應就具有下列資格之一者任用之：
　一　曾任地方法院或其分院實任法官、地方檢察署或其檢察分署實任檢察官二年以上，成績優良。
　二　曾實際執行律師職務十四年以上，成績優良，具擬任職務任用資格。
③最高檢察署檢察官，應就具有下列資格之一者任用之：
　一　曾任高等法院或其分院實任法官、高等檢察署或其檢察分署實任檢察官四年以上，成績優良。
　二　曾任高等法院或其分院實任法官、高等檢察署或其檢察分署實任檢察官，並任地方法院或其分院兼任院長之法官、地方檢察署或其檢察分署檢察長合計四年以上，成績優良。
　三　公立或經立案之私立大學、獨立學院法律學系或其研究所畢業，曾任教育部審定合格之大學或獨立學院專任教授，講授主要法律科目，有法律專門著作，並曾任高等法院或其分院法官、高等檢察署或其檢察分署檢察官。
④第一項第六款、前項第三款所稱主要法律科目，指憲法、民法、刑法、國際私法、商事法、行政法、民事訴訟法、刑事訴訟法、行政訴訟法、強制執行法、破產法及其他經考試院指定為主要法律科目者。

⑤未具擬任職務任用資格之律師、教授、副教授及助理教授，其擬任職務任用資格取得之考試，得採筆試、口試及審查著作發明、審查知能有關學歷、經歷證明之考試方式行之，其考試辦法由考試院定之。
⑥依前項通過擬任職務任用資格考試及格者，僅取得參加由考試院委託法務部依第八十八條辦理之檢察官遴選之資格。
⑦法務部爲辦理前項檢察官遴選，其遴選標準、遴選程序、被遴選人員年齡之限制及其他應遵行事項之辦法，由行政院會同考試院定之。

第八八條 110
①依前條第一項第一款之規定，任用爲檢察官者，爲候補檢察官，候補期間五年，候補期滿審查及格者，予以試署，試署期間一年。
②具前條第一項第四款至第七款資格經遴選者，爲試署檢察官，試署期間二年。
③具前條第二項第二款資格經遴選者，爲試署檢察官，試署期間一年。
④曾任候補、試署、實任法官或檢察官經遴選者，爲候補、試署、實任檢察官。
⑤對於候補檢察官、試署檢察官，應考核其服務成績；候補、試署期滿時，應陳報法務部送請檢察官人事審議委員會審查。審查及格者，予以試署、實授；不及格者，應於二年內再予考核，報請審查，仍不及格時，停止其候補、試署並予以解職。
⑥前項服務成績項目包括學識能力、敬業精神、辦案品質、品德操守及身心健康情形。
⑦檢察官人事審議委員會爲服務成績之審查時，除法官、檢察官考試及格任用者外，應徵詢檢察官遴選委員會意見；爲不及格之決定前，應通知受審查之候補、試署檢察官陳述意見。
⑧法務部設檢察官遴選委員會，掌理檢察官之遴選；已具擬任職務任用資格之檢察官之遴選，其程序、檢察官年齡限制、工作表現優良之認定及其他應遵行事項之辦法，由法務部定之。
⑨經遴選爲檢察官者，應經研習；其研習期間、期間縮短或免除、實施方式、津貼、費用、請假、考核、獎懲、研習資格之保留或廢止及其他應遵行事項之辦法，由法務部定之。
⑩候補、試署檢察官，於候補、試署期間辦理之事務、服務成績考核及再予考核及其他應遵行事項之辦法，由法務部定之。

第八九條 109
①本法第一條第二項、第三項、第六條、第十二條、第十三條第二項、第十五條、第十六條第一款、第二款、第四款、第五款、第十七條、第十八條、第四十二條第一項、第二項、第四項、第四十三條第一項至第三項、第五項、第四十四條至第四十六條、第四十九條、第五十條、第五十條之一、第七十一條、第七十三條至第七十五條、第七十六條第一項、第四項、第五項、第七十七條、第七十八條第一項至第三項、第七十九條、第八十條第一項、第一百零一條之二、第五章、第九章有關法官之規定，於檢察官準用之；其有關司法院、法官學院及審判機關之規定，於法務部、法務部司法官學院及檢察機關準用之。
②高等檢察署以下各級檢察署及其檢察分署檢察長、主任檢察官之職期調任辦法，由法務部定之。
③檢察官評鑑委員會由檢察官三人、法官一人、律師三人、學者及社會公正人士六人組成；評鑑委員任期爲二年，得連任一次。
④檢察官有下列各款情事之一者，應付個案評鑑：
一　裁判確定後或自第一審繫屬日起已逾六年未能裁判確定之案件、不起訴處分或緩起訴處分確定之案件，有事實足認因故意或重大過失，致有明顯違誤，而嚴重侵害人民權益者。
二　有第九十五條第二款情事，情節重大。
三　違反第十五條第二項、第三項規定。
四　違反第十五條第一項、第十六條或第十八條規定，情節重大。

五　違反偵查不公開等辦案程序規定或職務規定，情節重大。
六　無正當理由遲延案件之進行，致影響當事人權益，情節重大。
七　違反檢察官倫理規範，情節重大。
⑤適用法律之見解，不得據為檢察官個案評鑑之事由。
⑥第四項第七款檢察官倫理規範，由法務部定之。
⑦檢察官有第四項各款所列情事之一，有懲戒之必要者，應受懲戒。
⑧檢察官之懲戒，由懲戒法院職務法庭審理之。其移送及審理程序準用法官之懲戒程序。
⑨法務部部長由法官、檢察官轉任者及最高檢察署檢察總長，其俸給準用第七十二條第一項第三款及第二項標準支給。法務部政務次長由法官、檢察官轉任者，其俸給準用政務人員次長級標準支給，並給與第七十一條第一項規定之專業加給。
⑩法務部部長、政務次長由法官、檢察官轉任者退職時，準用第七十八條第四項規定辦理。最高檢察署檢察總長退職時，亦同。
⑪最高檢察署檢察總長在職死亡之撫卹，準用第八十條第二項之規定。

第九〇條 112
①法務部設檢察官人事審議委員會，審議高等檢察署以下各級檢察署及其檢察分署主任檢察官、檢察官之任免，轉任、停止職務、解職、陞遷、考核及獎懲事項。
②前項審議之決議，應報請法務部部長核定後公告之。
③第一項委員會之設置及審議規則，由法務部定之。
④法務部部長遴任檢察長前，檢察官人事審議委員會應提出職缺二倍人選，由法務部部長圈選之。檢察長之遷調應送檢察官人事審議委員會徵詢意見。
⑤檢察官人事審議委員會置委員十七人，由法務部部長指派代表四人、檢察總長及其指派之代表三人與全體檢察官所選出之代表九人組成之，由法務部部長指派具法官、檢察官身分之次長為主任委員。
⑥前項選任委員之任期，均為一年，連選得連任一次。
⑦全體檢察官代表，以全國為單一選區，以秘密、無記名及單記直接選舉產生，每一檢察署以一名代表為限。
⑧檢察官人事審議委員會之組成方式、審議對象、程序、決議方式及相關事項之審議規則，由法務部徵詢檢察官人事審議委員會後定之。但審議規則涉及檢察官任免、考績、級俸、陞遷及褒獎之事項者，由行政院會同考試院定之。

第九一條 112
①各級檢察署及其檢察分署設檢察官會議，由該署全體實際辦案之檢察官組成。
②檢察官會議之職權如下：
一　年度檢察事務分配、代理順序及分案辦法之建議事項。
二　檢察官考核、監督之建議事項。
三　第九十五條所定對檢察官為監督處分之建議事項。
四　統一法令適用及起訴標準之建議事項。
五　其他與檢察事務有關之事項之建議事項。
③檢察總長、檢察長對於檢察官會議之決議有意見時，得交檢察官會議復議或以書面載明理由附於檢察官會議紀錄後，變更之。
④檢察官會議實施辦法，由法務部定之。

第九二條　（書面指揮制度之建立）
①檢察官對法院組織法第六十三條第一項、第二項指揮監督長官之命令，除有違法之情事外，應服從之。
②前項指揮監督命令涉及強制處分權之行使、犯罪事實之認定或法律之適用者，其命令應以書面附理由為之。檢察官不同意該書面命令時，得以書面敘明理由，請求檢察總長或檢察長行使法院組織法第六十四條之權限，檢察總長或檢察長如未變更原命令者，應即依第九十三條規定處理。

第九三條　（明定檢察首長行使職務承繼權及職務移轉權之規定）

①檢察總長、檢察長於有下列各款情形之一者，得依法院組織法第六十四條親自處理其所指揮監督之檢察官之事務，並得將該事務移轉於其所指揮監督之其他檢察官處理：

一　為求法律適用之妥適或統一追訴標準，認有必要時。

二　有事實足認檢察官執行職務違背法令、顯有不當或有偏頗之虞時。

三　檢察官不同意前條第二項之書面命令，經以書面陳述意見後，指揮監督長官維持原命令，其仍不遵從。

四　特殊複雜或專業之案件，原檢察官無法勝任，認有移轉予其他檢察官處理之必要時。

②前項情形，檢察總長、檢察長之命令應以書面附理由為之。

③前二項指揮監督長官之命令，檢察官應服從之，但得以書面陳述不同意見。

第九四條 112

①各級檢察署及其檢察分署行政之監督，依下列規定：

一　法務部部長監督各級檢察署及其檢察分署。

二　最高檢察署檢察總長監督該檢察署。

三　高等檢察署檢察長監督該檢察署及其檢察分署與所屬地方檢察署及其檢察分署。

四　高等檢察署智慧財產檢察分署檢察長監督該分署。

五　高等檢察署檢察分署檢察長監督該檢察署與轄區內地方檢察署及其檢察分署。

六　地方檢察署檢察長監督該檢察署及其檢察分署。

七　地方檢察署檢察分署檢察長監督該檢察署。

②前項行政監督權人為行使監督權，得就一般檢察行政事務頒布行政規則，督促全體檢察官注意辦理。但法務部部長不得就個別檢察案件對檢察總長、檢察長、主任檢察官、檢察官為具體之指揮、命令。

第九五條　（職務監督權人之處分權限及行使方式）

前條所定監督權人，對於被監督之檢察官得為下列處分：

一　關於職務上之事項，得發命令促其注意。

二　有廢弛職務、侵越權限或行為不檢者，加以警告。

第九六條　（懲戒權與職務監督處分權行使之範疇）

①被監督之檢察官有前條第二款之情事，情節重大者，第九十四條所定監督權人得以所屬機關名義，請求檢察官評鑑委員會評鑑，或移由法務部準用第五十一條第二項、第三項規定辦理。

②被監督之檢察官有前條第二款之情事，經警告後一年內再犯，或經警告累計達三次者，視同情節重大。

第十一章　附　則

第九七條　（實任法官、檢察官申請免試取得律師考試及格資格之時間與應繳驗之文件）

①實任法官、檢察官於自願退休或自願離職生效日前六個月起，得向考選部申請全部科目免試以取得律師考試及格資格。

②前項申請應繳驗司法院或法務部派令、銓敘部銓敘審定函及服務機關出具之服務紀錄良好證明等文件；服務紀錄良好證明之內容、標準及其他應遵循事項之辦法，由司法院、法務部分別定之。

第九八條　（本法施行前已取得法官、檢察官任用資格之規定）

①現職法官於本法施行前已任命為實任法官者，毋須經法官遴選程序，當然取得法官之任用資格，且其年資之計算不受影響，本法施行前已任命為實任檢察官者，亦同。

②法官、檢察官之年資相互併計。

第九九條　（本法施行前未取得法官、檢察官任用資格之規定）

於本法施行前尚未取得實任法官、檢察官資格者，仍依施行前之相關法令取得其資格。但有關候補法官於候補期間僅得擔任陪席法官或受命法官之限制，仍依本法規定。

第一〇〇條 （本法施行前已優遇之法官、檢察官權益適用規定）

本法施行前已依司法人員人事條例第四十條第一項或第二項停止辦理案件之實任法官、檢察官，支領現職法官、檢察官之俸給，不適用第七十七條第三項之規定。

第一〇一條 （與本法牴觸之不適用情形）

本法施行後，現行法律中有關法官、檢察官之相關規定，與本法牴觸者，不適用之。

第一〇一條之一 （本法修正施行後程序從新，實體從舊從輕原則）108

本法中華民國一百零八年六月二十八日修正之條文施行前，已繫屬於職務法庭之案件尚未終結者，於本法修正施行後，依下列規定辦理：

一　由職務法庭依修正後之程序規定繼續審理。但修正施行前已依法進行之程序，其效力不受影響。

二　其懲戒種類及其他實體規定，依修正施行前之規定。但修正施行後之規定有利於被付懲戒法官、檢察官者，依最有利於被付懲戒法官、檢察官之規定。

第一〇一條之二 （第五十條之一修正施行後之適用對象）108

第五十條之一修正施行前，有該條第一項規定之情形者，不適用修正施行後之規定。

第一〇一條之三 （已任遴選、評鑑委員會委員及職務法庭法官者之任期提前終止）108

本法中華民國一百零八年六月二十八日修正之第七條、第三十四條及第四十八條施行前，已任法官遴選委員會委員、法官評鑑委員會委員及職務法庭法官者，任期至上開條文施行日前一日止，不受修正前任期之限制。

第一〇二條 112

①本法施行細則由司法院會同行政院、考試院定之。

②全國律師聯合會依本法授權訂定之辦法，其訂定、修正及廢止應經主管機關備查，並即送立法院。

第一〇三條 111

①本法除第五章法官評鑑自公布後半年施行、第七十八條自公布後三年六個月施行者外，自公布後一年施行。

②本法修正條文，除另定施行日期者外，自公布日施行。

③本法中華民國一百零八年六月二十八日修正之條文，除第二條、第五條、第九條、第三十一條、第四十三條、第七十六條、第七十九條及第一百零一條之三外，其餘條文自公布後一年施行。

④本法中華民國一百十一年五月三十一日修正之條文，除第七十六條自公布日施行外，其施行日期由司法院定之。

法官守則

①民國84年8月22日司法院函訂定發布全文8點。
②民國88年12月18日司法院函修正發布全文5點。

一　法官應保有高尚品格，謹言愼行、廉潔自持，避免不當或易被認爲不當的行爲。
二　法官應超然公正，依據憲法及法律，獨立審判，不受及不爲任何關說或干涉。
三　法官應避免參加政治活動，並不得從事與法官身分不相容的事務或活動。
四　法官應勤愼篤實地執行職務，尊重人民司法上的權利。
五　法官應隨時汲取新知，掌握時代脈動，精進裁判品質。

法官倫理規範

民國101年1月5日司法院令訂定發布全文28條；並自101年1月6日施行。

第一條

本規範依法官法第十三條第二項規定訂定之。

第二條

法官為捍衛自由民主之基本秩序，維護法治，保障人權及自由，應本於良心，依據憲法及法律，超然、獨立從事審判及其他司法職務，不受任何干涉，不因家庭、社會、政治、經濟或其他利害關係，或可能遭公衆批評議論而受影響。

第三條

法官執行職務時，應保持公正、客觀、中立，不得有損及人民對於司法信賴之行為。

第四條

法官執行職務時，不得因性別、種族、地域、宗教、國籍、年齡、身體、性傾向、婚姻狀態、社會經濟地位、政治關係、文化背景或其他因素，而有偏見、歧視、差別待遇或其他不當行為。

第五條

法官應保有高尚品格，謹言慎行，廉潔自持，避免有不當或易被認為損及司法形象之行為。

第六條

法官不得利用其職務或名銜，為自己或他人謀取不當財物、利益或要求特殊待遇。

第七條

法官對於他人承辦之案件，不得關說或請託。

第八條

①法官不得收受與其職務上有利害關係者之任何餽贈或其他利益。

②法官收受與其職務上無利害關係者合乎正常社交禮俗標準之餽贈或其他利益，不得有損司法或法官之獨立、公正、中立、廉潔、正直形象。

③法官應要求其家庭成員或受其指揮、服從其監督之法院人員遵守前二項規定。

第九條

法官應隨時注意保持並充實執行職務所需之智識及能力。

第一〇條

法官應善用在職進修、國內外考察或進修之機會，增進其智識及能力。

第一一條

法官應謹慎、勤勉、妥速執行職務，不得無故延滯或增加當事人、關係人不合理之負擔。

第一二條

①法官開庭前應充分準備；開庭時應客觀、公正、中立、耐心、有禮聽審，維護當事人、關係人訴訟上權利或辯護權。

②法官應維持法庭莊嚴及秩序，不得對在庭之人辱罵、無理之責備或有其他損其尊嚴之行為。

③法官得鼓勵、促成當事人進行調解、和解或以其他適當方式解決爭議，但不得以不當之方式為之。

第一三條

法官就審判職務上受其指揮或服從其監督之法院人員，應要求其切實依法執行職務。

第一四條

法官知悉於收受案件時，當事人之代理人或辯護人與自己之家庭成員於同一事務所執行律師業務者，應將其事由告知當事人並陳報院長知悉。

第一五條

①法官就承辦之案件，除有下列情形之一者外，不得僅與一方當事人或其關係人溝通、會面：

一　有急迫情形，無法通知他方當事人到場。

二　經他方當事人同意。

三　就期日之指定、程序之進行或其他無涉實體事項之正當情形。

四　法令另有規定或依其事件之性質確有必要。

②有前項各款情形之一者，法官應儘速將單方溝通、會面內容告知他方當事人。但法令另有規定者，不在此限。

第一六條

法官不得揭露或利用因職務所知悉之非公開訊息。

第一七條

①法官對於繫屬中或即將繫屬之案件，不得公開發表可能影響裁判或程序公正之言論。但依合理之預期，不足以影響裁判或程序公正，或本於職務上所必要之公開解說者，不在此限。

②法官應要求受其指揮或服從其監督之法院人員遵守前項規定。

第一八條

法官參與職務外之團體、組織或活動，不得與司法職責產生衝突，或有損於司法或法官之獨立、公正、中立、廉潔、正直形象。

第一九條

法官不得爲任何團體、組織募款或召募成員。但爲機關內部成員所組成或無損於司法或法官之獨立、公正、中立、廉潔、正直形象之團體、組織募款或召募成員，不在此限。

第二〇條

①法官參與司法職務外之活動，而收受非政府機關支給之報酬或補助逾一定金額者，應申報之。

②前項所稱一定金額及申報程序，由司法院定之。

第二一條

①法官於任職期間不得從事下列政治活動：

一　爲政黨、政治團體、組織或其內部候選人、公職候選人公開發言或發表演說。

二　公開支持、反對或評論任一政黨、政治團體、組織或其內部候選人、公職候選人。

三　爲政黨、政治團體、組織或其內部候選人、公職候選人募款或爲其他協助。

四　參與政黨、政治團體、組織之內部候選人、公職候選人之政治性集會或活動。

②法官不得指示受其指揮或服從其監督之法院人員或利用他人代爲從事前項活動；並應採取合理措施，避免親友利用法官名義從事前項活動。

第二二條

法官應避免爲與司法或法官獨立、公正、中立、廉潔、正直形象不相容之飲宴應酬、社交活動或財物往來。

第二三條

法官不得經營商業或其他營利事業，亦不得爲有減損法官廉潔、正直形象之其他經濟活動。

第二四條

①法官不得執行律師職務，並避免爲輔佐人。但無償爲其家庭成員、親屬提供法律諮詢或草擬法律文書者，不在此限。

②前項但書情形，除家庭成員外，法官應告知該親屬宜尋求其他正式專業諮詢或法律服務。

第二五條

本規範所稱家庭成員，指配偶、直系親屬或家長、家屬。

第二六條

法官執行職務時，知悉其他法官、檢察官或律師確有違反其倫理規範之行爲時，應通知該法官、檢察官所屬職務監督權人或律師公會。

第二七條

司法院得設諮詢委員會，負責本規範適用疑義之諮詢及研議。

第二八條

本規範自中華民國一百零一年一月六日施行。

資料補充欄

拾、附　　錄

司法院大法官解釋文彙編

釋字第1號解釋

立法委員依憲法第七十五條之規定不得兼任官吏，如願就任官吏，即應辭去立法委員，其未經辭職而就任官吏者，亦顯有不繼續任立法委員之意思，應於其就任官吏之時，視爲辭職。（38、1、6）

釋字第2號解釋

憲法第七十八條規定司法院解釋憲法，並有統一解釋法律及命令之權。其於憲法則曰解釋，其於法律及命令則曰統一解釋，兩者意義顯有不同。憲法第一百七十三條規定憲法之解釋由司法院爲之，故中央或地方機關於其職權上適用憲法發生疑義時，即得聲請司法院解釋。法律及命令與憲法有無牴觸發生疑義時亦同。至適用法律或命令發生其他疑義時，則有適用職權之中央或地方機關，皆應自行研究，以確定其意義，而爲適用，殊無許其聲請司法院解釋之理由。惟此項機關適用法律或命令時，所持見解與本機關或他機關適用同一法律或命令時所已表示之見解有異者，苟非該機關依法應受本機關或他機關見解之拘束，或得變更其見解，則對同一法律或命令之解釋，必將發生歧異之結果，於是乃有統一解釋之必要，故限於有此種情形時，始得聲請統一解釋。本件行政院轉請解釋，未據原請機關說明，所持見解與本機關或他機關適用同一法律時所已表示之見解有異，應不予解釋。（38、1、6）

釋字第3號解釋

監察院關於所掌事項，是否得向立法院提出法律案，憲法無明文規定，而同法第八十七條則稱考試院關於所掌事項，得向立法院提出法律案。論者因執「省略規定之事項應認爲有意省略」（Casus omissus pro omisso habendus est）以及「明示規定其一者應認爲排除其他」（expressio unius est exclusio alterius）之拉丁法諺，認爲監察院不得向立法院提案，實則此項法諺並非在任何情形之下均可援用。如法律條文顯有闕漏，或有關法條尙有解釋之餘地時，則此項法諺，即不復適用。我國憲法間有闕文，例如憲法上由選舉產生之機關，對於國民大會代表及立法院立法委員之選舉，憲法則以第三十四條、第六十四條第二項載明「以法律定之」。獨對於監察院監察委員之選舉，則並無類似之規定，此項闕文，自不能認爲監察委員之選舉，可無需法律規定，或憲法對此有意省略，或故予排除，要甚明顯。

憲法第七十一條，即憲草第七十三條，原規定「立法院開會時，行政院院長及各部會首長得出席陳述意見」，經制憲當時出席代表提出修正，將「行政院院長」改爲「關係院院長」。其理由爲：「考試院、司法院、監察院就其主管事項之法律案，關係院院長自得列席立法院陳述意見」。經大會接受修正如今文，足見關係院院長係包括立法院以外之各院院長而言。又憲法第八十七條，即憲草第九十二條，經出席代表提案修正，主張將該條所定「考試院關於所掌事項提出法律案時，由考試院秘書長出席立法院說明之」予以刪除。其理由即爲：「考試院關於主管事項之法律案，可向立法院提送，與他院同。如須出席立法院說明，應由負責之院長或其所派人員出席，不必於憲法中規定秘書長出席」足徵各院皆可提案，爲當時制憲代表所不爭。遍查國民大會實錄，及國民大會代表全部提案，對於此項問題，曾無一人有任何反對或相異之言論，亦無考試院應較司法、監察兩院有何特殊理由，獨需提案之主張。

我國憲法依據孫中山先生創立中華民國之遺教而制定，載在前言。依憲法第五十三條（行政）、第六十二條（立法）、第七十七條（司法）、第八十三條（考試）、第九十條（監察）等規定，建置五院。本憲法原始賦與之職權，各於所掌範圍內，爲國家最高機關獨立行使職權，相互平等，初無軒輊；以職務需要言，監察、司法兩院各就所掌事項，需向立法院提案，與考試院同。考試院對於所掌事項，既得向立法院提出法律案，憲法對於司法、監察兩院，就其所掌事項之提案，亦初無有意省略，或故予排除之理由。法律案之議決，雖爲專屬立法院之職權，而其他各院關於所掌事項，知之較稔，得各向立法院提出法律案，以爲立法意見之提供者，於理於法均無不合。

綜上所述，考試院關於所掌事項，依憲法第八十七條，既得向立法院提出法律案，基於五權分治，平等相維之體制，參以該條及第七十一條之制訂經過，監察院關於所掌事項，得向立法院提出法律案，實與憲法之精神相符。（41、5、21）

釋字第4號解釋

聯合國韓國委員會我國副代表，既係由政府派充，且定有一年任期，不問其機構爲臨時抑屬常設性質，應認其係憲法第七十五條所稱之官吏。（41、6、20）

釋字第5號解釋

行憲後，各政黨辦理黨務人員，不能認爲刑法上所稱之公務員。（41、8、16）

釋字第6號解釋

公務員對於新聞紙類及雜誌之發行人、編輯人，除法令別有規定外，依公務員服務法第十四條第一項之規定，不得兼任。（41、9、29）

釋字第7號解釋

行憲後，各政黨、各級黨部之書記長，不得認爲公務員。（41、9、29）

釋字第8號解釋

原呈所稱之股份有限公司，政府股份既在百分之五十以上，縱依公司法組織，亦係公營事業機關，其依法令從事於該公司職務之人員，自應認爲刑法上所稱之公務員。（41、10、27）

釋字第9號解釋

一、裁判如有違憲情形，在訴訟程序進行中，當事人自得於理由內指摘之。

二、來文所稱第二點，未據說明所持見解與本機關或其他機關所已表示之見解有何歧異，核與大法官會議規則第四條之規定不合，礙難解答。（41、10、27）

釋字第10號解釋

公私營事業機關所敷設之鐵道，事實上已負公共運輸責任，又同受交通主管機關之監督管理者，其器材被盜，在戰時自得適用戰時交通器材防護條例之規定。至輕便軌道（俗稱車線），既有別於通常鐵道，即不得併予援用。（41、11、22）

釋字第11號解釋

公務員不得兼任新聞紙類及雜誌之編輯人、發行人，業經本院釋字第六號解釋有案。至社長、經理、記者及其他職員，依公務員服務法第十四條第一項之規定，自亦不得兼任。（41、11、22）

釋字第12號解釋

某甲收養某丙，同時以女妻之，此種將女抱男習慣，其相互間原無生理上之血統關係，自不受民法第九百八十三條之限制。（41、12、20）

釋字第13號解釋

憲法第八十一條所稱之法官，係指同法第八十條之法官而言，不包含檢察官在內。但實任檢察官之保障，依同法第八十二條及法院組織法第四十條第二項之規定，除轉調外，與實任推事同。（42、1、31）

釋字第14號解釋

查憲法與本問題有關之第九十七條、第九十八條、第九十九條，係由憲法草案第一百零二條、第一百零三條、第一百零四條而來。第一百零二條原稱：監察院對於行政院或其各部會人員，認爲有違法失職情事，得提出彈劾案。第一百零三條則爲中央及地方行政人員之彈劾。第一百零四條則爲法官及考試院人員之彈劾。在制憲會議中，若干代表認爲監察院彈劾權行使之對象，應包括立法委員、監察委員在內。曾經提出修正案數起，主張將第一百零二條行政院或其各部會人員，改爲各院及其各部會人員，包括立法院、監察院人員在內，並將第一百零四條有關法官及考試院人員之條文刪去。討論結果，對此毫無疑義之修正文均未通過，即所以表示立監委員係屬除外。若謂同時復以中央公務人員字樣，可藉解釋之途徑，使立監委員包括在內，殊難自圓其說。在制憲者之意，當以立監委員爲直接或間接之民意代表，均不認其爲監察權行使之對象。至立監兩院其他人員，與國民大會職員、總統府及其所屬機關職員，自應屬監察權行使範圍。故憲法除規定行政、司法、考試三院外，復於第九十七條第二項及第九十八條另有中央公務人員之規定。

國民大會代表爲民意代表，其非監察權行使對象更不待言。憲法草案及各修正案，對於國大代表均無可以彈劾之擬議，與立監委員包括在內之各修正案不予採納者，實爲制憲時一貫之意思。

自治人員之屬於議事機關者，如省縣議會議員，亦爲民意代表，依上述理由，自亦非監察權行使之對象。（42、3、21）

釋字第15號解釋

國民大會代表，代表國民行使政權，自係公職。依憲法第一百零三條之規定，監察委員不得兼任。查憲法第一百條及第二十七條，將對於總統、副總統之彈劾與罷免劃分由監察院與國民大會分別行使。若監察委員得兼任國民大會代表，由同一人行使彈劾權與罷免權，是與憲法劃分其職權之原意相違，其不應兼任更屬明顯。再查憲法草案第二十六條第一款及第二款，原列立法委員、監察委員得爲國民大會代表，嗣有代表多人認爲於理無當，提出修正案若干起，制憲大會依綜合審查委員會之意見，將該條第一、第二兩款刪去，亦可爲不得兼任之佐證。（42、4、24）

釋字第16號解釋

強制執行法施行後，強制執行僅得由法院爲之。行政官署依法科處之罰鍰，除依法移送法院辦理外，不得逕就抗不繳納者之財產而爲強制執行。本院院解字第三三〇八號解釋，仍應適用。（42、5、15）

釋字第17號解釋

國立編譯館編纂，按照該館組織條例規定，係屬公職。依憲法第一百零三條，監察委員不得兼任。（42、5、15）

釋字第18號解釋

查大法官會議第九次會議，臨時動議第一案決議：「中央或地方機關，對於行憲前司法院所爲之解釋發生疑義聲請解釋時，得認爲合於司法院大法官會議規則第四條之規定。」本案最高法院對本院院字第七五零號解釋發生疑義，依照上項決議，自應予以解答。

夫妻之一方，於同居之訴判決確定後，仍不履行同居義務，在此狀態繼續存在中，而又無不能同居之正當理由者，裁判上固得認爲合於民法第一千零五十二條第五款情形，至來文所稱某乙與某甲結婚後，歸寧不返，迭經某甲託人邀其回家同居，某乙仍置若罔聞。此項情形，尚難遽指爲上項條款所謂以惡意遺棄他方之規定。（42、5、29）

釋字第19號解釋

憲法第一百零三條所稱不得兼任其他公職，與憲法第七十五條之專限制兼任官吏者有別，其含義不僅以官吏爲限。（42、6、3）

釋字第20號解釋

省黨部、省婦女工作委員會，均係人民團體，其主任委員及理事，自非憲法第一百零三條所謂公職。至醫務人員，既須領證書始得執業，且經常受主管官廳之監督，其業務與監察職權顯不相容，應認係同條所稱之業務。公立醫院爲國家或地方醫務機關，其院長及醫生並係公職，均在同條限制之列。（42、7、10）

釋字第21號解釋

憲法第四十七條規定總統任期爲六年，同法第二十九條規定國民大會於每屆總統任滿前九十日集會。憲法實施以後，首屆總統係於民國三十七年五月二十日就職，應至民國四十三年五月二十日任滿。所謂任滿前九十日，應自總統任滿前一日起算，以算足九十日爲準。（42、7、10）

釋字第22號解釋

立法委員、監察委員係依法行使憲法所賦予之職權，自屬公職。既依法支領歲費、公費，應認為有給職。（42、8、4）

釋字第23號解釋

商標法第三條前段規定，二人以上於同一商品，以相同或近似之商標各別呈請註冊時，應准在中華民國境內實際最先使用並無中斷者註冊，係為審查准駁之實質標準，如利害關係人在同法第二十六條審定後之六個月公告期間內另以與他人審定商標相同或近似之商標呈請註冊，並以自己之商標實際使用在先而未中斷為理由，對他人已審定商標提出異議，自應依異議程序及同法第三條規定辦理。（42、8、4）

釋字第24號解釋

公營事業機關之董事、監察人及總經理與受有俸給之文武職公務員，均適用公務員服務法之規定，應屬於憲法第一百零三條、第七十五條所稱公職及官吏範圍之內，監察委員、立法委員均不得兼任。（42、9、3）

釋字第25號解釋

一、省銀行之董事及監察人，均為公營事業機關之服務人員，立法委員、監察委員不得兼任，已見本院釋字第二十四號解釋。

二、來文所列第一、第三、第四、第五各點，事屬統一法令解釋問題，既未據說明所持見解與本機關或他機關所已表示之見解有何歧異，核與大法官會議規則第四條之規定不合，礙難解答。（42、9、3）

釋字第26號解釋

典押當業既係受主管官署管理並公開營業，其收受典押物，除有明知為贓物而故為收受之情事外，應受法律之保護。典押當業管理規則第十七條之規定，旨在調和回復請求權人與善意占有人之利害關係，與民法第九百五十條之立法精神尚無違背，自不發生與同法第九百四十九條之牴觸問題。（42、10、9）

釋字第27號解釋

查大法官會議第二十九次會議臨時動議第一案決議：「中央或地方機關，就其職權上適用法律或命令，對於本會議所為之解釋發生疑義，聲請解釋時，得認為合於本會議規則第四條之規定」。本件係對於本院釋字第六及第十一兩號解釋發生疑義，依照上項決議，認為應予解答。

公營事業機關服務人員均適用公務員服務法，為該法第二十四條所明定。中央信託局係國營事業機關，其依法令在該局服務人員，自屬公務員服務法上之公務員，仍應受本院釋字第六號及第十一號解釋之限制。（42、11、27）

釋字第28號解釋

最高法院對於非常上訴所為之判決，係屬終審判決，自有拘束該訴訟之效力。惟關於本件原附判決所持引用法條之理由，經依大法官會議規則第十七條向有關機關徵詢意見，據最高法院覆稱，該項判決係以司法院院字第二七四七號及院解字第三零零四號解釋為立論之根據。復據最高法院檢察署函復：「如該項判決所持見解，係由大院行憲前之解釋例演繹而來，亦請重為適當之解釋，以便今後統一適用」各等語。是本件係對於行憲前，本院所為上述解釋發生疑義，依四十一年八月十六日本會議第九次會議臨時動議第一案之決議，認為應予解答。

養子女與本生父母及其兄弟姊妹，原屬民法第九百六十七條所定之直系血親與旁系血親。其與養父母之關係，縱因民法第一千零七十七條所定：「除法律另有規定外，與婚生子女同」而成為擬制血親，惟其與本生父母方面之天然血親，仍屬存在。同法第一千零八十三條所稱養子女自收養關係終止時起，回復其與本生父母之關係，所謂回復者，係指回復其相互間之權利義務，其固有之天然血親，自無待於回復。

當養父母與養子女利害相反，涉及訴訟時，依民事訴訟法第五百八十二條規定，其本生父母得代為訴訟行為，可見雖在收養期間，本生父母對於養子女之利益，仍得依法加以保護。就本件而論，刑事訴訟法第二百十四條後段所稱被害人之血親得獨立告訴，尤無排斥其天然血親之理由。本院院字第二七四七號及院解字第三零零四號解釋，僅就養父母方面之親屬關係立論，初未涉及其與本生父母方面之法律關係，應予補充解釋。（42、12、16）

釋字第29號解釋

國民大會遇有憲法第三十條列舉情形之一，召集臨時會時，其所行使之職權，仍係國民大會職權之一部分，依憲法第二十九條召集之國民大會，自得行使之。（42、12、29）

釋字第30號解釋

憲法第七十五條雖僅限制立法委員不得兼任官吏，但並非謂官吏以外任何職務即得兼任，仍須視其職務之性質與立法委員職務是否相容。同法第二十七條規定，國民大會複決立法院所提之憲法修正案，並制定辦法行使創制、複決兩權。若立法委員得兼國民大會代表，是以一人而兼具提案與複決兩種性質不相容之職務，且立法委員既行使立法權，復可參與中央法律之創制與複決，亦顯與憲法第二十五條及第六十二條規定之精神不符，故立法委員不得兼任國民大會代表。（43、1、15）

釋字第31號解釋

憲法第六十五條規定立法委員之任期爲三年。第九十三條規定監察委員之任期爲六年。該項任期本應自其就職之日起，至屆滿憲法所定之期限爲止。惟值國家發生重大變故，事實上不能依法辦理次屆選舉時，若聽任立法、監察兩院職權之行使陷於停頓，則顯與憲法樹立五院制度之本旨相違，故在第二屆委員未能依法選出集會與召集以前，自應仍由第一屆立法委員、監察委員繼續行使其職權。（43、1、29）

釋字第32號解釋

本院釋字第十二號解釋所謂將女抱男之習慣，係指於收養同時以女妻之，而其間又無血統關係者而言。此項習慣實屬招贅行爲，並非民法上之所謂收養。至被收養爲子女後，而另行與養父母之婚生子女結婚者，自應先行終止收養關係。（43、3、26）

釋字第33號解釋

查民意代表並非監察權行使對象，業經本院釋字第十四號解釋有案。省縣議會爲民意代表機關，其由議員互選之議長，雖有處理會務之責，但其民意代表身分並無變更，應不屬憲法第九十七條第二項及第九十八條所稱之公務人員。至議長處理會務如有不當情事，應由議會本身予以制裁。（43、4、2）

釋字第34號解釋

母之養女與本身之養子係輩分不相同之擬制血親，依民法第九百八十三條第一項第二款之規定，不得結婚。本院釋字第十二號解釋與此情形有別，自不能援用。（43、4、28）

釋字第35號解釋

對人民財產爲強制執行，非有強制執行法第四條所列之執行名義，不得爲之。行政機關依法科處罰鍰之公文書，如法律定有送由法院強制執行或得移送法院辦理者，自得認爲同法第四條第六款所規定之執行名義，否則不能逕據以爲強制執行。（43、6、14）

釋字第36號解釋

稅務機關之稅戳蓋於物品上用以證明繳納稅款者，依刑法第二百二十條之規定，應以文書論。用僞造稅戳蓋於其所私宰之牛肉從事銷售，成立刑法第二百十六條之行使僞造公文書罪，應依同法第二百十一條處斷。本院院解字第三三六四號解釋所謂公印文書之印字，當係衍文。（43、6、23）

釋字第37號解釋

執行機關執行特種刑事案件沒收之財產，對於受刑人所負債務，固非當然負清償之責。惟揆諸憲法第十五條保障人民財產權之精神，如不知情之第三人，就其合法成立之債權有所主張時，依刑事訴訟法第四百七十五條之規定，應依強制執行法有關各條規定辦理。（43、7、23）

釋字第38號解釋

憲法第八十條之規定，旨在保障法官獨立審判，不受任何干涉。所謂依據法律者，係以法律為審判之主要依據，並非除法律以外，與憲法或法律不相牴觸之有效規章，均行排斥而不用。至縣議會行使縣立法之職權時，若無憲法或其他法律之根據，不得限制人民之自由權利。（43、8、27）

釋字第39號解釋

依法應予發還當事人各種案款，經傳案及限期通告後，仍無人具領者，依本院院解字第三二三九號解釋，固應由法院保管設法發還，惟此項取回提存物之請求權，提存法既未設有規定，自應受民法第一百二十五條消滅時效規定之限制。（43、8、27）

釋字第40號解釋

行政訴訟法第一條規定，人民因中央或地方官署之違法處分，致損害其權利者，得依法定程序提起行政訴訟。是僅人民始得為行政訴訟之原告。臺灣省物資局依其組織規程，係隸屬於臺灣省政府之官署，與本院院解字第二九九零號解釋所稱之鄉鎮自治機關不同，自不能類推適用此項解釋。至海關緝私條例第三十二條，對於提起行政訴訟之原告並無特別規定，要非官署所得引為提起行政訴訟之根據。（43、10、6）

釋字第41號解釋

國營事業轉投於其他事業之資金，應視為政府資本。如其數額超過其他事業資本百分之五十者，該其他事業即屬於國營事業管理法第三條第一項第三款之國營事業。（43、10、20）

釋字第42號解釋

憲法第十八條所稱之公職，涵義甚廣，凡各級民意代表、中央與地方機關之公務員，及其他依法令從事於公務者皆屬之。（43、11、17）

釋字第43號解釋

來呈所稱：原判誤被告張三為張四，如全案關係人中，別有張四其人，而未經起訴，其判決自屬違背法令，應分別情形，依上訴非常上訴及再審各程序糾正之。如無張四其人，即與刑事訴訟法第二百四十五條之規定未符，顯係文字誤寫，而不影響於全案情節與判決之本旨，除判決宣示前，得依同法第四十條增刪予以訂正外，其經宣示或送達者，得參照民事訴訟法第二百三十二條，依刑事訴訟法第一百九十九條，由原審法院依聲請或本職權以裁定更正，以昭鄭重。（43、12、29）

釋字第44號解釋

契約當事人雙方約定以白米給付房租，核與民法第四百二十一條第二項尚無牴觸，除其他法令別有禁止之規定外，自非法所不許。（44、2、21）

釋字第45號解釋

主刑宣告緩刑之效力，依本院院字第七八一號解釋雖及於從刑，惟參以刑法第三十九條所定「得專科沒收」與第四十條所定「得單獨宣告沒收」，足證沒收雖原為從刑，但與主刑並非有必然牽連關係。其依法宣告沒收之物，或係法定必予沒收者，或係得予沒收而經認定有沒收必要者，自與刑法第七十四條所稱以暫不執行為適當之緩刑本旨不合，均應不受緩刑宣告之影響。（44、3、11）

釋字第46號解釋

審計部對於各機關編送之決算，有最終審定權。徵收機關核定公營事業之所得額與審計部審定同一事業之盈餘如有歧異，自應以決算書所載審計部審定之數目為準。（44、5、9）

釋字第47號解釋

刑事訴訟法第八條之主要用意，係避免繫屬於有管轄權之數法院，對於同一案件均予審判之弊。據來呈所稱，某甲在子縣行竊，被在子縣法院提起公訴後，復在丑縣行竊，其在丑縣行竊之公訴部分，原未繫屬於子縣法院，自不發生該條之適用問題。又丑縣法院係被告所在地之法院，對於某甲在子縣法院未經審判之前次犯行，依同法第五條之規定，得併案受理，其判決確定後，子縣法院對於前一犯行公訴案件，自應依

同法第二百九十四條第一款規定，諭知免訴之判決。（44、6、20）

釋字第48號解釋

一、告訴乃論之罪，其告訴不合法或依法不得告訴而告訴者，檢察官應依刑事訴訟法第二百三十四條第一項之規定為不起訴處分。如未經告訴，自不生處分問題，院字第二二九二號解釋所謂應予變更部分，自係指告訴不合法及依法不得告訴而告訴者而言。二、告訴不合法之案件，經檢察官為不起訴處分後，如另有告訴權人合法告訴者，得更行起訴，不受刑事訴訟法第二百三十九條之限制。（44、7、11）

釋字第49號解釋

印花稅法所定罰鍰，係純粹行政罰。納稅義務人如有違法事實，即應依法按其情節輕重，分別科處罰鍰。其違法行為之成立，並不以故意為要件，本院院字第一四六四號解釋，係就當時特定情形立論，應予變更。（44、7、27）

釋字第50號解釋

頂替他人姓名而服兵役，係屬違法行為，自難認其有軍人身分。本院院字第二六八四號解釋，仍應予以維持。（44、8、13）

釋字第51號解釋

士兵未經核准，離營已逾一個月者，依兵役法第二十條第一項第三款規定，已失現役軍人身分，如其另犯他罪，依非軍人之例，定其審判機關。本院院字第二八二二號解釋，應予變更。（44、8、13）

釋字第52號解釋

實任檢察官依法院組織法第四十條第二項規定，除轉調外，應受保障，並經本院釋字第十三號解釋有案。惟此項保障，係適用於能執行職務之檢察官，其因病請假逾一定期間，事實上不能執行職務者，在未經依據此項保障精神另定辦法前，自得依公務員請假規則第十條暫令退職。（44、8、20）

釋字第53號解釋

檢察官發見原告訴人為誣告者，固得逕就誣告起訴，毋庸另對被誣告人為不起訴處分。但原告訴人對原告訴事件，如有聲請時，檢察官仍應補為不起訴處分書。（44、9、23）

釋字第54號解釋

現行遺產稅法既無明文規定溯及既往，則該法第八條但書，對於繼承開始在該法公布以前之案件，自不適用。（44、10、24）

釋字第55號解釋

質權人因有民法第八百九十三條情形而拍賣質物者，仍應依照本院院字第九八零號解釋辦理。如不自行拍賣而聲請法院拍賣時，即應先取得執行名義。（44、10、24）

釋字第56號解釋

公務員被判褫奪公權，而其主刑經宣告緩刑者，在緩刑期內，除別有他項消極資格之限制外，非不得充任公務員。（44、11、21）

釋字第57號解釋

民法第一千一百四十條所謂代位繼承，係以繼承人於繼承開始前死亡或喪失繼承權者為限。來文所稱，某甲之養女乙拋棄繼承，並不發生代位繼承問題。惟該養女乙及其出嫁之女，如合法拋棄其繼承權時，其子既為民法第一千一百三十八條第一款之同一順序繼承人，依同法第一千一百七十六條第一項前段規定，自得繼承某甲之遺產。（45、1、6）

釋字第58號解釋

查民法第一千零八十條終止收養關係須雙方同意，並應以書面為之者，原係以昭鄭重。如養女既經養親主持與其婚生子正式結婚，則收養關係人之雙方同意變更身分，已具同條第一項終止收養關係之實質要件。縱其養親未踐行同條第二項之形式要件，旋即死亡，以致踐行該項程式陷於不能，則該養女之一方，自得依同法第一千零八十一條第六款，聲請法院為終止收養關係之裁定，以資救濟。（45、2、10）

釋字第59號解釋

依公司法第二十三條之規定，公司除依其他法律或公司章程規定以保證為業務者外，不得為任何保證人。公司負責人如違反該條規定，以公司名義為人保證，既不能認為公司之行為，對於公司自不發生效力。（45、3、21）

釋字第60號解釋

最高法院所為之確定判決有拘束訴訟當事人之效力，縱有違誤，亦僅得按照法定途徑，聲請救濟。惟本件關於可否得以上訴於第三審法院，在程序上涉及審級之先決問題，既有歧異見解，應認為合於本會議規則第四條之規定予以解答。查刑法第六十一條所列各罪之案件，經第二審判決者，不得上訴於第三審法院，刑事訴訟法第三百六十八條定有明文。倘第二審法院判決後，檢察官原未對原審法院所適用之法條有所爭執而仍上訴，該案件與其他得上訴於第三審之案件亦無牽連關係，第三審法院不依同法第三百八十七條予以駁回，即與法律上之程式未符。至案件是否屬於刑法第六十一條所列各罪之範圍，尚有爭執者，應視當事人在第二審言詞辯論終結前是否業已提出，如當事人本已主張非刑法第六十一條所列各罪，第二審仍為認係該條各罪之判決者，始得上訴於第三審法院。（45、4、2）

釋字第61號解釋

軍人逃亡，如僅佩帶本人符號，尚難認為與陸海空軍刑法第九十五條所謂攜帶其他重要物品之情形相當，應以普通逃亡論罪。本院院字第二零四四號關於該部分之解釋，應予變更。（45、8、13）

釋字第62號解釋

律師法第三十七條所稱之司法人員，依律師法施行細則第十二條之規定雖列有書記官在內，然此係指依法院組織法任用，並辦理司法事務之書記官而言。主計機關派駐各法院辦理會計事務之書記官，自不包括在內。（45、8、13）

釋字第63號解釋

妨害國幣懲治條例第三條所稱偽造變造之幣券，係指國幣幣券而言。新臺幣為地方性之幣券，如有偽造變造情事，應依刑法處斷。（45、8、29）

釋字第64號解釋

法律施行日期條例第一條所謂依限應到達各主管官署之日，係指依法律施行到達日期表所列之日期而言。凡明定自公布日施行之法律，除依法另有規定外，仍應自該表所列之日起發生效力。（45、9、14）

釋字第65號解釋

監督寺廟條例第三條第二款所謂地方公共團體，係指依法令或習慣。在一定區域內，辦理公共事務之團體而言。（45、10、1）

釋字第66號解釋

考試法第八條第一項第二款及公務人員任用法第十七條第二款所列情事，均屬本院釋字第五十六號解釋所謂他項消極資格。其曾服公務而有貪污行為，經判決確定者，雖受緩刑之宣告，仍須俟緩刑期滿而緩刑之宣告並未撤銷時，始得應任何考試或任為公務人員。（45、11、2）

釋字第67號解釋

凡在政府機關，曾任薦任審計職務三年以上，經銓敘合格者，均應認為合於會計師法第二條第一項第四款之規定。（45、11、14）

釋字第68號解釋

凡曾參加叛亂組織者，在未經自首或有其他事實證明其確已脫離組織以前，自應認為係繼續參加。如其於民國三十八年六月二十一日懲治叛亂條例施行後，仍在繼續狀態中，則因法律之變更並不在行為之後，自無刑法第二條之適用。至罪犯赦免減刑令，原以民國三十五年十二月三十一日以前之犯罪為限，如在以後仍在繼續犯罪中，即不能援用。（45、11、26）

釋字第69號解釋

公務員服務法第十四條第二項，所謂依法令兼職者不得兼薪及兼領公費，當係指兼職之公務員，僅能支領本職之薪及公費而言。其本職無公費而兼職有公費者，自得支領兼職之公費。（45、12、5）

釋字第70號解釋

養子女與養父母之關係爲擬制血親，本院釋字第二十八號解釋已予說明。關於繼承人在繼承開始前死亡時之繼承問題，與釋字第五十七號解釋，繼承人拋棄繼承之情形有別。來文所稱，養子女之婚生子女、養子女之養子女，以及婚生子女之養子女，均得代位繼承。至民法第一千零七十七條所謂法律另有規定者，係指法律對於擬制血親定有例外之情形而言，例如同法第一千一百四十二條第二項之規定是。（45、12、17）

釋字第71號解釋

本院釋字第六號及第十一號解釋，係依公務員服務法第十四條第一項所定限制而爲解釋。如公務員於公餘兼任外籍機構臨時工作，衹須其工作與本職之性質或尊嚴有妨礙者，無論是否爲通常或習慣上所稱之業務，均應認爲該條精神之所不許。（46、1、9）

釋字第72號解釋

商標局應送達於呈請人或關係人之書件，如呈請人或關係人係在淪陷區域，即屬無從送達之件，自得依商標法施行細則第三十條第二項之規定，於公報公示之。（46、1、23）

釋字第73號解釋

依公司法組織之公營事業，縱於移轉民營時，已確定其盈虧及一切權利義務之移轉日期，仍應俟移轉後之民股超過百分之五十以上時，該事業方得視爲民營。惟在尚未實行交接之前，其原有依法令服務之人員，仍係刑法上之公務員。（46、3、13）

釋字第74號解釋

國民大會代表，係各在法定選舉單位當選，依法集會，代表全國國民行使政權；而省縣議會議員乃分別依法集會，行使屬於各該省縣之立法權。爲貫徹憲法分別設置各級民意機關賦予不同職權之本旨，國民大會代表自不得兼任省縣議會議員。（46、3、22）

釋字第75號解釋

查制憲國民大會，對於國民大會代表不得兼任官吏，及現任官吏不得當選爲國民大會代表之主張，均未採納；而憲法第二十八條第三項，僅限制現任官吏不得於其任所所在地之選舉區，當選爲國民大會代表。足見制憲當時，並無限制國民大會代表兼任官吏之意，故國民大會代表非不得兼任官吏。（46、4、8）

釋字第76號解釋

我國憲法係依據孫中山先生之遺教而制定，於國民大會外，並建立五院，與三權分立制度本難比擬。國民大會代表全國國民行使政權，立法院爲國家最高立法機關，監察院爲國家最高監察機關，均由人民直接間接選舉之代表或委員所組成。其所分別行使之職權，亦爲民主國家國會重要之職權。雖其職權行使之方式，如每年定期集會、多數開議、多數決議等，不盡與各民主國家國會相同，但就憲法上之地位及職權之性質而言，應認國民大會、立法院、監察院共同相當於民主國家之國會。（46、5、3）

釋字第77號解釋

憲法第一百六十四條所謂教育科學文化之經費，在市縣不得少於其預算總額百分之三十五，原係指編製預算時，在歲出總額所佔之比例數而言。至追加預算，實因預算執行中，具有預算法第五十三條所定情事，始得提出者，自不包括在該項預算總額之內。（46、6、24）

釋字第78號解釋

耕地租約在租佃期限未屆滿前，非有耕地三七五減租條例第十七條所定各款情形，不得終止。如承租人自動放棄耕作權時，依同條第二款規定，亦須確有因遷徙或轉業之正當事由。（46、8、9）

釋字第79號解釋

本院釋字第六十七號解釋，所謂銓敘合格一語，係指經銓敘部銓敘合格者而言。其在國防部擔任薦任審計職務三年以上，並經銓敘部審查登記者，亦應認為合於會計師法第二條第一項第四款之規定。（46、10、7）

釋字第80號解釋

一、參加叛亂組織案件，在戒嚴地域犯之者，依懲治叛亂條例第十條後段之規定，既不論身分概由軍事機關審判，則有無參加叛亂組織及是否繼續之事實，均應由有權審判之軍事機關認定之。

二、本院釋字第六十八號解釋係為曾參加叛亂組織，未經自首或無其他事實證明其確已脫離組織者而發。如已由有權審判之軍事機關認其不屬於懲治叛亂條例上之犯罪，自不適用。（47、11、26）

釋字第81號解釋

民營公司之董事、監察人及經理人所執行之業務，應屬於憲法第一百零三條所稱執行業務範圍之內。（47、12、17）

釋字第82號解釋

偽造公印，刑法第二百十八條既有獨立處罰之規定，且較刑法第二百十二條之處罰為重，則於偽造刑法第二百十二條之文書同時偽造公印者，即難僅論以該條之罪，而置刑法第二百十八條處刑較重之罪於不問。本院院解字第三零二零號第三項解釋，於立法本旨並無違背，尙無變更之必要。（48、6、17）

釋字第83號解釋

地方法院所在地有代理國庫之銀行時，法院收受提存之金錢、有價證券或貴重物品，應交由該銀行之國庫部門保管，並依提存法第八條之規定，給付利息。（48、10、21）

釋字第84號解釋

公務員依刑事確定判決，受褫奪公權刑之宣告者，雖同時諭知緩刑，其職務亦當然停止。（48、12、2）

釋字第85號解釋

憲法所稱國民大會代表總額，在當前情形，應以依法選出，而能應召集會之國民大會代表人數，為計算標準。（49、2、12）

釋字第86號解釋

憲法第七十七條所定司法院為國家最高司法機關，掌理民事、刑事訴訟之審判，係指各級法院民事、刑事訴訟之審判而言。高等法院以下各級法院及分院，既分掌民事、刑事訴訟之審判，自亦應隸屬於司法院。（49、8、15）

釋字第87號解釋

收養子女違反民法第一千零七十三條收養者之年齡應長於被收養者二十歲以上之規定者，僅得請求法院撤銷之，並非當然無效。本院院解字第三一二零號第五項就此部分所為之解釋，應予維持。（49、12、9）

釋字第88號解釋

民法第七百二十五條所定之公示催告程序，乃以保障無記名證券合法持有人之利益。中華民國四十八年短期公債發行條例第三條，僅有「不得掛失」之規定，自不能據以排除上開民法條文之適用。（49、12、21）

釋字第89號解釋

行政官署依臺灣省放領公有耕地扶植自耕農實施辦法，將公有耕地放領於人民，其因放領之撤銷或解除所生之爭執，應由普通法院管轄。（50、2、10）

釋字第90號解釋

一、憲法上所謂現行犯係指刑事訴訟法第八十八條第二項之現行犯，及同條第三項以現行犯論者而言。

二、遇有刑事訴訟法第八十八條所定情形，不問何人均得逕行逮捕之，不以有偵查權人未曾發覺之犯罪為限。

三、犯瀆職罪收受之賄賂，應認為刑事訴訟法第八十八條第三項第二款所稱之贓物。賄賂如為通貨，依一般觀察可認為因犯罪所得，而其持有並顯可疑為犯罪人者，亦有上述條款之適用。（50、4、26）

釋字第91號解釋

養親死亡後，養子女之一方無從終止收養關係，不得與養父母之婚生子女結婚。但養親收養子女時，本有使其與婚生子女結婚之眞意者，不在此限。（50、6、21）

釋字第92號解釋

公營事業機關代表民股之董事、監察人，應有公務員服務法之適用。（50、8、16）

釋字第93號解釋

輕便軌道，除係臨時敷設者外，凡繼續附著於土地，而達其一定經濟上之目的者，應認為不動產。（50、12、6）

釋字第94號解釋

公務員因同一行為經宣告褫奪公權者，其應受撤職之懲戒處分，已為褫奪公權所吸收，初非無律師法第二條第四款之適用，本院院字第二六五八號解釋應予補充。（51、2、14）

釋字第95號解釋

公務人員任用法第十七條第二款所定之限制，即在任用後發生者，亦有其適用。（51、2、28）

釋字第96號解釋

刑法第一百二十二條第三項之行賄行為，性質上不屬於瀆職罪，其幫助或教唆者亦同。（51、6、27）

釋字第97號解釋

行政官署對於人民所為之行政處分，製作以處分為內容之通知。此項通知，原為公文程式條例所稱處理公務文書之一種，除法律別有規定者外，自應受同條例關於公文程式規定之適用及限制，必須其文書本身具備法定程式，始得謂為合法之通知。（51、9、7）

釋字第98號解釋

裁判確定後另犯他罪，不在數罪併罰規定之列。雖緩刑期內更犯者，其所科之刑，亦應於緩刑撤銷後，合併執行。（51、10、17）

釋字第99號解釋

臺灣銀行發行之新臺幣，自中央銀行委託代理發行之日起，如有偽造變造等行為者，亦應依妨害國幣懲治條例論科。（51、12、19）

釋字第100號解釋

公司法第二百四十六條第二項及第二百六十四條所定股東會之出席股東人數與表決權數，均係指所需之最低額而言。如公司訂立章程規定股東出席人數及表決權數，較法定所需之最低額為高時，自非法所不許。（52、2、27）

釋字第101號解釋

本院釋字第九十二號解釋，所稱公營事業機關代表民股之董事、監察人，應有公務員服務法之適用者，係指有俸給之人而言。（52、5、22）

釋字第102號解釋

船舶發生海難，輪船公司董事長、總經理，並不因頒發開航通知書，而當然負刑法上業務過失責任。但因其過失催促開航，致釀成災害者，不在此限。（52、8、14）

釋字第103號解釋

行政院依懲治走私條例第二條第二項專案指定管制物品及其數額之公告，其內容之變更，對於變更前走私行為之處罰，不能認為有刑法第二條之適用。（52、10、23）

釋字第104號解釋

商標法第二條第八款所稱世所共知，係指中華民國境內，一般所共知者而言。（53、

3、11）

釋字第105號解釋

出版法第四十條、第四十一條所定定期停止發行或撤銷登記之處分，係為憲法第二十三條所定必要情形，而對於出版自由所設之限制，由行政機關逕行處理，以貫徹其限制之目的，尚難認為違憲。（53、10、7）

釋字第106號解釋

國家總動員法第十六條、第十八條所得加以限制之規定，並非僅指政府於必要時，祇能對全體人民或全體銀行、公司、工廠之行使債權履行債務加以限制，亦得對特定地區或特種情形之某種事業為之。行政院依上開法條規定頒發重要事業救濟令，明定凡合於該令所定情形及所定種類事業之股份有限公司，均得適用，尚難認為於法有違。至對於債權行使及債務履行所加限制之範圍，雖應按實際情形處理，難有具體標準，然應以達成該法所定任務之必要者為其限度。（54、2、12）

釋字第107號解釋

已登記不動產所有人之回復請求權，無民法第一百二十五條消滅時效規定之適用。（54、6、16）

釋字第108號解釋

告訴乃論之罪，其犯罪行為有連續或繼續之狀態者，其六個月之告訴期間，應自得為告訴之人，知悉犯人最後一次行為或行為終了之時起算。本院院字第一二三二號解釋應予變更。（54、7、28）

釋字第109號解釋

以自己共同犯罪之意思，參與實施犯罪構成要件以外之行為，或以自己共同犯罪之意思，事先同謀，而由其中一部分人實施犯罪之行為者，均為共同正犯。本院院字第一九〇五號、第二〇三〇號之一、第二二〇二號前段等解釋，其旨趣尚屬一致。（54、11、3）

釋字第110號解釋

一、需用土地人及土地所有人對於被徵收土地之應補償費額，均未表示異議者，主管地政機關不得援用土地法第二百四十七條逕自廢棄原公告之估定地價，而提交標準地價評議委員會評定之。

二、需用土地人不於公告完畢後十五日內，將應補償地價及其他補償費額繳交主管地政機關發給完竣者，依照本院院字第二七〇四號解釋，其徵收土地核准案固應從此失其效力。但於上開期間內，因對補償之估定有異議，而由該管市縣地政機關依法提交標準地價評議委員會評定，或經土地所有人同意延期繳交有案者，不在此限。

三、徵收土地補償費額經標準地價評議委員會評定後，應由主管地政機關即行通知需用土地人，並限期繳交轉發土地所有人，其限期酌量實際情形定之，但不得超過土地法第二百三十三條所規定十五日之期限。（54、12、29）

釋字第111號解釋

本院院解字第三八二七號解釋所稱，認為聲請退休或命令退休，僅就其事件在中華民國三十二年公布之公務員退休法施行中發生者，有其適用。（55、1、5）

釋字第112號解釋

行政官署對於違反行政執行法第四條所定行為或不行為義務者，經依該法規定反覆科處罰鍰，而仍不履行其義務時，尚非該法第十一條所稱不能行間接強制處分。自難據以逕行直接強制處分。（55、4、27）

釋字第113號解釋

雇員之管理，除法令別有規定外，準用公務員服務法之規定。本院院解字第二九零三號所為雇員不受公務員服務法第十三條第一項限制之解釋，不再有其適用。（55、5、11）

釋字第114號解釋

公務員懲戒法第四條第二項所定休職期滿之復職，不因其在懲戒處分議決前，曾被停

止職務，而排除其適用。（55、7、6）

釋字第115號解釋

政府依實施耕者有其田條例所爲之耕地徵收與放領，人民僅得依行政救濟程序請求救濟，不得以其權利受有損害爲理由，提起民事訴訟，請求返還土地。普通法院對此事件所爲之相反判決不得執行。（55、9、16）

釋字第116號解釋

支付國外廠商分期付款，訂有利息者，其利息所得，仍應由扣繳義務人於給付時扣繳應納稅款。（55、9、30）

釋字第117號解釋

第一屆國民大會代表出缺遞補補充條例第三條第一款及第四條之規定，與憲法尙無牴觸。（55、11、9）

釋字第118號解釋

本院釋字第四十三號解釋之更正裁定，不以原判決推事之參與爲必要。（55、12、7）

釋字第119號解釋

所有人於其不動產上設定抵押權後，復就同一不動產上與第三人設定典權，抵押權自不因此而受影響。抵押權人屆期未受清償，實行抵押權拍賣抵押物時，因有典權之存在，無人應買或出價不足清償抵押債權，執行法院得除去典權負擔，重行估價拍賣。拍賣之結果，清償抵押債權有餘時，典權人之典價，對於登記在後之權利人，享有優先受償權。執行法院於發給權利移轉證書時，依職權通知地政機關塗銷其典權之登記。（56、2、1）

釋字第120號解釋

新聞紙雜誌發行人執行之業務，應屬於憲法第一百零三條所稱業務範圍之內。（56、3、1）

釋字第121號解釋

刑法第四十一條之易科罰金，第四十二條第二項之易服勞役，其折算一日之原定金額，如依戡亂時期罰金罰鍰裁判費執行費公證費提高標準條例提高二倍，應爲以三元、六元或九元折算一日。（56、5、10）

釋字第122號解釋

地方議會議員在會議時所爲之言論，應如何保障，憲法未設有規定。本院院解字第三七三五號解釋，尙不發生違憲問題。（56、7、5）

釋字第123號解釋

審判中之被告經依法通緝者，其追訴權之時效，固應停止進行，本院院字第一九六三號解釋並未有所變更。至於執行中之受刑人經依法通緝，不能開始或繼續執行時，其行刑權之時效亦應停止進行，但仍須注意刑法第八十五條第三項之規定。（57、7、10）

釋字第124號解釋

依耕地三七五減租條例第十五條第一項之規定，承租人於耕地出賣或出典時，有優先承受之權。必須出租人將賣典條件以書面通知承租人後，始有表示承受或放棄承受之可言。此項規定，自不因承租人事先有拋棄優先承受權之意思表示而排除其適用。（57、8、23）

釋字第125號解釋

依耕地三七五減租條例訂立之租約，在租佃期限未屆滿前，得終止之情形，同條例第十七條已有規定，無土地法第一百十四條及民法第四百三十八條有關終止租約規定之適用。（57、10、30）

釋字第126號解釋

依照貨物稅條例，新稅貨物有市場批發價格者，其完稅價格爲未經含有稅款及運費之出廠價格。其無市場批發價格，而由產製廠商所支出之運費已包含於出廠價格之內者，其完稅價格，自不得扣除是項運費計算課徵。（58、2、21）

釋字第127號解釋

公務人員犯貪污罪，緩刑期滿，緩刑之宣告未經撤銷，或犯他罪，刑期執行完畢始被發覺者，均仍應予免職。（58、9、5）

釋字第128號解釋

行政機關就耕地三七五減租條例第十九條所爲耕地准否收回自耕之核定與調處，出租人、承租人如有不服，應循行政訟爭程序請求救濟。（59、4、17）

釋字第129號解釋

未滿十四歲人參加叛亂組織，於滿十四歲時，尚未經自首，亦無其他事實證明其確已脫離者，自應負刑事責任。本院釋字第六十八號解釋並應有其適用。（59、10、30）

釋字第130號解釋

憲法第八條第二項所定「至遲於二十四小時內移送」之時限，不包括因交通障礙，或其他不可抗力之事由所生不得已之遲滯，以及在途解送等時間在內。惟其間不得有不必要之遲延，亦不適用訴訟法上關於扣除在途期間之規定。（60、5、21）

釋字第131解釋

公務員服務法上之公務員，不得兼任私立學校之董事長或董事，但法律或命令規定得兼任者，不在此限。本院院字第二三二〇號解釋應予補充釋明。（60、9、24）

釋字第132號解釋

本院釋字第三十九號解釋所謂之提存，不包括債務人爲債權人依民法第三百二十六條所爲之清償提存在內。惟清償提存人如依法得取回其提存物時，自仍有民法第一百二十五條規定之適用。（61、2、11）

釋字第133號解釋

本院院解字第三五三四號解釋所稱「免除其刑」，係指因赦免權作用之減刑，而免除其刑者而言，不包括其他之免除其刑在內。（61、6、9）

釋字第134號解釋

自訴狀應按被告人數提出繕本，其未提出而情形可以補正者，法院應以裁定限期補正，此係以書狀提起自訴之法定程序，如故延不遵，應諭知不受理之判決。惟法院未將其繕本送達於被告，而被告已受法院告知自訴內容，經爲合法之言詞辯論時，即不得以自訴狀繕本之未送達而認爲判決違法。本院院字第一三二〇號解釋之㈡應予補充釋明。（61、12、1）

釋字第135號解釋

民刑事訴訟案件下級法院之判決，當事人不得聲明不服而提出不服之聲明，或未提出不服之聲明而上級法院誤予廢棄或撤銷發回更審者，該項上級法院之判決及發回更審後之判決，均屬重大違背法令，固不生效力，惟既具有判決之形式，得分別依上訴、再審、非常上訴及其他法定程序辦理。（62、6、22）

釋字第136號解釋

假扣押假處分之執行，得依民事訴訟費用法第二十三條之規定，徵收執行費，於本案確定執行徵收執行費時，予以扣除，本院院解字第三九九一號解釋應予變更。（62、8、3）

釋字第137號解釋

法官於審判案件時，對於各機關就其職掌所作有關法規釋示之行政命令，固未可逕行排斥而不用，但仍得依據法律表示其合法適當之見解。（62、12、14）

釋字第138號解釋

案經提起公訴或自訴，且在審判進行中，此時追訴權既無不行使之情形，自不發生時效進行之問題。（63、5、10）

釋字第139號解釋

不動產所有人於同一不動產設定典權後，在不妨害典權之範圍內，仍得爲他人設定抵押權。本院院字第一九二號解釋毋庸變更。（63、10、4）

釋字第140號解釋

案經起訴繫屬法院後，復由檢察官違法從實體上予以不起訴處分，經告訴人合法聲請再議，上級法院首席檢察官或檢察長，應將原不起訴處分撤銷。（63、11、15）

釋字第141號解釋

共有之房地，如非基於公同關係而共有，則各共有人自得就其應有部分設定抵押權。（63、12、13）

釋字第142號解釋

營利事業匿報營業額逃漏營業稅之事實，發生在民國五十四年十二月三十日修正營業稅法全文公布施行生效之日以前者，自該日起五年以內未經發現，以後即不得再行課徵。（64、2、7）

釋字第143號解釋

關於購買火車票轉售圖利是否構成詐欺罪，要應視其實際有無以詐術使人陷於錯誤，具備詐欺罪之各種構成要件而定。如自己並不乘車，而混入旅客群中買受車票，並以之高價出售者，仍須視其實際是否即係使用詐術，使售票處因而陷于錯誤，合於詐欺罪之各種構成要件以為斷。本院院解字第二九二〇號暨第三八〇八號解釋據來文所稱之套購，應係意指使用詐術之購買而言。惟後一解釋，重在對於旅客之詐財；前一解釋，重在對於售票處之詐欺得利；故應分別適用刑法第三百三十九條第一項及第二項之規定。（64、6、20）

釋字第144號解釋

數罪併罰中之一罪，依刑法規定得易科罰金，若因與不得易科之他罪併合處罰結果，而不得易科罰金時，原可易科部分所處之刑，自亦無庸為易科折算標準之記載。（64、12、5）

釋字第145號解釋

本院院字第二〇三三號解釋所謂多數人，係包括特定之多數人在內，至其人數應視立法意旨及實際情形已否達於公然之程度而定，應予補充釋明。（65、4、30）

釋字第146號解釋

刑事判決確定後，發見該案件認定犯罪事實與所採用證據顯屬不符，自屬審判違背法令，得提起非常上訴；如具有再審原因者，仍可依再審程序聲請再審。（65、7、23）

釋字第147號解釋

夫納妾，違反夫妻互負之貞操義務，在是項行為終止以前，妻主張不履行同居義務，即有民法一千零一條但書之正當理由；至所謂正當理由，不以與同法第一千零五十二條所定之離婚原因一致為必要。本院院字第七七〇號解釋㈡所謂妻請求別居，即係指此項情事而言，非謂提起別居之訴，應予補充解釋。（65、12、24）

釋字第148號解釋

主管機關變更都市計劃，行政法院認非屬於對特定人所為之行政處分，人民不得對之提起行政訴訟，以裁定駁回。該項裁定，縱與同院判例有所未合，尚不發生確定終局裁判適用法律或命令是否牴觸憲法問題。（66、5、6）

釋字第149號解釋

當事人對於更審判決提起上訴時，其第一次上訴應繳之裁判費尚未繳納或未繳足額，法院應向第一次上訴人徵足。如於該事件之裁判有執行力後，仍未繳足，應依職權以裁定確定裁判費之數額，命負擔訴訟費用之一造補繳之。本院院解字第二九三六號解釋㈡有關裁判費部分，應予補充。（66、6、17）

釋字第150號解釋

動員戡亂時期臨時條款第六項，並無變更憲法所定中央民意代表任期之規定。行政院有關第一屆立法委員遇缺停止遞補之命令，與憲法尚無牴觸。（66、9、16）

釋字第151號解釋

查帳徵稅之產製機車廠商所領蓋有「查帳徵稅代用」戳記之空白完稅照，既係暫代出廠證使用，如有遺失，除有漏稅情事者，仍應依法處理外，依租稅法律主義，稅務機關自不得比照貨物稅稽徵規則第一百二十八條關於遺失查驗證之規定補徵稅款。

（66、12、23）

釋字第152號解釋

刑法第五十六條所謂「同一之罪名」，係指基於概括之犯意，連續數行為，觸犯構成犯罪要件相同之罪名者而言。本院院字第二一八五號解釋，關於「同一之罪名」之認定標準及成立連續犯之各例，與上開意旨不合部分應予變更。（67、5、12）

釋字第153號解釋

提起抗告，未繳納裁判費者，審判長應定期命其補正，不得逕以裁定駁回。最高法院五十年台抗字第二四二號判例，雖與此意旨不符，惟法院就本案訴訟標的未為裁判，當事人依法既得更行起訴，則適用上開判例之確定裁定，尚不發生確定終局裁判所適用之法律或命令是否牴觸憲法問題。（67、7、7）

釋字第154號解釋

行政法院四十六年度裁字第四十一號判例所稱：「行政訴訟之當事人對於本院所為裁定，聲請再審，經駁回後，不得復以同一原因事實，又對駁回再審聲請之裁定，更行聲請再審。」旨在遏止當事人之濫訴，無礙訴訟權之正當行使，與憲法並無牴觸。（67、9、29）

釋字第155號解釋

考試院為國家最高考試機關，得依其法定職權訂定考試規則及決定考試方式。「六十三年特種考試臺灣省基層公務人員考試規則」第八條關於實習之規定暨「六十三年特種考試臺灣省基層公務人員考試錄取人員實習辦法」之核定，均未逾越考試院職權之範圍，對人民應考試之權亦無侵害，與憲法並不牴觸。（67、12、22）

釋字第156號解釋

主管機關變更都市計畫，係公法上之單方行政行為，如直接限制一定區域內人民之權利、利益或增加其負擔，即具有行政處分之性質，其因而致特定人或可得確定之多數人之權益遭受不當或違法之損害者，自應許其提起訴願或行政訴訟以資救濟，本院釋字第一四八號解釋，應予補充釋明。（68、3、16）

釋字第157號解釋

私立學校法施行後，對於私立學校不具監督權之公務員，除法律或命令另有規定外，亦不得兼任私立學校之董事長或董事。本院釋字第一三一號解釋，仍應有其適用。（68、4、13）

釋字第158號解釋

行賄行為，不論行賄人之身分如何，其性質均與貪污行為有別，不適用公務人員任用法第十五條第二款之規定，本院釋字第九十六號解釋仍予維持。（68、6、22）

釋字第159號解釋

刑事訴訟法第三百十五條所定：「將判決書全部或一部登報，其費用由被告負擔」之處分，法院應以裁定行之。如被告延不遵行，由檢察官準用同法第四百七十條及第四百七十一條之規定執行。本院院字第一七四四號解釋，應予補充。（68、9、21）

釋字第160號解釋

民事訴訟法第四百六十六條第一項：「對於財產權上訴之第二審判決，如因上訴所得受之利益，不逾八千元者，不得上訴」之規定，與憲法並無牴觸。（68、12、21）

釋字第161號解釋

中央法規標準法第十三條所定法規生效日期之起算，應將法規公布或發布之當日算入。（69、1、18）

釋字第162號解釋

一、行政法院院長、公務員懲戒委員會委員長，均係綜理各該機關行政事務之首長，自無憲法第八十一條之適用。

二、行政法院評事、公務員懲戒委員會委員，就行政訴訟或公務員懲戒案件，分別依據法律，獨立行使審判或審議之職權，不受任何干涉，依憲法第七十七條、第八十條規定，均應認係憲法上所稱之法官。其保障，應本發揮司法功能及保持法官職位安定

之原則，由法律妥為規定，以符憲法第八十一條之意旨。（69、4、25）

釋字第163號解釋

出租耕地經依法編為建築用地者，出租人為收回自行建築或出售作為建築使用，而終止租約時，依法給與承租人該土地地價三分之一之補償金，於依具體事實，扣除必要費用及實際所受損失後，如仍有所得，應依所得稅法第十四條第一項第九類課徵所得稅。（69、6、20）

釋字第164號解釋

已登記不動產所有人之除去妨害請求權，不在本院釋字第一〇七號解釋範圍之內，但依其性質，亦無民法第一百二十五條消滅時效規定之適用。（69、7、18）

釋字第165號解釋

地方議會議員在會議時就有關會議事項所為之言論，應受保障，對外不負責任。但就無關會議事項所為顯然違法之言論，仍難免責。本院釋字第一二二號解釋，應予補充。（69、9、12）

釋字第166號解釋

違警罰法規定，由警察官署裁決之拘留、罰役、係關於人民身體自由所為之處罰，應迅改由法院依法定程序為之，以符憲法第八條第一項之本旨。（69、11、7）

釋字第167號解釋

有限公司依公司法規定變更其組織為股份有限公司，其法人人格之存續不受影響，就該公司之不動產權利變更為股份有限公司之名義時，無契稅條例第二條第一項之適用。依租稅法律主義，自不應課徵契稅。但非依法變更組織者，其不動產權利之移轉，不在此限。（70、3、13）

釋字第168號解釋

已經提起公訴或自訴之案件，在同一法院重行起訴者，應諭知不受理之判決，刑事訴訟法第三百零三條第二款，定有明文。縱先起訴之判決，確定在後，如判決時，後起訴之判決，尚未確定，仍應就後起訴之判決，依非常上訴程序，予以撤銷，諭知不受理。（70、5、8）

釋字第169號解釋

聲請人指為違憲之命令，於其請求裁判之事項發生時，業經廢止者，該命令既已失其效力，縱令法院採為裁判之依據，亦僅係可否依訴訟程序請求救濟，尚不發生是否牴觸憲法問題。（70、7、31）

釋字第170號解釋

行政訴訟法第十四條第一項：「行政法院審查訴狀，認為不應提起行政訴訟或違背法定程序者，應附理由以裁定駁回之」之規定，與憲法第十六條並無牴觸。（70、9、25）

釋字第171號解釋

民法第一千零九十條：「父母濫用其對於子女之權利時，其最近尊親屬或親屬會議，得糾正之。糾正無效時，得請求法院宣告停止其權利之全部或一部」之規定，所稱其最近尊親屬之「其」字，係指父母本身而言，本院院字第一三九八號解釋，應予維持。（70、10、23）

釋字第172號解釋

內政部令頒「更正戶籍登記出生年月日辦法」第三條第一項第六款及同條第二項，申請更正戶籍登記之出生年月日所提出之其他足資證明文件，以可資採信之原始證件為限之規定，旨在求更正之正確，並未逾越內政部法定職權，對憲法所保障人民之工作權及服公職之權，亦無侵害，尚難謂為與憲法有何牴觸。（70、12、18）

釋字第173號解釋

土地為無償移轉者，土地增值稅之納稅義務人為取得所有權人，土地稅法第五條第一項第二款定有明文。共有土地之分割，共有人因分割所取得之土地價值，與依其應有部分所算得之價值較少而未受補償時，自屬無償移轉之一種，應向取得土地價值增多者，就其增多部分課徵土地增值稅。財政部(67)台財稅第三四八九六號函，關於徵收土地增值稅之部分，與首開規定並無不符，亦難認爲與憲法第十九條有所牴觸。（71、3、5）

釋字第174號解釋

本院解釋，其所依據之法令內容變更者，在未經變更解釋前，若新舊法令之立法本旨一致，法理相同，解釋之事項尚存或解釋之內容有補充新法之功用者，仍有其效力。依法令從事公務之人員侵占職務上持有之非公用私有財物者，爲貪污行爲，應分別按戡亂時期貪污治罪條例第六條第三款或第四款論罪。如其情節輕微，而其所得或所圖得財物在三千元以下者，應有同條例第十二條第一項之適用。本院院解字第三〇八〇號及院解字第三〇一五號解釋，應予補充解釋。（71、4、16）

釋字第175號解釋

司法院爲國家最高司法機關，基於五權分治彼此相維之憲政體制，就其所掌有關司法機關之組織及司法權行使之事項，得向立法院提出法律案。（71、5、25）

釋字第176號解釋

刑法第五條第五款所列第二百十六條之罪，不包括行使第二百十條、第二百十二條及第二百十五條之文書，但包括行使第二百十三條之文書。（71、8、13）

釋字第177號解釋

確定判決消極的不適用法規，顯然影響裁判者，自屬民事訴訟法第四百九十六條第一項第一款所定適用法規顯有錯誤之範圍，應許當事人對之提起再審之訴，以貫徹憲法保障人民權益之本旨。最高法院六十年度台再字第一七〇號判例，與上述見解未洽部分，應不予援用。惟確定判決消極的不適用法規，對於裁判顯無影響者，不得據爲再審理由，就此而言，該判例與憲法並無牴觸。本院依人民聲請所爲之解釋，對聲請人據以聲請之案件，亦有效力。（71、11、5）

釋字第178號解釋

刑事訴訟法第十七條第八款所稱推事曾參與前審之裁判，係指同一推事，就同一案件，曾參與下級審之裁判而言。（71、12、31）

釋字第179號解釋

民事訴訟法施行法第九條所定上訴人有律師爲訴訟代理人，而未繳納裁判費者，法院得不定期間命其補正。乃在避免延滯訴訟，與人民訴訟權之行使及人民在法律上地位之平等，尚無妨礙。對於第三審或第二審確定判決提起再審之訴，應否準用上開規定，係裁判上適用法律之問題，要難認爲牴觸憲法。（72、2、25）

釋字第180號解釋

平均地權條例第四十七條第二項、土地稅法第三十條第一項關於土地增值稅徵收及土地漲價總數額計算之規定，旨在使土地自然漲價之利益歸公，與憲法第十五條、第十九條及第一百四十三條並無牴觸。惟是項稅款，應向獲得土地自然漲價之利益者徵收，始合於租稅公平之原則。（72、5、6）

釋字第181號解釋

非常上訴，乃對於審判違背法令之確定判決所設之救濟方法。依法應於審判期日調查之證據，未予調查，致適用法令違誤，而顯然於判決有影響者，該項確定判決，即屬判決違背法令，應有刑事訴訟法第四百四十七條第一項第一款規定之適用。（72、7、1）

釋字第182號解釋

強制執行程序開始後，除法律另有規定外，不停止執行，乃在使債權人之債權早日實現，以保障人民之權利。最高法院六十三年度台抗字第五十九號判例，認債務人或第三人不得依假處分程序聲請停止執行，係防止執行程序遭受阻礙。抵押人對法院許可拍賣抵押物之裁定，主張有不得強制執行之事由而提起訴訟時，亦得依法聲請停止執行，從而上開判例即不能謂與憲法第十六條有所牴觸。（72、8、26）

釋字第183號解釋

本院釋字第一七七號解釋文所稱「本院依人民聲請所爲之解釋」，係指人民依司法院大法官會議法第四條第一項第二款之規定，聲請所爲之解釋而言。至本院就中央或地方機關行使職權適用憲法、法律或命令發生疑義或爭議時，依其聲請所爲解釋之效力，係另一問題。（72、10、7）

釋字第184號解釋

地方政府依審計法第三十四條第四項規定編製之年度總決算，經審計機關審核後所提出之審核報告，地方各級議會準用決算法第二十七條對之審議時，固得通知審計機關提供資料，但不包括審計機關依審計法第三十六條及第七十一條審定之原始憑證在內。（72、12、23）

釋字第185號解釋

司法院解釋憲法，並有統一解釋法律及命令之權，爲憲法第七十八條所明定。其所爲之解釋，自有拘束全國各機關及人民之效力，各機關處理有關事項，應依解釋意旨爲之，違背解釋之判例，當然失其效力。確定終局裁判所適用之法律或命令，或其適用法律、命令所表示之見解，經本院依人民聲請解釋認爲與憲法意旨不符，其受不利確定終局裁判者，得以該解釋爲再審或非常上訴之理由，已非法律見解歧異問題。行政法院六十二年判字第六一〇號判例，與此不合部分應不予援用。（73、1、27）

釋字第186號解釋

宣告股票無效之除權判決經撤銷後，原股票應回復其效力。但發行公司如已補發新股票，並經善意受讓人依法取得股東權時，原股票之效力，即難回復。其因上述各情形喪失權利而受損害者，得依法請求損害賠償或爲不當得利之返還。本院院字第二八一一號解釋，應予補充。（73、3、9）

釋字第187號解釋

公務人員依法辦理退休請領退休金，乃行使法律基於憲法規定所賦予之權利，應受保障。其向原服務機關請求核發服務年資或未領退休金之證明，未獲發給者，在程序上非不得依法提起訴願或行政訴訟。本院院字第三三九號及院字第一二八五號解釋有關部分，應予變更。行政法院五十年判字第九十八號判例，與此意旨不合部分，應不再援用。（73、5、18）

釋字第188號解釋

中央或地方機關就其職權上適用同一法律或命令發生見解歧異，本院依其聲請所爲之統一解釋，除解釋文內另有明定者外，應自公布當日起發生效力。各機關處理引起歧見之案件及其同類案件，適用是項法令時，亦有其適用。惟引起歧見之該案件，如經確定終局裁判，而其適用法令所表示之見解，經本院解釋爲違背法令之本旨時，是項解釋自得據爲再審或非常上訴之理由。（73、8、3）

釋字第189號解釋

臺灣省工廠工人退休規則關於工人自願退休之規定，與憲法尚無牴觸。（73、10、5）

釋字第190號解釋

平均地權條例第四十八條第二款之規定，旨在促使納稅義務人按期納稅，防止不實之申報，以達漲價歸公之目的，與憲法第十五條、第十九條及第一百四十三條第三項各規定，均無牴觸。（73、11、2）

釋字第191號解釋

行政院衛生署於六十九年七月十八日所發衛署藥字第二八六四〇三號函，關於藥師開設藥局從事調劑外，並經營藥品之販賣業務者，應辦理藥商登記及營利事業登記之命令，旨在管理藥商、健全藥政，對於藥師之工作權尚無影響，與憲法第十五條並無牴觸。（73、11、30）

釋字第192號解釋

法院命補繳裁判費，係訴訟程序進行中所爲之裁定，依民事訴訟法第四百八十三條規定不得抗告之判例，乃在避免訴訟程序進行之延滯，無礙人民訴訟權之適當行使，與憲法第十六條並無牴觸。（73、12、14）

釋字第193號解釋

行政法院六十二年判字第六一〇號判例，除一部分業經本院釋字第一八五號解釋爲不應再予援用外，其餘部分與憲法第七條並無牴觸；至本院釋字第一七七號解釋所稱：「本院依人民聲請所爲之解釋，對聲請人據以聲請之案件，亦有效力」，於聲請人以同一法令牴觸憲法疑義而已聲請解釋之各案件，亦可適用。（74、2、8）

釋字第194號解釋

戡亂時期肅清煙毒條例第五條第一項規定：販賣毒品者，處死刑。立法固嚴，惟係於戡亂時期，爲肅清煙毒，以維護國家安全及社會秩序之必要而制定，與憲法第二十三條並無牴觸，亦無牴觸憲法第七條之可言。（74、3、22）

釋字第195號解釋

中華民國六十七年之獎勵投資條例施行細則第二十五條第二項之規定，有欠明晰，易滋所得稅法第十五條之誤用，致與獎勵投資條例之立法精神有所不符，惟尚不發生牴觸憲法第十九條之問題。（74、5、31）

釋字第196號解釋

土地稅法施行細則第三十四條規定：「依本法第三十二條規定計算土地漲價總數額時，應按土地權利人及義務人向當地地政事務所申報移轉現值收件當時最近一個月已公告之一般躉售物價指數調整原規定地價及前次移轉時核計土地增值稅之現值」，旨在使土地漲價總數額之計算，臻於公平合理，與憲法第十九條並無牴觸。（74、6、14）

釋字第197號解釋

行政法院六十一年裁字第二十三號判例略以：原判決適用法規有無錯誤，當事人於收受判決之送達時，即已知悉，不生知悉在後之問題。此項判例，並未涉及本院就確定終局裁判適用之法規依人民聲請而爲解釋後，該聲請人據以依法請求再審期間之計算，尚不發生牴觸憲法問題。（74、7、26）

釋字第198號解釋

所得稅法第七條第二項，係明定同法所稱「中華民國境內居住之個人」之意義，以便利納稅義務人依法自行辦理結算申報，符合租稅法律主義，與憲法第十九條並無牴觸。（74、8、30）

釋字第199號解釋

國民大會組織法第四條規定之宣誓，係行使職權之宣誓。依動員戡亂時期臨時條款增加名額選出之國民大會代表，既與國民大會原有代表依法共同行使職權，自應依上開規定宣誓。（74、9、27）

釋字第200號解釋

寺廟登記規則第十一條撤換寺廟管理人之規定，就募建之寺廟言，與監督寺廟條例第十一條立法意旨相符，乃爲保護寺廟財產，增進公共利益所必要，與憲法保障人民財產權之本旨，並無牴觸。（74、11、1）

釋字第201號解釋

公務人員依法辦理退休請領退休金，非不得提起訴願或行政訴訟，經本院釋字第一八七號解釋予以闡釋在案。行政法院五十三年判字第二二九號判例前段所稱：「公務員以公務員身分受行政處分，純屬行政範圍，非以人民身分因官署處分受損害者可比，不能按照訴願程序提起訴願」等語，涵義過廣，與上開解釋意旨不符部分，於該解釋公布後，當然失其效力。至上開判例，有關軍人申請停役退伍事件部分，並未涉及公務人員依法辦理退休請領退休金，與本件聲請意旨無關，不在解釋範圍。（75、1、3）

釋字第202號解釋

裁判確定後另犯他罪，不在數罪併罰規定之列，業經本院釋字第九十八號解釋闡釋在案，故裁判確定後，復受有期徒刑之宣告者，前後之有期徒刑，應予合併執行，不受刑法第五十一條第五款但書關於有期徒刑不得逾二十年之限制。至刑法第三十三條第三款但書，乃係就實質上或處斷上一罪之法定刑加重所為不得逾二十年之規定，與裁判確定後另犯他罪應合併執行之刑期無關，本院院字第六二六號解釋有關第五部分，已無從適用。

受前項有期徒刑之合併執行而有悛悔實據者，其假釋條件不應較無期徒刑為嚴，宜以法律明定之。（75、2、14）

釋字第203號解釋

臺灣省政府於中華民國六十七年八月二十四日修正發布之臺灣省省縣市立各級學校教職員遴用辦法，其第五十二條關於各學校對於聘約期限屆滿不續聘之教員，應開具名冊，敘明原由，報請主管教育行政機關備查之規定，旨在督促學校對教員之不續聘，應審慎辦理，與憲法並無牴觸。（75、2、28）

釋字第204號解釋

票據法第一百四十一條第二項有關刑罰之規定，旨在防止發票人濫行簽發支票，確保支票之流通與支付功能。施行以來，已有被利用以不當擴張信用之缺失，唯僅係該項規定是否妥善問題，仍未逾立法裁量之範圍，與憲法第十五條及第二十二條尚無牴觸。（75、4、11）

釋字第205號解釋

七十二年特種考試退除役軍人轉任公務人員考試，原係因應事實上之特殊需要，有其依序安置退除役官兵就業之特定目的。其應考須知內所載乙等考試及格人員之分發以軍官為限，前經安置就業之現職人員不予重新分發之規定，係主管機關依有關輔導退除役官兵就業法令而為，旨在使考試及格者依原定任用計畫分別得以就業或取得任用資格，與憲法保障人民平等權及應考試服公職之權之規定尚無牴觸。至該項考試中乙等考試之應考人，既包括士官在內，而分發則以軍官為限，不以考試成績之順序為原則，雖未盡妥洽，亦不生牴觸憲法問題。（75、5、23）

釋字第206號解釋

醫師法第二十八條之一規定：「未取得合法醫師資格為醫療廣告者，由衛生主管機關處以五千元以上五萬元以下罰鍰。」旨在禁止未取得合法醫師資格者為屬於醫師業務之醫療廣告，既未限制鑲牙生懸掛鑲補牙業務之市招，自不致影響其工作機會，與憲法第十五條、第二十二條、第二十三條及第一百五十二條之規定，尚無牴觸。（75、6、20）

釋字第207號解釋

民意代表可否兼任他職，須視憲法或與憲法不相牴觸之法規有無禁止規定，或該項職務之性質與民意代表之職權是否相容而定。私立學校校（院）長責重事繁，私立學校法第五十一條第三項規定：「校（院）長應專任，除擔任本校（院）教課外，不得兼任他職」，旨在健全校務以謀教育事業之發展；省及院轄市議會議員、議長自不得兼任之。其在本解釋公布前已兼任者，應於兩項職務中辭去一項職務。（75、7、18）

釋字第208號解釋

為貫徹扶植自耕農與自行使用土地人及保障農民生活，以謀國計民生均足之基本國策，平均地權條例第十一條規定，依法徵收及撥用之土地為出租耕地時，應就扣除土地增值稅後，補償地價餘款之三分之一補償耕地承租人，其所稱耕地承租人指承租耕地實際自任耕作之自然人及合作農場而言。惟在本解釋公布前，法院就該法條文義所持裁判上之見解，尚難認係適用法規有錯誤，不得據為再審理由，併予說明。（75、8、15）

釋字第209號解釋

確定終局裁判適用法律或命令所持見解，經本院解釋認為違背法令之本旨時，當事人如據以為民事訴訟再審之理由者，其提起再審之訴或聲請再審之法定不變期間，參照民事訴訟法第五百條第二項但書規定，應自該解釋公布當日起算，惟民事裁判確定已逾五年者，依同條第三項規定，仍不得以其適用法規顯有錯誤而提起再審之訴或聲請再審，本院釋字第一八八號解釋應予補充。（75、9、12）

釋字第210號解釋

中華民國六十九年十二月三十日修正公布之獎勵投資條例第二十三條第三項第一款，關於限額免納所得稅之利息，係規定「除郵政存簿儲金及短期票券以外之各種利息」，並未排除私人間無投資性之借款利息，而中華民國七十年八月三十一日發布之獎勵投資條例施行細則第二十七條認該款「所稱各種利息，包括公債、公司債、金融債券、金融機構之存款及工商企業借入款之利息」，財政部(70)台財稅字第三七九三〇號函並認「不包括私人間借款之利息。」縱符獎勵投資之目的，惟逕以命令訂定，仍與當時有效之首述法條「各種利息」之明文規定不合，有違憲法第十九條租稅法律主義之本旨。（75、10、17）

釋字第211號解釋

憲法第七條所定之平等權，係為保障人民在法律上地位之實質平等，並不限制法律授權主管機關，斟酌具體案件事實上之差異及立法之目的，而為合理之不同處置。海關緝私條例第四十九條：「聲明異議案件，如無扣押物或扣押物不足抵付罰鍰或追繳稅款者，海關得限期於十四日內繳納原處分或不足金額二分之一保證金或提供同額擔保，逾期不為繳納或提供擔保者，其異議不予受理」之規定，旨在授權海關審酌具體案情，為適當之處分，以防止受處分人藉故聲明異議，拖延或逃避稅款及罰鍰之執行，為貫徹海關緝私政策、增進公共利益所必要，與憲法第七條及第十六條尚無牴觸。又同條例所定行政爭訟程序，猶有未盡週詳之處，宜予檢討修正，以兼顧執行之保全與人民訴願及訴訟權之適當行使。（75、12、5）

釋字第212號解釋

各級政府興辦公共工程，由直接受益者分擔費用，始符公平之原則，工程受益費徵收條例本此意旨，於第二條就符合徵收工程受益費要件之工程，明定其工程受益費為應徵收，並規定其徵收之最低限額，自係應徵收。惟各級地方民意機關依同條例第五條審定工程受益費徵收計畫書時，就該項工程受益費之徵收，是否符合徵收要件，得併予審查。至財政收支劃分法第二十二條第一項係指得以工程受益費作為一種財政收入，而為徵收工程受益費之相關立法，不能因此而解為上開條例規定之工程受益費係得徵收而非應徵收。（76、1、16）

釋字第213號解釋

一、中華民國四十九年五月十二日修正公布之專利法第一百零一條有關新型專利異議程序之規定，及同法第一百十條準用同法第二十六條第一項關於專利之申請及其他程序延誤法定期間者，其行為為無效之規定，旨在審慎專利權之給予，並防止他人藉故阻礙，使專利申請案件早日確定，不能認係侵害人民之訴訟權及財產權，與憲法尚無牴觸。

二、行政訴訟法第二十八條未將民事訴訟法第四百九十七條所稱「確定之判決，如就足影響於判決之重要證物，漏未斟酌」之情形列為再審原因，雖有欠週全，惟行政院受理再審之訴，審查其有無前揭第二十八條所列各款之再審原因時，對於與該條再審原因有關而確定判決漏未斟酌之重要證物，仍應同時併予審酌，乃屬當然。行政法院四十九年裁字第五十四號、五十年裁字第八號、五十四年裁字第九十五號等判例，認民事訴訟法第四百九十七條（修正前第四百九十三條）所定再審之原因，不得援以對於行政訴訟判決提起再審之訴，與上述意旨無違，尚難認與憲法保障人民訴訟權之規定牴觸。

三、行政法院二十七年判字第二十八號及三十年判字第十六號判例，係因撤銷行政處分為目的之訴訟，乃以行政處分之存在為前提，如在起訴時或訴訟進行中，該處分事實上已不存在時，自無提起或續行訴訟之必要；首開判例，於此範圍內，與憲法保障人民訴訟權之規定，自無牴觸。惟行政處分因期間之經過或其他事由而失效者，如當事人因該處分之撤銷而有可回復之法律上利益時，仍應許其提起或續行訴訟，前開判例於此情形，應不再援用。（76、3、20）

釋字第214號解釋

信用合作社經營部分銀行業務，屬於金融事業，應依法受國家之管理。行政院五十三年七月廿四日台五十三財字第五一四八號關於「信用合作社在鄉鎮不得再設立」之命令及財政部五十九年六月五日以台財錢第一三九五七號令訂定之「金融主管機關受託統一管理信用合作社暫行辦法」，乃係依其法定職權及授權，斟酌社會經濟與金融之實際需要，為管理金融機構所採之措施，參酌銀行法第二十六條、第二十九條，合作社法第五條、第十條各規定意旨，與憲法第十四條及第一百四十五條第二項並無牴觸。（76、4、17）

釋字第215號解釋

市區道路條例係為改善市區道路交通，增進公共利益而制定。市區道路所需土地，如為私人所有，依該條例第十條，得依法徵收。同條例第十一條對於用地範圍內之原有障礙建築物，已特別明定其處理程序，並無應予徵收之規定，關於其補償及爭議之救濟程序，既未排除相關法令之適用，足以兼顧人民權利之保障，與憲法第十五條及第一百四十三條並無牴觸。（76、4、29）

釋字第216號解釋

法官依據法律獨立審判，憲法第八十條載有明文。各機關依其職掌就有關法規為釋示之行政命令，法官於審判案件時，固可予以引用，但仍得依據法律，表示適當之不同見解，並不受其拘束，本院釋字第一三七號解釋即係本此意旨；司法行政機關所發司法行政上之命令，如涉及審判上之法律見解，僅供法官參考，法官於審判案件時，亦不受其拘束。惟如經法官於裁判上引用者，當事人即得依司法院大法官會議法第四條第一項第二款之規定聲請解釋。

就關稅未繳清之貨物取得動產抵押權者，其擔保利益自不能存在於該貨物未繳之關稅上，此觀關稅法第三十一條第二項、第三項規定甚明。前司法行政部六十五年十一月十五日台㈥函民字第〇九九八二號及六十七年七月廿二日台㈦函民字第〇六三九二號函提示執行法院，於拍賣關稅記帳之進口貨物時，應將該貨物未繳關稅情形，於拍賣公告內載明，並敘明應由買受人繳清關稅，始予點交，此項函示，核與上開法條意旨相符，不屬同法第五十五條第三項規定之範圍，既未侵害動產抵押權人之權益，亦為確保關稅之稽徵所必要，與憲法保障人民財產權之本旨，並無牴觸。（76、6、19）

釋字第217號解釋

憲法第十九條規定人民有依法律納稅義務，係指人民僅依法律所定之納稅主體稅目、稅率、納稅方法及納稅期間等項而負納稅之義務。至於課稅原因事實之有無及有關證據之證明力如何，乃屬事實認定問題，不屬於租稅法律主義之範圍。財政部中華民國七十二年二月二十四日㈦台財稅字第三一二二九號函示所屬財稅機關，對於設定抵押權為擔保之債權，並載明約定利息者，得依地政機關抵押權設定及塗銷登記資料，核計債權人之利息所得，課徵所得稅，當事人如主張其未收取利息者，應就其事實負舉證責任等語，係對於稽徵機關本身就課稅原因事實之認定方法所為之指示，既非不許當事人提出反證，法院於審判案件時，仍應斟酌全辯論意旨及調查證據之結果，判斷事實之眞僞，並不受其拘束，尚難謂已侵害人民權利，自不牴觸憲法第十五條、第十九條規定。（76、7、17）

釋字第218號解釋

人民有依法律納稅之義務，憲法第十九條定有明文。國家依法課徵所得稅時，納稅義務人應自行申報，並提示各種證明所得額之帳簿、文據，以便稽徵機關查核。凡未自行申報或提示證明文件者，稽徵機關得依查得之資料或同業利潤標準，核定其所得額。此項推計核定方法，與憲法首開規定之本旨並不牴觸。惟依此項推計核定方法估計所得額時，應力求客觀、合理，使與納稅義務人之實際所得相當，以維租稅公平原則。至於個人出售房屋，未能提出交易時實際成交價格及原始取得之實際成本之證明文件者，財政部於六十七年四月七日所發㈦台財稅字第三二二五二號及於六十九年五月二日所發㈨台財稅字第三三五二三號等函釋示：「一律以出售年度房屋評定價格之百分之二十計算財產交易所得」，不問年度、地區、經濟情況如何不同，概按房屋評定價格，以固定不變之百分比，推計稅義務人之所得額自難切近實際，有失公平合理，且與所得稅法所定推計核定之意旨未盡相符，應自本解釋公布之日起六個月內停止適用。（76、8、14）

釋字第219號解釋

財政部中華民國六十五年十月十六日修正發布之海關管理貨櫃辦法，其第十六條係依關稅法第三十條盛裝貨物用之容器進口後在限期內復運出口者免徵關稅，及同法第四條貨物之持有人為納稅義務人之意旨而訂定。此種貨櫃如未於限期內復運出口，則向該貨櫃本身進口當時為其持有人之運送人或其代理人課徵關稅，與憲法第十九條租稅法律主義並無牴觸。（76、9、25）

釋字第220號解釋

動員戡亂期間勞資糾紛處理辦法第八條前段規定：「勞資評斷委員會之裁決，任何一方有不服從時，主管機關得強制執行。」係指當事人不依裁決意旨辦理時，該管行政機關得依法為行政上之執行而言，如有爭議，仍得依法定程序請求救濟。是前開規定並未限制人民之訴訟權，與憲法尚無牴觸。至行政法院六十年判字第五六八號判例，不分爭議性質如何，認為上述評斷概為最終之裁決，不容再事爭執，與上開解釋意旨不符，不得再行援用。（76、12、23）

釋字第221號解釋

遺產及贈與稅法施行細則第十三條規定：「被繼承人死亡前因重病無法處理事務期間舉債或出售財產，而其繼承人對該項借款或價金不能證明其用途者，該項借款或價金，仍應列入遺產課稅。」旨在貫徹遺產及贈與稅法第一條及第十七條第一項第八款之規定，以求認定課稅遺產之正確，為防止遺產稅之逃漏及維持課稅之公平所必要，並未增加法律所定人民之納稅義務，與憲法第十九條並無牴觸。至具體案件應稅遺產之有無，仍應依舉證責任分配之法則，分由稅捐稽徵機關或納稅義務人盡舉證責任，併予指明。（77、1、27）

釋字第222號解釋

財政部證券管理委員會於中華民國七十二年七月七日發布之「會計師辦理公開發行公司財務報告查核簽證核准準則」，係證券交易法第三十七條第一項授權訂定之命令，其第二條規定：公開發行公司之財務報告，應由聯合會計師事務所之開業會計師二人以上共同查核簽證；第四條則對聯合會計師事務所組成之條件有所規定，旨在使會計師辦理公開發行公司財務報告查核簽證之制度，臻於健全，符合上開法律授權訂定之目的，為保護投資大眾、增進公共利益所必要，與憲法尚無牴觸。惟該準則制定已歷數年，社會環境及證券交易情形，均在不斷演變，會計師檢覈辦法亦經修正，前開準則關於檢覈免試取得會計師資格者，組成聯合會計師事務所之條件，與其他會計師不同之規定，其合理性與必要性是否繼續存在，宜由主管機關檢討修正，或逕以法律定之，以昭慎重，併予指明。（77、2、12）

釋字第223號解釋

金門戰地政務委員會七四擇建字第三二一七號函就金門地區行車速度所為之限制，其中有關該地區各路段行車速度，在郊外道路之時速，除限制為六十公里或五十公里者外，其他路段及戰備道不得超過四十公里之規定，乃為因應戰地特殊路況，維護交通安全所必要，與憲法尚無牴觸。（77、3、23）

釋字第224號解釋

稅捐稽徵法關於申請復查，以繳納一定比例之稅款或提供相當擔保為條件之規定，使未能繳納或提供相當擔保之人，喪失行政救濟之機會，係對人民訴願及訴訟權所為不必要之限制，且同法又因而規定，申請復查者，須於行政救濟程序確定後始予強制執行，對於未經行政救濟程序者，亦有欠公平，與憲法第七條、第十六條、第十九條之意旨有所不符，均應自本解釋公布之日起，至遲於屆滿二年時失其效力。在此期間，上開規定應連同稅捐之保全與優先受償等問題，通盤檢討修正，以貫徹憲法保障人民訴願、訴訟權及課稅公平之原則。（77、4、22）

釋字第225號解釋

民事訴訟係當事人請求司法機關確定其私權之程序，繳納裁判費乃為起訴之要件，原告於提起訴訟後撤回其訴，自應負擔因起訴而生之訴訟費用。民事訴訟法第八十三條第一項：「原告撤回其訴者，訴訟費用由原告負擔」之規定，與憲法第十五條尚無牴觸。（77、4、29）

釋字第226號解釋

中華民國六十五年六月二十四日內政部發布施行之工廠法施行細則第三條規定：「本法所稱工人，係指受僱從事工作獲致工資者。」臺灣省政府於中華民國六十八年三月二十三日修正臺灣省工廠工人退休規則，其第三條所稱工人，與上開規定相同，並不以從事製造、加工、修理、解體等工作者為限，來函所稱「事務性工人」，如係受雇主僱用而於工廠之作業場所或事業場所從事工作而獲致工資者，亦包括在內。（77、5、20）

釋字第227號解釋

動產擔保交易法第三十八條之罪，係以動產擔保交易之債務人為犯罪主體，並不包括其保證人在內。（77、6、17）

釋字第228號解釋

國家賠償法第十三條規定：「有審判或追訴職務之公務員，因執行職務侵害人民自由或權利，就其參與審判或追訴案件犯職務上之罪，經判決有罪確定者，適用本法規定。」係針對審判與追訴職務之特性所為之特別規定，尚未逾越立法裁量範圍，與憲法並無牴觸。（77、6、17）

釋字第229號解釋

一、民事訴訟法規定之訴訟救助制度，乃在使有伸張或防衛權利必要而無資力支出訴訟費用之人，仍得依法行使其訴訟權。又恐當事人濫用此項制度，進行無益之訴訟程序，徒增訟累，故於該法第一百零七條但書規定「但顯無勝訴之望者，不在此限」。此為增進公共利益所必要，與憲法第十六條並無牴觸。

二、訴訟上和解與確定判決有同一之效力，和解成立後請求繼續審判，將使已終結之訴訟程序回復，為維持法律秩序之安定，自應有期間之限制。民事訴訟法第三百八十條第三項，就同條第二項之請求繼續審判，準用第五百條提起再審之訴不變期間之規定，與憲法第十六條亦無牴觸。（77、7、29）

釋字第230號解釋

提起訴願，依訴願法第一條規定，以有行政處分存在為前提，行政處分之定義，同法第二條亦有明文規定。行政法院六十二年裁字第四十一號判例：「官署所為單純的事實敘述或理由說明，並非對人民之請求有所准駁，既不因該項敘述或說明而生法律上之效果，非訴願法上之行政處分，人民對之提起訴願，自非法之所許。」係前開訴願法條文之當然詮釋，與憲法第十六條並無牴觸。（77、8、5）

釋字第231號解釋

憲法第一百六十四條所謂「預算總額」，係指政府編製年度總預算時所列之歲出總額而言，並不包括因有緊急或重大情事而提出之特別預算在內。（77、10、7）

釋字第232號解釋

公有土地參加依平均地權條例第五十八條之土地所有權人自行組織重劃會辦理市地重劃，其實質意義與主管機關依同條例第五十六條辦理市地重劃，而將公有土地核定屬重劃區範圍予以重劃同，係為實現憲法平均地權之政策而設，並非土地所有權人以自己之意思使權利發生變更之處分行為，自無土地法第二十五條之適用。（77、11、4）

釋字第233號解釋

刑事訴訟法第一百零八條第一項關於法院裁定延長羈押之規定，與憲法第八條並無牴觸。（77、12、9）

釋字第234號解釋

國稅與省稅、縣稅之劃分，依憲法第一百零七條第七款規定，由中央立法並執行之。

財政收支劃分法第十二條第二項及第三項就有關營業稅與印花稅統籌分配之規定，符合憲法第一百四十七條謀求地方經濟平衡發展之意旨，與憲法並無牴觸。（78、3、3）

釋字第235號解釋

中華民國憲法採五權分立制度，審計權乃屬監察權之範圍，應由中央立法並執行之，此觀憲法第九十條及第一百零七條第十三款規定自明。隸屬於監察院之審計部於省（市）設審計處，並依審計法第五條辦理各該省（市）政府及其所屬機關財務之審計，與憲法並無牴觸。（78、3、17）

釋字第236號解釋

土地法第二百十九條規定：「徵收私有土地後，不依核准計劃使用，或於徵收完畢一年後不實行使用者，其原土地所有權人得照原徵收價額收回其土地。」所謂「不依核准計劃使用」或「不實行使用」，應依徵收目的所為土地使用之規劃，就所徵收之全部土地整體觀察之，在有明顯事實，足認屬於相關範圍者，不得為割裂之認定，始能符合公用徵收之立法本旨。行政法院六十八年判字第五十二號判例及行政院五十三年六月三十日台五十三內四五三四號令，即係本此意旨，與憲法第十五條並不牴觸。（78、3、17）

釋字第237號解釋

支票本為支付證券，得代替現金使用。票據法第一百二十八條第二項雖規定：「支票在票載發票日前，執票人不得為付款之提示」。但票載日期後之支票，仍為見票即付，此觀同條第一項規定自明。財政部六十九年九月二十日修正之統一發票使用辦法第十七條規定：「依本法營業稅分類計徵標的表規定，凡以收款時為開立統一發票之期限者，其所受之遠期支票，得於票載發票日開立統一發票」，係顧及收受未屆票載發票日支票之營業人利益而設，符合當時之營業稅法第十二條第一項之立法意旨，與憲法第二十三條規定，並無牴觸。（78、3、17）

釋字第238號解釋

刑事訴訟法第三百七十九條第十款所稱「依本法應於審判期日調查之證據」，指該證據在客觀上為法院認定事實及適用法律之基礎者而言。此種證據，未予調查，同條特明定其判決為當然違背法令。其非上述情形之證據，未予調查者，本不屬於上開第十款之範圍，縱其訴訟程序違背法令，惟如應受同法第三百八十條之限制者，既不得據以提起第三審上訴，自不得為非常上訴之理由。中華民國二十九年二月二十二日最高法院民、刑庭總會議決議關於「訴訟程序違法不影響判決者，不得提起非常上訴」之見解，就證據部分而言，即係本此意旨，尚屬於法無違，與本院釋字第一八一號解釋，亦無牴觸。（78、3、31）

釋字第239號解釋

中華民國四十二年七月七日公布施行之臺灣省內菸酒專賣暫行條例，係以當時包括高雄市在內之臺灣省所屬各縣市為施行區域，此項法律施行區域未依法定程序變更前，仍應繼續適用於改制後之高雄市。（78、5、12）

釋字第240號解釋

民事訴訟法第一百六十二條第一項規定：「當事人不在法院所在地住居者，計算法定期間，應扣除其在途之期間。但有訴訟代理人住居法院所在地，得為期間內應為之訴訟行為者，不在此限」。其但書部分，乃為求當事人為訴訟行為之法定期間實際相同，於人民訴訟權之行使不生影響，與憲法第十六條、第二十三條並無牴觸。（78、5、12）

釋字第241號解釋

財政部中華民國六十六年七月二十五日台財稅字第三四八一九號函稱：「在六十二年九月六日都市計畫法修正公布前，經編為公共設施保留地，並已規定地價；但在該法修正公布後曾發生繼承移轉者，於被徵收時，不適用平均地權條例第四十二條第一項但書規定」，係基於都市計劃法修正公布後，已有因繼承而移轉之事實，於該土地被徵收時，既以繼承開始時之公告土地現值為計算土地漲價總數額之基礎，則其土地增值稅負在一般情形已獲減輕，故應依上開條例第四十二條第一項前段規定減徵土地增值稅百分之四十，不適用同條但書減徵土地增值稅百分之七十之規定。上開財政部函符合前述法條之立法意旨於租稅法律主義及公平原則無違，並不牴觸憲法。（78、5、26）

釋字第242號解釋

中華民國七十四年六月三日修正公布前之民法親屬編，其第九百八十五條規定：「有配偶者，不得重婚」；第九百九十二條規定：「結婚違反第九百八十五條之規定者，利害關係人得向法院請求撤銷之。但在前婚姻關係消滅後，不得請求撤銷」，乃維持一夫一妻婚姻制度之社會秩序所必要，與憲法並無牴觸。惟國家遭遇重大變故，在夫妻隔離，相聚無期之情況下所發生之重婚事件，與一般重婚事件究有不同，對於此種有長期實際共同生活事實之後婚姻關係，仍得適用上開第九百九十二條之規定予以撤銷，嚴重影響其家庭生活及人倫關係，反足妨害社會秩序，就此而言，自與憲法第二十二條保障人民自由及權利之規定有所牴觸。（78、6、23）

釋字第243號解釋

中央或地方機關依公務人員考績法或相關法規之規定，對公務員所為之免職處分，直接影響其憲法所保障之服公職權利，受處分之公務員自得行使憲法第十六條訴願及訴訟之權。該公務員已依法向該管機關申請復審及向銓敘機關申請再復審或以類此之程序謀求救濟者，相當於業經訴願、再訴願程序，如仍有不服，應許其提起行政訴訟，方符有權利即有救濟之法理。行政法院五十一年判字第三九八號、五十三年判字第二二九號、五十四年裁字第十九號、五十七年判字第四一四號判例與上開意旨不符部分，應不再援用。至公務人員考績法之記大過處分，並未改變公務員之身分關係，不直接影響人民服公職之權利，上開各判例不許其以訴訟請求救濟，與憲法尚無牴觸。

行政法院四十年判字第十九號判例，係對公務員服務法第二條及第二十四條之適用，所為之詮釋，此項由上級機關就其監督範圍內所發布之職務命令，並非影響公務員身分關係之不利益處分，公務員自不得訴請救濟，此一判例，並未牴觸憲法。（78、7、19）

釋字第244號解釋

行政法院五十五年度裁字第三十六號判例，認法律上之見解，非為中華民國五十七年二月一日修正前民事訴訟法第四百九十二條第一項第十一款所稱之證物，不得據以提起再審之訴，與憲法並無牴觸。惟民事訴訟法及行政訴訟法於五十七年二月一日及六十四年十二月十二日相繼修正後，已將確定判決適用法規顯有錯誤，列為再審理由，併予指明。（78、7、26）

釋字第245號解釋

受刑人或其他有異議權人對於檢察官不准易科罰金執行之指揮認為不當，依刑事訴訟法第四百八十四條向諭知科刑裁判之法院聲明異議，法院認為有理由而為撤銷之裁定者，除依裁定意旨得由檢察官重行為適當之斟酌外，如有必要法院自非不得於裁定內同時諭知准予易科罰金，此與本院院解字第二九三九號及院字第一三八七號解釋所釋情形不同。（78、7、28）

釋字第246號解釋

公務人員之退休及養老，依法固有請領退休金及保險養老給付之權利，惟其給付標準如何，乃屬立法政策事項，仍應由法律或由法律授權之命令定之。公務人員退休法第八條第二項就同條第一項所稱「其他現金給與」之退休金應發給數額，授權考試院會同行政院定之。公務人員保險法第二十四條授權訂定之同法施行細則第十五條第一項規定「本法第八條及第十四條所稱被保險人每月俸給或當月俸給，暫以全國公教人員待遇標準支給月俸額為準」，而中華民國七十年六月十二日行政院訂頒之全國軍公教人員待遇支給辦法第七條則對工作津貼及軍職幹部服勤加給、主官獎助金，不列入退休（役）保險俸額內計算，以及對於不服勤人員不予支給加以規定，乃係斟酌國家財力、人員服勤與否或保險費繳納情形等而為者，尚未逾越立法或立法授權之裁量範圍，與憲法並無牴觸。至行政院台五十九人政肆字第一七八九七號函載「因案停職人員在停職期間，既未正式服勤，關於停職半薪及復職補薪，均不包括工作補助費計支」，則係兼顧有服勤工作始應支給補助費之特性所為之說明，與憲法亦無牴觸。（78、9、29）

釋字第247號解釋

稽徵機關已依所得稅法第八十條第二項核定各該業所得額標準者，納稅義務人申報之所得額，如在上項標準以上，依同條第三項規定，即以其原申報額為準，旨在簡化稽徵手續，期使繳納兩便，並非謂納稅義務人申報額在標準以上者，即不負誠實申報之義務。故倘有匿報、短報或漏報等情事，仍得依所得稅法第一百零三條、第一百一十條、稅捐稽徵法第二十一條及第三十條等規定，調查課稅資料，予以補繳或裁罰。財政部發布之營利事業所得稅結算申報書面審核案件抽查辦法、營利事業所得稅結算申報查核準則及中華民國五十九年五月十八日台財稅字第二三七九八號令即係為執行該等法律之規定而訂定，就此而言，與憲法尚無牴觸。惟前述抽查辦法第三條、第四條查核準則第二條及上開令示，與所得稅法第八十條第三項之規定，文義上易滋誤解，應予檢討修正。（78、10、27）

釋字第248號解釋

財政部於中華民國七十三年五月一日核定發布之小規模營利事業營業稅查定作業要點、小規模營利事業查定課徵營業稅費用標準及小規模營利事業查定課徵營業稅專用費用率，係依據中華民國六十九年六月二十九日修正公布施行之營業稅法第十七條而訂定。該法於中華民國七十四年十一月十五日修正公布，並於次年四月一日施行後，財政部另又依據該法第四十條第三項合併訂定營業稅特種稅額查定辦法一種。均係用「費用還原法」，依營業費用除以費用率之計算公式，推計銷售額據以課稅，以簡化對於小規模營業人之課稅手續，既已兼顧不同地區之不同經濟情形，以期切合實際，而小規模營業人如不願依此特種方法計算稅額，仍得自行申請依一般方法計算稅額，符合租稅公平原則。是上開法令與憲法並無牴觸。（78、11、24）

釋字第249號解釋

告發人為刑事訴訟當事人以外之第三人，法院如認為有命其作證之必要時，自得依刑事訴訟法第一百七十八條關於證人之規定傳喚之，無正當理由而不到場者，並得加以拘提，強制其到場作證，以達發見真實之目的。基此，本院院字第四十七號解釋，認對告發人得適用當時之刑事訴訟法第九十五條即現行刑事訴訟法第一百七十八條之規定辦理，與憲法並無牴觸。（78、11、24）

釋字第250號解釋

憲法第一百四十條規定：「現役軍人，不得兼任文官」，係指正在服役之現役軍人不得同時兼任文官職務，以防止軍人干政，而維民主憲政之正常運作。現役軍人因故停役者，轉服預備役，列入後備管理，為後備軍人，如具有文官法定資格之現役軍人，因文職機關之需要，在未屆退役年齡前辦理外職停役，轉任與其專長相當之文官，既與現役軍人兼任文官之情形有別，尚難謂與憲法牴觸。惟軍人於如何必要情形下始得外職停役轉任文官，及其回役之程序，均涉及文武官員之人事制度，現行措施宜予通盤檢討，由法律直接規定，併此指明。（79、1、5）

釋字第251號解釋

違警罰法規定由警察官署裁決之拘留、罰役，係關於人民身體自由所為之處罰，應迅改由法院依法定程序為之，以符憲法第八條第一項之本旨，業經本院於中華民國六十九年十一月七日作成釋字第一六六號解釋在案。依違警罰法第二十八條規定所為「送交相當處所，施以矯正或令其學習生活技能」之處分，同屬限制人民之身體自由，其裁決由警察官署為之，亦與憲法第八條第一項之本旨不符，應與拘留、罰役之裁決程序，一併改由法院依法定程序為之。前述解釋之拘留、罰役及本件解釋之處分裁決程序規定，至遲應於中華民國八十年七月一日起失其效力，並應於此期限前修訂相關法

律。本院釋字第一六六號解釋應予補充。（79、1、19）

釋字第252號解釋

財政部中華民國六十九年八月八日(69)台財稅字第三六六二四號函，認為營利事業銷售貨物，不對直接買受人開立統一發票，而對買受人之客戶開立統一發票，應依稅捐稽徵法第四十四條規定論處。此項命令，核與上述法律規定，係為建立營利事業正確課稅憑證制度之意旨相符，與憲法尚無牴觸。（79、2、16）

釋字第253號解釋

司法院七十一年十月十八日修正發布之辦理強制執行事件應行注意事項，其中第五十則(五)關於拍賣不動產期日通知書，應記載：「於再行拍賣期日前，債權人聲明願負擔再行拍賣之費用者，仍得照前次拍賣之最低價額承受之」之規定，係依強制執行法第九十一條及第九十二條意旨所為，乃在求人民權利之從速實現，與憲法尚無牴觸。（79、3、2）

釋字第254號解釋

國民大會組織法第四條規定之宣誓，係行使職權之宣誓，業經本院釋字第一九九號解釋釋示在案，國民大會代表未為宣誓或故意不依法定方式及誓詞完成宣誓者，自不得行使職權。本院上開解釋，應予補充。（79、3、16）

釋字第255號解釋

在實施都市計畫範圍內，道路規畫應由主管機關依都市計畫法之規定辦理，已依法定程序定有都市計畫並完成細部計畫之區域，其道路之設置，即應依其計畫實施，而在循法定程序規畫道路系統時，原即含有廢止非計畫道路之意，於計畫道路開闢完成可供公衆通行後，此項非計畫道路，無繼續供公衆通行必要時，主管機關自得本於職權或依申請廢止之。內政部中華民國六十六年六月十日台內營字第七三〇二七五號、六十七年一月十八日台內營字第七五九五一七號，關於廢止非都市計畫巷道函及台北市非都市計畫巷道廢止或改道申請須知，既與上述意旨相符，與憲法保障人民權利之本旨尚無牴觸。（79、4、4）

釋字第256號解釋

民事訴訟法第三十二條第七款關於法官應自行迴避之規定，乃在使法官不得於其曾參與之裁判之救濟程序執行職務，以維審級之利益及裁判之公平。因此，法官曾參與訴訟事件之前審裁判或更審前之裁判者，固應自行迴避。對於確定終局判決提起再審之訴者，其參與該確定終局判決之法官，依同一理由，於再審程序，亦應自行迴避。惟各法院法官員額有限，參考行政訴訟法第六條第四款規定意旨，其迴避以一次為限。最高法院二十六年上字第三六二號判例，與上述意旨不符部分，應不再援用，以確保人民受公平審判之訴訟權益。（79、4、4）

釋字第257號解釋

貨物稅條例修正前第四條第一項第十六款(三)，係就「凡用電力調節氣溫之各種冷氣機、熱氣機等」電器類課徵貨物稅之規定。行政院於中華民國六十四年七月二十一日修正發布之貨物稅稽徵規則第一百零三條之一第二項第六款規定，對於國外進口裝配汽車冷暖氣機用之壓縮機，按冷暖氣機類徵收貨物稅，固與貨物稅條例首開條文之用語未盡相符。惟該規則係以此種壓縮機不僅為冷暖氣機之主要機件，且祇能供裝配汽車冷暖氣機之用，仍屬上開條例所規定之電器類範圍，而於冷暖氣機裝配完成後，並不再課徵貨物稅，無加重人民納稅義務之虞。上述規則將汽車冷暖氣機用之壓縮機，依冷暖氣機類課徵貨物稅，亦為簡化稽徵手續，防止逃漏稅捐及維持課稅公平所必要，與憲法第十九條尚無牴觸。（79、4、6）

釋字第258號解釋

憲法第一百六十四條關於教育、科學、文化之經費，在中央不得少於其預算總額百分之十五，在省不得少於其預算總額百分之二十五，在市、縣不得少於其預算總額百分之三十五之規定，旨在確定各級政府編製平常施政年度總預算時，該項經費應佔歲出總額之比例數。直轄市在憲法上之地位，與省相當；其教育、科學、文化之經費所佔

預算總額之比例數，應比照關於省之規定。（79、4、6）

釋字第259號解釋

直轄市之自治，以法律定之，為憲法第一百十八條所明定。惟上開法律迄未制定，現行直轄市各級組織及實施地方自治事項，均係依據中央頒行之法規行之。為貫徹憲法實施地方自治之意旨，自應斟酌當前實際狀況，制定直轄市自治之法律。在此項法律未制定前，現行由中央頒行之法規，應繼續有效。（79、4、13）

釋字第260號解釋

依中華民國憲法有關地方制度之規定，中央尚無得逕就特定之省議會及省政府之組織單獨制定法律之依據，現時設置之省級民意機關亦無逕行立法之權限。（79、4、19）

釋字第261號解釋

中央民意代表之任期制度為憲法所明定，第一屆中央民意代表當選就任後，國家遭遇重大變故，因未能改選而繼續行使職權，乃為維繫憲政體制所必要。惟民意代表之定期改選，為反映民意，貫徹民主憲政之途徑，而本院釋字第三十一號解釋、憲法第二十八條第二項及動員戡亂時期臨時條款第六項第二款、第三款，既無使第一屆中央民意代表無限期繼續行使職權或變更其任期之意，亦未限制次屆中央民意代表之選舉。事實上，自中華民國五十八年以來，中央政府已在自由地區辦理中央民意代表選舉，逐步充實中央民意機構。為適應當前情勢，第一屆未定期改選之中央民意代表除事實上已不能行使職權或經常不行使職權者，應即查明解職外，其餘應於中華民國八十年十二月三十一日以前終止行使職權，並由中央政府依憲法之精神、本解釋之意旨及有關法規，適時辦理全國性之次屆中央民意代表選舉，以確保憲政體制之運作。（79、6、21）

釋字第262號解釋

監察院對軍人提出彈劾案時，應移送公務員懲戒委員會審議。至軍人之過犯，除上述彈劾案外，其懲罰仍依陸海空軍懲罰法行之。（79、7、6）

釋字第263號解釋

懲治盜匪條例為特別刑法，其第二條第一項第九款對意圖勒贖而擄人者，不分犯罪情況及結果如何，概以死刑為法定刑，立法甚嚴，惟依同條例第八條之規定，若有情輕法重之情形者，裁判時本有刑法第五十九條酌量減輕其刑規定之適用，其有未經取贖而釋放被害人者，復得依刑法第三百四十七條第五項規定減輕其刑，足以避免過嚴之刑罰，與憲法尚無牴觸。（79、7、19）

釋字第264號解釋

憲法第七十條規定：「立法院對於行政院所提預算案，不得為增加支出之提議」，旨在防止政府預算膨脹，致增人民之負擔。立法院第八十四會期第二十六次會議決議：「請行政院在本（七十九）年度再加發半個月公教人員年終工作獎金，以激勵士氣，其預算再行追加」，係就預算案為增加支出之提議，與上述憲法規定牴觸，自不生效力。（79、7、27）

釋字第265號解釋

動員戡亂時期國家安全法第三條第二項第二款關於入境限制之規定，乃為維持社會秩序所必要，與憲法並無牴觸。至該法施行細則第十二條第六款前段，關於未在自由地區居住一定期間，得不予許可入境之規定，係對主管機關執行上述法律時，提供認定事實之準則，以為行使裁量權之參考，與該法確保國家安全、維護社會安定之立法意旨尚屬相符。惟上述細則應斟酌該法第三條第二項第二款規定之意旨，隨情勢發展之需要，檢討修正。（79、10、5）

釋字第266號解釋

依公務人員考績法所為之免職處分，因改變公務員身分關係，直接影響人民服公職之權利，依本院釋字第二四三號解釋，得許受處分之公務員提起行政訴訟。對於未改變公務員身分之其他考績結果有所不服，仍不許以行政訴訟請求救濟。惟公務人員基於已確定之考績結果，依據法令規定為財產上之請求而遭拒絕者，影響人民之財產權，參酌本院釋字第一八七號及第二〇一號解釋，尚非不得依法提起訴願或行政訴訟，行政法院四十八年判字第十一號判例與上述意旨不符部分，應不再援用。至是否係基於已確定之考績結果所得為之財產上請求，係事實問題，應就具體事件依法認定，不在本件解釋範圍，併予說明。（79、10、5）

釋字第267號解釋

房屋稅條例第十五條第二項第一款規定，政府平價配售之平民住宅房屋稅減半徵收，旨在對於低收入人民之住宅給予租稅優惠，財政部依據此項立法意旨，參酌當時社會經濟狀況，於中華民國六十四年十月二十七日以台財稅字第三七六三九號函，說明此種平民住宅之涵義，與憲法尚無牴觸。（79、10、11）

釋字第268號解釋

中華民國五十一年八月廿九日修正公布之考試法第七條規定：「公務人員考試與專門職業及技術人員考試，其應考資格及應試科目相同者，其及格人員同時取得兩種考試之及格資格」，如認此項規定有欠週全，應先修正法律，而在法律未修正前，考試院於中華民國七十一年六月十五日修正發布之考試法施行細則第九條第二項則規定：「公務人員考試及格人員，同時取得專門職業及技術人員考試及格資格者，其考試總成績，須達到專門職業及技術人員考試之錄取標準」，增設法律所無之限制，顯與首述法律使及格人員同時取得兩種資格之規定不符，並有違憲法保障人民權利之意旨，依憲法第一百七十二條之規定，應不予適用。（79、11、9）

釋字第269號解釋

依法設立之團體，如經政府機關就特定事項依法授與公權力者，以行使該公權力為行政處分之特定事件為限，有行政訴訟之被告當事人能力。行政法院六十年裁字第二三二號判例，與此意旨不符部分，嗣後不再援用。至關於勞動基準法第八十四條之爭執，究應提起行政訴訟，或提起民事訴訟，與上開判例無涉，不在本件解釋範圍內；其當事人如已提起民事訴訟經判決確定者，自無訴訟權受侵害之可言，併此說明。（79、12、7）

釋字第270號解釋

公營事業人員之任用，依公務人員任用法第三十三條，應另以法律定之。在此項法律制定前，依公務人員退休法第二條及該法施行細則第二條規定，公營事業人員無從依公務人員退休法辦理退休。行政院於中華民國七十年一月二十三日核定修正發布之「經濟部所屬事業人員退休、撫卹及資遣辦法」第十七條第二項有關訂定分等限齡退休標準之規定，在公營事業人員任用及退休法律制定前，乃為促進經濟部所屬國營事業人事新陳代謝及企業化經營而設，不生牴觸憲法問題，惟公營事業人員之任用及退休，關係此等人員之權利義務，仍應從速以法律定之。（79、12、7）

釋字第271號解釋

刑事訴訟程序中不利益於被告之合法上訴，上訴法院誤為不合法，而從程序上為駁回上訴之判決確定者，其判決固屬重大違背法令，惟既具有判決之形式，仍應先依非常上訴程序將該確定判決撤銷後，始得回復原訴訟程序，就合法上訴部分進行審判。否則即與憲法第八條第一項規定人民非依法定程序不得審問處罰之意旨不符。最高法院二十五年上字第三二三一號判例，於上開解釋範圍內，應不再援用。（79、12、20）

釋字第272號解釋

人民除現役軍人外，不受軍事審判，憲法第九條定有明文。戒嚴法第八條、第九條規定，非現役軍人得由軍事機關審判，則為憲法承認戒嚴制度而生之例外情形。解嚴後，依同法第十條規定，對於上述軍事機關之判決，得於解嚴之翌日起依法上訴，符合首開憲法規定之意旨。惟動員戡亂時期國家安全法第九條第二款前段規定，戒嚴時期戒嚴地域內經軍事審判機關審判之非現役軍人刑事案件已確定者，於解嚴後不得向該管法院上訴或抗告，係基於此次戒嚴與解嚴時間相隔三十餘年之特殊情況，並謀裁判之安定而設，亦為維持社會秩序所必要。且對有再審或非常上訴原因者，仍許依法聲請再審或非常上訴，已能兼顧人民權利，與憲法尚無牴觸。至戒嚴非屬於此次特殊

情況者，無本解釋之適用，合併指明。（80、1、18）

釋字第273號解釋

內政部於中華民國六十八年五月四日修正發布之都市計畫樁測定及管理辦法第八條後段「經上級政府再行複測決定者，不得再提異議」之規定，足使人民依訴願法及行政訴訟法提起行政救濟之權利受其限制，就此部分而言，與憲法第十六條之意旨不符，應不予適用。（80、2、1）

釋字第274號解釋

考試院於中華民國五十一年七月二十五日修正發布之公務人員保險法施行細則第六十八條規定：「被保險人請准保留保險年資者，其時效以五年為限，逾期再行參加保險者，以新加入保險論」，與當時有效之公務人員保險法第二十一條第二項：「合於前項退費規定，不為申請退費而申請保留保險年資者，續保時，其原有年資全部有效」之規定不符，增加法律所無之期間限制，有違憲法保障人民權利之意旨，應不予適用。（80、2、22）

釋字第275號解釋

人民違反法律上之義務而應受行政罰之行為，法律無特別規定時，雖不以出於故意為必要，仍須以過失為其責任條件。但應受行政罰之行為，僅須違反禁止規定或作為義務，而不以發生損害或危險為其要件者，推定為有過失，於行為人不能舉證證明自己無過失時，即應受處罰。行政法院六十二年度判字第三〇號判例謂：「行政罰不以故意或過失為責任條件」，及同年度判字第三五〇號判例謂：「行政犯行為之成立，不以故意為要件，其所以導致偽報貨物品質價值之等級原因為何，應可不問」，其與上開意旨不符部分，與憲法保障人民權利之本旨牴觸，應不再援用。（80、3、8）

釋字第276號解釋

合作社法第五十五條第一項第六款規定之解散命令，乃解散合作社之處分，對於此種處分之要件及程序如何，該法未為明確之規定，宜由主管機關妥為檢討修正。內政部於中華民國六十九年二月二十六日修正發布之合作事業獎勵規則，關於合作事業成績考列戊等者，由縣市合作社主管機關令飭解散之規定，應配合上開法律一併檢討修正。（80、3、8）

釋字第277號解釋

財政收支劃分法第七條後段關於省及直轄市、縣（市）（局）稅課立法，由中央制定各該稅法通則，以為省、縣立法依據之規定，係中央依憲法第一百零七條第七款為實施國稅與省稅、縣稅之劃分，並貫徹租稅法律主義而設，與憲法尚無牴觸。因此中央應就劃歸地方之稅課，依財政收支劃分法前開規定，制定地方稅法通則，或在各該稅法內訂定可適用於地方之通則性規定，俾地方得據以行使憲法第一百零九條第一項第七款及第一百十條第一項第六款賦予之立法權。目前既無地方稅法通則，現行稅法又有未設上述通則性規定者，應從速制定或增訂。在地方未完成立法前，仍應依中央有關稅法辦理。至中央與地方財政收支劃分之規定，中央自應斟酌實際情形，適時調整，以符憲法兼顧中央與地方財政均衡之意旨，併予說明。（80、3、22）

釋字第278號解釋

中華民國七十九年十二月十九日修正公布之教育人員任用條例第二十一條規定，學校職員之任用資格，應經學校行政人員考試及格或經高普考試相當類科考試及格，與憲法第八十五條所定公務人員非經考試及格不得任用之意旨相符。同條關於在該條例施行前已遴用之各類學校現任職員，其任用資格「適用各該原有關法令」之規定，並不能使未經考試及格者取得與考試及格者相同之公務人員任用資格，因之，僅能繼續在原學校任職。考試院對此類學校職員，仍得以考試定其資格。（80、5、17）

釋字第279號解釋

勞工保險條例第十五條，有關各類勞工保險費由省（市）政府補助之規定，所稱「省（市）政府」，係指該省（市）有勞工為同條第二款至第四款規定之被保險人者而言，與該省（市）政府是否直接設立勞工保險局無關。（80、5、17）

釋字第280號解釋

領取一次退休金之公教人員，再任依契約僱用而由公庫支給報酬之編制外員工，其退休金及保險養老給付之優惠存款每月所生利息，如不能維持退休人員之基本生活（例如低於編制內委任一職等一級公務人員月俸額）其優惠存款自不應一律停止。銓敘部中華民國七十四年六月十二日（七四）台華特三字第二二八五四號函，與上述意旨不符部分，應停止適用。（80、6、14）

釋字第281號解釋

關稅法第三十五條之一第二項規定：「保稅工廠所製造或加工之產品及依前項規定免徵關稅之原料，非經海關核准並按貨品出廠形態報關繳稅，不得出廠內銷。」同法第五十一條之一規定：「違反第三十五條之一第二項之規定，將保稅工廠之產品或免徵關稅之原料出廠內銷者，以私運貨物進口論，以海關緝私條例有關規定處罰。」旨在防止逃漏關稅，維持課稅公平，為增進公共利益所必要，與憲法並無牴觸。（80、6、28）

釋字第282號解釋

國民大會代表，依憲法所定職務之性質，不經常集會，並非應由國庫定期支給歲費、公費等待遇之職務，故屬無給職。本院釋字第七十六號解釋所稱：「就憲法上之地位及職權之性質而言，應認國民大會、立法院、監察院共同相當於民主國家之國會」，非謂各該機關在我國憲法上之性質、職權或其人員之待遇相同。本院上開解釋，應予補充。至國民大會代表在特定情形下，例如集會行使職權時，所得受領之報酬，亦應與其他中央民意代表之待遇，分別以法律明定其項目及標準，始得據以編列預算支付之。

國民大會代表在同一時期所得受領之報酬，應歸一律。依動員戡亂時期臨時條款增加名額選出之國民大會代表，其所得受領之報酬，應與第二屆國民大會代表相同，乃屬當然。

本解釋自中華民國八十一年一月一日起生效。（80、7、12）

釋字第283號解釋總

統依憲法第四十條及赦免法第三條後段規定所為罪刑宣告無效之特赦，對於已執行之刑，不生溯及既往之效力。其經宣告褫奪公權者，自赦免令生效之日起，回復其公權。至因有罪判決確定而喪失之公職，有向將來回復之可能者，得由當事人聲請主管機關，依有關法令處理之。（80、8、6）

釋字第284號解釋

道路交通管理處罰條例第六十二條第二項規定：「汽車駕駛人如肇事致人受傷或死亡，應即採取救護或其他必要措施，並向警察機關報告，不得逃逸，違者吊銷其駕駛執照。」旨在增進行車安全，保護他人權益，以維持社會秩序，為憲法第二十三條之所許，與憲法尚無牴觸。（80、9、13）

釋字第285號解釋

學校教職員退休條例所稱月薪額，性質上本無從包括「公教人員之眷屬喪葬補助費」，行政院中華民國六十九年四月十六日台六十九人政肆字第七四九八號函未將此項補助費列入退休金之範圍，與該條例之立法意旨無違。又中央公教人員生活津貼支給要點，係行政院為安定現職公教人員生活而訂定，乃主管機關依職權所為之裁量措施，原不適用於非現職人員，退休人員自不得據以請領眷屬喪葬補助費，上述行政院函及要點與憲法均無牴觸。（80、9、27）

釋字第286號解釋

憲法第一百四十三條第三項規定：「土地價值非因施以勞力資本而增加者，應由國家徵收土地增值稅，歸人民共享之」，旨在實施土地自然漲價歸公政策。中華民國六十六年二月二日修正公布之平均地權條例第三十五條、第三十六條第一項、第二項及同年四月一日行政院發布之同條例施行細則第五十三條規定，土地所有權人於申報地價後之土地自然漲價，應依照土地漲價總數額，減去土地所有權人為改良土地已支付之全部費用後之餘額計算，徵收土地增值稅；其間縱有因改良土地而增加之價值，亦因認定及計算不易，難以將之與自然漲價部分明確劃分，且土地增值稅並未就漲價部分全額徵收，已足以兼顧其利益，與憲法第十五條及第一百四十三條第三項規定之意旨尚無牴觸。（80、11、29）

釋字第287號解釋

行政主管機關就行政法規所為之釋示，係闡明法規之原意，固應自法規生效之日起有其適用。惟在後之釋示如與在前之釋示不一致時，在前之釋示並非當然錯誤，於後釋示發布前，依前釋示所為之行政處分已確定者，除前釋示確有違法之情形外，為維持法律秩序之安定，應不受後釋示之影響。財政部中華民國七十五年三月二十一日台財稅字第七五三〇四四七號函說明四：「本函發布前之案件，已繳納營利事業所得稅確定者，不再變更；尚未確定或已確定而未繳納或未開徵之案件，應依本函規定予以補稅免罰」，符合上述意旨，與憲法並無牴觸。（80、12、13）

釋字第288號解釋

中華民國七十九年一月二十四日修正前之貨物稅條例第二十條第三項：「受處分人提出抗告時，應先向該管稅務稽徵機關提繳應納罰鍰或其沒入貨價之同額保證金，或覓具殷實商保」之規定，使未能依此規定辦理之受處分人喪失抗告之機會，係對人民訴訟權所為不必要之限制，與憲法第十六條保障人民訴訟權之意旨有所牴觸。（80、12、13）

釋字第289號解釋

稅法規定由法院裁定之罰鍰，其處理程序應以法律定之，以符合憲法保障人民權利之意旨。本院院解字第三六八五號、第四〇〇六號解釋及行政院於中華民國六十一年十月十二日修正發布之財務案件處理辦法，係法制未備前之措施，均應自本解釋公布之日起，至遲於屆滿二年時失其效力。（80、12、27）

釋字第290號解釋

中華民國七十八年二月三日修正公布之動員戡亂時期公職人員選舉罷免法（八十年八月二日法律名稱修正為公職人員選舉罷免法）第三十二條第一項有關各級民意代表候選人學、經歷之限制，與憲法尚無牴觸。惟此項學、經歷之限制，應隨國民之教育普及加以檢討，如認為仍有維持之必要，亦宜重視其實質意義，並斟酌就學有實際困難者，而為適當之規定，此當由立法機關為合理之裁量。

人民對於行政處分有所不服，應循訴願及行政訴訟程序請求救濟。惟現行國家賠償法對於涉及前提要件之行政處分是否違法，其判斷應否先經行政訴訟程序，未設明文，致民事判決有就行政處分之違法性併為判斷者，本件既經民事確定終局判決，故仍予受理解釋，併此說明。（81、1、24）

釋字第291號解釋

取得時效制度，係為公益而設，依此制度取得之財產權應為憲法所保障。內政部於中華民國七十七年八月十七日函頒之時效取得地上權登記審查要點第五點第一項規定：「以建物為目的使用土地者，應依土地登記規則第七十條提出該建物係合法建物之證明文件」，使長期佔有他人私有土地，本得依法因時效取得地上權之人，因無從提出該項合法建物之證明文件，致無法完成其地上權之登記，與憲法保障人民財產權之意旨不符，此部分應停止適用。至於因取得時效完成而經登記為地上權人者，其與土地所有權人間如就地租事項有所爭議，應由法院裁判之，併此說明。（81、2、28）

釋字第292號解釋

破產法第九十九條規定：「破產債權，非依破產程序不得行使」，乃使破產人之全體債權人，除法律別有規定外，得就屬於破產財團之財產，受平均之分配。債權人對於此種財產開始或續行民事強制執行程序，有礙他債權人公平受償，自應予以限制。此項限制，係防止妨礙他人行使權利所必要，為憲法第二十三條規定之所許。司法院於中華民國七十一年十月十八日修正之辦理強制執行事件應行注意事項第九則㈠規定：「債務人如受破產之宣告，其屬於破產財團之財產，除債權人行使別除權者外，應即停止強制執行程序，並通知債權人」乃提示首開法律及同法第一百零八條規定之意旨，並未就人民權利之行使增設限制，與憲法尚無牴觸。（81、2、28）

釋字第293號解釋

銀行法第四十八條第二項規定「銀行對於顧客之存款、放款或匯款等有關資料，除其他法律或中央主管機關另有規定者外，應保守秘密」，旨在保障銀行之一般客戶財產上之秘密及防止客戶與銀行往來資料之任意公開，以維護人民之隱私權。惟公營銀行之預算、決算依法應受議會之審議，議會因審議上之必要，就公營銀行依規定已屬逾期放款中，除收回無望或已報呆帳部分，仍依現行規定處理外，其餘部分，有相當理由足認其放款顯有不當者，經議會之決議，在銀行不透露個別客戶姓名及議會不公開有關資料之條件下，要求銀行提供該項資料時，爲兼顧議會對公營銀行之監督，仍應予以提供。（81、3、13）

釋字第294號解釋

出版法第七條規定：「本法稱主管官署者，在中央爲行政院新聞局，在地方爲省（市）政府及縣（市）政府。」行政院新聞局於中華民國七十六年七月二十二日發布之「出版品管理工作處理要點」，其中規定，在直轄市成立出版品協調執行會報兼辦執行小組業務，以市政府新聞處長爲召集人，印製工作檢查證，亦由執行小組成員包括市政府所屬新聞處、警察局、教育局及社會局等單位人員使用，此項檢查證僅供市政府所屬機關執行人員識別身分之用，非謂憑此檢查證即可爲法所不許之檢查行爲，此部分規定，並未逾越執行程序範圍，不生牴觸憲法之問題。至其規定，將工作檢查證發給非市政府所屬機關人員使用部分，則與上開意旨不符，不得再行適用。（81、3、13）

釋字第295號解釋

財政部會計師懲戒覆審委員會對會計師所爲懲戒處分之覆審決議，實質上相當於最終之訴願決定，不得再對之提起訴願、再訴願。被懲戒人如因該項決議違法，認爲損害其權利者，應許其逕行提起行政訴訟，以符憲法保障人民訴訟權之意旨。（81、3、27）

釋字第296號解釋

法院依強制執行法所爲之拍賣，其賣得之價金應依所得稅法第十四條第一項第七類規定，減除成本費用後計算財產交易所得，併同其他各項所得課稅，財政部中華民國六十六年十一月二日臺財稅字第三七三六五號函釋尚未逾越所得稅法之規定，與憲法第十九條並不牴觸。（81、3、27）

釋字第297號解釋

人民有訴訟之權，憲法第十六條固定有明文，惟訴訟如何進行，應另由法律定之，業經本院釋字第一七〇號解釋於解釋理由書闡明在案。刑事訴訟乃實現國家刑罰權之程序，刑事訴訟法既建立公訴制度，由檢察官追訴犯罪，又於同法第三百十九條規定：「犯罪之被害人得提起自訴」，其所稱「犯罪之被害人」，法律並未明確界定其範圍，自得由審判法院依具體個別犯罪事實認定之，最高法院七十年台上字第一七九九號判例所表示之法律上見解，尚難認與憲法有何牴觸。（81、5、20）

釋字第298號解釋

憲法第七十七條規定，公務員之懲戒屬司法院掌理事項。此項懲戒得視其性質於合理範圍內以法律規定由其長官爲之。但關於足以改變公務員身分或對於公務員有重大影響之懲戒處分，受處分人得向掌理懲戒事項之司法機關聲明不服，由該司法機關就原處分是否違法或不當加以審查，以資救濟。有關法律，應依上述意旨修正之。本院釋字第二四三號解釋應予補充。至該號解釋，許受免職處分之公務員提起行政訴訟，係指受處分人於有關公務員懲戒及考績之法律修正前，得請求司法救濟而言。（81、6、12）

釋字第299號解釋

中央民意代表之待遇或報酬，應視其職務之性質，分別以法律規定適當之項目與標準，始得據以編列預算支付之，以建立民意代表依法支領待遇之制度，本院釋字第二八二號解釋已明示其旨。該解釋所稱國民大會代表為無給職，係指國民大會代表非應由國庫經常固定支給歲費、公費或相當於歲費、公費之給與而言，並非在任何情形下，均毫無報酬之意。其所稱國民大會代表在特定情形下得受領報酬，主要係指集會行使職權時得受領各項合理之報酬，故舉以為例。至其他何種特定情形得受領報酬，係屬立法裁量問題，應由立法機關本此意旨，於制定有關國民大會代表報酬之法律時，連同與其行使職權有直接關係而非屬於個人報酬性質之必要費用，如何於合理限度內核實開支，妥為訂定適當項目及標準，以為支給之依據。於修訂其他民意代表待遇之法律時，亦同。本院上開解釋，應予補充。（81、6、26）

釋字第300號解釋

破產法第七十一條第一項規定「破產人有逃亡或隱匿、毀棄其財產之虞時，法院得簽發押票將破產人羈押。」為保全破產財團之財產，維護全體債權人之權益，俾破產程序得以順利完成，固有此必要。惟同條第二項「羈押期間不得超過一個月，但經破產管理人提出正當理由時，法院得准予展期，每次展期以一個月為限」之規定，其中但書對羈押展期之次數未加適當限制部分，與憲法保障人民身體自由之本旨不合，應儘速加以修正，至遲應於本解釋公布之日起屆滿一年時停止適用。在法律修正前適用上開現行規定，應斟酌本解釋意旨，慎重為之。至破產人有破產法第一百五十二條至第一百五十九條犯罪嫌疑者應移送檢察官偵查，於有必要時由檢察官依法羈押，乃另一問題，併此說明。（81、7、17）

釋字第301號解釋

教育人員任用條例第三十一條第三款關於因案停止職務，其原因尚未消滅者，不得為教育人員之規定，乃因其暫不適宜繼續執行教育職務，此為增進公共利益所必要，與憲法並無牴觸。惟因案停止職務之教師，於聘期屆滿後，經法定程序確定為無刑事及行政責任，並經原學校依規定再予聘任者，其中斷期間所失之權益，如何予以補償，應由主管機關檢討處理之。（81、7、24）

釋字第302號解釋

刑事訴訟法第三百七十七條規定：「上訴於第三審法院，非以判決違背法令為理由，不得為之」，旨在合理利用訴訟程序，以增進公共利益，尚未逾越立法裁量範圍，與憲法第十六條並無牴觸。（81、8、14）

釋字第303號解釋

公司法第四百零三條第一項規定：「公司及外國公司登記事項如有變更時，應於變更後十五日內，向主管機關申請為變更之登記」，此項變更登記，依同條第二項之意旨，應由公司負責人申請，乃因公司為法人，自應由其代表人為之，以確保交易安全，與憲法並無牴觸。（81、8、14）

釋字第304號解釋

民法第八百六十六條規定：「不動產所有人設定抵押權後，於同一不動產上得設定地上權及其他權利。但其抵押權不因此而受影響」，如其抵押權因設定地上權或其他權利而受影響者，本院院字第一四四六號解釋認為對於抵押權人不生效力，抵押權人聲請拍賣抵押物時，執行法院自可依法逕予執行，乃因抵押權為物權，經登記而生公示之效力，在登記後就抵押物取得地上權或其他使用收益之權利者，自不得使登記在先之抵押權受其影響，如該項地上權或其他使用收益之權利於抵押權無影響時，仍得繼續存在，已兼顧在後取得權利者之權益，首開法條及本院解釋與憲法並無牴觸。（81、8、14）

釋字第305號解釋

人民就同一事件向行政法院及民事法院提起訴訟，均被以無審判之權限為由而予駁回，致其憲法上所保障之訴訟權受侵害，而對其中一法院之確定終局裁判所適用之判例，發生有牴觸憲法之疑義，請求本院解釋，本院依法受理後，並得對與該判例有牽連關係之歧異見解，為統一解釋。本件行政法院判決所適用之判例與民事法院確定終局裁判，對於審判權限之見解歧異，應依上開說明解釋之。

公營事業依公司法規定設立者，爲私法人，與其人員間，爲私法上之契約關係，雙方如就契約關係已否消滅有爭執，應循民事訴訟途徑解決。行政法院六十年度裁字第二三二號判例，認爲此種公司無被告當事人能力，其實質意義爲此種事件不屬行政法院之權限，與憲法尙無牴觸。至於依公司法第二十七條經國家或其他公法人指派在公司代表其執行職務或依其他法律逕由主管機關任用、定有官等、在公司服務之人員，與其指派或任用機關之關係，仍爲公法關係，合併指明。（81、10、2）

釋字第306號解釋

本院院解字第三〇二七號解釋及最高法院五十三年台上字第二六一七號判例，謂刑事被告之原審辯護人爲被告之利益提起上訴，應以被告名義行之，在此範圍內，與憲法保障人民訴訟權之意旨，尙無牴觸。但上開判例已指明此係程式問題，如原審辯護人已爲被告之利益提起上訴，而僅未於上訴書狀內表明以被告名義上訴字樣者，其情形既非不可補正，自應依法先定期間命爲補正，如未先命補正，即認其上訴爲不合法者，應予依法救濟。最高法院與上述判例相關連之六十九年台非字第二〇號判例，認該項程式欠缺之情形爲無可補正，與前述意旨不符，應不予援用。（81、10、16）

釋字第307號解釋

警察制度，依憲法第一百零八條第一項第十七款規定，由中央立法並執行之或交由省縣執行之，中央就其交由省縣執行之事項，自得依法定程序編列預算，省縣無須重複編列。但省警政及縣警衛之實施，依憲法第一百零九條第一項第十款、第一百十條第一項第九款規定，則屬省縣之權限，省縣得就其業務所需經費依法定程序編列預算，如確屬不足時，得依警察法第十六條第二項規定呈請補助，省（直轄市）由中央補助，縣（市）由省補助。（81、10、30）

釋字第308號解釋

公立學校聘任之教師不屬於公務員服務法第二十四條所稱之公務員。惟兼任學校行政職務之教師，就其兼任之行政職務，則有公務員服務法之適用。本院院解字第二九八六號解釋，應予補充。至專任教師依教育人員任用條例第三十四條規定，除法令另有規定外，仍不得在外兼職。（81、11、13）

釋字第309號解釋

中華民國七十一年十二月三十日修正公布之所得稅法第八十三條之一規定：「稽徵機關或財政部指定之調查人員進行調查時，如發現納稅義務人有重大逃漏稅嫌疑，得視案情需要，報經財政部核准，就納稅義務人資產淨值、資金流程及不合營業常規之營業資料進行調查。」「稽徵機關就前項資料調查結果，證明納稅義務人有逃漏稅情事時，納稅義務人對有利於己之事實，應負舉證之責。」係對有重大逃漏稅嫌疑之案件，以法律明定其調查方法，如依調查結果，認爲足以證明有逃漏稅情事時，並許納稅義務人提出反證，以維護其權益，與憲法尙無牴觸。（81、11、27）

釋字第310號解釋

勞工保險條例規定之傷病給付，乃對勞工因傷病不能工作，致未能取得原有薪資所爲之補助，與老年給付係對勞工因退職未能獲取薪資所爲之給付，兩者性質相同，其請領老年給付者，自不應重複請領傷病給付。內政部中華民國六十九年六月十三日台內社字第一七七三一號函示：「被保險人退職，依規定退保，並請領老年給付者，自不得再依勞工保險條例第二十條規定，請領傷病給付」，與上述意旨相符，尙不牴觸憲法。（81、12、11）

釋字第311號解釋

遺產稅之徵收，其遺產價值之計算，以被繼承人死亡時之時價爲準，遺產及贈與稅法第十條第一項前段定有明文。對逾期申報遺產稅者，同項但書所爲：如逾期申報日之時價，較死亡日之時價爲高者，以較高者爲準之規定，固以杜絕納稅義務人取巧觀望爲立法理由，惟其以遺產漲價後之時價爲遺產估價之標準，與同法第四十四條之處罰規定並列，易滋重複處罰之疑慮，應從速檢討修正。至稅捐稽徵法第四十八條之一第

一項但書規定加計利息，一併徵收，乃因納稅義務人遲繳稅款獲有消極利益之故，與憲法尚無牴觸。（81、12、23）

釋字第312號解釋

公務人員之公法上財產請求權，遭受損害時，得依訴願或行政訴訟程序請求救濟。公務人員退休，依據法令規定請領福利互助金，乃為公法上財產請求權之行使，如有爭執，自應依此意旨辦理。本院釋字第一八七號、第二〇一號及第二六六號解釋應予補充。（82、1、29）

釋字第313號解釋

對人民違反行政法上義務之行為科處罰鍰，涉及人民權利之限制，其處罰之構成要件及數額，應由法律定之。若法律就其構成要件，授權以命令為補充規定者，授權之內容及範圍應具體明確，然後據以發布命令，始符憲法第二十三條以法律限制人民權利之意旨。民用航空運輸業管理規則雖係依據民用航空法第九十二條而訂定，惟其中因違反該規則第二十九條第一項規定，而依同規則第四十六條適用民用航空法第八十七條第七款規定處罰部分，法律授權之依據，有欠明確，與前述意旨不符，應自本解釋公布日起，至遲於屆滿一年時，失其效力。（82、2、12）

釋字第314號解釋

憲法為國家根本大法，其修改關係憲政秩序之安定及國民之福祉至鉅，應使國民預知其修改之目的並有表達意見之機會。國民大會臨時會係依各別不同之情形及程序而召集，其非以修憲為目的而召集之臨時會，自不得行使修改憲法之職權，本院釋字第二十九號解釋應予補充。（82、2、25）

釋字第315號解釋

關於公司超過票面金額發行股票之溢額所得，應否免稅及免稅之範圍如何，立法機關依租稅法律主義，得為合理之裁量。獎勵投資條例第二十五條僅規定：「生產事業依公司法規定，將發行股票超過票面金額之溢價作為公積時，免予計入所得額」，行政院中華民國五十六年十二月七日台經字第九四九四號令及財政部同年月十日台財稅發字第一三〇五五號令乃釋示，非生產事業之上述溢額所得並無免稅規定，不在免稅之列，與憲法所定之租稅法律主義尚無牴觸。（82、3、12）

釋字第316號解釋

公務人員保險法第三條規定之疾病、傷害與殘廢乃屬不同之保險事故。被保險人在保險有效期間發生保險事故時，自應依同法第十四條予以殘廢給付。其於領取殘廢給付後，承保機關在何種情形下仍應負擔其醫療費用，係另一問題。銓敘部七十九年十月六日七九台華特一字第〇四七〇七七七號函謂「植物人」之大腦病變可終止治療，如屬無誤，則已合於殘廢給付之條件，乃又以其引起之併發症無法終止治療為由而不予核給，將殘廢給付與疾病、傷害給付混為同一保險事故，增加法律所無之條件，與憲法實施社會保險照護殘廢者生活，以保障人民權利之意旨尚有不符，應不再援用。惟「植物人」之大腦病變縱可終止治療，其所需治療以外之專門性照護，較殘廢給付更為重要，現行公務人員保險就專業照顧欠缺規定，應迅予檢討改進。又大腦病變之「植物人」於領取殘廢給付後，如因大腦病變以外之其他傷病而有治療之必要者，既非屬同一傷病之範圍，承保機關仍應負擔醫療費用，乃屬當然，併予說明。（82、5、7）

釋字第317號解釋

中華民國七十六年十二月三十日修正公布之所得稅法第一百十一條第二項，關於私人團體或事業，違反第八十九條第三項之規定，未依限填報或未據實申報者，處該團體或事業五百元罰鍰之規定，係對稅款扣繳義務人違反法律上作為義務所為之制裁，以確實掌握課稅資料，為增進公共利益所必要，與憲法並無牴觸。（82、5、21）

釋字第318號解釋

中華民國五十二年一月二十九日修正公布之所得稅法第十五條、第十七條第一項，關於納稅義務人應與其有所得之配偶及其他受扶養親屬合併申報課徵綜合所得稅之規定，就申報之程序而言，與憲法尚無牴觸。惟合併課稅時，如納稅義務人與有所得之配偶及其他受扶養親屬合併計算稅額，較之單獨計算稅額，增加其稅負者，即與租稅公平原則有所不符。首開規定雖已於中華民國七十八年十二月三十一日作部分修正，主管機關仍宜隨時斟酌相關法律及社會經濟情況，檢討改進。（82、5、21）

釋字第319號解釋

考試機關依法舉行之考試，其閱卷委員係於試卷彌封時評定成績，在彌封開拆後，除依形式觀察，即可發現該項成績有顯然錯誤者外，不應循應考人之要求任意再行評閱，以維持考試之客觀與公平。考試院於中華民國七十五年十一月十二日修正發布之「應考人申請複查考試成績處理辦法」，其第八條規定「申請複查考試成績，不得要求重新評閱、提供參考答案、閱覽或複印試卷。亦不得要求告知閱卷委員之姓名或其他有關資料」，係為貫徹首開意旨所必要，亦與典試法第二十三條關於「辦理考試人員應嚴守秘密」之規定相符，與憲法尚無牴觸。惟考試成績之複查，既為兼顧應考人之權益，有關複查事項仍宜以法律定之。（82、6、4）

釋字第320號解釋

戰士授田憑據處理條例，係為收回已依反共抗俄戰士授田條例領取之戰士授田憑據，分別情形給予不同基數之補償金而制定。該授田條例雖於中華民國四十年十月十八日生效，但依其第五條、第十一條第二項規定之意旨，關於作戰受傷致成殘廢，並不以該日以後發生者為限。戰士授田憑據處理條例施行細則第三條第一項謂殘廢以四十年十月十八日以後發生者，始發給殘廢標準之補償金，致在該日以前作戰受傷致成殘廢，而已領有授田憑據之人員，失其依該條例所定殘廢標準領取補償金之機會，與法律規定不符，有違憲法保障人民權利之意旨，應不予適用。至此項人員負傷所由致之作戰，其範圍如何，應由主管機關依各該條例立法意旨予以界定，乃屬當然。（82、6、18）

釋字第321號解釋

中華民國七十五年六月二十九日修正公布之關稅法第二十三條之規定，使納稅義務人未能按海關核定稅款於期限內全數繳納或提供相當擔保者，喪失行政救濟之機會，係對人民訴訟權所為不必要之限制，與憲法第十六條保障人民訴訟權之意旨有所牴觸。（82、6、18）

釋字第322號解釋

中華民國三十五年四月二十九日修正公布之土地法第二百十七條規定：「徵收土地之殘餘部分面積過小，或形勢不整，致不能為相當之使用時，所有權人得要求一併徵收」，對於要求一併徵收之期間未予明定，內政部為貫徹同法第二百十九條關於徵收完畢後限一年內使用之意旨，六十八年十月九日台內地字第三〇二七四號函謂：「要求一併徵收，宜自協議時起，迄於徵收完畢一年內為之，逾期應不受理」，係為執行上開土地法第二百十七條所必要，與憲法並無牴觸。（82、6、18）

釋字第323號解釋

各機關擬任之公務人員，經人事主管機關任用審查，認為不合格或降低原擬任之官等者，於其憲法所保障服公職之權利有重大影響，如經依法定程序申請復審，對復審決定仍有不服時，自得依法提起訴願或行政訴訟，以謀求救濟。行政法院五十九年度判字第四〇號判例，與上開意旨不符部分，應不再援用。（82、6、18）

釋字第324號解釋

財政部中華民國七十四年六月十八日修正發布之海關管理貨櫃辦法，其第二十六條前段，關於貨櫃集散站由於非人力所不能抗拒之原因，致貨物短少時，海關得於一定期間停止受理其申報進儲業務之規定，旨在確保海關對於存站貨物之監視效果，防止走私，為增進公共利益所必要。惟上述一定期間，未設最長期間之限制，究須如何規範，應參酌航業法第六十三條之規定，以法律或法律授權之命令定之，並應於中華民國八十三年十二月三十一日以前制定施行，逾期上開規定應停止適用。又該辦法尚涉及公法契約之問題，關於公法契約之基本規範，亦宜由有關機關儘速立法，妥為訂

定。（82、7、16）

釋字第325號解釋

本院釋字第七十六號解釋認監察院與其他中央民意機構共同相當於民主國家之國會，於憲法增修條文第十五條規定施行後，監察院已非中央民意機構，其地位及職權亦有所變更，上開解釋自不再適用於監察院。惟憲法之五院體制並未改變，原屬於監察院職權中之彈劾、糾舉、糾正權及為行使此等職權，依憲法第九十五條、第九十六條具有之調查權，憲法增修條文亦未修改，此項調查權仍應專由監察院行使。立法院為行使憲法所賦予之職權，除依憲法第五十七條第一款及第六十七條第二項辦理外，得經院會或委員會之決議，要求有關機關就議案涉及事項提供參考資料，必要時並得經院會決議調閱文件原本，受要求之機關非依法律規定或其他正當理由不得拒絕。但國家機關獨立行使職權受憲法之保障者，如司法機關審理案件所表示之法律見解、考試機關對於應考人成績之評定、監察委員為糾彈或糾正與否之判斷，以及訴訟案件在裁判確定前就偵查、審判所為之處置及其卷證等，監察院對之行使調查權，本受有限制。基於同一理由，立法院之調閱文件，亦同受限制。（82、7、23）

釋字第326號解釋

都市計畫法第四十二條第一項第一款所稱之河道，係指依同法第三條就都市重要設施作有計畫之發展，而合理規劃所設置之河道而言。至於因地勢自然形成之河流，及因之而依水利法公告之原有「行水區」，雖在都市計畫使用區之範圍，仍不包括在內。（82、10、8）

釋字第327號解釋

所得稅法第一百十四條第二款前段：「扣繳義務人已依本法扣繳稅款，而未依第九十二條規定之期限按實填報或填發扣繳憑單者，除限期責令補報或填發外，應按扣繳稅額處百分之二十之罰鍰，但最低不得少於一千五百元；逾期自動申報或填發者，減半處罰」，旨在掌握稅源資料，維護租稅公平，就違反此項法律上作為義務應予制裁部分，為增進公共利益所必要，與憲法尚無牴觸。惟對於扣繳義務人已將所扣稅款依限向國庫繳清，僅逾期申報或填發扣繳憑單者，仍依應扣繳稅額固定之比例處以罰鍰，又無合理最高額之限制，應由有關機關檢討修正。（82、10、8）

釋字第328號解釋

中華民國領土，憲法第四條不採列舉方式，而為「依其固有之疆域」之概括規定，並設領土變更之程序，以為限制，有其政治上及歷史上之理由。其所稱固有疆域範圍之界定，為重大之政治問題，不應由行使司法權之釋憲機關予以解釋。（82、11、26）

釋字第329號解釋

憲法所稱之條約係指中華民國與其他國家或國際組織所締結之國際書面協定，包括用條約或公約之名稱，或用協定等名稱而其內容直接涉及國家重要事項或人民之權利義務且具有法律上效力者而言。其中名稱為條約或公約或用協定等名稱而附有批准條款者，當然應送立法院審議，其餘國際書面協定，除經法律授權或事先經立法院同意簽訂，或其內容與國內法律相同者外，亦應送立法院審議。（82、12、24）

釋字第330號解釋

遺產及贈與稅法第二十三條第一項前段規定，被繼承人死亡遺有財產者，納稅義務人應於被繼承人死亡之日起六個月內，向戶籍所在地主管稽徵機關辦理遺產稅申報。其受死亡之宣告者，在判決宣告死亡前，納稅義務人無從申報，故同法施行細則第二十一條就被繼承人為受死亡之宣告者，規定其遺產稅申報期間應自判決宣告之日起算，符合立法目的及宣告死亡者遺產稅申報事件之本質，與憲法第十九條意旨，並無牴觸。（82、12、24）

釋字第331號解釋

依中華民國憲法增修條文第四條規定，僑居國外國民及全國不分區之中央民意代表，係按該次選舉政黨得票總數比例方式產生，而非由選舉區之選民逕以投票方式選出，自無從由選舉區之選民以投票方式予以罷免，公職人員選舉罷免法第六十九條第二項規定：「全國不分區、僑居國外國民選舉之當選人，不適用罷免之規定」，與憲法並無牴觸。惟此種民意代表如喪失其所由選出之政黨黨員資格時，自應喪失其中央民意代表之資格，方符憲法增設此一制度之本旨，其所遺缺額之遞補，應以法律定之。（82、12、30）

釋字第332號解釋

學校教職員退休條例第六條所稱「繼續服務」，係指學校之教員或校長，於辦理退休時之職務，與其連續任職二十年之資歷相銜接而無間斷之情形而言。（82、12、30）

釋字第333號解釋

教育部於中華民國七十九年五月十五日發布之⑺人字第二二〇六四號函釋：「曾任各級政府設立之托兒所教保人員，服務當時如已具幼稚園教師資格，其服務年資於轉任公立幼稚園教師時，得每滿一年提敘一級支薪，並應受本職最高薪之限制。」其就提敘以具有幼稚園教師資格者之服務年資為限，與憲法並無牴觸。（83、1、14）

釋字第334號解釋

廣義之公債，係指包括政府賒借在內之一切公共債務而言。而中央政府建設公債發行條例所稱之公債，則指依法以債票方式發行之建設公債。惟為維護國家財政之健全，國家全部舉債之上限，宜綜合考量以法律定之，併予指明。（83、1、14）

釋字第335號解釋

民法第三百三十條規定：「債權人關於提存物之權利，自提存後十年間不行使而消滅，其提存物屬於國庫」、提存法施行細則第七條前段規定：「關於民法第三百三十條所規定之期間，自提存之翌日起算」，旨在使提存物之權利狀態早日確定，以維持社會秩序之安定，與憲法並無牴觸。惟提存物歸屬國庫，影響債權人之財產權，故提存之事實應由提存人依法通知債權人或由提存所將提存通知書送達或公告，其未踐行上述程序者，應於前述期間屆滿前相當期間內，補行送達或公告。上開施行細則應通盤檢討修正，以保障人民之財產權。（83、1、28）

釋字第336號解釋

中華民國七十七年七月十五日修正公布之都市計畫法第五十條，對於公共設施保留地未設取得期限之規定，乃在維護都市計畫之整體性，為增進公共利益所必要，與憲法並無牴觸。至為兼顧土地所有權人之權益，主管機關應如何檢討修正有關法律，係立法問題。（83、2、4）

釋字第337號解釋

營業稅法第五十一條第五款規定，納稅義務人虛報進項稅額者，除追繳稅款外，按所漏稅額處五倍至二十倍罰鍰，並得停止其營業。依此規定意旨，自應以納稅義務人有虛報進項稅額，並因而逃漏稅款者，始得據以追繳稅款及處罰。財政部中華民國七十六年五月六日台財稅字第七六三七三七六號函，對於有進貨事實之營業人，不論其是否有虛報進項稅額，並因而逃漏稅款，概依首開條款處罰，其與該條款意旨不符部分，有違憲法保障人民權利之本旨，應不再援用。至首開法條所定處罰標準，尚未逾越立法裁量範圍，與憲法並無牴觸。（83、2、4）

釋字第338號解釋

主管機關對公務人員任用資格審查，認為不合格或降低原擬任之官等者，於其憲法所保障服公職之權利有重大影響，公務員如有不服，得依法提起訴願及行政訴訟，業經本院釋字第三二三號解釋釋示在案。其對審定之級俸如有爭執，依同一意旨，自亦得提起訴願及行政訴訟。行政法院五十七年判字第四一四號及五十九年判字第四〇〇號判例應不再援用。本院上開解釋，應予補充。（83、2、25）

釋字第339號解釋

中華民國六十年一月九日修正公布之貨物稅條例第十八條第一項，關於同條項第十二款，應貼於包件上或容器上之完稅或免稅照證，不遵規定實貼者，不問有無漏稅事實，概處比照所漏稅額二倍至十倍之罰鍰之規定（現已修正），顯已逾越處罰之必要程度，不符憲法保障人民權利之意旨；財政部六十六年十二月二十日台財稅字第三八

五七二號函釋「凡未按規定貼查驗證者，不再問其有無漏稅，均應按該條文規定以漏稅論處」，均應不予援用。（83、2、25）

釋字第340號解釋

公職人員選舉罷免法第三十八條第二項規定：「政黨推薦之區域、山胞候選人，其保證金減半繳納。但政黨撤回推薦者，應全額繳納」，無異使無政黨推薦之候選人，須繳納較高額之保證金，形成不合理之差別待遇，與憲法第七條之意旨有違，應不再適用。（83、2、25）

釋字第341號解釋

七十九年特種考試臺灣省基層公務人員考試規則係考試院依其法定職權訂定，該規則第三條規定，本項考試採分區報名、分區錄取及分區分發，並規定錄取人員必須在原報考區內服務滿一定期間，係因應基層機關人力需求及考量應考人員志願，所採之必要措施，與憲法第七條平等權之規定，尚無牴觸。（83、3、11）

釋字第342號解釋

立法院審議法律案，須在不牴觸憲法之範圍內，依其自行訂定之議事規範為之。法律案經立法院移送總統公布者，曾否踐行其議事應遵循之程序，除明顯牴觸憲法者外，乃其內部事項，屬於議會依自律原則應自行認定之範圍，並非釋憲機關審查之對象。是以總統依憲法第七十二條規定，因立法院移送而公布之法律，縱有與其議事規範不符之情形，然在形式上既已存在，仍應依中央法規標準法第十三條之規定，發生效力。法律案之立法程序有不待調查事實即可認定為牴觸憲法，亦即有違反法律成立基本規定之明顯重大瑕疵者，則釋憲機關仍得宣告其為無效。惟其瑕疵是否已達足以影響法律成立之重大程度，如尚有爭議，並有待調查者，即非明顯，依現行體制，釋憲機關對於此種事實之調查受有限制，仍應依議會自律原則，謀求解決。關於依憲法增修條文第九條授權設置之國家安全會議、國家安全局及行政院人事行政局之組織法律，立法院於中華民國八十二年十二月三十日移送總統公布施行，其通過各該法律之議事錄，雖未經確定，但尚不涉及憲法關於法律成立之基本規定。除此之外，其曾否經議決通過，因尚有爭議，非經調查，無從確認。依前開意旨，仍應由立法院自行認定，並於相當期間內議決補救之。若議決之結果與已公布之法律有異時，仍應更依憲法第七十二條之規定，移送總統公布施行。（83、4、8）

釋字第343號解釋

依遺產及贈與稅法第三十條第二項規定，遺產稅本應以現金繳納，必須現金繳納確有困難時，始得以實物抵繳。是以申請以實物抵繳，是否符合上開要件及其實物是否適於抵繳，自應由稅捐稽徵機關予以調查核定。同法施行細則第四十三條規定，抵繳之實物以易於變價或保管，且未經設定他項權利者為限。財政部中華民國七十一年十月四日（七一）臺財稅字第三七二七七號函謂已成道路使用之土地，非經都市計畫劃為道路預定地，而由私人設置者，不得用以抵繳遺產稅，係因其變價不易，符合上開法律規定之意旨，均為貫徹稅法之執行，並培養誠實納稅之風氣所必要，與憲法尚無牴觸。（83、4、22）

釋字第344號解釋

臺北市辦理徵收土地農作物及魚類補償遷移費查估基準，係臺北市政府基於主管機關之職權，為執行土地法第二百四十一條之規定而訂定，其中有關限制每公畝種植花木數量，對超出部分不予補償之規定，乃為防止土地所有人於徵收前故為搶植或濫種，以取得不當利益而設，為達公平補償目的所必要，與憲法並無牴觸。但有確切事證，證明其眞實正常種植狀況與基準相差懸殊時，仍應由主管機關依據專業知識與經驗，就個案妥愼認定之，乃屬當然，併此說明。（83、5、6）

釋字第345號解釋

行政院於中華民國七十三年七月十日修正發布之「限制欠稅人或欠稅營利事業負責人出境實施辦法」，係依稅捐稽徵法第二十四條第三項及關稅法第二十五條之一第三項之授權所訂定，其第二條第一項之規定，並未逾越上開法律授權之目的及範圍，且依同辦法第五條規定，有該條所定六款情形之一時，應即解除其出境限制，已兼顧納稅義務人之權益。上開辦法為確保稅收，增進公共利益所必要，與憲法尚無牴觸。（83、5、6）

釋字第346號解釋

憲法第十九條規定人民有依法律納稅之義務，係指有關納稅之義務應以法律定之，並未限制其應規定於何種法律。法律基於特定目的，而以內容具體、範圍明確之方式，就徵收稅捐所為之授權規定，並非憲法所不許。國民教育法第十六條第一項第三款及財政收支劃分法第十八條第一項關於徵收教育捐之授權規定，依上開說明，與憲法尚無牴觸。（83、5、6）

釋字第347號解釋

內政部中華民國七十五年十一月二十五日及七十九年六月二十二日修正發布之自耕能力證明書之申請及核發注意事項，係基於主管機關之權限，為執行土地法第三十條及耕地三七五減租條例第十九條等規定而訂定，其中關於申請人住所與所承受農地或收回農地之位置，有所限制，係本於當時農地農有並自耕之土地政策，兼顧一般耕作工具之使用狀況而設，作為承辦機關辦理是項業務之依據，與憲法尚無牴觸。至上開注意事項所定以住所或現耕農地與所承受之農地是否屬同一縣市或毗鄰鄉鎮，為認定能否自耕之準據，仍應斟酌農業發展政策之需要、耕作方式及交通狀況之改進，隨時檢討修正，以免損害實際上有自耕能力農民之權益，併此說明。（83、5、20）

釋字第348號解釋

行政院中華民國六十七年元月二十七日台(67)教字第八二三號函核准，由教育部發布之「國立陽明醫學院醫學系公費學生待遇及畢業後分發服務實施要點」，係主管機關為解決公立衛生醫療機構醫師缺額補充之困難而訂定，並作為與自願接受公費醫學教育學生，訂立行政契約之準據。依該要點之規定，此類學生得享受公費醫學及醫師養成教育之各種利益，其第十三點及第十四點因而定有公費學生應負擔於畢業後接受分發公立衛生醫療機構服務之義務，及受服務未期滿前，其專業證書先由分發機關代為保管等相關限制，乃為達成行政目的所必要，亦未逾越合理之範圍，且已成為學校與公費學生間所訂契約之內容。公費學生之權益受有限制，乃因受契約拘束之結果，並非該要點本身規定之所致。前開要點之規定，與憲法尚無牴觸。（83、5、20）

釋字第349號解釋

最高法院四十八年度台上字第一〇六五號判例，認為「共有人於與其他共有人訂立共有物分割或分管之特約後，縱將其應有部分讓與第三人，其分割或分管契約，對於受讓人仍繼續存在」，就維持法律秩序之安定性而言，固有其必要，惟應有部分之受讓人若不知悉有分管契約，亦無可得而知之情形，受讓人仍受讓與人所訂分管契約之拘束，有使善意第三人受不測損害之虞，與憲法保障人民財產權之意旨有違，首開判例在此範圍內，嗣後應不再援用。至建築物為區分所有，其法定空地應如何使用，是否共有共用或共有專用，以及該部分讓與之效力如何，應儘速立法加以規範，併此說明。（83、6、3）

釋字第350號解釋

內政部於中華民國七十七年八月十七日函頒之時效取得地上權登記審查要點第八點第一項、第二項規定，占有人申請登記時，應填明土地所有權人或管理人之姓名及住址等項，係因地上權為存在於所有權上之限制物權，該規定之本身乃保護土地所有權人之權益所必要，與憲法並無牴觸。惟如未予填明，依土地登記規則第四十八條第二款、第四十九條第一項第四款規定，應命補正，不補正者駁回其登記之申請。是前開要點乃為該規則之補充規定，二者結合適用，足使能確實證明在客觀上有不能查明所有權人或管理人之姓名、住址而為補正之情形者，因而無法完成其地上權之登記，即與憲法保障人民財產權之意旨有違，在此範圍內，應不予援用。（83、6、3）

釋字第351號解釋

公營事業移轉民營條例第八條第二項係就不隨同移轉之從業人員所作之規定，其第三項則係就繼續留用之從業人員所作之規定，依該第三項前段規定，僅在就繼續留用人員之原有年資辦理結算範圍內，始依前項（第二項）所定結算標準辦理。綜觀該條全文立法意旨，在移轉民營當時，對於繼續留用人員之給與，並不包括第二項關於加發六個月薪給在內，以維持不隨同移轉人員與繼續留用人員待遇之平衡。（83、6、13）

釋字第352號解釋

土地登記專業代理人係屬專門職業，依憲法第八十六條第二款規定，其執業資格應依法考選銓定之。中華民國七十八年十二月二十九日修正公布之土地法第三十七條之一第二項規定，符合上開意旨，與憲法並無牴觸。（83、6、17）

釋字第353號解釋

人民向行政法院請求停止原處分之執行，須已依法提起行政訴訟，在訴訟繫屬中者始得為之，此觀行政訴訟法第十二條（修正前第十一條）之規定甚明。行政法院四十七年度裁字第二十六號判例與此意旨相符，並未限制人民之訴訟權，與憲法尚無牴觸。（83、7、1）

釋字第354號解釋

在臺離營之無職軍官，依行政院於中華民國四十八年七月十四日核准由國防部發布之陸海空軍無軍職軍官處理辦法等相關規定，在四十年十月十八日反共抗俄戰士授田條例公布後，雖具有軍籍，但因該條例之授田憑據以在營軍人為發給對象，致此等軍官因未在營而不能領取授田憑據，七十九年四月二十三日公布之戰士授田憑據處理條例第十條：「反共抗俄戰士授田條例公布實行前，曾參加反共抗俄作戰，除因有叛國行為或逃亡而被判有期徒刑以上之刑者外，其餘在臺離營之退除役無職軍官，領有退伍除役證明書，且現居住臺灣地區者，視同已發給授田憑據，依本條例之規定處理」，係就上述情況，公平考量所為之規定，並非針對軍官與士兵身分不同，而作差別待遇，與憲法第七條尚無牴觸。（83、7、1）

釋字第355號解釋

最高法院二十九年度上字第一〇〇五號判例：「民事訴訟法第四百九十二條第一項第十一款（現行法第四百九十六條第一項第十三款）所謂當事人發見未經斟酌之證物，係指前訴訟程序事實審之言詞辯論終結前已存在之證物，因當事人不知有此，致未經斟酌，現始知之者而言。若在前訴訟程序事實審言詞辯論終結前，尚未存在之證物，本無所謂發見，自不得以之為再審理由。」乃為促使當事人在前訴訟程序事實審言詞辯論終結前，將已存在並已知悉而得提出之證物全部提出，以防止當事人於判決發生既判力後，濫行提起再審之訴，而維持確定裁判之安定性，與憲法並無牴觸。至事實審言詞辯論終結後始存在之證物，雖不得據為再審理由，但該證物所得證明之事實，是否受確定判決既判力之拘束，則應依個案情形定之，併予說明。（83、7、1）

釋字第356號解釋

營業稅法第四十九條就營業人未依該法規定期限申報銷售額或統一發票明細表者，應加徵滯報金、怠報金之規定，旨在促使營業人履行其依法申報之義務，俾能確實掌握稅源資料，建立合理之查核制度。加徵滯報金、怠報金，係對營業人違反作為義務所為之制裁，其性質為行為罰，此與逃漏稅捐之漏稅罰乃屬兩事。上開規定，為增進公共利益所必要，與憲法並無牴觸。惟在營業人已繳納其應納稅款之情形下，行為罰仍依應納稅額固定之比例加徵滯報金與怠報金，又無合理最高額之限制，依本院大法官釋字第三二七號解釋意旨，主管機關應注意檢討修正，併此說明。（83、7、8）

釋字第357號解釋

依中華民國憲法第一百零四條設置於監察院之審計長，其職務之性質與應隨執政黨更迭或政策變更而進退之政務官不同。審計部組織法第三條關於審計長任期為六年之規定，旨在確保其職位之安定，俾能在一定任期中，超然獨立行使職權，與憲法並無牴觸。（83、7、8）

釋字第358號解釋

各共有人得隨時請求分割共有物，固為民法第八百二十三條第一項前段所規定。惟同條項但書又規定，因物之使用目的不能分割者，不在此限。其立法意旨在於增進共有物之經濟效用，並避免不必要之紛爭。區分所有建築物之共同使用部分，爲各區分所有人利用該建築物所不可或缺，其性質屬於因物之使用目的不能分割者。內政部中華民國六十一年十一月七日㈥台內地字第四九一六六〇號函，關於太平梯、車道及亭子腳爲建築物之一部分，不得分割登記之釋示，符合上開規定之意旨，與憲法尚無牴觸。（83、7、15）

釋字第359號解釋

財政部中華民國七十九年三月十五日台財稅字第七八〇四三七九一一號、八十年四月二十日台財稅字第八〇〇一二八一六一號及同年六月四日台財稅字第八〇〇一七四四一號等函，係基於主管機關之職權對於土地稅法第五十五條之二罰鍰數額之計算所爲之釋示，符合該法條規定之意旨，爲遏阻違法使用農地，以增進公共利益所必要，與憲法並無牴觸。（83、7、15）

釋字第360號解釋

土地法第三十七條之一第二項係依憲法第八十六條第二款而制定，與憲法並無牴觸，業經本院釋字第三五二號解釋釋示在案。內政部於中華民國七十九年六月二十九日發布之土地登記專業代理人管理辦法，則係依據上開法條第四項授權訂定，其第四條：合於左列資格之一者，得請領專業代理人證書：一、經專業代理人考試或檢覈及格者。二、領有直轄市、縣（市）政府核發土地代書人登記合格證明者。三、領有直轄市、縣（市）政府核發代理他人申辦土地登記案件專業人員登記卡者」之規定，並未逾越法律授權範圍，與憲法亦無牴觸。（83、7、29）

釋字第361號解釋

個人出售房屋交易所得，係所得稅法第九條財產交易所得之一種。行政院於中華民國七十七年五月三十日修正發布之所得稅法施行細則第十七條之二，關於個人出售房屋所得額核定方法之規定，與租稅法定主義並無違背。依該條規定，個人出售房屋未申報或未能提出證明文件者，其所得額由主管稽徵機關參照當年度實際經濟情況及房屋市場交易情形擬訂，報請財政部核定其標準，依該標準核定之。嗣財政部依據臺北市國稅局就七十六年度臺北市個人出售房屋所得額多數個案取樣調查結果擬訂之標準，於七十七年六月二十七日以台財稅字第七七〇五五三一〇五號函，核定七十六年度臺北市個人出售房屋交易所得，按房屋稅課稅現值百分之二十計算，係經斟酌年度、地區、經濟情況所核定，並非依固定之百分比訂定，符合本院釋字第二一八號解釋之意旨，與憲法並無牴觸。（83、7、29）

釋字第362號解釋

民法第九百八十八條第二款關於重婚無效之規定，乃所以維持一夫一妻婚姻制度之社會秩序，就一般情形而言，與憲法尚無牴觸。惟如前婚姻關係已因確定判決而消滅，第三人本於善意且無過失，信賴該判決而與前婚姻之一方相婚者，雖該判決嗣後又經變更，致後婚姻成爲重婚；究與一般重婚之情形有異，依信賴保護原則，該後婚姻之效力，仍應予以維持。首開規定未兼顧類此之特殊情況，與憲法保障人民結婚自由權利之意旨未盡相符，應予檢討修正。在修正前，上開規定對於前述因信賴確定判決而締結之婚姻部分，應停止適用。如因而致前後婚姻關係同時存在，則重婚者之他方，自得依法請求離婚，併予指明。（83、8、29）

釋字第363號解釋

地方行政機關爲執行法律，得依其職權發布命令爲必要之補充規定，惟不得與法律牴觸。臺北市政府於中華民國七十年七月二十三日發布之臺北市獎勵投資興建零售市場須知，對於申請投資興建市場者，訂有須「持有市場用地內全部私有土地使用權之私人或團體」之條件，係增加都市計畫法第五十三條所無之限制，有違憲法保障人民權利之意旨，應不予適用。至在獎勵投資條例施行期間申請興建公共設施，應符合該條例第三條之規定，乃屬當然。（83、8、29）

釋字第364號解釋

以廣播及電視方式表達意見，屬於憲法第十一條所保障言論自由之範圍。為保障此項自由，國家應對電波頻率之使用為公平合理之分配，對於人民平等「接近使用傳播媒體」之權利，亦應在兼顧傳播媒體編輯自由原則下，予以尊重，並均應以法律定之。（83、9、23）

釋字第365號解釋

民法第一千零八十九條，關於父母對於未成年子女權利之行使意思不一致時，由父行使之規定部分，與憲法第七條人民無分男女在法律上一律平等，及憲法增修條文第九條第五項消除性別歧視之意旨不符，應予檢討修正，並應自本解釋公布之日起，至遲於屆滿二年時，失其效力。（83、9、23）

釋字第366號解釋

裁判確定前犯數罪，分別宣告之有期徒刑均未逾六個月，依刑法第四十一條規定各得易科罰金者，因依同法第五十一條併合處罰定其應執行之刑逾六個月，致其宣告刑不得易科罰金時，將造成對人民自由權利之不必要限制，與憲法第二十三條規定未盡相符，上開刑法規定應檢討修正。對於前述因併合處罰所定執行刑逾六個月之情形，刑法第四十一條關於易科罰金以六個月以下有期徒刑為限之規定部分，應自本解釋公布之日起，至遲於屆滿一年時失其效力。（83、9、30）

釋字第367號解釋

營業稅法第二條第一款、第二款規定，銷售貨物或勞務之營業人、進口貨物之收貨人或持有人為營業稅之納稅義務人，依同法第三十五條之規定，負申報繳納之義務。同法施行細則第四十七條關於海關、法院及其他機關拍賣沒收、沒入或抵押之貨物時，由拍定人申報繳納營業稅之規定，暨財政部發布之「法院、海關及其他機關拍賣或變賣貨物課徵營業稅作業要點」第二項有關不動產之拍賣、變賣由拍定或成交之買受人繳納營業稅之規定，違反上開法律，變更申報繳納之主體，有違憲法第十九條及第二十三條保障人民權利之意旨，應自本解釋公布之日起至遲於屆滿一年時失其效力。（83、11、11）

釋字第368號解釋

行政訴訟法第四條「行政法院之判決，就其事件有拘束各關係機關之效力」，乃本於憲法保障人民得依法定程序，對其爭議之權利義務關係，請求法院予以終局解決之規定。故行政法院所為撤銷原決定及原處分之判決，如係指摘事件之事實尚欠明瞭，應由被告機關調查事證另為處分時，該機關即應依判決意旨或本於職權調查事證。倘依重為調查結果認定之事實，認前處分適用法規並無錯誤，雖得維持已撤銷之前處分見解；若行政法院所為撤銷原決定及原處分之判決，係指摘其適用法律之見解有違誤時，該管機關即應受行政法院判決之拘束。行政法院六十年判字第三十五號判例謂：「本院所為撤銷原決定及原處分之裁判，如於理由內指明由被告官署另為復查者，該官署自得本於職權調查事證，重為復查之決定，其重為復查之結果，縱與已撤銷之前決定持相同之見解，於法亦非有違」，其中與上述意旨不符之處，有違憲法第十六條保障人民訴訟權之意旨，應不予適用。（83、12、9）

釋字第369號解釋

憲法第十九條規定「人民有依法律納稅之義務」，係指人民有依法律所定要件負繳納稅捐之義務或享減免繳納之優惠而言。至法律所定之內容於合理範圍內，本屬立法裁量事項，是房屋稅條例第一條、第五條、第六條及第十五條之規定與憲法並無牴觸。又房屋稅係依房屋現值按法定稅率課徵，為財產稅之一種，同條例第十五條第一項第九款就房屋稅之免稅額雖未分別就自住房屋與其他住家用房屋而為不同之規定，仍屬立法機關裁量之範疇，與憲法保障人民平等權及財產權之本旨，亦無牴觸。惟土地法第一百八十七條規定：「建築改良物為自住房屋時，免予徵稅」，而房屋稅條例第一條則規定：「各直轄市及各縣（市）（局）未依土地法徵收土地改良物稅之地區均依本條例之規定徵收房屋稅」，對自住房屋並無免予課徵房屋稅之規定，二者互有出入，適用時易滋誤解，應由相關主管機關檢討房屋租稅之徵收政策修正之。（83、

12、23)

釋字第370號解釋

依商標法第五十二條第一項、第三十七條第一項第十二款規定，商標圖樣相同或近似於他人同一商品或類似商品之註冊商標者，利害關係人得申請商標主管機關評定其註冊爲無效，係爲維持市場商品交易秩序，保障商標專用權人之權益及避免消費大衆對於不同廠商之商品發生誤認致受損害而設。關於其申請評定期間，參諸同法第五十二條第三項及第二十五條第二項第一款規定之意旨，可知其須受註冊滿十年即不得申請之限制，已兼顧公益與私益之保障，與憲法第十五條保障人民財產權之規定並無牴觸。(84、1、6)

釋字第371號解釋

憲法爲國家最高規範，法律牴觸憲法者無效，法律與憲法有無牴觸發生疑義而須予以解釋時，由司法院大法官掌理，此觀憲法第一百七十一條、第一百七十三條、第七十八條及第七十九條第二項規定甚明。又法官依據法律獨立審判，憲法第八十條定有明文，故依法公布施行之法律，法官應以其爲審判之依據，不得認定法律爲違憲而逕行拒絕適用。惟憲法之效力既高於法律，法官有優先遵守之義務，法官於審理案件時，對於應適用之法律，依其合理之確信，認爲有牴觸憲法之疑義者，自應許其先行聲請解釋憲法，以求解決。是遇有前述情形，各級法院得以之爲先決問題裁定停止訴訟程序，並提出客觀上形成確信法律爲違憲之具體理由，聲請本院大法官解釋。司法院大法官審理案件法第五條第二項、第三項之規定，與上開意旨不符部分，應停止適用。(84、1、20)

釋字第372號解釋

維護人格尊嚴與確保人身安全，爲我國憲法保障人民自由權利之基本理念。增進夫妻情感之和諧，防止家庭暴力之發生，以保護婚姻制度，亦爲社會大衆所期待。民法第一千零五十二條第一項第三款所稱「不堪同居之虐待」，應就具體事件，衡量夫妻之一方受他方虐待所受侵害之嚴重性，斟酌當事人之教育程度、社會地位及其他情事，是否已危及婚姻關係之維繫以爲斷。若受他方虐待已逾越夫妻通常所能忍受之程度而有侵害人格尊嚴與人身安全者，即不得謂非受不堪同居之虐待。最高法院二十三年上字第四五五四號判例謂：「夫妻之一方受他方不堪同居之虐待，固得請求離婚，惟因一方之行爲不檢而他方一時忿激，致有過當之行爲，不得即謂不堪同居之虐待」，對於過當之行爲逾越維繫婚姻關係之存續所能忍受之範圍部分，並未排除上述原則之適用，與憲法尚無牴觸。(84、2、24)

釋字第373號解釋

工會法第四條規定：「各級政府行政及教育事業、軍火工業之員工，不得組織工會」，其中禁止教育事業技工、工友組織工會部分，因該技工、工友所從事者僅係教育事業之服務性工作，依其工作之性質，禁止其組織工會，使其難以獲致合理之權益，實已逾越憲法第二十三條之必要限度，侵害從事此項職業之人民在憲法上保障之結社權，應自本解釋公布之日起，至遲於屆滿一年時，失其效力。惟基於教育事業技工、工友之工作性質，就其勞動權利之行使有無加以限制之必要，應由立法機關於上述期間內檢討修正，併此指明。(84、2、24)

釋字第374號解釋

依土地法第四十六條之一至第四十六條之三之規定所爲地籍圖重測，純爲地政機關基於職權提供土地測量技術上之服務，將人民原有土地所有權範圍，利用地籍調查及測量等方法，將其完整正確反映於地籍圖，初無增減人民私權之效力。故縱令相鄰土地所有權人於重新實施地籍測量時，均於地政機關通知之期限內到場指界，毫無爭議，地政機關依照規定，已依其共同指定之界址重新實施地籍測量。則於測量結果公告期間內即令土地所有權人以指界錯誤爲由，提出異議，測量結果於該公告期間屆滿後即行確定，地政機關應據以辦理土地標示變更登記。惟有爭執之土地所有權人尙得依法提起民事訴訟請求解決，法院應就兩造之爭執，依調查證據之結果予以認定，不得以原先指界有誤，訴請另定界址爲顯無理由，爲其敗訴之判決。最高法院七十五年四月二十二日第八次民事庭會議決議㈠略謂：爲貫徹土地法整理地籍之土地政策，免滋紛擾，不許原指界之當事人又主張其原先指界有誤，訴請另定界址，應認其起訴顯無理由云云，與上開意旨不符，有違憲法保障人民財產權及訴訟權之規定，應不予適用。（84、3、17）

釋字第375號解釋

農業發展條例第三十一條前段規定：「家庭農場之農業用地，其由能自耕之繼承人一人繼承或承受，而繼續經營農業生產者，免徵遺產稅或贈與稅」，其目的在於有二人以上之繼承人共同繼承農業用地時，鼓勵其協議由繼承人一人繼承或承受，庶免農地分割過細，妨害農業發展。如繼承人僅有一人時，既無因繼承而分割或移轉爲共有之虞，自無以免稅鼓勵之必要。同條例施行細則第二十一條前段規定：「本條例第三十一條所稱由繼承人一人繼承或承受，指民法第一千一百三十八條規定之共同繼承人有二人以上時，協議由繼承人一人繼承或承受」，與上開意旨相符，並未逾越法律授權範圍，且爲增進公共利益所必要，與憲法尚無牴觸。（84、3、17）

釋字第376號解釋

化學合成麻醉藥品類及其製劑爲麻醉藥品管理條例所稱麻醉藥品之一種，爲同條例第二條第四款所明定。安非他命係以化學原料合成而具有成癮性之藥品，行政院衛生署中華民國七十九年十月九日衛署藥字第九〇四一四二號公告，將安非他命列入麻醉藥品管理條例所稱化學合成麻醉藥品類，係在公告確定其列爲管理之項目，並非增列處罰規定或增加人民之義務，與憲法並無牴觸。（84、3、31）

釋字第377號解釋

個人所得之歸屬年度，依所得稅法第十四條及第八十八條規定並參照第七十六條之一第一項之意旨，係以實際取得之日期爲準，亦即年度綜合所得稅之課徵，僅以已實現之所得爲限，而不問其所得原因是否發生於該年度。財政部賦稅署六十年六月二日台稅一發字第三六八號箋函關於納稅義務人因案停職後，於復職時服務機關一次補發其停職期間之薪金，應以實際給付之日期爲準，按實際給付之總額，課徵綜合所得稅之釋示，符合上開所得稅法之意旨，與憲法尚無牴觸。（84、3、31）

釋字第378號解釋

依律師法第四十一條及第四十三條所設之律師懲戒委員會及律師懲戒覆審委員會，性質上相當於設在高等法院及最高法院之初審與終審職業懲戒法庭，與會計師懲戒委員會等其他專門職業人員懲戒組織係隸屬於行政機關者不同。律師懲戒覆審委員會之決議即屬法院之終審裁判，並非行政處分或訴願決定，自不得再行提起行政爭訟，本院釋字第二九五號解釋應予補充。（84、4、14）

釋字第379號解釋

私有農地所有權之移轉，其承受人以能自耕者爲限，乃土地法第三十條第一項前段所明定。申請農地所有權移轉登記者，依土地登記規則第八十二條第一項第一款前段規定，應提出承受人自耕能力證明書，登記機關既應就所提自耕能力證明書爲形式上的審查，則其於登記完畢後，經該管鄉（鎮、市、區）公所查明承受人不具備自耕能力而撤銷該自耕能力證明書時，其原先所有權移轉登記所據「具有自耕能力」之事由，已失所附麗，原登記機關自得撤銷前此准予登記之處分，逕行塗銷其所有權移轉登記。（84、5、12）

釋字第380號解釋

憲法第十一條關於講學自由之規定，係對學術自由之制度性保障；就大學教育而言，應包括研究自由、教學自由及學習自由等事項。大學法第一條第二項規定：「大學應受學術自由之保障，並在法律規定範圍內，享有自治權」，其自治權之範圍，應包含直接涉及研究與教學之學術重要事項。大學課程如何訂定，大學法未定有明文，然因直接與教學、學習自由相關，亦屬學術之重要事項，爲大學自治之範圍。憲法第一百六十二條固規定：「全國公私立之教育文化機關，依法律受國家監督。」則國家對於大學自治之監督，應於法律規定範圍內為之，並須符合憲法第二十三條規定之法律保留原則。大學之必修課程，除法律有明文規定外，其訂定亦應符合上開大學自治之原則，大學法施行細則第二十二條第三項規定：「各大學共同必修科目，由教育部邀集各大學相關人員共同研訂之。」惟大學法並未授權教育部邀集各大學共同研訂共同必修科目，大學法施行細則所定內容即不得增加大學法所未規定之限制。又同條第一項後段「各大學共同必修科目不及格者不得畢業」之規定，涉及對畢業條件之限制，致使各大學共同必修科目之訂定實質上發生限制畢業之效果，而依大學法第二十三條、第二十五條及學位授予法第二條、第三條規定，畢業之條件係屬大學自治權範疇。是大學法施行細則第二十二條第一項後段逾越大學法規定，同條第三項未經大學法授權，均與上開憲法意旨不符，應自本解釋公布之日起，至遲於屆滿一年時，失其效力。（84、5、26）

釋字第381號解釋

憲法第一百七十四條第一款關於憲法之修改，由國民大會代表總額三分之二之出席及出席代表四分之三之決議之規定，係指國民大會通過憲法修改案時，必須之出席及贊成之人數。至於憲法修改案應經何種讀會暨各次讀會之出席及議決人數，憲法及法律皆未規定。修改憲法所進行之一讀會程序，並非通過憲法修改案，其開議出席人數究採國民大會組織法第八條代表總額三分之一，或採憲法第一百七十四條第一款所定三分之二之出席人數，抑或參照一般會議規範所定出席人數為之，係屬議會自律之事項，均與憲法無違。至自律事項之決定，應符合自由民主憲政秩序之原則，乃屬當然，併此指明。（84、6、9）

釋字第382號解釋

各級學校依有關學籍規則或懲處規定，對學生所為退學或類此之處分行為，足以改變其學生身分並損及其受教育之機會，自屬對人民憲法上受教育之權利有重大影響，此種處分行為應為訴願法及行政訴訟法上之行政處分。受處分之學生於用盡校內申訴途徑，未獲救濟者，自得依法提起訴願及行政訴訟。行政法院四十一年判字第六號判例，與上開意旨不符部分，應不予援用，以符憲法保障人民受教育之權利及訴訟權之意旨。（84、6、23）

釋字第383號解釋

經濟部或省（直轄市）主管機關，認為礦業申請地有妨害公益或無經營之價值時，得不予核准；經濟部為探勘礦產調整礦區或調節產銷時，得指定某區域內之礦，停止接受申請，礦業法第三十四條有明文規定，是對於探採礦產之申請，主管機關本有准駁之裁量權。經濟部六十一年八月四日經礦字第二一五一六號令稱：今後凡被撤銷或註銷礦業權之煤礦，除有特殊原因，可予單獨開放人民申領者，一律應予暫行保留，以備有礦利關係之鄰接礦區調整增區促使擴大規模，趨於合理化經營，而增加保安之管理等語；復於七十五年八月十五日以經礦字第三五九〇六號函，就礦種中包含煤礦者，一併暫予保留，不開放人民申請一事，重申前令，均係中央主管機關依上開規定，對下級主管機關就臺灣地區煤礦之探採所為之準則性釋示，與憲法尚無牴觸。（84、7、7）

釋字第384號解釋

憲法第八條第一項規定：「人民身體之自由應予保障。除現行犯之逮捕由法律另定外，非經司法或警察機關依法定程序，不得逮捕拘禁。非由法院依法定程序，不得審問處罰。非依法定程序之逮捕，拘禁，審問，處罰，得拒絕之。」其所稱「依法定程序」，係指凡限制人民身體自由之處置，不問其是否屬於刑事被告之身分，國家機關所依據之程序，須以法律規定，其內容更須實質正當，並符合憲法第二十三條所定相關之條件。檢肅流氓條例第六條及第七條授權警察機關得逕行強制人民到案，無須踐行必要之司法程序；第十二條關於秘密證人制度，剝奪被移送裁定人與證人對質詰問之權利，並妨礙法院發見真實；第二十一條規定使受刑之宣告及執行者，無論有無特別預防之必要，有再受感訓處分而喪失身體自由之虞，均逾越必要程度，欠缺實質正當，與首開憲法意旨不符。又同條例第五條關於警察機關認定為流氓並予告誡之處分，人民除向內政部警政署聲明異議外，不得提起訴願及行政訴訟，亦與憲法第十六條規定意旨相違。均應自本解釋公布之日起，至遲於中華民國八十五年十二月三十一日失其效力。（84、7、28）

釋字第385號解釋

憲法第十九條規定人民有依法律納稅之義務，固係指人民有依據法律所定之納稅主體、稅目、稅率、納稅方法及納稅期間等項而負納稅義務之意，然課人民以繳納租稅之法律，於適用時，該法律所定之事項若權利義務相關連者，本於法律適用之整體性及權利義務之平衡。當不得任意割裂適用。獎勵投資條例施行期間內，經依該條例第三條核准受獎勵之外國公司，於該條例施行期間屆滿後，既仍得繼續適用該條例享受租稅優惠，自應一併依同條例第十六條第三項之規定，於其稅後盈餘給付總公司時，扣繳百分之二十所得稅，方符立法原意。財政部八十年九月二十四日台財稅字第八〇〇三五六〇三二號對此之函釋，符合上開意旨，與憲法並無牴觸。（84、9、8）

釋字第386號解釋

中央政府建設公債發行條例第八條前段規定：「本公債債票遺失、被盜或滅失者，不得掛失止付，並不適用民法第七百二十條第一項但書、第七百二十五條及第七百二十七條之規定。」使人民合法持有之無記名公債債票於遺失、被盜或滅失時，無從依民法關於無記名證券之規定請求權利保護，亦未提供其他合理之救濟途徑，與憲法第十五條、第十六條保障人民權利之意旨不符，應自本解釋公布之日起，於其後依該條例發行之無記名公債，停止適用。（84、9、29）

釋字第387號解釋

行政院設院長、副院長各一人，各部會首長若干人，及不管部會政務委員若干人；行政院院長由總統提名，經立法院同意任命之；行政院副院長、各部會首長及不管部會之政務委員，由行政院院長提請總統任命之。憲法第五十四條、第五十五條第一項、第五十六條定有明文。行政院對立法院負責，憲法第五十七條亦規定甚詳。行政院院長既須經立法院同意而任命之。且對立法院負政治責任，基於民意政治與責任政治之原理，立法委員任期屆滿改選後第一次集會前，行政院院長自應向總統提出辭職。行政院副院長、各部會首長及不管部會之政務委員係由行政院院長提請總統任命，且係出席行政院會議成員，參與行政決策，亦應隨同行政院院長一併提出辭職。（84、10、13）

釋字第388號解釋

憲法第五十二條規定，總統除犯內亂或外患罪外，非經罷免或解職，不受刑事上之訴究。此係憲法基於總統為國家元首，對內肩負統率全國陸海空軍等重要職責，對外代表中華民國之特殊身分所為之尊崇與保障。現職總統競選連任時，其競選活動固應受總統副總統選舉罷免法有關規定之規範，惟其總統身分並未因參選而變更，自仍有憲法第五十二條之適用。（84、10、27）

釋字第389號解釋

勞工保險條例第四十四條規定，醫療給付不包括美容外科。又同條例第十九條第一項規定，被保險人或其受益人，於保險效力開始後停止前發生保險事故者，始得依該條例規定，請領保險給付。勞工保險診療費用支付標準表係依據勞工保險條例第五十一條第二項授權訂定，其第九部第四節第二項關於顎骨矯正手術，載明「限外傷或顳顎關節疼痛者專案報准後施行」，乃因有此情形，始同時符合保險效力開始後停止前所發生之保險事故，以及非屬美容外科之要件。若勞工於加入勞工保險前發生之先天性痼疾或畸形，即不在勞工保險承保範圍。其不支付診療費用，並未逾越該條例授權範圍，與憲法尚無牴觸。（84、11、10）

釋字第390號解釋

對於人民設立工廠而有違反行政法上義務之行為，予以停工或勒令歇業之處分，涉及人民權利之限制，依憲法第二十三條及中央法規標準法第五條第二款規定，應以法律定之；若法律授權以命令為補充規定者，授權之目的、內容及範圍，應具體明確，始得據以發布命令。工廠設立登記規則第十九條第一項規定：「工廠不依照本規則之規定申請設立登記，或不依照核定登記事項經營，或違反其他工廠法令者，得由省（市）建設廳（局）予以局部或全部停工或勒令歇業之處分」，涉及人民權利之限制，欠缺法律授權之依據，與前述意旨不符，應自本解釋公布之日起，至遲於屆滿一年時失其效力。（84、11、10）

釋字第391號解釋

立法院依憲法第六十三條之規定有審議預算案之權，立法委員於審議中央政府總預算案時，應受憲法第七十條「立法院對於行政院所提預算案，不得為增加支出之提議」之限制及本院相關解釋之拘束，雖得為合理之刪減，惟基於預算案與法律案性質不同，尚不得比照審議法律案之方式逐條逐句增刪修改，而對各機關所編列預算之數額，在款項目節間移動增減並追加或削減原預算之項目。蓋就被移動增加或追加原預算之項目言，要難謂非上開憲法所指增加支出提議之一種，復涉及施政計畫內容之變動與調整，易導致政策成敗無所歸屬，責任政治難以建立，有違行政權與立法權分立，各本所司之制衡原理，應為憲法所不許。（84、12、8）

釋字第392號解釋

司法權之一之刑事訴訟、即刑事司法之裁判、係以實現國家刑罰權為目的之司法程序，其審判乃以追訴而開始，追訴必須實施偵查，迨判決確定，尚須執行始能實現裁判之內容。是以此等程序悉與審判、處罰具有不可分離之關係，亦即偵查、訴追、審判、刑之執行均屬刑事司法之過程，其間代表國家從事「偵查」「訴追」「執行」之檢察機關，其所行使之職權，目的既亦在達成刑事司法之任務，則在此一範圍內之國家作用，當應屬廣義司法之一。憲法第八條第一項所規定之「司法機關」，自非僅指同法第七十七條規定之司法機關而言，而係包括檢察機關在內之廣義司法機關。

憲法第八條第一項、第二項所規定之「審問」，係指法院審理之訊問，其無審判權者既不得為之，則此兩項所稱之「法院」，當指有審判權之法官所構成之獨任或合議之法院之謂。法院以外之逮捕拘禁機關，依上開憲法第八條第二項規定，應至遲於二十四小時內，將因犯罪嫌疑被逮捕拘禁之人民移送該管法院審問。是現行刑事訴訟法第一百零一條、第一百零二條第三項準用第七十一條第四項及第一百二十條等規定，於法院外復賦予檢察官羈押被告之權；同法第一百零五條第三項賦予檢察官核准押所長官命令之權；同法第一百二十一條第一項、第二百五十九條第一項賦予檢察官撤銷羈押、停止羈押、再執行羈押、繼續羈押暨其他有關羈押被告各項處分之權，與前述憲法第八條第二項規定之意旨均有不符。

憲法第八條第二項僅規定：「人民因犯罪嫌疑被逮捕拘禁時，其逮捕拘禁機關應將逮捕拘禁原因，以書面告知本人及其本人指定之親友，並至遲於二十四小時內移送該管法院審問。本人或他人亦得聲請該管法院，於二十四小時內向逮捕之機關提審。」並未以「非法逮捕拘禁」為聲請提審之前提要件，乃提審法第一條規定：「人民被法院以外之任何機關非法逮捕拘禁時，其本人或他人得向逮捕拘禁地之地方法院或其所隸屬之高等法院聲請提審。」以「非法逮捕拘禁」為聲請提審之條件，與憲法前開之規定有所違背。

上開刑事訴訟法及提審法有違憲法規定意旨之部分，均應自本解釋公布之日起，至遲於屆滿二年時失其效力；本院院解字第四〇三四號解釋，應予變更。至於憲法第八條第二項所謂「至遲於二十四小時內移送」之二十四小時，係指其客觀上確得為偵查之進行而言。本院釋字第一三〇號之解釋固仍有其適用，其他若有符合憲法規定意旨之法定障礙事由者，自亦不應予以計入，併此指明。（84、12、22）

釋字第393號解釋

憲法第十六條規定，人民訴訟權應予保障，至訴訟救濟應循之審級、程序及相關要件，應由立法機關衡量訴訟之性質，以法律為正當合理之規定。行政訴訟法第二十八條第七款規定「為判決基礎之證物係偽造或變造者」得據以提起再審之訴，係指該證物確係偽造或變造而言，非謂僅須再審原告片面主張其為偽造或變造，即應重開訴訟程序而予再審。而所謂證物確係偽造或變造，則又以其偽造或變造經宣告有罪之判決已確定，或其刑事訴訟不能開始或續行，非因證據不足者為限。此乃因再審係對確定裁判之非常救濟程序，影響法秩序之安定，故對其提起要件應有所限制。行政法院七十六年判字第一四五一號判例，符合上開意旨，與憲法第十六條保障人民訴訟權之規定尚無牴觸。（85、1、5）

釋字第394號解釋

建築法第十五條第二項規定：「營造業之管理規則，由內政部定之」，概括授權訂定營造業管理規則。此項授權條款雖未就授權之內容與範圍為明確之規定，惟依法律整體解釋，應可推知立法者有意授權主管機關，就營造業登記之要件、營造業及其從業人員之行為準則、主管機關之考核管理等事項，依其行政專業之考量，訂定法規命令，以資規範。至於對營造業者所為裁罰性之行政處分，固與上開事項有關，但究涉及人民權利之限制，其處罰之構成要件與法律效果，應由法律定之；法律若授權行政機關訂定法規命序予以規範，亦須為具體明確之規定，始符憲法第二十三條法律保留原則之意旨。營造業管理規則第三十一條第一項第九款，關於「連續三年內違反本規則或建築法規規定達三次以上者，由省（市）主管機關報請中央主管機關核准後撤銷其登記證書，並刊登公報」之規定部分，及內政部中華民國七十四年十二月十七日(74)台內營字第三五七四二九號關於「營造業依營造業管理規則所置之主（專）任技師，因出國或其他原因不能執行職務，超過一個月，其狀況已消失者，應予警告處分」之函釋，未經法律具體明確授權，而逕行訂定對營造業者裁罰性行政處分之構成要件及法律效果，與憲法保障人民權利之意旨不符，自本解釋公布之日起，應停止適用。（85、1、5）

釋字第395號解釋

懲戒案件之議決，有法定事由者，原移送機關或受懲戒處分人得移請或聲請再審議，公務員懲戒法第三十三條第一項定有明文。其中所謂「懲戒案件之議決」，自應包括再審議之議決在內。公務員懲戒委員會再審字第三三五號案例及其他類似案例，與上開解釋意旨不符，對公務員訴訟上之權利為逾越法律規定之限制部分，有違憲法第二十三條法律保留原則之規定，應自本解釋公布之日起不再援用。（85、2、2）

釋字第396號解釋

憲法第十六條規定人民有訴訟之權，惟保障訴訟權之審級制度，得由立法機關視各種訴訟案件之性質定之。公務員因公法上職務關係而有違法失職之行為，應受懲戒處分者，憲法明定為司法權之範圍；公務員懲戒委員會對懲戒案件之議決，公務員懲戒法雖規定為終局之決定，然尚不得因其未設通常上訴救濟制度，即謂與憲法第十六條有所違背。懲戒處分影響憲法上人民服公職之權利，懲戒機關之成員既屬憲法上之法官，依憲法第八十二條及本院釋字第一六二號解釋意旨，則其機關應採法院之體制，且懲戒案件之審議，亦應本正當法律程序之原則，對被付懲戒人予以充分之程序保障，例如採取直接審理、言詞辯論、對審及辯護制度，並予以被付懲戒人最後陳述之機會等，以貫徹憲法第十六條保障人民訴訟權之本旨。有關機關應就公務員懲戒機關之組織、名稱與懲戒程序，併予檢討修正。（85、2、2）

釋字第397號解釋

財政部中華民國七十五年二月廿日台財稅字第七五二一四三五號令發布之「兼營營業人營業稅額計算辦法」係基於營業稅法第十九條第三項具體明確之授權而訂定，並未逾越法律授權之目的及範圍，與租稅法律主義並無牴觸。又財政部七十七年七月八日台財稅字第七六一一五三九一九號函釋稱兼營投資業務之營業人於年度中取得之股利，應於年度結束時彙總列入當年度最後乙期免稅銷售額申報，並依兼營營業人營業稅額計算辦法之規定，按當期或當年度進項稅額不得扣抵銷項稅額之比例計算調整應納稅額，併同繳納，僅釋示兼營營業人股利所得如何適用上開辦法計算其依法不得扣抵之進項稅額，並未認股利收入係營業稅之課稅範圍，符合營業稅法意旨，與憲法尚無違背。惟不得扣抵比例之計算，在租稅實務上既有多種不同方法，財政部雖於八十一年八月二十五日有所修正，爲使租稅益臻公平合理，主管機關仍宜檢討改進。（85、2、16）

釋字第398號解釋

農會係以保障農民權益、提高農民知識技能、促進農業現代化、增加生產收益、改善農民生活、發展農村經濟爲宗旨，得由居住農會組織區域內，實際從事農業之人依法參加爲會員。農會既以其組織區域內之農民爲服務對象，其會員資格之認定自以「居住農會組織區域內」及「實際從事農業」爲要件。農會法第十八條第四款規定農會會員住址遷離原農會組織區域者爲出會之原因，係屬法律效果之當然規定，與憲法第七條及第十條亦無牴觸。惟農會會員住址遷離原農會組織區域者，如仍從事農業工作，參酌農民健康保險條例第六條規定，其爲農民健康保險被保險人之地位不應因而受影響，仍得依規定交付保險費，繼續享有同條例所提供之保障。主管機關發布有關命令應符合此意旨，以維護農民健康保險條例保障農民健康之目的。（85、3、22）

釋字第399號解釋

姓名權爲人格權之一種，人之姓名爲其人格之表現，故如何命名爲人民之自由，應爲憲法第二十二條所保障。姓名條例第六條第一項第六款規定命名文字字義粗俗不雅或有特殊原因經主管機關認定者，得申請改名。是有無申請改名之特殊原因，由主管機關於受理個別案件時，就具體事實認定之。姓名文字與讀音會意有不可分之關係，讀音會意不雅，自屬上開法條所稱得申請改名之特殊原因之一，內政部中華民國六十五年四月十九日台內戶字第六八二二六六號函釋「姓名不雅，不能以讀音會意擴大解釋」，與上開意旨不符，有違憲法保障人格權之本旨，應不予援用。（85、3、22）

釋字第400號解釋

憲法第十五條關於人民財產權應予保障之規定，旨在確保個人依財產之存續狀態行使其自由使用、收益及處分之權能，並免於遭受公權力或第三人之侵害，俾能實現個人自由發展人格及維護尊嚴。如因公用或其他公益目的之必要，國家機關雖得依法徵收人民之財產，但應給予相當之補償，方符憲法保障財產權之意旨。既成道路符合一定要件而成立公用地役關係者，其所有權人對土地既已無從自由使用收益，形成因公益而特別犧牲其財產上之利益，國家自應依法律之規定辦理徵收給予補償，各級政府如因經費困難，不能對上述道路全面徵收補償，有關機關亦應訂定期限籌措財源逐年辦理或以他法補償。若在某一道路範圍內之私有土地均辦理徵收，僅因既成道路有公用地役關係而以命令規定繼續使用，毋庸同時徵收補償，顯與平等原則相違。至於因地理環境或人文狀況改變，既成道路喪失其原有功能者，則應隨時檢討並予廢止。行政院中華民國六十七年七月十四日台六十七內字第六三〇一號函及同院六十九年二月二十三日台六十九內字第二〇七二號函與前述意旨不符部分，應不再援用。（85、4、12）

釋字第401號解釋

憲法第三十二條及第七十三條規定國民大會代表及立法委員言論及表決之免責權，係指國民大會代表在會議時所爲之言論及表決，立法委員在立法院內所爲之言論及表決，不受刑事訴追，亦不負民事賠償責任，除因違反其內部所訂自律之規則而受懲戒外，並不負行政責任之意。又罷免權乃人民參政權之一種，憲法第一百三十三條規定被選舉人得由原選舉區依法罷免之。則國民大會代表及立法委員因行使職權所爲言論及表決，自應對其原選舉區之選舉人負政治上責任。從而國民大會代表及立法委員經國內選舉區選出者，其原選舉區選舉人得以國民大會代表及立法委員所爲言論及表決不當爲理由，依法罷免之，不受憲法第三十二條及第七十三條規定之限制。（85、4、26）

釋字第402號解釋

對人民違反行政法上義務之行爲予以裁罰性之行政處分，涉及人民權利之限制，其處分之構成要件與法律效果，應由法律定之，法律雖得授權以命令爲補充規定，惟授權之目的、範圍及內容必須具體明確，然後據以發布命令，方符憲法第二十三條之意旨。保險法第一百七十七條規定：「代理人、經紀人、公證人及保險業務員管理規則，由財政部另訂之」，主管機關固得依此訂定法規命令，對該等從業人員之行為為必要之規範，惟保險法並未就上述人員違反義務應予處罰之構成要件與法律效果為具體明確之授權，則其依據上開法條訂定發布之保險代理人經紀人公證人管理規則第四十八條第一項第十一款，對於保險代理人、經紀人及公證人等從屆人員違反義務之行為，訂定得予裁罰性之行政處分，顯與首開憲法保障人民權利之意旨不符，應自本解釋公布日起，至遲於屆滿一年時，失其效力。（85、5、10）

釋字第403號解釋

民事強制執行須依執行名義為之。強制執行程序開始後，除法律另有規定外，不停止執行，強制執行法第四條第一項、第十八條第一項定有明文。同法第十八條第二項規定，於一定情形下，法院因債務人之聲請，定相當並確實之擔保，得為停止強制執行之裁定，債務人本此裁定所供擔保，係以擔保債權人因債務人聲請停止強制執行不當可能遭受之損害得獲賠償為目的，已兼顧債權人與債務人之權益，並非增加債務人之額外負擔，此與債權人聲請民事強制執行須依執行名義為之有所不同，與憲法第七條規定，尚無牴觸。（85、5、24）

釋字第404號解釋

憲法第十五條規定人民之工作權應予保障，故人民得自由選擇工作及職業，以維持生計。惟人民之工作與公共福祉有密切關係，為增進公共利益之必要，對於人民從事工作之方法及應具備之資格或其他要件，得以法律為適當之限制，此觀憲法第二十三條規定自明。醫師法為強化專業分工、保障病人權益及增進國民健康，使不同醫術領域之醫師提供專精之醫療服務，將醫師區分為醫師、中醫師及牙醫師。醫療法第四十一條規定醫療機構之負責醫師應督導所屬醫事人員依各該醫事專門職業法規規定執行業務，均屬增進公共利益所必要。中醫師之醫療行為應依中國傳統之醫術為之，若中醫師以「限醫師指示使用」之西藥製劑或西藥成藥處方，為人治病，顯非以中國傳統醫術為醫療方法，有違醫師專業分類之原則及病人對中醫師之信賴。行政院衛生署七十一年三月十八日衛署醫字第三七〇一六七號函釋：「三、中醫師如使用『限醫師指示使用』之西藥製劑，核為醫師業務上之不正當行為，應依醫師法第二十五條規定論處。四、西藥成藥依藥物藥商管理法之規定，其不待醫師指示，即可供治療疾病。故使用西藥成藥為人治病，核非中醫師之業務範圍。」要在闡釋中醫師之業務範圍，符合醫師法及醫療法之立法意旨，與憲法保障工作權之規定，尚無牴觸。（85、5、24）

釋字第405號解釋

憲法第八十五條規定，公務人員之選拔，應實行公開競爭之考試制度，非經考試及格者不得任用，明示考試用人之原則。學校職員之任用資格，自應經學校行政人員考試或經高等、普通考試相當類科考試及格。中華民國七十九年十二月十九日修正公布之教育人員任用條例第二十一條所稱「適用各該原有關法令」，並不能使未經考試及格者取得與考試及格者相同之公務人員任用資格，故僅能繼續在原學校任職，亦經本院釋字第二七八號解釋在案。八十三年七月一日修正公布之教育人員任用條例第二十一條第二項中，關於「並得在各學校間調任」之規定，使未經考試及格者與取得公務人員任用資格者之法律地位幾近相同，與憲法第八十五條、第七條及前開解釋意旨不符，應自本解釋公布之日起失其效力。（85、6、7）

釋字第406號解釋

都市計畫法第十五條第一項第十款所稱「其他應加表明之事項」，係指同條項第一款至第九款以外與其性質相類而須表明於主要計畫書之事項，對於法律已另有明文規定之事項，自不得再依該款規定為限制或相反之表明或規定。都市計畫法第十七條第二項但書規定：「主要計畫公布已逾二年以上，而能確定建築線或主要公共設施已照主要計畫興建完成者，得依有關建築法令之規定，由主管建築機關指定建築線，核發建築執照」，旨在對於主要計畫公布已逾二年以上，因細部計畫未公布，致受不得建築使用及變更地形（同條第二項前段）限制之都市計畫土地，在可指定建築線之情形下，得依有關建築法令之規定，申請指定建築線，核發建築執照，解除其限建，以保障人民自由使用財產之憲法上權利。內政部中華民國七十三年二月三十日七十三台內營字第二一三三九二號函釋略謂：即使主要計畫發布實施已逾滿二年，如其（主要）計畫書內有「應擬定細部計畫後，始得申請建築使用，並應儘可能以市地重劃方式辦理」之規定者，人民申請建築執照，自可據以不准等語，顯係逾越首開規定，另作法律所無之限制。與憲法保障人民財產權之意旨不符，應不適用。（85、6、21）

釋字第407號解釋

主管機關基於職權因執行特定法律之規定，得為必要之釋示，以供本機關或下級機關所屬公務員行使職權時之依據。行政院新聞局中華民國八十一年二月十日(81)強版字第〇二二七五號函係就出版品記載內容觸犯刑法第二百三十五條猥褻罪而違反出版法第三十二條第三款之禁止規定，所為例示性解釋，並附有足以引起性慾等特定條件，而非單純刊登文字、圖畫即屬相當，符合上開出版法規定之意旨，與憲法尚無牴觸。惟猥褻出版品，乃指一切在客觀上，足以刺激或滿足性慾，並引起普通一般人羞恥或厭惡感而侵害性的道德感情，有礙於社會風化之出版品而言。猥褻出版品與藝術性、醫學性、教育性等出版品之區別，應就出版品整體之特性及其目的而為觀察，並依當時之社會一般觀念定之。又有關風化之觀念，常隨社會發展、風俗變異而有所不同，主管機關所為釋示，自不能一成不變，應基於尊重憲法保障人民言論出版自由之本旨，兼顧善良風俗及青少年身心健康之維護，隨時檢討改進。至於個別案件是否已達猥褻程度，法官於審判時應就具體案情，依其獨立確信之判斷，認定事實，適用法律，不受行政機關函釋之拘束，乃屬當然。（85、7、5）

釋字第408號解釋

民法第八百三十二條規定，稱地上權者，謂以在他人土地上有建築物，或其他工作物，或竹木為目的而使用其土地之權，故設定地上權之土地，以適於建築房屋或設置其他工作物或種植竹林者為限。其因時效取得地上權而請求登記者亦同。土地法第八十二條前段規定，凡編為某種使用地之土地，不得供其他用途之使用。占有土地屬農業發展條例第三條第十一款所稱之耕地者，性質上既不適於設定地上權，內政部於中華民國七十七年八月十七日以台內地字第六二一四六四號函訂頒時效取得地上權登記審查要點第三點第二款規定占有人占有上開耕地者，不得申請時效取得地上權登記，與憲法保障人民財產權之意旨，尚無牴觸。（85、7、5）

釋字第409號解釋

人民之財產權應受國家保障，惟國家因公用需要得依法限制人民土地所有權或取得人民之土地，此觀憲法第二十三條及第一百四十三條第一項之規定自明。徵收私有土地，給予相當補償，即為達成公用需要手段之一種，而徵收土地之要件及程序，憲法並未規定，係委由法律予以規範，此亦有憲法第一百零八條第一項第十四款可資依據。土地法第二百零八條第九款及都市計畫法第四十八條係就徵收土地之目的及用途所為之概括規定，但並非謂合於上述目的及用途者，即可任意實施徵收，仍應受土地法相關規定及土地法施行法第四十九條比例原則之限制。是上開土地法第二百零八條第九款及都市計畫法第四十八條，與憲法保障人民財產權之意旨尚無牴觸。然徵收土地究對人民財產權發生嚴重影響，法律就徵收之各項要件，自應詳加規定，前述土地法第二百零八條各款用語有欠具體明確，徵收程序之相關規定亦不盡周全，有關機關應檢討修正，併此指明。（85、7、5）

釋字第410號解釋

民法親屬編施行法第一條規定「關於親屬之事件，在民法親屬編施行前發生者，除本施行法有特別規定外，不適用民法親屬編之規定。其在修正前發生者，除本施行法有特別規定外，亦不適用修正後之規定」，旨在尊重民法親屬編施行前或修正前原已存在之法律秩序，以維護法安定之要求，同時對於原已發生之法律秩序認不應仍繼續維持或須變更者，則於該施行法設特別規定，以資調和，與憲法並無牴觸。惟查關於夫妻聯合財產制之規定，民國七十四年六月三日修正前民法第一千零十七條第一項規定：「聯合財產中，妻於結婚時所有之財產，及婚姻關係存續中因繼承或其他無償取得之財產，為妻之原有財產，保有其所有權」，同條第二項規定：「聯合財產中，夫之原有財產及不屬於妻之原有財產部分，為夫所有」，第三項規定：「由妻之原有財產所生之孳息，其所有權歸屬於夫」，及最高法院五十五年度台抗字第一六一號判例謂「妻於婚姻關係存續中始行取得之財產，如不能證明其為特有或原有財產，依民法第一千零十六條及第一千零十七條第二項之規定，即屬聯合財產，其所有權應屬於夫」，基於憲法第七條男女平等原則之考量，民法第一千零十七條已於七十四年六月三日予以修正，上開最高法院判例亦因適用修正後之民法，而不再援用。由於民法親屬編施行法對於民法第一千零十七條夫妻聯合財產所有權歸屬之修正，未設特別規定，致使在修正前已發生現尚存在之聯合財產，仍適用修正前之規定，由夫繼續享有權利，未能貫徹憲法保障男女平等之意旨。對於民法親屬編修正前已發生現尚存在之聯合財產中，不屬於夫之原有財產及妻之原有財產部分，應如何處理，俾符男女平等原則，有關機關應儘速於民法親屬編施行法之相關規定檢討修正。至遺產及贈與稅法第十六條第十一款被繼承人配偶及子女之原有財產或特有財產，經辦理登記或確有證明者，不計入遺產總額之規定，所稱「被繼承人之配偶」並不分夫或妻，均有其適用，與憲法第七條所保障男女平等之原則，亦無牴觸。（85、7、19）

釋字第411號解釋

經濟部會同內政部、交通部、行政院農業委員會、行政院勞工委員會、行政院衛生署、行政院環境保護署（下稱經濟部等七部會署）於中華民國八十年四月十九日以經⑽工字第○一五五二二號等令訂定「各科技師執業範圍」，就中對於土木工程科技師之執業範圍，限制「建築物結構之規劃、設計、研究、分析業務限於高度三十六公尺以下」部分，係技師之中央主管機關及目的事業主管機關為劃分土木工程科技師與結構工程科技師之執業範圍，依技師法第十二條第二項之規定所訂，與憲法對人民工作權之保障，尚無牴觸。又行政院於六十七年九月十九日以台六十七經字第八四九二號令與考試院於六十七年九月十八日以⑹考台秘一字第二四一四號令會銜訂定「技師分科類別」及「技師分科類別執屆範圍說明」，就結構工程科之技師執業範圍特別訂明「在尚無適當數量之結構工程科技師開業之前，建築物結構暫由開業之土木技師或建築技師負責辦理。」乃係因應當時社會需要所訂之暫時性措施。迨七十六年十月二日始由行政院及考試院會銜廢止。則經濟部等七部會署嗣後以首揭令訂定「各科技師執業範圍」，於土木工程科執業範圍「備註」欄下註明「於民國六十七年九月十八日以前取得土木技師資格，並於七十六年十月二日以前具有三十六公尺以上高度建築物結構設計經驗者，不受上列建築物結構高度之限制。」其於六十七年九月十九日以後取得土木工程科技師資格者，仍應受執業範圍規定之限制，要屬當然。（85、7、19）

釋字第412號解釋

後備軍人轉任公職考試比敘條例第六條授權考試院訂定施行細則，考試院乃於中華民國七十七年一月十一日考量公務人員任用法及公務人員俸給法已於七十五年重新制定，並於七十六年一月十六日施行，於後備軍人轉任公職考試比敘條例施行細則第十條第五項明定將其適用範圍限於七十六年一月十六日以後之轉任人員，係為配合新制公務人員人任用法及公務人員俸給法，並斟酌各種情況之差異所為之規定，尚未違反後備軍人轉任公職考試比敘條例授權之意旨，與憲法有關工作權之平等保障，亦無牴觸。（85、8、2）

釋字第413號解釋

非中華民國境內居住之個人，經依華僑回國投資條例或外國人投資條例核准在中華民國境內投資，並擔任該事業之董事、監察人或經理人者，如因經營或管理其投資事業需要，於一定課稅年度內在中華民國境內居留期間超過所得稅法第七條第二項第二款所定一百八十三天時，其自該事業所分配之股利，即有獎勵投資條例（現已失效）第十六條第一項第一款及促進產業升級條例第十一條第一項之適用，按所定稅率就源扣繳，不適用所得稅法結算申報之規定，此觀獎勵投資條例第十七條及促進產業升級條例第十一條第二項之規定甚明。行政法院六十三年判字第六七三號判例：「所得稅法第二條第二項及獎勵投資條例第十七條暨同條例施行細則第二十五條之㈠所稱就源扣繳，係指非中華民國境內居住之個人，且無配偶居住國內之情形而言。若配偶之一方居住國內，爲中華民國之納稅義務人，則他方縱居住國外，其在國內之所得，仍應適用所得稅法第十五條規定合併「申報課稅」，增列無配偶居住國內之情形，添加法律所無之限制，有違憲法所定租稅法律主義之本旨，應不予適用。（85、9、20）

釋字第414號解釋

藥物廣告係爲獲得財產而從事之經濟活動，涉及財產權之保障，並具商業上意見表達之性質，惟因與國民健康有重大關係，基於公共利益之維護，應受較嚴格之規範。藥事法第六十六條第一項規定：藥商刊播藥物廣告時，應於刊播前將所有文字、圖畫或言詞，申請省（市）衛生主管機關核准，旨在確保藥物廣告之眞實，維護國民健康，爲增進公共利益所必要，與憲法第十一條及第十五條尙屬相符。又藥事法施行細則第四十七條第二款規定：藥物廣告之內容，利用容器包裝換獎或使用獎勵方法，有助長濫用藥物之虞者，主管機關應予刪除或不予核准，係依藥事法第五百零五條之授權，就同法第六十六條相關事宜爲具體之規定，符合立法意旨，並未逾越母法之授權範圍，與憲法亦無牴觸。（85、11、8）

釋字第415號解釋

所得稅法有關個人綜合所得稅「免稅額」之規定，其目的在以稅捐之優惠使納稅義務人對特定親屬或家屬盡其法定扶養義務。同法第十七條第一項第一款第四目規定：「納稅義務人其他親屬或家屬，合於民法第一千一百十四條第四款及第一千一百二十三條第三項之規定，未滿二十歲或滿六十歲以上無謀生能力，確係受納稅義務人扶養者」，得於申報所得稅時按受扶養之人數減除免稅額，固須以納稅義務人與受扶養人同居一家爲要件，惟家者，以永久共同生活之目的而同居爲要件，納稅義務人與受扶養人是否爲家長家屬，應取決於其有無共同生活之客觀事實，而不應以是否登記同一戶籍爲唯一認定標準。所得稅法施行細則第二十一條之二規定：「本法第十七條第一項第一款第四目關於減除扶養親屬免稅額之規定，其爲納稅義務人之其他親屬或家屬者，應以與納稅義務人或其配偶同一戶籍，且確係受納稅義務人扶養爲限」，其應以與納稅義務人或其配偶「同一戶籍」爲要件，限縮母法之適用，有違憲法第十九條租稅法律主義，其與上開解釋意旨不符部分應不予援用。（85、11、8）

釋字第416號解釋

最高法院七十一年台上字第三一四號判例所稱：「當事人依民事訴訟法第四百六十八條規定以第二審判決有不適用法規或適用法規不當爲上訴理由時，其上訴狀或理由書應有具體之指摘，並揭示該法規之條項或其內容，若係成文法以外之法則，應揭示該法則之旨趣，倘爲司法院解釋或本院之判例，則應揭示該判解之字號或其內容，如依民事訴訟法第四百六十九條所列各款事由提起第三審上訴者，其上訴狀或理由書應揭示合於該條款之事實，上訴狀或理由書如未依此項方法表明，即難認爲已對第二審判決之違背法令有具體之指摘，其上訴自難認爲合法。」係基於民事訴訟法第四百七十條第二項、第四百七十六條規定之意旨，就條文之適用，所爲文義之闡析及就判決違背法令具體表明方法之說明，並未增加法律所未規定之限制，無礙人民訴訟權之正當行使，與憲法尙無抵觸。（85、12、6）

釋字第417號解釋

道路交通管理處罰條例第七十八條第三款規定：行人在道路上不依規定，擅自穿越車道者，處一百二十元罰鍰，或施一至二小時之道路交通安全講習，係爲維持社會秩序及公共利益所必需，與憲法尙無牴觸。依同條例授權訂定之道路交通安全規則第一百三十四條第一款規定：行人穿越道路設有行人穿越道，人行天橋或人行地下道者，必須經由行人穿越道，人行天橋或人行地下道穿越，不得在其三十公尺範圍內穿越道路，係就上開處罰之構成要件爲必要之補充規定，固符合該條例之立法意旨；惟行人穿越道，人行天橋及人行地下道之設置，應選擇適當之地點，注意設置之必要性及大眾穿越之方便與安全，並考慮殘障人士或其他行動不便者及天候災變等難以使用之因素，參酌同條例第七十八條第二款對有正當理由不能穿越天橋，地下道之行人不予處罰之意旨，檢討修正上開規則。（85、12、6）

釋字第418號解釋

憲法第十六條保障人民有訴訟之權，旨在確保人民有依法定程序提起訴訟及受公平審判之權利。至於訴訟救濟，究應循普通訴訟程序抑依行政訴訟程序為之，則由立法機關依職權衡酌訴訟案件之性質及既有訴訟制度之功能等而為設計。道路交通管理處罰條例第八十七條規定，受處分人因交通違規事件，不服主管機關所為之處罰，得向管轄地方法院聲明異議；不服地方法院對聲明異議所為之裁定，得為抗告，但不得再抗告。此項程序，既已給予當事人申辯及提出證據之機會，符合正當法律程序，與憲法第十六條保障人民訴訟權之意旨尚無牴觸。（85、12、20）

釋字第419號解釋

一、副總統得否兼任行政院院長憲法並無明文規定，副總統與行政院院長二者職務性質亦非顯不相容，惟此項兼任如遇總統缺位或不能視事時，將影響憲法所規定繼任或代行職權之設計，與憲法設置副總統及行政院院長職位分由不同之人擔任之本旨未盡相符。引發本件解釋之事實，應依上開解釋意旨為適當之處理。

二、行政院院長於新任總統就職時提出總辭，係基於尊重國家元首所為之禮貌性辭職，並非其憲法上之義務。對於行政院院長非憲法上義務之辭職應如何處理，乃總統之裁量權限，為學理上所稱統治行為之一種，非本院應作合憲性審查之事項。

三、依憲法之規定，向立法院負責者為行政院，立法院除憲法所規定之事項外，並無決議要求總統為一定行為或不為一定行為之權限。故立法院於中華民國八十五年六月十一日所為「咨請總統儘速重新提名行政院院長，並咨請立法院同意」之決議，逾越憲法所定立法院之職權，僅屬建議性質，對總統並無憲法上之拘束力。（85、12、31）

釋字第420號解釋

涉及租稅事項之法律，其解釋應本於租稅法律主義之精神，依各該法律之立法目的，衡酌經濟上之意義及實質課稅之公平原則為之。行政法院中華民國八十一年十月十四日庭長、評事聯席會議所為：「獎勵投資條例第二十七條所指『非以有價證券買賣為專業者』，應就營利事業實際營業情形，核實認定。公司登記或商業登記之營業項目，雖未包括投資或其所登記投資範圍未包括有價證券買賣，然其實際上從事龐大有價證券買賣，其非營業收入遠超過營業收入時，足證其係以買賣有價證券為主要營業，即難謂非以有價證券買賣為專業」不在停徵證券交易所得稅之範圍之決議，符合首開原則，與獎勵投資條例第二十七條之規定並無不符，尚難謂與憲法第十九條租稅法律主義有何牴觸。（86、1、17）

釋字第421號解釋

中華民國八十三年八月一日公布之憲法增修條文第一條第八項規定，國民大會自第三屆國民大會起設議長、副議長，由國民大會代表互選之。國民大會議長對外代表國民大會，對內綜理會務，並於開會時主持會議，屬經常性之職位，與一般國民大會代表有異，自得由國庫支給固定報酬。至報酬之項目及額度，在合理限度內係屬立法機關之權限。是立法院通過八十六年度中央政府總預算中，關於議長、副議長之歲費、公費及特別費部分，與憲法尚無牴觸。

國民大會議長、副議長，既為憲法上之國家機關，對外代表國民大會，且屬經常性之職位，復受有國庫依其身分，職務定期支給相當之報酬，除法律另有規定外，自不得兼任其他公職或執行業務，併此敘明。（86、2、21）

釋字第422號解釋

憲法第十五條規定，人民之生存權應予保障；第一百五十三條復明定，國家為改良農民之生活，增進其生產技能，應制定保護農民之法律，實施保護農民之政策，明確揭示國家負有保障農民生存及提昇其生活水準之義務。耕地三七五減租條例即屬上開憲法所稱保護農民之法律，其第十九條第一項第三款規定，出租人因收回耕地，致承租人失其家庭生活依據者，耕地租約期滿時，出租人不得收回自耕，目的即在保障佃農，於租約期滿時不致因出租人收回耕地，嚴重影響其家庭生活及生存權利。行政院於中華民國四十九年十二月二十三日以台四九內字第七二二六號令及內政部七十三年十一月一日七十三台內地字第二六六七七九號函，關於承租人全年家庭生活費用之核計方式，逕行準用臺灣省（臺北市、高雄市）辦理役種區劃現行最低生活費支出標準計算審核表（原役種區劃適用生活標準表）中，所列最低生活費支出標準金額之規定，以固定不變之金額標準，推計承租人之生活費用，而未斟酌承租人家庭生活之具體情形及實際所生之困窘狀況，難謂切近實際，有失合理，與憲法保護農民之意旨不符，應不再援用。（86、3、7）

釋字第423號解釋

行政機關行使公權力，就特定具體之公法事件所為對外發生法律上效果之單方行政行為，皆屬行政處分，不因其用語、形式以及是否有後續行為或記載不得聲明不服之文字而有異。若行政機關以通知書名義製作，直接影響人民權利義務關係，且實際上已對外發生效力者，如以仍有後續處分行為，或載有不得提起訴願，而視其為非行政處分，自與憲法保障人民訴願及訴訟權利之意旨不符。行政法院四十八年判字第九十六號判例僅係就訴願法及行政訴訟法相關規定，所為之詮釋，與憲法尚無牴觸。

空氣污染防制法第二十三條第一項規定：「交通工具排放空氣污染物，應符合排放標準。」同法第四十三條第一項對違反前開規定者，明定其處罰之方式與罰鍰之額度；同條第三項並授權中央主管機關訂定罰鍰標準。交通工具排放空氣污染物罰鍰標準第五條，僅以當事人接到違規舉發通知書後之「到案時間及到案與否」，為設定裁決罰鍰數額下限之唯一準據，並非根據受處罰之違規事實情節，依立法目的所為之合理標準。縱其罰鍰之上限並未逾越法律明定得裁罰之額度，然以到案之時間為標準，提高罰鍰下限之額度，與母法授權之目的未盡相符，且損及法律授權主管機關裁量權之行使。又以秩序罰罰鍰數額倍增之形式而科罰，縱有促使相對人自動繳納罰鍰、避免將來強制執行困擾之考量，惟母法既無規定復未授權，上開標準創設相對人於接到違規通知書起十日內到案接受裁罰及逾期倍增之規定，與法律保留原則亦屬有違，其與本解釋意旨不符部分，應自本解釋公布之日起，至遲於屆滿六個月時失其效力。（86、3、21）

釋字第424號解釋

財政部中華民國八十三年二月十六日台財稅字第八二二三〇四八五〇號函釋：「贈與人所有之全部農業用地，經分次贈與能自耕之具有繼承人身分中之同一人，且繼續經營農業生產者，全部農地均准免徵贈與稅，惟最後一次以前各該次贈與仍應先予核課贈與稅，俟最後一次為贈與，全部農業用地均歸同一受贈人後，再辦理退稅」，係主管機關為執行遺產及贈與稅法第二十條第五款及農業發展條例第三十一條規定之必要，就家庭農場之農業用地免徵贈與稅之作業，對所屬機關所為之釋示，與上開法律規定之意旨相符，於憲法第十九條之規定尚無牴觸。（86、3、21）

釋字第425號解釋

土地徵收，係國家因公共事業之需要，對人民受憲法保障之財產權，經由法定程序予以剝奪之謂。規定此項徵收及其程序之法律必須符合必要性原則，並應於相當期間內給予合理之補償。被徵收土地之所有權人於補償費發給或經合法提存前雖仍保有該土地之所有權，惟土地徵收對被徵收土地之所有權人而言，係為公共利益所受特別犧牲，是補償費之發給不宜遷延過久。本此意旨，土地法第二百三十三條明定補償費應於「公告期滿後十五日內」發給。此法定期間除對徵收補償有異議，已依法於公告期間內向該管地政機關提出，並經該機關提交評定或評議或經土地所有權人同意延期繳交者外，應嚴格遵守（參照本院釋字第一一〇號解釋）。內政部中華民國七十八年一月五日臺內字第六六一九九一號令發布之「土地徵收法令補充規定」，係主管機關基於職權，爲執行土地法之規定所訂定，其中第十六條規定：「政府徵收土地，於請求法律解釋期間，致未於公告期滿十五日內發放補償地價，應無徵收無效之疑義」，與土地法第二百三十三條之規定未盡相符，於憲法保障人民財產權之意旨亦屬有違，其與本解釋意旨不符部分，應不予適用。（86、4、11）

釋字第426號解釋

空氣污染防制費收費辦法係主管機關根據空氣污染防制法第十條授權訂定，依此徵收之空氣污染防制費，性質上屬於特別公課，與稅捐有別。惟特別公課亦係對義務人課予繳納金錢之負擔，其徵收目的、對象、用途自應以法律定之，如由法律授權以命令訂定者，其授權符合具體明確之標準，亦爲憲法之所許。上開法條之授權規定，就空氣污染防制法整體所表現之關聯性意義判斷，尙難謂有欠具體明確。又已開徵部分之費率類別，既由主管機關依預算法之規定，設置單位預算「空氣污染防制基金」加以列明，編入中央政府年度總預算，經立法院審議通過後實施，與憲法尙無違背。有關機關對費率類別、支出項目等，如何爲因地制宜之考量，仍須檢討改進，逕以法律爲必要之規範。至主管機關徵收費用之後，應妥爲管理運用，俾符合立法所欲實現之環境保護政策目標，不得悖離徵收之目的，乃屬當然。

空氣污染防制法所防制者爲排放空氣污染物之各類污染源，包括裝置於公私場所之固定污染源及機動車輛排放污染物所形成之移動污染源，此觀該法第八條、第二十三條至第二十七條等相關條文甚明。上開收費辦法第四條規定按移動污染源之排放量所使用油（燃）料之數量徵收費用，與法律授權意旨無違，於憲法亦無牴觸。惟主管機關自中華民國八十四年七月一日起僅就油（燃）料徵收，而未及固定污染源所排放之其他污染物，顯已違背公課公平負擔之原則，有關機關應迅予檢討改進，併此指明。（86、5、9）

釋字第427號解釋

營利事業所得之計算，係以其本年度收入總額減除各項成本費用、損失及稅捐後之純益額爲所得額，以往年度營業之虧損，不得列入本年度計算，所得稅法第二十四條第一項及第三十九條前段定有明文。同法第三十九條但書旨在建立誠實申報納稅制度，其扣除虧損只適用於可扣抵期間內未發生公司合併之情形，若公司合併者，則應以合併基準時爲準，更始計算合併後公司之盈虧，不得追溯扣抵合併前各該公司之虧損。財政部中華民國六十六年九月六日臺財稅字第三五九九五號函與上開法條規定意旨相符，與憲法並無牴觸。至公司合併應否給予租稅優惠，則屬立法問題。（86、5、9）

釋字第428號解釋

公用事業，以公營爲原則，憲法第一百四十四條前段定有明文。國家基於對人民生存照顧之義務、達成給付行政之功能，經營各類公用事業，期以合理之費率，普遍而穩定提供人民所需之各項服務，得對公用事業因經營所生之損失補償或損害賠償責任予以相當之限制，惟因涉及人民之權利，自須符合憲法第二十三條之規定。郵政法第二十五條各類掛號郵件之補償僅限於遺失或被竊，而不及於毀損，旨在維持郵政事業之經營，爲增進公共利益所必要，尙未逾越立法權自由形成之範圍，與憲法並無牴觸。惟對於特殊類型郵件之投遞與交寄程序、收費標準、保管方式、損失補償要件與範圍等須否加以規定，應由主管機關檢討改進。又郵政規則第二百二十七條及第二百二十八條之規定，乃在確定郵件損失補償責任之要件，並未逾越郵政法第二十七條之授權，亦未增加郵政法關於郵件補償規定所無之限制，與憲法亦無牴觸。（86、5、23）

釋字第429號解釋

中華民國七十五年一月二十四日公布之公務人員考試法第二十一條第一項規定：「公務人員高等考試與普通考試及格者，按錄取類、科，接受訓練，訓練期滿成績及格者，發給證書，分發任用。」（現行法第二十條第一項之規定意旨亦同）是公務人員高普考試筆試及格後，須經訓練，訓練期滿成績及格，始完成考試程序。訓練既爲法定考試程序之一部分，除法令另有規定外，自不得抵免。公務人員高等暨普通考試訓練辦法第四條第二項就實務訓練無免除之規定，符合上述立法意旨，與憲法尙無牴

觸。（86、6、6）

釋字第430號解釋

憲法第十六條規定人民有訴願及訴訟之權，人民之權利或法律上利益遭受損害，不得僅因身分或職業關係，即限制其依法律所定程序提起訴願或訴訟。因公務員身分受有行政處分得否提起行政爭訟，應視其處分內容而定，迭經本院解釋在案。軍人為廣義之公務員，與國家間具有公法上之職務關係，現役軍官依有關規定聲請續服現役未受允准，並核定其退伍，如對之有所爭執，既係影響軍人身分之存續，損及憲法所保障服公職之權利，自得循訴願及行政訴訟程序尋求救濟，行政院四十八年判字第十一號判例與上開意旨不符部分，應不予援用。（86、6、6）

釋字第431號解釋

戰士授田憑據處理條例對同條第十條之「無職軍官」未規定其定義及範圍，該條例施行細則第三條第十六款：「無職軍官指依行政院四十八年七月十四日台四十八防字第三八八二號令訂定之陸海空軍無軍職軍官處理辦法，於四十八年十月十八日以前在國防部登記處理有案，發給退除役令，並經國防部人事參謀次長室認定符合無職軍官身分者」，係就無職軍官身分之認定所為之補充規定，並未違背該條例之立法意旨，與憲法亦無牴觸。（86、6、6）

釋字第432號解釋

專門職業人員違背其職業上應遵守之義務，而依法應受懲戒處分者，必須使其能預見其何種作為或不作為構成義務之違反及所應受之懲戒為何，方符法律明確性原則。對於懲戒處分之構成要件，法律雖以抽象概念表示，不論其為不確定概念或概括條款，均須無違明確性之要求。法律明確性之要求，非僅指法律文義具體詳盡之體例而言，立法者於立法定制時，仍得衡酌法律所規範生活事實之複雜性及適用於個案之妥當性，從立法上適當運用不確定法律概念或概括條款而為相應之規定。有關專門職業人員行為準則及懲戒之立法使用抽象概念者，苟其意義非難以理解，且為受規範者所得預見，並可經由司法審查加以確認，即不得謂與前揭原則相違。會計師法第三十九條第六款規定：「其他違反本法規定者」，以違反會計師法為構成會計師之懲戒事由，其範圍應屬可得確定。同法第十七條規定：「會計師不得對於指定或委託事件，有不正當行為或違反或廢弛其業務上應盡之義務」，係在確立會計師之行為標準及注意義務所為之規定，要非會計師作為專門職業人員所不能預見，亦係維護會計師專業素質，增進公共利益所必要，與法律明確性原則及憲法第十五條保障人民工作權之意旨尚無違背。（86、7、11）

釋字第433號解釋

國家對於公務員懲戒權之行使，係基於公務員與國家間公法上之職務關係，與對犯罪行為科予刑罰之性質未盡相同，對懲戒處分之構成要件及其法律效果，立法機關自有較廣之形成自由。公務員懲戒法第二條及第九條雖就公務員如何之違法、廢弛職務或其他失職行為為應受何種類之懲戒處分僅設概括之規定，與憲法尚無抵觸。至同法第十一條、第十二條關於撤職及休職處分期間之規定，旨在授權懲戒機關依同法第十條所定之標準，就具體個案為適當之處分，於憲法亦無違背。惟撤職停止任用期間及休職期間該法均無上限之規定，對公務員權益不無影響，應由有關機關檢討修正，俾其更能符合憲法保障公務員之意旨。（86、7、25）

釋字第434號解釋

公務人員保險係國家為照顧公務人員生老病死及安養，運用保險原理而設之社會福利制度，凡法定機關編制內之有給人員及公職人員均為被保險人。被保險人應按公務人員保險法第八條第一項及第九條規定繳付保險費，承保機關按同法第三條規定提供生育、疾病、傷害、殘廢、養老、死亡及眷屬喪葬七項給付，前三項給付於全民健康保險法施行後，已列入全民健康保險。公務人員保險法規定之保險費，係由被保險人與政府按一定之比例負擔，以為承保機關保險給付之財務基礎。該項保險費，除為被保險人個人提供保險給付之資金來源外，並用以分擔保險團體中其他成員之危險責任。

是保險費經繳付後，該法未規定得予返還，與憲法並無牴觸。惟被保險人所繳付之保險費中，關於養老保險部分，承保機關依財政部核定提存準備辦法規定，應提撥一定比率為養老給付準備，此項準備之本利類似全體被保險人存款之累積。公務人員保險法於第十六條第一項關於養老給付僅規定依法退休人員有請領之權，對於其他離職人員則未規定，與憲法第十五條保障人民財產權之意旨不符，應即檢討修正。（86、7、25）

釋字第435號解釋

憲法第七十三條規定立法委員在院內所為之言論及表決，對院外不負責任，旨在保障立法委員受人民付託之職務地位，並避免國家最高立法機關之功能遭致其他國家機關之干擾而受影響。為確保立法委員行使職權無所瞻顧，此項言論免責權之保障範圍，應作最大程度之界定，舉凡在院會或委員會之發言、質詢、提案、表決以及與此直接相關之附隨行為，如院內黨團協商、公聽會之發言等均屬應予保障之事項。越此範圍與行使職權無關之行為，諸如蓄意之肢體動作等，顯然不符意見表達之適當情節致侵害他人法益者，自不在憲法上開條文保障之列。至於具體個案中，立法委員之行為是否已逾越保障之範圍，於維持議事運作之限度內，固應尊重議會自律之原則，惟司法機關為維護社會秩序及被害人權益，於必要時亦非不得依法行使偵審之權限。（86、8、1）

釋字第436號解釋

憲法第八條第一項規定，人民身體之自由應予保障，非由法院依法定程序不得審問處罰；憲法第十六條並規定人民有訴訟之權。現役軍人亦為人民，自應同受上開規定之保障。又憲法第九條規定：「人民除現役軍人外，不受軍事審判」，乃因現役軍人負有保衛國家之特別義務，基於國家安全與軍事需要，對其犯罪行為得設軍事審判之特別訴訟程序，非謂軍事審判機關對於軍人之犯罪有專屬之審判權。至軍事審判之建制，憲法未設明文規定，雖得以法律定之，惟軍事審判機關所行使者，亦屬國家刑罰權之一種，其發動與運作，必須符合正當法律程序之最低要求，包括獨立、公正之審判機關與程序，並不得違背憲法第七十七條、第八十條等有關司法權建制之憲政原理；規定軍事審判程序之法律涉及軍人權利之限制者，亦應遵守憲法第二十三條之比例原則。本於憲法保障人身自由、人民訴訟權利及第七十七條之意旨，在平時經終審軍事審判機關宣告有期徒刑以上之案件，應許被告直接向普通法院以判決違背法令為理由請求救濟。軍事審判法第十一條、第一百三十三條第一項、第三項、第一百五十八條及其他不許被告逕向普通法院以判決違背法令為理由請求救濟部分，均與上開憲法意旨不符，應自本解釋公布之日起，至遲於屆滿二年時失其效力。有關機關應於上開期限內，就涉及之關係法律，本此原則作必要之修正，並對訴訟救濟相關之審級制度為配合調整，且為貫徹審判獨立原則，關於軍事審判之審檢分立、參與審判軍官之選任標準及軍法官之身分保障等事項，亦應一併檢討改進，併此指明。（86、10、13）

釋字第437號解釋

繼承因被繼承人死亡而開始。繼承人自繼承開始時，除民法另有規定及專屬於被繼承人本身之權利義務外，承受被繼承人財產上之一切權利義務，無待繼承人為繼承之意思表示。繼承權是否被侵害，應以繼承人繼承原因發生後，有無被他人否認其繼承資格並排除其對繼承財產之占有、管理或處分為斷。凡無繼承權而於繼承開始時或繼承開始後僭稱為真正繼承人或真正繼承人否認其他共同繼承人之繼承權，並排除其占有、管理或處分者，均屬繼承權之侵害，被害人或其法定代理人得依民法第一千一百四十六條規定請求回復之，初不限於繼承開始時自命為繼承人而行使遺產上權利者，始為繼承權之侵害。最高法院五十三年臺上字第五九二號判例之本旨，係認自命為繼承人而行使遺產上權利之人，必須於被繼承人死亡時即已有侵害繼承地位事實之存在，方得謂為繼承權被侵害態樣之一；若於被繼承人死亡時，其繼承人間對於彼此為繼承人之身分並無爭議，迨事後始發生侵害遺產之事實，則其侵害者，為繼承人已取得之權利，而非侵害繼承權，自無民法第一千一百四十六條繼承回復請求權之適用。在此範圍內，該判例並未增加法律所無之限制，與憲法尚無牴觸。（86、10、17）

釋字第438號解釋

財政部於中華民國八十二年十二月三十日發布之營利事業所得稅查核準則，係規定有關營利事業所得稅結算申報之調查、審核等事項。該準則第九十二條第五款第五目規定「在臺以新臺幣支付國外佣金者，應在不超過出口貨物價款百分之三範圍內，取具國外代理商或代銷商名義出具之收據為憑予以認定」，乃對於佣金之認定與舉證方式等技術性、細節性事項加以規定，為簡化稽徵作業、避免國外佣金浮濫列報所必要，並未逾越所得稅法等相關之規定，亦未加重人民稅負，與憲法第十五條、第十九條與第二十三條尚無牴觸。對於在臺灣地區以新臺幣支付國外佣金，與同準則第九十二條中其他規定之國外佣金，僅就認定標準為斟酌事實情況差異所為之不同規定，與憲法第七條之平等原則亦無違背。（86、10、30）

釋字第439號解釋

海關緝私條例第四十九條：「聲明異議案件，如無扣押物或扣押物不足抵付罰鍰或追徵稅款者，海關得限期於十四日內繳納原處分或不足金額二分之一保證金或提供同額擔保，逾期不為繳納或提供擔保者，其異議不予受理」之規定，使未能於法定期限內繳納保證金或提供同額擔保之聲明異議人喪失行政救濟之機會，係對人民訴願及訴訟權利所為不必要之限制，與憲法第十六條所保障之人民權利意旨牴觸，應不再適用。本院釋字第二一一號解釋相關部分應予變更。（86、10、30）

釋字第440號解釋

人民之財產權應予保障，憲法第十五條設有明文。國家機關依法行使公權力致人民之財產遭受損失，若逾其社會責任所應忍受之範圍，形成個人之特別犧牲者，國家應予合理補償。主管機關對於既成道路或都市計畫道路用地，在依法徵收或價購以前埋設地下設施物妨礙土地權利人對其權利之行使，致生損失，形成其個人特別之犧牲，自應享有受相當補償之權利。臺北市政府於中華民國六十四年八月二十二日發布之臺北市市區道路管理規則第十五條規定：「既成道路或都市計畫道路用地，在不妨礙其原有使用及安全之原則下，主管機關埋設地下設施物時，得不徵購其用地，但損壞地上物應予補償。」其中對使用該地下部分，既不徵購又未設補償規定，與上開意旨不符者，應不再援用。至既成道路或都市計畫道路用地之徵收或購買，應依本院釋字第四○○號解釋及都市計畫法第四十八條之規定辦理，併此指明。（86、11、14）

釋字第441號解釋

為獎勵生產事業從事研究發展，提昇技術水準，增進生產能力，行政院於中華民國七十四年九月十八日，依獎勵投資條例第三十四條之一授權訂定之生產事業研究發展費用適用投資抵減辦法，其第二條第八款規定，生產事業為研究新產品，委託大專校院、研究機構辦理研究工作所支出之費用，為研究發展費用，得抵減當年度應納營利事業所得稅額。所稱研究機構，依財政部七十五年八月十六日台財稅字第七五四九四六四號函釋，係指經政府核准登記有案之財團法人所屬之研究機構而言，僅就私法人而為說明，固欠周延。惟上開辦法第二條抵減事由共有十款，經政府核准登記有案之財團法人所屬研究機構以外之研究機構，仍得依該辦法同條第十款規定申請專案認定獲致減免，未影響生產事業租稅優惠之權益，是財政部該號函釋與上開辦法並未牴觸，於憲法第十九條亦無違背。至生產事業委託研究之選擇自由因而受限及不在抵減範圍之研究機構可能遭受不利影響，仍應隨時檢討改進。（86、11、28）

釋字第442號解釋

憲法第十六條規定人民有訴訟之權，旨在確保人民得依法定程序提起訴訟及受公平之審判。至於訴訟救濟應循之審級制度及相關程序，立法機關自得衡量訴訟性質以法律為合理之規定。中華民國八十三年七月二十三日修正公布之公職人員選舉罷免法第一百零九條規定，選舉訴訟採二審終結不得提起再審之訴，係立法機關自由形成之範圍，符合選舉訴訟事件之特性，於憲法保障之人民訴訟權尚無侵害，且為增進公共利

益所必要，與憲法第二十三條亦無牴觸。（86、12、12）

釋字第443號解釋

憲法第十條規定人民有居住及遷徙之自由，旨在保障人民有任意移居或旅行各地之權利。若欲對人民之自由權利加以限制，必須符合憲法第二十三條所定必要之程度，並以法律定之或經立法機關明確授權由行政機關以命令訂定。限制役男出境係對人民居住遷徙自由之重大限制，兵役法及兵役法施行法均未設規定，亦未明確授權以命令定之。行政院發布之徵兵規則，委由內政部訂定役男出境處理辦法，欠缺法律授權之依據，該辦法第八條規定限制事由，與前開憲法意旨不符，應自本解釋公布日起至遲於屆滿六個月時，失其效力。（86、12、26）

釋字第444號解釋

區域計畫法係為促進土地及天然資源之保育利用、改善生活環境、增進公共利益而制定，其第二條後段謂：「本法未規定者，適用其他法律」，凡符合本法立法目的之其他法律，均在適用之列。內政部訂定之非都市土地使用管制規則即本此於第六條第一項規定：「經編定為某種使用之土地，應依容許使用之項目使用。但其他法律有禁止或限制使用之規定者，依其規定。」中華民國八十四年六月七日修正發布之臺灣省非都市土地容許使用執行要點第二十五點規定：「在水質、水量保護區規定範圍內，不得新設立畜牧場者，不得同意畜牧設施使用」，係為執行自來水法及水污染防治法，乃按本項但書之意旨，就某種使用土地應否依容許使用之項目使用或應否禁止或限制其使用為具體明確之例示規定，此亦為實現前揭之立法目的所必要，並未對人民權利增加法律所無之限制，與憲法第十五條保障人民財產權之意旨及第二十三條法律保留原則尚無牴觸。（87、1、9）

釋字第445號解釋

憲法第十四條規定人民有集會之自由，此與憲法第十一條規定之言論、講學、著作及出版之自由，同屬表現自由之範疇，為實施民主政治最重要的基本人權。國家為保障人民之集會自由，應提供適當集會場所，並保護集會、遊行之安全，使其得以順利進行。以法律限制集會、遊行之權利，必須符合明確性原則與憲法第二十三條之規定。集會遊行法第八條第一項規定室外集會、遊行除同條項但書所定各款情形外，應向主管機關申請許可。同法第十一條則規定申請室外集會、遊行除有同條所列情形之一者外，應予許可。其中有關時間、地點及方式等未涉及集會、遊行之目的或內容之事項，為維持社會秩序及增進公共利益所必要，屬立法自由形成之範圍，於表現自由之訴求不致有所侵害，與憲法保障集會自由之意旨尚無牴觸。

集會遊行法第十一條第一款規定違反同法第四條規定者，為不予許可之要件，乃對「主張共產主義或分裂國土」之言論，使主管機關於許可集會、遊行以前，得就人民政治上之言論而為審查，與憲法保障表現自由之意旨有違；同條第二款規定：「有事實足認為有危害國家安全、社會秩序或公共利益之虞者」，第三款規定：「有危害生命、身體、自由或對財物造成重大損壞之虞者」，有欠具體明確，對於在舉行集會、遊行以前，尚無明顯而立即危險之事實狀態，僅憑將來有發生之可能，即由主管機關以此作為集會、遊行准否之依據部分，與憲法保障集會自由之意旨不符，均應自本解釋公布之日失其效力。

集會遊行法第六條規定集會遊行之禁制區，係為保護國家重要機關與軍事設施之安全、維持對外交通之暢通；同法第十條規定限制集會、遊行之負責人、其代理人或糾察員之資格；第十一條第四款規定同一時間、處所、路線已有他人申請並經許可者，為不許可集會、遊行之要件；第五款規定未經依法設立或經撤銷許可或命令解散之團體，以該團體名義申請者得不許可集會、遊行；第六款規定申請不合第九條有關責令申請人提出申請書塡具之各事項者為不許可之要件，係為確保集會、遊行活動之和平進行，避免影響民眾之生活安寧，均屬防止妨礙他人自由、維持社會秩序或增進公共利益所必要，與憲法第二十三條規定並無牴觸。惟集會遊行法第九條第一項但書規定：「因天然災變或其他不可預見之重大事故而有正當理由者，得於二日前提出申請。」對此偶發性集會、遊行，不及於二日前申請者不予許可，與憲法保障人民集會自由之意旨有違，亟待檢討改進。

集會遊行法第二十九條對於不遵從解散及制止命令之首謀者科以刑責，為立法自由形成範圍，與憲法第二十三條之規定尚無牴觸。（87、1、23）

釋字第446號解釋

公務員懲戒法第三十四條第二款規定移請或聲請再審議，應自相關之刑事裁判確定之日起三十日內為之。其期間之起算點，就得聲明不服之第一審及第二審裁判言，固應自裁判確定之日起算；惟對於第一審、第二審不得聲明不服之裁判或第三審之裁判，因一經宣示或經評決而為公告，不待裁判書之送達，即告確定，受懲戒處分人即難依首開規定為聲請。是其聲請再審議之期間，應自裁判書送達之日起算，方符憲法第十六條保障人民訴訟權之意旨，公務員懲戒委員會再審字第四三一號議決案例及其他類似案例與此意旨不合部分，應不再援用。（87、2、13）

釋字第447號解釋

現行法上政務官退職酬勞金之計算，依政務官退職酬勞金給與條例第四條第二項規定，以月俸額為計算基準，而政務官每月所支領之俸額，依總統副總統及特任人員月俸公費支給暫行條例規定，包括月俸及公費。參照中華民國八十二年一月二十日修正前之公務人員退休法第八條第一項：「本法所稱月俸額，包括實領本俸及其他現金給與」，可知公務人員退休法規上所稱之月俸額與本俸有別，月俸額除本俸或月俸外，尚包括其他現金給與在內。是以計算政務官退職酬勞金基準之「月俸額」，除月俸外亦應包括「其他現金給與」部分。（87、2、27）

釋字第448號解釋

司法院為國家最高司法機關，掌理民事、刑事、行政訴訟之審判及公務員之懲戒，憲法第七十七條定有明文，可知民事與行政訴訟之審判有別。又依憲法第十六條人民固有訴訟之權，惟訴訟應由如何之法院受理及進行，應由法律定之，業經本院釋字第二九七號解釋在案。我國關於行政訴訟與民事訴訟之審判，依現行法律之規定，係採二元訴訟制度，分由不同性質之法院審理。關於因公法關係所生之爭議，由行政法院審判，因私法關係所生之爭執，則由普通法院審判。行政機關代表國庫出售或出租公有財產，並非行使公權力對外發生法律上效果之單方行政行為，即非行政處分，而屬私法上契約行為，當事人若對之爭執，自應循民事訴訟程序解決。行政法院五十八年判字第二七○號判例及六十一年裁字第一五九號判例，均旨在說明行政機關代表國庫出售或出租公有財產所發生之爭議，應由普通法院審判，符合現行法律劃分審判之規定，無損於人民訴訟權之行使，與憲法並無牴觸。（87、2、27）

釋字第449號解釋

臺北市獎勵投資興建零售市場須知，對於申請投資興建市場者，訂有須「持有市場用地內全部私有土地使用權之私人或團體」之條件，係增加都市計畫法第五十三條所無之限制，應不予適用，業經本院釋字第三六三號解釋在案。至該解釋文末段所稱：「在獎勵投資條例施行期間申請興建公共設施，應符合該條例第三條之規定」，係指該條第一項第十一款之興闢業而言。土地所有權人為自然人而未組織股份有限公司者，雖得依該條例第五十八條之一第一項規定優先投資，惟能否享有各種優惠，仍應按該條例規定處理。本院上開解釋，應予補充。（87、3、13）

釋字第450號解釋

大學自治屬於憲法第十一條講學自由之保障範圍，舉凡教學、學習自由有關之重要事項，均屬大學自治之項目，又國家對大學之監督除應以法律明定外，其訂定亦應符合大學自治之原則，業經本院釋字第三八○號解釋釋示在案。大學於上開教學研究相關之範圍內，就其內部組織亦應享有相當程度之自主組織權。各大學如依其自主之決策認有提供學生修習軍訓或護理課程之必要者，自得設置與課程相關之單位，並依法聘任適當之教學人員。惟大學法第十一條第一項第六款及同法施行細則第九條第三項明定大學應設置軍訓室並配置人員，負責軍訓及護理課程之規劃與教學，此一強制性規

定，有違憲法保障大學自治之意旨，應自本解釋公布之日起，至遲於屆滿一年時失其效力。（87、3、27）

釋字第451號解釋

時效制度係為公益而設，依取得時效制度取得之財產權應為憲法所保障，業經本院釋字第二九一號解釋釋示在案。地上權係以在他人土地上有建築物，或其他工作物，或竹木為目的而使用其土地之權，故地上權為使用他人土地之權利，屬於用益物權之一種。土地之共有人按其應有部分，本於其所有權之作用，對於共有物之全部雖有使用收益之權，惟共有人對共有物之特定部分使用收益，仍須徵得他共有人全體之同意。共有物亦得因共有人全體之同意而設定負擔，自得為共有人之一人或數人設定地上權。於公同共有之土地上為公同共有人之一人或數人設定地上權者亦同。是共有人或公同共有人之一人或數人以在他人之土地上行使地上權之意思而占有共有或公同共有之土地者，自得依民法第七百七十二條準用同法第七百六十九條及第七百七十條取得時效之規定，請求登記為地上權人。內政部中華民國七十七年八月十七日台內地字第六二一四六四號函發布時效取得地上權登記審查要點第三點第五款規定，共有人不得就共有土地申請時效取得地上權登記，與上開意旨不符，有違憲法保障人民財產權之本旨，應不予適用。（87、3、27）

釋字第452號解釋

民法第一千零零二條規定，妻以夫之住所為住所，贅夫以妻之住所為住所。但約定夫以妻之住所為住所，或妻以贅夫之住所為住所者，從其約定。本條但書規定，雖賦予夫妻雙方約定住所之機會，惟如夫或贅夫之妻拒絕為約定或雙方協議不成時，即須以其一方設定之住所為住所。上開法律未能兼顧他方選擇住所及具體個案之特殊情況，與憲法上平等及比例原則尚有未符，應自本解釋公布之日起，至遲於屆滿一年時失其效力。又夫妻住所之設定與夫妻應履行同居之義務尚有不同，住所乃決定各項法律效力之中心地，非民法所定履行同居義務之唯一處所。夫妻縱未設定住所，仍應以永久共同生活為目的，而互負履行同居之義務，要屬當然。（87、4、10）

釋字第453號解釋

商業會計事務，依商業會計法第二條第二項規定，謂依據一般公認會計原則從事商業會計事務之處理及據以編制財務報表，其性質涉及公共利益與人民財產權益，是以辦理商業會計事務為職業者，須具備一定之會計專業知識與經驗，始能勝任。同法第五條第四項規定：「商業會計事務，得委由會計師或經中央主管機關認可之商業會計記帳人辦理之；其認可及管理辦法，由中央主管機關定之」，所稱「商業會計記帳人」既在辦理商業會計事務，係屬專門職業之一種，依憲法第八十六條第二款之規定，其執業資格自應依法考選銓定之。商業會計法第五條第四項規定，委由中央主管機關認可商業會計記帳人之資格部分，有違上開憲法之規定，應不予適用。（87、5、20）

釋字第454號解釋

憲法第十條規定人民有居住及遷徙之自由，旨在保障人民有自由設定住居所、遷徙、旅行，包括出境或入境之權利。對人民上述自由或權利加以限制，必須符合憲法第二十三條所定必要之程度，並以法律定之。中華民國八十三年四月二十日行政院台內字第一三五五七號函修正核定之「國人入境短期停留長期居留及戶籍登記作業要點」第七點規定（即原八十二年六月十八日行政院台內字第二〇〇七七號函修正核定之同作業要點第六點），關於在臺灣地區無戶籍人民申請在臺灣地區長期居留得不予許可、撤銷其許可、撤銷或註銷其戶籍，並限期離境之規定，係對人民居住及遷徙自由之重大限制，應有法律或法律明確授權之依據。除其中第一項第三款及第二項之相關規定，係為執行國家安全法等特別法所必要者外，其餘各款及第二項戶籍登記之相關規定、第三項關於限期離境之規定，均與前開憲法意旨不符，應自本解釋公布之日起，至遲於屆滿一年時失其效力。關於居住大陸及港澳地區未曾在臺灣地區設籍之人民申請在臺灣地區居留及設定戶籍，各該相關法律設有規定者，依其規定，併予指明。（87、5、22）

釋字第455號解釋

國家對於公務員有給予俸給、退休金等維持其生活之義務。軍人爲公務員之一種，自有依法領取退伍金、退休俸之權利，或得依法以其軍中服役年資與任公務員之年資合併計算爲其退休年資；其中對於軍中服役年資之採計並不因志願役或義務役及任公務員之前、後服役而有所區別。軍人及其家屬優待條例第三十二條第一項規定，「後備軍人轉任公職時，其原在軍中服役之年資，應予合併計算。」即係本於上開意旨依憲法上之平等原則而設。行政院人事行政局六十三年五月十一日（63）局肆字第〇九六四六號函釋，關於「留職停薪之入伍人員，於退伍復職後，依規定須補辦考績，並承認其年資」，致服義務役軍人僅得於任公務員後服役者始得併計公務員退休年資，與上開意旨不符。此項年資之採計對擔任公務員者之權利有重大影響，應予維護，爰依司法院大法官審理案件法第十七條第二項，諭知有關機關於本解釋公布之日起一年內，基於本解釋意旨，逕以法律規定或由行政院會同考試院，依上開條例第三十二條第二項之授權妥爲訂定。（87、6、5）

釋字第456號解釋

憲法第一百五十三條規定國家應實施保護勞工之政策。政府爲保障勞工生活，促進社會安全，乃制定勞工保險條例。同條例第六條第一項第一款至第五款規定之員工或勞動者，應以其雇主或所屬團體或所屬機關爲投保單位，全部參加勞工保險爲被保險人；第八條第一項第一款及第二款規定之員工亦得準用同條例之規定參加勞工保險。對於參加勞工保險爲被保險人之員工或勞動者，並未限定於專任員工始得爲之。同條例施行細則於中華民國八十五年九月十三日修正前，其第二十五條第一項規定：「依本條例第六條第一項第一款至第五款及第八條第一項第一款、第二款規定加保者，以專任員工爲限。」以此排除非專任員工或勞動者之被保險人資格，雖係防杜不具勞工身分者掛名加保，巧取保險給付，以免侵蝕保險財務爲目的，惟對於符合同條例所定被保險人資格之非專任員工或勞動者，則未能顧及其權益，與保護勞工之上開意旨有違。前揭施行細則第二十五條第一項規定就同條例所未限制之被保險人資格，逾越法律授權訂定施行細則之必要範圍，限制其適用主體，與憲法第二十三條規定之意旨未符，應不適用。（87、6、5）

釋字第457號解釋

中華民國人民，無分男女，在法律上一律平等；國家應促進兩性地位之實質平等，憲法第七條暨憲法增修條文第十條第六項定有明文。國家機關爲達成公行政任務，以私法形式所爲之行爲，亦應遵循上開憲法之規定。行政院國軍退除役官兵輔導委員會發布之「本會各農場有眷場員就醫、就養或死亡開缺後房舍土地處理要點」，固係基於照顧榮民及其遺眷之生活而設，第配耕國有農場土地，爲對榮民之特殊優惠措施，與一般國民所取得之權利或法律上利益有間。受配耕榮民與國家之間，係成立使用借貸之法律關係。配耕榮民死亡或借貸之目的使用完畢時，主管機關原應終止契約收回耕地，俾國家資源得合理運用。主管機關若出於照顧遺眷之特別目的，繼續使其使用、耕作原分配房舍暨土地，則應考量眷屬之範圍應否及於子女，並衡酌其謀生、耕作能力，是否確有繼續輔導之必要，依男女平等原則，妥爲規劃。上開房舍土地處理要點第四點第三項：「死亡場員之遺眷如改嫁他人而無子女者或僅有女兒，其女兒出嫁後均應無條件收回土地及眷舍，如有兒子准由兒子繼承其權利」，其中規定限於榮民之子，不論結婚與否，均承認其所謂繼承之權利，與前述原則不符。主管機關應於本解釋公布之日起六個月內，基於上開解釋意旨，就相關規定檢討，妥爲處理。（87、6、12）

釋字第458號解釋

財政部中華民國六十六年十二月十四日台財稅字第三八四五二號函：「生產事業除自行生產產品所發生之所得外，如有兼營其他非自行生產產品買賣業務所發生之所得暨非營業收入者，該項買賣業務所發生之所得及非營業收入，不適用獎勵投資條例納稅限額之規定」，係主管機關基於職權，爲執行獎勵投資條例第十五條及行政院依同條例第三條授權所發布之「生產事業獎勵類目及標準」，對受獎勵之生產事業營業及其他收入計算全年課稅所得額所為之釋示，與該條例對稅捐減免優惠以受獎勵生產事業自行生產獎勵類目產品所發生之所得為限之意旨相符，並未變更法律所定稅賦優惠規定，亦未增加生產事業之租稅負擔，與憲法租稅法定主義並無牴觸。（87、6、26）

釋字第459號解釋

兵役體位之判定，係徵兵機關就役男應否服兵役及應服何種兵役所為之決定而對外直接發生法律效果之單方行政行為，此種決定行為，對役男在憲法上之權益有重大影響，應為訴願法及行政訴訟法上之行政處分。受判定之役男，如認其判定有違法或不當情事，自得依法提起訴願及行政訴訟。司法院院字第一八五〇號解釋，與上開意旨不符，應不再援用，以符憲法保障人民訴訟權之意旨。至於兵役法施行法第六十九條係規定免役、禁役、緩徵、緩召應先經主管機關之核定及複核，並未限制人民爭訟之權利，與憲法並無牴觸；其對複核結果不服者，仍得依法提起訴願及行政訴訟。（87、6、26）

釋字第460號解釋

土地稅法第六條規定，為發展經濟，促進土地利用，增進社會福利，對於宗教及合理之自用住宅等所使用之土地，得予適當之減免；同條後段並授權由行政機關訂定其減免標準及程序。同法第九條雖就自用住宅用地之定義設有明文，然其中關於何謂「住宅」，則未見規定。財政部中華民國七十二年三月十四日台財稅字第三一六二七號函所稱「地上建物係供神壇使用，已非土地稅法第九條所稱之自用『住宅』用地」，乃主管機關適用前開規定時就住宅之涵義所為之消極性釋示，符合土地稅法之立法目的且未逾越住宅概念之範疇，與憲法所定租稅法定主義尚無牴觸。又前開函釋並未區分不同宗教信仰，均有其適用，復非就人民之宗教信仰課予賦稅上之差別待遇，亦與憲法第七條、第十三條規定之意旨無違。（87、7、10）

釋字第461號解釋

中華民國八十六年七月二十一日公布施行之憲法增修條文第三條第二項第一款規定行政院有向立法院提出施政方針及施政報告之責，立法委員在開會時，有向行政院院長及行政院各部會首長質詢之權，此為憲法基於民意政治及責任政治之原理所為制度性之設計。國防部主管全國國防事務，立法委員就行政院提出施政方針及施政報告關於國防事務方面，自得向行政院院長及國防部部長質詢之。至參謀總長在行政系統為國防部部長之幕僚長，直接對國防部部長負責，自非憲法規定之部會首長，無上開條文之適用。

立法院為國家最高立法機關，有議決法律、預算等議案及國家重要事項之權。立法院為行使憲法所賦予上開職權，得依憲法第六十七條規定，設各種委員會，邀請政府人員及社會上有關係人員到會備詢。鑑諸行政院應依憲法規定對立法院負責，故凡行政院各部會首長及其所屬公務員，除依法獨立行使職權，不受外部干涉之人員外，於立法院各種委員會依憲法第六十七條第二項規定邀請到會備詢時，有應邀說明之義務。參謀總長為國防部部長之幕僚長，負責國防之重要事項，包括預算之擬編及執行，與立法院之權限密切相關，自屬憲法第六十七條第二項所指政府人員，除非因執行關係國家安全之軍事業務而有正當理由外，不得拒絕應邀到會備詢，惟詢問內容涉及重要國防機密事項者，免予答覆。至司法、考試、監察三院院長，本於五院間相互尊重之立場，並依循憲政慣例，得不受邀請備詢。三院所屬非獨立行使職權而負行政職務之人員，於其提出之法律案及有關預算案涉及之事項，亦有上開憲法規定之適用。（87、7、24）

釋字第462號解釋

各大學校、院、系（所）教師評審委員會關於教師升等評審之權限，係屬法律在特定範圍內授予公權力之行使，其對教師升等通過與否之決定，與教育部學術審議委員會對教師升等資格所為之最後審定，於教師之資格等身分上之權益有重大影響，均應為訴願法及行政訴訟法上之行政處分。受評審之教師於依教師法或訴願法用盡行政救濟途徑後，仍有不服者，自得依法提起行政訴訟，以符憲法保障人民訴訟權之意旨。行政法院五十一年判字第三九八號判例，與上開解釋不符部分，應不再適用。

大學教師升等資格之審查，關係大學教師素質與大學教學、研究水準，並涉及人民工作權與職業資格之取得，除應有法律規定之依據外，主管機關所訂定之實施程序，尚須保證能對升等申請人專業學術能力及成就作成客觀可信、公平正確之評量，始符合憲法第二十三條之比例原則。且教師升等資格評審程序既爲維持學術研究與教學之品質所設，其決定之作成應基於客觀專業知識與學術成就之考量，此亦爲憲法保障學術自由眞諦之所在。故各大學校、院、系（所）教師評審委員會，本於專業評量之原則，應選任各該專業領域具有充分專業能力之學者專家先行審查，將其結果報請教師評審委員會評議。教師評審委員會除能提出具有專業學術依據之具體理由，動搖該專業審查之可信度與正確性，否則即應尊重其判斷。受理此類事件之行政救濟機關及行政法院自得據以審查其是否遵守相關之程序，或其判斷、評量有無違法或顯然不當之情事。現行有關各大學、獨立學院及專科學校教師資格及升等評審程序之規定，應本此解釋意旨通盤檢討修正。（87、7、31）

釋字第463號解釋

憲法第一百六十四條明確規範中央及地方之教育科學文化之預算，須達預算總額之一定比例，以確保國家及各地方自治團體對於人民之教育、科學與文化生活得有穩定而必要的公共支出，此係憲法重視教育科學文化發展所設之規定。本條所謂「預算總額」，並不包括追加預算及特別預算在內，業經本院釋字第七十七號及第二三一號解釋在案。政府就未來一年間之計畫所預期之收入及支出編列預算，以使國家機關正常運作，並規範國家之財政，原則上應制定單一之預算。惟爲因應特殊緊急情況，有預算法第七十五條各款規定之情形時，行政院得於年度總預算外另提出特別預算，其審議依預算法第七十六條爲之。至憲法第一百六十四條所稱教育科學文化經費之具體內容如何、平衡省市預算基金等項目，是否應計入預算總額發生之爭論，中華民國八十六年七月二十一日修正公布之憲法增修條文第十條第八項既規定：「教育、科學、文化之經費，尤其國民教育之經費應優先編列，不受憲法第一百六十四條規定之限制。」有關該等預算之數額、所佔比例、編列方式、歸屬範圍等問題，自應由立法者本其政治責任而爲決定。是以與憲法第一百六十四條之所謂「預算總額」及教育、科學、文化等經費所佔中央、地方預算之比例等相關問題，已無再行解釋之必要。（87、9、11）

釋字第464號解釋

陸海空軍軍官服役條例第二十七條附表「附註」四之㈡之五，關於退休俸支領之規定，旨在避免受領退休俸（包含其他補助）之退役軍官，於就任由公庫支薪之公職時，重複領取待遇，致違一人不得兩俸之原則，加重國家財政之負擔。該附表所稱之擔任「公務員」，係指擔任「有給之公職」之意，不問其職稱之如何，亦不問其待遇之多寡，均屬之。行政院於中華民國六十八年一月十九日以（68）台人政肆字第〇一三七九號函修訂發布之「退休俸及生活補助費人員自行就任公職支領待遇注意事項」關於所定就任公職之職務類別，既係主管機關爲執行上開條例未盡明確之附表所爲必要之補充規定，與立法意旨無所違背，其於憲法保障生存權、財產權亦無牴觸。（87、9、11）

釋字第465號解釋

行政院農業委員會中華民國七十八年八月四日公告之保育類野生動物名錄，指定象科爲瀕臨絕種保育類野生動物並予公告，列其爲管制之項目，係依據同年六月二十三日制定公布之野生動物保育法第四條第二項之授權，其授權之內容及範圍，同法第三條第五款及第四條第一項已有具體明確之規定，於憲法尚無違背。又同法第三十三條（八十三年十月二十九日修正爲第四十條）對於非法買賣前開公告之管制動物及製品者予以處罰，乃爲保育瀕臨絕種及珍貴稀有野生動物之必要，以達維護環境及生態之目標，亦非增訂處罰規定而溯及的侵害人民身體之自由權及財產權，且未逾增進公共利益所必要之範圍，與憲法並無牴觸。至公告列為瀕臨絕種保育類野生動物前，經已合法進口之野生動物或其屍體、角、骨、牙、皮、毛、卵、器官及其製品，於公告後因而不得買賣、交換、或意圖販賣而陳列，致人民財產權之行使受有限制，有關機關自應分別視實際受限制程度等具體情狀，檢討修訂相關規定為合理之補救，以符憲法保障人民財產權之意旨。（87、9、25）

釋字第466號解釋

憲法第十六條規定人民有訴訟之權，旨在確保人民得依法定程序提起訴訟及受公平之審判。至於訴訟救濟究應循普通訴訟程序抑或依行政訴訟程序為之，則由立法機關依職權衡酌訴訟案件之性質及既有訴訟制度之功能等而為設計。我國關於民事訴訟與行政訴訟之審判，依現行法律之規定，分由不同性質之法院審理，係採二元訴訟制度。除法律別有規定外，關於因私法關係所生之爭執，由普通法院審判；因公法關係所生之爭議，則由行政法院審判之。

國家為提供公務人員生活保障，制定公務人員保險法，由考試院銓敘部委託行政院財政部所屬之中央信託局辦理公務人員保險，並於保險事故發生時予以現金給付。按公務人員保險為社會保險之一種，具公法性質，關於公務人員保險給付之爭議，自應循行政爭訟程序解決。惟現行法制下，行政訴訟除附帶損害賠償之訴外，並無其他給付類型訴訟，致公務人員保險給付爭議縱經行政救濟確定，該當事人亦非必然即可獲得保險給付。有關機關應儘速完成行政訴訟制度之全盤修正，於相關法制尚未完備以前，為提供人民確實有效之司法救濟途徑，有關給付之部分，經行政救濟程序之結果不能獲得實現時，應許向普通法院提起訴訟謀求救濟，以符首開憲法規定之意旨。（87、9、25）

釋字第467號解釋

中華民國八十六年七月二十一日公布之憲法增修條文第九條施行後，省為地方制度層級之地位仍未喪失，惟不再有憲法規定之自治事項，亦不具備自主組織權，自非地方自治團體性質之公法人。符合上開憲法增修條文意旨制定之各項法律，若未劃歸國家或縣市等地方自治團體之事項，而屬省之權限且得為權利義務之主體者，於此限度內，省自得具有公法人資格。（87、10、22）

釋字第468號解釋

憲法第四十六條規定：總統、副總統之選舉，以法律定之。立法機關依此制定法律，規範總統、副總統之選舉程序，應符合公平合理之原則。總統副總統選舉罷免法第二十三條第二項及第四項規定，總統、副總統候選人須於法定期間內尋求最近一次中央民意代表選舉選舉人總數百分之一點五以上之連署，旨在採行連署制度，以表達被連署人有相當程度之政治支持，藉與政黨推薦候選人之要件相平衡，並防止人民任意參與總統、副總統之候選，耗費社會資源，在合理範圍內所為適當之規範，尚難認為對總統、副總統之被選舉權為不必要之限制，與憲法規定之平等權亦無違背。又為保證連署人數確有同條第四項所定人數二分之一以上，由被連署人依同條第一項提供保證金新臺幣一百萬元，並未逾越立法裁量之範圍，與憲法第二十三條規定尚無違背。總統副總統選舉連署及查核辦法係主管機關依總統副總統選舉罷免法第二十三條第九項授權所訂定，其授權有明確之目的及範圍，同辦法第二條第三項關於書件不全、不符規定或保證金不足者，中央選舉委員會應拒絕受理其申請之規定，符合法律授權之意旨，與憲法並無牴觸。惟關於上開被選舉權行使之要件，應隨社會變遷及政治發展之情形，適時檢討改進，以副憲法保障人民參政權之本旨，乃屬當然。（87、10、22）

釋字第469號解釋

法律規定之內容非僅屬授予國家機關推行公共事務之權限，而其目的係為保護人民生命、身體及財產等法益，且法律對主管機關應執行職務行使公權力之事項規定明確，該管機關公務員依此規定對可得特定之人所負作為義務已無不作為之裁量餘地，猶因故意或過失怠於執行職務，致特定人之自由或權利遭受損害，被害人得依國家賠償法第二條第二項後段，向國家請求損害賠償。最高法院七十二年台上字第七〇四號判例謂：「國家賠償法第二條第二項後段所謂公務員怠於執行職務，係指公務員對於被害人有應執行之職務而怠於執行者而言。換言之，被害人對於公務員為特定職務行為，有公法上請求權存在，經請求其執行而怠於執行，致自由或權利遭受損害者，始得依上開規定，請求國家負損害賠償責任。若公務員對於職務之執行，雖可使一般人民享有反射利益，人民對於公務員仍不得請求為該職務之行為者，縱公務員怠於執行該職務，人民尚無公法上請求權可資行使，以資保護其利益，自不得依上開規定請求國家賠償損害。」對於符合一定要件，而有公法上請求權，經由法定程序請求公務員作為而怠於執行職務者，自有其適用，惟與首開意旨不符部分，則係對人民請求國家賠償增列法律所無之限制，有違憲法保障人民權利之意旨，應不予援用。（87、11、20）

釋字第470號解釋

中華民國八十一年五月二十八日修正公布之憲法增修條文第十三條第一項規定司法院設院長、副院長各一人，大法官若干人，由總統提名，經國民大會同意任命之，不適用憲法第七十九條之有關規定，自此監察院已無行使同意之權。總統並分別於八十二年四月二日及八十三年七月三十日依前開增修條文規定，提名司法院院長、副院長、大法官，經國民大會同意任命。八十三年八月一日修正公布之憲法增修條文將上開同條文條次變更為第四條第一項。八十六年七月二十一日修正公布之憲法增修條文雖針對前開增修條文加以修正，改列為第五條第一項而異其內容，但明定自九十二年起實施。是在此之前所提名之司法院院長、副院長及大法官，自無從適用。未屆九十二年以前，司法院院長、副院長及本屆大法官出缺致影響司法院職權之正常運作時，其任命之程序如何，現行憲法增修條文漏未規定，要屬修憲之疏失，總統如行使提名權，應適用八十三年八月一日修正公布之憲法增修條文第四條規定程序為之。（87、11、27）

釋字第471號解釋

解釋人民身體之自由應予保障，憲法第八條設有明文。限制人身自由之法律，其內容須符合憲法第二十三條所定要件。保安處分係對受處分人將來之危險性所為拘束其身體、自由等之處置，以達教化與治療之目的，為刑罰之補充制度。本諸法治國家保障人權之原理及刑法之保護作用，其法律規定之內容，應受比例原則之規範，使保安處分之宣告，與行為人所為行為之嚴重性、行為人所表現之危險性，及對於行為人未來行為之期待性相當。槍砲彈藥刀械管制條例第十九條第一項規定：「犯第七條、第八條、第十條、第十一條、第十二條第一項至第三項、第十三條第一項至第三項之罪，經判處有期徒刑者，應於刑之執行完畢或赦免後，令入勞動場所，強制工作，其期間為三年。」此項規定不問對行為人有無預防矯治其社會危險性之必要，一律宣付強制工作三年，限制其中不具社會危險性之受處分人之身體、自由部分，其所採措施與所欲達成預防矯治之目的及所需程度，不合憲法第二十三條所定之比例原則。犯上開條例第十九條所定之罪，不問對行為人有無預防矯治其社會危險性之必要，一律宣付強制工作三年之部分，與本解釋意旨不符，應自本解釋公布之日起不予適用。犯該條例第十九條第一項所列舉之罪，依個案情節符合比例原則部分，固應適用該條例宣告保安處分；至不符合部分而應宣告保安處分者，則仍由法院斟酌刑法第九十條第一項規定之要件，依職權為之，於此，自無刑法第二條第二項之適用，亦即仍有從新從輕原則之適用。（87、12、18）

釋字第472號解釋

國家為謀社會福利，應實施社會保險制度；國家為增進民族健康，應普遍推行衛生保健事業及公醫制度，憲法第一百五十五條及第一百五十七條分別定有明文。又國家應推行全民健康保險，復為憲法增修條文第十條第五項所明定。中華民國八十三年八月九日公布、八十四年三月一日施行之全民健康保險法即為實現上開憲法規定而制定。該法第十一條之一、第六十九條之一及第八十七條有關強制納保、繳納保費，係基於社會互助、危險分攤及公共利益之考量，符合憲法推行全民健康保險之意旨；同法第三十條有關加徵滯納金之規定，則係促使投保單位或被保險人履行其繳納保費義務之必要手段。全民健康保險法上開條文與憲法第二十三條亦無牴觸。惟對於無力繳納保費者，國家應給予適當之救助，不得逕行拒絕給付，以符憲法推行全民健康保險，保障老弱殘廢、無力生活人民之旨趣。

已依法參加公、勞、農保之人員亦須強制其加入全民健康保險，係增進公共利益所必要，難謂有違信賴保護原則。惟有關機關仍應本於全民健康保險法施行時，該法第八十五條限期提出改制方案之考量，依本解釋意旨，並就保險之營運（包括承保機構之多元化）、保險對象之類別、投保金額、保險費率、醫療給付、撙節開支及暫行拒絕保險給付之當否等，適時通盤檢討改進，併此指明。（88、1、29）

釋字第473號解釋

全民健康保險法第十八條規定同法第八條所定第一類至第四類被保險人及其眷屬之保險費，依被保險人之投保金額及其保險費率計算之。此項保險費係為確保全民健康保險制度之運作而向被保險人強制收取之費用，屬於公法上金錢給付之一種，具分擔金之性質，保險費率係依預期損失率，經精算予以核計。其衡酌之原則以塡補國家提供保險給付支出之一切費用為度，鑑於全民健康保險為社會保險，對於不同所得者，收取不同保險費，以符量能負擔之公平性，並以類型化方式合理計算投保金額，俾收簡化之功能，全民健康保險法第二十一條第一項乃規定授權主管機關訂定被保險人投保金額之分級表，為計算被保險人應負擔保險費之依據。依同法第二十二條第一項第三款及第三項規定專門職業及技術人員自行執業而無固定所得者，其投保金額由該被保險人依投保金額分級表所定數額自行申報。準此，全民健康保險法施行細則第四十一條第一項第四款規定，專門職業及技術人員自行執業者，其投保金額以分級表最高一級為上限，以勞工保險投保薪資分級表最高一級為下限，係基於法律規定衡量被保險人從事職業之性質，符合母法授權之意旨，與憲法保障財產權之旨趣，並不違背。（88、1、29）

釋字第474號解釋

公務人員參加公務人員保險，於保險事故發生時，有依法請求保險金之權利，該請求權之消滅時效，應以法律定之，屬於憲法上法律保留事項。中華民國四十七年八月八日考試院訂定發布之公務人員保險法施行細則第七十條（八十四年六月九日考試院、行政院令修正發布之同施行細則第四十七條），逕行規定時效期間，與上開意旨不符，應不予適用。在法律未明定前，應類推適用公務人員退休法、公務人員撫卹法等關於退休金或撫卹金請求權消滅時效期間之規定。至於時效中斷及不完成，於相關法律未有規定前，亦應類推適用民法之規定，併此指明。（88、1、29）

釋字第475號解釋

國民大會為因應國家統一前之需要，制定憲法增修條文，其第十一條規定：「自由地區與大陸地區間人民權利義務關係及其他事務之處理，得以法律為特別之規定。」政府於中華民國三十八年以前在大陸地區發行之國庫債券，係基於當時國家籌措財源之需要，且以包括當時大陸地區之稅收及國家資產為清償之擔保，其金額至鉅。嗣因國家發生重大變故，政府遷臺，此一債券擔保之基礎今已變更，目前由政府立即清償，勢必造成臺灣地區人民稅負之沈重負擔，顯違公平原則。立法機關乃依憲法增修條文第十一條之授權制定「臺灣地區與大陸地區人民關係條例」，於第六十三條第三項規定：一、民國三十八年以前在大陸發行尚未清償之外幣債券及民國三十八年黃金短期公債；二、國家行局及收受存款之金融機構在大陸撤退前所有各項債務，於國家統一前不予處理，其延緩債權人對國家債權之行使，符合上開憲法增修條文之意旨，與憲法第二十三條限制人民自由權利應遵守之要件亦無牴觸。（88、1、29）

釋字第476號解釋

人民身體之自由與生存權應予保障，固為憲法第八條、第十五條所明定；惟國家刑罰權之實現，對於特定事項而以特別刑法規定特別之罪刑所為之規範，倘與憲法第二十三條所要求之目的正當性、手段必要性、限制妥當性符合，即無乖於比例原則，要不得僅以其關乎人民生命、身體之自由，遂執兩不相侔之普通刑法規定事項，而謂其係有違於前開憲法之意旨。

中華民國八十一年七月二十七日修正公布之「肅清煙毒條例」、八十七年五月二十日修正公布之「毒品危害防制條例」，其立法目的，乃特別為肅清煙毒、防制毒品危害，藉以維護國民身心健康，進而維持社會秩序，俾免國家安全之陷於危殆。因是拔其貽害之本，首予杜絕流入之途，即著重煙毒來源之截堵，以求禍害之根絕；而製造、運輸、販賣行為乃煙毒禍害之源，其源不斷，則流毒所及，非僅多數人之生命、身體受其侵害，并社會、國家之法益亦不能免，為害之鉅，當非個人一己之生命、身體法益所可比擬。對於此等行為之以特別立法嚴厲規範，當已符合比例原則；抑且製造、運輸、販賣煙毒之行為，除有上述高度不法之內涵外，更具有暴利之特質，利之所在，不免群趨僥倖，若僅藉由長期自由刑措置，而欲達成肅清、防制之目的，非但成效難期，要亦有悖於公平與正義。肅清煙毒條例第五條第一項：「販賣、運輸、製造毒品、鴉片或麻煙者，處死刑或無期徒刑。」毒品危害防制條例第四條第一項：「製造、運輸、販賣第一級毒品者，處死刑或無期徒刑；處無期徒刑者，得併科新臺幣一千萬元以下罰金。」其中關於死刑、無期徒刑之法定刑規定，係本於特別法嚴禁毒害之目的而為之處罰，乃維護國家安全、社會秩序及增進公共利益所必要，無違憲法第二十三條之規定，與憲法第十五條亦無牴觸。（88、1、29）

釋字第477號解釋

臺灣地區在戒嚴時期刑事案件之審判權由軍事審判機關行使者，其適用之程序與一般刑事案件有別，救濟功能亦有所不足，立法機關乃制定戒嚴時期人民受損權利回復條例，對犯內亂罪及外患罪，符合該條例所定要件之人民，回復其權利或給予相當賠償，而明定限於犯外患罪、內亂罪之案件，係基於此類犯罪涉及政治因素之考量，在國家處於非常狀態，實施戒嚴之情況下，軍事審判機關所為認事用法容有不當之處。至於其他刑事案件不在上開權利回復條例適用之列，要屬立法裁量範圍，與憲法尚無牴觸。

戒嚴時期人民受損權利回復條例第六條適用對象，以「受無罪之判決確定前曾受羈押或刑之執行者」為限，未能包括不起訴處分確定前或後、經治安機關逮捕以罪嫌不足逕行釋放前、無罪判決確定後、有罪判決（包括感化、感訓處分）執行完畢後，受羈押或未經依法釋放之人民，係對權利遭受同等損害，應享有回復利益者，漏未規定，顯屬立法上之重大瑕疵，若仍適用該條例上開規定，僅對受無罪判決確定前喪失人身自由者予以賠償，反足以形成人民在法律上之不平等，就此而言，自與憲法第七條有所牴觸。是凡屬上開漏未規定之情形，均得於本解釋公布之日起二年內，依該條例第六條規定請求國家賠償。（88、1、12）

釋字第478號解釋

土地稅法第三十五條第一項第一款所定「自用住宅用地」，依同法第九條規定，係指「為土地所有權人或其配偶、直系親屬於該地辦竣戶籍登記，且無出租或供營業用之住宅用地」，並未以須經稽徵機關核准按自用住宅用地稅率課徵地價稅為認定之標準。財政部中華民國七十三年十二月二十七日台財稅第六五六三四號函謂：「土地所有權人出售自用住宅用地，於二年內重購土地者，除自完成移轉登記之日起，不得有出租或營業情事外，並須經稽徵機關核准按自用住宅用地稅率課徵地價稅者，始准依土地稅法第三十五條第一項第一款規定，退還已納土地增值稅」，其以「須經稽徵機關核准按自用住宅用地稅率課徵地價稅」為申請退稅之要件部分，係增加土地稅法第三十五條第一項第一款所無之限制，有違憲法第十九條租稅法律主義，應不予援用。（88、3、19）

釋字第479號解釋

憲法第十四條規定人民有結社自由，旨在保障人民為特定目的，以共同之意思組成團體並參與其活動之自由。就中關於團體名稱之選定，攸關其存立之目的、性質、成員之認同及與其他團體之識別，自屬結社自由保障之範圍。對團體名稱選用之限制，亦須符合憲法第二十三條所定之要件，以法律或法律明確授權之命令始得為之。

人民團體法第五條規定人民團體以行政區域為組織區域；而第十二條僅列人民團體名稱、組織區域為章程應分別記載之事項，對於人民團體名稱究應如何訂定則未有規定。行政機關依其職權執行法律，雖得訂定命令對法律為必要之補充，惟其僅能就執行母法之細節性、技術性事項加以規定，不得逾越母法之限度，迭經本院解釋釋示在案。內政部訂定之「社會團體許可立案作業規定」第四點關於人民團體應冠以所屬行政區域名稱之規定，逾越母法意旨，侵害人民依憲法應享之結社自由，應即失其效力。（88、4、1）

釋字第480號解釋

促進產業升級條例第十六條第二款規定，公司以其未分配盈餘增資償還因增置或更新同條第一款所定之機器、設備或運輸設備之貸款或未付款者，其股東因而取得之新發行記名股票，免予計入該股東當年度綜合所得額；其股東為營利事業者，免予計入當年度營利事業所得額課稅。適用上開條文之公司應依中華民國八十二年十月二十七日修正發布之同條例施行細則第三十二條之一第二項第八款（現行細則第三十八條第二項第八款）規定，於核定本次增資償還計畫之期限內完成償還貸款或未付款，並於完成後六個月內檢具清償證明影本或經會計師查核簽證之清償證明文件，向原核備機關申請核發完成證明。如因實際需要得依同細則第三十四條第二項（現行細則第四十四條第二項）規定，於原核備完成期限前向原計畫核備機關申請展延至四年。上開施行細則有關六個月申請期間之規定，對納稅義務人而言，雖屬較短之期限，惟原計畫已准其有一定完成之期限，茲復有四年延展期間之設，如無一定申請期間之限制，稅捐核課之目的即難以落實。而此等期間之規定，除已斟酌適用本條例之公司之實際需要外，並係兼顧稅捐稽徵法第二十一條租稅核課期間及商業會計法第三十八條會計憑證保存期限而設，為執行母法及相關法律所必要。是上開細則有關六個月之規定，符合立法意旨且未逾越母法之限度，與憲法第十九條及第二十三條並無牴觸。（88、4、16）

釋字第481號解釋

中華民國八十一年五月二十八日修正公布之中華民國憲法增修條文第十七條，授權以法律訂定省縣地方制度，同條第一款、第三款規定，省設省議會及省政府，省置省長一人，省議員與省長分別由省民選舉之，係指事實上能實施自治之省，應受上述法律規範，不受憲法相關條文之限制。省縣自治法遂經憲法授權而制定，該法第六十四條規定，轄區不完整之省，其議會與政府之組織，由行政院另定之。行政院據此所訂定之福建省政府組織規程，未規定由人民選舉省長及省議會議員，乃斟酌福建省之特殊情況所為之規定，為事實上所必需，符合母法授權之意旨，與憲法第七條人民在法律上平等之原則亦無違背。（88、4、16）

釋字第482號解釋

民事訴訟法第五百零一條第一項第四款規定，提起再審之訴，應表明再審理由及關於再審理由並遵守不變期間之證據。其中關於遵守不變期間之證據，係屬提出書狀時，應添具之文書物件，與同法第一百二十一條第一項規定之書狀不合程式之情形不同，自不生程式欠缺補正之問題。惟當事人於再審書狀中已表明再審理由並提出再審理由之證據，而漏未表明其遵守不變期間之證據時，法院為行使闡明權，非不得依具體個案之情形，裁定命其提出證據。最高法院六十年台抗字第五三八號判例，符合上開意旨，與憲法保障人民訴訟權之規定並無牴觸。（88、4、30）

釋字第483號解釋

公務人員依法銓敘取得之官等俸級，非經公務員懲戒機關依法定程序之審議決定，不得降級或減俸，此乃憲法上服公職權利所受之制度性保障，亦為公務員懲戒法第一條、公務人員保障法第十六條及公務人員俸給法第十六條之所由設。公務人員任用法第十八條第一項第三款前段規定：「經依法任用人員，除自願者外，不得調任低一官等之職務；在同官等內調任低職等職務者，仍以原職等任用」，有任免權之長官固得據此將高職等之公務人員調任為較低官等或職等之職務；惟一經調任，依公務人員俸給法第十三條第二項及同法施行細則第七條之規定，此等人員其所敘俸級已達調任職等年功俸最高級者，考績時不再晉敘，致高資低用人員縱於調任後如何戮力奉公，成績卓著，又不論其原敘職等是否已達年功俸最高級，亦無晉敘之機會，則調任雖無降級或減俸之名，但實際上則生類似降級或減俸之懲戒效果，與首開憲法保障人民服公職權利之意旨未盡相符，主管機關應對上開公務人員任用法、公務人員俸給法及附屬法規從速檢討修正。（88、5、14）

釋字第484號解釋

契稅條例第二條第一項規定：「不動產之買賣、承典、交換、贈與、分割或因占有面取得所有權者，均應購用公定契紙，申報繳納契稅。」同條例第十八條第一項規定：「主管稽徵機關收到納稅義務人契稅申報案件，應於十五日內審查完竣，查定應納稅額，發單通知納稅義務人依限繳納。」又同條例第二十三條規定：「凡因不動產之買賣、承典、交換、贈與、分割及占有而辦理所有權登記者，地政機關應憑繳納契稅收據辦理權利變更登記。」是申報繳納契稅關係人民財產權之行使及取得。財政部中華民國七十年八月十九日台財稅字第三六八八九號關於「同一建物、土地先後有數人申報，且各有其合法依據時，為避免日後可能發生糾紛起見，稅捐稽徵機關得通知各有關當事人自行協調，在當事人未達成協議或訴請司法機關確認所有權移轉登記權利前，稅捐稽徵機關得暫緩就申報案件核發納稅通知書」之函示，逾越上開法律規定之意旨，指示稅捐稽徵機關得暫緩就申報案件核發稅捐稽徵通知書，致人民無從完成納稅手續憑以辦理所有權移轉登記，妨害人民行使財產上之權利，與憲法第十五條保障人民財產權之意旨不符，應不再援用。（88、5、14）

釋字第485號解釋

憲法第七條平等原則並非指絕對、機械之形式上平等，而係保障人民在法律上地位之實質平等，立法機關基於憲法之價值體系及立法目的，自得斟酌規範事物性質之差異而為合理之區別對待。促進民生福祉乃憲法基本原則之一，此觀憲法前言、第一條、基本國策及憲法增修條文第十條之規定自明。立法者基於社會政策考量，尚非不得制定法律，將福利資源為限定性之分配。國軍老舊眷村改進條例及其施行細則分別規定，原眷戶享有承購依同條例興建之住宅及領取由政府給與輔助購宅款之優惠，就自備款部分得辦理優惠利率貸款，對有照顧必要之原眷戶提供適當之扶助，其立法意旨與憲法第七條平等原則尚無牴觸。惟鑑於國家資源有限，有關社會政策之立法，必須考量國家之經濟及財政狀況，依資源有效利用之原則，注意與一般國民間之平等關係，就福利資源為妥善之分配，並應斟酌受益人之財力、收入、家計負擔及須照顧之必要性妥為規定，不得僅以受益人之特定職位或身分作為區別對待之唯一依據；關於給付方式及額度之規定，亦應力求與受益人之基本生活需求相當，不得超過達成目的所需必要限度而給予明顯過度之照顧。立法機關就上開條例與本解釋意旨未盡相符之部分，應通盤檢討改進。（88、5、28）

釋字第486號解釋

憲法上所保障之權利或法律上之利益受侵害者，其主體均得依法請求救濟。中華民國七十八年五月二十六日修正公布之商標法第三十七條第一項第十一款（現行法為第三十七條第十一款）前段所稱「其他團體」，係指自然人及法人以外其他無權利能力之團體而言，其立法目的係在一定限度內保護該團體之人格權及財產上利益。自然人及法人為權利義務之主體，固均為憲法保護之對象；惟為貫徹憲法對人格權及財產權之保障，非具有權利能力之「團體」，如有一定之名稱、組織而有自主意思，以其團體名稱對外為一定商業行為或從事事務有年，已有相當之知名度，為一般人所知悉或熟識，且有受保護之利益者，不論其是否從事公益，均為商標法保護之對象，而受憲法之保障。商標法上開規定，商標圖樣，有其他團體之名稱，未得其承諾者，不得申請註冊，目的在於保護各該團體之名稱不受侵害，並兼有保護消費者之作用，與憲法第二十二條規定之意旨尚無牴觸。（88、6、11）

釋字第487號解釋

冤獄賠償法爲國家賠償責任之特別立法，憲法第二十四條規定：「凡公務員違法侵害人民之自由或權利者，除依法律受懲戒外，應負刑事及民事責任。被害人民就其所受損害，並得依法律向國家請求賠償」，立法機關據此有制定有關國家賠償法律之義務，而此等法律對人民請求各類國家賠償要件之規定，並應符合憲法上之比例原則。刑事被告之羈押，係爲確保訴訟程序順利進行，於被告受有罪判決確定前，拘束其身體自由於一定處所之強制處分，乃對人民身體自由所爲之嚴重限制，故因羈押而生之冤獄賠償，尤須尊重憲法保障人身自由之精神。冤獄賠償法第二條第二款前段，僅以受害人之行爲違反公共秩序或善良風俗爲由，剝奪其請求賠償之權利，未能以其情節是否重大，有無逾越社會通常觀念所能容忍之程度爲衡量標準，與前述憲法意旨未盡相符。上開法律第二條第二款與本解釋不合部分，應不予適用。（88、7、9）

釋字第488號解釋

憲法第十五條規定，人民財產權應予保障。對人民財產權之限制，必須合於憲法第二十三條所定必要程度，並以法律定之，其由立法機關明確授權行政機關以命令訂定者，須據以發布之命令符合立法意旨且未逾越授權範圍時，始爲憲法之所許，迭經本院解釋在案。信用合作社法第二十七條第一項及銀行法第六十二條第一項係爲保障存款人權益，並兼顧金融秩序之安定而設，金融機構監管接管辦法第十一條第一項第三款及第十四條第四款雖亦有銀行法第六十二條第三項授權之依據，惟基於保障人民權利之考量，法律規定之實體內容固不得違背憲法，其爲實施實體內容之程序及提供適時之司法救濟途徑，亦應有合理規定，方符憲法維護人民權利之意旨；法律授權行政機關訂定之命令，爲適當執行法律之規定，尤須對採取影響人民權利之行政措施時，其應遵行之程序作必要之規範。前述銀行法、信用合作社法及金融機構監管接管辦法所定之各種措施，對銀行、信用合作社之股東（社員）、經營者及其他利害關係人，既皆有重大影響，該等法規僅就主管機關作成行政處分加以規定，未能對作成處分前，如何情形須聽取股東、社員、經營者或利害關係人陳述之意見或徵詢地方自治團體相關機關（涉及各該地方自治團體經營之金融機構）之意見設置明文。又上開辦法允許主管機關逕行指派機關（機構）或人員爲監管人或接管人，並使接管人取得經營權及財產管理處分權，復由接管人及主管機關決定概括讓與全部或部分屈務及資產負債，或與他金融機構合併，無須斟酌受接管之金融機構股東或社員大會決議之可行性，亦不考慮該金融機構能否適時提供相當資金、擔保或其他解決其資產不足清償債務之有效方法，皆與憲法保障人民財產權之意旨未盡相符。前述法規主管機關均應依本解釋儘速檢討修正。（88、7、30）

釋字第489號解釋

信用合作社法第二十七條第一項及銀行法第六十二條第一項、第二項所稱主管機關對違反法令、章程或無法健全經營而損及社員及存款人權益之合作社或因業務或財務狀況顯著惡化之銀行，得分別爲撤銷決議、撤換職員、限制發給理、監事酬勞或停止、解除其職務，停止業務限期清理、派員監管、接管、合併、命令解散、撤銷許可及其他必要處置。其中必要處置係指在符合信用合作社法第二十七條第一項「無法健全經營而有損及社員及存款人權益之虞時」或銀行法第六十二條第一項「銀行因業務或財務狀況顯著惡化，不能支付其債務或有損及存款人利益之虞時」之前提下，因情況急迫，縱然採取上開法律所舉之措施，勢將不能實現預期效果時，所爲不得已之合理手段而言。主管機關對財務狀況顯著惡化、無法健全經營之銀行或信用合作社促使其由其他金融機構概括承受，應合於前述要件外，尚須被概括承受之銀行或信用合作社未能適時提供相當資金、擔保或其他解決其資產不足清償債務之有效方法時，經依相關法令規定辦理概括承受之程序，始符合必要處置之意旨。（88、7、30）

釋字第490號解釋

人民有依法律服兵役之義務，爲憲法第二十條所明定。惟人民如何履行兵役義務，憲法本身並無明文規定，有關人民服兵役之重要事項，應由立法者斟酌國家安全、社會發展之需要，以法律定之。憲法第十三條規定：「人民有信仰宗教之自由。」係指人民有信仰與不信仰任何宗教之自由，以及參與或不參與宗教活動之自由；國家不得對特定之宗教加以獎勵或禁制，或對人民特定信仰畀予優待或不利益。立法者鑑於男女生理上之差異及因此種差異所生之社會生活功能角色之不同，於兵役法第一條規定：中華民國男子依法皆有服兵役之義務，係為實踐國家目的及憲法上人民之基本義務而為之規定，原屬立法政策之考量，非為助長、促進或限制宗教而設，且無助長、促進或限制宗教之效果。復次，服兵役之義務，並無違反人性尊嚴亦未動搖憲法價值體系之基礎，且為大多數國家之法律所明定，更為保護人民，防衛國家之安全所必需，與憲法第七條平等原則及第十三條宗教信仰自由之保障，並無牴觸。又兵役法施行法第五十九條第二項規定：同條第一項判處徒刑人員，經依法赦免、減刑、緩刑、假釋後，其禁役者，如實際執行徒刑時間不滿四年時，免除禁役。故免除禁役者，倘仍在適役年齡，其服兵役之義務，並不因此而免除，兵役法施行法第五十九條第二項因而規定，由各該管轄司法機關通知其所屬縣（市）政府處理。若另有違反兵役法之規定而符合處罰之要件者，仍應依妨害兵役治罪條例之規定處斷，並不構成一行為重複處罰問題，亦與憲法第十三條宗教信仰自由之保障及第二十三條比例原則之規定，不相牴觸。（88、10、1）

釋字第491號解釋

憲法第十八條規定人民有服公職之權利，旨在保障人民有依法令從事於公務之權利，其範圍不惟涉及人民之工作權及平等權，國家應建立相關制度，用以規範執行公權力及履行國家職責之行為，亦應兼顧對公務人員之權益之保護。公務人員之懲戒乃國家對其違法、失職行為之制裁。此項懲戒得視其性質，於合理範圍內，以法律規定由其長官為之。中央或地方機關依公務人員考績法或相關法規之規定對公務人員所為免職之懲處處分，為限制人民服公職之權利，實質上屬於懲戒處分，其構成要件應由法律定之，方符憲法第二十三條之意旨。公務人員考績法第十二條第一項第二款規定各機關辦理公務人員之專案考績，一次記二大過者免職。同條第二項復規定一次記二大過之標準由銓敘部定之，與上開解釋意旨不符。又懲處處分之構成要件，法律以抽象概念表示者，其意義須非難以理解，且為一般受規範者所得預見，並可經由司法審查加以確認，方符法律明確性原則。對於公務人員之免職處分既係限制憲法保障人民服公職之權利，自應踐行正當法律程序，諸如作成處分應經機關內部組成立場公正之委員會決議，處分前並應給予受處分人陳述及申辯之機會，處分書應附記理由，並表明救濟方法、期間及受理機關等，設立相關制度予以保障。復依公務人員考績法第十八條規定，服務機關對於專案考績應予免職之人員，在處分確定前得先行停職。受免職處分之公務人員既得依法提起行政爭訟，則免職處分自應於確定後方得執行。相關法令應依本解釋意旨檢討改進，其與本解釋不符部分，應自本解釋公布之日起，至遲於屆滿二年時失其效力。（88、10、15）

釋字第492號解釋

人民之財產權應予保障，為憲法第十五條所明定。商標專用權屬於人民財產權之一種，亦在憲法保障之列。惟商標專用權人結束營業，且並無於結束營業前或其後就同一商標專用權授權他人使用或移轉他人繼續營業之可能時，因其已喪失存在之目的，自無再予保障之必要。中華民國七十二年一月二十六日修正公布之商標法第三十三條第一款規定，商標專用權人於商標專用期間內廢止營業者，其商標專用權當然消滅，即係本此意旨所為對人民財產權之限制；商標專用權人倘僅係暫時停止營業；或權利人本人雖結束營業，而仍有移轉他人繼續營業之可能時，其商標既有繼續使用之價值，即難謂與廢止營業相同，而使其商標專用權當然消滅。公司法第二十五條規定，解散之公司於清算範圍內，視為尚未解散，即法人尚未消滅；同法第二十六條規定，解散之公司在清算時期，得為了結現務及便利清算之目的，暫時經營業務。故解散之公司事實上據此規定倘尚在經營業務中，且係繼續原有之營業者，既不能認已廢止營業，從而其享有之商標專用權，要亦不能認為已當然消滅。於此，其為了結現務及便利清算之目的，自得將商標專用權與其商品經營一併移轉他人。經濟部七十四年八月二十日經(74)商字第三六一一一〇號關於「依公司法為解散登記或撤銷登記者」即係「廢止營業」之函釋部分，其對於人民財產權之限制，顯已逾越上述商標法第三十三條第一款所定之限度，與憲法保障人民財產權之意旨有違，應不予援用。（88、10、29）

釋字第493號解釋

營利事業所得之計算，係以其本年度收入總額減除各項成本費用、損失及稅捐後之純益額為所得額，為所得稅法第二十四條第一項所明定。依所得稅法第四條之一前段規定，自中華民國七十九年一月一日起，證券交易所得停止課徵所得稅；公司投資收益部分，依六十九年十二月三十日修正公布之所得稅法第四十二條，公司組織之營利事業，投資於國內其他非受免徵營利事業所得稅待遇之股份有限公司組織者，其中百分之八十免予計入所得額課稅；則其相關成本費用，按諸收入與成本費用配合之上揭法律規定意旨及公平原則，自亦不得歸由其他應稅之收入項下減除。至應稅收入及免稅收入應分攤之相關成本費用，除可直接合理明確歸屬者得個別歸屬，應自有價證券出售收入項下減除外，因投資收益及證券交易收入源自同一投入成本，難以投入成本比例作為分攤基準。財政部八十三年二月八日台財稅第八三一五八二四七二號函說明三，採以收入比例作為分攤基準之計算方式，符合上開法條規定意旨，與憲法尚無牴觸。惟營利事業成本費用及損失等之計算涉及人民之租稅負擔，為貫徹憲法第十九條之意旨，仍應由法律明確授權主管機關訂立為宜。（88、10、29）

釋字第494號解釋

國家為保障勞工權益，加強勞雇關係，促進社會與經濟發展，而制定勞動基準法，規定勞工勞動條件之最低標準，並依同法第三條規定適用於同條第一項各款所列之行業。事業單位依其事業性質以及勞動態樣，固得與勞工另訂定勞動條件，但不得低於勞動基準法所定之最低標準。關於延長工作時間之加給，自勞動基準法施行後，凡屬於該法適用之各業自有該法第二十四條規定之適用，俾貫徹法律保護勞工權益之意旨。至監視性、間歇性或其他性質特殊工作，不受上開法律有關工作時間、例假、休假等規定之限制，係中華民國八十五年十二月二十七日該法第八十四條之一所增訂，對其生效日期前之事項，並無適用餘地。（88、11、18）

釋字第495號解釋

凡規避檢查、偷漏關稅或逃避管制，未經向海關申報而運輸貨物進、出國境者，海關應予查緝，海關緝私條例第一條及第三條定有明文。同條例第三十一條之一規定：「船舶、航空器、車輛或其他運輸工具所載進口貨物或轉運本國其他港口之轉運貨物，經海關查明與艙口單、載貨清單、轉運艙單或運送契約文件所載不符者，沒入其貨物。但經證明確屬誤裝者，不在此限」，係課進、出口人遵循國際貿易及航運常規程序，就貨物與艙口單、載貨清單、轉運艙單或運送契約文件，誠實記載及申報之義務，並對於能舉證證明確屬誤裝者，免受沒入貨物之處分，其責任條件未排除本院釋字第二七五號解釋之適用，為增進公共利益所必要，與憲法第二十三條尚無牴觸。（88、11、18）

釋字第496號解釋

憲法第十九條規定「人民有依法律納稅之義務」，係指人民有依法律所定要件負繳納稅捐之義務或享減免繳納之優惠而言。稅法之解釋，應本於租稅法律主義之精神，依各該法律之立法目的，衡酌經濟上之意義及實質課稅之公平原則為之。財政部中華民國五十九年九月二日台財稅發第二六六五六號令及七十七年五月十八日台財稅第七七〇六五六一五一號函，核發修正獎勵減免營利事業所得稅計算公式，乃主管機關為便利徵納雙方徵繳作業，彙整獎勵投資條例及所得稅法相關規定所為之釋示，其中規定「非營業收入小於非營業損失時，應視為零處理」，係為避免產生非免稅產品所得亦不必繳稅之結果，以期符合該條例獎勵項目之產品其所得始可享受稅捐優惠之立法意旨。惟相關之非營業損失，如可直接合理明確定其歸屬者，應據以定其歸屬，倘難以區分時，則依免稅產品銷貨（業務）收入與應稅產品銷貨（業務）收入之比例予以推

估，始符合租稅公平原則。有關機關應依本解釋意旨從速檢討修正相關法令，併此指明。（88、12、3）

釋字第497號解釋

中華民國八十一年七月三十一日公布之臺灣地區與大陸地區人民關係條例係依據八十年五月一日公布之憲法增修條文第十條（現行增修條文改列為第十一條）「自由地區與大陸地區間人民權利義務關係及其他事務之處理，得以法律為特別之規定」所制定，為國家統一前規範臺灣地區與大陸地區間人民權利義務之特別立法。內政部依該條例第十條及第十七條之授權分別訂定「大陸地區人民進入臺灣地區許可辦法」及「大陸地區人民在臺灣地區定居或居留許可辦法」，明文規定大陸地區人民進入臺灣地區之資格要件、許可程序及停留期限，係在確保臺灣地區安全與民眾福祉，符合該條例之立法意旨，尚未逾越母法之授權範圍，為維持社會秩序或增進公共利益所必要，與上揭憲法增修條文無違，於憲法第二十三條之規定亦無牴觸。（88、12、3）

釋字第498號解釋

地方自治為憲法所保障之制度。基於住民自治之理念與垂直分權之功能，地方自治團體設有地方行政機關及立法機關，其首長與民意代表均由自治區域內之人民依法選舉產生，分別綜理地方自治團體之地方事務，或行使地方立法機關之職權，地方行政機關與地方立法機關間依法並有權責制衡之關係。中央政府或其他上級政府對地方自治團體辦理自治事項、委辦事項，依法僅得按事項之性質，為適法或適當與否之監督。地方自治團體在憲法及法律保障之範圍內，享有自主與獨立之地位，國家機關自應予以尊重。立法院所設各種委員會，依憲法第六十七條第二項規定，雖得邀請地方自治團體行政機關有關人員到會備詢，但基於地方自治團體具有自主、獨立之地位，以及中央與地方各設有立法機關之層級體制，地方自治團體行政機關公務員，除法律明定應到會備詢者外，得衡酌到會說明之必要性，決定是否到會。於此情形，地方自治團體行政機關之公務員未到會備詢時，立法院不得因此據以為刪減或擱置中央機關對地方自治團體補助款預算之理由，以確保地方自治之有效運作，及符合憲法所定中央與地方權限劃分之均權原則。（88、12、31）

釋字第499號解釋

一、憲法為國家根本大法，其修改關係憲政秩序之安定及全國國民之福祉至鉅，應由修憲機關循正當修憲程序為之。又修改憲法乃最直接體現國民主權之行為，應公開透明為之，以滿足理性溝通之條件，方能賦予憲政國家之正當性基礎。國民大會依憲法第二十五條、第二十七條第一項第三款及中華民國八十六年七月二十一日修正公布之憲法增修條文第一條第三項第四款規定，係代表全國國民行使修改憲法權限之唯一機關。其依修改憲法程序制定或修正憲法增修條文須符合公開透明原則，並應遵守憲法第一百七十四條及國民大會議事規則有關之規定，俾副全國國民之合理期待與信賴。是國民大會依八十三年八月一日修正公布憲法增修條文第一條第九項規定訂定之國民大會議事規則，其第三十八條第二項關於無記名投票之規定，於通過憲法修改案之讀會時，適用應受限制。而修改憲法亦係憲法上行為之一種，如有重大明顯瑕疵，即不生其應有之效力。所謂明顯，係指事實不待調查即可認定；所謂重大，就議事程序而言則指瑕疵之存在已喪失其程序之正當性，而違反修憲條文成立或效力之基本規範。國民大會於八十八年九月四日三讀通過修正憲法增修條文，其修正程序牴觸上開公開透明原則，且衡諸當時有效之國民大會議事規則第三十八條第二項規定，亦屬有違。依其議事錄及速記錄之記載，有不待調查即可發現之明顯瑕疵，國民因而不能知悉國民大會代表如何行使修憲職權，國民大會代表依憲法第一百三十三條規定或本院釋字第三三一號解釋對選區選民或所屬政黨所負政治責任之憲法意旨，亦無從貫徹。此項修憲行為有明顯重大瑕疵，已違反修憲條文發生效力之基本規範。

二、國民大會為憲法所設置之機關，其具有之職權亦為憲法所賦予，基於修憲職權所制定之憲法增修條文與未經修改之憲法條文雖處於同等位階，惟憲法中具有本質之重要性而為規範秩序存立之基礎者，如聽任修改條文予以變更，則憲法整體規範秩序將形同破毀，該修改之條文即失其應有之正當性。憲法條文中，諸如：第一條所樹立之民主共和國原則、第二條國民主權原則、第二章保障人民權利、以及有關權力分立與制衡之原則，具有本質之重要性，亦為憲法整體基本原則之所在。基於前述規定所形成之自由民主憲政秩序，乃現行憲法賴以存立之基礎，凡憲法設置之機關均有遵守之義務。

三、第三屆國民大會八十八年九月四日通過之憲法增修條文第一條，國民大會代表第四屆起依比例代表方式選出，並以立法委員選舉各政黨所推薦及獨立參選之候選人得票之比例分配當選名額，係以性質不同、職掌互異之立法委員選舉計票結果，分配國民大會代表之議席，依此種方式產生之國民大會代表，本身既未經選舉程序，僅屬各黨派按其在立法院席次比例指派之代表，與憲法第二十五條國民大會代表全國國民行使政權之意旨，兩不相容，明顯構成規範衝突。若此等代表仍得行使憲法增修條文第一條以具有民選代表身分為前提之各項職權，將牴觸民主憲政之基本原則，是增修條文有關修改國民大會代表產生方式之規定，與自由民主之憲政秩序自屬有違。

四、上開增修條文第一條第三項後段規定：「第三屆國民大會代表任期至第四屆立法委員任期屆滿之日止」，復於第四條第三項前段規定：「第四屆立法委員任期至中華民國九十一年六月三十日止」，計分別延長第三屆國民大會代表任期二年又四十二天及第四屆立法委員任期五個月。按國民主權原則，民意代表之權限，應直接源自國民之授權，是以代議民主之正當性，在於民意代表行使選民賦予之職權須遵守與選民約定，任期屆滿，除有不能改選之正當理由外應即改選，乃約定之首要者，否則將失其代表性。本院釋字第二六一號解釋：「民意代表之定期改選，為反映民意，貫徹民主憲政之途徑」亦係基於此一意旨。所謂不能改選之正當理由，須與本院釋字第三十一號解釋所指：「國家發生重大變故，事實上不能依法辦理次屆選舉」之情形相當。本件關於國民大會代表及立法委員任期之調整，並無憲政上不能依法改選之正當理由，逕以修改上開增修條文方式延長其任期，與首開原則不符。而國民大會代表之自行延長任期部分，於利益迴避原則亦屬有違，俱與自由民主憲政秩序不合。

五、第三屆國民大會於八十八年九月四日第四次會議第十八次大會以無記名投票方式表決通過憲法增修條文第一條、第四條、第九條暨第十條之修正，其程序違背公開透明原則及當時適用之國民大會議事規則第三十八條第二項規定，其瑕疵已達明顯重大之程度，違反修憲條文發生效力之基本規範；其中第一條第一項至第三項、第四條第三項內容並與憲法中具有本質重要性而為規範秩序賴以存立之基礎，產生規範衝突，為自由民主憲政秩序所不許。上開修正之第一條、第四條、第九條暨第十條應自本解釋公布之日起失其效力，八十六年七月二十一日修正公布之原增修條文繼續適用。（89、3、24）

釋字第500號解釋

營業稅法第一條規定，在中華民國境內銷售貨物或勞務，均應依本法規定課徵營業稅。又涉及租稅事項之法律，其解釋應本於租稅法律主義之精神，依各該法律之立法目的，衡酌經濟上之意義及實質課稅之公平原則為之，亦經本院釋字第四二〇號解釋在案。財政部七十九年六月四日台財稅字第七九〇六六一三〇三號函釋示：「高爾夫球場（俱樂部）向會員收取入會費或保證金，如於契約訂定屆滿一定期間退會者，准予退還；未屆滿一定期間退會者，不予退還之情形，均應於收款時開立統一發票，課徵營業稅及娛樂稅。迨屆滿一定期間實際發生退會而退還入會費或保證金時，准予檢附有關文件向主管稽徵機關申請核實退還已納稅款。」係就實質上屬於銷售貨物或勞務代價性質之「入會費」或「保證金」如何課稅所為之釋示，並未逾越營業稅法第一條課稅之範圍，符合課稅公平原則，與上開解釋意旨無違，於憲法第七條平等權及第十九條租稅法律主義，亦無牴觸。（89、4、7）

釋字第501號解釋

行政、教育、公營事業人員相互轉任採計年資提敘官職等級辦法係依公務人員任用法第十六條授權訂定，旨在促使行政、教育、公營事業三類不同任用制度間，具有基本任用資格之專業人員相互交流，以擔任中、高級主管職務。該辦法第七條規定，為上開三類人員相互轉任採計年資、提敘官職等級之標準所必須，符合法律授權之意旨，且係為配合公務人員俸給法第二條、第九條暨其施行細則第四條第三項、第十五條所訂定。又中華民國七十六年一月十四日發布之公務人員俸給法施行細則第十五條第三項，係因不同制度人員間原係適用不同之任用、敘薪、考績（成）、考核等規定，於相互轉任時，無從依其原敘俸（線）級逕予換敘，基於人事制度之衡平性所為之設計，均未違背公務人員俸給法第十六條及中央法規標準法第十一條之規定，與憲法第七條亦無牴觸。惟前開辦法第七條規定轉任人員採計年資僅能至所敘定職等之本俸（薪）最高級為止，已與八十四年十二月二十六日以還歷次修正發布之公務人員俸給法施行細則按年核計加級，均以至其所敘定職等之年功俸最高級為止之規定，有欠一致，應予檢討改進。（89、4、7）

釋字第502號解釋

民法第一千零七十三條關於收養者之年齡應長於被收養者二十歲以上，及第一千零七十九條之一關於違反第一千零七十三條者無效之規定，符合我國倫常觀念，為維持社會秩序、增進公共利益所必要，與憲法保障人民自由權利之意旨並無牴觸。收養者與被收養者之年齡合理差距，固屬立法裁量事項，惟基於家庭和諧並兼顧養子女權利之考量，上開規定於夫妻共同收養或夫妻之一方收養他方子女時，宜有彈性之設，以符合社會生活之實際需要，有關機關應予檢討修正。（89、4、7）

釋字第503號解釋

納稅義務人違反作為義務而被處行為罰，僅須其有違反作為義務之行為即應受處罰；而逃漏稅捐之被處漏稅罰者，則須具有處罰法定要件之漏稅事實方得為之。二者處罰目的及處罰要件雖不相同，惟其行為如同時符合行為罰及漏稅罰之處罰要件時，除處罰之性質與種類不同，必須採用不同之處罰方法或手段，以達行政目的所必要者外，不得重複處罰，乃現代民主法治國家之基本原則。是違反作為義務之行為，同時構成漏稅行為之一部或係漏稅行為之方法而處罰種類相同者，如從其一重處罰已足達成行政目的時，即不得再就其他行為併予處罰，始符憲法保障人民權利之意旨。本院釋字第三五六號解釋，應予補充。（89、4、20）

釋字第504號解釋

司法院於中華民國八十五年十一月十一日修正發布之辦理強制執行事件應行注意事項第七十點規定：「在假扣押或假處分中之財產，如經政府機關依法強制採購或徵收者，執行法院應將其價金或補償金額提存之」，此一旨意曾經本院院字第二三一五號解釋在案，其目的僅在宣示原查封禁止債務人任意處分財產之效力，繼續存在於該財產因政府機關強制購買或徵收後之代位物或代替利益，以保全債權人將來債權之實現，尚不因提存而生債務消滅之效果，且未另外限制債務人之權利，或使其陷於更不利之地位，符合強制執行法第五十一條、第一百十三條、第一百三十四條、第一百四十條規定之意旨，自無牴觸中央法規標準法第五條規定可言，與憲法保障人民財產權之本旨亦無違背。（89、5、5）

釋字第505號解釋

中華民國七十六年一月二十六日修正公布之獎勵投資條例（七十九年十二月三十一日因施行期間屆滿而當然廢止）第六條第二項規定，合於第三條獎勵項目及標準之生產事業，經增資擴展供生產或提供勞務之設備者，得就同條項所列獎勵擇一適用。同條例授權行政院訂定之施行細則第十一條第一項第二款復規定，增資擴展選定免徵營利事業所得稅四年者，應於其新增設備開始作業或開始提供勞務之次日起一年內，檢齊應附文件，向財政部申請核定之，此與公司辦理增資變更登記係屬兩事。財政部六十四年三月五日台財稅第三一六一三號函謂：生產事業依獎勵投資條例第六條第二項規定申請獎勵，應在擴展之新增設備開始作業或提供勞務以前，辦妥增資變更登記申請手續云云，核與前開施行細則之規定不合，係以職權發布解釋性行政規則對人民依法律享有之權利增加限制之要件，與憲法第二十三條法律保留原則牴觸，應不予適用。

（89、5、5）

釋字第506號解釋

所得稅法關於營利事業所得稅之課徵客體，係採概括規定，凡營利事業之營業收益及其他收益，除具有法定減免事由外，均應予以課稅，俾實現租稅公平負擔之原則。中華民國七十年三月二十六日修正發布之所得稅法施行細則第七十條第一項：「公司利用未分配盈餘增資時，其對股東所增發之股份金額，除應依獎勵投資條例第十三條之規定辦理者外，應由公司於配發時按盈餘分配扣繳稅款，並由受配股東計入增資年度各股東之所得額申報納稅」，尚未逾越六十六年元月三十日修正公布之所得稅法第七十六條之一第二項及同法相關規定授權之目的及範圍，與憲法並無違背。財政部六十四年二月二十日台財稅第三一二三五號函稱：公司當年度如有依獎勵投資條例第十二條（按即六十九年十二月三十日修正公布之獎勵投資條例第十三條，與現行促進產業升級條例第十六條及第十七條規範內容相當）及第十五條規定所取得之增資股票，及出售持有滿一年以上股票之收益，或其他法令得免予計入當年度所得課稅之所得，雖可依法免予計入當年度課稅所得，課徵營利事業所得稅；惟該項所得仍應計入該公司全年所得額內，計算未分配盈餘等語，係主管機關本於職權爲執行有關稅法規定所爲必要之釋示，符合上開法規之意旨，與促進產業升級條例之規範目的無違，於憲法第十九條之租稅法律主義亦無牴觸。（89、5、5）

釋字第507號解釋

憲法第十六條規定人民有訴訟之權，此項權利之保障範圍包括人民權益遭受不法侵害有權訴請司法機關予以救濟在內，惟訴訟權如何行使，應由法律予以規定。法律爲防止濫行興訟致妨害他人自由，或爲避免虛耗國家有限之司法資源，對於告訴或自訴自得爲合理之限制，惟此種限制仍應符合憲法第二十三條之比例原則。中華民國八十三年一月二十一日修正公布之專利法第一百三十一條第二項至第四項規定：「專利權人就第一百二十三條至第一百二十六條提出告訴，應檢附侵害鑑定報告與侵害人經專利權人請求排除侵害之書面通知。未提出前項文件者，其告訴不合法。司法院與行政院應協調指定侵害鑑定專業機構。」依此規定被害人必須檢附侵害鑑定報告，始得提出告訴，係對人民訴訟權所爲不必要之限制，違反前述比例原則。是上開專利法第一百三十一條第二項應檢附侵害鑑定報告及同條第三項未提出前項侵害鑑定報告者，其告訴不合法之規定，應自本解釋公布之日起不予適用。（89、5、19）

釋字第508號解釋

中華民國八十二年二月五日修正公布之所得稅法第二條第一項規定：「凡有中華民國來源所得之個人，應就其中華民國來源之所得，依本法規定，課徵綜合所得稅。」依法徵收之土地爲出租耕地時，依七十八年十月三十日修正公布之平均地權條例第十一條第一項規定應給與承租人之補償費，核屬所得稅法第八條第十一款規定之所得，應依同法第十四條第一項第九類所稱之其他所得，計算個人之綜合所得總額。財政部七十四年四月二十三日台財稅第一四八九四號函謂：「佃農承租之土地，因政府徵收而終止租約，其依平均地權條例第十一條規定，由土地所有權人所得之補償地價扣除土地增值稅後餘額之三分之一給予佃農之補償費，應比照地主收回土地適用所得稅法第十四條第三項變動所得之規定，以補償費之半數作爲當年度所得，其餘半數免稅。」係基於課稅公平原則及減輕耕地承租人稅負而爲之函釋，符合所得稅法上開各規定之意旨，與憲法第十五條、第十九條、第二十三條規定並無牴觸。前述第一四八九四號函釋，係對耕地承租人因政府徵收出租耕地自出租人取得之補償，如何計算當年度所得，作成之釋示；而該部六十六年七月十五日台財稅第三四六一六號函：「個人出售土地，除土地價款外，另自買受人取得之建物以外之地上物之補償費，免課所得稅。該項補償費如係由耕作地上物之佃農取得者，亦可免納所得稅。」係就土地買賣時，佃農取得之耕作地上物補償費免納所得稅所爲之詮釋，前者係其他收益所得，後者爲損失補償，二者之性質互異，自難相提並論，與憲法第七條平等原則並無違背。（89、6、9）

釋字第509號解釋

言論自由爲人民之基本權利，憲法第十一條有明文保障，國家應給予最大限度之維護，俾其實現自我、溝通意見、追求眞理及監督各種政治或社會活動之功能得以發揮。惟爲兼顧對個人名譽、隱私及公共利益之保護，法律尙非不得對言論自由依其傳播方式爲合理之限制。刑法第三百十條第一項及第二項誹謗罪即係保護個人法益而設，爲防止妨礙他人之自由權利所必要，符合憲法第二十三條規定之意旨。至刑法同條第三項前段以對誹謗之事，能證明其爲眞實者不罰，係針對言論內容與事實相符者之保障，並藉以限定刑罰權之範圍，非謂指摘或傳述誹謗事項之行爲人，必須自行證明其言論內容確屬眞實，始能免於刑責。惟行爲人雖不能證明言論內容爲眞實，但依其所提證據資料，認爲行爲人有相當理由確信其爲眞實者，即不能以誹謗罪之刑責相繩，亦不得以此項規定而免除檢察官或自訴人於訴訟程序中，依法應負行爲人故意毀損他人名譽之舉證責任，或法院發現其爲眞實之義務。就此而言，刑法第三百十條第三項與憲法保障言論自由之旨趣並無牴觸。（89、7、7）

釋字第510號解釋

憲法第十五條規定人民之工作權應予保障，人民從事工作並有選擇職業之自由。惟其工作與公共利益密切相關者，於符合憲法第二十三條比例原則之限度內，對於從事工作之方式及必備之資格或其他要件，得以法律或視工作權限制之性質，以有法律明確授權之命令加以規範。中華民國七十三年十一月十九日修正公布之民用航空法第二十五條規定，民用航空局對於航空人員之技能、體格或性行，應爲定期檢查，且得爲臨時檢查，經檢查不合標準時，應限制、暫停或終止其執業，並授權民用航空局訂定檢查標準（八十四年一月二十七日修正公布之同法第二十五條及八十七年一月二十一日修正公布之第二十六條規定意旨亦同）。民用航空局據此授權於八十二年八月二十六日修正發布之「航空人員體格檢查標準」，其第四十八條第一項規定，航空人員之體格，不合該標準者，應予不及格，如經特別鑑定後，認其行使職務藉由工作經驗，不致影響飛航安全時，准予缺點免計；第五十二條規定：「爲保障民航安全，對於准予體格缺點免計者，應予時間及作業之限制。前項缺點免計之限制，該航空人員不得執行有該缺點所不能執行之任務」，及第五十三條規定：「對缺點免計受檢者，至少每三年需重新評估乙次。航空體檢醫師或主管，認爲情況有變化時，得隨時要求加以鑑定」，均係爲維護公衆利益，基於航空人員之工作特性，就職業選擇自由個人應具備條件所爲之限制，非涉裁罰性之處分，與首開解釋意旨相符，於憲法保障人民工作權之規定亦無牴觸。（89、7、20）

釋字第511號解釋

爲加強道路交通管理，維護交通秩序，確保道路交通安全，道路交通管理處罰條例對違反該條例之行爲定有各項行政罰。同條例第九條第一項規定應受罰鍰處罰之行爲人接獲違反道路交通管理事件通知單後，得於十五日內逕依各該條款罰鍰最低額，自動繳納結案。依同條例第九十二條授權訂定之違反道路交通管理事件統一裁罰標準及處理細則第四十一條第一項及第四十八條第一項僅係就上開意旨爲具體細節之規定，並未逾越母法之授權，與法律保留原則亦無違背，就此部分與本院釋字第四二三號解釋所涉聲請事件尙屬有間。至上開細則第四十一條第二項規定，行爲人逾指定應到案日期後到案，另同細則第四十四條第一項規定，違反道路交通管理事件行爲人未依規定自動繳納罰鍰，或未依規定到案聽候裁決者，處罰機關即一律依標準表規定之金額處以罰鍰，此屬法律授權主管機關就裁罰事宜所訂定之裁量基準，其罰鍰之額度並未逾越法律明定得裁罰之上限，且寓有避免各行政機關於相同事件恣意爲不同裁罰之功能，亦非法所不許。上開細則，於憲法保障人民財產權之意旨並無牴觸。至行爲人對主管機關之裁罰不服，法院就其聲明異議案件，如認原裁決有違法或不當之情事，縱行爲人有未依指定到案日期或委託他人到案者，仍得爲變更處罰之裁判，乃屬當然。（89、7、27）

釋字第512號解釋

憲法第十六條保障人民有訴訟之權，旨在確保人民有依法定程序提起訴訟及受公平審判之權利，至訴訟救濟應循之審級、程序及相關要件，應由立法機關衡量訴訟案件之種類、性質、訴訟政策目的，以及訴訟制度之功能等因素，以法律為正當合理之規定。中華民國八十一年七月二十七日修正公布之「肅清煙毒條例」（八十七年五月二十日修正公布名稱為：「毒品危害防制條例」）第十六條前段規定：「犯本條例之罪者，以地方法院或其分院為初審，高等法院或其分院為終審」，對於判處有期徒刑以下之罪，限制被告上訴最高法院，係立法機關鑑於煙毒危害社會至鉅，及其犯罪性質有施保安處分之必要，為強化刑事嚇阻效果，以達肅清煙毒、維護國民身心健康之目的，所設特別刑事訴訟程序，尚屬正當合理限制。矧刑事案件，上訴於第三審法院非以違背法令為理由不得為之。確定判決如有違背法令，得依非常上訴救濟，刑事訴訟法第三百七十七條、第四百四十一條定有明文。就第二審法院所為有期徒刑以下之判決，若有違背法令之情形，亦有一定救濟途徑。對於被告判處死刑、無期徒刑之案件則依職權送最高法院覆判，顯已顧及其利益，尚未逾越立法機關自由形成之範圍，於憲法保障之人民訴訟權亦無侵害，與憲法第七條及第二十三條亦無牴觸。（89、9、15）

釋字第513號解釋

都市計畫法制定之目的，依其第一條規定，係為改善居民生活環境，並促進市、鎮、鄉街有計畫之均衡發展。都市計畫一經公告確定，即發生規範之效力。除法律別有規定外，各級政府所為土地之使用或徵收，自應符合已確定之都市計畫，若為增進公共利益之需要，固得徵收都市計畫區域內之土地，惟因其涉及對人民財產權之剝奪，應嚴守法定徵收土地之要件、踐行其程序，並遵照都市計畫法之相關規定。都市計畫法第五十二條前段：「都市計畫範圍內，各級政府徵收私有土地或撥用公有土地，不得妨礙當地都市計畫。」依其規範意旨，中央或地方興建公共設施，須徵收都市計畫中原非公共設施用地之私有土地時，自應先踐行變更都市計畫之程序，再予徵收，未經變更都市計畫即遽行徵收非公共設施用地之私有土地者，與上開規定有違。其依土地法辦理徵收未依法公告或不遵守法定三十日期間者，自不生徵收之效力。若因徵收之公告記載日期與實際公告不符，致計算發生差異者，非以公告文載明之公告日期，而仍以實際公告日期為準，故應於實際徵收公告期間屆滿三十日時發生效力。（89、9、29）

釋字第514號解釋

人民營業之自由為憲法上工作權及財產權所保障。有關營業許可之條件，營業應遵守之義務及違反義務應受之制裁，依憲法第二十三條規定，均應以法律定之，其內容更須符合該條規定之要件。若其限制，於性質上得由法律授權以命令補充規定時，授權之目的、內容及範圍應具體明確，始得據以發布命令，迭經本院解釋在案。教育部中華民國八十一年三月十一日(81)台參字第一二五〇〇號令修正發布之遊藝場業輔導管理規則，係主管機關為維護社會安寧、善良風俗及兒童暨少年之身心健康，於法制未臻完備之際，基於職權所發布之命令，固有其實際需要，惟該規則第十三條第十二款關於電動玩具業不得容許未滿十八歲之兒童及少年進入其營業場所之規定，第十七條第三項關於違反第十三條第十二款規定者，撤銷其許可之規定，涉及人民工作權及財產權之限制，自應符合首開憲法意旨。相關之事項已制定法律加以規範者，主管機關尤不得沿用其未獲法律授權所發布之命令。前述管理規則之上開規定，有違憲法第二十三條之法律保留原則，應不予援用。（89、10、13）

釋字第515號解釋

中華民國七十九年十二月二十九日公布之促進產業升級條例第三十八條關於興辦工業人租購工業區土地或標準廠房，未依該條例第三十五條於核准設廠之日起一年內，按照核定計畫開始使用，或未於第三十六條所定延展期間內開始使用，或不依核定計畫使用者，得由工業主管機關照土地或廠房原購買價格（其屬廠房或自行興建之建築改良物者，則應扣除房屋折舊）強制收買之規定，係為貫徹工業區之土地廠房應爭取時效作符合產業升級及發展經濟目的而使用，並避免興辦工業人利用國家開發之工業區及給予租稅優惠等獎勵措施，購入土地廠房轉售圖利或作不合目的之使用，乃增進公共利益所必要，符合憲法第二十三條之比例原則，與憲法保障財產權之意旨並無牴觸。

上開條例第三十四條第一項規定，工業主管機關依本條例開發之工業區，除社區用地外，其土地、標準廠房或各種建築物出售時，應由承購人分別按土地承購價額或標準廠房、各種建築物承購價額百分之三或百分之一繳付工業區開發管理基金。此一基金係專對承購工業區土地、廠房及其他建築物興辦工業人課徵，用於挹注工業區開發及管理之所需，性質上相當於對有共同利益群體者所課徵之特別公課及使用規費，並非原購買土地或廠房等價格之一部分，該條例施行細則第九十六條：「本條例第三十八條第一項第一款所稱原購買地價及原購買價格，不包括承購時隨價繳付之工業區開發管理基金」，此對購買土地及廠房後未能於前開一年內使用而僅繳付價金者，固無不合。惟興辦工業人承購工業區土地或廠房後，工業主管機關依上開條例第三十八條之規定強制買回，若係由於非可歸責於興辦工業人之事由者，其自始既未成為特別公課徵收對象共同利益群體之成員，亦不具有繳納規費之利用關係，則課徵工業區開發管理基金之前提要件及目的均已消失，其課徵供作基金款項之法律上原因遂不復存在，成為公法上之不當得利。依上開細則之規定，該管機關僅須以原價買回，對已按一定比例課徵作為基金之款項，不予返還，即與憲法保障人民權利之意旨有違，該細則此部分規定，並不排除上述返還請求權之行使。至興辦工業人有無可歸責事由，是否已受領其他相當之補償，係屬事實認定問題，不在本解釋範圍，併此指明。（89、10、26）

釋字第516號解釋

國家因公用或其他公益目的之必要，雖得依法徵收人民之財產，但應給予合理之補償。此項補償乃因財產之徵收，對被徵收財產之所有人而言，係為公共利益所受之特別犧牲，國家自應予以補償，以填補其財產權被剝奪或其權能受限制之損失。故補償不僅需相當，更應儘速發給，方符憲法第十五條規定，人民財產權應予保障之意旨。準此，土地法第二百三十三條明定，徵收土地補償之地價及其他補償費，應於「公告期滿後十五日內」發給。此項法定期間，雖或因對徵收補償有異議，由該管地政機關提交評定或評議而得展延，然補償費額經評定或評議後，主管地政機關仍應即行通知需用土地人，並限期繳交轉發土地所有權人，其期限亦不得超過土地法上述規定之十五日（本院院字第二七〇四號、釋字第一一〇號解釋參照）。倘若應增加補償之數額過於龐大，應動支預備金，或有其他特殊情事，致未能於十五日內發給者，仍應於評定或評議結果確定之日起於相當之期限內儘速發給之，否則徵收土地核准案，即應失其效力。行政法院八十五年一月十七日庭長評事聯席會議決議略謂：司法院釋字第一一〇號解釋第三項，固謂徵收土地補償費額經標準地價評議委員會評定後，主管機關通知並轉發土地所有權人，不得超過土地法第二百三十三條所規定之十五日期限，然縱已逾十五日期限，無從使已確定之徵收處分溯及發生失其效力之結果云云，其與本解釋意旨不符部分，於憲法保障人民財產權之旨意有違，應不予適用。（86、10、26）

釋字第517號解釋

人民有依法律服兵役之義務，為憲法第二十條所明定。惟兵役制度及其相關之兵員召集、徵集如何實施，憲法並無明文規定，有關人民服兵役、應召集之事項及其違背義務之制裁手段，應由立法機關衡酌國家安全、社會發展之需要，以法律定之。妨害兵役治罪條例第十一條第一項第三款規定後備軍人居住處所遷移，無故不依規定申報者，即處以刑事罰，係為確保國防兵員召集之有效實現、維護後備軍人召集制度所必要。其僅課予後備軍人申報義務，並未限制其居住遷徙之自由，與憲法第十條之規定尚無違背。同條例第十一條第三項規定後備軍人犯第一項之罪，致使召集令無法送達者，按召集種類於國防安全之重要程度分別依同條例第六條、第七條規定之刑度處罰，乃係因後備軍人違反申報義務已產生妨害召集之結果，嚴重影響國家安全，其以意圖避免召集論罪，仍屬立法機關自由形成之權限，與憲法第二十三條之規定亦無牴觸。至妨害兵役治罪條例第十一條第三項雖規定致使召集令無法送達者，以意圖避免召集論，但仍不排除責任要件之適用，乃屬當然。（89、11、10）

釋字第518號解釋

農田水利會為公法人，凡在農田水利會事業區域內公有、私有耕地之承租人、永佃權人，私有耕地之所有權人、典權人或公有耕地之管理機關或使用機關之代表人或其他受益人，依農田水利會組織通則第十四條規定，均為當然之會員，其法律上之性質，與地方自治團體相當，在法律授權範圍內，享有自治之權限。同通則第十五條第一項規定：會員在各該農田水利會內，有享有水利設施及其他依法令或該會章程規定之權利，並負擔繳納會費及其他依法令或該會章程應盡之義務。第二十二條又規定：農田水利會之組織、編制、會務委員會之召開與其議事程序、各級職員之任用、待遇及管理等事項，除本通則已有規定外，由省（市）主管機關擬訂，報請中央主管機關核定之，係為增進公共利益所必要，且符合法律授權之意旨，與憲法第十五條財產權保障及第二十三條基本權利限制之規定，並無牴觸。惟農田水利會所屬水利小組成員間之掌水費及小給水路、小排水路之養護歲修費，其分擔、管理與使用，基於臺灣農田水利事業長久以來之慣行，係由各該小組成員，以互助之方式為之，並自行管理使用及決定費用之分擔，適用關於私權關係之原理，如有爭執自應循民事訴訟程序解決。因此，中華民國七十五年一月三十一日修正發布之臺灣省農田水利會組織規程第三十一條第二項雖規定掌水費用由小組會員負擔，第三十三條亦規定小給水路及小排水路之養護、歲修，由水利會儘量編列預算支應，不足部分得由受益會員出工或負擔，要屬前項慣行之確認而已，並未變更其屬性，與憲法保障財產權之意旨無違。（89、12、7）

釋字第519號解釋

財政部中華民國七十六年八月三十一日台財稅字第七六二三三〇〇號函示所稱：「免稅出口區內之外銷事業、科學工業園區內之園區事業、海關管理之保稅工廠或保稅倉庫，銷售貨物至國內課稅區，其依有關規定無須報關者，應由銷售貨物之營業人開立統一發票，並依營業稅法第三十五條之規定報繳營業稅」，係主管機關基於法定職權，為執行營業稅法關於營業稅之課徵，避免保稅區事業銷售無須報關之非保稅貨物至國內課稅區時逃漏稅捐而為之技術性補充規定，此與營業稅法第五條第二款所稱進口及第四十一條第二項前段對於進口供營業用之貨物，於進口時免徵營業稅均屬有間，符合營業稅法之意旨，尚未違背租稅法定主義，與憲法第十九條及營業稅法第二條、第五條第二款、第四十一條第一項前段規定均無牴觸。（89、12、22）

釋字第520號解釋

預算案經立法院通過及公布手續為法定預算，其形式上與法律相當，因其內容、規範對象及審議方式與一般法律案不同，本院釋字第三九一號解釋曾引學術名詞稱之為措施性法律。主管機關依職權停止法定預算中部分支出項目之執行，是否當然構成違憲或違法，應分別情況而定。諸如維持法定機關正常運作及其執行法定職務之經費，倘停止執行致影響機關存續者，即非法之所許；若非屬國家重要政策之變更且符合預算法所定要件，主管機關依其合義務之裁量，自得裁減經費或變動執行。至於因施政方針或重要政策變更涉及法定預算之停止執行時，則應本行政院對立法院負責之憲法意旨暨尊重立法院對國家重要事項之參與決策權，依照憲法增修條文第三條及立法院職權行使法第十七條規定，由行政院院長或有關部會首長適時向立法院提出報告並備質詢。本件經行政院會議決議停止執行之法定預算項目，基於其對儲備能源、環境生態、產業關連之影響，並考量歷次決策過程以及一旦停止執行善後處理之複雜性，自屬國家重要政策之變更，仍須儘速補行上開程序。其由行政院提議為上述報告者，立法院有聽取之義務。行政院提出前述報告後，其政策變更若獲得多數立法委員之支持，先前停止相關預算之執行，即可貫徹實施。倘立法院作成反對或其他決議，則應視決議之內容，由各有關機關依本解釋意旨，協商解決方案或根據憲法現有機制選擇適當途徑解決僵局，併此指明。（90、1、22）

釋字第521號解釋

法律明確性之要求，非僅指法律文義具體詳盡之體例而言，立法者仍得衡酌法律所規範生活事實之複雜性及適用於個案之妥當性，運用概括條款而為相應之規定，業經本院釋字第四三二號解釋闡釋在案。為確保進口人對於進口貨物之相關事項為誠實申報，以貫徹有關法令之執行，海關緝私條例第三十七條第一項除於前三款處罰虛報所運貨物之名稱、數量及其他有關事項外，並於第四款以概括方式規定「其他違法行為」亦在處罰之列，此一概括規定，係指報運貨物進口違反法律規定而有類似同條項前三款虛報之情事而言。就中關於虛報進口貨物原產地之處罰，攸關海關緝私、貿易管制有關規定之執行，觀諸海關緝私條例第一條、第三條、第四條、貿易法第五條、第十一條及臺灣地區與大陸地區人民關係條例第三十五條之規定自明，要屬執行海關緝私及貿易管制法規所必須，符合海關緝私條例之立法意旨，在上述範圍內，與憲法第二十三條並無牴觸。至於依海關緝私條例第三十六條、第三十七條規定之處罰，仍應以行為人之故意或過失為其責任條件，本院釋字第二七五號解釋應予以適用，併此指明。（90、2、9）

釋字第522號解釋

對證券負責人及業務人員違反其業務上禁止、停止或限制命令之行為科處刑罰，涉及人民權利之限制，其刑罰之構成要件，應由法律定之；若法律就其構成要件，授權以命令為補充規定者，其授權之目的、內容及範圍應具體明確，而自授權之法律規定中得預見其行為之可罰，方符刑罰明確性原則。中華民國七十七年一月二十九日修正公布之證券交易法第一百七十七條第三款規定：違反主管機關其他依本法所為禁止、停止或限制命令者，處一年以下有期徒刑、拘役或科或併科十萬元以下罰金。衡諸前開說明，其所為授權有科罰行為內容不能預見，須從行政機關所訂定之行政命令中，始能確知之情形，與上述憲法保障人民權利之意旨不符，自本解釋公布日起，應停止適用。證券交易法上開規定於八十九年七月十九日經修正刪除後，有關違反主管機關依同法所為禁止、停止或限制之命令，致影響證券市場秩序之維持者，何者具有可罰性，允宜檢討為適當之規範，併此指明。（90、3、9）

釋字第523號解釋

凡限制人民身體自由之處置，不問其是否屬於刑事被告之身分，國家機關所依據之程序，須依法律規定，其內容更須實質正當，並符合憲法第二十三條所定相關之條件，方符憲法第八條保障人身自由之意旨，迭經本院解釋在案。

檢肅流氓條例第十一條第一項規定：「法院對被移送裁定之人，得予留置，其期間不得逾一月。但有繼續留置之必要者，得延長一月，以一次為限。」此項留置處分，係為確保感訓處分程序順利進行，於被移送裁定之人受感訓處分確定前，拘束其身體自由於一定處所之強制處分，乃對人民人身自由所為之嚴重限制，惟同條例對於法院得裁定留置之要件並未明確規定，其中除第六條、第七條所定之事由足認其有逕行拘提之原因而得推論具備留置之正當理由外，不論被移送裁定之人是否有繼續嚴重破壞社會秩序之虞，或有逃亡、湮滅事證或對檢舉人、被害人或證人造成威脅等足以妨礙後續審理之虞，均委由法院自行裁量，逕予裁定留置被移送裁定之人，上開條例第十一條第一項之規定，就此而言已逾越必要程度，與憲法第八條、第二十三條及前揭本院解釋意旨不符，應於本解釋公布之日起一年內失其效力。於相關法律為適當修正前，法院為留置之裁定時，應依本解釋意旨妥為審酌，併予指明。（90、3、22）

釋字第524號解釋

全民健康保險為強制性之社會保險，攸關全體國民之福祉至鉅，故對於因保險所生之權利義務應有明確之規範，並有法律保留原則之適用。若法律就保險關係之內容授權以命令為補充規定者，其授權應具體明確，且須為被保險人所能預見。又法律授權主管機關依一定程序訂定法規命令以補充法律規定不足者，該機關即應予以遵守，不得捨法規命令不用，而發布規範行政體系內部事項之行政規則為之替代。倘法律並無轉委任之授權，該機關即不得委由其所屬機關逕行發布相關規章。全民健康保險法第三十九條係就不在全民健康保險給付範圍之項目加以規定，其立法用意即在明確規範給付範圍，是除該條第一款至第十一款已具體列舉不給付之項目外，依同條第十二款規定：「其他經主管機關公告不給付之診療服務及藥品」，主管機關自應參酌同條其他各款相類似之立法意旨，對於不給付之診療服務及藥品，事先加以公告。又同法第三十一條規定：「保險對象發生疾病、傷害或生育事故時，由保險醫事服務機構依本保險醫療辦法，給予門診或住院診療服務；醫師並得交付處方箋予保險對象至藥局調劑。」「前項醫療辦法，由主管機關擬訂，報請行政院核定後發布之。」「第一項藥品之交付，依藥事法第一百零二條之規定辦理。」內容指涉廣泛，有違法律明確性原則，其授權相關機關所訂定之健康保險醫療辦法，應屬關於門診或住院診療服務之事項，中華民國八十四年二月二十四日發布之全民健康保險醫療辦法，不僅其中有涉及主管機關片面變更保險關係之基本權利義務事項，且在法律無轉委任之授權下，該辦法第三十一條第二項，逕將高科技診療項目及審查程序，委由保險人定之，均已逾母法授權之範圍。另同法第四十一條第三款：「經保險人事前審查，非屬醫療必需之診療服務及藥品」，對保險對象所發生不予給付之個別情形，既未就應審查之項目及基準為明文規定，亦與保險對象權益應受保障之意旨有違。至同法第五十一條所謂之醫療費用支付標準及藥價基準，僅係授權主管機關對醫療費用及藥價之支出擬訂合理之審核基準，亦不得以上開基準作為不保險給付範圍之項目依據。上開法律及有關機關依各該規定所發布之函令與本解釋意旨不符部分，均應於本解釋公布之日起兩年內檢討修正。（90、4、20）

釋字第525號解釋

信賴保護原則攸關憲法上人民權利之保障，公權力行使涉及人民信賴利益而有保護之必要者，不限於授益行政處分之撤銷或廢止（行政程序法第一百十九條、第一百二十條及第一百二十六條參照），即行政法規之廢止或變更亦有其適用。行政法規公布施行後，制定或發布法規之機關依法定程序予以修改或廢止時，應兼顧規範對象信賴利益之保護。除法規預先定有施行期間或因情事變遷而停止適用，不生信賴保護問題外，其因公益之必要廢止法規或修改內容致人民客觀上具體表現其因信賴而生之實體法上利益受損害，應採取合理之補救措施，或訂定過渡期間之條款，俾減輕損害，方符憲法保障人民權利之意旨。至經廢止或變更之法規有重大明顯違反上位規範情形，或法規（如解釋性、裁量性之行政規則）係因主張權益受害者以不正當方法或提供不正確資料而發布者，其信賴即不值得保護；又純屬願望、期待而未有表現其已生信賴之事實者，則欠缺信賴要件，不在保護範圍。

銓敘部中華民國七十六年六月四日台華甄四字第九七〇五五號函將後備軍人轉任公職考試比敘條例第三條第一款適用對象常備軍官，擴張及於志願服四年預備軍官現役退伍之後備軍人，有違上開條例之意旨，該部乃於八十四年六月六日以台中審一字第一一五二二四八號函釋規定：「本部民國六十四年十一月十五日六四台謨甄四字第三五〇六四號函暨七十六年六月四日七六台華甄四字第九七〇五五號函，同意軍事學校專修班畢業服預備軍官役及大專畢業應召入伍復志願轉服四年制預備軍官役依法退伍者，比照『後備軍人轉任公職考試比敘條例』比敘相當俸級之規定，自即日起停止適用」，未有過渡期間之設，可能導致服役期滿未及參加考試，比敘規定已遭取銷之情形，衡諸首開解釋意旨固有可議。惟任何行政法規皆不能預期其永久實施，受規範對象須已在因法規施行而產生信賴基礎之存續期間，對構成信賴要件之事實，有客觀上具體表現之行為，始受信賴之保護。前述銓敘部七十六年六月四日函件雖得為信賴之基礎，但並非謂凡服完四年預備軍官役者，不問上開規定是否廢止，終身享有考試、比敘之優待，是以在有關規定停止適用時，倘尚未有客觀上具體表現信賴之行為，即無主張信賴保護之餘地。就本件而言，其於比敘優待適用期間，未參與轉任公職考試或取得申請比敘資格者，與前述要件不符。主管機關八十四年六月六日之函釋停止適

用後備軍人轉任公職考試比敘條例有關比敘之規定，符合該條例之意旨，不生牴觸憲法問題。（90、5、4）

釋字第526號解釋

考試院、行政院中華民國八十四年十月十七日會同發布之公教人員退休金其他現金給與補償金發給辦法，係適用於一般公教人員之退休金補償事宜。至改制前行政院經濟建設委員會等機關之人員，其任用程序、薪給制度與行政機關之一般公務人員均有不同。是改制前之上開人員，除改制時起至八十四年六月三十日止之年資外，尚無上揭辦法之適用。銓敘部八十五年八月十五日八五台中特二字第一三四四一七二號函，認行政院經濟建設委員會所屬人員自七十四年一月九日改制時起至八十四年六月三十日止之年資，始得依上開辦法發給補償金；至於改制前之年資，因改制時曾領取退休金差額，且所領退休金、撫卹金基數內涵及退休金差額已高出一般公務人員甚多，基於公務人員權益整體平衡之考量，不得再核給補償金等語，符合上開辦法訂定之意旨，與憲法保障財產權之規定亦無牴觸。（90、6、1）

釋字第527號解釋

一、地方自治團體在受憲法及法律規範之前提下，享有自主組織權及對自治事項制定規章並執行之權限。地方自治團體及其所屬機關之組織，應由地方立法機關依中央主管機關所擬訂之準則制定組織自治條例加以規定，復爲地方制度法第二十八條第三款、第五十四條及第六十二條所明定。在該法公布施行後，凡自治團體之機關及職位，其設置自應依前述程序辦理。惟職位之設置法律已有明確規定，倘訂定相關規章須費相當時日者，先由各該地方行政機關依地方制度法相關規定設置並依法任命人員，乃爲因應業務實際需要之措施，於過渡期間內，尚非法所不許。至法律規定得設置之職位，地方自治團體既有自主決定設置與否之權限，自應有組織自治條例之依據方可進用，乃屬當然。

二、地方制度法第四十三條第一項至第三項規定各級地方立法機關議決之自治事項，或依同法第三十條第一項至第四項規定之自治法規，與憲法、法律、中央法規或上級自治團體自治法規牴觸者無效。同法第四十三條第五項及第三十條第五項均有：上述各項情形有無牴觸發生疑義得聲請司法院解釋之規定，係指就相關業務有監督自治團體權限之各級主管機關對決議事項或自治法規是否牴觸憲法、法律或其他上位規範尚有疑義，而未依各該條第四項逕予函告無效，向本院大法官聲請解釋而言。地方自治團體對函告無效之內容持不同意見時，應視受函告無效者爲自治條例抑自治規則，分別由該地方自治團體之立法機關或行政機關，就事件之性質聲請本院解釋憲法或統一解釋法令。有關聲請程序分別適用司法院大法官審理案件法第八條第一項、第二項之規定，於此情形，無同法第九條規定之適用。至地方行政機關對同級立法機關議決事項發生執行之爭議時，應依地方制度法第三十八條、第三十九條等相關規定處理，尚不得逕向本院聲請解釋。原通過決議事項或自治法規之各級地方立法機關，本身亦不得通過決議案又同時認該決議有牴觸憲法、法律、中央法規或上級自治團體自治法規疑義而聲請解釋。

三、有監督地方自治團體權限之各級主管機關，依地方制度法第七十五條對地方自治團體行政機關（即直轄市、縣、市政府或鄉、鎮、市公所）辦理該條第二項、第四項及第六項之自治事項，認有違背憲法、法律或其他上位規範尚有疑義，未依各該項規定予以撤銷、變更、廢止或停止其執行者，得依同條第八項規定聲請本院解釋。地方自治團體之行政機關對上開主管機關所爲處分行爲，認爲已涉及辦理自治事項所依據之自治法規因違反上位規範而生之效力問題，且該自治法規未經上級主管機關函告無效，無從依同法第三十條第五項聲請解釋，自治團體之行政機關亦得依同法第七十五條第八項逕向本院聲請解釋。其因處分行爲而構成司法院大法官審理案件法第五條第一項第一款之疑義或爭議時，則另得直接聲請解釋憲法。如上述處分行爲有損害地方自治團體之權利或法律上利益情事，其行政機關得代表地方自治團體依法提起行政訴訟，於窮盡訴訟之審級救濟後，若仍發生法律或其他上位規範違憲疑義，而合於司法院大法官審理案件法第五條第一項第二款之要件，亦非不得聲請本院解釋。至若無關地方自治團體決議事項或自治法規效力問題，亦不屬前開得提起行政訴訟之事項，而純為中央與地方自治團體間或上下級地方自治團體間之權限爭議，則應循地方制度法第七十七條規定解決之，尚不得逕向本院聲請解釋。（90、6、15）

釋字第528號解釋

刑事法保安處分之強制工作，旨在對有犯罪習慣或以犯罪為常業或因遊蕩或怠惰成習而犯罪者，令入勞動場所，以強制從事勞動方式，培養其勤勞習慣、正確工作觀念，習得一技之長，於其日後重返社會時，能自立更生，期以達成刑法教化、矯治之目的。組織犯罪防制條例第三條第三項：「犯第一項之罪者，應於刑之執行完畢或赦免後，令入勞動場所，強制工作，其期間為三年；犯前項之罪者，其期間為五年。」該條例係以三人以上，有內部管理結構，以犯罪為宗旨或其成員從事犯罪活動，具有集團性、常習性、脅迫性或暴力性之犯罪組織為規範對象。此類犯罪組織成員間雖有發起、主持、操縱、指揮、參與等之區分，然以組織型態從事犯罪，內部結構階層化，並有嚴密控制關係，其所造成之危害、對社會之衝擊及對民主制度之威脅，遠甚於一般之非組織性犯罪。是故組織犯罪防制條例第三條第三項乃設強制工作之規定，藉以補充刑罰之不足，協助其再社會化；此就一般預防之刑事政策目標言，並具有防制組織犯罪之功能，為維護社會秩序、保障人民權益所必要。至於針對個別受處分人之不同情狀，認無強制工作必要者，於同條第四項、第五項已有免其執行與免予繼續執行之規定，足供法院斟酌保障人權之基本原則，為適當、必要與合理之裁量，與憲法第八條人民身體自由之保障及第二十三條比例原則之意旨不相牴觸。（90、6、29）

釋字第529號解釋

金馬地區役齡男子檢定為已訓乙種國民兵實施辦法，於中華民國八十一年十一月七日因戰地政務終止而廢止時，該地區役齡男子如已符合該辦法第二條第一項第二款及同條第二項之要件者，既得檢定為已訓乙種國民兵，按諸信賴保護原則（本院釋字第五二五號解釋參照），對於尚未及申請檢定之人，自不因其是否年滿十八歲而影響其權益。主管機關廢止該辦法時，應採取合理之補救措施，或訂定過渡期間之條款，俾免影響其依法規所取得之實體法上地位。國防部八十一年十一月五日(81)仰依字第七五一二號函、內政部台(81)內役字第八一八三八三〇號函及行政院八十五年八月二十三日台八十五內字第二八七八四號函釋，不問是否符合檢定為已訓乙種國民兵要件，而概以六十四年次男子為金馬地區開始徵兵之對象部分，應不予適用。（90、7、13）

釋字第530號解釋

憲法第八十條規定法官須超出黨派以外，依據法律獨立審判，不受任何干涉，明文揭示法官從事審判僅受法律之拘束，不受其他任何形式之干涉；法官之身分或職位不因審判之結果而受影響；法官唯本良知，依據法律獨立行使審判職權。審判獨立乃自由民主憲政秩序權力分立與制衡之重要原則，為實現審判獨立，司法機關應有其自主性；本於司法自主性，最高司法機關就審理事項並有發布規則之權；又基於保障人民有依法定程序提起訴訟，受充分而有效公平審判之權利，以維護人民之司法受益權，最高司法機關自有司法行政監督之權限。司法自主性與司法行政監督權之行使，均應以維護審判獨立為目標，因是最高司法機關於達成上述司法行政監督之目的範圍內，雖得發布命令，但不得違反首揭審判獨立之原則。最高司法機關依司法自主性發布之上開規則，得就審理程序有關之細節性、技術性事項為規定；本於司法行政監督權而發布之命令，除司法行政事務外，提供相關法令、有權解釋之資料或司法實務上之見解，作為所屬司法機關人員執行職務之依據，亦屬法之所許。惟各該命令之內容不得牴觸法律，非有法律具體明確之授權亦不得對人民自由權利增加法律所無之限制；若有涉及審判上之法律見解者，法官於審判案件時，並不受其拘束，業經本院釋字第二一六號解釋在案。司法院本於司法行政監督權之行使所發布之各注意事項及實施要點等，亦不得有違審判獨立之原則。檢察官偵查刑事案件之檢察事務，依檢察一體之原則，檢察總長及檢察長有法院組織法第六十三條及第六十四條所定檢察事務指令權，是檢察官依刑事訴訟法執行職務，係受檢察總長或其所屬檢察長之指揮監督，與法官之審判獨立尚屬有間。關於各級法院檢察署之行政監督，依法院組織法第一百十一條第一款規定，法務部部長監督各級法院及分院檢察署，從而法務部部長就檢察行政監督發布命令，以貫徹刑事政策及迅速有效執行檢察事務，亦非法所不許。憲法第七十七條規定：「司法院為最高司法機關，掌理民事、刑事、行政訴訟之審判及公務員之懲戒。」惟依現行司法院組織法規定，司法院設置大法官十七人，審理解釋憲法及統一解釋法令案件，並組成憲法法庭，審理政黨違憲之解散事項；於司法院之下，設各級法院、行政法院及公務員懲戒委員會。是司法院除審理上開事項之大法官外，其本身僅具最高司法行政機關之地位，致使最高司法審判機關與最高司法行政機關分離。為期符合司法院為最高審判機關之制憲本旨，司法院組織法、法院組織法、行政法院組織法及公務員懲戒委員會組織法，應自本解釋公布之日起二年內檢討修正，以副憲政體制。（90、10、5）

釋字第531號解釋

中華民國七十五年五月二十一日修正公布之道路交通管理處罰條例第六十二條第二項（本條項已於八十六年一月二十二日修正併入第六十二條第一項）規定，汽車駕駛人駕駛汽車肇事致人受傷或死亡，應即採取救護或其他必要措施，並向警察機關報告，不得逃逸，違者吊銷駕駛執照。其目的在增進行車安全，保護他人權益，以維護社會秩序，與憲法第二十三條並無牴觸（本院釋字第二八四號解釋參照）。又道路交通管理處罰條例第六十七條第一項明定，因駕車逃逸而受吊銷駕駛執照之處分者，不得再行考領駕駛執照（本條項業於九十年一月十七日修正公布為終身不得考領駕駛執照）。該規定係為維護車禍事故受害人生命安全、身體健康必要之公共政策，且在責令汽車駕駛人善盡行車安全之社會責任，屬維持社會秩序及增進公共利益所必要，與憲法第二十三條尚無違背。惟凡因而逃逸者，吊銷其駕駛執照後，對於吊銷駕駛執照之人已有回復適應社會能力或改善可能之具體事實者，是否應提供於一定條件或相當年限後，予肇事者重新考領駕駛執照之機會，有關機關應就相關規定一併儘速檢討，使其更符合憲法保障人民權益之意旨。（90、10、19）

釋字第532號解釋

中華民國八十三年九月十六日發布之臺灣省非都市土地山坡地保育區、風景區、森林區丁種建築（窯業）用地申請同意變更作非工（窯）業使用審查作業要點，係臺灣省政府本於職權訂定之命令，其中第二、三點規定，山坡地保育區、風景區、森林區丁種建築（窯業）用地若具㈠備廠地位於水庫集水區或水源水質水量保護區範圍內經由政府主動輔導遷廠或㈡供作公共（用）設施使用或機關用地使用等要件之一，並檢具證明已符合前述要件之書件者，得申請同意將丁種建築（窯業）用地變更作非工（窯）業使用。其內容已逾越母法之範圍，創設區域計畫法暨非都市土地使用管制規則關於非都市土地使用分區內使用地變更編定要件之規定，違反非都市土地分區編定、限制使用並予管制之立法目的，且增加人民依法使用其土地權利之限制，與憲法第二十三條法律保留原則有違，應不予適用。（90、11、2）

釋字第533號解釋

憲法第十六條規定，人民之訴訟權應予保障，旨在確保人民於其權利受侵害時，得依法定程序提起訴訟以求救濟。中央健康保險局依其組織法規係國家機關，為執行其法定之職權，就辦理全民健康保險醫療服務有關事項，與各醫事服務機構締結全民健康保險特約醫事服務機構合約，約定由特約醫事服務機構提供被保險人醫療保健服務，以達促進國民健康、增進公共利益之行政目的，故此項合約具有行政契約之性質。締約雙方如對契約內容發生爭議，屬於公法上爭訟事件，依中華民國八十七年十月二十八日修正公布之行政訴訟法第二條：「公法上之爭議，除法律別有規定外，得依本法提起行政訴訟。」第八條第一項：「人民與中央或地方機關間，因公法上原因發生財產上之給付或請求作成行政處分以外之其他非財產上之給付，得提起給付訴訟。因公法上契約發生之給付，亦同。」規定，應循行政訴訟途徑尋求救濟。保險醫事服務機構與中央健康保險局締結前述合約，如因而發生履約爭議，經該醫事服務機構依全民健康保險法第五條第一項所定程序提請審議，對審議結果仍有不服，自得依法提起行政爭訟。（90、11、6）

釋字第534號解釋

人民依法取得之土地所有權，應受法律之保障與限制，為憲法第一百四十三條第一項所明定。土地徵收係國家因公共事業之需要，對人民受憲法保障之財產權，經由法定程序予以強制取得之謂，相關法律所規定之徵收要件及程序，應符合憲法第二十三條所定必要性之原則。土地法第二百十九條第一項第一款規定，私有土地經徵收後，自徵收補償發給完竣屆滿一年，未依徵收計畫開始使用者，原土地所有權人得於徵收補償發給完竣屆滿一年之次日起五年內，向該管市、縣地政機關（中華民國八十九年一月二十六日修正為「直轄市或縣（市）地政機關」，下同）聲請照徵收價額收回其土地，原係防止徵收機關為不必要之徵收，或遷延興辦公共事業，特為原土地所有權人保留收回權。是以需用土地機關未於上開期限內，依徵收計畫開始使用徵收之土地者，如係因可歸責於原土地所有權人或為其占有該土地之使用人之事由所致，即不得將遷延使用徵收土地之責任，歸由徵收有關機關負擔；其不能開始使用係因可歸責於其他土地使用人之事由所致，而與原土地所有權人無涉者，若市、縣地政機關未會同有關機關於徵收補償發給完竣一年內，依土地法第二百十五條第三項規定逕行除去改良物，亦未依同法第二百三十八條規定代為遷移改良物，開始使用土地；需用土地人於上開期間內復未依徵收計畫之使用目的提起必要之訴訟，以求救濟，應不妨礙原土地所有權人聲請收回其土地。土地法第二百十九條第三項規定之適用，於上開意旨範圍內，不生牴觸憲法之問題。（90、11、30）

釋字第535號解釋

警察勤務條例規定警察機關執行勤務之編組及分工，並對執行勤務得採取之方式加以列舉，已非單純之組織法，實兼有行為法之性質。依該條例第十一條第三款，臨檢自屬警察執行勤務方式之一種。臨檢實施之手段：檢查、路檢、取締或盤查等不問其名稱為何，均屬對人或物之查驗、干預，影響人民行動自由、財產權及隱私權等甚鉅，應恪遵法治國家警察執勤之原則。實施臨檢之要件、程序及對違法臨檢行為之救濟，均應有法律之明確規範，方符憲法保障人民自由權利之意旨。

上開條例有關臨檢之規定，並無授權警察人員得不顧時間、地點及對象任意臨檢、取締或隨機檢查、盤查之立法本意。除法律另有規定外，警察人員執行場所之臨檢勤務，應限於已發生危害或依客觀、合理判斷易生危害之處所、交通工具或公共場所為之，其中處所為私人居住之空間者，並應受住宅相同之保障；對人實施之臨檢則須以有相當理由足認其行為已構成或即將發生危害者為限，且均應遵守比例原則，不得逾越必要程度。臨檢進行前應對在場者告以實施之事由，並出示證件表明其為執行人員之身分。臨檢應於現場實施，非經受臨檢人同意或無從確定其身分或現場為之對該受臨檢人將有不利影響或妨礙交通、安寧者，不得要求其同行至警察局、所進行盤查。其因發現違法事實，應依法定程序處理者外，身分一經查明，即應任其離去，不得稽延。前述條例第十一條第三款之規定，於符合上開解釋意旨範圍內，予以適用，始無悖於維護人權之憲法意旨。現行警察執行職務法規有欠完備，有關機關應於本解釋公布之日起二年內依解釋意旨，且參酌社會實際狀況，賦予警察人員執行勤務時應付突發事故之權限，俾對人民自由與警察自身安全之維護兼籌並顧，通盤檢討訂定，併此指明。（90、12、14）

釋字第536號解釋

遺產及贈與稅法第十條第一項規定：「遺產及贈與財產價值之計算，以被繼承人死亡時或贈與人贈與時之時價為準。」為執行上開條文所定時價之必要，同法施行細則第二十八條第一項乃明定：「凡已在證券交易所上市（以下稱上市）或證券商營業處所買賣（以下稱上櫃）之有價證券，依繼承開始日或贈與日該項證券之收盤價估定之。」又同細則第二十九條第一項：「未上市或上櫃之股份有限公司股票，除前條第二項規定情形外，應以繼承開始日或贈與日該公司之資產淨值估定之」，係因未上市或未上櫃公司股票，於繼承或贈與日常無交易紀錄，或縱有交易紀錄，因非屬公開市場之買賣，難以認定其客觀市場價值而設之規定。是於計算未上市或上櫃公司之資產時，就其持有之上市股票，因有公開市場之交易，自得按收盤價格調整上市股票價值，而再計算其資產淨值。財政部中華民國七十九年九月六日台財稅字第七九〇二〇一八三三號函：「遺產及贈與稅法施行細則第二十九條規定『未公開上市之公司股票，以繼承開始日或贈與日該公司之資產淨值估定之』。稽徵機關於核算該法條所稱之資產淨值時，對於公司轉投資持有之上市公司股票價值，應依遺產及贈與稅法施行細則第二十八條規定計算」，乃在闡明遺產及贈與稅法施行細則第二十九條規定，符合遺產及贈與稅法第十條第一項之立法意旨，與憲法第十九條所定租稅法律主義及第十五條所保障人民財產權，尚無牴觸。惟未上市或上櫃公司之股票價值之估算方法涉及人民之租稅負擔，仍應由法律規定或依法律授權於施行細則訂定，以貫徹上揭憲法所規定之意旨。（90、12、28）

釋字第537號解釋

合法登記之工廠供直接生產使用之自有房屋，依中華民國八十二年七月三十日修正公布施行之房屋稅條例第十五條第二項第二款規定，其房屋稅有減半徵收之租稅優惠。同條例第七條復規定：「納稅義務人應於房屋建造完成之日起三十日內，向當地主管稽徵機關申報房屋現值及使用情形；其有增建、改建、變更使用或移轉承典時亦同。」此因租稅稽徵程序，稅捐稽徵機關雖依職權調查原則而進行，惟有關課稅要件事實，多發生於納稅義務人所得支配之範圍，稅捐稽徵機關掌握困難，為貫徹公平合法課稅之目的，因而課納稅義務人申報協力義務。財政部七十一年九月九日台財稅第三六七一二號函所稱：「依房屋稅條例第七條之規定，納稅義務人所有之房屋如符合減免規定，應將符合減免之使用情形並檢附有關證件（如工廠登記證等）向當地主管稽徵機關申報，申報前已按營業用稅率繳納之房屋稅，自不得依第十五條第二項第二款減半徵收房屋稅」，與上開法條規定意旨相符，於憲法上租稅法律主義尚無牴觸。（91、10、11）

釋字第538號解釋

建築法第十五條第二項規定：「營造業之管理規則，由內政部定之」，概括授權訂定營造業管理規則。此項授權條款雖未就授權之內容與範圍為規定，惟依法律整體解釋，應可推知立法者有意授權主管機關，就營造業登記之要件、營造業及其從業人員準則、主管機關之考核管理等事項，依其行政專業之考量，訂定法規命令，以資規範（本院釋字第三九四號解釋參照）。

內政部於中華民國八十二年六月一日修正公布之營造業管理規則第七條、第八條與第九條，對於申請登記之營造業，依資本額之大小、專業工程人員之員額，以及工程實績多寡等條件，核發甲、乙、丙三等級之登記證書，並按登記等級分別限制其得承攬工程之限額（同規則第十六條參照），係對人民營業自由所設之規範，目的在提高營造業技術水準，確保營繕工程施工品質，以維護人民生命、身體及財產安全，為增進公共利益所必要。又同規則增訂之第四十五條之一規定：「福建省金門縣、連江縣依金門戰地政務委員會管理營造業實施規定、連江縣營造業管理暫行規定登記之營造業，應於中華民國八十二年六月一日本規則修正施行日起三年內，依同日修正施行之第七條至第九條之規定辦理換領登記證書，逾期未辦理換領者，按其與本規則相符之等級予以降等或撤銷其登記證書」，乃因八十一年十一月七日福建省金門縣及連江縣戰地政務解除後，營造業原依金門戰地政務委員會管理營造業實施規定及連江縣營造業管理暫行規定，領有之登記證書，已失法令依據，故須因應此項法規之變更而設。上開規定為實施營造業之分級管理，謀全國營造業之一致性所必要，且就原登記證書准依營造業管理規則第七條至第九條規定換領登記證書，並設有過渡期間，以為緩衝，已兼顧信賴利益之保護，並係就福建省金門、連江縣之營造業一律適用，尚未違反建築法第十五條第二項之意旨，於憲法第七條、第二十三條及有關人民權利保障之規定，亦無違背。惟營造業之分級條件及其得承攬工程之限額等相關事項，涉及人民營業自由之重大限制，為促進營造業之健全發展並貫徹憲法關於人民權利之保障，仍應由法律或依法律明確授權之法規命令規定為妥。（91、1、22）

釋字第539號解釋

憲法第八十條規定：「法官須超出黨派以外，依據法律獨立審判，不受任何干涉。」除揭示司法權獨立之原則外，並有要求國家建立完備之維護審判獨立制度保障之作用。又憲法第八十一條明定：「法官為終身職，非受刑事或懲戒處分或禁治產之宣告，不得免職，非依法律，不得停職、轉任或減俸。」旨在藉法官之身分保障，以維護審判獨立。凡足以影響因法官身分及其所應享有權利或法律上利益之人事行政行為，固須依據法律始得為之，惟不以憲法明定者為限。若未涉及法官身分及其應有權益之人事行政行為，於不違反審判獨立原則範圍內，尚非不得以司法行政監督權而為合理之措置。

依法院組織法及行政法院組織法有關之規定，各級法院所設之庭長，除由兼任院長之法官兼任者外，餘由各該審級法官兼任。法院組織法第十五條、第十六條等規定庭長監督各該庭（處）之事務，係指為審判之順利進行所必要之輔助性司法行政事務而言。庭長於合議審判時雖得充任審判長，但無庭長或庭長有事故時，以庭員中資深者充任之。充任審判長之法官與充當庭員之法官共同組成合議庭時，審判長除指揮訴訟外，於審判權之行使，及對案件之評決，其權限與庭員並無不同。審判長係合議審判時為統一指揮訴訟程序所設之機制，與庭長職務之屬於行政性質者有別，足見庭長與審判長乃不同功能之兩種職務。憲法第八十一條所保障之身分對象，應限於職司獨立審判之法官，而不及於監督司法行政事務之庭長。又兼任庭長之法官固比其他未兼行政職務之法官具有較多之職責，兼任庭長者之職等起敘雖亦較法官為高，然二者就法官本職所得晉敘之最高職等並無軒輊，其在法律上得享有之權利及利益皆無差異。

司法院以中華民國八十四年五月五日(84)院台人一字第〇八七八七號函訂定發布之「高等法院以下各級法院及其分院法官兼庭長職期調任實施要點」（八十九年七月二十八日(89)院台人二字第一八三一九號函修正為「高等法院以下各級法院及其分院、高等行政法院法官兼庭長職期調任實施要點」），其中第二點或第三點規定於庭長之任期屆滿後，令免兼庭長之人事行政行為，僅免除庭長之行政兼職，於其擔任法官職司審判之本職無損，對其既有之官等、職等、俸給亦無不利之影響，故性質上僅屬機關行政業務之調整。司法行政機關就此本其組織法上之職權為必要裁量並發布命令，與憲法第八十一條法官身分保障之意旨尚無牴觸。

健全之審判周邊制度，乃審判公平有效遂行之必要條件，有關審判事務之司法行政即為其中一環。庭長於各該庭行政事務之監督及處理，均有積極輔助之功能。為貫徹憲法第八十二條法院組織之法律保留原則，建立審判獨立之完備司法體制，有關庭長之遴選及任免等相關人事行政事項，仍以本於維護審判獨立之司法自主性（本院釋字第五三〇號解釋參照），作通盤規劃，以法律規定為宜，併此指明。（91、1、8）

釋字第540號解釋

國家為達成行政上之任務，得選擇以公法上行為或私法上行為作為實施之手段。其因各該行為所生爭執之審理，屬於公法性質者歸行政法院，私法性質者歸普通法院。惟立法機關亦得依職權衡酌事件之性質、既有訴訟制度之功能及公益之考量，就審判權歸屬或解決紛爭程序另為適當之設計。此種情形一經定為法律，即有拘束全國機關及人民之效力，各級審判機關自亦有遵循之義務。中華民國七十一年七月三十日制定公布之國民住宅條例，對興建國民住宅解決收入較低家庭居住問題，採取由政府主管機關興建住宅以上述家庭為對象，辦理出售、出租、貸款自建或獎勵民間投資興建等方式為之。其中除民間投資興建者外，凡經主管機關核准出售、出租或貸款自建，並已由該機關代表國家或地方自治團體與承購人、承租人或貸款人分別訂立買賣、租賃或借貸契約者，此等契約即非行使公權力而生之公法上法律關係。上開條例第二十一條第一項規定：國民住宅出售後有該條所列之違法情事者，「國民住宅主管機關得收回該住宅及基地，並得移送法院裁定後強制執行」，乃針對特定違約行為之效果賦予執行力之特別規定，此等涉及私權法律關係之事件為民事事件，該條所稱之法院係指普通法院而言。對此類事件，有管轄權之普通法院民事庭不得以行政訴訟新制實施，另有行政法院可資受理為理由，而裁定駁回強制執行之聲請。事件經本院解釋係民事事件，認提起聲請之行政法院無審判權者，該法院除裁定駁回外，並依職權移送有審判權限之普通法院，受移送之法院應依本院解釋對審判權認定之意旨，回復事件之繫屬，依法審判，俾保障人民憲法上之訴訟權。（91、3、15）

釋字第541號解釋

中華民國八十九年四月二十五日修正公布之憲法增修條文第五條第一項前段規定，司法院設大法官十五人，並以其中一人為院長、一人為副院長，由總統提名，經立法院同意任命之，自中華民國九十二年起實施，不適用憲法第七十九條之規定。關於司法院第六屆大法官於九十二年任期屆滿前，大法官及司法院院長、副院長出缺時，其任命之程序，現行憲法增修條文未設規定。惟司法院院長、副院長及大法官係憲法所設置，並賦予一定之職權，乃憲政體制之一環，為維護其機制之完整，其任命程序如何，自不能無所依循。司法院院長、副院長及大法官由總統提名，經民意機關同意後任命之，係憲法及其增修條文之一貫意旨，亦為民意政治基本理念之所在。現行憲法增修條文既已將司法、考試、監察三院人事之任命程序改由總統提名，經立法院同意任命，基於憲法及其歷次增修條文之一貫意旨與其規範整體性之考量，人事同意權制度設計之民意政治原理，司法院第六屆大法官於九十二年任期屆滿前，大法官及司法院院長、副院長出缺時，其任命之程序，應由總統提名，經立法院同意任命之。（91、4、4）

釋字第542號解釋

人民有居住及遷徙之自由，憲法第十條設有明文。對此自由之限制，不得逾憲法第二十三條所定必要之程度，且須有法律之明文依據，業經本院作成釋字第四四三號、第四五四號等解釋在案。自來水法第十一條授權行政機關得為「劃定公布水質水量保護區域，禁止在該區域內一切貽害水質與水量之行為」，主管機關依此授權訂定公告「翡翠水庫集水區石碇鄉碧山、永安、格頭三村遷村作業實施計畫」，雖對人民居住遷徙自由有所限制，惟計畫遷村之手段與水資源之保護目的間尚符合比例原則，要難謂其有違憲法第十條之規定。行政機關訂定之行政命令，其屬給付性之行政措施具授與人民利益之效果者，亦應受相關憲法原則，尤其是平等原則之拘束。系爭作業實施計畫中關於安遷救濟金之發放，係屬授與人民利益之給付行政，並以補助集水區內居民遷村所需費用為目的，既在排除村民之繼續居住，自應以有居住事實為前提，其認定之依據，設籍僅係其一而已，上開計畫竟以設籍與否作為認定是否居住於該水源區之唯一標準，雖不能謂有違平等原則，但未顧及其他居住事實之證明方法，有欠周延。相關領取安遷救濟金之規定應依本解釋意旨儘速檢討改進。（91、4、4）

釋字第543號解釋

憲法增修條文第二條第三項規定：「總統為避免國家或人民遭遇緊急危難或應付財政經濟上重大變故，得經行政院會議之決議發布緊急命令，為必要之處置，不受憲法第四十三條之限制。但須於發布命令後十日內提交立法院追認，如立法院不同意時，該緊急命令立即失效。」由此可知，緊急命令係總統為應付緊急危難或重大變故，直接依憲法授權所發布，具有暫時替代或變更法律效力之命令，其內容應力求周延，以不得再授權為補充規定即可逕予執行為原則。若因事起倉促，一時之間不能就相關細節性、技術性事項鉅細靡遺悉加規範，而有待執行機關以命令補充，方能有效達成緊急命令之目的者，則應於緊急命令中明文規定其意旨，於立法院完成追認程序後，再行發布。此種補充規定應依行政命令之審查程序送交立法院審查，以符憲政秩序。又補充規定應隨緊急命令有效期限屆滿而失其效力，乃屬當然。（91、5、3）

釋字第544號解釋

國家對個人之刑罰，屬不得已之強制手段，選擇以何種刑罰處罰個人之反社會性行爲，乃立法自由形成之範圍。就特定事項以特別刑法規定特別罪刑，倘與憲法第二十三條所要求之目的正當性、手段必要性、限制妥當性符合者，即無乖於比例原則，業經本院釋字第四七六號解釋闡釋在案。自由刑涉及對人民身體自由之嚴重限制，除非必須對其採強制隔離施以矯治，方能維護社會秩序時，其科處始屬正當合理，而刑度之制定尤應顧及行爲之侵害性與法益保護之重要性。施用毒品，足以戕害身心，滋生其他犯罪，惡化治安，嚴重損及公益，立法者自得於抽象危險階段即加以規範。中華民國八十一年七月二十七日修正公布肅清煙毒條例第九條第一項規定，對於施用毒品或鴉片者，處三年以上七年以下有期徒刑，及八十四年一月十三日修正公布之麻醉藥品管理條例第十三條之一第二項第四款規定，非法施打吸用麻醉藥品者，處三年以下有期徒刑、拘役或一萬元以下罰金，雖以所施用之毒品屬煙毒或麻醉藥品爲其規範對象，未按行爲人是否業已成癮爲類型化之區分，就行爲對法益危害之程度亦未盡顧及，但究其目的，無非在運用刑罰之一般預防功能以嚇阻毒品之施用，挽社會於頹廢，與首揭意旨尙屬相符，於憲法第八條、第二十三條規定並無牴觸。前開肅清煙毒條例及麻醉藥品管理條例於八十七年及八十八年相繼修正，對經勒戒而無繼續施用毒品傾向者，改採除刑不除罪，對初犯者以保安處分替代刑罰，已更能符合首揭意旨。由肅清煙毒條例修正之毒品危害防制條例第三十五條第四款，將判決確定尙未執行或執行中之案件排除其適用，此固與刑法第二條第三項無乖離之處，惟爲深化新制所揭櫫之刑事政策，允宜檢討及之。（91、5、17）

釋字第545號解釋

中華民國七十五年十二月二十六日公布之醫師法第二十五條規定：「醫師於業務上如有違法或不正當行爲，得處一個月以上一年以下停業處分或撤銷其執業執照。」所謂「業務上之違法行爲」係指醫師於醫療業務，依專業知識，客觀上得理解不爲法令許可之行爲，此既限於執行醫療業務相關之行爲而違背法令之規定，並非泛指醫師之一切違法行爲，其範圍應屬可得確定；所謂「業務上之不正當行爲」則指醫療業務行爲雖未達違法之程度，但有悖於醫學學理及醫學倫理上之要求而不具正當性應予避免之行爲。法律就前揭違法或不正當行爲無從鉅細靡遺悉加規定，因以不確定法律概念予以規範，惟其涵義於個案中並非不能經由適當組成之機構依其專業知識及社會通念加以認定及判斷，並可由司法審查予以確認，則與法律明確性原則尙無不合，於憲法保障人民權利之意旨亦無牴觸。首揭規定就醫師違背職業上應遵守之行爲規範，授權主管機關得於前開法定行政罰範圍內，斟酌醫師醫療業務上違法或不正當行爲之於醫療安全、國民健康及全民健康保險對象暨財務制度之危害程度，而爲如何懲處之決定，係爲維護醫師之職業倫理，維持社會秩序，增進公共利益所必要，與憲法第二十三條規定之意旨無違。（91、5、17）

釋字第546號解釋

本院院字第二八一〇號解釋：「依考試法舉行之考試，對於應考資格體格試驗，或檢覈經決定不及格者，此項決定，自屬行政處分。其處分違法或不當者，依訴願法第一條之規定，應考人得提起訴願。惟爲訴願決定時，已屬無法補救者，其訴願爲無實益，應不受理，依訴願法第七條應予駁回。」旨在闡釋提起行政爭訟，須其爭訟有權利保護必要，即具有爭訟之利益爲前提，倘對於當事人被侵害之權利或法律上利益，縱經審議或審判之結果，亦無從補救，或無法回復其法律上之地位或其他利益者，即無進行爭訟而爲實質審查之實益。惟所謂被侵害之權利或利益，經審議或審判結果，無從補救或無法回復者，並不包括依國家制度設計，性質上屬於重複發生之權利或法律上利益，人民因參與或分享，得反覆行使之情形。是人民申請爲公職人員選舉候選人時，因主管機關認其資格與規定不合，而予以核駁，申請人不服提起行政爭訟，雖選舉已辦理完畢，但人民之被選舉權，既爲憲法所保障，且性質上得反覆行使，若該項選舉制度繼續存在，則審議或審判結果對其參與另次選舉成爲候選人資格之權利仍具實益者，並非無權利保護必要者可比，此類訴訟相關法院自應予以受理，本院上開解釋，應予補充。（91、5、31）

釋字第547號解釋

憲法第八十六條第二款規定，專門職業及技術人員執業資格，應經考試院依法考選銓定之。醫師從事醫療行為，不僅涉及病患個人之權益，更影響國民健康之公共利益，自須具備專門之醫學知識與技能，醫師既屬專門職業人員，其執業資格即應按首開規定取得。中華民國三十二年九月二十二日公布之醫師法第一條明定：「中華民國人民經醫師考試及格者，得充醫師」（八十一年七月二十九日修正為：「中華民國人民經醫師考試及格並依本法領有醫師證書者，得充醫師」）。第醫師應如何考試，涉及醫學上之專門知識，醫師法已就應考資格等重要事項予以規定，其屬細節性與技術性事項，自得授權考試機關及業務主管機關發布命令為之補充。關於中醫師考試，醫師法對其應考資格已定有明文，至於中醫師檢覈之科目、方法、程序等事項，則授權考試院會同行政院依其專業考量及斟酌中醫之傳統醫學特性，訂定中醫師檢覈辦法以資規範，符合醫師法與專門職業及技術人員考試法之意旨，與授權明確性原則無違。

考試院會同行政院於七十一年八月三十一日修正發布之中醫師檢覈辦法第八條第一項規定：「中醫師檢覈除審查證件外，得舉行面試或實地考試。但以第二條第三款之資格應檢覈者，一律予以面試」，同條第二項又規定：「華僑聲請中醫師檢覈依前項規定應予面試者，回國執業時應行補試。」嗣因配合七十五年一月二十四日專門職業及技術人員考試法之公布，考試院乃重新訂定，於七十七年八月二十二日會同行政院發布中醫師檢覈辦法，其第六條規定申請中醫師檢覈者，予以筆試，並於第十條規定：「已持有『僑』字中醫師考試及格證書者，回國執業時，仍應依照第六條之規定補行筆試。」此一規定，依法律整體規定之關聯意義為綜合判斷，僅屬專門職業及技術人員考試法暨醫師法所授權訂定之中醫師檢覈辦法中關於考試技術之變更，並不影響華僑依中醫師檢覈辦法所已取得「僑」字中醫師及格證書及「僑中」字中醫師證書之效力，更無逾越前開法律授權之範圍或增加母法所無之限制，與憲法保障人民權利之意旨並無違背。

次按憲法上所謂平等原則，係指實質上之平等而言，若為因應事實上之需要及舉辦考試之目的，就有關事項，依法自得酌為適當之限制。華僑申請中醫師檢覈，其未回國參加面試者，於審查證件合格後，即發給「僑」字中醫師考試及格證書及「僑中」字中醫師證書，此種證書之發給性質上為具體行政行為，惟其適用地之效力受到限制。其既未依中醫師檢覈辦法回國參加面試或筆試，即不得主張取得與參加面試或筆試及格者所得享有在國內執行中醫師業務之權利，否則反而造成得以規避面試或筆試而取得回國執行中醫師業務之資格，導致實質上之不平等。是上開中醫師檢覈辦法將中醫師檢覈分成兩種類別而異其規定，並未違背憲法平等原則及本院歷來解釋之旨意。又「面試」包括一、筆試，二、筆試及口試，是考試之方法雖有面試、筆試、口試等之區別，但無非均為拔擢人才、銓定資格之方式，苟能在執行上力求客觀公平，並不影響當事人之權益或法律上地位，其領有「僑中」字中醫師證書者，本未取得在國內執業之資格，尚無值得保護之信賴利益可言。則前開辦法重新訂定發布後，即依中央法規標準法第十三條規定，自發布日起算至第三日起發生效力而無過渡期間之規定，並無違背信賴保護原則。至九十一年一月十六日修正之醫師法第三條第四項：「已領有僑中字中醫師證書者，應於中華民國九十四年十二月三十一日前經中醫師檢覈筆試及格，取得台中字中醫師證書，始得回國執業」，亦係為配合八十八年十二月二十九日修正公布之專門職業及技術人員考試法已廢止檢覈制度所為之過渡規定，對其依法所已取得之權利，並無影響，與憲法保障人民權利之意旨亦無違背，併此指明。（91、6、28）

釋字第548號解釋

主管機關基於職權因執行特定法律之規定，得為必要之釋示，以供本機關或下級機關所屬公務員行使職權時之依據，業經本院釋字第四〇七號解釋在案。行政院公平交易委員會中華民國八十六年五月十四日(86)公法字第〇一六七二號函發布之「審理事業發侵害著作權、商標權或專利權警告函案件處理原則」，係該會本於公平交易法第四十

附錄

五條規定所為之解釋性行政規則，用以處理事業對他人散發侵害智慧財產權警告函之行為，有無濫用權利，致生公平交易法第十九條、第二十一條、第二十二條、第二十四條等規定所禁止之不公平競爭行為。前揭處理原則第三點、第四點規定，事業對他人散發侵害各類智慧財產權警告函時，倘已取得法院一審判決或公正客觀鑑定機構鑑定報告，並事先通知可能侵害該事業權利之製造商等人，請求其排除侵害，形式上即視為權利之正當行使，認定其不違公平交易法之規定；其未附法院判決或前開侵害鑑定報告之警告函者，若已據實敘明各類智慧財產權明確內容、範圍及受侵害之具體事實，且無公平交易法各項禁止規定之違反情事，亦屬權利之正當行使。事業對他人散發侵害專利權警告函之行為，雖係行使專利法第八十八條所賦予之侵害排除與防止請求權，惟權利不得濫用，乃法律之基本原則，權利人應遵守之此項義務，並非前揭處理原則所增。該處理原則第三點、第四點係行政院公平交易委員會為審理事業對他人散發侵害智慧財產權警告函案件，是否符合公平交易法第四十五條行使權利之正當行為所為之例示性函釋，未對人民權利之行使增加法律所無之限制，於法律保留原則無違，亦不生授權是否明確問題，與憲法尚無牴觸。（91、7、12）

釋字第549號解釋

勞工保險係國家為實現憲法第一百五十三條保護勞工及第一百五十五條、憲法增修條文第十條第八項實施社會保險制度之基本國策而建立之社會安全措施。保險基金係由被保險人繳納之保險費、政府之補助及雇主之分擔額所形成，並非被保險人之私產。被保險人死亡，其遺屬所得領取之津貼，性質上係所得替代，用以避免遺屬生活無依，故應以遺屬需受扶養為基礎，自有別於依法所得繼承之遺產。勞工保險條例第二十七條規定：「被保險人之養子女戶籍登記未滿六個月者，不得享有保險給付之權利。」固有推行社會安全暨防止詐領保險給付之意，而同條例第六十三條至第六十五條有關遺屬津貼之規定，雖係基於倫常關係及照護扶養遺屬之原則，惟為貫徹國家負生存照顧義務之憲法意旨，並兼顧養子女及其他遺屬確受被保險人生前扶養暨無謀生能力之事實，勞工保險條例第二十七條及第六十三條至第六十五條規定應於本解釋公布之日起二年內予以修正，並依前述解釋意旨就遺屬津貼等保險給付及與此相關事項，參酌有關國際勞工公約及社會安全如年金制度等通盤檢討設計。（91、8、2）

釋字第550號解釋

國家為謀社會福利，應實施社會保險制度；國家為增進民族健康，應普遍推行衛生保健事業及公醫制度，憲法第一百五十五條第一百五十七條分別定有明文。國家應推行全民健康保險，重視社會救助福利服務社會保險及醫療保健等社會福利工作，復為憲法增修條文第十條第五項第八項所明定。國家推行全民健康保險之義務，係兼指中央與地方而言。又依憲法規定各地方自治團體有辦理衛生慈善公益事項等照顧其行政區域內居民生活之義務，亦得經由全民健康保險之實施，而獲得部分實現。中華民國八十三年八月九日公布八十四年三月一日施行之全民健康保險法，係中央立法並執行之事項。有關執行全民健康保險制度之行政經費，固應由中央負擔，本案爭執之同法第二十七條責由地方自治團體補助之保險費，非指實施全民健康保險法之執行費用，而係指保險對象獲取保障之對價，除由雇主負擔及中央補助部分保險費外，地方政府予以補助，符合憲法首開規定意旨。

地方自治團體受憲法制度保障，其施政所需之經費負擔乃涉及財政自主權之事項，固有法律保留原則之適用，但於不侵害其自主權核心領域之限度內，基於國家整體施政之需要，對地方負有協力義務之全民健康保險事項，中央依據法律使地方分擔保險費之補助，尚非憲法所不許。關於中央與地方辦理事項之財政責任分配，憲法並無明文。財政收支劃分法第三十七條第一項第一款雖規定，各級政府支出之劃分，由中央立法並執行者，歸中央負擔，固非專指執行事項之行政經費而言，惟法律於符合上開條件下，尚非不得為特別之規定，就此而言，全民健康保險法第二十七條即屬此種特別規定。至全民健康保險法該條所定之補助各類被保險人保險費之比例屬於立法裁量事項，除顯有不當者外，不生牴觸憲法之問題。

法律之實施須由地方負擔經費者，如本案所涉全民健康保險法第二十七條第一款第一、二目及第二、三、五款關於保險費補助比例之規定，於制定過程中應予地方政府充分之參與。行政主管機關草擬此類法律，應與地方政府協商，以避免有片面決策可能造成之不合理情形，並就法案實施所需財源事前妥為規劃；立法機關於修訂相關法律時，應予地方政府人員列席此類立法程序表示意見之機會。（91、10、4）

釋字第551號解釋

人民身體之自由與生存權應予保障，為憲法第八條、第十五條所明定，國家為實現刑罰權，將特定事項以特別刑法規定特別之罪刑，其內容須符合目的正當性、手段必要性、限制妥當性，方符合憲法第二十三條之規定，業經本院釋字第四七六號解釋闡釋在案。民國八十七年五月二十日修正公布之毒品危害防制條例，其立法目的係為肅清煙毒、防制毒品危害，維護國民身心健康，藉以維持社會秩序及公共利益，乃以特別法加以規範。有關栽贓誣陷或捏造證據誣告他人犯該條例之罪者，固亦得於刑法普通誣告罪之外，斟酌立法目的而為特別處罰之規定。然同條例第十六條規定：「栽贓誣陷或捏造證據誣告他人犯本條例之罪者，處以其所誣告之罪之刑」，未顧及行為人負擔刑事責任應以其行為本身之惡害程度予以非難評價之刑法原則，強調同害之原始報應刑思想，以所誣告罪名反坐，所採措置與欲達成目的及所需程度有失均衡；其責任與刑罰不相對應，罪刑未臻相當，與憲法第二十三條所定比例原則未盡相符。有關機關應自本解釋公布之日起兩年內通盤檢討修正，以兼顧國家刑罰權之圓滿正確運作，並維護被誣告者之個人法益；逾期未為修正者，前開條例第十六條誣告反坐之規定失其效力。（91、11、22）

釋字第552號解釋

本院釋字第三六二號解釋謂：「民法第九百八十八條第二款關於重婚無效之規定，乃所以維持一夫一妻婚姻制度之社會秩序，就一般情形而言，與憲法尚無牴觸。惟如前婚姻關係已因確定判決而消滅，第三人本於善意且無過失，信賴該判決而與前婚姻之一方相婚者，雖該判決嗣後又經變更，致後婚姻成為重婚，究與一般重婚之情形有異，依信賴保護原則，該後婚姻之效力，仍應予以維持。首開規定未兼顧類此之特殊情況，與憲法保障人民結婚自由權利之意旨未盡相符，應予檢討修正。」其所稱類此之特殊情況，並包括協議離婚所導致之重婚在內。惟婚姻涉及身分關係之變更，攸關公共利益，後婚姻之當事人就前婚姻關係消滅之信賴應有較為嚴格之要求，僅重婚相對人之善意且無過失，尚不足以維持後婚姻之效力，須重婚之雙方當事人均為善意且無過失時，後婚姻之效力始能維持，就此本院釋字第三六二號解釋相關部分，應予補充。如因而致前後婚姻關係同時存在時，為維護一夫一妻之婚姻制度，究應解消前婚姻或後婚姻、婚姻被解消之當事人及其子女應如何保護，屬立法政策考量之問題，應由立法機關衡酌信賴保護原則、身分關係之本質、夫妻共同生活之圓滿及子女利益之維護等因素，就民法第九百八十八條第二款等相關規定儘速檢討修正。在修正前，對於符合前開解釋意旨而締結之後婚姻效力仍予維持，民法第九百八十八條第二款之規定關此部分應停止適用。在本件解釋公布之日前，僅重婚相對人善意且無過失，而重婚人非同屬善意且無過失者，此種重婚在本件解釋後仍為有效。如因而致前後婚姻關係同時存在，則重婚之他方，自得依法向法院請求離婚，併此指明。（91、12、13）

釋字第553號解釋

本件係臺北市政府因決定延期辦理里長選舉，中央主管機關內政部認其決定違背地方制度法第八十三條第一項規定，經報行政院依同法第七十五條第二項予以撤銷；臺北市政府不服，乃依同條第八項規定逕向本院聲請解釋。因臺北市為憲法第一百十八條所保障實施地方自治之團體，且本件事關修憲及地方制度法制定後，地方與中央權限劃分及紛爭解決機制之釐清與確立，非純屬機關爭議或法規解釋之問題，亦涉及憲法層次之民主政治運作基本原則與地方自治權限之交錯，自應予以解釋。

地方制度法第八十三條第一項規定：「直轄市議員、直轄市長、縣（市）議員、縣（市）長、鄉（鎮、市）民代表、鄉（鎮、市）長及村（里）長任期屆滿或出缺應改選或補選時，如因特殊事故，得延期辦理改選或補選。」其中所謂特殊事故，在概念上無從以固定之事故項目加以涵蓋，而係泛指不能預見之非尋常事故，致不克按法定日期改選或補選，或如期辦理有事實足認將造成不正確之結果或發生立即嚴重之後果或將產生與實現地方自治之合理及必要之行政目的不符等情形者而言。又特殊事故不以影響及於全國或某一縣市全部轄區爲限，即僅於特定選區存在之特殊事故如符合比例原則之考量時，亦屬之。上開法條使用不確定法律概念，即係賦予該管行政機關相當程度之判斷餘地，蓋地方自治團體處理其自治事項與承中央主管機關之命辦理委辦事項不同，前者中央之監督僅能就適法性爲之，其情形與行政訴訟中之法院行使審查權相似（參照訴願法第七十九條第三項）；後者除適法性之外，亦得就行政作業之合目的性等實施全面監督。本件既屬地方自治事項又涉及不確定法律概念，上級監督機關爲適法性監督之際，固應尊重該地方自治團體所爲合法性之判斷，但如其判斷有恣意濫用及其他違法情事，上級監督機關尙非不得依法撤銷或變更。

憲法設立釋憲制度之本旨，係授予釋憲機關從事規範審查（參照憲法第七十八條），除由大法官組成之憲法法庭審理政黨違憲解散事項外（參照憲法增修條文第五條第四項），尙不及於具體處分行爲違憲或違法之審理。本件行政院撤銷臺北市政府延期辦理里長選舉之決定，涉及中央法規適用在地方自治事項時具體個案之事實認定、法律解釋，屬於有法效性之意思表示，係行政處分，臺北市政府有所不服，乃屬與中央監督機關間公法上之爭議，惟既屬行政處分是否違法之審理問題，爲確保地方自治團體之自治功能，該爭議之解決，自應循行政爭訟程序處理。臺北市如認行政院之撤銷處分侵害其公法人之自治權或其他公法上之利益，自得由該地方自治團體，依訴願法第一條第二項、行政訴訟法第四條提起救濟請求撤銷，並由訴願受理機關及行政法院就上開監督機關所爲處分之適法性問題爲終局之判斷。（91、12、20）

釋字第554號解釋

婚姻與家庭爲社會形成與發展之基礎，受憲法制度性保障（參照本院釋字第三六二號、第五五二號解釋）。婚姻制度植基於人格自由，具有維護人倫秩序、男女平等、養育子女等社會性功能，國家爲確保婚姻制度之存續與圓滿，自得制定相關規範，約束夫妻雙方互負忠誠義務。性行爲自由與個人之人格有不可分離之關係，固得自主決定是否及與何人發生性行爲，惟依憲法第二十二條規定，於不妨害社會秩序公共利益之前提下，始受保障。是性行爲之自由，自應受婚姻與家庭制度之制約。婚姻關係存續中，配偶之一方與第三人間之性行爲應爲如何之限制，以及違反此項限制，應否以罪刑相加，各國國情不同，應由立法機關衡酌定之。刑法第二百三十九條對於通姦者、相姦者處一年以下有期徒刑之規定，固對人民之性行爲自由有所限制，惟此爲維護婚姻、家庭制度及社會生活秩序所必要。爲免此項限制過嚴，同法第二百四十五條第一項規定通姦罪爲告訴乃論，以及同條第二項經配偶縱容或宥恕者，不得告訴，對於通姦罪附加訴追條件，此乃立法者就婚姻、家庭制度之維護與性行爲自由間所爲價值判斷，並未逾越立法形成自由之空間，與憲法第二十三條比例原則之規定尙無違背。（91、12、27）

釋字第555號解釋

戒嚴時期人民受損權利回復條例第三條規定之適用範圍，其中關於公務人員涵義之界定，涉及我國法制上對依法令從事公務之人員使用不同名稱之解釋問題。依憲法第八十六條及公務人員任用法規定觀之，稱公務人員者，係指依法考選銓定取得任用資格，並在法定機關擔任有職稱及官等之人員。是公務人員在現行公務員法制上，乃指常業文官而言，不含武職人員在內。戒嚴時期人民受損權利回復條例施行細則第三條第一項規定：「本條例第三條第一項第二款所稱公務人員，指各機關組織法規中，除政務官、民選人員及聘僱人員外，受有俸（薪）給之文職人員」，係對該條例第三條第一項第二款所稱「任公務人員、教育人員及公職人員之資格」中有關公務人員涵義之界定，不包括武職人員，乃基於事物本質之差異，於平等原則無違，亦未逾越母法之授權，與憲法規定尙無牴觸。至任武職人員之資格應否回復，爲立法機關裁量形成

範圍，併此敘明。（92、1、10）

釋字第556號解釋

犯罪組織存在，法律所保護之法益，即有受侵害之危險，自有排除及預防之必要。組織犯罪防制條例乃以防制組織型態之犯罪活動爲手段，達成維護社會秩序及保障個人法益之目的。該條例第三條第一項及第三項所稱之參與犯罪組織，指加入犯罪組織成爲組織之成員，而不問參加組織活動與否，犯罪即屬成立，至其行爲是否仍在繼續中，則以其有無持續參加組織活動或保持聯絡爲斷，此項犯罪行爲依法應由代表國家追訴犯罪之檢察官負舉證責任。若組織成員在參與行爲未發覺前自首，或長期未與組織保持聯絡亦未參加活動等事實，足以證明其確已脫離犯罪組織者，即不能認其尚在繼續參與。本院釋字第六十八號解釋前段：「凡曾參加叛亂組織者，在未經自首或有其他事實證明其確已脫離組織以前，自應認爲係繼續參加」，係針對懲治叛亂條例所爲之釋示，茲該條例已經廢止，上開解釋併同與該號解釋相同之本院其他解釋（院字第六六七號、釋字第一二九號解釋），關於參加犯罪組織是否繼續及對舉證責任分擔之釋示，與本件解釋意旨不符部分，應予變更。又組織犯罪防制條例第十八條第一項所爲過渡期間之規定，其適用並未排除本解釋前開意旨，與憲法保障人身自由之規定並無牴觸。（92、1、24）

釋字第557號解釋

行政機關、公立學校或公營事業機構，爲安定現職人員生活，提供宿舍予其所屬人員任職期間居住，本屬其依組織法規管理財物之權限內行爲；至因退休、調職等原因離職之人員，原應隨即歸還其所使用之宿舍，惟爲兼顧此等人員生活，非不得於必要時酌情准其暫時續住以爲權宜措施，行政院基於全國最高行政機關之職責，盱衡國家有限資源之分配，依公教人員、公營事業機構服務人員任用法規、俸給結構之不同，自得發布相關規定爲必要合理之規範，以供遵循，行政院於中華民國四十九年十二月一日以台四十九人字第六七一九號令，准許已退休人員得暫時續住現住宿舍，俟退休人員居住房屋問題處理辦法公布後再行處理，繼於五十六年十月十二日以台五六人字第八〇五三號令，將上開令文所稱退休人員限於依法任用並依公務人員退休法辦理退休之公務人員爲其適用範圍，又於七十四年五月十八日以台七四人政肆字第一四九二七號函稱：對於事務管理規則修正前配住宿舍，而於該規則修正後退休之人員准於續住至宿舍處理時爲止等語，並未改變前述函令關於退休人員適用範圍之涵義，臺灣省菸酒公賣局爲公營事業機構，其職員之任用非依公務人員任用法，其退休亦非依公務人員退休法辦理，自非行政院台四九人字第六七一九號令及台七四人政肆字第一四九二七號函適用之對象。（92、3、7）

釋字第558號解釋

憲法第十條規定人民有居住、遷徙之自由，旨在保障人民有自由設定住居所、遷徙、旅行，包括入出國境之權利，人民爲構成國家要素之一，從而國家不得將國民排斥於國家疆域之外，於臺灣地區設有住所而有戶籍之國民得隨時返回本國，無待許可，惟爲維護國家安全及社會秩序，人民入出境之權利，並非不得限制，但須符合憲法第二十三條之比例原則，並以法律定之，動員戡亂時期國家安全法制定於解除戒嚴之際，其第三條第二項第二款係爲因應當時國家情勢所爲之規定，適用於動員戡亂時期，雖與憲法尚無牴觸（參照本院釋字第二六五號解釋），惟中華民國八十一年修正後之國家安全法第三條第一項仍泛指人民入出境均應經主管機關之許可，未區分國民是否於臺灣地區設有住所而有戶籍，一律非經許可不得入境，並對未經許可入境者，予以刑罰制裁（參照該法第六條），違反憲法第二十三條規定之比例原則，侵害國民得隨時返回本國之自由，國家安全法上揭規定，與首開解釋意旨不符部分，應自立法機關基於裁量權限，專就入出境所制定之法律相關規定施行時起，不予適用。（92、4、18）

釋字第559號解釋

基於法治國家之基本原則，凡涉及人身自由之限制事項，應以法律定之；涉及財產權者，則得依其限制之程度，以法律或法律明確授權之命令予以規範，惟法律本身若已就人身之處置為明文之規定者，應非不得以法律具體明確之授權委由主管機關執行之，至主管機關依法律概括授權所發布之命令若僅屬細節性、技術性之次要事項者，並非法所不許，家庭暴力防治法第二十條第一項規定保護令之執行機關及金錢給付保護令之強制執行程序，對警察機關執行非金錢給付保護令之程序及方法則未加規定，僅以同法第五十二條為概括授權：「警察機關執行保護令及處理家庭暴力案件辦法，由中央主管機關定之」，雖不生牴觸憲法問題，然對警察機關執行上開保護令得適用之程序及方法均未加規定，且未對辦法內容為具體明確之授權，保護令既有涉及人身之處置或財產之強制執行者（參照家庭暴力防治法第十三條及第十五條），揆諸前開解釋意旨，應分別情形以法律或法律具體明確授權之命令定之，有關機關應從速修訂相關法律，以符憲法保障人民權利之本旨，行政執行法之執行機關除金錢給付之執行為法務部行政執行署所屬行政執行處外，其餘事件依其性質分由原處分機關或該管機關為之（參照行政執行法第四條），依上述家庭暴力防治法規定，警察機關有執行金錢給付以外保護令之職責，其於執行具體事件應適用之程序，在法律未依上開解釋修改前，警察機關執行保護令得準用行政執行法規定之程序而採各種適當之執行方法。（92、5、2）

釋字第560號解釋

勞工保險乃立法機關本於憲法保護勞工、實施社會保險之基本國策所建立之社會福利制度，旨在保障勞工生活安定、促進社會安全。勞工保險制度設置之保險基金，除由被保險人繳納之保險費、雇主分擔額所構成外，另有各級政府按一定比例之補助在內。依勞工保險條例規定，其給付主要係基於被保險人本身發生之事由而提供之醫療、傷殘、退休及死亡等之給付。同條例第六十二條就被保險人之父母、配偶、子女死亡可請領喪葬津貼之規定，乃為減輕被保險人因至親遭逢變故所增加財務負擔而設，自有別於一般以被保險人本人發生保險事故之給付，兼具社會扶助之性質，應視發生保險事故者是否屬社會安全制度所欲保障之範圍決定之。中華民國八十一年五月八日制定公布之就業服務法第四十三條第五項，就外國人眷屬在勞工保險條例實施區域以外發生死亡事故者，限制其不得請領喪葬津貼，係為社會安全之考量所為之特別規定，屬立法裁量範圍，與憲法第七條、第十五條規定意旨尚無違背。（92、7、4）

釋字第561號解釋

臺灣省耕地租約登記辦法係基於耕地三七五減租條例第六條第二項授權而訂定，該辦法第六條第二項第三款規定，出租人依上開條例第十七條第一項第三款申請租約終止登記者，除應填具申請書外，並應檢具租約、欠租催告書、逾期不繳地租終止租約通知書及送達證明文件，或耕地租佃委員會調解、調處成立證明文件，或法院確定判決書。此係主管機關基於法律授權發布命令就申請人應檢具證明文件等細節性、技術性次要事項為必要補充規定，尚非憲法所不許。耕地三七五減租條例第一條規定：「耕地之租佃，依本條例之規定；本條例未規定者，依土地法及其他法律之規定。」民法第四百四十條第一項關於承租人租金支付有遲延者，出租人得定相當期限，催告承租人支付租金之規定，於出租人依本條例第十七條第一項第三款終止契約時，亦適用之。是前開耕地租約登記辦法第六條第二項第三款關於應檢具欠租催告書等規定，並未逾越法律授權，亦未增加法律所無之限制，與憲法尚無牴觸。（92、7、4）

釋字第562號解釋

土地法第三十四條之一第一項規定：「共有土地或建築改良物，其處分、變更及設定地上權、永佃權、地役權或典權，應以共有人過半數及其應有部分合計過半數之同意行之。但其應有部分合計逾三分之二者，其人數不予計算。」同條第五項規定：「前四項規定，於公同共有準用之。」其立法意旨在於兼顧共有人權益之範圍內，促進共有物之有效利用，以增進公共利益。同條第一項所稱共有土地或建築改良物之處分，如為讓與該共有物，即係讓與所有權；而共有物之應有部分，係指共有人對共有物所有權之比例，性質上與所有權並無不同。是不動產之應有部分如屬公同共有者，其讓與自得依土地法第三十四條之一第五項準用第一項之規定。內政部七十七年八月十八日台(77)內地字第六二一七六七號函頒修正之土地法第三十四條之一執行要點第十二點規定：「分別共有土地或建物之應有部分為數人所公同共有，公同共有人就該應有部分為處分、變更或設定負擔，無本法條第一項之適用」，於上開範圍內，就公同共有人公同共有不動產所有權之行使增加土地法上揭規定所無之限制，應不予適用。（92、7、11）

釋字第563號解釋

憲法第十一條之講學自由賦予大學教學、研究與學習之自由，並於直接關涉教學、研究之學術事項，享有自治權。國家對於大學之監督，依憲法第一百六十二條規定，應以法律為之，惟仍應符合大學自治之原則。是立法機關不得任意以法律強制大學設置特定之單位，致侵害大學之內部組織自主權；行政機關亦不得以命令干預大學教學之內容及課程之訂定，而妨礙教學、研究之自由，立法及行政措施之規範密度，於大學自治範圍內，均應受適度之限制（參照本院釋字第三八〇號及第四五〇號解釋）。

碩士學位之頒授依中華民國八十三年四月二十七日修正公布之學位授予法第六條第一項規定，應於研究生「完成碩士學位應修課程，提出論文，經碩士學位考試委員會考試通過」後，始得為之，此乃國家本於對大學之監督所為學位授予之基本規定。大學自治既受憲法制度性保障，則大學為確保學位之授予具備一定之水準，自得於合理及必要之範圍內，訂定有關取得學位之資格條件。國立政治大學於八十五年六月十四日訂定之國立政治大學研究生學位考試要點規定，各系所得自訂碩士班研究生於提出論文前先行通過資格考核（第二點第一項），該校民族學系並訂定該系碩士候選人資格考試要點，辦理碩士候選人學科考試，此項資格考試之訂定，未逾越大學自治之範疇，不生憲法第二十三條之適用問題。

大學學生退學之有關事項，八十三年一月五日修正公布之大學法未設明文。為維持學術品質，健全學生人格發展，大學有考核學生學業與品行之權責，其依規定程序訂定有關章則，使成績未符一定標準或品行有重大偏差之學生予以退學處分，亦屬大學自治之範疇；立法機關對有關全國性之大學教育事項，固得制定法律予以適度之規範，惟大學於合理範圍內仍享有自主權。國立政治大學暨同校民族學系前開要點規定，民族學系碩士候選人兩次未通過學科考試者以退學論處，係就該校之自治事項所為之規定，與前開憲法意旨並無違背。大學對學生所為退學之處分行為，關係學生權益甚鉅，有關章則之訂定及執行自應遵守正當程序，其內容並應合理妥適，乃屬當然。（92、7、25）

釋字第564號解釋

人民之財產權應予保障，憲法第十五條設有明文。惟基於增進公共利益之必要，對人民依法取得之土地所有權，國家並非不得以法律為合理之限制。道路交通管理處罰條例第八十二條第一項第十款規定，在公告禁止設攤之處擺設攤位者，主管機關除責令行為人即時停止並消除障礙外，處行為人或其雇主新臺幣一千二百元以上二千四百元以下罰鍰，就私有土地言，雖係限制土地所有人財產權之行使，然其目的係為維持人車通行之順暢，且此限制對土地之利用尚屬輕微，未逾越比例原則，與憲法保障財產權之意旨並無牴觸。

行政機關之公告行為如對人民財產權之行使有所限制，法律就該公告行為之要件及標準，須具體明確規定，前揭道路交通管理處罰條例第八十二條第一項第十款授予行政機關公告禁止設攤之權限，自應以維持交通秩序之必要為限。該條例第三條第一款所稱騎樓既屬道路，其所有人於建築之初即負有供公眾通行之義務，原則上未經許可即不得擺設攤位，是主管機關依上揭條文為禁止設攤之公告或為道路擺設攤位之許可（參照同條例第八十三條第二款），均係對人民財產權行使之限制，其公告行為之作成，宜審酌准否設攤地區之交通流量、道路寬度或禁止之時段等因素而為之，前開條例第八十二條第一項第十款規定尚欠具體明確，相關機關應儘速檢討修正，或以其他法律為更具體之規範。（92、8、8）

釋字第565號解釋

憲法第十九條規定：「人民有依法律納稅之義務。」第七條規定：「中華民國人民，無分男女、宗教、種族、階級、黨派，在法律上一律平等。」國家對人民稅捐之課徵或減免，係依據法律所定要件或經法律具體明確授權行政機關發布之命令，且有正當理由而為合理之差別規定者，與租稅法定主義、平等原則即無違背。

財政部於中華民國七十七年十月二十九日以台財稅字第七七○六六五一四○號函發布經行政院核定之證券交易所得課徵所得稅注意事項第五項規定：「個人出售民國七十八年一月一日以後取得之上市股票，其全年出售總金額不超過新臺幣壹千萬元者，其交易所得自民國七十八年一月一日起至七十九年十二月三十一日止，繼續停徵所得稅兩年。但停徵期間所發生之證券交易損失，不得自財產交易所得中扣除」，係依據獎勵投資條例（已於七十九年十二月三十一日因施行期間屆滿而當然廢止）第二十七條授權行政機關視經濟發展、資本形成之需要及證券市場之狀況，對個人出售證券，在一定範圍內，就其交易所得所採行之優惠規定，與憲法第十九條所定租稅法定主義尚無牴觸。又此項停徵證券交易所得稅，係行政機關依法律授權，為增進公共利益，權衡經濟發展階段性需要與資本市場實際狀況，本於專業之判斷所為合理之差別規定，與憲法第七條平等原則亦無違背。（92、8、15）

釋字第566號解釋

中華民國七十二年八月一日修正公布之農業發展條例第三十一條前段規定，家庭農場之農業用地，其由能自耕之繼承人繼承或承受，而繼續經營農業生產者，免徵遺產稅或贈與稅。七十三年九月七日修正發布之同條例施行細則第二十一條後段關於「家庭農場之農業用地，不包括於繼承或贈與時已依法編定為非農業使用者在內」之規定，以及財政部七十三年十一月八日台財稅第六二七一七號函關於「被繼承人死亡或贈與事實發生於修正農業發展條例施行細則發布施行之後者，應依該細則第二十一條規定，即凡已依法編定為非農業使用者，即不得適用農業發展條例第三十一條及遺產及贈與稅法第十七條、第二十條規定免徵遺產稅及贈與稅」之函釋，使依法編為非農業使用之土地，於其所定之使用期限前，仍繼續為從來之農業使用者，不能適用七十五年一月六日修正公布之農業發展條例第三十一條免徵遺產稅或贈與稅之規定及函釋，均係增加法律所無之限制，違反憲法第十九條租稅法律主義，亦與憲法保障人民財產權之意旨暨法律保留原則有違，應不再適用。（92、9、26）

釋字第567號解釋

人民身體之自由應予保障，非由法院依法定程序，不得審問、處罰，憲法第八條設有明文。戒嚴時期在戒嚴地域內，最高司令官固得於必要範圍內以命令限制人民部分之自由，惟關於限制人身自由之處罰，仍應以法律規定，且其內容須實質正當，並經審判程序，始得為之。戡亂時期預防匪諜再犯管教辦法第二條規定：「匪諜罪犯判處徒刑或受感化教育，已執行期滿，而其思想行狀未改善，認有再犯之虞者，得令入勞動教育場所，強制工作嚴加管訓（第一項）。前項罪犯由執行機關報請該省最高治安機關核定之（第二項）。」未以法律規定必要之審判程序，而係依行政命令限制人民身體之自由，不論其名義係強制工作或管訓處分，均為嚴重侵害人身自由之處罰。況該條規定使國家機關僅依思想行狀考核，認有再犯之虞，即得對已服刑期滿之人民再行交付未定期限之管訓，縱國家處於非常時期，出於法律之規定，亦不符合最低限度之人權保障，與憲法第八條及第二十三條之規定有所牴觸，應不予適用。

戒嚴時期人民受損權利回復條例第六條第一項第四款規定，人民於戒嚴時期因犯內亂、外患、懲治叛亂條例或檢肅匪諜條例之罪，於有罪判決或交付感化教育、感訓處分，執行完畢後，未依法釋放者，得聲請所屬地方法院準用冤獄賠償法相關規定，請求國家賠償，係指於有罪判決或感化教育、感訓處分裁判執行完畢後，任意繼續延長執行，或其他非依法裁判所為限制人身自由之處罰，未予釋放，得請求國家賠償之情形而言，從而上開規定與憲法平等保障人民權利之意旨，尚無不符。（92、10、24）

釋字第568號解釋

勞工依法參加勞工保險及因此所生之公法上權利，應受憲法保障。關於保險效力之開始、停止、終止及保險給付之履行等事由，係屬勞工因保險關係所生之權利義務事項，攸關勞工權益至鉅，其權利之限制，應以法律定之，且其立法目的與手段，亦須符合憲法第二十三條之規定。若法律授權行政機關發布命令為補充規定者，該命令須符合立法意旨且未逾越母法授權之範圍，始為憲法所許。勞工保險條例施行細則第十八條關於投保單位有歇業、解散、破產宣告情事或積欠保險費及滯納金經依法強制執行無效果者，保險人得以書面通知退保；投保單位積欠保險費及滯納金，經通知限期清償，逾期仍未清償，有事實足認顯無清償可能者，保險人得逕予退保之規定，增加勞工保險條例所未規定保險效力終止之事由，逾越該條例授權訂定施行細則之範圍，與憲法第二十三條規定之意旨未符，應不予適用。（92、11、14）

釋字第569號解釋

憲法第十六條明定人民有訴訟之權，旨在確保人民權益遭受不法侵害時，有權訴請司法機關予以救濟。惟訴訟權如何行使，應由法律規定；法律於符合憲法第二十三條意旨之範圍內，對於人民訴訟權之實施自得為合理之限制。

刑事訴訟法第三百二十一條規定，對於配偶不得提起自訴，係為防止配偶間因自訴而對簿公堂，致影響夫妻和睦及家庭和諧，乃為維護人倫關係所為之合理限制，尚未逾越立法機關自由形成之範圍；且人民依刑事訴訟法相關規定，並非不得對其配偶提出告訴，其憲法所保障之訴訟權並未受到侵害，與憲法第十六條及第二十三條之意旨尚無牴觸。刑事訴訟法第三百二十一條規定固限制人民對其配偶之自訴權，惟對於與其配偶共犯告訴乃論罪之人，並非不得依法提起自訴。本院院字第三六四號及院字第一八四四號解釋相關部分，使人民對於與其配偶共犯告訴乃論罪之人亦不得提起自訴，並非為維持家庭和諧及人倫關係所必要，有違憲法保障人民訴訟權之意旨，應予變更；最高法院二十九年上字第二三三三號判例前段及二十九年非字第一五號判例，對人民之自訴權增加法律所無之限制，應不再援用。（92、12、12）

釋字第570號解釋

人民自由及權利之限制，依憲法第二十三條規定，應以法律定之。其得由法律授權以命令為補充規定者，則授權之目的、內容及範圍應具體明確，始得據以發布命令。

中華民國八十一年十二月十八日經濟部及內政部會銜修正發布之玩具槍管理規則（已廢止），其第八條之一規定：「玩具槍類似真槍而有危害治安之虞者，由內政部公告禁止之」。內政部乃於八十二年一月十五日發布台(82)內警字第八二七〇〇二〇號公告（已停止適用）：「一、為維護公共秩序，確保社會安寧，保障人民生命財產安全，自公告日起，未經許可不得製造、運輸、販賣、攜帶或公然陳列類似真槍之玩具槍枝，如有違反者，依社會秩序維護法有關條文處罰」，均係主管機關基於職權所發布之命令，固有其實際需要，惟禁止製造、運輸、販賣、攜帶或公然陳列類似真槍之玩具槍枝，並對違反者予以處罰，涉及人民自由權利之限制，應由法律或經法律明確授權之命令規定。上開職權命令未經法律授權，限制人民之自由權利，其影響又非屬輕微，與憲法第二十三條規定之法律保留原則不符，均應不予適用。（92、12、16）

釋字第571號解釋

憲法增修條文第二條第三項規定，總統為避免國家或人民遭遇緊急危難或應付財政經濟上重大變故，得經行政院會議之決議發布緊急命令，為必要之處置。又對於人民受非常災害者，國家應予以適當之扶助與救濟，憲法第一百五十五條亦定有明文。此項扶助與救濟，性質上係國家對受非常災害之人民，授與之緊急救助，關於救助之給付對象、條件及範圍，國家機關於符合平等原則之範圍內，得斟酌國家財力、資源之有效運用及其他實際狀況，採取合理必要之手段，為妥適之規定。臺灣地區於中華民國八十八年九月二十一日發生罕見之強烈地震，人民遭遇緊急之危難，對於災區及災民，為實施緊急之災害救助、災民安置及災後重建，總統乃於同年月二十五日依上開憲法規定之意旨，發布緊急命令。行政院為執行該緊急命令，繼而特訂「中華民國八十八年九月二十五日緊急命令執行要點」（以下簡稱執行要點）。該緊急命令第一點及執行要點第三點第一項第四款規定目的之一，在對受災戶提供緊急之慰助。內政部爲其執行機關之一，基於職權發布八十八年九月三十日台⑻內社字第八八八五四六五號、八十八年十月一日台⑻內社字第八八八二三三九號及八十八年十月三十日台⑻內社字第八八八五七一一號函，對於九二一大地震災區住屋全倒、半倒者，發給慰助金之對象，以設籍、實際居住於受災屋與否作爲判斷依據，並設定申請慰助金之相當期限，旨在實現前開緊急命令及執行要點規定之目的，並未逾越其範圍。且上述設限係基於實施災害救助、慰問之事物本質，就受非常災害之人民生存照護之緊急必要，與非實際居住於受災屋之人民，尚無提供緊急救助之必要者，作合理之差別對待，已兼顧震災急難救助之目的達成，手段亦屬合理，與憲法第七條規定無違。又上開函釋旨在提供災害之緊急慰助，並非就人民財產權加以限制，故亦不生違反憲法第二十三條之問題。（92、1、2）

釋字第572號解釋

按法官於審理案件時，對於應適用之法律，依其合理之確信，認爲有牴觸憲法之疑義者，各級法院得以之爲先決問題，裁定停止訴訟程序，並提出客觀上形成確信法律爲違憲之具體理由，聲請大法官解釋，業經本院釋字第三七一號解釋在案。其中所謂「先決問題」，係指審理原因案件之法院，確信系爭法律違憲，顯然於該案件之裁判結果有影響者而言；所謂「提出客觀上形成確信法律爲違憲之具體理由」，係指聲請法院應於聲請書內詳敘其對系爭違憲法律之闡釋，以及對據以審查之憲法規範意涵之說明，並基於以上見解，提出其確信系爭法律違反該憲法規範之論證，且其論證客觀上無明顯錯誤者，始足當之。如僅對法律是否違憲發生疑義，或系爭法律有合憲解釋之可能者，尚難謂已提出客觀上形成確信法律爲違憲之具體理由。本院釋字第三七一號解釋，應予補充。（93、2、6）

釋字第573號解釋

依中華民國十八年五月十四日國民政府公布之法規制定標準法（以下簡稱「前法規制定標準法」）第一條：「凡法律案由立法院三讀會之程序通過，經國民政府公布者，定名爲法。」第二條第三款所稱，涉及人民權利義務關係之事項，經立法院認爲有以法律規定之必要者，爲法律案，應經立法院三讀會程序通過之，以及第三條：「凡條例、章程或規則等之制定，應根據法律。」等規定觀之，可知憲法施行前之訓政初期法制，已寓有法律優越及法律保留原則之要求，但有關人民之權利義務關係事項，亦得以未具法律位階之條例等規範形式，予以規定，且當時之立法院並非由人民直接選舉之成員組成。是以當時法律保留原則之涵義及其適用之範圍，均與行憲後者未盡相同。本案系爭之監督寺廟條例，雖依前法規制定標準法所制定，但特由立法院逐條討論通過，由國民政府於十八年十二月七日公布施行，嗣依三十六年一月一日公布之憲法實施之準備程序，亦未加以修改或廢止，而仍持續沿用，並經行憲後立法院認其爲有效之法律，且迭經本院作爲審查對象在案，應認其爲現行有效規範人民權利義務之法律。

人民之宗教信仰自由及財產權，均受憲法之保障，憲法第十三條與第十五條定有明文。宗教團體管理、處分其財產，國家固非不得以法律加以規範，惟應符合憲法第二十三條規定之比例原則及法律明確性原則。監督寺廟條例第八條就同條例第三條各款所列以外之寺廟處分或變更其不動產及法物，規定須經所屬教會之決議，並呈請該管官署許可，未顧及宗教組織之自主性、內部管理機制之差異性，以及爲宗教傳布目的所爲財產經營之需要，對該等寺廟之宗教組織自主權及財產處分權加以限制，妨礙宗教活動自由已逾越必要之程度；且其規定應呈請該管官署許可部分，就申請之程序及許可之要件，均付諸闕如，已違反法律明確性原則，遑論採取官署事前許可之管制手段是否確有其必要性，與上開憲法規定及保障人民自由權利之意旨，均有所牴觸；又依同條例第一條及第二條第一項規定，第八條規範之對象，僅適用於部分宗教，亦與憲法上國家對宗教應謹守中立之原則及宗教平等原則相悖。該條例第八條及第二條第一項規定應自本解釋公布日起，至遲於屆滿二年時，失其效力。（93、2、27）

釋字第574號解釋

憲法第十六條所規定之訴訟權，係以人民於其權利遭受侵害時，得依正當法律程序請求法院救濟為其核心內容。而訴訟救濟應循之審級、程序及相關要件，則由立法機關衡量訴訟案件之種類、性質、訴訟政策目的，以及訴訟制度之功能等因素，以法律為正當合理之規定。民事訴訟法第四百六十六條對於有關財產權訴訟上訴第三審之規定，以第二審判決後，當事人因上訴所得受之利益是否逾一定之數額，而決定得否上訴第三審之標準，即係立法者衡酌第三審救濟制度之功能及訴訟事件之屬性，避免虛耗國家有限之司法資源，促使私法關係早日確定，以維持社會秩序所為之正當合理之限制，與憲法第十六條、第二十三條尚無違背。

民事訴訟法第四百六十六條修正提高第三審上訴利益之數額時，當事人於法律修正生效後，始對第二審判決提起上訴者，原則上應適用修正後民事訴訟法第四百六十六條規定，並非法律溯及適用。惟第二審判決後，上訴期間進行中，民事訴訟法第四百六十六條修正提高第三審上訴利益之數額，致當事人原已依法取得上訴權，得提起而尚未提起上訴之事件，依新修正之規定而不得上訴時，雖非法律溯及適用，對人民之信賴利益，難謂無重大影響，為兼顧公共利益並適度保護當事人之信賴，民事訴訟法施行法第八條規定：「修正民事訴訟法施行前所為之判決，依第四百六十六條所定不得上訴之額數，於修正民事訴訟法施行後有增加時，而依增加前之法令許之者，仍得上訴」，以為過渡條款，與法治國之法律不溯及既往原則及信賴保護原則，並無違背。

最高法院民國七十四年台抗字第一七四號判例及最高法院八十六年一月十四日第一次民事庭會議決議：「民事訴訟法第四百六十六條第一項所定不得上訴之額數有增加時，依民事訴訟法施行法第八條規定，以其聲明不服之判決，係在增加前為之者，始依原定額數定其上訴之准許與否。若其判決係在增加後為之者，縱係於第三審法院發回後所為之更審判決，皆應依增加後之額數定其得否上訴。」乃在闡釋民事訴訟法第四百六十六條第一項及民事訴訟法施行法第八條規定之內容，與上開憲法意旨並無不符，自難謂牴觸憲法第七條、第十六條及第二十三條，與法治國之法律不溯及既往原則與信賴保護原則，亦均無違背。（93、3、12）

釋字第575號解釋

憲法第十八條規定人民有服公職之權利，旨在保障人民有依法令從事於公務，暨由此衍生享有之身分保障、俸給與退休金等權利。機關因改組、解散或改隸致對公務人員之憲法所保障服公職之權利產生重大不利影響，應設適度過渡條款或其他緩和措施，以資兼顧。

中華民國六十二年七月十七日修正公布之戶籍法第七條第二項規定：「動員戡亂時期，戶政事務所得經行政院核准，隸屬直轄市、縣警察機關；其辦法由行政院定之。」為因應動員戡亂時期之終止，八十一年六月二十九日修正公布之戶籍法第七條將上開規定刪除，並修正同條第一項及該法施行細則第三條，回復戶警分立制度，乃配合國家憲政秩序回歸正常體制所為機關組織之調整。戶政單位回歸民政系統後，戶政人員之任用，自應依公務人員任用法、各戶政單位員額編制表及相關人事法令規定為之。

原辦理戶政業務之警察人員，其不具一般公務人員資格者，即不得留任，顯已對該等人員服公職權利產生重大不利影響。為謀緩和，內政部於八十一年六月十日以台(81)內戶字第八一〇三五三六號函發布、同年七月一日實施之「戶警分立實施方案」，使原辦理戶政業務之警政人員或可於五年內留任原職或回任警職；或可不受考試資格限制而換敘轉任為一般公務人員，已充分考量當事人之意願、權益及重新調整其工作環境所必要之期限，應認國家已選擇對相關公務員之權利限制最少、亦不至於耗費過度行政成本之方式以實現戶警分立。當事人就職缺之期待，縱不能盡如其意，相對於回復戶警分立制度之重要性與必要性，其所受之不利影響，或屬輕微，或為尊重當事人個人意願之結果，並未逾越期待可能性之範圍，與法治國家比例原則之要求，尚屬相符。

前開實施方案相關規定，涉及人民權利而未以法律定之，固有未洽，然因其內容非限制人民之自由權利，尙難謂與憲法第二十三條規定之法律保留原則有違。惟過渡條款若有排除或限制法律適用之效力者，仍應以法律定之，方符法治國家權力分立原則，併此指明。

七十二年十一月二十一日修正公布之警察人員管理條例第二十二條第二項附表附註，就警察人員轉任非警察官職務按其原敘俸級，換敘轉任職務之相當俸級至最高年功俸爲止，超出部分仍予保留，係因不同制度人員間原適用不同人事法令而須重新審定俸級之特別規定，乃維護公務人員人事制度健全與整體平衡所爲之必要限制，與憲法保障平等權之意旨亦無牴觸。（93、4、2）

釋字第576號解釋

契約自由爲個人自主發展與實現自我之重要機制，並爲私法自治之基礎，除依契約之具體內容受憲法各相關基本權利規定保障外，亦屬憲法第二十二條所保障其他自由權利之一種。惟國家基於維護公益之必要，尙非不得以法律對之爲合理之限制。

保險法第三十六條規定：「複保險，除另有約定外，要保人應將他保險人之名稱及保險金額通知各保險人。」第三十七條規定：「要保人故意不爲前條之通知，或意圖不當得利而爲複保險者，其契約無效。」係基於損害塡補原則，爲防止被保險人不當得利、獲致超過其財產上損害之保險給付，以維護保險市場交易秩序、降低交易成本與健全保險制度之發展，而對複保險行爲所爲之合理限制，符合憲法第二十三條之規定，與憲法保障人民契約自由之本旨，並無牴觸。

人身保險契約，並非爲塡補被保險人之財產上損害，亦不生類如財產保險之保險金額是否超過保險標的價值之問題，自不受保險法關於複保險相關規定之限制。最高法院七十六年台上字第一一六六號判例，將上開保險法有關複保險之規定適用於人身保險契約，對人民之契約自由，增加法律所無之限制，應不再援用。（93、4、23）

釋字第577號解釋

憲法第十一條保障人民有積極表意之自由，及消極不表意之自由，其保障之內容包括主觀意見之表達及客觀事實之陳述。商品標示爲提供商品客觀資訊之方式，應受言論自由之保障，惟爲重大公益目的所必要，仍得立法採取合理而適當之限制。

國家爲增進國民健康，應普遍推行衛生保健事業，重視醫療保健等社會福利工作。菸害防制法第八條第一項規定：「菸品所含之尼古丁及焦油含量，應以中文標示於菸品容器上。」另同法第二十一條對違反者處以罰鍰，對菸品業者就特定商品資訊不爲表述之自由有所限制，係爲提供消費者必要商品資訊與維護國民健康等重大公共利益，並未逾越必要之程度，與憲法第十一條保障人民言論自由及第二十三條比例原則之規定均無違背。又於菸品容器上應爲上述之一定標示，縱屬對菸品業者財產權有所限制，但該項標示因攸關國民健康，乃菸品財產權所具有之社會義務，且所受限制尙屬輕微，未逾越社會義務所應忍受之範圍，與憲法保障人民財產權之規定，並無違背。另上開規定之菸品標示義務及責任，其時間適用之範圍，以該法公布施行後之菸品標示事件爲限，並無法律溯及適用情形，難謂因法律溯及適用，而侵害人民之財產權。

至菸害防制法第八條第一項規定，與同法第二十一條合併觀察，足知其規範對象、規範行爲及法律效果，難謂其規範內容不明確而違反法治國家法律明確性原則。另各類食品、菸品、酒類等商品對於人體健康之影響層面有異，難有比較基礎，立法者對於不同事物之處理，有先後優先順序之選擇權限，相關法律或有不同規定，與平等原則尙無違背。（93、5、7）

釋字第578號解釋

國家爲改良勞工之生活，增進其生產技能，應制定保護勞工之法律，實施保護勞工之政策，憲法第一百五十三條第一項定有明文，勞動基準法即係國家爲實現此一基本國策所制定之法律。至於保護勞工之內容與方式應如何設計，立法者有一定之自由形成空間，惟其因此對於人民基本權利構成限制時，則仍應符合憲法上比例原則之要求。

勞動基準法第五十五條及第五十六條分別規定雇主負擔給付勞工退休金，及按月提撥勞工退休準備金之義務，作爲照顧勞工生活方式之一種，有助於保障勞工權益，加強勞雇關係，促進整體社會安全與經濟發展，並未逾越立法機關自由形成之範圍。其因此限制雇主自主決定契約內容及自由使用、處分其財產之權利，係國家為貫徹保護勞工之目的，並衡酌政府財政能力、強化受領勞工勞力給付之雇主對勞工之照顧義務，應屬適當；該法又規定雇主違反前開強制規定者，分別科處罰金或罰鍰，係為監督雇主履行其給付勞工退休金之義務，以達成保障勞工退休後生存安養之目的，衡諸立法之時空條件、勞資關係及其干涉法益之性質與影響程度等因素，國家採取財產刑罰作為強制手段，尚有其必要，符合憲法第二十三條規定之比例原則，與憲法保障契約自由之意旨及第十五條關於人民財產權保障之規定並無牴觸。

勞動基準法課雇主負擔勞工退休金之給付義務，除性質上確有窒礙難行者外，係一體適用於所有勞雇關係，與憲法第七條平等權之保障，亦無牴觸；又立法者對勞工設有退休金制度，係衡酌客觀之社會經濟情勢、國家資源之有效分配，而為不同優先順序之選擇與設計，亦無違憲法第七條關於平等權之保障。復次，憲法並未限制國家僅能以社會保險之方式，達成保護勞工之目的，故立法者就此整體勞工保護之制度設計，本享有一定之形成自由。勞工保險條例中之老年給付與勞動基準法中之勞工退休金，均有助於達成憲法保障勞工生活之意旨，二者性質不同，尚難謂兼採兩種制度即屬違憲。惟立法者就保障勞工生活之立法選擇，本應隨社會整體發展而隨時檢討，勞動基準法自中華民國七十三年立法施行至今，為保護勞工目的而設之勞工退休金制度，其實施成效如何，所採行之手段應否及如何隨社會整體之變遷而適時檢討改進，俾能與時俱進，符合憲法所欲實現之勞工保護政策目標，以及國內人口年齡組成之轉變，已呈現人口持續老化現象，未來將對社會經濟、福利制度等產生衝擊，因此對既有勞工退休制度及社會保險制度，應否予以整合，由於攸關社會資源之分配、國家財政負擔能力等全民之整體利益，仍屬立法形成之事項，允宜在兼顧現制下勞工既有權益之保障與雇主給付能力、企業經營成本等整體社會條件之平衡，由相關機關根據我國憲法保障勞工之基本精神及國家對人民興辦之中小型經濟事業應扶助並保護其生存與發展之意旨，參酌有關國際勞工公約之規定，並衡量國家總體發展，通盤檢討，併此指明。（93、5、21）

釋字第579號解釋

人民之財產權應予保障，憲法第十五條定有明文。國家因公用或其他公益目的之必要，得依法徵收人民之財產，對被徵收財產之權利人而言，係為公共利益所受之特別犧牲，國家應給予合理之補償，且補償與損失必須相當。國家依法徵收土地時，對該土地之所有權人及該土地之其他財產權人均應予以合理補償，惟其補償方式，立法機關有一定之自由形成空間。

耕地承租人之租賃權係憲法上保障之財產權，於耕地因徵收而消滅時，亦應予補償。且耕地租賃權因物權化之結果，已形同耕地之負擔。平均地權條例第十一條第一項規定，依法徵收之土地為出租耕地時，應由土地所有權人以所得之補償地價，扣除土地增值稅後餘額之三分之一，補償耕地承租人；第二項規定，前項補償承租人之地價，應由主管機關於發放補償或依法提存時，代為扣交，係出租之耕地因公用徵收時，立法機關依憲法保障財產權及保護農民之意旨，審酌耕地所有權之現存價值及耕地租賃權之價值，採用代位總計各別分算代償之方法，將出租耕地上負擔之租賃權價值代為扣交耕地承租人，以為補償，其於土地所有權人財產權之保障，尚不生侵害問題。惟近年來社會經濟發展、產業結構顯有變遷，為因應農地使用政策，上開為保護農民生活而以耕地租賃權為出租耕地上負擔並據以推估其價值之規定，應儘速檢討修正，以符憲法意旨，併予指明。（93、6、25）

釋字第580號解釋

基於個人之人格發展自由，個人得自由決定其生活資源之使用、收益及處分，因而得自由與他人為生活資源之交換，是憲法於第十五條保障人民之財產權，於第二十二條保障人民之契約自由。惟因個人生活技能強弱有別，可能導致整體社會生活資源分配過度不均，為求資源之合理分配，國家自得於不違反憲法第二十三條比例原則之範圍內，以法律限制人民締約之自由，進而限制人民之財產權。

憲法第一百四十三條第四項扶植自耕農之農地使用政策，以及憲法第一百五十三條第一項改良農民生活之基本國策，均係為合理分配農業資源而制定。民國四十年六月七日制定公布之耕地三七五減租條例（以下稱減租條例），旨在秉承上開憲法意旨，為三十八年已開始實施之三七五減租政策提供法律依據，並確保實施該政策所獲致之初步成果。其藉由限制地租、嚴格限制耕地出租人終止耕地租約及收回耕地之條件，重新建構耕地承租人與出租人之農業產業關係，俾合理分配農業資源並奠定國家經濟發展方向，立法目的尚屬正當。雖未設置保護出租人既有契約利益之過渡條款，惟因減租條例本在實現憲法規定國家對於土地之分配與整理暨扶植自耕農之意旨，且於條例制定之前，減租政策業已積極推行數年，出租人得先行於過渡時期熟悉減租制度，減租條例對出租人契約自由及財產權之限制，要非出租人所不能預期，衡諸特殊之歷史背景及合理分配農業資源之非常重大公共利益，尚未違背憲法上之信賴保護原則。

減租條例第五條前段關於租賃期限不得少於六年，以及同條例第六條第一項暨第十六條第一項關於締約方式與轉租禁止之規定，均為穩定租賃關係而設；同條例第十七條第一項第一款規定租賃期限內，承租人死亡無人繼承耕作之法定終止租約事由，並保留出租人收回耕地之彈性。上開規定皆有利於實現扶植自耕農及改善農民生活之基本國策，縱於出租人之契約自由及財產權有所限制，衡諸立法目的，其手段仍屬必要而且適當，亦兼顧承租人與出租人雙方之利益，與憲法第二十三條比例原則、第二十二條契約自由、第十五條財產權及第七條平等權之保障並無違背。

減租條例第十九條第一項第一款之規定，為實現憲法第一百四十三條第四項扶植自耕農之意旨所必要，惟另依憲法第一百四十六條及憲法增修條文第十條第一項發展農業工業化及現代化之意旨，所謂出租人之自任耕作，不以人力親自實施耕作為限，為農業科技化及企業化經營之自行耕作或委託代耕者亦屬之。減租條例第十九條第一項第二款規定出租人於所有收益足以維持一家生活者不得收回自耕，使租約變相無限期延長，惟立法機關嗣於七十二年十二月二十三日增訂之第二項，規定為擴大家庭農場經營規模得收回與其自耕地同一或鄰近地段內之耕地自耕，已放寬對於出租人財產權之限制。同條項第三款規定，如出租人收回耕地，承租人將失其家庭生活依據者，亦不得收回耕地，係為貫徹憲法第一百五十三條第一項保護農民政策之必要手段；且如出租人亦不能維持其一家生活，尚得申請耕地租佃委員會調處，以兼顧出租人與承租人之實際需要。衡諸憲法第一百四十三條第四項扶植自耕農、第一百四十六條與憲法增修條文第十條第一項發展農業工業化及現代化，以及憲法第一百五十三條第一項改善農民生活之意旨，上開三款限制耕地出租人收回耕地之規定，對於耕地所有權之限制，尚屬必要，與憲法第二十三條比例原則及第十五條保障人民財產權規定之意旨要無不符。

七十二年十二月二十三日增訂之減租條例第十七條第二項第三款關於租約期限尚未屆滿而農地因土地編定或變更為非耕地時，應以土地公告現值扣除土地增值稅後餘額之三分之一補償承租人之規定，乃限於依土地法第八十三條所規定之使用期限前得繼續為從來之使用者，方有其適用。土地法所規定之繼續使用期限，係為保護土地使用人既有之法律地位而設之過渡條款，耕地出租人如欲於期前終止租約，減租條例第十七條第二項第三款即賦予補償承租人之義務，乃為平衡雙方權利義務關係，對出租人耕地所有權所為之限制，尚無悖於憲法第十五條保障財產權之本旨。惟不問情狀如何，補償額度一概為三分之一之規定，有關機關應衡酌憲法第二十二條保障契約自由之意旨及社會經濟條件之變遷等情事，儘速予以檢討修正。七十二年十二月二十三日增訂之減租條例第十九條第三項規定，耕地租約期滿時，出租人為擴大家庭農場經營規模、提升土地利用效率而收回耕地時，準用同條例第十七條第二項第三款之規定，應以終止租約當期土地公告現值扣除土地增值稅餘額後之三分之一補償承租人。惟契約期滿後，租賃關係既已消滅，如另行課予出租人補償承租人之義務，自屬增加耕地所有權人不必要之負擔，形同設置出租人收回耕地之障礙，與鼓勵擴大家庭農場經營規模，以促進農業現代化之立法目的顯有牴觸。況耕地租約期滿後，出租人仍須具備自耕能力，且於承租人不致失其家庭生活依據時，方得為擴大家庭農場經營規模而收回耕地。按承租人之家庭生活既非無依，竟復令出租人負擔承租人之生活照顧義務，要難認有正當理由。是上開規定準用同條例第十七條第二項第三款部分，以補償承租人作為收回耕地之附加條件，不當限制耕地出租人之財產權，難謂無悖於憲法第一百四十六條與憲法增修條文第十條第一項發展農業之意旨，且與憲法第二十三條比例原則及第十五條保障人民財產權之規定不符，應自本解釋公布日起，至遲於屆滿二年時，失其效力。

減租條例第二十條規定租約屆滿時，除法定收回耕地事由外，承租人如有續約意願，出租人即有續約義務，為出租人依法不得收回耕地時，保障承租人續約權利之規定，並未於不得收回耕地之諸種事由之外，另行增加耕地出租人不必要之負擔，與憲法第二十三條規定之比例原則及第十五條保障財產權之規定尚無不符。（93、7、9）

釋字第581號解釋

「自耕能力證明書之申請及核發注意事項」（以下稱注意事項）係中華民國六十五年一月二十六日內政部為執行土地法第三十條之規定（八十九年一月二十六日刪除）所訂定。七十九年六月二十二日修正之注意事項第四點規定，公私法人、未滿十六歲或年逾七十歲之自然人、專任農耕以外之職業者及在學之學生（夜間部學生不在此限），皆不得申請自耕能力證明書，致影響實質上具有自任耕作能力者收回耕地之權利，對出租人財產權增加法律所無之限制，與憲法第二十三條法律保留原則以及第十五條保障人民財產權之意旨不符，上開注意事項之規定，應不予適用。本院釋字第三四七號解釋相關部分應予變更。（93、7、16）

釋字第582號解釋

憲法第十六條保障人民之訴訟權，就刑事被告而言，包含其在訴訟上應享有充分之防禦權。刑事被告詰問證人之權利，即屬該等權利之一，且屬憲法第八條第一項規定「非由法院依法定程序不得審問處罰」之正當法律程序所保障之權利。為確保被告對證人之詰問權，證人於審判中，應依法定程序，到場具結陳述，並接受被告之詰問，其陳述始得作為認定被告犯罪事實之判斷依據。刑事審判上之共同被告，係為訴訟經濟等原因，由檢察官或自訴人合併或追加起訴，或由法院合併審判所形成，其間各別被告及犯罪事實仍獨立存在。故共同被告對其他共同被告之案件而言，為被告以外之第三人，本質上屬於證人，自不能因案件合併關係而影響其他共同被告原享有之上開憲法上權利。最高法院三十一年上字第二四二三號及四十六年台上字第四一九號判例所稱共同被告不利於己之陳述得採為其他共同被告犯罪（事實認定）之證據一節，對其他共同被告案件之審判而言，未使該共同被告立於證人之地位而為陳述，逕以其依共同被告身分所為陳述採為不利於其他共同被告之證據，乃否定共同被告於其他共同被告案件之證人適格，排除人證之法定調查程序，與當時有效施行中之中華民國二十四年一月一日修正公布之刑事訴訟法第二百七十三條規定牴觸，並已不當剝奪其他共同被告對該實具證人適格之共同被告詰問之權利，核與首開憲法意旨不符。該二判例及其他相同意旨判例，與上開解釋意旨不符部分，應不再援用。

刑事審判基於憲法正當法律程序原則，對於犯罪事實之認定，採證據裁判及自白任意性等原則。刑事訴訟法據以規定嚴格證明法則，必須具證據能力之證據，經合法調查，使法院形成該等證據已足證明被告犯罪之確信心證，始能判決被告有罪；為避免過分偏重自白，有害於眞實發見及人權保障，並規定被告之自白，不得作為有罪判決之唯一證據，仍應調查其他必要之證據，以察其是否與事實相符。基於上開嚴格證明法則及對自白證明力之限制規定，所謂「其他必要之證據」，自亦須具備證據能力，經合法調查，且就其證明力之程度，非謂自白為主要證據，其證明力當然較為強大，其他必要之證據為次要或補充性之證據，證明力當然較為薄弱，而應依其他必要證據之質量，與自白相互印證，綜合判斷，足以確信自白犯罪事實之眞實性，始足當之。最高法院三十年上字第三〇三八號、七十三年台上字第五六三八號及七十四年台覆字第一〇號三判例，旨在闡釋「其他必要之證據」之意涵、性質、證明範圍及程度，暨其與自白之相互關係，且強調該等證據須能擔保自白之眞實性，俾自白之犯罪事實臻於確信無疑，核其及其他判例相同意旨部分，與前揭憲法意旨，尙無牴觸。（93、7、23）

釋字第583號解釋

憲法第十八條規定人民有服公職之權，旨在保障人民得依法擔任一定職務從事公務，國家自應建立相關制度予以規範。國家對公務員違法失職行爲應予懲罰，惟爲避免對涉有違失之公務員應否予以懲戒，長期處於不確定狀態，懲戒權於經過相當期間不行使者，即不應再予追究，以維護公務員權益及法秩序之安定。公務員懲戒法第二十五條第三款規定，懲戒案件自違法失職行爲終了之日起，至移送公務員懲戒委員會之日止，已逾十年者，公務員懲戒委員會應爲免議之議決，即本此意旨而制定。公務人員經其服務機關依中華民國七十九年十二月二十八日修正公布之公務人員考績法第十二條第一項第二款規定所爲免職之懲處處分，實質上屬於懲戒處分，爲限制人民服公職之權利，未設懲處權行使期間，有違前開意旨。爲貫徹憲法上對公務員權益之保障，有關公務員懲處權之行使期間，應類推適用公務員懲戒法相關規定。又查公務員懲戒法概以十年爲懲戒權行使期間，未分別對公務員違法失職行爲及其懲戒處分種類之不同，而設合理之規定，與比例原則未盡相符，有關機關應就公務員懲戒構成要件、懲戒權行使期間之限制通盤檢討修正。公務人員考績法有關懲處之規定亦應一併及之，附此指明。（93、9、17）

釋字第584號解釋

人民之工作權爲憲法第十五條規定所保障，其內涵包括人民選擇職業之自由。人民之職業與公共福祉有密切關係，故對於從事一定職業應具備之資格或其他要件，於符合憲法第二十三條規定之限度內，得以法律或法律明確授權之命令加以限制。中華民國八十八年四月二十一日修正公布之道路交通管理處罰條例第三十七條第一項規定：「曾犯故意殺人、搶劫、搶奪、強盜、恐嚇取財、擄人勒贖或刑法第二百二十一條至第二百二十九條妨害性自主之罪，經判決罪刑確定者，不准辦理營業小客車駕駛人執業登記。」乃基於營業小客車營運及其駕駛人工作之特性，就駕駛人個人應具備之主觀條件，對人民職業選擇自由所爲之限制，旨在保障乘客之安全，確保社會之治安，及增進營業小客車之職業信賴，與首開憲法意旨相符，於憲法第二十三條之規定，尙無牴觸。又營業小客車營運之管理，因各國國情與治安狀況而有不同。相關機關審酌曾犯上述之罪者，其累再犯比率偏高，及其對乘客安全可能之威脅，衡量乘客生命、身體安全等重要公益之維護，與人民選擇職業應具備主觀條件之限制，而就其選擇職業之自由爲合理之不同規定，與憲法第七條之平等原則，亦屬無違。惟以限制營業小客車駕駛人選擇職業之自由，作爲保障乘客安全、預防犯罪之方法，乃基於現階段營業小客車管理制度所採取之不得已措施，但究屬人民職業選擇自由之限制，自應隨營業小客車管理，犯罪預防制度之發展或其他制度之健全，就其他較小限制替代措施之建立，隨時檢討改進；且若已有方法證明曾犯此等犯罪之人對乘客安全不具特別危險時，即應適時解除其駕駛營業小客車執業之限制，俾於維護公共福祉之範圍內，更能貫徹憲法人民工作權之保障及平等原則之意旨，併此指明。（93、9、17）

釋字第585號解釋

立法院爲有效行使憲法所賦予之立法職權，本其固有之權能自得享有一定之調查權，主動獲取行使職權所需之相關資訊，俾能充分思辯，審愼決定，以善盡民意機關之職責，發揮權力分立與制衡之機能。立法院調查權乃立法院行使其憲法職權所必要之輔助性權力，基於權力分立與制衡原則，立法院調查權所得調查之對象或事項，並非毫無限制。除所欲調查之事項必須與其行使憲法所賦予之職權有重大關聯者外，凡國家機關獨立行使職權受憲法之保障者，即非立法院所得調查之事物範圍。又如行政首長依其行政權固有之權能，對於可能影響或干預行政部門有效運作之資訊，均有決定不予公開之權力，乃屬行政權本質所具有之行政特權。立法院行使調查權如涉及此類事項，即應予以適當之尊重。如於具體案件，就所調查事項是否屬於國家機關獨立行使職權或行政特權之範疇，或就屬於行政特權之資訊應否接受調查或公開而有爭執時，立法院與其他國家機關宜循合理之途徑協商解決，或以法律明定相關要件與程序，由司法機關審理解決之。立法院調查權行使之方式，並不以要求有關機關就立法院行使職權所涉及事項提供參考資料或向有關機關調閱文件原本之文件調閱權爲限，必要時並得經院會決議，要求與調查事項相關之人民或政府人員，陳述證言或表示意見，並得對違反協助調查義務者，於科處罰鍰之範圍內，施以合理之強制手段，本院釋字第三二五號解釋應予補充。惟其程序，如調查權之發動及行使調查權之組織、個案調查事項之範圍、各項調查方法所應遵守之程序與司法救濟程序等，應以法律爲適當之規範。於特殊例外情形，就特定事項之調查有委任非立法委員之人士協助調查之必要時，則須制定特別法，就委任之目的、委任調查之範圍、受委任人之資格、選任、任期等人事組織事項、特別調查權限、方法與程序等妥爲詳細之規定，並藉以爲監督之基礎。各該法律規定之組織及議事程序，必須符合民主原則。其個案調查事項之範圍，不能違反權力分立與制衡原則，亦不得侵害其他憲法機關之權力核心範圍，或對其他憲法機關權力之行使造成實質妨礙。如就各項調查方法所規定之程序，有涉及限制人民權利者，必須符合憲法上比例原則、法律明確性原則及正當法律程序之要求。

茲就中華民國九十三年九月二十四日公布施行之「三一九槍擊事件眞相調查特別委員會條例」（以下稱眞調會條例），有關三一九槍擊事件眞相調查特別委員會（以下稱眞調會）之組織、職權範圍、行使調查權之方法、程序與強制手段等相關規定，是否符合上開憲法意旨，分別指明如下：

一、眞調會條例第二條第一項前段「本會置委員十七人，由第五屆立法院各政黨（團）推薦具有專業知識、聲譽卓著之公正人士組成之，並由總統於五日內任命」、第二項後段「各政黨（團）應於本條例公布後五日內提出推薦人選，逾期未提出者，視爲放棄推薦，其缺額由現額委員選出之召集委員於五日內逕行遴選後，由總統任命」、第十五條第二項「本會委員除名或因故出缺時，由原推薦之政黨（團）於五日內推薦其他人選遞補之；其逾期未提出推薦人選者，由召集委員逕行遴選後，總統於五日內任命之」暨第十六條「第二條及第十五條應由總統任命者，總統應於期限內任命；逾期未任命，視爲自動生效」等規定有關眞調會委員之任命，應經立法院院會決議並由立法院院長爲之，方爲憲法之所許。

二、同條例雖未規定眞調會委員之任期，惟於符合立法院屆期不連續原則之範圍內，尙不生違憲問題。第十一條第二項規定「本會所需經費由行政院第二預備金項下支應，行政院不得拒絕」，於符合預算法令規定範圍內，亦不生違憲問題。

三、同條例第四條規定「本會及本會委員須超出黨派以外，依法公正獨立行使職權，對全國人民負責，不受其他機關之指揮監督，亦不受任何干涉」，其中「不受其他機關之指揮監督」係指「不受立法院以外機關之指揮監督」之意；第十五條第一項「本會委員有喪失行爲能力、違反法令或其他不當言行者，得經本會全體委員三分之二以上同意，予以除名」，關於眞調會委員除名之規定，並非排除立法院對眞調會委員之免職權，於此範圍內，核與憲法尙無違背。

四、同條例第十五條第一項「本會委員有喪失行爲能力、違反法令或其他不當言行者，得經本會全體委員三分之二以上同意，予以除名」之規定，以「違反法令或其他不當言行」爲除名事由，與法律明確性原則不盡相符，應予檢討修正。

五、同條例第八條第一項前段「三一九槍擊事件所涉及之刑事責任案件，其偵查專屬本會管轄」、同條第二項「本會於行使前項職權，有檢察官、軍事檢察官依據法律所得行使之權限」；第十三條第一項「本會調查結果，如有涉及刑事責任者，由調用之檢察官或軍事檢察官逕行起訴」等規定，逾越立法院調查權所得行使之範圍，違反權力分立與制衡原則。

六、同條例第十三條第三項規定「本會調查結果，與法院確定判決之事實歧異者，得爲再審之理由」，違反法律平等適用之法治基本原則，並逾越立法院調查權所得行使之範圍。

七、同條例第十二條第一項規定「本會對於調查之事件，應於三個月內向立法院提出書面調查報告，並公布之。如眞相仍未查明，應繼續調查，每三個月向立法院及監察院提出報告，並公布之」，其中關於向監察院報告部分，與憲法機關各有所司之意旨不盡相符，應予檢討修正。

八、同條例第八條第三項規定「本條例公布之日，各機關所辦理專屬本會管轄案件，應即檢齊全部案卷及證物移交本會」、同條第四項規定「本會行使職權，不受國家機密保護法、營業秘密法、刑事訴訟法及其他法律規定之限制。受請求之機關、團體或人員不得以涉及國家機密、營業秘密、偵查保密、個人隱私或其他任何理由規避、拖延或拒絕」、同條第六項規定「本會或本會委員行使職權，得指定事項，要求有關機關、團體或個人提出說明或提供協助。受請求者不得以涉及國家機密、營業秘密、偵查保密、個人隱私或其他任何理由規避、拖延或拒絕」，其中關於專屬管轄、移交卷證與涉及國家機關獨立行使職權而受憲法保障者之部分，有違權力分立與制衡原則，並逾越立法院調查權所得行使之範圍。

九、同條例第八條第六項規定「本會或本會委員行使職權，得指定事項，要求有關機關、團體或個人提出說明或提供協助。受請求者不得以涉及國家機密、營業秘密、偵查保密、個人隱私或其他任何理由規避、拖延或拒絕」，其中規定涉及國家機密或偵查保密事項，一概不得拒絕之部分，應予適當修正。

十、同條例第八條第四項前段規定「本會行使職權，不受國家機密保護法、營業秘密法、刑事訴訟法及其他法律規定之限制」、同條第六項規定「本會或本會委員行使職權，得指定事項，要求有關機關、團體或個人提出說明或提供協助。受請求者不得以涉及國家機密、營業秘密、偵查保密、個人隱私或其他任何理由規避、拖延或拒絕」，其中規定涉及人民基本權利者，有違正當法律程序、法律明確性原則。

十一、同條例第八條第七項「違反第一項、第二項、第三項、第四項或第六項規定者，處機關首長及行爲人新臺幣十萬元以上一百萬元以下罰鍰，經處罰後仍繼續違反者，得連續處罰之」及第八項前段：機關首長、團體負責人或有關人員拒絕眞調會或其委員調查，影響重大，或爲虛僞陳述者，依同條第七項之規定處罰等規定，有違正當法律程序及法律明確性原則。

十二、同條例第八條第八項後段規定「機關首長、團體負責人或有關人員拒絕本會或本會委員調查，影響重大，或爲虛僞陳述者……並依刑法第一百六十五條、第二百十四條等相關規定追訴處罰」，係指上開人員若因受調查而涉有犯罪嫌疑者，應由檢察機關依法偵查追訴，由法院依法審判而言；上開規定應本此意旨檢討修正。

十三、同條例第八條第九項規定「本會或本會委員行使職權，認有必要時，得禁止被調查人或與其有關人員出境」，逾越立法院之調查權限，並違反比例原則。上開五、六、八、十、十一、十三項有違憲法意旨部分，均自本解釋公布之日起失其效力。

司法院大法官依憲法規定獨立行使憲法解釋及憲法審判權，爲確保其解釋或裁判結果實效性之保全制度，乃司法權核心機能之一，不因憲法解釋、審判或民事、刑事、行政訴訟之審判而有異。本件暫時處分之聲請，雖非憲法所不許，惟本案業經作成解釋，已無須予以審酌。（93、12、15）

釋字第586號解釋

財政部證券管理委員會（後更名爲財政部證券暨期貨管理委員會），於中華民國八十四年九月五日訂頒之「證券交易法第四十三條之一第一項取得股份申報事項要點」，係屬當時之證券交易主管機關基於職權，爲有效執行證券交易法第四十三條之一第一項規定之必要而爲之解釋性行政規則，固有其實際需要，惟該要點第三條第二款：「本人及其配偶、未成年子女及二親等以內親屬持有表決權股份合計超過三分之一之公司或擔任過半數董事、監察人或董事長、總經理之公司取得股份者」亦認定爲共同取得人之規定及第四條相關部分，則逾越母法關於「共同取得」之文義可能範圍，增加母法所未規範之申報義務，涉及憲法所保障之資訊自主權與財產權之限制，違反憲

法第二十三條之法律保留原則，應自本解釋公布之日起，至遲於屆滿一年時，失其效力。（93、12、17）

釋字第587號解釋

子女獲知其血統來源，確定其眞實父子身分關係，攸關子女之人格權，應受憲法保障。民法第一千零六十三條規定：「妻之受胎，係在婚姻關係存續中者，推定其所生子女爲婚生子女。前項推定，如夫妻之一方能證明妻非自夫受胎者，得提起否認之訴。但應於知悉子女出生之日起，一年內爲之。」係爲兼顧身分安定及子女利益而設，惟其得提起否認之訴者僅限於夫妻之一方，子女本身則無獨立提起否認之訴之資格，且未顧及子女得獨立提起該否認之訴時應有之合理期間及起算日，是上開規定使子女之訴訟權受到不當限制，而不足以維護其人格權益，在此範圍內與憲法保障人格權及訴訟權之意旨不符。最高法院二十三年上字第三四七三號及同院七十五年台上字第二〇七一號判例與此意旨不符之部分，應不再援用。有關機關並應適時就得提起否認生父之訴之主體、起訴除斥期間之長短及其起算日等相關規定檢討改進，以符前開憲法意旨。

確定終局裁判所適用之法規或判例，經本院依人民聲請解釋認爲與憲法意旨不符時，其受不利確定終局裁判者，得以該解釋爲基礎，依法定程序請求救濟，業經本院釋字第一七七號、第一八五號解釋闡釋在案。本件聲請人如不能以再審之訴救濟者，應許其於本解釋公布之日起一年內，以法律推定之生父爲被告，提起否認生父之訴。其訴訟程序，準用民事訴訟法關於親子關係事件程序中否認子女之訴部分之相關規定，至由法定代理人代爲起訴者，應爲子女之利益爲之。

法律不許親生父對受推定爲他人之婚生子女提起否認之訴，係爲避免因訴訟而破壞他人婚姻之安定、家庭之和諧及影響子女受教養之權益，與憲法尙無牴觸。至於將來立法是否有限度放寬此類訴訟，則屬立法形成之自由。（93、12、30）

釋字第588號解釋

立法機關基於重大之公益目的，藉由限制人民自由之強制措施，以貫徹其法定義務，於符合憲法上比例原則之範圍內，應爲憲法之所許。行政執行法關於「管收」處分之規定，係在貫徹公法上金錢給付義務，於法定義務人確有履行之能力而不履行時，拘束其身體所爲間接強制其履行之措施，尙非憲法所不許。惟行政執行法第十七條第二項依同條第一項規定得聲請法院裁定管收之事由中，除第一項第一、二、三款規定：「顯有履行義務之可能，故不履行者」、「顯有逃匿之虞」、「就應供強制執行之財產有隱匿或處分之情事者」，難謂其已逾必要之程度外，其餘同項第四、五、六款事由：「於調查執行標的物時，對於執行人員拒絕陳述者」、「經命其報告財產狀況，不爲報告或爲虛僞之報告者」、「經合法通知，無正當理由而不到場者」，顯已逾越必要程度，與憲法第二十三條規定之意旨不能謂無違背。

行政執行法第十七條第二項依同條第一項得聲請拘提之各款事由中，除第一項第二款、第六款：「顯有逃匿之虞」、「經合法通知，無正當理由而不到場」之情形，可認其確係符合比例原則之必要條件外，其餘同項第一款、第三款、第四款、第五款：「顯有履行義務之可能，故不履行者」、「就應供強制執行之財產有隱匿或處分之情事者」、「於調查執行標的物時，對於執行人員拒絕陳述者」、「經命其報告財產狀況，不爲報告或爲虛僞之報告者」規定，顯已逾越必要程度，與前揭憲法第二十三條規定意旨亦有未符。

人身自由乃人民行使其憲法上各項自由權利所不可或缺之前提，憲法第八條第一項規定所稱「法定程序」，係指凡限制人民身體自由之處置，不問其是否屬於刑事被告之身分，除須有法律之依據外，尙須分別踐行必要之司法程序或其他正當法律程序，始得爲之。此項程序固屬憲法保留之範疇，縱係立法機關亦不得制定法律而遽予剝奪；惟刑事被告與非刑事被告之人身自由限制，畢竟有其本質上之差異，是其必須踐行之司法程序或其他正當法律程序，自非均須同一不可。管收係於一定期間內拘束人民身體自由於一定之處所，亦屬憲法第八條第一項所規定之「拘禁」，其於決定管收之前，自應踐行必要之程序、即由中立、公正第三者之法院審問，並使法定義務人到場爲程序之參與，除藉之以明管收之是否合乎法定要件暨有無管收之必要外，並使法定義務人得有防禦之機會，提出有利之相關抗辯以供法院調查，期以實現憲法對人身自由之保障。行政執行法關於管收之裁定，依同法第十七條第三項，法院對於管收之聲請應於五日內爲之，亦即可於管收聲請後，不予即時審問，其於人權之保障顯有未週，該「五日內」裁定之規定難謂周全，應由有關機關檢討修正。又行政執行法第十七條第二項：「義務人逾前項限期仍不履行，亦不提供擔保者，行政執行處得聲請該管法院裁定拘提管收之」、第十九條第一項：「法院爲拘提管收之裁定後，應將拘票及管收票交由行政執行處派執行員執行拘提並將被管收人逕送管收所」之規定，其於行政執行處合併爲拘提且管收之聲請，法院亦爲拘提管收之裁定時，該被裁定拘提管收之義務人既尚未拘提到場，自不可能踐行審問程序，乃法院竟得爲管收之裁定，尤有違於前述正當法律程序之要求。另依行政執行法第十七條第二項及同條第一項第六款：「經合法通知，無正當理由而不到場」之規定聲請管收者，該義務人既猶未到場，法院自亦不可能踐行審問程序，乃竟得爲管收之裁定，亦有悖於前述正當法律程序之憲法意旨。

憲法第八條第一項所稱「非經司法或警察機關依法定程序，不得逮捕、拘禁」之「警察機關」，並非僅指組織法上之形式「警察」之意，凡法律規定，以維持社會秩序或增進公共利益爲目的，賦予其機關或人員得使用干預、取締之手段者均屬之，是以行政執行法第十九條第一項關於拘提、管收交由行政執行處派執行員執行之規定，核與憲法前開規定之意旨尚無違背。

上開行政執行法有違憲法意旨之各該規定，均應自本解釋公布之日起至遲於屆滿六個月時失其效力。（94、1、28）

釋字第589號解釋

法治國原則爲憲法之基本原則，首重人民權利之維護、法秩序之安定及信賴保護原則之遵守。行政法規公布施行後，制定或發布法規之機關依法定程序予以修改或廢止時，應兼顧規範對象信賴利益之保護。受規範對象如已在因法規施行而產生信賴基礎之存續期間內，對構成信賴要件之事實，有客觀上具體表現之行爲，且有值得保護之利益者，即應受信賴保護原則之保障。至於如何保障其信賴利益，究係採取減輕或避免其損害，或避免影響其依法所取得法律上地位等方法，則須衡酌法秩序變動所追求之政策目的、國家財政負擔能力等公益因素及信賴利益之輕重、信賴利益所依據之基礎法規所表現之意義與價值等爲合理之規定。如信賴利益所依據之基礎法規，其作用不僅在保障私人利益之法律地位而已，更具有藉該法律地位之保障以實現公益之目的者，則因該基礎法規之變動所涉及信賴利益之保護，即應予強化以避免其受損害，俾使該基礎法規所欲實現之公益目的，亦得確保。

憲法對特定職位爲維護其獨立行使職權而定有任期保障者，其職務之性質與應隨政黨更迭或政策變更而進退之政務人員不同，此不僅在確保個人職位之安定而已，其重要意義，乃藉任期保障，以確保其依法獨立行使職權之目的而具有公益價值。故爲貫徹任期保障之功能，對於因任期保障所取得之法律上地位及所生之信賴利益，即須充分加以保護，避免其受損害，俾該等人員得無所瞻顧，獨立行使職權，始不違背憲法對該職位特設任期保障之意旨，並與憲法上信賴保護原則相符。

憲法增修條文第七條第五項規定：「監察委員須超出黨派以外，依據法律獨立行使職權。」爲維護監察權之獨立行使，充分發揮監察功能，我國憲法對監察委員之任期明定六年之保障（憲法第九十三條及憲法增修條文第七條第二項規定參照）。查第三屆監察委員之任期六年，係自中華民國八十八年二月一日起，至九十四年一月三十一日止。該屆監察委員開始任職時，七十四年十二月十一日修正公布之政務官退職酬勞金給與條例尚無落日條款之規定，亦即第三屆監察委員就任時，係信賴其受任期之保障，並信賴於其任期屆滿後如任軍、公、教人員年資滿十五年者，有依該給與條例第四條擇領月退職酬勞金之公法上財產權利。惟爲改革政務人員退職制度，而於九十三年一月七日另行制定公布政務人員退職撫卹條例（以下簡稱「退撫條例」），並溯自同年月一日施行。依新退撫條例，政務人員與常務人員服務年資係截然區分，分段計算，並分別依各該退休（職）法規計算退休（職）金，並且政務人員退撫給與，以一次發給為限，而不再有月退職酬勞金之規定。雖該退撫條例第十條設有過渡條款，對於新退撫條例公布施行前，已服務十五年以上者，將來退職時仍得依相關退職酬勞金給與條例，選擇月退職酬勞金。但對於受有任期保障以確保其依法獨立行使職權之政務人員於新退撫條例公布施行前、後接續任年資合計十五年者，卻無得擇領月退職酬勞金之規定，顯對其應受保護之信賴利益，並未有合理之保障，與前開憲法意旨有違。有關機關應即依本解釋意旨，使前述人員於法律上得合併退撫條例施行前後軍、公、教年資及政務人員年資滿十五年者，亦得依上開政務官退職酬勞金給與條例及八十八年六月三十日修正公布之政務人員退職酬勞金給與條例之規定擇領月退職酬勞金，以保障其信賴利益。（94、1、28）

釋字第590號解釋

法官於審理案件時，對於應適用之法律，依其合理之確信，認為有牴觸憲法之疑義者，各級法院得以之為先決問題，裁定停止訴訟程序，並提出客觀上形成確信法律為違憲之具體理由，聲請本院大法官解釋。此所謂「法官於審理案件時」，係指法官於審理刑事案件、行政訴訟事件、民事事件及非訟事件等而言，因之，所稱「裁定停止訴訟程序」自亦包括各該事件或案件之訴訟或非訟程序之裁定停止在內。裁定停止訴訟或非訟程序，乃法官聲請釋憲必須遵循之程序。惟訴訟或非訟程序裁定停止後，如有急迫之情形，法官即應探究相關法律之立法目的、權衡當事人之權益及公共利益、斟酌個案相關情狀等情事，為必要之保全、保護或其他適當之處分。本院釋字第三七一號及第五七二號解釋，應予補充。（94、2、25）

釋字第591號解釋

憲法第十六條所保障之訴訟權，旨在確保人民於其權利受侵害時，有依法定程序提起訴訟，並受法院公平審判之權利。惟訴訟應循之程序及相關要件，立法機關得衡量訴訟案件之種類、性質、訴訟制度之功能及訴訟外解決紛爭之法定途徑等因素，為正當合理之規定；倘其規範內容合乎上開意旨，且有其必要性者，即與憲法保障訴訟權之意旨無違。

民事紛爭事件之類型，因社會經濟活動之變遷趨於多樣化，為期定分止爭，國家除設立訴訟制度外，尚有仲裁及其他非訴訟之機制。基於國民主權原理及憲法對人民基本權利之保障，人民既為私法上之權利主體，於程序上亦應居於主體地位，俾其享有程序處分權及程序選擇權，於無礙公益之一定範圍內，得以合意選擇循訴訟或其他法定之非訴訟程序處理爭議。仲裁係人民依法律之規定，本於契約自由原則，以當事人合意選擇依訴訟外之途徑處理爭議之制度，兼有程序法與實體法之雙重效力，具私法紛爭自主解決之特性，為憲法之所許。

中華民國八十七年六月二十四日修正公布之仲裁法規定「仲裁判斷書應附理由而未附者」，當事人得對於他方提起撤銷仲裁判斷之訴（第四十條第一項第一款、第三十八條第二款前段），雖未將仲裁判斷之理由矛盾列為得提起訴訟之事由，要屬立法機關考量仲裁之特性，參酌國際商務仲裁之通例，且為維護仲裁制度健全發展之必要所為之制度設計，尚未逾越立法機關自由形成之範圍，與憲法第十六條保障人民訴訟權之本旨並無牴觸。（94、3、4）

釋字第592號解釋

本院釋字第五八二號解釋，並未於解釋文內另定應溯及生效或經該解釋宣告違憲之判例應定期失效之明文，故除聲請人據以聲請之案件外，其時間效力，應依一般效力範圍定之，即自公布當日起，各級法院審理有關案件應依解釋意旨為之。至本院釋字第五八二號解釋公布前，已繫屬於各級法院之刑事案件，該號解釋之適用應以個案事實認定涉及以共同被告之陳述，作為其他共同被告論罪之證據者為限。（94、3、30）

釋字第593號解釋

國家基於一定之公益目的，對特定人民課予繳納租稅以外之金錢義務，涉及人民受憲法第十五條保障之財產權，其課徵目的、對象、額度應以法律定之，或以法律具體明確之授權，由主管機關於授權範圍內以命令為必要之規範。該法律或命令規定之課徵對象，如係斟酌事物性質不同所為之合目的性選擇，其所規定之課徵方式及額度如與目的之達成具有合理之關聯性，即未牴觸憲法所規定之平等原則與比例原則。

中華民國七十三年一月二十三日修正公布之公路法第二十七條第一項規定：「公路主管機關，為公路養護、修建及安全管理所需經費，得徵收汽車燃料使用費；其徵收費率，不得超過燃料進口或出廠價格百分之五十」，已就汽車燃料使用費之徵收目的、對象及額度上限予以明定；同條第二項並具體明確授權交通部會商財政部，訂定汽車燃料使用費徵收及分配辦法，其授權之目的、範圍及內容均有明確之規定，與授權明確性原則並無不合。主管機關基於上開授權於八十六年九月二十六日修正發布汽車燃料使用費徵收及分配辦法，其第二條規定：「凡行駛公路或市區道路之各型汽車，除第四條規定免徵之車輛，均依本辦法之規定，徵收汽車燃料使用費。」第三條規定：「汽車燃料使用費按各型汽車每月耗油量，依附表費額，由交通部或委託省（市）分別代徵之。其費率如下：一、汽油每公升新臺幣二點五元。二、柴油每公升新臺幣一點五元（第一項）。前項耗油量，按各型汽車之汽缸總排氣量、行駛里程及使用效率計算之（第二項）。」均未逾越公路法之授權範圍，符合憲法第二十三條法律保留原則之要求。上開辦法第二條所定之徵收對象、第三條所定之徵收方式，並未牴觸憲法第七條之平等原則與第二十三條之比例原則。汽車燃料使用費與使用牌照稅之徵收亦不生雙重課稅之問題。（94、4、8）

釋字第594號解釋

人民身體之自由與財產權應予保障，固為憲法第八條、第十五條所明定；惟國家以法律明確規定犯罪之構成要件與法律效果，對於特定具社會侵害性之行為施以刑罰制裁而限制人民之身體自由或財產權者，倘與憲法第二十三條規定之意旨無違，即難謂其牴觸憲法第八條及第十五條之規定，本院釋字第四七六號、第五五一號解釋足資參照。

商標權為財產權之一種，依憲法第十五條之規定，應予保障。又商標或標章權之註冊取得與保護，同時具有揭示商標或標章所表彰之商品或服務來源，以保障消費者利益，維護公平競爭市場正常運作之功能。中華民國八十二年十二月二十二日修正公布之商標法第七十七條準用第六十二條第二款規定，旨在保障商標權人之權利，並避免因行為人意圖欺騙他人，於有關同一商品或類似商品之廣告、標帖、說明書、價目表或其他文書，附加相同或近似於他人註冊商標圖樣而陳列或散布，致一般消費者對商品或服務之來源、品質發生混淆誤認而權益受有損害，故以法律明定之犯罪構成要件，處行為人三年以下有期徒刑、拘役或科或併科新臺幣二十萬元以下罰金，符合法律明確性之要求，且為保障商標權人權利、消費者利益及市場秩序所必要，並未牴觸憲法第二十三條規定，與憲法第八條、第十五條保障人民身體自由及財產權之意旨，尚無違背。（94、4、15）

釋字第595號解釋

勞動基準法第二十八條第一項、第二項規定，雇主應繳納一定數額之積欠工資墊償基金（以下簡稱墊償基金）；於雇主歇業、清算或破產宣告時，積欠勞工之工資，未滿六個月部分，由該基金墊償，以保障勞工權益，維護其生活之安定。同條第四項規定「雇主積欠之工資，經勞工請求未獲清償者，由積欠工資墊償基金墊償之；雇主應於規定期限內，將墊款償還積欠工資墊償基金」，以及「積欠工資墊償基金提繳及墊償管理辦法」（以下簡稱墊償管理辦法）第十四條第一項前段規定：「勞保局依本法第二十八條規定墊償勞工工資後，得以自己名義，代位行使最優先受清償權（以下簡稱工資債權）」，據此以觀，勞工保險局以墊償基金所墊償者，原係雇主對於勞工私法上之工資給付債務；其以墊償基金墊償後取得之代位求償權（即民法所稱之承受債權，下同），乃基於法律規定之債權移轉，其私法債權之性質，並不因由國家機關行

使而改變。勞工保險局與雇主間因歸墊債權所生之私法爭執，自應由普通法院行使審判權。（94、5、6）

釋字第596號解釋

憲法第七條規定，中華民國人民在法律上一律平等，其內涵並非指絕對、機械之形式上平等，而係保障人民在法律上地位之實質平等；立法機關基於憲法之價值體系及立法目的，自得斟酌規範事物性質之差異而爲合理之差別對待。國家對勞工與公務人員退休生活所爲之保護，方法上未盡相同；其間差異是否牴觸憲法平等原則，應就公務人員與勞工之工作性質、權利義務關係及各種保護措施爲整體之觀察，未可執其一端，遽下論斷。勞動基準法未如公務人員退休法規定請領退休金之權利不得扣押、讓與或供擔保，係立法者衡量上開性質之差異及其他相關因素所爲之不同規定，屬立法自由形成之範疇，與憲法第七條平等原則並無牴觸。（94、5、13）

釋字第597號解釋

憲法第十九條規定，人民有依法律納稅之義務。所謂依法律納稅，係指租稅主體、租稅客體、稅基、稅率等租稅構成要件，均應依法律明定之。各該法律之內容且應符合量能課稅及公平原則。遺產及贈與稅法第一條第一項規定，凡經常居住中華民國境內之中華民國國民死亡時遺有財產者，應就其全部遺產，依法課徵遺產稅；又所得稅法第十三條及中華民國八十六年十二月三十日修正前同法第十四條第一項第四類規定，利息應併入個人綜合所得總額，課徵個人綜合所得稅。財政部八十六年四月二十三日台財稅第八六一八九三五八八號函釋示，關於被繼承人死亡日後所孳生之利息，係屬繼承人之所得，應扣繳個人綜合所得稅等語，符合前開遺產及贈與稅法與所得稅法之立法意旨，與憲法所定租稅法律主義並無牴觸，尙未逾越對人民正當合理之稅課範圍，不生侵害人民受憲法第十五條保障之財產權問題。（94、5、20）

釋字第598號解釋

土地法第六十九條規定：「登記人員或利害關係人，於登記完畢後，發見登記錯誤或遺漏時，非以書面聲請該管上級機關查明核准後，不得更正」；爲執行本條更正登記之意旨，中華民國八十四年七月十二日修正發布，同年九月一日施行之土地登記規則第一百二十二條第一項規定：「登記人員或利害關係人於登記完畢後，發見登記錯誤或遺漏時，應申請更正登記。登記機關於報經上級地政機關查明核准後更正之」；此一規定，符合母法意旨，且對於人民之財產權並未增加法律所無之限制，與憲法第十五條及第二十三條之規定，均無牴觸。

上開土地登記規則第一百二十二條第二項規定：「前項登記之錯誤或遺漏，如純屬登記人員記載時之疏忽，並有原始登記原因證明文件可稽者，上級地政機關得授權登記機關逕行更正之」；同條第三項：「前項授權登記機關逕行更正之範圍，由其上級地政機關定之」；及同規則第二十九條第一項第一款：「依第一百二十二條第二項規定而爲更正登記」者，「得由登記機關逕爲登記」，無須報經上級機關之核准。此等權限授予之規定，逾越六十四年七月二十四日修正公布之土地法第三十七條第二項之範圍，並牴觸同法第六十九條之規定，與憲法第二十三條法律保留及第一百七十二條法律優位原則有違，均應自本解釋公布之日起，至遲於屆滿一年時，失其效力。（94、6、3）

釋字第599號解釋

司法院大法官依據憲法獨立行使憲法解釋及憲法審判權，爲確保其解釋或裁判結果實效性之保全制度，乃司法權核心機能之一，不因憲法解釋、審判或民事、刑事、行政訴訟之審判而異。如因系爭憲法疑義或爭議狀態之持續、爭議法令之適用或原因案件裁判之執行，可能對人民基本權利、憲法基本原則或其他重大公益造成不可回復或難以回復之重大損害，而對損害之防止事實上具急迫必要性，且別無其他手段可資防免時，即得權衡作成暫時處分之利益與不作成暫時處分之不利益，並於利益顯然大於不利益時，依聲請人之聲請，於本案解釋前作成暫時處分以定暫時狀態。據此，聲請人就戶籍法第八條第二項及第三項規定所爲暫時處分之聲請，應予准許。戶籍法第八條第二項、第三項及以按捺指紋始得請領或換發新版國民身分證之相關規定，於本案解釋公布之前，暫時停止適用。本件暫時處分應於本案解釋公布時或至遲於本件暫時處分公布屆滿六個月時，失其效力。

另就中華民國九十四年七月一日起依法應請領或得申請國民身分證，或因正當理由申請補換發之人民，有關機關仍應製發未改版之國民身分證或儘速擬定其他權宜措施，俾該等人民於戶籍法第八條第二項及第三項停止效力期間仍得取得國民身分證明之文件，併此指明。

聲請人就戶籍法第八條所為暫時處分之聲請，於同條第一項之部分應予駁回。（94、6、10）

釋字第600號解釋

依土地法所為之不動產物權登記具有公示力與公信力，登記之內容自須正確真實，以確保人民之財產權及維護交易之安全。不動產包括土地及建築物，性質上為不動產之區分所有建築物，因係數人區分一建築物而各有其一部，各所有人所享有之所有權，其關係密切而複雜，故就此等建築物辦理第一次所有權登記時，各該所有權客體之範圍必須客觀明確，方得據以登記，俾貫徹登記制度之上述意旨。內政部於中華民國八十四年七月十二日修正發布之土地登記規則與八十七年二月十一日修正發布之地籍測量實施規則分別係依土地法第三十七條第二項及第四十七條之授權所訂定。該登記規則第七十五條第一款乃係規定區分所有建築物共用部分之登記方法。上開實施規則第二百七十九條第一項之規定，旨在確定區分所有建築物之各區分所有權客體及其共用部分之權利範圍及位置，與建築物區分所有權移轉後之歸屬，以作為地政機關實施區分所有建築物第一次測量及登記之依據。是上開土地登記規則及地籍測量實施規則之規定，並未逾越土地法授權範圍，亦符合登記制度之首開意旨，為辦理區分所有建築物第一次測量、所有權登記程序所必要，且與民法第七百九十九條、第八百十七條第二項關於共用部分及其應有部分推定規定，各有不同之規範功能及意旨，難謂已增加法律所無之限制，與憲法第十五條財產權保障及第二十三條規定之法律保留原則及比例原則，尚無牴觸。

建築物（包含區分所有建築物）與土地同為法律上重要不動產之一種，關於其所有權之登記程序及其相關測量程序，涉及人民權利義務之重要事項者，諸如區分所有建築物區分所有人對於共用部分之認定、權屬之分配及應有部分之比例、就登記權利於當事人未能協議或發生爭議時之解決機制等，於土地法或其他相關法律未設明文，本諸憲法保障人民財產權之意旨，尚有未周，應檢討改進，以法律明確規定為宜。（94、7、22）

釋字第601號解釋

司法院大法官由總統提名，經立法院同意後任命，為憲法第八十條規定之法官，本院釋字第三九二號、第三九六號、第五三〇號、第五八五號等解釋足資參照。為貫徹憲法第八十條規定「法官須超出黨派以外，依據法律獨立審判，不受任何干涉」之意旨，大法官無論其就任前職務為何，在任期中均應受憲法第八十一條關於法官「非受刑事或懲戒處分，或禁治產之宣告，不得免職。非依法律，不得停職、轉任或減俸」規定之保障。法官與國家之職務關係，因受憲法直接規範與特別保障，故與政務人員或一般公務人員與國家之職務關係不同。

憲法第八十一條關於法官非依法律不得減俸之規定，依法官審判獨立應予保障之憲法意旨，係指法官除有懲戒事由始得以憲法第一百七十條規定之法律予以減俸外，各憲法機關不得以任何其他理由或方式，就法官之俸給，予以刪減。

司法院大法官之俸給，依中華民國三十八年一月十七日公布之總統副總統及特任人員月俸公費支給暫行條例第二條規定及司法院組織法第五條第四項前段、司法人員人事條例第四十條第三項、第三十八條第二項之規定以觀，係由本俸、公費及司法人員專業加給所構成，均屬依法支領之法定經費。立法院審議九十四年度中央政府總預算案時，刪除司法院大法官支領司法人員專業加給之預算，使大法官既有之俸給因而減少，與憲法第八十一條規定之上開意旨，尚有未符。

司法院院長、副院長，依憲法增修條文第五條第一項規定，係由大法官並任，其應領取司法人員專業加給，而不得由立法院於預算案審議中刪除該部分預算，與大法官相同；至司法院秘書長職司者為司法行政職務，其得否支領司法人員專業加給，自應依司法人員人事條例第三十九條等相關法令個案辦理，併予指明。（94、7、22）

釋字第602號解釋

中華民國八十年二月四日制定公布之公平交易法第二十三條第一項規定：「多層次傳銷，其參加人如取得佣金、獎金或其他經濟利益，主要係基於介紹他人加入，而非基於其所推廣或銷售商品或勞務之合理市價者，不得為之。」其中所稱「主要」、「合理市價」之認定標準，係以參加人取得經濟利益之來源，推廣或銷售商品或勞務之價格為判斷，其範圍應屬可得確定。且多層次傳銷之營運計畫或組織之訂定，傳銷行為之統籌規劃，係由多層次傳銷事業為之，則不正當多層次傳銷事業之行為人，對於該事業之參加人所取得之經濟利益，主要係基於介紹他人加入，而非基於參加人所推廣或銷售商品或勞務之合理市價，依其專業知識及社會通念，非不得預見，並可由司法審查予以認定及判斷，符合法律明確性原則。又同法第三十五條明定，以違反上開第二十三條第一項規定為犯罪構成要件，與罪刑法定原則中之構成要件明確性原則及罪刑相當原則尚無不符，且為維護社會交易秩序，健全市場機能，促進經濟之安定與繁榮所必要，並未牴觸憲法第二十三條之規定，與憲法第八條、第十五條保障人民身體自由及財產權之意旨，尚無違背。

上開公平交易法第二十三條第二項規定：「多層次傳銷之管理辦法，由中央主管機關定之。」中央主管機關行政院公平交易委員會依據上開授權，於八十一年二月二十八日訂定發布多層次傳銷管理辦法，其第五條（已刪除）規定，涉及人民退出多層次傳銷計畫或組織之權利義務事項，已非單純行政機關對事業行使公權力之管理辦法，顯然逾越上開公平交易法第二十三條第二項授權之範圍，違背憲法第二十三條規定之法律保留原則，應不予適用。（94、7、30）

釋字第603號解釋

維護人性尊嚴與尊重人格自由發展，乃自由民主憲政秩序之核心價值。隱私權雖非憲法明文列舉之權利，惟基於人性尊嚴與個人主體性之維護及人格發展之完整，並為保障個人生活私密領域免於他人侵擾及個人資料之自主控制，隱私權乃為不可或缺之基本權利，而受憲法第二十二條所保障（本院釋字第五八五號解釋參照）。其中就個人自主控制個人資料之資訊隱私權而言，乃保障人民決定是否揭露其個人資料、及在何種範圍內、於何時、以何種方式、向何人揭露之決定權，並保障人民對其個人資料之使用有知悉與控制權及資料記載錯誤之更正權。惟憲法對資訊隱私權之保障並非絕對，國家得於符合憲法第二十三條規定意旨之範圍內，以法律明確規定對之予以適當之限制。

指紋乃重要之個人資訊，個人對其指紋資訊之自主控制，受資訊隱私權之保障。而國民身分證發給與否，則直接影響人民基本權利之行使。戶籍法第八條第二項規定：依前項請領國民身分證，應捺指紋並錄存。但未滿十四歲請領者，不予捺指紋，俟年滿十四歲時，應補捺指紋並錄存。第三項規定：請領國民身分證，不依前項規定捺指紋者，不予發給。對於未依規定捺指紋者，拒絕發給國民身分證，形同強制按捺並錄存指紋，以作為核發國民身分證之要件，其目的為何，戶籍法未設明文規定，於憲法保障人民資訊隱私權之意旨已有未合。縱用以達到國民身分證之防偽、防止冒領、冒用、辨識路倒病人、迷途失智者、無名屍體等目的而言，亦屬損益失衡、手段過當，不符比例原則之要求。戶籍法第八條第二項、第三項強制人民按捺指紋並予錄存否則不予發給國民身分證之規定，與憲法第二十二條、第二十三條規定之意旨不符，應自本解釋公布之日起不再適用。至依據戶籍法其他相關規定換發國民身分證之作業，仍得繼續進行，自不待言。

國家基於特定重大公益之目的而有大規模蒐集、錄存人民指紋、並有建立資料庫儲存之必要者，則應以法律明定其蒐集之目的，其蒐集應與重大公益目的之達成，具有密切之必要性與關聯性，並應明文禁止法定目的外之使用。主管機關尤應配合當代科技發展，運用足以確保資訊正確及安全之方式爲之，並對所蒐集之指紋檔案採取組織上與程序上必要之防護措施，以符憲法保障人民資訊隱私權之本旨。（94、9、28）

釋字第604號解釋

道路交通管理處罰條例係爲加強道路交通管理，維護交通秩序，確保交通安全而制定。依中華民國八十六年一月二十二日增訂公布第八十五條之一規定，係對於汽車駕駛人違反同條例第五十六條第一項各款而爲違規停車之行爲，得爲連續認定及通知其違規事件之規定，乃立法者對於違規事實一直存在之行爲，考量該違規事實之存在對公益或公共秩序確有影響，除使主管機關得以強制執行之方法及時除去該違規事實外，並得藉舉發其違規事實之次數，作爲認定其違規行爲之次數，從而對此多次違規行爲得予以多次處罰，並不生一行爲二罰之問題，故與法治國家一行爲不二罰之原則，並無牴觸。

立法者固得以法律規定行政機關執法人員得以連續舉發及隨同多次處罰之遏阻作用以達成行政管制之目的，但仍須符合憲法第二十三條之比例原則及法律授權明確性原則。鑑於交通違規之動態與特性，則立法者欲藉連續舉發以警惕及遏阻違規行爲人任由違規事實繼續存在者，得授權主管機關考量道路交通安全等相關因素，將連續舉發之條件及前後舉發之間隔及期間以命令爲明確之規範。

道路交通管理處罰條例第八十五條之一得爲連續舉發之規定，就連續舉發時應依何種標準爲之，並無原則性規定。雖主管機關依道路交通管理處罰條例第九十二條之授權，於九十年五月三十日修正發布「違反道路交通管理事件統一裁罰標準及處理細則」，其第十二條第四項規定，以「每逾二小時」爲連續舉發之標準，衡諸人民可能因而受處罰之次數及可能因此負擔累計罰鍰之金額，相對於維護交通秩序、確保交通安全之重大公益而言，尚未逾越必要之程度。惟有關連續舉發之授權，其目的與範圍仍以法律明定爲宜。

道路交通管理處罰條例第五十六條第二項關於汽車駕駛人不在違規停放之車內時，執法人員得於舉發其違規後，使用民間拖吊車拖離違規停放之車輛，並收取移置費之規定，係立法者衡量各種維護交通秩序之相關因素後，合理賦予行政機關裁量之事項，不能因有此一規定而推論連續舉發並爲處罰之規定，違反憲法上之比例原則。（94、10、21）

釋字第605號解釋

憲法第十八條規定人民有服公職之權利，旨在保障人民有依法令從事於公務，暨由此衍生享有之身分保障、俸給與退休金等權利。公務人員依法銓敘取得之官等俸級，基於憲法上服公職之權利，受制度性保障（本院釋字第五七五號、第四八三號解釋參照），惟其俸給銓敘權利之取得，係以取得公務人員任用法上之公務人員資格爲前提。

中華民國八十八年十一月二十五日修正發布之公務人員俸給法施行細則（以下簡稱八十八年施行細則）第十五條第三項修正規定，區別各類年資之性質，使公務人員曾任聘用人員之公務年資，僅得提敘至本俸最高級爲止，與憲法第七條保障平等權之意旨並無牴觸。

八十八年施行細則第十五條第三項修正規定，使公務人員原任聘用人員年資，依八十四年十二月二十六日修正發布之公務人員俸給法施行細則（以下簡稱八十四年施行細則）及八十七年一月十五日修正發布之公務人員俸給法施行細則（以下簡稱八十七年施行細則）第十五條第二項、第三項規定，得按年提敘俸級至年功俸最高級者，僅得提敘至本俸最高級爲止。並另以指定施行日期方式，訂定過渡條款。衡量此項修正，乃爲維護公務人員文官任用制度之健全、年功俸晉敘公平之重大公益，並有減輕聘用人員依八十八年修正前舊法規得受保障之利益所受損害之措施，已顧及憲法上之信賴保護原則，與平等原則亦尙無違背。

上開施行細則旨在提供公務人員於依法任用之後，其未具公務人員任用資格前所曾任之公務年資，酌予核計為公務人員年資之優惠措施，本質上並非限制人民之財產權，故不生違反憲法第二十三條之問題。（94、11、9）

釋字第606號解釋

中華民國七十九年十二月二十九日制定公布之促進產業升級條例第十六條第三款規定，公司以未分配盈餘增資轉投資於同條例第八條所規定之重要事業者，其股東因而取得之新發行記名股票，免予計入該股東當年度綜合所得額；其股東為營利事業者，免予計入當年度營利事業所得額課稅。主管機關於八十六年九月二十四日修正發布之同條例施行細則第四十二條規定，公司以未分配盈餘增資轉投資於該條例第八條所規定之重要事業者，應於公司登記主管機關核准增資後六個月內，檢附相關文件向管轄稽徵機關申請該次增資發放予股東之股票股利免計入股東當年度所得課稅，乃屬執行該條例第十六條第三款規定所必要，符合首開法律規定之意旨，並未逾越母法之限度，與憲法第十五條及第二十三條並無牴觸。（94、12、2）

釋字第607號解釋

憲法第十九條規定，人民有依法律納稅之義務，係指國家課人民以繳納稅捐之義務或給予人民減免稅捐之優惠時，應就租稅主體、租稅客體、稅基、稅率等租稅構成要件，以法律明定之。各該法律規定之內容且應符合租稅公平原則。財政部中華民國八十二年七月十九日台財稅第八二一四九一六八一號函、八十四年八月十六日台財稅第八四一六四一六三九號函、八十七年九月二十三日台財稅第八七一九六六五一六號函，符合所得稅法第三條及第二十四條第一項規定之意旨，並未違背租稅法律主義及憲法第七條規定之平等原則，與憲法第十五條保障人民財產權之意旨亦無牴觸。（94、12、30）

釋字第608號解釋

遺產稅之課徵，其遺產價值之計算，以被繼承人死亡時之時價為準，遺產及贈與稅法第十條第一項前段定有明文；依中華民國八十四年一月二十七日修正公布之所得稅法第四條第十七款前段規定，因繼承而取得之財產，免納所得稅；八十六年十二月三十日修正公布之所得稅法第十四條第一項第一類規定，公司股東所獲分配之股利總額屬於個人之營利所得，應合併計入個人之綜合所得總額，課徵綜合所得稅。財政部六十七年十月五日台財稅字第三六七六一號函：「繼承人於繼承事實發生後所領取之股利，係屬繼承人之所得，應課徵繼承人之綜合所得稅，而不視為被繼承人之遺產」，係主管機關基於法定職權，為釐清繼承人於繼承事實發生後所領取之股利，究屬遺產稅或綜合所得稅之課徵範圍而為之釋示，符合前述遺產及贈與稅法、所得稅法規定之意旨，不生重複課稅問題，與憲法第十九條之租稅法律主義及第十五條保障人民財產權之規定，均無牴觸。（95、1、13）

釋字第609號解釋

勞工依法參加勞工保險及因此所生之公法上權利，應受憲法保障。關於保險效力之開始、停止、終止、保險事故之種類及保險給付之履行等，攸關勞工或其受益人因保險關係所生之權利義務事項，或對其權利之限制，應以法律或法律明確授權之命令予以規範，且其立法之目的與手段，亦須符合憲法第二十三條之規定，始為憲法所許。中華民國八十四年二月二十八日修正之勞工保險條例第十九條第一項規定：「被保險人或其受益人，於保險效力開始後，停止前發生保險事故者，得依本條例規定，請領保險給付。」依同條例第六十二條至第六十四條之規定，死亡給付之保險事故，除法律有特別排除規定外（同條例第二十三條、第二十六條參照），係指被保險人或其父母、配偶、子女死亡而言，至其死亡之原因何時發生，應非所問。惟若被保險人於加保時已無工作能力，或以詐欺、其他不正當行為領取保險給付等情事，則屬應取消其被保險人之資格，或應受罰鍰處分，並負民、刑事責任之問題（同條例第二十四條、第七十條參照）。行政院勞工委員會七十七年四月十四日台七七勞保二字第六五三〇號函及七十九年三月十日台七九勞保三字第四四五一號函，就依法加保之勞工因罹患癌症等特定病症或其他傷病，於保險有效期間死亡者，以各該傷病須在保險有效期間發生為條件，其受益人始得請領死亡給付，乃對於受益人請領死亡保險給付之權利，增加勞工保險條例所無之限制，與憲法第二十三條所定法律保留原則有違，於此範圍內，應不再適用。（95、1、27）

釋字第610號解釋

公務員懲戒法第三十四條第二款規定，依同法第三十三條第一項第四款為原因，移請或聲請再審議者，應自相關之刑事裁判確定之日起三十日內為之。該期間起算日之規定，於受懲戒處分人為該刑事裁判之被告，而其對該裁判不得聲明不服，僅他造當事人得聲明不服；以及受懲戒處分人非該刑事裁判之被告，僅其與該裁判相關等情形；因現行刑事訴訟法制就檢察官或自訴人何時收受裁判之送達、其得聲明不服而未聲明不服以及該等裁判於何時確定等事項，並無法院、檢察官（署）或自訴人應通知被告及關係人等之規定，致該等受懲戒處分人未能知悉該類裁判確定之日，據以依首開規定聲請再審議。是上開期間起算日之規定，未區分受懲戒處分人於相關刑事確定裁判之不同訴訟地位，及其於該裁判確定時是否知悉此事實，一律以該裁判確定日為再審議聲請期間之起算日，與憲法第七條及第十六條人民訴訟權之平等保障意旨不符。上開受懲戒處分人以相關之刑事確定裁判聲請再審議之法定期間，應自其知悉該裁判確定之日起算，方符上開憲法規定之本旨。首開規定與此解釋意旨不符部分，應不再適用。本院釋字第四四六號解釋，應予補充。（95、3、3）

釋字第611號解釋

憲法第十八條保障人民服公職之權利，包括公務人員任職後依法令晉敘陞遷之權。晉敘陞遷之重要內容應以法律定之。主管機關依法律授權訂定施行細則時，為適用相關任用及晉敘之規定而作補充性之解釋，如無違於一般法律解釋方法，於符合相關憲法原則及法律意旨之限度內，即與法律保留原則無所牴觸。

中華民國八十五年十二月十日修正發布之公務人員任用法施行細則，係依公務人員任用法第三十九條授權所訂定，該細則第十五條第二項規定「本法第十七條第四項所稱『薦任第七職等以下職務』，指職務之列等最高為薦任第七職等者而言」，乃主管機關就同年十一月十四日修正公布之公務人員任用法第十七條第四項規定所為補充性之解釋，尚在母法合理解釋範圍之內，與憲法第十八條保障人民服公職權利及第二十三條法律保留原則均無違背。（95、5、26）

釋字第612號解釋

憲法第十五條規定人民之工作權應予保障，人民從事工作並有選擇職業之自由，如為增進公共利益，於符合憲法第二十三條規定之限度內，對於從事工作之方式及必備之資格或其他要件，得以法律或經法律授權之命令限制之。其以法律授權主管機關發布命令為補充規定者，內容須符合立法意旨，且不得逾越母法規定之範圍。其在母法概括授權下所發布者，是否超越法律授權，不應拘泥於法條所用之文字，而應就該法律本身之立法目的，及整體規定之關聯意義為綜合判斷，迭經本院解釋闡明在案。

中華民國七十四年十一月二十日修正公布之廢棄物清理法第二十一條規定，公、民營廢棄物清除、處理機構管理輔導辦法及專業技術人員之資格，由中央主管機關定之。此一授權條款雖未就專業技術人員資格之授權內容與範圍為明確之規定，惟依法律整體解釋，應可推知立法者有意授權主管機關，除就專業技術人員資格之認定外，尚包括主管機關對於專業技術人員如何適當執行其職務之監督等事項，以達成有效管理輔導公、民營廢棄物清除、處理機構之授權目的。

行政院環境保護署依據前開授權於八十六年十一月十九日訂定發布之公民營廢棄物清除處理機構管理輔導辦法（已廢止），其第三十一條第一款規定：清除、處理技術員因其所受僱之清除、處理機構違法或不當營運，致污染環境或危害人體健康，情節重大者，主管機關應撤銷其合格證書，係指廢棄物清除、處理機構有導致重大污染環境或危害人體健康之違法或不當營運情形，而在清除、處理技術員執行職務之範圍內者，主管機關應撤銷清除、處理技術員合格證書而言，並未逾越前開廢棄物清理法第二十一條之授權範圍，乃為達成有效管理輔導公、民營廢棄物清除、處理機構之授權目的，以改善環境衛生，維護國民健康之有效方法，其對人民工作權之限制，尚未逾越必要程度，符合憲法第二十三條之規定，與憲法第十五條之意旨，亦無違背。（95、6、16）

釋字第613號解釋

行政院爲國家最高行政機關，憲法第五十三條定有明文，基於行政一體，須爲包括國家通訊傳播委員會（以下簡稱通傳會）在內之所有行政院所屬機關之整體施政表現負責，並因通傳會施政之良窳，與通傳會委員之人選有密切關係，因而應擁有對通傳會委員之人事決定權。基於權力分立原則，行使立法權之立法院對行政院有關通傳會委員之人事決定權固非不能施以一定限制，以爲制衡，惟制衡仍有其界限，除不能牴觸憲法明白規定外，亦不能將人事決定權予以實質剝奪或逕行取而代之。國家通訊傳播委員會組織法（以下簡稱通傳會組織法）第四條第二項通傳會委員「由各政黨（團）接受各界舉薦，並依其在立法院所占席次比例共推薦十五名、行政院院長推薦三名，交由提名審查委員會（以下簡稱審查會）審查。各政黨（團）應於本法施行日起十五日內完成推薦」之規定、同條第三項「審查會應於本法施行日起十日內，由各政黨（團）依其在立法院所占席次比例推薦十一名學者、專家組成。審查會應於接受推薦名單後，二十日內完成審查，本項審查應以聽證會程序公開爲之，並以記名投票表決。審查會先以審查會委員總額五分之三以上爲可否之同意，如同意者未達十三名時，其缺額隨即以審查會委員總額二分之一以上爲可否之同意」及同條第四項「前二項之推薦，各政黨（團）未於期限內完成者，視爲放棄」關於委員選任程序部分之規定，及同條第六項「委員任滿三個月前，應依第二項、第三項程序提名新任委員；委員出缺過半時，其缺額依第二項、第三項程序辦理，繼任委員任期至原任期屆滿爲止」關於委員任滿提名及出缺提名之規定，實質上幾近完全剝奪行政院之人事決定權，逾越立法機關對行政院人事決定權制衡之界限，違反責任政治暨權力分立原則。又上開規定等將剝奪自行政院之人事決定權，實質上移轉由立法院各政黨（團）與由各政黨（團）依其在立法院所占席次比例推薦組成之審查會共同行使，影響人民對通傳會應超越政治之公正性信賴，違背通傳會設計爲獨立機關之建制目的，與憲法所保障通訊傳播自由之意旨亦有不符。是上開規定應自本解釋公布之日起，至遲於中華民國九十七年十二月三十一日失其效力。失去效力之前，通傳會所作成之行爲，並不因前開規定經本院宣告違憲而影響其適法性，人員與業務之移撥，亦不受影響。

通傳會組織法第四條第三項後段規定通傳會委員由行政院院長任命之部分，及同條第五項「本會應於任命後三日內自行集會成立，並互選正、副主任委員，行政院院長應於選出後七日內任命。主任委員、副主任委員應分屬不同政黨（團）推薦人選；行政院院長推薦之委員視同執政黨推薦人選」等規定，於憲法第五十六條並無牴觸。

通傳會組織法第十六條第一項規定：「自通訊傳播基本法施行之日起至本會成立之日前，通訊傳播相關法規之原主管機關就下列各款所做之決定，權利受損之法人團體、個人，於本會成立起三個月內，得向本會提起覆審。但已提起行政救濟程序者，不在此限：一、通訊傳播監理政策。二、通訊傳播事業營運之監督管理、證照核發、換發及廣播、電視事業之停播、證照核發、換發或證照吊銷處分。三、廣播電視事業組織及其負責人與經理人資格之審定。四、通訊傳播系統及設備之審驗。五、廣播電視事業設立之許可與許可之廢止、電波發射功率之變更、停播或吊銷執照之處分、股權之轉讓、名稱或負責人變更之許可。」係立法者基於法律制度變革等政策考量，而就特定事項爲特殊之救濟制度設計，尚難謂已逾越憲法所容許之範圍。而通傳會於受理覆審申請，應否撤銷違法之原處分，其具體標準通傳會組織法並未規定，仍應受行政程序法第一百十七條但書之規範。同條第二項規定：「覆審決定，應回復原狀時，政府應即回復原狀；如不能回復原狀者，應予補償。」則屬立法者配合上開特殊救濟制度設計，衡酌法安定性之維護與信賴利益之保護所爲之配套設計，亦尚未逾越憲法所容許之範圍。

又本件聲請人聲請於本案解釋作成前爲暫時處分部分，因本案業經作成解釋，已無審

酌之必要。（95、7、21）

釋字第614號解釋

憲法上之法律保留原則乃現代法治國原則之具體表現，不僅規範國家與人民之關係，亦涉及行政、立法兩權之權限分配。給付行政措施如未限制人民之自由權利，固尚難謂與憲法第二十三條規定之限制人民基本權利之法律保留原則有違，惟如涉及公共利益或實現人民基本權利之保障等重大事項者，原則上仍應有法律或法律明確之授權為依據，主管機關始得據以訂定法規命令（本院釋字第四四三號解釋理由書參照）。公務人員曾任公營事業人員者，其服務於公營事業之期間，得否併入公務人員年資，以為退休金計算之基礎，憲法雖未規定，立法機關仍非不得本諸憲法照顧公務人員生活之意旨，以法律定之。在此類法律制定施行前，主管機關依法律授權訂定之法規命令，或逕行訂定相關規定為合理之規範以供遵循者，因其內容非限制人民之自由權利，尚難謂與憲法第二十三條規定之法律保留原則有違。惟曾任公營事業人員轉任公務人員時，其退休相關權益乃涉及公共利益之重大事項，仍應以法律或法律明確授權之命令定之為宜，併此指明。主管機關依法律授權所訂定之法規命令，其屬給付性質者，亦應受相關憲法原則，尤其是平等原則之拘束（本院釋字第五四二號解釋參照）。考試院依據公務人員退休法第十七條授權訂定之施行細則，於中華民國八十七年十一月十三日修正發布該施行細則第十二條第三項，就公營事業之人員轉任為適用公務人員退休法之公務人員後，如何併計其於公營事業任職期間年資之規定，與同條第二項就政務人員、公立學校教育人員或軍職人員轉任時，如何併計年資之規定不同，乃主管機關考量公營事業人員與適用公務人員退休法之公務人員及政務人員、公立學校教育人員、軍職人員之薪給結構、退撫基金之繳納基礎、給付標準等整體退休制度之設計均有所不同，所為之合理差別規定，尚難認係恣意或不合理，與憲法第七條平等原則亦無違背。（95、7、28）

釋字第615號解釋

所得稅法施行細則第二十五條第二項規定，納稅義務人選定適用標準扣除額者，於其結算申報案件經稽徵機關核定應納稅額之後，不得要求變更適用列舉扣除額，並未逾越九十年一月三日修正公布之所得稅法第十七條第一項第二款之規範目的；財政部八十一年二月十一日台財稅字第八〇一七九九九七三號及八十七年三月十九日台財稅字第八七一九三四六〇六號函釋，係就上開規定之適用原則，依法定職權而為闡釋，並未增加該等規定所無之限制，均與憲法第十九條租稅法律原則無違。（95、7、28）

釋字第616號解釋

中華民國七十八年十二月三十日修正公布之所得稅法第一百零八條第一項規定：「納稅義務人違反第七十一條及第七十二條規定，未依限辦理結算申報，但已依第七十九條第一項規定補辦結算申報，經稽徵機關據以調查核定其所得額及應納稅額者，應按核定應納稅額另徵百分之十滯報金。滯報金之金額，不得少於一千五百元。」八十六年十二月三十日增訂公布之同法第一百零八條之一第一項規定：「營利事業違反第一百零二條之二規定，未依限辦理未分配盈餘申報，但已依第一百零二條之三第二項規定補辦申報，經稽徵機關據以調查核定其未分配盈餘及應加徵之稅額者，應按核定應加徵之稅額另徵百分之十滯報金。滯報金之金額，不得少於一千五百元。」乃對納稅義務人未於法定期限內履行申報義務之制裁，其違規情節有區分輕重程度之可能與必要者，自應根據違反義務本身情節之輕重程度為之。上開規定在納稅義務人已繳納其應納稅款之情形下，行為罰仍依應納稅額固定之比例加徵滯報金，又無合理最高額之限制，顯已逾越處罰之必要程度而違反憲法第二十三條之比例原則，與憲法第十五條保障人民財產權之意旨有違，應自本解釋公布之日起，至遲於屆滿一年時，失其效力。（95、9、15）

釋字第617號解釋

憲法第十一條保障人民之言論及出版自由，旨在確保意見之自由流通，使人民有取得充分資訊及實現自我之機會。性言論之表現與性資訊之流通，不問是否出於營利之目的，亦應受上開憲法對言論及出版自由之保障。惟憲法對言論及出版自由之保障並非絕對，應依其性質而有不同之保護範疇及限制之準則，國家於符合憲法第二十三條規定意旨之範圍內，得以法律明確規定對之予以適當之限制。

為維持男女生活中之性道德感情與社會風化，立法機關如制定法律加以規範，則釋憲者就立法者關於社會多數共通價值所為之判斷，原則上應予尊重。惟為貫徹憲法第十一條保障人民言論及出版自由之本旨，除為維護社會多數共通之性價值秩序所必要而得以法律加以限制者外，仍應對少數性文化族群依其性道德感情與對社會風化之認知而形諸為性言論表現或性資訊流通者，予以保障。

刑法第二百三十五條第一項規定所謂散布、播送、販賣、公然陳列猥褻之資訊或物品，或以他法供人觀覽、聽聞之行為，係指對含有暴力、性虐待或人獸性交等而無藝術性、醫學性或教育性價值之猥褻資訊或物品為傳布，或對其他客觀上足以刺激或滿足性慾，而令一般人感覺不堪呈現於眾或不能忍受而排拒之猥褻資訊或物品，未採取適當之安全隔絕措施而傳布，使一般人得以見聞之行為；同條第二項規定所謂意圖散布、播送、販賣而製造、持有猥褻資訊、物品之行為，亦僅指意圖傳布含有暴力、性虐待或人獸性交等而無藝術性、醫學性或教育性價值之猥褻資訊或物品而製造、持有之行為，或對其他客觀上足以刺激或滿足性慾，而令一般人感覺不堪呈現於眾或不能忍受而排拒之猥褻資訊或物品，意圖不採取適當安全隔絕措施之傳布，使一般人得以見聞而製造或持有該等猥褻資訊、物品之情形，至對於製造、持有等原屬散布、播送及販賣等之預備行為，擬制為與散布、播送及販賣等傳布性資訊或物品之構成要件行為具有相同之不法程度，乃屬立法之形成自由；同條第三項規定針對猥褻之文字、圖畫、聲音或影像之附著物及物品，不問屬於犯人與否，一概沒收，亦僅限於違反前二項規定之猥褻資訊附著物及物品。依本解釋意旨，上開規定對性言論之表現與性資訊之流通，並未為過度之封鎖與歧視，對人民言論及出版自由之限制尚屬合理，與憲法第二十三條之比例原則要無不符，並未違背憲法第十一條保障人民言論及出版自由之本旨。

刑法第二百三十五條規定所稱猥褻之資訊、物品，其中「猥褻」雖屬評價性之不確定法律概念，然所謂猥褻，指客觀上足以刺激或滿足性慾，其內容可與性器官、性行為及性文化之描繪與論述聯結，且須以引起普通一般人羞恥或厭惡感而侵害性的道德感情，有礙於社會風化者為限（本院釋字第四〇七號解釋參照），其意義並非一般人難以理解，且為受規範者所得預見，並可經由司法審查加以確認，與法律明確性原則尚無違背。（95、10、26）

釋字第618號解釋

中華民國人民，無分男女、宗教、種族、階級、黨派，在法律上一律平等，為憲法第七條所明定。其依同法第十八條應考試服公職之權，在法律上自亦應一律平等。惟此所謂平等，係指實質上之平等而言，立法機關基於憲法之價值體系，自得斟酌規範事物性質之差異而為合理之區別對待，本院釋字第二〇五號解釋理由書足資參照。且其基於合理之區別對待而以法律對人民基本權利所為之限制，亦應符合憲法第二十三條規定比例原則之要求。中華民國八十年五月一日制定公布之憲法增修條文第十條（八十六年七月二十一日修正公布改列為第十一條）規定：「自由地區與大陸地區間人民權利義務關係及其他事務之處理，得以法律為特別之規定。」臺灣地區與大陸地區人民關係條例（以下簡稱兩岸關係條例），即為國家統一前規範臺灣地區與大陸地區間人民權利義務關係及其他事務處理之特別立法。

八十九年十二月二十日修正公布之兩岸關係條例第二十一條第一項前段規定，大陸地區人民經許可進入臺灣地區者，非在臺灣地區設有戶籍滿十年，不得擔任公務人員部分，乃係基於公務人員經國家任用後，即與國家發生公法上職務關係及忠誠義務，其職務之行使，涉及國家之公權力，不僅應遵守法令，更應積極考量國家整體利益，採取一切有利於國家之行為與決策；並鑒於兩岸目前仍處於分治與對立之狀態，且政治、經濟與社會等體制具有重大之本質差異，為確保臺灣地區安全、民眾福祉暨維護自由民主之憲政秩序，所為之特別規定，其目的洵屬合理正當。基於原設籍大陸地區人民設籍臺灣地區未滿十年者，對自由民主憲政體制認識與其他臺灣地區人民容有差異，故對其擔任公務人員之資格與其他臺灣地區人民予以區別對待，亦屬合理，與憲法第七條之平等原則及憲法增修條文第十一條之意旨尚無違背。又系爭規定限制原設籍大陸地區人民，須在臺灣地區設有戶籍滿十年，作為擔任公務人員之要件，實乃考量原設籍大陸地區人民對自由民主憲政體制認識之差異，及融入臺灣社會需經過適應期間，且為使原設籍大陸地區人民於擔任公務人員時普遍獲得人民對其所行使公權力之信賴，尤需有長時間之培養，系爭規定以十年為期，其手段仍在必要及合理之範圍內，立法者就此所為之斟酌判斷，尚無明顯而重大之瑕疵，難謂違反憲法第二十三條規定之比例原則。（95、11、3）

釋字第619號解釋

對於人民違反行政法上義務之行為處以裁罰性之行政處分，涉及人民權利之限制，其處罰之構成要件及法律效果，應由法律定之，以命令為之者，應有法律明確授權，始符合憲法第二十三條法律保留原則之意旨（本院釋字第三九四號、第四〇二號解釋參照）。土地稅法第五十四條第一項第一款所稱「減免地價稅」之意義，因涉及裁罰性法律構成要件，依其文義及土地稅法第六條、第十八條第一項與第三項等相關規定之體系解釋，自應限於依土地稅法第六條授權行政院訂定之土地稅減免規則所定標準及程序所為之地價稅減免而言。土地稅法施行細則第十五條規定：「適用特別稅率之原因、事實消滅時，土地所有權人應於三十日內向主管稽徵機關申報，未於期限內申報者，依本法第五十四條第一項第一款之規定辦理」，將非依土地稅法第六條及土地稅減免規則規定之標準及程序所為之地價稅減免情形，於未依三十日期限內申報適用特別稅率之原因、事實消滅者，亦得依土地稅法第五十四條第一項第一款之規定，處以短匿稅額三倍之罰鍰，顯以法規命令增加裁罰性法律所未規定之處罰對象，復無法律明確之授權，核與首開法律保留原則之意旨不符，牴觸憲法第二十三條規定，應於本解釋公布之日起至遲於屆滿一年時失其效力。（95、11、10）

釋字第620號解釋

憲法第十九條規定，人民有依法律納稅之義務，係指國家課人民以繳納稅捐之義務或給予人民減免稅捐之優惠時，應就租稅主體、租稅客體、稅基、稅率等租稅構成要件，以法律或法律明確授權之命令定之，迭經本院闡釋在案。

中華民國七十四年六月三日增訂公布之民法第一千零三十條之一（以下簡稱增訂民法第一千零三十條之一）第一項規定：「聯合財產關係消滅時，夫或妻於婚姻關係存續中所取得而現存之原有財產，扣除婚姻關係存續中所負債務後，如有剩餘，其雙方剩餘財產之差額，應平均分配。但因繼承或其他無償取得之財產，不在此限」。該項明定聯合財產關係消滅時，夫或妻之剩餘財產差額分配請求權，乃立法者就夫或妻對家務、教養子女及婚姻共同生活貢獻所為之法律上評價。因此夫妻於婚姻關係存續中共同協力所形成之聯合財產中，除因繼承或其他無償取得者外，於配偶一方死亡而聯合財產關係消滅時，其尚存之原有財產，即不能認全係死亡一方之遺產，而皆屬遺產稅課徵之範圍。

夫妻於上開民法第一千零三十條之一增訂前結婚，並適用聯合財產制，其聯合財產關係因配偶一方死亡而消滅者，如該聯合財產關係消滅之事實，發生於七十四年六月三日增訂民法第一千零三十條之一於同年月五日生效之後時，則適用消滅時有效之增訂民法第一千零三十條之一規定之結果，除因繼承或其他無償取得者外，凡夫妻於婚姻關係存續中取得，而於聯合財產關係消滅時現存之原有財產，並不區分此類財產取得於七十四年六月四日之前或同年月五日之後，均屬剩餘財產差額分配請求權之計算範圍。生存配偶依法行使剩餘財產差額分配請求權者，依遺產及贈與稅法之立法目的，以及實質課稅原則，該被請求之部分即非屬遺產稅之課徵範圍，故得自遺產總額中扣除，免徵遺產稅。

最高行政法院九十一年三月二十六日庭長法官聯席會議決議，乃以決議縮減法律所定得為遺產總額之扣除額，增加法律所未規定之租稅義務，核與上開解釋意旨及憲法第十九條規定之租稅法律主義尚有未符，應不再援用。（95、12、6）

釋字第621號解釋

行政執行法第十五條規定：「義務人死亡遺有財產者，行政執行處得逕對其遺產強制執行」，係就負有公法上金錢給付義務之人死亡後，行政執行處應如何強制執行，所為之特別規定。罰鍰乃公法上金錢給付義務之一種，罰鍰之處分作成而具執行力後，義務人死亡並遺有財產者，依上開行政執行法第十五條規定意旨，該基於罰鍰處分所發生之公法上金錢給付義務，得為強制執行，其執行標的限於義務人之遺產。（95、12、22）

釋字第622號解釋

憲法第十九條規定所揭示之租稅法律主義，係指人民應依法律所定之納稅主體、稅目、稅率、納稅方法及納稅期間等項而負納稅之義務，迭經本院解釋在案。中華民國六十二年二月六日公布施行之遺產及贈與稅法第十五條第一項規定，被繼承人死亡前三年內贈與具有該項規定身分者之財產，應視為被繼承人之遺產而併入其遺產總額課徵遺產稅，並未規定以繼承人為納稅義務人，對其課徵贈與稅。最高行政法院九十二年九月十八日庭長法官聯席會議決議關於被繼承人死亡前所為贈與，如至繼承發生日止，稽徵機關尚未發單課徵贈與稅者，應以繼承人為納稅義務人，發單課徵贈與稅部分，逾越上開遺產及贈與稅法第十五條之規定，增加繼承人法律上所未規定之租稅義務，與憲法第十九條及第十五條規定之意旨不符，自本解釋公布之日起，應不予援用。（95、12、29）

釋字第623號解釋

憲法第十一條保障人民之言論自由，乃在保障意見之自由流通，使人民有取得充分資訊及自我實現之機會，包括政治、學術、宗教及商業言論等，並依其性質而有不同之保護範疇及限制之準則。商業言論所提供之訊息，內容為眞實，無誤導性，以合法交易為目的而有助於消費大眾作出經濟上之合理抉擇者，應受憲法言論自由之保障。惟憲法之保障並非絕對，立法者於符合憲法第二十三條規定意旨之範圍內，得以法律明確規定對之予以適當之限制，業經本院釋字第四一四號、第五七七號及第六一七號解釋在案。

促使人為性交易之訊息，固為商業言論之一種，惟係促使非法交易活動，因此立法者基於維護公益之必要，自可對之為合理之限制。中華民國八十八年六月二日修正公布之兒童及少年性交易防制條例第二十九條規定：「以廣告物、出版品、廣播、電視、電子訊號、電腦網路或其他媒體，散布、播送或刊登足以引誘、媒介、暗示或其他促使人為性交易之訊息者，處五年以下有期徒刑，得併科新臺幣一百萬元以下罰金」，乃以科處刑罰之方式，限制人民傳布任何以兒童少年性交易或促使其為性交易為內容之訊息，或向兒童少年或不特定年齡之多數人，傳布足以促使一般人為性交易之訊息。是行為人所傳布之訊息如非以兒童少年性交易或促使其為性交易為內容，且已採取必要之隔絕措施，使其訊息之接收人僅限於十八歲以上之人者，即不屬該條規定規範之範圍。上開規定乃為達成防制、消弭以兒童少年為性交易對象事件之國家重大公益目的，所採取之合理與必要手段，與憲法第二十三條規定之比例原則，尚無牴觸。惟電子訊號、電腦網路與廣告物、出版品、廣播、電視等其他媒體之資訊取得方式尚有不同，如衡酌科技之發展可嚴格區分其閱聽對象，應由主管機關建立分級管理制度，以符比例原則之要求，併此指明。（96、1、26）

釋字第624號解釋

憲法第七條規定，人民在法律上一律平等。立法機關制定冤獄賠償法，對於人民犯罪案件，經國家實施刑事程序，符合該法第一條所定要件者，賦予身體自由、生命或財產權受損害之人民，向國家請求賠償之權利。凡自由、權利遭受同等損害者，應受平等之保障，始符憲法第七條規定之意旨。

冤獄賠償法第一條規定，就國家對犯罪案件實施刑事程序致人民身體自由、生命或財產權遭受損害而得請求國家賠償者，依立法者明示之適用範圍及立法計畫，僅限於司法機關依刑事訴訟法令受理案件所致上開自由、權利受損害之人民，未包括軍事機關依軍事審判法令受理案件所致該等自由、權利受同等損害之人民，係對上開自由、權利遭受同等損害，應享有冤獄賠償請求權之人民，未具正當理由而為差別待遇，若仍令依軍事審判法令受理案件遭受上開冤獄之受害人，不能依冤獄賠償法行使賠償請求權，足以延續該等人民在法律上之不平等，自與憲法第七條之本旨有所牴觸。司法院與行政院會同訂定發布之辦理冤獄賠償事件應行注意事項（下稱注意事項）第二點規定，雖符合冤獄賠償法第一條之意旨，但依其規定內容，使依軍事審判法令受理案件遭受冤獄之人民不能依冤獄賠償法行使賠償請求權，同屬不符平等原則之要求。為符首揭憲法規定之本旨，在冤獄賠償法第一條修正施行前，或規範軍事審判所致冤獄賠償事項之法律制定施行前，凡自中華民國四十八年九月一日冤獄賠償法施行後，軍事機關依軍事審判法令受理之案件，合於冤獄賠償法第一條之規定者，均得於本解釋公布之日起二年內，依該法規定請求國家賠償。（96、4、27）

釋字第625號解釋

價稅之稽徵，係以土地所有權人在同一直轄市或縣（市）所有之土地之地價及面積所計算之地價總額為課稅基礎，並按照地政機關編送之地價歸戶冊及地籍異動通知資料核定之。因地籍依法重測之結果，如與重測前之土地登記標示之面積有出入者，除非否定重測之結果或確認實施重測時作業有瑕疵，否則，即應以重測確定後所為土地標示變更登記所記載之土地面積為準。而同一土地如經地政機關於實施重測時發現與鄰地有界址重疊之情形而經重測後面積減少者，即表示依重測前之土地登記標示之面積為計算基礎而核列歸戶冊之地價總額並不正確，其致土地所有權人因而負擔更多稅負者，亦應解為係屬稅捐稽徵法第二十八條所規定之「因計算錯誤溢繳之稅款」，方與實質課稅之公平原則無違。

財政部中華民國六十八年八月九日台財稅第三五五二一號函主旨以及財政部六十九年五月十日台財稅第三三七五六號函說明二前段所載，就地籍重測時發現與鄰地有界址重疊，重測後面積減少，亦認為不適用稅捐稽徵法第二十八條規定退稅部分之釋示，與本解釋意旨不符，應自本解釋公布之日起不再援用。依本解釋意旨，於適用稅捐稽徵法第二十八條予以退稅時，至多追溯至最近五年已繳之地價稅為限，併此指明。（96、6、8）

釋字第626號解釋

憲法第七條規定，人民在法律上一律平等；第一百五十九條復規定：「國民受教育之機會，一律平等。」旨在確保人民享有接受各階段教育之公平機會。中央警察大學九十一學年度研究所碩士班入學考試招生簡章第七點第二款及第八點第二款，以有無色盲決定能否取得入學資格之規定，係為培養理論與實務兼備之警察專門人才，並求教育資源之有效運用，藉以提升警政之素質，促進法治國家之發展，其欲達成之目的洵屬重要公共利益；因警察工作之範圍廣泛、內容繁雜，職務常須輪調，隨時可能發生判斷顏色之需要，色盲者因此確有不適合擔任警察之正當理由，是上開招生簡章之規定與其目的間尚非無實質關聯，與憲法第七條及第一百五十九條規定並無牴觸。（96、6、18）

釋字第627號解釋

一、總統之刑事豁免權

憲法第五十二條規定，總統除犯內亂或外患罪外，非經罷免或解職，不受刑事上之訴究。此係憲法基於總統為國家元首，對內肩負統率全國陸海空軍等重要職責，對外代表中華民國之特殊身分所為之尊崇與保障，業經本院釋字第三八八號解釋在案。

依本院釋字第三八八號解釋意旨，總統不受刑事上之訴究，乃在使總統涉犯內亂或外患罪以外之罪者，暫時不能為刑事上訴究，並非完全不適用刑法或相關法律之刑罰規定，故為一種暫時性之程序障礙，而非總統就其犯罪行為享有實體之免責權。是憲法第五十二條規定「不受刑事上之訴究」，係指刑事偵查及審判機關，於總統任職期間，就總統涉犯內亂或外患罪以外之罪者，暫時不得以總統為犯罪嫌疑人或被告而進行偵查、起訴與審判程序而言。但對總統身分之尊崇與職權之行使無直接關涉之措施，或對犯罪現場之即時勘察，不在此限。
總統之刑事豁免權，不及於因他人刑事案件而對總統所爲之證據調查與證據保全。惟如因而發現總統有犯罪嫌疑者，雖不得開始以總統爲犯罪嫌疑人或被告之偵查程序，但得依本解釋意旨，爲必要之證據保全，即基於憲法第五十二條對總統特殊身分尊崇及對其行使職權保障之意旨，上開因不屬於總統刑事豁免權範圍所得進行之措施及保全證據之處分，均不得限制總統之人身自由，例如拘提或對其身體之搜索、勘驗與鑑定等，亦不得妨礙總統職權之正常行使。其有搜索與總統有關之特定處所以逮捕特定人、扣押特定物件或電磁紀錄之必要者，立法機關應就搜索處所之限制、總統得拒絕搜索或扣押之事由，及特別之司法審查與聲明不服等程序，增訂適用於總統之特別規定。於該法律公布施行前，除經總統同意者外，無論上開特定處所、物件或電磁紀錄是否涉及國家機密，均應由該管檢察官聲請高等法院或其分院以資深庭長爲審判長之法官五人組成特別合議庭審查相關搜索、扣押之適當性與必要性，非經該特別合議庭裁定准許，不得爲之，但搜索之處所應避免總統執行職務及居住之處所。其抗告程序，適用刑事訴訟法相關規定。
總統之刑事豁免權，亦不及於總統於他人刑事案件爲證人之義務。惟以他人爲被告之刑事程序，刑事偵查或審判機關以總統爲證人時，應準用民事訴訟法第三百零四條：「元首爲證人者，應就其所在詢問之」之規定，以示對總統之尊崇。
總統不受刑事訴究之特權或豁免權，乃針對總統之職位而設，故僅擔任總統一職者，享有此一特權；擔任總統職位之個人，原則上不得拋棄此一特權。
二、總統之國家機密特權
總統依憲法及憲法增修條文所賦予之行政權範圍內，就有關國家安全、國防及外交之資訊，認爲其公開可能影響國家安全與國家利益而應屬國家機密者，有決定不予公開之權力，此爲總統之國家機密特權。其他國家機關行使職權如涉及此類資訊，應予以適當之尊重。
總統依其國家機密特權，就國家機密事項於刑事訴訟程序應享有拒絕證言權，並於拒絕證言權範圍內，有拒絕提交相關證物之權。立法機關應就其得拒絕證言、拒絕提交相關證物之要件及相關程序，增訂適用於總統之特別規定。於該法律公布施行前，就涉及總統國家機密特權範圍內國家機密事項之訊問、陳述，或該等證物之提出、交付，是否妨害國家之利益，由總統釋明之。其未能合理釋明者，該管檢察官或受訴法院應審酌具體個案情形，依刑事訴訟法第一百三十四條第二項、第一百七十九條第二項及第一百八十三條第二項規定爲處分或裁定。總統對檢察官或受訴法院駁回其上開拒絕證言或拒絕提交相關證物之處分或裁定如有不服，得依本解釋意旨聲明異議或抗告，並由前述高等法院或其分院以資深庭長爲審判長之法官五人組成之特別合議庭審理之。特別合議庭裁定前，原處分或裁定應停止執行。其餘異議或抗告程序，適用刑事訴訟法相關規定。總統如以書面合理釋明，相關證言之陳述與證物之提交，有妨害國家利益之虞者，檢察官及法院應予以尊重。總統陳述相關證言或提交相關證物是否有妨害國家利益之虞，應僅由承辦檢察官或審判庭法官依保密程序爲之。總統所陳述相關證言或提交相關證物，縱經保密程序進行，惟檢察官或法院若以之作爲終結偵查之處分或裁判之基礎，仍有造成國家安全危險之合理顧慮者，應認爲有妨害國家利益之虞。
法院審理個案，涉及總統已提出之資訊者，是否應適用國家機密保護法及「法院辦理涉及國家機密案件保密作業辦法」相關規定進行其審理程序，應視總統是否已依國家機密保護法第二條、第四條、第十一條及第十二條規定核定相關資訊之機密等級及保密期限而定；如尚未依法核定爲國家機密者，無從適用上開規定之相關程序審理。惟訴訟程序進行中，總統如將系爭資訊依法改核定爲國家機密，或另行提出其他已核定之國家機密者，法院即應改依上開規定之相關程序續行其審理程序。其已進行之程序，並不因而違反國家機密保護法及「法院辦理涉及國家機密案件保密作業辦法」相關之程序規定。至於審理總統核定之國家機密資訊作爲證言或證物，是否妨害國家之利益，應依前述原則辦理。又檢察官之偵查程序，亦應本此意旨爲之。

三、暫時處分部分

本件暫時處分之聲請，因本案業經作成解釋，已無須予以審酌，併予指明。（96、6、15）

釋字第628號解釋

農田水利會係由法律設立之公法人，爲地方水利自治團體，在法律授權範圍內享有自治之權限。農田水利事業之餘水管理乃農田水利會自治事項之一，農田水利會並得依法徵收餘水使用費（農田水利會組織通則第十條第一款、第二十八條規定參照）。是關於餘水管理，農田水利會組織通則已授予農田水利會得訂定自治規章以限制人民自由權利之自治權限。依該通則第二十九條（中華民國五十四年七月二日制定公布）規定，徵收餘水使用費之標準及辦法固係授權省（市）主管機關訂定，臺灣省政府據此並已就餘水使用費訂定一定之徵收標準及程序，然若有規範未盡部分，農田水利會訂定自治規章予以補充，並報請主管機關核備者，尚符合上開通則第二十九條規定之意旨。臺灣省石門農田水利會灌溉蓄水池使用要點（臺灣省政府建設廳水利處八十七年五月七日八七水農字第A八七五〇一七四七六號函核備）第四點之規定，乃該會依正當程序本於其徵收餘水使用費之自治權限，在法律授權得徵收餘水使用費範圍內，分別依餘水使用之不同情形，確定餘水使用費之徵收對象所爲具體規定之自治規章，符合水資源有效利用及使用者付費之立法意旨，手段亦屬合理及必要，未逾越臺灣省政府就農田水利會徵收餘水使用費訂定命令之範圍，亦未牴觸上開法律及其授權規定，於憲法第十五條保障之財產權、第二十三條規定之法律保留原則與比例原則，尚無違背。（96、6、22）

釋字第629號解釋

最高行政法院中華民國九十年十一月份庭長法官聯席會議暨法官會議決議：「行政訴訟法簡易程序之金額（價額）於九十一年一月一日提高爲十萬元後，訴訟標的金額（價額）逾三萬元至十萬元間之事件，於提高後始提起行政訴訟者，依簡易程序審理。提高前已繫屬各高等行政法院而於提高後尚未終結者，改分爲簡字案件，並通知當事人，仍由原股依簡易程序繼續審理；於提高前已終結者以及於提高前已提起上訴或抗告者，均仍依通常程序辦理。」符合行政訴訟法第二百二十九條第二項規定及司法院九十年十月二十二日院⑽台廳行一字第二五七四六號令之意旨，與法律保留原則、法安定性原則與法明確性原則均無違背，於憲法第十六條、第二十三條規定尚無牴觸。（96、7、6）

釋字第630號解釋

刑法第三百二十九條之規定旨在以刑罰之手段，保障人民之身體自由、人身安全及財產權，免受他人非法之侵害，以實現憲法第八條、第二十二條及第十五條規定之意旨。立法者就竊盜或搶奪而當場施以強暴、脅迫者，僅列舉防護贓物、脫免逮捕或湮滅罪證三種經常導致強暴、脅迫行爲之具體事由，係選擇對身體自由與人身安全較爲危險之情形，視爲與強盜行爲相同，而予以重罰。至於僅將上開情形之竊盜罪與搶奪罪擬制爲強盜罪，乃因其他財產犯罪，其取財行爲與強暴、脅迫行爲間鮮有時空之緊密連接關係，故上開規定尚未逾越立法者合理之自由形成範圍，難謂係就相同事物爲不合理之差別對待。經該規定擬制爲強盜罪之強暴、脅迫構成要件行爲，乃指達於使人難以抗拒之程度者而言，是與強盜罪同其法定刑，尚未違背罪刑相當原則，與憲法第二十三條比例原則之意旨並無不符。（96、7、13）

釋字第631號解釋

憲法第十二條規定：「人民有秘密通訊之自由。」旨在確保人民就通訊之有無、對象、時間、方式及內容等事項，有不受國家及他人任意侵擾之權利。國家採取限制手段時，除應有法律依據外，限制之要件應具體、明確，不得逾越必要之範圍，所踐行之程序並應合理、正當，方符憲法保護人民秘密通訊自由之意旨。中華民國八十八年七月十四日制定公布之通訊保障及監察法第五條第二項規定：「前項通訊監察書，偵查中由檢察官依司法警察機關聲請或依職權核發」，未要求通訊監察書原則上應由客觀、獨立行使職權之法官核發，而使職司犯罪偵查之檢察官與司法警察機關，同時負責通訊監察書之聲請與核發，難謂爲合理、正當之程序規範，而與憲法第十二條保障人民秘密通訊自由之意旨不符，應自本解釋公布之日起，至遲於九十六年七月十一日修正公布之通訊保障及監察法第五條施行之日失其效力。（96、7、20）

釋字第632號解釋

「監察院爲國家最高監察機關，行使彈劾、糾舉及審計權」，「監察院設監察委員二十九人，並以其中一人爲院長、一人爲副院長，任期六年，由總統提名，經立法院同意任命之」，爲憲法增修條文第七條第一項、第二項所明定。是監察院係憲法所設置並賦予特定職權之國家憲法機關，爲維繫國家整體憲政體制正常運行不可或缺之一環，其院長、副院長與監察委員皆係憲法保留之法定職位，故確保監察院實質存續與正常運行，應屬所有憲法機關無可旁貸之職責。爲使監察院之職權得以不間斷行使，總統於當屆監察院院長、副院長及監察委員任期屆滿前，應適時提名繼任人選咨請立法院同意，立法院亦應適時行使同意權，以維繫監察院之正常運行。總統如消極不爲提名，或立法院消極不行使同意權，致監察院無從行使職權、發揮功能，國家憲政制度之完整因而遭受破壞，自爲憲法所不許。引發本件解釋之疑義，應依上開解釋意旨爲適當之處理。（96、8、15）

釋字第633號解釋

一、中華民國九十五年五月一日修正公布之三一九槍擊事件眞相調查特別委員會條例（以下簡稱眞調會條例）第四條第二項、第八條、第八條之一、第八條之二第一項、第二項、第三項關於報告並公布部分、第五項、第六項、第八條之三、第十一條第二項關於調用行政機關人員部分、第四項、第十五條第一項規定，與憲法及本院釋字第五八五號解釋意旨並無不符。

二、同條例第八條之二第三項關於罰鍰部分、第四項規定，與本院釋字第五八五號解釋意旨不符；第十一條第三項規定與憲法所要求之權力分立制衡原則不符，均應自本解釋公布之日起失其效力。

三、本件暫時處分之聲請，關於同條例上開規定部分因本案業經作成解釋，已無須予以審酌；同條例其他條文部分之釋憲聲請既應不受理，則該部分暫時處分之聲請亦失所附麗，併予指明。（96、9、28）

釋字第634號解釋

中華民國七十七年一月二十九日修正公布之證券交易法第十八條第一項原規定應經主管機關核准之證券投資顧問事業，其業務範圍依該規定之立法目的及憲法保障言論自由之意旨，並不包括僅提供一般性之證券投資資訊，而非以直接或間接從事個別有價證券價值分析或推介建議爲目的之證券投資講習。八十九年十月九日修正發布之證券投資顧問事業管理規則已停止適用）第五條第一項第四款規定，於此範圍內，與憲法保障人民職業自由及言論自由之意旨尙無牴觸。（96、11、16）

釋字第635號解釋

中華民國七十八年十月三十日修正公布之土地稅法第三十九條之二第一項規定所爲租稅之差別對待，符合憲法平等原則之要求。又財政部八十二年十月七日台財稅第八二一四九八七九一號函，係主管機關依其法定職權就上開規定所爲之闡釋，符合立法意旨及國家農業與租稅政策，並未逾越對人民正當合理之稅課範圍，與法律明確性原則及憲法第七條、第十九條之規定，均無牴觸，亦未侵害人民受憲法第十五條保障之財產權。（96、11、30）

釋字第636號解釋

檢肅流氓條例（以下簡稱本條例）第二條第三款關於敲詐勒索、強迫買賣及其幕後操縱行爲之規定，同條第四款關於經營、操縱職業性賭場，私設娼館，引誘或強逼良家婦女爲娼，爲賭場、娼館之保鏢或恃強爲人逼討債務行爲之規定，第六條第一項關於情節重大之規定，皆與法律明確性原則無違。第二條第三款關於霸佔地盤、白吃白喝與要挾滋事行為之規定，雖非受規範者難以理解，惟其適用範圍，仍有未盡明確之處，相關機關應斟酌社會生活型態之變遷等因素檢討修正之。第二條第三款關於欺壓善良之規定，以及第五款關於品行惡劣、遊蕩無賴之規定，與法律明確性原則不符。

本條例第二條關於流氓之認定，依據正當法律程序原則，於審查程序中，被提報人應享有到場陳述意見之權利；經認定為流氓，於主管之警察機關合法通知而自行到案者，如無意願隨案移送於法院，不得將其強制移送。

本條例第十二條第一項規定，未依個案情形考量採取其他限制較輕微之手段，是否仍然不足以保護證人之安全或擔保證人出於自由意志陳述意見，即得限制被移送人對證人之對質、詰問權與閱卷權之規定，顯已對於被移送人訴訟上之防禦權，造成過度之限制，與憲法第二十三條比例原則之意旨不符，有違憲法第八條正當法律程序原則及憲法第十六條訴訟權之保障。

本條例第二十一條第一項相互折抵之規定，與憲法第二十三條比例原則並無不符。同條例第十三條第二項但書關於法院毋庸諭知感訓期間之規定，有導致受感訓處分人身體自由遭受過度剝奪之虞，相關機關應予以檢討修正之。

本條例第二條第三款關於欺壓善良，第五款關於品行惡劣、遊蕩無賴之規定，及第十二條第一項關於過度限制被移送人對證人之對質、詰問權與閱卷權之規定，與憲法意旨不符部分，應至遲於本解釋公布之日起一年內失其效力。（97、2、1）

釋字第637號解釋

公務員服務法第十四條之一規定：「公務員於其離職後三年內，不得擔任與其離職前五年內之職務直接相關之營利事業董事、監察人、經理、執行業務之股東或顧問。」旨在維護公務員公正廉明之重要公益，而對離職公務員選擇職業自由予以限制，其目的洵屬正當；其所採取之限制手段與目的達成間具實質關聯性，乃為保護重要公益所必要，並未牴觸憲法第二十三條之規定，與憲法保障人民工作權之意旨尚無違背。（97、2、22）

釋字第638號解釋

中華民國八十六年五月十三日修正發布之公開發行公司董事、監察人股權成數及查核實施規則第八條：「全體董事或監察人未依第四條及第五條規定期限補足第二條所定持股成數時，依證券交易法第一百七十八條第一項第四款規定處罰全體董事或監察人（第一項）。董事或監察人以法人身分當選者，處罰該法人負責人；以法人代表人身分當選者，處罰該代表人（第二項）。」其第一項及第二項後段規定，乃就違反主管機關依證券交易法第二十六條第二項所定之公開發行公司董事、監察人股權成數及查核實施規則，而應依八十九年七月十九日修正公布之證券交易法第一百七十八條第一項第四款規定處罰時之處罰對象及違反行政法上義務之人為多數時之歸責方式所為之規定，涉及人民權利之限制，並無法律依據或法律具體明確之授權，與憲法第二十三條規定之法律保留原則尚有未符，應於本解釋公布之日起六個月內失其效力。（97、3、7）

釋字第639號解釋

憲法第八條所定之法院，包括依法獨立行使審判權之法官。刑事訴訟法第四百十六條第一項第一款就審判長、受命法官或受託法官所為羈押處分之規定，與憲法第八條並無牴觸。刑事訴訟法第四百十六條第一項第一款及第四百十八條使羈押之被告僅得向原法院聲請撤銷或變更該處分，不得提起抗告之審級救濟，為立法機關基於訴訟迅速進行之考量所為合理之限制，未逾立法裁量之範疇，與憲法第十六條、第二十三條尚無違背。且因向原法院聲請撤銷或變更處分之救濟仍係由依法獨立行使職權之審判機關作成決定，故已賦予人身自由遭羈押處分限制者合理之程序保障，尚不違反憲法第八條之正當法律程序。至於刑事訴訟法第四百零三條、第四百零四條第二款、第四百十六條第一項第一款與第四百十八條之規定，使羈押被告之決定，得以裁定或處分之方式作成，並因而形成羈押之被告得否抗告之差別待遇，與憲法第七條保障之平等權

尚無牴觸。（97、3、21）

釋字第640號解釋

中華民國五十二年一月二十九日修正公布之所得稅法第八十條第三項前段所定，納稅義務人申報之所得額如在稽徵機關依同條第二項核定各該業所得額之標準以上者，即以其原申報額為準，係指以原申報資料作為進行書面審查所得額之基準，稽徵機關自不得逕以命令另訂查核程序，調閱帳簿、文據及有關資料，調查核定之。財政部臺灣省北區國稅局於八十六年五月二十三日訂定之財政部臺灣省北區國稅局書面審核綜合所得稅執行業務者及補習班幼稚園托兒所簡化查核要點第七點：「適用書面審查案件每年得抽查百分之十，並就其帳簿文據等有關資料查核認定之。」對申報之所得額在主管機關核定之各該業所得額之標準以上者，仍可實施抽查，再予個別查核認定，與所得稅法第八十條第三項前段規定顯不相符，增加人民法律所未規定之租稅程序上負擔，自有違憲法第十九條租稅法律主義，應自本解釋公布之日起至遲一年內失效。本院釋字第二四七號解釋應予補充。（97、4、3）

釋字第641號解釋

菸酒稅法第二十一條規定：「本法施行前專賣之米酒，應依原專賣價格出售。超過原專賣價格出售者，應處每瓶新臺幣二千元之罰鍰。」其有關處罰方式之規定，使超過原專賣價格出售該法施行前專賣之米酒者，一律處每瓶新臺幣二千元之罰鍰，固已考量販售數量而異其處罰程度，惟採取劃一之處罰方式，於個案之處罰顯然過苛時，法律未設適當之調整機制，對人民受憲法第十五條保障之財產權所為限制，顯不符妥當性而與憲法第二十三條之比例原則尚有未符，有關機關應儘速予以修正，並至遲於本解釋公布之日起屆滿一年時停止適用。

系爭規定修正前，依該規定裁罰及審判而有造成個案顯然過苛處罰之虞者，應依菸酒稅法第二十一條規定之立法目的與個案實質正義之要求，斟酌出售價格、販賣數量、實際獲利情形、影響交易秩序之程度，及個案其他相關情狀等，依本解釋意旨另為符合比例原則之適當處置，併予指明。（97、4、18）

釋字第642號解釋

稅捐稽徵法第四十四條規定營利事業依法應保存憑證而未保存者，應就其未保存憑證經查明認定之總額，處百分之五罰鍰。營利事業如確已給與或取得憑證且帳簿記載明確，而於行政機關所進行之裁處或救濟程序終結前，提出原始憑證或取得與原應保存憑證相當之證明者，即已符合立法目的，而未違背保存憑證之義務，自不在該條規定處罰之列。於此範圍內，該條有關處罰未保存憑證之規定，與憲法第二十三條比例原則及第十五條保護人民財產權之意旨尚無牴觸。

財政部中華民國八十四年七月二十六日台財稅字第八四一六三七七一二號函示，營利事業未依法保存憑證，須於未經檢舉及未經稽徵機關或財政部指定之調查人員進行調查前，取得與原應保存憑證相當之證明者，始得免除相關處罰，其與本解釋意旨不符部分，自本解釋公布之日起，應不予援用。（97、5、9）

釋字第643號解釋

工商團體會務工作人員管理辦法第四十五條第二項規定：「前項退休金，應視團體財力，按服務年資，每滿一年發給二個月薪給之一次退休金，未滿一年部分按比例計算之；發給金額最高以不超過六十個月之薪給總額並以申領一次為限。」係主管機關為健全商業團體之人事組織，以維護公益，就會務工作人員退休金給付標準，所訂定之準則性規定，尚未逾越商業團體法第七十二條之授權範圍，對人民財產權及契約自由之限制亦未過當，與憲法第二十三條規定之意旨尚無牴觸。

關於商業團體會務工作人員之管理及財務之處理，涉及商業團體財產權及契約自由之限制，且關係退休會務工作人員權益之保障，乃有關人民權利義務之重要事項，為貫徹憲法保護人民權利之意旨，自以法律明文規定為宜，主管機關應儘速通盤檢討修正，併予指明。（97、5、30）

釋字第644號解釋

人民團體法第二條規定：「人民團體之組織與活動，不得主張共產主義，或主張分裂國土。」同法第五十三條前段關於「申請設立之人民團體有違反第二條……之規定者，不予許可」之規定部分，乃使主管機關於許可設立人民團體以前，得就人民「主張共產主義，或主張分裂國土」之政治上言論之內容而為審查，並作為不予許可設立人民團體之理由，顯已逾越必要之程度，與憲法保障人民結社自由與言論自由之意旨不符，於此範圍內，應自本解釋公布之日起失其效力。（97、6、20）

釋字第645號解釋

一、公民投票法第十六條第一項規定：「立法院對於第二條第二項第三款之事項，認有進行公民投票之必要者，得附具主文、理由書，經立法院院會通過後，交由中央選舉委員會辦理公民投票。」旨在使立法院就重大政策之爭議，而有由人民直接決定之必要者，得交付公民投票，由人民直接決定之，並不違反我國憲政體制為代議民主之原則，亦符合憲法主權在民與人民有創制、複決權之意旨；此一規定於立法院行使憲法所賦予之權限範圍內，且不違反憲法權力分立之基本原則下，與憲法尚無牴觸。

二、公民投票法第三十五條第一項規定：「行政院公民投票審議委員會，置委員二十一人，任期三年，由各政黨依立法院各黨團席次比例推荐，送交主管機關提請總統任命之。」關於委員之任命，實質上完全剝奪行政院依憲法應享有之人事任命決定權，顯已逾越憲法上權力相互制衡之界限，自屬牴觸權力分立原則，應自本解釋公布之日起，至遲於屆滿一年時，失其效力。（97、7、11）

釋字第646號解釋

電子遊戲場業管理條例（以下簡稱本條例）第二十二條規定：「違反第十五條規定者，處行為人一年以下有期徒刑、拘役或科或併科新臺幣五十萬元以上二百五十萬元以下罰金。」對未辦理營利事業登記而經營電子遊戲場業者，科處刑罰，旨在杜絕業者規避辦理營利事業登記所需之營業分級、營業機具、營業場所等項目之查驗，以事前防止諸如賭博等威脅社會安寧、公共安全與危害國民，特別是兒童及少年身心健全發展之情事，目的洵屬正當，所採取之手段對目的之達成亦屬必要，符合憲法第二十三條比例原則之意旨，與憲法第八條、第十五條規定尚無牴觸。（97、9、5）

釋字第647號解釋

遺產及贈與稅法第二十條第一項第六款規定，配偶相互贈與之財產不計入贈與總額，乃係對有法律上婚姻關係之配偶間相互贈與，免徵贈與稅之規定。至因欠缺婚姻之法定要件，而未成立法律上婚姻關係之異性伴侶未能享有相同之待遇，係因首揭規定為維護法律上婚姻關係之考量，目的正當，手段並有助於婚姻制度之維護，自難認與憲法第七條之平等原則有違。（97、10、9）

釋字第648號解釋

進出口貨物查驗準則第十五條第一項前段規定：「進口貨物如有溢裝，或實到貨物與原申報不符，或夾雜其他物品進口情事，除係出於同一發貨人發貨兩批以上，互相誤裝錯運，經舉證證明，並經海關查明屬實者，准予併案處理，免予議處外，應依海關緝私條例有關規定論處。」限定同一發貨人發貨兩批以上之互相誤裝錯運，其進口人始得併案處理免予議處，至於不同發貨人發貨兩批以上之互相誤裝錯運，其進口人應依海關緝私條例有關規定論處，尚未違背憲法第七條平等原則。（97、10、24）

釋字第649號解釋

中華民國九十年十一月二十一日修正公布之身心障礙者保護法第三十七條第一項前段規定：「非本法所稱視覺障礙者，不得從事按摩業。」（九十六年七月十一日該法名稱修正為身心障礙者權益保障法，上開規定之「非本法所稱視覺障礙者」，經修正為「非視覺功能障礙者」，並移列為第四十六條第一項前段，規定意旨相同）與憲法第七條平等權、第十五條工作權及第二十三條比例原則之規定不符，應自本解釋公布之日起至遲於屆滿三年時失其效力。（97、10、31）

釋字第650號解釋

財政部於中華民國八十一年一月十三日修正發布之營利事業所得稅查核準則第三十六

條之一第二項規定，公司之資金貸與股東或任何他人未收取利息，或約定之利息偏低者，應按當年一月一日所適用臺灣銀行之基本放款利率計算利息收入課稅。稽徵機關據此得就公司資金貸與股東或他人而未收取利息等情形，逕予設算利息收入，課徵營利事業所得稅。上開規定欠缺所得稅法之明確授權，增加納稅義務人法律所無之租稅義務，與憲法第十九條規定之意旨不符，應自本解釋公布之日起失其效力。（97、10、31）

釋字第651號解釋

中華民國九十年十二月三十日修正發布之軍用物品進口免稅辦法第八條第一項規定：「軍事機關依政府採購法辦理招標，由得標廠商進口之軍品，招標文件上應書明得依關稅法、貨物稅條例、加值型及非加值型營業稅法及本辦法規定申請免稅。得標價格應不含免徵之稅款。」係財政部依九十年十月三十一日修正公布之關稅法第四十四條第三項（嗣於九十三年五月五日修正移列為第四十九條第三項）授權所為之補充規定，並未逾越授權範圍，與憲法第十九條租稅法律主義尚無牴觸。（97、11、14）

釋字第652號解釋

憲法第十五條規定，人民之財產權應予保障，故國家因公用或其他公益目的之必要，雖得依法徵收人民之財產，但應給予合理之補償，且應儘速發給。倘原補償處分已因法定救濟期間經過而確定，且補償費業經依法發給完竣，嗣後直轄市或縣（市）政府始發現其據以作成原補償處分之地價標準認定錯誤，原發給之補償費短少，致原補償處分違法者，自應於相當期限內依職權撤銷該已確定之補償處分，另為適法之補償處分，並通知需用土地人繳交補償費差額轉發原土地所有權人。逾期未發給補償費差額者，原徵收土地核准案即應失其效力，本院釋字第五一六號解釋應予補充。（97、12、5）

釋字第653號解釋

羈押法第六條及同法施行細則第十四條第一項之規定，不許受羈押被告向法院提起訴訟請求救濟之部分，與憲法第十六條保障人民訴訟權之意旨有違，相關機關至遲應於本解釋公布之日起二年內，依本解釋意旨，檢討修正羈押法及相關法規，就受羈押被告及時有效救濟之訴訟制度，訂定適當之規範。（97、12、26）

釋字第654號解釋

羈押法第二十三條第三項規定，律師接見受羈押被告時，有同條第二項應監視之適用，不問是否為達成羈押目的或維持押所秩序之必要，亦予以監聽、錄音，違反憲法第二十三條比例原則之規定，不符憲法保障訴訟權之意旨；同法第二十八條之規定，使依同法第二十三條第三項對受羈押被告與辯護人接見時監聽、錄音所獲得之資訊，得以作為偵查或審判上認定被告本案犯罪事實之證據，在此範圍內妨害被告防禦權之行使，牴觸憲法第十六條保障訴訟權之規定。前開羈押法第二十三條第三項及第二十八條規定，與本解釋意旨不符部分，均應自中華民國九十八年五月一日起失其效力。

看守所組織通則第一條第二項規定：「關於看守所羈押被告事項，並受所在地地方法院及其檢察署之督導。」屬機關內部之行政督導，非屬執行監聽、錄音之授權規定，不生是否違憲之問題。

聲請人就上開羈押法第二十三條第三項及第二十八條所為暫時處分之聲請，欠缺權利保護要件，應予駁回。（98、1、23）

釋字第655號解釋

記帳士係專門職業人員，依憲法第八十六條第二款規定，其執業資格應經考試院依法考選之。記帳士法第二條第二項之規定，使未經考試院依法考試及格之記帳及報稅代理業務人取得與經依法考選為記帳士者相同之資格，有違上開憲法規定之意旨，應自本解釋公布之日起失其效力。（98、2、20）

釋字第656號解釋

民法第一百九十五條第一項後段規定：「其名譽被侵害者，並得請求回復名譽之適當處分。」所謂回復名譽之適當處分，如屬以判決命加害人公開道歉，而未涉及加害人

自我羞辱等損及人性尊嚴之情事者，即未違背憲法第二十三條比例原則，而不牴觸憲法對不表意自由之保障。（98、4、3）

釋字第657號解釋

所得稅法施行細則第八十二條第三項規定：「營利事業帳載應付未付之費用或損失，逾二年而尚未給付者，應轉列其他收入科目，俟實際給付時，再以營業外支出列帳。」營利事業所得稅查核準則第一百零八條之一規定：「營利事業機構帳載應付未付之費用或損失，逾二年而尚未給付者，應轉列『其他收入』科目，俟實際給付時再以營業外支出列帳。」上開規定關於營利事業應將帳載逾二年仍未給付之應付費用轉列其他收入，增加營利事業當年度之所得及應納稅額，顯非執行法律之細節性或技術性事項，且逾越所得稅法之授權，違反憲法第十九條租稅法律主義，應自本解釋公布之日起至遲於一年內失其效力。（98、4、3）

釋字第658號解釋

公務人員退休法施行細則第十三條第二項有關已領退休（職、伍）給與或資遣給與者再任公務人員，其退休金基數或百分比連同以前退休（職、伍）金基數或百分比或資遣給與合併計算，以不超過公務人員退休法第六條及第十六條之一第一項所定最高標準爲限之規定，欠缺法律具體明確授權；且其規定內容，並非僅係執行公務人員退休法之細節性、技術性事項，而係就再任公務人員退休年資採計及其採計上限等屬法律保留之事項爲規定，進而對再任公務人員之退休金請求權增加法律所無之限制，與憲法第二十三條法律保留原則有違，應自本解釋公布之日起至遲於屆滿二年時失其效力。（98、4、10）

釋字第659號解釋

中華民國八十六年六月十八日修正公布之私立學校法第三十二條第一項規定：「董事會因發生糾紛，致無法召開會議或有違反教育法令情事者，主管教育行政機關得限期命其整頓改善；逾期不爲整頓改善或整頓改善無效果時，得解除全體董事之職務。但其情節重大且情勢急迫時，主管教育行政機關得經私立學校諮詢委員會決議解除全體董事之職務或停止其職務二個月至六個月，必要時得延長之。」關於董事會因發生糾紛，致無法召開會議或有違反教育法令情事部分，其意義依法條文義及立法目的，非受規範之董事難以理解，並可經由司法審查加以確認，與法律明確性原則尚無違背。上開但書規定，旨在維護私立學校之健全發展，保障學生之受教權利及教職員之工作權益等重要公益，目的洵屬正當，所採取之限制手段，乃爲達成目的所必要，並未牴觸憲法第二十三條之比例原則，與憲法保障人民工作權之意旨尚無違背。（98、5、1）

釋字第660號解釋

財政部中華民國八十九年十月十九日台財稅字第八九〇四五七二五四號函，就加值型及非加值型營業稅法施行細則第五十二條第二項第一款有關如何認定同法第五十一條第三款漏稅額之規定，釋示納稅義務人短報或漏報銷售額，於經查獲後始提出合法進項稅額憑證者，稽徵機關於計算其漏稅額時不宜准其扣抵銷項稅額部分，符合該法第三十五條第一項、第四十三條第一項第四款及第五十一條第三款之立法意旨，與憲法第十九條之租稅法律主義尚無牴觸。（98、5、22）

釋字第661號解釋

財政部中華民國八十六年四月十九日台財稅字第八六一八九二三一一號函說明二釋稱：「汽車及船舶客運業係以旅客運輸服務收取代價爲業，其因行駛偏遠或服務性路線，致營運量不足發生虧損，所領受政府按行車（船）次數及里（浬）程計算核發之補貼收入，係基於提供運輸勞務而產生，核屬具有客票收入之性質，……應依法報繳營業稅。」逾越七十四年十一月十五日修正公布之營業稅法第一條及第三條第二項前段之規定，對受領偏遠路線營運虧損補貼之汽車及船舶客運業者，課以法律上所未規定之營業稅義務，與憲法第十九條規定之意旨不符，應不予適用。（98、6、12）

釋字第662號解釋

中華民國九十四年二月二日修正公布之現行刑法第四十一條第二項，關於數罪併罰，數宣告刑均得易科罰金，而定應執行之刑逾六個月者，排除適用同條第一項得易科罰金之規定部分，與憲法第二十三條規定有違，並與本院釋字第三六六號解釋意旨不符，應自本解釋公布之日起失其效力。

本件二聲請人就刑法第四十一條第二項所爲暫時處分之聲請部分，因本案業經作成解釋，已無審酌必要；又其中一聲請人關於刑法第五十三條之釋憲聲請部分，既應不受理，則該部分暫時處分之聲請亦失所附麗，均應予駁回。（98、6、19）

釋字第663號解釋

稅捐稽徵法第十九條第三項規定，爲稽徵稅捐所發之各種文書，「對公同共有人中之一人爲送達者，其效力及於全體。」此一規定，關於稅捐稽徵機關對公同共有人所爲核定稅捐之處分，以對公同共有人中之一人爲送達，即對全體公同共有人發生送達效力之部分，不符憲法正當法律程序之要求，致侵害未受送達之公同共有人之訴願、訴訟權，與憲法第十六條之意旨有違，應自本解釋公布日起，至遲於屆滿二年時，失其效力。（98、7、10）

釋字第664號解釋

少年事件處理法第三條第二款第三目規定，經常逃學或逃家之少年，依其性格及環境，而有觸犯刑罰法律之虞者，由少年法院依該法處理之，係爲維護虞犯少年健全自我成長所設之保護制度，尚難逕認其爲違憲；惟該規定仍有涵蓋過廣與不明確之嫌，應儘速檢討改進。又少年事件處理法第二十六條第二款及第四十二條第一項第四款規定，就限制經常逃學或逃家虞犯少年人身自由部分，不符憲法第二十三條之比例原則，亦與憲法第二十二條保障少年人格權之意旨有違，應自本解釋公布之日起，至遲於屆滿一個月時，失其效力。（98、7、31）

釋字第665號解釋

一、臺灣臺北地方法院刑事庭分案要點第十點及第四十三點規定，與憲法第十六條保障人民訴訟權之意旨，尚無違背。

二、刑事訴訟法第一百零一條第一項第三款規定，於被告犯該款規定之罪，犯罪嫌疑重大，且有相當理由認爲有逃亡、湮滅、僞造、變造證據或勾串共犯或證人之虞，非予羈押，顯難進行追訴、審判或執行者，得羈押之。於此範圍內，該條款規定符合憲法第二十三條之比例原則，與憲法第八條保障人民身體自由及第十六條保障人民訴訟權之意旨，尚無牴觸。

三、刑事訴訟法第四百零三條第一項關於檢察官對於審判中法院所爲停止羈押之裁定得提起抗告之規定部分，與憲法第十六條保障人民訴訟權之意旨，並無不符。

四、本件關於聲請命臺灣臺北地方法院停止審理九十七年度金矚重訴字第一號刑事案件，改依該法院中華民國九十七年十二月十二日之分案結果進行審理之暫時處分部分，已無審酌必要；關於聲請命該法院立即停止羈押聲請人之暫時處分部分，核與本院釋字第五八五號及第五九九號解釋意旨不符，均應予駁回。（98、10、16）

釋字第666號解釋

社會秩序維護法第八十條第一項第一款就意圖得利與人姦、宿者，處三日以下拘留或新臺幣三萬元以下罰鍰之規定，與憲法第七條之平等原則有違，應自本解釋公布之日起至遲於二年屆滿時，失其效力。（98、11、6）

釋字第667號解釋

訴願法第四十七條第三項準用行政訴訟法第七十三條，關於寄存送達於依法送達完畢時，即生送達效力部分，尚與憲法第十六條保障人民訴願及訴訟權之意旨無違。（98、11、20）

釋字第668號解釋

民法繼承編施行法第八條規定：「繼承開始在民法繼承編施行前，被繼承人無直系血親卑親屬，依當時之法律亦無其他繼承人者，自施行之日起，依民法繼承編之規定定其繼承人。」其所定「依當時之法律亦無其他繼承人者」，應包含依當時之法律不能產生選定繼承人之情形，故繼承開始於民法繼承編施行前，依當時之法規或習慣得選定繼承人者，不以在民法繼承編施行前選定爲限。惟民法繼承編施行於臺灣已逾六十四年，爲避免民法繼承編施行前開始之繼承關係久懸不決，有礙民法繼承法秩序之安定，凡繼承開始於民法繼承編施行前，而至本解釋公布之日止，尙未合法選定繼承人者，自本解釋公布之日起，應適用現行繼承法制，辦理繼承事宜。（98、12、11）

釋字第669號解釋

槍砲彈藥刀械管制條例第八條第一項規定：「未經許可，製造、販賣或運輸鋼筆槍、瓦斯槍、麻醉槍、獵槍、空氣槍或第四條第一項第一款所定其他可發射金屬或子彈具有殺傷力之各式槍砲者，處無期徒刑或五年以上有期徒刑，併科新臺幣一千萬元以下罰金。」其中以未經許可製造、販賣、運輸具殺傷力之空氣槍爲處罰要件部分，不論行爲人犯罪情節之輕重，均以無期徒刑或五年以上有期徒刑之重度自由刑相繩，對違法情節輕微、顯可憫恕之個案，法院縱適用刑法第五十九條規定酌減其刑，最低刑度仍達二年六月以上之有期徒刑，無從具體考量行爲人所應負責任之輕微，爲易科罰金或緩刑之宣告，尙嫌情輕法重，致罪責與處罰不相對應。首揭規定有關空氣槍部分，對犯該罪而情節輕微者，未併爲得減輕其刑或另爲適當刑度之規定，對人民受憲法第八條保障人身自由權所爲之限制，有違憲法第二十三條之比例原則，應自本解釋公布之日起至遲於一年屆滿時，失其效力。（98、12、25）

釋字第670號解釋

受無罪判決確定之受害人，因有故意或重大過失行爲致依刑事訴訟法第一百零一條第一項或軍事審判法第一百零二條第一項受羈押者，依冤獄賠償法第二條第三款規定，不得請求賠償，並未斟酌受害人致受羈押之行爲，係涉嫌實現犯罪構成要件或係妨礙、誤導偵查審判，亦無論受害人致受羈押行爲可歸責程度之輕重及因羈押所受損失之大小，皆一律排除全部之補償請求，並非避免補償失當或浮濫等情事所必要，不符冤獄賠償法對個別人民身體之自由，因實現國家刑罰權之公共利益，受有超越一般應容忍程度之特別犧牲時，給予所規範之補償，以符合憲法保障人民身體自由及平等權之立法意旨，而與憲法第二十三條之比例原則有違，應自本解釋公布之日起至遲於屆滿二年時失其效力。（99、1、29）

釋字第671號解釋

憲法第十五條關於人民財產權應予保障之規定，旨在確保個人依財產之存續狀態行使其自由使用、收益及處分之權能，不得因他人之法律行爲而受侵害。分別共有不動產之應有部分，於設定抵押權後，共有物經分割者，其抵押權不因此而受影響（民法第八百二十五條及第八百六十八條規定參照）。於分割前未先徵得抵押權人同意者，於分割後，自係以原設定抵押權而經分別轉載於各宗土地之應有部分，爲抵押權之客體。是強制執行時，係以分割後各宗土地經轉載抵押權之應有部分爲其執行標的物。於拍定後，因拍定人取得抵押權客體之應有部分，由拍定人與其他共有人，就該不動產全部回復共有關係，其他共有人回復分割前之應有部分，經轉載之應有部分抵押權因已實行而消滅，從而得以維護其他共有人及抵押權人之權益。準此，中華民國九十年九月十四日修正發布之土地登記規則第一百零七條之規定，符合民法規定之意旨，亦與憲法第十五條保障人民財產權之規定，尙無牴觸。（99、1、29）

釋字第672號解釋

管理外匯條例第十一條、第二十四條第三項及財政部中華民國九十二年三月二十一日台財融五字第〇九二五〇〇〇〇七五號令，關於攜帶外幣出入國境須報明登記，違反者應予沒入之規定，與憲法第十五條保障人民財產權、第二十三條之比例原則及法律明確性原則，尙無牴觸。（99、2、12）

釋字第673號解釋

中華民國七十八年十二月三十日修正公布之所得稅法第八十九條第一項第二款前段，有關以機關、團體之主辦會計人員爲扣繳義務人部分，及八十八年二月九日修正公布與九十五年五月三十日修正公布之同條款前段，關於以事業負責人爲扣繳義務人部分，與憲法第二十三條比例原則尚無牴觸。

七十八年十二月三十日修正公布及九十年一月三日修正公布之所得稅法第一百十四條第一款，有關限期責令扣繳義務人補繳應扣未扣或短扣之稅款及補報扣繳憑單，暨就已於限期內補繳應扣未扣或短扣之稅款及補報扣繳憑單，按應扣未扣或短扣之稅額處一倍之罰鍰部分；就未於限期內補繳應扣未扣或短扣之稅款，按應扣未扣或短扣之稅額處三倍之罰鍰部分，尚未牴觸憲法第二十三條比例原則，與憲法第十五條保障人民財產權之意旨無違。

上開所得稅法第一百十四條第一款後段，有關扣繳義務人不按實補報扣繳憑單者，應按應扣未扣或短扣之稅額處三倍之罰鍰部分，未賦予稅捐稽徵機關得參酌具體違章狀況，按情節輕重裁量罰鍰之數額，其處罰顯已逾越必要程度，就此範圍內，不符憲法第二十三條之比例原則，與憲法第十五條保障人民財產權之意旨有違，應自本解釋公布之日起停止適用。有關機關對未於限期內按實補報扣繳憑單，而處罰尚未確定之案件，應斟酌個案情節輕重，並參酌稅捐稽徵法第四十八條之三之規定，另為符合比例原則之適當處置，併予指明。（99、3、26）

釋字第674號解釋

財政部於中華民國八十二年十二月十六日發布之台財稅字第八二〇五七〇九〇一號函明示：「不能單獨申請建築之畸零地，及非經整理不能建築之土地，應無土地稅法第二十二條第一項第四款課徵田賦規定之適用」；內政部九十三年四月十二日台內地字第〇九三〇〇六九四五〇號令訂定發布之「平均地權條例第二十二條有關依法限制建築、依法不能建築之界定作業原則」第四點規定：「畸零地因尚可協議合併建築，不得視為依法限制建築或依法不能建築之土地」。上開兩項命令，就都市土地依法不能建築，仍作農業用地使用之畸零地適用課徵田賦之規定，均增加法律所無之要件，違反憲法第十九條租稅法律主義，其與本解釋意旨不符部分，應自本解釋公布之日起不再援用。（99、4、2）

釋字第675號解釋

中華民國九十四年六月二十二日修正公布之行政院金融重建基金設置及管理條例第四條第五項，關於「本條例修正施行後，主管機關或農業金融中央主管機關處理經營不善金融機構時，該金融機構非存款債務不予賠付」之規定，就非存款債務不予賠付部分，旨在增進行政院金融重建基金之使用效益，保障金融機構存款人權益及穩定金融信用秩序，其目的洵屬正當，該手段與立法目的之達成具有合理關聯性，與憲法第七條規定尚無牴觸。（99、4、9）

釋字第676號解釋

中華民國八十四年八月二日修正發布之全民健康保險法施行細則第四十一條第一項第七款：「無一定雇主或自營作業而參加職業工會……者，按投保金額分級表第六級起申報。」及八十八年十一月十八日修正發布之同施行細則同條款：「無一定雇主或自營作業而參加職業工會者，按投保金額分級表第六級起申報。」之規定（九十一年十一月二十九日修正改列第四款），與憲法第十五條保障人民財產權、第二十三條法律保留原則，以及法律授權明確性原則，尚無牴觸。惟於被保險人實際所得未達第六級時，相關機關自應考量設立適當之機制，合理調降保險費，以符社會保險制度中量能負擔之公平性及照顧低所得者之互助性，落實國家推行全民健康保險之憲法意旨，上開規定應本此意旨檢討改進，併予指明。（99、4、30）

釋字第677號解釋

監獄行刑法第八十三條第一項關於執行期滿者，應於其刑期終了之次日午前釋放之規定部分，使受刑人於刑期執行期滿後，未經法定程序仍受拘禁，侵害其人身自由，有違正當法律程序，且所採取限制受刑人身體自由之手段亦非必要，牴觸憲法第八條及第二十三條之規定，與本解釋意旨不符部分，應自中華民國九十九年六月一日起失其效力。有關機關應儘速依本解釋意旨，就受刑人釋放事宜予以妥善規範。相關規定修正前，受刑人應於其刑期終了當日之午前釋放。

本件聲請人就上開監獄行刑法第八十三條第一項規定所為暫時處分之聲請部分，因本案業經作成解釋，無作成暫時處分之必要，應予駁回。（99、5、14）

釋字第678號解釋

電信法第四十八條第一項前段、第五十八條第二項及第六十條關於未經核准擅自使用無線電頻率者，應予處罰及沒收之規定部分，與憲法第二十三條之比例原則尚無牴觸，亦與憲法第十一條保障人民言論自由、第十五條保障人民財產權之意旨無違。（99、7、2）

釋字第679號解釋

本院院字第二七〇二號及釋字第一四四號解釋與憲法第二十三條尚無牴觸，無變更之必要。（99、7、16）

釋字第680號解釋

懲治走私條例第二條第一項規定：「私運管制物品進口、出口逾公告數額者，處七年以下有期徒刑，得併科新臺幣三百萬元以下罰金。」第三項規定：「第一項所稱管制物品及其數額，由行政院公告之。」其所為授權之目的、內容及範圍尚欠明確，有違授權明確性及刑罰明確性原則，應自本解釋公布之日起，至遲於屆滿二年時，失其效力。（99、7、30）

釋字第681號解釋

最高行政法院中華民國九十三年二月份庭長法官聯席會議決議：「假釋之撤銷屬刑事裁判執行之一環，為廣義之司法行政處分，如有不服，其救濟程序，應依刑事訴訟法第四百八十四條之規定，即俟檢察官指揮執行該假釋撤銷後之殘餘徒刑時，再由受刑人或其法定代理人或配偶向當初諭知該刑事裁判之法院聲明異議，不得提起行政爭訟。」及刑事訴訟法第四百八十四條規定：「受刑人或其法定代理人或配偶以檢察官執行之指揮為不當者，得向諭知該裁判之法院聲明異議。」並未剝奪人民就撤銷假釋處分依法向法院提起訴訟尋求救濟之機會，與憲法保障訴訟權之意旨尚無牴觸。惟受假釋人之假釋處分經撤銷者，依上開規定向法院聲明異議，須俟檢察官指揮執行殘餘刑期後，始得向法院提起救濟，對受假釋人訴訟權之保障尚非周全，相關機關應儘速予以檢討改進，俾使不服主管機關撤銷假釋之受假釋人，於入監執行殘餘刑期前，得適時向法院請求救濟。（99、9、10）

釋字第682號解釋

中華民國九十年七月二十三日修正發布之專門職業及技術人員考試法施行細則第十五條第二項規定：「前項總成績滿六十分及格……者，若其應試科目有一科成績為零分、專業科目平均不滿五十分、特定科目未達規定最低分數者，均不予及格。」（九十七年五月十四日修正發布之現行施行細則第十條第二項規定亦同）、專門職業及技術人員考試總成績計算規則第三條第一項規定：「……採總成績滿六十分及格……者，其應試科目有一科成績為零分，或專業科目平均成績不滿五十分，或特定科目未達規定最低分數者，均不予及格；……」及九十年七月二十五日修正發布之專門職業及技術人員特種考試中醫師考試規則第九條第三項規定：「本考試應試科目有一科成績為零分或專業科目平均成績未滿五十分或專業科目中醫內科學成績未滿五十五分或其餘專業科目有一科成績未滿四十五分者，均不予及格。」尚未牴觸憲法第二十三條法律保留原則、比例原則及第七條平等權之保障，與憲法第十五條保障人民工作權及第十八條保障人民應考試權之意旨無違。（99、11、19）

釋字第683號解釋

中華民國八十五年九月十三日修正發布之勞工保險條例施行細則第五十七條規定：「被保險人或其受益人申請現金給付手續完備經審查應予發給者，保險人應於收到申請書之日起十日內發給之。」旨在促使勞工保險之保險人儘速完成勞工保險之現金給付，以保障被保險勞工或其受益人於保險事故發生後之生活，符合憲法保護勞工基本國策之本旨。（99、12、24）

釋字第684號解釋

大學為實現研究學術及培育人才之教育目的或維持學校秩序，對學生所為行政處分或其他公權力措施，如侵害學生受教育權或其他基本權利，即使非屬退學或類此之處分，本於憲法第十六條有權利即有救濟之意旨，仍應許權利受侵害之學生提起行政爭訟，無特別限制之必要。在此範圍內，本院釋字第三八二號解釋應予變更。（100、1、17）

釋字第685號解釋

財政部中華民國九十一年六月二十一日台財稅字第九一〇四五三九〇二號函，係闡釋營業人若自己銷售貨物，其銷售所得之代價亦由該營業人自行向買受人收取，即為該項營業行為之銷售貨物人；又行政法院（現改制為最高行政法院）八十七年七月份第一次庭長評事聯席會議決議，關於非交易對象之人是否已按其開立發票之金額報繳營業稅額，不影響銷售貨物或勞務之營業人補繳加值型營業稅之義務部分，均符合加值型及非加值型營業稅法（營業稅法於九十年七月九日修正公布名稱為加值型及非加值型營業稅法，以下簡稱營業稅法）第二條第一款、第三條第一項、第三十二條第一項前段之立法意旨，與憲法第十九條之租稅法律主義尚無牴觸。七十九年一月二十四日修正公布之稅捐稽徵法第四十四條關於營利事業依法規定應給與他人憑證而未給與，應自他人取得憑證而未取得者，應就其未給與憑證、未取得憑證，經查明認定之總額，處百分之五罰鍰之規定，其處罰金額未設合理最高額之限制，而造成個案顯然過苛之處罰部分，逾越處罰之必要程度而違反憲法第二十三條之比例原則，與憲法第十五條保障人民財產權之意旨有違，應不予適用。（100、3、4）

釋字第686號解釋

本院就人民聲請解釋之案件作成解釋公布前，原聲請人以外之人以同一法令牴觸憲法疑義聲請解釋，雖未合併辦理，但其聲請經本院大法官決議認定符合法定要件者，其據以聲請之案件，亦可適用本院釋字第一七七號解釋所稱「本院依人民聲請所為之解釋，對聲請人據以聲請之案件，亦有效力」。本院釋字第一九三號解釋應予補充。（100、3、25）

釋字第687號解釋

中華民國六十五年十月二十二日制定公布之稅捐稽徵法第四十七條第一款規定：「本法關於納稅義務人……應處徒刑之規定，於左列之人適用之：一、公司法規定之公司負責人。」（即九十八年五月二十七日修正公布之同條第一項第一款）係使公司負責人因自己之刑事違法且有責之行為，承擔刑事責任，與無責任即無處罰之憲法原則並無牴觸。至「應處徒刑之規定」部分，有違憲法第七條之平等原則，應自本解釋公布日起，至遲於屆滿一年時，失其效力。（100、5、27）

釋字第688號解釋

加值型及非加值型營業稅法（下稱營業稅法）之營業人開立銷售憑證時限表，有關包作業之開立憑證時限規定為「依其工程合約所載每期應收價款時為限」，尚無悖於憲法第七條平等原則及第二十三條比例原則，而與第十五條保障人民財產權及營業自由之意旨無違。惟營業人開立銷售憑證之時限早於實際收款時，倘嗣後買受人因陷於無資力或其他事由，致營業人無從將已繳納之營業稅，轉嫁予買受人負擔，此際營業稅法對營業人已繳納但無從轉嫁之營業稅，宜為適當處理，以符合營業稅係屬消費稅之立法意旨暨體系正義。主管機關應依本解釋意旨就營業稅法相關規定儘速檢討改進。（100、6、10）

釋字第689號解釋

社會秩序維護法第八十九條第二款規定，旨在保護個人之行動自由、免於身心傷害之身體權、及於公共場域中得合理期待不受侵擾之自由與個人資料自主權，而處罰無正當理由，且經勸阻後仍繼續跟追之行為，與法律明確性原則尚無牴觸。新聞採訪者於有事實足認特定事件屬大眾所關切並具一定公益性之事務，而具有新聞價值，如須以跟追方式進行採訪，其跟追倘依社會通念認非不能容忍者，即具正當理由，而不在首開規定處罰之列。於此範圍內，首開規定縱有限制新聞採訪行為，其限制並未過當而符合比例原則，與憲法第十一條保障新聞採訪自由及第十五條保障人民工作權之意旨尚無牴觸。又系爭規定以警察機關爲裁罰機關，亦難謂與正當法律程序原則有違。（100、7、29）

釋字第690號解釋

中華民國九十一年一月三十日修正公布之傳染病防治法第三十七條第一項規定：「曾與傳染病病人接觸或疑似被傳染者，得由該管主管機關予以留驗；必要時，得令遷入指定之處所檢查，或施行預防接種等必要之處置。」關於必要之處置應包含強制隔離在內之部分，對人身自由之限制，尚不違反法律明確性原則，亦未牴觸憲法第二十三條之比例原則，與憲法第八條依正當法律程序之意旨尚無違背。

曾與傳染病病人接觸或疑似被傳染者，於受強制隔離處置時，人身自由即遭受剝奪，爲使其受隔離之期間能合理而不過長，仍宜明確規範強制隔離應有合理之最長期限，及決定施行強制隔離處置相關之組織、程序等辦法以資依循，並建立受隔離者或其親屬不服得及時請求法院救濟，暨對前述受強制隔離者予以合理補償之機制，相關機關宜儘速通盤檢討傳染病防治法制。（100、9、30）

釋字第691號解釋

受刑人不服行政機關不予假釋之決定者，其救濟有待立法爲通盤考量決定之。在相關法律修正前，由行政法院審理。（100、10、21）

釋字第692號解釋

中華民國九十年一月三日及九十二年六月二十五日修正公布之所得稅法第十七條第一項第一款第二目均規定，納稅義務人之子女滿二十歲以上，而因在校就學受納稅義務人扶養者，納稅義務人依該法規定計算個人綜合所得淨額時，得減除此項扶養親屬免稅額。惟迄今仍繼續援用之財政部八十四年十一月十五日台財稅第八四一六五七八九六號函釋：「現階段臺灣地區人民年滿二十歲，就讀學歷未經教育部認可之大陸地區學校，納稅義務人於辦理綜合所得稅結算申報時，不得列報扶養親屬免稅額。」限縮上開所得稅法之適用，增加法律所無之租稅義務，違反憲法第十九條租稅法律主義，應自本解釋公布之日起不再援用。（100、11、4）

釋字第693號解釋

財政部中華民國八十六年十二月十一日台財稅第八六一九二二四六四號函前段謂：「認購（售）權證發行人於發行時所取得之發行價款，係屬權利金收入」，意指該發行價款係權利金收入，而非屬證券交易收入，無所得稅法第四條之一之適用，與憲法第十九條之租稅法律主義尚無違背。

同函中段謂：「認購（售）權證發行人於發行後，因投資人行使權利而售出或購入標的股票產生之證券交易所得或損失，應於履約時認列損益，並依所得稅法第四條之一規定辦理。」及財政部八十六年七月三十一日台財稅第八六一九〇九三一一號函稱：「認購（售）權證持有人如於某一時間或特定到期日，以現金方式結算者……並依前開所得稅法規定停止課徵所得稅。」與憲法第十九條之租稅法律主義並無牴觸，亦不生違反憲法第七條平等原則之問題。（100、12、9）

釋字第694號解釋

中華民國九十年一月三日修正公布之所得稅法第十七條第一項第一款第四目規定：「按前三條規定計得之個人綜合所得總額，減除下列免稅額及扣除額後之餘額，爲個人之綜合所得淨額：一、免稅額：納稅義務人按規定減除其本人、配偶及合於下列規定扶養親屬之免稅額；……㈣納稅義務人其他親屬或家屬，合於民法第一千一百十四條第四款及第一千一百二十三條第三項之規定，未滿二十歲或滿六十歲以上無謀生能力，確係受納稅義務人扶養者。……」其中以「未滿二十歲或滿六十歲以上」爲減除免稅額之限制要件部分（一百年一月十九日修正公布之所得稅法第十七條第一項第一款第四目亦有相同限制），違反憲法第七條平等原則，應自本解釋公布日起，至遲於屆滿一年時，失其效力。（100、12、30）

釋字第695號解釋

行政院農業委員會林務局所屬各林區管理處對於人民依據國有林地濫墾地補辦清理作業要點申請訂立租地契約未為准許之決定，具公法性質，申請人如有不服，應依法提起行政爭訟以為救濟，其訴訟應由行政法院審判。（100、12、30）

釋字第696號解釋

中華民國七十八年十二月三十日修正公布之所得稅法第十五條第一項規定：「納稅義務人之配偶，及合於第十七條規定得申報減除扶養親屬免稅額之受扶養親屬，有前條各類所得者，應由納稅義務人合併報繳。」（該項規定於九十二年六月二十五日修正，惟就夫妻所得應由納稅義務人合併報繳部分並無不同。）其中有關夫妻非薪資所得強制合併計算，較之單獨計算稅額，增加其稅負部分，違反憲法第七條平等原則，應自本解釋公布之日起至遲於屆滿二年時失其效力。

財政部七十六年三月四日台財稅第七五一九四六三號函：「夫妻分居，如已於綜合所得稅結算申報書內載明配偶姓名、身分證統一編號，並註明已分居，分別向其戶籍所在地稽徵機關辦理結算申報，其歸戶合併後全部應繳納稅額，如經申請分別開單者，准按個人所得總額占夫妻所得總額比率計算，減除其已扣繳及自繳稅款後，分別發單補徵。」其中關於分居之夫妻如何分擔其全部應繳納稅額之計算方式規定，與租稅公平有違，應不予援用。（101、1、20）

釋字第697號解釋

貨物稅條例（下稱本條例）第二條第一項第二款規定：「貨物稅於應稅貨物出廠或進口時徵收之。其納稅義務人如左：……二、委託代製之貨物，為受託之產製廠商。」與法律明確性原則尚無違背。惟於委託多家廠商分工之情形，立法機關宜考量產製之分工、製程及各種委託製造關係，明定完成應稅貨物之產製階段，作為認定受託產製廠商之依據，適時檢討相關規定改進之。本條例第八條第一項規定：「飲料品：凡設廠機製之清涼飲料品均屬之。其稅率如左：

一、稀釋天然果蔬汁從價徵收百分之八。二、其他飲料品從價徵收百分之十五」。其中有關清涼飲料品之規定，與法律明確性原則尚無不合。又上開規定僅對設廠機製之清涼飲料品課徵貨物稅，而未對非設廠機製者課徵貨物稅，並不違反憲法第七條之平等原則。

財政部中華民國七十九年十一月一日台財稅第七九〇三六七三二四號函，以內含固體量是否達到百分之五十作為飲料品之認定標準，及財政部八十四年十一月二十四日台財稅第八四一六六〇九六一號函，對廠商進口或產製之燕窩類飲料，認屬貨物稅條例第八條規定之應稅飲料品，尚不違反租稅法律主義之意旨。

八十六年五月七日修正公布，九十一年一月一日施行之貨物稅條例第三十二條第一款規定：「納稅義務人有左列情形之一者，除補徵稅款外，按補徵稅額處五倍至十五倍罰鍰：一、未依第十九條規定辦理登記，擅自產製應稅貨物出廠者。」（九十八年十二月三十日修正為一倍至三倍罰鍰）與憲法比例原則並無牴觸。（101、3、2）

釋字第698號解釋

貨物稅條例第十一條第一項第二款規定：「電器類之課稅項目及稅率如左：……二、彩色電視機：從價徵收百分之十三。」與憲法第七條平等原則並無牴觸。

財政部中華民國九十六年六月十四日台財稅字第〇九六〇四五〇一八七〇號令：「一、貨物稅條例第十一條第一項第二款規定之彩色電視機須同時具備彩色顯示器及電視調諧器二大主要部分。二、廠商產製（或進口）之彩色顯示器，本體不具有電視調諧器（TV Tuner）裝置，且產品名稱、功能型錄及外包裝未標示有電視字樣，亦未併同具有電視調諧器功能之機具出廠（或進口）者，因無法直接接收電視視頻訊號及播放電視節目，核非屬彩色電視機之範圍，免於出廠（或進口）時課徵貨物稅。三、廠商產製（或進口）電視調諧器或具有電視調諧器功能之機具，本體不具有影像顯示功能，且未併同彩色顯示器出廠（或進口）者，亦免於出廠（或進口）時課徵貨物稅。」部分，與租稅法律主義及平等原則尚屬無違。（101、3、23）

釋字第699號解釋

道路交通管理處罰條例第三十五條第四項前段規定，汽車駕駛人拒絕接受同條第一項第一款酒精濃度測試之檢定者，吊銷其駕駛執照。同條例第六十七條第二項前段復規定，汽車駕駛人曾依第三十五條第四項前段規定吊銷駕駛執照者，三年內不得考領駕駛執照。又中華民國九十四年十二月十四日修正公布之同條例第六十八條另規定，汽車駕駛人因第三十五條第四項前段規定而受吊銷駕駛執照處分者，吊銷其持有各級車類之駕駛執照。上開規定與憲法第二十三條比例原則尚無牴觸，而與憲法保障人民行動自由及工作權之意旨無違。（101、5、18）

釋字第700號解釋

財政部中華民國八十九年十月十九日台財稅第八九〇四五七二五四號函說明三，就同年六月七日修正發布之營業稅法施行細則第五十二條第二項第一款，有關如何認定八十四年八月二日修正公布，同年九月一日施行之營業稅法第五十一條第一款漏稅額所為釋示，符合該法第十五條第一項、第三十三條、第三十五條第一項、第四十三條第一項第三款及第五十一條第一款規定之立法意旨，與憲法第十九條之租稅法律主義尚無牴觸。（101、6、29）

釋字第701號解釋

中華民國九十四年十二月二十八日修正公布之所得稅法第十七條第一項第二款第二目之3前段規定：「……㈡列舉扣除額：……3.醫藥……費：納稅義務人及其配偶或受扶養親屬之醫藥費……，以付與公立醫院、公務人員保險特約醫院、勞工保險特約醫療院、所，或經財政部認定其會計紀錄完備正確之醫院者為限」（上開規定之「公務人員保險特約醫院、勞工保險特約醫療院、所」，於九十七年十二月二十六日經修正公布為「全民健康保險特約醫療院、所」，規定意旨相同），就身心失能無力自理生活而須長期照護者（如失智症、植物人、極重度慢性精神病、因中風或其他重症長期臥病在床等）之醫藥費，亦以付與上開規定之醫療院所為限始得列舉扣除，而對於付與其他合法醫療院所之醫藥費不得列舉扣除，與憲法第七條平等原則之意旨不符，在此範圍內，系爭規定應不予適用。（101、7、6）

釋字第702號解釋

中華民國九十八年十一月二十五日修正公布之教師法第十四條第一項規定，教師除有該項所列各款情形之一者外，不得解聘、停聘或不續聘，其中第六款（即一百零一年一月四日修正公布之同條第一項第七款）所定「行為不檢有損師道，經有關機關查證屬實」之要件，與憲法上法律明確性原則之要求尚無違背。又依同條第三項（即一百零一年一月四日修正公布之同條第三項，意旨相同）後段規定，已聘任之教師有前開第六款之情形者，應報請主管教育行政機關核准後，予以解聘、停聘或不續聘，對人民職業自由之限制，與憲法第二十三條比例原則尚無牴觸，亦與憲法保障人民工作權之意旨無違。惟同條第三項前段使違反前開第六款者不得聘任為教師之規定部分，與憲法第二十三條比例原則有違，應自本解釋公布之日起，至遲於屆滿一年時失其效力。（101、7、27）

釋字第703號解釋

財政部賦稅署中華民國八十四年十二月十九日台稅一發第八四一六六四〇四三號函一㈤決議1與3，關於財團法人醫院或財團法人附屬作業組織醫院依教育文化公益慈善機關或團體免納所得稅適用標準第二條第一項第八款規定之免稅要件，就其為醫療用途所購置之建物、設備等資產之支出，選擇全額列為購置年度之資本支出，於計算課稅所得額時，應自銷售貨物或勞務以外之收入中減除及以後年度不得再提列折舊部分，違反憲法第十九條租稅法律主義，應自本解釋公布之日起不再援用。（101、10、5）

釋字第704號解釋

中華民國九十一年十一月二十七日修正發布之陸海空軍軍官士官志願留營入營甄選服役規則第七條（九十五年十一月十三日全文修正，條次、內容無異），關於後備役軍官志願入營服役期滿而志願繼續服現役者，應依志願留營規定辦理，其中應經之核准程序規定，適用於經考試院特種考試及格志願入營服役，而尚未經核准得服現役至最大年限（齡）之軍事審判官部分，以及陸海空軍軍官士官服役條例第十七條關於服現役期滿予以解除召集之規定，適用於上開情形部分，與司法權建制之審判獨立憲政原理及憲法第十六條保障人民訴訟權之意旨不符，應自本解釋公布之日起至遲於屆滿二年時，對於上開類型軍事審判官不予適用。爲保障上開類型軍事審判官之身分，有關機關應於上開期限內，依本解釋意旨，修正相關法律，明定適用於上開類型軍事審判官志願留營之甄選標準及應遵循之正當法律程序。（101、11、16）

釋字第705號解釋

財政部中華民國九十二年六月三日、九十三年五月二十一日、九十四年二月十八日、九十五年二月十五日、九十六年二月七日、九十七年一月三十日發布之台財稅字第○九二○四五二四六四號、第○九三○四五一四三二號、第○九四○四五○○○七○號、第○九五○四五七六八○號、第○九六○四五○四八五○號、第○九七○四五一○五三○號令，所釋示之捐贈列舉扣除額金額之計算依財政部核定之標準認定，以及非屬公共設施保留地且情形特殊得專案報部核定，或依土地公告現值之百分之十六計算部分，與憲法第十九條租稅法律主義不符，均應自本解釋公布之日起不予援用。（101、11、21）

釋字第706號解釋

財政部中華民國七十七年六月二十八日修正發布之修正營業稅法實施注意事項（一百年八月十一日廢止）第三點第四項第六款：「營業人報繳營業稅，以載有營業稅額之進項憑證扣抵銷項稅額者，除本法施行細則第三十八條所規定者外，包括左列憑證：六、……法院……拍賣貨物，由稽徵機關填發之營業稅繳款書第三聯（扣抵聯）。」（改列於一百年六月二十二日修正發布之加值型及非加值型營業稅法施行細則第三十八條第一項第十一款：「……法院……拍賣或變賣貨物，由稽徵機關填發之營業稅繳款書扣抵聯。」一百零一年三月六日再度修正發布該條款，此部分相同）及八十五年十月三十日台財稅第八五一九二一六九九號函：「……二、法院拍賣或變賣之貨物屬應課徵營業稅者，稽徵機關應於取得法院分配之營業稅款後，就所分配稅款填發『法院拍賣或變賣貨物營業稅繳款書』，……如買受人屬依營業稅法第四章第一節計算稅額之營業人，其扣抵聯應送交買受人作爲進項憑證，據以申報扣抵銷項稅額。三、至未獲分配之營業稅款，……如已徵起者，對買受人屬依營業稅法第四章第一節計算稅額之營業人，應通知其就所徵起之稅額專案申報扣抵銷項稅額。」部分，均違反憲法第十九條租稅法律主義，應不予援用。（101、12、21）

釋字第707號解釋

教育部於中華民國九十三年十二月二十二日修正發布之公立學校教職員敘薪辦法（含附表及其所附說明），關於公立高級中等以下學校教師部分之規定，與憲法上法律保留原則有違，應自本解釋公布之日起，至遲於屆滿三年時失其效力。（101、12、28）

釋字第708號解釋

中華民國九十六年十二月二十六日修正公布之入出國及移民法第三十八條第一項：「外國人有下列情形之一者，入出國及移民署得暫予收容……」（即一百年十一月二十三日修正公布同條項：「外國人有下列情形之一，……入出國及移民署得暫予收容……」）之規定，其因遣送所需合理作業期間之暫時收容部分，未賦予受暫時收容人即時之司法救濟；又逾越上開暫時收容期間之收容部分，非由法院審查決定，均有違憲法第八條第一項保障人民身體自由之意旨，應自本解釋公布之日起，至遲於屆滿二年時，失其效力。（102、2、6）

釋字第709號解釋

中華民國八十七年十一月十一日制定公布之都市更新條例第十條第一項（於九十七年一月十六日僅爲標點符號之修正）有關主管機關核准都市更新事業概要之程序規定，未設置適當組織以審議都市更新事業概要，且未確保利害關係人知悉相關資訊及適時陳述意見之機會，與憲法要求之正當行政程序不符。同條第二項（於九十七年一月十六日修正，同意比率部分相同）有關申請核准都市更新事業概要時應具備之同意比率之規定，不符憲法要求之正當行政程序。九十二年一月二十九日修正公布之都市更新條例第十九條第三項前段（該條於九十九年五月十二日修正公布將原第三項分列爲第三項、第四項）規定，並未要求主管機關應將該計畫相關資訊，對更新單元內申請人以外之其他土地及合法建築物所有權人分別爲送達，且未規定由主管機關以公開方式舉辦聽證，使利害關係人得到場以言詞爲意見之陳述及論辯後，斟酌全部聽證紀錄，說明採納及不採納之理由作成核定，連同已核定之都市更新事業計畫，分別送達更新單元內各土地及合法建築物所有權人、他項權利人、囑託限制登記機關及預告登記請求權人，亦不符憲法要求之正當行政程序。上開規定均有違憲法保障人民財產權與居住自由之意旨。相關機關應依本解釋意旨就上開違憲部分，於本解釋公布之日起一年內檢討修正，逾期未完成者，該部分規定失其效力。

九十二年一月二十九日及九十七年一月十六日修正公布之都市更新條例第二十二條第一項有關申請核定都市更新事業計畫時應具備之同意比率之規定，與憲法上比例原則尚無牴觸，亦無違於憲法要求之正當行政程序。惟有關機關仍應考量實際實施情形、一般社會觀念與推動都市更新需要等因素，隨時檢討修正之。

九十二年一月二十九日修正公布之都市更新條例第二十二條之一（該條於九十四年六月二十二日爲文字修正）之適用，以在直轄市、縣（市）主管機關業依同條例第七條第一項第一款規定因戰爭、地震、火災、水災、風災或其他重大事變遭受損壞而迅行劃定之更新地區內，申請辦理都市更新者爲限；且係以不變更其他幢（或棟）建築物區分所有權人之區分所有權及其基地所有權應有部分爲條件，在此範圍內，該條規定與憲法上比例原則尚無違背。（102、4、26）

釋字第710號解釋

中華民國九十二年十月二十九日修正公布之臺灣地區與大陸地區人民關係條例第十八條第一項規定：「進入臺灣地區之大陸地區人民，有下列情形之一者，治安機關得逕行強制出境。……」（該條於九十八年七月一日爲文字修正）除因危害國家安全或社會秩序而須爲急速處分之情形外，對於經許可合法入境之大陸地區人民，未予申辯之機會，即得逕行強制出境部分，有違憲法正當法律程序原則，不符憲法第十條保障遷徙自由之意旨。同條第二項規定：「前項大陸地區人民，於強制出境前，得暫予收容……」（即九十八年七月一日修正公布之同條例第十八條第三項），未能顯示應限於非暫予收容顯難強制出境者，始得暫予收容之意旨，亦未明定暫予收容之事由，有違法律明確性原則；於因執行遣送所需合理作業期間內之暫時收容部分，未予受暫時收容人即時之司法救濟；於逾越前開暫時收容期間之收容部分，未由法院審查決定，均有違憲法正當法律程序原則，不符憲法第八條保障人身自由之意旨。又同條例關於暫予收容未設期間限制，有導致受收容人身體自由遭受過度剝奪之虞，有違憲法第二十三條比例原則，亦不符憲法第八條保障人身自由之意旨。前揭第十八條第一項與本解釋意旨不符部分及第二項關於暫予收容之規定均應自本解釋公布之日起，至遲於屆滿二年時失其效力。

臺灣地區與大陸地區人民關係條例施行細則第十五條規定：「本條例第十八條第一項第一款所定未經許可入境者，包括持偽造、變造之護照、旅行證或其他相類之證書、有事實足認係通謀虛僞結婚經撤銷或廢止其許可或以其他非法之方法入境者在內。」九十三年三月一日訂定發布之大陸地區人民申請進入臺灣地區面談管理辦法第十條第三款規定：「大陸地區人民接受面談，有下列情形之一者，其申請案不予許可；已許可者，應撤銷或廢止其許可：……三、經面談後，申請人、依親對象無同居之事實或說詞有重大瑕疵。」（即九十八年八月二十日修正發布之同辦法第十四條第二款）及第十一條規定：「大陸地區人民抵達機場、港口或已入境，經通知面談，有前條各款情形之一者，其許可應予撤銷或廢止，並註銷其入出境許可證件，逕行強制出境或限令十日內出境。」（九十八年八月二十日修正發布之同辦法第十五條刪除「逕行強制出境或限令十日內出境」等字）均未逾越九十二年十月二十九日修正公布之臺灣地區與大陸地區人民關係條例第十八條第一項之規定，與法律保留原則尚無違背。

八十八年十月二十七日訂定發布之大陸地區人民及香港澳門居民強制出境處理辦法第五條規定：「強制出境前，有下列情形之一者，得暫予收容。一、前條第二項各款所定情形。二、因天災或航空器、船舶故障，不能依規定強制出境者。三、得逕行強制出境之大陸地區人民、香港或澳門居民，無大陸地區、香港、澳門或第三國家旅行證件者。四、其他因故不能立即強制出境者。」（九十九年三月二十四日修正發布移列為同辦法第六條：「執行大陸地區人民、香港或澳門居民強制出境前，有下列情形之一者，得暫予收容：一、因天災或航空器、船舶故障，不能依規定強制出境。二、得逕行強制出境之大陸地區人民、香港或澳門居民，無大陸地區、香港、澳門或第三國家旅行證件。三、其他因故不能立即強制出境。」）未經法律明確授權，違反法律保留原則，應自本解釋公布之日起，至遲於屆滿二年時失其效力。（102、7、5）

釋字第711號解釋

藥師法第十一條規定：「藥師經登記領照執業者，其執業處所應以一處為限。」未就藥師於不違反該條立法目的之情形下，或於有重大公益或緊急情況之需要時，設必要合理之例外規定，已對藥師執行職業自由形成不必要之限制，有違憲法第二十三條比例原則，與憲法第十五條保障工作權之意旨相牴觸，應自本解釋公布之日起，至遲於屆滿一年時失其效力。

改制前之行政院衛生署（現已改制為衛生福利部）中華民國一百年四月一日衛署醫字第一○○○○○七二四七號函限制兼具藥師及護理人員資格者，其執業場所應以同一處所為限，違反憲法第二十三條法律保留原則，應自本解釋公布之日起不再援用。（102、7、31）

釋字第712號解釋

臺灣地區與大陸地區人民關係條例第六十五條第一款規定：「臺灣地區人民收養大陸地區人民為養子女，……有下列情形之一者，法院亦應不予認可：一、已有子女或養子女者。」其中有關臺灣地區人民收養其配偶之大陸地區子女，法院亦應不予認可部分，與憲法第二十二條保障收養自由之意旨及第二十三條比例原則不符，應自本解釋公布之日起失其效力。（102、10、4）

釋字第713號解釋

財政部中華民國九十一年六月二十日修正發布之稅務違章案件減免處罰標準第六條第一項第二款規定：「依所得稅法第一百十四條第一款規定應處罰鍰案件，有下列情事之一者，減輕或免予處罰：……二、扣繳義務人已於期限內補繳應扣未扣或短扣之稅款，未在期限內補報扣繳憑單，於裁罰處分核定前已按實補報者，按應扣未扣或短扣之稅額處一・五倍之罰鍰」（一百年五月二十七日修正刪除），關於裁處罰鍰數額部分，已逾越必要程度，就此範圍內，不符憲法第二十三條之比例原則，與憲法第十五條保障人民財產權之意旨有違，應自本解釋公布之日起不再適用。（102、10、18）

釋字第714號解釋

中華民國八十九年二月二日制定公布之土壤及地下水污染整治法第四十八條規定：「第七條、第十二條、第十三條、第十六條至第十八條、第三十二條、第三十六條、第三十八條及第四十一條之規定，於本法施行前已發生土壤或地下水污染之污染行為人適用之。」其中有關「於本法施行前已發生土壤或地下水污染之污染行為人適用之」部分，係對該法施行後，其污染狀況仍繼續存在之情形而為規範，尚未牴觸法律不溯及既往原則及憲法第二十三條之比例原則，與憲法第十五條保障人民工作權及財產權之意旨均無違背。（102、11、15）

釋字第715號解釋

中華民國九十九年國軍志願役專業預備軍官預備士官班考選簡章壹、二、（二）規定：「曾受刑之宣告……者，不得報考。……」與憲法第二十三條法律保留原則無違。惟其對應考試資格所為之限制，逾越必要程度，牴觸憲法第二十三條比例原則，與憲法第十八條保障人民服公職之權利意旨不符。相關機關就嗣後同類考試應依本解釋意旨妥為訂定招生簡章。（102、12、20）

釋字第716號解釋

公職人員利益衝突迴避法第九條規定：「公職人員或其關係人，不得與公職人員服務之機關或受其監督之機關為買賣、租賃、承攬等交易行為。」尚未牴觸憲法第二十三條之比例原則，與憲法第十五條、第二十二條保障人民工作權、財產權及契約自由之意旨均無違背。惟於公職人員之關係人部分，若因禁止其參與交易之競爭，將造成其他少數參與交易者之壟斷，反而顯不利於公共利益，於此情形，苟上開機關於交易過程中已行公開公平之程序，而有充分之防弊規制，是否仍有造成不當利益輸送或利益衝突之虞，而有禁止公職人員之關係人交易之必要，相關機關應儘速通盤檢討改進。公職人員利益衝突迴避法第十五條規定：「違反第九條規定者，處該交易行為金額一倍至三倍之罰鍰。」於可能造成顯然過苛處罰之情形，未設適當之調整機制，其處罰已逾越必要之程度，不符憲法第二十三條之比例原則，與憲法第十五條保障人民財產權之意旨有違，應自本解釋公布之日起，至遲於屆滿一年時失其效力。（102、12、27）

釋字第717號解釋

銓敘部中華民國九十五年一月十七日增訂發布、同年二月十六日施行之退休公務人員公保養老給付金額優惠存款要點（已廢止）第三點之一第一項至第三項、第七項及第八項、教育部九十五年一月二十七日增訂發布、同年二月十六日施行之學校退休教職員公保養老給付金額優惠存款要點（已廢止）第三點之一第一項至第三項、第七項及第八項，有關以支領月退休金人員之每月退休所得，不得超過依最後在職同等級人員現職待遇計算之退休所得上限一定百分比之方式，減少其公保養老給付得辦理優惠存款金額之規定，尚無涉禁止法律溯及既往之原則。上開規定生效前退休或在職之公務人員及學校教職員對於原定之優惠存款利息，固有值得保護之信賴利益，惟上開規定之變動確有公益之考量，且衡酌其所欲達成之公益及退休或在職公教人員應受保護之信賴利益，上開規定所採措施尚未逾越必要合理之程度，未違反信賴保護原則及比例原則。（103、2、19）

釋字第718號解釋

集會遊行法第八條第一項規定，室外集會、遊行應向主管機關申請許可，未排除緊急性及偶發性集會、遊行部分，及同法第九條第一項但書與第十二條第二項關於緊急性集會、遊行之申請許可規定，違反憲法第二十三條比例原則，不符憲法第十四條保障集會自由之意旨，均應自中華民國一百零四年一月一日起失其效力。本院釋字第四四五號解釋應予補充。（103、3、21）

釋字第719號解釋

原住民族工作權保障法第十二條第一項、第三項及政府採購法第九十八條，關於政府採購得標廠商於國內員工總人數逾一百人者，應於履約期間僱用原住民，人數不得低於總人數百分之一，進用原住民人數未達標準者，應向原住民族綜合發展基金之就業基金繳納代金部分，尚無違背憲法第七條平等原則及第二十三條比例原則，與憲法第十五條保障之財產權及其與工作權內涵之營業自由之意旨並無不符。（103、4、18）

釋字第720號解釋

羈押法第六條及同法施行細則第十四條第一項之規定，不許受羈押被告向法院提起訴訟請求救濟之部分，業經本院釋字第六五三號解釋，以其與憲法第十六條保障人民訴訟權之意旨有違，宣告相關機關至遲應於解釋公布之日起二年內，依解釋意旨，檢討修正羈押法及相關法規，就受羈押被告及時有效救濟之訴訟制度，訂定適當之規範在案。在相關法規修正公布前，受羈押被告對有關機關之申訴決定不服者，應許其準用刑事訴訟法第四百十六條等有關準抗告之規定，向裁定羈押之法院請求救濟。本院釋字第六五三號解釋應予補充。（103、5、16）

釋字第721號解釋

憲法增修條文第四條第一項及第二項關於單一選區兩票制之並立制、政黨比例代表席次及政黨門檻規定部分，並未違反現行憲法賴以存立之自由民主憲政秩序。公職人員選舉罷免法第六十七條第二項關於並立制及政黨門檻規定部分，與上開增修條文規定內容相同，亦不生牴觸憲法之疑義。（103、6、6）

釋字第722號解釋

執行業務所得查核辦法第十條第二項規定：「聯合執行業務者或執行業務收入經由公會代收轉付者，得按權責發生制計算所得，惟須於年度開始一個月前，申報該管稽徵機關核准，變更者亦同。」未涵蓋業務收支跨年度、經營規模大且會計事項複雜而與公司經營型態相類之單獨執行業務者在內，其差別待遇之手段與目的之達成間欠缺合理關聯，在此範圍內，與憲法第七條平等原則之意旨不符。（103、6、27）

釋字第723號解釋

中華民國八十九年十二月二十九日修正發布之全民健康保險醫事服務機構醫療服務審查辦法第六條第一項規定：「保險醫事服務機構申報醫療服務點數，逾前條之申報期限二年者，保險人應不予支付。」（該辦法於九十一年三月二十二日修正發布全文，該條項規定並未修正，一百零一年十二月二十四日修正刪除）有違法律保留原則，侵害人民之財產權，與憲法第十五條及第二十三條規定之意旨不符，應不予適用。

聲請人聲請暫時處分部分，因本案業經作成解釋，無作成暫時處分之必要，應予駁回。（103、7、25）

釋字第724號解釋

內政部中華民國九十五年六月十五日修正發布之督導各級人民團體實施辦法第二十條第一項：「人民團體經主管機關限期整理者，其理事、監事之職權應即停止」規定部分，違反憲法第二十三條法律保留原則，侵害憲法第十四條、第十五條保障之人民結社自由及工作權，應自本解釋公布之日起，至遲於屆滿一年時，失其效力。（103、8、1）

釋字第725號解釋

本院就人民聲請解釋憲法，宣告確定終局裁判所適用之法令於一定期限後失效者，聲請人就聲請釋憲之原因案件即得據以請求再審或其他救濟，檢察總長亦得據以提起非常上訴；法院不得以該法令於該期限內仍屬有效爲理由駁回。如本院解釋諭知原因案件具體之救濟方法者，依其諭知；如未諭知，則俟新法令公布、發布生效後依新法令裁判。本院釋字第一七七號及第一八五號解釋應予補充。最高行政法院九十七年判字第六一五號判例與本解釋意旨不符部分，應不再援用。行政訴訟法第二百七十三條第二項得提起再審之訴之規定，並不排除確定終局判決所適用之法令經本院解釋爲牴觸憲法而宣告定期失效之情形。（103、10、24）

釋字第726號解釋

勞動基準法第八十四條之一有關勞雇雙方對於工作時間、例假、休假、女性夜間工作有另行約定時，應報請當地主管機關核備之規定，係強制規定，如未經當地主管機關核備，該約定尚不得排除同法第三十條、第三十二條、第三十六條、第三十七條及第四十九條規定之限制，除可發生公法上不利於雇主之效果外，如發生民事爭議，法院自應於具體個案，就工作時間等事項另行約定而未經核備者，本於落實保護勞工權益之立法目的，依上開第三十條等規定予以調整，並依同法第二十四條、第三十九條規定計付工資。（103、11、21）

釋字第727號解釋

中華民國八十五年二月五日制定公布之國軍老舊眷村改建條例（下稱眷改條例）第二十二條規定：「規劃改建之眷村，其原眷戶有四分之三以上同意改建者，對不同意改建之眷戶，主管機關得逕行註銷其眷舍居住憑證及原眷戶權益，收回該房地，並得移送管轄之地方法院裁定後強制執行。」（九十六年一月三日修正公布將四分之三修正爲三分之二，並改列爲第一項）對於不同意改建之原眷戶得逕行註銷其眷舍居住憑證及原眷戶權益部分，與憲法第七條之平等原則尚無牴觸。惟同意改建之原眷戶除依眷改條例第五條第一項前段規定得承購住宅及輔助購宅款之權益外，尚得領取同條例施行細則第十三條第二項所定之搬遷補助費及同細則第十四條所定之拆遷補償費，而不同意改建之原眷戶不僅喪失前開承購住宅及輔助購宅款權益，並喪失前開搬遷補助費及拆遷補償費；況按期搬遷之違占建戶依眷改條例第二十三條規定，尚得領取拆遷補償費，不同意改建之原眷戶竟付之闕如；又對於因無力負擔自備款而拒絕改建之極少數原眷戶，應爲如何之特別處理，亦未有規定。足徵眷改條例尚未充分考慮不同意改建所涉各種情事，有關法益之權衡並未臻於妥適，相關機關應儘速通盤檢討改進。（104、2、6）

釋字第728號解釋

祭祀公業條例第四條第一項前段規定：「本條例施行前已存在之祭祀公業，其派下員依規約定之。」並未以性別爲認定派下員之標準，雖相關規約依循傳統之宗族觀念，大都限定以男系子孫（含養子）爲派下員，多數情形致女子不得爲派下員，但該等規約係設立人及其子孫所爲之私法上結社及財產處分行爲，基於私法自治，原則上應予尊重，以維護法秩序之安定。是上開規定以規約認定祭祀公業派下員，尚難認與憲法第七條保障性別平等之意旨有違，致侵害女子之財產權。（104、3、20）

釋字第729號解釋

檢察機關代表國家進行犯罪之偵查與追訴，基於權力分立與制衡原則，且爲保障檢察機關獨立行使職權，對於偵查中之案件，立法院自不得向其調閱相關卷證。立法院向檢察機關調閱已偵查終結而不起訴處分確定或未經起訴而以其他方式結案之案件卷證，須基於目的與範圍均屬明確之特定議案，並與其行使憲法上職權有重大關聯，且非屬法律所禁止者爲限。如因調閱而有妨害另案偵查之虞，檢察機關得延至該另案偵查終結後，再行提供調閱之卷證資料。其調閱偵查卷證之文件原本或與原本內容相同之影本者，應經立法院院會決議；要求提供參考資料者，由院會或其委員會決議爲之。因調閱卷證而知悉之資訊，其使用應限於行使憲法上職權所必要，並注意維護關係人之權益（如名譽、隱私、營業秘密等）。本院釋字第三二五號解釋應予補充。（104、5、1）

釋字第730號解釋

學校教職員退休條例施行細則第十九條第二項有關已領退休（職、伍）給與或資遣給與者再任或轉任公立學校教職員重行退休時，其退休金基數或百分比連同以前退休（職、伍）基數或百分比或資遣給與合併計算，以不超過同條例第五條及第二十一條之一第一項所定最高標準爲限之規定，欠缺法律具體明確之授權，對上開人員依同條例請領退休金之權利，增加法律所無之限制，侵害其受憲法第十五條保障之財產權，與憲法第二十三條法律保留原則有違，應自本解釋公布之日起，至遲於屆滿一年時失其效力。（104、6、18）

釋字第731號解釋

中華民國八十九年二月二日制定公布之土地徵收條例第四十條第一項規定：「實施區段徵收時，原土地所有權人不願領取現金補償者，應於徵收公告期間內，檢具有關證明文件，以書面向該管直轄市或縣（市）主管機關申請發給抵價地。……」（該條於一百零一年一月四日修正公布，惟該項規定並未修正；下稱系爭規定）關於應於公告期間內申請部分，於上開主管機關依同條例第十八條規定以書面通知土地所有權人，係在徵收公告日之後送達者，未以送達日之翌日爲系爭規定申請期間起算日，而仍以徵收公告日計算申請期間，要求原土地所有權人在徵收公告期間內爲申請之規定，不符憲法要求之正當行政程序，有違憲法第十五條保障人民財產權之意旨，應自本解釋公布之日起一年內檢討修正。逾期未修正者，該部分失其效力。（104、7、31）

釋字第732號解釋

中華民國九十年五月三十日修正公布之大眾捷運法（下稱九十年捷運法）第七條第四項規定：「大眾捷運系統……其毗鄰地區辦理開發所需之土地……，得由主管機關依法報請徵收。」七十七年七月一日制定公布之大眾捷運法（下稱七十七年捷運法）第七條第三項規定：「聯合開發用地……，得徵收之。」七十九年二月十五日訂定發布之大眾捷運系統土地聯合開發辦法（下稱開發辦法）第九條第一項規定：「聯合開發之用地取得……，得由該主管機關依法報請徵收……。」此等規定，許主管機關為土地開發之目的，依法報請徵收土地徵收條例（下稱徵收條例）第三條第二款及土地法第二百零八條第二款所規定交通事業所必須者以外之毗鄰地區土地，於此範圍內，不符憲法第二十三條之比例原則，與憲法保障人民財產權及居住自由之意旨有違，應自本解釋公布之日起不予適用。（104、9、25）

釋字第733號解釋

人民團體法第十七條第二項關於「由理事就常務理事中選舉一人為理事長，其不設常務理事者，就理事中互選之」之規定部分，限制職業團體內部組織與事務之自主決定已逾必要程度，有違憲法第二十三條所定之比例原則，與憲法第十四條保障人民結社自由之意旨不符，應自本解釋公布之日起，至遲於屆滿一年時，失其效力。（104、10、30）

釋字第734號解釋

廢棄物清理法第二十七條第十一款規定：「在指定清除地區內嚴禁有下列行為：……十一、其他經主管機關公告之污染環境行為。」與憲法第二十三條之法律授權明確性原則尚無違背。

臺南市政府中華民國九十一年十二月九日南市環廢字第○九一○四○二三四三一號公告之公告事項一、二（該府改制後於一百年一月十三日以南市府環管字第一○○○○五○七○一○號公告重行發布，內容相當），不問設置廣告物是否有礙環境衛生與國民健康，及是否已達與廢棄物清理法第二十七條前十款所定行為類型污染環境相當之程度，即認該設置行為為污染行為，概予禁止並處罰，已逾越母法授權之範圍，與法律保留原則尚有未符。應自本解釋公布之日起，至遲於屆滿三個月時失其效力。（104、12、18）

釋字第735號解釋

中華民國憲法增修條文第三條第二項第三款規定：「行政院依左列規定，對立法院負責，……三、立法院得經全體立法委員三分之一以上連署，對行政院院長提出不信任案。不信任案提出七十二小時後，應於四十八小時內以記名投票表決之。……」旨在規範不信任案應於上開規定之時限內，完成記名投票表決，避免懸宕影響政局安定，未限制不信任案須於立法院常會提出。憲法第六十九條規定：「立法院遇有左列情事之一時，得開臨時會：一、總統之咨請。二、立法委員四分之一以上之請求。」僅規範立法院臨時會召開之程序，未限制臨時會得審議之事項。是立法院於臨時會中審議不信任案，非憲法所不許。立法院組織法第六條第一項規定：「立法院臨時會，依憲法第六十九條規定行之，並以決議召集臨時會之特定事項為限。」與上開憲法規定意旨不符部分，應不再適用。如於立法院休會期間提出不信任案，立法院應即召開臨時會審議之。（105、2、4）

釋字第736號解釋

本於憲法第十六條有權利即有救濟之意旨，教師認其權利或法律上利益因學校具體措施遭受侵害時，得依行政訴訟法或民事訴訟法等有關規定，向法院請求救濟。教師法第三十三條規定：「教師不願申訴或不服申訴、再申訴決定者，得按其性質依法提起訴訟或依訴願法或行政訴訟法或其他保障法律等有關規定，請求救濟。」僅係規定教師權利或法律上利益受侵害時之救濟途徑，並未限制公立學校教師提起行政訴訟之權利，與憲法第十六條保障人民訴訟權之意旨尚無違背。（105、3、18）

釋字第737號解釋

本於憲法第八條及第十六條人身自由及訴訟權應予保障之意旨，對人身自由之剝奪尤應遵循正當法律程序原則。偵查中之羈押審查程序，應以適當方式及時使犯罪嫌疑人及其辯護人獲知檢察官據以聲請羈押之理由；除有事實足認有湮滅、偽造、變造證據或勾串共犯或證人等危害偵查目的或危害他人生命、身體之虞，得予限制或禁止者外，並使其獲知聲請羈押之有關證據，俾利其有效行使防禦權，始符憲法正當法律程序原則之要求。其獲知之方式，不以檢閱卷證並抄錄或攝影為必要。刑事訴訟法第三十三條第一項規定：「辯護人於審判中得檢閱卷宗及證物並得抄錄或攝影。」同法第一百零一條第三項規定：「第一項各款所依據之事實，應告知被告及其辯護人，並記載於筆錄。」整體觀察，偵查中之犯罪嫌疑人及其辯護人僅受告知羈押事由所據之事實，與上開意旨不符。有關機關應於本解釋公布之日起一年內，基於本解釋意旨，修正刑事訴訟法妥爲規定。逾期未完成修法，法院之偵查中羈押審查程序，應依本解釋意旨行之。（105、4、29）

釋字第738號解釋

電子遊戲場業申請核發電子遊戲場業營業級別證作業要點第二點第一款第一目規定電子遊戲場業之營業場所應符合自治條例之規定，尚無牴觸法律保留原則。臺北市電子遊戲場業設置管理自治條例第五條第一項第二款規定：「電子遊戲場業之營業場所應符合下列規定：……二、限制級：……應距離幼稚園、國民中、小學、高中、職校、醫院、圖書館一千公尺以上。」臺北縣電子遊戲場業設置自治條例第四條第一項規定：「前條營業場所（按指電子遊戲場業營業場所，包括普通級與限制級），應距離國民中、小學、高中、職校、醫院九百九十公尺以上。」（已失效）及桃園縣電子遊戲場業設置自治條例（於中華民國一百零三年十二月二十五日公告自同日起繼續適用）第四條第一項規定：「電子遊戲場業之營業場所，應距離國民中、小學、高中、職校、醫院八百公尺以上。」皆未違反憲法中央與地方權限劃分原則、法律保留原則及比例原則。惟各地方自治團體就電子遊戲場業營業場所距離限制之規定，允宜配合客觀環境及規範效果之變遷，隨時檢討而爲合理之調整，以免產生實質阻絕之效果，併此指明。（105、6、24）

釋字第739號解釋

獎勵土地所有權人辦理市地重劃辦法第八條第一項發起人申請核定成立籌備會之要件，未就發起人於擬辦重劃範圍內所有土地面積之總和應占擬辦重劃範圍內土地總面積比率爲規定；於以土地所有權人七人以上爲發起人時，復未就該人數與所有擬辦重劃範圍內土地所有權人總數之比率爲規定，與憲法要求之正當行政程序不符。同辦法第九條第三款、第二十條第一項規定由籌備會申請核定擬辦重劃範圍，以及同辦法第九條第六款、第二十六條第一項規定由籌備會爲重劃計畫書之申請核定及公告，並通知土地所有權人等，均屬重劃會之職權，卻交由籌備會爲之，與平均地權條例第五十八條第一項規定意旨不符，且超出同條第二項規定之授權目的與範圍，違反法律保留原則。同辦法關於主管機關核定擬辦重劃範圍之程序，未要求主管機關應設置適當組織爲審議、於核定前予利害關係人陳述意見之機會，以及分別送達核定處分於重劃範圍內申請人以外之其他土地所有權人；同辦法關於主管機關核准實施重劃計畫之程序，未要求主管機關應設置適當組織爲審議、將重劃計畫相關資訊分別送達重劃範圍內申請人以外之其他土地所有權人，及以公開方式舉辦聽證，使利害關係人得到場以言詞爲意見之陳述及論辯後，斟酌全部聽證紀錄，說明採納及不採納之理由作成核定，連同已核准之市地重劃計畫，分別送達重劃範圍內各土地所有權人及他項權利人等，均不符憲法要求之正當行政程序。上開規定，均有違憲法保障人民財產權與居住自由之意旨。相關機關應依本解釋意旨就上開違憲部分，於本解釋公布之日起一年內檢討修正，逾期未完成者，該部分規定失其效力。

平均地權條例第五十八條第三項規定，尚難遽謂違反比例原則、平等原則。（105、7、29）

釋字第740號解釋

保險業務員與其所屬保險公司所簽訂之保險招攬勞務契約，是否爲勞動基準法第二條第六款所稱勞動契約，應視勞務債務人（保險業務員）得否自由決定勞務給付之方式（包含工作時間），並自行負擔業務風險（例如按所招攬之保險收受之保險費爲基礎計算其報酬）以爲斷，不得逕以保險業務員管理規則爲認定依據。（105、10、21）

釋字第741號解釋

凡本院曾就人民聲請解釋憲法，宣告聲請人據以聲請之確定終局裁判所適用之法令，於一定期限後失效者，各該解釋之聲請人均得就其原因案件據以請求再審或其他救濟，檢察總長亦得據以提起非常上訴，以保障釋憲聲請人之權益。本院釋字第七二五號解釋前所為定期失效解釋之原因案件亦有其適用。本院釋字第七二五號解釋應予補充。（105、11、11）

釋字第742號解釋

都市計畫擬定計畫機關依規定所為定期通盤檢討，對原都市計畫作必要之變更，屬法規性質，並非行政處分。惟如其中具體項目有直接限制一定區域內特定人或可得確定多數人之權益或增加其負擔者，基於有權利即有救濟之憲法原則，應許其就該部分提起訴願或行政訴訟以資救濟，始符憲法第十六條保障人民訴願權與訴訟權之意旨。本院釋字第一五六號解釋應予補充。

都市計畫之訂定（含定期通盤檢討之變更），影響人民權益甚鉅。立法機關應於本解釋公布之日起二年內增訂相關規定，使人民得就違法之都市計畫，認為損害其權利或法律上利益者，提起訴訟以資救濟。如逾期未增訂，自本解釋公布之日起二年後發布之都市計畫（含定期通盤檢討之變更），其救濟應準用訴願法及行政訴訟法有關違法行政處分之救濟規定。（105、12、9）

釋字第743號解釋

主管機關依中華民國七十七年七月一日制定公布之大眾捷運法第六條，按相關法律所徵收大眾捷運系統需用之土地，不得用於同一計畫中依同法第七條第一項規定核定辦理之聯合開發。

依大眾捷運法第六條徵收之土地，應有法律明確規定得將之移轉予第三人所有，主管機關始得為之，以符憲法保障人民財產權之意旨。（105、12、30）

釋字第744號解釋

化粧品衛生管理條例第二十四條第二項規定：「化粧品之廠商登載或宣播廣告時，應於事前……申請中央或直轄市衛生主管機關核准……。」同條例第三十條第一項規定：「違反第二十四條……第二項規定者，處新臺幣五萬元以下罰鍰……。」係就化粧品廣告所為之事前審查，限制化粧品廠商之言論自由，已逾越必要程度，不符憲法第二十三條之比例原則，與憲法第十一條保障人民言論自由之意旨有違，應自本解釋公布之日起失其效力。（106、1、6）

釋字第745號解釋

所得稅法第十四條第一項第三類第一款及第二款、同法第十七條第一項第二款第三目之二關於薪資所得之計算，僅許薪資所得者就個人薪資收入，減除定額之薪資所得特別扣除額，而不許薪資所得者於該年度之必要費用超過法定扣除額時，得以列舉或其他方式減除必要費用，於此範圍內，與憲法第七條平等權保障之意旨不符，相關機關應自本解釋公布之日起二年內，依本解釋之意旨，檢討修正所得稅法相關規定。

財政部中華民國七十四年四月二十三日台財稅字第一四九一七號函釋關於大專院校兼任教師授課鐘點費亦屬薪資所得部分，與憲法第十九條租稅法律主義及第二十三條規定尚無牴觸。（106、2、8）

釋字第746號解釋

稅捐稽徵法第二十條規定：「依稅法規定逾期繳納稅捐應加徵滯納金者，每逾二日按滯納數額加徵百分之一滯納金；逾三十日仍未繳納者……。」及遺產及贈與稅法第五十一條第一項規定：「納稅義務人，對於核定之遺產稅或贈與稅應納稅額，逾第三十條規定期限繳納者，每逾二日加徵應納稅額百分之一滯納金；逾期三十日仍未繳納者……。」係督促人民於法定期限內履行繳納稅捐義務之手段，尚難認違反憲法第二十三條之比例原則而侵害人民受憲法第十五條保障之財產權。

財政部中華民國八十年四月八日台財稅字第七九〇四四五四二二號函及八十一年十月九日台財稅字第八一一六八〇二九一號函，就復查決定補徵之應納稅額逾繳納期限始繳納半數者應加徵滯納金部分所為釋示，符合稅捐稽徵法第二十條、第三十九條第一項、第二項第一款及遺產及贈與稅法第五十一條第一項規定之立法意旨，與憲法第十九條之租稅法律主義尚無牴觸。遺產及贈與稅法第五十一條第二項規定：「前項應納稅款及滯納金，應自滯納期限屆滿之次日起，至納稅義務人繳納之日止，依郵政儲金匯業局一年期定期存款利率，按日加計利息，一併徵收。」就應納稅款部分加徵利息，與憲法財產權之保障尚無牴觸；惟就滯納金部分加徵利息，欠缺合理性，不符憲法比例原則，與憲法保障人民財產權之意旨有違，應自本解釋公布之日起失其效力。（106、2、24）

釋字第747號解釋

人民之財產權應予保障，憲法第十五條定有明文。需用土地人因興辦土地徵收條例第三條規定之事業，穿越私有土地之上空或地下，致逾越所有權人社會責任所應忍受範圍，形成個人之特別犧牲，而不依徵收規定向主管機關申請徵收地上權者，土地所有權人得請求需用土地人向主管機關申請徵收地上權。中華民國八十九年二月二日制定公布之同條例第十一條規定：「需用土地人申請徵收土地……前，應先與所有人協議價購或以其他方式取得；所有人拒絕參與協議或經開會未能達成協議者，始得依本條例申請徵收。」（一百零一年一月四日修正公布之同條第一項主要意旨相同）第五十七條第一項規定：「需用土地人因興辦第三條規定之事業，需穿越私有土地之上空或地下，得就需用之空間範圍協議取得地上權，協議不成時，準用徵收規定取得地上權。……」未就土地所有權人得請求需用土地人向主管機關申請徵收地上權有所規定，與上開意旨不符。有關機關應自本解釋公布之日起一年內，基於本解釋意旨，修正土地徵收條例妥為規定。逾期未完成修法，土地所有權人得依本解釋意旨，請求需用土地人向主管機關申請徵收地上權。（106、3、17）

釋字第748號解釋

民法第四編親屬第二章婚姻規定，未使相同性別二人，得為經營共同生活之目的，成立具有親密性及排他性之永久結合關係，於此範圍內，與憲法第二十二條保障人民婚姻自由及第七條保障人民平等權之意旨有違。有關機關應於本解釋公布之日起二年內，依本解釋意旨完成相關法律之修正或制定。至於以何種形式達成婚姻自由之平等保護，屬立法形成之範圍。逾期未完成相關法律之修正或制定者，相同性別二人為成立上開永久結合關係，得依上開婚姻章規定，持二人以上證人簽名之書面，向戶政機關辦理結婚登記。（106、5、24）

釋字第749號解釋

道路交通管理處罰條例第三十七條第三項規定：「計程車駕駛人，在執業期中，犯竊盜、詐欺、贓物、妨害自由或刑法第二百三十條至第二百三十六條各罪之一，經第一審法院判決有期徒刑以上之刑後，吊扣其執業登記證。其經法院判決有期徒刑以上之刑確定者，廢止其執業登記，並吊銷其駕駛執照。」僅以計程車駕駛人所觸犯之罪及經法院判決有期徒刑以上之刑為要件，而不問其犯行是否足以顯示對乘客安全具有實質風險，均吊扣其執業登記證、廢止其執業登記，就此而言，已逾越必要程度，不符憲法第二十三條比例原則，與憲法第十五條保障人民工作權之意旨有違。有關機關應於本解釋公布之日起二年內，依本解釋意旨妥為修正；逾期未修正者，上開規定有關吊扣執業登記證、廢止執業登記部分失其效力。於上開規定修正前，為貫徹原定期禁業之目的，計程車駕駛人經廢止執業登記者，三年內不得再行辦理執業登記。

上開條例第三十七條第三項有關吊銷駕駛執照部分，顯逾達成定期禁業目的之必要程度，不符憲法第二十三條比例原則，與憲法第十五條保障人民工作權及第二十二條保障人民一般行為自由之意旨有違，應自本解釋公布之日起失其效力。從而，自不得再以違反同條例第三十七條第三項為由，適用同條例第六十八條第一項（即中華民國九十九年五月五日修正公布前之第六十八條）之規定，吊銷計程車駕駛人執有之各級車類駕駛執照。上開條例第六十七條第二項規定：「汽車駕駛人，曾依……第三十七條第三項……規定吊銷駕駛執照者，三年內不得考領駕駛執照……。」因同條例第三十七條第三項有關吊銷駕駛執照部分既經本解釋宣告失其效力，應即併同失效。（106、6、2）

釋字第750號解釋

行政院衛生署（改制後為衛生福利部）中華民國九十八年九月十六日修正發布之醫師法施行細則第一條之一，及考試院九十八年十月十四日修正發布之專門職業及技術人員高等考試醫師牙醫師考試分試考試規則「附表一：專門職業及技術人員高等考試醫師牙醫師考試分試考試應考資格表」牙醫師類科第一款，關於國外牙醫學畢業生參加牙醫師考試之應考資格部分之規定，尚未牴觸憲法第二十三條法律保留原則、比例原則，與憲法第十五條工作權及第十八條應考試權之保障意旨無違，亦不違反憲法第七條平等權之保障。（106、7、7）

釋字第751號解釋

行政罰法第二十六條第二項規定：「前項行為如經……緩起訴處分確定……者，得依違反行政法上義務規定裁處之。」及財政部中華民國九十六年三月六日台財稅字第〇九六〇〇〇〇九〇四四〇號函，就緩起訴處分確定後，仍得依違反行政法上義務規定裁處之釋示，其中關於經檢察官命被告履行刑事訴訟法第二百五十三條之二第一項第四款及第五款所定事項之緩起訴處分部分，尚未牴觸憲法第二十三條，與憲法第十五條保障人民財產權之意旨無違。

同法第四十五條第三項規定：「本法中華民國一百年十一月八日修正之第二十六條第三項至第五項規定，於修正施行前違反行政法上義務之行為同時觸犯刑事法律，經緩起訴處分確定，應受行政罰之處罰而未經裁處者，亦適用之……。」其中關於適用行政罰法第二十六條第三項及第四項部分，未牴觸法治國之法律不溯及既往及信賴保護原則，與憲法第十五條保障人民財產權之意旨無違。

統一解釋部分，九十五年二月五日施行之行政罰法第二十六條第二項雖未將「緩起訴處分確定」明列其中，惟緩起訴處分實屬附條件之便宜不起訴處分，故經緩起訴處分確定者，解釋上自得適用九十五年二月五日施行之行政罰法第二十六條第二項規定，依違反行政法上義務規定裁處之。（106、7、21）

釋字第752號解釋

刑事訴訟法第三百七十六條第一款及第二款規定：「下列各罪之案件，經第二審判決者，不得上訴於第三審法院：一、最重本刑為三年以下有期徒刑、拘役或專科罰金之罪。二、刑法第三百二十條、第三百二十一條之竊盜罪。」就經第一審判決有罪，而第二審駁回上訴或撤銷原審判決並自為有罪判決者，規定不得上訴於第三審法院部分，屬立法形成範圍，與憲法第十六條保障人民訴訟權之意旨尚無違背。惟就第二審撤銷原審無罪判決並自為有罪判決者，被告不得上訴於第三審法院部分，未能提供至少一次上訴救濟之機會，與憲法第十六條保障人民訴訟權之意旨有違，應自本解釋公布之日起失其效力。

上開二款所列案件，經第二審撤銷原審無罪判決並自為有罪判決，於本解釋公布之日，尚未逾上訴期間者，被告及得為被告利益上訴之人得依法上訴。原第二審法院，應裁定曉示被告得於該裁定送達之翌日起十日內，向該法院提出第三審上訴之意旨。被告於本解釋公布前，已於前揭上訴期間內上訴而尚未裁判者，法院不得依刑事訴訟法第三百七十六條第一款及第二款規定駁回上訴。（106、7、28）

釋字第753號解釋

中華民國八十三年八月九日制定公布之全民健康保險法第五十五條第二項規定：「前項保險醫事服務機構之特約及管理辦法，由主管機關定之。」及一百年一月二十六日修正公布之同法第六十六條第一項規定：「醫事服務機構得申請保險人同意特約為保險醫事服務機構，得申請特約為保險醫事服務機構之醫事服務機構種類與申請特約之資格、程序、審查基準、不予特約之條件、違約之處理及其他有關事項之辦法，由主管機關定之。」均未牴觸法治國之法律授權明確性原則，與憲法第十五條保障人民工作權及財產權之意旨尚無違背。

九十六年三月二十日修正發布之全民健康保險醫事服務機構特約及管理辦法第六十六條第一項第八款規定：「保險醫事服務機構於特約期間有下列情事之一者，保險人應予停止特約一至三個月，或就其違反規定部分之診療科別或服務項目停止特約一至三個月：……八、其他以不正當行爲或以虛僞之證明、報告或陳述，申報醫療費用。」九十五年二月八日修正發布之同辦法第七十條前段規定：「保險醫事服務機構受停止……特約者，其負責醫事人員或負有行爲責任之醫事人員，於停止特約期間……，對保險對象提供之醫療保健服務，不予支付。」九十九年九月十五日修正發布之同辦法第三十九條第一項規定：「依前二條規定所爲之停約……，有嚴重影響保險對象就醫權益之虞或爲防止、除去對公益之重大危害，服務機構得報經保險人同意，僅就其違反規定之服務項目或科別分別停約……，並得以保險人第一次處分函發文日期之該服務機構前一年該服務項目或該科申報量及各該分區總額最近一年已確認之平均點值核算扣減金額，抵扣停約……期間。」（上開條文，均於一百零一年十二月二十八日修正發布，依序分別爲第三十九條第四款、第四十七條第一項、第四十二條第一項，其意旨相同）均未逾越母法之授權範圍，與法律保留原則尙無不符，亦未牴觸憲法第二十三條比例原則，與憲法第十五條保障人民工作權及財產權之意旨尙無違背。

一百零一年十二月二十八日修正發布之同辦法第三十七條第一項第一款規定：「保險醫事服務機構有下列情事之一者，以保險人公告各該分區總額最近一季確認之平均點值計算，扣減其申報之相關醫療費用之十倍金額：一、未依處方箋……之記載提供醫事服務。」未逾越母法之授權範圍，與法律保留原則尙無不符，與憲法第十五條保障人民工作權及財產權之意旨並無違背。（106、10、6）

釋字第754號解釋

最高行政法院一百年度五月份第二次庭長法官聯席會議有關：「……進口人填具進口報單時，需分別填載進口稅、貨物稅及營業稅相關事項，向海關遞交，始完成進口稅、貨物稅及營業稅之申報，故實質上爲三個申報行爲，而非一行爲。如未據實申報，致逃漏進口稅、貨物稅及營業稅，合於海關緝私條例第三十七條第一項第四款、貨物稅條例第三十二條第十款暨營業稅法第五十一條第七款規定者，應併合處罰，不生一行爲不二罰之問題」之決議，與法治國一行爲不二罰之原則並無牴觸。（106、10、20）

釋字第755號解釋

監獄行刑法第六條及同法施行細則第五條第一項第七款之規定，不許受刑人就監獄處分或其他管理措施，逾越達成監獄行刑目的所必要之範圍，而不法侵害其憲法所保障之基本權利且非顯屬輕微時，得向法院請求救濟之部分，逾越憲法第二十三條之必要程度，與憲法第十六條保障人民訴訟權之意旨有違。相關機關至遲應於本解釋公布之日起二年內，依本解釋意旨檢討修正監獄行刑法及相關法規，就受刑人及時有效救濟之訴訟制度，訂定適當之規範。

修法完成前，受刑人就監獄處分或其他管理措施，認逾越達成監獄行刑目的所必要之範圍，而不法侵害其憲法所保障之基本權利且非顯屬輕微時，經依法向監督機關提起申訴而不服其決定者，得於申訴決定書送達後三十日之不變期間內，逕向監獄所在地之地方法院行政訴訟庭起訴，請求救濟。其案件之審理準用行政訴訟法簡易訴訟程序之規定，並得不經言詞辯論。（106、12、1）

釋字第756號解釋

監獄行刑法第六十六條規定：「發受書信，由監獄長官檢閱之。如認爲有妨害監獄紀律之虞，受刑人發信者，得述明理由，令其刪除後再行發出；受刑人受信者，得述明理由，逕予刪除再行收受。」其中檢查書信部分，旨在確認有無夾帶違禁品，於所採取之檢查手段與目的之達成間，具有合理關聯之範圍內，與憲法第十二條保障秘密通訊自由之意旨尙無違背。其中閱讀書信部分，未區分書信種類，亦未斟酌個案情形，一概許監獄長官閱讀書信之內容，顯已對受刑人及其收發書信之相對人之秘密通訊自由，造成過度之限制，於此範圍內，與憲法第十二條保障秘密通訊自由之意旨不符。至其中刪除書信內容部分，應以維護監獄紀律所必要者爲限，並應保留書信全文影本，俟受刑人出獄時發還之，以符比例原則之要求，於此範圍內，與憲法保障秘密通訊及表現自由之意旨尚屬無違。

監獄行刑法施行細則第八十二條第一款、第二款及第七款規定：「本法第六十六條所稱妨害監獄紀律之虞，指書信內容有下列各款情形之一者：一、顯為虛偽不實、誘騙、侮辱或恐嚇之不當陳述，使他人有受騙、造成心理壓力或不安之虞。二、對受刑人矯正處遇公平、適切實施，有妨礙之虞。……七、違反第十八條第一項第一款至第四款及第六款、第七款、第九款受刑人入監應遵守事項之虞。」其中第一款部分，如受刑人發送書信予不具受刑人身分之相對人，以及第七款所引同細則第十八條第一項各款之規定，均未必與監獄紀律之維護有關。其與監獄紀律之維護無關部分，逾越母法之授權，與憲法第二十三條法律保留原則之意旨不符。

監獄行刑法施行細則第八十一條第三項規定：「受刑人撰寫之文稿，如題意正確且無礙監獄紀律及信譽者，得准許投寄報章雜誌。」違反憲法第二十三條之法律保留原則。另其中題意正確及監獄信譽部分，均尚難謂係重要公益，與憲法第十一條保障表現自由之意旨不符。其中無礙監獄紀律部分，未慮及是否有限制較小之其他手段可資運用，就此範圍內，亦與憲法第十一條保障表現自由之意旨不符。

前開各該規定與憲法規定意旨有違部分，除監獄行刑法施行細則第八十一條第三項所稱題意正確及無礙監獄信譽部分，自本解釋公布之日起失其效力外，其餘部分應自本解釋公布之日起，至遲於屆滿二年時，失其效力。（106、12、1）

釋字第757號解釋

本件聲請人就本院釋字第七〇六號解釋之原因案件，得自本解釋送達之日起三個月內，依本院釋字第七〇六號解釋意旨，以執行法院出具載明拍賣或變賣物種類與其拍定或承受價額之收據，或以標示拍賣或變賣物種類與其拍定或承受價額之拍賣筆錄等文書為附件之繳款收據，作為聲請人進項稅額憑證，據以申報扣抵銷項稅額。本院釋字第七六號解釋應予補充。（106、12、15）

釋字第758號解釋

土地所有權人依民法第七百六十七條第一項請求事件，性質上屬私法關係所生之爭議，其訴訟應由普通法院審判，縱兩造攻擊防禦方法涉及公法關係所生之爭議，亦不受影響。（106、12、22）

釋字第759號解釋

（前）臺灣省自來水股份有限公司依（前）「臺灣地區省（市）營事業機構人員遴用暫行辦法」遴用之人員，依據「臺灣省政府所屬省營事業機構人員退休撫卹及資遣辦法」請求發給撫卹金發生爭議，其訴訟應由普通法院審判之。（106、12、29）

釋字第760號解釋

警察人員人事條例第十一條第二項未明確規定考試訓練機構，致實務上內政部警政署得將公務人員特種考試警察人員考試三等考試筆試錄取之未具警察教育體系學歷之人員，一律安排至臺灣警察專科學校受考試錄取人員訓練，以完足該考試程序，使一百年之前上開考試及格之未具警察教育體系學歷人員無從取得職務等階最高列警正三階以上職務任用資格，致其等應考試服公職權遭受系統性之不利差別待遇，就此範圍內，與憲法第七條保障平等權之意旨不符。

行政院應會同考試院，於本解釋公布之日起六個月內，基於本解釋意旨，採取適當措施，除去聲請人所遭受之不利差別待遇。（107、1、26）

釋字第761號解釋

智慧財產案件審理法第五條規定：「技術審查官之迴避，依其所參與審判之程序，分別準用民事訴訟法、刑事訴訟法、行政訴訟法關於法官迴避之規定。」與法律保留原則及法律明確性原則尚無牴觸。

同法第三十四條第二項規定：「辦理智慧財產民事訴訟或刑事訴訟之法官，得參與就該訴訟事件相牽涉之智慧財產行政訴訟之審判，不適用行政訴訟法第十九條第三款之規定。」與憲法第十六條保障訴訟權之意旨亦無牴觸。

聲請人聲請暫時處分部分，應予駁回。（107、2、9）

釋字第762號解釋

刑事訴訟法第三十三條第二項前段規定：「無辯護人之被告於審判中得預納費用請求付與卷內筆錄之影本」，未賦予有辯護人之被告直接獲知卷證資訊之權利，且未賦予被告得請求付與卷內筆錄以外之卷宗及證物影本之權利，妨害被告防禦權之有效行使，於此範圍內，與憲法第十六條保障訴訟權之正當法律程序原則意旨不符。有關機關應於本解釋公布之日起一年內，依本解釋意旨妥為修正。逾期未完成修正者，法院應依審判中被告之請求，於其預納費用後，付與全部卷宗及證物之影本。

本件暫時處分之聲請，應予駁回。（107、3、9）

釋字第763號解釋

土地法第二百十九條第一項規定逕以「徵收補償發給完竣屆滿一年之次日」為收回權之時效起算點，並未規定該管直轄市或縣（市）主管機關就被徵收土地之後續使用情形，應定期通知原土地所有權人或依法公告，致其無從及時獲知充分資訊，俾判斷是否行使收回權，不符憲法要求之正當行政程序，於此範圍內，有違憲法第十五條保障人民財產權之意旨，應自本解釋公布之日起二年內檢討修正。

於本解釋公布之日，原土地所有權人之收回權時效尚未完成者，時效停止進行；於該管直轄市或縣（市）主管機關主動依本解釋意旨通知或公告後，未完成之時效繼續進行；修法完成公布後，依新法規定。（107、5、4）

釋字第764號解釋

公營事業移轉民營條例第八條第三項前段規定：「移轉為民營後繼續留用人員，得於移轉當日由原事業主就其原有年資辦理結算，其結算標準依前項規定辦理。」就適用於原具公務人員身分之留用人員部分，未牴觸憲法第二十三條比例原則，與憲法第十八條服公職權之保障意旨尚無違背，亦不違反憲法第七條平等權之保障。（107、5、25）

釋字第765號解釋

內政部中華民國九十一年四月十七日訂定發布之土地徵收條例施行細則第五十二條第一項第八款規定：「區段徵收範圍內必要之管線工程所需工程費用……，由需用土地人與管線事業機關（構）依下列分擔原則辦理：……八、新設自來水管線之工程費用，由需用土地人與管線事業機關（構）各負擔二分之一。」（九十五年十二月八日修正發布為同細則第五十二條第一項第五款規定：「五、新設自來水管線之工程費用，由需用土地人全數負擔。」於適用於需用土地人為地方自治團體之範圍內）無法律明確授權，逕就攸關需用土地人之財政自主權及具私法人地位之公營自來水事業受憲法保障之財產權事項而為規範，與法律保留原則有違，應自本解釋公布之日起，至遲於屆滿二年時，不再適用。（107、6、15）

釋字第766號解釋

中華民國一百年六月二十九日修正公布之國民年金法第十八條之一（一百零四年十二月三十日修正公布改列為同條第一項）規定：「依本法發給之各項給付為年金者，除老年年金給付自符合條件之當月起按月發給至死亡當月為止外，其他年金給付自提出申請且符合條件之當月起按月發給至應停止發給或死亡之當月止。」其中有關一百零五年三月二十九日以前發生死亡事故者，上開規定限制以遺屬提出申請且符合條件之當月為領取遺屬年金之始點部分，不符憲法第二十三條比例原則，與憲法第十五條保障財產權及生存權之意旨有違，應自本解釋公布之日起不再適用。其遺屬得準用國民年金法第十八條之一第二項規定，申請保險人依法追溯補給尚未罹於同法第二十八條所定五年時效之遺屬年金。（107、7、13）

釋字第767號解釋

藥害救濟法第十三條第九款規定：「有下列各款情事之一者，不得申請藥害救濟：……九、常見且可預期之藥物不良反應。」未違反法律明確性原則及比例原則，與憲法保障人民生存權、健康權及憲法增修條文第十條第八項國家應重視醫療保健社會福利工作之意旨，尚無牴觸。（107、7、27）

釋字第768號解釋

醫事人員人事條例第一條規定：「醫事人員人事事項，依本條例之規定；本條例未規定者，適用其他有關法律之規定。」與法律明確性原則尚屬無違。

醫事人員人事條例第一條及公務人員任用法第二十八條第一項第二款本文及第二項規定：「（第一項）有下列情事之一者，不得任用為公務人員：……二、具中華民國國籍兼具外國國籍。……（第二項）公務人員於任用後，有前項第一款至第八款規定情事之一者，應予免職……。」適用於具中華民國國籍兼具外國國籍之醫師，使其不得擔任以公務人員身分任用之公立醫療機構醫師，已任用者應予免職之部分，與憲法第二十三條之比例原則無違，並未牴觸憲法第十八條保障人民服公職權之意旨。

國籍法第二十條第一項及醫事人員人事條例，未就具中華民國國籍兼具外國國籍者，設例外規定，以排除其不得擔任以公務人員身分任用之公立醫療機構醫師之限制，與憲法第七條保障平等權之意旨，尚無違背。（107、10、5）

釋字第769號解釋

地方制度法第四十四條第一項前段規定：「……縣（市）議會置議長、副議長……由……縣（市）議員……以記名投票分別互選或罷免之。」及第四十六條第一項第三款規定：「……縣（市）議會議長、副議長……之罷免，依下列之規定：……三、……由出席議員……就同意罷免或不同意罷免，以記名投票表決之。」其中有關記名投票規定之部分，符合憲法增修條文第九條第一項所定由中央「以法律定之」之規範意旨。

縣（市）議會議長及副議長之選舉及罷免，非憲法第一百二十九條所規範，前開地方制度法有關記名投票規定之部分，自不生違背憲法第一百二十九條之問題。（107、11、9）

釋字第770號解釋

企業併購法第四條第三款規定：「合併：指依本法或其他法律規定參與之公司全部消滅，由新成立之公司概括承受消滅公司之全部權利義務；或參與之其中一公司存續，由存續公司概括承受消滅公司之全部權利義務，並以……現金……作為對價之行為。」以及中華民國九十一年二月六日制定公布之同法第十八條第五項規定：「公司持有其他參加合併公司之股份，或該公司或其指派代表人當選為其他參加合併公司之董事者，就其他參與合併公司之合併事項為決議時，得行使表決權。」然該法一百零四年七月八日修正公布前，未使因以現金作為對價之合併而喪失股權之股東，及時獲取合併對公司利弊影響暨有前揭企業併購法第十八條第五項所列股東及董事有關其利害關係之資訊，亦未就股份對價公平性之確保，設置有效之權利救濟機制，上開二規定於此範圍內，與憲法第十五條保障人民財產權之意旨有違。

聲請人得於本解釋送達之日起二個月內，以書面列明其主張之公平價格，向法院聲請為價格之裁定。法院應命原因案件中合併存續之公司提出會計師查核簽證之公司財務報表及公平價格評估說明書，相關程序並準用一百零四年七月八日修正公布之企業併購法第十二條第八項至第十二項規定辦理。（107、11、30）

釋字第771號解釋

繼承回復請求權與個別物上請求權係屬真正繼承人分別獨立而併存之權利。繼承回復請求權於時效完成後，真正繼承人不因此喪失其已合法取得之繼承權；其繼承財產如受侵害，真正繼承人仍得依民法相關規定排除侵害並請求返還。然為兼顧法安定性，真正繼承人依民法第七百六十七條規定行使物上請求權時，仍應有民法第一百二十五條等有關時效規定之適用。於此範圍內，本院釋字第一〇七號及第一六四號解釋，應予補充。

最高法院四十年台上字第七三〇號民事判例：「繼承回復請求權，……如因時效完成而消滅，其原有繼承權即已全部喪失，自應由表見繼承人取得其繼承權。」有關真正繼承人之「原有繼承權即已全部喪失，自應由表見繼承人取得其繼承權」部分，及本院三十七年院解字第三九九七號解釋：「自命為繼承人之人於民法第一千一百四十六條第二項之消滅時效完成後行使其抗辯權者，其與繼承權被侵害人之關係即與正當繼承人無異，被繼承人財產上之權利，應認爲繼承開始時已爲該自命爲繼承人之人所承受。……」關於被繼承人財產上之權利由自命爲繼承人之人承受部分，均與憲法第十五條保障人民財產權之意旨有違，於此範圍內，應自本解釋公布之日起，不再援用。

本院院字及院解字解釋，係本院依當時法令，以最高司法機關地位，就相關法令之統一解釋，所發布之命令，並非由大法官依憲法所作成。於現行憲政體制下，法官於審判案件時，固可予以引用，但仍得依據法律，表示適當之不同見解，並不受其拘束。本院釋字第一〇八號及第一七四號解釋，於此範圍內，應予變更。（107、12、14）

釋字第772號解釋

財政部國有財產局（於中華民國一百零二年一月一日起更名爲財政部國有財產署）或所屬分支機構，就人民依國有財產法第五十二條之二規定，申請讓售國有非公用財產類不動產之准駁決定，屬公法性質，人民如有不服，應依法提起行政爭訟以爲救濟，其訴訟應由行政法院審判。（107、12、28）

釋字第773號解釋

未辦理繼承登記土地或建築改良物之合法使用人就其使用範圍，對財政部國有財產署或所屬分支機構所爲之公開標售，依土地法第七十三條之一第三項前段規定行使優先購買權而訴請確認優先購買權存在事件，性質上屬私法關係所生之爭議，其訴訟應由普通法院審判。（107、12、28）

釋字第774號解釋

都市計畫個別變更範圍外之人民，如因都市計畫個別變更致其權利或法律上利益受侵害，基於有權利即有救濟之憲法原則，應許其提起行政訴訟以資救濟，始符憲法第十六條保障人民訴訟權之意旨。本院釋字第一五六號解釋應予補充。（108、1、11）

釋字第775號解釋

刑法第四十七條第一項規定：「受徒刑之執行完畢，或一部之執行而赦免後，五年以內故意再犯有期徒刑以上之罪者，爲累犯，加重本刑至二分之一。」有關累犯加重本刑部分，不生違反憲法一行爲不二罰原則之問題。惟其不分情節，基於累犯者有其特別惡性及對刑罰反應力薄弱等立法理由，一律加重最低本刑，於不符合刑法第五十九條所定要件之情形下，致生行爲人所受之刑罰超過其所應負擔罪責之個案，其人身自由因此遭受過苛之侵害部分，對人民受憲法第八條保障之人身自由所爲限制，不符憲法罪刑相當原則，牴觸憲法第二十三條比例原則。於此範圍內，有關機關應自本解釋公布之日起二年內，依本解釋意旨修正之。於修正前，爲避免發生上述罪刑不相當之情形，法院就該個案應依本解釋意旨，裁量是否加重最低本刑。

刑法第四十八條前段規定：「裁判確定後，發覺爲累犯者，依前條之規定更定其刑。」與憲法一事不再理原則有違，應自本解釋公布之日起失其效力。

刑法第四十八條前段規定既經本解釋宣告失其效力，刑事訴訟法第四百七十七條第一項規定：「依刑法第四十八條應更定其刑者……由該案犯罪事實最後判決之法院之檢察官，聲請該法院裁定之。」應即併同失效。（108、2、22）

釋字第776號解釋

建築物所有人爲申請變更使用執照需增設停車空間於鄰地空地，而由鄰地所有人出具土地使用權同意書者，該同意書應許附期限；鄰地所有人提供之土地使用權同意書附有期限者，如主管機關准予變更使用執照，自應發給定有相應期限之變更使用執照，而僅對鄰地爲該相應期限之套繪管制；另同意使用土地之關係消滅時（如依法終止土地使用關係等），主管機關亦得依職權或依鄰地所有人之申請，廢止原核可之變更使用執照，並解除套繪管制，始符憲法第十五條保障人民財產權之意旨。

內政部中華民國七十八年八月二十四日台⑺⑻內營字第七二七二九一號函釋示：「主旨：關於建築物申請變更使用……說明：……二、增設停車空間設置於鄰地空地，若其使用上無阻，經套繪列管無重復使用之虞，且經鄰地所有權人同意使用者，准依建築技術規則設計施工編（按：應爲『建築技術規則建築設計施工編』）第五十九條、

第五十九條之一之規定辦理」，暨內政部八十年三月二十二日台⑻內營字第九〇七三八〇號函釋示：「主旨：有關建築法第三十條規定應備具之土地權利證明文件－土地使用權同意書得否有使用期限之標示案……說明：……二、……一般申請建築案件，基於建築物使用期限不確定，其土地使用同意書似不宜附有同意使用期限。」實務上擴及於「變更使用執照」之申請部分，二者合併適用結果，使鄰地所有人無從出具附有期限之土地使用權同意書，致其土地受無期限之套繪管制，且無從於土地使用關係消滅時申請廢止原核可之變更使用執照，並解除套繪管制，限制其財產權之行使，與上開憲法保障人民財產權意旨不符，於此範圍內，應自本解釋公布之日起不再援用。（108、4、12）

釋字第777號解釋

中華民國八十八年四月二十一日增訂公布之刑法第一百八十五條之四規定：「駕駛動力交通工具肇事，致人死傷而逃逸者，處六月以上五年以下有期徒刑。」（一百零二年六月十一日修正公布同條規定，提高刑度為一年以上七年以下有期徒刑，構成要件均相同）其中有關「肇事」部分，可能語意所及之範圍，包括「因駕駛人之故意或過失」或「非因駕駛人之故意或過失」（因不可抗力、被害人或第三人之故意或過失）所致之事故，除因駕駛人之故意或過失所致之事故為該條所涵蓋，而無不明確外，其餘非因駕駛人之故意或過失所致事故之情形是否構成「肇事」，尚非一般受規範者所得理解或預見，於此範圍內，其文義有違法律明確性原則，此違反部分，應自本解釋公布之日起失其效力。

八十八年上開規定有關刑度部分，與憲法罪刑相當原則尚無不符，未違反比例原則。一百零二年修正公布之上開規定，一律以一年以上七年以下有期徒刑為其法定刑，致對犯罪情節輕微者無從為易科罰金之宣告，對此等情節輕微個案構成顯然過苛之處罰，於此範圍內，不符憲法罪刑相當原則，與憲法第二十三條比例原則有違。此違反部分，應自本解釋公布之日起，至遲於屆滿二年時，失其效力。（108、5、31）

釋字第778號解釋

藥事法第一百零二條第二項規定：「全民健康保險實施二年後，前項規定以在中央或直轄市衛生主管機關公告無藥事人員執業之偏遠地區或醫療急迫情形為限。」限制醫師藥品調劑權，尚未牴觸憲法第二十三條比例原則，與憲法第十五條保障人民工作權之意旨，尚無違背。

藥事法施行細則第五十條及行政院衛生署食品藥物管理局（現已改制為衛生福利部食品藥物管理署）中華民國一百年四月十二日FDA藥字第一〇〇〇〇一七六〇八號函說明三對於藥事法第一百零二條第二項醫療急迫情形之解釋部分，均為增加法律所無之限制，逾越母法之規定，與憲法第二十三條法律保留原則之意旨不符。上開施行細則規定應自本解釋公布之日起，失其效力；上開函應自本解釋公布之日起，不再援用。（108、6、14）

釋字第779號解釋

土地稅法第三十九條第二項關於免徵土地增值稅之規定，僅就依都市計畫法指定之公共設施保留地，免徵其土地增值稅；至非都市土地經編定為交通用地，且依法核定為公共設施用地者，則不予免徵土地增值稅，於此範圍內，與憲法第七條保障平等權之意旨不符。相關機關應自本解釋公布之日起二年內，依本解釋意旨，檢討修正土地稅法相關規定。

財政部中華民國九十年十一月十三日台財稅字第〇九〇〇四五七二〇〇號函關於非都市土地地目為道之交通用地，無土地稅法第三十九條第二項免徵土地增值稅規定之適用部分，應自本解釋公布之日起不再援用。

行政院農業委員會九十年二月三日⑼農企字第九〇〇一〇二八九六號函關於公路法之公路非屬農業用地範圍，無農業發展條例第三十七條第一項不課徵土地增值稅之適用部分，與憲法第十九條租稅法律主義及第二十三條法律保留原則尚無牴觸。（108、7、5）

釋字第780號解釋

中華民國一百零一年五月三十日修正公布之道路交通管理處罰條例第五十四條第一款規定：「汽車駕駛人，駕車在鐵路平交道有下列情形之一者，處新臺幣一萬五千元以上六萬元以下罰鍰。因而肇事者，並吊銷其駕駛執照：一、……警鈴已響、閃光號誌已顯示，或遮斷器開始放下，仍強行闖越。」同條例第六十七條第一項規定：「汽車駕駛人，曾依……第五十四條……規定吊銷駕駛執照者，終身不得考領駕駛執照。但有第六十七條之一所定情形者，不在此限。」及同條例第二十四條第一項第四款規定：「汽車駕駛人，有下列情形之一者，應接受道路交通安全講習：……四、有第五十四條規定之情形。」均未牴觸憲法第二十三條比例原則，與憲法第十五條保障人民之工作權、財產權，及憲法第二十二條保障人民一般行爲自由之意旨尚無違背。

同條例第五十四條第一款上開規定之適用，係以「警鈴已響、閃光號誌已顯示，或遮斷器開始放下」爲要件，相關機關關於警鈴、閃光號誌與遮斷器之運作，就兩列以上列車交會或續行通過平交道之情形，未就前一列車通過後警報解除，至次一列車來臨前警報啓動，設最低之合理安全間隔時間，應依本解釋意旨儘速檢討改進，併此指明。（108、7、26）

釋字第781號解釋

陸海空軍軍官士官服役條例第三條、第二十六條第二項第一款、第二款、第三項、第四項前段及第四十六條第四項第一款規定，無涉法律不溯及既往原則，亦與信賴保護原則、比例原則尚無違背。

同條例第二十六條第四項規定，與憲法保障服公職權、生存權之意旨尚無違背。

同條例第二十九條第二項規定，無涉法律不溯及既往原則及工作權之保障，亦未牴觸比例原則，與憲法保障人民財產權之意旨尚無違背。

同條例第四十六條第五項規定，與憲法保障財產權之意旨尚無違背。

同條例第四十七條第三項規定，無違法律不溯及既往原則，與信賴保護原則及比例原則均尚無違背。

同條例第五十四條第二項規定，與受規範對象受憲法保障之財產權無涉。

同條例第三十四條第一項第三款規定：「支領退休俸或贍養金之軍官、士官，有下列情形之一時，停止領受退休俸或贍養金，至原因消滅時恢復之：……三、就任或再任私立大學之專任教師且每月支領薪酬總額超過公務人員委任第一職等本俸最高俸額及專業加給合計數額者。」與憲法保障平等權之意旨有違，應自本解釋公布之日起，失其效力。

同條例第三十九條第一項前段規定：「軍官、士官退伍除役後所支領退休俸、贍養金及遺族所支領之遺屬年金，得由行政院會同考試院，衡酌國家整體財政狀況、人口與經濟成長率、平均餘命、退撫基金準備率與其財務投資績效及消費者物價指數調整之」，與同條例第二十六條設定現階段合理俸率之改革目的不盡一致，相關機關應依本解釋意旨儘速修正，於消費者物價指數變動累積達一定百分比時，適時調整退休俸、贍養金及遺屬年金，俾符憲法上體系正義之要求。

本件暫時處分之聲請，應予駁回。（108、8、23）

釋字第782號解釋

公務人員退休資遣撫卹法第七條第二項規定無涉法律不溯及既往原則及工作權之保障，亦未牴觸比例原則，與憲法保障人民財產權之意旨尚無違背。

同法第四條第六款、第三十九條第二項規定，與憲法保障服公職權、生存權之意旨尚無違背。

同法第四條第四款、第五款、第十八條第二款、第三款、第三十六條、第三十七條、第三十八條及第三十九條第一項規定，無涉法律不溯及既往原則，與信賴保護原則、比例原則尚無違背。

相關機關至遲應於按同法第九十二條爲第一次定期檢討時，依本解釋意旨，就同法附表三中提前達成現階段改革效益之範圍內，在不改變該附表所設各年度退休所得替代率架構之前提下，採行適當調整措施，俾使調降手段與現階段改革效益目的達成間之關聯性更為緊密。

同法第六十七條第一項前段規定：「公務人員退休後所領月退休金，或遺族所領之月撫卹金或遺屬年金，得由考試院會同行政院，衡酌國家整體財政狀況、人口與經濟成長率、平均餘命、退撫基金準備率與其財務投資績效及消費者物價指數調整之」，與同法第三十六條至第三十九條設定現階段合理退休所得替代率之改革目的不盡一致，相關機關應依本解釋意旨儘速修正，於消費者物價指數變動累積達一定百分比時，適時調整月退休金、月撫卹金或遺屬年金，俾符憲法上體系正義之要求。

同法第七十七條第一項第三款規定：「退休人員經審定支領或兼領月退休金再任有給職務且有下列情形時，停止領受月退休金權利，至原因消滅時恢復之：……三、再任私立學校職務且每月支領薪酬總額超過法定基本工資。」與憲法保障平等權之意旨有違，應自本解釋公布之日起，失其效力。

本件暫時處分之聲請，應予駁回。（108、8、23）

釋字第783號解釋

公立學校教職員退休資遣撫卹條例第八條第二項規定無涉法律不溯及既往原則及工作權之保障，亦未牴觸比例原則，與憲法保障人民財產權之意旨尚無違背。

同條例第四條第六款、第三十九條第二項規定，與憲法保障生存權及教育工作者生活之意旨尚無違背。

同條例第四條第四款、第五款、第十九條第二款、第三款、第三十六條、第三十七條、第三十八條及第三十九條第一項規定，無涉法律不溯及既往原則，與信賴保護原則、比例原則尚無違背。

相關機關至遲應於按同條例第九十七條為第一次定期檢討時，依本解釋意旨，就同條例附表三中提前達成現階段改革效益之範圍內，在不改變該附表所設各年度退休所得替代率架構之前提下，採行適當調整措施，俾使調降手段與現階段改革效益目的達成間之關聯性更為緊密。

同條例第六十七條第一項前段規定：「教職員退休後所領月退休金，或遺族所領之月撫卹金或遺屬年金，得由行政院會同考試院，衡酌國家整體財政狀況、人口與經濟成長率、平均餘命、退撫基金準備率與其財務投資績效及消費者物價指數調整之」，與同條例第三十六條至第三十九條設定現階段合理退休所得替代率之改革目的不盡一致，相關機關應依本解釋意旨儘速修正，於消費者物價指數變動累積達一定百分比時，適時調整月退休金、月撫卹金或遺屬年金，俾符憲法上體系正義之要求。

同條例第七十七條第一項第三款規定：「退休教職員經審定支領或兼領月退休金再任有給職務且有下列情形時，停止領受月退休金權利，至原因消滅時恢復之：……三、再任私立學校職務且每月支領薪酬總額超過法定基本工資。」與憲法保障平等權之意旨有違，應自本解釋公布之日起，失其效力。

本件暫時處分之聲請，應予駁回。（108、8、23）

釋字第784號解釋

本於憲法第十六條保障人民訴訟權之意旨，各級學校學生認其權利因學校之教育或管理等公權力措施而遭受侵害時，即使非屬退學或類此之處分，亦得按相關措施之性質，依法提起相應之行政爭訟程序以為救濟，無特別限制之必要。於此範圍內，本院釋字第三八二號解釋應予變更。（108、10、25）

釋字第785號解釋

本於憲法第十六條有權利即有救濟之意旨，人民因其公務人員身分，與其服務機關或人事主管機關發生公法上爭議，認其權利遭受違法侵害，或有主張權利之必要，自得按相關措施與爭議之性質，依法提起相應之行政訴訟，並不因其公務人員身分而異其公法上爭議之訴訟救濟途徑之保障。中華民國九十二年五月二十八日修正公布之公務人員保障法第七十七條第一項、第七十八條及第八十四條規定，並不排除公務人員認其權利受違法侵害或有主張其權利之必要時，原即得按相關措施之性質，依法提起相應之行政訴訟，請求救濟，與憲法第十六條保障人民訴訟權之意旨均尚無違背。

公務員服務法第十一條第二項規定：「公務員每週應有二日之休息，作爲例假。業務性質特殊之機關，得以輪休或其他彈性方式行之。」及公務人員週休二日實施辦法第四條第一項規定：「交通運輸、警察、消防、海岸巡防、醫療、關務等機關（構），爲全年無休服務民衆，應實施輪班、輪休制度。」並未就業務性質特殊機關實施輪班、輪休制度，設定任何關於其所屬公務人員服勤時數之合理上限、服勤與休假之頻率、服勤日中連續休息最低時數等攸關公務人員服公職權及健康權保護要求之框架性規範，不符憲法服公職權及健康權之保護要求。於此範圍內，與憲法保障人民服公職權及健康權之意旨有違。相關機關應於本解釋公布之日起三年內，依本解釋意旨檢討修正，就上開規範不足部分，訂定符合憲法服公職權及健康權保護要求之框架性規範。

高雄市政府消防局八十八年七月二十日高市消防指字第七七六五號函訂定發布之高雄市政府消防局勤務細部實施要點第七點第三款規定：「勤務實施時間如下：……（三）依本市消防人力及轄區特性需要，本局外勤單位勤休更替方式爲服勤一日後輪休一日，勤務交替時間爲每日上午八時。」與憲法法律保留原則、服公職權及健康權保障意旨尚無違背。惟相關機關於前開框架性規範訂定前，仍應基於憲法健康權最低限度保護之要求，就外勤消防人員服勤時間及休假安排有關事項，諸如勤務規劃及每日勤務分配是否於服勤日中給予符合健康權保障之連續休息最低時數等節，隨時檢討改進。

公務人員保障法第二十三條規定：「公務人員經指派於上班時間以外執行職務者，服務機關應給予加班費、補休假、獎勵或其他相當之補償。」及其他相關法律，並未就業務性質特殊機關所屬公務人員（如外勤消防人員）之服勤時數及超時服勤補償事項，另設必要合理之特別規定，致業務性質特殊機關所屬公務人員（如外勤消防人員）之超時服勤，有未獲適當評價與補償之虞，影響其服公職權，於此範圍內，與憲法第十八條保障人民服公職權之意旨有違。相關機關應於本解釋公布之日起三年內，依本解釋意旨檢討修正，就業務性質特殊機關所屬公務人員之服勤時數及超時服勤補償事項，如勤務時間二十四小時之服勤時段與勤務內容，待命服勤中依其性質及勤務提供之強度及密度爲適當之評價與補償等，訂定必要合理之框架性規範。

內政部九十六年七月二十五日內授消字第〇九六〇八二二〇三三號函修正發布之消防機關外勤消防人員超勤加班費核發要點第四點、高雄市政府消防局九十九年十二月二十七日高雄市政府消防局外勤消防人員超勤加班費核發要點第五點及第七點規定，對外勤消防人員超時服勤之評價或補償是否適當，相關機關應於前開超時服勤補償事項框架性規範訂定後檢討之。（108、11、29）

釋字第786號解釋

中華民國八十九年七月十二日制定公布之公職人員利益衝突迴避法第十四條前段規定：「違反第七條……規定者，處新臺幣一百萬元以上五百萬元以下罰鍰」同法第十六條規定：「違反第十條第一項規定者，處新臺幣一百萬元以上五百萬元以下罰鍰。」惟立法者未衡酌違規情節輕微之情形，一律處以一百萬元以上之罰鍰，可能造成個案處罰顯然過苛而有情輕法重之情形，不符責罰相當原則，於此範圍內，牴觸憲法第二十三條比例原則，與憲法第十五條保障人民財產權之意旨有違，應自本解釋公布之日起，不予適用。又本解釋聲請案之原因案件，及適用上開規定處罰，於本解釋公布之日尚在行政救濟程序中之其他案件，法院及相關機關應依本解釋意旨及一百零七年六月十三日修正公布之公職人員利益衝突迴避法規定辦理。（108、12、13）

釋字第787號解釋

退除役軍職人員與臺灣銀行股份有限公司訂立優惠存款契約，因該契約所生請求給付優惠存款利息之事件，性質上屬私法關係所生之爭議，其訴訟應由普通法院審判。（108、12、27）

釋字第788號解釋

廢棄物清理法第十六條第一項中段所定之回收清除處理費，係國家對人民所課徵之金錢負擔，人民受憲法第十五條保障之財產權因此受有限制。其課徵目的、對象、費率、用途，應以法律定之。考量其所追求之政策目標、不同材質廢棄物對環境之影響、回收、清除、處理之技術及成本等各項因素，涉及高度專業性及技術性，立法者就課徵之對象、費率，非不得授予中央主管機關一定之決定空間。故如由法律授權以命令訂定，且其授權符合具體明確之要求者，亦爲憲法所許。

同法第十五條及其授權訂定之行政院環境保護署中華民國九十三年十二月三十一日環署廢字第〇九三〇〇九七六〇七號公告、九十九年十二月二十七日環署廢字第〇九九〇一一六〇一八號公告修正「應由製造、輸入業者負責回收、清除、處理之物品或其容器，及應負回收、清除、處理責任之業者範圍」，有關應繳納容器回收清除處理費之物品或其包裝、容器，及應負回收、清除、處理責任之業者範圍，與法律保留原則及平等保障之意旨均尚無違背。

同法第十六條第一項中段有關責任業者所應繳納回收清除處理費之費率，未以法律明文規定，而以同條第五項授權中央主管機關具體決定，尚未違反法律保留原則及授權明確性原則。

行政院環境保護署九十六年六月二十日環署基字第〇九六〇〇四四七六〇號公告之「容器回收清除處理費費率」附表註二及一百零一年五月二十一日環署基字第一〇一〇〇四二二一一號公告之「容器回收清除處理費費率」公告事項三，以容器與附件之總重量爲繳費計算標準，課徵回收清除處理費，與憲法第七條平等保障之意旨尚無違背。

前開九十六年費率表公告附表註二及一百零一年費率表之公告事項三，就容器瓶身以外之附件使用聚氯乙烯（Polyvinyl Chloride, PVC）材質者，加重費率一〇〇%，其對責任業者財產權及營業自由之干預，尚不牴觸憲法第二十三條比例原則。（109、1、31）

釋字第789號解釋

中華民國九十四年二月五日修正公布之性侵害犯罪防治法第十七條第一款規定：「被害人於審判中有下列情形之一，其於檢察事務官、司法警察官或司法警察調查中所爲之陳述，經證明具有可信之特別情況，且爲證明犯罪事實之存否所必要者，得爲證據：一、因性侵害致身心創傷無法陳述者。」旨在兼顧性侵害案件發現眞實與有效保護性侵害犯罪被害人之正當目的，爲訴訟上採爲證據之例外與最後手段，其解釋、適用應從嚴爲之。法院於訴訟上以之作爲證據者，爲避免被告訴訟上防禦權蒙受潛在不利益，基於憲法公平審判原則，應採取有效之訴訟上補償措施，以適當平衡被告無法詰問被害人之防禦權損失。包括在調查證據程序上，強化被告對其他證人之對質、詰問權；在證據評價上，法院尤不得以被害人之警詢陳述爲被告有罪判決之唯一或主要證據，並應有其他確實之補強證據，以支持警詢陳述所涉犯罪事實之眞實性。於此範圍內，系爭規定與憲法第八條正當法律程序及第十六條訴訟權之保障意旨均尚無違背。（109、2、27）

釋字第790號解釋

毒品危害防制條例第十二條第二項規定：「意圖供製造毒品之用，而栽種大麻者，處五年以上有期徒刑，得併科新臺幣五百萬元以下罰金。」不論行爲人犯罪情節之輕重，均以五年以上有期徒刑之重度自由刑相繩，對違法情節輕微、顯可憫恕之個案，法院縱適用刑法第五十九條規定酌減其刑，最低刑度仍達二年六月之有期徒刑，無從具體考量行爲人所應負責任之輕微，爲易科罰金或緩刑之宣告，尚嫌情輕法重，致罪責與處罰不相當。上開規定對犯該罪而情節輕微者，未併爲得減輕其刑或另爲適當刑度之規定，於此範圍內，對人民受憲法第八條保障人身自由權所爲之限制，與憲法罪刑相當原則不符，有違憲法第二十三條比例原則。相關機關應自本解釋公布之日起一年內，依本解釋意旨修正之；逾期未修正，其情節輕微者，法院得依本解釋意旨減輕其法定刑至二分之一。毒品危害防制條例第十七條第二項減輕其刑規定，未包括犯同

條例第十三條第二項之罪，與憲法第七條保障平等權之意旨，尚無違背。（109、3、20）

釋字第791號解釋

刑法第二百三十九條規定：「有配偶而與人通姦者，處一年以下有期徒刑。其相姦者亦同。」對憲法第二十二條所保障性自主權之限制，與憲法第二十三條比例原則不符，應自本解釋公布之日起失其效力；於此範圍內，本院釋字第五五四號解釋應予變更。

刑事訴訟法第二百三十九條但書規定：「但刑法第二百三十九條之罪，對於配偶撤回告訴者，其效力不及於相姦人。」與憲法第七條保障平等權之意旨有違，且因刑法第二百三十九條規定業經本解釋宣告違憲失效而失所依附，故亦應自本解釋公布之日起失其效力。（109、5、29）

釋字第792號解釋

最高法院二十五年非字第一二三號刑事判例稱：「……販賣鴉片罪，……以營利為目的將鴉片購入……其犯罪即經完成……」及六十七年台上字第二五〇〇號刑事判例稱：「所謂販賣行為，……祇要以營利為目的，將禁藥購入……，其犯罪即為完成……屬犯罪既遂。」部分，與毒品危害防制條例第四條第一項至第四項所定販賣毒品既遂罪，僅限於「銷售賣出」之行為已完成始足該當之意旨不符，於此範圍內，均有違憲法罪刑法定原則，牴觸憲法第八條及第十五條保障人民人身自由、生命權及財產權之意旨。（109、6、19）

釋字第793號解釋

政黨及其附隨組織不當取得財產處理條例規範政黨財產之移轉及禁止事項，不涉及違憲政黨之解散，亦未剝奪政黨賴以存續、運作之財產，並非憲法所不許。

同條例第二條第一項規定：「行政院設不當黨產處理委員會……為本條例之主管機關，不受中央行政機關組織基準法規定之限制。」與憲法增修條文第三條第三項及第四項規定尚屬無違。

同條例第二條第一項規定及同條第二項規定：「本會依法進行政黨、附隨組織及其受託管理人不當取得財產之調查、返還、追徵、權利回復及本條例所定之其他事項。」第八條第五項前段規定：「本會得主動調查認定政黨之附隨組織及其受託管理人」，第十四條規定：「本會依第六條規定所為之處分，或第八條第五項就政黨之附隨組織及其受託管理人認定之處分，應經公開之聽證程序。」尚無違反權力分立原則。

同條例第四條第一款規定：「一、政黨：指於中華民國七十六年七月十五日前成立並依動員戡亂時期人民團體法規定備案者。」與憲法第七條平等原則尚屬無違。

同條例第四條第二款規定：「二、附隨組織：指獨立存在而由政黨實質控制其人事、財務或業務經營之法人、團體或機構；曾由政黨實質控制其人事、財務或業務經營，且非以相當對價轉讓而脫離政黨實質控制之法人、團體或機構。」與法律明確性原則、憲法第七條平等原則及第二十三條比例原則尚無違背；同款後段規定與法律不溯及既往原則尚屬無違。（109、8、28）

釋字第794號解釋

菸害防制法第二條第四款及第五款、同法第九條第八款規定，與法律明確性原則均尚無違背。

同法第九條第八款規定，與憲法保障言論自由及平等權之意旨尚無違背。

衛生福利部國民健康署中華民國一百零二年十月十一日國健菸字第一〇二九九一一二六三號函說明二部分，與法律保留原則、法律不溯及既往原則、信賴保護原則及比例原則，均尚無違背。（109、8、28）

釋字第795號解釋

本件聲請人於本院釋字第七四二號解釋公布之日起三十日內所提再審之訴，視為已於法定得提起訴願之期間內向訴願管轄機關提起訴願。本院釋字第七四二號解釋應予補充。（109、10、23）

附錄

釋字第796號解釋

刑法第七十八條第一項本文規定：「假釋中因故意更犯罪，受有期徒刑以上刑之宣告者，於判決確定後六月以內，撤銷其假釋。」不分受假釋人是否受緩刑或六月以下有期徒刑之宣告，以及有無基於特別預防考量，使其再入監執行殘刑之必要之具體情狀，僅因該更犯罪受有期徒刑以上刑之宣告，即一律撤銷其假釋，致受緩刑或六月以下有期徒刑宣告且無特別預防考量必要之個案受假釋人，均再入監執行殘刑，於此範圍內，其所採取之手段，就目的之達成言，尚非必要，牴觸憲法第二十三條比例原則，與憲法第八條保障人身自由之意旨有違，應自本解釋公布之日起失其效力。上開規定修正前，相關機關就假釋中因故意更犯罪，受緩刑或六月以下有期徒刑宣告者，應依本解釋意旨，個案審酌是否撤銷其假釋。（109、11、6）

釋字第797號解釋

行政程序法第七十四條關於寄存送達於依法送達完畢時即生送達效力之程序規範，尚屬正當，與憲法正當法律程序原則之要求無違。（109、11、20）

釋字第798號解釋

財政部中華民國九十二年二月十二日台財稅字第○九二○四五○二三九號令及一百零五年八月三十一日台財稅字第一○五○四五七六三三○號函，就九十年一月十七日修正公布之使用牌照稅法第七條第一項第九款關於交通工具免徵使用牌照稅之規定，所稱「每一團體和機構以三輛為限」，明示應以同一法人於同一行政區域（同一直轄市或縣（市））內之總分支機構合計三輛為限，其縮減人民依法律享有免徵使用牌照稅之優惠，增加法律所無之限制，於此範圍內，均違反憲法第十九條租稅法律主義，應不予援用。（109、12、31）

釋字第799號解釋

刑法第九十一條之一第一項及第二項前段規定，與法律明確性原則尚無違背；刑法第九十一條之一第一項規定未牴觸比例原則，與憲法保障人身自由之意旨尚屬無違。

刑法第九十一條之一第二項前段規定及性侵害犯罪防治法第二十二條之一第三項規定關於強制治療期間至再犯危險顯著降低為止之部分，與憲法比例原則尚屬無違。惟若干特殊情形之長期強制治療仍有違憲之疑慮，有關機關應依本解釋意旨有效調整改善。

性侵害犯罪防治法第二十二條之一第一項規定，尚不違反法律不溯及既往原則及信賴保護原則。

刑事訴訟法及性侵害犯罪防治法均未規定應賦予受處分人於法院就聲請宣告或停止強制治療程序，得親自或委任辯護人到庭陳述意見之機會，以及如受治療者為精神障礙或其他心智缺陷無法為完全之陳述者，應有辯護人為其辯護，於此範圍內，均不符憲法正當法律程序原則之意旨。有關機關應自本解釋公布之日起二年內檢討修正。完成修正前，有關強制治療之宣告及停止程序，法院應依本解釋意旨辦理。

刑事訴訟法第四百八十一條第一項後段規定與憲法保障訴訟權之意旨尚無違背。

現行強制治療制度長年運作結果有趨近於刑罰之可能，而悖離與刑罰之執行應明顯區隔之憲法要求，有關機關應自本解釋公布之日起三年內為有效之調整改善，以確保強制治療制度運作之結果，符合憲法明顯區隔要求之意旨。（109、12、31）

釋字第800號解釋

確定終局裁判所適用之法令，經本院解釋宣告違憲（包括立即失效、定期失效等類型），各該解釋聲請人就其原因案件依法提起再審之訴者，各該聲請案繫屬本院期間（即自聲請案繫屬本院之日起至解釋送達聲請人之日止），應不計入法律規定原因案件再審之最長期間。行政訴訟法第二百七十六條第四項前段規定：「再審之訴自判決確定時起，如已逾五年者，不得提起。」於依同法第二百七十三條第二項規定提起再審之訴者，其再審最長期間應依前開意旨計算，始符憲法保障人民訴訟權之意旨。基於同一法理，民事訴訟法第五百條第二項但書規定所定五年再審最長期間之計算，亦應扣除聲請案繫屬本院期間，於此範圍內，本院釋字第二○九號解釋應予補充。

本案聲請人得自本解釋公布之日起三十日內，就臺北高等行政法院九十八年度訴字第一八五〇號確定判決提起再審之訴，不受上開行政訴訟法所定五年再審最長期間之限制。（110、1、29）

釋字第801號解釋

中華民國八十六年十一月二十六日修正公布之刑法第七十七條第二項規定：「無期徒刑裁判確定前逾一年部分之羈押日數算入前項已執行之期間內。」（嗣九十四年二月二日修正公布同條時，移列同條第三項，僅調整文字，規範意旨相同），其中有關裁判確定前未逾一年之羈押日數不算入無期徒刑假釋之已執行期間內部分，與憲法第七條平等原則有違，應自本解釋公布之日起失其效力。（110、2、5）

釋字第802號解釋

入出國及移民法第五十八條第二項規定：「跨國（境）婚姻媒合不得要求或期約報酬。」與憲法第十五條保障人民工作權、第二十二條契約自由及第七條平等權之意旨尚無違背。

入出國及移民法第七十六條第二款規定：「有下列情形之一者，處新臺幣二十萬元以上一百萬元以下罰鍰，並得按次連續處罰：……二、從事跨國（境）婚姻媒合而要求或期約報酬。」與憲法第十五條保障人民財產權之意旨尚無違背。（110、2、26）

釋字第803號解釋

中華民國九十四年一月二十六日修正公布之槍砲彈藥刀械管制條例第二十條第一項規定：「原住民未經許可，製造、運輸或持有自製之獵槍……，供作生活工具之用者，處新臺幣二千元以上二萬元以下罰鍰……。」（嗣一百零九年六月十日修正公布同條項時，就自製之獵槍部分，僅調整文字，規範意旨相同）就除罪範圍之設定，尚不生違反憲法比例原則之問題；其所稱自製之獵槍一詞，尚與法律明確性原則無違。

一百零三年六月十日修正發布之槍砲彈藥刀械許可及管理辦法第二條第三款規定對於自製獵槍之規範尚有所不足，未符合使原住民得安全從事合法狩獵活動之要求，於此範圍內，與憲法保障人民生命權、身體權及原住民從事狩獵活動之文化權利之意旨有違。有關機關應至遲自本解釋公布之日起二年內，依本解釋意旨儘速檢討修正，就上開規範不足之部分，訂定符合憲法保障原住民得安全從事合法狩獵活動之自製獵槍之定義性規範。

野生動物保育法第二十一條之一第一項規定：「台灣原住民族基於其傳統文化、祭儀，而有獵捕、宰殺或利用野生動物之必要者，不受第十七條第一項、第十八條第一項及第十九條第一項各款規定之限制。」所稱「傳統文化」，應包含原住民依其所屬部落族群所傳承之飲食與生活文化，而以自行獵獲之野生動物供自己、家人或部落親友食用或作爲工具器物之非營利性自用之情形，始符憲法保障原住民從事狩獵活動之文化權利之意旨。

立法者對原住民基於傳統文化下非營利性自用而獵捕、宰殺或利用野生動物之行爲予以規範，或授權主管機關訂定管制規範時，除有特殊例外，其得獵捕、宰殺或利用之野生動物，應不包括保育類野生動物，以求憲法上相關價值間之衡平。

野生動物保育法第二十一條之一第二項前段規定：「前項獵捕、宰殺或利用野生動物之行爲應經主管機關核准」，所採之事前申請核准之管制手段，尚不違反憲法比例原則。

原住民族基於傳統文化及祭儀需要獵捕宰殺利用野生動物管理辦法第四條第三項規定：「申請人應塡具申請書……於獵捕活動二十日前，向獵捕所在地鄉（鎮、市、區）公所申請核轉直轄市、縣（市）主管機關核准。但該獵捕活動係屬非定期性者，應於獵捕活動五日前提出申請……」有關非定期性獵捕活動所定之申請期限與程序規定部分，其中就突發性未可事先預期者，欠缺合理彈性，對原住民從事狩獵活動之文化權利所爲限制已屬過度，於此範圍內，有違憲法比例原則，應自本解釋公布之日起不再適用。於相關規定修正發布前，主管機關就原住民前述非定期性獵捕活動提出之狩獵申請，應依本解釋意旨就具體個案情形而爲多元彈性措施，不受獵捕活動五日前提出申請之限制。同辦法第四條第四項第四款規定：「前項申請書應載明下列事項：……四、獵捕動物之種類、數量……。」之部分，違反憲法比例原則，亦應自本解釋公布之日起不再適用。（110、5、7）

釋字第804號解釋

著作權法第九十一條第二項規定：「意圖銷售或出租而擅自以重製之方法侵害他人之著作財產權者，處六月以上五年以下有期徒刑，得併科新臺幣二十萬元以上二百萬元以下罰金。」第三項規定：「以重製於光碟之方法犯前項之罪者，處六月以上五年以下有期徒刑，得併科新臺幣五十萬元以上五百萬元以下罰金。」同法第九十一條之一第三項本文規定：「犯前項之罪，其重製物爲光碟者，處六月以上三年以下有期徒刑，得併科新臺幣二十萬元以上二百萬元以下罰金。」所稱「重製」，與法律明確性原則尙無違背；上開規定有關以六月以上有期徒刑爲最低度法定自由刑部分，與憲法第八條保障人身自由之意旨亦尙無違背。

同法第九十一條第三項規定有關得併科罰金之額度部分、同法第九十一條之一第三項本文規定有關以六月以上有期徒刑爲最低度法定自由刑及得併科罰金之額度部分，與憲法第七條保障平等權之意旨均尙無違背。

同法第一百條規定：「本章之罪，須告訴乃論。但犯第九十一條第三項及第九十一條之一第三項之罪者，不在此限。」其但書規定與憲法第七條保障平等權之意旨尙無違背。（110、5、21）

釋字第805號解釋

少年事件處理法第三十六條規定：「審理期日訊問少年時，應予少年之法定代理人或現在保護少年之人及輔佐人陳述意見之機會。」及其他少年保護事件之相關條文，整體觀察，均未明文規範被害人（及其法定代理人）於少年保護事件處理程序中得到庭陳述意見，於此範圍內，不符憲法正當法律程序原則之要求，有違憲法保障被害人程序參與權之意旨。有關機關應自本解釋公布之日起二年內，依本解釋意旨及少年事件處理法保障少年健全自我成長之立法目的，妥適修正少年事件處理法。於完成修法前，少年法院於少年保護事件處理程序進行中，除有正當事由而認不適宜者外，應傳喚被害人（及其法定代理人）到庭並予陳述意見之機會。（110、7、16）

釋字第806號解釋

臺北市政府於中華民國九十四年四月二十七日訂定發布施行之臺北市街頭藝人從事藝文活動許可辦法（業於一百一十年三月二十四日廢止）第四條第一項規定：「街頭藝人於本市公共空間從事藝文活動前，應向主管機關申請核發活動許可證。」第五條第一項規定：「主管機關爲處理前條第一項之申請，必要時得通知街頭藝人於指定場所解說、操作、示範或表演，經審查通過後，核發活動許可證。」及第六條第一項前段規定：「取得活動許可證之街頭藝人，得於本市公共空間從事藝文活動。」合併觀察上開三規定所形成之審查許可制度，其中對人民職業自由與藝術表現自由限制之部分，未經地方立法機關通過，亦未獲自治條例之授權，與法治國法律保留原則有違。

上開三規定就街頭藝人之技藝加以審查部分，已涉及對人民選擇在臺北市公共空間從事街頭藝人職業主觀條件之限制，不符比例原則之要求，與憲法第十五條保障職業選擇自由之意旨有違。至於就街頭藝人所從事之藝文活動，是否適合於指定公共空間爲之加以審查部分，尙無違比例原則。

上開三規定就涉及審查藝文活動內容之部分，其管制目的難認符合特別重要公共利益之要求，與憲法第十一條保障藝術表現自由之意旨有違。但對是否適合於指定公共空間表演加以審查部分，則與比例原則之要求尙無違背。（110、7、30）

釋字第807號解釋

勞動基準法第四十九條第一項規定：「雇主不得使女工於午後十時至翌晨六時之時間內工作。但雇主經工會同意，如事業單位無工會者，經勞資會議同意後，且符合下列各款規定者，不在此限：一、提供必要之安全衛生設施。二、無大衆運輸工具可資運用時，提供交通工具或安排女工宿舍。」違反憲法第七條保障性別平等之意旨，應自

本解釋公布之日起失其效力。（110、8、20）

釋字第808號解釋

社會秩序維護法第三十八條規定：「違反本法之行為，涉嫌違反刑事法律……者，應移送檢察官……依刑事法律……規定辦理。但其行為應處……罰鍰……之部分，仍依本法規定處罰。」其但書關於處罰鍰部分之規定，於行為人之同一行為已受刑事法律追訴並經有罪判決確定者，構成重複處罰，違反法治國一罪不二罰原則，於此範圍內，應自本解釋公布之日起，失其效力。（110、9、10）

釋字第809號解釋

不動產估價師法第九條第二項規定：「前項事務所，以一處為限，不得設立分事務所。」尚未牴觸憲法第二十三條比例原則，與憲法第十五條保障人民工作權之意旨並無違背。（110、10、1）

釋字第810號解釋

原住民族工作權保障法第二十四條第二項規定：「……第十二條第三項之代金，依差額人數乘以每月基本工資計算。」以劃一之方式計算代金金額，於特殊個案情形，難免無法兼顧其實質正義，尤其計算所應繳納之代金金額超過採購金額，可能造成個案顯然過苛之情狀，致有嚴重侵害人民財產權之不當後果，立法者就此未設適當之調整機制，於此範圍內，上開規定對人民受憲法第十五條保障之財產權所為限制，顯不符相當性而有違憲法第二十三條比例原則。有關機關應至遲於本解釋公布之日起二年內依本解釋意旨修正之。完成修正前，有關機關及法院遇有顯然過苛之個案，均應依本解釋意旨為適當之處置。（110、10、8）

釋字第811號解釋

中華民國九十四年一月十九日修正公布之公教人員保險法第六條第三項及第四項規定：「（第三項）重複參加本保險所繳之保險費，概不退還。但非可歸責於服務機關學校或被保險人之事由所致者，不在此限。（第四項）重複參加軍人保險、勞工保險或農民健康保險者，除本法另有規定外，依前項規定辦理。」一百零三年六月一日修正施行之同法第六條第四項及第五項規定：「（第四項）被保險人不得另行參加勞工保險、軍人保險、農民健康保險……或國民年金保險。但本法另有規定者，不在此限。（第五項）被保險人重複參加其他職域社會保險或國民年金保險……期間，發生第三條所列保險事故……，除本法另有規定外，不予給付；該段年資亦不予採認；其所繳之本保險保險費，概不退還。但非可歸責於服務機關（構）學校或被保險人之事由所致者，得退還其所繳之保險費。」均係揭示社會保險禁止重複加保原則，符合憲法第二十三條比例原則之要求，與憲法第十五條保障人民財產權之意旨均尚無違背。惟關於違法解職（聘）處分嗣經撤銷之復職（聘）並申請追溯加保者，立法者就該重複加保情形並未規範，其重複加保期間之年資即應採認為公教人員保險養老給付之年資，始與憲法保障人民財產權之意旨相符。

於本解釋公布後，有關機關就本件聲請人追溯加保之申請，應依本解釋意旨辦理。（110、10、22）

釋字第812號解釋

中華民國九十四年二月二日修正公布並自九十五年七月一日施行之刑法第九十條第一項及第二項前段規定：「（第一項）有犯罪之習慣或因遊蕩或懶惰成習而犯罪者，於刑之執行前，令入勞動場所，強制工作。（第二項前段）前項之處分期間為三年。」九十五年五月三十日修正公布並自同年七月一日施行之竊盜犯贓物犯保安處分條例第三條第一項規定：「十八歲以上之竊盜犯、贓物犯，有犯罪之習慣者，得於刑之執行前，令入勞動場所強制工作。」同條例第五條第一項前段規定：「依本條例宣告之強制工作處分，其執行以三年為期。」就受處分人之人身自由所為限制，均違反憲法第二十三條比例原則，與憲法第八條保障人身自由之意旨不符，均應自本解釋公布之日起失其效力。

一百零六年四月十九日修正公布之組織犯罪防制條例第三條第三項規定：「犯第一項

之罪者，應於刑之執行前，令入勞動場所，強制工作，其期間爲三年。」（嗣一百零七年一月三日修正公布第三條，但本項並未修正）就受處分人之人身自由所爲限制，違反憲法比例原則及憲法明顯區隔原則之要求，與憲法第八條保障人身自由之意旨不符，應自本解釋公布之日起失其效力。

二十四年一月一日制定公布並自同年七月一日施行之刑法第九十條第一項規定：「有犯罪之習慣或以犯罪爲常業或因遊蕩或懶惰成習而犯罪者，得於刑之執行完畢或赦免後，令入勞動場所，強制工作。」八十一年七月二十九日修正公布之竊盜犯贓物犯保安處分條例第三條第一項規定：「十八歲以上之竊盜犯、贓物犯，有左列情形之一者，得於刑之執行前，令入勞動場所強制工作：一、有犯罪之習慣者。二、以犯竊盜罪或贓物罪爲常業者。」八十五年十二月十一日制定公布之組織犯罪防制條例第三條第三項規定：「犯第一項之罪者，應於刑之執行完畢或赦免後，令入勞動場所，強制工作，其期間爲三年；犯前項之罪者，其期間爲五年。」就受處分人之人身自由所爲限制，均違反憲法第二十三條比例原則，另前開組織犯罪防制條例第三條第三項規定亦違反憲法明顯區隔原則之要求，均與憲法第八條保障人身自由之意旨不符。本院釋字第五二八號解釋於相關範圍內應予變更。

自本解釋公布之日起，確定終局裁判所宣告之強制工作，尙未執行或執行未完畢者，應免予執行；受處分人應另執行徒刑者，自本解釋公布之日起至檢察官指揮執行徒刑之日止，其在原勞動場所等候執行徒刑之期間，應算入執行徒刑之期間。（110、12、10）

釋字第813號解釋

文化資產保存法第九條第一項及第十八條第一項關於歷史建築登錄部分規定，於歷史建築所定著之土地爲第三人所有之情形，未以取得土地所有人同意爲要件，尙難即認與憲法第十五條保障人民財產權之意旨有違。

惟上開情形之土地所有人，如因定著於其土地上之建造物及附屬設施，被登錄爲歷史建築，致其就該土地原得行使之使用、收益、處分等權能受到限制，究其性質，屬國家依法行使公權力，致人民財產權遭受逾越其社會責任所應忍受範圍之損失，而形成個人之特別犧牲，國家應予相當補償。文化資產保存法第九條第一項及第十八條第一項規定，構成對上開情形之土地所有人之特別犧牲者，同法第九十九條第二項及第一百條第一項規定，未以金錢或其他適當方式給予上開土地所有人相當之補償，於此範圍內，不符憲法第十五條保障人民財產權之意旨。有關機關應自本解釋公布之日起二年內，依本解釋意旨，修正文化資產保存法妥爲規定。（110、12、28）

法規名稱索引

法規名稱索引

法規名稱索引

資料補充欄

國家圖書館出版品預行編目資料

最新簡明六法／五南法學研究中心編輯 .--58 版 .-- 臺北市：五南圖書出版股份有限公司，2024.08
面；公分
ISBN 978-626-393-461-0（平裝）
1.CST: 六法全書　2.CST: 中華民國法律
582.18　113008690

1Q34

最新簡明六法

編　　著　五南法學研究中心

出 版 者　五南圖書出版股份有限公司
發 行 人　楊榮川
地　　址　台北市大安區（106）和平東路二段 339 號 4 樓
電　　話　(02)27055066
網　　址　https://www.wunan.com.tw.
電子郵件　wunan@wunan.com.tw
劃撥帳號　01068953
戶　　名　五南圖書出版股份有限公司
法律顧問　林勝安律師

出版日期　1998 年 10 月　初版
　　　　　2024 年 8 月　58 版一刷
定　　價　450 元